U0901218

天津通史资料丛书

总主编 万新平

天津史研究论文选辑

下编

刘志强 张利民 主编

天津古籍出版社

下　编

曹禺与天津

赵 路

一个戏剧家的成长,和他所接受的教育,特别是有关戏剧知识的启蒙教育是至关重要的。曹禺虽然祖籍是湖北,但他出生在天津,并在天津度过了他的青少年时代。南开中学和南开大学的生活给他打下了坚实的文化基础。作为“五四”新文化运动影响下的南开剧运,不但给予曹禺以系统的戏剧启蒙教育,而且改变了曹禺的生活历程,使他走上了终生从事戏剧创作的道路。可以这样说,南开是产生大戏剧家曹禺的摇篮。

众所周知,中国的话剧运动是从20世纪初开始的。“春柳社”和以上海为中心的南方话剧运动、以天津南开新剧团为中心的北方话剧运动,奠定了中国话剧发展的基石。1909年开始的南开剧运已经远远超过了校园的业余活动的范围,而是走向了社会。从1909年南开话剧团上演第一个话剧《用非所学》开始,直至1922年,南开新剧团共上演了近50个剧目,这是南开新剧团活动最旺盛的时期,上演的剧目大都是反映新潮,具有鲜明的反封建内容,且大都是自己编导的。除此之外还介绍了果戈理的《钦差大臣》、王尔德的《少奶奶的扇子》(均为1921年),并于1928年上演了易卜生的《国民公敌》和《娜拉》。南开剧运一开始即有明确的指导思想,并有较完整的戏剧观念。注重演剧的社会功效,提出“感昏聩,化愚顽,开民智,进民德”。强调新剧的本质特征——“语言通畅,意念深远,悲欢离合,情节昭然”以及写实主义的创作原则。张彭春这位被曹禺称为戏剧启蒙导师的出现,将南开新剧团的演剧活动推向了一个新的阶段。张彭春这位同胡适、赵元任一起赴美留学攻读哲学和教育学的博士,知识渊博,对戏剧有着精深的研究。他于1916年担任南开新剧团的副团长以后,不仅系统地介绍了西洋戏剧知识,而且排练了众多的剧目。他不仅会编剧,而且擅长导演艺术。他对德国表现主义大导演莱茵哈特、苏联的斯坦尼斯拉夫斯基、英国导演戈登克雷,都有着精深的研究。曹禺就是在这样一位有学识、有经验的导演的指导下开始他的戏剧生涯的。

曹禺从出生至1930年进入清华大学为止,20年是在天津度过的(清华毕业后,又回到天津女师任教,并继续参加南开新剧团的活动)。他的成名的处女作《雷雨》虽然是在北京清华大学学习时完成的,但却是孕育在天津,并取材于天津。《日出》从人物到语言更有着明显的天津的地域特色。曹禺虽然否认《雷雨》写的是天津封建世家、八大家之一的周家,但他同时也承认他的家庭和周家过从甚密,而且承认《雷雨》的第三幕的鲁贵家,直接取材于天津老龙头车站外的贫民窟。至今仍然存在的惠中饭店,这一30年代为高等妓女集中的场所,为《日出》中陈白露的生存环境提供了丰富的素材。而早已成为历史陈迹的天津南市妓院,构成了《日出》第三幕的原型。1985年有一次,我陪同曹禺路过天津惠中饭店,我曾问曹禺:“这就是您写的惠中饭店!”他说:“不错!但我把它提高了!升格了!”这是作家出于典型化的需要。当然,把艺术作品和生活原型加以简单类比和套用未免显得过于肤浅,但今天我们研究曹禺的创作生活,了解他创作素材的原型,对于更深刻地认识作家,仍然是有意义的。

天津是半封建、半殖民地的旧中国的缩影,是北方的大工业城市。20世纪初,由于帝国主义的入侵,天津租界林立,租界面积相当于旧城的八倍,清朝遗老、王公、贵族,下野的军阀、政客,新兴的买办、富商,云集天津,在租界里过着穷奢极欲的寄生生活。曹禺出身于封建官僚世家,对半封建、半殖民地的社会生活有着深切的感受,这在他的作品中有着明显的表现。至于《日出》中的翠喜这一闪烁着人性美的下层妓女的形象,更有着明显的天津地域特色。如果说《北京人》再现的环境里具有浓厚的京味的话,那么《雷雨》《日出》则有鲜明的津味,这和曹禺青少年时代在天津的生活不无关系。

曹禺的几部作品不仅取材于天津,而且首演于天津,《雷雨》的演出引起了社会各界的强烈反响,《益世报》《大公报》等大报纷纷发表评论。当《日出》刚一在文学季刊上发表,天津《大公报》文艺副刊就多次发表集体评论,而当时参加评论的又都是著名的作家、评论家,如茅盾、孟实(朱光潜),叶圣陶、沈从文、巴金、靳以、黎烈文、荒煤、李蕤等。这些舆论界和文艺界的名流参加评论,形成了浓重的文化氛围,对曹禺的成长无疑产生了积极的影响。

曹禺的作品将作为中国话剧史上的经典著作载入中国的话剧史册。曹禺这位天津出生,走向全国,走向世界的戏剧家将永远镌刻在天津的文化史志上。

(《中国戏剧》1990 年第 12 期)

传统期之天津城居人口探析[①]

吉石羽

传统期之天津城居人口,是一个饶有兴趣的问题。迄今为止,我们对此所得到的,只是"天津新造之邑……人民大率由迁徙而集"[②];"五方之民所杂处"[③];"比闾而居者,率多流寓之人"[④]等浅层概念。现存有关天津的诸种旧志中,均有"户口"一门,但中国传统社会的人口统计,多是为了确定丁税额数,隐匿及任意填造之弊,在所难免,自然不可能精准。如康熙二年、十年(1663 年、1671 年),天津人丁除老弱逃亡外,共 3 282 丁[⑤]。这个数字对于了解当时天津的城居人口状况,并没有多少价值。

传统期天津城市第一次也是唯一的一次精确的人口普查,约开始于道光二十年(1840 年)。整个数字公布于道光二十六年(1846 年)刊行的《津门保甲图说》一书,其中这一时期天津城居人口共有 32 761 户,198 716 人。是书虽没有告诉我们这次人口统计的具体方法,但从全书的内容及编纂目的来推测,户、口两项似乎来自严格指导下的自下而上的申报。由于组织的严密和一定的行政效率,其准确性要比后来那种虚应故事的户口调查高得多[⑥]。当时所应用的方法,就是今日社会学所应用的社会调查方式之一的普查(全面调查)法。这在当时的条件下,的确是一件了不起的工作。

人口是社会物质生活的必要条件之一。正如马克思所说:"任何人类历史的第一个前提无疑是有生命的个人存在。"[⑦]从这个意义上讲,城市的成长过程,也就是人口的集中过程。因此,对传统期天津人口做一些由此及彼、由表及里的探析,对于我们加深认识天津城市历史及人口发展的特点,无疑会有相当的帮助。

一、金元时代天津城居人口条辨

根据近年来考古发掘的成果,证明天津附近的农村聚落,大约出现于新石器时代。到战国时,此种聚落已相当发达;县一级的行政管理中心,在西汉初年也纷纷建立。然而,天津作为沿河近海、水陆交通枢纽的初期城市约出现于金代,这就是史书上的直沽寨或信安海壖。这时期城居人口,似以军伍为主。

到了蒙古统治这一地区后,制盐业首先在直沽发达起来。据元人王鹗所书《三叉沽创立盐场碑》:"甲午之秋,三叉之地未霜而草枯,滩面宽平,盐卤涌出,或经日自生,时人指以为瑞,遂相率诉于官,按验得实,受旨煎造。初得旧户高松、谢实十有八人,岁不再易,招徕者日众。河路通便,商贩憧憧往来,是年办课五百余锭,比之他场几倍之。"[⑧]这是一条有关天津早期人口十分珍贵的史料。这里的甲午系指蒙古太宗六年(1234 年),时距直沽寨地名的出现(金贞祐二年,即 1214 年)仅 20 年。它至少告诉我们:一、三叉之地盐卤涌出后即为时人所见,说明这一带已有人居住;二、"相率诉于官",则证明这里或附近已建立起管理系统;三、高、谢等户为这里的旧有居民;四、因为运输便捷,这里人口聚集很快,商贩往来频繁。经过三十余年的发展,到了至元五年(1268 年),这里已是"人得安业,盐如山积"[⑨]。王鹗此碑,即因受当地耆老夏庆、温资甫、梁温全、崔居仁等的再三恳祷而书[⑩](这些人应属当地居民的"布衣领袖")。不久元王朝即在此设三叉沽、大直沽二司管理盐务,直至明朝中叶,这里仍是"万灶沿河而居"[⑪]。其人口虽无确数,但考之清代丰财一个盐场即用夫 3 000 左右[⑫],且为滩晒;当时制盐全为煎造,用夫当不止 3 000 之数,合之眷口,每司总应在万人上下。天津最早的城居人口,发轫于大规模的制盐,而且相当集中。通过上面分析,可见一斑。

元朝初年,随着南漕北运的大规模进行,天津城市加快了成长步伐。因为从江南调运的大批漕粮在进入大都之前,都要在直沽交卸转运,漕船在三岔河口一带聚泊,连樯万艘,水手云集。届时朝廷还要派出大批官吏和军队来到直沽,并先后建立起接运厅、临清万户府、镇抚司等机构,同时修筑了仓廒、庙宇以加强城市的社会控制;并派军卒在直沽周围地区屯种戍守。"舟车攸会,聚落始繁"。人口的大量聚集,为直沽带来了诸多的社会需求，尤其是消费需求。商业交换因而发展起来；各种物资的大批到来，又吸引了远近的商人，被公认为方便的地方逐渐成为热闹的市廛。"一日粮船到直沽，吴粟越布满街衢"。地处卫河之滨的侯家后一带，则是天津最早的居民区。《续天津县志》上记载了这样一个故事："李湜字怀芳，乾隆壬申举人……尝自署门帖云'天津卫八十三龄铁汉子，侯家后五百余载旧人家'"。《志余随笔》的作者高凌雯独具慧眼，对此做了一个深入浅出的分析："怀芳中乾隆十七年举人，假定发科时为25岁，至嘉庆十五年方足83之数。由嘉庆十五年上溯至国初，得166年，益以明祚277年，凡443年。若是，则李氏居是土，当在元之中叶，真沽上人家之最旧者也；以此又知侯家后一带开辟较早，当元设海津镇以前，已有沿卫河之滨，结邻而居者矣。"[13]《天津县志》称："天津向只七姓"[14]，该志书的作者之一汪沆还作诗说："海津作镇剧苍凉，七姓残元始启疆。"[15]这七姓很可能就是最先定居于直沽的七个较大的家族。

为了保障漕粮转运以及大都的安全，元王朝还在直沽常年驻有军队。天长日久遂使直沽出现了"兵民杂居"的状况。元人傅若金的《直沽口》一诗中说："转粟春秋入，行舟日夜过。兵民杂居久，一半解吴歌。"[16]按傅若金生于元大德八年(1304年)，卒于至正三年(1343年)，以此推之，此诗必成于元中叶以后。"兵民杂居"应是金元时直沽人口的另一个显著特征，而且这些人口中有相当部分沿运河或海路来自南方各省，且通当地方言。只是因为文献的无证，我们无法更清楚地揭示早期天津人口的来源与构成了。

二、明初天津卫人口来源管窥

从历史上看，天津城居人口有两次大的聚集过程，一次是在永乐初年，另一次是在满族入主中原以后。尤其是明王朝在永乐二年(1404年)于直沽设卫筑城之后，调来了官、军二籍充实天津卫城。因为依明代定制，卫指挥史以下例许世袭，即子孙各承其职。这批人到来后，枝叶繁衍，遂成为天津城市的常居人口。当时直沽设有三卫，按军制每卫有军士5 600人，三卫合计为26 800人。这些军士中80%屯种，20%守城。因为军籍为繁多，志书无法通载，所以仅记录了附于官籍之人的姓名，籍贯[17]。据《天津县新志》"录名官籍者三百有九"，实际上《天津卫志》及《天津县志》仅载有308人。细检之，则少一籍贯不明之迟姓。然而随着社会的发展，人们的职业和社会地位总要不断变动，有些人上升，有些人下降。及至清初，这些家族几乎凋零殆尽；到了清末，能上溯其宗族者仅有梅、费、赵、倪、殷、黄、靳、张、李、冯、杨十数姓[18]。这三百余人，被称为"天津户籍最早者"[19]。现据《天津卫志》，将这308人的籍贯按省份做一统计，其中有13人籍贯不详，下余295人，以来自各该省人数多寡为序。

籍隶省份	所属州县	人　数	占统计人数的%
安徽	27	84	28.5
江苏	26	54	18.3
山东	26	38	12.9
河北	16	31	10.5
河南	14	22	7.5
浙江	12	18	6.1
湖北	9	14	4.7
湖南	9	10	3.4
陕西	5	8	2.7
山西	3	3	1.0
福建	3	3	1.0
江西	2	2	0.68
广东	2	2	0.68
云南	2	2	0.68
贵州	2	2	0.68
广西	1	1	0.34
内蒙	1	1	0.34
合计　17	160	529	100.0

上面的统计与概率，具有一定的典型性，也有一定的任意性，似属于社会学上的非随机偶遇抽样。如何保证该样本对于总体的代表性，虽无十分把握，但这一结果仍有助于我们对明代天津城居人口的观察与研究。如与旧志书的记载相验证，它至少可以说明如下一些问题：

一、明代天津城居人口来源广泛。据上列资料可知来自全国17个省份的160个州县。明代人所见天津一地"杂以闽越吴楚齐梁之民、风俗不甚统"[20]，是有充分依据的。这种以地缘关系为主的人口机械聚集，无疑具有一定的进步性。来自各地的家庭，带来了各自的长处，居住在一起，不但互助精神极强，而且可以相互学习或联姻，有助于人口素质的提高。《卫志》说，天津居民"贵德、耻争、民纯、讼简"[21]，就是这种良好的社会关系的反映。

二、来自安徽和江苏两省的人口，几乎占了一半(46.8%)，而其中来自安徽合肥的有16人，来自江苏江都的有12人，这两处合起来又几乎占了被统计人口的1/10(9.5%)。不少语言学家认为，天津的方言乃是一个方言岛，它并非由周围某种方言演变而来，很可能源于明初安徽东部和江苏北部的方言。上面的统计，能不能为这些语言学家提供一点有价值的参考呢?

三、尽管明代的天津卫是以军事城堡的面貌出现的，但终究掩盖不住其固有的经济城市的特质。尤其是明中叶以后，随着商业贸易的发展，极大地动摇了卫城的封闭性，加速了城居人口的社会流动，阀阅相望的官籍族姓，迅速散乱零落，大批新鲜人口进入城市，为城市增添了新的血液与活力，这是天津城市能够在日后不断向上发展的内在因素之一。

三、清中叶以前天津城居人口再聚集的检讨

清代顺康之际，是天津城居人口的又一次聚集过程。如果说明初调来的官、军二籍，是一种强制性的聚集，那么清代初年人口大量流入天津，则纯属自发性的聚集。其原因虽是多方面的，但城市商业的发达，吸引了大批流寓人口，是一个显而易见的原因。康熙初年《天津卫志》的编者在阐述这一情况时说："本卫土著之民凋零殆尽，此间而居者率多流寓之人。是津门虽属商贾凑集之地，而土著者不得获其利焉。"[22]曩时，卫城居民保举有德有年之乡耆一正一副，每逢朔望，在涌泉寺宣讲邻里条规，平息相互纠纷。至是因新旧人口交替迅速。互不相认，这一不成文法亦难以维持。有人估测说："津邑居民，自顺治以来，由各省迁来者十之七八"[23]。有人甚至认为天津"无所谓土著"[24]。为了检讨这一迁徙状况，现从旧志中录出66人，分10类排比如下：

一、鼎革隐居

1."李氏为燕旧族，自始祖万良公因避嚣自京移寓津门，遂家焉。"

2."于京字岱瞻，别号无欺道人，静海增广生。明鼎革，迁居天津南门内，绝意进取。"

二、业盐或经商

3."张霖字汝作，号鲁庵，晚自号卧松老纳，其先抚宁人。父希顺，顺治间行盐长芦，遂家天津。"

4."李泳鸿字云亭，号秋帆，浙江山阴人，业盐来津，遂家焉。"(在乾隆年间)

5."金玉冈字西昆，号芥舟，晚号黄竹老人，祖平，始迁自浙江之会稽，业盐起家。"

6."杨光仪字香吟，晚号庸叟。先世自浙之义乌迁静海，曾祖世安始迁天津，业盐筴致富。"

7."安尚义字易之，其先世本朝鲜人，入籍奉天，寓天津。"(徙家在康熙四十七年)

8."查日乾字天行，一字惕人，本顺天宛平人。少孤，随母寄姐家江南。既长，来家天津……以行盐致富。"

9."俞懋字天行，浙江绍兴人，顺治壬辰武进士"。"以副将乞休，家天津，业盐。"

10."王又朴字从先，号介山，江南仪征人。六岁随父北迁。父业贾……又朴入籍，补卫学生。"

三、居官或致仕后定居

11."胡捷，字象三，大兴诸生。父为河西务关掾。康熙元年务关徙天津，移家偕来，遂为天津人。"

12."邵氏……顺治初务关掾，康熙元年务关移天津，与之偕来，遂入籍。"

13."武嵩龄，大同人，明季官指挥佥书管城守营事，擢辽阳都司。鼎革后，以天津为其旧治，移家居焉。"

14.“王文雄，顺天人，由军功历任广东水路提督，晚年寓天津，遂家焉。”

15.“李如桂，其先晋阳人，顺天举人，除陕西紫阳令，被谪，归寓津门以老。”

四、不愿为官而迁居

16.“佟铉，字蔗村，汉军旗籍，国子监生，授通判……不愿谒选，迁居天津。”

五、因读书而进城落户之乡居者

17.“赵承业字华亭，先世武清人，隶兴国场灶籍，族居大、小赵家庄。父邦宁，顺治初始徙津。”

18.“（王文锦）字云航，直隶天津人。……父炳荣……以子读书故，由海滨迁津门。”

19.“于秉钧字禹和，居獾坨村，家世务农。至秉钧乃治举业。既入学食饩，始居城授徒自给。”

六、游学、投亲、冒籍或因故不能归里

20.“李源字春潭，浙江绍兴人，随其先人游学燕、赵间，遂家天津。”

21.“江南人徐东鸾……入延庆卫学，食廪，迁居天津。”

22.“乾隆壬午武举杨秉钺居东门内……杨氏先永济人，秉钺祖家贫，以有叔先在天津为牛翁理鹾，因来依焉。”

23.“乾隆戊午副榜有金楷，即徐金楷。徐氏之先以年少失怙投亲金氏，因至天津而家焉。盖亦冒金姓而入籍者也。”[25]

24.“沈氏，原籍余姚……振嗣顺治戊戌进士，选庶常。年十八偕弟（宏嗣）南还，道卒。宏嗣不能归，遂留天津。”

七、一般（或原因不明）迁居与占籍

25.“君讳观孙，字用宾，号雪严。徐姓，初自越北迁京师，为宛平人，家于天津。”

26.“徐辉，原名炎，字午园。先世由浙江鄞县迁顺天大兴，再迁天津。”

27.“沈鹏鸣字君歧，本江苏人，迁居天津。”

28.“张廷琛，大兴人……移寓天津。”

29.“吴景周字向亭，嘉庆初由浙江钱塘迁天津，遂家焉。”

30.“程钥字北坚，晚号果庵，浙江山阴人，年十六北迁天津。”

31.“宋真儒字旧山，江南芜湖人，寓天津。”

32.“郦世澍，浙江会稽人，寓天津。”

33.“解秉智字万周，号月川。其先世徙自山西永济，五传而至秉智。”

34.“梁洪字崇此，号芰梁，原籍山西大同，补卫诸生。”

35.“查曦字汉客，本歙人，自其祖北迁遂籍焉。”

36.“朱岷，江苏武进人，工隶书，善画，后占籍天津。”

37.“静海县副榜王麟……徙天津。”

38.“陆樟字挚斋，号香屿，本浙江山阴人，其族有家天津者，因以入籍。”

39.“华氏有由嘉靖间迁来者，曰‘北华’……一支由康熙初迁来，曰‘南华’……两系同宗，原籍无锡。”

40.“金公平谱，名安平，康熙间自会稽来天津。有子五，长大中，入卫籍。”

41.“（李）静涵之先晋人，家辽阳，国初来天津。”

八、侨居[26]与寄住

42.“余堂字阶升，号茸园。曾祖峥、祖杰，俱浙江山阴籍，侨居天津。”

43、44.“安人姓徐氏，越之山阴人，父斌迁天津。……沈君者，故居余姚，亦侨居天津。”

45.“张氏，浙江山阴人，金台妻，侨寓天津。”

46.“宋……惠绥，官云南顺宁府知府，寓居天津。”

47.“贞女丁氏……浙江人，侨寓天津。”

48.“徐兰字芬茗，又字仙芝，本浙人，徙江南常熟……客死天津。”

49.“贞女谢氏，余姚人，寄居天津。”

50.“城南小洋货街,有福建寄住之匪人苏花脸”。

九、城居地主

51.“侯天顺,家业农,好施济。”

十、婚嫁或入赘

52.“胡氏,东光县教谕相孙女,梅天筹继妻。”

53.“程氏,青县庠生季宽女,津邑沈元焜妻。”

54.“蒋氏,浙江人,适恩隆。”

55.“周氏,广西临桂人,邑监生王文铨妻。”

56.“陈氏,山东海丰人,邑廪生李观继妻。”

57.“刘氏,江南扬州人,殷继中妾。”

58.“金氏,浙江绍兴人,太学生吴肇裕妻。”

59.“万氏,山东济南人,举人陈廷禧妻。”

60.“庞氏,南皮人,津邑金允恭妻。”

61.“张氏,顺天举人吴钺女,进士朱嘉善妻。”

62.“牛氏,静海巨族女,津邑吴大德妻。”

63.“厉氏,扬州人,高学滨妾。”

64.“姜氏,江苏枫桥人……卢起勋侧室。”

65.“曹升云字慕庭,号履平,顺天通州人,赘天津徐氏,子孙遂入籍焉。”

66.“诸葛氏,王秀峰妻。秀峰本南省人流寓天津,贫不自给,赘于氏家。”

除上述10类之外,天津每年还有大宗的城居流动人口,这就是乞丐与灾民。由于天津为七省通衢,且地方富庶,“邻境贫民觅食于津者岁以数千计”[27],如遇水旱荒歉,四乡及外郡之灾民,纷逃来城。仅同治辛未(1871年)夏秋之交,因“津郡霪雨成灾,被水之区甚广,四民携扶来津者,以数十万计”[28]。是年如此,其他灾年可推想而知。

我们为对上列66名流寓人口的来源、属性及所显示问题进行分析,特列下表:

地区	北方						南方						原籍不明
省(府)别	顺天(宛、大)	本府(含郊区)	直隶	山东	山西	奉天	江苏	浙江	安徽	福建	广西	江南	
	8	10	1	2	6	1	9	21	1	1	1	2	
小计	28						35						3
合计	66												

通观是表,向我们展示了清代天津城居人口及城市发展的许多问题。

首先是清天津城居人口的机械变动有了很大的变化。明代的官、军二籍来自全国许多省份(仅官籍就有17个省份),清代城居人口则只来自10个左右的省区。由江南地区迁徙的城居人口,虽仍占一半以上(53%)[29],但比起明初那种强制式的人口填充,性质截然不同。这一半以上的南方人,全为自由流动而来,如业盐、经商,婚嫁(包括为人媵妾)、隐退或一般迁居等。人口自由流动的增多,标志着社会的进步和超经济强制的减弱。另外,南方各省寓居人口比例下降,和北方各省、尤其是附近郊县移寓人口的明显增加(如郊县移寓人口竟占被统计数的15%),说明天津城市对周围地区吸引力增加了,影响圈也扩大了。

其次是人口的社会属性,明显地复杂化了,耆旧、商人、官僚、文士占了相当的比重。来自各省的人口中,江浙(包括江南)地区占了将近一半(与明代不同的是,安徽仅为1人),山西占了近1/8。这说明清代天津城市经济、商业贸易及金融业的发展,与江浙地区和山西均有着密切联系的。据载,在清代中叶以前,“天津所有南货均由上海、宁波沙船载运"[30],"南艘鳞集,商有兴贩之利"[31]。江浙地区自明末以后,一直是我国人口密度最大的地区。经济流向与人口流向往往平行,大批江浙人口来到与自己家乡货流通畅的新兴商业城市天津寓居,就是这一现象的表现,也是前述"津门虽属商贾凑集之地,而土著者不得获其利"的原因。

第三,这一时期天津城居人口的集中,还表明清代城市人口素质的提高,城市文化的进步。这种提高和进步是由多种因素促成的,诸如南北文人的云集[32],官府和地方衿绅的倡导,以及随着城市经济的发展,为地方提供了发展城市文化的条件等等。这种发展甚至诱使商人也不惜巨资,竞相附庸风雅(如张霖、安尚义、查日乾诸辈)。到乾隆初年,天津已是"户口倍增,科名林立"。《天津县新志》叙述这一过程时说:"建卫四十三年始有举人,又十九年始有进士,自有明以迄清初,寥寥不数觏也。改县以后,文运日启,获第渐多。迨至光绪庚子以前,登乙榜者几占全省中额十分之二,甲榜则占全省中额四分之一。科名之盛,亦云极矣。"[33]这种"学而优则仕"的巨大荣誉感,竟把那些有一定文化的乡居农民也吸收到城市中来,他们为了自己或子弟前途,甚至放弃了"乡土式"的生活,而进城定居,并且不再回到农村中去。

最后,比起周围地区,这时天津城居人口的生活水平有了普遍的提高,休闲方式也趋于多样化。嫁到天津的外地妇女明显增多,入赘者也不乏人。尤其是邻境觅食之贫民及灾民的大量涌入以及绅商举办的众多的施济养生的慈善团体,从另一个方面说明天津城市作为一个人口载体,潜伏着极大的供应力。先朝旧族、官吏、商人和文士的定居,固然丰富了城市上层的休闲生活,但城市下层的赌、娼等似乎也很盛行。如小洋货街寄住之福建流氓苏花脸,"招集无赖,聚赌窝娼",以致官府不敢过问。

金元以来天津城居人口的发展变化,在北方沿海城市中独具特色;天津近代人口的迅速膨胀,也与传统期城居人口特点有密切的联系。其规律如何,迄今尚无定论,在天津城市史的研究中,人口问题亦属荒漠之区。本文仅为一个尝试。不妥之处,敬祈读者指正。

注:

① 本文所指的城居人口,一般以入籍和过城市型生活为标准,并非限定于居住在城垣之内。因天津卫城本为一军事中心,而不是天津城市发展的策源地,入籍者的居住情况很复杂。高凌雯《志余随笔》卷六:"前明及国初发科者,如刘焘、贾允迪、张凤抱、张国士皆居沧州,汪来居汪家庄,其地昔属静海;于登仕居于王庄、孟宗舜居南仓,俱昔属武清。"可见当日虽名籍卫籍,而其家室任散处各地。

②《天津县新志》卷21之一"人物"一。

③《新校天津卫志·薛柱斗序》。

④《新校天津卫志》卷2"利弊"。

⑤《新校天津卫志》卷2"户口"。

⑥《天津政俗沿革记》卷5"户口"载,近代以来,天津"确查户口,上以故事行之,下以故事应之。……每当调查之时,人民多匿不以实。询之,则曰:'将纳丁税也'。"

⑦《马克思恩格斯选集》第1卷,第24页。

⑧⑨⑩《新校天津卫志》卷4"艺文"中。

⑪《新校天津卫志》卷四"艺文"中,汪来:《天津整饬副使毛公德政去思碑》。

⑫《津门保甲图说》。

⑬《志余随笔》卷4

⑭《天津县志》卷12"官籍"。

⑮《续天津县志》卷19。"艺文"四。

⑯《天津县志》卷22"艺文"。

⑰ 参见注⑱

⑱ 通过对《天津县新志》卷21"人物"、卷24"碑刻"以及《志余随笔》的检索,对于明初官军二籍的调防天津,还可得到一些具体的例子。如"靳勇,其先江南当涂人,高祖忠从军有功,世袭百户,永乐二年调天津卫。""殷尚质字仲华,号朴斋,其先江南合肥人,明初有以军功仕指挥佥事者,由河南归德卫调天津卫,遂占籍焉。""梅应武,原籍江南武进人,其族有名满儿者官天津右卫指挥使,遂入卫籍。""汪来字君复,号北津,唐

越国公华后。明初有戍天津者,因家焉。""牛射斗字见垣,其先山西洪洞人,徙静海,分支入卫籍,遂为世族。""(王)文运字叔开,号焕章,先籍浙江山阴,明初北徙天津。""倪氏,自倪保儿立功,官百户,子兴袭职,升指挥使,调天津。""孟氏,其先为山东寿光人,明永乐初迁天津,居南仓。""黄胜,以燕山卫所总旗从靖难军功,累升指挥佥事,永乐二年调天津左卫,管卫事。""(陈)一青……自永乐二年以千户调天津,原籍当涂。""(黄钊)字德威……世为凤阳府临淮人,自大父起家武功,一再荫而至于公,正统戊午遂官天津左卫。""(张愚)之先出山东青州诸城县,迁天津者五世至都御史大夫东居公。"此外也有迁居天津城郊的,如韩氏"原籍山西洪洞县小兴州,前明永乐二年从龙北迁居于静海县当城村。"赵氏"其先本江南会州卫人,始祖以军功来燕,遂占籍武清之北仓。"又明末辽东难民入关来津的也不少,如太仆寺卿董应举即根据明廷意旨,在海河两岸买民田12万余亩,合闲田共18万余亩,安排难民13 000余户,城郊人口的聚集,为城居人口提供了后备军。

⑲ 参见《天津县新志》卷17之三"卫官世袭表"。

⑳ 前引《志余随笔》。

㉑ 前引《天津整饬副使毛公德政去思碑》。

㉒ 卷2"风俗"。

㉓ 卷2"利弊"。

㉔ 徐士銮:《敬乡笔述》卷1"牛见垣兄弟中翰"条。

㉕ 前引《志余随笔》卷3。

㉖ 当时,冒籍者所在多有。据《志余随笔》卷6:"金大中为河间府学生……俞金鳌为大中甥,其乡榜名为金鳌,当是冒金姓。""乾隆初武举有赵绅、赵维,武进士有章绅、章维。盖始则冒姓,后乃复本姓。犹之乡榜为金鳌,至会榜则俞金鳌也。"

㉗ 据《天津县新志》卷21之四"人物":"旧志载,侨寓三十七人,其有侨居日久,子孙入籍者,已侪诸县人之列矣。然又有家室偕来,田庐俱在,而其后裔或留或去,一时无由考见者。"是知天津有侨寓名目。然前引《敬乡笔述》卷1:"侨寓天津,即占籍天津。"不知孰是。

㉘《续天津县志》卷11"名宦"。

㉙《天津县新志》卷24之三"碑刻"。

㉚ 依前列之明民官籍籍贯表,所有295人中,南方籍为230人,占78%。

㉛《津门保甲图说》。

㉜《新校天津卫志》卷2"利弊"。

㉝ 不仅指朱岷、佟鋐之流,而且应包括那些居官后寓于天津者。在当时,官吏多半是当政的文士,这种人一旦退出官场,便过起士人的生活。

㉞ 卷19之一"科举"。

(《城市史研究》1990年第2辑)

国民党政府对天津敌伪产业的接收

汪寿松

抗战胜利以后，国民党政府在政治上与日伪合流，军事上抢占战略要地的同时，在经济上则派大批官员到收复区接收敌伪产业，抢劫人民财产。他们在发“国难财”之后又大发“胜利财”。天津是敌伪产业较为集中的城市，国民党政府接收天津敌伪产业的过程，不仅体现了其对收复区人民的掠夺政策以及各接收机构、接收人员贪污腐败行为，而且进一步暴露出以四大家族为代表的国民党统治政权的反动性、腐朽性，加速了其反动统治的崩溃。

一

天津沦陷时期，日伪对天津人民进行了极其残酷的经济掠夺，聚敛了大量的财富。日本投降时，遗留下为数众多的敌伪产业。这些敌伪产业包括有：日本政府、日军及日侨在津的全部公私产业；伪政权和大小汉奸的产业；德意等国侨民的财产。仅以工矿企业为例，沦陷时期，日本出于侵华战争的需要，以所谓“经济开发”、“经济建设”为名，在天津投资的工厂多达222个，其固定资产折合国民党法币161.6亿元，流动资产51.3亿元[①]。

日本投降前后，蒋介石集团为继续维护他们的独裁统治，消灭共产党及其领导的武装力量，将大规模的内战计划提到议事日程。为了抢占战略要地，筹措内战经费，膨胀四大家族官僚资本，天津这座既是战略要地又拥有巨额敌伪产业的城市，便成了国民党政府垂涎的主要目标之一。

然而，1945年8月15日日本宣布投降时，国民党的政府机构和军队远在西南，而共产党不仅在天津附近地区拥有相当数量的八路军、游击队，而且很快对天津实行了战略包围，具备着就近接管天津的有利条件。国民党在鞭长莫及的情况下，为了抢占天津，夺取对天津敌伪产业的接收权，竟直接利用敌伪力量阻止八路军的进攻。8月17日蒋介石电令伪华北绥靖军改为国民党华北先遣军，天津伪治安军编成华北先遣军第三军。伪市府的全副班子以及驻津日军也奉国民党政府之命继续“维持”天津治安。与此同时，一些自称国民党“地下工作人员”的原国民党特务也钻了出来，与一些地痞流氓拉帮结派建立各种组织，如“国民党中央组织部天津交通站”、“军委会抗战建国工作团天津总站”、“国民党敌后工作委员会天津分会”等等[②]。国民党政府利用敌伪力量抢占天津后，由于未能及时派出接收人员，这些改头换面的汉奸和形形色色的“地下工作人员”就擅自成立了“接收组织”，任意抢掠财物，一时间把天津闹得乌烟瘴气。如河北先遣军第三军持枪明抢，几天之内就把二十几家敌伪工厂商店洗劫一空。“地下人员”徐宗尧在津公开活动后，不仅强占楼房一所，而且抢收了大批日伪财物饱入私囊。军统特务张筱勋勾结汉奸王尧居，强行接收了一部分日军物资，将其中的呢绒布匹、通讯器材和数十台缝皮机吞匿攫为已有[③]。

由这些机构临时掌管天津，这样就为日伪汉奸销毁、隐匿、转移财产制造了机会。当时日伪机关、企业趁此烧毁文件、账册，有的日人将工厂内的机器设备毁坏，有的盗卖成品。如中华火柴厂日人经理和职员数人偷运火柴上百箱后变卖。在这如此混乱的局面下，造成大量敌伪产业流失。

1945年10月初，国民党政府委任的天津正副市长张廷谔、杜建时及各局长等一批接收人员飞抵天津，正式建立了国民党的地方行政机构。并于10月4日成立了天津市党政接收委员会。

国民党政府各系统、各部门也都派出了大批接收人员组成接收机关陆续进驻天津。甚至如北平行营和天津警备司令部等一些本无权接收敌伪产业的军事单位，也先后成立了接收机构，其目的无非是为了抢掠财物。这样一来,当时天津的各种接收机构竟多达 26 个。这些接收机构互不统属,又无明确分工,它们各自为政,相互争抢,往往因为一座工厂、一个仓库,争抢不休,甚至为一幢房产而大打出手。有的敌伪产业已曾被某接收机关查封,而后不久又被其他接收机关重新查封,有的敌伪产业竟先后被几个甚至十几个接收单位反复查封。更有甚者,曾被某接收机关查封的敌伪产业,竟被其他接收机关启封后霸为己有。国民党第十一战区司令部依仗枪多士众查封了很多银行、仓库。如小孙庄的日军仓库本应由后勤部北平第五补给区接管,而十一战区司令部将其强行查封,随后把仓库内的大批军用物品变卖。北平行营本无接收敌伪产业权力,然而他们不甘心眼看着中央和地方人员大肆接收,于是就另找门路以查收敌伪隐匿资产为名,成立了"冀平津敌伪隐匿物资清理委员会",随后将凡属日用品的敌伪物资仓库不管是否隐匿都查封了。仅天津,他们就查封了当时市价 3 亿元以上的糖类、面粉、杂货食品、罐头、纸张等日用品和价值几亿元的电料、钢铁、汽车零件、化学原料等。国民党天津警备司令部也用强行手段查封了一座存有大批米面杂粮的仓库和一家报馆,后来将这家报馆所有纸张、设备卖掉,所得巨款装入了私人腰包[④]。各接收机关抢得最凶的是敌伪房产,当时被各党政军各机关抢占的敌伪房产就有 1 300 余处[⑤]。以后都变为国民党大小官员的私人住宅了。

各接收机关你争我夺的同时,各级接收官员们也乘机贪污中饱,敲诈勒索,大发横财。他们贪污数额大,手段十分卑劣。

身为一市之长的张廷谔来津后,不仅用复员费两亿元的法币现钞购进黄金周转渔利,而且还伙同市财政局长李金洲侵占了应由经济部接管的十家日系工厂,借口作为天津地方公营事业。然而他们在"管理"的幌子下公开变卖了厂内所有成品渔利肥己,仅此一项二人均得黄金 400 两[⑥]。国民党海军部专员办事处平津分处中校刘乃沂来津后,接收了日军开办的小雁洋行和协盛贸易公司,为了私吞财产,将接收清册销毁,自己另造一份清册,这样一来将接收的金银珠宝和三处房产就成了自己的私产了,转眼之间刘就成为巨富[⑦]。经济部特派员办公处李达清私自接收的敌伪房产数处出租,得款 100 万元之巨[⑧]。天津市公用局张晓春,在接收天津运输株式会社时,将日人交来之清册隐匿不报,而后把大批物资盗卖,贪污数额达两亿元之多[⑨]。

国民党各级接收机关和接收人员的相互争劫,营私舞弊,贪污中饱等腐败现象比比皆是,不少的接收大员转眼间成了暴发户,无怪当时社会上流传着这样一首打油诗:"官非官,吏非吏,空手来,满载去,来为饿鬼皮包骨,去似大贾腹垂地。"[⑩]这是对国民党接收人员多么辛辣的讽刺。国民党政府对敌伪产业的接收,实际上变成了"劫收"。

二

天津的接收工作如此混乱,使国民党统治集团深感不安。1945 年 10 月蒋介石曾给军政当局来电,指责接收官员们在接收中"系统紊乱,权责不明,有利相争,遇事相诿。对敌伪生产机构及经济事业,只图接收财产物"[⑪]。当时不仅天津,其他收复区的接收工作也是这样混乱,若让这种局面继续下去,不仅会在政治上削弱其统治地位,在经济上也直接影响了四大家族官僚资本的进一步发展,为此国民党政府不得不决定对接收工作进行整顿。

首先由宋子文以行政院院长身份将全国接收敌伪产业的大权抢夺到手,随后又在行政院之下设立了四个地区的敌伪产业处理局。河北平津区敌伪产业处理局于 1945 年 12 月 1 日成立。

处理局成立后,即刻发布通告:限定河北平津区所有中央和地方各接收机构,凡接收的一切敌伪工矿企业、房地产和一切物资等均应迅速将接收清册报送处理局,一律不得自行处理。随后又采用"委托接收"的方式,指定工矿企业由经济部接收,物资由海关接收保管,房地产由中央信托局保管。除此之外,处理局根据敌伪产业的性质和类别,分别设立了二处四组和日用品、工业器材、医药品及零星物资四个处理委员会等机构。

河北平津区敌伪产业处理局成立后,一直在宋子文的操纵下,一切唯宋子文的命令是从。在短时期里,宋子文利用处理局为四大家族官僚资本攫取了巨额财富,在对天津敌伪产业接收过程中,四大家族官僚资本集团成了最大的劫收者。

在金融方面:四大家族官僚资本控制下的四行二局(中央银行、中国银行、交通银行、农民银行、中央信托局、邮政储金汇业局)接收了日伪在津的全部金融机构。中央银行接收了伪联合准备银行、伪蒙疆银行、伪满洲银行;中国银行接收了日本正金银行、日本银行;交通银行接收了朝鲜银行;中央信托局接收了伪中央储蓄会、中华仁寿保险公司;邮政储金汇业局接收了日本汇业银行、日本帝国银行。四大家族的金融势力由此而更为扩大。四行二局不仅统治了天津的金融,而且有了生杀予夺之权,膨胀由他们,收缩亦由他们,收购土产,票据承兑,大小放款,抬高或压平金价,供给外汇等等。

在工业方面:敌伪产业处理局对260多家敌伪工厂用拨交和标售的办法进行了处理。其中将规模较大的工厂都拨交给国民党资源委员会经营,以"国营"的名义纳入了官僚资本。一些设备残缺不全的中小企业以高价标售给民营。当时日本在天津工业中的精华如天津制铁所、华北重机株式会社、兴亚钢丝绳厂、天津发电厂、昌和三轮车厂等几十个工厂都拨交给资源委员会。并将这些工厂组成所谓华北八个公司:冀北电力公司、华北钢铁公司、华北水泥公司、天津化学公司、天津制纸公司、天津制车厂、天津机器厂、中央电工器材天津分厂等,直属南京资源委员会管辖。在天津轻纺工业中规模较大、利润最丰的棉纺织业,亦为官僚资本所垄断。由经济部接收的纺织工厂计16家,包括裕丰纱厂、天津纱厂、双喜纱厂、大康纱厂、公大六厂、公大七厂,这些厂全部移交中国纺织公司天津分公司,该公司拥有纱锭32万余枚,占天津纱锭总数的84%[12]。另外,官僚资本对天津一些久负盛名的民营企业和外资企业也不放过。如开滦煤矿、颐中烟草公司、永利化学公司、久大精盐、耀华玻璃等企业,接收后在发还原业主时,国民党经济部将接收清册中记有增加的资本额以及原料和成品都视为敌产,故而将其收归国有,并作为该企业的官股。耀华玻璃厂就有500万"敌资"被改为官股5万股,又因"占总股数之半,遂增官股董事翁文灏"[13]。

由于国民党政府接收了天津工业中占主导地位的敌伪工厂,形成了官僚资本对天津工业的垄断。到1947年,官僚资本已经控制了天津工业的一半以上。

在农业方面:官僚资本趁接收之机,掠夺了天津地区的大片土地。如日伪华北垦业公司所属几十个农场的土地50余万亩,军粮城农场稻田43万亩,华北农业实验场所属土地27万亩,全部移交行政院所辖农牧部经营。

此外,四大家族官僚资本在处理敌伪物资和房产的过程中,还得到了一大笔财富。当时天津的各大小仓库中都装有许多敌伪物资,于是处理局按物资类别成立了日用品、医药品等处理委员会,并按照宋子文的指令大量变卖物资,如日用品处理委员会一次就卖出布类14 000多匹、火柴1 000箱、火油150余吨、糖6 000吨,所得款项全部上缴中国银行。处理局还以标售及洽售的方式先后卖掉七八百所房产。不到一年的时间,就为蒋宋豪门增加了近千亿的劫收财。

国民党政府通过"整顿"天津敌伪产业接收,使官僚资本加速膨胀,官僚资本势力垄断了天津国民经济的各个部门。

三

由于国民党政府穷凶极恶的经济接收,天津的国民经济遭到了很大的破坏。抗战胜利之初,民族资产阶级无不希望政府加紧建设工作,以便重振天津工商业。广大工人也强烈要求政府抓紧时间恢复生产。然而,国民党在接收敌伪的产业中,只顾抢掠财物,并不关心恢复生产。结果造成大批工厂企业停工停产。

天津的敌伪工厂除被官僚资本吞并外,余下一些机器设备差、生产能力薄的中小企业由敌伪产业处理局分批标售给民营,在标售出的129家工厂中,能够勉强维持开工的仅29家;不能开工的163家,其中40家停工,12家卖掉了部分设备,15家全部设备被卖出;96家或改为仓库、商店、杂货铺,或成为民房,很少一部分转为其他性质的工厂。被官僚资本吞噬的工厂大部分也都没能及时恢复生产。如原来基础较好,又直接得到政府重点支持的天津中纺公司,虽然复工较早,但由于许多设备器材在接收中就被拆损变卖,结果直到1946年,全部机器设备也只能开动40%。天津机器厂复工后,半年内生产不出成品来。华北唯一的25吨炼钢炉——天津炼钢广的马丁炉,一年多时间才修复开工,每炉炼钢也只有17.4吨左右。天津制车厂于1948年3月才复工,但仅是依靠过去库存零件装配几十辆自行车而已。

由于许多工厂停工停产,致使大批工人失业。据统计,1946年初已有失业工人229 548人,占当时工人总数的40%以上[14]。这些失业工人即无收入,又无积蓄,生活濒临绝境。

国民党政府的经济接收,造成了天津经济萎缩,社会物资严重短缺,加上法币大量拥入天津,引起物价暴涨,广大人民群众处于水深火热之中。1945年11月21日国民党财政部公布《伪中国联合准备银行钞票收换办法》,规定伪联银券5元兑换法币1元,这项措施无疑是对以伪币维持日常生活的一般天津市民的又一次掠夺。同时也客观上鼓励了来津的接收人员利用法币进行投机倒把,从而造成了天津市场供求关系的日趋紧张,物价扶摇直上,一日数涨。到11月底,天津的物价总指数达战前物价指数的588倍,比十月份上升81%还多,其中食物类上升96%,服装类上升148%,燃料高涨113%[15]。

国民党政府接收敌伪产业的结果,虽然搜刮到一笔数量可观的财产,扩大了发展官僚资本的物质基础,增加了发动内战的经费,可是对维护统治的长远利益造成了严重影响。

其一,国民党政府对天津敌伪产业接收"洒向人间都是怨"。胜利之初,饱受日本侵略者蹂躏之苦的天津人民无不欢欣鼓舞,渴望从此安居乐业。然而,国民党政府在接收敌伪产业过程中的掠夺政策,接收人员的贪污腐败行为,使天津人民大失所望。当时天津流传着"想中央,盼中央,中央来了更遭殃"的民谣,充分反映了天津人民对国民党政府的不满情绪。国民党在接收中的所作所为,从反面教育了天津人民,使他们认清了国民党政府的反动本质,进而进行反抗。在解放战争时期,天津的工人运动、学生运动、民族资产阶级及其他各阶层人民各种形式的反抗斗争此起彼伏,沉重地打击了国民党的独裁统治。

其二,国民党政府的经济接收使国民经济受到很大破坏,由此造成的物资奇缺、物价飞涨又随着内战的爆发而不断扩大,成为国民党政府财政经济发生总崩溃的重要因素。

其三,国民党政府在敌伪产业接收中,加深了国民党各派系之间的矛盾,不仅助长了军政人员穷奢极欲的腐败行为,败坏了军纪、吏治,也进一步削弱了国民党的统治基础,加速了其反动统治的迅速崩溃。

注:

① 李洛元、聂汤公:《天津的经济地位》,第322—324页。

② 1945年8月18日《华北新报》。

③ 杨大辛、方兆麟:《天津历史的转折》,第138页。

④《全国文史资料选辑》第55辑,第42页。

⑤ 1947年4月3日天津《大公报》。

⑥《全国文史资料选辑》第55辑,第40页。

⑦ 1946年8月29日、27日天津《益世报》。

⑧ 1946年8月29日、27日天津《益世报》。

⑨ 1946年8月29日、27日天津《益世报》。

⑩ 1946年11月5日天津《大公报》。

⑪ 杨大辛、方兆麟:《天津历史的转折》,第100页。

⑫《北国春秋》第2期第22页。

⑬ 1946年8月16日《解放日报》。

⑭《工业月刊》5卷8期,第9页;4卷8期,第5页。

⑮ 国民党天津市政府档案。

⑯《天津经济统计月报》1947年第21号,第5页。

(《历史教学》1990年第3期)

近代天津商业腹地的变迁

陈 克

鸦片战争前,天津已经发展成为一个封建商业城市。天津的发展一是得因于靠近首都北京而作为漕粮转运站的地位,二是得益于其位于九河下梢,有海河水系沟通直隶各地以及通过海运与东南沿海的交通运输来往。天津开埠以后,城市性质发生变化,由内贸城市变为进出口贸易枢纽。从1860年到1895年,其进出口贸易额翻了两番,人口增长一倍。天津的发展标志着华北地区经济结构商品化的加强,也说明天津城市腹地空间上的扩展及腹地商业潜力的进一步开发。交通运输是商品运动的基本条件之一。传统的天津腹地运输主要依靠水路的船运,对于商品的长途贩运来说,船运有运输量大、运费便宜的优点。天津是海河水系的汇集地,同时又是河口港,这是华北地区其他城市无法比拟的,因此天津开埠前其经济地位大大高于其政治地位。天津虽然只是一个府,但到第二次鸦片战争以前人口已达到20万人。斯坦福大学施坚亚(W·Skinner)教授认为1895年以前,华北地区(包括直隶、山东、江苏、安徽大部,河南北部、山西东部)全域性的都会是北京,六个区域性的都会是:天津、保定、济宁、东昌、开封、维县[①]。但是当时天津的城市规模应当大于其他几个区域性城市,因为天津的航运系统优于那些城市。

连接天津的主要河道包括南运河、子牙河、大清河、永定河、北运河。南运河是天津连接山东的主要河道,从临清以上连通卫河沟通河南北部地区;从天津溯子牙河可直达献县,其支流滹沱河可西溯正定,支流滏阳河可南达衡水;大清河直抵保定,永定河直抵固安,北运河则连通通县、北京,海河直通大沽,除了沟通天津与东南沿海的海运航道外,与京东的滦河水系遥相呼应。由于尚未发现早期的统计数字,我们不能确切知道1895年以前这些河道到底承担了多大的货运量。据1905年的统计,天津四个方面的河道(南运河、东河、西河、北河)通过了六万只民船,载重量为125万吨,来回运量为250万吨货物[②]。用当年天津口岸出口国内土货价值与当年运货吨数的比率推算(见表1),1895年以前天津河运量至少达到120万吨,即1905年的一半,这个数字相当于辛亥革命前京汉铁路的年运货量。

表1

	天津土货出口额	天津进出口总额(海关两)
1885	3,745,071	26,242,763
1890	4,978,644	34,131,668
1895	9,158,924	50,175,806
1900	8,073,384	31,920,658
1905	14,739,359	96,565,672

资料来源:海关报告书

到民国初年,通过河运到达天津的土货价值达到28 087 258海关两[③]。这说明在铁路网形成以前,天津的水路运输能力还远没有达到极限[④]。

与水路运输相比,传统的陆路运输却受到极大的自然限制。陆路的大车运输比水路运输费用贵5—6倍,因此不适于长途贩运。据估计,粮食只要运出200英里就相当于生产成本,而煤则只运20英里就与成本相抵[⑤]。除非是很贵重的东西,长途贩运才有利可图。由于没有可供运输的河道,天津西北方向的贸易全靠传统的陆路运输。从天津到蒙古有三条路，一条是张家口，一条是独石口，一条是古北口。这三条路，连大车也无法通过，传统的运输工具是骆驼。据说“一只健壮的骆驼以每天60英里的速度可以连续走许多天”[⑥]，但运输量很有限。在通火车以前，每担羊毛从甘肃运到天津的运费要40—50两，其中从甘肃到张家口为40两，从张家口到北京要6两[⑦]。然而1926年时洋行在包头收购净羊毛每百斤最高价才不过45两[⑧]。这么贵的运输极大地限制了西北地区兽毛和皮张的外运。与铁路通车后的西北贸易水平相比较，很难将通火车以前的西北地区算作天津的商业腹地。海河水系各主要支流只要向两侧外扩100公里再加京东滦河水域相应地区，就恰好包容了整个华北平原。这一区域应当看作天津传统的商业腹地。燕山山脉以北、太行山脉以西的山区与天津的商品交换量是微不足道的，而黄河以南则是另外一个市场区域了。

在传统商品腹地中也出现了一系列以天津为中心的商品集散中心。这些集散中心主要是靠近河道的某些县城或著名集市。如上西河（大清河）的清苑、安国（祁县）、博野、高阳、蠡县；下西河（子牙河）的正定、获鹿、藁城、无极、滦城、束鹿、深泽、邢台、邯郸、南宫、冀县；御河（南运河）的临清、故城、吴桥、泊头、沧州等；另外，卫河沿岸还有馆陶、大名、内黄、滑县等。天津开埠以后成为华北洋货进口处和内地土特产品的出口处。洋货与土产品上的差异性和来自海外强烈的购销要求极大地刺激了华北地区的商品化进程。在华北铁路网形成以前，天津传统交通网的利用率不断提高，运输量在不断加大，同时天津商业腹地也表现为不断延伸的过程。如开埠后不久的1867年，山西太原市场上已发现天津运来的洋布，价格只比苏州稍贵一点[⑨]。而在20世纪初，晋东南的潞城县已有4家天津的洋行专门收购草帽辫，为此潞城县知县号召全县发展草编工艺[⑩]。然而，天津商业腹地的真正变化还是发生在华北铁路网形成之后，铁路网为以天津为中心的商业活动提供了新的循环系统。

华北铁路网的出现开始于1887年完成的唐胥铁路，到1923年归绥至包头的火车通车后可以算基本形成（山西的铁路直到30年代才修通）。唐胥铁路被称为中国实用铁路建筑的开端。1888年秋天，这条铁路与天津接通后，第一次使中国的一个大城市与当时最大的能源基地连接起来，对天津的城市发展具有深远意义。随着这条铁路的继续延长，不断改名为“津榆铁路”、“关内外铁路”、“京奉铁路”和“北宁铁路”。这条铁路的意义在于，把北京和天津两个华北最大的城市联在一起，并把海河水系、滦河水系和关外的辽河水系连成一体。这条铁路与上述各水系横向相交，正好弥补了这几条水系互相平行无法相通的缺陷，使华北传统的水路交通通过铁路联成一气，极大地提高了天津的经济地位。1905年，京汉铁路黄河大桥完成。1906年，京汉铁路全线通车。这条铁路纵贯中原，穿过传统的西河流域，弥补了该流域枯水季节的运输空白。京汉铁路穿过河南全境直达长江边，勾连了华北和长江中游两大区域，成为南北交通要道，沿线物产丰富，人口稠密，使直隶、河南的大宗农副产品得以运往天津。据1906年统计，京汉铁路赢利已达211万元[⑪]。1907年，正太铁路修成，使井陉、正丰、阳泉的煤炭得以运销京津地区，使山西寿阳、榆次的粮棉大批外运。该路的货运量占总运输量的4/5。[⑫]1911年完成的津浦铁路虽然取代了运河的大部分功能，但廉价的海运使津浦路北段运输长期不景气。根据1915年各路经营统计，正太铁路亏损117 976元，津浦铁路亏损2 727 394元，京汉铁路却赢利6 269 572元[⑬]。不管怎么说，津浦路还是改善了天津以南方面的运输能力。1909年，北京到张家口的铁路通车，以后陆续延长，到1929通到包头。这条铁路的修成对天津进出口贸易具有划时代的意义。由于从包头通过黄河上游水道可直达甘肃省，它使蒙古、陕甘乃至新疆的畜产品出口成为有利可图的交易，同时也极大地提高了我国南方茶叶、茶砖、丝绸输往蒙古、西伯利亚的运输能力。至此，北宁路、津浦路、京包路、京汉路（正太路）实际上构成了一个以天津为中心的新的华北交通系统。这个系统以传统的河运系统互相补充，大大加强了天津口岸的商品集散能力，它的形成带来了天津进出口贸易总额的急剧增加和天津城市人口的猛增（见附表一）。

天津历年进口贸易值与铁路修筑及人口增长相关情况表

附表一： 单位：千关两

年份	进出口总值	铁路修筑情况	人口增长情况
1885 年	26 242 763		
1890 年	34 131 668		
1895 年	50 175 806	1894：天津至山海关通车	587 666 人，光绪重修《天津府志》
1900 年	31 902 658		
1905 年	96 565 672	1903：天津至北京、山海关至新民通车	
1906 年	112 864 555	京汉铁路通车	
1907 年	96 778 966	正太、道清铁路通车	
1908 年	79 454 733		
1909 年	98 752 584	北京至张家口通车	
1910 年	98 090 355		834 641，《天津政俗沿革记》
1911 年	116 536 648	津浦铁路通车	
1912 年	102 258 118		
1913 年	133 458 274		
1914 年	123 939 776		
1915 年	125 053 458	张家口至丰镇通车	
1916 年	133 020 399		
1917 年	142 360 661		
1918 年	153 138 643		
1920 年	173 482 542		
1921 年	224 779 202	丰镇至归绥通车	800 000 人，《中国年鉴》
1922 年	241 510 332		
1923 年	238 407 938	归绥至包头通车	
1924 年	251 695 599		
1925 年	287 704 766		
1926 年	277 574 753		
1927 年	325 339 223		
1928 年	348 250 655		1 388 747 人
1929 年	342 631 149		1 385 137 人
1930 年	315 113 886		1 358 510 人

值得注意的是，随着华北铁路网的形成，一批以天津为中心的新的商品集散地陆续出现并迅速发展起来，其规模和速度远远超过传统的集散中心。这些城市包括北宁线上的唐山，津浦线上的济南，京汉线上的邯郸、石家庄，京包线上的张家口、归绥、包头等。

唐山原来是个小地方，由于附近开深煤矿的开发逐渐形成一个小镇，有“小天津”之称。1924 年以前已有一万五千人口，“有交通大学、铁工厂、巡警局、矿务局、中国医院、矿务局养病院、铁路工厂、学校、新开市场，建筑宏敞，非内地县城所能比”。到 1927 年，当地警察局统计有 10 342 户，47 632 人。其中京奉铁路唐山制造厂就有工人 3 000 人口[15]，为北方工人运动中心之一。唐山的开滦煤炭主要由天津和秦皇岛出口，开滦矿务局总部就设在天津。另外，唐山启新洋灰厂、瓷砖厂，华新纱厂的总公司均设在天津。启新的产品主要供应天津或由天津南销。唐山许多工厂的原料，如启新磁厂的釉土、华新纱厂用的御河棉均由天津输入。唐山市面的粮食分东路货和西路货，东路货由奉天运来，西路货即来自天津。

济南处于天津和青岛两个口岸城市腹地之间。城市发展很快。1905 年时，济南只有 8 万人口，10 年后的 1915 年达到 30 万人[16]。济南与天津有传统的经济联系。天津硝皮厂的原料牛皮大半来自济南。济南与青岛之间的贸易略盛于与天津之间的贸易，尤其是胶济铁路修成之后，鲁西南逐渐变成青岛的经济腹地，德州也有相似的情况。津浦路北段运输不景气大概也与青岛的发展有关。

石家庄在京汉路通车之前仅为获鹿县的一个小村,有农户30—40家。京汉路修成之后,商业开始发展起来,尤其是正太路接通后成为交通要道。但是,到1913年时只不过200余户人家,1918年增至1 000户6 000人口,1926年增至40 000人口。城内有振华洋火公司、荣裕玻璃工厂、英美烟草公司等企业。[17]石家庄是天津通往山西的门户,当时每年进出货物价值已达54万元以上。从天津经石家庄运往山西的货物有:煤油、纸烟、布匹、棉纱、杂货等。其中:煤油年达480万元,纸烟年达60万元,天津布匹加上直隶各地土布合计600万元上下。由山西通过石家庄运出的土货包括:煤炭、棉花,寿阳、榆次的粮食,还有山西特产铁货(其中90%为铁锅)每年运石家庄900车皮以上,运销山东、天津、东北三省,此外石家庄还是在天津的山西票号与山西之间的枢纽[18]。

邯郸本来是天津西河水系与晋东南的交通要道,京汉铁路的通车加强了这种联系。20年代,每年武安、涉县产的花椒和核桃仁经邯郸运往天津有100多车皮。1917年,武安、临漳、磁县等地往邯郸运销天津的棉花就有600多车皮。山西潞安府的铁器(包括铁锅、水壶、钉、勺、刀剪、锯条等)通过邯郸再经水路或铁路运天津、东北者年约50车皮左右。运往天津的土产还有棉籽油等。由天津运到邯郸的货物以煤油、纸烟、火柴为大宗。其中煤油年约千余吨,多运往潞安;纸烟年约百余车皮,多运往大名;靛水年约2 000桶(每桶140斤)。邯郸本地没有银钱号和当铺。来邯的天津商人一律使用有"天津付款"标记的期票。本地商人则将票转卖于本地往天津办货的商人,以免往天津取款之烦。

张家口1914年自行开放为商埠,1915年时约有居民6 000人。[19]原来张家口与俄国和蒙古的茶业贸易十分兴旺,每年向外输出茶砖数百万箱之多。后来西伯利亚铁路通车后一度衰落,但京绥铁路通车后商业又开始复兴,出口品转为牲畜、皮毛、茶叶、荞麦、小麦、胡麻、菜子等。到1905年,人口增至106 000人,每年出口胡麻约250万斤,菜子200万斤,羊驼毛370万斤,皮革29万张,输入品包括绸缎、棉布、谷物、油、烟、杂货等,进出口货大部分通过天津港。张家口有洋行30余家,如仁记、聚立、新泰兴、隆昌、鲁麟、高林、美最时、怡和、禅臣等,总行皆设天津。第一次世界大战时,天津洋行停止买卖,对张家口市面影响极大。另外,张家口也是长芦盐运销西北的转运站[20]。

宣化市在张家口附近,是皮毛贸易中心。每年有40余家天津洋行来此收买皮张,包括隆昌、禅臣、天聚公、华泰、永利、鸟利满、隆茂、古宝财、壁利、义记、怡和、鲁德等。每年旧历三月开市,九月收市,各洋行先付货价一半。1915年全城有皮行五十余家,无论生熟皮等均由铁路运往天津出口[21]。

归绥(今之呼和浩特)1915年时有居民万余人,到1935年人口增至184 000[22]。在归绥经营的天津洋行有仁记、新泰兴、德文、瑞记、平和、益昌、隆茂、立兴、聚立、福山、康利二美丰、高林等十几家,1914年即外销驼毛、羊毛200万斤,皮张9万张[23]。1924年归绥输出骆毛、羊毛1 180万斤,皮张百万张以上,甘草600余万斤,牛马7万多头[24],大部分运往天津。1926年输入煤油5万桶(其中美孚油最多、亚细亚、德士古油次之),洋靛5万两,外国杂货十余万两(日本货最多),还有天津火柴、玻璃、水泥、纸烟、水果及米等,还有从天津输入的五金产品、糖制品、花布,从天津运来的福建茶每年销售十余万元。[25]

包头原有人口不过六七千人,1922年铁路修通后人口增至一万人,1926年激增至14万人,成为西北贸易中心。包头有大小商户900余家,客商以津京人为最多。有平和、新泰兴、聚立、和记等洋行设庄收购土货。包头输出品以皮毛、粮食为大宗,皮张来自蒙古、青海、甘肃、新疆等处,每年集散各种兽毛近2 000万斤,各种皮张近40万张,皆运往天津。胡麻子多由天津克福洋行收买,输入货物包括布匹、纸烟、茶砖、糖、铁货、火柴、洋油等杂货。包头有一绒毡工厂,其出品上等货也运销天津[26]。

通过以上的材料可以看出,这一批城市的规模远比传统的集散中心大得多,全都位于交通要道,与铁路的修建有关,而且发展迅速。这些城市的出现极大地扩展了天津商业腹地的范围,同时也极大地提高了原有运输网的货运量,这一批城市显然是施坚雅描述的1895年以前的中地系统中不存在的。虽然施氏所述的华北区域中地格局在20世纪极大地改变了,但施氏所用的中地理论仍然有意义,即格局改变了,但等级还存在。由于材料和研究的限制,我们还不能自下而上地把握这一新格局的全貌,尤其是旧格局是如何纳入新格局的,旧的集散中心与新的二级集散城市是如何重新组合,构成新的城市体系的。但我们至少可以自上而下地从中心城市天津及其二级集散城市的角度鸟瞰到这一变化的总趋势。这就是作为区域中心城市的天津向着百万人以上的超大型城市发展，在天津和旧有的集散中心之间出现了一批中等规模的城市。这一批城市的发展大部分与外贸进出口有关，因此其土产品的国内终极市场和洋货的发货地点一律指向天津。这种趋势的结果造成北京商业地位相对下降（这并不妨碍北京政治文化色彩的加深）。如进入30年代后，北京的传统皮毛业开始萧条，各皮货局东有归省另谋他业的，也有歇业的。原因除战争外，主要是天津各洋行均直接从产地进货，不必在北京转手了[27]。

天津开埠是在19世纪60年代，而天津腹地格局的变化却发生在20世纪初，这就不能不把这种变化与同一时期华北铁路网的形成联系起来。尽管天津开埠后外商有强烈的贸易要求，但传统的运输方式制约了天津的商品集散能力。最明显的例子就是，由于陆路运输的困难使几乎是无限的西北畜产品资源无法大批运出来，而一旦铁路修通后，西北的皮张兽毛像洪水一样源源东运，成为天津的出口大宗。这种趋势清楚地反映在海关统计册上9（见附表2）

附表2：通过天津海关的主要出口是（根据海关册统计表）

	1901年	1903年	1905年	1907年	1909年	1911年
杏仁	10 922担	8 605	11 131	12 770	13 226	21 157
猪鬃	11 020担	15 323	14 934	18 719	18 386	19 883
煤	16 109吨	23 700	22 948	23 822	52 645	59 317
棉花	-	238担	11 649	7 933	78 170	33 183
枣	75 351担	91 888	101 161	146 440	175 838	67 763
花生	242 518担	99 742	183 601	133 427	151 216	369 027
药材	512 588关两	432 997	483 020	622 635	742 312	832 752
羊皮	1883 880张	1 786 778	2 617 324	2 688 055	3 194 464	3 324 469
骆驼毛	13 322担	12 854	16 978	18 520	22 149	28 168
绵羊毛	92 503担	118 360	165 801	199 364	245 792	261 129
废骨	-	-	-	-	-	-
蛋制品	-	-	-	-	-	-
鲜蛋	-	-	-	-	-	-
肠衣	-	-	-	-	-	-
麸糠	-	-	-	-	-	-
干鲜果	-	-	-	-	-	-
植物油	-	-	-	-	-	-
	1913年	1915年	1917年	1919年	1921年	1923年
杏仁	33 440	54 388	19 703	22 970	420 676关两	365 891关两
猪鬃	18 226	17 527	19 693	17 158	14 195	25 292
煤	52 571	132 296	88 930	59 528	303 665	283 681
棉花	38 414	58 151	19 228	39 900	54 155	61 573
枣	123 213	142 130	53 141	128 186	155 164	178 796
花生	451 623	272 774	22 829	59 117	978 735	450 742
药材	681 564	556 384	510 269	531 723	-	1 259
羊皮	2 917 448	5 744 713	6 095 073	6 696 868	5 585 549关两	7 036 092关两
骆驼毛	28 230	28 071	33 136	35 684	1 284 599关两	63 482担
绵羊毛	221 513	314 214	268 247	299 014	10 823 156关两	51 644担
废骨	-	260 564担	327 987	338 365	373 924	356 086
蛋制品	-	-	-	-	35 038担	42 023
鲜蛋	-	98 571 460个	58 456 010	81 910 520	346 521 520	385 330
肠衣	-	-	-	-	-	1 571 563关两
麸糠	-	-	-	-	291 761担	317 845
干鲜果	-	62 607担	43 741	123 827	-	551 978
植物油	-	-	-	8 413	-	11 674

在新的商业腹地格局中，传统的运输体系不但没有萎缩，反而发挥出更大的效率。如传统的水陆运输量明显加大，与铁路运输不相上下（见附表3）。原因是水运在载重量和运费价格上的优势还是有竞争力的。据统计，在600公里以内大车运费0.0155元/担公里，火车0.0087元/担公里，船运只有0.0026元[28]。而铁路运输则可弥补河运速度慢和季节性的缺点。

附表3：民国初年天津与内地贸易商路及输送额表（海关两）

商路	转出口		转入口		合计	
	数量	%	数量	%	数量	%
铁路	36 936 189	54.28	29 516 357	51.53	66 158 546	53.01
天津北东（北宁线）	7 910 122	-	4 816 622	-	12 726 744	-
天津以西（北宁、平汉、平绥线）	26 105 313	-	21 252 710	-	47 358 923	-
天津以南（津浦线）	2 623 754	-	3 450 025	-	6 073 779	-
陆路	2 774 589	4.11	1 490 419	2.60	4 275 008	3.43
天津以东芦台方面	373 983	-	119.675	-	493 658	-
天津以北北平方面	804 374	471.431	-	-	1 275 805	-
天津以西保定方面	1 318 374	-	858 336	-	2 176 710	-
天津以南方面	277 858	-	40 977	-	318 835	-
水路	28 087 258	41.61	26 276 594	45.87	54 363 853	43.56
天津以东河	6 703 151	-	2 130 454	-	8 833 605	-
天津以东海河	1 243 282	-	548 225	-	1 791 507	-
天津以北白河	1 707 046	-	973 332	2 680 378	-	-
天津以西大清河、其他河川	12 502 348	-	12 547 277	-	25 049 625	-
天津以南南运河子牙河	5 931 431	-	10 077 307	-	16 008 738	-
总计	67 501 036	100	57 286,371	100	124 787 407	100

新的天津商业腹地格局的另一特点是，范围有增也有减。腹地大幅度地向西向北的内地扩张趋势是显而易见的，其标志是皮毛贸易额的巨大增长。而东面沿海地区，天津的腹地却没有发展，原因是其他沿海城市的崛起并发展了自己的腹地。如青岛的发展和胶济铁路的通车夺去了天津在鲁西南的大片腹地，退到济南一线。原因很简单，1915年时济南到天津每吨货物运费墨洋三分，济南到青岛运费也大致相同[29]。秦皇岛的发展也使天津与冀东的贸易向唐山以南收缩。武汉的发展已把河南省大部分区域归入华中商业系统中去了。天津腹地新格局的总趋势是腹地面积大大地扩展了。1909年日本天津驻屯军估计天津商业势力范围为24万平方英里，6700万人口（见附表4）[30]。腹地是互相渗透的，很难划分清楚，因此按照各地与天津间

附表4：天津商业势力范围幅员情况

省区	面积（平方英里）	人口
直隶（全部）	115,800	20,937,000
山西（全部）	81,830	12,200,456
山东（1/3）	18,660	12,739,300
河南（1/5）	11,588	7,063,300
陕西（1/2）	37,635	4,125,091
甘肃（1/2）	62,725	5,192,688
新疆（1/2）	275,170	600,000
满洲（1/2）	36,361	1,700,000
蒙古（全部）	1,367,600	2,580,000
合计	2,027,369	67,137,835

《二十世纪初的天津概况》，第P269页。

的贸易量估计也是有意义的(见附表5)。总而言之,近代天津商业腹地格局的变化首先是市场性质的变化。在传统的华北城市体系中,天津的重要性没有像后来那么突出,原因是这个城市是内向型的,封闭式的。传统市场交换规模的狭小限制了天津成为更大区域的中心城市,即使有四通八达的河道网,也没有充分将其运输便利发挥到极致。天津开埠后,城市性质与腹地市场的性质一齐发生变化。当对外贸易成为所有商品交易中的主要成分时,作为外贸口岸的天津自然而然就成为华北地区的商业中心城市。而所谓开埠,实际上是把华北市场纳入了世界市场之中,作为华北中心城市的天津成为更大的世界市场体系中的一个区域性集散中心。

附表5:1910年天津商业势力概况(千海关两)

地域	转出口	%	转入口	%
华北三省	22,262	77.9	9,061	72.9
河北	15,843	55.4	6,157	49.6
山东	987	3.5	289	2.3
山西	5,432	10.0	2,615	21.0
河南省	1,404	4.9	259	2.1
东北地方	844	3.0	772	6.3
西北地方	4,076	14.2	2,335	18.8
甘肃省	3,352	11.7	952	7.7
张家口			1,204	9.7
合计	28,586	100	12.426	100

《天津的经济地位》,第39页。

注:

① 施坚雅:《中华帝国晚清的城市》。
②《二十世纪初的天津概况》,第109页。
③④《天津的经济地位》表36。
⑤ 珀金斯:《中国农业的发展》,第159页。
⑥ BRITISH PABLI AMENTARY PAPEBS, CHINA, VOL 7558页。
⑦ 海关报告,天津,1905年。
⑧《中外经济周刊》160号。
⑨ 海关报告,天津,1867年,第17页。
⑩《北洋官报》109册。
⑪《中国铁路发展史》96—97页。
⑫ 同上书,第111—112页。
⑬⑭《中华民国省区全志》。
⑮《中外经济周刊》213号。
⑯《直隶实业杂志》四年二期。
⑰《中华民国省区全志》。
⑱《中外经济周刊》1926年9月25日。
⑲⑳《农商公报》一卷七册。
㉑《中外经济周刊》140号。
㉒《中国地理新志》。
㉓《农商公报》一卷七册。
㉔《中华民国省区全志》。
㉕《中外经济周刊》156号。

㉖《中外经济周刊》160 号。

㉗《中外经济周刊》119 号。

㉘《河北棉花的出产与贩运》147—149 页。

㉙《直隶实业杂志》四年二期。

㉚《二十世纪初的天津概况》,第 269 页。

(《城市史研究》1990 年第 2 辑)

旧中国的天津口岸

赵禹辰

今年是天津口岸开港130周年。回顾一下解放前天津口岸对外贸易的概况,深入认识它的殖民地性质和特点,重温帝国主义对我国残酷侵略掠夺的历史,这对激发人们的爱国主义思想和促进今后对外贸易的发展,都具有重要的意义。

天津港以广阔的华北、西北、东北地区为腹地,联系着极为富饶的农、牧、矿产资源,具有开展海洋贸易的优越位置和条件。17、18世纪时,它只是作为封建王朝沿海漕运、南粮北调的一个转运点。到19世纪60年代,世界列强为了便于掠夺我国北方丰富的资源,迫使清朝政府开放了港口。一百多年来,经过几个阶段,在不同性质的管理和经营下,天津港逐渐发展成为我国沿海对外贸易的重要口岸。

一、旧中国天津对外贸易的历史演变

(一)天津开港

鸦片战争后,英法两国进一步侵略我国,于1858午6月,两国联军借故攻占天津,以此胁迫清政府签订了中英、中法天津条约。1860年英法联军又占领北京,10月清政府又被迫签订了北京条约,即所谓天津续约。条约规定天津海港开放为通商口岸。中英、中法天津条约签订后,美、俄、德、丹麦等国都援例同清政府签订了双边条约。根据这些条约,它们也获得了中英、中法天津条约中规定的特权。从此,天津就成为帝国主义侵略我国北方的一个立足点。

1861年,天津港正式"开放"后,根据天津条约以及此前于1840年签订的南京条约,列强控制了我国海关,制订了侵夺我国权益的海关税则,以及进口商品一次纳税后在全国通行的子口税制度。各国商人遂纷纷来津开设洋行,垄断了天津口岸的外贸业务,向我国各地大量推销其商品,大肆掠夺我国资源,从而很快在天津形成了半殖民地性质的对外贸易。随后,各国在天津市区划定了各自的租借地,计有英、法、日、德、俄、意、奥、比、美九个租界,且向我北方各地投资于工矿、交通等事业。帝国主义的侵略日益深入。

(二)英、日、美控制下的三时期

随着帝国主义各国之间势力的消长,从开港到天津解放前夕的90年间,各国对天津口岸对外贸易的控制,大致划分为三个时期:

(一)从开港到第一次世界大战前夕(1860—1914年),是英国控制时期。这期间,英国对我全国的贸易额,占当时我国对外贸易总额的比重,1864年为81.8%,1894年为67.9%。天津开港初期的进出口商品大部经由上海转口,以后天津直接对外成交,由天津直接进口商品逐渐增加。在这些转口和直接对外成交的贸易额中,英商占绝大多数份额。后来虽逐渐减少,但在总额中仍占多数。这一期间,天津口岸主要的进出口商品都由英商经营;进出口货运船只也以英国船只为最多。后期,我国船只和日本船只虽有增加,但英国船只数和吨位数仍一直居于首位。

(二)从第一次世界大战到二次大战期间(1914—1945年),是日本控制时期。日本对天津的贸易,是从1876年日本船只驶来天津后开始扩大的。1898年日本在天津取得了租界地以后,日本商人大批涌至,日本对天津的贸易逐年增加,贸易额仅次于英国。天津口岸当时主要的进出口商品,如棉花、棉织品、羊毛等,日本已逐渐成为重要的销主和受主。到1914年,日本对天津的贸易额在天津进出口总额中已占44.72%而居第一位。第一次大战期间,欧美各国忙于战争,无暇顾及我国,日本遂完全控制了天津的对外贸易。战后,英国势力大大衰落，美国对天津的贸易虽超过英国而可与日本竞争，但在二次大战以前的期间，天津的对外贸易仍由日本控制。二次大战期间，在日本帝国主义占领下的天津，实际上已成为日本侵略者掠夺我国资源、倾销其商品、输送军用物资的重要转口口岸。

（三）从日本投降到天津解放前夕期间（1945—1948 年），是美国控制时期。抗日战争中取得了胜利后的中国，并没有获得政治和经济上的独立。由于国民党集团与美国相勾结，中国的经济又被控制在美国势力之下。二次大战结束后，虽然各国洋行在天津又恢复了业务，国民党政府在天津也设立了输出入管理委员会办事处，实行了对外贸易"管制"，国民党官僚资本也在天津设立了对外贸易机构，另外一些中国商人也开设了进出口贸易行，但在美国控制下，这些官僚资本机构和私营进出口贸易行仍然处在美国的操纵、控制之下。例如，1946 年天津口岸进口货物中，美国货就占 70%，同年出口货总额中运往美国的占 76%。由此不难看出，当时美国对天津口岸的控制。

二、解放前天津口岸对外贸易的殖民地半殖民地性质

解放前，在资本主义列强对我国广泛侵入的情况下，天津口岸的对外贸易成为各列强侵略我国的工具，对外贸易的各个环节都被控制在外国势力之下。特别明显地表现在以下几个方面：

（一）海关不自主

各列强利用不平等条约在我国攫取了许多特权，包括对外贸易的控制权。首先，列强掌握了海关领导权。海关是旧中国对外贸易的重要管理机关，经营对外贸易的厂商要在海关登记，进出口商品要经过海关签准，海关管理一切进出口船只、港口及海岸勘测等。但旧中国海关的最高主管人税务司一职，长期被各列强派员窃居，他们实际上成了驻在中国的殖民大臣。海关的一些高级官员也均由外国人担任，从而确立了列强对中国海关的完全控制。

其次，列强破坏中国的关税自主。根据鸦片战争后的中英南京条约，确定了英国进口货物"值百抽五"的征税原则，税率既经协定，非经外人允许不能更改。这成为我国"协定税率"的开端。同时还规定，英国货物进口后只交纳一次子口税，即可运销到我全国各地不再纳税，而子口税不得高于进口正税的 50%。这更是我国关税不能自主的明显标志。随后，美国于 1844 年胁迫清政府签订了中美望厦条约，同年又签订了中法条约，美、法等国都享受了中英南京条约给予英国的各项特权。中英天津条约更规定了外国人在我国各地自由通商的权利，并规定了子口税同样推行于出口货物。当时中国人经营的土产国货由内地运往口岸时，途经的各个关卡都要层层纳税，税负繁重。而外国人则利用上述特权，对进出口货物都只交纳一次子口税，这就使他们得以在非常有利的条件下，在我全国各地倾销其商品，极为廉价地掠夺我国资源物产，攫取暴利。而中国经营对外贸易的商人，则处于不利地位，根本无法与之竞争。

1928 年，在帝国主义列强之间矛盾重重的情势下，南京国民党政府与英国签订了所谓"关税自主条约"，名义上恢复了海关自主权。但是海关高级管理人员仍由外国人担任，实际上仍不能自主，而被外国人控制。国民党政府虽然在这项条约中获得了调整关税税率的权利，并且开始提高了税率，如平均进口税率从 1930 年的 10.4%，逐步提高到 1935 年的 27.2%。但是，在政治不能独立、国力日渐衰微的情况下，提高进口税率却促成了沿海的走私进口。特别是天津口岸，日本浪人在日本政府的政治和军事力量支持下，更是大量走私，因而天津口岸正式的进口贸易额和关税收入都大受影响。国民党政府对此却不敢也无力加以制止，因而所谓海关自主只是一纸空文。

（二）对外贸易业务由外国人垄断

天津开港以后，外国商人立即在天津开设洋行。各国根据不平等条约强行划定"租界地"后，外国洋行更得到庇护场所。再加上另外的一些特权，如领事裁判权、内地自由通商权等，外国洋行的殖民地式经营就有了更大的便利和保障。外国商人遂纷至沓来，在天津筑码头建仓库，开设运输公司，建立加工厂、打包工厂等各种设施。洋商在天津有了最好的码头、仓库，垄断了远洋、沿海和内河的航运事业和对外贸易业务。随后外商更直接深入内地倾销货物，收购出口物资，掌握了对外贸易的各个环节。

第一次世界大战以后，有些中国人洋行买办见有机可乘，也成立了一些进出口贸易行。但是在洋行的排

挤下，这些贸易行的业务很难开展。1945年日本投降后，外国洋行恢复了营业，国民党官僚资本设立的外贸机构和一些华商进出口行也重又经营进出口业务。但这些华人官商和私商也只是代外国洋行推销商品，代为收购出口货物而已。直到天津解放前夕，天津口岸对外贸易实际上从未摆脱外国人的垄断。

(三)严重的入超

外国商人凭借特权，以种种垄断方式，在我国各地压价收购出口物资，同时以高价推销其过剩产品。这种不等价交换，使天津口岸从开港到解放前夕90年间的绝大部分年份里进出口量值都是不平衡的。自1877年到1949年的73年间，对外贸易长期处于严重的入超状态，这从旧海关统计中可以明显看出。

解放前天津口岸历年进出口额比较(以各年出口为100，各年的进口为：)

解放前天津口岸历年进出口额比较(以各年出口为100，各年的进口为：)

年份	1865	1894	1914	1922	1931	1936	1947
直接进口额	152	310	125	207	112	61.7	103.0
总进口额	694	545	257	225	163	107	103.5

(注：总进口额包括直接进口额及由其他口岸来的洋货转口进口额)

从上表可以看出，1936年前，天津口岸对外贸易全部是入超。1931年以后从表面上看入超有所减少，直接进出口贸易额还有出超现象，但实际上，1931年后，洋货特别是日本货大量走私进口，而走私数字远远超过了报关进口的数字，把走私进口计算在内，则仍是严重入超。1945年日本投降后国民党政府控制下的进出口数量，由于通货膨胀，外汇牌价极不稳定，加以仍有严重的走私，因而难于取得较为符合实际的统计资料。

由于半殖民地性质的对外贸易，以及反动统治集团大量进口军火，造成天津口岸长期入超，导致我国黄金、白银长期大量外流；同时，反动统治集团为弥补巨额逆差只能屡向列强借款。金银外流和沉重的外债，使我国财力日衰，人民生活日苦。

(四)体现半殖民地性质的进出口商品类别

总的看来，解放前天津口岸的进出口商品，进口的绝大部分是消费品，而出口的几乎全部是原料品。这是殖民地、半殖民地性质对外贸易的特征。

天津开港初期，鸦片进口曾居首位。根据海关税率表，1858年，鸦片已列为准许进口的商品。因此，天津开港后，外国主要是英国船只就公开装运鸦片直到天津卸货。1863年进口量达到3 749担，1866年虽然由于棉布进口量的增大而鸦片进口退居天津口岸进口额的第二位，但鸦片进口的绝对量却猛增到9 162担。1882年以后，由于国内种植增加，进口逐渐减少。直到1914年才停止鸦片的公开进口。

棉布一直是天津口岸的重要进口货物。1883年棉布进口29万多匹，占天津口岸洋货进口额的61.44%。此后由于国内纺织业的需要，棉纱也成为重要的进口商品。直到20世纪20年代，棉织品在天津口岸进口洋货中一直居于首要地位。

1920年后，粮食进口量增加，到1930年前后，粮食进口总值已超过棉织品。

糖、煤油、白蜡、染料、五金用品等也都是解放前天津口岸长期大宗进口的商品。

1945年日本投降后，国民党政府控制下的几年间，棉花从出口为主反变为以进口为主，进口额约占总进口额的17%。粮食进口约占总进口额的11%。又由于美国倾销"剩余"物资的结果，几年间大量的消费品和奢侈品，包括香烟、洋酒、罐头、水果、各种化妆品等源源涌入天津市场。另外，由于天津一些工业的需要，也进口了一部分原料品。

天津开港之初，主要的出口商品还只是一些土特产、山干鲜货等。后来，各国发现了华北、西北广大地区出产的棉花、羊毛、猪鬃，这几种商品很快就成为他们掠购的对象。日本从天津运出的主要是棉花和羊毛。猪鬃主要是美国专用的原料。草帽辫、地毯、肠衣也陆续被运往欧美各地畅销。进入20世纪，世界市场对我国北方出产的各种油料如花生、棉籽、胡麻子、芥子、桃仁等需要量增大，这些油料也成为天津口岸的大宗出口商品。德、英两国是蛋类和蛋品的主要掠夺者。到1937年日本帝国主义侵华前，天津口岸的出口商品，棉花居第一位，其次是毛绒、皮张、猪鬃、蛋品、油料等。这些重要的原料品，构成了天津口岸的传统出口商品，因而形成了我国国内这些产品的生产对国际市场的依赖和为各国所控制。日本占领期间，日本通过天津港运走了我国北方出产的大量煤炭、食盐、铁矿石、棉花、棉籽、油料以及各种粮食。二次大战期间，由于日本的控制，美国得不到我国特有的优质猪鬃；日本投降后美国势力侵入天津，猪鬃又大量出口，1946年猪鬃出口占天津口岸总出口量的60%左右，几乎全部输往美国。

（五）帝国主义资本的输入

为了更便利地掠夺我国资源，利用我国廉价的劳动力、土地和原料以攫取暴利，天津开港后，各国立即向天津及我国北方各地进行投资。早在1880年前，英国即与当时封建官僚阶级相勾结，兴办了开滦矿务局，又于1881年开始修建胥唐铁路（胥各庄—唐山），以后伸展而成现在的京山线。德国则于1896年开始投资修筑芦汉铁路（现在的京广线北段），并投资成立井陉矿务局。在以后津浦、京汉、京奉等铁路的修建中，各国都进行了大量投资。1898年京奉铁路借款867万美元，全部由英国提供。1908年津浦铁路借款2 433万美元，英国占37%，德国占63%。1910年津浦铁路补充借款1 460万美元，英、德两国仍按此比例投资。辛丑条约签订后，各国更纷纷在天津等地开设工厂企业，如英商隆茂洋行绒毛加工厂，英商太古、怡和洋行在市区修建码头、仓库，美商美古纳地毯厂，英商亚细亚、美商美孚、德士古等石油公司都在天津建立大型储油库。日商投资兴办多家棉纺织厂。英商开设烟草厂、蛋品厂。此外，英、法、日、德、意等国在各该租界内兴办电话、电气、自来水等事业。比利时则投资兴办有轨电车公司。这些投资都与对外贸易有直接关系，都是旧中国经济的重要部门，并且是利润最大的企业。各国直接用于对外贸易业务上的资本也是庞大的，加上各国在津设立的金融机构，如英商汇丰银行、麦加利银行，美商花旗银行、大通银行，日商正金银行，法商汇理银行，比商华比银行等，垄断了对外贸易和银行业务。这些都是天津口岸对外贸易殖民地半殖民地性质的明显标志。

三、旧中国天津口岸对外贸易对我国社会、经济发展的破坏作用

（一）阻碍我民族工业的发展

由于外国资本主义采用机器生产，商品成本本来就低于我国，他们在我国又享有低关税和子口税的待遇，因而各国商品得以便利地在我国各地销售，致使我国原有手工业产品不能与之竞争，更不可能建立和发展现代化工业。例如，与天津口岸紧密联系的河北省，早已是我国重要的产棉区，手工棉纺织业在河北省中南部产棉区更为发达，保定、石家庄、邯郸等地区所产土布久已运销全国各地，高阳土布尤其著名。但自天津开港后，洋布、洋纱大量输入，国产手工产品不能与之竞争，手工业遭到严重打击，以致完全破产。再如，第一次大战期间，西方各国忙于战争，我国民族资本借机建立了一些现代工业，天津和内地建立起棉纺织、面粉、榨油、火柴等轻工业，一时生气蓬勃。但大战结束后，洋货再度大量涌入，这些新建工业的产品经受不住洋货倾销的打击，有些工厂倒闭，有些则苟延残喘勉强维持，能够生存下来的也只是为外商服务的一些出口商品加工工业和采矿工业。在日本占领期间和日本投降后的几年里，天津曾有些稍具规模的工厂出现，但也是外商投资为他们自己的贸易服务的。旧中国天津口岸对外贸易，由其殖民地半殖民地性质所决定，对我国工业化和经济发展的阻碍和破坏作用是严重的。

（二）破坏农村经济

天津开港后，各国向我华北地区大量掠夺农副产品的结果，使我农村经济开始改变了自给自足的生产方式，扩大了商品生产。这以河北省的棉花和小麦最有代表性。天津开港不久，棉花就是重要的出口商品，因而在河北省各地都扩大了棉花种植面积，商品比重逐渐增加。但到1927年后，各国为了争夺市场，开始打击我国棉花的出口。美国并强制国民党政府输入美国棉花。因此，从1927年起，棉花进口逐年增加，出口逐年减少，这就直接打击了我国农村的棉花生产。另外，美国又以“小麦贷款”名义强迫国民党政府购买美国小麦，在30年代的头几年里大量进口小麦，这又严重打击了我国农村的小麦生产。以致在1930年前后，河北省以及其他各地小麦和棉花的种植面积大大缩小，农产品价格特别是小麦、棉花的价格大大降低，农民更加

陷于贫困破产。

(三)鸦片进口毒害

早在19世纪初,英人就将鸦片从广州大量运进我国,但当时在形式上还是走私。从1858年起,鸦片成为公开进口的商品。随着天津开港,鸦片成为天津口岸的主要进口商品,使我国吸食成瘾者大增,不仅沿海如此,并且远及内地。鸦片需要的增加,引起了我国鸦片种植。尽管当时的统治者表面上也声称禁止种植,但实际上各地遍开罂粟花。鸦片进口的增加和种植的扩大,吸食人数众多,对中国人民的毒害至甚!

回顾旧中国和天津口岸对外贸易的历史,海关不能自主,资源大量外流,国家财力日益贫困,工农业得不到发展,人民生活艰难困苦,国家独立和民族生存岌岌可危。直到全国解放后,对外贸易才获得了新生,实现了独立自主、平等互利,为我国社会主义建设发挥着积极的作用。天津口岸对外贸易在党和国家的管理和扶持下,扩建了港口、交通,健全了与外贸相关的设施和机构,培养起一支外贸队伍,按照党和国家的方针、政策,积极开展外贸经营,天津口岸已同全世界绝大多数国家建立起友好的贸易关系。新中国天津口岸对外贸易已成为促进国民经济发展,加速国家现代化进程的一个重要部门。瞻望未来,我们沿着一个中心、两个基本点的路线前进,就必将取得更大的成就。

(《现代财经——天津财经学院学报》1990年第3期)

日本华北驻屯军及其侵华行径

武月星

过去在研究中日战争时,忽视了对战前日本华北驻屯军的实力和活动的研究,这对了解中日战争的具体起因,是有影响的。本文根据史料,试图对战前日本华北驻屯军的由来、编制及在华北的侵略活动作些探讨,就教于各位史学界的先进。

一、驻屯军的由来

外国军队可以在我国华北驻扎,始于1901年9月7日清朝政府与英、俄、日、德、法、美、意、奥、比、西、荷等11国公使签订的丧权辱国的《辛丑条约》。该约第七款规定:“大清国国家允定,各使馆境界,以为专与住用之处,并独由使馆管理,中国人民,概不准在界内居住,亦可自行防守。”“中国国家应允,由诸国分应自主,常留兵队,分保使馆。”[①]第九款规定:“中国国家应允,由诸国分应主办,会同酌定数处,留兵驻守,以保京师至海通道无断绝之虞。今诸国驻守之处系:黄村、廊坊、杨村、天津、军粮城、塘沽、芦台、唐山、滦州、昌黎、皇岛、山海关。”[②]

上述规定使外国侵略军不仅控制了京津地区,而且,从渤海湾到北京城的通道也完全处于外国军队控制之下。从此,北京大门洞开,侵略军随时可以向清政府施加压力,使其屈从于它们的旨意,同时,又可以在中国的土地上横冲直撞,直接镇压中国人民。

条约中对各国在华驻兵人数虽没有规定,但在同年4月6日,八国联军指挥官曾共同协商议定:北京使馆卫队,总人数不得超过2 100人,北京至山海关的通道上,驻军总人数不得多于6 200人。撤兵期间,各国驻兵总数额12 200人[③]。到各国军队撤退完毕,恢复正常秩序之后,驻兵总数以8 200人为限(占撤兵期间驻兵总数的67%强),各国不得超过两千人[④]。北京至山海关沿线12处驻兵情况是:天津,由英、法、德、意、日五国分驻,黄村驻意军,廊坊、杨村驻德军,军粮城、塘沽驻法军,芦台、唐山驻英军,滦州、昌黎驻日军[⑤]。

在华北的外国驻军中,以日本的驻军总数为最多,有1 650人,占驻军总数20%[⑥]。日本仅北京使馆区就驻有400人,其余的1 250人驻扎在战略要地天津、塘沽、秦皇岛、山海关等处。这数目近两千人的日本驻军,在各驻守地耀武扬威,像一只登堂入室的恶狼,时时威胁着华北地区的安全。

《辛丑条约》签字之前的两个月,日本以“护路”、“护侨”为名,向中国派遣了驻屯军,命名为“清国驻屯军”,第一任司令官是大岛久直中将,总兵力约2 600人[⑦]。签约后一个多月,即10月24日,日本政府正式公布的清国驻屯军的编制是:驻屯军司令部,北清驻屯各部队及上海驻屯步兵大队。其职能为负责“保护帝国公使馆、领事馆及帝国臣民”。9月签约之后,驻屯军司令部移驻天津日本租界地张园,司令长官改由山根武亮少将担任,兵营分两处,一是天津海光寺,一是北京东交民巷。以后30余年间,历任司令官共25人,除了两名大佐外,其余的都是少将或中将衔。他们是:大岛久直中将、山根武亮少将、秋山好古骑兵大佐、仙波太郎步兵大佐、神尾光臣少将、中村爱三少将、阿部贞次郎少将、佐藤钢次郎少将、奈良武次少将、斋藤季次郎少将、石光真臣少将、金谷范三少将、南次郎少将、铃木一马少将、吉冈显作少将、小泉六一中将、高田丰树中将、新井龟太郎中将、植田谦吉中将、香椎浩平中将、中村孝太郎中将、梅津美治郎中将、多田骏中将、田代皖一郎中将、香月清司中将[⑧]。

日本驻屯军的兵力也在不断变化。从1908年起,北京设一个步兵中队,天津设两个步兵中队。到1909年,日本政府为节约经费,曾缩减了兵力。但到了1911年,又增加了北清派遣队,计步兵一个大队,机枪六个队[⑨]。1912年,陆军省将清国驻屯军更名为"中国驻屯军",因为司令部在天津,又称"天津驻屯军"。

天津驻屯军是日本设在国外的四大常备兵团之一直属日本陆军省领导,编制与司令官的任免也直接由军部决定。驻屯军司令部是日本政府设在中国华北地区的最高军事机关。驻屯军部队包括步兵队、守备队与宪兵队,其指挥机关是步兵队队部。步兵队是驻屯军的主力,由步兵中队和小队组成。1936年以前,驻屯军在北京和天津各设一个队部。

二、肆意违约的强化

日本根据对华侵略的需要,随意改变驻屯军的编制,增加驻军人数,并相应调整司令部权限,实现天津驻屯军的强化。

从1911年10月10日中国发生辛亥革命时开始,日本就不断寻找机会,要求增加兵力,并不时地唆使在华北的驻屯军制造纠纷,干涉中国内政,以期获得新的权利。

武昌起义后,日本以确保在武昌对岸的汉阳铁矿为借口,派遣军舰,在长江下游监视革命军的行动。10月末,河北省滦州的清军将领张绍曾表现出有响应革命的动向,日本公使伊集院彦吉唯恐本国在华北的权益受影响,曾于10月27日、28日、30日先后三次致电日本政府,要求从日本本土派遣陆军、海军到天津、塘沽、秦皇岛等地维持治安。陆相石本新六也以"保护在满蒙权益,维持对朝鲜控制"为理由,要求往中国华北地区增派两个师的兵力[⑩]。由于俄国英国拒绝,日本的派兵计划没能实现。但日本并没有因为英俄的牵制而放弃派兵计划,仍要求在山海关内护路,并希望英国承认山海关外的铁路由日本单独"防护"。此时,美国、德国也表示要分享在中国的"护路权",英国认为时机成熟,对日本表示:关外的铁路,在与俄国商洽之后,可以由日本单独"防护"。山海关以内的铁路,由其他国家分段"保护"。在利益均沾的前提下,1912年1月,由英、美、法、德、日、俄六国签订《防护铁路协定》,根据协定,日本取得了从山海关到滦州长达61公里铁路"防护权",从此,日本在这一地区增派了599名驻兵[⑪]。

1915年1月,日本向袁世凯提出了灭亡中国的二十一条,为恐吓北京政府,在3月10日的内阁会议上,决定对中国动用武力,计划派遣3万人到中国[⑫]。1925年,中国革命形势迅速发展,日本却加强了对华侵略部署,将天津驻屯军司令官再次升格为中将级,派小泉六一中将任司令官,此后,连续四任均为中将级。驻屯军人数,也由1924年的737人,增加到1927年的1 347人,增长将近一倍[⑬]。1927年,天津驻屯军的编组也有改变,驻屯军由华北驻屯军司令部、天津驻屯步兵队(四个中队)、北京驻屯步兵队(一个中队)、中国驻屯军医院等组成[⑭]。1928年,国民革命军再次北伐之时,日本又酝酿增兵"保侨"。至1930年底,日本政府加紧策划对我国东北的更大规模占领,把天津驻屯军司令官的级别又降至少将,但驻军人数却仍在增加。之后华北驻屯军除了原有的部队之外,又配属了一年轮换制的临时派遣队(步兵两个大队、工兵小队、通信队、野炮兵中队、卫生班),主要布置在天津以北、以东的铁路沿线[⑮]。

1931年关东军发动"九一八事变"时,天津驻屯军与其呼应,制造了"天津事变"。11月8日,天津驻屯军会同日本驻天津总领事馆,在天津唆使汉奸、杂牌军人李际春、张璧,纠集流氓兵痞,组成1千余人的便衣队,在日租界分发枪械,冲入华界扰乱治安,并不断地向中国军警发动武装挑衅,中国军警镇压暴乱,日本驻屯军就出来干涉。他们断绝了日租界地与华界的交通,封锁了溥仪的住地静园,炮轰中国军警,强迫其后撤。为了扩大事态,日天津驻屯军司令官香椎浩平发表声明说:"日本军队业已采取种种方法,以保护日本权力之安全。"[⑯]并出动日军占领天津二区警察所。11月11日,溥仪在土肥原策划下,换上日本军服,坐车逃出静园寓所,从码头乘日本汽船到营口,先被安顿在旅顺,后被运至长春作了伪满皇帝,成了日本的傀儡。香椎浩平还借机提出绝对取缔抗日活动的无理要求。华北驻屯军的挑衅活动引起了英、法、意等国驻津司令的反对,他们向香椎浩平提出警告,要求日本遵守条约,免起衅端。

日本天津驻屯军与关东军是驻扎在中国领土上,奉行日本帝国主义侵华意志的两支暴虐势力。它们关内、关外遥相呼应,相互勾结,在中国的领土上为非作歹,不断挑起冲突,制造暴乱,大肆掠夺中国的资源,对我国人民的生命财产造成了严重的危害。

为了实现独占中国的野心,日本关东军在侵占我国东北后,势力就逐渐伸向华北。1月,侵占山海关,

3 月，占据热河；3、4 月份，又进攻长城各口。5 月下旬，日本关东军代表冈村宁次与中国代表熊斌签订《塘沽协定》时，日本天津驻屯军紧密配合。天津特务机关长板垣征四郎和驻北平武官永津佐比重对中国军队进行分化和策反；长城战役发生时，中村少太郎（天津驻屯军司令）也嗾令便衣队扰乱后方，并千方百计地促成《塘沽协定》的签订。

夺取华北，是日本军国主义的既定国策。为此，日本华北驻屯军在 1935 年先后制造了察东事件（1 月）、热河事件（5 月）、何梅协定（6 月）、秦土协定（6 月）、香河自治区运动（9 月）、冀东防共自治政府建立（11 月）、冀察两省特殊化事件（12 月）等。所有这些，目的都是企图把华北变成第二个满洲国。日本天津驻屯军在华北地区无恶不作：制造傀儡组织，掩护走私活动。他们手段毒辣，凶狠狡诈，很受日本政府的青睐。华北驻屯军司令官梅津美治郎，因迫使中国签订“何梅协定”，逼中央军退出冀察地区，取消国民党在河北和天津的党部，而由少将晋升为中将。继任的多田骏少将，由于参与协商建立“冀察政务委员会”，推行“华北自治”，炮制冀东伪组织而受到奖赏，擢中将回国。

随着日本驻屯军侵入中国腹地，日本特务机构也在华北的一些战略要地相继建立。北平、天津、保定、唐山、济南、青岛、太原、归绥、张家口等地的特务机关，都直接受天津驻屯军领导。仅在天津的日租界内，就有许多由日本军人主持的称为“公馆”、“洋行”的特务机构，他们的总目的是配合日军发动侵华战争，但具体任务又各有侧重。如位于淡路街的“青木公馆”，由大通道贞中佐主持，任务是侧重于鼓动冀东“独立”及拉拢北洋军阀吴佩孚组织华北伪政权；在曙街的“斋藤洋行”由日本驻华使馆武官柴山兼四郎主持，任务是收买笼络“九一八”事变后由东北来天津的军政要员；在伏见街的“和知公馆”，由驻屯军高级参谋知鹰二中佐主持，任务是策动两广及山西独立；设在汉路街的“茂川公馆”，由茂川秀和少佐主持，任务是配合日军占领平津的军事行动和组织伪政权；设在石山街的“三野公馆”，由驻屯军参谋三野友吉主持，负责制造便衣队暴乱活动及监视控制清逊帝溥仪的行动。这些日本特务机关，由军人主持，秉承驻屯军的指令进行活动，是华北驻屯军的一个组成部分。

1935 年 5 月 17 日，日本的驻北平公使馆升为大使馆。此后，日本的驻华武官和天津驻屯军就不断以各种借口，向东京政府要求扩大驻屯军编制，增加兵力。9 月，多田骏以“保侨”为名，要求东京增兵华北。12 月 13 日，多田骏又召集幕僚开会，制定了一个扩编增员方案，呈报东京军部。1936 年 1 月 10 日，日本陆军省军务局军事课武藤课长于晋谒陆相川岛义时，曾说明军部与天津驻屯军之间已协商达成两点：“一、驻屯军司令官应由少将级改为中将级；二、驻屯军司令部应仿台湾军司令部扩充。”⑰此后，关津驻屯军的名称改为华北驻屯军，作为武装侵略华北的最高机关。驻屯军编制的升格，是日军侵华步伐加快的一个重要标志，显示了驻屯军的活动范围已不再局限于平津地区，而扩展到整个华北了。“二二六”事件之后，日本建立了军部独裁政权。首相广田弘毅将关东军与华北驻屯军的权限范围作了明确划分：长城以外（北）地区，由关东军负责管辖，长城以内（南）由华北驻屯军处理。日本政府这样安排有两个用意：一、提高华北驻屯军的地位，使其“有独立处理华北中日间有关事务的权力”⑱；二、让“急进的关东军不再干预，专心致志进行对苏战备”⑲。1936 年 3 月下旬至 4 月初，日本驻华武官矶谷廉介，与华北驻屯军参谋长永见俊德又分别向东京参谋本部提出增兵华北的建议和“强化华北驻屯军”的方案。对此，日本政府非常重视，于 4 月 17 日，广田内阁会议正式通过增兵 6 千人的决议⑳，并得到天皇裕仁批准。4 月 18 日，内阁发布第六号军令，将华北驻屯军司令官由军部任命改为“亲补职”——由日本天皇直接委任，并增加约三倍的兵力；同时将驻屯军的一年交替制改为永驻制。显然，这是提高驻屯军地位，加强驻屯军权力的重要措施。5 月 1 日，裕仁天皇亲自任命田代皖一郎为华北驻屯军司令官。田代是一个诡计多端的侵华老手，而且是日本军界公认的侵华派首脑人物。他在“一二八”上海战役时，以中将衔出任侵华司令官白川义则的参谋长。

增兵华北的日军，分别在 5 月 9 日、10 日从于品港，22 日、23 日从新泻港上船运往中国。5 月 15 日，首批新增日军三千人到达平津㉑。16 日，旅团长河边正三少将把他的旅团部设在北平。到了 6 月下旬，增派日军全部抵达平津各地，至此，“强化华北驻屯军”新方案完成。据东京日本政府宣布，增兵人数为 6 千人，总计达 8 400 人㉒。其实，日本增兵华北人数远不止此，据上海《申报》1936 年 9 月的调查：华北驻屯军的人数已超过 14 000 人，分驻于天津、北平、丰台、通州、山海关、秦皇岛、南大寺、唐山、塘沽，昌黎、湾东、留苏营及北宁路沿线各站。金曼辉说他依据多方的消息，日军“在5月以前原有驻军八千名，5月以后陆续增加到16 000余名，至二十六年(1937年)春交替结果，实数已超过2万人。”[23]日本当局对这一时期的华北驻兵人数讳莫如深，有人问到新增的驻军人数时，驻屯军参谋今井武夫回答说：“日军增加数额，不便奉告。”更引起人们注意的应当是增派日军的编制、配备情况与战斗力。新增日军为战时编制，在驻地还大量修建炮台，驻守地为平汉、津浦、北宁、平绥等铁路沿线。

“强化”后的华北驻屯军编制，其规模是庞大的，除拥有一个旅团的步炮联队(计三个中队)外，还有航空大队、骑兵大队、机械化学兵大队、工兵中队和驻防在铁路沿线的守备队、宪兵队，再加上设在华北15个主要城市的特务机关、冀东的伪军、日本浪人团体与其配合、呼应，形成了一个强大的军事网络。如此一支兵种齐全、装备精良的军事力量，在邻国境内毫无理由的驻扎，其用心显而易见。他们可以随时引燃战火，迅速夺取平津，攻占华北各地。

三、疯狂的经济掠夺

华北驻屯军增兵扩编之后，在开发华北名义之下，直接参与了政治扩张与经济掠夺。华北驻屯军设置了经济顾问部(会同参谋部共同主管经济事务)。1935年12月20二日，由满铁、关东军、华北驻屯军共同支持，在大连设立了“兴中公司”，为“开发”华北资源，特在天津设立了分公司。日本还通过汉奸与买办拼凑而成的“东亚经济协会”、“华北经济委员会”等机构，进行经济渗透。从1936年初开始，日本采取了以经济掠夺为主的侵略方式。9月，华北驻屯军司令官田代皖一郎借助“日中经济提携”的口号，逼迫宋哲元实行所谓“四原则、八要项”的经济升发计划——即由日本贷款、提供技术人员，双方“合作”，在华北地区开发航空、铁路、煤炭、铁矿、港口、电力、通讯、农业、渔业八个行业[24]。日本“开发”华北的经济计划，首先提出了交通运输的开发，这不仅仅是出于对华北资源掠夺的需要，也是出于进一步扩大侵华战争的需要。因此，日本除了重视天(津)—石(家庄)铁路和塘沽海港的建设，还重视华北航空业的发展。1936年7月，为了适应驻屯军“强化”后的形势，日军在天津李明庄擅自建了一座新兵营，同时，修建一个占地两千余亩的大飞机场，并附设一座能容纳十架飞机的机库，为了进一步得到在中国领空的飞行权，10月17日，日本驻天津总领事掘内干城又迫使宋哲元在北平签订了《华北通行协定》。10月23日在天津成立了中日合办的惠通公司，经办中日通航事宜。协定规定的航线计有：(1)天津—大连线，(2)天津—北平—承德线；(3)天津—北平—张家口—张北线；(4)北平—天津—锦州线等四线。津连线衔接日本国内航线，以后日本天津之间可朝发夕至，而津承、津锦两线则恰和伪满的空路组成一个航空网；平张线则可以联络内蒙。这“对于增加日本侵略华北军事上的便利，不言而知”[25]。

走私活动，是日本对中国进行经济掠夺的另一种重要手段。1934—1937年间，日本人在驻屯军的武装支持下，在华北冀东地区从事大规模的走私活动。走私的直接目的，是以走私所得为特务机关从事非法活动，在中国制造骚乱提供经费。冀东为政权成立，对走私货物收微量关税，日商在关东军、华北驻屯军庇护之下，走私之风更盛，走私范围日广。据《字林西报》报导：北戴河一带海面，一日之内就有30多艘大小不等的走私船泊于海湾之中，所运走私货物，无所不包，一个商人说到私货种类：“凡君所需要之货物，除笨重如象者外，皆可随时运入。”[26]

冀东走私，是由关东军指派日韩浪人私运银元开始的，目的是扰乱中国货币。以后，白糖、人造丝、面粉、卷烟、棉织品、汽油、杂货、玩具，以及鸦片、吗啡等毒品源源进入华北。仅1936年5月5日至12日一周间，由冀东走私到天津的私货就有：人造丝1 300万公斤；砂糖603万公斤；卷烟纸3万公斤；棉布3千捆；海杂货8千包，煤油、汽油4 775箱[27]。大规模的走私活动，破坏了中国的税收，给中国的财经造成了严重的损失，自1935年8月1日到1936年4月30日止，因华北走私，海关税收损失达2 550万元以上，仅1936年4月的一个月时间，就损失800万元[28]。

华北的走私日货，先是由大连运至热河，再由汽车运载，在武装力量保护之下，通过长城各口，进入平津地带。后来，由于海运运输费用低廉，更有利可图，自1935年10月，改由海上走私，船只在山海关到北戴河一带停泊靠岸，如有海关巡艇干涉，日军就提出抗议，更有海关人员征税不得，反遭殴打，如果日本私贩略微受点小伤，日方立即要求巨款赔偿。走私的日本人明目张胆携带枪支，遇有缉私关卡检查稍严，就开枪射击，甚至武装占领缉私关卡[29]。日本华北驻屯军，还通过参与走私的特务、日韩浪人侦察地形，刺探情报，散布谣言，为军事行动开道。

（四）愈演愈烈的挑衅

1935年10月，华北出现了“自治运动”危机，为了给冀察当局制造压力，日本驻屯军的演习次数明显增加，军事挑衅也时有发生。到1936年，日本政府掀起了新的侵华战争狂热，陆海军都进行着紧张的临战前军事准备。

1936年1月15日晚10时许，一辆日本兵车驶至朝阳门要求入城。日本兵嫌开门迟缓，进城后就揪打中国军警。宋哲元为此向日本驻屯军提出抗议，日本不但不承认日本兵寻衅打伤我收城士兵，反诬二十九军开枪射击日军。这就是“朝阳门事件”。接着1月22日，日军又在朝阳门外进行实弹演习。5月10日，华北驻屯军在唐家口子窪进行炮枪演习；在军粮城进行手枪演习。

新任司令官田代皖一郎于1936年5月19日抵达天津的任所后，驻屯军司令部公然向我华北当局提出，在南苑机场强行“租地”建立仓库，供储藏汽油，以备攻击和轰炸中国之用。此时，日本宪兵在北平街头恣意横行，直接抓人。7月9日两点钟，驻塘沽日军香川部队的30名步兵，乘小船在海河进行军事演习，他们把船划到东大沽强行登陆，双方互相枪击，各有伤亡。这就是“大沽冲突事件”。接着，又发生“金刚桥事件”。

在北平市区内，日本人也进行军事演习。他们常常不征得我方同意，擅自在东单牌楼和长安街邻近东交民巷使馆区一带演习巷战：十吨重坦克的隆隆声不绝于耳，钢铁履带将长安街的柏油路面压得凹凸不平。日本兵甚至在民房上架起机抢，筑起沙袋工事，成群结伙地在屋顶上踩来踏去，对垒演习，如入无人之境。

从1936年5月，日军开始在丰台大举兴建营房，并对在丰台驻防的二十九军多次发动挑衅。6月26日清晨9点半，二十九军冯治安三十七师一部到丰台日军营房交涉，要求他们放还跑散的军马。日方不但不放，反而凶蛮地打伤了中国士兵。

第二天，一个朝鲜籍的日本特务冲进二十九军三十七师的马厩中来，竟说在二十九军军营中的养马棚是他的私产，并从腰间拔出短刀动武，并招来全副武装的日本兵二三十名，手持刺刀帮打，双方发生械斗，有人负伤。事后，宋哲元同意将同日军发生冲突的二十九军三十七师一〇九旅二一七团三营调防，此事才告解决。7月下旬，日本在丰台的驻军也陡增至两千名以上，时时借故挑起事端，以达到它逼迫二十九军撤离丰台的目的。8月31日，日侨森川太郎无故闯入二十九军丰台驻军兵营内寻衅，与守卫士兵发生斗殴，被刺受伤。日本又以此为借口，再次提出要二十九军让防。宋哲元派人同日本驻屯军特务机关长松室孝良等进行交涉，答应赔款、惩办打人凶手。对宋哲元的让步，日方不予理睬，以“驻丰台日军感受到二十九军威胁”为理由坚持要求让防。

9月18日，冯治安混成部队二营五连孙香亭部在野外军训完毕，归营途中，遇上日本军的一个中队也演习完毕回营房，两支军队在丰台的交通要道——正阳。

街上“狭路相逢”。日本军队荷枪实弹，耀武扬威，故意横冲直撞。日军小队长岩井少佐带领两名日本骑兵冲进孙香亭连的行列之中。日军指挥官穗积大佐命令其部队散开将孙香亭连团团包围。连长孙香亭与日军交涉，竟被日军掳去。日方从北平增派一个大队驰援，行抵丰台大井村附近时，与二十九军驻军发生冲突。日军趁机将丰台通北平的电话线割断，并层层包围中国军队。当日军布置完毕之后，便向我军开枪，我军被迫应战，双方发生激烈的枪战。很快，日军占领了丰台各重要军事要点，包围了二十九军在丰台的营房。我军与日军相持整整一昼夜，双方各有伤亡。这时，北平谣言四起，战火随时有燃起的可能。宋哲元得知这个消息后，为了避免事态扩大，命令丰台驻军立即停止射击，同时派三十七师副师长许长林、天津市政府顾问甄铭章等，会同日方代表池田、铃木等前往丰台现场调查，并会商解决。10日上午，双方达成协议。“据日方宣布，协议的条件有三：（一）在两方军队之前，中国军队指挥官向日军指挥官道歉；（二）中国军队立即自丰台撤退至距铁路两公里以外某地；（三）在丰台地区之中国军队最后应撤至南苑或西苑。”[30]宋哲元只答应了前两条，驻丰台的中国军队移防到赵家庄。在19日上午10时，双方军队在丰台车站列队相向而立，相互敬礼，表示误会解除。中国军队从丰台撤出后，日本天津驻屯军派牟田口廉也联队所属的一木清直大队进驻丰台的中国兵营。于是,丰台重镇落入日本侵华部队手中。第二次丰台事件,宋哲元允诺撤出二十九军,虽然避免了一次可能性的战争,却助长了日军的气焰,构成了以后发生卢沟桥事变的潜在原因。

日军既控制了丰台,又提出了在丰台、卢沟桥之间建造营房要求,被拒绝之后,就在这一带进行军事演习。一木清直大队,以军事演习做掩护,常到宛平和卢沟桥一带活动,侦察地形。

1936 年 10 月 26 日至 11 月 4 日,华北驻屯军举行了"秋季大演习",以北平为假想进攻目标,以卢沟桥、宛平城为重要攻击点,参加部队近 1 万人,演习范围包括北平、卢沟桥、长辛店、军粮城、大沽、通州等地,达四万平方公里,其规模之大,前所未有。

从 1937 年起,日本对华政策转向以军事侵略为主。当时军内军外,对华开战论调甚嚣尘上。在华北,日军的演习更是有增无减。1 月 18 日至 22 日,华北驻屯军第二联队步炮兵在北宁路沿线的雷庄、古冶一带进行为期四天的演习。4 月 22 日,日军又在通州一带进行演习。尤其令人愤怒的是 5 月 9 日的阅兵与演习。5 月 9 日,是袁世凯政府接受屈辱的"二十一条"的国耻纪念日,中国军民牢记着这一天,清华大学降半旗志哀。日本驻屯军却在这天进行从晨至晚的大检阅,并且在天津和山海关一线进行步炮联合演习,践踏农田数百亩。

到 1937 年 6 月,日军在宛平城北部,频繁举行以宛平为目标的演习。最初演习是每月或半月一次,后来每三至五日就进行一次,开始使用虚弹,后来改为实弹,有时竟向宛平城墙开枪;以前演习只白天进行,以后就改为夜间进行了。甚至有几次借口野外演习,要求穿过宛平县城和卢沟桥,都被中方严词拒绝了。日军为了达到在永定河西岸进行演习的目的,曾多次和驻宛平县的二十九军部队发生争执。后来,日军又向冀察政务委员会交涉,冀察政务委员会又妥协了,给二十九军守城部队下命令,准予日军进宛平城,但必须通知地方当局。从此,日军可以进出宛平县城,但一直没有被允许通过卢沟桥。

综上所述,我们清楚地看出,日本华北驻屯军编制上,自 1931 年以后,在日本政府支持怂恿之下,无限制地违约强化(即扩张),成为一支数量庞大、装备精良、足以威胁华北的部队;政治上,以武力为后盾,策动华北"自治",扶植傀儡政权;经济上,在共同"开发"、"提携"的口号下,肆意掠夺,掩护走私,公然贩毒,企图控制华北经济命脉;军事上,"九一八"事变后,向我华北地区进行扩张,不停顿的挑衅,非法侵占,任意拘捕和残害我国军民。这一切都说明,日本帝国主义通过其华北驻屯军步步进逼,中日战争不可避免要发生了。

注:

①② 王铁崖编.《中外旧约章汇编》第 1 册,生活·读书·新知三联书店,1982 年 10 月北京第二次印刷,第 1006—1007 页。

③ 东北问题研究会:《天津至山海关各国驻兵问题之研究》,1932 年,天津,第 13 页。

④ 日本驻屯军 1909 年编印的《天津志》。

⑤⑥ 李云汉:《卢沟桥事变》,东大图书股份有限公司出版社,1987 年 9 月出版,第 196—197 页。

⑦《天津文史资料选辑》第 18 辑,天津人民出版社,1982 年 1 月版,第 123 页。

⑧⑨ 日本防卫厅防卫研究所战史室著:《中国事变陆军作战史》,第 1 卷第 1 分册,第 66 页。

⑩ 日本产经新闻古屋奎二著,台北"中央日报社"译印:《蒋总统秘录》,第 3 册,第 103 页。

⑪《蒋总统秘录》第 3 册,第 124—125 页。

⑫《蒋总统秘录》第 4 册,第 158 页。

⑬《天津文史资料选辑》第 18 辑,天津人民出版社,1982 年 1 月版,第 124 页。

⑭《中国事变陆军作战史》第 1 卷第 1 分册,第 66 页。

⑮ 同上书,第 1 卷,第 1 分册,第 66 页。

⑯ 李云汉:《抗战前华北政局史料》,台北正中书局印行,1982 年 2 月版,第 370 页。

⑰ 李云汉:《抗战前华北政局史料》,第 370—371 页。

⑱ 李云汉:《卢沟桥事变》,第 203 页。

⑲《中国事变陆军作战史》,第 1 卷第 1 分册,第 67 页。

⑳ 秦孝仪:《革命文献》,第 107 辑,见《卢沟桥事变史料》下册,中央文物供应社,1986 年 12 月出版,第

269 页。

㉑《蒋总统秘录》,第 10 册,第 98 页。

㉒ 秦孝仪:《革命文献》,第 107 辑,《卢沟桥事变史料》下册,第 270 页。

㉓ 金曼辉:《我们的华北》,上海杂志无限公司,1937 年 5 月,第 194—205 页。

㉔《现代史资料 8·日中战争 1》,第 368—371 页。

㉕ 李云汉:《抗战前华北政局史料》第 556—557 页。

㉖ 李云汉:《抗战前华北政局史料》第 523—524 页。

㉗《华北事变资料选编》,河南人民出版社,1983 年 9 月版,第 529 页。

㉘ 李云汉:《抗战前华北政局史料》,第 534 页。

㉙《卢案发生前之酝酿》,《国闻周报》,14 卷 28 期。

㉚ 李云汉:《宋哲元与七七抗战》,第 151 页。

(《近代史研究》1990 年第 4 期)

天津的商业招幌

尚 洁

旧时,津沽城镇店铺、作坊门前,为示其经营范围、买卖品种、店铺特性,或多或少有一二种标志性的物件,它们是字号牌匾、招牌、幌子,三位一体构成一个完整的招幌体系。随着店铺经营货品的精粗、规模的大小,除字号牌匾是必不可少外,招牌、幌子可有可无,或选用一种,或兼而有之。资金雄厚、生意兴隆的大商号,往往三者齐备,作工考究,光彩夺目,件件称得上是完美的艺术作品。

牌匾、招牌是用木板或砖石制作而成,上面写刻文字,装饰花边图案,悬挂于门前或镶嵌在门前两侧墙壁上。有的木制竖匾耸立门面两侧,高可齐至房檐,因此被称为"冲天招牌"。凡稍具规模的商号对牌匾、招牌都很讲究,大多请名人题字,字体或端庄丰满,或秀丽潇洒。木板多是黑漆捶金字,远远望去,庄严醒目。

天津的幌子大致可分为九种类型:(1)以商品实物为幌子,卖什么物品就以什么为标志。如席子店将席子卷成筒状竖立门前,马具店悬挂一套鞍镫。这种表现形式是比较原始的。(2)以商品模型为幌子,进行夸大、变异的艺术处理。如眼镜店的幌子就是用木头做成一个大眼镜,镜片的位置上写有"眼镜"二字;皮鞋店做一双一米多长的鞋子;切面铺挂上圆形或扁平形箍着的纸穗等。(3)以商品包装物为幌子。如酒店或烧锅店挂葫芦或葫芦模型为幌子。这是因为过去民间远行之人常常以葫芦为盛酒器,这种标志极富乡土气息。(4)以含有暗示意义的物件为幌子,通过人们世代承袭介绍,凭经验即可知道店铺的性质。如提供饮食服务的客店门前挂笊篱;大车店门前挂一个马头模型,脖子上吊有皮圈或再挂笊篱等。(5)以灯具为幌子,灯上标店铺字号及所售商品或服务项目,一般以夜间活动为主的行业或大饭庄、澡堂多用此种幌子。另外,天津澡塘还采用另一种有趣的幌子,一块云字头的方形铁铸板上,绘云纹图案,书有对联"早有清水,盆池两便。"每天清晨,店主都派人敲击,以示营业;(6)以旗帘为幌子,这种形式传承最久,目前街面上这种幌子仍然居多。(7)以文字牌匾为幌子。如当铺挂"当"字匾牌;酱园和烟铺挂"伏酱"、"烟魁";接生婆在住家门前挂"×氏收洗"字样匾牌。(8)以商品图案作幌子。如靴鞋店挂画有靴鞋的匾牌。(9)以特定的形象物与文字结合构成幌子。如油坊悬挂古钱形铜鼓,方孔四周写刻"小磨香油"字样。回民做茶汤买卖的挂的"汤牌",上书"清真回回"、"西域回回"等。

由于追求直观效果,幌子的造型、色彩、纹饰等必须尽量适应人们的民族习惯和民俗心理爱好。如颜色多采用红、金、佛青等。图案则多用"福"字,"断"字,云纹、钱纹。悬挂方法则注意了左右对称。悬挂装置或用龙头横杠、或用蝙蝠形金属吊具。有的大型店铺门前的招幌着实壮观,带有浓厚的地方特色和民俗传统色彩,极符合人们的审美情趣和审美意识。

天津从清代以来,逐渐发展成北方商业中心,各地商客云集,五方杂处,因而天津商业招幌集各地大成,形式丰富多样,色彩、纹饰富丽堂皇,悬挂的方式庄重大方,显示出典型的都市风格。即或简单的仿物模型幌也要求精细处理。以切面铺的纸穗幌子为例,金纸箍总是金黄耀眼,纸穗子时时保持丰满整齐,脱落过多就要更换。即此一例,其他讲求之处当可想见。但自1900年以来,特别是二、三十年代以后随外国资本主义势力的侵入,旧中国商业的经营方法和门面装修急剧变化。由于橱窗和霓虹灯的广泛使用,迫使招幌黯色,有的则退出商业宜传阵地,成为商业民俗的遗迹。

近几年来,随着人们对传统民俗文化的重新认识和商品经济的迅猛发展,使得那些极富于民族和地方商业特色的幌子重新步入商业竞争的舞台。如今,踏上津沽这块市廛繁荣的土地,人们就会看到各种各样古朴秀美、紫翻红舞的幌子盈盈飘拂在条条商业街上,与标新立异的现代化广告争妍斗丽。不论繁复华丽,还是简朴古拙,无不显示出它独特的古典艺术美和造型美,为色彩斑斓的天津民俗文化增姿添色。比如杨柳青画店悬挂的就是旗帘式绸制幌子,它继承了“望子”的古法,顶部绣有传统的“连年有余”杨柳青年画彩图,并由郭沫若先生题书店名。那可爱的胖娃娃带着探刻的吉祥喻义迎合了人们的审美习尚,具有浓郁的地方民俗气息。而聚艺斋的幌子,则是古老的艺术造型与现代化的材料相融合。它的幌首采用宋代朱雀工艺造型,下面用铜环连一双龙尊模型,再下连一满月工艺盘,缀有红色绸穗,它们的两侧分别又垂有三色绸穗,给人们以古韵高雅之感。它的悬架是一别致的凤头图案,这大概是暗示人们经营这家店堂的主人都是些半边天吧?还有太白酒家的葫芦,毕华金屋的灯箱……这些带有历史民俗传承的幌子,为天津的古街新巷带来勃勃生机和魅力。

(《民俗研究》1990 年第 4 期)

周学熙与华新纺织股份有限公司

唐少君

近代中国企业家周学熙，由他创办或参加投资的企业，约有15项之多，其中心环节不外乎两大项：一是开滦一带的煤炭、洋灰为代表的土石工业，一是以华北棉花为基础的纺织工业。前项笔者已著文论述，后者则是本文要说的主要内容。

一

1903年3月，袁世凯命周学熙到日本考察日本实业状况，历时三月。同年9月，周向袁建议创办北洋工艺局，作为振兴北洋实业的枢纽。在北洋工艺局的鼓励和保护下，天津的民族工商业获得一定的发展，"至1907年直隶全省各府、厅、州、县已设立工艺局或工艺所凡65处，几乎都是官办的，其中专事织布或以布业为主者凡56处。其后又继续兴办，颇极一时之盛"[①]。至于民办的，仅"天津城乡之民办工场主有11家"，"其中织布行业就占有9家之多"[②]。

上述直隶省的各项新办企业中织布行业之所以偏多，这与实习工场培养工徒的情况密切相关。在工艺局的统辖下，先后设置有振兴各业的辅导机构，"其中规模最大的为实习工场，官费工徒有200名。此外，还接受各州县的委托培训工艺，以6科（以后是12科）作技术指导。到1907年为止的三年期间，毕业生仅官费生达671人。其中织布方面的织科、染科、印花科的有503人，即占全官费的87%"[③]。到1912年，据天津海关税务司奥依森的报告："已有1 600名左右从该场毕业了，全省公私工厂聘请他们作为教员"[④]。正如一日本学者所评论说："北洋实业振兴，实质上，是作为织布运动展开的"，"它成了天津织布发展的动力"[⑤]。

实习工场对华北手工业的贡献最大，具有典型意义的"则为高阳土布之发展"[⑥]。高阳位于保定东南方约80华里，"土质浇薄，人民生活极苦"[⑦]。盖当时由工艺局行文各县，提倡手工艺，高阳士绅李某率先选派优秀工徒来实习工厂实习机织，工徒学得技艺回乡，逐年推广，"于是织布的风气，很快传到离城四五十里的农村"，"资力充足的，以一家而购买二三架的，也是常事，甚至有二三人合购一架，昼夜轮流织布的。这时机织的轧轧之声，可说是笼罩了整个的高阳织布区域，人民几有以织布为主，耕地为附的趋势"。高阳很快便成为广大农村织布工业的中心。在高阳织区内，"民国四年（1915年），共有平面机5 600余架，至六年已增为13 000余架，九年更增至21 000余架，五年时间内，几多出几倍，进步之速，实堪惊人"[⑧]。

高阳土布的产量，以1917—1919年为最多，"估计年产五百万匹以上"[⑨]。"这些织品统称为高阳爱国布并分销河南、山西、直隶、蒙古、甘肃、山东及湖北等地"[⑩]。高阳布商有157家，"在北平、张家口、洛阳及包头诸处、均设有分号或代销处"[⑪]。

棉纱是织布工业的原料。原料消耗的多少，反映了织布的盛衰，高阳织区于兴盛时期，"每年销纱十万包以上"[⑫]。在高阳的带动下，直隶、山东等地也出现许多织区，在直隶境内的有宝坻、定县、肃宁等织区，销纱量也不小，仅宝坻织区，盛时年销纱35 000余包，产布480余万匹[⑬]。"山东销纱地区，为潍县、昌邑、大岭，号称有10万台织布机，与河北的高阳、江苏的南通为土布中心"[⑭]。由于农村织布业异常发达，致使对棉纱需要量逐年增大，这就为创办华纱工厂创造了重要前提，开拓了棉纱市场。

然而，1915年以前，"在天津看不到一个纱锭"[⑮]，织布原料却只能更多地依赖洋纱进口。"布业所用棉纱，大半来自日本"[⑯]，或由"天津输入印度纱"[⑰]。如1912年天津港进口日本纱179 440担，印度纱127 281担，国产纱77 181担。周学熙深为忧虑："若论今日，则各国通商，洋纱充斥，舶来棉品花样日新，而无根本之挽救,我国之棉业,乃每况愈下……倘长此以往,势将富于产棉之邦,而等于不棉之国,其损失权利,宁可计耶?"[18]周学熙本此宗旨,锐意创办中国的纱厂。

二

民国初元时,周学熙任财政总长,"奉袁命经办"善后大借款[19],拟以之整理财政。"乃以军兴,借款流作他用,以有违初议",周遂飘然远行,避居青岛。

时其父周馥隐居青岛,周发现青岛气候宜人,交通方候,且靠近产棉区,遂筹办新华实业公司,适逢德商开办的沧口德华缫丝厂经营不善,声明卖厂。由于"周馥(清末曾任山东巡抚)与德人素有交往,在其撮合下很快成交"[20]。并向德商瑞记洋行订购纱机5 000锭。但机器未到而欧战爆发,日本欲取代德国在山东的地位,遂联合英军攻击驻青德军,占领了青岛,英人占据缫丝厂厂房,设华工招募所,收买华人去欧洲充当苦力。周家避乱而迁居天津,继续筹建华新实业有限公司。

1915年3月,周学熙再长财政时,鉴于欧战方酣,外货中断,出现了建立民族资本纺纱厂的好时机。华中纺纱厂已风起云涌,独华北风气未开,像天津这样的大城市,却只有一家规模不大的模范纺厂。周学熙利用其职务上的方便,遂授意其弟周学辉,联合当时滦矿、启新洋灰公司股东12人,于同年9月向政府申报创办"华新纺织公司"的计划。其规模之大,是前所未有的,计划在青岛、天津、唐山、卫辉、济南各办一个纱厂,并把济南办成模范厂。五个厂纱锭十万枚,资本一千万。申报中并要求给予下列四项特权[21]:一、资本总额一千万元,其中官股四成,商股六成;二、政府保证在五年以内按八厘付息;三、公司所购机器、材料及棉花等原料,凡水陆运输请予免除一切税捐,制成之棉纱、棉布,亦按江南成例,出厂完正税一道,通行各地概不重征;四、在直隶、山东、河南三省专利30年,在此限内如他商愿办纱厂,可附入本公司合办,倘愿独立自主,照从前南通大生纱厂成案[22],每出纱一件给本公司贴费若干。

财政部则以"查洋纱洋布每年进口甚巨,漏卮极大,北方纺织风气未开,诚拟特别提倡,以重民生要政"为由,具文呈报大总统袁世凯。上列四项,除第四项专利年限着由农商部另行查定外,其余三项均批准财政部照办。其补助官股一节,由"长芦盐商应还大清银行旧欠指拨";五年保息一节,"俟每年该公司结账后,视所得盈利倘不足八厘之数,照数补足",而免税一节,南方各纱厂已有成案,应准"援照办理","准特免一切税厘"。袁世凯并委派周学辉为"督办",企业为"官督商办"。

至于专利30年一节,因北洋内部派系的矛盾,未获农商部批准。北洋内部的粤系与皖系之间,在财政问题上已早有矛盾。粤系以梁士诒为首领,而周自齐辅之;皖系以杨士琦为首领,而周学熙辅之,"时杨士琦已入阁,排斥粤系,调周自齐(时任财政总长)为农商总长,而周学熙又重长财政"[23]。负责审批华新的第四项特权的农商总长恰恰是周自齐其人,这就注定了不可能得到批准的。同时,当时华北也早有他人筹办纱厂,对华新的专断有反感。使华新督办周学辉被迫撤回第四项专利要求,以息舆论[24]。

按华新集资计划,第一次官商股各筹四分之一。因周学熙正长财政,先由财政部拨专款80万元,商股则由启新洋灰公司、滦州矿务公司的大股东及北洋官僚、军阀徐世昌、陈光远、田中玉、孟恩远等人投资。同年10月,华新实业公司正式成立,定名为"华新纺织股份有限公司"。简称"华新纺织公司"。并开始筹建第一厂于天津,向美商慎昌银行订购美国沙可老尔厂机器25 000锭。

"筹安会起事",周学熙"遂挂冠而去"[25],辞去财政总长职务。1918年5月,曹汝霖任财政总长,认为华新既不交股款,又享受优惠,不如改为官办,遂委派陶兰亭来津接管。商股见此甚为惊慌,于是连日在天津开会,商议筹集商股,拟以商股已集,请求裁撤督办。时当选为大总统的徐世昌在天津,周学熙亲自拜恳徐出面说情,徐允如所请,又派王筱汀、言仲远到北京见总理段祺瑞进行疏通,终于使财政部收回成命。商股创办人立即召开紧急会议,催集商股股款,周学熙、周学辉兄弟俩带头各认股20万元,王筱汀认股3万元,并由王筱汀挪借恒丰公司存款40万元拨充资金,共勉力凑成180万元。从此,华新公司由"官督商办"改为民办。成立董事部,众推周学熙为董事长兼总经理。时杨味云由山东盐运使任上归来,周遂邀杨为协理。因为杨家系无锡纱厂世家,有业勤纱厂,由杨氏招无锡匠工来津,昼夜安装,于1918年6月正式开工生产。由于棉贱纱贵,"至1919年盈利150万元之多"[26]。挪借恒丰款很快就由股东补齐。

华新津厂建成后,周学熙即筹建第二厂于青岛,同时筹组兴华资本团,以为华新后盾。由于纱厂利润丰厚,招集股款已不甚困难,周学熙因鉴于冀东、豫北系产棉区,又是销纱地,故在筹建青岛厂的同时,又筹建第三纱厂于河北唐山、第四厂于河南卫辉(汲县)。"济南厂后因故停办"[27]。

至1920年,华新纺织公司已形成津、青、唐、卫四厂联营体系。"当时华新虽名为总公司,但各厂资本独立,自负盈亏,用人行政也归各厂董事会负责,有较大的企业自主权"[28]。故"四厂名称均按地名称为华新纺织有限股份公司××工厂。"[29]

三

第一次世界大战爆发,帝国主义国家暂时放松了对中国的侵略,天津的纺织工业特别是棉纺工业获得了迅速的发展。1915年,天津只有一家纱厂,其纱绽只占时全国华资纱绽总数(484 192)的百分之一强,这不仅远远落后于上海和武汉等大中城市,甚至落后于南通、宁波及安阳等中、小城市。到1918年,则有裕元及华新两家规模较大的民办纱厂,接着又有裕大、恒源、北洋及宝成等四家。到1922年,六家纱厂共拥有纱绽136 072枚,约占当时全国华资纱绽总和(2 271 698枚)的10.9%。帝国主义分子就惊叫:"……预料不久中国的棉纱可以自给自足了"[30]。日本资产阶级的报纸深为惶恐地说:"中国棉业自欧洲战后大见扩张,如再继续不已,将予日本棉业以一极大的打击",于是鼓励资本家"设法在中国设厂制造"[31]。日本资本家一方面在华纷纷设厂,从战前的两家,增至1921年的15家,纱绽较战前增加有七倍之多[32];另一方面,把资本势力渗入到我民族工业内部,进行吞并,这是一种最省力见效快的绝妙办法。如在1922年,上海申新各厂共向东亚兴业株式会社借款350万元。像张謇创办的大生纱厂,也被迫拍卖。"在纺纱业中,北方的华新系统,也和南方的大生系统有同样的遭遇"[33]。

"九一八事变"后,日货在华北大量倾销,以针织品为例,天津市场上的日货占65%,沪货占30%,津货只占3%,工厂无法维持,日商乘机以所谓"入股"、"合作"的方式,实行吞并。"那时天津最大的纱厂,如裕元关了门,卖给日商;恒源因欠银行团的债,由诚孚公司代管;裕大和宝成也先后卖给日商"[34]。华新津厂也无法逃脱被吞并的厄运,"所负债务竟达全部资本的百分之六十以上"[35]。几经挣扎,也于1936年被迫以120万元售与日商钟渊公司,改为"公大七厂"[36]。战时产品专供军用。

同年,唐山华新为日本东洋纺绩会社所吞没。最初计划在北京东郊附近通州建一纱厂,后考虑到最大的股东洋灰公司与滦州煤矿公司均在唐山,就改在唐山建厂,可以多方得到照顾,如电力一项,既省原动力设备费用,电价亦可从启新、滦矿得到优惠。当时,唐山与卫辉两厂同时订购英国赫直林敦厂机器各12 000绽。后来考虑如是绽数规模太小,遂将卫辉厂机器并到唐山厂为24 000绽,生产规模比原计划扩大一倍。

1933年,日商以北戴河为走私集中地,大量倾销棉纱棉布,致使唐山华新厂产品积压,资金周转不灵。1935年下半年,日商向唐山华新纱厂提出"入股",唐山厂拒之,日商竟以"不合作而不能保工厂安全"相威胁[37]。后"冀东事变","冀东自治防共政府"粉墨登场,为避免倒闭出售,1936年冬,被迫与日本东洋株式会社商洽合办。双方议定:唐山华新以纱厂全部财产作价90万元作为股本,日本东洋纺亦出同等资金,重新成立董事会,改组唐山华新公司,原经理辞职,由日人三桥南平接任;同时派来大批日籍人员。厂内增设日人厂长福部盛道,又设纱厂、布厂、染厂主任各一人,全由日人担任。原公司职员被裁去大半。从此唐山华新公司完全控制于日本人之手。

卫辉厂与唐山厂是同时筹建,堪称一对"孪生兄弟"。原计划是在郑州设厂的,因股东王筱汀、王敷五等为河南汲县人,徐世光为卫辉人,他们以家乡地瘠民贫,用以工代赈,定厂址于汲县(卫辉府)城外西北隅。其地本不宜办纱厂:交通不便,卫河不能通行大船,铁路又是个三等站;机械修配、应用物资皆取自天津;办事处远设在天津英租界,指挥不便,因此唐、卫两厂相比,尽管投资等方面的条件基本相同,而卫厂却失去了"地利",故当时在兴华资本团内部集资,股东们多踌躇不前。经股东会决议"组织唐、卫两厂联合管理处,推周学熙主持,对两厂金融运筹调拨"[38]。

周学熙深谙产业资本与金融资本相结合的必要。他在北洋初期创办各项事业,均赖淮军银钱所和天津官银号为之挹注的。第二次任财政总长时,筹办中国实业银行(原名民国实业银行),以为经济建设的基础。

该行1919年建成,以熊希龄为总董事,周自任为总理。周学辉也是该行的董事。总行设在天津,天津、北京、济南、上海均设有分行。后为照顾华新四个纱厂,又在青岛、唐山和河南新乡设立支行或办事处。时兴华资本团的内部有矛盾,津、唐一带的股东们都不愿投资卫厂,周学熙则发挥实业银行的调剂作用,由"卫厂向银行接洽发行月息一分二厘(年息一分四厘)的公司债券180万元,以卫厂全部财产作抵,由中国银行担保还本付息,由中南、金城等银行包销"[39]。盖当时银行均集中于北洋政府公债库券的销售,对包销公司债券实属创举(过去启新公司曾发行债券,但不是通过银行的)。后来卫厂建成投产,因产棉销纱地点优胜,到1936年公司债全部还请。"后来日军进入河南,卫辉华新纱厂也被迫与日商'合作'"[40]。

四

嗣欧战结束,周学熙即着手重新筹建青岛纱厂。但原购置的缫丝厂被英人占据,乃"延请英国律师甘博士几经交涉,始无偿归还"[41]。该厂占地350余亩,厂房、仓库、宿舍数百间,用作华新青岛纱厂。最初资本为120万元,其来源不同于津、唐、卫三厂。天津分厂在很大程度上是靠政府的援助开办起来的;唐山分厂是靠兴华资本团内部集资;卫辉分厂则是靠中国实业银行发行公司债券筹款的;而青岛分厂,据周学辉生前忆述:"周学熙鉴于官方投资办工厂企业,易受时局、战争等政治因素的牵制,华新青岛厂始建之时,也没有用商办兴华资本团的资金(其时中国实业银行尚未建成),而是由周学熙发起,在周氏家门内集资",故"青岛厂的股东,多是周学熙的家属,资金来自亲戚老太太们的积蓄,姑娘们的嫁妆,儿孙媳们的陪送以及小儿女们多年积攒的压岁钱。股东性质单纯是青岛厂成绩居于华新四个厂之冠的重要原因之一"[42]。周氏各房男女长幼都拿出"私房钱"认购股票,再以退还全部厂产作价30万元,共凑足120万元。原订纱机因德商瑞记洋行随战败而停业,1919年改向美商美兴公司订购怀丁厂纱机,先为15 000锭,以纺制16支、20支细纱为主。1920—1921年该厂又两次增资150万元,增添美国文素厂纱机12 000锭,日产棉纱由40余件增至80余件,销量达3万件之多。

华新青岛厂实行常务董事负责制,周叔弢为常务董事。周学熙亲自兼任专董,由侄周叔弢和次子周志俊共同协助。

欧战后,日人控制青岛主权,日商争相到青岛投资设厂,至1922年,仅棉纺一项就投资达一亿五千万余元,先后开设了内外棉、大康、宝来、钟渊、富士和隆兴六家纱厂,共有纱锭23万枚,这样青岛华新就处于"一对六"的清一色日商包围中;日商后又建成丰田、上海、同兴三厂投产,这样就处于"一对九"的大包围中。厂家增多,棉纱产量大增,市场上就供过于求,纱价下跌。同时,日商大肆办厂,用高薪诱走华新纱厂大批熟练工人,致使华新在1925年一年中就亏损达32万元。

周学熙在天津闻讯,急忙赶赴青岛,召开董事会研究对策,进行改组,调周叔弢去天津厂,由次子周志俊继任常董,主持厂务。改组后,逐步废除封建式的管理方法,实行科学管理制度,由最初工务长制,最后改为工务长兼总工程师制,由日本名古屋纺织专科学校毕业生史镜清一人兼任,消除生产管理与技术管理分属两人的矛盾;同时,将车间管理员大部分换为棉业传习所学生,充实技术力量,使技术措施能得以贯彻。并派人到各地参观习学,尤对日本厂的技术秘密,则派技术人员混入日厂偷学。

在经营上,则避免与日商正面竞争,突击发展短缺产品,开辟外围市场,如山东销纱最初为16支,后来20支为大宗,遂生产日商所不愿生产的32支细纱。待日本纱厂也加纺32支时,遂试纺合股线。"华新纱厂的合股线主要销路是东北的营口、哈尔滨"[43],也"颇受山东沿海地区渔民及花边业的欢迎"[44]。这些产品销量小而利润厚,又为日商所不愿生产,遂为华新所独占。1933年9月,该厂生产的32支细纱和42支、60支、80支三种股线,"曾代表国货运往美国参加芝加哥百年进步世界博览会"[45]。

总之,华新纱厂在艰难的环境中,采用扬长避短的策略,"在夹缝中求生存"[46]。

值得一提的是,改组后,在加强职工教育,增加福利设施方面,除建造职工宿舍楼、创办职工子弟小学、设立怀幼园外,"华新为了宣传劳资合作,对职工提倡'老关系',培养职工子弟进厂工作,故有两代人在厂服务的。同时为了维系人心,对全体职工和部分工人创办储蓄慰劳金制度,按薪金百分之十由厂提供慰劳金,另由月薪提百分之五储蓄金,工作在若干年以上的可以领作养老之用。另外有矜恤部,由厂方拨存基金为职工疾病死亡周济之用。厂里有中西医部及药房，免费医疗，又有施棺处及义地，备职工死亡埋葬之用”[47]。

1929年爆发的世界经济危机，波及中国，“所有南北各纱厂均感亏赔，停工歇业者不计其数”[48]。又“九一八事变”，日军侵占东三省，青岛华新纱厂的营口、哈尔滨等地合股线市场丧失了，华北地区经济亦逐渐为日商所控制。周学熙为保全青岛纱厂，“宣布解散华新纺织股份有限公司总部，所属工厂将地名冠前，改为‘××华新纺织股份有限公司’，青岛厂完全独立了”[49]。

由于合股线市场的丧失，棉纱就无法处理。其时国内正掀起抵制日货运动，山东各地查抄日货较严，许多货物必须有厂家证明是国货，方能通行销售。此时，周学熙“指授方略”[50]，“在纱厂之外，添办了织布厂”，利用填补“洋布”空白的机会，把棉纱织成棉布，并增添刮绒机，生产绒布，供农民作卫生衣之用，暂时挽救了华新的困境。

1903年周学熙的日本之行，为他一生效法日本走明治维新道路，以“实业救国”的思想奠定了基础。眼下周学熙考虑到，既由次子周志俊主持厂务，而“当地日本厂家甚多，处包围之中，已多困难，加以年来纱业不振，非锐意日新，无以图存，故令其出国考察新法，以备改进”，1933年“周志俊受父命赴欧美考察纺织企业的生产技术和经营管理”[51]。周志俊考察了美、英、法、德、意等十余国，历时八个多月，影响也是深刻的。在参观德国大德化学材料公司时，对其印染设备颇感兴趣，即产生了纺织印染联合企业的设想，在访问途中，订购了大宗织布机械及印染设备。1935年底，青岛华新厂已由棉纺单一企业，发展或为当时华北地区最大的织布印染联合企业。

1936年，青岛华新纱厂纱绽达到48 044绽，布机501台，又增添了烧毛、印花、烘干等新型印染设备。印染品产量由每日500余匹增至2 000余匹。

纺织印染联合企业的建立，使青岛华新纱厂利润猛增，产品大有供不应求之势，从而改变了华新不敢与日商正面竞争的被动局面[52]。

“七七”事变爆发，“覆巢之下，岂有完卵”。国民党的政府采取“焦土”抗战政策，青岛市长沈鸿烈下令工厂内迁，常董周志俊与重庆华西公司签订契约，计划拆卸纱机20 000绽，布机200台及大宗印染设备迁移内地生产，所余厂房和设备，作价170万元寄售于美商中华平安公司保护。1938年1月青岛沦陷，钟渊、富士等日商纱厂亦尾随来青。他们发现日本纱厂均被破坏，唯有华新纱厂完好无损，并挂上美国国旗，甚感怀疑，遂密告日军事当局，扣留了美商中华平安公司华人经理，美驻青岛、天津领事馆多次出面交涉无效，被迫作价196万日元，将青岛华新卖给日商国光株式会社。后该社又转卖给宝来纱厂，改名为仓敷纺织株式会社[53]。

青岛华新纱厂拆卸的部分机器装船，运往重庆。但长江口岸被日军封锁，货轮被迫在上海抛锚，周志俊即变更计划，在上海租界买地，先后开设信和纱厂、信孚印染厂和信义机器厂，形成了相互联系的“三信”企业。

周学熙因实业银行董事中意见常不一致，乃辞去总理另创华新银行，为津、青、唐、卫四厂调剂金融，旋因军阀对银行摊派甚巨，于1931年取消，改组为小规模公司——久安信托公司，专为青岛华新纱厂资金周转之用。因为青岛厂周学熙投资极大，视为其收入的主要来源。青岛厂被迫南迁，该公司也在上海成立分公司，当时主要任务系为本团体沟通南北、调拨资金。“久安信托公司对这一时期周氏各项事业的发展起了极为重要的作用”[54]。太平洋战争爆发，日军进入租界，“三信”工厂全部停工，于是“弃实就虚”，进入上海的证券市场，做投机买卖，这时创久安实业公司，原久安信托公司则改为久安实业银行。把原信托公司投资部分的业务给划出来，又另组设久安实业公司，这是久安实业公司的姐妹公司。这样，形成了久安系资本集团。当时就有人称“久安集团是启新、华新的第二代”[55]。

注：

①⑬⑰ 严中平：《中国棉业之发展》第225、221、237页。

②《直隶工艺志初编》志表类（上），《工艺总局要略表》。

③⑤《天津文史资料选辑》，第41辑，第120、118页。

④⑩⑮㉚《天津历史资料》第13期，第43、64、62，64页。

⑥⑱㉕ 周叔媜;《周止庵先生别传》(台湾文海出版社)第16、165、216页。

⑦《高阳县志》,《风土及民众生活》。

⑧ 吴知:《乡村织布工业的一个研究》第15—17页。

⑨⑪ 方显廷:《中国之棉纺织业》第228,227页。

⑫ 严中平:《中国纺织史稿》第249页。

⑭㉘㊳㊴㊵㊶㊽53《工商经济史料》第1集,第33、22-23、18、25、20页。

⑯ 彭泽益:《中国近代手工业史资料》第2卷,第414页。

⑲《近代史研究》1983年,第3期,第310页。

⑳52《青岛华新纱厂始末》,《青岛国棉九厂厂志》第1、5、6—7页。

㉑《民国四年十月十八日财政部上大总统呈文——遵拟华新纺织公司官股保息免税各办法请签示文》,青岛国棉九厂油印稿,周学熙孙周嘉良同志提供。

㉒ 第四条要求,是以南通张謇的大生纱厂所获得特权,"在二十年以内,百里之间,不许设立其他工厂"为依据的。

㉓《近代史资料》总67号,第90页。

㉔《国外中国近代史研究》第3期,第290页。

㉖㉛㉜《中国近代经济论文选》(下册)第738、754、754页。

㉗㉞㉟㊲㊷㊿51《天津文史资料选辑》第38辑,第63、69、74、14、49—60、11页。

㉙㊾《中国近代纺织史研究资料汇编》第5期,第49、50页。

㉝ 江敬虞:《第二次国内革命战争时期的中国民族工业》。

㊱ 日本钟渊公司总厂设在上海,名叫"上海制造绢丝株式会社",中国名叫"公大厂"。收买裕元改名为"公大六厂",华新厂改为"公大七厂"。

㊸㊻《社会科学动态》(青岛),1982年第2期、1981年第11期。

㊹㊺㊼54 55 周小娟:《周志俊小传》(兰州大学出版社)第106、107、43、12页。

(《安徽史学》1990年第4期)

北洋新政与华北城市近代化

胡光明

城市化与城市近代化是人类社会发展的普遍规律，是人类社会摆脱贫困和愚昧，不断发展和前进的必由之路。对于一个国家或一个大的经济区域来说，中心城市则不仅是各个历史时期生产力水平和科学文化发达程度的标志，而且是各个区域社会经济和科学文化由旧水准迈上新阶梯的推动力。在我国封建社会中晚期，在黄河中下游东侧海河水系，分布着以北京为中心、以古长城为屏障、以大运河及沿海南北洋航线为生命线、以4条“官马大道”、密如蛛网的驿路和2 000个驿站、上万余个急递铺组成的水陆交通网络连接的华北城市群。这个城市群共有城市20余个，其内部性质明确、序列严整、互相配合，推动着华北经济缓慢发展，大约延续了700年。但在1860—1949年的90年间，这个城市群的数量、面貌与构成，却发生了爆发式变化，一批沿海港口和新的工商业城市如天津、唐山、秦皇岛、石家庄及青岛和烟台拔地而起，而一批运河城市却相继陨落或踏步不前。北京自身，尽管1928年后失去首都的特殊地位，但至1949年依然同天津一样，成长为180万人口的世界级特大城市。促使这一变化的原因，除了帝国主义军事、经济和文化侵略这一外部重大冲击力外，我国内部的决定性步骤则是李鸿章为领袖的洋务运动、袁世凯以及爱国实业家周学熙等倡导的北洋新政，以后还有第一次世界大战后短暂的“黄金时代”等等。其中，李鸿章及其洋务运动的客观历史作用已为世人所公认，而袁世凯及周学熙倡导的北洋新政的双重作用，却很少有人论及。本文拟从北洋新政对华北城市近代化的实际推动与制约这一角度，作一次初步考察。

一、北洋新政实施前华北城市近代化的程度与水平

1861—1900年是华北城市近代化的起步期。随着《天津条约》和《北京条约》签订与生效，资本主义势力日益深入全华北，促使华北城市群发生了四个方面的重要变化：

（一）洋货倾销量的增长和销售范围的扩大，推动了华北内外贸易市场的扩大。突出表现在天津、烟台、牛庄等北洋三口直接对外贸易进出口货值的增长。三口的直接对外贸易进口货值在1867—1894年的27年间，天津增长了6.3倍，烟台2.4倍牛庄2.5倍。同一时期三口直接对外贸易的出口货值，据姚贤镐刊布的统计资料计算，天津增长了2.7倍，烟台3.5倍，牛庄则为154.9倍①。在此期间，随着洋货和土货直接对外贸易值的增长，还大大促进了国内埠际之间土货贸易值的上升。

（二）洋务运动期间的技术引进和军事工业、民用工业的兴办在相当程度上提高了华北沿海商埠和一些内陆城市的社会生产力。天津是我国洋务运动的北方重心，洋务运动使我国真正进入了铁路、轮胎、电报时代，在20世纪初叶，天津亦成为我国近代铁路邮电的真正中心。

（三）开通了风气，造就了近代科技教育的新人才。洋务运动初期，人人怕谈洋务，固守于“天不变、道亦不变”的陈腐观念。至19世纪80—90年代后，时势的变化使睁眼看世界的人越来越多。新式工业的兴办吸引了一批拥有货币资本的官僚买办、地主、大商人和华侨人士，将资金投入到创办新式民族工业方面来。这些新式工业的兴办，不但引进了技术，而且造就了一批技术人才和技术工人。同时，天津还于1880—1893年间兴办了电报、水师、武备、医学堂等新式学校，选派了留学生，使天津紧随上海之后成为全国近代教育的中心。

（四）提高了天津在华北城市群中的经济地位，加快了华北地区城市化的步伐。北洋三口开埠前，华北城市群是以北京为中心的。天津只是京师的第一辅助城市，其功能一是拱卫京师的军事重镇，一是漕粮和芦

盐转运枢纽。但在1861—1900年的40年间,以慈禧为首的封建顽固派,竭力排斥近代科学技术和文化,致使北京除了各国使馆区的设置和同文馆外,基本上没有设立具有相当规模的近代工商企业。因此,在这40年间,北京的城市面貌基本上依然故我,其城居人口至20世纪初,仍只有63万[②]。

天津的情况同北京截然不同。在1861—1900年的40年中,由于天津拱卫京师的特殊地位,在帝国主义各国挑起的每一次侵华事件中,清政府都对天津增加军政费用,使天津成为"北洋军火之总汇"[③],淮军练军的大本营和我国交通邮电的实际中心。同时,洋货土货对英美各国的直接进口与出口,使天津成为世界资本主义统一市场的一环,整个华北的贸易货栈。19世纪末的天津,其经济实力已赶上或超过北京,逐步占据了华北经济中心的地位,其建成区面积已有13.4平方公里,人口40余万。

这一时期华北地区城市化水平提高的另一明显例证是工业城市唐山的兴起和秦皇岛的开埠。随着天津机器局和北洋海军的规模日益扩大,来到天津港的轮船由1861年的111艘增至1899年的846艘,运货吨数由27 161吨增至823 778吨。如何保证天津的煤炭供应,是关系国家安危的重大问题,这即是开平煤矿兴办的动力所在。唐山原本是一片荒僻乡村,其附近山地有手工小窑数处。随着开平煤矿的钻探和正式开采,唐胥铁路的修建及运煤河的开挖,大批机器设备、工匠、官员与洋员纷纷来到这里,使唐山迈出了城市化的第一步。据美国学者帕金斯统计,此时唐山聚集的人口已达5万人。同时,由于秦皇岛是开平煤矿码头,又是终年不冻港,在每年冬季天津港封冻期间,秦皇岛即作为天津港的补充港,中外贸易往来的繁盛,使这片渔村成为停泊和接卸外轮的港口。为此,1898年3月26日(光绪二十四年三月初五日),总理各国事务衙门奏请自开商埠,其理由是秦皇岛"隆冬不封,每年津河冻后,开平船由此运煤,邮政包封亦附此出入。与津榆铁路甚近。若将秦皇岛开作通商口岸","殊于商务有益"[④]。1899年4月,秦皇岛宣布开埠,开始其城市化步伐。

华北城市化步伐加快的又一例证是烟台港的兴起。烟台开港前只是南北海上漕运的一个避风港,至明代始在烟台山修建了天后宫,并在天后宫两侧形成东西长约0.5公里的商业街,又设奇山守御千户所和宁津守御千户所,其中奇山守御千户所为周长2里的砖城。1862年1月烟台开港后至19世纪90年代,港城烟台已由"海隅僻处"、天后宫街市半公里,一变为房屋"鳞次栉比",建成面积32平方公里的港口城市了。城区内部重要地段为各国领事馆、烟台海关的驻地,吸引了大量外省人口来这里就业。请看其职业构成简表[⑤]:

行业或职业	家数	从业人数	占总从业人数%
商店及油坊	1 660	9 620	29.6
客栈	50	260	0.8
私人公寓	435	2 175	6.7
海关及衙门雇员		350	1.1
外国洋行本地雇员		230	0.7
摊贩		5 500	16.9
港内驳运舢板	1 200(只)	2 400	7.4
装卸工人及杂工		10 650	32.8
其他		1 315	4.0
合计		32 500	100

上表所列事实表明,装卸、港内驳运船板、外国洋行本地雇员、海关及衙门雇员等行业,均直接同烟台港接卸、报关有关系,即便是摊贩、客栈、私人公寓,也是服务于港口业务工作的,充分反映了烟台港城的职业特点。而且这些人口由于一般均为外省移入,所以男性的比重占总人口的4/5[⑥]。这些,都反映了烟台城市化初始阶段的一些特色。

根据帕金斯的统计,1900年华北28个城市聚集的人口总数为3 065 000人[⑦],仅占华北五省人口的

3%[8]。这就是北洋新政实施前,华北城市近代化和城市化的基本面貌。

二、北洋新政的主要内容及其对华北城市近代化的推动

众所周知,1900—1901年的八国联军战争,使华北地区的城市和农村经济遭到十分严重的摧残与破坏。史载天津与京师城陷之日,联军明令烧抢三天,天津被直接抢掠的白银就有上千万两[9]。北京直接损失的数字尚付阙如,但这里是皇宫和国库的所在地,因此比天津更严重。如日军一次即从户部衙门掠走白银300万两[10]。而且在义和团控制北京期间,焚烧老德记西药店燃起的大火,使京都外城商业区4 000家店铺付之一炬[11]。直隶全省城乡均被列为扫荡的范围。直隶省会保定被占领后,不但抢走了藩库的24万两白银,并索取赔款10万两,焚烧庙宇和城楼,还拆毁了一段城墙。霸州附近的永清县被占后,亦烧庙索赔白银4万两,北部重镇张家口被占,索取大批皮张及白银8万两。

庚子事变前,全国每年缴赔款2 000余万两,此时增至5 000余万两,此数相当于全国地丁钱粮之总和[12]。而直隶省庚子前每年摊交赔款60万两,此时竟增至180万两[13]。山东摊交90万两[14]。银源枯竭,财政匮乏,成为新政推行的最大障碍。因此,北洋新政的主持者袁世凯的大量活动是筹集资金。周学熙、孙多森、陆嘉谷的突出贡献之一亦在筹集资金,从而为华北城市的发展注入了一定的活力。

袁世凯筹集资金的主要做法是:

第一,利用天津拱卫和供给北京这一特殊的军事、政治、经济地位及民族矛盾在清末十年间始终居于首位的特点,狠抓部款和各省协款的落实。仅此一项,每年差不多即有440余万两白银流入直隶;第二,开辟本省税源,如抽收直隶烟酒税、整顿田房税契、裁撤冗员局所等。仅此三项,每年增收税款120万两;第三,铸造银圆和铜圆,获取银圆、铜圆余利。据估计,开铸银圆利润高达40%,铜圆获利亦很高,成为新政经费的主要来源。此外,还有大地主、商人、买办捐买实官或官衔的收入,如1902年2月,直隶一省捐买实官的收入共为1 308万两。

通过以上办法,袁世凯、周学熙等为新政筹措了相对充裕的资金,从而大大加快了华北城市化和城市近代化步伐。

(一)近代交通革命的继续——铁路、轮船、电报、市内电车及邮政事业的新发展

自古以来,交通——即运输系统提供的可及性的高低,对于城市的位置、中心地的形成与发展,都具有至关重要的意义。人口和财富总是向交通运输提供的人与物可及性更高的地区集中。我国古代城市的选址固然以人们熟知的政治、军事因素起决定的作用,但究其本因还必须考虑取得粮食补给的交通利便度等重要因素。因此,交通运输系统的更新使运输成本越是低廉,客流与物流的空间一时间分隔越缩短,商品交换就越频繁,城市的成长就越迅速。晚清——北洋新政时期以很大的注意力,不仅从军事,亦从商务的角度继续推动洋务运动时期开始的近代中国的交通革命。首先是铁路的延长与扩展,此一时期在华北城市群间的扩展状况如下[15]:

工程起止年份	路名	起止城市名称	里程(公里)	备注
1878—1894年	津榆铁路	天津—山海关	287.27	即京山铁路
1895—1903年	津芦铁路	天津—北京	100	-
1895—1912年	沈山铁路	山海关—沈阳	462.12	含1907新修
1898—1906年	京汉铁路	北京—汉口	1 214.49	-
1899—1904年	胶济铁路	胶州—济南	394.10	德人修筑
1902—1907年	道清铁路	道口—清化	229.07	-
1903—1907年	石太铁路	正定—太原	249.95	-
1905—1909年	京张铁路	北京—张家口	198.79	-
1908—1911年	津浦铁路	天津—浦口	1 009.48	-

以上9条干路,共长4 144.87公里,加上1905—1909年通车的河南汴洛铁路183.78公里,总长度已达

4 328.65 公里。同时，为配合上述 10 条干线，还从干线的中转点或终点站，修筑了若干支路，大体情况如下页表[16]。所筑 13 条支路，共长 1 295.49 公里。这样，清末华北铁路的通车里程已达 4 624.14 公里。

干线名称	支线起止地名	工程起止年代	支线里程（公里）
	北京—通县	1901 年	21.87
	天津总站—西站	1903 年	445
	沟帮子—营口	1899—1900 年	91.16
	连山—葫芦岛	1910—1911 年	11.88
	琉璃河—周口店	1898 年	15.81
	长辛店—卢沟桥	1901—1903 间某年	2.71
	良乡—坨里	1903—1904 年	16.32
	保定—南关	1903—1904 年	6.15
	鸭鸽岭—临城	1905 年	16.70
	高碑店—梁格庄	1902—1903 年	42.50
胶济铁路	张店—博山	1903—1904 年	38.90
道清铁路	游家坟—新乡站	1902—1904 年	2.44
京张铁路	北京—门头沟	1906—1908 年	25.23
合计			295.49

上述 10 条干路和 13 条支路相配合组成的铁路网，对于华北地区的城市化和城市近代化，具有划时代的意义。正是由于华北铁路网的初步形成，才使华北各城市近代工业的兴起成为可能。而铁路的修建和工业化的新的需要，吸引了成批的农村人口，使华北城市爆发式成长起来。

最突出的是帝都北京，已打破靠驿路、铺兵同全国联络的原始状态，而成为近代中国真正的铁路枢纽。京山、京汉、京张、津浦四大铁路干线均在这里汇接。津浦路使京师同沿海的上海、天津南北两大通商口岸紧紧联接在一起。沈阳是新兴的粮食供应地，张家口乃沟通内外蒙的著名皮都，太原是煤炭、棉花的集中地，保定亦是棉花和高阳土布的集中地，而济南已成为津浦和胶济两路的交叉点。石家庄为石太线（石家庄—太原）的联接点，当将津浦、京汉南北两大动脉联接在一起的石德线通车后，这里就成为拔地而起的石家庄市。

关于铁路网形成后具体的经济效益我们还很难全面评估，这里仅以胶济路通车所获巨大利益做一佐证[17]：

年代	客运量	货运量	总收入	利润	利润率
1905	803 527 人	310 482 吨	1 912 296 元	1 116 902 元	61%
1911	909 065 人	717 181 吨	3 611 106 元	2 410 584 元	68%

另一重要佐证是沟通关内外的京奉路的获利情况。当 1902 年袁世凯接收时，全路被毁严重，难于正常运营。修复后，经梁如浩认真整顿，进款畅旺，至 1905 年 1 月间，除还借款本息及各项开支外，仍结存余利 180 余万两。后来，袁世凯利用这笔铁路余利，兴办了如下事业[18]：

1905 年 10 月 9 日经詹天佑实地勘估，京张铁路全路工程费共需银 570 余万两，全部由关内外铁路余利中提拔。

1906 年 3 月 9 日修造新城县高碑店至易州黄新庄新易铁路，共用银 60 万两。

1906 年 8 月 25 日供北洋军政要需提拨 167.4 万两。

1907 年 1 月 21 日兴修京师西直门至颐和园公路 10 万两；筹办热河屯垦银 15 万两；筹设津榆路巡警费 16 万两；京津车站添派暗探 8 万两；供北洋大学选派赴英美留学生银 6.6 万两。以上 5 项，共用银 55 万两。

同时，袁世凯还于 1902 年 12 月间申明轮船招商局由北洋创办，总局虽设上海，而该局一切要事，悉由北洋大臣主持[19]。

关于电报的兴办情况,自1880年创办已有20余载,线路全长5.4万公里,几乎遍及国土全境要镇。为掌握电政大权,袁世凯奏准委派直隶布政使以侍郎住沪办理电政,并发督办电政大臣关防。当1907年轮船电报两局拨归邮传部管理后,他仍申明两局由北洋创办,耗费数百万,奏准将轮电两局及铁路余利项内酌提两成,作为北洋学堂及海防经费。

不但如此,袁世凯还于1904年10月18日奏准在京师、天津、北塘、塘沽设立电话总局[20]。于1906年7月24日奏准在国内创设无线电报,这就是华北的电讯传播系统又向前跨进一步,大大有利于工商业市场行情的捕捉,加速了商品流通。

(二)兴办工艺与实业——发展社会生产力

经济是城市的定型因素,即是说,一个城市的功能和面貌,乃至人口的职业构成,都取决于经济,只有工业化,才有近代化。具体地说,就是只有机器大工业真正广泛地取代同农业紧密结合的家庭手工业,才有真正意义的近代化。列宁指出:"没有工商业人口的增加农业人口的减少,资本主义是不能设想的。但谁都知道,这种现象在一切资本主义国家中表现得极为明显。"[21]这场迟到的工业革命在华北城市群中真正起步,即从这时开始。

我们先看帝都北京。如前所述,元明清以来的北京,已经形成日益完善的服务于宫廷王室的城市经济,进入近代后只是进口洋货的重要销售市场。至1872年(清同治十一年),官僚商人虽然在京西门头沟创办了北京第一家近代工业——京西门头沟煤矿,但作为中央政权的决策思想并没有什么改变,而在晚清——北洋新政时期,却发生了很大变化。首先是1902年5月4日顺天府尹陈壁创办的工艺局正式开工,农工学堂正式开学,后来就成了农工商部工艺局,至1907年大加扩充,已立官办12科。他在该年10月给农工商部的奏折中申明了工艺局创办的宗旨:"查臣部所设立之工艺局,原为讲求制造,提倡工艺之地","京师首善之区,尤宜鼓励维持,以期工业繁兴,俾为各省表率"[22]。这说明,农工商部作为全国振兴实业的主管机关,它们已意识到自己的责任。关于农工商部工艺局开办及扩充的大体情况,请见下页表[23]。

科别	工师匠徒	产品名称	件数	经费		
				年份	基建临时费	常年费
织工科	146人	各式爱国布、花布等	14 820件			
附织巾		各式床巾、毛巾	13 750件	1904年	9 685.7两	16 000两
提花科	41人					
绣工科	28人	屏风、大小镜屏	401件	1905年		17 000两
染工科	23人	印花布、染线料	6 284件			
木工科	35人	中西各式桌椅	5 103件	1906年	5 700两	13 000两
皮工科	21人	大小靴鞋包箱	1 790件			
藤工科	35人	制宋椅几架藤器	1 528件	1907年	178 643两	30 338.9两
料工科	42人	各式花台灯碗	29 350件			
纸工料	30人	各式美浓纸	2 030件	1908年	6 239.2两	42 000两
画漆科	25人	几架盘盒、陈列器具	833件			5 640两
图画科	50人	花卉水彩油画等	885件			
铁工电镀	25人	机制各种器具				(售品处常年费)
井工科		打井	24眼			
合计	501人					

据彭泽益先生原表附注称,表中所列提花科,系为1908年工艺局从日本引进12架新式提花机后设立。同时,该年所立的工艺局售品所2处,共售进银34 886.2两,除成本工料外盈余4 652.8两,说明该局已取得初步效益。1907年10月间,该局还取得购运物料及产品外销的免税权,这是一般民办局厂不能相比的。

1908年8月间,庆亲王奕劻等还倡办北京首善工艺厂。其开办费18.5万两,内有北洋拨助银5.5万两;常年费11.6万两,内有北洋拨助银3万两。于京西设工艺厂7处,京师内城设厂2处。每月工徒食米250

石,由度支部拨给。该厂亦取得购料及产品销售的免税权[24]。此外,1901 年 5 月间,有人还曾倡议招商集股 10 万银元,设立商办北京工艺局,声明该局“以收养游民、开通民智、挽回利权、转移风气四端为宗旨”[25],但其结果如何,尚未确知。此后,1906 年 6 月,北京建造纸、印刷局厂。但是真正成为北京城市近代化标志之一的,是周学熙、孙多森预计招股 300 万元创办的京师自来水公司。该公司 1908 年创办, 逐步解决了京师人民的饮水问题。

上述事实是晚清——北洋新政时期开始接纳近代工业及公用事业的实例,表明当时京师近代化仅刚刚起步,尚不能承担起指导推动华北城市近代化的使命。真正对华北城市群城市近代化起重大促进与推动作用的是在袁世凯支持下周学熙主持的直隶工艺总局和他本人冲破困难,振兴实业的一系列实践活动。

周学熙(1866—1947 年),安徽建德〈今东至〉人,字缉之,别号止庵。他的父亲周馥是李鸿章兴办洋务事业的重要骨干人物,他本人是一位颇具才华的儒者。时代的大潮和民族的危亡,使他青年时代萌生了爱国主义思想,而对日本的考察和访 问,使他下决心效法日本,确定了以教育、实业救国的基本方略。

他终生矢志不忘的就是实业、教育这两件事。清末 10 年间,周学熙实施其救国方略所作事业,如下图所示:

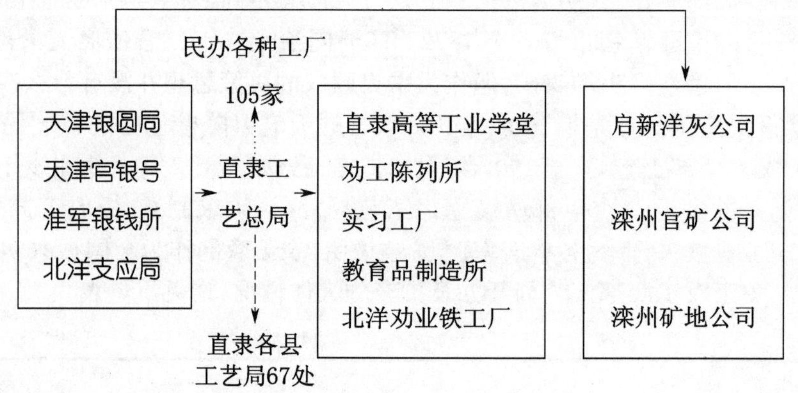

周学熙为实施救国方略,采取了如下四个步骤:

第一,银圆局开铸铜圆,迈出成功的第一步。周叔媜在述及此事时说:“银圆局非一般工业也,但吾祖(指周学熙)创办工业实自此始,由此而开以后一切建设之门。”办理此事时,周学熙从筹备至新币铸出,只用了 70 天,袁世凯“因诧其神速, 推为当代奇材,谓吾祖可以集事”[26]。为此,袁世凯于 1904 年 7 月 3 日上奏朝廷,称周学熙“操守谨严,才力精敏,皆确有成效可观”,“实属不可多得之才”,请求朝廷破格录用,结果 “周学熙著交军机处存记”[27]。据记载,1903—1904 年间,银圆局共铸银圆 140 万枚,铜圆 14 186 万枚,共获纯利 203 万余两,以后各年平均利润均在 70—80 万两左右,成为北洋新政的重要资金来源。

关于铜圆余利的具体去向,大致为[28]:

花红银	99 366.1 两
公债抵款	824 434.4 两
解巡警部	10 738.3 两
解练兵处	10 723.4 两
建立陆军武备学堂	227 032.7 两
工艺局及工艺学堂	489 837.7 两
官医局痘苗局女医局经费	58 580.8 两
官立小学经费	34 613.3 两
劝业会场地和建造学务公所	40 818.7 两
总计	2 010 912.6 两

这成功的第一步,奠定了他开拓北洋实业的基础。上列数字表明余利资金中直接用于实业教育的费用达623 650.5两,占余利总额的31%。

第二,发挥天津官银号早期银行职能,为北洋实业融通资金。天津官银号和淮军银钱所,是北洋军阀集团的主要资金筹集机构,银钱所在李鸿章死后仍留下现银800万两,作了袁世凯练兵的资金。而在周学熙主持这两个金融机构时,即将巨额官款变为低息存款,并为了推动北洋实业的振兴,及时向资本匮乏的工商企业放款。其主要事例见下页表[29]。表中所列数字说明,1903—1909年的7年间,周学熙为扶植近代工业和缓解市场危机,共投放资金315.9万余元,对于华北近代工业初生期的成长,注入了极为重要的营养。

时间	贷款项目	贷款金额	利息	受货厂名	创办人	厂址
1903年	常年经费	2 000两		初等工业学堂		户部街朝阳观
1903年10月	扶持钱商周转	700 000两	5厘	全津众钱商		
1904年	辅助资本	15 000两		织染缝纫公司	宁世福	河北大街
1905年	补助股本	1 000元		天津造胰公司	宁寿恒	西马路黄姑庵西老公所
1906年	补助股本	2 000两		牙粉公司	王龄嵩	北马路
1906年4月	成本	200 000两	5厘	北洋劝业铁工厂	周学熙	河北窑洼
1906年7月		500 000元 400 000两	5厘	启新洋灰公司	周学熙	唐山
1906年12月	开办费垫款	500 000两		滦州官矿公司	周学熙	唐山
1907年	补助股本	5 000两		玻璃厂	赵尔萃	
1908年	开办垫款	500 000两		京师自来水公司	周学熙	北京
1909年7月		100 000两		北洋出品协赞会	周学熙	
1909年11月	津浦经商股借款	3 159 520元	7厘	芦纲公所		

第三,创办直隶工艺总局,实践实业、教育救国之路。周学熙创办的直隶工艺总局同当时国内众多的工艺局相比,其优胜之处首先在于,树立了扭转全社会的价值观念——以购置田产为致富之途变为"以工求富",把货币财富投资于近代工业的建设。为此他有一整套完整的构思,即在天津设工艺总局,以挈执纲领;提倡保护工商业,城厢内外创设工业学堂,以精选其理法;设实习工厂,以练习其技能;建考工厂,以甄验其货品;设工商演说,以增益其见闻,设工商研究,以开拓其智识;设工业售品所,以疏通其销路。还组织工艺师携机下乡,现场演说,粘贴广告,觅地开机。两个月中,走遍静海、青县、沧州、南皮及交河大小村镇,改造劝办习艺工厂20余处。直隶工艺总局附设的考工厂,除考评一般产品外,于1905年起还评选模范企业,把能否独出心裁,创造新法、新式,能否抵制洋货或产品出口外洋放在首要地位。1905年第一次评出27家企业为模范企业,1906年第二次评出58家,均发给金银奖牌予以奖励。

更重要的是造就了一批近代科技人才。在直隶高等工业学堂开办后不久,即于1904年考选13名学生赴日本学习;1905年又派出19名,专门赴日学习化学、机器各科;至1907年,该校化学、机器各科毕业生共153名,多数分配天津各工厂任职。高等工业学堂附属之实习工厂,1904年考选官费生200名,设有机器织染、制造、窑业、火柴等十二科。后经扩充,不仅直隶各地及京旗、奉天、蒙古、察哈尔、山东、河南、陕西、山西各省,甚至四川、广东也保送工徒来津学习,学生总数600—700名,自费生亦有200—300名,先后培养工师、匠目达2 000人。还有百余名工师被聘往晋、鲁、豫、陕和东北三省的官办工厂。

在直隶工艺总局的劝办、推动之下,天津的近代工业真正具有一定规模和声势,除去中英合办的开平煤矿和中德合办的直隶井径煤矿〈总公司设天津紫竹林〉外,据《天津商会档案汇编》一书的记载统计,已有134家,资本总额13 440 330元,其内部行业构成为:

业别	家数	业别	家数	业别	家数
矿业	9	机器制造	10	水泥	2
纺织	41	烛皂	14	烟酒	8
机器磨房	12	榨油	4	火柴	4
皮革	5	制碱	3	造纸	2
化妆品	2	瓷器玻璃	2	交通	1
农垦	1	其他	14		

在直隶全省各县,还设立了工艺局67处,各局厂均以织染为主,长芦盐商在冀州等州县设立织工练习所13处,天津及直隶各县还设立罪犯习艺所23处。直隶工艺总局成了名副其实的近代工业推广中心。

地区	省份	工业各局	工业各种练习所	劝工场	公私建设各工厂	合计
华北	直隶	165	3	2	45	215
	山东		116	1	14	131
	山西	1			8	9
	河南	1			12	13
东北	奉天	5	12		5	22
	吉林	1	6		1	8
	黑龙江	1	7		1	9
西北	陕西	11	12	1	12	39
	甘肃	6	49		6	61
	新疆		5			5
华东	江苏	2	8	1	21	32
	安徽	1	1	1		3
	浙江	19	20		12	51
	江西	7	76	4	10	97
	福建		8		10	48
中南	湖南	1	2		2	5
	湖北	1	7		26	34
	广东	2	21	1	41	65
	广西	1	14		2	17
西南	云南		83		10	93
	贵州				2	2
	四川		73		7	80
合计		228	523	11	237	999

山东济南的近代工业,在周馥的推动下,也有了一定声势。据统计,此一时期的新建厂家共有33家,同洋务运动时期仅设山东机器局一厂大不相同了。关于直鲁两省新兴的近代工艺事业在全国的地位问题,请见上页表[30]。表中所列数字显示,在全国6大区中,华北兴办的新式工业局厂家数,包括当时仅开办22处的晋豫两省在内,达到368家,占全国当年兴办新式工业局厂的1/3以上。所以,当时直隶和北洋成为“新政权舆之地”,“各行省成派员视察,借为取法之资”[31]。我们看,周学熙在我国工业近代化和我国城市近代化中的重要地位是很清楚了。

(三)组建民间商会——集结近代工商业资本家法人团体

华北城市群近代化水平提高的又一个重要标准是商人社会经济组织的近代化,即新式的近代商会取代了中世纪传统的行会组织——会馆和公所。这一历史性变化在欧美主要资本主义国家城市近代化过程中,已经出现过。这些新式工商业资本家团体对欧美商品经济发展和市场的开拓,对政府的重大决策——包括某些侵略战争的发动等都发挥过重大作用。当其势力侵入我国后,在1840、1860年两次鸦片战争后的数年间,在我国沿海沿江重要通商口岸也设立了外国洋商会。天津洋商会建立于1887年(光绪十三年),共有英、法、美、德、俄等国会员21家。这对于我国工商业资本家阶级建立自己的商会组织无疑是一个强烈的刺激和借鉴。

我国的第一个商会团体是1902年建立的上海商业会议公所,后改为上海商务总会。华北商会组织的建立则经历了官办商务局—民办商务公所—商务总会及分会的曲折过程。商务局本是戊戌变法时期首次提出建立的振兴商务的机构,庚子后拟作为晚清一北洋新政的重要内容之一予以实施。在华北各省商务局中第一个建立的应是山西省商务局,建于1898年(光绪二十四年)。山西巡抚胡聘之在奏折中即申明:"山西商务局订借洋款,兴办铁路矿务","查山西商务局承办盂、平、泽、潞等属矿务,柳林至太原铁路,亦同时请办"[32]。但其设立具体时间与过程,却难于查寻。

其次是山东商务局,建立于1901年11月间,由袁世凯委派试用道唐绍仪为总办,山东富绅二品衔江苏候补道孟继笙、分省试用道萧应椿为会办,商务总局设在省城济南。袁世凯在述及商务局设立缘起时首先比较了中外商人地位的重大差距说:"考泰西各国,商税綦巨,故待商亦甚优。各埠均设商会,国都建总商会,以爵绅为之领袖,其权足与议院相抗,并特设商务部专理其事。"而中国商人则是"力薄资微,智短虑浅。官吏复轻为市侩,斥为末民,平时则听其自为懋迁,遇事辄不免多方抑勒"。结果良商畏官吏如虎狼,奸商则挟诈营私,影射诳骗。他提出整顿的办法是设立商务专局"以为挈领提纲之所"。"分立商会,公举董事,以讨论利病,联合声气"[33]。这里,他已明确提出立商会、举董事的问题。在拟定的32条章程中,明确规定了商务局有扶助新兴商业、向资金困难商家贷款、调解商家纠纷、保护商民免受土棍欺压及严防假冒、清除衙门习气等项商规。对于商会组织办法,并未涉及,只是分行齐集,各举董事一人,设立各行公所,如同盐业、钱业之公所。各行董事中再公举总董事二名,由此二人沟通各行商人与商务局上下之联络。所以商会组织并没有常设办事机构,但同原来的隔膜状态已相当不同。官办商务局一直相当活跃,因此山东省商务总会直到1905年才成立。

天津商务局成立于1902年,系袁世凯鉴于天津市面糜烂,银源枯竭,贴水风潮泛滥,特委办吴懋鼎、王宗堂、石元士、宁世福、李士铭、卞煜光、杨俊元、王文郁、王贤宾、么联元等为局董,办理挽救天津市面事宜。但因吴懋鼎、王宗堂二人均系著名买办,所设商务局衙门习气十分严重,对于贴水风潮引起的金融物价风潮束手无策,因此全津绸缎众行商上书袁世凯,要求设立商务公所,另举熟悉天津商情之威望商人主持公所事务。袁世凯同意商人的要求,并特委宁世福、么联元、卞煜光、王贤宾等4名本地巨商办理此事。这个商务公所于1904年改为天津商务总会,公举王贤宾、宁世福为商务总会总协理。天津商业市场的金融物价危机使天津的商会组织不仅突破了官办,而且完全取代了商务局。商务局这一官办机构实际上就不复存在了。这是华北其他城市所没有的。

京师商务总会成立于1906年(光绪三十二年)冬,此前虽有立商务公所的记载,但未见有何活动。关于立会缘起,《京师商会公廨落成记》中说:"经始之初,开会于西柳树井陈行古藤花馆,所以联络商情,开通民智,求集思广益之道,讲维持保护之方"[34]。当时入会商号500余家,电报总局、大清、交通、浚川源、信成、公益、储蓄、厚德等银行并志成分银行等家银行和自来水公司周学熙均捐助巨款,支持商会的活动。商会所属的各个行业以行业商会的名称命名,并有自己的会所。

直隶省会保定的商务总会成立于1907年6月。关于立会宗旨,在其试办便宜章程第一条中申明"本会遵照部章以保护商业、开通商智、联络商情为宗旨"。其立会缘起则为"保定自铁路交通,百货骈集,实为商务繁富之区,且地居省垣,为全省商民望所注",立商务总会"以与天洋商务总会联为一气"[35]。公推花翎河南候补道董应书为总理,前山西候补知县樊榕为协理。

有北方陆港之称的张家口商会建立于1908年(光绪三十四年)11月间。察哈尔都统在奏报该会建立过程时首先申述了张家口商务重要地位,"伏查口内商务之盛,全赖蒙旗之互市。而蒙旗之交易,全持土货为资生。远而乌、科、库、恰,近自内屋游牧,靡不仰给于斯,情势相连,休戚相倚"[36]。庚子以来,这里聚集货商上千户,旅蒙商人也由清初康熙年间的80余户增至400余户。俄、日、英、德等国资本家设立洋行17家,进出口贸易总值已达1.2亿两口平银[37]。因此,商务虽兴,但“外界侵迫,商情涣散,坐失利源”,而一旦京张铁路通车,“不明团体,不知商战”[38]之本地商家,必遭淘汰。因此,必须设立商务总局,组织商会,从蒙旗入手,而起到保商之目的。于是张家口商务总局于1907年8月间开局办公。因秉公了结商界纠纷多起,一扫向来拖累消耗之弊,受到商家依赖,因而19行各举董事31人,并公举评议董事4人,组成商会。

山西太原商务总会筹建于1905年(光绪三十一年),于1907年按照商会章程,正式组建商会。各行行头首先选举出会董24人,又由会董举出曾纪纲为总理,韩谦为协理,会址暂设正大街北。商会下设办事机构。当年入会商家共561家。至清朝灭亡之前,榆次、太谷、祁县、平遥、介休等50余县均设立了商务分会[39]。

至于清末10年间华北城市群中商会组织设立的大体情况,详见下页表[40]。在城市的商务总会建立后,各州县乡和集镇的商务分会及公所,如雨后春笋纷纷建立起来。分会对于总会凡重要事项主动请示报告,总会对于分会之权告与请求,有调查、监督并向商部及各省督抚呈转报告之责。如磁州彭镇商会据商人报告该州知府唐则瑀勒令各柴煤小窑缴纳苛捐案,天津商务总会即派一名会董带人专门调查,使问题妥善解决。1910年(宣统二年)直隶省文安县胜芳镇商务分会与警察因煤皮两行抽收牙用一事发生冲突,天津商务总会亦派会董据实调查。据胜芳镇53家商号所述事实,最后将煤皮两行抽收牙用撤销。各地商务分会和分所还不断将本地金融、物价等市场行情报告于商务总会,商务总会亦不断将农工商部各项调查事项交分会承办,使清末上自省会下至众多集镇的情况比较迅速地传达于督抚大员和农工商部。尤其是当重大金银风潮、政治风潮袭来时,更是如此,使华北各城市间形成为经济、政治信息传递便捷迅速的城市网。尤其是自1907年起,上海、天津、汉口、苏州等地商务总会开始筹备建立中华全国商会联合会后,至1912年全国商会联合会正式诞生,总部设于北京,上海设总事务所,这个以沿海京—津 —沪三大城市为枢纽的南北两大城市网的基本格局就初步定型了。

省别	商会名称	总理姓名	设立年月	入会商号数	会董议事员数	议事件数	下属分会数	一年总收入(元)	一年总支出(元)
直隶	京师商务总会	冯霖霈	1906年12月	3 600	154		2	8 428	7 771
	天津商务总会	王贤宾	1904年12月	1 034	21	83	70	6 595	11 354
	保定商务总会	董应书	1907年5月	240	63	50		4 347	4 640
	山海关商务总会	谷芝瑞	1908年2月	672	15	116		2 142	3.578
	张家口商务总会	董若璞	1908年10月	2 004	34	270		2 714	2 714
	唐山镇商务总会	刘　文	1908年5月	402	17	80		934	938
山东	山东商务总会	张肇铨	1906年2月	851	36	310	46	4 000	4 300
	烟台商务总会	刘兆嵩	1906年12月	418	32	67		3 778	4.167
	济南商务总会	王允智	1911年3月	264	26	300		1 500	1 200
河南	河南商务总会	罗以炘	1905年1月	66	522	296	30	1 760	2 328
	周口镇商务总会	李延英	1905年6月	538	44	26		664	564
山西	太原商务总会	曾纪纲	1907年3月	561	45	210	27	8 023	7 750
	榆次商务分会	康　钟	1905年10月	64	13	30			350
热	热河商务总会	高锡恩	1906年6月	37	23	48	3	767	803
绥	归绥商务总会	花瀛洲	1912年8月	856	53	554		8 270	7 973
	合计			11 607	1 094	2 436		54 276	60 437

同时,由于清末十年间席卷华北乃至全国的金融物价风潮接连不断,各地商务总会与分会以很大精力平息金融物价风潮。如1907年(光绪三十三年)进入高峰在铜圆危机,1910年(宣统二年)9月津沪京源丰润票庄倒闭案,1911年(宣统三 年)4月义善源银号倒闭案,辛亥革命爆发后津沪停市风潮,还有1908年(光绪三十四年)开始至1910年(宣统二年)进入峰顶的天津洋布洋货商倒闭风潮和1911年4月爆发的长芦盐商

倒闭风潮,其影响范围不仅波及整个华北和沿海,甚至英法德日各国政府乃至德皇均亲自过问。这些风潮的平息对于稳定华北市场,减少危机损失都是有利的。

各级商会对于技术改进、发展社会生产力均作了许多切实可行的工作,天津商会总理王贤宾等集股71万余两创办房山高线运煤公司,高阳商会总理韩伟卿并众会董从天津引进铁轮织布机改织宽面白布,使高阳土布由单一产品变成多品种机织布,产品行销长江以北和西伯利亚,占领了北方部分市场,都是颇为明显的事例。正是由于商会的切实努力,使各地"振兴实业"的热潮得以掀起并持续下来,并取得了一定实效。再有,各地商会团体对于城市建设、河道交通的治理,均十分关注。所有这一切都说明,近代资本家阶级的法人团体——商会的诞生、成长与壮大,对于华北城市近代化起了重大的推动作用。可以说,商会网的建成进一步推动和强化了华北城市网的网络功能。

(四)改革教育,造就科技新人才

城市的成长和发展,不但取决于人口的数量,更取决于人口的素质,即人口的生产力——专业技术及专业配置、精力、创造力、思考力。当华北的近代工业起步时,资本主义世界已进入了以电力、化学、汽车为标志的"第二次技术革命"的时代。我国传统的农业社会和数千年的科举制度的错误导向,使我国历代的一个个家庭和社会集中了当时所能提供的最大量的货币财富,来为新一代创造可能达到的最佳前程;而我国一代代最有才华的青年亦竭尽全力于科场的争雄,这就造成了我国自然科学的人才极度缺乏。要使我国的科学技术和社会生产力从手工和体力劳动的原始状态进入机器大工业乃至电力为动力的高水准,只有从造就科技新人才、彻底废除科举制度开始。由此看来,戊戌维新志士们所发布的第一个废除科举制的主张与政令,在我国近代教育史上确有其重要地位。而袁世凯以及周学熙、严修、张伯苓等近代教育的早期兴办者,则不断在新的历史条件下深化了对这一问题的认识。1901年11月4日,袁世凯曾指明"国势之强弱,视乎人才,人才之盛衰,原于学校。诚以人才者立国之本,而学校者又人才所从出之途也"[41]。一年多以后,他进而申述:"中国今日贫弱极矣。大难迭乘,外侮日逼,振兴奋发,正在此时。然而诸务未遑,求才为亟。无人才则救贫救弱徒属空谈;有人才则图富图强易于反掌"[42]。对于世界各国教育发达之情况,他也已有一定了解,说:"近今东、西洋各国,其文明愈著者,其学校必愈多,自通邑大都以逮穷乡僻壤,几于无事无学。"[43]经过这种中外的比较后,他认为:"其患之深切著明足以为学校之故而阻碍之者,实莫甚于科举。"并指出:"是科举一日不废,即学校一日不能大兴。"袁氏之认识是切中要害的,于是他具体提出学政岁科试分两科减尽,乡会试分三科减尽的办法,最终废除科举制度[44]。不完全统计,自1902年11月至1907年8月袁世凯任北洋大臣期间,共发布有关教育方面的政令即有27次之多,堪称各省之冠。袁世凯的这些政令,更由于周学熙、严修、张伯苓等教育改革家的实践,终于创办了一大批新式学校,造就了一大批于社会前途有益的新人才。

这场空前的教育革命,必然首先冲击当时全国封建文化和教育的中心地北京。1898年(光绪二十四年)于戊戌维新时期设立于景山东街的京师大学堂,是戊戌变法保留下来的唯一产儿,这所学校当时仍然保留着严重的封建教育体系的内容与形式。然而自1902年(光绪二十八年)复校后,除预正科之外,还设有速成科、进士馆、医学馆、实业学堂、译学馆等。辛亥革命以后,京师大学堂改称为北京大学,后来在近代爱国教育家蔡元培主持下,成为我国新文化运动的策源地。

晚清新政时期的北京还设立了不少高等学校和中等专门学校,如师范大学、工业专门学堂、医学专门学堂、京师法政大学堂、法律学堂、测绘学堂、艺徒学堂、俄文铁路学堂、巡警学堂、贵胄学堂等10余所,其中有一部分是从北京大学堂分立出来的。在20世纪初期,北京文化教育界一改旧观,成为全国近代高等教育的中心。不仅如此,1905年(光绪三十一年)科举制度废除后,北京迅速建立起一大批新式中学和小学。据1909年统计,北京城内已有中学22所,学生1 500余人;小学239所,学生8 900余人[45]。各省的驻京会馆如声名较著的山东公立学堂、皖学堂、豫章学堂、四川公立中学堂、江苏公立学堂、豫学堂、湘学堂、滇学堂等均为各会馆为解决本省旅京商民子弟求学问题而设立的。当时京师还出现了500—600所由贫苦教师私人开办的私塾和少数女学堂。

在袁世凯主政的直隶和天津,这一时期依然处于华北近代教育革命的中心地位,不仅兴办了一批普通教育机构,还设立了一批专门和职业教育机构及女子教育机构,大体情况是[46]:

学校类别及校数		学生人数	华籍教员人数	外籍教员人数	经费(两)
师范学校	4	662	20	8	22 600
小学堂	1	400	14	1	400
中学堂	8	810	57	8	39 000
女子学堂	11	865	41	10	15 840
实业学堂	5	343	31	6	38 000
大学及专科	8	1 399			102 000
社会教育	9				
合计	46	4 479	163	33	217 840

关于天津的教育行政领导机构,原为1902年设立于保定的直隶学务公所,在1905年迁到天津。不但如此,1906年还依据学部的法令在天津设立了天津劝学所,内设学董6人,掌握天津县的初等及中等教育之行政。1907年设立天津教育会,以天津劝学所学董、各学堂堂长及教员为会员,系天津的教育及监督的机构。这样,在天津已建立了完整的教育体系,直接推动了直隶全省近代教育革命的深入展开。据记载,建于省城保定的直隶师范学堂北洋新政时期共培养出毕业生300余名,全省拥有师范学堂79所,师范传习所13所,小学堂4 500所,学生总数约为90 000人。创办新学在天津已蔚然成风。在山东省城济南,由于袁世凯及周氏父子和后继者的推动也建立了初具规模的各类学校,总数为20余所。这都标志着天津、保定、济南等城市的近代化大大向前跨进了一步。

三、华北城市群城市面貌的变化与应有认识

如本文以上所述,在北洋新政推动下,华北城市群近代交通邮电体系的进一步完善,社会财富的聚积量进一步增加,新技术的引进和近代工业化水平进一步提高,引起农村人口向城市的迁移,从而促进农村经济结构的变化和农产品商品率的提高。而商品经济的发展,尤其是华北市场同世界资本主义市场联系的进一步密切,就更增加了对中国民族经济的压力,从而引起我国社会经济织织由旧式商业、手工业行会、会馆和公所向近代商会团体的演变。而商会这一近代资产阶级第一个法人团体的普遍建立,不仅使资产阶级改变了缺乏统一意志的分散状态,形成一股强大的社会势力,而且使全国以京—津—沪为枢纽的城市网联系进一步密切。最后,近代教育革命的全面展开,又提高了城市人口的素质,为新的社会生产力发展训练了成批的与之相适应的劳动力,所有这一切,必然引起华北城市群城市面貌和实体的改变。

首先是帝都北京。京山、京汉、京张和津浦4条铁路子线的交叉终于穿透了北京厚厚的城墙,在京城之内设立了4大干线的铁路总站和规模可观的设施。这种客、物流和商流向京师的汇集,大大促进了京师商业的繁荣,因而使京师的城市防火日益迫切,促使京师救火会组织较普遍地设立。这又推动城市供水系统及饮用水源的更新,因此才有周学熙、孙多森应召进京,建立京师自来水公司。成批的新式学校的建立,又使一批庙宇和会馆建筑改建成为学堂和学校,使之成为造就新一代人才的场所。其次是省城保定,在庚子八国联军的征讨中,焚烧殆尽的衙署和庙宇的废墟上,袁世凯设立了一批新的衙署、军事警察机构和学校,为一大批人才提供了新的就业机会。

但是,促使华北城市群城市面貌发生重大变化更重要的原因是在帝国主义军事、政治和越来越强太的经济压力之下华北各个城市被迫进一步扩大开放程度,最突出的例证是华北第一通商大埠天津。1861年天津开埠后,英法和美国虽然设立了租界,但其面积总和仅有1 012亩。中日甲午战争后,德日两国又在英法两国租界的两侧毗连处设立了德日两国租界,某面积较前扩展了近8倍,但仍只有8 060亩。然而在《辛丑条约》签订后,列强各国当局均疯狂地谋取租界,最先取得租界的英法及稍后一步的德日都将原有租界大大推广,未取得租界的奥意俄比4国也在海河右岸占有了大片租界,使其总面积达到22 131亩,为天津旧城区的6—7倍。紫竹林一带的海河两岸设立了一大批洋行和进出口货物的仓库与货栈、泊船锚地和卸货码头。码

头岸线长达数千米,使天津真正成为华北的贸易货栈。

华北城市群中变化最为明显的是唐山城市化步伐的进一步加快和秦皇岛、济南的自开商埠。如前所述,唐山自开平煤矿开发及唐胥铁路修筑后而开始其城市化进程。在庚子后开滦矿权的丧失引起的周学熙设立滦州煤矿公司和滦州矿地公司以及启新洋灰公司,吸引了一大批科学技术人员和工匠向矿区集中,煤炭和水泥的利润也吸引了一批官僚、买办和商人将其货币财富投入到重工业方面来,同时,关内外铁路的畅通和铁路机修、桥梁等厂的筹建,促使唐山成为华北和南方沿海地区工业化最重要的能源供应地并加速了秦皇岛港的成长。

秦皇岛自1898年(光绪二十四年)由清政府批准自开商埠后,开平矿当局曾购买圈占地亩42 270亩,获得代政府代理地亩之特权,又借外债20万英镑,用于筑港及附属工程的建设,使开平在秦皇岛的资产达750 000两,加上运输船队8 300余吨,合计总资产至少为135万两[47]。这些资金的投入,首先是聚集了数千筑港工人。至1904年,港口小码头和大码头3—5号泊位投入使用后,使这里年吞吐量约达10万吨左右[48]。为港口服务的商业活动愈加繁荣,由于小商贩和小本经营的店铺缺乏管理,造成商市混乱,20多家殷实商号发起成立秦皇岛商务分会,于1904年获准成立,20多家殷实商号为会员[49]。后来,山海关海阳镇及迁安、滦州、卢龙、抚宁、昌黎等地商号亦来入会,会员总数共有百余家,商会规定三、八日集期并设立银粮市。此时,由于开平煤矿主权的丧失,袁世凯曾积极力主恢复开平煤矿主权,周学熙具体规划了以滦收开。在清王朝灭亡前,英帝国主义者为了保住攫取的开平煤矿利源,对秦皇岛港基础设施和市政设施作了更多的投入,提高了港口靠泊能力;进行了相当规模的港内库场和铁路建设以及港口给电、给水设施的建设,使港口集疏能力大为增强。秦皇岛市也形成了铁道北为街区,铁道南为港口的基本格局。至1913年,秦皇岛聚集人口已达5 000人。

济南的自开商埠之议始自庚子事变后不久。袁世凯和山东巡抚周馥鉴于德国租借胶澳,在青岛建筑码头并修筑铁路直通济南,而津镇铁路亦即将通车,济南将从一个黄河小清河的内河码头变成沟通沿海与内地的铁路枢纽,承担青岛进口洋货和内地土货出口的重任,于是1904年5月1日袁世凯上奏,请将济南及胶济路要站周村、潍县共同辟为商埠[50]。此议很快获准后,袁世凯和周馥具体拟定了济南城外自开商埠的章程九条,并具体规定了开埠区总面积为2.5平方公里及在界内吸引外商投资的种种办法。济南的自开商埠是济南、青岛两市迅速成长的关键。青岛很快成为华北位居天津之后的重要港口和工商业大市,青岛港的进出口贸易总值从1901年的39.8万余两,至1910年已上升为43.7万余两,实在是令人刮目相看。

这样以京津为中心的华北城市群,显示了沿海港口城市迅速崛起,而运河城市踏步不前或衰落,内地城市亦获得相当的发展的新局面。

纵观晚清——北洋新政期华北城市群的城市近代化过程,我们应有下述几点认识:

(一)晚清——北洋新政的出现与实施,反映了发展近代资本主义、实现我国传统农业社会的近代化,是历史的大趋势,是不可逆转的历史潮流。这一潮流或历史趋势,由于中国近代社会内部的矛盾运动,以戊戌维新变法的形式表现没能成功,却又以晚清——北洋新政的形式表现出来。在八国联军战争和义和团运动的沉重打击下,当权的顽固派与洋务派结合,接过了维新派提出的全部纲领与条例,并在实践中予以推行。从历史发展的长河来判断,也应当认识其对社会发展有利的方面。正是由于清末十年间创造了发展资本主义的有利环境,才促使了爆发辛亥革命物质力量的成长,对此,我们应予实事求是的肯定。

(二)关于袁世凯的基本估计。北洋新政的主持者袁世凯,凭借其掌握北洋军政外交大权的特殊地位,推行军事、教育、实业等方面的革新措施。他一方面集聚了清王朝所能集中的财力与物力,造成了一支庞大的军事力量,北洋六镇常年兵饷一项即达600余万两。这支军队的练成固然在我国军制近代化方面有着一定的意义,但这支武装主要矛头是指向国内人民的。而且袁世凯所造就的一大批军阀,左右了20世纪初达30年的国家政局和社会经济生活,对于社会发展所造成的破坏是非常严重的。所以,对于袁世凯的基本方面不能肯定,这一点应是我们的共识。

然而,袁世凯作为清王朝灭亡之前的主要执政者之一,他以相当力量支持周学熙在实业和教育方面的改革,尤其是他在废除科举制度方面,提出了切实可行的措施,使1905年终于在我国废除了科举制,这对于整个社会的发展和近代教育的前进，有着十分重要的意义。对于这些事实也必须予以肯定，否则也是不公正的。

（三）关于周学熙的基本评估。目前，国内学术界对于周氏的认识与评估还很不够。他作为封建统治的一员，既受到过系统的儒学教育，又长期接受洋务思想的影响，在传统农业社会向近代社会急剧转折期内，他从旧封建统治阶级中分化出来，在创办和管理近代新式企业的长期实践中完成了向资本家阶级的转化，成为新兴的资本家阶级的一员，对于华北地区工业化和城市近代化确实起到了一定推动作用。周学熙实业集团的各企业在今天仍在为社会现代化贡献力量，我们对此应予科学评价。周学熙与张謇同为南北两位著名的爱国实业家，这应是本文的结论。

注：

① 据姚贤镐：《中国近代对外贸易史资料》（三）附表资料统计。

② 参见《北京史》，北京出版社，1985 年版。

③ 李鸿章奏，光绪七年八月初二日，载《洋务运动》（四），第 26 页。

④ 转引《秦皇岛港史》（古代近代部分），第 141 页。

⑤⑥ 关册《1882—1891 年烟台港十年报告书》。

⑦ 帕金斯：《中国农业的发展（1368—1968）》，附录五数字统计。

⑧ 赵文林、谢淑君：《中国人口史》第 15 章“中国各省区历代人口数”统计表。

⑨ 参见廖一中等：《义和团运动史》，人民出版社 1981 年版，第 326—331 页。

⑩《拳乱纪闻》，载《义和团》（一），第 23 页。

⑪《庚子使馆被围记》，载《义和团》（二），第 360 页。

⑫ 廖一中等整理：《袁世凯奏议》（中），第 798 页。

⑬ 同上书，第 783 页。

⑭《中国财政简史》，第 198 页。

⑮ 据严中平等编：《中国近代经济史统计资料选辑》，铁路的修建情况（一）表的资料辑录。

⑯ 据严中平等编：《中国近代经济史统计资料选辑》，铁路的修建情况（二）表中各路线有关资料辑录。

⑰ 严中平等关于我国铁路利润率的统计，始自 1917 年，这里仅将《胶济铁路史》一书数字罗列于此，以资参证。

⑱ 据《袁世凯奏议》中下册有关资料整理。

⑲《袁世凯奏议》（中），第 676 页。

⑳ 同上书，第 1022 页。

㉑ 列宁：《俄国资本主义的发展》，载《列宁全集》第 3 卷。

㉒ 朱寿朋：《东华续录，光绪二一一》，转引彭泽益：《中国近代手工业史资料》二卷，第 508 页。

㉓ 据彭泽益：《中国近代手工业史资料》2 卷，第 510 页统计表改制。

㉔ 光绪政要钞本，实业八，转引彭泽益：《中国近代手工业史资料》2 卷，第 525 页。

㉕ 黄中慧：《北京工艺局创办宗旨》，彭泽益前引书，第 518 页。

㉖ 周叔媜：《周止庵先生别传》第 1—2 页，转引郝庆元：《北洋银元局资料选编》，载《天津历史资料》第 19 期。

㉗《袁世凯奏议》（中），第 965 页。

㉘ 郝庆元：《北洋银元局资料选编》。

㉙ 据郝庆元：《周学熙与天津银号》一文数据资料编制，载《中国近代经济史研究资料》第 8 期。

㉚《世界年鉴》，1913 年，第 917—918 页，转引彭泽益：《中国近代手工业史资料》二卷，第 576 页。为认清各大区状况，这里略作改动。

㉛《北洋公牍类纂》（续）序。

㉜ 经济研究所抄档，路电邮航类，第 7 册，转引宓汝成：《中国近代铁路史资料》二册，第 730 页。

㉝《袁世凯奏议》(上),第 343 页。
㉞ 李华编:《明清以来北京工商会馆碑刻选编》,第 17 页。
㉟《北洋公牍类纂》(续)商务。
㊱《天津商会档案汇编》(1903—1911)(上),第 207 页。
㊲《天津商会档案汇编》(1903—1911)(上),第 207 页。
㊳ 剑章:《张家口市志通讯》1988 年第 1—2 期。
㊴ 任步魁:《太原商会史略》,载《山西文史资料》1989 年第 3 期。
㊵ 据农商部总务厅统计科编:《第二次农商统计表》第 177—199 页。
㊶《袁世凯奏议》上,第 317 页。
㊷《袁世凯奏议》中,第 735—737 页。
㊸《袁世凯奏议》中,第 735—737 页。
㊹《袁世凯奏议》中,第 735—737 页。
㊺ 参见《北京史》第 363 页。
㊻ 根据侯振彤译:《20 世纪初的天津概况》第 8 章及《天津文化概况》等有关资料编制。
㊼ 参见黄景海主编:《秦皇岛港史》(古近代部分),第 155 页。
㊽ 同上书,第 156 页。
㊾ 见《天津商会档案汇编》(1903—1911)(上),第 203—205 页。
㊿《袁世凯奏议》(中),第 929—930 页。
51《袁世凯奏议》(下),第 1087—1088 页。

(《城市史研究》1991 年第 6 辑)

近代天津城市史散论

罗澍伟

在近代中国的城市化进程中,在渤海之滨,一座新兴的北方贸易大港和工商业中心城市于百余年前脱颖而出。这就是举世闻名的天津。

一

近代天津城市的发展有错综复杂的原因。就非经济因素的影响而言,在开埠后的相当长的时间里,应当说对天津城市的成长起了极大的助力作用。

在近代以前,天津作为中国北方一个传统式的城市已具有几百年的历史。它一直是近畿军需民食的漕粮输转、储备基地,同时也是"襟河海,拱卫京畿"的首都门户。鸦片战争之后,西方资本主义国家处心积虑地迫使天津开埠,其根本的原因正如美国公使列维廉在1858年所说的那样,即西方列强企图在天津建立一个"足以威胁京城的基地"和策划各种"阴谋的巢穴"①。因此,第二次鸦片战争刚刚结束,美、法两国通过签订《北京条约》便抢先在天津强划租界,此后他们每发动一次侵华战争,天津的租界就增加或扩大一次。到20世纪初,差不多世界上所有的帝国主义国家都在天津强占了自己的租界,这绝不应是一种偶然的历史现象。

在19世纪中叶,英国尚处在西方各国"霸主"的地位,所以在天津开埠后不到两个月,英国便率先在天津强划了租界,法、美起而效尤。他们利用清王朝的昏庸和对近代外交的无知,划定租界时根本没有办理任何正式手续,仅凭一张照会。后来,英国政府对于天津英租界的建立,仅以天津县署每年收受英方地租时所给予的收条作为法律依据。

中日甲午战争之后,德国借口干涉还辽有"功",要求清王朝用租界为"回报",日本则以战胜国的姿态,向清王朝强索硬要,先后在天津设立了各自的租界。义和团运动后,八国联军将天津分割占领,原来没有租界的各国借机肆意扩张,在天津没有租界的俄、意、奥等国,则直接硬占强划。小小的比利时当时并没有直接出兵,但比国驻津领事这时也发布了所谓的公告,擅自划定租界一区。至此,天津出现了九国租界并立的局面。

八国联军占领天津期间,美国曾提出在天津设立"公共租界"的主张,但遭到其他国家的反对。1902年(光绪二十八年)美国决定有条件地将天津美租界置于英租界管治之下,所以后来多称八国租界。这种现象在全国设有租界的城市中是独一无二的。

天津租界是帝国主义对中国实行经济和政治侵略的桥头堡,而长期窃居天津海关税务司的德璀琳就是这一使命的忠实执行者。外国人评论说,德璀琳"决不把自己局限在狭窄的税务司职务范围之内","他一向把自己当做贸易的助手,而不是贸易的管理者。……他常常在总督的耳边说些新的意见。诸如输入新的牲畜与水果'品种'、造林、医学、教育、陆海军编制、矿务、铁路、一个设备完备的大学等等。"所以李鸿章对他言听计从。以致外国人把德璀琳看成是清王朝"实际上的外交部长,因而,北京的外交使团要不先来到天津见过德璀琳先生与李鸿章之后,是什么也干不了的"②。

天津租界还是帝国主义操纵中国各派政治力量的总后台。北洋军阀统治时期,中国政局更迭无常,但社会上普遍认识到"北京是前台,天津是后台"。1925年时,英国记者雷穆森正撰写《天津——插图本史纲》一书,他面对当时天津租界操纵下的中国军阀混战局面,惊呼说:"列维廉先生预言天津将是'阴谋的巢穴'确实是未来的一幅特别清晰的画面。这话说过已 67 年了，看看今天的情况，简直是太真实了。”[③]

另一方面，租界又使近代天津城市出现了全新的社区，进而加速了天津城市形态的变迁。开埠后的二三十年中，天津租界有了第一流经过规划而修建的碎石道系统，有了中国通商口岸第一座市政大厅，有了远东闻名的报纸，有了煤气，有了自来水，有了医院，有了文学团体，有了业余剧团，也有了俱乐部和运动场。租界在近代天津城市成长过程中的作用是不容忽视的。

其次是开埠后天津政治地位的迅速提高。天津被辟为通商口岸后，清王朝迫于门户洞开的形势，不得不仿照在上海（先在广州）设立五口通商大臣之例，在天津设置了三口通商大臣。当时，南方五口虽任重事繁，但除一任为简派外，余均由两江总督兼领。北方三口刚刚开放，经济地位远逊于南方五口，可是由于天津已开始成为中外交涉的中心，三口通商大臣实际上是总理各国事务衙门派驻天津的外交代表，所以设了专官，并以勋戚充任。

天津教案发生后，清王朝看到三口通商大臣由于没有管理地方军队的权力，以致不能迅速制止事变的猝发，所以下令将三口大臣裁撤，改设北洋通商大臣，由直隶总督兼领，并加授钦差大臣的关防，开始移驻天津。北洋大臣权势从此煊赫一时，不仅可以代表清王朝接见各国使节和签订各种条约，而且负责统率集中全国财力建立起来的庞大的新式海陆军，某些方面还可以伸入到南洋大臣的管辖范围之内。影响近代中国发展进程的许多事件，诸如洋务运动、中法战争、中日战争、义和团运动以及尔后的北洋新政，无不与天津有涉，因为天津一地中外交涉的频繁，直隶总督衙门长时间被视为中国的第二政府。

由于天津开埠后政治地位的提高，内政方面，“数十年来国家维新之大计擘画经营尤多发轫于是邦，然而渐及于各省，是区区虽为一隅，而天下兴废之关键系焉”[④]。外交方面“亦尽萃于天津，外交之利害，全国之安危，而恒于是手下之”[⑤]。近代天津的这种特殊政治地位，当时全国没有哪一个城市可以取代。

经过第二次鸦片战争，西方国家自渤海湾经大沽口入侵北京变成现实，清王朝出于对传统文化的认同和对外模式的抗拒，天津遂被选定为清王朝重点布置防御力量的沿海城市，20 世纪以前，天津竟成了中国最大的近代化军事基地。

天津开埠后，不但兴办起“能以最新式机器制造最新式的炸药”的“世界上最大最好的火药厂”[⑥]——天津机器局，而且还以天津为中心，修筑了铁路，开通了电报，设置了邮政，兴办起近代采掘业，引进了西方近代军事教育，并且训练和组建了大批新式军队。仅以天津机器局而论，常年雇用工人 3 000 余名，岁需经费一般在 30 万两上下，多时达 50 余万两。而当时天津一县全年田赋收入也不过 9 150 余两，其中起运 4 380 余两，留用 5 620 余两，以支发县内一切公需[⑦]。而天津机器局一年的开支，即为天津全县一年开支的 50—60 倍，有时多达 100 倍。天津机器局的建立，如同在传统天津城市之外，又建立了一个新的城市。《天津机器局记》描述该局当年的盛况说，“巨栋层栌，广场列厅迤丽相属，参错相望。东则帆樯沓来，水栅启闭；西则轮车运转，铁辙纵横。城堞炮台之制，井渠屋舍之观，与天津郡城遥相对峙，隐然海疆一重镇焉。”[⑧]近代军事工业对于天津城市成长的刺激作用，于此可见一斑。

二

一般说来，近代城市的发展，是与产业革命所引起的工业化过程同步进行的。然而与西方国家城市近代化发展的道路不同，中国传统城市转向近代的契机，是因为处在被侵略地位的中国不得不把一些城市向西方世界开放，资本主义大机器生产的商品通过这些城市，不断渗入到传统的社会结构中，使自给自足的封建经济逐步解体，并在此基础上促进了城市的商业化和工业化，逐步完成了城市功能的调适与转变。

然而，若从天津城市经济开始步入近代流通机制，同时沟通了中国“三北”地区传统商品市场与世界市场的联系来考察，天津被卷入世界资本主义经济漩涡的意义还在于，开始打破了传统天津作为首都经济辅助城市的地位，一变而为联结国内自然经济与资本主义世界市场的跳板，成为以对外贸易为主要经济支柱的城市。从此天津逐渐脱离封建的经济秩序，城市经济的发展，不再单纯受国内自然经济条件下商品化水平低下的限制，而是通过输入外国商品和制造技术，改变了城市的经济结构，进而发挥出中心城市的作用。与往昔不同的是，当近代北京的政治、文化中心地位因受到种种冲击而消长无常时，天津却以一种“独立”的姿态，无阻挡地向经济城市稳步成长。

开埠初期的天津,由于不能迅速摆脱传统经济的影响,进口洋货受到市场购买力低下的限制,也没有足够的适销土产提供出口。在对外贸易的形式上,与国外的直接数量很小,多半是从上海转口,直到1867年在天津经营直接贸易的只有一家洋行。然而历史为天津确定的主调是城市潜在的经济力量的发挥,“这种力量不顾一切阻碍,持续地向前突进”[⑨]。所以尽管道路崎岖,但从1865年到1898年的30余年中,天津的进口贸易额仍然增长了5倍,出口贸易额增长了9倍[⑩]。开埠前,天津并非传统的棉纱棉布集散地,开埠后却很快发展成为全国进口洋布、洋纱的最大口岸。也是华南地区与西伯利亚之间的转运茶叶和呢绒最便利的港口,由于转口贸易在运输、装卸、储存等方面需要有更多的花费,随着贸易额的不断增长,直接贸易的趋势遂成为不可避免。所以到了1905年天津从国外(当时的统计包括香港)的直接进口值第一次超过由上海等地的转口贸易值。

在资本主义的经济征服中,天津与周围宽广腹地的经济联系大大加强了,特别是大批初级农副土特产品的出口,相应地增加了腹地购买进口商品的能力。与此同时近代工业的发展也对天津的内外贸易产生了深远的影响。一方面工业的发展增加了城市对机器设备和各种原材料的需求,另一方面许多工业制成品进入了出口货的行列,所以20年代以后,天津进出口贸易总额直线上升。如1915年为52万余关两,1920年为59万余关两,1925年为107万余关两,1930年为133万余关两,差不多每隔10年就要翻一番。

到30年代,天津的港口城市地位进一步加强,在全国五大港口——广州、上海、汉口、天津、大连——进出口贸易总额各自所占的比重中,天津由1871年至1873年的1.8%,上升到1935年的11.7%[⑪]。在华北各港的进出口贸易总额中,天津几乎占到60%。其间,天津的面粉进口额,棉花和皮货的出口额,均居于全国首位。进出口贸易的发展,反映了天津及其腹地卷入国际市场的程度和速度。在这一进程中,天津逐渐取代了北京的经济地位,开始成为华北地区的经济中心[⑫]。

天津由一个传统的国内贸易为主的城市,发展成以进出口贸易为主要经济支柱的城市的过程中,洋行发挥了至关重要的中介作用。

所谓洋行,是中国人对外国人在本地经营进出口的贸易公司的总称。鸦片战争后,天津虽未列为通商口岸,但一些洋商借机来到天津,经营鸦片和其他贸易。在天津开埠的当年,一批外侨尾随英法联军到来,其中有相当部分是准备在天津开设洋行的老板。据1866年的统计,天津共有9家洋行,但到1890年时在各国领事馆注册的洋行已有47家[⑬]。

开埠的初期,天津的对外贸易以进口各种洋货为主,而且多半是通过上海而不是通过生产国购入。天津的洋行抓住这个特点,通过上海的洋行购入洋货,再转手给经营洋货的中国商人。传统的商业网络,为洋货的涌入准备了条件,因而在一个时期内这种交易额颇大,洋行老板从中攫取了巨额利润,一名洋商在开埠后的数年之间在积累起每年可得5 000元利息的财产离开天津[⑭]。

然而天津本地的商人,尤其是棉布商很快便有了对策,他们发现自己直接订合同租用船只由上海购进洋货,比通过洋行要合算得多。后来除鸦片之外,其他“通过外国人的手才能与上海成交的交易项目日益减少,在这种竞争中,中国人总占上风,因为他们具有一切便利条件,经营方式简单,生活简朴,手续费用不多”[⑮]。

洋行也不会自甘寂寞,不久他们便发现由中国内地低价购买农畜产品,高价运销到国外可获巨利。根据中英《天津条约》,洋商从中国内地购得大宗农畜产品,只需在首经之子口交纳25%的税银,便可运抵口岸直接出口。从1870年开始,海关又实行了内地子口税三联单制度,洋商持单赴内地购货,沿途可通行无阻。三联单制度虽然给天津腹地各省造成了不小的经济损失,却极大地推动了天津口岸的农畜产品出口。在实行这一制度的前一年即1869年,天津只有300担驼毛出口,但到了1874年出口量即超过了3 100担,1875年更达到了5 500担。只是由于天津港突然冰冻,装船量才减少为4 100担。

从70年代开始,天津的洋行又开始专营那些中国商人不易经营的贸易,如乘天津进行“洋务”建设之机,进口各种机器设备,以及军火洋药等。1886年清王朝决定修建津沽铁路,各洋行竞相把天津变成铁路宣传的中心,他们招引来不少国家的商业组织在租界里建立起相当大的办公地点,这些组织的职员竟使天津的旅馆拥挤不堪。经过一番争夺，广隆洋行取得了把火轮车有限公司安置在该行内的特权。[16]

此外，一些洋行又特地选择了经营中国沿海以及由沿海向内河航行的近代航运业。开埠以前，天津所有的进口货（包括外国的和国内的）都由中国帆船运来，出口的土产也由中国帆船包揽，1867年怡和洋行首先在天津经营航运业务，开辟了广州至天津和上海至天津两条航线，同时代理世界各大轮船公司的客货揽载。冬季天津封港，则在秦皇岛起卸。1881年太古洋行又开辟了上海至天津和香港至天津两条航线，由于轮船运载客货手续简便，节省时间，风险又小，受到中外客商的欢迎。洋行经营的近代航运业不但切断了中国帆船与外国产品的联系，而且夺走了中国帆船经营的沿海土产贸易，最终把中国帆船推向毁灭的境地。

三

金融业是城市经济、尤其是城市商业贸易发达的标志。但在近代天津，货币流通的调节与信用活动的发展，却成为资本主义各国对中国实行经济掠夺的重要辅助手段。

传统天津城市商业的发展，带来了传统金融业的发展，以兑换货币及存放款为主要业务的钱庄、和以经营汇兑为主要业务的票号在天津素称发达。据研究，中国早期的汇兑，即发祥于天津的日升昌颜料庄[17]。

天津开埠后，随着内外贸易的发展，资金流通加速。但很长一段时间天津与腹地的信贷主要依靠钱庄，而维系着天津与各地传统金融联系的则是票号。以致传统的金融业继续不断发展。据1867年10月15日的《字林西报》，彼时天津共有钱庄约100家，资本总额60万两，其中资本1万两和4千两的各40家，资本2千两20家[18]。迨至19世纪末，天津的钱庄又增至300余家[19]，票号约25家，资本约500余万两[20]。

近代金融业在天津出现以前，洋行也不得不利用传统金融业资金周转便利的条件，为他们收购内地皮毛和其他农副产品服务。有的洋行还直接起用钱庄主为买办，据《字林西报》载，天津最老的一家洋行买办，就是一个兼营鸦片生意的钱庄主[21]。

然而对于洋行来说，仅仅采用这种办法显然是不敷需要的。当时，天津的对外贸易特别是对英国和香港的直接贸易已具有相当的规模，但天津与英国和香港并没有直接的金融联系，因此在1863年汇丰银行成立之后，便积极谋求在天津建立分行。

外国资本在天津筹划建立近代金融业的政治目的也是有的，1882年汇丰银行开始在天津筹设分行，他们特地选派一手培植起来的安徽籍买办吴调卿做分行买办，主要原因是想通过吴以“同乡”的关系，积极联络手握重权的北洋大臣李鸿章，进而影响清朝的中央政府，其主要手段便是利用清王朝的财政困难进行贷款。

汇丰天津分行成立前，已与清王朝建立了贷款关系，但数额不大（前后4笔，共1 200万两）。但自80年代后，由于汇丰在京津设立分行，向中国中央政府提供的贷款则大幅度增加，1880年—1927年，共达78笔，累计达33 848万两，这显然与汇丰银行所处的“近水楼台”地位有关。汇丰天津分行成立不久，清王朝决定兴办铁路，其中津通、津榆和京芦铁路的修筑，多由汇丰提供借款。吴调卿也被任命为京榆铁路总办。正是由于这一笔笔借款，汇丰“使自己成为清政府不可一日或缺”[22]。这显然符合资本主义各国的政策。

除了借款之外，设法吸收中国存款也是汇丰天津分行的主要任务。汇丰银行因为经常接触中国官僚、贵族，吸收这些人的资存数量也很大。据传，李鸿章在汇丰天津分行有150万两白银的存款，庆亲王奕劻有120万两白银存款。把中国人的货币转为资本，再用于对中国人的掠夺，这是近代外国在华金融资本的又一个显著特点。为适应环境，吸收资金，汇丰还是中国境内第一家不以金镑为单位，而以中国各口岸通商用的银元为计算单位的外国银行。

近代以前，中国的进出口贸易均以现银交易，无所谓国际汇兑。鸦片战争以后，一些通商口岸对外贸易迅速发展，国际汇兑业务亟待开展。为了垄断中国的国际汇兑，汇丰银行自建立之始，便在与中国贸易关系的东方各口设立经理处或分行，后来汇丰又把分行扩展到欧美。由于这个原因，汇丰天津分行自建立后，便一手操纵了天津的外汇牌价，所有的外汇经纪人均视汇丰的牌价为准，汇丰天津分行由此获得了莫大的好处。在西方资本主义的侵略下，天津的金融市场开始和国际金融市场联结起来。

最后，也是最根本的，就是汇丰天津分行的建立，为天津各洋行贩卖外国商品，掠夺中国原料提供了方便的资金融通。天津海关税务司在1881年的“贸易报告”中以欣喜的心情指出：“6月18日汇丰银行分行在天津开业，无疑它将证明对外商业务非常重要。货物外运比以前有了大幅度的发展，而且很可能还要发展。”果然，两年后，即1883年英国驻天津领事达文波在一份报告中：“汇丰银行在这个港口有了一个营业鼎盛的分行，使得天津的洋行在金融周转方面得以享受和上海洋行同样的便利，能够直接进口，节省了上海转运的费用，从而得以较低的价格把货物运到天津。”[23]在天津的所有洋行中，怡和洋行从汇丰中受益最大。只要需要，怡和洋行随时都可以迅速得到汇丰天津、北京分行库存充裕的白银。19世纪末，当怡和洋行获得为清王朝修筑铁路供应材料和承包工程的合同时，汇丰银行立即借垫款项。这种状况，不一而足。

由于汇丰的储备雄厚，因此得以在中国公开发行纸币，到19世纪末，天津共三家外商银行，但发行纸币的，唯有汇丰一家。汇丰天津分行的这种特殊地位，决定了该行在天津的最高负责人不是分行经理（Wanager），而是总行代表（Agent）。

继汇丰天津分行之后，华俄道胜银行也于1896年在天津设立分行。同汇丰一样，道胜也积极包揽对清朝的借款，收罗王公贵族的存款，并起用德商泰来洋行买办王铭槐为该行买办。王铭槐利用银行买办的身份和便利条件，从天津沿京榆铁路向关外延伸，在沈阳、铁岭、牛庄等地，开设胜字号银号20余家，专门经营汇兑。另一个买办严筱舫，也在道胜银行支持下，从汉口至北京开设源丰润汇兑庄多处，这样便形成了一个道胜银行控制下的汇兑网。这是道胜的经营特点。此后，日本的横滨正金银行天津支行亦于1898年开业，横滨正金除在天津经营国际汇兑，吸收官僚、军阀存款外，主要目的是扶植在天津的日本洋行。

除了外国设立的银行之外，19世纪末，中国人自己设立的银行也在天津出现了，这就是1898年设立的中国通商银行天津分行。因为银行是近代化的金融组织，中国通商银行于1897年在上海建立后，一切组织机构，全拟汇丰银行模式，而分行又拟总行模式，在行内分设洋账房和华账房，聘用洋大班与华大班。分行的最高负责人为分董，天津分行的首任分董为曾任天津礼和洋行买办的冯商盘。华洋大班的并用，与由买办出任分董，足以说明通商银行的先天软弱。

据1934年的统计，天津共有外资银行17家，资力总额为434 129 649万两，超过全市中国自行开设的公私银行资力总额的21%[24]。由于银行的管理制度先进，资金雄厚，而且都有熟习本地商情与金融状况的买办主持相当部分的工作，以致很多钱庄、票号为开展信贷业务不得不与外国银行建立联系，一些银行买办也是票号或钱庄的股东或经理，从而促进了近代天津金融网络的形成。当然这种金融网络是外国金融资本控制下形成的，带有明显的半殖民地性质。

四

城市不仅是地理学和生态学上的单位，还是一个经济单位。纵观世界历史，推动城市化最主要和最直接的原因，莫过于发生在18世纪的工业革命了。在西方，近代城市化与工业化互相促进，互为因果，但在中国，工业化却落后于城市化的进程。也可以说，工业化对于近代中国城市的冲击是迟发的。

在鸦片战争后的20年中，中国传统文明与外来模式爆发了极强烈的冲突。在冲突中，虽然中国失败了，但并没有使传统阶级失掉对传统文明所持的优越感；恰恰相反，却激起了他们对西方强烈军事优势的强烈民族主义反应。用李鸿章的话说，那就是：“中国文物制度事事远出西人之上，独火器万不能及。”[25]因此，从60年代中期开始，中国出现了一个在通商口岸城市或省城建立现代军事工业的热潮，这就是说近代中国城市的早期工业化与西方不同，它不是从动力革命开始的，而是从武器制造开始的，天津城市近代工业的初发，就是在这样的社会背景下出现的。至于消费资料的生产，则是随着日后来自国外的经济侵略不断加深，进一步激起了中国人的民族主义精神，朝野上下才坚定了发展近代工业的决心。

开埠前的天津，是一个封建性的城市，在政治上是“传统的”。经济上是“前工业化”（Preindustrial）的。可是到了近代，天津是我国最早建立新式工业，新式对外交通、通讯与通信，新式探掘业的城市之一，一些产业部门在全国还属首创。这些不但使天津城市在走向近代的路途上前进了一大步，而且也为后来天津城市的成长打下了一定的基础。

应当说，早期官办军事工业建立是天津城市迈向近代的特征之一，为什么呢？

就投资总额来看,天津机器局为1 000余万两,大沽船坞为200余万两,架设津沪、津京等电报线投资20余万两,修建津榆、津芦铁路投资1 100余万两,官商合办的开平矿(包括林西矿)总投资为200余万两,其中集股仅100余万两,其余大部分则是借拨的官款[26]。这些近代产业部门的资本总额约为2 650余万两。就这些近代产业部门工人数目来看,天津机器局和大沽船坞共有工人3 600余名。开平矿和林西矿有工人3 500—4 000名,有人估计,当时的铁路和电报工人至少也应有2 000—3 000名。这样,官办企业的工人总数应在10 000人左右。

与近代天津的外资企业和民族资本相比较情况如下:

	近代天津官办官商合办企业	外资企业	民族资本企业
资本总数	2 650万两	100万两	60万两
工人数	1万人	1 310人	1 500人

这就是说,近代天津官办与官商合办企业的资本总数,占了当时天津全部近代企业资本的94.3%。是外资企业资本总额的26.5倍,是民族企业资本总额的44倍多。近代天津官办与官商合办企业的工人数,占当时天津近代产业工人总额的78%,是外资企业工人数的7.7倍,是民族资本主义企业工人数的6.7倍。这说明,官办企业在开埠初期的天津城市经济发展过程中,占了绝对优势。此外,官办企业的资本总数甚巨,而工人总数相对较少,也说明这些企业生产规模大,技术和设备先进。

官办企业的出现,打破了传统的天津旧的生产方式一统天下的局面,建立起近代化的机器大生产。同时也改变了传统天津的阶级与职业结构,造就出天津第一批产业工人。官办企业的出现,还加强了天津同邻地区—如唐山—的联系,带动了这一些地区的经济开发,同时大大提高了天津城市的地位和作用。

然而天津官办企业也有自身难以克服的弱点。在西方,近代工业的发达程度,反映了整个社会的经济发展水平,是社会生产力发达的集中表现。天津的官办企业,是封建政权用钱"买"来的,既不能代表中国当时的社会生产力发展水平,又不是出自近代天津城市发展的自然要求。技术和设备再先进,在封建政权的经营控制下,也很难以引发城市的巨大进步。

另一方面,天津开埠以后,虽然迅速被纳入世界资本主义的经济体系中,旧有的经济关系逐渐发生变化,以对外贸易为中心的开放型的港口贸易城市经济结构渐渐形成,在这样的社会经济环境下的伴随着近代大工业的涌入,工业资本应当有一个适应性的发展。可是由于旧有的封建体制的制约,不能使那些旧式商人和官僚、买办手中积累的资金,顺利向资本转化。

近代天津城市工业的发展,并非缺乏资金。1872年李鸿章筹设轮船招商局,在津的粤籍商人拟筹本银30万两,公举商总承揽。但李以其"资力不厚"而未果。1887年李鸿章决定招股修筑津沽铁路并拟定了中国历史上第一份招股章程。开平铁路局也改名为中国铁路公司(后又改名为中国天津铁路公司),汇丰银行被指定为公司的收款银行,公司名称的变更,表明中国的铁路建设已开始突破了地方的局限性。

然而,由于轮船招商局的官商作风,以及无视投资人对公司事务的过问,严重影响了天津商人投资铁路的积极性。"没有人把股金存入银行。合股公司的观念,不能投合大多数投资者的心意……他们不信任一切经营管理的方式。"[27]据1887年(光绪十三年)4月29日的《北华捷报》报道说:"当问起天津的资本家们何以不愿附股时,他们答道,我们不相信这班官员们。他们谈到招商局,局中有他们的资产,而处理这些资产,则从未征求过他们的意见,他们对局中事务已无发言权。他们怕铁路公司也将管理成这个样儿,投资人对公司事务将无权过问……天津的资本家和商人们很愿意筹集筑路所需的全部资金,但以保证投资利益不被剥夺并让他们取得对企业应有的管理权为条件……这是李鸿章尤其是周馥所不能接受的。于是只好努力向山西票号和盐户求取资金了;所有这些字号和商人都不愿意支援。"[28]李鸿章为增加投资者的信心,5月底又发表声明,诚恳地推荐这份章程,强调中国铁路公司一定按照外国股份公司的模式,把业务管理权交给由股东大会所推举的董事会,并摒除官方的干涉,他还要求资本所有人站在投资者的立场上,仔细考虑公司计划的正确性,和这条铁路给沿线带来的利益,希望资本所有人踊跃认股。但大家仍担心这样的声明并不能产生预期的效果。[29]以至这种动员虽至“舌敝唇焦”，仅招得商股银10.850 0万两，不得已于天津海防支应局借拨银16万两，又以周年五厘轻息，向英商怡和洋行借用银63.7万余两，德商华泰洋行借用银43.9万余两，然后铁路始得告成。

当然，其他的制约因素也是有的。例如：比起其他一些沿海城市（如上海），传统天津城市经济发展水平较低，开埠以后，资本积累的过程自然也相对缓慢，天津周围的腹地经济落后，生产力发展水平低，无力为城市提供大量的资本，也无法吸收城市的大量工业产品，这一点造成对外国缺乏潜在的吸引力。即使到了《马关条约》签订以后，许多城市的近代工业，在该条约的“鼓励”之下都得到发展，但天津的外资企业和民族资本仍未因此取得长足的进步[30]。

开埠以后，天津港对外贸易的巨额入超，洋货充斥，使本地的白银要有相当部分输送到上海，也在一定程度上影响了城市的资本积累和工业发展。

天津作为首都的门户，近代以来，屡次遭到战争的破坏，尤其是1900年（光绪二十六年）八国联军发动的侵略战争，使天津早期近代工业遭到全面的破坏，失去了对城市经济发展的先导作用，自然也是影响天津近代工业发展的一个因素。

所以直到20世纪20年代以前，天津的近代工业一直不足以改变城市的经济结构。20年代以后，由于民族工业的崛起，以及纺织、化工、面粉等工业基础的奠定，使工业总产值成为城市经济的主要成分之一，天津也由对外贸易型的城市，发展为工商业城市，完成了城市功能的又一次转变。

五

一个传统城市的近代化过程，不仅仅表现为经济上的突变，而且应当包含着制度上、组织上和思想上对于这种新经济秩序的调适。这就是说，随着城市经济的发展，不可避免地要为城市带来文明和进步。

最早由天津这个窗口进入的资本主义文明应是为掌握西方军事技术而兴办的技术教育和军事教育。如附设于机器东局的电气和水雷学堂、水师学堂、电报学堂、武备学堂、天津北洋医学堂等等。其中天津北洋医学堂还是我国最早的自办西医学校。当时虽然也有一些人提倡设立普通学堂，却没有受到应有的重视。因为在多数人看来，在城市中接受传统教育，参加科举考试才算正途，也是完善城市社会控制不可缺少的一个环节。

中国在甲午战争中的失败，在社会上掀起一股兴办新式教育的热潮，特别是1895年天津中西学堂建立，成为我国建立最早的高等学府。义和团运动后，更激发了一般人“启迪民智”的情感，无论是地方政府和士绅，都在尽力为城居人口创造更广泛的接受基础教育或专业技术教育的机会。各级各类新式学堂迅速在城市中普及。后来这种教育体制又扩展到近邻农村。这一时期天津近代教育的特点是“大吏提倡于上，乡人负重望者主持于下，官绅合力，远近同风，不十年间各级学堂悉备”[31]。“洵为通商各属之冠，中外士庶，靡不称赞”[32]。到辛亥革命前夕，天津兴办的各级学堂（包括蒙养院）共达150所，不但层次完备，而且门类齐全，工业、农业、医学、军事、法政、外语、师范、女学应有尽有。辛亥革命后，私立学校也获得较大发展，如著名的南开大学就是于1919年创办的。在20年代初期，直隶一省各级学堂学生总数，居于全国之首。这不能不与20世纪初期天津所奠定的近代教育基础有密切关系。

生活文化和礼俗文化也随着西方文化的进入，在社会上出现了渐变的趋势。服饰历来是中国传统社会阶级与身份的标志，也是权力和服从的象征。因此统治阶级十分重视衣着所产生的社会心理作用。在开埠后的天津，服饰和习尚仍从方便实用的角度悄悄地出现了小改小革的趋向，尤以为外国侨民服务的下层人员为甚。《津门杂记》说：“紫竹林通商埠头，粤人处此者颇多。原广东通商最早，得洋气在先，类多效泰西所为。尝以纸卷烟叶，衔于口吸食之。又如衣襟下每作布兜多装置零物，取其便也。近则津人习染，衣襟无不作兜，凡成衣店估衣铺所制新衣，亦莫不然。更有洋人之侍僮马夫辈，率多短衫，窄袴，头戴小草帽、口衔烟卷，时辰表链特挂胸前，顾影自怜，惟恐不肖。”[33]追求时尚不仅仅是一种单纯的心理因素，而是在某种程度上反映了时代的前进，服饰与习尚的凝固，则是社会僵化的表现。

西方式的消闲生活的出现，对中国城居者也产生了冲击。例如外国侨民春秋两季的赛马活动，竟使天津

“倾城士女，联袂而往观”，“或驾香车，或乘宝马，或暖轿停留，或小车独驾。衣香鬓影，尽态极妍，白夹青衫，左顾右盼。听奏从军之乐，畅观出猎之图，较之钱塘看潮，万人空巷，殆有过之而无不及”[34]。在城市中一件新奇事物的出现，往往能产生巨大的社会动员作用，对于长期在封闭状态下过生活的人们，更是如此。

大约在80年代之后，中国城居者的消闲生活更直接受到西方娱乐文化的影响。比如天津城乡的一些盲艺人，开始把一些由外国侨民带来的古老的世界名曲，掺杂到自己的演出里，到处演唱。其中有《我的名字叫理查·香槟》(Champagne Chavlie is My Name)，《玫瑰李》(Rosa Lee)、《牧场之花》(The pvaive Fowov)、《比利·派特逊》(Billy patterson)以及《上帝保佑女皇》(Good Sare the Queen)等。到了90年代，在一般居民经常出入的杂要馆子中，除了经常上演的大鼓书、京子弟八角鼓、相声、时新曲子之外，还添加了“外洋灯影”[35]，也就是早期的无声电影，以广招徕。

在城市中华洋杂处，相互交接的结果，使中国居民了解外国侨民的机会增多了，中西文化和习俗的差异，不能不在人们的头脑中引起反响，孰优孰劣，会油然而生。这一点对于那些文化的知识阶层尤为感受敏锐。他们做了一番比较之后，对于西方社会的某些进步方面，流露出艳羡之情。进入20世纪以后，随着租界影响的扩大，以及城居青年接受近代教育机会的增多，一些西方习俗逐渐渗入到天津城市社会中。

天津是传统中国后起的城市，婚丧本有“不拘六礼”的习惯，有人甚至认为“天津有婚丧之事而无其礼，所谓‘婚丧赛会’而已”[36]。辛亥革命后，这种“赛会”式的婚礼亦开始革新，迎亲马车首先开始取代了花轿，运送灵柩也开始由杠夫抬行改为马拉灵车。1905年我国文化艺术界一代大师李叔同之母病逝于上海，李叔同遂挈眷扶柩，回津葬母，决定不行吊唁旧仪，并谢绝一切呢绒绸幛、纸札箱彩、银钱洋元等物，仅于当年7月29日开追悼会，由家人致哀辞、献花、行鞠躬礼，再由李叔同弹钢琴、唱哀歌，最后由家人致谢来客行鞠躬礼[37]。这种革新之举受到社会舆论的广泛赞扬。

到了20年代，自由恋爱之风也在青年中流行起来。当时有人写竹枝词记载男女间的谈情说爱情况，“倩影喁喁话柳荫，灯照不觉日光沉，别时密订来朝约，座假中街起士林。”[38]婚仪也改变了过去的繁琐礼节，而是“指环互换绾同心，不用交杯酒再斟，宾致贺词主中谢，堂前应节奏风琴”[39]。

开埠以后，随着天津城市的成长，富有市民特色的通俗文化日渐成熟起来。因为与中国古老的封建文明相比较，天津的地方文化传统是短浅的，始终没有形成深厚的地方文化积淀。又由于天津城市区位的特点是“路通七省舟车”的水旱码头，因而极易受南北文化的冲击。开埠后城居人口空前增多，这些人大半来自北方各地，而且多是靠出卖劳动力来维持生计的社会下层，他们对于文化的需求是偏重实际与通俗化。所以各种富有民间色彩的通俗文化极易在天津获得发展。

京剧是嘉道时期最先由北京传入的剧种，但因极受城居者的欢迎，不久便出现了“戏园七处赛京城”的盛况；业余京剧爱好者也所在多有，如京剧第一代名丑刘赶三，就出身于侯家后群雅轩票房。天津观众嗜京剧如醉如痴，连儿童也乐于学唱。当时的竹枝词说：“只有儿童偏快乐，满街争唱二簧腔”[40]。到了同治中叶，京剧又由天津进入到上海[41]。由于京剧艺术的普及，天津还涌现出了一批在艺术上有相当造诣的著名演员，许多演员也是在天津唱红后才回到北京或走向全国的。直到40年代，京剧仍是天津一种极时髦的陶冶情绪的娱乐。

评剧是20世纪初期在天津形成的一个新剧种，所以天津有“评剧摇篮”之称。古老的弋阳腔——河北梆子进入天津后，演出了自己的特有风格，形成了“卫派梆子”。

20世纪以后天津的畸形繁荣，还促使天津成为北方说唱艺术的“集散地”，当时的天津是说唱艺人演出场地最多的城市。书茶馆的老板和演员为了使那些收入不高的下层观众，花一份钱就看到多种形式的演出，得到较为丰富的艺术享受，创造出“什样杂要”这一演出形式。即在一个小园子里，同时可以看到相声、大鼓、戏法、踢毽、口技等各种表演。后来这一演出形式成了天津说唱艺术的特征。

20世纪初期以后，天津的戏曲演员和说唱艺人名家荟萃，形成了激烈的艺术竞争。能够长期在天津站住脚的演员，多半是其中的佼佼者。另一方面，大批优秀演员的长期演出，又培养出大批观众对戏曲和说唱艺术极强的鉴别能力。著名相声表演艺术家侯宝林也说：“谁都知道天津这个地方最难演出，过去曲艺界有句话：北京是‘出处’，天津是‘聚处’。……天津聚集了那么多名演员，你在天津能不能站住脚是个问题。你要是在天津站不住脚，那你就甭想到江南去，因为江南的角儿都到天津来约，你要在天津能站住脚，挂上号，那你这个演员就算行了。”[42]

六

近代以前，天津不过是一个府、县的治所，与之同等地位的城市，在当时全国有近二百个。近代以后，全国先后有 107 个城市被开辟为通商口岸，然而在这些被迫开放的城市中只有北方的天津，在几十年的时间里上升为仅次于上海的全国第二大城市。天津城市的快速成长，原因无疑是多方面的，但最根本的还应归结于城市所蕴藏的内在因素。

从中外城市的历史状况来看，城市的发展大致可分为两种类型，一种是经过有机增长的方式发展起来；一种是经过规划建设的方式发展起来的。所谓有机增长系指城市长时期在一定的地理条件和社会经济条件下自发地演进，城市各系统间逐步形成合理的、有机的联系。所谓规划建设系指按照一定意图或规划有计划地建造的城市，城市发展缺少经济动力，其中大多数会随着政治权力的更迭而兴衰。前者为自发地发展，没有城垣，所以也叫无垣城市；后者体现了统治者的人为影响，多筑有城垣，所以也叫有城垣的城市。

若用这两种发展模式来考察天津城市的成长过程，我们会发现，天津更接近于前一种类型。传统的观点认为，天津城市形成于 15 世纪明王朝的设卫筑城，实际上这是把城垣的修筑与城市的形成等同起来了。天津城市所以能够生产和发展，首先应当归结于她所处的河海冲要的优越地理位置。

自金元以降，随着运输系统的不断完善，地处海河与子牙、南运二河交汇处的老三岔河口一带，因有连樯万艘的漕船停泊而逐渐繁荣起来。元王朝在这里派驻有专门管理漕运输转工作的接运厅、临清万户府以及为水手们修筑的东、西两座天妃庙。从此兵民杂居，人口大量增加，商业贸易也开始兴盛，当时人写诗说：“一日粮船到直沽，吴粟越布满街衢。”街头上的吴粟越布可能是用于本地消费，更可能会转贩到外地。交通和商业的发达，带来了城市的发展与繁荣。所以直到明初，这里仍是“商贩所聚”之处。永乐时虽然在直沽修筑了天津卫城，但卫城只是军事指挥机关的所在地，并非城市中心。明中叶以后，为了稳定漕船运丁的生活，允许他们免税携带一定数量的南北土特产品沿途售卖，运河遂成为南北物资交流的通道，直沽也随之发展成运河北端的著名商业城市，甚至出现了“粮船商舶鱼贯而进，殆无虚日”[43]的盛况。沿河一带，“商贾辐辏，骈阗逼侧”，“素封巨室，率萃河干”，而卫城之内仍是“屋瓦萧条，或为蒿莱”[44]。城内四角及城中间为五个大水洼，弘治时，先后在卫城内外设立了 10 个集市，5 个设在城内的不见发达，而设在城外沿河地区的集市却日益兴旺[45]。所以有人认为，明代对天津城市的规划设计，已考虑到天津城市形成的历史特点，采用了“局部封闭，总体敞开”的布局结构，从而为后来城市的发展创造了条件[46]。

清初虽将天津纳入地方行政体制，但城市沿河发展的自然趋势未尝稍改。康熙时，钞关由京津间的河西务移至天津北门外南运河畔，运河商船以及闽粤江浙驶来的海船都要到这里验关纳税，南北商货的大批到来，使这一带逐渐形成了一条随河弯曲的“环城开衢”，并促进了对附近专业性街道和市场的出现。这时天津已成为国内有名的商贸港口城市，沿河两侧市店丛集，“所富商大贾，百货居集，均在城外”[47]。

本来中国城市的地方系统包括两种不同的层次，一种是出于地方行政管理的目的而区划和控制的层次，另一种是由于交易活动而形成，并反映了中国社会自然结构的层次[48]，应当说，天津城市虽是这两种层次兼而有之，但其主导方面则是后者。

自清代中叶以后，外国侵略者逐步认识到了天津城市的经济特点。1793 年英国马戛尔尼使团访华，首次提出在天津“收泊贸易”的要求。鸦片战争后的“修约”谈判中，开放天津也一直是西方国家的既定目标。及至 1860 年天津开埠，侵略者欣喜若狂，他们希望天津港“能在重要性上压倒上海或其他敌手，或者至少把那些地区的商业吸引过一部分来”[49]。因此各国租界的划定，完全在海河上游两岸，使租界成为天津港口的航运重心，后来这些地方终于发展成天津城市的经济中心。日本侵占时期，为了加强对华北地区战略物资的掠夺，感到海河的河港码头已不能适应需要，于是在塘沽以南的渤海湾西岸处，开始修筑人工港口——新港，从此天津港口开始走出市区，客观上为日后天津城市的扩展开创了条件。

总之，开埠后的天津城市迅速成长的历史向我们表明，与中国那些作为政治实体与权力象征的城市不同，天津是作为河海通津的交通枢纽和商贸集散地发展起来的。除了非经济因素影响之外，本质上天津是一座自然发展的、开放型的无城垣的城市。正是旧城市的这种经济火花，才点燃了新城市的发展之火。

"原则不是研究的出发点，而是它的最终结果"㊿。正是在这个意义上，研究近代天津城市历史既不应是对过去的简单肯定或否定，也不应仅仅写成被压迫、被欺凌的血泪史。而是应当通过科学的研究与论证，达到继承过去，面向未来，振奋民族精神，拿起历史的接力棒应付时代的挑战，为创造现代化的社会主义新天津而自强不息的目的。1986年国务院在批示《天津城市总体规划方案》中指出："天津应当成为拥有先进技术的综合性工业基地，多功能、开放型的经济中心和现代化的港口城市。"这完全符合天津城市发展的历史特点。只要我们在中国共产党的领导下，团结一致，奋发图强，就一定能够顺利实现这个战略目标。

注：

① 雷穆森：《天津——插图本史纲》第9页，《天津历史资料》2。

② 前引《天津——插图本史纲》第46、53页。

③ 前引该书第9页。

④ 金钺：《天津政俗沿革记·序》。

⑤《天津政俗沿革记》卷18，"外事"。

⑥《中国近代工业史资料》，第1辑(上)第363页。科学出版社1957年。

⑦《天津事迹纪实闻见录》，天津古籍出版社，1986年，第22—23页。

⑧ (重修)《天津府志》卷28，"公"。

⑨ 派伦：《天津海关1892—1901年10年调查报告书》，《天津历史资料》4。

⑩ 王怀远：《旧中国时期天津的对外贸易》，《北国春秋》1960年第1期。

⑪ 严中平：《中国近代经济史统计资料选辑》，科学出版社，1955年，第69页。

⑫ 陈克：《近代天津经济功能的变化与城市发展》，《天津历史博物馆馆刊》2；1988年10月。

⑬ 分见1866年和1890年"天津港贸易报告"。

⑭《天津——插图本史纲》第25页。

⑮ 聂宝璋：《中国近代航运史资料》第1辑上，上海人民出版社，1985年，第539—540页。

⑯ 前引《天津事迹纪实闻见录》第18页。

⑰⑲ 杨国之等：《天津钱业史略》，《天津文史资料选辑》第20辑。

⑱ 张国辉：《晚清钱庄与票号研究》，第32—33页。中华书局，1989年。

⑳ 刘民山：《鸦片战争前后天津票号的兴起与发展》，《天津史志》1988年第1期。

㉑ 前引《晚清钱庄与票号研究》第56页。

㉒ 毛里斯、柯立斯：《汇丰—香港上海银行》第32页。中华书局，1979年。

㉓ 转引自常南：《英国汇丰银行的经济掠夺》，《天津文史资料选辑》第9辑。

㉔ 前引《英国汇丰银行的经济掠夺》。

㉕《筹办夷务始末》(同治朝)卷25。

㉖ 参看孙毓棠：《抗戈集》中华书局，1981年，第29页。

㉗ 肯德：《中国铁路发展史》，三联书店，1958年，第29页。

㉘ 宓汝成：《中国近代铁路史料》，中华书局，1963年，第1册，第135页。

㉙ 前引《中国铁路发展史》第29页。

㉚ 施坚雅认为："1895年的《马关条约》可以看作是中国城市发展的转折点，因为该条约鼓励在数量上大大增加的通商口岸中发展近代机器工业"。《城市史研究》，天津教育出版社，1989年，第1辑，第94页。

㉛《天津县志·文教》(稿本)，天津市政协文史资料研究委员会藏。

㉜《袁世凯奏折专辑》第1676页。

㉝《天津杂记》，标点本，第137页。

㉞《津门杂记》，第135页。

㉟《津门纪略》,标点本,第97页。

㊱ 高凌雯:《志余随笔》卷6。

㊲ 高成元:《李叔同革新丧礼的事迹》,《天津史志》1990年第3期。

㊳ 起士林是天津著名的咖啡厅,初由德商建于中街(今解放路),后迁浙江今址。

㊴ 转引自张秀英:《冯文询与<天津丙寅竹枝词>》,《天津历史博物馆馆刊》第2期。

㊵《梓里联珠集》,天津古籍出版社,1986年,第150页。

㊶ 马少波等:《中国京剧史》,戏剧出版社,1990年,中卷,第254页。

㊷《燕都艺谈》,北京出版社,1985年,第228页。

㊸ 吕盛:《天津三卫志跋》。

㊹ 毕自严:《督晌疏草》卷4。

㊺ (新校)《天津卫志》卷1,"形胜"。

㊻ 参看李森:《天津开埠前城市规划初探》,《城市史研究》第1辑。

㊼《筹办夷务始末》,(咸丰朝)中华书局,1979年,第1729页。

㊽ 施坚雅:《城市与地方系统的层次》,参看张仲礼:《中国近代经济史论著选译》,上海社会科学院出版社,1987年,第1页。

㊾ 前引《天津——插图本史纲》,第25页。

㊿ 恩格斯:《反杜林论》,《马克思恩格斯选集》第3卷第74页。

(《近代史研究》1991年第4期)

近代天津第一个城市整体规划
——介绍《天津特别市物质建设方案》

李 森

天津自1860年因“北京条约”被迫开埠后，城市进入一个畸形发展时期。列强入侵割据，冲破了封建城市的格局，城东南沿河租界地林立，“三不管”地区出现，“中国地”河北新区的建设，经过20世纪初叶的发展建设，到1933年左右，市区人口已近100万人，城市建成区面积达37.0平方公里，较1860年时分别增大三倍和四倍。天津成了一个典型的半殖民地半封建城市。从城市布局形式来看，是不同性质、不同布局风格、不同国属管辖的地块拼凑体，是个“拼盘式”的畸形大城市，根本没有也不可能有统一的城市规划。1930年，天津特别市政府当局，在当时南京市制订《首都计划》的影响下，登报征选“天津特别市物质建设方案”（相当于现在的城市建设规划方案），梁思成、张锐两人所拟方案，应征获得“首选”。这是天津近代城市规划的先声。该方案内容有（1）大天津市物质建设的基础；（2）大天津市的区域范围问题；（3）道路系统之规划；（4）路面；（5）南京所拟定之首都标准路面；（6）道旁树木之种植；（7）路灯与电线；（8）下水与垃圾；（9）六角形街道分段制；（10）海河两岸；（11）公共建筑物；12）公园系统；（13）航空场站；（14）公用事业之监督；（15）自来水；（16）电车电灯；（17）公共汽车路线计划；18 分区问题；（19）本市分区条例草案；（20）本市设计及分区授权法草案；（21）本方案之理财计划；（22）特值税之征收；（23）市公债之发行；（24）本市现存租税制度之改善；（25）结论。并附属表二十二幅。现从几个方面对《天津特别市物质建设方案》（以下简称《方案》）简述如下。

一、关于《方案》的指导思想

1. 天津自金、元时起就逐步成为河、海航运码头重地，南北水陆交通枢纽，从而为商业、手工业的发展提供了优越的条件。明初设卫筑城，逐步发展成为军事防卫与经济职能两者并重的京畿一大都会。自第二次鸦片战争天津被迫开埠后，封建城市职能虽日渐削弱，发展畸形，但工商业及港口的经济职能却有了较大的发展，城市规模不断扩大，成为北方一大商埠。《方案》中提出“天津为华北南（原文如此，应为商）埠之巨擘，水陆交通便利”，应“鼓励生产，培植工商业，促进本市繁荣”。初步明确提出近代天津城市应发挥港口职能和经济中心城市的作用，体现了近代城市规划要为促进城市经济发展服务的思想。

2. 城市规划的范围与发展方向，《方案》“主张将天津县全部及宁河、宝坻、静海、沧县四县之一部分，划归天津市”，或者起码“应将大沽、北塘及海河以南、金钟河以北各二十里内的地区划入本特别市区域范围以内”。这个城市发展方向的指导思想，是符合后来城市发展实际的。但由于当时省、市行政区划权限种种原因，具体方案只能限于当时现行天津市区范围，也只能在很大程度上属于旧城改建，上述战略性思路未能体现出来。具体规划范围，北至白庙，东至张兴庄，南至佟楼，西至南北辛庄。规划“天津市人口，在百年内增至200万人”。规划期限五十年至一百年，分期实施计划为五十年。

3. 就天津市区“拼盘式”的现实，《方案》中还表达了应收回租界，改变不同地块割据局面统一规划的主张，而且体现在各项具体规划方案之中。这反映了中国人民渴望恢复主权的要求，是制定天津统一的城市建设规划首先必须具备的指导思想。在当时来说是可贵的。

二、城市总体布局

1. 城市道路系统规划布局。当时城市道路“无一定的系统，统视全局”。“河北一带、特别一区（即原德租界)、特别二区(即原奥租界)和法、日、意租界均为棋盘式。英租界为不规则的棋盘式。特别三区(即原俄租界)为棋盘式及直角交叉式之混合",各自为政,互不衔接,直接影响交通及城市发展。《方案》对道路规划"极为重视",列在分项规划之首位。首先考虑了"本市地势之特殊情形,对原有道路充分利用",方便市民。"道路系统,不拘一式"。规划城市道路分为干道、次要道路、林荫大道、内街及公道五种。

干道——使全市道路形成统一系统,消除地段相互分隔局面,便利交通,促进城市统一发展,标准宽度为28米,备设六个车道。

次要道路——为每个区域内互相贯通之路,辅佐干道顺利交通,划分房屋土地段落。次要道路分为:零售商业区通道,标准宽度为22米;工业区道路,标准宽度为22米;住宅区道路,新辟上等住宅区之道路,宽度定为18米;已有住宅区道路逐步加宽。

林荫大道——"林荫大道为北丽都雅之干道",道旁植树,设坐椅,可作游息之用。平均应在30米以上。

内街——标准宽度为6米,限制汽车驶入。

公道——为本市通向四乡与外埠的公路。

2. 城市用地功能布局。《方案》中提到,"近年来谈市政建设者,均以此(指用地功能划分)为城市设计之首要问题,盖种种设计,多待分区而后可以决定。分区之要义即在使各部分自成一区域,居家者既无机声煤烟之苦,而工厂商店等亦可免左右掣肘之患,全市土地亦可利用得宜"。这就充分说明了功能分区在城市规划与建设中的重要性和目的性。此外,功能分区规划中,考虑将来天津工业发展应自大直沽以下及南开以西两地带向外发展,以免工业对生活居住的干扰。鉴于以上原则,规划城市用地,分为公园区、住宅区、商业区、工业区四大类。

公园区,为城市公共公园、绿化用地。

住宅区,又分为第一住宅区——区内每一建筑地段面积最少为540平方米,建筑高度不超过11米,建筑密度40%;第二住宅区——区内每一建筑地段面积最少为350平方米,建筑高度不超过14米,建筑密度45—55%;第三住宅区——区内每一建筑地段面积;最少为200平方米,建筑高度不超过14米,建筑密度50—60%。

商业区,又分为第一商业区——主要为零售商业和为居民日常生活直接服务的项目;第二商业区——主要为批发性商业、货仓、栈房、作坊等项目之用。

工业区,又分为第一工业区——除北站外工业区有部分空地可以新建一些工业外,其余第一工业区均为现状工业集中地区;第二工业区——为今后工业发展地区。

此外,还拟定了"本市分区条例草案",对各分区从土地使用到各项建设,均提出了具体规定与要求,作为建设管理的依据。

3. 海河贯穿天津市区,《方案》规划其两岸功能,一为设置码头,二为美化城市。天津为华北第一商埠,"每千人至少应有码头二十英尺,以200万人口计算,则将来至少应有码头二万英尺"①,其位置设在"旧比国租界及特别一区沿河一带"。"将来租界收回后,即可规定自特一区及英租界交界以上,不得建筑码头、货栈"。绿化美化两岸,建设住宅,东岸辟建林荫大道,增进城市景观,美化生活环境。

4. 近代城市规划,对市中心的选择均极为注意。《方案》中认为天津市级行政机关,一般应集中设置,形成市行政中心区,位于大经路(现中山路)西南金钢桥附近。其原因:一为现状房屋多为官署衙门和一般住宅,改建较易,且距繁盛商业区大胡同一带甚近,而地价则较廉;二为前清总督衙门,民国以来地方长官均以此为衙署,"市民心目中已认此为全市精神上之行政中心区域";三为该地"交通便利,与主干道接近而又不致成为车马必经之孔道",适宜为城市行政中心区。

5. 天津为工商业重心城市,从发展上说必须设置飞机场。其"位置从裕源纺纱厂(现第二棉纺厂)西,土城以北之一带地方最为相宜","先修建一60度角之扇形场站,其半径长条约三千五百英尺"。将来增建为全圆形机场。

---

① 原文二万英尺有误,应为四万英尺。但从上下文分析看,四万英尺数字偏大。

三、市政公用事业规划

城市雨、污水排泄量《方案》中采用分流制。全市下水系统分为五个区域,分别以不同方法对污水进行处理:“一为沉淀滤沉法;二为溉灌法”。甲、乙、丙、丁四区分别沿河设一沉淀抽水站,集中处理后入河。戊区抽水站设在南开蓄水池,然后再引至中国跑马场西部,作灌溉之用。

自来水、电车、电灯、公共汽车等公用事业,《方案》指出,应由市政府收回改为公营,统一管理,提高经营质量,增加线路。公共交通发展应以公共汽车为主。

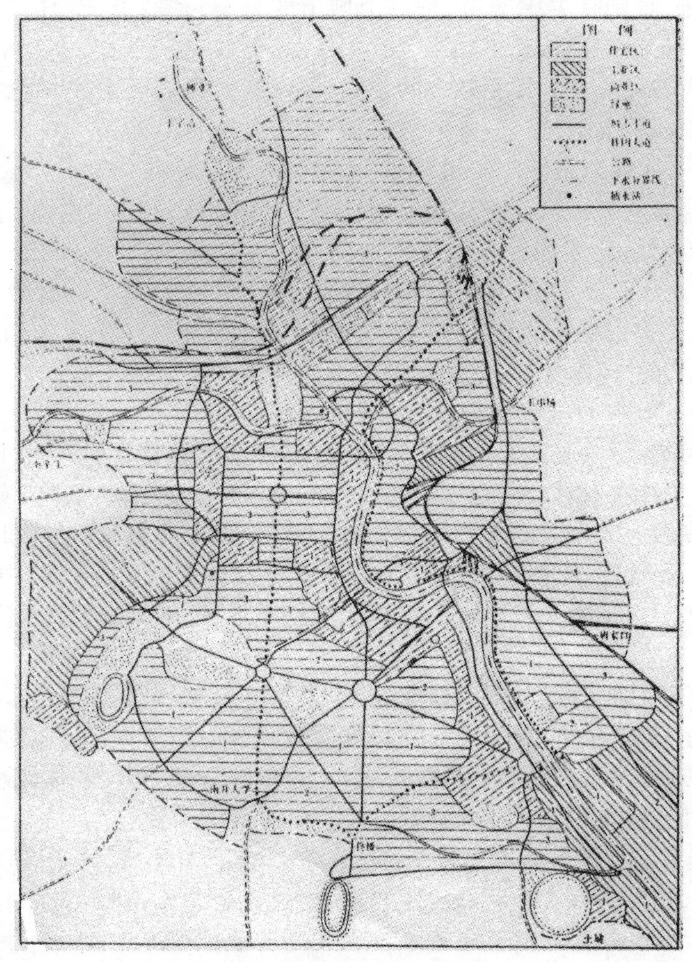

天津特别市物质建设方案图

从上述《物质建设方案》的主要内容来看,它不仅是天津进入近代以来第一个统一的城市规划方案,而且符合天津实际情况,在一定程度上反映了当时城市支离破碎、人心思治的愿望与城市发展的规律,是个可行的规划方案。虽然由于当时政府腐败,未能按《方案》进行建设、改造城市——实际上当时城市就没有进行有一定规模的物质建设,但对后来半个多世纪天津,特别1949年以来的实际发展,是有一定影响的。

(1)天津城市辖区范围如何适应城市发展需要,民国初年市政当局就有过扩大之意,但未成事实。这虽不是城市规划方案本身能解决的问题,但作者在《方案》中大胆而明确地作为一个重要问题提出了建议,并预料“市区域扩大实为时间问题”,这是很有远见的。后来日本帝国主义占领天津时期,在其城市规划中,就曾把天津和塘沽联在一起进行城市布局,并选址塘沽海口建设新港。新中国建立后,天津市辖区几经变化,城市总体规划范围与城市总体布局多次演变,直至国务院批准的1985年编修的《天津市城市总体规划方案》,市辖区,包括六个市区、四个近郊区、三个滨海区、五个县。其中13个区的范围,就是以海河干流为轴线,南北各20公里左右、东西约75公里的地区,大港、汉沽两区又沿海岸南北延伸。这个区域,是城市市区和近郊的范围。新港的发展扩大,经济技术开发区的建设,海河下游工业区的开发,这就自然决定了以海河为轴线,市区为中心,包括塘沽和海河下游新开发区,形成天津城市主体的布局特点。这个城市布局,既是规划,尚待继续发展完善,又是现实,已具有相当规模,格局已经形成。这个事实说明:1.天津城发展趋向,是沿海河干流方向逐步扩展。海河两岸纵深,是其发展用地的选择地带;2.河、海交通枢纽,是天津城市发展的基本条件,但在不同的历史条件下,根据客观需要,为发展其最大经济职能作用,建设重点有不同地段的选择。换句话说,就是城市随着河、海交通枢纽——港口的变迁,进行建设发展与变化。对这个城市发展客观规律的认识和设想预测,可以说在上述《方案》中就开始有所反映,后来随着城市的发展,人们的认识逐步深化,逐步完善,成为现实。

(2)城市道路系统规划,特别是主次干道,是一个城市的骨架,是城市交通的动脉,尤其是在当时,对天津这样一个畸形城市做规划,就有其特殊的重要性。《方案》抓住这个重点,进行了较为合理的规划。首先从现状出发,采用了棋盘式与直角交叉式相结合的手法,既尽量利用与充分发挥已有道路的作用,又就天津自然地理条件、河流特点规划城市干道。把支离破碎的道路现状,规划改造为统一的城市道路系统,进而为城市形成为全面有机系统一体创造条件。干道路线,多是利用原有道路拓宽、打通,加上局部新辟路线,连接成为路网主干,较为巧妙自然地与一般道路连接串通,组成全市有机而统一的城市道路网,这是个较好而又可行的《方案》。有不少的路线,已成为今日城市干道路网的重要组成部分;其次,以道路规划为中心,把林荫大道、路旁植林、各级道路断面以及路面选择、路灯设置、地下管线等作了综合规划,这在当时应说是先进的规划方法;第三,《方案》中提出在新建住宅地段,采用"六角形街道分段制"新的路网形式,这是敢于创新的表现,可惜未能实践。但这种探索精神,是值得后人学习的。

(3)19世纪中叶到20世纪初期,天津城市虽已被时代发展推入近代,现代化工业已有初步发展,但由于城市发展畸形,建设各自为政,所以城市土地使用功能十分混乱,不同使用性质的土地相互矛盾,比比皆是。《方案》设计者在这一堆乱麻中抓住了城市用地功能这个关键环节,理出了头绪,实属不易。现在回头看功能分区方案,除作为工业发展地段之一的南开以西工业区,处于城市有害风向的上风,明显不够恰当,某些分区也有受既成事实所制约,局部不够理想之处外,其余一般是属合理的。《方案》中对城市行政中心的选择、海河两岸的规划思路,在当时帝国主义租界地仍在割据的情况下,这种规划选择,不仅是不得已而为之,而且也应视为是合理可行的。

(4)《方案》不仅考虑了长远,而且考虑了近期分期实施;不仅从城市总体上提出方案,而且从城市设计角度,在许多分项规划方面,提出了可以指导施工设计的具体原则;不仅提出了规划方案,而且提出了若干实施规划的办法与必要的管理规定,以及资金筹集办法等。这就大大增强了方案实施的可行性与规划方案的深度。这样编制规划方案的方法、思路,现在也应加以发扬。

(5)中国进入近代,城市规划工作基本上处于停顿状态。在清末民初,处于帝国主义占领控制下的一些城市如青岛、大连、长春等,按照占领者的利益要求,先后做过比较全面的城市规划与建设,但这只能说是一种殖民地式的规划。这一期间中,只有江苏省南通市在中国实业家张春的推动下,进行过一些规划与建设。后来中国政府于1927年至1940年,对南京、上海、重庆、无锡作过比较系统的城市规划,并进行了一定的建设。规划的主要内容为土地使用功能划分、城市道路系统、市政工程系统,确定城市行政中心和火车站、公共建筑分布等,有的还做了新市区规划。这个情况说明,中国近代城市规划工作,可说是20世纪20年代末30年代初开始的。《天津特别市物质建设方案》就是属于这一时期,它既吸收借鉴了国外近代城市规划的理论与方法,又注意了结合中国城市的实际,解决我们自己城市的实际问题。不论对道路系统、市政工程,还是功能布局、城市发展方向以及对建筑风格的要求,均是明显地注意了从天津城市实际出发的。

总之,该《方案》虽由于时代社会状况的限制,未能付诸实施,但就上述粗浅的回顾与前后印证,不能不认为是个有一定水平的方案,是天津近代城市规划的开端。反映了天津市发展的规律,其内在的生命力,并不因形式上的"纸上谈兵"而减弱。所以从后来半个多世纪中不同时期的天津城市规划方案与城市发展的实践,程度不同地在许多方面,均可看到该《方案》的影子。鉴于这一客观事实,就足以提醒我们在回顾天津城市规划的历史发展时,有必要将《天津特别市物质建设方案》放在它应有的位置加以研究。

(《城市史研究》1991年第4期)

近代天津工业结构的演变与城市发展

刘海岩　周俊旗

以往在研究近代工业时,大都把全国作为一个整体,以致形成了一种无差别、无变化的统一模式。在研究城市工业体系时,又习惯于用这一模式加以套用。其实,就全国而言,由于区域间的巨大差异和城市发展的不平衡,地区间的工业发展水平相差悬殊;就每个城市而言,由于资源条件、区域环境以及社会结构等方面的制约,往往形成形态各异的结构和不同的发展周期。另外,近代城市工业体系一旦形成,常使城市带上某种经济特征,对今天城市的发展仍然有很大的规定性和制约性。因此,研究近代工业结构的历史演变,有助于我们解脱固定不变的历史模式,更好地认识城市,这就是本文撰写的目的所在。

一、近代天津工业结构发展演变的基本轨迹

天津的近代工业出现于19世纪后半期。尽管1860年开埠通商后西方资本不断流入,但是在19世纪的后40年中,天津的外资工业实力一直很有限,倒是官办的军事工业、机器工业以及铁路、电报等,构成城市工业的主体。八国联军之役使天津机器局等近代企业毁于战火,20世纪的工业几乎是在一片空白中重新创建的。

20世纪初,清政府将改革以及提倡和鼓励兴办新式工业的政策,对天津这样的近畿城市起到了更大的促进作用。直隶总督袁世凯推行的"北洋新政",直接促进了天津各项实业的兴办。在清政府灭亡前的十余年间,天津兴起一股工业"投资热",创办的官办、官商合办以及中外合办各类企业达32家,资本总额达2 269多万元,其中商股已占将近一半。民族资本企业(以下简称"民资企业")达107家,可统计到的资本达650多万元。[①]

然而,天津近代工业的基础,主要是在民国初年奠定的。专制王朝的覆灭和共和制度的建立,为城市经济发展提供了有利的社会环境;第一次世界大战的爆发,西方各国对华投资和商品输出的骤减,给中国的企业家和投资者创造了一个机会。就天津而言,上述外部条件以及租界的存在、城市的非军事化,都为工业投资创造了良好的环境。与此同时,大批军阀、官僚寓居天津租界给这个城市带来了巨额资本。构成天津近代工业基础的大资本企业,大都是在这一时期投资兴办的,尤其是1915年以后,几乎年年都有大企业建成投产。据统计,有80多名军阀官僚参与了工业投资[②]。这一时期的投资主要集中在纺织、食品、化学三类,从而确立了天津近代主业的门类主体结构。在以后的年代中,尽管城市工业不断发展,但是已经形成的结构基本形态再没有发生根本性的改变。

1928年以后,天津的城市地位发生了一个转折性的变化。国民党政府定都南京,北京不再是首都,使天津的地位发生了改变。晚清之际,天津是作为北京的"门户"被迫开放为通商口岸的。民国初年,天津实际成为北洋政府官僚、军阀活动的又一个舞台,在政治和经济上一直处于特殊的地位。因此,30年代以前,就区域而言,天津是华北地区的中心城市,就全国而言,天津又是京城的门户。其城市经济的迅速发展,不能不说与城市的这种特殊地位有着相当重要的关系。随着首都南迁,全国政治中心转移,天津的"门户"地位丧失,对城市的支展必然产生种种明显的和潜在的影响。1928年天津设市以后,曾三度改变城市的行政等级和隶属关系,忽而特别市,忽而省辖市,便反映了城市地位的变化和失衡。

城市地位的改变很快影响到经济与社会的发展。迁都后,不仅天津的许多政界人物纷纷南向,寓居租界的军阀、官僚、遗老等迁居上海等地,大量工业、金融资本也逐渐移向上海、南京等城市。素有"北四行"首行

之称的金城银行,自1928年以后便逐步将业务重心南移,1936年又最终将总行由天津迁至上海。该行董事会迁行决议中称:"本行总行原设天津,其时趋向所集,固在北方,平津相近,一切自易处理。年来形势既异,而经济及金融重心,益觉专集于上海矣。京(指南京)沪密迩,亦有相为呼应之势,同业中已先有将总行迁沪者,本行似难再缓,所有本行章程第二条'本行总行设于天津'句,应改为'本行总行设于上海。'"③这段话明白道出了城市地位的变化对经济的重大影响。

就工业而言,20年代末至30年代初,天津民资工业呈现大幅度下降和衰退的趋势。1929—1933年四年间,企业数目减少了43.7%,资本总额减少了5.2%,工人数减少了17.7%④。30年代前期,大企业出现同业兼并和资本所有权转移。资本最为雄厚的6家大型纺纱厂,有4家被日本工业财团收买,2家被国内银行团接管。面粉业则出现同业兼并,设于意大利租界的寿丰面粉公司以投资或收买的方式兼并了其他2家面粉企业,从而使其成为华北地区规模最大的面粉公司。同时期中小企业大量倒闭,前列统计数字企业数目减少的比例大大高于资本的减少,就是一个证明。

在这一时期,租界工业则呈现截然相反的发展趋势。一是,外资工业增长迅速,尤其是日资工业;二是民资工业有较大发展。据统计,截止到1937年底,租界内的民资企业大约有35家,其中有21家是1931年以后建立的⑤。著名的东亚毛呢纺织公司和仁立纺毛公司都是在这一时期发展起来的,其资本皆由初创时的20余万增至百万以上,列入大企业行列。这些充分说明租界与华界发展上的差异,对华界经济构成重大影响的城市政治地位的变化,对租界并未产生同样的效果。

尽管发生了这些变化,但是就工业结构而言,已经初步形成的近代工业体系并没有出现根本性的改变,只是随着其结构的演变,工业体系与城市的经济基础愈加紧密结合,显示出天津工业结构的特征。

二、近代天津工业资本构成与企业结构的若干特征

工业结构包括工业自身各要素的构成形态、演变以及相互关系,也包括工业体系与城市人口、城市空间系统以及其他城市经济部门的内在联系。这种结构是动态的,随着空间和时间的变化而演变,在一定时期和空间范围内又保持着相对的稳定。

探讨工业结构,当然要先从分析资本构成入手,因为资本既是工业结构的要素之一,又是城市工业发展水平、趋势的价值体现。截止到30年代中期,天津工业资本的总体规模,估计约在1.2—1.4亿元之间,其中只有20%左右为民资工业所占有。至于民资工业的资本结构,有人根据1929年的统计资料做了一个有趣的比较⑥:

行业	企业数	资本		工人	
		数额(元)	%	人数	%
纺纱	6	20 990 000	67.21	16 798	35.35
面粉	5	2 655 000	8.50	677	1.42
火柴	4	1 560 000	4.99	2 040	4.29
合计	15	25 205 000	80.71	19 515	41.06
织布、提花	404	550 799	1.76	8 575	18.04
漂染	198	79 670	0.26	1 404	2.95
机器	62	72 680	0.23	1 197	2.51
地毯	161	69 867	0.22	4 841	10.18
针织	78	64 662	0.19	1 295	2.72
制铁	511	22 050	0.07	2 207	4.64
合计	1 414	859 728	2.75	19 519	41.07
民资企业总计	2 186	31 226 944	100.00	47 519	100.00

注:第二类1 414个企业中,有120个未计资本额。

纺纱、面粉和火柴三行业仅有15家企业,其资本额总计占民资工业资本总额的80%以上;织布与提花

等以中小企业为主的六种行业,企业数多达1 400余家,资本额却仅占不到3%。两类企业资本规模相差悬殊,雇用的工人数却皆为民资企业工人总数的41%左右。这一比较突出显示出天津工业资本结构的特征:少数大资本企业与大量微薄资本企业共同组成近代民资工业体系,资本构成极不平衡,两极分化现象严重。

这种两极化结构的形成有其历史的和社会的原因。20世纪最初的十年,民资工业投资主要来源于天津本地的商人和士绅。尽管最具经济实力的所谓"八大家"以及盐商等极少参与这种投资,但是由于新建企业多数实行股份制,一些拥资较少的小商人等也可以参与,从而使民资工业有了较快的发展。这一时期建立的企业,尽管资本超过10万元者为数不多,但40%企业资本已过万,资本规模分布较为均衡,并呈现不断扩大的趋势。私人投资主要来源于商业资本的转化,表现了城市经济实力的增长和商人阶层在城市中作用的扩大。

民国初年是近代工业迅速发展时期,一些资本数百万的大户型企业在短短几年内相继建成投产。大量工业资本主要是寓居天津的军阀、官僚以私人身份的投资,表明资本并非来源于商业资本的转化或工业资本的增殖,而是特权阶层依仗政治权力的掠夺和化公为私。这一时期天津工业迅速发展的动因,与其说是经济实力的增长,倒不如说是天津在该时期中国城市结构中的特殊地位,以及相对安全的投资环境和短暂的有利时机。

军阀、官僚并非企业家和实业家,他们的投资习惯有其独特之处:一是依资力雄厚往往一边集中投资于一两家企业,一边又到处插手,在许多工业、商业、金融以及房地产的投资者中,都可以看到军阀、官僚的影子;二是一些企业往往成为某一派系集中投资的场所。如裕元纱厂投资人多属安福系,福星西粉公司的投资人多为研究系官僚和冯国璋、孟恩远属下的军官。因此,企业股东之间不仅是经济上的伙伴,在政治上亦有某种关联,甚至企业董事会就是一个政治集团;三是军阀、官僚的亲朋故友也互相攀援,投资于企业,以致一些企业成为某军阀、官僚的"家天下"。其本人死后,企业往往又为他们的后代子孙或亲信所控制。

尽管官僚、军阀热衷于投资,但是他们既不谙经济之道,又不懂企业管理,企业的实际创办人和经营者大都是一些旧式商人。天津商人很少拥有巨额资本者,因此单靠商业资本转化兴办大企业是不可能的。他们只有与军阀官僚结合,才能参与投资兴办大企业。这些商人中,一类是少数与军阀、官僚关系密切者,他们往往是商人投资者的代表,其典型便是王郅隆和章瑞庭。他们原本都是天津的商人,因与军阀个人关系密切受到信任,而成为大型企业的实际创办人和经营者,以至成为军阀资本的代理人。另一类是一般商人股东,论人数他们在企业股东中占比例不小,但是投资额却都不大,加在一起往往还抵不上一家军阀的投资。他们是一伙实力相当的商人,经营的商业大都与投资企业的产品有直接关系,也有一些是经营银号、钱庄的商人。他们或者可以为企业提供原料,或者可以经销其产品。少量投资换来商业机会,这是他们投资的主要目的。除此之外,由于企业董事皆有股份额的限制,一般商人股东很难进入董事会,他们对企业的影响极为有限。

在同时期,也有少数企业形成截然不同的发展模式。如建在塘沽的久大制盐公司、永利制碱公司以及设在英租界的东亚毛呢纺织公司、仁立纺毛公司等。尽管这些企业除久大外都创建较晚,但是他们依靠技术优势,通过竞争占领国内外市场,到30年代都迅速发展成为基础雄厚的大型企业。这些企业的创办人和经营者大都在国外受过系统专门教育,掌握近代工业技术,精于企业管理。尽管这些企业初创时资本薄弱,但是都在不利的经济形势下取得较快的发展,显示出近代化工业的强大生命力。

然而,这些企业毕竟为数寥寥,大多数军阀、官僚投资的企业,一味贪图规模大,只求赢利于一时,使企业结构形成先天不足及其他弊端。其中尤以投资规模大的六大纱厂最为典型。

六大纱厂皆筹建于1918—1922年期间,此时正值国内纺纱业兴盛时期,南方各纱厂无不成倍获利,1918年先行投产的裕元纱厂四年内又赢利600万元,这些都刺激了"投资热",使纱厂企业规模不断扩大。然而,各纱厂的机械设备大都购自美国,多数是在第一次世界大战即将结束、机械价格最高时订购,设备又是在战后进口运津。此时正值银价暴跌,价款支付几乎为原数的一倍⑦,致使工厂尚未开工预筹资本已出现大量亏空。此外,企业用地、厂房等设施,无不是以高价买入。因此,企业初始固定资产过大,成为各纱厂的通病。续招股资自然转易为难,各厂无不靠借贷或吸收存款偿欠和充作流动资金,企业资本构成和周转自始便处于恶性循环状态。

以裕元纱厂为例,其创建时实收股本200万元,仅建筑厂房就花掉了175万多元。为了支付机械设备价款,不得不邀日本大仓洋行入股,为后来日资插手埋下了伏笔。开工后的一时获利,诱使企业一味以贷款方式扩建,到1922年企业固定资产已超过825万元,定期借款和透支达630余万元,而实收资本仅有510万元。这是各纱厂困窘状况的写照。进入30年代后,外资、洋货大量涌入,市场迅速转为不利,企业遂陷于不可自拔的危机之中。

另一方面,以军阀、官僚投资为主的企业在经营管理上大都弊端种种。企业董事会成员多系军阀、官僚及其亲朋僚属，有的由军阀武夫甚至其子弟任董事长,长期控制董事会,此其一。于是,派系之争被带进企业,一国三公,层层干预,实际管理企业的经理和工程师毫无权力,甚至每换一届董事长,经理和工程师要换人[⑧]。企业成了军阀、官僚争权夺势的又一“官场”。

军阀、官僚还把封建式的乃至控制军阀军队的一套办法带入企业,使企业成为变相的衙门或封建大家族,此其二。他们随意任用亲朋、安插僚属,使企业机构臃肿。企业职员各有背景和靠山,不少人并无管理经验和能力,仅仅凭着关系进入企业,平时只对自己的“主子”负责,多方捞取钱财,什么企业效益与发展全然不顾。例如:各纱厂尽管固定资产比重已经过大,但仍不时有新设备运入厂内闲置库中,其原因就是经办人可以收受回佣,这在当时已经是公开的秘密。

到30年代,六大纱厂皆内外交困,亏损倍增,负债累累，濒临破产,终于导致4家纱厂被日本财团吞并,2家纱厂由金城、中南两家银行组成的诚孚信托公司接管,成为金融资本直接控制的企业。造成这种结果的原因,除了不利的政治、经济形势外,企业结构本身的弊端当是将其推上绝路的重要原因。

与十余家大型企业共同构成民资工业体系的是一二千家中小企业，从1929年和1933年的统计中减去大型企业的统计数，便可以得出下列结果：

项目＼年份	1929年	1933年
企业数	2 169	1 199
资本总额(元)	2 101 944	3 610 655
平均资本(元)	969	3 011
工人总数	26 882	21 073
平均工人数	12	17

中小企业资本平均规模仅1 000—3 000元,工人10余人,这与拥资百万工人数千的大企业简直无法相比,很能说明工业资本结构的两级化特征。如此微薄的资本,企业内部的实际状况和有限的生产能力便可想而知了。大量小企业仍是简陋的作坊，厂房是租赁的几间民房,企业主和工人干活及吃、住皆在其中，生产所用原料多向较大企业或商店赊欠,机械多为铁木结构、人力驱动,每台价值不过数十元。

这些企业结构极不稳定,难以承受风险,停工破产视为常事,进入30年代以后更是大批倒闭。根据1933年的统计,半数以上的企业是在四年以内建立的,当年成立的企业就占20%以上[⑨]。另外,这一时期企业规模也呈现缩小的趋势。1920—1929年,企业平均资本规模由7万多元降至不到1 000元,平均雇用工人数由54人减少到12人。1933年企业资本规模回升也并非因为企业兼并或资本的扩大,而是大量小企业倒闭的结果。

近代工业化过程应体现为资本的不断集中和企业规模的扩大,而二三十年代天津的民资工业却出现反常的发展趋势，可以称之为逆工业化现象。这种现象的出现,不能仅用内外压迫这种简单的理由来解释,还应当从城市经济、社会结构的演变中去寻求答案。

首先是城市人口流动所引起的工业投资者成分的改变。本世纪最初的十年,工业投资者多系本籍绅商以及一些洋行的买办等。他们或多或少都受到一些新思想的熏染,清政府的改革及鼓励政策更刺激了他们的投资热情。这一时期创办的企业尽管多数规模不大,但是多为股份企业,并注重新技术、新设备的采用。民国初年,尤其是二三十年代,天津城市人口迅速增长,人口构成发生了根本的改变。许多下野失势的军阀、官僚携带大批财富进入天津,寓居于各国租界。他们成为大企业的主要投资人。与此同时,由于连年战乱和灾荒,迫使华北农村地区的大量移民源源涌入天津,从而改变了城市人口的移民成分。根据1937年对天津居民籍别的统计,籍隶河北省的移民已达41.9%,甚至超过了天津本籍人口的比例。山东省籍人口亦达10.1%[⑩]。就是说,到30年代中期,来自河北、山东两省的移民已经超过城市人口总数的一半。随着新移民的到来,由他们投资经营的企业大量增加,尤其是大量小企业,有的行业甚至被同籍移民所垄断。他们相互结帮,企业集中分布,其投资习惯颇具"小农"色彩。

一是"小本经营"。这些企业多数是独资,尽管资本少得可怜,也很少采取合资的股份制。即使合资经营,投资合伙人也往往非亲即友,另有一层人情关系。这种投资方式使有限的社会资本愈加分散,企业难有规模效益可言,不可能有大的发展,更无法承受风险。二是"短期行为"。这些投资人眼光短浅,一当某种商品在市场"走俏",他们便会租上几间房子,雇用数名工人,迅速办起企业,仿造畅销商品。这种拙劣的仿制常常会使本来很有竞争力的产品在短期内转为过剩,产品质量由优转劣。企业为谋小利又竞相跌价抛售,终致大批企业破产倒闭。二三十年代,提花织物"明华葛"由供不应求转为大批积压滞销便是一例[⑪]。

再有就是投资环境、市场诸因素的综合影响。20年代以后,外资、洋货的大量流入对民资工业是很大的威胁,战乱与灾荒更对企业发展不利。尤其是1931年九一八事变的爆发,使天津这个在军阀混战的形势下尚能保持相对安定的城市陡然增加了危机之感。

不安全的投资环境和呆滞的市场,使人感到靠大量投入购置机器办企业,既冒风险又很难在短期内获利。许多大中企业处境艰难,经常停工停产,乃至破产倒闭,更使许多投资人望而却步。相形之下,小企业、小作坊以及商人雇主制等冒风险较少,反而成为安全的投资方式,遂使这些尚属资本主义前期形态的工业组织乱世逢生,大行其道,在30年代的天津颇为流行。

小企业、小作坊的投资经营人多为技术工人、工匠等。他们因企业倒闭而失业,靠亲友同乡帮忙,东挪西借,凭一技之长开办小企业、小作坊,便成为其谋生的出路。这些小企业、小作坊资本无多,几乎没有流动资金,全靠赊欠原料为大中企业或商店加工生产。

与这些小企业、小作坊相互依存的便是商人雇主制。许多握有资金的商人、商店以及一些较大企业向生产者提供原料或小额贷款,然后按事先商定的要求订期收取产品,再以现金或产品折付的形式支付劳动报酬。生产者包括小企业、小作坊,也有大量散处工人。投资人既不用建厂房、购机器,又无须直接管理经营,资本主要用于购置原料。这种极富伸缩性又较安全的投资方式在30年代的一些行业中颇为盛行,不少商店以这种方式加工定货获得商品以供出售,一些规模较大的企业在自己生产的同时也常常向小企业赊卖原料,再收购产品自行出售经商。有些较大的织布厂向小企业收买布匹,其数量甚至超过本厂产量。这些工厂与其说是企业,毋宁说是批发商行。工商一体、厂店合一,成为30年代民资工业的突出现象,使企业结构形态更加纷繁复杂。

民资工业的这种两极化结构体现了城市社会结构对工业化进程的影响,也充分说明在中国这样经历了长期封建社会的小农国家中,实现工业化和近代化必然要走过曲折的道路。

三、近代天津工业区位与城市空间结构

天津民资工业结构的两极化,在其空间结构,即区位形态上也充分表现出来。区位结构是指工业在空间上的动态分布,其形态随着城市工业化的发展而不断演变。影响工业区位结构的因素很多,其要者如运输的利便、劳动力的分布以及外部经济的发展状况等。工业自身的分布法则也对区位有着很大的制约性,例如所谓聚散法则,即同类或相关企业在空间上的聚散度等等。

20世纪初,天津民资企业数量不多,又处于初创时期,大都建在旧城区,尚未显出明显的区位特征。20年代以后,大企业的相继建成和中小企业的大量出现使工业的空间分布呈现出规律性特征。

首先,大企业多数建在市区边缘或近郊的河道沿岸,尤其以紧靠海河与南北运河并接近火车站的位置为最佳。这表明确定大企业区位的首要因素是运输条件。大企业所需的主要原料如棉花、小麦和木材都需要大宗运输。二三十年代还是铁路与内河水运并用的时代。天津地处海河水系汇合处,又是北方铁路枢纽,水

陆交通皆称便利。但是,20年代中期以后,军阀混战使铁路运输遭到极大破坏,大批车辆被军队征用,铁路阻滞、行车时刻紊乱,使这种高效率的近代运输方式反而不可靠,华北内地的货物大量转由船运到津。尤其是1926年以后,火车运输量急剧下降,船运量大幅度上升[12]。因此,尽管船运效率远远不如铁路,冬季河道又有数月结冰期,但直至30年代,船舶仍然是沟通天津与华北内地的主要运输工具。当时,6家纱厂有4家建在远离市中心区的郊外海河沿岸,不仅内地棉花运入便利,由海运来津的进口棉花也可以直接入厂。产品运出也很方便,无须中途倒驳。5家面粉厂有3家聚集在市区西北边缘运河两岸,北面距火车站仅数百米之遥,南面直达旧城四周马路,称得上是最优区位。来自御河流域产区的小麦,经水路可直接运到工厂的后门,来自安徽、江苏一带的小麦可由附近的火车站运来。销往外埠的面粉运出亦极为便利。另外,这些企业大都利用蒸汽动力机械或自行发电,所需工业用水之多更使靠近河流成为必不可少的条件。

总之,在铁路运输并非十分发达,相当一部分运输还要靠内河水运的30年代,运输的便利成为大型企业首要的乃至生死攸关的区位因素。1921年建立的裕和面粉公司,因为选址不当,水陆交通皆不方便,没有几年便亏累倒闭[13]。另外,运费在成本中所占比重很大,运输之利还可以补偿其他不利的区位因素所造成的损失。

与劳动力分布的空间关系,即与城市人口居住分布的空间关系,本是工业区位的又一个重要因素。但是,由于大企业的工人大都是来自邻近各县或外省农村的单身男工,企业又有为工人安排食宿的惯例,因此便可以建在远离市中心区的城市边缘。这些企业与市中心区的交通,有的至今仍不十分便利。地处郊外的纺纱厂不惜投资为工人盖宿舍,称为工房,结婚成家的工人也在工厂周围租房定居,形成工人围厂而居的模式。这即是天津郊外工业区的早期形态。例如:集中了裕元、北洋等纱厂的小刘庄一带,到了30年代,已是"工房及分租房林立,有数千工人寓其间,瓦屋栉比,俨然如一市镇。每在上工放工时,厂门及各工房门口,小贩吆喊之声,刮人耳鼓,买卖颇为拥挤,形甚热闹"[14],以致当时曾有将这一带划为工业区的提议[15]。

地价是影响大企业区位结构的另一个重要因素。市内地价可谓寸土寸金,而这些企业大都用地数十亩,纺纱厂用地多达一二百亩,选址远离市中心区,不仅可以节省地皮投资,而且,有利于日后的发展。

那么,决定大企业命运的运输条件,对于中小企业区位构成的作用如何?由于中小企业所需原料和产品运量有限,原料大都取自市内,产品即使有销往外地者也靠商家销售,因此他们主要虑及的反倒是市内运输。在天津,恰恰存在与之相适应的市内运输业——脚行。该行业历史悠久,除了接卸沿河码头及车站的车船物资外,靠肩扛车拉垄断天津的市内货物运输。这种不论运输手段还是组织形式都很落后的运输系统,与分散经营的中小企业正相适应。

统计分析表明,中小企业的分布呈现鲜明的特征。第一,其分布以市中心区密度最高,中心商业区也有大量存在,70—80%的中小企业聚集在这些地区。为了适应市场情况,企业规模和经营方式常常改变,更换产品更为常事。织布厂今日织提花呢绒,明天就可能改织棉布毛巾,机器厂本月造锅炉,下月就可能改产水泵。有的甚至一厂多行,制食品者兼产日用品,生产铜床者兼造农具[16]。对中小企业来讲,如何适应市场和推销产品,要比增加设备、扩大厂房重要得多。因此,建在中心区和商业区,尽量靠近城市商品市场,成为企业生存和提高产品竞争力的主要条件。

第二,城市下层居民和新移民聚居区往往也是中小企业集中分布区。这表明劳动力的来源是影响中小企业区位的又一个主要因素。尽管企业的工人多数是来自邻近省县的单身农民,许多人并非打算在城市定居,而且企业又为工人提供食宿,然而条件有限的中小企业不可能为工人提供一个城市人所必需的生活条件。同时,由于中小企业常常随市场变化而变化,停工歇业是家常便饭,不少企业还在忙时雇用短工,闲时全行辞退,工人的移动率很高。另外,一些企业还雇用散处工人,在家中为企业干活。因此,这些企业只有建在人口密集的城区,才能保证有足够的劳动力来源。

第三,与住宅、商店等混杂分布是中小企业区位结构的又一特征。由于这些企业资本微薄,多数仅租用几间民宅改作厂房,有的甚至深处巷中或民居院内,从外表观之很难知其为企业。此外,尤其是小企业,其产品大都依靠固定的商行店铺直接出售,需要设在靠近相关商业集中区以保证产品销路,于是便形成了商业街区与相关企业群紧邻分布的空间结构。

第四,同行企业或相关企业的聚集分布,也是中小企业的特征。由于这些企业经济实力相当有限,难以孤立存在,因此同类企业在空间上相对集中,形成一定的协作关系,促进地区外部经济的发展,便成为中小企业赖以生存的必要条件。例如:织布企业仅有少数资力雄厚的厂家自行织造乃至设店销售,而多数小企业一部分靠大厂提供原料,产品按预定方式交给该厂,另一部分则向商店赊欠原料,织成布后供商店出售,以销售货款偿付原料价款。织布企业之间及其与相关商业之间的这种共生关系,使其在空间分布上相对聚集。尤其是旧城区的北部,该行企业最为集中,成为织布业的中心。繁华的纺织品商业街——估衣街,也位于这一地区。

机器制造业的区位结构亦别具特色。机器工业本是近代工业的基础,但是天津近代的机器工业一直处于较低的发展水平,厂房设备因陋就简,生产方式落后,只能仿造一些结构简单、规模较小的机器设备或为大中企业制造机器零部件。不少企业仍处在主要依靠斧头、刀锉的手工作坊状态。机器制造业的区位结构不同于其他行业之处在于形成了界限分明的工业带,其中心即位于运河以北的三条石大街。到30年代,三条石大街已有了“铁厂街”之称,“街长不过里许,街宽亦仅及丈,道路坑坎,尘土飞扬”,“弯曲狭窄的街道上”大小铁工厂、铁铺,一家密接一家,竟然集中了80余家[17]。

这一工业带形成的原因有多种,主要是:其一,三条石大街东临主要运输河道——海河,西接销售农具、铁器、机器等商品的商业街——河北大街,无论各种进口金属原料的运进还是产品的运出销售,皆称便利;其二,机器、金属器具制品等,以市内企业和华北地区为主要销售市场。三条石大街与市内企业聚集区很近,河北大街又是向华北各地销售机器、农具等的主要商业渠道,市场的接近为三条石的机器及金属制造业提供了生存条件;其三,三条石机器制造企业的经营者多系来自河北省各县的新移民,尤其以来自冀州各县者为多,有的行业甚至为同县移民所垄断。企业雇用的工人、徒工,往往也来自同县或同一地区。而与其紧邻的河北大街商业区也为冀州商人所垄断。来自冀州的移民在这一城区占有明显的优势,以至有“小冀州”之称[18]。城市移民这种按地缘关系的聚居分布,也影响着同行企业的聚集趋势,其四,当时的机器制造业分若干工序,如木样设计、铸造、锻冶(称“锤子活”)、机床加工(称“床子活”)以及装配完成(称“案子活”)等。可是,绝大多数企业仅能各自完成其中一道工序,行业内部分工合作(称“过行”)的需要,是使机器制造企业聚集分布的又一重要原因。

四、近代天津企业工人构成

民国初期工业的迅速发展,为涌入城市的移民创造了大量就业机会,与该时期城市人口的加快增长是互为因果的。30年代初,大批企业的停工、倒闭,又造成工人人数锐减,由1929年的4.75万减至1933年的3.67万和1935年的3.47万。尽管企业工人人数变化很大,但是其构成却具有一些共有的特征:

(一)企业资本规模与工人分布不均衡,这也是两极化企业结构的又一体现。纺纱厂属劳力密集型企业,6家纱厂拥有资本占全市民资工业的2/3,工业动力也占2/3,而工人人数仅占1/3。与此相对照,1 500余家中小企业,雇用工人总数为全市民资企业的2/5,而资本总额所占比重却不及3%。面粉厂机械化水平较高,工人人均占有资本额将近4 000元。资本微薄的中小企业,工人平均占有资本额少得可怜,多数仅数十元,地毯企业为14元,制铁企业仅为10元[19]。

(二)企业工人多为男性,女工甚少;童工占比例较高。企业很少雇用女工是天津民资工业中普遍存在的现象,不论大企业还是中小企业都是这样,有的行业甚至全部雇用男性工人,例如:包括面粉厂在内的食品制造企业,1929年除了两家罐头厂雇用了13名女工外,其余2 000余名工人皆为男性成年工人和童工[20]。机器制造业、金属品制造业、竹木业、化学工业等企业,更是完全以男工和童工充当劳动力。根据1929年的统计,民资企业工人中女工仅占5.4%,1933年为6.3%。

棉纺织业本是适于雇用女工的行业,但是天津的棉纺织行业中,不仅中小企业很少雇女工,大型纺纱厂中女工比例也很低。据1929年调查,在天津各大纱厂中,女工比例占18.05%,而同时期的上海纱厂,女工人数超过男工,占74.83%[21]。1930年对全国28个城市纺织工人的统计表明,华中华南诸城市的纺织工人中,女工比例皆较高,江浙两省城市的纺织女工,皆超过工人总数的一半,上海则超过了70%,而华北城市恰恰相反,如青岛纺织女工仅占6.4%[22]。

由此可见品，企业很少雇用女工，是华北城市工业的共同特征。这显然与北方的社会及家庭结构，以及顽固的传统观念和习俗有关。另外，工人性别构成还与工人来源有关。天津企业工人多是来自华北农村地区的男性单身汉。他们进城谋生，大多数并不打算定居城市，只是希图赚一笔钱后返回家乡。因此，他们即使已经成家往往也不携家带眷，而是只身来到城市。大量男性单身移民的存在，以致造成30年代天津城市人口男女比例的严重失调[23]，必然也影响到企业工人的性别构成。

1936年，六大纱厂先后为日本工业财团和国内银行团接管后，曾改变用工制度，注重招收女工，使企业女工比例大幅度上升[24]。北洋纱厂被诚孚公司接管后，除注重选留原有女工外，又从保定和天津市区招雇了一批女工[25]，使该厂女工比例很快上升到将近一半。但是，大多数民资企业仍未改变很少雇用女工的传统。

与此同时，童工在企业工人中却一直占较高的比例，经常在20%以上。尤其是中小企业，童工使用率更高，有的甚至以童工充当主要劳动力。企业大量雇用童工的主要原因，一是童工学徒期间只管食宿不发工资，这种廉价劳动力无疑对资本薄弱的小企业主颇具吸引力。有的企业甚至在童工学徒，期满后使全行辞退，再招新童工，以节省工资支出。二是童工易于管理。尤其是中小企业，在招雇童工时大都订立如同“卖身”的契约，使童工在学徒期间成为任企业主驱使的奴仆。

30年代前期，由于经济形势不利，雇用童工更有增长的趋势，一些行业的童工数量，甚至超过成年工人。根据1933年的统计，在技术要求较高、劳动强度也较大的机器制造业和金属品制造业中，童工所占比例已将近60%[26]。有的企业就由一名工匠兼企业主和若干名童工组成。

（三）企业工人多数是来自附近省区农村的新移民，天津本籍人在民资企业工人中占比例较小。例如：据1929年对裕元、恒源以及华新三大纱厂工人籍贯的调查，天津本籍人仅占23.78%，55.28%的工人来自河北省，10.5%来自山东[27]。中小企业工人中，新移民所占比例更高。例如：织布、针织及地毯三行企业中的工人与学徒，有85%来自河北省，尤其是东部各县区；10.5%来自山东，籍隶本地的工人仅占3.4%[28]。

二三十年代，来自华北地区，尤其是河北省农村的移民源源不断涌入天津，为企业提供了大量廉价劳动力。这些刚刚进城谋生的农民吃苦耐劳，不仅满足于微薄的工资收入，也能忍受高强度的劳动和恶劣的劳动条件，尤为资本薄弱、劳动条件很差的中小企业所欢迎。

另外，工人来源与构成还与企业的招工制度和用工习惯有关。当时，不论大小企业招雇工人多数要经人介绍，招收徒工还要出介绍人作保。对织布和针织企业工人的调查表明，90%以上是经人介绍入厂的。介绍人绝大多数是企业主的朋友、同乡、亲戚和师兄弟，又大都系同业中人，经商者占比例也较大，估计多是与企业有业务关系者[29]。大中企业招雇工人则多经企业中人介绍，或为董事、经理，或为工头、工人。

在近代城市中，亲缘和地缘关系是人际关系的纽带，其重要性甚至超过经济利害关系。企业的近缘引荐雇工制度或习惯，势必形成企业人员——不论是企业主与工人还是工人与工人——之间，要么是同乡，要么是亲朋。尤其是在中小企业中，同行企业主往往是来自同一地区或相近地区的“同乡”，而企业工人又多为同业中人相互荐雇，这便造成两个结果：一是同行业中人（包括企业主和工人）多由同地区移民，即“同乡”组成，形成了以亲戚、朋友、同乡、师兄弟为纽带的关系网，既连接着企业主也连接着工人；二是企业人员多在同行业中间流动，“外乡”人乃至天津本地人，若无关系很难进入该行业之中。例如：织布、针织和地毯三行企业中人以来自河北省东南部和南部各县者居多，即冀州和深州地区。当地人常常设法攀亲附友，把子弟送到天津亲朋、同乡企业或商店中学手艺、学生意，认为这是“有出息”的出路，而且形成“风气”[30]。

综上所述，二三十年代是天津近代民族资本工业支展的重要时期。这一时期私人工业投资迅速增长，在城市工业总资本中私人资本已经取代政府投资成为主要组成部分。民资工业尽管与外资工业相比，在投资额和门类构成等方面仍处于劣势，但是对城市经济的发展已能起到举足轻重的影响。这些年代又是充满起伏变化和动荡的时期。当民国初年短暂的工业“黄金时代”迅速消逝，当抵制日货运动带来的“国货热”很快冷却下去之后，企业家们所面对的是一个不断恶化的投资环境。首都南迁、“九·一八事件”发生，使天津经济发展的优越环境迅速改变，30年代初民资工业呈现下降趋势。产品滞销积压、企业开工不足、资金短缺、负债过多，成为民资企业普遍存在的现象。大企业停工、中小企业破产倒闭，在这一时期时有发生；直至1936年以后才趋于缓和。造成工业发展缓慢、进程曲折的原因，除了社会资本薄弱外，主要是社会结构、国民素质与迅速到来的近代化不相适应，以及动荡不安的经济社会环境等等。

注：

① 参见《天津商会档案汇编(1903—1911年)》上，天津人民出版社1989年9月版，第1 262—1 278页。

② 宋美云：《北洋时期官僚私人投资与天津近代工业》，《历史研究》1989年第二期。

③ 中国人民银行上海市分行金融研究室：《金城银行史料》，上海人民出版社1983年版，第241—242页。

④ 天津特别市社会局：《天津工商业》卷上，1930年4月版；天津市社会局：《天津市工业统计》1935年2月版。

⑤〈日〉南满洲铁道株式会社调查部：《北支那工场实态调查报告书——天津之部》。

⑥ 贺萧：《天津工人，1900—1949》(The Workers of Tianjin, 1900—1949)，美国斯坦福大学出版社，1986年版，第48页。

⑦ 陈培斋：《华北纱厂失败之原因与补救之方法》，《中国纺织学会年刊》；《恒源纺织有限公司第一届年结账略》，天津第一毛纺织厂档案第1号卷。

⑧ 陈培斋前引文。

⑨《天津市工业统计》，第27页。

⑩ 李竞能主编：《天津人口史》，南开大学出版社1990年版，第175页。

⑪ 参见方显廷：《天津织布工业》。

⑫ 参见金城银行总经理处天津调查分部：《天津棉花运销概况》，1937年1月版。

⑬ 孙冰如：《解放前天津的面粉工业》，《天津文史资料选辑》第，42辑。

⑭ 王达：《天津之工业》，《实业部月刊》第1卷第1期，1936年4月30日。

⑮《天津市县划界调查》，1934年1月版，第9页。

⑯ 王达前引文。

⑰《大公报》1935年5月2日。

⑱ 王槐荫、刘续亨：《天津工商业中的冀州帮》，《天津文史资料选辑》，第32辑。

⑲ 参见贺萧前引书，第46页。

⑳ 天津市劳动局：《统计汇刊》劳动类，1931年8月版。

㉑ 方显廷：《中国之棉纺织业》，国立编译馆1934年版，第176—177页。

㉒《中国之棉纺织业》，第176—177页。

㉓ 参见《天津人口史》。

㉔ 参见《北支那工场实整调查报告书——天津之部》。

㉕ 吕露园：《北洋纱厂与朱梦苏》，《天津文史资料选辑》，第6辑。

㉖《天津市工业统计》，第71页。

㉗《中国之棉纺织业》，第134页。

㉘ 方显廷：《天津织布工业》，《天津针织工业》，《天津地毯工业》。

㉙ 参见《天津织布工业》，《天津针织工业》。

㉚ 王槐荫、刘续亨前引文。

(《城市史研究》1991年第4期)

略论天津方言岛

李世瑜　韩根东

天津方言是北方方言区的一个方言点儿,它在语音、语汇、语法和地域分布上都有明显的区域性特征,很像海洋中的一个岛屿,我们称之为天津方言岛。

一、什么是天津方言

天津直辖市共管辖13个区和宁河、宝坻、蓟县、武清、静海5个县。辖区和建制是解放后逐渐规划成的,辖区内的方言非常复杂,各区也很不相同。我们说的天津方言或天津话指在市区即和平、南开、红桥、河北、河东、河西六区和西郊大部分、东郊小部分的土著居民们所使用的方言。

这种方言与它的周围居民所使用的方言有所区别,有分辨方言能力的人一听便知。在语音方面,天津话的显著特点是阴平(一声)读低平调,还有一个特点是天津话里“齿音字”较多,但具体情况又因人而异。这是因为天津是一个五方杂处的都市,特别是近百年来经过五次人口膨胀:二次鸦片战争、义和团运动、辛亥革命、抗日战争及解放后,都使得天津居民猛增,外地人大批涌进,这是天津方言不能统一的主要原因。

从一百多年前开始,天津方言大致定型为两类,区别就是齿音字的多少。这两个类型还可以找出分界线来,即海河西包括天津城厢和两头一带,这类话齿音字少,可称为甲类天津话。而乙类就是海河以东,包括旧河东、河北一带,这类齿音字较多。但因都市扩大,繁华区域转移,交通方便,特别是外地来津人口骤增,居民的迁徙频繁,方言也随之混乱起来。也就是说,目前天津地区的居民,到处可以找到说甲类或乙类天津话的。

定型为甲乙两类,与天津的发展有关。五百年前天津地方属静海县,居民都说静海话。而静海话就是不统一的方言,一种齿音字多,一种少。现在天津方言区的东南西三面仍被静海方言区包围着,恰好天津方言区的西面正是齿音字不多的静海话,而东面则正是齿音字较多的静海话,即海下方言(详后)。所以很自然地就可得出一个结论:天津方言以海河为界分为甲乙两类是由静海方言决定的。但郊区县的居民,由于变动不如城市那样大,方言现象是相对稳定的。如我们到西郊和毗邻的静海县走访,就会发现不论操天津话或静海话,齿音字完全相同,字数并不多。而再到东郊、南郊、大港走访,不论他们操天津话还是静海话,他们的齿音字也是完全相同,即齿音字较多。

甲乙两类天津话今天已全部混淆,不能再按地域划分了。近来更有一个变化,即又出现另一类型的天津话,定为丙类天津话。这是解放前提倡国语和解放后推广普通话影响下出现的。甲乙两类齿音字不同程度地靠拢了普通话的齿音字和非齿音字的读法,甚至完全等同于普通话,而只是保留了天津话在声调方面阴平读低平的基本特点。其他声调也有向普通话靠拢的现象。丙类天津话更没有地域关系,随处可见。不过由于文化程度和语言习惯,丙类的齿音字很不一致,大致是受学校教育越多则齿音字越少。

所谓齿音字有多少呢?齿音字即用z、c、s为声母的字,非齿音字即用zh、ch、sh为声母的字,共有1 393个。甲类天津话,齿音字有810个,非齿音字有583个;乙类天津话齿音字有1 277个,非齿音字有116个;丙类天津话齿音字有480个,非齿音字有913个,即完全等于普通话的齿音字和非齿音字的数量。但实际上今天社会上操纯甲乙两类天津话的只有在五、六十岁以上的人中还可找到,而说丙类天津话的,大体情况也各有差别。

总之,天津方言很不统一,有旧传统也有新发展,而总趋势是逐渐向普通话靠拢。

二、天津方言岛的界限

天津方言与附近地区的有许多差别。住在市区的人到郊区去,走一段路就会发现语音变了。为什么呢?从哪里变的呢?天津方言与左近的语言有没有界限呢?有,请看《天津及其附近方言区域图》。

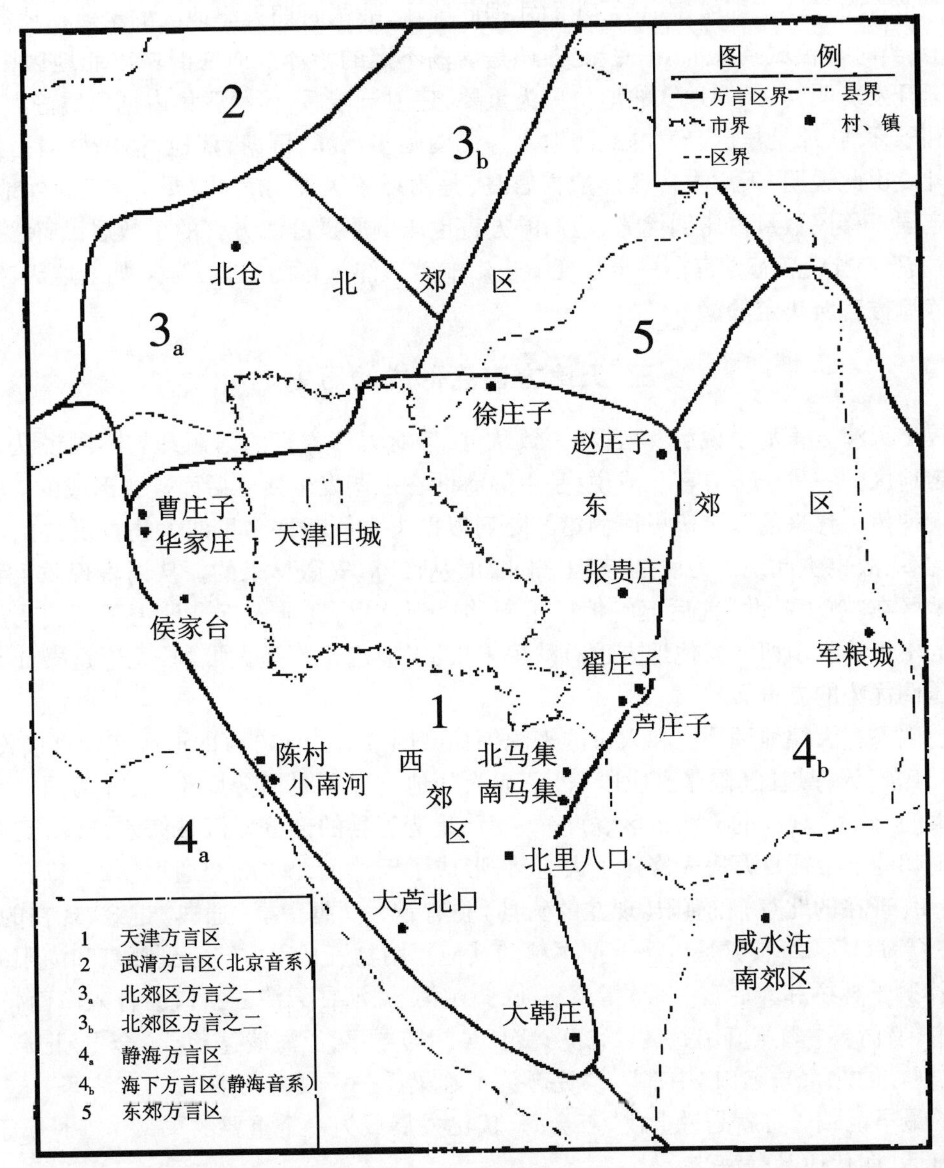

地图标明七个方言小区,①就是天津方言区,呈倒置的等腰三角形。在这范围外,是③即北郊方言区,这里又分为 a、b 两区。⑤即津东方言区。④即静海方言区及海下方言区(属静海音系)。②即武清方言区(属北京音系)。

由于①即天津方言区,它的东南西三面都被静海方言区包围着,这种现象在语言学上就称之为"方言岛"。所谓方言岛是外来的方言势力占据原来某方言区,形成被原来方言区域包围着的独立的方言孤岛。全国这种例子不少,大都因移民所致。

至于天津方言岛,它的移民是从哪里来的,它的语源在哪里?这里应先解决两个相关问题。一是确定方言岛即画出它的等语线,主要根据天津话的语音特征:阴平(一声)读低平调,在天津周围找不到。图上倒置的等腰三角形的两腰外侧都是静海方言区或属静海音系的海下方言区。两腰村子,有时近在咫尺,但语音也迥然不同。主要就是阴平的低平调在两腰外的地点中突然消失,其他声调也有改变。一个极端的例子是北斜村,这里恰在等语线上,村子被一由南运河引来的小河隔开,河东半操天津话,即阴平读低平调,而河西低平调突然消失，变成静海话。在天津方言岛即那个等腰三角形的底边则情况略异。③号方言正是过渡地段，阴平读低平调的现象是逐渐消失的，越往北读低平调的越减少，到②号方言区才全部读成高平调。

二是为什么从天津话中心旧城往北不过1公里，到东于庄、西于庄语音就变了——尽管它是个过渡地区，而往南到20多公里的大八里台、大孙庄一线才变呢？原因是天津地区原是个“退海地”，自从30年前发现渤海湾两岸三道古海岸遗迹即蛤蜊堤后，我们才据此确认，战国时期天津地区的聚落点还散布在沿张贵庄到八里台一线上，当时军粮城到咸水沽一线之西还是动荡不定的沼泽。而在旧城以北地区则在新石器时代已成陆地且逐渐开发。明初，天津地区的地位更为重要，建卫筑城后，移民麕集占据原属静海地面定居，向北阻于南北运河和子牙河，那是早已开发的武清地界。往南则多沼泽、苇塘、荒地，移民尽情占用，因此一直开到二三十公里外。由此说明，天津方言区形成方言岛，是由操着天津方言的“母方言”的外地移民占据了原静海县地面而定居。移民数量占压倒优势，他们的方言也压倒原操静海方言的少数居民，使之逐渐同化于天津方言的“母方言”。当然静海方言在一定程度上也影响着天津方言的“母方言”，如上述天津话的分为甲乙类就是由两类静海方言所决定的。

三、天津方言岛形成的历史

自从我们提出天津方言岛学说后，语言界一致认可，但对天津方言的语源却有不同说法。一说：是流行于天津这一特定地区的一种土著方言。或说：是由静海话在声调发生演变后而逐步形成的。另一民间传说：是从山西洪洞大槐树村移来的。市历史博物馆的陈列根据志书所载许多早期人物籍贯是山西，文献中也有自山西移民的记载，故也主此说。另说是“燕王扫北”时从江苏、安徽移来的。从语言现象上看，此说较符合实际。因天津地区在“燕王扫北”前后苏皖地区不断移民到这里，江淮人逐渐地占了压倒优势，才确立了天津方言岛。我们不否认从山西或其他地方也有移民来天津，但由于不是大批的，无论是操什么方言，也都会被同化于那占压倒优势的方言。

方言是社会现象。天津地理历史和人口的来源等社会因素对天津方言的形成有着直接关系。天津是个河口都市，4000年前，天津地区（除张贵庄以东）已成为陆地。春秋时期分属于燕、齐两国。西汉末年，这一地区发生过较大的海浸。现在的天津市区、静海、宁河、武清等县的部分地区被海水淹没，到东汉末年，海水才逐渐退去。隋朝的炀帝征百万民夫修建了大运河，形成了天津南北水陆交通枢纽的格局。唐代为了防止外族入侵，在幽州（现在的北京）和渔阳（现在的蓟县）驻有重兵。据《唐·通典》记载，现在的天津地区已有“军粮城”和“三会海口”。军粮城是由海上把军粮和其他军用物资从南方转运到燕京和渔阳的转运点。“三会海口”（今天津狮子林桥和天后宫一带）指永济河、滹沱河、潞河在天津三岔口会合入海而言。当时只是为征战使用。杜甫《昔游》：“幽燕盛用武，供给亦劳哉！吴门转粟帛，泛海凌蓬莱。”《金史》记载，公元1153年，金迁都到燕京（现在的北京），名曰“中都”。“完颜佐本姓梁氏……戍直沽寨”。“直沽寨”这一名称，为天津市区聚落起源的最早记载。也就是说金代“三会海口”已发展成为一个重要的军镇。当时属于“靖海县”，那时居民应讲静海话（明代改为静海）。

元明清三个朝代都建都于现在的北京，成为我国的政治中心。而长江中下游一直是我国的经济中心。这就需要南粮北调、南货北运，以满足京都的需要。天津成了理想的河、海两用码头。元代京都门户“直沽寨”，驻有庞大的管理机构和重兵。当时的诗人傅若金在《直沽口》中写道：“兵民杂居久，一半解吴歌”。这里的“吴”指江浙皖一带。这一方面反映了在当时直沽镇是兵民杂居的史实，另外一方面说明了元代的直沽已有了不少吴人，但还不是绝大多数。

有关漕运资料，可以进一步说明上述情况。元、明、清定都北京，通过海运或大运河把东南各省的粮米运往通州转北京，最多达每年400万石，需要运输船只经常有12 000多艘，需要的水手、纤夫及运弁约10万户，二三十万人，连同他们的家属，所谓“仰食者千百万”。水手主要是“江苏徐、海、邳、宿，山东郯、兰、滕、峄之民，随漕逐末及游手好闲挽舟佣食者，累计数万”，或者说“淮、颍、徐、宿之人居多”（《山东军兴事略》卷17）。运输漕粮是一项艰苦的劳役。为了保障运输，官方不得不默许粮船搭运客商和货品，这样漕运在交通和商业上起到一定作用。天津是一个转输、交易、容留商民的重镇。因此元明以来，通过各种渠道，自南方各省迁徙和居留在天津的不少。

永乐初年运河淤塞，海运漕粮不能及时北上，1406年（永乐四年），在城北尹儿湾（今北仓）建立“百万仓”可储粮万石。永乐九年至十三年，明王朝再次疏通南起杭州、北至通州的大运河，航行船只万艘。1419年（永乐十七年）明皇帝迁都北京。傅维麟《明书》69卷记载：“百司庶府，卫士编氓，一仰漕于东南。”天津这个京都的门户漕运是多么繁忙。又因“援朝防辽”都是以天津为基地。“援朝”是指1592年—1599年（万历二十年至二十七年）日本丰田秀吉出兵侵略朝鲜，明王朝出兵援助朝鲜。“防辽”是指明王朝对后金的不断侵扰的防御。天津卫在明朝才发展成为一个大城市。后人编写的《天津卫志》说：“天津去神京二百余里，当南北往来之冲，南北数万之漕悉道经于此，舟楫之所式临，商贾之所萃集，五方之民所杂处……名虽曰卫，实在一大都会所莫能过也。”

有的天津土著人说他们的老辈是燕王扫北时从安徽（或山西）迁来的。燕王是安徽凤阳人，他带兵北上定会从他的家乡及附近招募，包括随军家属或其他移民，而且这些人有“明初有戍天津者，因家焉”（《天津县新志·汪来传》）。所以《卫志》户口有军籍，官籍。通过上述逃荒、漕运、戍边等，大批人定居到天津。而更重要的还是从天津方言本身所表现出来的语言现象来证明。什么地方的人说什么地方的话，这是规律，也是证据。

《卫志·毛恺德政碑》记载：“天津近东海，故荒石芦荻处。永乐初始辟而居之，杂以闽、广、吴、楚、齐、梁之民。”这些史料，说明了明朝初期天津人口结构发生了根本性变化。其中从军经商的吴人成了天津卫人口的重要构成成分。再加上这些人的政治地位和经济地位比较高，于是，具有低平调的江淮方言成了天津卫的通用语，从而奠定了天津方言具有低平调这一特点的基础。不论从何处来的移民其子孙也必然讲天津话，于是天津方言岛形成。当然原来的方言也会留下一些痕迹，实际上天津方言是江淮方言和静海方言杂交的产物。为了对此进行核实，1986年秋，我们曾两次到苏北、皖北的30多个市、县、镇做导源工作，结果是令人满意的。

四、天津方言岛的语源考察

几年前“凤阳杂技团”到天津来表演，讲解员完全说的“天津话”。我们以为是临时雇用的天津人来当讲解员的。表演结束我们与演员们谈话，才知他们的口音和那位讲解员都差不多，原来他们说的都是家乡话，不是雇的天津人。因此我们联想到天津西于庄有一档民间舞蹈——花鼓，他们的唱词、鼓点、舞蹈、服饰都是从凤阳来的，他们还保存着“皇上给的龙票”。我们听黄梅戏时，也常常感到道白也很像天津话。还有一次从合肥乘车南下，列车员们都说的是“天津话”。我们以为这是天津列车段的乘务员调到淮南铁路的。询问后，才知道他们说的也是当地家乡话。一位在徐州工作的天津同志告诉我们，徐州话和天津话差不多，只要动几个音就一样了。凡此种种，都使我们意识到，天津方言的“母方言”很可能与苏北、皖北一带有关，特别是以凤阳为中心的地带，当年“燕王扫北”时所带的兵可能就是从这里招募，后来在天津定居下来的。

在地方志里看到天津曾有“小淮安”之称。淮安是周总理的故乡，人们都很熟悉周总理的口音，特别是通过演员们的模仿，口音很像天津话，因为他的阴平（一声）读低平调。这样就又使我们意识到，有可能以淮安为中心的方言是天津方言的“母方言”。

带着这个假设，1986年9月开始了我们的田野工作，先去凤阳。在蚌埠下车，先调查了蚌埠的方言，边记录边录音边研究，我们有些失望。因为除了它的阴平（一声）也读低平调以外，其他声调都与天津话有差距，尤其保存了许多入声字。他们的语流如果稍快，我们便有听不懂的地方。我们到了凤阳之后，发现那里的方言并不像杂技团那样，而是和蚌埠基本相同。可能杂技团的成员并非都是凤阳人。凤阳的方言南部和北部还有差异，南部入声字更多些。我们又调查了凤阳附近的临淮和留埠，觉得也是一样。当然这些地方也是把阴平（一声）读成低平调。他们读到亲、庄、光、天、先、阴、高、山等这些读阴平（一声）声的字时，完全和天津人一样，但别的声调的字差距就很大了。总之，我们的第一个假说，即凤阳是天津方言的“母方言”的中心被事实否定了。

我们又遇到几个人，听他们的口音，我们以为是天津人了，问后知道他们是固镇的。固镇在蚌埠北48公里,我们于是又去固镇。在车站前的茶摊坐下和老掌柜拉起话来,这可真叫有了"共同语言",我们听他讲的基本上算是天津话,而老掌柜则认为我们说的是固镇话。在我们的录音带上还留着这样一段的对话,

"这两位同志,你们是哪儿的人哪?"

"您听我们是哪的人?"

"听你们的口音像是本地人,可我怎么没有见过你们啊?"

"固镇的人您都认识吗?"

"反正差不多吧……"

老掌柜的几句话里,除了"志"读成"字","地"、"没"、"差"都读成低平调之外,都和天津话没有区别。——我们找到天津方言的"母方言"了。

我们在固镇还听到有关"燕王扫北"的传说:朱元璋称帝后,仿效古人,封了许多藩王。四子朱棣据说不是他的亲儿子,但握有重兵,且屡建战功。为了削弱他的实力,洪武三年被封为燕王,让他带领大批老弱残兵到北京、天津一带戍边。传说,当时募兵的标准是"弱冠不挑,而立不去,天命之年随军而去",意思说,随燕王扫北的人,二十岁、三十岁左右的都不许去,只许五十岁左右的人去。无疑,这些人大都是有家小的,就是说,燕王确实从固镇一带地区招募很多士兵带着他们的家属开赴北方。

为了得到确证,我们的调查面还要扩大,尤其必须去我们设想中的第二个天津方言"母方言"的中心淮安。我们先后调查了洪泽湖、高邮湖以西的涡阳、定远、怀远、五合、天长等县。发现这些县的语调也都是阴平(一声)读低平调,接着又沿京沪线南到南京,又沿江东到镇江,过江到扬州、江都、泰州,又沿运河北上到兴化、瓜州、高邮、汜水、宝应、淮安等地,这些地方也一律把阴平(一声)读成低平调,但其他声调则与天津方言有差距。我们至此又否定了淮安是天津方言的"母方言"的中心这一假设。对照一下周总理的口音,我们发现他说的不是淮安话,而是带有淮安色彩的天津话。因为周总理在念书和搞革命运动时都曾长期在天津,而志书里所载天津是"小淮安"的说法可能是指天津在漕运中的地位,譬如码头的规模、转输的数量、卫城的形势等是和淮安相仿的,淮安的发展早于天津,故说天津是"小淮安",与方言情况无关。我们继续调查,从淮安再往北是淮阴,两地相距只有23公里,但方言又有一个突变,淮阴的阴平(一声)完全读成了高平调,和北京音读阳平(二声)一样了。就从这里开始,我们又调查了洪泽湖北的泗阳、泗洪、泗县,也都是一样。但是从泗县又到睢宁时,则阴平(一声)又改为低平调,因为我们绕着高邮湖、洪泽湖跑了一圈,现在又回到以固镇为"中心"的等语线之内了。天津和宿县相距千里之遥,但它们的声母、韵母、声调以及音变基本相同,因此这些因素综合在一起,语流使人感到低平而短促。这是因为江淮方言的南半部分除有低平调,调形较短外,又有入声促调字。明代和尚真空所撰《贯珠集·讶四声》对四声解释说:"平声平道莫低昂,上声高呼猛烈强,去声分明哀远道,入声短促急收藏。"江淮方言入声是用紧喉的喉塞音〔?〕结尾,例如:+〔Ja?〕,八〔pa?〕,一〔i?〕,甲〔tgia?〕。而江淮方言的北半部已无入声字。可见江淮方言正处在由促声向舒声过渡的中介地带。虽然宿县话已完成了"由促变舒"的任务,但调形仍较短,从语感上仍能觉察到它短促的特色,天津方言虽地处河北省,但也有这一特点。从语感上也觉得天津话与宿县话是一种方言,而天津话与周围相邻的各县并没有这么多相同的因素,从语感上也有明显的不同。这只能说明天津话和宿县话一脉相承。

我们回到天津后,发现了一个大疏漏,就是我们以为可定为"中心"的固镇,它并非一个"重镇",而是宿州市的一个人口不多的小镇。固镇离宿州市45公里,如果我们以固镇为中心,就必须再到宿州去,定宿州为天津方言的"母方言"的中心。一个月后,我们二次南下,主要是去调查宿州市的方言情况。同时又复查了蚌埠、徐州、睢宁,补充和修正了第一次调查中的不足。果然宿州话和固镇话十分相近,我们确定天津方言的"母方言",就是来自以宿州为中心的广大淮北平原。

(《天津师范大学学报》1991年第2期)

论近代天津城市人口的发展

张利民

城市是一定规模人口聚居的场所。城市的产生和发展过程,就是城市人口集中和增加的过程。因此,城市人口是一个城市规模大小的重要标志,在近现代是国家城市化的主要尺度。城市人口的增减,与整个国家或相当广阔区域内的政治、经济和社会的发展变化密不可分,与城市各种职能的发挥互为因果。这种城市人口的增加,农村人口向城市的迁移,不仅促进了城市化进程的加快,也直接影响着全国人口结构的演变。本文阐述天津开埠后至1936年抗日战争以前天津城市人口发展状况,分析近代天津城市人口骤增的原因,旨在揭示中国近代城市人口发展的某些规律,为制定当前的人口政策提供历史借鉴。

一、近代天津城市人口发展状况

城市人口是与城市同时出现的,它从一开始就同农村人口有着明显的差异,其主要表现在两方面,一是在空间上聚居的集中程度不同,二是在社会生活中所承担的经济职能不同。如何划分城市人口和农村人口,是统计和研究城市人口的前提条件。在中国的传统社会,一向没有城市人口或城镇人口与农村人口的划分,即使到了近代社会,也没有法定的两大类人口的定义。而且,近代以来城市发展迅速,许多城市的管辖范围和归属游移不定;农村自然经济的解体又促使社会流动频繁,加剧了城市人口与农村人口之间始终存在着的交叉、渗透、过渡和转移。加之当时人口调查手段落后,统计资料不准确、不全面,使我们很难对城市人口与农村人口进行界限明确的划分。近代天津也是同样。20世纪20年代以前,由于没有以城市为行政单位的建置,当然更没有系统的以城市为单位的全面准确的调查统计,到30年代才有天津城乡人口的划分。为了能够系统地分析和研究近代天津的城市人口,拟按照现代人口统计的划分口径,将当时天津包括旧城区、新城区和租界区在内的城区总人口列为城市人口,人口密度不大以从事农业为主的天津四乡人口均不计算在城市人口之列。

从1860年开埠到1936年抗日战争以前,天津城市人口的发展过程呈现着明显起伏的态势,时而骤增,时而平缓,时而出现低谷,大致可分为四个阶段。

20世纪前是人口发展的初级阶段。天津因军事城堡、盐业和漕运而兴。随着城市政治地位的提高和经济的发展,愈来愈多的官吏、商贸、手工业者和船夫等来津定居,逐渐形成了“舟楫之所式临,商贾之所萃集,五方之民所杂处”的传统城市[①]。天津城厢和城东、城北沿河一带是城市居民的聚居地。由于历代政府没有进行系统的以城市为单位的人口调查和户籍统计,所以传统天津城市人口的详情不得而知。19世纪中叶,地方政府根据中央政府的要求,组织了自下而上严格指导下的人口普查,这是天津城市区的比较准确的人口统计,对了解传统天津城市人口状况有较高参考价值。据统计,1840年前后属于天津城区范围的共有32 761户,198 715人;其中城厢内有9 914户,95 351人;城外东、北部有22 847户,103 364人[②]。这就是传统天津城市人口概况。

1860年天津开埠通商至庚子事变前,英、法、日、德各国在天津旧城东南部划定租界,扩大了城区范围。与此同时,天津的政治地位不断提高,城市工商业和对外贸易迅速发展,对周围地区的吸引力加强,促使天津人口有较大幅度的增长。据台湾学者粗略推算,1900年天津有32万人左右[③]。天津巡警总局成立后,对天津中国城市区(即河北新市区和旧市区,下同)的统计表明,1903年有64 093户326 552人。此时,各国租界规模初起,基础设施和住宅建设刚刚开始,人口尚未大量聚集,按1906年的租界区人口推断,1903年天津各国租界内的中外人口在4万人以下。那么,1903年天津城市的人口总数约为36万人左右,比63年前的1840年增加了81.6%,净增16万余人,年平均增长速度为9.5%,平均每年净增人口约2 560人,比传统天津人口集中速度要快。1903年后的数年内,天津城市人口增长较快,1903年至1906年中国城区由64 093户,326 552人,增加到63 472户,356 503人。即中国城区三年内增加了近3万人。各国租界内的中外人口由1903年的不足4万人,到1906年为10 868户,68 053人,三年内增加了七成。到1906年天津城区总人口为424 556人,74 340户;三年内净增人口6万余人[④],比20世纪前人口增长速度明显加快,标志着近代天津城市人口发展的初级阶段业已结束,人口发展高峰即将来临。

近代天津城市人口发展的高峰阶段。

1906年至1928年这二十余年时间,天津城市人口猛增,是天津城市人口发展的鼎盛时期。现将经考证比较准确的有关年代天津人口统计表如下:

表一

年份	合计		中国城区		租界区		资料来源
	户数	人数	户数	人数	户数	人数	
1906年	74 341	424 556	63 472	356 503	10 869	68 053	(日)《天津志》
1910年	102 147	601 432	90 337	549 549	11 810	51 883	天津警察厅调查见(日)《天津案内》
1917年	124 120	719 896	100 510	600 746	23 610	119 150	《中华民国省区全志》
1925年	176 772	1 072 691	139 010	843 677	37 762	229 014	(日)《北京天津案内》
1928年		1 122 405	184 490	939 209		183 196	天津档案馆4—2—55

从上表得知,1906年至1928年,天津城市人口增长了164.37%,平均每年净增人口31 721人。其间有两个时期人口增长迅速,第一次是1906年至1911年,五年内增加了近50%,年均增加人口37 315人,年平均增长速度高达75.77%;第二次是1917年至1925年,八年内增加了49%,每年平均净增人口44 099人(参见表四)。天津由不足50万人的中等城市,经22年而迅速发展成为人口超百万的特大城市。其速度之快,不仅在天津人口发展史上绝无仅有,与全国、上海、北京及河北省同期人口增长速度相比也名列前茅。兹将民国初至1928年天津与全国及部分省、市人口增长速度比较如下[⑤]:

通过比较看出,天津人口年均增长速度大大超过全国、北京和河北省,仅次于上海,反映了近代天津作为一个工商业港口城市的规模在急剧扩大。天津在全国各城市的地位也相应提高,1924年在全国99个主要城市中,天津人口总数位于上海、北京、广州、成都、武汉之后,居第六位;1928年天津上升到第三位,位于上海、北京之后,成为中国特大城市之一。

1928年以后至抗战前的1936年,是近代天津城市人口发展的稳定阶段。

1928年6月28日,国民政府决定直隶省改为河北省,天津为特别市,隶属于行政院,实行市、县分治,但因没有划定城区范围,周围乡县人口仍归天津市警察局代管。1934年才划定市区管辖范围。至此,天津人口统计有了统一的口径,即城区空间范围内的人口均为城市人口。1928年后天津城市人口增长速度明显减慢,甚至有的年度人口总数还略有下降。现将1928年至1936年天津城市人口列表如下[⑥]:

表二

项目/类别	报告基期		报告末期		间隔年数	人口增长率%	每年平均净增人数	每年平均增长速度‰	资料来源
	年份	人口数量	年份	人口数量					
全国	1912年	409 613 891	1928年	44 976 920	16	9.80	2 059 733	5.9	《中国人口史》第510页
上海	1910年	1 289 353	1927年	2 641 220	17	104.85	79 522	43.08	《旧上海人口变迁的研究》
北京	1912年	1 129 162	1928年	1 358 630	16	20.32	14 342	11.6	《中国人口,北京分册》

续表

类别＼项目	报告基期		报告末期		间隔年数	人口增长率%	每年平均净增人数	每年平均增长速度‰	资料来源
	年份	人口数量	年份	人口数量					
天津	1910 年	601 432	1928 年	1 122 405	18	186.62	28 943	35.27	
河北省*	1912 年	25 590 867	1928 年	30 064 032	16	17.48	279 573	10.1	《中国人口史》第 510 页

*河北省包括津京两市人口数量。

表三

年份	合计		中国城区		租界区		资料来源
	户数	人数	户数	人数	户数	人数	
1928 年		1 122 405	183 490	939 209		183 196	天津档案馆 4—2—55
1930 年		1 068 121	193 540	937 053		131 068	同上
1933 年		1 033 642	185 814	881 296		152 346	天津档案馆 4—2—60
1934 年		1 188 883	224 614	1 029 751		159 132	天津公安局档案科 1—4—122
1935 年		1 237 292	229 449	1 071 072		166 220	《市政公报》85 期
1936 年		1 254 696	227 228	1 081 072		173 624	《市政公报》85 期

从 1928 年至 1936 年天津城市人口仅增加了 11.79%，每年平均净增 16 536 人，与 1928 年前人口增长速度有相当的差距，标志着天津城市人口增长高峰之后，逐渐转入稳定发展阶段。为了更清楚地了解近代天津城市人口发展状况，利用人口统计学的方法计算出不同时期人口增长率、净增人口和平均每年增长速度，并划出人口发展坐标图，以证明天津人口的发展阶段。

按人口统计学原理，先确定人口统计的基期和末期后，再加以计算。人口增长率和平均每年净增人口的计算无须说明，平均每年人口增长速度的计算公式为：

$$\bar{X}=\sqrt[n]{\frac{P_n}{P_0}}$$

$\bar{X}$ = 平均每年人口增长速度

P_0 = 统计基期的人口水平

P_n = 统计末期的人口水平

n = 基期至末期的间隔期年数。

近代天津城市人口 1840 年至 1936 年不同时期的人口增长率、平均每年净增人口数量和平均每年人口增长速度列表如下：

表四

各年度人口数量				间隔年限	人口增长率	平均每年增加人数	平均每年人口增长速度‰
年份	人口数量	年代	人口数量				
1840 年	198 715	1936	1 254 696	96	531.41	11 000	19.38
1840 年	198 715	1906	424 556	66	113.65	3 422	11.57
1906 年	424 556	1928	1 122 405	22	164.37	31 721	45.18
1906 年	424 556	1911	611 130	5	43.95	37 315	75.57
1911 年	611 130	1917	719 896	6	17.80	18 128	27.67
1917 年	719 896	1925	1 072 691	8	49.01	44 099	51.12
1928 年	1 122 405	1936	1 254 696	8	11.79	16 536	14.0

通过以上图表，可以看出：1840 年至 1936 年的近百年时间内，天津城市人口增长了 531.41%，年均人

口增长速度为19.3%。而在20世纪前的60余年内仅增加了一倍多,年均净增人口不过3千余人,年均人口增长速度为11.57%,人口发展速度并不快。1906年至1928年则是人口增长的高峰,22年内天津人口增加了一倍半有余,年均净增3万余人,年均人口增长速度高达45.18%。而且从坐标图可看出,尤以1906年至1911年、1917年至1925年这两段时期人口增加最多。1929年至1936年则是近代天津人口发展的稳定阶段,人口增长速度不快,8年内仅增加了11.79%,年均净增人数为16 536人,年均人口增长速度为14.10%,仅仅超过初级阶段年均人口增长速度,还不及近百年天津年均人口增长速度。

1840年至1936年天津城市人口增长示意图如下⑦:

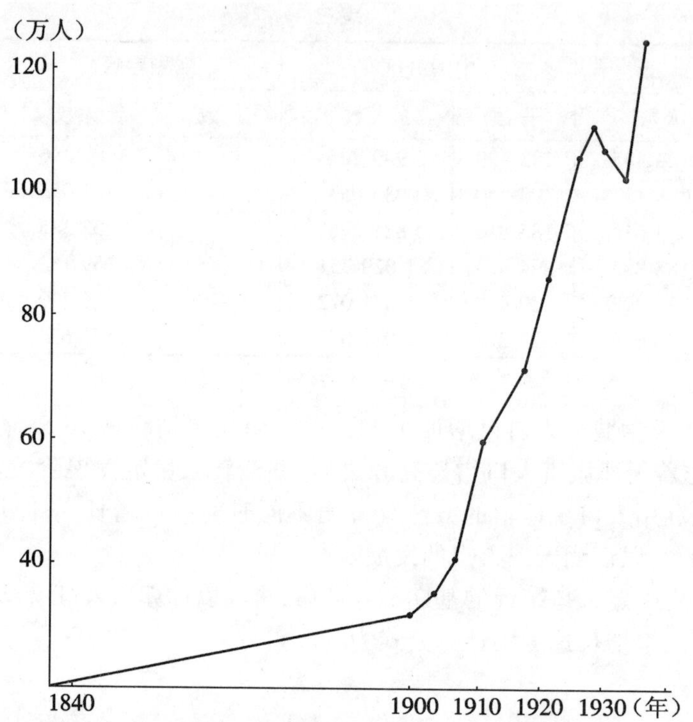

总之,进入近代以后,随着城区扩大和城市各种职能的发挥,天津城市人口迅速增加,从此,天津一跃成为中国第二大城市,北方最大的经济中心,在全国的政治经济中具有举足轻重的地位。

二、近代天津城市人口的来源

人口学把一个城市在某时期内的人口增加归结为三个来源:一是城市人口的自然增长,即城市人口出生抵消死亡后的余数;一是城市人口的迁移增长,亦称机械增长,即城市迁入人口与迁出人口之差;一是政区扩大后人口的增长,即城市行政区扩大后,原来邻近城医农村的农业人口转为城市人口。人口自然增长是人口的再生产,是在受不断加强的社会经济影响下的人类的自然属性,反映了全局范围内人口数量的增殖。人口迁移是人口聚居位置在空间的移位,它是一个社会的和经济的现象,是人们在一定生产方式制约下的有意识的自发行为。人口迁移的基本动因是不同地区之间的人口、气候等自然环境和工农业、交通运输发展水平、生产力布局、生产关系变化等社会经济的强烈反差所驱使的人口流动,是调节不同地区的不平衡和反差的重要杠杆之一。这种人口空间分布的自然调节,虽没有引起全局人口总量的增减,但它影响城市人口数量的起伏,进而引起社会构成的变化。政区扩大所带来的人口增加,是暂时的社会现象,是行政手段带来的农业人口的转换,实际上又是一种农业人口向城市人口的机械移动。这种机械移动影响着城市社会构成和城乡人口比重的演变。

为了更好地研究近代天津城市人口的来源,有必要追述传统天津城市人口的构成。

传统天津既是军事要地,又是南北水陆交通要道,漕运发达、制盐业兴盛和商业繁荣,聚集着众多的居民。这些居民本籍者少,外地迁来者多。在元朝时,"久居其地者仅有七姓",而更多的是"福建、广东、山东、河南及湖北一带之人,始来定居"。到明朝永乐年间,天津设卫筑城,人口聚居较多。据《天津府志》载,"旧志称天津向只七姓,明永乐年间设卫筑城,调有官、军二籍,户口渐繁”[8]。从此天津开始有户籍统计,当时“录名官籍者二百有九”[9],被称为“天津户籍最早者”[10]。统计三万余人的籍贯,以安徽、江苏、山东、河北为最多,说明随着天津经济的发展,以地缘关系为主的人口迁移使天津人口大增。到了清代,天津升卫为府,政治地位提高,经济发展,大批的“商贾宦幕初或侨居于此,数世之后,子孙孳息,而户口始密如”[11],人口增加的来源仍是自发的人口迁移。康熙初年《天津卫志》编者阐述道:“本卫土著之民凋零殆尽,此间而居者率多流寓之人。是津门虽属商贾凑集之地,而土著者不得获其利焉”[12]。据当时人估测,“津邑居民,自顺治以来,由各省迁来者十之七八”[13]。甚至有人认为天津“无所谓土著”[14]。于是,形成了天津“土著者少,流寓者多”的城市人口构成[15]。1840 年政府对天津人口调查表明,天津城内和东、北部沿河一带属于城区范围的居民中,“土著”居民为 740 户,仅占全城区总户数的 2. 28%[16]。

由此可见,传统天津的人口增长是由于迁移人口的增长所致。这一方面说明天津政治地位提高和经济发展,增加了对周围地区的吸引力;另一方面也标志着农村自给自足自然经济开始解体和超经济强制的减弱。但是,传统城市在封建政府“重本抑末”、“驱民入农”政策的控制下,商业和手工业受到很大的限制、掠夺和摧残,商品流通的范围相当狭窄,经济职能受到很大的束缚,所以对周围地区的吸引力和影响力无论从深度上还是广度上都是非常有限的。而且,华北地区人多地少,劳动生产率很低,在门户未开交通运输落后的情况下,农作物商品化的程度很低,流通手段落后,相应地削弱了供养城市人口的经济能力,限制了城市对人口的容纳能力。传统天津虽然多数人口是由外埠迁居而来,但主要是周围地区城镇的商人和手工业者,以及因政治调迁而来的官吏军士家属,而农村破产农民和过剩人口迁居天津者相对较少,且流动性大,定居者少。因此,传统期天津的人口发展速度和迁移规模远远比不上近代天津。

近代天津的城区范围,随着城市政治经济地位的提高有较大的扩展。1860 年开埠后,英、美、法三国在城南紫竹林一带,强设租界,面积约 951 亩,天津城区开始向旧城区东南方向伸展。19 世纪末,德、日两国也设立租界,面积达 2 700 余亩,把天津旧城区、租界区连成一片。20 世纪初,天津城区范围迅速增加。一方面各国入侵者争先恐后地强占和扩充自己的地盘,使天津租界由五国增加到九国,租界区面积也增加了五倍,达到了 23 350. 5 亩,比旧天津城扩大近八倍,天津城区沿海河两岸向东南方向发展。另一方面直隶总督袁世凯开辟河北新市区,使天津城区向东北延伸到北宁铁路。30 年代中期,天津改为特别市,划定市区管辖范围,城区面积扩大为 54. 785 平方公里(合 82 136 亩),城市面积比 20 世纪初扩大了两倍多。

城区扩大造成城市人口增加,如 20 世纪初,河北新市区开辟后城区人口由 1903 年的 326 852 人增加到 1906 年的 356 503 人, 4 年内增加了 3 万余人;各国租界的建立和扩充也使租界人口四年内增加了近三万人。但是,不可过高估计这一人口增加的来源。因为,城市伸展的地区,自然和社会环境极差,人口密度很低,不是自然和社会经济发展形成的人口稠密地区,没有给城市带入过多人口。如开埠初期英法强占的租界地区,地势低洼,水坑、沼泽地遍布。据当时外国报纸记载,当侵略军工兵军官勘定租界时,“在这个地区之内尽是一些民船码头、小菜园、土堆、渔民、水手和这一类人的茅屋,而这一堆破烂不堪的茅屋彼此之间仅仅隔开一道狭窄沟渠,沟渠两边是一些荒芜的、无人管理的小道。这两个租界的地基是一些肮脏而有害健康的沼泽地,沼泽地四周的干燥一些的地方却是无数的好几代的坟墓”,被称为是“一个令人可怕的地区”[17]。所以,租界开辟后的 10 年内,人口并没有大量聚集,多数来津的外国人住在天津城区,教堂也建在旧城区,各租界缓慢地进行基础设施建设。1870 年“天津教案”发生后,天津市民的爱国行动促使外国人纷纷迁居租界,以得到庇护,各国租界的建设进度加快,租界才开始具有愈来愈强的吸引力,迁居租界的人逐年增多。到 20 世纪初,租界区面积大增,但奥、俄、意国强占租界时曾将当地贫苦居民驱逐出境,所以仍未超过 4 万人,仅占天津城市人口总数的十分之一。30 年代天津城区扩大也是同样没有明显的人口增加。1934 年划定城区范围时,城市人口仅比 6 年前城市人口多 6 万余人。这说明城区扩大只带来短暂的为数不多的人口增长,在城市人口发展的长河中仅仅是一时的涓涓细流。由于缺乏城区扩大带来农村人口转为城市人口的统计资料,无法定量分析其规模,暂且将这一部分农村人口身份的转换不列专项,由迁移人口尽括之。

人口自然增长是长期影响城市人口发展的不可忽视的来源,因此有必要对天津人口自然增长进行定量分析。但是由于十分缺乏统计资料,在 20 世纪 30 年代以前根本没有年度出生和死亡人口数量的记录,30

年代以后的统计又十分不准确,出生和死亡数极低,以掩饰政府的腐朽,粉饰太平,无法计算出准确的人口自然增长数量,只能根据各种统计判断出近代天津的人口自然增长率,即出生率和死亡率之差,然后演算出不同时期人口自然增长数量。

中国人口地理学专家胡焕庸认为,中国解放后的人口出生率为35—38‰左右,而且同时期内城市的出生率要比农村低[18]。天津最早的中国城区出生人数统计约在1929年,该年出生人数为4 914人,出生率为5.19‰,以后数年的统计资料如下表:.

表五

年份	出生人数	出生率‰	资料来源
1929年	4 914	5.19	《内政年鉴》警政篇第6章
1930年	2 429	2.57	《内政年鉴》警政篇第6章
1931年	2 163	2.43	《内政年鉴》警政篇第6章
1932年	2 479	2.90	《内政年鉴》警政篇第6章
1933年	2 572	2.95	《内政年鉴》警政篇第6章
1934年	2 972	3.11	《中华民国统计提要》
1935年	18 432	17.55	天津市公安局档案,转引自《天津人口史》
1936年	14 772	13.78	

从上表看,天津人口出生率大起大落,在社会生活基本稳定的情况下极不正常,说明这些统计十分不准确,漏报漏登现象相当严重,不能反映当时真正的人口出生状况。天津人口出生率的可靠性之差还可通过与周期各大城市比较得以证实。1933年北京、上海等大城市人口出生率为[19]:

表六

城市名称	北京	南京	杭州	汉口	上海	广州	天津
出生率‰	29.3	18.1	15.3	15.5	16.2	15.2	2.8

当时的统计者认为,各城市人口出生率与实际状况不符,遗漏现象严重,而天津如此低的出生率更使人难以置信,不仅与各大城市相比差距悬殊,而且大大低于全国平均人口出生率,显然超出了一般的推想,不足为信。当今研究天津人口史的专家学者将1933年天津人口出生率修正为22—24‰之间,并在没有统计资料的情况下,根据1942年、1943年天津城区的人口年龄构成表和死亡表用间接估计的方法推断1910年人口出生率为58.3‰。1917年为57.8‰。1925年为50.9‰,1930年为52.2‰[20]。但是,这种间接估计的方法是基于各年龄人口不存在迁移情况下进行的假设推断,而20世纪以后恰恰是天津人口迁入的高峰,因此,在迁移人口剧增的情况下,这种间接估计的推断也有失水准。笔者以为,根据人口学专家对全国和天津人口出生率的估计和修正,再综合天津经济发展、社会稳定等因素,可将20世纪30年代前天津城区平均人口出生率定在26—28‰之间。20世纪以前和20世纪30年代以后出生率略低,约在20—24‰左右,这似乎更符合当时天津社会经济发展状况。

天津城市的人口死亡率也没有可靠的统计资料。1926年至1936年天津中国城区历年死亡人数和死亡率统计如下:

表七

年份	死亡人数	死亡率‰	资料来源
1926年	9 146	10.64	《天津特别市社会局一周年工作总报告》
1928年	7 812	8.47	《天津特别市社会局一周年工作总报告》
1929年	10 905	11.51	《内政年鉴》警政篇第6章
1930年	8 421	8.91	《内政年鉴》警政篇第6章

续表

年份	死亡人数	死亡率‰	资料来源
1931 年	9 096	10.21	《内政年鉴》警政篇第 6 章
1932 年	9 586	11.22	《内政年鉴》警政篇第 6 章
1933 年	8 211	9.41	《内政年鉴》警政篇第 6 章
1934 年	12 472	13.05	《中华民国统计提要》
1935 年	16 058	15.29	天津市公安局档案转引自《天津人口史》
1936 年	13 247	12.31	

该表与出生率一样，遗漏现象严重，死亡率过低，有相当程度掩饰成分，可靠性极差，不能作为量上真实水平的依据。《中国经济年鉴》公布 1936 年全国人口死亡率为 27.6%。该统计虽不尽准确，但可了解全国一般状况。《中国经济年鉴续编》曾记录了南京等七大城市 1931 年至 1933 年的人口死亡率，现将该记录与天津比较如下：

表八

城市名称 / 死亡率‰ / 年份	南京	上海	北京	青岛	杭州	汉口	广州	天津
1931 年	19.0	12.7	17.3	8.8	14.2	15.7	16.5	10.21
1932 年	14.8	8.7	18.2	11.0	12.1	20.0	19.8	11.2
1933 年	13.4	8.8	14.4	8.7	9.9	6.6	18.6	9.4

该书编纂者言，“如以现实各大城市卫生、经济、教育状况观察，则上表所显示之数目似均嫌太低，其中尤以汉口、青岛、上海等市为最”，而天津的统计“因材料正确性太少”当时既被否定而未列表中。这说明天津死亡率统计可信性极低。我们还可计算出在津日侨 1917 年—1926 年的死亡率：

表九

年份	1917 年	1918 年	1919 年	1920 年	1921 年	1922 年	1923 年	1924 年	1925 年	1926 年
死亡率‰	27.1	25.4	20.7	18.4	19.3	17.7	17.5	19.5	20.7	19.8

资料来源：根据（日）天津日本人商业会议所：《天津概况》1927 年出版的资料计算。

生活在同一自然社会条件的日本侨民与中国居民相比，日本侨民的经济条件优于中国居民，死亡率当然要低于后者。但日本侨民的死亡率尚在 20% 左右，比中国城区人口死亡率还要高，更进一步说明当时的统计资料失真。《天津人口史》的作者将这一时期历年死亡率估计为 20% 左右，甚至有些年代可在 30% 以上。笔者以为，抗战前天津城区人口死亡率平均在约 23—25% 之间。

通过以上的分析和判断，天津抗战前城市人口的出生率为 26—28% 左右，死亡率为 23—25% 左右，这样天津人口自然增长率大致为 3—4%，与当时全国的年均自然增长率 2.56% 相比略有提高，说明了天津经济发展和社会稳定对人口再生产的作用。有了人口自然增长率，就可借用预测人口总数的公式

$P_n = P_o(1 + k)^n$

P_n = 预测期人口总数

P_o = 基期人口总数

k = 人口自然增长率

n = 预测算年代与基期间隔年限。

进一步推算抗战前天津不同时期的自然增长人口数量。

根据上述推断的结果，抗战前天津城市人口年均自然增长率为 3%。利用预测人口总数的公式，可以计

算出不同时期天津人口自然增殖的数量：

表十

基期		末期年代	间隔年限	人口自然增长率	末期年代人口总数（按自然增长率计算）	基期至末期净自然增殖人数
年份	人口总数					
1840 年	198 715	1936	96	3‰	244 923	66 208
1840 年	198 715	1906	66	3‰	242 154	43 439
1906 年	424 556	1928	22	3‰	453 478	28 921
1928 年	1 122 405	1936	8	3‰	1 149 627	27 222

该表告诉我们，年均人口自然增长率为3%的话，以1840年为基期，到1936年的96年期间，人口仅净增6万余人，到1906年的66年内人口净增4万余人。若以1906年为基期，到1928年的22年内，人口净增近3万人。若以1928年为基期，到1936年的8年内，人口净增近3万人。而1840年至1906年实际净增22万余人，1906年至1928年实际净增近70万人，1928年至1936年实际净增13万余人。可见两者差距相差甚远，自然增殖净增人数只占城市净增人口数量的20%或4%不等。显然近代天津城市人内增加的主要来源并非是人口再生产所带来的自然增殖。

近代天津城市人口在抗战前以年均20%。以上的速度骤增，其主要来源是迁入人口的剧增，这是中国近代城市人口发展的共同规律。近代上海人口自然增长率一般均处于5%以下[21]，大量人口来自外地迁入。20世纪二三十年代，公共租界内上海本籍人口的比重在17—22%之间，华界内上海本籍人的比重在24—28%之间[22]。近代北京人口自然增长率则为负增长，20世纪30年代北京本籍人口的比重在50%左右[23]。本文言及的人口迁移，是指天津与国内埠际之间的以改变迁移者户口登记为标准的人口活动，暂不涉及民际间的人口迁移。由于同样的原因，天津在30年代前没有历年迁出人口和迁入人口的统计，无法计算近代天津迁入人口的准确数量。然而，上文通过分析已判断出近代天津的人口自然增长率。估算出自然增长人数，并将城区扩大所带来的农村人口转换为城市人口也暂列为迁移人口，这样便可利用人口统计学的人口增长计算公式演算出近代天津城市迁移人口的规模。人口增长的计算公式为：

$(P_n\text{-}P_o)=(B\text{-}D)+(M_i-M_e)$

P_n = 末期人口总数

P_o = 基期人口总数

B = 该时期出生人口数量

D = 该时期死亡人口数量

M_i = 该时期迁入人口数量

M_e = 该时期迁出人口数量。

根据以上公式，一个时期的人口迁移公式即为：

$(M_i-M_e)=(P_n-P_o)-(B-D)$

也就是，末期基期人口总数之差，减去该时期内自然增长人口数量，即为这一时期的迁移人口净增数量。

上文已有了近代天津各时期自然增长人口数量，根据人口迁移公式可推算出1936年前天津城市各时期迁移人口数量和迁移人口占城市人口总数的比重。现列表如下：

表十一

末期		基期		末期至基期各项目				迁移人口①占末期人口总数比重
年份	人口总数	年份	人口总数	自然增加人数	迁移增加人数	间隔年限	平均每年迁移增加人数	

续表

末期		基期		末期至基期各项目				迁移人口[①]占末期人口总数比重
年份	人口总数	年份	人口总数	自然增加人数	迁移增加人数	间隔年限	平均每年迁移增加人数	
1936年	1 254 696	1840年	198 715	66 208	989 773	96	10 310	78.89%
1906年	424 556	1840年	198 715	43 439	182 402	66	2 764	42.96%
1928年	1 122 405	1906年	424 556	28 921	668 928	22	30 406	59.60%
1936年	1 254 696	1928年	1 122 405	27 222	105 069	8	13 134	

根据上表,可大致了解天津进入近代以后迁移人口的增长过程。从1840年至1936年间有近百万人是外地迁入的,平均每年有万余人来津定居。如果假设1840年的城区人口均为天津本籍人的话,到1936年迁入天津的外籍人口占人口总数的78.89%。在这近百年间,20世纪初至1928年迁移规模最大,每年平均有3万多人源源不断地流入天津,占当时年均城市净增人数的95.86%。而这段时期恰恰是城市人口发展最快的时期,说明了迁移人口激增是天津城市人口增长的主要来源。

还可以通过以后部分年代天津城市人口的籍贯统计,来佐证迁移人口的状况。据1937年天津日伪警察局的户籍统计,天津城区总人口中有444 973人为天津本籍人,占总人口数的41.6%。但是这个统计中的天津本籍人并非确是真正的天津籍,一些几代久居天津的外籍人往往会发生自然转籍的现象,自列为天津籍;另一方面1929年至1938年正是天津人口发展的低谷,1936年和1937年甚至迁出大于迁人,1937年净迁出达4.4万人,以致这两年城市人口总数下降[25]。所以,1937年的籍贯统计尚不能准确地反映迁移人口的比重。1946年和1947年天津人口的籍贯统计中,天津本籍人分别占当年人口总数的40.79%和40.13%,[26]同样也有自然转籍的问题。不过总的来看,天津城市人口中至少有60—70%是来自近代外地人口的迁移。

当然,上述有关天津城市自然增长率和迁移人口的判断、推测和估算,并不十分标准,有些还可能过于勉强和武断,把城市扩大带来的人口增加列为迁移之中,也不科学。但是,在没有任何系统的基础性统计资料的情况下,这种不得已的推断和演算可使我们从概念上和规模上深入地了解近代天津城市人民的构成,进一步从定量上证实近代天津城市人口剧增的主要来源。仅此一点,这样测算还是有一定意义的。

三、农村人口迁居城市的动因

近代天津城市人口发展主要来自迁移人口的剧增,已如前文所述,那么是什么原因促使人们在一定生产方式制约下的这种有意识的自发行动呢?原则上讲,是受不同地区自然环境和社会经济的强烈不平衡所驱使。而在中国近代社会,这种不同地区的强烈反差与传统社会有着明显的不同,进而形成近代社会人口迁移的特色。在传统天津,向城市迁移的主要是商人、手工业者和达官贵人等消费者,直至20世纪以前仍然如此。而近代天津尤其是20世纪以后,随着交通运输和通讯事业上的近代化,城市近代工商业的发展,城市经济职能的充分发挥,以及农村自给自足自然经济的解体,向城市迁移的主要是农村人口,即农村中的过剩人口和破产农民。正如列宁所说,“商品经济的发展,本身就意味着愈来愈多的人口同农业人口分离,就是说工业人口增加,农业人口减少。”[27]这种工业人口和农业人口的相互消长,就是城市和农村发展所产生的不同的力量促使农村人口向城市集中的过程。

近代天津政治、经济和文化的发展,以极强的诱惑力吸引着腹地的农民迁居城市。这就是人口经济学所言的来自城市的“拉力”。

第一,城市社会分工的变化,给就业者提供了更多更广泛的就业机会和范围。

传统天津的经济结构是以商业、运输和手工业为主的消费型结构。集中在这里的人口多是自带资金和生产工具来经商或谋生的商人、船工和手工业者,以及社会中上层的消费者。近代天津则不然。它是以社会化大生产为主,手工业工场为辅的工业体系,伴同近代商业、金融等各业同步发展的集生产、流通和消费为一身的多功能的经济结构,城市中商品经济逐渐占主导地位。天津城市性质和经济结构的转变,带来了社会分工的演变。机械化大型工厂的兴盛,需要众多雇佣劳动者集中在一起劳功,共同使用生产资料,共同生产产品;生产和流通部门也随之增加和更专业化。而且,这种生产社会化的发展,需要城市为生产和流通各部门提供充足的劳动力来源。于是,随着近代工商业的发展,尤其是20世纪20年代前后经济发展的黄金时代,大量的农民涌入天津,出卖自己的劳动力。1927年2、3月间,当塘沽的久大制盐公司要招募二三百名工人的消息传出后,一天就来厂四五万名山东人等候录用[28]。裕元纱厂"每晨约六时左右,纱厂门外,恒有多数粗工鹄候雇佣。稍顷,厂中有一职员持筹外出,掷入群众间,凡能取得该筹者,当日即可入厂工作,是以门外之苦力,争斗殊烈"[29]。各大工厂主要是从外地农村招募,在纱厂开办初期曾一度向外省有纱厂的地方招收技术工人和学徒工。裕元纱厂1917年底"从上海招来熟练的纺织男工百余名,开始开工"[30],并从有纱厂的河南彰德招技术工人,答应给这些技术工人优厚的待遇,给旅费。1919年该厂为招募工人耗费用3 000余元[31]。华新洋厂1918年开办时,"北方风气初开,熟手工人甚少,不得不多招南方工人"[32],并大招学徒工,不仅刊登广告介绍学徒工待遇,吸引农民子弟来津做工,而且还派专人到农村招收,以保证工厂工人的来源。天津市最早的纱厂天津模范纱厂的工人也"不是在天津招募,而是全部在离天津三十至五十里的津浦、京奉铁路附近的村落里招来的,全部住在宿舍里"[33]。为了使来津做工的人们能有安身落脚之地,各大工厂都建有集体宿舍,制定"寄宿舍规则",解决这些人的食宿。天津中小工厂和商店同样通过在津工人和店员的推荐招收各地农村的劳动力,尤其招收农家子弟来津做学徒工,以减少开支,增加劳动时间和强度。外地在津设厂办店的更是以招收原籍农民为主。如1929年调查,织布工业的317名工人中,经朋友推荐来的有178名,经同乡、亲戚和家族介绍来的93人,两者占被调查总数的85.49%;在被调查的550名学徒工中,由朋友介绍的176名,同乡、亲戚和家族介绍来的345名,两者共521名,占总数的94.73%[34]。这样,造成天津各工厂中外籍工人占据大多数。30年代初,天津华新、裕元和恒源纱厂的3 899名工人中,天津籍的仅占23.78%,河北省籍的工人占79.06%[35]。同期调查天津地毯工业的354名工人中,河北省籍的有326人,山东籍的15人,两者共占工人总数的96.33%;学徒工中河北省来的228人,山东省来的29人,两者共占总人数的99.23%[36]。织布工业中被调查的工人中仅有2名工人是天津籍,占工人总数的0.63%;外籍来的织布工人在天津居住1至5年的占44.6%,已经居住6至10年的占41.6%,久居10年至20年的占13.8%,就是说外地来津的织布工人绝大多数是近10年内迁居天津的。

以上史料和分析可以看出,天津近代工商业的迅速发展,需要更多的人从事不断扩大和增加的生产、流通部门工作,为农村的过剩人口和破产农民提供了一条新的谋生途径,吸引着众多农业人口迁居天津寻求工作。

同样,城市经济发展缓慢,劳动就业率低,缺乏对农村的吸引力,则影响着迁居城市人口的规模。在20世纪以前,天津近代工业刚刚起步,没有大型工厂出现,无需更多的劳动力,来天津谋生者就相对地减少,平均每年不及三千人。在20世纪20年代后期,天津经济发展的"黄金时代"已过,近代工商业开始走下坡路。在外国经济势力尤其是日本在津势力不断加强,以及世界经济危机影响下,天津工业陷入困境,许多大工厂时开时停,减少在厂工人数量,破产倒闭者日渐增多,更没有资金筹建更多的大型工厂,商店也逐年凋落,天津就业机会减少,失业工人增多,对农村的吸引力减弱,来天津迁居的人口也随之骤减。因此,从1928年至1937年净迁移人口仅10余万人,年均1万余人,不及前一时期的一半。30年代后,迁入迁出人口数大增,但实际迁入者减少,甚至有数年迁出人口多于迁入人口。

第二,近代天津容纳外来人口的能力明显提高。

城市容纳人口能力,既包括社会生产力发展和资金积累等经济因素,也包括住宅、交通、水电等服务于劳动对象的基础设施和城市建设,以及文化娱乐等非社会生产力的社会环境。经济发展带来城市容纳人口能力提高不再赘述,这里仅就非社会生产力的几方面加以阐述。

20世纪以前,天津之所以迁移人口少,除前已述及的经济发展迟缓这一重要原因外,还在于当时社会环境不能容纳更多的外来人口来津定居。那时,河北新市区没有开辟,租界区尚未确立,也不发展,天津城区面积仅略有扩大,城市容纳人口空间受到限制。水电、公共交通、街道等城市基础设施或尚属阙如,或刚刚起步,城市住宅等建设也未脱离传统城市的轨道,人们居住、工作和生活条件改善不太大。城市的政治地位虽有相当提高,但不及以后那样举足轻重。教育仍停留在原来的水平。而且铁路没有开通,海运多为转口贸易，不能给更多的城市居民提供充足的生活必需品。还值得一提的是，第二次鸦片战争和义和团运动使天津遭受两次外来入侵者的洗劫，中日甲午战争天津又是战争前沿，"天津教案"让人们记忆犹新，在一定程度上造成社会动荡不安，使迁居者惶惶不安，久居之念不坚。以上这些都限制了更多的人向天津迁移，说明当时天津容纳外来人口能力相当有限。

20世纪以后天津社会环境发生极大的变化。天津城区扩大，城市基础设施日趋完善，城市内外交通、街道、房屋建设有很大改变，提高了城市的负载能力，能够为愈来愈多的城市居民提供必要的空间和生活工作所需条件。天津的政治地位显赫，是北洋政府的政治中心和经济中心，有北京是前台，天津是后台之说。新式教育大兴，大、中、小学校林立；各种专业学校众多，吸引着各地人们来此学习深造。铁路的开通和直接对世界各国的外海运输，把国外和南方的大米、小麦和面粉源源不断地运及天津，弥补了华北农村农产品商品率低，不能为城市规模扩大提供充足粮食的缺陷，保证了城市生活必需品的供应。而且，根据20世纪初中国政府接收天津都统衙门的条件，天津周围二十里内不准驻军，使天津在北方政局不稳和军阀混战状况下保持了一个相对安定的社会环境。于是，20世纪以后天津成了外地富贵者的安乐窝和贫困者的逃灾避难地，迁移人口大增。当时，"乡村富户多移寓平、津"，"咸视租界为乐土，纷纷迁入"[37]。有些南方的商人买办也因某种原因寓居天津。如居住在英租界广东路的原上海美最时洋行买办劳某，"在上海境遇不佳，故移居此"[38]。民国后清朝遗老遗少和军阀官僚麇集此地者不胜枚举。1921年初北京遭兵乱，"富家大族辄逃天津，总统府僚友亦有去者"[39]。那些一时离开军界的军阀官僚觉得，天津与北京"相距不远"，"但官气较少，洋化亦不如上海"，是退隐后理想的居住之地[40]。于是他们纷纷聚集天津，或作寓公，或从事各种政治经济活动，使天津成为北洋时期军阀官僚的大本营。从迁移规模来看，迁居天津最多的还是贫困的农民。他们"因农村破产，无以资生，群相麇集工业中心，谋求生路"[41]。连年不断的天灾人祸也把大量的难民推向天津。1895年冬，"四外贫民妇孺匍匐来津者日以千计"[42]。1920年华北五省遭旱，受灾面积达3万平方公里，有3 000万灾民，仅11、12两个月，"就有5万灾民从灾区涌入天津"[43]。当然，历年来津避难的灾民并非全部移居此地，但是天津政府和社会组织了许多慈善赈济团体，如"延生社"、"备济社"、"广仁堂"、"公益善会"、"临时救济战地灾民善会"等等，这些团体为在津灾民提供必要的救济和工作。1895年备济社和延生社各救济了2万余户，济急粥厂收贫民八千[44]，用募捐之款施放小米票，衣物，实行冬赈，还为其组织临时性的体力工作，使一些灾民滞留天津，逐渐成为城市居民。

总之，天津容纳人口能力的提高，使城市成为腹地农村各阶层人们向往之地，动辄来津找寻自己的位置。所以从20世纪初到20年代末大量的人口涌集天津，形成了天津人口发展的高峰。

30年代天津的状况发生变化。首都南迁，天津失掉了政治优势。华北发生了蒋、冯、阎之间的南北大战，波及十一个省；"九一八"事变后国民党军队节节退让，日本帝国主义乘机侵略华北，策动了"华北事变"，在冀东成立了傀儡"自治政府"，并在天津不时策动"便衣队暴乱等事件，破坏了天津安定的社会环境，极大地影响了天津人口的聚集。首都迁南京后，"所有行政机关人员相率南下，"一些寓居天津的军阀官僚也随着政治中心的转移而纷纷南迁，向新的中央政府靠拢"[45]。天津一些银行、企业以及人员也南移寻求新的政治和经济靠山、如中孚、中国实业和金城等大银行把总行由天津迁到上海，久大永利集团也在南方设厂，许多金融和实业家迁居上海。来天津的农民也因社会动荡和就业机会少等原因放弃定居的计划，有的仅在天津打短工或暂住，有的赚取一定收入就返籍。据1929年天津华新，北洋、恒源、裕元四纱厂调查，在解雇的3 968名工人中，有511人是因返籍而解雇的，占总数的12.9%，仅次于因久缺工而解雇工人的比重。他们略有积蓄，即欲回乡里而不愿逗留他乡[46]。这种现象到30年代更为严重。因此到30年代后，迁居天津者逐年减少，影响着城市人口的增长速度。

第三，近代城市的物质消费和社会文明，以及给各层次人们改变社会地位的机遇，强烈地吸引着人们移居天津。

近代城市以商品经济为主导，工商业发达，社会资金积累增多，生产、流通和消费能力与传统城市和当时的农村有明显的不同，城市的住房、交通、饮食和工作条件，文化娱乐的广泛性和普及性，受教育和开化的程度等等都是农村无法比拟的，形成了独特的城市文化，拉大了城乡之间的距离。而且城市的发展变化，人口剧增和就业机会增多,给人们带来各种各样途径的"发财致富"的机会,使一些人在时间不长的时期内由学徒工、工人或店员成为资本家和商店经理,甚至成为社会名流。这种城乡间的严重不平衡,尤其是可赚钱发财的途径,都刺激着封闭的有很强烈,人身依附关系的农村人们来到天津,力图有所作为,改变在农村几百万年都无法改变的社会地位。

在天津利用各种机会和个人努力而致富的事例不胜枚举。如新泰兴洋行买办宁世福,原来不过是青县一个地主,后成为天津商会会长。一些洋行、银行买办原先不过是管库、工役、厨司等,后因种种原因被洋商看中,跻身买办,成为社会地位显赫的人物。邸玉堂是河北枣强人,1915 年来洋学徒,不到十年就凭个人的努力和亲属帮助开设了资本 2 万元的晋丰五金行,以后又陆续创办银号、银行、公司和货栈,抗战前有资金 5 万多元,是天津商会董事和五金同业公会会长[47]。在天津工商业有由冀州人组成的冀州帮,有相当强的实力。这些人多来自河北省冀州,当地人多地少,农作物产量低,灾荒人祸不断,人们不得不到外地寻求生路。最初来天津的冀州人,没有资金,只做一些小商贩或个体手工业等小本生意,经一段时期的资金积累,和业务疏通,逐渐在天津五金、竹木、钱业和铸铁、染整等业中占有重要地位。如锦记货栈的股东,有的原是摆卦摊的,有的原是贩运旧衣物和干鲜货的;兴隆瓷店最初也是摆地摊卖瓷器的,后资金达 60 万。几家大藤竹店的股东也都是劈藤条出身[48]。20 世纪以后,各地农村青年人经介绍或推荐来天津各行业学徒者甚多,有许多人学徒期满后就自立门户,成立手工工场、作坊或小商店。如春合体育用品厂创办人傅泊泉,原是河北文安县人,在天津华北制革厂学徒,出师后联合师兄弟开办皮件作坊,后集资八百元设此工厂,成为中型的工厂资本家[49]。天津三条石工业集中地中也有许多工厂由出师后的工匠创办。至于有很少资金的小商店、沿街叫卖的小商贩、走街串巷的小手工业者遍布城市,他们几乎都是由各地农村来津谋生的。这些迁居者中,哪怕有千分之一的人生活条件和社会地位有所变化,就会通过近代化的通讯交通工具很快地传递到原籍,给当地的农民一种刺激,使他们感到在城市里赚钱容易,生活可以改变,甚至可发财致富。那些在城市中发迹的人们,也通过到原籍招收子弟,介绍同乡来津等途径,不无夸张地宣传在天津的生活方式,用在城市赚的钱在原籍购买房屋土地,以光宗耀祖。正如当时所流传的谚语那样,"谁想发大财,快到北洋来"[50],刺激着农村各类人们怀着不同的目的奔赴天津。

以上三个方面说明了,近代天津城市的发展和变化,对封闭的仍有较严重人身依附关系的农村有着不可抗拒的诱惑力,吸引着大量的破产农民和过剩人口放弃原来的生活环境和生活方式,涌集天津,使城市集中了众多由农村迁移而来的人口。近代华北农村商品经济的不断发展,把过剩人口以破产农民等方式排挤出农业生产第一线,离开原来的生产资料和生产环境,不得不向城市等地迁居。这就是近代中国农村对人口的"推力"。

第一,农村商品经济的发展,使自然经济趋于解体,农业剩余人口增加。

中国北方可耕地面积少,劳动生产率低,在华北平原,粮食亩产量不及江南的六分之一,需有 15 亩地才能维持五口之家的简单再生产。但清代以后,北方人增加,在山东和河北等地。人均耕地不及 4 亩,造成农业剩余人口大增。而且,门户开放以后,农村商品经济有所发展,棉花和花生等商品化程度高的经济作物面积扩大,促使土地兼并严重,贫富两极分化加剧,加之天灾人祸和洋货的冲击,使自给自足自然经济迅速瓦解,农民更加贫困化,剩余劳力增多。于是农村人口向城市流动的规模也逐年扩大。最初,城市附近地区农村的人们来天津寻求生计者多,而且很多是季节性人口移动。天津三条石地区的铸铁、锻铁手工作坊最初只是河北交河和山东章邱人农闲时开设的季节性手工作坊,每年农忙都回家务农。20 世纪初天津北部"村庄里的大部分男人都到天津来找活儿干,如果能找到活儿,他们都干得很好"[51],也是临时性的向城市流动。当时,"从山东、河南、山西、陕西以及其他各省,在每年春季为了做工而来津,冬季又因河流结冰而回省的,也不下三四万人"。"居住在天津市外(即四乡),经常往来于天津,从事于各项业务的还有很多人"[52]。20 世纪以后,随着城市经济的发展,天津容纳人口能力提高,辐射力和吸引力加强,加之农村商品化生产的提高,使农村到城市的人口规模扩大,且往往多趋向于定居城市。因为,许多迁居人口往往是由流动人口转化而来的,农村人们为寻职谋生来天津后,找到适当的职业,生活相对稳定后,即设法办理定居手续,甚至将农村的家眷也迁到天津。近代交通运输的发展缩短了天津与较远地区的距离,来津人口也不局限于城市周围。各地农村来天津人数的多少,与天津同该地的距离、经济联系、交通通讯水平、人员流动状况等有密切关系。那些在天津已安家立业的人们不断地用推荐介绍或到原籍招募等方式鼓励当地农村人口进城谋生,使一些农村形成到城市谋生的风气,谁不能来城市谁就没有出息,这就造成20世纪后 大量的农业人口来天津定居,其中以农村单身的男性青壮年和迫不得已的破产农民最多。天津各工厂外籍工人占据绝大多数。前已述及,且来天津的与距离远近有重要的关系。如1930年调查天津地毯业工人,有94.77%的工人和88.91%的学徒工来自河北省,其中来自武清、枣强、束鹿、深县四县的工人和学徒工,占总数的35%;学徒工中四分之三生于农家,来工厂前在家务农的有183人,占学徒工总数的70%[53]。三条石地区的临时性手工作坊到20世纪以后都发展成固定的工场,有的发展为使用动力的机器厂。据郭天祥等三个铁工厂统计,70名工人中,来自农村破产农民的有66人,农村手工业者有4人。在郭天祥铁工厂的98名学徒工中,来自河北和山东省农村的占94.9%。这说明农村商品化生产的发展迫使剩余劳力出外谋生,形成了涌入城市的基本队伍。

第二,农村自然社会环境不断恶化,逼迫农民离家出走。

近代华北地区天灾连年不断,1917年河北连续十个月水灾,受灾103个县,受灾面积一万平方公里,灾民达635万余人;1920年华北五省大旱,灾区317个县,死亡五十万人;1926年山东水灾淹没800平方里。据调查1928年至1930年间华北各省遭水旱、风雹、虫灾的有469个县,财产损失约2亿余万元,灾民总数达1 669万人。灾区农民生活十分悲惨,饿殍遍地,流离失所,无处安身。同时军阀混乱,民不聊生。河南经过连年战祸,从驻马店到遂平几十里的乡村中,皆十室九空,有些乡村几无人烟。1926年奉军十余万住在北京郊区,奸淫杀掠,无所不为。据调查,1928年至1930年冀、晋、鲁三省遭兵匪之乱的县有260个,财产损失为36 518万元,灾民1 034万人。为了战争,军阀和地方政府任意勒索,横征暴敛,加重了农民的经济负担。1924年第二次直奉战争爆发,盘踞北京的直系军阀假借中央名义,向北京附近农民"征借田赋税以充军饷,规定每地一亩须纳银四分"。在察哈尔也是"连年战争,费用无从筹措,军衣军食,无法取得,往往增加杂捐苛税,按地摊派"。据调查,河北定县,1901年田赋征税税率为100,1927年为163.42,附税税率,1912年为100,1927年猛增至453.25[54]。在山东临沂,每亩附加税由1912年的1元8角,到1927年增到8元。农民在贫困、破产、债务、灾荒、战乱、赋税等许多把"利刃"的威逼下,生活来源没有保障,甚至难以维持最起码的生命延续,只得背井离乡。正如当时学者指出的,"中国人向来是'安土重迁'的,可是生活的纲鞭无情地驱策着,使他们不能再株守故乡,于是有一部分便逃荒他乡,另谋出路去了"[55],"农村中贫困的农民离乡背井出外谋生者一天天增加,也是农村经济极度衰落的一种反映"[56]。华北的这些流民有一部分涌入了天津。如《天津政俗沿革记》讲,"庚子之后,此省郡县遭天罹厄,会动多烦扰,往往以天津为乐土,曾无藩篱之限也"。1924年9月奉军入关后,冀东难民纷纷来津,"各客店几为难民住满,流离失所,狼狈不堪",甚至连一些空闲货栈,也为逃难者住满[57]。这些流入天津的难民和破产农民等,根据城市容纳人口能力程度确定是定居还是暂住,影响着天津迁移人口的规模。在20世纪以前,他们很难找到永久性职业,或沿街乞讨,或从事临时体力劳动,所以许多人过后又返籍务农。到20年代以后,城市经济发展,就业机会较多,城市消费水平提高,这些人经过一段时间的赈济或打短工后,可以找到比较稳定的职业,能够维持生活,渐渐成为迁居天津的固定人口。30年代以后,天津经济衰败,社会不安定,无法容纳更多的剩余劳力,这些难民和破产农民则只能在天津暂住后,或返回家乡,或到东北谋生。当时,许多来到天津的农民,又向东北迁居,使天津成了华北农民迁移东北的集中地。天津有东北的招工局大肆招募各地来津者到东北垦殖,又有铁路局售出移民票证,"于是冀晋人民,相率应征前往",他们"多系自天津启程,乘坐北宁火车前往"[58]。据天津海关统计,20至30年代初由天津去东北的移民总计40万人以上。而且,由天津去东北的移民,与天津的容纳能力有直接的关系,20年代初由天津去东北者较少,1922年铁路局仅售出可移民一家的移民票8 340张;1924年天津遭水灾,维持生计困难,由天津去东北的较多,铁路局售出移民票21 346张;1926年仅售出3 358张。30年代以后,天津往东北的移民逐年增多,如1928年铁路局售出移民票13 224张,1930年达98 201张,1931年为55 649张。所以,这期间虽然来天津的人口逐年增多,但净迁入人口数量则连年下降,到1936年甚至迁出者比迁入者多4.4万余人,使天津城市人口增长速度减慢。

从以上分析可以看出,促使天津迁移人口增加的,主要来自城市和农村两方面的力量,其主要原因还是城市与农村经济发展所形成的“合力”起着决定性作用。这种农村人口向城市的迁移，不仅带来天津人口的剧增，促进了城市规模和社会经济的发展，加快了天津城市近代化的进程，而且有助于农村自然经济的解体和商品经济的发展，影响着全国经济结构和人口分布的变化，是中国近代城市人口激增普遍存在的现象，也是中国社会经济向近代化发展的必然趋势。

注：

① 王守恂：《天津政俗沿革记》卷5。

②《津门保甲图说》，道光二十六年(1846年)刻本。

③ 孔赐安：《中国六大都市的人口及其增减》，《中国历代人口问题论集》，香港亚东学社编，1963年版。转引自赵冈：《中国历史上的城市人口》，《食货》13卷，344期，1983年，台湾。

④（日）《天津志》，见《二十世纪初的天津概况》第16页。

⑤ 人口平均增长速度的计算公式见后文。

⑥ 转引自李竞能等：《天津人口史》，南开大学出版社1990年。

⑦ 1920年天津城市人口为848 114人，《天津海关十年报告(1911—1921年)》，见《天津历史资料》13期，其他年代人口统计见前述。

⑧ 重修《天津府志》卷28。

⑨《天津县新志》卷17。

⑩ 高凌雯：《志余随笔》卷4。

⑪《天津政俗沿事记》卷5。

⑫《天津卫志》卷2。

⑬ 徐士銮：《敬乡笔述》卷1。

⑭ 前引《志余随笔》卷3。

⑮ 参见吉石羽：《传统期之天津城居人口探析》，《城市史研究》第2辑。

⑯《津门保甲图说》。

⑰ 雷穆森：《天津——插图本史纲》，《天津历史资料》2期第21页。

⑱ 胡焕庸、张善余：《中国人口地理》第92页，华东师大出版社，1984年。

⑲ 国民党实业部：《中国经济年鉴续编》第2章，1935年出版。

⑳ 见《天津人口史》。

㉑《中国人口，上海分册》第59页。

㉒ 邹依仁：《旧上海人口变迁的研究》第30—40页，上海人民出版社1980年版。

㉓《中国人口，北京分册》第55页。

㉔ 假设以基期人口总数皆为天津本籍人口。

㉕ 参见《天津人口史》，南开大学出版社，1990年出版。

㉖ 天津公安局档案，转引自《天津人口史》。

㉗ 列宁：《俄国资本主义的发展》。《列宁选集》1卷，第163页。

㉘ 林颂河：《塘沽工人调查》第39页，北平社会调查所，1930年出版。

㉙ 方显廷：《中国之棉纺织业》第139—140页，国立编译馆，1934年出版。

㉚（日）《支那经济全志》18卷，第721页。

㉛ 方显廷：《中国之棉纺织业》第137页，国立编译馆，1934年出版。

㉜ 华新津厂第一届总结事略，第二历史档案馆，1027全宗175卷。

㉝（日）《支那经济全志》18卷，第727页。

㉞ 方显廷：《天津织布工业》第66页。

㉟ 方显廷：《中国之棉纺织业》第134页。

㊱ 方显廷：《天津地毯工业》第58—59页，南开大学社会经济研究委员会，1930年出版。

㊲《天津海关十年报告(1922—1931 年)》,《天津历史资料》第 5 期。
㊳《益闻西报》,转引自《大公报》,1903 年 12 月 22 日。
㊴ 王筱汀:《民国闲人》第 4 页。
㊵ 沈亦云:《天津三年》,《天津文史资料选辑》第 41 辑。
㊶《天津海关十年报告(1922—1931 年)》,《天津历史资料》第 5 期。
㊷《直报》第 102 号。
㊸《天津海关十年报告(1922—1931 年)》,《天津历史资料》第 5 期。
㊹《直报》第 324 号。
㊺《天津海关十年报告(1922—1931 年)》,《天津历史资料》第 5 期。
㊻ 方显廷:《中国之棉纺织业》,第 141—143 页。
㊼ 邸玉堂:《我是怎样发家致富的》,《天津文史资料选辑》第 32 辑。
㊽ 王槐荫等:《天津工商业中的冀州帮》,《天津文史资料选辑》第 32 辑。
㊾ 傅南雷:《天津春合体育用品厂史略》,《天津文史资料选辑》第 43 辑。
㊿《中国商务报》,光绪二十三年四月初七日。
51 Proces-verbaux des seanesdue Goviernment provisoine de Tientsin 第 346 页。
52《二十世纪初天津概况》,第 17 页。
53 方显廷:《天津地毯工业》第 59、70—73 页。
54 章有义:《中国近代农业史资料》第 2 辑,第 578、576、566 页。
55 千家驹:《中国农村经济论文集》第 494 页,1936 年出版。
56 张锡昌:《河南农村经济调查》,《中国农村》1934 年 11 期。
57《大公报》1924 年 11 月 4 日。
58《天津海关十年报告(1922—1931 年)》,《天津历史资料》第 5 期。

(《城市史研究》1991 年第 4 期)

清代周盛传小站屯垦述略

郭鸿林

小站,镇名,位于今天津市南郊区,距大沽60华里,是我国北方著名的"小站稻"的主要产地。

百余年前,小站一带是斥卤之区,海滨沮洳,积涝纵横,盐碱低洼,萑苇丛集,荒废不耕,土旷民稀。从清光绪元年(1875年)起,天津镇总兵、淮系盛字军统领周盛传率军开垦这一带土地,涤除积卤,拓荒辟田,兴修水利,栽种水稻,举办营田,招民领种,村镇日渐兴起。光绪十一年周盛传病逝,其兄"总统盛字新军及前敌名营遇缺题奏提督前甘肃凉州镇总兵兼统盛字旧军"的周盛波继续经理小站垦务。光绪二十年(1894年)盛字军改调开赴中日战争前线,战斗中全军遭覆没,盛字军建制遂被裁撤。光绪二十二年设小站营田垦务局,招佃垦种,岁纳租课,军田转化为民田。本文仅就小站屯垦开创阶段(光绪元年至七年)的情况作一探讨。

一、屯垦梗概

缘起清朝同治十年(1871年),"统带盛仁等营遇缺题奏提督广西右江镇总兵"周盛传,奉命率盛字军各营自临汾移驻直隶青县马厂,派员领兵修筑新城城垣及炮台,以固海防。因"由南洼东赴新城,向皆沮洳之地,本无坦道,夏秋水发后,猝难涸出,上年撤队回防,勇皆病涉。窃念卑部来往两地,岁以为常,莫若自辟一途,直穿湖洼海滩起垫大道,高出平地数尺,既利车骑,亦御冲刷。……乃令各营认定分地,取准直线,由老营墙外修起,递至新城"①。自同治十三年二月杪兴工,仅用20天时间,垫筑成一条"马新大道",长140华里。沿大道设军中驿站,其间每隔40里设一大站,每隔10里设一小站,计大站4所,小站11所。位于咸水沽迤南20里,当时叫做北口子洼地的地方,有个潘永安坟地,地势较高,其西偏设的小站,就是今日"小站镇"的前身,小站镇也由此而得名②。本文所谓"小站一带",即以此站为中心,泛指东至与新城搭界的杨家岑子、邓家岑子,西至西小站,西南至韩姓碱场,西北至杨松口的孟家洼,南至港边,北至咸水沽,东北至泥沽,这一范围③。

早在清同治九年,同治帝便命时任直隶总督兼北洋通商大臣的李鸿章在天津"察看情形妥筹试办"水利营田④。于是周盛传领兵修筑新城炮台的同时,于同治十三年在该城南门外"试垦万亩……获稻不下数千石"⑤。同治十二年冬,周盛传曾自马厂至新城踏勘,见"津、静之交,俗称为'南洼水乡',今年悉已涸出,而弥望荒废百里,内外尽为石田,益慨然于土旷民稀,非可以卫津辅"⑥,便有在此屯垦的构想,而圈定南洼水乡中的小站一带作为屯基,也是从盛字军移屯考虑的。

垦地购置小站一带的土地,大都是斥卤之区,只是靠近咸水沽南部左近有小面积熟田。这一带土地的业主,每年或收刈草之利,略认草课,或寄粮于灶,熬制食盐;或认垦于官,交纳课税;或系海滩荒地,本无业主,又无粮差。正常年景,小站一带每岁输课"不过129两4钱有奇","大率偶一输课,水至则免"⑦。

天津市历史博物馆收藏一件《盛字全军屯田图》,反映了小站垦区和新城垦区原来每块土地的名称、四至、田数、价格、业主姓名、业主家居地、购置手续完成的年月,条分缕析。此图一堂八条,估计为盛字军营务处于光绪五年末绘制的。细检此图,作如下统计:

小站垦区和新城垦区总共购置土地为1 365顷8亩5分2毫9丝4忽8微(此数字与《周武壮公遗书》所载相符),总共发给地价大钱42 690串零831文。其中属于小站垦区购地总数为1 138顷63亩9分2厘2毫2丝4忽4微,计发地价大钱35 027串零200文。小站垦区土地的原业主为家庭居咸水沽的43家,葛沽的16家;杨家岑子的29家,邓家岑子的6家,徐家坨子的1家,汪家圈的1家,共是96家。另有无业主的荒地。小站垦地购置的手续完成的时间是光绪元年，其中属于规划中的营地、引河所经地，均于八月初完成，其他则在十一月完成。属于新城垦区购地总数为226顷44亩5分7厘9毫7丝4微，计发地价7 663串零631文。新城垦地的原业主有的家居新城，有的家居葛沽。新城垦地购置手续完成的时间最早为光绪元年八月初十月，最晚在光绪元年十一月二十五月。所购土地，分别给价，“咸水沽至新填大道（即马新大道——作者注），每亩给津钱400文。过大道以南，碱气更深，5里以内，每亩给津钱300文；再过5里，则斥卤不毛，每亩给津钱200文”[⑧]。光绪元年七月初四日，周盛传调补天津镇总兵官，仍统领盛字全军，垦地购置速度之快与此有关。

盛军移屯 光绪元年二月，盛字军除马队留驻马厂外，各营移屯小站垦区。在位于潘永安坟地西偏之小站的北侧设“亲军营”，以亲军营为中心，按矩形布营盘20座，即盛字营、传字营、老左营、新左营、右正营、右右营、中右营、中后营、中副营、中前营、前右营、前正营、前左营、左右营、左正营、左左营、仁字两营、水师营[⑨]，20座营盘于新城炮台，遥连一片，南扼祁口，东控大沽，声气相接，以张远势[⑩]。这些营盘，当盛字军被裁撤之后，发展为村子。有的仍以盛军老营名称命名，有的和老营名称有关，如今日仍然存在的盛字营村、传字营村、老左营村、正营村、东右营村、西右营村、仁字营村、前营村、后营村和南副营村等。

小站建镇 新营地本是海滨沮洳，居人寥寥，铺肆不设，负贩绝迹，士兵购物需赴数十里外，稽察难用。为此，于光绪元年移屯不久，便在潘永安坟地西偏之小站东侧，亲军营之南侧筑城，建立了一个新的镇子，命名为“新农镇”，或称“兴农镇”，后来当地人习称为“小站镇”。新农镇东西北三面设城门，城内设东西走向“行营买卖街”一条。尔后，迁民来垦区领种，新农镇便成为小站一带的贸易中心。同年，又以开屯兵勇，五方萃处，于是将新农镇西南二里许之泉神庙改为“新农寺”，供奉大禹、后稷、关帝，用以教化。寺内建“盛军屯田会馆”（即今日会馆村的前身），凡八十余楹房间，以为集事之用[⑪]。每月初一、十五兵民来寺烧香祈福。每年三月二十八前后，七月二十八前后，分别做庙会七天，新农寺庙会成为垦区的贸易、娱乐场所，这一习俗延继至解放前夕。

兴修水利 小站垦区水利工程是分两期进行的，第一期是引海河水，其主干工程如下：

先是于光绪元年开新农镇南侧至新城出海河的减河，计30余里。又开新农镇至咸水沽海河右岸（即南岸。海河旧形）的引河，长20余里，名为小闸子引河。光绪二年，接开减河下游，即于新城南坎开至西大沽出海河，长约30里。又自新农镇南侧接开减河西至常流庄，长35里。于是，小闸子引河与减河在新农镇交汇，呈“⊥”形。复于减河左右岸各开横向沟河，共六条，名为四丈河、五丈河、四合堂河、大公河、南双闸子河、中堂河。另开垦区环沟，在环沟东南端开大沟东通新城出海河，以泄咸水。以上为第一期工程的主干部分，于光绪三年完成，光绪七、八两年复挑宽挑深。

第二期工程是引南运河水。从南运河静海县靳官屯河段右岸之九宣闸（马厂左近）起至常流庄掘减河长60里，与第一期工程的减河衔接，直通距西大沽三里之三里坟出海河。衔接后的减河，从九宣闸至西大沽全长约150华里，时称“靳官屯引河”，习称“马厂减河”。光绪六年二月初兴工，同年四月二十日竣工[⑫]。由周盛传统一筹划，天津道员吴毓兰、候补道员史克宽协理，由盛字军步队11个营，铭字军（刘铭传部）步队十个营，古北口、保定、大名、正定、河间等防兵来小站练军的步队13个营，共计34个营合力挖成[⑬]。马厂减河引进南运河充足的甜水，对小站垦地拉荒刷碱起了决定性作用。至光绪七年，小站垦区与新城垦区垦熟之田合计“不下6万余亩”[⑭]，其中新城垦熟之田仅占6千余亩[⑮]。

屯垦性质及部分条例 盛字军为行战之师，此时为防兵，不是屯军。小站屯垦是防兵营田，或防兵屯垦，而不是屯军屯田。盛字军小站驻屯，兼耕与守，练则为兵，耕则为农，兵农兼资。其月粮、冬衣布花等皆由政府按例制供给，垦田所获，以裕军食，购置洋枪，创兴街市[⑯]。

盛字军小站屯垦，受田垦种是以营为单位。最大耕作单位叫“围”，一围为一里见方，合地540亩，内中除去开沟留路所占田127亩外，实积垦田413亩。又将实积田分为16等份，每份田约为25亩，称为一田或称一份[⑰]。垦治一田的计划投入为：牛水车1辆，合时价大钱20吊，车棚1间，合时价大钱16吊，庄房4间，合时价大钱120吊；车水造田牲口1头，合时价大钱30吊；犁耙锹杠筐绳索全副，合时价大钱8吊；耕牛放喂需人工3名，需付工费大钱72吊，所需草粮合时价大钱20吊600文；水涵木桥约计需费大钱10吊，即垦治一田计划投资约共需大钱297吊600文[18]。规定每营自打水车50架，连同发给每营水车30架，每营共有水车80架。计划灌田，每牛车1架日可灌田25亩，或骡马车1架日可灌田30亩[19]。

稻种 目前尚未发现关于盛字军小站屯垦时所用的稻种的记载，但据小站镇会馆村昔日领种垦田的后裔们讲，那时的稻种是“小红芒子”、“大白芒子”，直到“七·七事变”前都用这两种稻种[20]。这一口碑可能与史实相符，其中“小红芒子”，可以从两位清代诗人的诗作中依稀寻到一些历史线索。清代天津著名诗人华长卿于清道光七年（1827年）曾歌颂明万历二十九年汪应蛟在天津开屯所垦成的“十字围”，诗曰：“河水澄清红稻肥，田间燕子双双飞。葛沽遥接贺家口，土人相传十字围。楝花飞起吹红雨，辘辘声里嚎桑扈，十围零落剩两围，插秧犹击各鼙鼓。朝阳含露麦天秋，田水无声日夜流。近海人家善插莳，炎风五月尚驱牛。双港水车声宛转，蜻蜓飞起晴丝卷。何人置闸泄春潮，一弯沽水笼烟软。白玉塘边碧草茸，遗址依旧水溶溶。土人千载利其利，举杯一酹汪司农。”[21]复于道光十年写道：“十字围边古钓台，葛沽红稻花争开。渔翁补网花初落，时有香风扑面来。”[22]清同治年间诗人周楚良赋诗赞葛沽稻，曰：“作粥葛沽稻粒长，汁掳晶碧类琼浆。三秋可惜无多获，只种东南水一方。”[23]分析这三首诗作不难看出，从明万历二十九年至清同治间，葛沽产稻，这种稻子是红芒的，诗人称“葛沽红稻”。小站屯垦前夕，周盛传目睹葛沽“民习其利，自知引溉种稻，至今不绝”[24]。明代黄省曾《理生玉镜稻品》“香秔”条：“粒小而性柔，有红芒、白芒二种，七月而熟，曰香秔。”葛沽稻就是香秔中的红芒者，会馆村人称之为“小红芒子”。当周盛传小站屯垦时，不会舍却在葛沽引种有270余年历史的香秔，反而栽种别的稻种，所以说会馆人所传盛字军小站屯垦时用的是“小红芒子”、“大白芒子”可能符合史实。由于纬度关系，大白芒子、小红芒子在小站一带芒种时节插秧，秋分过后十天左右开镰，比《稻品》讲的太湖一带的香秔“七月而熟”，约晚一个月左右。

募民领种 军能垦而不能尽种，民能种而不能自垦。光绪七年，盛字军营务处设局[25]，“募人领种，或富民认垦，或流民来归，或兼募南人为之倡导”[26]，“光绪三、四年直隶水旱遍灾，八年安徽水灾”[27]，直隶、山东、安徽到小站落户的人不少。特别是安徽农民给小站带来了先进的稻作技术，而盛字军士兵又多系安徽籍农民出身，这对小站一带成为稻作区起了重要作用。至今小站镇和会馆村仍有安徽人后裔约20余户。自光绪六年十月至光绪七年十二月，盛字军营务处将距营盘较远的垦田，招徕民人领种，“领去上中下熟田共14 570余亩”[28]，“每亩分别等则酌收大钱100文、200文不等。车屋等项，照时估计缴价给领。所收领费除分别发给各营弁勇藉偿劳勋外，余俱添作新城义学之用”[29]。凡民人领田，盛字军营务处即发给局照，复由天津县衙门换发给田照，作为永远为业的凭证，以资安民耕种[30]。

植树造林 自同治十二年起，自马厂至新城，沿新垫大道，“仿古人列树表道之意，每年购办树秧数十万、十数万棵不等，分段插栽”，“计自马厂营内外及附近各处自活之树约四十余万株”，“各营屯地多于田埂栽插，计自新农镇至新城上下一带又活有50余万株，总计百万株以外。……既多美荫，可以息肩，居者不苦炎蒸，无虑病疾，一也；柳枝柔软异常，河泄潮涨之时，斫置堤旁以御急浪，堤埂不致倾塌，二也；秋深叶落，删伐树枝，各汛柴薪用之不竭，三也”[31]。树木是农作物的生态屏障，造成垦区小气候，有利于保持水土，促进水稻的生长成熟。

二、小站屯垦成功的因素及意义

天津屯田，从能够确指的元朝武宗正大二年起，至清代同治年间，凡十数起。其中较有名的，如万历二十六年任天津登莱海防巡抚的汪应蛟，于明万历二十九年（1601年）在天津葛沽、白塘、何家圈、大任庄、双港、辛庄、吴家咀、官庄、东西泥沽、盘沽开屯十围；明天启三年（1623年）在钦差巡抚天津等处地方备兵防海赞理征东军务兼管粮食都察院右佥都御史毕自严、钦差提督学政巡按直隶监察御史左光斗、钦差管理直隶天津山海关等处屯田安民事务太仆寺卿兼河南道监察御史董应举等人支持下，由河间府海防清军兼理屯田水利同知卢象观在天津城东南自寇家口、土城、陈塘、双港、马集、泥沽、葛沽沿海河右岸开屯营田[32]；清康熙四十三年（1704年）天津镇总兵蓝理在天津城南、城东南自海关寺至贺家口开辟的“蓝田”，都曾一度确有成效，但是旋兴旋废。

周盛传在小站屯垦前夕，纵观前人屯田记载，踏勘明、清天津屯田遗迹，询问土著老农，对前人畿辅屯田旋兴旋废的缘故有一个精辟的见解，他说："历考畿省河道水利所以屡兴屡废，其难约有数端：一在经费。国帑岂能数颁，民捐亦难久继，则筹款难也；一在人工。雇之于官，则计方授值，为浮过多。派之于民，则闾左为虚，其势易援，则集众难也；……一在风水牵制。本河道应行之地，愚民以伤损坟脉妄肆阻挠，势家以吝惜田庐腾为浮议，致美利隳于一旦，大计阻于片言者何可胜道，则力排众撼以求济事之尤难也，盛传认为……尤难于久任。前明徐尚宝贞明、汪应蛟，皆以任事未久罢去，致抱志而不克竟行"[33]。计前人畿省、天津屯田的失败，有社会政治方面的原因，也有社会经济方面的原因。除此之外，周氏认为技术方面的原因也相当重要。有鉴于此，周盛传为小站屯垦制定了以下方案并付诸施行：

第一，以盛字军及练军充役劳力，可不必通过地方官吏从民间雇工[34]。

第二，通过李鸿章"札饬扬州粮台分局银钱所赐，将卑军来年米价酌提数成，于二三月内分批拨解，俾得通融挪办，俟秋收有获，即将籽粒分年抵还"[35]，可不必依靠国帑和民捐筹措经费。此项得到扬州粮台分局支持。

第三，圈定小站一带广阔斥卤之区为垦基，避免了势家富豪以侵占田亩、伤损坟脉为由妄肆阻挠，且利于大面积屯垦、兴修大型农田水利灌排网络。

第四，充分利用垦区邻近水源条件。前人天津屯田，或依傍海河，或依傍塘泊濠坑。塘泊濠坑水量少，旱年无保障。引海河水，则靠潮汐顶托清水倒灌，水量也不充足，水质较咸。小站屯垦先是引海河清水，不久即开凿马厂减河引进南运河水。"南运河会漳河浊流，本有'石水斗泥'之喻，其肥尤可化碱而成腴矣[36]"，周盛传这一认识颇符合科学道理，南运河受水之一的漳河，流经黄土地区，携大量泥沙汇入南运河。据有关单位测定，漳河流域的黄土，每吨含氮 0.8—1.5 公斤，磷 1.5 公斤，钾 20 公斤，这些有机肥是改良小站垦田盐渍土的良好条件。

第五，鉴于明清天津屯田在技术方面的缺点。周盛传对河渠、水闸的设计施工，对灌溉设备，予以足够的重视。举例如下：其一，周盛传认为前人天津屯田技术缺点之一，"盖缘引水河规制大窄。海滨土质松懈，一遇暴雨横涝，浮沙松土并流入沟，惰农不加挑，不数年而淤为平地"[37]。汪应蛟的"十字围"，河沟深广只为各一丈五尺[38]，而马厂减河，口宽十丈至十二丈，底宽四丈五尺至七、八丈，深八尺至一丈二三尺。挖掘的土除添作河堤外，其余皆距两岸十丈开外堆成副堤[39]，成复式河槽，既扩大了容水之地，又防止主堤受涝水坍刷。其二，"海上硝土遇水则泻，非用三合土锤炼镶底丈余不足以御冲荡。闸板需置两层，则水不能过泥，亦易捞。前人建闸未尽如法，潮汐上下坍刷，日久必致倾圮垫淤，此闸洞所以易废也"[40]。此为前人天滓屯田技术方面缺点之二。水闸建筑的技术要求比开掘河道更为严格。为此，周盛传将水闸闸制放在水利工程的首要位置予以重视。周盛传制定的闸制，以咸水沽至新农镇之间的三孔石闸（宣惠闸）为例可知其一斑："其制：闸下，以七八寸径、丈余长槿木数百株，根用火炙，排列密钉，上覆三合土，厚五尺，再上以大青石版为海漫金刚。墙及两马头，皆用大青石、豆渣石垒砌，其外而以糯米汁调碎石子、蛤蜊灰（烧用天津南郊古代形成的贝壳堤的贝壳以代石灰——作者注），嵌使坚固；其内又用青砖掺砌龙骨，里层再以三合土镶成，厚至丈余，以御荡激。中孔一门，以大松木斫成，内外几二副；门上纽，扣缝门带四道，皆以外国四丈宽五分厚之铁条为之，每隔六寸便穿一孔；中纽，以钉螺旋穿贯，坚不可脱。其下门阈，全以生铁铸成，重四百余斤，下铺青石户枢，以铁梨木门之，上壁以大榆木固以螺蛳钉，上安铁管与门扇相纽合，门贴地处安小铁轮二，门阖之便如机应括，重虽千钧，一夫可任。启闭门之平面，以大木为，门间上下合缝，皆塞以橡皮，用木螺蛳钳之，熨帖周固，不泄纤滴"[41]。由此可见小站垦区的进水闸、节制闸的闸墩、底板、岸墙（边墙）、翼墙、闸门和闸门启闭设备，在设计、用料、工艺规格上，是何等讲究。小站垦区所建的主要闸、桥如下：小闸子引河从咸水沽口南流 1 里建有通济桥，再 2 里建有问津桥，再六里建有宣惠闸，再 12 里至新农镇建有肥兴闸和履丰桥。马厂减河经新农镇南侧东流十里建有观稼桥，又 15 里建有福润闸，又十里减河分东、北两支，北支于难坎建有南坎闸，通流至新城出海河；东支为正减河，东下 20 里至距大沽 3 里之三里坟建有东安闸，闸下即通海河。从新农镇南侧逆马厂减河西上迎溜 10 里至中堂洼建有富民闸[42]。截止光绪五年末共建"大石闸捌道，小石闸六道，大木桥 10 道，小木桥 58 道及水槽阴涵 59 道"[43]。并立章程，派汛兵专责修守减河及各桥闸，且随时查验水质以相应启闭闸门[44]。其三，重视灌溉设备。自同治十二年冬季开始"仿造南式大小手摇水车 600 余架，仿造葛沽骡车、牛水车1 800架,造脚踏水车50余架,风车50余架”[45]。另购买英国八匹马力“水车机器”4架[46],“每架价银2 200两,进水管径一尺一寸,三四五六七八等月车水之时,日需煤吨许,每昼夜四架灌田400余亩,可抵水车120架”[47]。

第六,鉴于前人畿铺营田“皆以任事未久罢去,致抱志而不克竟行”,周盛传在光绪元年四月十八日呈李鸿章察帖[48],力促李鸿章将小站屯垦情形“先行附片奏闻”,讨光绪旨意,以拒“浮议阻挠”。十一天后,李鸿章便在一具奏疏上附《防军试垦咸水沽一带情形片》[49]。奏准。五月十二日周盛传便以“奉旨饬办”的名义公告被圈定界地的业主速赴营务处领取地价,不准无故拖延[50]。这是周盛传精明之处。同治九年八月初三日(1870年8月29日)李鸿章由湖广总督迁任直隶总督兼北洋通商大臣,掌握政治、外交、军事大权,在直隶总督任上历20余年。同治九年十月同治帝命直隶总督“每年海口春融开冻后移扎天津,冬令河冻再回省城”[51],天津有李鸿章的行辕。盛字军是李鸿章在镇压太平天国革命过程中命周盛波、周盛传组建的淮军的一部,此时为“分防直隶保定天津海口护卫亲军”[52],小站屯垦为充裕盛字军军饷,购置新式武器[53],以强固盛字军实力。李、周二人的目的和利益是一致的。有李鸿章的直接支持,小站屯垦才得以持续近20年之久。

小站屯垦成功的因素,正如中国社会科学院历史所研究员王毓铨先生所言:“明末屯垦失败,周氏之建树成功,除历史传统及保守思想之障碍外,主事者事业心专,组织力强,讲求技术实际条件,又有李鸿章政治上之直接支持,似是重要原因。……促使其成功之因素缺一不可,不然即使屯垦告成,恐被官僚界异己所排斥,更难免权豪所侵夺,而且官办事业难免官场诸弊,清末建设如汉冶萍公司等等之失败,均因之而不可救药”[54]。这一论断,十分精辟。小站屯垦成功是各方面人物的共同努力,推动同一事物发展的结果,是历史的产物。作为这一屯垦的领导者、组织者的周盛传,虽然由办团练起家,投靠李鸿章镇压太平军、捻军,反对农民革命运动,但是其积极开发小站一带农业资源、兴修水利、传播水稻栽培技术的客观作用,当地人民群众还是给予肯定的,清末在会馆村所建的“周公祠”业已修复,“老盛军”屯垦事迹在小站家喻户晓。

小站屯垦的历史意义在于它的成效超过明清历次畿辅营田,并且为此后小站一带成为我国北方重要稻作区奠定了基础。今日作为人工栽培水稻地方品种的“小站稻”已驰名中外,这和昔日小站屯垦有着直接的联系。

注:

①《开道种树情形禀》,载《周武壮公遗书》。

②⑨《盛字全军屯田图》。

③⑩《盛字全军屯田图说》。

④ 中国第一历史档案馆藏《上谕档》。

⑤㉝㉞㉟ 周盛传《开河建闸移营情形禀》,载《津东水利》(钞本)。

⑥《畿输通志》卷93,海防二。

⑦《开屯请奏立案禀》,载《周武壮公遗书》。

⑧《饬县颁发田照禀》,载《周武壮公遗书》。

⑩⑪㉙《周武壮公遗书·年谱》。

⑫⑬㊴《光绪朝东华录》光绪六年六月条。

⑭ 据《天津县新志》卷18、《篙盦类稿》卷25《周武壮公神道碑》、《周武壮公遗书·年谱》。

⑮《变通新城田亩为义学经费禀》载《周武壮公遗书》。

⑯㊾《请拨欠饷给发田价禀》载《周武壮公遗书》。

⑰⑱ 周盛传:《开沟治田需款钱文数目》,载《津东水利》(钞本)。

⑲ 周盛传:《各营屯垦实用各费》,载《津东水利》(钞本)。

⑳ 1979年3月小站镇会馆村老农于庆泮、宛福臣、田家财及坨子地村老农姜德玉、南郊区水利局陈树全技术员、南郊区水稻技术站苏洪昌技术员等提供。

㉑ 华长卿:《梅庄诗钞·十字围》。

㉒ 华长卿:《梅庄诗钞·津沽竹枝词》。

㉓ 清同治郝福寿《津门闻见录》(钞本)。
㉔㊲㊵ 周盛传《奉饬查勘津东水利并试办情形禀》,载《津东水利》(钞本)。
㉕㉖㉘㉚《民领熟田禀》,载《周武壮公遗书》。
㉗《筹赈情形片》,载《周武壮公遗书》。
㉛《水利应行事宜三条》,载《周武壮公遗书》。
㉜《河间海防清军兼理屯田水利同知卢象观条议》(北京图书馆藏)。
㊳《畿辅通志》卷91,河渠十七,水利营田二。
㊷ 据王守恂:《天津政俗沿革记》卷3,"堤坝"二,"围田"。
㊹ 据《详教田事谕》、《水利应行事宜三条》,均载于《周武壮公遗书》。
㊺㊼《详复泮车利弊禀》,载《周武壮公遗书》。
㊻ 据《轮船大车关系屯政禀》、《详复洋车利弊禀》、《年谱》,均载于《周武壮公遗书》。
㊽ 周盛传:《引河桥闸工竣及开垦情形禀》,载《津东水利》(钞本)。
㊾ 李鸿章:《防军试垦咸水沽一带稻田情形片》,载《津东水利》(钞本)。
㊿ 周盛传:《饬领地价示》,载《津东水利》(钞本)。
51 王守恂:《天津政俗沿革记》卷16,"外事",第32页。
52《光绪朝东华录》光绪二年六月条。
53 王毓铨先生于1981年3月审阅本文第一稿后给作者的信。此处引用未征求本人意见,致歉。

(《古今农业》1991年第3期)

通商口岸与近代文明的传播

陈振江

从1842年中英《南京条约》开辟“五口通商”算起，世界资本主义利用战争侵略和迫签不平等条约等手段，相继在中国开辟了80多个通商口岸[①]，作为它们扩大侵略和掠夺中国的基地和跳板。它们为了掠夺廉价的原料和劳力，为了就近倾销工业产品和输出资本、宣扬资本主义文明，把西方资本主义工业制度、科技文化和生活方式为核心的近代文明，源源不断地移植到这些通商口岸，使这里既成为半殖民地化的典型地区，又成为传播西方近代文明的基地。尽管它们输入近代文明不是为了给中国人民造福，也不会根本上改变中国贫穷落后的社会状况，但在客观上打破了中国社会长期封闭的状态，加强了同世界的交往，并且刺激了中国资本主义的发展和近代文明的扩散。因此，殖民地化的加深和近代文明的建立和传播，便构成了通商口岸一身二任的显著特点。由于篇幅所限，本文主要探讨以通商口岸为中心的近代文明的舶来与传播的历史轨迹，及其对近代社会的影响。

一、通商口岸——近代城市文明的扩散基地

近代中国的80多座通商口岸，分布在沿海和沿江地区以及西南、西北和东北边境，尤以沿海、沿江地区最为集中，形成以口岸城市为中心的六个近代文明较为发达的地区：（一）上海和长江口地区；（二）广州和广东地区（香港另论）；（三）武汉和两湖地区；（四）烟台、青岛和胶东地区；（五）天津和冀东地区；（六）营口、大连、沈阳和辽南地区。其中尤以上海的近代文明最为发达，影响最为深远，成为宣扬和传播西方近代文明的“模特”和特大“橱窗”。许多中国人的近代知识和对西方近代文明的追求与向往，大都是从这里开始的。

康有为、梁启超、郑观应、王韬等一批又一批的改革家正是先后游历了香港和上海，目睹了西方舶来的近代文明而眼界大开，坚定了他们学习西方和变法图强的信心的。正如康有为自己所说，他游历上海，见“上海之繁盛，益知西人治求之有本，舟车行路，大购西书以归讲求焉”[②]。他和其他启蒙主义者一样，最初认识近代文明是从市政文明和工业与科技文明而发凡，进而认识与追求西方的文化教育及其治国之法度。这正是近代中国人认识与学习西方的普遍现象，在一定程度上反映了通商口岸传播近代文明的历史轨迹。

近代建筑首先在通商口岸出现与发展。广州、上海与天津等商埠的近代建筑花样翻新，尤以租界地区最为集中。那里的西洋建筑有领事馆、工部局、洋行、银行、商店、饭店、教堂、住宅、俱乐部、影剧院、工厂厂房、仓库等等，建筑豪华精美，风格各异。开埠初期多是一两层的“卷廊式”楼房和欧洲古典式建筑；进入20世纪之后，各种流派和各种功能的西洋建筑在上海、天津等通商口岸拔地而起；二三十年代建造的工业建筑、公共建筑、银行和住宅等等多为四五层或更高层次的建筑群，其功能、设计、建材、工艺、结构和设备都是近代化水平较高的建筑物，成为展示西方文明的“样板”。

中国模仿与学习西方建筑也正是从沿海各通商口岸开始，并缓慢地传播到内地的。洋务运动时期仿建了一批工业建筑群及学堂斋舍等；20世纪初期的“新政”时期亦采西法建造了一大批工业建筑、公共建筑、衙署与学校等新式房屋，其中尤以“北洋新政”的中心——天津面貌的更新令人刮目相看。“一战”时期及战后的几年内，由于民族工业获得暂时的发展，近代建筑普遍兴起，内地城市仿造者亦日益增多。

与近代化建筑交辉互映的则是近代化的市政设施的发展与传播。重要的通商口岸大都修筑了马路，设置了电灯、自来水和近代化的交通与邮电通讯等公用设施。这里仅就电灯、自来水、电讯和邮政等近代物质文明的重要内容略述一二，便可窥测近代文明传播的历史轨迹。

电灯。发电照明技术于1879年传入中国。1882年7月,英商在上海乍浦路创办上海电光公司,开始架设路灯照明。1893年由公共租界工部局收回自办,三年后扩大设备和推广电灯用户,居住在外滩一带的中国绅商买办也争相使用电灯照明。各公共场所更是纷纷争相使用,“戏园、酒馆、烟室、茗寮,更无不皎洁当空,清光璀璨”[③]。时人赋诗云:“申江今作不夜城,管弦达旦喧歌声,华堂琼筵照夜乐,不须烧烛红妆明。”[④]1888年广州始有电灯照明,但仅限于两广总督衙门内部使用。两年后,华侨商人黄秉常集资开办中国民间最早的广州电灯公司,进口发电设备,供广州主要大街上的店铺和公共场所用电照明之用。1890年春,北京皇宫的西苑开始使用电灯照明。次年颐和园内也使用了电灯。1905年,京师华商电灯公司成立,在北京城内设立发电厂,翌年1月开始发电,供商店、官府和路灯照明使用。戊戌变法时期,湘抚陈宝箴“命宝善成公司,创造电灯”,先在抚署试燃,数月而完善,遂在民间推广,收费廉贱,于是长沙一城争相使用,“自学堂、报馆以逮通衢大商肆,咸入夕炳炳燃矣”[⑤]。1902年,天津法租界建起天津第一家发电厂,采用电灯照明。1906年,英租界建立电厂发电,采用电灯照明。同年,比利时商人电车电灯公司建立电厂,供天津全市用电。20世纪初天津设立电灯后,全国各主要城市相继创办电灯事业。

自来水。最早于1881年传入上海,这年上海自来水公司创立,并着手在租界及附近地段建造自来水设施,1883年建成供水。除供英法租界用水外,亦供附近中国居民用水。1902年,由华洋合办内地自来水公司扩大自来水应用。天津第一家自来水厂于1899年1月建成供水,是由英租界英商仁记洋行所兴建,供英租界用水。1901年天津成立中外合资的济安自来水公司,并逐步在市区推广使用。19世纪末期,广州富商曾两次集资兴建自来水,但屡议无成,进展甚缓。可喜的是“自来水之有益于居民,知者甚多”[⑥],近代文明的传播更为广泛了。1908年,北京筹办京师自来水公司,一年后建成供水。但城内旗人哄传自来水是“洋水”,怕“有毒”而不敢饮用;加上城内山东帮水夫群起阻挠刁难,以及水源过远而经营不佳,但它毕竟使这股近代文明的清流源源不断地流入了古老的帝国京城。

电报。电报这种近代化的通讯工具,也是最先传入通商口岸,再由此传播到内地的。19世纪五六十年代,欧美各国的电报已四通八达,中国却仍旧依靠中世纪的驿站传递公文和消息。英、俄等侵略者一贯觊觎中国电报利权,英商曾于1865年擅自在上海县架设电杆,大受当地官民的反对。此后,英人或强行在通商口岸地区架设,或在广州、上海等地海底敷设电缆,并擅自把水线通到上海租界。清政府在同列强的交涉中,以及在维护电报利权的斗争中,对电报的重要作用开始有所认识,便从70年代中后期起产生引进电报的打算。1877年,福建巡抚丁日昌首先在台湾架设台湾府至旗后全长40余公里的电报线。1879年李鸿章在大沽与天津间架设电报成功,次年奏请架设天津至上海的电报线,并在天津设立电报总局。1881年11月,津沪电报线架设竣工,给军政、商务带来极大的方便。1884年又敷设成功上海至广州沿海各口陆线,电报总局也由天津迁至上海。接着,连接长江沿岸、东北、西南和西北各地的电报线也相继架设成功。仅仅10余年间,电报线已“布满各省,瞬息万里,官商称便”[⑦],有效地制止了外国资本主义企图垄断中国电报事业的侵夺利权活动。

电话。魏源在《海国图志》中最早提到过它,名为德律风(telephone的音译)。电话传入中国的时间说法不一,徐润在《上海杂记》里说是1878年[⑧],黄式权在《淞南梦影录》里则说是1882年[⑨]。今据《招商局史》得知,早在1876年,招商局已聘请上海英国工部局架设了从总局至虹口码头的电缆[⑩],此为中国自主敷设电话线路之开端,但这段线路较短。1882年上海已有两个电话交换所开始通话或营业,主要集中在招商局、码头及少数华股公司。天津是中国第二座较早建立电话的口岸城市。1879年招商局架设从天津大沽码头到紫竹林栈房的电话线,成为我国自设的第一条电话长线线路[⑪]。但在1900年以前,天津官电局所经营的电话设备简陋,主要是为各衙门和官邸之间通话服务的。八国联军占领天津期间,这套电话设施被破坏,另由丹麦人璞尔生设立了天津电话公司,并以单式电话线架成天津与北京之间的长途电话。从1903年起,电政督办盛宣怀先后在广东、北京、天津三处设立电话局。袁世凯于1905年设立了天津和北京之间的电话交换局。不久,京津之间的第二条复线式长途电话线也架设成功,遂使中国电话总局压倒了璞尔生的天津电话公司,并于次年将其设备赎买,统一了天津的电话管理。这年,太原、开封等地由官款官办的电话局亦相继设立。武汉则出现了商办电话公司。1907年厦门也出现了商办电话公司。其后各地电话增多,并有部办、省办和商办之别[12],但电话发展的速度不快,至1909年,北京、天津、上海、广东、太原五处仅有电话用户4 520余家[13]。

无线电。无线电于20世纪初传入中国,于1904年由法国人在秦皇岛等地首先设立,成为无线电传入中国之起点。随后,广东官府聘用丹麦人承办无线电事业,作为督署与广东海防要塞和军舰进行联络的工具。1905年,袁世凯在天津开办无线电报学堂,并在南苑、天津、保定行营设机通报,颇有成绩[14]。民用无线电通讯始于1909年,由广东琼州与徐闻之间试用。1908年江苏设局在吴淞和崇明两地使用无线电通报。随后上海与海上船舶亦用无线电通报。辛亥革命后,福州、兰州、乌鲁木齐等地相继装设无线电台,经营无线电通报业务,但大多用于军政,兼及商务,带来了明显的社会效益。

近代邮政。中国自古以来靠驿站传递公文,靠民间私营民信局传递民间书信。但是驿站早已腐败不堪;民信局索资既巨,又多遗失。1876年,赫德建议清政府设立"送信官局",成为中国近代邮政的发端。1878年以天津为中心,在北京、烟台、牛庄、上海试办"华洋书信馆",并由海关发行了中国第一套大龙邮票,开始在天津公开收寄华洋公众信件。1879年,赫德委托德璀琳管理海关邮政司,在海关内另建一套邮政机构叫"海关拨驰达(post的音译)局",并将各地的华洋书信馆一律改为"拨驷达书信馆"。在李鸿章支持下,清廷除开辟以天津为中心的轮船邮路之外,还建立了天津、北京和大沽间、天津烟台间、天津镇江间的各条陆路邮班,天津一度成为中国近代邮政的总汇点。19世纪70年代前后,英、俄、法、德、美、日等国无视中国主权,纷纷在中国私设邮局,按其本国邮政章程收寄外国侨民与中国人投寄的信件。清政府称这种由外国人私设的邮局为"客邮"。1896年,清政府正式开办国立邮政——大清邮局,聘赫德为总邮政司。从此,近代邮政渐从通商口岸向内地和边疆推广。1911年5月清内阁成立,邮传部接管了原由海关管理的邮政,全国各等邮政局已有6 201处[15]。清朝覆亡后,大清邮政改名为中华邮政,并于1914年正式加入万国邮联,实行国际邮政公约,加强了国际间的交往。从此,依靠邮局交流各种信息和加强人际关系,已成为近代社会生活中的普遍现象。

仅从上述几项市政设施和通讯事业的近代化的梗概来看,通商口岸确是近代物质文明引进与传播的基地和橱窗。这些近代化的设施和技术都是以近代工业为基础的。

通商口岸的近代工业,首先是由外国资本主义侵略者为了掠夺原料、倾销商品与榨取中国人民的血汗而建立的,主要是船舶修造、轮船运输、棉纺、缫丝、面粉、榨油、卷烟、炼铁、制茶、印刷、电力、水泥、金属矿场等近代企业。这些厂矿企业大都集中在上海、广州、武汉、天津、青岛、营口等通商口岸及其周围地区。当外国人把机器生产和铁路、轮船运输移植到通商口岸的时候,中国人也在那里步履艰难地引进和创办近代工业企业了。先由洋务派兴办军工和民用企业,继有民族工业的兴起。至20世纪20年代前后,上海的中国工厂的数目"大大超过外国工厂数,而且正在迅速增加"[16]。工业集中的上海、天津、广州,武汉等通商大埠,不但把工业品运销四方,还为各地建立工矿企业提供技术力量、机器设备、培训技师和工徒等等,上海等地成为全国近代工业的发祥地。

兴办新式教育是传播与建设近代文明的重要内容,新式学堂则是培养各种近代化人才的基地。洋务运动中创办的大型近代化企业,大多附设专门学堂以培养技师和工徒。当年的广州、上海、福州、厦门、天津、武汉等口岸,正是新式学堂的丛集之地。先由西方传教士在这里办学,继而中国官民效尤,遂使外语学堂、军事学堂、技术学堂、师范学堂、普通中小学堂、大学堂及各种专门学堂犹如雨后春笋般地建立起来。洋务运动中的上海成为培养科技与制造等方面人才的基地,也是近代中国人瞩望世界的前哨和走向世界的"站台";天津则成为以天津水师学堂为中心的北方海军教育基地,是北方传播近代文明的窗口。1896年维新派教育家李端棻奏请"自京师以及各省府州县皆设学堂"[17],建立府州县学、省学和京师大学三级教育体制,并建议设藏书楼、仪器院、译书局、广立报馆和派人出国考察或留学等等。至20世纪初期,终于废除了传统的科举制度,正式建立了全国统一的、崭新的教育体制。新式教育源源不断地培养出大批的近代文明的建设者和传播者。20世纪初期的天津是北方兴办新式教育的中心,名噪一时的"北洋新政"正是从大办学堂开始的。直隶总督袁世凯先后在保定、天津和直隶各地大力兴办各类新式学堂,包括小学、中学、大学、专门学堂、技术学堂、师范学堂、医学堂、农学堂、政治学堂、巡警学堂和各种军事学堂等等,兴办新式学堂居全国之首。此外还办了许多半日学堂、夜校和培训班,私人兴办新式学堂也蔚然成风。这些方式灵活、形式多样的办学活动,加快了新式教育事业的发展。

新式学堂从发端到普遍建立,既体现了中国近代教育的引进、发展与确立的过程,也体现了近代文明的传播与光大的历史轨迹,它促进了中国近代教育与科技文化的发达及生产力的进步和生产方式的变更,进而启迪了民智,引起人们的思想观念、生活习俗与伦理道德的变更,把近代文明的传播引向了更深的层次。

二、通商口岸—社会生活习俗变革的前哨

近代工业文明的传播和欧风美雨的阵阵袭来,使中国社会生活发生了显著变异,中国传统的生活方式虽然在穷乡僻壤依然如故,但在通商口岸却发生着引人注目的变异和更新。传统的社会习俗随之变革,并由这里逐渐向内地城乡传播。通商口岸成为社会生活习俗变革与传播的前哨与据点,尤以衣、食、住、行等基本社会生活的变革与增新最为突出。

衣。清朝和历代封建王朝一样,向来都把衣冠视为"一代制度"和"立国之经",并以法律的手段维护其森严的等级与形式。皇帝与皇后的冠服有礼服、吉服与常服三种,并设有专门的机构精工制作。王公大臣和文武官员的冠服也有严格的等级规定,不得违制更改,严禁僭用。有清一代,除武官和学子的冠服接受欧化而发生根本性的变革之外,其余各类几乎无所变化。

鸦片战争后,西方的服饰及生活方式已逐渐有人模仿。但改装易服的活动经历了颇为曲折的过程。例如,1872 年中国留美幼童深感穿着长袍马褂和青缎瓜皮帽的"国服"大为不便,对头上拖着的发辫尤觉尴尬。于是他们鼓起勇气和"学监"斗争,终于改服西装,有的还敢冒天下之大不韪而毅然剪掉辫子,揭开了"剪辫易服"运动的序幕。自 19 世纪末期开始,"剪发易服"的呼声日益高涨。及至 20 世纪初,形成剪发易服的大潮流。1903 年出版的《湖北学生界》发表《剪发易服说》,指斥"今之辫、服,牵掣行动,妨碍操作,游历他邦,则都市腾笑,申申詈予,于时为不宜,于民为不便……"[18]。1904 年出版的《黄帝魂》发表《论发辫原由》一文,痛斥满洲统治者强迫男人将头发前半剃光,后半蓄发辫曳于背,"如兽尾",游外洋者,所至之地多被蔑称为"拖尾奴才"而备受凌辱,"备尝其害,深恶而痛绝之"[19]。他们强烈要求改易西装。可是,人们的呼声愈高,清政府的禁例愈严,"有禁高领者矣,有禁西领者矣。至于剪发一事,尤悬为厉禁"[20]。随着出洋留学生迅速增多,清政府再三严令禁止他们剪发易服,但每每遭到坚决抵制。清政府被迫同意他们在留学期间"不妨暂时易装,然回华即应复旧";如有"无故改装之学生或诸色人等,照违制律从严治罪"[21]。不但留学国外的中国学生强烈要求"剪辫易服",在国内亦因"欧化东渐,翩翩少年多有易装以炫人者"[22]。他们在尚武精神影响下尤喜西式戎装和马靴。湖广总督张之洞惊呼:近来各省学堂内"多藏非圣无法之书……以及剪发胳膜诸弊层出,实为隐忧"[23]。于是他制订湖北各学堂冠服章程式样。1907 年,清政府依照张之洞提供的冠服式样,制订了全国学堂冠服程式,"将各等文学堂自大学以至中学之学生,定为三项服式:一礼服、一讲堂服、一体操服及整列出行服"[24],学堂以外的常服只许着便帽、长衫,禁止短衣。尽管清政府表面上气势汹汹,但对留学生服饰的妥协以及学堂冠服的制订,说明它一贯严守祖宗"服制"的堤防已经溃决,它对服制的种种禁令与防范都无法阻止服饰变革的趋势。

辛亥革命前,各地广泛宣传剪发易服,资政院亦于 1910 年议决"剪发易服",并上奏恳请降旨实行。但遭到北京当行、绸缎、靴鞋、布行各商会等联名反对,认为"剪发易服"将会消灭他们的生意。清廷乘机宣示:"国家制服,等秩分明,习用已久,从未轻易更张。除军服、警服因时制宜,业经各该衙门遵行外,所有政界、学界以及各色人等,均应格遵定制,不得轻听浮言,致滋误会。"[25]但是,数月后,清廷迫于大势,断然宣布"凡我臣民,准其自由剪发"[26]。曾经作过摄政王的载沣,是清朝王公中最早剪辫子、穿西服的一个。而且他的醇王府也是"清朝第一个备汽车、装电话的王府"[27]。处在社会底层的平民百姓,衣能蔽体御寒已属难得,而无财力讲究衣着的变革。他们在西方资本主义接连入侵的情势下受害最深。洋布、洋纱大量涌入,使他们被动地卷入了资本主义漩涡,穿洋布、用洋袜子的现象日益普遍,但衣着的式样并无显著变化。

食。中国人讲吃,自古而然。近代中国虽然贫穷落后,但对饮食之讲究从不稍衰。孙中山在《建国方略》里对此作了精辟的论述:"我中国近代文明进化,事事皆落人之后,唯饮食一道之进步,至今尚为文明各

国所不及。……昔者中西未通市以前,西人只知烹调一道,法国为世界之冠;及一尝中国之味,莫不以中国为冠矣。"[28]他还说,近年华侨所到之地,则中国饮食之风盛传。在欧美和日本的大都会里,中国菜馆林立,在美国纽约和日本东京尤多[29]。

然而近代的西方饮食传入中国的也不少。如19世纪末机器制面之法行于中国后,它对中国近代社会习尚及面粉与食品等工业的发展有着深远影响。"华人厌故喜新,面粉舶来进口日多"[30],面包和各种西式糕点也日益盛行起来,促使中国的面粉工业迅速发展。及至20世纪初,中国国内计有机器磨坊130余所,资本1 500万元[31]。

西方的啤酒、葡萄酒亦在近代传入中国。啤酒又称皮酒、麦酒,种类甚多。中国酿造啤酒始于1901年,由俄、德两国商人在东三省合办哈尔滨啤酒公司大规模酿造,遂使饮用啤酒的风气在东北等地逐渐形成。1904年,英、德两国商人在青岛合办啤酒酿造股分公司,始在青岛等地推广啤酒。此外,天津、北京、上海也相继开办啤酒酿造厂。但国人喜饮白酒,当时饮用啤酒者为数不多。葡萄酒早在汉代已从中亚传入中国。但至近代始采西法以机器酿造,从此饮用者渐多。1860年英法联军进占天津时,始有法国人将天津所产葡萄用小机器试制葡萄酒,获得成功,欲在津设立公司酿造葡萄酒。后因战争结束,法兵撤离天津,遂将其机器废弃,以防有人仿造[32]。1871年,南洋华侨张振勋因事晤法领事,得知天津、烟台所产葡萄可制佳酿,遂于1894年聘荷兰人雷德文为技师,到烟台试办。1895年试制成功,于是,招集股份,成立张裕酿酒公司,并函致美国采办有根葡萄秧,购地栽种。1896年春,聘请奥国人哇务为技师到烟台指导种植葡萄与酿造,次年已生产少量的葡萄酒。另从奥国购买葡萄秧运至烟台种植,约计可种400亩,酿造厂也初具规模,共购地300余亩,厂房、地窖规模宏大,所制葡萄酒曾列中外博览会,屡获金牌证书。国内销路甚广,且大量出口南洋各地[33]。当时的西方报纸报道:"中国二十余行省,其水土之便于种植葡萄者,随在皆有,风气日开,则酿酒一端,必有成效可观矣。"[34]

此外,各类罐头、饼干、蛋粉等食品,亦于20世纪初在中国打开了销路。中外商人在上海、厦门、福州、温州、汕头、青岛、汉口、南京、天津、牛庄等通商口岸建立了罐头厂、蛋粉等食品制造厂。

但是,中国近代贫富两极分化更鲜明,各阶层的饮食状况相差天渊。中国统治者、买办和绅商人等生活奢侈腐化,寒士、穷人则艰苦度日,甚或饥寒交迫,广大农民则终日辛劳,却难得温饱,遇有天灾,则流离失所,或成饿殍。

住。西洋建筑的传入,使中国近代的居住条件及各种建筑发生了较大变化,这类情况本文前部已略述及。当然,中国住宅的近代化趋向,在贫富之间差别极大。官绅富商原有中国传统式的高堂华屋,但随着华丽舒适的欧式建筑的输入,他们由羡慕到仿造,或在原有旧住宅的基础上增添西洋建筑的风采,或兴建洋房、花园,或摆放西洋式的陈设。这种"仿洋"的民宅和花园,在广州、上海等地逐渐增多。"晚清园亭,亦参以西式建筑,而通都大邑,几于触目皆是矣"[35]。而贫民百姓或屋无片瓦,或栖身于窝棚、土屋之中,这里阴暗潮湿,空气污浊,是非常原始落后的栖身之所。上海等大都会里,散布着杂乱不堪的贫民窟和棚户区,与租界的洋楼大厦形成鲜明对比。

行。中国传统的交通运输工具比较落后,陆路虽有贯通四方的官道干路,但大都是经年失修、坎坷不平的土道。近代化的马路最早是随着上海租界的开辟而兴修的。1861年,天津租界开辟后亦修筑了一条近代化的马路。1883年津海关道周馥设立工程局,主持修筑了天津旧城区的第一条马路,即东门外繁华区的沿河马路。随后向城内扩展,并把三座木结构浮桥改为铁桥,如大红桥、金华桥等。但是,直至19世纪末期,中国近代化的马路还很少。1900年八国联军拆除天津城墙,修筑环城马路,成为中国第一座有环城马路的城市。自1904年起,近代化的交通工具电车把天津城区与租界联成一片,黄蓝白等六路电车疾速行驶,大大增加了天津近代化的气氛。

在北方,当铁路没有出现之前,马、驴和骡车是主要的交通工具。义和团运动失败后,清朝的达官贵人和各大商埠的买办绅商竞相追求奢华,各自购置西式马车,有的连拉车的马匹也是以巨资购买的西洋高头大马。天津等大城市中还出现了专门经营西式马车的店铺供富有者租赁。这种马车分为"一头立箱"(也叫幌马车)和"二头立箱"两种,装饰豪华,行驶轻便。1877年,上海引进日本的人力车,时称东洋车,总数已达

600多辆。1882年,天津从上海购进东洋车,首先在外国侨民中使用。这种车轻便舒适,造价低廉,因此在20世纪初期已在各商埠流行起来。

1903年,上海开始引进汽车,当时仅有三辆进行试用。至1909年已增至156辆[36]。1906年,比利时辛迪加在天津市及奥、意、俄、法各租界敷设有轨电车。1908年上海电车公司成立。汽车和电车的引进,标志着通商口岸市政交通近代化的起步和发展。

在欧风美雨的影响下,中国近代的娱乐活动增添了许多新的形式与内容,大大丰富了近代社会生活。例如,话剧、电影、歌咏的引进与发展,打破了传统的京剧与地方戏一统天下的局面。夜总会、赛马场、舞厅、剧院等西方娱乐场所的出现,亦为城市近代化增添了光彩。但是,西方的丑恶现象与行为也随着洋人洋货的涌入而夹杂进来,败坏了中国的社会风气。例如,跑马场上的赌博、东洋娼寮的设立等等,日益严重地危害着中国社会,加重了中国社会半殖民地化的色彩。

三、近代文明的传播对中国社会的影响

近代文明的传播给中国社会造成了利害交织、错综复杂的社会现象。这几乎是殖民地、半殖民地国家所常见的情况。

近代文明的舶来本是外国资本主义侵略掠夺中国的产物,但是,当觉醒了的中国有识之士认识了它的优越性时,便由被动的利用到主动的引进、仿造和创新。于是,舶来的近代文明在一定意义上变成了改造中国社会封闭、落后状况的动力。近代文明的输入与传播犹如变幻莫测的"魔术",它既使中国民穷财尽,也给中国带来了进步与发展,并在一定程度上展现了近代化的前景。这里仅以铁路、轮船为例。

铁路、轮船本是外国资本主义侵略掠夺中国的利器,但是中国主动引进与发展这种利器后,便促使了中国社会的进步。从19世纪末期开始,中国铁路的修筑促进了铁路沿线的工农商业的发展,起到了"通货物,销矿产,利行旅,便工役,速邮递,利之所兴,难以枚举"[37]的积极作用。轮船航运的发展,同样取得了积极的社会效益。轮船、铁路的发达,直接使广大农村与城市联系起来,并与新的生产方式联系在一起,这对经济、文化的发展大有裨益。交通手段的发展,不但把大量的洋货从通商口岸转运到全国各地,也把新的生活方式传播到四面八方,还为农村的剩余劳动力的流动提供了便利条件。例如,光绪中叶,江南商埠繁盛,运河轮舶通航,农民在秋收完毕时"相率南下,麕集各埠,力食致饱,麦熟乃返,勤朴者归有余资"[38]。一些手工业者在商埠受到启发,争先恐后改习新艺,渐趋欧化,"若成衣、若土木、若铜铁、若机械、若绘图"[39],他们开辟了新的谋生方式。可见,近代文明的传播具有促进中国改变旧有的生产方式,生活方式及传统习俗的积极因素。

近代文明的传播,还使中国社会普遍产生了"崇洋"风气。近代崇洋风气与近代文明的传播相表里,二者发展的轨迹是同步的。当五光十色的西洋近代文明和物美价廉的各种洋货输入通商口岸或内地,立即使停滞状态的中国传统的农业文明相形见绌。这就必不可免地吸引人们追求与模仿西洋文明,刺激着人们改变生活习俗,逐渐形成尚洋、趋洋和崇洋的社会风气。这种风气远远走在中国生产方式变革的前面,使社会生活习尚趋向洋化,甚至出现盲目崇洋和超前消费的奢靡之风,形成半封建半殖民地的社会心态。

早在道光年间,崇洋之风已开始在沿海地区盛行,并引起时人的忧虑和慨叹:"凡物之极贵重者,皆谓之洋。重楼曰洋楼,彩轿曰洋轿。衣有洋绉,帽有洋筒,挂灯名曰洋灯,火锅名曰洋锅,细而至于酱油之佳者,亦名洋秋油,颜料之鲜明者曰洋红洋绿。大江南北,莫不以洋为尚,洋乎洋乎盖洋洋乎?"[40]可见,当中国近代社会开端之际,崇洋之风已在衣食住行及日用杂品诸方面显露出来。

最初受中国人所崇尚的西方资本主义商品,有钟表玩具、呢绒与洋布,继则为日用百货及一切洋物洋货,其中包括洋线、洋针、洋钉、洋油等细小之物。早在光绪初年,在天津的商店里"外国货充斥","买钟表的人很多……外国针也很受欢迎。火柴亦然。"[41]其他地区也大体相似。"钟表玩具家皆有之,呢绒洋布之属遍及穷荒僻壤"[42]。就连欧美的银元也被人们争相使用和储蓄。"江浙风俗至于舍国家钱币而专行使洋钱,且昂其价,漠然知其非者"[43]。稍后,情况更为严重:"洋钱、洋布遍于各省,而近年粗洋布一种,价廉工坚,服用尤便,愈销愈广,漏卮之数几与洋药(即鸦片)相埒。"[44]洋钱、洋货潮水般地涌入,已成为清朝无法堵塞的漏卮。其中银元的涌入与受宠,致使国人舍国币而贵洋钱,尤为近代中国社会的奇特现象。银元早在16世纪后半

期就已输入广州等地，但数量少，流通范围很小。及至18世纪末期，银元输入的数量激增，已在广东、福建等沿海地区广泛使用。到了19世纪，银元广为零售商所接受，在不少地区竟成为各种交易的主要媒介。“在华南的某些城市里，由于银元大量在市面流通，有时竟至喧宾夺主，变为计算单位，而纹银反而沦为附庸的地位”[45]。在19世纪中叶以前，沿海流通的银元主要是西班牙银元，时称“本洋”。它的成色可靠，重量一致，铸造精美，使用方便，逐渐成为沿海一带的本位铸币。至19世纪50年代，本洋流通的势头衰落，逐渐被墨西哥银元所取代。墨西哥银元，时称“鹰洋”（讹称英洋），80年代时已在全国范围内广为流通。此外，美国银元也在中国广泛流通。香港银元、日本银元、西贡银元都曾一度在中国沿海地区使用。

洋钱行销中国的原因，固然是由于中国货币形式原始落后，而外国银铸币成色可靠、使用方便，但与中国盲目崇洋的半封建半值民地社会心态亦有关系。洋钱走俏而又造成漏卮的情况，引起有识之士起而仿造银元，呼吁改革原始落后的中国币制，从而推动了中国的币制改革。19世纪30年代，江苏巡抚林则徐曾鼓励铸银元，其后台湾、温州、天津等地相继铸造。1887年，张之洞在广州设立造币厂，大量铸造银元与辅币，可与西洋银元相媲美，极受欢迎。1910年，自铸银元取代了银两而成为全国的本位货币。

洋纱洋布的倾销日盛一日，加速了手工业与农业的分离，促使人们在衣着服饰方面力求洋化。不少人家几为洋物洋货所倾倒。江浙等沿海沿江诸村镇亦是一切器物皆好洋制，如洋伞、洋灯、洋油、洋漆之类，不胜枚举[46]。一些县城乡镇的中产之家，改用火柴取火，多燃煤油灯照明，门窗改用玻璃等现象也日益增多。有的方志记载说，自五口通商以来，到上海经商者日多，奢靡之习由轮舶运输而来，乡风为之丕变。私居燕服亦披绮罗，穷乡僻壤通行舶来品[47]。

洋货大量涌入中国市场，而且物美价廉，传统的农产品和手工业品无法与它相抗衡。人们从经济实惠和物美价廉等考虑，购买洋货以充日用所需已成必然之势。富有者更以充分享用与占有洋货为满足，为荣耀，遂使人们对洋货的需求日益增长。这同洋钱盛行的情况一样，使有识之士对洋货的泛滥与漏卮严重的情况深为不安。于是要求设厂仿造洋货以堵塞舶来品、堵塞漏卮。洋务派举办民用企业就具有明确的堵塞漏卮和稍分洋商之利的目的。张之洞在奏请开办钢铁厂时曾说：“臣愚以为华民所需外洋之物，必应悉行仿造，虽不尽断来源，亦可渐开风气。洋布、洋米而外，洋铁最为大宗。在我多出一分之货，即少漏一分之财……”[48]在洋务派首要人物的奏章里，这类言论屡见不鲜。不少的洋务企业也确实起到了这方面的积极作用。甲午战争后民族工业的兴起，更是以抵制外来洋货，稍塞漏卮为己任。洋务企业与民族企业的兴办，标志着生产方式已开始变革，并为近代社会生活习尚的洋化（即时髦）提供了较丰富的物质条件。

从上面的记述中可以看出，近代的崇洋风气是一种复杂的社会历史现象。从近代文明输入与传播的历史轨迹来看，常常是构成近代文明的具体事物显示出自身的优越性之后，便引起越来越多的人对它由新奇到追求、享用、崇拜和仿造，于是便形成了近代文明的派生物——崇洋风气。这种社会现象和近代文明一样，大都是以通商口岸为基地逐渐向内地传播。它有污染社会、助长盲目崇洋和追求奢靡社会心态的消极面，也有推动近代中国社会前进的积极因素。实质上它是经济文化落后的“社会人”认识和利用近代文明的初步实践，带有相当成分的盲目性。但其中的大多数不是拜倒在洋人洋事物前的“洋奴”，而是勇于挑选、接受和实践新事物的好事者。因此，不能笼统地把近代社会的“崇洋”和“媚外”两者等同起来，特别在初期，应当正视它的积极作用大于消极因素的客观事实。

注：

①《洋务运动》（七）第205页。

② 这80多个通商口岸，系指有章程、条约规定，及击外国人要求与干预下开放的通商口岸，不包括4个由中国致府自辟的口岸。

③《戊戌变法》（四）第115、116页。

④⑤《洋务运动》（八）第346页。

⑥《谭嗣同全集》下册，中华书局1981年版，第428—429页。

⑦《商务报》光绪二十三年四月十三日。

⑧《洋务运动》（六）第451页。

⑨⑩《洋务运动》(八)第 333、345 页。
⑪⑫《招商局史》第 83 页,人民交通出版社 1983 年版。
⑬⑭⑮《清朝续文献通考》(四)第 11 186 页。
⑯《中国近代邮政史》第 84 页。
⑰ 刘明逵编:《中国工人阶级历史状况》第 1 卷第 1 辑第了 82 页。
⑱《中国近代教育史资料》上册第 146 页。
⑲⑳《辛亥革命前十年间时论选集》第 1 卷,上集第 742 页,下集第 746、748 页。
㉑《辛亥革命前十年间时论选集》第 3 卷,下集第 201 页。
㉒㉓㉔㉕《清朝续文献通考》(二)第 8 622、9 296、8 624、8 620 页。
⑯⑰《清朝续文献通考》(二)第 9 295—9 296、9 296 页。
㉘ 溥仪:《我的前半生》第 28 页。
㉙㉚《孙中山选集》,第 119—120、120—121 页。
㉛㉜《清朝续文献通考》(四),第 11 314、11 319 页。
㉝《洋务运动》第 7 册,第 581—582 页。
㉞《洋务运动》第 7 册,第 582—583 页;《清朝续文献通考》(四),第 11 323 页。
㉟《中国商务报》光绪二十三年二月二十九日。
㊱ 邓子琴:《中国风俗史》第 332—333 页。
㊲《洋务运动》(八)第 334、338 页。
㊳《洋务运动》(六)第 230 页。
㊴《续纂山阳县志》卷 1。
㊵《萧山县志稿》。
㊶ 陈作霖:《炳烛里谈》,转引自萧一山:《清代通史》(四)第 2 164 页。
㊷《洋务运动》(八)第 394 页。
㊸㊹ 同上(一)第 303、303—304 页。
㊺《洋务运动》(七)第 525 页。
㊻ 郝延平:《晚清沿海的新货币及其影响》,载台湾《近代史研究所集刊》第 7 期。
㊼《青浦县续志》卷 2。
㊽《鄞县志》、《定海县志》等均有记述。

(《近代史研究》1991 年第 1 期)

长芦盐业史述略

孟庆斌

长芦盐区亦称河北盐区,是中国最古老和最大的盐区之一,也是中国七大海盐产区中最著名的盐区,其范围包括北起山海关、南到今黄河河口的渤海沿岸地区。两千多年来,它对人民生活和国家财政、中国近代盐化工业的产生与发展,以及河北地区(包括天津)的社会经济发展产生了不可低估的作用。

西周至北魏是长芦盐业的发源时期。《中国盐政史》指出:“长芦产地滨海环居,迤北而南,其产盐发源最古。”[①]早在西周时期,渤海南北两岸已成为国内重要的海盐产区。春秋战国时期,北方的燕国因有“渔盐枣栗之利”,成为“渤碣之间”一大商业都会。“燕之涿蓟,富魁海内,为天下名都”[②]。齐国“北有渤海之利”,“桓公用之,遂以兴霸”[③]。渤海盐利成为燕齐两国兴邦称霸的主要经济基础和燕、涿、蓟等城市形成的重要条件。秦统一,以渤海西北属上谷郡,置柳县于渤海西岸(今黄骅市境内),将山海之利尽行开放,民间煮盐迅速发展,由是“秦有上谷之饶”[④]。西汉元狩二年,朝廷规划产盐场区,网罗天下盐利尽归国家所有。于主要产盐郡县设置盐官,签发亭户(盐户),官予牢盆以煮盐。据《汉书·地理志》记载,当时天下设盐官三十四处,长芦盐区有其四,居天下第二。一在泉州(今天津武清县)。一在海阳(今滦南县),一在章武(今盐山县)一在堂阳(今南宫市)。其中除堂阳为土盐产区外,其余均为海盐产区。四盐官所辖,大体包括了以后长芦盐区的基本范围。由于官营盐业的兴盛,章武县境内“盐场林立”。流经柳县的柳河成为官盐西运冀州等地的主要通道,商业因之兴起,柳县成为“市舶要冲”与“河海交错之大埠”[⑤]。东汉继设盐官于四地。历经魏晋,章武盐业一直在国家盐业中占据重要位置。因盐产丰饶,章武境内的一座孤山也被称为盐山。

西晋以后,北方进入了长期分裂的混乱时期,政权交替,社会经济遭到严重破坏。但盐为国家政治商品,盐业为国家命脉所系,渤海盐业并未因此荒废。每个割据政权都力图控制渤海盐业作为扩大统治区域的资本。公元319年石勒占领河北后,即于柳县建角飞城,使王述煮盐于此。其从子石虎以该城濒临漂榆津,更其名为漂榆城。大约成书于公元六世纪的《魏土地记》日:“高城(汉县,在今盐山县境内)东北百里,地尽漂榆,东临巨海,民咸煮盐为业。”[⑥]这从一个侧面说明了十六国时期渤海盐业的规模。沿至北魏,孝文帝重新更定盐业制度。天平元年,魏迁都邺城(今临漳县东南),渤海盐成为东魏食盐的主要来源。是年于沧瀛幽青四州傍海之地置灶煮盐,并设置盐官于沧州管理四州盐务。四州中,沧州置灶1884,瀛洲置灶452,幽州置灶180,青州置灶456,又于邯郸置四灶。盐灶总数达到2 676个,终岁收盐20.9万斛,形成了以沧州为主,环饶渤海的广阔盐区。北魏至高齐,国家产盐地除沧瀛幽青四州外,还有河东盐池。但其范围及产量远不及渤海海盐产区。故四州盐业在当时已成为维护北魏高齐国家政权的重要经济支柱。北魏后期。政局动荡,连年战争,农桑失业,六镇军民相率内徙就食,加上自然灾害,河北一带公私困竭。魏及高齐政权以四州煮盐所入得以维持,稳定了自己的政权。

自汉至南北朝时期,长芦盐业因国家政权的扶植,得到初步发展。

隋至宋金为长芦盐业的持续发展时期。因渤海盐业影响日大,隋开皇十八年,改渤海郡高城县为盐山县。唐武德间又于此设东盐州。贞观中,置河北道,沧瀛幽平诸产盐州均属其统辖,故其所产盐称河北盐,河北盐区由此形成。虽然隋至唐初国家取消了盐业专营政策,但作为维系民生的重要行业,渤海盐业仍然受到各个阶层的重视。唐永徽元年,薛大鼎为沧州刺史,奏开废无棣河,“引渔盐于海,百姓歌之曰:‘新河通舟楫,直达沧海鱼盐至,昔日徒行今骋驷,美哉薛公德滂被’”[⑦]。鱼盐业的开发得到人民的广泛拥护,薛大鼎也因治绩显著成为著名的河北三刺史之一。开元以后,盐业官营制度恢复,幽州横海军等地有盐屯,“每屯有兵有丁,岁得盐二千八百斛,下者千五百斛。负海州岁……为盐二万斛以输司农。沧棣等州以盐价市轻货亦输司农”[8]。当时,盐仅征赋,故《新唐书》所记只是官营盐业、贡盐及盐赋,不是食盐生产的全部。但从中可以看出,沧幽等州仍是唐朝重要的盐产区。除沿海外,当时河北南部的巨鹿郡“有咸泉,居民煮而成盐”[9],亦为河北盐产地之一。

天宝十四年十一月,安史之乱起,河北镇冀等州相继陷落,沧瀛危急。河北招讨使颜真卿率军抵敌,景城等十数郡响应,“军中困竭”。清河人李萼劝真卿“收景城盐,使诸郡相转输,用度遂不乏”[10],开了中国盐政史上食盐专卖的先例。在战事纷扰的情况下,景城一郡存盐的销售可以维持河北军队所需,可见平时河北盐产已不是小数。

此后,河北进入了长达200年的战乱时期,河北盐区除几个时期属中央政权外,大部分时间为割据者所控制。由于战争破坏,河北盐业严重衰落。唐昭宗乾宁五年,卢龙节度使刘仁恭与义昌节度使卢颜威争夺沧州盐利,遣其子刘守文袭破沧景德三州。天祐三年,朱全忠又与刘守文在沧州展开争夺。沧州被困百余日,居民“丸墐土而食”[11]。开平元年,朱全忠建立后梁,视沧州盐业为其命脉所系,极为重视,故河北盐业始稍有恢复。

后唐同光三年,后唐庄宗命幽州节度使赵德均镇守芦台军。德均“因芦台卤地置盐场,又舟行东去京国一百八十里,相其地高阜平阔,置榷盐院以贮其盐,流衍于民间。……复开渠运漕盐货于瀛莫间,上下资其利,遂致饶衍,赡于一方”[12]。芦台场的建立使唐后期以来严重衰落的幽州盐业得到恢复,也标志着海河沿岸盐业的发端。后晋天福三年,晋高祖石敬瑭为报辽主援立之恩,将燕云十六州尽献契丹,幽州、平州、瀛洲等海盐产地悉数归辽。“辽始得河间煮海之利,置榷盐院于香河县,于是燕云以北始食沧盐”[13]。沧盐生产特别是河北北部盐业得到了新的繁荣。后周广顺三年,辽芦台军使兼榷盐制置使张英率内外亲属及所部二千余人、煮盐户长幼七千余口、舟数百艘航海归周。盐户一次归周者即达7 000余人,可见20多年时间内,河北北部盐业发展的规模。

入宋以后,河北盐业仍是国家盐产的重要组成部分。沧州成为宋政权所控制的六大海盐产区之一,与辽控制下的幽平二州盐业构成了河北盐区的两个部分。曾仰丰《中国盐政史》指出:“宋景德澶渊议和,以白沟河为界。河以南为宋界,食沧州盐;河以北为辽地,食幽平二州盐,皆长芦产也。”由于宋政权的积贫积弱和辽兵不断南下掳掠,河北南部盐区的中心不得不稍作南移,其产量与唐中期以来兴起的淮南诸场相比也有所逊色。据《宋史·食货志》记载,宋在河北设滨州场,辖滨沧二州盐产,“一岁鬻三万一千余石”,供应河北东西路。滨州场后分为四务。虽然如此,整个河北盐区在这一时期仍呈增长状态。如沧州后增设三务,增课9 145石以给一路。仁宗皇祐年间又设沧州监[14]。元符年间河北盐一度销至京西路。按宋代场务制度,大者曰监,中者曰场,小者曰务。沧州初与滨州合为一场,后增三务,最后设监,说明沧盐的生产规模在逐步扩大。元丰七年,知沧州赵赡靖榷河北盐,半年获息钱16.7万缗,沧盐产销量于此可见一斑。辽所控制的幽平二州盐则保持了更高的增长速度,并因此不断倾销宋之雄州、保州、安肃军等地。熙宁十年,权三司使沈括所奏称外盐日贩于宋境,中原之钱日流于辽东,说明了幽平二州盐产的增长。

宋徽宗宣和七年二月,金军南下灭辽,次年冬灭宋,占据中原地区,河北盐区尽为金有。贞元元年,海陵王完颜亮迁都于燕(今北京),河北盐业的地位更为重要。正隆三年,设河间转运使以管理沧州盐业,后改为沧州盐使司,成为盐务专管机构。五代至辽,香河新仓镇的盐业也有发展。“金灭辽,以地属京圻,生齿既繁,炊锅益众”[15],岁出盐利源源不断,于大定十一年升镇为县,因盐乃国宝,世宗命称宝坻县(今属天津市)。同时设宝坻盐课提举司,秩视五品以重其选。所辖诸场,越支场(在今丰南县宋家营)盐产居其半。大定十三年将山东沧州两司合并为海丰盐使司(治今黄骅市海丰镇)。“以盐业场灶著称”的海丰镇因行盐之故,成为当时的“海口第一繁盛之区”[16]。

大定二十年,复分设山东沧州两盐使司。章宗时,又在静海县新设沧盐场。有金一代共设七盐使司,而以沧州、山东、宝坻三盐司为主。三司中,沧宝两司均属河北盐区,故河北盐区已成为金王朝食盐的基本产地。据《金史·食货志》记载,金代沧州盐行河北东西路,大名,恩州,南京(今河南商丘),及睢陈蔡许颍诸州;宝坻盐行中都路。两司销区包括了今河北、京津三省市及河南、山东、安徽的部分地区。承安三年,沧宝两司盐每斤由33文加价至42文。沧州增课1 245 376贯，宝坻增课461 280贯。据此推算，当时沧州盐额产6 587万斤，宝坻额产约3 212万斤，整个河北盐区盐产约近亿斤。

元明时期是长芦盐业发展的高峰期。元以后，国家的统一、人口的增长为盐业提供了广阔的市场，特别是作为国家严格控制的政治性商品的生产，河北盐业因国家政治中心的北移而获得了比其他盐区更为优越的政治条件，其发展超过以往任何一个时期。

早在蒙古军队与金争夺河北的元光二年，元太祖即以刘敏为安抚使，兼管燕京路盐场事。由于战乱，民间私行煎造者极多，越支场宋家营一带私煎食盐者达数十户。元太祖二十二年，金尽弃河北。元朝开始全面清理河北盐业，禁止私煎。太宗二年，设河间税课所，"置盐场，拨灶户三千二百七十六隶之"[17]。六年，设河间盐运司。八年，在白陵港（今属宝坻县）、三汊沽、大直沽（均属天津市）等地"置司设熬煎办"[18]。乃马真后二年，河间运司盐产达到约3.6万斤。世祖忽必烈继位，大规模扩展河间盐产。中统二年，命"犯私盐及犯界者断后发盐场充盐夫"[19]，同时大批签发盐户。经屡次签发，河间盐户增至5 774户。至元间，置河间都转盐运使司，下辖沧州、清州、深州三盐使司。大德元年又将大都盐运司并入，改设清州、沧州两分司。同时增设宝坻二盐场，盐场数增至22场。设于河间路沧州境内的有严镇、利国、利民、阜民、海丰、海阜、海盈、阜财、益民、海润、富民、润国等12场；河间路清州静海县（今属天津市）境内有富国、兴国、厚财、丰财四场及大都路蓟州宝坻县境内的芦台、三汊沽2场；还有设于永平路滦州、抚宁（今属唐山秦皇岛两市）等地的济民、越支、惠民、石碑等4场。河间都转盐使司所辖范围北抵辽塞，南濒黄河，西控河北中南部的土盐产区，成为元政权控制的核心盐区。因此，至元十九年一度以户部尚书行河间等路运盐使事。

按元代引重及引额考察，元河间运司所辖22场盐产量基本稳定在40万引、1.6亿斤左右。少时10万引，4 000余万斤；多时45万引，约1.83亿斤。

公元1368年，明朝取代了元的统治，立即着手恢复元末因政治腐败和战争影响遭到严重破坏的河北盐业。洪武二年，明太祖命置北平河间长芦都盐运使司，"设司于沧州（是时已徙治长芦），置场于近海，编户于州县而签民为灶"[20]。后改称河间长芦盐运司。因司治于长芦镇而省称长芦运司，河北盐区由此以长芦名。有明一代，北部时常面临蒙古、女真等少数民族犯边的威胁。洪武四年明行食盐开中制以筹备边储，河间"盐鹾之利，军府所资"[21]，长芦盐成为筹备九边军需的最理想的利源。故明太祖命于抚宁县增置归化场（今在秦皇岛市区，清称盐务镇），于盐山县增置深州海盈场（今在海兴县境内）。长芦盐区增至24场，以沧州分司辖南12场，青州分司辖北12场，形成了长芦盐区场数最多，规模最大的时期。永乐十九年明成祖迁都北京，长芦盐区密迩京城，地位更为重要，盐业生产更为兴盛。时人瞿祐有诗曰："万灶青烟皆煮海，一川白浪独乘风。"[22]这状画出了当时长芦盐业生产的盛景。

除食盐外，长芦还生产明廷所需的青盐、白盐、盐砖等特制盐，每年按例贡白盐50余万斤。白盐生产工艺复杂，"其煎办劳费视黑盐不啻数倍"[23]。这种贡盐生产实际上已是精盐生产。

明中期以后，自北分司起，部分盐场相继改变传统的锅煎法，采用日晒法制盐。相沿千年的制盐技术发生了巨大变化，也导致了产量的巨大增长。明初长芦盐销北平布政司所属175州县营卫计正引63 000余引，同时还包括宣府大同蓟州三镇边盐9万余引，共计15万余引，约六、七千万斤。弘治中改行小引，计正引18万余，增加三分之一。后河南彰德、卫辉二府改食芦盐。万历十七年开封府23州县改食芦盐，增大引4万。虽然明后期长芦盐产出现明显的衰落，但仍达到了元代的水平。

清至民国是长芦盐业曲折发展并发生急剧变化的时期。早在明后期，由于漕盐河道的阻塞，"昔供河北诸路而有余"[24]的南场盐业已出现衰落征象，北场代南场而兴。嘉靖时，天津以东已出现"万灶沿海而居"[25]的局面。隆庆三年，因产大于销，灶户逃亡等因，将三汊沽场并入丰财场，海阜场并入海丰场，益民场并入阜财场，润国场并入富民场。北分司余11场，南分司余9场。万历三十六年，御史李应魁奏："南北两所水陆异运……北所陆运甚便，又日晒产肥，于商较利……南所陆运最难，又锅煎产瘠，不利于商"；"严镇一场地广人众，滩锅独多"，"虽隶北所而近南所"[27]。因将严镇场拨归南分司，南北各10场。这种措施并没有改变盐业重心北移的趋势，而明朝政治的腐败和明清之际的战争劫掠也导致了整个长芦盐业的暂时衰落。顺治十年，长芦盐政张中元奏上长芦南北20场灶籍生员杨德享等人诉告场灶困苦的题本称：自"明末以来，劫掠杀伤”,“村落丘墟,十室九空”,加以灶地被圈,灶户星散,“残灶救饥无术,号控无门”,纷纷思欲潜逃[28]。恢复长芦盐业成为清朝初期一个极其困难而又必须解决的问题。顺治元年七月,清廷即应天津总督骆养性之请,恢复长芦盐产,复设长芦盐运司于沧州。次年以监察御史任长芦盐政兼理山东盐务,定引额719 550引,引重225斤,正盐总额约1.6亿斤。五年,南场反清势力活动频繁,盐运不通,南场盐改由海路转运天津。十年以后又大力恢复纲引制度,以销促产。顺治末年,长芦盐产已恢复到明中期的水平。康熙初年,南北各场大都改煎为晒,生产率进一步提高。因河东盐产下降,民食维艰,康熙五年三月准御史李粹然奏,将开封府属太康等五州县改食芦盐。十八年复设沧州分司。二十四年准豫抚王曰藻等奏,将河南怀庆府改食芦盐。二十五年将原食淮盐的南阳府舞阳等县改食芦盐。据直隶总督余成龙奏,康熙二十八年长芦一次增引87 000道,产量大大超过明代。

但是,由于国家政权对盐业的严密控制及纲引制下的运销不畅等因,芦盐产大于销的情况明显存在。康熙十八年,将惠民场并入归化场,厚财场并入兴国场,海盈场并入海丰场,海润场并入阜财场,青沧两司各存8场。虽然天津周围仅有4场,但食盐多由天津发运,北八场因运输条件优越,产量明显超过南8场,天津开始取代沧州成为产盐总汇。康熙二十四年,运司移驻天津,仍称长芦盐运司。雍正元年,长芦盐政莽浩立奏称:“天津北盐场盐运由水路,船行便宜;沧州南盐场盐由陆路,脚价费多。是以众商舍南就北,群趋便宜。南场一岁得盐十余万包,引商数家仅得销盐一万有奇,其余露堆海滩”[29]。雍正十年,清高宗据长芦盐政鄂礼奏,将沧州分司所辖利民、阜民、利国、富民,深州海盈、阜财六场裁撤。由于北场的兴起,乾隆四十二年增设蓟永分司于滦州(今滦县),附近之越支、济民、石碑、归化4场归其统辖。青州分司辖所余之芦台、丰财、兴国、富国四场,沧州分司辖海丰、严镇2场。五十六年改青州分司为天津分司。道光十二年裁并兴国、富国2场,又将沧州分司裁撤,以天津分司运司移驻沧州管理海丰严镇2场。

自康熙至道光,虽然裁并盐场12个,但因制盐技术的改革,长芦盐区的生产并未缩减。据雍正时统计,长芦籍灶丁约1.3万人,直隶一省行盐近93万引,约2.1亿斤。还有御用白盐、盐砖、衙门食盐等百余万斤。除直隶外,芦盐销区扩大到河南开封、怀庆等五府四州所辖43州县厅,占河南省食盐的一半以上。销区之广,超过明代。道光十四年,两淮两浙盐区因长期阴雨,无卤可煮。积盐立尽,盐价骤腾十余倍。清政府命两浙借运芦盐至上海、浦、宁波等地转销,两浙人民“始免淡食之苦”。芦盐销区扩大并能以余盐供应一个大盐区民众的食盐消费,说明长芦盐区仍具有很大的生产能力,只不过生产重心向几个盐场,特别是北部数场集中而已。

道光以后,清廷政治腐败,列强入侵,人民起义连绵不断,盐政弊端百出,盐业也沦入风雨飘摇中。但由于长芦盐区位于清朝统治最为严密的地区,因此比其他盐区相对稳定。据日本中国驻屯军司令部纂《二十世纪初的天津概况》,本世纪初长芦盐产在50—100万包,即2—4亿斤之间。严镇、海丰、芦台、越支仍为8场中的主要盐场。

1911年的辛亥革命推翻了清朝统治,但革命的果实为北洋军阀所窃夺。长芦盐区成为北洋政权控制最为直接的盐区和主要利源企业。民国元年,北洋政府复设长芦运司,取消分司,设场务局以扩大盐场经营权力。民国三年整理场务,将济民、越支、严镇、海丰、归化五场分别并入石碑、芦台、丰财3场。为了扩大税源,弥补财政亏空,减轻善后大借款带来的偿债压力,北洋政府采取了大规模扩展芦盐生产的政策。鼓励灶户开辟新滩,扩充产额。一批掌握国家权力的军阀如曹锟等也私辟盐滩,生产食盐,加上西方制盐技术的传入,食盐市场的扩大,及长芦盐区没有受到外盐倾销的影响,长芦盐业出现了超过其他盐区的趋势。按行盐量估计,民国初年,芦盐产量约为5亿斤。民国八年产1 080万担(司马秤,下同)。因产大于销,民国九年起限产。民国十四年将石碑场并入芦台场,芦盐生产全部集中到海河河口地区。30年代前期平均年产682万担,居全国第三位。其中1931年产700万担,占全国原盐总产的18%,居第一位;其销量则占全国第二位,行销河北、河南、山西共228县;盐税收入居全国第一位。1936年因日本盐荒,长芦盐约百万担出口日本。在此同时,精盐工业和盐化工工业也在资本主义潮流的推动和民族资产阶级的努力下崛起。民国三年七月,近代实业家范旭东在天津创立久大精盐公司,设厂于塘沽,生产精盐。数年间产量由3万担增至50万担,销路遍及南北各省,成为中国最早和最大的精盐生产企业。民国十年三月,商人王燕泉创立通达精盐公司,设厂于丰润县唐坊(今属丰南)。长芦精盐生产的出现开创了中国盐业的新时代,也对资本主义国家的精盐倾销起了有力的抵制作用。

但是,民国时期变幻无常的政治形势、沉重的盐税盐捐和频繁的军阀战争,也严重阻滞了长芦盐业的发展,特别是阻滞了长芦盐业向精加工工业的发展,使芦盐生产在一个极为有限的圈子内徘徊。由于战争的需要,军阀曹锟、张作霖等人多次掠夺芦盐和盐业收入。1928 年奉系军阀褚玉璞一次就掠走长芦原盐 800 万担。对盐业的超经济掠夺导致了盐价的腾涨和市场的缩小,使盐业经济陷入恶性循环中。

1937 年,日本侵略者发动了震惊中外的"七·七事变",长芦盐区首当其冲,法西斯的战火席卷整个芦盐产区。盐场糜烂,盐工逃亡,各盐场和精盐企业相继关闭。1938 年 4 月,日寇设立华北盐业公司,在塘沽、滦县(今属滦南)、丰润(今属丰南)境内设立盐场,长芦盐业成为日寇以战养战的基地之一。由于一直处于炮火血光之中,到日寇投降,长芦盐业已衰竭到难以为继的程度。

日寇投降后,人民政权立即在解放区内恢复盐业生产。自民国初年已荒废的长芦南部盐业首先在渤海区人民政权的主持下得到恢复。1949 年 1 月,天津解放,长芦盐区全部回到人民手中。三月,久大精盐公司复业。随着中华人民共和国的建立,长芦南北各场相继重建。在古越支等场基地上兴起的南堡盐场发展成为亚洲最大的盐场。长芦盐区又迎来了一个飞腾的时代。

注:

①《中国盐政史》第 2 章《盐产》。

②《史记·货殖列传》、《盐铁论》。

③㉑《读史方舆纪要》卷 13。

④《中国盐政实录.长芦》。

⑤《盐山新志》卷 1。

⑥ 转引自《盐山新志》卷 3。

⑦《旧唐书》卷 49。

⑧《新唐书》卷 54,原文为横野军。考《新唐书.地理志》。"沧州……东南有横海军",无横野军。

⑨《新唐书》卷 39。

⑩《新唐书·颜真卿传》。

⑪《嘉靖河间府志》卷 11。

⑫⑮㉓㉕㉖㉘《雍正畿辅通志》卷 36。

⑬《辽史·食货志》。

⑭《宋史》卷 182 有"陕州录事参军王伯瑜监沧州务"语,这说明当时沧州已设监。

⑯《盐山新志》卷 3:"海丰向以盐业场灶著称","天津未兴以前为海口第一繁盛之区"。

⑰⑱《元史》卷 94。

⑲《元盐法通例》。

⑳ 1933 年版《沧县志》。

㉒《嘉靖河间府志》卷 2 原书误作宋人。

㉔《盐山新志》卷 5。

㉗《顺治年间,长芦盐政题本》,载《历史档案》1988 年 1 期。

㉙ 清吴振棫:《养吉斋丛录》。

(《河北学刊》1992 年第 4 期)

从历史看天津音乐文化的主要特点

陈嘉瑞

从天津境内发现的古代遗址和大量墓葬、碑碣、文物来看,早在新石器时代我们的祖先就在这块土地上繁衍生息。从置卫筑城以来也有580多年的历史了。这座城市地处渤海之滨,贯穿市区的海河干流是九河下梢,由五河汇流而成。南北大运河又横穿市区。尤其优越的地理条件,历来是水陆交通要冲,是内陆与沿海、南北与城乡物资交流和集散之地,又是开放较早的通商口岸。随着经济的发展,文化也是源远流长,璀璨辉煌,卓有特色,故1986年12月国务院公布的第二批中国历史文化名城天津荣列其中。

仅以音乐文化来说,由于其独特的地理条件和发展的历史,也形成她独具的文化特征。

一、具有移民生城市的文化特征

从市民群体的构成来看,天津属于一个移民性城市。天津人的传统说法是先辈们随燕王扫北而来。明代燕王朱棣随其父朱元璋揭竿举旗,起兵皖北、苏北一带。后来随军北上的官兵自然以这一带的人最多。待朱棣得取皇位后,定都北京,将其嫡系部队派住津门,筑城守卫皇都。因而大量皖北、苏北人移居天津。所以至今天津市区的方言除个别字读音不同外,其语调、读音都和安徽宿州一带方言基本一致。在社会生活与习俗上也有很多相近之处。

但是,作为移民性城市,它还不是一个地区及一次性完成的。还有一些市民在明末清初来自陕西、山西。清兵入关后李自成领导的农民义军被迫退出北京后,其中大量陕西、山西士兵成为散兵游勇,为了生存而流入津门,在水陆码头等处出卖体力维生,后来其家眷也陆续随来天津定居。

第二次鸦片战争(1856—1860年)后,天津辟为通商口岸,海禁大开,天津开始沦为半殖民地半封建的城市。华北地区农民大量涌入津门;各地工商业者、知识阶层也纷纷进入津城;一些清室贵族、达官显宦、军政要人、下野政客,也多云集这里。由于外来人口的大量增加,以至在居民中出现"土著者少,流寓者多","比闾而居率多流寓之人"的现象(参见《天津政俗沿革记》)。再往前推,元朝时,朝廷起用张煊主持全国海运。张煊是江苏宜兴人,他手下的船工、舵手也多为宜兴人。后来这些人在天津的北郊的北运河畔聚集落户,这就是天津"宜兴埠"的由来。所以说天津作为一个移民性城市,其人口来自四面八方,在津市这块土地上交织成五方杂处的局面,逐渐形成天津人特有的移民性格:粗犷、剽悍、豪爽乐观、热情好客、火爆一团的特色。

19世纪60年代,天津开埠通商以来,大量洋人又涌入津门,形成华洋杂处的局面。形形色色的西方文化与风俗习惯也在这里留下很深的印迹。经过近百年历史的积淀,天津人也从中吸取来一些东西,从引入到改进、到创新。这种事实也形成天津人风貌与性格的另一个组成部分,即拿过来为我所有、为我所用的比较开放、善于吸收、喜于融合的民风民俗。

天津人这种独特的发展历史和社会生活所形成的性格特征与民风民俗。反映在音乐上则呈现出品种繁多,具有鲜明的移民性风格的文化特征。

几百年来,随着人口的汇聚,大量的地方音乐流入津门。这些不同传统、不同风格的音乐,在天津流传过程中,相互间不断交流,不断吸收,不断融合,又经历了几百年的发展衍化,伴随着天津人性格的特征,逐渐形成了具有浓重津门特色的音乐艺术风格。仅以民间器乐来说,就出现了津门大乐、沽上小吹、法鼓、沽上丝竹、十番、津沽丁祭音乐、道乐、津沽梵音、津门琴韵等在全国独树一帜的乐种。其品种之多,在全国亦实属少见。而且这些乐种都各有自己的传统曲目、表演技法和演奏形式。至于地方民歌、歌舞音乐、说唱音乐、戏曲音乐等等也都拥有大量的品类，真是山阴道上众花齐馨，绚丽多姿，异彩纷呈。这一切都说明天津音乐文化为兼容性与移植性的特征。外地的各种音乐、说唱、戏曲在津门落地生根并且得到新的发展。津门的民间音乐中有着深厚而广泛的群众基础，成为天津人精神生活中不可或缺的一部分。

二、天津的传统音乐还体现着码头文化的特征

作为九河下梢、水陆码头的市区，有着大量出卖体力的漕运船工和装卸及运输的工人。这些漕运船工和沿海渔民带着他们的传统价值观念、文化观念、社会习俗和群众心态来到津门落户。对津沽的民风民俗、文化心态产生了深远影响。

宋代福建莆田的渔家姑娘林默，生前屡次舍身入海抢救遇难的渔民与航船，受到沿海渔民、船工的景仰，被尊为海神，后被称为“天后”，建立很多“妈祖庙”供奉着她。元代时，随漕运大兴，天津也在泰定年间先后建立起娘娘庙、天后宫，也供奉起这位护海女神，尊之为“三津福主”，成为天津城的保护神，数百年来香火鼎盛。因此而派生出一系列的民风民俗等文化活动。举办“皇会”就是一例。每年阴历三月二十三日是这位“天后”的诞辰，倾城出动举行至为隆重的酬神盛会。初称“娘娘会”，后来受到乾隆皇帝的赞赏，被奉为“皇会”了。其声势之浩大是津门任何活动无法相比的。“天津法鼓”本是津门运输、码头的劳动人民喜爱的一种器乐演奏形式，自从被定为“皇会”中天后的随驾音乐以后，就有了很大的发展，普及到城区各处，竞相组织演奏。每一次皇会活动都有几十个法鼓会参加。多少年来，以法鼓为代表的“天津花会”拥有数十个歌舞品种。其兴盛之况享誉全国。比之各地的“社火”和西方的“狂欢节”有过之而无不及。它的形成对皇会起着重要的促进作用。所以说津沽的歌舞盛会正是码头文化的一个集中表现。

在这个水陆码头的市区，有着大量出卖体力的劳动者。他们在集体劳动中，为了统一步调、协调动作、鼓舞情绪和减轻疲劳而创造并发展了各种劳动号子。这些劳动号子，配合劳动内容与特点，即兴编唱。其题材广泛，意趣横生，洋溢着坦率、风趣的劳动人民的性格和乐观主义精神。另外，劳动之余他们自编自演的民歌小曲、歌舞、说唱和民间戏曲也是他们音乐生活中的组成部分。

作为大型的水陆交通枢纽的工商业城市，有着大量的个体的、手工业劳动者，他们既来自四面八方，又是分散性个体劳动，时间上有着更多的灵活性。因而他们多喜爱民歌说唱和戏曲音乐。平日劳动之余，个人习唱习奏这些音乐以自娱。逢年过节则聚集在一起排练演唱。也有的组成民间票房，就近自愿参加，组织活功。其中有些人已达相当水平。一些津门独有的民间乐种在他们手中得到很好的发展。如具有浓郁乡土特色的时调小曲。他们往往在掌握了基本曲调后，结合个人对社会生活的体验和感受，即兴自编自唱，内容充实，感情真挚，无论在歌调上还是曲调的活用上都有很好的创造与发展，凝聚着他们的思想与智慧。后来形成的说唱音乐，“天津时调”、“天津荡调”等等，正是他们在这方面创造的继续发展。

三、天津音乐的发展还具有盐商文化的特征

天津地处渤海之滨，是海盐的重要生产基地和集散地，因此盐商也就成为天津一个重要阶层。在社会活动与生活上追求宏大的排场，标榜高尚情趣，附庸风雅，大搞各种文化活动来沽名钓誉。也有解囊襄助文教和社会公益事业，开展救灾济贫，赞助各种民俗、庙会等活动，如天津每届的皇会，大部分资财都是他们供奉的；还有的罗致文化名人，诗酒酬唱。或挥毫泼墨，著书立说，雕版副刊。在他们中间还大多数以音乐为主要娱乐，用声色犬马打发日子。他们在奢靡的物质享受基础上，在精神享受上也总是把追求“声”的满足放在首位，作为“大爷高乐”的重要内容。正像历代剥削阶级、统治者一样，在音乐生活上也是极尽奢侈之能事。他们经常在过生日、办喜事或节庆之际，在府宅中举办“堂会”，邀请著名的戏曲、说唱、歌舞、音乐艺人来家演唱，并以此相标榜，互相攀比，以显示其豪华富贵。平日他们还在一些戏院、出场、茶园里长期租下包厢，带看眷属和亲友随时前往观看和大搞邀角捧场等活动。还有的与京津著名艺人结交，请他们来家长住，或演唱，或传艺，以满足其爱好与享受。这些富户们在追求音声享受上，也客观地促使艺人们的自由竞争和艺术上的不断追求，推动了社会上各种音乐艺术的繁荣。这也是旧天津戏曲、说唱以及歌舞等音乐艺术得到发展的一个重要社会因素。同时也使一些艺人获得了生活出路。在满足人民文化生活上也起过积极作用。

当时津门的一些戏曲和说唱的“票房”也是在盐商们的资助与直接参与下得到很大的发展。至于他们的子弟、亲友受其影响,也对传统的音乐艺术产生了浓厚的兴趣。像昆曲、京剧、天津卫子弟书、天津十番乐、雅乐等等也得到他们的喜爱,以致终生着迷、研习不辍,取得了较高的艺术成就。例如民国时期,有一个著名的十番乐组织,叫“四如社”,到30年代初期,随社会的动荡已无法存活下去。这时盐商的后代杨云清,由于酷爱十番乐艺术,主动将该社迁入他在东门外宫北大街的“长源杨家”的宅邸中去,并出资为该社置备了全套精细的专用乐器,使该社的活动得以延续下来。

就是天津的宗教音乐的发展,也是和盐商们的生活有着密切关系。不少佛、道庙宇的兴建、翻修和扩建也多是在盐商中的信士弟子们出资捐赠的。这些大户家中死了人,还要请来僧、尼、喇嘛、道士和大乐、小吹艺人来府宅中念经、奏乐,成天不停,且连续数周不断,以显示其富有和排场之大。他们此举在社会上也还渐形成风气。就是一般人家有了丧事,也多尽力仿办。所以天津民俗性的佛、道音乐适应这一社会需要而有了较大发展,并进一步与地方民间音乐结合而形成特有的津沽梵音和沽上道乐等传统民俗音乐。

总之,盐商这个剥削阶级对天津的思想文化上影响是很大的。仅以音乐而论,由于他们的爱好与提倡,对天津各种音乐品种的发展起着重要的影响和积极作用。但其追求排场,讲求形式,以及剥削阶级的思想意识对音乐的发展也起着一定的消极作用。

四、洋务运动对天津音乐文化的影响

天津是清末洋务运动在北方的重要基地、洋务运动以来,天津出现了一批近现代的厂矿,西洋的生产设备与技术被引入,从而孕育了第一代产业工人。随着经济的发展,这个队伍在不断地壮大。他们在音乐生活上,对当地劳动人民的音乐趣味多有继承,对民间歌舞、说唱、戏曲有着广泛的爱好。“五四”运动以来,他们走上政治舞台,爱国运动汹涌澎湃。在新文化推动下,随斗争的需要,革命的新民歌、群众歌曲,在他们中间产生并迅速流传开来。《五卅歌谣》、《工会复活歌》等,都是当时工人运动中产生的音乐珍品。

洋务运动在军事上表现之一是清廷让袁世凯在天津南郊小站督练新军,请来德国教官负责训练。在训练中,他们感到中国传统的军乐,即唢呐为主的“鼓吹”乐已很难适应新军的操练,于是决定换成西洋的铜管乐器。从1899年开始,在这个新军的军营中出现了中国历史是第一个以西洋铜管乐器(后来还加入了木管乐器)组成的军乐队。接着,铜管乐在天津普遍流传开来,并遍及全国各地。成为军、警、政各方面使用的仪仗典礼的乐队,以致渗透到社会生活各个方面。

在洋务运劝中,为传播近代西方文化,培养掌握西方科学技术与各种文化的新式人才,在直隶总督李鸿章主持下,开始兴办新式教育,在天津创建一批新式的学校。1909年,清政府颁布了《废庙兴学会》并以天津为实验区。于是利用佛、道寺庙兴办起大量的新式学校,这也成为洋务运动中的一项重要内容。当时这些新式学校称为“学堂”。它借鉴西方教育经验与教育制度,在各级各类学堂中开设了以唱歌为主要内容的音乐课,称为“学堂乐歌”。1902年清政府颁布的学堂章程中,也把乐歌课定为正式课程了。

天津近代文化名人李叔同在推行学堂乐歌方面做出了历史性贡献,成为中国学堂乐歌主将之一,也是著名作者之一。他早期的创作都是在天津的新式学校中传播起来的。我国近代史上第一首校歌就是李叔同在清末为天津西北城角的文昌宫小学而创作的。

天津是学堂乐歌发祥地。随着她的产生与发展,西洋近代的音乐文化,包括各种歌曲及其演唱方式、各种乐器(如钢琴、小提琴、铜管乐器等)及其演奏技法、新的记谱法(五线谱与简谱)以及音乐基础理论等,才陆续介绍到我国来,且由学校而社会,由天津而全国,成为近代民主主义音乐文化的开端。

五、近代天津音乐文化的发展还具有租界文化的特征

1860年天津开埠以后,帝国主义列强英、法、美、俄、德、意、日、奥、比九国纷纷侵占天津市区南郊大片土地,建立起自己的“租界”地,作为入侵中华、掠夺中国财富的根据地。这些租界地分布在海河东西两岸,彼此毗邻,连成一片。总面积达23 350.5亩,相当于天津旧城区八倍。短短几十年时间,这块土地高楼林立,工部局、洋行、银行、商店、工厂、教堂、学校、医院、兵营、仓库、码头等陆续建成。

租界地的出现,使天津市区开始有了"上边"、"下边"之称。按照传统的称谓"上北下南",旧城区地处市区北面,故称"上边";租界地区处于市区的东南面,故称"下边"。这些租界地区不仅是洋人居住和活动地区,一些"高等华人"、官僚政客、洋奴买办、大资本家、豪商富贾、八旗贵胄等等,为了得到洋人的庇护也多迁入定居。这"上边"和"下边"几乎形成两个城市并存的局面。在这片列强入侵的根据地上,殖民主义者散播着反动的、腐朽的思想意识和生活方式,充满着殖民地色彩。洋楼大厦、西服革履、洋点西餐、各种球类、田径运功、电影院、跑马场、舞厅、赌场、妓院等都在这里得到迅速的发展,并在天津人中产生了深深的影响。西方的文化、教育形态也在这里有着集中的表现。洋人开办的学校里也有不少华人子弟就学。作为殖民主义者进行文化侵略的工具,教会、青年会、学校、医院、新闻、出版、体育以及诸多的娱乐场所也吸收大量中国人参与活动。

这块殖民地性质的地区在音乐生活上当然也具有浓重的殖民地色彩。一些西方的民风民俗、宗教活动及其音乐都在这里产生很大影响。无论是洋人直接办的,还是教会办的学校,多以演唱西洋歌曲、传授西方音乐知识、学习西洋乐器的演奏和欣赏西洋音乐作品为主要内容。一些西方音乐家来天津举办的音乐会也都是在租界地内举行。尤其是教会中的唱诗班、圣诗班、圣乐队等也吸引着大量租界地上的中国青少年前去活动,接受西方宗教音乐的熏陶与训练。因此生活在租界地区的青少年学生,接受西方音乐的影响和熏陶更多些。也涌现出不少学习西方音乐的人才。天津最早出现的一批美声唱法和小提琴、钢琴等西洋乐器表演艺术家及合唱队、管弦乐队等,都是在这里产生和成长起来的。他们在西乐乐潮上起着中介与桥梁的历史作用。

各国舞场、酒吧里的伴奏音乐和爵士音乐在社会上也产生一定的影响。最初多是犹太人和白俄等洋人伴奏。如"裴里斯乐团"就是当时一个著名的伴舞乐队。后来在洋人的传习下,不少华人也相继学习,参与其中,以此为业,并逐渐把一些中国乐器、曲调和歌曲加入进去,发展成为具有中国色彩的舞场音乐,使天津成为全国伴舞音乐发展得较早、较快的城市之一。

那时在租界地区居住和工作的市民,包括教师、律师、工程师、西医师以及新闻界、宗教界和工商企业界人士,有的是从国外留学归来,有的长期在洋人或教会办的各级学校读过书,也有的长期接触西方人士,受西方生活方式和音乐文化影响较大,对西方音乐具有一定的知识和欣赏能力。他们在介绍西方音乐文化上也起了积极作用。

洋人及其传教士们虽然怀着征服中国人心的歹意而来,举办了一系列文化侵略活动,在传播西方反动、腐朽的思想上产生了深远的消极影响,但是客观上却促成了中西音乐文化的撞击,产生互相渗透、互为补充、广为交流的积极作用。由此,大量西洋音乐的成果与经验被介绍到中国来,对推动我国近现代新音乐的建设与发展产生了深远影响。这也正是天津人思想开放,善于吸收,热衷于追求新事物的民风民俗和思想性格的体现。

六、天津音乐发展的业余性特点

旧天津的音乐艺术主要是在市民业余音乐生活中繁荣发展起来的。几百年来,天津的音乐生活丰富多彩、品种繁多、风格独特。而这一切主要是在民间成长和发展起来的,是广大劳动者在业余时间里创造发展起来的。他们是天津民间音乐的创造者、发展者、欣赏者,他们是真正的"知音"。在那时,天津除了仅有的几个小戏班和说唱艺人以及民俗音乐中的吹鼓手、和尚、道士之外,再也没有一个专业的音乐社团组织。以法鼓会为例,清末民初时有上百个组织,却没有一个是官办的。尽管它们都有严密的组织和规章制度,但都是自愿结合,自发组织,师徒相承。经费也都是来自社会人士的捐献。就这样,有的法鼓会竟能延续一二百年不衰。此外,像戏曲、说唱的票房,十番乐、丝竹乐、广东音乐等乐种共数百个社团,也都是自生自灭的民间组织。各个乐种技艺的传承是在民间自然地进行着。至于场地的择定、经费的筹措也是靠社会人士的赞助,爱好者集资、支持的结果。就连新兴的乐种,如口琴音乐、管弦乐、合唱等艺术,同样如此。

早年的天津曾举办过各种规模、形式的音乐会。但往往整场节目的演出者连一个专业演员也没有。

正是由于这样一些特点,旧日天津音乐事业的群众性是很强的,生命力是非常旺盛的。因而在它的发展过程中也就很少有规矩框框的束缚,很少有统治者的直接干预,故它一向很少保守思想,更多的是善于吸收融合,不断改革创新,使天津的音乐生活呈现出生动活泼向前发展的局面。这是天津音乐发展史上一个突出的特点。

(《天津音乐学院学报》1992年第1期)

略论周学熙实业集团的经营管理思想

张洪祥　马陵合

清末民初，官僚出身的周学熙，大兴工艺，先后集资开办了15个大型近代化企业，其资本总额高达4 000多万元，成为我国北方最大的实业集团。这个集团从经营水泥、煤炭等重工业开始，后又转向投资棉纺工业、机器制造、玻璃、自来水、金融保险等行业，获得较好的经济效益。它不仅促进了华北地区近代工业的发展，而且在全国工业发展史上都居重要地位。

在半封建半殖民地的旧中国，经济落后，资金不足，市场狭窄，加上帝国主义的打击和压迫，我国民族工业的发展极其艰难。在这种形势下，周学熙实业集团能够生存发展，并获得高额利润，积累大量资本，可说是非常“奇特”的现象。对此过去一般文章认为：周学熙的政治地位起了决定性的作用。他手中有权，又有强大的政治靠山，可以用超经济手段去支持其企业的发展。我们认为这仅仅是一个方面，除此还有其他因素，尤其是周学熙本人精明的经营管理和管理企业的才干是值得研究的。本文就此作些探讨。

一、兴办工艺，积累经验

周学熙年轻时进入政界，就同我国工商实业界发生了联系。1896年他31岁时就担任了开平矿务局驻上海办事处主任；三年以后，提升为开平矿务局总办。当时正是清政府实行“新政”时期，周学熙受维新变法的影响，积极投入了“新政”活动。1902年，直隶总督袁世凯委派周任银元局总办，后升为直隶工艺总局总办，主持北洋实业。1903年周学熙赴日本考察工商业，使他大开眼界。他认为日本在短短的时间内走上了富强道路，其根本原因在于实行维新，从事“练兵、兴学、制造”三项主要任务，中国如要富强，也必须从军事、教育、经济三方面仿效日本，走明治维新的道路。回国后，他积极仿效日本维新，大兴工艺、设立学校、开办工厂、成立劝业陈列所、工商研究所等，使直隶成为“新政”最活跃的省份。

在兴办工艺过程中，周学熙鼓励私人投资，创办工厂，并奖励和保护工商业。他在北洋官报上发表文章说：“志士仁人，殷商大户，所望同心努力急起直追，或独出资财创办工厂，或纠合同志设立公司。”[①]并表示：“由本局验明确有把握而无力举办，或资本过巨而成绩未著，难于招股者，拟酌定补助之法。”在周的指导下，直隶省各地开办工艺局或工厂者，达67处。另外，天津新建的工厂（民族资本）也有30多家，为华北近代工业的发展做出了成绩，同时为后来兴办实业集团积累了宝贵经验。周学熙发展实业，非常重视教育、培养人才。他认为：“工艺非学不兴，学非工艺不显。”他在建立直隶高等工艺学堂宗旨中说：“科学与实业如影随形，为国而思握实业界之霸权，必有通于各种科学之人才，然后旧者可图改良，新者可期发达。此泰西富强各国之公例也。”[②]他从实践中提出了发展工业同发展教育、培养人才相结合的思想，把“教、学、做”三者统一起来，其意义是深刻的，说明周学熙兴办实业具有远大的战略目标。在所办官厂中，他注意吸收泰西国家管理工厂的经验，逐渐清除洋务派官僚所办企业中呈现的种种弊端。他提出今后工厂中要按“商规办理，所有官场习气一概废除；所用之人亦照生意规矩，须一人得一人之用，不得瞻徇情面以致人浮于事。薪水须酌量才干及办事多少为准，每月按规定数发给，不得挪支移挂分文，至应酬一切不准开支，以重公办”[③]。

清政府实行“新政”，其目的是仿效日本维新来发展中国资本主义，维持其摇摇欲坠的反动统治。但是，这条道路在半封建半殖民地的中国根本走不通。尽管周学熙为此努力奔走，但是兴办工艺如昙花一现，很快消失了。除后期周创办的启新、开滦以外，其他中小工厂，包括官办工厂由于种种原因而衰落下去。尽管如此，周兴办工艺，却为华北近代工业的兴起，起了开风气之先的作用，他从中学到了经营企业的经验教训，为他后来创办大型企业奠定了思想和物质基础。

二、多种形式集资，以吸收商股为主

创办大型的近代化企业，需要有雄厚的资金，在“民贫财穷”的旧中国，募股集资甚为困难。洋务运动期间的不少企业，因资金不足、筹措困难而影响企业生存，使企业发展停滞甚至倒闭。周学熙总结历史教训，并注意吸收外国的经验，从创办企业之初，便对资金积累问题十分重视。他认为资金是否雄厚，是企业能否生存发展的关键。1906 年，他创办启新洋灰公司时，计划集资 100 万元，其中座本（固定资本）与行本（流通资本）各 50 万，这是一个不小的数字。当时很多工厂集资 5 万、10 万已感非常困难。而周学熙凭着他的社会地位及其经营管理才干，采用多种集资方法，很快解决了 100 万元的资金问题。首先，他用省库垫款的办法，先把工厂办起来。他认为：“民贫财穷，募股困难，掺用外股，又滋流弊”，不如仿效日本，由政府先行认股，俟募集逾额之时，再将政府暂垫之股退出。“此则与事实无妨，而于最终欲达之目的，亦不背也”[④]。在周学熙看来，利用官款只是作为企业创办的借款，而不是把企业办成官商合办，或官督商办的形式。他已经看到过去洋务派所办官商合办和官督商办企业呈现的弊端和所遭受的厄运，因此他主张：“合自由经营与统制经济两极端而折衷之，良以无政治之力，则不易推动；有官僚之习，则将成腐化，故必以商化之方式，而佐以官厅之督导。”他筹款的原则是：在企业中利用公款，但拒绝官方作为股东的形式存在。如启新从省库借款，原定十年还清本息。但实际上他仅用八个月时间，就募足商股，把借省库公款全部还清。1907 年周学熙开办滦州矿务公司时，也明确规定：“本公司系官督商办，官任维持保护之责，商任集股经理之事，凡关于营业内容悉照商规办理。”[⑤]其资本筹集办法和启新基本相同。最初订资本为 200 万两，其中向官库借垫 50 万两，其余由商股承担。周学熙“充分发挥了‘绅民协同’精神，用商办的名义，确定招股只招华股，不收洋股……结果，仅几个月就全部募齐 200 万两的招股”[⑥]。

周学熙不仅重视招募商股工作，而且还有一套吸引商股的办法：“办事以集款为先，而集款尤以立信为先。”[⑦]所以他首先致力于扩大企业信誉，以厚利吸引私人投资。京师自来水公司创办之初，他在报纸上发布广告，详诉交股办法，优待条件，并保证每年筹拨官款银 15 万两，预存天津银号，作为保息，以昭大信，并告知企业的前途：“现在机器业已订息，核计机器及各项工程不过 150 余万两，即完全 20 个月即可出水，至廉且速，完全为原估所不料。凡官绅商庶愿入股者，即请至天津银号交纳股本，先取收条，取阅章程也。”[⑧]在厚利的诱惑下，商民投资认股者纷至沓来。如京师自来水公司，原计划招股 300 万两，其中由官库垫款资金 50 万两。结果，商民认股踊跃，集资达 330 万两。

周学熙实业集团的股东，来自社会各阶级、各阶层，比较广泛。他的指导思想是，认股者不论职官，不论绅民，只要不是洋股，皆可认股，成为股东。由于他的社会关系，因此最初的投资者，主要是袁世凯、王筱汀、卢本斋、李士伟等北洋政府中的大官僚、大地主和大盐商。这部分人，他们把搜刮来的部分钱财，转向投资工业，以获厚利；但对周学熙来说，却是兴办企业资金的最大来源。后来，一般绅民也积极认股，是因为周所办的企业颇有成就并又以“廉洁干练”而闻名。

三、利润资本化，扩大再生产

周学熙创办启新、滦矿的时候，正是我国近代工业开始发展阶段，铁路、桥梁、港口、码头、工厂等建设，都急需要水泥、煤炭等资源，加上技术设备较先进，成本低，销路上又垄断市场，故从一开始两厂就获得了高额利润。启新资本总额已高达 800 万元。滦矿也是如此，1912 年滦州、开平两矿合办后，到 1921 年共获利 6 809 万余元[⑨]。按合同规定，滦矿按 40% 分成，即可得盈利 2 700 多万元。到 1932 年，滦矿已累计盈利 4 600 万元。这两企业资本之雄厚，实力之强不仅在我国北方，当时在全国的工业中也处于领先地位。

如何分配盈利，周学熙从发展实业集团的目的出发，制定了较完善的经济管理办法。他总的原则是：多积累，少分配，使利润资本化，扩大再生产。从启新历次增加资本的情况可以看出，资本增加的来源，一大部分是利润提存为公积金以及扩充机器准备金等项，然后以股票升值和增股等方法，变为股东所有。为了保证资本积累的稳定，启新在“办事章程”中还规定，除酌提公积金外，利润按十四成分派，其中一成“报效北洋实业”,“以二成提存机器厂房折旧”。1917 年取消“北洋报效”后,将“此项存款并此后按年应提之款,统改作本公司公积”[10]。实际上,此项款额一直保留在公司,到 1917 年已积累 730 多万元,转入了公积金。这种办法使启新资本大幅度增加,到周学熙离职的 1927 年,启新资本总额已达 1 230 万元,是原资本的 12 倍以上。

周学熙为使利润资本化,还开辟了另一条道路,即利用启新、滦矿的资本积累作为创办新企业的基金。1912 年在开滦两矿《联合办理合同草案》上明确提出:“股东分利满十五万磅之后,先提十五分之一,归直隶兴办实业之用。”[11]以后又规定:“股息以每股二元四角为最大限度,过此则提存为‘创办新事业专款’,以之生息,建设实业。”[12]后来天津、青岛、唐山、卫辉等华新四厂以及耀华玻璃公司创办时都得到了启新和滦矿的投资。据周志俊回忆说:“当时滦矿获利甚厚,曾规定股息不能超过每股二元四角,多余之数发给新事业存款折,以为将来赎回开平矿权之用。但当时不能赎矿,遂将此款投资唐卫厂及创办耀华玻璃厂之用。唐厂因与启新洋灰公司毗邻,故得启新支持。”[13]周学熙通过资本积累,扩大自身企业发展,并推动资本集团其他企业的发展,是其经营管理思想的一大特点。这一方法,对克服旧中国资金不足,发展我国近代工业具有重大意义。

四、发挥工业资本和金融资本相结合的作用

周学熙在企业管理上另一个特点是:在其实业集团内部自设金融机构,使工业资本同金融资本密切结合,既可减少集团以外银行的中间盘剥,又可使各企业间酌盈济虚,彼此调剂。

周学熙对金融同企业的关系历来十分重视,他认为:“金融机关之与实业发展,实有密切之关系,盖必先有健全之金融,而后能有奋兴之实业。此全在主持营运者,善于利用,及维护之而已。开发生计,以致富强,固非甚难之事也。”[14]基于金融组织是实业的先导和保证,早在兴办工艺时期,他就致力于将天津官银号这个省库,转变成为实业界服务的并类似近代银行的金融机构。周学熙任银号督办时,为了扩大其资本力量,除吸收省内大量岁入公款外,还广泛招揽社会存款。如当年天津官银号曾在《北洋官报》上大登广告,欢迎小额储蓄:“专为平民集资,可以维持风俗,保全良善。”又可“维持市面,振兴实业”等等,来吸收社会上的大量游资[15]。他还开办博济储蓄所,兼营办理储蓄存款业务,使天津官银号财力充实,促进了官办银号向近代银行的转化。周学熙以积累的资金作为企业经营的资本,他既当债权人,又当债务人,“实际上只不过是周的左手贷给周的右手罢了”[16]。由银号向工厂拨借资本的情况是:1907—1908 年,为启新、滦矿和滦州矿地公司、京师自来水公司等企业,先后贷拨款达 117 万两,解决了企业资金周转的困难,当时凡是创办大公司,多系集股在先,创办在后。而周开办的几个厂矿都是“先借款开办,建厂、购机同时并举”[17]。这使其企业相对于其他民族工业具有更大的优势。这种办法,对当时银号和企业互为有利,但是获利最多的是控制实业集团的大官僚。仅启新一家分红来说,1906 年至 1912 年 6 月间,股东们分到的股息和红利累计近 150 万元,超过了他们原投资的股本。

周学熙使其掌握的金融资本用于工业,其主要目的是使自己能有效地控制各厂矿,牢牢掌握各企业的领导权。如滦州矿务公司 1907 年 9 月创建时,曾明确规定:“创办之初,款由银号筹措,事即由银号主持兼办,并委监督一员,驻矿总理一切,遇事仍秉银号示行。至矿内应用矿师及司事人事等,由监督酌拟细章禀核。”因周学熙既是该号的督办和总办,他当然也就是滦矿的总理。他还担任了启新的总理和实业集团其他企业的董事长。这样,周学熙通过天津官银号的信贷活动,运用金融资本来直接控制、监督其经营管理、资金运用、人事任免等。

周学熙使资本融合的另一途径是:自设银行,使工业资本向银行资本转化,使两者在其资本集团内部融为一体。他认为:“实业之能否发达,则以银行能否设法辅助为断。”当时,周所创办的公司规模都很大,流动资金也很多。一方面有大量款项存入银行,而另一方面各公司遇到现金周转不足时,却不能彼此内部转账通融,还得向银行借贷。向银行贷款较之存款利息高出几倍。这样,既把自己的钱存入银行,又从银行贷款,无形中被银行剥去一层利润。为使工业资本同金融资本相结合,周于 1919 年创办了中国实业银行。他利用滦矿、启新的所谓“新事业专款”的部分资金及两公司股东之股息、花红转化为银行资本入股。据统计启新、滦矿、华新三大公司的投资,占中国实业银行初期资本的 23.2%[18]。

中国实业银行成立后，给实业集团各企业在资金周转、扩大再生产方面以很大的帮助。其总行与分行网的建立上，"除了照顾到天津、上海、北京、武汉等重要城市和商埠外，为了其集团工业公司的金融便利，特在唐山、秦皇岛、新乡、济南等地设立了支行和办事处"[19]。它还以长短期贷款、承购发放各工业公司的股票、债票等多种形式向工业公司进行资本渗透。据统计，中国实业银行先后对实业集团的投资达3 800万元左右。仅1923年，银行为扩建卫辉纱厂就发行了180万元公司债券，又为耀华玻璃公司建设提供60万元基金，有力地保证了企业的建设和发展。另外，青岛华新纱厂建立后，就在企业内部组织了惠通银号，由启新、滦矿等公司存款，由银号转贷与华新使用，后扩大为华新银行，对华新各纱厂的资金周转发挥了积极作用。周志俊曾赞誉银行的作用说："华新独能利用时机，购棉存纱，减轻成本，获得了高额利润，立于不败之地，很重要的一个原因是有金融系统作后盾。"[20]周学熙创办中国实业银行、华新银行，是为了适应工商企业所需的信用中介机关的目的而产生的。借贷资本的主要源泉，就是从产业中游离出来的货币资本；它又将借贷资本集中起来，投向资本主义经济的各个部分，特别是工业资本。这就体现了资本主义正常发展状况下银行的功能，形成了银行与企业之间相辅相成、相互促进的作用。

五、拓宽销路，占领市场

周学熙在创办启新、滦矿、华新等企业后，立即把精力转向产品销售和市场问题，他认为这是企业生存发展的重要条件。他的主要措施是：

首先，在开办之初，便注重对市场前景的预测。在滦矿开办之初，他即指出："近年北洋商务日盛，海舶轮车运输，即便人烟凡庶用煤益多，而官家水师制造等事尤以煤为命脉，迥非开平林西能敷给。"[21]华新纱厂建立之时，周学熙认为："俟调查各处棉纱厂后，以新法从事纺织，必成中国一种可以获利之实业，尤以北方为宜，盖北方未有人办此故也。"[22]同时，欧美帝国主义国家暂时放松了对中国的经济侵略，使中国的民族工业得到发展机会，特别洋纱因进口锐减，价格倍增，纱厂利润高涨。周学熙举办大型纱厂便是基于以上对市场的预测。京师自来水公司开办之时，周学熙在报上公布企业的预算，以展示企业的市场前景。在第一年按每日26万担计算，每年收入洋39万元，支出为12.2万元，余利26.8万元，其中官利16.8万元，余利10万元。以后民风渐开，改变用土井的习惯，销量和利润更会大增[23]。

其次是完善销售渠道，加强企业集团内部联系，利用集团优势进行市场竞争。启新在1922年以前，一直在中国水泥市场处于独占地位，但由于中国半封建半殖民地经济发展的不平衡性，工业多集中沿海沿江一带，所以启新的主要市场为华北华中长江流域。1914年以后，南区销路迅速增长，特别上海的铁路和民用建筑的水泥用量已经超过北方。随着启新产量的扩大，周学熙及时指出："出货增多，推广销路，实为唯一要图。爰于天津筹设北部总批发所，以扬子江流域及苏、浙、闽、粤沿海各埠为营业区域。"[24]后又于沈阳和汉口设东西总批发所，其推销范围和数量日见扩大。此外还对销售机构的职能进行完善，使其更好地担负起开拓市场的任务。他规定："总批发所对于营业区域内各埠得随意派员前往调查市状，并切实指导分销，实力劝导建筑家以联络或传习用灰之法，以开风气。"[25]他还强调拓宽销路，就必须增强竞争力。1914年，启新兼并湖北水泥厂，将其市场由华北扩张到长江流域。在销售上还同日本企业展开激烈竞争。当时日本向中国倾销的优势在于它的运输方便，"彼运灰来华日易，与吾灰运输南方者相同"。特别民国四年后，日本水泥向华进口增多，启新销场逐渐被侵，因此矛盾日趋激化。周学熙为了保持自身的利益，采取了种种对策，如降低本企业灰价，降低运输成本等等，以增强同日本竞争的能力。启新向税务处要求减轻税率，"俾与外资争衡，不致处于失败之地，用特恳请钧处，体察商艰，俯准本公司制造洋灰每桶从前价2两5钱5分，今改1两5钱5分，每包从前估价1两，为今改为7钱……则本公司营业前途，不致为外货所倾轧矣。"[26]又如青岛华新纱厂在日商纱厂包围之中，"以一敌九，孤军奋战，相持近20年，不但未至倾覆，反有欣欣向荣之势"[27]。其重要原因是管理得法，不断改善设备，降低成本，故能立于不败之地。

周学熙感到单独与外国资本竞争，则实力不支，遂走上联营共存的道路，协定垄断价格，瓜分有限的国内市场，抵抗外国垄断资本。他说："天下事以一人为之则不足，集众之力为之则有余。盖势有分合，力有厚薄，而功之难易，效之迟速，即于是乎殊。"[28]他以联合求发展的思想，在半封建半殖民地旧中国，对民族工业的生存和发展有着重要意义。但是由于中国民族资产阶级经济实力有限和政治上的软弱性，不可能抵抗帝国主义的经济侵略。周学熙的实业集团为追求利润,保存和发展自己,在一定的条件下,又不得不同外商进行妥协、联合。"开滦联合"便是一突出事例。又如耀华成立时,其中比利时商人投资一半。1936年比方将全部股权售与日本,从此耀华成了中日合办事业。华北事变时,日本财团乘机掠夺华北经济,先后并吞了天津、唐山两地的华新纱厂,使周学熙实业集团遭到了沉重打击。

总之,周学熙的经营管理思想,反映了旧中国官僚资产阶级转化的一些特点。一方面,他努力克服和清除过去洋务派企业管理中的种种弊端,决心将"凡旧日官场锢习,繁文缛节,欺饰敷衍,一律严革尽净"㉙。另一方面,他认真吸收西方国家管理企业的先进经验,在其企业内部设立股东会,重大事情则由总理、协理会同董事,召集股东大会讨论议决。他还重视企业的生产管理、技术管理和财务管理等,建立各种规章制度,逐步废除企业中的封建把头制度。这些措施,都是进步的,也是周学熙实业集团成功之所在。

但是,周学熙毕竟是一个官僚出身的实业家,在其企业中还保留了很多封建的东西,"官"的色彩还很浓。如启新在开办初期,负责人都要捐个官。当周学熙来到公司,号房听差要在前喝道,高喊:"总理到",霎时全体职员都要屏息肃立,犹如封建衙门一般㉚。周本人也是一向大权独揽,很少听得进别人意见,所谓"股东会"也往往是听取周的意见,贯彻执行周的意图罢了。同西方企业的"民主化"还有相当的距离。

注:

① 直隶工艺总局:《劝业工艺示文》,《北洋公牍类纂》卷16。

②③《北洋公牍类纂》卷18。

④《周止庵先生别传》,第74—75页。

⑤《北洋公牍续纂》卷19。

⑥《天津文史资料选辑》第41辑,第155页。

⑦《周止庵先生别传》第175页。

⑧ 陈真编:《中国近代工业史资料》(三)第369页。

⑨《天津文史资料选辑》第1辑,第18页。

⑩《启新洋灰公司史料》第264页。

⑪《华北国际五大问题》第46页。

⑫《周止庵先生别传》第172—173页。

⑬《工商经济史料丛刊》第1辑。

⑭《周止庵先生自叙年谱》手抄本。

⑮ 郝庆元:《周学熙兴办北洋实业的资金筹措和积累》,《天津文史资料选辑》第41辑。

⑯ 唐少君:《周学熙与启新洋灰公司》,《安徽史学》1989年第4期。

⑰ 汪敬虞:《中国近代工业史资料》(三)第338页。

⑱《中国实业银行总行档案》卷16,200号。

⑲ 盛斌:《周学熙资本集团的垄断倾向》,《历史研究》1986年第4期。

⑳《华新纺织公司始末》,《天津文史资料选辑》第38集。

㉑《天津银号详开办滦州煤矿拟呈文附再禀并批》,《北洋公牍续纂》卷19。

㉒《申报》1915年10月21日。

㉓《中国近代工业史资料》(三)第369页。

㉔㉕《启新洋灰公司史料》,第176、178页。

㉖《启新洋灰公司史料》第58页。

㉗《工商经济史料丛刊》第1辑,第29页。

㉘《周止庵先生别传》第179—180页。

㉙《北洋公牍类纂》卷16。

㉚ 娄友昆:《唐山启新洋灰公司概述》,《唐山文史资料选辑》第2辑。

(《南开学报》1992年第2期)

论启新洋灰公司的经营特点
——周学熙集团企业个案研究

欧阳跃峰

启新洋灰公司是周学熙投资经营的第一个资本主义企业。启新的经营成功,促成了周学熙实业集团的形成,对于华北地区乃至整个中国资本主义的发展产生了重要影响。剖析启新的经营特点,揭示其成功的奥秘,可以客观地展现出半殖民地半封建社会民族资本主义发展的特殊道路,有助于加深对于中国民族资本主义难以健康发展、民族资产阶级先天性软弱等问题的理解。

(一)资本主义企业与非资本主义因素

启新洋灰公司是在唐山细棉土厂的基础上创办起来的。将二者加以比较,可以清楚地看出:启新是一个典型的资本主义企业,但它也不可避免地带有非资本主义因素。

唐山细棉土厂由开平矿务局总办唐廷枢创办于1889年。其创办目的是为了满足清廷海防工程和军事工业对水泥的需求。当时,"海防及淮练军各项工程需用(水泥)甚多"①,而进口水泥售价有时高达每桶(170公斤)20银元。唐廷枢等认为:设厂自制水泥,不但本身有利可图,而且可以为海防和军事工业提供价格稍廉的水泥,是一举两得的好事。为了确保官用水泥的供给,初筹股本6万两中,除开平矿务局与广东香山县地主各认股2万两外,特由北洋海防支应局与淮军银钱所各拨官款1万两作为官股加入,并在"开办章程"中写明:"造成之土,应先尽军械所官用提取,其盈余再行发售民间销用。"所以,唐山细棉土厂是一个官商合办的半资本主义性质的洋务企业,其生产带有明显的军用性质。

唐山细棉土厂生产很不景气。"所出之灰,尚不如土产石灰",价格却高于进口水泥,乃至"无人过问",不仅股本亏赔净尽,"又欠开平矿局十万余两",遂于1893年关闭。1900年5月,接任开平矿务局总办周学熙呈请:"就旧厂重行试办"。义和团运动期间,该厂与开平煤矿一同落入英商之手。1906年8月,周学熙收回该厂,筹组成立了启新洋灰公司。

启新洋灰公司较之于唐山细棉土厂,不仅名称上有了更动,而且内容上也发生了重要变化。

首先,周学熙创办启新的主要目的是为了追求利润。有人指出:周坚持收回唐山细棉土厂,是因为"该厂产品销路甚好,收回后加以扩充必将有利可图"②。创办启新正是他扩充该厂以图利的具体行动。启新"创办章程"明确宣布:其宗旨是"用机器制造洋灰,运销中外,以挽利权,而垂久远"。生产的目的是为了销售,为了获得利润,与唐山细棉土厂的军用目的具有显著区别。

其次,启新初期的股本全部来自私人投资。启新开办时,周学熙计划招股100万元,分为2万股,每股50元。因担心股本难集,又呈请袁世凯批准向天津官银号贷款40万两③。启新的借用官款与唐山细棉土厂的加入官股不是一回事。且股本招齐后,启新于9个月之内全部清偿了这项借款。

再次,启新的股东对企业事务享有一定的参与权。启新"创办章程"规定:"凡系本国人民,均可入股,无论官、绅、商、庶,入股者均一律享有股东之权利。"企业的主要负责人由股东选举产生。公司于每年农历正月初七定期召集股东会议,公布经营状况,议定发展计划。遇有重大事件,则随时召集股东特别会议讨论。1912年的"修订章程",对股东权利作了一定的限制,规定:成年股东拥有10股以上者在股东会议上才享有发议权,每50股拥有一票选举权,每百股拥有一票表决权。当然,这些规定并不能使众多的中小股东真正获得管理企业的实际权力,启新也必然操纵于少数大股东手中。但较之于唐山细棉土厂完全由官派的开平总办控制、投资额占80%的商股股东根本无权过问厂事的境况,毕竟有了很大的改观。

最后,更为突出的是,启新逐步建立了比较系统的经营管理机构。启新成立伊始,即以全体股东组成的股东会为名义上的最高决议机构,日常事务由股东会选举的总理、协理、董事分别主持,另有查账员监察出入账目。后来,随着企业的扩充,经营管理组织系统也日趋完善。公司设总事务所于天津,由总协理(后改称总经理、副总经理)主持,下面分部(或为处、室)、科二级办事。唐山厂部由驻厂经理主持,下面分部、课(或为组)二级办事。销售方面,先后于天津设北部总批发所,于上海设南部总批发所,于沈阳设东部总批发所,于汉口设西部总批发所。此外,全体董事组成董事会,选举总董、协董主持,负责议定公司事务规则、工厂条规、对外联合契约,并审批"公司制造、运输、营业一切事宜及总分厂所用人行政"。另由董事、监察人(由查账员改称)联席会议审定公司预算、决算,议决④。启新在经营管理方面也是唐山细棉土厂所不可比拟的。

启新洋灰公司从创办目的、投资方式到经营管理等各个方面,都表现出私营资本主义企业性质。但是,在封建主义仍占有绝对优势的旧中国,启新的企业机体上也不可避免地带有封建主义的社会瘢痕。

启新股东以创办人周学熙为中心,主要由以下几方面人士组成:一是,"北洋袍泽",包括袁氏家族、王士珍、张镇芳、言敦源、颜惠庆、龚心湛、王锡彤等,二是安徽同乡,包括孙多森、陈维壬、徐履祥等,三是长芦盐商,包括李士铭及其后代李颂臣、李赞臣、李益臣、李嗣香等⑤。再加上周学熙"重行试办"唐山细棉土厂时聘用的经理李士鉴、周的好友曾历任知县的卢靖等。他们大都担任启新的重要职务,且兄退弟进、父死子承,启新的权力始终控制在几个主要家族成员的手中。如:周学熙之弟周学辉、侄周叔弢、子周志辅,袁世凯之子袁克轸、袁克久,孙多森之弟孙稚筠、孙章甫、妹婿李士伟,李士鉴之子李勉之、族亲李益臣,陈维壬之子陈范有,王锡彤之子王仲刘,卢靖之子卢开瑗等,都先后担任过启新的董事或总协理。其中,袁克轸是周学熙的妹婿,王锡彤分别与周学熙、李士鉴为姻亲。维系在启新股东之间的主要是家族、姻亲、同乡、同僚等封建关系的纽带。据有关材料统计,1907 至 1948 年间,启新历届总协理共 17 人次中,仅如南笙 1 人不在上述关系之内,而历届董事共 160 人次中,明确地隶属于上述关系者达 130 余人次,占 80% 以上。

启新的总协理、董事、监察人表面上是按照章程由股东会选举产生,但事实上少数大股东可以暗中操纵选举。一方面,他们手中握有大量股票,按每 50 股享有一票选举权的规定,可以填写很多张选票,另一方面,许多持有少量股票的小股东经常不到会,操纵选举者便将缺席者的股权攫为已有,按照内定的候选名单填写选票,"谁应当选,谁应名列第一候补,谁应名列第二候补,都在事先安排妥当,分别给以相应的股权"⑥。后来公司规定选票要盖有股东印鉴才有效,启新股东内部以周学熙为首的安徽系与以王锡彤及袁氏家族为中心的河南系为了争夺企业权力,往往不择手段地分别四出拉拢股东,拼凑股权,以操纵选举,甚至出现过伪造股权的丑闻。

1906 至 1924 年间,周学熙连续担任启新总理,表现出浓厚的专断独行的封建家长制作风。起初,周学熙在政府任有官职,不能亲自在公司主持事务,为了把持经营管理大权,乃以陈惟壬为坐办,在天津代为主持总事务所,以李士鉴为驻厂经理,主管唐山厂部事务。企业的人权和财权仍由他本人掌握,甚至连一元钱的开支也要亲自批示。早期,启新的负责人大多捐有官衔,日常公司门口摆放着红黑两色的水火棍和虎头牌。周学熙每到公司,"号房听差总要在前喝道,高喊'总理到',霎时全体职员都要屏息肃立,完全是封建衙门气派"⑦。周学熙晚年任人唯亲,偏听偏信。其长婿张邠野本为监察人,周违背公司章程中"监察人不得以在职人员兼充"的规定,任命他为北部批发所监理。张每日花天酒地,极少上班视事。三婿胡光镳就任公司宣传职务,办事铺张,造成浪费。当时不少人写匿名信检举张、胡,周一概置之不理,对二人信任如故。结果,1924 年的股东会上,袁克轸借此发难,引起冲突。周学熙当众受辱后,称病辞职。费仲简先生在所著《当代名人小传》中评论周学熙说:"果断自信","所持议不论良否,期在必行,故世皆谓其刚愎"。周学熙看到后,笑曰:"是知我者"⑧。

总的看来,启新虽有较多封建主义因素,但其性质还是资本主义的。封建主义因素必然要对启新的经营和发展产生影响。

(二)对经济规律的适应与超经济手段的运用

启新洋灰公司作为一个资本主义企业,其经营管理必然要受到资本主义经济规律的制约。启新的发展首先是靠技术更新、资本积累取得的,但也绝不排斥超经济手段的运用,且后者对于启新的发展同样具有十分重要的作用。

价值规律要求每一个资本主义企业必须千方百计地降低生产成本,提高产品质量,才能于竞争中立于不败之地。周学熙创办启新时,即由丹麦史密芝公司购进两座当时最新式的旋窖及碾石机、原料磨、烤料罐等设备。此后又不断进行技术更新。在原动力方面,启新最初采用蒸汽发动机,1911 年开始使用活塞式发电机,1921 年首次引进涡轮式三相交流发电机,并逐步以之取代了旧的动力设备。在生产工艺方面,启新于 1911 年改干法制造水泥为半湿法制造水泥。在产品包装方面,启新于三、四十年代先后从丹麦、日本购置了两台水泥灌包机以代替手工操作。先进的生产技术使企业产量日益增长,产品质量逐步提高,大大加强了与国内外同类产品竞争的能力,给企业带来了巨额利润。

剩余价值规律决定了一切资本主义生产的直接目的和根本动机都是为了最大限度地追求剩余价值。有了高额的剩余价值,企业才有可能进行资本积累,即将部分剩余价值直接转化为资本,从而不断扩大生产规模。启新普通工人的日工资在 0. 22 至 3. 1 元之间,年工资总额在企业总产值中所占的比重最高不到 20%,最低为 3. 25% 弱,一般在 4—10% 之间徘徊。在企业产值、生产成本已定的条件下,工人工资越低,企业主所获剩余价值就越高。1943 年以前,启新的剩余价值率一般在 600% 以上,最高达 1 600% 以上。1941 年以前启新的年股(包括红利、公积金利息)率平均在 15% 以上,最高达 33. 82%。截至 1944 年,启新发给股东的股息、红利等至少在 5 000 万元以上。启新股东利用他们攫得的剩余价值先后多次向企业追加资本,至 1944 年启新的股本由创办时的 100 万元增加到 4 350 万元。其中,通过股票增值、企业赠股及股息改发股票等方式,将企业利润直接转化为股本的部分约为 2 550 万元,占 60%。启新通过资本积累于 1911 年、1921 年、1932 年、1941 年四次大规模地添购机器、增建厂房、扩充生产,日生产水泥由初期的 700 桶增加到 6 000 桶,年利润总额由 1908 年的 18 万余元增加到 1934 年的 335 万余元。

启新在运用超经济手段方面同样获得了令人满意的成效。这主要表现在启新所谋取的各项特权上。

在建厂方面,启新洋灰公司成立后,很快于 1909 年秋获农工商部批准:"嗣后直隶境内如再查有此项相同之土质,应仍归职公司推广添设,以杜外人觊觎,而免另立公司,致启争端,坐亏血本。"⑨随后又取得了在东北各省及扬子江流域设立分厂的特权。民国以后,启新又一再重申这项特权⑩,力图长期垄断国内的水泥生产。

在赋税方面,启新创办之初即经袁世凯批准:产品"无论运销何处,只令完纳正税一道,值百抽五,沿途关卡验明放行,免于重征"。民国以后此项特权依然有效。当时国内厘卡遍地,杂税如毛,启新长期享有厘金、杂税等豁免权,由此而保全的利益十分可观。

在销售方面,当时国内建筑事业尚不发达,水泥用量以铁路工程为最大。启新尚未投产,即请袁世凯"饬关内外、京张、京汉、正太、汴洛,道清、沪宁各铁路局查照购用,以挽利权"。1911 年周学熙致函当时主持粤汉铁路工程的詹天佑,要求他购用启新水泥。在此前后,启新凭借官府权势与国内已经开办的各主要铁路局都签订了水泥专销合同。1915 年,启新在致交通部的呈文中无不满意地宣称:"长年以来,供给京张、张绥、京汉、京奉、津浦、陇海、汉粤川各路以及葫芦岛开埠局等处用灰,无不极承交口称赞。"1923 年 9 月周学熙致信交通部总长吴秋舫,请他"通饬各路局,所有前与启新公司订立之互换利益合同,他公司不得援以为例"。以求长期保持这项特权。

在运输方面,水泥为笨重货物,远途运销,运费负担极重。启新成立的当年即借用袁世凯的权力与轮船招商局签订合同,规定:"招商轮船载运(启新)洋灰公司货物",均"按怡和、太古各行运价再减七折核收"。怡和、太古等轮船公司对同类货物已按九折核收运费,启新要求轮船招商局再打七折,实收额仅为标准运费的 63%。此后,启新与各铁路局所订水泥专销合同内,都列有对启新货物减收运费的条款。如 1919 年 10 月启新与京汉铁路局所订合同内载明:"公司自行运销产品","如经由路局所属路线","以七折计收运费"。启新的经营成本因此而大大降低。

在用煤方面,启新最初不得不购用开平之煤,"该英公司每遇洋灰公司需购煤斤,故意抬价居奇"。周学熙当即筹办了滦州煤矿,并与启新订立合同,规定:"滦矿售煤与洋灰公司,应酌减价值,不得过于开平市价十分之七。"使启新得以长年使用廉价煤炭。

建厂特权使启新实现了对国内水泥生产的区域性垄断,时间长达15年之久,获得了极为优厚的垄断利润;销售特权使启新实现了对水泥市场的部门性垄断,一度根本无需顾及产品的销路,得以有恃无恐地一再放手扩充生产规模;赋税特权使启新长期免受厘金、杂税等盘剥,直接提高了企业的利润率;在运输和用煤方面,启新历年因减收运费和煤价而节省的开支,累计起来亦为一笔相当可观的巨款。这些都有力地加速了启新的发展。但是,超经济手段说到底不过是封建特权在经济领域内的延伸。启新在利用超经济手段求得自身发展的同时,必将影响到其他行业及本行业其他资本主义企业的发生和发展。从全局看,它对于整个中国资本主义的发展必然产生极大的阻碍作用。

启新之所以能够得到官方的扶持,获得上述特权,是与周学熙实业集团主要成员的特殊身份分不开的。除了拥有袁世凯这个强硬的靠山外,启新的主要股东在晚清或为道员、盐运使、按察使等实缺官员,或为捐有职衔的候补官员;民国时期不少人担任过地方的都督、省长,中央的各部总长乃至国务总理一类的要职。这些人或本身拥有很大的权力,或与官场保持着千丝万缕的联系,由他们出面谋求政府的支持,自然是比较方便的。

启新也非常注意保持和加强与官方的联系。如:创办之初即规定所得利润"除官利及酌提公积外,按照十四成分派,以一成报效北洋兴办实业",1910年、1914年两次主动要求清廷农工商部、邮传部和民间交通部"酌附官股",1918年聘请交通部考工司司长沈慕韩为顾问,1925年周学熙辞职时推荐"在北洋中资望最著",且"与军阀派系有感情而又不偏倚"的言敦源代任总理,以便于"对外联络接洽"等等。至于幕后的拉拢、勾结则鲜为人知,想来就更为频繁、更加不拘形式了。

按照经济规律办事,是每一个成功的资本主义企业的基本经营准则。至于启新能够谋取各种经营特权,运用超经济手段多方面地为企业的发展开辟道路,这就不是一般的资本主义企业所能办得到的了。因而,超经济手段的运用是启新经营上的一个重要特点,也是它取得成功的主要秘诀。

(三)垄断及其独特性、合理性

启新洋灰公司在经营上表现了强烈的垄断性,其中有超经济的成分,也有资本主义的成分,而后者尤具特色。启新的后一种垄断发生于中国资本主义的幼年时期,应该说是世界资本主义发展史上的独特现象,但在当时的社会条件下又具有一定的合理性。

启新前期对水泥生产的区域性垄断及对水泥市场的部门性垄断,都属于前资本主义的超经济垄断,究其实质与现代资本主义垄断具有本质区别。

启新对湖北水泥厂的兼并,本身具有资本主义性质,但在兼并过程中同样使用了超经济手段。

1907年,商办的湖北水泥厂筹建于大冶[11]。该厂地处长江中游,运输极为便利,当地原料十分丰富,当时南部的水泥市场也远较北部发达,该厂的发展很可能会超过启新。启新股东为保持自己的独占利益,决意挤垮、吞并该厂。

启新早在湖北水泥厂初创之际即提出了"合并"建议,遭到拒绝。随后于暗中散布谣言,造成该厂招股困难。加之经营不善,该厂很快因资金短缺被迫先向吉林官钱局借款70余万元,再以工厂为抵押借日债60万元。启新方面掌握了确切情报后,先公开提出要以95万两的价格收买该厂,再运动吉林度支使徐锡臣向该厂强索吉林官钱局借款,并拟由吉林巡抚"责令启新认款接办",同时,要求湖广总督瑞澂对该厂借外债事"切实查办,彻底严究",以逼迫其就犯,但皆未能如愿。辛亥革命之际,该厂勉强维持生产,资金更加紧缺。启新方面乘机"运动鄂省当道,电请收归国有"。一时间,"汉、沪报纸喧腾该公司已没收封闭,以致往来各户,纷纷催讨欠款,停止交易,该公司大受亏损"[12],于1913年夏被暂时封闭。当年12月,该厂为清偿债务向保商银行借款140万两,所订合同规定:"债款未清以前,所有该厂营业工作用人均委托债权者管理。"次年,启新与保商银行商定:湖北水泥厂债款由启新提供,保商银行将债权让渡于启新。启新终于以"受托管理"的名义兼并了该厂,并更名为"华记湖北水泥公司"。

启新洋灰公司与上海华商水泥公司、南京中国水泥公司几度联营,表现了更多的资本主义性质,并形成了初级的垄断组织,在近代中国资本主义发展过程中颇具典型意义。

1920年华商水泥公司成立于上海,次年中国水泥公司成立于南京,1923年两公司先后投产。翌年,华商水泥公司产品在国内销量约30万桶，中国水泥公司产品在沪、宁一带销量约8万桶，销路绝大部分夺自启新。启新当然要与它们展开竞争。为避免在竞争中互相削弱，两败俱伤，启新与华商于1925年5月签订联营合同，规定：联营期为5年，联营范围为江苏之苏、松、太、常、镇五府及浙江、福建、广东、香港等省区，联营期内华商不得增加产额，在联营区域内二公司产品销额为60万桶以下时，华商占60%，启新占40%，销额为60至70万桶时，华商占55%，启新占45%，超过70万桶的部分，二公司各占50%，双方以调整产品价格来平衡销额等。从合同中关于销售市场、产品价格、生产规模等方面的内容看，联营近似于西方卡特尔式的垄断组织。

中国水泥公司亦曾参与上述联营的拟议，但因其生产规模较小，又不愿接受限制产额的条件，结果未能达成协议。1927年中国水泥公司购并了同期创办的太湖水泥公司，日生产能力由500桶猛增至2 500桶，成为启新与华商的有力竞争对手。华商立即提出三家联营的倡议。由于三公司对于联营范围、产品销额分配等问题意见难以统一，联营之议时断时续，直至1931年7月才签订联营草约，规定：三公司各派委员一人组成联业管理委员会统一管理销售业务；产品销额按各公司生产能力分配，产品价格由三公司共同议定，联营区域不作限制，但华商、中国二公司承认河北、山东、山西、绥远、陕西、甘肃、东三省为启新专销区域，联营期限暂定为一年。这种联营类似于辛迪加式的垄断组织，不同之处在于它未涉及原料采购问题。

1935年三公司再议联营，在产品销额分配问题上华商与启新发生激烈争执，未能达成协议。次年2月，启新偕同即将投产的江南水泥公司（由启新股东投资）单独与中国水泥公司签订联营契约，规定：中国、启新、江南三公司共同组织水泥营业总管理处，“统筹办理”水泥运销业务，产品销额按各公司标准生产能力分配，联营区域不限，联营时间为5年。这次联营亦属于辛迪加性质。抗日战争爆发后，大片国土相继沦丧，国内市场支离破碎，上述联营名存实亡，延至1941年期满后正式结束。

与西方垄断资本主义相比，启新的垄断具有一定的独特性。其表现：一是时间上的超前性。本来，垄断是在资本主义高度发展、激烈的竞争使各部门生产相对集中于少数大资本家手中时才可能发生的社会现象。而中国资本主义从整体上说从未得到过充分发展，力量始终非常薄弱，资本主义经济在国民经济中所占的比重一直很小。启新的垄断显然是跨越历史时代而超前发生的。这不仅不是中国资本主义趋于成熟的表现，而恰恰反映了中国资本主义的畸形发展，反映了启新的经营者不适应在自由竞争中发展资本主义，总是企图把自己的企业摆在能够优先发展的位置上。他们的垄断意识实际上是封建特权思想的延续，表现了浓厚的封建色彩。二是行业上的单一性。西方资本主义进入垄断阶段以后，垄断组织在工矿、商业、交通、金融等各个行业普遍建立，垄断资本逐步控制国家经济命脉，政府制定政策亦必须以垄断资本家的利益为转移。在中国，由于资本主义的不发达，类似于启新的垄断并非普遍现象，而仅仅是发生于水泥制造等个别行业中的单一现象，也绝不可能形成跨行业的高级垄断组织，更谈不上凭借经济实力迫使政府根据垄断资本的利益制定政策了。

然而，启新的垄断又具有其合理性。所谓合理性包括两重含义：其一是启新的垄断当时具备了一定的客观条件，具有可能性，其二是启新的垄断有利于维护本企业的生存和发展，具有必要性。

启新垄断的可能性主要表现在：一、水泥生产企业规模大、数量少。水泥生产耗资巨大，要求企业具有一定的规模。启新至20年代中期资本额已超过1 000万元。华商水泥公司日生产能力为1 200桶，耗资达370万元。中国水泥公司日生产能力为2 500桶，耗资当亦超出华商。这种规模在当时的民族资本企业中是屈指可数的。巨额投资一方面令资本不够雄厚者对创办水泥工业望而生畏，另一方面也使建成的企业因成本过高而难以转产，势必形成少数大企业垄断水泥生产的局面，也便于它们相互协商，达成联营之类的垄断协议。二、水泥工业发展迅速，水泥市场相对饱和。启新创办之初日生产能力仅700桶，20年后全国水泥日生产能力已达9 000桶[13]。当时国内工业落后、战争频繁，对水泥的需求量极为有限。水泥生产能力急剧增长，使市场渐趋饱和，乃至出现供过于求现象。水泥工业的发展，使企业具备了控制市场的能力，市场相对饱和，使供需关系明朗化，便于企业之间分割市场及相互调整生产规模。三、有国际垄断资本的经验可供借鉴。

启新垄断的必要性主要表现在：一、攫取垄断利润，加速自身发展。垄断的主要目的在于保持垄断价格，攫取垄断利润。1925年启新与华商联营后，曾于一月之内连续两次提高水泥价格。1936年启新、江南、中国联营后，水泥价格迅即由每桶4元上涨到6.3元。启新的股息率最高达33.32%，其中垄断利润占有极大的比例。二、防止因投资过度集中于水泥行业而导致生产过剩。启新与华商、中国联营的目的之一是使“新厂势孤，不易发展，其继起者或知难而退”。水泥工业一度利润优厚，如果不加限制，投资者蜂拥而至，各地水泥工厂大量兴建，接踵而至的必然是生产相对过剩，部分水泥工厂在竞争中倒闭。这对于启新固然不利，而对于整个资本主义的发展亦属有害。因为当时中国可用于发展资本主义的资金极为有限，社会各生产部门中尚存在着一些资本主义发展的空白点，与其将有限的资金消耗于水泥工业的无谓竞争之中，倒不如用于筹建其他行业的资本主义企业。三、避免同行业之间在竞争中相互削弱。启新与华商、中国三公司之间有联合也有竞争。它们能几次达成垄断协议，是因为它们都尝到了竞争的苦头。“本业对内竞争今已渐至互相残杀之境地，先几不救，噬脐何及？”“经再四考虑之结果，深信吾三公司不欲图存则已，否则除立谋联合营业，实无他途”。类似的共同认识是它们实现联营的基本前提。当然，垄断不可能绝对排除竞争，但毕竟极大地减轻了竞争的危害，在一定限度内为谋求共同发展创造了条件。1925至1941年间，启新对外签约联营的时间达11年，这也是它在这段时间内能够继续快速发展的重要原因。四、一致抵制外货，维护民族资产阶级的共同利益。早在清末，外国水泥最高年输华量已接近200万担，此后虽有减少，但仍经常保持在70万担以上。20年代中期以后，日本将过剩的水泥以低于产、运成本的价格向中国倾销，外国水泥年输入量一度高达367万担，民族工业的水泥市场愈益狭窄。启新等公司认识到：在此严峻形势下，国内水泥工业若仍相互竞争不息，将“益使日商得永收渔人之利，而陷国货于万劫不复之地”。共同的利益促使它们以联营来加强对外竞争能力，并多次采取一致行动，共同减价与外货竞争。这对于它们争取自身的发展显然具有积极意义。

尽管在西方资本主义垄断已经有了数十年的历史，但是在中国启新洋灰公司能够采用资本主义垄断的方式来谋求自身的发展，仍属并不多见的大胆尝试。这是启新经营上的再一个重要特点，也是它经营成功的秘诀之一。

注：

① 南开大学经济研究所、南开大学经济系编：《启新洋灰公司史料》，第24页，三联书店1963年版。以下引文、数据等资料，凡未注明出处者，均引自该书。

② 淳夫：《周学熙与北洋实业》，载《天津文史资料选辑》第1辑，第11—12页。

③ 初拟分别由淮军银钱所贷给坐本50万元，天津官银号贷给行本50万元，后改由天津官银号一处贷给坐本40万两。

④ 这里介绍的基本组织机构，一些特殊职务的没置，因情况较为复杂，本文不作讨论。

⑤ 周学熙创办启新时正担任长芦盐运使，由于这层关系，长芦盐商遂成为启新的重要投资人。

⑥⑦ 周叔弢、李勉之：《启新洋灰公司为初期资本和资方的派系矛盾》，载《文史资料选辑》第53辑，第21、11页。

⑧ 周叔媜：《周止庵先生别传》，第213页。

⑨⑫ 汪敬虞编：《中国近代工业史资料》第2辑下册，第1 080，1 083页。

⑩如1922年周学熙致函段祺瑞称：“井隆设厂，与△所办之启新专办成案，固有未宜”等。

⑪当时启新尚未取得扬子江流域的建厂特权。

⑬其中：启新4 700桶，华记600桶，华商1 200桶，中国2 500桶。

（《安徽师大学报》1992年第3期）

试论近代华北的区域城市系统

罗澍伟

城市是人类社会、经济活动的空间投影。在一定的区域范围内,不同类型、不同层序城市的地理分布,不但构成了该区域的城市系统,也是该区域经济制度和经济发展的综合反映①。近代华北是中国传统社会由封闭被迫走向开放过程中变化最为剧烈的区域之一。研究这一时期华北区域城市系统的变迁过程,对于深入了解近代中国社会经济的变动与重新组合,深入了解近代中国各类各级城市地位的奠定,无疑会有很大的帮助。

一

城市起源于人类文明的早期中心。随着一些地区社会生产力的不断发展,部分社会成员从事农业生产已非必要,因而采取城居的形式。反映在空间上,城市则是该地区的行政、税收和宗教中心,并与农村腹地或其他城市保持着相互作用的关系,这样便逐渐形成了一个由生产、分配和交换诸方面组成的有机的系统。

华北是中国城市文明的摇篮,《世本》记载说:"鲧作城郭。"据传,鲧所筑阳城即在今河南登封境内。然而直到秦汉以前,这一区域的城市系统是分散和多元的,这主要是因为当时的华北分属燕、赵、晋、齐、鲁、郑、魏等国,而各国都有自己相对独立的城市系统。

秦汉以后,随着郡县制的推行和日臻完善,华北城市系统得到了初步的划一,可是由于当时的华北尚没有形成一个比较完整的区域性市场,其城市系统只能是以首都为中心的全国性行政管理、赋税征收和军事统治网络中的一个组成部分。唐宋时期,中国的经济重心向南发展,而政治重心却向北推移,以致地处华北中心的北京自金元以降开始成为国都。迨至明清两代,在强大的非经济因素推动之下,以北京为核心的传统华北区域城市系统逐渐形成。大致来说,传统华北区域城市系统同全国其他区域一样,包括两种不同的层次;一种是出于地方行政管理目的而区划和控制的层次,一种是由于交易活动而形成,并反映了社会自然结构的层次②。当然,其间不少城市表现为两种层次的重叠。就清代中叶而论,以省、府、州、县为层次的华北区域城市系统可略见下表③:

省	京师	直隶	山东	山西	河南	合计
府	1	9	10	9	9	38
直隶州	—	6	2	10	4	22
属州及县	24	111	107	95	105	442

当时的京师,既是全国最大的中心城市,也是区域内最大的中心城市。各省的省城一般是本省的中心城市,府城是省内某一行政区划的中心城市,而县城则是各农村地区的中心城市。中央政府正是通过这种表现为各级权力中心的城市系统,把行政、税收等权力紧紧地掌握在手中,以维持国家的统一与国家机器的运行。从各级城市的密度看,华北区域每个府或直隶州平均领有8个上下的属州或县,略高于全国的平均水平,远逊于长江流域一带,这符合华北区域经济的发展程度,即在全国处于中等发达水平上④。

至于华北区域内反映社会自然结构的城市层序,目前还缺乏研究。但下面的结论,对于我们具有重要的参考价值，即清政府的城市设立策略，往往是将新崛起的贸易中心开辟为行政首府[⑤]。因此，我们可以把系统内多数城市视为不同等级的市场或经济中心。另外，我们还可以从清代的关榷设置方面做一些补充。清政府在地方所设关榷，例分工、户两种：榷百货者属户部，榷船钞及竹木者归工部。华北区域内之户关，有天津、临清等10处，工关则有滦州蟠桃口、山西杀虎口等几处，天津之海苇税亦由工部征收。这些关榷，有的设在县城、要路，有的就设在贸易兴旺的集镇[⑥]。如华北最大的区域性市场天津，除本关外，尚在苑口、东安、永清、杨村、蔡村、河西务、王摆、张家湾、三河、独流、海下各口征税，这些税点，多可视为初级市场。上面粗浅的陈述，约略可见华北区域传统城市系统之一斑。

二

近代华北区域城市系统重新组合的契机，应是第二次鸦片战争后天津的开埠。

近代以前，华北城市作为传统社会经济网络的结点，多集中于内陆。像天津这样区位优越的港口城市，在自给自足的小农经济统治下，很难发挥出其潜在的优势。西方资本主义国家挑起第二次鸦片战争的原因固然是多方面的，但开天津为商埠，利用天津的优越区位，取得深入中国的“更大自由”，显然是重要的原因之一。所以天津一经开放，便使西方各国欣喜若狂，他们急切地盼望天津“能在重要性上压倒上海或其他敌手，或者至少把那些地区的商业吸引过一部分来”[⑦]。尽管尔后的历史证明，天津的经济地位无法与上海相匹敌，但历史为天津确立的主调却是城市潜在经济力量的发挥，“这种力量不顾一切阻碍，持续地向前突进”[⑧]。开埠前，天津并非传统的棉纱、棉布集散市场，开埠后却很快发展成全国进口洋纱、洋布的最大口岸。显然，这与天津具备良好的水路交通条件及由此形成的传统经济网络和城市层次有密切的关系。1868年天津海关曾对进口洋布、洋货的销售去向做了跟踪调查，发现这些洋货主要的销售对象是山西、直隶、山东西部和河南北部，少量洋货销至陕西及蒙古西南部。天津海关在另一份报告书中说：“天津到临清的千里长的河道上布满了各种型号的本地船只，它们满载着外国货物和南方产品溯流而上。在临清，卫河与运河汇合，使这个城市与大名府及河南省联系起来。正是这样，深远的河南省、山西省、陕西省也像山东省的内陆地区即济南府、东昌府一样得到货物供应。”[⑨]正是有了这样的城市系统和经济网络，即使路途遥远、交通不便的山西省也可以成为天津进口洋布的最大市场。

传统的区域中心城市天津与世界资本主义市场的对接，造成了区域间的货物流通，而这些货物又都集中在天津，结果不但使其原有的初级或次级市场功能得到保持和发展，而且由于天津坐落在通向出口商品主要产地的良好方位，一批以天津为终极市场的新的初级和次级市场网络也逐渐形成。到20世纪30年代中期，天津在全国五大港口——上海、天津、广州、武汉、大连——进出口贸易额的比重已由1873年的1.8%上升到11.7%，其中面粉进口额、棉花及畜产品出口额均居全国之首[⑩]。进出口贸易的发展，使天津在华北区域城市系统中逐渐取代了北京的经济地位，成为新的区域中心。

伴随着资本主义经济征服的不断加深，华北区域的近代工业也发展起来了。天津在20世纪以前是洋务运动的北方中心，20世纪初期以后，又成为华北区域轻纺工业中心。工业的发展增加了城市对原材料和动力资源的需求，结果，大大带动了周邻地区的经济开发，一批新的城市因此涌现，这反过来又进一步提高了天津的地位和作用。

经济学家认为，一个区域的发展，一般要受两类外部条件的影响，一是对该区产品的需求，一是该区生产活动所需投入的供给[⑪]。正是这两个条件，在诸多方面带动了华北区域城市系统的调适、转变与重新组合。

与上面两个条件紧密相联的，便是步入近代之后华北区域运载工具的巨大变化。19世纪中叶以前，华北区域的传统运输系统以水路为主，尤其是地处九河下梢的天津，因水路四通八达，自然形成为水路与航线凝聚的焦点和区域的经济中心。每条河道附近，天然分布着一批与天津保持集散关系的县城或集镇。而传统的陆路运输不但行程艰难，且运费高昂。天津开埠后，在进出口贸易和近代工业不断发展的强烈需求刺激下，西方容量大、成本低的先进运载工具最先在华北地区出现，这就是从1887年唐胥铁路建成开始，到后来京山、京汉、津浦、京张、正太、陇海等铁路的通车。在近代社会，一个高度整体化和商业化的经济体制，伴以建立在先进运载工具基础上的贸易和工业制造，极易促使城市加速成长和城市化的快速进行。据1906年

《天津钞关华洋贸易情形略论》记载,在天津与内地运输方面铁路承担的份额持续增长,是年已增至48%,大运河占15%,西河占19%,陆路(普通大车和手推车)仅占7%。以天津为中心的铁路运输系统,与传统的河运系统相互补充,大大加强了天津城市的商品集散能力和进出口贸易的增长。因此,近代华化区域城市系统的重新组合,与天津进出口贸易和近代工业的发展,特别是铁路网络的形成,关系至为密切。而这种组合又主要表现为天津发展成区域内的首位城市,以及一批成为区域内次级市场的城市出现,而某些传统城市又因社会环境和经济条件的变迁而走向衰落。

应当说,近代华北区域城市系统中的初级市场状况变化尚不十分明显,但在次级市场中,却可以看出有相当部分是从不同层次的传统城市转变而来的。比如地处直隶、山西和内蒙交界处的张家口,原为明代设立的军事城堡,后发展成蒙汉互市与交往的中心,清初属宣化府,后改散厅,隶属口北道,地位与州县相同。当地居民多以皮毛加工为业,清中叶时共有皮毛作坊、店铺230余家。天津开埠后,由于国际市场对皮毛的需求甚殷,张家口很快成为西北和蒙古地区畜产品的出口中心。以前许多使用价值极小,甚至是废弃之物的羊毛、驼毛等,此时都成为大宗的出口商品。由天津通往口外的商路日趋繁忙,出产皮毛的当地初级市场交易额不断扩大,地扼三省冲要的张家口遂发展成具有一定规模的畜产品次级市场。在天津的英、美、法等各国洋行有30余家到张家口开设了分号,皮毛业由此大盛,有数万名工人、上千家商号从事此项业务,年进出口值最高达15 000万两(银),"天下皮裘经此输往海内,四方皮市经此定价而后交易",遂被称为"皮都"[12]。为此清政府决定修筑京张铁路,此后全长1 800公里的张库公路亦通车,张家口的皮毛业更加繁荣。此外,张家口每年约有250万斤胡麻,200万斤菜籽,370万斤羊、驼毛,29万张皮革经铁路运往天津[13]。经济的发展使张家口城市地位大大提高,美日等国在这里设有领事馆,并于1914年自行开为商埠,1928年划归察哈尔省,并定为省会。

地处太行山东麓的邢台(顺德),原为历史古城。近代以降,由于交通上的便利条件,当地一批以转贩皮货为职业的"货郎子"应运而生。他们向当地的皮货行贷款,购买布匹、烟、茶及日用杂品,运至内蒙西部、陕西北部和宁夏南部换购各种皮货,运回后加工成各种半成品发往天津。在邢台的天津洋行外庄有10余家,皮毛加工作坊百余处,于是邢台由一个府属县城发展成为区城内畜产品的又一次级市场。

邢台以南的另一古城为广平府的邯郸县,明清时期即与天津有着贸易联系,当地的棉花,彭城的瓷器,峰峰、武安的煤炭均可由釜阳河顺流直达天津。京汉铁路通车后,这种联系更加密切,天津销往邯郸的大宗货物为煤油(每年1 000余吨)、卷烟(每年百余车皮)、染料、布匹、火柴等;经邯郸销往天津的有山货、铁货、杂货、粮棉、食油、蛋品、草帽辫等。20世纪20年代前后,附近武安、临漳、磁县的棉花每年有600余车皮,武安、涉县所产花椒、核桃仁每年有100多车皮经邯郸运往天津[14],邯郸成为区域内杂货的次级市场。随着城市经济的活跃,邯郸市区范围不断扩大,从旧城南关到火车站附近形成了新的市区和商业中心。

济南为山东省会,也是黄河下游最大的城市,历来"商贾荟萃",是附近46个县的农副产品销售市场,第二次鸦片战争后又成为烟台、天津两港输入洋纱、洋布的销售中心。1904年胶济铁路通车,第二年清政府将济南开为"华洋公共通商之埠",商埠区设在西关外,建有华洋贸易处、华商贸易处、堆货处、西人住宅处、领事驻扎处,以及花园、菜市等,完全按照近代城市的格局规划。1910年津浦铁路与胶济铁路相接,济南的经济地位更加重要,"进出各通商口岸之货物多由火车运载"。此后,为输出服务的棉花行、蛋行、粮行、牛栈,为销售进口洋货服务的五金、颜料、钟表、新药等各种行业兴旺一时。尤其是棉花的大量出口,使济南成为华北最大的棉花买卖市场。每值冬季,"贩运土棉者络绎不绝",不但本省"登莱之黄、淮诸县购花者麕集省垣",而且直隶吴桥、威县、南宫、清河诸县贩运土棉者络绎不绝[15]。其中除由青岛出口外,约有半数发往天津。

河南中部的郑州历史甚古,但至清末已成为开封府属之一衰落小县城,人口不足2万。1905年京汉铁路建成通车,郑州遂被清政府自行开为商埠。1912年横贯郑州的陇海路建成,郑州再度得到长足发展。因该城地处河南腹心,且有铁路联络华北、西北及华中诸大城市,遂使商贾云集,市面繁荣,在经济优势上很快便超过省会开封,处于"全省之冠"的地位。市内的大厂及大公司不下数十家,地皮每亩高达2 000元,以致时人认为,河南可"称为商埠者,唯一郑州"[16]。

有趣的是,20 世纪 20 年代以后的北京也降到了次级市场的地位。当时,中国出口的地毯有 90% 左右经天津销往国外,而天津的外国洋行又几乎全部垄断了地毯的出口。1924 年时,北京的地毯厂和作坊共 206 家,从业工人 6800 余名,所产地毯几乎全数运往天津。

近代华北区域城市系统内也不乏随着近代工业、交通发展而涌现的新兴城市。如唐山原为天津东北 120 公里处的一片农村,1877 年直隶总督李鸿章为解决天津洋务工业和轮船运输的动力资源问题,决定在这里兴办开平煤矿。翌年于桥头屯开钻凿井,购地建房,并开挖运煤河,修筑矿山铁路,桥头屯也升格为桥头镇,后又改称唐山镇,但仍属直隶永平府之滦州管辖。当时煤矿的技术人员多来自广东,矿工多来自山东,他们聚居的地方便成为唐山最早的两条街道——广东街和山东街。1882 年唐胥铁路通车,此后随着铁路的延伸,唐山市区开始沿矿场周围和铁路两侧发展;商业中心也由开平和胥各庄向唐山转移,栈房、商店、旅馆、剧场、饭馆、茶楼、妓院纷纷出现。市廛繁盛,建筑宏敞,城市规模由是初具,"非内地县城所能比"。及至津榆、津芦、津浦铁路相继通车,开平煤以运输上的便利畅销于关内外,并通过天津、秦皇岛大量出口。采煤业的发展,又带动了机械、水泥、陶瓷、轻纺等工业以及教育事业的发展。由于天津是唐山多种原料的供应地和产品销售的终极市场,所以开滦矿务局、启新洋灰公司、启新瓷厂、华新纱厂等均设总部于天津。到 30 年代,唐山已发展成以煤炭为主的综合性工商业城市,人口达 10 余万,有"小天津"之称,于是在 1938 年脱离滦县、丰润而独立建市。

另一典型的新兴城市石家庄,坐落于华北平原中部,原系正定府获鹿县的一个小村,仅 150 余户,600 多人。1900 年芦汉铁路通车至石家庄,附近的井陉煤矿亦随之兴建,该处商业始渐繁盛,但一般赴山西之商贩、旅客抵石家庄后仍要改乘车骄西行。1907 年正太路通车,石家庄遂成为两条铁路的交汇处,整个城市也因此而崛起。由于这里地理位置适中,交通便利,且为晋、冀、豫等省之冲要,在进出口贸易强烈需求的刺激下,很快成为天津通往华北区域西部腹地的枢纽。据 1926 年的统计,由天津经石家庄运往山西的煤油每年达 480 万元,纸烟 60 万元,布匹 600 万元,其他尚有棉纱、杂货等。而由山西运往天津等处的货物如煤炭、棉花、粮食、铁锅以及西北地区的皮毛,每年亦高达 900 车皮以上[⑰]。由于周围农村多为棉产区,因此石家庄还是省内最大的棉花次级市场,年集散量为 30—50 万担,大部分北运天津。巨大的集散功能又带动了城市工商业和金融业的发展,至 1939 年建石门市,遂成为华北平原的工商业重镇。

华北第二大港青岛在近代以前,仅为山东莱州府即墨县属一个 300 余户的散处海滨的村落,1897 年经德人租借,辟为商埠,次年订立《胶澳租界条约》,1899 年设胶海关,并采用自由港制度。由于青岛港水域广阔,不淤不冻,再加上 1901 年胶济铁路通车,商业和进出口贸易得到发展,尤以输出额增加为最快。因为海陆交通的便利,青岛很快成为山东东部的出口基地和纺织工业中心。

华北区域内另一天然良港秦皇岛,近代以前亦为直隶永平府临榆县沿海渔村,1893 年津榆铁路通车,开始推动这里的经济发展。1898 年清政府辟秦皇岛为自开商埠,因绌于经费,乃由开平矿务局代办一切商埠事宜,于是秦皇岛首先成为该局运输煤炭的专用港口。据 1906 年《天津口华洋贸易略论》记载,当时开秦皇岛为商埠的原意不过为天津冬季封港后另觅一"畅行之口岸"。但自 20 世纪初以后,该港"生意络绎不绝,且有内地独立之生意。缘有销场以该处为海口,无论冬夏皆有进口之货"。进出口贸易和航运的发展,促进了秦皇岛近代工业的兴起,从 20 年代起,中美合资的山海关造船厂、中比合资的耀华玻璃厂先后开工,起初年产玻璃 10 余万箱,后增至 30 余万箱,经秦皇岛输往国内各地以及日本、朝鲜等处。市区规模也日渐扩大,市内商店、民房鳞次栉比,主要街道两旁洋行、客栈、饭店林立,港口年吞吐量最高时达 400 余万吨。

陆路上也出现了新兴城市,如地处石太路中枢的阳泉,在铁路修筑前,不过为山西平定州附近的一个小村落。随着铁路的开通,以及煤矿的开发,很快发展成山西省内次于太原和大同的第三大城市和晋东南的工业中心。

近代城市系统重新组合的同时,不可避免地要带来传统城市的衰落。自金元以降,北京一直是中国城市系统的中心,也是华北区域内的最大城市。但自 20 世纪初期以后,天津因其经济地位的逐渐上升,成为区域内的最大城市和中心。天津的迅速成长与城市地位的不断提高,还取代了省会保定的城市功能,带来了保定的衰落。同样,石家庄的兴起很快取代了正定,郑州的兴起逐步超越了开封和洛阳。这一盛一衰,在初级市场上也表现得十分明显。如河南的周口,介于淮阳等三县之间,水陆交通便利,历来为粮、油及大牲畜的集市。京汉路通车后,漯河代之而起,成为新的粮、油、牲畜市场。元明以来被称为“天下四大镇”之一的朱仙镇,也因远离铁路而地位一落千丈。然而,由于系统内传统城市一般具有前述两种层次重叠的功能,随着社会经济的复苏与发展,仍然可以得到振兴,尽管绝大多数已经不能恢复到原有的地位与等级。

三

近代中国由封建社会向半封建半殖民地社会的转换,在相当程度上表现为区域城市类型与系统的转换。华北自金元以降,一直是中国政治重心——首都北京的所在地,只是在20年代中期以后才暂时改变了这一格局。因此在近代以前,华北的区域城市系统大致上应属一种自上而下建立的“金字塔”式的传统政治模式。区域内最大的城市自然是首都北京,其他城市只能纳入服务于各级行政管理和税收的城市子系统——省一级的城市系统。又由于北京能在政治、经济、军事诸方面支配全国,在统治阶级的权力行使过程中,自然也会影响到华北区域内城市系统的发展。

步入近代,华北的区域城市系统,在西方资本——帝国主义侵略刺激下,发生了相对急剧的变化。这种变化首先表现为城市功能的变化,即城市的传统功能或传统城市逐渐衰落,而作为经济活动中心最优区位的近代城市迅速成长。其次,伴随着运输条件和运载工具的变更,那些作为各级权力机构象征的城市逐步让位于由各种新式产业组成的空间集中点式的城市,而且这种变化是在中央权力范围之外,自下而上地“自发”进行的。在这一进程中,天津开始脱离了作为首都辅助城市的地位,进而取代了北京的经济地位,一变而为华北地区最大的工商业和港口贸易城市,也是华北区域城市系统中心和首位城市。

与这一过程同步进行的,是华北区域城市系统逐渐成为资本主义世界市场的一部分。天津是华北区域的天然进出海口,各种机器产品越来越多地经过天津输往华北各地,北方各地的农、副、畜产品,也因出口需求的刺激而不断得到开发。近代工业、金融业,近代文化和教育事业亦因此而渐遍于区域内的大小城市。但是由于中国传统社会的自然经济商品价值体系无法与西方大机器生产的商品价值体系相抗衡,所以这一新的城市系统虽然伴随着区域市场卷入资本主义世界市场程度的不断加深而加速形成,但最终只能成为资本——帝国主义对中国进行政治统治与经济榨取的吸血网;区域内的中心城市天津虽然脱离了国内集散贸易市场的躯壳,但最终也只能起到发达国家“抽水机”的作用[18]。

总之,近代华北区域城市系统一方面摆脱了传统发展模式的束缚,在相当程度上体现了不同类型城市自然成长的趋势,另一方面这个系统又是不健全的,城市成长多半呈畸形状态,并带有明显的半封建半殖民地的烙印。

注:

① 这里述及的区域含两种概念:一是行政管理区划;一是经济活动范围,即“以某个大都市为中心的最大限度的批发、信贷业务网络”。据此,近代华北的区域范围大致应包括直隶[河北]、山东、山西及河南四省。关于后一种概念,可参看施坚雅:《城市与地方系统的层次》,载张仲礼主编:《中国近代经济史论著选译》第9页,上海社会科学院出版社1987年版。

② 参看施坚雅:《城市与地方系统的层次》第1页。

③ 表中数字见刘子扬:《清代地方官制考》附一之《档册统计》,紫禁城出版社,1987年版,与《光绪大清会典》所载数字不尽相同。

④ 据刘子扬:《清代地方官制考》,当时全国共设府182,直隶州66,县1464,平均每个府或直隶州领有6个左右的县,一般情况是,府所辖的县多,直隶州所辖之县少。

⑤ 见约翰·R·瓦特:《衙门与城市行政》。

⑥ 著名学者周谷城认为,中国传统城市不但受到各级行政机关的支持,而且在交通上常有极重要的地位,或常为手工业的中心,或常为交换及旧式商业中心,这种交换既有省内的,也有省际的。见所著:《中国近代经济史论》第48页,复旦大学出版社1987年版。

⑦ 雷穆森:《天津——插图本史纲》第25页,载《天津历史资料》第2期。

⑧ 派伦:《天津海关1892—1901年10年调查报告书》第47页,载《天津历史资料》第4期。

⑨ 转引自张思:《19世纪末天津的洋纱洋布贸易》,《天津史志》1987年第4期。

⑩ 见严中平:《中国近代经济史统计资料选辑》第69页,科学出版社1955年版。当时天津每年集散棉花近百万担,其中60—70%出口,30%左右用于各棉纺厂。

⑪ 参看埃德加·M·胡佛:《区域经济学导论》第277页,商务印书馆1990年版。

⑫ 见徐纯性主编:《河北城市发展史》第225—226页,河北教育出版社1991年版。津张之间的陆路运道也成为"互市通衢……蒙古一带所产之皮毛驼绒贩运出洋,与南省运销蒙古各处之茶叶、纸张、糖、线、煤油等杂货均为大宗"(《光绪朝东华录》标点本,第5册5 421—5 422页)。

⑬ 转引自陈克:《近代天津商业腹地的变迁》。

⑭ 见前引。

⑮ 见《济南简史》第381—384页,齐鲁书社1986年版。

⑯ 见王幼桥:《河南方舆人文志略》第138页,北平西北书局1932年版。

⑰ 见陈克:《近代天津商业腹地的变迁》。

⑱ 见周谷城:《中国近代经济史论》第179—181页。

(《天津社会科学》1992年第6期)

张学良与张伯苓

梁吉生

20世纪二三十年代，张学良与张伯苓有过很深的交往和友谊。张伯苓(1876—1951年)，天津人，先后创办南开中学、南开大学、南开女中、重庆南开中学，是倡办私立教育卓著功绩的教育家。周恩来、马骏、于方舟，以及著名国际数学大师陈省身，著名物理学家、台湾中研院院长吴大猷，著名戏剧家曹禺等，都是他的学生。

张学良最初认识张伯苓，是1916年在沈阳的一次讲演会上。那时，张学良还是个风流倜傥的少年，对人生的道路，对国家的前途正在痛苦求索之中。按他自己的话说，即他当时"对于世事，极其灰心"，"对国事异常悲观"，"感东北受日俄之侵略，内乱频频，自觉毫无希望，只好坐待为亡国奴耳!"[①]正当张学良踌躇苦闷之时，10月9日张伯苓应奉天(沈阳)基督教青年会的邀请前去讲演，演讲的题目是《中国之希望》。张学良闻讯，"奇而往听"[②]。张伯苓身材魁伟，声音洪亮，标准的天津腔，讲话生动，亦庄亦谐。他在讲演中历数日本、沙俄等国对中国的侵略，号召国民快快警醒，团结起来，奋发图强，不要怨天尤人，要靠自己埋头苦干。他在讲演中强调，"中国之希望……在每一个中国人之发奋图强，誓力救国"。张伯苓的讲演发蒙振聩，深深打动了张学良，使这位爱国少年"志气为之大振"[③]，对国家前途充满了信心。他说，听了张伯苓的讲话，"大悟悲观之非当，乃立誓本个人之良心，尽个人之能力，努力以救国"[④]。他很感谢张伯苓的拨雾指迷，导夫先路，直到30年代初还说："予之有今日，张先生一言之力也。"[⑤]

沈阳青年会的讲演，成为张学良和张伯苓交往和友谊的契机。以后两人的直接往来日益增多。20年代，在跌宕变幻的社会风云中，张学良脱颖而为奉系军阀举足轻重的人物，但他仍然把张伯苓以老师看待，并为他解决一些办学中的困难。这一时期，张伯苓主持的南开教育事业正在发展。1919年成立南开大学，1923年又建成南开女中。由于学校的不断扩展，办学经费时成问题。1926年11月，张伯苓到张学良在津私邸面谈学校的困难。张学良"慨允"以纸烟税款的余数补助南开。22日，张伯等为此事又致函张学良，希望立即拨付助款。信云："我公为敝校维持无微不至，非常感激，倘蒙即日通饬捐局从事照拨，俾涸鲋早获回春之望，沐惠实无涯矣。"信中张伯苓还给张学良附寄"捐启"一册，让他"作一登高之呼"，代为南开女中建校工程亏款进行募捐。

张伯苓不仅为南开的发展求助于张学良，有时社会上一些亟待伸张正义的事情，也请他帮忙。如吉林毓文中学，是南开毕业生韩迺赓与初鹤皋以私人资格创办成立的。该校效仿南开母校规制，成绩斐然，比当地官立各校办得还好。自1915年成立后，一直由省财政厅和教育厅给予经费补贴，1926年夏季财政厅助款忽然停发，该校来函吁请张伯苓设法维持学校。张伯苓接信后立即写信给张学良，请其"代函吉林财政厅长一为说项，俾之对该校如旧补助"[⑥]。张学良接信，即令吉林财政厅恢复助款，从而使毓文中学得以继续。张伯苓还曾为天津爱国商业家宋则久身遭构陷仗义执言。宋则久很早就发起并创立了直隶国货维持会，组织国货售品所，举办国货展览会，提倡销售国货。1925年宋任天津国民会议促成会主席。1926年3月奉系军阀李景林进驻天津后，嫉恨宋则久曾以物资援助冯玉祥国民军，遂以"宣传赤化"为由，将国货售品所查封，并且要以"赤化要犯"对其缉捕。张伯苓以其对宋则久为人的多年了解，向张学良为宋证言，并请他"代知各方面"，使宋则久得以解脱。

张学良对张伯苓的要求尽可能给予帮助。1926年11月23日直鲁系军阀勾结天津英租界工部局搜查国民党天津市党部，先将在机关办公的共产党员和国民党革命派江震寰等9人逮捕，并破获有关名册、文件及宣传品。几天之内又捕去革命同志十几人。25日英租界将这些人引渡天津反动当局。天津警察厅从所获文件中,引起对南开大学进步学生和社团的怀疑。在此危急时刻,张学良立即派其部下,原南开大学毕业生潘景武带着他的手谕与张伯苓"面晤"。由于张学良的预为关照,使南开以及进步学生有所准备,同时也使张伯苓赢得了时间,以向直鲁联军"各当道"者公开解释[⑦]。

1927年,二张的关系有了进一步发展。这一年,奉系任命张伯苓为天津市市长。张伯苓对张学良说,国家最需要的是积极奋发、振作有为的救国人才;我志在教育不在政治,故自誓终身为教育而努力。张学良对张伯苓矢志教育,不贪恋高官厚禄的品格,更加敬重。同年8月,张伯苓与王正廷主持第8届远东运动会后,从上海乘船取道大连回津,并顺便考察东北。在东北各地的所见所闻,使张伯苓亲身感受到"日人经营满蒙之精进与野心"及其"谋我至急"。他说:"不到东北,不知东北之大;不到东北,不知东北之险。""国人欲与之(日本)抗衡,必先明了其经营之内幕不可"。于是,回校后立即在南开成立满蒙研究会(不久改名东北研究会),主要吸收在校东北学生入会。该会以日文教员傅恩龄为主任,下设视察部和研究部。研究工作主要围绕东北的开发及日本对东北的侵略进行。内容包括:东北铁路系统及海港之研究;东省铁路之运行政策;南满铁路公司状况;哈利满收买满铁失败之批评;东北移民之研究及其运动;金州(金县)境内我国人民之教育问题;以满铁为中心的国际外交问题,吉会铁路问题;我国所有研究东北问题诸团体之沿革及其现况等。先后写出《东北经济资源与发展》的研究报告和*Wanchuria*《满洲》一书,并与太平洋国际学会、反帝国主义同盟进行联系,提供调查研究资料;还与大连中日文化协会、哈尔滨东省铁路经济调查局、东省铁路局《经济月刊》、哈尔滨东省文物研究会、辽宁新建设杂志社等进行学术联系。

日本对南开东北研究会的调查研究活动,非常嫉视。张伯苓等在太平洋国际学会的会议上,多次与日本代表就东北问题发生尖锐论争,日本东方通讯社的《京津日日新闻》及天津其他日文报纸,也刊登有关东北研究会的诬蔑性报道,诽谤南开研究东北是受"赤化"影响,"且谓南开为排日之根据地"[⑧]。但是,南开大学的东北研究会从一开始就得到张学良的支持。张伯苓多次写信给张学良,介绍该会的宗旨和工作情况,并派该会主任面见张学良汇报工作。张学良对东北研究会工作十分赞赏,亲自担任该会名誉董事,并向该会捐助500银元,作为研究经费。

1928年12月,张伯苓赴日、美、英、法、意大利、瑞士等国考察教育,途经沈阳时二人"欢谈甚洽,约经一小时有半"[⑨]。张学良对伯苓"以半百之身远涉重洋,努力于教育之发展",表示"殊堪钦佩"[⑩]。次日,张学良正式告诉张伯苓,他决定提供20万元巨款,作为南开大学的基金,第一次2万元,即刻支付。张伯苓欣喜异常,立即将这一喜讯电告南开师生。1930年底,张学良来到天津,亲莅南开大学视察。12月10日上午10时许,张学良偕夫人于凤至及随员10余人,分乘8辆汽车来到南开。全校师生在校内秀山堂大楼举行隆重欢迎仪式。张伯苓首先致欢迎词,对张学良在经济上及精神上给予南开的许多援助,表示衷心感谢,并对他前不久赴南京参加国民党三届四中全会给予高度评价。张伯苓说:"此次内战结束,国内顿呈一番新气象,亦实民国以来,最有希望之最后一次机会,而汉卿先生能不顾自身利害,替国家前途打算,毅然赴南京,足见救国救民之诚意。我辈应以国民之地位表示热诚希望。"[⑪]学生代表致词,也表示"愿为副司令之后盾"。在热烈的掌声中,张学良登台发表了"情词剀切之训词"。他称赞南开办得出色,称赞张伯苓对教育事业所作的贡献,回顾了张伯苓对他的启迪教导,虔诚地表示:"予之有今日,张先生一言之力也","之所以有今日,亦实南开之赐"。接着,针对当时青年问题发表讲话,"语多针砭时下青年之病象",希望青年"努力于学习、道德之修养,矢志救国,以将来中国之希望为个人一己之责任"。最后他说,14年前,我听张校长讲演,最受感动的一句话是:"不要抱怨别人,靠自己去干!"现在"仍以此语回送与贵校同学"[⑫]。散会后,张学良和于凤至由张伯苓引导,参观了南开校园。

张伯苓对张学良主持的教育事业,也给予了尽心尽力地帮助。20年代末,张学良整顿民国大学和东北大学,首先征求张伯苓的意见。民国大学是一所私立大学,1916年创办于北京,设文、法、商三科。张学良主长学校后,决心整顿校务。他让张伯苓代为物色能够革新学校的教务人员,并拟邀请张伯苓胞弟、留美博士张彭春教授来民大工作。张伯苓对张学良整顿学校的决心和魄力极为敬佩,虽然他明知"就旧有的改造实难于就新的创始",而且"能担任此等教务人员一时殊不易其选"[⑬],仍然极力代为物色。张学良兼任东北大学校长后，又聘张伯苓为校务委员会委员，“对于学校设施，多所规划”[14]。1930 年 10 月，东大原任副校长刘风竹因故提出辞职。张学良推南开校友宁恩承主持校务。宁恩承刚从伦敦经济学院留学归来不久，出任校务委员兼秘书长。当时的南开校刊报道：“老同学宁君，由欧返国后，即服务东北，颇得张副司令信任。月前东大改组，宁奉命以秘书长名义执行校长职务。”[15]宁当时认为，校长一职责任重大，多次谦辞，张学良却执意让他担任。不得已，宁对张学良说：“我去天津请示祖师爷，看他有何高见。”张学良知道他要去向张伯苓请教，自然允诺。宁立即登车入关。农历正月初四(1931 年 2 月 20 日)清晨，敲开了张宅两扇小门，张伯苓听了宁的叙述之后，对宁说：“大学中的困难可以想见，而且是免不了的。但是既然汉卿有求人的困难，找不着另外人选，人家有困难，咱应为他解决这困难。至于作好作不好，那是咱的问题。不可把咱的困难来顶人家的困难……由个人方面讲，人家对咱有好意，咱应以好意报之。以国士待我，我以国士报之。”宁恩承听了老校长这番古道热肠的教言，豁然开朗。后来他说：“张校长对人的热情对事的见地，一言决之。两个月的考虑，许久的进退维谷，我定下决心不再犹豫了。”张伯苓帮助张学良度过了副校长人选危机，同时又派南开的事务主任孟琴襄到东北大学工作一年。孟琴襄号称张伯苓手下的“四大金刚”之一，是管理校务的行家里手。孟到沈阳后，任东北大学事务部主任。由于他的辛勤工作，不久东大校园“电灯亮了，马路平了，水沟通了，教授住宅减少了抱怨。而且一年之中事务部节省 20 万元”[16]。在此前后，张伯苓还多次亲赴沈阳指导工作，规划学校设施。同时，南开大学秘书长黄子坚、体育课主任章辑五等人也到东大指导工作。由于东北大学多方面学习借鉴南开行政管理、后勤生活、教学体制等方面的经验，所以当时的有关报道说，“南开精神由白河之津而展至辽河之滨矣”。

张伯苓协助张学良整顿东大，公私分明，从不借此为个人捞得好处。张伯苓虽为东大校务委员会委员，却不肯接受东大分文酬劳。他每次出关去沈的旅费和开销，都是向南开大学会计室挂借的，以至后来欠款累计达到一个不小的数目，校长办公室只好用一笔他不肯收受的北平酬金冲账顶替了欠款。张学良很感激张伯苓协助整顿东大。为表谢意，张学良曾驱车前往伯苓住宅致敬。张学良的汽车在普通居民区的泥土道上绕行多次才找到张宅。这是羊皮市里三间普通平房，门前有人晒满臭羊皮，气味难闻，但院内整洁，室内明窗净几。张学良目睹此情此景，不禁惊而叹曰：“偌大大学校长居此陋室，非我始料！令人敬佩。”

九一八事变发生，张学良因执行蒋介石不抵抗政策，受到国内各方面的批评，张伯苓一如既往，尊敬和支持张学良。他协助东北大学内迁，南开大学特别为东大学生提供免费借读，从 1932 年秋到 1936 年，前后共有 78 名东大学生在南开借读[18]。张伯苓还积极参加援助东北的社会活动。他加入朱庆澜等在北平组织的“东北热河后援协进会”，1932 年春参加协进会的爱国人士六七十人在北平外交大楼举行成立大会，张伯苓被推为大会主席。张学良在大会致词中，对东北大好河山及日寇铁骑下的父老兄弟表达关切之情，决心打回东北，收复失地。同年 3 月 3 日，他在北平顺承王府亲自接见声援十九路军在上海抗战的南开大学等校学生代表。当时他刚从绥靖公署开完军委会回来，全副戎装，未顾休息就在会客室与学生代表交谈。他说：“关于抵抗日本的计划，我曾作了一个局部的，同时中央也已经拟好了一个整个的。起先我不知道中央计划的内容，而我是政府官吏又是应服从命令的军人，于局部计划只得搁置。头几天李任潮、陈公博两先生来平后，我们才彼此知道。现在共同议定了几项原则，由他们二位带到中央去了。”最后，张学良激动地说：“原则的内容我不便说，但只要假我以天年，我一定为我们国家前途尽力。诸位请看今后的事实！”[19]

张学良率东北军离开北方后，与张伯苓的交往减少，但他始终没有忘记张伯苓。1936 年 4 月 9 日，为促成抗日民族统一战线，周恩来到达陕北肤施，在城里一座教堂会晤倾向联共抗日的张学良。他们一见面，张学良就对周恩来说，我和你同师，咱们可以说都是南开的校友。接着张学良谈了他是受到张伯苓的启发，才振奋起来的，“我抽大烟，打吗啡，张伯苓也不时规劝戒除恶习，我很感激他。我对他总是以师礼事之”。张学良终于走了联共抗日的道路，并于 1936 年 12 月 12 日发动震惊中外的西安事变，为促进国共两党抗日统一战线的形成，作出了历史性的贡献。西安事变发生时，张伯苓正在四川，为南开在重庆建立的中学筹划募款。13 日早上，薛桂轮、孙瑞、胡光麃赶到张伯苓住处报告事变发生的消息，许多校友拿着从重庆城里带来的《国民公报》也急急跑去见他。张伯苓看了报上《张学良通电叛国、竟敢劫持统帅、主张推翻政府》的大字标题，赶忙约人对事变详加商议，并请华西公司董事胡仲实代拟发给张学良和周恩来的电文。16 日晚，行政院代院长孔祥熙从南京急电张伯苓，请其径赴西安或南京，为西安事变斡旋。18 日到南京后，张立即去见孔祥熙，问“我怎样到西安，代表谁，说何条件”[20]，孔一时也拿不出具体办法。那天正好蒋鼎文从西安飞回南京。以后孔祥熙请张伯苓吃饭，谈起事变很乐观，已经没有先前那种着急的样子。张伯苓西行未成，从而也失去了与张学良再得一晤的机会。

注：

①②③⑪⑫《张汉卿先生来校讲演》，《南开大学周刊》第 100 期，1930 年 12 月 18 日。

④⑤ 天津《大公报》，1930 年 12 月 11 日。

⑥⑦⑬《张伯苓先生函稿》（梁吉生、杨珣辑），《天津文史资料选辑》第 8 辑。

⑧《南大周刊》第 48 期。

⑨⑩《南开大学周刊》第 69 期，1929 年 1 月 1 日。

⑭ 喻传鉴编：《七十年来之校长张伯苓先生年谱》。

⑮《南开大学周刊》第 103 期，1931 年 3 月 24 日。

⑯ 宁思承：《中国现代伟大的教育家张伯苓先生》，台湾《张伯苓先生百年诞辰纪念册》。

⑰ 祝瀛洲：《忆恩师南开学校校长张伯苓先生》。

⑱ 据南开大学档案资料统计。

⑲《北洋大学周刊》第 37 期，1932 年。

⑳ 张伯苓：《我们要振作起来》，《南开校友》2 卷 5 期。

（《社会科学战线》1992 年第 3 期）

从单核增长到城镇同步发展
——天津城市化模式

任云兰

城市是由于人口不断向城镇集中而出现的城镇成长的过程。它包含三层含义:一是城镇人口的增加;二是城市腹地的扩大及对周围地区吸引力的增强;三是城镇数量的增多。天津的城市化从金朝直沽寨的设立开始,至今已有700多年的历史,它经历了从单核增长到城镇同步发展的历程。下面从发展阶段、动力及特征等方面探讨天津城市化问题。

一、从单核增长到城镇同步发展诸阶段

天津的城市发展大致经历了萌芽、初创、成长、腹地扩展及市域城镇同步发展时期,其城市化过程也与之相应分为上述五个时期,概言之,就是从单核增长到城镇同步发展。

(一)萌芽时期(1404年以前)

天津平原自战国以来经过世世代代劳动者的开发,出现了颇具规模的村落。公元1153年,金朝将都城迁至中都燕京(今北京),从此历代封建王朝长期定都北京,毗邻的天津便以其水陆冲要的有利条件成为拱卫京都的战略要地。这一战略地位的变化从根本上促进了天津城市的形成和发展。随着金代漕运的发达,天津逐渐成为南粮运集北京的中转枢纽,首先发展起来的就是南北运河与海河交汇处的三岔河口一带,出现了"直沽寨"(约1214年前)。元时制盐业的兴盛使直沽成为盐的产销输转中心,而且直沽的漕运枢纽与军事关隘之重要地位也有增无减,为此中央政府加强控制,派重兵镇守,并改直沽为海津镇(1316年)。我们可以把寨镇的设立视为天津城市化的序幕,它为城市的形成奠定了物质基础。这时的天津,军事地位的重要性远远超过其经济的重要性。

(二)初创时期(1404—1860年)

公元1404年,明王朝在此设卫筑城,天津从行政层序上由镇演化为城市,显示出城市化进程的加快。明代中叶以后,大运河的畅达和海上航线的开通,使南北各地尤其是长江下游及华南地区的商贾往来不断,津埠商人足迹也遍布全国,流入天津的茶叶、丝绸、布匹、瓷器等商品种类繁多,商业经济的繁荣促进了城市自身的发展,这表现在:1.人口增多和城市面积扩展。到1840年,约有3万多户近20万人口居住在天津城关地区[①],建成区面积近10平方公里[②],城区范围也开始由旧城向南运河沿岸迅速扩展。2.城市功能分区的出现。如北城是全市的政治、经济、文化中心;商业区最初在宫南宫北大街,后扩展至北门外的河北大街、竹竿巷和侯家后一带。3.专业性商业街区和集市的设立,如针市、钱市、估衣街、锅店街等。

这一时期,天津城市以城关地区为中心发展起来,周围小镇的发展远远落后于中心城市,天津的城市化呈现单核增长的趋势,这种现象一直持续到20世纪80年代。初创阶段虽然是天津城市发展的重要时期,但城市的成长速度较之1860年以后仍相当缓慢。

(三)成长时期(1860—1948年)

开埠通商以后,租界的开辟、在西方影响下兴起的洋务运动、20世纪初的"新政"乃至第一次世界大战时期的有利机遇,都对天津近代城市化产生了程度不同的影响,这主要表现:1.租界的开辟及随之而来的基础设施的建设,虽然直接目的是为列强殖民政策服务,但其间接后果却促进了天津城市的近代化。在津各国租界的面积最大时达2万余亩,约为旧城区的8倍[⑬],租界的道路、煤气照明,电力、自来水供应等基础设施的

建设,提高了城市的载体功能。各西方国家竞相在津开设洋行、银行及各类企业,据1860—1894年间的统计,在津设立的外资工厂和各种公用事业就有24家,其中英商居多[14]。2. 在这一时期诞生并发展起来的民族工业,增强了城市的经济实力。洋务运动期间开办的天津机器局等,吸收了为数不少的工人,促进了城市人口的增加;铁路、电报等交通通讯设施的设立,提高了城市的近代化水平,增强了与腹地的密切关系。"清末新政"及其后的一战期间,民族工业的兴盛,吸引了周围地区大批的农民,产业工人队伍得以壮大,天津成为仅次于上海的第二大工业城市。城市人口由1911年的61万增至1927年的111万和1948年的191万[5],建成区面积由1910年的16.5平方公里扩大到1925年的33.2平方公里[6]和1948年的61平方公里[7]。辛亥革命以后至北洋军阀统治时期,是近代天津人口增长最快的时期;国民党政府统治时期,人口发展起伏不定,但基本保持增长的态势。

综上分析,尽管此阶段的天津饱受西方列强侵略和长期战乱,但从城市化的角度看,这一阶段是天津中心城市成长的鼎盛时期。可以说,以弱小民族工业的发展为主体的工业化是推动这一时期城市化的主要动力。此阶段历史发展的特点决定了城市发展的不平衡,一方面是基础设施配套齐全、富丽堂皇、绿树浓阴的外国租界,一方面是垃圾遍地、狭窄拥挤的老城区。

(四)腹地扩展时期(1949—1979年)

随着中心城市对周围地区辐射力的不断增强,加之其他不定因素的影响,致使天津的行政区划多次调整,每次调整的结果都是腹地的扩展,辖区面积和人口规模的不断变化。天津自1949年解放之初就开始了行政区划的调整,以中心市区为基础,先后扩展了滨海区、四个郊区和五个县。当年3月,塘大市划归天津市,设立塘大区;同年10月,天津市改为中央直辖市。此后又经多次变动,将塘大区改为塘沽区,将天津县全部划归天津市,并撤销天津县建制,原天津县连同原市辖各区的农村部分划为四个郊区。1973年,河北省辖宁河、武清、宝坻、蓟县、静海五县划归天津市。十一届三中全会以后的1979年,天津市的行政区划又做了局部调整,首先是将辖区面积扩大到目前的11 305平方公里,其次是为配合大港区油气资源的勘探开发,新设立了大港区。至此,全市人口达到739万,其中非农业人口占380万[8],天津市的行政区划基本稳定下来,天津的城镇体系也发展演变成为由一城、四郊、三滨海、五县县城以及小站、唐官屯等少数几个建制镇所构成的城镇体系。此阶段城市化的特征表现为腹地的扩展,并开始呈现出城镇同步发展的势头,除中心城市继续扩大外,滨海区及周围各小城镇开始兴起,为市域城镇同步发展阶段的到来创造了充分的物质条件。

(五)市域城镇同步发展时期(1980年至今)

进入80年代后,随着城乡经济体制改革政策的不断深化,天津市域城镇开始进入同步发展的轨道,这主要表现在:近十年来的改革开放使城市建设发生了巨变,全市十年累计投资153.56亿元用于城市基础设施建设[9],先后建成住宅3 166万平方米[10],新建了密云路、体院北、小海地等17片居住区,相继完成了天津机场、天津铁路枢纽和邮政枢纽等工程的改扩建任务,市区拓宽改造了数十条道路,修筑了17座立交桥[11],初步形成了由外、中、内三环线及14条放射线组成的道路网,改扩建了水、电、煤气等设施。天津港十年新建万吨级泊位16个,新增吞吐能力1 225万吨[12]。所有这些都极大地增强了天津城市的凝聚力,提高了城市的载体功能。市区面积增至234平方公里,中心市区人口由1980年的302.6万迅速增至1990年的357.9万,十年净增55.3万;同期塘沽城区的人口由28.0万增至34.8万,汉沽、大港两区人口也分别由8.9万、12.8万增至11.7万、19.0万[13]。

与市区一样,天津广大农村随着联产承包责任制的不断推广,相当一部分剩余劳动力开始从农业中游离出来,转而从事乡镇企业等非农业生产经营活动。农村经济体制改革的不断深化极大地活跃了农村经济,进而推动了建制镇的迅猛发展。80年代以来,天津全市已先后新设置了31个镇,其中8个分布在4个新设的城区[14],2个在大港区,静海、武清各5个,蓟县、宁河各4个,宝坻3个。而六七十年代全市仅设有4个镇[15]。

由于天津市域城镇的同步发展,促使全市非农业人口呈现出向滨海地区、新四区和五县分散的态势。十年间,虽然市内六区非农业人口净增幅度不小,达57.4万,年均增速为1.76%,但其占全市非农业人口总数的比重却呈下降的趋势,由十年前的76.78%降为74.04%,下降幅度虽然不算大,但毕竟开始呈现出下降分散的趋势。同期滨海地区、市辖五县及新四区非农业人口净增34.6万,年均增速达3.28%,为市内六区的1.86倍,同时其占全市非农业人口总数的比重也由1980年的23.22%上升为1990年的25.96%[16]。

总之,城乡经济体制改革的不断深化,促进了全市城乡社会经济的全面发展、共同繁荣,推动了市域城镇的同步发展和城镇人口的合理布局,进一步加速了天津城市化的进程。

二、天津城市化的动力因素分析

纵观天津城市化的各个历史发展阶段,影响天津城市化的动力因素很多,随着时间的推移,各因素的主次地位也发生相互转化。

(一)原生动力

原生动力是指由于城市自身固有条件的作用而引起城市化进程的加速。影响天津城市化的原生动力主要有:

1.地理位置。天津的地理位置十分优越,其西北毗邻京都,东南紧靠渤海,东北与出关的咽喉山海关相连,南达沪宁一带。尤其是金朝北京建都后,这里便成为拱卫京都的战略要地。战略地位的提高相应地促进了军事寨镇的设立和卫城的修筑,近代西方列强强迫天津开埠也是考虑天津有利的地理位置。这一有利条件促发了天津城市的建立、发展和壮大。

2.交通条件。天津素有"九河下梢"之称,纵贯天津中部的南运河、子牙河、大清河、永定河、北运河等五大支流从西北方向汇入海河,并由塘沽入渤海湾,这一得天独厚的条件对天津水运业的发展尤为有利。尤其是贯通南北的大运河修通后,天津的交通运输发展迅速。正是凭借这种襟河枕海的便利条件,天津迅速发展成为南北漕运的中转枢纽和华北地区的商品集散地。无可否认,这为天津城市的诞生和发展提供了十分重要的交通条件。

3.经济因素。城市和城市化都是生产力发展到一定阶段的必然产物,而生产力的突出标志是经济发展水平。某一地区的经济愈发达,其城市发展得愈快,城市化水平愈高。天津城市化的历史经验证明了这一点。

明代中叶以前,天津城市的设立和发展多因军事位置的重要,因而其发展受到局限。明中叶后至开埠通商一段时间,商业化是导致城市化的关键因素。这一时期天津城市的发展得益于城市经济的发展,而城市经济又主要是由商业经济构成。南北商流物流的融通,繁荣了市场,活跃了经济,从前述各专业性街区和集市的出现,不难看出当时商业的繁荣景象。近代开埠通商后,列强纷至沓来,传播西方文化,商品经济观念日益深入人心,刺激了民族工业的兴起,工业化与商业化的合力推动了城市人口的增加及城区面积的扩大。解放以后的几十年,由于人为因素的影响,天津市行政区划不断发生变化,市区面积及人口不定。直至十一届三中全会尤其是80年代以后,由于改革开放政策的实行,商品经济的发展促进了城市的发展,天津市区及附近各城镇同步发展,城市化水平迅速提高。

总之,优越的区位、便捷的交通和繁荣的经济共同构成天津城市化发展的原生动力。此外,由于迭遭战乱和自然灾害造成的人口迁移也影响了天津城市化的进程。

(二)次生动力

次生动力是指由于外界条件的作用并通过城市自身的变化而促使城市化发展的动力。影响天津城市化的次生动力主要有:

1.政治因素在天津城市化进程中始终处于主导地位。从金朝迁都导致直沽寨的设立,到元时海津镇、明时天津卫的设立,并一步步升为天津州、天津府并置天津县、天津特别市等,到解放后行政区划的调整,市辖面积的扩展,乃至80年代后建制镇的设立,无一不是政策作用的结果,当然这些变动大多是适应城市自身发展的需要所致。

2.开埠通商。第二次鸦片战争后,天津被辟为通商口岸,这一契机使天津卷入了世界资本主义经济的漩涡之中,资本主义大机器生产和经营观念不断渗入到天津传统社会之中,打破了天津自给自足的封建经济格局,促进了城市的商业化和工业化,改变了天津长期作为首都辅助城市的地位,使天津成为联结国内自然经济与资本主义市场经济的纽带,成为以对外贸易为主要经济支柱的近代中国第二大工商业港口城市。尽管这是一段充满屈辱与痛苦的历史,但其带来的城市经济发展、城市化水平提高的客观后果不可否认。

(三)天津城市化的特征

长达700余年的天津城市化,在其发展过程中形成鲜明的特征:

1. 城市化过程呈现出明显的阶段性,而且每一阶段城市发展动力不尽相同。如前所述,天津城市化过程大致可以分为萌芽、初创、成长、腹地扩展和城镇同步发展五个阶段。城市因军事防卫得以初创,因商业化和工业化得以发展,历代政府的行政干预促进了城市腹地的扩展,近年来的改革开放给城市发展注入了新的活力,使之走上城镇同步发展的道路。

2. 与天津的城市化过程相伴随的是城市性质的变化,即由军事城堡过渡到以工商业经济为主的城市,进而过渡到多功能、外向型的现代化国际港口城市。在天津城市化过程的初始阶段,由于其得天独厚的毗邻京都水陆要冲的地理位置,其军事重要性受到历代封建王朝的重视,因此天津得以开发。随着盐业的兴盛,民族工业的繁荣,工商业经济逐渐取代自给自足的农业手工业经济,天津在行政建置上也发生了一系列变化,由卫改州,由州升府,经济重要性渐渐支配了城市的发展方向,到解放前夕已发展成为华北最大的工商业中心。80年代以来,为适应改革开放的形势,天津的城市性质再度发生变化,全市人民努力把天津建设成为外向型的、多功能的现代化国际港口城市。尤其是进入90年代后,改革开放的力度和深度不断增加,天津又开始大步向华北乃至东北亚的工商业经济中心和国际自由港口城市迈进。

3. 天津城市化过程大部分时期呈现出单核增长为主的形式,直至20世纪80年代以后才出现城镇同步发展的趋势。这种单核增长(即中心市区人口、面积单一扩大)的形式从军事重镇开始,一直保持到解放前夕发展为人口达近200万的特大城市规模时才结束。即使在解放后,在市域面积有所扩大的情况下,在相当长的一段时期内,工业仍主要围绕中心市区集中布局,先后建成陈塘庄、铁东、北站外、程林庄、天拖、白庙、引河北等11个工业 区,使中心市区的人口和面积有很大的增长。近40多年来,中心市区人口净增170余万,建成区面积净增170余平方公里[17]。进入80年代,随着城乡经济体制改革的不断深入,促进了各级中小城镇的兴起,中心市区的发展受到控制,工业区逐步分散布局在中心市区以外的其他城镇,如14万吨乙烯工程建在大港,50万吨无缝钢管厂选址在海河下游,经济技术开发区和保税区设在塘沽,最近市政府又决定进一步加快塘沽的开发。这种城镇同步发展的模式无疑将减缓中心市区的人口压力和用地紧张状况,促进城镇合理布局。这种模式是对我国大城市发展道路的有益探索。

4. “轴线分布”是天津城市化的空间布局特征。全市的城镇尤其是主要城镇大多数沿京山线、津沪线及津围公路等铁路公路干线分布,如杨村、军粮城、塘沽、汉沽、芦台等城镇都沿京山铁路布局,杨柳青、静海镇、唐官屯等城镇则沿津沪铁路布局,而蓟县、宝坻两县的城关镇以及宝坻的大口屯、武清的崔黄口等镇都临津围公路而设。这种轴线分布的格局由于具有畅达的交通运输条件必将进一步促进城镇的发展,提高城市化水平。

注:

①《津门保甲图说》,道光二十六(1846年)版。

② 八大城市政府调研机构联合课题组:《中国大城市人口与社会发展》中国城市经济出版社1990年,第15页。

③ 天津市政协文史资料研究委员会编:《天津租界》,天津人民出版社1986年,第2页。

④ 徐景星:《天津近代工业的早期概况》,《天津文史资料选辑》第1辑,第134—135页。

⑤ 李竟能主编:《天津人口史》,南开大学出版社1990年,第87、97页。

⑥ 八大城市政府调研机构联合课题组前引书,第15—16页。

⑦《天津城市建设》丛书编委会:《天津城市规划》,天津科技出版社1989年,第21页。

⑧ 天津市统计局编:《天津四十年,1949—1989》,中国统计出版社1989年,第6、235页。

⑨ 天津市统计局编:《天津统计年鉴》(1991年),中国统计出版社1991年,第17页。

⑩ 前引《天津四十年,1949—1989》,第59页。

⑪ 傅崇兰主编:《世纪之交的城市建设——天津十年建设纪实》,科学出版社1991年.第140页。

⑫ 参见《天津统计年鉴》(1991年),第15页。

⑬ 参见《天津统计年鉴》(1991年),第159页。

⑭ 1992年3月6日,经国务院批准,天津市决定将东、南、西、北四郊区分别更名为东丽、津南、西青和北辰四区。

⑮ 根据《天津城市建设》丛书编委会:《天津村镇建设》数据整理,天津科技出版社1990年,第3页。

⑯ 以上数字均根据《天津统计年鉴》(1991年)第110页数据整理。

⑰ 中心市区人口1949年底为179万,1990年为357.9万,参见《天津四十年,1949—1989》第234页和《天津统计年鉴》(1991年)第159页。建成区面积1948年底为61平方公里,1990年为234平方公里,参见《天津城市建设》丛书编委会编:《天津城市规划》,天津科技出版社1989年,第21页。

(《城市史研究》1993年第8辑)

日本占领天津时期市民的生活质量

周俊旗

20 世纪 60 年代，西方的城市社会学者提出了“生活质量”的概念。这一概念一问世就引起人们的广泛争论，至今仍是众说纷纭。其中有一种说法得到不少人的认同：“生活质量就是个人在享受市场商品、闲暇、公共服务及评价他所处环境的自然社会特征时的满意水平”①，或曰“在社会物质与精神生活客观条件的制约下，个人或者群体的完整生活意愿的实现程度”。换言之，生活质量是人们日常生活的客观状况和主观评价的综合标尺，因此，理应成为城市史研究的重要内容和概念。本文试就日本占领天津时期天津市民的物质生活质量做一初步探讨。

一、物价与市民生活

关于沦陷时期的物价，不同的资料来源所表明的情况相差很大，当时日伪有关部门公布的物价和中国有关部门公布的物价相差也很多。

我们先看中国方面公布的天津沦陷时期批发物价指数：

1937—1945 年天津批发物价指数(1936. 7—1937. 6 = 100)

年份	食品	纺织品	燃料	杂项	总指数
1937	113	110	103	112	109
1938	138	126	167	144	142
1939	198	204	220	199	211
1940	374	416	282	341	373
1941	414	490	311	366	420
1942	629	567	431	563	559
1943	1 884	1 898	1 178	1 521	1 811
1944	7 204	14 903	11 944	10 434	9 053
1945	70 707	140 919	164 708	101 895	104 868

资料来源：南开大学经济研究所编：《南开指数资料汇编》，统计出版社，1958 年版，第 16—17 页。

这个统计表明，沦陷 8 年间，天津批发物价总指数上涨了 1 000 多倍，食品批发物价指数上涨了 700 多倍。

日伪当局公布的同期物价指数与上表所列有不小出入。

1936—1944 年天津批发物价指数：

1936—1944 年天津批发物价指数

年份	43 项食品指数	106 项商品总指数
1936	100	100
1937	110	117
1938	135	152

续表

年份	43 项食品指数	106 项商品总指数
1939	194	226
1940	366	399
1941	406	450
1942	616	599
1943	1 395	893
1944	2 838	2 236

资料来源:中国联合准备银行调查室编:《中外经济统计汇报》10 卷 6 期(1944 年 12 月),第 55 页。

以上两种统计在 1943 年以前的数据大体还是相近的,较大的差异出现在 1944 年。这种差异的产生除了双方资料来源不尽相同而出现的误差外,也有敌对双方都带有政治上的考虑这一因素。如果我们不去追究具体数字的准确程度,那么可以认为这两种统计数据都基本反映了沦陷时期天津物价变化的趋势,这种趋势的基本特点是,在 1942 年以前比较平稳,1943 年开始失去控制。

天津沦陷时期的物价问题,与当时的币制混乱和日本掠夺性的金融政策密切相关。抗日战争爆发以前,华北流通的货币种类很多,除中央、中国、交通、农民四行的"法币"外,还有一些地方银行如河北、山西、山东民生以及冀东、中南、中国实业、中国农工、大中、浙江兴业等银行发行的各种钞票,大约有 30 余种,发行额约 5. 1 亿元,其中法币流通额约有 4. 3 亿,约占华北货币流通量的 84% 。

日本侵入华北后,将法币和抗日根据地流通的"边区券"称为"敌性通货",禁止使用,其他各种货币流通能力有限,原有货币没有一种能在日伪政权下实现货币的统一[②]。日本为了控制华北金融以及推进实现"日满华经济体系",于 1938 年 3 月 10 日在北平成立了"中国联合准备银行",以"联银"为中心,将其所属银行和中国原有的一些银行进行整顿、合并,建立了"联银"统治华北的金融体制。1938 年 6 月,日本禁止印有南方地名的法币在华北流通,1939 年 6 月又禁止印有北方地名的法币流通。1941 年 12 月,太平洋战争爆发后,日本控制了天津的租界,日伪发行的货币垄断了整个天津的流通领域。这时,日本并没有打乱天津原有的银行街的布局,而将日伪银行也迁入历史上形成的金融区如中街等地。但是,日本通过日伪银行的无限透支抢购各种物资造成物价的急剧上涨[③]。

"联银"发行的"联银券"数量逐年上升,其货币增加情况与物价的上涨幅度大体是一致的。

伪联合准备银行货币发行额增长情况(单位:亿元)

年份	发行额	年份	发行额
1938	16. 1	1942	159. 2
1939	54. 8	1943	382. 8
1940	71. 5	1944	1 625. 5
1941	96. 6	1945	14 239. 9

资料来源:松崎二郎:《北支那经济的新动向》,大日本雄辩会讲谈社 1942 年版,第 11—12 页;李固荣:《北方敌伪银行调查及伪钞发行之统计》,《北方经济》1 卷 1 期。

伪联合准备银行货币发行额增长情况(单位:亿元)

资料来源:松崎二郎:《北支那经济的新动向》,大日本雄辩会讲谈社 1942 年版, 第 11—12 页;李固荣:《北方敌伪银行调查及伪钞发行之统计》,《北方经济》1 卷 1 期。

沦陷时期,天津市民的生活始终处在不稳定的境况中,物价上涨、商品匮乏,越到战争后期越加严重。我们以物价比较稳定的 1941 年为例,观察天津普通市民生活的一个方面。

1941 年 1 月天津部分工人工资情况

工种	工资(元)		工资计算单位	每日工作时间(小时)
	最高	最低		
水铺拉水	8	6	月	9
茶房	2	1.5	日	10
理发	70	15	月	14
司机	35	30	月	8
贴套裱页	25	6	月	12
华服缝纫	30	15	月	14
西服缝纫	80	40	月	8
瓦工	2.5	1.5	日	10
木工	3	2	日	10
脚行	130	45	月	11

注:学徒工元工资仅供食宿。资料来源:《社会月刊》1 卷 1 号(1941 年),第 34 页。

1941 年 1 月天津部分商品零售物价

商品名称	单位	物价(元)
面粉	斤	0.395—0.406
玉米面	斤	0.205
猪肉	斤	1.225
羊肉	斤	1.433
牛肉	斤	1.150
鸡蛋	个	0.112
大白菜	斤	0.045
韭菜	斤	0.863
菠菜	斤	0.157
土豆	斤	0.193
花生油	斤	0.81
盐	斤	0.155
棉花	斤	2.208
煤球	百斤	1.50

资料来源:《社会月刊》1 卷 1 号,第 15 页。

1941 年 1 月天津部分工人工资情况

注:学徒工无工资仅供食宿。资料来源:《社会月刊》1 卷 1 号(1941 年),第 34 页。

1941 年 1 月天津部分商品零售物价:

资料来源:《社会月刊》1 卷 1 号,第 15 页。

应当指出,上述工资和物价水平是沦陷时期中比较稳定时的情况,而且所列工种是一些工资待遇较好的行业。考虑到工人赡养人口以及日伪当局各种名目的盘剥,即使是收入较高者生活也是不容乐观的。1943 年以后,天津市民的生活急速恶化,这一时期,日本在战争中越来越被动,物资供应不足,对沦陷区的掠夺也越来越残酷,大量发行伪钞造成物价飞涨,各种生活必需品的供应日趋紧张,市民生活朝不保夕。天津市民生活恶化的重要标志之一是实行严格的粮食配给制。

二、粮食配给制与市民口粮危机

"民以食为天",粮食与城市居民的生存息息相关,从粮食供应上可以在很大程度上反映市民的基本生活状况。

日本由于战线的不断拉长，陷入了长期的危机中，各种物资极度缺乏，因而加强了对占领区各种物资的掠夺，其中以粮食掠夺最为明显，以致使占领区人民的生计受到直接威胁。

日本国内粮食也日趋紧张，从1941年4月开始实行粮食配给制。1941年底，日本御前会议在讨论对华经济掠夺措施时决定："以增加获取战争必需的物资为主要目标：设法重点开发和取得占领地区内的主要物资。"④在战争物资中，粮食占有最重要的位置，日本人认为，"确立粮食对策是治安工作和安定民生的基础，是完成各项政策的根本"。日本对当时华北沦陷区粮食自给率的分析是：面粉为53%，杂粮为98%，军用大米为20%。"即使调用全部库存粮食，并严格执行配给及调整消费，米到1941年底，小麦到第二年青黄不接时，估计就要陷入极其危险的境地"。严重的缺粮威胁着日本的军需和占领区的殖民秩序，为此日本调整了一系列的粮食政策，制定了增加生产、促进上市和掠夺抗日根据地粮食的措施⑤。

在天津，日本实行了物资封锁，严禁粮食等物资外流，并于1941年11月1日实行粮食配给制，在市区内设立"配给事务所"17处（事务所的经费从配给粮价中附加），还将每个区划分成若干责任区段，依据人口多少分别指定了配卖店600处，负责市民配给口粮的供应⑥。此后，天津市民的粮食供应日趋紧张。

"配给制"实行之初，每户居民还能按规定买到几斤大米，但很快市民就与大米绝缘了。1943年，日本在华北地区实行了"米谷统制"，完全垄断了稻米的生产、收购和储存，大米一律为军用，中国粮商禁止买卖，严禁民间私藏和贩运大米，对违禁者采用包括无期徒刑和死刑在内的严厉处治。

实行"米谷统制"后，大米全部作为军用，百姓不得食用，即使是农民吃了自种的稻米也要受惩处。1944年10月18日至12月11日，在不到两个月的时间里，天津伪警察局特务科协助"米谷统制委员会"查获所谓违反"统制"案件就达40起，罪名都是私自携带大米，其中最多的三四百斤，最少的只有几斤，如农民方尚志带大米3斤，邢文贵带米15斤。这些人都受到"惩处"，所带粮食全部没收，以"资敌"罪逮捕，只有4名日本人被当场释放。这些带米者大多是天津四郊的农民，将自种的稻米偷运进市变卖被发现的。

配给制规定市民的口粮很少，实际上根本无法维持生活。以1944年4月的配给标准为例：

1944年4月天津居民粮食配给情况

粮食种类	价格（元/斤）	配给数量（斤）		
		大人	老人	小孩
一等面粉	0.8	4.5	3	3
二等面粉	0.7			
玉米面	0.6	1		
文化米*	0.71		1	
合计		5.5	4	3

*文化米即高粱米。

1944年4月天津居民粮食配给情况

按这个配给标准，以每月30天，每天三餐计，大人每餐配给粮食只有30.5克（0.61两），别说充饥，就连维持生命的最低限度都难以达到。

配给粮不够吃，市民只好到市场上高价购买粮食，而一些粮商囤积居奇，每天出售的粮食很少，豆饼、山芋干、豆渣、野菜等都成了市民的口粮，市民常在饥饿中度日。

尽管配给粮食很少，日伪当局也不能保证供应，市民常常要半夜去排队购买。后来，大米、白面都列为军用品，市民生计更加艰难。

1942年11月起，日伪当局开始提倡市民吃"混合面"，这是将军用仓库、平衡仓库等多年积存的仓底和霉烂变质的小麦及各种杂粮50多种混合磨成，还要经一些奸商掺入沙土后再出售。市民吃了这种带有苦、酸味的粮食，很多人患腹泻症，甚至有死亡者。

由于粮源枯竭，附近农民携带些粮食进城摆地摊卖粮成为天津市民的重要粮源之一，但就这一点粮源也多被粮商们收买囤积起来，致使天津的粮价猛涨。以1944年12月几天之内的粮价情况为例：

1944 年 12 月下旬天津粮食价格(单位:元/斤)

日期	面粉	玉米	玉米面	小麦
21 日	16	9.2	9.6	12
23 日	18	10	11	12
26 日	21	14	14	16
28 日	28	18.5	20	26
29 日	32	19	21	26

即便是有钱的人也不易买到更多的存粮,没钱的穷苦市民更是无法维持生活。日伪当局也承认:“粮食自暴涨以来,一般下层阶级因无力购买,数日不得一饱者比比皆是”,“津市中等以下之人民大部分不能维持生活”。大多数天津市民在穷困、饥饿中生活,挣扎在死亡线上,街上衣不遮体、蓬头垢面的乞丐到处可见。据日伪当局 1943 年 4 月 l7 日一天的不完全统计,全市乞丐有 8 832 人(其中男 3 216 人,女 3 647 人,儿童 1 969 人),无业游民 2 971 人,两项相加共有 11 803 人。另据 1944 年 4 月份半个月间的不完全统计,因饥饿而昏倒在街头的人数达 239 人。这是在气候温和的春季,在冬季里,这种情形更是屡见不鲜。此外,因不堪困苦和饥饿而自杀的事件也时有所闻。饥饿、疾病和贫困造成天津市民死亡率的上升,日伪的粮食政策造成的饥饿是高死亡率的最重要原因。

三、1939 年洪水肆虐下的天津市民

1939 年天津遭受特大洪水的侵袭,它使天津市民在困苦的生活中雪上加霜。

1939 年 8 月,华北各地连降大雨,天津及附近地区暴雨成灾,海河流域洪水泛滥,淹没了河北省广大地区。海河上游的永定河、滹沱河、大清河及运河等河道的洪水涌入海河,而海河大沽入海处宣泄不畅。8 月 20 日下午 3 时左右,陈塘庄大捻崩决,海河以南平原尽成泽国,洪水凶猛地冲入市区,小刘庄、土城、东楼、谦德庄、佟楼等地相继被洪水所淹。随后,南运河决口,引水入海变成了倒灌,由南面通墙子河各处漫溢决口,洪水向天津市区倾泻,日、法、英租界均接受“洗礼”。当晚,洪水波及旧城、南开、南市、西广开等地,水深二三米。随后十几天内,水情日益严重,大雨滂沱,海河冯家口堤坝溃决,洪水又灌入大直沽至大王庄以及唐家口、东局子、沈王郭旺等处⑦。

洪水给天津市民带来了灾难性的打击。洪水冲来时如海潮奔腾,居民被突然袭击而猝不必防,男女呼号之声不绝于耳,情形十分悲惨。8 月 30 日,大风又侵袭市区及近郊,被水浸泡的民房被大风刮倒者超过 10 万间。10 月初,大水才告退净,天津市区被水淹泡长达一个半月,被淹面积占市区的 80%,灾民达几十万人。

洪水和随后而来的各种传染疾病夺去了许多人的生命。当时天津的“红十字会”做了一些救护工作,仅就他们杯水车薪的救护工作而论,从 1939 年秋冬至第二年春季就掩埋了 813 具尸体⑧。据当时报载,被水淹没的街道浊流中,浮尸比比皆是,“穿着花布小袄的小孩子尸体与死驴并浮与水上,毒烈的太阳照在水面上,蒸发出刺鼻的恶臭”⑨,其状令人掩目。

大水浸泡期间,数十万灾民无处栖身,只得露宿街头,东马路一带是露宿灾民集中的地方,还有许多难民只得呆在屋顶上,叫天不灵。一些灾民能在地势较高的地方搭盖个又矮又小的“窝铺”安身,就算是幸运的了。

洪水期间,各种投机分子借机哄抬物价,天津的各种商品价格飞涨,特别是食品、药品、日用品等涨得更厉害。即使如此,市民也很难买到粮食等必需品。当时报纸用“津市场陷停顿”、“价格飞涨”、“狂涨殊惊人”等语言形容市场混乱和物价狂涨的情况。

洪水期间,严酷的生活条件、恶劣的居住环境使天津市民失去了最基本的生存条件,这是日本占领天津期间市民生活困苦的典型一幕。

四、小　结

以上论及了影响市民生活的几个重要方面。在日本的占领下,天津市民生活在刺刀维持下的殖民秩序

中，整个外部环境是极其残酷和压抑的。日本人建立的殖民地控制系统是由日本军队、日本特务机关及其控制下的伪政权来运转的，市民失去了人身安全保证，日伪军可用各种名目搜查、搜身和抓人。在搜刮民脂方面日伪更是不遗余力，他们的捐税有数十种之多，此外还要让市民“献铜”、“献铁”、“献金”、“献机”。在所谓“治安强化运动”中，日本当局加强对居民的控制，实施“保甲连坐制度”，还将18—40岁的男子编成“自卫团”进行军训。日本当局还对市民的言论、行为做种种限制，诸如每月1日、15日两天停止宴会、饮酒等，进行所谓自肃自立；每月最末一周进行“职员反共自肃运动周”等；在文化、教育、新闻、出版诸方面均实行严格控制。在日本的政治、经济、文化、社会生活全方位的法西斯殖民统治下，天津市民生活在严重的压抑环境中。

在这种恶劣环境下，加之物价不断上涨、粮食供应紧张和自然灾害的因素，使市民的生活平衡不断受到破坏，社会性的紧张刺激不断，人们的生活不断恶化。

美国人本主义心理学家马斯洛（A·Maslow）的“需要层次论”学说为许多人所接受和应用，这种学说将人的五种主要需求从低到高排列为生理、安全、社交、自尊和自我实现。在沦陷时期，当大多数市民的衣食住行即生理需求得不到保障时，其他一切也就无从谈起了。

生活质量的内容包括有形的物质生活和无形的精神生活两个方面。考虑到旧中国时期天津市民的物质生活一直处于较低水平，因此笔者认为，沦陷时期市民生活质量低下并不仅仅在于物质生活的匮乏，更为重要的是，异族的残酷统治使市民的社会性紧张刺激不断发生并逐渐升级，在这种情况下物质生活中的困境更容易使市民对生活丧失信心，因而使生活质量评价进一步下降。从这种角度分析，可以认为，日本占领天津时期是天津市民在旧中国时期生活质量最低的阶段。

注：

① 参见易宏伟、范洪主编：《城市社会学》，教育科学出版社1990年版，第129—130页。

② 参见李洛之、聂汤谷：《天津的经济地位》，第285—286页。

③ 参见中国人民银行总行金融研究所编：《近代中国的金融市场》，中国金融出版社1989年版，第56页。

④ 复旦大学历史系编译：《日本帝国主义对外侵略史料选编》，上海人民出版社1983年版，第421页。

⑤ 参见日本防卫厅战史室编（天津市政协编译组译）：《华北治安战》下册，天津人民出版社1982年版，第58—59页。

⑥ 参见章永源：《半年来天津市粮食配给之设施》，参见《中联银行月刊》4卷6期。

⑦ 参见《天津水灾暨河北各灾区赈救总报告》，1940年6月，第1页。

⑧ 据《天津水灾暨河北各灾区赈救总报告》，第7页附表。

⑨《庸报》1939年9月14日。

（《城市史研究》1993年第8辑）

天津事件新探

郎维成

天津事件不像“九一八事变”、“一二八事变”那样被众人所了解，就连远东国际军事法庭在审判日本战犯时，不知什么缘故，在审判书上也没有提到此事。此后，中外不少著作出于种种原因根本不予记述。有些揭露日本侵略罪行的著作，提及了这一侵略罪行，也大都把天津事件作为“九一八事变”过程中的一支插曲，轻描淡写，没有给予应有的注意，而且，粗略的记述，又往往同历史实际有不小的出入。延续至今，天津事件真相尚未完全大白于天下。

近些年来，中日两国陆续地发掘、公布了一批历史资料，为探讨天津事件提供了方便。本文想在这方面作些努力，与同行共勉，力求搞清楚天津事件的本来面目。

一

“九一八事变”一发生，日本驻天津部队（中国驻屯军）就想效仿关东军制造地方事变。日驻天津代理总领事田尻于10月8日密电币原外相，清楚地说明：天津日军“因为没有及时收到奉天事变公报而没能采取积极行动与关东军相呼应，坐失良机，未占领天津，深感军人面目无光”。今后，天津日军“随时注意中国方面的动态”，“一旦发生兵变等情，难保不出动军队”。“一旦发生针对日本的动乱”，“理所当然”地“出动”军队，“控制城市”①。

天津日军于10月10日制造了一起刺探我天津驻军军情的事件：

这天，两名身着便服的日本士兵，来到第二军司令部卫队营前窥伺，被我哨兵发现，盘问并发生冲突。日兵擅自闯入兵营，无理取闹，声言“此事还不算完”，便自行离去。

翌日，天津日军派参谋来到第二军部，会见王树常（军长兼河北省长），提出严重抗议，要求：1. 道歉；2. 在日军参谋亲自参与下严惩营长等责任者；3. 赔偿损失及医药费；4. 保证以后不再发生此类事件。

王树常当场全部接受日方条件，日方进而要求，立即将上述日方要求和中方的认可形成书面文字，中方也照办了。

此次交涉一结束，天津日军参谋长于当天下午致电日本参谋本部参谋次长：“交涉过程中，我军参谋发现，第二军司令部极为小心谨慎，竭力防止因此事引起事端。”②

紧接着又致电参谋总长，要求军部授予天津日军不经请示自主决定对中国军队开战的权利：“当山海关发生冲突之际，主力也许不得不进攻天津的中国军队，此种情况发生突然，事前无暇请示，希望予与认可。而且，我军事先作好一切准备，一旦发生破坏北平、天津地方和平事件，就立即通告各国驻军，责任完全在中国方面”③。天津日军急于制造地方事变的心情跃然纸上。

恰在此时。关东军于10月20日拟定了“形势判断”，认为“当前形势继续向着有利于我的方向发展，军应制定长期策略，进一步推动华北及北满形势的好转，以求既定方针的彻底贯彻”。在其中的“要领”中又具体规定：“当前最大的急务是华北学良政权的崩溃。为此，军应在华北设置强有力的机关，以统治当地正在酝酿的各派反学良运动，并促其发展”。“华北的日中两军发生冲突时，军为援助友军将立即扫荡锦州、山海关之学良军队”④。

不难看出。关东军要把“九一八事变”的范围扩大到华北，并有意在华北挑起中日两军的冲突。土肥原就是带着上述任务于10月29日来到天津的。

对此,张学良当时有所觉察,并就此事致电中国驻国联施肇基代表称:“土肥原到天津后,召集浪人、联络失意军人,妄图扰乱治安。”“土肥原计划(一)首先是劝诱废帝去东三省组织独立国;(二)煽动山东山西军阀发动驱逐学良的兵变;(三)唆使土匪破坏山海关方面的交通设施,削弱中国军队的活动能力,同时制造骚乱,并加以利用;(四)联合失意军人,在天津、北平、张家口、唐山组织便衣队,制造动乱,乘机达到日本的最后目的。”[⑤]日本驻天津总领事桑岛也致电日本币原外相,报告了土肥原来津情况:“土肥原来津目的,是根据关东军军部的意图,为满洲独立,立即带走宣统皇帝,以彻底摧毁张学良势力”。[⑥]

在天津日军和关东军的合谋策划下,11月8日晚,天津华界发生了暴乱。据北京晨报的现场调查报道,大致经过是:

1. 日本方面同张壁等合谋,策划在天津制造类似奉天事件的暴乱。为此,纠集便衣队2 000余人,每30人一组,每人每日给4元,组长给10元,每组有2名日本兵担任指挥。但是,日本的阴谋活动,已被中国地方政府探知,并照会日本领事馆,指出有反动分子在日本租界潜伏,望日本当局严厉取缔。然而,日方没予理睬。

2. 8日傍晚,中国地方当局为防不测,增派军警,加强戒备并宣布戒严。同时,日本也出动军队,在境界敷设铁丝网,实行封锁。

3. 夜10时,便衣队1 000余人在日租界集中,由日本人发放枪械弹药。之后,在日军掩护下,分多路向华界发动军事进攻,妄图占领省市政府机关并占领若干场所。但因中国方面有所防范,进行反击,俘虏便衣队数十人,便衣队未能达到目的。

4. 日军以日本士兵战死为名,无理要求中国方面立即将保安队后撤300米。

当中国保安队后撤之际,日军出动铁甲车,亲自参战,以大炮轰击华界公安局、电话局等地,造成我人员伤亡和财产损失,掩护便衣队退回日租界。

日方乘暴乱之机虽把溥仪带出了天津,但日军制造的暴乱却被中国地方当局所采取的坚决果断措施给扼制住了。日军“仍不甘心,复在海河下游收编便衣队约1 600名。并急电旅顺日军,请派军舰来津”[⑦]。11日晚12时,“便衣队仍由日租界内四出袭击南开、南市及东南城角一带,并由日军铁甲车公开掩护”[⑧]。对中国当局施加压力,迫我让步。14日,日驻天津总领事馆就照会河北省长,要求中国军队撤离天津20华里之外,否则日本“应取必要之手段,其后果责任尽归贵国方面负担”[⑨]。河北当局则屈服于日本压力,表示“为力求避免贵我两方误会起见,除留卫队外并允历驻天津河北之少数军队亦暂行他调”[⑩]。至此,天津恢复平静。以上经过,被称之为第一次天津事件。

二

在中国国土上的天津事件暂告停息,但在日本国土上的日本军部却在策划扩大战争问题。从《对苏中两国作战计划大纲》[⑪](11月16日)中可以看出,日本军部有一部分人主张,乘“满洲事变”的意外顺利进展之机,同时北犯苏联和南侵中国,一举占领苏联远东沿海地区和中国的华北,然后再伺机扩大战果。但从《对苏方针》(11月19日)等文献中又看得出,另部分人并不赞同对苏中同时两面作战的主张,强调“只要苏联不主动妨碍我对满蒙的解决,就避免和彼的纠纷,以免事态发展的复杂化”[⑫]。并告诫关东军“没有命令,严禁关东军擅自对苏军使用武力”[⑬],显然,日本把扩大战争的矛头,指向了中国关内。

11月20日,参谋次长电训天津日军参谋长,叫天津日军对中国地方当局继续坚持强硬立场,并暗示天津日军设法促使日本驻天津总领事向日本政府提出增兵要求:

“日中两军已经达成协定的今天,让政府相信贵军的增兵要求的正当性是相当困难的。鉴于此,应让负有保护侨民责任的总领事活跃起来,增兵之类要求由总领事提出才是正常途径,希望就这一点能有所考虑。”[⑭]

于是,香椎让总领事“做好万一发生突然事件,把妇孺集中到兵营,武装全体男子的思想准备”,使总领事意识到“将面临日中的冲突”[⑮]。

天津刚刚平静十天,天津日军“收到了关东军开始加紧进攻锦州的情报”[⑯],便抓住这个时机,于11月26

日夜,发动了从日租界向华界的军事进攻。如果说第一次天津事件,是日军藏在幕后,收买、指挥汉奸武装制造地方叛乱,是中国人之间的“内讧”,那么,这次事件,日军则走到前台,赤膊上阵,直接挑起中日之间的冲突了。

面对日军的挑衅,张学良严令中国军队,绝对不准射击,不准事态扩大,同时要求日本停止射击。日军不予理睬,且使战事升级、扩大。在巷战中,不但使用了机枪,而且还动用了大炮向华界轰击。甚至桑岛都认为日军“行动相当过分”,并且体会到“过分”的“真意”是想“扩大事态,制造增兵借口,同时引发中国正规军参战,以此作为一举彻底摧毁学良的开端”[17]。所以,桑岛于翌日(27日)就电报币原外相:“当务之急是立即派来增援部队,这是绝对必要的。”[18]从目前看到的当时日本外务省不完整的档案中发现,仅27日这一天,日本驻北平、天津领事同日本外务省来往电报达24次,其中5次是桑岛等要求日本政府立即派增援部队侵华[19]。

日本参谋总长也于27日电示天津日军司令官:“天亮后的情况事关重大,立即报告,本职将于上午8时45分晋谒天皇。”[20]

日本政府对“增兵”要求立即作出决定,币原27日复电桑岛,日本政府决定派军舰八云号前往天津,舰载陆战队百人[21]。28日午后,天皇批准“关东军向华北派兵”的命令。接着,参谋本部向关东军司令官下达,“临参第6号”,命令“关东军司令官立即向华北派遣一个步兵大队”,并准备从国内向华北派兵[22]。同时币原外相也将这个命令电示桑岛,为“保护侨民,政府决定从关东军调一个大队(约500人)增援贵地驻屯军”[23]。香椎也命令在塘沽警戒中的日舰,抽调90人组成陆战队,前往天津,“保护租界”[24]。至此,天津“事件纯属日中间的冲突了”[25]。

天津日军在军事进攻的同时,再次向中国河北省地方当局提出要求:

1. 立即停止敌对行为;
2. 中国军队撤退至与各国军队驻屯地20华里以外;
3. 武装保安队撤退到南运河、金钢桥至墙儿运河之线以北;
4. 停止河北省境内武装力量的调动;
5. 绝对取缔排日侮日行为[26]。

日本要求之无理竟至如此地步,明是日本视中国为敌,发动军事进攻,却要中国停止“敌对行动”。天津是中国的著名都市,面临外敌侵略却不准中国驻兵,压迫中国将武装力量撤离天津,变天津为无设防城市。“九一八”事变后,河北省已成为中国御敌的前沿,可是,日本却不准中国在河北省境内调动军队。在日本肆意侵略面前,不准自卫,不准设防,不准调动兵力,将中国置于任日本宰割的境地。然而,中国当局采取的是“逆来顺受”的方针,基本上接受日方要求,于29日午后4时开始“为避免误解,自动地撤退保安队”,并将历来驻天津部队也临时撤离天津20华里以外[27]。这就是第二次天津事件。

天津日军的目的是制造华北事变,而河北当局在第二次天津事件中的妥协,距日军追求的目的还相差甚远,当然不肯善罢甘休。那么,为什么又一次接受中国方面的妥协呢?因为锦州形势又有了新的变化。

如前所述,天津日军是在收到关东军加紧进攻锦州的情报后,制造第二次天津事件的。可是,就在第二次天津事件开始的前一天,即25日,南京政府的代表施肇基向国联提出了“划锦州为中立区”的建议,主张由英、法、意等中立国军队据守该地。27日,南京政府正式宣布划锦州为“中立区”。英、法驻日大使也将中国方面的从锦州地区撤退军队的意向,向日本政府作了传达。日本绝不会允许第三国插手侵华战争,也不会接受“中立区”之类方案。但是,日本注意到“锦州方面的日中两军冲突引起了国内外的极大关注”,也要采取一些相应的对策。从11月28日陆军省次官致关东军参谋长电文中看得出,日本的对策是先逼后打。所谓“逼”,就是先增加关东军在辽西和天津日军的兵力,使锦州地区的中国军队处于腹背受敌、前后夹击的态势,进而促使中国当局认识到,中国军队继续滞留锦州地区,是今后事态恶化的根源。同时向世界宣传,锦州地区形势之所以日益恶化,是因锦州地区存在着张学良政权和军队,并操纵“兵匪马贼”扰乱治安,以此促进列强对这个问题的认识,使中国陷入孤立状态。用外交手段逼迫中国以自愿主动形式将军队撤入关内。这样关东军不付出牺牲,就兵不血刃地占领锦州,达到占领全东北的目的并能取得列强的谅解。所谓“打”,就是在逼迫之下,中国军队仍不撤退,坚持抵抗,“国内外认识到帝国的大义名分和堂堂正正的进退”,日军就发动军事进攻。这种先逼后打的策略,“一方面可对中国施以威吓,另一方面又为在必要时候彻底打击该地区中国军队作了准备”。军部训示关东军:“以上非常重要,望贵军很好领会并妥善处理。”[28]在这种情况下,关东军才暂时将进攻锦州部队撤回辽河以东。

既然关东军实行先“逼”的策略,暂时停止了锦州作战,天津日军也就不得不适可而止,让第二次天津事件告一段落。

三

“中国驻屯军司令官占领天津的企图”并没有放弃[29]。日本驻北平参事官矢野探听到天津日军阴谋制造第三次天津事件的“谣传”,并电报日本外务省:“近来探听到,谣传天津驻屯军让200名士兵穿上中国服装,组成别动队,于本月15日前后制定第三次天津事件的计划。”[30]计划具体内容及实施情况至今不明。不过,在此前后,日本在中国内地掀起了新的侵华浪潮倒是事实。

从1931年12月初,日本侵华政策出现了由“逼”到“打”的转变。5日,参谋本部第二课拟定了“锦州问题,充实关东军、中国驻屯军兵力的意见”,指出:“示威运动达不到目的(按‘逼’的办法达不到目的),必须发动攻势时,依据中央指令,不但关东军要发起进攻,也要让中国驻屯军参与进攻行动,并且让海军、政府彻底认识到,要对锦州作战,就必须做好在天津地区进行大规模作战准备的必要性。”还规定:“为加强对锦州背后的威胁,得向天津派遣一个师团,向关东军派遣一个混成旅团。”[31]同一天,陆军省和参谋本部对上述意见只作些小的修改,决定:

“如果张学良不答应从锦州撤退,就将从朝鲜出动满洲的旅团派往天津。另外,将应急动员的一个师团增派给关东军,使之将锦州政权及中国军队驱逐到山海关以西。”[32]

关东军于22日以“剿灭辽西一带匪贼”的名义[33],发表了向辽西发动军事进攻的声明。26日发布进攻命令,28日第二师团开始进攻锦州,同时从朝鲜来的增援日军(第八混成旅团)也到了沈阳。张学良在日本的“逼”“打”之下,决定从29日将锦州部队撤入关内。日本不经战斗于1932年1月3日进占了锦州[34]。

以关东军占领锦州为契机,日本侵华注意力在巩固侵略东北成果的同时,转向关内。板垣征四郎应新任陆相荒木贞夫之召,随身带着本庄繁司令官的关于从中国分离东北,成立“独立国家”的指示,赴京汇报。板垣7日上午到东京,下午就受到荒木的接见,向荒木作了报告。接着听取了参谋本部、陆军省就今后对华方针、兵力配备等问题的指示,并得到了陆、海、外(务)三省商定的“中国问题处理方针纲要”,强调“满蒙”是日本生存的“重要基础”,要“排除中国本部的……法规制度”,“清除”“排日祸根”[35]。

8日,天皇破例准许板垣拜谒,并于下午召见总参谋长闲院宫,向关东军下赐敕语:

“当满洲事变爆发之际,关东军官兵出于自卫,果敢神速,以寡敌众,急速讨伐。尔后不畏艰苦,忍受严寒,扫荡各地匪贼,出色完成警备任务。时而嫩江齐齐哈尔,时而辽西锦州,踏冰卧雪,勇敢战斗,拔出祸根,皇军威武名扬世界。朕深感其忠烈可嘉,望汝等官兵益加坚忍自重,确立东洋和平基础,以报朕之信赖。”[36]

闲院宫参谋总长也发表拜受“敕语”的谈话(谨话),对天皇“自满洲事变以来……对我军活动状况”的“亲切关怀”,诚惶诚恐,感激涕零。号召“关东军全体官兵认识到责任更加重大,望进一步同心协力,誓奉圣旨,身体力行”[37]。

在此前一天,陆相荒木贞夫曾致电关东军司令本庄繁,告诫关东军“不要产生军事行动告一段落的观念,现距完满结局尚远”,勉励其继续“坚决果断地加强军务”[38]。

昭和天皇接见板垣和对关东军的敕语,以及军部对板垣隆重的接待,使“陆军感到无上光荣”。这一方面充分地肯定了陆军发动的这场新的侵华战争,给予殊誉嘉奖,同时“勉励”,侵华日军“坚决果断”地争取“完满结局”。所以,板垣13日返回“满洲”后,关东军倾其全力,一面加强拼凑伪政权,将东北从中国本上分离出去,一面把注意力向关内转移,策划上海事变。

在此前后,关内的日本殖民主义者,也备受鼓舞,掀起了空前的侵华浪潮。日本海军驻华舰队,在中国内河沿海频繁游弋,显示武力,寻机挑衅,不甘在侵华方面落在陆军后面。重要城市的日侨机构也纷纷煽动日侨仇华情绪,叫嚷不要把“满洲事变”仅仅当做地方问题处理,而应把目标放在“根本解决”中国问题上。要求日本当局“以实力”“断然膺惩”中国[39]。青岛日本浪人聚会策划“山东事变”[40]。日本驻汉口海军扬言“6小时可占领武汉”[41]。上海日军及浪人同关东军勾结,也在策划将侵华战火引入上海,制造更大的事变。

在这种情况下,日本参谋本部的部长们,商定了一旦中日断交后的“全面对华开战”方案,由第二课于1月20日拟定名为“对华一般方策”。“方策”规定:

日本“为保护日侨”,陆军可向“天津、北平、青岛、济南”出兵,海军联合陆军可向“长江沿岸要地”出兵,并且“在上述地区的日军,可本着保护侨民和自卫的原则,采取必要的军事行动,消灭抗日武装,建立亲日政权”[42]。所谓“保护侨民”、“自卫”,完全是日本嫁祸于人的遁词,是日本贼喊捉贼的惯用伎俩,“全面对华开战”,灭亡中国,才是方策的真意。

在这样的背景下,天津日军阴谋策划的第三次天津事件,虽未发生,但日本政府、军部却发动了更大规模的武装侵略上海的战争——“一二八”事变。

天津事件同“满洲事变”不同,以流产告终。但它是日本侵略华北的开始,应视为华北事变的开端。如上所述,天津事件与“满洲事变”有着密切的联系,那么同上海事变又有什么联系呢?为什么天津事件未遂而上海事变却爆发了?把日本侵华制造的多起事变作一番比较是能发现不少问题的:在东北,奉天事件演变成“满洲事变”,进展神速,“成功”了;在华北,天津事件在华区暴乱阶段就流产了,未能发展为事变;在京沪,僧侣事件竟导致动用海陆空军的上海战争但却妥协了;在其他地方,如山东、湖北,只是叫嚷一阵制造事变,便无声无息了。这么多的事变,结果竟如此的不同。种种迹象表明,都与当时日本政府、军部的整个侵华布置有关系,值得深入研究。

注:

①⑤⑥ 外务省编:《日本外交文书》(满洲事变)第1卷第2册,第5—6页,第40页,第80页,昭和六十二年11月。

②③④ 稻叶正夫等:《走向太平洋战争之路》,资料编,第141页,第146页,朝日新闻社,昭和三十八年6月。

⑦⑧ 1931年11月12日津浦路管理委员会致南京铁道部电,载中央档案馆等合编:《九一八事变》第478页,第477页,中华书局1988年。

⑨⑩⑮⑯ 同①,第97页,第100页、第103页。

⑪⑫⑬⑭ 同②第155页,第156、157、158页。

⑰⑱⑲㉒ 同①,第134页、第101、99—111页。

⑳㉒ 同②,第157页。

㉓㉔㉕㉖ 同①,第114页,第105、99、102页。

㉗㉘㉙㉚ 同①,第112,158、167、152页。

㉛㉜㉝ 同①,第161页、第162、167页。

㉞ 参阅拙文:《日本军部、内阁与九一八事变》,《世界历史》1985年2月。

㉟ 同②,第171页。

㊱㊲《东京朝日新闻》,昭和七年1月9日。

㊳ 同㊱,昭和七年1月8日。

㊴ 参阅上海日本商工会议所:《经济月报》第58号;同⑦,第510—519页。

㊵ 同⑦,第491—495页。

㊶ 同⑦,第483—490页。

㊷ 同②,第175—176页。

(《日本学论坛》1993年第3期)

洋务运动与津、穗、汉、沪四城的早期近代化

姜　铎

有的学者提出，如果把洋务运动对几个大城市的早期近代化产生的影响作点比较研究，或许能推动洋务运动史研究的深入发展。这个问题提得好，我对此也感兴趣。但兹事体大，个人能力有限，现不揣冒昧，就天津、广州、武汉、上海四大城市的情况，写出一个初探，提供大家批评指正。

一、天　津

天津原来便是北方的重要商业城市，具有较悠久的历史，在1860年开埠前的数百年间，天津一直是华北的粮食、食盐、食油、土布、皮毛等主要商品的集散地和海运中心，商业十分繁荣。在此基础上曾经形成天津八大家富商。他们每家拥有的资金，少则数百万银两，多达千万银两以上，是中国北方旧式商业资本的很大一笔财富积累。

天津的走向近代化，是从开埠以后起步的。而洋务运动在天津地区兴办的近代企事业，对天津早期近代化，更起着带头和决定性的影响。据统计，从1867—1885年不到20年的时间内.洋务运动在天津地区共兴办12项近代企事业，其中近代工业4项，近代交通运输电信4项，近代教育4项，当时都具有首创性。

天津机器局是洋务运动最早兴办的四大近代军用工业之一，创办于1867年5月。这个局以制造各种火药为主，同时制造枪炮水雷等武器，还制造过挖泥布雷等船舶，分成东西两局。全盛时期共有职工近3 000人，开办费用48万余两，常年费用在30万至50万两之间，历年费用共约1 000万两。当时天津县全年田赋的收入不过9 650余两，其中上交4 380余两，留支5 260余两。这就是说，天津机器局的一年开支，是天津县的50—60倍，有时多达100倍。显然，近代大工业对天津城市发展的刺激是不容忽视的。天津机器局的建立，对天津近代化进程的影响，至少存在下列四个方面：

第一，它是天津第一家使用机器生产的近代工业。天津第一家外国资本近代企业，是1874年兴办的大沽驳船公司，比津局晚7年；第一家民族资本近代工业，则是1878年兴办的贻来牟机器磨房，比津局晚11年。因此，津局首先从西方引进机器设备，聘用外国技术人员，把近代先进科学技术带进了天津，这就打破了中国几千年封建社会闭关自守的保守状态。为天津近代化开了风气之先。

第二，津局生产规模相当庞大，包括机器制造、化学、冶炼、热加工、铸造，以及小型造船、炼钢、轧钢等等，门类齐全，技术水平较高，因而在生产过程中培养和训练了一批本国技术员工，成为北方第一代近代产业工人的骨干，对天津近代工业的发展，具有深远的影响。据熟悉天津历史的乔维熊先生回忆，他在十多年前考察天津机器工业发祥地三条石的铸铁行业时，发现该行业早期老师傅的来源，大都与津局有直接间接的关系。

第三，津局需用大量的煤、铁等原材料，开始主要依赖进口，如筹建过程中所需用的煤炭1 000余吨，便是随着机器设备由英国运来的。后来，掌握津局的李鸿章决定要唐廷枢兴办唐山的开平煤矿，以解决津局对煤的需要，这就显示出津局在推动和促进其他近代工业发展中的作用。

第四，津局规模宏大，建成以后，如同在天津传统城市之外，又出现了一座新城。《天津机器局》描绘当年东局盛况时说："巨栋层楼，广场列厅，迤丽相属，参错相望。东则帆樯沓来，水栅启闭；西则轮车转运，铁辙纵横，城堞炮台之制，井渠屋舍之观，与天津郡城遥相对峙，隐然海疆一重镇焉。"[①]这就大大扩展了天津城市的疆界和规模。

开平煤矿的建成，虽晚于津局11年，但由于它生产的煤，大部分要通过天津市场销售，不同于津局军火生产的内部调拨，因而大大促进了天津商品市场的繁荣。加上改善运输条件的需要，直接促进了津唐铁路的建筑，奠定了天津近代化的陆路交通基础。

轮船招商局总局虽然设在上海，但控制该局的李鸿章、唐廷枢等常驻天津，因而该局的天津分局，成为北方航运中心，客货运和漕运十分繁忙，奠定了天津近代化的海运交通基础。

电报和邮政事业首创在天津，对天津的近代化也是大有裨益，并提高了天津在全国乃至世界的地位。

天津电报等四个近代学堂的建立，在全国也带有首创性，对冲破以科举为中心的旧传统教育制度，推行新的近代教育制度，无疑会产生较大的影响。

天津开埠以后，外国资本势力大量涌入，除了设立为数众多的洋行、银行和轮船公司，控制和垄断着天津的进出口贸易、金融市场和航运事业而外，从1874年至1900年止，也陆续兴办16家近代企业。1878年以后，民族资本近代工业，也在天津陆续出现，至1897年共兴办9家。

根据天津社会科学院历史研究所的估算，至19世纪末，天津三类企业的资本总数和工人总数有如下表：

	洋务企业	外资企业	民族资本企业
资本总数（万两）	2 650	100	60
工人数	10 000人	1 310人	1 500人

上表说明，洋务企业的资本总数，占了当时天津全部近代企业的94.3%[②]，洋务企业的工人总数，占当时天津近代产业工人总数的78%。这就是说，洋务企业在天津早期近代经济发展过程中，占据着绝对优势。

二、广　州

广州自唐以后即设市舶司及海关于此，成为外商海舶凑集和对外贸易的重地。在1840年第一次鸦片战争爆发以前，广州被清政府指定为对外开放的唯一通商口岸，当时，以英国为主的西方资本主义国家，每年通过广州向中国输出入的商品总值估计达8 000万银元左右，其中输入的鸦片即达3 000万银元左右。

1842年《南京条约》签订以后，广州和上海、宁波、福州、厦门五口，被迫开放为对外贸易商埠，从此结束了广州独口通商制度。

广州迈向近代化，是由外国资本经营的近代船舶修造业首先起步的。开埠后不久的1845年，英国人开办的柯拜船坞是广州第一家近代企业。紧接着，美商的丹麦岛船坞公司和旗记船厂，英商的诺维船厂、高阿船厂、于仁船坞公司和福格森船厂等，又先后开办。1883年，英商还在广州开办了一家制冰厂，当年为广州人民所毁。在19世纪60年代，黄埔港的修造船工业，曾一度出现繁荣景象成为广州早期近代化的中心。广州这几家外资船厂，共拥有木石船坞12个，能容纳5 000吨以上船舶的修造；资本总额估计在百万元以上，职工人数约3 000人。这反映五口通商以后的开始阶段，广州仍然是外商船舶进出的重点港口。尔后随着进出口商品重心逐步向上海转移，以及香港船舶修造业的兴起，至70年代，广州的外资船舶修造业由盛转衰，以上诸船坞陆续被香港黄埔船坞公司兼并。1876年，香港黄埔船坞公司干脆将废弃不用的柯拜等船坞，连同附属工厂设备，以八万银元的代价卖给清政府两广总督刘坤一，改组成洋务企业。

广州地区的民族资本近代工业，主要是产生在南海、顺德的近代缫丝厂，1872年开办的继昌隆缫丝厂，即是广东的也是全国的第一家民族资本近代工业。1879年又开办了裕厚昌缫丝厂。紧接着又有不少厂陆续开办，至1881年，南海一带已有机器缫丝厂11家；至1892年，已有50—60家；至19世纪末已发展到200家以上。据汪敬虞同志的估计，这批近代缫丝厂，总投资达2 000万元左右，工人总数达5万人左右，对广州地区近代经济的发展，具有广泛而深远的影响[③]。但除了几个较大的厂外，大部分是使用脚踏缫丝机，仍属手工业工场性质。

在广州市区产生的民族资本近代企业，时间较迟，家数不多，规模也不大。它们是：1872年开办的广州印刷局，1882年开办的广州造纸厂和广州印刷局，1890年开办的广州电灯厂等8个近代企业。如果把南海地区的两家较大缫丝厂估算在内，则广州地区的民族资本近代工业共计10家，资本总额50万元，工人总数

2 000 人。

广州第一家洋务近代企业—广州机器局，1873 年筹建，比外资近代船坞晚近 30 年，比民族资本近代缫丝厂晚 1 年。这个局规模不大，开办费只 14 985 两，每月经常开支 1 200 余两。主要业务是制造小火轮，至 1879 年的 5 年间，共制造内河小火轮 16 艘，后又制造 4 艘巡逻舰，武装了广东舰队。1875 年该局又筹建军火厂一所，开办费 74 000 余两，主要修造军火，也兼造小汽船。1886 年，该局两部分合并，逐渐以修造军火为主，发展为后来的石井兵工厂。这个局的全部员工，估计至多在 300 人左右，但未聘用外籍技术人员，委派在籍绅士温子绍一手经理。广州机器局对后起的民族资本机器工业有一定影响。

广州黄埔船坞，是两广总督刘坤一于 1876 年买下原柯拜等船坞基础上建立的，主要制造武器、火药和小型炮艇，并兼修造船舶，1882—1891 年间，共建造和装配 7 艘炮艇和 9 艘水雷艇，另附设一个水雷厂，专造水雷；常年经费 18 600 余元，估计全部员工 200 人左右。

广州炼铁厂，两广总督张之洞于 1889 年筹建，但不到一年张之洞调任湖广总督，铁厂即夭折，进口机器也转运湖北，改办汉阳铁厂。

轮船招商局广州分局，1872 年设立，建有码头 1 座，面积 1 万平方尺，栈房 4 座. 容积约 9 万包头，拥有内河航线 1 条，沿海航线 5 条，并试图开辟向神户、檀香山、旧金山、吕宋、泰国等地的远洋航线，对广州的航运事业起了较大促进作用。

广州同文馆，1864 年筹建，学期三年，每期招收学生 20 名，学课是英语、汉语、算学等，主要学英语，培养翻译人才，1879 年后，又先后增设法、德、日、俄等语文，学生人数也增至 30 名。这个馆陆续培养了一批翻译洋务人才，后来担任湖北枪炮厂总管的蔡锡勇，便是其中之一，成为广州近代教育的首创。

以上广州几个主要洋务企事业的总投资估计在 50 万元左右，员工人数在 800 人左右。它们对广州城市近代化虽具有一定的影响，但出现的时间晚于外资企业和民族资本企业，生产规模又未成气候，总的影响是不大的。

三、武　　汉

武汉三镇地处长江中游，扼汉水入江的要冲，历来是中部的神经中枢。其中汉口的经济地位尤为突出，明清以来，汉口已列为朱仙镇、景德镇、佛山镇等全国四大名镇之首，是华中地区的经济辐射中心，享有“货到汉口活”和“九省通衢”等美名。汉口被迫开放为商埠，是 1858 年《天津条约》中规定的，但正式开埠是在 1861 年。那年，英国首先在汉口设立领事馆，辟占租界；接着法、美、俄、德、日等国的势力，也陆续进入汉口。

武汉的近代工业也是外国资本率先创办的，1863 年俄国商人开设在汉口的顺丰茶砖厂，是武汉地区第一家使用机器的近代工厂；接着俄商于 1866 年和 1874 年又先后开设了新泰和阜昌茶砖厂，三家茶厂的资本总额达 4 百万银两，雇用工人总数在 5 000 人左右，都拥有新式的机器设备。至 1889 年为止，外国资本先后在武汉地区开设 12 家近代工厂，全部资本总额估计在 800 万银两左右，约合 1 100 万元，工人总数在 8 000 人左右。这是武汉地区第一批近代工业，也是武汉城市近代化的开端。

武汉地区最早兴办的洋务近代企业，是 1875 年盛宣怀主持的广济兴国煤矿，资本制钱 30 万串（约合银 20 万两）。这个矿办得不好，1879 年便因难于维持而宣告失败。盛宣怀即将这个矿的设备和人员移去兴办荆门煤矿，办了两年多，又被李鸿章饬令裁撤。但盛宣怀为了办矿，1877 年曾重金聘用著名矿师郭师敦，对湖北的矿产进行了较为详细的勘察。郭的足迹遍及武穴、黄石港、大冶、兴国、武昌、当阳、宜都等地，取得较大的成果，大冶铁矿的发现，便是主要成果之一，为后来张之洞的大办矿业奠定了基础。

1875 年，轮船招商局在汉口设立了分局，以四艘江轮正式投入长江航线运行，这是中国人自办的近代航轮在武汉地区的首次出现。

另外，1884 年，当时湖广总督卞宝第曾着手筹建湖北机器局，购买机器，准备仿造外洋军火，共用银 26 800 余两，后因经费不足，半途而废。

武汉地区洋务近代工业的大规模兴办，是 1889 年张之洞调任湖广总督以后的事。他在武汉地区主要兴办了三大洋务企业，一是湖北枪炮厂，二是汉阳铁厂，三是布、纱、麻、丝纺织四官局。三大企业对武汉地区的近代化,乃至全国的近代化,其影响无疑是不小的。但因学术界已多有研究,兹不赘述。除此之外,张之洞及其继任者还陆续兴办了一批中小型企业,成为三大企业的卫星。

估算下来,上述三大洋务企业共用去经费1 600余万两,中小型企业经费约100万两,合计1 700余万两,约合2 300余万元;工人最多时约16 000人。总之,张之洞在武汉地区兴办的洋务企业,起步虽稍晚,但在规模和实效上,比起李鸿章早期所办的洋务企业,大有后来居上之势,因而对武汉地区的近代化,带来了决定性的影响。

武汉地区的民族资本近代工业,1873年曾出现一家昭文新报馆,但不久即停刊。1881年,鹤峰矿务局正式成立,开采长乐鹤峰铜矿,但规模较小。在1895—1900年间,又陆续出现了10家近代厂矿,包括造船厂、煤矿、榨油厂、火柴厂、卷烟厂、服装厂、面粉厂、燕木厂各1家,机器厂2家。其中由宋炜臣于1897年开设的燮昌火柴厂规模较大,拥有资本42万元,工人1 400人,其余各厂矿的规模均不大。估算下来,武汉地区上述12家民族资本近代工矿企业,资本总额约120万元,工人总数约3 000人。

从汉口开埠至19世纪末的40年间,武汉地区先后兴办的近代工矿企业共39家,其中外国资本企业12家,洋务企业15家,民族资本企业12家,洋务企业约占40%;资本和经费总额共计3 520万元,其中外国资本企业1 100万元,洋务企业2 300万元,民族资本企业120万元,洋务企业约占65.3%;工人总数27 000人,其中外国资本企业8 000人,洋务企业16 000人,民族资本企业3 000人,洋务企业约占60%,无论家数、资本和经费、工人总数方面,洋务企业均占优势。这就是武汉地区早期近代化的概貌。

四、上　海

上海从1291年8月19日元朝中央政府决定建县以来,已具有700年的建城历史。由于优越的经济地理位置及交通条件,明清之际的上海已成为“江海通津”和“东南都会”,是全国南北主要商品的集散地,商业繁荣,帆樯林立,一度兴旺发达的上海沙船业,即其显明标志。

上海的近代化,同样是1842年开埠以后起步的。

上海的近代工业,由外国资本首先创办。1843年英国伦敦会传教士所办的墨海书馆,是一家小型印刷厂,成为上海和全国最早出现的近代企业。接下来在5、60年代,又陆续兴办了11家。至1894年止,外国资本在上海共兴办63家近代工厂,占外国资本在华设厂总数104家的62.6%;包括修造船厂11家,印刷厂7家,缫丝厂9家,食品厂10家,公用事业7家,制药厂4家,锯木厂6家,化工厂3家,打包厂2家,制革、造纸、玻璃、机器轧花各1家。估计资本总数1 227.4万元,工人总数23 150人[④]。其中以英商耶松、祥生两家船厂规模较大,资本较为雄厚,工人数也较多;缫丝厂中也有几家较大的;余下各厂大都属于中小型[⑤]。

上海的洋务近代企业,是在60年代以后才开始兴办的。1862年,洋务派实权人物李鸿章率淮军到达上海,次年,他在上海设立了三个洋炮局,仿造外国炸炮。但三个洋炮局的规模都很小,且大部是手工操作,只用少量机器,还说不上近代企业。李鸿章在上海正式兴办洋务近代企业,是从1865年的江南制造局开始,接着又兴办了轮船招商局、上海机器织布局和电报总局,构成上海的四大洋务近代企业。对于这些企业的作用,过去在“左”的观点影响下,我们曾经作过不切实际的评论,其实,它们对上海乃至全国的近代化,直接间接起了不小的影响。

这四大近代企业的资本总额共1429.2万元,员工总数14 592人[⑥]。

在此期间,上海民族资本近代工业.也陆续出现并有所发展。从1874年至1894年,上海共兴办41家民族资本近代工业,包括印刷厂8家,缫丝厂7家,机器厂10家,纱厂2家,轧花厂3家,西药厂2家,食品厂3家,火柴厂3家,造纸、玻璃、木厂各1家。其中除几家缫丝厂范围较大外,余均属中小型企业。估算全部资本总额431.2万元,工人总数10 500人[⑦]。

总之,上海开埠以后至1894年为止近60年间,以近代工业为主的洋务企业、外国资本企业和民族资本企业,共兴办108家,资本总额共3 087.8万两,工人总数48 242人。这就是上海早期近代化水平的主要标志。其中洋务企业家数虽只占3.7%,但资本数和工人数,却分别占46.28%和30.25%。

五、比较研究

上述津、穗、汉、沪四城从开埠至19世纪末这段时间内,三种类型兴办的近代企业共202家,资本总额10 710万元,工人总数93 852人。这四个城市的近代企业,估计要占当时全国近代企业的80%左右,也就是说,这四个城市是当时全国近代企业发展的中心和主要部分,因而也成为当时全国早期近代化的主要标志。而在这四个城市近代企业的三个指标中,洋务企业家数虽只占15%左右,资本总额和工人总数却分别占到48.29%和35.13%,也就是说,要占有明显的优势,这是符合当时中国近代化发展情况的。因为当时的外国资本主义国家,正处在从商品输出向资本输出过渡,晚清政府又竭力阻止外国资本在中国设立厂矿,故这一阶段的外资在华近代企业,都还是不合法的,规模也不大,资力也不雄厚,主要是为进出口商品加工服务。至于民族资本近代企业,还处在产生初期的幼嫩状态,只有清政府中一部分当权的洋务派,在内忧外患交相煎逼的环境下,凭借着手中的封建政权,才能既有兴趣又有力量,去大规模兴办军民用近代企业。

洋务企业在这四个城市近代企业中占有优势的情况,既显示了洋务运动确实是旧中国近代化的开端,在旧中国早期近代化过程中占有主要的地位,并起着主要的影响和作用,决不应该全面否定和抹杀;又显示了洋务运动的力量脆弱,进度迟缓,成绩不显著,政策不明确,因而无力完成中国近代化的历史使命。关于前一点,通过这十多年来的讨论,已达成共识,不用再多说;关于后一点,在这里还想说一说。洋务企业在这四个城市的近代企业中虽占有优势,但毕竟数量不多,质量不高,门类也不齐全。对民族资本,洋务运动虽有所带动,但缺乏明确的发展资本主义纲领,因而民族资本也发展缓慢,即使把三种类型的近代企业都加在一起,在当时中国小农经济和小手工业经济的汪洋大海中,也只是“万绿丛中一点红”,构不成近代化气候。反观我们的东邻日本,在明治维新政府推动下,中日甲午战争爆发前夕,日本全国登记的工厂、公司、银行等近代企业总数达4万家以上,资本总额达4亿日元以上,已初步建成一个资本主义社会,两相比较,中国在甲午之战惨败,便决非偶然。

第二个问题是关于四个城市的相互比较。

比较下来,在四个城市早期近代化过程中,受洋务运动影响最大的要算天津。天津的洋务近代企业,不仅在三类近代企业中,资本总额占94.30%,工人总数占78%,处于绝对优势;而且产生的时间要早于外资企业和民族资本企业。其次是上海,上海的洋务企业家数虽少,但都是带有全国性的大型企业,资本总额和工人总数,在三类企业中分别占有46.28%和30.25%,影响比较大。武汉的洋务企业,开始虽起步较晚,规模也不大,但张之洞调鄂后,大张旗鼓地兴办了几个大型企业,大有后来居上之势。在三类企业中,洋务企业占家数的40%,占资本总额的65.30%,占工人总数的60%,均占优势,对武汉地区和全国早期近代化的影响不能低估。影响最差劲的是广州。广州洋务企业共只4家,在三类企业中,分别只占5.50%、25%和13.80%,少得可怜;这几个企业除了制造一部分小型舰轮,供海军巡逻和有利航运外,其他影响都较小。不仅如此,连广州的外资企业和民族资本企业,除了南海地区的缫丝业有所发展外,也都未能成什么气候。在四个城市中,广州近代化基础是最薄弱的一个。

广州开埠前,长期处于独口通商的优越地位,开埠后,仍然是南中国政治经济的重镇和对外开放的重要窗口,为什么在早期近代化过程中,不仅落后于上海和天津,还落后于后起的武汉?前年我在广州调查时,即带着这问题向广州同行们请教。他们倾向于张之洞个人在起作用,还有人认为是受香港的制约。前一说的理由比较充分,也比较符合历史情况。人类社会的历史,本来是通过个人创造出来的,列宁曾说过要重视个人在历史上的作用,“时势造英雄”与“英雄造时势”,原本是辩证的关系。在后期洋务运动中,张之洞兴办近代企业的气魄、毅力和决心,确有突出表现,成为他打开武汉近代化局面的重要因素。如果把张之洞同继任两广总督的李瀚章相比,这一点便更为明显。李瀚章对兴办近代企业,压根儿不感兴趣,张之洞要搬走,正好求之不得。但是,张之洞的个人作用,也只能在客观环境允许的范围内活动,假定他留在广州,三个洋务企业,能否办成在武汉那样规模,就不能不考虑到广州和武汉的不同资源条件了。枪炮厂的资源条件可能不甚重要,而钢铁和纱布两厂的资源条件便很重要。大冶的铁矿石,萍乡的炼焦煤,江汉平原盛产的棉花,都是广州地区所缺少的资源,直到今天,广州地区始终未出现过大钢铁厂和纺织厂,便是绝好的反证。因此,张之洞把筹建的三大洋务企业搬到武汉,得以因地制宜,就近取材,个人的作用,有了英雄用武之地,这不能不是一个“历史的巧合”!

后一说有一定理由,但说服力不强。广州早期一度兴盛的修造船外资企业,确因受到香港造船业的兼并而衰落下来,而洋务企业和民族资本企业,则并未遭受香港的限制,相反,香港造船业兼并的几家外资船坞,于 1876 年转让给广督刘坤一,成为创办广州船坞的基础。

至于广州近代化所以落后的原因,那是存在各种错综复杂的因素,必须对近百年广州地区经济发展的历史作出全面研究后,才能找到答案。

第三个问题是关于政治、军事对经济的影响。

众所周知,清政府兴办洋务近代企业的动机和目的,主要是为了内而镇压“发捻”,外而抵御强敌,以挽救自己的垂危统治。因此,四个城市的洋务企业,都是先军用后民用,并始终围绕着军用这个中心而发展的,故我们在对四个城市所受洋务运动影响的比较研究中,不应仅仅着眼经济,而应同时着眼政治和军事,以及它们对经济发展带来的影响。

例如上海之所以能成为洋务企业的全国重心,不仅是经济因素,政治和军事因素也起颇大作用,上海是洋务派实权人物李鸿章的主要根据地,也是淮系军事集团的发家地。李鸿章利用上海有利条件,先建立三个洋炮局,又建立江南制造局和金陵机器局,不到五年时间,淮军已成为拥众数万、有新式装备的劲旅,不仅参与镇压太平军,还是镇压捻军的主力,奠定了李鸿章在清政府中的实力地位。因此,李鸿章是通过上海这个窗口,第一个尝到洋务企业甜头的人,故当他于 70 年代初调任北洋大臣以后,仍兼任着江南制造局的督办,有关制造局的重大问题,必须由南北洋大臣共同会商后才能上报。上海还是李鸿章经济总管、另一洋务派实权人物盛宣怀的主要活动地盘,他不仅掌握了轮船招商局、电报总局和上海织布局,后来他创建的中国人自办的第一家银行—中国通商银行,以及规模庞大的汉冶萍公司,都是以上海为中心的。

又例如天津洋务企业的影响较大,是同天津当时所处的政治、军事地位密切相关的。天津是清政府的京畿重地和大门,清廷要崇厚创建天津机器局的初衷,原想建成一个由满族控制的近代军事工业,打破汉族独占的局面。哪知道崇厚无能,天津机器局固然未办好,又出了天津教案,直隶总督当不下去,先换曾国藩,后换李鸿章。李鸿章到任后,长期坐镇天津达 20 余年,集政治、军事、经济、外交等大权于一身。在此期间,李鸿章除了整顿和兴办洋务企事业而外,还以天津为中心,训练了 20 万新式淮军,创建了北洋海军和渤海湾海防,形成了洋务运动的鼎盛局面。

再例如张之洞之所以能在武汉大规模兴办洋务企业,同清廷最高当局有意识地对他提拔、重用和信任,以便达到为权倾一时的李鸿章势力培植一个对立面的目的,是密切不可分的。张之洞原来是清流派的主将,清廷对清流派倍加优容的用意,便在于监督和牵制当权的洋务派。张从山西巡抚升任署理两广总督后决心大办洋务企业,一方面是受了中法战争的刺激;另一方面也是倚仗着慈禧的信任。接着随着他的调任武汉,竟能连同他筹建的三大企业很顺利地搬迁,甚至还要广东照样出钱,要不是慈禧的撑腰,肯定是难以办到的。

而广州的历任两广总督,除张之洞而外,包括刘坤一在内,同清廷中枢都缺少特殊的政治背景,因而对洋务企业的兴办,不能大有作为。在这里,“个人作用”论是基本说到点子上了。

最后一个问题是关于进出口贸易变化的影响。

近代工业企业的进展,虽然是四个城市早期近代化的主要标志,但不是唯一的标志,诸如进出口贸易、商业、金融、城市建设等等,都应构成城市近代化的标志之一,其中尤以进出口贸易的变化对城市近代化的影响较大,故提出来作一比较。

兹特选择 1870、1880、1890、1895 四个年度,津、穗、汉、沪四口的进出口商品总值列表如下:

津、穗、汉、沪四城进出口值统计表

项目			天津	广州	汉口	上海	全国总计
进口值	1870年		959	5 659	—	45 960	63 693
	1880年		1 191	2 940	29	56 046	81 640
	1890年		1 858	11 098	149	66 251	128 758
	1895年		5 367	16 451	682	98 640	179 947
出口值	1870年		839	10 465	2 038	30 550	55 295
	1880年		4 240	12 803	7 644	36 179	77 884
	1890年		4 602	14 864	5 670	32 742	87 144
	1895年		8 920	17 698	4 696	70 200	143 293
进出口总值	1870年	值	1 798	16 124	2 038	76 510	118 988
		占全国%	1.51	13.55	1.71	64.30	100.00
	1880年	值	5 431	15 743	7 673	92 225	159 524
		占全国%	3.40	9.87	4.81	57.81	100.00
	1890年	值	6 460	25 962	5 819	98 993	215 902
		占全国%	2.99	12.02	2.70	45.85	100.00
	1895年	值	14 287	34 149	5 378	168 840	323 240
		占全国%	4.42	10.56	1.66	52.23	100.00

资料来源：根据杨端方等编：《六十五年来中国国际贸易统计》第1、14表编制，1931年出版。

上表说明，在这四个年度的进出口贸易中，四个城市的地位不断变动，现将广州和上海的情况作些分析对比。

广州开埠前是独口通商，估计当时进出口商品包括鸦片，年达8 000万元，约合5 600万关两。以此为基数，开埠以后的进出口总值下降很大，直到1895年也只有3 414.9万关两，约为开埠前的61%。在全国进出口商品总值中所占的比重，广州开埠后则从独占而直线下降，1895年已只占10.56%，20世纪以后，曾一度降到5%以下。进出口贸易的衰退，对广州近代化进程的影响颇大，60年代一度兴盛的外资近代修造船行业，之所以于70年代日趋衰落的重要因素之一，即由于抵达广州的外轮急剧减少。

反观上海则是另外一种局面。上海开埠前，还不是通商口岸，但已有一部分鸦片和洋货走私进口，估计年达千万银两。开埠以后，由于地理位置和交通条件的优势，上海进出口贸易量迅速增加，很快取广州的地位而代之。50年代上海进出口商品总值已达4千万元左右，至1860年，增达80 545千元，1867年更达66 032千关两，占全国114 617千关两的58%，远远超过了广州。1895年上海进出口商品总值是广州的4.9倍。进入20世纪，上海进出口贸易量占全国的比重始终保持在50%上下。由于进出口商品量的大增，进出上海的外轮数量和吨位也相应增加，从而带动了上海修造船行业的兴旺发达，不仅出现了外资耶松、祥生等大型船厂，也出现了后来的华资江南造船厂。当时的中国已卷入资本主义世界，随着进出口贸易的增加，“一业带动百业”，上海便日益成为中国同世界商业往来的中心城市，早期近代化的进度，不仅超过广州，也超过天津和武汉，以及全国所有的城市。

注：

① 《天津府志》（重修本）卷28“公廨”。

② 在这一估算中，把天津机器局和大沽船厂的资本估作1 000万两和600万两，是包括全部费用在内，显然偏高。

③ 参见汪敬虞：《关于继昌隆丝厂的若干史料及值得研究的几个问题》，《中国近代经济史论文选》下册。

④ 根据孙毓棠：《中国近代工业史资料》，第1辑上册第234—241页简表估算。

⑤ 外资在上海设立了一批轮船公司，未估算在内，其他城市亦然。

⑥ 其中江南制造局资本估算办法是：开办费54.3万两，历年机器购置费2 003 645两，历年定购物料及

预计各洋行定银的四分之一,合3 691 900两,三项合计6 238 554两,约折成872万元。

⑦ 根据孙毓棠:《中国近代工业史资料》第1辑下册,第1166页表估算。

⑧ 1870年货值单位原为上海银两,现已折算成海关两。各年进出口值均未剔除复出口值。唯1870年全国进口值为剔除夏出口值之后的净值。

(《近代史研究》1993年第4期)

安福系"财神"王郅隆

张玉芳

一

天津大沽人王郅隆(1868—1923年),少时为粮行学徒,后任外柜,串客栈兜揽外客,因舞弊被辞退。由于他从事粮业外柜多年,在粮、木、钱等行业均有不少熟人,于是便做起了粮、木商的"跑合"生意。后来他自己开办了元庆木行,恰好赶上天主教徒柴天宠主持修建天主教堂,需用大宗木材,王和柴是老相识,便很容易地揽到了这项生意,从中赚了一大笔钱。发财以后,王郅隆纳资捐得候补道衔,历任黑龙江、湖北和安徽等省盐务榷运局总办,拥资甚丰,遂成天津巨富。此后他又先后投资《大公报》、天津丹华火柴公司等,成为远近闻名的实业家。

这时的王郅隆腰包里鼓鼓的,便时常去赌博。他的赌技精湛,不似一般赌徒那样,在牌和骰子上捣鬼,而是以自己的精明和惊人的记忆力取胜,被赌友们称为"圣手"。玩起来,他还颇有点江湖义气,有时他会把赢的钱如数还给输家。他不想以赌致富,赌博不过是他结交、攀援权贵的手段,目的是发大财。在他交往的达官显贵中,对他一生影响最大的,莫过于倪嗣冲了。

倪嗣冲的父亲与袁世凯相交甚好。袁世凯任山东巡抚时,倪在袁处供职,深得其器重。1901年,袁调任直隶总督,倪亦随之来津,被安置在北洋营务处。后倪升任黑龙江布政使,但上任不久,即因故被弹劾,回津赋闲。一次,倪嗣冲和王郅隆等人在一起推牌九,倪输给王2 000多两银子,可手中无此巨款,因而推到黎明还不肯罢手。王猜到他无法结账,便佯装胃疼,把自己的筹码都推给了倪。后来倪东挪西借凑够了钱还给王郅隆,王边推辞边说:

"兄弟你要看得起我,就把钱收起来。以后咱俩在一起玩的时候,把筹码都交给你,你就大胆地玩吧!"当时倪困顿不堪,又值袁世凯这座靠山已倒,自叹出头无望,而王郅隆却能如此捧场,心中感念万分。

1911年,袁世凯东山再起,出任湖广总督,旋又升任内阁总理,倪嗣冲亦得以重返政治舞台,任武卫右军翼长、督皖都。为报王郅隆往日之恩,倪嗣冲委任王郅隆为安武军后路局总办。后路局设在北京,当时军阀混战,各省军饷很难按期从财政部如数领出,这就要看领饷人的本事了。王对此职务颇能胜任。他每月领出军饷作周转金,自己大做投机生意。王对倪忠心耿耿,不仅悉心掌管倪在皖搜刮来的民脂民膏,而且看好行市,替倪购买黄金,悉数交给倪。因此,倪对其更加信赖。他们在政治上的结合,促成了他们后来在经济上的长期合作。这一年,王郅隆与倪嗣冲、段芝贵等人合资在安徽、河南等地经营盐务。不久他们侵占长芦盐商何炳宗的资产,组织了天津长顺盐业公司。1914年,财政总长周学熙以"支大收小"为由,取缔了长顺公司,改由芦纲公所承办。王郅隆曾多次试图恢复,然终未成。后来他又发现徐州有一段作废的引岸,便鼓动倪嗣冲以皖省名义来经营,大发了一笔盐务财。

二

1916年9月王郅隆从英敛之手里接过了《大公报》。原来自1905年以来,《大公报》因对孙中山领导的民主革命持有异议,报纸失掉众望,销路锐减,几不可维持,英敛之意趣消沉,遂决定盘售予王。王郅隆自任总董,聘胡政之任经理兼总编,自此,《大公报》亲日色彩日益浓烈,后成为安福系的机关报。

1917年,段祺瑞欲向日本借款并取得军械以完成北洋派的统一。此时正值日本国内闹粮荒,段不顾中国连年歉收、灾情严重的现实,令倪嗣冲、王郅隆等运粮食接济日本。王郅隆与湖南督军张敬尧驻京代表杨季瑜商议,廉价收购常熟、安庆、无锡等地的大米,利用军用车皮运沪出口,获利甚大。当时《益世报》上刊登了一幅漫画,画面上两只狗拉着一列满载大米的火车,车上还有两个老鼠押车,每个老鼠都扛个小旗,上写“大米”二字。对此事作了辛辣的讽刺。

随着民族工业的发展,超额利润大大地吸引了北洋军阀官僚,他们纷纷投资于见效快的纺织、食品及化学工业,王郅隆亦跻身此行列。1915 年他打算办个纺织公司,起名裕亨,但由于英国不履行已签订的引进纺机的合同而未开工。与此同时他劝段祺瑞、倪嗣冲等人:依靠军队势力作投机买卖终非长久之计,不如向工业投资。说干就干,他亲自去上海,向申新纱厂老板、人称“棉纱大王”的荣宗敬请教办厂秘诀。1916 年即在小刘庄购地 262 亩,第二年 8 月建成裕元纱厂,定名为裕元纺织股份有限公司。董事会由国务总理段祺瑞、安徽督军倪嗣冲、陆军次长徐树铮、外交总长曹汝霖、交通总长朱启钤、后任安福国会众议员的王揖唐和奉天军务督理段芝贵组成。倪嗣冲投资 100 万,倪之子道杰、王克敏、陆宗舆、王郅隆等人共投资 100 万元。除此之外,尚有 38 个赞助人,他们不直接投资,只是名字被列在招股简章上,以期产生更大的号召力。王郅隆出任总经理,聘刘树云为经理,后又改聘赵聘卿。1918 年 4 月纱厂正式投产,有纱锭 75 000 枚,机器均由美国慎昌洋行装置。厂内设施完善,有弹子房、讲演厅、图书室等。裕元是当时天津资本最为雄厚、纱锭最多、获利最丰的纱厂,开近代天津大型纱厂之先河。为了发展生产,王郅隆在汉沽茶淀接办了开源农场,在盐碱地上大力种植棉花,为纱厂提供充足的原料。王郅隆死后,裕元由于经营管理不善,资金短绌,依靠借款维持,利息负担过重,负债达 290 万日元。1934 年,裕元被日商大仓洋行吞并,1936 年又转卖给日商钟渊公大实业株式会社,至此,裕元纱厂遂告结束。

三

王以为工商业家办企业,需有自己的金融机构,以便吸收社会上的闲散资金,提供给自己的企业集团,特别是裕元纱厂周转使用。所以他想办一个银行。这时周作民亦觉官场多变,在官办银行供职非长久之计,也很想办个银行。周作民任交通银行芜湖分行经理时期,即与王郅隆相交不浅,此时两人不谋而合,所以很快达成协议,共同出面,拉上倪嗣冲(其子道杰代)、徐树铮、财政次长兼天津造币厂监督吴鼎昌、陆军部经理司司长陈国栋、山东省财政厅厅长曲卓新、长芦盐运使段永彬、交通银行终身协理任凤苞作为金城银行的发起人。1917 年 5 月 15 日,金城银行正式成立,行址设在法租界七号路 43 号。资本额为 200 万元,实收 1/4,即 50 万元。倪嗣冲投资 17 万元。王郅隆投资 10 万元,被推举为总董(王被通缉后,一度由梁士诒代理),周作民任总经理。银行业务很发达,存款额曾雄居全国商业银行之首。在华北地区,与中国、交通和盐业三大银行并驾齐驱。

1917 年 11 月,安福俱乐部作为段祺瑞的政治工具宣告成立,王郅隆任常务干事兼会计课主任,成为安福系财经掌管人。1918 年 8 月,安福国会产生,王郅隆被选为参议院议员。倪嗣冲曾竭力向段推荐王作财政总长,但由于安福系内部多数人反对未果。

1919 年,王郅隆以段祺瑞政府参战处名义开设荣庆米行,每月低价收购江浙大米二三十万石,免费运到天津,高价输出日本,获厚利。同年又与徐树铮在天津创办了边业银行,与公兴存和谦益两个大米庄集资 40 万元在河北赵家场购地建厂,成立了裕兴面粉公司。此外,他还自办了义生源大米庄。

王郅隆仰仗安福势力发了大财,到 1920 年前后,拥有资产四五百万银元,被人称之为“安福财神”。同年 7 月,直皖战争中皖系失败,王郅隆被直系下令通缉,王担心在裕元公司的 20 万元投资被直系没收,于是找到倪道杰,由其出资 20 万元盘进。11 月,在日本人的庇护下,王郅隆经青岛逃到日本避难。

1923 年,王郅隆随徐树铮等再次东渡日本,为裕元公司购置机器设备,与日本大仓商行洽谈借款事宜。日本关东地区发生强烈地震,王死于此次地震。

(《民国春秋》1994 年第 1 期)

沦陷时期天津四作家论

张　泉

抗战中期，天津作家群在华北文坛上崛起。举其要者有张秀亚、查显琳、王朱、江寄萍、刘云若、吉戈木、李木、田秀峰、招司、冯贯一、白羽、肖仲纳、杨亚岚、纪莹以及后来定居天津的马骊、关永吉等。本文仅对马骊、江寄萍、王朱、白羽加以评介。

马　骊

马骊(1915—1985 年)，原名马际融，曾用名马秋英，笔名子骅、武一民等。河北吴桥人。1937 年参加国民党的抗日武装。40 年代初在京津地区的新闻出版机构从业。新中国成立后，曾任天津政协常委、天津民革副主任。著有中短篇小说集《太平愿》(1943 年)、《骝骅集》(1945 年)。《今昔集》(散文)和《褴衫吟》(新诗)当时也已编成，但未见出版。他以暴露残酷现状的写实小说著称，文风朴实，善于粗线条地勾勒战乱中的华北农村全景，曾引起读者和评论者的广泛注意。

代表作《太平愿》收《生死路》、《太平愿》和《生发油》三篇作品，它们从不同的侧面展示了农村中的无知与堕落、荒淫与无耻、奸险与自私、饥饿与谋杀，也描绘了生的挣扎与死的呻吟。第一个中篇就出手不凡。《生死路》中的主人公尤天顺一向吃苦耐劳，忍辱负重，但在如同命根的黑牛被侵夺之后，在祈雨无望的情况下，不得不像许多农民那样铤而走险，挥泪带领全家逃离厮守半生的田园，踏上茫茫的逃荒征程。在何家镇的一座破庙里，与同乡赵老元邂逅相遇，有了落脚处。然而赵家是靠女儿的色相维持温饱的，而已经堕落的赵老元正在打他女儿的主意。尤天顺的希望破灭了。他被迫离开了这个只要不知廉耻就可以不愁衣食的栖息地，又开始了流浪生涯。在一个普遍动乱的社会里，权贵者和无耻之徒的骄奢淫逸也不能长久。成群结队的饥民冲进了何家镇，抓走了何大爷，杀死了耽于享受的赵老元……尤家最终也在劫难逃："腰弯心不弯"的尤天顺未曾加入造反饥民的行列，却遭枪伤惨死异乡；女儿被土匪抢走；侄子被杀害；只剩下他老婆一人返回家园。室内一无所有，可代理村长还带着携枪的随从征收"三个月的花消糜"。很明显，她的命运只能是死路一条。作品雄辩地告诉读者，兵燹无情，良善纯朴的农民们"也许逃出了炮火，但是终被那战争所毁灭"。战争使北方的农村经济崩溃了，社会动荡，阶级分化加剧。给中国农民带来无穷苦难的天灾与人祸，在异族的统治之下更为深重。他们束手无策，只能背井离乡，而等待他们的，往往是更大的劫数，甚至是灭顶之灾。

这是一部扣人心弦的作品，写出了"为逃死的悲惨而挣扎着作生的苟延，毕竟因求苟延的生而催悲惨的死"的一群——当时沦陷区社会环境中的典型的一群；写出了饥饿对于人性的腐蚀与破坏，怎样摧毁了"爱"和"怜"，"志气"和"刚直"，"情理"和"羞耻"。作品中充满了哭泣与叹息，抑郁和忍受，即使有笑意，那笑也是勉强的和冷酷的。因为它是完全按照生活本来的面貌写就的。小说的最大成功，就在于真实。马骊能够写出这样的作品并非偶然。他从小生长在农村，对农村的破产和农民的苦难有着深切的了解和同情。更为重要的是，在创作过程中，他自觉地以列宁和鲁迅的话语作指导："文学是认识现实的工具，教养群众的武器"；要"显示着中国的一部和全部，现在和未来，死路和活路"。作者深感力不从心，认为即使他的作品可以"当作一面镜子藉以窥到战难中的真实"，这"真实"也只是"死"，不是"活"，没有"教养群众"的作用。因此，他把他的小说看作纪念，"非寿终正寝的死者们无碑的墓志"，并且真诚地期待着有人"为中国灾难的农民作活路的指示"。然而，正如作者所坚信的那样，"死路的尽头，同时是活路的开端"。在小说的结尾，终于从那个羸顿的农妇口中发出了反叛的呐喊。从作品的结构来看，作者主要把注意力放在记录人物和事件上，较少景物描写；故事的展开呈线性，并不关注叙事的疏密和首尾照应，特别是后半部分，由于场面过大又急于收缩，显得有些松散。小说中"几乎没有一事一人是虚构或幻觉"，加之作者为了真实，把迷信与秽亵的言行和盘托出，语言上也不避讳粗俗语和生僻的方言俚语，以至于有的地方还要在每节末尾加注一一说明。然而所有这些并没有障蔽作品的光彩。

1942 年发表第二个中篇《太平愿》时，马骊作了这样的陈述："《生死路》仅仅是一个悲惨故事的叙述，而《太平愿》的写成，仍然是蹈了覆辙，这实在对不起读者，不过它总是真实的叙写，由其中可窥见都市外的一群人的一段生活。"在《生死路》中，我们看到的是一片被饥饿折磨得走投无路的村民，为了能往那空腹中添进可以充饥的东西，他们颠沛流离，干着他们能够干的和不愿干但不得不干的一切。《太平愿》中的乡长王六爷虽也囊中羞涩，却还不缺玉米饽饽和咸菜，但终也不能幸免于难。战乱使地痞范二虎、刘福爷之流如鱼得水，他们与兵匪勾结，横行乡里，无恶不作。他们杀害了王六爷的长子，还骗得大量的金钱。这次又来强迫他集资唱大戏还"太平愿"。王六爷心里有数，可是慑于淫威，以"天作孽，犹可为，自作孽，不可活"聊以自欺，委曲求全，搜尽了乡间的钱财来逢迎他们。范王庄的野台戏终于开了场。但在熙来攘往和火爆热烈的背后，却隐含着难言的悲酸和怨愤。结果，仍免不了范二虎早就垂涎三尺的姨太太被劫，再也压抑不住怒火的二儿子无辜罹难。而家破人亡的王六爷仍压抑着愤恨，以最虔诚的心，向关圣帝君祈祷："保佑平安！ 等太平了，金身，蟒袍，唱戏，还愿！"与《生死路》不同，《太平愿》中的王六爷、范得明们屈从于范二虎、刘福爷，不敢越雷池一步。屈从的下场仍是人财两空不得太平。而老实忠厚的受害者最终只能徒劳无功地求关圣帝君保佑平安。理想与现实的相悖，鲜明地表现出来。《太平愿——一个小村庄的春天》这个标题，反讽地突出了小说的主题：农村没有太平，有的是巧取豪夺、飞扬跋扈、草菅人命。这虽然是一个小村庄里发生的真实的故事，但"却是整个农村的写照，整个农村迫切要解决的问题"（白静《评＜太平愿＞》，《中国文学》第 1 卷第 4 期）。《太平愿》所描写的农村生活是广阔的。这完全是一个可以铺陈成篇的素材，而作者把它写成了篇幅比较长的短篇。虽然作了大幅度的浓缩，叙事仍雄浑流畅，有中国传统小说的风格，又注意到人物心理的刻画和人物对白的个性化，堪为当时不可多得的优秀作品。

《生发油》是作者计划中的长篇《兄弟们》的第一章。以后并未见续篇，但这个片断完全可以独立成篇，具有使读者一气读完的吸引力。充斥全篇的是令人窒息的仇恨和暴行。劣绅刘德借故把青年农民王江送进"黑屋子"，以达到霸占他老婆的目的。王江获释返回，查出了妻子头上的生发油的来历。一贯忠厚老实的王江把狂怒发泄在老婆身上，发泄在拉皮条的赵三嫂身上，最终使自己和亲人罹遭大祸，误伤了妻舅，自己也再度入狱。故事最后留下的是幼子的哭声，"像凄冷的荒郊里，豺狼嘴里小兽的惨叫"。这就是刘王庄，中国沦陷区农村的缩影，没有生气，没有活路，死一般的压抑，死一般的沉寂。

马骊说过："我生在多土的乡村，我是地道乡下人，所以写乡村事比较地道。虽然在都市也生活过多年了，可是知道的总是太少，就是勉强写点都市发生的事，都市里生活的人，那也非驴非马，画虎类犬，所以轻易不敢下笔。"（《一年来我所写的文章》）尽管如此，他也涉足乡村以外的题材，如《名片》中的主人公虽然在大学获得了学位，但仍不如科长在社会上吃得开，说明古已有之的官本位，于今更烈。《骨头》中那一对贫穷夫妇的生活，给人留下深刻的印象，表现出生活的重担对于文人的无情压迫。《平常的风波》则表现金钱在情爱场中的地位。妻子要用钱买丈夫的爱，而丈夫却用那钱去买情人的欢心。这类描写身旁琐事的作品自有特点：对于感情的渲染恰到好处，不事夸张，比较好地达到作品与读者之间的交融与沟通。不过，最能体现他的风格和代表他的文学成就的，还是《太平愿》中的那几篇作品。读者反应也证实了这一点。小说集初版后立即售罄，很快再版；当时有为数不少的人撰文表示赞赏，其中包括远居上海的董乐山（麦耶），以及北京知名女作家雷妍等人。

江寄萍

小品名家江寄萍（1907—1942 年），安徽旌德县人。笔名甚多，常用的有梦徽、荷花、黄薏、丽霜厂、莫方朔、夜行人、荷衣、丽红瓣、蒙钰、弗东沙、笙雯、看云楼等。曾就学北京。后在天津居住。担任过《北洋画报》、《益世报》编辑。散文小品广泛发表于《论语》、《申报・自由谈》等报刊，为林语堂、陶亢德所赞赏。"七

·七”事变后，任《庸报》编辑，写作甚勤，正值中年便在贫病交加之中离开人世。

江寄萍以“清淡流畅”的散文小品闻名于世，时人称其文章“妙在冲淡。有时抄录旧书，但末尾一二语便极隽永。都没有锋芒毕露剑拔弩张的痕迹。描写生活总由趣味上着手，有时也发一点文人们的牢骚，但仍是淡淡的。即便令人落泪，也是淡淡的，叫人苦在心里”（《江寄萍君遗著·吴序》）；他“说理能达意，叙事知亲切，抒情更可以从文字窥出素朴的美丽”（萧菱《悼江寄萍先生》）。按题材分，他的作品可以大致分为两类。一类是知识小品，文史地理生物社会无所不包，如《淡竹枝词》、《花与鸟》、《神秘的崇拜》、《星之趣话》、《昭君及其歌咏》等。在《新民报半月刊》所辟《看云楼杂话》中的篇什，或谈生日讲经、老瓦盆，或谈蝗虫、蚊子，或谈茉莉、槟榔，或谈圣母像的演化，也包括在内。这类作品的论题通常比较狭窄，写起来大多考据扎实，旁征博引，和盘托出某一方面的较为系统的资料和知识，似有掉书袋之嫌。然而他也能在作品中融入自己的真情实感，颇为耐读。这就使之与那些堆砌材料、高头讲章的文章区别开来。因此，虽然很难说这类作品有多么大的价值，但仍不失为一种具有个性的写作风格。

另一类是触景生情之作，对于生活中的事物加以叙述和阐发。《深夜的磬声》首先回忆既往20年前养病曾在深山庙宇附近小住，领悟到佛门子弟诵经击磬之声的妙处，病也很快痊愈了。作者不皈依佛教，但崇拜佛家的精神。然而现实生活中的一件事使他对和尚产生厌恶。原来，一农人的骡车因过载把骡子压在车辕之下，一队路过的和尚以要给人家念经为由，对农人的求援置之不理。结果，还是十几个正要上工的工人抬起了车，挽救了濒于死亡的骡子。即使在这叙事文中，作者仍很自然地引经据典，借助庄严经中佛家为救生物牺牲自己的故事，贬斥以佛事为营利手段的和尚，提倡慈善，提倡爱惜生物，提倡舍己救人的精神。《人生的体味》是一篇富于哲理性的议论文，讨论人生和宇宙，同样写得淡远超然。他把人生比作下山，将其分为过去、现在和未来。但这三个阶段又都是空虚的：“过去的等于零，未来的不可知，只一个现在仿佛可以抓住，其实也是空的……”作者还恰当地插入袁子才、光武、韩蕲王和叔本华的言论，以及杜牧、李白凭古评今的诗句，使引文有机地与本文融汇在一起，营造出充满无穷凄清的语气。在社会发生急剧变故的环境中，由于对事物本质缺少科学的认识而产生惶惑或无所适从之感，倒也是很正常的。然而文中所流露的人生无常、人生无意义、“落花犹似堕楼人”的虚无主义情绪，以及把人的行为动因归结为“食色”冲动的提法，正表明了作者思想上的局限性。

有的时候，江寄萍也能发表一些很尖锐的言论，影射现实社会。他援引古语“匪如梳，官如剃”，并作了解释：“匪来如梳头，尚不致鸡犬不留，而官来则如剃头，民间之资财完全被其一扫而光。”然后，以饶有趣味的实例说明，“官之诈财无所不入”，为害民间比土匪尤甚（《官如剃及其他》）。但总的看来，他的作品基本不带政治色彩；同时一大家子的生计在很大程度上依靠那微薄的稿酬。这样的作家在沦陷区具有一定的代表性。他们为求活而为文，没有为日伪的奴化教育效力，是不该仅仅以在敌伪报刊上发表过文章为由，武断地将他们一概打入另册的。此外，一个值得注意的现象是，江寄萍的死在华北文坛引起很大的反响。报刊纷纷发表他的遗作和有关纪念文章。他在北京的一些友好还举行了“江寄萍氏追悼会”，以及旨在筹募捐款救济其家属的“迎春夜”游艺活动。一介书生的病殁之所以激起如此广泛的关注，有以下几个方面的原因。

首先，沦陷区的作者由于自身所处的地位，非常愿意把沦陷区的文学同战前的中国现代文学连接起来，以标明文化渊源，也求得心理上的平衡。江氏为30年代走上文坛的作者，抗战前以及沦陷时期都发表了相当数量的作品，且没有附逆的恶名，因此，他便成了人们把现实与传统联系起来的适当人选。其次，大多数作者对于日伪的前途不抱幻想，期望回避现实政治，脱离宣传轨道。江氏的作品则具有与政治和时局无关的特点，在当时卓然成为一家，拥有相当数量的读者。再次，抗日战争进入相持阶段后，沦陷区经济崩溃，百姓生活艰苦，文人首当其冲。江氏的为人也如他的为文一样，“不与人争，名利之心淡然”，终日埋头写作，仍不能养家糊口，正值壮年便留下一家老小而去。这很能引发贫穷文人的同病相怜之感。最后，当局利用与世无争、深得人心的江寄萍之死大作文章，以此显示对文人的关心，以便更好地拉拢文人，可能也是悼念江寄萍的活动之所以得以广泛开展的一个重要潜在因素。

可以说，江寄萍的遭际，是一般正直文人在沦陷区苦苦挣扎的真实写照。

王 朱

天津作家王朱(1910—1973年),原名王振寰,字声远,曾用名王小渔。山东诸城人。战前曾在《良友》等杂志上发表小说和绘画。抗战时期任武德报社驻津记者,余暇兼律师职务。为华北作协天津支部的主要筹备者之一。著有短篇小说集《旧时代的插曲》(1941年)和长篇小说《地狱交响乐》(《新民报半月刊》第3卷第2期至第5卷第2期)。1945年,署用罗里、伊土等笔名在天津地下文联的刊物上撰写杂文。

王朱的小说世界刻意展示被损害被侮辱的妇女。在题材上,可以大致分为两类。一类,描写周旋于上流社会的女人。如神秘的陆夫人(《玄裳》)貌似轻浮、放荡,但内心埋藏着无法排遣的痛苦:为了一家人的性命,牺牲自己,离开了热恋的情人,嫁给一个大富贾。后来,情人从军战死在疆场,丈夫也去世了。虽然她分得了一份可观的遗产,过着豪华的生活,仍摆脱不了受欺骗的命运,从来没有过幸福。另一类,也是写得最多的一类,是对于"四等半娼妓的地方色彩"的"毫无折扣"的描绘。《神秘的眼睛》通过反复渲染未成年舞女那"肿肿的眼皮,像是睡眠永远不足,可是里边包藏着乌溜溜的瞳子",暗示出她的疼痛,她所遭受的冷遇和蹂躏,以及她对于儿时梦幻的追寻。《黑月亮》则不加雕饰地描写贫民区暗娼的悲惨生活。主人公小嫚以她那还未成年的躯体,承受着粗客难以名状的摧残。在忠实地写出人间的黑暗的同时,也通过叙事主人公"我"流露出作者发自内心的控诉和同情。小说深刻地揭示出,造成小嫚悲惨命运的,是卖她为娼的烟鬼后娘,是老鸨孙大嫂。然而,在一个基本人权得不到保障、娼业为法律所认可的社会里,造成这种悲剧的根源还是社会。

短篇小说《黑月亮》在结构上很有特点。作者以第一人称叙事者的视角展开一个个场面,而又主要通过对话,主要是二嫚的诉说,形成故事。叙事密度不大,笔致平淡迂缓,透出一丝超然,情节也没有起伏波澜,却流泻出人道主义的情感。小说的立意和叙事是较为成熟的,然而,王朱的这类作品之所以能够吸引人并造成广泛的社会影响,与其说得益于他的写作技巧,不如说是由于他的题材的独特。在这一点上,他的集大成之作《地狱交响乐》最具代表性。这部长篇在作者心中酝酿了十几年之久,曾两度中途辍笔。沦陷中期,在编辑的催促下,又第三次动笔写成。小说的情节并不复杂。主人公沈英芳是一个年方十七的上海少女。由于住宅遭火灾,父母双亡,与妹妹一起被人贩子卖到了天津最低等的风化区。在短短一年的时间里,她就被折磨成"干瘪的皮囊",含恨离开了人世,也使试图给她带来新生的大学生马家骥幻想破灭。马家骥既是罪恶的见证者,又是叙事的推进者。为研究妇女问题,他从下层妓女入手,了解被压迫妇女的状况。于是,他深入到因迷路而偶然闯入过的落马湖,把这个地方的悲惨与黑暗报告给社会。在调查过程中,他堕入情网,真心爱上染有一身疾病的沈英芳,但想尽一切办法仍未能使她脱离苦海。作品洋洋15万言,由三部曲和尾声构成。从长篇小说的基本要求来看,由于缺少性格复杂完整的人物,以及前后连贯统一的结构情节,并不算成功。这与作者的写作方式,即像不少章回小说那样,采用写一段发表一段的方法,不无关系。不过,小说对现实生活中一个最黑暗角落的描绘与揭露,确实是撼动人心的。小说引起广泛批评的主要原因,也在于它的多少带有一点儿自然主义倾向的真实。

就当时在华北文坛上的实际影响而言,对于小说的种种评论,似乎比小说本身更大一些。肯定者称赞王朱"让人清楚'天堂'、'地狱'之分别"。否定者指责道,作品中"充分的色情胜过仅少的人道,结果便完全把'读者'弄'毁'了"。也有人认为小说的确有引诱人、甚至"挑拨"人的地方,并建议把这些"歪曲读者意念的渲染"加以删除。应当承认,由于王朱过于大胆地描绘了种种血淋淋的罪行和生不如死的下层风尘女的惨状,读了他的作品之后,往往使人感到震惊,同时还伴随着某种恐怖。然而,如果注意到在美学观念上,王朱所信奉的是小泉八云的名言"文学是美的至上表现",那么,他以真实来反对把文学用作宣传的意旨,就十分清晰了。王朱小说的现实意义才是最为主要的。当局和一般批评者的不同出发点,也从另一个角度证实了这一点:"为了挽救社会国家的堕落,为民族争一线生机……我们主张文艺界志士,一致开展笔阵,反对'色情文艺',消灭色情主义的恶风。"(木君《怎样复兴华北文艺》)如此慷慨激昂,原来是为了用文艺的手段粉饰和挽救风雨飘摇中的伪政权,反对揭露和抗争,大力鼓吹"以和平口号为核心的文艺"。这已超出文学批评的范围,从政治上对作品加以限制和干预了。

事实上，后来当局明令禁止刊登所谓“色情文学”，王朱的作品也包括在内。这一方面说明了沦陷区文学现象的复杂性，另一方面也说明了王朱的作品虽有一定的局限性，却不乏针砭现实的锐利锋芒。

白　羽

白羽(1898—1966年)，原名宫万选，字羽青，曾用名宫竹心。山东东阿人，军人家庭出身。少年时代因家庭遭难陷入困顿，做过小贩、编辑、教师、书记、税吏、邮员、局员，具有丰富的社会阅历。早年追求进步，曾求教过鲁迅。出版有短篇小说集《片羽》；小品杂文集《雕虫小草》、《灯下闲书》；诗文集《恋家鬼》，长篇小说《心迹》、《报坛偶闻》；以及回忆录《话柄》、考证专书《三国话本》等。尽管他一直将卖文为生“引以为辱又引以为痛”，但仍为生计所迫，不断写些武侠小说，并且与他的本意相违，以后者名世，沦陷时期，尤其在平津一带负有盛名。主要武侠类作品有《十二金钱镖》、《偷拳》、《龙舌剑》、《武林争雄记》、《摩云手》、《联镖记》、《青衫豪侠》、《狮林三鸟》、《剑底惊螟》、《秘谷隐侠》、《毒砂掌》、《金蝉盗技》、《血涤寒光剑》等。其中，尤以前两部最为流行。

《十二金钱镖》中的俞剑平武艺高超，蜚声武林。“他的十二只金钱镖，尤属武林一绝。用般大般厚十二枚铜钱，不磨边，不刮刃，备带身边，如逢劲敌，借一捻之力，骈指打出，可以上攻敌人双眸，又能打入三十六穴道。江湖上会打钱镖的，不能说没人，但只两丈见准。俞镖头腕力过人，可打出三丈以外。攻穴及远，百发百中，以此赢得一个绰号，叫做‘十二金钱镖’，又叫‘俞三胜’。”故事围绕他与飞豹子的矛盾冲突展开。后者谋娶师妹不成与三师弟俞剑平结下仇恨。20年后，飞豹子劫镖报复，镖师俞剑平出山寻镖，双方率众各显神通：俞剑平设下六路排搜计，飞豹子则布下了诱捕镖客的罗网。最后，经过惊心动魄的斗智斗勇，正义终于战胜邪恶。《偷拳》脱胎于真人真事，经过作者的艺术加工，将主人公塑造成为武林界的一类典型人物。冀南少年杨露蝉从小体弱多病，为了强体健身而习武。后来，为学得绝技，他外出访师，先后遇到过不传外人的太极陈清平、收徒骗钱的大竿子徐、聚徒作恶的地堂僧和大骗子宗胜荪，吃尽了苦头也没有学到真本领。最后他扮成哑乞，转回到陈清平处，偷偷学艺3年，终于感动了陈清平，被收为九徒弟，得到陈氏太极拳的真传，并将其发扬光大。

当时的华北文坛对通俗小说持不屑一顾的态度，很少有评论。白羽的武侠小说也不例外。然而他的作品所拥有的读者数量之大证明了他的成功。他的小说有其独特之处。首先，以现实主义的态度和手法描写武林的恩怨与纠纷，不是简单地把他们写成超凡脱俗的神，而是写成有血有肉的人，具有较强的艺术感染力和真实可信性。其次，注意在环境中塑造人物，生活场景贴近现实，有的作品还揭露了种种丑恶的社会现象，具有一定的现实意义和认识价值。第三，不是以奇崛怪诞取胜，而是以逼真的高超技击描写著称，同时歌颂了武林中那种勤学苦练、惩恶扬善的正气。最后，由于作者有较为深厚的新文学修养，他在武侠小说这种传统形式中运用了现代叙事手法，使作品的谋篇构局、人物形象具有新文学的特点，同时行文中不乏调侃、幽默、尖刻、冷隽的段落，具有较高的艺术性。总之，在沦陷的特定历史条件下，正面宣扬大众喜闻乐见的传统文化，歌颂真善美，抨击假丑恶，寓托扬善惩恶的美好理想，并且通过侠客来表达人民的爱憎和反抗，这对于在异族的统治之下苦苦挣扎的人民群众来说，称得上是一方精神上逃避同时也是情感上升华的净土。正是由于这些原因，白羽成了兴盛于三四十年代的现代武侠小说作者中最为重要的一位，也是最后一位——因为中国的社会制度很快发生了根本的变化，进入了一个全新的时代。

(《天津师范大学学报》1994年第5期)

论清末商会对长芦盐务风潮的平息

胡光明

本文主要依据历史档案的原始记载并借鉴中外学人最新的研究成果[①]，对在1911年春清王朝覆亡前夜爆发的席卷京津直豫、震动中外朝野、亏欠洋官商款1 000万余两的长芦盐务风潮，从资本主义世界市场与近代中国市场交互关系的宏观背景下，剖析这一风潮发生的远近原因、平息过程与历史教训，以揭示近代津直商会这一新生的资产阶级法人团体在近代中国市场体系中发挥的不可替代的中介功能与作用。

一

长芦盐商运销的正常运转和高额垄断利润的保持，必须具备四个条件：一、传统农业国度的封建自然经济；二、中央政权强有力的集中控制；三、稳定的金融市场；四、官盐对于盐业市场的独占地位。然而，当历史进入19世纪末和20世纪初的时候，近代的中国和世界都发生了翻天覆地的变化，这种变化在华北商业市场的中心天津及其广阔腹地的表现是：

（一）严格封闭的内贸市场体系被进一步打破，更深地卷入世界市场

华北商业市场同世界市场的联系，始于1861年（咸丰十一年）的天津开埠，至1911年辛亥革命爆发前夕，已取得长足发展。天津港的进出口贸易总值，1911年达到116 536 698两，较1861年的5 475 644两增长了20.3倍。不仅如此，天津港在全国进口贸易中的地位也迅速上升。以1906年为例，在沿海沿江沪津穗汉四大商港中，天津的贸易值突破了亿关平两大关，超过汉口和广东而居于全国第二位[②]。

此时，在天津旧商业区南侧沿海河两岸，开辟了超过旧城6.5倍的英法德日等八国租界，设立了领事团、银行团、洋商会、租界工部局、海关和驻军司令部等，涉及行政、经济、司法、文教等外人在华事务管理机构。1906年外国洋行共232家，其中外国银行纷纷设立并发行大量外币，大体情况见下表（单位：银元）[③]：

银行名称	设立年份	全国流通额估计	津行发行额估计	在华流通情况
汇丰银行	1882年	14 982 976	300 000	2/3在中国流通
麦加利银行	1895年	–	200 000	2/3在中国流通
横滨正金银行	1899年	7 946 739	2 428 571	全部在中国流通
华俄道胜银行	1896年	–	3 857 143	全部在中国流通
东方汇理银行	1907年	8 508 726	–	上海天津北京
德华局行	1897年	1 866 517	300 000	上海天津北京青岛济南
华比银行	1906年	364 561	–	上海汉口天津北京
仪品放款银行	1907年	–	–	
合　计		34 905 022	7 085 714	

上述一系列事实说明，近代华北市场已深深卷入世界市场，成为统一大市场体系的一环。而欧美则是世界市场的主体。欧美市场的供求关系、汇率波动、经济政治危机，都不同程度地冲击着华北市场。世界市场与华北市场连续不断的冲击，给长芦盐商这个陈旧的特殊经济利益集团，带来了灭顶之灾。

（二）金融风潮迭起，运本匮乏，回标贬值

1900年八国联军侵华的浩劫，首当其冲的是京津及华北金融市场。联军劫掠1 000余万两，山西票号提

走1 500—2 000万两,且只收不放,因而造成天津金融市场现银极度短缺。为了维持市面流通,各银号钱铺超储备发行钱票、拨码,造成信用丧失,从而相继发生了贴水风潮、银色风潮以及铜圆危机。长芦盐商是这些危机的直接受害者。

在八国联军的洗劫中,长芦盐商所开的典当、银号大多数被掘地数尺,损失殆尽。尤其是绵延数里的盐商命产——盐坨,被俄法军队占领,逼令盐商用现银赎买,在德璀琳、王贤宾斡旋下,用现银190万两赎回。[④]这就更使盐商运本难筹,处于倒闭的边缘。

(三)帝国主义的治外法权和租界地,打破了官盐对盐业市场的垄断

在官盐倒闭的情况下,私盐却更为猖獗。清政权及盐商都想尽办法缉私,但他们遇到三个"不可抗拒"的力量。首先是各地教民结队贩卖私盐,直隶地方政权不能过问;特别是租界地成为贩卖私盐的庇护所和私盐供应地。清地方官员及盐商们多次同各领事馆交涉,均被各国领事以"治外法权"为由予以驳回。同时外国商船还以供应旅津侨民生活用盐为由,多次运机制精盐进入租界和内地行销,这是对芦盐产销垄断体制的严重挑战。其次是铁路畅通后,本可开辟更广泛的盐业市场,但大量的私盐通过火车在京津塘泛滥。最后,清政府腐败的官僚制度,使缉私机构失灵,盐警、盐巡往往与私盐贩卖者勾结,私运分肥。这样,长芦盐在盐业市场的垄断地位越来越受到威胁,销量更趋下降。盐商与清政权处于更困难的境地。

(四)清皇室官款接济断绝,长芦盐商依赖洋债维持营运

庚子事变和《辛丑条约》后,筹款还债成为清政府维持生存的头等大事。关、盐两税是抵借外债的主要税种。为此,清政权对盐税和盐商采取了三项措施:一是把原来的"先引后课"改为"先课后引",取消了对盐商的盐税垫支;二是以各种名目搞"盐斤加价",直接从广大食盐消费者口中掠取金钱,使各地反对食盐加价案件不断发生;三是继续要求盐商供应各衙署行政开支,强索盐商旧欠。此时,盐商已成为主要榨取对象之一。

盐商走投无路,只好借贷洋债。1903年底,通纲商人福源豫、庆有余等为筹还旧欠,首次提出向道胜银行息借洋债35 000两,作为交纳运库旧欠之资。具体办法是由长芦纲总王贤宾承担,华学淇同道胜银行订立借款合同,若延期不还,由纲总王贤宾指名呈宪台传追[⑤]。至1906年,长芦盐商就把外资作为芦盐营运流动资金的主要来源了。这一年,由芦商陈宝彝介绍,长芦纲总王贤宾、李宝恒向北京汇理银行息借白银40万两,"并言定嗣后仍可续借,辘轳周转"[⑥]。1908年7月3日,王、李又以纲总身份同北京汇理银行签订了借款100万两的合同[⑦]。到1909年初,长芦盐商共同议定"以王贤宾、李宝恒为通纲全权代表,情愿连续作保筹借大款",同天津道胜银行订立借款150万—300万两的合同[⑧]。这说明长芦全纲同业都已成了连带债务人。

各外资银行每次借钱给芦商,均得到长芦运司的批准并发给谕帖,使官府成了洋债的担保人。同时谕帖内容必须有外债至期不还,洋商禀官传追"并一律派委扣收"的字样[⑨]。实际上是盐商以引岸产权为抵押,这无疑是将中国的盐政主权置于极大的风险之中。芦商从外国银行那里借到了赖以营运的流动资金,清政权也得到了不断增加的盐课、各种名目的摊派和勒索。因此,对举借洋债的风险,官商双方心照不宣。然而,随着芦盐利润率大幅度降低,亏损额和亏损面与借债额像滚雪球一样越滚越大,一批著名盐商已到了业不抵债的程度。洋商认为夺取中国盐政主权的时机已经成熟,长芦盐务风潮便突然爆发了。

二

现在,我们来分析长芦盐务风潮中津直商会面对列强在华势力、清政权、广大商民这三大社会势力之间的经济、政治利益冲突中所发挥的重要调节作用。

应当说,列强各国在华银行是风潮的直接挑起者。

1911年3—4月间,正当津京洋货商两年前亏欠外债1 400万两的洋债风潮的打击尚未复苏,京津保金融界遭受1910年上海橡皮股票风潮中源丰润票号亏欠2 000万两白银的巨大冲击而奄奄一息,1911年3月21日又发生李鸿章首创、其侄儿李经楚执掌的义善源票号宣告破产,京津金融工商各界无不惊恐万状之时,北京东方汇理银行洋东贾斯那突然知会京津各外商银行,一律停止对长芦盐商放款、以往所借洋债亦"均不按原订章程交往","未足数者不准照借,未到期者速行索偿"[⑩]。德国驻天津领事官克尼平代德华银行催讨盐商欠款108万两，强逼长芦运使张镇芳在3日内“将该盐商之引地、产业、股本、现银和外欠、欠外或他项营业合股、附股之红单及盐门、货场等项，统行彻底清查，为之立案”⑪。各国银行和驻津领亭，频频以谕帖相要挟，甚至跃跃欲试直接插手芦商引地。当时正值春运高峰之际，通纲信誉立时扫地，运销秩序大乱。怎么办？

清政府，尤其是直隶总督和长芦盐运使及盐政处，畏洋人如虎狼，立时慌作一团，立逼芦商清还欠款，否则要严惩不贷。

应当说，对于芦商借用洋债之隐患，直隶总督陈夔龙在其上任之初即有所觉察，提出过速予清理的要求。1910年5月14日，北京德华银行要求陈夔龙为芦商借款立案，陈夔龙当即批示：“查该纲总等曾经案明向德华银行借款，商借商还，与官家毫无干涉。及该银行忽然呈请督宪立案，是何居心？殊不可解”，指出不必向德华银行借款，并“特再行严谕，赶紧将息借洋款与银行克日清理具报”⑫。但是由于盐商营运必须“依赖纲总借款”⑬，所以陈夔龙的“严谕”也成为一纸空文。长芦盐运使张镇芳亦是筹借洋债的关键人物和直接经办者，历次借款均“禀请前任运使汪瑞高、陆嘉谷及现任盐运使张镇芳发给谕帖”⑭。但当盐务风潮爆发后，他却将罪责完全推到王贤宾、李宝恒和众盐商头上，说王、李“一意欺蒙，居心诡诈，即如息借外债，迭经面加诘询，奈始终不以实告，去岁令缮呈确数，仅开220余万金，当即饬具陆续归偿，以清债累，嗣闻所欠甚巨，且有私押谕帖等情”⑮，张镇芳将自己说成是上当受骗官府受害确属无稽之谈。作为长芦盐区产运销的主管官员，是应负主要责任的。所以，督办盐政大臣更申斥张镇芳“身任鹾纲，并不查明该商等前借外债曾否还清，率行照案给谕，准其续借，且于纲总王贤宾、李宝恒将盐务借款自办高线铁路一事，漫无觉察，亦属咎有应得”⑯。在这种情况下，张镇芳为了自保，于是更加雷厉风行，清查洋债，以图洗刷自己。

关于盐商亏欠各外商各银行洋债的基本情况请见下表　（单位：两）⑰

盐商	店名	天津汇理	北京汇票	天津道胜	北京道胜	北京德华	合计
王贤宾	中立、中聚生	56 000	550 800	586 500	155 500	311 000	1 659 800
李宝恒	恒德、豫泰顺	97 000	667 350	586 500	216 500	320 100	1 887 450
和彝臣	和同泰	43 000	42 400		53 000	138 000	
郭俊卿	万盛新、同吉祥、豫德成 同吉泰、同吉成	4 000	25 120	3 000	8 000	51 000	102 120
李应熊	祥德、泰康、泰恒		113 850			38 000	151 810
李子明	明德、源丰、德丰、德俊 宏德	9 000	46 440	2 000	24 000	54 500	135 940
李笏庭	绍复昌、复庆	9 000	27 280	1 000	12 500	27 500	77 280
陆菊坨	阜　昌	9 000	21 280	3 000	7 000	18 000	58 280
姚斛泉	恩裕泰		3 300	1 000		8 500	12 800
王桐轩	诚利生		8 500			32 000	40 500
	同佑昌			1 000	2 000	7 500	10 500
姜桐轩	锦德成、集义			5 000	3 000	17 500	25 500
华学淇	元泰兴		12 380	2 500	2 000	22 500	30 380
	鼎盛裕					5 000	5 000
	兴泰恒	4 000			6 000	7 500	17 500
	乾义和		3 600		5 000	2 000	10 600
	中泰恒		23 500		2 500	3 000	56 000
	谦　吉	1 000	1 000	1 000		4 400	7 400
	森　茂					2 100	2 100
	泰　丰					38 000	38 000
	协同昌					1 000	1 000
刘世英	同　泰		2 500	1 500	3 000	10 000	17 000
总　计	37家	239 000	1 560 000	1 200 000	450 000	1 050 000	4 499 000

为了加快清欠进度,表示官府清欠决心,1911 年 4 月 30 日长芦运司张镇芳发布告示一通,称王贤宾、李宝恒、何福盛、华学淇不胜纲总之任,应一律斥革另举[18]。接着 5 月 2 日又传出查封王贤宾、李宝恒等家产,并拘捕王、李等人以供传追的消息。天津商会闻讯后上下奔走,要求延迟 5 天,但仍无效后,于 5 月 7 日将王、李等拘押,查抄其财产,同时宣布其经营之直豫 61 县引岸全部收回官办。以此种强硬的行政手段,很快引起一场新的社会经济振荡。食盐产销秩序被打乱。长芦灶商李恩普痛陈入春后天降奇灾,卤根冲坏,工本多费数倍,正拟向纲商筹借,恰值洋债风潮大起,了结无日,"以致市面华洋银行不罢市而停流"[19]。盐滩大有罢工停晒之势,而全年营远 60 余万引的芦商,当年春运"尚不足 10 万之数"[20]。芦商们经营的其他各项事业,如典当、钱铺、洋布、洋货等,亦因资本牵连而周转不灵。更有王贤宾、李宝恒等筹拨巨款资助的善堂、学校等多种公益事业,亦因 10 盐商的倒闭而无款接济。

广大商民对清政权不满之处有二:一是长芦盐运使张镇芳等多次颁发饬谕,只追洋债官款,不提盐商亏欠巨额商款,二是直豫 61 州县引岸收归官办,亏欠商款私债无由归还。

商会作为我国资产阶级第一法人团体,它既是我国商品经济卷入世界市场半个世纪以后,社会经济结构与阶级发后新的组合的产物,又是取得清中央政权法律认可与倡导的产物。其领导成员都是各个行业按照才、地、资、望等标准严格选举或推举出来的。对下,它代表各阶层商民,当然往往是具有强大的社会经济实力的行业和各阶层的利益,但为了整个市场的经济秩序,也常常以全社会利益代表的名义从事活动;对上,则执行、传达行政机关的有关政策、法令、法规,沟通官商信息,摒除官商隔膜,教育商民守法纳税,为新注册厂商承担验资、担保,并监督政权机构秉公执法。这样一来,处于华北商业市场中心地位的天津商会,面对着列强在华势力、清政权、广大商民这三股势力的矛盾斗争中,忠实地站在广大商民的立场上,代表着它们的根本利益,同清政权既斗争又联合。斗争是维护商民的物质利益和市场秩序,联合是维护我国盐政的主权。在平息这场重大的中外债务风潮中,天津商会主要作了 5 件事:

(一)力争缓期偿债,避免风潮扩大,维护天津及华北市面

由于天津商会及京师商会等曾成功地处理了 1908—1910 年亏欠洋债 1 400 万两的洋布洋货业洋债风潮,因而当盐务风潮一爆发,锦德成等 43 家盐商即请商会出面理结。天津商会也声明"敝会贵在保商,中外理应一体",表明中外商人利益均在保护之列。还表示"且盐政关系朝廷正供,何能稍存漠视"?决心"设法挽救,以保全局",经会董会议议决,提出"减息分年","得利补还"的办法。邀请各国银行代表来商会讨论善策,报运司审定后同洋商正式谈判。1911 年 4 月 15 日,王贤宾、李宝恒提出由欠债众商设立长芦保商公司,以其余利分 24 年筹还洋债的主张,商会均予支持,并以众商所拟 6 条还款办法为基础向长芦运司及外国银行磋商。当长芦运司传出抄没芦商家产,逮捕王、李的消息后,天津商会又立即上书,请宽限 5 天实施查封,表示以房山高线铁路股票筹资 200 万两,其余各款"职会并拟代为筹划"[22]。特别提出"王贤宾自任商会总理以来,维持市面财力并行,不无微劳可矜","兹闻查封消息,全体商界思欲保全"[23]。当查抄、逮捕等断然措施实施后,天津济生社等 8 个慈善团体、天津商会全体会行董事列举王贤宾主持商会 8 载,勋劳 10 件,请准保释,终于在当年 6 月 12 日获准。但从总的结果看,商会支持众盐商提议的"减息分年",筹设长芦保商公司等主张未获清政权的支持而流产,然而商会提出无论内外各行,凡有票借各款到期仍行"付息换票"[24],且由大清、交通等四银行筹款维持市面主张,由于得到陈夔龙的支持而取得一定成效。

(二)支持房山高线转运公司这一新生事物

对于王、李动用部分债款修筑房山高线运煤线路之举,盐政大臣深恶痛绝,指斥为欺饰荒谬,胆大妄为[25]。后来也有人认为是盐商投机倒把的产物[26]。天津商会却力排众议,认为这是王、李"遵奉农工商部提倡实业"的举动[27],支持盐商从高线公司得利筹还洋债的主张。在洋商逼债急不可待时,商会又曾商妥众股东,将公司产业作抵,向洋商押借 220 万两。陈夔龙以直隶总督身份支持公司另案办理的主张,但必须坚持"由华商集资接办,并不附设洋股",反对以产押借,表明双方在维持高线公司继续经营一点上,已取得共识。

(三)维护华商权益,力争归还商款私债

盐务风潮爆发后,清政权颁发了多次催还洋债的政令,却只字不提华商债款。商会与工商各业商民坚决据理力争,认为"若运司办法只还五行洋债,不理他债,既无此理,亦无成例"[28]。申明若只顾洋债,必使"所有直豫京一百数十州县之商业同遭危迫”[29]，多次召开会行董事全体会议，吁恳直隶总督“今若专顾洋款官款，不顾商款，将来酿成意外危险，大局败坏，市面何堪设想！”[30]此后不久，即发生孤寡债户终日聚集商会催索盐商欠款钱，商、票号及孀妇100余家联名上书，请求将商民之债“一律发给，万不能稍存歧视，致令商民向隅”[31]的事件。此时，天津市面倒闭频仍，人心惶惶，商会为保商机关，“不能自安缄默，担此重咎”[32]。在商民尤其是商会力争之下，6月11日运司张致电商会：“李宝恒等十商市面欠项请即确查，以便核办。”[33]至8月15日，共呈报商债170余万两，后来官府筹款76万两，余由盐商家产抵还。这样众华商及贫困孤寡债户的合法权益得到了保护。

（四）反对引岸归官，坚持商办引岸

这是清政权与盐商矛盾的焦点。须知，直豫184府州县引岸260余年来向为商办。此次长芦盐务风潮爆发后，运司张忽于5月7日面谕商会“长芦引岸因欠外债收为官办”[34]。产权归属，是根本利益之所在，双方必定进行尖锐斗争。商会完全站在盐商及各业商人一边，坚持引岸商办。5月8日急电商部称：“倘实行此政策，盐商立皆破产”，恳求商部“速电督宪，赶紧饬令收回成命，以保商产而靖人心”[35]。6月上旬，天津商界全体代表杜宝祯、王柏田、李荫恒、郑金鼎等4人，亲赴京师盐政处、民政部递呈禀帖，恳求收回引岸归官成命，“维持所有引岸仍归商办”，指控运司张引岸归官“不但商业前途无望，实有背朝廷孜孜维持商业之仁恩也”[36]。对此，督办盐政大臣严加申斥，6月14日电称：“芦商欠债办法已有端倪，乃议事会、维持会暨商界代表等，纷纷来处递禀，危词耸听”，“唯恐商民不悉情形，被其煽惑，有妨治安。请饬巡警道，认真防范以维市面，而保鹾纲”[37]。直督陈夔龙当即札饬巡警道照办。天津商界四代表均为商会会董和行董，清政府居然将这些人士维护商办的举动，视作妨碍社会治安的敌对行动，断然拒绝了商人与商会在当时历史条件下提出的正确主张和合理要求。1911年12月17日，即武昌首义两个月后，长芦商伙张鸿钧还上书盐运使，申述取消官办仍归商办的5点理由：一，为民产国有与民争利，失散民心，二，官办遇列强攘夺，较民办尤难力阻，三，官办乃官场性质，组织秩序与营商南辕北辙；四，官办官廉吏不廉，听差巡勇指官吓诈，积恨成仇，酿成民变；五，京津为京师根本重地，官家攘夺民产违背立宪自治定章[38]。历史果然证明了这一点。民初以后不久，官办破产，又改为商办了。

（五）同清政权一起维护我国盐政主权

如上所述，清政权同商民与商会在食盐利益分割这一重大的物质利益分配问题上，存在着尖锐的矛盾与冲突，但在维护中国盐政主权这一根本问题上，三者又十分一致。芦纲商伙张鸿钧指出：“查现今列强逼迫，凡我中国利益，而洋人深谋远虑，无不兴心谋夺。”又说：“唯盐务为中国专利，无如强权在而公理无。”[39]真是一语中的！清政权视盐业为生存根基，自然竭力捍卫。张镇芳认为：“窃维盐务为国课所关，断不可因借债风潮，伴洋人借端干预，自当清彼外债，保我主权。”[40]其目的，都在于防止“中国完全盐务有所损失”[41]。商会面对着洋商与清政权对盐商的巨大压力，对清政府同意赴各引岸扣收洋债的主张提出批评，认为“论盐政上关国家气脉，下关小民生计，洋商久有觊觎之心，若不亟思善策，特恐被扣各盐商无资周转，必至扣收不力，洋商借以要求监督，盐政败坏，将见于今日，全局何堪设想！”[42]因此商会召开特别大会公同筹议，一致认为“由职会直接（会同）各行洋商切实确商办法，作拨本清源之计划”[43]。为此，商会曾多次约见各银行商量还款办法，但各国领事和银行总办均不以商会为对手，因为“盐为官家专卖之品，虽令通纲众商转卖，不过专卖之一种办法”，“至商会为商人所立之会，专理商务公共之事，此事若有该会干涉，则官家之盐即变为商事矣宜是以不能照办”[44]。

在商会调解被拒绝，扣收芦商债款不力的情况下，为了维护国家盐政主权之完整，清政府决定从大清银行借官款代偿洋债。

这次长芦盐务风潮共欠华洋债银1 000万余两，其中华商债款银170万余两，抵还情况已如上述；洋债820余万两，其中一等欠商王贤宾、李宝恒、何福成、陆菊槎、陈秉璋、李筠庭等15家欠债680余万两，业不抵债，无力偿还，由督办盐政大臣向大清银行借官款700万两，年息7厘，分为14年还清。将其经营70州县引岸额引19 7296道一律改归官办，下余的140万两由邹廷廉等25家自力筹还，其额引引岸仍归该商等自办。至此，历时半年之久的长芦盐务风潮终于了结。

三

通观长芦盐务风潮爆发与平息的历史过程，我们应当从中取得怎样的历史教训呢？

（一）金融市场的主权绝对不可旁落

金融是经济的命脉，一个主权国家要成为本国商业市场的主宰，首先必须牢牢地把握住金融市场的主权。清末长芦盐务风潮的爆发首由北京汇理银行贾斯那联合俄国、德国等外资银行挑起，并不是因为资本主义世界市场爆发了不可抗拒的经济危机，被迫停止向长芦盐商放款，而是由于长芦盐商在1911年3月28日宣布成立殖业银行㊺，以谋金融之独立。这一企图一旦实施并取得成效，势必影响盐商对洋商银行的依赖性。于是它们凭借其对华北金融命脉的控制和清末10年来对长芦盐商营运资本的控制量，挑起了这场旨在攘夺中国盐政主权的风波。此点切不可忘记。当然，维护金融市场主权不等于不向外商开放金融市场，而是必须注意把握和控制外资对各个产业部门营运资金的控制量。

（二）政权主管机关的经济政策必须立足长远，统筹兼顾

有人批评清末经济政策的不"统筹兼顾"性。庚子事变后，由于中央政权宏观调控能力进一步削弱，中央与地方出现了众多的物质利益集团，造成地区、条块之间为了各自目前的物质利益，制定了许多互相冲突的经济政策。上下争利，千方百计刮民膏，尤其是铜圆的铸造与投放、纸币的印刷与行用、税收额度、税目与征管机构均下放给各个地方，造成了政出多门，互相牴牾。经济秩序一片混乱，最终不可收拾，这个教训是很惨痛的。

（三）吏治败坏，政令难通

全面分析和考察清末10年的政治经济政策也不都是错的，甚至有一批相当重要的政策在制订和提出时，是符合当时国情的。如振兴实业、编练新军、废除科举、开铸铜圆等均如此。但由于吏治败坏，造成了在实施过程中政策完全扭曲变形，利国利民之举变成了害国害民之举。

注：

① 专门研究这一问题的学术论文，目前仅见林纯业：《清末长芦累商洋债风潮》，载《天津社会科学》1993年第4期。关于长芦盐商的经营活动问题，日本青年学者照内智惠博士《关于清末长芦商人的经营活动——以市场经营活动为中心》，未刊稿。她在文中利用大量尚未刊布的档案文献，对这一课题傲了颇具深度的研究。

② 侯振彤译：《二十世纪初的天津概况》，1986年版第267页。

③ 据许泽新、吴承明：《中国资本主义发展史》，第2卷535页表4－9《外资银行纸币在华流通估计》。另据胡光明、蓝长坛主编：《天津商会档案汇编》（1903—1911年）上册第682页《天津商会调查中外银行银号发行纸币种类表》综合编制。

④ 参见《清盐法志》，第23卷。

⑤⑥⑦⑧⑨⑫ 中国第一历史档案馆藏档案长芦盐运使司全宗第178卷。

⑩⑬⑭⑮⑯⑲⑳㉑㉒㉓㉕㉗㉘㉙㉝㉞㉟㊱㊲㊳㊴㊵㊶㊷㊸㊹ 天津市档案馆藏档案《天津商会》全宗二类第2 068卷。

⑪《长芦盐运公司档案》458卷，《道胜银行等将长芦通纲众盐商借用银款开单示钱卷》。转引林纯业：《清末长芦累商洋债风潮》。载《天津社会科学》1983年4期。

⑰ 据《天津商会》全宗所存案卷资料编制。

⑱ 1911年4月30日《大公报》。

㉔《天津商会》全宗二类812卷。

㉖ 李鹏图：《长芦盐务五十年回顾》，载《文史资料选辑》第44辑。

㉚㉜《天津商会》全宗三类第2 565卷。

㉛《天津商会》全宗三类第2 570卷。

㊺ 1911年3月28日《大公报》，其注册资金62万两白银。

（《历史档案》1994年第2期）

20世纪30年代前天津人的生育观念、生育习俗

顾道馨

古语说“家为邦本,本固国宁”。短短八个字其要义在于,家庭在社会结构中负担着多重职能,只要家庭圆满地完成它所负担的职能,国家机器就可以正常运转,长治久安。社会赋予家庭的最首要的职能是实现人口再生产。

民间俗谚又说:“不孝有三,无后为大。”素来有人认为我国传统文化是“孝的文化”,不能生儿育女,传宗接代,被上纲上线视为最大的不孝,在旧社会这罪名是无人担当得起的。

天津地处我国传统文化发育的中心地域,元明清三代又近在京畿,传统的封建文化观念根深蒂固。人们的普遍愿望是家大业大,子孙满堂,五世其昌,因而生育一事历来为人人所重视。从怀孕、降生到百晬、周岁,都要庆贺,亲友送礼道喜,习俗纷杂,礼仪繁多。天津城区附近本世纪30年代前流行的生育礼俗既表现了人们的美好愿望,却又屈从传统,附会出许多封建迷信的观念和活动,分别描述介绍于下。

一

我国传统思想认为,婚姻的目的在于延续种族,传宗接代,所以婚礼中的许多举措除了祝贺新夫妇美满如意,白头偕老,还要预祝他们早生贵子。婚礼中一些求子的举措安排,在天津习俗中,做得是那么认真而又极具地方特色。譬如新房中遍置“榴开百子”的喜果;炕上和箱柜中撒放枣、栗子、花生,它那“早立子”吉庆谐音早已传遍遐迩。花生意味着既生男,也生女;新娘下轿要倒红毡,这可能是古时在新娘脚下倒粮食袋子即称为“传代”仪式的天津地方化;古时婚礼中有撒谷豆的活动,意在防止无子嗣,天津城市则改为撒高粱,以粮食的丰盈,预兆多子;婚礼仪仗中有一对玲珑耀眼的“子孙灯”,它升堂入室,可以在新房炕头伴随新郎新娘两三天;新夫妇饮交杯酒后,要吃“子孙扁食”,吃时要用精致的“子孙筷子”和“子孙碗”,这时有人问“生不生”?新郎必答:“生”!盖借问扁食的生熟,祝生儿育女的一种口彩,这实际是北京吃“子孙饽饽”礼俗的天津地方模式。

二

婚后二年内抱上“头生子”(天津老太太们把它念成连音“头授”),当然最好是男孩,头一胎生个“养家大儿”,这叫会生,公婆喜欢、合家高兴、妯娌羡慕。如果生的是女孩,老太太们也有慰藉之词,叫作“先花后果”,意即以后将会生男孩子。这种头生女的乳名往往叫作“领弟儿”。为了安慰因生女而情绪低落的新妇,则说“头授闺女是娘的帮手”。确实是这样,继而出生的弟弟妹妹都仗她幼稚的心灵和双手照料了,特别是中等以下生活水准的人家更是如此。

假如婚后二三年内没有生育的兆头,家中长辈抱孙心切,固然很着急,就是小夫妇也未必不急,于是产生了种种婚后求子的习俗。

婚后不育而求子的作法,在天津城市不外求神和吃某些种食物。前者包括供张仙、拜子孙娘娘、拴娃娃等迷信类型的活动;后者则有吃“红鸡蛋”和喝糖尿(Niao)两种,该两种食物都属营养品,屡屡服用后,营养状况改善,贫血病痊愈,不孕症得以根治,所以说这后边的作法包含了科学性的,是积极的作法。

供张仙。保佑生育的神大多数是女神,唯独张仙是男性。天津居民供张仙多在卧室房山炕灶烟囱暗道临近出口处悬架供板,把张仙木板神祃径自贴于墙壁,或者把画像镶镜框钉在供板上,供香碗、蜡烛,早晚上

香祷念,还设一小瓷碟,里边放四五个湿白面球,逐日更换,据说是喂天狗的,否则天狗是会伤害婴儿的。

拜祷子孙娘娘。因不孕或晚育而求子拜神,宋以来大行其道,各地所拜之神不同,黄河流域则拜碧霞元君,亦称“泰山娘娘”,为了恭敬只称“娘娘”而不名。

天津地傍黄河流域,似属泰山娘娘的领地,却独树一帜,妇女们求子拜的是“子孙娘娘”。她位在东门外天后宫大殿里天后圣母座右侧。传说她负责管理每对夫妻有无子女的事,婚后艰于子嗣的妇女,只要虔心求她,准会应验的,所以香火很盛,应接不暇。为了便于妇女求子,也增加香火收入,道士们造神了,于是又有了百子娘娘、千子娘娘、引母娘娘,都与生育有关。旧时代一心求子的妇女见到像前有小娃娃的娘娘就烧香祈祷,在她们心目中只认定是求了子孙娘娘的。就这样,子孙娘娘在30年代以前真够得上享誉津门的。当然,这只限于妇女界。

拴娃娃。求子可以向子孙娘娘烧香祈祷,也可向管生育的娘娘们烧香后,把她们泥像前的小泥娃娃“偷”一个,揣在怀里,仿佛真的有了儿子,心中默念着“跟娘回家”,回到家中藏在一僻静处。此后,真生儿育女,这小泥娃娃就是大哥,真的儿子则排行第二。还要把这泥娃娃送到洗娃娃铺加些新泥,塑一半尺多大的娃娃,给它穿上衣裤,每天要按人的生活规则给它摆饭菜。这时还要在洗娃娃铺做99个小娃娃到娘娘宫去“还愿”烧香。这是道士进财的机会,他们会观色察言,估计还愿人家的家道,尽量多索取一些供资和喜钱的。这种求子习俗在天津盛行于清中叶以后,俗称“拴娃娃”。

那由洗娃娃铺新塑的娃娃称做“娃娃大哥”,随着弟弟妹妹的成长,娃娃大哥也一再改塑,变化形象,穿上长袍马褂;坐太师椅;有了花白胡须,由娃娃大哥变成娃娃大爷(ye),拴娃娃的老太太不在了,则由她的子孙继续供奉着这娃娃大爷(ye),因为他们这些人,都是它领来的。

吃红鸡蛋。民间习俗,婴儿出生第三天要洗儿,洗儿盆内要放煮熟并染红的鸡蛋若干,收生婆洗儿时搅动盆水,若两个红蛋的大头互碰,要立即抓出来,称作“红碰头蛋”。俗说吃了这种碰头蛋会很快有身孕的。为此,家有婚后无子的少妇,婆婆则要托人到处寻红碰头蛋给儿媳吃,据说吃时要坐在卧室的门槛上,脸向屋内,俗称“倒坐门槛”,最灵验。

喝糖尿。糖尿是杂货行货栈糖垛夏日高温时融化流出的深褐色的黏稠糊状物,一汤匙可冲一大碗开水,特甜,有调经补血作用。据先严谈喝糖尿之俗是乾嘉以来由闽粤传来天津的。天津的杂货行都把舍糖尿当作善举,不收分文,只要有东西,来者不拒,说一声好话,就给大碗,够冲服一个多月用。先严在世时就是经营杂货业的。我幼年时经常见到亲友或邻人托寻此物,有时自己柜上没有了,还要学生意青年到潮义栈等大字号去寻。虽然费力,但在友谊和善举面前,只能尽力满足了。喝糖尿未听说有什么仪式或禁忌,只是逐日按量开水冲释后服即可。因为糖包是在盛夏才融化,所以喝糖尿都是在仲夏后深秋之前这一段时间里。

三

妇女怀孕,在天津妇女中有一种隐喻性的代用词,叫做“有喜”。确认有喜后,家中人,特别是女性长辈则急于要知道胎儿的性别。她们毫无把握的经验定了以下几种测定的方法:1. 以害口的情况为准;2. 从孕妇迈门槛的脚步看;3. 从孕妇乳头颜色看;4. 从孕妇的颜面气色看。

确认有喜后,与孕妇有关的一系列禁忌随之而来,这往往是与胎教相联系的。头一条就是孕妇与丈夫分房而居。二是防止孕妇的精神过度紧张,如巨大的电闪雷鸣、亲人丧亡的哀痛。因此,在天津孕妇不参加婚礼,不看死人入殓,都是为了防止孕妇精神的突然紧张和过分劳累。三是禁吃兔肉和螃蟹,传说吃兔肉,养孩子是“三瓣嘴”(天津方言“豁裂缝”),吃螃蟹,会横生倒养,孩子会有“六指儿”。

辛亥革命前一段时间,风水星相盛行时还有冲犯胎神和星煞的一类禁忌,内容离奇复杂,除个别人家信奉遵行外,多数人则置于脑后,若无其事,于是这种禁忌在民间逐渐被忘掉了。到20年代在天津居民中大多数人已不知有此种禁忌。实则这此类禁忌才是毫无道理的迷信。从这点看,天津人倒讲求实际,不轻信胎煞避忌之说。

四

旧社会,家有孕妇,长辈女性,譬如婆母,要早有筹划安排,如果是新妇头一胎更要周密、全面。新妇的娘家也要有一番准备的。

首先是产房的准备。一定要在自己家中,孕妇现住的卧室是第一考虑,非万不得已,不作他处考虑。如因临产期家中正有人(特指老年长辈)病危,担心两事相遭,则孕妇必须迁出本家宅院时,即或是到亲友家借住,都得付给租金,以示是自己的家,孩子算生在自己家中。产房要严密,门窗都不进寒风,以免产妇因风寒坐下"月子病"。

其次是婴儿的衣被、饰物和席子等。这是一项系列工程,在富有之家往往成为"亮家底儿"的两亲家竞富活动。这种准备实际是重复多余的。小孩出生后,满月、百晬(俗作岁)和周岁,都要准备衣物、饰品,亲友也要送这些东西。往往都是把质量好的留下,其他送人。

产期临近要预订收生婆;准备婴儿及产妇须服的药物;准备产妇生育后用食的补品,小米、红糖、芝麻盐、枣、鸡蛋等;无论如何忙乱都不能忘记准备子孙娘娘神祃及香烛供品;最后还要雇一位年富力强的已婚妇女作"抱腰人"。最理想的是家中有这种条件的女佣人。产妇生育后,随即转成"服侍月子"的专用佣人。这个女佣人要懂得"月子"的礼俗和禁忌。

五

天津土语妇女生小孩叫"坐月子"。生产时产房门窗紧闭,挂窗帘。除产妇、婆母、收生婆、抱腰人和其他可以操持忙碌的已婚妇女一二人外,其他人不得进产房,更禁男人和不速之客,俗话所谓的"生人"。

婴儿顺当出生后,收生婆一是要处理脐带剪断时仍要留下一小段,盘结好,垫棉花和软布包好,忌沾水,防止溃烂引起"脐带风"。数天后脐带干枯,自然脱落,即成凹陷的"肚脐眼"。二是要处理好胎盘,务必全部脱落。这时产妇的婆母可以在所备的"子孙娘娘"神祃前上香拜祷。如果神祃就供在产房内,这时还可以稍稍开一下门出来一人,向全家告知生了男或女,大人孩子平安等情况。

也就在产妇将临盆之际,厨房动手煮小米粥和鸡蛋,备产妇生育后,腹部空虚后食用。与此同时还要煎一剂民间验方"生化汤",为产妇产后补气安神,下淤血,去恶露。产房有人出来送信,煎好的生化汤随即送进产房。稍后,俟产妇精神安稳后小米粥、鸡蛋、红糖、芝麻盐等送到产妇跟前。胎盘,药名"紫河车",天津老太太们称它为"衣胞子",传说它与婴儿的生命有关,若被他人得到或被野狗等吃掉,则婴儿将遭不幸,所以必由家中派人带到荒郊深埋。就在进行这些措施的同时,最好是由产妇的丈夫亲自到丈母娘家去送喜信儿(大多数由别人代替)。从产妇阵痛加剧开始到派人到产妇娘家送信儿,这一段时间,人们精神紧张且需忙碌,而送药、送饭、送信儿、埋衣胞则是虽忙碌但精神喜悦舒展。

婴儿出生后需俟其排出胎便后,才能给他吃人乳。在此之前,给他口中用细布沾煎开的甘草水,俗称"开口药"。与此同时要给产妇喝鱼汤或鸡汤,民间特讲喝"七星肘"熬的汤,目的为了"催奶"。婴儿排出那黑绿色的胎便后,要请一位正在哺乳的妇女为他喂奶,称"开口"。婴儿是男孩要请一位哺育女孩的妇女来开口,女孩要请哺育男孩的妇女来开口。产妇身体素质好,且一切条件顺当,产妇的奶三日内可"下来"。

产妇坐月子,主要是要利用一个月的时间充分休息保养,为此,民间形成了诸多忌讳和禁忌。譬如饮食忌生冷,不能受凉风吹,不能洗澡、洗头,更忌夫妻行房。这些在今日医学角度看虽不尽属科学,但意在避免坐下"月子病"根。至于不许认针、刺绣,说是这要坏眼睛,还有不许用水等都带有妈妈例味道。

六

天津习俗,胎儿出生后,有一系列礼俗为之庆贺,兼祝小儿长命百岁。这些礼俗有:

胎儿出生后要有个乳名,起名的权利往往在产妇的婆母手中,她可以见景生情,譬如胎儿健壮,就可以叫"老虎",叫"大牛"。还可以赞颂现状,如目前家境丰裕,可以叫"来福";既说孩子来到福地,且表示为家庭带来了福气。如果头生子是女孩则可以叫"领弟儿";如果胎儿体质较弱,恐不易养育,可以起个贱名,什么"狗子"、"王八"、"铁蛋"都可以叫。至于起"学名"则需待日后,由男人们去操持。

庆贺的活动头一项是"洗三",即婴儿出生第三天的洗儿礼。这天上午十时左右,由接生婆主持洗儿。活动即在产房举行,炕上摆铜盆,盛温水,漂浮艾叶、桃枝等少许,盆外放葱数茎。接生婆打开婴儿襁褓,将裸体婴儿抱在怀中，用软布蘸温水擦拭婴儿脸、手和全身，并向盆中投铜钱、煮熟的红、白鸡蛋等物，边搅动、边蘸水擦拭，边念喜歌，前来贺喜的亲友家妇女陆续向盆投钱，俗名“添盆”。搅水时浮动的鸡蛋如两大头相碰，名叫碰头蛋，立即抓出，专门送给亲友中不孕少妇吃。其余的蛋也在最后捞出，供向贺喜亲友还礼时用，俗名“喜蛋”。擦拭后，给婴儿穿上衣裤，梳梳胎发，放在褥上盖好被子，洗儿水要单独泼掉，不与其他活水混杂。这时由婴儿的奶奶向三日前供上的“子孙娘娘”神祃上香拜祷。并随黄钱等焚烧神祃。至此洗三礼完毕。这时约近中午，津俗午饭必为炒菜捞面，俗名“四个碟面”，晚间设酒席款待亲朋。午饭后收生婆走时可谓满载而归，手术费、道喜钱、车轿钱，婴儿姥姥给的谢礼，还有从洗儿盆中捞出的钱物等。一般都是视产妇家境而定，意犹未足者，往往张口索要，即以 30 年代初，中等商人家仅现洋就需十数元。

婴儿出生的第 12 天，津俗称作“十二晌”。此日上午请一位剃头匠给小儿剃“胎头”，剃下的胎发要存在婴儿枕头中。中午必吃包饺子，有的人家还要产妇象征性地捏几个饺子，这顿饭和这种仪式津俗叫做“捏骨缝”，意在预祝产妇生殖器官的尽早“复旧”。产妇从生育日起，始终在炕上坐卧，从捏骨缝仪式中又有了产妇“下地”的说法，即从此日起产妇可以在产房内下地活动。

婴儿出生后一个月，即阴历下一个月的同一日，叫“满月”。这一天，产妇家要庆贺，亲友多送儿童衣被、首饰等物，常见的有长命锁、手镯、脚镯、绷在帽子上的老寿星和雕有吉语的金钱等，全是些没什么用处的小衣物和似真实假的金银饰件。在主家来说，纯是为庆贺，热闹一天，请请亲友算了。倒是要注意的是送满月礼的镯子一定要活口的，否则于婴儿不吉利。轻则受主家白眼，重则被指斥。二三十年代有了匣装满月礼成品出售，一律活口，就是为了适应这种妈妈例。

满月后，产妇恢复正常生活，要选一吉日（俗称“好日子”，不只天气好，更要宜忌诸事皆吉），带婴儿到外祖母家住些天，午前动身，京津习俗都叫“挪臊窝”。离家时在婴儿鼻头上抹一黑点（有用墨者，有用锅底烟者），回来时则把他的鼻头涂一大白点，俗谚“黑鼻儿去，白鼻儿来”，意思是去时黑瘦，回来时变白胖了。在途中车轿出城过桥，母亲要抱好婴儿，口中叫着他的乳名，免得“丢魂儿”。要住多少天，天津土著无定例，只凭婴儿祖母根据当时情况一言而定，少则 5 天、10 天，多则半个月、20 天。回来时凡住城内或近郊的一定午饭后动身，必定在日落之前到家。回家时，外祖母、舅舅、舅母都要给婴儿怀中放个包着礼物或银元的红封子作为第一次来姥姥家的见面礼。

胎儿出生的第一百天，在礼俗中称作“百晬”，京津的老妈妈例图吉利，谐音说成“百岁”。这一天，外祖母家要给婴儿送去许多小衣物和饰物，甚至纯金的长命金钱；还要在蒸食店订作一百个发面寿桃，装上两个捧盒和另外一捧盒寿面、一捧盒肉或其他礼物一同派人挑到婴儿家，衣饰等物则由外祖母亲自带去。百岁日，婴儿家要设家宴招待外祖母家的贺喜人和来贺的近亲。

婴儿出生一年，要过“周岁”生日，老亲至友都来庆贺，送的礼物有衣服、鞋帽、饰物，第一次有了玩具礼品。20 年代前，轻工服装业还未兴起时衣帽等都是亲友家少奶奶、小姐们亲手做的，都尽量向精巧处做，摆在那里可以开个女红刺绣展览会。至于谁该给孩子做件什么，旧时是有分工的，俗谚有“姑姑的鞋，姨姨的袜，姥姥的兜肚、舅母的褂”。周岁庆贺中在个别中上层家庭有“抓周”活动。抓周礼很古，旧名“试儿”。把各种物品置放婴儿面前，看他先抓什么，预测未来的才智贤庸，这只是取乐而已，又有谁会真信它呢。

过了周岁这一庆贺活动，生育庆贺礼俗已基本完结，以后小儿每年生日只有外祖母家还会送礼祝贺外，别家亲友是不再来祝贺了。

七

民间千百年的经验，总结成一套育婴保幼方法。首先针对婴儿“三躺、六坐、八爬”发育情况，有意向这方面培育，孩子坐不住倒下了，把他扶起坐；把孩子放在远处，然后招手让他向大人跟前爬；十个月后把孩子倚在墙上要他练站立的能力；一周岁时则扶着双手要他练行走，这些都是积极促进发育的作法。人从出生就遇到民间习俗默默的陶冶，并在最初的发育中得到它的帮助，这就是民俗教育功能真谛所在。

幼儿时最对生命有威胁的莫过于出疹子和出痘（即天花）了。民间对前者主“表”，服用芦根水，要疹子出全，忌油腻、生冷食物，保护好肠胃，怕见凉风。出疹子后有一个月不能出屋之说，否则会坐下迎风流泪的

"风流眼"毛病。

种牛痘之法未兴起之前,婴儿最易出痘,因为它威胁小儿生命,人们求助于神佛,不知何时民间开始信奉"痘疹娘娘"。小儿出痘后,室内要清静,光线要较暗,忌风,忌父母房事,让痘出全,服药只是促进痘能尽早出全,但限于医学水平,完全无把握,听天由命而已。

清朝中叶以后种痘之法传到华北,清末天津出现牛痘局,用病儿痘浆接种,并逐一传接,种痘后要给小儿吃"发腥物",让种在两臂上的六颗花出齐,浆灌得满。牛痘痊愈后掉痂时,家中要扎一套扎彩,其中有若干盆纸花、水筲、轿马等和早在种痘时就供奉的痘疹娘娘一起陈列烧香上供一昼夜,第二日上午焚化。此习俗称作"谢奶奶"。就在这次敬神活动,小儿的外祖母、姨母、姑母都要来看望、庆贺,并送一种脆皮上布满芝麻的小点心,俗名"掉痂烧饼"。其所以要这样庆贺,就是因为过此以往,可以预想到的生命威胁已没有了。出痘如能平安度过,也要和种痘一样行"谢奶奶"礼,庆贺一番的。这种习俗在 30 年中期仍在传统性较强的城郊地区流行。

八

在迷信盛行的封建社会中形成的民间保幼观念及其实践都不可避免地带有迷信成分和原始巫术的某些痕迹。在这节里我们专门介绍天津习俗中的这方面情况。其中关于供子孙娘娘、谢奶奶和起贱名的情况,已因行文之便结合相关习俗于前文述及,这里不再重复。

小儿受惊吓,往往不饮不食,昏睡不醒,民间名为"掉魂儿",须要"叫魂儿"。办法是到杂货小铺请(就是买)一张"跑马儿",把这种马神祃四只腿间的空白纸剪去,意思是马可跑起来了。然后在灶王神位烧香,把跑马儿供上。由小儿母亲拿小衣服在屋内或院内叫着小孩乳名说"××随娘回家喽!"走一遭后,回屋把小衣服盖在昏睡着小儿身上,并说"××回来了"。小儿的祖父或父亲也拿一件小衣服到街头或小儿好时曾到过的地方去如法"叫魂儿",只是把称谓改一改,回来后也是如法安排。过此以后,静等一半天了,待小儿精神稍稍松弛后自然会好的。人们却误认是"招魂儿"的办法真能治病。

小儿受惊吓后夜哭不止,往往不问原因究竟,只当恶习。民间有用纸书写一段有方术味道的咒语,到处张贴。实则采用耐心安抚或短时间改变生活环境,待小儿紧张精神缓解后,夜间惊哭之病自消,咒语是毫无用处的。

旧时代多方面的因素使婴幼儿不易存活、成长。为了让孩子能平安成长,民间想出了用"百家衣"、戴"百家锁"方法,以人间上百家族的名义保护孩子,背后隐藏着的是人和神鬼斗。做法分别是小孩的母亲向亲友邻里收集剪裁的下脚料,缝制成各种图案的小衣裤给孩子穿,叫作"百家衣"。由小孩的家庭出一点小礼物,送给亲友邻里,说明意图,亲友等根据亲疏关系或多或少给些现钱,积少成多,用这笔钱在首饰店买一挂百家锁给小孩戴。百家衣、百家锁在民间都认为它有保证小孩长命百岁的功能,特别是百家衣在妇女们串门闲谈中即可搜集,所以市区偏僻地带一直流行至 40 年代。

为了让幼儿健康成长,民间还兴一种把孩子带到寺庙,认僧道为师傅,作佛家或道教的弟子,从此改穿僧衣或道服,庙中给孩子戴一挂丝线的金属(有铜的或铁的)锁,每年年终庙中给斋饭一顿,家中得给香资若干,量力而行,这种习俗名叫"认师傅戴锁"。城内各庙都收挂名徒弟,娘娘宫、城隍庙、太阳宫收徒比较更多些。到了第一个本命年生日时方可以摘锁、跳墙,不再算作僧道弟子。

关于"认干娘"习俗,其观念是由多子女的妇女把病弱的孩子认为儿女,就可保孩子长命百岁;其仪式是干娘送孩子一套筷子碗(忌用瓷碗)、一套衣服鞋帽及长命锁;孩子家送干娘一身好衣料及鞋一双。认干娘日,干娘把一条新做的裤子(不缝下档)放在炕上,孩子由裤腰处爬进,从裤裆开口钻出,以表是亲生的。从观念和仪式看全带迷信色彩。

(《天津史志》1994 年第 3 期)

七七事变后占领天津的日本侵略军

王凯捷

天津位于九河下梢的华北平原东部，濒临渤海湾。北宁和津浦铁路在此交汇，是华北联结东北和华东的咽喉要道，同时也是北方最大的工商业城市。正是这种重要的战略地位和经济地位，日本帝国主义早在1900年八国联军入侵时起，就在天津建立了统治中国人民的军事殖民机构——清国驻屯军，后改称中国驻屯军，也称华北驻屯军。七七事变爆发后，天津随即成为日本军国主义者发动全面侵华战争的重要兵站基地。为达到长期控制天津的目的，在八年的时间里，日本最高决策当局和华北方面军在这里驻扎重兵，并不断地强化对天津的法西斯统治。本文拟就七七事变后日本侵略军在天津的组织序列，及所犯下的罪行，作一概述。

一

日本最高决策当局为扩大侵华战争的需要，七七事变前，日本中国驻屯军就在天津驻有河边旅团步兵第二联队，炮兵独立联队及战车、骑兵、工兵、化学各一个中队，此外还有30多架飞机，总兵力约3 000人。分别驻扎在海光寺日本兵营、东局子飞机场、天津总站（今北站）、东站等地，另外在大沽口外还有日本海军第三舰队第十、第十一战队十余艘军舰和海军陆战队[①]。

七七事变后，鉴于日军兵力的不足，中国驻屯军一面施放和平烟幕，声言采取“不扩大方针”，以作缓兵之计，同时紧急向国内求援。7月11日，日本近卫内阁以第56号、57号临参命，调动关东军第1、第11混成旅团、飞行集团6个中队和驻朝鲜龙山的第二十师团前往华北。任命原日本陆军训练总监部部长香日清司中将为中国驻屯军司令官，接替重病中的田代皖一郎（15日病死）。香日清司于7月12日乘飞机抵达天津，策划扩大侵略战争的阴谋。

为首先掌握平津地区的制空权，关东军所属6个轰炸机、战斗机联队，分别于7月11日下午从山海关和承德飞抵天津东局子机场（旧机场）和张贵庄机场（新机场），7月15日，中国驻屯军将抵津飞机编成“集成飞行团”，原关东军飞行第十五联队长上条直大佐为飞行团长。至28日，日空军抵津飞机已达160架。为加强此后空战力量，日军参谋本部决定成立临时航空兵团，由德川好敏中将任兵团长，司令部设在日租界花园公堂。

按照日军大本营的命令，混成第一旅团驻锦州的奈良、入江两个联队于7月中旬抵达天津，第二十师团主力也于19日由朝鲜出发抵达天津。该师团为日军精锐机械化部队，战斗力较强，师团长川岸文三郎中将，总兵力9 804人，军马1741匹。下辖步兵第三十九、四十旅团，骑兵第二十八联队，野炮兵第二十六联队，工兵第二十联队。当以上日军在28日从天津出发向北平外围发动进攻时，天津防务遂交由二十师团森本伊市郎大佐的七十九联队3个步兵大队、航空部队及守备部队担任。7月28日晚，中国军队二十九军三十八师根据日军在天津、塘沽兵力薄弱的情况，向日军各重要据点发起攻击，日军遭受重大损失。中国驻屯军司令部急令在山海关的野战重炮兵第九联队增援塘沽守备队，同时急调二十师团三十九旅团长高木义人少将率3个步兵大队、1个炮兵大队由北平回援天津，同时向关东军求援。关东军即以火车运送增援部队，各部队于7月30日、31日、8月1日相继到达天津。中国军队二十九军三十八师被迫撤至静海、沧州一线。日本侵略军占领天津后，二十师团第三十九旅团负责市内警备，临时航空兵团仍置于天津，准备与中国空军决战。

天津失陷，使日军获得了进一步扩大侵华战争的战略基地。随后，日军统帅部按预定侵华计划，作出了第二次派兵的决策。此后,大批日军增援部队涌入天津。仅从1937年7月底至1937年9月,经塘沽登陆在天津集结的日军,就有第五、六、十、十四、十六、一百零八、一百零九,共7个师团,兵力达到20余万人,天津成为日军侵华的重要兵力集结地[②]。

为统一指挥到达平津地区的各师团,8月31日,日本华北方面军司令部在天津成立,司令官寺内寿一大将,下辖第一军和第二军,共8个师团。第一军司令官香日清司中将,第二军司令官西尾寿造中将。按照华北方面军的作战部署,1937年9月9日,敌第二军司令官西尾寿造到达天津,指挥第十、十六、一百零八、一百零九师团沿子牙河、津浦路,进攻宋哲元的二十九军。

大批日军调离天津后,为加强占领区的安全,天津防务交由新组建的中国驻屯兵团担任,山下奉文任兵团长。1938年7月,为实施进攻武汉计划,在中国驻屯兵团的基础上,组建了第二十七师团,该师团随后从塘沽乘船南下,天津防务由同年7月在塘沽登陆的桑木崇明第一百一十师团接替。1938年1月,华北方面军司令部移驻北平。同年8月2日,临时航空兵团奉大本营命令,编入华中派遣军序列,司令部迁往南京。

1938年11月日军攻占武汉后,面对华北敌后抗日根据地的建立和游击战的广泛开展,为巩固其战略后方,日军大本营于11月29日下令,将在华中的第五、十、二十七三个精锐野战师团调回华北,以增强"治安肃正作战之能力"。日军大本营出于迅速恢复河北省北部安定之需要,决定将二十七师团部署在以天津为中心,东起唐山、南至沧州的区域内,以确保天津作为华北兵站基地的战略作用。该师团1.2万人左右,由原日军参谋本部情报部长本间雅晴中将任师团长。下辖第二十七步兵团,中国驻屯步兵第一、二、三联队,搜索队,山炮兵第二十七联队,工兵第二十七联队,辎重兵第二十七联队等。同时一并指挥驻沧州的独立混成第七旅团。二十七师团主要防卫地区包括河北省东北部和西南部地区。其中中国驻屯第一联队驻唐山、第二联队驻天津、第三联队驻河间、骑兵第二十七联队驻宁津、独立混成第七旅团驻沧州(后与二十七步兵团换防)。

二十七师团到达天津后,在海光寺原"中国驻屯军司令部"建立了"天津防卫司令部",本间雅晴兼任防卫司令官。1941年3月,本间雅晴调任日军南方军第十四军司令官,二十七师团长先后由富永政信和原田熊吉接任。二十七师团是七七事变后占领天津时间最长的日本军队。5年中对天津人民犯下了无数滔天罪行。

1943年,世界反法西斯战场出现了重大转折,国内敌后战场开始局部反攻。日本侵略军战线过长、兵力不足的弱点愈益明显。由于日军主力深陷东南亚战场不能自拔,同时也为防备苏联可能对满洲的攻击,日军大本营在兵力配置上作了重大调整,将第二十七师团划归关东军指挥。1943年6月17日,驻守天津及周围地区的二十七师团全部调往锦州部防。同时,将独立混成第九旅团调天津,接替原二十七师团的防务,该部为华北日军之精锐。鉴于天津重要的战略地位,该旅团到达天津后仍属华北方面军直接管辖,旅团长雨宫巽少将。司令部设天津,雨宫巽仍兼天津防卫司令官。下辖独立步兵第三十六、三十七、三十八、三十九、四十大队,炮兵队,工兵队,总兵力约4 900人。天津市内防务由独立步兵第三十七大队及后来成立的华北特别警备队第二特别侦谍队担任。1944年7月,旅团长由藤冈武雄少将接任,1945年日本投降前,旅团长又改换的野宪三郎少将,司令部移驻大沽。

1945年,抗日战争转入战略反攻阶段后,日本中国派遣军鉴于平津局势危急,决定收缩兵力,固守少数几个大中城市以观时局变化。为此,命令华北方面军将位于北平通县的战车第三师团主力,及担任大同、归绥、包头警备的第一百一十八师团一并撤到天津。任命第118一百一十八师团师团长内田银之助中将为驻津日军善后联络官,等待并处理在津受降事宜。日本帝国主义宣布无条件投降后,根据波茨坦会议精神,1945年10月16日,美国海军陆战队第三军团司令罗基中将及国民党第十一战区前进指挥所主任施奎龄,分别代表美国政府和中国政府,在美海军陆战队司令部门前(解放后曾为市人民图书馆)举行受降式,正式接受内田银之助代表天津日军的投降。侵占天津的日本侵略者遭到了彻底的失败。

二

从天津沦陷至日本帝国主义宣布无条件投降,占领天津的日本侵略军对人民群众和爱国志士进行了血腥的镇压,犯下了不可饶恕的罪行。七七事变后,为攻占天津,日军临时航空兵团曾出动60余架飞机,对天津市内进行狂轰滥炸,致使许多建筑和居民遭受重大伤亡。南开大学内的秀山堂、恩源堂、图书馆等地,在日机的轰炸下成为一片瓦砾。1937年7月31日,日军三十九旅团百余名士兵再次进入南开校园进行焚烧,使经济研究所的资料全部被毁,财产损失达30万元。此外,南开男女中学、造币厂、李公祠、择仁里、稻香村等十数处也惨遭轰炸。据粗略统计,在天津陷落的最初几天里,市内各街尸体纵横,"仅我军官兵阵亡者就达2 000多人,市民伤亡无法统计,无家可归的难民达10万以上,全市被毁房屋2 500余间,被日军破坏强占的校舍377间,受炮火摧毁的工厂、企业53家。事后统计财产损失达2 000万元之多"[③]。日军还在市区大肆奸淫烧杀。据1938年1月15日《新华日报》揭露,在1937年11月至12月两个月内,日军中国驻屯兵团的士兵就在东车站附近,有组织地惨杀我同胞3 000余人,枪杀、刀刺后即埋入预先挖好的大坑内,手段之残忍,令人发指。日军还经常在全市进行大搜捕,1938年5月24日,民先队天津地下组织遭日本宪兵队破坏,西头分队队长李锟惨遭杀害。1937年7月30日上午占领特一区的日军,将区公安局督察长捆绑,先殴打逼供,后遍身洒上汽油,点火燃烧,惨叫声遐迩皆闻,凶恶残暴到了极点。解放后,据粗略统计,八年期间,日军在天津及周围地区制造了较大的惨案约几十起,死难同胞无以数计。

日本在其占领区与各国之矛盾,主要表现在天津、上海、广州、汉口等地的租界问题上。其实质仍然是帝国主义国家间争夺、瓜分势力范围的争斗。天津是北方唯一建有外国租界的城市,二十七师团占领天津之初,就遇到了因租界问题而引发的日本与英法的矛盾。一是日本占领当局,通过伪政权发行、使用伪钞和法币间在流通中产生的矛盾,二是中共领导下的地下组织和其他抗日团体利用租界进行抗日救亡活动,因日本未与英法等国公开宣战,所以不敢贸然进入,也令二十七师团十分恼怒。因此,从1938年底开始,二十七师团不断制造事端,多次企图强行进入租界搜捕抗日人员。1939年4月9日,伪天津海关监督程锡庚在英租界电影院被杀,以此为借口,日军防卫司令官本间雅晴认为:"英法租界是抗日共产分子阴谋活动的策源地,为各种暴力行动的避难所。庇护暗杀犯人,是对日军的间接敌对行为,是对东亚新秩序建设的挑战。"[④]随后,二十七师团于1939年6月14日,封锁了英法租界。1941年太平洋战争爆发后,二十七师团第二联队立即开入英法租界,解除了美国海军陆战队和英法军队的武装,接收了开滦煤矿等权益单位。与此同时,进入租界的日军在日本宪兵队和伪警察的配合下,对设在英法租界的中共地下组织和其他抗日团体加紧镇压,使中共平津唐点线委员会天津城委遭受严重破坏,领导机关和地下人员被迫撤离天津,抗日救亡运动暂时转入低潮。

1941年太平洋战争爆发前后,日本华北方面军为巩固其在占领区的统治,以积极推进"南进政策",1941年3月至1942年12月,在华北地区先后进行了"五次治安强化运动",妄图在政治、经济、思想、文化诸方面实行"总力战",彻底搞垮我抗日根据地,瓦解占领区人民的斗争意志。驻守天津的二十七师团在这个时期,为把天津变为"大东亚圣战"的兵站基地,先后在师团长富永政信和原田熊吉的策划与指挥下,极力推行"五次治安强化运动",其规模一次比一次扩大,手段一次比一次毒辣。他们在全市实行极为严酷的法西斯统治,清查户口,检查新闻出版,限制人民的言论行动自由,并不断在市内实行宵禁,对抗日根据地进行严密的经济封锁,在市内水陆关口共设立了23个检查站。他们还通过"献金"、"献铜献铁",大肆掠夺物资和搜刮钱财。据统计,在整个治安强化期间,二十七师团共搜刮铜60多万公斤,铁41万多公斤,锡纸1.5万多张,总计金额达392.6万元[⑤]。二十七师团还把天津作为"招募"劳工的转运站,将在天津、河北、山东等地抓捕的劳工以火车或轮船运往东北和日本。仅在天津就先后以欺骗、强制等手段劫持劳工达73 347人[⑥]。1943年后,独立混成第九旅团还在塘沽建立了华北最大的"劳工收容所",每年都有几十万劳工从塘沽转运到伪满和日本。为确保侵略战争中军粮的供应,日本侵略军对天津人民所需食品实行配给制度,将大米、面粉充作军用,以杂合面、橡子面配售给居民,广大人民食不果腹,冻饿而死者不计其数。天津人民苦不堪言,陷入水深火热之中。此外,二十七师团还在津郊建立了120余处农场,掠夺土地近92万多亩,约占当时天津、宁河可耕面积的1/2[⑦]。这期间,二十七师团还参与制毒、贩毒等罪恶活动。如驻于河间的中国驻屯步兵第三联队队长宫崎富雄大佐,曾勾结伪军张宝正部,以筹措粮饷为由,在静海独流镇建立海洛因制造厂。二十七师团水路警备队队长森岗,也勾结伪军河防队刘勋臣部,在大城抬头镇设厂制造毒品。

在八年抗战时期,天津周围的冀中、冀东抗日根据地得到迅猛的发展,给驻防天津及周围地区的二十七师团和独立混成第九旅团以极大的震慑。按照日军华北方面军的作战意图,从1939年初至1943年7月,二十七师团配合日军其他师团,对冀中、冀东抗日根据地进行了连年扫荡。在七年时间里,总计发动大小规模的"扫荡"计2 759次[⑧]。1941年后,由于冀东抗日根据地的不断发展,华北日军逐步把注意力转向冀东,并抽调二十七师团等日军主力对冀东地区发动了多次大规模"扫荡"。这个时期,二十七师团在独立混成第十五旅团和关东军第九独立守备队的配合下,为彻底破坏根据地军民的生存条件,建立了东起迁安建昌营,经遵化、蓟县、三河、平谷至昌平桃峪口,长约600公里,宽约8至10公里的"无人区"(其中蓟县北部最宽处达30公里)。总计"无人区"面积约1 500公里。与此同时,二十七师团还在蓟县黄崖关内一大片地区和盘山周围30多个村庄建立了"无人区"。

1942年1月,在对盘山抗日根据地为期两个月的大"扫荡"中,二十七师团实行了极为残酷的"三光政策",不仅出动飞机狂轰滥炸,而且出动步兵反复烧杀抢掠,盘山数十座名寺被焚烧净光。为达到长期占领根据地的目的,二十七师团将其精锐中国驻屯步兵第一联队第二大队,部署在蓟县县城。此后日军在蓟县制造的一系列惨案,均是第二大队所为。在反击二十七师团"扫荡"中,八路军冀东军区十三团团长包森同志壮烈牺牲,根据地人民的生命财产遭受严重损失。1942年"五一大扫荡"时,二十七师团为配合扫荡部队,在天津负责侦听搜集我冀中军区情报,并提供给华北方面军司令部。1943年8月,华北方面军在原中国驻屯宪兵队的基础上,组建了华北特别警备队(简称"北特警")。下辖5个大队,主要针对冀中、冀东抗日根据地进行侦谍工作。其中配合独立混成第九旅团的是第二大队和第五大队一部。在天津的第二大队以伪装身份潜入根据地边缘和社会各阶层进行侦谍活动,破坏我抗日组织。

在对根据地的多年扫荡中,二十七师团也遭到了一系列惨败。在1939年4月的冀中齐会战斗中,二十七师团步兵第一联队第二大队(吉田大队)700余人,被八路军一百二十师主力全歼。1940年"百团大战"期间,八路军全线出击,给二十七师团以强烈的震慑。1942年1月10日,二十七师团田口休助中佐率在天津新组建的集成步兵大队,在进攻遵化县甲子庄时,遭我十三团伏击,大部被歼,田口休助被击毙。1943年后,由于敌后战场开始转入反攻,使独立混成第九旅团首尾难顾。特别是1945年8月19日,冀中军区主力攻打天津西站的战斗,给独立混成第九旅团以沉重打击。

经过长达八年的艰苦抗战,占领天津的日本侵略军和其他侵略者的下场一样,终于遭到了彻底的失败。前事不忘,后事之师。了解七七事变后,日本侵略军在天津的有关情况和罪行,对研究地方抗战史乃至全国抗战史都将起到一定的作用。

注:

① 武月星、林治波等:《卢沟桥事变风云录》,中国人民大学出版社1987年版,第321页;王辅:《日军侵华战争》,辽宁人民出版社1990年版,第498页。

② 根据耿成、韦显文著:《日军侵华战争》、《抗日战争时期的侵华日军》中有关材料整理,春秋出版社出版。

③ 天津政协文史资料研究委员会编:《沦陷时期的天津》,第252页。

④ 日本防卫厅战史室编、天津政协编译委员会译:《华北治安战》上册,天津人民出版社1989年版,第195页。

⑤ 天津政协文史资料研究委员会编:《沦陷时期的天津》,第62页。

⑥ 天津政协文史资料研究委员会编:《沦陷时期的天津》,第64页。

⑦ 天津政协文史资料研究委员会编:《沦陷时期的天津》,第63页。

⑧ 日本防卫厅战史室编、天津政协编译委员会译:《华北治安战》上册,天津人民出版社1989年版,第278页。

(《历史教学》1995年第5期)

长芦盐区的由来及其演变

芮和林

我国盐产品的品名，一般都以产地命名，如浙江产的盐称浙盐，山东产的盐称鲁盐，淮北产的盐称淮盐等。然而天津市、河北省产的盐却称长芦盐，简称“芦盐”，这是怎么回事呢？其实，查考历史就会发现，长芦盐的名称，也是由地名转化而来的。

现今的天津、河北所产之盐，冠以“长芦”名称，始于明初。洪武二年（1369 年）将管理这一地区的盐务机关名称，由北平河间都转运盐使司，改称为河间长芦都转运盐使司，署设长芦镇。永乐初年（1403）又省去“河间”二字，直称长芦都转运盐使司，统一管理天津、河北的盐务。长芦盐区就因盐运司署设在长芦镇而得名，其辖区所产之盐，也就称为长芦盐。

“长芦”原为古县名，始建于北周静帝大象二年（580 年），治所在今河北省沧州市西。宋代熙宁四年（1071 年）撤销县治，城关改称长芦镇。明初迁沧州州治于长芦镇，后遂与沧州合而为一，成为沧州的一部分。600 余年过去，长芦这个地名早为人们遗忘，以致有知沧州而不知有长芦。

但天津、河北地区产盐的历史，还可追溯到更遥远的古代。翻看史籍，最早见于《周礼・职方》，谓：“东北曰幽州，其利鱼盐。”说明幽州已有三千年的产盐史。《管子・轻重》篇也有“燕有辽东之煮”的记载。煮者，熬盐也。古代制盐都用大锅熬煮。现今的天津及河北的东北部沿海一带，都为古代幽燕之地。据《长芦盐法志》记述，西汉年间，这里的煮盐业就已很盛，为加强盐的产、销管理，增加盐课收入，西汉王朝于今沧州、河间、蓟县、武清、滦县、抚宁等地设置盐官，实行官专卖制，对私自煮盐、贩盐者钛左趾。唐代，这一带属河北道管辖，其盐务由盐铁转运使管理。

北宋时，现今的海河成了宋、辽界河，北宋朝廷为防辽南侵，在海河以南地区大搞军事设施，军民忙于备战，农田、盐场无暇顾及，以致“辽人由海口载盐入界河，到内地贩卖”。

蒙古太宗据有北方后，重视盐利，在天津、河北沿海地区广设盐灶，大办盐场，并设置盐课所专事收取盐税，以资开疆军费。从太宗八年至至元二十四年（1236—1287 年）的 52 年间，先后开办盐场 21 个，其中最早开办的盐场叫越支场，场址即在现今丰南市的张庄子、光坨子、黑沿子一带。至此，加上早先后唐庄宗同光三年（925 年）开办的芦台场（今汉沽盐场），河北、天津沿海一带共有盐场 22 个。

明代洪武二年，又在今海兴县和秦皇岛市两地，各新建一个盐场，使这一地区的盐场增至 24 个。这一时期在明王朝建立后的前二百年间（1368—1568 年），是古代长芦盐区盐场最多、煮盐业最盛的时期。明代后期，长芦盐区的制盐工艺，开始发生变革，滩晒工艺逐渐代替大锅熬盐，盐产量也不断增加。然因朝政腐败，盐课加重，致使灶丁不堪重负而大批逃亡，一些盐场无人煎晒纳课，于隆庆三年（1569 年）遂将长芦 24 场裁并为 20 场。

清初，长芦盐区进一步推广滩晒工艺，丰财场（今塘沽盐场）于顺治年间开晒，芦台场（今汉沽盐场）于康熙年间开晒。同时将长芦盐区的重点产盐场地，由沧州逐步移向天津地区。为此，在康熙七年（1668 年）先将长芦巡盐御史署从北京迁到天津；九年后又将长芦盐运司署从沧州迁到天津鼓楼东街，下设沧州、青州两个分司。御史衙门管理盐政，盐运司署管理产、运、销、税，而长芦盐区的名称一直未改。

长芦盐运司迁驻天津后，又于康熙十八年（1679 年）裁并 4 场，还剩 16 场。其中废煎改晒的 9 场，全部煎制的 4 场，半煎半晒的 3 场，当时的越支场即在半煎半晒的行列。这以后，又在雍正十年（1732 年）裁废 6 场，道光十一年（1831 年）裁废 1 场，十二年裁并 1 场，至此，长芦盐区尚剩盐场 8 个。其中位于中南部设丰财、芦台、严镇、海丰4场,全部改为滩晒;位于东北部的4场中,除越支场半煎半晒外,济民、石碑(今大清河盐场所在地)、归化3场仍为煎制;至道光末年,长芦盐区的制盐工艺才基本上改为滩晒。随着滩晒工艺的推广,长芦盐区在清代前期的年产量曾达到30万吨,但到清代末期,因内忧外扰,渐趋萧条,至宣统三年(1911年),长芦盐产仅有16万吨。

1914年,地处偏远,交通不便的济民、归化、严镇、海丰4场的滩田被裁废,1925年,越支的滩田亦被裁废。这时,长芦盐区仅存丰财、芦台2场,都在天津辖区之内。

从19世纪末开始,帝国主义势力逐步侵入长芦盐区。甲午战争和八国联军入侵中国之役,都以中国战败而告终。当时清政府向外国借了巨额外债,而帝国主义列强便借机向中国索取高额利息,并指名要以中国主要的财政来源——盐税为担保。例如清政府在1906年向日本正金银行借银300万两,日本指名提出要以长芦盐税为首要担保条件。

1912年袁世凯窃取了中华民国大总统后,即向英国借款500万英镑,旋又向英、德、法、俄、日五国借款2 500万英镑,并签订了所谓的“善后大借款合同”。根据“合同”第五条规定,中国政府于1913年1月在北京设立盐务署,署内设盐务稽核所,由中国总办一员,外国会办一员主管所务。同年4月,在天津设立长芦稽核分所,由经理华员一人,协理洋员一人主管分所事务。首任中国经理严璩,日本协理郑永昌。名义上华员、洋员等级职权相同,实际上凡遇重要事务,都由洋员裁决。同年11月,在今天津碱厂院内设立丰(财)芦(台)稽核支所,翌年3月,又在滦县偏凉汀(今滦县火车站老站址处)设石碑稽核支所,支所主任一人则由洋人担任,主管支所事务。至此,长芦盐区的一切盐务活动,非经洋人协理、主任签字不能进行,所有盐务收入,首先偿付以盐税为担保的外债本息,剩下的款项才以“余盐”名目交付中国有关当局。长芦盐务的管理大权,实际上落入了日本及其他西方列强手中。

1937年6月9日,长芦盐运使司与长芦稽核分所合并,改组成长芦盐务管理局,原长芦稽核分所日本协理郑永昌的儿子郑梅雄当了副局长,继续掌管长芦盐政大权。“卢沟桥事变”发生后不久,盐区全部沦陷。8月6日,长芦盐务管理局被日伪接管,郑梅雄名义上仍任副局长,实际上完全控制了长芦盐务。从此,日本帝国主义便开始对长芦盐区进行殖民地式的统治。当年10月,以日本人内田敬三为董事长的兴中公司,在天津增设盐业部,订出掠夺芦盐资源的三个步骤:1. 改善原有盐田;2. 恢复荒废的盐田;3. 开辟新盐田。同时又将大批芦盐输往日本。据资料统计,仅在1937年4月至年底的9个月内,就掠走芦盐21.5万吨。

1938年,兴中公司分别在汉沽、塘沽、大沽设立盐田事务所,且都由日本人亲任所长,汉沽盐田事务所所长笠田,塘沽盐田事务所所长黑田,大沽盐田事务所所长铃木。同年3月,由日本人高桥率领10人,到乐亭县城设立“乐清组合”,后改称大清河盐田事务所,筹建大清河盐场。1939年7月,日寇为加速扩大长芦盐产,由设在北京的日本华北开发公司筹建“华北盐业股份有限公司”,日本名称为华北盐业株式会社,办公地点设在天津,董事长由内田敬三担任。该公司名义上由中日合办,集资2 500万元,实际上是中方出土地,日本出流动资金,其目的一是在新河、塘沽、汉沽三地将荒废的盐田恢复生产;二是在汉站地区和大沽以西广阔的滩涂上开辟新盐田;三是在乐亭县大清河一带开辟新盐田,总计占地面积达14 940顷,使长芦盐的产量由1937年的44万吨,增加到1941年的100万吨。

从1938年至1943年,日本侵略者在长芦盐区以贷款方式,威迫利诱本地滩户恢复荒滩96副,其中汉沽47副,塘沽的新河39副,邓沽10副;直接“征地”、“招工”分两期开滩348副,其中汉沽135副,大沽146副,大清河114副,新开盐田占地面积237 813.2亩。与此同时,还在汉沽建洗盐厂一座,将部分原盐进行加工,生产精细食盐运往日本。1939年长芦产盐59万吨,当年运往日本国内38万吨,占产盐量的64%。据有关资料统计,在1940—1945年的6年间,长芦盐区实产原盐506万吨,其间输日的芦盐,包括加工盐在内,为317万吨。在日本侵华期间,长芦盐区共产盐620万吨,其中1943年的产量最高,达到117万吨;这期间,被日本掠走404万吨,约占产量的三分之二。

日本投降后,国民党政府于1945年10月底派员接收了伪长芦盐务局,改称为河北省盐务管理局,翌年2月又改称为长芦盐务管理局。同时,将伪盐业股份有限公司改组为中国盐业公司华北分公司,经管日本所开的大沽、汉沽盐田。

1946 年初,中国共产党领导下的冀东行署,在汉沽小神堂成立盐务处,在汉沽盐区设立五个销盐处、一个硝卤局和一个渔盐局、监督销盐、收取盐税。4 月,以冀东行署盐务处为基础,组建了晋察冀边区盐务管理局(第二年改称冀东区长芦局),先驻黑沿子,后移大清河红房子,下辖大清河、大庄河、北堡、黑沿子等盐务分处,办理产运销及征收盐税业务。同时成立盐民支队,后改为盐务支队,与国民党军队和盐警进行武装斗争。并按党的"发展生产,繁荣经济,公私兼顾,劳资两利"的政策,发动群众建设盐业根据地,先后在大清河恢复盐滩 41 副,在北堡、沿黑子开辟新滩 94 副;在 1947 年至 1948 年间,共计产盐 220 余万担。在长芦盐区的西南边缘,中共渤海行署工商局下属的河(指黄河)北盐务局,也在黄骅县吕家桥、羊儿庄设立盐务分所,负责盐税征收和缉私工作。在解放战争期间,国民党政府仅握有丰财场全部和芦台场部分的统治权,长芦的东北和西南广大地区,都在共产党领导下的人民政府掌管之中。

随着解放战争节节胜利,盐务支队配合四野部队进驻汉沽镇,于 1948 年 12 月 15 日接管芦台场署,改称为汉沽盐场管理处。1949 年 1 月接管丰财场署更名为塘汉盐场管理处。1949 年 1 月 15 日天津解放,第二天,旧长芦局被天津军事管制委员会盐业部接管。3 月 20 日,冀东区长芦盐务管理局,与天津军管会接管的长芦局合并,组成新的长芦盐务管理局,隶于华北人民政府财政部,首任局长张道吾,副局长张圻之。从此,长芦盐区进入了崭新的历史阶段。

(《天津史志》1995 年第 3 期)

20 世纪初期天津金融风潮及其对对外贸易的影响

吴必龙

20 世纪最初的十年,天津金融市场动荡不安,贴水风潮、铜圆危机、橡胶股票风潮接连迭起,一波未平,一波又起,并且冲击着天津及其周围一带的商业市场,使天津口岸贸易出现了较大的起伏。本文试图就这三次金融风潮及其对贸易的影响作初步探讨。

一、贴水风潮

贴水风潮是庚子事变后在天津发生的一次规模较大的金融风潮,导致数百家银号、钱铺歇业和倒闭,引起了天津商业萧条和对外贸易的衰败。

(一)贴水风潮缘起与经过

光绪二十六年(1900 年)后,由于庚子事变天津金融市场银根紧缺,市场周转资金严重不足,于是各界商人协议发行银钱票,实行银钱票拆息。钱铺、银号一时纷纷开设,并且不管资本多少遍设分支。光绪二十八年(1902 年)银号、钱铺增至近 300 家(1900 年为 100 家)[①]。各银号、钱铺大发银钱票,纸票泛滥,一时形成"各行通用皆系纸票"的局面。庚子事变前银钱票为 2 000 万两,1902 年达 3 000 万两[②]。现银的短缺使银钱票失去了原有坚实的信用,并且银号、钱铺与外国银行必须以现银结账,外加贴水,即"番纸贴色"。于是所有银钱票一经结换现银,均须外加贴水,也即票据兑现折扣。

贴水始于光绪二十七年(1901 年)下半年,仅数两。光绪二十八年(1902 年)春,贴水忽上忽下,情同赌博,曾一度引起八国联军都统衙门的注意,但未实行有效的措施,贴水继续上升。1902 年 9 月 11 日每千两贴水为 160 两,10 月 10 日为 170 两,10 月 15 日升至二百十两,不久后猛增至 300 两[③]。总之,1902 年贴水一般为 15% ~30%,高时曾超过 30%。贴水过高,市场现银流通渐少,投机风行,物价不断上涨,1902 年 10 月货物市价超过官价的四倍多[④]。

为了平抑现银贴水,压低物价,维持市场,袁世凯采取了强硬手段,设立平市官钱局。1902 年 10 月 29 日,天津府县宣布所有银钱票均按当日交易价值折合现银,只付利息不准贴水,实行按日拆息。光绪二十九年(1903 年)1 月又令限时将银钱票与现银统一价值。取缔现银贴水,改用现银交易后,人们纷纷争提存款,钱铺受此挤兑,只得催外行(指钱业以外商业各行)欠款,但外行欠款还无定期,亏欠账款一时难以归还,钱铺资金周转发生障碍,因而永丰成、瑞承泰等钱铺纷纷歇业和倒闭。金融恐慌引起市场萧条,商业萧条又加剧了钱铺的倒闭,钱铺与外行发生循环债务。如 1903 年 3 月 20 日前后就有仁兴茂、瑞兴泰、瑞承泰等多家钱铺相继倒闭。总之,1903 年天津商业各行歇业倒闭达两千多家,近三百家钱铺、银号歇业荒闭的达一百数十家,资金融通困难的约五六十家;南北巨富在津开设的十几家钱铺,向来一家川换数十万或百万,但此时不过原来的一至二成[⑤]。

面对严重的金融恐慌,袁世凯会同商务局(商务公所)采取了一系列挽救措施。尤其是 1903 年底山西票号重新回到天津市场,到光绪三十年(1904 年)金融风潮逐渐平息。

(二)贴水风潮发生的原因

贴水风潮是直接因贴水剧增而引起的,实际上,它是由军事、经济、政治等一系列因素综合作用的结果。

第一,庚子事变后天津金融市场银根紧缺,是引起这场金融风潮的根本原因。

天津作为华北金融中心，但资金力量并不雄厚。光绪二十六年(1900 年)天津市场资金大约为 6 000 万两左右，其中山西票号 2 000 万两，外国银行与政府官号在征收与交库期间暂作流通的政府款项为 1 000 万两。富商及高收入阶层的周转资金为 1 000 万两，另外至少有 1 000 万两为钱票，其余的 1 000 万两是本地商人向上海赊购货物中得到的资金融通[《天津海关十年报告书(1892—1901)》]，通过这样的资金构架和规模，1900 年前的天津贸易得以较顺利地完成金融上的周转。

庚子事变后，八国联军攻陷天津，大肆抢劫，据估计，八国联军从天津掠走的银两达 1 000 万至 2 000 万两[⑥]。此外，焚毁财产更不可数计。票号、外国银行及富商资本的收缩，加剧了金融市场银根紧缺的局面。清末山西票号是天津银号、钱铺存款最多的顾客，庚子事变中蔚太厚、蔚丰厚、天成亨、新泰亨等票号遭到浩劫，损失惨重，因而事变后，面对动荡的天津局势，山西票号不但拒绝给予新的贷款，将现金和信用转移到上海，而且索回围困开始时未清的债务，据英国使馆杰米逊(J·N·Jamison)的估计，大致为一千一百万到二千万两(同上)。这就使得银号钱铺发行的银钱票失去了充足的现金准备。因而信用为之动摇。银号、钱铺也接受外国银行的援助，即所谓"拆条"，庚子事变前，外国银行向银号、钱铺的信贷资金达 300 万两，但庚子事变后，外国银行不但停止"拆条"，而且急促催还贷款，"一遇称贷，必成以官家担保。"[⑦]因而遭到了袁世凯的拒绝。天津各行富商因事变亏损巨大，也纷纷收缩资本。

第二，贸易的恢复与膨胀，促使银号钱铺大发银钱票，引起了贴水不断增加。

天津是华北的货物集散地，战后广阔的华北内地市场在一度货源断绝和土产输出停滞之后，对洋货进口的需求增加。当和平开始时，外国洋行趁市场商品缺乏和各地重建家园之机，争向天津进口商品。值得一提的是，外国洋行平安地度过了这场军事暴力战争，并且获得了相当可观的利润，因而具有恢复和控制贸易的强大力量。天津各行商人纷纷加入了购售货物行列。到光绪二十七年(1901 年)下半年，天津港贸易表现出了令人惊奇的活力，进口贸易恢复到了光绪二十五年(1899 年)的水平。由于市场现银不足，造成了大发银钱票的机会，信用好的与信用可疑的银号都大发银票，市场借以周转。但是这种钱票缺乏相应的现金准备，成为变相的滥发，引起信用膨胀，导致贴水不断上升。

第三，袁世凯遽禁贴水的措施

当贴水兴起时，天津各行商人和直隶、天津各级官吏虽采取了某些措施，但都未能消除贴水，实际上他们自己对贴水理论也认识不清。贴水是商业贸易的发展与银根紧缺的矛盾体现，是银钱票泛滥与储存金准备不足矛盾的结果。因此，消除贴水必须以充实现银储备为根本之策，但是袁世凯采取了严禁贴水的强制性行政措施，设局平市，与银号钱铺没有协力合作。尽管仍准行用银钱票，但因这项措施，与现银价值不符的银钱票拒绝为人们所接受，停止流通，同时人们纷纷要求兑现，在现金急迫需求的情况下，银号钱铺连所需现金的十分之一都不能予以救济[⑧]。于是钱铺银号接连歇业倒闭，酿成了一场规模巨大的金融风潮。

(三)贴水风潮对进出口贸易的影响

贴水风潮对天津对外贸易的影响是深远的。1900 年前天津对外贸易呈稳步上升的趋势，但 1900 年后天津的贸易则呈现出急剧变动的状况。如果说光绪二十六年至二十七年(1900—1901 年)的贸易的衰退是由于暴力战争的干扰使贸易赖以正常进行的外部环境遭到严重破坏而引起的话，那么 1902—1904 年的贸易急剧变动，则主要是因为贴水风潮的影响(见表 1)。

庚子事变后，银号钱铺大发银钱票，各行来往均以拨条相互转账支付，市场上买空卖空，酿成商业贸易的投机活动。由于商业、贸易上的投机性和冒险性，引起本地商人、外埠商人和外国洋行三者不同的商业贸易活动。本地商人，随着银钱票发行和市场渐趋活跃，人们急于将战争中损失的财产赚回来。因此，各行商人不管资本力量和市场行情，纷纷开设庄号、铺面经营。如洋布庄由 1900 年十余家增至二十余家，"以图支撑门面，不问行市之赔赚，而各洋行买办利得抽用特别馈赠，遂代向洋行定购，不问资本有无，各洋商欲货畅销，并可得优等价值，付银之期任意让缓"[⑨]。天津商人大量购进洋行货物，获得了较高的利润，进口生意形成一时的虚假繁荣。外国洋行在 1901 年后大量倾销存货和进口新的商品，一时生意兴隆。但随着单纯的银钱票交易和市场投机活动，使外国洋行遭受某些挫折。《1902 年天津海关贸易报告》说："这一年(1902)尽管巨大数额的贸易在本港进行，但 4 月份人们就开始抱怨糟糕的贸易。6 月这类抱怨声增加了。这种反常现象的原因在于本地与外国间票据交易的怪异行为，它使许多商业交易成为单纯的投机活动。”巨额贴水和贸易的投机，使许多外埠商人视为畏途，货物滞销。如用现银汇票每千两到津仅剩800两，巨额贴水，使西部皮毛等货物皆从汉口出口，草帽辫由胶州出口[10]。实际上早在1902年4月，由于贴水有增无缩，“各行号有将头年已定之货纷纷电止运津，应运河南销售者则改道汉口，应运山西销售者，亦改道汉口，山东应销之货，则径运烟台，奉天应销之货，则径往牛庄，不复再转天津”[11]可见，光绪二十八年（1902年）由于贴水上涨，单凭银钱票周转，一方面使一些外埠商人和外国商人不敢做无保证的商业贸易交易，另一方面使天津商人尽行投机和冒险交易，形成进口贸易一时虚假繁荣。1902年贸易额达89 478 464两，超过了以往任何一年的数值，比1901年增加了81.1%，比以往最高贸易值的1899年还高11.5%。

表1 1899—1904天津贸易变化表　　单位：海关两

年份	净值		外国进口净值	土货进口净值	土货出口净值
	总数	增减%			
1899	87 732 223	+23	39 279 788	22 623 967	15 700 807
1900	32 364 815	-58.9	14 728 354	9 118 920	8 073 384
1901	51 434 762	+54.8	27 227 438	12 029 438	10 154 106
1902	93 749 605	+81.1	53 443 798	22 456 744	13 576 922
1903	70 850 751	-23.2	37 463 822	19 945 950	11 319 289
1904	71 821 928	+0.3	36 178 019	17 881 296	14 895 379

资料来源：Returns of Trade and Trade Reports 1899—1904，Part Ⅱ Tientsin。

如果单纯从贸易数值来看，1902年确实是繁荣的一年。但实际上，这只是一次虚假的兴盛。本地商人不顾资本与市场，买空卖空，大量进口外国商品，形成大量的商品积压，到光绪二十九年（1903年）初积压进口商品达2 000万两[12]。《1902年天津海关贸易报告》也说，“在1902年底，积压在外国商人手里的存货，包括已出售的和未出售的是相当多的。”因此进口贸易额巨大与积压商品数额的巨大构成了1902年贸易的一大特点，我们称之为贸易的虚假繁荣。

到1902年底，金融恐慌发生后，钱铺接连歇业倒闭，商店纷纷关门，市场日趋停滞，进出口贸易大幅度衰退。1903年初，仅因裕盛成银号歇业，马上就因此荒闭连连。6月底几天内，仅在北门口到针市街口，相连歇业就有泰德海味铺、庆德厚钱铺等八家，而德兴裕洋货铺未开门就歇业了。到年底，市场恐慌依旧。各行商铺异常窘滞，生意萧条，天津市场萧条，上海货不进口，与内地间的贸易也渐趋停滞，如天津运往北京的货物异常缺乏。5月份京津铁路货运每日仅一、二车，较以前减少数十倍[13]。《1903年天津海关贸易报告》说：“1903年贸易额的下减主要是由于本地金融市场的动荡和积压了前一年大量进口货物。”实际上，1902年进口货物的积压是由于银根紧缺和金融恐慌所导致的。1903年贸易净值只有68 729 061两，比1902年下减23.2%。进口洋货比前一年下减43.24%。1903年出口贸易比1902年下减19%，包括羊毛、山羊皮、黑枣等大多数出口土货均有所下降。

二、铜圆危机

铜圆铸造不过几年，即刻酿成全国性的通货膨胀，铜圆大幅度贬值，物价上涨，国内商业和对外贸易又一次受到了沉重打击，天津是铜圆铸造与分配的中心之一。

（一）铜圆危机的经过与表现

清朝长期以来实行的货币制度是不完整的银钱平行本位制度，银两与制钱两种货币同时流通，但彼此之间没有一定的法定价值联系。随着全国工商业的发展，制钱已经不足以为商品流通服务，代之而起的是铜圆。光绪二十六年（1900年），广东开始铸造铜圆，作为银元的辅币，停铸制钱。光绪二十七年（1901年）十二月二十四日上谕,“著沿江沿海各督抚筹款仿办。”[14],这实际上是明令全国大铸铜圆的开始。庚子事变引发的贴水风潮,当时直隶总督袁世凯认为这是“由钱荒听致”,因此委派道员周学熙速筹铜圆,作挽救之策。光绪二十九年(1903 年)七月一日(1903 年 8 月 23 日)将第一批铜圆计 100 万枚投入市场使用,规定每两易满钱二千三百三十文,以补制钱之不足[15]。铜圆的铸造,破坏了制钱的完整性,制钱开始逐渐地被铜圆所取代。

光绪三十年(1904 年)五月二十日袁世凯奏请推广鼓铸铜圆。次年夏,建立天津银钱总厂,又名“户部造币总厂”,总厂所生产铜圆可通行各地。1903—1904 年铜圆产额:1903 年生产 20 文铜 1 288 725 枚,10 文铜圆 52 109 757 枚,5 文铜圆 2 594 020 枚;1904 年生产 20 文铜圆 3 997 710 枚,10 文铜圆 81 946 060 枚,5 文铜圆 1 077 120 枚(《天津海关七年报告书(1892—1901)》)。但这二年所出铜圆,仅能供给天津本地。1905 年户部造币总厂计划每日可出大小银铜圆六十余万枚,比光绪三十三年至三十年(1907—1904 年)产额要增加一倍[16]。到 1905 年底天津及其邻近省份均通行铜圆。光绪三十二年(1906 年)夏清政府财政处下令向未通用铜圆省份,切实推广行用。于是铜圆开始向内地边远省份扩散流通。当时直隶省(包括天津与北京)铸造铜圆的机器数目共一百台,仅次于湖北。铜圆的铸造在一定程度上缓解了当时市场上货币供应不足的现象,有利于商品的流通和社会经济的发展。

货币的供应量必须与需求量相一致,供过于求会引起货币贬值。天津始行铜圆后,铜圆日益增多,价格日益下落,但起初铜圆跌价并不大,尤其是铜圆需求量大,铜圆价值时有上涨。总的来说,铜圆价值有涨有落,虽然下落是主要的一面,但起伏幅度并不大。但是到光绪三十三年(1907 年)秋,铜圆大幅度跌价,有的按八九折制钱计算,有的必须与铜圆对半搭配。1908 年初据天津商会调查报告说:“铜圆之荒,到处皆然。”[17]1908 年月度支部命令各厂暂行停铸,但是到 8 月天津造币厂将所购铜料全部铸成铜圆,实际上停铸之旨宣告无效,铜圆跌价日益严重。铜圆再度继续泛滥,引起了一场通货膨胀。其主要表现:

第一,铜圆大幅度贬值。市场铜圆流通额剧增,其价值必定随之下跌,1907 年底铜圆贬值达 33%。铜圆跌落,银元随之上涨。铜圆与银元的比价变化情况大致可说明铜圆贬值的程度。从传统上来看,铜圆与银元的兑换比率为一千文比一元。从图表 2 可反映出铜圆贬值的大致情形。

表 2　1906—1909 年铜圆贬值情形

时间	1906 年		1907 年		1908 年		1909 年	
比　价	2 月	8 月	2 月	8 月	2 月	8 月	2 月	8 月
一元兑换铜圆数(文)	1 056	1 060	1 289	1 300	1 350	1 289	1 256	1 278
贬值幅度	5.6%	6%	28.9%	30%	35%	28.9%	25.6%	27.8%

资料来源:《天津商会档案资料汇编》,第 530 页。

第二,铜圆信用丧失,流通滞塞。铜圆供过于求,导致铜圆价值大幅度下降,其信用也随之丧失。1900 年 1 月静海县独流镇全顺号等三十二家商户禀陈:“自秋迄今,铜子不能流通,川换皆用银元,但商等生意与贫民交易,决不敢不用铜圆,若以铜圆易银元,决无售主,以致市场纷纭,商业无安。”[18]

第三,物价大幅度上升。铜圆贬值,银价上涨,物价因而上升。“银价飞涨,物价翔贵”这样的言论充斥着当时的《大公报》。以米面物价变动为例:

表 3　1895—1908 年米面物价变动情形

	1895(年)	1905	1908
米(每斤)	40(文)	80	110
面粉(每斤)	24(文)	50	80

资料来源:《天津海关十年报告书 1892—1901》;《大公报》1908 年 9 月 19 日

注:1908 年米面价格是按平粜之价,比市场价格低。

可见,光绪三十四年(1908 年)比光绪三十一年(1905 年),米价上涨 37.5%,面粉价格上升 60%。然而值得指出的是,物价不断处于变动之中。据一商家陈述:"米面铜圆早晚市价不同,然日日宜议,人人可议之事"[19]。市场价格不断变化,连赈抚局的平粜之米、面也常根据市场物价的变动作出相应的更改。

(二)铜圆危机发生的原因

1907—1908 年的铜圆危机发生的原因固然是多方面的:

第一,制钱短缺,不敷周转。鼓铸铜圆以救钱荒,是引起铜圆危机的契机。筹铸铜圆作为挽救金融危机及商业危机的措施之一,铜圆弥补了制钱缺乏所引起的流通障碍,且铜圆式样新颖,携带便利,人们乐于使用,需求日旺。制钱短缺是铸造铜圆的原因,而不是铜圆危机的真正原因。但是,在半殖民地半封建社会中国的这种特殊的环境下,铜圆的铸造与铜圆危机间有某种必然性的因素(详见下述),因此我们可以说制钱短缺是引起铜圆危机的契机。

第二,财政困难,新政筹款费用庞大因而追逐铜圆余利是导致铜圆危机的直接原因。

清末,中西贸易逆差逐渐增大,大量金银外流,加上甲午与庚子二次巨额赔款,政府财政困难,经费难筹。光绪二十九年(1903 年)国家财政入不敷出,超支一百余万两[20]。但是办理新政,需要大量资金。天津作为新政要区,袁世凯也感叹资金难筹,"若无米之饮"。当 1904 年秋因铸出铜圆数千万枚,获利一百数十万两后,袁世凯不禁大喜,认为"此源可以挹之不竭,益日益鼓铸,不遗余力"。[21]。天津工艺总局兴办的工业学堂、考工厂、教育品陈列所和实习工场,共计开办经费 95 000 两,都由铜圆局余利项下筹拨。追逐余利成了鼓铸铜圆的目标。当 1908 年 3 月清政府下令停铸铜圆后,迫于财政原因也不能不有再铸之请。"持铜圆之余利以为弥补政财之一法则"是各省大吏奏请再铸铜圆的一致理由。铜圆的余利是十分巨大的,有人说,"我国自铸铜圆以来,此种余利俨为国家收入之大宗。"[22]凭国家政权的力量,大量铸造铜圆,投入市场,其结果就是银元渐贵,制钱渐少。铜圆贬值,物价上涨。因此,追逐铜圆余利是引起铜圆危机的直接原因。

第三,清政府对货币理论认识不清,也没有完备的货币制度,于是错误的货币政策为铜圆危机的发生注入了某些必然性的因素。清政府"不知有所谓货币系统,缘此而不知主币辅币性质之差别。"也无严格的本位制度,一切交易或用银币或用铜币,甚至有大宗货物交易用铜圆计算的。于是,导致了错误的货币政策。表现之一是命令沿江沿海各省督抚筹款铸造铜圆。光绪二十七年(1901 年)十二月,上谕:"近来各省制钱缺乏,不敷周转,前经福建广东两省铸造铜圆,轮廓精良,近日江苏仿办,著沿江沿海各督抚筹款仿办"。命令全国大铸铜圆。这项政策,实际上意味着自由铸造铜圆,一发不可收拾。表现之二是各省督抚于 1908 年请求再铸铜圆。1908 年初户部面对铜圆泛滥的情形下令暂停铸造铜圆,但是,各督抚以财政困难等为理由纷纷奏请再铸。这种认识是无视铜圆作为辅助货币,反而误认为本位货币的表现。铜圆占货币中优先地位,一切兑换转用金以铜圆为巨额,于是实际上是实行铜本位制。

(三)铜圆危机对对外贸易的影响

天津口岸的出口货全都来自华北为主的内地农村,绝大部分的进口货也销至华北内地乡镇。1903 年以前华北各地采用的是银两与制钱并用的双重本位制,不仅是由以银计的物价合成以钱计的物价,或是以银标价的进口洋货运至乡村推销,或是以钱计价的出口土货运至通商口岸,都须经过银钱折换的手续。并且,广大内地及城市的中下阶层人民使用的货币停留在制钱的铜币上,所以中国的对外贸易,实际上是采用汇兑制——对外是金银比价,国内是银钱比价。事实证明,1903 年以前,制钱是收购土货及推销洋货的货币。但是自从 1903 年天津开始铸造铜圆以补制钱之不足,并向华北内地运销使用以后,依据格里森原则的作用,铜圆日趋增多,制钱日渐减少。铜圆逐渐代替制钱成为广大劳动人民的使用货币。到 1907 年前,直隶、山东、河南、河北等地大部分和山西、陕西等一部分地区完成了这种转变。由此,制钱在对外贸易中的媒介作用逐渐为铜圆所取代。即在对外贸易中国内是银两同铜圆的比价。铜圆与银两比价的大幅度变动,自然会剧烈地影响广大劳动人民的实际购买力,转而影响对外贸易发展的趋势。1907—1908 年的铜圆危机对天津口岸的对外贸易的影响是巨大的。

铜圆危机引起物价上涨,人们的购买力下降。因铜圆贬值,那些以铜圆支取工资的低收入劳动者感受最深、受害最大,而那些收取银子收入的人似乎在银钱折换过程中因铜圆数量的增加而获利,但其实这种利益远远不能抵销生活必需品零售价格的增长。以铜圆和银元为单位赚取收入的来说,都因铜圆的贬值而受亏,人们的购买力下降,从而影响进出口贸易的顺利进行。另外,铜贵钱贱,按格里森原则,银元奇绌,由此造成商业市场交易的某些障碍。

下面我们从实际贸易情形来考察一下:1907 年、1908 年天津口岸的贸易额比 1906 年大大减少了,参见表四

表 4　1906—1909 年天津贸易变化表　　　　单位:海关两

年　份	总　值	洋货进口值	土货进口值	土货出口值
1906	116 252 143	65 198 556	29 228 279	21 825 308
1097	98 837 787	81 966 162	19 618 410	17 253 215
1908	82 545 140	36 748 180	26 552 019	19 144 941
1909	102 491 605	45 206 807	29 208 113	28 076 685

资料来源:Returns of Trade and Trade Report Part Ⅱ。Tientsin,1906—1909

尤其是,商人们的交易普遍无利可图,在许多情况下,进口货和出口货所遭受的损失,几乎都是惨重的。

从进口贸易的情形来看,从光绪三十三年(1907 年)6 月份始,进口贸易额忽然减少,在此之前的进口商品也不得不削价处理,因此进口商也没有获得丰厚的利润。从表四可看出,1907 年比 1906 年的进口额减少了 5.2%。《1907 年天津海关贸易报告》说:"1907 年后半年铜圆价值的贬值是洋货进口需求减少的一个重要因素。"

从出口贸易情形来看,出口商比进口商更不幸。尽管 1907 年银价下落,但是在银铜双重本位制下,由于铜圆价值的大幅度贬值,相对于铜价来说,银价却是上升的,从而使出口货物价格太高,因此大多数天津出口土货在欧洲和美国市场上不畅销,有的尽管削价 30%—40% 仍难以售出,许多出口货物从伦敦和汉堡运回天津[23]。

1907—1908 年天津对外贸易受挫,铜圆危机的影响是一个重要原因。但是,我们不能归之为最主要的或唯一的原因。因为 1907—1908 年天津贸易市场的情形是十分复杂的,如洋布庄倒闭风潮、亏欠洋商债务、银色问题都对天津贸易起着较大的阻碍作用,但是这并不能因此否认铜圆危机对贸易的重大影响。

三、上海股市风潮对天津的影响

光绪二十七年(1901 年)7 月到宣统三年(1911 年)4 月,上海金融市场发生了一次重大的风潮,因投机橡胶股票而引起,故名"橡胶股票风潮"。在这场风潮中,上海大批钱庄、票号歇业或倒闭,并猛烈地冲击了全国各地的金融业。天津金融市场因之出现了剧烈的动荡,商业贸易也受阻。限于篇幅,简要叙述,略窥一斑。

宣统二年(1910 年)10 月上海源丰润事件致使天津源丰源、新泰号即时倒闭,负债一百多万两。导致天津金融市场银根异常紧急。随后,庆恒、永益成等八家钱铺、银号歇业或倒闭,天津金融业所受的打击并不亚于上海周围的江浙地区。

1911 年 3 月,沪京义善源倒闭,天津分号因资金周转失灵,受牵累而迅即倒闭,清理账目,停止收解,各清各款,计欠款 60 万两[24]。裕源长银号受累倒闭,义德厚钱庄、永盛钱铺、春兴钱铺等均因银根紧迫而歇业。

上海橡胶股票风潮和由此引起的天津金融动荡,对当时的中国和天津的商业贸易的影响都是很大的。1910 年贸易发展的最大障碍就是橡胶股票风潮,钱庄信用丧失,致使各项贸易受害匪浅。1910 年初天津港的业务比 1909 年呈现出更加稳定发展的状态,"如果不是上海的金融风潮,1910 年可能会是天津贸易空前活跃和取得丰厚的贸易利润的年份"[25]。当时天津商人投资上海市场资金损失巨大,这也加剧了天津金融市场银根紧缺的状态,加剧了商业贸易的恐慌。同时,因金融市场恐慌,天津一些进出口商因此不能收回预付款项,蒙受重大损失,从而阻碍了贸易的发展。1910 年天津进出口贸易总值为 98 090 355 海关两,比 1909

年的 98 752 584 海关两略有下降,到宣统三年(1911 年)贸易回升,贸易总值达到 116 536 648 海关两[25]。

四、结束语

本文所述的几次较大的金融风潮大致展示了二十世纪初期天津金融市场的波动状况。生动地显示了这个时期天津经济秩序的混乱和动荡。

金融风潮对天津口岸贸易带来了巨大的冲击,使天津对外贸易出现了自开埠以来第一次较大起伏波动的时期,结束了贸易稳步发展的趋势(当然,1900 年贸易由于特殊的战争环境使贸易受阻,另当别论)。纵观这个时期全过程的贸易走向,呈现出了多个马鞍形的发展状况,而贸易消长与金融风潮基本上保持一致。只是贴水风潮中,1902 年出现了一次贸易的虚假繁荣,贸易情况较为复杂。因此,要解释二十世纪初期天津对外贸易出现较大起伏的原因的话,就可以从当时金融市场的波动中找到答案。

金融风潮迭起和商业贸易起伏波动。这种经济的不稳定性反映了资本主义流通领域的发展和不发展。到二十世纪初期,资本主义已有一定的发展。商业贸易在同国际市场相联系的过程中资本主义化,钱铺银号、票号在充当对外贸易中介作用的过程中资本主义化,并且,金融业(尤其是钱铺银号)和商业贸易发展都较快。贴水、铜圆、股票的产生和发展都或多或少地同资本主义相联系,本身就代表着某些资本主义的色彩或因素。但是,这种发展又被金融风潮严重而急剧地打断,呈现出不断起伏波动的状况,不发展的一面十分突出。几次金融风潮发生的背后都隐藏着这样一个根源:银根紧缺,政府财政危机。八国联军野蛮的军事暴力和赤裸裸的抢掠造成了天津金融市场银根紧缺,引发了贴水风潮,而贴水风潮又加剧了金融市场的动荡,使天津金融市场迟迟难以重振雄风。而不平等的中西贸易使中国现银不断地大量外流。西方资本主义发动的多次战争及其大量的赔款又是清政府财政入不敷出的根本原因。并且,在贴水风潮和橡胶股票风潮中,外国银行纷纷停止向钱铺、银号拆款,收缩资本,进一步加剧金融风潮的扩大,它们虽然是金融业的主要力量,但根本没有承担起任何责任,无疑,它们是带着殖民主义的掠夺来到中国的。西方资本主义的侵略和掠夺是天津金融市场动荡不安的根源所在。而清政府错误的或拙劣的政策则是金融风潮发生的主要的直接的原因。遽禁贴水的措施形成了挤兑局面,直接导致贴水风潮,铜圆危机所反映清政府政策的拙劣和无能则更加突出,清政府既对货币理论认识不清,又没有完备的货币制度,单纯地追求铜圆余利的急功近利现象,使铜圆危机的发生难以避免;橡胶股票风潮中,清政府强行清理债款,使风潮进一步升级。显然,清政府对变化了的经济形势认识不清,更没有作出相应的政策调整,仍然像对待传统封建经济那样来处理变化了的新的经济现象,它难以承担起建设变化了的新经济的责任。总之,在西方资本主义和清封建政权双重控制下,资本主义金融业、贸易等流通领域呈现出发展和不发展两种态势。

注:

① 《天津商会档案汇编》,以下简称《津商档》第 328 页。

② Returns of Trade and Trade Report, Part I, Tientsin, 以下简称"津关册",1902 年,天津档案馆存。

③ 《大公报》1902 年 9 月 13 日,10 月 12 日,17 日。

④ 《大公报》1902 年 10 月 26 日。

⑤ 《津商档》,第 333 页。

⑥ 《津关册》,1901 年。

⑦ 《大公报》1903 年 6 月 14 日。

⑧ 《北洋公牍类纂续编》卷十四,交涉二,第 24 页。

⑨ 《北洋公牍类纂续编》卷十四,交涉二,第 34 页。

⑩ 《大公报》1903 年 10 月 24 日。

⑪ 《大公报》1903 年 10 月。

⑫ 《大公报》1903 年 6 月 14 日。

⑬ 《大公报》1903 年 5 月 8 日。

⑭ 《中国近代币制问题汇编》第 4 册,第 211 页。

⑮《津商档》,第 405 页。
⑯《养寿园奏议辑要》,卷二十八,第 20—21 页。
⑰《津商档》,第 412 页。
⑱《津商档》,第 411 页。
⑲《津商档》,第 418 页。
⑳《东方杂志》1905 年第 7 期。
㉑《币制汇编》第 3 册,第 179 页。
㉒《大公报》1908 年 9 月 8 日。
㉓《津关册》,1908 年。
㉔《津商档》,第 575 页。
㉕《津关册》,1910 年。
㉖《津关册》,1910 年,1911 年。

(《南开经济研究》1995 年第 1 期)

京津唐地区金代人口变迁研究

唐亦功

京津唐地区地处华北平原北部，行政区划上包括今北京市、天津市、河北省唐山地区（现分为唐山市和秦皇岛市）和廊坊地区，全区共有5个市、36个县和33个镇。本区北界燕山山地，西临太行山脉，东至渤海，南连黄淮大平原。永定河、潮白——北运河、蓟运河和滦河流贯本区注入渤海。全区面积5.2万平方公里。京津唐地区人类活动历史悠久，是我国政治、经济、文化发达的地区之一。从春秋战国直至唐代，随着这一地区军事地位的不断提高，大大推动了政治、经济的发展。尤其是金代以来近八百多年来，北京作为我国封建社会后期的首都和全国的政治、文化中心，历经金、元、明、清各朝，对周围地区的发展产生了直接的影响。这一地区人口变化较为精确的估算和研究，对阐明这一地区由于人类活动而对环境变化所带来的影响是十分重要的。

金代，有关各地区详细户口数的记载不详，由于统计资料的限制，有关学者对此研究多以定性的研究为主来对之进行大概的推断和分析，对金代特定地区某时段内的人口规模及发展水平的定量分析研究甚少，这不能不说是一个缺憾。

考虑到金在灭辽、北宋前，本地区曾分属辽和北宋，与两朝在人口的发展和继承性上有较好的联系，故在下述对这一地区的人口所进行的研究中，对其人口的数据可予以借鉴。

金在灭辽、北宋前，本地区分别为辽南京道和北宋河北东路所辖。辽南京道在本地区内有析津府（领有顺、檀、涿、蓟、景等）、平州（领营、滦二州）和辽西京道奉圣州的儒州缙山县等。北宋河北东路在本地区内分属沧、清、霸三州。根据这三部分地区内当时人口资料的多寡，对金代各时期的人口状况分别推断估算如下。

一、北宋河北东路沧、清、霸三州境内所在地区

由于北宋时有关地区的人口统计资料较多，故在进行定量分析中可选取其已有的二组分区数据。以雍熙元年（984年）和崇宁元年（1102年）的数据作为起点和终点，两组数据的间隔为118年，其中值年为庆历三年（1043年）。

表1 北宋沧、清、霸三州境内人口一览表[①]

年代（公元）	人口数（万人）
984	1.074 6
1043	1.581 8
1102	2.151 6

对表1中的各组数值进行曲线拟合，以期得到一个确定的代数式。此代数式的作用在于：对未来一段时期或对几个已知点中的年份确定人口规模的大小；对正拟合的模型采用内推法或外推法求其趋势。此外，对该代数式还需有下列假设和满足下述条件：假设该区的人口基本上呈稳定状态；用另外已知的该区人口数（实际值）进行检验，从而确定出此代数式在一般状态下的适用范围和误差程度。

这样，就可得到一个在通常状态下的人口曲线方程。据此再叠加上其他的人口变化因子（如人口迁移等），便可估算出某一时段该地区内较为确切的人口数了。也即是说，可以将此定量分析的结果作为该地区

人口的一个重要的基数和参照系，在此基础上的叠加（包括正、负叠加），就可较为正确地表述特定时段的人口发展水平和规模。

故得到方程：$Y = 4.0544 \times 1.125^{x} - 2.9798$；取 $X = 1.6$ 代入（∵ 1 080 − 984 = 96，96 / 59 ≈ 1.6）得：

$$Y = 4.0544 \times 1.125^{1.6} - 2.9798 = 1.9154\text{（万人）}。$$

对上述方程进行检验。以北宋元丰三年（1080 年）的人口数 21 836 人[②]作为实际值，则误差值 θ = 实际值 − 计算值 = 21 836 − 19 154 = 2 682（人）。

由上述检验结果可知，元丰三年与所拟合的曲线方程的起点雍熙元年（984 年）相距 96 年，而人口的实际值与计算值间的误差为 2 682 人，即平均每 10 年才有约 268 人的误差。这说明该曲线方程基本上反映了这一地区在北宋时人口的规模和发展水平。

但这一人口发展规律被金人的入侵而破坏了。随着辽和北宋的相继灭亡，这一地区由于战乱、流徙等原因而造成的人口耗减是十分显著的。金初，若按人口较北宋时减少了 1/2 计，则据上述方程，先取 X = 2.4 代入得（1123 − 984 = 139，139/59 ≈ 2.4）；$Y = 1/2[4.0544 \times 1.125^{2.4} - 2.9798] = 1.1996$（万人）。则这一地区在金天会元年时（1123），共约有 1.199 6 万人。

金代，本地区的行政区划有所变动。金贞元二年（1154 年），将原北宋时属河北东路之霸州改归中都路所辖；并新置靖海县，隶清州。

金天会四年（1126 年）以后，由于金人陆续迁徙猛安谋克入屯这一地区，加之社会渐趋稳定，经济也得到了发展，人口相应的逐渐恢复。金在这一地区的屯田，在金皇统五年（1145 年）以后愈趋兴盛，人口亦随之迅速增加。至金章宗泰和七年（1207 年），境内霸州所属之文安、大城二县和清州靖海县三县的总人口达到（包括女真猛安谋克户）二十万左右。[③]金天会初年至泰和七年间各时段的人口数可据此期间的人口增长率推算得出：金贞元元年（1153 年）时，这一地区的人口为 $P_{1153} = P_{o}(1 + rt^{1}) = 81\,908$（人）；大定元年（1161）为：$P_{1161} = 100\,533$（人）；大定 29 年（1189）为：$P_{1189} = 165\,721$（人）。

二、辽南京道所在地区（金中都路）

金于公元 1115 年立国后，分别于金天会三年（1125 年）和天会五年（1127 年）灭辽和北宋。金贞元元年（1153 年），又从会宁迁都燕京，并改其为中都大兴府。金贞祐三年（1215 年），再迁都南京（今河南开封市）。从金灭北宋前后到再迁南京的近九十年间，这一地区内的人口经历了下述几个阶段的变化。

（1）灭北宋前后到迁都燕京前（1123—1153 年）

1）灭北宋前后以军事、经济目的为主的北徙

这一时期中，金政权出于与宋争战的需要，一方面为了防止北宋得到人口和财富；另一方面为了发展后方经济，主要实行“实内地”的政策。即将金占领区内的人民北徙至会宁附近的“内地”。这一时期中与该地区有关的较重要的北徙有两次。一是辽亡前，“太祖每收城邑，往往徙其民以实京师”[④]。京师，即为当时的京师会宁。及金于天会元年（1123 年）二月攻取燕京路后，便“尽徙六州氏族富强工技之民于内地”[⑤]。当时，“金人……尽括六州之地上户几二三万……燕中合境为之骚扰”[⑥]。此次北徙可说是收到了一箭双雕的效果，“及以燕京与宋而迁其人，独以空城与之”[⑦]。金驱使汉民北徙多以武力相胁迫，由此而引起了人民强烈的反抗。金天辅七年（1123 年）五月，金兵把从燕京掳走的百姓押往东北。途经平州，留守张觉杀押送官吏，尽数释还所徙之民，得到了燕民的热烈拥护。

二是金于天会五年（1127 年）灭北宋后，掳徽、钦二帝并宗室、后妃、大臣及汴京（今开封）附近的吏民北徙，“比到燕山……，死者枕藉，骨肉遍野。壮强者仅至燕山，各便生养。有力者坐营铺肆，无力者唱货挟托，老弱乞丐于市，南人以类各相嫁娶”[⑧]。可见当时所掠的北徙上京会宁的人口中，滞留于燕京附近的尚有一部分。南宋洪迈在其所著的《容斋随笔》题跋中亦载：“先公（洪皓）在燕山，赴北人张总侍御家集，出侍儿佐酒。中有一人，意态摧抑可怜。叩其故，乃宣和殿小宫姬也。坐客翰林直学士吴激作词记之，闻者挥涕”。吴激当时所作的《人月圆》一词流传一时，以秦淮商女和王谢旧燕喻指沦为金人歌伎的宋宫旧人。前人评曰：“凄婉沉痛，不胜故国沧桑之感”。

金除将中原之民驱往“内地”外，灭北宋后次年(1128年)，为弥补燕京及河北地区北徙后造成的人口凋敝和进一步削弱宋政权的实力，又“迁洛阳、襄阳、颖昌、汝、郑、均、房、唐、邓、陈、蔡之民于河北”[9]。上述各州县在北宋时分属京西南路和京西北路，北宋崇宁初(1102年)共约有户六十余万[10]。金是否将这些人全部徙往河北地区，史无明载。但既为金廷的命令而非地方性的行动，北徙的规模当不会小。

2)灭北宋后到迁都燕京前以经济、政治目的为主的南迁

为了更有效地对占领区内的汉人进行统治。也为了加快经济的发展和维持本民族的生存，灭北宋后，金廷实行了一系列加快民族融合的南迁计划。金天会十一年(1133年)，金左副元帅宗维“悉起女真土人散居汉地。惟金主及将相亲属卫兵之家得留”[11]。史载这次迁徙是“令下之日，比屋连村，屯结而起”[12]。女真人之南迁，多以猛安谋克为单位，且以迁到河北、山东的猛安谋克为最多。在金历次迁徙中，据日本学者三上次男的统计，中都路已有女真猛安10个。即胡士靄哥蛮猛安，和鲁忽土猛安、昏得浑山猛安、浑特山猛安、胡鲁土猛安[13]等。其中，浑特山猛安疑即昏得浑山猛安、胡鲁土猛安疑即和鲁忽土猛安。另据《金史·兵志》载，尚有侍卫亲军四猛安三上未计在内。故合计经历次迁徙，中都路已有女真猛安12个，河北东路1个。南迁后的女真猛安之得名多与其原在地的地名有关。如中都路的胡士靄哥猛安，即上京的古思士皑葛蛮，今其地在吉林省扶余县；河北东路的胡刺温猛安部，得名与上京的胡刺温屯有关。这说明当时金的南迁很多都是将金境内的猛安谋克村寨组织原封不动地迁入汉人地区。若按“三百户为(一)谋克，谋克十为(一)猛安”[14]计，则中都和河北东路的猛安谋克已约有39 000户。

金人南迁后，与汉人杂处。其分布据《燕云录》载：“河东、河北州、县领防守，每州汉人、契丹、奚家、渤海、金人多寡不同。”[15]州、县领防守的各族官吏中，以女真人为主，其目的是为了便于对被征服地区的人民进行统治。这种统治一方面加速了民族融合的过程；另一方面也加剧了民族矛盾，激起了各族人民的反抗。如金天会中，契丹人耶律余睹就曾“尽约云中、河东、河北、燕京守郡之契丹、汉儿，令诛女真之在官，在军者”[16]。

金熙宗时(1135—1137年)，为进一步加强对境内汉人的控制，发展农业生产，金人在南迁的各部中创立了屯田军。屯田军其居处“皆筑垒于村落间”[17]。并“自燕山之南，淮陇之北皆有之，多至六万人”[18]。此外，这一时期中，金还“徙辽阳、渤海之民于燕南”[19]。至此，金完成了对中原地区的主要迁徙。燕京及周围地区经此历次迁徙，至金天德二年(1150年)议迁燕京时，燕地亦可称“人物蕃息”的“礼仪之所”[20]了。

(2)迁都燕京后到再迁南京以前(1153—1214年)

金贞元元年(1153年)，金迁都至燕京(今北京)。此时，完颜亮将金天会年间大规模南迁时留驻在会宁府的金宗室大臣及亲卫家属不问疏近，俱徙之南。这次南迁至中都的有“上京路太祖、辽王宗干、秦王宗翰之猛安，并为合扎猛安，及右谏议乌里补猛安、太师勖、宗正宗敏之族，处之中都”[21]。所谓合扎，“本于合扎谋克。合扎者，言亲军也。以近亲所领，故以名焉”[22]。《纳合椿年传》亦载：“贞元初，起上京诸猛安于中都、山东等路安置”[23]。这是金迁都后的一次较大规模的南迁，主要为金主，宗室百官及侍卫亲军。此外，完颜亮还实行了有利于中都地区经济发展的“实京城”的人口政策。规定“凡四方之民欲居中都者，给复十年，以实京城”[24]。

迁都后的第二次迁徙是从当时的东京辽阳府至中都。金世宗完颜雍于大定元年(1161年)自东京到中都后，于该年十二月，“诏军士自东京扈从至京师者复三年”。次年正月，又“命河北、山东、陕西等路征南步军并放还家，咸平、济州军二万人入屯京师”[25]。

综上所述，得到金中都路人口变化的大致情况如下：

A.灭北宋前后，两次徙上京及一次中原民户北徙至燕京地区，正负相抵的结果，燕京地区人口的减少幅度约在数万人左右。

B.灭北宋后到再迁都南京前，这一地区陆续迁入了大量的女真猛安谋克户。经历次迁徙，在中都路的已达12猛安，有户36 000。按猛安谋克户的口户比10:1计算[26]，则此时在中都路的猛安谋克人数已达36万。再加上这一时期南迁的宗室、侍卫亲军及百官，以及四方移民，扈从和入屯京师的部队，估计共增加了约四十余万。

C.金于贞祐三年(1215年)迁都南京(开封)后，这一地区因战乱和灾异等因素造成了人口的大幅度下

降。加之金室南迁时又带走了大量的人口及流民南迁等,其时人口的稠弊自不待言。

金中都路在辽为南京道。当时,辽的人口数字较之同时期北宋的资料要少得多,故用前述的修改指数曲线方程对其进行定量的分析误差太大。考虑到金时这一地区较为详细的人口数据虽然稀少(只有《金史·地理志》记载的一组),但尚有经后人研究整理出的金大定二十七年(1187年)、明昌元年(1190年)、明昌六年(1195年)金的总户数[27]。这样一来,如果能以金当时各县的人口平均密度计算的话,就可得到相应的该地区的几组人口数字。即每县人口平均数 P_i = 金总人口数/总县数。则中都路境内当时的人口数即为;P_j = P_i × 中都路境内领县数。

对上述四组数据进行分析处理。考虑到在进行回归计算中,需选取相等的时间间隔,故对金大定二十七年(1187年)的数据不取。又,金中都路所在地区在卫绍王二年(1210年)以后由于蒙军的侵扰,加之贞祐三年(1215年)的迁都,这一地区人口的衰减是显而易见的。因此,《金史·地理志》所载的这一地区的人口数,起码是卫绍王二年(1210年)以前的人口数。

根据上述条件,可近似地选取下面3组数据:金明昌元年(1190年)、明昌六年(1195年)和卫绍王二年(1210年)。在明昌六年(1195年)和卫绍王二年(1210年)间,由于时间间隔的关系,还需算出1200年、1205年二组数值。计算出1200年,1205年和1210年的人口数分别为:$P_{1200} = P_o(1 + rt^1) = 2\ 413\ 871(1 + 0.012 \times 5) = 2\ 558\ 703$(人);$P_{1205} = 2\ 703\ 536$(人);$P_{1210} = 2\ 993\ 200$(人)。

将上述数值列表如下:

表2　金中路明昌元年——卫绍王二年人口数一览表

x_i(年代)	1190	1195	1200	1205	1210
y_i(人口数)	2 262 414	2 413 871	255 703	2 703 536	2 993 200

由上表可知,每个时期(5年)相邻的数字之比接近一个常数1.06,即可看作为等比变化。故可拟写成方程 $P_t = P_o e^{rt}$;这里,P_t 是t的函数,r为年增长率。P_o 和r是待定参数。解上述方程:

得所求回归曲线方程为:$P_t = P_o e^{rt} = 2\ 573\ 044e^{0.0135t}$;上式是以1200年为原点的。

上述指数曲线回归方程对于该区实际人口的计算误差有二:一是y值的获得是根据金相应时期总人口的每县平均数,地区间的差异被忽略;二是假设该区人口呈稳定状态。对于第一类误差,由于资料所限,消除起来较为困难。但第二类误差则可根据史料记载而部分地予以消除。现将上述方程所代表的该区人口趋势画图表示,再叠加上金时各阶段这一地区的人口变化情况,便可大概估算出金时该区的人口数。这一过程可按下述步骤进行:

(1)据上式内延,分别算出天德二年(1150年),贞元三年(1155年),正隆五年(1160年),大定五年(正隆五年)和大定十年(1170年)的人口数:

据 $P_t = P_o e^{rt} = 2\ 573\ 044e^{0.0135t}$ 可知,1150年的t = -50(以1200年为原点);1155年t = -45;1160年t = -40;1165年t = -35;1170年t = -30;将上述数位分别代入方程得:

$P_{1150} = 2\ 573\ 044e^{0.0135t \times (-50)} = 1\ 312\ 252$(人);

$P_{1155} = 1\ 402\ 266$(人);$P_{1160} = 1\ 492\ 365$(人);

$P_{1165} = 1\ 621\ 018$(人);$P_{1170} = 1\ 698\ 209$(人)。

(2)将1150,1155,1160,1165,1170和1190,1195,1200,1205;1210年各年的人口数点绘在该区的人口趋势图上。则如下图所示:

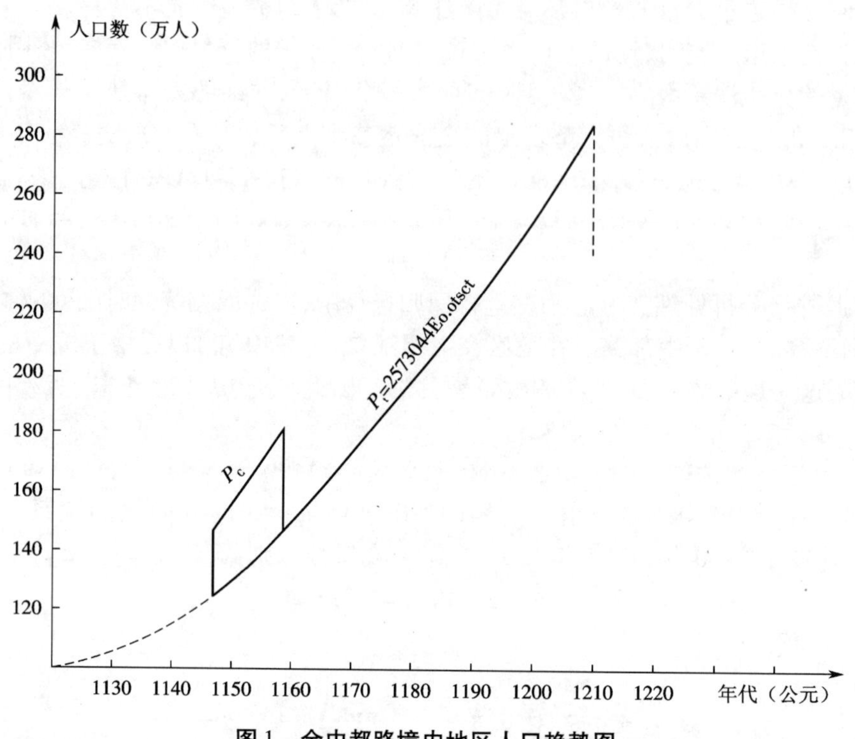

图 1　金中都路境内地区人口趋势图

说明：1）以方程 $P_t = 2\ 573\ 044e^{0.013\ 5t}$ 作为金中都路境内地区人口数基线。为相应时期的计算值。

2）P_e 曲线表示对应时期该区人口的实际值。实际值的获得是在计算值上根据前述对该区文献记载的分析而得出的各时段人口的变化状况叠加而成。

3）由图 1 可看出，P_e 曲线表示的金时该区人口的实际值与基线方程 $P_t = P_o e^{rt}$ 所示的人口计算值在 1150 年—1165 年间有一个较大的偏离，显示出这一时期人口增加的幅度较大。

4）公元卫绍王二年（1210 年）后，该区的户口由于战争、疾疫和金廷的迁都及人口的大量迁徙等因素急剧减少，故在图中用虚线表示。另，1130 年到 1150 年间的人口数是依指数方程 $P_t = P_o e^{rt}$ 的趋势顺延的，故亦用虚线表示。

5）金中都路各时段的人口数可以从图 1 中直接读出。如天会元年（1123 年），该区的人口数约为 40 万左右；贞元元年（1153 年）为 156 万左右；大定元年（1161 年）有 188 万；大定二十九年（1189 年）有 218 万；泰和七年（1207 年）有近 290 万等。

（3）辽西京道奉圣州的儒州缙山县所在地区辽时，该地区的户口数仅有《辽史·地理志》记载的一组，故用上述方法难于对其进行规律性的探讨。金时，曾将辽奉圣州升为府，并改名德兴，缙山县仍依旧名，有户 13 478 户[28]，人口 67 390 人。

最后，将金时本地区（包括上述三部分地区）内的人口总数列表如下：

表 3　金时本地区内各阶段人口总数一览表

年　代	人口数（万人） 中都路境内地区	人口数（万人） 河北东路境内地区	人口数（万人） 西京路德兴府缙山县	总计 （万人）
1153（贞元元年）	156	8.190 8		164.190 8
1161（大定元年）	188	10.053 3		198.053 3
1180（大定二十九年）	218	16.572 1		234.572 1
1207（泰和七年）	290	20.738 1	6.739 0	317.477 1

从上表中可知，本地区内各个重要时期的总人口数分别为：贞元元年（1153 年）164.190 8 万；大定元年

(1161 年)198.053 3 万;大定二十九年(1189 年)234.572 1 万;泰和七年(或卫绍王二年)(1207 年)317.477 1万。

综上所述,金代本地区内人口的变化经历了金初的低值期,金中后期的高值期和金末的锐减期三个阶段。在金章宗泰和末年,本地区的人口数达到了最高峰,显示出人口发展与经济增长的同步现象。金代本地区人口不断发展的原因一方面由于社会稳定,经济发展,尤其是金世宗、章宗时期,实行了一系列促进经济发展的措施,使得人口的恢复较为迅速。另一方面,自金初以来大量女真猛安谋克的不断迁入并兴屯,也加速了人口的增长。此外,金代户口统计的全面(如奴婢户计入户籍中)性,亦是这一阶段人口数较高的原因。这使得金代成为本地区人口发展过程的一个重要时期。1210 年以后,由于元军的不断侵扰和其后金廷的迁都南京,使本地区人口的耗减与其全盛期相比,早已不可同日而语了。

注:

① 据梁方仲《中国历代户口、田地、田赋统计》第 4 页、第 132 页二表计算得出,上海人民出版社 1980 年版。1043 年的人口数系据该阶段的年均人口增长率算出。1102 年人口数据《金史》卷 39《地理志》。

② 据梁方仲:《中国历代户口、田地、田赋统计》第 141 页、第 161 页二表计算得出。

③ 据《金史》卷 24《地理志》、梁方仲《中国历代户口、田地、田赋统计》第 168 页及该地区迁入的猛安谋克人户数相加得出,女真户数详见下述。

④⑦《金史》卷 133《张觉传》。

⑤《金史》卷 46《食货志》。

⑥《三朝北盟会编》卷 16。

⑧《三朝北盟会编》卷 98。

⑨《金史》卷 3《太宗纪》。

⑩《宋史》卷 85《地理志》一。

⑪《建炎以来系年要录》卷 68。

⑫《大金国志》卷 8《太宗文烈皇帝》。

⑬ 孙进己等:《女真史》,吉林文史出版社 1987 年版。

⑭㉑㉒《金史》卷 44《兵志》。

⑮《三朝北盟会编》卷 98 引赵子砥《燕云录》。

⑯《大金国志》卷 7《太宗文烈皇帝》。

⑰⑱《大金国志》卷 12《熙宗纪》。

⑲《金史》卷 4《熙宗纪》。

⑳《大金国志》卷 13《海陵炀王》上。

㉓《金史》卷 83。

㉔《金史》卷 83《张浩传》。

㉕《金史》卷 6《世宗本纪》。

㉖㉗ 梁方仲:《中国历代户口、田地、田赋统计》,上海人民出版社 1980 年版,第 167 页。

㉘《金史》卷 24《地理志》。

[《陕西师范大学学报》(哲学社会科学版)1995 年第 1 期]

李叔同与近代天津文化的渊源关系

章用秀

在中国近代文化发展史上,诞生了一位学贯中西且于书法、绘画、音乐、戏剧、诗词、佛学无所不通的旷世奇才,他就是我国新文化运动先驱者李叔同。今天,人们对他的为人操守、学术思想、出家原因和对祖国文坛与佛学的巨大贡献进行了多方面的研究,而沿着他的成长足迹和心理轨迹,从他的出生地天津着手,深入探讨天津的政治、经济、社会、人文、环境与李叔同艺术才能、思想性格形成的关系,特别是他的出现与近代天津地域文化的渊源关系,也是不可忽视的课题。

一

研究李叔同才华和思想观念的形成,必须弄清李叔同成长的时代及所处的社会和那一时代天津地域文化的基本特征。

李叔同,清光绪六年农历九月二十日(1880 年 10 月 23 日)出生于天津三岔河口东粮店后街地藏庵附近的一座三合院内。三岔河口金代称“直沽寨”,是天津经济与文化的发祥地。粮店后街与天津的母亲河——海河相毗邻,紧靠漕运码头,明清以来,这一带商贾云集,一些统管盐务钱粮、身居官位的名门大户纷纷在这里建造府第,形成一座座具有北方民居特色的深宅大院。

李叔同两三岁时,其父在距旧宅不远的粮店后街山西会馆斜对过,购置了一套“田”字形的共有四道院的新宅第,李叔同随同家人迁居于此,以后一直没有搬离这所宅第。光绪二十四年(1898 年),他奉母携眷,离津去上海。六年后,其母病逝,运灵回津后,便东渡日本求学。宣统二年(1910 年)毕业返国回归津门故里,先就任天津工业专门学堂教员,转年执教于直隶模范工业学堂,留居天津近两年。1912 年,他离津再度去上海,参加了柳亚子创办的南社。同年秋,离上海赴杭州,从任于杭州一师,后兼任南京高等师范功课。1918 年秋披剃出家后,再也未返回家门。

李叔同从出生到 19 岁赴沪一直没有离开天津;以后去日本,又赴沪,在此期间曾几度在天津居住,加在一起,总共在天津生活了约二十二年。他在天津生活与学习的年代,正是清王朝内外交困并逐步走向穷途末路的时候。在天津,他几乎经历了洋务运动兴起、中日战争爆发、戊戌变法从酝酿到高潮直至最后失败的全部过程。在如此复杂多变的历史条件下,天津作为畿辅重镇、开埠口岸,已经由封建性质的城市沦为半封建半殖民地性质的城市,而作用于自然环境和社会结构的天津地域文化也显示出它独有的特点。

第一,天津的地域文化是在沿海城市经济的开拓和发展过程中形成的。并且紧紧依附于封建经济、特别是盐业和漕运的基础之上。天津在明代以前是个水路转运码头,明成祖朱棣迁都北京后,组织大规模漕运,经济日趋繁荣,至清代成为北方的重要经济中心和交通枢纽。商业的发达、盐业的兴盛等诸种因素促使文化事业迅速发展,尤其是盐商,当他们获得大量财富之后,出于改换门庭的目的一方面争相与名人、文士结纳,以诗文相切磋,一方面投以钱财,兴儒办学,无形中推动了文化、教育事业的发展。盐商靠文化而扩大影响,文化依盐商的财势而繁兴,这是天津地域文化的一种特有的现象。

第二,天津的地域文化根植于民族传统文化之中,是在一种务实的学术气氛中兴起的。它正式发端于清代康乾盛世,彼时,朴学的深入、学术研究的良好空气,对天津的地域文化有着不可低估的作用。遵循这条道路,天津文人大都潜心经史,治学求实。就治古文辞而言,自康熙间“开天津风会之先”的王又朴[字从先,号介山。受知于桐城方苞。雍正元年(1723 年)进士,授编修。著有《孟子读法》、《大学原本》、《诗礼掌故》、

《中庸总说》、《易冀述信》等］起，即推崇秦汉古文，"守桐城规范"。金石、小学则承继乾嘉学派的传统，早在道光年间，津人樊彬（字质夫，号文卿。著有《畿辅碑目》、《问青阁诗文集》等）、华长卿（字梅宗，号梅庄。著有《梅庄诗钞》，《西岳山房文钞》等）就有金石考据之力作，至近代，天津已成为北方研究古文字的中心。

第三，天津的地域文化发祥于一种开放、交流的社会环境，吸纳并包容了南北各方的优秀文化。由于天津具有优越的地理条件、优美的自然环境，以及清前期盐商以构筑文化园林延揽四方名士的机缘，许多外地文人学者纷纷驻足天津。这些人在经学、文学、艺术上皆有很深的造诣，在天津这种宽松优越的文化环境中各自阐发自己的理论见解，从而促进了大江南北的文化交流。拓宽了天津人的视野。天津的地域文化由此也吸收了浙东文化、齐鲁文化、三秦文化及运河文化的诸种优长。

第四，天津的地域文化具有浓郁的滨海气息、和鲜明的市民文化色彩。天津自古就是舟楫往来，百行杂作，五方杂处，因此，天津的地域文化无疑也显示出滨海城市的市民文化特色，除了一些文学作品散发出市井气息。清代中叶出现的杨柳青年画、"泥人张"彩塑、"风筝魏"的风筝、砖刻、木雕、剪纸与戏剧、曲艺等，亦无不以"津味"著称，无不与天津民俗紧密相关。

第五，天津的地域文化深受西方文化的濡染，具有不断向现代文明演进的趋势。天津于清咸丰十年（1860年）被辟为通商口岸以后，在西方列强进行经济掠夺的同时，西方文化也随之输入。清光绪年间，随着北洋实业的兴起，直隶工艺总局的建立，西方的先进文化技术开始在天津传播，天津地域文化呈现中西文化并行与交融的多元化、全方位的发展格局。

以上是对天津地域文化特征的大致勾勒。青年时代的李叔同便是在这种特定的文化环境中成长起来的。了解了这些情况，并将李叔同的生平与业绩放在近代天津文化的大背景中加以认识，才能更好地理解李叔同何以成为中国近代文坛的骄子。

二

天津地域文化的兴衰与漕运、盐业有着千丝万缕的联系。李叔同不但生在天津这种地域文化的大环境中，其家庭也恰恰是通过盐业而发家的书香门第。在李氏家族中，推重诗书礼义、与文人攀缘等盐商和封建官僚的种种特质，几乎都有明显的表现。为扩大家族影响，开办学校、善堂的义举亦为李氏所乐道。如此的家世和经济地位，不仅为李叔同早年学识的积累创造了条件，也为他的人生道路奠定了基础。

据已故朱经畬先生《李叔同年谱》载，李叔同的祖父即经营盐业与银钱业。其父名世珍，字筱楼，民国年间编纂的《天津县新志》（卷二十一之四）中有传，说他是"道光二十四年举人，同治四年进士，授知县，改捐主事，分发吏部"。筱楼身兼盐商、官吏、文人三重身份，不仅经商、做官，而且为文治学。他生平精研王阳明之学，旁及禅宗，在津门设有义学，并于光绪五年（1879年）在其宅第附近创立备济社，抚恤贫寒孤寡。

受惠于盐商和文人的双重世家。李叔同从五岁开始即从其母习诵名诗格言。六七岁时，其兄督教益严，每日授以《百孝图》、《返性篇》、《格言联壁》等，又攻读《文选》。稍长，从乳母刘氏习诵《名贤集》，并从常云庄先生受业，读《孝经》、《毛诗》、《千家诗》和唐诗。十岁以后读《四书》和《古文观止》，习训诂，读《尔雅》、《说文》；读史书，并学习诗词和金石书画。这使李叔同在学业上打下最初根基。

李叔同的家庭既是封建的盐商之家，必然笼罩着浓厚的封建意识。父亲在世时的善举，家中对佛教的崇尚，生母在家庭中作为簉室的不幸处境，以及后来家庭的破落等一系列矛盾复杂的情况，又无不在他的心灵深处留下不可磨灭的烙印，促使他个性和信仰的形成。至于李叔同中年后皈依佛门的举动，我们也可以从他在天津的生活经历中找到根源。除了亲临出家人唪经念咒一类佛事活动对他心灵的濡染，幼年时耳闻目睹家中那些乐于助人的义举也对李叔同有所感化，使他从少年时代就萌发出一种慈悲为怀的心理。

总之，李叔同青少年时代的生活始终处于一种矛盾之中。他家地位显赫，经济条件优越，而自己却又饱尝了封建家庭内部纠葛造成的惆怅和苦闷；他热爱生活，追求光明，却又时时被人生道路上的沉重负担所压抑；他探求世间的真谛，却一时又找不到一条能摆脱人世间各种烦恼的真正出路。要解释这些，我们只能从他所处的封建盐商家庭和近代天津文化的社会背景中找到答案。

三

李叔同与近代天津文化的渊源关系，还表现在他的师承关系、他与天津士林的往来和他在天津学界所接受的传统文化教育上。

前面提到，在李叔同生长的年代，天津早已由“鱼盐武健之乡”变为“文明声明之地”，读经研史、金石考据在学界蔚然成风。自康乾至近代，天津先后涌现了数百位成就斐然的经学家、史学家、教育家、考据家、诗人、画家；同时，出现了一大批具有相当水平的学术著作和研究成果。近代天津的地域文化成了李叔同汲取民族优秀文化、提高国学修养的沃壤。

李叔同在青少年时代，除了饱读经史子集和其他杂著，还自16岁起从师津门耆旧赵元礼学习古典诗词。赵元礼诗学东坡，津人王守恂称其“诗格老而理境深”。赵教李叔同学诗亦以苏诗相授，兼及晚唐诗，由唐而入宋。李最喜读唐、五代诗词，尤爱王摩诘诗和苏词、辛词。东坡好以禅语入诗，又多豪纵清雄之语，这对李叔同诗词的风格影响尤深。李氏的诗词，题材和风格多样，既有深刻的思想内容，又具精美的艺术形式，外柔内刚，文质兼擅，与早年赵元礼对他的培养和教诲以及津沽诗坛的浸染不无关系。

李叔同学习书画和篆刻主要从师于唐育垕。唐育垕早岁书学元代书画家唐棣，后改习秦汉，取经虽高，然先入为主，终有唐棣气息，后以博涉之功，始能一洗唐棣之习。他在教授弟子书法时，则力主从北碑入手，取法秦汉六朝。李叔同遵循先生的教诲，服膺先生的论书之道。《唐静岩司马真迹跋》中有“李子叔同，好古之主也，尤偏爱拙书”之句，由此可窥知师生关系之一斑。在唐的正确引导下，少年时代的李叔同已临摹过大量的古代书法作品。从石鼓文、《峄山碑》、《天发神谶碑》，以及《始平公造像》等众多的北魏造像，直至唐宋名家墨迹，他都潜心临摹，数年来孜孜以求，躬耕不辍，还刊印了《李息翁临古法书》。龚望先生在《李叔同金石书画师承略述》中言：“天津人曾从唐先生学书法、篆刻者，仅知三人：一华靖字文宰；一王雨南，华之表亲；一李叔同。”龚先生曾送给我华靖集《峄山碑》小篆对联一副，与早年李叔同所书小篆相比，两者都有相当的功力，但李字更显凝重厚实，更富质感和力度。这一方面说明他书法基础的广博与坚实，另一方面也说明他并不拘泥于一碑一帖，他的小篆在当时已吸取了金文、石鼓的神韵。故而，郑逸梅先生在《南社丛谈》中提到李叔同“金石之学，他弱冠前即有相当造诣”①，是一点不为过之的。

李叔同早年临摹碑帖的功夫为他一生的书法创作积累了足够的营养来源。他出家后，其笔法已不求工整而更多地注重神韵，那圆润含蓄的线条、疏朗瘦美的结体，看上去是那样的蕴藉和谐与潇洒自如，每一件作品都给人以一种大智若愚、大巧若拙的感觉。然而，不管他的书风怎样变化，即使是晚年的绝笔，我们依然感觉到他对传统的领会和把握。没有乡人的传授和年轻时的一番苦练，是不会达到后期的那种艺术境界的。

李叔同早年的篆刻除得到唐育垕的指点，也深受王襄（字纶阁，号簠室。著有《贞卜字临本》、《簠室殷契类纂》、《簠室殷契征文》等）、王钊（字燮民，又雪民。著有《王雪民先生印谱》等）、孟广慧（字定生，别号镎于室。近代天津四大书法家之一）等一批金石家的影响。唐育垕篆刻深稳，具秦汉风度，尤以转折处颇有《天发神谶碑》之意，有《颐寿堂印谱》之风。王钊治印好古不倦，并因其兄王襄最早识别发现殷墟甲骨，故其治印时颇多采用，遂开以甲骨文治印之先河。王襄和孟广慧皆自幼钻研古代彝器，精于金石碑版之学，虽极少举刀治印，但鉴赏能力极强。李叔同学习篆刻，一面直接问业于唐育垕，一面以亲友关系频频与王襄、王钊、孟广慧等人接触，切磋艺事。

由于取法秦玺汉印，并参以古铜碑版，李叔同的篆刻自少年时代即已见其传统功力。他曾将他从师学印时的数百方篆刻作品拓成四册，取名《李户印谱》。这些作品大都流露出汉印、浙派的影响，也显现同清代印人徐三庚的味道。李叔同35岁时在杭州加入西泠印社，篆刻风格比早年有所改变。至晚年，他治印愈加冲淡质朴。尽管如此，依然规抚秦汉古法，而且更具金石味道。从中，我们仍能探索出他的师承所自和艺术发展轨迹。

受津门金石考古和碑版鉴定之风的熏染，李叔同青少年时亦喜古代文物。他常去当时城里鼓楼东的古文物收藏家李子明家谈论并欣赏古器，还结识了李仲可等鉴赏家。当年他曾印过一册《甘林小辑》，辑有金石文物图片，并附以诗。李叔同离津后仍酷爱金石，并写过不少金石考订之文，这同他早年受乡人影响和个人的这一癖好也是一脉相承的。

兼容并蓄的近代天津地域文化使李叔同受到多方面的文化艺术陶冶。年轻的李叔同不仅对天津的市民文化和民间艺术产生浓厚的兴趣，而且同一些有艺术天才的文人相结纳，从中吸取了不少艺术营养。与李叔同有表亲关系的姚彤章既工于诗词，又善于书画。姚还能将书画用于刻瓷。其刻瓷作品，布局新颖，刀工流畅，山水人物、花鸟鱼虫，栩栩如生，不时触发李叔同的创作灵感。马家桐曾是清末端方的幕僚，也是位功力较深的老画师。他的画继承了宫廷花鸟画的特点，工写结合，别具一格。李叔同对马家桐的画十分喜爱，从马的创作中获益匪浅。清光绪丁酉(1897 年)科举人、后在津从事教育多年的王吟笙也是位出手不凡的书画家。他擅画山水，粗毫皴点，磅礴之气甚足。李与他为金石书之交，相互砥砺，各有心得。

此外，周啸麟、曹幼占、陈钟年、陈哲甫、徐耀廷、陈宝泉、李石曾等诸戚友对李叔同也有潜移默化的影响。周啸麟工诗书，是一位很有根基的教育家，曾任天津高等工业学堂校长；曹幼占是长于诗词的文人；陈钟年自幼博览旧籍，曾留学日本学习生物，对书法涉猎极广，尤精于汉魏；陈哲甫以善讲《易经》出名，兼通英语、日语；徐耀廷是李家的近邻，曾任李家的账房先生，平生以研习书画和篆刻为乐事，李叔同常以“少主人”的关系向他问艺。李叔同在同这些士林学者的往来接触中，既深化了自己的学业根底，也拓展了自己的才艺，进而向艺术多面手发展。

四

近代天津的地域文化在延续了明清时代民族文化传统的同时，受到西方文化的猛烈冲击。李叔同的青少年时代正处在这种西学东进的文化氛围中。西方文明的引进和由此引发的新思潮打开了他思想的闸门，并且为他在中西文化相互融合与贯通的前提下，创造性地发展中华民族的传统文化，从而构建起具有崭新内容和形式的高层次的文化艺术体系起到了重要的铺垫作用。

在思想观念上，对李叔同触动最大的莫过于由康有为、梁启超等人发起的戊戌变法这场政治运动。当戊戌变法的风暴卷入天津时，年仅 19 岁的李叔同立即作出反应。他认为“老大中华，非变法无以自存”，极力赞同维新变法。变法失败后，康有为、梁启超由北京逃到天津，在六国饭店暂避，李叔同对康、梁深表关切与同情，自刻一石章，文曰“南海康翁是吾师”，聊志景仰之意。

戊戌变法以后，天津涌现了一批具有新型教育思想的老前辈，他们的观念和作为对年轻的李叔同产生了巨大的影响。在这些老前辈中，他最佩服严修。严修在中国近代教育史上是一位知名人物，而且对诗文书法均擅长，亦喜戏曲。严在任贵州学政时，即上《奏请设经济专科折》，切中科举制的积弊。光绪二十八年(1902 年)严修赴日本观光学习。东游归来以后，严与王奎章等先后主办了“民立第一小学堂”、“私立敬业中学堂”(南开学校前身)等多所新式学校，为天津的近代教育和文化立下了汗马功劳。李叔同对严修以“乡前辈”相称，在津时常去严家讨教问业，客居杭州时还常常向人提起这位严老先生。

李叔同不但受到天津教育界、文化界新派人物直接或间接的影响，还通过研读有关介绍西方文明的书籍受到新思潮的启迪。他在天津居住时，庭院内除了有供他阅读中国典籍的中式书房，还有一间“洋书房”自宣统二年(1910 年)从日本留学回津至民国元年(1912 年)春自津赴沪之前。他主要是在这间“洋书房”里度过的。他不仅在这里读书学习，还接待过许幻园等盟兄挚友。关于“洋书房”的布置，李叔同的次子李端在《家事琐记》里描述说：“听说早年在墙上挂过先父在日本时画的油画，为一裸体日本女人，一时在亲友中传为奇事。屋中还摆过风琴或钢琴。到我长大以后，在‘洋书房’的书橱中还见摆有先父贴有来信的册子和在上海时的用款账本等，也有先父用过的碑帖等。”[②]由此可见，李叔同在津期间已经接受了现代文明，其思想观念已相当开放。

也就是在这个时期，李叔同开始走上艺术教育的生涯。早在日本留学时，李叔同就曾与津门老友、天津高等工业学堂的周啸麟有书信往还，并于光绪三十二年(1906 年)12 月以信件介绍上海城东女学校校长杨白民先生到天津参观学务。请周向杨讲述“学堂、工场、陈列所，以及他种有关教育者”[③]，可知那时的李叔同对天津的新式教育已十分青睐和寄予希望。从日本学成返回天津家乡的当年，他便应周啸麟之聘，出任该校的图案教员。

据天津近代教育史料记载,天津高等工业学堂的前身是创办于光绪二十九年(1903 年)的北洋工艺学堂。这是一所近代官办类型教育中属于实业教育性质的新式学堂。曾为 20 世纪初兴起的天津近代工业培养了大量技术人才。该学堂彻底打破了封建教育的体系和格局,无论是科目的设置,还是教学的内容和方法,均体现了“鼓民力、开民智、兴民德”的新思想。这在当时是一个很大的进步。有关李叔同的生平介绍都说他 1910 年在这所学堂里教授图案,却没讲明他教的是何种图案。而从教育史料上看,当时的天津高等工业学堂也并未设图案一科。据该学堂的学科设置和李叔同刚从日本学成归来这一情况分析,我以为李叔同在该学堂速成科用日语教授意匠图绘学似乎更合乎实际。按照工艺美术的说法,意匠图绘属于染织美术范畴,意匠图是根据纹样结合织物组织将花形放大并用点子绘在一定规格的格子纸上的图样,意匠图绘学是实用性很强的工艺美术学科。李叔同在天津高等工业学堂任教的时间并不太长,在美术教育上他还只是初露头角,然而正是在这段时间里,他迈出了传播现代应用美学和西洋艺术的第一步。自此,他才正式担当起借鉴和推广西洋艺术先行者的角色。应该说,是天津近代的新式教育和新型学堂为李叔同在祖国的土地上从事现代艺术的启蒙教育和宣传搭起了第一座舞台。

五

李叔同是在天津地域文化的土壤里生长出来的。他之所以成为中国新文化运动的先驱者,固然有多种原因,但也决不可忽视天津地域文化对他所起的作用。可是,学界对此缺乏足够的认识。这不能不说是李叔同研究的一大缺憾。

其实,李叔同与天津的渊源关系,我们不仅从他青少年时代在津的生活经历和早年所接受的教育中得到证实,就是在他走出天津后,他与津门学界在思想观念与学术的沟通上,也能够看出他同天津地域的密切关系。

这首先表现在他与乡人的情谊上。从《弘一大师全集》中所收李叔同书信中可以发现,他在上海、杭州时,与天津的徐耀廷、王仁安、陈宝泉等人都曾有过书信往还,有的还赠以物品,以表怀念;而家乡的学界故友也对他寄予极大的关切。天津书法家陈钟年与李叔同既是同庚,又是同学。他对李的书法赞不绝口。藏有其书法作品甚多。李叔同离津后,陈对这些作品愈加珍惜一直精心保存。比李叔同年长十岁的天津学人王吟笙,当时与李既是近邻,又是挚友。1939 年李叔同 60 初度,王吟笙撰写了一首长达 32 句的五言诗《怀弘一大师》,倾诉两人青少年时代的缘分和对诗书金石的共同嗜好。李叔同出家后的 1936,1937 年间,天津地方杂志曾先后刊出过两篇弘一法师传记类文章纪念他,这或许是海内最早的李叔同传记。

李叔同离津后与乡邦文化和乡人的因缘也一直未断绝。他在杭州时与津门学人王仁安的交情,最能说明这一点。

王仁安生于同治三年(1864 年),卒于 1937 年,名守恂,又字讱安,天津籍人。清光绪二十四年(1898 年)进士,近代天津知名的诗人,有《王仁安集》、《天津政俗沿革记》等行世。他是清代学者范当世(字肯堂)的弟子。早在青年时代,李叔同便曾去王仁安家论教。李在浙江省立第一师范学校任教时,王仁安在杭州任浙江钱塘道道尹。旧情和乡谊将二人的心连在了一起。

作为至好,王仁安在同李叔同的频繁来往中,获知李叔同从请问佛事到正式出家为僧的全部经过,而且还亲临了李叔同的受戒仪式。王仁安在自己的诗文中也记述了他与李叔同在杭州的交往和对李出家前后之所见。他在笔记中记曰:“晤天津李叔同,清癯绝俗,饱尝世味,已在剥肤存液之时,自愧不如。吾乡静士刘竺生之外,又得叔同,喜慰万状。”[④]这是李叔同出家前一年即 1917 年习静听法之情景。次年,王仁安在《虎跑寺赴李叔同得往返得诗二首》中写道:“步步弯环步步奇,常愁路有不通时。却怜叠嶂层峦处,一曲羊肠到始知!兴来寻友坐深山,竹院逢僧半日闲。归到清波门外路,又将尘梦落人间。”这是对李叔同出家那年(1918 年)的记述。记载如此之详,感受如此之深,乡人对李叔同的关心是不言而喻的。

由于受到地域文化的共同影响,李叔同离津后,虽然置身于另一种文化环境,结交了诸多的新文友,但其思想认识和学术观点同天津士林仍存在某些相通之处。前面提到,在西学东渐的过程中,天津已成为传播西方文化的桥梁。本世纪初,天津曾有不少学子同李叔同一样,相继去日本学习或考察。与李叔同有世交之谊的津沽学者陈宝泉就是其中的一位。陈宝泉曾留学日本宏文学院，民初任北京国立高等师范学校校长、直隶省教育厅厅长，与严修、黄炎培等同为近代教育家。1915年，陈宝泉赴杭州，在烟霞洞与在杭从事西洋艺术教育的李叔同相遇。陈宝泉见这位当年“翩翩浊世佳公子”“一变昔日矜持之态，谦恭而和易”，于是约李叔同北来任高等师范教授，李只是笑而应之。等到陈北归后，李复书谢绝，不久即入空门。尽管李叔同未和陈宝泉走到一起，但他们的教育思想和美学观点非但不相互背离，而且存在许多共同点。陈宝泉提倡“学校之朝会、周会可用优美的音乐、名人的讲演以唤起学生高度纯洁之思想”⑥；李叔同则极力倡导美育教育，主张以美来改造国民性，让美作用于人的灵魂。

除此之外，李叔同的“先器识而后文艺”，“应使文艺以人传，不可人以文艺传”的文艺观，以及他献身教育的精神等。均可以从近代天津的文化和学界中找到渊源，只不过李叔同的思想比起天津的其他文坛前辈更为开阔而远大。他将西方文化与东方文化成功地加以结合，异军突起，的确超越了乡贤；他精研佛教戒律，使失传多年的南山律宗再度兴起，更是他人所莫及。然而，不管怎么说，这位蜚声于中外的文坛佼佼者的嘉言懿行总是与天津的一方文化存在着难解之缘。如果说是近代中西文明的贯通和中年艺术教育的实践及现代美学思想的熔铸进一步成就了这位新文化运动的先驱者的话，那么天津则是李叔同艺术和事业生涯的基石，是李叔同扬起人生风帆的起点，是孕育这位杰出人物的摇篮。

注：

①《郑逸梅选集》第1卷。

②《李叔同——弘一法师》。

③《弘一大师全集》第8集《书信卷》。

④《王仁安集·仁安笔记》卷一。

⑤ 同上书.《仁安诗传》卷十七。

⑥ 陈宝泉《教师与信仰》,《退思斋文存·论辩类》。

⑦ 丰子恺《李叔同先生的文艺观—先器识而后文艺》，见《缘缘堂随笔集》。

（《天津社会科学》1995年第4期）

明清时期海河流域的农田水利[①]

张 芳

海河流域在明清时期为京畿之地。为了解决京师的供应问题，每年需从南方漕运大批的粮食。明清每年额定的漕粮为400万石。但漕运艰巨，“京仓一石之储，常糜数石之费”[②]。为了减少对南方漕运的依赖，明清两代都重视发展畿辅地区的农业生产，治水兴利，减少灾患，开渠灌溉，引泉凿井，提高作物产量，扩大水稻种植面积，为利用水土资源作了艰巨的努力。

一

明清时海河流域的农田水利，因不同区域的地势、水文等地理因素的差异，兴修的水利工程也有所不同。明徐贞明说：畿辅水利“大约径流可用者少，故滏阳桑乾用于上流而不用于下流；支流则为闸坝用之；淀泊则为围圩用之；水泉则载之高地分酾用之；沿海则筑堰建闸蓄清御咸用之”[③]。明清时在京东和天津低洼滨海地区，疏泄洪涝水，修筑堤岸堰闸，发展围田，种植耐淹耐盐碱的水稻。太行山和燕山山麓平原，地形缓斜，土壤肥沃，水源充足，灌溉排水便利，明清时修渠建闸不仅利用地表水，还开发利用地下水。中部平原地势平坦，排水不畅；地多盐碱，低洼之地水患严重，该区重视浚河筑堤，治水筑围。此外在西北山间盆地开渠引河泉灌溉，还引浑河淤灌。

1. 京东和天津滨海地区　该地区临近京城，且未开发的荒洼盐碱地较多，明清倡议兴修畿辅水利营田，首先从这一地区开始经营，并且用力最多。明代前期漕运尚畅通，基本依靠漕粮和开中纳粟供给京师和北边驻军。万历后，治黄保漕尤为艰巨，治理工程不断受挫，一些有识之士遂提出在京畿从事水利营田，就地发展农业生产的建议，最有影响的代表人物是徐贞明。徐贞明在万历三年(1575年)任工科给事中时，上疏论华北水利，朝廷以“役大费繁”，未采纳其建议。次年徐贞明又著《潞水客谈》一书，再次阐明自己的见解，列举了华北兴修水利的14条好处，提出了兴修水利的规划性意见，“于上流疏渠浚沟，引之灌田，以杀水势；下流多开支河，以泄横流；其淀之最下者，留以潴水；稍高者，皆如南人筑圩之制。则水利兴，水患亦除矣”。其兴修水利的步骤，拟首先在“负山控海”的京东地区施行，然后推广至畿辅及北方地区。他的见解得到顺天巡抚张国彦、副使顾养谦、御史苏瓒、给事中王敬民等人的赞同和推荐。万历十三年(1585年)，徐贞明任为尚宝少卿，主持畿辅地区的治水垦田。他先到京东永平(治今卢龙县)踏勘调查地势、水源情况，招募南人指导兴垦水田，翌年垦得水田39 000余亩[④]。徐贞明又“遍历诸河，穷原竟委，将大行疏浚”时，即遭到勋戚宦官、豪强地主的反对。御史王之栋上奏言水田必不可行，且陈浚治滹沱河不便之处几条，明神宗信以为真，遂罢开河垦田之事。

其后万历十六年(1588年)袁黄任宝坻令，引庠潮河，在葫芦窝等村教民种稻，刊有《劝农书》一卷，“详言插莳，灌溉之方”[⑤]。

万历二十九年(1601年)为防倭寇入侵，天津登莱海防巡抚汪应蛟在天津的葛沽、白塘口等处令防海军丁屯种，引海河潮水灌溉，翌年，垦田五千余亩，其中水稻两千余亩，余种杂粮，秋后收稻谷六千余石，杂粮四、五千石，初步得到成效。汪应蛟再次疏请于朝，以防海官军万人，分田垦种，大治水田[⑥]。当时天津只是卫所，其东部滨海一带还未得到开发。汪应蛟采用了闽浙围垦海涂的方法，在屯区内布置：“一面临河，三面开渠与河沟通，深广各一丈五尺，四面筑堤以防水涝，高厚各七尺，又中间沟渠之制条分缕析。”形成一座座堤岸高厚的大围，围口设闸控制。这种工程布置可以挡潮拒碱，引潮灌溉，洗碱排涝，降低地下水。汪应蛟主持屯垦时修筑的围田，以“葛沽以北，白塘东”的十字围最为著名。屯垦的其他地方还有何家圈、双港、辛庄、羊马头、大人庄、咸水沽、泥沽等[7]。万历三十年(1602 年),汪应蛟调任保定巡抚。万历三十一年(1603 年),后任孙玮继续开垦,开成熟地 105 顷 2 亩。当时天津驻防军月饷 6 万原来派于民间,这时以所获稻谷、杂粮并前开成田地所获充津防额饷,遂免向民加派[8]。

天启初,辽东发生与后金的战事。天启二年(1622 年),董应举任为太仆卿兼河南道御史,经理天津至山海关屯务,以解决辽东用兵军饷和安插辽民问题。他将辽东流民 1. 3 万余户安置于顺天、永平、河间、保定等府屯田,共购买民田 12 万多亩,合闲荒田共 18 万亩,“广募耕者,畀工廪、田器、牛种,浚渠筑防,教之艺稻,农舍、仓廨、场圃、舟车毕具,费二万六千,而所收黍麦谷五万五千余石”[9]。其中“收红白稻一万五千余石,变价可得五千余金”[10]。水田主要分布在天津,在汪应蛟经营的旧址上继续经营,以葛沽兵 2 千人屯田,“所屯双白陶辛等田已成大围,以兵少耕得六千亩,葛沽亦筑长围,以兵少止耕得两千亩”[11]。董应举经营的白塘口、东西泥沽围田,至清雍正屯田时遗址犹存。同时期巡按直隶御史左光斗亦在天津屯田,于何家圈一带开水田 4 千亩[12]。具体经营屯田水利的为通判卢观象,他还“开寇家口以南田三千余亩”[13]。

崇祯十二年(1639 年)天津巡抚李继贞又在天津经营屯田,“白塘、葛沽数十里间,田大熟”[14]。是在前人的基础上继续经营。

此外,私人经营天津水利垦田,种植水稻的也不乏其人。天启时兵马司吏目郭世安旅寄天津,捐七百金之资募地丁自垦水田七百亩[15]。徐光启从万历四十一年(1613 年)至天启元年(1621 年)先后四次到天津一带经营水利营田,买荒田数千亩,其中一部分种植水稻,并从事水稻栽培试验工作。明代在京东和天津地区从事水利营田的规模虽然不大,且时断时续,但其理论和经验为清代进一步开展水利营田打下了基础。

清代首先在畿辅屯田种稻的是天津总兵蓝理。康熙四十四年(1705 年)开垦天津城南的沼泽洼地,挖贺家口引河和华家圈引河二条,引海河水和护城河水灌溉,又修建圩岸,形成“河渠圩岸周数十里”的规模,开成水田 150 顷[16]。主要招募浙闽农人耕种,每一顷田,用水车四部,秋后每亩收三四石稻谷。城南洼地遂成为“雨后新凉,水田漠漠,人号为小江南”的地方。康熙帝将这片新垦水田赏赐给了蓝理,所以后人称之为“蓝田”。二年后,蓝理调离天津,因无人管理,“圩坍河淤,数年废为荒壤”[17]。

雍正三年(1725 年)直隶七十多个州县遭受水灾,当时共发仓储粮七十余万石进行赈济。雍正帝认识到“直隶地方,向来旱涝无备,皆因水患未除,水利未兴所致”[18],故决定在直隶进行治水营田活动。他任命怡亲王允祥主持这一工作。雍正四年(1726 年)春成立水利营田,首先进行治水工作,开浚砖河、兴济河、宽河等减水河以排泄卫河涨水,并增筑卫河河堤以防泛滥;疏浚东、西二淀,加修淀堤;对子牙河、永定河等亦进行了治理。在治水的同时营治稻田,主要在京东地区进行,如玉田、迁安、滦州、蓟州等地官营稻田共 150. 83 顷。民间自行播种水稻的如安州、新安、任丘、保定、霸州、大城、文安等共达 564. 10 顷。雍正五年分局经理,除京东外,并及京南、京西和天津等处,在 39 个州县兴修水利,营植水稻。“自五年分司至于七年,营成水田六千顷有奇”[19]。据陈仪《水利营田册》统计,雍正间京东局营成稻田 1141. 95 顷,京西局为 2 266. 17 顷,京南局为 1 917. 51 顷,天津局为 487. 43 顷。而京东负山控海,“诸州邑泉从地涌,随决即通,水与田平,一引即至”[20]。有着较好的水利条件,基水利营田开端最早,持续时间最长,直至雍正十一年(1733 年)还有营田活动。雍正间丰润县引陡河、泥河、黑龙潭、杨家等泉之水营稻田 41 511 亩;玉田县引水泉、煖泉、孟家泉、蓝泉等河之水营稻田 38 420 亩;蓟州引淋河、大小海子等泉之水营稻田 5 656 亩;宝坻县引蓟运运河潮水营稻田 11 220 亩;宁河县亦引蓟河潮水营稻田 10 366 亩;平谷县引河及山泉营稻田 611 亩;武清县引凤河营稻田 1 802 亩;滦州引沂河、煖泉、福山泉营稻田 2 982 亩;迁安县引徐流河、三里河、黄山泉营稻田 1 627 亩。天津在雍正间营成 10 围,即贺家口(在天津城南,西半为蓝田)、何家圈、吴家嘴、双港、白塘口、辛庄、葛沽、盘沽、东、西泥沽围田,这些围田沿海河南岸分布,营区似有连成一体的趋势,围田种稻都引海河潮水灌溉。

雍正以后,畿辅水利营田植稻事业又很快衰落下去。只在乾隆年间几次大水后,大规模浚治河道时对营田区围埝有所修筑。到清末时,政治经济局势不稳,为解决军需粮秣问题,又在天津经营水利营田。咸丰九年(1859 年),僧格林沁督兵大沽海口时修渠建闸,引流灌溉,在咸水沽营田 3 540 亩,葛沽营田 750 亩。后营田事务移交直隶总督崇厚管理,在前基础上又增垦农田 1 千余亩[21]。同治五年崇厚又将水利营田推进到海河北岸军粮城一带,开凿东、中、西河渠三道,垦辟稻田 5 万余亩,然成熟不过十分之一[22]。光绪元年(1875

年）直隶总督李鸿章以海防紧要，命将领周盛传在海河南岸新城一带试垦稻田，通过开河筑坝，挡潮蓄淡、当年圈地约万亩，部分试种水稻，秋后获稻谷2千余担。翌年移驻潦水套（后改名新农镇，即今小站镇），以此为中心进行大规模的水利营田，开干渠马厂减河，从静海县靳官屯引南运河水，经西小站、新农镇、东大站至西大沽汇入海河，解决了营田的用水排水问题。经过六七年的艰苦努力，到光绪七年盛军开垦水田达6万余亩，加上民营水田，共13万6千余亩[23]。著名的小站稻就创始于这一时期。

从上可知，明清时期采用水利营田的方法，开垦京东天津滨海荒地取得了一定的成效，并积累了开沟洫、筑围田，种植水稻改良滨海盐碱地的经验。

2. 太行山和燕山山麓平原地区　该区位于滏阳河、滹沱河、唐河、巨马河、永定河的上、中游，易于筑坝开渠，引取河流及其支流之水灌溉农田。而且地下水开发条件优越，潜水埋藏丰富，水质优良，一般埋藏较浅，常以泉水的形式涌出地表。明清时该区引泉凿井发展较快。由于地面比降大，排水良好，灌溉不易产生土地盐碱化。

明清时畿南滏阳河沿河地区水利最为发达。明代洪武间磁州知州包宗达主持开凿五爪渠，水源引自滏水，“溉原田千百余顷，以种水稻”[24]。之后洪水泛滥，渠道淤塞，万历年间知州孙健、牛维赤又先后开南北两支渠，溉稻田200余顷。嘉靖初，广平府知府高汝行、永年知县朱泰曾建惠民等闸，引滏阳河水灌溉郡城西南之地，使原来荒芜地悉成良田[25]。嘉靖中瞿成知广平府，“凿长渠三百里，引（滏）水为四闸，灌田数千顷”[26]。万历三年永年知县马翰如又引滏阳河水种稻，达千余亩[27]。万历中徐璘在任县东北30里建永济闸，又建子闸数座，引滏阳河水溉田[28]。清代时，“自宁晋泊以上，滏水所经州县，多引流种稻，沿河闸座甚多”[29]。如城西槐树村建有西闸，灌出400余顷，城东北琉璃镇建有东闸，灌田600余顷，余水听其流入下游的邯郸、永年、曲周、鸡泽、平乡、任县浇灌地亩[30]。磁州位于上游，旧属河南，不归直隶管辖。雍正四年（1726年）怡贤亲王主持畿辅水利营田时，将磁州改属直隶广平府管辖，上下游共同执行均水之约，解决了上下游争水的矛盾。当时畿南引滏阳河水“营田多至二千余顷，从前斥卤，尽为稻乡矣”[31]。以后到民国时滏阳河两岸灌溉仍然发达，依旧是产稻之区，尤以磁州东西二闸附近为多[32]。

滹沱河及其支流冶河明清时灌溉水利也有发展。明永乐九年（公元1411年）浚定襄故渠63里，引滹沱河水灌田600余顷[33]。定襄故渠大约是从山西定襄到直隶平山的渠道。清雍正时平山县引滹沱河、冶河之水营稻田34 018亩，井陉县引冶河水营稻田4720亩。乾隆十三年（1748年）平山县又有民营稻田92余顷。

唐河流域一带灌溉水利较为发达。明清时修复和扩建了引唐河的广利渠。广利渠在唐县西南，金泰和六年（1206年）县令刘弁开，引唐河水灌田数千亩，后废。明万历二十七年（1599年）复开浚，渠长70里，历唐县35村，完县3村，溉田200余顷[34]。清雍正时唐县引唐河水营稻田8 169亩，乾隆十年（1745年）又对广利渠重加疏浚。庆都县（今望都县）在明永乐时因有南人迁移居住，亦截河设堰引水种稻[35]。唐河之南有沙河，“其上流亦名派水，经新乐、历定州，沿流多资灌溉”[36]。乾隆十三年（1748年）阜平县沿沙河开渠引水营田52余顷[37]。沙河之南又有滋河，发源山西枚回山，流过灵寿、深泽等地，清时沿途疏流成渠。唐河之北有雹河，雍正时安肃县引雹河水营稻田10 756亩。

巨马河流域的涿州、固安、新城一带古代有督亢陂，是有名的膏腴之地。后来督亢陂淤湮，水利废弛。“惟胡良（河）所经，地称膏腴，沟渠圩岸，宛若江南，扩而广之，房涿之间，皆稻乡也”[38]。还引涞水、挟河种稻。清雍正时房山县引拒马河、挟河之水营稻田2 644亩，涿州（今涿县）引拒马河、胡良河水营稻田3 006亩，涞水县引涞河营稻田2 228亩。

永定河中游，清雍正时在宛平县卢沟桥西北修家庄、三家店等处引永定河之水营稻田1 600亩。

太行山和燕山山麓平原泉水出露多，明清时引泉灌溉发达。顺德府（治今邢台市）有百泉水，源于邢台城东南5里，东入南和县境，又东北经任县，最后汇于葫芦河。明代时百泉河上下已修建许多堰闸。邢台县东南七里有永泽闸，明万历十八年（1590年）建。又东一里，有小龙泉堰，亦万历中建。永泽闸南三里有百泉闸，明嘉靖间知府刘应节建。再向东依次有盛流闸、黑龙潭闸、明沙泉闸、晋祠闸、武家庄闸、关家湾闸、永立闸、东汪闸、大贤闸，到南和县又有10多座闸，都是明代所建。邢台“故不知艺稻”，明嘉靖时知县何岑“教民艺稻，就百泉诸水灌田数百顷，遂为永利”[39]。清雍正时邢台县农民利用百泉水营稻田8千多亩，南和县也稻田 8 555 亩,邻近的沙和县利用百泉余水民营稻田 500 余亩。直到民国时水利仍很发达,“百泉河上下数十村,堤闸栉比,秔稻青葱,得水利焉”[40]。

邢台西北有野狐、达活、紫金等泉。明嘉靖万历间,顺次修建了小汪闸等七座间。后万历三十年(1602 年)“邢台达活、野狐二泉流为牛尾河,百泉注为澧河,建二十一闸二堤,灌田五百余顷”[41]。清乾隆十四年(1749 年)达活泉溢涌,顺势建翟家庄二闸,增加灌溉面积。清代利用达活、紫金两泉经营稻田有 500 亩。

真定府(清改为正定府)真定县(清改为正定县)西北 30 里有大鸣、小鸣诸泉。明宣德初,知县李守义引以溉田,后淤塞。万历四年,知县周应中“浚大鸣泉引水东南,溉稻田百余顷,民享其利”[42]。万历三十年(1602 年)真定知府郭勉又“浚大鸣、小鸣泉四十余穴,溉田千顷”[43]。雍正时正定县引方泉、班泉、大小鸣泉之水营稻田 3 279 亩,定州引马跑泉、小清河之水营稻田 6 247 亩。

保定府(治今保定市)治西有一亩泉,藻西庄利用一亩泉种稻,“粳稻环匝”,故称为稻地庄[44]。满城也利用一亩泉灌溉,清乾隆时溉稻数千亩,还引鸡距泉、红花泉、冷水沟等灌溉稻田[45]。望都县有九龙泉,东流为龙泉河,经行东乡 18 个村庄,明代溉田三百余顷[46]。清前期龙泉河之南北,沟渠纷歧,引水灌稻田,道光时河水暴涨,沟渠刷平,稻田才衰落[47]。

顺天府(治今北京市)是京师所在地。在万寿山下有昆明湖,乾隆十六年(1751 年),导西山玉泉之水,广为疏浚,周 30 余里,于昆明湖上流,夹岸开稻田百顷。湖水引入京城,供居民和紫禁城用水,下入大通河,接济漕渠[48]。清代房山县的长沟、甘池、高庄等数十村庄产稻,种稻都引泉引河灌溉。如甘池村西有泉,下流为甘河,两岸产稻;高庄等引玉塘泉,下流为灌河,灌溉稻田 300 余亩,所产稻称为玉塘米,珍贵异常品[49]。昌平州八蜡庙外明代已辟水田 200 余亩[50]。清代时引水种稻的地方更多。光绪《昌平州志》卷七称:“百泉庄、马池口、水屯、凉水河、大小汤山、芹城、暴榆泉、黑泉、太舟务、渤海所俱有稻田”。此外雍正《密云县志》卷三记载,密云有潮白两河,又有源泉数外,可作水田数百顷。平谷县有泉水山,在县南八里,下有泉,清代灌溉稻田数十顷[51]。

明清时太行山麓平原井灌事业有了较大发展,形成了一定规模的井灌区。明代已在真定府一带发展井灌。如嘉靖时真定知府邢尚简因岁饥,贷款给民穿井[52]。其时晋州知事王惟善以“大旱”,“给资穿井,民得耕种”[53]。万历中潭昌言知栾城县,“助民穿砖井二百眼”,后离任时又助民“穿砖井三百眼,百姓世食其利”[54]。万历时元氏县令郑公也推广过凿井灌溉[55]。明末《农政全书》卷十六说:“近河南及真定诸府,大作井以灌田,旱年甚获其利。”今石家庄市周围的井灌区明末就已形成了。其他如内丘、望都等县明代也推行过井灌。清代凿井灌溉更为发展。康熙十一年(1672 年),直隶巡抚李光地“饬所属州县广兴水利……去水远者凿井灌田”[56]。这一指令得到了实施。如安肃县(今徐水县)48 村凿井 2 530 余眼[57]。后为了推广种植棉花,又大力劝导民间凿井。“北地植棉多在高原,鲜溪池自然之利”。所以乾隆《御题棉花图》中提倡:“种棉必先凿井,一井可溉四十亩。”太行山麓适宜种植棉花,当时开井不少。乾隆《正定府志》载:乾隆初栾城开井 3 620 眼,无极县挖新井 800 眼,藁城 6 300 眼,晋州 4 600 眼。乾隆九年保定府属开成土井 2 万 2 千余口[58]。以后道、同期间,正定府、保定府以及广平府、顺德府、定州等地又凿不少新井。如道光年间永年县 4 乡 196 村有 4 777 井,一村平均 24 眼井[59]。同时期定县凿井 4 462 眼[60]井地所获大大超过旱地。乾隆《无极县志》称:“直隶地亩唯有井为园地,园地土性惟宜二麦、棉花。……计所获利息,井地之与旱地,实有三、四倍之殊。”明清时太行山麓井灌的发展,改善了农业生产条件,提高了作物的亩产量,并促进了棉花的种植。

3. 中部平原　该区地势平缓,洼地、湖淀分布广泛,自然灾害频仍,多春旱秋涝。低洼地区水无去路,形成了“一水一麦”种植制度。“水退地淤,民就种麦莆豆,水泛而麦已登场,其所获殆加倍焉”[61]。在东淀、西淀、南泊、北泊、永定河下游、南运河与滏阳河和子牙河之间的地区,常采用此种种植制度。为开垦低洼地区,明清也作了努力,通过治水筑围,发展水田,种植水稻。如明嘉靖《河间府志》称:“河间交河、沧州、东光、故城、兴济、献县、任丘之近河者或播植(水稻)焉。”此外淀泊地带的雄县、霸州、文安等地明代也种有水稻。又万历间新安县令张廷玉开王家桥下三渠,引雹水灌田 1 500 余顷[62]。清代水田又有发展。清初文安知县许天馥教民修治水田,“文安水田殆且半县”[63]。雍正间文安县引会同河、子牙河之水营稻田 45 940 亩。同时期位于淀泊地带的安州引依城河及淀河之水,营稻田 1 638 亩,新安县引雹河、依城河及淀河之水营稻田

89 155 亩，霸州引中亭河营稻田 10 135，大城县引子牙河营稻田 33 297 亩，任邱县引白洋淀水营稻田 8 580 亩。然而到乾隆时河间府因河道变迁水稻种植渐少。乾隆时沈联芳说："河间不宜水田也。唐河，滹沱之流渐弱……今二河并皆改流，不由河间，河间既无恒流，艺稻自非所宜。"[64]又淀泊地区稻田易遭水淹，需兴修好治水工程，水稻才能发展。乾隆二十七年(1762 年)方观承说："查京南州县洼地，有应种稻，并可以寓疏消之法者，惟霸州东北煎茶铺等滨淀数村，又与文安接壤之毕家房、宋家庄等十数村……此外又有保定府属安州之垒头村，新安县之马定寨一带近淀洼地，土脉亦去宜稻。"[65]淀泊地区由于河道变迁及多水灾，治水工程跟不上，影响到水稻生产亦不稳定。

由于中部平原排水不畅，地下水位高，水质不良，土壤盐碱化严重，明清时修建过水利工程治理盐碱地。如钜鹿县原有盐碱地 4 万余亩不能耕种，乾隆九年建闸引水浇注，经水之地盐分降低，布种秋禾取得了丰收[66]。在盐碱地上还凿井耕种。如康熙二十五年(1686 年)肃宁知县黄世发令在碱荒地上穿井灌溉[67]。乾隆十一年(1746 年)，庆云、盐山两县因灾歉收，尚书刘于义奏请将水利费节省项下拨款 1 万两给庆云县，8 000 两给盐山县，共可砌砖井 2 250 口，并令百姓多开土井[68]。光绪初年华北大旱，直隶总督李鸿章等多次劝谕农户打井抗旱。河间府是直隶的重灾区，夏同善上奏请筹款 4 万两给河间府，以便开下砖上土井 12 000 眼[69]。在中部平原打井不仅增加了灌溉面积，而且通过在盐碱地打井开发浅层地下水，可以降低地下水位，增大降雨入渗的空间，加速土壤盐分的淋洗，是治理盐碱地的一项有效措施。

4. 西北山间盆地　盆地中部有桑干河及其支流洋河穿过，该地区泉水亦较丰富，明清时灌溉水利得到发展。明隆庆元年(1567 年)嵇巅任保安州知州，教民于桑干河沿河隙地淤田种稻[70]。万历四十六年(1618 年)兵备道胡思伸疏浚保安西二渠，开田十万余亩，"秔稻兼利，比于江南"。胡思仲还在怀安县"浚惠民渠，引洋河之水溉民田数万顷"[71]。清代进一步开发桑干河水利。乾隆初山西大同、直隶西宁(今阳原县)之民曾损地浚引桑干河的灌渠，但工程未完成。乾隆八年(1743 年)十一月高斌又上奏："请于桑干河南北两岸，各开渠一道，北岸自山西大同之西堰头村黑石嘴起，至直隶西宁之辛其村止，计长 46 里；南岸自大同之册田村起，至西宁之揣骨疃止，计长 58 里。"廷议批准施工[72]。此外该地区还引泉灌溉，如万全县南部杨家屯、梁太庄等地"泉水汇潴"，故多稻田[73]。蔚县城西 30 里有暖泉，"民资灌溉种植稻麻"[74]。

由上可知，明清时海河流域的农田水利工程分布的范围较广，且以中小型工程为主。通过治水兴利，改善了农业生产的条件，扩大了高产作物水稻的种植面积，亦使其他粮食作物和经济作物得到了发展。

二

明清时期海河流域是全国政治中心所在地。由于海河流域独的地理环境以及政府所采取的经济政策，使该地区的水利事业有以下一些特点：

1. 实行以治水为重点，治水与治田相结合，兼顾灌溉的水利方针。海河平原地势平坦，地面坡降一般为万分之一。流贯海河平原的五大河，即白河(北运河)、卫河(南运河)、永定河、大清河、子牙河同归于海河一线入海。加上夏秋降雨量过于集中，暴雨时期河水猛涨排泄不及，常常泛滥成灾。明丘浚《大学衍义补》说："今京畿之地，地势平衍，率多下。一有数日之雨，即便淹没，不妨霁潦之久，辄有害稼之苦。"清蔡新《直隶河图说》称：直隶"一省大小七十余泉(河)，总会一处入海，宜其骤雨急涨泛滥横溢为民生患也。"[75]所以明清时期国家重视海河流域大河的防洪工程，投入相当的人力物力。明代漳河、滹沱河、桑干河等决溢频繁，多次进行筑堤浚河活动。清代治理的活动更加频繁，尤其重视对永定河的治理。据《清史稿·河渠志三》统计，清代对永定河进行过五十余次治理活动，重视程度仅次于黄河。康熙皇帝曾亲临视察永定河工程达十多次。雍正四年(1726 年)直隶设天津道、永定道、通永道、清河道管河务。雍正八年(1730 年)置直隶河道水利总督，与南河、东河总督并列。后由直隶总督兼管，下设永定河道，专管海河。雍正时开展水利营田，对直隶河道普遍进行了疏浚治理，雍正帝还亲授治理直隶河道方略。乾隆时多次兴大工，对海河流域河道全面勘察，大力治理。如乾隆四年、九年、十六年、二十六年大水后，都对河道进行大治，4 次共用银数百万两[76]。其中乾隆四年(1739 年)查直属地方田中积水以及河渠堤埝应行疏浚修理者有 93 州县(直隶共 140 多个州县)，共计工程 523 处[77]。经以上四次治水后，水道通利达数十年。然而清后期因政治腐败，外患内忧，财政紧绌，已顾不上治理京畿河道了。光绪七年总督李鸿章言:“近畿水利,受病过深,凡永定、大清、滹沱、北运、南运五大河,及附丽之六十余支河,原有闸坝堤埝,无一不坏,减河引河无一不塞,而节宣诸水之南泊、北泊、东淀、西淀,早被浊流填淤,仅恃天津三岔口一线海河,迤逦出口,平时既不能畅消,秋冬海潮顶托倒灌,节节皆病。”[78]可见海河流域治水的重要性。

对海河流域的水害应如何治理,明代万历时徐贞明提出以兴水利达到除水害的办法。他说:“北人未习水利,惟苦水害,而水害之未除者,正以水利之未修也。盖水聚之则为害,散之则为利。”[79]当时御史苏瓒进一步建议说:“治水与垦田相济,未有水不治而田可垦者。”[80]提出了“治水与治田”相结合的策略。徐贞明吸收了这一建议,在京东州邑如密云、蓟州、遵化、丰润、玉田,东西百余里,南北百八十里的范围里疏浚河道,治水垦田,开发水泉资源,扩大水田面积。

雍正时畿辅进行水利营田,也采用了治水与治田并重,治水为营田服务的水利方针。雍正三年(1725年)允祥、朱轼在实地查勘河道后,对京东、京西、京南地区治水兴利作出全面规划,按照大且急工,次第兴修,“三、四年之间,河流顺轨”,积涝减轻。同时为解决稻田灌溉用水,因地制宜,广辟水源。除永定河汹涌浑浊,南北运河系漕运所重,不能利用外,其他大小河流近二十条都被得到利用,还利用泉水、淀水、潮水等,几年之间营成稻田六千余顷[81]。

因海河流域水资源的缺乏和变化大,到道光时,程含章一方面肯定徐贞明所说北方“兴水利除水害”是“不刊之论”,一方面又指出直隶“盖水利且可缓图,而水患则不可一日不去,水患去而水利乃可徐议,但灌溉之利亦止宜于水泉之乡,恐不能如所云遍西北而皆可行也”[82]。强调海河流域水利的重点应为治水。发展至今天海河流域的农田水利方针是以“改土治水”为中心,这与明清时的水利方针应有着一定的渊源关系。

2. 因地制宜采用多种水利工程形式。因海河流域各地的地势、水源情况有差异,明清时期因地制宜修多种类型的水利工程。在河道上流因“流微易御”,则筑堰建闸,开渠引水灌溉,亦可消减下游水势;下流开减河,以排泄洪涝水,田间开挖沟洫,以容水、排水;低洼之地修筑圩田;利用含沙量多的河流淤灌;地下水丰富的地区引泉凿井;采用水利工程改良盐碱地等。

以灌溉来说,大致具有三种形式:“因地势高下之宜,如近山者,浚泉通沟;近河者,穿渠引流;无山无河之处,则皆掘井。”[83]即分为“河渠灌溉”、“泉水灌溉”、“凿井灌溉”三种形式。明清时无详细的统计,但据民国时期调查,河北省“河渠灌溉区”在太行山麓各县,白河各支流的上流、桑干河、洋河、滹沱河、滏阳河等流域的24县有渠道331道,灌溉面积约14万6千公顷。“凿井灌溉区”主要分布在太行山麓及中部平原地区,在1930—1935年的6年间,河北凿井总数为96 726口,灌溉面积42万公顷以上,以定县最多,占到三分之一。“泉水灌溉区”在察哈尔南部的万金等10县有大小泉水103所,太行山东麓的房山、满城、唐县15县境泉渠有62所,灌溉面积约3 419公顷[84]。民国时凿井灌溉发展较快,河渠灌溉和泉水灌溉与清时比较变化不会太大。

3. 兴修水利,扩展水稻种植面积,但发展起落波动较大。明清时把在畿辅治水垦田,发展水田作为“经国之计”、“国家根本”。

注:

① 本文海河流所指范围为今京、津及河北地区,即明代的北直隶,清代的直隶地区。包括滦河流域。

② 林则徐:《畿辅水利议·总叙》。

③⑳ 徐贞明:《潞水客谈》。

④《明史》:卷223《徐贞明传》。

⑤ 乾隆《宝坻县志》卷16。

⑥ 汪应蛟:《海滨屯田疏》,载《畿辅河道水利丛书·畿辅水利辑览》。

⑦ 董应举:《请修天津屯田疏》。这些屯区亦包含汪应蛟后任的努力。

⑧《明实录·神宗实录》卷386。

⑨《明史》卷242《董应举传》。

⑩《明史录·熹宗实录》卷42。

⑪ 董应举:《奉朱座师书》,载《崇相集》。
⑫ 左光斗:《议开屯学疏》,载《明经世义编》卷495。
⑬⑮《明实录·熹宗实录》卷21。
⑭《明史》卷248《李继贞传》。
⑯《清实录·圣祖实录》卷244,有的史料称开成水田200顷。
⑰㉒ 同治《续天津县志》卷7。
⑱《畿辅河道水利丛书·怡贤亲王疏钞》。
⑲㉛《畿辅河道水利丛书·水利营田图说》。原为陈仪《水利营田册说》,为道光时吴邦庆补。
㉑ 崇厚:《水利营田疏》,载同治《续天津县志》卷16。
㉓《清史稿》卷416《周盛传传》,民国《天津政俗沿革记》卷3。
㉔ 嘉靖《磁州志》卷上《山川》。
㉕㉖ 嘉庆《大清一统志》卷32卷33《广平府一、二》。
㉗ 光绪《永年县乡土志》。
㉘ 嘉庆《大清一统志》卷31《顺德府二》。
㉙㉛《畿南河渠通论》,载《皇朝经世文编》卷107。
㉚《清实录·高宗实录》卷292,高斌奏。
㉜《磁境水田原始记》,民国《磁县志》。
㉝㊸《明史》卷88《河渠志六》。
㉞ 嘉庆《大清一统志》卷13《保定府二》。
㉟ 康熙《庆都县志》卷1。
㊱㊳ 朱轼:《京西水利情形疏》,《皇朝经世文编》卷18。
㊲《清实录·高宗实录》卷314。
㊴ 嘉庆《大清一统志》卷31《顺德府二》。
㊵ 民国《邢台县志》卷1。
㊶《明史》卷88《河渠志六》。
㊷53 嘉庆《大清一统志》卷27、28《正定府一、二》。
㊹ 光绪《保定府志稿》卷1《古迹》。
㊺ 乾隆《满城县志》卷2、卷11。
㊻《读史方舆经要》卷12,直隶庆都县。
㊼ 光绪《望都县乡土图说》。
㊽ 嘉庆《大清一统志》卷2《京师二》。
㊾《畿辅河道水利丛书·泽农要录》卷3。
㊿ 光绪《昌平州志》。
51 雍正《平谷县志》卷上。
52 嘉庆《正定县志》卷25。
54 陆陇其《三鱼堂日记》卷下。
55 乾隆《元氏县志》。
56 张念祖:《中国历代水利述要》。
57《于清端公政书》。
58《清实录·高宗实录》卷211。
59 道光《永年县志》卷6《水利》。
60 道光《定州志》卷6《地理》。
61 正德《大名府志》卷2。

㉒ 林则徐:《畿辅水利议·历代开治水田成效考》。
㉓ 李光地:《请开河间府水田疏》,乾隆《开津府志》卷33。
㉔ 沈联芳:《邦畿水利事宜》,载《皇朝经世文编》卷108。
㉕ 方观承:《覆奏酌办水利疏》,载《皇朝经世文编》卷108。
㉖ 刘于义:《南府水利疏》,引自林则徐《畿辅水利议》。
㉗《清史稿》卷477《黄世发传》。
㉘《清实录·高宗实录》卷261。
㉙《皇朝经世文续编》卷36《户政》。
㉚ 康熙《保安州志》卷1。
㉛ 林则徐:《畿辅水利议·历代开治水田成效考》。
㉜《清实录·高宗实录》卷205。
㉝ 民国《万全县志》卷一。
㉞ 顺治《蔚州志》卷上。
㉟ 载《皇朝经世文编》卷17。
㊱ 程含章:《总陈水患情况疏》,载《皇朝经世文编》卷110。
㊲ 潘锡恩:《畿辅水利四案·二案》。
㊳《清史稿》卷129《河渠志四》。
㊴ 徐贞明:《亟修水利以预储蓄酌议军班以停勾补疏》,载《明经世文编》卷398。
㊵《明史》卷223《徐贞明传》。
㊷ 程含章:《覆黎河帅论北方利书》,载《皇朝经世文编》卷108。
㊸ 民国《畿辅通志》卷91《河渠一七》。
㊹ 沈百先等:《中华水利史》。

(《中国历史地理论丛》1995年第4期)

清季天津对外直接贸易简论

吴弘明

光绪二十一年(1895年)以前,天津对外直接贸易十分有限。洋务运动和清末新政推动了天津工业迅速发展,到光绪三十一年(1905年),天津对外直接贸易遂凌驾于转口贸易之上。本文拟就天津对外直接贸易的演进、天津城市近代化以及国际分工的某些问题,略陈己见。

一

天津的开埠通商始于第二次鸦片战争之后,咸丰十年(1860年)中英《北京条约》确认《天津条约》新开九口之款仍然有效,另增天津为商埠。自此列强获准于天津及其腹地通商。

为便利洋人通商计,咸丰八年(1858年)的《天津条约》已将进出口税则定为值百抽五,并以值百抽2.5的子口税抵代内地税厘。天津口岸于开埠后次年(1861年)设立海关,并由洋税务司掌管。根据"港隶属于关"的原则,新关有权兼理港务,改良港口,完善助航设施,并编制进出口贸易册,以各种信息供给列强。

天津濒临渤海,汇聚九河;以其腹地论,包括直、晋、鲁、豫、陕、甘、新、蒙等省,东北的奉天(辽宁)与吉林等地对外懋迁亦多经津门。据宣统元年(1909年)驻津日军所编《天津志》载:天津的内地市场广约200余万平方哩,有人口6 700余万。如此广阔的腹地,有利于天津的对外通商。

若专就天津外贸的经营方式而论,1895年以前,津埠与欧、美、日的直接贸易额委实微不足道,而经由上海的转口贸易则居主流。1895年以后,直接贸易乃见转机,及至1905年则已胜于转口业。1906年以前,英帝国对天津的径运值居各国之冠,此后,直接贸易的进出口值,日本皆逾于英国而跃居首位。

天津直接贸易转弱为强的历程:

先以进口货之要项棉、绒布为例,棉布项下:同治六年(1867年)本色市布共进656 394匹,径运津埠者占49 000匹;1869年共来1 202 835匹,直达者占236 600匹。1867年洋标布共入126 393匹,直运者占120 000匹;1869年共入920 800匹,直抵者占104 670匹。此二年间棉布之径运率(即直接进口值与进口总值之比)年均约9%。至于绒布,1867年英国羽毛共进10 667匹,径运来津者占240匹;1869年共来15 836匹,直达者占700匹。1867年所进哔叽达2 240匹,直来者占500匹;1869年共到3 122匹,直抵者300匹。此二年间绒布之径运率年均约3%。可见开埠后的前十年,天津对外直接进口业所占比重甚微。

及届光绪二十年(1894年),洋货径运率升为21%,土货径运率则约为6%。到1905年,对外贸易发展很快,洋布进口遽盛,尤以本色粗布为著,1904年该布进口总值计关平银3 301 028两,径运值为3 849 55两;1905年总值8 265 237两,径运值为2 203 582两。两年相较,该布径运率由12%增至27%。1904年洋货径运率为44%,1905年增及52%。1905年进口货之径运率首次超越转运率,而津郡对外贸易素以进口业为主,足见直接贸易之转弱为强。

迨至光绪三十三年(1907年),直接贸易更见起色。进口货以洋布为大宗,计值关平银7 591 000两;次为铁路机器并物料,计4 574 000两;再次者有洋纱,价值3 195 000两,日产居首;美国面粉计值2 786 000两;煤油共值2 540 000两,美产过半;木料合计1 211 819两,多出自日本与朝鲜。本年洋货直接进口值共达38 919 614两。至于直放外洋之土货,总共2 071 000两,往香港者约占半数,药材及杂货居多;赴日者约占40%,绒毛为最大宗。是年津埠外放土货之径运率为17%。

为揭示天津径运业的发展过程,兹择数年,列出洋、土各货的径运率(值),以便略窥梗概:1866年洋货径运率为10.8%，土货径运值为12 536两；1895年前者为23%，后者为549 941海关两；1908年前者为58%，后者为1 544 678海关两；1911年前者为63%，后者为6 418 227海关两。1895年以后津郡径运业渐趋发达。结合上举实例可知，19世纪末津埠与日、美直接贸易蓬勃兴起，日美与英帝国争雄逐胜，使津埠径运业大为增色。

二

道光二十年(1840年)鸦片战争以后，中国以农业国的地位被迫参与国际分工，天津也不例外。现仅就海关年报所载四十余年(1865—1911年)来天津对外直接贸易的商品结构，择其四年为代表(开埠后最初十年因径运业尚属幼稚，故从略)，简述于后：

(一)进口业

1. 在直接进口的洋货中，现将以工业制成品(半制成品)之大宗列表于下：

表1

品　名	单位	1878			1887			1897			1907		
		径运值	进口总值	径运率	径运值	进口总值	径运率	径运值	进口总值	径运率	径运值	进口总值	径运率
棉货	海关两		3 881 454		60 579	8 480 100	0.7%	959 705	14 841 593	6%	7 697 750	18 470 661	42%
绒货	海关两		281 805		57 449	473 345	12%	79 225	401 382	20%	178 608	393 704	45%
棉纱	海关两				7 738	1 030 088	0.8%	882 686	3 546 286	25%	3 195 518	7 882 315	41%
五金	海关两	7 338	105 736	7%	49 485	402 406	12%	96 576	586 011	16%	1 007 235	2 112 820	48%
自来火	海关两	7 500	42 167	18%	5 016	118 646	4%	246 784	250 871	98%	987 404	989 913	99%
颜料并染料	海关两		45 913		20 454	250 318	8%	161 334	363 595	44%	948 085	1 535 564	62%
木料	海关两				45 439	73 697	62%	24 908	25 672	97%	2 078 711	2 089 728	99%
铁路机器并物料	海关两				12 859	12 859	100%	2 441 877	2 463 188	99%	2 760 960	2 801 795	99%
军火、军用物料	海关两							139 986	194 276	72%	955 911	1 046 158	91%

由表1可见，无论消费资料与生产资料其径运率几皆年胜一年，生产资料径运率的提高尤为明显，是为天津城市加速近代化的佐证。

2. 径行进口洋货中，初级产品之大宗如下表：

表2

品名	单位	1878			1887			1897			1907		
		径运值	进口总值	径运率	径运值	进口总值	径运率	径运值	进口总值	径运率	径运值	进口总值	径运率
洋药	海关两		2 303 045			897 703		16 282	548 165	3%		82 350	
茶叶	24 220	24 220	100%	77 807	77 807	100%	18 049	18 049	100%	86 771	87 962	99%	
海菜	9 068	55 115	17%	15 755	115 071	14%	66 394	170 785	39%	155 736	194 558	80%	
糖斤	海关两		306 513	0	104	478 739	0.02%	1 896 189	1 905 425	99%	2 216 137	2 628 104	84%
煤斤	海关两	131 704	134 989	98%	2 430	2 492	98%				921	116 855	0.7%
煤油	海关两	628	19 911	3%	37	107 186	0.03%		1 314 032		2 548 808	2 773 585	92%
面粉	海关两							901	1 027	88%	2 786 048	3 862 642	72%

由表2可知，洋药径运值逐年递减；茶叶率由日本径运而来，大抵年年有加，盖因其价较贱，且从价课税，利于进口。煤油(以美产者居首)，其径运值光绪三十三年(1907年)为光绪四年(1878年)的4 000余倍，足

见销路之广。煤斤其由日本径运津埠者,先起后落,盖因开平煤增产所致。面粉之径行进口,于表内后两年遽然加多,十年间几增3 000余倍。

(二)出口业

土货直放外洋者,以初级产品为重,现将其大宗列入下表

表3

品名	单位	1878		1887		1897		1907	
		径运值	%	径运值	%	径运值	%	径运值	%
绒毛	海关两			52 094	38%	222 842	54%	515 505	45%
皮货	海关两			19 061	14%	67 619	16%	168 805	15%
棉花						9 025	1%		
豆类	海关两					5 883	1%	3 863	0.3%
药材	海关两	9 789	100%	1 875	1%	75 056	18%	304 681	27%
草帽缏	海关两			44 764	33%	25 346	6%	108 960	9%
猪鬃	海关两			16 682	12%	7 614	2%	34 120	3%
煤斤	海关两			2 800	2%	9 366	2%	3 803	0.3%
径远总值	海关两	9 789		137 276		413 726		1 148 762	

表3表明,土货直运外洋者均为原料、食品及燃料,其径运值几乎年多一年。通观天津的直接贸易,可知其产业结构之大端:农、牧、矿业及加工工业占主位。

参考进口货物表二,铁路机器并物料进口之速增,则意味铁路向腹地延伸,也可说明土货外放径运值所以增高的原因。

(三)天津径运业中各国所占比重:

了解径运业中各国所占比重,可知各国相对地位的主次及其嬗递,亦可见各国在华北地区经济实力的消长,以及列强对此间商品市场与投资场所的争夺。

1. 直接输出洋货的国别(地区)、价值及径运比重:

国别(地区)	单位	1878		1887		1897		1904	
		径运值	%	径运值	%	径运值	%	径运值	%
英国	海关两			112 212	7%	2 027 899	24%	2 622 018	17%
香港	海关两	241 782	39%	1 037 326	62%	2 895 082	17%		
印度	海关两			38	0.002%			40 857	0.3%
美国	海关两			1 116	0.07%	1 109 173	13%	1 316 629	9%
欧洲大陆	海关两	54 337	9%	179 502	11%	9 092 092	11%	3 831 717	25%
日本	海关两	331 702	53%	331 942	20%	1 623 733	19%	4 768 781	31%
径运总值		627 839		1 662 136		8 557 979		15 161 062	
进口总值		7 912 895		13 648 712		29 695 278		35 744 921	
径运比赛		8%		17%		28%		42%	

注:"%"为径运值与径运总值之比,下表同此。

表四中1878年一栏虽不见英国之径运值,然香港为英帝国境内商品的集散地,其径运值当含英货价值。1878—1904年间,英帝国的径运比重渐次跌低,终与日本相差无几。美、日则约呈长势,日本尤著。究其缘故,在19世纪末,日、美起而争雄之前,英帝国恃其工业、商业、金融、航海业、外贸等优势,先他国对天津直接投资,并赖其殖民地香港与印度地近之便,始以鸦片,继以纺织品源源输入津埠,故于诸国径运业总值中居于榜首。尔后,日、美资本主义工业化成功,两国纺织业奋起直追,兼因对华鸦片贸易衰败,英帝国对天津的径运业乃见衰落。日本邻近天津,又得甲午赔款之助,纺织业一马当先,其产品又较英产工廉价低,颇具竞争力;兼因该国航运业势力大张,其径运比重遂与英国接近。美国纺织业、石油业突飞猛进,亦与英国争衡,其径运比重较光绪十三年(1887年)大有起色。合表一而观之,生产资料的径运率,以年为序,逐年增大。足见清末洋务运动及辛丑新政的推行,更兼甲午战争后列强对天津投资渐形踊跃,天津工业近代化遂得以加速。

2. 直接输入土货的国别(地区)、价值及径运比重,仍以表四所列各项为例,以1878年为基期,光绪三十年(1904年)为对比期。其间津郡径运英帝国的土货所占比重,对比期较基期竟减低62个百分点。反之,直运日本的土货所占比重,截至1904年却增高62个百分点。至于直抵美国之土货,据《天津志》载,到1905年则上涨39个百分点。以天津1878,1887,1897,1904年直放外洋的土货总值而论,此四年各为18 692,157 390,646 015以及2 035 520海关两,可谓与岁俱增,盖因列强对天津外贸争相投资,使天津出口业日益服从国际分工,卷入世界市场。

三

影响天津直接贸易的因素很多,约为地利的大小、腹地的广狭、物产的贫富、交通的畅滞、通讯的迟速、实业与金融的强弱、列强投资的多寡及其势力的兴替等等。

(一)地利

天津地当九河要津,商贾荟萃,且为畿辅门户。其地东南临海,便于海运,自开埠通商以来,立新关,划租界,华洋错处,渐成北洋通商要地。据同治五年(1866年)津海关年报载,天津既是晋直两省的口岸,又是广袤的亚洲中西部中国一侧的最近口岸,该地区东为满洲,西为蒙古,横跨经线50°左右,介乎中国疆界与西伯利亚边境(约在纬线50°)之间,是为天津地理位置的优势。在华北地区铁路修通之前,津埠与外洋的径运业无足轻重,实业与钱业亦属幼稚。迫至1905年,津埠各项事业日见昌盛,其径运业迅速发展,越乎取道上海的转口业之上。

(二)洋行与银行

1860年岁末天津租界划定,使洋行、银行得以设立与扩充;洋行、银行的兴盛促进了外贸发展。

1. 洋行:19世纪60年代起,英国率先向天津投资,侧重于航运业与进出口业。英商怡和洋行(1867年在津开设分行)代理远洋航运并经营沿岸运输,兼操进出口、金融、保险各业;更假手买办于内地设外庄,收购土货以供出口。英商太古洋行[光绪七年(1881年)在津建立分行],从事津沪、沿海及内河航业,1904年附设天津驳船公司,以弥补大沽拦江沙与海河河道不通大船的缺陷。又英商高林洋行(1881年开办),专营西北羊毛出口打包业,并与英商新泰兴洋行合营大沽驳船公司[同治十三年(1874年)创建]。甲午战争以前,他国亦有所投资,如法商永兴洋行,加工蛋品;德商世昌、礼和、德孚等洋行分销洋杂货等;礼和、禅臣并泰来诸行均业军火;美商慎昌洋行经办皮货出口。上述洋行均属服务于进出口业的外人所立商号。《马关条约》订立之后,外人在华设厂合法化,同时产品内销时享受子口税之优惠,致使津城外资企业层出不穷。

2. 银行:19世纪80年代,欧洲一些国家及日本开始在天津设立银行。外国银行首先贷款与津埠洋行,以资助其所操进出口业,贷给华商者为数有限。各国银行亦向钱庄提供短期信贷,然后转放华商,借以取息。1887年津郡两家外国银行以保税鸦片作抵,给以华商融资之便。光绪二十六年(1900年)外国银行宽延洋商信贷期,使后者借出口花草帽缏与山羊皮褥而获厚利。银行介入外贸,于此略见一斑。现将各银行的业务简述于下:英国汇丰银行(1881年在津设分行)并麦加利银行(1895年)通过国际汇兑、进出口押汇、打包放款、信用透支及外汇结算等方式,为各洋行融通资金;日本横滨正金银行(1899年),以对外汇兑、贴现为主业;德华银行(1890年),对出口货开付转账支票。华俄道胜银行(1897年),曾贷款修筑关外及正太铁路,此举有益于腹地的开发。清季洋行重在经营进出口业，银行则大力襄助，既有洋行竞相逐利，又有银行融资之助，天津对外直接贸易始能蒸蒸日上。1879 年洋货径运率为 6%，1906 年则跃为 62%，计增 56 个百分点；而同期土货径运值由关平银 3 526 两，涨至 2 583 800 两，约增 700 余倍。

（三）实业

洋务运动以富国强兵为主旨。《马关条约》允准外人投资设厂，辛丑"新政"则奖励实业，均有利于津埠工业的振兴。实业的繁荣必然推动直接贸易。现将中外企业的兴办情况概述如下：1867—1868 年先后建成机器造药局（东局）与机器铸炮局（西局），购置外洋机器，以备制造军火。1878 年又筹办开平矿务局，进口各种机器，以照西法采煤。1886 年进口大宗物料，以供大沽船坞及机器局之用，内有德产钢轨 1 500 吨，用于修建开平铁路。大沽驳船公司于 1888 年设立船厂，承修船只，该英籍公司实为 20 世纪前天津外资企业之巨擘。民营企业德泰机器厂（1884 年），经修轮船及矿山机器；北洋硝皮厂并织呢厂，其机器设备皆购于外洋。1900 年以后，1906—1909 年间新厂遽增，洋厂 7 家，华厂 15 家。洋厂多营饮食、出口加工及机修等业，规模不大；此期华厂规模较大者有北洋硝皮织绒厂（1903 年）、北洋劝业铁工厂（1906 年）、北洋滦州矿务公司（1906 年）以及北洋火柴厂（1909 年）等。近代工业的兴办，均进口外洋机器，始则生产初级产品或中间产品，继则制造终极产品。前者多供出口，后者偏重内销。实业的兴盛，势必促进对外直接贸易，据关册载，1867 年进口外洋机器之径运率为零，1907 年竟升至 92%。1887 年出口绒毛径运值为关平银 52 094 两，1907 年则增至 515 505 两。由此可知：实业之兴，势必助长生产资料的径运率；加工之精，转而增大中间产品之径运值。

（四）交通与通讯

径运业的扩大与之息息相关。

1. 直接航线的开辟：①苏伊士运河的通航。同治八年（1869 年）沟通地中海与印度洋的苏伊士运河通航，使中英航程缩短 28%，自是天津入出口货物无须再绕非洲好望角，省时省费，足以辅助天津对外直接贸易。1868 年英船直达津埠者共计 1588 吨，1893 年为 6 572 吨，到 1910 年，经营径运业的洋轮激增，英商大英公司、老太古及德商汉堡公司等轮船，均常往来于大沽。②日本与津埠的直航。光绪十二年（1886 年）日本邮船公司开通神户、长崎至天津的航路，使出入津埠之日船数目由 1864 年的 9 只增至 18 只。1889 年增开神户至华北定期航线。1905 年大阪商船会社新辟大阪至天津一线。甲午战争后日本索得巨额赔款，国内纺织业迅速发展，在津投资增多，尤其注重华北市场，于是双方径运业日见繁盛。1887 年东洋货的径运值占各国径运总值 20%，至 1904 年已占 31%。而土货对日径运比重，1878 年为 4%，至 1904 年已占 66%。

2. 铁路的修通。华北通行火车之前，洋货内运、土货外运俱因路遥坎坷而颇多窒碍，一俟铁路畅通，径运业则欣欣向荣。19 世纪 60 年代，晋、直、蒙三省虽为津埠洋货主销场，但货运太原府历时 15 日，往张家口需 15 日，赴恰克图则用 50 日。1885 年津海关年报称：一年中道路不通者占三分之一，停航期又占三分之一，内河航运（尤指南运河）因河道失修而不济事。1887 年，转输开平煤的津沽铁路竣工，津唐"计程 260 里，只走一个半时辰，快利为轮船所不及"。嗣后，北宁铁路以息借 230 万英镑并日金 32 万元[①]，至 1911 年全线告通。京汉铁路以比国贷款（实系华俄银行之资）为开办费之一，1905 年建成。还清铁路商借英款 614 600 镑（后又续借），于 1907 年通至清化。正太铁路由华俄银行出借 4 000 万法郎，接通京汉铁路，于 1907 年通车。京张铁路自行经办，于宣统元年（1909 年）告成。津浦铁路初借德、英之款 500 万镑，后又续借，于 1912 年全路开通。至此华北铁路交织成网，开平、临城、清化及井陉之煤由铁路运津，然后远销美国太平洋沿岸一带。西北皮货、东北豆类亦借铁路经津放洋。宣统年间津海关年报称："方今铁路宏通，运货便利，出口贸易之腾振不无由来。"1895 年津城洋货径运率为 23%，土货径运值计 549 941 海关两，及至 1911 年前者升为 63%，后者加至 6 418 227 海关两，约增 10 余倍。

3. 通讯的进步：①邮电的创办。津城近代化的加速，使传统的驿站、民局不敷所需，西式邮政遂起而代之。1866 年总税务司署附设"邮政部"，代管京、津、沪间邮务。1878 年华洋书信馆经理京沪等五处业务。1879 年海关拨驷达局（海关邮政局）兼营海邮与陆邮，使京、津、镇（江）得以通邮。1900 年大清邮局在津设分局。至于电讯，1880 年丹国大北公司承造沪、镇、宁、津间的电报线，次年底津沪通电报。总局设在津城东门。光绪十年(1884 年)苏、浙、闽、粤通电,总局迁沪,易名为“中国电报总局”。尔后,津奉、津保线通,鲁省内线路亦通。至此全国电报网已见雏形。19 世纪 70 年代起,上海借海底电缆已与伦敦通电,津沪线的接通则可经由上海电达域外。邮电既通,商情畅达,汇兑便捷,直接贸易因之更为畅盛。

②海河的治理。海河除冬令封冻外,极碍行船者一为大沽拦江沙,二为海河弯道。大沽拦江沙,俗称“大沽坝”,系船只入出海河的通道。1866 年津海关年报载:唯涨潮时,吃水 12 呎深之船乃能入口,逾此深度者无从驶入。有鉴于此,海河工程局(1897 年成立)曾以挖泥船试行排淤,1906 年以转耙法疏浚,次年新道较旧道深 1.12 米,走船 108 只。1911 年新道经转耙较低潮水面深 5 呎,如此,船只既免海难,亦省驳费。至于海河河身,自大沽至津郡一段迂回曲折,以致水路长于陆路。1865 年吃水 11 呎半之船,必恃春潮始可达于租界。1897 年海河淤滞日甚,船货出入紫竹林码头皆赖驳运,耗资、延时。因此,海河工程局于 1898 年着手“塞支强干”,建闸以保水深。1901—1911 年又兴工“裁弯取直”,使河道缩减 23 218 米。两项工程卓有成效,缩短航程且增纳潮量。1908 年进口船数为 788 只,共 977 491 吨,直抵紫竹林码头者有 511 只,能于泊位转身者 323 只,吃水最深者达 13 呎。1911 年欧洲远洋货轮年增一年,均可克期而至津埠。河口的浚深,河身的治理,加之助进货运的诸多设施,皆有利于直接贸易的兴隆。1902 年洋货径运率为 35%,到 1911 年则涨至 63%,计增 28 个百分点;土货径运值由 1 688 826 海关两,跃为 6 418 227 海关两,提高 2.8 倍。

总之,天津直接贸易的反末为本,反映出城市近代化的进程,显示出以天津为枢轴的华北经济逐步依从国际分工,并纳入世界市场的轨迹,同时也揭示出天津门户开放后半殖民地化日益加深的过程。

注:

① 见凌鸿勋:《中华铁路史》,第 86—87 页。

(《天津社会科学》1995 年第 3 期)

清末铜圆危机与天津商会的对策

赵洪宝

清朝末年,社会处于重大的变革时期。在这个历史转型阶段,经济形势的相对恶化成为当时重大的社会问题,突出地表现在金融风潮此伏彼起,币制问题走入死胡同,铜圆制度也出现了极大的危机,“铜圆遂成为病民恶币矣”①。作为工商业界代表的资产阶级法人团体——商会,从维护本阶级的利益出发,采取了一系列重大举措,试图挽救清末铜圆危机,尤以天津商会表现突出。本文以天津商会档案为主要史料来揭示这一问题,不当之处,尚祈方家指正。

一、铜圆的兴铸与危机

铜圆,又称铜币,俗称铜板、铜角,它是在清末制钱制度的崩溃、旧式大钱制度的破产以及银两制的没落等背景下,清政府为了救济财政上的急需,不得不采用的一种膨胀通货的手段。尽管它在中国不过通行二十余年,但铜圆种类繁多,千变万化,在中国钱币学上已成为一个独立的门类②。

清末开铸铜圆之风始于广东、福建、江苏等沿海地区,光绪二十八年(1902 年)2 月 2 日,清廷发布上谕:“前经广东,福建两省铸造铜圆,轮廓精良,通行市肆,民间称便。近日江苏仿照办理,亦极便利,并可杜私铸私销之弊。著沿江沿海各督抚筹款仿办,即就各该省搭铸通行”③。由此铜圆在全国范围内取得了合法地位,并以很强劲的势头,很快突破了沿江沿海的范围。据统计,1900 年至 1905 年,除户部造币总厂外,全国共有 17 省设局 20 处涉足铜圆铸造④,光绪三十三年(1907 年)增至 24 处⑤。

铜圆鼓铸的倡行,一方面是由于使用方便和币值稳定,无论面值为“每百元当一元”,还是“当制钱十文”,都以银元 1 元兑换铜圆 100 枚为发行币值。而在 1905 年以前,铜圆市场币值往往超过其发行面值,可升水 5%—20%⑥。这种稳定的市价也有利于铜圆的广泛流通。另一方面是由于鼓铸铜圆余利丰厚,以当十铜圆为例,按铜的纯分算,铸一枚只需制钱三钱七分,而铜圆与制钱较,仅值十之四五,赢利 60%。后来,制钱收尽,改用紫铜造,其赢利更为惊人,正如《铸铜圆本利简明分析表》所示,除去购买铜、白铅、点锡和熔、碾耗煤外,每铸一个,余银二厘四毫三丝一,铸百万个,余银 2 431 两⑦。而且,铜圆鼓铸是从行省开始的,中央政府并不限制铸额,铸造铜圆的机构可以获得 20%—30% 的利润作为地方督抚财政来源的补充⑧。因此,“各省铜圆局创设之初,铸造不及,往往购买日本铸就铜饼,一经印花,便可行使”⑨;“各省中有未及京铸造铜圆之利者,见而羡之,纷向外国采购机器建厂铸币,进行异常热切,且多视铸币为筹款之捷径,结果产出大宗铜圆。”⑩

随着国际市场银价增昂,铜圆发行数量的急剧增加,供过于求,因此,市场充斥着贬值的铜圆。据梁启超统计,1904 年至 1908 年五年间,铜圆的铸额总数为 12 426 671 000 枚⑪;而据《申报》1910 年刊登收回全国银元所需银两折算,全国流通官铸铜圆有 361 亿枚,连同各省官民及外洋私铸,约为 722 亿枚⑫。而且,铜圆坚挺的局面在 1905 年以后开始逆转,大盘往下,铜圆对银元市价迅速下跌。此外,当时私铸铜圆的现象也很严重,主要是洋私,即由日本运进的铜板⑬。日本浪人“大收中国制钱,毁成铜块,到埠销售。天津、上海租界,公然运铜板到埠,开炉铸造铜圆,欲用何省字样,登时有印模印之”⑭;“私铸及由日本方面流入者不在少数”⑮。另外,韩铸红铜圆也源源流入中国,日本侵略朝鲜后,强行以本国镍铜币代替朝鲜红铜圆流通,200 枚红铜圆只能兑换 20 枚镍铜圆。韩商为逃避亏损,与沿海华商勾结,以 200 枚红铜圆易清银元一元,于是,韩铸红铜圆经烟台、大连、盐城等地源源流入津门,与北洋新铸当十铜圆掺杂混用⑯。

由于铜圆的滥铸与充斥，铜圆的品种、成色也日趋混乱，铜圆币值日趋下跌，“以致商人不断地抱怨‘通货贬值’了”[17]。就连当时上海西商商业会议公所也认为“华政府整顿鼓铸当十铜圆之事，应视为极紧要”[18]。铜圆价值的变动，以1905年为转折点，在这之前，80枚至95枚铜圆即可兑换银圆一元，而这之后至宣统三年(1911年)间，由110枚至140枚始可换银圆一元[19]，也就是说，在1905年以前，铜圆在市面上行使，可升水5%至20%，而在1905年以后，则需贴水10%至40%，这一反复，“十余年间，币值减低了百分之九十”[20]。因此，“铜圆愈多铸而价愈落，钱价愈贱物价必增，小民生计维艰，地方收款亦暗受亏折”，“公家赔累于上，商民交困于下，贻患后来，关系非浅”[21]。

本来，遗是一种名义货币，其实值应在币面价值以下。但由于当时民众称量观念未除，加上清政府币制不健全，“唯一能形容此状况的是‘混乱’一词”[22]。铜圆铸额无限制，于是铜圆市价涨落无定，遂成为绝好投机目标，而一般商人的囤积操纵行为，益使铜圆价值的波动趋于激烈。作为北方重要商埠的天津，在这次铜圆危机中，受到了前所未有的冲击，市场币值极为混乱。

庚子事变后不久，天津遵从户部命令，兴铸铜圆。1902年，袁世凯札委周学熙总办北洋银元局，改铸铜圆代替制钱，在无厂房、无设备、无底本的情况下，拆卸被八国联军毁坏的东局子修械厂和北洋机器制造厂的旧机器，息借商款银1 169 464两，召集工匠日夜赶铸，72天铸出铜圆150万枚。至1903年5月止，银圆局共铸出铜圆1 100万枚。翌年，北洋银圆局又引进新机器，招选新工徒200名，所铸铜圆由原定每日33.6万枚剧增到60余万枚。到1907年3月，该局共铸当二十、当十、当五及一文四种铜圆，折合当十铜圆68 218万枚[23]，数载之间，无地不行，无物不贱，“每元银洋兑换铜圆八九十枚，合算津钱一吊七八，与老钱数均同；衣食各物，均皆价廉”，由于铜圆良好的币值信用，“合津街市无不遵章周流铜圆”[24]。据民初调查，天津工人家庭支出中使用铜圆率为78.3%[25]。因此，北洋铜圆的流通区域不断扩大，行销处分布于天津、北京、保定、山东、奉天、吉林、山西等地，多达32所。

但是，行用铜圆不久，铜圆日多一日，钱价日落一日，银价日涨一日，从此，“银钱奇绌，生意萧疏，商民交困，至斯已极。推原其故，皆由铜圆之亏折太甚，为害日深也”[26]。

1903年，北洋银元局规定，满钱2 350文可以兑换九六制钱2 448文，并与天津商务公所订明：“准各钱商出入以两数为度”。但是，天津恒兴义、阜康成、德庆恒、庆兴恒、启盛号、华昌号六家钱铺擅自压低铜圆价格，只按九六钱2 320文兑出，相差128文之多，牟取暴利[27]。不久，天津铜圆局第一批投放流通领域铜圆100万枚，按规定每两易制钱2 330文，但行之一个月后，“现街市银价制钱实换2 200文，而铜圆开盘至2 400以外，致令当十铜圆竟不能当抵制钱十文之用。若再随市放盘，势必制钱与铜圆相去甚远，流弊不可胜言。”且“天津三四十里外，银价仅换二千一二，与津埠相差二三百文，此无怪制钱无来源，其机愈滞，其法愈困”[28]。更有甚者，天津县葛沽“市价不齐、银洋一元可换铜圆津钱1 800余文，若清净制钱不过1 400有奇，是换银一元，铜圆制钱相较已差四百之多”[29]。由于天津遍使铜圆，使得铜圆日益充斥，“以银一两换津制钱，至多不过两吊二百；若以银一两换铜圆，至少亦在两吊七百，是价值显然不同也。”[30]这种情况一直持续到1907年底，该年津市“铜圆之落价，钱币为之一变。有按八折制钱者，有以制钱铜圆对搭者”[31]；“自秋迄今，铜子不能流通，以换皆用银圆”；“若以铜圆易银元，决无售主”[32]。“铜圆之荒，到处皆然，以铜圆兑换银洋诚属不易”[33]。以至天津市面“米贵如珠，面贵寸丹，民被商害如陷苦海，若再任意增长勒价居奇，阖郡津地焉有民生”[34]。天津造币厂的铜圆也大量积压，1905年10月26日的积压铜圆已值银40万两，亟应设法疏销。

1911年，铜圆危机又呈另一种走势，由于铜圆价格日益跌落，为稳定铜圆币值，天津府衙规定，每银元兑换铜圆130枚。可到了9月中旬，铜圆价格日益上扬，“每一元由一百二十八枚及二十五枚，近来又落二十枚、十五枚、九枚、五枚等等不一”[36]。铜圆价格“忽涨忽落，民间受苦不胜枚举”[37]。

二、天津商会缓解铜圆危机的举措

市面的稳定或混乱，直接影响社会经济生活与商人的切身利益。危机期间，首当其冲的是天津商会。天津商会在庚子事变后十年间，不仅一直主持铜圆的具领和向商家发散，而且还负责银钱市场每日开盘价格的审核与上报。为缓解铜圆危机，维持市场机制的正常运行，天津商会采取了“清来源”和“畅销路”两种对策。

所谓“清来源”主要包括以下几个方面的措施。

(一)禁止外地铜圆入津,以减轻津地铜圆充斥的压力。为制止铜圆贬值危机,杜绝奸商从中渔利,天津商会上书天津府正堂凌福彭:“现在津市所用铜圆间有从外路运来者,分两成色与北洋银圆局所铸不同,易致鱼目混珠之弊”,所以,他们拟请天津府立案:“嗣后除北洋银元局所铸铜圆应遵宫保示谕以一当十流通行使,如有别样铜圆运入津地,其铜圆一枚作为制钱十文使用。”上述要求得到凌福彭批准,“已据禀出示严禁矣”[38],并严格规定携带数额,“凡行旅及乡民往来城市概只准以二千枚为限,在此限以上大宗铜圆必须有兑换官局护照方准放行。如无护照即行扣留。”[39]对胆敢以身试法、私运外省铜圆入境者,天津商会协助天津探访局、户部造币总厂严厉查处。如津埠德厚兴、德盛合等商号私销外省铜圆约津钱10万,被判罚认销本省铜圆合银40万两[40]。

(二)杜绝私铸私贩,摒弃劣质通货。北洋银元局铸造的铜圆在津埠广泛流通,引起了一些不法之徒渔利的冒险心,“匪徒设炉私铸,外洋乘间私运”[41],以劣质铜圆通行市场,干扰津埠金融市场的稳定,严重破坏了铜圆币值的信誉。对此,天津商会提议严厉取缔私铸私贩铜圆者,认为“银价增长,由于私贩充斥,铜圆拥挤之故,是查禁私贩实第一要义”[42]。他们还向直隶总督提议,请求札饬巡警、探访局严禁沿海各口私运铜圆并内地手机私铸,“一经拿获,照例究办”。“一面札饬关道照会各领事,凡在各国租界,无论中外人等,若犯此事亦应一律办理,以免充斥”[43]。此举得到直隶总督杨士骧认同,他就取缔津埠华界钱摊事札饬天津商会:“查近年来华洋地面摆设钱摊到处皆有,尤易与贩铸勾结,必须于租界内地一律实行禁止,方无流弊。已饬海关道商同领事切实查禁,并饬由巡警探访局克日驱散,仍随时查禁以绝腹患。其外来私贩轮运,则责成关道协同税司严密搜查。”“遇有起获私贩,七成充公,三成充赏,以资鼓励”[44]。这样,津埠便展开了大规模的“驱逐铜圆口袋之徒”活动。所谓“铜圆口袋之徒”,是指无业游民以贱价购买铜圆,用口袋盛装,在各街巷任意涨落,随口而出,搅乱市面。天津商会对津埠杂货,三津磨房等商人要求驱逐“铜圆口袋之徒”的呼声表示赞同,“应准照议立案,相应照知”[45]。

此外,外洋铜圆也充斥津埠,“外洋私贩铜圆北来充斥,致银价飞涨,京津商务颇受其累”[46]。当时,外洋私贩铜圆主要是日本紫铜饼和高丽五分铜圆,对此,天津商会拟定六条办法,主要内容有:请饬探访局设法严密查拿外洋商人私运铜圆;请饬关宪与各国领事议订各国商人私运私铸铜圆罚办之法等等[47]。直隶总督杨士骧除“通饬各属将商贩高丽五分铜圆一体查禁,不准搭用”[48]外,还札饬津海关道,照会各国领事查照办理,得到了各国领事的同意[49]。

所谓“畅销路”主要是指以下三个方面。

(一)坚持津埠商民一体行用铜圆。铜圆行使市面后,商民称便。但天津是地方通商大埠,商贾云集,大多数商人均携带铜圆到津贸易,因此,天津铜圆麇集,颇行拥挤。天津自当十铜圆行之流通领域后,凡零星费用需制钱一文至五文者,多以竹签、洋铁片、纸条充任,给金融市场带来了诸多不便。天津商会为此致函户部造币总厂,认为此法“勿论通行不便,未免有失国体”,因此,要求造币总厂广铸五文以下小铜圆,代替洋铁片、竹片行之于市,“庶于国体商民两有裨益”[50]。

有些区域铜圆币值无信誉,交纳丁粮皆不收铜圆。天津商会明示:“铜圆既系官铸,贵乎流通,如该州县厘卡向系使用铜圆之区,自应准其交纳,不得格外挑剔,以期商民称便。倘在素未行用处所,似未便一律相强,应由该州县厘卡察看情形酌量办理”[51]。

当天津铜圆过分充斥之后,天津便四传禁使铜圆的谣言,以致商民纷纷倾兑。天津商会即请求造币总厂行饬天津地方官,“速即缮出简明告示,以息谣言而安市面。”不久,天津县议事会致函天津商会,拟议暂将天津各铺户仿照上海办法,无论大小行情,一律劝导改以小银元作价,铜圆只为补助之用。天津商会认为此举“非正当对付铜圆价涨”,因此,“倡用零毛小银票之说,迭经敝会董事提议旋而中止。”[52]

为了减少津埠铜圆充斥的压力,天津商会还上书直隶总督,要求他札饬户部造币总厂“暂行停铸铜圆,并将停铸情形出示晓谕,嗣后铜圆如不敷用,应由众商查看情形开议”[53]。

铜圆停铸日久,加之铜圆大量外运,天津铜圆在宣统二年(1910年)后颇感短缺,价格又呈上扬之势。1911年9月13日至16日,每银1元兑换铜圆110枚,民间深受铜币出境之害[54],以致天津杨柳青镇全镇自

1911 年 9 月 27 日至 30 日不见 1 枚铜圆，“人民持银兑换者，遍街市无觅处”，“役夫雇工也发放无资”[55]。为此，天津商会请开铸铜圆以解金融危机，“查造币总厂现存铜料甚伙。每日夜造铜圆数十万枚，足敷数年余之用。此铜请尽数赶铸。现在银钱奇绌，务宜与现银元并行不悖。每日夜除铸银元外，约可出铜圆数十万枚。从此源源接济，上可以补饷源、下可以资民用。便军利民，莫此为要”[56]。户部造币总厂准铸 500 万枚投放市面，即使这样，铜圆行使市面仍不敷用，天津商会再次禀陈直隶总督，请札饬造币总厂一月之内每日搭铸铜圆 60 万枚，并禁止大批铜圆出境，以保市面，得到了陈夔龙的批准。10 月，度支部又札饬造币总厂准铸铜圆 1 000 万枚，解救铜圆危机[57]。

（二）铜圆出省须放开。在天津铜圆“尽铸”而不“尽放”的时候，流弊随之产生，即铜圆过分拥塞。为了变通起见，天津商会又提出开禁铜圆出境。他们认为，天津铜圆拥积日久，“请将铜圆出口出境，乃系广筹销路之一法，应请通饬一体照办”。因此，天津商会便秉承直隶总督杨士骧的札饬，规定：“凡外埠商家有带银来津购买铜圆者，可按照保定准官商向各银号购买铜圆外运销售，并声明所购若干，运往何处，发给护照俾使出境”[58]。同时，“若本省铜圆如系出口出境，可听其自然，不必拦阻，亦毋庸给照以省周折”[59]。这样，便在某种程度上缓解了天津铜圆充斥的压力。

（三）创设北洋官钱局，行使铜圆纸币，维持铜圆币值。为了缓解铜圆滞塞，设法疏通北洋银元局所铸铜圆，天津府决定拨银 30 万两，设北洋铜圆官票兑换局，用寻常无暗花洋纸，赶印铜圆票 45 万张，并“拟请通饬全省府、厅、州、县自该地方设立兑换局之日起，须遵照后开各条实力奉行。毋得因循敷衍，阳奉阴违”；“凡征收各项，上解各款，均准其搭解北洋铜圆官票，并不拘定成数”[60]。根据天津府的札饬，天津商会总理王贤宾认为，铜圆之荒“固由于鼓铸日多，亦由各省及外洋充斥日甚，而人心不定。皆以钱盘必日涨一日，分文不肯存多。渟 蓄愈少拥挤愈甚，尤为钱荒第一病源。”因此提倡创设北洋官钱局，行使铜圆纸币，“准由各商民用铜圆向钱局兑换两等纸币，以资津埠流通”。而且“若有官钱局以为之总汇，不必将铜圆尽行买入，则人人皆知市价将平，不似从前日涨一日，无所底止，或可稍为存储。一人如此，人人如此，则铜圆之荒自定矣”[61]。1908 年 1 月 12 日，天津商会邀请鞋行、杂货行、帽行、粮行等 26 个商董讨论市面铜圆波动改用银两银元纸币交易问题，决定：自 1908 年 1 月起，凡出售各货均改银价，拟银洋十角为一元，如给铜圆随银洋市价核收，“勿借端抬价居奇，是为至要”[62]。

不久，京师为平钱盘，决定发帑买铜圆，天津商会对此大有歧义：“以有限之银款买无限之铜圆，能始终不竭乎？买进之铜圆能永远存储不动乎？有铜圆即收买，无此巨款，收买稍一舒顸，势必明暗两价，流弊滋多商民愈困”。此举“就表面论之，不过扬汤止沸；就事实论之，几似抱薪救火”[63]。因此，天津商会拟订办法大纲 17 条，主要内容是京师设立一处兑换所，在天津、保定等顺直行使铜圆之埠设立分所；各所均填写铜圆纸币，限期收买铜圆，愈限后专行铜圆纸币，不得再使现铜圆；并允铜圆币到各所兑换银纸币等[64]。此法得到直隶总督杨士骧批准。后来，天津商会为解救铜圆危机，又提议：“若以铜圆之病不可再延，可将铜圆未能畅行之州县一律收回，尽归京津行使，所有京津两埠一切官商交易，均以银为本位，使铜圆涨落不关出入，则未受病之州县不能再病，已受病之京津已不觉其病矣。”因此“筹划铜圆以另筹饷源为入手，以改用银价为方法，以统归京津行使而他埠仍行制钱为究竟”[65]。

到了后期，由于铜圆价格日跌，一两银子可兑铜圆 180 余枚，天津商会遂核议决定，每洋一元易铜圆 130 枚，不准任意涨落，并决定自 1911 年 9 月 24 日为兑换之期，每日上午 8 时至 10 时，下午 2 时至 4 时为兑换时间，“凡来会兑换铜圆者，务将捐务局捐照携带呈验，给发凭照收执，以便按期兑换铜圆，以免冒滥”[66]。为防止不法奸商从中渔利，天津商会还呈请警务公所，“电知城镇各分区，饬岗随时稽查，一律兑换铜圆一百三十枚。如有借端渔利者，立即从严罚办”[67]。警务公所遵照办理，处理了私抬钱价的不法商人同益号陈则华及钱摊王锦瀛。

三、结论

纵观清末铜圆危机中，天津商会所采取的举措，我们可以看出如下几点。

（一）这些举措得到了天津官商两界的拥护和支持。一方面，天津商会“忝居商界领袖”，“为商界代表"，众望所归。因此，津商推崇信赖天津商会，认为商会同人"识见高超，魄力雄厚"[68]。天津商会在铜圆危机中维持街市之道"无微不至"，令"商等感佩莫名"[69]，他们遇事便找天津商会，把天津商会视为解决问题的依托。如天津县为众屠户在免捐期内私立高架肉秤交易，拒收铜圆之事向商会移文，请予制止；瓷商吴协兴等九家拟定停用铜圆以银两银元交易办法七条也移交商会定夺；杨柳青镇无铜圆发放役夫雇工也请商会拨发铜圆解难等等。

另一方面，直隶、天津府衙等官方也把天津商会视为联系商民、解决铜圆危机的中介。如天津县参事会请商会查明铜圆跌价原因；直隶总督、户部造币总厂也委派天津商会负责直隶总银行，志城银行出具的铜圆纸票兑换事宜[70]。天津商会的诸多建议和实施办法，如禁止外地铜圆入津、举办铜圆官票、取缔私铸私贩、重新开铸铜圆以救钱荒等，都得到了直隶官方的认可，并颁章照行。

(二)这些举措中也有些还有其不彻底、不成熟的一面。如商会提出以后"各省铸钱拟归商办"，显然是捉襟见肘的做法。试想中央掌握货币的铸造权，尚不能禁绝铜圆滥铸、铜圆膨胀贬值的危机；那么，在中央控制力松懈的情况下，如果货币铸造由商办，商人为追逐铸造货币的余利定会唯利是图，不计其他。而且，从理论上说，货币的发行权一般由中央银行掌管，各职能银行没有发行货币的权力，由地方发行货币有害于经济发展。就连商会自己也承认，其让换钱局换发铜圆一事"流弊甚多"。另外，铜圆"尽放"也有其偏颇的一面。天津商会认定，严禁外省铜圆进入津市即可缓解津市铜圆充斥的压力，但对津市铜圆大量出境他省，不但没有限制，反而鼓励出境，借谋分沾铸造铜圆余利。因为当时津市钱价与外埠不尽相同，"出口"铜圆既可获取余利，又可缓解津市铜圆充斥压力，这助长了套利铜圆的恶劣风气，增加了外埠铜圆充斥的压力。如1908年初，上海市价每大洋一元易铜圆115枚，烟台市价120枚，山海关北戴河市价124枚，秦皇岛市价121枚，唐山芦台市价129至130枚不等，而天津市价则为150枚，沿海大小各埠铜圆市价皆比天津低。因此，铜圆必然从天津大量外溢到各埠，出现了外埠商人备银来津购买铜圆外运的事件[71]，致使天津"兹受其铜币出境之害"，而民人要求"铜圆禁止出境"[72]。天津商会不得不再次请求直隶总督二次开铸铜圆流通于市，以缓解津埠铜圆短缺的危机。

(三)最后，这些举措在当时也确有积极意义。它缓解了天津铜圆危机的严重程度，安定了天津的市面，使得商民相安。同时以铜圆代替制钱，以五文小铜币代替找零用的"竹片"和"纸条"，也成为北方币制改革的最先尝试，在客观上对天津整顿金融、繁荣城乡交往方面起了促进作用。但也应看到，这些举措的积极作用是很有限的。天津商会的总理、协理、董事大多为旧式商人，他们只是就事论事，铜圆充斥即行停铸，铜圆短缺即行开铸，缺乏近代货币金融理论知识。他们更多的只是看到铜圆危机的表层现象，将出发点停留在"物多则贱，寡则贵"的认识基础上，"铜圆一项以顺直而论，本省铸造既多，各府州县推行未广，外省铜圆大半麇集京津一带，是失去罕字之权矣。私贩私铸查不胜查，禁不胜禁，是失去专字之权矣。"[73]他们把考虑问题的着眼点仅局限于货币的数量上，认为货币的价值取决于国内货币的绝对数量，理论上依然停留在春秋时代管子的认识水平。他们看不到隐藏在铜圆危机背后的深层内涵，不可能注意到国际市场上银价的相对回升，决定了中国货币流通领域里白银价格回升，由此产生银元对铜圆的升值；同时也未能注意到由于中国商品经济有所发展，导致了社会对白银的需求量的不断增加，铜圆作为交换的媒介愈来愈不适应流通需要而遭到白银的排挤，供求矛盾影响了二者比价的变化；更没意识到当时对外贸易的巨额逆差和巨量赔款造成的银荒对社会产生了巨大压力，导致中国银根空前紧缩，进一步加剧了社会对白银的供求矛盾。三种因素的合力决定了银价的增昂和铜圆价格的下跌。因此，天津商会没有能，也不可能从根本上解决清末铜圆危机。

注：

① 戴铭礼：《中国货币史》，第54页。

② 彭信威：《中国货币史》，上海人民出版社1958年版，第774页。

③ 中国人民银行编：《中国近代货币史资料》第1辑下册(以下简称《货币史资料》)，中华书局1964年版，第651页。

④ 陈度：《中国近代币制问题汇编》第4册，学海出版社1972年影印版，第236页。

⑤ 魏建猷：《中国近代货币史》，黄山书社1986年版，第135页。

⑥ (日)吉田虎雄：《中国货币史纲》，中华书局1934年版，第137页。

⑦《东方杂志》第2年第9期，第195—197页。

⑧ 王宏斌:《晚清货币比价研究》,河南大学出版社1990年版,第135页.

⑨ 陈度:《中国近代币制问题汇编》第1册,学海出版社1972年影印版,第120页。

⑩ 耿爱德:《中国货币论》(中译本),第309页。

⑪ 梁启超:《各省滥铸铜圆小史》,《饮冰室文集》二十一。

⑫《货币史资料》,第979页。

⑬ 石毓符:《中国货币金融史略》,天津人民出版社1984年版,第108页。

⑭《清朝续文献通考》卷22,钱币考(六)。

⑮ 戴铭礼:《中国货币史》,第162页。

⑯《北洋大臣袁世凯饬津海关道知照税司查禁韩钱入口札》,《北洋公牍类纂》卷22。

⑰ 雷麦:《中国对外贸易》,1933年版,第158页。

⑱《货币史资料》,第1092页。

⑲ 彭泽益:《中国近代手工业史资料》第2卷,第582页。

⑳ 魏建猷:《中国近代货币史》,黄山书社1986年版,第137页。

㉑ 张家骧:《中华币制史》第1编,第27页。

㉒ Jeremiah W. Jenks: *Monetary Conditions in China, China and the Far East. ed George H. Blakeslee*, New York, 1910, P124.

㉓《货币史资料》,第907页。

㉔ 天津市档案馆藏天津商会档案(以下简称津档):《南段巡警总局为文童阎学珍禀陈铜圆贬值经过及民人受害情形照会天津商会》(1908年2月7日)。

㉕ 高中洽:《中国铜圆问题之一考察》,《中央银行月报》第5卷第1期,1936年1月。

㉖ 津档:《津埠铺商五百十九家联名申述铜圆跌价以二吊合洋收租计每元加价五成之一文》(1908年8月30日,9月2日)。

㉗ 津档:《天津银元局天津府为处理启盛等六钱铺擅自压低铜圆价格牟取暴利的来往函》(1903年7月18日,8月1日)。

㉘ 津档:《直督袁为津埠铜圆较制钱贬值每两达二百文事札饬天津商务公所文》(1903年9月19日)。

㉙ 津档:《天津县葛沽天锡当等陈述铜圆较制钱贬值四百文事照会津商务公所》(1904年1月25日).

㉚ 津档:《直隶筹款总局复函阁邑酒商申明光绪三十一年津保铜圆流通及贬值情形》(1905年12月15、30日)。

㉛ 津档:《吉祥货栈陈述光绪三十三年铜圆贬值情形及被迫增加栈租文》(1909年4月10日)。

㉜ 津档:《静海县独流镇全顺号等三十二家禀陈铜圆信用丧失流通滞塞情形文》(1908年1月25日)。

㉝ 津档:《津商会察陈铜圆之荒到处皆然文》(1908年1月27日、2月1日)。

㉞ 津档:《南段巡警总局为文童阎学珍禀陈铜圆贬值经过及民人受害情形事照会天津商会》(1905年2月7日)。

㉟㊴㊵ 津档:《代理天津府正堂李为铜圆滞塞筹拨专款银三十万两举办铜圆官票事致天津商会照会及章程》(1905年10月30日)。

㊱ 津档:《天津县参事会陈述七月中旬后铜圆跌价情形请商会查明原因并筹划妥善办法文》(1911年9月16日)

㊲ 津档:《职商杨香岩禀陈宣统三年七月铜圆突然降至每洋一元兑换一百二十枚》(1911年9月13日)。

㊳ 津档:《津商务公所清禁止外地铜圆入津函及天津府正堂凌福彭批文》(1904年2月2日)。

㊵ 津档:《津埠会昌盛德庆合等号陈述因私运外省铜圆入境被罚银四十万两购买铜圆文》(1907年9月12日—10月7日)。

㊶ 津档:《津商会总理宁世福禀陈私贩私铸为清末民初铜圆过剩根源及解救办法文》(1912年6月30日、7月16日)。

㊷ 津档:《天津商会禀陈铜圆过剩原因解救办法及光绪三十四年正二月每日钱盘行情》(1908年3月

19 日、4 月 8 日)。

㊸㊸61 津档:《商会总理王贤宾等人提出禁铸铜圆并以纸币兑换办法三条挽救危机文》(1907 年 12 月 27 日)。

㊹ 津档:《署直督杨士骧为取缔津埠华界钱摊以杜私铸私贩事札饬津商会》(1908 年 2 月 27 日)。

㊺ 津档:《津埠杂货三津磨房等为铜圆贬值涨落不定请以银圆核收货价事及津商会照会》(1908 年 1 月 12 日)。

㊻ 津档:《枭宪周为外洋铜圆北来充斥市场铜圆贬至一百七十一枚事致商会函及复函》(1907 年 11 月 26 日、30 日)。

㊼ 津档:《津商会为外洋铜圆充斥中国金融市场拟定挽救办法六条》(1907 年至 1908 年)。

㊽ 津档:《署直隶总督杨为查禁高丽五分铜圆事札饬津商务总会》(1908 年 3 月 22 日)。

㊾59 津档:《署直督杨为津海关道报告天津保定两地铜圆过剩危机处理经过及驻津各领事所拟整顿铜圆办法事札饬津商会》(1908 年 3 月 25 日)。

㊿ 津档:《天津商会为请铸五文以下小铜圆代替洋铁片竹片事致造币厂函》(1907 年 10 月 13 日)。

51 津档:《天津银号天津商务总会详陈流通铜圆之区准以铜圆交纳丁粮厘税文》(1908 年 3 月 29 日)。

52 津档:《天津县议事会为用小银圆及银圆票代替铜圆事致津商会函及商会复函》(1907 年 12 月 19 日、21 日)。

54 津档:《阖郡民人公具说帖称铜圆短缺原因在于大量外运文》(1911 年 8 月)。

55 津档:《杨柳青镇董事会总董刘恩源历陈全镇铜圆皆无役夫雇工发放无资请速拨铜圆文》(1911 年 10 月 2 日、4 日)。

56 津档:《津商会请开铸铜圆以救饷源民用之急文》(1911 年)。

57 津档:《度支部札发造币总厂准铸铜圆一千万枚解救铜圆短缺危机文》(1911 年 10 月 19 日)。

58 津档:《直督杨为杨以德查得各埠铜圆价格并准外埠商人备银来津购运事札饬津商会》(1908 年 1 月 25 日)。

62 津档:《天津商会邀请各行商董讨论市面交易以银两银圆纸币代替铜圆事会议记录》(1908 年 1 月 12 日)。

6364 津档:《天津商会拟议废止现行铜圆代以铜圆官票并重铸制钱文》(1908 年 3 月 17 日)。

65 津档:《津商会陈述铜圆发帑平价无济于事应以另筹饷源改银本位为解救之法文》(1908 年 4 月 13 日)。

66 津档:《天津商会关于各换钱局兑换铜圆务带捐务局捐照的牌示》(1911 年 9 月 30 日)。

67 津档:《津商会为请饬岗警严查不按一百三十枚兑换铜圆之奸商事致警务公所函》(1911 年 9 月 26 日、28 日)。

68 津档:《天津城董事会致函天津商会请速出面筹商解救铜圆跌落危机办法》(1911 年 9 月 15 日)。

69 津档:《魁盛和等十六家换钱局为便民兑钱共集银元请商会兑给铜圆文及津商会批语》(1911 年 9 月 28 日)。

70 津档:《天津商会再禀直督市面铜圆亟缺请按日速拨铜圆六十万枚并令省银行出使铜圆票文》(1911 年 10 月 2 日、11 日)。

71 津档:《直督杨为杨以德查得各埠铜圆价格并准外埠商人备银来津购运事札饬津商会》(1908 年 1 月 25 日)。

72 津档:《阖郡民人公具说帖称铜圆短缺原因在于大量外运文》(1911 年 8 月)。

73 津档:《天津商会拟议废止现行铜圆代以铜圆官票并重铸制钱文》(1908 年 3 月 17 日)。

(《近代史研究》1995 年第 4 期)

天津的开埠与英租界的形成

刘海岩

近代天津的租界，以其数量多而著称，举凡在中国设有租界的西方国家，在天津都划分了租界。从咸丰十年(1860年)英租界的划分，直至光绪二十九年(1903年)英租界第二次扩界完成，天津各国租界的形成经历了40年。考察各国租界形成的过程，便会发现与上海等地租界有一个显著的不同，天津各国租界大都是列强对华战争的直接产物和结果，而且多数是在外国军队占领天津的情况下划分的，尤其是在第二次鸦片战争和庚子八国联军战争期间。本文仅通过英租界形成的历史过程，来探讨其对租界以后的发展起到了怎样的影响。

一

英租界最初划分于第二次鸦片战争期间。关于英租界的划定，中英两国政府没有订立任何划界合同或章程等。唯一的官方文件就是英国驻华公使卜鲁斯递交清政府的照会和总理衙门表示同意的复照。造成这种状况的直接原因，就是该界的划分不是通过两国政府的谈判缔约，而是在列强军队占领天津的情况下进行的。

咸丰八年(1858年)5月，当英法联军攻陷大沽口，两国军舰沿河上溯停泊在天津旧城外三岔河口一带时，清军开城投降。英、法军队没有进入天津城，而是驻扎在三岔河口海河北岸的望海楼、金家窑一带。此次列强政府代表率军北来，目的是以武力相威胁，要求清政府修改条约，因此当英法联军兵临天津城下时，并未占领天津城，而且还约束士兵不得随意进入天津城。然而，这是外国军队第一次到达近畿之地，顿使清廷大起惊慌。他们担心的并非整个中国的命运，而是唯恐由此导致大沽成为香港，天津成为广州，直接威胁到北京朝廷的安全。“将来何能驱之使去”?①因此，当列强代表在递交的订约条件中提出开放天津时，便遭到清政府的极力反对。在随后开始的缔约谈判中，清廷全权代表大学士桂良、吏部尚书花沙纳遵照朝廷的旨意，竭力拒绝开放天津为通商口岸。咸丰皇帝也屡降谕旨，“如天津通商及占据海口，断不可允许”，命令参与谈判的钦差大臣要“设法挽救，消弭此事”。并告诉他们，“如果夷人必欲在天津通商，不准建盖夷楼，不准携带器械”。可见，清政府最担心的是怕洋人在天津常住。由于清政府极力反对开放天津，英、法代表便提出以开放登州、牛庄相交换。清廷以为，牛庄船舶很难进入，“买卖无多”，“登州口岸亦小，并难安设洋行”，于是欣然应允。

1859年英法联军在大沽口的军事失败，使列强更加认识到开放天津的必要性。“如果天津开放贸易，炮艇停泊在天津内河，那么就不会有发生事端借口了”，他们把天津未能在1858年决定开放归咎为“额尔金政策的失败”②。因此，当1860年联军再度北上，攻陷大沽口，占领天津城，取得军事上的决定性胜利后，英、法两国提出的主要附加条件就是天津开埠通商。对于清政府来说，此时英法联军已经攻占了天津和北京，朝廷逃往热河，对列强的要求他们再也没有讨价还价的余地了。因此，当列强提出开放天津的要求时，咸丰皇帝也只得表示“因该夷已占天津，桂良等已准通商，只可同意”了。10月24、25两日，清廷与英、法两国分别交换了《天津条约》并签订了《北京条约》。其中增加的主要条款就是清政府“允以天津郡城海口作为通商之埠”，凡有各国侨民“至此居住贸易均照经准各条所开各口章程比例，画一无别”。在西方列强军舰、枪炮的进攻下，天津被迫对世界开放了。

《北京条约》签订后，英国政府在天津的代表参赞巴夏礼、英国驻津领事孟甘等人便开始筹划划分租界事。此次他们不再与清政府的代表协商,而是借英法军队占领下的有利时机,自行划界。11月23日,巴夏礼通知清政府在天津的代表恒祺、崇厚,英国"欲在天津城南采择地基,有将来英商屯货之所"。11月24日,巴夏礼等擅自"在津城东南相距五望之紫竹林起至下园止,勘丈空地","预备明年来津盖造房屋之用"。[③]对清政府的同意与否,他们根本不予理睬,只是表示对划定的土地要"公平给价"而已。12月6日,英国驻华公使卜鲁斯正式向总理衙门递交照会称:"本大臣意将津地一区代国永租,为造天津领事官署并各英商来津起盖住房、栈房等所之用"。该照会依据上海的惯例提出,对于划定地界内的民田、民居以每亩30两银为租地正价,外加银10两为赔补迁移费,对于原有房屋及基址另议明赔项。至于原居民何时迁出租界,照会提出在租界的土地没有租出之前,界内原有的中国居民"毋庸迁移,亦可免其自纳地租"。但土地一旦租出,原居民必须接受地价及赔项,"立行迁去,毋得辩难"。(有著述中依据《津门闻见录》所记,称该界划定后限原有居民3日内一律迁出,[④]此论当与史实不符。一是原记载所言已是咸丰十一年8月间事,该界已划定半年有余。二是英租界的土地直至1881年8月才开始招租,按照该界的规定,外国租地人租定某块土地后,要与原土地业主订立租地合同并支付地价、房价等应付款项,然后原土地业主才在限期内迁出租界。)卜鲁斯的照会递交了仅4日后,也就是12月10日,总理衙门便答复同意英国的要求,只是提出要由中英双方在天津的代表议定章程。此时,租界实际已经划定,清政府这种有气无力的要求自然不会为英方所理会。在得到清廷的答复后,在天津的英国官员又自行将租界的四界最后确定下来。据天津知府石赞清12月25日的报告,英国首任驻津领事孟甘自行将11月间巴夏礼勘定地界重新丈量了一编,结果所租定的土地范围是:自紫竹林起至大井庄长315.5丈,紫竹林沿河起至5海大道宽11丈,大井庄河沿起至海大道宽71丈,面积共计为489亩2厘5毫。然后,"购用石柱四根,在地边钉作界牌,上写'大英看定地基'汉书六字"。[⑤]这就是英租界最初划定的具体过程。在这当中,曾在大学学过土木工程、当时任英国皇家工兵上尉的戈登参与了英租界的选址和勘测,同时又具体做了早期规划,"戈登用铅笔把这一带未开化的地区画成河堤大道、马路以及建筑物的地基等",[⑥]该界土地的分租,正是在这个基础上进行的。

二

对于英国在天津划分租界,清政府是在无奈之下同意的。尽管在已经签订的条约中明确规定允许各国侨民租地盖房居住,但是咸丰皇帝仍然不愿让西方国家在天津划分租界,害怕外国人在天津常年居住。因此当恒祺和崇厚报告英国要划定租界时,总理衙门赶忙指示他们,"此事如能挽回,则补救尤多"。但此时已不是1858年,天津在列强军队的占领下,他们不必征得清政府的同意便擅自划界,清廷也无可奈何,因此,十天以后,当英国公使发出通牒式照会时,总理衙门在四天之内就不得不做出了同意的答复。这时奕䜣等人的任务就只有设法说服咸丰同意了。在他们上奏咸丰的奏折中,依据的主要理由就是条约已有明文规定,英国照条约办理,不得拒绝,再有就是租界所占多系空旷之地,没有坟墓等妨碍之处。半个月后,咸丰皇帝以"知道了"三字朱批表示了同意。

另外,当时有两点客观原因促使清政府答应了英国的划界要求:一、此时远避热河的朝廷最关心的是英法联军能尽快撤离京津地区,以使他们能尽早返回京城。《北京条约》签订后,英法联军陆续撤出北京。但是,仍有七千余名驻扎在天津,而且从北京撤出的军队也来到天津。当时,英军驻扎在海河西岸,法军驻扎在海河东岸,域内外的许多衙署和民房都被他们强行占据。在当时的情况下,只要天津驻有外国军队,朝廷是不会返回北京的,所以朝廷要求在天津的官员时刻汇报列强军队的动静,还要他们设法使列强军队早日撤离。在天津的清廷官员则借此为由,说服朝廷尽快答应英国的划界要求。在崇厚等人给总理衙门的信函中称,外国军队在天津占据了许多衙署、民房,难以退出,造成种种麻烦。既然已经同意通商,英国就要派驻领事,建造领事馆,外国商人就要有"屯货之区"。允准他们租地建房,"即可令其将民房让出,民无滋扰,庶得两无妨碍"。[⑦]

二、随着《北京条约》的签订,外国人常住天津,已是不可改变之势。因此,清政府尤其是天津地方官员反而希望租界早日划定,以便使聚居在天津城的外侨能尽快住到城外的租界中去。主持对外交涉的崇厚在租界刚刚划定后,就在法租界附近设立公所,并仿照南方设水关的方法,在租界前搭盖浮桥,使外商货船行驶至租界便停船卸货，无法再上溯到天津城，从而达到“人船并聚，中外界清”的目的。天津地方士绅也由张锦文出面，与英、法国代表订立了19款章程，出榜晓示，以维持地方秩序。其中规定，天津城内“闲杂人等”不得擅自进入租界，如果是受雇于租界的服役者，还要发给腰牌一面，“以便稽查”。[⑧]由此可见，在租界划定之后，中国政府以及控制天津社会的士绅们最注重的是如何使洋人居住、活动完全在租界中，而天津城区的华人尽量不与洋人打交道，即所谓“华洋分居”。但是，在租界划分之初，来到天津的西方人却不希望“华洋分居”，因为他们大都是商人和传教士，来华的目的是为了经商和传教，因此他们几乎都住在繁华的老城区而不愿到当时还是一片荒野的租界中去。发生于同治九年（1870年）的天津教案，才迫使在天津的外国人纷纷从华界迁入租界之中。

三

天津英租界的这种划分方式，对其各项制度的形成影响很大。主持天津英租界划分的巴夏礼，随后又于1861年初乘坐由英国舰队司令贺伯率领的军舰沿长江先后到达镇江、汉口和九江，仅用了一个多月的时间，就在三个城市中都划定了英国租界。与天津英租界不同的是，对上述三租界的划分，巴夏礼都与清朝地方官员共同丈量、划定界址，并签订了“条约”。其中，首次明文规定租界事务由英国领事专管。

由此比较一下，我们便可以得出下述结论：一、由于天津英租界的划分是在军事占领下进行的，因此巴夏礼可以利用英法联军占领之际擅自划界，既不用与中国地方官员往来协商，也不要与他们一同丈量划界；在这种情势下，英国驻华公使也可以通牒式照会的方式将划界的结果和条件通知清政府，而全不用订立任何章程、合同之类。二、这几个城市的英租界都采取了将界内土地统一“永租”给英国女王政府，再由英国政府分租给外国租地人的方式。在天津英租界，英国政府在法律上取得了租界土地的永租权后，于1861年初对租界进行了勘测和初步规划，确定了立即开发的地段和备用土地，8月开始分段向来津的英国人及其他外国人公开招租。租地采取订立“皇家租契”的形式，即由英国驻津领事代表英国女王与外国承租人签订为期99年的租地契约。由此可见，天津英租界土地的所有权实际上已经完全归属英国政府，而不像上海租界那样，实行由上海道颁发“永租契”的所谓“道契”制度，使中国政府对租界的土地还保有名义上的所有权。三、天津英租界内的各项市政制度和管理方法，完全由英国政府制定，通过英国驻华公使公布实施，再不与中国当局做任何协商。

四

英租界从1860年设立以后，一共扩展了三次，是天津各国租界中扩展次数最多、扩展面积最大的。与该界最初划分不同的是，三次扩展都是英国借其他国家划分租界之机，以“最惠国待遇”为借口向清政府索取的。光绪二十三年（1897年），当德、日两国所划定的租界面积已超过了英租界时，英国提出扩展租界，清政府只得答应该界越过海大道向西南扩展。1897年，中英双方签订了《新议英拓租界章程》。3月31日，天津海关道与英国驻津领事会衔出示公布于众，这就是所谓“1897年扩展界”。

光绪二十六年（1900年），当八国联军占领天津之后，各国列强纷纷擅自划定租界，迫使清政府认可。英国也趁机提出新的扩界要求。1901年4月21日，英国驻华公使萨道义照会李鸿章，以列强各国设立租界有可能妨碍英国租界的权利为由，要求清政府不得将英界以南土围墙以外大约2 400亩土地“租与他国”，“倘日后有应再行扩充英界之处”，英国有将此地“划入界内之权”。并绘制地图，标明界线，要求请政府明确表态。李鸿章答复表示认可，保证该地“不让别国租用”。清政府派来天津专门与列强交涉租界划分事宜的官员随即会同英国新任驻津领事金璋查勘了地界。清政府官员还草拟了“英墙外推广界合同”，要与英国领事签订条约，其中明确将该地界“存留作先英国日后扩充租界之用”，即作为“预备租界”。但是，英国领事金璋却拒绝订立合同，提出只“须出示晓谕”。显然英国方面不满足于这种模棱两可的“准租界”。一年多后，中英经过再次谈判，于1903年1月13日由津海关道和驻津英国领事联衔出示布告，将土围墙外所划地界明确定为“墙外推广界”。

在此前后，原美租界也并入了英租界。1900年八国联军占领天津后，美国极力反对各国设立专管租界，而呼吁在天津也建立一个各国共管的国际公共租界。在其建议没有得到任何响应后,驻津美国领事又向清政府提出要求恢复对美租界的管理。早在光绪六年(1880年),美国政府曾有条件地将该国租界交还中国,其条件就是美国随时有权重新对租界实行管理。但是,1900年以后的美租界已经夹在英、德租界中间,成为列强矛盾的一个焦点,清政府不敢贸然应允,反而去征求英、德两国的意见,又遭到美国的抗议。由于美国政府在华实行"门户开放"政策,重新恢复美国专管租界当然不是其本意。同年11月,美国政府再次表示放弃美国在中国的租界,同时开始与英国政府私下协商,将美租界并入英租界。这种合并是有条件的,其条件共有6项:(1)必要时美国可以在该界单独实行军事管制;(2)美国有权在该界河坝停泊军舰;(3)该界所属工部局董事会至少要有一名美籍董事;(4)该界内的土地转让须在美国领事馆登记;(5)如制定专门适用于该界的特殊规章必须得到美国领事的同意;(6)美国政府有权中止此项协定,重新对该界实施管理,但必须在一年以前通知英方。1902年,美租界正式并入英租界。10月23日,津海关道发表公告承认了这一既成事实,该界遂成为英租界的"南扩展界"。

五

按照划分时的规定,英租界三个扩展界与租界是有区别的,即其不是完全意义的租界而是扩展界。而事实上,在以后的发展过程中,尤其是民国以后,由于列强的强权政治以及中国政局的混乱、官员的无能,遂使扩展界与原租界在法律归属关系上已经没有什么区别。但是,扩展界的划分方式却给英租界的土地开发、市政建设以及各项市政制度留下了种种影响。首先是市政管理制度。按照1897年扩展界划分时签订的《新议英拓租界章程》规定,扩展界只是交由英租界实施市政管理。按英国方面的解释,这种管理权包括征税、交通管制、公共秩序、警察、市场、公共卫生、发展公用事业等。同时,扩展界内允许华人拥有不动产,三年后拥有产业的华人要缴纳应承担的各项市政费用,也有权参与各种市政事务,即与外国纳税人拥有同样权利。由于扩展界与原租界管理制度多有不同,以及控制原租界市政权力的英国纳税人的反对,遂导致扩展界另外成立工部局实施管理,从而使英租界形成了长期两个工部局并存的局面,直至第一次世界大战结束后英国政府才决定英租界实行合并管理。

其次是土地制度。早在1897年扩展界尚未划分之前,英租界工部局及许多英国侨民已经在该界内租占了八百余亩土地并建造了不少房屋。民时,也出现了由租界工部局颁发地契而形成的一种新的租地制度,即所谓Feu租制。除此之外,该界内又出现了由中国地方当局颁发的"永租契"以及私人买卖、转让土地私相授受的所谓"白契",从而造成了英租界租地制度和土地管理的混乱。这种局面一直持续到三十年代。

再次是英租界的开发与建设。该界划分的先后不同对租界建设所造成的影响包括两个方面,一是各界的分别规划给城市建设留下了许多弊病,如街道走向、街区结构的不同等等。老界最初道路设计过窄,到20年代又不得不重新拓宽中街、大沽路等主要街道。扩展界以及南扩展界,在当时的条件下造成规划和建设用地的混乱。至今,我们还能从弯曲的街道、多处存在的丁字路口以及宽窄不一的街道所造成的交通"脖颈"上,看到这些历史的痕迹。二是英租界实行"自治"制度,租界的规划与建设完全取决于税收的多寡以及董事会、纳税人会议的决议。因此,当扩展界最初划定时,英国纳税人就极力反对将老界的税收用于当时开发程度还很有限的扩展界。墙外推广界划定后,连扩展界的纳税人也反对将税收投资于墙外推广界的市政建设,从而造成了这些地区长期得不到开发,甚至民国初年墙外推广界还一度形成杂乱无章的局面。直到第一次世界大战结束英租界合并管理后,该界才得以统一规划,开始了大规模的建设,从而形成了至今还为人们所称道的"五大道"住宅区。

注:

①《筹办夷务始末》(咸丰朝)三,第821页。

②《天津—插图本史纲》,第9页。

③ 中国第一历史档案馆:《天津租界档案史料选》,《历史档案》1984年第1期。

④《近代天津城市史》,第136页。

⑤《四国新档·英国档》,第567页。

⑥《天津—插图本史纲》
⑦ 前引《天津租界档案史料选》。
⑧《襄理军务纪略》,雪堂丛刻本卷四。

(《天津史志》1995 年第 1 期)

天津的洋务企业与社会环境

宋美云

19 世纪 60 年代兴起的洋务运动,把近代中西文化的撞击与合流推向一个新的阶段。天津是以李鸿章为首的洋务派官僚活动的主要基地,在洋务运动中所处的地位十分重要。洋务派在天津兴办的近代工业对城市近代化具有决定性的影响。过去有关这方面的文章大多关注天津洋务企业的概况和作用等等。本文着重就社会环境与天津洋务企业相互渗透、相互影响以及相互制约等方面作具体分析,以求深入认识洋务运动的性质和历史地位。

一、天津的洋务企业产生和社会环境

天津的洋务运动是从创办天津机器局开始的。始建于同治五年(1866 年)的天津机器局是仅次于上海江南制造局的全国第二大兵工厂。光绪二十六年(1900 年)以前,它一直是北方最大的军工企业。工业生产活动的客观规律往往并不以人的主观意志为转移,尽管洋务派最初的本意在于武器的近代化,但最终却引发了原料、能源、动力、交通、通讯等早期工业化的链式反应。光绪四年(1878 年)开平矿务局成立,开采唐山煤矿供天津机器局、北洋水师、轮船招商局等用煤,成为中国早期经营的近现代化企业之一。煤的销售促进了天津商品市场的繁荣,奠定了天津城市近代化的基础。1879 年在天津架设了从大沽码头到紫竹林栈房的电话专线,这是中国人自己架设的第一条电话专线线路。1880 年李鸿章在天津设立电报总局,派盛宣怀为总办,郑观应襄理局务。1882 年盛宣怀、郑观应将电报局改为官督商办企业。天津成为我国近代电报事业的发源地。从电报局成立后不到十年,正如李鸿章所说:"中国电报创造十数年,现已东至东三省,南至山东、河南、江苏、浙江、福建、两广、缘江而上,至皖鄂入川黔,以至云南极边,东与桂边相接,腹地旁推,交通几无省不有,即隔海之台湾,属国之朝鲜,亦皆遍设",形成了遍及全国的电报网。轮船招商局虽然设在上海,天津只设分局,但其整个筹设过程是在天津进行的,再因李鸿章和唐廷枢等在津常驻,因而该局的分局成为北方航运中心,在天津出现了中国人自己经营的近代化运输系统。光绪十二年(1886 年)由于唐山煤矿"积煤日多","欲运煤而路不畅",清廷允准李鸿章在天津设立官督商办的"开平铁路公司"招集商股,将我国自办的第一条铁路唐胥铁路延长到闫庄。1887 年 3 月李将开平铁路公司改为"中国天津铁路公司"。在历时三十余载的洋务运动中,北洋通商大臣李鸿章在天津主政达 28 年之久,集政治、军事、经济、外交等大权于一身,使他与天津的洋务企业结下了不解之缘,对天津中心城市的形成和发展产生了重大的影响。如果要探求其中原因,就必须考察其当时的社会环境。

第一,优越的地理位置和便利的水运条件是天津洋务企业兴办的自然环境。天津踞河濒海,是京师的天然门户,一直负有"拱卫京畿"的作用。天津有四条主要航线沟通了沿海各省和一些内陆地区,即:南洋航线,北洋航线,大运河航线,海河水系航线。它凭借着优越的地理位置和便利的河海运输,拥有广阔的内陆腹地。海关税务司曾评估这一状况:"在中国,除去上海或许还有广州,没有任何一个口岸像天津这样有着同内地如此良好的水陆交通。"①

清政府十分注重北洋和天津的防务。山东巡抚丁宝桢曾指出:"以洋人现在之用心,揣其日后之谲计","如事稍有不顺,天津则其必争以为要挟之地,上海则其必据以根本之图。"②通政使胡家玉更进而指出"天津乃京师屏蔽","如围棋然,天津为通盘第一要著。"李鸿章、张之洞认为"无论何国有事,敌之全力必注重于此","今日之政务无有切要于此者。"因而清政府中洋务派官僚们集中国内大部分财力和物力,首先在天津办起了当时国内最先进的北洋海陆军及天津机器局、大沽船坞等军事工业。由于它们对能源及原材料的需求，于是又诞生了一批近代工矿企业，使天津成了我国最早建立近代工业的少数城市之一。

其次，天津进出口贸易的兴盛与洋行买办的产生为创办洋务企业造就了一个比较有利的市场环境。自天津辟为商埠，不仅是沿海贸易的重要港口，而且是北方地区中西经济文化接触和交往的中心。天津从一个传统的国内贸易为主的城市，逐渐发展成为一个以进出口贸易为主要经济支柱的城市。由于中西各国贸易的不断发展，天津的市场范围日益扩大，其经济腹地几乎囊括了黄河以北的半个中国。外国的机器商品通过天津可以进入冀、晋、鲁、豫、奉、吉、黑、陕、甘、蒙、新等十几个省区，而各经济腹地的土特农产品由天津出口到国外。据统计，至1894年，迅速增长的进出口贸易额，使天津一地的市场资金竟达当时全国岁出入的一半。

与此同时，纷纷涌入天津的外国商人为了贸易，开始投资同贸易有关的企业，如银行、水陆运输、修理轮船及为加工出口原料服务的打包业。80年代中期以后，外资企业为了适应租界发展需要又投建市公用事业和小型轻工业。甲午战争前，天津外国资本经营的工厂企业共16家，总资本额在一百万两左右[③]。尽管与同期的上海比较差距大，但它毕竟为天津的早期资本主义企业在组织和管理方面起到一种示范作用，并为一些工矿企业培养了一批技术力量。对外贸易的开展和外资企业在天津的活动，在天津地区造成了一个比较有利的市场环境，有利于洋务企业的开办。

天津的买办对洋务企业在天津的创办起了积极作用，随着天津埠的开放，一些广东籍和宁波籍的买办接踵而至。他们通过商务代理人的作用，迅速积累起大量的财富。天津的买办阶层约形成于19世纪80年代后，以著名的“四大买办”为例，怡和洋行买办梁炎卿、太古洋行买办郑翼之、汇丰银行买办吴调卿、道胜银行买办王铭槐等人，他们先把自己的资本附股于洋商，企图借洋商的势力来取得厚利，因此，他们不仅愿意把资金投向外资企业，如吴懋鼎投资于英商的天津煤气公司，怡和洋行买办梁炎卿是英商大沽驳船公司的主要股东之一，信义洋行买办孙仲英投资于上海瑞记纱厂等等。史料记载这些买办们在天津的官督商办的企业中投资数目也不算少。他们还投资兴办了自来水公司和织绒厂等企业。在为外国资本企业服务和交往的过程中，他们熟悉和掌握了西方企业的经营管理和机器生产技术，资本主义的市场观念也已形成。在他们的带动下，清末时期天津商人掀起投资设厂的热潮，这也是事实。

再者，天津洋务企业的活力在于洋务派官僚比较注重新式教育和先进的科学技术。开埠后，天津城市经历了中西文化的冲突，特别是在近代中国向西方学习、兴办新式教育的社会潮流中，成为传播西方文化教育的桥梁和窗口。天津最早的一批新式学校是随着洋务运动的兴起而出现的，因而所培养的多为洋务事业服务的军事、技术人才。洋务派的代表人物李鸿章奏设的北洋电报学堂于1880年10月开办，聘请丹麦教员讲授电学与发报技术。培养的一批批掌握现代通讯技术的电信人才被派赴各地。鉴于编练中国水师“尤必明以学堂为根本，乃可以逐渐造就取资不穷”[④]的实际情况，坚持认为“水师为海防急务，人才为水师根本，而学生又为人才之所自出”。李鸿章遂奏请设立北洋水师学堂，借鉴西方的招生制度、课程安排，并且聘请外国教员，于1881年正式建成。同年，全国最早的官办新式医学堂在天津设立。1885年，全国最早的近代新式陆军军事学校北洋武备学堂设在天津，聘请德国军官充任练习，用德语讲授，由翻译转述，学生毕业后多回各地传授。李鸿章希望他们“数年以后，教学相长，观摩尽善”，达到“将才日出而不穷，可备国家干城御侮之用”的目的。此外，天津还设有水雷、鱼雷等学堂。为了更好地学习西方文化，特别是近代科学技术，李鸿章、曾国藩等人联合奏请派遣中国第一批官费留学生。1876年李鸿章派天津武弁卞长胜、朱跃彩等人赴德国留学。这些留学生不但学习到了外国语言文字和近代自然科学、军事技术以及某些社会科学知识，而且得以了解西方资本主义国家的社会情况。他们中的一些人也曾为洋务企业的发展尽过力。如果说，洋务企业及资本主义工商业的创立和发展对新式教育提出客观需要，那么新式教育对洋务企业和近代工商业的积极作用，也是不可否认的。

洋务派官僚创办的企业购买国外的先进机器设备，聘用外国科技人员，把西方资本主义国家的先进科学技术带进了天津，打破了中国几千年封建闭关自守的保守状态，为天津的近代工业的发展打开开放之门。洋务企业中的外国人员都受“安分守法”、“不得懒惰滋事”等合同条款的约束，纯为受雇身份。他们除了承担从外国采购机器设备，负责安装、调试到设计制造外，还负有培训技术人员的责任。这些引进的人才的确为洋务企业带出了一批专业技术骨干，并具有深远的影响。

姜铎先生曾在一篇文章中提到："在四个城市早期近代化过程中，受洋务运动影响最大的要算天津"[⑤]。天津洋务企业影响之大是与当时的社会环境分不开的。正是由于19世纪60年代以后天津的社会环境有利于李鸿章等人筹办北洋海军，兴建近代民用企业以及设立学堂和派遣留学生，使天津形成洋务运动的鼎盛局面。但总的说来，李鸿章等洋务派创办的洋务企业毕竟数量不多，成效不算大，估计不能过高，但重要的是它使中国近代化事业，特别是资本主义民用企业从无到有，为后来的发展奠定了基础，其社会意义不应低估。

二、洋务企业与社会环境的变迁

在中国资本主义发展过程中，早期工业化运动与社会环境是相辅相成、互相促进的。社会环境有利于洋务企业的产生和发展，而洋务企业的兴起又促进了社会环境的改善。洋务时期，李鸿章等人在天津创办的新式工业，新式对外交通、通讯与邮政，新式采掘业，推动了社会环境近代化的进程，其作用主要体现在如下几个方面：

一是天津城市以开埠作为历史的契机，告别封建城市形态开始了城市近代化旅程。19世纪60年代以后，一批洋务官僚热衷于"洋务"活动，兴建了近代工业，引发了城市近代化浪潮。首先是加快了农村人口流向城市的频率。随着一批工矿企业的创办以及铁路的修筑，聚结了一大批工人。他们中的大多数来自农村[⑥]，如天津机器局，其西局最初仅有工人59人，至1884年即增至700人，东局亦有2 000多人。开平矿和林西矿有工人3 500— 4 000人。有人估计，当时的铁路和电报工人至少也应有2 000—3 000名。光绪二十一年（1895年）天津人口达58万余人，比开埠前差不多翻了两番[⑦]。又如大沽船坞在创办时就是从福建、广东、宁波等地招来少数工人，而大多数工人则是从大沽附近招雇的破产农民、铁工匠、渔民等。市外雇工的迁入，无疑增大了天津市人口的规模。《天津政俗沿革记》曾有如下记载："咸同初，泰西诸国踰越洋海，通商互市，工作运输，并乡来者渐伙。复会内地岁多饥馑，违匮安丰乃民性之常，于是人无愚智，路无远迩，离乡越国，扶老携幼，遂不期而俱萃，而户口林林极望矣。"与此同时，洋务商办企业的出现，吸引了一部分农村地主流向城市纷纷投资，卷入工业化的浪潮中。费正清在《剑桥中国晚清史》中认为，这种转化表明这批社会精英开始割断与传统乡村生产、生活、观念的联系，关心城市、关心军队的现代化和工商业的发展，而很少留心组织民团和发展农业。这种农民们弃农经商和地主们舍弃旧的赚钱方式到城市中来经营或投资企业，不仅使中国传统的产业结构得到新的调整，而更重要的是传统的社会结构体系发生了近代蜕变。

二是洋务企业的建立刺激了传统城市的发展并且改变了城市与乡村之间的生态环境结构。洋务运动时期，天津从传统城市体系中历来处于拱卫京畿的附属地位脱身而出，获得了自身发展的机会。李鸿章在此不惜花费巨资兴办企业。如天津机器局的年收支一般维持在30万两左右。当时天津一县的全年收入不过9 650余两，其中起运4 380余两，留支5 260余两，以支发县内一切工需。而天津机器局一年的开支，即为天津县一年开支的50—60倍，有时多达100倍。显然，近代大工业对天津城市发展的刺激是不容忽视的。天津机器局的建立，如同在天津传统城市之外，又出现了一个新的城市[⑧]。时人描绘天津机器局说："巨栋层栌，广场列厅，迤逦相属，参错相望，东则帆樯沓来，木栅启闭；西则轮车转运，铁辙纵横。与天津郡域遥相对峙，隐然海疆一重镇焉"[⑨]。这就是说，天津已经不单是一个府治所在地，而已经是一个以近代大工业为主体的近代化城市[⑩]。另外，工厂的出现，给原来是乡村地区的经济和社会生活带来巨大的变化，天津与周邻地区的广大农村的经济联系纽带加强，进一步提高了天津对腹地的辐射能力和吸引能力，加快了周邻地区自然经济向商品经济转化的步伐。天津城市的区位优势因其功能的转换得到加强和改善，不会再像传统城市那样孤悬于荒野乡村之中，而是被一批相应的中小城市群所拱卫。光绪初年，一位外国人看到从天津到芦台，是荒凉的乡野，但到了光绪二十一年（1895年），天津则已被唐山等新兴城市所拱卫[⑪]。清末，天津已成为京奉中枢，津浦起点，遥与平绥、平汉等铁路联结，成为仅次于上海的第二大港。

三是工业化推动了社会经济结构的变迁。传统城市的经济结构是一种囿于手工操作和行会制度的个体经济。经济是城市的定型因素，即是说，一个城市的经济状况决定其社会构成、社会功能、社会生活等等，只有实行工业化,才能使其近代化。也就是只有机器大工业真正广泛地取代同农业紧密结合的家庭手工业,才有真正意义的近代化。正如列宁指出:“没有工商业人口的增加农业人口的减少,资本主义是不能设想的”。洋务运动通过官办、官督商办、商办等多种企业形式带动了城市经济的发展,由此而引起了城市经济结构的变迁。首先是手工工业向机器工业转轨。从1878年天津的朱其昂创办了贻来牟机器磨房开始,以后又创立了德泰机器厂,天津自来水公司,北洋硝皮厂,天津织呢厂,天利和机器磨坊等企业。据不完全统计,到1911年前,民族资本家使用机器进行生产的工厂约有107家,资本总额约为6 708 405元。工厂所涉及的门类共16个。其次是具有近代企业特征的股份制公司建立。所谓公司是“公集股本、合司其事,出入账目,共同查看,是以谓之公司。”⑫清末,在天津商会注册的工厂大都是以有限或无限股份制的形式出现,有限股份制公司为绝大多数。这表明采用近代型的企业形式经营企业的意识已在投资者的头脑中扎根露头。再就是标志着商人社会经济组织近代化的商会广泛建立。19世纪中叶,随着外国资本主义经济势力的入侵带来的危机感和新式工商业的影响以及纷纷设立于我国沿海沿江口岸的洋商会的示范,于是清末政府工商部核准了各地成立商会的请求。商会是此期间产生的新型业缘组织。新式的近代商会取代了传统的行会组织——会馆和公所,原有的地缘性和封建性大为削弱,业缘性和开放性大为增强。仅从1903年到1908年全国各地成立的商会就有265个。1902年成立的天津商务公所于1904年改为天津商务总会。商会的建立,表明商人们已经走出地缘文化的狭窄圈子而融入城市共同体,成为具有共同政治利益和近代意识的新的城市市民。同时,由于近代生产方式和新技术设备的出现,直接促使社会职业结构和阶级结构发生巨大变动,使从事传统职业的人们迅速向新的社会职业流动,使传统的阶层向新的社会阶层流动,从而造成了大规模的社会流动现象。因此,这一时期,由地主、官僚、商人、买办向近代资本家的转化;农民、市民、手工业者向近代雇佣工人的转化,改变了传统的社会结构的体系,使近代社会结构由单一趋于复合、多元化。

四是工业化促进了社会生活的近代化。洋务运动的工业化属性使其同城市发生紧密的联系。机器化大生产的普及和商品经济的发达,为城市化的推进奠定了最重要的基础。城市化的推进又不可避免带来城市社会生活的改变。

工业化使城市市政环境得到不断改善。开埠以后,天津一度被外国人视为中国最肮脏最骚乱也是最繁忙的城市之一⑬。租界的崛起,为传统的天津树立起近代城市环境的样板,以致不少中国居民也喜欢到租界中去居住,结果产生了强烈的对比,在相当程度上促进了天津城市环境的改善。仅就道路与排水而言,这一时期,在租界的影响下,海关道倡设工程局,仿西法修整街衢,不但自直隶总督衙门在紫竹林租界的沿河冲途要道一律按租界官道样式修筑,而且又将城市街道及城外单街、估衣街、竹竿巷、针市街等处所有通衢,亦一律改成石路。同时又将郡城内外沟渠一律疏浚,并制定了管理条例。光绪十四年(1888年)11月3日的《中国时报》在一篇报道中说,在天津城里“改变的迹象也很多,也很重要”,“一度遍地皆是深沟、大洞、臭水沟的使人恶心的可恨的道路……一被铲平,拉直,铺平,加宽。并且装了路灯,使人畜都感到舒服,与此同时,城壕里的好几个世纪以来积聚的垃圾也清除掉了”。

服饰是人体外部装饰和保护物的总称。在近代以来,随着西方商品在国内的大量倾销,以及为满足人们衣、食、住、行、用各方面生活需要而发展起来的新式工业和手工业,极大地改变了传统物质生活的基本结构,从而丰富了人们的物质生活。昔日那种古板、单调、等级森严的局面开始得到改变,生动活泼、千姿百态的生活画面也开始出现于城镇乡村。如天津人在服饰和习尚等方面呈现了小改小革的趋向。《津门杂记》说:“近则津人习染衣襟无不作兜,凡作成衣店估衣铺所制新衣,亦莫不然。更有洋人之侍僮马夫辈,率多短衫,窄裤,头戴小草帽,口衔烟卷,时辰表链特挂胸前,顾影自怜,唯恐不肖。”这表明,人们已不满足往昔的“温饱型”,而开始追求时尚和审美情趣。这不仅仅是一种单纯的心理因素,而是在某种程度上反映了社会生活的丰富多样。

随着近代中国社会生活的发展,社会分工的日趋精细;资本主义机器生产的使用,以及中外文化、科学的交流,人们的精神生活也得到了新的发展。首先是西方精神生活及其娱乐活动形式在沿海和内地的城市中出现。如天津的外国侨民春秋两季的赛马活动,竟使“倾城士女,联袂而往观”,“或驾香车,或乘宝马,暖轿停留,或小车独驾。衣香鬓影,尽态极妍。白夹青衫,左顾右盼。听奏从军之乐,畅观出猎之图,较之钱塘看潮万人空巷,殆有过之而无不及。"[14]80年代以后,天津城乡的一些盲艺人,开始把一些由外国侨民带来的古老世界名曲,掺杂到自己的演出里,到处演唱。到了90年代,在一般居民经常出入的杂耍馆子中,除了经常上演的大鼓书、京子第八角鼓、相声、时新曲子之外,还添加了"外洋灯影",也就是早期的无声电影,以广招徕。社会生活的巨变冲击着传统精神生活模式以及娱乐活动形式。

总而言之,得益于有利的社会环境的天津近代工业又将其工业文明注入社会环境,并使之得到改善。二者相互依赖,相互渗透,缺一不可。

三、社会环境对洋务企业的制约

洋务运动使天津城市在走向近代化的路途中,向前跨出一大步,而且为后来天津城市的近代化打下一定的基础。然而城市社会环境又制约着洋务运动,使其没能走上相对的独立资本主义道路。它仅仅是一场低层次的技术领域和物质领域的革命,未能从根本上进行高层次的政治领域的革命。

官督商办的企业形式制约着洋务企业的发展。洋务运动时期,在天津创办的企业大多采用官办与官督商办的形式,而且以采用官督商办的形式为主。在近代中国半封建半殖民地的社会条件下,在资本主义发展过程中企业究竟采取一种什么样的经营形式,取决于各个时代的社会历史条件。受制于当时的社会环境。李鸿章根据当时的社会实际情况,提出采用官督商办的形式兴办企业,其目的在于调和新式企业中的官商矛盾,实现政府同私人资本的相互结合和相互合作,具有一定的合理性。在当时的商人中起了开近代工商业风气之先的作用,并为民族经济发挥了重要作用。关键是决策者应根据实际情况适时地调整政策,有意识地使官督商办企业向商办转化,即在新的历史条件下采用新的管理体制管理工矿企业。由于李鸿章对宏观经济形势认识失误,强化"官督",硬使商督商办成为"官督商办"。这种传统的管理方式的特点是:决策的非民主化,维系股东与经理之间关系不是契约,而是某种信义等等,其结果带来渎职、挪用公款等。郑观应曾深恶痛绝地指出:"名为保商实剥商,官督商办势如虎。"洋务运动中产生的官督商办企业越来越失去私人资本的信任,招集商股日益困难。因而向商办企业形势转化势在必行。实际上,官督商办是清政府控制工商业的一种方式,它将行政干预贯穿于企业生产的每一个环节中,这种传统的管理企业的方式与工业社会中民主决策的管理方式大相径庭。所以封建政治严重阻碍了近代工业化的发展。

关于洋务运动最终成就不大的原因,李鸿章曾归结为"四难",即"人才之难得,经费之难筹,珍域之难化,故习之难除。"[15]这虽符合实际,但仍是表面原因,根本原因还是清朝政府始终没有从总体上把洋务作为国策。以兴办铁路为例。早在1867年李鸿章就向清政府建议,"与其任洋人在内地开设铁路电线,又不若中国自行仿办,权我自操,彼亦无可置咏。"[16]同治十一年(1872年)他在给丁日昌的信中又提到,中国要在经济上抵制洋商,必须"竞改释递为电信,土车为铁路,庶足相持",但当时总署"不敢置议","闻此议者,鲜不咋舌。"[17]1874年他赴京面见慈禧、渴晤奕䜣,"极陈铁路利益",并提出先试造从清江浦到北京的铁路,慈禧"未置可否",奕䜣也不敢主持。1880年,刘铭传奏请兴修铁路,建议以北京为中心,修筑南北四条干线,先造清江浦至北京一线。李鸿章立即上奏表示支持。刘、李的建议立即遭到顽固派的反对,清廷颁布上谕谓:"叠据廷臣陈奏,佥以铁路断不宜开,不为无见,刘铭传所奏,着毋庸议。"为解决开平矿务局运煤问题,李鸿章着手修建津通铁路时,又遭到顽固派的激烈反对。他们对修建津通铁路罗织了种种罪状,致使津通铁路修建工程功败垂成。作为传统经济体制代言人的封建官僚的强词反对,无疑阻碍了洋务派的工业化进程。

由轮船、铁路、通讯和邮政引发的工业革命不仅遭到一些保守的封建官僚的阻挠,而且给那些习惯于传统经济结构的城市市民带来一种陌生、恐惧感,使其表现出消极而散漫的抗争。如沪津之间商船船民对轮船招商局夺其生计表示强烈的不满。津通铁路沿线水手、车夫、客店、负贩食力者对铁路的抵制。认为,"铁路一开,舟车尽废,水手、车夫终归饿莩。"[18]他们中聚众到官籥求停止者,经李鸿章调营弹压,方始罢散。城市居民的反对态度,致使李鸿章在谋划修筑津通铁路时,不得不重新修改原来设计方案。"李鸿章现于本月十七日复行派员自津至通复勘铁路路径,唯恐于坟墓一节查点不清,令该员等分段编号,树立木杆,每十里或八里树杆一根,如电杆之树在其地,不准树在庐墓之侧,查明第一杆至第二杆,或无坟或有坟若干处,津通二百里,绕行立杆查明,分别开单呈核。"[19]天津城市地处华北,北方农村所固有的乡土文化、宗法观念、土地情结、风水意识影响和熏染着当地居民，这些也是使中国的工业近代化步履蹒跚的原因吧？

实际上，应该说洋务运动在某种程度上是一次社会改革运动。任何社会改革运动要取得成功，必须有相应的社会基础和社会势力。西方国家一般是先有资本主义的发展，形成一定的社会基础和社会势力，再全面推行社会改革。中国从传统走入近代，是在西方国家入侵的情况下被迫开放的，与西方国家相反，资本主义性质的社会改革先于资本主义的发展。在洋务运动时期，要求社会变革的进步势力，主要是通商口岸的新式商人和受西方文化影响的知识分子，他们尚处于向资产阶级的转化过程中；以李鸿章为典型代表的洋务派官僚不仅在清朝政府中为数不多，而且他们在政治权力的结构中起不到决定作用。所以，被基本上是农业文明状态下保守封闭的社会经济环境制约的洋务运动是不可能获得理想结果的。

注：

① 转引自张思：《十九世纪末天津的洋纱洋布贸易》，《天津史志》1967 年第 4 期。

②《洋务运动》(二)，第 304 页。

③ 罗澍伟主编：《近代天津城市史》，中国社会科学出版社 1993 年版，第 255 页。

④《洋务运动》(二)，第 460—461 页。

⑤ 参阅姜铎：《洋务运动对津、广、汉、沪四城市早期近代化影响的比较研究》。

⑥《城市史研究》第 2 期，第 144 页。

⑦ (重修)《天津府志》卷 28《户口》。

⑧ 罗澍伟主编：《近代天津城市史》，中国社会科学出版社 1993 年版，第 223 页。

⑨ (重修)《天津府志》卷 28《公廨》。

⑩ 涂文学：《洋务运动与近代城市社会文化环境研究》，未刊。

⑪ 庵特生：《开平煤产纪略》，1869 年 5 月 15 日记，见孙毓棠：《中国近代工业史资料》下册，第 613 页。

⑫⑱《洋务运动》(六)，第 219 页。

⑬ 雷穆森：《天津——插图本史纲》(中译本)，第 21 页，《天津历史资料》2。

⑭《津门杂记》标点本，第 135 页。

⑮《洋务运动》(一)，第 41 页。

⑯《筹办夷务始末·同治朝》卷 55，第 13 页。

⑰《李文忠公全集》卷 12，第 26 页。

⑲《洋务运动》(六)，第 220—221 页。

(《史学月刊》1995 年第 4 期)

五四运动中天津商人罢市、抵制日货问题考察

李学智

天津商人罢市、抵制日货，是天津“五四”运动的重要内容，亦是商人参加“五四”运动的最主要的形式。本文拟对此作一考察，或许对全面了解天津“五四”运动的情况，深入认识中国近代商业资产阶级的性质，不无裨益。

一

“五四”运动爆发的消息，次日即传到天津，敏感、富于爱国热情的青年学生立即行动起来，发电报、集会，以至罢课、游行、上街讲演。一般商人的注意力在经商盈利，对这件事的反应自然要比学生迟缓得多，除了5月7日天津总商会发出致巴黎和会中国专使电，请专使“诸公力为主张，勿稍退让，必将青岛收回，以保领土”[①]之外，基本上无其他举动。

6月5日，上海商人开始罢市，消息立即传到天津，天津总商会即日急电上海总商会，询问“究竟真相如何，急请详为电复”[②]。6月7日上午，天津总商会正、副会长叶兰舫、卞月庭召集全体会董开会讨论局势。会后，天津总商会致电北京政府，请其“俯顺舆情”，否则上海罢市蔓延津埠，“税源既涸，国库空虚，大局糜乱，不堪设想”[③]。这表明商人们仍希望北京政府采取某些措施，使局势得以很快平息，并没有打算罢市。

6月8日下午，千余名学生在东马路、北马路、大胡同一带演讲后，全体赴位于北马路的天津总商会，要求商会“提倡罢市”。叶兰舫、卞月庭称，“须开会详细研究，必俟三四日方能定局”，欲以此敷衍学生几日，以待风潮赶紧过去。在学生代表责以“中国危亡，间不容发，倘再因循，将无法挽救”之后，叶、卞二人才答应明日开会商议[④]。

9日下午4时，总商会召集全体董事开会，天津学生联合会正副会长谌志笃、马骏及学生代表等七人到场旁听。当商会会长叶兰舫说明学生要求罢市，请大家讨论办法后，到会董事无一人明确表示赞成罢市。马骏见商人们不肯罢市，即起立发言，告之本人受正在河北公园召开的天津各界公民大会之举，来商会要求商界罢市，以要求政府惩办国贼，保护学生。商会副会长卞月庭遂提议，先致电北京政府，要求惩办国贼，保护学生，限二日答复，否则再行罢市。会董们举手赞成此议。在这种情况下，马骏等即回河北公园，向公民大会报告商会开会的情况。公民大会要求商界即刻宣布罢市，不然与会者全体至商会要求。马骏等立即又返回商会，告以公民大会的要求。商会只得答应明日罢市，并于当日发布了罢市布告[⑤]。布告称：“本会鉴于人心趋向，局势危迫，无可挽回……决定自明日起罢市，望各商号一律办理，以待政府解决。”[⑥]经过数日的观望犹疑、拖延敷衍，在学生及各界民众强烈要求下，天津商人的罢市终于开始了。

6月10日，天津华界的大部分商号店铺关门罢市，即有不闭门者，也已不再售货，马路上有学生临时警察和童子军维持交通秩序和社会治安[⑦]。总商会的董事们当天上午也齐集商会，“讨论进行之情形”。天津地处京畿，商人的罢市立即对北京政府形成巨大的压力。10日午前，大总统徐世昌即作出准交通总长曹汝霖辞职的决定。下午3时许，直隶省长曹锐转来北京政府准曹辞职的命令。商会董事杨晓林、孙俊卿等认为，“政府此次准曹辞职，纯系一种敷衍政策”，“非达到惩办卖国贼目的不止，不然不特无以对同胞，且易为日人齿冷”。于是会董们决定继续罢市[⑧]。并致电北京政府称：“栖息于津埠之劳动者数十万众，现已发生不稳之象，倘迁延不决，演成事实，其危厄之局，痛苦有过于罢市者，市面欲收拾而不能矣”，要求“急以明令惩免曹、陆、章及保护学生，以谢国人，而救目前”[⑨]。继续向北京政府施加压力。

10 日午夜，曹锐亲到总商会，要求商人停止罢市。经过曹的一番劝导利诱，正副会长及众会董同意明日（11 日）开市。国务院代表曾毓隽带着大总统准免曹、陆、章职的命令乘夜车赶至天津，亦来到总商会，当众宣读[10]。商会于是连夜拟好复市布告，宣布自 11 日起，“一律照常开市”[11]。

11 日上午，除个别商号外，绝大部分店铺开市营业。学生联合会得到消息后，即推马骏等学生代表多人，前往总商会质问。交涉过程中，商会董事张荫棠辩解说，罢市于商人损失太大，并讥讽马骏在天津没有财产，所以才要坚持罢市。马骏闻此即起身厉声予以驳斥，并愤慨陈言：“我在天津虽无财产，但我有生命，情愿牺牲，以谢国人。”说罢“扭头离席，奔向会议厅的明柱撞去，意欲触死”，幸为商会文犊长夏琴西在身后将其抱住[12]。马骏这一壮烈行动，深深震动了在场的人们，商会于是决定，如 11 日夜 12 时之前，政府无严惩曹、陆、章及保护爱国学生的明令，12 日继续罢市，并将此决定电致北京政府[13]。

12 日，天津商人再次罢市，华界的商店几乎全都前门紧闭，在租界内的中国商店则开门而不营业，各银行虽照常开门，但实际上也停止了一切业务[14]。天津转运商业公会也于前一日宣布：全埠 48 家转运栈商一律停止转运，加入罢市[15]。天津商人的罢市斗争达于高潮。

6 月 13 日下午 5 时，学、商、绅、教各界代表集于总商会，讨论下一步办法。此时，国务院的复电到，电称学生激于爱国热诚有罢课请愿之举，政府曲谅舆情，力维大局，要求学生自兹以后安心向学，使行动不越范围云云。对于如此言词空洞模糊的“保护学生”复电，学生代表表示不满。绅商代表则极力劝慰，并表示：“如果政府有非法干涉学生时，不但为后援助，仍可演成罢市，不纳捐税等事。”而惩办国贼一事，讨论决定暂从缓办理。于是当场表决通过明日一律开市[16]。天津总商会在开市布告中称：“绅、商、学、教四界联合会召集会议，咸谓罢市目的已达，当然开市，继续营业，惟对于所欠缺之惩办卖国贼悬案，以待将来为法律上之解决”[17]。

6 月 14 日，各商号均开市营业，“五四”运动中天津商人的罢市至此结束。

二

五四运动由日本侵占我国山东引起，运动爆发伊始，天津人民即开始了抵制日货的行动。

5 月上旬，北京爆发学生运动的消息传到天津不久，天津各界纷纷成立了救国十人团，其规章中规定：“提倡国货，宁死不买仇人的货物”[18]。在直隶女子第一师范学校的“五七”国耻纪念会上，许多学生咬破手指大书“提倡国货”、“抵制日货”，全校学生将所用日货尽皆废弃[19]。民立小学学生将所用所存之日货，尽行捡出，一并废弃、焚毁[20]。抵制日货也成为学生讲演团街头演说的重要内容。

爱国学生还致函天津总商会，要求商人参加抵制日货行动。5 月 14 日，直隶省立第 16 中学学生致函天津总商会，要求商人们急起抵制日货，函称对于日本“侵我疆土，攘我利权”的行径，“惟抵制日货……日人之经济竞争失败，必不能逞其野心。”[21]5 月 23 日，天津学生联合会致函天津总商会，指出对日本“侵我华夏，夺我青岛”的狼子野心，“唯有抵制日货外，他无良策”，请总商会“奖喻各商号勿售日货”[22]。

面对学生及各界民众抵制日货的热潮，恩义成商号商人致函天津《益世报》表示：“商等即系国民一分子，亦应勉尽爱国之天职，除将敝号所有日货一律拣出抛毁，誓不再用仇货。”[23]此为天津商人抵制日货第一声。

但恩义成商号的举动并未引起多大的反响，而作为天津商人的法人社团、“全津商业枢机”的总商会，于 5 月 28 日、30 日接连召开茶话会，还在那里漫无边际地议论提倡国货办法，而绝口不谈抵制日货问题[24]。天津总商会在茶话会后发出布的关于提倡国货的布告中称：“旷观世界潮流，物质文明日益进化，非实业振发不足以图存，非维持国货不足以振兴实业……拟先从事调查国货，予以辨明，辅助销场。……吾国各工商业均可随时呈报其所产物，本会予以审查发给证书，证明其为国货并登记册簿，汇数制成国货土产录，广告社会以资推销。”[25]如果没有“五四”运动爆发，没有各界人民为回击日本对我国的侵略行为群起抵制日货，并一再要求商人们参加的背景，总商会的茶话会和布告，或当被视为天津商界为发展本国民族工业而作出的积极努力。但时在中国人民同仇敌忾的“五四”运动中，总商会的这一举动，则显然是欲以此作为对广大人民抵制日货斗争的一种响应或回答：既算是针对当前的局势有所举动，又可避免卷入抵制日货的浪潮，与当前人民的爱国斗争划上一条界限，使自身的经济利益免受损失。这与学生及广大民众积极起来抵制日货的行动，形成了极为强烈的反差。

自6月开始，天津各界人民抵制日货的斗争更加如火如荼。在6月9日的各界公民大会上，标语和手执的小旗上多书“提倡国货”字样。会议进行中，一学生咬破手指，大书“不买日货”于绸巾上[26]。女界爱国同志会的讲演团深入街道、住户，宣传抵制日货。女界救国团7月12日召开抵制日货大会[27]。7月成立的女界家庭联合会的宗旨即为：“联络家中女家主，研究抵制仇货之办法。”[28]同时，爱国学生继续敦促商人们抵制日货。7月6日，天津学生联合会再次致函天津总商会，催促总商会运用其“指挥商家特权”，号召各商铺抵制日货[29]。《南开日刊》发表《敬告本津商业刍言》，尖锐指出：“自青岛交涉以来，抵制日货之声澎湃全国，未闻有敢破坏者，独吾津商界口是心非，暗行贸易，贪一时之小利，而忘奴隶牛马之悲。售日货者有之，买存日货者有之，以日货假冒国货者亦有之。”质问天津商界：“胡为而不实行抵制日货”[30]。

在学生及各界民众爱国热情的推动下，天津商人终于开始了抵制日货的行动。自7月中旬开始，各业商人或商人同业公会纷纷集议，或致函总商会，或声明于报端，表示要抵制日货，其中有：海货商同业公会、绸缎棉纱洋布同业公会、洋广杂货栏杆颜料各行商号、火柴杂货商、糖杂物商、五金铁业行同业会、茶商、麻袋行商、洋纸商、水火保险公司、灰煤商、木商同业公会等[31]。东门外华春杂货铺店主张清华，将店中所存日产纸烟数百盒拣出，放在街中当众焚毁[32]；河北大胡同生春阳南味店店主翁经奎也将该号所存日货，“或付诸焚如，或束诸高阁”[33]，表现出抵制日货的坚决态度。但是，绝大多数商人，态度并没有这样积极。宣布抵制日货的这些商号，几乎均称以后不再订购或买进日货，对现存日货进行清理，售尽为止，而不肯立即停售日货。绸缎棉纱洋布同业公会甚至还要求，宣传抵制日货的“讲演团勿再惠临各号宣讲，以维营业”[34]，流露出对宣传抵制日货的反感。更有少数奸商，非但不肯加入抵制日货，反而欲乘机发不义之财。庆同丰、同益元、元兴隆、华信成、同益兴等商号均又与日商订购或买下各种布匹、棉纱等[35]；福聚号、美成号、源丰和、鸿记等商铺皆新订购日本卫生衣，德益成商铺新购日产绒棉布120包，同和公商号掌柜冯某则乘机收买各杂货铺的日本山林皂700余箱，以期伺机谋取暴利[36]。这其中尤以万德成棉纱庄的表现最为恶劣。7月初，万德成棉纱庄在抵制日货的热潮中，竟然数次与日商定批布匹数百包[37]。天津各界联合会数次开会讨论如何处理万德成号，先曾作出罚洋10万元的决议[38]，后在商会代表卞月庭、赵春亭的调停下，改为罚款3万元[39]。而当各界联合会向总商会提出不得让万德成号进所订日货时，总商会副会长卞月庭却称这“实有不能行之苦衷”[40]。这样，天津各商号虽多称抵制日货，实际上日货仍如常照售。这种情况一直延续到1919年12月。

1919年11月16日，在福州的日本帝国主义分子打死打伤查禁日货的学生及市民，造成震惊全国的“福州惨案”。为声援福州人民的斗争，打击日本帝国主义者的气焰，抵制日货问题再次成为天津各界人民关注的焦点。12月12日，天津各界联合会开会，商讨对“福州惨案”办法，学生联合会代表马骏呼吁坚决抵制日货，并提出办法4条：“1. 不买卖日货；2. 各铺店所有之日货尽皆烧毁；3. 调查各商号，如有藏匿日货者，严重处罚；4. 通知各县商会一体照办。”总商会会长卞月庭[41]当即表示反对，称：“恐小资本商铺将受甚大损失，不能照办。”他提出，日货不能烧毁，“可令存放铺内，不再贩卖，即可为爱国。”[42]为声援福州人民的斗争，天津各界联合会准备召开国民大会，并成立了国民大会筹备会。12月13日，国民大会筹备会开会。会上，教育界代表马千里提议，会前检查日货，集中到会场焚毁。商界代表王仲三发言反对，称：“商铺之日货为血本所购，倘一经焚烧，商人损失何堪设想”。结果此提议未能通过[43]。

天津总商会12月15日召集会董开会，出席国民大会筹备会议的代表报告了13日会议上提出的抵制日货问题，请大家商议办法。会董刘渭川极力反对抵制日货，大放厥词：“现在又不是与日本战争断绝国交。如中国地不准卖日货，其势必均迁到日租界仍照旧售卖，他们能干涉么？”还说：“专制时代之圣旨，仍有收回成命之请求，学生之命令叫吾们怎样吾们就怎样么？”结果议定推会董四人，于17日出席国民大会筹备会疏通意见[44]。12月17日，国民大会筹备会再次开会，马骏再次提出焚毁日货问题。商会代表刘渭川仍坚持抵制日货宜缓缓进行，等开过国民大会后再慢慢地办抵制日货。在场的学生代表起而指责刘渭川，“言语间甚为冲突”。另一商界代表刘锦堂则语含威胁：“所拟抵制日货焚封办法若不能变更，鄙人不但不赞成，且代表责任亦不能担负。”由于商界代表的极力反对大会最后表决的结果是，先将日货收封，再筹善后办法，焚烧日货的提议仍未能通过[45]。12月19日，国民大会筹备会再一次开会，学生联合会代表李之常质问："封存日货商会已否知照商家。"商会代表以筹备会未经通知，敝会无所根据搪塞，于是又由国民大会文牍长起草致总商会公函，正式通知上次筹备会作出的决议，请总商会转知各商家遵照办理。李之常当众警告商会代表：如有商家不候善后办法，仍行售卖日货，"学生联合会即自行处分"[46]。

12月20日，天津国民大会在南开学校操场召开。这一天，大部分商家已将日货收起，但仍有少数商铺如常将日货陈列售卖。20日上午，学生联合会上街检查日货，将庆和公、福庆隆、东广泰、华信、信昌等商号所陈列售卖的日货检查登记，并装车运往国民大会会场，在大会上分为数堆焚烧[47]。这一行动显示了学生及广大民众抵制日货的坚决态度，也是对坚决售卖日货商人的有力惩戒。

面对日本帝国主义的残暴行为和广大民众抵制日货的强烈要求，一部分商人的态度也有所变化。在11月30日的总商会董事会议上，会长卞月庭称：面对如此局势，"惟本会尚无若何表示，倘再默不闻问，必以本会为死会，以本会国人为死人矣"；并认为，在目前情况下，"非一电便能谓美满结果"，主张商会应有所行动[48]。在12月15日的总商会董事会议上，当刘渭川对学生要求商人抵制日货一事大放厥词后，也有会董表示不同意见，认为商人应当顺潮流趋向而行；还有会董对当天会议上关于抵制日货问题提出的均"仍系敷衍办法"，表示了不满[49]，绸缎布匹棉纱同业公会的商人则致函天津总商会，表示"此次抵制，万不能仍从前敷衍，对于日货不买不定之决心誓死不能破坏。"[50]12月19日，总商会的董事们再次开会讨论抵制日货问题，会长卞月庭反省了"五四"运动以来商界的表现，承认商人之爱国"是敷衍的"。会董高聚五慷慨陈词：此次抵制日货、关系国家生死存亡，商人"倘再敷衍了事，实无颜对奔走呼号爱国志士"。这次会议决定，明日午后各商家均停业半日，并在门前"插白旗书明一致救国字样"，以示对国民大会的支持[51]。还有一部分商人对抵制日货行动上也做出了一定程度的响应。自12月中旬以后，洋广货同业公会、绸缎布匹棉纱同业公会、五金同业公会的商人，明确表示要抵制日货，"暂为停止"与日商的交易活动，或表示与日商"断绝关系"。但这些商人同时也均称"停止销售一节，事关生计"，坚持要将现存日货"销售净尽为止"[52]。五金同业公会为了表示这次抵制日货决不敷衍，还制定了处罚条例，规定"凡我同业之各号旧存之日货……卖出永不再买"，"在外交未解决以前，如将旧存日货售罄，而又续买新日货售卖者，一经查出，按数目之多寡，尽数充公外，加倍处罚之"[53]。火柴杂货同业公会的商人也决定，"将现有日货造具清册，卖出之后永不再买"[54]。这些都说明一部分商人对抵制日货的态度有了积极的变化。

但由于商人们一致坚持反对焚毁日货，国民大会委员会不得不作出让步，采纳了商人们提出的将现货售完，以后不再订批、售卖日货的办法[55]。12月下旬，国民大会委员会[56]研究出抵制日货的具体办法，决定各商家将日货暂时封存，由国民大会委员会分别设立"日货萃卖场"和"日货公卖处"数处，然后零售商家将日货集中到萃卖场出售，批发商将日货集中到公卖处出售，并制定了《临时日货萃卖场简章》和《日货公卖处章程》，规定了各项实施细则[57]。

应该说，国民大会委员会新的抵制日货办法对商人们作出的让步是很大的，已充分照顾了商人们的利益。但是大多数商人仍认为这些办法对他们的限制太大而不愿意接受。新办法议定后，国民大会筹备会和总商会联合发布布告，将这项决定通知全津商家，要求各商家将所存日货数目在5日内呈报到会。但到呈报最后期限的27日，各商虽不乏来会呈报者，然尚有多数商人未来呈报。国民大会委员会和总商会不得不再次发出布告，展限7日[58]。而代表全津商人的天津总商会，虽敦促各商家呈报所存日货数月，但是对国民大会关于让各商家将日货集中到萃卖场和公卖处出售的办法却不肯接受，认为这样做对于商家的经营"恐多窒碍"，声称如果各商家认为"此种设施于各商不利"，总商会"为维持商人利益，求市面之安全，以当取消此议，再请各界急筹相当办法。"[59]这样，国民大会委员会制定的抵制日货办法，基本上没有得到执行。

在这种情况下，国民大会委员会派出日货调查员，开始对各商铺的日货进行检查，于是发生了魁发成事件。位于东门内卢家胡同的魁发成料器庄，存有日货灯罩二十余筐，没有按国民大会和总商会的规定呈报，1920年1月23日被日货调查员查出。魁发成铺商不但不承认错误，且勾来日本浪人将调查人员打伤。后有数十名学生赶来，将铺伙裴唐仙、张文翰二人带到总商会。翌日，"经国民大会委员会在商会开会，议决将裴唐仙游街示众，再赴公园陈列。"[60]

北洋军阀政府对于人民抵制日货的斗争一直采取压制的态度。直隶省长曹锐1919年12月23日发出布告,称学生及各界人民抵制日货的斗争“逾越常轨,实属侵扰商业,害及公安”,并“令警察厅认真取缔、禁止”[61]。曹锐得到魁发成事件的报告后,认为这是镇压抵制日货运动的好机会。1月24日他令天津警察厅派出督察长、警察署长率数百名军警和马队将商会包围,抢走裴唐仙,辱骂、殴打在场的群众,并将学生多人抓走。国民大会委员会的马千里、时子周、马骏等负责人及代表8人到省长公署交涉,结果除一商界代表外,其余7人均在省署被警察拘捕[62]。接着,1月25日,学生联合会和天津各界联合会又都被警察查封。1月29日,数千名学生集会游行,并到省长公署请愿,军阀政府派出大批全副武装的军警大打出手。周恩来、于方舟、郭隆真、张若名等27人被捕,60余名学生被打成重伤,轻伤无数,造成惨案[63]。同时,魁发成事件后,上街调查日货的学生调查员也多次遭到警察拘捕[64]。魁发成事件导致爱国学生、各界人民与军阀政府的矛盾骤然激化,“五四”运动中天津学生界、教育界的主要领导人几乎尽被军阀政府逮捕入狱。此后,天津学生及各界人民的斗争重点即转向抗议军阀政府暴行,营救被捕代表的斗争,抵制日货的运动就这样无形结束了。

(三)

“五四”运动中天津商人罢市和抵制日货,支援、配合了学生和其他各界人民的斗争,给北洋政府造成了巨大的政治压力,对迫使免去曹、陆、章三卖国贼的职务,释放被捕学生,起了积极的作用,在经济上、政治上对日本帝国主义也给予了有力的打击。这些都应该充分肯定。但是,通过考察“五四”运动中天津商人罢市和抵制日货的曲折过程,清楚地看到了天津商人在运动中的种种消极表现。当“五四”运动爆发,广大青年学生勇敢地投入反帝爱国斗争时,天津的商人们仅在言论上有所表示,而迟迟不肯采取实际行动投入运动。只是在广大学生及各界民众的强烈要求和巨大压力下,才迫不得已宣布罢市。商人的特点是趋安图利,罢市造成的社会生活秩序的不正常状态,对于商人的心理造成很大的压力,经济上的损失更使他们心急如焚。所以虽然绝大多数商人都参加了罢市,但是他们急切盼望赶快停止罢市,实际上都在做随时开市的准备。所以当北洋政府仅作出极有限的表示,罢市所提出的要求并没有被答应之时,商人们便立刻停止了罢市。在爱国学生进行了坚决斗争之后,商界不得不再度罢市,结果也是在北洋政府保护学生言词模糊,惩办国贼只字未提的情况下,总商会便不顾学生的强烈不满,迫不及待地宣布“罢市目的已达,当然开市”了。在抵制日货的过程中,虽然后来少部分商人对以前的消极表现有所反省,态度上有所转变,个别商人还有焚毁日货的坚决行动,但是由于大多数商人的敷衍或反对,总的来说,商人们实际上并未真正展开抵制日货的斗争。

综上所述,“五四”运动中天津商人在罢市、抵制日货中的表现,明显而充分地暴露出天津商业资产阶级政治上的软弱性、妥协性,缺乏政治上的远见和牺牲精神,唯恐人民运动引起社会秩序的混乱,危及自身的经济利益,在罢市和抵制日货的过程中一味地拖延、敷衍、妥协、退让,影响了天津人民反帝斗争更有力地开展。极少数奸商唯利是图,泯尽天良,欲乘国难之机牟取暴利,则扮演了可耻的角色。

注:

①《天津商会档案汇编》,天津人民出版社1992年版,第4715页。

②《天津商会档案汇编》,天津人民出版社1992年版,第4721页。

③《五四运动在天津(历史资料选辑)》,天津人民出版社1979年版,第106—107页。

④《益世报》1919年6月9日。

⑤《大公报》1919年6月10日。

⑥《天津商会档案江编》,第4723页。

⑦《益世报》1919年6月11日。

⑧《大公报》1919年6月11日。

⑨《天津商会档案汇编》,天津人民出版社1992年版,第4726页。

⑩⑮《益世报》1919年6月12日。

⑪《天津商会档案汇编》,天津人民出版社1992年版,第4727页。

⑫ 夏琴西:《天津商界两次罢市纪要》,《文史资料选辑》第61辑。

⑬《天津商会档案汇编》,天津人民出版社 1992 年版,第 4 728—4 729 页。
⑭《益世报》1919 年 6 月 13 日。
⑯《益世报》1919 年 6 月 14 日。
⑰《天津商会档案汇编》,天津人民出版社 1992 年版,第 4 730 页。
⑱《益世报》1919 年 5 月 10 日。
⑲《益世报》1919 年 5 月 11 日。
⑳㉓《益世报》1919 年 5 月 22 日。
㉑《五四运动在天津(历史资料选辑)》,第 73 页。
㉒《天津商会档案汇编》,天津人民出版社 1992 年版,第 4 738 页。
㉔《大公报》1919 年 6 月 1 日。
㉕《益世报》1919 年 6 月 2 日。
㉖《益世报》1919 年 6 月 10 日。
㉗《益世报》1919 年 7 月 15 日。
㉘《益世报》1919 年 7 月 11 日。
㉙《五四运动在天津(历史资料选辑)》,第 229 页。
㉚《南开日刊》1919 年 7 月 27 日。
㉛《五四运动在天津(历史资料选辑)》,第 236—247 页。
㉜《南开日刊》1919 年 7 月 8 日。
㉝《益世报》1919 年 8 月 5 日。
㉞《天津商会档案汇编》,天津人民出版社 1992 年版,第 4 755 页。
㉟㊲《益世报》1919 年 7 月 8 日。
㊱《天津学生联合会报》1919 年 8 月 6 日。
㊳《益世报》1919 年 7 月 15 日。
㊴《益世报》1919 年 7 月 25 日。
㊵《益世报》1919 年 7 月 18 日。
㊶ 卞原为天津总商会副会长,1919 年 11 月被选举为会长。
㊷《益世报》1919 年 12 月 13 日。
㊸《大公报》1919 年 12 月 14 日。
㊹㊾《益世报》1919 年 12 月 17 日。
㊺《大公报》1919 年 12 月 18 日;《益世报》1919 年 12 月 18 日大津。
㊻51《益世报》1919 年 12 月 20 日。
㊼《益世报》1919 年 12 月 21 日。
㊽《益世报》1919 年 12 月 1 日。
㊿《大公报》1919 年 12 月 19 日。
52 53《益世报》1919 年 12 月 19 日、30 日、31 日。
54《大公报》1920 年 1 月 1 日。
55《益世报》1919 年 12 月 22 日。
56 国民大会筹备会自 1919 年 12 月 24 日改称国民大会委员会。
57《益世报》1919 年 12 月 25 日、29 日。
58《天津商会档案汇编》,天津人民出版社 1992 年版,第 4 796 页。
59《天津商会档案汇编》,天津人民出版社 1992 年版,第 4 779—4 780 页。
60《大公报》1919 年 1 月 25 日。

㉑《益世报》1919 年 12 月 24 日。

㉒《时报》1920 年 1 月 28 日。

㉓《益世报》1920 年 1 月 30 日。

㉔《时报》1920 年 1 月 29 日。

（《近代史研究》1995 年第 2 期）

北洋时期天津商会政治文化试析

宋美云

本文所谓政治文化，主要是研究天津商会在北洋时期对政治的态度、参与政治的意识、参与政治的组织形式以及参与政治的行为方式等等。关于商会参政活动的具体内容和阶级立场不予涉及。商会是代表资产者主要利益的社会团体，是资产者从事经济活动、社会活动和政治活动的主要代表机构。20世纪初期，天津商会诞生后就担负起组织众多资产者从事社会活动的责任。由于历史和社会的原因，中国的资产者很少以个人的身份从事社会活动，尤其是政治运动。北洋时期是天津商会活动最活跃的时期，而这个时期的商会在政治上较少受到北洋政府的干涉和抑制，资产者们的独立意识和自主精神可以相对地自由表现和自由发展。作为一个社会群体的商会组织对政治的信念和认识、情感和评价等政治心理比任何个人更具有代表性。这正是本文以北洋时期天津商会作为主要研究对象的原因所在。笔者试图摆脱以往单纯地用经济的观点认识社会政治的思维定式，从一个全新的角度，用政治文化的研究方法探讨考察北洋时期天津商会的政治心理，以此说明在中国社会近代化的进程中，商会发挥政治作用的程度和能力。

一、商会的参政态度和经济利益

长期以来，饱受封建政治独裁、文化专制之苦，为数众多的一般国民基本与政治无缘，对社会政治有一种深切的恐惧感和陌生感。受这种传统政治文化的影响，近代资产者中多数人信奉“在商言商”，对政治很少了解和兴趣。自清末戊戌维新运动和宪政改革以来，近代知识分子冲破中世纪的黑暗牢笼，主动投身国家政治，成为近代改革与革命的发动者和领导者。他们中的一部分活跃分子以个人名义向政府提出政治改革的建议，或者在报刊上发表一些政治改革的言论，但在商界参与其事的人数寥寥无几，基本是追随知识界后，没有特别引人注意的独特见解。梁启超曾指出，今我国有资本之人“语之以政治上之活动，未有不掩耳却走”者，对政治抱着“事不关己，莫肯声援”的态度是不对的[①]。辛亥革命前后有一些资产者一度积极参加和支持政治活动，主要是为了早日完成革命恢复社会安定。多数的资产者缺乏近代国民观念，不懂主权在民，不了解公民的权利和义务，对于政治和经济的关系也不甚了解。因此，他们不关心政治，也没有多少持久的政治热情。商会的领导成员是商会的中坚力量，有较强的号召力和组织能力，对商人的政治活动通常有决定性的影响，也就成为大多数资产者政治利益的代表。

这部分工商界人士的政治代表对于政治的认识和介入是与自身的经济利益联系在一起的。北洋时期，天津总商会章程明确规定：“增进及保护工商业之利益”，“关于工商业之利害得发表意见于中央及地方行政长官或工商业者”。商会中有的人还认为“商会应办商务，他事不应办”。充分说明当时的商会主权意识缺乏和模糊，对于国家政治事务与自身利益的关系缺乏认识。由此可见，商会对于政治的要求，主要是希望有一个利于经济发展的政治秩序和社会环境。他们只注重政治实行的结果，甚至只是当前的政治状况，而对于政治制度本身的机制，对于政治发展的结果很少了解和产生兴趣，表现为政治近视。民国成立，天津商民遭受壬子兵变的洗劫，天津一地的商业损失达1 200万两白银，几经整顿，市面才“稍有起色，另冀商务蒸蒸日上”。因此，政治事变一旦发生，商务的领导成员担心导致“操戈同室，市面变动，商民辍业，商务因之滞塞”，立即呈文政府，强调“息事宁人”为当务之急，恳请袁世凯出面维持，保全商业。

二次革命发生前后，各地商会积极支持和参加武力讨袁的屈指可数。多数害怕二次革命破坏和平安定局面，不利于工商业的发展。商会大权在握的天津绅商和大资本家普遍不支持革命党人，有的公开发表函电反对,有的苦劝双方息兵止争。商会派出商团镇压革命的行动备受青睐,“窃自南军肇乱,京津戒严,原所以保守治安,以弭隐患,业经贵处办理,成绩昭著,津郡人民赖以镇定”。商团也曾得到袁世凯的嘉奖,商会的领导成员亦因功得到民政部的奖励。商会为什么反对二次革命,而支持袁世凯恢复帝制呢？原因在于袁世凯政府虽然实行政治独裁,但在稳定社会秩序,整顿国家财政金融,鼓励工商业发展方向的所作所为基本上可以使当时的资本家和绅士们普遍感到满意,以至于他们反对孙中山等革命党人的二次革命。又如洪宪帝制时期,筹安会宣传君主立宪制度,可以免除纷争,安定社会,立即得到大小商会的认可,他们希望“善政从此进行,商民藉轻担负,太平之望,人同比心”。充分反映了资产阶级一种“不问其为何政府,但知有抚我者而归附焉”的社会政治心态。因此,以自己的利益得失取向成为当时商会的主要政治取向。无论何种政府、何种主义、何种党派,只要能维持好的社会秩序,能实行一些有利于工商业发展的经济措施,他们就会毫不犹豫地予以支持。其做法又限制了自己的政治视野。把政治理解为社会安定,这是新式资本家与旧式商人基本相同的认识,而他们不同的地方在于政治黑暗和社会秩序混乱的时候,旧式商人哀告无门,只有盼望河清有日,而近代的资本家们则逐渐萌生了参与意识,希望能通过置身其中的政治活动,达成理想的政治和理想的社会。当然也可说由于政治黑暗的刺激使他们形成了政治责任感和能力感。商会对政治的忧虑主要是从辛亥革命后开始的。北洋政府执政时期, 商会表现出对政治上的纷争越来越不满意,导致其独立自主的政治意识逐渐增强。

商会对于政治的这种理解,一方面保证了他们从事政治的韧性,即不断地努力追求实现自己的理想,因为当时的政治很少达到保护和扶植工商业的目的。天津商会在一份呈文中说道:“共和肇造逾十三捻,海内调扰迄无已时,唯为商人被害尤巨,军需孔亟,竭力输将,兵变所统, 身家灭烬,凡此惨痛,共见共闻。”以此批评政府政治的黑暗,希冀彻底改革以治其本,“现政府彻底改革,召集善后会议,先治其标,举行国民会议,以治其本”[②]。另一方面因过于看重经济利益,商会显得缺乏政治眼光。为了维护商人眼前的利益,他们有时可以忍受许多政治上的限制和压迫,甚至放弃政治原则和政治权利。当北洋政府向商人发放公债时,天津商会一面呈文省长请收回成命:“查津埠商业年来因政治之影响,感人事之日非,遂多进行蹉跎,贻误时机,不求盈余,免无折阅。矧因耗费增加,生意毫无,已成外强中干之势,税款担负力已能(难)支,今复加之以公债,惕惧中怀,宜其无法为计也。敝会领管商抠,鉴于舆情,未敢壅塞,急求疏转,借为职责应尽,勉冀回复人心。”[③]另一面又贪图高额利润,劝说不愿认购公债的商号,以包销公债的方式,为他们不满意的军阀政客提供财政支持。如天津商会劝为躲避公债迁移租界的商号函中说:“况承购此项公债,利息既优,担保确实,六年即可还本,商民金钱绝非从此虚掷,且尤非捐助可比。”[④]这种自相矛盾的立场和态度,正是中国资产阶级政治幼稚的典型表现。

商会对政治制度改善的一味追求,因受其成员政治知识的限制,往往不是出于理性认识,而是出于感性认识,或受启发于中西政治制度的对照,或受感于旧制度的缺陷和腐朽。如在清末的商界国会请愿书中, 他们虽陈述了请速开国会的种种理由,但多系“就海内外之见闻,与我国家之形势,引申互证,取其与国会有切要关系者”而言之。这就使他们或简单仿效西方的政治制度的模式,或只求于本国制度做一些有利于己的改良,从而难以形成一种理论与国情相结合的根本改革旧制度的明确而长远的政治奋斗目标。由于仿效西方政治模式既得不到统治者的允可,也难以付诸实践,因而企求旧制度的局部改良便成了他们的主要追求目标,以自己的利益得失作为衡量政治制度好坏的主要标准。这种判别标准使他们的参政行为受到严重的束缚,每次涉足政治都是瞻前顾后,小心翼翼,缺乏政治热情,往往表现出一种被眼前利益驱使的盲目心理。造成这种政治心理的因素应归于以下两点:一是由商会成员的政治文化素质不高所决定的。当时天津总商会会员的状况就说明这一点。处于20 世纪20 年代之前的工商业者的知识结构呈现一种新旧相间的状态,有的出生于官宦阀阅人家或书香门第,多潜心于章句或义理之学,有较深国学根底和浓重士大夫气质;有的在经商从业过程中不同程度地接触到一些西方文化和科技,学理知识也仅及皮毛。20 年代以后,虽然有一批受过国内外新式教育的工商业者,不同程度地优化了原有的知识结构,但他们的知识构成以工商业经济知识为主体,政治知识甚少,又以经济活动为主要职业,这就限制了他们的政治文化素质的提高。二是从商会的社会属性来说,它是一种经济性法人社团。它的主要职责、权利义务、活动范围和工作方式,都受到国家有关法规和依法制定的会章的明确限定，只允许它协助各级政府促进工商业发展和保护工商业者的利益，至多可以参与国家的“商政”，以及由此延及的某些政治问题，从法律上限制了商会的政治功能。

二、商会的参政意识

人民是否具有参与政治的意识，即是否认识到应当关心和参与政治决策是一个国家实行民主政治的一个重要前提条件。这种政治参与意识通常表现为政治责任感。20 世纪初期，天津商会开始具有这样的政治责任感。北洋时期的天津总商会参与政治的意识和自立能力日趋增强。

清末的一些商人已经注意到，“商之盛衰存亡与国家尤有密切之关系”。宣统二年(1910 年)国会请愿运动中，响应国会请愿的有天津等 12 个商会。天津商务总会在开始时态度较为积极，后来因内部认识分歧，有不少会董认为，商会及总协理是受政府节制的，“不能出名办国会”；“商会自应办商界事”，“不但不必办国会，商界以外之事均可不办”；本商会可以赞成“他省商会请速开国会”，但“不能作为发起”，“不得出名”由众商出名为好。最终没能派出代表参加请愿。实际上，商会对政治的消极和缺乏责任感的现象是极为常见的。最典型的语言为“在商言商”，是当时资产阶级的口头禅和基本信条。对大多数的商人来说，“在商言商”的含义是只做买卖莫谈国事，对于商会领导人来说，“在商言商”则是要过问商政，但不涉及与商人没有直接关系的“纯”政治。这充分反映了商会参加一些政治活动被动性的思想根源。

“中华民国”成立之后，商会开始意识到争取法定的参政地位和权利，试图对国家的大政方针发生影响和作用。1912 年 8 月，袁世凯政府颁布《参议院议员选举法》和《众议院议员选举法》，把工商界排除在选举人范围之外。选举法颁布后，立即遭到以商会为代表的工商者的强烈反对。全国临时工商会议上，天津商会乘机联合其他工商团体代表力争选举权，表现出商会整体的参政意识；1913 年初，天津商会又参与争取在参议院设置商界参议员名额，提出商人应有参与宪法制定和担任政府顾问的权利。1915 年，天津商会为商人应有制定法的权力掀起第二次争取议席的活动。此时的商会领导人注意到这将关系到商人的切身利益，“商人之于国家担负既重，休戚尤切”，是“既尽如许之义务，自应有相当之权力”。因为一方面是国家的命脉在商业，另一方面是应将国家的根基弄稳固，商业才能发展，因此商人对国家兴亡负有重大责任。他们的这些认识注意到政治与经济的关系，但仍然是希望有一个利于经济发展的政治和经济环境。而对于资本家阶级如何参与政治，以达到其理想，他们并没有深入的了解和具体的设想，还不能算是完整的参政意识。但从争取第一届国会议席到参政院商会代表名额的扩大过程，既反映了资产阶级参政意识的进步，也体现了他们争取参政权利的成果和参政作用。就参政意识进步而言，他们的“义务”与权利观念在不断增强。在争取参政权利的动机上，他们也从初期的单纯要求参与“商政”发展到“商政”、“国政”并参。就争取参政权利的成果和参政作用而言，商会已从既无选举权和被选举权又无议席，转变成为拥有选举权、被选举权和比例不低的议席，并能发挥一定参政作用的参政阶层。

1912—1922 年的十年间，天津商会随着经济实力和社会势力的进一步增强，充分利用自己的力量活跃在政治舞台上，表现出高度的积极和热情，成为一支不可忽视的政治力量。除上述活动外，他们还参与了 1916 年的劝阻“护国战争”，1918 年的调解南北议和等，均颇具影响。

民初政治的黑暗和社会秩序的混乱，促使商会开始注意自己的政治权利。以“五四”运动为标志的新文化运动启发了商会领导层的政治觉悟，长期禁锢人们头脑的旧思想、旧文化、旧观念受到猛烈的冲击，使工商界进一步打开眼界，增强了改变现状，追赶时代的革新要求。资本主义的新风使部分绅商受到了程度不同的影响，他们不仅能够适应历史转轨的要求，努力吸收新事物，更新自己的知识、观念和企业经营管理的手段，从而由原来的绅商逐步向近代企业家过渡，而且也比较容易接受和形成新的国民观念，对于政治的认识也更加明确和深入，多次尝试成为政治主角。这一时期的上海总商会表现得尤为典型。但是自直皖战争开始，迄于褚玉璞垮台九年间，天津商会进入“天津地方频频易手”的危机时期，“比年以来，军事倥偬，战争靡息，商会处荆棘之秋”，“年来禁令森严，不准集会，遂使长才莫展，尽善难期，缄默不言，求免祸患”⑤，被迫停止各种参政活动。

总之，北洋时期天津商会的参政意识虽然呈现出一种逐渐增强的态势，但有一个明显的特点是始终把政治活动置于商务活动之下,不能完全超越"在商言商"的观念范围,尚未把参与国家政治视为最高权利和义务。他们参政的主要出发点是为了改善自己从事经济活动的社会环境,即所谓"大局一日不解决,即我辈商业无从着手",兴商不能才去参政。在这种参政意识的指导下,他们的参政活动不仅表现为被动性,而且表现为临时性和不坚定性。当政治局势变动严重影响商务活动时,他们的参政活动就显得高涨一些,反之则低沉一些,甚至无所表现;当某项影响商务活动的政治问题得到缓解或自我平息时,他们因此而起的政治活动亦就随之而结束;当所要求解决的政治问题持久不决时,他们往往因不愿投入过多的时间和金钱而不了了之。当然,还应提及的是,具有一定参与意识的工商者并不一定都自信有参与能力。缺乏能力感严重妨碍了商会实际参与政治的积极性,因而参政能力往往显得力不从心。参与政治需要有一定的制度作保证,如有适当的条件和机会等。清末民初的政府并不欢迎商会参与政治,政治制度为商会提供参与政治的条件和机会更是微乎其微,这自然不利于资产者产生能力感。另一方面,能力感往往得之于参与政治的成功经验。参与政治毫无成效,甚至带来麻烦和危险,也许可以激生军阀违法和革命党造反的能力感,但是不利于培养工商者的能力感。当时商会投身政治的经验教训,往往不利于增加参与政治的信心,而且正相反,很可能只是削弱这种自信。

所谓参政能力的大小,主要决定于参政者的文化素养和政治、经济力量。就天津商会的文化素养而言,经济知识新旧参半,习惯法和传统政治意识浓重。就政治力量而言,尽管天津商会的系统组织可作为政治后援力量,但也因组织上的松散性和派系纷争及军阀政府的干扰而受到削弱。再者商会本身并非政治组织,不具备齐全的参政功能,又不能选择一个较为有力的政治党派作为自己的政治代表,以弥补自己参政功能的不足,即使有像孙中山这样的政治领袖及其所领导的政党意欲为资产阶级的利益而奋斗时,商会也很少给予积极而有力的支持。就经济力量而言,天津商会的大多数成员资金不足,不可能拿出较多的资金用于政治活动。再加上他们的政治投资意识淡薄,不愿将有限的资金投入前途不明的政治事业。

中国资产阶级参政活动的实践证明,能力较大者不仅当参政机会来临时能较好地发挥自己的参政作用,而且还能争取到更多的参政机会;能力较小者不仅难以争取到更多的参政机会,即使有了参政机会也不能起到较大的参政作用,甚至无所作为。所以,就天津商会成员而言,无论其文化素养还是政治和经济力量,均缺乏足够的能力去实现其参政欲望。

三、商会参政的组织形式

政治是一个特殊的社会活动领域,任何阶级要想投身其中达到自己的目的,都需要专门的组织和人才。近代社会各阶级或阶层往往通过影响或操纵政党和政治社团反映和代表自己的利益。北洋时期商会的政治文化状况决定了其参与政治的行为方式。这一时期的商会政治消极,厌恶政党政治,所以由其专门控制的政治社团寥寥无几,更不会试图影响或控制某个政党或政治派别。

辛亥革命以后,天津以商界为主的团体盛极一时,但大多是经济团体,如民初的天津工商研究所、直隶绅商金融临时维持会、实业储金会、救国赎路集金会等等。这些组织以经济活动为主,很少带有政治内容,存在的时间并不长久。纵观清末民初成立的团体,能够代表资本家阶级政治利益的集团,并带有一定政治功能的仅有原本无意于参政的商会。商会是基于以经济活动为主要功能的特定的团体。商会章程和商会法对其职责、权利义务、活动范围、工作方式等都有比较明确的定义和界限,因此商会的日常活动基本限于工商经济范围之内,如在开通风气、调查商务、裁判商事、兴办实业、减免捐税、反对洋商特权、保护华商权益及组织社会经济生活等方面的活动,与政治有关的活动大多是临时性的。尽管如此,由于工商者不信任任何职业政治团体可作为他们利益的代表,商会不得不勉为其难,负担起反映和维护本会会员政治利益的责任。然而,每当政治风潮到来时,商会多半都超出了《商会章程》和《商会法》规定的权利和义务兼事政治活动,这不仅为培养一般工商者的政治意识提供了前所未有的机会,而且使这些会员在这种非政治团体中有可能无意中接触实际政治和得到一些锻炼。

实际上,商会兼事政治只是迫不得已的应付办法,它毕竟不同于职业政治家组织的职业政治团体。商会的政治活动缺乏宏伟的抱负和远大的目标,缺乏可行的计划和有效的协同,缺乏经验、信息,甚至缺乏人力、

财力,总之只能是临时应付,常常是虎头蛇尾,很少见成效。商会兼事政治严重阻碍了其政治影响能力,主要有以下显著特征:

第一,政治活动不能及时得到应有的重视。商会以协调和维护会员的经济利益为基本职责,因此,它的政治兴趣和一些具有政治色彩的活动与自身经济利益有关系的“商政”分不开。尽管在一段时间里,政治活动频繁,政治职能也时有表现,但从商会的整体活动而言,其政治职能仅是不得已而为之的副业。

第二,参加政治活动的商会从来没有常设政治机构,表现出较大的随机性和一定的盲目性。我们注意到商会参与或影响政治决策的能力在《商会章程》并没有明确的规定。它的这种能力主要是由商会领袖人物的具体行动体现出来的,他们很少从长远利益和根本目标出发考虑政治问题,与之相适应的政治机构也常常是临时性的。这种状况决定了商会的领导层不可能投入大量的财力、人力从事政治,其结果也不可能有多大的成功。

第三,商会自身缺乏明确的资产阶级政治意识,就不会有计划有目的地培养和提高本会会员的近代国民观念和政治识别能力。天津商会曾办过一些商业性的报纸,创立过商业学堂,多以开商智、兴商业为主,很少有与政治直接有关的内容。这些尽管十分有利于会员的一般文化素质和商业知识的提高,但对于提高其政治意识和参与政治的能力是极其有限的。

四、商会参政的行为方式

利益表达方式就是我们所说的提出政治要求的方式,是参政行为方式的一个方面。商会的参政实践表明,其大多是通过合法渠道表达政治利益。具体说来又分两种:一种是通过现存政治制度下既有的机构作为提出政治要求的渠道;一种是依据他们理解的宪法权利,自行成立某种临时性的政治机构,宣扬他们的政治主张。北洋时期的天津商会常用第一种方式来表达自己的利益,如上书、请愿、利用传播媒介等方式。19 世纪末至 20 世纪初,大多数的工商者对商会充满希望,“欲使政府有所咨询,而商人得以陈述商情”。商会和政府的联系方式主要是以函文函电向政府和主要职能部门,或者军政长官个人提出要求。根据《天津商会档案汇编》不完全统计,1912—1928 年间,天津商会向当地政府和各职能部门提出自己政治要求的各类政治函件、函电约占全部政治函件的 65%。再就是商会派代表直接向有关当局陈述意见。民国初年到 20 年代,中央和地方政府曾多次召集各种工商会议、经济会议,应政府之邀天津商会推举代表到北京参与国家经济发展规划和政策法规的制定,或者就某些政治问题与某些党派团体联合协商并形成决议,提请政府采纳,或与政府有关部门代表会谈,把工商者的要求转达政府。利用新闻媒介也是天津商会陈述自己政治要求的一种方式。清末民初,各种报刊较少受到政府的控制,相对比较自由,一些报刊为资产阶级控制,成为他们的喉舌,因此天津商会常常通过报刊反映其要求和利益,如《河北日报》、《天津商报》、《大公报》、《时报》、《益世报》和《储金醒画报》等报刊对于商会给政府的函文和通电都同时揭载,以期引起社会的重视和同情。但这种表达方式对政治仅是一种间接的作用,是极其有限的。

商会是代表资产阶级利益的社会团体,因此在表达其政治利益时常常具有合作性和压力性的特征。合作性形式又分为两个方面,一方面是工商者个人经由商会联合在一起共同行动;另一方面是不同地区的商会互相配合,共同提政治要求。前一种合作形式主要是由工商者向所属商会陈述情况,提出要求和建议,当所属商会决定有所表示后,以全体会员的名义陈请政府,动员和组织下属成员集体行动,例如要求废除苛捐杂税,反对帝国主义的侵略行径和“五四”运动时期通告商人一律罢市等等。

后一种合作形式是商会之间合作的主要形式。北洋时期天津商会与各地的商会、同业公会、全国商联会的联络十分频繁。这种合作对于表达资产阶级的要求和鼓动民意舆论有一定作用,比较前一种合作更有声势和影响。但这些合作可以说是基于共同的利益和责任心,不是义务,也不是固定的方式。由于北洋政府对商会的全国性动作持有戒心和限制,因此始终未能形成十分有效的合作。尽管有时带有一定的压力性质,但商会的政治影响能力受到了局限。

压力性形式主要是由于专制政府几乎完全漠视民意,民众的正当要求不能合法有效地表达出来,蓄之既久,往往转化为带有暴力色彩的抗议行动,如游行示威,学生罢课,工人罢工,农民抗捐,商人罢市,其结果可起到一定的压力性作用。但商会对于这些强制性的利益表达方式不感兴趣。天津商会的历史表明,采用罢市的行为大多是商会为反对政府的苛敛和反对帝国主义的侵略行径,这种罢市的规模和范围比较小。影响较大的罢市往往不是由商会单独发起,而是由商会与其他团体联合发起,或是由其他团体发起后,商会因势参加。如在清末国会请愿、"五四"运动、"五卅"运动时期的游行示威活动中,商会处理得十分谨慎,均以参加者的身份出现。

拒绝纳税、拒绝认购国库券常常也是压力性的利益表达方式的一种,是商会最能显示自己力量的参政行为。一般不到万不得已时商会不轻易采用此种方式,仅是作口头要挟并不付诸实践,偶然采用也是短期行为。民国初年国会选举时,因选举法限制商人选举权,天津商会推举的代表曾有拒绝纳税的表示,但在立法机关拒绝他们的要求后,商会并没有采用激烈的行动。

商会的这些参政行为方式,就其所取得的实际效果而言,前者较好,后者较差。前者尤其是合作性方式,由于商会与政府之间有较多的共同利益关系和思想认同,所以商会所提出的主张和要求能较多地被政府采纳。后者则是在商会与政府之间缺乏实际利益关系和思想认同,甚至彼此对立的情况下而发生的。商会力图通过向政府施加压力,强迫其采纳自己的政治主张,其结果能否如愿,要视双方的力量对比而言,商会常常不能将其所采取的压迫行为坚持到底,或稍有所获即行停止,或因强权压制而顺势退缩,或考虑经济损失不了了之,其所得之政策与预期目标相差甚远,有时完全失败。总之,由于商会的政治参与所能获得政府的利益和思想认同者较少,再加压力行为不得力,所以商会的政治参与活动接连不断,有时小有成效,但总体效果不甚理想。

以上通过对天津商会政治活动的考察说明,北洋政府统治时期,天津商会从不问政治、不知政治为何物转变为关心和参与政治,即从政治的启蒙状态向成熟状态过渡,标志着中国资产阶级政治上的进一步觉醒。辛亥革命后,中国的国内和国际政治局势发生了很大的变化,各派政治势力注重于权力之争,地方割据严重,中央财政衰落,又遇上了第一次世界大战,列强放松了对中国的控制,给中国资产阶级提供了一个自由活动的机会。他们本能地担负起领导近代化的大业,站在了社会的最前列,不仅大力从事工商实业活动,而且积极参与经济制度和政治制度的改革活动,成为中国社会近代化的一支主要骨干队伍。

中国的资产阶级本应像多数西方发达国家的资产阶级一样在政治上更加成熟,发挥重要的政治作用,成为中国政治近代化的中坚力量。但是半殖民地半封建的社会和政治环境,没有给自身软弱和政治幼稚的资产阶级提供正常条件,使他们失去了发展的时机,未能实现自己的最终目标,这也许是中国资产阶级的历史命运。

注:

①《饮冰室合集·文集》之23,第15—25页。

②《天津商会档案汇编》(1912—1928),第4册,天津人民出版社1992年版,第4 550页。

③《天津商会档案汇编》(1912—1928),第2册,天津人民出版社1992年版,第1 350页。

④《天津商会档案汇编》(1912—1928),第2册,天津人民出版社1992年版,第1 366页。

⑤《天津商会档案汇编》(1912—1928),第1册,天津人民出版社1992年版,第76—77页。

(《城市史研究》1996年第1辑)

北洋新政体制下地方自治制度的形成
——天津县各级议事会的成立及其权限

[日]贵志俊彦著　周俊旗译

20世纪初期,直隶总督袁世凯仿照明治初期的日本,实施了被称为"北洋新政"的省政改革,谋求确立以近代军事制度和完备的官僚机构为基础的集权式政治体制[①]。作为改革中心的天津,自咸丰十年(1860年)开埠以后,由会首和绅士组成的地方实力派[②]领导的自治公共组织进行维持治安、市场管理、搞慈善事业等等地方公益事业。然而,由于光绪二十六年(1900年)6月兴起的义和团运动及7月八国联军大肆入侵掠夺,天津这种民间组织面临解体的危机。其后,即便是小范围的活动也不得不依赖省里力量的支持。北洋新政体制下的区域性的社会,是采用了袁世凯的省政改革为前提,在这种社会秩序解体的危机中产生的。

在袁世凯看来,将新政限定试行于直隶地区,使地方实力派卷入到改革中去,就有必要让省权力向州、县以下的区域社会渗透。因此,为了重建社会秩序,必须使民间自治公共组织与官僚机构下的组织、制度统一起来,并以此逐步扩展到社会各个方面,使统治机构逐渐完备,成为新的地方政权的基础并使之强化;为了这样达到省政统一的目的,就有必要推行地方制度的改革,即引入近代地方自治制度。地方自治制度使当时的改革派解决了在推行北洋新政过程中地方社会出现的诸多问题,促使地方政治体系化并成为"官治"的辅助力量,使地方力量与官府力量统一起来,成为具有政治统一机能的行政手段。

清末,天津县的地方自治制与省内外相比较是最富成果的地区[③],如下所述,最初的民间公共组织在统治方面并不成功,在州县以下的地方,对事务的体系化处理方面也未显示出充分的成果。然而,由地方居民的"代表"构成的各级地方议会,决不会被官僚机构一元化控制,它在地方政权内部与集权化的行政机构共存,起到了维持和强化地方权力的功能。这样一来,正如麦金农(Stephen R. Mackimon)所指出的,新政的实施形成了行政官僚统治机构和地方实力派的非制度的力量相对抗的关系[④]。

近年来,从制度史的角度评价与研究新政的全盘改革、特别是地方自治制度的引入方面可以略见一些成果[⑤]。为了评价在州县以下的地方改革内容,着重分析与当时社会形势相对应的地方政权的支柱——社会各种势力的动向,把改革对社会结构各个方面产生的影响搞清楚是十分必要的。本文论述使地方社会的运营方式复杂化的地方自治制引进的意义和权限,试图从与民间公共组织的关系角度来进行说明,以当时地方议会的权限和被选出议员的出身为着眼点,从所谓省政统一的观点来对新政进行历史评价。

一、地方实力派公共组织的重建与地方自治制度的引进

(一)实施"新政"的自治公共组织的管理

众所周知,天津自开埠以后,成为外国商品和华北传统商品的集散地,它集中了运输、装卸、仓储、旅店、钱庄等等与流通相关的行业,铁路、道路、邮政、轻工业等也逐渐配套发展起来。依靠这些经济资源,天津吸收了农村剩余人口,城市人口激增,加快了各个行业的发展,就业竞争激化,呈现出近代化都市风貌[⑥]。从同治九年(1870年)开始,天津成为直隶总督及天津总兵、长芦盐院、津海关道、河务兵备道等等官僚机构常驻的行政中心。如此都市化的天津,其城市的行政管理依然是旧式的县衙门[⑦],这种传统式的统治机构对开埠后产生的新的社会问题无法适应,必然会带来官府统治权限等问题。

19世纪下半叶,为了补充这种行政机构的权限,发挥地方政治的自我维持机能,与浙江省的情况相同,天津的地方实力派以及民间帮会也开始发挥了领导者的作用。据陈克先生的研究,作为承担起扩大了的都市机能的各种地方公共组织此时期发展起来,诸如〈1〉维持城市治安的水会、火会、乡甲局、铺民局;〈2〉进行

市场管理和征收营业税的牙行和行会;〈3〉控制劳动力市场的脚行〈搬运业、运输业〉等等的同业公会,〈4〉对大量城市流浪者给予慈善福利的善堂和善社等等[8]。从事这些民间公共组织的活动,使与科举制未能结缘的新的地方实力派不断出现,为地方社会的运行做了贡献。然而,这些自治的公共组织缺乏统一的规章和管理制度,其代表者也非民选,所以尚未发展为代表地方全体人民的公共管理组织。到19世纪末,天津城内外传染病流行、垃圾遍地、地痞滋事、妓院林立、脚行间争斗,被遣散的绿营兵的兵乱等等深刻的社会问题接连不断地发生,官府的控制力量减弱,城市下层社会日渐解体,再加上义和团的兴起和八国联军入侵,民间公共组织维持社会秩序的机能大半中止了,天津社会陷于极为恶劣的状态。

光绪二十六年(1900年)7月,作为英、俄、日、法、德、美六国占领机关的天津都统衙门为稳定社会秩序,试行了以巡捕局为中心的西欧模式的行政机构进行统治。

都统衙门下令拆毁了天津城墙,在城墙遗址上建成东、西、南、北四条马路,进而又进行租界的建设和扩张,使相当于原天津旧城面积七倍多的行政区域划进了天津版图[9]。这样的以城市为中心的近代行政统治,将郊外378个村庄都归属城市管理,连周围农民的生活秩序也做出了规定。

1902年8月,天津从联军手中返还中国当局时,直隶省面临两个问题:其一,省库银仅有18.5万两、洋银4万两,如此财政窘况,还要负担庚子赔款由直隶分担的85.8万两,而且北洋常备军的创办军费也必须要筹集。其二,与八国联军缔结的《天津地区归还附约》中第八条规定,中国军队不准进入距天津市区30公里以内的地方,因而谋求作为维持治安力量的军队以外的行政手段就成为必要。就任直隶总督的袁世凯既要应付严重的财政困难,还要面对丧失管理状态的天津社会,首先必须要努力恢复治安管理、恢复商业活动[10]。在这种情况下,为节约财政支出、实施地方制度的改革,重整过去的公共自治组织并将其纳入地方行政系统是最简便的方法。

首先,在归还天津的同时,省政府在天津南北两段分别设置巡警总局,以取代民间公共组织乡甲局及水会、牙行等,担当起都市治安管理职责,并附设消防队、审理判决的发审处等等,后又增设四乡警察科、工程科、捐务科等作为统一的民政机关[11]。其次,为应付财政危机,省政府并不依靠牙行和行会,而是直接介入都市经济的管理和重建。省政府在巡警道管辖下设捐务处,为筹集军费征收烟酒税、盐税等等的间接消费税[12],为城市基本建设征收城市的房铺捐等等的城市直接税。另外,承认商务公所,让其统一管理商人同业公会(后发展为商务总会),进而又从都统衙门承继工程局、工巡捐局、卫生局、赈抚局等等,让其负责市政业务。

这种城市行政近代化的管理,在把传统的公共组织置于市政管理之下并取代它们方面取得成果。至1904年,城市管理系统的机构化已取得某种程度的成果,但尚未达到合理的行政执行体制水平,特别是财政方面,省收入大多拨向交付赔款金和军费开支,县以下的地方财政不得不以"就地筹款"为原则。其结果,县以下地方行政机构的运行依旧被过去的参与地方事务的自治组织来维持。这种官民二重公共组织共存的状况,使由新政而新设立的各行政机构的下级官吏可以恣意行动,产生了新的社会问题。例如,为州、县进行"兴学"和征收学费的劝学员和办学员的专横举动很引人注目[13],组持治安的巡警局在其他方面依然继续着乡甲局的机能[14]。省政府虽试行对居民的生活秩序由新行政机构来管理,但因为新行政机构并未完善,不能代替过去的民间公共组织,这样,行政管理系统和民间公共组织二者并存的城市权力结构就形成了,它使地方社会的内部复杂化了[15]。

(二)地方实力派对自治制度的推动

光绪三十二年(1906年)以后,官僚机构和民间组织面对错综复杂的地方局势,袁世凯根据如下的理由决定引进地方自治制度[16]"宪政伊始,兴教育、设警察、办实业;然需正视出现的种种混乱。另外,原有人才如何使用亦非易事。今欲革新政治,非地方自治难有成果。近年来,天津和上海等地根据各部章程设立学会、商会,并已公选议员和董事,此即为自治之萌芽"[17]。

就是说,在地方行政实施"新政"各种政策的过程中,暴露了纵向行政的弊端,为了实行行政统一的体系,以议会为中心的地方自治制度这一法制形式的引进是不可缺少的。按照中央的章程组织起来的教育会、商会等等公共团体作为自治萌芽出现,现在正是好时机[18]。袁世凯借"自治"之名让地方自治团体承担一部分国家行政工作,同时在聚集起来的各种社会势力走上地方政治舞台之时,将其控制在省政府之下,利用他们进行地捐亏政的运营。这种情况从被选出的议员的出身和议事会审议权的范围两方面可以看出,下面逐一论述。

1906年8月,袁世凯全面推行自治行政,为准备设立议会而开设天津自治局。据《天津自治局章程》规定,自治局以"准备地方自治制"为宗旨,"招募在日本留过学者、从法政学校毕业者及官绅入局"开会时可"随时发出邀请如集天津地区著名绅商商议自治之事宜",自治局可以说是一种官绅的会议机关[19]。然而,自治局只是由官方选定的地方实力派参与政治,是在上面监督之下推行自治制度的行政机关。该自治局附设宣讲所、调查局、研究所等,进行诸如自治的启蒙、地方情况调查、为推行自治培养人才等等工作[20]。在自治局的14名成员中,相当三分之一的5名有留学的经历,作为"著名绅商"而参加的孙松龄、梁建章、齐树楷等均曾是具有举人资格的上层士绅[21]。天津自治局的设置得到了推行宪政的中央政府的认可,同年9月,奕劻下达了"仿行北洋设立自治局以建立立宪之据点"的指令,各地遂进行同样机构的设置[22]。

该自治局制定了《试办天津县地方自治草案》。据《大公报》载,根据自治局法政科员吴兴让的《地方自治章程理由书》,自治局制定"自治章程"草案时,特别参考了日本的地方三新法。例如,"理由书"中记载有关议员总数、各地区的定员数、停止选举权及董事会设置等等规定,就是援用了日本的地方自治制的做法[23]。接受自治制的结果,在《草案》中,将"自治"机能作为国家统一基础的理论为核心,与即将来临的立宪政治相对应,图谋抑制地区居民的政治活动。《草案》由地方绅士12名、劝学所代表10名、商会代表10名、官吏4名组成的"自治期成会"审议后,1906年12月14日,《直隶天津县地方自治章程111条》(以下简称《章程》)公布了[24]。该章程是在实行近代国家制度的清末将地方自治制度化的最初的法令。《章程》中规定为实施选举设立8个选区,除南北段两区为第一区之外,在东、西、南、北四乡及海河设7个区〈第21条〉。这种选举区域的划定,在法律上明确了县议事会的政治领域并不局限于城内,而是扩展到包括近郊农村的天津县全域。

县议事会选举至宣统三年(1911年)末共举行了三次,第一次在1907年8月18日进行。这是中国有史以来的第一次地方选举。根据《章程》规定,被选举资格者需有本县籍贯并具备下列条件之一:高小毕业以上的学历,或有2 000元以上的资产,或从事学务、地方公益事业的工作,或做过官、有科举资格者,或为学堂在学者(第11条)。当时天津的人口是418 215人,其中有选举权的占3%,有被选举权的占0.6%,可见其限制之严格。根据复选举法投票的结果,有选举权的0.24%即30名被选为议员,成立了试办天津县议事会。第二次选举是在两年之后的5月23日进行的。

第二次选举后当选的议员中,连任的只有9名,而且人员结构与上次也大不相同。从附表一中可看出,第一届县议员中,与教育有关的工作者至少占8名,自治工作推进者8名,盐商2名,村长1名;第二次选举后,有教育工作者7名,自治工作参与者7名,盐商1名,村长1名。另外,能确认有生员以上科举资格的最少占3成[25],从出身来看,可以说是排斥过去的地方实力派的。另一方面,无科举资格的占近3成[26],可以推测出他们中的多数是参与地方公共事业而获政治名望的[27]。具体说来,被选为县议事会议长的是盐商李士铭,他出生于天津"八大家",曾是商务局董事,也是咨议局议员。李辞职后,继任的是张承恩(举人),他毕业于自治研究所,1907年作为选举人参加了自治的普及工作。另外,最初当选的副议长是王邵廉,他曾活跃于劝学所和自治期成会,后成为北京大学的校长;其后任宁存恕是教育工作者,他的后任李培系自治学员[28]。原定第三次选举因中央政府要求全国一律在《地方自治章程》制定后进行而拖延,至1911年的一年半时间里,由第二次县议事会的议员进行议会的工作。

由第二次选举成立的议会可以看出其阶层的特征了。当选议员具有科举资格者之中,举人和贡生等上层绅士占多数,但也包括了生员、监生等下层绅士。尚未取得做官资格的生员阶层能够参与政治,使他们申诉对现实不满的机构制度化的同时,地方政权的权力基础也扩大了。同时,并非只是具有科举资格就能当选议员,而是通过某种形式如教育、自治等活动响应新政,几乎所有的人都参与地方公益事业。由此可见,在选举议员中,有无科举资格并不是绝对条件,无论是官是民,参加社会公共活动才是当选的必要条件[29]。县议会议员作为一种社会势力参与地方政治并保障行政的运行,使王朝体制时期回避本籍原则的一元化官僚体制政治形态遭到决定性的打击，成为地方政治改革的一大转折，创立议事会最大的历史意义就在于此。袁世凯依据政治统一、权力渗透的组织原则引进地方自治制度，让新的社会阶层参与政治，使地方政权内部的掌权人发生变化，由此来巩固“新政”体制下的地方政权，这是对统治形态进行改革的一种尝试。

董事会作为执行机构，同时又是常设的合议机构，根据复选举法由县议会议员中选出。董事会的会长依法规定是管辖地方行政的唯一官员，由本县的知县兼任（第55条，当时的知县是张寿龄）。此外，知府、总督对议会有监督权（第99、103条），在执行地方公务时，要根据有关政府部门的“行政的复审”来加以限制（第102条）。然而，董事会尚未把议决机关和执行机关的职能分离，加之总督仍有实行批准权（第101条），在行使职权时，必须同有关官府一同进行。

光绪三十四年（1908年）7月28日，董事会在县议事会成立约一年以后终于成立了，翌年1月9日召开会议。照理应从县议事会议员中选出董事会议员，而实际上有些当选者并非议事会议员，但他们曾做过议员，实质上区别不大。石元士、解沅湜、李耀曾、刘恩渠、苏兆蔚、陈自彬、曹振纲等董事会议员均有科举资格，因此执行过公务的也占多数。例如，副会长石元士当过商务局董事，是在杨柳青有土地百余顷的大地主，同时还经营银号、典当行、纱厂等，是典型的“商绅”。解、李、刘参加过天津实施自治制的工作，苏、陈是教育工作者。（参见附表1）董事会议员任期二年，每年应该改选半数。然而，和县议事会的情况相同，因为要等待城、镇、乡成立下级自治团体，所以到1911年参事会改组，这期间董事会的选举一次也未进行。

二、天津县议事会、董事会的活动及其意义

（一）审议议案的特点及执行权限的制约

根据《章程》规定，在县议事会审议事项中，以有关城乡镇自治团体的建立及其事务为主，此外也包括地方经费的收支、征税、自治事务的进行及改革、地方公有财产和利息的存储和运用等等。（第28条）实际审议的议案可从附表二中看出，议案大致可分为两种，一是力求确保实施“新政”所需财源，二是试图改善行政机构与民间公共组织共存的状态。

在议决的议案中，最多的是有关公款、公产的调查案。这种情形出现的原因是，议事会是在财源未落实的情况下设立的，所以必须考虑筹措议会运营经费问题。议事会的财源最早考虑的是将寺庙财产及其有关的捐税拿来充公。事情起源于1907年12月，教育会、劝学所向议事会提出申请，要求将寺庙资产作为开办学堂的经费使用。议事会认为寺庙资产为主要的公有财产并将其接收，随即制定了《清厘庙宇产办法6条》，依靠清丈公所进行了调查工作。最初议事会向清丈公所派遣了胡家祺、石元士、杨希曾，1908年5月，议会取得了清丈公所的管辖权，并得到了县内有关寺庙资产的调查报告。接收寺庙资产是议事会取得的最大成果之一，“新政”时期废弃寺庙，将其移作学堂等公共设施的例子我们可以看到很多[30]。可是对从寺庙驱赶出来的和尚、尼姑来说，尽管议事会审议了很多对其采取善举的措施，仍然给他们留下很深的仇恨。在江苏省，在和尚、尼姑中掀起了“自治风潮”，成为佛教界的中心势力[31]。

寺庙的建筑本身转用为学堂的例子很多。在这些事件中，出生于教师、劝学所的议员和与教育相关者成为中心力量[32]，他们在审理的议案中，有关地方普及新式教育的内容占有很大比例。尽管1905年中国决定废止科举制推行新学制，但有关教育财源的具体规定仍不甚明了。因此，袁世凯非常重视作为教育经费财源的盐物专卖的利润。1907年8月，他指示长芦盐运司将天津、武清两县经营盐务的利润充作学堂经费。县事议会向后来继任的直隶总督杨士骧提出，将提高盐价所得五万两资金用于“兴工艺、开荒地、广植树”等，以此来在地方“施仁政、救济失业者和贫民”，推行慈善事业[33]。这些提案在县议事会第二次常务会上通过。此外，议事会还提出用提高盐价所得利润来设立五个教养局救济贫民的申请，杨士骧将这些提案予以驳回[34]。翌年，围绕盐价上涨所得利润的用途问题，省政府和县议事会对立的结果，决定部分利润返还地方[35]。关于州县以下的地方普及新式教育工作，来自省政府方面的保护和促进措施几乎没有，议事会对教育行政工作的介入也有限，以“就地筹款”为原则，此后就主要依靠地方居民捐献来维持教育了。

审议议案中有很多是有关确保公有财产内容的，如围绕旧城区的土地、房屋问题居民中产生的纠纷，对此要进行调解、裁决。居民产生纠纷的原因，多是建筑地基、房屋买卖和租赁等方面出现的问题。为了城市

的整齐,要对建筑基准等进行管理。为此,袁世凯于1903年批准了工程局的《开发河北新市场章程》(草案)[36]。然而,省政府对快速增长的城市人口束手无策,由于社会资金不足,即使想有效地推行基本建设也难以做到,议会对到处私搭乱盖建筑物的现象也拿不出好的对策。就土地登记、领取房屋许可证来说,按惯例是依靠中介人“牙纪”来办,但也有直接到工程局登记的,这样在登记中就出现了许多问题,对此,县议事会在对纷争进行调查、调停方面是取得成绩的。宣统元年(1909年),省政府规定对鸦片征税可以用土地、房屋等来代替,为此可订立买卖、租赁土地和房屋的“田房契约”;议会还决定对契约税的征收进行统一管理[37],并将税率提高两倍以上,从其利润中拿出一部分来充当议会的费用[38],这就加重了居民的负担而常被拖欠,其效果不佳。

过去对土地税、房屋税是征还是减,居民常有上诉,从附表二中可以看到,议会对这一类问题进行过多次审议。征收杂税起源于1901年由户部制定的《筹赔款办法8条》,其中第二条承认了征收房屋捐、钱粮捐等的合法性[39],此后,直隶省由巡警局税务科来征收各种杂税。但是,税务科扩大征税对象、提高税率[40]造成居民负担日益加重。而且,征收的税率和征收方法均不按规定办,实际征税者不仅有官吏,还有民间的承包人,他们的胡作非为使居民负担更为沉重。对此,议事会一成立,为减轻居民合法、非法两重税收的负担,就决定取消承包人和税务科,对各种捐税的征收进行统一的管理,但这种努力由于官府的反对而受挫折。

作为杂捐之一,议会向工商业者征收牙税,用来管理和整修天津市场。1906年,新增设了捐务科,征收牙税由牙行等民间组织来承担,结果不仅没有改善收税情况,反而把税收部门复杂化了。因此,县议事会要求1910年牙税的征收一体化,将征得款项作为议会经费。以牙税征收介入市场管理、以增加议会财源为目的的行动会使复杂的征税部门统一起来,起管理市场组织的作用,但这种努力也因地方官吏的反对而未实现。关于这种对商店、房屋、向工商业者和城市居民的不公平课税制度,从《大公报》1909年12月15日发表题为《农工商界的悲哀》的评论,从附表一中都可以看出比起绅士、学界的人们,工商业者参与议会的人更少,所以未能改善议会的状况[41],议会对市场管理也未能取得成果。在现实生活中,也许是由商人的社团来维持都市化的天津行会秩序[42]。

另一方面,董事会还要做原来的自治事务的工作,诸如(1)学堂经费的补助,将寺庙资产移为教育资金等教育事务;(2)新旧关税的整顿和征收渔税等市场管理事务;(3)河道排污等卫生管理事务;(4)设置水闸等水利事务;(5)开设工厂、防灾、修建道路桥梁等事务;(6)代替民间公共组织解决民事纠纷等。从附表二中可看出董事会在解决有关扩大地方财源,仲裁、调解有关土地和房屋纠纷案时起到了很大作用,也做过一些机关委托的事,因此,董事会在工作中通过民间公共组织的事并不少,但必须是在有关政府部门严格指挥控制之下来进行地方事务处理的。然而,不论董事会的权利多么有限,不论其成果多么不明显,它毕竟是地区居民的代表者参与了反映地区利害的地方政治,给传统的行政体系带来制度上的变革,这一点是确信无疑的。

(二)县议事会、董事会的财政规范

议会审理的案件以上述内容为中心。董事会议决的事项执行起来也要受有关政府部门种种规定的限制。以下我们可以看到,从议事会成立之始,打算自主运营征税权的议会和保持监督权的省政府等监督部门之间发生的争执。

县议事会在终于能够确保了开办经费之后,应该立即成立董事会,然而,在议会运作所需经费连一成都不能保证的情况下,作为董事会常年经费所必需的6 000银两当然也不可能筹到。因此,县议事会曾向杨士骧申请,用省政府的地方收入来填补,被杨拒绝。对杨的表态不满的县议事会于是以日本的参事会就有课税权为由,又提出申请,准备将南段巡警局捐务科的业务继承下来,把房铺捐、车船捐等地方税收用于议会的经费。议会申诉的理由有两个,其一,商民承诺所必需的地方税,在自治机关业已成立的现在,“应纠正官民的中间榨取,扫除弊端根源”。为此,税收不应由官吏,而应由议会来负责进行。其二,“从自治的道理上说,地方税务就是要交董事会作经费,这样才是正统。”

在议会的强烈要求下,杨士骧命令巡警局督办、天津知府、天津道等进行协商解决。两个月后做出决定,大致内容如下:“自治团体独立征税一事,尚无明确规定”,因此,“自治团体对地方税务仅有监督权”,自治经费来源"应仿照日本的补助金发放办法",省政府要制定补助金政策来管理议事会的政治权限。还有,因董事会尚未成立,预算、决算的自主权尚不清楚,所以议会只能采纳靠政府提供补助金办法,"将捐务科的收入作为补助经费,用地方的捐税来处理地方的公益事务"。这是政府和议事会达成的妥协[43]。其后,又决定由工巡捐局来发给补助金,从征收的地方税中拨出县董事会的开办经费和8个月的活动经费,共计6 000两白银,从1909年1月开始每月交付县议事会1 000两[44]。董事会的经费也从捐务科的税款中支出,刚开办前8个月的6 000两和以后每月日常经费1 000两均由此支出[45]。这样一来,议事会试图确保自主财源的努力实际上被否定了。因此,不仅仅是在财政方面,作为表里一致的许可权也在多方严厉监督控制之下,县议事会成了"无财政权力的地方团体",这一特点在日后成立的城乡镇各级议会也都体现出来,清末的地方自治制带有"官治"的特征,以上就是其根据之一。

无论如何,县议事会经过同南北段工巡捐局总办的协商,总算是成立了董事会,由四名熟知地方情况的地方代表担任工巡捐局的常务工作,以后又制定了监督征税事务的《监察手续8条》[46],这样,虽然征税权还由官方把持,但地方居民代表可以通过监察权来参与地方的财政管理了。这一事实表明,由于引进了议会制度,改变了多少年来由皇帝一人统治的大一统天下,县议事会对地方行政能够起到监督作用了。

三、地方自治制的改动和各级议会的成立

以"预备立宪令"的发布为契机,宪政编查馆在设立国会以前,曾试图使各省纷乱的地方自治制变得统一起来。1908年公布了《城乡地方自治章程》,1910年又公布了《府厅州县地方自治章程》[47],促使全国各地在中央政府的指挥和监督之下成立地方自治体制,县以下也要设置议会。

天津县依照中央的规定,从1910年开始着手修改地方制度。首先设立了直隶自治总局,管辖省内的自治事务、建立自治体系并力求完善,在自治总局,由咨议局筹办处总办祁颂成(原为直隶候补道)和金邦平(自治局督理)及按察史何彦升等来统管。这样看来,中央认可的"自治"是"从国家的角度看,'地方自治'是国家行政机关的一部分,但国家不设官吏,委托自治体制来办'地方事务',所以不能说是官治,只能称其为自治",这种自治只不过是一定程度的自治[48]。因此,这种自治只不过是中央各种行政部门的辅助,与近代的自治概念还有距离。这种做法显示出中央政府的集权统治,同时,在州县以下推行地方自治,毕竟使集权的行政分散到各级议会,这就提高了地方社会政治代表的政治影响力。

被修改后的地方自治制由两级结构组成,即分为府厅州县的上级自治机关和城镇乡的下级机关。按规定上级自治的性质是,在官府和下级自治之间保持"官治"和"自治"的二元形态,将编制合并起来,府厅州县议事会要起到使公权"行政划分"的公共团体作用,让行政机构和自治团体联系起来,并明确了县以下成立的城镇乡各级议事会是进行管理地方公共事务的组织。这种经过修改后的地方自治制通过城镇乡的自治体系,促使了府厅州县行政机构之下的地方社会的统一。

(一)城镇乡各级议会的成立过程

①城议事会、董事会

宣统二年(1910年)10月,天津首先成立了城议事会。与过去一样,新章程规定,议事会议员选举采用按纳税额多少的普鲁士等级选举制,但因人口调查和纳税规模都不清楚,只能延期采用[49]。选举进行之前,派遣了326名"城区调查员",对选举的意义、具体方法等进行指导,他们中也有人被选为议员。城议事会议员选举中,有效票2 339票,无效票566票,在被选举人132名中有60名当选。当时天津人口达60万,所以议员数是章程规定的两倍以上。议员之中,能确认的有教育工作者16名,推行自治工作者8名,盐商2名,工商业者2名,选出议长刘家麟(公立第三小学堂学董),副议长徐士棻(东路医药研究会会董),后任议长是李家桢(盐商?)副议长王观保(原候选同知)。翌年6月,城董事会依据复选举法,按章程增补选出董事5名、名誉董事12名,议员几乎都是教育工作者或自治事务工作者。

依据新章程,城议事会除进行旧城地区学务、卫生、建筑、农工商务、慈善等地方事务外,还要审议自治经费的年度收入预、决算及资金的筹集、处理方法等(第5、36条)。但是,试办县议事会继续管辖包括旧城在内的天津县全区域,这样旧城地区就有城议事会和县议事会两个审议机关来管理,两者间就发生了争执,这

种争执不仅表现在旧城区管理权限的区分上，还表现在议会能自己管理的唯一财源——地方公产、公款的处理上。

②镇议事会

几乎在城议事会成立的同时，杨柳青成立了镇议事会。新章程第二条规定，人口在五万以上的地方称为“镇”，直隶省内商业繁荣的地方也可自定为镇[50]，于是在商业发展次于旧城地区的杨柳青成立了镇议事会。杨柳青是咸丰、同治年间以来作为天津与新疆贸易枢纽发展起来的，居民中90%以上从事商业活动[51]。20世纪初，杨柳青镇的人口增长到208 539人，其中0.26%的有选举权者参加了投票选举，有效票516张，无效票42张，在被选举的56名中20名当选。议长是石元士，他出自天津“八大家”，义和团事件以来，他在杨柳青一带维持治安并创立各种私立学堂，是“热心公益事业者”。副议长是刘恩远，另外还有参加过自治期成会的齐鼎升，直隶工艺局事务员张维淇等当选。镇议事会究竟起了哪些作用还不清楚，但以其议员的构成来看是重视了旧城区以外的商业保护和发展。

③乡议事会

乡议事会选举实施时，地方政权的政治、社会基础已重新形成，所以强制实行了乡村合并政策，把县内378个村分为40个行政区域“乡”，村落编进了具有新秩序和组织的乡里，作为中央集权统治体制的基础，被划为有财政力和有广阔领域的区域。然而，为了让村落中的地方实力派参与地方政治，只能依据原有的村界保留和利用地方社会的秩序，因此，未考虑地域利害得失就一刀切进行的乡村合并政策，例如第37乡的区划等问题只能进行重新研究。

乡议事会的选举在1910年9月21日至10月2日于各乡的投票站进行。从附表三可以看出，议事会成立的情况因乡而异。例如，在进行选举的32个乡中，有9个乡中出现了仅有一票就当选的议员；在第10、19、39乡，按人口比例，当选议员人数比章程规定少1—2名。有的地区具有选举资格的人太少，有的地区不能与别的地区合并，所以有8个乡未进行选举，因而在这些乡只设立了由有选举资格人参加的“选民会”（第12条）。而5、6、7乡等地人口数绝对不少，实际上未按规定成立选民会。这样，未按规定进行选举的乡很多。通过这次选举当选的乡议事会议员，除了议长、副议长外，几乎都是无资格参加科举的人。另外，附表一反映的当选议员中，也有以村政走向县政的人，例如身为乡、县议事会议员的郑家庄的村正柴永璋，北马集村村董吕世荣等。大概是村落内部具有影响的地方实力派当上议员的缘故，过去村落中的正统权威得到了制度上的保障，从省政府的立场看，由村落的实力派组成地方政权的基础已成为可能。

乡议事会的选举存在以上问题，但它决不是以往的传统体制进入政治领域，而是“民治”占统治地位的乡一级地方行政团体，这一点我们应予注意。乡里的居民按照一定的法制手续选出地方的“代表者”，这种制度的实验是中国历史上的第一次。新成立的40个乡议事会处于多层次的地方行政的最基层位置，其实际活动还不太清楚，但它可将村落中的问题通过城议事会反映到县或省里，它有可能发挥这种机构的机能，由此可看出其存在的意义所在。

但是，从负担财政的村民们来看，乡议事会未必是好事，围绕着政治活动的财源问题，官、绅、民存在着种种的对立意见。所谓“公正廉明之士”回避地方自治，“劣监刁生”多成了议员，假公济私、勾结贪官、贪赃枉法之事经常被揭露出来[52]，例如城南第5乡议事会的议长陈忠、副议长王梦起等因品行不端被乡民告到自治局，要求罢免他们，乡议事会议员和乡民出现对立局面。天津县的“自治风潮”不如其他地区兴盛，原因在于议员素质不高，为了填补自治费用让百姓在苛捐杂税中苦恼[53]。议员中有放弃“自治”为追求私利而攀结权贵的地方实力派；也有认为新政是“令人讨厌的事，多数人靠不住”，为了优先考虑地方“自治”而回避参与议会工作的地方实力派，还有一些地方实力派未被选进议会。

2. 新县议事会、参事会的改组

城镇乡各级议事会的成立，迫使试行县议事会改变了其权限和性质。这是因为城议事会的成立与旧城地区的试办县议事会之间发生了权限之争，出现了究竟由哪个议会来承接捐务科的补助金和地方公有财产如何处理等等问题，这就需要依据新章程将新县议事会的机能、地位明确下来。1910年，天津进行了新县议事会的议员选举。除八国租界以外，合并了南北两段，新设立了东西南北中五大行政区，其下设29个行政分区,行政区域进行了重新划分[54]。

1910年2月,宪政编查馆对民政部原有的《府厅州县自治章程》进行了大幅度修改,并明确公布了府厅州县的权限[55]。根据修改后的这一章程,新县议事会由原来的可审理广泛地方事务议案的审议机关变成了主要审理自治经费的预决算、征收处理税务承诺的机构(第2条),会议的召开也由原来的一年两次改为一年一次(第25条),而且督抚和民政部对议会有监督权(第23、24条),知县也有权中止议会(第26条)。这样一来,改组后的新县议事会就大大削弱了自主权,沦为省政府的下属机关。另一方面,参事会从府厅州县的行政长官为会长,改为由议事会议员互选出参事员,成为实施审议议决案的常设议决机关(第38、45条),从而在制度上将议决和执行两种职能分离(第4条)。

在天津,依据新章程,1911年1月15日将试办县议事会改组为新县议事会,将试办县董事会改组为参事会。新县议事会的选举要根据章程选出51名议员。当时天津人口是556 587人,有选举权的人数不甚明了。选举中有效票1 067张,无效票23张。选出的议员中,能确认的有教育工作者5名,自治工作者4名,村长、副村长4名,与试办县议事会议员构成相比较,农村的实力派在议事会中的比重有了较大飞跃。议长刘桢寿(进士,历任江西新淦县等地知县),副议长华学淇(举人,盐商,原国土监修道堂正义堂学正)。8月,当时的直隶总督张镇芳承认了新县议事会制定的规则,成立了参事会。选出苏兆澜、徐兆光、张嘉钰、周春熙等10人为参事会议员。周春熙曾留学日本,是自治事务工作者。

围绕参事会的活动经费问题,新县议事会和城议事会之间发生了对立。原来作为开办议会的经费,工巡捐局仅一次向城董事会支付补助金1 000两,用作新县议事会使用,日常活动经费就无法筹集了。因此,新县议事会要求捐务科按规定时间提供自治经费补助金每次1 000两。这原定是应拨给城议事会的补助金,所以,城议事会反对这样做。围绕补助金之争持续到1911年年底,最后决定补助金交给新县议事会。这件事使作为预算审议机关的新县议事会得到财政补充,却使直接处理城市社会地方事务的城议事会面临财政危机。即使制定了新的章程,自治机构之间围绕经费问题的矛盾也没有具体解决的办法。

这样,到1911年末,县城镇乡各级议会总算成立了,出现了"民选"的议员。但是,受同年10月爆发的武昌起义的影响,企业的相继倒闭和铜币不足,再次使天津市场混乱,治安恶化。为此,议会的活动集中于城市社会的自卫方面,五个行政区再次统一为南北两段。在各级议会中,与城市社会利害关系最密切的城议事会积极地处理地方事务,例如进 行了〈1〉减免钞关捐税,〈2〉停止征收牙税,〈3〉降低房屋店铺的各种捐税,〈4〉平抑粮价,〈5〉设置保卫局等等工作。另外,城议事会为维护治安,决定在城镇乡各地组织保卫社,但因市场混乱,作为保卫社财源的税款征收困难,使维持治安和稳定市场的目标难以实现。在治安混乱的情况下虽对城市游民进行了救济活动,但效果不理想,治安进一步恶化在辛亥革命前后这种局势下,成立的各级地方议会尽力地发挥他们的作用,城市社会的维护成为议会最优先考虑的课题[56]。

小　结

本文追溯了清末时期天津引进地方自治制的过程,以议会的权限和选出的地方实力派为中心进行了探讨。19世纪下半叶以后,随着天津商业的发展和城市的近代化,地方实力派成立了自治的公共组织并逐渐参与天津的城市行政,他们与有科举资格、拥有大量土地的"乡绅"不同,他们是作为新的地区代表者崛起的。以工商业者为主的地方实力派,面对中国分裂的危机,开始投身于追求新的政治体制的建立和以近代化的手段来使地区社会活跃起来的事业中,这种努力因义和团事件造成的社会秩序混乱而未能成功。

光绪二十八年(1902年)以后,袁世凯实行的"北洋新政"及一系列的近代化政策,因受到人事和财政方面的制约,不能在官僚制的统治体系中贯彻,如果与地方实力派加强联系就可能会取得成果。基于这种考虑,袁世凯谋求政治的体系化和一元化,试图重新建立民间公共组织,督促设立与官僚制相结合的政治统一机关——地方议会。与过去相比,地方议会分解了行政的弊端,解决了财政问题,使"新政"诸政策在地方实施,在新政实施的过程中,加深了与地区居民和自治公共组织的活动关系,使省政府的权力向地方社会渗透。

但是,纵观各级议事会的活动,它在维护自主性争取自治经费问题上遭到挫折,按法规审议议案的内容也必须遵照严格的规则程序,所以,地方议会并不能代替以往的行会来承担地方社会自治机能和进行地方公益事务活动。另一方面，董事会在执行议事会的议决事项时，也受有关政府部门的严格制约，代替民间公共组织执行公务的权力是有限度的。由于议会活动的这些局限性，使议会成了集权行政机构中有地方实力派参与的下属行政机构，未能发展成具有制度上原有的性质——居民参与的自治团体。

此外，地方自治制修改后成立的城镇乡等下级自治机构，将维持传统统治的各级地方社会放到了“法制化”的统治系统的基层，这种维持传统权威的地方社会引进了近代制度而发生了表面上的变化，地方实力派的地方统治的某些方面受到威胁，但又不会有根本的变革，它被包含在统治体系之中。然而，行政机构和民间公共组织的共存引发了城市和农村的一些社会问题，这些问题随辛亥革命爆发、社会秩序再度混乱而进一步恶化，到民国初期，地方社会不再被中央政府控制，地方因而能保持高度自主性。

在地方社会发挥领导作用的地方实力派因接受了地方自治制，使他们得到了参与地方政治的制度保障。由于自治制的引进，组成了把中央和各级甚至到乡都联系在一起的政治世界，地方居民可依据中央政府制定的法规选出地方政治代表，这用过去传统的中国行政原理是无论如何也不可想象的。这些议员们绝非地方社会整体利益的代表，但他们能对地方政治起到一定影响，在制度上具有能反映自身利害的机构，这一点是特别需要指出的。参加各级议会的人当中，有地主、官僚等旧势力，有世袭的实力派族人，有积极响应“新政”的居民。他们之中有许多是教师及在劝学所、自治研究机关等持开明态度的知识分子，还有没有科举资格的、身居官僚统治制度之外的许多地方实力派人物。从这些议员的出身来看，正像袁世凯等推行“新政”的官僚们所期待的那样，通过地方实力派，确实使“新政”体制下地方政权的基础扩大了。省政府通过引进地方自治制度，没有变革以往的权威构造，而是通过地方实力派有限度地实现了省政的统一。尽管如此，把地方社会置于地方行政机构的基层进行管理，这一点未必是成功之举。

注：

① 袁世凯聘请日本人为顾问推行“北洋新政”，这一说法出自关矢越山的《怪杰袁世凯》（实业之日本社1913年版）及也久间东山的《袁世凯传》（现代思潮社，1985年版）。

② 本文所谓“地方实力派”是指：①会首、绅士、豪门等地方知名人士；②知县及其幕僚、官吏；③民间自治等公共组织及各种行会首领；④商会、教育会等法团代表；⑤工商业者及洋行职员。关于地方实力派，杨开道在《农村领袖》（世界书局，1930年版，第34—49页。），根岸佶在《中国社会的领导层一老绅士的研究》（和平书房1947年版，第66—79、83—86、99—101页）均有论述，周锡瑞（J. W. Esheric）和兰金（M. B. Rankin）的《中国地方精英和统治形式》（*Chinese Local Elites and Patterns of Dominanace*）（加利福尼亚大学出版社1990年版）等书也可以做参考。不过，在上述第②项中所包括的含义与美国“地方精英”的含义是不同的。

③ 吉野作造：《天津自治的实施情况》，《国家学会杂志》第21卷，第6号，1907年；王守恂：《天津政俗沿革记》卷5，“选举一”，1938年，第3页。

④ 麦金农（Stephen R. Mackinnon）：《中华帝国的权力与政治——袁世凯在北京与天津，1901—1908》（Power and Politics in Imperial China，Yuan Shih-kai in BeL jing and Tianjin，1901—1908），加州大学出版社1980年版。对此，E. P. 扬恪先生认为，清末政治上的对抗表现在中央政府和地方士绅之间，然而缺乏对直隶全省社会结构变化的分析。

⑤ 近年来的研究认为，新政可看作上层资产阶级的一个变革举动。参见渡边淳：《袁世凯政权的经济基础——北洋派的企业活动》（《中国近代化的社会构造》，教育图书1960年版）；横山英：《辛亥革命研究序说》（新历史研究会1977年版，第34—38页），来新夏主编：《天津近代史》（南开大学出版社1987年版）；侯宜杰、任恒俊：《袁世凯新政评议》，（《河北师院学报》1987年第1期）；章伯锋、李宗一主编：《北洋军阀史，1912—1928》第1卷（武汉出版社1990年版），“前言”第5—7页等。关于清末地方自治制度，请参见横山英：《关于20世纪初的地方政治现代化的记录》（《中国近代化与地方自治》，劲草书房，1985年版），滨口允子：《清末时期直隶的咨议局和县议会》（《中国近现代史论集》，汲古书院，1985年版）；另外，袁世凯的地方自治依然是为了强化封建反动制度这一观点，可参见陆建洪：《袁世凯的地方自治剖析》（人大复印资料：《中国近代史》1991年第11期）。

⑥ 张利民:《论近代天津城市人口的发展》,《城市史研究》第4辑。

⑦〈日〉中国驻屯军司令部:《天津志》,博文馆,1909年,第252—259页。

⑧ 参见陈克:《19世纪末天津民间组织与城市控制管理系统》,《中国社会科学》1989年第6期本文此部分从陈克论文中受到很多启示。

⑨ 关于都统衙门的行政运营,参见《天津都统衙门告谕汇编》,《天津历史资料》第15期;董振修:《天津都统衙门的军事殖民统治》,《天津文史资料选辑》第30辑;刘海岩、郝克路:《天津都统衙门会议纪要选》,《近代史资料》总79号。

⑩《向中国归还天津行政附件一》,《日本外交文书》第35卷,第565页。

⑪《南团巡警局现行章程》(《北洋公牍类寨》卷8,第1—35页),前引《天津志》第259—260页.

⑫ 贵志俊彦:《论"北洋新政"的财政改革》,《广岛大学东洋史研究室报告》第9号,1987年。

⑬《光绪朝东华录》光绪三十一年八月,谕。

⑭ 麦金农前引书,第157页。

⑮ 参见陈克前引文,结论部分。

⑯ 袁世凯对地方自治的认识与洋务派对议会的认识有共同点。(吴忠民:《略论洋务派对于西方议会制度的认识》,《史学月刊》1985年第4期)但袁世凯搞地方自治是直接采用了侍郎沈家本(1905年)和山西道监察御史顾硬的自治构想,又加上周汉的"乡官"制的一些做法,参考了德国的州会,日本的府县会,提出了将地方自治制度化的必要性。(参见《光绪政要》卷31,第52页,卷32,第24—25页;《袁世凯奏议》下册,卷44,天津古籍出版社,第1 519—1 522页。)

⑰ 参见《顺天时报》,1907年20、21页。

⑱ 在天津,在省政府强制下实行的自治制带有很强的官制色彩,这与上海的"居民 自治"有着明显的不同。〈吴桂龙:《清末上海地方运动述论》,《近代史研究》1982年第3期〉另外,关于天津立宪派的活动,参见刘民山:《武昌起义前后的天津地区立宪派》,《天津社会科学》第3期.咨议局设立期间,直隶与江苏地方自治的不同之处,参见《东方杂志》第5卷第10期,1908年,第108—109页。

⑲《东亚同文会报告》第82回,1906年,《时报》第34页。

⑳ 天津县引进地方自治制的情况参见,吉野作造前引文;沈怀玉:《清末地方自治之萌芽》,《"中研院"近代史研究所集刊》第9期。

㉑《大公报》1906年9月2日。

㉒ 仿照天津设自治局的地区有北京、江苏、浙江、湖北、山东、奉天、广东等地见《大公报》1907年3月8日;《顺天时报》1906年12月8日,1907年3月8日、5月17日、8月1日、15日和22日。

㉓《大公报》1908年2月25—28日,3月1、2日,《随报附送》。

㉔《东方杂志》4卷第5期,1907年,《内务》,第208—222页。

㉕ 湖北省各地的议会、董事会,浙江省遂安县的城乡议会、董事会中,议员中也有 很多是地主、乡绅。参见寺木德子:《清末民初的地方自治》,《茶水之史学》第5号,1962年。

㉖ 地方实力派是否具有选举资格,可参见高彤皆纂修:《天津县新志》卷19—2(1931年刊本)的一览表。

㉗ 根岸佶前引书,第114—115页。

㉘ 天津各级议会议员的经历,主要参考如下史料:《大公报》、《顺天时报》、《(重修)天津府志》卷18,"选举"(光绪二十四年刊本)、《天津县新志》(1931年版)、《天津近代人物录》(1987年版)。

㉙ 华北地方当选者的来源是多样化的,参见 Prasenjit Duara:《文化,权力与国家:华北的乡村,1900—1942》(*Cultural, Power, and the State: Rural North China*, 1900—1942),斯坦福大学出版社1988年版。

㉚ 参见 Prasenjit Duara:《文化,权力与国家:华北的乡村,1900—1942》(*Cultural, Power, and the State: Rural North China*, 1900—1942),斯坦福大学出版社1988年版。第148—151页。

㉛ 王树槐:《清末江苏自治风潮》,《"中研院"近代史研究所集刊》第6期,1977年,第322页。

㉜ 参见贵志俊彦:《清末都市行政的一环——袁世凯的教育政策》,广岛大学文学部亚洲史研究室编《MONSOON》第2号,1989年,第22—23页。

㉝《政治官报》第80号,1907年,“杂录类”,第20页。

㉞《顺天时报》1908年9月27日、12月2日。

㉟《东方杂志》7卷12期,1911年,“中国大事记补遗”,第106页。

㊱《北洋官报》1903年,2月3日。

㊲《政治官报》第815、916号以及1909年《咨议局议案》。

㊳《北洋公牍类纂续编》卷8,“税务二”,第30—32页;《清朝续文献通考》卷48,“征榷”第20页。

㊴《光绪朝东华录》光绪二十七年八月己酉,户部奏。

㊵《直隶清理财政局说明书》第6编第2章第1节,“杂捐沿革”第12—15页。

㊶ 在官方规定下立足的商会,代表工商业者利益的同时,也承担了一部分地方政治。[参见《天津商会档案汇编(1903—1911)》]

㊷ 参见威廉·罗(Wiliam T. Rowe):《汉口:一个中国城市的商业与社会,1796—1889》(*Hankow: Commerce and Society in a Chinese City*,1796—1889),斯坦福大学出版社1984年版;朱英:《辛亥革命时期新式商人社团研究》,人民大学出版社1991年版。

㊸《顺天时报》1908年4月19日。

㊹《顺天时报》1908年6月24日,7月9日。

㊺《顺天时报》1908年8月4日。

㊻《天津县董事会禀督宪监察地方捐务事宜文》,《北洋公牍类纂续编》卷2,“自治”第5—6页。

㊼《宪政编查馆奏核议城镇乡地方自治章程并别议选举章程折》,《大清光绪新法令》,商务印书馆1909年,“第一类宪政”,第44—63页;《宪政编查馆奏复核府厅州县地方自治章程暨选举各章程折》,《政治官报》宣统2年元月8日,第825号,第10—24页。

㊽《宪政编查馆奏酌拟行政事务明定权限办法》,前引《大清光绪新法令》第18册,第32—61页。

㊾ 只有资政院议员选举采用了普鲁士的等级选举制。见《天津商会档案汇编(1903—1911)》下册,第2 308—2 330页。

㊿《直隶自治总局拟定城镇乡地方自治章程施行细则》第3条,《北洋公牍类寨续 编》卷2,“自治”,第15—16页。

51 张次溪:《天津杨柳青小志》第2页,张廷玉编:《笔记小说大观》8。

52《御史肖丙炎奏各省办理地方自治流弊滋大请严加整顿折》,《清末筹备立宪档案史料》下册,中华书局,1979年,第756—757页。

53 清末江苏省的“自治风潮”主要在农村,其次是在市镇发生,在县城未能见到。(王树槐前引文,第322页。)

54 李竟能主编:《天津人口史》,南开大学出版社1990年版,第71—72页。

55 前引《大清光绪新法令》,“第一类宪政”,第44—63页;《政治官报》第825号,第10—24页;《中国的近代化和地方政治》,第77—78页。

56《天津城董事会为湖北事变津邑戒严特制议董两会及各区董徽章以便辨认事致天津商会函》,前引《天津商会档案汇编(1903—1911)》下册,第2 389页。

(《城市史研究》1996年11、12辑)

近代天津城市规划布局的演变

李 森

传统天津城市的建设布局，是适应封建社会的经济、政治、军事的需要，具有闭关自守的特点。咸丰十年(1860年)第二次鸦片战争后，天津被迫辟为对外通商口岸，打破了封建城市的封闭内向型格局，从此进入了一个痛苦的、畸形发展时期，同时也是城市空前迅速膨胀时期。此后，天津由一个紧凑有机统一的城市，发展成为一个由不同地块拼凑成的"拼盘式" 的大城市，直到1949年1月天津解放，才彻底结束了这段屈辱的历程。

一、天津租界的布局与规划建设

咸丰十年(1860年)《北京条约》签订后，英、法、美三国相继在津划定租界。此后，自光绪二十一年至二十九年(1895年至1903年)，德、日、俄、意、比、奥也相继在津强划租界，使天津的外国租界总面积达约1 556.7公顷(23 351亩)，相当于咸丰十年(1860年)天津建成区的3.47倍[①]，城厢区的9.98倍[②]。

九国租界中英租界最先设置。1860年12月，英国公使照会总理衙门，"欲永租津地一区，为造领事官署及英商住屋、栈房之用"[③]，清廷只得允准。当时划定的英租界东临海河，西界海大道(今大沽路)，北至今营口道，南边为今彰德道，面积约460亩。接着，美、法帝国主义也在该地区强设租界，南北延伸，南达开封道，北至海河湾马家口处。此时，租界区距城东南角为一公里左右，形成从今解放桥海河湾起，南达开封道，沿海河西岸与海大道之间宽200—400米、长2公里，面积约951亩的三国租界区，一般称为紫竹林租界区。从地形上看，是旧城东南的一个特殊独立地段。时隔三十多年，光绪二十年(1894年)中日甲午战争后，德、日两国也在海河西岸紧挨紫竹林租界区沿海河西向北、向南延伸强划租界，德租界南至小刘庄，日租界自马家口以西到多伦道、海光寺，西南界至墙子河(现南京路)，北部的沿海河部分(和平路至海河边)向北延到闸口街，与原市区东南角相连。光绪二十六年(1900年)八国联军占领天津，俄、意、比、奥四国在海河东岸与京山铁路之间，北自金钟河(现狮子林大街)、十字街，东南至小孙庄，约五公里长的地段上先后分别强行划定各自的租界。北部奥租界与原市区相连，迤南均为农村荒野低洼地区。与此同时，海河西岸的英、法、德、日四国租界也先后借机一再扩充各自的范围。至此，旧城东南沿海河两岸，东西跨海河纵深3—4公里左右，南北长达5公里左右地带的八国租界(1902年美租界并入英租界)最后形成，城市发展布局以海河为轴线向东南拉长了5公里左右。

租界内的规划建设，以紫竹林租界区为最早，英租界建设发展为先行。在租界划界后，英国皇家工兵戈登上尉，"用铅笔把这一带未开化的地区画成河堤大道、马路以及建筑物的地基等，这些他精心计划中的地基，随后在咸丰十一年(1861年)8月，以准确规定的条件卖给出价最高的买主了"[④]随后分别进行地基垫土、码头、道路、房屋等建设。到光绪二十六年(1900年)左右，"英租界有价值的中心地带却被老商行占据……河坝道、中街与海大道及与其相连接的后街两旁是成排的许多小型事务所，而事务所的周围却是宽敞的货栈。新来者只得到别的地方寻找他们所需要的容身之处"[⑤]。从1932年《天津市现行区域全图》中看，英租界早期规划采用方格网的路网模式，路名先采用编号办法，垂直海河的为单号，平行海河的为双号，后又以租界的机构、侵略者的人名以及地名(多为租界属国的地名)命名。以路为界，把区内分为十个街区，并分别编号，以便按规划组织建设。沿河坝路、海河岸开辟码头、堆栈，维多利亚道(即中街，今解放路)两旁建造租界的行政官署、金融、贸易等机构。当时美国、瑞典、加拿大、芬兰、挪威、日本等国的领事机构均设于英租界内。

租界建设开始阶段发展缓慢，19 世纪 80 年代中叶，“中街上几乎没有什么人马车辆来往，没有便道，下水道也很差，而且只有三家店铺，还全都是平房”[⑥]1890 年建的利顺德饭店（三层）是当时最高的建筑。这个时期，国际上还是自由资本主义向垄断资本主义过渡时期，对外发动侵略战争，建立殖民地，划分势力范围。入侵天津的列强，都是忙于扩大其侵略势力，急速寻找落脚基地。为了适应这种需要，租界建设规划是粗略的。后来远东《泰晤士报》驻津记者雷穆森在 20 年代所著的《天津的成长》一书中抱怨说：“老一辈的人们”，“不是为别人的健康而来时，他们也不曾考虑到随后而来的人们。正由于这样漠不关心，也许不是由于他们的没有能力做一个城市与帝国的建设者，我们才必须控诉这种多灾多难的狭窄的路面和考虑极不周密的公用设备”。1900 年后，英、法租界进行了几次扩展，沿海河两岸的德、日、俄、意、比、奥租界，都比照紫竹林租界的规划，陆续进行建设。

各租界一般是首先建设码头、河坝，进而规划路网和市政设施，划分建设地段，接着填垫基地，是就近取土，后来利用海河挖泥吹填，然后进行各种建设。在规划的深度和广度上，亦一般是先进行应急的粗略规划，过一段时间后，再进而在各自租界范围内做比较细致而且有一定长远考虑的规划。英、法、日租界还对早期已建设发展地段进行了调整改造，如加宽道路、完善市政设施、调整公建布局等，对其扩展区做了较细致的建设规划。这时，各租界当局已明确视租界规划为城市规划。1926 年出版的《日本居留民团二十周年纪念志》中说：“从行政管理角度看，的确可以看作是象一真正的国家那样，它是一个完全独立的地区。因此，在这里进行城市规划，也是理所当然的事”。英租界工部局董事会 1927 年年报中所附“推广租界填土图”和自来水“总水管图”就显示出基地填土是按照已有的路网规划进行的。逐年的市政建设工程，也是按已有的市政工程规划进行的。英工部局制订有《推广租界分区条例》，将区内用地分为三类：“一等区系专备住宅建设之用；二等区之规划亦以住宅建筑为主，某种铺面暨商业建筑果可准许……三等区按工部局 1925 年营造条例系以铺面建筑为主”，对各类区域内之建筑密度、高度、间距、空地等均有具体规定。日租界土地使用规划，采用了功能分区制，分商业区、工业区、仓库区、特别地区和住宅区。对城市道路和其他市政工程亦进行系统的规划，并将全区分段编号分期建设。其他租界亦有类似的建设规划，只是深度不同，进度不同，建设规模也各异。比、奥、俄租界的东部，因这三国租界经营的时间较短，所以没有建设起来。德租界扩充部分，也未进行建设。由于各租界根据各自的需要，按照各自城市规划的方式各行其是，又互有戒备，所以在路网形式、密度以及市政公用工程等方面不尽相同且互不衔接，建筑风格、功能布局也各异。

天津租界的开辟，是分两个阶段形成的。1860 年 12 月到 1861 年 5 月出现了紫竹林三国租界，是当时城市建成区东南一公里以外的一块特殊独立地段，是以便于侵略者掠夺，有利其进退为前提选定，并非属于城市扩建，亦非卫星城（当时世界上卫星城规划尚未出现），只是侵略者的落脚地，起着扩大侵略的桥头堡作用。时隔三十多年，1895 年 10 月 至 1903 年才形成八国租界连成一片，并与城市建成区连为一体。从形式上看，是市区向东南大幅度的扩展，实际上是不同性质地区的硬性结合。租界区本身，在对中国进行侵略攫取的基本利益上是一致的，但由于分赃利益不同与帝国主义之间的矛盾，形成各国租界相互倾轧、戒备，矛盾甚多。这些矛盾状况，同时也反映在各租界的建设与布局上，从而使天津城市从内容到形式必然是个各自为政的拼凑体。这种城市的非正常发展，两个层次的拼凑体，给后来城市发展与改造带来了巨大困难。

天津在开埠前是个封建性内向型的城市，原市区布局是适应这种特点的。三岔河口为城市中心点，这是由于它位于京畿要地、河海运输枢纽，更是内河航运至京的汇集转运地。天津开埠后，帝国主义入侵从海上来，他们倾销掠夺是靠海上运输。天津租界到 20 世纪初与原建成区连为一体，其面积又大大超过原建成区，在城市经济活动中，列强经济势力又起着左右作用，这就迫使天津城市从封闭、内向型向开放、外向型的城市转变。这一转变过程是个畸形、痛苦的过程，但在客观上促进了天津由封建城市向近代化城市的转变，也是列强在得到最大利益之余，无意中促进天津城市迅速发展与扩大的过程。

租界本身的规划建设与世界城市规划思想理论的发展是分不开的。在紫竹林租界时期（19 世纪后期到 20 世纪初）正是西方从自由资本主义向垄断资本主义过渡，对外频繁地发动侵略战争，扩展、强占殖民地，划分势力范围的时期。入侵者纷纷寻找落脚地，他们并未从建设城市角度来对待租界的规划建设，所以出现建设的应急性、考虑问题的短期性现象。虽然英租界有过建设计划，也是属于应急安排，规划马路，划分建设地段等,都是为了提供外国人来津的落脚处,便于转租(出卖)土地。这种做法,不论从入侵者的主观意图还是从其实际建设过程来看,都不能视为真正的城市规划建设。20世纪初,英、美等国家开始进行城市规划立法,出现了功能分区、社区运动、邻里单位等城市规划的思想、理论与实践[7]。天津租界规划建设者们,亦正是在这个时间或稍后一点,把各自的租界建设规划作为城市规划来对待。20年代前后,英扩充租界的规划和日租界的规划,均较为完整细致,不仅有完整的路网,而且有土地使用功能分区,对不同分区内的建筑均有具体的要求规定,而且还有相应的市政基础设施规划。这是当时世界上近代城市规划的理论和做法在租界规划建设中的反映。但租界区并不是一个城市,而且又有不同的国属,利害各异。因此,各国都是按照各自的利益需要,按照本国的规划方法进行规划建设,如英租界与日租界的路网密度与布局就相差甚远。这样,各块租界虽连成一片,但不能相互协调、合理布局。对用地规划、人口规模、城市发展方向均不可能进行科学预测,连路网和各项市政基础设施,也是自成系统,互不衔接。租界规划建设者们后来主观上是在编制城市建设规划,但实际上只能是属于城市规划范畴的不同地块互不协调的建设计划。其结果是使城市步入畸形发展布局的歧途。但从另一个角度看,租界建设者们客观上是把当时世界上近代城市规划的一些思想、理论和做法,不同程度地引进到天津来了,对城市其他地段的建设与促进城市近代化上有一定积极作用。同时,城市大踏步地向海河下游发展延伸,充分发挥了海河对内对外的航运功能作用,符合天津近代城市发展的合理方向。

二、河北新区的规划建设

1901年,袁世凯任直隶总督后,积极推行"新政"。鉴于老龙头车站(即今天津站)处于俄、意、奥三国包围之中,中国官员出入不便,决定建设新站——北站,并开发金钟河以北地区,以与城东南海河两岸租界抗衡。该地区位于市区北部偏东,北运河东侧,沿河附近建有大悲院、少量民房和其他建筑。迤东广大地区除有些零散简陋民房外,均为荒野、坟地和水坑。光绪二十九年(1903年),袁世凯批准了工程总局制定的《开发河北新市场章程十三条》,同意自北运河至新火车站地区划为开发范围,自总督衙门(今金刚公园附近)到新火车站开辟大经路,以大经路为新区轴线大街,规划两侧路网。同时建设了开启式的金刚铁桥,取代了原窑洼浮桥,使新区与旧区连接畅通。不久,大径路就建设成为繁华的新市街,除直隶总督衙门外,直隶省公署、交涉使署、天津海关监督署、长芦盐运输使署、省财政和实业各厅等省、市级机关均先后建在新区内。以后,民国初年的河北省政府、天津市政府等省、市级机构也均设于此。在清末民初一个时期内,河北新区特别是其西南部靠近金刚桥附近,是天津的政治中心。在开发河北新区时,袁世凯还计划开发旧市区北部(指子牙河西沽地区),并计划从新车站修一铁道岔通至西沽对岸,在该地建设货栈、码头等设施,形成于市区联片的格局,但这个设想当时未能实现。

在河北(金钟河北)开辟新区进行建设,其因素有三:一是八国租界形成,出现了租界势力控制天津的局面,严重限制着清廷官员出入天津或进京的行动,伤害朝廷的尊严,也激发了中国人民反抗外来侵略势力意识的增长,建设新区对租界是个抗衡,是深得人心的;二是天津历来是个封闭型、内向型的封建城市,开埠后虽然客观上形势大变,但人们在思想上特别是封建统治阶级在主观上还想固守旧城格局。新区建设也正是这种封建传统思想与外来资本主义思想对立的显示;三是城市地理条件的限制,除向北部方向发展,别无适当有利地段以资利用。故袁世凯在新区规划建设的同时,还有向子牙河西沽一带发展的考虑,但仍属于内向型城市格局的思路。

河北新区的规划与建设的方法吸收了租界规划建设的经验,如方格网道路的先行,大经路中心大街两侧的建设安排,把工业区放在开发区域的北侧等就是如此。此外,在新区规划建设中,还注意到城市的整体性。新区是整个城市有机的一部分,与旧市区衔接,这是与租界区规划建设根本不同的。金刚桥的建设,把新区与桥对岸大胡同、东北角的繁荣市区以及传统的沿河市街连为一体,有意识地为以金刚桥为中枢,为形成天津城市中心创造条件,企图把城市重心向北移求得发展,在当时的特殊情况下,这一思路与做法是有其合理性的。

三、南市地区的建设发展

南市是指旧城以南，北起南马路、南至多伦道、西抵南门外大街、东至和平路以西，面积约为1.14平方公里的地区。1900年前，除有芦家庄和东南城根沿今闸口街一带有稀疏居民住房外，其他多为空旷的开洼、坟地、庙宇和几条自然河沟，可以说是一片荒芜的不毛之地。只是南城墙外与护城河之间，有说书、卖艺、相面算卦者和一些小商小贩经常在此摆摊设点，以图糊口，并无永久性店铺建筑。八国联军入侵时，天津商业繁盛的北门外一带和宫南宫北大街等繁华街市惨遭洗劫，破产的小商号纷纷来此摆摊设点，形成露天市场，人们叫它为“南关市场”，简称“南市”，这是南市名称的由来。1902年，日本帝国主义曾欲将南市一带作为其扩张租界，迫清政府承认未成。1903年又一次正式划定，从东南城角起，沿今和平路西侧拐至现多伦道北侧为日租界北线界。南市地区便成为租界区与原市区之间的一块间隔荒野空地。民国以后，江苏督军李纯、江西督军陈光远、福建军务帮办王永泉以及溥仪的岳父荣源等纷纷在南市一带抢购土地建房，一时形成“开发热”。先后成立的有东兴、荣业、慎益、福顺、清河、两益、永安、聚福等房地产公司。其中，东兴和荣业两公司规模最大，所建房屋约占南市地产的80%。[⑧]这种房地产开发经营的做法，是效法租界建设而兴起的。至20年代前后，这块梯形地段内，先后建起长度不等的25条街道和各式楼房。与南市只有南门外大街一路之隔的南开地区（南开蓄水池，现南开公园以东）也是以同样开发方式相继建设起来的。不过在南开投资建设的多为官僚、军阀的住宅，而南市则是地痞、流氓、官宦、恶棍寻欢作乐进行各种罪恶活动的场所。南市这一特殊地区性质的形成，有其特殊背景。日租界当局扬言南市是他的“预备居留地”，清政府昏庸无能，长时间对该地区不敢进行管理，反而求助于日租界和法租界，两租界当局正面又都称不属其管辖，从而形成了“三不管”。在这种状态下，南市因与日租界毗邻而成为日本特务机关搜集情报的活动地，日租界是造成南市罪恶社会的主要因素之一。同时，地痞流氓、豪绅恶棍以及官僚军阀也想乘机在此地插足，发展其行帮势力，投机发财，造成南市的畸形发展。

南市地区的建设发展，虽未发现有统一建设规划，但因受到租界规划建设的影响也有一定建设布局思路。其主要道路为方格网式，与日租界路网折线相接。虽路网中也有中间阻隔、交叉错口之处，但基本上还是形成地区性的统一格局。在建筑功能布局上，沿街多为各种营业用房。当时妓院进深于后，民宅极少，这是适应该地区特殊功能需要的。建设程序是先购地填垫基地，接着开辟道路成街建设，然后进深成片开发。由于东兴和荣业两房地产公司规模较大，占了绝大部分基地，这就使该地区建设布局大体上统一成为可能。南市地区的建设对天津城市的总体发展，起了填空补缺的作用，使租界区与旧市区连为一体。

四、近代天津第一个城市整体规划的重大意义

天津自开埠后，特别是19世纪末到20世纪30年代，市区的发展经过南抻（租界的形成）、北拽（河北新区的建设）、中心填充（南市地区的不正常开发）和四周蔓延[⑨]，以空前的速度扩大，形成中国北方一特大城市。由于是互不协调、不统一的地块拼凑，只有局部的不完备的建设规划，没有全市统一完整的城市规划。1930年，天津特别市市政府当局在当时南京制订《首都计划》的影响下，登报征选《天津特别市物质建设方案》（即城市建设规划），梁思成、张锐二人所拟方案应征获得“首选”。这是近代天津第一个城市整体规划。[⑩]

天津进入近代，城市规模迅速扩大，到20世纪30年代，一个大城市轮廓业已形成。但是由于历史的原因使天津成了一个支离破碎的畸形城市，严重影响着城市人民生产与生活的正常进行。反映在城市建设上，就是亟待进行城市改造规划。《天津特别市物质建设方案》的主要部分，就是对现状城市进行改造，欲使“拼盘式”的半殖民地半封建的城市改造成为自主统一的、适应城市发展的近代大城市，这是有其十分重大意义的。可惜由于当时的种种原因所限未能实现。

《方案》中提出了符合天津城市发展客观规律的城市发展扩大的方向，主张将天津县全部及宁河、宝坻、静海、沧县之一部分，划归天津市，或者起码将大沽、北塘及海河以南、金钟河以北各20里内的地区划入天津市区域范围，以适应城市发展需要。当时由于体制等种种原因未成事实，但这个方向性的提法，符合近代

天津开放型港口城市的发展要求，也就是把天津市区与塘沽海口，通过海河、金钟河两岸地带连接起来，在当时(新港还未出现)能在方案中指出是有其深远意义的。

五、日本侵占天津期间的城市规划

在1939年前后，华北日伪当局为适应其侵略战争需要，建设总署都市局与有关机关在拟订华北中心大港建设计划的同时，对天津、塘沽和海河沿岸地域制订了大天津都市计划，拟出《大天津市都市计划大纲图》(以下简称《大天津计划图》)，对港口建设、运河开凿、城市发展、布局安排等均有较完整的规划图示。在这期间，建设总署都市局向天津特别市公署下达了《天津市都市计划大纲》(以下简称《都市大纲》)并附有《天津都市计划一般图》。在这个计划大纲下达后，渤海岸与天津开凿运河并在市区东部建港的计划被放弃，但经日本兴亚院决定，准备在塘沽修建新港。此时又制订了《天津都市计划大纲区域内塘沽街市计划大纲》(以下简称《塘沽计划》)并附《塘沽都市计划要图》。上述三个计划大纲[11]的原则、布局、图示基本一致，城市道路系统骨架和用地功能布局划分，亦大致相同。

《大天津计划图》的计划范围与《都市大纲》中所提“都市计划区拟以天津特别市区域为中心，包括至塘沽海河沿岸之地域”相符。规划新发展地域，重点在海河以北，港口设置在城市总体布局中起着重要作用。由北塘到运河口向西平行海河至天津市区东部程林庄附近，开挖400—500米宽的运河，在运河西头建设内港，运河本身相当一个带形港，塘沽海口建设海港。在运河与海河之间，另规划开通河道一条，宽约60—80米，由海港直达东郊，与规划市区外环河相连。规划的外环河北经天穆村，南经双港，西经今陈塘庄支线，东经王串场程林庄。规划在天津、塘沽之间有道路、铁路各4条、公路7条相连接；沿海河与新开的运河两侧各布置宽1.5—3公里宽的工业地带；运河北规划设有汽车、特种车辆制造厂，连同前运河口的炼铁厂和飞机制造厂形成重工业区；其他各处布置一般工业；在工业地带适当地段，布置街市计划区域(即居民点)；新开的运河、海河两条工业带相距6—8公里，布置为工业备用地和其他用地；飞机场在东西两头。

《都市大纲》中规定天津的城市性质是：“天津市将来可为华北一大贸易港……最重要之商业都市与大工业地……通华北及蒙疆之大门户”；人口规模计划30年后发展到300万人，其中市区由120万发展到250万人；城市用地扩大到250平方公里。对于城市布局，《都市大纲》中提出：“母市以特三区南部(即原日租界)为中心”，沿海河两侧均衡发展。市区划分为专用住宅区(即高级住宅区)、居住区、商业区、工业区、混合区、园林绿地和禁止修建范围；市区以东保留300平方公里扩建用地，计划辟为“新市区”，并在塘沽和沿海河适当地点配置街市计划区域。道路、交通规划中拟定“连接塘沽、天津以至北京，及由本市至沧州、定兴、保定、宝坻、宁河等地主要放射道路，而环状道路设于旧街市之外侧”；“海河两岸拟用桥梁(开闭桥)或隧道以联络之”；将北宁铁路(今京山线)改线北移至金钟河附近，平行海河向东延伸，原市内“迂回部分及天津站均废之，新站移设于特三区架桥地附近，并于特三区南新街市设置主要站”；计划疏浚海河与其他河流使之成为运河，主要码头设于今河东区海河沿岸；在市区东部和塘沽各设飞机场一处。

《塘沽计划》是配合港口建设编制的，塘沽的性质定为“水陆交通中心和工业地带”。塘沽人口规模，测算30年后由6万人发展到30万人，城市用地相应发展到70平方公里，其中市区占地40平方公里；城市布局，确定塘沽发展“以接连塘沽新港计划区域之海河北岸为主”，延展至南岸；在市区周围、海河沿岸、铁路两侧都保留大片土地；市区用地功能的划分同于天津市区；交通、航运规划确定：城市道路，海河以北、铁路两侧各配置干线两条，还有通向天津、北塘和飞机场的放射干线；海河南沿河设干线，海河南北交通暂用渡船，将来计划建河底隧道；铁路以北宁线(今京山线)和临港线为主，规划在新河站以西将北宁线北移700米，原线改为支线；水运以海河为干线，在西北方向规划河道为支线；飞机场规划位于黑猪河东。

《大天津计划图》的规划区域范围，是把天津、塘沽和东部海岸带以及中间以海河、金钟河两岸之间的整个范围，作为一个整体城市区域进行规划布局，这是天津市前所未有的。从客观上看，是对1930年《天津特别市物质建设方案》中提出的城市发展思路方向的进一步发展和具体化。

该计划方案是以海运为中心，为其侵略战争服务，因此把海运通过新开凿运河(即带型港)引进市区，既建内港同时又建海港，形成内外港相结合，又以带形港相连为一体的大型港口城市，这样的大胆设想并见之于具体规划方案中,在国内港口城市规划史上是少见的。

在城市街区布局上,把重点放在两头,即母城——天津、子城——塘沽,中间辟以工业地带并间隔有局部街区相连,这就形成既是整体带形城市,又有明显的母子城布局特点,而且两头还分别有单独的具体规划(或分期规划),并保持相互的统一性。对母子城本身各自的旧区改造与新区建设,作为各自整体有较深细的规划布局。此外,城市对外交通、道路、给水、排水等基础设施也有相应的规划考虑。整个规划方案虽未能得以实施,但它在近代天津城市规划发展史上是个大胆的尝试,而且有其独特的城市布局与具体规划手法。当然,它的目的是为日本侵华服务的。

天津在近代这一时期中,城市发展的步伐大大快于开埠前,特别是19世纪末到20世纪初的二三十年中,发展尤其迅猛。到1930年城市人口已近百万,建成区面积达36.2平方公里,较1860年时分别增大3倍和8倍。城市布局规模与格局已基本定型,一直到天津解放前夕,没有大的变化,是一个典型的半封建半殖民地城市。后期租界虽陆续收回,而在实际已形成的城市现状布局上,仍是五花八门、风格各异、自成系统的不同地块硬性拼凑体,是一个"拼盘式"的大城市。天津近代城市规划,就是在这种极不正常的情况下,由点滴布局、各行其是、曲折发展成长起来的。就城市规划来说,租界的规划建设,给天津带来了近代西方城市规划建设的先进经验,对河北新区的规划建设和南市地区的开发有一定积极影响。但全市较完整统一的近代城市建设规划,在1930年制订《天津特别市物质建设方案》时才真正出现,于1939年前后又有了较大的发展。这些近代城市规划方案,由于战乱等种种原因均未能得到实施,拼盘式的城市格局长期也未能得到改造。但这些规划本身,不管它是中国人还是外国人做的方案,在天津城市发展历程中,我们今天均应承认其应有的位置,认真加以研究,以便借鉴其合理部分。

注:

① 1860年天津建成区面积为448.13公顷,据英法联军占领天津期间英国某工程师测绘的《天津图》量测。

② 据50年代实测天津1/500现状图,以东、南、西、北四马路内边线算起(相当于原城墙内),计城厢面积为156.24公顷。

③ 参见《天津简史》,天津人民出版社1987年版,第116页。

④《天津历史资料》第2期,第21页。

⑤《天津历史资料》第10期,第67页。

⑥《天津历史资料》第2期,第36—37页。

⑦ 参见《外国城市建设史》,第124、135页。

⑧《天津文史资料选辑》第33辑,第219页。

⑨ 由于租界的开辟,迫使背离土地的一些人和历年来津谋生的外地灾民在城市边沿搭盖简易窝棚栖身,使城市市区外延不断扩展。

⑩ 参见拙文:《近代天津第一个城市整体规划》,《城市史研究》第4辑。

⑪ 上述三个计划大纲文件和图,均未注明制订时间,但从其内容分析,可判定均为1939年前后制订。

(《城市史研究》1996年11、12辑)

论近代天津市民文化的兴盛

尚克强

近代天津城市文化是近代天津经济、政治的反映。天津城市的历史并不十分久远。古代的天津由驻兵而设,因漕运而兴,始终是作为北京的附属城市而存在,没有形成源远流长的文化传统。咸丰十年(1860年)开埠以后,天津城市的功能发生了巨大的转变,到本世纪20年代以后,天津已经形成北方最大的物资集散地和商业金融中心,作为城市经济和社会的反映,天津城市文化自然形成了自己的特色。由于天津特定的历史条件,西方文化、京派文化、海派文化都曾在这里传播,特别是京派文化的影响更大一些,但是,最具天津特色的应该是市民文化的兴盛。

一

钟敬文先生提出的"文化三分说"[①]把中华文化分为三个层次:一为上层文化,即典籍文化;二为中层文化,也就是市民文化;三为下层文化,即广大农民及其他劳动人民所创造和传承的文化。近代天津市民文化的兴盛与后两者关系极为密切。我们在这里谈到的市民文化也可以称之为大众文化,它包括多方面的内容。本世纪20—30年代出版的大量适合市民口味的报刊,以及不少颇有影响的通俗文学作品,都是大众文化繁荣的表现。不过,在天津最为百姓所喜闻乐见的当推评剧和曲艺,它们先是"撂地"(街头地摊)演出,然后是在南市登台,虽屡遭禁止而最后在租界里大红大紫,进入市中心的大剧院,从而走向成熟。这是一个十分值得研究的现象。

评剧最早产生于冀东家村,称为莲花落,在城市里又被称为"蹦蹦戏"。评剧本来是流行于河北农村,主要是唐山和唐山以东及蓟县、宝坻、三河一带的俗曲小调,多在农闲时或地头演唱[②]。清末,评剧曾几次闯天津,都被天津地方当局以"有伤风化,永干力禁"的罪名赶走[③]。但是,由于评剧适合于市民观众的口味,虽然在华界被禁,却径直进入租界。首先进入的是靠近铁路码头和城市边缘区的意、俄两国租界。在这里,临时围上一个席棚,放上一些圆木当座位,就会"大张旗鼓,日夜演唱,男女入围观剧者拥挤异常"[④]。到1912年,天津县管事会要警务公所再次"请禁淫剧"、他们认为,"津郡乃华洋杂处之区,各界戏园林立,演唱淫戏之间为伤风败俗之尤","请贵所饬该管各区并照会各租界领事一体严禁"[⑤]。应当指出,早期的评剧演出中确实有不少色情成分,一些低级的"落子馆",更是妓女出没的场所。但是评剧的最大特点是唱词浅俗,腔调率直,特别是对社会的缺点"敢于大胆的攻击,大胆描写"[⑥],这就使评剧在民众中特别是在文化水平不高的民众中大受欢迎。而各国租界当局,特别是后来成为城市商业中心区的日、法两租界当局,主要考虑各自的娱乐税收入,只要能收税,就一律开禁。

评剧就是这样进入租界,而且大行其道。法租界在民国初年就有金华茶园(鬼子楼)、天福茶园上演评剧,奥租界演评剧的有宴乐茶园。20世纪20年代后期,随着天津城市重心的转移,评剧更进入了租界的中型乃至大型剧院。1929年,法租界出现了专演评剧的中型戏园——天乐评戏园(劝业场楼上)。同年8月,新明大戏院也决定以演评剧为主。不久,法租界劝业场附近的天天舞台和相距不远的天福舞台也都成了评剧的演出基地。这个时候,天津的评剧舞台上已经涌现出一批形成各自演出风格和流派的艺术家,如李金顺、刘翠霞和白玉霜。刘云霞1930年从关外演出归来就登上了向来只演"大戏"的天天舞台,且场场爆满,盛况空前。演出时,"院内四壁,悬红色幔帐,台上列花篮、大银盾多件,行头道具全新,气派与大戏相同。其盛况为其他皮黄戏园所望尘莫及了"。[⑦]到1932年,以刘翠霞为领班的山霞社更是登上了以往专演京剧的大型剧院——北洋戏院的舞台。位于市中心的"北洋",一向以接待京剧名角著称。被"雅流倜士"所鄙视的"落子"竟登堂入室,使文人雅士们大发感慨。此次,刘翠霞在北洋演出的包厢座位卖到大洋两元,与京剧名角的票价相当。由此也可知,观众中的富有者已经不少。一时被誉为"评戏女皇"的白玉霜则代表了20世纪30年代评剧艺术的最高水平。1936年她登上了上海最大的天蟾舞台,征服了上海观众,而且得到了我国著名戏剧家欧阳予倩、田汉、洪深等人的称赞。至此,评剧艺术已经趋于成熟。

评剧在天津的商业娱乐中心——劝业场一带登上了大雅之堂,取得了如此重要的地位是很不容易的。因为直到30年代,"落子"要不要取缔,仍然是一些人议论的话题。天津的文化界对于这个现象也给予了很大的关注,不少人著文探讨。有的作者指出:北方的评剧与江南的花鼓戏一样,都是最有地方特色的艺术,认为评剧是"北方乡村之文学与民众的产物","在今日津市各娱乐场中,又几于无处不有其地位,最近更显有进展之势"⑧。著名记者心冷著文指出:"在天津各种娱乐场所中,最能受大多数民众热烈欢迎的","恐怕要以蹦蹦戏占第一位了"。这是因为,"中下社会中人,差不多都极端的欢迎,而且会看戏,看了过瘾"⑨。文章认为,不能因为某些评剧的内容低俗而取缔,那是"剧本的过失",与蹦蹦戏本身无关。

如前所述,评剧所以能在租界,特别是在商业中心区兴盛起来,这与评剧的表演特点有关。评剧的唱腔不十分复杂,唱词如白话述事,没有文化的人,一听就能懂,这使它不仅吸引了大批男观众,而且拥有了愈来愈多的女观众,一般家庭妇女"尤其是一班太太们,更嗜好的厉害"。评剧的女角不娇声嫩气,而是用原嗓,唱起来悲悲切切,有时声泪俱下,特别是在描写妇女的苦难遭遇时,往往"引得台下的一般太太们,不时用手帕擦泪"。同时评剧在内容上有很大的革新,特别是对社会丑恶现象的揭露,更是深得人心。当然,评剧的兴盛,从根本上来说,反映了天津人口构成的特点和市民的文化需求,这有待下文进一步分析。

曲艺在天津的发展,大体上也走过了与评剧相类似的道路。曲艺最早是流行于北京、河北和天津附近的民间说唱,艺人流浪街头卖艺,划地为场,"撂地"演出。天津早期的曲艺大多在城乡结合部演出,先是在西城根和北城根,而后发展至南开、三角地、谦德庄、地道外等处。天津地方当局也曾出示禁止,1908年,天津警察局南段总局宣称"无知狂徒在街巷各处随意高声吟唱时调等曲",有伤风化,出示要"严禁郑声"。但是,曲艺以群众喜闻乐见的形式和贴近市民生活的内容博得众多观众,没有多长时间,曲艺就得到了长足的发展。

20年代后期,被天津人称为"杂耍"的曲艺进入了市中心大商场的剧院,也形成了多处专演曲艺的大型演出场所。1927年,天祥商场内开辟的"新世界"一度在津门首屈一指(1929年改为"小广寒")。1928年,劝业场楼上专演曲艺的天会轩开幕;几乎同时,泰康商场的歌舞台(1930年改名为"小梨园")开幕。位于市中心三大商场的三个曲艺演出场所,相距不过百米,成鼎足之势,这在全国各大城市是罕见的现象。这三大曲艺场取代了南市的燕乐、升平,成为全市瞩目的曲艺表演中心。同时,天津的营业性电台,如东方、仁昌、中华等台,除了广告之外,主要也是播放曲艺节目,拥有大量听众。时人评论说,北京的电台广播以京剧为主,上海以歌舞为主,而天津的电台则以播放曲艺为主。天津的曲艺"与广播事相偕并进"⑩。1937年,由于市面不振,电影院的经营者一度纷纷叫苦,于是二三等的电影院就添演曲艺以招徕观众,"一时小型影院,杂耍与电影相抗衡"⑪,以致影片公司不得不加以限制,不准加演,曲艺的兴盛由此可见。当时有人分析曲艺在天津娱乐业中的地位:"津市娱乐场所大小数十家,约可分为戏院、电影院、落子馆、杂耍场等。……其在津市最为著名者为十样杂耍"。⑫"天津杂耍与旧都大戏,同享盛名气"⑬。

30年代前后,天津曲艺的发展进入成熟阶段。如果说民国初年,曲艺演员有相当一批是民初由北京下海的旗人,那么到了30年代,天津自身成长起来的一代曲艺艺术家就已经占据了主要位置,并形成了自己的风格和流派。"鼓王"刘宝全、"京韵歌王"白云鹏都在艺术上达到了炉火纯青的地步。后来驰名海内的骆玉笙(艺名"小彩舞")正值妙龄,在小梨园"叫座力最大",剧场"依之如台柱"⑭。马增芬的西河大鼓也红极一时。他们的表演已经发展到一个新的阶段,即雅俗共赏。刘宝全的演唱不仅吐字清楚,而且颇具书卷气,"举凡喜怒悲叹之情,悉能于宛转抑扬之间","谓之炉火纯青,语非虚誉也"。他在演唱刘派大鼓的代表作"乌龙院"、"大西厢"时,"四座击节,均叹为之绝唱也"⑮。白云鹏的代表节目,以《红楼梦》故事为多。他本人对《红楼梦》做了不少研究,往往在演唱之间还夹带有评论。刘、白两位大师把曲艺表演推向顶峰,他们的听众已经不单是下层市民,社会上层的知名人物和知识界名流也无不为之折服。

在津门曲艺中,相声的地位尤其突出。相声产生于北京,到本世纪20年代以后在天津有了很大的发展,同样也是由“撂地”进入中型乃至大型剧场。二三十年代,相声的演出质量有了很大的提高,不同的风格流派已经形成。张寿臣的单口相声展现了这一时期世俗生活的画卷,马三立对形形色色小市民的讽刺,令人回味无穷。比他们稍晚出道的常宝堃(艺名“小蘑菇”)则是全市人民所钟爱的艺术家。解放初期,常宝堃在抗美援朝前线牺牲,全市数百万人为之动容,群众自发组成的送殡队伍从市中心过了两个小时还不见结束。这既包含着对烈士的追悼,也表明市民对相声表演艺术家的挚爱。一代大师侯宝林也是在40年代首先在天津舞台成名的。这个时期,天津各派相声演员的整体阵容和实力已经超出了它的发源地——北京。一些著名的相声演员赶剧场、跑电台、报广告,成了家喻户晓的知名人物。相声表演中的一些用语,甚至可以转化成大众日常生活中用以调侃逗趣的口头禅,相声已经成为天津真正的市民艺术。

在这里要指出的是,评剧、曲艺等大众艺术从“撂地”到南市茶园、剧场,乃至进入中心商业区大型剧场的发展过程,不过是表明这些艺术从雏形到成熟的几个阶段,而后者并不是对前者的否定或取代。当这些大众艺术在位于市中心的劝业场一带大红大紫之时,各类茶园、书社、剧场以至“撂地”的演出也十分兴盛。不同场合、不同层次的演出适应着不同的观众群体。许多演出实行价格低廉的计时收费制度,这种制度一直延续到50年代,观众主要是劳苦大众和小商小贩等下层市民。有些茶社还与某种艺术有着久远的历史关系,如许多著名相声演员演出和传徒授业一直在南市的连兴茶社进行。

这些最具代表性的大众文化在天津得以发展,并成为市民文化的主流,除了这些艺术本身的特点之外,最根本的原因还在于天津城市的发展和城市社会的转变,还在于市民构成的特征及其对消费性文化的需求。

二

自开埠以来,天津城市的发展出现了根本性的转变,由供应京师的漕运基地和传统商业城市演变为我国北方最大的通商口岸。列强依靠战争与强权划定的租界,由城南数里之外的荒郊僻野,迅速发展为夹河而立的大片市区。20世纪以后,这里洋行林立、银行聚集,出现了畸形的繁荣。伴随租界发展的是天津城市重心的南移。民国初年,位于城厢与租界之间的南市形成商业、娱乐区,成为联结租界与华界的“中间地带”。随着电车的开通,华界与租界交通贯通,电车沿线开始繁荣起来。20年代前后的兵变和军阀混战,迫使华界的大批商店向电车沿线的日、法租界转移,大批富户向租界迁居。1928年劝业场的落成,标志着天津城市商业中心和城市交通枢纽的确立,城市娱乐中心也同时在这里形成。我们回顾一下评剧、曲艺等大众文化发展的道路,就会看到市民文化的兴盛是与天津城市的成长同步的,没有天津城市的整体发展就不可能有市民文化的成熟。

市民文化在租界得以兴盛,还由于这里存在着一个庞大的观众群体。有的租界在划定之初,本不准华人居住,甚至将原来的住户驱出界外。但是随着租界的扩展,只靠洋人已无力经营,繁荣租界需要吸引华人资金的投入。伴随着民初中国政局的动荡,大批清室遗老、战败的军阀、下台的政客裹挟着巨额财富进入租界,成为租界特殊的居民——寓公。大批华界乃至外地的富人也涌进了天津租界。华人很快成为各租界居民的主体,对租界的经济、社会和文化的发展起着愈来愈大的作用。我们以1927年的日租界为例,对华人居民的构成做一具体分析。根据该年末的调查,日租界共有华人居民31 155人,计3 332户。(见附表)

从附表的统计可以看出,日租界的华人居民中赋闲者所占比重高达3/10;此外,受雇于各类商号、店铺的活伙及其家庭约有1/5以上;其他经营零售商店、服务行业者将近600家,也占了总户数的1/5左右。在这项统计中,几乎看不到产业工人。1927年的日租界是当时天津各租界中处于中等发展水平的地区。由于它处于正在兴建的中原公司和劝业场之间,是一个典型的商业消费区和居民区。华人居民中,零售商人、店员、商贩、从事服务业者占了总户数的半数以上,构成了租界市民社会的主体。他们正是评剧、曲艺等大众艺术的主要欣赏者。有人曾经分析位于市中心、设备良好、又有布景的天福舞台的观众成分,“中等阶级占了大多数”[16]。附表中提到的“赋闲者”,主要是寓公和其他富人。在租界的华人社会中,他们是作为纳税人——市民的上层而出现的。在大众娱乐场所,他们及其眷属坐包厢、捧名角,是观众的另一个层次。

另一方面,评剧和曲艺等大众艺术之所以能在天津得到这样迅速的发展,还与它植根于华北乡村文化的沃土有关。在近代天津城市居民中,大批是来自华北内地的移民。他们或是脱离土地来此卖力谋生,或是避灾逃难、投亲靠友,或是稍有钱财来津经商。天津的居民尽管有"五方杂处"之说,尽管有相当数量的广东人、上海人、浙江人,但是成倍增长的天津居民大多来自华北乡村和城镇。评剧、曲艺中的乡音使他们感到分外亲切,作品的内容得到他们充分的理解,作品的风格受到他们热烈的欢迎。

三

以上我们对最具天津特色的市民文化做了回顾,这并不等于说是近代天津市民文化的全部内容。事实上,天津的社会文化呈现着多元的特征。这不仅表现为传统文化的发扬与嬗变,还表现为京派文化、海派文化的影响。尤其是京派文化,其影响更是多方面的。集中表现就是京剧在天津的盛行和大众化。

京剧不同于评剧和曲艺,它早已在北京产生并且形成了博大精深的艺术体系,是我国传统文化的精华。京剧在天津早期也有一定的基础。到20年代,京剧在天津走红,是有其历史背景的。1927年以后,民国政府南迁,北京改为北平,大批官员、权贵随之南迁,京城"伶界生计""大受影响"。于是名伶纷纷外出演戏,配角则"随从糊口"。而这个时候的天津正处于城市发展的高峰,拥有庞大的观众群体和一流的演出条件。于是杨小楼、梅兰芳、程砚秋、余叔岩等京剧大师频繁来往于京津之间。30年代前后,几乎所有著名的京剧艺术家都曾长期在天津演出,天津的京剧舞台上群星灿烂,令人目不暇接。

天津数量庞大、欣赏水平高的京剧观众群体很值得研究。天津的京剧爱好者早就有"票房"的组织,其成员被称为"票友"。民国初年,票房主要在城厢及南市一带,随着天津城市重心的转移,票房则多数集中在租界,特别是地处城市商业、交通中心的法租界。其中一些影响较大、成员较多的票房设在大商场中,如著名的渔阳社设在泰康商场楼上;天津国剧社和清平社设在天祥商场楼上;风韶社则设在福禄林舞厅楼上。从票友的成分来看,也已经由以盐商为主体转变为以买办、商人、寓公及其家属为主体。同时,一些有稳定收入的知识分子和职员也加入了票友的队伍。在全市颇为活跃的开滦票房(由开滦矿务局职工组成)和电报局国剧社(由天津电报局职工组成)就是最突出的代表。天津的票友不是一般的京剧爱好者,他们往往是造诣很深的行家。名票登台义演,会引起各界的瞩目。他们甚至可以与著名的京剧表演大师同台演出而不逊色。天津还存在着数量可观的观众群体,他们虽然不一定像票友一样能整场唱戏,却是十分内行的京剧欣赏家。他们不仅对京剧的一招一式记得烂熟,而且懂得京剧的不同流派和师承关系。他们不仅是看戏,更主要是听戏,细微的荒腔走板都逃不过他们的耳朵。当然,达到如此欣赏水平的,一般也是属于中等阶层的市民。在天津京剧爱好者队伍里,寓公是很重要的一部分。这些昔日的王公亲贵、巡抚督军们一旦躲到租界,就失去了以往的政治特权,成为最富有的居民。不少寓公及其子弟,例如载振、载抡、袁克文等人都有深厚的京剧功底。他们不仅是剧界名伶的老朋友,也是他们艺术活动的支持者和赞助者。天津的新闻界也对京剧情有独钟,给予热情的支持,许多报刊开辟专栏,介绍各派大师的生平传记,发表评论性、理论性文章。许多京剧名家在天津都拥有一大批知心懂艺的观众和朋友。天津对京剧艺术的影响如此之大,以致天津观众对京剧演员的评价拥有很高的权威性。一位京剧演员,一旦得到天津观众的认可,往往就可以在剧界拥有一席之地,所谓"北京学戏,天津唱红",恰好表明了天津的市民文化环境对京剧发展的重要作用。

京剧在天津的走红,也是和天津城市的发展、天津市民文化的发育同步的。民国初年是南市戏园的全盛时期,东兴大街的第一舞台和广和楼、荣业大街的升平舞台、平安大街的丹桂茶园连续上演京剧日夜场。租界也有一些茶园演出京剧,如紫竹林的聚兴茶园[17]、日租界的天仙茶园[18],但是与南市相比还相形见绌。到20年代初期,首先在日租界,随后在法租界出现了大型京剧演出场所,如大新舞台、新明大戏院等。法租界的天福舞台建于1922年,已经有相当的规模,头等包厢票价高达40元。当年的一场演出,剧院请到杨小楼、侯喜瑞、余叔岩、梅兰芳、王瑶卿、姜妙香等众多艺术大师[19],盛况空前。到30年代前后,劝业场一带出现了北洋、春和、中国三大剧院鼎立的局面。1928年开幕的春和戏院带有很浓的现代色彩,它辟有屋顶花园,组织化装舞会,还具备向电台转播现场的条件[20]。1936年建成的中国大戏院则雄视津城,自称"冠绝华北,唯我独尊"。它不仅拥有2 000多座位,而且中间没有廊柱,音响效果极佳。到"中国"去唱戏,成为每一位京剧艺术家的心愿。城市中心剧院群的形成,促进了京剧艺术在大众中的传播,说明天津市民文化市场已趋成熟。

四

外来文化对天津市民文化的影响,则呈现出完全不同的情况。天津自开埠以后,外国租界逐步扩张,随着租界洋人的增多,西方文化也不断传播。不过,天津毕竟是曾被英法联军和八国联军掠夺践踏过的城市,居民对于随军舰、大炮而来的外来文化往往采取观望和排拒的态度。对清末时期的民众来说还相当陌生。在以后的年代里,即使同在租界里生活,洋人与华人也形成了两个不同的文化圈。

租界居住着大批洋人,也具备与西方文化艺术直接交流的条件。至迟在1886年,外国剧团已经来津演出[21]。1887年,租界里出现了公共乐队[22]。20世纪初期,英租界戈登堂也不断上演"外国新戏"[23]。1927年,租界里举办了贝多芬纪念音乐会;翌年,又举办了"许培德(即舒伯特)逝世百年音乐会",地点在英租界平安影院(即现天津音乐厅),演出者和听众全是洋人。30年代,世界上许多著名音乐大师,如海飞兹、夏理亚宾等都曾来津演出。届时,"西人多着大礼服"入场,"华人极少"[24]。一位热心于介绍外国音乐的人士"很觉得感慨。因为每当这些艺人来津时,竟吸收不了中国的听众"[25]。

在天津,真正能吸引市民大众的外来文化是电影。1906年,天津最早的电影院"权仙"在法租界开始营业,不过票价很贵,二等座也要一元,观众以洋人为主,多"结队来观,车马不绝于道"[26]。20年代以后,电影向大众化发展。1922年建成的光明社(现光明影院)是规模较大的群众性影院,号称"华北第一影园",自信"皮黄不敢望背,昆梆焉能并正,吸引人心倾向,完全独树一帜"[27]。

20—30年代,电影业出现了两个明显的分布区域。一是位于英租界的平安影院、蛱蝶影院(今大光明影院)和大华影院(今北京影院)。这三家影院不仅相距很近,而且都靠近外侨聚居区。1922年建成的平安电影院坐席达1 000多,内部装修豪华。这里票价昂贵,楼上长期卖2元,楼下也要5角。"平昔看客,多为西人,对于我国观众,向不注重","虽间有华人,亦类皆习近欧化者"。1928年以前,这里向来不演国产片,在无声电影时代,也只打英文字幕。在很长时期,平安、蛱蝶和大华是天津仅有的三家头轮影院,华人市民难以涉足。由于观众有限,许多原文影片只能放映有数的几场,营业一直不很景气[28]。另一电影院集中分布区在法租界劝业场附近。1928年,与劝业场大厦落成的同时,以光明社为基础扩建的大型影院——光明大戏院建成,耗资11万元,并在全市首家安装了通风机。至此,以光明为首的电影院群体已经形成,如明星、春和、新新、天丰、天宫等,相距不过一二百米。劝业场地区影院有一个很大的特点,就是票价较低,30年代前,一般在2角到4角之间,为一般市民所能接受。光明大戏院虽然设备良好,但是这时仍然是二轮影院。很长时期内,观众最多、上座率最高的是设在劝业场楼上的天宫影院。这个三轮电影院不设包厢,不分楼上楼下,票价一律1角,结果逐日客满。位于日租界的新明影院也由于票价很低,"日上座九成以上"。

天津观众对电影艺术的认同有一个过程。在无声电影盛行的20年代,尽管美国电影占据优势,质量尚不很高的国产片还是更受华人市民的欢迎。1927年8月,明星影院上映阮玲玉主演的《挂名夫妻》,9月又上映了黎明辉主演的《可怜的秋香》。都吸引了大量观众。新新影院在上映《人面桃花》时,"晚间9时一场,7点余看客已纷至"[29]。30年代初,美国的有声片进入天津,引起一时的轰动。但是电影业很快又冷落下来,春和、新新等影院甚至改演京剧。这是因为早期有声片大多是美国歌舞片,天津的市民对此不甚感兴趣。这种状况直到30年代中期才有了改变。随着美国有声故事片大量涌来,国产片的质量也在提高。曾兴旺一时的明星影院,拥有派拉蒙、米高梅、环球三大公司的电影放映权,"声势极雄";一度改演京剧的春和影院也上映了哥伦比亚公司的作品;新新影院从1936年起与20世纪福克斯公司合作。租界影院与世界大电影公司发行网建立直接的联系,使美国最流行的影片半年内即可在天津上映。电影是一种可以大量复制的文化商品,是典型的大众文化。美国的好莱坞电影能适应市民的要求,把市民的愿望转化成适合于市民口味的动人故事,使观众得到一时的快慰,正好迎合了商品社会中市民的心理状态。30年代中期,在稍有文化的天津市民中,美国电影明星卓别林、嘉宝和小影星秀兰·邓波儿都已相当有名。1937年春节,电影院里挤满了影迷观众,电影业已经成为天津市民文化的重要组成部分。

综观天津近代市民文化的发展,至少有如下几个特征。

首先,它以华北农村口头文化为深远的背景,带有浓郁的北方色彩。如前所述,最具有天津特色的评剧和曲艺,若追本探源,天津都不是这些艺术的发源地。但是它们又的确是在天津发育、成熟,这与天津的文化传统、居民的构成有着密切的关系。

其次,天津的市民文化带有较强的开放性、兼容性。开埠以来天津与国内各个地区的商业往来大量增多,外地居民大量涌入津城。另一方面,天津人也有了接触西方文化的条件。这些都使天津市民对不同地域、不同风格和不同国度的文化有了鉴赏和吸纳的机会。

最后,天津近代市民文化的最基本特色在于它是典型的商业消费文化。我们如果把评剧、曲艺、京剧、电影等艺术的发展作一个归纳,就会发现,它们的演出场地最后全都集中在法租界劝业场一带。举凡专门上演评剧、曲艺和京剧的剧院以及多家营业兴旺的电影院,都集中在方圆不过数百米的商业中心区,这表明天津这个大型工商业城市的商业、交通的发展水平和商业文化市场的成熟,天津市民的文化生活与购物、逛街、餐饮结为一体,以至于半个世纪以后,“逛劝业场”仍然是天津市民的重要生活内容和文化需求。这对于我们发展现代的城市文化事业也会提供一些启发。

天津日租界华人职业构成分户统计(1927 年末)单位:户

天津日租界华人职业构成分户统计(1927 年末)

单位:户

赋闲者	1046	米面商	26
店伙职工	625	医院卫生	25
军府界住宅	313	叫卖小贩	25
妓馆	204	绸缎庄	23
杂货商	111	当铺	20
裁缝	83	洋货店	19
木匠及包工	75	金店	18
早点包子铺	58	鞋铺	18
钱铺	55	理发	15
煤炭业	41	洋车马车行	14
旅馆饭馆	34	油漆业	14
牛羊猪肉馆	28	律师	5
洗衣店	12	学校	3
进出口业者	11	其他	344
报纸通讯社	10		
纸烟商	27	共计	3332

资料来源:《大公报》1928 年 1 月 17 日。

注:

① 钟敬文:《民俗文化学发凡》,《北京师范大学学报》1992 年第 5 期。

② 薛宝琨、侯树智:《天津——评剧艺术的摇篮》,《天津文史资料选辑》第 29 辑。

③ 李英斌:《天津的评戏与“落子馆”》,《天津文史丛刊》第 7 期。

④《大公报》,1908 每 8 月 1 日。

⑤《大公报》,1912 年 5 月 7 日。

⑥《大公报》,1929 年 9 月 25 日。

⑦《大公报》,1930 年 12 月。

⑧《大公报》,1929 年 8 月 29 日。

⑩《大公报》,1937 年 3 月 16 日。

⑪《大公报》,1937 年 3 月 8 日。

⑫ 天津市市志编纂处:《天津市概要》,天津市政府发行,1934 年 10 月。

⑬⑭《大公报》,1937 年 2 月 8 日。

⑮《大公报》,1929 年 7 月 7 日。

⑯《大公报》,1929 年 2 月 1 日。

⑰《大公报》,1929 年 1 月 12 日。

⑱《大公报》,1912 年 5 月 28 日。

⑲《大公报》,1922 年 12 月 16 日。

⑳《大公报》,1928 年 8 月 24 日。

㉑《时报》,1886 年 9 月 4 日。

㉒〔英〕雷穆森著、许逸凡译:《天津——插图本史纲》,《天津历史资料》第 2 期。

㉓《大公报》,1904 年 4 月 17 日,1907 年 2 月 5 日。

㉔《大公报》,1936 年 4 月 2 日。

㉕《大公报》,1934 年 6 月 8 日。

㉖《大公报》,1907 年 4 月 13 日。

㉗《大公报》,1922 年 2 月 27 日。

㉘ 冯紫墀:《我在平安影院二十年的经历》,《天津文史资料选辑》第 32 辑。

㉙《大公报》,1927 年 1 月 2 日。

(《城市史研究》1996 年 11、12 辑)

明朝的天津巡抚及其辖区

靳润成

天津古代行政区划的演变并不复杂，至今为止学术界的通行看法是：明永乐二年至四年（1404—1406年）陆续设天津卫、天津左卫、天津右卫；清顺治九年（1652年）合三卫为一卫；雍正三年（1725年）改天津卫为天津州，属河间府，寻升为直隶州；雍正九年（1731年）又升天津府[①]。以上天津政区的沿革清晰可辨，学术界并无多少歧见。但是至今为止，尚无人对明朝设置的天津巡抚及其辖区进行过专门研究，更无人对天津巡抚的设置在天津古代政区沿革史中的重要地位作出说明。本文拟拾遗补缺，对这一问题作些初步的探索。

说到天津巡抚，需先对明朝的督抚制度作一简单的介绍。明朝初建，其地方行政制度一仍元朝之旧，由行省长官总揽地方军、政、司法、财政大权。众所周知，由朱元璋奠定基础的明朝政治体制，其最重要的特点就是皇权高度集中与地方权力相对分散。鉴于行省权力过大，洪武九年（1376年），朱元璋废除行省制度，行省内原有权力一分为三：由都指挥使司、承宣布政使司、按察使司"分隶兵、刑、钱谷"[②]。至此，地方权力过于集中的矛盾虽获得解决，但随之出现了新的问题。即三司鼎立，互不统摄，不利于应付地方上出现的突发事件。明宣德以降，阶级矛盾和民族矛盾不断尖锐化，地方上突发事件愈演愈烈，因此由中央派遣官员协调地方三司，统一事权就势在必行了。谭其骧师对此有精当的论述："自宣德以后，或因边防有警，或因地方不靖，又陆续在全国各地派出备有中央政府一二品大员职衔的'总督'、'巡抚'，集所督所抚地区内的军务、察吏、治民大权于一身，遂成为最高级的封疆大吏。"[③]同时，督抚辖区（特别是巡抚辖区）也逐步取代布政司等正式政区而成为实际上的地方第一级行政区划。但是应当指出，明朝的督抚始终是"差"而不是正式地方官，其辖区也始终未成为正式政区，它正处于由非正式政区向正式政区过渡的阶段。明确的巡抚辖区面积大小不等，有的跨几个布政司交界之地，有的基本等同原布政司，有的小于布政司。但无论哪一种，其官员的级别都大体一致：都察院的副、佥都御史，有的还兼其他职衔。

天津巡抚辖区属于面积较小的一类，但是地位却很重要。天津巡抚始置于万历二十五年（1597年），当时日本军队再次侵略朝鲜，明朝又派军队入朝援助。在这种背景之下，设置天津巡抚，主要是为了防备日本军队"北犯中国"。大学士张位对这个问题分析较透彻，他说倭人不能北犯中国，在很大程度上是依靠朝鲜全罗道、庆尚道的屏卫，二道若丢失，朝鲜必亡；一旦朝鲜亡国"则倭人从陆犯辽，必从东汉、临津、晴川、大定、大同、鸭绿江分兵四出"。故此"东南沿海地方均当预防"。在此情况下"天津、登莱莫若添设备倭抚臣一员，南防中原，北壮神京，东障海岛。此内防之最不可缺者"[④]。

天津巡抚及其辖区的演变可分三个阶段：万历二十五年至二十七年（二十七年罢）（1597—1599年）；天启元年至崇祯四年（1621—1631年）；崇祯四年至明亡（1631—1644年）。以下分述之：

万历二十五年（1597年）始置天津巡抚，见《明史·兵志》三，"于是，设巡抚官于天津，防畿甸"。《明史·职官志》二，总督巡抚，天津巡抚条下记载略同。此时天津巡抚与其他巡抚不同，初设并无陆上辖区，仅有防海之责。《明史纪事本末》卷65《矿税之弊》载万历二十六年（1598年）七月事："夺保定巡抚李盛春等俸。以天津店税银解进迟延，故罚。"其时天津巡抚先为万世德，后为汪应蛟[⑤]，依照常规，天津店税银当然由天津巡抚管理，但此处却明言保定巡抚负有责任。汪应蛟本人在奏疏中也说："臣于是年八月内荷蒙圣恩，叨任天津、登莱等处海防巡抚，九月内即躬巡海上。"[⑥]两段史料互相参照，可知此时天津巡抚职权仅为防海而不及其他，更谈不上陆地上的辖区。

万历二十七年（1599年），天津巡抚当罢。《明神宗实录》卷330万历二十七年（1599年）正月庚子条载，兵部在答复兵科右给事中桂有根东征善后七议时称天津巡抚已裁革，但又“经吏部议复”。但《明史·汪应蛟传》又载：“及天津巡抚万世德经略朝鲜，即擢应蛟右佥都御史代之……朝鲜事宁，移抚保定。汪应蛟移抚保定在万历二十七年(1599年)，此后天津巡抚未再派遣。”议复天津巡抚之事看来仅有动议而并未实行。此为该巡抚演变的第一阶段。

天津巡抚罢后二十余年，因形势变化于天启元年(1621年)复置，此次复置的直接原因是明朝的辽阳地区被后金攻克，“廷议设天津巡抚专饰海防”[⑦]。《明熹宗实录》卷9，天启元年(1621年)四月丁丑条载此事较详，兵部尚书崔景荣议复天津巡抚，“上从其言，随升太仆寺少卿毕自严为都察院右佥都御史驻扎天津备兵海防。”复置后的天津巡抚其具体职责是“外防海口，内护神京”[⑧]，并且有了陆上的辖区。关于此时天津巡抚的职权及其辖区，史籍绝少记载，唯有毕自严《抚津疏草》前附皇帝给天津巡抚的敕谕载录比较详尽：“特命尔巡抚天津等处备兵防海，兼理粮饷事务，统辖天津道府属州、县、营、卫并沿海武清、宝坻、滦州、乐亭及附隶卫所。凡一切海防军务并地方平兵马盗贼，保甲城守事宜俱听便宜行事，顺、保巡抚一体与闻。至于钱粮词讼，额例事规，或拖欠未完，或卷案未结不便分割，仍听顺、保巡抚管理，以免掣肘。海上岛屿有人潜住者，着实稽察，以塞衅窦。”

对这段敕谕涉及的问题需稍加解释。其一，清楚地记述了天津巡抚辖区。敕谕中所言“天津道”指天津兵备道，兵备道是明朝布政司派出机构—道的一种，分管地区军事防务，不是行政区划。敕谕中提到的“营”、“卫”也是军事单位，它们设在天津巡抚辖区之内，所以隶属于天津巡抚统辖。至于敕谕中所说的府，则指河间府。所以天津巡抚真正的辖区就是原属于保定巡抚所辖的河间府及所属州县以及原属于顺天巡抚所辖的武清、宝坻、滦州、乐亭等州县。其二，敕谕所称“未结事务”之语，恰好证明自此时始，天津巡抚始从顺天、保定(主要是保定)二巡抚中析出辖区。以上为该巡抚演变第二阶段。

天启元年(1621年)天津巡抚复置后，其辖区稳定了十余年，至崇祯四年(1631年)又发生变化。该年十一月，明朝政府析置山永巡抚，辖区为永平府及山海关地区，故天津巡抚所辖之武清、宝坻、滦州、乐亭一州三县悉归山永巡抚，至明亡不变。

综上所述，天津巡抚的职权及辖区经历了由专事海防，无陆上辖区，到统管地方大权有陆上辖区，再到辖区内缩，仅辖河间一府之地的演变过程。应当说，天津巡抚的设置不但在天津政区沿革上占有重要的地位，而且对天津城市的发展起过重要的作用。

首先，前文讲到，明朝的巡抚无论辖区大小，其官员级别均大体一样，其辖区也同样是实际上的地方第一级政区，在天津设置巡抚以前，天津仅为军事据点(三卫)，其地归属河间府管辖。尽管天津占地利之便，早已成为运河交通的重要枢纽，军事、经济地位日见其隆，但在行政区划上却没有得到相应的提高，与其地位甚不相符。设巡抚后，天津一跃而成为实际上的地方高级政区的中心，虽然天津巡抚先后设置不过二十几年，但对以后天津州、天津直隶州、天津府的设置，其影响自不待言。

其次，天津巡抚设置后(尤其是复置后)，巡抚总揽辖区内的治民、军事、察吏、财政、司法大权，而且还特别负有拱卫京师的责任，这对天津城市的发展无疑也是一个巨大的推动力，其影响亦不可低估。

注：

① 参见天津地方志编修委员会编:《天津简志》第二章，行政区划。又，清雍正九年置天津县，为天津府治所。见《嘉庆重修一统志》卷24，天津府、天津县建置沿革条。

②《明史·职官志一》。

③《中国历代政区概述》，《文史知识》1987年8期。

④《明神宗实录》卷314，万历二十五年九月壬辰。

⑤《国榷》卷78，神宗万历二十六年六月丙子。

⑥《海滨屯田试有成效疏》，《汪清简公奏疏》，北京图书馆藏明天启刻本胶片。

⑦ 王鸿绪:《明史稿·毕自严传》。

⑧ 毕自严:《抚津疏草》卷1。

(《历史教学》1996年第8期)

新民主主义革命时期的天津妇女社团

田　敏

天津的妇女,具有光荣的革命传统。早在义和团运动期间,就组织了红灯照。辛亥革命时期,成立了女子北伐队、女子革命同盟,投入反帝反封建的斗争。进入新民主主义革命时期,在中国共产党领导下,天津的妇女运动进入新的历史阶段,涌现了许多妇女社团。这些社团在争取妇女解放,反抗阶级和民族压迫,向帝国主义和封建军阀展开了英勇无畏的战斗,在中国妇女运动史上谱写了光辉的一页。本文拟介绍新民主主义革命时期,天津出现的部分妇女社团。

一、女界爱国同志会

1919 年五四运动发生后,天津人民迅即响应。直隶第一女子师范学校学生郭隆真、邓颖超倡议,召开各班级长和积极分子会议进行讨论,次日在全校各班同学代表会议上决定成立妇女爱国团体。会后,她们积极联络中西女中、普育女中、贞淑女校、竞存女校及一些职业妇女,于 1919 年 5 月 25 日在东马路江苏会馆成立了天津女界爱国同志会。该会简章规定:“本会以提倡国货并唤起女界之爱国心为宗旨。”参加大会的有六百余人,原女师毕业生刘清扬被推为会长,女师附小教员李毅韬为副会长,郭隆真、邓颖超为讲演队长,张若名为评议部长。

女界爱国同志会是一个以女学生为骨干,团结各阶层妇女的群众团体。它与天津学生联合会成为领导天津反帝爱国运动的两支核心力量。其主要活动是积极开展爱国宣传,争取民族独立、妇女平等权利,保护母亲和儿童,使反帝反封建的内容更加鲜明充实。出版《醒世》周刊和《平民》杂志(与天津学联合办),它在宣传新思潮,指导爱国运动方面,起了重要作用。女界爱国同志会还领导其成员参加实际斗争,在历次运动中始终站在斗争的最前列,它的成立标志着天津妇女的觉醒和天津妇女运动的崛起。

二、女权请愿团

女权思想是伴随着资产阶级的人权学说传入中国的。五四运动后得到了广泛的传播,特别是在中国知识妇女中产生了较文的影响。

女权请愿团是由天津学生同志会女权股于 1922 年 11 月 5 日发起组织成立的,其章程规定“以请愿国会,恢复女权为宗旨”。由钟德贞为团正,梁玉芝为团副,黄勖志等 8 人为交际委办。它成立后需派代表赴北京请愿,并向国会呈交请愿书,不仅女子参政,而且要争取法律上的平等地位,但并未引起国会的重视。为收回旅顺、大连,组织市民集会、示威、游行,并组织家庭演讲队,向市民,特别是广大妇女进行宣传;为争取女子受教育权,力劝张伯苓开办了南开女中,并办起了“女权请愿团第一妇女义务学校”。女权请愿团还在废娼、声援妇女解决婚姻受迫害方面做了许多工作。但这些都没有超出一般资产阶级女权运动的范畴。

三、女权运动同盟会直隶支部

1922 年 6 月,北京女师大学生周敏、张人瑞等在北京成立了女权运动大同盟,并派代表到各省联络。不久。上海、南京、湖北等地先后成立了分会。与此同时,她们致函天津达仁女校的邓颖超、王贞儒、冯梅先等,委托在天津成立支部。1922 年 11 月 26 日,女权运动直隶支部正式成立,选举王贞儒为总务委员,邓颖超 15 人为评议员。支部“以扩张女子在法律上之权力及地位为宗旨”,采取委员制,下设评议、总务、宣传、经济四个委员会。宣言中强调了女子参政的重要性。明确提出:第一步要以革命的民主主义结合起来,对抗封建军阀;第二步要与革命的社会主义结合起来,对抗资本主义和帝国主义。在女界中产生了较大的影响,自愿加入支部的甚多。如女师、严氏女校、达仁女校、妇女补习学校等集体加入。1923 年 7 月出版的《星火》记载:“凡在天津社会上活动的女子差不多全已加入。”

女权运动同盟会直隶支部成立后,出版了《女权运动同盟会直隶支部特刊》,宣传妇女解放,发动妇女参加女权运动,参加收回旅顺、大连运动,创办女子补习学校、争取高等工业学校招收女生,援助受压迫妇女等。这个组织的领导成员邓颖超、王贞儒等在 1923 年都相继加入社会主义青年团,逐步成为青年马克思主义者。因此,她们对妇女解放及当时的社会问题已突破了资产阶级女权的认识水平,她们所领导的女权运动同盟会直隶支部也超出了资产阶级女权运动的范畴。

四、女星社

女星社是邓颖超等一批具有初步共产主义思想的青年于 1923 年组织的团体。其宗旨是:“实地拯救被压迫的妇女,宣传妇女应有的革命的精神;力求觉悟女子加入无产阶级的革命运动。”邓颖超、李峙山、王贞儒、冯梅先等为该社团的领导成员。女星社男女兼收,凡承认其宗旨,符合章程要求的青年均可入社。社员最多时达二十余人,还有社友三十余人。

女星社出版《女星》旬刊,作为《新民意报》副刊出版,后改为周刊,附在《妇女日报》印行,先后共出了 57 期。它在宣传马克思主义,探索妇女解放根本道路等方面,受到各方面的好评。成为当时在全国妇女运动中极有影响的期刊之一。

女星社还创办了女星补习学校,其宗旨是“救济失学妇女,授以相当知识及浅近技能。使其自谋生路。”教员多为达仁女校教师兼任,多是义务。教学结合社会与妇女实际问题,很受学生欢迎。从而为妇女运动培养了一批骨干。

由于多种原因,女星社于 1925 年停止了活动。但它在探索妇女解放,推动妇女运动蓬勃发展起了积极作用。《大公报》载文曰:“斯诚天津女界之曙光也。”

五、天津妇女国民会议促成会

1924 年 10 月,直系将领冯玉祥率领部队发动北京政变,直系军阀政府垮台。冯玉祥在中国共产党争取下,电邀孙中山北上,“共商国是”。孙中山应邀北上,准备召开国民会议。

国民会议运动的浪潮,使渴望社会变革的天津妇女积极行动起来,于 1924 年 12 月 21 日在南开女中成立天津妇女国民会议促成会,公推邓颖超为总务股长,江韵清为宣传股长,胡淑英为组织股长,陈祖香为交际股长。

天津妇女国民会议促成会,以“促成国民会议早日实现代表妇女的利益而奋斗”为宗旨,明确提出了在新的形势下开展妇女解放运动的一系列主张。从它一成立,就在中共天津地委领导下,把各界妇女团结起来,不仅为维护和争取妇女的切身利益而斗争,而且集中主要力量,致力于促成国民会议召开的组织、宣传、鼓动等活动。

由于北京政权操在反动势力手中,国民会议运动没达到圆满的结果。但是,天津妇女国民会议促成会的成立及其活动,宣传了中国共产党反帝反封建的政治主张,把争取女权的活动和争取民权的活动结合起来,为五卅运动和北伐中的妇女运动作了舆论和组织准备。

六、天津各界妇女联合会

1925 年 3 月,邓颖超等出席在北京召开的国民会议促成会全国代表大会,并当选为执行委员。大会期间,根据中国共产党的指示,邓颖超和刘清扬、夏之栩等积极联络,呼吁各界妇女“在一个旗帜下,通力合作”。经与会者的不懈努力,于 4 月 23 日在北京正式成立了全国各界妇女联合会,并决定在各地成立分会。

同年 5 月 11 日,中共天津地委召开会议,决定“今后天津的妇女运动,必须急宜注意宣传扩大组织”,

“联络各界妇女,发起组织各界联合会”。时任地委妇女委员会书记的邓颖超具体阐述了“注意宣传扩大组织之工作”的意见,强调要尽快成立天津各界妇女联合会,以推动天津国民革命运动的深入发展。5月24日,天津妇女国民会议促成会联合女校师生六百余人,在南开女中聚会。邓颖超主持大会,她进一步阐述了妇女被压迫的根源和军阀混战中女子教育的现状,号召大家联合起来,“组成天津妇女运动的骨干军”,更要发动工农各界妇女,担当起改造社会的重任。全国各界妇女联合会的代表夏之栩和中共天津地委负责人江浩也在会上讲话。大会一致通过尽速成立天津各界妇女联合会的议案,并分头联络开展活动。

1925年6月7日,天津各界妇女代表二十余人,在南开女中召开会议,正式成立了天津各界妇女联合会,并决定联合会要采用委员制,沿用总会章程。选择邓颖超等3人为总务股委员,江韵清等4人为联络委员。当时正值上海发生五卅惨案,会议决定开展宣传活动,声讨帝国主义的残暴行径,以实际行动声援上海人民的正义斗争。

天津各界妇女联合会的诞生,标志着天津妇女统一战线的形成。但仅仅存在两个月,就遭到军阀李景林的破坏而转入地下。

七、天津妇女协会

1925年12月,冯玉祥所部国民军,打败了奉系军阀李景林,占领了天津。中共天津地委利用国民军倾向革命的有利形势,加强了对妇女运动的领导,并以中国共产党女党员为骨干,成立了天津妇女协会。

1926年3月8日,天津妇女协会和各界妇女联合会共同举办了国际妇女节纪念大会,到会者二百余人,以女工居多。但不久北京发生三一八惨案,奉系军阀卷土重来,天津的革命形势急转直下,所有的革命团体均被查封,天津妇女协会结束了其历史使命。

八、女同学会

女同学会是一·二九运动高潮中在天津成立起来的抗日救亡团体。它是中共地下党员阎国珍(阎志)等在河北女子师范学院组织读书会的基础上,以女学生为主于1936年春成立的。随后,凡有女学生的一些大、中学校相继成立了女同学会。

为贯彻党的抗日民族统一战线,女同学会通过基督教女青年会总干事郭汝铨、邵漪容的积极协助,聘请医师、护士,有计划地组织会员参加战地救护培训,学习战场外伤急救、绑扎绷带等军事救护常识。她们还通过女青年会组织假日郊游、赏花等活动,以团结更多的同学,参加到抗日救亡的队伍中。

(《天津史志》1996年第1期)

源于满语的天津方言词汇

顾道馨

清王朝定鼎北京后,大量满族人拥入北京。这些满人和土著汉人交往,语言是交流的工具,而且当时满文化属于弱势,在交往中满人学习汉文化,首先是学汉文、汉语。同时汉人也向满人学习了许多满俗、满语,丰富了汉语词汇。一些满语词进入北京话后,有的仍以原词原义使用;有的是以满语原词的部分音节(特别是词干部分)或稍加改动,但仍保持原义。有些词在进入北京话后得到引申,使词义更加丰富。这些新词汇是满汉文化融合的结晶。

由于北京话是汉语官话,对各地方言具有大的影响力,这些新的词汇也或多或少地传播到北方各地。天津话在北方本属孤岛型语言,但因"密迩京师",也接受了许多进入北京话的新词汇。

清入关至今三百数十年,满汉文化融合的痕迹,人们已习而不察。且满语自辛亥革命后,在关内各地已无人使用,遂使这些新词汇的来源更不易为众人所知晓了。北京学者常瀛生先生所著《北京土话中的满话》一书对北京话的发展史作了全面深入的研究阐述,其中《北京话里的满语词》一节,追本探源,论述精辟独到,于汉语方言研究颇多启发。笔者爱就常先生研究所及,对天津方言中的某些词汇努力爬罗,辑天津方言中源于满语的词汇若干条,虽涉学步之嫌,总属从别一地方方言的角度探讨满语影响力。笔者以为:如有更多的人仿照常先生开创的研究模式,搜集地方土话方言中源于满语的词汇,则不独对方言研究大有益处,于满汉两民族文化融合的研究也会提供具有根本性的理论说明。

笔者搜集天津方言中源于满语的词汇,均参照常先生在著作中提供的珍贵资料,结合天津方言的具体特点进行说明。依据天津方言词汇汉字的汉语拼音字母顺序排列。

①把合　满语词 bahambi,原义为"取得"、"捞着"。这个动词词干 baha 以原状进入了北京话,被说成 bǎha(bǎ 重读,ha 轻声)其义为"占有"、"捞取"。天津话则说成 bǎhe(bǎ 重读,he 轻声)意指不合理的占有,且有贪多之意。例如:"他没个够,见什么把合什么。"

②掰差　满语词 baicambi,原义为"察看"。此词以词干入北京话,被说成 bāicha(bāi 重读,cha 轻声)。义为"查看"、"检察"。天津话说成 bāica(bāi 重读,ca 轻声)。有"查清"、"分辨清"之意。例如"这件事总得设法掰差清,不能让好人背黑锅。"

③脖梗子　满语词 gen,义为"脖颈"。此词进入北京话后与汉语结合,说成"脖 gěng 子"。意指颈项的后部。天津话说成 bógěngzi(zi 轻声)。但有时也说成 bógěngr(即"脖梗儿")

④巴不得儿　满语词 bahaci,原义为"巴不得一声"。北京话以"就盼着"、"恨不能……才好",音为 bābude(bā 重读,bude 轻声)。天津话说成 bābudeir(bā 重读,budeir 轻声)。例如:"他太喜欢那女同学了,巴不得儿对方说愿意嫁给他。"

⑤敞开儿　满语词 cangkai,原义为"只管"、"随便"、"不限"。此词进入北京话被说成 changkai,(chǎng,kāi 无轻声)。有任意、尽量的意思。天津话则说成 cāngkai r(cāng 重读,kair 儿化)。例如:"咱今天准备的都是低度名酒,大家敞开儿喝。"

⑥抻练　满语词 cendembi,原义为"考试"、"试探"。这个词的词干 cende,同时又是重读音节,进入北京话,最初被说成 chēnde (chēn 重读,de 轻声)。后来又转呼为 chēnlin(chēn 重读,lin 轻声)。有用难题试探对方知识能力之意。此词传入天津可能稍晚,天津话与后来转呼词相一致。例如:"这些算题我都会,你抻练(读如'吝')不短我。"

⑦耷拉　满语词 dalajambi，义为“下垂”，是常用的口语词。后来以词干进入北京话，说成 dāla（dā 重读，la 轻声）。“向下垂着”的意思。天津话中此词音义一如北京话。例如：“老李大概遇上为难事，愁得脑袋都耷拉了。”

⑧叨登　满语词 teodembi，原义为“挪来挪去”。进入北京话被说成 dāoteng（dāo 重读，teng 轻声）。除原义外，又引申为“翻腾”、“旧事重提”等意思。天津话则说成 dāo deng（dāo 重读，deng 轻声）。例如：“书排得好好的，他都给叨登乱了。”

⑨德合勒　满语词 dehele，义为“勾子”。掼跤用语，即以腿勾对手的腿，使他摔倒。北京话原封不动地采用满语原音义，说成 dēhēlē（三音节皆阴平，无轻声）。天津话则读为 déhélè，无轻声。例如：“巴图尔使了个德合勒，老张一撒腿就躲过去了。”

⑩嘚嘚　满语词 dardan，义为“全身颤抖”。进入北京话后被说成 dēidei（后一音节为轻声）是指人身因冷因病颤抖的样子。天津话音义一如北京话。例如：“中午一变天儿，没法儿添衣裳，冻得我全身打嘚嘚。”

⑪叮当　满语词 gengge gangga，义为“穷伶仃”。此词进入北京话后，以讹传讹，发生音转，由 gengr gangr 变成 dingr dangr 皆发阴平声，加儿化韵，用来形容人“一贫如洗”。此词传入天津话，则与汉语结合说成“穷得 dìng dāng 响”（dìng dāng，无轻声），更加形象生动。例如：“他家新中国成立前坐吃山空，穷得叮当响，解放了才有了转机。”

⑫嘟噜　满语词 duksurembi，是口语词，义为“板着脸”。此词进入北京话后被说成 dulu（dū 重读，lu 轻声）。是指人不高兴时面部难看的表情。天津话则说成 dǔlu（1u 轻声）。例如“像谁欠你八百吊似的，整天嘟噜着脸子。”

⑬翻呲　满语词 fancambi，义为“发怒”、“生气”。此词人北京话说成 fānzhe（fān 重读，zhe 轻声），意指“生气”、“发怒”、“闹脾气”、“翻脸”。传入天津话后被说成 fānci（ci 轻声），汉字则写成“翻呲”。有时只就“翻”字加以儿化，说成“翻儿”的。由“翻”又派生出一个“翻车”的新词。这三个词在天津话中都是指人由发怒而对旁人发脾气或翻脸。例如：“大伙儿正说说笑笑，他翻呲了，弄得不欢而散。”

⑭个扭　满语词 ganio，原义为“怪异”、“奇特”。这个词进入北京话后被说成 gè niu（gè 重读，niu 轻声），意指人的脾气古怪，不合群。有时为加重表达，要重叠使用，说成“ge ge niu niu 的”。天津话中此词读音一如北京话，含义也基本与北京话相同。但在使用上有所引申，比如在正常情况下，某人竟节外生枝，提出难题，人们就说他“出个扭”。例如：“大伙儿在一起干得挺好，就是老黄总出个扭，弄得都恶俗他。”

⑮个色　满语词 encu gese，义为“特殊”，“另外的样子”。此词进入北京话时，单取后一满语词，说成 gé sè（皆重读，无轻声）。多指人的性格与众不同，当然也可用于其他情况的描述，一般不外乎是“个别另样”之意。天津话中对一切不合事理人情的事物都可说成为 gé sè（也无轻声），对音字写作“个色”。例如：“买衣裳，样子别太各色了，穿出去太乍眼。”

⑯胳肢　满语词 gejihesembi，义为“搔腋下”。此词人北京话时，取其词干 geji 而说成 gézhi（gé 重读，zhi 轻声），意指用手抓人腋下，令人发痒而笑的动作。天津话则说成 gézi（gé 重读，zi 轻声），除原义外引申在人身上抓挠，令人发痒都可说为“胳肢”。例如：“这孩子老爱胳肢人，让人难提防。”

⑰哈呼　满语词 hahursambi，义为“以言语压派人”，即怒斥之意。这个词的词干同时又是重音音节，进入北京话，以大声斥责为 hǎhu（hǎ 重读，hu 轻声）。天津话则说成 hāhu（hā 重读，hu 轻声），汉字写作“哈呼”。例如：“这位教师教育不得法，总哈呼学生。”

⑱哈腊　满语词 har，原意为“辣气刺鼻”。进入北京话后说成 hā la（hā 重读，la 轻声），意指油脂或油炸食品放置日久，产生的怪气味。天津话此词音义与北京话相同，但用时往往说“哈腊味”。例如：“这油饼不能吃了，都有哈腊味啦！”

⑲海龙　满语词 hailun，义为“水獭”。北京话以带针毛的水獭皮为 hǎilong（hǎi 重读，long 轻声）。汉字则写做“海龙”。此词传入天津后，字虽写做“海龙”读音则为 hǎirong（hǎi 重读，rong 轻声，“海绒”音）。近六七十年，天津人很少用“海龙”一词，而直说“水獭”，如“水獭大衣”、“水獭帽子”等。

⑳饸饹　满语词 halu，义为“细粉”。此词人北京话后说成 héle（hé 重读，le 轻声），意指轧制成的面条。

往往说成"hele 面"。北京人吃此种面条都是拌炸酱。天津话也说 héle(hé 重读,1e 轻声),汉字写做"饸饹"。天津人吃饸饹面的方法是从冀中传入的,面条是荞麦面或高粱面加适量榆树皮面合成,由饸饹床子轧入开水中煮熟,拌卤和炒菜。

㉑恨得　满语词 hendumbi,原意为"讲说"。此词入北京话后说成 hēnde(hēn 重读,de 轻声),意为"斥责"、"数落"。天津话此词音义一如北京话,汉字写做"恨得",惟多指对小孩而言。例如:"这孩子不好好念书,刚刚又让他爸爸恨得一通。"此词也有写做"恨答"者。

㉒虎势　满语词 husun,原意为"力"、"力气"。此词入北京话后被说成 hǔshi(hǔ 重读,shi 轻声)、汉字写做"虎势"。意指人体强壮有力,多用于形容孩子身体健壮。天津话中此词音义与北京话相同。例如:"张家那个胖小子长得真虎势。"

㉓卡步裆　满语词 gabtan,原意为"步射"。此词进入北京话时产生音转,n 发 ng 音,g 变成 k,t 变为 d,遂读为 kǎbudāng(kǎ 重读,bu 轻声,dāng 重读)。这是由步射须两腿分立,作骑马蹲裆式而联系到人体的裆。恰好满语词音转后的 tang 与汉语的裆接近,乃有"kabu 裆"这一满汉合璧出现。天津话音义与北京话相同。只是近五六十年,人们以此名词粗俗,很少使用,就更无人明了它的形成原因了。

㉔刳嚓　满语词 kuwacarambi,原意为"刳去里面"。即将物品刮了一层又刮一层。以词干入北京话说成 kuācha(kuā 重读,cha 轻声)。仍用其原义。天津话则说成 kuāca(kuā 重读,ca 轻声)。汉字可写作"刳嚓"。例如:"锅底糊成这样子,得慢慢刳嚓,别弄漏了。"

㉕扢　满语词 kuwaici,原意为"撇脚",即指脚向外侧倾斜(或向内侧倾斜)。只以词干入北京话,读为 kuǎi,仍用原义。天津话中此词音义与北京话同,只是多连用,说成"扢扢着",前一字重读,后一扢字轻声。例如:"她扢着脚走道儿,鞋坏得特别快。"

㉖拉乎　满语词 lahu,原意为"打猎没本事"。以原貌入北京话,读为 lǎhu(la 重读,hu 轻声),有"办事不力"、"不用心"、"抓不紧"等意思,汉字写做"拉忽"。以北京话的音义传入天津,有"拉乎"和"拉喝"两种读法和写法。"忽"、"乎"音相同,说明语源相同,而"乎"、"喝"在词中都是轻声,小有出入是可能的,主要是含义相同,即说明它们是一个词。例如"小李办事太拉喝,把原定的期限给耽误了。"

㉗拉里拉塌　满语词 letelata 原意为"衣破下垂",即"衣衫不整"之意。北京语 lēte(lē 重读,te 轻声)láta(lá 重读,ta 轻声),即衣服破烂之意。天津话则说成 lālilāta(两个 la 音皆重读,lìta 皆轻声)。例如:"大李是怎么混的,衣服拉里拉塌,什么样子。"

㉘躴,躴　满语词 langlang(seme),原意为"大口大口地吃",意思是猛吃猛喝。进入北京后被说成为 lánghe(láng 重读,he 轻声),意思是吃饭时贪多,且动作不雅。此词传入天津时有音转,被说成 láng ke(láng 重渎,ke 轻声),汉字写做"躴,身+亢"。例如"这个人吃饭太(躴,身+亢),早晚得(děi)得胃病。"

㉙力巴　满语词 albatu,原义为"钝谬村粗",即粗俗之意。早期北京人即以此满语原封不动地使用,说成 alebatu(ā 重读,leba 轻声,tū 重读),后来演化说成为"力巴头"。此词传入天津则简化为"力巴"(1ì 重读,ba 轻声),除仍有粗俗原义外,引申出"外行"一个新义。清末民初此词在天津流行,每以从农村来的学徒或学生意人为"小力巴"。

㉚咧咧　满语词 leolembi,原意为"谈论"。后来北京话以无聊的谈论为 1ēle(前一 le 重读,后一 le 轻声),并特加贬义词"瞎"字,说成"瞎 lēle",汉字写做"瞎嘞嘞"。天津话此词出现音转,说成 liēlie(前一 liē 音节重读,后一 lie 音节轻声),汉字写做"咧咧"。遂以乱说,说无聊的话为"瞎咧咧"。另对小儿不停地小声啼哭往往也说为咧咧,例如:"大伙儿多紧张啊,你帮帮忙多好,竟在这儿瞎咧咧。"

㉛妈虎子　满语词 mahu,意为"鬼脸",即作成神怪或禽兽面孔的假面具。进入北京话即说成"妈虎子",旧时小孩不听话或哭闹,大人则说"妈虎子来了",用以吓唬孩子。此词原封不动传入天津,说成 māhuzi(mā 重读,huzi 轻声),传说妈虎子是面目狰狞,专吃小孩的鬼怪。也有人说成"老妈猴子","虎子"、"猴子"都是轻声,难免含混,遂有此两种说法。例如:"别哭了,看把妈虎子引来!"

㉜麻利　满语词 lali,意为"爽利",就是"利落"、"迅捷"的意思。北京话最初即用满语原词,说成 láli(lá 重读,li 轻声)。后来将其转说为 máli(ma 重读,li 轻声),其义专指"敏捷"、"利落",汉字写做"麻利"。传入

天津的即“麻利”一词，音义同北京话。例如：“她手底下可麻利了，到家不一会儿就把饭做得了。”

㉝磨蹭　满语词 rnoco，原意为“拙钝”，即办事拖拉之意。进入北京话后说成 mó cuo（mó 重渎，cuo 轻声），后又说成 mó ceng（mó 重读，ceng 轻声），汉字写做“磨蹭”。有办事慢不利落之意。“磨蹭”一词传入天津，音义与北京话相一致。有时可连用，说成“磨磨蹭蹭”。例如：“照你这样磨蹭，这趟车准得耽误。”

㉞洒　满语词 sabumbi，原意为“看见”。这个词以词干的重读部分入北京话，被说成 sǎ，意思是“用眼一看”，通常写成“一洒”。天津话中此词与北京话音义一致。例如：“这块石头儿是假货，我用眼一洒就瞧出来了。”

㉟萨其马　满语词 sacima，原为一种野果加糖做成的点心，北京糕点店仿其方法制作一种点心，就叫做“萨其马”。20 世纪 40 年代以前，天津的糕点店年节期间生产一种蜜供也叫“萨其马”。

㊱撒散　满语词 sasunakuoho，原意为“四分五裂”。北京话只取其主要词素说成 sasun（sá 重读，sun 轻声），有“分散”、“撒出去”、“消耗尽”等意思。此词传入天津话则被说成 sá sàn（sá 重读，sàn 也可轻声），意思是把财物大量消耗或给他人。例如：“老王没有后人，他知道自己没几年活头了，把好多东西都撒散给了亲友。”

㊲勺刀　满语词 sodombi，原意为“马行不稳”。此词入北京话时发生音转，被说成 sháo dao（sháo 重读，dao 轻声）指人言语颠三倒四、行动不稳重。汉字写做“勺倒”（有的写做“勺刀”）。人们说话时常常连用说成“勺勺刀刀”（均重读）。此词传入天津，其音义一如北京话。例如：“你稳重点儿，都四十大几了，别总勺勺刀刀的。”

㊳帅　满语词 suwai，原意为“身材细高”，含有“秀气”的意思。此词几乎原封进入北京话，被说成 shuài，汉字有“率”和“帅”两种写法，其含义比美更深。此词在天津话中被说成 suāi，有“俏皮”、“潇洒”之意。近年人们常把它说成“帅气”。例如：“这小伙子本来就长得蛮好，一打扮就更帅了。”

㊴胎嗐　满语词 taiha，原意为“长毛细狗”。此词入北京话被说成 tāihai（tāi 重读，hai 轻声），是形容别人丑模样的词，一般只开玩笑无恶意。但偶尔在个别场合（如坏人的造作）则含有挖苦之意。此词在天津话中读法一如北京话。用法也是上述两种情况都有。例如：“大家这么忙，你穿得整整齐齐，在这儿一坐，真够胎嗐的”。

㊵挺　满语词 ten，原意为“很”、“极”、“非常”，是个副词。此词入北京话时 n 音转发 ng 音，遂变成 teng，又再转成 tǐng，汉字写做：“挺”。这个词不仅在北京话中流行，据专家说，我国三北地区几乎都用这个词。天津口语中凡用“很”、“非常”、“极”的时候，几乎都用“挺”字。如：“饭挺好吃”、“花挺香”等。近三四十年因受书面语的影响，口语中才有“非常美”、“极漂亮”的形容句，“挺”字用的少了。

㊶窝合　满语词 wehe，原意为“石头”。满族赶车人以此呼声提醒骡马注意地面石头，此词进入北京话后说成 wōhe（wō 重读，he 轻声），这一词汇实为对驾车牲畜的指挥呼号，其他尚有 der、jia、yu。这种呼号至少在三北地区是统一使用的。

㊷瞎诌白咧　满语词 balai，原意为“狂妄”。此词入北京话时说成 bāliě，前加汉语“瞎诌”遂成“瞎诌 bā lie”一个汉满合璧的新词，意思是“狂言妄语”、“不可信的话”。此合璧词传入天津话被说成 xiā zōu bái liě，汉字写做“瞎诌白咧”。例如：“你看不出来吗，他又瞎诌白咧了。”

㊸央个　满语词 yangdumbi，意为“情托”。即求情的意思。此词以词干 yang 入北京语后，被说成 yāngge（yāng 重读，ge 轻声）。天津话中以不得已向人乞求为“央个”，恰与北京话读音相同，正说明这个词是从北京传来。例如：“他不通情理，我才不去央个他呢。”

㊹诈唬　满语词 cahu，原意为“泼妇”。此词进入北京话时被说成 zhā hu（zhā 重读，hu 轻声），意思是指人说话不礼貌，大呼小叫。此词传入天津话被说成 zā hu（zā 重读，hu 轻声），除原有说话不礼貌，大呼小叫的含义外，还引申为虚张声势之意。汉字写做“诈唬”。特别是对虚张声势逞能的人则用“诈诈唬唬”来刻画。例如：“这中午大家都想歇一会儿，你一个劲儿地咋唬，多烦人。”

㊺侧歪　满语词 jailambi，原意为“躲避”、“躲闪”。北京话谓一闪身躲避等这一类动作叫作 zhāi wai（zhāi 重读，wai 轻声）。它可能是用满语的词干 jai 加汉语的“歪”组成的满汉合璧词。此词传入天津则被说

成 zāi wai(zāi 重读,wai 轻声)。汉字写做“侧歪”,就是侧身闪躲的意思,但有时也当倾斜讲。例如:“一个人骑车朝我撞来了,我一侧歪身子,倚在墙上,车是过去了,可弄了一身土。”

㊻撞客　满语词 jangkulambi,原意为“遇见邪”、“鬼祟缠身”。此词以词干、同时又是重读的部分入北京话,被读成 zhuàng ke(zhuàng 重读, ke 轻声),即遇上邪魔。汉字写做“撞客”。此词在天津话中则说成 zuàng ke (zuang 重读 ,ke 轻声),含义与北京话相同。从现代科学角度论,撞客现象实属癔症的一种,不是什么鬼怪邪祟。

(本文引用的满语词系用 P. G. Von Mollendorff 氏拉丁字母拼写法转写;词条内汉语词汇则为汉语拼音字母标音)

(《天津史志》1996 年第 2、3 期)

周馥与洋务运动

吴宏爱

在长达三十多年的洋务运动中，周馥作为李鸿章的亲信幕僚，是重要的策划者和执行者之一。后人评论说："凡中国自强之本，与夫今日能以自立之道，莫不由周故督与文忠公开其端，植其基。"[①]然而，以往的论著对周馥在洋务运动中的作用却很少涉及。这里，笔者拟对这一问题作一粗浅的探讨。

周馥(1837—1921年)字玉山，别字兰溪，监生出身，安徽建德(今东至)人，是民国初年北方实业界著名代表周学熙之父。周馥于同治元年(1862年)入李鸿章幕办文牍，随李镇压太平天国运动，后历任署永定河道、津海关道、署天津兵备道、长芦盐运使、直隶按察使、四川布政使、护理直隶总督、山东巡抚、两江总督、两广总督等职。

周馥"自同治光绪间即在天津佐李文忠公筹办海防洋务，中西各要政无不兼综"[②]，李鸿章认为他"才识宏远，沈毅有为，能胜艰巨"[③]，故委以重任。凡筹建北洋海军、兴办洋务实业、兴学育才等洋务事业，周馥无不参与，"北洋新政，称盛一时，馥赞画为多。"[④]

一、参与筹建北洋海军

筹设海防和创建北洋海军是洋务运动的重要内容，也是李鸿章苦心经营、花费最多的一项洋务事业。周馥多方参与了这一活动，二十多年如一日，兢兢业业，呕心沥血，协助李鸿章建成了中国第一支近代化海军，形成了以北洋为重心的近畿防务体系。

早在19世纪70年代初期，周馥已较为明确地意识到了海防的重要和办洋务的必要，他说："国家治安之道，尤以海防为重。当今沿海数千里，洋舶骈集，为千古以来创局，已不能闭关自治。"[⑤]正是基于这种对时局的清醒认识，周馥积极认真地参与了筹建海军和海防的许多具体工作。

周馥为筹建北洋海军所做的首件大事是负责建筑天津新城。李鸿章就任直隶总督后认为，天津"为泰西冲途，京师门户"，而天津"旧城倾圮……又不能用五大河之险。"[⑥]为了加强海防，他决定在五大河以北建筑新城。当时周馥正在留直隶补用，李便命他筹划筑城事宜。筑城工作始于同治十二年(1873年)，仅用了一年多的时间便建成了包括内外城垣的比较坚固的新城，为以后成立北洋海军提供了重要的后方基地。

要创建一支新型的军队，首先要有足够的军费。光绪元年(1875年)，清廷确立了加强海防和建立海军的方针，任命李鸿章督办北洋海防事宜。建军之初，因清政府"财力未充"，所拨军费不足用，李便命周馥会同长芦盐运使司冠九、津海关道黎兆棠、天津道刘秉琳办理海防支应局，并专门责成他一人驻局经理，负责筹划军饷。周馥"苦心经画，军以不饥"[⑦]，为海军的创设提供了重要的物质前提。

官兵之间的融洽与团结对于一支军队来说是至关重要的，周馥在协调沟通北洋海军上下级关系方面起了积极作用。光绪五年(1879年)，李鸿章在天津设立水师营务处，由周馥主持，负责"与提督各官随时商榷操防事宜，稽核功过，监视操练，并会同各局所筹商储备各事。"[⑧]光绪八年(1882年)，他兼任北洋行营翼长，由于他"从淮军久，与诸将士谈洽，凡营务海防皆是为商助，使上意下宣，下情上达"[⑨]。结果"三军挟纩起欢声"[⑩]。这与前任各官和士兵之间不通闻问形成鲜明的对比，所以光绪十四年(1888年)周馥补授直隶按察使后，仍兼理北洋水陆营务，"相公不使离群久，尚许戎轩再执鞭。"[⑪]

督办旅顺船坞工程是周馥对北洋海军最大的贡献。从选定承包人、参与施工指挥到工程验收，他整整为之奋斗了五个春秋。要创建近代化的海军，就必须修建屯泊船舰的港口、检修船舰的船坞及相应的炮台。因旅顺为“渤海之门户，北洋之首卫”[12]，所以李鸿章决定在旅顺建立北洋水师的船坞总埠。光绪七年(1881年)，周馥、马建忠随李鸿章验收超勇、扬威两舰之后，曾到旅顺勘察地形，筹划建港。由于船坞工程极为艰巨，而且要求技术水平较高，国人自办时期出现了一些无法解决的问题，所以只得承包给外国人。当时欲承包此项工程的外国工匠很多，周馥招集洋商投标，经多方考察，严加挑选，选中了法国人德威尼，理由是德威尼“善办船坞……所开条理做法周详，价格亦较核实，且有法国银行作保。”[13]光绪十二年(1886年)九月，中法旅顺船坞工程合同在天津签字，中方代表为周馥，法方代表为法国辛迪加的总工程师德威尼。合同主要内容如下：(一)工程范围，计有大石坞一座，修理铁甲舰等工厂设备，各类厂房、库房及办公处所，周澳三里多的靠船大石泊岸以及铁道起重码头、自来水等工程。(二)工程费用，总计全部工费为一百二十五万两。(三)完成日期，自签约之日起，三十个月之内完工。(四)担保，由上海法兰西银行及法国驻华领事林椿保证。(五)监工，当工程进行时，中法两国派员监督[14]。

周馥素以稳健干练著称。他不避艰险，自请出任监督，对海军建设表现出了极大的热情，得到了李鸿章的批准，李在奏折中说：“北洋创办海军，于奉省金州之旅顺口建造船坞，雇募洋员承办，为水师兵舰修理之所。工程极关重要，必须明练大员往来监督，庶可定期藏工”，周馥“办军务、洋务、海防，力顾大局，劳怨不辞，并熟悉沿海情形，堪资倚任。”[15]督办旅顺船坞工程之始，周馥认为威海卫和大连湾两处为北洋停泊兵舰的要口，建议在这两地设防，被奕 和李鸿章所采纳[16]。此后的岁月里，周馥历经艰苦，多次到旅顺、大连湾、威海卫等处督察船坞和炮台工程，“出入风涛险塞之区，坚台坞，历水操，终岁奔驰，不遑启处，其瘁为已甚矣。”[17]以当时中国的科学技术水平，要在一个荒岛上修建一座近代化的军港，加上周馥本人不谙船坞工程，其困难可想而知。但在李鸿章的大力支持下，周馥等人硬是凭着认真负责的精神和坚韧不拔的毅力，结合中国传统的河工经验与西方先进的科学技术，于光绪十六年(1890年)秋天使旅顺船坞工程得以竣工。旅顺船坞“规模宏阔，实为中国坞奥之冠”[18]。周馥与丁汝昌、刘汝翼等同往验收。李鸿章认为：“嗣后北洋战舰遇有损坏，均可就近入坞修理，毋庸借助日本、香港诸石坞，洵为缓急可切，渤海门户深固不可摇。”[19]我国第一个近代化海军基地的建成，周馥立下了汗马功劳。

议定《北洋海军章程》是周馥为北洋海军建设做出的又一贡献。光绪十四年(1888年)，北洋海军已初具规模，拥有“定远”、“镇远”两艘铁甲舰，“超勇”、“扬威”、“经远”等六艘快船及鱼雷艇、蚊船等25艘。制定章程，使北洋海军正规化已提上议事日程。这年四月，周馥曾会同海军将领丁汝昌、林泰曾、刘丰禄等议订《北洋海军章程》。六月，李鸿章乘周馥升任直隶按察使晋京谢恩之机，让他留在海军衙门襄订这一章程。早在光绪十二年(1886年)四月，周馥曾随醇亲王奕 到大沽、旅顺、大连湾、威海卫、胶州等地阅操议防，奕 对他的才气颇为赏识。所以周馥这次晋京，奕 多次接见，与他商订章程的内容。因海军系初创，制定章程无例可循，颇费斟酌。周馥“参各国海军制，折其中奏上，著为令，王以此尤敬礼焉”[20]八月，《北洋海军章程》公布，它对北洋海军的官制、俸饷、考核、船制、军规、兵工厂等均作了明确规定。从此，北洋海军有了行动的规范准则和组建的奋斗目标。

周馥也曾为北洋海军提出扩建建议。按照《北洋海军章程》的规定，每隔三年要出海校阅一次。光绪十七年(1891年)是第一个校阅之年。四月，周馥随李鸿章从大沽出发，先后到旅顺、大连、威海卫、刘公岛、胶州、烟台等地，校阅海军袭营阵法，施放鱼雷、演习打靶，并巡阅海军设施，验收炮台。在巡阅的过程中，周馥看到北洋海军虽已初具规模，但由于光绪十四年(1888年)以后军费被挪用修建颐和园而再未添新舰，实力尚不雄厚。于是，他忧心忡忡地对李鸿章说，北洋海军“只购此数舰，军费不能再添，照外国海军例不成一队也。倘一旦有事安能与之敌……不如趁此间时，痛陈海军宜扩充，经费不可省，时事不可料，各国交道不可恃。请饬部枢通筹速办，言之而行，此乃国家大计，幸事也。”[21]李鸿章听后无可奈何，只有叹息。几日后，周馥再次力陈扩建海军之必要。李虽也有心扩建海军，但为了迎合慈禧奢侈虚荣的欲望，他不惜牺牲国家和民族的利益，“以昆明易渤海，万寿山换滦阳”[22]。然而，从周馥的这些话里，我们可以看到他对时事的敏感及对海军前途的关心和忧虑，四年之后甲午海战的失败证明了周馥当年的担忧并不是多余的。

二、兴办洋务实业

周馥祖上有经商的传统，他入李幕前也曾做过茶叶生意，所以他一贯重视经济利益，大力协助李鸿章兴办洋务实业。

周馥深深理解修建铁路对于发展近代工业以至国家富强的重要作用。光绪六年(1880年)刘铭传奏兴铁路以实国防,在朝野上下引起了一场大争论。在这场争论中,周馥是支持刘铭传的,但一些顽固派官僚极力反对兴修铁路,结果"廷议扼之,而其事遂沮"。周馥颇为此惋惜,叹息道:"铁路不兴,中国无富强之日也。"[23]

随着开平矿务局的兴办和煤炭产量的提高,原来的交通运输条件已远远不能满足煤炭外运的需要,矿内积煤日益增多。面对这种情况,周馥心急如焚,在李鸿章的授意下,他于光绪十二年(1886年)禀建胥各庄至阎庄运煤铁路。当时,做出这样的举动的确需要很大的勇气,因为一些顽固派官僚仍极力反对修建铁路,有人为周馥担心,但他认为自己"持理正,无敢斥驳者"[24]。于是他集聚巨金,"就唐山原开运煤小渠岸上废土铺设钢轨六十里(实为六十五里)"[25]。这条铁路的开通大大提高了煤炭外运量,促进了开平煤矿的生产。

周馥还负责督办了阎庄至大沽的铁路及津沽铁路。光绪十三年(1887年)中国铁路公司成立,由周馥和沈保靖担任督办大员。公司成立之初便拟再招股一百万两,将胥各庄至阎庄的铁路延修到大沽,"凡一切维持保护之事,皆大员是赖,如遇铁路为难之事,及应与地方官商办者,统由大员随时主持"[26]。受任之后,周馥风尘仆仆,辗转奔波,多次到大沽、北塘、芦台、塘沽、唐山、军粮城等处料理铁路工程,仅一年的时间,唐山至大沽的铁路便全线通车。后铁路公司又拟将该路延修至天津,"由大沽至天津百余里之铁路,逐渐兴造,洵足为挹注良法,于军旅、商贾两有裨益。平日借资拱卫,遇事便于援应"[27],这段铁路仍由周馥和沈保靖"督率官商,妥为办理"[28]。光绪十四年(1888年)九月,津沽铁路竣工,"新旧铁路首尾衔接,轮车通行,快利为轮船所不及"[29]。这条铁路关系海岸运兵要务,加强了畿辅的防务。

周馥兴办洋务实业的思想从他赞成中美合资开办银行这件事中得到了充分体现。光绪十三年(1887年),美国富商米建威和费城企业组合巴特与马建忠、周馥、盛宣怀秘密商谈,决定中美合资开办官银行,资本4 000万,用其中的一部分开发中国,统一币制,发行纸币,整顿中央和地方金融,建设铁路,整理黄河,安装电话等等,马、周、盛均加入公司[30]。后因国内顽固派的反对和英国资本家从中破坏,这一计划未能付诸实施,但我们却能从中看到周馥积极的开放思想与经营求富意识,这在当时的历史条件下是非常难能可贵的。

周馥还参与会办了天津机器局和电报局。天津机器局的经费主要来源于津海和东海两关每年的四成洋税,身为津海关道的周馥曾担任天津机器局的会办,他"整枪炮军械一新"[31],曾为天津机器局的发展作出过一定的贡献。

光绪十年(1884年),李鸿章考虑到北京至山海关一带为北京的门户,计划架设天津经芦台、昌黎、山海关,直达旅顺口的电线。是年,周馥会办电报官局,负责架设北塘至山海关一段的电线(天津至北塘前已设官线),这段电线长约200公里,基本用于军务,为巩固海防,发展海军起了重要作用。

三、兴学育才

周馥对近代教育事业所作出的贡献也引人注目,北洋水师学堂、武备学堂和集贤、博文两个书院的建立,他都倾注了大量的心血。

周馥"注重陆海军人才,其所以为百年树人之计"[32]。光绪六年(1880年),李鸿章在天津建立北洋水师学堂,培养海军人才,命周馥总理其事[33]。光绪十一年正月,周盛波、周盛传建议在天津建立陆军武备学堂[34],李鸿章和周馥商议暂时利用天津水师公所作校舍,这是近代中国最早的武备学堂。周馥在《代李文忠公拟奏报设武备学堂折》中指出了建立武备学堂的必要:"臣查泰西各国讲求军事,精益求精……(其)陆营将弁必由武备书院造就而出,故韬略皆所素裕,性习使然。闻其武备书院学舍林立,规模宏阔,读书绘图有所习艺,练技有所专。"又说:"我非尽敌之长,不能尽敌之命,故居今日而言武备,当以其人之道,还治其人;若仅凭血勇之气,粗疏之才,以与强敌从事,终恐难操胜算。"[35]中国陆军军官从"多由行伍"变为"出自学校"的端绪,它后来成为培养陆军人才的重要基地,并成就了不少人才,如冯国璋、段祺瑞等等。

周馥认为:"泰西武备之学,皆从天算、舆地、格致而来,欲造其极诣,必先通其语言文字,乃能即事穷理,洞见本源",于是决定:"俟经费稍充,另行建立书院,募选良家年幼子弟入院肄业,以宏造就"[36]。光绪十二年正月，他以“天津当孔道，凡随任子弟与夫幕友侨居者，宜加培植，俾成有用之材”，而和长芦盐运使季邦桢、天津道万培因一起禀立集贤书院，并捐款2 600两购买三岔河一段地方。书院开设经文、策论、天算、时务等课程㊲。这年四月，周馥又捐款3 000两在东圩门外建立博文书院，招生学习外语㊳，“天津人才之盛，实以此自”㊴。

此外，从光绪七年到十四年(1881—1888年)，周馥任津海关道八年之久，并兼管直隶的商务和教务，协助李鸿章办理了许多外交事务，例如他曾和美国水师总兵薛斐尔商谈朝鲜通商条约，和朝鲜使臣赴宁夏议订朝鲜商民陆路互市章程，了结法国领事狄隆强租紫竹林滩地之争等等。

纵观周馥在整个洋务运动时期的活动，我们可以看到在中国早期近代化的许多领域都留下了他的足迹，他的确称得上是一位踏实能干的洋务实干家。当然，个人精力有限，这也是他未能在其中的一个领域做出非常突出成绩的主要原因。周馥辞世后，安庆祠堂碑上刻下了这样的文字：“无文忠几无今日之天下，无公(指周馥)亦无以赞成文忠之所为”㊵。李鸿章也曾说过：“吾推毂天下贤才，独周君相从久，功最高。”㊶这些话虽不无溢美之意，但也足以说明周馥对李鸿章洋务事业的影响。如果说李鸿章是洋务运动的旗手，那么周馥就是这面旗帜下的排头兵。我们在肯定李鸿章为中国早期近代化所做出的开拓性贡献的同时，也不能忽视了周馥的擘画之功和执行之劳。

应该指出的是，周馥虽适应时代潮流，秉承李鸿章的意旨，跟随李鸿章开启了中国近代化之门，但他毕竟是封建统治阶级中的一员，并深受传统儒家思想的熏陶，主张“以中学为体，以西学为辅”㊷，他说：“须先考中国典籍，再考西书。中国典籍中自有专门，若不通经史而径步西学，必致中无主宰，做人奴婢”㊸。他办洋务的主观目的是为了挽救风雨飘摇的封建政权，所以他一直未能冲破中体西用的藩篱，更不可能意识到只有改变封建专制制度，才能使中国走向真正的富强。

注：

①㉜《南北洋请建专祠呈》，《周慤慎公全集》卷首，民国十一年秋浦周氏校刊。

②《周慤慎公全集》治水述要序。

③⑬⑮⑲《李文忠公全书》奏稿卷59，卷63，卷59，卷69。

④《清史稿》列传236，周馥传。

⑤㉞㊱《周慤慎公全集》奏稿卷5。

⑥《李文忠公全书》朋僚函稿卷11。

⑦⑰⑳㉓㉕㉛㉝㊴《周慤慎公全集》卷首·行状。

⑧㉙《洋务运动》第三册，第257—262页，册6，第199页。

⑨㉑㉔㉟㊳《周慤慎公自订年谱》卷上。

⑩⑪⑯《玉山诗集》卷2，第9页，第8页，第9页。

⑫《李文忠公全书》海军函稿卷1。

⑭ 转引自王家俭《旅顺建港始末》，台湾“中研院”近代史研究集刊，第5期。

⑱ 薛福成：《出使英法义比四国日记》卷4。

㉒《翁文恭公日记》光绪十二年十月二十四日。

㉖《申报》光绪十三年四月初四日。

㉗㉘《交通史路政篇》第1册，第42—44卷。

㉚ 窦宗一：《李鸿章年(日)谱》第4 971页。

㊲《天津政俗沿革记》卷10，文化。

㊵《安庆祠堂碑》(龚心湛)《周慤慎公全集》卷首。

㊶《碑传集补》卷15。

㊷《玉山文集》卷1，第1页。

㊸《周慤慎公全集》负暄闲语，卷上。

(《河北大学学报》1996年第4期)

理门与近代华北集镇社会
——天津独流镇理门调查分析

程 啸

六十多年前,著名画家陈师曾先生作《北京风俗图》时,专门为理门信徒画了一幅像:头戴暖帽,身披长袍,怀抱茶壶,不拘言笑。画边题款云:“头戴鼠皮帽,低首行街途”;“贱彼酒人与烟客,中有酽茶温可扪,不过告之行路者,曰吾在理门”。诗画交映,生动地勾勒了理门信徒的外观特色和精神世界。

理门也称在理教、自衣道,是晚清到民国年间盛行于京津热河一带的社区性民间教门。它作为一种信仰和民俗的群体现象,在官私文献、笔记小说中有过一些零星、片断的反映。1989 年到 1990 年,笔者参加由中日学者组成的近代华北农村调查团,在位于京杭运河边的天津静海县独流古镇,接触了一批曾经在过理的老年人。为时近十天的调查会和个别访问,使我们获得了比较翔实的理门资料。本文旨在通过对近代独流理门的分析,来探索这个教门集团在华北集镇社会传播的原因,及其对集镇社会生活的影响[①]。

一、理门及其在近代独流的传播

据理门传道书《理教源流》载,理门的创始人是生活于明清之交的山东即墨县人杨诚证。他原来是道教龙门派出家人,于康熙初年自创教门。理门自称为道教诸派中的一支,尊奉老聃(太上老君)和慈航道人(在信徒中普遍称观世音菩萨或“圣宗”)为救世主。将道教内丹派的炼养功夫和儒学的世俗伦理相糅合,是理门教义的基本特征。这种教义宣扬“性命双修”的炼养方法,以追求“长生大道”。所谓“性命双修”,是教人通过守中抱一,静修存神的气功修炼,调动体内气流运转周身,合精气神于一,结成得以延年益寿乃至超凡入圣的“金丹”。所谓“大道不离方寸地,何苦外寻罔劳神”,“调养三般精气神,不言火欲少劳心”,“炼出真金色不变,才与仙人长做伴”[②],既包含有内丹家异于常人的生理感受,又充斥了遨游天外的无稽幻想。在性命双修派看来,修身养性的功夫不仅在蒲团之上,而且要贯彻到修持人的私生活和社会公德的各个方面,神秘的内丹修炼就从这里通向了世俗的儒家伦理规范。理门要求信徒尚德寡欲,戒除烟酒,孝敬父母,遵守王法,保持儒学所要求的正统道德境界。这种道德宣教,莫过于《理教源流》中关于“八报”的歌词:

一报天地复载恩,二报日月临照恩,三报皇王水土恩,四报文武将相恩,五报父母养育恩,六报师父传法恩,七报太虚现佛恩,八报八方供养恩[③]。

这“八报”,将信徒的意识与行为定位在传统社会的宗法家族关系和森严的等级序列之中,要求他们恪守自然、政治和社会所赐予的既成统治秩序,并以此作为养身立命、超凡入圣的前提。

正如有的研究者指出,明清两代一大批民间教门的繁兴,在很大程度上反映了道教从上层社会流入民间,在乡土中国流衍和变异的社会景观[④]。理门同当时流行的黄天道、混元教、闻香教、一炷香教、八卦教、青莲教、金丹道等教门在乡土社会并列杂陈,正是在社会大动荡中,以道教为主的正统宗教适应普通民众寻求生活出路和精神解脱的需要而世俗化、民间化的结果。不过,同不少教门为了耸人听闻乃至鼓动抗争而刻意散布与正统社会相对立的“悖逆之词”情况有别,理门这种鲜明地忠于道统和皇权的宣教,是教门宝卷中较为少见的。

可能出于这种原因,清朝当局发现理门活动的年代较晚,有关记载也相当少。天津一带的理门组织,是在嘉庆十八年(1813 年)八卦教奇袭宫禁的起事失败之后,在朝廷大索民间教门的浪潮中被发现的。官方档案称其为“白衣教”,以“不吃烟酒,不闻鼻烟”为戒条,徒众注重身体锻炼,“每遇三伏,俱光着脊梁在旷野处念经;每遇三九,俱光着头颅在旷野处念经”[5]。清档称获案的天津梁家嘴子尹来凤是“白衣道老师傅”,尹病故于嘉庆十一年(1806年),他辗转传下的几十个徒众多为农民、小船主、小店主,也有残疾人。没有搜获到经卷图像,徒众只念“观世音菩萨、圣贤关老爷”两句真言,企望“求福延寿”;一年在尹氏故居聚会三次,每次向新的师傅交纳两三百个制钱[6]。到光绪十年(1884年)即19世纪80年代中期左右,理门更普遍地流行开来,有一件官方材料说,这个组织分布在京师及近畿的东北部各县,而以天津、永平一带会众最多,每县不下于数千人。“其为首者,咸以老师傅相称,带皆用白”,“教中人皆不食烟酒”;“不止市井无赖混迹其间,即在官人役亦多习其教。入教之家,虽童稚妇女必同受戒约,起居动作,咸异平人。”这个材料,反映了晚清理门由农村向市镇发展并逐渐公开活动的趋势。

我们从独流得到的口碑,大体上印证并进一步丰富了上述记载。据从六十多岁到八十多岁的老年人回忆,自他们上溯到四代或三代,也就是至迟在道光年间,已经有人在理。一位年逾八十的原理门引进师(引领入理拜师仪式的人)还特别提到,尹来凤是天津理门的创始人,说是他的第二代信徒将理门传到了独流,此后本地有了理门“祖谱”。到光绪年间,理门在这里建立了南北两个“堂”,展开了有一定规模的传道和日常活动。这些口碑,大体上同清档关于理门传播发展的记载相符。

独流理门口传的关于救世主老君的神话,远比《理教源流》丰富而怪诞。据称,老聃投胎后,过了八十一年才开破母腋出世为人,所以一出世就有极其深厚的“根基”。凡孔孟诸贤、佛陀菩萨、天神地底,乃至耶稣基督,都分别是老君的八十一个“化身”。这种说法,部分是拾摭了史籍记载、道教教义以及民间传说的余绪。诸凡《后汉书·襄楷传》中老子入夷狄化为浮屠的故事,《魏书·释老志》对老子“先天地生”,为“飞仙之主”、“神王之宗”的渲染,唐宋笔记如《酉阳杂俎》、《云笈七签》等书记录的玄妙仙女吸气或食李怀孕历经三千余年或八十一年,乃至八十一万亿余年才生下老子的民间俗话,都被理门搜集为神化老子亦即神化本教门的信仰资源。将儒家圣贤位列老子之下当出于理门创构。明清两代宣扬丹道思想的民间教门,一般都从儒学中摭取伦理材料,有的还把孔子拉进祭坛。他们对孔圣人在诸神圣中各有独特的排列,反映了民间教门相互模拟、彼此影响但又平行发展、自为中心的组织特征和意识状态。至于老子“化出”西方教主,则可能是清末理门传播中添加的内容,带有本土信仰卑夷和抵抗西方宗教侵入的时代特色,它实际上是在东西方文化交流冲突的年代,再一次重复了近两千年前道教为抵制佛教东传而演绎的老子出关化胡的神话。老子从“化胡”到“化西”表现了一种依次以进的文化焦虑,它说明理门信徒已经通过他们生活的时代模糊地感知到,除了嘉峪关外的古“西域”,还存在一个更为遥远但又令人不安的世界。

独流的理门宣传品已经散佚,笔者据一位姓徐的原引进师口述,记录了一份题为《五佛渡祖》的经卷——篇幅不长、充斥了乡土特色的内丹书。其大意是说杨诚证为寻访“长生大道”,云游天下,一日走到荒郊野外遇有一屋灯光透出,内有五位女子纺线弹花织布拐磨不一,她们是文殊、普贤、准提、地藏和观音五菩萨化身,文殊四人又是老君弟子观音所化现。她们分别以纺线车、弹花弓、织布机和磨盘的操作运动为比喻,点化杨以“道也者不可须臾离”的内修功夫:修炼须从坐功入静开始,运转气流如一线遍行周身,经过年长日久,“密密绵绵”,动静得宜的修炼和清心寡欲的道德净化,使“精气神”凝成“紫金丹”,达到“天门(囟门)开,地户(涌泉)闭”,“真灵透到天外”的目标,也就是超脱生死,登仙入圣的虚幻境界。

不难发现,这部经卷显然抄袭于八卦教创始人刘佐臣撰写的《五女传道宝卷》。这是一种很有名的,在清档中多有记载的教门传丹书。《五佛渡祖》宣扬的修持目标、过程和种种比喻,同后者如出一辙。比如“纺线女”开首讲修炼要选择清静之处以便守神入定调动气流的一段:“修行如同来纺线,莫把功夫看等闲。未修先询清静处,先把六门紧牢关。纺车放在方寸地,巍巍打坐把腿盘。……一根玉线周身转,它与性命紧相连。至此而后能定静,定静而后方能安。”只要对照一下,这段文字几乎是对《五女传道》的逐字逐句的照搬[8]。看来,经刘省过创构而通俗化了的内丹思想,因贴近乡土社会生活而超越了八卦教系统,相当深远地影响了其他一些民间教门的教义和修持方式。

不过,在社会史研究中应当注意的倒是另一种饶有兴味的群体现象:在近代独流镇生活的绝大多数理门成员不仅对《五佛渡祖》秘本罔无所知,而且在他们的观念世界中,太上老君的形象已经十分模糊,“关老爷”真言也不见痕迹,他们最为清晰和感到亲切的神,是沟通天界和人界的观世音。这种现象似乎是更典型地反映了底层社会民俗信仰的特征。中国的传统社会是父权社会、长老社会。传统信仰中的男神，基本上是对府君、国君及其辅弼的模拟。太上老君驾临一切的地位、深不可测的“神功”，反而拓宽了他和一般信众的心理距离，造成了信徒们的敬畏感和自我渺小感。他们的心态同普通老百姓一样，对此岸权威和彼岸神界一概敬而远之。正是这种心态，孕育了世人与之相反的遐想：渴望有一种阴性的、温柔的、防御的力量去缓解现实社会的压抑和润滑男性神界的僵硬，从而创构出一批仁慈女神。佛教的观音在宋元以后逐渐女性化，以销铄刀兵水火、解脱刑狱枷锁、赐人无量德福的“神功”而深入人心⑨。善于吸纳民俗资源的理门因此而把观音改造成老君的弟子，但也因此而在其传播亦即社会化过程中消淡了老君的符号（教主形象及丹道意识）。绝大多数理门信众只是在遇到灾难、困厄和疾病的时候，才向慈善的女神求救，一遍又一遍地默诵：“观世音菩萨”！

我们访问的原理门成员，大多是在本世纪 20 年代到 30 年代初入门的。据他们讲，这是独流商业最兴盛和理门大发展的时期。当时，理门在该镇建立了五个公所（其一为女公所），每个公所定期举行祭礼仪式，俗称“捧斋”或“吃公咀”。当时的独流约两千户，八千至九千居民。统计参加各公所聚会者，约八九百人。按惯例，在理各户捧斋只去一人。据此老人们在调查会上估计，全镇大约有百分之四十到五十的居民在理。

二、几户理门信徒的个案分析

宗教社会学提出过两个假设：宗教群体得以维系的重要前提是要给予信徒以某种好处，满足他们的现实利益或至少是将来的愿望；而这种给予并非像阳光雨露一样平等地洒向人间，它总是直接或曲折地向特定的社会阶级或阶层倾斜，从而使教团的结合成为某种人寻找同类人群的选择过程。理门不是正规意义上的宗教，但它作为一种乡土信仰集团，主要是迎合或满足了集镇社会哪一些人群的需要而得到如此规模的发展？也许，对原理门成员的参与动机和职业构成的分析，有助于认识这个问题。笔者为此调查过一部分理门家庭，下面是从中选择出来的较具典型意义的四户材料。

（一）翟家，被访者 1914 年生，手艺人。幼年时全家八口，有房无地，父亲开了四十多年剃头铺，母李氏带领五个姊妹织蒲包。伯父单身没有分家。日常粗茶淡饭可以维持温饱。翟的回忆，反映了独流镇浓郁的社会风情：当时独流的理发业，大部分人在理。你抽烟喝酒，秽气难闻，醉了拿剃刀，更容易出事。所以理发的要是不在理，人家不愿上门。我父亲的剃头铺，来的多是回头客，像弄船的、受大累的人。这些人就是上天津办事，也留着头回来剃，手头不方便下回再给钱。铺里每天都来一帮在理的老头坐着聊天。那时候，茶馆、酒市、剃头铺，嘛人不来？在理的人不抽烟，不喝酒，好喝个好茶，好玩个鸟。每天这些老头拿个茶壶，沏上好叶子，逛到铺里来，鸟笼子在外面挂上一溜。铺里有开水，由他们喝茶、聊天。要是进来一个叼大烟袋的，他们不言声，全走了。干这样一个职业，所以我父亲要在理。

翟本人入的是“童子理”，原因是上小学时偷着抽烟，被伯父一通揍，骂他“不学好”，由家里送进理门。16 岁学织布手艺，21 岁结婚，岳家和媳妇都不在理，分家当小工另过。父子两家，平时敬神祭祖、人际交往、衣饰装束及过年度节，无异一般居民。按翟的说法，他们“都是傻理，不动烟酒，别的经咒花语全不会。”他的两个长辈连“捧斋”都不大爱去（30 年代一次斋日交一块钱，能买半袋白面）。1946 年，翟在本镇“义诚信”酒坊当伙友，看见出酒时伙计们大碗喝，忍不住也开了戒。

（二）吕家，杂货店老板。父亲文盲，在理，原替人办婚丧吹奏及卖糖堆为生，集资开杂货铺，经营炒货、食油、煤油等项。他允许伙计们在柜上公开拿烟抽，但不能偷着抽，因为容易着火。结果抽烟的反而减少，人称经营有方。30 年代中期，吕继父业，在理，精于经营，负责在津浦一线贩运采购。其五叔也在理，同一个老伙友都没有烟酒嗜好，人也能干，负责掌管铺面和财务。到 40 年代置下了好几百亩地，还在天津和人合资开一个煤油铺兼银号，一个棉布庄，成为镇上的大商户。每年北公所捧斋，晚上点灯的煤油，例由他家捐献。

吕家是一个三世同堂、姑叔子侄众多的大家庭，连同伙友杂工共五十多口人，分住在铺面和三所住宅里，“分院不分家”，同锅吃饭。每月各支到柜上领取自己的月份钱。吕的一个弟弟是“败家子”，抽大烟，不务正业，娶了两房太太，他的二太太以及儿子也都抽大烟。吕将这两夫妻分到离柜上较远的一所院里住，防止他们乱支钱，但给他们的月份钱要比别人多得多。吕及其五叔的心态是：宁可多给钱也不能分家，“赚来的钱供你抽，也要顾全商号的盛气，叫街面上看看这个大家庭有面子，有光彩，不是四分五裂的败家相”。一位原商界人士认为,这家商号发达,一是因为有几个善于经营的能人,二是这几个人用理门规矩约束自己,戒烟忌酒,屈己待人,不跟败家的学,几个人伙着劲把这个大家庭支撑下来了。

(三)韩家,小手工业主,家主是北公所承办人。家里有六间土房,三张织布机,领着一子四侄织布为生。这几个侄子自小没爹娘,由韩领养大。30年代时,家境略有上升,添了机子。这时儿子上学,侄子中三人织布,一人走街串巷卖布。韩是个威严的家长,子侄们对他既孝顺又害怕。这时他有六十多岁,不再做活。"每天一大早,老头没起床,侄子们就进了屋,往桌子上杵二十个子儿:'您老吃早点去吧。'那时候一个铜板买一个油炸大果子,这些钱,连茶叶带果子全有了。老头一早起,守着果子铺,一壶茶下去,提个茶壶串一天门。"

此人是翟家剃头铺的常客,差不多每天坐在铺里聊天,以北公所承办人身份介绍翟子入理。独流每个公所都有几个承办人,主持捧斋日的事务,从决定大办小办,筹钱垫款,请法师,雇杂工,事后公布账目,全归承办人负责。韩很有能力,斋日经济来源充足,斋饭也比其他几个公所好,所以来北公所捧斋的人特别多。他还在北公所建立了一个掩骨会,每年清明寒食两节雇人到荒墓野地敛埋残骸;一个慈善救济会,向穷人施舍棉衣、棺木;一个慈善学校,免费接收了一百多个家庭贫寒的孩子上学。韩一身兼任了掩骨会和救济会的会长,又是慈善学校的校董。但韩的口碑不甚佳。一位原理门信徒评论:"他为什么出名?好出头露面,广交游,能说会道,在这个地面上能管事,也能压事,帮人打官司,按土话说是个'刀笔',嘛也不怕的人。"

(四)徐家,被访者1908年生,小贩,北公所引进师、办道人。幼时全家六口人,祖父小贩,收蒲草织蒲包为生,先入理,20年代时又入如意门(离卦教流裔)。父亲为戒烟酒随祖父入理,本人上过八年私塾,15岁时因怕白面、吗啡感染入理。16岁起到天津学徒。成家前后,一直从事长途贩运,北至大连、长春,南到新乡、徐州、南京、上海、重庆等地,做各种小生意。七七事变后困守在家,织蒲包,给公所写字,当引进师、办道人。

徐讲自己热心理门的原因有二,一是有一次伙人贩笤帚由北塘海运大连,船没于风浪,随船押运的几个人都淹死了,他恰好打旱路走,"死里逃生,我认为是在理的好处,有圣宗保佑,奉凶化吉"。二是他有点文化,捧斋日子,承办人要请"徐爷开示开示",也就是写念经咒,他也愿意出力。所以在家的日子就天天扎在公所,向师傅"求法",先后有几个法师向他指点过一些炼丹"真传",包括修炼《五佛渡祖》的"功夫段"。他说为这本书用过六年功夫,他能解释"五女"练功的各种比喻,还背诵过三十多首歌词。徐的家庭习俗特殊,只供观世音菩萨,每天早上烧香"下参",初一、十五加烧香一遍。其他民俗诸神、祖宗牌位一律免供。除夕夜,也只在当院列香烟祭品祀观音,默念祷词,放炮。理由是:"哪一个神也没有南海大,一参南海,佛光普照,连子孙牌位都可以取消,全由南海代表了。"其他在过理的人说,"这种信仰,在理门中也是极少数。"

家庭是社会的细胞和缩影。将以上调查参以其他材料,似可得出几点认识。

独流镇理门最基本的成员,是一批属于中产阶级和城乡小资产阶级的人群,如中小商人、小手工业主、小贩和自耕农,他们大多有比较稳定的职业和收入。按当地人的话说,"多数是小康之家,也有富户,他们中主要又是工商界人士"。这个人群在理,同他们的职业需要和经营方式密切相关。

独流是历史悠久的古镇。开创于明永乐年间的独流老醋为中国三大名醋之一,据称由于得到康熙皇帝的欣赏而成为皇室贡品、京师名牌。随着商品经济的逐渐发展,晚清到民国年间,这里商贾辐辏,物产荟萃,并同更大的商会天津交流衔接。除流动性的行商贩夫之外,镇内开设了约三百家坐商铺户。由于坐商主要是从事于适应集市贸易的服务行业和就地取材的土产经营,因此五行八作之中,尤以饮食业、编织业、棉纺业,以及修理、理发等业最为发达。饮食业包括酱醋厂、酒坊、米面作坊、干鲜货品店、点心铺、饭馆等行,土话称"勤行"。"勤行"要求产品干净,服务可靠,"你叼个烟袋做东西,顾客心烦。"编织业冬天卖草鞋(保暖鞋),夏天打蒲草,他们同棉布庄、干鲜货铺、米面作坊等铺户都讳忌烟火。经营需要产生行业信誉和规范认同的需要。所以这一批商户最容易接受忌烟禁酒的规诫。他们是"傻理"。沉重的谋生焦虑,激烈的同行竞争,加快了集镇社会生活的节奏,将他们推出了清静无为、保精养气的境界。这一大批人虽然崇拜观音,但入理的驱动力主要来自实实在在的经济利益。他们将理门看做一种恪守共同规约的友伴团体和基于行业联系的感情归属。这种归属对他们的作用,不仅仅是需要带有神秘色彩的群体规范来抵制烟酒物欲的诱惑,约束自身的生活习惯,维护铺户的公众形象,还在于凭借共同的团体和规诫,在一个相对狭小的社区里协调与同一类人的社会交往,加强相互之间的感情认同。一位被访人说:“同行是冤家,竞争激烈。但是,如果几家同行都在理,在一个公所捧斋,就显得特别‘串头’(近乎)。所以在理的同行,一般不互相找别扭,谁也不侵犯谁。”即使像翟家这种小剃头店,也由于酒市茶馆为烟客酒徒占据而成了理门成员落足的“茶铺”,从而形成了比较稳定的感情和业务的联系网,得以维系了八口之家的生计。

商户关注经营的发展,落足于家业的延绵。独流商业系统的繁荣不等于特定商号的稳定。当地俗语:“买卖钱六十年,庄稼钱万万年,做官钱在当年。”经得起世事沧桑的百年老店寥寥无几。就商号自身而言,影响其事业延绵的主要是两个条件:分家和败家。集镇社会的宗法家族关系虽然相对淡化,但依然保持了分产析户的古老传统:诸子成年之后,要在族长和娘家长辈(通常是舅舅)主持下,平均分配包括作坊、铺面和流动资金在内的全部资产。第一代资产积累的终点成为第二代重新分散的起点。资产分割,如果再加上第二代不善经营以至出现“败家子”,很快就导致商号的式微乃至破产。“败家”是独流镇一个很突出的社会问题。我们的调查获得了一批著名商号因分家而后继无人,或出了吸毒、酗酒、耍钱、漂娼的“败家子”而被迫分家,结果破产倒闭、店铺换姓的材料。比如这个号称“醋乡”的集镇,较著名的醋坊约有八家[⑩]。其中有三家就是因为儿孙“不争气,拿钱乱花,账目没数”而一度中衰或就此倒闭的。类似情况也出现在技工家庭,酒醋师傅通常只将酿造秘方单传给儿子。所以商号和技工都相当注重后代教育。除家教之外,社会化教育主要靠两种方式,一是技术教育,将孩子送本镇的职业私塾学习账目、算盘和尺牍,或送到天津学徒;二是道德训练,也就是入理。我们访问的多数老人,是在十五六岁时,也就是进入成年边缘,最容易发生“道德危机”的年龄入“童子理”的。据西方宗教社会学家研究,皈依发生的一般年龄大约在16岁男孩和14或15岁的女孩子中。[⑪]这时的孩子们因青春期而产生的性欲、物欲的欲求感、焦虑感和罪恶感在内心的冲突特别剧烈,而某种宣教则可能使他(她)们突然意识到这种本来是模糊的被压抑的生理和心理本能,并被导向特定规范的约束。这种心理分析,也可能有助于解释独流“童子理”相当普遍的原因。成年人的友伴团体因此延升为第二代的“教化”团体。

当然,理门的教化功能,并不像当局夸张的那么大:“入教之家,虽童稚妇女必同受戒约”,以至家庭习俗“咸异平人”。上述几个家庭都不是清一色的信徒。特别是像吕姓这种大家庭中,经营与依赖,勤奋与颓废,寡欲和纵欲形成了剧烈的冲突。在这种场合,理门规诫就成了几位主事人用以弥补内部裂痕的黏合剂,在某种程度上支撑和强化了传统的忍耐和苦撑的“家庭精神”。因为集镇商号的信誉,不仅取决于经济实力和经营质量,而且还取决于它能否展示为传统伦理尺度所推崇的家户生活方式,也就是“面子”或“光彩”。为了维系典范性的生活方式,避免分家和败家,几位主事人付出的心血可以想见。他们的痛苦、焦虑的内心世界,多少需要理门信条的抚慰。

独流社会对外联系广泛而内部相对褊狭。本镇狭小的生活空间,接近的人际距离,构成了一个熟人的社会。人与人之间有一种相互依存、长期交往的关系。这种关系培养出一批“地面能人”。这类人的经济地位和社会名声未必成正比例。填补于两者之间的因素是个人的品性、能力和社会交往。他们是基层信仰集团、慈善集团、娱乐集团以至民众运动领袖的人才资源。他们的能力,在这种小社区对于个人、家庭及其人际联系网络的利益相当重要。韩氏则属于这一类人。他以及某些承办人之热心理门,与其说是信仰,不如说是借办会获得一个普通小业主或集市牙行所本来不具有的地位和名声。一身数任各种会长,在地面上说话算数的老汉,在悠闲自在、令人敬畏的生活中,满足地度过了他的晚年。

中国社会具有淡于宗教的传统,不过也有些人由于出身、经历和某种特殊境遇等因素的交互作用,其信仰感情要高于常人。在理门中,确有极少数人花费过心神去思索生死根源,追求“结丹”境界,企图索解世人固有的畏惧死亡,追求永生至少是长寿的心理情结。出身贫寒,自小在理门家庭中社会化了的徐氏,既感于颠沛流离的沧桑,又富有浪迹江湖的经验,现实的苦闷及其对苦闷来源的无知,驱动他去寻求心灵解脱。来自于私塾的文化水平、知识结构,恰好适应于对低俗的丹道意识的思索。徐的经历,提供了一种信仰从逐步中产生与递进,自避戒烟酒到主动修持的心理过程。但这个过程从根本上讲并没有摆脱传统信仰的功利性质。因为它毕竟给了徐以实际的“好处”。当这位贫贱的小商贩在捧斋日办道念咒,出口成章,引起“傻理”

们(包括那些阔绰的商人)的羡慕和惊叹时,无疑是对于其社会地位低下的精神补偿。

遗憾的是我们没有找到原理门法师。法师的最后一代传人亡故于本世纪60年代。从访谈中获知,至少这一带的法师大多出身不高。有一个李姓法师是安徽人,少年流浪到镇上打杂,后来"受法"当住观道士,轮流给附近各公所主持办斋仪式。一些老人称誉这位迷信职业家有长日打坐、不食不泄的气功,"多冷不戴帽,走路快如风"的体质,"一辈子白身"的禁欲私生活和"耿直"、"和蔼"、乐善好施的公德。看来,只有理门中的极少数人,才不同程度地在企求"性命双修"的丹道境界。

总之,理门信徒的参与动机是多层而驳杂的。大体上可以归纳为日常功利型(以翟氏父子、吕氏叔侄为代表的大多数商界及其他集镇居民)、地位追求型(如韩氏)和不同程度的信仰思索型(如徐氏、李氏)这样三类人,而以第一类人群为理门的社会基础。这几类人的动机,以及与之相应的参与群体活动的热情,对信仰的掌握程度和对终极目标的认识有很大的差别。这是职业构成和利益分层的反映。理门把这几类人集合在一起的奥秘就在于,它调节、整合了他们的动机和利益,使其结成了一种心理和行为的互动关系。以各自的利益为依托,几类人分别产生出了以他方存在为前提的自我需求,从而结成了一种只有相互依存才能相互满足的系统。他们各自的满足,既发端于自身的社会地位、职业构成,又需要依赖他方的给予和活动。于是,以神学为标志,以"地面能人"为核心,而主要是满足了集镇商界功利需要的理门,就作为一种特定的信仰群体、友伴群体、教化群体和业缘认同群体,在独流以压倒佛教、基督教以及杂乱的其他民间教门的优势而铺展开来。

三、集镇社会中的理门

在分析了理门传播的原因之后,本文要讨论的最后一个问题,是这个集团怎样和以何种方式影响了集镇社会生活,以及它自身在社会中发生了什么样的变动。换言之,是试图从理门内部的互动关系推及于理门与社会的互动关系分析。

理门成员虽然几乎占独流居民的半数,但忌烟禁酒的规诫并没有对集镇经济产生负面影响。"勤行"老板们守戒,恰恰是为了更好地经营和推销他们的产品。翟氏受雇的"义诚信"酒坊掌柜是公所承办人,每月却有数千斤白酒上市就是突出的例子。理门规诫的作用在于为集镇社会提供了一种"职业道德",在某种程度上抵制了诸如奢靡、吸毒、赌博、嫖娼等社会恶习。原在理或不在理的群众有一个共同的看法:"独流理门,从洋人来了以后特别兴盛。那会儿抽大烟吸白面的人多,街面上吃喝玩乐",以至形成了"有钱就花,没钱再说"的流行性时尚,所以"才有理门禁止抽烟喝酒,劝人行善修好"。

集镇社会的世风奢靡,有其深刻的经济和心理背景。中晚清以降,随着商品流通、集市贸易的发展,造就了一批比较富裕的商人、手工业主和其他集镇居民,这在一些史书、笔记中多有反映。当这部分人获得了相对富足的生活条件和较为可靠的人际交往之后,对于如何支配剩余的财富,提高自己的地位,往往出现新的困惑。当时的社会环境不可能提供消化和增殖这些财富的近代工业体系和文化体系,于是奢靡浪费往往成为市人借以显示地位、身份的特殊方式。他们是平民,在那个普遍以地位身份衡量价值的社会,他们没有贵族、官绅那些诸如爵号、职衔、功名等体现自身价值的对应物,就大把花钱去挣"面子",把财富价值转化为适势趋群和自我满足的"身份价值"。畸形的社会造成了堕落的风尚。人们互相攀比,争先奢靡:"如遇春秋报赛,必别树一帜"[12];"赌博之风莫甚如今日"[13];从酒徒烟客、吃喝玩乐滑向鸦片瘾君子者比比皆是。这就是清中期以来文人们常感叹的"世风日下","日甚一日而不知反,安望家给人足",[14]或独流民众说的"不管来什么钱,先尽自己花,没了钱摔盆子打碗,一家子不和"的恶劣时尚。理门规诫,在某种程度上正是表现了一般城镇居民对这股恶风的逆反。一位姓刘的老人说,他的爷爷原开粮行,喝酒抽大烟,把产业给败了,父亲才下决心在理,又开了金银首饰铺。

忌烟禁酒之所以成为理门最突出的标志而影响社会,是这个组织愈来愈世俗化的结果。理门和当时华北社会流行的许多民间教门之间的重要区别在于其组织的松散和教义的消淡。它没有民间教门那种典型的"三佛应劫"、"真空无生"的教义,缺乏神秘严密的组织结构和层次分明的教阶序列;它不像八卦教那样要求徒众一日三次面向太阳吸气练功,默念"真言",甚至不具有散落的一炷香教信徒跪香存神的日常仪式。至少在近代,理门信徒的日常生活是世俗化的,他们可以和其他宗教或教门的成员自由来往,甚至可以同时参加其他教门(如当地流行的如意门)。他们在进行联姻、结拜、认干亲等亲缘活动或人际交往时,信仰认同只以一种感情因素起作用,而不是教规约束。正是这种世俗形态,才使理门适应了社会联系要远比农村广泛的集镇生活,而将持戒烟酒的规约鲜明地凸现出来,成为人们认识理门的标志。维新志士谭嗣同为"探索江湖之秘密",曾在天津入理。他的调查结论是:"从其教者,几遍直隶。非其教主力能尔也",理门除了果报轮回等慰藉功能外,"又严断烟酒,亦能隐为穷民节不急之费。故不论其教如何,皆能有益于民生"[15]。这种看法颇具代表性。前数年在独流还能听到老年人类似的评论。

但是,仅仅这样认识是很不完整的。诚如独流口碑,"理门禁止抽烟喝酒",是同"劝人行善修好",也就是同它倡扬的更深层的伦理体系联系在一起的,并使之神秘化。这种宣教的根本目的,是企求在教门群体和既成的社会制度之间建立一种协调的、友善的关系。

可以将理门刻意营造的信仰导向归纳为几点:

(一)理门规范和传统社会所提倡的伦理体系是一致的,恪守这一套规范及其所维系的社会秩序,就是"学好",可以"奉凶化吉,遇难呈祥"。基层理门将传道书中诸如"八报"等宣教具体化,形成了种种陈腐的说教。如:"敬天地君恩宜报,孝双亲师训当遵";"在理是好道,四节和四孝,学仁学义学忠道";"非礼勿视,非礼勿听,非礼勿动,非礼勿言";"做事要吃亏,吃亏就是便宜",等等。

(二)热心传道,尽量将亲戚朋友劝进理门。"你劝了一个人,就是做了一件好事,积了德。劝的人越多,佛祖就越保佑你,将来有好处。"不过,应当把"道德失足者"拒于公所门外。晚清年间,发生过某人因其母"作风不正",一连三年被拒绝在理而羞愤自杀的极端事例。

(三)尊重法师。法师的"法"虽然高深莫测,但应以他们的社会道德标准和私人生活原则为楷模。

(四)热心捧斋,交纳会费,服从承办人摊派并劝导非理门的人捐献。凡分外向公所"愿钱"、"愿物"的人,捐纳越多,"福田越大"。

(五)不要参与反制度的政治活动。"犯病的不吃,犯法的不做";"大清(后来改为'民国')万万年"[16]。

这一套信仰和伦理,主要是通过"捧斋"仪式加以系统灌输的。鉴于理门在平时的世俗化,所以它特别注重区别于世俗的仪式,使之尽可能地正规和隆重。独流几个公所一般在先师忌日或其他民俗节日,分冬夏两次"吃公咀"。这种仪式要连续举行两天,有一系列复杂的程序。主要是:(一)"升冠打褂"。无论冬夏,进公所后摘掉帽子,脱去外衣。这大约是嘉庆年间那种旷野礼拜的正规化。(二)分别向观音像、祖谱像和法师"下参"。当参拜祖谱像时,这些已故法师的长房子孙跪在两边叩头"倍礼",形成一种模拟家族祭灵的仪式。(三)发展新信众。平日劝化来的人光头单衫站在当院,由引进师按一定的程式、步法逐个携进典礼堂,引进师边走边念一套"大戒烟和酒"、"登上菩提岸"的歌词,领新信徒向盘坐的法师"下参","听法"。法师向新老信众宣扬"敬天地,孝父母",尊君守法等规矩,赐"五字真言":"观世音菩萨"[17]。由于是逐个拜师,所以法师要反复"传法",有时要花一整天才能行完这种冗长的入门礼。(四)会餐。两天六顿,有一二顿丰盛的席面,禁酒不忌荤。(五)"升缘"又叫"天上挂号"。半夜集合当院,面向东南,把一张新在理的名单烧了,"上报圣宗古佛"。其间有一套由法师、办道人主持的程式和念颂歌词。(六)"送圣"。次日信众进所,参见法师,相互道贺,联络感情。这一天开出的两顿"公咀"最丰盛。半夜,由法师领信众送神"回宫",照例有一个颂咒礼拜的场面。

不需要花更多的笔墨去描绘仪式的过程和内容了。以上记录已经显示了"捧斋"的社会功能。这种仪式,旨在宗族关系业已相对消淡的集镇社会,周期性地通过参祖拜师会餐,将平日分散在五行八作的信徒集中到一个模拟家族的结构里,以神的名义灌输与宗法家族结构相适应的传统价值。一整套包括祭天祀祖拜师认亲的礼仪,实质上是正统社会秩序模式的浓缩、示范、温习和表演。观音与祖师,化作了维护既成社会模式的符号,经由法师不厌其烦地"传法"而渗入信徒内心,强化了尊君守法、安贫乐道等社会信条。同理门提供的某种"职业道德"相比,这种社会道德的影响主要是消极的、负面的。

理门的伦理宣教,是依托于集镇社会的特定社会心理环境而发生影响的。近代独流商人,属于依附于宗法农业社会的旧式中产阶层,为数三百户左右的商号,在独流镇职业构成和社会分层中居于少数,仍然处在小农经济的包围之中。在独流社会的政治、经济、文化生活和人际交往中起主导和示范作用的是封建地主阶级特别是其中的大地主兼工商业阶层。最著名的大户,号“南侯北张东岳西王”,他们集中了当时二十万亩土地中的相当一个数量,有的耕地远在百里之外。当地民谣:“土地没有堰,房产一大片,洋钱推成串,踩脚两头颤。”比如其中的侯姓,除大量经营土地外,还在本镇和天津开设粮站、药铺和油号;有些家庭成员或入仕,或有较高的文化艺术水平。地主兼工商业的社会生活方式,是富裕但尚不很稳定的普通商人企图模仿的目标。他们的经济价值目标是“半农半商”的经营方式,“赚了钱先置地”。我们调查的商号中大约有一半(一般是本地人)拥有一二顷到五六顷的土地,如前述的吕姓。他们的社会价值目标是跻身于绅士行列。直到“民国”二三十年代,这里还是一个没有新式社团,没有律师,出现民间纠纷需要靠绅士调解或请“刀笔”写呈的小社会。在集镇居民心目中,绅士是一批家庭富足,拥有土地和功名(或较高新式学历),因而有地方声望的人。传统社会以“士农工商”为序列的社会角色结构和职业结构在近代独流的错动,主要表现为由商入绅、绅商合一的趋向。独流第一任商会会长,就是开有商号的清朝秀才。秀才、举人们走在街上时,不断地有人向他们问候或鞠躬。这样的社会很难孕育近代式的商本位意识。商人们虽然不满意多于牛毛的摊派,但又不能不同既成的社会秩序及其价值体系保持协调。这就是一个并不鼓励赚钱赢利,反而宣扬“吃亏就是便宜”的教门,能够影响中产商人的心理和行为,并将他们粘合起来的社会原因。

至于生活比较低下的小商贩或小手工业者,理门的信仰和仪式向他们提供了一种逃避日常艰辛的手段,特别是一年两次聚会,使他们有可能暂时松懈一下为俗尘所困扰的神经,在香烟缭绕的祭拜中,在丰盛诱人的席面上,似乎感觉到渺茫的希望在向他们靠近,得以“带福还家”。

理门影响了社会,从社会中不止一代地吸收了维系自身存在的资源——金钱、习俗和信徒。同时,前面的描述也已经显示出,这种资源积累过程,也是理门适应社会需要,修正自己的制度和风貌的过程。至少在近代,它已经淡化了嘉庆年间以农村社会为依托的“传教敛钱”的民间教门样态。作为教首权力主要标志的丹道思想,不再是吸引一个群体在人生解脱追求中的共同导向,而退化为法师与极少数办道人的个人修炼。因此,教首的权力,也就逐渐转移到了一批世俗的斋日承办人手里。承办人的资金和兴趣,决定了理门仪式的法师人选、频度和规模。曾经修持过的徐老人不无感慨:“我不是承办人,因为我不趁钱。”承办人联系官商两界。官方鉴于理门伦理的驯服性,从中晚清年间的取缔、宽容到民国年间终于认可了它的合法存在。独流镇的正副镇长、巡警局长、商会会长中,都有人充当过理门公所承办人。这样,理门就从原来存在于社会边缘的非正常组织,回升到当时的正常社会组织系统之中,得以公开活动。

在本文行将结束时,不妨通过一个更广阔的历史时空,略为比较一下理门同其他民间教门的社会命运。初源于山东的民间教门主要有三支:八卦教、一炷香教和理门。可以说,它们相当典型地代表了民间教门系统中三种不同的社会运行轨迹。八卦教随着世袭传教家族的膨胀,形成了俨然如君臣主仆体系的等级序列和强烈的自我中心意识,它的一些分支在阶级斗争、社会苦难的震荡下,多次散布过神秘主义的“悖逆”意识和迸发过铤而走险的反抗行为,因而遭到统治阶级的严厉取缔。组织松散的一炷香教,以跪香存神、说唱道情等手段吸引了农村中文化闭塞的善男信女。它那种自我封闭的仪式、低俗平庸的说唱、夜聚明散的集会,甚至自残身体的“修炼”,一向为正统社会所鄙夷,而被排斥在社会一隅,默默无闻。比较而言,理门则表现出善于趋时入俗、自我调整的特点。这个从道教中流衍下沉的“邪教”,由于长期以来努力与既成社会秩序保持协调关系,用自己的信仰和伦理,去抚慰乡土社会中那些比较富裕、安于现状的人群,经过丹道意识淡化、世俗伦理凸显以及相应的某种业缘认同等自我变迁,由农村渗进集镇(以至于大都市),并经由生活在集镇社会的中产阶层,重新向社区性的高层组织靠拢,终于在一个社会的历史行将结束的年代,重新被这个社会所接纳。如果说,八卦教以皇权主义为基石的叛逆意识,一炷香教异于常人的传道活动,是表现了民间教门共有的神秘性、封闭性,并进而决定了其社会活动的失败,那么理门在社会不同层次中沉浮徘徊的历程,则更深刻地反映了整个半殖民地半封建社会的控制功能的失败:它已经腐朽到了需要乡土教门越位支撑的境地。

随着中国民主革命的胜利,理门及其所依附的陈旧的集镇社会秩序模式,已经被独流居民包括它的最后一代信徒所抛弃。这段陈迹多少给了我们一点启示:教门的迷信需要历史智慧的解释,教门的消解需要社会结构的改造。

注：

① 本文所引材料除注出者外，均引于[日]佐佐木卫主编的《近代中国社会与民众文化》一书中的《独流镇调查记录》，日本东方书店1992年版，第289—369页。

②③ 蒋竹山编：《理教源流》，《明清以来民间宗教的探索》，台北商鼎文化出版社，第115、119、121、117—118页。本文引“八报”歌词有删节。

④⑧ 参见马西沙、韩秉方：《中国民间宗教史·序言》及有关章节，上海人民出版社。关于《五女传道书》的经文及其丹道思想分析，参见该书第991—996页。

⑤⑥⑦⑫ 中国第一历史档案馆藏《录副档》，嘉庆十八年十二月罗福供单；嘉庆十九年正月初四日广惠折并供单；光绪十一年十一月十二日谢祖源折。

⑨ 参见《观世音菩萨经咒集》，上海古籍出版社1995年版。

⑩ 《静海史话》，天津古籍出版社1989年版，第133页。

⑪ [美]罗纳德·L·约翰斯通：《社会中的宗教》，四川人民出版社1991年版，第83页。

⑬⑭ 龚炜：《巢林笔谈》卷五。

⑮⑰ 谭嗣同：《仁学》，《谭嗣同全集》下册，中华书局1981年版，第354页。据谭氏调查，理门的所谓“密传”是摭取佛咒六个字。见同页。

⑯ 中晚清年间，理门参与下层民众政治运动的记载鲜少。1891年热河理门参加金丹道反洋教起义、1900年热河、天津等地有理门成员参加义和团，是笔者仅见的事例。

（《清史研究》1997年第2期）

论庚子大沽口之战

戚其章

在义和团运动史研究中,光绪二十六年(1900年)大沽口之战是一个应该十分重视的问题。然前此的研究,对其某些方面不是略而不详,就是尚需重新探讨,致使对此问题的研究迄难定论。本文拟胪陈管见,以就正于高明。

一、联军强占大沽炮台的背景

八国联军侵华战争始于何时?一般论著皆认为始于6月17日联军对大沽的进攻。这固然有一定的道理,但尚有难以圆通之处。若全面地看,联军的军事进犯应始于6月10日,而不是6月17日。

先是在5月间,列强借口义和团进入北京,为保护外国居民和使馆的安全,决定派兵强行入京,并在天津驻泊军舰。6月6日,英国海军部授权联军统帅西摩舰队司令可以采取"认为适当可行的措施"。是月10日,英国驻华公使窦纳乐致电西摩,命其"准备立即进军北京"①。当天,西摩便迫不及待地率领联军由天津向北京进犯。对此,清政府立即作出反应,于6月13日下令"实力禁阻"②。16日下午召开御前会议,决定洋兵"不服阻,则决战"③。于是,当天再次寄谕裕禄等,谓各国兵如不听禁阻,"则衅自彼开,该督等须相机行事,朝廷不为遥制"④。所以,17日的大沽口之战实肇因于10日联军的军事进犯。后者才是八国联军侵华战争开始的标志。

大沽口之战发生在八国联军侵华战争开始之后。由于西摩指挥的联军行至廊坊附近受挫,困于中途,且与天津的联系中断,联军的海军将领们意识到西摩部队处境不妙,认为要为后继部队获得安全的登陆地点,必须及早攻占大沽炮台。可见,联军之决定强占大沽炮台,是服从其整个西侵和占领北京计划的需要的。

列强强占大沽炮台的计划,最初是由俄国提出来的。俄国陆军大臣库罗巴特金中将多次电令远东军司令阿列克谢耶夫海军中将,要准备运送一支派遣军前往中国,并"主宰北直隶湾的登陆地点",而"前进基地要设在登陆点的海岸"。此计划经沙皇尼古拉二世批准后,又由总参谋长萨哈罗夫陆军中将向阿列克谢耶夫发出更为具体的指令:"令派遣军向北京挺进,应在大沽设立前进基地。"⑤而且,萨哈罗夫还提出:"任命这样一个人,将会对企图自揽列强的联合行动的领导的英国海军上将西摩,形成一个必要的抗衡。"⑥俄国太平洋舰队副司令基利杰勃兰特海军中将正是同英国的西摩分庭抗礼最合适的人选。此时,西摩既已率军西侵,故以基利杰勃兰特年龄最大,军阶最高,自然也就成为列强海军将领中众望所归的人物,"各提督均诣就之,盖欲共商进取之策也"⑦。

6月15日,在俄国太平洋舰队旗舰"俄罗斯"号上举行了联军舰队各将领的联席会议。出席者除基利杰勃兰特海军中将外,还有英国布鲁斯海军少将、法国库尔若利海军准将、德国裴德满海军上校、日本永峰海军大佐、意大利卡泽拉海军上校和奥匈帝国科诺维茨海军少校。在联席会议上,联军的海军将领们对形势作了分析。他们得到了两条消息:一是"中国常备兵,临近(联军)水师兵船,系欲占据东沽之车站,并欲拆毁铁路";二是"华兵欲安放水雷,堵塞北(白)河之口,并拟设法保持该处之车站"。并一致认为:"盖此二事果行,则联军不能安然登陆也。"⑧因此,会议决定:立即采取措施,维持与天津之间的交通联络,保持进入白河的水路畅通无阻⑨。

6月16日早晨,联军海军发现大沽炮台守军果然在白河口安放水雷,便于上午11时再次在"俄罗斯"号上举行各司令官联席会议。会上,海军将领们一致决定采取坚决措施,并草拟了给中国方面的最后通牒,内称:“本提督欲以两造情愿之主张,或以兵力从事之目的,暂据大沽各炮台。该各炮台,至迟限于17号早晨两点钟,一律退让。此系已决之事,望即达知直隶总督及各炮台官。急速勿延!”[10]俄、英、法、德、日、意、奥七国海军头目都一一在最后通牒上签了名。

与此同时,联军还进行了相应的军事部署。先是在6月15日,日本海军陆战队330人,携野炮2门,乘日舰“丰桥”号于晚间登岸。翌日,又有英军250人、德军120人、奥军20人、意军20人及俄军185人相继登岸[11]。联军陆战队总人数约900人,由德国波尔海军上校担任指挥官。波尔即留日军100人驻扎于火车站,以防护后路和侧翼,另800人为进攻大沽炮台的陆战部队。

对于水上的进攻,联军也做了周密的准备。因大沽湾系泥泞之斜堤,水流最为迂回,凡吨位大、吃水深的军舰,皆停泊于口外10至12公里之外,以免搁浅。所以,联军有22艘战舰和巡洋舰不能驶进湾内,只能以其炮火协助作战。所恃者唯吃水甚浅之舰只多艘,先已进入白河口内,得与登岸之陆战队互为声援。当时,停泊在白河内的联军军舰共10艘:美舰“莫诺卡西”号和日舰“爱宕”号,停泊于白河左岸的塘沽附近,以防护火车站;德舰“伊尔提斯”号和法舰“里昂”号,停泊于塘沽以南的河面,一在左岸,一在右岸,以防护海关;英舰“声誉”号和“鳕鱼”号,停泊于水雷营附近的白河左岸,以监视船坞内的中国军舰和鱼雷艇;俄舰“基立亚克”号、“朝鲜人”号、“海龙”号和英舰“阿尔杰林”号4舰,皆停泊于于家堡和东沽之间的白河右岸,以从水上配合陆战队的进攻。并且规定:到战斗开始后,停泊于海关附近的德舰“伊尔提斯”号和法舰“里昂”号,也加入到4舰的行列中来。这样,联军计划参加进攻大沽炮台的海军舰只共为6艘。如下表所列[12]:

舰名	吨位	马力(匹)	速力(节)	进水年	吃水深(米)	火炮(门)
“阿尔杰林”号(英)	1 050	1 400	13.0	1895	3.44	13
“伊尔提斯”号(德)	895	1 300	13.5	1898	3.22	16
“里昂”号(法)	503	602	11.8	1884	3.20	6
“海龙”号(俄)	950	1 150	12.0	1884	2.93	13
“基立亚克”号(俄)	963	1 000	12.0	1887	2.60	15
“朝鲜人”号(俄)	1 213	1 500	13.6	1886	3.25	14

联军部署既定,并向大沽炮台守军发出了最后通牒,预示着这场大沽鏖战的帷幕即将拉开。

二、是谁先开的大沽口之战第一炮?

庚子大沽口之战是联军发动和挑起的自无问题,然尚有若干重要的细节迄未定论,值得进一步深入研究。

大沽炮台曾于咸丰八年(1858年)和咸丰十年(1860年)先后两次被英法联军所攻毁。第二次鸦片战争后,清政府又将大沽炮台加以重修。白河口北岸修成炮台两座:临河口处为北炮台,设各种炮74门;其西北位于原石缝炮台旧址,为西北炮台,设各种炮26门。白河口南岸亦修成炮台两座:临河口处为南炮台(亦称大营炮台),设各种炮56门;其南为新炮台(亦称南滩炮台),设各种炮21门。合计大炮共177门[13]。经历了40年的时间,大沽炮台的武器装备业已大有改进。

大沽炮台守将罗荣光,湖南乾州人。早年投效湘军,后改隶于淮军。同治九年(1870年)移驻天津,补授直隶大沽协副将。从此,驻军天津达20年之久。光绪七年(1881年),奉北洋大臣命,在大沽口创设水雷营,“选各营弁兵学习,兼教化电、测量诸学。嗣北塘、山海关相继仿设,均于沽营取员教课”[14]。光绪十四年(1888年),以功实授天津镇总兵。光绪十六年(1890年)春,升授甘肃新疆喀什噶尔提督,尚未赴任而留防,与副将韩照琦督导大沽南岸大营炮台。守军共5营:南岸3营,其中练军副营驻大营炮台,练军副右营驻南滩炮台,前营驻西沽之万年桥;北岸2营,其中练军副左营驻北炮台,左营驻西北炮台。

但是,大沽炮台在防御上存在着致命的弱点,就是炮台的防御设施极其简陋,防护能力太差:“该堡垒均系硬土筑造,前面仅有一无堤之沟道,在华人视为最佳之预备,在联军视为无用之藩篱。盖当战阵之时,若联军以巨炮攻之,该三土垒决不能为之抵抗"。尤为严重的是,"所留炮台之口,并不妥为防护,所存军火之处,亦皆漫不经心,常有露出之事,甚至遥合敌人炮火之准的,亦不自知"[15]。对于这些情况,联军详细侦察过两次,早已心中有数。看来,罗荣光未能借鉴咸丰九年(1859年)僧格林沁粉碎英法联军进攻的成功经验,不能不是一个重大的失误。

先是6月16日上午联军各海军头目举行联席会议之后,基利杰勃兰特海军中将特派俄国鱼雷艇艇长巴赫麦季耶夫中尉,在担任翻译的英国领港员约翰逊的陪同下,于傍晚9时将最后通牒送至大沽炮台大营。巴赫麦季耶夫中尉向罗荣光声称:"拳民焚毁教堂,中国并不实力剿办,且海口已安地雷,明系有与各国为难之意。现在俄、英、德、法、意、奥、日本七国约定,限两点钟要让出大沽南北岸炮台营垒,以便屯兵,疏通天津京城道路。"随将最后通牒递交。罗荣光尽量予以解释说:"中国拳民滋事,业经简派大员,调拨兵勇多营,严拿禁止,并保护各国教堂。所以不即刻剿办者,恐与各国商务有碍。至沽口安放水雷,不过备平日操演之用,别无他故。"巴赫麦季耶夫立即反驳道:"中国意见,各国均已看破,不得强词掩饰,如两点钟不让出营垒,定即开炮轰夺。"其言词之间,"口气强横已极,势非决裂不止"[16]。罗荣光知战斗即在眼前,不容片刻犹豫,传令南北岸各营,加意备战。并商定:他本人偕副将韩照琦在南岸大营督守,与练军副营营官李忠纯同驻南炮台;练军副右营营官卞长胜驻守南滩炮台;左营营官封得胜在北岸炮台防御。罗荣光布置既定,是否专门等候敌人进攻呢?这还是一个值得认真探讨的问题。因为到6月17日零点50分,即比最后通牒限定的时间提前了70分钟,战斗突然打响了。这究竟是怎么一回事?

现在需要解决的问题是:到底是谁先开的第一炮?

对此,双方说法截然不同:罗荣光给直隶总督裕禄的报告说:"洋人因至丑刻未让炮台,竟先开炮攻取。"[17]联军方面的报告则众口一词,皆谓中国守军先行开炮。如英国"安第蒙"号指挥官给海军部的电报:"6月17日凌晨1点,大沽炮台对联军舰队的各军舰开火。"[18]英国"奥兰度"号吉普斯海军准尉的《华北作战记》:"在17日(星期日)零点50分,从罗的驻地南炮台放了第一炮。"[19]俄国《新边疆》随军记者德米特里·扬契维茨基的战地日记:"离决定性的时刻只剩1小时又10分钟了……新炮台闪了一下火光。大炮轰隆一声,炮弹隆隆掠过'基立亚克'号上空。各个炮台火光迸发。一发发炮弹接连不断掠过军舰上空。"[20]另据所见日、法等国的有关记述,也都说是炮台守军首先开炮。两种互相对立的说法何者为真?今之论者大都相信罗荣光的报告,其实此报告所叙述的开炮情况是值得怀疑的,相反,综合各方面的材料看,联军方面的报告应该是可信的。

首先,罗荣光在联军最后通牒所限时间之前70分钟,首先开炮,以期先发制人,并非绝不可能。当然,历来中国官员遇到列强以兵办胁逼时,因怕担"衅自我开"的罪名,往往处于被动而惨遭失败。然此次情况有所不同。在此之前,他已奉到严旨:"其大沽口防务,并著督饬罗荣光一体戒严,以防不测。如有外兵阑入畿辅,定惟裕禄、聂士成、罗荣光是问。"后朝廷又鉴于历次之教训,事先为罗荣光解除了担心"衅自我开"的压力,特寄上谕称:"此后各国如有续到之兵,仍欲来京,应即力为阻止……如各国不肯践言,则衅自彼开,该督等须相机行事,朝廷不为遥制。万勿任令长驱直入,贻误大局。"正是根据这道谕旨,罗荣光才敢于在白河口布置水雷的。再是裕禄的态度也值得注意。当他得知联军逼中国让出大沽炮台时,曾复照法国总领事杜士兰称:"大沽海口系属重地,本大臣断无擅允交给之理。"并饬令罗荣光"严加防备,竭力扼守"[21]。据英国侵略军的一位青年海军军官记述,当罗荣光接到最后通牒后即派专弁到天津告急,裕禄便下达了"进行战斗、消灭一切洋鬼子的命令"。及专弁返回,适德国"伊尔提斯"号舰长兰孜海军上校来到大营,罗荣光便通过兰孜将拒让炮台的决定通知了联军方面[22]。无论如何,清廷对罗荣光拒让炮台之举是认可的,直到事后仍肯定说:"罗荣光职守所在,岂肯允让。"并认为:"中国与各国向来和好,乃各水师提督遽有占据炮台之说,显系各国有意失和,首先开衅。"就是说,联军发出最后通牒即是"开衅",所以,"自此兵端已启,却非衅自我开"。在炮台既不能让而又面临敌人即将攻打的情况下,罗荣光决定先发制人,先给敌人以重创,是并不奇怪的。他在前一个报告中说联军在"丑刻"(即凌晨两点左右)先开炮,后一个报告中却又说联军提前到"十一点钟时"[23]开炮,似是为了掩饰炮台守军于零点50分先开炮的事实。当然,应该看到,在当时的困难处境下,罗荣光的做法是完全可以理解的。

其次,联军并无提前开炮的必要。联军的海军将领们都已将最后通牒的内容报告了各自的政府。如英国驻大沽海军少将布鲁斯致海军部并外交部电:"今晨各国舰队司令会议决定于6月17日凌晨2时进攻大沽炮台,如果该炮台事前不投降的话。今天下午向中国直隶总督和炮台守将提出了最后通牒。"[24]再看俄国总参谋长、代陆军大臣萨哈罗夫给沙皇的上奏:"由于中国政府采取敌对态度,各国海军将领6月3日(公历6月16日)晚在'俄罗斯'号巡洋舰上开会,决定向直隶总督和大沽要塞司令发出最后通牒:限在6月4日(公历6月17日)凌晨两点以前交出炮台,否则将以武力攻下。"[25]笔者尚未见到联军将限定时间提前的报告。实际上,在联军的军官们看来,中国守军是经不起威胁的,"一经恫吓,备极仓皇"[26],"就算他们打出了几发炮弹,吓唬吓唬人,随后还不是照例投降"[27]。即使炮台守将"不愿善交",联军必将"以力占据"[28]。有什么必要提前发起炮击呢?值得注意的是,6月16日下午5时,基利杰勃兰特海军中将在"海龙"号炮舰上又召集了一次联席会议。据联军的海军头目们分析,中国守军有可能不肯交出炮台而采取军事对抗行动,因此,"拟定华军若先攻击,联军当开大炮还攻"。"此议一定,立即发令通知各处,准于清晨3点钟,一律遵行"[29]。就是说,若炮台守军先开炮必当还击;否则,到6月17日凌晨3时发起攻击。并且商定,届时由"海龙"号负责发出战斗信号[30]。后来事实的发展,也证明了联军的作战行动是按照这次联席会议的决议进行的。可知联军不仅没有必要将攻击的时间比最后通牒所限定的时间提前,而且还决定比原定时间推迟1个小时。

再次,联军虽到傍晚已获悉炮台守将"不允所请",但视为事理之常,并未料到中国守军会在6月17日凌晨2时以前发起炮击,所以一时陷于被动的境地,遭受到较多的伤亡。据《八国联军志》称:"是夜子正,炮台开炮轰击兵舰,各西人莫不惊惶失措。其时俄国'高丽支'('朝鲜人')舰泊岸较近,被击毙弁4人、兵12人,伤弁兵47人,受创最重。"[31]《庚子中外战纪》亦称:"各兵舰中弹被伤,以'日爱立亚克'('基立亚克')船为最重,该船被弹连击4次,火药舱立时爆裂,烟筒亦遭毁坏,竟至不救。其次为'稿烈'('朝鲜人')船,被弹击穿其身,现出5孔,亦被火焚。至'倚而的'('伊尔提斯')船,则被攻8次;'力勇'('里昂')船亦被攻一次。所以如此者,以各兵舰停泊之处,为该炮台临近故也。幸此次之变,尚在夜间,若值白昼,则弹丸之标的,射得极准,各兵舰必全受伤。"[32]炮台守军之所以能够取得如此之战绩,主要应是因为突然发起炮击,打得敌人措手不及。

由上述可知,先开第一炮的是大沽炮台守军而不是联军。英国人马士对此事曾有这样的评述:"中国防军在上午零时45分钟——最后通牒的限期前1小时又1刻钟——开了防御性质的攻势炮火,他们受到还击。"[33]他认为炮台守军提前开炮应属于"防御性质的攻势炮火",是很正确的。事实上,清政府对大沽炮台守军先开炮一事也是清楚的,只是声明并未下达这样的命令,并且通过两广总督李鸿章告诉英国政府:"大沽炮台未奉北京政府命令对各国军队开火。"[34]澄清这一史实,完全是为了尊重历史,并不能以此来减轻侵略者的罪责,更不能以此来否定中国军队为自卫而采取先发制人之举的正义性。

三、大沽口鏖战的经过

早在大沽南岸炮台发射第一炮之前,罗荣光已命守军做好了炮击的准备。据《庚子中外战纪》载:"迨至夜间12点钟50分时,在北(白)河之兵船,忽为炮台之电光灯遥为影射,窥察甚周,旋放出一炮,最为猛烈。盖华军早于日间,能以精细之标准,得各炮船之地位矣。"[35]这说明罗荣光早有开炮的准备,在白天已经测出了联军各舰的距离和方向,而且在炮击之前,再次用探照灯验准了联军各舰停泊的位置。至于南炮台打探照灯的时间,据《八国联军目击记》载:"距离决定性时刻还有2小时,炮台上闪了两下探照灯,灯光照准停泊在后方的各军舰,随即又暗了下来。"[36]所谓"决定性时刻",乃指最后通牒所限定的凌晨两点钟。所以,"还有2小时"应指半夜12点,即南炮台打探照灯的时间。

中国守军的第一炮,是卞长胜指挥的新炮台在零点50分发出的,所对准的目标是俄国炮舰"基立亚克"号。"大炮轰隆一声,炮弹隆隆掠过'基立亚克'号上空。各个炮台火光迸发,一发发炮弹不断掠过军舰上空",炮战全面打响了。但是,由于潮水涨落的影响,开始射击的效果并不好。6月17日为夏历五月二十一日,凌晨1点左右正是潮落的时间。所以,"一批炮弹接着一批炮弹非常准确地飞过各军舰上空,但没有一艘挨揍。这可以认为是,中国大炮对准的是海水满潮时的军舰,而在战斗开始时刚好碰到退潮,军舰的位置低下去了,因而炮弹越过了目标"[37]。随后及时地调整了发射角度,炮击的命中率才大为提高。

炮战开始后,联军"海龙"舰首先发出警报,"基立亚克"号、"朝鲜人"号和"阿尔杰林"号皆以火光信号回答。此时,四舰停泊于北岸于家堡和南岸炮台之间的一段南北走向的白河河面上,其由南到北的顺序是:"基立亚克"号、"朝鲜人"号、"海龙"号和"阿尔杰林"号。按议定的作战方案,停泊在海关附近的德舰"伊尔提斯"号和法舰"里昂"号,立即顺流下驶,边行驶边开火,与4舰会合,分别泊于"阿尔杰林"号和"朝鲜人"号之后,根据分工,"基立亚克"、"里昂"、"朝鲜人"、"海龙"4舰专攻南岸炮台;"伊尔提斯"、"阿尔杰林"两舰专攻北岸炮台。

在激烈的炮战中,俄舰"基立亚克"号受创最重。此舰打开探照灯把光线投射到炮台上,倒成为炮台重点射击的目标。罗荣光"督同副将韩照琦,率领南岸各台弁勇,奋力开炮,瞄准该兵船电光灯路还击"。并"亲自挂线,横腰一炮,击中船身,船即偏侧不支"[38]。特别是一颗榴弹击中其水线,引起弹药库和一个锅炉爆炸,从而引起了一场大火。"136枚炮弹发生爆炸,把弹药库上面的甲板掀掉,大火延及住房,并在大炮附近的上层甲板上燃烧……这场大火严重地烧伤了委托夫中尉,烧死士兵5人,烧伤士兵38人"。战后统计,"基立亚克"号死8人,伤48人,死伤占全舰乘员人数的一半以上。法舰"里昂"号正位于"基立亚克"号之前,难免受池鱼之殃,也中弹引起大火。德舰"伊尔提斯"号,受创亦甚严重。"17颗榴弹和1颗榴霰弹落到德国军舰'伊尔提斯'号上,该舰的上层甲板全部被毁。舰长兰茨被25块弹片和木片击中,身负重伤,一条腿断掉……1名德国军官和7名士兵被击毙,17名受伤"。战到后来,俄舰"朝鲜人"号也中弹起火。刚将大火扑灭,又有"1颗榴弹打穿了上层甲板上面的右舷,在里面爆炸开来,把锅炉房的通风机打得粉碎"。"战斗快结束时,'朝鲜人'号舰上除两名军官(阵亡)外,计有9名水兵阵亡,20名受伤"[39]。若不是有陆战队的配合和支援,联军进攻的6艘军舰恐很难摆脱所处的困境。

当炮战正在激烈进行之际,联军陆战队开始在北岸向西北炮台进逼。早晨4时30分,天已拂晓,西北炮台守将封得胜发现敌人"分道扑营",率军以枪炮迎敌,"轰毙洋兵甚多,敌锋大挫"[40]。英舰"阿尔杰林"号距西北炮台最近,观察最切,急忙以前甲板炮向炮台猛轰,以支援陆战队的进攻。"天色逐渐明亮,炮火愈加猛烈,从炮台发射的炮火与从兵舰上发射的炮火交织成一片连续不断的轰鸣"[41]。5点钟,联军陆战队发起冲锋。封得胜带领左营将士奋勇抗御,与敌展开近战,毙敌多人,连日军指挥官服部雄吉海军中佐也中弹丧命。然敌我强弱悬殊,炮台守军死伤甚众。据罗荣光禀报:"管带封得胜血战阵亡,兵勇死伤相继,敌遂越墙破门,将北岸左营炮台占据。"[42]此时为早晨5时30分。

联军陆战队攻占西北炮台后,立即利用该炮台的两门大炮先轰北炮台,再向南炮台射击。这时,白河上的联军军舰也集中火力向南炮台猛击。及联军陆战队占领北炮台后,遂利用其12厘米口径的克虏伯大炮,转过来对南炮台猛射。南炮台的火药库先被击中,"火箭子弹,一齐被焚"。继之,新炮台的火药库也"被炮火发"[43]。副将韩照琦身负重伤,弁兵死亡枕藉,伤亡合计在1 000人以上,仅横陈在炮台内的尸体即达七八百具[44]。罗荣光见火药库四处被毁,弁兵伤亡殆尽,已无可抵御,便率余众撤向后路。起初,他还想伺机收复炮台,后见反攻无望,便吞金自杀。时年67岁。是日早晨6时30分,南岸两座炮台终被联军攻陷。

大沽炮台虽然最终陷落,但广大守台将士在孤军无援的情况下,英勇抗敌,誓死不降,其爱国精神仍然是可歌可泣的。罗荣光明知难期必胜,先是拒绝让出炮台,继则尽其最大努力来保卫炮台,给敌人以重大杀伤。据西人统计,联军在军舰上死伤119人,在陆地上死伤136人,合计255人[45]。一位俄国随军记者目睹了大沽炮台被陷后的惨状,在战地日记中写道:"罗守台倾尽全力捍卫委托给他的要塞。在所有被攻占的炮台的大炮附近都发现断手、断脚、断头的英勇捍卫者。沿着胸墙到处都躺着中国的步兵和炮兵。到处都是被欧洲人炮弹打穿、击毁、爆破的混凝土炮台障壁,到处都可以见到欧洲舰艇猛烈轰击留下来的血腥痕迹。"[46]西人的记载虽意在歌颂联军的战绩,然字里行间也不得不讲点公道话:"中国兵将未可轻视,此次以七国水师攻一炮台,能持至6点余钟之久,可谓难矣。"[47]

四、大沽口之战中的清朝海军

当大沽口之战爆发之际,正好北洋新购船只统领叶祖乘坐旗舰"海容"号巡洋舰,并率"海龙"、"海青"、

"海华"、"海犀"4 艘鱼雷艇,停泊于大沽口内水雷营码头。此外,"飞霆"、"飞鹰"两艘驱逐舰也正入坞修理。故大沽炮台守军对海军的支援寄托了很大的希望。这七艘舰艇都是不久前从国外订购的,其中"飞霆"、"飞鹰"两舰在英国阿摩士庄厂订造,分别于 1895 年和 1896 年来华;"海容"舰在德国伏尔铿厂订造,于 1896 年来华;"海龙"、"海青"、"海华"、"海犀"四艇在德国实硕厂订造,皆于 1898 年来华。这些新购舰艇若能与炮台守军进行协同作战,清军的防御能力肯定会得到进一步加强,甚至大沽口之战的结局也会有所不同了。

然而,实际情况却与此相反。据记载,当罗荣光接到联军的最后通牒后,曾一面派专差往天津飞报,一面令"专弁密约海军统领叶祖所部各鱼雷艇管带,赶紧预备战事,由海神庙夹攻"。及战斗开始后,他"复差人密约鱼雷艇开炮协助"。然出乎罗荣光的意料之外,"讵该鱼雷船,始终并未援应"㊽。其原因何在? 从表面上看,罗荣光仅为大沽炮台主将,无权调动海军,而事起仓促,又来不及请旨调海军助战,故海军对他的"密约"可以不予回应。真正的原因还在于,叶祖想置身事外,根本不愿意参战。

事实上,就大沽口内的海军力量而言,北洋舰只具有相当的实力,不仅超过了正在执行监视任务的英舰"声誉"号和"鳕鱼"号,而且在某些方面并不比停泊于白河上的所有联军军舰逊色。例如,叶祖乘坐的旗舰"海容"号,是一艘 3 000 吨级的新型巡洋舰,配炮 22 门,有极强的进攻能力。"飞霆"、"飞鹰"两艘驱逐舰尽管尚在上坞,起码还可做"水炮台"使用,以发挥其攻击能力。特别是"海龙"、"海青"、"海华"、"海犀"四艘鱼雷艇,更占独有的优势,完全可以施展其特长,给敌人以致命的打击。问题在于,统领叶祖和各管带却采取了不抵抗政策。他们之所为,与大沽守台将士宁死不让炮台的爱国壮举形成鲜明的对比。由于海军的不抵抗,四艘鱼雷艇被白白地掳走,并为英、德、法、俄四国所瓜分。俄国海军还占领大沽船坞,将两艘驱逐舰的机件拆卸运走,使其成为废船㊾。

至于叶祖乘坐的"海容"号,则按联军司令官的命令开到大沽口外,停泊于联军舰队处,接受联军的扣留。"该船亦遂安之,并不欲脱逃。"㊿据布鲁斯致英国海军部电:"中国海军提督同联军舰队在一起,巡洋舰上悬挂着旗帜。在今晨的谈判会议上,他同意与联军舰队一起熄火抛锚。"[51]可见,叶祖是准备置大沽炮台的安危于不顾,并舍弃四艘鱼雷艇和船坞内的两艘驱逐舰,而采取对联军服从和谈判的办法,来争取保全旗舰"海容"号的。尽管《辛丑条约》签订后联军释放了"海容"号,叶祖的这种做法也是不值得肯定的。或对叶祖之所为曲意渲染,如称:"联军既合,声言南下,祖皀恐大局糜烂,独往见其诸将,力言启衅非朝廷意,反复辩论,请以身为质,各国察其情词恳挚,心许之。"[52]像这样对叶祖着意美化,显然是不足取的,也是违背历史事实的。必须看到,叶祖之所为,不仅加速了大沽炮台的失陷,而且使中国军队丧失了一次有可能进一步重创敌人、甚至在此次战斗中获得局部性胜利的机会。庚子大沽口之战,既是近代中国人民反抗帝国主义侵略的一次重要战役,也是发生于义和团运动期间的重大事件。由于联军的强占大沽炮台,清政府被迫走上向列强宣战的道路。对于有关这次战役的一些具体问题,有必要采取实事求是的态度,进行全面而深入的研究,以还历史的本来面目。惟其如此,才有可能真正认识这次失败的深刻原因,并对这一沉痛的历史教训进行科学的总结,以从中获得启迪之益。

注:

① 胡滨译:《英国蓝皮书有关义和团运动资料选译》,中华书局 1980 年版,第 29、32 页。

② 国家档案局明清档案馆编:《义和团档案史料》上册,中华书局 1959 年版,第 142 页。

③ 中国史学会主编:《中国近代史资料丛刊·义和团》(以下简称《义和团》)(一),上海人民出版社 1957 年版,第 338 页。

④《义和团档案史料》上册,第 144 页。

⑤ 吉林省社科院历史所编、董果良译:《1900—1901 年俄国在华军事行动资料》第 2 册,齐鲁书社 1980 年版,第 4—5 页。

⑥《1900—1901 年俄国在华军事行动资料》第 1 册,第 11 页。

⑦⑧⑩《义和团》(三),第 286 页。

⑨〔俄〕德米特里·扬契维茨基著,许崇信等译:《八国联军目击记》,福建人民出版社 1983 年版,第 148 页。

⑪ 日本参谋本部编:《明治三十三年清国事变战史》第2卷,第91页。
⑫《明治三十三年清国事变战史》第2卷,第92页。
⑬《明治三十三年清国事变战史》第2卷,第93页。
⑭《罗荣光传》,《清史列传》卷62,中华书局"民国"十七年版。
⑮㉖㉙㉟《义和团》(三),第287—288页。
⑯《义和团档案史料》上册,第164—165页。
⑰《义和团档案史料》上册,第157页。
⑱《英国蓝皮书有关义和团运动资料选译》,第45页。
⑲ 天津社科院历史所编:《八国联军在天津》,齐鲁书社1980年版,第34页。
⑳㉗㊱㊲《八国联军目击记》,第150—151页。
㉑㉘《义和团档案史料》上册,第142、145、147页。
㉒《八国联军在天津》,第34页。
㉓㊳㊵㊷㊸㊽《义和团档案史料》上册,第203、152、165页。
㉔《英国蓝皮书有关义和团运动资料选译》,第53页。
㉕《1900—1901年俄国在华军事行动资料》第1册,第12页。
㉚《八国联军目击记》,第149页。
㉛《义和团》(三),第281页。
㉜㊺《义和团》(三),第289页。
㉝〔英〕马士著,张汇文等译:《中华帝国对外关系史》第3卷,商务印书馆1960年版,第221页。
㉞《英国蓝皮书有关义和团运动资料选译》,第50页。
㊴《八国联军目击记》,第151—154页。
㊶《八国联军在天津》,第35页。
㊹《明治三十三年清国事变战史》第2卷,第99页。
㊻《八国联军目击记》,第157页。
㊼《义和团》(三),第182页。
㊾ 张侠等编:《清末海军史料》,海洋出版社1982年版,第159页。
㊿《义和团》(三),第290页。
51《英国蓝皮书有关义和团运动资料选译》,第46页。
52《叶祖传》,《清史列传》卷63。

(《近代史研究》1997年第1期)

论卫派文化的移民特征

郭武群

卫派文化形成较晚，从明永乐二年（1404年）天津设卫筑城算起，约有600年的时间。因此，卫派文化与京派等地域文化相比较，就显露出先天的不足，缺少深厚的历史文化积淀。论卫派文化，只好从天津人口的构成状况来入手。

天津初名直沽寨，元改名海津镇，明定名天津三卫。古代寨、镇、卫都是军事据点，人烟稀少。天津最初的居民多为军人或军人的家属。据《天津县新志》记载："明之置卫也，录明官籍者三百有九，则此三百九人皆卫官属也。三百九人子孙世世以其职承袭者，又莫非官属也。何其盛欤！"按照明制，军队的军官不仅可以携带家属，职务也可以世袭，如员额缺乏还可以从原籍调来补充，这表明天津设卫时来自各省的军籍人口，尤其是来自安徽、江苏的军人及其家属，构成初期天津人口。

到了清代，天津成了漕运中心，每年漕粮的运输量大大超过了元、明两代。同时，天津又是长芦盐的主要产销地，这就使天津迅速成为中国北方的经济中心，居民构成趋于多元并大量增加。康熙初，兵备副使薛柱斗在新校《天津卫志》中写道："天津去神京二百余里，当南北往来之冲，东南数百万之漕，遂道经于此，舟楫之所式临，商贾之所萃集，五方之民所杂居，皇华使者之所衔命以出，贤士大夫所报名而还者，亦必由于是。名虽曰卫，实则即一大都会所莫能过也。"漕运的水手、做生意的商人、应试的文人、过往的官吏和使差，云集津门，使天津流动人口量出现前所未有的增长，其中有的定居天津。据地方志中所录清初迁徙到津人口统计表明，迁徙地包括福建、广东、浙江、安徽、山西等十余个省区，尤以来自江南的移民为多，约占半数以上。

咸丰十年（1860年）天津被迫开埠后，天津城区居住人口成倍增长。据《津门保甲图说》载，道光二十年（1840年）前后，天津城区人口共32 761户、198 715人；到光绪二十一年（1895年），城区居住人口增至127 506户、587 666人，翻了近两番；1925年，天津城区居住人口首次突破百万，达176 772户、1 072 691人，又翻了一番。如果扣除人口增减率的自然因素，估计这期间约有50多万人口来自移民。天津作为一个新兴的口岸、商业大都市，急需大量的廉价劳动力，对周边省区农村的农民极具诱惑力；同时，一些较开明的社会中上层人士也看中天津这块"风土宝地"，携资津门谋求发展。据当时的人口籍贯构成表明，来自河北、山东、河南等地的新移民占城区居住总人口的55%以上。

由上述可知，天津城区居住人口是几百年间不断地由中国十几个省区的移民迁徙组合而成的。同时，移民把自己地方的文化传统和风俗习惯也带到天津，它们在碰撞、融汇、锤炼中不断丰富、发展，形成独具特色的卫派文化。

"五方之民所杂居"不仅说明天津城区居住人口构成的情况，也体现出卫派文化的重要特征。"杂"包括多种多样、千姿百态、丰富宽泛，突出文化多元的走向。

中国是一个幅员辽阔、多民族的国家，由于山川地理、人文景观的不同，在文化上也存在着很大的差异，俗语说"三里不同风，五里不同俗"。同时，经过几千年历史的积淀，形成了各具特色的区域文化。天津是由中国十多个省区的移民构成的，移民把各自的地域文化带到了天津。多元文化构成虽然在初期的碰撞中会此消彼长，但是应该看到，要改变移民的文化背景和文化心态是相当困难的，他们总是顽固地保存本区域的文化特点，世代因袭相传，至今仍或多或少地存留在卫派文化中，并在锤炼、发展中得到认可。比如，现在天津话中的语调仍与淮南话相似，只不过又融进了北方的口音，更加粗声大气；天津人以面食为主，其饮食习惯颇有山西人的遗风；天津民间婚丧风俗也多源于华北地区的广大农村。

正是由于移民把各自悠久的文化传统、风俗习惯带到天津,并在碰撞中或多或少地保存下来,才使得缺乏历史积淀的卫派文化始终充满活力,呈现千姿百态、丰富多样的构成。当然,我们所说 的“杂”,绝非拼盘式的,而是东南西北中各类文化的互补和再生, 是一种崭新独特的文化。

这里,又引发出卫派文化的另一重要特征——融汇性。卫派文化具有极强的融汇性。所谓融汇性,即相互依托、和平共存、彼此融合。

移民由于受其传统地域文化的熏陶,有其封闭的一面,也就是浓厚的本土意识。各地移民落户津城,由于地域文化的差异,异质文化的碰撞是频繁的。明嘉靖年间天津兵备副使汪来有碑记曰:“天津近东海,故荒石芦荻处,永乐初始群而居之,杂以闽广关楚齐梁之民,风俗不甚统一”①。到了近代,天津特殊的地理经济地位为异质文化的融会提供了优越的条件和广阔的空间。天津是南北通衢的交通要道和东西物资的集散地,人员的大量流动, 商品的交换,以及与之相随的异质文化的交汇和撞击,是破除移民封闭状态,摆脱地域局限的强大动力。移民意识到,要求生存谋发展,必须顺应时代发展的潮流,扬弃固有的东西,接受、习惯新鲜的事物。天津开埠后,西方文化大量涌进,打破了中华民族闭关自守的保守心理,更促进移民对外吸收和开放。从异质文化的碰撞到异质文化的互补,是人类文明的进步,也是社会的进步。

再者,文化由积淀而成,具有排他和接受的双重属性,犹如绿色的植物吸收二氧化碳、水分、无机盐,通过叶绿素实现光合作用,释放氧气,累积有机物的过程。任何地域文化的形成都经历了一个由碰撞到融汇的过程。文化不是单一体,而是复合体。比如著名的齐鲁文化就是融合了鲁文化的正统和齐文化的创造力,形成齐鲁文化的风格。封闭的文化因失去活力而最终枯竭。卫派文化融各地域文化为一炉,经不断地吸收、锤炼,去陈出新,发展形成自身的体系和特征。由于天津是由多源的移民组合而成的,融汇了各地域文化的精华;又因为天津是水旱码头城市,人员流动频繁, 所以卫派文化的融会性表现得更突出,更强烈,更具特色。

移民是流动的,经常性的迁入或迁出,形成卫派文化的又一重要特征——流通性,即开放型的文化。卫派文化的流通性首先表现在自我形成中不间断地吸收异质文化的营养,不间断地丰富变革自我的内涵。我们这里不谈对异质文化的吸收,而是谈不间断, 就是在流通中异变。卫派文化约有600年的历史,但其内涵出现几次质的异变,即由军转农,由农尚文,由文变商,所谓天津民风多变。不间断地接受,不间断地丰富变革本体文化的内涵,是卫派文化流通性的表现,也是卫派文化流通性的结果。

其次,卫派文化的流通性表现在突出文化传播的功能方面。传播机制包含“文化接受”和“文化转出”两方面。一个充满活力的文化必须拥有健全的接受—传出机制,方能获得文化补偿,赢得空间上的拓宽和时间上的延展。如果说卫派文化的融会性重在对异质文化的接受,而卫派文化的转出则是对异质文化的扶植和开拓。众所周知,天津是中国北方三大优秀剧种京、评、梆剧的发祥地,也就是说天津对京、评、梆三剧种的发展成熟起过极其重要的作用。可以说,天津为京、评、梆剧的繁荣发展注入了活力,使之成为精品艺术,其功不可没。然而,今人谈论京、评、梆剧很少言及天津, 却是卫派文化的缺憾。卫派文化的流通性突出了传出功能,而忽略了自我保护积蓄的机制,这大概是卫派文化缺少历史积淀的一个原因,也是人们经常议论的“天津留不住人才”的历史文化因素。

第三,卫派文化的流通性还表现在非传统上。中国人一般乡土观念严重,除非万不得已不会走出家门。移民敢于离乡背井闯江湖,大都具有开拓精神,他们的行动是对儒家传统观念的反叛,因此,移民聚集地较少有传统思想、道德的束缚。近代天津商业文化的崛起和市民阶层求新图变的文化心理,表现了卫派文化非传统的一面,同时,天津也是中国最先引进接受西方文化的城市之一。本世纪初叶,天津的报业空前繁荣,处于全国领先地位。著名报纸《国闻报》创刊于光绪十九年(1893 年),由维新派人物严复、夏曾佑等编辑出版,是当时全国维新变法运动的产物。报纸批判旧制度,宣传维新变法,风靡海内,成为全国最有影响的政治性日报。而后成名的《大公报》、《益世报》、《庸报》、《商报》等报纸,基本上接受了西方的办报思想和编排方法。

天津也是最早推行西式教育,兴办新型学校的城市。天津最早的一批学校是随着洋务运动的兴起而出现的。天津北洋西学学堂兴办于光绪二十一年(1895 年),是北洋大学的前身。学堂引进了西方的科学技术和资产阶级民主思想,培养出一批新型的知识分子。我国早期派往国外的留学生,很多是从这批学生中选拔的，后大都成为杰出的人才。天津兴办新式教育的实践，在中国起到开风气之先的作用，具有一定的开创性。

我们探讨卫派文化的移民特征，是了解其历史，着眼于现实，发展于未来。只有准确把握卫派文化的特征，才能使它独树一帜，弘扬光大，为现代化建设服务。

注：

①《天津卫志》。

（《城市史研究》1997 年第 13—14 辑）

清代前期的沿海贸易与天津城市的崛起

许　檀

关于天津城市经济的发展,已有不少学者作过探讨,并有天津城市史的专著问世[①]。本文拟在这些研究的基础上,利用档案资料对清代前期的沿海贸易对天津城市的发展,特别是其作为商业城市的崛起,再做些进一步的考察分析,就教于各位专家学者。

一

天津位于华北平原东北部,渤海湾西岸,北运河、永定河、大清河、子牙河、南运河五河在此汇流为海河,东注入海。

天津的前身为直沽寨,地点在三岔河口。元代定都北京,江南漕粮由海运北上至直沽下卸存仓,每年达两三百万石[②],然后经由北运河转运京师,直沽遂成为海船、河船、驳船汇聚中转之地。泰定三年(1326 年)在三岔河口所建大后宫,即为船民祭祀之所,而宫南、宫北大街(即今古文化街)店铺渐兴,成为物资荟萃之闹市。元代诗人张翥有诗赞之曰:"晓日三岔口,连樯集万艘"[③];"一日粮船到直沽,吴罂越布满街衢"[④]。

明建文元年(1399 年),燕王朱棣起兵"靖难","自小直沽渡跸而南",于建文四年夺得政权,遂将直沽赐名"天津",永乐二年(1404 年) 在此建城设卫,《明太宗实录》记言:"上以直沽海运商舶往来之冲,宜设军卫"[⑤]。天津虽是由"圣驾"渡跸而得名,但它的兴起实际上与漕运密切相关。

天津城址选在三岔河口西南,东距北运河 250 步,北距南运河 200 步。初为土城,弘治年间改为砖城,明清两代又多次重修。天津城城周 9 里零 2 分,东西南北各设一门,就一个卫所而言其规模相当可观。明代城内建有卫衙、总镇、城守营、户部分司等衙署,并建有三仓、文庙和武庙;清代撤卫设府,建有府衙、县衙、运河公署、左营、右营、府学、县学等等。城内街道以鼓楼为中心,四条大街十字交叉直通四门;官府衙署均在北城,文东武西是其基本布局;南城地势低洼,明代尚多荒地,清代渐成民居[⑥]。

永乐十三年(1415 年)会通河成,罢海运,漕粮全部改由运河北上,天津作为京师的门户和运河漕运的枢纽,地位更加重要。正德年间,天津已是"粮艘、商船鱼贯而进无虚日",商业日渐繁荣。弘治年间,政府允许漕运官兵每船搭载 10 石"土宜"沿途货卖,"免其征税",嘉靖年间增至每船 40 石,万历时再增至 60 石;清代其数量仍不断加增[⑦],由此随漕贸易成为天津商业的重要组成部分。随着运河漕运、商运的发展,天津城市商业也逐渐发展起来,城外运河沿岸"南艘鳞集",市声鼎沸,渐成街市。

不过,天津城市商业真正的大发展是在清代。康熙年间海禁开放,天津再次成为海贸港口,贸易范围迅速扩大到闽广台湾。雍正年间,已有大量闽广海船北上天津。据档案记载,雍正七年 (1729 年)六月中旬有"闽商张宁世等闽船十只,装载客货到津";自六月中至七月十八日又有闽广商船 12 只"陆续抵关"。雍正九年(1731 年)自六月二十四日起至九月二十日,共有福建商船 53 只陆续抵津[⑧]。史料记载"历来福建商船,从六月内到天津,候十月北风归回"[⑨]。六月到九月正是闽船抵津季节,故这 53 只闽船大体可看做当年抵津闽船的全部或大部。这些船只主要来自泉州府晋江和同安、漳州府龙溪、福州府闽县、兴化府莆田等县,每船除商人之外, 随船水手多在 17—23 人。日本学者香饭昌纪教授对雍正年间来津贸易的这些商船的商人、水手人数及所载货物等作了详细的考察分析[⑩]。这里,为节省篇幅我们将其改制成表 1。

乾隆年间来津贸易的闽船数量进一步增加,如乾隆五年(1740 年)到关闽船共有 70 余只,六年计有 90 余只,八年自闰四月二十八至七月十七日止,到津闽船共计 105 只[⑪]。此外,来津贸易的还有广东、浙江、山东、辽东等地的商船。表2是乾隆—道光年间与天津往来贸易的商船示例[12]，从中我们可较具体地了解天津南北贸易的范围、主要贸易港口及往来商品的内容等等。

表1 雍正年间天津关进港商船统计

船籍	雍正七年		雍正九年	
	船只数	水手数	船只数	水手数
福建泉州府晋江县	10	179	13	253
福建泉州府同安县	4	77	9	185
福建漳州府龙溪县	3	58	10	215
福建福州府闽县	3	65	12	270
福建福州府福清县	1	19	–	–
福建兴化府莆田县	–	–	8	168
广东琼州府琼山县	1	19	–	–
浙江宁波府鄞县	–	–	1	14
合计	22	417	53	1 105

资料来源：据〔日〕香坂昌纪"清代前期の沿海贸易に關する一考察"整理。

表2 乾隆—道光年间天津进出口商船示例

	年代	出发地	目的地	载运商货
进口商船	乾隆五年	福　建	天　津	糖
	十四年	福建漳州	天　津	糖
	二十五年	福建泉州	天　津	杂货
	嘉庆二年	福建福州	天　津	纸箱
	六年	福建同安	天　津	杂货
	十八年	福建漳州	天　津	砂糖、胡椒、苏木
	十八年	台　湾	天　津	乌糖、白糖
	道光元年	台　湾	天　津	大米
	四年	台　湾	天　津	粮米
	十年	台　湾	天　津	糖
	乾隆二十五年	广　东	天　津	货
	五十年	广东澄海	天　津	槟榔
	嘉庆六年	广　东	天　津	红糖、白糖
	六年	广东东泷港	天　津	红糖、白糖
	道光四年	广东澄海	天　津	糖货
	十年	广东澄海	天　津	糖货
	十年	广东凌水	天　津	黄糖、白糖
	十六年	广东饶平	天　津	糖
	乾隆十四年	江　南	天　津	生姜
	四十一年	江　南[①]	天　津	茶叶
出口商船	乾隆四年	天津	苏州	红黑枣1 500担
	乾隆二十五年	天津	广东	红枣
	道光四年	天津、宁远	广东澄海	高粱、乌枣、豆货
	嘉庆六年	天津	福建同安	红枣、乌枣、核桃、梨
	十八年	天津	福建	红黑枣、葡萄干、白米、白酒、小鱼干
	十八年	天津	福建	红枣
	道光四年	天津、山东	福建同安	乌枣、豆饼
	十六年	天津、宁远	福建漳州	酒、豆、枣

资料来源：据[日]松浦章"清代における沿岸贸易について"表4、表6整理。

①该船系从漳州载糖到江南卸卖，再由江南载茶叶北上。

乾隆年间，西洋商船来华贸易数量大增，各种洋货也随着闽广商船大量贩运到津。天津原有的洋货行已不足以应付货物的起卸、存贮业务,遂另外开设洋货局栈九家,共同经营洋货的起卸、贮存与发售。嘉庆四年(1799年)天津地方政府发布的文告中记载其缘起称:"津邑地方历来闽粤等省洋、沙船只进口贸易,恐人地生疏,设立洋货起卸行代客评价出售。惟洋船进出俟风帆顺利为期,迟速不一。货物到津查验,后需卸贮,以便归帆。但洋行既少,房屋无多,所来货物不能及时起卸,是以又有开设洋货局栈之九家,此洋行、局栈所由来也。"该文告还对洋行局栈抽收牙用进行了统一规定:"查局栈洋行,向来任客商自行投卸,其投卸行,贮货发售不归局栈者,听牙行照例抽用;其卸贮局栈经本客自行发卖者,局栈每两得银一分五厘,为房租饭食之资;仍以一分五厘归行作为牙用"。不过,此项规定并非政府的强行规定,而是"乾隆丙申年(四十一年)闽粤两省商人偕同行栈酌定",呈报地方政府核准确认的[13]。

清代天津与东北的贸易也有很大发展,其贸易商品以粮食为最大宗。天津与东北的粮食贸易,始于康熙年间。史料记载:"康熙年间,郑世泰奏准后,贩运者已不乏人,郑尔瑞、蒋应科、孟宗孔等其最著者。"雍正年间政府下令,"若有自海运粮商人不必禁止,听其运至天津贸易"。乾隆初年因直隶歉收粮价腾贵,清政府下令:"嗣后奉天海洋运米赴天津等处之商船听其流通,不必禁止";并令天津、宁河两县雇海船(称卫船、宁船赴牛庄、锦州等地"将奉天米石由海洋贩运以济能辅",受雇船只共700余只[14]。乾隆七年(1742年)又下令,天津、临清等关"商贩米船概给票放行,免其上课",以促进粮食流通[15]。不过,此时清政府对东北的粮食输出数量和地点尚有诸多限制,上述各例多属因灾特许。乾隆中叶以降,随着东北开发的深化,这里成为新的粮食产区,粮食供给能力大大提高,清政府对东北粮食输出的限制也最终解禁。赴东北贩粮的商船康熙年间"不过十数艘",乾隆年间已增至数百艘,嘉道时更有增加。

清代随着商业的繁荣,天津在建置上也逐渐上升。雍正三年(1725年),清政府将天津卫改为天津直隶州;雍正九年(1731年),又以"天津直隶州,系水陆通衢,五方杂处,事务繁多,办事不易",再"升州为府"[16],天津遂成为府城。清政府又将明代设于河西务的钞关移驻天津,运河商船和闽广海船均于此验关纳税。随着河运、海运的发展,各种商业街市在北门外大街纷纷兴起,与东门外的宫南、宫北大街连成一体,顺城墙沿河之走势逐渐形成一新月形的商业带,成为天津最繁华的地段,城外街巷、居民数量渐超过城内。现将清代中叶天津城厢各区商业布局简述如下:

城区,即明代所建卫城,清代为府治、县治所在,是各区中面积最大的一个。城内居民9 900余户,95 000余人(各区人口数字及职业构成详见后文表6—8)。城内大小街巷共计114条,天津"镇、道、府、县及长芦运使皆驻城内",其余"文武大小公廨十有四"。城内居民中绅衿户数量较其他各区为多,计有288户,占全部绅衿户的44%;盐商居城内者计有159户,也占盐商总数的42%;铺商3 132户[17],估计居城内者当以大商人为多。

北门外,该区有街巷162条,无论数量还是密度都超过城内。天津关即设在北门外南运河岸,运河商船和闽广海船均在此验关纳税,故"商旅辐辏,屋瓦鳞次",是天津商业最繁华之区;针市街、估衣街、竹竿巷、小洋货街、锅店街、茶叶店街、曲店街、西杂粮店街等都是著名的商业街。全区居民6 600余户,有盐商52户,铺商3 196户[18];雍正年间在针市街开设的昌茂招商店,拥有海船17艘,专事闽广等地货运贸易[19];外来客商也数量众多,闽粤会馆、江西会馆、山西会馆都坐落于此。

东门外,该区商业仅次于北门外。道光《津门保甲图说》记载,"海河亘其中,米舶盐艘往来聚焉。故河东多粮店,盐坨亦鳞次其间"。该区居民7 000余户,商业以粮、盐为主,有盐商110户,铺商2 975户[20];宫南、宫北大街是最繁华的商业街,开设有瑞恒、瑞甡等银号多家,银号公所建在天后宫的财神殿[21]。

东北城角,为"南北运河、海河合流之所",即三岔河口;全区有街巷98条,居民2 600余户,13 000余口。西北城角,"地枕南运河……粮船北挽必由此而过","夏秋间帆樯云集,负缆者邪许相闻";该区有街巷58条,居民2 300余户,10 000余口。这两个区铺商数量不如前述各区,船户和小商贩比例较高[22]。

县城西门外、南门外,共有居民4 200余户,14 000余口。这两区"地稍荒僻",商铺不多,街巷亦少,农田、村舍、坟地掺杂其间[23]。

二

从前文表2中我们已经看到,闽广商船输入天津的商品主要有糖、茶、杂货、苏木、胡椒、果品、生姜等,所谓杂货又包括纸张、瓷器、药材等等，其中以糖、纸张、瓷器、茶叶为最大宗。下面我们依据关税档案对这些商品的数量再做些考察[24]。

1. 糖货

糖是闽船运至天津最大宗的商品。在雍正九年（1731年）抵津的53只商船中，有45只载有糖货，每船装糖多者1 000余包，少则数百包，有的船只甚至除糖之外几乎未载其他商品。这45只商船共载有白糖17 026包、松糖16 427包，冰糖672桶，总计为34 125包（桶）。这些船只除一只属浙江宁波府部县之外，其余均为闽船，分属龙溪、晋江、同安、甫田、闽县五县。表3分列出这些商船所载糖货的品种和数量，从该表可见，雍正九年抵津闽船以泉州府的晋江、同安，漳州府的龙溪三县船只载糖最多，这三县商船共计29只，共载有白糖14 302包，松糖8 972包，台松糖1748包，冰糖645桶，总计25 667包（桶），占总额的75．2%。据天津关档案记载“大白糖每包三百斤”，“大青糖每包三百一十斤”，小包半之[25]。这里以大小各半计算，该年天津进口食糖达760余万斤。漳州、泉州二府是福建的产糖区，这些糖货估计主要产自当地，而“台松糖”当是由台湾转销的了。此外，表2显示广东来津商船载运的商品中糖也是最重要的商品。广东《澄海县志》亦载：“邑之富商巨贾当糖熟时，持重货往各乡买糖……候三四月好南风，租舶膳船装所货糖包由海道上苏州、天津。”[26]其数量即使不如闽船，是必也相当可观。这么大的数量显然并非全部由天津本城消费，其中绝大部分当系转销京师以及直隶各地。

表3　雍正九年（1731年）抵津的45只载糖商船所载糖货统计

船籍	船数（只）	白糖（包）	松糖（包）	台松糖（包）	冰糖（桶）	合计（包、桶）	占总额%
福建泉州府晋江	12	6 398	2 798		253	9 449	27.7
福建泉州府同安	8	3 731	2 301	1 167	103	7 302	21.4
福建漳州府龙溪	9	4 173	3 873	581	289	8 916	26.1
福建兴化府莆田	8	522	3 572			4 094	12.0
福建福州府闽县	7	749	2 121		27	2 897	8.5
浙江宁波府鄞县	1	1 453	14			1 467	4.3
合计	45	17 026	14 679	1 748	672	34 125	100.0

资料来源：《宫中档雍正朝奏折》第19辑，署直隶总督刘於义雍正九年十二月十五日折。

2. 瓷器

这53只商船中载有瓷器的计有10只，共装载瓷器53万余件。表4分别列出这10只商船所载瓷器的数量和品种。表中可见，这10船分属晋江、莆田、闽县三县，其中晋江一县即有6只，每船装载各类瓷器多达数万件至数十万件，仅此6船装载瓷器即达48万余件，占总数的90%以上。瓷器的品种则有粗碗盘、粗酒盅、粗茶盅、粗小菜盏等；未记明为“粗”瓷器者当属细瓷器，其中“五簋碗”、“宫碗”等似为宫廷或富贵之家的用物。晋江出瓷器，估计这些瓷器大部分当产自本地。此外，还有少量记作“粗洋碗”者，可能是从国外输入的。

3. 纸张

53只商船中载有纸张者共计12只。这12只商船分属福州府闽县和兴化府甫田，共载纸48 000余篓（见表5）。其中莆田县所属的两船所载纸张数量甚少。另外10船均为闽县所属，每船载纸多为3 000—6 000余篓。这些纸张多产自闽江上游的延平、邵武二府，这里明代即有商品纸输出。运抵天津的纸张大部分也是转运北京的，北京《延邵纸商会馆碑文》对此有明确记载[27]。

表4 雍正九年(1731年)天津关进口闽船所载瓷器统计 单位:件

序号*	船籍	粗瓷器			细瓷器			合计
		碗盘	茶盅酒盅	调羹	五篹碗宫碗	四寸七寸盘	茶盅酒盅	
3.	晋江	107 000	23 800	2 800				133 600
5.	晋江	125 000	17 500	14 000				156 500
10.	晋江	4 500 45 000**				4 500	12 000	66 000
22.	晋江	90 000 +5 篓						90 000 +5 篓
37.	晋江	18 000					1 800	19 800
43.	晋江	19 000						19 000
8.	莆田				6 600	1 840	3 850	12 290
9.	莆田	6 510						6 510
48.	莆田	7 660	1 350					9 010
26.	闽县	25 000						25 000
	合计	447 670	42 650	16 800	6 600	6 340	17 650	537 710 +5 篓

资料来源:同表3。

*序号指奏折中原排列顺序;**系粗洋碗。

4. 茶叶

53只商船中有22只载有茶叶,不过每船所载数量都不是很大,最多装载四五百篓(箱),少者仅只200余斤,一般多为数十篓至一二百篓,22船总计载茶2100余篓。茶叶品种则分为武夷茶、兴茶等数种。此外同安商人黄万春的船中还载有"细茶"5篓,所谓"细茶"当属较上品的茶叶了。

5. 苏木、胡椒

这53只商船中还有12只载有苏木,共计22 800余斤。其中有些船只装载苏木多至5 000余斤,少者也有数百斤。装有胡椒的船有4只,合计共71包。上述糖、纸、瓷器、茶叶等商品主要是福建本地所产,而苏木、胡椒则多来自东南亚,由闽船转运天津。明末清初海禁之时,闽广商人即已从东南亚进口大量苏木、胡椒。据荷兰学者伦纳德·鲍乐史统计,从崇祯元年至十七年(1637年—1644年),每年约有800—1 200吨胡椒从南洋运往中国[28]。又如顺治十五年(1658年)福建海商李楚、杨奎等"装载夏布、瓷器等前往暹罗外国贸易",回航时李楚船载有苏木1 500担,胡椒260担;杨奎船载有苏木1 129担,胡椒354担以及大量其他商货[29]。这些苏木、胡椒等进口商货又由闽广商人转运分销各地。

表5 雍正九年(1731年)天津关进口闽船所载纸张统计

序号	船籍	杠连纸(篓)	古连纸(篓)	甲纸(块)	毛长纸(块)	毛边纸(篓)	净边纸(篓)	合计(篓、块)
26.	闽县	117 块						117 块
29.	闽县	3 473		96	403			3 473 篓 499 块
30.	闽县	5 512 又 382 块	1 044					6 556 篓 382 块
31.	闽县	5 573	931	87	50			6 504 篓 137 块
32.	闽县	6 394				175		6569 篓
42.	闽县	6 220						6 220 篓
44.	闽县	4 862						4 826 篓
46.	闽县	5 442				6		5 448 篓
47.	闽县	4 124				4		4 128 篓
51.	闽县	4 167				256		4 423 篓
12.	莆田			70				70 块

续表

序号	船籍	杠连纸(篓)	古连纸(篓)	甲纸(块)	毛长纸(块)	毛边纸(篓)	净边纸(篓)	合计(篓、块)
36.	莆田						50	50 篓
	合计	45 767 篓 499 块	1 975	253	453	441	50	48 233 篓 1 205 块

资料来源:同表 3。

此外,该年抵津的商船还载有各种干鲜果品:如橘饼 500 余桶 (篓)、乌梅 187 篓(包)、槟榔、桂圆、佛手等共 300 余桶;药材如陈皮、橘皮 200 余袋,门冬、麦冬 260 余桶;还有绍兴酒 451 坛、姜 140 余桶、笋 396 篓、鱼翅 150 斤、红曲 48 篓,以及白矾、生漆、松香、鱼鳔、鞭杆等商品。

天津从东北输入的商品主要是粮食,约计每年有上百万石。嘉庆年间奉天地方官奏报:“历年直隶、山东等省商船来奉运载高粱,不下百余万石。[30]”监察御史牟昌裕亦称:“天津粮船于东省贩卖米石,向在锦、盖、复、宁等州,而边外之粟得以辗转出卖,获有善价,亦大便利。”又言“天津一县向来以商贩东省粮石营生者,每岁约船六百余只,每船往返各四五次或五六次不等”。天津居民中靠“搬运粮石生活者”就“不下数万人”[31]。如以每船载粮 400 石,每年往返 4 次计,600 只船一年即可运粮 140 余万石。天津从东北输入的粮食除供本地居民之外,也有一部分沿运河南下直隶、山东,乾隆《临清直隶州志》即言,每年“沈阳、辽阳海运杂粮至天津拨载 (至临清者)亦不下数万石”[32]。

海船从天津南贩的商货主要是枣、梨、核桃、大豆、花生、药材等,其中以红枣、乌枣为最大宗。这些商品多来自天津腹地的广大农村,大豆、花生产于平原,核桃等多来自太行山区,药材则有远自河南、东北、甘肃,乃至新疆而至者。

由内河南下的商品主要是食盐。清代,天津是长芦盐区的盐业中心,长芦盐政、巡盐御史均于康熙年间移驻天津,运司公署建在鼓楼东大街。长芦盐行销直隶 130 余州县及河南开封、彰德、陈州、怀庆 4 府 50 余州县。清初长芦额引 719 550 道,每引配盐 225 斤,总计约 1.6 亿斤;此后不断加增,乾隆中叶长芦正引 96 万余道,余引 5 万,每引增至 350 斤,总计达 3.36 亿斤[33]。这些引盐很大一部分是在天津集中,经运河南下,分销直隶南部诸府及河南 4 府。

天津商业是以转运贸易为主的,故各地客商云集天津。外来客商在津除开设店铺字号外,又多建有会馆。闽粤商人于乾隆年间建立闽粤会馆,地点在北门外针市街;光绪时广东商人又在鼓楼南大街盐运使署旧址新建广东会馆。浙江会馆的前身是“浙江乡祠”,在城内东北隅户部街,始建于明代;康熙、乾隆、光绪年间先后扩建和重修[34]。山西商人所建会馆有二,据《津门杂记》记载,“在河东杂粮店街者为西客烟行聚议之所;一在锅店街,凡山西盐当、杂货等商馆内各有公所。栋宇巍焕,局面堂皇……该馆存项甚巨,皆本省人捐纳”[35]。民国年间日本学者仁井田升曾对位于锅店街的山西会馆进行调查,抄录了道光九年(1829 年)该会馆落成时所立两碑的碑文。据其中的《初建山西会馆碑记》所载,位于河东杂粮店街的会馆建立较早,因其“地势逼窄,隔水不便”,山西商人于嘉庆十二年(1807 年)“公同立议”,“购买锅店街至侯家后地址”,宄工庀材,另建新馆。因工程浩繁资金不逮,不得不暂行中止,“至道光三年杂货众号,西裕成、阎永寿等复起而倡之,盐当诸商并各行字号又从而和之”,捐资续建而成[36]。

与闽广商人多从事南北货贸易不同,山西商人的经营范围主要是盐业、典当业、烟行、颜料杂货、银钱票号等。颜料庄、油漆店以西裕成、德昌公、大胜泉有名;土杂货批发则以德茂栈、晋义栈为最著。乾隆年间平遥商人雷履泰在津开设日升昌颜料店,其所贩铜绿需从四川采办,因远道解运现金诸多不便,雷履泰试用汇票进行两地交易的清算。后又扩大范围,“联络四川来华北采购货物的商人将现银交与四川日升昌分庄,换取汇票,持票向北京、天津日升昌兑取现银”,“复联系京津去川采办货物的商人将现银交与日升昌,持票向四川日升昌分庄兑取现银”。此法既方便又安全,大受欢迎,日升昌也因经营此项业务收取的汇水十分丰厚,遂于嘉庆初年改为专营汇兑的票号。不久山西商人中又有一些转而经营票号业,并形成平遥、太谷、祁县三帮[37]。

此外在天津经商者还有山东帮、河北南宫冀州帮等。南宫、冀州商人多经营铁、竹木、瓷器、日用杂品和炊具等业；山东帮主要经营绸布、饭馆、茶叶、皮货等行。估衣街的“祥”字号绸布店，如谦祥益、瑞蚨祥、瑞生祥、瑞林祥、瑞庆祥等都是山东帮开设的；登州、莱州、青州商人则擅长经营饭馆，如北大关、北马路由“三州”人开设的饭馆有四全楼、东坊楼、同聚楼等。山东商人的店号还有泉祥鸿茶叶店、大丰皮货庄、天胜酱肉店等[38]。

天津本地商人以经营盐业、粮食为最。著名的“天津八大家”中即有四家是以盐起家，其余四家经营粮食业。康熙年间长芦盐商已在津建立“芦钢公所”，筹办通纲公益，协调钱债纠纷。不少大盐商引地在直隶、河南各县，但总店却设在天津。道光年间，盐商聚居津门者达370余家之多。其中著名者，如南斜街高家，为长芦盐商之首富，设有益德裕盐店，亦称益德裕高家，为天津八大家之一；李士铭，经办许州等七州县引岸，在津设有瑞昌、怡昌、公义等盐店；杨俊元经办14州县5万余道引盐，设有晋益恒、庆祥厚等五家盐店；黄兴桥承办直隶七州县引岸，设有振德、长德、德隆等盐店；张锦文承办房山、安阳等七州县引岸，设有益照临盐店等等[39]。

粮食业，由粮店、斗店、磨房三个行业组成。粮店以经营粮食批发业为主，天津有两大著名的粮店街：海运来津的粮食汇于河东杂粮店街，自南运河、大清河、子牙河来津的粮食则汇集在河北粮店街。斗店为代客买卖、评价过斗的牙纪，领有牙帖，各有地界，较著名的斗店有怡和公、同顺永等。磨房则为粮食加工业，主要是为本城居民消费服务的。乾隆年间该行在东门内建有三津磨房公所，业此者有数百家之多。为磨房业打造石磨的手工业者也有专门的打磨行[40]。

天津经营粮食业起家者如正兴德穆家、土城刘家、杨柳青石家等。穆家在乾隆年间开设米面铺、磨房，嘉庆年间又开设正兴德茶庄。土城刘家经营粮食、油坊起家，道光时成为占地58顷并拥有多家商号的地主兼商人。杨柳青石家在明代即以贩粮为业，在杨柳青置有出产；清代雍、乾年间升设万兴粮行，嘉、道年间成为有田4万余亩的大地主兼商人。这三家咸丰年间都已跻身天津“八大家”之列。天津粮商多从事东北粮豆贸易，每年往返于锦州、牛庄等地三四次，大粮商多自有海船，兼营运输，获利尤丰。天津八大家之一的天成号韩家即开设粮行，并拥有海船数十艘，不仅自己从事粮豆贸易，且承揽商货往返于沿海各埠，甚至远至朝鲜、日本[41]。

此外，牙行货栈、木材等业也是天津商人从事较多的行业。如前述之斗店牙行、洋货局栈，即多以天津本地人经营为主。《津门杂记》将其列为商业之第三等曰：“又次开粮店、洋行杂货行，认客投主，有帖应行，拿用也够加一账。[42]”业木者多集于城北之西沽，以船料为最，屋材次之。木材商又分为松木、泾木两大类，前者购自东北大东沟一带，每年约进口两三百船；后者则购自南方诸省[43]。

清代，天津的金融业也有很大发展。乾隆年间天津有当铺40多家[44]，嘉庆十七年（1812年）在北门外建立当行公所；东门外的宫南、宫北大街为银钱市场，盐商王文郁开有益得、益兴恒、益源恒三家银号；李士铭开设有瑞恒、瑞甡等五家银号；天成号韩家既有当铺，亦有银号；银号公所也于道光初年成立[45]。票号则更是为适应埠际贸易的日益扩大应运而生的。

三

随着商业的发展，天津城市规模进一步扩大，城市人口也有大幅度的增长。明代尚多荒地的南城到清代中叶已成民居；而城外居民数量逐渐超过城内。道光年间天津城厢人口共32 700余户，198 700余口，已是一个20万人的商业城市了。表6是当时天津城市人口的分区统计。

表6 道光年间天津城市人口统计

城内及城关	户数	人口数		
		大口	小口	合计
城内	9 914	30 750	64 601	96 351
北门外	6 608	24 290	7 204	31 494
东门外	7 008	23 044	11 060	34 104

续表

城内及城关	户数	人口数		
		大口	小口	合计
东北城角	2 639	9 131	4 077	13 208
西北城角	2 335	6 815	3 727	10 542
西门外	3 399	9 132	2 068	11 200
南门外	858	1 935	881	2 816
合计	32 761			198 715

资料来源:《津门保甲图说》。

考察天津人口的职业构成,可以更进一步了解该城的商业性质。道光二十六年(1846 年)成书的《津门保甲图说》详细登载了当时天津城内外居民人口及其职业,我们据以制成表 7。

表 7　道光年间天津城市人口职业统计　　单位:户

职业	城内	北门外	东门外	东北城角	西北城角	西门外	南门外	合计	%
绅衿	288	103	129	36	56	39	2	653	2.0
烟户	2 887	1 426	1 717	1 087	658	1 526	418	9 719	29.7
应役	1 139	427	383	95	119	156	19	1 338	7.1
铺户	3 132	3 196	2 975	318	902	823	280	11 626	35.5
负贩	1 935	799	1 330	762	318	465	102	5 711	17.5
盐商	159	52	110	13	34	4	–	372	1.1
船户	19	131	200	192	94	37	–	673	2.05
佣作	30	422	–	27	98	130	–	707	2.2
医户	11	11	–	–	–	–	–	22	0.07
僧道	32	–	29	17	8	15	4	105	0.3
乞丐	25	10	22	14	9	7	2	89	0.3
土住	257	31	113	78	39	197	31	746	2.28
合计	9 914	6 608	7 008	2 639	2 335	3 399	858	32 761	100.0

资料来源:《津门保甲图说》。

从表 7 可见,城内居民中绅衿、烟户、应役三者数量远远高于城外各区,"烟户"一项职业不明;而绅衿、应役两项前者系官僚或准官僚,后者当是为官僚机构服务的。不过,居住于城内的商人亦为数不少,铺户、负贩、盐商三者合计共 5 226 户,占城内总户数的 52.7%。城外居民以北门外、东门外最为密集,这里是天津最主要的商业区,故居民比例也以商贩为最多。其中北门外盐商 52 户,铺户 3 196 户,负贩为业者 799 户,合计从事商业的人口 4 047 户,占总户数的 61.2%;东门外盐商 110 户,铺商 3 132 户,负贩 1 935 户,经商人口合计 4 415 户,占总户数的 63%。东北角、西北角两区,商业户分别为 1 093 户、1 254 户,各占该区总户数的 41.4% 和 53.7%。西门外、南门外两区商业虽不甚繁华,但经商人户仍分别占该区总户数的 38% 和 44.5%,亦不算低。

进一步分析天津商业人口的构成,还可看到铺户共计 11 626 户,占商业户总数的 65.7%,占全城总户数的 35.5%;负贩户 5 711 户,占商业户总数的 32.2%,占全城总户数的 17.5%。所谓铺户当是指开有店铺的商人,也包括牙店货栈在内;至于负贩当是指没有店铺,每日负担往来或出摊贸易的小本经营者。表 8 分别统计天津商业较发达的几个区这两类商户所占之比例。该表可见,铺商主要集中在北门外、城内和东门外三个区,尤以北门外比例最高,这里是天津商业最繁华地区,也是货栈、码头之所在,由天津转运的货物多在此卸货存仓以待转销;负贩为业者则以城区和东门外、东北角三区数量较多或比例较高,城内的小商贩可能是以为城区居住的官宦绅衿富商大贾服务为主,后者或更多的是为汇集于天津的大量商货的流转服务的。各区不同类别的商户分布，也与天津城市商业布局大体吻合。

表 8　道光年间天津主要商业区商户类别统计　　单位:户

类别	商户总数	铺商	占商户%	负贩	占商户%	盐商	占商户%
城内	5 226	3 132	59.9	1 935	37.0	159	3.1
北门外	4 047	3 196	79.0	799	19.7	52	1.3
东门外	4 415	2 975	67.4	1 330	30.1	110	2.5
东北角	1 093	318	29.1	762	69.7	13	1.2
西北角	1 254	902	71.9	318	25.4	34	2.7
合计	17 709	10 523	90.5	5 144	90.1	368	98.8

资料来源:《津门保甲图说》。

此外，天津各区从事运输业的船户计有 673 户，占全城总户数的 2.05%；作为一个商业码头，天津从事装卸业的脚夫数量亦应不少，但在《津门保甲图说》资料中不知将其归入哪一类，故无法统计。总计天津全城从事商业运输业者共 18378 户，占城市总人口的 56.2%，比例相当之高。无怪时人杨一昆有这样的赞语："天津卫好地方，繁荣热闹胜两江，河路码头买卖广"，"不种田，不筑厂，赤手空拳即可把钱想"[46]。显然，天津城市经济完全是以商品流通为基础的。

综上所述，天津城市的兴起是以漕运为基础的，而清代沿海贸易的发展推动了天津城市经济的发展，使其作为商业城市迅速崛起，到清代中叶天津已成为华北最大的商业中心和港口城市了。1860 年《北京条约》签订后，天津被确定为通商口岸被迫开埠，而其作为商业城市的基础实际上是在清代前期奠定的。

注：

① 郭蕴静主编:《天津古代城市史》，天津古籍出版社，1989 年版；罗澍伟主编:《近代天津城市史》，中国社会科学出版社 1993 年出版等。

②《元史》卷 93，海运。

③⑥ 李森:《天津开埠前的城市规划初探》，《城市史研究》1989 年第 1 辑。

④ 张翥:《蜕庵集》卷 4。

⑤《明太宗实录》卷 36，永乐二年十一月。

⑦《万历会计录》卷 35；光绪《大清会典事例》卷 207。

⑧《文献丛编》第 18 辑，《雍正朝关税史料》，署直隶总督唐执玉、刘於义折。

⑨《清实录》(康熙朝)卷 213，康熙四十二年八月。

⑩［日］香坂昌纪:"清代前期沿海贸易考察"，《文化》第 35 卷第 1、2 号。

⑪ 中国第一历史档案馆档案:天津关税务伊拉齐乾隆九年七月二十五日折。

⑫ 日本学者松浦章教授多年来搜集、整理了大量遭风漂落到日本、朝鲜的中国商船的珍贵史料，并据以对清代的沿海贸易进行了精详的研究。这里，仅将其中与天津相关的部分漂失商船资料整理成表(系据松浦章"清代沿岸贸易"，见小野和子主编:《明清时代政治社会》)。

⑬㉕ 天津商会档案，转引自郭蕴静《清代商业史》，第 168、167 页。

⑭ 同治《续天津县志》卷 6，海运；光绪《天津府志》卷 30，海运；《李文忠公全集》奏稿，卷 20。

⑮ 光绪《大清会典事例》卷 237，关税。

⑯《清实录》(雍正朝)卷 103，雍正九年二月。

⑰ 道光《津门保甲图说》，县城内图说，道光二十六年。

⑱ 道光《津门保甲图说》，北门外图说。

⑲㉑㊴㊵㊸㊺ 胡光明:《开埠前天津城市化过程及内贸型商业市场的形成》，《天津社会科学》1987 年第 2 期。

⑳《津门保甲图说》，东门外图说，道光二十六年。

㉒ 道光《津门保甲图说》,东北城角图说、西北城角图说。

㉓ 道光《津门保甲图说》,西门外图说、南门外图说。

㉔ 以下天津进口的各种商品数量除另有注明外,均据《宫中档雍正朝奏折》第19辑,署直隶总督刘於义雍正九年十二月十五日折。

㉖ 嘉庆《澄海县志》卷6,风俗。

㉗ 李华:《明清以来北京工商业会馆碑刻选辑》,第98—99页。

㉘ 转见林仁川:《明末清初私人海上贸易》,第251页。

㉙《明清史料》已编第五本,第408页。

㉚ 转引自王业健、黄国枢:《十八世纪中国粮食供需的考察》,见台湾"中研院"近代史研究所编:《近代中国农村经济史论文集》。

㉛ 光绪《栖霞县志》卷9,艺文。

㉜ 乾隆《临清州志》卷11,市廛志。

㉝ 光绪《畿辅通志》卷100,盐法。

㉞ 光绪《天津府志》卷24,公廨;卷25,寺观。

㉟ 张焘《津门杂记》卷上。

㊱ 引自〔日〕寺田隆信:《清代北京的山西商人——附天津估衣街的山西会馆》,见《郑天挺纪念文集》,第581页。

㊲ 杨固之等:《天津钱业史略》,《天津文史资料选辑》第20辑。

㊳ 王绣舜、张高峰:《天津早期商业中心的掠影》,《天津文史资料选辑》第16辑。

㊶ 林纯业:《清代前期天津商业的发展》,《天津社会科学》1987年第4期。

㊷㊻ 张焘《津门杂记》卷下。

㊹ 光绪《天津府志》卷33,榷税。

(《城市史研究》1997年第13、14辑)

天津文化与天津城市论纲

陈　雍

在这个论题里,涉及两个重要的概念,一个是文化,一个是城市。现下,关于这两个概念的界说纷纭。在这里并非对这两个概念去做定义方面的讨论,但有必要说明一下在使用这两个概念时,对其内涵的理解。

首先,文化是一切生活方式的总和,它不仅是实际的行为,而且是导致行为并且为行为所反映的行为准则、价值观念和信仰等。其次,城市是一种文化现象,是人类对环境的适应,是社会发展到一定阶段的产物。至于天津文化,则是天津城市居民适应城市发展过程而创造的地域文化。

下面试从天津城市历史、环境、居民、宗教信仰等方面考察天津文化与城市的关系,即是从城市史的角度去剖析天津文化。本文考察的年代范围为1404年至1949年,所以这里所说的天津文化属于历史文化范畴。

一、天津城市形成与发展的实质是文化变迁

天津城是天津文化的摇篮。城市俗谚"天津卫三宗宝:鼓楼、炮台、铃铛阁"是对天津城市历史的浓缩。谚语以高度简括的手法概括出天津城市发展的两个重要阶段:鼓楼(明清的)、铃铛阁——文治的传统期;鼓楼(民国的)、炮台——武功的近代期。文化是历史上变化着的传统,伴随着城市的形成与发展,它始终处于变化之中。根据城市历史的发展阶段,可对天津文化作出如下分期:

传统期(1404—1860年),文化发展的历史背景:从军事体制向行政体制转变,从消费型政治城市向生产型经济城市转变。城市形成处在明永乐帝建都北京时期,城市发展处在所谓"康雍乾盛世"时期。这是传统期文化发展的大背景。

近代期(1860—1949年),文化发展的历史背景:从天津府县向天津特别市转变,从传统城市向近代城市转变,从租界形成——多元社会形成向租界收回——多元社会消亡转变。特别值得一提的是,天津开埠后,华界与租界的发展,尤其是租界由各国独自发展协调为共同发展,曾在近代天津文化中产生深刻的影响。

天津城市从传统期到近代期在文化上的反映是:乡村文化跟城市文化、东方传统农业文化跟西方近代工业文化、中国本土文化跟西方殖民文化撞击、调适、整合的过程。所谓"城市化",就文化而言,是乡村文化向城市文化转化的过程。在文化变迁的过程中,虽然不同的文化都曾给予天津文化注入了不同的成分,但是它们最终都被融合在天津文化这个整体之中。研究天津文化,一方面要研究那些文化在什么时候以何种方式存在于天津文化里;另一方面要研究各种文化在不同时期对于天津城市居民的行为准则、价值观念和信仰所产生的作用及结果。

二、天津城市生态环境决定了天津文化的形态结构

文化是人类对环境的适应,天津城市的生态环境决定了天津文化的形态结构。根据天津城市的自然、人文环境,可对天津文化作出如下的分区和分类:

横穿天津城市的海河,把这个城市大致分成南北两块。无论是古代文化、近代民俗,还是当代方言,大都按着自然地理的这一特点分布。古代文化,在考古发掘和调查中见到,战国时期的海河北部是燕文化,南部一度是齐文化;宋代,海河北部是辽文化,南部是宋文化。近代民俗,如"填仓"(正月二十五),天津、静海叫"填仓",宝坻叫"大天仓",蓟县称"打仓",具体内容上也略有区别。当代天津方言基本依海河及其支流分成方言片。疑问代词"什么"在天津、静海、沧州方言片里说成最富特色的"嘛",而武清方言片说"什么",蓟

宝宁方言片说“啥”。严格地讲，今天我们研究的天津文化，基本是海河南部地区的文化。

天津城市中心区的人口密度自内而外分成三个层次[①]：以鼓楼为中心的一级区，人口密度最大。该区主要是1404—1920年的建筑，地名以“街”、“胡同”、“大院”最具代表性。曾是传统文化的中心区。在租界地基础上发展起来的二级区，人口密度小于前区。该区主要是1860年以后的建筑，地名以“路”、“道”、“里”、“楼”最具代表性。曾是近代租界文化区。二级区以外是建国后发展起来的三级区，人口密度最小。该区主要是1949年以后的建筑，地名以“新村”、“小区”最具代表性。区内传统文化和近代文化影响都小。一级区讲天津话的最多，二级区讲普通话的多；二级区讲普通话较少带齿音字，一、三级区讲普通话较多带齿音字，且调值不准，往往说的是带津腔的普通话。

在分层社会中，社会的各阶层有各自的文化。传统期和近代期的天津文化至少应当分成上层文化与下层文化，或上、中、下三个层次。传统期两种文化的代表：盐商文化与市民文化。近代期两种文化的代表：寓公文化与市民文化。市民文化始终是天津文化的主体。不同时期的职业构成造成不同时期市民文化的特点。

俗谚“北门贵，南门贱，东门富，西门贫”，道出两层意思：传统时期城市结构[②]跟社会分层的对应关系；社会分层的不同价值体系。俗谚的文化内涵是：北门—城市政治中心—官本位价值体系—贵，东门—城市经济中心—金钱本位价值体系—富。

传统时期城市的社区主要是居住地和居民、人口的关系。每个社区的文化虽有各自特点，但仍保持了城市文化的整体性。近代社区突出了居住地与人种、居民国别的关系，分为华人社区、洋人社区、洋人社区内的华人社区。洋人文化对华人文化的影响，首先发生在洋人社区内的华人社区，然后影响到整个城市。城市文化具有多元性。

三、城市发展中的文化适应

文化是人类用以解决生存问题的手段。城市发展中的人口、家庭和居住问题是文化适应的重要方面。

天津传统期经历了两次大的移民过程：明代军事目的的强制性移民，总人口估计约3万；清代经济目的的自发性移民，总人口估计约20万。后一次移民促进城市迅速发展。

清代杨一崑《天津论》[③]里有“说卫话，带京腔”一语，可知至迟清代中叶天津方言已经形成，当时津城里还出现了带京腔的官话。作为地域文化主要特征之一的天津方言，是移民对于天津城市适应的突出表现。现今的天津方言属于北方方言，不仅因为天津的地理位置原因，更重要的是晚清以来的移民多来自北方地区。

近代天津流向海外的侨民远不如上海。据1986年统计，天津仅有归侨2 100余人[④]，上海的归侨、侨眷、港澳同胞等共38万人[⑤]。造成近代天津居民不外流的原因值得研究。

传统时期的城市家庭，城内和城外有别。城内户均人口数为9.62，城外户均人口数为3.28—5[⑥]。依户均人口估计，城内可能有一定数量的大家庭和扩大的核心家庭，城外以核心家庭为多。传统时期家庭人口数平均为5.12。近代城市家庭人口，1903—1906年户均人口数为5.09—5.62[⑦]，1928—1938年华人户均人口数为4.8—5.3[⑧]。统计数字表明，在城市发展中，传统大家庭逐渐分解，整个社会的家庭向小型化发展。由此可以看出，近代以来关于家庭的观念发生了变化，只有一些社会上层还保留着大家庭或多偶家庭。由于小家庭不断增多，移民家庭占有一定比例，天津城市社会中原本不很强的家庭宗族观更趋向淡化，相反的加强了社区的、地缘的观念。社区、地缘观念逐渐加强产生的正面效应是，塑造出热爱公益，急公好义的理想化人格模式；同时也出现了负面效应，滋生出天津城市中特有的街角社会人物——混混儿。

生育是家庭延续的保障。天津近代民俗“拴娃娃”、“洗娃娃”，是延续家庭的愿望及嗣子价值的充分体现，形象地反映出移民定居城市后的文化心态。但对夭折婴儿的特殊处理方式[⑨]，则体现了城市居民重生轻死的实用主义态度。对此外来人[⑩]、外国人大为不解，甚至引起冲突[⑪]。这里面不同的文化背景产生了很大的作用。

天津城、天津四合院（或三合院）均为非对称内聚式格局（此与北京城、北京四合院对称内聚式格局不同),由此决定了传统时期城市居民的内聚式居住模式及与之相适应的居住习惯和生活方式。近代各国租界的洋房和洋楼为城市提供了一种开放式的居住模式和生活习惯。两种居住模式和生活习惯在30年代以前展开了激烈的较量。30年代以后城市中出现的高级排式或里弄式公寓住宅、连排式集合住宅,改变了租界华人中、下层的居住模式与生活习惯[12]。此后,开放式居住模式及生活习惯逐渐占据城市的主导地位,传统的居住观逐渐被近代居住观取代,社会生活的整体取向偏于开放。

传统的居住模式和传统城市的社会化空间给予城市居民一种规矩与次序的思想。住在天津老城里的居民一般有城市的整体概念,能辨东西南北。老城里居民习称老城以南地区为"下边",体现出以老城为本位的思想。长期生活在租界地的华人居民,缺乏城市的整体概念,一般不辨东西南北,而以前后左右分辨城市里的方位。

前述人口密度一级区内多"老天津卫",此区以外多是移民。移民的中、上层多住在租界里,移民的下层多住在租界边缘或城市边缘。近代来自南方地区的少量移民,往往以大分散小集中的形式居住,形成一个个小地缘社区。例如今长春道隆泰里为近代广东移民的聚居地。随着近代城市中心的转移,住在租界地的华人居民开始滋生出一种居住地的优越感。他们常以居住地的优越为资本,看不起老城居民。这种优越感沿传至今,现仍有人以住在以马场道为代表的"五大道"为荣。

四、城市发展中的宗教信仰

传统时期的城市宗教分为官方宗教和大众宗教两大系统。官方宗教是为了加强社会控制力,大众宗教是为增强社会凝聚力。随着城市的发展,宗教越来越靠近社会生活,逐渐被政治化、生活化,即世俗化。

官方宗教最主要的是城市神——城隍。由于近代政权不断更迭,加之租界的出现,城隍对城市的保护作用显得越来越小。居民们对城隍信仰的动摇,致使官方宗教对社会的控制能力减弱,最终消亡。

大众宗教虽分佛、道、民间,但大多数居民只管烧香,不问佛神,通常带有功利目的,往往急于求得应验。寺庙里供奉的神主、神像多是掌管社会生活各个方面的民间诸神,其中最有代表性的是娘娘神。娘娘神原型为妈祖,系中国东部沿海地区传统文化的产物,她本是生命的保护神。传到天津以后,变为天妃、天后、娘娘神,并由一位娘娘演化为多位娘娘;由生命的保障演化为生育、健康的保障,乃至整个城市生活的保障。妈祖在天津的变化,不但反映出天津城市移民祈盼在城市里世世代代生活下去的强烈愿望,而且间接地反映出在城市发展过程中出现的家庭、人口与健康等一系列的社会问题。娘娘神现象是天津大众宗教世俗化的典型事例。

清政府为了加强对社会的控制,利用大众的宗教情绪,封妈祖为天后,改"娘娘会"为"皇会"[13]。皇会出现在天津城市发展的康雍乾时期并不是偶然的,这个时期也恰是城市宗教大发展时期,这时期天津城市出现的寺庙数目超过以往任何时候。

天津城市居民宗教信仰活动的主要内容是祭神、祭鬼、祭祖,活动的主要形式是烧香、烧纸钱、吃面条。祭神主要是烧香,为神过生日吃面条(人过生日也吃面条),祭鬼、祭祖主要是烧纸钱。把宗教礼仪融于日常生活,甚至变成日常饮食,既世俗,又实惠。烧纸钱(进而发展为烧纸元宝、冥币),是把现实社会的金钱价值观引向阴间社会,更是企图利用冥化的金钱达到现实的功利目的。这是商业文化价值观对大众宗教信仰影响的结果。

近代以来,洋教进入大众宗教生活,城市中出现了新的信仰体系,同时也带来了一些西方文化[14]。

五、一点认识

只有对天津城市的发展有深入的了解,才能对天津文化的特质有正确的把握。从城市史的角度来看,天津文化的特质是天津城市的历史与环境赋予的;天津在中国城市体系中的地位变化,也不可避免地影响了天津文化特质的形成。

注:

① 陈树生:《天津市经济地理》,新华出版社1987年。

② 陈雍:《明清天津城市结构初步考察》,《城市史研究》1995 年第 10 辑,天津古籍出版社 1995 年版。

③ [清]张焘:《津门杂记》(标点本)卷下,天津古籍出版社 1986 年版。

④ 天津市地方志编修委员会:《天津简志》第 26 篇第 3 章,天津人民出版社 1991 年版。

⑤ 杨东平:《城市季风——北京和上海的文化精神》,东方出版社 1994 年版。

⑥ 此据《津门保甲图说》统计。

⑦ 此据罗澍伟主编的《近代天津城市史》第 454 页表 12—1 统计,中国社会科学出版社 1993 年版。

⑧ 引自李竞能主编:《天津人口史》,南开大学出版社 1990 年版。

⑨《津门杂记》卷上。

⑩《津门杂记》作者叹曰:"忍心害理,此亦习俗之最可怪者。"《津门杂记》第 41 页。

⑪ 参见刘海岩:《有关天津教案的几个问题》,《近代中国教案研究》,四川社会科学院出版社 1986 年版。

⑫ 参见尚克强、刘海岩主编:《天津租界社会研究》第 2 章第 3 节,"华洋住宅与社会分层",天津人民出版社 1996 年版。

⑬ 参见望云居士等:《天津皇会考》(标点本),天津古籍出版社 1988 年版。

⑭ 参见《明清天津城市结构初步考察》第 9 章第 1 节,"西方宗教与租界的文化生活"。

(《城市史研究》1997 年第 13、14 辑)

五四运动期间的天津总商会

朱 英

五四运动中天津总商会不仅领导了商人的罢市斗争,而且在抵制洋货和提倡国货等方面,也较之于清末的天津商务总会更为积极,产生了比较显著的影响。事实表明,在五四运动中,并非所有的商会都表现软弱,只起了消极的作用。

有关五四运动期间商会的表现与作用,史学界至今尚较少做专门研究。许多论著在提及五四运动中的商会时,往往将其视为一支消极的力量,强调其软弱妥协性,而对其积极作用则轻描淡写。从有关史实看,这样的论述似有失公允。另外,五四运动中各地商会的表现并非全然一致,有的消极影响较为突出,如果由此概括其余,则难免失之偏颇。本文拟对天津总商会作一个案考察,兼与其他商会稍作比较,以求比较全面地探讨五四运动期间商会的表现与作用。

一

1919年5月4日北京学生集会游行遭逮捕的消息在各地报刊登载之后,一场轰轰烈烈的反帝爱国运动很快在全国蔓延开来。各界人士纷纷要求保护学生,收回青岛,拒绝在巴黎和会签约,惩办卖国贼。作为商人领导机构的各地商会,也相继代表商界发表声明表明态度。但由于事先未曾联络和商议,态度不尽一致,所产生的影响也判然有别。被誉为中国"第一商会"的上海总商会于5月9日致电北京政府,表面上虽要求收回青岛,但提出由中国任命日使,与日本交涉收回青岛问题。这一主张与当时全国舆论一致力争在巴黎和会上直接由中国收回青岛的呼吁大相径庭,而与日本的要求则如出一辙,因此激起上海工商各界强烈反对。许多论著将上海总商会的这一主张看做是当时整个商会的态度,将其作为商会妥协软弱的重要依据。事实上,在全国众多商会中持类似主张者极为少见。天津总商会于5月7日直接致电巴黎和会中国专使,阐明"日人对于我国青岛,无条约根据承袭德人之后,竟强占不归,殊与我国领土主权攸关。刻全国合力协争,期于必达目的,使日人将青岛完全归还。用特电恳诸公力为主张,勿稍退让,必将青岛收回,以保领土。"①由此电文可知,天津总商会的态度是比较鲜明的。其他许多商会也大体相似。例如5月15日和18日,苏州总商会分别致电北京政府和巴黎和会中国专使,说明"青岛关系我国存亡,非由和会直接交还,并取消密约,概不承认,商民一致誓为后盾。"②汉口总商会也曾致电北京政府,强烈要求中国专使勿在巴黎和会上签约,并表示"宁为玉碎,勿为瓦全。……君等如果签字回国,国人将以激烈之手段对付。"③

就天津总商会而言,它不仅公开表明了态度,而且采取了实际行动。罢市是商人在五四运动中最突出的斗争形式,在这方面天津总商会即发挥了不同于其他商会的积极作用。6月3日北京政府再次出动军警大批逮捕学生,激起全国各界更大愤怒,学生罢课,工人罢工,商人罢市,使五四运动发展到高潮。在许多地区,商会均不敢公开号召商人罢市,而是商人在爱国学生宣传之下采取的自发行动。上海县商会甚至表示:"商界以营业为根本。沪上为通商大埠,若果罢市,恐地方秩序,有不安之势。而况一般苦力经纪之人,将何以谋衣食。……恐无人担此重任。"④但是,天津总商会却发挥了直接领导商人罢市的作用,对此应该给予充分的肯定。

天津总商会能够出面领导商人罢市,首先是受爱国学生的推动。6月8日,天津学生联合会讲演团赴总商会,与正、副会长接洽,"要求会长即刻召集开会,宣布罢市"⑤。会长叶登榜(字兰舫)当即应允次日召集各行商董举行特别会议,转达学生要求并加以讨论。其次,是受上海商人大规模自发罢市的鼓舞。6月5日上海商人罢市之后，天津报刊很快报道了这一消息。天津总商会遂召集全体会董开会，议决两项办法：1. 通电北京政府顺应舆情，速筹根本解决之方法，并说明沪商罢市，金融停滞，影响所及，实非浅显。2. 通电各省商会，呼吁采取一致行动，表示“此次罢市风潮沪上开之于先，各地应之于后，蔓延全国，势所必然。”[⑥]很显然，天津总商会已意识到罢市无可避免，做好了号召商人罢市之思想准备。在此之前，天津商界中的有识之士也曾致函总商会，要求采取罢市行动。6月1日，商人陆一鸣即向总商会领导人提出：“青岛失败，普天同愤，北京学界曾有六条请求，未得政府圆满答复，致有罢课风潮……鄙拟办法，商人亦宜与学生同样之请求，如仍漠视，我全国商业实行罢市以表决心，并停纳捐税以请最后解决耳。”[⑦]类似的呼吁，同样对天津总商会也产生了促进作用。

天津官府闻讯罢市风声之后，力图加以阻挠。6月7日和9日，直隶省长曹锐禀承北京政府旨意，两次训令天津总商会说：“津埠华洋杂处，至关重要，并希妥慎防维，以安秩序”。为防止罢市风潮发生，曹锐一再命令总商会“转谕各商安心营业，勿滋疑虑”[⑧]。但是，天津总商会仍于6月9日两次开会讨论罢市问题。第一次会上副会长卞荫昌（字月廷）提出：“可先致电中央，要求惩办卖国贼，保护学生，限二日复电，否则即行罢市。”[⑨]当日，各界也在公园内召开公民大会，与会者达两万余人，举代表赴总商会商议罢市行动。对于总商会两日之后罢市的决议，公民大会予以否认，“要求商界即刻罢市”，并复派代表到总商会表达这一要求。最后，总商会决定接受公民大会的倡议，次日即举行罢市，并连夜刷印了罢市布告。布告曰：“本日全津商民学生聚集数万人开公民大会，对于外交失败，惩办国贼，局势危迫，无可挽回，当即决定自明日起罢市，望各商号一律办理，以待政府解决。”[⑩]

在此前后，其他地区的商人罢市风潮也相继发生，但像天津这样由总商会出面发布通告，组织商人统一举行罢市的情况尚不多见。在罢市发生后，一些地区的商会往往向官府推卸责任，并按官府旨意劝导商人开市，天津总商会却于罢市之后理直气壮地致电北京政府说：“外交失败，以致各地骚然。沪镇等埠，相继罢市，民气蒸腾已达极点。……中央不惩罚卖国贼，不保护爱国学生，视民气如草芥，甘愿违反民意，唯有以罢市为最后要求。趋势所迫，万众一心，言词激昂，已竟不可挽回。临时共同议决即行罢市，以待解决。”[⑪]此电公开向北京政府宣布，罢市系由商会议决实行，毫无推卸责任之词，其态度确与其他地区的商会有别。在总商会部署之下，天津各业于6月10日一律停业罢市。据天津《益世报》报道：“各绸缎洋布庄等，其罢市景象尤觉可敬，诚不愧为头等商号。”“宫北之各家银号，均为本埠巨商，其一日出入即可获巨额之利息，今亦毅然决然全体罢市，虽为重大牺牲，亦所不惜，其爱国救亡之观念似又加人一等矣。”[⑫]

天津作为毗邻京城的华北贸易中心，罢市之后引起北京政府的极大恐慌。10日下午，北京政府将准予曹汝霖引咎辞职的消息通电各省，曹锐马上抄交总商会，企图缓解罢市风潮。但天津总商会坚持罢市要求，又于当日致电北京政府说：“仅准曹汝霖辞职，以此可以谢国人乎？”并再次强烈要求北京政府“急以明令惩免曹、陆、章及保护学生，以谢国人，而救目前。”[⑬]北京政府见民情激昂，害怕事态扩大，由内务部于10日晚急电天津警察厅，告以曹、陆、章三人均准免职，请转达总商会。与此同时，曹锐及国务院参议兼交通次长曾毓隽等人也于当日深夜先后到总商会，宣读曹、陆、章免职命令，劝谕总商会宣布开市。天津总商会多数领导人担心罢市时间太长致使商人遭受损失，又见曹、章、陆三人已被免职，遂决定起草次日复市布告，连夜张贴。然而，天津总商会的复市决议受到各界反对。11日清晨，爱国学生及民众万余人齐集总商会门前，由天津学联副会长马骏等人与总商会领导商议，认为北京政府并未提及惩办曹、章、陆三人，也未明令保护学生，罢市目的俱未达到，不能开市。商会召开紧急会议，议决再次致电北京政府，限于当日夜12时前回电答复此两项要求，如逾时未复，仍继续罢市。此电言词更加激烈，表示“国亡死且无日，何有商业可言？……本会顺从舆意，如中央在此相当时间无正当允准，商民唯有同归于尽”[⑭]。当晚，未见北京电复，天津总商会于12日晨发出第二次罢市布告，说明政府面对商、学界之要求，“形同木偶，漠然无闻”，“合亟通告，望各商号自今日起仍行继续罢市，作积极进行”[⑮]。总商会第二次罢市布告发出之后，“各商家鉴于学界爱国之热诚，商会最后之决心，遂各激起爱国救亡之观念，复为二次之休业，其一种坚决之气象较比第一次尤为整齐”[⑯]。前所未有的两次全津商号罢市及全国各地风起云涌的斗争浪潮，逼迫北京政府于12日正式下令罢免曹、章、陆三人，并表示保护学生。天津总商会经与各界代表共同商议，于13日发出开市布告。

综上所述,天津总商会在领导商人罢市的斗争中,总的来说态度是积极的,也发挥了比较重要的作用,对北京政府产生了较大的压力。在天津总商会的领导下,天津广大商人很快即成为五四运动中一支重要的斗争力量,表现出较高的爱国热情,这些都是值得肯定的。当然,这并不是说天津商界中没有软弱妥协之人。有的商人唯恐罢市造成损失,曾暗中联络签名,向曹锐表示"各商家情愿开市"。有的商号则将货物运往日租界请求洋行保护。但是,类似的举动在天津商界并非主流,多数商人均以积极的态度参加了罢市斗争。

二

开市之后,斗争并未结束。天津各界爱国人士"以前途应办之事甚多,趁此民气正盛之时,益当鼓舞淬厉,求达到最终之目的"[17],联合发起组织各界联合会。起初,天津总商会曾积极参与了各界联合会的筹备活动,副会长卞荫昌还当选为各界联合会会长。但不久之后,有报纸载文指责总商会"罢市之黑幕","经北京所来代表调和始能开市",另有人认为惩办卖国贼目的未达到,总商会不应宣布开市。尽管总商会对此公开作了解释,威望仍受到一些影响,内部也出现不一致意见,导致正副会长均一度提出辞职(正会长此后未主持总商会事务),影响到总商会参与筹备各界联合会的活动。6月21日,各界联合会致函总商会,说明"时局多艰,外患日乘,内政纠纷,非国民急起自救,不足以存国脉。曾经贵会召集绅、商、学、教四界联合会,足见热忱爱国,洵堪钦佩。……讵贵代表因自体本会之变动,致连日未能出席,并奉尊函声明暂难与会"。对此,各界联合会表示将"虚左以待,务请贵代表即日到会,共襄斯举"[18]。《南开日刊》则发表《敬告本津商界刍言》,批评说:各界联合会成立之日,"商界竟不莅会,会长假病辞职,代表则缩头不见"[19]。总商会经协商,还是派出了副会长卞荫昌及会董等10人分别担任各界联合会评议部、总务部部员及调查科、交际科科员。

除组织各界联合会,开市之后的主要斗争形式之一是抵制日货。天津学生联合会在开市后曾向总商会提出请配合实施以下各条:凡关于学生救国之举动,商会须以诚实竭力之辅助取一致之进行;商会根据商会法所列条款,须实力提倡本省之实业,并以此意通告于全国,以为一致之鼓吹;请商会密令各商号不得再订日货及用日币;请速组织商界讲演团;密行设立检察日货团,随时劝令各商勿得再订日货;密劝各商于相当时间,将在日本坐庄各商人撤回,以表坚决抵制之意。总商会延宕半月,未对是否实施上述各条予以答复。学生联合会又致函总商会曰:"抵制日货为当今急务,贵会具指挥商家特权,劝勉阻止责无旁贷,抵制之有效无效,固视贵会为转移也。"[20]在学生联合会的催促之下,总商会于7月7日举行会议讨论学联所提各条,除认为商界讲演团不便另行组织外,"余条完全通过,均表赞成",遂致函学生联合会告知总商会决议,相约"不登报宣布,各负保守秘密之责"[21]。在此前后,各界人士均寄希望于总商会出面组织各业商人抵制日货。甚至连寄居静海县的农民董某也致函总商会,恳请"转咨各省商会并饬所属各县商会,令其通饬乡镇商会同时进行,尚不负京津各界之热诚,亦不负为国民之义务,而于贵会亦增无限光荣"[22]。当时,各界联合会曾发布取缔日货通告,限定"自七月十五日结止,嗣后不得再定购日货"[23]。总商会积极配合施行,布置各业商人调查店内所存日货,制定抵制日货简章,并派赵春亭等六人担任审核各行商抵制日货审查员。对于未加入总商会的商号,各界联合会曾致函总商会,询问"贵会能否负责办理"。总商会回复:"对于不在会各商,发生于抵制日货有碍之处,尽可来函,本会必当转行办理。"[24]7月上旬,天津总商会还曾通告米粮各业商家,要求"不以小利见取","凡此米粮各商于售卖大宗米粮,必须审详查明,如果日人购买或国人甘心冒名作奸间接转售,即行拒绝,勿得卖与"[25]。同时告知各省总商会,以后赴外埠购粮津商均须持该会护照,请协助查验,杜绝奸商转售日人。

经学界奔走呼吁,以及"商会提倡,频频劝勉",许多行业的商人意识到"抵制日货,诚为自救第一要著"[26],在抵制日货运动中表现十分活跃。例如海货商召开抵制日货会议,议定12条抵制办法;绸缎、棉纱、洋布同业公布拟定抵制日货简章12条,表示"自议定之日起,同业各号对于日行货物现买批定,概行停止";洋广货行商也"开会讨论议决,一律清理,绝不再购日货",并议定抵制日货的11条具体办法[27];糖杂物商同业89家发表抵制日货宣言,声明"情愿牺牲营业,共救危亡"[28];五金铁行同业也坚决表示:"同是国民,应发天良,各尽个人之天职,虽忍痛须臾,牺牲营业上之利益,在所不惜,避免贻害于子孙,永为他人之奴隶。"[29]茶商、麻袋行商、洋纸商、灰煤商、木商,水火保险业,洋广、杂货、颜料等商行,也均拟订简章,坚决抵制日货。

但是,也有个别商号见利忘义,仍继续订购日货。例如万德成棉纱庄在各业抵制日货之际,大量订购日本布匹,图谋厚利。各界联合会曾数次讨论处置办法,并与总商会接洽。因“商会对于该项干涉亦不甚注意,于是激起学生愤恨”[30]。爱国学生群赴万德成铺庄,拟揪庄主围城游行,店主逃遁,闭门停业。天津钱商公会、银行公会致函总商会,声称:“本埠银行银号与该商号往来者甚多,因此人心惶惶,影响于市面金融关系甚重,应请贵会竭力设法维持,以保市面。”[31]总商会与各界联合会商议,请先由万德成开市理业,将所有已批未到及现存各货,据实呈报审查,然后再作处理。各界联合会认为万德成须保证不得再认购日货,并由商会担保,才能复业。总商会表示:“不准该号前定之货进口,实有不能行之苦衷。”[32]最后经反复磋商,由总商会提出并经各界联合会讨论通过,处罚万德成三万元。

天津总商会处置万德成事件的态度,曾引起爱国人士的不满。商会之所以态度不坚决,是因为其劝导各业抵制日货的举动,受到日本驻津领事及官府的指责。日驻津领事曾致函天津官府说,总商会所定米麦等粮及其制造品不得与日交易,“有属妨害个人交易之自由,违反两国通商条约之精神,且阻害两国之国交,殊属不法”,要求“从严查办”[33]。天津总商会虽然坚持认为此项规定“系为维持本国民食,系国内一种政策,外人何得妄肆干涉”[34],但是,其内心却不无担忧,天津警察厅又按照日领事要求及直隶省长旨意,致函总商会要求查照劝导各业商人取消一切排日条规,不得公开抵制日货,于是,总商会的态度逐渐有所妥协。

1919年11月,日本帝国主义制造了枪杀中国居民的福州惨案。与全国各地相呼应,天津各界再次掀起反日斗争浪潮,并又一次促使抵制日货迅速高涨。12月初,天津各团体发起召开国民大会,各界联合会致函总商会云:“贵会为商界领袖,用敢征求贵会同意,与敝会等均为发起人,而取一致之行动。”[35]天津总商会在各界推动下,同意参与发起国民大会,派张品题、杨筱林二人作为代表参与筹备事务。但是,在有关抵制日货问题上总商会仍与各界的意见不完全一致。12月12日各界联合会及总商会等数百人在商会会所集议抵制日货事宜,学联代表马骏提出:不买卖日货,各铺商所有日货尽皆焚毁,如有藏匿日货者,严重处罚。总商会会长卞荫昌对此表示异议,认为“商铺将受甚大损失,不能照办”[36]。12月13日的国民大会筹备会上,决定20日为召开国民大会之期,并商议当场焚毁日货,“以戒甘心卖日货者”,总商会代表仍表示反对。鉴于各界要求焚毁日货的呼声愈益强烈,总商会不得不召集各行商举行紧急会议,告以“学生对于日货非常注意,我会亦应研究解决办法”[37]。总商会试图既不使商家遭受损失,又能应付各界焚毁日货之强烈呼声,但却苦于找不到合适办法。由于总商会不同意焚毁日货,又提不出抵制日货的其他具体措施,各界均表示不满。国民大会筹备会致函告知总商会,至17日各行商须有具体办法,学生联合会更以类似通牒的形式宣称:“如至十七日商家无具体办法,该会必须脱离筹备会”[38]。总商会再次举行紧急会议,会上对各界要求焚毁日货之激烈主张颇有不满情绪,有人认为,“商会系保护商家者,抵制日货应使商人心里明白,自行抵制”。有人更说什么“专制时代之圣旨,仍有收回成命之请求,学生之命令叫吾们怎样吾们就怎样么?”[39]不过,与会者仍担心学生届时采取行动,议定截至12月底为止,次年不再订购日货。

然而,总商会力图阻止爱国学生焚毁日货的努力最终仍未能产生效力。国民大会召开这天,爱国学生将许多店铺的日货装车运往会场,当场焚烧。总商会闻讯派人前往交涉阻止,但仍有大批日货被毁。事后,总商会解释说:“开国民大会之前,商会鉴于民气磅礴,遂亦自行开会,以筹市面维持办法。当经决定,体察国民心理,求商学各界免生意外。”对于日货被焚,总商会表示已一再从中斡旋,最后未能阻止实出无奈。此次事件之后,各界抵制日货仍继续进行。“商会为维持商务起见,不得不加入,共同与各界及学生筹商,以求共通办法,俾期与商业不妨进行”[40]。由此可见,在抵制日货斗争后期天津总商会的态度比较被动,只是迫于各界压力采取一些应变策略,缺乏主动进取精神。其原因一方面是日本帝国主义与官府的联合高压,另一方面抵制日货,尤其是焚毁日货,势必给商家造成严重损失,商会素以维护商人利益而著称,因而对抵制日货斗争的进一步深入跋前疐后,这是天津总商会软弱的一种表现。不过,这样的表现并非仅产生于天津总商会,其他许多商会大都也是如此,是一种带普遍性的倾向。

三

五四运动期间,天津总商会引人注目的另一行动是提倡国货,推动民族工商业发展。如果说抵制日货因受到日本帝国主义和官府的压抑，并给商人造成较严重的损失，使天津总商会的态度有所犹豫和变化，那么，提倡国货则是天经地义之举，日本方面和官府均无任何理由加以干涉，因此天津总商会对此非常积极。另外，各界爱国人士积极宣传抵制日货，使日本商品在华销售锐减，也为提倡国货和民族工商业的发展创造了有利条件。据日本大阪《每日新闻》报道：自中国“抵制风潮发生以来，日货输出大为减少，计五月份之输出额，较之平时已减去百分之三十。”[41]天津总商会正是抓住这种有利时机，大力提倡国货。

5月间，天津总商会即连日召开各行商特别会议，筹备提倡国货办法。议定凡公司、工厂以及个人制造之国货，均请赴商会声明，由商会检索核实，发给证明书，以俾行销。总商会还附设提倡国货事务室，“各公司、工厂如有成品优美者，本会酌量给奖，以资鼓励”[42]。对于外地所产国货，天津总商会也予以提倡。例如天津一带向多织染工厂，所需棉纱以往大多来自海外日本等国，天津总商会得知上海杨树浦棉纱厂所出金蓝鱼棉纱可以适用，遂致函上海总商会请查实是否国产，并表示“敝会深愿辅助推销，以畅国货”[43]。在此期间，天津总商会还向全津工商各业发出提倡国货布告，阐明：“旷观世界潮流，物质文明日益进化，非实业振兴不足以图存，非维持国货不足以振兴实业。……为今之计，拟先从事调查国货，予以辨明，辅助销场，已有者可以坚持其业。”[44]其具体办法是，经商会检查核实为各种国货者，发给证书，并汇集编制国货土产录，“广告社会以资推销”。有些商人乘当时倡导国货之际，提高商品价格，引起各界不满，天津总商会也发布公告，说明如果“巧用时机，故为抬高价格，惹人烦恶，各工商若如是居心，则国货必陷于万劫不复，国即危矣”。同时严正宣告：“倘有此种情事，一经察觉，本会必予惩戒，绝不宽贷。”[45]天津总商会的这些措施，对国货畅销均起了积极的促进作用。

当时的社会舆论，也呼吁在抵制日货的同时，发展民族工业。《南开日刊》曾发表评论《国民自给与国民自决》，认为抵制日货只是“政治上的暂用手段，不是经济上的根本原则”。中国人如果“能够不靠外来的工业品可以自存，那么中国人方才有经济上的独立权，方才有主张国民自决的勇气，方才有实行国民自决的力量”。因此，必须“快快的趁这个时候兴办各种的大工业”[46]。《益世报》也曾刊载专文呼吁振兴实业，指出抵制措施“非永远持久之策也”，“必须我国有替代品，而后可以操永久之胜利”。“我国同胞苟不速自猛醒，各谋所以振兴国货之道，不特抵制日货难操永久胜利之券，而经济战争潮流之所届，亦将卷我国于此旋涡中，而无以自存”[47]。这些论述意识到迅速发展民族工业，较诸一时的抵制日货更为重要，关系到国家的存亡振兴。这种认识的产生，可以说是五四运动的另一个重要作用。

在总商会的组织和社会舆论的呼吁之下，天津工商业者纷纷集资创办新式企业。有的发起成立国民实业储金会，“以联合全国国民储蓄款项，为兴办实业之预备”[48]；有的联合筹资创办北洋第一商业纺织有限公司，“以为提倡国货之先导”；还有的认为，“抵制日货非由本国提倡纺纱厂不可”，发起创办纺纱厂，洋布业商号为此很快积极认股220万元。此外，天津爱国商人还拟在唐山创办国货公司，联合唐山商号股本，使国货得以广为畅销。即使是在县城，工商业者也十分踊跃。例如大名县工商业者不仅组织了国货维持会，而且还筹备创办工厂，“以提倡国货，普利民生为主，爰命名曰民利工厂，冀群策群力藉杜漏卮于万一”[49]。显而易见，五四运动期间天津总商会提倡国货的劝导，对于促进天津民族工商业的发展不无积极影响。

从本文上述可以看出，天津总商会在五四运动期间虽也有些软弱的表现，但相对其他一些商会而言仍是比较积极的。可以说，参加五四运动，是天津商会积极投身于大规模反帝爱国运动的一次重要政治活动。特别是与清末的天津商务总会相比较，五四时期的天津总商会在反帝爱国斗争中的表现显然更为积极。1905年抵制美货运动兴起时，天津商务总会也曾号召“绅商尤当始终无懈，分途布告，切实举行不购美货”，“并议定法规，如有违者认罚银五万元”[50]。但不及数日，即在官府的威逼之下趋于妥协，公开发出通告说：“缘不购美货，已购者停滞难销，已定而未出者亦不能临时退回，种种为难，于天津市面殊多未便。……为此公议传单知会各行，凡有天津生意，一切照常交易。”[51]天津士商曾指责天津商务总会这种妥协行动将“为他埠之所耻笑”，要求商会领导人坚持抵制美货，但却无以改变商会的妥协决定。而在五四运动中天津总商会不仅领导了商人的罢市斗争，而且在抵制日货和提倡国货方面也更加积极，这不能不说是天津商会在反帝爱国斗争中的一大进步。

日本领事强行无理干涉天津总商会的改选，究其原因，也可从另一个侧面看出天津总商会领导人在五四运动期间的表现。五四运动中天津总商会会长叶登榜辞职后,副会长卞荫昌兼任会长,主持日常会务。后经改选,卞正式担任会长。日本方面对卞荫昌正式当选会长颇为不满,其原因正是由于卞领导天津总商会进行了抵制日货等斗争。日本驻津领事曾一再胁迫直隶交涉公署"取缔各商同业联盟抵制日货规条及令卞荫昌自行退职"。卞当选为正会长之后,日领事又致函北京政府农商部,声称:"自津埠排日风潮兴起,当抵制日货剧烈之时,致有殴伤大阪《朝日新闻》通信员及商业会议所书记一案。查知卞荫昌实为商界联合会主动之人……以商会副会长有地位之人主唆其间,本馆断难默认,欲其自行退职。……该商会忽改组章程,选举卞为正会长,而卞仍腼颜就职。因思贵我两国,尚属友邦,是不应有此明示反对之举。"[52]日本领事对卞荫昌的这些攻击之词,只能说明卞领导天津总商会在五四运动中的积极行动使日本帝国主义分子大为恼火,以致蛮横无理地粗暴干涉商会之选举。有的回忆文章认为五四运动中天津总商会会长叶登榜"托病辞职",副会长卞荫昌"也避不露面",这显然不尽符合历史事实。在叶登榜辞职后,天津总商会实际上由卞荫昌主持,总商会的有关通告及函件也均由他领衔署名。正因为如此,他才招致日本帝国主义分子的忌恨。

天津总商会对日本领事的干涉严加驳斥,认为"此事不仅关系卞月廷君之个人,实与商会之权限有莫大关系"。提出日领事的干预之举,"实足以侵我国之权,扰害商务",并要求北京政府"转请日政府将该领事撤换"[53]。天津各界也声援支持总商会,反对日本领事干涉商会选举。各界代表曾联名向顺直省议会呈交请愿书,呼吁"对于日政府提起最严厉之交涉,要求惩责该日领"[54]。各界联合会则发布公启,表示"尤愿联合一致,协力对于此等毁信灭义之强敌,为公理正义之牺牲"[55]。天津出现的这种日领事无理要求北京政府撤换总商会会长,而各界联合加以保护的情况,与上海五四运动中工商各界要求总商会正副会长引咎辞职恰好形成对比,这进一步说明天津总商会与上海总商会在五四运动中的表现及作用是完全不同的。

注:

①⑦⑧⑩⑬⑭⑮⑱⑳㉑㉒㉔㉕㉖㉗㉛㉝㉞㉟㊵《天津商会档案汇编》(1912—1928)第4册,天津人民出版社1992年版,第4 715、4 719、4 722、4 723、4 725—4 726、4 728—4 729、4 728、4 734、4 733、4 734、4 742、4 758、4 742—4 743、4 748、4 747、4 750、4 759、4 759、4 788、4 779页。

② 苏州市档案馆藏苏州商会档案。

③《大汉报》,1919年5月13日。

④《五四爱国运动》下册,中国社会科学出版社1979年版,第37页。

⑤⑨㉘㊷㊸㊺㊽㊿[51]《大公报》,1919年6月9日、10日、7月23日、6月1日、4日、4日、7月11日,1905年6月20日、22日。

⑥《民钟》,1919年6月9日。

⑪《五四运动在天津》,天津人民出版社1979年版,第110页。

⑫⑯⑰㉓㉙㉜㊱㊲㊳㊴㊶㊹㊼㊾[52][53][54][55]《益世报》,1919年6月11日、13日、15日,8月3日,7月24日、18日、12月13日、13日、17日、17日,6月21日、2日,7月11日、2日,11月17日、25日、27日、28日。

⑲㉚㊻《南开日刊》第25号,1919年7月2日;第40号,1919年7月18日;第45号,1919年7月24日。

(《华中师范大学学报》1997年第6期)

关于天津抗战的日期问题

陈德仁

日本军国主义挑起卢沟桥事变,目的是要先占领北平和天津,借以控制华北,继而妄图灭亡中国。7月27日,日本参谋本部命令中国驻屯军以现有兵力进攻平、津地区的二十九军。28日,二十九军军长宋哲元命令所属将士准备全线抵抗,并通电全国表示:在国家存亡、千钧一发之际,二十九军决心守土自卫,不怕牺牲。当天上午8时起,日军向二十九军发起全面攻击,中国将士奋起抵御,中日全面战争首先在平、津地区展开。

天津抗战是在日军主力集中进攻北平之际二十九军采取主动发起出击的。这在中国军民抗战初期当中是唯一的一次主动发起大规模出击日军的战斗。由于寡不敌众,虽最后主动撤出天津,但它具有特殊地位和作用。近年来随着资料不断丰富,诸多学者在全面研究抗战史中,已更加肯定二十九军在抗日战争中表现的不畏强暴的英雄主义和牺牲精神,以及天津抗战的重大意义。

当前,对1937年7月下旬,天津大规模对日军主动发起出击和天津沦陷的具体记载不尽一致。据笔者掌握各有两种提法。关于主动出击日期:一是"两天说",即1937年7月28日凌晨出击,29日下午撤离天津。另为"一天说",即1937年7月29日凌晨出击,当天下午撤出战斗。对天津沦陷日期:一为撤出战斗日即为沦陷日,即29日。二是明确标明7月30日为天津沦陷日。在这两个具体日子上虽都仅相差一天,但它却属全面抗战,特别是天津历史上的一个重大情节。虽已时过60年,有必要进一步探讨,更该有一个准确统一的记述。笔者愿提出粗浅分析和引证,以征得各学者专家指教。

经查,曾亲自参加天津抗战并留下文字的,一是当年二十九军三十八师独立二十六旅旅长李致远的《天津抗敌记》①、《和张自忠将军的一次谈话》②;另一个是二十九军三十八师独立二十六旅六七八团二营营长刘景岳的《天津沦陷前的最后一战》③。李致远在前文中说:27日上午10时,"乘汽车到天津去。在李副师长公馆会客室里'开会',李副师长说:北平方面直到现在还没有命令,战与不战,如何应付当前局面,大家商量一下吧"。"会议结束已经是27日夜10点钟了,离规定发起战斗时间只有3个小时"。"战斗在28日凌晨1时开始"。"29日天亮以后,天津市民纷纷来慰劳我们"。"战事进行到下午1点,情况就十分不利了"。"最后决定下午3点开始撤"。"直到天黑,我才随两连掩护离开天津市区,奔赴马厂"。"经过15小时的战斗,天津市区陷入敌人之手"。李致远在后文中说:"我们感到,天津是国防前哨,是华北的大门,是陆、海、空交通枢纽,也是我军防地,决不能落在敌人手中"。"我们便商定由在津的各方负责人(天津市公安局长兼三十八师副师长李文田、独立二十六旅旅长李致远、手枪团长祁光远、天津保安队长宁殿武等)开会研究决定行动"。"7月27日上午,我们在李副师长处开会。大家一致认为:天津市民迫切期望我们保家卫国,我们决不能看着祖国的领土被敌人占领。如果现在不打,等到日本兵增多了,就更不好打,因此,决定马上行动"。"决定于28日夜1时同时发起攻击"。刘景岳在文章中说:"7月27日上午在李文田副师长处开会,计有一一二旅旅长黄维纲,二十六旅旅长李致远,天津警备司令刘家鸾,二二八团团长祁光远,保安队队长宁殿武等。大家认为,虽然现在还没有上级命令,可是鉴于当前形势,我们必须立即采取行动"。"适巧,7月27日夜接到军长宋哲元'自卫守土'的感电后,副师长李文田立即召集各旅长、团长、总队长开会,部署作战计划"。"各部队决定于7月28日凌晨2时同时发起进攻。会议结束时,已是夜晚10时了,距发起攻击时间,只有4个小时"。"7月28日整天都在激烈争夺战中,29日接到军部撤退的命令。我营和其他部队,随即撤出战斗"。"撤退时虽然已是深夜,附近群众闻讯赶来送行"。从以上所引可以看出两位亲历者在记述天津抗战整体时间上都说是"两天",沦陷日是撤出战斗日。可李致远在电文中又说整个战斗时间是"15个小时”。虽都属第一手材料，但其本身前后不一，而两者相互间更有几处存有不同。可惜当事人都已做古不能再进一步核实了。现今有不少学者仍持此说法。

另种说法是1937年7月29日凌晨1时主动出击，当天下午撤出战斗，30日沦陷。笔者认为具有一定权威性、完整又明确表述的，当推《全民抗战气壮山何》一书中所述：“天津战斗是由第二十九军驻天津的第三十八师部队于7月29日凌晨1时主动发起的……部队在当日下午3时开始撤退。30日，二十九军所部放弃天津向马厂撤退。至此，日军控制了平、津两市。”[④]以此推算，战斗时间确是“15个小时”。笔者信从这一记载，并摘引以下资料佐证。

一、当年的报纸报道

上海《申报》根据7月28日中央社天津电，以《驻津我军准备应战》为标题报道：“在津郊部队，即由副师长李文田指挥一切，李现已赴某处坐镇待命。此间日军28日四出张贴布告，措词荒谬，但除此之外，迄午止尚无其他举动”。“我驻军士气异常振奋，随时准备应战云”[⑤]。

7月30日，天津《益世报》载：“（昨）晨2时之后，全市民众殆如除夕守岁，大多数为炮声惊起，通宵不眠。”同日，上海《申报》以《日军图占津市》为题报道：“29日晨2时许，津四郊枪声四起，呼呼不绝。据查系日军由东局子、北仓、东站、总站四处出动，图侵占津市。当由我四郊驻军及保安队出而应战，迄发电时，双方仍在激战中。”（29日上午2时40分中央社天津电）

二、第二十九军军长宋哲元及其他国民党要员电报

7月28日宋哲元致蒋介石电报：“查今晨敌以全力进攻南苑、北苑，战斗异常激烈，恐天津方面战争亦将发生。”[⑥]同月29日，宋哲元致国民政府军政部部长何应钦密电中说：“我驻军三十八师部队，自本早2时起，与日军发生激战……查我驻津部队仅有一旅，其他部队亦均在与敌接触，现正激烈鏖战，恐难久持。”[⑦]同日，国民政府军政部简任参事严宽致何应钦密电中说：“津郊我保安队亦与日军冲突，旋被日机轰炸”[⑧]。同日，第二十六路军总指挥孙连仲致蒋介石侍从室主任钱大钧密电说：“本日早2时，李副师长文田率李、刘两旅及保安队分徒（集）天津日租界兵营、飞机场、津浦总站，情形甚好。后敌兵增加，势渐不支。”[⑨]当年张自忠在察哈尔省政府担任主席和天津市任市长时出任秘书长的马彦翀，在一篇对三十八师在天津出击的战况回忆文章中肯定地说：“当时三十八师副师长兼天津市公安局局长李文田、天津市保安司令刘家鸾及驻天津附近的三十八师旅长黄维纲和我，共同策划，决定先发制敌。因为已有宋、张两长官的命令，且闻冀东伪组织的保安队张砚田、张庆余也率部反正。28日敌又向我北平南苑进攻，正好部署杀敌。遂于29日晨1时，一面发出艳电，坚持抗日；一面集合部队，分5路袭敌……敌人飞机不断对市府轰炸，我军只得且战且退。延至30日晚，方始撤退完毕……”[⑩]同年8月3日宋哲元在《我军抗敌经过》一文中说：“至29日敌犯我天津，我三十八师驻津部队与敌抗战。”[⑪]

从以上所引史料，可以判定7月28日在天津没有发生战事，而是在7月29日凌晨才开始了中日两军的交战。

三、两位经历战事学者的回忆

当年担任南开大学秘书长的黄钰生，在《被日寇洗劫的南开大学》一文中说：“7月28日夜间，留守在校舍的有杨石先和我，还有几位职工。29日凌晨1时，我们听见多处的枪声，拂晓，驻在海光寺的日军开炮了。”[⑫]当年担任南开大学理学院院长的杨石先，在《南大校舍惨遭炸毁，日寇罪行毕生难忘》一文中说：“28日夜里1点钟，海光寺的日本兵营开始向南方开炮，后来炮火离我们学校愈来愈近。”[⑬]两位学者所忆一致。文字里所说：“28日夜间”、“28日夜里”，这是人们通常惯用的“后半夜”，即是29日凌晨之意。特别是黄钰生指明是“29日凌晨1时”，就更加明确肯定不必质疑了。

四、辞典上的记载

《中国共产党历史大辞典》上载：“7月29日和7月30日，北平、天津先后沦陷。”[⑭]《中国大百科全书》上

标:“7月30日天津也被侵占。”⑮

五、日方资料反证

1.日本防卫厅战史室材料:“28日夜天津的中国军进行反击”⑯。这里的“28日夜”同样可作“29日凌晨”来解释。又载:“29日凌晨,约万名中国军队攻击了天津以及大沽的军用码头和仓库地区。通州殷汝耕的保安队叛变,也来袭击守备队兵营及日侨住宅。以上三处要冲同时遭到了攻击。”⑰

日本驻天津总领事堀内干城在给日本驻北平机构的电报中惊呼:“从29日午前2时起,由于中国方面的攻击,我方处于甚为危惧的状态。”⑱

曾任日本驻华大使馆驻北平的陆军助理武官、日本参谋本部中国课课长、中国派遣军副总参谋长,自始至终参与日帝全面侵华至投降全部活动的今井武夫在其《回忆录》中说:“这可以说不单单是通州的突发事件,而是根据冀察第二十九军军长宋哲元的命令,约定在29日凌晨2点,华北各地的保安队几乎全部一齐发动,攻打日本方面。天津带头,通州,大沽、塘沽、军粮城各地的保安队,在同一时间发动袭击。”⑲

2.曾任日本联合通讯社上海分社社长的松本重治,在其回忆录《上海时代》(日本中央公论社发行)中写道:“继北平之后,30日,日军占领了天津。”⑳日本著名现代史学者、爱知大学教授、高中日本史教科书执笔人江口圭一,在《十五年战争小史》一书中写道:“在华北,日军到7月30日,占领北平和天津。”㉑

综括以上,可明确看出:天津抗战主动出击日应是1937年7月29日凌晨1时。天津沦陷日应是1937年7月30日。因此,建议各界以后对这个问题的记述应统一依此为准。不知当否?

注:

①《七七事变——原国民党将领抗日战争亲历记》,中国文史出版社1986年版,第115—120页。

② 北京市政协:《文史资料选辑》第15辑,第91—100页。

③《沦陷时期的天津》,天津市政协1992年10月,第4—8页。

④ 李新、陈铁健主编:《中国新民主主义革命史长编》之七《全民抗战气壮山河》,上海人民出版社1995年版,第10页

⑤《申报》,1937年7月29日。

⑥ 彭明主编:《中国现代史资料选辑》第5册上,中国人民大学出版社1989年版,第59页。

⑦⑧⑨《历史档案》1985年第1期。

⑩《抗日名将张自忠》,中国文史出版社1987版,第78—79页。

⑪《中国现代史资料选辑》第5册上,第73页。

⑫⑬《日军毁掠南开暴行录》,南开大学出版社1995年版,第61页,第59页。

⑭《中国共产党历史大辞典》(新民主主义时期),中共中央党校出版社1991年版,第529页。

⑮《中国大百科全书中国历史卷》中册,中国大百科全书出版社1992年版,第1759页。

⑯《华北治安战》上册,天津人民出版社1982年版,第27页。

⑰《日本军国主义侵华资料长编》上册,四川人民出版社1987年版,第333页。

⑱《历史教学》1986年第9期,第25页。

⑲《今井武夫回忆录》,中国文史出版社1987年版,第51页。

⑳《战前华北风云录》,中国文史出版社1991年版,第209页。

㉑《日本十五年侵略战争史》,天津人民出版社1995年版,第110页。

(《抗日战争研究》1998年第3期)

明清政府与天津社会经济变迁

徐永志

在中国早期城市化进程中,政府的积极领导与参与曾起了举足轻重的作用,这在明清天津城市的发育与快速增长中表现得尤为鲜明,但史学界至今对此尚未加注意或未予应有的注意。本文试图弥补这一缺憾,不当之处,敬祈方家和先行者指正。

一、明政府对天津城市的开发经营与城市经济发展

天津城市的原生形态,为金朝贞祐二年(1214 年)派兵在三岔河口附近戍守的直沽寨。元奠都大都(今北京市)后,因"百司庶府之繁,卫士编民之众,无不仰给于江南"①,遂组织以直沽为枢纽的南粮北运工程,并在此添设了接运厅,专营河海漕运事宜。迨至延佑三年(1316 年),直沽便被升置为海津镇,由此前的一个军事据点演化为兼军事与经济(漕运)功能的京畿重镇,反映了当时天津的实力和在北方城镇体系中的地位已有所增强。

然而,天津城市由滨海荒旷斥卤之地向城市的实质性过渡是在明初开始的。鉴于海津镇通河海要津的优越地理区位,加之这时的北京不仅是都城,而且处于防陆上亡元复辟和海上倭寇窜扰的边防前哨,行政和军事需要的漕粮、物资数量更大,北京城垣和宫室的大规模修建,木材和砖瓦等建筑材料也大量自南方采集经海津镇向北京转运等等,明政府进一步加强了对天津的综合开发和经营,其具体措施和实践如下:

(1)改直沽为天津,设卫建城。明建文元年(1399 年)燕王朱棣发动"靖难之役",起兵由通州"循河而南,渡直沽"②,下沧州,于建文四年(1402 年)打下南京夺取了政权,次年改元永乐。由于直沽为"天子渡河之地",因而"名其地曰天津"③。永乐二年十一月二十一日(1404 年 12 月 23 日),"以直沽海运商舶往来之冲,宜设军卫",④设置天津卫,同年十二月九日(1405 年 1 月 9 日)添设天津左卫,并动工筑修土城。卫城竣工后,"城垣九里十三步,高二丈五尺"⑤。永乐四年十一月八日(1406 年 12 月 18 日)又改调山东青州左卫为天津右卫,旋移三卫指挥署于城中。按明代兵制,每 5 600 人编为一个卫,在卫之下,设有千户所、百户所,天津三卫如以足额计算,则共有官兵 16 800 人。其职能除戍守卫城外,还负责督护漕运、建筑粮仓、屯田、巡捕等,实为兵民合一的军事经济组织。初,"三卫势均,互不统属",以致"讼讦至于扞格","百务废弛"⑥。为改变这种状况,弘治四年(1491 年),明廷接受刑部左侍郎白昂的建议,添设天津兵备道副使(全称"整饬天津等处兵备山东按察司副使")一员,以统辖三卫,专一事权。弘治六至七年(1493—1494 年),明廷令兵备道副使刘福主持重修卫城工程,将该土城改用砖石包砌,从此天津城规模初具,并按照自然形胜,遂步向"局部封闭,总体敞开"⑦的城市发展。

(2)推行水利屯田,发展生产。为了满足京城的需要,减少漕运量,并资助军饷,明朝政府重视京畿地区的经济开发,积极推行以种水稻为主的屯田水利活动,津沽滨海地区是其用力最多的地方。永乐年间,天津屯田主要为军屯,参加者为卫所的官兵及其家属,规模并不算大。至万历初年,给事中徐贞明上畿辅水利议,主张兴修包括天津在内的京畿水利,"招徕南人",教民种稻,得到采纳⑧。万历十三年(1585 年)春,徐贞明被任为垦田使,主持津东兴垦水田事宜,翌年垦得水田 3.9 万亩,但因影响了皇亲勋戚的利益,竟遭反对而罢。万历十六年(1588 年)袁黄任宝坻县令,也开疏河道,在葫芦窝等村教民种稻,并刊《劝农书》一本,详言插莳灌溉之方。其后,万历二十年(1592 年)天津巡抚汪应蛟在天津的葛沽、白塘几处令防海军丁屯种,修筑围田,引海河潮水灌溉,垦田 5 000 余亩,其中水稻 2 000 余亩,秋后收获稻谷 6 000 余石。一年后汪应蛟离

任,屯田又荒废。天启初年,巡抚直隶的左光斗又在天津屯田,收到一定成效。同时期太仆卿兼河南道御史董应举经理天津至山海关屯务,他动用公帑于天津地区"买民田十二万余亩,合闲田十八万亩,广募耕者,畀(给)工廪田器、舟车毕具";又令驻防在天津葛沽的水陆兵丁2 000人,就地屯种,"以所入充军饷","屯利益兴"⑨。崇祯十三年(1640年),天津巡抚李继贞也经营白塘、葛沽河屯田⑩。经过这些活动,"向之一望青草"的一些河滩洼地变成了"满目黄云"⑪的黍禾良田,支持了天津城市的发育成长。

(3)扩充市政机构,完善城市管理体制。由于天津漕运税款增多,宣德十年(1435年)明廷在天津添设了户部分司,置主事一员,称分司主事或分司监督,职掌漕运的税收事宜。自此到万历四十三年(1615年)的180年间,先后有苏谐、李颙、孟玘等169人出任天津户部分司主事⑫。约在万历二十五年(1597年),明廷以"倭陷朝鲜",环渤海湾地区边海防吃紧,暂派员"巡抚天津地方,赞助军务"⑬,旋裁撤。天启元年(1621年),为北御满洲兵南犯,屏卫京都,明廷又复设天津巡抚,成为定制。与此前后,明政府还在天津陆续添设了盐运都司(永乐年间)、巡盐部院(永乐十三年)、督饷部院(万历四十七年)、屯田部院(时间不详)、天津通判(正德十三年)、城守营游击(崇祯十三年)和海运、漕运总兵(永乐四年、正德四年)等官署,加强了对天津城市的控制与管理。其中,督饷部院本为总督地方粮饷的最高一级长官,但自天启二年(1622年)以后,改例由天津巡抚官员兼掌,表明明朝末期的天津正在实行由军事区划向行政区划过渡,其城市角色、功能以及它在全国城市体系中的地位又有所扩展和提高。

此外,出于军事和漕运的需要,明政府还直接派员或命天津各机构官员整修天津城郊四乡驿道,增设驿站,治理海河水道,兴建水闸和桥梁津渡,疏理南北、津京和天津卫城与城郊的水陆交通,加强天津与中央政府和各地的联系。一些有识官吏亦积极在任内倡办"卫学"、"屯学"、"武学"和"运学"⑭,开展地方教育。

以上这些举措,再加上此时大运河全线畅通和河漕繁忙,天津卫城发展的基本要素渐趋成熟,城市商品经济相应的得到了一定程度的发展,这主要体现在盐业生产地兴旺和商业贸易的进一步发展上。早在元代,盐场就遍及天津境内。明中叶以降,渤海湾西岸盐场逐渐采用了晒盐技术,"万灶沿河而居",盐产量大幅度增加。据《明史·食货志》载,明代长芦盐的总产量,洪武(1368—1398年)时为631 00余大引,弘治(1488—1505年)时为180 800余小引,盐课为12万两⑮。约占全国总盐税的1/10。各地商人因天津盐质高价低,兼有舟楫之便,均"乐于行官盐"⑯,本地人业盐趋利者也不少,从而使天津成为芦盐的重要产地与转销中心。同时,天津成为"聚天下之粟,致天下之货"⑰的重要商品集散地。宣德(1426—1435年)年间,天津城内有东、西、南、北、中5个集市,分布在城中心和四门附近,至弘治六年(1493年),又新"添设集一市"⑱。城东以天后宫为中心的宫南、宫北大街和城北一带都是交易南北商品尤其是粮食和日用百货的重要场所,各地商贾"鱼贯而进,殆无虚日"⑲。明代官员李东阳"玉帛都来万国朝,梯航南来接天遥;千家市远晨分集,两家河平夜退潮"⑳的诗句就是当时天津商业贸易繁盛的真实写照。

可以说,至迟在明代中叶以降,天津城市已后来居上,而成为一个以辅助京师为主导,功能比较全面的京畿重镇了。

二、清朝统治集团的扶津、治津政策及其相关社会效应

入清后,对于地当海防门户和谒拜故都盛京(今辽宁沈阳)必经孔道的天津,清政府更是倾力经营。为了恢复明末以来遭受重创的包括天津在内的近畿经济,顺治帝曾多次下达豁免这一地区赋税的诏令,以示"笃厚根本之意"㉑。康熙帝即位后,除经济推行该政策外,尤注重天津在长芦盐区的地位和作用,于康熙七年(1668年)颁诏将"巡盐御使"从北京移驻天津㉒。康熙十六年(1677年),玄烨又令"长芦盐运使司、盐运使经历、知事、广积库大使,自沧州同移天津"㉓,由此,天津又成为长芦盐区的管理中心。同时,在海禁期间,康熙政府特别准许天津船户领受龙票,专门从事海运,"贩运奉天米谷,以济津门"㉔。康熙二十三年(1684年)海运解除后,玄烨又采取鼓励南北商人来津贸易的政策,不但在南方商船到达时,令天津官署派员至海河岸边列队迎接,而且亦准许北上漕船回空时捎带土宜(即土特产品),进行商业贸易。所有这些,都使清初的天津社会和经济得到了迅速恢复与发展。在此基础上,雍正三年(1725年),清廷下诏将天津卫改为天津州,隶属于河间府(今河北省河间市),旋升其为直隶州,兼管武清、静海、青县3县。雍正九年(1731年)又

复升天津直隶州为天津府，统领天津、静海、青县、南皮、盐山、庆云和沧州1州6县。短短六年间，天津由军事单位改为行政地区，且接连跃升三级，这在中国地方行政建置史上亦属罕见，它充分说明天津在清政府之心目中是何其重要。当然，从根本上说，这主要还是近世天津社会综合势力发展的结果。如此设置，不过是使其在近畿和全国地方的实际地位相符罢了。

乾隆、嘉庆年间，清政府继续奉行扶持天津发展的政策。如乾隆七年(1742年)谕准天津等关口"商贩米船，概给票放行，免其上课"[25]。乾隆三十年六月二十二日(1771年8月2日)清廷以天津地方政府的名义颁布文告，优免闽粤在津商人的税银，鼓励其扩大与天津的埠际贸易。嘉庆二十二年(1817年)，清政府又变更南方"洋船载货到津须候定准时估价后始输纳税银出口回洋"的旧规，使往来货船免致守候迟延。此外，继康熙帝后，乾隆帝还先后10次(1752、1762、1767、1770、1771、1773、1776、1778、1790、1794年)驻跸天津巡视，或"周览淀河堤闸"，或"阅驻防兵"，或"相度芥园运河形势"，并屡对天津盐商有不同赏赐；嘉庆帝亦曾巡视天津一次。在清廷的不断晓谕和督察下，这一时期的天津吏治比较清明，出现了一批能"清廉律已，著有政声"的官吏。他们率民治水垦田，修筑城墙堤岸，组织和扩大漕运与盐业生产，为天津早期城市在"传统内的变迁"作出了一定的贡献。

基于从顺治到嘉庆时期清政府和地方统治集团的加意经营，18世纪中叶至19世纪初的天津城市经济出现了盐、漕业更加发达，"万商辐辏之盛，亘古未有"，手工业稍有发展和人口迅速增长的繁荣景象。而这一局面与全国社会经济到乾隆以后便开始走向萧索的进程不尽一致，显示出前近代天津城市相异于传统政治型城市的独有特质。

更为值得注意的是，这一时期的天津城市社会还孕育出封建制度的否定因素——资本主义萌芽。与马克思所指出的西欧"产业资本主义的萌芽"最早在地中海沿岸的航运业中出现大致相同[26]，前近代天津城市中资本主义生产关系的萌芽亦首先在河海航运中萌生。清代"海禁"开放后，天津就出现了养海船出海贩运的大商船和承揽内河漕粮、商货转运的船主。他们靠雇佣"掌驾"(司一船之总务)、舵工、水手在激烈的行业竞争中获取丰厚的剩余劳动利润后，除继续经营航运外，还将其剩余资本投向粮行、银号、当铺等行业，使之转化为商业资本而增值。与此同时，在长芦盐业中还出现了一种专以坐场收盐为业的"场商"。他们通过租赁的途径将灶户的生产资料——灶地转至自己手中，进而放债给灶丁，控制盐产，使商业资本与制盐生产资料相结合，逐渐转化为原始形态的产业资本。然而，受中国传统农业文化本质关系所决定，这种不完全意义上的资本主义生产关系始终未能冲破封建政治与经济关系牢固结合的防线，因此长期萌而不发。

不仅如此，正如西方学者所指出的那样："城市在其自身发展中，还会改变自身的社会结合……历史上，商业城市的兴起，就曾使商人阶级扶摇直上。[27]"清中期天津城市经济的演化，必然使以长芦盐商为主体的天津早期市民社会初现雏形，并在社区生活中扮演重要角色。翻阅有关这一时期的史志，不难看出，这个源于商品交换关系并以此为生存前提的群体，不但有了比较明确的团体意识，建立了维护本阶级利益的行业组织——"芦纲公所"，采取频频捐输、报效、捐纳甚至向皇帝献媚邀宠的形式，企翼主动参与和影响国家与社区的政治生活，而且还撰文写诗[28]，构建园林，广交名士，附庸风雅，竭力追求自身在文化上的价值，形成了别具特色的"盐商派"天津社区文化。这些自认是城市"四民""法人"的行为方式，很难说仅仅是一种以财富弥补社会地位和个人声望的冲动，在其背后，明显可见当时天津城市商品经济的发展与变异所给予盐商阶层的几分乐观与自信，也透露出一些近代以后传统的士、农、工、商社会等级序列发生移位错动，传统的"重农抑商"政策遭重大改变的社会进步信息。

三、结语——明清天津城市发展形式的总结

综上所述，在明清政府这只"看得见的手"的积极干预下，天津于中国近代历史开端之前已逐步形成近畿社会发展的一个重心，并反映出它已赋有外向的经济类型和开放的城市属性。这种社会与经济类型和属性，既承袭了古代中国传统城市发展的特点，表现出社会历史文化的同一性，也显示了自己颇具特色、颇有影响的城市形式和人文精神，为尔后的天津发展培植下内在的基因。

注：

①《元史·食货志》，中华书局标点本，卷93。

②《明史·成祖本纪》,中华书局标点本,卷5。
③《新校天津卫志》,卷4。
④《明成祖实录》,卷32。
⑤⑰⑳《天津县志》卷4、卷21、卷22。
⑥⑲《天津卫志》卷4《艺文》、卷2《官职》,卷1《形胜》。
⑦ 李森:《天津开埠前城市规划初探》,《城市史研究》第1辑,天津教育出版社1989年版,第22页。
⑧ 参见《续文献通考》卷3,《田斌考》。
⑨《明史·董应举传》卷242。
⑩《明史·李继贞传》卷248。
⑪⑬ 光绪《重修天津府志》卷28、卷11。
⑫《明史·职官志》卷73。
⑭ 明代天津地方官吏专为盐商灶籍子弟设立的教学设施。
⑮⑱《明史·食货志》卷80、卷79。
⑯㉓《天津县新志》卷24、卷17。
㉑《天津府志》卷1,《诏谕》。
㉒《长芦盐法志》嘉庆卷19。
㉔《续天津县志》卷6,《海防兵事》。
㉕《大清会典事例》(光绪)卷237。
㉖ 参见《马克思恩格斯全集》第25卷,人民出版社1974年第1版,第1 024页。
㉗《大英百科全书》第17卷,1976年版,第14页。
㉘ 参见罗树伟主编《近代天津城市史》,中国社会科学出版社1993年版,第86—87页。

(《中国社会经济史研究》1998年第4期)

天津开埠初期的洋行与买办

庞玉洁

天津开埠初期，尽管其对外贸易的增长速度超过了早于天津开埠近二十年的广州、福州、厦门、宁波和上海，由一个封建的内贸型的货物集散和转运中心变成了一个仅次于上海的近代中国第二大国际贸易口岸，但是，由于远洋运输不发达，而且缺乏近代化的金融机构，无法解决贸易资金、贸易结算、货币汇兑等问题，因此，直到光绪二十六年(1900 年)，经由上海等通商口岸转出入口的间接贸易一直在天津的对外贸易中占据主要地位。据统计，天津光绪二十五年(1899 年)的直接贸易只占进出口净值的 32.46%。在这种情况下，天津商人所从事的对外贸易大都是借助买办同外国洋行进行的，故洋行和买办在开埠初期天津商业由内贸型向外贸型转变的过程中，起了至关重要的中介作用。本文试图考察天津开埠初期(1860—1900 年)的洋行与买办，并对二者之间的关系略作分析。

一

所谓洋行，是指外国人在我国开办的经营进出口贸易的商业机构。尽管开埠之前，在天津北门外和东门外一带就出现了专卖洋货的“洋货街”，但大多数舶来品都是经闽粤潮帮转运至津的，只有少数洋商在旧城和宫南、宫北一带经营鸦片，尚未建立起正式的商业机构。

咸丰十年(1860 年)天津开埠后，最早来津设立商业机构的是四名英国商人：广隆洋行的韩德森(J·Henderson)、咪多士洋行的咪多士(J·A·T·Meadows)、菲力普·摩尔洋行的瓦勒(E·Waller)和怡和洋行的麦克利恩(H·C·Maclea)[①]。他们是 1860 年尾随着英法占领军而来的。六年之后，已有 15 家洋行在天津设立了代理处或分号，其中英国 9 家、俄国 4 家、美国 1 家、德国 1 家[②]。早期的洋行设在旧城的东城墙与东浮桥一带，以宫北街居多，那里是天津早期的商业中心。就规模而言，除颠地洋行为一显著的建筑物以外，“其他一些商人只要把他的土地钉上界桩，盖一个大货栈，几间暂时居住的小房就心满意足了”[③]。

开埠初期天津的进口商品以鸦片、棉布及毛呢制品为主，其中棉布和毛呢主要是从上海转口输入；其次是粮食，居进口总额的第四位；其他输入天津的商品还包括：五金、火柴、针、窗玻璃、海带、槟榔、没药、翎羽、苏木等[④]。就出口商品而言，咸丰十一年至光绪二十五年(1861—1899 年)列人天津海关出口商品统计表的品种共有 26 项，其中最主要的是豆类、猪鬃、头发、驼毛、羊毛、杏仁、枣类、鹿茸、药材、草帽辫等。尽管是转口贸易，但由于成交量大，洋行获利颇丰。据说，“某商人从 1861 年起，数年之间就积累了大笔财产，现在带了每年可得利息 5 000 元的财产而离去”[⑤]。巨额利润的刺激，加之 19 世纪 70 年代后“欧洲银价的跌落及银两对英镑逐年贬值的结果，使商人觉得以进口货款购买中国土产运回比购买银行汇票汇回本国更加有利”[⑥]，于是，光绪元年(1875 年)以后，外商大量涌入天津，洋行数目从同治五年(1866 年)的 15 家骤增到光绪十六年(1890 年)的 47 家。

洋行的发展不仅表现在洋行数目的增加，而且表现在其经营规模的扩大。19 世纪 80 年代以后，洋行除了经营进出口贸易以外，还陆续在津开设了一些为进出口贸易和外侨生活服务的近代工厂。直到 1900 年，规模较大的有：光绪七年(1881 年)英商高林洋行开设的天津第一家机器打包厂，资本为 30 万元；光绪十三年(1887 年)法商永兴洋行创办的瑞兴蛋厂，资本为 40 万元；光绪二十二年(1896 年)英商平和洋行建立的打包厂，资本为 20 万元；1900 年英商仁记洋行创办的洗毛厂，资本为 20 万元等[⑦]。

开埠初期，天津洋行中实力最强的莫过于早期来天津靠贩卖鸦片起家的英国的所谓“皇家四大行”——

怡和、太古、仁记和新泰兴。这四大洋行自天津开埠至民国初年基本上把持着天津进出口贸易的经营权。以怡和洋行为例,该洋行不仅设有进口部、出口部,而且还建有仓库和码头及产品出口的打包厂等,控制着整个华北地区的山货、土货以及农副产品的收购、贩运、销售等出口贸易的全过程[8]。随着怡和实力的增强,其业务范围也在不断扩大,除进出口贸易外,还经营与贸易有关的金融、航运、铁路、房地产和保险等业务。怡和与天津第二大洋行——太古洋行曾共同把持我国沿海航运达数十年之久,怡和每年的营业额达三四百万两之多,号称“洋行之王”。

进入20世纪后,天津虽有华商贸易行出现,但势力远不及洋行,直到抗日战争时期,外商洋行仍然控制着天津的对外贸易。

二

这些外商洋行之所以能够在很短的时间内垄断天津的进出口贸易,获得巨额利润,除了凭借其在不平等条约中所攫取的种种特权以及采用投机性的非法手段以外,也离不开以商务代理人身份出现的买办的帮助。

天津开埠初期的买办主要是由三个帮派组成:广东帮、宁波帮和天津本地帮(或称北帮)。天津最早的买办是来自广东的,或出身于十三行或曾在洋行任职,他们到津后又引荐同乡来津从事买办和账房工作,从而形成了广东帮。广东帮知名买办包括:英商怡和洋行和高林洋行的梁炎卿、太古洋行的郑翼之、怡和洋行的陈祝龄、安利洋行的陈日初、先农洋行的欧阳炳,德商瑞士洋行的黄云溪、礼和洋行的冯商盘,美商世昌洋行的梁仲云、慎昌洋行的陈均廷,以及华俄道胜银行的罗道生等。最初,梁炎卿、陈祝龄和罗道生三人财势最大,曾在广东同乡买办中发起捐资建筑广东会馆,为当时天津的最大建筑物,代表广东帮买办的全盛时期。宁波帮比广东帮产生稍晚,宁波帮的兴起与商业中心从广州移至上海,以及丝绸出口量的增加有关。宁波帮买办多发源于上海,在上海与外商洋行打过交道后,才到天津,如大买办严蕉铭、叶星海等。此外宁波帮的知名买办还有王铭槐、李正卿、王品南、杜宪章、吴荫庭、严逸文等。宁波帮虽不如广东帮资格老,但人数众多,而且经营广泛,相比之下广东帮人数不多,而且据点主要在航运业。因此,就整体而言,宁波帮的实力比广东帮大。天津帮则经历了一个由被动变主动的发展过程。开埠初期,本地人基于民族感情,对一切做洋事的均呼之为洋奴,非常歧视,因而,旧式商人一般都不屑于做买办,洋商只好从在洋行中服务的工役、厨司、看门、管库等类人中挑选。这些人懂点外语,了解洋商习性和洋行办事的手续,时间一长,被洋行主管看中后,便被逐步提升为买办。如仁记洋行中的大买办李辅臣,在被提升为买办之前,是专为洋行送款取款的;美商最时洋行的买办王桂山,在被提升为买办之前,是该行德国经理的厨司。后来,随着买办收入的增多,越来越多的绅商和知识分子,尤其是新式学校的毕业生纷纷加入到买办的行列中,如德商兴隆洋行的高少州、荷商恒丰洋行的总买办徐楚泉、德商礼和洋行的高渤海等,都是在天津新学书院完成学业后,有过几年洋行工作的经历,被提拔为买办的。

开埠之初,天津各洋行的买办,大部分都是买货手或卖货手。后来,随着洋行经营规模的扩大,买办数量的增加,买办阶层的形成,买办制度也逐渐得以确立。“正规的买办应有他自己的公事房和助手。买办的公事房称为‘账房’,后来改称‘华账房’。洋行按月给买办一笔‘贴费’,或称‘包费’,以备支付账房所需的一切费用,由买办自行分配”[9]。

洋行同买办之间的雇佣关系是以契约的形式固定下来的。契约的具体内容一般包括以下几个方面:第一,洋行雇佣买办的期限。例如,天津宁通洋行与买办张松甫于光绪十七年(1891年)签订的合同第十条规定:“本合同自上述日期起有效期为3年,满期时,一切账项必须结清。同时如果我(指洋行方面签字人麦克加斯林)认为合意,我有将本合同再延长3年的优先权。”[10]第二,买办应该承担的工作和义务。天津买办的工作主要是推销洋货和收购土货,一般来说,洋行要求买办不得泄漏企业的机密,不得借用企业名义对外进行商业活动等。第三,买办的保证与赔偿。买办须向洋行提供现金保证和财产保证,这就是所谓的寄库金制度。自光绪后半期起,随着买办职业竞争的日益激烈,寄库金的数额也越来越高。买办如在工作中出现失误,须充分赔偿。第四,洋行应付买办的报酬。买办作为洋行的商务代理人从洋行中获得的报酬,主要由两部分组成:薪金和佣金。一般来说,洋行付给买办的薪金是很低的,有些小洋行的买办,月薪只有25两,宁通洋行张松甫的月薪为50两,且包括买办部门所需各项支出的全部费用。1900年以前,买办月薪最高的也不过四五百两。薪金不是买办收入的主要来源,它只是确定了洋行与买办之间的雇佣关系。买办从洋行中所得报酬的主要来源是佣金。佣金的多寡按交易额的比例抽取,比例的大小取决于不同的商品和不同的洋行。就一般进口商品而言,佣金一般在1%—3%之间;化学药品及西药等在4%—8%之间;小五金类在20%—30%之间;出口商品一般为2%。刘森记是旗昌洋行1862—1873年在天津的买办,1862年,旗昌付给他的薪金和佣金总共为4 616.8两,其中薪金为每月100两,共1 200两;推销货物共247 933两,抽取1%,得2 479.3两;推销鸦片55箱,每箱得2.5两,共137.5两;客货运揽载得800两[⑪]。尽管刘森记再三要求提高薪金,只拿薪金,放弃佣金,但旗昌洋行的"爱德华·金能享给予他的,仍是每月100两的低薪,以及从洋行每笔交易中抽取1%佣金的权利"[⑫]。买办唐茂枝同怡和洋行签订的协议与刘森记的情况基本相同,唐每年可得1 800两,其中包括他本人及其雇员的薪金。洋行股东们普遍认为,"佣金将鼓励买办为洋行招徕更多的生意"[⑬]。第五,合同如何解除。正常情况下,洋行和买办欲解除合同,双方须于半年前通知对方,但实际情况往往不尽如人意。买办与洋行签订的合同往往一式三份,洋行与买办各执一份,另一份送请洋行所属国驻津领事馆备案。需要指出的是:如洋行毁约而使买办受到损失,买办控告洋行时,洋行可凭借领事裁判权的保护,不受中国政府的制裁。因此,相对于洋行来说,买办在法律上完全处于无保护的状态。

尽管如此,买办还是利用和依仗洋行的特权,巧取豪夺,为自己积累了大量的不义之财。位于四大买办之首的梁炎卿全盛之时,每年有2 000万元的收入[⑭]。买办财富的不断增加,使买办迅速地取代盐商而成为开埠后天津社会经济中最有实力的阶层。

三

天津开埠初期,洋行同买办之间的关系基本上是一种相辅相成、相互依存的关系,两者都从中得益。

就洋行方面而言,天津开埠初期,洋商要想同天津商人做生意,会面临一系列的问题:首先,中外商人之间存在着语言、货币制度、度量衡制度等方面的差异;其次,对于洋商来说,"了解中国多得异乎寻常的商业惯例和社会习俗似乎也是不可能的"[⑮]。基于以上这些原因,洋行在开埠初期的商业活动中,不得不依赖于买办。居住在天津的第一个外国商人是英广隆洋行的韩德森。他在回忆刚到天津所遇到的困难时说:"我作为第一个来到这里的当时唯一的(外国商人),在上书崇厚一事中了解到,那里既没有标准重量单位,也没有海关的重量单位,所有这些,都使我不得不在我的买办的帮助下处理。"[⑯]1866年,一个有切身体会的外商在一份涉及天津买办的报告中也承认:"没有中国助手是永远做不成生意的。"[⑰]同治十年(1871年)怡和洋行大买办唐景星推荐其弟唐茂枝为怡和洋行在天津的买办,唐茂枝以自己的精明才干给怡和洋行的天津代理威廉·福布斯(William Forbes)以很大帮助。1871年7月22日上海的约翰生(F·B·Johnson)写信给香港的威廉·克锡(William kersey)时说,"关于天津的代理行,我想福布斯先生经营效率的提高在不小程度上应归功于唐景星的人马"[⑱]。买办的作用如此重要,以至于有些洋行付给买办的佣金,其数额相当于将货物运入中国的费用[⑲]。

洋行对买办的依赖还表现在洋行在买办制度的保护下对买办资本的占用。19世纪60年代以后,更多的外国商人冒险家来到条约口岸。"新来的人,几乎都没有钱,没有大产业,因而处于很有利的地位。他所能失去者甚少,而所获得者甚多。他能立即办起一家企业,而他的买办交纳的押金即成这家企业的全部资本"[⑳]。对于洋行来说,利用买办资本,不仅解决了资金不足的问题,同时又是控制买办的手段。因此,在多大程度上吸收买办资本,又往往被视为洋行生意成败所系的关键。

在洋行与买办的这种相互依存的关系中,就买办方面而言,一方面,寄库金的交纳和佣金制度的实施,使买办的个人利益同洋行的前途紧密地联系在一起,买办需要在为洋行获取高额利润的同时,使自己的财富得到不断的增加。另一方面,由于开埠初期,天津推行子口税和三联单制度,即外商的"出口货在运经该口岸之前,可先向海关领取三联单,持单赴内地运货,沿途即可放行"[㉑],因此,买办往往打着洋行或洋行买办的旗号,经营自己的企业。19世纪70年代以后,这种事越来越多。例如,由邓松山和俄商米理素"合伙"在津开设的"裕顺和洋行生理"就是假冒外商名义的买办商号[㉒]。这种现象在全国各大商埠已是惯常之事,正如《皇朝经世文编》中所言:"通商口岸,洋行如林,其真正洋商东家,十中不过一二,而挂洋行牌子,则比比皆是。"[23]寻求洋行庇护的现象并不限于小企业,大洋行中的大买办也不例外。如天津鸦片巨商、沙逊洋行的大买办胡梅平就挂着"英商沙逊洋行买办"的牌子从事各种商业经营活动。他所做的黄金生意,要比他的老板大十倍。此外,在70年代,天津的买办通常"将洋行的印章用于(他)私人的商业单据",这种状况一直延续到20世纪初期[24]。

一般情况下,只要不影响洋行的生意,洋行也支持买办独立经营。"有些洋行不仅利用买办的店铺收购土产,甚至还利用买办的商业活动赚取佣金。如天津旗昌洋行买办刘森记与该行之间即曾协定:'一钱归我(买办),一钱归旗昌。'"[25]然而,一旦洋行的营业受到损失,洋行马上就会对买办采取措施。1875年,当刘森记与旗昌之间发生冲突时,旗昌代理人莫尔决定辞退刘,消息一传开,刘的营业"突然一蹶不振"。当年一个名叫仲勤山的天津商人在法庭上作证:"刘森记的营业不振,是因为传闻旗昌洋行准备另聘买办,于是马上墙倒众人推,有的人从他的货栈里提走货物,有的人要求他偿还欠债。"[26]刘本人在法庭上也承认:"当我被免职一事为人知晓时,所有的货物都从我那里被人拿走了,我的行号完了。"[27]

1900年以后,随着天津对外直接贸易日益增多,买办的作用和影响日渐削弱,洋行与买办之间的这种相辅相成、相互依存的关系也就逐渐解体了。

注:

①③⑤ 雷穆森:《天津——插图本史纲》,转引自《天津历史资料》1964年第2期。

② 参见1866年海关贸易报告。

④ 参见《北国春秋》,1960年第1期。

⑥ 参见1876年海关贸易报告。

⑦ 参见《天津历史资料》第19期,第51—55页。

⑧ 参见姚洪卓《近代天津对外贸易1861—1948》,天津社会科学院出版社1993年版,第215页。

⑨⑭ 天津市政协文史资料研究委员会编:《天津的洋行与买办》,天津人民出版社1987年版,第5、41页。

⑩㉕ 聂宝璋:《中国买办资产阶级的发生》,中国社会科学出版社1979年版,第160、41页。

⑪《北华捷报》,1875年8月28日、10月7日,1876年1月6日。

⑫㉖㉗《北华捷报》,1875年8月28日。

⑬⑮⑲⑳ 郝延平:《十九世纪的中国买办:东西间桥梁》,上海社会科学院出版社1988年版,第111、27、136—137、206页。

⑯㉔《北华捷报》,1884年11月9日。

⑰ 参见《英国蓝皮书》,1867—1868年,LXIX,转引自《十九世纪的中国买办:东西间桥梁》,第136—137页。

⑱ 刘广京:《唐廷枢之买办时代》,《清华学报》1961年Vol.2(2),第168页。

㉑ 罗澍伟:《近代天津城市史》,中国社会科学出版社1993年版,第197页。

㉒《通商约章类纂》卷24,第48页。

㉓《皇朝经世文编》卷45,第34页。

(《天津师范大学学报》1998年第2期)

中国近代第一所陆军军官学校
——天津武备学堂

冀满红

清光绪十一年正月(1885 年 2 月),直隶总督兼北洋通商大臣李鸿章根据淮军将领周盛波和周盛传的建议,在天津创办了一所武备学堂,这就是中国近代第一所陆军军官学校———天津武备学堂。

李鸿章之所以创办这所军事学堂,用他的话来说,是因为西方列强“讲究军事,精益求精”,“陆营将弁,必由武备书院造就而出,故韬略皆所素裕,性习使然”,“其余战阵攻守之宜,直视为身心性命之学,朝夕研求,不遗余力,而枪炮之运用理法、步伍之整齐灵变,尤为独擅胜场”,而清军将领“仅凭血气之勇,粗疏之材,以与强敌从事,终恐难操胜算”。这是从军事指挥人才方面找出了清军与列强军队之间的差距。要缩短这个差距,就必须“以其人之道,还治其人”,在中国创设培养新式指挥人才的武备学堂①。天津武备学堂创设四个月后,李鸿章向清廷奏报学堂创设事宜,清廷认为他的做法“规划周详,均为当务之急”②,给予了肯定和支持。

近代武备学堂的创设,是中国陆军近代化进程中重要的一步。中国军事的近代化,发端于对西洋近代武器的采用。在抵御西方侵略的战争中,清军吃尽了洋枪洋炮的苦头,也认识到了它的威力;在随后与外国军队联合镇压太平天国的战争中,便开始逐渐摒弃旧式的刀矛弓箭,采用西方先进的武器装备。武器装备的更新必然要导致教育训练的更新,创办传授西方先进军事科学技术知识的军事学堂,就成为中国军事近代化的一项重要内容。李鸿章在创办淮军的过程中,开始采用西方新式枪炮装备和训练方法。在用“新法”训练淮军时,李鸿章并不满足于聘请外国军官,而是先行一步,于光绪二年(1876 年)派淮军将弁卞长胜等七人赴德国学习最新军事技术,培养淮军自己的军事指挥人才。这是近代中国派出的第一批军事留学生。然而派遣留学生毕竟人数有限,要想大批培养掌握新式军事技术的人才,必须创设军事学堂。光绪十一年(1885 年)天津武备学堂开设,乃中国军事近代化之势所必然。

光绪十一年正月,淮军将领周盛波、周盛传向李鸿章建议:“仿西国武备院之制,择德弁中精者,专司教练,饬各军挑选剽健而又精细之弁勇,送院学习,以期成就将才,为异日自强之本”③。当时正苦于缺乏新式指挥人才的李鸿章立即接受这个建议,在天津设立武备学堂,令淮军各部挑选“精健聪颖、略通文义之弁目”④,派送天津。淮军各部选送的第一批学员当月来到天津,当时学堂还没有负责人,李鸿章临时委托津海关道员周馥具体筹办。周馥经过认真考核,从中选录了一百余人。第二年,李鸿章奏准由已革湖北道员杨宗濂为学堂总办,总管学堂的行政事务;他的继任者有联芳、荫昌等人。除总办外,学堂的行政人员还有帮办、监督和提调各一人。

第一批学生入学时,校址尚未选定,临时安置在天津水师公所。一年后坐落于紫竹林天津租界对面的新校舍建成,计有房舍五百余间,其中有办公室、教室、图书馆、实验室、模型室、标本室、绘图室、印刷室、宿舍、饭厅、医院等,规模宏大,设备齐全。当年开办经费用了白银八万余两,以后常年经费维持在五万两左右,均由李鸿章奏准在北洋海防经费内支出。

天津武备学堂聘请德国军官为教习,先后有李宝、崔发禄、哲宁、那珀、博郎、阃士、巳思壬、艾德、黎熙德、敖耳、高思兹等人在学堂任教。至于为什么专聘德籍教习,是因为李鸿章等人迷信德国的军事技术,其所部淮军及直隶练军均采用了在当时最为先进的德国的军事装备,训练均采用德国操法,军事学堂自然要聘请德籍教习了。德籍教习讲授西学,都配备有翻译人员,另聘汉教习讲授中国经史。

在教学内容上，学堂初设炮队、步队、骑队、工程营四科，光绪二十三年(1897年)增铁路工程科，所设课程有内堂课和外堂课两种。内堂课是理论课，设有天文、地舆、格致、测绘、算化、兵法、地利、军器、炮台等有关近代自然科学知识和军事理论基础知识的课程。外堂课是技术课，在操场进行，主要是"操演所习炮队、步队、工队及分合阵法"等初级指挥员应有的知识。内堂课所学称为学科，外堂课所练称为术科。从此，中国军事学校教育有了学科术科之分。教学之余，学生经常被派遣至山海关、旅顺口等地军营实习，遇有战事即赴前线参战。

学生来源主要有三个。一是淮军将弁，由北洋淮练各营选送粗通文义、质地灵敏的年轻将弁，每届百人左右，学期一至二年，这是学堂最主要的学生来源，前述首批学生即属此类。再一是幼童，年龄在13—16岁，光绪十三年(1887年)开始招收，学期五年；前三年学文化，后两年学军事。另一是满洲子弟，光绪二十一年(1895年)后从八旗精壮子弟中招收。学生修业期满毕业后，来自军营的仍回原属各营；由于旧军官的抵制，除少数武备学生委以兵权外，大多数人只能充当教习，在各营传授所学西方先进军事科学技术知识，用先进的训练方法训练部队。这与李鸿章和周盛传兄弟当年"以期成就将才"的创办武备学堂的宗旨有了一定的差距。

光绪二十六年(1900年)，天津武备学堂毁于八国联军的炮火，从开办至此凡15年。由于它是中国近代第一所陆军军官学校，百事均属草创，因而在许多方面都存在着严重的不足。如历任总办不懂近代军事科学技术知识，德籍教习的语言障碍影响教学，招生不重质量，学生之间年龄悬殊、文化程度参差不一，思想教育崇洋尚武，滋养了穷兵黩武、弱肉强食的思想，考试制度和技术教学流于形式等等不一而足。这些都严重地影响了学堂自身的发展和对新式人才的培养。尽管如此，也正因为它是中国近代第一所陆军军官学校，所以对中国近代军事教育的发展、军事制度的变迁，乃至对中国近代的政治都产生了重大的影响。

作为一所崭新的近代陆军学堂，天津武备学堂聘请了军事技术比较先进的德国人为教习，完全采纳当时最为先进的军事科学技术知识为教学内容，为引进西方近代先进的军事科学技术起了重要的作用。天津武备学堂在15年间毕业了一千余名学生，这些学生基本上掌握了近代军事科学技术知识，也具有一些近代民主意识，毕业后到北洋淮练各军任职，进一步传播了近代军事科学技术。显而易见，天津武备学堂在促进中国军事近代化建设方面有着重要的不可忽视的作用。

天津武备学堂的办学宗旨很明确，就是要培养掌握近代军事科学技术的指挥人才。尽管开始阶段它的毕业生到军队后受到原有将领的抵制和排斥，多数人只能充任军事教习一类的教官，但随着中国军事近代化的不断深入，这种状况也在不断改变。到甲午中日战争结束后清政府编练新式陆军时，天津武备学堂的毕业生便成为基本骨干。作为中国近代第一所陆军军官学校，天津武备学堂更重要的意义在于它启动了中国陆军近代化教育，带动了其他武备学堂的开办。天津武备学堂在教育制度、管理制度、教育方针、教学内容与形式等方面进行了有益的探索，为后来的武备学堂提供了一个成功的模式。在它的带动下，光绪二十一年(1895年)张之洞在南京创办了江南陆师学堂；次年袁世凯创办了直隶武备学堂，张之洞又在武昌设立了湖北武备学堂。从那时到光绪三十年(1904年)，浙江、贵州、陕西、安徽、山西、江苏、四川、福建、江西、广东、甘肃、湖南、河南等省都陆续办起了武备学堂。这些武备学堂从制度到教学内容无一不是模仿天津武备学堂。随着陆军军官学校的普及和军校毕业生在军队中任职日渐增多，逐步堵塞了由武举任职的人的进身之路，由武举选拔军官的封建任官制度就失去了存在的条件。光绪二十六年(1900年)，清廷废止武举制度，采用军校毕业生担任军职的近代军官任职制度，就彻底取代了盛行一千余年的由武举选拔军官的封建任官制度。天津武备学堂在中国近代史上仅仅存在了短短的15年，但它对中国军事近代化，尤其是对军事教育近代化的重要影响是不可忽视的。

注：

①《李文忠公全书·奏稿》第53卷，第42页。

②《光绪朝东华录》第2册，总第1 943页。

③ 资料丛刊《洋务运动》第3册，第621页。

④《中国近代学制史料》第1辑，上册，第533页。

(《军事历史》1998年第2期)

北京—天津城市文化之比较

王兆祥

北京和天津，相距只有120公里，同属于中国北方重要的历史文化名城，但两个城市的文化积淀却有着很大的差别。一个是从金、元以来就作为国家首府，而逐渐形成的政治、文化中枢；一个是明清及近代依赖其港口和交通枢纽的优势，兴盛起来的商业都会和经济、贸易中心。在长期的城市形成和积淀过程中，由于两个城市各自所处的历史氛围不同，各自所具备的政治、经济、地理、人文等环境有别，因此就形成了各自的城市文化特色。

就其文化的主流特质来说，北京城市文化突出一个"正"字，贯穿着"正统"、"皇权"、"等级"的传统气息。往往表现出主导、规范、圆滑的优越意识，属于政治文化的范畴。它汇聚和吸收全国各地文化优长，同时又辐射各地，影响全国，代表了中华文化的深厚积淀。天津城市文化突出一个"杂"字，其特质则是兼收并蓄的商人文化，或者说是市井文化、市民文化。它形成于工商业的发展过程中，贯穿着商业气息，注重利益、竞争和服务，追求娱乐、刺激和享受，也就是自由发展、随意发挥的近代商人意识。从某种意义上来说，北京历史文化保留封建正统文化层面更多一些，具有一定的保守性、政治性；天津文化发祥于市民社会开放、交流的社会历史环境，往往具有求新求异的拓展性。

北京文化的"正"与天津文化的"杂"，其差异性不仅表现在历史上京师和卫所的地域行政差别，也表现在官与商社会职责的区别上。如城市发展的规模与城市建筑风格，群众信仰的宗教趋向，以及城市近代化思想开放程度的不同等等。京津文化往往又表现为可以相通，具有共同点。如北京和天津同处于中国北方，其基本人口来自河北、山东等周边农村地区，就社会下层而言，风俗习惯如年俗、婚丧、衣食、娱乐等方面往往具有相似之处等等。研究京津城市文化，比较其各自的优长和不足，对了解北京、天津的历史地位、相互关系，以及它在现实经济建设中的影响和作用都具有很重要的历史和实际意义。

一、城市布局中的建筑文化

北京和天津的城市形成、发展和建设，从布局上看，有着很大的区别，其建筑风格也有着明显的不同，这正好反映了两个城市文化的差异。北京的城市建设，由于它较长期的作为首都的优越地位，其发展往往受到政治气候的影响和政府行为的限制，表现最为明显的就是北京的城市建筑布局更具有规范性和计划性，是典型的首都城市文化特色。

据史料记载，金天德三年(1151年)，海陵王"诏广燕城，建宫室"，北京进行了第一次改建，"于辽故城之东、南二面皆大为增广"①。此次工程形成了北京作为都城的最初面貌。元世祖改中都为大都，北京城市建设有了总体设计和布局。那就是依据南北方正的原则，划定一条南北中轴线，向两侧发展。至元年间，北京第二次改建，每座城门以内都有一条笔直的主道，两座城门之间加辟一条干道。连同顺城街在内，全城共有南北干道和东西干道各九条。纵横交错，四通八达。这就是令马可·波罗叹为观止的当时世界上最宏伟壮观的元大都。以后，历经明清两代800年的不断建设，其中永乐四年(1406年)进行的一次大规模的改建，使城市布局更趋完善，最终形成以天安门为中心，以永定门、正阳门、天安门、午门、太和殿、中和殿、保和殿、乾清宫、坤宁宫、神武门、景山、寿皇殿、鼓楼、钟楼为一条直线的格局。这条纵轴线背负长城，俯瞰中原，同时又以长安街为横轴线，向两侧扩展，左右对称：左边有几个城门，右边也有几个城门，如东直门、西直门，东四、西四，左安门、右安门，东便门、西便门等等，东侧有太庙，西侧就有社坛。这种"左祖右社"、"前朝后市"以及棋格式街道格局，正是封建王朝统治在城市发展和建设中长期施加政治影响的结果，以及绝对君权的体现，是典型的具有凝重醇厚的政治特色的都市文化景象。其他在中国历史上曾经作为国都的城市，如西安、洛阳等也均有类似的情况。

另外，北京的民居住房以四合院为主要形式。小型四合院是由北房、南房和东西厢房四面围拢，并以矮墙连接的封闭院落。有的四合院互相连通，既向两侧又向纵深发展，构成大型四合院。这种大型四合院往往在左右对称的中轴线上前后排列几重院落，并建有祠堂、车房、下房等设施，布局严谨，舒适安逸。应该说，这种自我封闭、自成体系的房屋建筑，与北京城建的“东西南北”的正统观念 以及用城墙围成的宫城、皇城、内城和外城等不同的行政、生活区域的城市整体布局，有着最直接的关系，故当代有的学者把它称之 为“围墙文化”[②]。

北京的皇家园林和王府宅地与这种政治气候也有着密切的关系。清代以来，尤其是康熙晚年，皇族贵戚大规模修建豪华园林已成为一种时尚。如西郊修建“三山五园”（青山静宜园、玉泉山静明园、瓮山颐和园、畅春园、圆明园），城内修建“三海”（北海、中海、南海）等。至于著名的王府就有上百所。如什刹海畔之恭王府，太平湖之旧醇王府，后海北岸之新醇王府，二龙坑之郑亲王府，东单牌楼三条之豫亲王府，定阜大街之庆王府，石驸马大街克勤郡王府，太平桥大街之路西顺成郡王府，西黄城根之礼亲王府，东单牌楼北极阁之宁郡王府，朝阳门大街之孚王府，地安门东大街之和敬公主府等[③]。这些建筑充实了北京建筑的实体内容，不仅构成了典型的北京建筑文化特点，也增加了北京城富丽堂皇的政治文化色彩。

天津最早是军事卫所，是便利的交通地理位置，以及清粮运输和芦盐生产刺激了天津商业的兴盛，天津的城市建设也正是由于商业经济的带动逐渐发展起来的。而商业发展往往是建立在自由和竞争的基础之上的，它带给天津的影响就是使天津的城市建设没有一个统一的布局构想，表现了很大的随意性。天津早期的居民生活区是在四周建有城墙的老城里，有一条南北交叉的十字街道，布局基本齐整。近代天津开埠以后，天津城市建设随着商业的发展而不断扩展。而天津早期的商业区是在三岔河口向西沿河一带的北大关、估衣街、针市街一带。后来，商业规模不断扩大，街道也不断南移，逐渐向庙前街、东马路、和平路、滨江道延伸，同时带动了天津城市建设的发展。这条商业街的南移走向是沿海河而设，其他街道亦由此向两边放射和辐辏。由于海河是一个半圆形的河道，这样就形成天津没有正南正北并且笔直的街道这样一种街道格局。外地人到天津最感不便的就是找不准方向，为迷路而苦恼。这正是由于在天津的城市发展过程中，市政建设政府干预力量比较薄弱的结果。这是它与北京城市建设的一个最明显的不同。

清末，尤其是第二次鸦片战争以后，帝国主义势力纷纷在天津划分势力范围，建立八国租借地。他们修建的具有各国风格的住宅建筑构成了天津近代畸形发展的城市文化特色。再加上清末以及民国遗老遗少、下野政客云集并寓居津门，他们在天津兴建宅第，为显示财富和身份，争强斗富，风格各异，使天津的建筑又增加了 一种格调，所有这些，形成了天津小洋楼的城市风景。天津的租界、小洋楼与北京的园林、王府又各自代表了自己的城市文化特色。

就京津两地的城市建设来说，北京城市文化博大精深，似乎到处是历史遗迹。它反映的是中华大国古老的文化与文明，加上历代政府的政治干预，使其城市建设更具政治性、条理性和规划性。而天津城市由于商业发展、文化开放，城市建设的发展模式相对宽泛，较快地反映时代发展趋势和潮流，具有近代竞争气息。当然，这也造成了天津城市建设发展的无序状态。

二、宗教信仰及民间习俗文化

综观北京的民间风俗、宗教文化，它和封建统治者的好恶以及封建国家的提倡和影响有着直接的关系，并与它所在的京城地位相一致，因此也带有一定的政治色彩。据统计，北京历史上形成的大小宗教寺庙有一千多座[④]。主要兴建于明代或明代以前，其中以佛教、道教居多，这当然是汉族统治者提倡的结果。如潭柘寺，距今已有1700年，比北京建城还要早几百年，故有“先有潭柘，后有幽州”的说法，它受到了统治者的重视。其他如大钟寺，曾是皇帝祈雨的场所；白云观不仅是北京最大的道观，而且是我国古代北方道教的中心，是“全真第一丛林”。这些宗教寺院都得到了历代政府很好的保护。

金、元、清这几个历史时期，由于是异族入主，因此也就将统治者传统信奉的宗教带入北京，并以政府行为加以强化和推广。如清代北京修建了众多的喇嘛教等宗教庙宇，就是一个最好的例证。其中，雍和宫是北京目前保存最为完好的喇嘛教黄教寺院。它本是雍正皇帝的行宫，当雍正去世以后，乾隆帝将其改建为喇嘛庙。同时从蒙古招来500名喇嘛入居，一方面为雍正超生，另一方面也是出于对少数民族地区的一种怀柔政策，安抚蒙、藏两地区的宗教信徒，以巩固清朝的政治统治。可见，北京的这些宗教寺庙已经成为当政者笼络、统治蒙古、西藏等少数民族地区的一种手段。清朝统治者同时还允许多种宗教并存，当然是对汉族和除了蒙、藏以外其他少数民族统治的需要。因此，这也就必然表现出了北京宗教文化明显的政治倾向。

天津城市本身形成较晚，大约是在元明以后。其宗教表现主要是以汉族的宗教为主。如前所述，由于包括海道和河道的漕运，将南方粮食运到京畿地区，同时其他一些日用等货物也夹带运到天津，刺激天津商业经济的发展，使天津逐渐成为一个商业都市。南方各地商人随漕运，主要依赖水路，尤其是海路来到天津，并在天津得到发展。为寻求经商路途上的平安，所以对海神的信奉最为虔诚。他们把妈祖从遥远的福建莆田带到了天津建庙落户、虔诚崇拜，就成了一种自然而然的事情。清及近代以来，天津人对天后娘娘这位地方海神的信奉甚至已超过佛教和道教。并且大有与佛教、道教互相融合并取而代之的趋势。尤其值得注意的是，随着近代天津漕运的逐渐衰落，妈祖信仰的内容在天津也有所变化。她不仅是作为一位海神，更多的时候她是被作为一位财神或者生育保护神来接受人们的顶礼膜拜。这是由于妈祖在天津落户以后，为适应市民的商业经营需要和市井社会的世俗要求而派生出来的宗教功能。另外，天津宗教信仰中的神灵崇拜表现得很庞杂。在清代，天津除了传统的对所谓胡、黄、白、柳、灰五大仙的崇拜，甚至出现了对一位民间老太太演变的“王三奶奶”这样的地方神祇的崇拜。这与天津这座商业城市，人口主要来自周边农村，文化较低，信仰庞杂，同时来自政府方面的束缚较少，民众的信仰要求相对自由、宽泛有着直接的关系。

就民间风俗来说，京津两地也存在着差异。从丧葬习俗看，北京由于处于天子脚下，在等级社会高低有序、上下有别的观念束缚下，其风俗往往表现为等级观念突出。如旧时北京民间的出殡，用鼓乐，表示排场则有鼓乐多少的区别。从婚娶习俗来看，北京人看重门当户对，婚礼要求隆重排场，以此显示门第的高低。这当然首先是受北京皇家婚娶的影响。以清朝选皇后为例，先由太后和近支王公大臣通过议婚选定皇后，再行纳彩礼、大徵礼、册立、奉迎礼、庆贺礼和赐宴礼等。而民间则相应有合婚、小定礼、大定礼、送嫁妆、迎娶、拜祖先分大小和回门等礼节[5]。这些礼节主要侧重的就是讲排场，突出婚礼双方的身份和地位。天津旧时丧葬、婚娶礼数与北京大致相同，但更侧重的则是丧宴和婚宴的举办。如上所述，天津是明清及近代发展起来的新兴的商业城市，商人阶层的崛起影响整个天津的社会风气。旧时天津民间的婚事大办、出大殡、做大寿动辄几桌甚至十几桌的豪奢习惯，正是这一影响的结果。

三、人口素质与社会生活中的文化现象

据旧志记载，京津两地的人民均好客善交，尤其表现在待人的热情上。民间有句俗话叫做“京油子卫嘴子”，正说明了他们能说会道，善于结交。从某种意义上来说，反映了京津两地城市居民的人口素质和处世态度。

作为“首善之区”的北京人见过世面，政治眼光敏锐，而且为人圆滑，办事干练，语言幽默，在日常的言谈举止中，无不折射出北京的这种民俗文化和社会心理。北京作为历代京师，由于政治等多种原因，全国各地的人口都向这里流动。如明初，明成祖朱棣从南京迁到北京，除了大批文武官员、封建贵族及其家属，还把大批外地人迁住北京。使北京人口骤增。“永乐二年(1404)秋九月，徙山西万户实北京”[6]。永乐五年(1407年)开始，大兴土木，从各地征调工匠、民夫二三十万人，加之北京作为全国的政治中心，工商业发展 很快，当时曾有“京师商贾皆晋人”的说法，明末北京已有人口70万[7]。清兵入关以后，清政府三次下令圈地，前后圈占民田16.3万多顷。“圈田所到，田主登时逐出”。这些被赶出田庄的京畿农民大多流入北京城，加上八旗子弟，到清末已有人口80万以上[8]。近代北京人口突破百万，而新中国成立前已达到209万[9]；这些人口进京，多与政治事件有关，进京的时间相对集中。

外地人来到北京，加之许多南方籍的各级官吏进入京城，给语言的交流带来一定的困难。在实际的交往

中需要加以统一和规范。雍正皇帝于1728年专门发布上谕,“谕内阁:官员有莅民之责,务期语言明白,使人通晓,不得仍旧习为乡音”。这样,在政府的干预下,逐渐形成了各地官员统一使用的语言。它是“以北方话为基础的方言,以北京语音为标准的官话”[10]。再经进一步的逐渐融合,则形成了今天公认并通行的普通话。所以在北京地区,不论城里、城外以及各个郊县,其语言基本是统一的。这是长期以来,当地政府或者国家统一提倡的结果,当然,也是北京人民长期以来由于生活习惯而自然形成的。

如“您”字,是北京人最典型的礼貌用语。尤其在服务行业,营业员对成年的顾客必须称“您”;小孩对长辈以及平辈均是如此,习以为常。除了“您”,还有一个“爷”字,旧时是一种礼貌用语,如对年轻的称“三爷”,对年长的称“二爷”,对年纪大的则称“老爷”。今天的北京话中爷字用的也不少,如“板儿爷”、“款爷”、“倒儿爷”等等,虽然是一种戏称,但也透着一定的尊敬成分。这种习惯的产生,有中国传统的礼仪之邦的影响,但是更重要的还是由于北京长期作为国家的首都城市,官僚机构等级森严,人们的头脑中始终存在着一个上尊下卑观念,这种观念无不表现在日常的言谈话语中。当然,这种语言习惯也反映了北京人传统的热情好客、以礼待人的道德修养。

天津语言则不同。天津作为一个移民城市,历史上人口来源很多。而一个地区的移民来到天津以后,往往聚居在一起,形成一个语言区。它和周边地区的语言有着明显的不同,如天津市区语言与郊区、郊县都有差别。这是天津语言的一个明显的地方特色,是天津的语言缺少政治干预,缺少条理化的一种自然走向的结果。与北京的热情好客相比较,天津人更具粗放豪爽的性格,易于相处。对待朋友,虽然不富裕,但出手大方,尤其在招待客人的饮食方面。北京人待人方面的热情豪爽,显示了历史上形成的政治官僚们一掷千金的气势。而天津人的大方,则表现为经营发达以后,财大气粗的豪商风度。就京津两地历史上的高消费文化来说,北京是依仗政治优势,谋取一定的经济特权,从而得到高档消费,如北京历史上王公大臣消费生活的骄奢淫逸;天津则是经过商业竞争,包括洋行买办,获得丰厚的经济利润,进而花天酒地,进入高档消费,如天津历史上,“八大家”盐商的消费,一掷千金。这种消费习惯和情趣,就两地的城市文化来说,都具有奢侈性。以特权谋取的具有惊人性,以经营谋取的具有豪宕性。它必将潜移默化地影响着整个社会。

反映在教育上,京津两地文化也有区别。北京作为历朝首都,国家最高学府,如历代的国子监设在这里。尤其是在古代科举制度下,教育往往受到旧的习惯束缚。官本位的社会传统,伦理的政治化和社会生活的高度意识形态化无不渗透于教育领域。受此影响,在追求仕途进而关心政治方面,北京人是最出色的。老舍曾揭示北京的普通市民中多是大大小小的“官迷”。入仕从政对中国人来说是优先的选择,对北京人则同时是便捷的选择[11]。当然,这与整个封建国家的政治制度和教育制度有直接关系。清末及近代以来北京的学校一般都带有官办性质,如北大、清华等。天津作为商业都市,市场经济比较活跃,近代天津开办的洋务学堂,如电报学堂、中医学堂等,多讲究实用,培养专门人才。在私人办教育方面比北京更具有开拓性,如近代天津南开大学等一批私立学校的建立,就说明了这一点。

作为文化生活情趣,主要反映在对娱乐形式的追求和爱好上,京津两地有着某种相同之处。北京是皇亲国戚、在朝王公大臣集中的地方,他们除了政务和官方来往以外,还要凭借特权进行各种精神娱乐享受。另外,随清兵入关的旗人曾经是北京内城居民的主体,由于优越的政治地位,他们逐渐演变为无所事事专门享乐的特权阶层,进而成为传播上层生活文化的中介。一些戏曲、曲艺如太平歌词、大鼓、京剧等民间文艺形式,由于统治者的喜好和扶植吹捧,得到发展,久演不衰。天津是清朝遗老遗少、民国下野政客寓居的地方,作为寓公,他们多来自京师,有闲有钱,对各种文化娱乐 具有同样的欣赏习惯和要求。当然,对这些文艺形式的完善起了推波助澜的作用。明清乃至近代以来,京津地区的曲艺、文艺不断创新、发展,与此有着最直接的关系。如上所述,由于天津的观众多为无官一身轻的平民族,更接近于社会下层,所以许多戏曲、曲艺剧种的新曲目往往先在天津唱红,然后再引进北京,甚至于搬进皇宫会演,表现了天津城市文化的商业服务地位和北京作为京城的特殊的政治文化的主导地位。当然,这也促进了京津地区京剧、曲艺等文艺形式的普及和发展。从这一点上来说,它应该是天津、北京两地城市文化所具有的共同性。就文学、文艺的创作来说,京津两地表现了共同的热情,发挥了共同的作用。

值得注意的是,20世纪20年代以来出现的所谓“京味小说”、“京派文化”,表现的是北京传统的官场味，也就是"古都文化"或者说是"皇城文化"的积淀，反映了老北京人的人格、心理；而这一时期出现以天津社会生活为题材，反映"津派文化"的小说及文艺作品，则表现的是天津近代的商场气息，也就是天津近百年来形成北方贸易、金融中心过程中的激烈竞争，其中不乏下层市民的生活状态和天津人的品格、气质。一个抓住"官"字，一个抓住"商"字，均较恰当地把握住了京津两地城市文化创作的切入点。当然，在近年的文学作品中，当谈到两地城市的传统文化时，过分突出北京的"天桥文化和天津的混混儿文化"，这些都是不正确的。

四、保持文化特色，开发文化资源

历史上的北京有山不高，有水不深，没有什么绝对的经济资源优势。由于帝王建都和居住于此，所以成为政治统治的中心。它面临的首要问题就是如何解决粮食及其他日用品的供应问题——由于北京自身的经济发展不能满足它作为首都城市的需求，必须依赖各地的供应。这样就形成了依靠多数人来养活少数人，城外人养活城内人，外地人养活北京人这样一个城市格局。北京可以凭借它特殊的政治权力，从很远的南方漕运粮食、盐等生活必需品，从各地调运土木材料以及建筑工匠，为北京服务。历史上，北京的市民生活及经济发展均与运河漕运的通畅有着直接的关系。元代每年漕船万艘自杭州经三千里大运河，运漕粮达500万石，还有随船运来的货物，其中多数是供封建贵族、官僚享用的消费品。至正三年（1343年），因盐运司以由直沽向大都运送常白盐及官盐为名任意提截商船，并向载运米粟的富商巨贾索要重贿，以至客船"狼顾不前，使京师百物蛹贵"[12]；明代后期，北京成为全国最大的一座消费城市。据光绪三十四年（1908年）统计，北京全城人口70余万人，非从事生产的人口是27万多人，占40%多[13]，反映了北京城市的寄生性和消费性。也正因为如此，北京自身的经济发展往往受到阻碍，落后于周边的天津等其他城市。

鸦片战争以后，中国城市逐渐进入近代化、现代化的进程，天津与北京的发展状况有所不同。北京作为清末最后的国都，其保守的东西保留得比较多一些，就经济发展来说，近代化的步子稍慢，这从清末以及民国以来天津、北京的发展可以看出来。天津作为对外开埠通商的城市之一，较早地接触西方的新鲜事物，引进先进的生产技术和管理模式，发展速度较快。尤其是20世纪二三十年代，天津在经济方面超过了北京。北京作为中国的政治文化中心城市，其经济突飞猛进可以说是在中华人民共和国成立以后的几十年间，并且在后来超过了天津。1958年6月，北京市委向中央的报告中要求"北京不仅是中国的政治中心和文化中心，而且还应该迅速把它建设成为一个现代化的工业基地和科学技术的中心"[14]。据统计，1949年到1982年，北京的建设投资，"用于发展工业的约45%；在工业投资中重工业占88%，重工业产值占工业总产值的60%。重工业的比重超过了重工业基地的上海和天津，仅次于沈阳。这种经济结构在世界各国的首都中是罕见的"[15]。这其中，计划经济的政治干预是一个重要原因，从而也正反映了北京城市文化政治性的倾向。

京津两地的经济文化有着相互依存的互补性。一般认为天津是北京的门户，如果说从历史上北京作为国都的这一特定意义来说，此话恰如其分。因为天津地处渤海出海口，是古代北京向外联系的必经之地，同时，它又是北京的一道屏障，明代在此设卫，说明了它的军事地位。在商业上京津的关系更加密切。天津是"海运商船往来之冲"。大运河作为商贾贩运米粟的重要通道，商船往来不断，直沽作为通往大都的商业中转枢纽，更表明了历史上天津与北京的重要的城市依赖关系。但随着北京近代以来，尤其是新中国成立以来经济的发展，这种相互关系在逐渐弱化和淡化。

研究和比较京津文化，目的主要还是为了挖掘和利用京津地区的文化资源，促进当代经济的发展。近年来社会上流行一个新名词，叫做"文化搭台，经济唱戏"，说的正是这个意思。这句话反过来说，就是在经济发展中仍要保持传统文化。实际上，现在的文化研究已逐渐得到各级实际部门的重视，并且把文化建设和经济发展更有机地联系在一起，称之为"文化产业"。在这方面，京津两地都做出了努力。

早在20世纪80年代，北京结合大型电视连续剧《红楼梦》的播出，在北京修建了现代的古典园林——大观园，进一步扩大和丰富了北京的园林景点建设，增加了首都的文化气氛。近年来，在对旧城区拆迁改建的过程中，均突出了北京的地方民俗文化特色，使北京的城市建设更体现近代文化特色，同时，也促进了北京的旅游、商业等第三产业更加发展。天津在如何突出天津的文化特色，促进天津经济发展方面，也做了不少的尝试。如天津食品街、文化街的修建，估衣街、和平路的改建，都突出天津的传统文化特色。理论界、社会科学界组织天津文化的专题讨论，提高人们对天津这一文化历史名城的全面认识，既挖掘、保护天津的古代文化，提高了天津文化事业的发展层次，又为天津的当代城市经济建设提出新的思路。

总之，如何认识北京、天津的城市文化，进一步挖掘这一文化资源，比较两地的文化特点，以促进当代经济和文化的发展，这是摆在天津和北京两地历史、文化研究者以及经济开发者面前的一项新课题和一项共同的任务。我们期待这方面的研究和开发能有一个新的进展。

注：

① 转引自《北京文化综览》，北京师范学院出版社 1990 年版，第 27 页。

② 杨东平：《城市季风——北京和上海的文化精神》，东方出版社 1994 年版，第 180 页。

③ 丁守和、劳允兴编：《北京文化综览》，第 55—56 页。

④ 丁守和、劳允兴编：《北京文化综览》，第 52 页。

⑤ 李秀兰《北京旧式婚礼及其流毒影响》，载《北京史苑》第二辑，第 313 页。

⑥《明史》卷 6。

⑦《中国历代户口、田地、田赋统计》。

⑧《顺天府志·食货·户口》(光绪)。

⑨《北京市基本情况资料汇编·人口》。

⑩ 丁守和、劳允兴编：《北京文化综览》，第 184 页。

⑪ 杨东平：《城市季风——北京和上海的文化精神》，东方出版社 1994 年版，第 483 页。

⑫《元史·食货志》。

⑬ 北京大学历史系编：《北京史》，北京出版社 1985 年版，第 357 页。

⑭ 转引自杨东平《城市季风——北京和上海的文化精神》，第 209 页。

⑮《城市问题》第 5 辑，北京科学技术出版社 1983 年版。

(《城市史研究》2000 年第 19、20 辑)

20 世纪上半叶北京和天津城市土地利用扩展的对比研究

罗海江

本文着重讨论北京市和天津市在 20 世纪上半叶建成区的扩展。由于资料所限，对北京市的城市扩展采用了城市核心区的概念，所讨论的范围是连片的建成区，不包括飞地性质的城市用地；而天津市采用的是城市建成区，二者虽然有一定的差别，但考虑北京城市建成区用地存在比较明显的飞地和天津城市建成区用地比较整实、少飞地的特点，两者的对比可反映两城市在城市建成区用地扩展方面的可比性。

一、资料来源和研究方法

北京市的资料主要来源于历史地形图，并参照有关的历史资料记载。其中，光绪三十四年（公元 1908 年）的《北京胡同详细图》代表北京本世纪初，民国十九年地形图（1930 年）代表北京本世纪上半叶中期，1950 年地形图代表北京本世纪上半叶末期（都是 1： 50 000）。天津市则主要根据《天津简史》的附图整理而得，分别选取了 1900 年、1928 年和 1949 年的附图以与北京的三个时期相对比。将地形图和附图扫描，再对城市核心区或建成区用地范围进行跟踪处理，并计算各历史时段的城市核心区面积，最后，对北京市、天津市在这一历史时段内城市土地利用扩展的特征进行讨论并探讨其原因。

二、北京城市核心区扩展趋于停滞，个别时段趋于倒退

据清版《北京胡同详细图》（1908 年）（图 1），可以看出，当时的城市核心区基本上包括内城和外城的北半部分，基本上局限于城墙内，其中，内城区尚有局部地区没有为城市核心区完全填满。内城区的城市核心区从西直门往北，经内城西北、积水潭直到安定门之间，东面的东直门到内城的最南端，离城墙还有一定距离；外城区内的城市核心区从内城的西南角起，往东经现在的宣武门西大街，往南经下斜街、牛街、再往东经现在的南横西街、南横东街、虎仿路、永安路、前门大街、西晓市街、东晓市街、法华寺街、幸福路、广渠门内大街最后往北经东花市连东面城区。城市核心区面积约为 43.20 km^2。外城的其余部分属于城乡过渡带的性质。在城墙外，除各城门外延伸出去的不连片城区外，包括地坛、日坛、月坛等皇家公园、动物园及其他的王府庄园和私家宅园，海淀的皇家园林及其附近的王府宅第和钓鱼台附近在当时属飞地式的城乡过渡带，这些地区都完成一定的城市职能（如因清末帝王每年在皇家园林园居时间几乎超过了 2/3，宫城沦落为只是举行大典的地方，许多圣旨都是从此传出的，皇家园林实际上承担了相当部分的行政职能）。

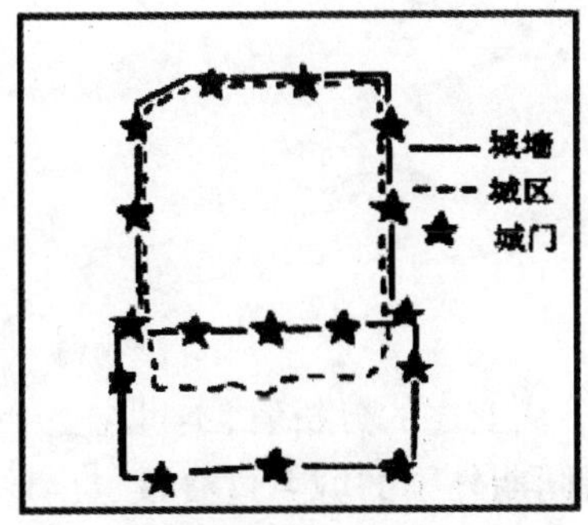

图 1　1908 年北京城核心区示意图
Fig. 1　The Sketch map of the core built-area of Beijing in 1908

至 1930 年前后，城市核心区的范围已基本占据整个内城，并扩展到内城城墙之外，在德胜门、西直门、东直门、阜成门外较 1908 年都有稍许增长，其中以德胜门外增长最快，往外延伸最远，面积最大，这主要是德胜门外有一个面积大的校场所致。城市核心区在外城也有一定扩展，特别是下斜街和牛街至西边的外城墙之间，发生了明显的填充式扩展（图 2）。城市核心区的面积达到了 54.1 km^2，22 年间面积增长了 10.9 km^2，面积增长率为 25.23%。

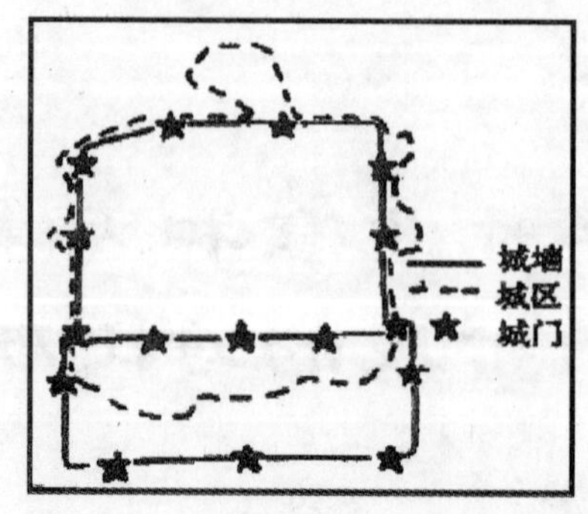

图2 1930年北京城市核心区示意图

Fig. 2 The Sketch map of the core built-area of Beijing in 1930

至1950年,北京城市核心区的范围较之于1930年又有一定程度的扩展,除在外城继续扩展之外,还扩展到了内城城墙之外。城市核心区在城门周围又有一定程度的发展,尤其是朝阳门和东直门外扩展较迅速。此时城市核心区面积为57.8 km²,较1930年增加了3.7 km²,面积增长率为6.8%(图3)。城市核心区总面积虽有所增加,但在某些部分同期却是趋于衰退的。核心区内的积水潭一带,清代时已是北京较繁华的地区,但到民国年间,这里残破污秽的海岸,已不堪入目①;德胜门外的城区也在萎缩,至1950年前后,1930年德胜门外的大教场已一分为二,其中的一部分已由城市用地退化为农业用地,已经种上了庄稼。

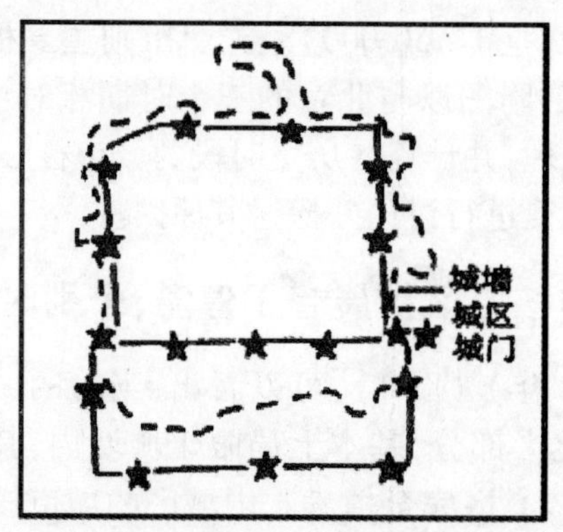

图3 1950年北京城市核心区示意图

Fig. 3 The Sketch map of the core built-area of Beijing in 1950

从上述的分析看,本世纪上半叶北京市城市核心区总体上是在缓慢扩展的,后期个别地段出现倒退的趋势,同期外围的城乡过渡带也出现退化趋势。外城内的陶然亭公园至新中国成立前夕,成了臭水淤积,蚊蝇孳生,歹徒出没的荒凉之地②。紫竹院因年久不经疏浚,已改湖为田,租给农民种上了水稻③。钓鱼台至建国初,已只有若干稻田,几畦菜地④,圆明园成了狐兔出没,榛莽丛生的荒园⑤。

三、天津城市建成区的迅速扩展

天津市的建制始于金设立的"直沽寨"(时间早于1214年),明永乐二年(1404年)在天津设置天津三卫,此时天津的兵力达16 800多人。当时的天津城建筑在三岔河口(现在直沽或小直沽一带)西南,为天津老城的雏形,面积仅1.64 km²⑥。第二次鸦片战争后,英、美、法三国首先在天津城东南沿海河西岸开辟租界,德、日紧随其后也开辟了租界,其租界可得老城依托。光绪二十六年(1900年)八国联军侵略之后,俄、意、奥、比四国又割据了海河东岸,建立租界。至此,天津已经沦落成了9个帝国主义国家租界割据的半殖民地城市,建成区面积为13.4 km²(图4),至1912年底,天津租界区面积达到了22 850.5亩,计15.23 km²⑦。租界设立后,各国争相在海河两岸修建仓库、码头、货栈,把持海河航道,使海河的航运中心从三岔口一带转移到紫竹林一带[④],促进了天津建成区沿海河方向的扩展,城市布局形态也由东西向延伸变为沿海河呈西北——东南走向。至宣统三年(1911 年),天津城市建成区面积达 16.2 km^2[⑧],人口达 60.14 万。1912—1918 年间,天津虽遭军阀混战和 1917 年的水灾,但借水利之便和成为河北省省会等原因,市区继续向外扩展。英法租界向今南京路外扩展,南市、河北新村,河东的新官汛、郭庄子一带也有城市用地类型的一定扩展,建成区面积达 19.3 km^2,人口达 80 万,天津已成为大的工商业城市[⑨]。

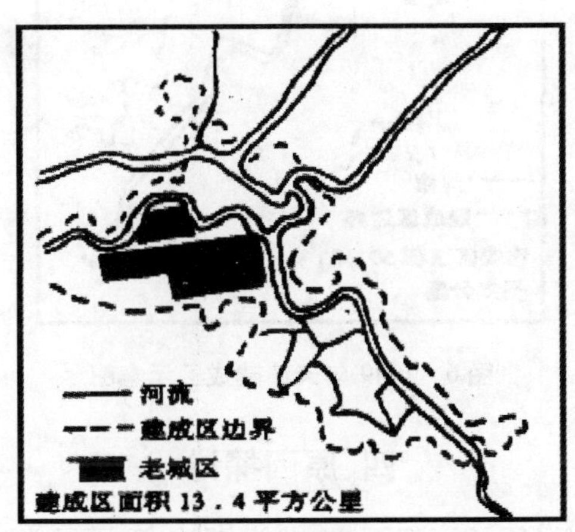

图 4　1900 年天津建成区示意图

Fig. 4　The Sketch map of built-area of Tianjin in 1900

从第一次世界大战后至天津成立特别市(1918—1928 年)是天津市城市建设史上发展速度最快的十年。这期间先后扩建了河北新区,将河北新区一直延伸到北站以外,开发建设了河东地道外与新开路之间的地区。1928 年统计市建成区面积达 36.2 km^2,人口接近 100 万(图 5)[⑩]。十年间建成区面积净增 16.9 km^2,建成区面积增长 87.6%。

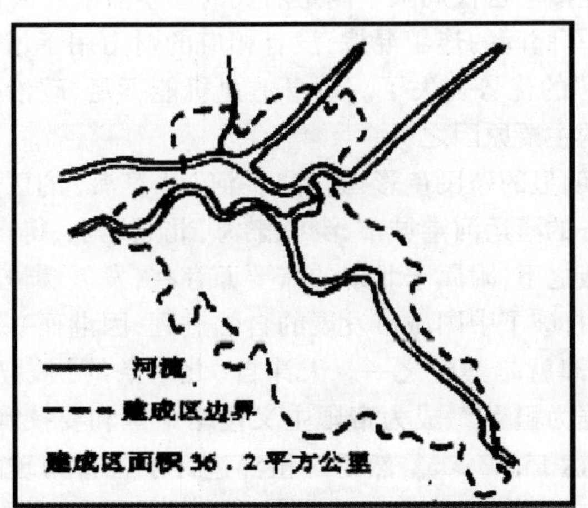

图 5　1928 年天津建成区示意图

Fig. 5　The Sketch map of built-area of Tianjin in 1928

1928 至 1937 年间,日本加紧对中国的侵略,天津政治和社会均不安定,一些大的企业和银行纷纷南迁,造成这一时期天津的民族工业萎缩,市区建设趋于停滞,十年间建成区仅增长 1.5 km^2。

从 1937 至 1945 年,天津沦陷为日本的殖民地,日本将天津作为侵华军事基地,在天津进行了大量的投资,促进了机械、冶金、建材等直接为军事服务的行业的发展,甚至造成了机械工业的畸形发展[⑪]。1939 年河北大水灾,大批灾民流入天津,客观上促进了天津建成区扩大,1945 年天津建成区面积达 49.7 km^2,人口增至 171.1 万。1945 年国民党接管天津后,市镇建设毫无进展,至新中国成立,天津建成区面积较 1945 年仅增长0.6 km^2（图6）[12]。

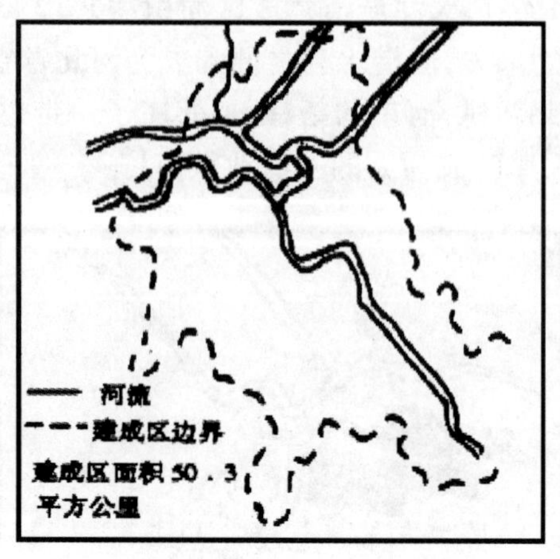

图6 1949年天津建成区示意图

四、原因探讨

20世纪前半叶，京津两城市都经历了清朝灭亡、北洋军政府、国民党政府和日本帝国主义的统治，在这一系列的变故中，北京城市核心区扩展十分缓慢，个别时段个别区域趋于退化，天津城市建成区扩展总体较迅速，既有扩展迅速的时段，也有扩展相对停滞的个别时段。造成京津城市扩展上述差别的原因在于：

北京自金、元以来（除明初的一段时间外）一直是中国封建权力的中心，是独一无二的政治中心城市，其政治职能显然比其他的城市职能更加突出。作为政治权力中心，城市建设所需的大量人力、物力和财力来自全国各地的贡赋，建设费用全部由中央财政支出，因此，保证北京在经济基础十分薄弱的条件下，依然可能得到生存和发展[13]。近千年的国都史，使北京成为全国最大的消费型城市。北京工商业不发达，即使维持城市生活最基本的商业和各类手工业活动也仅局限于满足居民的基本需求。清亡后，北洋军阀统治期间，北京虽然还是中国的政治权力中心，但军阀间的连年混战，没有相应的财力用于市镇建设，特别是国民政府统治期间，首都南迁，“全国供养着北京”的优势丧失了。自身造血机能不足、政治驱动力的丧失是造成北京20世纪前半叶城市化进程趋于停滞的主要原因之一。

天津是通商口岸城市，带有明显的殖民色彩，具有“临河”、“滨海”的区位优势。天津开埠前，只是一个为北京的封建统治阶级提供服务的漕运河港城市，濒临渤海，北通辽东，得舟楫之利，作为北京的门户，始终处于北京强大的政治职能的屏蔽之下，附属于北京的需要而存在，发展缓慢。鸦片战争后，西方列强用坚船利炮打开了中国封闭的大门，也打破了中国城市发展的自然进程，因港而兴、因商而兴、因工而兴、因路而兴的近代城市开始诞生和发育，天津就是其中之一。天津自《北京条约》被辟为通商口岸城市后，相继被英、法、美、俄、德、日、意、奥等国占据为租界[14]，成为帝国主义侵略中国和要挟晚清政府的据点。西方殖民势力在天津竞相强行划定租界，面积达15.23 km^2，然后对租界进行了各自为政的城市建设，租界的划定客观上促进了天津建成区的扩展。西方帝国主义还在天津进行了大量的投资，从划定租界后至1948年，外国资本主义在天津的投资达到11 952.3万美元[15]。其中，仅日本1936年投资就达8 939万元，1938年达42 355万元[16]。日本在中国的545家企业，天津占113家，占总数的28.6%，到1940年日本在天津的纺织设备达51万枚纱锭[17]，具有相当大的规模。“临河”、“滨海”的特点在天津的经济生活中同时起作用，使天津成为最早纳入资本主义市场的中国近代城市之一，民族工商业、帝国主义和买办资产阶级所办的企业对天津的城市化起了很大的推动作用，使天津市的城市规模不断扩大。

五、结语

通过对北京、天津20世纪上半叶城市扩展的研究，发现北京在20世纪上半叶的城市核心区扩展是极为缓慢的，后期在城区的个别地区甚至是退化的，城乡过渡带则趋于退化。而天津在本世纪上半叶则发展较快，城市建成区扩展速度远快于北京。究其原因，主要在于北京、天津城市性质的不同，造成城市化驱动机制上的差别及区位条件的差异，使世界经济大趋势变化后对城市化的驱动作用和西方帝国主义势力在华对不同地区的投资政策有所不同。

注：

①②③④ 周沙尘:《古今北京》,中国展望出版社 1982 年版,第 88、98、106、108 页。

⑤ 侯仁之、金涛:《北京史话》,上海人民出版社 1980 年版,第 161 页。

⑥⑧⑨⑩⑫ 乔红:《天津城市建设志略》,中国科学技术出版社 1994 年版,第 82—85 页。

⑦⑪ 马玫:《天津城市发展——产业·地域·人口》,天津人民出版社 1997 年版,第 16—17 页。

⑬ 葛本中:《北京经济职能与经济结构的演变及其原因探讨》(上),《北京城市规划》1996 年第 3 期,第 50—52 页。

⑭ 于云汉、马继云:《中国城市发展史纲》,天津人民出版社 1996 年版,第 289—290 页。

⑮《当代天津城市建设》编辑室:《当代天津城市建设》,天津人民出版社 1987 年版,第 35 页。

⑯⑰ 陈树生:《天津市经济地理》,新华出版社 1988 年版,第 39 页。

(《人文地理》2000 年第 4 期)

乱世：天津混混儿与近代中国的城市特性

关文斌著　刘海岩译

歪戴帽子，身披青色洋绸长袖短外衣，不扣纽扣或随意搭在肩上，月白色搭包当作带子双重围在松弛下垂的裤子上，脚穿蓝布长袜、闪亮绣花鞋，粗粗的辫子（越粗越好，用手搭在胸前）打着辫花，每个辫花上插一朵茉莉花——这样的打扮和发型告诉人们声名狼藉的天津混混儿来了（按字面的意思混混儿是凶恶的流浪者，又被称作"混星子"，官方文件中被称作"窝匪"或"锅伙"）。他们靠小聪明过活（因此最乐于称自己是"耍人儿的"），在天津的街上斗殴以保卫他们的地盘、名声或了结新仇旧怨，玩味他们那些独特的习惯用语和化名。他们的数量和行为为他们的城市赢得了毁誉参半的名声，成了该地区邪恶人物主要的避难所[①]。

混混儿是些行为诡诞之人，对地方的和平造成威胁，这些言词在当时的资料中随处可见[②]。他们是无法无天的、享乐主义的城市社会的一部分，他们的性格肯定是被不承认城乡界限的万能的儒家思想重塑的[③]。持有这种精英主义和国家主义观点的天津的研究者，把混混儿看做是早熟的报刊杜撰出来的人物[④]。尽管实际上混混儿主要是从城市穷人中分化出来的，但是他们残酷的地盘之争并没有"使他们对城市的视野放宽"，更不用说增强无产阶级意识。混混儿是一群不法之徒，他们使城市社会四分五裂，必须根除才能走向现代化[⑤]。

可是，当我们把混混儿看做是社会赘瘤的时候，却忽视了近代中国城市社会也是可能出现文化、政治、经济和社会等各方面竞争和谈判的场所。对混混儿流行的记述只说他们搞分裂的事实，但是几乎没有什么证据表明听过这些口头传说的那些同时代的热心人发现混混儿有欺诈行为[⑥]。随着这些恶棍转变为当地的民间英雄，故事的讲述者和读者分享了构成这些故事并使这些故事颇具色彩的价值和象征。

本文认为混混儿和混混儿所产生的城市文化既是天津社会的问题又是社会稳定的工具。追溯历史上的混混儿，他们的来源、思想、规矩，他们所从事的许多经济和社会活动使他们由著名的街头斗殴者上升为社区的领导人（袍带混混儿），使这些有时大嚷大叫却又不善言辞的市民复活了。他们是失业的或只有少量工作的工人和缺乏阶级意识的无产阶级成员，他们在街头使用暴力，按照已经形成程式的本领和规矩行事，被地方官巧妙地操纵和默许，以达到各种目的：替某一部分人发泄怨气，对于那些渴望掌握争斗技巧的人来说，这是发展个人、赢得地位和追求生活经历的机会。

混混儿的语言、哥们义气、规矩（如果不是礼法的话）以及地盘，还为城市特性奠定了基础。他们在救火、皇会以及团练诸方面所扮演的多重角色，为这些下层市民提供了制度的基础，以架构一种他们自己的——即使名声不佳，与国家赞同的正统相区别的多棱的城市文化和特性[⑦]。另一方面，正如那些不耐烦的外国人发现他们是"永久的危险之源"，国家也需要他们的支持以维持城市不牢固的防御和其他城市事务。清廷的怠惰并非愚蠢，而是变为可以理解的事："在和平时期，当局完全忽视他们的存在，不给他们的活动设置任何障碍"[⑧]。整个民国时期（1911—1949 年），混混儿一直是城市里骚乱的根源，同时又充任水会的伍善和协助征税。当局发现，令人厌恶的混混儿也可以使混乱平息，也编织了一幅城市里芸芸众生的多彩画卷。他们有时是冲突的因素，但是作为不甘约束的市民社会的核心，他们又为城市作出了牺牲。

一、社会分布

混混儿虽然恶名昭著，他们的存在却只留下了一些痕迹。大多数混混儿无名无姓，有些著名的混混儿，他们的名字被大胆的假名如"死人头"、"鬼见愁"等掩盖了。口头传说认为，他们是"哥老会"的残余，但是学者们认为这种联系至多只是牵强的,即使不被遗忘的话也是中断很久了[⑨]。

可是,混混儿使在其他方面很平常的天津有了名。过往的目击者和游客对这个城市的印象只有肮脏:城里的街道几乎都没有铺砌,到处是乱扔的碎物和污水坑,狭窄的街道两旁千篇一律地围着用深灰色的砖砌成的高墙[⑩]。但是,对天津居民来说,“城”被城墙和呈轴状布局的干道分隔成四片(见图1),既是被政府的城市规划划定的街邻聚居区的大拼盘,土地的使用又按阶级划分为“东富西贱,北贵南贫”[⑪]。大多数城市居民,无论其地位和财富如何,都是近代来自河北、安徽和山西省的移民。这些组织严密的城市里的乡民为街道和街区命名,背景相同和籍贯相同的人们聚居一处。他们做小贩、工匠或工人以养家糊口,他们一起吃喝、一起玩,一起说长道短,他们的后代相互通婚而成为亲戚。宗教也成为城里的每一处街区和郊区的标志,每个地区至少要供奉一尊土地神,或供奉关帝和药王[⑫]。

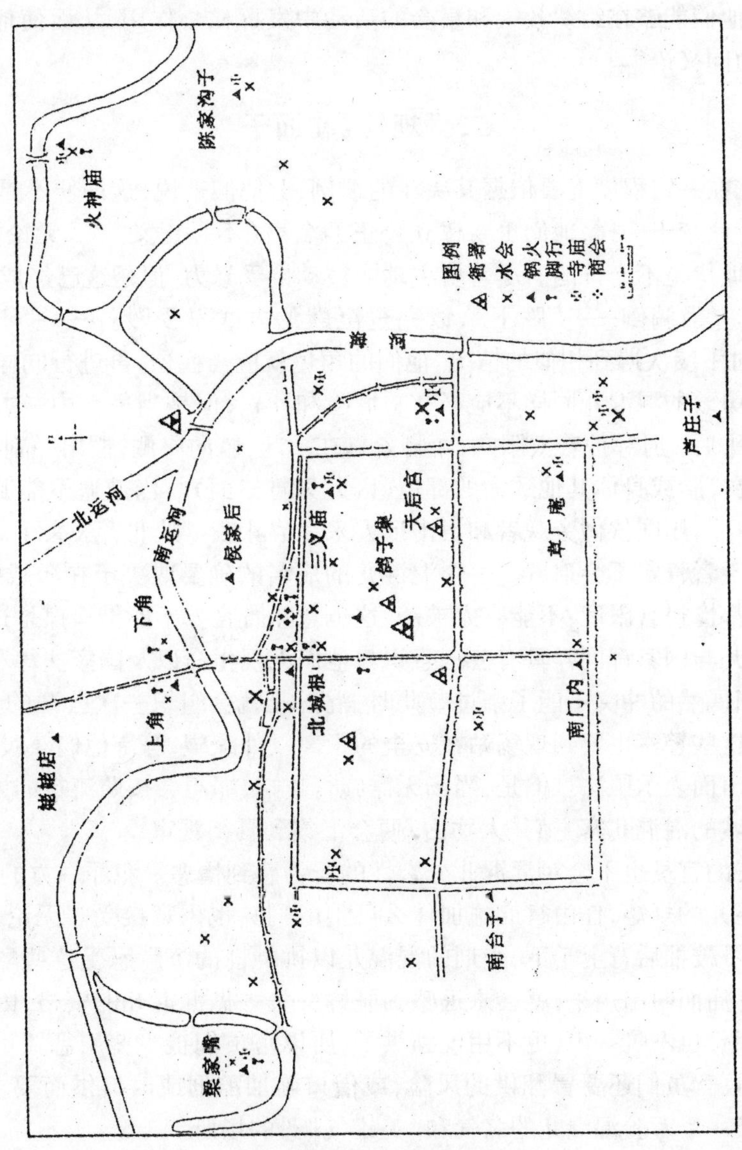

图1 晚清天津街区图

由于混混儿在这种环境中成长,这些主要的亲戚关系强化了他们的凝聚力、认同感和地盘。他们当中的大多数人按照籍贯、亲属关系和所扮演的角色聚集一处,或者是子承父业[⑬]。

少数妇女或者追随其父亲,或者取代她死去的丈夫留下来的地位[⑭]。他们大多数人最初很穷又年轻,即使有工作,也没有什么出路。有些人出身于绱鞋工人,他们找到这听任雇主摆布的令人讨厌的工作,论件计酬,属于城里收入最低的[⑮]。理发匠的学徒几乎别想改变他们剃头的职业[⑯]。另一些人在天津崎岖不平的街道上谋生:负贩、拉手推车者、挑水夫,此外还有地痞流氓、水会伍善、脚行工人等[⑰]。

加入混混儿的行列有无仪式均可，或一起吃一顿捞面即算入伙。他们一起食宿和议事，为首者称“寨主”，地盘内发生任何事情都成为他们的责任，无论是居民与外来小贩的争执，还是居民与其他地盘的混混儿发生争吵。在人口稠密的城市环境中，往往是旧怨未泯又加新仇，甚至彼此都想避免也办不到。偶尔发生的争吵最终发展成仇恨，于是便假作亲戚给予道义上的支持或者以武力相助(充光棍)[18]。

当然，地痞恶棍和帮派是中国城市的一部分，但是天津混混儿的传统与青帮和其他地方的秘密社会是有区别的[19]。他们的活动是公开的，不像以漕船为基地的青帮，直至20世纪20年代他们才在城市中落脚，公开扩展他们的势力[20]。与被三巨头统治的上海青帮相比，天津以地盘为基地的混混儿的组织是横向的而不是纵向的。尽管有公认的城市领袖，但和汉口一样，没有形成中心犯罪组织，起码到30年代后期，袁文会才将混混儿和青洪帮联合在一起[21]。除了奇特的决斗惯例之外，混混儿还与脚行密不可分，脚行为他们提供了稳定的经济来源，以便他们能够在组织救火和皇会的活动中发挥核心作用，从而使他们的存在合法化，甚至使他们与这些活动成为同义语[22]。

二、“规矩”和面子

辨认天津的混混儿在一定程度上要依据其决斗的惯例，对他们来说，这即便不是什么“文明的法则”，也是独一无二的。和老游侠骑士一样，他们也要树立公正的名声(不是正义)[23]。无论如何，决斗要公开进行，并要作出许多姿势，打埋伏是不允许的。尽管要主动或被动接受暴力，但是这已经成为他们生活的内容。当一个人被单独抓住时，应当躺倒——“跌下”，以完全沉默的方式忍受殴打——“不带哼哈”，或者破口大骂——“卖味”。假如对手屡次遇到相似的情况，他们的角色就应当换位，再进行同样的决斗。

像游侠骑士一样，勇敢的混混儿同样不应当在乎危险和死亡，但是当争斗中一方人数过多时，对手肯定会放弃斗殴：手臂放在头后，肘部护着太阳穴，两脚紧靠在一起，躺向一侧，摆出一副准备挨打的样子。而进攻一方也应当小心不要打脸或身体其他致命的部位(因此只打三面)。当遭遇不能调解的夙敌时，就会安排一次经过广泛宣传的争斗，用同伙做旁观者和目击证人来完成斗殴。败北者失去了炫耀的权利，无论对他来说是多么生死攸关，而胜者肯定不会追赶。一个混混儿的成名的确要取决于在激战中忍耐的能力。对各种残暴手段和喧闹，双方都懂得其限度：不能有人被杀，这也意味着官方不能借口谋杀迫害他们[24]。

这并非是说，混混儿与国家都同样具有公正意识。他们无视生命以及国家法律和官府的规定，只承认属于他们自己的规矩。当偶然的冲突不能了结过节儿时，混混儿就会组织一次公开的斗殴。倘若他们事先并没有通知当地的警察，这些警察也要到现场站在安全的距离以外瞭望，等待他们斗殴的结果。双方打得精疲力竭了，各自的寨主才出面表示服法。但是，当场无需施行逮捕，罪犯会按照流行的方式到县衙门投案，认可的罪状发出后，来自全城的混混儿寨主们(人物山)便会汇集到县街观审[25]。

负责维持地方治安的官员也不会对混混儿分裂性的行为感到憎恶。犯罪一方的代表要倒卧在知县面前以表示他们忠实于混混儿的规矩，任由官府施加什么可怕的刑具也乐意接受。无论是压杠子、打夹棍，还是上百次掌嘴，或用竹扫帚枝抽后背上千下，受刑的混混儿以挑衅性的沉默忍受这些酷刑，便会赢得围观者的敬佩和赞许。如果因疼痛而叫出声来，就会永远感到耻辱并失去做混混儿的资格，因为 他们“走基”了。他们即使身受最残酷的鞭打也不吭一声，更不用说画供了，所以官员们很少使用惩罚手段。内外串通的、间接的证据不足以定罪，而且官员们还要冒翻供的风险，或借口施加酷刑或改口供而要求上诉[26]。这样一来，森严的审判过程变成了又一个考验混混儿的名气和“英雄气概”的场所。

三、动机和回报

这些年轻人(和女人)怎么能在头脑清醒的情况下冒被伤害之险，以致有可能会默默地死去，这似乎是不顾后果地耗费他们的身体？混混儿不像那些不考虑财产的理想的游侠骑士，他们可能受到用于解释暴力运动的社会学和经济学原理所驱动[27]。在一个以仕途构成主要的优先向上流动途径的社会里(19世纪晚期，穷人的机会很少，免费官立学校不到40所，只有不到700个学额，而全城人口超过10万[28])，对于他们来说，通过科举考试加入仕途的希望只是一个梦想。

混混儿生涯既有希望致富也有希望出名。对于那些经历了街头斗殴和衙门酷刑的考验仍然活下来的混混儿来说,回报不仅是大众的认可,也表明自己已非俗人,社会地位上升了,终生享有"胜者"的名号。尤其是那些特别杰出的混混儿,还可以分享那些来自各种渠道的收入[29]。做海货或蔬菜生意的经纪人,经营冰窖、脚行,这些赚钱的合法生意都有官方划定的经营地区范围,是混混儿地盘的补充[30]。开赌窟、保护有丑恶名声的行当(大房钱)、放高利贷等,虽然是非法的,但同样是有利可图的买卖[31]。混混儿可能暗自庆幸,有学问的职业和教书虽然社会地位高,收入却不高,如举人杨一昆痛苦地看到:"茶馆酒肆任意为王。……这个说,我的鼻烟壶价儿大,那个说,我的扳指价儿昂。……"[32]混混儿可能使人感到畏惧,但是他们缺少受人尊敬的品格、名誉和社会地位。

四、从为邻里到为社区

随着年龄、经历和财富的增长,特别是在他们成为"袍带混混儿"以后,混混儿也逐渐产生了和其名望(或许是坏名声)俱来的要求和责任感。在大街上和衙门里赢得的荣誉必定是短暂的,与士绅那因其门第、法律而强化并终生享有的名誉相比,这些平民精英的地位总是变化无常的——常常靠勇气而得到,也很容易因偶然的遭遇或一时的懦弱而失去。许多混混儿为赢得街邻的尊重而承担社区事务,从解决纠纷到参加救火,从中获得资历和公众的信任。

这种转变是从混混儿自命为街邻的保护人开始的。在他们的监视下,摆摊的小贩再不敢用鬼秤骗人,商人不敢以次货兜售,若有当地居民被小偷所窃他们便会奋勇追捕。由于混混儿有保护所在街区利益完整之责(全地土之义),一旦本街区居民与其他地盘的混混儿发生争执,便被视为是对本街区混混儿的冒犯。由于混混的名字已经与本街区有相同的意义,所以从这种认同中便产生了象征性的社区:这种社区能够得到认可,并与他们划分明确的生活区有密切的关系。其名称不仅是表示地理的概念或一个行政单位。该街区与周围地区有明显的区别,被赋予文化特性(即使并未完全被赋予市民的权利),形成一个区域,也构成社会行动的基础[33]。

除了街区卫士之外,混混儿在地方社会中的角色还包括寻求街区问题的解决办法。当每年观世音诞辰以施放烟火庆祝而闻名津城的草厂庵在光绪二十三年(1897年)被大火焚毁后,住持僧人广月找不到自愿的捐助者出资帮其重建,在绝望中,他用钉子自穿面颊以引起人们对其困境的注意。然而,他的乞求连续三日没有引起人们的关注,直至富于同情心的当地混混儿说服几家富商出资重建,随后并宴请各方(坐座儿)以贺社区恢复和谐[34]。

除了筹集资金之外,混混儿同样可以同自己无力解决纷争的地方官和地方捕快合作解决法律之内或之外的纷争[35]。如章家桐妻子自杀所引起的纠纷,地方官没有发现任何疑点拒绝调解。亡者娘家不许下葬达几个月,使章的住宅成了停尸房。袍带混混儿王德庆来往于各方之间设法调解,矛盾最终得以解决[36]。

的确,虽然国家的权力是独裁的但也受到限制,这就使混混儿有充分的机会证明他们对城市所具备的价值。自康熙朝以后,便有志愿救火者扑灭时常在城市里蔓延的火灾。到19世纪后期,天津的救火会以其组织严密在国内广受赞誉[37]。水会中人(称"伍善")多数为运输工人,他们用本街区混混儿的"锅伙"(或脚行所在地)作为水会的会所和存放救火器具的地方。一遇火警,鸣锣沿规定的路线传递(曰"串锣"),沿锣道传集各水会(见图2)。可是,各水会伍善之间为了证明其勇气和本领高超,经常发生冲突和争斗。他们之间有些人无疑早有"过节儿",其敌意之大终结恶果。1880年,在一场斗殴中有6人被伤,于是知县专门指派兵丁负责巡逻某一地区,并直接确认了混混儿各自负责的地区,但没有管辖权[38]。经过一段时间,他们也学会了一些配合的规矩,如:"听……约束","由近及远",迟到者"静候调用"等等[39]。不断在城市蔓延的火灾使他们团结在一起,最终水会组织既无地盘之分,也没有界线了。

通过筹集资金来维持这种重要的服务,也要求混混儿与水会成员之间以及天津市民之间联合成为一个城市整体。作为志愿者,他们可以接受点心作为酬谢,但每年春秋两季,要由水会会首和袍带混混儿为首的阖津水会向商家和其他富有的市民募捐数千两,备酒设宴,搭台唱戏,酬劳伍善和捐资者。余资添置新设备和供水会或水会总局支用[40]。虽然账目要列榜公布以防贪污,但敛财的指责表明他们的志愿服务是很值得

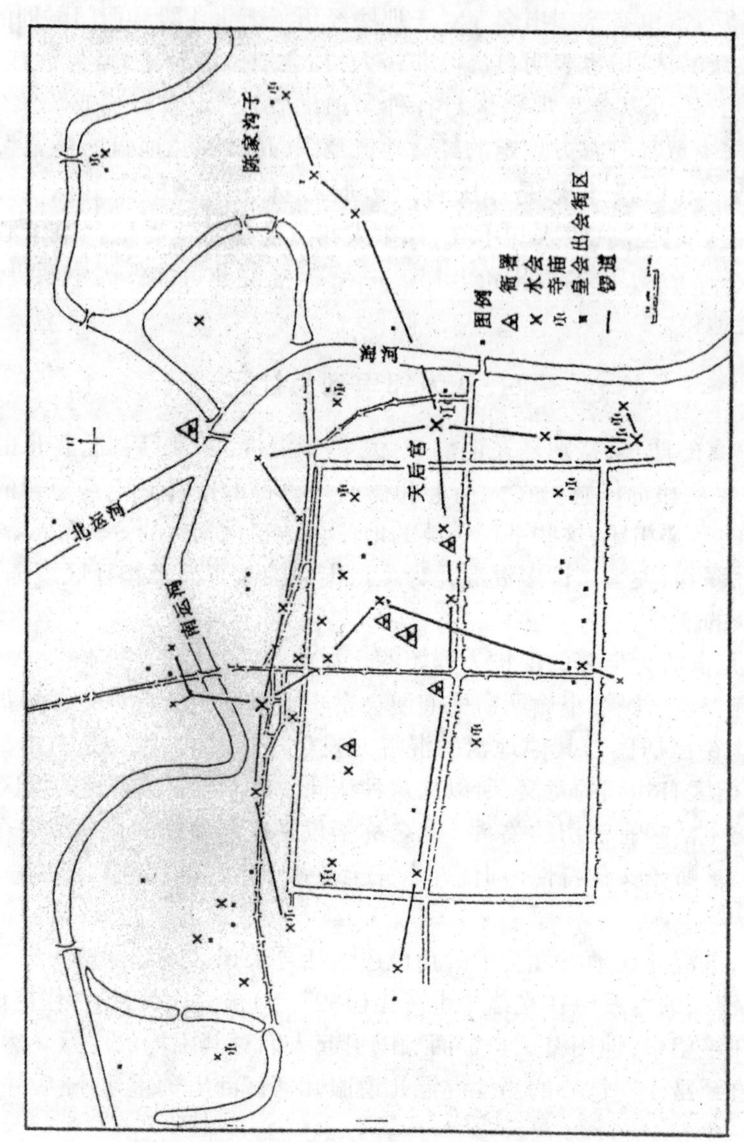

图2　街区参与城市事务示意图

冒险的[41]。

五、从为邻里到为城市

天津被划分成一个个地盘，并不排除混混儿的合作以及他们对共同的城市特性的培育。混混儿为了"荣耀"不惜一切代价，他们中流行的规矩又将他们团结在一起[42]。他们代替地方政府行使一些公共服务职能，与这些服务的受益者共同培育了城市特性。除了水会以外，他们还与其他城市组织如钱号公所和芦纲公所合作组织和参加各种赛会。

庙会和赛会连年不断，从正月十五的游行街市，到三月的出皇会、四月城隍出巡，到各种庙会。比赛制作精美的彩车，耍高跷、练武术，在挂着灯笼和其他民间戏剧饰品的长竹竿上表演平衡技巧等等，这些事对表演者的街邻是一种荣耀。

天后出巡，沿天津街头绕行三日，由"扫殿会"精心协调，由支玉林等袍带混混儿（他也是30年代阖津水会的领导人）领导，将混混儿和居民们聚集起来。通知下发到各街区组织[43]，脚行中人向各自地盘商家和居民乞求捐助，努力报答天后对本城及他们服务的庇佑[44]。

这些喜庆活动也经常为这些市民提供机会表现他们贝恬式的"笑的文化"[45]。他们也许没有受过高深的教育，但他们要谈一些道义，谈他们看到的不公正：

人生在世天地间,
有几件大事不周全,
贫的贫来富的富,
忙的忙来闲的闲。
痴傻呆苶偏豪富,
乖巧伶俐受艰难,
满腹经纶不得中,
寻常学问做高官[46]。

这些城市居民不接受现有的一切,而是寻求正义,并建立了社会结构,尽管转瞬即逝。这些剧本时时冒着触犯观众中的官员的危险,设在南门内的"诚议杠箱会"嘲笑官场中的炫耀之风[47]。公告宣布为官之道:"署任梅桂县正堂(玫瑰馅谐音)"和"全印田(甜的谐音)酱州(粥的谐音)正堂"位在小丑之前,骑骆驼,执羽扇问堂[48]。他们以这种轻松愉快的方式提出批评,也要设法得到相同阶层市民的赞成,以他们的语言沟通,并与他们共享其文化价值。

混混儿对天津文化的控制也影响到城市流行的曲调:绱鞋工人工作时吟唱的时调或称靠山调。这些曲调的主题大都集中于渴望保护他们所爱的娼妓,或者泄露前夜的风流韵事。这些无忧无虑和生动活泼的表达颇具吸引力,它超越了阶级界限,甚至尊贵家庭的年轻人也低声吟唱这些曲调,举止类如效颦的"风雅锅伙"或"无忧乐"[49]。惊恐的官员反对这些恶劣的影响,但是这些活动经常出现说明他们的反对是无效的。

体面的天津市民也许不赞成这样没规矩的行为,但他们不能怀疑混混儿争强好胜的特点和在反对任何外来者(无论是国内的还是国外的)方面对城市的忠诚。每个天津人都有一个天生的义务,就是把乡下人看作乡巴佬和藐视的对象。来自"海下"的村民,与心眼活泛的天津土生者相比是"海榔头"[50]。来自邻县的童生参加科举考试,被挖苦地称之为"侉相公"并受到歧视对待[51]。同样地,站在沿海岸航行的舢板上的桀骜不驯的水手肯定不断地受到教训。1850 年,"数百名"宁波水手对付不了郝心斋率领的十多名英勇的混混儿,郝的勇猛被记载在当地的诗集(竹校词)之中:

陡惊紫阳扑尘红
征马匆忙一望中
只道南人不复返
平戎人退又兴戎
威慑蛮氛已数年
不闻铁炮震连天
汉家飞将归何处
铜锣儿面响连声
弃甲曳兵胆共惊
踏破菜园休窃美
武夫怕死早逃生[52]

漕船上的河南人、安徽兵也受到有益的教训,学会今后在这个城市中的行为举止如何正正当当[53]。因此,混混儿既让人恼火又让人骄傲。博学的文人和官员可能会发现他们粗野,但是他们作为水会的成员、地面的护卫者和皇会的组织者,却有助于阐释天津城市大众文化与城市特性。

六、服务于国家

的确,在 19 世纪后期动乱的年代,混混儿的声望、组织以及善于争斗的本事并没有被地方士绅、官员和皇帝所忘怀。陷于国内的起义和来自外国侵略的重重包围之中的清政府和地方官员,需要动员各方面的力量,包括这些劣迹昭彰的臣民。从太平天国起义开始,到第二次鸦片战争和同治九年(1870 年)天津教案,混混儿都被编入团练,他们没有让人失望。

尽管混混儿常常触犯法律，也许他们并没有错，但这并不表示他们想要推翻朝廷。当清朝的生存当真受到威胁之日，就是考验他们的忠诚是否有用之时。咸丰三年（1853 年 9 月），太平天国北伐军据说有八万之众，向天津进军，并散布消息说十一月份进攻京城。满族军队只是尾随着起义军并不与他们交战，天津的驻防军队只能聚集到 800 人[54]。一位引退的巡抚津城望绅梁宝常（1789—1857 年）奉命组织地方团练。他和他的合作者们一边搜集朝廷对他们从事公务的褒奖，一边同样感兴趣于他们个人的财政收益，于是指责他们挪用公款的揭帖很快便在城里出现了[55]。这个任务留给了天津的盐商，张锦文（1795—1875 年）准予释放关在牢里的混混儿，由他们组成保卫城市的核心力量[56]。他的信任没有错，几名混混儿随知县作战而阵亡[57]。他们的忠诚给咸丰皇帝留下了深刻印象，被其赞赏为“天下第一民”的天津水会，包括许多混混儿在内，成为发生动乱时保卫城市的常备兵力来源[58]。1858 年 4 月 12 日，英法远征军与前来观察的俄、美两国军舰驶抵天津的外港大沽，上谕指示品级最高、告假在家的巡阅大使贝荫漳组织地方团练。然而，他和他的那些士绅合作者仍然热衷于中饱私囊[59]。在张锦文的指挥下，伍善们被动员起来再次协助保卫城市，并得到由小贩和店主组成的商人团练的补充[60]。大沽炮台陷落以后，张锦文及其团练仍然忠实于天津，拒绝执行将他们调往他处的上谕。尽管有些犯上，但是皇上和官员们仍纷纷褒奖这些固执的臣民[61]。

如果说官员和天津的绅士在这艰难时刻的行为毫无典型性的话，一些混混儿则以他们的生命维护了天津的荣誉（和政权）。咸丰十年（1860 年）《北京条约》被批准以后，外国传教士和商人开始居住在怀有敌意的天津百姓之中。1870 年，当法国领事丰大业攻击了聚集在望海楼教堂前的愤怒的民众，其中也包括“数千”伍善的时候，城市发生了暴力冲突。在继之而起的狂暴举动中，16 名外国人，其中也包括丰大业，遭到了杀戮[62]。

为了平息这狂暴的行为，清廷指派了其最主要的一位政治家——直隶总督曾国藩。为了寻求既使朝廷满意，又能满足外国人迅速、公正审判凶犯的要求，这样一种解决办法，使曾备受压力。通常的取证审判和法律程序都被中止了，21 名当地居民，许多是混混儿，因他们的“罪行”而被判死刑[63]。这些受难者被说服必须牺牲他们以使城市免遭外国人进一步的侵犯，据说他们对自己扮演的角色都很自豪：他们身穿戏装，扮作他们喜爱的戏剧中英雄人物的模样，招摇过市前往刑场，同城的居民都称颂他们是“好儿”[64]。

从维护法律和秩序，到把朝廷官员由紧张的外交困境中解脱出来，混混儿由此证明了他们的价值。以后的总督和地方官虽然不轻视他们，也都敬而远之[65]。当事情难以控制的时候，官府便通过公开将城市划分成地盘来恢复秩序，不论这些地盘是由混混儿支配的脚行所控制还是由他们支配的水会所控制[66]。当然，这种合法地位的得来并不便宜。在清末，脚行每年要缴纳 22 000 吊钱以换取他们的垄断地位，这笔钱占知县公费的 28%[67]。20 世纪初的改革持续到民国时期，几任市政府也一直保持他们统治的地区直至 40 年代[68]。

七、结论

混混儿的下层社会代表了城市社会的一个方面，与官方和历史学家们所说的城市社会大相异趣。这一下层所表现出来的真正价值，保存有公然蔑视国家和传统价值的学问。由于混混儿的存在使人难以理解并常为传奇所掩盖，很容易被当做神话或者被作为城市社会深陷于分裂和混乱之中的证据而忽视。

本文旨在尝试做一重新建构，通过讲述混混儿的功绩，使其成为天津大众文化的一部分。这些故事一直保存在当地的方志记载和混混儿自己的回忆中，它告诉了我们混混儿们的“游戏”规则及其自豪的资本。一个混混儿的经历所要告诉给年轻人和雄心勃勃者的不仅是要冒大风险，而且也是一种途径，就是要满足于确定其生活方式的欲望。面对着暗淡的前途——很难实现向上的社会流动，这些年轻的斗士只能在斗殴中按照自己新的身份重塑自身。当他们投身于争斗中或与火灾搏击时，其他人采纳了他们的化名或以化名招呼，也就是城里的人们给了他们新的身份。他们通过巧妙地赚钱和富于想象力地把持行市，在混混儿的周围形成了欢乐的超现实的氛围；许多人通过街头叫骂、激起暴行、寻衅闹事、招惹挨打等获得了传奇的身份。他们独特的语言、装扮以及假装的“习惯”——走路迈左腿，拖右脚，故作伤残状——成为个人广告宣传的形式，也是通过考验成为哥儿们的荣誉的标志。在衙门公堂上的坚忍成了对他们个人勇气的赞誉，以及“自我形象设计”的传播媒介。他们的正义感在回答审问官员时的炫耀式的幽默语言中得到了表现，就像排斥来自国内外的外乡人保卫城市是他们当然的责任一样。所有这些都在与他们同居一城的市民之中找到了共鸣和同情。

于是,混混儿代表着对国家的一系列挑战。他们的街头斗殴扰乱了治安,喜欢赌博和其他活动使他们受到怀疑。他们在公堂受审时的表演给那些由大量空虚的官服、官场的虚伪言辞和礼仪构成地位和品级的国家合法外衣上罩了一层阴影。更为糟糕的是,混混儿蔑视法律,以沉默或在夸耀的掩盖下挫败对他们的处罚。

深陷分裂和混乱之中的城市社会表明非常需要官方的控制,但是却使人看不到潜在的秩序。由于混混儿在城市里开辟了适合他们的活动地区,成了"正义"执法人和争执以及社区问题的调解人,从而也为城市社会的稳定作出了贡献。从救火到组织皇会,他们成了许多城市服务事务的核心人物。当需要时,国家及其地方官员便发现他们是不可或缺的人物,并再三寻求他们的援助以维持秩序。混混儿的组织和特性建立在他们对城市、地盘和官员需要的荣誉的忠诚之上。

最后,混混儿也扩大了市民社会的范围。他们既粗鄙又热心,用不同的装腔作势对付官员、有教养者以及富人。然而,他们在分层的城市社会和文化中扮演了一个受批判的角色。在天津的街头,无论是炫耀式的幽默还是斗殴,他们都有助于街邻和城市民意的定型,他们重叠的组织网络——水会、皇会、团练以及他们之间的联盟——培养了他们对集体行动而言非常重要的信任感。他们容易使许多人受到影响(很可能就像植根于酒馆和咖啡馆的欧洲市民社会那样开放),哥们儿用行动(而不是用智慧的"理性的"讨论)把社会礼法连在一起,从而赢得了官员们和皇帝的赞成和钦佩。对于混混儿引起的所有分裂,天津城的市民们却引以为自豪[69]。

注:

① 对混混儿的这些生动描述散见下列资料:李然犀:《旧天津的混混儿》,《文史资料选辑》第47辑,1964年,第187—209页;张焘:《津门杂记》,天津古籍书店1986年版,第89—91、101—104页;戴愚庵:《沽水旧闻》,天津《益世报》,1934年,天津古籍出版社1986年重印;英国外交部领事函(以下均为FO)674.19。

② 对混混儿分裂行为的谴责,在报纸上也可见到许多全文刊载,如1882年8月28日的《申报》和1904年2月5日、11月13日的《大公报》。

③ 弗雷德里克·莫特是对的,他认为儒家文化渗透到所有学者精英,以致城乡界限不具有任何启发性价值。另外,这种精英宇宙观似乎不适用本文所论及的混混儿的世俗文化。见莫特:《南京的演变,1350—1400》,载施坚雅:《中华帝国晚期的城市》,斯坦福大学出版社1977年版,第117—118页。

④ 贺萧(GaiI Hershatter):《天津工人》,斯坦福大学出版社1986年版,第122—127页。

⑤ 李玖(Kenneth Lieberthal):《天津的革命与传统》,斯坦福大学出版社1980年版。

⑥ 此类目击式的记述包括戴愚庵:《沽上英雄谱》(天津,1937);《天津混混儿》,《商钟半月刊》第3卷7期,1944年7月,第14页;李然犀:《津门艳记》,天津百花文艺出版社1986年版;连阔如:《江湖内幕》2卷,北京民间文学出版社1990年版,尤其参见第2卷,第395页。

⑦ 各种主张从上而下的政府统治论者关于文化特性与文化建构的方法,见刘陶陶(TaoTao Liu)、戴维·福里(David Faure)编:《统一与异变:中国的地方文化与特性》,香港大学出版社1996年版,第2—4页。这样,在由精英、商人中等阶级和农民组成的文化中,又增加了混混儿这一层次。

⑧ (英国)领事孟干致北京公使,1871,F0647/19。

⑨ 李然犀:《旧天津的混混儿》,第187页。不同观点见李世瑜:《青帮在天津的流传》,载河北文史资料编辑部编:《近代中国帮会内幕》卷1,北京群众出版社1992年版,第451—466页。

⑩ 劳伦斯·奥利芬特:《随额尔金出使中国和日本》第1卷,牛津大学出版社1970年版,第384—386页;"天津在西化方面的进步",弗莱厄蒂致朱尔典函,1909年1月14日,F0228.1734。

⑪ 《大公报》,1931年1月9日;陈雍:《明清天津城市结构的初步考察》,《城市史研究》1995年第10辑,第25—36页。

⑫ 见《津门保甲图说》(1846);张英华:《中国城市内部结构的生态学研究,1920—1930》(普林斯顿大学

博士论文,1982 年)第 282—285 页;关于上海的“小文化圈”,见顾得曼:《籍贯、城市与国家》,加州大学出版社 1995 年版,第 16—17 页。

⑬ 全汉升:《中国苦力帮之史的考察》,《中国经济》1934 年第 1 期,第 2 页。

⑭ 李然犀:《津门艳记》,第 99、190 页;徐风:《黑旗队的骨干佟海山霸占小白玉霜》,《天津市河东区文史资料》第 3 辑(1990 年),第 142 页。

⑮ 关于这些脾气火暴的工人,见李然犀《旧天津的混混儿》,第 188 页;道台恒福的布告见张焘:《津门杂记》,第 90 页,《大公报》,1924 年 4 月 4 日。

⑯ 戴愚庵:《沽水旧闻》,第 119 页;《大公报》,1905 年 3 月 31 日。

⑰ 张焘:《津门杂记》,第 90 页;《直报》,1895 年 5 月 21 日、7 月 29 日。《天津领事致北京使馆函》1872 年 10 月 13 日,F0674.19,82 号;又见戴愚庵:《沽水旧闻》,第 158 页;《大公报》,1904 年 9 月 4 日;孙小岛(孙玉法):《天津“黑旗队”内幕》,《天津文史资料选辑》第 64 辑(1994 年),第 165 页。

⑱ 李然犀:《旧天津的混混儿》,第 195 页;戴愚庵:《沽水旧闻》,第 147—165 页。

⑲ 文章的篇幅不允许我对天津的混混儿与其他地方类似阶层的异同作出分析。作为比较,参见中国人民政治协商会议上海委员会编:《旧上海的帮会》,上海人民出版社 1986 年版,第 29—50 页所载李世瑜文;忻平:《从上海发现历史》,上海人民出版社 1996 年版,第 597—601 页;魏斐德:《上海歹土》,剑桥大学出版社,1996 年版;罗威廉:《汉口》,斯坦福大学出版社 1989 年版,第 195 页;王建华:《明清时期苏南三个特殊社会阶层剖析》,《历史与社会》1997 年第 2 期,第 105—118 页。

⑳ 李世瑜:《青帮在天津的流传》,《天津文史资料选辑》第 45 辑(1988),第 214—217 页;林希:《天津人》,浙江人民出版社 1995 年版,第 68 页。

㉑ 戴愚庵:《沽水旧闻》,第 130 页。

㉒ 混混儿和水会是不同的城市组织,吉泽诚一郎指出了这一点,见《水会与天津教案》,《历史学研究》总 698 期(1997),第 57 页。但是,其成员大都来自袍带混混儿和小贩、经纪人,以及他们控制下的脚行工人。见李然犀:《旧天津的混混儿》,第 208 页;陈连生:《天津早年的水会》,《天津文史丛刊》1984 年第 2 期,第 37—38 页;阎润芝、李维龙:《天津脚行的始末》,《天津文史丛刊》第 4 期(1985),第 162 页。

㉓ 关于中国游侠骑士特征的界定,见 James J. Y. 刘:《中国的侠客》,芝加哥大学出版社,1967 年版,第 4—7 页;汪涌豪、陈广宏:《江湖任侠》(台北汉阳,1997)。

㉔ 李然犀:《旧天津的混混儿》,第 188、202—203 页;戴愚庵:《沽水旧闻》,第 119、128、147 页。

㉕ 戴愚庵:《沽水旧闻》,第 146 页。

㉖ 关于签署口供的要求,见杰弗里·麦科马克(Geoffrey Macormack):《传统中国法律的精神》,佐治亚大学出版社 1996 年版,第 148 页。

㉗ 关于暴力运动社会学及其帮会经济学,见诺伯特·伊莱亚斯(Norbert Elias)和埃里克·邓宁(Eric Dunning)主编:《寻求刺激:文明进程中的体育运动和闲暇》,牛津大学出版社 1986 年版;莉萨·弗汀斯基(Liza Vertinsky):《探讨犯罪团伙的法律和经济学》,艾希盖特(Ashgate)出版社 1999 年版。

㉘ 关于天津缺乏公共教育设施,见轶名:《天津事迹纪实闻见录》,天津古籍书店 1986 年版,第 12 页;王守恂:《天津县新志》(1931),第 10 卷,第 7b—9a 页。清末,政府资助的县学和府学(包括文学和武学)共有学额 135 名。

㉙ 戴愚庵:《沽水旧闻》,第 129、142 页;天津市总工会工运史研究室:《天津工运史资料》第 6 期(1985),第 9 页。

㉚ 王蔼堂等:《天津的冰窖业》,《天津文史资料选辑》第 11 辑(1980),第 105—119 页;龚尚祖:《天津“鱼锅伙”兴衰小史》,《天津文史资料选辑》第 11 辑(1980),第 120—129 页。

㉛ 张焘:《津门杂记》,第 95 页;《直报》,1896 年 4 月 13 日;李然犀:《旧天津的混混儿》,第 191 页。

㉜ 杨一昆:《天津论》,张焘:《津门杂记》,第 103—105 页。

㉝ 李然犀:《津门艳记》,第 6、76—78 页;戴愚庵:《沽水旧闻》,第 134、158、165 页。

㉞ 戴愚庵:《沽水旧闻》,第 127 页。

㉟ 关于混混儿与捕快之间紧密关系的报道,可见 1902 年 8 月 2 日,1904 年 6 月 10 日,1905 年 7 月 8 日《大公报》。杨一昆文,载张焘:《津门杂记》第 102 页。

㊱ 朱寿钧:《天津的混混儿琐闻》,《天津文史资料选辑》第 31 辑(1985 年版),第 227 页。

㊲ 羊城旧客:《津门纪略》卷 6,天津古籍出版社 1988 年版,第 5 页;陆以湉:《冷庐杂识》卷 6,1856 年编撰,北京中华书局 1984 年版,第 304 页。关于其他地方的消防组织,见罗威廉《汉口》;王笛:《街头文化:晚清成都的公共空间和城市平民》,《近代中国》24 卷第 1 期(1998),第 34—72 页;今堀诚二:《北平市民的自治构成》,东京,文求堂 1947 年版。

㊳ 羊城旧客:《津门纪略》卷 6,4b;《申报》,1881 年 2 月 5 日。

㊴ 陈连生:《天津早年的水会》,《天津文史丛刊》第 2 期(1984),第 41 页:天津市档案馆等编:《天津商会档案汇编(1903—1911)》第一辑,天津人民出版社 1989 年版,第 2 113—2 114 页。

㊵ 羊城旧客:《津门纪略》卷 6,4b;张焘:《津门杂记》,第 44 页;著名的袍带混混儿支玉林曾是阖津水会的首领,见李然犀:《旧天津的混混儿》,第 208 页。

㊶《直报》,1896 年 1 月 20 日;关于混混儿因为无钱可赚而不能成为水会成员的论点因此很值得怀疑。见朱寿钧:《天津的混混儿琐闻》,第 228 页。

㊷ 但将这些规矩和做法定义为中国普通法的一部分,这也许太不确切了。见高其才:《中国习惯法论》,湖南出版社 1995 年版,第 176—212 页。

㊸ 望云居士等:《天津皇会考纪》,天津古籍出版社 1988 年版,第 34—39 页。

㊹ 李然犀:《旧天津的混混儿》,第 208 页;戴愚庵:《沽水旧闻》,第 86、121、127 页;中国历史博物馆:《天津天后宫行会图》,1884 年绘制,1992 年香港和平图书重印, 第 119、120、152 页。

㊺ 贝恬,海伦娜·伊斯沃尔斯基译:《拉伯雷与他的世界》,麻省理工学院出版社 1968 年版,第 73—75 页。

㊻ 中国历史博物馆:《天津天后宫行会图》,第 132 页。关于官方和民间公正的区分, 见范忠信:《从明清市井小说看民间法律观念》,《法制现代化研究》卷 4(1998), 第 342—356 页。

㊼ 关于江苏省禁演剧目始于 1868 年,参见谢桃坊:《中国市民文学史》,四川人民出版社 1997 年版,第 322—327 页。

㊽ 中国历史博物馆编:《天津天后宫行会图》,第 123 页。

㊾ 王颂余:《靠山调》,《人世间》第 41 辑(1935 年 12 月);陈嘉瑞:《解放前天津城区的音乐生活》,《天津文化史料》第 3 辑(1992),第 33—34 页。关于天津时调,见《霓裳续谱》,《明清民歌时调集》2 卷,北京中华书局 1987 年版。关于混混儿的行话成为天津方言的一部分,见林希:《天津人》,第 26、70 页,朱寿钧:《天津的混混儿琐闻》,第 226 页;戴愚庵:《沽水旧闻》,第 89 页。

㊿ 李然犀:《津门艳记》,第 51、74—75 页。

51 戴愚庵:《沽水旧闻》,第 125—126 页。

52 郝绪荣:《津门纪事诗》卷 5,天津市图书馆未注明日期的稿本。

53 戴愚庵:《沽水旧闻》,第 101—102 页;关引恢名:《天津事迹纪实闻见录》,第 41— 42 页。

54 姚宪之:《蛮氛汇编》,转引自张守常等:《太平军北伐资料选编》,济南齐鲁书社 1984 年版,第 45 页。

55 郝福森:《津郡兵火纪略》,《津门闻见录》卷 5(稿本,未注日期,藏天津市图书馆)。有关其他地方团练组织,见孔菲力:《晚清的叛乱者及其敌人》,哈佛大学出版社 1970 年版。

56 丁运枢、陈世训编:《张公襄理军务纪略》(1910)卷 2,8a,34a;卷 3,28b;当时的天津知县谢子澄的传记,见邹钟:《志远堂文稿》(1886)卷 4,26a—27a; 侯桢:《燹余遗稿》(同治年编)卷 1,15a。

57《清实录·咸丰朝》1853 年 10 月 8 日,1853 年 10 月 28 日,1853 年 11 月 3 日,1853 年 12 月 2 日。

58 陆以湉:《冷庐杂识》,第 304 页;天津市档案馆:《天津商会档案汇编(1903—1911)》,第 2 辑,第 2113 页。关于以后的水会和团练组织,可参见《直报》,1895 年 1 月 26 日,1895 年 3 月 20 日,1895 年 4 月 18 日,

1896年2月24日。所以,我只部分同意吉泽诚一郎国家主义的主张,他认为,地方团练的存在并不意味着地方主义,其组织是暂时的。见吉泽的《天津团练考》,《东洋学报》78卷1期(1996年6月),第31—61页。

(59)《清实录·咸丰朝》1858年2月26日;军机处致直隶总督,1858年5月27日,重印于齐思和等编:《第二次鸦片战争》第3卷,上海人民出版社1978年版,第348页;佚名:《天津夷务实纪》,手稿本,未注日期,藏于南开大学图书馆特藏部,无页码。

(60) FO. 647. 19, J. Morgan to Beijing;丁运枢等:《张公襄理军务纪略》卷3,2b。

(61) 丁运枢等:《张公襄理军务纪略》,卷3,10a-b。直隶总督谭廷襄有关守卫天津的奏折,1858年6月6日,《筹办夷务始末·咸丰朝》,北京中华书局1979年版,第3卷,第879页。

(62) 唐瑞裕:《清季天津教案研究》,台北文史哲出版社1993年版,第27—29页;吉泽诚一郎:《水会与天津教案》,第53—66页;徐中约引证被杀害的外国人共17人,而费正清则认为是21人。见徐中约:《近代中国的兴起》,牛津大学出版社1995年版,第301页;费正清:《中国:传统与演变》,霍顿·米夫林公司1978年版,第324页。

(63) 唐瑞裕:《清季天津教案研究》,第119—125页。

(64) F0674. 18, No. 64,信函,1870年6月21日;李然犀:《旧天津的混混儿》,第191页;戴愚庵:《沽水旧闻》,第49页;李兴锐:《李兴锐日记》,中华书局1987年版,第30、33—34、39页;王斗胆:《1870年天津教案》,《近代史资料》第4辑(1956),第15—23页。

(65) 戴愚庵:《沽水旧闻》,第101页。

(66) 天津市历史研究所:《天津的脚行》,《天津历史资料》第4辑(1965),第11页;严仁之、李维龙:《天津脚行的始末》,第161—174页;高立森:《河东脚行始末》,《天津市河东区文史资料》第3期(1990),第127—137页。

(67) 胡高彝:《内省录》无日期无页码,附表。

(68) 关于对脚行控制地盘的不断确认,见天津市总工会工运史研究室:《天津工运史资料》第11页;关于水会地盘的确认,见天津市丛刊编辑委员会:《天津市警务概况》(天津市政府秘书处,1948年),第77—79页。

(69) 戴愚庵:《沽水旧闻》,第14页。

(《城市史研究》2000年第17—18辑)

论20世纪前期天津钱庄业的繁荣

林地焕

西方新式银行组织未传入中国以前,中国已经有传统的金融机构,如票号、钱庄、银号、当铺等,它们在中国的传统金融市场上一直扮演着重要的角色。新式银行兴起以后,逐渐扩大业务范围,使票号与钱庄的业务受到了很大的影响,尤其是与清政府有不解之缘的票号所受到的打击甚大。辛亥革命后,票号一蹶不振,新式银行与钱庄掌握中国的金融市场。新式银行主要投注于政府垫款及公债上,至于商业放款很少,而且往往采用抵押方式,这就迫使绝大多数的中小工商业者依赖钱庄融通资金。所以,清末民初的钱庄实际上替新式银行贷款予中国工商业,以促进对外贸易与新式工业的发展,发挥了工商银行的职能。

民国初期,天津钱庄的规模远不及上海钱庄,但天津位于华北地区商业与贸易的中心地带,金融业的历史悠久,资本规模雄厚,而且有庞大的金融组织。上海是 20 世纪初中国的金融中心,到目前为止,对上海金融组织的研究很多,反之,关于天津钱庄的著作,只有王子建等著的《天津之银号》,满铁调查部编的《天津的银号》,以及近人杨固之等著的《天津钱业史略》等,但都是简介性的著作,缺乏全面而深入的研讨。本文从观察民国初期天津钱庄的发展及其原因出发,探讨其在中国经济现代化过程中所起的作用和所扮演的角色,进而评估其在整体经济结构中的价值及所处的地位。

一、天津钱庄的一般概况

在清末爆发的贴水风潮和上海的橡皮风潮中,天津钱庄和山西帮票号遭受了沉重打击。清朝覆灭后,山西帮票号不免彻底崩坏,而天津钱庄则经过一番努力渐复繁荣,资本规模与营业特点上有了很大的变化,并在传统的金融市场上起到了非常重要的作用。具体言之,有下述几个组织及经营上的特点。

(一)钱庄数目的增加和规模的大型化

光绪二十六年(1900 年)以前,天津大多数钱庄的资本金只不过一万两以下。由于资本力量薄弱,各钱庄都发行钞票以弥补不足的资本,因而易趋于投机[①]。1900 年庚子事变后的贴水风潮,就是起因于天津钱庄资本力的薄弱。自 19 世纪末开始,外商银行,如汇丰银行、德华银行、华俄道胜银行等,设立分号于天津。不久,大清银行、交通银行、志成银行等中国新式银行在政府的积极支持下也在各省设立分号,并逐渐扩大其营业范围,使钱庄、票号等中国传统金融机构面临重大的挑战,其中票号所受到的打击尤为沉重。例如,清末时期的山西票号一直承办清廷的汇兑业务,控制着传统的金融市场,但不久,各省纷纷设立新式银行,清廷将各省应解官款如租税、俸饷银、赔款等交由新式银行承办汇兑业务,因而使山西票号在金融市场上的重要性日趋减弱[②],最终未免衰落。钱庄的经营方式与票号大为不同,但由于外商银行与中国新式银行的数目不断增多,使钱庄在业务上面临严重挑战。钱庄的营业方式除信用放款以外,与新式银行基本相同,因而新式银行成了钱庄最强有力的竞争对手。当然,新式银行设立之初,难以和历史悠久的钱庄相抗衡,但它依靠雄厚的资本不断增加其数目,扩大在工商方面的营业范围,迫使钱庄改善经营方式,以提高与新式银行的竞争力。另外,外商银行也使钱庄和票号受到了严重的打击。大批富豪、政府官吏的民间资金被外商银行所吸引,纷纷从钱庄提款存入外商银行[③],故钱庄在吸引存款方面,已经不是外商银行的竞争对手,而且遇有金融风险,钱庄则因资本薄弱,而无法应付金融市场的风险。

天津钱庄经过 1900 年初的金融风潮之后,便谋求扩大资本规模,以提高对金融风险的应付能力。首先在筹资方面,摆脱原来的单独投资方式,采取合资经营方式,以增强资本力;其次,钱庄的经营范围不限于天津地区,在北京或上海等地设立分号,以扩大其营业范围。据1908年的统计,天津钱庄有资本额万两以上的银钱号38家,其总额约75万两左右,平均每家资本额近2万两[④]。其中资本额3万两以上的9家,洽源银号与栋达银号的资本额达10万两。民国以后,天津钱庄靠民初工商业的兴起,求得不断发展,至1928年,资本额达万两以上的钱庄增至81家,总资本额约450万两[⑤],每家平均资本额近6万两。以钱庄的总资本规模而言,比1908年增加近6倍。其中20家银号的资本额竟达10万两以上。

天津钱庄业经过两次严重的金融风潮以后,虽然在业务上遇到华商银行与外商银行的重大挑战,但以钱庄规模的大型化来图谋自己资本力的增强,进而与一般商人保持密切的金融关系,使自己在天津成为不可缺少的金融机构。

(二)组织上的帮派

清末民初在天津从事钱业者之间存在帮派组织,各帮派在资金融通、钱业经营方向、培养继承人与教育方面所采取的措施是各不相同的。初期的帮派,大致来自天津本地,所以帮派之分不太明显,但在民国之后,由于天津与腹地之间的贸易逐渐增加,外地钱业者在天津开设分支行,扩大其营业范围,逐渐形成了帮派体系。到抗战前为止,在天津传统金融市场就有天津帮、北京帮、山西帮、南宫帮、深县帮及冀县帮等帮派组织,其中天津帮(本地帮)钱庄约占60%,北京帮、南宫帮、深县等帮钱庄约占30%,山西帮钱庄占10%[⑥],由此可知民国初期在天津形成了所谓本地帮居首位而其余帮居次要地位的局面。

本地帮钱庄在经营方式上有西街、东街、租界之分。西街钱庄开设于针市街,即指竹竿巷、北门外、估衣街、北马路一带的钱庄,专营存放款业务;东街钱庄是指设于东门外、宫南、宫北大街一带之钱庄,主要经营"现事"业务[⑦],存放款是辅助业务;此外,开设在日、法、英租界一带的钱庄,其规模不大,主要经营兑换业务,称为租界钱庄。抗战前夕,本地帮在西街约占50%,东街约占20%,租界约占30%[⑧]。清末西街与东街钱庄都是经营白银收兑业务的,后来由于天津地区的商业与贸易逐渐发达,西街钱庄随之扩充存放款业务,白银的收兑与投机渐渐为辅助业务,东街钱庄原本从首饰楼转化而来,所以只重视白银收兑,不重视存放款业务,因而白银买卖集中在东街之宫南、宫北一带。

西街钱庄在运营思想和作风上可分为保守正宗派与开明派。正宗派钱庄因经营方法上持保守倾向,拒收来历不明的存款,又对放款特别慎重,一般选择一些殷实富商贷款,不愿贷放给中小工商业者。而开明派钱庄不仅和本地商人或富商大贾进行业务往来,而且也和中小工商业者建立业务关系。西街钱庄是本地帮钱庄的主体,因此钱业公会的历代会长多由西街钱庄中选任[⑨]。两派钱庄在钱业公会的运营方向上也互不相同,正宗派钱庄极力主张钱业公会成员仅限于本地帮钱庄,反对外地钱庄加入;开明派钱庄则反对仅限于本地帮钱庄体制,积极支持外地钱庄加入钱业公会。由于开明派钱庄的努力,自1928年后,外地钱庄开始加入钱业公会,进入30年代,外地钱庄加入钱业公会的数量逐渐增加。

(三)经营方式上的拨码制度

天津钱庄在经营方式上和中国其他商埠最大不同之处,就在于拨码制度的使用。一般而言,同业之间的往来与资金融通,均建立在信用制度基础上,各钱庄一旦遇到资金周转困难,就往往面临倒闭的危机,此时必须大量求得同业的资金援助,才能克服金融危机。不过,这种情形只在彼此往来超乎普通的营业关系之上方能发生。若相互之间没有深切的了解,就无法推行信用制度。所以关系密切的同业之间互相融通资金,调剂金融,以谋求营业之便,此种关系称为川换[⑩]。

天津钱庄的拨码制度,是同业川换之间互相转账的票据:它的实行始于光绪二十六年(1900年)庚子事变以后[⑪]。19世纪末,天津港的商品交易数量不多,因此商业与钱庄的业务往来都是用现银或钱铺所开出的钱帖收付。随着商品交易频繁,现银交易逐渐不方便,因而同业川换之间的往来采用了外商银行华账房发行的记账凭单,即"竖番纸"冲算账款的方法[⑫],其结果不仅减少了繁琐手续,提高了工作效率,而且加速了资金周转速度,受到了中外商人的欢迎。拨码分为两种形式,一种叫做拨交码,另一种叫做收账码,拨交码用于有没有川换关系的同业之间清算资金方面,收账码则用于有川换关系的同业之间清算资金方面[⑬]。拨码的习惯做法是:①拨码不盖出票钱庄的号名图章,只在数额上盖无关紧要的文字图章,例如:"只凭拨付取现不凭","往来计数登账作废"、"计数不较作为废纸"等等,对同业发有印鉴,行外人不易辨别其出票人。②拨码一律转账，不付现款，不盖凭收图章。③拨码原则上规定当日清算，过期无效，但偶有当日不及提出清算，盖凭收图章负责保证亦可通融照付[14]。

天津钱庄特有的拨码制度，原是本地帮钱业者之间为清算资金之便而创立的，其后，在同业之间资金融通中扮演甚为重要的角色。这种制度以本地帮钱庄为主，因而外地帮钱庄在拨码的使用上颇有困难，其原因在于外地帮派钱庄对津埠商业界不熟以及本地帮钱庄的排斥，尤其是正宗派钱庄反对与外地钱庄建立拨码关系。

（四）本地帮派对天津钱庄的控制

辛亥革命以后，钱庄在天津传统金融市场上成了首屈一指的势力。其中本地帮钱庄从清末到20世纪40年代，一直掌握着天津钱庄的领导权。抗日战争期间，本地帮钱庄因战争的余波，遭受甚大的打击，而从外地迁移到天津的冀州帮钱庄等外地钱庄扩张其势力，因此外地帮钱庄的数目有大幅度的增加，但抗日战争期间本地帮钱庄仍然控制着天津钱庄业。天津钱庄的这种倾向与上海钱庄有所不同。上海钱庄则由宁波、苏州等上海周围城镇迁移到上海的钱庄形成最大势力，在上海钱庄中占重要地位，而上海本地帮钱庄在全部钱庄中仅占10%以下，在上海传统金融市场上并未占重要地位[15]。

各钱庄归属哪一帮派的问题，是以股东或经理之籍贯或出身为基准而决定的。一般而言，经理掌握钱庄的经营大权，故经理之籍贯与出身地在归属帮派的决定上成为最为重要的因素[16]。民国以前天津钱庄的规模并不大，因而股东兼任经理较为多，但民国以后由于钱庄的资本力与经营规模逐渐增大，各钱庄有经营与资本之分离倾向，股东仅对资本的投入有责任，其他经营业务均由经理掌握，故钱庄的兴亡视经理的经营方向而定，而钱庄归属那个帮派，也与经理有着密切的关系。如果股东虽来自山西省，而经理的籍贯是天津，则其钱庄属于天津帮派。例如，军阀王占元开设的颐和银号，经理倪松生是天津人，颐和就为天津帮；王开的另一家钱庄致昌银号，经理刘信之是冀县人，致昌就为冀县帮[17]。

二、天津钱庄的繁荣与工商业的发展

20世纪初天津钱庄开始推动其资本规模和筹资方面的大幅度发展。就资本规模而言，摆脱原来小规模经营方式，将小资本的兑换机构改成资本金数万两的存放款为主的金融机构。民国以后，天津钱庄不断发展，到了1928年，资本金万两以上的钱庄从1908年的38家增加到81家，其中资本金10万两以上的钱庄就有20家，较1908年的2家增加近10倍。这种趋势一直持续到30年代初。据1935年统计，资本金10万两以上的钱庄达25家，其中2家的资本额已超过20万两，每家平均资本额也从1928年的6万两增至7万两[18]。民国时期，天津钱庄所以能获得如此大幅度的发展，与当时天津对外贸易和工商业的发展有着密切的关系。

自明清以来，由于中国经济的中心偏重于江南地区，上海在开埠以后成为中国贸易的中心港。天津港虽然扮演华北地区的海上门户之角色，但开埠以后的物品交易远不及上海，而且在1900年以前，天津港的进出口贸易大致以进口为主，所以经过天津港输往中国其他商埠或海外出口的产品并不多，故开埠初期天津港的进口产品都是通过上海或香港中介商人输往内地，因此天津地区商人与外国人的直接交易很少[19]。其后，由于华北地区铁路网的扩大，轮船等输送手段的发达，华北内地产品的出口额逐渐增加，但天津港一直入超。

出现这种现象的原因，与中国经济中心偏重于江南和清末天津人口的增加有密切关系。明清以来，华北是政治中心地，江南则是向华北供给物品的主要经济地区。因此江南地区的农业经济逐年得到发展，而华北地区的农业经济则处于日趋衰落的境地。开埠以后，天津口岸一直入超，出口额甚少。据统计，到20世纪初，天津港的进口额为出口额的10倍之多[20]。天津进口额增加的另一原因，是城市人口的增加。光绪二十一年(1895年)天津人口达587666人[21]，比开埠前增加两倍。19世纪末以后，由于城市人口的自然增加，特别是来自华北各地的移民，使天津人口急剧增加。开埠以后，天津是华北地区唯一的进出口港，随着贸易活动的增加，提供了大量发财的机会，使内地商人往来频繁，进而吸收了大量的四周人口，因而大大刺激了进口货品的需求，使天津的进口额随之增长。

表 1 清末民初天津港进出口贸易总额表

年代	进口总额	出口总额
1902 年	39 257 317 两	10 154 106 两
1911 年	77 241 699 两	39 294 949 两
1921 年	161 160 671 两	63 618 531 两
1928 年	234 591 019 两	113 659 636 两

资料来源:天津海关贸易报告,转引自罗澍伟:《近代天津城市史》中国社会科学出版社 1993 年版,第 167 页。

1900 年以后,天津港的出口贸易开始逐渐增加。表 1 是 20 世纪初天津港的进出口情况表。由此可知,1902 年的进口额比出口额多近 3 倍。其后进出口额有大幅度增加。到了 1928 年,虽然进口额为出口额的 2 倍左右,但出口额却比 1902 年增加近 11 倍。天津港出口额的迅速增长,起因于进入 20 世纪以后与腹地之间贸易量的增加。民初天津商人借外商银行、华商银行、钱庄等金融机构之融资,投到内地,以促成其开发和生产力的增长。同时,外商银行贷款给洋行,促使洋行商人到华北内地采购土特产品,如包头等西北各地也是天津洋行采购商品的重要土产生产地区,所以外商银行将款项汇到包头兑现。以这些汇款凭证作为支付手段,当地的商人经常利用天津某洋行的汇款凭证借本图利,扩大经营[22],至此推动了西北内地土产生产力的增进,并使与天津之间的贸易量随之逐渐增加。另外,天津的各大华商银行依据商人的货物或货物提单、保险单、汇票等单据作为抵押,为本地与外地商人提供货款,使他们有能力到腹地推销商品与采购土特产品[23]。

20 世纪以后,天津钱庄在与腹地资金流通中发挥了重要作用,尤其是外地帮钱庄不仅贷款给客商,而且直接经营天津与腹地之间的汇兑业务,如办理解付汇票和收解申汇等。同时,在西北各地设有联号,承担当地的收缴客商款项,代为存储邮汇,开展信贷业务,因此有比较固定的营业范围与对象。例如,冀州帮钱庄以棉花商为主要对象,山西帮银号则与皮毛商有较多的金融往来[24]。高阳县手织布生产比较著名,高阳商人先从天津采购绵丝运回高阳县,将它织染后再运往西北各地销售[25]。

天津与腹地间贸易的增加,影响了天津传统金融市场。如前所述,民初天津钱庄由本地帮所控制。外地帮钱庄则除天津与外地之间的汇兑业务以外,因不熟悉市面环境和受本地帮钱庄的排斥,难以扩大金融业务[26],所以其数量也甚少。但到了 20 年代后期,随着与腹地贸易的增加,外地钱庄的数目日渐增多,在天津钱庄业中占有相当大的比例。抗战期间,众多的外地资本家迁移到天津,纷纷开设钱庄,与本地帮钱庄展开了激烈的竞争[27]。天津与腹地之间贸易的增加,促使天津港迅速发展对外贸易,当时经由天津港运往华北内地的商品中,有进口商品、国内其他商埠工业产品以及本地生产的工业及手工产业品等;从西北各地经由天津港运往国外或其他商埠的商品,有棉花、皮毛等。

民国前期天津工业日益发展,亦为出口贸易额增加扮演重要角色。天津工业以纺织业与面粉业为主体,呈现出迅速增加的趋势。就纺织业而言,自 1912 年至 1928 年间创设的织布工厂就有 281 家,资本总额为 207 321 元,比清末天津地区纺织业增加了 10 倍之多[28]。第一次世界大战期间,北洋军阀官僚特别注重于纺织业的发展,对纺织业投资数十万两乃至数百万两的资本[29],因此天津成为华北纺织业的中心。食品工业,如面粉业、制盐、食油等,也有大幅度的发展,至 20 年代末,食品工业的总投资额达 8 550 300 元,其中面粉业的投资总额为 6 192 000 元,占整体食品工业投资额的 70% 以上[30]。另外,皮革、火柴、肥皂等化学工业亦有明显的发展。

清末民初天津港的对外贸易与工商业的发展,是促成天津金融业进一步发展的重要原因,尤其对天津钱庄的发展颇有助益。这是因为,当时天津地区大多数是担保能力不足的小规模企业,因而钱庄成为它们往来的主要金融机构。据北洋军阀期间的统计,天津港的工厂为 1 281 家,其中资本金万元以上的工厂只有 137 家,约占 10%,其余都是资本金万元以下的小工厂,而且资本金万元以下的工厂中,绝大多数(70% 以上)都是资本金不足千元的零散工厂[31]。华商银行或外商银行等大银行对这些无担保能力的小工厂根本不给贷款,故钱庄成了小工厂的主要资金来源。如前所述,到了 20 年代末期,资本金 10 万两以上的钱庄,从 1907

年的 2 家增加到 20 家，这表明民国以后天津钱庄随着天津工商业的发达，而得到迅速发展。天津工商业的发展，使小资本的钱庄对它的资金需要无法应付，故各钱庄的资本规模亦非与工商业发展同步扩大不可，因而合资形式的资本金 10 万两以上的钱庄逐渐增加。

天津钱庄非常重视对商业界的放款，其放款对象比较广泛，与斗店、米庄、五金店、杂货店等都有往来。这与钱庄设立资金的来源有密切关系。商业资本在钱业投资中，约占有 60% 以上[32]。特别是俗称"新八大家"的绸布纱商业对钱业均有投资，他们以独资或合资的方式投资于钱业。如胡、树、屏儿家合资经营的晋丰银号，金家独资开办的瑞源永银号，潘家独资开办的诚明、益丰、耀远银号等[33]。敦昌银号的资本来自米庄、粮行，股东冯仲文在全国各地开设粮行分庄，以敦昌名义经营钱庄，以厚记名义经营粮食与现事业务[34]。天津商业的繁盛，带给钱庄经营的好景气。钱庄业的繁盛使商业资金投资于钱庄业，钱庄因之在家数与资本规模上有大幅度的增加。另外，中国商人喜好利用钱庄，这与其商业往来习惯有密切关系。传统中国商业界，基于信用维持其结构，很少出现押品放款现象。清末，虽有外商银行与中国商业银行，但中国商人拘于传统商业习惯，"以抵押放款为耻，若非迫不得已，商人绝不以押品向银行要求放款，以免为同业所嘲笑"[35]。中国商人非常重视体面，如果不得已以抵押放款维持行业，则其对外信用大为损失，故尽量避免与银行的往来，但与钱庄有密切联系[36]。

三、天津钱庄业的繁荣与银行业的关系

自 19 世纪以来，外商银行开设分号于天津，逐渐扩大其营业范围，到 20 世纪初，中国新式银行在官府的积极支持下开始营业于天津，以吸引租税、厘金等公家资金。新式银行建立初期未与钱庄往来，民国以后才开始往来，并建立了密切的金融关系。辛亥革命后，山西票号的势力逐渐衰落，华商银行替它为天津钱庄的资金融资起见，扮演着甚为重要的角色。民国以后天津钱庄一直维持繁荣，与华商银行对天津钱庄的积极融资亦有密切关系。此外，外商银行的华账房亦为钱庄的资金融资，扮演甚为重要的角色。

清末，天津地区出现了不少富豪，但固定资本比例较高，流动资本所占比例甚少，市面资本的膨胀，与山西票号的投资有密切关系[37]。当时的天津钱庄其资本力甚为薄弱，只得依赖山西票号融通资金。山西票号注重于政府投资方面，故只与政府官吏往来，很少与一般商人金融往来，但实际上通过钱庄间接贷款给一般商人，由此控制天津商业界的资金流通。根据天津钱业行家估计，在光绪二十六年(1900 年)以前，天津市场上可利用的现款或信用资金大略为 6 000 万两，其中资金占有者分别为：山西票号 2 000 万两，外国银行与政府官员在征收与交库期间留备流通的政府款项 1 000 万两，富商及社会上层的周转金 1 000 万两，钱票 1 000 万两，本地商人赖以从上海赊购货物的资金 1 000 万两[38]。由此可知，山西票号的资金在天津市面占三分之一，如果没有山西票号的资金流通，则无法维持天津市面的安定局面。1900 年初的贴水风潮中，山西票号将数百万两的资金调拨到其他地区，使天津钱庄无力开展业务[39]。

辛亥革命以后，山西票号逐渐衰落，华商银行纷纷设立，如盐业、金城、中南、大陆银行等先后在天津设立分行。到了 1925 年，清末不及 10 家的华商银行，已经增到 40 余家，其中 15 家银行将总行设立于天津[40]。这些新式银行从设立之初始，把主要业务放在与政府投资密切相关的事业上。如盐厘、俸饷银、地丁等的汇兑业务，对于一般商人则采取抵押贷款方式，使他们难以利用银行开展商务活动。至于钱庄与华商银行之间，虽有业务上的竞争，但要扩大资金融通，双方非维持密切的金融协力关系不可。这是因为：

其一，华商银行设立之初，对银行业务熟悉的人才不多，银行业务基本上近似钱庄，所以经营管理人员与业务骨干从天津钱庄人士中选聘；银行界的人士也投资兴建许多银号，因而银号与银行人士、资金往来十分频繁。就钱庄人士的交流而言，在银行的经理或副经理中来自钱庄的人不少。例如，盐业银行经理张松泉、副经理石松岩，金城银行经理阮寿岩、副经理王向宸、夏采臣，大陆银行副经理齐少芹，中南银行副经理陈汲三、李云波等[41]。民初银元在中国货币市场广泛流通，但银两仍然以记账单位通用于中国商业界，这使银两为记账单位的钱庄势力大为加强，故银行不可忽略申汇收缴、同业清算、买卖银洋的交易等业务。这些业务均属于钱庄的业务范围。天津各银行经常委托银号代为收取票据，收缴申汇与买卖银洋等，因此，银行与钱庄的双方关系愈来愈密切[42]。后来，大生银行董事长魏浚泉、经理张鸿卿，盐业银行董事刘绍艺、经理张松

泉、副经理石松岩等，分别合伙投资开设永丰、中和、永孚、永豫、英济、和丰等大型钱庄[43]。银行与钱庄的人士交流，促成双方间资金交流，因此当市面银根紧张时，钱庄可向关系密切的银行办理拆借款项，银行成为钱庄的可靠后台。

其二，如前所述，银行实行抵押贷款策略之后，难以吸收一般商人的存款，因此银行为吸引商人的资本，采取通过钱庄贷款的办法，为此银行与钱庄建立同业存放款往来账户，将巨款存入钱庄，小则四五万元，多则十余万，最多达三四十万元[44]。银行虽然未有将款直接贷放予一般商人，实际上天津商业界利用钱庄向银行拆借巨款，故银行与天津商业界之间存在密切的金融关系。如果在天津市面发生萧条局面，有可能直接影响到银行业务，所以银行业公会在金融恐慌发生时不得不积极与以钱庄为主的钱业公会联合，以维持天津金融市场的稳定。例如，1927 年协和公社倒闭，1928 年中华汇业银行倒闭，牵动金融市场，引起极大的恐慌，两个公会联合筹资接济，临时融资，抵住了这一次金融风潮。1927 年的金融恐慌是天津有史以来最大的倒闭亏欠案，亏欠全市金融业的债务达 700 余万元之巨。其中，欠华商银行款约占 60 余万元，欠外商银行华账房款约占 50 余万元，欠钱庄款约占 20 余万元[45]。同时，被拖累倒闭的金融机构有中元实业银行，德华、中法工商、远东三家外商银行华账户，钱庄有开源、广豫、元吉、东孚、义聚、义成 6 家[46]。

民初银行势力无法与钱庄势力相抗衡，在 1927 年的金融恐慌时，华商银行受到了极大的损失。交通银行为改革不合理的金融习惯，建议建立票据交换所。但如果成立票据交换所，则钱庄会取消与银行沿用近五十年的拨码方式，因而无法吸收华商银行存入的同业存款。钱业公会因业务上的利害关系，反对票据交换所的设立，华商银行对于钱业公会的反对，唯有束手待毙。由此可知，民初天津钱庄在天津金融界的地位有多高。

20 世纪前后，天津钱庄采用拨码方式以后，开始与外商银行金融往来。庚子事变以前，天津商品交易数量不多，金额也不大，一般都是现金交易，因此钱业同业穿换往来亦采用白天计数，晚上用现金冲算的办法[47]。随着天津商业繁荣与交易金额增大，钱庄业务也随之扩大，资金往来日益增多，使用现币交割与拆借极为不便，自钱庄开始改用拨码方式后，仅差额用现币交割。不久，差额也不用现币，而是利用外商银行华账房的竖番纸转账。于是同业川换往来由原来的当天冲算方式改为次日早晨与外商银行华账房用竖番纸冲算账款办法[48]，并以此加强与外商银行的金融往来，使外商银行的资金易流通于天津市面。上海钱庄早就通过向外商银行透支或抵押贷款，以融通资金，天津钱庄则与外商银行未有直接金融往来。天津外商银行以洋行作为主要顾客，如果要与中国商人进行交易，则都只依赖买办，未与中国商人直接交易。外商银行华账房的买办，通常须运转巨额的资金，因而基本上非富豪大贾不可，故经常有钱庄的股东或经理兼任之[49]。天津钱庄与外商银行买办此种关系，有助于使外商银行资金易流通于天津市面。如果钱庄偶遇资金周转困难，可向关系较为密切的华账房拆借。另外，平常各钱庄为冲算账款，必须将巨额流动资金存储于华账房，其数额达数千万元[50]，故天津钱庄使外商银行华账房加强了资金实力。

总之，民国前期钱庄与华商银行及外商银行的相互依赖与利用关系，对钱庄资本的扩大起了相当大的作用，而且借资金实力的增进，谋求扩大钱庄规模与其业务范围。

四、天津钱庄的繁荣与通货秩序的变化

清末中国维持自由放任的货币政策，因而多种货币流通于中国，如元宝银、小银、银票、两钱、银元、小银货、铜圆、铜钱、银票等，另外还有日本、俄国、墨西哥等外国货币。这些货币，不论采取何种方式，都按实价通用，与其铭记的价格关系不大。又其兑换价格未有固定的法定比率，只依当地货币市场的供求缓急而变化。客户都委托钱庄代办，故钱庄代客户办兑换业务，以大获其利。民国以后，在天津市面上流通的货币，已只有银元与铜圆。当时市面售货，虽然通行银元，但市场货价、外埠汇兑与洋行结汇，则仍使用银本位，因此商号调动款项，必须通过以洋（洋钱即银元）易银或以银易洋的手续（津市叫做买卖洋钱，上海叫做洋厘）[51]。他们把这种手续委托钱局代办，故钱局的业务由过去的银钱互换一变而为银洋互换。民国前期虽然银元广泛流通，但就以钱庄的业务而言，与清末的状况相比，可以说是没有什么不同。过去钱庄在代办银钱兑换中获取暴利，而现在则从代办银洋兑换中牟取暴利。另外，钱庄在存款方面也有利可图：原先钱庄接受客户银元

存款时,必照厘市扣去一毫二忽五,然后改计为银两起息,支出银元时,亦按厘市扣除一毫二忽五计算,出入之间,每万元银洋,钱庄可获三元四角左右之利润[52]。故民国初期以银两为主的金融秩序,对钱庄的兴盛颇有助益。

除洋厘以外,天津钱庄代工商客户办理申汇业务中也大获其利。申汇是天津与上海两地的电汇,汇兑方法分为银两汇兑与银圆汇兑[53]。天津与上海两地的银两不同,这两地之平的大小与银的成色亦不相同。因此汇兑上的计算大为复杂。天津所用的平是行平,行平 1 两等于 557.4 公分,成色则以库平为标准,则 1 000 两之中有纯银 992 两,照天津行平与成色而计算,行平 1 两之中有纯银 552.94 公分($557.4\times0.992=552.94$)。上海所用的平是漕平,而漕平 1 两等于 565.65 公分,成色亦以库平为标准,则 1 000 两之中有纯银 944 两,按上海漕平与成色而计算,漕平 1 两之中有纯银 523.248 公分($565.65\times0.944=523.248$)。天津行化 1 两有纯银 552.94 公分,故以 523.248 除 552.94 公分,可得 1 两零 5 分 7 厘,即行化 1 000 两等于规元 1 057 两[54],这是平汇。如果从上海运银至天津,每规元 1 000 两尚需要运费、保险费、包装费等等规元 6 两 4 钱。如果以此数加上规元 1 057 两,则行化 1 000 两等于规元 1 063 两 4 钱。但由银行汇兑,则行化 1 000 两仅需要规元 1 060 两[55]。何以两种汇兑有此差别?这是由供求缓急决定的。天津每日开做申汇交易,银行与工商客户都委托钱庄代办,钱庄则每天将经手的申汇收缴数额核计,其差数委托经纪人代办。申汇行市按照收缴的多寡决定,例如:如收缴相平,行市是规元 1 060 两合行平 1 000 两,但收多于交,则行市应增 1 两或 2 两,升为 1 062 两或 1 061 两,交多于收,则行市应减为 1 两或 2 两[56]。

如前所述,申汇与洋厘由钱庄代办,各钱庄将此业务委托经纪人去办。经纪人都是钱庄职员出身,联合组织跑合铺,专门代办申汇及洋厘业务。经纪人在 1902 年"断银色"措施后遭到甚大的打击,因此在天津货币市场敛迹一时。但 20 世纪初开展华洋贸易,由于各帝国主义的货币随之渗透进来,因此外汇外币行市多变,使得经纪人重新登场。他们在针市街组织公记跑合铺,做一些京津票汇、信汇、电汇等业务。民国以后,在天津宫北大街有信记跑合铺、通记跑合铺等组织,以买卖洋钱与羌帖为主要业务[57]。在 1918 年以前,此种跑合铺成为买卖银圆、羌帖、老头票、中交票的集中点。

当时羌帖与老头票成为各钱庄的主要投机对象。天津东街钱庄是"现事"业务的中心地,东街钱庄以收兑白银与熔铸元宝为主要业务。存放款业务则居于次要地位。天津钱庄的现事业务,以敦昌银号为其端。敦昌厚记银号原本从事修饰业,逐渐扩大其经营而改组为银号。敦昌银号利用雄厚的资力,以敦昌名义经营钱业,以厚记名义经营粮业。庚子之后由于开展华洋贸易,外汇外币行市多变,敦昌银号聘请钱业老手卢子林,经营与金融有关系的业务,如金银做买卖、羌帖、老头票的投机、公债、股票等,以大获厚利[58]。辛亥革命后,钱庄兴盛,敦昌银号职员纷纷出号,另组新局,并为谋求业务上之便,号址均设于东街,因而店多成市。

卢布(俗称羌帖)是帝俄发行的不兑现纸币,在 1912 年以前已经行市于天津,其后由东北各商转运于津,其交易量日益增多。经营羌帖的钱庄有东西两大客帮。东帮以奉天、吉林两省为主:如沈阳的世合公、隆泉美等号,长春的天合盛、厚发合、益发合等号。相继来津分寓宫北大街的大汇通与敦昌银号经营[59]。西帮即伊犁帮是由伊犁地区转运大批羌帖而形成的。当时新疆伊犁等处与帝俄的通商使用羌帖。西帮的文丰泰、同盛和等号由津运土产及日用品至伊犁销售。但两地不通汇兑,因此将售货款项换成羌帖带回天津。故西帮亦成为羌帖的大宗经营者[60]。其后津市羌帖交易日益增多。但在民国以前,天津钱庄仅代客买卖羌帖,遇有外客大量来华就难于消化,所以多派人往租界各外国银行销售,谓之"走下行"[61]。华俄道胜银行因羌帖是它本国的货币,需要量大,故成交数额较其他各外国银行多。1918 年俄国革命以后,由大批帝俄逃亡贵族、地主、大资本家等携带巨量纸币,涌人新疆及东北各省,这些纸币辗转流入天津,数额日增,行市日跌,直至 1923 年至 1924 年间,跌落到一文不值,才绝迹于市场。

老头票是日本朝鲜银行发行的不兑现钞票。1918 年羌帖失势后,老头票便成为投机者的目的物,成交数额突高。1919 年五四运动震动全国,天津学生联合会积极宣传抵制日货,并劝告钱业公会与各钱庄,停止买卖老头票,不久老头票因学联会对经纪人的警戒行为,一度停止开行。但追运动浪潮过后,经纪人在钱商公会与宫北大街大开老头票行市,当时日成交量约达 500 万元左右[62]。其后 1921 年至 1922 年太平洋会议期间,中国人民又掀起反日运动,迫使老头票在市场上再次敛迹。但 1922 年 4 月,中日胶济铁路撤兵协定成立,抵制日货运动逐渐沉寂,老头票的行市又回到钱业公会开做。1928 年济南五三惨案发生,全国沸腾,钱业公会被迫宣布停做老头票交易,事后也未再开行[63]。

五、结语

钱庄是中国金融现代化过程中的过渡产物。清末中国的金融业,原以钱庄、票号为主,辛亥革命后,票号一蹶不振,华商银行代之而兴,于是形成外商银行、华商银行与钱庄鼎足而立的情况。天津钱庄在中国经济现代化过程中,扮演了重要的角色。尤其是在供应中小工商业者资金,促进国内工商业发展方面,更有其重大贡献。一般认为钱庄利率过高,有碍工商业发展,但钱庄的利率,除新式银行外,与其他金融机构相比较,并不过高。天津是华北地区华洋贸易的中心,所需之商业资金为数极巨,大都依赖金融机构周转,天津的金融机构计有票号、钱庄、外商银行、华商银行、当铺等。外商银行与票号很少放款予一般商人。因此,华商依赖华商银行、钱庄、当铺周转资金。天津钱庄的放款利率约在月息最高一分四厘左右[64],当铺则在二分以上,甚至有三分以上者[65]。此外当铺规模较小,资力较薄,所能提供的商业资金有限,故当铺对于工商业者所提供的助力,远不及钱庄。至于华商银行,放款利率虽较钱庄为低,但华商银行的数目在民国以后逐渐增加,而且全力投资公债及政府垫款,对中小工业或商业的放款,则采取通过钱庄贷款的间接方式,故对工商业放款的数量不免有限。故清末民初,工商业如果未有钱庄之信用放款支持,则中国工商业难有起色。另外,钱庄虽然依赖银行周转大量资金,以扩大其业务范围,但钱庄亦有助于民国初银行势力的发展。如前所述,银行通过钱庄,贷款予中小工商业者,如果未有钱庄作媒介,银行无法与一般中小工商业者联系。民初中国工商业甚为幼稚,大半以中小工商业为主,而且经营方式亦因缺乏资本,采取信用赊销交易方式,故工商业者未有适当的押品,无法向银行贷款。民初在全体工商业者中这种中小业者所占的比率甚高,如果银行忽略对他们的贷款,在经营上不免有很大的损失。银行依赖钱庄的帮助,可与中小工商业者互有关系,以扩大其业务范围。故民初钱庄依赖银行融通经营资金,钱庄的存在对华商银行的发展亦颇有助益。

由于钱庄本身资力不够雄厚,无法长期以低利贷款方式大量投资新式工业,以促进国家的工业化,而且钱庄过分注重人际关系,未形成制度化的经营方式,以致放款范围受到局限,未能全面资助中小工商业,这是钱庄的缺点之一。另外,中国钱庄掌握金融大权已百年之久,但未曾蜕变为新式银行。关于这一问题,除钱庄本身的因素外,不可忽略社会环境的保守倾向。在组织方面,传统的合伙制,有碍钱庄扩大股份,以形成股份公司的形态。在经营方面,钱庄的无限责任经营方式,亦阻碍其吸收大批投资人,扩大其资金规模,以形成大规模的公司。此外,社会经济形态的传统性、社会态度的保守倾向、家族中心组织上的限制、企业精神的缺乏等,阻碍钱庄蜕变为银行。故 20 世纪初中国钱庄的业务,与新式银行相类似,但拘泥于传统,在组织制度方面,始终未曾转变。直至 30 年代,由中国钱庄转化为新式银行者,为数仍然不多。

注:

① 张焘撰:《津门杂记》,清光绪 10 年刊,第 107 页。

② 中国近代金融史编写组:《中国近代金融史》,中国金融出版社 1985 年版,第 114 页。

③《申报》,1896 年 7 月 26 日。转引自张国辉:《二十世纪初期的中国钱庄和票号》,中国人民大学书报资料中心,报刊资料选汇(1986 年),第 7—28 页。

④ 天津市档案馆等编:《天津商会档案汇编(1903—1911)》,天津人民出版社 1996 年版,第 768—769 页。

⑤《天津钱业之调查》,《工商半月刊》第 1 卷第 12 号(1929 年 6 月),第 15—21 页。

⑥⑧ 刘嘉琛:《解放前天津钱业析述》,《天津文史资料选辑》第 20 辑,第 162 页。

⑦ 所谓“现事”,亦称“浮事”,其意义是指:凡是有利可图的副业都可着手进行;不局限于钱庄原来的行业范围。天津钱庄做现事的是从敦昌银号开其端,以后成为风气(杨固之等:《天津钱业史略》,《天津文史资料选辑》第 20 辑,第 113 页)。

⑨ 钱业公会历代会长,如张云峰、王晓岩、范雅林、焦世卿、王西铭等,都由西街钱庄中选任,只有最后一任会长刘信之,是由北京帮银号选举出来(刘嘉琛:《解放前天津钱业析述》,第 164 页)。

⑩ 满铁调查部:《天津的银号》,1942年版,第389—390页。

⑪⑫⑬ 刘嘉琛、谢鹤声:《浅谈天津钱业的拨码》,《天津文史资料选辑》第40辑,第193页。

⑭ 杨固之等:《天津钱业史略》,第102—103页;王子建等:《天津之银号》,1936年版,第35—38页;满铁调查部:《天津的钱号》,第392—395页。

⑮ 魏友棐:《十年来上海钱庄事业之变迁》,《钱业月报》第13卷第1期(民国二十二年一月),第67—71页。

⑯ 满铁调查部:《天津的银号》,第390页;杨固之等:《天津钱业史略》,第112页。

⑰ 杨固之等:《天津钱业史略》,第112页。

⑱ 王子建等:《天津之银号》,第12—13页。

⑲ 罗澍伟主编:《近代天津城市史》,中国社会科学出版社1993年版,第167页。

⑳ 王怀远:《旧中国时期天津的对外贸易》,《北国春秋》1960年第1期,第70页。

㉑ 荣铨修(重修):《天津府志》卷28《户口》,清光绪二十五年刻本。但据20世纪初出版的天津志,天津港的人口从1903到1906年之间,一直不超过40万(《天津志》,第16页)。

㉒ 刘廷栋:《帝国主义洋行在石嘴山》,《宁夏文史资料》第7期,第185页。

㉓ 包头市人民银行:《包头金融志》,《包头史料汇要》第12辑,第176—186页。

㉔ 杨固之等:《天津钱业史略》,第126页。

㉕ 河北大学地方史研究室等:《高阳织布业简史》,《河北文史资料》第19辑,第58—63页。

㉖㉜ 王子建等:《天津之银号》,第7—8、16页。

㉗ 满铁调查部:《天津的银号》,1942年刊,第129—131页。

㉘㉚㉛ 宋美云:《北洋军阀统治时期天津近代工业的发展》,《天津文史资料选辑》第41辑,第135—136页。

㉙ 以下是资本金达数百万两之典型的企业与其从业人员数:裕元纺织公司,资本金560万元,从业人员3 929人;恒源纺织公司,资本金400万元,从业人员3 200人;裕大纺织公司,资本金300万元,从业人员1 700人;宝成纺纱厂,资本金300万元,从业人员1 630人(宋美云:《北洋军阀统治时期天津近代工业的发展》,第136页)。

㉝㉞ 刘嘉琛:《解放前天津钱业析述》,第159、166页。

㉟ 杨荫溥:《上海金融组织概要》,《中国银行史料三种》第二册,1929年版,第67页。

㊱ 王子建等:《天津之银号》,第16、40—41页。

㊲ [日]中国驻屯军司令部编,侯振彤译:《二十世纪初的天津概况》,第249页。

㊳《天津1892—1901年海关十年报告书》,天津社会科学院历史研究所译稿本,转引自罗澍伟:《近代天津城市史》,第214页。

㊴ 张国辉:《二十世纪初期的中国钱庄和票号》,第120页。

㊵ 罗澍伟:《近代天津城市史》,第397页。

㊶㊸㊹㊺㊻ 杨固之等:《天津钱业史略》,第107、115页。

㊷ 王子建等:《天津之银号》,第41页。

㊼㊽ 刘嘉琛、谢鹤声:《浅淡天津钱业的拨码》,第194页。

㊾ [日]中国驻屯军司令部编,侯振彤译:《二十世纪初的天津概况》,第208—210页。

㊿《天津金融市场之奇观》,《银行月刊》第7卷第9号:转引自罗澍伟:《近代天津城市史》,第408页。

(51) 陈宗彝:《解放前天津金融市场的变迁》,《天津文史资料选辑》第5辑,第179页。

(52) 杨荫溥:《杨著中国金融论》,上海商务印书馆1933年版,第141页。

(53) 山西票号倒闭以后,民初经营汇兑的机构以邮局、银行、钱庄为主体,其他有堆栈业、转运公司等,汇兑的方法有票汇、信汇、条汇、电汇等,钱庄主要经营票汇、信汇、电汇三种方法(参见郎仙洲:《银钱业撮要》,天津,1933年;上海商业储蓄银行国内汇兑处:《国内商业汇兑要览》,上海,1925年;潘子豪:《中国钱庄概要》,上海,1932 年)。

⑭⑮ 潘子豪:《中国钱庄概要》,上海 1932 年,第 169—171 页。

⑯ 满铁调查部:《天津的银号》,第 396—397 页。

⑰⑲㉑ 陈宗彝:《解放前天津金融市场的变迁》,第 180、185、186 页。

⑱ 刘嘉琛:《解放前天津钱业析述》,第 166 页。

⑳㉒ 杨固之等:《天津钱业史略》,第 113、114 页。

㉓ 陈宗彝:《解放前天津金融市场的变迁》,第 183—184 页。

㉔ 满铁调查部:《天津的银号》,第 175—176 页。

㉕ 罗炳绵:《近代中国典当业的分布趋势和同业组织》,《食货》复刊第 8 卷第 3、4 期,1978 年 6 月,第 34—40 页。

(《史学月刊》2000 年第 1 期)

上海、天津近代城市文化比较浅析

郭武群

19世纪末,在中国东部沿海地区南北方位,同期崛起两座近代化的大都市。一座是有"东方巴黎"美誉的上海,一座是被称为"中国北方经济中心"的天津。美国学者罗兹·墨菲在论及世界大都市起因时曾精辟地指出:"世界上大都市的兴起,主要依靠两个因素:一个大帝国或政治单位,将其行政机构集中在一个杰出的中心地点(罗马、伦敦、北京);一个高度整体化和专业化的经济体制,将其建立在拥有成本低、容量大的运载工具的基础上的贸易和工业制造,集中在一个显著的都市化的地点(纽约、鹿特丹、大阪)。"[①]显然,上海和天津的崛起属于后者,它们同是依赖于临海港口得天独厚的地理位置和进出口贸易的优势,实现城市经济近代化的"转型"。

上海至元二十八年(1291年)设县,直到明末清初,仍是个仅有十条小巷的"蕞尔小邑"。道光二十三年(1843年),上海开埠,成为对外贸易的通商口岸。是时,中国对外贸易的三大产品是茶叶、蚕丝和鸦片。以对外贸易作为早期支柱产业和资本原始积累的上海,比任何口岸都居于更为有利的位置。拥有近两亿人口的长江流域深入中国腹地,长江两岸的丘陵地带盛产优质茶叶,下游地带则是中国的主要产丝区。鸦片则可以通过长江方便地销往内地城镇。便捷、低成本的水上运输和丰富的物产资源为上海的腾飞插上坚实的翅膀。道光二十六年(1846年),即上海开埠后的第三年,中国出口贸易的16%经由上海;咸丰十一年(1861年),上海首次超过了广州,出口份额占全国贸易总额的50%;同治九年(1870年)又上升至63%[②],确立了中国对外贸易的霸主地位。由于进出口贸易高速度的发展及外国资本的大量注入,带动了金融业、商业、加工业等相关产业的突飞猛进。19世纪末,上海已成为名符其实的经济巨人,以崭新的近代大都市的雄姿屹立于黄浦江畔。

天津地处九河下梢,东临渤海湾,北靠大运河,水陆交通极为便利。明清时代,随着漕运、海运的发展,天津已成为连接海内外、贯通南北的交通枢纽、漕运中心和长芦盐的主要采散地。第二次鸦片战争后,天津被迫开埠,很快发展成为中国北方内陆地区对外贸易的主要口岸和商品流通的集散地。据有关资料显示,当时天津的贸易总值占全国的10%以上,尤其是棉花、羊毛、皮革、猪鬃等产品的出口量占全国的70%以上[③]。与此同时,天津逐渐成为中国北方洋务运动的基地,一些举国闻名的大型工矿企业陆续兴建投产。天津城市规模不断扩大,城市人口加速密集,城市功能逐渐完善。到了19世纪末,天津已成为繁华的近代化大都市了。

一

在大都市近代化的进程中,其经济地位与文化地位之间存在着怎样的对应关系,这是个复杂而值得研究的课题。对于上海而言,历史的事实是:当上海在19世纪下半叶迅速发展成为中国首屈一指的近代大都市之时,它的城市文化相应的完成了由传统向近代化的"转型",成为中国新的文化中心。而西化是加速其文化"转型"的催化剂。

上海于道光二十三年(1843年)开埠,道光二十六年(1846年)英国人首先占据外滩以西的一片土地,建立了租界。面对西方异质文化的登陆与挑战,上海经历了从排拒到认同的痛苦蜕变过程。然而,上海接受西方文化速度之快,程度之深,是中国其他城市所不及的。"上海无疑是中国受西方文化浸淫最深的城市。值得认识的是,上海在被迫接受西方文化以及与之冲撞融汇的过程中,与广大内地和广州等其他开放口岸相比,表现出一种特殊的更为从容平和的态度。在20世纪初强烈的民族主义情绪在全国高涨之前,上海人并没有强烈的排外情绪和排外风潮,已为许多的研究者所注意"[④]。

对于上海而言,西化的价值和行为取向首先是通过对洋烟洋油、钟表仪器等器物的接触,西装、西餐、舞厅、马场等西方习俗和生活方式的传习,以及西式的市政管理等制度化的渠道加以影响和塑造的。而这些一旦被认同,西方文化的渗透犹如水银泻地,可以说是无孔不入的。从英国人建租界起的20年间,上海剧烈的社会变迁和文化引进是相当惊人的。江海关、工部局、巡捕房、洋火轮、八音琴、显微镜、洒水车、柠檬水、自来水、电灯、电话、煤气、铁路、洋楼、油画、电影院、洋学堂等等,纷至沓来,正所谓"十里洋行"之洋洋大观。难怪维新派人物康有为、梁启超等把上海视为感受西方文明的地点;刘光第光绪九年(1883 年)途经上海,惊诧其西风之劲而颇受刺激,发出"快心终是伤心地,懒做繁华梦一场"的感叹。

上海城市文化从传统向近代"转型",首先表现在中国封建教育体制的解体和西学地位的不断攀升。中国旧式教育的书院、私塾完全是为科举考试服务的,由于僧多粥少,官场腐败,到了清末,其种种弊端暴露得更加明显无遗,越来越为上海的有识之士所认识。而西式教育讲的是科学和技能,强调学有所长、知识在实践中的应用能力,为知识分子的发展开辟了广阔的道路,因此,很快得到上海人的认同。不少人放弃了科举业,而转向实业、商业等方面。在上海开埠后的二三十年中,尤其是寓沪西人所办的新式学校蓬勃兴起。与实业、商业密切相关的外语学校备受上海人的欢迎。从同治十一年(1872 年)至光绪元年(1875 年),上海创办的各式外语学校竟达到24 所之多,招生时常常应者云集,人满为患[⑤],这不能不说明上海人对西式教育的极大热情。

随着西式教育的兴起与普及,西学的地位不断攀升,它不仅在上海站稳脚跟,继而影响了中国。19 世纪下半叶,上海成为中国西学传播的主要基地。当时,国内3 个介绍西学的官方机构(京师同文馆、江南制造局翻译馆、广学会),上海占2 个,且规模远比京师同文馆大。据统计,光绪二十五年(1899 年)前的半个世纪,译成中文的西书共566 种,其中上海翻译出版的473 种,占85%以上。由于上海在中外通讯、新闻传递、印刷出版等方面的技术手段、设备先进居全国前列,从而具有优越的文化传播条件和生成环境。光绪二十四年(1898 年),上海已与伦敦、旧金山、长崎、新加坡等东西方国外大城市都有电报相通,与国内所有重要城市建立了电报通讯联系。当时,上海先后有13 种西文报纸、14 种中文报纸和35 种中文杂志。另据不完全统计,光绪二十一年(1895 年)至二十四年(1898 年)间,维新派在全国创办近40 种报纸,其中27 种在上海,包括影响最大的、梁启超主笔的《时务报》;在全国办有50 个学会,上海有8 个。影响和作用巨大的中国两大出版公司之一的商务印书馆1897 年创办于上海。加之众多的教会学校、私立学校、女子学校等西式学校,崇慕和学习西学在上海早已深入人心,蔚然成风。从而在上海形成阵容宏大的新型知识分子群体,这些都是中国其他城市所不具备的[⑥]。

上海城市文化从传统向近代"转型",其次表现在西方文化对上海人传统观念和生存模式的更新上。开埠以后的上海,成为急剧商业化的都市。带有浓厚西方色彩的商业活动和商业精神,对上海人的造型和投影是复杂而多侧面的。在市场经济和商品竞争中建立着一种自主的人格,建立起个人利益、个人权利的明确概念和制度化的保障,建立起物化为金钱的成就准则,建立起基于经济合理性的长于算计的本领和实惠的生活哲学。上海人作为"理性经纪人"的形象是格外醒目的,有着"东方犹太人"的美称。

近代上海被喻为冒险家的乐园。而上海的商人、企业家是以冒险精神著称的,这主要体现了他们的主体意识和开放性格。一夜间成为百万富翁虽有夸张的意味,但是穷光蛋可以成为富翁在近代上海绝不是个例。这些人在极其艰难的创业过程中,具有敢于打天下、闯世界的胆量与气魄,百折不挠、愈挫愈勇的意志和灵活多变、善于投机的才干和素质。"敢为天下先"正是近代上海人破除传统观念,最具有近代意识的进取品格。

精明是近代上海人的特点,而这点在广大的中等市民阶层表现得尤为突出。譬如,他们居住的老式石库门里弄住宅,既借鉴了西式洋楼的某些特点,又保持了中国古有的院落居住形式;在追求经济、功能合理性的同时,又能满足虚荣而不失体面的心态,折射出他们一种新的思维和生活方式。中等市民阶层的涵盖是宽泛的,不上不下是他们的最好注脚。如果从职业的性质来划分,包括职员、小商人、中小学教员、拿工薪的专业人员以及工匠等。他们大都有较固定的职业,主要依赖技能而非体力。他们的生活或许并不富裕,却不必为缺粮断顿而操心奔命。这是一个具有强烈进取愿望的阶层，他们明白，只有通过奋斗，才能保持现有的生活状况，或许更好一些。较高的文化程度和专业技能的训练，养成他们不同于上等和下等阶层的价值观念，精明是这部分人共有的特点。但这种精明绝非传统型的精打细算、勤俭持家，而是近代型的察言观色、随机应变，他们渴望通过自身的不断努力、奋斗来体现出自身的真正价值。

以上两种类型上海人的成长过程，便是“转型”后文化对具体人塑造的侧面。

上海城市文化从传统向近代“转型”的标志是“海派”的崛起和长盛不衰。“海派”起源于清代晚期寓居上海反传统、违行规、卖字鬻画的“海上画派”，而人们认识的真正意义上的“海派”却出现在上海开埠以后，它是西方文化与上海本土文化碰撞融汇后产生的一种独特的文化现象。尽管“海派”的冠名含有贬义的成分，但它却独擎旗帜，自领风骚，与正统的“京派”分庭抗礼。

作为与新兴近代大都市相对应的“海派”文化，最突出的特征就是打上了商品经济的印记。因为城市“转型”，文化服务的对象也发生了变化。它面对的不再是一抛千金的达官贵人、幕僚政客，而是最大的文化市场和最激烈的竞争，是百般挑剔、见多识广而且追求新奇刺激的大都市市民。文化必须与之相适应，才能生存、发展，否则就会衰退、消亡。例如：海派京剧，为了适合上海市民的百样口味，对国粹京剧进行了大胆的变革出新，使精炼雅致、韵味十足的传统折子戏让位于故事情节曲折丰富、引人入胜的连台本戏，并把声光电光、机关布景用于舞台，提高了京剧的号召力。上海画派一反文人画的陈旧传统，注重从生活实践中汲取艺术养分，其人物肖像、民间故事画、年画、连环画，雅俗共赏，题材多样，播下了通俗化、大众化的种子。近代上海更是中国通俗小说的大本营。商品经济注入文化，强化了竞争意识，使海派文化充满了活力和激情，并不断创造出辉煌。同时，也产生了负面效应，出现拜金主义的倾向，降低了文化的品位。这是文化“转型”期不可避免的现象。

海派文化之所以能够独树一帜，长盛不衰，很重要的因素是有一个高层次的文化强力集团来支撑。当上海完成近代化大都市经济和文化的双重“转型”后，它已经具备了吸收、聚合知识分子的能力。繁荣的经济生活造就了富足充裕的物质条件。发达的文化、教育、新闻出版事业和先进的文化设施，使文化市场日益成熟。租界相对宽松、自由的环境，有利于知识分子无拘无束地施展自己的才华，成为理想的栖息之地。上海在开埠后的二三十年间，就已逐步形成了一个新型的知识分子群体。仅戊戌变法期间，就有蔡元培、章太炎、邹容、章士钊、吴稚晖、于右任等近百名全国知名的文人、学者、教育家寓居上海，上海成为名副其实的文化中心，海派文化也具备了向传统的京派文化挑战、抗衡的实力。

二

19 世纪下半叶，与上海的崛起相呼应，天津也步履艰难地进入了近代化的历程。上海和天津在文化认同方面有很多相似之处，在文化差异和历史差异方面也有可比性。第二次鸦片战争以后，天津被迫对外开放，成为通商口岸。美、英、法率先逼迫清政府，划城南紫竹林一带为租界，此后，俄、意、比、奥四国也趁机在天津占领了大量土地，辟为本国租界。租界成为入侵者进行经济掠夺和传播西方文化的滩头阵地。天津对西方器物文化——电灯、自来水等物化了的西方科学技术，一般是缓慢接受的，而对西方的精神文化——宗教、伦理道德、价值观念，主体上是排拒的。“近代以来，天津文化对外来文化实际上是抗拒的。虽然天津是四通八达的大城市，但就其意识形态来说，仍是保守的。我觉得这里有一个文化基因的问题”[⑦]。如果说发生在同治九年(1870 年)震惊中外的天津教案是西方文化与天津文化强烈碰撞而迸发出火花的话，那么发生在清末的义和团运动则把天津人对西方文化的排拒推向了极致。在当时的社会背景下，义和团没有也不可能区别对待西方文明与经济掠夺的关系，他们直觉地认为中国人饱尝的种种灾难和痛苦，是伴随着洋人的入侵和教堂、铁路、轮船的传入而出现的，因此，义和团号召“挑铁路，把线砍，旋再毁坏大轮船”，把斗争矛头直指居住在天津的外国人。义和团运动几乎焚毁了天津的全部教堂，屡次袭击了火车站、租界，使外国人遭受了巨大的损失。本文无意去评判义和团运动的是非功过，如果仅从文化的角度来审视，它无疑减缓了天津城市文化从传统向近代“转型”的进程。

当近代上海城市文化完成“转型”，成为新的文化中心时，天津城市文化仍处于“转型”期的无序、多元组合状态,新的主流文化并未形成。租界的存在使天津出现了两个地区:华界与租界。在文化上,两界分野非常清楚,人们常常称之为华界文化和租界文化。租界文化呈现多种文化的交汇,传统文化则更多地留存在老城区的社会之中。于是,在文化特征和市民性格上,租界与华界的差异十分明显。租界文化更多地表现为时髦和洋化,华界文化则更多地表现为传统和守旧。即使在租界,由于京城文化的深厚影响,社会西化的程度也不很深。就市民生活方式和习俗而言,老城区的市民更多地表现出对传统文化的沿袭和固守,租界居民则表现为对西方文明和南来文化的易于接受[8]。

租界文化是一种新兴的文化,西方文明和西方文化最先在这里登陆、扩展,极具有诱惑力。然而,租界文化又是一种混合文化,只有几十年的历史,其不中不洋、中西杂凑不但引起社会的轻视,而且常令身在其中的人感觉自卑,内内外外的人都嫌弃它而久久地不愿认同于它[9]。难怪天津人把去租界称为看西洋景。华界文化多集中在天津老城区,这里的人大都世代为邻,居住在封闭的"四合院"、"桶子院"里,狭窄的空间,相对的稳定性,使传统的生活方式、风俗习惯及价值观念最容易沿袭而难以改变,新的、外来的东西也难于传入。因此说19世纪末天津还没有出现或形成新的主流文化,是不争的事实。

教育属于文化的范畴,也是城市文化组合的重要部分,新旧教育转换的程度也可以反映出近代城市文化"转型"的侧面。近代天津是中国最先引进西式教育的城市之一,这是公认的天津城市文化的闪光点。光绪二年(1876年),天津机械局电器水雷局附设了电气和水雷学堂,"延订西士,选募生童……教练一切"。光绪六年(1880年),李鸿章先后在天津建成了水师学堂和电报学堂,"酌参西国成规……报考学生入堂肄业","雇用洋人教习中国学生"[10]。光绪二十年(1894年),课程设置全照西方标准的天津北洋医学堂落成招生。以上新式学堂是洋务运动的产物,其办学的目的完全是为军事服务的。当时,虽然也有设立普通学堂的倡议,但是并没有受到社会的重视。相反,封建的传统教育,在天津开埠后相当长的时间里仍持续发展,并受到市民的欢迎。首先是为城市下层居民兴办的义学大量出现。在19世纪80年代初,天津共有义学30余处,其中专门教授八股文的总塾4处,长芦盐运使司设立者9处,津海关道设立者13处,府设者2处,县设者4处,天津道与海关道合设者4处,大关总办设立者5处,河北赵绅士、河东李绅士各就该处设义学数所,清真寺亦设有义学2处[11]。比义学层次高的书院,自70年代至90年代也继续增加,如会文书院、集贤书院、稽古书院等等。为了适应科举内容的变化,书院专讲经文、经解、策论、诗赋。"然而,直到20世纪以前,比起传统教育来,天津的近代教育事业并没有多大的起色。城市中的绝大多数青年和他们的家长,宁愿接受传统教育而不愿接受近代教育,尽管接受近代教育可享受优厚的待遇"[12]。

就京派、海派而言,天津近代城市文化也有卫派的称谓。而究其卫派一词的出典,仁者说仁,智者说智,始终没有统一的说法。一般认为,卫派最先来源于天津的京剧。清朝末年,北京的名伶余三胜、杨月楼、汪桂芬轮流到天津演出;南方的名演员王鸿寿、品月樵也常到天津献艺。天津的京剧艺人吸收南北各派之长,逐渐形成了自己的表演特色。特别是天津的武戏全国驰名。演员开打真刀真枪,格外卖力,场面异常火爆,十分吻合天津人豪爽、粗犷的性格。天津久有天津卫的俗称,故曰卫派京剧。稍后,又有卫派梆子出现。本来梆子戏是河北省的地方剧种,唱腔带有较多的河北省地方语音,并具有一些秦腔的韵味。梆子戏在天津的演出过程中,逐渐向城市市民的欣赏情趣和口味上靠拢,以普通话为基础,字正腔圆,讲究唱功,具有天津特色的梆子戏应运而生。为了有所区别,有了直隶老派梆子和卫派梆子的称号[13]。可见,卫派的最初形成和发展,更注重地域特色的挖掘与开拓,不具备海派独擎旗帜、容纳百川、不拘一格、开风气之先的大家风范。

流动性是卫派文化的主要特征,有的学者称之为码头性[14]。天津以"河海要冲"、"畿辅门户"著称,特别是近代天津发展成为繁华的大都市后,"南北舟车并集于天津,各地商贾鱼贯而入,殆无虚日",人员的流动是非常频繁的。中国的南北各地域文化在此交汇,东方文化与西方文化也在此交汇。天津就像一座戏剧舞台,展示出各种文化的辉煌,它曾创造出人声鼎沸的繁华,也曾有人去茶凉的冷落,各种文化似乎留下了什么,似乎什么也没留下。卫派文化的码头性特征的最大缺憾,就是少有积淀,难以形成独具特色的新的主流文化。近代天津城市史上也曾出现过风云一时的文化名流,如著名资产阶级启蒙家严复,寓津时间长达二十余年。他的论文《论世变之亟》、《原强》、《辟韩》猛烈地抨击了封建专制制度,宣传西方资本主义国家的科学与民主,可谓振聋发聩。他翻译介绍的《天演论》,为大一统封闭的中国注入了"物竞"、"天择"与"适者生存"西方资本主义方式的竞争机制,在中国进步的知识分子中间产生了强烈的共鸣,并影响着几代人。然而,严复当时在全国的影响远远大于天津,其主要原因是天津还没有形成新的文化基地,不具备吸收、聚合新型知识分子的能力及相应的文化生长机制和文化生态环境。"天津没有高层次的文化强力集团"[15]。

三

接纳吸收西方文化,使上海在19世纪末成为近代化大都市的同时,相应地完成城市文化从传统向近代的"转型";而主体上对西方文化的排拒,使天津在19世纪末成为近代大都市的同时,并未完成城市文化从传统向近代的"转型"。上海和天津几乎是同期对外开放的沿海大城市,经济的高速发展惊人地相似,而在对待西方文化上却有如此之大的差距。这是由文化基因、历史及社会多方面因素造成的。

(一)文化基因的因素。中国历史上南北文化的差异是相当突出的。梁启超在《中国学术思想变迁之大势》论文中认为:"北学务实际,重经验,守古之念重,保守之情厚,排外之力强;而南学齐物我,不崇先王,不拘于经验,不属于实际,达观于世界之外。"此语虽有以偏概全之嫌,但还是比较客观地指出南北文化的不同,得到学术界的认同。南方文化张扬个性的特质与西方文化很容易找到切合点;北方文化重共性的特质对异质文化的接纳吸收是缓慢保守的。

(二)社会因素。天津是京都的门户,中央集权对天津的控制历来是非常严密的。天津开埠后不久,直隶总督兼任北洋大臣便移驻天津,强化中央对地方的统治。光绪四年(1878年),天津知县重新刊行《圣谕广训直解》、《圣谕广训十六条》,还修定了《乡甲约》一书,在庵观祠设局45处,按期宣讲,进行思想禁锢,"扶持正教,以期潜移默化,使人心风俗 归一"[16]。上海远离京都,俗话说"天高皇帝远",中央集权的控制相对比较薄弱,环境较为宽松,这也为西方文化的传播提供了可乘之机。

(三)历史因素。在中国近代史上,大概没有哪一座城市比天津饱受西方资本主义列强的蹂躏更甚了。从咸丰八年(1858年)至1937年,外国侵略者先后五次武装进犯天津,而在第二次鸦片战争期间就有三次。英法联军在天津的暴行令人发指,形成了天津人对外国人的仇视和戒备。由于心理障碍,影响了对西方文化的接受。上海历史上曾三次对外开放,主要从事对外贸易,在所谓和平的环境里,上海人从容地接触和了解了外国人,从而接受他们的思想和文化。

注:

① [美]罗兹·墨菲:《上海——现代中国的钥匙》,上海人民出版社1986年版,第2页。

② 见罗兹·墨菲:《上海——现代中国的钥匙》,第30页。

③ 杨大辛主编:《天津简志》,天津人民出版社1991年版,第3页。

④ 杨东平:《城市季风》,东方出版社1994年版,第151页。

⑤ 张仲礼主编:《近代上海城市研究》,上海人民出版社1990年版,第980页。

⑥ 见杨东平著《城市季风》第49页。

⑦ 冯骥才等:《繁荣天津文艺,走向21世纪——文艺新星与天津文艺发展研讨会纪要》,《天津日报》,1997年12月15日。

⑧ 刘海岩:《城市文化与"天津人"市民性格》,《城市史研究》第13—14辑。

⑨ [英]克利斯多福·纽著:《上海》,学林出版社1988年版。

⑩《洋务运动》四,《中国近代史资料丛刊》第253页。

⑪《天津事迹纪实闻见录》标点本,第12页;《津门纪略》标点本,第27页。

⑫ 罗湖伟主编:《近代天津城市史》,中国社会科学出版社1993年版,第279页。

⑬ 刘泽华主编:《天津文化概况》,天津社会科学院出版社1990年版,第131页。

⑭ 杨大辛:《津沽絮语》,天津古籍出版社1993年版,第40页。

⑮ 见冯骥才等《繁荣天津文艺,走向二十一世纪》。

⑯《津门杂记》标点本,第41页。

(《城市史研究》2000年第17、18辑)

天津的近代初等学堂与绅商

朱 鹏

就一般论而言，在晚清学堂史的发展过程中，区域内初等教育（本文主要指中、小、蒙、半日学堂）的设立热潮，大致是在进入20世纪之后形成的[①]。如果仅仅从制度史的视点来考察，其契机无疑是与《奏定学堂章程》（1904年）的制订和废除科举制度（1905年）有着直接的关系。晚清有关设立学制、废除科举的相关史料和多数报刊资料记载的当时的情况，二者在近代教育史中的积极意义业已毋庸赘言[②]。同时，以清廷为主导的所谓“自上而下”、以19世纪末国际关系中所谓“自外而内”的教育改革的基本性质亦已得到了学术界的确认。

然而，当我们从教育制度的坐标上进一步延伸开来，特别是当我们透过近代史、地方史等相关领域的研究业绩[③]，探讨晚清民族资产阶级产生、地域精英（Local elite）作用及其对地方政治等领域的关联的时候，会发现他们在地方学堂的设立和发展过程中也起到了极为重要的作用[④]。来自西洋、日本的近代教育，通过他们广泛地渗透到地方，他们的兴学热情，推动了地方教育改革的发展。因此，我们在根据“自上而下”、“自外而内”这两条主线研究晚清学堂史的同时，还必须从区域社会内部机制的视点出发，对近代学堂的成立过程作进一步的探讨。

众所周知，直隶省在晚清新政的推行中起着主导性作用。同样，在全国地方学堂的设立过程中也被视为典范。诸如光绪二十八年（1902年8月）保定率先于全国，设置地方教育行政机构学校司；同年，由直隶总督袁世凯于《钦定学堂章程》颁布的同期，上奏《筹设直隶师范学堂、小学堂拟订暂行章程》、《筹设直隶各属中学堂拟订暂行章程》等行政施策；又于1905年刊行教育普及刊物《教育杂志》等都说明了这一点。

其中，袁世凯的作用是不可忽视的。我们在将上述有关近代教育改革诸等施策的出台，作为袁世凯政权北洋新政期治绩加以评价的同时，考察地方学堂创设时的应合过程及其意义，特别是与朝廷颁布的《奏定学堂章程》相对应，考察章程发布前直隶学堂的存在情形，进而确定其在晚清教育史中的位置，可以说是探讨晚清区域社会中学堂成立内部机制不可缺少的一件工作。笔者前稿《严修的新学受容过程与日本（之一）·以壬寅东游为线索》[⑤]根据天津士绅严修（范孙，1860—1929）的东游日记，以戊戌变法期间回乡后严修出访日本为焦点，概观了庚子事变后天津学堂创立的状况；继之，又对严修1905年升任学部侍郎后参与制定的晚清教育宗旨与明治日本教育在内容上的相关性作了初析[⑥]，这些，都是基于对上述课题的关心。本稿作为其中之一部分，主要对1903年，即《奏定学堂章程》颁布前，以严修为中心在天津开展的兴学活动实态及其性质作进一步的探究。

一、关于对天津近代学堂数量上的掌握

关于对光绪二十六年（1900年）以后天津小、中学堂的情况掌握，过去主要依赖学部总务司编《第一次教育统计图表》（光绪三十三年部分）的“直隶学务统计总表”及王守恂撰《天津政俗沿革记》中1911年的学堂表[⑦]。推测其理由，首先“直隶学务统计总表”是学部成立后初次的总括统计，在当时具有权威性；后者《天津政俗沿革记》的记载，则是对天津的兴学过程最具集约性的。然而，应当注意的是，前者属全国学堂数据统计的一部分，虽囊括内容广泛，但欠于详细；后者由于作成时期已为民国之后，故难于把它作为第一手史料使用。为此，光绪二十八年（1902年）创刊的《大公报》或《学部官报》的史料参考价值就显得重要起来。初期《大公报》对天津的学堂创立过程作了即时、详细的追踪报道，刊载了大量的相关资料。其中，“天津学堂调

查表”(光绪三十一年,1905 年)整理了 1903 至 1904 两年的统计资料,不仅在学堂的名称、地址、设立年代方面,而且对官私立区别、管理者姓名、教员、学生数及科目、设立运营经费等均作了具体记载。此资料继《大公报》之后,又转载于直隶《教育杂志》(第三期、直隶学务处),相对提高了其可信度。因此,我们可以把它作为新政期被地方教育行政机关承认而初次公布的统计来理解。遗憾的是,其中女学堂、客籍学堂的记录没有被包括进来,所以还不能认为是该时期天津学堂最全面的统计资料。

1905 年,学部设立之后,由学部总务司编纂了《学部官报》(1906 年),每号“京外学务报告”栏中连载了全国学堂的普及状况。特别是“京外学务报告·天津学堂部分”,记述内容充实,以初等学堂为中心共统计学堂达 42 所之多。此表的制作正值严修于学部执事期间,估计是在其指导下,由直隶学务处相关人员或学部调查员整理而成。

比较《大公报》和《学部官报》二者记载的内容,同时应该引起注意的是,《学部官报》较之《大公报》调查时期要迟一年以上。此时,清廷设立了学部,地方也各自设立起劝学所。所以其报告内容,不能不承认是行政指导体制在一定程度上已经确立之后的统计结果,况且这里记载的教育组织及其内容,已经与《大公报》初期的记载发生了很大的变化。所以从史料性来讲,《大公报》的记载显得更重要。总而言之,本文从整理初期学堂,即整理 1903 年天津学堂成立过程的目的出发,将主要利用《大公报》的相关报道,并适当参照“京外学务报告”的内容,以作为补充。表 1 是根据《大公报》载《天津学堂调查表》整理而制成的。

表 1　20 世纪初天津学堂统计表[⑧]

年代	医学堂	工业学堂	警务学堂	高等学堂	中学堂		小学堂		半日学堂		电报学堂	计
	官立	官立	官立	官立	官	私	官	民	官	民		
光绪十九年	1											1
光绪二十六年		1										1
光绪二十八年	1		1									2
光绪二十九年				1	1		3	4(5)		4		13(14)
光绪三十年						1	2	4(3)	8	4	1	20(19)
光绪三十一年		1										1
合计	2	2	1	1	1	1	5	8	8	8	1	38

注:为明确学堂的设立时期,此处采用光绪年记法,以下根据需要亦适时采用此记法。此外,《天津学堂调查表》中以民立第二小学堂的校舍改建时期为基准,将其设立年定为光绪三十年,而实际设立年为光绪二十九年二月(见《大公报》1903 年 3 月 1 日、3 月 17 日、5 月 10 日记事),故此处用()号对原表作了修正。以下记述亦按修正后的数字为准。

“天津学堂调查表”共揭示学堂 38 所,设立年代自光绪十九年(1893 年)起至三十一年(1905),分官立、民立、私立三种。官立学堂包括医学堂 2 所,工业学堂 2 所,警务学堂、高等学堂、电报学堂等各 1 所。本文所要记述的初等教育机关(中、小、半日学堂),大多集中于光绪二十九至三十年(1903—1904 年)之间,官、民、私三者兼具的学堂以半日学堂最多,占 16 所;继之为小学堂 13 所,中学堂 2 所。进而,按年代顺序和设立者区别来划分,光绪二十九年(1903 年),民立半日学堂、小学堂最多为 9 所;相反,官立学堂所占比例则未占优势,即小学堂 3 所,中学堂、高等学堂各 1 所。诚然,以上划分法不过仅为形式上的区别,但以民立而定名的学堂确实存在,而且数量不在少数,这是十分明确的。

那么,在近代教育制度《奏定学堂章程》颁布之前的光绪二十九年十一月(1903 年 12 月),天津已有一定数量的学堂开办,这一史实究竟意味着什么?此外,这些学堂的运营基准又根据什么?特别是所谓的“民立”学堂应如何理解？这些，都需要我们作进一步的确认。

二、天津初等学堂在教育制度上的位置

关于中国近代初等学堂的设立方针及其在制度方面的定位，可以追溯到光绪二十四年（1898 年）光绪德宗皇帝支持维新运动所下的上谕。即命各省、府、州、县设立学堂，改旧有书院、义学、社学等一律为中西洋兼修之学堂，改州、县书院为小学堂，改祠庙充学堂。同时，命各地官绅筹措学堂资金，并奖励个人兴学。从中国初等教育史来看，尽管这些方针政策是以上谕的形式出现，并非近代意义上的教育制度，但仍可说是近代以来最初的教育公文[9]。

晚清教育改革中，以及其后在教育行政上影响最大的是光绪二十七年（1901 年 9 月 14 日）由西太后下发的《兴学诏书》。戊戌变法之后，朝野上下要求教育改革的呼声愈来愈高，作为慈禧新政的内容之一，亦提出要加速设立大、中、小、蒙学堂。对此即时作出响应的，是上奏山东学堂章程、当时任山东巡抚的袁世凯。光绪二十八年（1902 年），袁世凯就任直隶总督兼北洋大臣后，又上奏《筹设直隶师范学堂、小学堂拟订暂行章程》（1902 年 8 月 8 日）、《筹设直隶各属中学堂拟订暂行章程》（同上），在直隶积极推进教育改革。章程上奏后，旋即获得朱批并付诸于实施[10]。此时期，基本上与《钦定学堂章程》的颁布时期相重合[11]。

众所周知，所谓《钦定学堂章程》，在内容上可以说是日本明治学制的中国翻版，它的制定，与清廷内部的权力斗争有着复杂的联系，在中国近代教育史上常常以脱离晚清教育实际而受到指摘[12]，结果以未至全面实施而告夭折。因此，过去的研究，多注重 1904 年后《奏定学堂章程》的影响，而对于《钦定学堂章程》以及袁世凯制定的诸章程，以其实施时间短为由，在地域研究方面并没有受到太多的关注。

然而，就天津来讲，《钦定章程》及袁世凯的章程既然已经存在，即便是一时性的，对当时的学堂建设必然会有一定程度的影响，事实上发挥着制度上的作用，所以我们还不能完全无视。下面举两个例子足可以说明这一点。

第一是有关民立第二小学堂的官文[13]。

“为详请事，据天津府详转，天津县详称，本年三月初五日，据花领四品衔教习知县卞宝廉、光禄寺署正张炳禀称，窃职等恭阅京师大学堂颁行钦定小学堂章程，内开载地方绅商遵依小学堂章程，立寻常高等小学堂，谓之民立寻常高等小学堂。卒业出身应与官立者一律办理，并由官力代为保护。均得借用地方公所、祠庙，以省经费。又，直隶小学堂暂行章程第一章第二节内，载地方绅衿准在本地自立小学堂各等语，职等前于二十八年九月间借用南斜街芦纲所建育英新堂空房，捐立蒙学两所，业经禀报在案。职等现又续捐，每岁常年经费银各一千两、创办银一千两，就该处推广。改设小学堂，内附蒙学，以资造就。查本年正月间编修严修等创办天津民立第一小学堂，曾蒙批准在案。此次职等捐立之小学堂即名为天津民立第二小学堂，共分五斋，学生额数共一百六十五人，计延聘总教习兼监督一人，分教习六人，一切课程遵照钦定章程办理。（后略）”

从上述民立第二小学堂的立案文中我们可以发现，《钦定小学堂章程》和所谓《直隶小学堂暂行章程》在这里都是作为设立学堂时的依据来记述的。文中明确提示，按上述章程规定，官署应无偿提供祠堂、寺庙以作为学堂设施，学堂毕业的学生应获得与官立学堂毕业生同等待遇。毋庸置言，有无校舍是学堂设立时最基本的条件，民立第二小学堂由绅衿出资，改旧捐蒙学堂为小学堂可算是当时一大举动。就一般情况而言，在财源还未得到保证的情况下，向宗族祠堂、祭祀神佛的寺庙求得办学的公共空间，无疑说明新事伊始，很多条件不具备，仍然需依据义学、义校设立时的旧法来应急的实情。此外，就当时来讲，学堂的出现是新生事物，特别是非官立的民立学堂，毕业生能否被社会所认同，也是关系到民立学堂能否生存的一大实情。所以，二者都是关系到学堂死活的根本问题。文中还将民立第一小学堂推出，以作为按两章程设立学堂的口实。

教育内容方面，同一时期亦有相应的记述。例如严修在给友人的信中就家塾的课程也提到了《钦定学堂章程》[14]：

“东渡之后，目见彼邦政俗之美，又深知游学之益，遂留大儿肄业东京，入东京高等师范学校之附属中学校，计明年四月可以毕业。其他诸子及舍侄皆当在家塾读书，课程依奏定章程中学第二年级，午前习英文、算

学、格致、物理诸门,而兼之体操(每日三种轮流间习,午后亦然)。午后习经史、地理而兼之以作文。夜课则日文、日语。刚柔日相间,合计每日约得八点钟,余时则休息、游戏,各听其便。"

1902年,严修初访日本,留长男于日本学习师范教育。而且,他于光绪二十四年(1898年)由北京回天津之后,也在自宅开办家塾,兼修中西洋学问,致力于子弟教育。此家塾后发展为敬业中学。从当时的教育内容上来看,所记"奏定章程第二年级",即为履修《奏定学堂章程》所定第二年课程之意。由此可见,无论是袁世凯上奏的《筹设直隶师范学堂、小学堂拟订暂行章程》(以下略称《袁奏章程》),还是《钦定小学堂章程》(以下略称《钦定章程》),在《奏定学堂章程》颁布之前,于天津都有一定的实际影响。

那么,同一时期发布,而又同是有关小学堂的两个章程,比较两者内容,我们会发现有如下的不同。

首先,小学堂设立的基础在州县。州县设立的官立小学堂均为绅民设立的模范,就这一点上来说,两章程阐明的观点都很明确。不过,《袁奏章程》中特别记有"至各地方绅衿有愿在本地自立小学堂者,应由地方官专案具报,惟必须遵照现定章程办理,以免分歧"[15]。从所谓"专案具报"、"遵照现定章程办理"等字样可以推测,直隶对士绅设立学堂的办法作了较为详细的规定。至少可以说,直隶省在倡导民间办学的同时,对学堂教育活动的管理较为严格和具体。即是说,虽然官署办学是总体上的趋势,但袁世凯的教育政策,已经反映出对绅、民办学不仅仅停留于期待,而在政策上已经做了某种程度的准备。

其次是关于学业年限。《钦定章程》规定"小学堂分为高等、寻常二级,其修业各限三年"(第一章第四节),而《袁奏章程》则规定"小学堂学生统限四年毕业"[16]。这里,不分高等、寻常的区别,一并限为四年的作法,反映了直隶省暂时还不能满足六年教育的实际情况。我们再对照一下学生的入学年龄,二者则有着更大的不同。即与《钦定章程》定"十岁人寻常小学堂"(第一章第六节)相比,《袁奏章程》则规定"小学堂招考学生,由该地方官出示考选,限年在十五岁以上,二十岁以下,以五经读毕,文理明顺,资质聪颖,身体强壮者为及格"[17]。显而易见,直隶省要求的入学年龄较《钦定章程》高出五岁,并要求学生具备一定的资质。与此相关联,《钦定章程》中规定寻常小学堂的教育内容为"修身、读经、作文、习字、史学、舆地、算学、体操",而《袁奏章程》则定为"经学、文字、公法学、财政学、史学、地学、算学、格致学、农学、体操"[18],设定知识结构的层次要高。也就是说,二者在形态上,虽都被称为小学堂,但从入学年龄、教育内容等来比较,与《钦定小学堂章程》规定的初步教育相异的是,袁世凯章程所指向的教育,实际上属于今日的中等教育范畴。

另外,我们再对比一下有关学堂经营和管理的项目,还会发现直隶较为强调根据地方实情的应变策略。《钦定章程》称"小学堂之学生额数,应得容三百人以上;满五百人则增立一所"(第一章第七节),而《袁奏章程》则较为含糊,为"应以经费多寡为准"(附件二,第一章第五节)。此外,关于学堂的学费交纳基准也是如此,即前者对官立、民立学堂各有较为具体的规定,而后者"各属小学堂一切事宜,应由该地方官察看情形,禀呈学校司核准遵行"(附件二,第 一章第三节),"各属小学堂,即以该地方官为总办,每邑选派学董一员,随同经理"(同上第四节)[19]。

综上内容比较,与《奏定章程》相比,《袁奏章程》更注重地区的特性,即地方士绅的自主性和他们今后设立学堂的可能性。最初注重的内容并不是"读、写、算"式的初步教育,而是把重点放在了迅速培养教师的中等师范教育上。如前表1所示,1904年全国学制《奏定学堂章程》颁布之前,天津已经设有一定规模的中小学堂,这些学堂的运作基准主要依据《钦定章程》和袁世凯的相关章程。袁章程根据学堂急需新式教师的实际,与《钦定章程》多有变通之处,这亦是需要我们留意的。

下面的一个问题,就是应该如何理解民立学堂的所谓"民立" 这个概念。晚清教育史料中屡有类似"官立"、"民立"、"私立"及"公立"的用语出现,仅从《大公报》的教育报道来考察,学堂名称中"公立"用语的使用时机较迟,至少是在1905年以后,而前三者则源于《钦定章程》。20世纪初,"官立"、"民立"、"私立"用语的使用频率较高,但这些多为约定俗成,很难说是具有较为明确理论规范的概念或术语,区别起来也并不容易。以下试作简单说明。

《钦定章程》中记有关"官立"的项目,如"今定州县所立学堂为小学堂。中小学原不以府县而分,如州县治亦可立中学堂,府治亦可立小学堂;但目前官立诸学,先就府治设一中学堂,州县治设一小学堂,以为绅民设立之模范"(第一章第三节),"寻常小学堂及高等小学堂,所有官立学堂,五年之内暂不征收束脩"(第一章第十节)。按照这些规定,官立学堂是靠官费来运营的。

《袁奏章程》中对其作了更加具体、详细的规定。如:"小学堂所需经费,应先将各州县现在提存款项作为常年经费,具报立案,无论有何事故,不准由此款项下动支"(附件二,第四章第一节),"常年经费须先预定数目,以示限制。每学董一员,月薪不得过二十两。第一、二年级教习月薪二十两。第三年教习月薪二十四两。第四年教习月薪三十两。学生饭资应由学生自备,或由地方官酌筹津贴。一切杂费应于开办之时,由该地方官核实估计具报存案"(同上第 二节),"小学堂每月应领之项,均于月初由学董具领照发,不准提前预支。该地方官每年应将学堂开支款目,于十二月清结,分造四柱清册呈报学校司备查"(同上第三节),"常年经费,应由该地方官认真稽查,撙节动用。如有盈余,尽数拨归存储项下,随时具报。如不敷,亦须预先禀请筹办"(同上第四节),"小学堂应用书籍、仪器等件,均由该地方官备价赴学校司请领"(同上第五节)[20]。限于篇幅,这里无法一一展开解释,但从上述引文可以明确看到,官立学堂的经费由州县预算筹措,同时学堂运营亦必须在地方官的管理之下。

与此相对照的是"私立"和"民立"两个概念。二者均为《钦定学堂》所指"绅民"设立的学堂,常常无法具体划分清楚。从设立学堂的出资者角度来看,由于均出自个人(绅、民),故其分界线容易混淆。如当时江苏教育总会的黄炎培来津考察时,简单地将民立第一小学堂称为私立第一小学堂就是佐证[21]。然而,如果从运营体制以及教育目的等方面来推考,我们会发现"私立"是以营利目的为特点,由个人来经营,与传统的私塾很相近;而"民立"则是作为区域公益事业所设的教育组织,以由地域的精英们共同创立、共同运营为特点。其形态有与传统血缘、地缘社会关系下,由乡绅、族长设立、维持的义学、义塾相类似的地方。但不同的是,它往往跨越血缘、地缘关系,通过报纸等传媒向全社会招收学生。特别是在庚子事变后的特定历史背景下,以及导入西方教育内容等方面,无疑民立学堂与义学、义塾以及私塾又有着本质的区别。可以理解为覆盖地域社会具有"公众性"性质的组织雏形。

以下,我们以民立第一小学堂为例作具体探讨。

三、晚清天津初等学堂的设立过程及其性质

明永乐二年(1404 年)天津设卫,清时相继规划州、府、县,确立了天津在经济上、军事上的地位。咸丰十年(1860 年)后港口开放,作为国际都市逐渐繁荣。随着洋务运动的推进,在机械、造船、通信、铁道等各领域均领先于全国,同时还带动了洋务学堂的设立,确立了天津在学术、教育方面的地位。具体说来,如光绪六年(1880 年)李鸿章创设的北洋电报学堂、北洋水师学堂,光绪十一年(1885 年)的北洋武备学堂,光绪二十年(1894 年)的北洋西医学堂, 光绪二十一年(1895 年)经盛宣怀上奏而设立的天津中西学堂,光绪二十二年(1896 年)严复创设的天津俄文馆,光绪二十四年(1898 年)王文韶创设的育才馆及光绪二十四年(1898 年)的天津中西义塾、天津府中学堂、天津县小学堂等,这些学堂的存在和繁荣,是天津近代学堂发展的第一阶段。1900 年义和团事件发生,天津被攻,北洋水师学堂、北洋武备学堂等部分学堂关闭,传统的书院等亦受其影响纷纷落入荒废之途[22]。

天津的近代教育迎来新转机是在光绪二十七年(1901 年)以后,即同年 9 月 14 日西太后发布《兴学诏书》,袁世凯就任直隶总督兼北洋大臣,学堂设立的动作开始显露。光绪二十八年(1902 年)天津由都统衙门手中收复之后,兴学趋势随即形成。尽管在设立时期上,与上海的南洋公学外院、澄衷学堂相比略迟一些,但就初等学堂来说,光绪二十九年(1903 年)2 月 16 日由士绅严修主倡创立的民立第一小学堂,作为天津地方学堂创出的第一号,不仅对天津,而且对周边地区的教育进步均起到了十分重要的作用[23]。

1. 关于民立第一小学堂的成立过程

光绪二十九年正月二十二日(1903 年 2 月 19 日),即在民立第一小学堂成立后的第三天,《大公报》报道了其创校时的基本状况[24]:

"纪小学堂天津民立第一小学堂设在会文书院内,邑绅严范孙太史总理其事,录取学生百四十名,已于十九日(这里指光绪二十九年正月十九日,即 1903 年 2 月 16 日——笔者)开馆, 分为五班,每班委派教习一名,并派有日本教习斋藤君一员, 每日教练体操云。"

这是有关天津民立学堂的最初报道。2 月 16 日，严修作为责任者于会文书院设立天津民立第一小学堂，学生 140 名，分 5 班，各配教师 1 名，1 名日本教习斋藤（恒雄）担任体操教员。由齐鲁书社刊行的严修自作年谱中，记载了民立第一小学堂的设立过程[25]：

"光绪二十七年辛丑，四十二岁。在籍，割去额上及臂上之瘤。改定先人所设义塾课程。又借陶氏宅，设学一处。王君寅皆、林君墨卿、张君伯苓终日讨论学事。陶仲铭殁。冬，两宫还京。女智安生。孙女仁菊生。光绪二十八年圣寅，四十三岁。在籍。天津交还。王竹林君、李子赫君投资设学，邀余与共。夏，借镫牌公所，设两斋。六月，子智庸殇。七月，率子崇、怡游日本。十月，由上海归。余在日本时，墨卿诸君将镫牌公所之两斋移会文书院，且增一斋，余归又增两斋，始名为民立第一小学堂。墨卿与王寅皆之力为多。"

严修于光绪二十四年（1898 年）归津后，如他在经济特科奏折中所主张的那样，在子弟教育中导入了西洋科学知识的内容，这里有关他改定义塾教育课程的记述，正说明了这一点。此外，借友人陶氏宅开办教室，与士绅王寅皆、林墨青、张伯苓等人每天对开设学堂进行讨论的记述，也表明了地方士绅们对于教育改革的强烈热情。翌年，在盐商王竹林、李子赫的捐赠下，于镫牌公所开辟两间教室，林墨青等将其移至会文书院后另增一间，严修归国后再增设两间，五间教室由此形成，民立第一小学堂迈出了第一步。

据"天津学堂调查表"表明，民立第一小学堂的直接设立者是士绅严修、林墨青、王寅皆、王竹林、李子赫等共六名。众所周知，清沿明制，初等教育基本上由义校、义学、义塾和富裕家族、宗族中的家塾、私塾所构成。前者与旧来之社学相似，国家发布振兴条例，靠乡里、邑人的寄捐；后者由于是宗族内族人子弟、家族内子弟的教育机构，靠宗族、家族内的出资来维持。天津的盐商从来就有设置书院、开办义塾以救百姓子弟及有钱人开设家馆、散馆的习惯[26]，不过如严修自作年谱所示，打破家族间个体的私塾形态，使其相互联合，并以民立小学堂的形式出现，这是天津教育史上新时代的象征，在近代教育史上亦是一很大的变化，具有非常重要的意义。

民立第一小学堂的发展是极其显著的。我们再看一下五个月后 7 月 26 日《大公报》的报道[27]：

"纪民立第一小学堂　天津民立第一小学堂于月前举行夏季大考，业经按照积分法列表榜示，兹于本月初一日给奖。是日师主及执事人齐集礼堂，排班序立，宣读光绪二十七年八月初二日兴学谕旨。随经总教习兼监督刘芸生君宝和，分教习臧佑宸君守义、刘蓉生君宝廉、陈筱庄君宝泉、华次远君泽灏、徐毓生君霦、日本斋藤君恒雄，挨次申明伏假休课宗旨，并勉励各生勿荒学业。旋由总董严范孙太史按名发奖，由司事华海门君凤阿点付，各学生依次至阶下肃立，行一揖礼，进至案前领奖。捧所得奖件退行三步肃立，然后归班。计得奖者三十九人，皆肃静如一。领奖后又由严太史勉励数语，礼成归斋散学，即以是日为伏假之始。"

此处所记的是 7 月暑假前结业式的场面。有幸的是这里对学堂的相关人员都一一作了介绍。由此我们可以判断，除总董严修、司事华海门之外，有教习兼监督刘芸生（宝和）、教习臧佑宸（守义）、刘蓉生（宝廉）、陈筱庄（宝泉）、华次远（泽灏）、徐毓生（一）、日本教习斋藤恒雄共计九人的学堂体制。另外，从其公布的夏季考试优秀者名簿来看，学堂共分为"头班"、"二班"、"蒙学"三个层次[28]，可见，此时的学堂已基本确立了类似高等、寻常、蒙学三个学级的基础。

教育课程方面，据 1904 年"天津学堂调查表"所记，高等、寻常科课程内设有修身、读经、卫生、历史、舆地、作文、习字、讲文、英文、笔算、理科、珠算、形学几何书、手工教科等。另据 1903 年前后严修私人书简所记，其时计有修身、字课、历史、地理、算术、习字、读经六科目[29]，此六科目虽然目前还不敢肯定是已实施过的教育课程，但可以认定与初期蒙学班的教育有关。所以这样说，是因为其与《钦定小学堂章程》规定的修身、读经、习字、史学、舆地、算学、体操所定课程基本一致。

这里需要订正的是，齐鲁书社刊《严修年谱》中所载民立第一小学堂的课程时间表恐与实际不符[30]。因为首先很难想象民立第一小学堂初期的日本教习能达七人之多，而且从教习任课的科目分析，日语、教育制度、教育学等课程显得极具专业化。更重要的是，如前《大公报》所示，初期民立第一小学堂的日本教习实际只有担任体操的斋藤一人。核对有关研究可以认定，《严修年谱》所列日本教习里木（黑木千寻？）、辻（辻安弥）、松本（松本龟次郎，日本语）、今村（今村与八郎）、波多野（波多野贞之助，教育学）、三泽（三泽力太郎，化学）、大久保（大久保介寿，学校管理法）等人其实均为 1903 年前后日本东京宏文学院担任清国留学生教育的所属教员[31]，与民立第一小学堂没有直接联系。在这里之所以将他们开设的课程列为民立第一小学堂的课程表，恐是《严修年谱》的编者一时疏忽，错将严修资料中所夹东京宏文书院直隶速成师范班的课程表，误认为是民立第一小学堂的了。

下面，再就两年后，即光绪三十一年（1905年）民立第一小学堂的招生启事，对学校的建制和学生情况作进一步的考察[32]。

"招考学生启　启者，本堂现悬有高等科及预备科学额十余名，如有愿来肄业者，但与后开高等科程度及预备科年龄相当，即可开具姓名、年岁、住址、引保及已学过程度，于本年十二月二十八日以前，或明年正月初三日以后，至初八日以前来堂报名。准于明年正月初十日上午九点钟在本堂考验，分别去留。其各学堂学生非经其本堂保送者不收，特此广告。计开：高等程度，经学须读过四书、诗经、礼记，汉文能作短篇论说，笔算学过加减乘除，历史、舆地已知大概。预备科年龄，八岁以上，十岁以下。仓廒街民立第一小学堂。"

这是一份高等科和预备科学生的招生启事。我们可以明确地看到，继1903年7月之后至1905年，民立第一小学堂已经分成高等、寻常、预备三个阶段。文中对应招入学者没有什么出身家庭方面的具体规定，在入学手续方面，只要提交出有关姓名、年龄、住所 地址、保证人及学历履历书等资料，就可以被接受。只是对高等科的应招者，需要有出身学堂的推荐书，并要求经学读过四书、诗经、礼记，作文能作短篇论说文，算术会四则运算，具备一定的历史、地理知识。特别是从初试后还须复试这一点上来看，对考生知识程度的要求还是很严格的。

民立第一小学堂的学习期限为预备四年，寻常三年。按照预备科入学年龄为8岁以上10岁以下的标准来计算，寻常科的入学年龄在14岁，高等科则在17岁上下。也就是说，在光绪三十一年（1905年）前后，民立第一小学堂已经开始担负蒙童的初等教育，而设立阶段的教师培养任务则由学堂的高等科来担任。高等科相当于今日的后期中等教育。

根据1907年《京外学务报告》记载的内容，我们发现民立第一小学堂的体制、教员结构都有了新的变化[33]：

名称：天津民立第一两等小学堂

所在地：东门内仓廒街会文书院

设立年：光绪二十九年正月

学堂长1名：刘宝廉（日本游历1次，兼任国文、修身、图画课）

监学1名：华凤阿

教员7名：阎鸿业（日本宏文速成师范毕业生，担任读经、手工课）

华世钦（担任历史、地理课）

华泽洪（师范传习所修了生，担任历史、算学、格致课）

孟广（师范传习所修了生，担任算学、格致课，兼任英文课）

张玉斌（日本音乐学校毕业生，担任音乐课）

曲鹤鸣（陆军下士官，担任体操课）

张陆经（同上）

学年构成：高等2（班），初级3（班）

（光绪三十三年（1907年）时高等已有2班毕业，升入中学及高等工业学堂）

科目：修身、读经、讲经、中国文字、算术、历史、地理、格致、博物、物理、生理、图画、天然、几何、体操、手工、英文，高等1年加音乐

经费：士绅寄捐。分三等级收学费，一等级月额5角

自光绪二十九年（1903年）创立至光绪三十三年（1907年）的四年期间，民立第一小学堂在很多方面都有了大的改观。首先最大的成果莫过于作为近代化学堂它具有一定的规模。学生数由最初的140人至光绪三十一年（1905年）的170人，至光绪三十三年（1907年）则明确扩大为高等、寻常、预备三个层次，称二等学堂。光绪二十九年（1903年）夏季之后，除臧佑宸、斋藤恒雄两人以外，其他教习均官费到日本宏文学院速成师范班留学一年。这些人于光绪三十年（1904年）8月随严修归国后分别成为天津以及直隶省各地兴学的骨干。就民立第一小学堂来说，原教习刘蓉生留学日本之后，于1907年升为学堂校长。

这里，我们有必要对民立第一小学堂所冠之“民立”的内涵再作进一步考察。“天津学堂调查表”记民立第一小学堂的经费为“每年两千四百金”，毋庸置疑，政府期待着这些资金均由民间社会筹措，所谓的“民立”，是依靠富裕绅商寄捐设立和运营，说到底应该是“绅商立”。但事实并不完全这样，如天津知县唐则禹而后所叙述的那样，尽管是民立，除行政指导之外，实际上官费也给予了大量的支援：

“不佞代匮斯邑，瞬逾三年，受事之初，正值朝廷锐意维新，谕令各直省广设学堂，以宏造就。时甫接收地面，百废待理，仅民立第一小学堂一处，迭经宫保督宪各大宪筹发巨款，严侍郎及绅衿富户筹劝捐资，与不佞清查庙产，提充学费。迄今官立、民立、私立男女各学堂共八九十处，又得各位学董惨淡经营，教员实心巡迪，不遗余力，乃克有此规模，是固令尹所倚赖，抑亦学界之幸福也。[34]”

学堂经费有官方支持，学堂的教师又几乎是作为官费的学生赴日留学，由此来看，民立第一小学堂虽然是响应朝廷“绅民”设立学堂的旨意而建，但其实亦不过是官署所立“绅民设立”的典范，绝非单纯之民立。所以我们对民立第一小学堂的理解，还不能单纯地把它的性质定位于“民立”。究其实，我们应该把它定为有官署直接支持，起着“民立典范”作用，即官督民办之性质来认识。

2. 民立第一小学堂的影响

民立第一小学堂的创立对于天津绅商兴学给予的影响是很大的。其内容至少可以考虑有以下两点：其一为上述所谓典范的作用，其二则为对学堂普及的指导作用。

首先，随着民立第一小学堂的发展，民立第二、三、四小学堂、民立半日小学堂的相继设立不能不说是民立第一小学堂影响的结果。民立第二小学堂由商绅卞宝廉、张炳两家创立，从前述天津道的官文可见，卞、张两家原设蒙学堂两所，受第一小学堂设立的影响，在其开学一个月后的光绪二十九年二月（1903 年 3 月），随即将蒙学堂合为一处，成立小学，称民立第二小学堂。《大公报》中亦记“本邑张、卞两富绅，见本邑小学堂纷纷建设，观感兴起，于育英新堂立民立第二小学堂，仿严范孙太史所立第一小学堂之例，不日即开学矣”[35]，确认了其设立时的情形。据报载，设立当初计划招生数为 35 名，而实际应募者竟达 200 余名，可见由民立第一小学堂所引起的社会效应有多大[36]。据后来“天津学堂调查表”记载，年经费、开设费用各为银千两，教室分 5 班，学生定员计 165 人，除总教习兼监督 1 名之外，教习共 6 人[37]。

除此之外，同年 5 月民立第一半日学堂设立。继之，经严修、林墨青等商绅、学绅之手，短期间内半日、蒙养学堂纷纷落成。所谓半日学堂，在日本被称为“二部教授”或“半日学校”，起源于德国的半日学校体制。在教育设施、教师等客观条件不完备的情况下，作为临时措施，可以使教学条件有效、充分地得到利用。明治二十四年（1891 年）日本文部省令中作了规定，明治三十三年（1900 年）随小学校令的改正，半日小学校的名称固定了下来。此制度究竟何时传入直隶天津目前还无法作出明确的判断，笔者推测有可能与光绪二十八年（1902 年）严修访日有关，而后由天津推广到全国。

天津的初等教育形式，除小学堂之外，根据招生对象，还有以下三种：首先是以为 8 岁至 14 岁未入小学堂读书，或因家境贫困不能就学儿童开办的蒙养学堂；其次，是对因商卖、家业需要，就业之后仍不能完全进行读写算的商家子弟开办的半日小学堂；再有就是二者兼顾的半日蒙养小学堂。但一般来说，此时期天津的学堂在体制上较为混乱，无法严格划分。如前所述，民立第一小学堂在一定时期内担负着今日中等教育的任务，同时，像蒙养学堂这样，也有招收本应上小学堂的适龄儿童的情况。而半日蒙养学堂则常常成为小学堂的补充。下面仅举民立第一、二、三半日蒙养学堂之例作简要介绍。

半日蒙养学堂以教授读书、识字、默字、心算等与日常生活直接发生关系的内容为主，招考学生采用成绩评价方式[38]。授课内容及教师担任情况见表 2。

表 2　民立第一、二、三半日蒙养学堂课程担当者及其科目

教师	民立第一半日蒙养学堂科目	民立第二半日蒙养学堂科目	民立第三半日蒙养学堂科目
宋夔典	字课・修身		
武芷香	字课・地理		
李莲坊	字课・习字・修身・尺牍	字课・天文	修身
陶筱仙	填字・地理		

续表

教师	民立第一半日蒙养学堂科目	民立第二半日蒙养学堂科目	民立第三半日蒙养学堂科目
陈筱庄*	地理·修身		
郑菊如*	地理·字课	修身	
刘榕生*	修身		
宫雨辰	史学		史学
俞益臣*	物理·笔算·地理		
臧佑宸	修身·地理		
陶恕明	字课	字课·少年世界史	
侯子贞	习仿		
郭素民	笔算	算学	笔算
华硕甫	物理·地理		
王寅阶	地理		
李芹香*	地理		
侯吟孙	修身·圣迹·填字	字课	修身
王 s 臣	九类字	九类字	
程玉孙	联字·填字·笔算	史学	
周少勋	字课		
韩硕甫	物理	格致	
赵秀章	地理		
金遂生	地理	算学	地理
刘绳武	史学		
陈在中	笔算		
刘子澄	地理·掌故	修身	
刘春珊	字课·修身		
闫润章	体操	体操	
郑钰卿	体操		
林墨青	合声字母·地理·字课	字课	地理
严范孙	国朝掌故		
郑澄波		算学	
李简臣		地理	
陈蔗浦*		图画	
张少山			史学
宋祝廷			笔算
从莲品			字课
马仲三			修身

本表根据《天津民立第一、二、三半日蒙学堂报告》,(《大公报》,1904 年 4 月 6 日)作成。
表中＊为日本归国留学生。

这些学堂,除严修(担任三学堂的总监督)外,林墨青(第一、第二学堂的监督兼日常责任)、郑菊如(第一、第二学堂的监督者)、朱云波(第二学堂的监督兼第一、第二学堂的日常责任)、卞庚言(第一、第二学堂监督)等绅商16名,或作监督人、或担负日常责任,直接管理学堂工作[39]。如表2所示,教师亦不限于某一学堂,其中数人身兼两所或三所学堂的教学工作。由日本归国的留学生也在此执教。

学堂的资金主要来源于民间的寄捐,据《大公报》的广告刊载,如民立第一半日蒙学堂寄捐者56名,第二半日蒙学堂寄捐者59名,第三半日蒙学堂寄捐者38名。寄捐款额普通自1元至40元不等,以此维持年间600元的经常费用[40]。寄捐者中除严修、林墨青、王竹林这样的大人物外,还有许多学堂的教员、相关人员,以及记有李老妇人、臧老妇人等关联人员的亲族。特别是街市上的店铺、小商贩亦捐助了一些资金[41]。除现金之外,寄捐的物品有教科书、地图以及砖瓦、火炉等设施用品。由此我们可以确认,在民立第一小学堂的引导下,民间自办学堂已经成为一种风气,逐渐深入社会。而且据《大公报》报道,这些学堂应招者多,很受欢迎[42]。民立第一小学堂的影响,除上述典范作用之外,另一个值得注意的是它对普及学堂的指导作用。民立第一小学堂是庚子事变后天津民间设立的第一所模范式学堂,对于其后所诞生的新式学堂来说,不仅是模仿的典范,在教育行政、内容等的切磋和信息交换方面,更是相关者探讨、集会的场所。民立第一小学堂内设置的普通学社正是起到了这样的作用。

“普通学社　邑绅严太史忧教育上无人才,故纠合同志设普通学社,以讨论普通学。于每礼拜六晚会于天津民立第一小学堂,现已试行四礼拜。前十六日晚又值会期,并增有演说一事。是日第一演说者为日本士官学校门田君,演说体育之大要,译者为严慈约君。次之为前水师学堂卒业生张君伯龄,演说算学之浅理。又次之为支那留学生高君逸,演说师范之要领。继之者为华君实甫,演说化学。是日至者八十余人,夜分十二点钟始散。可谓盛矣。”[43]

普通学社的活动极其活跃,定期召开讲演会。有些内容,如《普通学社第十二期史学讲义》(天津胡家祺1903年5月16日)、《普通学社第十三期舆地学讲义》(天津刘宝慈1903年5月20日),《大公报》还作了专题报道。听讲者除与教育有关系者之外,也包括普通市民,起到了实际上的社会教育的作用,其盛况亦可从以下报道中了解一些。

“演说纪盛　天津民立第一小学堂每逢礼拜六晚间开演各种学业,以拯在津老幼失教无学之人。前次听讲者计有一百六十余人,室小实不能容。兹于三十晚演说之期,遂令来者报名,认定愿习何门,将来考其勤惰,否则不必听讲,以示慎重之意。”

是晚到者人数仍近百名之多,由刘君宝慈演说地理,题为“黄河流域开化最早”;张君寿春演说算学浅理,又演说形学,点、线、面、体四项界说,入座听讲者各带纸笔录记,莫不心领神会,获益不浅云。[44]

民立第一小学堂向社会开放,注重民众知识启蒙,这些其后亦受到了上海方面的瞩目[45]。

此外,与民立第一小学堂的设立几乎在同一时期,官立小学堂也相继设立,如城隍庙官立小学堂(1903年9月9日,光绪二十九年八月)、河北大寺官立小学堂(光绪二十九年九月)、盐关厅官立小学堂(光绪二十九年十一月)、慈惠寺官立小学堂(光绪三十年四月)、直指庵官立小学堂(光绪三十年五月)等。但即便是城隍庙官立小学堂也较民立第一小学堂的设立迟近半年左右。这样,天津的民立第一小学堂,于光绪二十九年八月(1903年9月)前后,逐渐发挥其带动作用,得到了社会上的认同。随1904年《奏定学堂章程》的颁布,天津的兴学水准达到了一定的程度[46]。

然而,尽管如此,并不能简单地说,此时期天津整体的初等教育已经达到了很高的水准。毕竟学堂还是新生事物,属少数派,并没有扩展到作为全民性教育机关的程度,也并不具备完全破坏传统的教育基础——私塾之类组织的冲击力。从《大公报》的纸面上来看,变私塾为学堂改革议论的展开,也不过是进入1905年5月以后才逐渐出现[47]。另外,当我们把视野扩展到直隶省全境时,尽管就全国来讲确为先进地区,但真正靠民间寄捐设立民立学堂的水准仍然不高,这一点我们从《大公报》反复刊登提倡向学堂捐款的报道中也可以解读得出来。

四、天津民立初等学堂的推进者

依《钦定小学堂章程》规定而言:官立小学堂应该是“绅民学堂设立”的典范。例如奉天省州、县官立学堂的设立就反映了这种实态[48]。但如前所述,天津的情形有所不同,至少可以说在初等学堂方面,民立学堂走在了前面。为此,我们有必要对天津学堂的设立者、推进者作进一步的考察。限于篇幅,这里仅就其特征加以概括。

首先,我们看到为学堂设立提供契机的是严修这位热心于教育改革的人物,而保证学堂设立,也就是说为学堂提供设立资金的,当然是本地的商人。天津是盐的产地,盐商注重务实的教育,对设立近代学堂有积极性。像资助民立第一小学堂的王竹林(贤宾, 1856—1939 年)和李子赫(宝恒,1861—1920 年)即是一例。王从盐务致富,是有名的大商人,清末靠寄捐得道员,光绪二十九年(1903 年)任天津商务公所代表;李亦为盐商,任芦纲公所的纲总,对创立学堂和福利救济等公益事业热情极高,曾担负了民立第一小学堂的经常支出。王、李二人作为民族产业的资本家,为振兴工商业,对抗外国产业资本,较之走科举仕途的士子,他们更愿求得对实业有用的人才。

与这些为巩固学堂物质基础出资的商人相比,士绅们则对导入学堂教育体制,吸收西洋教育内容倾注了心血。上述林墨青(兆翰,1862—1933 年)、王寅皆(春瀛,1870—1904 年)就是这样的人物。林为天津籍,光绪十三年(1887 年)入县学得附生,一直未能考得举人,后随严修为设立学堂奔波。民立第一小学堂创立之后,又推进民立第二小学堂的创立,同时兼任蒙学堂理事,是天津学务推进的积极分子。光绪三十年(1904 年)任直隶学务处参议,并就任天津学务总董、劝学所总董。天津士绅高凌雯称:“自国家遘庚子之难,人咸谓欲救危亡,莫急于学,而天津旧有之学,大率教成材,备时需。欲为根本之图,则又莫急于小学。严公范孙主此议,林君墨青承其旨而力行之。兼营并举,天津兴学之名于以著。”[49]

另一人王寅皆,光绪二十三年(1897 年)礼部考试合格,入中书科。归乡天津后倾力设立学堂,光绪三十年(1904 年)随严修访日,筹划天津学堂建设。但遗憾的是,归国后即英年早逝,享年仅 35 岁。严修赞赏其称:“余交寅皆始于光绪戊戌至甲辰,而寅皆化去相处不过六七年,然踪迹至密,壬寅、癸卯间,几于无日不过从。凡吾津开发文化之举,殆无一不由寅皆发其端,亦无一不由寅皆要其成。高朗精锐,罕有伦匹。”[50]

民立学堂的设立及推进,除一部分士绅、商绅之外,州县知事的劝学和支持亦是不能忽视的。光绪二十八年(1902 年)至光绪三十年(1904 年),袁世凯就任直隶总督期间,张连芬、庞鸿书、毛庆蕃、周学熙等相继任天津道台,凌福彭、王仁宝、罗正均等就任天津知府,此外,光绪二十九年(1903 年)唐则禹就任知县,他们对于设立学堂均十分积极,没有他们的推动,学堂的设立也不会这么快。

当然,商绅和士绅并不是截然不可分的两个阶层,其实二者之间的界限十分难于划分,因为士绅的成功首先需要经济上的支持。严修在光绪二十四年(1898 年)至光绪三十一年(1905 年)就任学部侍郎之前,对天津的学堂设立和普及给予了极大的影响,但从其家庭背景上来说,他本身正是介于上述二者之间的人物。祖父、父辈均为盐商,父严仁波曾为长芦盐务总纲,并与盐商有着世代交谊,严修之所以能顺利踏人仕途,不能不说与其富裕的家境背景有关。其倡导科举改革,开展兴学活动,除了笃厚的学识和人望之外,上述广泛的人际关系和经济上的后盾亦是不可忽视的力量。

严修作为归乡的士绅,光绪二十八年(1902 年)后与袁世凯交往很密,并与天津的道台、知府、知县都有私人交往。他的兴学活动既是上奏经济特科以来主张的延续,又与新政的趣旨如出一辙,依靠着商绅、士绅的帮助,结果大大推动了地方施政的建设。民立第一小学堂设立以后,民立第二小学堂以及其他的民立学堂、民立半日小学堂、民立蒙学堂、民立教育补习所、教育研究所等纷纷设立,天津的近代教育,依靠商人、士绅及官僚,通过严修这样的人物推动,获得了长足的发展。

众所周知,甲午战争的失败,予晚清的士大夫以极大的刺激,戊戌维新运动有关教育改革的议论,对于地方社会也给予了极大的影响。同时,提倡设立经济特科,光绪二十七年(1901 年)刘坤一、张之洞发表《会奏变法自强第一疏》,均加速了士大夫价值观的转变,特别是对于中流知识分子社会的影响非常之大。就其背景来说,工商业方面与外国资本的摩擦在不断增加,庚子事变给天津社会带来的影响远远超出了甲午战争。其结果,由士大夫为主导的国家意识高涨,人们欲通过创立学堂,凝聚民众意识,进而增强国力。这些都是严修等人积极推动兴学活动的基本动因[51]。

最后,作为士绅阶层中的骨干,留日归国学生的作用自然是不可忽视的。在晚清中日教育关系史上,中日之间的交往主要分为三个层次:其一是官绅赴日本考察,其二为向日本派遣留学生,其三则为日本教习来华。就保定、天津来说,这三个方面的活动都很频繁,无论是官绅到日本考察,还是招聘像渡边龙圣等日本人担任教育顾问、教习，或是直隶省的留学生赴日本学习，与全国来比都较早而且数量较大。

中国向日本派遣留学生可以追溯到光绪二十二年(1896年)，而作为固定政策，选拔各省学生留学，则是在两年后的光绪二十四年(1898年)[52]。光绪二十五年(1899年)，直隶省天津头等学堂、水师学堂、二等学堂等首先派遣学生12人赴日华学堂学习日语。其后，袁世凯就任直隶总督，光绪二十八年(1902年)派55名首批官费学生赴日，主要进入近卫步兵、工兵、野战炮兵、骑兵学校及东京的振武、成城士官学校学习军事[53]。光绪二十九年(1903年)开始向宏文学院派遣学生，光绪三十年(1904年)后达到高峰[54]。

光绪二十九年(1903年)首批进入宏文学院速成师范班的直隶官费留学生有23名，一年之后学习期满，大部分随严修回国，年龄大致在20至35岁之间，其姓名及相关情况见下表。

表3　光绪二十九年(1903年)弘(宏)文学院速成师范班入学直隶学生一览

姓名	别名	年龄	原籍	经历	费别	进学状况
王振垚	古愚	29	定州	丁酉科举人	官费	光绪三十年(1904年)归国
王　倬	汉桥	35	高阳	丁酉科拔贡举人	官费	光绪三十年(1904年)归国
高步瀛	阆仙	31	霸州	甲午科举人	官费	光绪三十年(1904年)归国
吴鼎昌	蔼辰	30	清苑	丁酉科举人	官费	光绪三十年(1904年)归国
崔　谨	子馀	30	祁州	甲午科举人	官费	光绪三十年(1904年)归国
张良弼	佑卿	32	获鹿	癸巳科举人	官费	光绪三十年(1904年)归国
马鉴滢	晓珊	27	定州	庚子辛丑恩正并科举人	官费	光绪三十年(1904年)年归国
王璟禧	宋坡	31	定州	庚子辛丑恩正并科举人	官费	光绪三十年(1904年)年归国
赵宪曾	次垣	28	南宫	廪生	官费	宏大学院普通科
张云阁	文澜	26	滦州	附生	官费	宏大学院普通科
周焕文	子一	37	宁河	附贡生	官费	光绪三十年(1904年)归国
胡家祺	玉荪	35	天津	丁酉科举人	官费	光绪三十年(1904年)归国
刘宝慈	竺生	31	天津	甲午科举人	官费	光绪三十年(1904年)归国
陈恩荣	蔗圃	37	天津	癸巳科举人	官费	光绪三十年(1904年)归国
李金藻	芹香	31	天津	附生	官费	光绪三十年(1904年)归国
刘宝和	芸生	30	天津	附生	官费	光绪三十年(1904年)归国
徐　霨	毓生	35	天津	附生	官费	光绪三十年(1904年)归国
陈宝泉	小庄	30	天津	附生	官费	光绪三十年(1904年)归国
郑炳勋	菊如	35	天津	附生	官费	光绪三十年(1904年)归国
华泽元	芷舲	28	天津	附生	官费	光绪三十年(1904年)归国
俞明谦	益臣	24	天津	附生	官费	光绪三十年(1904年)归国
路沛霖	雨三	25	沧州	监生	自费	光绪三十年(1904年)归国
胡源汇	海门	25	永年	廪生	自费	进学预备

资料来源：本表主要根据日本外务省外交史料馆藏清国出使大使杨枢递交日外务大臣小村寿太郎的原名簿作成(日本外务省外交史料馆藏：《在本邦清国留学生关系杂纂·陆军学生、海军学生外之部》第一卷收入)，并参照了直隶省学务处《教育杂志》第一期(光绪三十一年六月再版)的《直隶留学日本诸人姓氏录》。此外，还参照了《大公报》时事要闻·直隶袁慰帅拟选派学生二十人赴日本留学(月发学银四十五两)(1903年9月16日)、《告白·直隶学校司王景禧奉派日本考察学制并带学生二十名送入宏文书院肄业》(同年10月10日)、《直隶学校司派日本游学生名单》(同年10月10日)、《中外近事·本埠·东渡留学》(同年10月19日)的报道。

原名簿还附有如下公文：

敬启者：本大臣接准敝国北洋大臣直隶总督袁咨开，现派编修王景禧前往日本考察学制，并带同学生共二十三人，同赴日本宏文书院学习速成师范，以九个月为毕业之期。其监督一差，札委使署参赞官马廷亮代办其学费等项，札委成城学校游学生监督赵礼泰兼管，并派翻译官杨庆V随同王编修前往等因。现在王编修暨该学生等均已行抵东京，相应将该学生等姓名、年岁、籍贯开送贵大臣，即希转移文部省大臣查照办理是所至祷。专此奉布，顺颂时祉。

大日本外务大臣男爵小村寿太郎阁下

杨枢谨具

第十八号

光绪二十九年九月十四日

这是驻日大使杨枢递交给日本外务大臣小村寿太郎的一份外交文书。这批留学生经袁世凯派遣，由王景禧带队，从光绪二十九年(1903年)9月至翌年7月终了共计九个月。此23名学生除3名(赵宪曾、张云阁、胡源汇)外，其余20名均与严修同船回国。据研究表明，宏文学院速成师范班的同期留学生共计有43人[55]，直隶生23名占总数的一半以上。从学生的原籍构成上看，天津学生最多10人，其余多来自直隶各地。科考履历方面，举人达11名约近半数，其他则为附生、廪生和监生。年龄在30岁以上的人最多，占半数以上。下面仅就其中部分人物作简单介绍[56]。

陈宝泉(1874—1937年)，清附生，光绪二十八年(1902年)入严修的蒙养学塾任教。光绪三十年(1904)年由宏文学院归国后，参与周学熙设立的天津教育博物馆的工作，其后再次被派往日本，购买教育设备。回国后随严修入学务处，参加编纂《直隶教育杂志》，著述有《格致教科书》、《国民必读》(共著)。光绪三十一年(1905年)又随严修入学部，曾任现北京师范大学前身北京高等师范学校的初任校长。在中国近代教育史领域中留有教育行政专著《中国近代学制变迁史》(北京文化学社印行，1927年6月)。

刘宝慈(1873—1941年)，20岁中县学生员，光绪二十年(1894年)乡试合格进举人。作过私塾教师，光绪二十七年(1901年)天津开始设立学堂后，受袁世凯之招进普通学堂任汉文教习。从日本归国后，任保定北关师范学堂教师。光绪三十一年(1905年)回天津，设立天津师范二等小学堂，自己任堂长。视学堂为己家，一生奉献于教育事业。

郑炳勋(1867—1954年)，天津县学附生，寄捐南开土地，以至严修家塾得以扩大，后发展为南开中学。曾任天津如意庵官立二等小学堂监督。

胡家祺(1870—?)，清朝举人，光绪三十年(1904年)任天津府中学堂监督，光绪三十一年(1905年)任初级师范学堂监督，后参加立宪活动，光绪三十三年(1907年)当选为天津议事会副会长。

李金藻(1871—1948年)，18岁入县学，光绪二十六年(1900年)后作蒙养学堂、民立第一小学堂及师范讲习所教员。由日本归国后，任直隶省的学务视学员和学务处总务科副课长。

留日学生归国后基本都成为直隶教育的骨干。如民立第一小学堂随着他们的归国很快得到充实。一度刘宝慈、陈宝泉就任名誉教员，徐霨边授课，边担任教务长工作[57]。另外，这一时期就任直隶省学务公所的27名议事员中，日本留学生达15名。陈恩荣(省视学拣选知县)、张良粥(省视学)、李金藻(总务课副长)、吴鼎昌(图书课课员双月选用知县)等7名都是宏文学院速成师范班的留学生[58]。

第一次派遣的速成师范生归国后，直隶学务处又通过汉语、英语、日语、算学、科学等科目的考试，选拔优秀者40名派到日本留学。其中半数进五年科学习专业，剩下的一半进速成班学习，学习期限同为一年。鉴于宏文学院学生过多的原因，又与明治大学附属经纬学堂缔结了合同。

五、结语

不知是洋务学堂的影响，还是庚子事变刺激的结果，或是天津盐商的传统和支持，再不然就是袁世凯治绩成果，总之，在各种背景的相互作用下，光绪二十九(1903年)以后，天津的近代初等学堂进入了实质性发展阶段，带动了直隶省的教育改革。当时走在先列的不是所谓的官立学堂(当然并不否认其在教育行政、教育课程等方面的指导作用),而是本文反复强调的民立学堂。

如前所述,“民立”这一概念与“官立”、“私立”的规定方法既有相接近的一面,但又有其不同,可以说它基本上属于“公”或“公众”的范畴。但在天津又有其特殊性,特别是带有极强的“官”(地方行政)指导的色彩,这是不能否认的。作为天津民立学堂代表的民立第一小学堂,正是具有这样一种“官督民营”的性质。天津的“民”或“绅民”、“绅商”,可以划分为三种类型,即为学堂提供财源的商绅、推进学堂建设和运营的士绅和给予制度上保证的官绅,三者之间往往没有明确的分界线。抛开他们的社会性方面不说,他们对于教育改革的积极性,在很大程度上与朝廷的改革方针一致,所以他们既是官的代言人,又是直接的协作者和运作者。他们的存在及其特性,框定了20世纪初天津初等学堂的基本性质,亦是所谓“官督民营”学堂产出的根本原因。

注:

① 邓登云编著的教育史教材《中国近代教育史》中(华东师范大学出版社1994版),以“清末十年学堂的发展”为标题,将其划分为1901—1905年、1906—1911年两个阶段即为一例。

② 如奉天省、江西省各地的学堂设立状况就说明了其影响。参照〔日〕阿部洋:《中国近代学校史研究——清末近代学校制度的成立过程》,福村出版1993年版。

③〔日〕渡边:《北洋政权研究的现状》,《中国近代史研究入门》,辛亥革命研究会汲古书院,1992年3月。

④ 近年来,随着地方史志编纂工作的开展,地方教育史的研究也在不断深入。日本方面,除上述阿部洋先生早期有关对奉天省、山西省、直隶省的研究外,近年来有藤谷浩悦的《清末民初的教育改革与湖南省》、高田幸男的《清末地域社会与近代教育的导入》、荫山雅博的《清末奉天省的教育近代化过程》等专题研究,虽然各自视点不同,但都从不同方面对地域绅商阶层的作用有所涉及。

⑤《严修的新学受容过程与日本(之一)·以壬寅东游为线索》,教育史学会:《亚洲教育史研究》1995年。

⑥ 朱鹏:《晚清教育宗旨奏折试析》,《清史研究》,1996年第3期。

⑦ 刘炎臣、汪桂年:《天津近代教育事业发展概略》,《天津文史史料选辑》第27辑,天津人民出版社1984年版。

⑧《大公报》,1905年2月10日、11日;《教育杂志》第3期,直隶学务处编辑、刊行,1905年3月。

⑨ 周予同:《中国现代教育史》,良友图书印刷公司1934年版,第98—101页。

⑩ 参见天津图书馆、天津社会科学院历史研究所编:《袁世凯奏议》中,天津古籍出版社1987年版,第582页。

⑪ 此时期,除直隶省之外,作为地方的教育政策,像1902年11月30日湖北张之洞上奏的《筹定规模次第兴办折》也为人们所熟悉。参见董宝良、熊贤君主编:《从湖北看中国教青近代化》;田正平主编:《中国教育近代化研究丛书》,广东教育出版社1996年版,第181—186页。

⑫ 参见钱曼倩、金林样主编:《中国近代学制比较研究》;田正平主编:《中国教育近代化研究丛书》广东教育出版社1996年版,第65—77页。

⑬《天津道详天津县职员卞宝廉等捐立第二小学堂禀由附批》,《大公报》,1903年5月10日。

⑭ 严修:《玉峰贤弟足下》(癸卯4月2日),《壬寅、癸卯、甲辰信草》,稿本,天津图书馆藏。

⑮(附件二)第一章第二节,《袁世凯奏议》中,第593页。

⑯(附件二)第一章第六节,《袁世凯奏议》中,第594页。

⑰(附件二)第一章第七节,《袁世凯奏议》中,第594页。

⑱(附件二)第二章第二节,《袁世凯奏议》中,第595—596页。

⑲《袁世凯奏议》中,第594页。

⑳《袁世凯奏议》中,第597页。

㉑《黄炎培考察教育日记》,商务印书馆1915年4版,第130—132页。

㉒ 王守恂:《天津政俗沿革记》卷10,刻本,1938年。

㉓ 在此之前,有一些外国的教会学校,如天津私立仰山小学堂(1866年美国公理会)、天津成美馆(1890年美国美以美会)、天津安立甘教会学校(19世纪90年代初期,英国安立甘教会),此外还有日本的天津日出学堂(1901年)。参见张绍祖编著:《津门校史百汇》,天津人民出版社1994年版。

㉔《大公报》,1903年2月19日。

㉕ 严修自订,高凌雯增补,严仁曾增编:《严修年谱》,齐鲁书社1990年版,第7页。

㉖ 参见郭蕴静主编:《天津古代城市发展史》,天津古籍出版社1989年版,第273页、303—306、379—391页。

㉗《大公报》,1903年7月26日。

㉘《大公报》,1903年7月26日,《纪民立第一小学堂》所附受奖者名簿。

㉙ 天津图书馆藏严修笔记资料,《严范孙先生手札》收录。

㉚ 严修自订《严修年谱》,第147—148页。

㉛〔日〕荫山雅博:《宏文学院清末中国人留学生的教育弘道馆所藏宏文学院关系文书中心》,学习院大学史学会S沫集发行世话人《S沫集》,1998年7月。同著《宏文学院中国人留学生教育——清末期留日教育一端》,教育史学会纪要《日本教育史学》第23集,1980年10月。

㉜《大公报》,1905年1月29日。

㉝《京外学务报告》127—128,《学部官报》第19期,光绪三十三年三月二十一日,"国立"故宫博物院印行《学部官报》第1册,1980年版,第400页。

㉞《三月初一日天津各学堂董事职员学生饯别唐县尊县尊演说词》,《大公报》,1906年4月2日。

㉟《大公报》,1903年3月17日。

㊱《大公报》,1903年3月1日报道,"设办学堂城内张、卞二绅士在城隍庙前设立小学堂,招考学生,日前投考者二百余名,取录三十五名,于本月十一日开馆入学云"。

㊲ 参见《天津道详天津县职员卞宝廉等捐立第二小学堂禀由·附批》,《大公报》,1903年5月10日。

㊳ 天津半日蒙养学堂章程内容如下:"纪蒙养学堂章程前纪设立蒙养学堂五处,招考学生一则,今将该学堂拟订章程照录如下:——报名处在城隍庙前路西巷内蒙学师范讲习所,即第二半日蒙学堂。——报名期限自出示之日为始,限十五天报齐,逾限不收。——学生报名应写明年貌、籍贯、住址三代及现读何书,曾否听讲,其未经注明及尚未开蒙者不收。——学生年纪限自八岁起至十四岁止,太长、太稚者一概不收。——学生报名须觅有妥实引保各一人,务须保人亲身作保,不得自行捏写,其保人姓名、住址亦一并注明。——本学堂恪遵奏定章程(钦定学堂章程——笔者),先从汉文入手,暂不教授洋文。——考选学生俱按照民立各学堂之法分为四门,曰读书、曰识字、曰默字、曰心算,如有能讲历史、地理者,临时自行声明。——应考之日学生之父兄及引保务须随同来堂,以备考试。——查照定章,官立学堂与民立学堂一肄予以出身并无轩轾。此次报考学生凡已入民立蒙小各学堂肄业者,除由该堂教习、监督保送外,其余概不许投考,以免纷□。倘有冒考之人,查出斥退。——学堂本为培植人材,不分畛域,但能考验合格,即外县之人,亦一概收录。"(《大公报》,1903年9月7日)

㊴㊵《天津民立第一、二、三半日蒙学堂报告》,《大公报》,1904年4月6日。

㊶ 个体商贩对民立第二半日蒙学堂的寄捐,反映了部分市井商人的关心。其中如:辛集协成店2元,辛集协兴公2元,公记5位2元,通亨栈2元,和泰号3元,德发号2元,蔚盛长2元,庆长顺3元,道口六合顺3元,四合顺1元,敦庆隆10元,顺样记1元,恒庆和2元,文元货栈4元,保阳东协力4元,正定福盛泉2元,京都义信厚2元,保阳天庆福3元,中裕厚10元,英萃堂4元。

㊷ 下述报道揭示了当时招生的情况,"考选有期开办蒙养学堂,出示招考学生各则,均纪前报。闻现在招得学生一百七八十名,定于本月二十九日在城隍庙官立小学堂内考选。在百号之内学生是日早七点钟齐集,百号以外之学生是日下午一点齐集,听候挨名点试。昨由该堂周知。该生等之引保人等各行转致学生,以便届期莫误云。"(《大公报》1903年9月17日)

“考毕候榜　蒙养学堂于七月二十九日(旧历——笔者)考取学生一则,已纪前报。闻是日该赴学生计一百九十余名,颇为齐整。监督某君等当场问以读经、识字、默字、心算等,考毕谕令该生等候,候本月初五日观取录榜,示名次挨次入堂云。”(《大公报》,1903年9月22日)

㊸《大公报》,3月17日。

㊹《大公报》,3月31日。

㊺ 江苏教育总会黄炎培1914年北上,视察山东、直隶两省。访问天津时,参观了露天学校,对天津的民众通俗教育发展情况作了记述。《黄炎培考察教育日记》,商务印书馆1915年版,第130—132页。天津另有启蒙刊物《社会教育星期报》、《广智星期报》等,影响亦很大。

㊻“风气大开　天津各民立小学堂自开办以来颇见进步,闻城西杨柳青镇绅士石君元士亦拟仿照天津民立小学堂章程,在该镇创办小学堂,以便造就人才云。”《大公报》,1903年9月16日。

㊼《联合家塾小启》,《大公报》,1903年5月24日。

㊽ 参见〔日〕阿部洋:《中国近代学校史研究——清末近代学校制度的成立过程》第一章。

㊾ 高凌雯撰,华士奎书:《林君兴学碑记》,1934年经张世骏镌刻。此碑现存天津历史博物馆。

㊿ 赵元礼:《王寅皆中翰尺牍》(1921年)严修序,天津图书馆藏。

51《天津政俗沿革记》卷10《文化》。

52 参见桑兵:《清末新知识界的社团与活动》,三联书店1995年版,第136—148页。该著者将最初的13名留学生作为东京公使馆的延续,而认为真正留日学生的开始应该定在1897年末或1898年。

53 袁世凯:《遵旨遣派武备学堂出洋游学片》,《袁世凯奏议》上,天津古籍出版社1987年3月版,第487页。

54 据《警钟日报》载,1904年3月直隶省留学生的分布状况为早稻田大学2名、东京法学院大学1名、第一高等学校4名、高等工业学校1名、大阪高等工业学校1名、士官学校13名、高等师范学校1名、大阪高等医学校1名、熊本医学校1名、弘文(宏文)学院24名、清华学校7名、女子实践学校1名、麴町小学校1名。《大公报》,1904年6月15日、19日转载。

55〔日〕荫山雅博:《宏文学院における中国人留学生教育——清末期留日教育一端》(教育史学会纪要《日本の教育史学》第23集,1980年10月),第61页。

56《京外学务报告》(739—743),《学部官报》第53期,光绪三十三年三月二十一日,“国立”故宫博物院印行《学务官报》第2册,1980年5月,第415—417页。张大民主编的《天津近代教育史》(天津人民出版社,1993年10月)第167—170页中亦作过介绍。

57 参见天津图书馆藏严修笔记资料:《严范孙先生日记》甲辰日记旧历七月部分。

58 参见《京外学务报告》(739—743),《学部官报》第53期。

(《城市史研究》2000年第19、20辑)

近代天津商会与国内其他商会网络机制的建构

宋美云 宋立曼

人类群体生活的需要，决定人们在实践中必然要进行交往。互动就是人们在交往实践的过程中发生相互联系、相互作用和相互影响的实现方式。交往是人类的一种机能，又是人的存在方式。交往普遍存在于个人与个人、个人与群体、群体与群体之间。正是各层次主体、各种形式和领域的交往才建构了人们社会互动的网络，组织为一个社会整体。诞生于20世纪初的天津商会，伴随着商会组织的团聚力和活动力的不断加强，与国内其他商会的交往日趋频繁，初步呈现出一个经济活动相互交错的网络状态。因而，本文拟对近代天津商会与国内其他商会互动联系的构建、构建的基础以及影响等进行初步探讨。

天津商会与国内其他商会互动联系的建构

天津商会与国内其他商会广泛互动联系的建构，概括地分为两类：一类为一般性的，一类为专项性的。一般性的互动联系主要指商会间对有关组织改选变动、商务商情、科技信息等情况的相互通报。专项性的互动联系主要指涉及与市场经济贸易活动、商人权益、民族利益有关的一切需要其他商会协助或是共同联合完成的活动。

第一，通报组织状况。清末，各地商务总会纷纷成立，并及时相互进行通报。当时的天津商务总会收到了全国各地34个商会有关各自商会成立情况的电函。北洋时期，各地商会间的来往愈加频繁。1917年，各地商会组织进行改选和整顿，有47个商会向天津商会通报改选情况。

第二，互通商情信息。民国初年，天津商会与其他城市的商会通报商情信息的行为是商会间最常见的，也是一种最频繁的联系方式。如武昌商会请天津商会介绍筹备参加巴拿马赛会经验时说："贵处开放最早，乃商货荟萃之区，精华所在，品物繁多，遴选特色预备出赛，当然易如反掌。……务乞指示周行，以便趋步后尘。"[①]天津商会会长立即将自己筹备参加巴拿马赛会的准备情况和参会人员名单提供给对方。典当业在当时起着为社会提供资金的作用，因而典当业的正常营业对维持市场的稳定起着相当重要的作用。天津的典当业多是实力雄厚的长芦盐商所设，在全国首屈一指，而各地典当业每遇到问题，一定会请天津商会帮忙。辛亥革命以后，河南原有的典当业多半倒闭，河南省总商会致函天津商会："请告之当地典当业业规。"1921年，山东省典当业公所报告总商会，各县典当业日渐凋敝，呈报停业闭歇的已达三十多家。山东邻省直豫皖典商也很多，济南总商会认为，在这商战激烈之时仍故步自封，不向别人取经，"其势必至自困"[②]。于是，山东省总商会恳请天津商会帮助调查，并通报临近各省典当业的状况以及近几年的改进措施。商情信息的传播强化了天津商会与各地商会组织间的信息联系。

第三，联合抵制关税。商会之间互动联系的结果，就是借助于群体的力量，形成一个集合点，抵制政府的一些不合理政策，并向政府施加压力，使商人的主张得到政府更多一些的考虑，以维护商人权益。1922年初，天津商会为争取关税自定等问题的解决，迫切希望得到各商会的支持："本埠各商鉴于外交紧迫，曾以自觉之决心，自行改定关税，务希贵处同一主张，以免国难而正公理。"全国商联会和各地商会纷纷予以赞同，并立即在京召开商联会大会，讨论全国关税问题，形成一致意见[③]。北洋政府在商人们的一片请求与抗议声中不得不作出让步，并对其关税政策进行了部分的调整和修正。

第四，缓解金融危机。民国初年，国内社会的不稳定以及政治、经济体制的不合理，导致金融市场十分混乱,铜圆严重贬值,扰乱了市场与人民生活的正常秩序。整顿市场成为各地商会面临的紧迫任务。上海商会来电:“此事关系全国商民公共利害,救人即以自救,应请贵会一致主张,督促政府讯电照办”④,天津商会会长卞月庭回信说:“敝会业经屡次开会筹议平价,遏止恶币办法,并呈省长施行禁止入境命令在案。刻正从事分头调查,一俟得有结果,必当严重与当局交涉,期维市面而利民生。”据《天津商会档案汇编》统计,仅在一年的时间里,天津商会与国内各地商会为此事来往的函电竟达29件。商会间的相互沟通,为各地商人取得共识,采取有效的一致行动与相应的对策,毋庸置疑起了积极作用。

第五,运筹粮食调配。“民以食为天”。粮食问题是关系国计民生的大问题,商会始终十分重视粮食的运销,因此,每年办理平粜时,粮食的品种、质量、采购地、价格以及运价信息资讯总是不停地穿梭于各地商会之间。尤其是灾荒年,更需要各地商会间的密切相互配合与支持。1920年,天津遭旱灾,天津商会为了解决民食缺乏,多次请奉天总商会迅速调拨米麦运往天津。同时,天津总商会会长又派代表扬晓林、夏彦藻与安徽总商会落实南粮北运的协议。1924年的天津河水势盛,天津商会函请上海商会立即调集小麦进津,得到上海总商会、江苏总商会的竭力支持。同样,国内其他省遇到灾情,津商会领导层也会尽力襄助。1921年9月,上海、江苏省的四十余县被大水围困,上海面粉厂在天津采购的小麦被津海关扣住。当时,天津也面临严重的讯情,津商会会长不顾一部分粮商“拒绝小麦出境”的主张,立即征得省长、津海关监督各方面的同意,组织小麦源源运入沪地,以解燃眉之急。

第六,商人民族意识。商人民族意识和商人群体意识是当时特定历史条件下的反映与要求,它是使多个群体行动起来的动机,形成无数相互交错的力量。商人的民族意识同近代知识分子一样体现为一种强烈的御侮救亡意识,所不同的是,商人更为注意的是外国的经济侵略,以及由这种侵略造成的民族利权外溢、己利被夺的危迫情势。这种民族意识直接催生了商人的合群意识,表现出固结团体的愿望。如天津绅商指出:“商战竞争之世界,优者胜而劣者败,此定理也。吾国商界不能不立于不败之地,以无公共之思想,故其势常孤,势孤则胆怯矣,虽占常胜之地,欲其不败也可得乎?故有公共之思想者能尽公共之义务”。⑤如甲午、庚子两次赔款以来,国家财政支拙,负担繁重,天津商会会长王竹林等人共同议决,首先在全国发起“筹还国债运动”。据统计,全国支持天津商会的函电达42件⑥。正如长春市商会会长说的:“一自贵会首倡筹还国债,闻风兴起者,踵接于宇内,本郡僻处东隅,适当要隘,切肤之灾,益不敢忽。爰集合同人,组织分会,以为贵会之应”⑦。又如1905年5月10日,上海商务总会首倡全国抵制美货,天津商会接到上海“拟相戒不用美货,暗相抵制”的来电后,当即由商会总理王贤宾亲笔复函上海商会,表示“经迭与各行董事妥议,是以复电及墨信,有皆愿遵照沪商条款切实抵制之策”⑧。6月28日,商会不顾直隶总督袁世凯的阻挠破坏,举行集会,商议抵制办法,号召商人“切实举行不购美货”,并议订法规,如有违者认罚银五万元⑨。抵制美货的运动迅速从各通商口岸扩展到许多中小城市以及市镇,形成全国性的规模。十几个省的大中小城镇和乡村各种集会多达三百多次。后因美国政府与清政府软硬兼施的威逼,抵制美货运动暂告沉寂。

第七,维护商人权利。社会实践的发展水平决定着个人和群体思维能力、思维水平的提高。北洋时期,随着经济实力和社会势力的逐渐加强,天津商会成为北方一支不可忽视的政治力量。绅商们开始具有参与政治决策的责任感。1912年8月,袁世凯政府颁布《参议院议员选举法》和《众议院议员选举法》把工商界排除在选举范围之外。选举法颁布后,天津工商业者立即提出异议,如天津商会在致上海总商会函电中提到:“商界无选举权,南北各商会应合力并争,以保商权,请贵会联合南洋各省商会筹议办法”⑩。“众议院选举必须全体国民联合组织——祈贵会联合各省商会致电政府”。各省商会对天津商人的倡议立即作出响应,河南商务总会回电:“一切均请贵会竭力主持,敝会唯有执鞭从后,一致进行”。山东、奉天、山西、陕西、长春、广东、哈尔滨等数十个商会纷纷表态支持。天津商人与各地商人的互动行为形成一种“叠力”,对政府的决策颇具影响,使商人从既无选举权和被选举权又无议席,转变为拥有选举权、被选举权和占有比例不低议席的权利。

第八,力争商会生存权。1929年3月初,国民党三全大会取消商会的提案一出台,全国舆论一片哗然。数万同业公会、数十万商会会员,为维护自己的合法生存权掀起了声势浩大的斗争高潮。天津商会历陈商人筹款支持北伐的业绩,指出国民党政府取消商会组织为背信弃义之举。3月25日,天津商会向周边各商会发文通报该情况,不久,就收到了河南以及河北各县等商会抗议国民党取消商会的33件函电[11]。在全体商人态度坚决、谐调一致的巨大声势面前,国民党政府关于取消商会的议案终未通过。

天津商会与国内其他商会的互动联系是通过多种途径建立的。根据《天津商会档案汇编》记载,近代天津商会与国内其他商会通过以下四种机制建立的联系:第一种是直接通过大量的书信、电报、电话等方法及时地传递信息、互通情报,成为当时商会组织间或是商会领导人之间最主要最常见的联络形式。第二种是商会经常采用举办会议、座谈会、讲演会等形式,相互进行直接交流与沟通。第三种是商会通过互访的形式进行直接交谈,陈述各自的观点,取得对方的认同与支持。第四种是商会利用报刊等新闻媒介,介绍商业、贸易等情况,促进企业和商人之间的贸易资讯交流。清末,天津商会创办《天津报》,后更名天津《商报》,"购阅者为数甚多",不仅深受国内各地商人的欢迎,而且也得到国外商界的关注。

总之,近代天津总商会采用通讯、会谈、互访以及出版报刊四种机制与国内其他商会建立了多层面的网络联系。无论是商会还是商人之间的互动只有通过这种稳定的、系统的机制,才能给双方带来有效的联系。

天津商会与国内商会互动联系的基础

20世纪初至30年代中期,是近代中国商会发展最活跃的时期,同时也是天津商会与其他商会来往最频繁的时期。天津商会在与国内其他商会的有效联络中,不仅由于经济利益和社会利益的一致,而且还因各方面因素的影响和制约,甚至因商人间的冲突也会造成商会间互动频率的加快,因此,国内商会相互联系基础的建立主要体现在以下几方面:

第一,利益的驱动。双方共同的经济和政治利益促成了天津商会与国内其他商会的广泛联系。近代天津商会作为中国经济社会的中介组织,同时也是一个利益集团,它力图保护其成员的经济利益,维护商人的基本权力,保证他们参与政治决策的权利,实现自己的经济和政治的目的。需要明确的是,利益集团的起源和行动的深层原因在于每一个人的逐利天性和他对于手段的理性选择。马克思说过,"人们奋斗所争取的一切,都同他们的利益息息相关"。在个人追求自身利益时,客观上需要结成各种社会关系,与他人通力合作,一起通过集体行动的努力使利益分配向有利于自己的方向转变,追逐其经济利益的回报。一群集体行动的组织与一群各自为政的独立组织相比,能够达到更多更高的目的。因此,天津商会与国内商会之间互动组织网络的构建可能有多种原因和基础,但共同的物质生产活动与追求共同的经济利益与政治权利,无疑是一种最常见和有效的整合纽带。

第二,环境的压力。应付外界环境是促进商会之间相联系的一个很重要的因素。当外界环境出现危机时,一个商会很难达到其政治和经济目的或目标时,这就给商会寻求相互间的合作创造了机会。这不仅是增加它们自身影响力的一种方式,也是一个商会通过与国内其他商会相联系,力争生存的一种途径。如前面所提到的在面临缓解铜圆危机、联合抵制关税、抵制美货运动、力争商会生存权等问题时,天津商会与国内其他商会形成了一种联盟现象。又如,20世纪30年代日本帝国主义不断侵扰中国,激起了中国商人爱国之心,天津市商会主席张仲元说:"各地工商极感不振,值此民生憔悴,列强侵略日急,倘不迅速谋挽救,力求进展,则前途危象更将不堪设想。[12]"为了与洋商抗争,求得生存,他们把聚焦点放在与各地商会的联络上。正如天津商人所说:"我国大资本家必皆乐为联合,更可大事扩张其势力,且将可以左右全国之金融,抵制外人经济势力之入侵,于国家于前途盖甚有关系也。"[13]与外国商人竞争的压力成为国内商会联盟的动力。

第三,政策的推行。政府新政策的推行为商会间的互动联系提供了广阔的空间。辛亥革命以后,南京临时政府和北京政府继续推行有利于私人资本主义工商业发展的政策,中央政府控制权的进一步削弱,成为20世纪初绅商团体蓬勃发展和相互联络的重要社会条件。迅速发展起来的近代民族工商业从地域上讲,逐渐遍及更为广阔的中国,增强了其从沿海、南方向内地、北方扩展的趋势。民国初年,北洋政府所颁布的各种经济政策和法令条例,促使天津的地方政权也采取了一系列保护地方工商业发展的措施,使得天津的工商业呈现出一种蓬勃发展的势头。随着城市近代企业家的崛起和壮大,天津总商会在社会上崭露头角,活动频繁,不断与外界建立了广泛联系,与国内其他商会建立了战略联盟,充分显示出天津商界领袖在经济领域内的影响力。

第四,共筹竞进意识。近代商人强烈的发展意识表现在想方设法地寻求商业贸易合作伙伴,进而达到发展自己的目的。团体和个人社会联系的必然性决定了人们相互交流的必然性。人们相互交流的目的就是为了能够借助他人的思维成果,扩展自己的思维领域,能够相互从认识中取长补短,或从他人的认识中得到启发。天津商会提倡的"衡量优劣,比较精粗,互受观摩,共筹竞进之谋"正是这一意识的体现。北洋时期,天津商会通过举办各种商业展览会来促进商业和贸易渠道的畅通,增强与外商竞争的实力,正如一位商人呼吁"今则一息尚存,苟能群策群力,收回我已失之权利,发挥我无尽之蕴藏,与彼角逐于经济竞争之世界,争存于惨淡猛烈之剧场"[14]。天津商会参与1915年8月举办的"国货产品陈列会",1916年10月的"国货展览会",1919年的"手工业品展览会",1922年的"直隶第一次工业观摩会"等。此外,商会还积极推荐各企业参加全国、上海等地举办的商品展销会,及在美国、法国、越南、南洋等各国举办的世界博览会。1925年在上海的大型"全国国货展览会"上,天津获奖厂家达135家之多。20世纪20年代,军阀混战频繁交错,政局不宁。商会主席张仲元指出:"顾挽救之道经纬万端,然目前急务尤以开拓海外贸易为唯一要图。[15]"1916年,经过天津商会的介绍,会员企业在南洋设立中外代理处的竟达18个[16]。因此,力谋工商企业向海外发展,为他们寻求贸易合作伙伴成为当时天津商会的重要使命。

第五,调解商业纠纷。市场经济的本质是竞争,竞争必然会导致优胜劣汰。能否保证每一个市场主体都能在平等的条件下竞争,成为经济环境是否公平的主要标志。而要保持社会经济条件的公平,就必须依靠市场中介组织——商会发挥沟通、协调、公证和监督作用,才能建立市场竞争中的公平与和谐的秩序。在奉天县客居的津埠木商采买各种木料,历年称赞妥便。1918年,安东各料栈擅改旧章,欺蒙外客。津商会就津木商难于接受此种作法,与安东商会函商,要求对方加以改正。最后经过两方商会会长的努力,津安主客双方重签协议[17],终于平息了两地商人之间的纠纷。从1918年夏开始,上海绸缎商家纷纷"互相减价贱售,倾扎无已","为此无意识之竞争,固不料相持数月,竟至牵动全局,险象丛生"[18]。因停机使得数十万机工时有"衣绝无食","服毒自尽"可能。后经上海商会与绸缎同业公会出面协调,才出现转机。丝绸在北方的销售,尤属天津为多。但是津埠为北方商业枢纽,能否及时采取措施,刹住价格下跌,尤为重要。上海商会请求天津商会一定要出面调解,担心"兹已乘此潮流,相率效尤,深恐蔓延日益,大局益难收拾。是津阜一隅之害犹小,而延及北五省之为祸甚大"。天津商会毫不犹豫地予以配合并采取措施,通知各绸商共同讨论,在天津商会内,设立绸缎业同业公会,以便进行行业管理,"以维大局而安绸业"[19],防止了天津市面的混乱。《天津商会档案汇编》的记载显示了他们多次为商业的信用和市场秩序的稳定提供了监督与管理职能。北洋时期,天津商会与各地商会相互联络,共同采取有关措施,坚决制止不法失信行为,较好地起到维护市场竞争秩序和改善市场环境的作用。

概言之,天津商会与国内其他商会广泛联系的基础,决定了天津商会在网络构建中的重要角色,它不仅是社会与政府联系的中介者,而且也是天津商人与各地商人的协调者、监督者,更是强化天津商会与各地商会建立社会与商业网络的推进者。

天津商会与国内商会互动联系的影响

近代天津商会与国内商会网络互动的联系遍及大江南北,现在让我们来具体考察天津商会与国内各商会互动联系的层面及其作用。

首先是天津商会与北方区域内商会的合作伙伴关系的建立。由于相邻的地域环境,天津商会展开了与周边商会之间互动频率比较高的交往。在这种互动模式的交往中,天津商会实质上已经成为华北地区商会间的一个中心联络机构,例如清末至北洋时期,北京、沈阳、呼和浩特、包头、石家庄、保定、济南、太原、唐山、张家口、秦皇岛等北方地区的商会,因靠近天津城市与天津商会有着频繁来往,关系稳定,彼此依赖性、合作性较强,进而构建了一个联系最广泛的商会网络。他们之间的联系主要表现为经常互通商会和商人面对的一系列经济与政治问题,如介绍商机和商业合作伙伴,共同处理金融、关税以及粮食等问题,提供信贷担保,为商业争端提供仲裁服务,为维护商人权利采取联合行动等。清末至北洋时期,尤其是位于天津城市周边的归属直隶省商会所辖的各县镇,如唐山、秦皇岛、赤峰、昌平、房山、石家庄等数百个商会,因为当时直隶事务所的领导职务由天津商会会长卞荫昌兼任，因此，他们与天津商会不仅日常信息交流非常频繁，而且对待每一事件的态度与天津商会总是有呼必应，紧随其后，遇事须征得天津商会的同意或审核。在这一层意义上讲，天津商会不仅在推动区域化的进程中扮演了关键的中间角色，而且是北方地区商会和商人互动网络的组织者。

其次是突破地域环境的限制，与国内其他商会保持相互交往。这里的交往互动又分为两类：一类是在维护商人经济利益或是在争取商人政治权利的活动中，以一个商会为主，请其他商会予以协助共同达到一个目标，商会之间互相作用，达成共识，彼此形成默契与配合。另一类是以一个商会或是几个商会主要围绕某一事件或某一方面的需要，平等互利地共同参与其中，商会彼此间交错互动，为实现共同的目标形成了大规模的联合。他们构成一种松散的互动模式，根据不同阶段的目的，具有经常性、临时性和同步性的合作特点。天津商会与国内的上海、江苏、汉口、南昌、宜昌、广州、汕头、哈尔滨、吉林、昆明、福州等商会均保持了密切的联系，他们之间除了经常进行一般性的相互传递信息以外，主要集中在对某个专项问题上发生相互作用，如天津商会与各地城镇商会在"调配市场紧缺资源"、"平息金融危机"、"反抗不合理的税收"、"防止粮食风潮"等与商人经济利益息息相关的诸多方面，力求影响政府的决策符合自己的利益，为追求共同目标的最大实现，采取一致的行为。同时，他们在政治方面也表现出了商人的"一致性"。他们懂得利用商人之间的"合力"，迫使政府对自己让步。如1912年的反对袁世凯排斥商人选举权，1915年全国强烈反对的"二十一条"，1919年的五四学生运动，包含着天津商人与全国商人共同作出的努力。除此之外，天津商人充分利用商会整体的力量参与了1916年的劝阻"护国战争"，1918年的调解南北议和，1925年的五卅运动等，均在全国颇具影响。近代商人的合作行为正是商人们共同思想观念社会化的集中体现。

再次是联系于北京的中华全国商会联合会。天津商会是全国商会联合会整体网络中的一个成员。天津商会不仅局限在负责收集和传达商业信息范围内，在全国商会联合会的动员和引导下，他主动参与了"币制改革"事件，组织了"筹还国债公会"、"商界国会请愿活动"、"修改商会法""加入国际商会"等活动，进而更有助于密切天津商会与国内各地商会的互动联系。

总体上讲，商会间往来穿梭日益密集是近代市场经济体制的内在要求和经济发展的需要，因而，天津商会与国内其他商会互动网络的构建对推动华北市场经济的增长，促进区域经济文化的交流，利于商人认同意识的加强等方面的意义也就显得非同小可。

推动区域市场经济的增长。近代以来，天津一直在发挥着北方地区经济中心的作用，即华北、东北，以及西北地域的农副土特产品经过天津输入世界市场；天津市场再把国外输入的和本城市生产的机械产品输送到华北各个区域，形成了一批以天津为特流指向的初级市场和次级市场的北方区域市场经济体系。进入20世纪后，伴随天津商会与各地商会相互往来，不仅聚集了天津经济中心功能的优势，而且产生了切实的经济成果，强化了天津市场经济网络的功能。1921年，北洋政府财政部在京绥路线内创立货捐，严重影响华北、西北市场，使"各行商业完全停滞，商人损失生命财产不可计数"[20]。"嗣经绥远等十余处商会在京集议，合力反抗，复经请愿各部院也在案。今已多日，尚未生效，迭请天津速派代表相与协抗"[21]。为此，天津商会的转运业公会公举首董祁筱田立即赴京，协助归绥总商会和西北商会的代表力促财政部尽快取消货捐税。由于商会人的共同的坚持和不懈的努力，政府终于同意实行缓征货捐税，挽救了西北铁路沿线各县镇商业贸易的发展，确保了天津与归绥、西北等地区商品贸易渠道的畅通。这次天津商会与其他商会的统一行动，不仅充分显示了商会领袖们的交涉能力和卓越才能，而且有利于华北、西北区域市场经济的繁荣。

促进区域文化的交汇。天津是华北区域的优势经济区，不仅能够聚集和辐射各种经济能量，而且是华北区域内带动其他城镇经济增长的龙头和引擎。一定的文化是在人们一定的经济活动基础上产生的，因此，经济与文化，二者互相渗透，互补互应，如影随形。北洋时期，天津商会与其他商会的互动网络机制的构建不仅加强了区域经济的交往，而且也导致了区域文化的交汇。天津商会为了唤起商人办实业的兴趣，向直隶各县、山西、上海、北京、无锡、山东等地商会征集名优土特产品和手工业产品，举办各种商品陈列会、工业观摩会等，使各种具有典型意义的地域特色经济与文化在天津交相辉映，不仅繁荣了天津经济，而且丰富了天津文化的内容，使其更具有包容性。同时，天津商会还积极鼓励工商企业将产品带到北京、上海等城市，将天津的经济发展与文化特质和势能予以展现。

利于加强商人的共识。商会的互动是为了达到认同,认同是商会互动的结果,认同是在商会互动网络机制的过程中完成的。根据商会档案资料的记载,天津商会与其他商会间的共识归纳起来主要表现在以下两个方面:(1)商会成员对法规的普遍认可与遵守。1912年后,商会积极参与有关经济法规、章程以及条例制定的活动益发活跃。天津商会代表与各地商会代表一道提请政府从速制定的法规有:商律、矿律、商会法、公司法、交易所法、商埠章程、注册章程等。在全国商联会的组织下,商会代表又参与了《商会法》的修改,使其参加经济立法的活动效果更加显著。商会积极参与有关法规和章程的制定,并将其作为自己的行为准则和价值判断尺度,规范内化了中国商人对法规共同的认识行为。(2)天津商会与其他商会在培育市场经济出发、约束市场主体行为、维护市场秩序、规范市场交易规则,平抑物价,调解纠纷,平息金融危机,保护和发展市场主体的共同利益等方面取得共识并采取了一致行动,促进了以自由、平等、竞争为基础的近代市场经济体制的建立。全国各地商会和商人要求得到共同的发展,就需要在一定的基础上取得共识,因此,从某种意义上讲,商人的共识对于商会网络机制的存在和发展也是很重要的。

总而言之,许多事实证明,商会互动网络机制的构建无疑是商会组织间联络最行之有效的形式。近代天津商会与国内其他商会的互动联系不仅为商会的发展创造了和谐、有效的氛围,也为天津的商业贸易经济乃至北方和全国的经济发展带来了明显或潜在的成效。这是任何单独的组织或个人根本做不到的。同时,历史也深刻地告诉我们,无论是国家、地区,还是团体、个人,只有保持开放和进取的状态,与外界不断地保持互动联系,才能融入国与国、地区与地区、组织与组织以及机构与个人的多元互动和多向交往的主流中,扩大交往的范围,创造出独有的文明辉煌。

注:

①《天津商会档案汇编》(1912—1928)(二)第2册,天津人民出版社1992年版,第2409页。

②《天津商会档案汇编》(1912—1928)(二)第2册,天津人民出版社1992年版,第2408页。

③《天津商会档案汇编》(1912—1928)(二)第3册,天津人民出版社1992年版,第3491页。

④《天津商会档案汇编》(1912—1928)(二)第2册,天津人民出版社1992年版,第1302页。

⑤《天津商会档案汇编》(1903—1911)(一)上册,天津人民出版社1989年版,第1882页。

⑥《天津商会档案汇编》(1903—1911)(一)下册,天津人民出版社1989年版,第1939页。

⑦《天津商会档案汇编》(1903—1911)(上)上册,天津人民出版社1989年版,第1934页。

⑧《天津商会档案汇编》(1903—1911)(上)上册,天津人民出版社1989年版,第1878页。

⑨《大公报》,1905年6月20日。

⑩《天津商会档案汇编》(1912—1928)(二)第4册,天津人民出版社1992年版,第4411页。

⑪《天津商会档案汇编》(1928—1937)(二)上册,天津人民出版社1996年版,第473—518页。

⑫⑮⑯《天津商会档案汇编》(1928—1937)(上),天津人民出版社1996年版,第1326页。

⑬《天津商会档案汇编》(1912—1928)(二)第1册,天津人民出版社1992年版,第565页。

⑭《商业发达论》,《江苏》第3期。

⑰《天津商会档案汇编》(1912—1928)(二)第2册,天津人民出版社1992年版,第2454—2455页。

⑱⑲《天津商会档案汇编》(1912—1928)(二)第2册,天津人民出版社1992年版,第2461页。

⑳《天津商会档案汇编》(1912—1928)(二)第4册,天津人民出版社1992年版,第3986页。

㉑《天津商会档案汇编》(1912—1928)(二)第4册,天津人民出版社1992年版,第3987页。

(《中国社会经济史研究》2001年第3期)

西北近代经济外向化中的天津因素

樊如森

本文中的西北，是指潼关和山陕黄河大转弯以西，与近代天津有着密切经济联系的区域。从地理范围上说，包括民国时期陕西省的北部、绥远省①、甘肃省和新疆省的北部等地，也就是今天的陕西北部、内蒙古西部、宁夏、甘肃、青海东北部以及新疆北部等地的广大地区。正是这块在咸丰十年(1860年)以前经济尚停留在传统的农牧业阶段，商品经济还处于内贸型时期的地区，由于天津的开埠及其经济辐射力的增强，渐次走出封闭，并逐步成为北方近代外向型经济链条中不可或缺的重要一环。当然，西北地区对外贸易的某些货物，也输自或输往天津以外的其他地区。比如，新疆的对外贸易，就在很大程度上要依赖于俄国。但是，在西北广大地区外向型经济发展中起主要作用的，还是天津。而对于近代西北和天津之间如此重要的经济互动关系，学术界却尚未进行深入而系统的探讨。本文试图分三个时期，对这一问题进行初步的考察。

一、天津开埠前西北地区商品经济的发展(1860年以前)

西北地区幅员辽阔，资源丰富，特别是关中地区，很早就成为中华民族的发祥地，宋代以前一直是我国最重要的经济区之一。在纵贯东西的陆上丝绸之路畅通时，西北地区不仅与国内广大地区之间有着频繁的经济往来，而且同国外的物资交流也相当繁盛。然而自北宋开始，随着政治中心的东渐南移，我国的经济中心特别是对外贸易中心也随之发生变化，西北地区的对外经济交流遂陷于停顿。20世纪30年代的西北问题专家马鹤天，将这种状况描绘为："西北各族虽次第属于中国，但历代只求臣服之名，并不利其富源，化其人民，故毫无政治、经济、文化之设施，地方任其愚蔽，交通任其迟滞，久之一切隔绝。"②对外贸易的枯萎，又在一定程度上影响了其内向型经济的发展规模和程度。因此，在西方近代资本主义经济势力通过东方的天津和西方的伊犁等地而波及西北地区以前，除少数交通枢纽地区的商品经济尚称发达外，很多地方的经济交流都局限在狭小的区域范围内，处于一种自给自足的状态。如乾隆三十年(1765年)前后的陕西省西安府耀州(今陕西耀县)，"居民务稼穑，尚蓄积，近又能种木棉，事织纺，然为布无多，不能出村落也"③。可见，该地虽已开始植棉织布，但却仅限于自给，而不用以交换，其农副业经济的商品化尚未起步。地处河套的临河县，"自道、咸地商辟地以后，而汉族始有交易。至其通市伊始，均以有易无，交易而退，其风近古"④。其经济交流的层次显然也比较低下。甘肃省的灵台县，地处"偏僻，道路梗塞，向来商务均见萧条。民国初年即有商会名称，但其有名无实，未事提倡"⑤。可以推测，在咸丰十年(1860年)以前，这里当更加闭塞。当然，在那些地处交通枢纽的地方，商品流通领域里还是有一些繁荣气象的。如乾隆二年(1737年)前后的甘肃肃州(治今酒泉县)"各省商旅，咸聚于此，西无所往，东无所阻。市之鬻贩不拘时，黎明交易，日暮咸休。市法平价，众庶群集"⑥。乾隆四十五年(780年)前后的甘肃宁夏府城(今银川市)也是"人烟辐辏，商贾并集，四衢分列，门阛南北，蕃夷诸货并有，久称西边一都会矣"⑦。但在西北地区，类似的商业中心当时却不多见。从整体上讲，近代以前西北地区的商品经济，虽然达到了一定的程度，但就其发展的深度和广度而言，毕竟还停留在比较落后的区域性物资交流的层面上。

二、天津开埠与西北近代经济外向化的开端(1860—1908年)

咸丰十年(1860年)天津开埠，一方面使西方列强的商品通过天津倾销到我国北方，另一方面也为北方广大地区的商品进人国际市场打开了一扇大门，广大的西北地区也不例外。不过，开埠初期，天津港的进出口业务处于一种消极被动的状态，其腹地经济也缺乏相应的必要准备，再加上交通运输和营销方式的落后，西北地区与天津间的经济联系并不强。从咸丰十五年(1865 年)天津海关的贸易报告可知，这一时期西北地区运往天津出口的货物，除归化城(今呼和浩特市)一带的少量皮毛外，别无他物[⑧]。与此同时，天津的进口货物运销到西北去的也不多。只"有少许货物销运陕省之西安府、同州府(治今大荔县)及兴安府(治今安康县)，余则运往蒙古之西南部"[⑧]。

随着时间的推移，西北地区同天津之间的物资交流逐渐增多。一方面，西北地区输往天津的商品数量和种类有所增加。光绪二年(1876 年)，天津驼毛的 95% 购自归化城[⑧]。药材方面同样如此，例如，来自陕西、甘肃等地的大黄，不仅数量较前增加了，而且西宁府所产者还被视为类中精品[⑧]。此外，陕西、甘肃、蒙古西部所种植的鸦片，运销到天津去的也不少[⑧]。另一方面，天津洋货输往西北的也较前增多了。光绪十六年(1890 年)，外来"洋货俱由本口运往河南、山西、陕西、甘肃等省销售"[⑧]。仅陕西一省，光绪二十八年(1902 年)由天津输入的洋货就达 34 000 两，光绪二十九年(1903 年)为 65 000 两，光绪三十年(1904 年)为 60 000 两[⑧]。另据日本人统计(见表 1)：

由于资料的限制，目前我们难以将光绪三十二年(1906 年)归绥道与天津间物资往来的确切数值从山西全省的总数据中分离出来，因而无法提供光绪三十二年(1906 年)西北地区同天津贸易的准确总值。但据表 1 所作的最保守估计，西北地区对天津的进出口贸易总值，决不会低于天津港进出口总值 10% 的份额。在由西北地区运往天津的各种货物当中，以羊毛所占的比重最大；就区域而言，又以甘肃省的宁夏府[⑪](治今银川市)、兰州府[⑫]、西宁府、甘州(治今张掖县)、凉州(治今武威县)和山西省的归化城、包头一带最为集中[⑬]。鉴于西北地区已逐步发展成为天津进口货物销售市场和出口货物来源地之一，时人呼吁"津埠必须筹划将商务向西推广，缘甘肃、陕西两省每年购运洋货者实繁有徒也"[⑧]。

表 1　1906 年腹地与天津间的商品流通状况[⑨⑩]　　**价值单位：海关两**

腹地	输往天津货物总值	占出口总值的百分比	接纳洋货总值	占进口总值的百分比
直隶	5 597 768	44.58	2 212 093	64.14
山西	3 460 295	27.56	6 578 933	18.18
吉林			3 531 842	9.76
甘肃	96 421	0.77	1 453 153	4.02
山东	349 231	2.78	1 420 597	3.93
河南	332 671	2.65	1 165 426	3.22
盛京	306 172	2.44	857 416	2.37
陕西	9 634	0.08	152 465	0.42
土耳其斯坦			138 188	0.38
张家口	2 228 833	17.75		
在津收购	19 914	0.16		
恰克图			34 270	0.09
黑龙江	104 700	0.83	2 049	0.006
蒙古	50 977	0.41	700	0.002
总计	12 556 616	100.00	36 178 019	100.00

说明：表中的盛京大体上相当于今天的辽宁省、土耳其斯坦即新疆，恰克图今属蒙古人民共和国。

到 1908 年，山西(包括归绥一带)、甘肃、陕西、内外蒙古等地消费的洋货，主要从天津输入；而土产出口亦需经天津外运[⑭]。单从范围上讲，其覆盖面已占了山西和蒙古的全部，陕西、甘肃和新疆的各二分之一[⑮]。

随着双方物资交流的日趋频繁,西北地区与天津间的经济联系日益密切。到1908年,天津人在新疆设立的商号达一百多家,经济实力位居旅居新疆的各内地商帮之首,商号遍及新疆南北各大小城镇,其中又以迪化(今乌鲁木齐市)和古城(今奇台县)最集中。不仅如此,远在新疆的天津帮还在天津建立了许多分庄,以便利天津与西北特别是新疆间的物资交流[16]就连以前商品经济比较落后的甘肃平凉府固原州,到宣统元年(1909年)的时候,也已经能够把大宗的羊皮和羊毛,通过华商运到天津或上海,转售给洋商出口[17]。

这一时期,天津与西北地区(新疆)间往返的交通要道主要有三条:西伯利亚路、中路和草地路。西伯利亚路即从满洲里乘沙俄的火车,沿西伯利亚铁路转阿尔泰支线到俄国的斜米,然后乘马车到我国新疆的塔城,再到迪化,共需一个月左右:该路虽最省时,但却费用浩大,故商人多避走此路。中路也称大路,即从天津西行,沿着太行山东麓的旧驿道向南出河北至河南中部,再向西穿陕、甘而进入新疆,全程约一万余里,徒步要走5—6个月,再加上该路关卡林立,往来者亦不多见。草地路又分为大草地路和小草地路。大草地路约从张家口往西北跨外蒙古大草原,经乌里雅苏台、科布多至新疆古城等地;小草地路即从归化城往西,经阿拉善草地进入新疆东部的古城。由于此路关卡较少,商人多往来于此。经由大、小草地路的货物,主要依靠骆驼驮运[18]。当时,西北与天津间的交通运输,水路段主要靠木船和皮筏,陆路段主要靠骆驼和马(牛)车,不仅运量有限,而且行进迟缓。据统计,骆驼队"由古城至归化,平常70日可达,运货则至少非半年不可,盖任重道远,不能终日行走,或遇骆驼疲乏,则耽搁数月,亦往往有之"[19]。非但如此,"骆驼一年只秋冬二季为强壮之时,春夏全身脱毛,疲敝无力,不能运货,故春夏必须休息,谓之下厂;秋冬起运,谓之起厂"[20]。而水路方面,从包头运货到宁夏府(治今银川市),1058华里的里程,上行的木船,至少需要一个月、长则需要50—60天才能到达。这还不考虑黄河每年长达五个月的封冻期[21]。而且,货物从甘、青、宁、新运到归化或包头等地后,还需要再消耗大量的时日,才能转运到天津;反之,由天津运货去西北,所费时日之长短亦然。西北地区与天津间的路途如此遥远,货物运输又只能靠原始的车拉、驼运、船载方式,这与天津与西北地区之间需要进一步加强经济联系的客观要求,显然是极不协调的。换言之,落后的交通运输状况,已成为西北近代经济进一步外向化的重大障碍。

三、京张铁路通车后西北近代经济的迅速外向化(1909—1937年)

为更加便捷地掠夺中国北方的资源并倾销其工业品,20世纪初,列强诱迫清政府以京、津地区为中心,修筑了一条又一条的铁路。以京、津为中心的北方铁路网的初步建成,特别是正太铁路和京张铁路、京包铁路、同蒲铁路、陇海铁路的陆续通车[22],客观上为西北与天津间的物资交流提供了更加便利的运输手段。交通运输状况的改善,密切了腹地与天津之间的经济联系,进一步加快了西北近代经济外向化的步伐。1911年前后,天津洋行"在甘肃各地设庄的很多。中宁有仁记洋行、新泰兴洋行,中卫有平和洋行、瑞记洋行"[23]。另据记载,清末民初时,天津有九家洋行在河州(治今甘肃临夏市)收购羊毛、皮张、肠衣、药材、猪鬃等货物,然后雇用皮筏沿黄河将其运至包头,再通过陆路运到天津出口。1920年后,各洋行陆续从河州撤回天津,当地商人便将收购起来的羊毛等货物运至天津,再转卖给洋行出口[24]。陇东皮毛中心张家川镇的情形也同样如此[24]。

随着交通运输条件的改善,西北与天津间的物资交流路线也发生了相应的转移。由于陇海铁路的修建时断时续,直至抗日战争爆发也没有通到兰州,再加上该线沿途不靖,关卡又多,所以两地间双向的物资交流主要是沿北面的平绥铁路线而展开的,沿陇海路的南线则处于次要地位。北线西段又由陆路和水路两条支线组成。陆路支线是从迪化或古城用骆驼将新疆等地的货物东穿阿拉善草地驮运到归绥或包头,再换乘火车沿平绥铁路、北宁铁路到达天津;水路支线则把青海、甘肃等地的皮毛、药材等货物,用牛、羊皮筏或大木船沿黄河水运到包头,再换乘火车运到天津。南线则由新疆的哈密沿河西走廊向东,经兰州东过平凉、西安至潼关,或东至郑州再向北沿平汉铁路、北宁铁路运到天津;或北渡黄河沿汾河谷地至太原,东沿正太铁路至石家庄,再北转平汉铁路、北宁铁路运到天津,或沿西河向东用船水运到天津[25][26]。这两条交通纽带,也就逐步发展成为本阶段整个西北地区经济外向化的基本辐射地带。处于该辐射带上的城市,既是西北与天津之间经济联系进一步加强的桥梁,也是西北外向化经济迅速发展的缩影。体现最明显的当数包头、古城和兰州。

林竞在1918年的游记里写道："包头地居口外，处东西两路之冲，陆有平原车马之便，水有黄河舟楫之利。凡京、津、陕、甘、内外蒙古、新疆货物之往来，均以此为转运之场，诚西北一大市场也。贸易年500余万……商店大小共1 200余家。……洋布、海菜、火柴、煤油、茶叶及各种杂货，来自京津而转销于蒙古、甘、新、陕北一带"[27]。京绥铁路延伸到包头以后，它的这种中介作用体现得更加明显。"大约西进（来）货物的70%，由这里经铁路转运到京、津地区"[28]。铁路部门的有关调查也证实："包头据西北中心，当水陆要冲，东由平绥路直出平、津，以达内地，以通外洋，南连晋、陕，西接宁、甘、新、青，北通内、外蒙古。凡由内地运往西北各处之零整杂货及由西北各处运赴内地之皮毛、药材等货，均以包头为起卸转运之中枢[29]。由此可见，这一时期的包头，对绥远、陕北、宁夏、甘肃、青海、新疆等广大地区的商品交流及其经济的外向化，都有着重大而直接的影响。

这一时期，古城的商业也非常发达，它"地居新疆北路之中枢，四塞灵通。秦、陇、豫、蜀、湘、鄂商人出嘉峪关经哈密而至，燕、晋商人由张家口、归化经蒙古草地而来，岁输入绸缎、茶叶、纸张、漆器及东西洋货，达300余万元。而归化来者居十之六七。归化则又来自京、津。……至古城后，乃分布于天山南北两路各商镇。是古城者，实新疆输入内地货物之总汇也"[30]。在古城从事新疆与天津间商品交流的著名大商号，有津商八家，晋商六家[31]。附近的乌鲁木齐，与天津间也有着非常紧密的贸易关系，城内的商务均由津帮商人主宰[32]。它们共同组成了新疆东、北部广大地区经济外向化的中心。

兰州作为甘肃省会，"消费特多，而又有水烟之特产，以及青海等处之货物过往，其市场甚为重要。巨大商号林立于此，或收购内地物产，如皮毛、药材等类，运销于外；或运入布匹、茶、糖、杂货等项，分销青海、河西及甘肃西南部各地。……各类重要商业皆为陕西、山西及天津旅居于此之商人所经营，当地商人仅有小规模之营业而已"[33]。输入的洋货、布匹等大宗货物，大部分由天津用火车运至包头，再由骆驼运至兰州；输出的皮毛等大宗货物，大部分也运销到天津去[34]。到20世纪30年代，它已发展成为这一时期甘、宁、青广大地区经济商品化与外向化的一个重要中心。时人张其昀描述这一状况时说："甘、青、宁三省地居黄河上流，在商业上俨然自成系统，而以兰州为最大焦点。附近复有焦点6处，为各地商业中心，如陇东区之平凉，陇南区之天水，洮西区之临夏，湟中区之西宁（今青海省西宁市），河西区之张掖，宁夏区之宁夏（今宁夏回自治区银川市），皆以兰州为其枢轴。言水运，上起西宁，下达包头；言陆路，东起潼关，西至迪化，皆为其贸易区域。上述平凉之6镇以外，复有若干城镇，以河西区为例，张掖以外，武威、酒泉、敦煌三城，商业亦称殷盛。若以兰州比于太阳，甘州之类犹行星，敦煌之类犹卫星，甘、青、宁三省自成一太阳系，构成伟大之商业网"[35]。

西北地区其他城镇的商业规模虽然比不上包头、古城、兰州，但它们在与天津进行物资交流、促进西北地区近代经济的商品化与外向化方面，也起着不容忽视的作用。据时人记载，宁夏府的澄口（今内蒙古自治区澄口县），一方面转销来自天津的洋广杂货，一方面又把收购到的皮毛转运到天津[36]。凉州也大量转销由包头宁夏来的京津洋货[37]。甘州也是既将来自青海等地的皮毛转售给天津各洋行，也转销来自天津的洋货到青海等地[38]。肃州的情形也大致如此[39]。湟源一方面吸纳来自天津的洋货，同时也是青海羊毛的主要集散地，最盛的时候，每年集散羊毛400余万斤。其运输渠道是先用厘牛、骆驼或骡车转运到西宁，再用皮筏由湟水入黄河至兰州，再从兰州装皮筏顺黄河而运至包头，转乘平绥铁路、北宁铁路而抵达天津出口[40]。

随着西北地区与天津间经济联系的进一步深入和加强，西北地区的商品经济尤其是外向型经济获得了空前的发展，并逐步发展成为天津港最重要的经济腹地之一。

表2显示，天津港的畜产品1928年时曾占到了出口总值的51%，其他年份所占的份额也都在三分之一以上，说明到20世纪20—30年代，畜产品已成为天津港出口业的一大支柱；而表3则表明七七事变前，西北地区的羊毛类畜产品已经占据了天津羊毛类畜产品出口的半壁江山，这就以无可辩驳的事实证明了西北地区在天津经济发展中的重要地位。

另一方面，天津在西北经济发展中所占的地位也越来越重要。本来，就新疆而言，天津在其对外贸易中所起的作用，是不如俄国的。"新疆省在俄国十月革命（1917年）以前，一切经济，什九为俄所操纵。所有该省所产原料品，及半制成品，及日用之工厂制品，都是由俄输出入。每年由包头输出入者，仅为皮毛，及杂色布匹、干果等数种"[46]。

据表4、表5、表6、表7的数据显示,1917年以后,由于俄国的政局一直处于动荡之中,对新疆经济的控制力量大为减弱,于是,天津与新疆间的经济联系便进一步地加强,并很快超过了苏联。

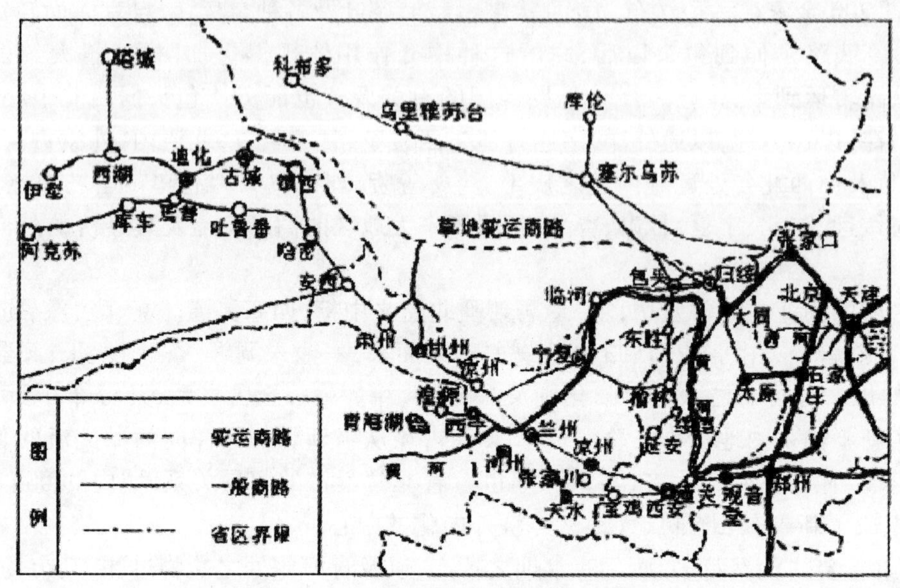

西北地区与天津之间的商贸关系示意图(1927年前后)

表2 1927—1931年天津港畜产品的出口状况[41] 价值单位:海关两

畜产品	1927	1928	1929	1930	1931
牲畜	12 667	30 106	41 031	7 783	13 653
肉类	1 278 039	1 442 960	1 778 170	31 932 934	1 894 995
猪鬃	3 007 968	2 538 261	3 761 325	3 041 579	2 558 176
其他动物原料	1 530 726	1 672 489	1 761 003	1 449 279	2 558 176
羊毛/驼毛	13 966 743	17 577 613	11 821 606	6 028 791	7 875 843
各类皮张	10 564 646	16 419 776	18 058 708	14 615 879	14 430 376
合计	30 360 789	39 681 259	37 221 843	27 336 245	29 331 219
占出口总值的百分比	38.26	51.01	47.32	36.54	34.67
1927—1931年出口总值	79 348 284	77 786 880	78 655 227	74 802 121	84 602 726

表3 七七事变前天津羊毛类产品的收集状况[42] 百分比(%)单位:万担

产地	大约收集量	百分比(%)
青海、甘肃、宁夏、新疆	20	50
内蒙	10	25
山西、陕西	6	15
河北、山东、河南	4	10
合计	40	100

说明:第31表。

表 4 1921—1931 年新疆对外贸易概况 价值单位:两

项目	内容	1921	1926	1931
输入	由天津等内地输入新疆的茶、布、烟等物由苏俄输入新疆的布、石油、铁等物	13 221 730 5 264 100	9 848 787 5 020 137	4 141 180 8 937 396
输出	由新疆输往天津等内地的皮毛、药材等物由新疆输往苏俄的牲畜、皮毛、棉花等物		14 941 775 8 630 472	10 472 106 13 158 545

资料来源:王文萱《新疆之对外贸易》,《开发西北》,1935 年第 4 卷第 6 期。

表 5 1930—1932 年间新疆每年运到绥远并转到天津出口的主要物产[43]

货物	数量	价值(元)	货物	数量	价值(元)
羊肠子	300 000 根	2 400 000	扫雪皮	700 张	28 000
羔庄皮	150 000 张	750 000	灰鼠皮	30 000 张	24 000
库车黑羔皮	64 000 张	224 000	猞猁皮	1 200 张	21 600
古城黑羔皮	20 000 张	26 000	野狸子皮	25 000 张	37 500
油旱狼皮	450 000 张	405 000	野猴子皮	3 000 张	1 500
狐皮	30 000 张	270 000	狐腿子	23 000 张	17 600
狼皮	4 000 张	48 000	鹿茸	4 000 斤	80 000
貂皮	300 张	13 500	羚羊角	450 斤	270 000
			总价值	4616700 元	

表 6 1930—1932 年间新疆每年直接用骆驼运到天津出口的主要物产[44]

货物	数量	价值(元)	货物	数量	价值(元)
马鬃马尾	120 000 斤	84 000	美种棉花	220 000 斤	36 000
巴哈白羔皮	45 000 张	40 500	白羊毛	820 000 斤	16 400
库车白羔皮	30 000 张	24 000	杂羊毛	1 150 000 斤	172 500
古城白羔皮	23 000 张	19 200	干鹿角	400 斤	2 000
哈萨红羔皮	64 000 张	25 600	葡萄干	180 000 斤	54 000
青山羊皮	2 500 张	2500	贝母	65 000 斤	13 000
狗皮	3 000 张	5100	蘑菇	20 000 斤	18 000
驼毛	250 000 斤	125 000	白宰羊皮	24 000 张	36 000
			总价值	682 200 元	

表 7 1933—1935 年间每年由天津、绥远驼运至新疆的主要货物[45] 价值单位:元

货物	价值	货物	价值	货物	价值
卷烟	760 000	中等化妆品	14 100	粗细药材	27 500
上等呢绒	68 800	书籍印刷品	60 000	次等丸散	7 800
中等呢绒	35 750	毛绒及成品	10 400	次等细药	21 350

续表

货物	价值	货物	价值	货物	价值
普通绸缎	126 000	丝绒及成品	4 800	次等化妆品	14 250
次种绸缎	97 600	米心茶	460 000	油墨颜料	1 200
麻丝匹头	285 200	红茶	208 000	五金	2 160
棉料绒呢	93 000	三九大茶	195 000	海味	4 100
中等西药	31 600	龙井香片茶	3 200	颜料纸张	3 200
国产丸散	28 080	普洱茶	2 652	国产细瓷	1 560
普通文具	3 000	汉烟	6 720	国产笔墨	4 500
皮件成品	6 800	青蓝市布	12 000	国产陈设品	2 240
鞋帽服装	99 000	次等卷烟	42 000	总计	2 743 562

虽然1928年以后，由于受新疆政局连年动荡以及世界经济危机等方面的影响，新疆对天津的货物输出与输入量都减少了，俄国对新疆的影响又超过了天津，但是，天津在新疆商品对外贸易中的重要地位，却是无可替代的。

与此同时，西北其他地区与天津间的双向物资交流也十分频繁。据绥远省政府1933年的统计，包头的21家皮毛店，每年从青海甘肃陕北蒙古等地采购的各类绒毛约600万斤，各类皮张11万张，均销售到天津等地，共值250万元；销于本地及西北广大地区的洋广杂货、布匹、茶、糖、烟等，绝大部分来自天津[47]。据宁夏民政厅统计，该省每年运销到平、津去的各类皮毛很多，仅不太景气的1933年就达648 538元[48]。1934年，兰州由天津等地输入的货物总值为515 328 304元，向天津等地输出的毛皮、水烟、药材等货物总计达316 286 873元[49]。西宁所销售的洋广杂货，大多来自天津；其皮毛等货物，也多运往天津出口[50]。陕西北部的榆林、绥德、延安等地，由于受平绥铁路，特别是包头、归绥两地直接的经济辐射，同天津间的物资往来一直比较密切，这里的皮毛等土产主要集中到包头再转售天津，所消费的洋货等也主要是通过包头从天津转运而来。南部的关中地区，由于受陇海铁路修建缓慢、沿线关卡林立、社会秩序时常动荡等不利条件的制约，与天津间的经济联系不如西北其他地区密切。据陕西实业考察团1932年的调查，在西安金融界、商界影响比较大的外省银行，上海有4家，而天津只有2家，在陕西南部的影响更是微乎其微了[51]。这说明天津在西北各地经济外向化过程中所起的作用，也有着一定的不平衡性。

总起来看，虽然由于交通状况仍不尽如人意、社会秩序一再动荡、苛捐杂税有增无减、人民负担日益深重、世界经济危机阴魂不散等不利条件的制约，20世纪30年代西北地区与天津间双向的物资交流已不如20年代末时那样繁盛，并且各地与天津间的经济联系还存在着某些差异，但是天津在西北外向化经济发展中所占的重要地位却是难以动摇的了；与此同时，作为天津重要经济腹地之一的西北地区，再也无法自异于天津的整个外向型经济体系之外了。

不幸的是，1937年以后，由于日本帝国主义相继侵占了包括天津在内的广大华北地区，对天津及其腹地间的物资往来进行严格的军事统制，从而打断了西北地区与天津间正常的经济联系，使西北地区经济外向化的进程受到了最为沉重的打击。

四、小结

总起来看，天津开埠前，西北地区的商品经济虽然有所发展，但毕竟只是一种小规模的内向型经济。随着列强经济势力通过天津等地的渗透，西北地区的商品经济中才增添了外向化的成分。此后，西北与天津间的经济交流逐步深入并扩展开来，彼此间的经济合作由被动而变为互动，由自发变为自觉：天津以西北为重要的洋货倾销市场，西北以天津为主要的物资输出口岸，双方既相互依存而又互惠互利。虽然这种双向交流从整体上说，带有浓重的半殖民地色彩，但它毕竟为西北近代经济的发展翻开了新的一页。而天津在这一过程中所起的主导作用,则是非常明显而又无可替代的。

注:

① 1913年以前隶属于山西省的归绥道,1913—1928年9月以前为绥远特别区,由绥远都统辖之,1928年9月以后置为绥远省。

② 马鹤天:《开发西北与中国之前途》,《西北问题》第1卷,第2期,西北问题研究会,1935。

③ 汪灏修、钟研,斋纂:《续耀州志》卷4,田赋志,风俗,清乾隆三十年刻本。

④ 吕咸等修,王文墀等纂:《临河县志》卷中,纪略,商业,民国二十年铅印本,台湾成文出版社影印《中国地方志丛书》,第150—151页。

⑤ 杨渠统等修、王朝俊等纂《重修灵台县志》卷3,风土志,庶政,商业,民国二十四年铅印本,台湾成文出版影社印《中国地方志从书》,第469页。

⑥ 黄文炜、沈青崖纂修《重修肃州新志》,肃州,第2册,景致,景隆三年刻本。

⑦ 张金城修,杨烷雨纂《宁夏府志》,卷6,建置,坊市,乾隆四十五年刻本。

⑧ 吴弘明:《津海关年报档案汇编(1865—1911年)》,天津市档案馆、天津社科院历史所刊印,1982年版。

⑨ 日本中国驻屯军司令部:《天津志》,侯振彤中译本名为《二十世纪初的天津概况》,天津市地方史志编修委员会总编辑室1986年版,第274—275页。

⑩ 日本中国驻屯军同令部:《天津志》,侯振彤中译本名为《二十世纪初的天津概况》,天津市地方史编修委员会总编辑室1986年版,第291页。

⑪ 1931年6月称宁夏道,仍隶甘肃省。1927年废道,改扩为宁夏行政区,仍隶甘肃省。1928年11月改设为宁夏省。

⑫ 1914年6月称西宁道,仍隶甘肃省。1928年9月改隶青海省。

⑬ 日本中国驻屯军司令部:《天津志》,侯振彤中译本名为《二十世纪初的天津概况》,天津市地方史志编修委员会总编辑室1986年版,第291—292页。

⑭ 日本中国驻屯军司令部:《天津志》,侯振彤中译本名为《二十世纪初的天津概况》,天津市地方史志编修委员会总编辑室1986年版,第243页。

⑮ 日本中国驻屯军司令部:《天津志》,侯振彤中译本名为《二十世纪初的天津概况》,天津市地方史志编修委员会总编辑室1986年版,第269页。

⑯ 王鑫岗等:《天津帮经营西大营贸易概述》,天津文史资料选辑第24辑,第175—177页。

⑰ 王学伊纂修《新修固原直隶州志》,卷11,庶务志,商务,清宣统元年铅印本。

⑱ 王鑫岗等:《天津帮经营西大营贸易概述》,第24辑,第172—175页。

⑲ 林竞:《西北丛编》,上海神州国光社1931年版,第406页。

⑳ 林竞:《西北丛编》,上海神州国光社1931年版,第405页。

㉑ 马廷浩:《包头交通运输业梗概》,包头文史资料选编,第5辑。

㉒ 1905年,北京至汉口的京汉铁路通车;1907年,正定至太原的正太铁路通车;1909年,北京至张家口的京张铁路通车;1923年,京张铁路延展至包头并通车;1932年,汴洛铁路向西延展至潼关称陇海路;1933年,大同至蒲州的同蒲铁路通车;1935年,陇海铁路延展至西安,1937年延展至宝鸡。

㉓《甘肃文史资料选辑》第8辑,第180—181页。

㉔《甘肃文史资料选辑》第8辑,第175—178页。

㉕ 林竞:《新疆纪略》五,实业,商业,1918年铅印本。

㉖ 铁道部业务司商务科编:《陇海铁路甘肃段经济调查报告书》,1935年4月。

㉗ 林竞:《西北丛编》,上海神州国光社1931年版,第134页。

㉘ 马廷浩:《包头交通运输业梗概》,包头文史资料选编,第5辑,第101页。

㉙ 铁道部财务司调查科:《包宁线包临段经济调查报告书》“工商”部分,H,1931年5月。

㉚ 林竞:《西北丛编》,上海神州国光社1931年版,第404—405页。

㉛ 林竞:《西北丛编》,上海神州国光社1931年版,第407页。

㉜ 经济讨论处编辑:《中外经济周刊》第103号,1925年3月14日。

㉝ 铁道部业务司商务科编:《陇海铁路甘肃段经济调查报告书》,1935年4月,第64页。

㉞ 高良佐:《西北随轺记》,建国月刊社1936年版,第181—183页。

㉟ 任美锷、张其昀、卢温甫著:《西北问题》,科学书店1943年版,第6—7页。

㊱ 林竞:《西北丛编》,上海神州国光社1931年版,第216页。

㊲ 林竞:《西北丛编》,上海神州国光社1931年版,第311页。

㊳ 林竞:《西北丛编》,上海神州国光社1931年版,第326页。

㊴ 林竞:《西北丛编》,上海神州国光社1931年版,第336—337页。

㊵ 顾执中、陆诒:《到青海去》,上海商务印书馆1934版,第183页。

㊶ 蔡廉、郑友揆:主要土货各通商口岸对各国出口统计.中国各通商口岸对各国进出口贸易统计,商务印书馆1936年版,第355—599页。

㊷ 李洛之、聂汤谷:《天津的经济地位》,经济部驻津办事处,1948年,第36页。

㊸ 陈赓雅:《西北视察记》,上海申报馆1936年,第14页。

㊹ 陈赓雅:《西北视察记》,上海申报馆1936年,第15—16页。

㊺ 陈赓雅:《西北视察记》,上海申报馆1936年,第17—18页。

㊻ 村之:《西北商务衰落文原因及其救济文方策》,《西北》,1929年第10期。

㊼ 绥远省政府:《绥远概况》(下册),1933年12月编印,第67—71页。

㊽ 高良佐:《西北随轺记》,建国月刊社1936年版,第407页。

㊾ 高良佐:《西北随轺记》,建国月刊社1936年版,第187页。

㊿ 顾执中、陆诒:《到青海去》,上海商务印书馆1934版,第322—326页。

51 章有义:《中国近代农业史资料》(第三辑),三联书店1957年版。

(《复旦学报》2001年第6期)

1917 年的大水灾:天津与它的腹地

李明珠著 任云兰译

美国社会历史学家罗兹·墨菲(Rhoads Murphey)在一篇重要文章中认为,通商口岸对中国内陆既无积极影响又无消极影响,因为其经济贸易更多的是互为联系而不是与其腹地有联系。为了证明其观点,他引证了天津海关统计资料,证实甚至在粮荒年份天津的外贸也很兴旺,未受内陆的影响。事实上在形势特别严峻的年份外贸似乎尤其繁荣。例如,在 19 世纪 70 年代后期华北大旱期间,海关数字稳定增长。据估计,在 1890—1891 年大面积的水灾中仅在直隶就有 20 000 人死亡,天津贸易年份的记录也是如此。同样,1920 年华北严重的旱灾也显示出了这种矛盾之处——对天津来说这一年是次好的贸易年份[①]。1930—1931 年的情况恰好相反:收获甚丰而贸易却有下降。墨菲的结论非常有说服力:天津的贸易量虽然很大,但只是"华北大海之一粟","天津在一定程度上甚至不能作为河北省的商业中心,也不能作为出口和进口货物的集散地"[②]。

墨菲在 20 世纪 70 年代早期的论文虽然引起极大争议,但却推进了对这一问题的讨论,不过在这期间,这一问题也许被忘却或忽略了。他的观点不仅仅与通商口岸而且与中国城市史的总体研究有关联。例如,罗威廉(William Rowe)在对晚清汉口的研究中,认为城市即使是繁荣的区域贸易中心,它也没有植根于其紧邻的腹地中[③]。与此对照,在近期对北京粮食供应系统的研究中,我认为清代的皇城是区域经济的一部分,尽管它作为南方漕粮指定的集中地,拥有其特殊的地位[④]。

天津在开埠前植根于华北地区或是直隶——河北的程度绝没有那么明显。关文斌在近著中清楚地描绘出天津与外相连的许多条贸易线路:通过陆路和水路到达东北、西北、保定府以及山西以西以北,通过大运河向南到达河南、山东及以南地区[⑤]。天津也是华北重要的沿海港口,同时也是 18 世纪皇家特许的与关东和南方港口的繁荣贸易中心。到 19 世纪初,每年有近百万石的粮食从奉天海运到天津,直隶和奉天的粮价逐渐趋于一致,说明了市场的整合作用[⑥]。

粮价研究也说明了 19 世纪直隶省内市场整合的明显衰退主要是由于内河水路的淤塞,包括连接天津与保定及河北省内其他枢纽的大运河的淤塞造成的[⑦]。20 世纪初,从前通过舢板船从河南和直隶南部(一则西方资料称之为"华北的粮仓")运粮到天津受阻,代之而来的是从东北(关东和蒙古边界)来的日益增多的运粮船[⑧]。

顾琳(Linda Grove)认为直到 19 世纪中期以前,天津与其腹地还没有建立经济联系,只有在外贸发展起来以后,天津才首先与内蒙古、外蒙古、北部和西北边疆,然后与华北腹地建立起贸易往来。羊毛产品、原棉及其他商品的出口贸易,棉纱和其他工业品进口贸易的发展使天津商人与内地商人之间建立了新型的商业联系,这使天津在 20 世纪 30 年代发展成为华北地区的经济中心[⑨]。

贸易不应该是衡量、整合或植入的唯一标准,其他标准也许还包括移民、社会网络、文化或政治。本文我准备从自然灾害(水灾和旱灾)和救灾(重新回到罗兹·墨菲最显著的论点)这一角度考察天津与直隶——河北腹地的关系。我将特别考察 1917 年大水灾的情况,从资料中看,这是最大的一次水灾,对直隶 105 县产生了影响,对天津也是一次空前的灾难。我认为,在这次水灾中,城市与其腹地并未割裂开来,而是通过普通的环境和社会危机联系起来。

一、1917 年的水灾

1917 年的水灾被当时人认为是至少 30 年中最严重的一次,天津及其周围地区损失尤其大,7 月的大水使永定河严重淤塞,继而引起了海河水位下降,以致水流变缓。最后,永定河决堤,淹没了周围农村地区,保定府周围地区受损严重。8月第二次大雨导致南部河流决堤,包括南运河等,这使天津南部和西部平原被淹[10]。9月天津城也受淹,海河西岸城区部分的积水达7英寸,后来一些地区水深达1.8米[11]。城市陷入了恐慌之中。《北京每日新闻》(Peking Daily News)报道说:“相当大的木船现正行驶在日租界的主要街道上”[12]。“大运河和保定府之间的农村地区真正是一片汪洋”[13],《华北每日新闻》(North China Daily News)如是报道。起初,外国人误以为水灾是由于开封黄河决口引起的,而且普遍担心黄河会再次向北改道,对天津城造成潜在威胁[14]。

水灾在最大程度上影响了105县,包括至少有40个县受害最深。据估计有580万人受贫,4 600万亩(12 000平方英里)农田受淹,无数房屋被雨水冲垮,成千上万的难民拥入天津。天津本身据估计有400 000人口需要救助[15]。10月29日美国红十字会报告说,天津有55 000无家可归者,整个直隶地区则总共有100万[16]。冬季结束以后,天津的无家可归者增加到100 000[17],失业人口达40 000到50 000[18]。京汉铁路由于本次及其他水灾在北半段有600处地方被冲垮,而且由于京汉铁路与天津间的平原地势平坦,积水滞留地面,流速很慢,当寒冷天气到来时,整个村庄包括其住房都被封了一层冰,春季解冻以后,更多的房屋坍塌[19]。

1917年水灾是自19世纪中期以来越来越频繁的一系列影响直隶地区(也称之为海河流域)水灾中最近的一次,英语“flood”一词很难恰当地描述这一地区的各种痛苦状况。五条河流注入海河,到达天津,在雨量超常的年份产生了很大的压力。当然,过多的雨水并不一定等于雨量大,而是在雨季,大多数是在七八月份短期集中的雨水才可谓雨量大。由于整个华北河流过于淤塞,几百年来尤其是18世纪河流频繁筑堤,大堤泛滥溃决的趋势及对海河造成的压力日益加重。在保定京津之间地区的河床和河坝均较周围村庄高,所以任何大雨都会对农民造成较大威胁。自19世纪以来清政府不断赞助改造河流系统的能力也在戏剧性地降低。

在19世纪70年代,19世纪90年代和1912年,在直隶地区发生了严重的水灾。到19世纪90年代,整个平坦的农村地区曾经是一片汪洋。1912年的水灾曾被认为是多年以来最严重的一次,淹没了天津以西、以北地区。8月底,有24县或地区报告,估计有30万人受灾庄稼受淹[20]。水灾并不仅仅是由于过量雨水造成的,而是与河水溢出冲垮堤坝有关,也是这一地区土壤水浸造成的。事实上,对天津造成较大影响的3次水灾中,即1912、1917和1939年,雨量比别的水灾年还少,1912年北京地区降雨量为732毫米,1917年为782毫米,1939年仅为681毫米,而在1871、1890、1891、1893、1894和1924各年的降雨量则均超过了1 000毫米。海河流域年均降水量则为560毫米[21]。

当然,华北地区基本上是个旱灾严重的地区。在19世纪末和20世纪初,光绪二年至五年(1876—1879年)华北大旱对直隶地区人口财产造成重大损失,1900年旱灾造成了巨大的社会和经济动荡,并被认为与义和团运动的兴起有关。在1920年和1929—1930年,连续干旱影响了华北包括直隶地区。一年多的旱灾比水灾对农业生产的影响要大,而且旱灾比典型水灾影响的地域要广,水旱灾害累积的影响比单纯的水灾或旱灾使社会经济和基础设施变得更脆弱。

即使如此,1917年的水灾也因其规模及其产生的不同政治、经济和社会影响而闻名。尽管这一年的降雨量与1801年嘉庆年间发生的具有历史性的水灾时的降雨量无法相比,但其受损程度也许超过了1801年水灾。在受灾地区的140个县中,有41个县严重受灾,63个县轻微受灾,23个县未受灾,11个县未报[22]。从19世纪中期以来,尤其是从光绪二年至五年(1876—1979年)华北灾荒以来,清朝以国家为中心的救灾机构在逐渐弱化。但在1917年尽管赈灾来源不同,有中外公私之分,但仍然有类似的中央集中指导的机构。与以前的危机相比,天津更大程度上受到了直接影响,地方社团和国际组织都参与了赈灾和重建。

二、赈灾组织

清代华北的赈灾一直主要是由官方倡导的而不是由士绅倡导的,特别的赈灾活动以及更多的日常救灾措施是在帝国资助下由官员承办的,这些活动由国家资助,地方捐献极少部分,而且它们与通过漕运和常平仓系统的国家粮源的大量调度有关[23]。位于各府首府的国家粮仓由于不能总是充分地或说是有效地储备,形成了粮食发送中枢系统的关键点[24]。天津在这一系统中的角色主要是贡粮转运的关键点。天津的北仓是贡粮储存的关键地方,它由直隶总督管辖,但仍由漕粮监督者户部和其他中央机构监管(总督在保定府)[25]。

19 世纪 70 年代李鸿章任直隶总督兼北洋大臣期间坐镇天津而非保定,他动用了国家经营的官方赈灾机构和程序,但需要从各方面包括华南的士绅和商人那里筹集资金。尽管数量不足,但李鸿章筹集经费的能力及其重大影响与华南地区官绅的努力,标志着更折中的应急反应方式的肇始[26]。

1917 年的中国既无皇帝又无传统的官僚,甚至新执政者使用的资金更少。事实上,水灾和灾后重建恰巧与一系列混乱的政治事件同时发生。冯国璋和段祺瑞的北京政府统辖了敌对的军政集团。水灾期间的 7 月,张勋在北京的复辟流产,随后在 7 月末被段祺瑞驱逐。冯国璋为总统段祺瑞为总理的组合很快瓦解,这一年年底,曹锟和吴佩孚迫使段祺瑞辞职。在张作霖的支持下,段祺瑞又于 1918 年 5 月迫使冯国璋恢复了他总理的职务。到 1918 年 10 月,两人均被徐世昌为总统的新政府代替[27]。

在这种情况下,北京政府的注意力并未完全放在水灾救济工作中毫不奇怪。熊希龄(1870—1942 年)被举为水灾河工善后督办是很幸运的事,尽管他在清末的政治生涯变化多端,在 1913—1914 年期间又做过一段短暂而不快乐的总理,人们仍然认为他很适合这一新职位,他从事的慈善和社会工作是他第二次事业的开始[28]。

到 9 月底熊希龄受命时,水灾造成的损失已经非常大了。因为人们公认北京政府救灾出资至多不超过 30 万元——这笔为灾后重建的款子已经由财政部筹集,所以熊希龄的主要任务是筹资和协调当时私人慈善团体的关系。他的职责是督办京畿一带水灾河工善后事宜,在京津两地均设有办事机关。他的属下人手很少,据说他依赖中外官绅给予政策上的建议,依赖中外工程师给予技术上的指导[29]。熊希龄也有责任收集有关各地环境的信息[30]。在善后结束工作以后,他下令编撰了《京畿水灾善后纪实》,这为我们研究者提供了很有价值的历史资料。

赈灾的责任从一开始就毫无疑问地落在了士绅的身上,因为官僚机构较小而受灾地区较大。协调机构是顺直助赈局,天津则有天津顺直义赈会[31]。到 10 月为止,顺直助赈局已经筹集了 120 万元,而且同天津的有关团体密切合作,积极发放食物等[32]。

天津商会在赈灾中发挥了很大的作用,发挥了从外省特别是从安徽购粮的重要职能[33]。尽管天津地方政府对本地赈灾负有官方责任,但实际运作则由商会和市民领袖操持。历史学者刘海岩认为天津赈灾中的官商关系很像官督商办,即由官方监督由商人操作[34]。

其他许多市民团体也参加了赈灾,一些是因此次水灾成立的,一些是早已存在的。上海的一些团体特别积极,包括上海顺直水灾义赈会、上海红十字会和上海广仁堂[35]。其他较活跃的中国人的团体包括中国红十字会、上海中国红十字会(与上是否是一个团体尚不清楚)、中国救生会和天津军医学校[36]。还有一些香港和上海的团体。

上海地区的社会活动家犹如在 1876—1879 年华北旱灾中一样发挥了特别大的作用。玛丽·兰金(Mary Rankin)将这种精英活动称之为太平天国以后重建过程中的新现象[37]。罗芙云(Ruth Rogaski)的著作揭示了在 1878 年危机的高潮时广仁堂成立中南方来的商人和官员的实实在在的作用。在这次危机中逃到天津的数千难民大多数可能是妇女儿童,广仁堂不仅保护他们免受疾病和饥饿之苦,而且避免了被绑架和拐卖的危险[38]。

很明显从一开始外援就很受欢迎并由熊希龄的督办处负责协调。10 月 17 日,作为中外委员会的都市联盟水灾救济委员会正式成立,它负责协调在赈灾中已经很活跃的许多团体的工作。熊希龄是这个委员会的主席,在中国的洛克菲勒基金会常务主席罗杰·格林(Roger S. Greene)和前直隶布政使刘若曾为副主席[39],各类中外市民领袖被推举为委员会成员,这个委员会以设在北京的水灾救济暨河流保护总督办的办公地点为临时会址,这标志着这两个组织间的密切关系。"委员会旨在联合一切慈善组织,以最佳方式赈灾。"委员会成员由各类慈善组织和市民团体任命,委员会也为水灾救济募捐[40]。

外国方面,美国红十字赈灾委员会可能是最活跃的组织,帮助协调当时的地方团体[41]。华北基督教水灾救济委员会是协调各种基督教机构工作的伞下组织,天津基督教联盟水灾救济委员会在天津建立了难民营,其他团体则在文安进行救济工作[42]。

在救灾工作中唯一最急需的是经费。据估计10月时需要500万元救济款,但只有200万元可用[43]。除了中国组织筹集的120万元和财政部筹集的30万元外,美国红十字会捐助5万美元,并许诺总共捐助20万美元[44]。美国大使芮恩斯(Reinsch)要求更多援助的请求由于优先考虑欧战被驳回[45]。对外省政府的求助也未获成功。很明显赈灾只能依靠私人资助[46]。水灾救济暨河流保护督办处通过与各省商会、银行家、海外华人团体、上海工业界领袖和日本团体的接触要求他们捐款[47]。

三、赈灾措施

赈灾既利用新手段也利用了传统方法,传统方法中最主要的是以低于市场的价格销售谷物即平粜。与清代鼎盛时期的官员相比,1917年的当政者既无法支配谷物市场,也无法驾驭地方官员。起初督办投入了44万元从奉天和吉林购进粮食供平粜,其中财政部追加了40 481元。1918年1月16日的一份报告显示,209 925石粮食(121 766石红粱,88 159石玉米)已在72处以平粜方式售卖,收入588 892元。这与1917年12月21日报告的这些粮食的平均价格相符:红粱每石2.7元,玉米每石2.9元[48]。按规定只有两种粮食即红粱和玉米可以销售[49]。1919年6月26日在总结报告中,督办处声明购买粮食84 236石,花费858 635元,外加运输费41 645元。84 236石肯定是抄写错误,与前有出入[50]。

但是,一定有一些其他来源的供平粜的粮食没有包括在这份报告中。天津商会档案中的报告显示天津粮商已经准备从安徽购进价值804 000元的粮食;另一份材料显示,从吉林购进了250 000石的粮食。仅在1917年,天津粮商就负责从外省总共购进了价值170万元的食品,其中大多数是粮食[51]。这些数字可能与督办处报告中的数字有重叠,但无论如何总数比《京畿水灾善后纪实》中报告的数字要大。总之,通过平粜售卖的数字相当真实。

资料也显示了用售粮实现救灾目的的危险和困境,规定指出,购粮费用由县政府承担,各县对其所需做出估计,委派官员到政府已经收集了大部分粮食(运输费用之半由交通部承担)的天津或保定。虽然公平的卖价由各县根据各自情况决定,但它也不可以定得太低以免打击商人。富裕家庭应该被说服以相同的价格售卖其粮食[52]。

地方政府被劝告应尽快付钱买粮——大多数是高粱和玉米,因为督办处想用收回的钱购进更多的粮食。这些指示也说明了从奉天和吉林(从18世纪以来奉天一直是直隶粮食的来源地)海运来大量粮食供应是可行的,运输费用之半由交通部补助[53]。

尽管有大量的粮食售卖,1917年政府和私人救济似乎首先是直接施舍,其次才是经济复原。除了平粜以外,传统的赈灾措施包括在56个县或更多的县建立600处粥厂,总费用为189 902元[54]。直接施舍还包括散放衣物燃料,搭建临时住所[55]。蠲免田赋是当局较易提供的又一种措施,1917年有110个县的25 482 265亩农田被蠲免田赋[56]。

冬春季节,督办处的主要任务是协调救灾款,也就是说给水灾受害者提供经济手段以恢复自足。督办处在冬赈中通过其他各种机构提供了总数达1 160 000元的救济,而顺直助赈局京津两地办事处则筹集了370 023元,总数为1 660 000元[57]。救济款的发放由顺直助赈局——一个绅士救灾组织的联合体来管理,将受水灾地区分为14个救济区,根据受灾程度将每个村庄分等。理论上讲,所有家庭都被分为急需救助和一般救助,前者每个成人得2元每个儿童得1元,后者每个成人得1元,每个儿童得50分[58]。

但是,从次年春季的报告中可以很明显地看出,冬赈遇到了很多问题。直隶助赈局显然错划了许多村庄等级,将救灾款给了那些并不需要的村子,而未给那些急需的村子[59]。结果,督办处将140 100余元给了那些4等和5等的村子,实际上这些村子需要救济的程度只相当于6等或7等。事实上,管理春赈由天津顺直义赈会负责,这个义赈会已经筹集了约200 000元,作为督办处筹集的500 000元的补充[60]。

春赈管理规定说明了在发放救济款中很难避免发生不正当和贪污行为。救灾人员被警告关于各地情况在未采取单独调查以前不要听取地方士绅的话。管理规定,救灾款的发放由县政府官员与地方组织和地方领袖联合监督,禁止村级政府单方面作决定[61]。这种对地方领袖的不信任也反映在平粜的规定中。平粜规定粮食必须直接售卖给各户,而不能趸售给村中的长老让其转售[62]。尽管京津当局需要依靠各地官员监督救灾工作,但他们也清楚地知道其腐败行为,注意到这些官员并不总是将民众的福利视为其第一要务[63]。

但是,总的看来,救灾管理者意识到了直接救济作用有限,认为主要工作应放在增加受灾者的购买力方面。于是要求地方官员在县城和乡村设立因利局,从银行、地方领袖和商人那里筹集资金,以低利息贷款帮助受灾者恢复经济自立[64]。最后有 309 个因利局给 44 000 名受灾者提供了总数达 316 213 元(洋)的资助[65]。地方官员还奉命设立义当,他们计划从公私两处筹集资金从受灾者那里买地,不过这种机构似乎没有被广泛推广[66]。尽管两种救灾款计划来自地方(即使这些仍然不足),当局也能给督办处提供资金。12 月 14 日督办处向各县发出通告,要求以宝坻为榜样,宝坻县在几次筹集资金的会议宣告失败以后,知县带头捐助了 1 000元,其他人随之捐助了20 000元[67]。

就像过去一样,救灾工作被看作为贫困者增加收入的方法,并为灾后重建得到廉价劳动力。似乎有几个县譬如宝坻、霸县、香河被指定为救灾专点。对受灾者的调查方法和对身体强壮者发放做事凭证的方法也作出了规定,同时,妇女、年长者和残疾人会得到其他形式的救济。不过,这些计划是怎样执行的,在其他地方的救灾工作开展得如何,从资料中看得并不太清楚,而且,还有证据表明,县官在滥用劳力[68]。

最富有想象力的救灾方法是恢复织布工业。因为灾区大部分是织布业中心,比如饶阳、高阳、献县和肃宁,所以这一工业的复原可以看做是对地方自足的应急对策。督办处估计这些地区有 100 000 台闲置的织机,假定每户有 8 口人,可以养活 800 000 人[69]。督办处提议为棉布商提供担保以使市场复苏,给织布县发放棉纱,同三菱洋行签订合同,以保证购买的棉纱通过商人发放到织户手中。商会被劝告说服布行从织户手中购买跟平常一样多的布,而商人则能以优惠条件得到贷款[70]。强调通过关注手工业产品恢复经济,这与清代强调恢复农业生产形成了鲜明的对比,反映了该区域许多地方商业化的程度。

四、农村地区的赈灾

正像我们所看到的,1917 年的赈灾是各种主动行动的结果:一些是地方的,一些是天津的,一些是外省的;一些是中国的,一些是外国的。他们至多只有一些松散的联系,甚或根本没有联系。私人的主动行动,不管是个人的还是团体的,都很活跃,而且许多国际组织和中国组织都筹款,到直隶地区分发救灾款。

私人捐助行动一个最有趣的例子是无锡唐宗愈和唐宗郭兄弟,他们受其已故父亲唐桐卿的影响,为直隶地区救灾筹款。唐桐卿是一位禅宗信徒,终生游历数省分发赈灾款,并且还定了救灾规则。其子同样生活节俭,施行善事。

他们注意到了直隶最贫困的四个县:宝坻、霸县、文安和固安。因为上海丝绸商人已经给宝坻捐助了相当多,唐氏兄弟决定集中救助霸县和文安。(他们听说霸县死了好多人)他们捐了钱和衣物,但不久发现贫苦人实际上更喜欢粮食。最后他们购买了 9 000 石粮食,还捐了 29 400 元钱。关于他们的记录最有趣的是赈灾的折中性和不同慈善团体和机构间很明显的网络关系。唐氏兄弟与顺直助赈局和京直奉义赈会有直接联系,但他们从一开始就知道赈灾的成功与否依赖于私人的主动行动,所以他们在熟人中筹款,并在四县的赈灾工作中与佛教、基督教组织和广仁堂合作[71]。这些赈灾和重建措施有什么影响?关于赈灾措施的记录相对清楚,但对其影响的记录不甚系统,证据非常分散,也不清晰,很难估量。

文安是损失最严重的一个地区,全县都处在一片凹地中。在 1912 年的水灾中,花了 3 年时间才将积水排干。1917 年大水灾中,许多家庭逃离故土,房屋和庄稼损失惨重。据基督教传教士估计,在 1918 年夏,大约有 30% 的人口逃离故土,留下的大约有 100 000 人,大多数是妇女儿童,都急需救助[72]。中外人士赈灾的积极影响在文安的地方志中也有记录,志书中列出了 1917 年赈灾中特别重要的 5 个组织,它们是:(1)上海广仁堂,它捐助了大量钱财,给赤贫者发放可以兑换现金、衣物、棉花和药物的票据,它还施放面粉,建粥棚。(2)华北基督教水灾救济委员会捐助了一大笔钱,由一位美国教士指导施放。外国人和中国人在 13 个地点合作开设粥棚,修筑了千里大堤,整修了通向北京的大路。他们使用劳动力,拯救了无数贫困者的生命。他们建医院,分发种子,总共捐助了 36 000 元外币和 80 000 石粮食。根据地方志记载,以前很少有这么多的捐款。(3)上海红十字会派来了代表。(4)顺直助赈局天津办事处也给文安捐助了 37 000 元:每个成人 1 元,儿童50分,赤贫者加倍。(5)顺直义赈会1918年给文安捐助了30 000元[73]。

冀州的新河县也遭受了严重的水灾,降雨从6月5日开始,全县均受影响。35 000间房屋倒塌,20多人被淹死。地方义仓的救济款以现金的形式发放。1918年春季,省政府为劳力救济捐助了基金。此外,各村以其所受损失的程度被给予免征田赋的优惠[74]。由于赈灾的努力程度,人们认为这次危机比1920年的旱灾所受灾害影响要小,因为1920年旱灾是自然灾害与人为灾害同时施虐,当时有许多人死于传染病。县志指出,1920年危机比1917年危机严重得多,因为1917年还相对繁荣些,人们仍然有一些储备,愿意互相帮助。与之相比,1920年的形势很糟,人们害怕盗匪,不愿互相帮忙;官员和警察不能维持秩序,许多家庭逃到外地或到县城寻找避难处[75]。

在定县(定州),美国社会科学家西尼·甘博(Sidney Gamble)记录的事实似乎说明直隶赈灾重建的指示被忠实执行了。453个村庄中的335个村庄的庄稼遭受损失,其中197个村庄颗粒无收或少于正常产量的10%,整个农田有40%被毁,据报损失严重或非常严重的人口达25%,蠲免田赋要按比例执行。有几处设立了粥棚,在几个地方实行了平粜。发放现金似乎发挥了更大作用,地方当局廉价售卖了村中粮仓(?——原文如此)的粮食,用3 727元收益加额外捐助的1 954元发放给穷人[76]。注重现金赠与而不是粮食发放,似乎说明了危机期间粮食市场仍很活跃。

尽管人文社会破坏不如1876—1879年旱灾或是1920年旱灾后那么严重,1917年的水灾损失仍然非常严重。死亡率数字很少被引证,人们不是被淹死,而是被饿死、冻死、病死或受离乡之苦等等。1918年分散的地方资料讲到了大饥饿,或换句话说人们在吃树皮。一些地方的粮价达到了每石4元。更值得注意的是,1918年秋,一些地方的传染病吞噬了许多生命。9月,在文安,“无数的”人死去[77]。

京津之间永定河流域的低洼地区实际上长期处于危机状态。例如,在固安县,永定河自光绪三十年(1904年)以来就常常决堤,1912年该县状如泽国,百姓无食充饥。由于连年水灾,淤泥积至五六英尺,致使原本肥沃的土地变得贫瘠不堪。事实上,县城比周围农村地区低五六英尺,形如釜底,积水无法排出,衙门及其他建筑物摇摇欲坠[78]。

无家可归者是最受人关注的。地方当局和绅士、商人团体或教堂建起了留养所,资料显示在62县中总共有170处留养所,大约有40 000人得到安置,总花费达225 000元[79]。与清代一样,当局最关心的是尽量让人们呆在本乡,阻止他们四处流浪。许多通过陆路或水路逃到天津的难民最远的来自两三百里路外。当局担心如果他们滞留天津,他们会变成游民。督办处建议免费将他们送回故乡,并赠与一定的生活费。但因为有一些人再次返回来要救济,警察局接受建议给难民拍照并分发,保存下了他们的图片资料[80]。

与1876—1879年危机及20世纪初记录完好的历次灾难一样,这次危机中的一种较普遍的绝望行动就是卖妇女儿童。1876—1879年西方观察家报道,华北妇女被大规模地卖掉,甚至将他们运送到南方[81]。1917年,只有一些间接证据说明有这种做法。1917年10月11日督办处电报告知各知县禁止买卖幼儿,电报中说已有许多这种行为。随后11月的两则通告建议知县设立慈幼局照料儿童,并派军队保护他们[82]。虽然没有提及杀婴的事情,但历次灾害中的证据也说明这是一种常见的但从来没被公认的社会习惯[83]。

五、城市的中外行动

不管对农村地区提供了多么有效的援助,天津对逃难到那里的直隶受灾者也提供了很大的帮助。由于天津已经发展成为工业中心,许多腹地的移民到那里寻找发财的机会,他们或到工厂当工人,或做家务劳动。一则研究表明,三条石工业区97%的工人来自河北,大多是从河间府(吴桥、交河、宁津)来的[84]。危机期间,难民使城市人口增加,1877—1878年冬,有100 000人口在天津避难并被提供食物[85],1917—1918年的数字也许小一些,但仍然很庞大(我所给的资料数字没有区分本地受灾者和难民)。10月天津拥进了55 000名难民[86],1918年9月天津警察估计,有284 349贫困者住在天津城,另有66 679赤贫者住在城外边远地区[87]。

当传教士活跃于乡村地区的时候,外国赈灾团体则集中于天津。虽然外国侨民有慈善想法,但面对如此众多的难民,他们也害怕自身安全和健康受到影响,此外,他们的生意和船只也受到了水灾的威胁。

外国赈灾行动包括一些陈列样板,譬如从1917年11月13日到1918年3月31日开张的美国红十字会水灾救济难民营。该难民营建在德租界,建了大约 1 000 间棚屋,由“芝加哥著名的沙塔克和哈思(Shattuck and Hussey)建筑公司的哈里·哈思(Harry Hussey)先生”设计[88]。难民营仿照军营管理,住在这里的人必须有身份标签和配给卡,并被迫接受晨检、洗浴和教育。进来时每个人必须体检,衣服要消毒,头发要剪掉或用火油清洗。总之,开办者为他们照顾了“4 800 名由于长期受水灾和寒冷的侵袭已很虚弱的无家可归的最下层和最贫穷的中国人”而感到骄傲,而且“难民营中只有一例传染病”[89]。

天津基督教联盟也设立了一个有 2 000 间棚屋能容纳 7 000 名难民的难民营,由熊希龄的督办处资助建成,由基督教团体承担管理责任。他们以很高的卫生和医疗标准提供设备:“鼓励并提供接种天花疫苗和定期洗澡,每天清洗厕所,疾病的发生率很低”。妇女们忙着缝衣服被褥和草垫子,儿童们和成人均被授课[90]。

其他城市的市民领袖发起了筹集资金的活动,北京的中国人通过举办集市和抽彩售货作出了他们的贡献[91],同时上海的中外团体也在哈同花园(Mr. S. A. Hardoon's garden)举办了为时 5 日的“慈善节”,包括升气球、灯笼展、中国戏剧、杂技表演、集市娱乐、电影表演和放烟火,但是,“大多数夜晚是边在剧院看演出边参加宴会”[92]。

六、河流的整治:中外行动

正是在河流保护地区外国顾问为了保护其经济利益作出了与众不同的贡献。1917 年中外参与是在河流保护中最持续的行动,尽管到 1917 年 10 月 19 日中国当局已经花费了 560 000 元修理大堤[93],但他们知道这只是一个小小的开头,仍需外援。

自 19 世纪末 20 世纪初以来,天津的外国人在河流保护问题上一直很积极。光绪二十七年(1901 年)海河保护委员会——一个在中国政府管辖下的中外顾问团成立了,它的大部分成员是领事和外交人员推荐的外国工程师,它的经费来自对所有进港和离港货物征收的海关和河流税收以及对所有使用港口的船只征收的船舶吨税[94]。它在对水灾地区的考察方面开创了一个极好的开端,尽管其权限没有超越海河。在 1912 年可怕的水灾之后,委员会为缓解海河及其支流的压力提出了一套完整的建议。其焦点不只是紧邻的天津地区,而且包括整个流域。建议包括切断流向海洋的其他出口,使用大运河缓解排水压力,在上游植树造林并筑造水库[95]。但是,1917 年似乎真正给在天津的外国外交官和商人提了一个醒,他们认识到天津周围水路时常淤塞和泛滥威胁着他们的商业利益,所以他们必须参与通商口岸之外的事务,以使港口通航。而且,他们公认国际合作是基础。在一篇题为“大人物,大主意”的社论中,作者这样写道:

“天津目前的水灾引发口岸意识到这样一个事实,即不论是个人,还是国家、各省,甚至无所不能的通商口岸都不能完全独立存在……天津对其责任及其危险认识很有限……只有一种解决水灾问题的办法,那就是全面合作……”[96]

另一篇社论反映了外国影响程度的极度夸张的观念,指出铁路的到来使外国人更意识到了内陆的苦难,因为那些地方更易到达。

所以直隶水灾又来了,但这一次有所不同。以前水灾只影响到本地居民,这次对外侨打击非常明显和厉害……因为洪水威胁到了天津,自由流淌河流流域中的许多人最后会得到永久保护的机会[97]。

惧怕城市被完全淹没是采取行动的最引人注目的原因。一位外国人提到了“天津末日的到来”。也有人担心京汉铁路穿行期间的各条水路会引起铁路的中断,法国的铁路顾问工程师 G. 布拉德(G. Bouillard)作了调查,并得出结论:

“为了避免将来京汉铁路发生事故,必须抑制水流流出河道穿越平原,为此,只有采取如下的补救办法才可以抑制急流奔涌的水道:在山区重新植树造林,同时建蓄水库,除此以外没有其他可行的补救措施。”[98]

1917 年 10 月 12 日,中国政府和外国团体一致同意,成立了一个改善直隶河流系统的新委员会,熊希龄被任命为委员会主席,其成员包括外国人和中国人,其中有许多工程师。委员会的两个主要功能是“对河流改进和对外交协定提供的基金花费的管理提出技术咨询。作为工程建设的行政管理机构,除了由其主席给予的权力以外,没有其他权力。政府授予熊希龄的这种权力是不确定的,就像在同中国人来往的这些事务中的习惯做法一样。”[99]

从1917年到1927年总结报告出台,直隶河流委员会致力于直隶河流的勘测和几个关键水利工程的维修。最初,工程资金来自被放弃的120 000两,这笔资金是为重组盐务管理局而设的1913年重组贷款的未用部分,因为这还不够,1920年6月,财政部同意每月由天津海关支付给委员会30 000海关两(45 000元),因此,委员会每年账目收支平衡[100]。中外资金的这种分派说明了外国团体对北京政府财政来源比如盐税和海关税的紧密控制,也说明了外国势力感觉到其经济利益受到直隶持续不稳定的河流状况的威胁程度。

河流保护引发了一种挑战,要求西方人尤其是美国人持"能做"的态度。民国时期,西方工程师比如托德(O. J. Todd)走遍了农村地区,在可能的情况下勘测、丈量、监督工程。然而,在1917年,不管是中国当局还是外国当局,基本上对直隶河流系统的管理前景没有什么信心。确实,几年以后的1924年,另一次大洪水侵袭了同一个地区,影响了起码60个县,造成了100多万人贫困不堪[101]。

全国保护部的顾问工程师暨关于直隶河流问题的许多报告的作者冯德丰(H. Vanderveen)将直隶河流问题看做是一个政治和历史问题,而不是工程问题。"人为干涉——目前状况的直接原因"是写于1917年的一篇文章的副标题,他认为两个主要的问题——"可恶的淤泥"和河流出口的不足在将支流引入干流以助大运河方面有其历史根源,例如,早年将潮河分洪到北河对后者产生了很大的压力,继而对海河也造成了很大压力。他认为作出牺牲最大的是永定河,为了防止流水将大量泥沙带入大运河,永定河转流向了当时作为蓄水池的沼泽地,大多数泥沙在此蓄积,直到几百年以后,沼泽地被填平。同时,河床也由于水流受阻而抬高,以至于完全超出了自然地势,"结果浑河(永定河的别名)现在对全国构成了威胁,在破坏性方面仅次于黄河"[102]。

不过,直隶河流委员会在其存在的十年间,也能小规模地做些好事。首先,它承担了河流系统的广泛的且影响深远的勘测,确实它的大多数预算花费在行政管理和勘测上;其次,它使用这些可用的资金承担并管理了某些水利管理项目,包括天津北部的"裁弯取直",裁直了白河的一个弯,去除了对城市一部分的威胁[103]。直隶河流委员会同1921年成立的协调外国救灾行动的中国华洋义赈救灾总会一起,帮助沿着大清河和子牙河建大坝,发起地方自救项目及石芦灌溉计划,该计划大部分于1927年完成,帮助京西永定河岸灌溉了70 000亩农田[104]。另一个成功的项目是在保定府东30英里的西淀筑造了花费达300 000元的大堤。1927年是一个丰收年,但在1924年和1925年这个地区则是一片汪洋。第三个成功之处则是修复千里运河的主要决口处,这使文安洼农耕成为可能[105]。

但是,对于更具实质性的项目来说,委员会除了提出建议以外不能做更多。中国华洋义赈救灾总会曾建议但却未曾实施的一个重要的建设项目就是在独流附近挖一条从运河通向大海的通道,这将为南方的河流提供第二个出海口,这个项目将花费600万元,需要100 000到200 000个劳力[106]。河流委员会在它的最后报告中建议不仅为永定河提供南部出口,而且对北部和南部河流进行改造,估计总花费达1亿元。委员会建议英国政府为此用庚子赔款,但英国政府显然后退了,回答说在中国没有明确的中央政府之前这是不可能的。当委员会解散的时候,它指出,虽然它采取了一些行动,但在目前状况下,永定河可能重蹈1917年的覆辙,也就是说不会取得多少纯粹的效益[107]。海河委员会也得出了相同的结论,即除非永定河由中央政府管理,否则地方主义会抵消河流保护的努力[108]。简言之,当外国人作出短期贡献并提出长期技术解决方法的时候,外国团体并没有通过政治手段或政治利益实现其可能永久改善河流状况的计划。

考虑到这些局限,直隶河流管理委员会仍然口碑甚佳。托德曾称赞其勘测工作和小项目,但较大项目不得不拖延下来,他写到:"当中国有一个政府的时候,仅这一个委员会的问题就会让全体能干的外国工程师忙上20年,用每年到手的合理款项实施工程建设和必要的维修。"[109]值得注意的是委员会建议的大多数大项目都是在1949年以后实施的,比如现在的独流减河工程实际上在20世纪20年代就已被提出。

七、1917年透视

尽管1917年水灾是一次真正的灾难性事件,但赈灾和重建行动起码在短期内取得了一些积极的成果。尽管中央政府不能提供所有急需的资金,但它设法协调联合赈灾行动,这种行动利用了各种援助渠道——公私、中外和地区内及跨区域的。合作和真正的慈善义举由地方领袖、上海绅商及天津的中外团体实施,人们也许会说与多元的和折中的“市民社会”类似的某种东西在这次危机中发挥了作用。

1917 年水灾事件对天津与腹地的关系说明了什么？天津即使不是危机的中心,与以前相比在更大程度上肯定也是危机的管理中心。清代直隶地区危机时,饥饿的难民往往逃往北京而不是天津,北京由于供应更充足而成为食物供应系统的中心。这种状况从 1876—1879 年的旱灾中开始有所改变,但即使在那时,北京仍然是名义上的中心。但是,在 1917 年,督办处及大多数辅助团体都以天津为基地,在此协调各种行动和资源。

在 1917 年,考虑到城市本身的水灾环境,天津很难忽视其内陆的经济和环境状况;它的命运与内陆河流及百姓的命运息息相关,无论如何,天津是海河系统的中心。

铁路在华北的引进给商业和行人提供了另一种运输形式,当水路淤塞或泛滥时,内陆的水路运输常常中断(即使气候好,从 12 月到来年 3 月底内陆水路也不能通航)。1912 年,天津与其腹地间输送货物价值的大约 53% 是通过铁路,44% 通过水路;到 1921 年分别为 70.5% 和 25.5%[⑩]。

从水路运输到铁路运输的转变肯定给天津带来了利益,而且比以往任何时候都更使之成为整个华北的商业中心。铁路为农产品和手工业产品开拓了市场,并刺激了其生产,梨、桃及其他水果,花生、杏仁及其他坚果,芦苇和稻草制品等都有了远近市场,最重要的是,棉织中心比如高阳和宝坻随着贸易的增加日益繁荣[⑪]。

所以,我们可以看出,1917 年天津与农村地区在人口与水利上有联系,而且在经济上也比以往任何时候都联系紧密。墨菲对通商口岸与腹地鸿沟的描述主要聚焦于外贸,但是,如果考虑到其他因素,这种明显的鸿沟似乎并不存在。我们可以看出,在 1917 年天津及其腹地的关系比墨菲对 19 世纪 90 年代断定的关系要紧密和复杂得多。

注:

① [美]罗兹·墨菲(Rhoads Murphey):《通商口岸与中国的近代化》(*The Treaty Ports and China's Modernization*),载伊懋可(Mark Elvin)和施坚雅(William Skinner)主编,《两个世界中的中国城市》(*The Chinese City between Two Worlds*),斯坦福大学出版社 1974 年版,第 17—71、60—61 页。

② [美]墨菲:《通商口岸与中国的近代化》,第 62 页。

③ [美]罗威廉(Rowe, William T):《1796—1889 年的汉口:一个中国城市的商业和社会》(*Hankow: Commerce and Society in a Chinese City*, 1796-1889),斯坦福大学出版社 1984 年版。

④ 李明珠(Li ,Lillian M.)、阿莉森·德雷-诺威(Alison Dray-Novey):《保卫清代北京的粮食安全:国家、市场和警察》(*Guarding Beijing's Food Security in the Qing Dynasty: State, Market, and Police*),载《亚洲研究杂志》(Journal of Asian Studies)第 58 卷第 4 期 (1999 年 11 月),第 992—1032 页。

⑤ 关文斌(Kwan, Manbun):《天津的盐商:中华帝国晚期国家的形成与市民社会》(*The Salt Merchants of Tianjin: State Making and Civil Society in Late Imperial China*),夏威夷大学出版社 2001 年版,第 21—26 页。

⑥⑦ 李明珠:《1738—1911 年华北粮食市场的整合与解体》(*Integration and Disintegration in North China's Grain Markets*, 1738-1911),《经济史杂志》(*Journal of Economic History*)第 60 卷第 3 期 (2000 年 9 月),第 665—700 页。

⑧《天津谷物贸易》(*Cereal Trade in Tientsin*),《中国经济杂志》(*Chinese Economic Journal*)第 2 卷 2 期 (1928 年 2 月),第 104—108 页。

⑨ 顾琳(Linda Grove):《1860—1930 年的国际贸易和华北国内市场网络的形成》(*International Trade and the Creation of Domestic Marketing Networks in North China*, 1860-1930),载杉山伸也(S. Sugiyama)和顾琳编,《近代亚洲的商业网络》(*Commercial Networks in Modern Asia*),1999 年,第 96—115 页。

⑩《直隶河流委员会史》(*History of the Chihli River Commission*),《中国经济杂志》(*Chinese Economic Journal*)第 1 卷第 7 期 (1927 年 7 月),第 634 页。

⑪⑰ 天津市历史博物馆等编:《近代天津图志》,天津古籍出版社 1992 年版,第 209 页。

⑫《北京每日新闻》,1917 年 9 月 25 日,附于美国国务院同日的急件中。《美国国务院关于 1910—1929

年中国国内事务的档案》(*Records of the U. S. Department of State Relating to the Internal Affairs of China*, 1910-1929),《天津领事公文》,华盛顿特区,服务管理总处,国家档案局,缩微胶卷第329号,第128卷。

⑬《华北每日新闻》,1917年9月25日。

⑭ 见《华北每日新闻》从1917年9月29日到10月12日的文章。

⑮ 熊希龄编:《京畿水灾善后纪实》,1919年,第2卷第2页。

⑯《芮恩施大使来函》,1917年10月29日,存于《美国国务院档案》。

⑱㊸ 熊希龄:《京畿水灾善后纪实》,第3卷第4页。

⑲《华北每日新闻》,1918年2月19日。

⑳《1912年9月3日总领事函》,存于《美国国务院档案》。

㉑ 降雨量数据依据中国科学院地理研究所张丕远先生的估计。

㉒㉛ 熊希龄:《京畿水灾善后纪实》,第3卷第3页。

㉓ 魏丕信(Will, Pierre-étienne):《18世纪中国的官吏和饥荒》(*Bureaucracy and Famine in Eighteenth-Century China*),斯坦福大学出版社1990年版。

㉔ 魏丕信、王国斌(R. Bin Wong):《养育百姓:1650—1850年中国民间的常平仓》(*Nourish the People: The State Civilian Granary System in China*, 1650-1850),密歇根大学中国研究中心,1991年。

㉕ 李明珠、阿莉森·德雷-诺威:《保卫清代北京的粮食安全:国家、市场和警察》。

㉖ 李明珠:《华北的抗灾:1698—1998年的国家、市场与生态破坏》(*Fighting Famine in North China: State, Market, and Ecological Decline*, 1698-1998),未完成的书稿。

㉗ 钱端升(Tuan-sheng Ch'ien):《1912—1949年中国的政府与政治》(*The Government and Politics of China*, 1912-1949),斯坦福大学出版社1970年版,第65—66页。

㉘ 霍华德·布曼(Howard Boorman)编:《中华民国传记词典》(*Biographical Dictionary of Republican China*),哥伦比亚大学出版社,1967—1971年版,第2卷,第108—110页。

㉙ 熊希龄:《京畿水灾善后纪实》,第1卷第1—4页;"督办处规章"及第16卷第15页,"私人捐赠的作用"。

㉚ 熊希龄:《京畿水灾善后纪实》,第3卷,包括一些发出的调查表。

㉜《北京每日新闻》,1917年10月16日,《美国国务院档案》。

㉝㊿ 天津社会科学院等编:《天津商会档案汇编(1912—1928)》第2册,第1 697—1 707页。

㉞ 在2001年8月由天津社会科学院举办的"华北城市近代化"的会议上,刘海岩是本文的评论人,我对他的评论表示感谢。

㉟ 熊希龄:《京畿水灾善后纪实》第22卷第2—3页列有名录。

㊱《华北每日新闻》1917年11月7—8日;熊希龄:《京畿水灾善后纪实》第22卷第2—3页也包括了捐款组织名录。

㊲ 玛丽·巴克斯·兰金(Mary Backus Rankin):《1865—1911年中国浙江省精英的活动与政治转变》(*Elite Activism and Political Transformation in China: Zhejiang Province*, 1865-1911),斯坦福大学出版社1986年版,第142—147页。

㊳ [美]罗芙云(Rogaski, Ruth):《超出了善心:中国通商口岸一个儒家妇女的庇护所》(*Beyond Benevolence: A Confucian Women's Shelter in Treaty Port China*),载《妇女史杂志》(*Journal of Women's History*),第8卷第4期(1997年冬季),第54—90页。

㊴ 格林后来的生平在沃伦·柯恩(Warren I. Cohen)的《中国的联系》(*The Chinese Connection*)(纽约,1978年)中提到。

㊵《北京每日新闻》,1917年10月16日和18日,附于同日的急件中,《美国国务院关于1910—1929年中国国内事务的档案》。

㊶ 1917年10月15日急件,《美国国务院关于1910—1929年中国国内事务的档案》。

㊷㊽《华北基督教水灾救济委员会:工作与计划》附于 1918 年 4 月 2 日的急件中,《美国国务院关于 1910—1929 年中国国内事务的档案》;另参见《关注天津水灾受害者》(*Caring for the Tientsin Flood Sufferers*),载《远东评论》(*The Far Eastern Review*)第 13 卷 19 期(1917 年 12 月),第 765—66 页。

㊸ [美]芮恩斯大使 1917 年 10 月 29 日急件,《美国国务院关于 1910—1929 年中国国内事务的档案》。

㊹ 1917 年 10 月 2—6 日急件,《美国国务院关于 1910—1929 年中国国内事务的档案》。

㊺ 1918 年 6 月的急件,《美国国务院关于 1910—1929 年中国国内事务的档案》, 75 000 多美元被移交, 250 000 多美元被拒绝。

㊻ 熊希龄:《京畿水灾善后纪实》第 2 卷,第 2 页;第 3 卷,第 3 页。

㊼ 这封信收入熊希龄的《京畿水灾善后纪实》卷 4。

㊽ 熊希龄:《京畿水灾善后纪实》第 9 卷,第 5 页。

㊾ 熊希龄:《京畿水灾善后纪实》第 9 卷,第 7 页。天津的高梁通常来自山东或直隶南部,但是,在 20 世纪 20 年代东北地区成为天津较大的高梁来源地。《天津谷物贸易》(*Cereal Trade in Tientsin*),载《中国经济杂志》(*Chinese Economic Journal*)第 2 卷 2 期 (1928 年 2 月),第 108 页。

㊿ 熊希龄:《京畿水灾善后纪实》第 9 卷,第 11—12 页,这些数字与上述已知的粮价不一致。

52 熊希龄:《京畿水灾善后纪实》第 9 卷。

53 熊希龄:《京畿水灾善后纪实》第 9 卷,第 11—12 页。

54 熊希龄的《京畿水灾善后纪实》第 16 卷,第 46—53 页有列表,第 22 卷第 4 页有花费数目。

55 熊希龄的《京畿水灾善后纪实》第 22 卷,第 1 页,第 16 卷第 27—39 页有列表,第 22 卷第 4 页有花费数目,另参见下条。

56 熊希龄:《京畿水灾善后纪实》第 2 卷,第 33 页、第 35—39 页。

57 熊希龄:《京畿水灾善后纪实》第 6 卷,第 10—11 页。

58 熊希龄的《京畿水灾善后纪实》第 6 卷,第 2—3 页有规章,另参见第 6 卷第 5 页。

59 熊希龄:《京畿水灾善后纪实》第 1 卷,第 1 页和第 7 卷第 4 页。

60 熊希龄:《京畿水灾善后纪实》第 7 卷,第 18 页。第 7 卷第 19—24 页显示 615 700 元分发到了 101 个县。

61 熊希龄:《京畿 4 水灾善后纪实》第 7 卷,第 6—7 页。

62 熊希龄:《京畿水灾善后纪实》第 9 卷,第 5 页。

63 熊希龄:《京畿水灾善后纪实》第 3 卷,第 6—7 页。

64 熊希龄:《京畿水灾善后纪实》第 3 卷,第 4 页,第 15 卷 14—15 页,及第 15 卷第 25—41 页的表。

65 熊希龄:《京畿水灾善后纪实》第 22 卷,第 3 页。

66 熊希龄:《京畿水灾善后纪实》第 5 卷,第 42—46 页。

67 熊希龄:《京畿水灾善后纪实》第 15 卷,第 15—16 页。

68 熊希龄:《京畿水灾善后纪实》第 14 卷,第 7 页和第 8—11 页。卷 14 有各种文献资料。

69 熊希龄:《京畿水灾善后纪实》第 15 卷,第 9—10 页。

70 熊希龄:《京畿水灾善后纪实》第 15 卷,第 1—13 页;第 22 卷第 3 页。

71 唐宗愈:《赈灾书牍五六合辑》,无锡,1918 年。

72 华北基督教水灾救济委员会《灾情》,1918 年 4 月 2 日,附于《美国国务院关于 1910—1929 年中国国内事务的档案》中。

73《文安县志》(1922)第 6 卷,第 1—2 页,现金救灾所使用的比率与官方总指导方针一致。另参见上。

74《新河县志》1928 年第 1 卷,第 21 页。

75《新河县志》1928 年第 4 卷,第 11—12 页,附斜体字。

76 甘博(Gamble, Sidney D.):《定县:一个华北农村社会》(*Ting Hsien: A North China Rural Community*),太平洋关系研究所,1954 年,斯坦福大学出版社 1968 年重印,第 444—446 页。

⑦ 河北省旱涝预报课题组编《海河流域历代自然灾害史料》,气象出版社 1985 年版,第 824—828 页。

⑱ 天津直隶省商品陈列所编《直隶商品陈列所第一次实业调查辑》第 3 册,第 15—16 页。

⑲ 熊希龄:《京畿水灾善后纪实》第 16 卷第 9—39 页。该资料中另一个地方给的数字是 181,花费是 251 628元。同书第 16 卷,第 27—39 页有列表,第 22 卷,第 4 页有花费数目。另参见上。

⑳ 1917 年 11 月 3 日给警察局的信,熊希龄:《京畿水灾善后纪实》第 16 卷第 53 页。

㉑ [美]罗芙云:《超出了善心:中国通商口岸一个儒家妇女的庇护所》第 63 页。

㉒ 熊希龄:《京畿水灾善后纪实》第 16 卷 1 页及其后。

㉓ 关于 1935 年水灾期间山东妇女的资料说明了女婴被虐杀有极大的可能性,甚至被那些在危机期间受到公开庇护的母亲杀死。李明珠:《中国饥荒中的生与死:作为 1935 年黄河水灾人口统计后果的杀婴》(*Life and Death in a Chinese Famine: Infanticide as a Demographic Consequences of the* 1935 *Yellow River Flood*),载《社会历史比较研究》(*Comparative Studies in Society and History*)第 33 卷第 3 期(1991 年 7 月),第 466—510 页。

㉔ [美]贺萧(Hershatter, Gail)《天津的工人,1900 - 1949 年》《 *The Workers of Tianjin*, 1900-1949》,斯坦福大学出版社 1986 年版,第 98—99 页。

㉕ [美]罗芙云:《超出了善心:中国通商口岸一个孺家妇女的庇护所》第 62 页。

㉖《关注天津水灾受害者》第 765—766 页。

㉗ 熊希龄:《京畿水灾善后纪实》第 6 卷,第 17 页。

㉙ 附于 1918 年 6 月 17 日急件中的报告,《美国国务院关于 1910—1929 年中国国内事务的档案》。

㉚ 华北基督教水灾救济委员会:《灾情》,附于 1918 年 4 月 2 日的急件中,《美国国务院关于 1910—1929 年中国国内事务的档案》。

㉛《华北每日新闻》,1917 年 10 月 18 日。

㉜《华北每日新闻》,1917 年 11 月 9 日。

㉞ [英]琼斯(Jones, F. C.)《上海和天津》(*Shanghai and Tientsin*),牛津大学出版社 1940 年版,第 132—133 页。

㉟ 海河保护委员会《1912 年水灾情况报告》,附于 1912 年 9 月 3 日总领事的来函中,《美国国务院关于 1910—1929 年中国国内事务的档案》。

㊱ 附于 1917 年 9 月 28 日总领事来函中的不明附件,《美国国务院关于 1910—1929 年中国国内事务的档案》。

㊲《华北的水灾》(*The Floods of North China*),《远东评论》第 13 卷 18 期(1917 年 11 月),第 755—756 页。

㊳ 布拉德(Bouillard, G.)《1917 年的华北水灾:应对措施及其后果》(*The North China Floods in* 1917: *their consequences and proposed methods for dealing with them*),天津,1918 年。

㊴ 前引《直隶河流委员会历史》第 634、638 页。

⑩⓪ 前引《直隶河流委员会历史》第 641—643 页。

⑩①⑩⑥ 特纳(Turner, F. B)《华北的水灾与饥荒》(*Flood and Famine in North China*),载《皇家亚洲协会华北支会杂志》(*Journal of the North China Branch of the Royal Asiatic Society*) LVII (1926 年), 1—18,第 8 页。另参见中国国际赈灾委员会直隶分会《关于饥荒情况下施赈报告及其应对计划》(1924 年 11 月),附于 1925 年 1 月 12 日的急件中,《美国国务院关于 1910—1929 年中国国内事务的档案》。

⑩②《河工讨论会议实录》,1917 年或 1918 年,英文部分,第 5 页。

⑩③ 前引《直隶河流委员会历史》第 634—644 页。

⑩④ [美]托德(Todd, O. J)《中国的二十年》(*Two Decades in China*),北京:中美工程师协会, 1938 年,第 411 页关于这方面的内容有很多。

⑩⑤《1926 年的中国赈灾》,载《中国经济杂志》第 1 卷第 8 期(1927 年 8 月),第 762—765 页。另参见

《工程成就:防灾和赈灾项目》,中国华洋义赈救灾总会 A21(1919),附于《美国国务院关于 1910—1929 年中国国内事务的档案》中。

⑩⑦《直隶河流委员会:1918—1925 年的总结报告和大计划》,附于 1927 年 10 月 17 日的急件中,《美国国务院关于 1910—1929 年中国国内事务的档案》。

⑩⑧《1926 年海河工程委员会报告》,附于 1927 年 10 月 6 日的急件中,《美国国务院关于 1910—1929 年中国国内事务的档案》。

⑩⑨ 1924 年的文章在托德《中国的二十年》中重印。

⑪⓪ 阿诺德、朱列恩(Arnold, Julean)等《中国:工商业手册》(*China: A Commercial and Industrial Handbook*),华盛顿特区,政府出版办公室,1926 年,第 530 页。

⑪① 《直隶商品陈列所第一次实业调查辑》第 4 册,第 53—54 页;第 3 册,第 7—8 页。

(《城市史研究》2002 年第 21 辑)

华北城市的粮食供给结构
——以天津斗店为中心

[日]浜口允子著　汪寿松译

前　言

华北地区在民国时期一直是煤炭、盐、棉花、羊毛、麻、皮革等工业原料以及低廉劳动力的供应地,与此相反,尽管华北拥有广阔的土地,是农业产区,却是小麦(面粉)和杂粮为主的多种粮食输入、引进的地区[①]。其原因是该地区恶劣的自然条件及农业生产技术不发达等因素,使粮食不能达到与人口的增加相平衡的产量。而且,为了国内工业的发展,一些农产品作为工业原料被列入商品,而其粮食的供给不得不依赖其他地方。因此,国民政府把涉及人们生计根本的粮食供给竟然要依靠外地的状况,视为“刻下的重大问题”,谋求尽可能依靠本地区粮食自给改变这种状况。

通过国民政府会计处的调查可以看到,20世纪20年代末到30年代,华北五省的小麦、谷子、高粱、大豆、玉米、薯类等粮食的自给量,是当地需要量的79.4%。同样,从30年代前半期兴亚院的调查看,五省粮食自给量平均也约占需要量的77%。弥补其不足的方法是输入或引进其他地区的粮食。因此,30年代华北地区,尤其是一些主要城市,作为粮食的消费城市不仅要依靠华北以至华北以外的农村经济,而且卷入了对外的经济关系之中。而且,在上述状况下,从30年代日本欲以华北为中心建立“东亚新秩序”,冻结了美国、英国的资产,试图将华北的经济结构变为以日本为中心。为此,出现了干预粮食流通,在各地出现竞争激化和淘汰等现象,各部门因此受到了不小的影响。

但是,关于这一点,若稍稍缩小范围,会看到与上述不尽相同的状况。如在天津,尽管也有那样状况出现,但却出现了将日本的影响降低到极小的市场,那就是天津的杂粮交易市场,其中坚力量是斗店。

确切地说,天津斗店从1928—1932年的粮食总成交量以及1928—1934年斗店的成交额来看,从1931年开始呈下降趋势[②]。这可能是因为1931年的满洲事变、1932年的上海事变、1933年的侵占热河等事件影响了粮食运输的缘故[③]。斗店的联合组织斗店同业公会本身,就这一实际的窘境有过如下诉说:“津市‘九·一八’后,商业日替,去岁敝会各同业赔累亟巨,然犹忍痛支撑者”[④]。但即便是在这样一种情况下,斗店的交易状况比起其他的粮食经营者来说,尽管交易量有所减少,却还能够顽强地维持着经营。另外,这种倾向虽然并不是本文研究的对象,但却是日中战争开始后更加明显的现象。也就是说,当其他的粮食市场由于日本等影响而遭到较大打击的情况下,斗店市场却能较好地保持独立性,避免了上述影响。可以说在日益高度紧张的社会,粮食价格的上涨使斗店增加了收入和利润[⑤]。这是因为斗店将杂粮作为主要经营商品。另外,我认为主要还是斗店的经营方式和其所具有的耐性。也就是说,这种“古老的习惯和具有传统的流通机构”在国家危难之际,能顽强地“努力维持经营”,这意味着什么呢?对于外来势力的强韧、顽强的抵抗力又是由何而来的呢?本文从上述问题意识出发,以天津的斗店为视角,探讨20世纪前半期华北粮食供给结构和其中斗店的位置、实质。

一、清末天津的斗店市场

在研究城市形成及其近代化的过程中,城市与在其影响下周围地区人们的消费物资如何?特别是确保他们日常生活的粮食,其正常的供给趋向,以及在什么样的秩序中进行流通,是极为重要的问题。天津自19

世纪以来就是华北最大的通商口岸,它既是五大河流的汇集之地,又是津浦、津奉铁路的起点,成为华北广大腹地各种商品交易的集散地。在天津,物资的大量聚集已超过了本市的消费,批发业发挥了重要的作用。其中,粮食和棉花是两大重要的物资。有关粮食的经营,很早就产生了独特的商业组织——大米庄、斗店、粮栈等,其中斗店在华北城市粮食批发业中也是特别传统的组织形态,清代以来一直是以控制着天津的粮食业著称。在中国社会一般的商业交易中,中介业或中间人是非常必要的,这一点反映了该社会落后的性格,但20世纪前半期天津斗店在天津社会的具体经营情况是怎样的呢?

斗店是天津通常的称呼,其意思就是用一种叫做"斗"的衡器来衡量大批量谷物的地方,简单地说就是粮食市场的中介行业,即属于清律的"牙行"。换言之,就是城乡和城市与其他地区粮食交易的经纪人。斗店起源的详细情况不太清楚,但其经营活动始于清道光、咸丰年间。经营斗店者须向官府交纳白银数百两(据说500两),从户部领取藩帖、府牌、县谕(谕帖、部帖)等营业凭证,方可成为官方承认的粮商[⑥]。因此,斗店自成立就具有特许商的性质,与政府有着密切的关系。斗店作为代理商的具体业务包括,一方面为山东、河南、河北等地粮商运到天津的粮食提供储存和保管,另一方面为买卖双方商定交易价格,确定契约,对卖方以货物担保为条件提供预付款,对买方代付货款,从中收取佣金和利息,并从其收益中缴纳税金。粮食的主要买方是天津的800—1 000家粮食零售店,斗店与买卖方的交易常年采用赊账的商业习惯,主要是因为斗店的信誉在起着决定性的作用[⑦]。这一点正如张利民在《论近代华北商品市场的演变与市场体系的形成》一文中所说[⑧],从华北商品市场商业经营方式来看,华北商人从来是"重义轻利","重信誉轻契约",巨额资金在商人之间也很少使用证件、印章等作法,只是到了近代才开始逐渐重视用契约的形式来约束对方,以保持双方经营的稳定性。尽管如此,华北仍然有代购代销、包销包运、赊款经销、贷款预购等多种经营方式。而斗店可以说是继续保持传统方式的典型,才得以具有某种抵抗力。如前所述,由于斗店在清代执有许可凭证,垄断了市场,就可以排挤掉其他没有得到特许的经营者,因此它通过所具有的买卖中介,粮食的保管、计量,金融等职能,在天津粮食流通领域获取垄断利益。清末,在天津的东集、西集和北集各有四家斗店,东集、北集的粮食大多来自子牙河、大清河、永定河,西集的粮食主要来自御河(南运河)。

但自进入20世纪以后,随着中国社会整体状况的变迁,天津斗店的经营状况也发生了很大的变化。这种变化不仅是斗店,还波及米铺、米庄、粮店、粮行、磨房等行业,由于义和团事件后出现的经济萧条,使不少店铺的经营遭受到危机。从这时天津粮食业的歇业统计表来看,1900—1910年的十年中,有49家粮食业户停业,其中也包括8家斗店[⑨]。其原因有义和团事件及火灾等所造成的普遍性经营困境。面对这样的状况,怎样摆脱呢?斗店大多采取有限公司的方式以谋求增加资本。下面先以清末为重点来看斗店转变的情况。

二、斗店的有限公司化

斗店的有限公司化,最早的要数怡和斗店[⑩],它的转化过程最清晰最典型。它的转化不单是为了聚集资金,还反映了与天津正在产生的城市管理系统相适应的商业界整体性的状况。

怡和斗店(怡和顺斗店)是天津历史最悠久的店铺,对天津、北京经营粮食最多,确实是掌握着京津市民食粮命脉的中心性的杂粮店[⑪]。但在光绪三十年十二月(1905年1月),该店却面临经营停滞和破产的危机。近几年编纂的《天津商会档案汇编》中有关斗店的资料,记述了在当时情况下有关粮食交易者给天津市民带来的不安,以及由此引起的如下各种相应的活动[⑫]。

首先,1904年怡和斗店业主张继祖与该店所在地的永丰屯村正刘竹坡面对怡和斗店破产的危机,觉得这样恐怕遭"不测之事",再三要求商务总会给予帮助。商务总会(商会)是当年(光绪三十年)根据奏定商会简明章程,由当时天津36家绅商组成的商工业团体[⑬]。在自19世纪末以来外国经济势力的增强和义和团事件后的经济萧条之中,为谋求维持天津市场的稳定,在袁世凯领导下成立了商会。商会成立初期起主导作用的是盐业与金融业等富商阶层,怡和斗店等粮店也是商会的主要成员。天津商会的建立,不仅指导直隶一带各县的商会,对地方政府和官方也具有很强的影响力[⑭]。因而,怡和斗店向商会呈诉,由于负债过多赊款又难于收回,而导致了破产的危险。商会为了挽救该店,积极寻找应急对策。其结果是商会动员主要绅商对该店采用出资参股的办法,其资金用于怡和斗店还债,同时将该店改为有限公司的形式以获再生。具体的经过是，首先筹集行平银3万两，于光绪三十年十二月二十六日由商会委托巡警总局把此款交付怡和斗店业主张继祖用以还债，其次以该店司帖、帖牌、店房、货场等为抵押再筹集银3万两，这样改组后的有限公司股本银共计6万两，系每股500两，总共120股。在此基础上又加上从银号借银4万两作为周转资金，从而避免了危机[15]。而在同一资料中对此过程有更清楚的记载，即天津南段巡警总局（局长赵恩准）接到商会送交的“怡和斗店有限公司处理记录”后，即发布告示指出，此事是关系到民食的重要问题，要与客商共同合作，妥筹办法，无论如何也要该斗店恢复营业；为此应该尽先极力偿还欠款，以尽快恢复正常的经营。另外必须保护远道而来的粮商，为了今后能够吸引客商，作为巡警总局应考虑对客商将尽力公平地支付欠款的办法。总之，虽然是民间商业的斗店，但却是“民食”这一城市市民最基本的问题，于是巡警总局协同商务总会进行了强有力的干预，介入到资金筹集和弥补客商损失等程度，以把斗店经营不景气的影响限制在最低程度。而且这一点正是袁世凯意图的有力体现[16]。这些即便是对经营斗店的特权商人进行的，但他们对于粮食是生命线是有共识的，因此会尽力维持。此外，通常对商业经营中的不正当行为是否进行控制，也是巡警所承担的任务。巡警的这种做法，被论证为与自此时开始的城市管理也有关系[17]。这时巡警的创设，是袁世凯推行北洋新政的内容之一，他始创于天津普及直隶[18]。在天津开始是因为天津有租界，维护社会治安必不可少。因此，巡警设置之后，很快作为地方政府职能的一部分，深入城市社会生活的里层，与人们的生活发生着密切的关系。从这一观点来看此时商会与巡警的关系是，商会调动巡警有依仗权力的一方面，也有当时为实现自己的利益借助巡警力量的另一方面，也就是仍然让我们感到了官方和民间势力的差别。同样，巡警则通过商会得到信息，可更好地掌握天津社会发展中的局势。我觉得这种两者相互补充的关系，在维护天津社会的职能上显示出新的配置。

经过商会和巡警局干预等活动，怡和斗店综合有关人员的意见于1905年（光绪三十一年）改组成有限公司，也确定了新的经营方式[19]，简言之即股份公司。公司最高机构是股东会，由股东会选出董事会，董事会推举总经理，经营是在董事的指导下由总经理负责实际业务。由股东推举的天津商务总会协理宁世福出任总经理[20]，这样的有限公司化，可以说公开表明了商会是怡和斗店后盾的事实。

与此同时，该公司规定的办法被制定为章程条规[21]。其主要内容为，1. 该公司一切办法全遵商部奏定有限公司章程。2. 该公司是经营粮食这种特殊性质的有限公司，其目的不完全是赢得利益，是专为救国济乏振摄人心而设。3. 新公司系商股商办，但仍在天津南段巡警总局管辖之下，承蒙巡警出示晓谕周知市民。4. 该公司内外共事均重视信义。5. 公司的集厂界限范围仍从西杨庄子到流水沟及古皇庵一带，概不越至境外等等[22]。从当时的情况来看，采取有限公司的经营形式，完全是为了依靠商业界的综合力量来改变粮食业的经营危机，以达到保全民食的大义之举。就这样一个月以后，怡和斗店在处理了困窘的基础上通过改装为怡和公有限公司而再生。此后，其他斗店也都采取了这种基本做法改组为有限公司。

但是，如果将该斗店作为已经是有限公司来仔细观察转变后的经营方式，与其说它是近代性的、基于经济合理性的公司组织，倒不如说是残留浓厚的传统的中国合股形态经营的性质更为妥切。这一点在该公司的“章程”第7章的第2、3条公司利益分配项中可以看出来，该公司将利润的5%作为公积金，其余95%的利润分为12成，股东10成，经理1成，另1成作为花红分给该店各同仁。以上的利润分配反映了中国股份公司共同的问题，即公司内部公积金只有很少的一点，而分给股东的红利明显地过多。由此，该店七年以后，到1912年自身的经营状况仍然没见好转。民国以后，其他斗店的经营体制也逐渐向有限公司转化，充分反映了这一时期中国创办企业的特征[23]。

通过以上分析，可以得出以下结论。

第一，斗店业非常重视维护该业具有的特权、既得权。第二，这时的商会在商业界发挥着重要的作用。商会为了解决怡和斗店的困境，一方面取得巡警的支持并与其配合处理问题，另一方面筹集资金帮助斗店重新建立。在此之际，商会协理宁世福以“由于此事关系到民食问题的紧急情况”而作出有关对策，因此，类似这样的事情就成为同业界维护的重点，从民国以后的种种事例来看更为明显。

三、民国前期斗店业的沿革

民国以后，斗店的最大变化，是清代所承认的特权被废除，其结果斗店也就失去了清代以来对粮食市场的垄断权,该市场出现了所谓自由竞争的局面。但事实上,作为粮食买卖的中间商这样的特殊经营方式仍在继续,虽然营业主体变成有限公司、名称也改为新的斗店号等等名称和形态的变化,但是各斗店内部还保持原样,还在继承着固有的特权和原有的系统。这一动向可从以下系统图得到了解:

斗店系统图[24]

★万春斗店(1902—1924)————————————◎万春新斗店(1925—)○

　★万顺斗店(1915—1920)—＋文泰永斗店(1920—)———◎公义斗店(1925—)

★ 万和斗店(1879—1912)——停业(1913 重新开业—)——◎

　★仁和斗店　(1914—)——

★恒利斗店(　—1914)——◎东来斗店(1914—)——◎

★聚通生斗店(1911—1913)停业———◎(同丰泰斗店(1921—)

　★◎同顺永斗店(1913—)————————————————○

　★华长甡斗店　(1913—)——

★成茂永斗店(—1910)——(卖)华丰斗店(1913)——华丰美记斗店(1915)——福生斗店(1915)——卖(1918)

　★◎华丰裕斗店(1918)————————○

★怡和顺斗店(—1904)——◎怡和公斗店(1904—1924)——怡和磬斗店(1924—1926)——(改名)怡和磬同记斗店(1924—1926)——○

　★◎复兴斗店(1921—)——

★庆长顺同记斗店(1911—1913)——◎庆长顺同记斗店(1913—)

注:○表示 30 年代斗店仍然存在;◎表示该斗店已改为有限公司。

除上以外,还有同孚新斗店、西同丰斗店、北同丰斗店等,但是从什么时期开始不清楚。

以上值得注意的地方,未必是由一个店继承下来的。以华丰裕斗店有限公司为例,能看出各斗店明显的盛衰迹象。各店大多遭受水灾等灾害和环境的破坏,一个斗店歇业或停业后,要接管该店的下一个斗店组织就被认可,完全不准许新的粮食经营者加入。最明显的例子有:(1)1913 年庆长顺斗店之后接办的是被认可的庆长顺同记斗店开业[25];(2)1916 年华富杂粮公司的情况[26];(3)1923 年陈陶不被承认的情况[27]。

那么,区分接替后新斗店可否开业的情况具有什么意义呢?从各种资料中显示,第一,从与官方行政的关系来说,在继承前斗店的营业证明书(帖照)时规定,要按原价交纳房租、栈租、帖租。第二,与同业及商会的关系来说,能够继承前斗店具有的地区经营范围。而且在继承"帖照"所划定的地区范围不合适的情况下,从官方和斗店方面都不希望也不会同意重新订立新的规则。特别是斗店的营业范围是最为重要问题,清代以来在一定区域内扩充经营势力范围的各斗店,对维护自已的势力范围极为敏感,如果受到侵害(越界)就会表现出强烈的拒绝态度。商会档案中有关斗店陈述的资料,多次具体地提到斗店经营地区势力范围的状况[28]。因此"越界"的问题,就成为斗店之间发生纠纷的重要原因。例如 1919 年的东来斗店越界事件,1921 年 2 月的复兴斗店越界事件和 1923 年的华丰裕斗店事件等[29]。为了探讨斗店的状况,可以简述华丰裕斗店的情况。

所谓华丰裕斗店事件是同顺永、怡和公等六家斗店联名控告华丰裕斗店,说它超越了自己的市场范围,扩展势力,设立新的厂栈,因此破坏了公共秩序,为此要求商会作出妥善处理。对此,华丰裕斗店阐明,此次改组为有限公司后,的确设立了新的厂栈,但是一点也没有超出自己的市场范围,更没有超越本公司"简章"所示"从大沟头至北大关一带"的界址,因此不会侵害到其他斗店"帖界"的范围,并附公布了"简章"的全文[30]。

由此可见,进入民国以后,斗店首先为排外而结成联合体以维护同业的垄断权。其次在同业内部也时而明示,时而默默地了解彼此的势力范围。这是作为斗店市场整体的秩序,要求其成员必须遵守。因此,与其他行业不同,斗店的数量始终没有增加。简而言之,由于经营权区域的划定非常具体化,使想加入此业者没有余地。这种做法可能就是中介和赊销相互信用的依据,也可以说是斗店特有的传统营业方法。另外,在上述资料中特别值得注意的是华丰裕斗店"简章"加进的一节。该"简章"共 22 项,记入了设立有限公司时的组织形态、运营方式、筹集资本和利润分配方法等,而其中第 21 项规定:"本店系为保全民食而设,只招华股不招洋股,各股东不得以股票售卖于洋人,更不得以已名代洋人入股以及抵押洋款。"由此能够了解到作为斗店的民族主义;而且这些条款在斗店实行的同时,构成了以后对日本影响的防波堤。

四、引入招标制活动与斗店同业公会成立

到了1925年,斗店业发生了被迫改革斗店市场自身制度的情况。在省长的训令之下,兴起了不仅不固定以往那样的粮食经营者,而且要引入招标制度,即每年要选定一定的同行业者的活动。官方的目的是,采取这种办法能够增加牙税。而斗店面对这样的生死存亡的危机采取了什么态度呢?从结果来看,由于商会的坚决支持和自身主动选择组成团体,以维持同业界的生命。为了解斗店这种富于启发的做法,以下通过商会档案资料,按时间顺序来看他们一系列的活动。

(1)1925年7月12日,庆长顺同记、华丰裕、同顺永、万春新、公义等斗店联名向天津商务总会提出请求。其内容是,直隶财政厅在省长的支持下,决定改变现行的以斗店为中心的体制,引入由粮食经营商决定的招标制。而且此事从3月以来《益世报》就连续进行了报道,实际上也有期望采用这一新制度的人(康瑞清),希望商会务必反对实行招标制[31]。

此时斗店方面申明了保卫自己的理由,强调斗店具有的这种重要而独特经营方式的必要性。他们认为,该业本来就与蛋禽、家畜行商的现款交易方式不同,斗店是专为粮食交易者垫款融资的中间商,外地运粮到津的粮商和天津一千余家大小粮店正是依靠斗店的这种方式得以正常运营的;而且这种方式也使得粮价稳定,民食受益。官方引入的招标制度采取一年一招标的方式,由于粮食生产受自然条件的影响,如果遇到歉收之年,招标制就不能顺利进行,那么民食又该如何解决呢?作为督办、省长、直隶财政厅等上层,提出这种脱离现实的见解,对商业界的实际情况又能了解多少?关于市场的事情,商人们希望需要随时论其利弊,进行深入调查,然后再决定认同的体制。

商会对斗店的这一请求,于9月呈文直隶省财政厅,予以支持,认为招标制是不现实的文书。

(2)要推行招标是有背景的,正如斗店在申述中所描绘的,是从省长给财政厅的训令中提出来的。更深的背景是,春天以来康瑞清等利用《益世报》等途径,呈报了他们的意见书,其中议论非难斗店的缺点或所谓的丑恶历史,想用加入新规则的新方式取代之[32]。他们对斗店的批评,主要是指责它的垄断性特权,以及利用权利诈取粮商。例如,由于斗店在交易中使用大洋,粮商们在用铜圆兑换中受到损失,这样必然会造成粮价上涨而有损民食[33]。对此,省长为了减少贫民数量改变天津经济状况,命令财政厅和县公署采用招标制度、改订税则。财政厅根据以上情况呈文给商会,要求商会调查斗店的实际情况后酌情复函。并作为具体的提案建议在津浦路西站道旁设置一个粮食市场,这里装卸方便,搬运费便宜,能够降低粮食价格而有益于人们的生活。

(3)商会接到了上述"(1)"和"(2)"斗店方面和财政厅对粮食业不同看法的函件后,于9月复函财政厅,在阐述了全部观点的基础上,认为实行招标制不现实,接受斗店的意见支持斗店,但是斗店的做法也要改进[34]。商会在复函中指出,所有天津及附近一带民食依靠斗店,因为向斗店购粮的方式不用现款,赊期20日,20日后将粮食卖出再付款。这种既便利了粮商,又有益于民生,作为斗店又能得到中间之利的方式,在天津已有百余年的历史。在这样的情况下如果推行招标制,可能容易出现一个粮店营业期满,而下一期通过了招标的粮店还未完备进而容易发生问题。商会提出考虑财政厅的意见,如斟酌两者,可否制定以下10条折中办法[35]。其办法的内容大致如下:斗店的经营是民食的根本应保持原状,永远不实行招标制(第1条)。从1925年9月1日起,各斗店过"斗"之所得收益的50%划归省库作为税款,但最低额不得少于14 000元。另外也要交纳公益等捐(第2、4条)。现在的斗帖今后仍继续有效。此后凡新设店开业时,必须征得商会许可(第3条)。商会与财政厅具有对斗店的财务监督权(第6条)。现在有斗店7家,今后斗帖限定在12家(第8条)。各斗店一定要在斗帖规定的界址内营业(第9条)。以上各条办法,经直隶财政厅核准令行天津县署备案施行(第10条)。

(4)财政厅接到商会的提议,于12月9日给予回信。其主要内容有,如斗店同意今后缴纳三万元税款,就准许现行斗店营业。此事理所当然要报告给省长[36]。于是斗店方面接受了财政厅的条件,决定从1926年开始每年支付三万元税款[37]。由于这笔款项是斗店业全体成员共同支付,因而有必要组织起来,首先创立天

津粮食总牙行斗店公会，于是翌年组建了斗店同业公会[38]。

上述活动反映了什么问题？这一事件的最终解决又说明了什么问题？

从这一事件本身来看，围绕粮食市场显然具有浓厚的争权夺利色彩，然而公正地说，这种争夺归根结底还是围绕着维持民食这一“为民之道”展开的。从这一经过来看，希望实行招标新规则的从业者借助《益世报》等指责斗店损害了“民食”，进而形成了社会舆论的力量。对此，斗店方面却夸耀自己过去在区域社会维持民食上有实际功绩，他们认为斗店已成为粮食供给结构的核心是不可替代的，万一改变了这种办法“危及民食将怎么办”也对官方那种天真的对现实认识表示了质疑。另一方面官方的意见是要改革维持旧态的斗店，即借机增加财政收入，又不得不解决“危及民食将怎么办”的问题。尽管有取代斗店的可能性，但是还没有一个有效的机构。而商会调节功能的作用是，使这一事件的结局是以上述的斗店继续维持和官方增加税收的平衡上结束的。同时也看到，斗店以组织化相对应，反映了斗店仍继续维持自己的粮食供给体制的前提下，也在基于新的规则认识到其在安定社会上的位置。

五、20世纪30年代的斗店概况和日本的影响

进入20世纪30年代，天津人口约有120万，它在民国政府基础上探求城市近代化的方向，在工业、商业、教育、艺术等各个领域，也加快了组织化、团体化。在商业行业，“传统商业和近代商业在各自变化中互相渗透互相融合，形成了具有特色的城市商业系统，”各行业为了谋求发展，相继成立同业公会。1931年出版的《天津志略》是了解30年代初期天津全貌的可资利用的资料书，在该书第17编（公司）第5章（商业团体）第3节（同业公会）中记载，当时有54种同业公会，其中就有斗店同业公会[39]。但当时加入同业公会的斗店有，西集的怡和公、同孚新、丰华裕，以及北集的万春新、同顺永5家[40]。下面首先来看30年代各斗店的基本情况[41]。

先从其使用人数来了解斗店的规模，五家斗店各有77人、86人、96人、101人、99人。他们大多出生于天津，其次是静海县、青县、宁河县、河间县，总体来讲他们几乎全部是从河北省和山东省北部汇集来的。之所以各店人员多集中在上述四县，是由于各斗店的经理、副理的原籍都是这几个县，由此反映出斗店仍然是以同乡为中心组织起来的。

从该书的地图中可以了解给斗店提供粮食的粮商，他们主要来自冀东、冀中和津浦路沿线地区。冀东和冀中的粮食集中在西集，而北集的粮食主要来自津浦路。这是受到历史上粮食运输大多依靠民船的影响，以1936年粮食运输途径为例，粮食上市量的75.78%用民船，20.58%用铁路，3.51%是牲畜，0.13%是用汽车运输的[42]。而且，这样的交易关系持续了比较长的时期，即使交通工具变化了仍然多是与该市场该斗店交易，由此可以有力地说明双方的关系是牢固的，有较强的传统。

天津粮食市场上经营的米、小麦、小米、高粱、玉米、芝麻、豆类等所有粮食中，特别是天津的主要粮食中有52.5%是小米、高粱等杂粮，这些大多数是在斗店交易的[43]。据1936年统计，天津粮食交易总量的约21%是经过斗店市场进行交易的，可以说斗店组织仍然保持经营天津一带粮食的重要地位。

斗店同业公会组织起来的原因，如前所述，一是为了统一负担增加的牙税。其分担方法是，算出各斗店全年交易粮食的数量后，再按一定的比率征收。再一个值得重视的是，是为了订立统一的佣金（手续费）标准，以避免斗店相互之间的竞争。一般同业公会的作用是，在对外竞争的同时，协调管理业内事务，以维护同业间的相互利益。下面的几则资料，就很能说明当时斗店同业公会的这种活动和性质。

其一，30年代初在来天津的粮商中，一度出现了为躲避过重的牙税，不通过斗店直接把粮食用车船运到租界擅自出售的事情[44]。斗店同业公会对此事给予斥责，认为该会从1926年以来承担着地方事业经费的牙税，现在已经增加到四万元以上，而他们的这种违法行为关系到斗店事业的生存，也影响其他行业的经营办法。为此斗店公会要求水、陆公安两局严加取缔这一行为，并发布告，凡入境粮商必须遵守入斗店销售的规定。由此表明，斗店出现的危机正是在同业公会的努力下得到了控制。

其二，此时同业公会与市财政局进行了商议，在财政局增加牙税数额是地方事业必须实行的说明下，斗店同意交纳局方认定的新税额43 000元，同时也整理了各种名目经费的征收，确定了斗店在粮食买卖双方

中每斗共收佣金1分3厘[45]。在此基础上,同业公会又于1936年以“市场旺盛之时摊缴税款已感不敷,近年农村破产,来自海外的大宗面粉的流入,致使国产粮食滞销,因此不能承担这样的巨额负担”为由,要求财政局减免牙税。

其三,斗店同业公会在物价变动剧烈的经济状况下采取了适应的对策,即制定了对粮商贷款规则十条,并送交天津地方法院和天津市社会局核准。规则主要内容有:粮商借款时应以粮食作为担保;贷款数额不能超过粮食总额的70%;粮商借款后,粮价下跌的状况下,须由粮商补缴差额;对来自斗店的催交补款而粮商置之不理者,应视为违反规则等[46]。斗店同业公会制定了具有特别现实性的对策,以尽力维持斗店的利益。这可能是斗店继承清代以来一贯的垄断地位,免于竞争,互相保护,而且在这里达到了维持“民食”为人之道的一致性。

结论

既然维持民食与为人之道常常是同义语,那么粮食问题无论在什么时代、任何政权之下,稳定的供给就成为社会的最重要课题。从这一观点来回顾20世纪的斗店沿革。可以说在天津城市近代化过程中,斗店对维持民食和城市粮食的供给具有的核心作用,并主动顺应时代的结果。正如在本文所看到的,清末以来有限公司化和20年代的同业公会的组织化,还有以地缘关系聚集店员,维护互相的利益和确定经营范围,排除“越界”,对新加入的经营者防患于未然。斗店在供给平民的杂粮时,多采用传统的赊销方法进行交易,之所以维持这种结构,是为了增强对外来势力的抗拒力。这正是中国社会各处的组织和团体所具有的强韧性和共同性。斗店这一最基本的状态是以民族主义精神作为强有力支撑的,而以上诸点就成了抵抗日本影响的力量。

注:

① 华北粮食的需求与供给状况参考以下文献:a.《华北五省的粮食问题》,兴技调查资料35,兴亚院1940年。b.《中国的粮食问题》,大东亚资料7,大东亚省总务局1944年。c.《中国的粮食事情》,调查资料6,东亚经济恳谈会1942年。d.《中国粮食问题与对外贸易》,华中建设资料整备委员会,1940年。e.巫宝三:《中国粮食对外贸易》,国民政府参谋本部参考资料,1924年。f.《华北各地的粮食交易机构调查》,调查资料65,兴亚院华北联络部,1940年。g.《中国的粮食问题》《满铁调查时报》5-1,1925年等。其中的d、e为日文译本。

② 天津市地方志编修委员会:《天津通志·商业志粮食卷》(以下简称天津通志),天津社会科学院出版社1994年版,第35页。

③ 天津市档案馆等编:《天津商会档案汇编》(以下简称《商会档案》)(1928—1937),天津人民出版社1987年版,第720页。该书是根据天津商会从诞生的1903年至1950年的档案整理编纂而成。共分5辑,第1辑1903—1911年,第2辑1912—1928年,第3辑1928—1937年,第4辑1937—1945年,第5辑1945—1950年。各时期有不少史料能够了解斗店情况。另外,当时斗店的基本情况还可参照罗澍伟主编:《近代天津城市史》,中国社会科学出版社1993年版,第550—568页。

④ 前引《商会档案》(1928—1937),第1717页。

⑤ 华北经济调查所天津调查分室:《以天津为中心的华北粮食市场——关于斗店的调查报告书》(以下简称《斗店调查》),《满铁调查月报》22—11,1942年11月,第12—14页。参照前引:《天津通志·商业志·粮食卷》,第35页。

⑥《斗店调查》第6页;《商会档案》(1912—1928),第1 799页。

⑦《商会档案》(1912—1928),第1 799页。

⑧《中国社会经济史研究》,1996年第1期。

⑨《庚子后十年津埠粮食业歇业情况统计表》,《商会档案》(1903-1911)下,第2 089—2 091页。

⑩ 1904年制定的《大清商律》中有公司律131条,其中第1节公司分类及创办呈报法规定的公司作为“集中资本共同经营贸易为公司”的四种中,有一种是股份有限公司。但由于大清商律编纂时间仓促,有许

多不充分的地方。参考〔日〕岛田正郎:《清末近代法典的编纂》,创文社,1980年。

⑪《天津通志·粮食志》第33页。参见王作勋:《天津最早的粮栈——怡和斗店》,《天津文史资料选辑》第20辑,天津人民出版社1982年版,第186页。

⑫《怡和公斗店有限公司总经理宁世福等陈述怡和斗店之地位及有限公司开办经过》,《商会档案》(1903-1911)下,第2 045页。

⑬《设立天津商务总会应行办法诒议》,《商会档案》(1903—1911)上,第36页。

⑭ 专栏"商会"(顾琳),天津地域史研究会:《天津史——新生城市的空间发展》,东方书店1999年版,第53页。

⑮⑯《怡和公斗店公司为业主接办务需年关备款回赎事两函津商会》,《商会档案》(1903—1911)下,第2 057页。《怡和公斗店公司为改订章程于公积款内提升副股票事致函津商会》,《商会档案》(1903—1911)下,第2 059页。

⑰《天津南段巡警总局发布宁星普接办怡和公斗店公司为顾念民食之举请客商共同维持告示》,《商会档案》(1903—1911)下,第2 055页。

⑱〔日〕吉泽诚一郎:《光绪末天津巡警的创立和行政的改观》,《史学杂志》第101编第12号,1992年,第46页。

⑲《怡和公斗店有限公司总理宁世福等陈述怡和斗店之地位及有限公司开办经过》,《商会档案》(1903—1911)下,第2 048页。该契约书中有全体董事的姓名。

⑳ 关于宁世福,参考政协天津市委员会文史资料研究委员会编:《天津近代人物录》,天津市地方志编修委员会总编辑室1987年版,第66页。

㉑ 怡和公斗店有限公司章程条规有7章40项,全文(除第2章)在注⑲资料的第2045页。从章程中能够知道其构想。

㉒《津商会为申明西集八斗店店名及界址事移天津县正堂文》,《商会档案》(1903—1911)下,第2 071页。在这里商会要求明确各斗店的势力范围。这个问题下面要论述。

㉓ 这一时期公司的经营体质,参考拙文《中国北洋政府时期的企业活动和公司条例》,《放送大学研究年报》9,1992年。

㉔《天津各斗店沿革情况表1912—1928》,《商会档案》(1912—1928)2,第1 800—1 803页。

㉕《曹永源等申述庆长顺斗店歇业后由刘彭寿招股改立庆长顺同记有限公司函》,《商会档案》(1912—1928)2,第1 848页。

㉖《姒锡章陈述商民张会卿请立富华杂粮公司取代斗店函并商会查复函》,《商会档案》(1912—1928)2,第1 850页。

㉗《商民陈陶请发给帖照设立斗店函及津商会驳斥函》,《商会档案》(1912—1928)2,第1 797页。

㉘㉚ 例如西集的斗店,南运河的上游有怡和斗店,中间有庆长顺及同丰泰斗店,而在下游有华丰裕斗店。《华丰裕斗店陈述东西北集各斗店店址沿革经过文并附简章》,《商会档案》(1912—1928)2,第1 793页。

㉙ 参考前引《天津各斗店沿革表》。《商会档案》(1912—1928)2,第1 801、1 803页。

㉛《庆长顺同记等斗店陈述津地斗纪赊期垫款特殊情形不可实行投标制文及商会复财政厅函》,《商会档案》(1912—1928)2,第1 859页。

㉜㊱《直隶财政厅请查明康瑞清等揭露天津斗店丑史拟立西站粮食公司函并商会查复函》,《商会档案》(1912—1928)4、第3 813页。

㉝《直隶财政厅请查明康瑞清等揭露天津斗店丑史拟立西站粮食公司函并商会查复函》,《商会档案》(1912—1928)4,第3 814页。

㉞㊲《津商会陈述津地斗店为磨房外客赊期垫款投标函并附斗用归公办法》,《商会档案》(1912—1928),第4册,第3 819页。

㉟《津商会陈述津地斗店为磨房外客赊期垫款投标函并附斗用归公办法》,《商会档案》(1912—1928),第4册,第3 821页。

㊳《天津粮食总牙行斗店公会恳请仍准由其承办牙税函》(1932年7月22日),《商会档案》(1928—1937)(下),第1 716页。还有从历史来看,在1917年直隶实业厅就呼吁工商业组建同业公会,并提出同业公会规则和试办细则。另外1919年再一次对各界作了要求,并已有几个行业如纸商、五金、西药、橡胶、织染等组成同业公会。在此情况下,米商、斗店商、粮商、磨房商、面粉商也为业内的共同发展,于1921年组成粮业联合会。这一经过成为以后斗店同业公会成立的基础。

㊴《天津志略》(中国方志丛书,华北地方,212号),台北成文出版社1969年。

㊵ 1930年代初天津斗店的基本情况可参考系统图,还可参考前引《天津通志》第34页、《天津的经济地位》第46页。

㊶ 以下情况可参考前引《斗店调查》第28—31页、《天津通志》第34页"1932年天津斗店基本状况"。

㊷ 在这之后民船的比例迅速下降,铁路和公路的运输增加。前引《天津的经济地位》第147页。

㊸《天津的经济地位》第147、148页。当时主要粮食的比率,河北、山东的情况是米人口2.5%、小麦人口37.5%、杂粮人口60%,杂粮市场是很大的。

㊹《天津斗店同业公会请求水陆两公安局查禁运粮车船直入租界逃税函》,《商会档案》(1928—1937)下,第1 717页。

㊺《天津斗店同业公会申述每店牙税年纳四万三千元请予减免函》,《商会档案》(1928—1937)下,第1720页。

㊻《天津斗店同业公会拟订同业客商存粮及贷款规则》,《商会档案》(1928—1937)下,第1 721页。

(《城市史研究》2002年第21辑)

明代天津人口与城市性质的变化

高艳林

一、明代天津人口来源及其发展变化

天津是一个移民城市。天津地区聚居大量人口,始于明初天津卫城之创建,其人口的主要来源:一是永乐初年在天津设置三卫而移至天津的军户移民,二是非军户移民。其中军户移民在所有移民中的数量占绝大多数,构成主体移民。

1. 第一次军队移民

永乐初年在天津设置的三卫是天津卫、天津左卫,天津右卫。如果按照明朝卫所人数编制每卫5 600人来计算,天津三卫的军队人口应该是16 800人。但实际上是否真有这么多,值得怀疑。据史料记载,永乐初年天津三卫官籍人数有309人,其中指挥使44人,千户92人,百户161人,镇抚12人[①]。如按三卫人口16 800人来考虑,显然军籍人数应是16 491人,但实际上,军籍人数大约只有12 020人,可见官军二籍合计人口大约应是12 329人,而非16 800人[②]。

至嘉靖十九年(1540年),天津三卫军队人口数有所变动,这时的军队人口总数是10 695人。其中官籍人数是268人,他们是:指挥使37人,千户87人,百户135人,卫镇抚6人,所镇抚3人;军籍,即实际旗军人数是10 427人[③]。无论哪一类人口都比永乐初年有所下降,其中官籍减少了41人,军籍减少了1 593人。

再至万历末年,天津三卫军队人口又有所变动,这种变动可从天津卫库向以下人员发放银、粮的粮册了解到。一、天津卫、天津左卫及沧州一所春班旗军4 795名。其中沧州一所是指沧州守御千户所,按嘉靖年间《河间府志》记载,当时该所有京操官军548名[④]。假设万历末年该人数没有发生变动的话,将此数剔除,余4247名,便是天津卫、天津左卫春班旗军人数。二、天津左、天津右二卫秋班旗军3 000名。三、天津三卫运粮军、造船运军364名。四、天津三卫杂差旗军585名。五、天津三卫官吏并宫女、恩士253名。其中四石武举指挥4员,三石武举指挥、镇抚3员,一石指挥、镇抚、千百户并宫女、恩士212员,(假设宫女、恩士只占其总数之零头,即12员,则食一石官员有200员),食五斗镇抚、千百户12员[⑤]。上述人员中的指挥、镇抚、千百户等是官籍,共计219人;春班旗军、秋班旗军、运粮军、造船运军及三卫杂差旗军等人属于军籍,其总数是8 196人,二者合计共有军队人口8415人。这一时期的官籍、军籍人数都比嘉靖十九年之数又有所下降。将明初、嘉靖、万历三个时期人口数作系列比较,可得如下结果:官籍:309→268→219,军籍:12 020→10 427→8 196。官籍从明初至明末减少了90名,军籍在同一时期也减少了3 824名。毫无疑问,有明一代天津三卫军队人口在逐渐减少,呈下降趋势,其原因是军士逃亡、病故及退役。这种结果也正好与整个明代卫所制度不断遭到破坏的大趋势相符。

2. 第二次军队移民

明朝皇帝之所以在天津不设州县而设卫,是因为该地“东临海,西临河,南通漕粟,北近上都。武备不可一日弛也。”[⑥]实际上自从设置三卫以后,承平日久,海滨晏安,武备渐趋荒疏。另外,三卫军士又多分散于沧州、南皮、盐山、庆云、兴济等处屯堡屯田,并不集中于卫城,久而久之,天津三卫便失去了防海之功能,这一点到了明朝中期便明显地暴露了出来。万历年间,倭寇入侵朝鲜,中国安全受到了严重的威胁,明朝政府为了加强海防,在天津设立了天津海防营和天津海防水陆营。

关于天津海防营之历史渊源,有如下之记载:“本营永乐二年(1404年)调补防海操备,正德年属大宁都司统领,赴京操练,嘉靖二十九年(1550 年)改调黄花镇备御,三十九年准蓟镇松明路修守,以路将带管。万历元年,设立将领为游击,分左右两营。后因十九年间,倭情叵测,春秋递防海边。”[⑦]由此可知,该营于永乐二年即已存在,但是否那时就已称它为天津海防营,尚不能肯定。在明人杜应芳、张文德所著的(万历)《河间府志》卷九《宦迹》中,对天津海防左右两营官员任职时间的记载,是始于万历二年(1574 年),如天津海防左营栏:祝琦,密云后卫人,万历二年任;天津海防右营栏:褚东山,羽林前卫人,万历二年任。由此可以肯定,至迟于万历二年,即有天津海防营之设。前言,天津海防营分左、右二营,其中左营有军士 3 000 名,右营有军士 2 992 名,两营军士合计共 5 992 名[⑦]。

为保卫京师,万历二十五年(1597 年)特设的天津海防水陆两营,驻扎葛沽,共 5 千余人,设统领副总兵一员,中军二员,千总官八员。至三十四年(1606 年),倭警宁息,裁副将,改游击一员,汰官兵,仅存一营,共 2503 人,其中南人 1 500 名,北人 1 000 名[⑧⑨⑩]。由此可知,这部分人口之来源,南方人居多数。

3. 第三次军队移民

万历末年至天启初年,后金构难于辽左,天津形势危急,“以弹丸之城,处咽喉之地,外海内漕,果称要害,而……武备则衰废极矣。津故置三卫,虽列左右二营,皆春秋分班以供版筑之役,于备御无当也,惟葛沽海防营旧有防倭兵二千,以屯守为名,而陆处无营,水处无舟,旌旗戈甲强半朽敝”[⑪]。因此重建军队,御敌于津门之外,以卫京师,实已势在必行。当时明政府采取了两项措施:其一,调外地士兵于津门守备,以应当务之急,此外地士兵称为客兵。当时驻津之客兵有:河南兵 2 304 人,山东兵 1 833 人,扬州兵 316 人,江南兵 471 人[⑫]。其二,在津招募新兵,组建新的津军。其中标兵营 2174 员名,正兵营 2 173 员名,先锋营 1 287 员名,内丁营 240 员名,镇海营 2851 员名,外加官丁 85 员名,合计 8 810 员名。后逃亡、裁汰了 2 027 员名,余有 6 783 员名之众[⑬]。此谓之主兵。这两项措施,对促使外籍人口移入天津均产生很大影响,无论是暂戍津门之客兵,还是于津招募之主兵(其中一部分原并非居住于天津),均使天津增加了人口。

4. 非军队移民

非军队移民,在明代天津移民中不占主流,这恐怕与天津城是一个军事驻地不无关系。但是,随着军队移民的增加,非军队移民也有不断增加的趋势,虽因文献资料匮乏,这种趋势无法用量化的形式表示,不过有两点是肯定的:第一,商人移民不断增加。“天津弹丸之地,民居鲜少”[⑭],而“津门商民多居东北二关”[⑮]。“民居鲜少”,指卫城内而言。居民多居于城外东北二关,是因这二关距河最近。从这两句话中可以了解到,天津居民以商民为多。在商人中,以盐商与粮商居多。明初,长芦运司设批验所于大直沽,于是盐商在天津海河东岸买地筑坨存盐,以备查验待运。万历三十八年(1610 年),定“两盐制”,盐坨面积增大[⑯]。可肯定,随批验所在天津之建立以及天津水陆运输之便利,盐商会大量移入天津。明代,天津既是漕粮转运中心,同时也是粮食贸易中心,这势必造成粮商大量移民天津,如高三凤、柳永祯、沈如鲁、舒应魁等即是[⑰]。第二,船户及匠人之移民不断增加。“津门海运以海船五十只为一帮”[⑱],每帮有号,据不完全了解,有鲜字号、天字号、地字号、久字号等 12 个字号,船户有 64 户[⑰]。

通过以上对天津人口来源及发展变化进行的粗略考察,得到下面数点认识。第一,终明一朝,天津人口以军队移民为主体未变,而这种移民不是明初建城调来三卫一次完成的,而是经历数次,这是由明代政治、军事之变化,天津卫具体情况之变化等多种因素决定的。从天津三卫的具体情况看,由于长久之安定,武备隳弛。虽也设有左右二营,实为轮流赴边修守之用,赴边谓之上班,回卫谓之下班,下班后,军士散归乡里,务其本业——屯田。从明代政治、军事形势而论,明中后期,卫所制度逐渐趋于瓦解,天津也不例外,上述天津三卫军士的不断减少即是明证。当明末政治、军事危机全面爆发之时,天津地理位置之重要愈发凸显。而此时天津三卫如同虚设,其兵已不可用,当局不得不重建、扩建津军,这不但使大量外籍军士移入天津,其大量家属人员也随之而来,长此以往,正如毕自严所言,天津已成为他们的“并州与故土”[⑲]。第二,从移民之形式看,明初的三卫军户移民,是永乐皇帝明令之征调,带有强迫性,因此,这次移民可以认为是一次官方组织的强制性移民。而第二次及第三次,特别是第三次移民,军队之组建,多实行招募制,自愿报名,政府给予安家银两,家属随军到津。这与明初第一次移民的情况根本不同,因此,可以认为,这是官方组织的自愿移民。第三,从人员之籍贯来看,虽目前还不知道更为详细的情况,但从江南、江北之地域划分上来分析,第一次移民,南方人比例较大,占全部移民之61.4%[20],后来两次移民,南方人在总移民量中比重不断下降。如第二次移民,天津海防水陆营中,南人1 500名,北人1 000名,南人所占比例为60%;第三次移民除镇海营2 851名用南人外,其余全用北人,南人所占比例为32%,在68%之北人中,以河北人为最多。第四,非军队移民,既从事商业活动、手工业劳动的移民的逐渐增加,与整个天津城市经济不断发展有很大关系。

二、明代天津人口与天津城性质之渐变

自永乐二年(1404年)天津开始建卫以后,于整个明朝,卫制在天津保持不变。众所周知,卫是一军事单位,这就决定了天津城的军事之性质。但这个性质在渐渐发生变化,在向经济之性质、商业之性质变化。造成这种渐变的根本原因,在于人口性质的渐变,在于地理环境的影响。

1. 三卫屯田军夫性质之变化

明初,天津三卫军士即已分散于沧州、兴济、南皮、静海等地,设屯堡屯田,此时的屯田数目不可考。嘉靖十九年(1540年),天津三卫屯田与应纳粮数是:地亩:天津卫391顷57亩,天津左卫326顷66亩,天津右卫273顷4亩,合计991顷27亩;纳粮:天津卫4 293石1斗,天津左卫3 697石1斗,天津右卫3 166石1斗,合计11 156石3斗[21]。

至万历九年(1581年),天津三卫屯田亩数成倍增加:天津卫1 053顷35亩,天津左卫600顷65亩,天津右卫639顷51亩,合计2 293顷51亩,比嘉靖十九年多了1 302顷24亩。

万历九年三卫纳粮,米、豆共计11 118石3斗,虽比嘉靖年少38石,但却增加了纳银数一项,共计13 425两1分[22](卷五,《屯田》)。

天津海防水陆营屯田于天津葛沽白塘口,每人授田4亩,每亩岁纳水稻2石,4亩共纳水稻8石。"各兵既任屯务,自三月至九月何人不躬耒耜,何日不亲南亩,而操练尽废矣,岂惟操练,并舟楫、旗帜、器械之类半化为乌有矣。虽遇汛期发唬船出海洋哨探,遣步兵登木楼防,直文具耳,其实未有当也"[10]。由此可见,兵士为完成纳粮任务,弃军事而不顾,以致防务几成儿戏。天津三卫军士则表现更甚。他们分春秋两班两营,"每营上班三月,在于蓟门修工,下班之日则散归乡里,各力本业"[23]。所谓本业,即是屯田,而真正之本业——军事,则成了副业。

据上所言,天津三卫军士及其他军士之身份,已在渐变。这部分人口,虽在明初即已寓兵于农,军农兼顾,但当时侧重点仍在军,而后来由于繁重的屯务,使他们不得不把注意力更多地由军事转向农业,将农业渐渐当成了本业,军事则成末业。与其说他们是军人,毋宁说他们已渐渐变为农民。

2. 漕运军夫性质之变化

洪熙元年(1425年),仁宗下令:"官军运粮,远道勤劳,寒暑暴露,昼夜不息,既有盘浅之费,粮米耗折,所司又责其赔补,朕甚怜之。今后除运正粮外,附载自己物件,官司毋得阻当。"[24]这是官方认可漕运官军可附载私货之始。正统三年(1438年),户部复议"运粮官军人等合遵敕谕,顺带土货以为盘费,不许沿河巡司官军人等生事阻挡。"[24]可见,这里之"物件"、"土货"是商品。至成化十五年(1479年),始对这种土货有了量的规定:"凡漕运军人许带土产易换柴盐,每船不得过十石。"[25]至迟在嘉靖元年(1522年)之前,又有"每粮船一只许带土宜二十石"之规定,从法例上看,也有"附搭客商势要人等酒曲、糯米、花草、竹木、板片、器皿货物等"之事情[26]。

不可否认,天津三卫之漕运军夫也同样从漕规中获益,经济利益之驱动,使他们也踊跃地参与"附载土宜"的活动。这对加速商品流动,促进天津经济的发展,起了不可低估的作用。在这种活动中,他们的身份也在悄然发生变化,已经是军人与商贩双重身份兼而有之。从史料看,漕运官军每每突破官方所规定的附载私货数量之限制,并附搭客商的货物,由此可言,随漕运私货不断增加,私货贸易量的增大,漕运军夫的商贩身份愈益浓厚,而军人身份则成为他们贩运私货的便利条件。

3. 造船运军身份之变化

明初,天津三卫为完成漕运任务,需各造船只,其中天津卫造8只,天津左卫造3只,天津右卫造4只[27]。天顺以后,始定天下漕运船数,天津三卫也各有定额,其中天津卫14只,天津左卫12只,天津右卫9只,并每

年都有营造[28]。此后,随漕运量的增大,天津船只数量在不断增加,以致造船业在天津已形成一定规模,天津"海船、兵船厂工杂役……俱取足三卫之军"[29]。按天津卫库粮册,万历年间,天津造船运军共计36名。但从明末在天津造船200多只这个数量来看,天津造船运军数量恐怕要多于36名之数。造船历史在天津的延续,造就了一批有专门技术的军人,这些军人不但开创了天津造船业的历史,而且带动了天津民间造船业之发展。据此,也可以说,这部分人之身份也发生了变化,即由军人向掌握了一定技能的匠人转变。

4. 天津商人与商业

天津地处要冲,扼水陆之咽喉,握南北之枢纽,天然的地理环境不但为天津商业发展提供了便利条件,也促使大量商人移入天津,他们的商业活动,可用下列史实证明。唐头寨距天津九百余里,系山东"乐安属通商处所,山东人、辽东人、永平人、天津人,二、三、四、五月间贩运布匹、米豆、麸块、鱼虾"[30]。海上行船需用水手,然水手并不多见,只登莱、淮扬有行海之人,对此只能实行招募。"胶莱商贩募淮人开洋直抵交卸,一往一来每人工食银二两七钱,仍每人日给米一升。青莱、天津商贩少减"[31]。上述两条史实说明天津商人的商业活动早已通过水运扩展到其他地区,这对于沟通商品流通,繁荣天津商品市场起到了促进作用。

天津何时设有店税,史无明载,而万历年间天津店租规模之大,以致设有中官领税,却是事实[32]。这说明,天津店铺不在少数,商人也不在少数。

万历四十七年(1619年),辽左需粮甚急,运粮又苦于无船,于是,督饷部院决定造船60只,费银六千余两,山东地方将银"分给各该船户,俱系殷实……前往天津地方,措买杉桅,并蓬、锚、槁、楫等项……天津地方多蓄木材,可供买造"[33]。从这条可以反映出,一是天津有经营此类商品之商家,想见天津经营商品之丰富,二是从购买量上可以看出,经营此种商品的商人不在少数,也可看出经营这种商品的资本量之巨大。

可以说,明代天津商人经营商品范围是广泛的,但其大宗者,殆粮食一项。由于天津地理位置的原因,即水路交通便利,天津及埠外粮商皆把粮食运至这里交易,而倭寇、朝鲜及后金犯辽,官府更是把天津作为筹粮的基地。这些因素足以促使天津成为粮食交易之中心,从而推动了天津商业的发展。例如,万历初年,试行海运,"备示沿海地方,不拘军民人等,如有情愿将自己或收买杂粮,用自己船只装载,自胶州海口起,至天津粜卖者,许赴该道禀告,给予执照,赴天津粜卖"[34]。又如,辽左事发,于津筹粮,供济辽左,于是"招徕各商,收集重糈,不下五六十万(石)。"[35]而"津门一水之便,四通八达,自转饷事殷,小贩抵津者络绎不绝,大商直以衙门惯熟,捏报运输,以恣垄断、攫取之计"[36]。再如,天启五年(1625年),在津召买商豆,共计100 869石,大约有天津及外埠124名商人参与此次召买[17]。

5. 其他各业人口之性质

天津运输业人口是随着天津商业发展而出现并发展起来的。明代在天津,每50只海船为一帮,大致有12帮,这仅是一个不完全的数字。从下面的例子,可进一步窥知明代天津运输能力之巨大,可见操此业人口之众多。万历四十八年(1620年)钦差专督辽饷户部右侍郎兼都察院右佥都御史李一本上疏曰:"天津派运漕粮二十万石,召买一十六万石,顺永召买二十万石,芝湾船只少,欲借力于天津,总计天津亦五十余万石。……而欲截漕粮三十万石,运至天津入海,是天津之运至八十万矣。"[37]除水运之外,天津也有陆运之能力,史籍载"天津陆运至关,每石脚价四钱"[38]。

天津水上运输业之发达,有赖于天津造船业之兴盛,已如上言。其造船方法是,"在津者,官为发银,民为打造,限五年扣完,船归本主。而又立有各帮朋造之法"[39]。可见除军士外,明代天津造船者,也有不少属于一般百姓。万历四十七年九月,为急于将援辽饷粮北运,计划在天津造船,"已请发银三千两,仍议于天津造船,可装四百石者,共造百只"[40]。十二月,又将"天津造船,专责成天津司道,当急行者"[41]。四十八年二月,李一本又有疏曰:"天津见造船二百只……"[42]这么大的造船量,可见以造船为职业之人口确实不在少数。

巨大的商业流转量,使以装卸物品为职业之人口也大量存在。天启二年(1622年),天津异常霪雨,辽粮浸泡,天津巡抚毕自严为减少损失,"雇工搬移换囤"[35]。

明末,客兵、主兵集中于天津,在天津开局打造兵器,先后投入军费几千两,由此推测,明代以冶铁业为生之人在天津也不少。

综上所述,明代天津三卫军队人口,由于越来越多地从事一种经济活动,他们的身份发生了变化,这是由军人向生产者的变化;经济活动越是深入及专业化,他们的职业性质变化就越彻底。另一方面,天津特殊的地理环境,吸引了各行业人口移民天津,在天津从事经济活动。这样,天津人口的经济活动在其全部活动中所占比重日益增大,从而使天津逐渐从一个军事城堡向经济的、商业的新型城市转变。李邦华于天启二年(1622年)被委以天津巡抚,到任伊始,环视城外,城外已是"商贾辐辏,骈填逼侧",而城中却是"屋瓦萧条,半为蒿莱"⑥,二者相较说明了天津商业发展之面貌。而前任巡抚毕自严说得更为直白,"天津之为卫久已,名存而实亡矣"㉙。这些不正说明天津性质之变化吗?

注:

① (清)薛柱斗:《天津卫志》卷2《官职》,清康熙年间关中薛柱斗刻本。

② 本文叙述的明代军队人口的变化,不涉及家属问题,以便能更清楚、简捷地说明天津人口的变化。

③ (明)樊深:(嘉靖)《河间府志》卷11《武备志·兵志》,上海古籍书店据宁波天一阁藏明嘉靖刻本影印,1964。

④ (明)樊深:(嘉靖)《河间府志》卷11《武备志·沧州守御千户所》,上海古籍书店据宁波天一阁藏明嘉靖刻本影印,1964,《武备志·沧州守御千护所》。

⑤ (明)杨师震撰:《天津仓储考》,《皇明修文备史》,清抄本。

⑥ (明)李邦华:《文水李忠肃先生集》卷3《抚津茶言·修造城垣疏》,清乾隆七年大节堂刻本。

⑦ (明)杜应芳等:(万历)《河间府志》卷6《武备志·天津兵志》明万历年间刻本。

⑧ (明)李邦华:《文水李忠肃先生集》卷3《抚津茶言·议留海防营兵疏》。

⑨ (明)杜应芳等:(万历)《河间府志》卷6《武备志·葛沽兵志》。

⑩ (明)毕自严:《饷抚疏草》卷1《防兵尽改屯兵海滋单虚可虑疏》,明天启刻本。

⑪ (明)毕自严:《石隐园藏稿》卷5《抚津事竣疏》,清顺治十七年毕际有刻本。

⑫ (明)毕自严:《饷抚疏草》卷2《津兵征调已多营制澄汰已定疏》。

⑬ (明)毕自严:《饷抚疏草》卷6《津兵新兵归并营伍疏》。

⑭ (明)毕自严:《抚津疏草》卷2《监军赴辽援兵宜酌疏》明天启年间刻本。

⑮ (明)毕自严:《抚津疏草》卷1《班军士著当留疏》。

⑯ 张树明:《天津土地开发历史图说》,天津人民出版社1988年版,第62页。

⑰《天津烂豆文册》,明抄本。

⑱ (明)毕自严:《督饷疏草》卷2《饷运利弊据实披陈疏》,明天启刻本。

⑲ (明)毕自严:《饷抚疏草》卷1《防兵已发重镇空疏》。

⑳ 高艳林:《明代天津人口初探》,《明史研究》(第七辑),黄山书社2001年版。

㉑ (明)樊深:(嘉靖)《河间府志》,卷8《财赋志·屯田》。

㉒ (明)杜应芳等:(万历)《河间府志》卷5《屯田》。

㉓ (明)毕自严:《抚津疏草》,卷1,《防兵方新列款开陈疏》。

㉔ (清)孙承泽:《春明梦余录》卷37《恤军》,北京古籍出版社1992年版,第650页。

㉕ (明)席书:《漕船志》卷6《诀例》,正中书局1981年版,第219页。

㉖ (明)席书:《漕船志》,正中书局1981年版。

㉗ (明)樊深:(嘉靖)《河间府志》,卷6《漕运》。

㉘ (明)席书:《漕船志》,卷3《船记》之"船数"条。

㉙ (明)毕自严:《抚津疏草》,卷3《河军向隅彼此聚讼疏》。

㉚ (明)梁梦龙:《海运新考》上卷《海道湾泊》,正中书局1981年版,第283页。

㉛ (明)梁梦龙:《海运新考》上卷《海道湾泊》,正中书局1981年版,第287页。

㉜《明史》卷80《食货志·商税》;(明)汪应蛟:《抚畿奏疏》卷1《畿辅民穷已甚榷政宜宽疏》,《遵首会议鱼苇课税疏》,明刻本。中华书局1997年版。

㉝《海运记事》,万历四十七年七月二十二日条。明刻本。

㉞ (明)梁梦龙:《海运新考》卷上《试行海运》,正中书局1981年版,第235页。
㉟ (明)毕自严:《督饷疏草》卷1《异常霪雨淹损官粮疏》。
㊱ (明)毕自严:《督饷疏草》卷1《津门召买数多积商因灾梗会疏》。
㊲《海运纪事》,万历四十八年二月三十日条。
㊳《海运纪事》,万历四十八年四月初六日条。
㊴ (明)毕自严:《督饷疏草》,卷2《淮津海运元年二年奏缴疏》。
㊵《海运纪事》,万历四十七年九月十九日条。
㊶《海运纪事》,万历四十七年十二月十三日条。
㊷《海运纪事》,万历四十八年二月初一日条。

[《南开学报》(哲学社会科学版) 2002年第1期]

清代以来广东人在天津的经济活动

刘正刚

天津作为北方的通商巨埠，水陆辐辏、殷繁富庶，是在明清以后才逐步形成的。元代仍为“海滨荒地”的天津，由于成为漕运的必经之地，政府在此建立了仓储和码头，各地货物与商人逐渐汇聚，城市格局初显端倪。明清时期政治中心北移，天津成为扼南北漕运与海运的咽喉，城市得以迅速发展并趋于繁荣。明清以来，广东商帮以海商名著于世，所以天津城市的发展，留下了广东人的不少痕迹。这一问题，学者关注较少，本文主要依据档案资料，管窥清代以来广东人在天津的经济活动，以此说明城市的发展是与人口尤其是商人流动密切相关。

一、广东人进津的背景

广东人至迟于清康熙年间已进入天津从事商业活动，乾隆《澄海县志》卷八称：“邑自展复以来，海不扬波，富商巨贾操奇赢兴贩他省，上溯津门”，糖商于春季“租舶艚船，装所货糖包，由海道上苏州、天津”，至秋又“贩棉花、色布回邑”，下雪琼等府售卖。天津文献资料也说：“溯当前清初季，海禁大开，闽粤两省商人来津贸易者日众，其时均乘红头船，遵海北来，春至冬返。”闽粤商人长途跋涉抵津后，“嗣因客货抵津，寄顿无所，加以海船惯习，人口出口均须虔祀天后，报答神庥”，于是两省旅津商人集资在天津城北的针市街共建闽粤会馆①。闽粤商人借助船舶从海上到达天津，“建帮之船头绿色，潮帮之船头红色，故有绿头、红头名称，先泊于闸口，后移于葛沽，其船由南至北远涉重洋，故津人又名之曰洋船。”②在清代的官方文献中，也屡有“闽粤洋船”之称谓。清代至20世纪30年代以前，天津的商业中心在今红桥区北门外大街（俗称北大关）一带。清代天津北门外大街的南运河边设有常关，往来天津的船只都要到此停泊验关纳税，常关河沿成为各船只卸货、装货之地，由此发展成为商业中心。

清代中央政府坐镇北京，积极鼓励南方的闽粤商人北上，促进南北物资的交流。为此中央政府专门批准了天津地方政府施行的一系列优惠宽税政策，天津闽粤会馆碑文有较详细记载。乾隆三十六年（1771年）六月长芦等处盐院管理天津钞关重申以前的宽税政策：“照得闽粤商船来贸易，历任念其远涉重洋，风涛颠险，均有宽税之条。糖包每大包准除皮十斤，每小包准除皮五斤，其红白糖内每大包优免十斤，每小包优免五斤，往来船料并免报纳。至水手所带零星货物税银不及一钱者概行优免，仍于税银内每百两克银二两，以示优恤。复念该商在津贸易，洵属循良，又于税银百两再加免银二两，以示格外柔远之意，屡经出示在案……为此示仰闽粤商人等知悉：所有一切加恩优恤之处，本院循照向例举行。”当然宽税的目的是希望闽粤商人“安分守法，据实报纳，不得稍有隐漏……倘有违犯，一经拿获，定行按律究治，决不宽贷”。为了杜绝闽粤商人偷漏税，乾隆四十三年（1778年）七月针对“乃有私挟偷税者”，再次加大宽税额，“示仰闽粤洋船商户舵水人等知悉：天津海关本系落地税银货物循例折扣照依时价，每两抽税三分。且念远商冒险而来，每加优恤，于大糖包每包除皮十五斤，小糖包每包除皮七斤半之外，大包红白糖每包恩免十斤，小包红白糖每包恩免五斤。又于共计正项税银之内，每两又复恩免三分，以恤舵手之艰劳。”③嘉庆十二年（1807年）十月政府又对“闽粤洋船商户人等”晓谕宽税：大青糖每包310斤，准除皮15斤；大白糖每包300斤，准除皮15斤；小红糖每包180斤，准除皮？斤；小冰白糖每包117斤。槟榔等货照上开分两数目对扣税。以上红白冰糖、槟榔等货，每百斤上税50斤，按时估价，每两抽税银3分，每税银百两折收银76两，每两又免3分④。

这些政策在具体的执行过程中，政府还会根据商人的建议，适时地加以调整。如嘉庆二十二年（1817

年)冬,“闽粤众商邱正吉等具禀,历来洋船载货到津,须候定准时估价值后,始输纳税银出口回洋。近年各处买客因买卖萧索,来津买货甚迟,又兼货色高低不齐,时价未能即时议定,以致洋船在津耽延至秋末冬初始得出口,不及赶潮乘风,船伤人溺,殊堪怜悯。请将各货查照前三年在关报定时价酌中比较定议,俾一面起货纳税,一面放船出口,免致守候返延等情。”各级地方政府非常重视这一情况,直隶总督指示天津道“按照前三年报定时价酌中比较定价,随时纳税报查。”天津道立即出示晓谕闽粤商人:“洋船到津将所载各货物按照议定价银随时起货纳税,以便即时放船出口,免致守候误时冒险回洋。”[5]近代以来,随着国运的衰落,商业也陷入困境之中,为刺激闽粤商人的积极性,光绪七年(1881 年)直隶津海关道仍晓谕闽粤会馆董事:“嗣后闽广商船所带货物,无论按斤按件,统按税减二成,以斤计者每百斤作八十斤,以件计者每百件作八十件,应除皮者仍照向章除皮计算,其税银仍按九六征收,其往来船料以及水手小货,税银不及一钱者,照旧免征。”[6]

有清一代,闽粤商人北上天津享受的优惠政策,是其他商人所没有的,为此一些外省货物专雇闽粤商船运货,“凡闽粤商船运货至津海关报税,原例三抽七六扣。蒙恩准闽粤加以对折上税……道光二十年间,江右货物亦雇闽粤商船运津,跟同对折上税”[7]。

天津地方政府对广东商人进津高度重视,每当闽粤商船抵津时,知县官服率属,鸣鞭炮、奏鼓乐,到海河沿岸举行隆重的欢迎仪式[8]。除贯彻执行有关宽税政策外,天津政府还想方设法为闽粤商人解决实际困难。如为闽粤商人卸贮货物的便利,设立洋货局栈,闽粤洋船到津贸易,“恐人地生疏,设立洋货起卸行,代客评价出售”,闽粤货物到津查验后即须卸贮,以便归帆。嘉庆四年(1799 年)因洋行房屋不多,所来货物不能及时起卸,“是以又有开设洋货局栈之九家”。洋行局栈向来任听客商自行投卸[9]。天津开埠以前,闽粤商船春来冬返,所有买卖均由跑合代理。所谓跑合,据杂货商议德福陈述:杂货各铺“历来向潮建广三帮买货,津邑专有内行人代为买卖者,名为跑合。事成之后,图得谢资,习气日久,直将谢资改为要用”[10]。据天津籍商民冯树荣等 15 家商号称,针市街的洋货局,买卖货物向系认客投主,“自前清道光年间,遵前天津县谕,每年纳规费银四百两,按四季照纳,从无拖欠。近年潮建广三帮来货日少,加以恰和、太古、东洋各行糖货输入日多,而商号等生意异常淡薄,只有勉强支持之象”[11]。道光年间,天津社会治安较差,闽粤糖商货物屡屡被盗,商人受损严重,“致亏血本”。闽粤商人在葛沽起剥时,“剥船贪饕成性,如食饵有味,每年被偷之糖货,两帮统计多尚数万斤,少数千斤”。天津政府立即决定:“嗣后如有剥船偷窃客货,先将剥船封于码头,派役看管,责令全数赔偿货物,如有赔不足数,即将剥船变价赔补,仍治以应得之罪,以示惩儆。”[12]

天津实行的种种宽税优惠措施,吸引了众多的闽粤商人北上。尤其在天津开埠以后,不但成为京师门户,而且是北洋重镇和华北工商业重心。广东商人利用毗邻港澳进出口货物顺畅的优势,大举北上天津。粤商通过香港的南北行,进口米糖、杂货,出口北方的山货、药材、花生和豆类。太平天国起义期间,陆路运输令商人顾虑不安,粤商的海运北上因此而盛极一时。据载咸丰年间,仅广帮在津人数就达 5 000 余人,到光绪年间,聚集于天津的广东人已超过一万以上,广帮的大小商号达 200 家以上。天津的广帮商号所用职工,90% 以上是广东人[13]。另据记载,咸丰十年(1830 年)六月,在山东烟台有“洋船驶到,洋人、广东人约共一万四五千人、马一千一二百匹、骡七十余头、大车四十余驷、独轮小车一百余轮、木桶、木箱、麻袋等多件。委员问以现居烟台何事,答以避暑,七月后即赴天津。该洋人复探听烟台至利津、利津至天津水陆程途远近”[14]。相信这批人马中,广东人至少占一半以上。洋人进入中国以后,培养了一批通晓英语且懂洋务的中国人,为其经商、侵略服务,地邻香港的广东人又占天时地利之便,天津的洋行买办多由广帮充当。对于内地而言,洋人与广东人在某种情况下也许是等同的。

二、广东人的商业活动

广东商人远涉重洋,在天津从事的商业活动,基本上都是与民生相关的工商业。据档案记载,早期闽粤会馆中的 18 家商号几乎无一例外都是在针市街经营糖杂货。天津开埠以后,经营的范围仍以糖杂货为主,但已注意开拓新领域。兹据 1916 年 3 月美国总领事请各会馆调查情形,将广东会馆的商号及职业列表如下[15]:

旅津广东会馆职业一览表

会馆名称	姓名	何项商业或工业	商号名称	商号地址
广东会馆	罗裕堂	机器铁业工厂	德泰	英租界小白楼
	张公沩	绒毡工厂	华北城毡公司	法租界
	罗金秀	机器铁业工厂	建安	日租界河边
	邓毅亭	露酒药酒工厂	广兴居	英租界大沽路中
	邓文显	洋广杂货	广隆泰	法界
	任德洋	中外印务局	怡泰	法界
	陈恒爵	中外牛皮庄	广生利	法界
	杨瑞云	中外印务局	发兴	法界
	简云章	外洋钢铁食品油漆	简泗合盛	法界
	杨文昭	中外牛皮各种南木	广发源	法界
	邓云涛	糖食杂货药材	福利和	针市街
	萧仰宣	糖业	永生发	针市街
	崔墨农	花生豆	永兴号	针市街
	张乙照	花生杂货	裕德号	针市街
	麦云罗	杂货	德拜太	针市街
	林祝南	杂货	恒丰盛	针市街
	谭次珊	药材	公成利	针市街
	易德泉	花生杂货	宜兴昌	针市街
	易伟堂	花生杂货	信诚昌	针市街
	李序东	糖食杂货药材	恒和昌	针市街
	钟伯勤	杂货	宏裕公	针市街
	郭康朝	花生豆	有昌隆	针市街
	张铸颜	杂货	生和泰	针市街
	邹泽榉	杂货糖业	明记	针市街
	何沛芬	花生业	昌记	针市街
	黄培之	杂货糖业	永利威	针市街
	陈作聪	杂货糖业	宠恒	针市街
	甘爵一	杂货	生源	针市街
	黄溪臣	杂货糖业	福盛	针市街
	杜焕臣	杂货糖业	万益成	针市街
	谭仲余	上海公司水火保险	上海公司	针市街
	谭仲余	杂货	公裕号	针市街
	谭仲余	杂货	巨成号	针市街

续表

会馆名称	姓名	何项商业或工业	商号名称	商号地址
	陈香轮	杂货	致益隆	针市街
	陈福贞	杂货糖业	全兴号	针市街

从上表可以看出，晚清以来，粤商除以传统的糖杂货经营为主外，已开始投资设厂并经营保险行业。地点仍以针市街为主，但也扩展到英法日租界中。广帮在天津的商业经营过程中，逐渐形成了一批有影响、有特色的商号：1. 裕记。道光年间开业，1926 年关张。北运木材、糖类，南运花生、豆类。资东坐镇广州发号施令。2. 东盛和。南海人叶雨田于光绪初年开业，在营口设有粮栈，来办关外的豆类、人参。为周转资金，曾在关外发行自己的钞票达六百余万两。3. 永利盛。道光初年开业，经营露酒出口，行销南洋、南北美洲。4. 德泰。三水人罗三佑于光绪年间开业，做机器铁工，包修轮船、矿厂的铁工活，为天津第一家机器铁工厂，其业务扩展到关外，在锦州成立通裕煤矿公司采煤。但因始终不能解决矿水问题而倒闭。其徒弟遂在天津各自开展业务，天津的机器铁工厂从此发展起来。5. 上池馆西药房。天津第一家西药房，为北洋医校毕业的广东医师合资经营。6. 广发源皮木行。光绪初年在香港创办，经营皮料和贵重木料。光绪二十年（1894 年）在天津设分号，抗战时期受日本人严重摧残，于 1943 年结束。7. 中原公司。1927 年开办，是一家百货公司，地址在日本租界内，以经销日货为主，时人又称之为“日货公司”。8. 怡泰、联昌。光绪年间开业，为天津印刷业先驱。9. 恒昌、英昌、元彰。光绪年间开业，为天津照相业的首倡[16]。

广东商人在某些行业中甚至起主导作用，药材经营即是一例。民国二年（1913 年）拟在天津等地设立直隶药材行捐经理处，买卖主均按二分抽用。此举引起广、潮等十四帮药材商人的不满，他们联合上书，指出药材与人民生命所关，今中国 22 行省如上海、汉口、香港、佛山、周村、营口等处皆未设有官牙。天津的药材买卖每年成交价值约一百一十余万，半由洋货局经手，其余由“失业药商借路合以糊口”，若经纪抽用，则广货虽名为一分五厘，实则除去扣平，所得仅有九厘。因药商云集，天津等处每年从事药材买卖的“牙用五万余金，虽分得之于二千余经纪，实则赖此药行以生活者，约不下十余万人”，坚决要求撤销此决定。天津商务总会也专呈民政长官，支持广东等药材行十四帮商人的要求，指出设药材行捐经理处，实于商业诸多窒碍，“且天津各处皆为招商码头，税捐叠加，各商已觉担负过重，若再添此牙用，各帮视为畏途，裹足不前，药行商业败坏，牵动全局，商务何堪设想！”[17]有关部门最终还是成立了药材行捐，负责抽收直隶全省药行牙捐。由此造成“每届春冬两会，万商云集”的祁州，“近来潮建广与参茸等帮赴会几渐次绝迹”，“各项药品来源断绝，均皆闭市，买卖不通”。药材行捐强迫药商认捐，导致广东“十四帮不敢发货交易，天津、祁县已经停市，各商业均有连带关系，以致天津市面人心恐慌，商业不安”。

烟酒业也是粤帮经营的项目之一。天津商会档案称，闽广等烟草原料，畅销洋庄，凡占十之七八。广东商人还经营烟具，光绪三十二年（1906 年）政府“禁售烟斗、烟枪、烟具，限六个月售出，逾期不准售卖，查出议罚。”广帮信怡昌、天泰成、裕记、恒丰盛、义兴泰、天泰恒、利亨祥、永生昌、永利威、德祥泰十家商号请求政府宽展期限，“今各号现存烟具共值二万余两之多，已在万分拮据，然也迫于无奈。唯有清查税货，展缓限期，尚可以保血本而维商业。”[18]天津的高粱烧酒，通过粤商行销闽粤及外洋。

三、广东商人的后盾

早期粤商在天津的商业活动，主要依赖中央和天津地方政府的各种政策以及粤商特殊的品牌，当然，官绅的参与也是不可忽视的因素。闽粤会馆本系商人会馆，但其中的官绅气味很浓。清人张焘在《津门杂记》卷上中说：“闽粤会馆在北门外针市街，系该省官商捐造”，俗称洋蛮会馆。科举致仕同乡经过天津，均入馆祭拜，“前清时代最重鼎甲，凡两省新科及第到津，例拜会馆，晋遵欢迎，致送匾金”。广东的梁耀枢、谭宗浚、陈伯陶、庄有恭、罗敦衍、唐绍仪等皆题送过匾金。1903 年天津广东会馆成立后，在设立的董事中也少不了政界人物，会馆董事共十人，分别为“政界董事二人、广帮二人、工界商号三人、洋行二人、潮帮一人”[19]。

广帮在天津势力的强大，与一批在津任职的广东籍官员有关。自同治十一年（1872 年）起中国先后选派四批幼童赴美留学,共计120人,其中广东84名[20]。这些留美学生归国后,大部分聚集于北洋重心的天津,与广帮的发展壮大密切相关。唐绍仪,香山人,留美学生,袁世凯的亲信,曾任奉天巡抚、津海关道,辛亥革命时,清廷委为南北议和大臣。梁敦彦,顺德人,留美学生,张之洞手下的红人,曾任直隶藩台。周寿臣,新安人,留美学生,曾任天津招商局总办。曹家祥,顺德人,留美学生,受袁世凯赏识,任天津巡警道兼局长,为中国洋式警察创办人,"北洋警政"得名于此。蔡述堂,香山人,留美学生,袁世凯极信赖他,历任洋务总办、津海关道,为北洋大学创办人;民国初年在佟楼建蔡家花园,每逢佳节,集同乡欢叙;与国民党高级将领张学良、美国前总统胡佛较友善,等等。

近代以来,随着天津开埠,外国洋行及其买办在天津崛起,其财势也雄居前列。在各帮买办中,广帮买办实力最强,其代表人物为怡和洋行买办梁炎卿和太古洋行买办郑翼之。英国占据香港后,开办皇仁书院,培养通英语、谙洋务的人才,洋行买办产生于此。同治二年(1863年)洋轮直达天津,英商怡和、太古两行,首先利用买办在津推广业务。天津初期的洋行买办,绝大多数是广东人,知名的广帮买办有:(英)太古公司:黄鹤廷、郑翼之、郑宗荫、郑慈荫、罗耀廷、罗振东。(英)怡和轮船公司:梁炎卿、梁费魁、梁联魁、梁文魁。(英)高林洋行:梁炎卿兼。(英)怡和洋行:陈祝龄。(英)安利洋行:陈日初。(英)先农公司:欧阳炳、黄振华。(美)世昌洋行:梁件云、谢干伯。(美)慎昌洋行:陈均廷。(德)礼和洋行:冯商盘、黄季才、郑叔和。(德)德华银行:严兆帧。(德)瑞记洋行:黄云溪。

梁炎卿,佛山人,任英商怡和轮船公司及高林洋行买办。美商在天津的一切业务及发展规划,均要有怡和参与。以洋轮运输回扣优厚,促粤商与之合作,坐享巨额利润。他死后,其买办一职由其子梁联魁、文魁继任。郑翼之,香山人,也借助太古轮船运输起家,与梁炎卿齐名。郑宗荫、慈荫为其子。陈祝龄,高要人,德商瑞记洋行买办黄云溪的内弟,充怡和洋行买办,专管进出口业务,曾任天津广东会馆董事长十余年。冯商盘,南海人,任天津德国礼和洋行买办约二十年,主要经营军火、机器等业务,任广东会馆董事长十余年[21]。

四、广东商人的社会活动

广东商人在积极从事商业活动的同时,还不断参与各种有关国计民生的社会活动,既显示了粤商的经济实力,也反映了商人始终将自己的命运与社会联系在一起。这些社会活动在一定程度上也提高了粤商的知名度。

广东会馆建立后,积极开展各类社会活动,1912年天津数家报馆在广东会馆召开庆祝民国成立大会,粤人到会达6 000余人。同年夏,孙中山、黄兴、陈其美、宋教仁等到津,广东会馆召开欢迎大会,粤人到会达6 000余人。1915年5月,天津绅商学报工各界发起成立直隶救国储金团,并在广东会馆内召开成立大会,到会者1万余人,因地势狭窄,各同胞无站足之地,演说员数十人分三院慷慨激昂地演说,当场认储金20余万元。同年7月31日、8月1日,直隶救国储金团假广东会馆合演古今音乐大会及各项精妙技艺、文明新剧并电影,所得票价归作救国储金及广东水灾义赈,票价分为:包厢3元、廊子2角、池子3角、女座2角、童子半票。而在广东会馆内"演述亡国惨状及救国镜等剧,颇经社会欢迎,认为激醒同胞之良剧"[22]。成千上万的人涌入广东会馆,一方面说明会馆面积阔大,从而显示粤商实力的不同凡响,另一方面也为广东的商业经营营造了良好的社会氛围。

1919年3月英驻津工部局通告,规定从5月1日起,凡装卸货物经过本界码头,须缴纳码头捐,以该货物应报缴之关税的2%计算。此举引起天津商民的愤怒,广建潮三帮等立即召开董事会议,以"有碍国家主权,且碍商贾"为由进行抵制。天津总商会也召集广潮建三帮等业公同商议码头捐事,与会全体概不认可。同年5月,法租界也仿英租界办法征华商码头捐。广建潮等帮强烈要求取消英法租界强征码头捐,指出英国于5月1日起在租界河坝自行抽收码头捐;法国于5月5日亦仿行之。"英法两界,均系中国领土,竟在中国租借地收华商捐税,实与我国主权大有妨碍。夫主权岂能任其侵占哉!商等所以不敢承认者此也。况英法行之不久,俄日意各界亦必效而行之。天津租界有码头捐名目,将来各省凡有码头者,亦必如法炮制,则无论何商均必裹足不前,将来大局何堪设想,商务永无发达之一日。"并要求,"必须严重交涉,即为收回成议,方足以保国家威信而顺舆情"[23]。

1915年日本强迫袁世凯签订丧权辱国的《二十一条》,攫取青岛及附近一切权利。广大商人出于爱国热情,联合抵制日货,1919年7月天津洋广货各商号议决抵制日货之办法,"由施行日起,以后不准续定,亦不准现买日商之货,以免阻滞"。规定各号由议定日起,以前订货报明,以后不准在各处续订及买日商现货,如违者,查出实据,报告各界联合会处置;各号将已订之货消罄为止,决不再添[24]。这一办法,既照顾了商人的利益,也表明了商人抵制日货的决心。广东会馆属下的旅津学生也投身反日浪潮之中,他们散发"国耻毋忘"传单,用歌曲形式启发民众,如《爱国歌》:"风云暗,大地昏,哀我神州将陆沉,唤起同胞四万万,共救此沉沦。割台湾、夺旅顺,都是东瀛小倭人,问我同胞四万万,待死谁能忍!……好男儿,快合群,战死沙场莫爱身,告我同胞四万万,收骨有衩裙。"在《强国歌》中要求人民齐心协力抵制日货,打败日本[25]。1921年12月在津广东会馆、洋广货同业公会等其他26团体要求政府拒绝鲁案[26]。

第一次世界大战结束后,为配合中国政府作为战胜国对德要求赔偿,农商部命各商会迅速清查德商亏欠华商的债额。1920年居于天津针市街的广东南海商人戴仲球申报,其于1913年售与债务人德国顺威洋行行东韦尔德大黄100篓,计价银747.56两,交货后因无款支给,言定分四期还清,但债务人只第一期履行还银247.56两,余到期均未支付,核欠共500两,另计息,有天津地审厅判决书为据。居于天津英租界的广东番禺黄季才,为礼和洋行买办,其债务人为德国德华银行总理、地产公司经理劳路斯,自1917年起欠款2 968.80两;德国礼和洋行行东秀士于1918年欠黄季才款8 669.59两[27]。

近代以来,商业竞争的激烈,单靠个体已难以在同行经营中取胜,只有集团经营才能求得发展。1919年10月天津紫竹林华商成立华商公会,"宗旨在联络感情,发达商界,庶几群策群力,得以相友相扶"。次年1月,华商公会致呈天津总商会,指出"英法洋商在津均有会所,我辈华商转付阙如,相形见绌,致易启外人蔑视之心,孤立无援,奚以谋平等自由之福"。华商公会设正、副会长各一人,副会长为在津经营联昌号的广东四会人梁彬如;在津经营怡泰号的广东鹤山人任少泉为会董之一[28]。1924年10月天津县各面粉工业公司成立机制面粉商同业公会,发起人就有在天津大伙巷北口桥西开设民丰面粉公司的广东人莫炽南、吴幼航。该会称:"近世文明日进,由个人之竞争变成团体之竞争,各业因公司之利益求其发展,均有同业公会之组织。敝行业兼工商,制品关乎地方民食。"[29]

广帮还为地方社会的安定出力。1922年4月由于"时局不靖,地方多事",天津总商会拟对天津的警察、保安、消防队、捕盗营等,"当兹多事之秋,警备勤劳之际,应事酌加酬赠",要求各行商量力输捐。广东商人中的广帮常丰盛众商号认捐金额100元、洋广货商366元,南洋兄弟烟草公司200元、广帮福长兴50元、建潮帮200元[30]。而对强行征派广帮则反映冷淡,1924年11月军阀向津直商民强征给养,广帮常丰盛呈控:"津地则大水之后,继以大兵,百货停滞,几于终年坐食山空。故就目前统计,敝帮字号已寥若晨星,贵会为收容溃兵,给养伤兵,警察治安诸举责以摊筹一千元。"常丰盛最后勉强凑集200元[31]。

广东会馆还于1915年成立广东音乐会,由杨文昭、徐玉麟、徐杏裳等创办,同乡音乐爱好者每周一聚。至1917年发展粤剧,天津的粤剧即从此开始。剧团的演出,对赈灾尤其对旅津广东学校的创办,资助最多[32]。广东会馆还利用自身的优势,积极从事新学教育。1920年旅津广东学校在滨江道成立,由广东会馆董事长陈祝龄、广东音乐会会长麦次尹等捐款捐地,协力倡办。该校招生不分省籍,但对粤籍学生减收半费。1927年该校复设初级中学;1930年将中学部迁移到英租界广东路,原址作扩充小学用。至1931年该校计小学15班、中学3班,只收男生,两部共有学生800余人[33]。广东学校不分省籍招生,对普及公民教育,提高公民文化素质有一定的积极作用,也为粤商作了商业形象的宣传。

五、广东商人在天津城市发展中的作用

闽粤商人在天津的商业活动,主要通过会馆来进行。早在乾隆四年(1739年)就在南运河边建立了闽粤会馆,闽粤会馆值年两省公举,闽粤各一,两帮备立帮号,闽帮名苏万利,粤帮名世德盛。会馆置有公产,闽帮住福康里,广帮住岭南栈,潮帮住潮义栈。道光末年粤帮中的衡永盛字号(系广州帮)因管理会馆公箱,亏欠公款数百金,粤帮中的广、潮二帮遂生隙。咸丰以后,粤帮一分为二,潮帮名万世盛,广帮名常丰盛(一说万世盛始于道光二十七年,常丰盛始于同治年间)[34]。乾隆年间闽粤会馆又修建"闽粤山庄",作为公共墓地。

随着广帮在天津政局中地位的变化,光绪二十九年(1903年)由唐绍仪、梁炎卿等人倡议,成立天津广东会馆,占地23亩余,光绪三十三年(1907年)落成,工程设计凸显岭南特色。据民国《天津志略》"会社篇"载:"广东会馆地址在城内鼓楼南大街,始于光绪甲辰之秋,成立于丙午之冬。发起者为唐绍仪、陈子珍、梁炎卿、冯商盘诸君。时唐氏任津海关道,捐出巨款,首为之倡。继向同乡劝募。时梁公充任怡和洋行进口船务买办,所有砖瓦木料,多自粤购来。得怡和助以半价运费,所省不少。"此外,还设置广东山庄义地作为在津粤人旅榇之所,《天津志略》"慈善事业篇"记载,旅津粤人旅榇其始均寄葬于大直沽闽粤山庄,嗣因该地丛葬已满,1916年由陈祝龄、徐玉麟、简韵波等人发起,广帮在东局子半道之北,就向日所购之地200亩,划出20亩,新建广东山庄义地一所。

笔者1996年8月赴津参观过广东会馆。该馆现为天津戏剧博物馆,基本保存完好。内有碑刻5块,均镶嵌在墙体内,从碑刻捐款情况看,梁炎卿数量最多,达6 000两,唐绍仪4 000两,北京广东会馆957两8钱8分。更多的捐款者数额为1两,在一个月内,共捐款14.7万余元,足以显示广帮内聚力及资力的强大。广东会馆还设有"广业公司",对会馆周围三百余间出租的铺房、住房进行管理。历任董事长为冯商盘、梁炎卿、陈祝龄、杨仲绰四人。会馆内建有戏楼一座,清末民初,著名京剧大家梅兰芳、谭富英、尚小云、俞振飞等均在此做堂会,参加义演。广东会馆能请到艺术名家演出,反映了广帮在天津商界与政界的实力,也说明该会馆建筑设计水平在当时的独特性。

闽粤船帮每年往返于天津,都要登岸在闽粤会馆汇集,举行隆重的崇祀妈祖神仪式,答谢天后圣母保护商船安全的功德。由此天后宫一带的商业活动兴盛起来,形成了以后的宫南大街和宫北大街。而每年秋后农历九月十七日是所谓财神爷生日,闽粤商帮在会馆内设宴并演戏三天,招待各往来商客户,联络感情,然后各船满载北方的棉花、花生、大豆、杏仁、红枣、黄花菜等干鲜货及药材南返广东。粤商每年往来一次,盈利数倍左右。粤商的北上由海路沟通了我国南北物资的交流,丰富了南北方城市居民的物质生活,促进了城乡经济的发展。

天津的针市街、竹竿巷等街名,与广东商人经营商品种类有关,前者因粤商北运的货物以手工业品缝衣针在此设行出售量最大,故得名针市街。后者则因广东、福建等商人从南方运来竹竿、竹筷、竹篮等竹制品在此售卖,故称竹竿巷。锅店街也与粤商有密切关系[35]。后人称"竹竿巷棉纱商毕集,针市街向为闽粤晋三帮多而且盛之处。"[36]

天津开埠以后,随着津浦铁路与京汉铁路通车,闽粤船队逐渐停驶,改乘轮船和火车到达天津,并由过去的行商变成坐贾,在天津开设进出口行、南味店、洋酒罐头店、中西药店、五金店、照相馆等。今天的天津商业中心劝业场一带,在1900年以前是农田、苇塘、荒地、乱葬岗。后劝业场被划入法国租界,随着租界房屋、街道的兴建,商店也从无到有地发展起来。最早到法租界经商的中国人,多是广东人和宁波人。广东因开放最早,与外国人交往经验较多。天津开埠后,大批的广东人来津,与原先在北大关一带经商的同乡合作,到法租界开设商店,扩大业务。其有名的商店有广隆泰(南味)、广发源(皮箱)、北安利(餐厅)。当时,在今大沽路至解放路一段滨江道因广东帮的商店和广东人较多,而被称为广东街。滨江道的杨福荫路是广帮杨仲绰的产业,20世纪上半叶,全部租给银钱号,成为钱庄街。滨江道的华清池楼房原是广东人徐某的产业,后为直系军阀孙传芳购得,出租给商人开办浴池[37]。

粤商在天津广泛的商业活动,带动了天津城市经济的发展。清人张焘在《津门杂记》下卷载粤人紫竹林开设客店的盛况:"天津为水陆通衢,旧有客店在西关外及河北一带,约有数十家。自通商后,紫竹林则添设轮船客栈十余家,粤人开者居多。房室宽大整洁,两餐俱备,字号则有大昌、同昌、中和、永和、春元、佛照楼等。每有轮船到埠,各栈友纷纷登舟接客,照应行李,引领到栈,并包揽雇马车、写船票及货物报税等事。"紫竹林一带的特种服务业也颇具粤人特色,《津门杂记》中卷记天津妓馆时云:"粤妓寄居紫竹林者,衣饰簪铒,迥异北地胭脂。俗称曰广东娼、或伴洋人、或接广客,就中亦绝少出色者。"

粤商还利用城乡居民认同的民间传统节日,耗巨资举办大型娱乐活动,起到了广告宣传效用。如每年中元节的盂兰会,天津城内外均建醮设坛开展活动。张焘说"近来以紫竹林之梁家园为最。按该处旧有义冢一区,颜曰闽粤山庄,俗呼洋蛮坟地。因闽广之作客津沽者人多,每到七月既望,莫不恐后争先,醵资作会,高塔席棚,长有数百步,悬列灯彩无算,高低不一,照如朗日。又有巧匠扎成粤戏数折,人物如生,挂向坛前,延增设醮,放焰火,抛施食物,锣鼓喧天,锭帛遍地,历年用款不止千金,鼓动游人不下万计。车船轿马,流水游龙,倾城士女,空巷来观,熙熙攘攘,几于联袂成帷,挥汗如雨。至夜晚则月白风清,新凉正爽,兼之香花鼓乐,悦目怡情,游人之兴仍复不减也。"闽粤山庄的盂兰活动开始于7月16日,届时"梨园演戏,结彩张灯,拟三昼而连宵,越四日而藏事"。粤人独特的供奉神灵方式也引起津人的注意:"粤人供奉神位在桌台下,曰福德土地神,又于门旁作神巢,书帖曰某某神。早晚炷香祀之,比户皆然,亦风俗之各异也。"

粤人的一些习俗甚至影响天津市民的行为,史称紫竹林通商埠头,粤人处此者颇多。"尝以纸卷烟叶,衔于口吸食之。又如衣襟下每作布兜装置零物,取甚便也。近则津人习染,衣襟无不作兜,凡成衣店、估衣铺所制新衣,亦莫不然。"[33]咸丰时津门举人冯向华专作《衣兜》诗一首:"衷衣里面作方兜,举手探囊逐件投,包括一身多少事,取携甚便勿旁求。"如此看来,粤人对近代天津城市市民的服饰文化也有过积极的影响。

总之,从清代以来天津城市的发展中可以看出,城市的发展与人口的流动,尤其是与商业人口的流动密不可分,当然也绝不能忽视政府的政策导向。清前期粤商充分利用政府的宽税政策,在搞活南北物资交流的同时,以闽粤会馆为中心开展的商贸、祭神活动,也促进了天津城市的发展,天津的一些与粤商经营商品有关的地名就是例证。近代天津开埠后,粤商既从事商业活动,也充当买办的角色,天津的许多工商行业均由粤商领先开辟。粤商以广东会馆为中心开展的社会经济活动,也在天津城市发展史上留下了历史烙印。

注:

①《天津商会档案汇编》(1912—1928)第2册,天津人民出版社1994年版,第2 100页。

②《天津商会档案汇编》(1912—1928)第2册,第2 096页。

③《天津商会档案汇编》(1912—1928)第2册,第2 108页。

④《天津商会档案汇编》(1912—1928)第2册,第2 110页。

⑤《天津商会档案汇编》(1912—1928)第2册,第2 111页。

⑥《天津商会档案汇编》(1912—1928)第2册,第2 114页。

⑦⑫《天津商会档案汇编》(1912—1928)第2册,第2 112页。

⑧⑬⑯㉑㉜《天津文史资料选辑》第27辑,天津人民出版社1984年版。

⑨《天津商会档案汇编》(1912—1928)第2册,第2 109页。

⑩《天津商会档案汇编》(1903—1911)上册,天津人民出版社1989年版。

⑪《天津商会档案汇编》(1912—1928)第4册,第3 757页。

⑭ 民国《天津政俗沿革记》卷16《外事》。

⑮《天津商会档案汇编》(1912—1928)第2册,第2 127—2 129页。

⑰《天津商会档案汇编》(1912—1928)第4册,第3 795—3 796页。

⑱《天津商会档案汇编》(1903—1911年)下册,天津人民出版社1989年版。

⑲ 民国《天津志略》"会社"。

⑳ 田正平:《留学生与中国教育近代化》,广东教育出版社1996年版,第46页。

㉒《天津商会档案汇编》(1912—1928)第4册,第4 581、4 592、4 599页。

㉓《天津商会档案汇编》(1912—1928)第4册,第4 070页。

㉔《天津商会档案汇编》(1912—1928)第4册,第4 747—4 748页。

㉕《天津商会档案汇编》(1912—1928)第4朋,第4 720页。

㉖《天津商会档案汇编》(1912—1928)第4册,第4 821页。

㉗《天津商会档案汇编》(1912—1928)第2册,第2 323—2 324页。

㉘《天津商会档案汇编》(1912—1928)第1册,第336—345页。

㉙《天津商会档案汇编》(1912—1928)第1册,第282页。

㉚《天津商会档案汇编》(1912—1928)第4册,第4 205页。

㉛《天津商会档案汇编》(1912—1928)第4册,第4 163页。

㉝ 民国《天津志略》“教育篇”。
㉞《天津商会档案汇编》(1912—1928)第2册,第2 098—2 100页。
㉟《天津文史资料选辑》第16辑,天津人民出版社1981年版。
㊱ 民国《天津志略》“概要”。
㊲《天津文史资料选辑》第16辑。
㊳ 张焘:《津门杂记》卷下。

(《中国经济史研究》2002年第3期)

清末新政时期华北近代教育的兴起

万新平

在义和团运动和八国联军入侵的双重打击下，清政府为维持摇摇欲坠的封建统治，于清光绪二十七年(1901 年)宣布实行新政改革，在政治、军事、教育等领域采取了一系列变法措施。

在新政改革中，教育改革占有重要的地位。由于地方实力派官员的大力倡导、地方绅士阶层的积极参与以及日本教习的重要影响，华北地区近代教育迅速兴起，成为当时教育改革最激进、教育事业最发达的地区之一。

一、地方实力派官员的大力倡导

新政改革时期，向日本学习成为热潮。以各省督抚为代表的地方实力派官员，出于政治上的需要，纷纷组织官绅赴日考察，其中以直隶总督兼北洋大臣派遣的人员居首(见表 1)。

表 1　1901—1910 年中央及各省派遣官绅赴日考察统计表

年份	1901 年	1902 年	1903 年	1904 年	1905 年	1906 年	1907 年	1908 年	1909 年	1910 年	1911 年	合计
中央派遣	1	7	9	7	92	100	125	33	7	7	32	420
地方合计	8	25	241	66	101	181	199	13	12	56	10	916
北洋大臣	–	5	64	6	31	23	91	–	1	4	–	225
南洋大臣	2	1	61	–	3	1	12	1	–	3	–	84
两广总督	–	–	–	3	5	10	7	–	–	1	–	26
两江总督	–	–	–	4	–	13	9	5	2	–	–	33
两湖总督	–	10	12	28	13	11	11	–	–	1	1	87
闽浙总督	4	–	3	5	1	5	2	–	–	–	–	20
四川总督	1	–	38	2	4	44	4	–	1	11	1	106
云贵总督	–	–	–	–	–	2	4	–	–	–	–	6
东三省总督	–	–	–	–	–	–	3	–	2	34	1	40
盛京将军	–	–	4	–	–	3	–	–	–	–	–	7
奉天将军	–	–	–	–	–	5	7	–	–	–	2	14
安徽巡抚	1	–	–	–	–	10	–	–	2	–	–	13
湖南巡抚	–	6	–	6	6	1	2	–	–	–	2	23
山东巡抚	–	3	42	–	–	11	–	–	–	–	–	56
陕西巡抚	–	–	–	–	5	6	–	–	–	–	–	11
河南巡抚	–	–	–	–	2	3	5	1	–	1	1	13
贵州巡抚	–	–	–	–	13	1	3	–	–	1	–	18

续表

年份	1901 年	1902 年	1903 年	1904 年	1905 年	1906 年	1907 年	1908 年	1909 年	1910 年	1911 年	合计
山西巡抚	–	–	–	–	–	2	–	–	–	–	–	2
浙江巡抚	–	–	–	–	–	11	3	–	1	–	1	16
吉林巡抚	–	–	–	–	–	–	1	1	–	–	–	2
云南巡抚	–	–	–	2	5	–	–	–	–	–	1	8
江苏巡抚	–	–	10	3	1	4	19	–	–	–	–	37
广西巡抚	–	–	2	1	2	10	9	5	3	–	–	32
江西巡抚	–	–	1	4	10	4	–	–	–	–	–	19
自费	–	–	1	–	–	1	–	–	–	–	–	3
–	–	–	3	2	–	–	7	–	–	–	–	12
不明	1	9	5	13	7	6	10	1	1	1	–	54
总计	10	41	255	86	200	287	334	47	20	64	42	1 386

按赴日考察目的分类，以考察教育（含普通教育、实业教育、军事教育等）居首（见表2）。

表2　1901—1910 年中国官绅赴日考察目的分类表

年份	教育	军事	政治	法律裁判	警察监狱	博览会	游历	实业	商贸	农林水产	银行	财政	地方自治	不明	其他
1901 年	7	1	–	–	1	–	–	2	–	–	–	–	1	–	–
1902 年	24	16	–	–	2	–	1	14	–	1	–	–	–	–	–
1903 年	124	43	4	4	22	114	2	30	4	11	2	–	–	29	–
1904 年	61	8	17	2	17	–	–	21	4	8	1	–	2	–	–
1905 年	124	15	81	12	38	–	–	50	39	26	1	11	6	1	–
1906 年	86	51	101	23	41	–	1	51	2	3	6	2	10	–	–
1907 年	55	23	44	11	25	–	84	20	7	17	–	1	116	–	–
1908 年	1	26	–	–	–	–	–	2	–	1	–	–	–	1	–
1909 年	–	2	6	2	1	–	–	4	1	–	–	5	–	1	2
1910 年	–	5	15	6	2	29	–	6	1	1	–	–	–	–	8
累计	482	190	268	60	149	143	88	200	58	68	11	20	134	31	13

新政改革时期，华北地区各省督抚在不同程度上都对推行教育改革采取了有力的措施，其中直隶总督兼北洋大臣袁世凯是一个突出的代表人物。

袁世凯（1856—1916 年），字慰庭，号容庵，河南项城人。清光绪二十一年（1895 年）开始在天津小站编练新建陆军，清光绪二十五年（1899 年）升为工部侍郎。同年率部赴山东镇压义和团起义，并出任山东巡抚。清光绪二十七年（1901 年）李鸿章病死后，清朝廷授袁世凯署理直隶总督兼北洋大臣（次年 6 月 9 日实授）。从此，袁世凯身居要职，在直隶和天津加紧推行各项新政。

袁世凯把兴办教育作为他推行各项新政的重要基础。袁世凯认为，要推行新政，就必须广兴教育，培养人才。他说："致治必赖于人才，人才必出于学校，古今中外莫不皆然。"早在山东时，袁世凯就以重视培养人才、兴办学堂而闻名于时。《清史稿·选举志》载："逮二十七年，学校渐有复兴之议。其首倡者，则山东巡抚袁世凯也。"袁世凯在督直前，就曾在《遵旨敬抒管见备甄择折》中说："百年之计，莫如树人。古今立国，得人则昌。作养人材，实为图治之本。查五洲各国，其富强最著，学校必广，人材必多。中国情见势绌，急思变计，兴学储才，洵刻不容缓矣。”当时，袁世凯在山东，“以通省学堂一时未能遍举，先于省城建立学堂，分斋督课，其备斋、正斋，即隐寓小学、中学之规划”。清政府“即经谕令各省仿办，应酌照将来选举章程。用资鼓励”。

清光绪二十九年(1903年)3月，袁世凯呈《奏请递减科举折》；同年4月，与张之洞联衔呈《奏请递减科举中额专注学校折》；清光绪三十一年(1905年)8月，袁世凯领衔，与赵尔巽、张之洞、岑春煊、周馥、端方合词上奏《请立停科举推广学校并妥筹办法折》。从这些奏折中，我们可以看到袁世凯对停止科举、广兴学校的鲜明态度，以及他对发展近代教育培养新型人才的认识。

在《奏请递减科举折》中，袁世凯说：“是科举一日不废，即学校一日不能大兴，学校不能大兴，将士子永远无实在之学问，国家永远无救时之人才，中国永远不能进于富强，即永远不能争衡于各国，臣等诚私心痛之。”

袁世凯在《请立停科举推广学校并妥筹办法折》中说：“科举夙为外人诟病，学堂最为新政大端。……且设立学堂者，并非专为储才，及以开通民智为主，使人人获有普及之教育，具有普通之智能，上知效忠于国，下知自谋其生也。其才高者，固足以佐治理，次者亦不失为合格之国民。兵农工商，各完其义务而分任其事业；妇人孺子，亦不使逸处而兴教于家庭。无地不学，无人不学，以此致富奚不富，以此图强奚不强？……庶几广学有才，化民成俗，内定国势，外服强邻，转危为安，胥基于此。”

袁世凯作为各省督抚之首，是清朝末年统治集团中的一名举足轻重的实力派人物，他改革教育的主张，尤其是他在促成清政府废除科举的决策得以实现，无疑是起了重要的作用的。袁世凯生前曾多次对子女说，他生平最为得意的一件事就是奏请废除科举。另外，我们也应看到，袁世凯在兴学中广泛引进西方和日本的办学形式，吸收他们在学制、教学内容等方面的先进经验，确为中国近代教育的发展做了不少有益的事情。

清光绪二十七年(1901年)，袁世凯接任直隶总督兼北洋大臣后，把兴办学堂、发展教育作为在直隶和天津推行新政的一项重要内容。在以下几个方面起了重要作用。

(一)建立教育行政机构，以适应新教育的发展

清光绪二十八年(1902年)8月8日，袁世凯率先奏请《省城设立学校司片》，在保定府建立直隶学校司。它的设立比清光绪二十九年(1903年)张百熙、荣庆、张之洞在《学务纲要》中提出的各省对新建学堂“亦须有一总汇之处收资管辖”的要求提早了一年。学校司由保定迁往天津后，于清光绪三十年(1904年)改为直隶学务处。清光绪三十二年(1906年)，学务处裁撤，改为提学使司，掌管全省教育司政，归督抚节制。同时设“劝学所”，为厅、州、县教育行政机关，采用日本地方教育行政及学校管理法，订立章程，颇具成效。清光绪三十二年(1906年)，学部奏定劝学所章程，通行全国。

袁世凯督直期间，在直隶和天津逐步建起了上下呼应的地方教育行政系统。教育行政机构的建立，使天津的教育有了统一的管理。这期间，在学务处和提学使的组织下还成立了研究所，研究学校编制、教学方法，定期考核官绅办学情况。这些活动不仅逐步完善了教学秩序的管理，同时也促使教育质量得到提高。

(二)多方筹措教育经费，广开办学资金

袁世凯初任直隶总督时，由于八国联军的烧杀劫掠，社会经济凋敝。议和后的巨额赔款，加之袁世凯为推行新政，要增练新军、创办巡警、创办实业等，需款尤巨，使财政颇为拮据，这必然给兴办学校带来困难。为了解决办学经费，袁世凯首先尽力设法筹拨公款。在当时的情况下，筹拨公款是难以保障的。为了确保教育经费，袁世凯主要是通过垄断食盐销售、提高盐价、设局制造银元铜圆、发行公债、开办煤矿公司、加征烟酒税、新增印花税来筹集。仅仅加征烟酒税，袁世凯当年就在直隶收取了80万两白银，为此受到了清政府的表彰。

劝导地方出资办学，以补公家资金之不足，是袁世凯筹措教育经费的另一条重要渠道。为了调动地方出资办学的积极性，袁世凯捐款2万两作为办学资金，以表率于群幕士绅。清光绪三十三年(1907年)4月，天津私立第一中学堂(今南开中学前身)起建礼堂，袁世凯捐银5 000两，礼堂建成后称“慰庭礼堂”。

对捐资兴学者，袁世凯均奏报请奖，给以鼓励。天津地方名绅严修首先倡捐天津县劝办民立学堂经费银3 000两，“于是衿富绅民闻风兴起，接踵乐输，数月之间，共立学堂十一处，规矩谨严，课程合度，成效昭然”。

为此,袁世凯亲自为严修奏片请奖,清光绪三十年(1904 年)严修被授予五品卿衔。

新政期间,袁世凯多方筹措教育基金,是这一时期直隶教育得以发展的一个重要原因。

(三)重用一批热心兴教办学的士绅和官员

袁世凯在直隶、天津兴办教育,依靠的是热心教育的有识之士。这是当时直隶教育得以名列全国前茅的一个重要原因。袁世凯首先倚重的是严修。他曾说:“吾治直隶之政策,曰练兵、曰兴学。兵事我自任之;学则听严先生之所为,吾供指挥而已。”他称赞严修“品端学粹,望孚士林”,并于清光绪三十年(1904 年)4 月 21 日委其为直隶学校司督办。袁世凯在天津提倡实业教育,创办工艺学堂,依靠的是直隶候补道周学熙。他评价周学熙“操守谨严,才力精敏”,认为他“举办要政,求才为先,其有为效最著之员,自应登之荐剡,以昭激劝”。并保奏周学熙破格录用。此外,袁世凯对卢木斋、傅增湘、林墨青、张伯苓、陈宝泉、刘宝慈等人,不仅予以重用,还保持私人的交往。使这些人在新政时期为直隶和天津教育的发展发挥了重要作用。

除留学生外,袁世凯还多次组织政府官员到日本考察。清光绪三十一年(1905 年)命“除现任已久,未便令离职守外,其余新选新补各员,未到任前,酌给津贴,先赴日本游历三月”,期满回省,然后饬赴新任。同年又令各州县选送一至二人游学日本,“以备充当学董”。清光绪三十四年(1908 年),直隶还有百余人赴日本“考察地方自治”。这一时期,直隶赴日留学生和各类考察官员约有数千人。

新政时期,直隶(包括天津)的近代教育得到迅速发展,出现了一个兴教办学的高潮。据清政府学部清光绪三十三年(1907 年)统计,直隶(包括天津)办有:专门学堂 12 所,实业学堂 20 所,优级师范学堂 3 所,初级师范学堂 90 所,师范传习所 5 处,中学堂 30 所,小学堂 7 391 所,女子学堂 121 所,蒙养院 2 所,总计 8 723 所,学生 16.4 万人,位居全国第二;而直隶学务资产达 480 万两,名列各省之冠。

袁世凯督直时期,直隶(包括天津)兴办新式教育,成绩卓著可观。直到民国初年,直隶(包括天津)的教育在全国仍然保持领先地位。这与袁世凯督直时广兴教育打下的基础是分不开的。

二、地方绅士的积极参与

(一)清末地方士绅的转型与分化

在传统社会结构中,绅士是封建社会的主干力量,尤其在地方社会中,绅士阶层居于不可动摇的统治中心。但是随着近代社会经济、文化的深刻变化,随着社会结构的裂变,传统的绅士们不得不改变自己的立身之基,地方社会权力中心力量也不得不纳入新的成分。在社会历史运动的自然过程中,新旧力量的交错必然经历一个旧存社会力量的转型阶段。任何时代,新生的社会力量都不可能脱离母体而由外部强行注入,而只能从旧的社会力量中蜕变而成。在迈向近代社会的转折过程中,逐步产生了一批有别于传统绅士的特殊社会群体,他们程度不同地肩负了推进近代化的社会职责,并在变动着的地方社会中,扮演着社会中坚的角色。

近代绅士阶层的转型,最初表现为绅与商的交叉渗透,而绅、商的互渗又经历了一个商对绅的渗透、绅向商的转化变动过程。绅士转型的社会成果之一,便是绅商力量的崛起。五口通商以后,西方社会文化首先以商品的巨大优势冲击了古老的中国社会。商品浪潮形成的内在力量,推动着“商”的社会地位稳步递升,并以咄咄逼人之势渗入绅士阶层,造成传统绅士集团成分的改变。这一现象首先在 19 世纪 60 年代的东南沿海地区开始,逐步向北方沿海地区发展,迅速形成了一批近代新型商人。

对于绅士阶层而言,20 世纪初年的科举制度的废除和新式教育体制勃兴的社会变革,必然成为注定其历史命运的根本性转折。绅士们一改“乾嘉以还,皓首穷经者前后相望”的传统,“识潮流之趋势,纷纷焉研求新学,风气为之一开”。绅士们开始向往“新学”而厌弃“旧学”,对新式学堂教育、外语、专门技艺训练表现了浓厚的兴趣。在新学影响下,“绅士的转型颇倾向于由科举之士直接转变为受新式教育者”。由传统绅士向近代知识分子或自由职业者的转化,是近代中国绅士阶层的第二种“转型”。这种转型的社会性变动从戊戌维新时期开始,经过清光绪三十一年(1905 年)科举制度废除的最后推动到 20 世纪初年发展到热点。在社会变动的强大压力下,绅士们通过多种途径进入新学领域,新式高等、中等、师范学堂一开始几乎全是绅士们独占鳌头的场所。在出洋留学热潮中,绅士也是极为重要的一个群体。

一些年龄较轻的绅士,则通过出洋留学,成为兴学办教的骨干。清光绪二十九年(1903 年)首批进入日本宏文学院速成师范班的直隶官费留学生有23名,一年之后学习期满,大部分随赴日考察的严修回国,年龄大致在20至35岁以上,其姓名及相关情况见下表:

表3 1903年弘(宏)文学院速成师范班入学直隶学生一览

姓名	别名	年龄	原籍	经历	费别	进学状况
王振垚	古愚	29	定州	丁酉科举人	官费	1904年归国
王 倬	汉桥	35	高阳	丁酉科拔贡举人	官费	1904年归国
高步瀛	阆仙	31	霸州	甲午科举人	官费	1904年归国
吴鼎昌	蔼辰	30	清苑	丁酉科举人	官费	1904年归国
崔 谨	子馀	30	祁州	甲午科举人	官费	1904年归国
张良弼	佑卿	32	获鹿	癸巳科举人	官费	1904年归国
马鉴滢	晓珊	27	定州	庚子辛丑恩正并科举人	官费	1904年归国
王 璟	宋坡	31	定州	庚子辛丑恩正并科举人	官费	1904年归国
赵宪曾	次垣	28	南宫	廪生	官费	宏大学院普通科
张云阁	文澜	26	滦州	附生	官费	宏大学院普通科
周焕文	子一	37	宁河	附贡生	官费	1904年归国
胡家祺	玉荪	35	天津	丁酉科举人	官费	1904年归国
刘宝慈	竺生	31	天津	甲午科举人	官费	1904年归国
陈恩荣	蔗圃	37	天津	癸巳科举人	官费	1904年归国
李金藻	芹香	31	天津	附生	官费	1904年归国
刘宝和	芸生	30	天津	附生	官费	1904年归国
徐 霨	毓生	35	天津	附生	官费	1904年归国
陈宝泉	小庄	30	天津	附生	官费	1904年归国
郑炳勋	菊如	35	天津	附生	官费	1904年归国
华泽元	芷	28	天津	附生	官费	1904年归国
俞明谦	益臣	24	天津	附生	官费	1904年归国
路沛霖	雨三	25	沧州	监生	自费	1904年归国
胡源汇	海门	25	永年	廪生	自费	进学预备

这批留学生经袁世凯派遣,由王景禧带队,从清光绪二十九年(1903年)9月至翌年7月,共计学习9个月。此23名学生除3名(赵宪曾、张云阁、胡源汇)外,其余20名均与严修同船回国。据研究表明,宏文学院速成师范班的同期留学生共计有43人,直隶生23名占总数的一半以上。从学生原籍构成上看,天津学生最多10人,其余多来自直隶各地。科考履历方面,举人达11名约近半数,其他则为附生、廪生和监生。年龄在30岁以上的人最多,占半数以上。这些留日学生归国后基本都成为直隶教育的骨干。下面仅就其中部分人物作简单介绍。

陈宝泉(1874—1937年),清附生,清光绪二十八年(1902年)入严修的蒙养学塾任教。清光绪三十年(1904年)由宏文学院归国后,参与周学熙设立天津教育博物馆的工作,其后再次被派往日本,购买教育设备。回国后随严修入学务处,参加编纂《直隶教育杂志》,著述有《格致教科书》、《国民必读》(共著)。清光绪三十一年(1905年)又随严修入学部,曾任现北京师范大学前身北京高等师范学校的初任校长。在中国近代教育史领域中留有教育行政专著《中国近代学制变迁史》(北京文化学社印行,1927年6月)。

刘宝慈(1873—1941年),20岁中县学生员,清光绪二十年(1894年)乡试合格晋举人。作过私塾教师,清光绪二十七年(1901年)天津开始设立学堂后,受袁世凯之招进普通学堂任汉文教习。从日本归国后,任保定北关师范学堂教师。清光绪三十一年(1905年)回天津筹建天津模范二等小学堂任堂长。视学堂为己家,苦心经营模范小学达36年。

郑炳勋(1867—1954年),天津县学附生,寄捐南开土地,使严修家塾得以扩大,后发展为南开中学。曾任天津如意庵官立二等小学堂监督。

胡家祺(1870—?),清朝举人,清光绪三十年(1904年)任天津府中学堂监督,清光绪三十一年(1905年)任初级师范学堂监督,后参加立宪派活动,清光绪三十三年(1907年)当选为天津议事会副会长。

李金藻(1871—1948年),18岁入县学,清光绪二十六年(1900年)后做蒙养学堂、民立第一小学堂及师范讲习所教员。由日本归国后,任直隶省的学务视学员和学务处总务科副科长。

另外,这一时期就任直隶省学务公所的27名议事员中,日本留学生达15名。陈恩荣(省视学拣选知县)、张良弼(省视学)、李金藻(总务课副长)、吴鼎昌(图书课课员双月选用知县)等7名都是宏文学院速成师范班的留学生。

第一次派遣的速成师范生归国后,直隶学务处又通过汉语、英语、日语、算学、科学等科目的考试,选拔优秀者40名派到日本留学。其中半数进五年科学习专业,剩下的一半进速成班学习,学习期限同为一年。鉴于宏文学院学生过多的原因,又与明治大学附属经纬学堂缔结了合同。

在新旧时代转轨过程中,传统绅士弃旧图新,借助各种形式受到了近代新学的濡染,成为近代社会中新旧思想文化兼备的社会力量。他们相对淡漠了功名、声望,注重于社会实际利益,因而,20世纪初年,绅士兴办学堂蔚然成风。“科举停止以来,各省地方绅士热心教育,开会研究者,不乏其人”。各地绅士们举办学堂“灌输地方文明”,推广新式教育,社会活动实际已突破传统范围。各种普通学堂、专业学堂以及有关社会教育的“阅报所”、“读书所”等,都成为地方绅士们热心向往的事业。“(山西)查各处办理学堂人员类皆由绅士公举,良以情关桑梓,办理既能认真,而收效自易也”。在各地新学制度的创建过程中,地方绅士居于不可替代的主导地位,形成近代地方新式教育产生的独特的历史特征:“(天津)大吏提倡于上,乡人负重望者主持于下,官绅合力,远近同风,不十年间各级学堂悉备”。

(二)地方绅士兴办新式教育的代表人物

当时直隶兴办新式教育的地方绅士代表人物有严修、卢木斋、林墨青等人。(略)

三、日本教习的辅助作用

(一)新政时期来华的日本教习的基本情况

新政时期来华的日本教习的总数,目前由于资料的限制,还不能有十分准确的统计。

曾在天津北洋法政学堂任政治法律教习的吉田作造(1878—1933年)于清宣统元年(1909年)4月21日发表了题为《在清国工作的日本教师》的演讲,他依据清光绪三十四年(1908年)秋季的调查,提到在华的日本教习及顾问约500人,具体分类是:师范教育125人,军事教育100人,普通教育95人,实业教育(主要是工业技术及农业)80人,法政经济教育45人,警察教育30人,医学教育15人,日语学教育10人。

根据日本外务省的档案记录,在清宣统元年(1909年)7月与中国各机构签有合同的教习和教育顾问共424人,另有从事教育以外行业的顾问及技师125人(见表4)。从日本教习的分布看,直隶省最多,达148人,加上京师、山东、山西等省,华北地区的日本教习几乎占在华总数的40%(见表5)。教职也遍及不同层次,从幼稚园到高级专科学校及大学。科目亦包罗万象,从普通教育到军警教育、艺术、工艺、农学及医学。这些教习的文化程度,除去不明者外,专科学校以上毕业的占大多数(见表6)。

表4 1903—1918年在中国的日本教习、顾问

年　份	日本教习及有关教育的顾问	其他顾问、教师	总计
光绪二十九年(1903年)	99	49	148
光绪三十年(1904年)	163	71	234 (2)
宣统元年(1909年)	424	125	549 (17)

续表

年份	日本教习及有关教育的顾问	其他顾问、教师	总计
1912 年	63	96	159
1913 年	84	93	177（3）
1918 年	36	394	430

（）中为重复统计人数，下同。

表 5 日本教习在中国分布地区（1909 年）

地区别	人数	地区别	人数	地区别	人数
京师	114（6）	江苏	100（3）	广东	45
直隶	148（13）	湖北	66（3）	贵州	6
山东	16	湖南	30（1）	云南	9
山西	27（1）	四川	66（3）	盛京	36
河南	3（1）	陕西	14	吉林	7
安徽	9（1）	甘肃	3	蒙古	7（1）
江西	6	新疆	2（1）		
浙江	32（3）	福建	21（1）		

表 6 日本教习的文化程度

文化程度别	人数
大学毕业	141
师范毕业（东京高师毕业）	72（43）
专科学校毕业	85
军警	98
其他	26
不明	351

（二）日本教习在华北各地的分布

根据有关资料，初步列出新政时期日本教习在华北各地的分布情况（见表 7）。从该表中可以看出，当时日本教习在华北各地的分布主要集中在北京、天津、保定、济南、太原等城市中。

表 7 日本教习在华北地区分布表

地区	校名	教习姓名	备考
京师（北京）	京师大学堂（师范馆）	岩谷孙藏	原仁学馆总教习（1902—1906 年）法学博士，后京都帝国大学教授
		服部宇之吉	原师范馆总教习（1904—1912 年）文学博士
		太田达道	（1902—1906 年）理学士，物理
		杉荣三郎	原师范馆总教习（1904—1912 年）文学博士，后日本帝室博物馆馆长法学士，教经济学
		铃木信太郎	（1902—1906 年）教日语
		高桥勇	（1902—1906 年）教日语，文学士
		西村熊二	（1904—1907 年）理学士，教化学、日语
		氏家谦曹	（1904—1909 年）理学士，教理科，原第二高等学校教授，后早稻田大学教授
		坂本健一	（1904—1908 年）文学士，教世界史、世界地理

续表

地区	校　名	教习姓名	备　　考
		矢部吉祯	(1904—1908年)理学士,教植物学,原东京帝国大学副教授,后东京女子高等师范学校教授,理学博士
		桑野久任	(1904—1908年)理学士,教动物学,原东京帝国大学副教授,后奈良女子高等师范学校教授,理学博士
		法贵庆次郎	(1905—1908年)法学士,教教育学,原东京高等师范学校教授,后东京市督学
		垭兔四造	(1905—1909年)教博物、日语,原东京理科大学助教
		野田升平	(1905—1909年)教博物,原日本宫琦中学教员
		永野庆次郎	(1905—1909年)教理科
		安井小太郎	(1905—1908年)后日本第一高等学校教授,大东文化学院教授
		森冈柳藏	
		芝本为一郎	(1905—1907年)教日语
		松野藤吉	(1905—1906年)教日语
		杉野章	(1910年)教理科
		切田太郎	(1910年)教商科
		冈田朝太郎	(1910—1915年)法学士,教法政学,后东京帝国大学教授,法学博士
		织田万	(1910年)法学士,后京都帝国大学教授,法学博士
	京师法政学堂(京师大学堂仕学馆)	岩谷孙藏	总教习,见前
		杉荣三郎	副总教习,见前
		矢野仁一	文学士,原东京文科大学副教授,后京都帝国大学教授,文学博士
		小林吉人	教日语,文学士,后日本新潟中学校长
		井上翠	教日语,后山口高等商业学校,大阪外国语学校教授
		松本龟次郎	教日语,后东亚高等预备学校创办人(1910—1912年)
		冈田朝太郎	教法学,见前
		石桥哲尔	后名古屋高等商业学校,福岛高等商业学校教授
		原冈武	后小高等商业学校教授
		高桥健三	法学士
		小河滋次郎	法学士,后法学博士
	京师法律专门学堂(京师法律学堂)	冈田朝太郎	总教习,见前
		松冈义正	教法学,法学士,原东京控诉院推事,后法学博士,东京大审院部长
		岩井尊文	教国际公法,原法学士,海军大主计
		志田钾太郎	原法学士,后法学博士,明治大学,东京商科大学教授
		小河滋次郎	见前
		中村襄	后典狱
	高等巡警学堂	川岛浪速	监督
		町野武马	总教习,原陆军大尉,后张作霖顾问
		浅井新太郎	教日语,原陆军通译,后日本陆军大学教官
		前田爱之进	教法律学,原警部(巡官)
		染川丰彦	教法律学,原警部(巡官)
		岩井北子	教数学、体操,原陆军步兵曹长(下士)
		赤须德治	
		长谷川辰之助	即二叶亭四迷
		潮村哲次郎	
		相苏清五郎	
		小平总治	后在中国奉天博物馆工作

续表

地区	校名	教习姓名	备考
		阿部精二	
		久松省三	
		镰田弥助	后任南满铁道株式会社嘱托
		太田原俭次	任翻译
		佐藤长太郎	任翻译,善邻书院毕业
		稻田穰	
		内田茂太郎	
		堀内维一	
	北京电话学堂	辻野朔次郎	监督,原通信技师,后递信省课长
		村濑和一	原递信省通信官吏养成所教官,后递信省官吏
	京师第一师范学堂	北村泽吉	文学士,后文学博士,广岛文理科大学教授
		芝本为一郎	文学士,见前
	高等实业学堂	小谷铁次郎	农商务省特许(专利)局审查官
	财政学堂	小林丑太郎	法学士,后法学博士
		相川茂乡	文学士
	艺徒学堂	原田武雄	东京工业学校毕业
		川渊薰平	原冈山县立工业学校教员
		秋野外也	东京美术学校毕业
		福地秀雄	教陶瓷器,东京美术学校毕业
		信谷友三	教雕刻
		岩泷多磨	教漆器绘画,原千叶商工补习学校教头
		杉本宪作	教染织
		和知时造	教金工,原东京海军兵工厂助手
		根崎元良	教漆工
		直江胜朗	教铸工
		松本秀雄	教染色
		小岛学	教染色
		田中万次郎	教织布
		伊藤幸次郎	助手,教织布
		中山金次郎	教金细工
		滨田义德	教窑业
		石土冢吉五郎	教针织
		中川胜三郎	教针织
		小黑忠次郎	教木工
		土冢田良介	教染色
		来海笃次郎	教染色
	京师五城学堂	五十岚吉三	教军操,原陆军步兵曹长(上士)
	官立工艺局	阪本菊吉	教织锦,原农商务省实业练习生
		谷环	教织锦,原农商务省实业练习生
	淑慎女学堂	常田武子	
	四川女学堂	饭土冢贞子	
	豫教女学堂	服部繁子	(服部宇之吉夫人)
		龟田操子	
		藤田驹子	
		佐伯园子	
		加美田操子	
	慧仙女学堂	野口芳子	教普通科及织物,日本女子大学毕业

续表

地区	校　名	教习姓名	备　　考
		冈田ウノ	教织物
	内外城女学传习所	山名タキ	教普通学及造花
	淑范女学堂	木村芳子	日本实践女学校毕业
		氏家玉井子	(氏家谦曹夫人)
	京师第一蒙养院	加藤贞子	训练幼儿师资,原东京寻常高等小学训导
		木村	教舞蹈
	测绘学堂	岩永义晴	原陆地测量所技师
		三轮昌辅	同上
		古田和三郎	同上
		吉村义行	原陆地测量所技手
		山本菊次郎	教数学、测量,原陆地测量所技手
	八旗中学堂	堀部直人	
		佐伯新太郎	
	蜀学堂	福山秀助	北京东文学社毕业
	会文学堂	高濑敏德	北京东文学社毕业
		藤田驹子	见前
直隶保定	直隶师范学堂	渡边龙圣	总教习,直隶总督府学务顾问,美国康奈尔大学毕业,后文学博士
		关本幸太郎	东京高等师范毕业,原东京高等师范教员,后朝鲜釜山中学校长
		中谷延治	东京高等师范毕业,原东京高等师范教员
		永井勇助	东京高等师范毕业,原东京高等师范教员
		近森出来治	东京音乐学校毕业,原和歌山县立师范教员
		柏原伊之吉	东京高等师范毕业,原和歌山县立师范教员
		都甲昂	
		直江光次	东京高等师范学校毕业
		剑持百喜	日本司法省讲习所毕业
		牧野田彦松	文学士,后日本陆军省通译官
		渡俊治	日本善邻书院毕业,后早稻田大学讲师
		纪田宽作	东京外国语学校出身
		松本士农夫	东京外国语学校出身
		大桥末彦	东京外国语学校出身
		儿崎为槌	东京
		田中矢德	高等师范学校毕业
		新纳时哉	
		竹内菊五郎	
		井原外助	(1903 年)
		吉武藤吉	(1903 年)
		大境鸿藏	(1904 年)
		芝本为良	(1904 年)
		铃木米次郎	(1904 年)
	直隶初级师范学堂	寺本三二	和歌山县立师范学校毕业
	直隶法政学堂	甲斐一之	法学士,后日本司法省参事官
		中津三省	法学士
		矢板宽	法学士
		太田一平	法学士
		剑持百喜	见前

续表

地区	校名	教习姓名	备考
		中岛比多吉	通译
	高等农业学堂(农务学堂)	山中寿弥	正教习,农学士,原福井县农业技师
		木下米一	副教习,原东京农业大学助手
		酒井亲辅	东京高等师范学校毕业,日本农商务省农商试验场技师
		米仓又记	盛冈高等农林学校毕业
		高桥大吉	教蚕业,原东京蚕桑讲习所毕业,岩手县立农学校教员
		楠原正三	总教习,农学士(1903年)
		指宿武吉	农学士(1903年)
		岩田次郎	农学士(1903年)
		梢崎一良	(1903年)
		木原金一	(1904年)
		山崎隆一	(1904年)
	北洋陆军马医学堂	野口次郎三	总教习,原陆军军医少佐
		佐藤浪三	原农商务省技师
		原筱保态	
		浅见正吉	原骑兵一等兵,日本农商务省技手
		中田醇	原日本农商务省技手
	陆军武备学堂	黑川敬藏	原骑兵大尉
		上原多市	中国名原尚志
	陆军速成学堂	近藤义策	原辎重兵大尉
		中川文昱	
		多贺宗之(长雄)	总教习,原陆军步兵大尉,后少将,后担任将弁学堂教习
	将弁学堂	寺西秀武	总教习,原陆军步兵少佐,后大佐
		立花小一郎	原陆军步兵少佐,后大将
		多贺宗之	见前
		嘉悦敏	原陆军步兵大尉,后少将
		木堂直枝	原陆军炮兵大尉
		川喜多大治郎	原陆军步兵大尉,后少将
		问室直义	原陆军炮兵大尉
		樱井文雄	原陆军步兵大尉
		守永弥物次	原陆军步兵大尉
		中村正一	原陆军工兵大尉
		雨森良意	原军医少尉
		纳富四郎	教马术
		田冈正树	通译
		籾山逸也	通译
		平山武清	通译
		中岛比多吉	通译,见前
		安藤虎雄	通译
		郡司厚	
	警务学堂	村田宜宽	原警视
	公立东文学堂	飞松常盘	
		关本幸太郎	见前
		牧野田彦松	见前
		渡俊治	见前
		剑持百喜	见前
		松本士农夫	见前

续表

地区	校　名	教习姓名	备　　考
		纪田宽作	见前
		新纳时哉	见前
天津	北洋师范学堂	中岛半次郎	教心理、伦理，文学士，后早稻田第一高等学院校长
		大津源三郎	教博物，东京高等师范学校毕业
		冈荣太郎	教历史、地理，东京高等师范学校毕业，东京府立一中教员
		斋藤保次	教历史、地理
		安成一雄	教图画手工，东京高等工业学校毕业，名古屋高等工业学校教员
		武正兼一	东京物理学校毕业
		后藤龙缘	早稻田大学毕业，后兵库县学务委员
		泷本洁	教数学、物理
		北尾鼎	教物理、化学
		柴田胜熊	教博物、农业
		月原秀范	校医，金泽医科专门学校毕业
	北洋法政学堂	吉野作造	总教习，后法学博士，东京帝国大学教授
		今井嘉幸	法学士，东京地方裁判所推事，后法学博士，众议院议员
		小鹿青云	庆应大学毕业
		浅井周治	教日语，东京外国语学校毕业
		桑原信雄	教日语
		中村仲	后早稻田大学教员
		大石定吉	法学士，后日本铁道省官吏
		名和刚	法学士，后日本司法省推事
		石桥哲尔	见前
		樋口龙缘	即后藤龙缘，见前
		郭廷献	台北人（当时为日籍），教日语兼通译
		中村纲一	校医
	直隶初级师范学堂	小幡勇治	东京高等师范学校毕业，原滨松中学教员
		熊泽文吾	岐阜师范学校毕业
		村冈祥太郎	
		吉冈实	
		藤井恒久	
	北洋女子师范学堂	佐口美都子	（1908年）
		半冈梅	教音乐（1908年）
	公立女学堂	半冈梅	见前
	直隶高等工业学堂（天津工业学堂）	藤井恒久	教务长，见前
		松长忠三郎	教化学制造实习兼图绘，东京美术学校毕业
		长岛忠三郎	教制造速成科实验
		宫崎良荣	教日文、地理、历史
		驹井於菟	
		中泽政太	教化学
		藤田语郎	校医，长崎医学毕业
	银行专修所	加藤子郎	东京高师教员养成所毕业
	音乐体操传习所	村冈祥太郎	教音乐，见前
		耕斋藤传寿	教体操
	北洋陆军讲武学堂	鹫见荣治	原陆军步兵少佐
		渡濑二郎	原陆军炮兵中尉
	北洋军医学堂	平贺精次郎	总教习，原军医三等正

续表

地区	校名	教习姓名	备考
		味冈平吉	教医学
		宫川渔男	教药学
		我妻孝助	
		高桥刚吉	
		藤田秀太郎	原日本文部省医师开业试验委员
		古城梅溪	附属防疫医院院长
		西村丰太郎	教习，兼附属防疫医院医生
	直隶高级巡警学堂（天津警务学堂）	三浦喜传	总教习，原东京警视厅警视
		天野健藏	教警察法规，原日本外务省警官
		葛上德五郎	教术科，原陆军步兵曹长（上士）
		细冈德五郎	
		和泉正藏	
		小川胜治	原外务省警官
		原田俊三郎	原外务省警官
		镰田弥助	见前
	南开学堂	驹形	
		佐野	
		松长	
		平原	
		内田	
		山口	
	民立第一小学堂	斋藤恒雄	教体操
	严氏蒙养院	大野铃子	教保育法、音乐、体操等
大沽	北洋宪兵学堂	梅津政德	总教习，原日本宪兵少佐
		东元三郎	原日本宪兵曹长（上士）
		藤林实	原日本宪兵曹长（上士）
		高桥寅治	通译
丰台	日新文社	吉田角亮	北京东文学社出身
定州	定州中学	松崎保一	北京东文学社出身
赵州	赵州学堂	三岛海云	北京东文学社出身
包头	正心义学	北川义男	北京东文学社出身
		木村笃次郎	北京东文学社出身
山东济南	山东师范学堂	内堀维文	总练习，原东京高等师范学校教员
		秋田友作	东京高等师范学校毕业，原秋田县师范学校委员
		河濑半四郎	东京高等师范学校毕业
		上田芳郎	
		井手胜治	
		泽村大宇	东京高等师范学校毕业
			该校有日籍教员 11 人，其余姓名不详
	山东高等学堂	桥本五作	原崎玉县立师范教员
	山东法政学堂	松野佑裔	法学士
		八田光二	法学士
		宅野洁	

续表

地区	校　名	教习姓名	备　考
	山东警务学堂	别府彦磨	原日本东京警视厅巡官
	山东高等农林学堂	川上精一 福井宽 平井平次郎	
	普通学堂	藤田孤寒	
	毓材学堂	仓谷箕藏	理学士
山西太原	山西优级师范学堂	大森千藏 林房吉 多田政固 伊藤茂松 吉国半五 早川新次 宫崎重藏 丸野丰 小松崎武司 上野猪熊	理学士 理学士 原爱知县督学 理学士 理学士 日本中央大学毕业 东京高等师范学校毕业 东京美术学校毕业 教体操、唱歌 教体操，日本陆军士官学校教导团出身，警察
	山西大学堂(中斋)	冈田定次郎 小金龟次郎	理学士
	山西高等农林学堂	樋口千五郎 松下庄作 鸟居信平 冈田真一郎 三户章三 高桥昌 西泽勇志智 小野敏夫	农学士 农学士 农学士 农学士 农学士
	陆军小学堂	长谷部岩 安尾信太郎	原陆军步兵少尉 教术科及体操，原陆军步兵特务曹长(上士)
	山西法政学堂	横山治一郎	文学士
	山西警务学堂	柏原 来坂 有马	
	晋明小学堂	多田政固	见前
蒙古喀喇沁旗	武备学堂	伊藤柳太郎 吉田四郎	当时陆军步兵大尉，后陆军步兵少佐 当时陆军步兵中尉
	崇正学堂 毓正女学堂	鸟居龙藏 河原操子 鸟居君子	 见前 鸟居龙藏夫人
包头	正心学堂	北川义勇 木村笃治郎	

新政时期，中国各地建立新式学堂，没有师资，也没有经验，需要借助于外国教习的力量；在华北地区，日本教习发挥了重要的作用，特别是作为兴办新式教育基础的师范教育来说，更是如此。以京师大学堂师范馆而言，清光绪二十八年(1902 年)4 月聘请服部宇之吉(当时是东京帝国大学文科大学副教授)时，原是请他担任伦理学教师的，但到 9 月，就请他担任师范馆的总教习，并且把师范馆教学方面的事完全委托给他。

服部宇之吉在1904年8月回国的时候,曾在一次讲演会上述及京师大学堂师范馆的计划:

其中有30名将送到日本留学,进第一高等学校,8名将送到欧洲。这些人将来都将担任各分科大学的教授。现在学校中实际在学的有120名左右,经过七八年之后,每个人都将就其所学专科出外留学。现在还准备招生200名左右,目下正在用和过去相同的方法招募中。

不但作为中央最高师资培训机构的京师大学堂师范馆是委托日本教习经营的,就是其他各省、地方的师范学堂,只要有条件能聘到日本教习,也都是由他们担任总教习,实际上是委托日本教习经营的。

担任直隶总督的袁世凯不但在保定、天津等地办有武备学堂、将弁学堂、警务学堂、医学堂、艺徒学堂等新式学校,而且还很早就想通过中岛裁之到日本去招聘大批日本教习来充当新学堂教员,培养人才。

20世纪初,直隶省设立学务司,专门主管近代教育方面的事务。当时,聘请了时任东京音乐学校校长的东京高等师范学校教授渡边龙圣担任顾问,请他主管教育行政、设立学校及编辑教科书等工作。以后又请他兼任直隶师范学堂的总教习。除了渡边之外,直隶师范学堂中还聘有日本教习10名左右。在渡边龙圣的管理下,直隶师范学堂规定以培训直隶省内140余小学堂所需师资为目的,计划招生600余人,分成半年、一年、二年、三年四种学习班。并规定有短期生回堂补习之法,使只经半年学习的学生,在任教一年之后,能再回来学习、训练,以提高小学的师资水平。

其他各省、地方也都设有师范学堂,且聘请日本教习。例如北京有京师师范学堂(北村泽吉等2人)、直隶初级师范学堂(小幡勇治等),天津有北洋师范学堂(中岛半次郎等10人),太原有山西优级师范学堂(大森千藏等10人左右),济南有山东师范学堂(内堀维文等11名)。

(三)华北地区日本教习的代表人物渡边龙圣

新政时期,华北地区的日本教习在兴办新式教育中确实发挥着重要作用,其中代表人物就是渡边龙圣。

渡边龙圣(1865—1945年)是东京音乐学校校长,嘉纳治五郎的东京高等师范学校的教授,1902年受袁世凯聘请,任保定新成立的直隶学校司高等学务顾问(学校司于1904年7月改为学务处,1905年迁到天津)。渡边1887年毕业于东京专门学校英文科,随即入读东京帝国大学哲学科,后到美国进修,1894年获康奈尔大学哲学博士学位,返日后于东京高等师范学校任教,1899年开始兼任东京音乐学校校长。

1902年初春,渡边受日本文部省委派调查华北教育情况,调查期间会晤了袁世凯。渡边知识广博,英语流畅,富有大学管理经验,袁对他印象极深,以月薪400两的条件与他签订了两年聘用合同。袁十分需要渡边这样的人才,以帮助他实现全省普通教育及师范教育的计划。

渡边接受了袁世凯的聘任,赢得日本教育界的好评。日本权威性的教育刊物《教育时论》当即指出,渡边的决定意义重大,能大大提高"我国名誉及我国人的声价……这责任惊人地重大。更重要的是,直隶为中国各省之首,如其教育事业发达,定必对其他省教育事业产生巨大影响。渡边自必热心诚意地为自己国家竭尽全力"。稍后,《教育》于1902年8月3日发表文章,号召读者效法渡边,加入应聘赴华的教师行列。

渡边的合同于1902年9月生效,另有12人的合同于10月生效。这12人中包括3名直隶省学校司的翻译官,9人则在总教习渡边领导下于保定新办的直隶师范学堂任教。

凭借他的职位,也依靠数以百计的其他日籍教习和专家多年来直接间接的帮助,渡边在直隶教育行政方面起了很大的作用,编辑教科书、建立并管理学校等。在此期间,直隶省的学校骤然增加,1903年的初等小学堂及高等小学堂在校学生分别约为6 000人及1 000人,到了1908年,初等小学堂共计8 534所,高等小学堂174所,在校学生分别为180 489人及8 639人。

慈禧太后于光绪三十年(1904年)称赞直隶兴办新式教育为全国楷模。清政府于光绪二十九年(1903年)及光绪三十二年(1906年)两次给渡边授勋。渡边曾三次续约,一直任职到清宣统元年(1909年)。

注:

① 严兰绅主编:《河北通史》,河北人民出版社2000年12月版。

② 《山西教育志》,商务印书馆1998年版。

③ [美]任达著,李仲贤译:《新政革命与日本——中国:1898—1912》,江苏人民出版社1998年3月版。

④ 汪向荣:《日本教习》,中国青年出版社2000年7月版。

⑤ 熊达云:《近代中国官民の日本视察》,日本成文堂株式会社 1998 年 8 月。
⑥ 直隶学务处:《直隶教育杂志》,1905—1909 年。
⑦ 直隶学务处:《直隶教育官报》,1909—1911 年。

(《城市史研究》2002 年第 21 辑)

天津租界日本居留民社会及其意识

[日]桂川光正著 史丽华译

前言

20世纪20年代,侨居天津的日本人开始担心:“租界内的土地,随着中国居民的增加,其所有权逐年转移到中国人手中。倘若任其发展,若干年之后,除外务省所辖数万坪土地外,或许终将悉数归于外国人之手”[①],最终“专管居留地将有名无实”[②]。日本侨民对此产生不安与焦虑,他们担心自己在专管租界内成为少数派,并且逐渐失去对自管租界的实权。

本文就此意识产生的原委,以及所具有的特色进行探讨,试图从租界内居民的意识这一侧面,捕捉租界这一“帝国”第一线的特殊城市空间的意义。鉴于本文的目的,以及避免文章过于冗长,原因分析只截至20年代,有关1930年以后的情况,容留待他日再叙。

一、初期的日本租界及其社会

日本商人最初到天津发展的是武斋洋行的竹内才吉,时间在1886年[③]。然而在天津实际开始从事日中贸易是在甲午战争期间。而且从1911年开始到棉花出口急剧增加为止,天津方面大幅度入超。清光绪二十三年(1897年)侨居天津的日本人有45人,其中商人大约仅有10人左右,也“仅限于杂货零售”,并没有从事进出口业务的人,对日直接贸易的大约60%的份额,依然掌握在中国商人的手中[④]。因此,几乎没有日本商人活动的空间。此后,武斋洋行成为代表除进出口以外,还经营骨粉制造等天津日管租界的日本企业。竹内本人也成为在当地设立的天津商工银行的总经理,并上升为侨居天津日本人中的要人。然而,最初他不过是一介杂货商而已。

20世纪初,追随被派往镇压义和团的日军“接踵而至”,天津“民间秩序尚未恢复之机,欲获意外利益之”,他们在日租界、各国租界及中国区,“以一攫千金之精神,利用此混乱时机,瞄准物资匮乏的军人,或希获珍奇之物的外国人,开办各种店铺。更有甚者,在外国军队的保护下,秘密从事卖春活动”。甚至有的人“居无定所,徘徊于各地,以图得到残余之利”。其中“与中国人勾结从事不正当行为,或到日居地以外之处进行掠夺”者有之,与居住天津的各国官兵发生事端的有之,致使军方当局一筹莫展[⑤]。

日本有1 400人的驻清国军队,于清光绪二十七年(1901年7月)开始驻扎天津[⑥]。于是“为获取一时暴利的投机式的人物、军队承办商之类,或瞄准日本侨民的小商贩及餐饮业经营者”纷纷来到天津,从事米店、旧货店、柠檬汽水制造业等各式各样的营生。其中有的想“为军队处理的控制大米的买卖奔走”,继而还有“因北京各国军队竞卖,尝试收购废铜铁或出口的投机商人”,“打算长期从事与本国贸易的商店”不足十家[⑦]。事变之后,各国租界的扩大、建设工程正式开始,天津一时兴起土木工程建设热潮[⑧]。天津军驻扎地的设施工程等也已开始,参与此项工程的日本人为数不少。驻军的官兵自不待言,参与工程者几乎都过着单身生活。

总之,军队的承办商,多是几乎没有任何资本也可经营的杂货零售、餐饮店等下层市民、妓女等,他们全都瞄着天津军官兵和从事土木工程建设者相继到来。如此一来,清光绪二十六年(1900年)不足90人的天津日本侨民,转年一下子超过千人。清光绪二十九年(1903年)进而增加到1 300多人[⑨]。

日俄战争一开始,想“乘机获巨利”的日本人从天津开赴“满洲”,天津日本侨民从1 300多人减至900余人。日俄战争结束后，开始有人从"满洲"返回天津，还有乘那时"满洲热"余波从日本内地新迁来的人。不过"梦想一夜暴富"的人中，由于"赤手空拳"，又没有"特别的技能和资金"，很快"以生存竞争的失败而退却"者甚多[⑩]。可以推测，在中国各地流浪的"淘金"日本人，其中不乏趁某种机会涌到某个城市，并在当地获得成功者。也有的人不能定居下来再次离散，流动性极大。尽管侨居天津的日本人口在如此频繁迁入迁出极不稳定的状态下，在光绪三十一年(1905年)还是增加到1 500余人[⑪]。

然而，与日俄开战的同时，天津成了日俄两军军需品的供应地，商业一时呈繁荣景象。另外，加上腹地多年不遇的丰收，农民购买力增加，从而促使贸易显示出全方位大幅度增长的态势[⑫]，天津呈一派繁荣景象。日本商人趁此时机使生意走上正轨，也有人以此为契机，为以后的发展奠定了基础[⑬]。在天津的日本人商业活动开始扎根的一个例证，便是清光绪三十四年(1908年8月)天津日本人商业会议所的诞生。日本商人于清光绪二十八年(1902年)，以"谋求研究商工业发展及增进相互利益"为目的，成立了天津商谈会，不久即解散，又成立了商业会议所[⑭]。横滨正金银行、日本邮船会社、大仓洋行、三井洋行等代表当时日本企业的分店，以武斋洋行为首的在天津创业的杂货商、贸易商等共计76家参加了商业会议所[⑮]。

但是，这并不意味着日籍商人整体的发展。从表1[⑯]来看，以"杂货业"、"行商"居多。合计列入小商贩范畴的所有职业，"总计"1/4强的522人中，男性约占30%。杂货商占近半数，主要是以日本人为对象的零散商家[⑰]；"行商""杂业"等，显然是挣一天工资花一天的人居多。"药材商"事实上也是行商。这类日籍商人至少占人口的1/3。若加上旅馆、餐饮店等，在当时的日本人社会，依然是以面向日本人的零售业者、淘金者占大多数[⑱]。

贸易商中也有为数不少的品质恶劣之徒。有事例表明，他们没有充足的商品知识，甚至连最起码的商德也没有，哄抬物价，欺诈作假，不仅招致华籍商人的痛恨，同时也使其他日籍商人的信用丧失殆尽[⑲]。有不少人不是规矩地做生意，而是要强行捞一把，其作法实在令人不能容忍。

表1　在留日本人职业表(1907年)

人员						户数	
男		女		计			
杂货业	169	杂业	113	杂货商	249	杂业	84
清国佣聘	81	艺妓、陪酒女	95	杂业	182	清国佣聘	53
杂业	69	清国佣聘	80	清国佣聘	161	官员公职人员	47
贸易商	66	杂货业	80	贸易商	111	杂货业	47
官员公职人员	65	贸易商	45	官员公职人员	109	贸易商	39
行商	46	官员公职人员	44	艺妓、陪酒女	95	行商	38
运输业	45	木匠	25	运输业	70	运输业	23
药材商	43	运输业	25	土木建筑业	59	木匠	22
土木建筑业	42	旅馆公寓	18	行商	56	银行职员	18
木匠	29	产婆护士	17	药材商	54	土木建筑业	15
—		土木建筑业	17	—		—	
—		餐饮业	17	—		—	
合计	1 199		827		2 026		648

资料来源：《天津总领事馆管辖内在留邦人职业别表》，《进势概览》。

不但投机商人如此，零散的日籍商人一般也抱有"稍微攒些钱便回国的想法"[⑳]。从日俄战争到辛亥革命这一时期，在天津日本人社会中，执牛耳的是被清政府以顾问头衔雇用和大公司分店长级的日本人[㉑]，他们均在任期满后即刻回国。因此,可以说当时想在天津扎根的日本人很少。相反,由于西洋人把在租界工作作为一生的事业,所以西洋国家在天津的租界日渐发展,因此屡屡听到对日租界不发展之类的批评[22]。日本人商业会议所曾在一段时间内,从"日本人如期将来之大成","要亲自购置土地,建造房屋,并以此计划长期居住下去为最佳"出发,也为了日租界的发展,绝对需要中小商人定居的见解出发,提出在当地设置商业银行。但是,并不十分具备想获得不动产并长期定居下去的条件[23]。另外,"淘金者"想获得成功并在当地扎下根来,还需要一定的时间。

总之,辛亥革命之前,日租界既未掀起建筑热潮,同时天津驻军又在大幅度削减[24]。而"新来的开创新事业者极少",东京建物会社在干线上建造的洋式公馆,大部分闲置着,明石街以西尚未开发部分呈"茫茫原野"无人光顾的景况[25]。为此,以日本人为对象的市场已呈饱和状态,以商业为社会基础的日籍商人过剩[26],日租界和日本人很快陷于困境。

二、发展期的日租界及其社会

辛亥革命缓解了天津日租界的困境。1912 年,为躲避袁世凯在北京和天津煽动的兵变之乱,日租界同天津的其他各国租界一样,涌入了大量华人,从而使租界人口激增[27]。而在此之前,在日租界设施完善区域内居住者寥寥无几,曾有"租界便是死界"的说法,东京建物会社甚至不惜房租,以此达到吸引长住者,其所拥有的住房不但没有闲置,而且还出现日租界整体住宅不足的现象[28]。华籍房地产开发商加速推进建筑住宅[29],此外,借地建造住宅的华人也很多,因此,到 1913 年初期,残余的尚未开发的空地、荒地"悉数全盖上了宏壮的宅邸",日租界转瞬间变得拥挤狭窄[30]。于是,长期闲置的明石街以西的人工造地和新建住宅,自 1915 年始由日本侨民中有财有势者开始建造[31]。北旭街一带,"天津有数的商贾"也将店铺迁移至此,还可以见到"上流宅邸及其较大型的建筑"拔地而起[32]。如此一来,带来了"租界建设以来未曾有过的繁昌"[33]。由于这一热潮的出现,日本人商店出现了"数年来从未有过的销售额"[34],一下子摆脱了困境。日租界总算迎来了真正的发展时期,日本侨民欣喜地欢迎华人入住日租界以及他们在租界的建筑热潮[35]。

如前所述,自此前后的对日贸易,尤其是以棉花为主的对日出口增加了。而且,以往通过中国的中介商购买后再对日出口的商品,此时日本人可以到产地直接从耕种者手中收购[36]。另外,在二次革命时期,日本进口到天津的商品,三分之二以上由日本人直接卖给华籍商人[37]。也就是说到辛亥革命时,天津对日贸易的主导权大致由中国人转移到日本人的手中。此外,"拥有 1 万元以上商品交易的会社、银行、商店"数,从 29 家(1907 年)增加到 74 家(1914 年),交易额也大幅度增加[38]。不可否认,谋取一夜暴富的投机商人仍然不少[39],但作为日本人商业活动的整体,在质和量上都开始发生着变化。

第一次世界大战中日本占领青岛后,日本便掀起了青岛热,天津成了从日本本土、"满洲"来的日本人进入青岛的基地[40]。与此同时,侨居天津的日本侨民中也"簇出""追求山东之利"的淘金者。另一方面,"天津日租界出现了依靠诚实的日本人来发展的趋势,不但如此,由于欧洲动乱旷日持久,我国对华贸易日益兴隆,构筑店堂的日本商"相继出现[41]。

这种社会性的变化,从表 2-1[42]和表 2-2[43]中可以了解。因与表 1 的统计大不一样,不可作简单的比较。再有,把"商店员等"看作怎样规模的商店雇员,表 2 所具有的意义也有变化。即使保留这些,靠薪金生活者显著增加,这一事实是无需置疑的。这类男性人数从 1917 年到 1919 年大约增加近两倍。所有业者增加四成多,仅限于男性有职业者,其所占比例从 28% 增加到近 40%。另外,零售商的实际人数不但有所减少,占男性有职业者的比例也从 25% 降至 14%。可以推测,除去日本本土企业的分支、外驻单位增加外,由于在天津创业的商店、会社的增加和营业规模的扩大,雇用几个人的会社、商店等也在增加,其结果是薪金生活者增加了起来。

表 2-1 在留日本人职业表(1917 年)

男		女		合 计	
会社银行职员	167	艺妓陪酒女等	208	艺妓陪酒女等	208

续表

男		女		合 计	
商店员等	111	杂业	96	公司银行职员	167
药材商	64	产婆护士	34	杂业	116
杂货商	62	娼寮区管理所	16	商店员等	113
官员公职人员	56	料理店饮食店	11	药材商	64
贸易商	50	各种工匠	9	杂货商	64
各种工匠	27	裁缝业	8	官员公职人员	56
商业	24	理发梳发业	6	贸易商	50
泥瓦油漆工	23	按摩	5	各种工匠	36
木匠	21	艺妓娱乐关系	3	产婆护士	34
有职业者合计	994	合计	411	合计	1 405

资料来源:《十年志》,第22—27页。

表2-2 在留日本人职业表(1919年)

男		女		合 计	
商店员等	350	艺妓陪酒女	332	商店员等	350
银行会社职员	199	产婆护士	42	艺妓陪酒女	332
学生及练习生	84	杂业	12	银行会社职员	199
杂业	65	理发梳发业	11	学生及练习生	85
杂货商	61	料理店饮食店	9	杂业	77
贸易商	58	裁缝业	8	杂货商	67
官员公职人员	54	按摩	6	贸易商	58
各种工匠	48	杂货商	6	官员、公职人员	54
商业	41	旅店公寓	4	各种工匠	48
药材商	38	娼寮区管理所	4	商业	44
有职业者合计	1 464	合计	465	合计	1 929

资料来源:《天津概观》,《天津商业会议所周报》第204号附录。

1927年末拥有的19个日本人同业组合中,在1918、1919两年中成立的最多(分别为3个组合),另有10个组合是在1918—1922年间成立的[44]。成立同业组合的目的是,同业者之间联络感情、交换信息、确保利益的内部规制等。总之,持续经营一定时间店铺数字增加不到某种规模,同业组合的成立是不可能的。看来,此时期已具备了结成同业组合的条件。总之,可以认为作为侨居天津日本人的经济活动整体,此时逐渐步入正轨。至此,日租界的过渡期业已结束,开始步入正式发展时期的说法[45],即反映了这种变化。

最后,从下表可以看出20世纪20年代职业构成的状况。表2-3中的"会社员等",总括表2-2的"商店员等"和"银行会社职员"的范畴。同样,"鞋商"几乎可以看做"杂货贩卖"。表2-2的"杂业",在表2-3中划分成"其他自由业"等几个职种[46]。并非不可以细划,但从总体上来看,日本人社会构成到20年代还没有本质上的变化。

表 2-3 在留日本人职业表(1924 年)

男		女		合计	
会社员等	380	艺妓陪酒女等	165	会社员等	385
贸易商	160	其他自由业	105	艺妓陪酒女等	168
官员公职人员	108	家事受雇人	66	贸易商	160
鞋商	70	按摩、护士	45	其他自由业	128
陆海军人	53	料理饮食店	30	家事受雇人	109
无职业	45	无职业	30	官员、公职人员	108
家事受雇人	43	裁缝业	15	无职业	75
其他职业者	39	产婆	12	鞋商	73
药品贩卖	36	理发梳发	9	按摩、护士	64
其他商业	36	会社员等	5	陆海军人	53
有职业者合计	1 533	合计	484	合计	2 017

资料来源:《天津概观》,《天津商业会议所周报》第 381 号附录。

1928 年末,天津日租界内日本人营业家数(其中应包括日本本土企业的分支、外驻单位等),与贸易相关(进出口商、鸡蛋出口商、船舶运输)的业者有 211 家,占整体的 28% 多,零售业者(食品杂货、洋品杂货、药材商等)188 家,占 25%[47]。仅从数量上来说,贸易业者高于以日本侨民为服务对象的零售商。若从男女性别比例上来看,1908—1923 年间女性是男性的 80%—88% 左右,而且相对稳定。而到 1924—1935 年男女的数量大致相同[48]。如笼统地将前者看做单身者居多的出外打工男女的话,天津日本人社会到 20 年代下半期,已完全没有出外打工的色彩。会社职员、店员等薪金者,由家属陪同一起赴任的多了起来。另外,经营者携带家眷、雇人的中小商店也增加了许多。从这种意义上说,由嘈杂动荡的社会向可以享受家庭生活,并向安定的社会变化。

三、日本人的不安与焦虑

正如本文开头所提到的那样,到 20 年代日本侨民中产生了不安与焦虑。他们对日租界的状况做了如下的说明[49]。

到 1919 年,日租界总面积的 31%、私有地总面积的 45%、人工造私有地面积的 54% 都由中国人所拥有,全部租地的 75% 由中国人使用。另外,私有住宅总建筑面积的 55% 也是被中国人所拥有。民团住宅税的 56% 也是由中国人负担。尽管如此,在 1912 年以来的建筑热潮中,“有财有势的中国人,或购置土地或利用租用土地建造用于居住的新房子,自不待言,还有人以出租房子为目的……建造大量的房子储备……反之,除东京建物会社外,不仅拥有出租住房的日本人很少,而且就连为自己居住而造房子者也是凤毛麟角”。究其原因,“当地日本侨民的经济实力还不足以经营自治居留地,因此不得已吸引中国有财有势者,以图居留地的繁荣”。与那些富庶的中国人“争先恐后地想要在居留地内拥有土地和住房”成反比,“由于大部分日籍居民财力困乏,加之金融不便”,既不能拥有自己的土地和住房,又不能开始从事土地开发、建造住房的生意。这种状况今后仍将持续下去,无疑会使“居住在居留地内,以及拥有或占有土地住房的中国人数量日益增加”。“有钱的中国人”集聚着日租界的土地房产,结果使“贫穷的日本人”连居住在租界里也愈发困难。由于“近来中国人居住率上升及其土地购买力颇强”,长此以往,日本人将会失掉土地和住房,从而不能从事经济活动[50]。

由此可以看出,日本人的焦虑与不安是由于“贫穷的日本人与富庶的中国人”这一反差而产生的。这种认识是否有客观根据呢?

表3[51]是按照居住日租界内的中国人职业最多的五种排列。表3-1中的"无业",很难看做是确确实实的无职业者。这其中应包括相当一部分是由华界到日租界避难的有钱人。表3-2中的"无职及住宅"是特殊的种类。如前所述,如考虑主要担任自1912年以后开发建筑热的中国人以及日租界在天津所起的主要机能之一是住宅区[52],"无业及住宅"的实体应是寓公、地主和房东。

在两年的调查中,列举出门类繁多的商业,从以下两表中可见一斑。那么,这些商业都是怎样规模的商店尚不清楚,大致是表3-1中的"小生意"。表3-2中"妓馆妓院"之所以多,是开发北旭街一带的目的,政策上要引进妓院,结果,该地区变成了花街柳巷[53]。

表3-1　日本租界在住中国人职业表(1913年)

男		女		计		户　数	
无业	1 012	无业	760	无业	1 782	小生意	241
小生意	879	官吏	685	小生意	1 543	无业	203
拉车	792	小生意	664	官吏	1 284	拉车	195
官吏	599	拉车	402	拉车	1 197	官吏	145
洋货铺	328	班子	278	班子	523	匠人	73
合计	9 830	合计	4 828	合计	14 658	合计	1 964

资料来源:《天津商工汇报》第70号(1913年7月),第22—24页。

表3-2　日本租界在住中国人职业表(1928年)

户　数	
无职及住宅	2 080
食品杂货及其他食品商	222
妓馆妓院	213
洋服成衣铺	85
钱铺	53
合计	2 532

资料来源:《二十年志》,第617—618页。

以下从民团税金的材料来考察中国人的经济实力。从表4-1到表4-4,是日本人和中国人担负各种民团税金的情况,表中上面的数字是日本人的数据,下面是中国人的数据。"负担率"表示担负税金者在各国居民中所占的比例,"分担率"表示各项税金中日中两国人负担额占税金总额的比例。表5是表示4种税金在全部税金中分别占有的比例。从这些数据中,可以看出有关中国人负担税金者如下的倾向。

表4-1　征税总况

年　份	负担者数(率)	负担总额(元)	平均额(元)	分担率(%)
1916	180(5.0) 159(0.9)	3 441.37 5 192.70	19.1 32.7	39.9 60.2
1919	294(6.3) 96(0.5)	6 032.59 3 524.21	20.5 36.7	63.1 36.9
1922	291(5.5) 86(0.4)	7 989.91 5 036.17	27.5 58.6	61.3 38.7

续表

年 份	负担者数(率)	负担总额(元)	平均额(元)	分担率(%)
1925	313(6.1)	8 955.37	28.6	63.1
	65(0.3)	5 242.84	80.7	37.0
1928	415	9 729.53	23.4	

表4-2 经营税

年 份	负担者数(率)	负担总额(元)	平均额(元)	分担率(%)
1916	258(7.2)	9 866.27	38.2	51.3
	411(2.3)	9 366.00	22.8	48.7
1919	276(5.9)	21 435.75	77.7	65.4
	416(2.3)	11 333.50	27.2	34.6
1922	416(7.9)	41 192.00	99.0	64.8
	488(2.5)	22 391.50	45.9	35.2
1925	520(10.2)	38 042.00	73.2	57.5
	587(2.8)	27 802.20	47.4	42.5
1928	575	35 552.00	61.8	

表4-3 地税

年份	负担者数(率)	所有坪数	平均坪	负担总额(元)	平均额(元)	分担率%
1922	53(1.0)	134 333.00	2 534.6	10 685.58	201.6	54.1
	341(1.7)	122 492.00	359.2	9 077.06	26.6	45.9
1925	53(1.0)	88 200.00	1 664.2	10 063.95	189.9	47.5
	375(1.8)	143 650.00	383.1	11 111.82	29.6	52.5
1928	45			13 317.90	296.0	37.6
	430			22 054.85	51.3	62.3

表4-4 房捐

年 份	负担者数(率)	负担总额(元)	平均额(元)	分担率(%)
1917	50(1.3)	6 814.34	136.2	47.6
	363(2.1)	7 493.50	20.6	53.4
1919	56(1.2)	7 725.78	138.0	43.9
	368(2.0)	9 881.98	26.9	56.1
1922	71(1.3)	10 232.89	144.1	40.6
	381(1.9)	14 992.33	39.4	59.4
1925	93(1.8)	11 893.68	127.9	35.0
	442(2.1)	22 097.81	50.0	65.0
1928	76	21 319.81	280.5	22.0
	483	75 773.63	156.9	78.0

征收税金中尽管中国人负担者比例少,但平均每人的负担额比日本人要多,其差额逐年扩大,1925 年达到近三倍。然而,1916 年日中双方的税收共占民团税收的三成,引进房捐后,作为财源的重要性变小。经营税,中国负担者比率是日本人的1/3,平均每人的负担额在2/3 左右。而总额占 1916 年民团税收的近 40%,其后大约占民团税收总额的 20% 左右,中国人的"贡献率"也维持在 20% 上下。房捐、地税,中国人的负担者数和比率均高出日本人,但每一人的负担额要比日本人少,由于稳步增长,负担者数也在增加。因而,可以

明显地看出中国人的支付额相对增加。房捐最初是中国人负担额大，而且与日本人的负担少成反比，其差额逐渐拉开[54]。

表5 各税金贡献率

年份	征税		经营税		地税		房捐	
	日本人	中国人	日本人	中国人	日本人	中国人	日本人	中国人
1916	12.4	18.6	35.4	33.6				
1919	10.1	5.9	35.8	18.9			12.9	16.5
1922	6.6	4.1	33.9	18.4	8.8	7.5	8.4	12.3
1925	6.6	3.9	28.2	20.6	7.4	8.3	8.8	16.3

资料来源：表4、表5所引数据，1928年度根据《民团税制解说》（《天津经济新报》1928年10月10日）；其他根据天津居留民团行政委员长臼井忠三的《关于新设商、户税金的陈情书》。

总之，可以充分肯定，当时居住在日租界里中国的土地房产所有者、大商人等，远远超出日本人。但从整体上来看，拥有足可以成为纳税对象的资产、收入的中国居民的比例，要比日本人小，再有，平均每人的负担额也比日本人少。若仅限于对收入、不动产征收的民团税金，日本人和中国人分别负担其中的一半。若从人口比例来考虑，日本人的负担是相当沉重的。确实有那么几位有头脸的中国人，虽然有相当的财产，在社会上又有显赫的地位，却设置种种口实不交纳税金，居留民团对他们也是束手无策[55]。然而，很难说中国人从整体上比日本人富裕。即使手中有一大笔钱，也不像日本人想象的那样，中国人全都富裕。可是，中国人是否正超过日本人处于优势这样的不安，在“除土地房产以外”也同样存在着[56]。

在当时天津的日租界，负担一定数量的民团税金的纳税者，包括中国人在内，均有民会议员的资格。因而，随着中国人口的增加，华籍议员数也在增长，以至于在1914年度以后，超出了日籍议员数。但是，华籍议员中没有几个懂日语的，所以实际出席民会者寥寥无几。因而屡屡出现日籍议员收集许多华籍议员的委任状，借助其数量的优势，使议事向有利于自己转变的事件。除利用华籍议员委任状外，日本人几乎感觉不到中国议员的存在。

而到1917年前后，日本人中开始产生担心，认为“华籍民团议员一改以往对民会不热心的态度，在幕后——代表多数中国人的利害关系在会场活动时，民团会场不会完全被中国人的意志所控制吗?”于是，多数日本人认为“绝对有必要采取措施限制他们的参政权”[57]。总之，日本人在专管租界内正处于少数派的认识和不安，以对租界未来的担心显露出来。于是，同年末修改了居留民团施行细则，规定华籍民会议员数不得超出日籍议员的总和[58]。其后，又不断有意见提交到民会，诸如民会议员只限于会日语者等，目的在于限制或废止给中国人以民会议员的资格[59]。

1924年，由于《居留民团法》的修改，民会议员要由居留民选举产生。天津民团于转年制定新制度，规定日租界内的外籍人，如不事先向民团提出申请不得成为候选人，欲以此缩小华籍选民的数量。但是，实际上在1925年民会选举时，中国人拥有选举权的为970人，而参加投票的只有31人[60]。尽管如此，对民会是否会成为中国人组织的担心有增无减。进而，民团和天津总领事馆考虑进一步限制中国人在民会中的选举权和被选举权，外务省也准备对民团和天津总领事馆的议案予以批准。理由是，中国人口占绝大多数，享有民会议员选举权者也以中国人居多，因此，被选上的议员，即使不是中国人，往往也会被有权人的意志所左右，既然这样的议员选举行政委员，那么在租界行政上也要间接地代表中国人的利益[61]。在上海共管租界内，要求扩大中国人的参政权已成为重要的课题。以民族意识高涨为背景，中国人对租界行政的态度发生了重大的改变，对此必须要认真考虑对待[62]。1926年12月，新规定的仅以中国人为对象的一种户口捐“工巡费”，其目的之一就是用规定征收与选举权资格无关的税金，减少拥有选举权的中国人数量[63]。即便如此，担心租界运营的实权是否会转移到中国人手中的不安，依然笼罩在日本侨民的心头[64]。

总之，日本人对租界行政前途的焦虑与不安，与其说是由于看到中国人的实际活动、言行的客观认识的产物，不如说是日本人某种主观的东西所致更为准确。那么，到底是什么使日本人产生上述不安与焦虑的呢？以下对此问题做一探讨。

四、日本人社会的变化

造成日本人产生焦虑、不安、危机感的主要原因之一，就是中国人采取排日运动这一中国民族运动的高涨及其发展态势，这是不争的事实[65]。与此同时，也可以从20世纪10年代中期日本人社会的变化中寻找原因。

可以称之为日本人社会变化先兆的，是1912年"当地实业家为融通小额资金"而创设天津商工银行这一事件[66]。他们主要是"以天津为经营根据地的商人"[67]，与日本本土银行和会社的支店长不同，是一些没有学历，几乎白手起家的实业家[68]。商工银行的创设，不仅仅是这些实业家想要从事需要商业银行规模的活动，同时也显示出已达到拥有设立商工银行的财力。这两个意义象征着他们的成长。

1919年天津商工协会的组建，也是"当地实业家"的行为。加入该组织的，是"迄今为止作为当地行政委员，一直保持着相当的地位"，但因该年改选而落选的实业家，和"商业会议所本年度修改规则，增加会费率而被自然淘汰的二三流商人"等。这些人，对商业会议所全然不顾他们个人的利益心怀不满，"为与之相抗衡，组织初级商业会议所，谋求个人利益的增加"[69]。总之，被集结于商业会议所的上层日本人看作"不平分子"，或"二三流"之类的实业家，做出这种姿态，以示一股势力的存在。如前所述，趁开发明石街以西而出现的日本实业家集团，也是这一潮流中的事件[70]。

1916年度临时民会（同年12月开会）的闹剧，很难与这股新势力的出现分开来考虑。此次民会，是为审议以增加民团岁收为目的的经营税条例修正案而召集的，对行政委员会的议案提出修正案。修正案提交者认为，经营税不仅课税标准不明，而且"上层"负担轻，"下层"负担使人感到"难以忍受"般的沉重，强烈批评其"不公正"，并坚决要求予以修正。即"当地派"对行政委员会执牛耳的大会社支店长级人士的公然对抗。行政委员们"周章狼狈……几致不知其所为"，议事纷乱，"会场极其凄怆，宛如俄国革命爆发之光景"，陷于极度混乱。这种说法或许有些夸张，但从未出现过如此全面对抗的局面[71]。尽管此次会议最终达成了妥协，但对征税上有利于上层日本人、大会社、大商店的不满，在转年的民会上又反映出来[72]。

总之，20世纪10年代中期，被称做"当地派"的人们，在天津日本人社会中的发言已开始具有一定的威慑力。而且，进入20年代，"对天津民团的行政，当地派很热心。……我等当地人确信，对民团行政自觉有责任者极多"[73]，甚至言明，只有我们才是日租界的真正开创者。

当地派们很自负，认为日租界之所以有今天，是他们奋斗努力的结晶，他们"把天津作为自己将来的葬身之地，孜孜不倦，站在对华发展的第一线，奠定了今天的基础"[74]。对于早期来到天津并取得成功和获取一定社会地位的这些人来说，正是像自己这样"把天津作为自己将来的葬身之地"，在此定居、永住的日本人增加，才能使天津日租界"发展"，反之，在天津居住若干年也不想扎根，"攒些许钱便回国"的日本人相当多，这一现实值得忧虑[75]。

"当地实业家"于1916年向天津日本人商业会议所建议，申请日本政府低息贷款。他们认为，"为使日本侨民把天津作为第二故乡永远居住下去，无论如何要想办法让他们得到不动产"，"以永住为目的，使之拥有不动产一事"，是为天津日租界今后的发展所必需的。因此，为了开辟购置不动产的金融之路，由政府提供资金援助。商业会议所采纳他们的建议，进而经外务省的指导，不是由商业会议所，而是由居留民团出面申请[76]。几经周折，最终形成"天津居留民实业维持振兴资金特别贷款请愿"（1928年11月）。该请愿的要点在于，要求政府对面临巨大经济困难的日本中小工商业者提供运转资金的援助，这与他们的初衷南辕北辙。然而，退居次要的看法依然存在，认为"若置日本中小商工业者疲敝于不顾，苦心经营的专管租界内日本人的不动产逐渐转移到中国人手中，日本侨民渐渐减少，中国居民增加，那么，日管租界或许将落得有名无实"。由此可见，担任此次请愿活动的"当地实业家"内心中的不安与焦虑仍然没有消失[77]。

总之，"当地派"不安与焦虑的背后，是要扎根当地生存下去的移民意识。日本人在租界内成为少数派，是与作为移民来此生活，从此以后他们要"失去自己故乡"葬身于天津有关。因此，意识到这是重大的危机。

从移民的角度看中国人集积土地,便产生了“租界内的土地被中国人侵略而苦恼”的“被害者”意识和“危机感”[78],并对将来感到不安与焦虑。

另一个必须值得考虑的是,当时一般称作日本人的“同类相残”这一情况。在辛亥革命之前,日本的有势者强烈地批评日本部分侨民,“在天津的日本人中,究竟有几个人考虑过与各国商人竞争,最后获取胜利的?来到异乡,只是一味地考虑以同胞为对手做生意的占主流,可以说对未来的发展心中没有底。在各国租界里,首先让人觉得不景气的便是日租界,并非没有道理”[79]。事实上,大多数的日本商人专以日本侨民为顾客的状态,到20年代依然没有改变。事实上说日本人“同类相残”的多,看日本商人中强烈地存有这种消极心态,这主要是个人感觉上的差异[80]。可是无论怎样说,来自租界内外的批评认为,日本人之间相互以对方为消费者,主要是因为缺乏具有发展和活力的经济,以及天津日租界中日本人社会以此为基础的缺陷,也是日租界不发展的主要原因。

在具有这种特征的社会中,定居下来的日本人的增加,意味着市场的扩大,因此迫切希望增加定居者。然而截止到1935年,从整体上来看天津日籍人口的增长是缓慢的[81]。这种状况加剧构成日本侨民主体的“当地派”的不安与焦虑。

结　语

日本侨民说,天津日本租界是“华北最大的日本经济基地”,而且又是我们孜孜不倦“三十余年努力之结晶”,我们天津的中小工商业者以此为“根据地”,在“海外商战第一线”,是日本向海外发展的排头兵[82]。进而言之,天津日租界是政府“建设一半后放弃,委任于我等之手”的“半成品”,要使之完成,惟有我们自己[83]。把这种自负的话原封不动地理解,或许稍许危险。但是,长期生活在异国他乡的日本侨民,从某些方面寻求自己的主体性,可以说这些话语中已清楚地表达出来了。

从顺应他们的主张来说,保护日本侨民是促进日本向海外发展的政策之一。在他们陷于困境时,政府伸出救助之手,是维护日本的国家利益,日本侨民失去租界的实权,不单纯是侨居天津日本人的问题,同时也意味着国家利益的丧失。如果从这种观点出发,政府以资金援助,派遣军队等形式来支持,当然可以说是维护国家利益。

我曾指出,将天津日租界日本人面对的排日运动的过程中,逐渐把中国民族运动看成“自己的敌人”,向政府寻求直接压制,并在中国制造了日中十五年战争的条件[84],本文又探讨了作为居住中国的日本“移民”的生活状况及其“移民”意识在中国产生的敌视中国的另一个条件。

注:

① 天津居留民团编辑发行《天津居留民团二十周年纪念志》(以下简称《二十年志》),1930年,第437页。

② [日]白井忠三编《天津居留民团三十周年纪念志》(以下简称《三十年志》),天津居留民团,1941年,第478页。

③《二十年志》,第619页。

④ 参见外务省通商局编:《在支那本邦人进势概览》,1915年,“北部支那”,第5页。

⑤ 参谋本部编撰:《明治三十三年清国事变战史·卷五》,博文堂1904年,第394—413页。

⑥ 清国驻屯军司令部编:《天津志》,1909年,第243页。

⑦ [日]木村市:《北清见闻录》(私刻版,1902年),第25—27页(重印,小岛晋治监修《幕末明治中国见闻录集成第六卷》,ゆまに书房,1977年,第43—45页);《天津志》,第51页;《二十年志》,第360页。

⑧《天津志》,第34—37页。

⑨ [日]富成一二:《天津案内》,中东石印局1913年,第15页。

⑩《天津案内》,第15—17页;川畑竹马:《北清之刊》,大清通运公司1906年,第173页。

⑪《天津案内》,第15页。

⑫ 外务省通商局:《天津总领事馆管辖区域内事情》,1924年3月,第16页。

⑬㉓㉕《日清银行设立请愿趣意书》,《天津商工汇报》43 号,1911 年 1 月。

⑭ 天津居留民团编辑发行:《天津民团十周年纪念志》(以下简称《十年志》),1917 年,第 127 页;《二十年志》第 633 页。

⑮《天津日本人商业会议所创立当时会员名》,《二十年志》,第 620 页插页。

⑯ 原则上依据资料出处的职业分类。

⑰㉖《日本租界繁荣策》,《天津商工汇报》22 号,1909 年 3 月。

⑱《作为贸易港的天津》,《天津商工汇报》34 号,1910 年 3 月。

⑲《商人之道德》,《天津商工汇报》23 号,1909 年 4 月;《关税代办者与商人》,《天津商工汇报》25 号,1909 年 6 月;《对清注意》,《天津商工汇报》29 号,1909 年 10 月等。

⑳ [日]小林爱雄:《支那印象记》,敬文馆 1911 年,第 180 页。(前引《幕末明治中国见闻录集成》,第 396 页)

㉑《二十年志》,第 680 页。

㉒ 同⑳注,其事例较为典型。

㉔《十年志》,第 124—125 页;《二十年志》,第 373—374 页。

㉗ 1910 年日租界的人口,日本人约为 1 900 人,中国人 7 000 左右,合计约 9 000 人,1913 年分别上升为 2 700 人和约 15 000 人,超过 17 000 人。见《天津案内》,第 184 页;《天津商工汇报》第 70 号,1913 年 7 月,第 24 页。

㉘ 见《十年志》,第 9—10 页;吴天生:《先应转移花柳街》,《天津商工汇报》57 号,1912 年 4 月;《商况》,《天津商工汇报》58 号,1912 年 5 月。

㉙㉞ 见前引《先应转移花柳街》;《商况》,《天津商工汇报》58 号;《二十年志》,第 434 页;《三十年志》,第 538—539 页。

㉚《十年志》,第 15 页;《二十年志》,第 374 页。

㉛《二十年志》,第 375—376 页。

㉜ [日]吉田东作总领事代理:《关于禀请向法国租界扩大问题》(1916 年 11 月 1 日提交寺内正毅外相,见外务省记录:《支那各地外国人居留地一件・天津部》,MT3. 12. 2. 42 - 6 收);《十年志》,第 14—15 页。

㉝《商况》,《天津商工汇报》57 号。

㉟《商况》,《天津商工汇报》57 号;《商况》,《天津商工汇报》62 号,1912 年 9 月;神葛楼主人:《恳请洼田总领事》,《天津商工汇报》72 号,1913 年 9 月。

㊱ [日]长谷川樱峰:《支那贸易案内》,亚细亚社,1914 年,第 688 页。

㊲《支那贸易案内》第 691 页;《商况》64 号,1913 年 1 月。

㊳《进势概览》,第 14 页。

㊴《忠告本邦进口商》,见《天津商工汇报》68 号,1913 年 5 月;《关税的提醒及本邦商人》,见《天津商工汇报》71 号,1913 年 8 月。

㊵《进势概览》,第 1 页。

㊶《十年志》,第 19 页。

㊷ 职业名分类的原则同表 1。但"商店员等"即"商店员其他事务员","艺妓陪酒女等"即"艺妓陪酒女及其他","产婆护士"即"产婆及护士","娼寮区管理所"即"艺妓居住区及艺妓管理所","艺妓娱乐关系"即"与艺妓娱乐业相关行业"的略称。

㊸ 职业名分类的原则同前表,但"娼寮区管理所"为"艺妓居住区及三种接客组合"的略称。

㊹《天津日本人同业组合》,见《二十年志》,第 634 页。

㊺ 前引《恳请洼田总领事》;《大正五年通常民会议事录》,第 26 页;《大正七年通常民会议事录》,第 21 页。

㊻ 职业名分类原则同表 1。但"会社员等"系指"会社、银行、商店、事务等职员","鞋商"系指"鞋、雨

具、杂货贩卖商”，“家事受雇人”系指“料理家务、做饭的人”，“艺妓陪酒女等”系指“艺妓、娼妓、陪酒女及其他”，“餐饮店”系指“餐馆、饮食店、出租房间、艺妓屋”，“裁缝业”系指“和式、西洋式裁缝”。

㊼《二十年志》，第620—621页；《三十年志》，第497—498页。

㊽《十年志》，第20—21页；“天津在留日本人人口累年表”，见《三十年志》，第618页；《三十年志》，第484页。

㊾［日］天津居留民团行政委员长石泽民卫：《国库补助请愿书附属请愿说明书》（1920年10月17日提交给内田康哉外相，外务省记录：“在外居留民团(会)关系杂件·天津日本专管居留地内空地收购低息贷款请愿”MT3.8.2.336-1-1-1收）。

㊿［日］天津居留民团行政委员长白井忠三：《请求颁布禁止将天津日本居留地内日本人所有土地卖给外国人》（1921年12月6日提交八木元八总领事代理。同前收）

(51) 职业名依照资料出处揭示。“官吏”系“前官吏及后官吏”之略。

(52) 尚克强、刘海岩主编：《天津租界社会研究》，天津人民出版社1996年，第95页。

(53) 拙稿《天津租界的卖淫业》，近代国家与大众文化研究课题组编：《近代社会与卖淫问题》，大阪产业大学产业研究所2001年，第128页。

(54) 1934年度中国人的房捐负担增加到民团税收的1/3左右。(《三十年志》，第312页)。

(55)［日］天津居留民团行政委员长白井忠三：《关于新设商、户税金的陈情书》。(1926年5月10日提交有田总领事，外务省记录：《在外居留民团(会)关系杂件·天津部》MT3.8.2.252-2收)

(56) 见《国库补助请愿书附属请愿说明书》。

(57)［日］松本恒雄总领事：《关于民团施行规则改正》(1917年1月31日提交本野一郎外相，外务省记录：《居留民团法并同施行规则关系杂件》MT3.8.2.226收)

(58)《二十年志》，第391页。

(59)《大正八年通常民会议事速记录》，第71、76页。

(60)［日］三浦：《关于商户税金》(前引外务省记录MT3.8.2.252-2收)。起草者“三浦”系何人不详，也未记载日期。可看作与注释55陈情有关，是作为外务省的对策于1926年10月对天津居留民团陈情答复的报告。

(61)［日］有田八郎总领事：《关于新设居留民团商户税金》(1926年5月17日提交币原喜重郎外相，前引外务省记录MT3.8.2.252-2收)；前引《关于新设商、户税金的陈情书》及上述作为外务省的对策对天津居留民团陈情答复的报告。

(62)《关于新设居留民团商户税金》。

(63)《关于新设居留民团商户税金》、《关于新设商、户税金的陈情书》及《关于新设天津居留民团商、户税金》。

(64)［日］田尻爱义总领事：《关于修改民团法施行细则的建议》(1930年8月14日提交币原喜重郎外相，外务省记录：《在外居留民团法并同施行规则关系一件》K.3.3.3.3-4收)

(65) 参见拙稿《居住租界日本人的中国认识》(古屋哲夫编《近代日本的亚洲认识》，绿荫书房1996年)

(66)《二十年志》，第624页。

(67)［日］船津辰一郎总领事：《关于设立天津商工协会报告》(1919年8月14日提交给内田康哉外相，外务省记录：《于中国排斥日本商品同盟一件·第五卷》MT3.3.8.5收。)

(68)《大正十二年第八次临时民会议事速记录》，第8—9页。

(69)《关于商工协会设立的报告》。

(70) 参见前引拙稿《居住租界日本人的中国认识》。

(71)《大正五年第四次临时民会议事录》第一回，第31—34页，第二回，第25—36页，及《大正六年通常议事录》，第59页。

(72)《大正六年通常议事录》，第59页。

⑦3《大正十二年第八次临时民会速记录》,第三回,第9页。

⑦4《天津日本人实业复兴资金低利息贷款请愿书》(1929年1月17日),《昭和四年民团事务报告》,第348页。

⑦5《大正十二年第七次临时民会速记录》,第20页。

⑦6《大正十二年第七次临时民会速记录》,第20—23页。

⑦7《三十年志》,第476—479页。

⑦8《大正十二年第八次临时民会速记录》第17页。

⑦9《作为贸易港的天津》。

⑧0《为什么日本人同类相残的多》(野村得庵:《漫船步苦马》,私刻版1925年,第55页);"本国人营业居住常离不开同类相残……"(田岛旭总领事代理:《排日运动之真相、影响及对策查报》,1923年10月17日提交伊集院彦吉外乡,外务省记录:《大正十二年排斥日货一件·天津地方》MT3.3.8.10—8收)等。

⑧1 前引"天津在留日本人口累年表",及《三十年志》,第484页。

⑧2《天津居留民实业振兴资金特别贷款请愿书》,《三十年志》,第476—478页。

⑧3《大正十二年居留民会通常会议事录》,第69页。

⑧4 参见前引拙稿《居住租界日本人的中国认识》。

(《城市史研究》2002年第21辑)

外国人在天津租界所办报刊考略

于树香

1860 年天津被迫开埠后,随着一系列不平等条约的签订,外国人纷纷在天津租界创办报刊。据不完全统计,到 20 世纪二三十年代,仅外国人办的报刊就达 40 余种。

一、英国人办的报刊

天津开埠不久,英国就在天津第一个设立租界。曾 10 次任英租界工部局董事长的德璀琳,长期担任天津海关税务司职,多重的身份使他成为直隶总督兼北洋大臣李鸿章的外交代表,并对李鸿章有着强烈的影响。在外国人的眼里,德璀琳是中国实际上的"外交部长"。因此,英国人办的报刊多,影响也大,甚至一些非英籍洋人也创办了英文报刊。

1. 清光绪一十二年(1886 年)11 月 6 日,在天津英租界出现了第一家中文报纸——《时报》。它是在李鸿章的支持下,由英籍德人德璀琳和英商怡和洋行经理茄臣创办的。《时报》创刊之初,辟有"谕旨"、"钞报"、"论说"、"京津新闻"和"外省新闻"、"外国新闻"等栏目,广登京津地区新闻,为南方各报所少见,其篇幅常超过其他新闻的总和,显示出鲜明的地方色彩。它的时事性强,消闲性稿件较上海等地某些报纸为少。清光绪一十六年(1890 年)7 月,英传教士李提摩太应李鸿章邀请任《时报》主笔后,《时报》开始出现重大变化——大力加强言论工作。其言论主张大致可分三个方面:一是为帝国主义侵略服务,把亚非国家深受西方列强侵略,说成是咎由自取,并为帝国主义的胡作非为进行辩解。二是以大量篇幅鼓吹洋务运动,如兴修铁路、开矿、训练海军等。三是介绍一些自然科学知识,提倡女子读书,对当时启迪民智起了一定作用。该报于清光绪一十七年(1891 年)6 月停刊。

2. 天津第一家英文《中国时报》(*China Time*)也于清光绪一十二年(1886 年)11 月 6 日创刊,由英人亚历山大·宓吉任编辑兼主笔,由他撰写的时论达 200 多篇。该报主要反映华北地区的新闻,被称为"外国人在华北的圣经",被当时外国人视为是远东地区最好的报纸。1891 年自动停刊。

3.《京津泰晤士报》(*Peking and Tientsin Tines*),清光绪十年(1894 年)3 月由英国人裴令汉在天津创办的英文报纸,并由他本人任主笔。初为周刊,清光绪二十八(1902 年)改为日刊,销售量达 1 200 份。第一次世界大战爆发后不久,由英国人伍德海任总主笔,对中外问题持强硬态度,一时势力很大。1930 年 10 月由英国人潘纳禄(彭内尔)任主笔。报纸与天津英租界工部局关系密切,主要反映英国官方观点。新闻以路透社电讯为主。1916 年增加中文版。该版 1918 年由英籍华人熊少豪接办,改名《汉文京津泰晤士报》,单独出版,在英国驻天津领事署注册,社址改设在法租界。初创时鉴于吗啡流毒甚广且烈,遂竭力调查,特刊黑籍表,以期振聋发聩,警醒世人,在社会上取得一定影响。五四运动期间,该刊同情爱国学生,极力鼓吹言论自由,在军阀统治之下,其新闻评论较受欢迎,是天津销售量较大的中文报纸。这家报纸于 1941 年 12 月太平洋战争爆发后停刊。

4.《华北每日邮报》(*North China Daily Mail*)于清光绪三十一年(1905 年)(一说 1915 年)创办,英文报纸。原为英国编辑 R. Bate 拥有,到 1922 年已成为英国籍记者弗薛的财产,他还担任该报的业务经理,并独自经营。后受到日本驻屯军的补助,发行 500 份左右,对日态度很好。该报虽然由英国人出面创办,实际上受日本军部秘密控制,是日本人的宣传工具。其内容贫乏,印刷粗糙,以造谣生事、挑拨离间、分化抗日队伍为能事。1937 年,中国人曾一度创办英文《晚邮报》与之对抗,但抗日战争爆发后即停刊。

5.《中华星期画报》(*China Illustrated Review*),它附属于《京津泰晤士报》,周刊,由天津印字馆印发,以时事和政治、经济记事为主,刊登一些照片。

6.《益闻西报》于清光绪二十七年(1901 年)1 月 21 日在北京发刊,由英国记者高文创办并任主笔,日刊,清光绪二十八年(1902 年)迁天津日租界,每日在京津两地同时发行。迁天津后由英国人组织的公司接办,在香港注册,仍由高文任主笔。该刊初期以 7 国文字出版。清光绪三十年(1904 年)2 月 29 日,该报因在日军突袭旅顺口俄军之后刊载亲俄文章,高文被日租界当局驱逐出境。清光绪三十一年(1905 年)高文返回该报,任主笔直至清光绪三十四年(1908 年)。辛亥革命时仍继续出版,20 世纪 30 年代天津报刊记载已不见该报。

7.《东方时报》,1923 年由英国人辛博森创办,得张作霖资助,日刊,中英文混排,初在北京发行。辛博森时任张作霖顾问,该报在政治上主要为张作霖宣传,并成为《北京导报》等英文报的竞争对手。第一次直奉战争奉军失败后停刊。奉军第二次入关时,在天津东浮桥小洋货街复刊,刘治乾主其事,后由吴昆如接办,改办中文版,以王小隐为主编,吴秋尘主编副刊"东方朔"。1928 年奉军退往关外后停刊。

此外,还有英文报刊《中国公论》、《公闻报》、《北方邮报》、《中国评论》、《天津星期西报》、《中国广告报》、《华北商务报》、《华北汉英报》等。

二、德国人办的报刊

1. 清光绪二十一年(1895 年)10 月 30 日德租界在天津刚刚设立,德国人汉纳根就于同年 11 月 26 日创刊《直报》。该报是继《时报》之后在天津的又一家外国人办的中文大报,杨荫庭主持编辑业务。在报纸编排上,《直报》与《时报》相似,栏目有"上谕荣录"、"评论"、"新闻"等。《直报》创刊之始,曾连续发表严复的五篇文章:《论世变之巫》、《原强》、《辟韩》、《原强续篇》、《救亡决论》。严复用西方资产阶级思想,强烈抨击中国的儒家"旧学",提倡新学,主张变法改革,为当时资产阶级的改良运动制造舆论。严复的五篇文章在《直报》上一经刊载,震动全国,许多报纸纷纷转载,严复声名大振,《直报》的知名度也随之提高。同时,该报在中日战争问题上,也发表评论《和战利害辩》,认为不要急于求和,日本不足畏。《直报》又在新闻报道中不断报道中日战争,对台湾抗日战争报道尤为详尽,还派记者去台专门采访。时过不久,《直报》逐渐向相反方向发展,在戊戌变法期间,发表不少反对变法的言论,有的文章矛头直指康有为。更有甚者,在日本首相伊藤博文访华期间,竟发表《华日同兴》的文章,主张把伊藤博文留在中国,让他和李鸿章、张之洞共同掌握中国政权,无视中国国家主权,暴露了其为帝国主义入侵服务的本来面目。自此,该报遂走下坡路,清光绪三十年(1904 年)因载袁世凯所属部队溃散叛变消息,被袁查禁,即停刊。同年 6 月,改为《北洋商报》出版,8 月又停刊。

2. 清光绪二十八年(1902 年)1 月,驻津德军在天津创办《德军报》(*Deutsehe Brigade-Zeitung*),周刊,发行 500 份,清光绪三十二年(1906 年)3 月停办。

3. 清光绪三十年(1904 年)10 月,德国人创办《北洋德华日报》(*Tageblatt fur Nordchina*),德文,日刊。开始由劳克创办,与上海的《德文新报》合作,为德人在华北的宣传机关。以后劳克返回上海,由克洛克、佩佐尔德、德雷斯勒等先后任主编。该报发行 600 份,约 1915 年停办。

4. 清光绪三十年(1904 年)9 月,德国人创办中文报刊《中外实报》,旨在提倡中德两国商业,增进两国邦交。它资本雄厚,广告也多,每日发行数百份。第一次世界大战期间,为德国进行宣传。中国对德国宣战后,1917 年被查封。

5. 1929 年 10 月,克雷工程师在德租界创办《德华日报》,日刊。社址初设哈尔滨,因东北德国人少,无发展前途,不久即迁天津出版,由巴德斯主持。该报是天津德国领事馆的喉舌,为德侨服务,经常向天津、北京、上海等地德国商人提供市场信息,广告占了一定比重,发行约 2 000 份。有附刊《德华画报》,多外国图片,编印尚属美观。后随纳粹的垮台而停办。

6. 1930 年,德国人巴特尔创办《德华日报》,编辑克莱,德华印字馆承印,社址在德租界。该报为德国驻津领事馆的喉舌。纳粹党上台后,改由纳粹党天津支部长魏策尔任经理,读者对象为德侨及其他各国侨民,第二次世界大战后停刊。

7. 1939 年 9 月(一说 6 月),德国海通社(Transoeean)在天津发行《德国新闻》(*German News*),日刊,老板为魏策尔,编辑为 A. Baner,发行约 600 份,大多为寄赠。

三、日本人办的报刊

天津租界内的日本人办的报刊较多,值得注意的是日本人办的报刊大体上经历了两个阶段:先是居留民团时期,报刊主要为日侨服务,经费和读者少,经营困难;日寇占领天津后,借助其侵略势力及财力补助,而且读者群也相应扩大,内容信息也大为丰富,日伪报刊才得以生存与发展,为我们研究日本侵略天津及华北史提供了证据。

1.《北清新报》,清光绪二十八年(1902 年)1 月由日本人西村博创办,并担任社长,记者为足立传一郎,社址在法租界马家口四号路。清光绪二十九年(1903 年)5 月西村博返日本后,足立传一郎任编辑,统辖一切经营事务。清光绪三十一年(1905 年)该报改名为《北洋日报》,清光绪三十四年(1908 年)9 月又改名《北清时报》。清宣统二年(1910 年)1 月《北清时报》与《北支那每日新闻》合并,改名为《天津日报》,是日租界官方报纸。

2.《北支那每日新闻》,于清光绪二十九年(1903 年)由秋由木村竹南、小田切勇辅、丰冈保平三人在日租界曙街创办,日文,日刊。

以上两报致力于对当时在天津租界内的日本人(约 3 000 人左右)进行社会指导,但因财力极为困难,经营较差,不能完全实现办报的初衷,因而两社决定合并。经日本驻天津总领事小蟠指名,社长为真藤弃生,副社长为金田一良三,并以《北清时报》的西村博、足立传一郎、金田一良三和《北支那每日新闻》的小田切勇辅、真藤弃生、小林利一六人为骨干,共同经营《天津日报》,每天朝夕刊各 4 页,"七七"事变后发行约 5 000 份。

3.《京津日日新闻》,1918 年 10 月 30 日由日本人森川照太创办,日刊。社址初在北京东城五老胡同 4 号,后来森川照太将该社一切买断,完全由个人经营,任社长。1921 年 9 月《京津日日新闻》迁往天津日租界寿街。该报以反映京津两地政治、经济新闻为主,1923 年增出晚刊。编辑部有江崎寿夫、的场三郎、青木利一等七人,顾问黑川重幸、小筱一三。发行量初为 1 200 份,"七七"事变后增至 6 000 余份。日本投降时停刊。

4.《天津经济新报》,由日本人小宫山繁于 1920 年 8 月创办,日文,周刊。

5. 1930 年,日本人藤田辰雄在日租界创办日文《华北商报》,不久改名为《华北经济新闻》日报,为中国新闻的翻译通信,以经济记事为主。社长藤田辰雄,记者长筑山乙次郎、石川九牧等。"七七"事变后,发行约 3 000 份,社址在日租界春日街 4/2 号。

6.《北支那》,1934 年 2 月由日本人高木翔之助创刊,月刊,社址在日租界荣街 12/6 号。该刊为政治经济、娱乐刊物,以经济为着眼点,报道华北政治、经济及社会的一般动向。1936 年 6 月在同址社内创办日刊《北支那经济通信》,高木时任社长兼主笔。"七七"事变后《北支那》发行约 3 000 份。

7.《支那问题研究所报》,由日本人船越寿雄于 1936 年 11 月创办。记者小掘正彦,所员林川德、安藤兼治。船越寿雄 1937 年 1 月又创办《支那经济旬报》,后又创办《支那物价周报》、《支那统计月报》,主要登载华北地区经济方面的内容,1941 年时发行 2 000 份。

8. 1937 年 2 月,山形隆在日租界宫岛街创办诗歌研究杂志《居留地》。

9.《京津事情》,井上今朝一于 1938 年 10 月 5 日创办,主要介绍京津与华北地区的一般事情。

10.《华北新报》,1901 年创刊,先为隔日刊,后改为日刊。改名《北洋日报》,又于 1907 年改名为《华北时报》。

11.《天津经济新闻》,1920 年创刊。

四、俄国人办的报刊

1.《霞报》,1928 年 4 月白俄连比奇在前俄租界创办。每天 6 页,发行量 1 000 份。老板为连比奇,编辑为米勒。受天津俄侨会的操纵,发表攻击苏联的言论。1941 年初连比奇的遗孀 O. B. 连比奇夫人担任老板,柴科夫担任编辑,发行所迁往英租界大沽路 229 号,后并入《兴亚新报》。

2. 俄文《兴亚新报》*ВозрождениеАзий*,由日军控制的天津"俄侨防共委员会"委员长、以反共亲日著称的帕斯图辛创办并兼老板、社长及编辑。在日本人的资助下,他于 1931 年着手筹办,翌年 4 月出笼。社址在日租界须磨街。该报大力吹捧日本,攻击正直的白俄领袖,为日夺取权力制造舆论。每天小张 4 页,发行 300 份,免费赠发给以天津为主的华北白俄,在反苏的白俄中颇获好评。1941 年初,该报成为天津俄侨"防共委员会"的机关报,发行所在特 1 区威尔逊路 46 号,每天 6 页,发行 2 500 份。帕斯图辛充当日本的走狗,遭到了正直俄侨的强烈反对和谴责。在天津及华北大多数正直的无国籍俄侨心目中,"帕斯图辛"这个名字是罪恶的代名词。

3.《华北每日邮报》,1952 年创刊。

五、法国人办的报刊

1. 清光绪二十九年(1903 年)法文《天津差报》创刊,由查维利尔和马塞尔·莱伯迪先后任主编,代表法国和比利时的在华利益。辛亥革命时仍在出版,但估计出版的时间不长。此外,该报在清光绪三十三年(1907 年)至清宣统二年(1910 年)间,还发行法文双月刊《中国杂志》,为其海外附刊,主要对欧洲发行。

2.《天津回声报》,又称《权务报》,法国人在津出版的法文报刊,清光绪三十一年(1905 年)创刊(一说 1909 年创刊),日刊。由天津法租界当局组织出版,反映官方立场。自《天津人报》发行后,由于法国侨民太少,销路有限,该报遂告停刊。

3.《天津人报》,1921 年创刊。

六、美国人办的报刊

《华北明星报》(*North China Star*),为英文版,1918 年 8 月创刊,创办人是美国人福克斯,由美国人法克斯任社长兼主笔。该报在天津美总领事馆及美国内华达州注册,股本 6 万美元,3/5 属福克斯,发行地址在天津法租界巴斯德路 78 号。此报以美联社和合众社电讯为主,但也常转载海通社和同盟社的电讯稿。此报纸很注重刊登中国消息,社论几乎全由法克斯撰写,经常发表署名的带有抗日色彩的时事短评。报纸在编排上,多采用长标题,把内容概括起来,看了标题,基本上可以了解新闻的内容。这家报纸的定价便宜,销售量达约 3 500 份,是华北地区发行量最大的一张英文报纸。日军封锁天津英法租界后,于 1939 年 6 月 16 日被禁止邮寄。此报在太平洋战争爆发后停刊。

七、鞑靼文日报

太平洋战争爆发前后,鞑靼文日报《辽东新闻》创刊并发行,不久停刊。该报只在突厥—鞑靼人中发行。突厥—鞑靼人当时在东北及华北仅有数千人,主要为十月革命后流亡来华、信奉伊斯兰教者。日本为了对苏联搞谍报活动和策动苏联境内穆斯林的叛乱活动,在东北及华北成立了突厥—鞑靼(Turki Tatar)民族协会,该报是该协会的机关报,为其政治目的服务。

综上所述不难看出,近代外国人在天津租界内所办报刊不但种类较多,而且内容也十分丰富。这些大众传媒作为外国在天津的文化机构,既是西方列强文化侵略的产物,又是中外文化交流融汇的实体,分别代表着不同的国籍、不同的政治利益和不同的思想文化特质,在传播新闻,散布社会舆论等方面,发挥了重要的喉舌作用,呈现出多元性和多样性的特点,在客观上也促进了天津新闻报刊业的发展与繁荣,为我们今天研究租界文化及天津近代文化提供了丰富的史料。

(《天津师范大学学报》社会科学版 2002 年第 3 期)

"迷拐"、"折割"传闻与天津教案

董丛林

学术界对天津教案虽已有不少研究，但在有些重要问题上仍不无探赜索隐的较大余地。像本文专涉的关于"迷拐"、"折割"传闻与该教案的关系问题，便属此类①。即使有些事情的真相尚不能详确判明，也不妨实事求是地姑且存疑，而不宜在根据不足的情况下遽下定论。本文即拟通过对有关传闻的可能性的解析，从一个特定的角度对诠释天津教案提供一些可能有助益的参考。

一、传闻盛行：激发教案的强力酵母

天津教案的发生，与反洋教传闻有着直接关联。有关反洋教传闻，虽然五花八门，但关涉"迷拐"、"折割"情事者可谓其中心题材。这类传闻不只是天津教案发生的一般性诱因，更是重要且直接的激发因素，犹如强力的"酵母"，有的论者甚至把它视为该案"启衅的根苗"②。

所谓"迷拐"，不是指一般的"诱拐"，而是特指用"迷药"甚至"妖术"拐人，俗谓"拍花"者当属此类。而"折割"，通常与"采生"联称，是指"取生人耳目脏腑之类，而折割其肢体也"③。在天津教案发生前夕，关于事涉教方的"迷拐"、"折割"传闻即颇为盛行，有的说教方收买拐匪"迷拐"儿童，挖眼剖心，有的甚至具体说是"用以配制欧洲到处都在搜求、并不惜以重金收购的某种特效药"。"这种风闻一传十、十传百，很快地，不仅在天津，而且在它周围许多英里的范围内，为老百姓所普遍相信"，简直到了风声鹤唳的地步④。先是在民间风传，"但未控案耳"⑤，进入同治九年(1870年)五月后，天津地方便开始陆续有"拐案"的实例。据时任天津知府的张光藻事后忆述：五月初八日，拐匪三人由静海拐得李姓子携往天津，被西关人盘获两犯(按：即"张拴"、"郭拐")，另一个逃走。经天津县讯明，李姓子交由家人领回，而"拐匪供情亦经讯实"。此时张光藻正在沧州办案，待十三日回津后，"当晚饬县提犯覆讯，据供挖眼取心合药属实，但未供出教民，问官亦不深究"，遂于次日将两犯正法⑥。随后，天津府张贴告示说："张拴、郭拐用药迷拐幼童，询明……是实正法。风闻该犯多人，受人嘱托，散布四方，迷拐幼孩取脑挖眼剖心，以作配药之用。"⑦可见，官方的告示中一方面肯定了拐匪迷拐幼孩采生折割的真实性，另一方面又宣示了所谓"风闻"的更严重情事，特别是以"受人嘱托"之辞暗示了拐匪是受教方指使，对于民众来说当是不点即明、心照不宣的事情，这实际上以官方告示的形式肯定并播扬有关传闻。其实，张拴、郭拐两人的案事，从某些迹象看，并没有真的审查确凿，便草草正法了事。对此案的真实性，当时外国传教士即颇表怀疑，认为清方官府"告示上所用的人名中有'拴'、'拐'的字眼(拴作捆绑解，拐作绑架解)，这样的字眼不大可能被华人选作人名，这样就使人一望就知其于杜撰"⑧。实事求是地说，名字上的这种巧合的概率的确很小。当然，其时逮治了两名"案犯"之事还是实有的，并非"杜撰"。而无论如何，本来民间即有相关传闻，此时经官方对张拴、郭拐案的"实证"，并且官方还"悬赏"继续"严拿拐匪"⑨，这无疑起到了火上浇油的激发作用。于是，张、郭拐案之后，"民间迷拐之事愈传愈多，街巷为之不靖"⑩，民间率行拿人之风盛起。

在这种情况下，又发生了作为引发教案直接导火索的武兰珍迷拐案。还是据张光藻忆述："(五月)二十日晚，有某村李二之兄在园浇灌，被匪迷拐，李二邀众人追及之，救醒其兄，而缚置拐匪于庙中，群相诘问，该匪自供武兰珍，迷药系教堂王三所给等语。次早乡民将武兰珍送案，当堂质讯，供悉如前。津民共见共闻，遂亦信迷药出自法国矣。街谈巷议，几有刻不能忍之势。"⑪显然，该案中的被拐对象，已不是小儿，既然已能做浇灌农活，起码是较长者。此一案事，特别是将迷拐的指使者直接溯至教堂人员，而该堂系法国在津设置的天主教堂，所以人们便进而推断“迷药出自法国”，于是便激愤地哄传开来。正是为确认迷拐之事是否与教堂真有联系，二十三日，由道、府、县官员押武兰珍前往教堂对质，但没有找到王三其人，并且教堂的“门庭径路与犯供不符”[12]。这样，有关人物、地场都未能核实，可见武氏之供颇有可疑之处，但未及查明当天便发生了教案。

由教案发生当时的情势分析，众所周知的法国驻津领事丰大业的行凶施暴，当然是激发天津民众暴力行动的最直接和首要的因素。而当时因信实教方主使迷拐、折割的传闻而激动起来的广大民众，已经陷入了一种传播学上所谓“集体无意识”的失控状态，周围犹如火药遍布，只要某处有一点火星，便会连锁爆炸，势不可免，这也是教案发生的重要情境条件。事实上，五月初的气氛就已相当紧张，“百姓不时成群结队地麇集在教堂附近，肆意发表激愤的议论，而且不止一次地要求仁慈堂将幼孩释放回家”[13]。而案发这天丰大业行凶之前，在教堂围观的大批民众更是已与教堂人员发生冲突，不只“口角相争”，而且“抛砖殴打”。[14]丰大业的行径招致大规模的以暴抵暴的回击，势在必然。

案事发生后，驻津的三口通商大臣崇厚向清廷这样奏陈案事起因：“查津郡百姓与天主教起衅之由，实因愚民无知，莠民趁势为乱。始而有迷拐人口之谣，于是各处民人率行拿人送交府县，甚至殴打成伤始行送官。地方官不问由来，即行收讯，于是沿街沿巷百姓拿人之风由此而起，谣言日多，酿成巨案。”[15]无视外国方面的凶暴行径，把起衅之由完全归结到所谓“愚民”、“莠民”的传谣、信谣乃至“为乱”和“地方官”的处置失当上，显然不公，反映出崇厚辈曲意迎合外国的卑劣态度。但是，无疑也应该正视有关传闻对于该案所起的重要激发作用。

二、传闻查勘：曾国藩一度认定的办案关键

事实上，作为涉身查办该案的清方官员，谁也不能够无视与案事密切关联的传闻问题。特别是作为该案清方主办人的直隶总督曾国藩[16]，在闻知案事发生及着手办案伊始，更是把查实教堂是否有主使迷拐和挖眼剖心之事，视为此案之“关键”，立意予以“根究”，藉以作为办案的突破口。接到清廷命他赴津办案的谕旨后，他在复奏中明确地说：“惟此案起衅之由，系因匪徒迷拐人口，牵涉教堂……必须讯取确供……挖眼剖心之说是否凭空谣传，抑系确有证据，此两者为案中最要之关键。审虚则洋人理直，审实则洋人理曲。”[17]这一见解当时也得到了清廷的肯定，说这样“已得办理此案要领”[18]。尽管曾国藩在此时也为审办此案立下了妥协的基调，说是“即使曲在洋人，而公牍亦须浑含出之，外国既毙多命，不肯更认理亏，使在彼有可转圜之地，庶在我不失柔远之道”[19]，但他对有关传闻内容的虚实似乎并未抱成见，主张研鞫得其确情。

而这个时候，有关案事更加复杂化。据张光藻向省宪的禀报中所言，就在教案发生后的当天，官府逮获了教民“王三”以及另一名行拐的教民安三，经提武兰珍指认对质，王三确是其人，该人初不承认，后乃供明系天津人，祖辈即奉天主教，他利诱武兰珍迷拐人口，“每早在天主堂门外交武兰珍迷药一包，令其外出拐人”；他又曾给安三迷药，令其迷人，安三是在拐一厨夫之子逃跑途中被拿获的。至于王三向他和武兰珍所提供的迷药，据供是由谢神父（按：指法国传教士谢福音，他死于教案之乱）所授[20]。由此看来，迷拐之事似乎言之凿凿。此外，据说案发之后不但在天主堂地窖内放出被迷拐来的小孩，“并于仁慈堂搜出幼孩及坛装幼孩眼睛”[21]。不仅有“证词”，还有“证物”。

不过有迹象表明，在六月初二日以前，尚在保定的曾国藩获悉的崇厚通报的情况，还是“教堂迷拐等情事均属讯无实据”[22]，而曾氏鉴于“各处风声籍籍，保定、河间现皆获有迷拐之犯，而江南近日亦闻有此匪”的情况，认为并不能排除天津迷拐之事的真实可能性，认为“不得不痛搜根株以除奸宄”[23]。到六月初二日，他才获知“王三口供已认迷药系神父所授”[24]。联系到保定、河间所获拐犯的情况，六月初八日他于赴津途中在致奕䜣等人的函件中说：“现闻王三所供，已认迷药为神父所授……保定所获拐犯未有确供。河间所获拐犯供认拐人挖眼系送天津教堂配药。此外，天津尚有安三一案，亦可作此案之质证。但皆系犯供一面之辞，且在二十三闹事之后，即使所言果实，洋人未必肯认。到津以后能否彻底查清，殊无把握。”[25]曾国藩对审明案事困难的预料并非多余，而对“犯供一面之辞”可信性的怀疑也不无道理。事实上，河间所获拐犯关于“拐人挖眼系送天津教堂配药”的供词，内容上的虚妄可以肯定无疑，因为随后即勘定天津教堂并无取人眼睛等物

配药之事。而武兰珍、王三等的供词,也是在所谓"稍事刑求"[26]的情况下做出的,这就更增加了逼供成招的可能因素,曾国藩在日记中就明确记载有关案犯身上有"跪伤"、"棒伤"、"踢伤"[27]。当时即有外国人这样评论清方的有关刑讯之事:"我不怀疑,在中国曾从许多不幸的穷人中逼出了当时流行的迷信所要求的、归罪于洋人的招供。这其中也不一定都存在着蓄意害人的情况。当使用刑讯乃习以为常时,人们便会要求使用它,并拒不相信不受刑讯折磨时所作的供词。另一方面,被怀疑的人预期刑讯难熬,便急急忙忙地供认民众舆论所宣称他犯有的那些罪过。"[28]的确,像这种情况对关涉津案的"拐犯"来说也是应该考虑的。

曾国藩初十日到津后,经过"连日细查衅端",对挖眼剖心一事的真实性基本否定,认为是不实传闻,并做出了相关解释:"大约挖眼剖心之谣,近来各省皆有,民间习闻此说,各怀猜疑。而天主教堂又过于秘密,平民莫能窥其底里,用是愈疑愈真,遂成牢不可破之见。及确寻证据,皆影响含糊。其初入津郡,绅民拦舆递禀百数十人,细加研求,终难指实。经此番推问士庶之心,似已稍知挖眼剖心等事空言不尽可靠。"[29]而迷拐案情,则依然模糊难辨:"至迷拐犯供,王三虽认为有迷药,尚复旋供旋翻。此外有教民安三迷拐被获,供认不讳,可为奸民入教、借为护符之证,而不能为教堂主使出拐之证。至仁慈堂救出妇女、幼孩百余人,讯供皆系多年入教,送堂豢养,并无被拐情事。"[30]六月二十三日,由曾国藩主稿与崇厚联名上《查明天津教案大概情形折》,力辩挖眼剖心之事的虚妄不实,至于迷拐情事,所言与上则引文所表述的意思大致相同。本来,拟与此折并上的尚有一密片,"大旨言迷拐之说不为无因,拟请此案议结时将行教条约酌为修改",但临发时因为得悉法国驻华公使罗淑亚的一件照会,恐怕密片内容泄露,使罗淑亚更借此饶舌,"遂将此片抽出未发"[31]。

从现可查知的这件密片看,其中有些说法的确与所发出奏折中的有关说法有所不同。譬如密片中说"仁慈堂救出之男女,即有被拐者二人"[32],与奏折中的"并无被拐情节"云云,显然抵牾。关于迷拐之事,密片中说"迷拐一节,实难保其必无,惟未得确实证据,徒据讯供一面之辞,不足折服洋人"[33]。这是对于教士主使迷拐来说。而联系诸宗有关案事,认定"教民迷拐已无疑义",并且推断说,"堂中拐匪(指教民行拐者——引者)既多,领事官纵不与闻,其传教之人断无绝不知情之理"[34]。或许,这比发出的奏折中所陈更能代表曾国藩当时的真实看法,但仍不能据此就得出教士主使迷拐必有其事的结论。从其措词看,"实难保其必无",显然不等于说"保其必有",仍具或有或无的不确定性。何况紧接着又明言"未得确实证据"云云。即使借以认定"教民迷拐已无疑义"的诸案,事实上也不乏疑窦。像天津拐案中最关键的案犯王三其人的"验明正身"都不无问题。曾国藩的这一密片中即言及,"王三一犯据讯明实名王二"[35]。若说这仅是名字上的差错,其人确实是武兰珍所指案犯,倒也无关宏旨,但同为知情者的崇厚,却曾向清廷奏称:"此人与武兰珍所指之人箱〔籍〕贯、面貌亦不相符。"[36]而法国公使罗淑亚就此向总理衙门诘难,清廷向曾国藩追问,他却以"要犯既经释放,此等亦不足深辨"[37]的含混说法作复,显得很有些暧昧不明的隐情。特别值得注意的是,到曾国藩拟定而又临时留置"密片"之时,就已将王三、安三释放了。六月二十三日曾国藩在写给李鸿章的信中说:"王三始终讯无确供,教堂要求过切,以非此案所重,业经释还。"[38]这说明,曾国藩密片是在"王三卒无确供"的情况下拟出的,并且,至迟到曾国藩留置密片时,已改变原以研鞫明白有关涉案传闻之事是津案"关键"之类的态度(改口说"非此案之重"),并屈从外国方面的压力,释放了涉案教民王三(实名王二)、安三。这样,迷拐之案也就不了了之。

三、传闻悬置:遗留百年难解的谜局

那么,曾国藩为什么在勘定了"折割"情事为传闻之虚后,没有按照初衷,继续把"迷拐"之事坚持研鞫清楚,而将之悬置了事?一则,关于迷拐之事传闻多多,可谓众口铄金,涉案情事复杂而又扑朔迷离,加以当时技术条件方面的限制,确实不易快刀斩乱麻地断清。再则,也是更主要的原因,外国方面认定教堂主使迷拐与挖眼剖心之说皆属不值一辩的谣言,说"这些谣言之荒谬是任何受过教育和信奉基督教的人们都无法相信的"[39],他们把办案的重点放在所谓查凶惩凶上,就此对清方挟制施压,曾国藩只好屈从,放弃对迷拐案事彻底究查的努力。

当然,就曾国藩在有关问题上的表现来看,应该注意到,最后他不但仍未明确否认迷拐情事实有的可能性,甚至连先已认定为虚的挖眼剖心之事也转而表态不予完全否认,譬如他在八月下旬所上的另一密片中说："挖眼剖心一节，世间原有此等折割惨毒之人，刑律亦有专治此罪之条。教中既多收莠民，即难保此等人不溷入其中。故臣前奏昭雪挖眼剖心之诬，自京师及各省皆斥为谬论，坚不肯信。"[40]他之所以如此，是因为，一方面包括一些局外官员在内的不少人，对教方有迷拐乃至挖眼剖心情事坚信不疑，曾国藩为教方辩解之言被认为系有意抹杀事实，向外国献媚；另一方面，他在处理案事中，对外国方面确也奉行了他自己所谓"曲全和好"[41]的方针，因而大负谤声，本人也不得不表示"内疚神明，外惭清议"[42]，而对内容不尽实的传闻乃至本已辨明的谣言，也故作模棱两可、含混暧昧甚至暗示出宁认其有、不认其无的倾向性表态。这不过是他以屈合舆论来表示自己愧悔的一种矫饰而已，至多含进一些被众口铄金的传言搞得真假莫辨的成分，决不意味着其时对迷拐之事的真确性业已勘明认定。正是由于当时对有关情事的含混悬置，没有留下详确可靠的史料，今天追索推究起来仍是迷局疑案，破解非易。

关键是当时所谓"迷拐"的技术手段问题。既然"迷拐"是特指用"迷药"甚至"妖术"拐人，像津案发生后张光藻给省宪的禀件中即曾言及，所获拐犯"不特用迷药，且有咒符妖术"[43]，那么，能否真有其事？需作具体分析。若说行拐者把所谓"咒符妖术"作为一种欺骗方式或不无可能，而若说是真的有什么神异灵验的"咒符妖术"，显系讹言。至于说使用药物进行迷拐，若是用当时已有的催眠、麻醉或有致幻作用的药物[44]，并且是用可能的方式方法施于被拐对象，便于拐匪挟持或骗导，这也不是绝对没有可能的事情。有说津案所涉迷拐事件，拐匪即使用蒙汗药。如光绪十三年(1887 年)的一则反洋教揭帖中就言及，教方"有孽术能配蒙汗药，迷拐童男童女……同治庚午年，天津百姓共杀领事一案，即此事也"[45]不过，这是津案后多年并且是外地(山东兖州)的一则反洋教宣传品中的泛泛之说，难言准确可靠。而案发当初内阁学士宋晋就曾在奏折中言及，主使迷拐者"给人红药"[46]。所谓"红药"，肯定不是指芍药，因为芍药虽有"红药"的别称，其块根也可入药，但无麻醉、致幻作用。看来，这并不是一个准确规范的药名称谓，不知究竟指何物。况且，宋晋也不是此案的当事知情人，所言难以尽可凭信。

综核当时涉及迷拐情事的传言和有关案情的材料，多缺乏对迷拐技术细节的具体介绍，一般仅是笼统性指称，有人即言其为"拍花"[47]。而张光藻忆述中提供的安三行施迷拐的具体情节，可算是非常之难得，也正好可印证其为所谓"拍花"之举："有西关木作铺人，令其徒回家取饭，其徒行抵浮桥，忽有一人自后拍其肩，伊遂昏迷跟随其人，行至西南三十里之某村，为村民所救。当将拐匪送案讯之，则名安三，与剃头王二熟识，亦天主教中人也。惟问其迷药，则供词闪烁，不能一定。"[48]仔细推敲起来，其中所述情节，与前边引述的张氏在案发当初给省宪禀件中所言情况，或有出入[49]，但迷拐细节却是前禀中所未有的，可提供当年传说的拍花迷拐的一种情状。不妨再引录一个参照事例，由于天津教案发生前后盛传教方迷拐儿童，人心惶惶，波及京城。掌云南道监察御史贾瑚，就所访得的京城内的"迷拐"事件向清廷的奏报中，述及这样的具体情节："崇文门内有高姓之子名二格者，年十二岁，于本月(指同治九年六月——引者)初九日清晨在本街扫地，忽有匪徒向二格头上一拍，随即跟去。行至兴隆街，遇有羊肉铺作生理人，看见形迹可疑，截住二格盘问，二格形神痴呆，卒无一语。匪徒见事已败露，即时逃走。少倾，看者人多，内有认识二格之邻右，睹此情形，即为其家送信，旋即接回，用凉水喷醒。据二格云，清晨在门口打扫，忽有不认识姓名人向伊头上一拍，登时昏迷，但见身之两旁，俱是河水阻隔，中间仅有小路可走，前面有人引路，不得不跟踪前往，此外别无所知。"[50]

后一事例比安三拐案更为具体细致，但大体上可谓相仿，都是拐匪在一拍之下(或拍肩，或拍头)，被拐者"登时"即告"昏迷"，而这种"昏迷"又非意识丧失，肢体麻痹，而只是颇为特异的"迷幻"，即不用挟持便自动跟随拐匪行走。安三拐案以及其时天津的其他拐案皆明确说是使用"迷药"，贾瑚所述拐事中虽然没有明确指为使用药物，但从其奏中建议清廷饬有关衙门对这类拐匪"立时严缉，但人药并获，即行按律惩办"[51]的说法看，间接地也表示出了系以药物迷拐的意思。这样看来，使用药物的名堂全在那"一拍"之下，想必是被拐者通过嗅吸而致迷(因无骗服、逼服情节)，并且药效十分迅速而又奇特。像这样一种致幻剂，笔者查询有关药学和毒品史之类的书籍，找不到当时实有的证据，请教有关专家，得到的也是否定的回答[52]。若不曾真有那般神奇的迷药，上述情节的迷拐就只能看作是对传闻之事的藉虚认实。而这类传闻，还真有颇强的迁延、迷顽和暧昧性[53]。就当时而言，有关"迷拐"的详确情事究竟若何，曾国藩辈未能就便查明，时过境迁，至今亦难以完全明晰，只能作为历史"传闻"看待而已。那种认定教堂"拍花"、"迷拐"为确凿事实的观点，表面看来结论明确,但推敲起来实缺乏充分而可靠的根据。仅采集特定人员记述的“案犯”在特定情境下的一时之供(或后又翻供)及特定人员一时的证言是不够的,应将多方面的有关材料互相参照,进行综合分析,从整体上来了解把握。此外,应结合现在的情况,对当时“迷拐”在技术上的可能性进行推究。若今日尚无此技术条件,当时实有的可能性也就很小。

至于教方与确实可行的一般性“诱拐”之事的某种联系,则是完全可能的。当年美国驻华公使镂斐迪针对天津教案有关情事即曾披露,鉴于中国人不愿意将幼孩交由教方的育婴堂和孤儿院照管,“这些机构的管理人员,便对那些把幼孩交给他们看管的人,按人头逐个提供一笔钱”[54]。这种变相收买的方法,当然有可能诱使歹徒以可行的方式诱拐儿童向教方出卖而获利。刘海岩在《有关天津教案的几个问题》一文中,把认定“迷拐”为实有的观点指为“荒谬”的同时,又根据史实明确认定,教方“慈善”堂所不只收纳“中国百姓主动送养”的孩子,更“主要靠鼓动教民和教堂中雇佣的中国人四处收领弃婴送入堂中,甚至花钱收买”,“一些教民及社会上的不法之徒为了赚钱,便拐骗幼孩送入堂中”[55]。揆情度理,教方堂所既然为招徕送养者而不惜采取变相收买的方式,对被送儿童的来路也就未必认真查究,有意无意地收纳下被诱拐儿童的事情自不可免,并且有迹象表明,其他地方的教方堂所也存在这种情况。但是,并不能因此即说所谓“迷拐”的事情肯定实有。

还需要强调指出的是,关于教方施行“迷拐”与“折割”的传闻,具有相当密切的连带性,甚至可以说是一条传闻链上的两个套环,在这当中,“迷拐”是手段,“折割”是目的,而“折割”的功用之一,又被说成是为了制造“迷药”供“迷拐”使用,这样两者间即有了某种“循环性”。所谓“折割”制造迷药无疑是荒诞不经之说,而“折割”之事本身则无疑是人能做得到的,只是事实上做没做而已,反倒不像“迷拐”之事本身有无可行性那样暧昧不明。也许正因为如此,当时对“迷拐”与“折割”真相的查究,后者相对容易得到明确结果,故曾国藩到津后能较快地将它判定为虚。[56]而在今天的研究者当中,似乎也无人坚持认为当年教方实有“折割”之举。事实上,教方堂所之所以千方百计地扩充收养员额,主要是为了通过“慈善事业”增加施洗人数,这一方面是其所追求的在华“福音事业”发展的重要指标,同时亦可藉以从来源于西方的“慈善”款项中谋取更大份额以扩充其经费,而绝不是将收养者用以施行“折割”的。既然“折割”之事已判定为虚,如果从它与“迷拐”传闻的密切连带性来看,“迷拐”也就失去了在整条传闻链中的目的性依凭,当然有助于对其认虚。但对此事的根究,当年曾国藩等因故悬置中辍,今人认识上也颇存歧异,这正是本文将“迷拐”、“折割”传闻连带并论而在本节中着重考论“迷拐”环节的缘由所在。

四、传闻解析:诠释津案的要项之一

无论如何,既然有关传闻与天津教案紧密牵缠,那么,尽管其实情还不能全然明晰,但也不妨通过对有关传闻的可能性的解析,来作为诠释津案的要项之一。

关于教堂迷拐人口、挖眼剖心传的传闻,可谓皆无确凿证据,但又事出有因。

追溯起来,这类传闻并非始自天津教案,而是有着深远的历史渊源,起码自明末开始,关于传教士使用迷药、采生折割之类的传闻即已有之。在集明末反洋教言论之大成的《破邪集》[57]中就不乏关于教方用“妖术”制造“迷人”的“油水”,“有入其院者,将油抹其额,人遂痴然顺之”[58];“彼夷残暴,数掠十岁以下小儿烹食之”[59]之类的传闻素材。清朝乾隆年间一度闹得举国鼎沸、骇人听闻的所谓“剪辫妖术”(最终证明其事皆虚)风波中,亦夹杂着关于“迷药”的传闻[60]。这类传闻一直流传下来,甚至魏源在《海国图志》中,还肯定性地征引了前人关于天主教的诸多荒诞不经之说,其中就有关于教方使迷人信教之药,挖华人眼睛用来点铅成银之类的内容[61]。至于当时反洋教宣传品中所载的有关传闻,更是连篇累牍,举不胜举。像咸同之际初刊后来多次重刻的《辟邪纪实》[62]一书即颇为典型,记载了诸多所谓“案证”,有的是自其他书籍和“各路新闻纸”中引录,有的是“见闻”记述。关于“迷拐”情事,就有这样的“案证”:教方教示拐匪“画符在手上,到街上随意向小娃儿们头上一拍,小娃儿们便迷着了,只见前面一线有光,三面都是黑暗”,即随了拐匪走[63]。这与前引二格被拐事例比较,可知在一拍之下登时即“迷”以及“迷”之感觉颇有类似之处。而推敲起来,如此靠“画符”之“妖术”行拐,根本不可能是实有之事,但却记述说这是出自一个拐匪所谓“不可妄扳”的供词。由此联想到天津拐案中的有关“供词”,更可见其并不能作为可靠证据。

总之,沿袭已久而进入晚清以后在反洋教舆论中被大大强化了的这类传闻,对天津教案的发生肯定会产生影响。与该案密切关联的“迷拐”、“折割”之类传闻,决非孤立地生成,而与反洋教传闻长期大范围流布的势态紧密相连。曾国藩向清廷奏报查明天津教案大概情形,其中就“谣言”之事说:“惟此等谣传,不特天津有之,即昔年之湖南、江西,近年之扬州、天门及本省之大名、广平,皆有檄文揭帖,或称教堂拐骗人口,或称教堂挖眼剖心,或称教堂诱污妇女。”[64]外国驻华公使们更具体地断言,《辟邪实录》一书在天津教案时“曾经起过很大的作用”[65]。有外国传教士的著述中则明确认定,天津教案的发生与当时南京反洋教传言有直接关系,说是“反教士运动的头面人物”陈国瑞与江苏布政使梅启照联手,利用制造谣言的手段在南京进行反洋教宣传鼓动,“每天从藩台衙门发出大批小册子,其内容即传教士杀小孩子的骇人新闻”,陈国瑞还雇人以“鸡毛报”(反教招贴上贴有鸡毛,表示十万火急)的方式在街巷进行反教宣传,造成了严重事态,只因当时的两江总督马新贻采取防范措施,才没酿成大的案事,陈国瑞“感到阴谋失败”,于是就逃出南京辗转到天津煽动反教[66]。正是在当时全国范围内反洋教活动风起云涌的形势下,天津教案在诸多因素的促动下爆发了。就其中反洋教传闻的具体诱因而言,起码下述事实很值得注意:

首先是教堂的环境和教方行为方式的诡异反常,引起人们的猜疑。譬如曾国藩在经过“逐细研讯”否定关于教方折割传闻真实性时,就具体分析了生发这种传闻的现实诱因,其所言大致情节为:(1)教堂终年扃闭,过于秘密,莫能窥测底里。(2)到教方场所治病的华人,多有被留不复出或坚不肯归者。(3)教方收纳孤贫甚至疾病将死之人,而所施有关圣事又令教外之人诧异。(4)教堂院落、人员分类而处,甚至有母子终年不一相见者。(5)发生拐案之时,适堂中死人过多,又在夜间掩埋,有的一棺二三尸,又有人见到暴露的烂尸,由是浮言大起[67]。应该说,这一分析是基本符合实际的。疑忌之下,具有特定认知倾向的人们,便很自然地要按照自己的思维定式进行猜测和判断,极易造成杯弓蛇影、市虎成真的舆论情境。特别是上述曾国藩所析的第(5)项事端,对折割传闻来说影响最为直接,且与迷拐传闻联系也尤为紧密。关于此事张光藻也有类似评说:在教案发生前夕风传“各处有迷失幼孩之事”的关头,“有人于黑早见仁慈堂洋人抬小棺埋葬东关义冢地内殆非一次,偶为群犬刨出,见有一棺数尸者,于是津民哗然,谓此必洋人杀害小儿取其心眼,为端午节合药之用,否则奚为一棺而有数尸也”[68]。这也说明关于教方折割的传闻纯系源于疑惑而生的推测。至于教案发生后一度盛传从仁慈堂中搜出坛装幼孩眼睛,也完全是虚妄之事。据说还真有从教方场所搜得的被指证为“皆系婴儿目珠”的两瓶东西,结果经清方官员开验,“见瓶中所盛者,原系西产之圆头葱,腌收以供菹品者也”[69],真不啻笑话。

其实,即使当时就教案之事对中国大肆进行外交讹诈乃至武力威胁的外国方面,也有人在私下里对案事进行了比较细致和理智的分析。譬如美国驻上海总领事西华在一封函件中明确承认,“在中国人当中流行的关于洋人杀害儿童的流言蜚语,也并不是完全没有现象的依据”。其论列的所谓“现象的依据”首先即是:“天主教徒据说对儿童受洗后灵魂得救的效验深信不疑。结果是,他们在幼孩病倒的濒危之际,将其接到他们的育婴堂施行洗礼。这种做法和死亡的频繁发生,支持了人们相信他们需要幼孩躯体供诡秘目的之用的看法。”同时,“天主教育婴堂和孤儿院所遵守的保密制度,或者应该说幽闭状态,引起了人们的许多怀疑”[70]。还有上面述及的当时美国驻华公使镂斐迪所言教方“慈善”堂所变相收买儿童的情事,既然它可能与诱拐儿童之事发生某种实际联系,自然也会成为引起外间疑忌的重要诱因。并且镂斐迪也表示相信,教方“一向惯于利诱人们将病入膏肓的幼孩送到他们那里,藉以达到临终末刻付洗的目的。这样一来,许多奄奄一息的病孩,便被送到这些机构去受洗礼,而抬走后很快就死去”[71]。教方这种做法更增加了外间对其残害人命的猜疑。

当然,有关传闻的生发还有更为深刻的背景性诱因,那就是外国方面惯常的横暴行径,使天津民众乃至官绅蓄积了对侵略者的深仇大恨,形成了厝火积薪之势,一旦有诱燃的火种,顷刻便会烈火熊熊。张光藻追忆津案始末时是这样列举外国人平时的恶行的:“天津自通商以后,百货皆用外国轮船装载”,“轮船进口碰伤民船莫敢究诘,民船偶碰轮船则立擒船户置黑舱中勒赔,修价必厌其所欲”;“本处商民或欠洋人债项,被控到官,勒限三日必还。洋商铺伙有欠本处帐目者,控之则抗不到案,官莫能追”;“有洋人乘马疾驰践踏人命之案,尸亲控县,莫能指名,洋人亦置不理"[72]。如此等等。曾国藩当时在分析有关传闻盛行引发教案的深层原因时也说,平时"凡教中犯案,教士不问是非,曲庇教民,领事亦不问是非,曲庇教士。遇有民教争斗,平民恒曲,教民恒胜。教民势焰益横,平民愤郁愈甚。郁及〔积〕必发,则聚众而群思一逞"[73]。这主要从民教矛盾方面着眼,归根结底也是源于外国方面惯常的横暴非理。甚至像西华这样的外国人当时对有关情况也不能回避,他承认,在华的"外国代表们有时表现出放肆的态度",领事对当地官吏不满时"使用飞扬跋扈的方式","在领事的要求下,炮舰被用来解决争端,(有关华人的)财产被剥夺,还有人被杀头";平时"在外国租界里,欺负性情较温顺的华人是司空见惯的事",人们常看到外国人"在大街上把中国人粗暴地推来搡去,在骑马或驾车时用皮鞭抽打他们","大船和轮船的船主毫不在乎地把本地人的船只撞沉,有时甚至不停下来把不幸遇难的人救起"。这种"粗暴和凶残"使外国人的名誉在"当地政府和人民的心目中大受影响"[74]。西华也是把这作为引起相关传闻和激发天津教案的一个方面的原因来看待的。由此更可证明,外国方面惯常的横暴行径所激发的华人的"仇洋"、"仇教"心理和情感,既是有关传闻的助生剂,也是促使传闻激发教案的内在动因。

这样看来,有关传闻的盛行和天津教案的发生确实不失为当地民众反侵略的激愤之情的一种宣泄。连当时有的外国人也认为,天津教案的发生,是当地民众"对洋人的深恶痛绝突然间冒了出来",并进而分析说:"这些感情有些是深信诱拐传闻的自然结果;但如果以为所有都可以归结于这个根源,那将是一种错觉。很明显,早已怀有但被压抑着的恶感,正在乘机发泄出来。讲老实话说,百姓关于屠杀(外国人)的普遍心情是庆幸,在某些情况下简直是幸灾乐祸。"[75]无论如何,从天津教案和相关传闻所蕴含的反侵略因素看,当然有其正义性和合理性。

但另一方面,我们也不应该否认其中包含着非理性的盲目因素,最典型的表现为对有关传闻缺乏理智的分析判断而盲目信传,推助了群体性的失控行为。当时有外国人评论说,天津教案中民众的暴力行动,"有助于表明无知和迷信可以被谣言煽动到何种狂热的程度"[76]。这显然是站在侵略者自身的立场上发言,但对不实传闻的群体性盲信盲传对教案的直接激发因素,确实也为外国方面借端发难提供了一种口实。曾国藩在针对天津教案发布的《谕天津士民》文告中,一方面对"天津民皆好义,各秉刚气"表示称道,一方面又鉴于其在并未得"迷拐之确证、挖眼之实据"的情况下,"徒凭纷纷谣言,即思一打泄忿"的表现,着重告诫说:"或好义而不明理,或有刚气而无远虑,皆足以偾事而致乱。"[77]这中间固然隐寓着屈从外国而诿过民众的成分,但也不是没有一定的合理性因素,对于诠释天津教案来说,还是有其参考价值的。无可置疑,非理智因素毕竟会有碍于提升反侵略斗争的水平。

注:

① 有关传闻情事,在涉及天津教案的论著中多泛泛言之。刘海岩的《有关天津教案的几个问题》(四川省哲学社会科学学会联合会等编:《近代中国教案研究》,四川省社会科学院出版社 1987 年版,第 224—236 页)文末注⑥明确置论:"至今一些论著中,仍将'迷拐'幼孩当作史实,实为荒谬。"易孟醇在《曾国藩在办理天津教案中的心理矛盾》(《近代史研究》1990 年第 1 期)一文中提及,关于"迷拐"之事,"曾国藩当时完全可以调查审讯清楚"而实际未果,以致"成为历史悬案"。朱东安的《再论天津教案的起因与性质——兼评长篇历史小说〈曾国藩〉津门篇》(《近代史研究》1997 年第 6 期),论述有关传闻最详,其中认定"迷拐"之事确凿无疑。本文观点上与此有所差异,在史料线索等方面则从朱先生大作中有直接受益之处。

② 王斗瞻:《1870 年天津教案》,《近代史资料》1956 年第 4 期。

③ 张荣铮、刘勇强、金懋初点校:《大清律例》,天津古籍出版社 1993 年版,第 452 页。

④《美国驻华公使镂斐迪致美国国务卿斐士函》,《中国近代史资料丛刊续编·清末教案》第 5 册,中华书局 2000 年版,第 2—3 页。

⑤⑥⑨⑪㊽ 张光藻:《同治庚午年津案始末》,《北戍草》"附录",光绪二十三年刊刻本(1930 年的铅印本将此附录删除)。

⑦ 据刘海岩:《有关天津教案的几个问题》一文中所引述,见《近代中国教案研究》,第 227 页。

⑧《山嘉立教士致镂斐迪函》,《中国近代史资料丛刊续编·清末教案》第 5 册,第 22 页。引文中的括

注系原有。

⑩⑭《三口通商大臣崇厚奏报天津教案经过请饬直隶总督曾国藩来津查办折》,《中国近代史资料丛刊续编·清末教案》第1册,中华书局1996年版,第777页。

⑫《张光藻致吴汝纶函》(原无题),《湘乡曾氏文献》第7册,台北,学生书局1965年影印本,第4 467页。该函中还具体说到"武兰珍供教堂内有栅栏门、有凉棚,及到彼验看,并无栅栏、凉棚,情形不符,本难凭信"(《湘乡曾氏文献》第7册,第4 479页)。还需说明,该函末尾没有具名,笔者根据内容考知为张光藻函,有的学者认为是天津道周家勋函,似误。

⑬《美国公使镂裴迪致美国国务卿斐士函》,《中国近代史资料丛刊续编·清末教案》第5册,第3页。

⑮《筹办夷务始末·同治朝》卷72,故宫博物院据内务府手抄本1930年影印,第27页。

⑯ 张光藻在《同治庚午年津案始末》一文(《北戍草》"附录")中曾说:"此案自始至终,做主办理者崇公(指崇厚——引者)也。"这并不符合实际。津案的确是由曾国藩、崇厚等人联同办理的,但崇厚作为驻津大员,对该案的发生比曾国藩更负有直接责任,在案发后不久即以"不能绥靖地方"之咎"交部议处"(《著将崇厚等交部议处等事上谕》同治九年五月二十七日,《中国近代史资料丛刊续编·清末教案》第1册,第781页),虽仍可参与办案,但处于辅助地位。张光藻的说法,是鉴于中方在津案中的屈辱结局,加上他与崇厚关系不协,而寓护曾而讦崇之意。

⑰ 曾国藩:《钦奉谕旨复陈赴津查办夷务折》,《曾国藩全集·奏稿》第12册,岳麓书社1994年版,第6 967—6 968页。

⑱㉑《著直隶总督曾国藩督同博多等将天津教案审明具奏事上谕》(同治九年六月十四日),《中国近代史资料丛刊续编·清末教案》第1册,第803页。

⑲ 曾国藩:《钦奉谕旨复陈赴津查办夷务折》,《曾国藩全集·奏稿》第12册,第6 968页。

⑳《湘乡曾氏文献》第7册,第4 523—4 524页。

㉒㊶ 曾国藩:《复丁日昌》,《曾国藩全集·书信》第10册,岳麓书社1994年版,第7 202页。

㉓ 曾国藩:《复奕䜣等》,《曾国藩全集·书信》第10册,第7 204页。

㉔ 曾国藩六月三日复崇厚函中,有"昨日王三口供已认迷药系神父所授"之言,见《曾国藩全集·书信》第10册,第7 205页。

㉕ 曾国藩:《复奕䜣等》,《曾国藩全集·书信》第10册,第7 208页。

㉖ 曾国藩:《复奕䜣等》,《曾国藩全集·书信》第10册,第7 244页。

㉗《曾国藩全集·日记》第3册,岳麓书社1989年版,第1 763页。

㉘《美国驻上海总领事西华致戴维斯函》,《中国近代史资料丛刊续编·清末教案》第5册,第68页。

㉙ 曾国藩:《复奕䜣等》,《曾国藩全集·书信》第10册,第7 209—7 210页。

㉚ 曾国藩:《复奕䜣等》,《曾国藩全集·书信》第10册,第7 210页。

㉛ 曾国藩:《复奕䜣等》,《曾国藩全集·书信》第10册,第7 214页。

㉜《湘乡曾氏文献》第7册,第4 461页。

㉝㉟《湘乡曾氏文献》第7册,第4 459页。

㉞《湘乡曾氏文献》第7册,第4 460页。

㊱《曾国藩全集·奏稿》第12册,第6 985页所载上谕。

㊲ 曾国藩:《复奕䜣等》,《曾国藩全集·书信》第10册,第7 250页。

㊳ 曾国藩:《复李鸿章》,《曾国藩全集·书信》第10册,第7 215页。

㊴《美驻华公使镂斐迪致美国国务卿斐士函》,《中国近代史资料丛刊续编·清末教案》第5册,第4页。

㊵ 曾国藩:《天津府县解京请敕部从轻定拟并请嗣后各教堂由地方官管辖片》,《曾国藩全集·奏稿》第12册,第7 096页。

㊷ 当时曾国藩致他人函中多置此语,实为一种敷衍表态的套语。

㊸《湘乡曾氏文献》第7册,第4 518页。

㊹ 如中国旧时所谓"蒙汗药",有说即"麻醉药的一种"(见《辞海》合订本1988年版,第1 464页),近年来也有些研究者撰文肯定"蒙汗药"的实有。而西方国家自19世纪40年代就开始有了将乙醚用于临床麻醉的成功技术(参见《中国大百科全书·现代医学》I,中国大百科全书出版社1993年版,第816页)。至于有致幻作用者,当时的中西药中亦皆会有。但是有关药物的制剂、用量、用法、生效时间和作用情形未必能有与所谓拍花"迷药"相合者。另可参见〔美〕孔飞力著,陈兼、刘昶译《叫魂》(上海三联书店1999年版)第226页注①。该注文中引述了现在某些医学人士对旧日传说的"迷药"在成分上的可能性所尝试做出的"纯药物学的解释"。但这种解释对于证明当时那种"迷药"的实有、实用、实效性来说,连解释者自己也认为"是不够的"。

㊺ "中研院"近代史研究所编:《中国近代史资料汇编·教务教案档》第5辑(一),台北,1977年版,第415页。

㊻《筹办夷务始末·同治朝》卷73,第8页。

㊼ 例如,宋晋在奏疏中就有"此次天津滋事,闻因三四月间拍花案多"之语(《筹办夷务始末·同治朝》卷73,第8页)。

㊾ 如被拐者,在此说是一木作铺学徒,前则说是一厨夫子。当然,也不排除厨夫之子在木作铺做学徒的可能。

㊿《筹办夷务始末·同治朝》卷73,第15—16页。

51《筹办夷务始末·同治朝》卷73,第16页。

52 笔者请教过河北医科大学傅绍萱教授等药学专家,还请教过石家庄市戒毒所的艾国利大夫,谨致谢忱。另外,近年曾有大众传媒就是否真有这类"迷药"用于行骗之事作过访谈讨论,大多专家也明确持否定意见。

53 天津教案之后,仍时常发生关涉"迷拐"传闻的教案,如光绪十七年(1891年)的安徽芜湖教案即颇典型。事后证明所谓"迷拐"之说属于讹言。虽屡经证虚,但"迷拐"传闻仍长期迁延不绝,影响颇大。如光绪年间刊行的李虹若《朝市丛载》一书卷7"人事门·拍花"目下,即有"拍花扰害遍京城,药末迷人任横行。多少儿童藏户内,可怜散馆众先生"句(笔者查阅的为首都图书馆藏光绪庚寅京都文光楼藏版重印本)。许多儿童都不敢出门上学,以致塾馆停歇,先生失业,可见"拍花"传闻的影响之大。甚至近年北京、河北等不少地方又时有发生"拍花"的传闻,有关消息还见诸报端,但事后或又辟谣。真真假假,虚虚实实,纷说不一,但推敲起来终归流于传闻,缺乏确凿证据。有关部门则声明,此类案件没有一件得到证实。

54《美国驻华公使镂斐迪致美国国务卿斐士函》,《中国近代史资料丛刊续编·清末教案》第5册,第2页。

55《近代中国教案研究》,第225页。

56 尽管经过天津教案之后,与"迷拐"传闻一样,有关"折割"传闻仍在流传,并继续成为不少教案的激发因素,但最终无一例证实教方"折割"之事真有,相反,都证明属虚妄不实的讹传。

57 笔者查阅的是国家图书馆藏陈垣先生遗赠本,题《圣朝破邪集》,共8卷4册,卷首附有清人杨光先的《请诛邪教疏》,刊刻者及刊刻年份不详。

58 黄廷师:《驱夷直言》,《圣朝破邪集》卷3,第30页。

59 许大受:《圣朝佐辟》,《圣朝破邪集》卷4,第26页。

60 有迹象表明,当时这一传闻生发的一条重要途径,是被逮问的众多所谓施行"妖术"的"案犯"们,在监狱中将这作为"闲聊的一个话题",相互间"风闻旁人闲论,附会其说",而传扬开来。参见孔飞力《叫魂》,第226页正文及注释。

61 见魏源《海国图志》卷27"天主教考"篇,咸丰二年古微堂刊本。

62 作者署名"天下第一伤心人"(其人实姓崔,湖南人)。笔者查阅的是国家图书馆藏同治十年重刻本。

63 天下第一伤心人:《辟邪纪实》卷下,第9页。

⑭ 曾国藩:《查明天津教案大概情形折》,《曾国藩全集·奏稿》第12册,第6 980页。

⑮ 转据吕实强《周汉反教案》,《“中央研究院”近代史研究所集刊》第2期,台北,“中研院”近代史研究所1971年版,第419页。《辟邪实录》一书是紧踵《辟邪纪实》问世的性质类似且同样包含大量传闻的反洋教宣传品。

⑯〔法〕史式徽著、天主教上海教区史料译写组译:《江南传教史》第2卷,上海译文出版社1983年版,第184—186页。对陈国瑞的如此非难与实际情况未必尽然相符,但陈国瑞其人对洋教持仇视态度,与天津教案也确有牵连,故外国方面曾把陈国瑞列为“要犯”,胁迫清方严惩。

⑰ 因原文过长,撮述如上,详见《曾国藩全集·奏稿》第12册,第6 980—6 981页。

⑱ 张光藻:《同治庚午年津案始末》,《北戍草》“附录”。

⑲ 樊国梁:《燕京开教略》下篇,救世堂1905年印行,第54页。

⑳《美国驻上海总领事西华致戴维斯函》,《中国近代史资料丛刊续编·清末教案》第5册,第66页。

㉑《美国驻华公使镂斐迪致美国国务卿斐士函》,《中国近代史资料丛刊续编·清末教案》第5册,第2页。

㉒ 张光藻:《同治庚午年津案始末》,《北戍草》“附录”。

㉓ 曾国藩:《天津府县解京请敕部从轻定拟并请嗣后各教堂由地方官管辖片》,《曾国藩全集·奏稿》第12册,第7 096页。

㉔《美国驻上海总领事西华致戴维斯函》,《中国近代史资料丛刊续编·清末教案》第5册,第57页。

㉕《耶士摩致镂斐迪函》,《中国近代史资料丛刊续编·清末教案》第5册,第35页。耶士摩为美国驻汕头领事。

㉖《美国驻华公使镂斐迪致美国国务卿斐士函》,《中国近代史资料丛刊·清末教案》第5册,第4页。

㉗《曾国藩全集·诗文》,岳麓书社1986年版,第457—458页。

(《近代史研究》2003年第2期)

20 世纪上半叶天津娼业结构述论

江　沛

娼业由来已久,为害极深。娼业是卖淫的组织化与产业化,是奴役妇女的火坑,也是消解社会道德及家庭伦理的毒瘤,其存在始终为主流社会伦理所不容。娼业不仅为女性用肉体与金钱的相互交易提供场所和保护,而且还由此与拐卖妇女、皮条客、黑社会、性犯罪及相关服务行业从业人员①产生关联。可以说,娼业不仅为少数人提供性交易,也是一种社会性产业。娼业的存在,既有人性、社会与经济等方面的诱因,也是历史与观念的惯性使然,故而是一个自古以来难以根除的严重社会问题。对于历届中国政府而言,扼制娼业发展的政策与措施是明确的,但在实施过程中均感极为棘手。

明代建卫后,娼业就在天津随即而生。初在漕运兴盛的三岔口附近,继入商业繁华的南市,后展延至各国租界,成为附着于城市机体上久治不愈的毒瘤之一。受政治、经济等因素影响,天津娼业随着一些重要历史事件的发展呈现出不同的变迁特征,是近代中国娼业变迁的一个缩影,也是考察近代中国社会中边缘群体的典型个案。对此进行研究,当有助于透视这一特殊行业内在的运行规律。

有关这一问题的研究成果不多。目前所见有:刘炎臣所撰《旧社会天津妓院概况》一文,对民国时期天津市特别是日、奥、法、英租界内的中外娼妓情况做了概述②。孙立民所撰《日租界的毒、赌、娼》一文,粗略描述了日租界的娼妓业③。两文未见征引资料,属于介绍性文章。韩国强所撰《旧天津的娼业及取缔经过》,叙述清晰,是较有质量的研究成果④。笔者以为,该文虽未见征引资料,但显然是在有关档案基础上写成的。惜乎该文重在讲述 1949 年之后的娼业改造,对民国时期天津娼业结构、从业人员心态、娼业行规以及其对社会与经济影响等重要问题涉及极少。近年来,有关这一问题的研究渐成气候,北京、上海、武汉、广州等地的学者均对所在城市娼业的兴衰进行了认真分析,显示出娼业作为影响颇大的社会问题正日益受到的广泛关注⑤。

一、公娼业变迁及其构成

从明永乐二年(1404 年)中央政府在天津三岔河口设卫伊始,地处漕运总汇、南北运河交流之地的天津,一时间出现了"晓日三岔口,连樯集万艘"的繁荣景象,运输业及商业的崛起,使南来北往的大量单身男性商贾及码头工人聚集于此。一方面,存在着由长期在外奔波且有经济实力的商人和无力成婚的工人共同构成的单身男性群体,他们有解决生理问题的迫切要求;另一方面,一些贫穷家庭的女性在经济压力下,沦落娼业并成为满足上述男性群体性需求的工具。最早在天津城北临近三岔口的侯家后(今针市街、估衣街、宫南大街、宫北大街一带)地区出现了妓院,并逐渐发展成为规模可观、等级不一的妓院群落。

明清之际,天津城北门外落马湖一带,低等妓女"搭了一些苇席窝铺","开始露天卖淫,很多担筐携篓的小贩、拉车扛脚的苦力等,娶不起老婆,逛不起妓院,就都到这窝铺里来"⑥,落马湖一带渐成远近闻名的低等妓院群。西门外三角地随后也形成了与之相似的低等妓院区⑦。

近代天津公娼业是"和工商业相伴而行的,妓业的变迁完全是以工商业为重心"⑧。1860 年,中国与英法分别签订的《北京条约》规定天津开埠,此后,天津"商业又突然兴旺起来,居然成了华北的商业中心,妓业当然也就愈加发达了"。沿城东南的海河两岸,英、法等九国均建立了各自租界区,"商业中心渐渐移到了毗连租界的南市一带",娼业随之附生,特别是在英租界,妓院日渐兴起⑨。"紫竹林北与侯家后同为金迷纸醉之乡,三百女闾为禁令之所不及"⑩。1900 年庚子之变时,天津 350 余户妓院大部被毁,妓女纷纷逃亡。八国联军士兵“随便穿宅越户，调戏妇女，商民不堪其扰，遂由当时地方士绅提议恢复妓院，建立‘官娼’”。与此同时，由于运河堵塞，漕运锐减，三岔河口地区逐渐萧条，各国租界区却呈现出商业繁荣、人口骤增，治安稳定、环境改善等明显好于华界的发展势头，大批有实力的企业、商业移往租界，许多商人、官宦、士绅之家迁入租界。华界的没落，致使无钱可赚的“侯家后一带的一、二、三等妓院，也大部挪到了‘租界地’及其附近”，南市、中华后、富贵胡同、谦德庄一带成为新的妓院聚集地。清末，日租界内妓院日益增多，法租界有妓院百余户，天津市共有妓院500余户[11]。

由于民初的政治动荡，不少政府要员都在天津各租界内购置房产，意在既可自保同时可遥控北京政局。这些官员及由此衍生的商贾群体对妓女及妓院营业环境的需求是高层次的，一定程度上刺激了天津高等级妓院的快速扩展。“除去侯家后发源地以外，南市一带增加的不在少数，权乐部建自民国三年(1914年)，群英部建自民国八年(1919年)，这就足以证明这一个时期的兴旺啦”[12]。1919年后，裕元、宝成、裕大等较大企业相继成立，毗邻的谦德庄便开始有妓女活动。同时，法租界取缔娼业，将租界内的妓女驱赶出来。谦德庄附近一带渐成妓院新的聚集地。1920—1925年间，天津娼业发展较快。“及到民国十四年(1915年)，庆云部也就开市了，于是南市又增了三十余家的妓户。此外落马湖、三角地、东西坑沿、赵家窑……都增加了不少的妓户，而乡区五所的谦德庄的妓户，也是在这个时期产生的。”1926年，天津市有妓院468家，妓女3 594名[13]。

1930年，天津有妓院571户，妓女2 910人。此时，妓院主要集中在赵家窑、三角地、南市、万德庄、谦德庄、落马湖、侯家后等地。1936年，仅日租界就有公娼200余家，正式上捐的妓女千余人。南市与租界区娼业兴起后，侯家后一带蜕变成为下三等妓院与暗娼的聚集地[14]。

日占时期，日伪政权以繁荣市面为藉口，“提出乐户可随意设立，因此乐户之多，达到了空前绝后的境地”。1938年天津市成立乐户公会时，妓院多达650户。妓女3 050人，在日法租界、德租界及以南地区、旧城北部、东部、南部形成五个乐户区，每个乐户区都设有乐户分会进行管理[15]。1939年夏天的特大水灾中，天津城区2/3被淹，大批妓女迁入国民、惠中、世界、北辰等饭店营业，可以不纳妓女捐。饭店因有了妓女而营业额大增，遂多为她们提供便利。乐户公会提出抗议后，法租界工部局在妓女上捐后容许其继续在饭店内活动。到1943年底，“饭店小姐”达到2 667人。此外，还有千余名游妓暗娼出没于主要商业区的娱乐场所。

抗战结束后，天津市政府明令取缔暗娼，承认合法妓院存在。由于内战爆发引发社会动荡，天津妓院并未增加，1946年反而减至500余户，妓女减至2 500余人[16]。1946年8月和1947年初，天津市政府先后两次下令所有娼妓迁出饭店，一批妓女返回南市一些妓院成为搭住妓女(即卖身的妓女)，不少则成为游妓暗娼。这时，天津市乐户公会提出“先废私娼，再废公娼”的建议，得到了市临时参议会的通过。此后暗娼受到了一定的冲击。1948年12月天津解放前夕，全市有妓女2 100余人[17]。

1950年3月，天津尚有妓院448户，在册妓女减至1 779人，这一数字不包括游妓暗娼[18]。其中1—5级妓院224家，土娼224家。有10年以下历史的158家，10至15年的50家，16至20年的6家，20至30年的3家，32年的1家，还有1家妓院的历史则达36年之久[19]。由此可见，娼业受各方面变化影响较大而风险时存，经营不稳定，淘汰率较高。

近代天津公娼业的构成，过去相关论述较少，关键在于具体资料的匮乏。下面，笔者将对其构成进行分析，以揭示其与社会各个层面间的相互关联。

1950年的调查显示，天津妓院的规模一般不大，低等级者较多。由一名窑主开设的妓院占据绝对多数，两名窑主共开的妓院有31家，三人以上共开的妓院只有两家。妓院所属妓女以1—3名为多，4—6名次之，8名以上者极少。以数名妓女维持妓院生意，成本较小，容易管理。为维持妓院营业，窑主一般都会雇佣些伙友，负责保护妓院、看管妓女和防止其他妓院及流氓滋事。雇佣1—5名伙友的妓院较多，雇佣6—8名伙友的妓院次之，雇佣9—12名伙友的妓院较少。负责妓院内勤事务的老妈，是高等级妓院中不可缺少的从业成员，但有153家妓院没有雇佣老妈，其中多数是妓女较少的低等级或家庭式妓院[20]。

关于天津公娼业的构成，乐户公会曾依妓院财产、妓女数量、经营场地等指标将妓院分为五个等级。一、二等妓院约定俗成地称为“班子”，又称“书寓”，门口常贴着“某某班”或“某某书寓”的牌子。如有新妓女进入，多会在门前贴出海报，上书妓女“某某某今日进班”以为招徕。三等妓院称作“堂”，又称“下处”，老板称“堂主”，门前贴着“某某下处”的字样，既与一、二等妓院区别，也与四、五等妓院区别。四、五等妓院由于条件较差而被称作“窑子”。二等和上三等妓院的内部构成是，由掌班（后称领家）管理账房先生（简称“先生”）、头目和由掌班从小养大后为娼的本班妓女，先生与头目又管理着厨夫、更夫、伙友、跟活的、女佣。这些妓院里还有搭班妓女，她们“是对娼主负有债务的妓女”，窑主除供给其一日三餐外，其余自备，但这种妓女“有分账的权利”㉑。在一元随便、下三等、六角随便这三类妓院里，掌班管理着账房先生和本班妓女，账房先生又管理着跟活的、伙计和更夫。这类妓院里也有搭班妓女。至于四、五等妓院，内部结构就简单多了，“她们被分成若干排，每排有排头一人。至于每排的户数也不相等，有的十二户，有的十五户，排头的地位仿佛是公共的先生，捐项等费完全由排头代纳，并且他还要代写‘店簿子’，这也是下级娼寮一种特殊的组织情形。”有些妓女，“她们自己就是掌班，也就是伙友，所以自己招待游客外，还要管理屋里的一切事务……但是他们的夫、兄、父母，兼做伙友的也有”㉒。

晚清时期，天津妓院只有一等（京班）、二等、上三等（中地界）和下三等（老妈堂）四种。1903 年，曾有一种被称之为“坐排班”的一等妓院，其组织与营业方式均与一般妓院不同，但三年后就消失了。民国初年（1912 年），天津市政府开始征收乐户捐，金额依妓院等级确定。“这样一来，头等妓院里凭空每月加了不少的费用，于是头等妓院为着减轻负捐着想，就争先恐后的自动着改为二等妓院。及至民国十五年的时候，仅仅还有一家头等妓院”㉓。

1930 年的调查显示，天津 571 家妓院中，二等、上三等和一元随便等较高等级妓院有 158 家，低等级妓院有 413 家，资本总额 14696 8 万元。调查还显示，此时天津娼业的经营环境有所改善。二等、上三等和一元随便这三类妓院中，“除去侯家后一部分居住的是平房，其余在南市的差不多都是楼房，房间的设备也很整齐，例如铜铁床、衣柜、镜台、桌椅、几凳、磁器、挂镜……种种家具应有尽有，像是一个中上等家庭光景”。下三等和六角随便与高等妓院设备的差距较大，“在这两等里差不多没有住楼房的，每个妓女只占一小间平房，房里的设备，也不过架着一个板床、一个桌子、两个椅子罢了，其他的陈设，更是付之阙如”。“四等与五等——这两等简直无所谓设备咧，一方面因为这两等的妓女，多是副业经营者，另一方面是因为她们那种经济状况之下，实在谈不上设备。再说她们的房间的面积由四十方尺到六十方尺的大小，高度也不过八尺。我们试想在这种小屋子里，除去三十方尺的土炕，所余的面积，仅余二十方尺的大小，还那能陈设哩？”㉔

20 世纪 20 年代末至 30 年代中期，由于战乱、海河淤塞等原因，天津经济发展状况不佳，嫖客“一般都因着经济的窘促而摒弃了奢华的二等而趋向到最务实的随便制度去啦”㉕，致使二等妓院急剧萎缩，三等以下妓院大量增加。1937—1945 年的日占时期，由于日伪倡立妓户且乐户捐不依等级交纳，致使天津妓院达到前所未有的数量，高等级妓院也大量出现。1946 年后国民政府在津统治的三年中，战乱、社会动荡引发的经济危机使娼业大受打击，妓院数量下降较多，特别是三等妓院与 1942 年相比下降了 2/3。而到 1949 年时，低等级妓院则构成了天津公娼业的主流。

关于 20 世纪 20—40 年代这方面的情况，可参见表 1。

表 1　20 世纪上半叶天津妓院等级与数量沿革

年代	一等	二等	三等	四等	五等	其他	俄、鲜妓	总计
1926	1	114	310	15	28			468
1929	0	37	258①	141	119	10	6	571
1942	180 余	30 余	330 余	20 余	90 余			670 余②
1948	107	51	110	74	73	33		448

资料来源：《天津市妓户妓女调查报告》，天津市档案馆藏档，资料 3－2－8，第 1、7、18 页《本局对天津基本情况、车夫、乞丐、仆役的调查材料》（1949 年），天津市公安局档案馆藏档，14－2－10。

（表中① = 注㉖，② = 注㉗）

二、公娼业人员群体构成

与公娼业直接相关的群体包括妓女、窑主、嫖客、伙友、账房先生、厨夫、更夫、女佣等人员，其中最为重要的是妓女、窑主和嫖客。

作为性工具，妓女是娼业暴利的根本所在。据调查，妓女来源以天津为多，其次是周边诸县，也有少数来自上海、南京、扬州和东三省的妇女。总体说来，外地人多于本市人，农村出身者多于市区，这与民国时期人口由农村流向城市，由经济欠发达地区流向发达地区的规律相符。由于低素质人口在相对发达地区只能从事简单、低级体力劳动，且人口流动无序化，导致有限岗位竞争激烈而就业极度困难，这就为妇女进入性行业准备了充足的人力资源。1930 年的调查显示，在天津 2 910 名妓女中，年龄在 16—25 岁之间者居多，为妓年限在 1—6 年间者占到 82%，受过教育者只有 13 人，能以技术自活者仅 27 人[28]。1950 年的调查结果表明(见表 2)：绝大多数妓女是文盲，在城市被社会边缘化，基本上是为生活所迫进入娼业。这与同期的欧美国家及台湾地区极为相似[29]。妓女的等级一般是以其所在妓院等级而定。妓院等级不同，娼妓群体也呈现出不同特点。妓院等级越高，妓女年龄越轻，一般在 18—25 岁间，几乎全部未婚，从娼年限在 1—5 年内；而在四、五等妓院，妓女年龄较大，26—35 岁间的妓女明显增多，已婚者明显增加，为妓年限在五年以上者比例增加。1930 年和 1950 年的两个调查报告，其结果相差不大，这反映了 20 世纪上半叶天津娼妓年龄构成的稳定性。

表 2　妓女简况表(1950 年 2 月)[30]

妓院等级	妓女数量	年龄			婚姻状况		为妓年限			文化程度			为娼原因			籍贯	
		18—25岁	26—35岁	36—55岁	已婚	未婚	五年以下	六至十年	十年以上	不知	文盲	初小以上	生活所迫	其他	被拐卖	本市	外埠
一	154	130	24		5	149	133	19	2		149	5	149	5		88	66
二	149	113	35	1	19	130	102	31	9	7	143	5	5	60	89		
三	260	179	73	8	32	228	184	45	6	25	256	4	258	1	1	128	132
四	49	22	20	7	20	29	34	12	3		48	1	49			15	34
五	327	175	109	43	138	189	196	88	3	40	323	4	270	1	1	139	188
总计	939	619	261	59	214	725	649	195	23	72	919	20	849	12	7	430	509
百分比	100	65.9	27.8	6.3	22.8	77.2	69.1	20.8	2.5	7.6	97.9	2.1	90.4	1.3	0.7	45.8	54.2

资料来源：《关于天津市妓女改造问题的初步意见及调查材料》(1950 年)，天津市公安局档案馆藏档，3—64—4。

近代天津的妓女，“百分之八十是贫而下水的，其中又以自幼雏养为妓者较多，半途下水的较少，另外又有被欺骗被拐卖的，也有些因丈夫吸毒要钱，不务正业，把妻子押入妓院的，总之都是在迫不得已的情况下当的妓女。”[31]除此之外，“也有极少数一等妓女，因贪图享受而自愿下水的，这类人往往是因家里生活不够富裕，不能使其吃喝玩乐而自动进的妓院”[32]。这一部分妓女把挣取金钱与享受生活放在第一位，自我尊严与伦理意识几乎完全销蚀，凭着姿色与一定的“素质”，“他们往往遇到有钱的官僚资本家，就用手腕拉拢，假意跟人家从良，过些日子把钱搂足，就又藉故脱离，重当妓女，把钱挥霍完毕，就另找一个人。这类人三番五次的出来进去。”[33]

表3　妓院老板情况统计表(1950年2月)

<table>
<tr><td>出　身</td><td colspan="2">工　人</td><td colspan="2">农　民</td><td colspan="2">商　人</td><td colspan="2">不　详</td></tr>
<tr><td>数　量</td><td colspan="2">71</td><td colspan="2">129</td><td colspan="2">71</td><td colspan="2">81</td></tr>
<tr><td>百分比</td><td colspan="2">20.2</td><td colspan="2">36.7</td><td colspan="2">20.2</td><td colspan="2">23.0</td></tr>
<tr><td>文化程度</td><td>文　盲</td><td colspan="2">粗　通</td><td colspan="2">初　小</td><td colspan="2">高　小</td><td>私　塾</td></tr>
<tr><td>数　量</td><td>268</td><td colspan="2">42</td><td colspan="2">19</td><td colspan="2">16</td><td>7</td></tr>
<tr><td>百分比</td><td>76.1</td><td colspan="2">11.9</td><td colspan="2">5.4</td><td colspan="2">4.6</td><td>2.0</td></tr>
<tr><td>党派团体</td><td>国民党</td><td colspan="2">理　门</td><td colspan="2">佛　教</td><td colspan="2">回　教</td><td>安清帮</td></tr>
<tr><td>数　量</td><td>1</td><td colspan="2">3</td><td colspan="2">49</td><td colspan="2">9</td><td>4</td></tr>
<tr><td>百分比</td><td>0.3</td><td colspan="2">0.9</td><td colspan="2">13.9</td><td colspan="2">2.6</td><td>1.1</td></tr>
</table>

资料来源:《关于天津市妓女改造问题的初步意见及调查材料》(1950年),天津市公安局档案馆藏档,3—64—4。

掌管妓院的老板、老鸨,来源比较复杂。1950年2月对352名老板的统计情况显示,籍贯为天津市者142名,占40%。其中有不动产楼房7间以上者6人,有平房1至3间半者5人,有平房4间至14间者有32人,草房1至8间者18人,有灰棚四间者1人,有田地五亩者1人[34]。民国时期,人们一般有钱后均要置买不动产,并将之视为进入富裕阶层的标志。如果以此为标准的话,上述调查材料似反映出,掌管妓院的老板与老鸨们中只有少数一部分人进入了富裕阶层;更多人的财产与生活属于中等或下等,这些老板多数当属落马湖一带家庭式的低等妓院窑主[35]。

以往许多人认为,妓院老板均有一定经济实力。但表3显示,出身工农的妓院老板高达200人,占总数的56.8%,他们多是经营低等妓院的;而文盲占76%。

由于行业的特殊性,为保护自身利益,许多妓院老板或自愿或不得已加入帮会势力以为后盾。日占时期,伪天津乐户总公会长期为具有黑道势力或政治背景的妓院老板掌握。乐户总代表办事处理事长李万友,受军统局忠义普济社第七分社社长李吟梅领导,"另外还有乐户分代表三十余人,他们都在青帮或红帮,在他们领导下,一般窑主领家百分之九十以上也在青红帮"[36]。然而表3却显示,妓院老板有政治背景者极少,只有百分之二多一点。笔者以为,由于这一调查是在天津解放后进行的,不少娼业老板会想方设法隐瞒自己与国民党、黑社会或宗教势力相结合的证据,因此这一调查与前述并不矛盾。

嫖客是娼业收入的主要来源,下面着重对嫖客群体进行分析。长期以来,人们基本认为商娼同生,但笔者以为这只是问题的一个方面,实际上,来自其他阶层的嫖客亦复不少。北洋时期,避居天津的政府要员不在少数,他们中一些人将妓院当做挥霍享乐、相互勾结的场所,这一群体的需要也刺激了高等级妓院的快速扩展。如张作霖从天宝班领出马姓妓女为六姨太太,吉林督军鲍贵卿领出邢姓妓女为姨太太,张宗昌领出了两个妓女做姨太太。张作霖每到天津,必到天宝班与老鸨小李妈打牌,引得一些趋炎附势者奔走于天宝班,企图借小李妈"口角春风"求得一官半职。当然,商人在嫖客中仍占有相当大的比例,在此耗尽家产的商贾大有人在。20年代,以盐商起家的津西杨柳青镇石家,家产据称有500万两银子。后人石耀华在30年代中期常住天宝班,几年功夫即倾家荡产。30年代中期,承接3万元遗产的阚姓男子,因结识名妓李小珠而沉溺烟花柳巷,窑主从中大肆盘剥,3年内阚家财产荡尽[37]。尽管如此,游荡妓院的官员、富贾数量毕竟有限,而娼业的主要猎取对象当是中下层市民,一般商人、小贩、船夫与工人在总的嫖客群体中占据主流。

1950年2月天津市公安局对全市224家妓院不分等级的调查表明,在嫖客群体中,商人占30%,小贩占49%,劳动界(主要是工人)约为21%。但进一步分析表明,嫖客的构成与妓院的构成存在着相关性。在花费较高的一等妓院嫖客群体中,商人高达90%,小贩和劳动界仅各占5%。二等妓院的嫖客群体中,商人与小贩共占85%,劳动界占到15%。三等妓院的嫖客群体中,商人占60%,小贩占25%,劳动界占15%[38]。而侯家后的四、五等妓院,其嫖客主要来源则是船夫、船客和小贩;落马湖地区低级妓院的嫖客,主要是三条石一带的铁路工人。日占时期,一等妓院的常客是日伪政府官员、银行老板、投机商人。他们多"腰缠万贯、挥金如土”,“除了给妓女的钱以外,还要给本院所有的伙友、老妈甚至妓女的三亲六故一些场面钱,只有这样才称得起‘摆阔’,只有这样才能博取妓院、妓女、上下人等的欢心,把钱花到相当大的程度,才可能和妓女住一两次。二三等妓女没有捧牌(意指通过打麻将牌的方式有意捧红某妓女)的,到这来的都是些普通机关职员、商店老板等”。“四五等妓女没有茶客(意指由妓女陪吃茶的人),以‘拉铺’(意指嫖妓)为主,也有住局(意指宿妓)到这来的”,她们接待的多是“脚行、工人、商店学徒等。”1950 年上半年,在天津市公安局第七分局东兴派出所抓获的野合嫖客中,“三轮车夫及小手工业者占 34.6%,小商贩占 15.4%,外埠行商及本市劳苦群众占 50%,由此可知,(野合)嫖客的主要成分是外埠行商及劳苦群众,其他地区虽曾发现有商店经理、职工、机关干部及学生,但为数极少,不是问题的主要部分”[39]。

应看到,抗战结束至 1948 年底,内战使社会秩序相当混乱,物价飞涨,生活艰难,妓院经营较为萧条,有时因“伤兵扰乱,妓院竟日不敢开门”[40]。这造成了去妓院嫖娼的商人、小贩和工人的数量都有不同程度的下降,尽管如此,上述调查表明,中下层市民仍为嫖客群体的重要构成部分。

三、行规及老板对妓女的控制

产生于娼业逐渐发展过程中的行规,基本覆盖了娼业的全部范围。不管它是否符合国家法律,娼业中人多会依此行事,它影响着娼业中人的基本价值判断,是公认的保障娼业正常运行的“法规”。

妓女是公娼业赖以生存的根本所在。妓女的身份一般有三种,一种是童养出身的即“本班妓女”,也称“柜上人”,没有任何的人身自由;第二种是卖身为妓,即“搭班妓女”,或称“有压账的”,她们也不能随便行动,但可以参与分成,其与窑主多有债务关系,并订有合同,由窑主代为还债,约定几年后还清债务;第三种是非卖身“自混”的,即“玩票妓女”,也是搭住性质,但她们与窑主没有债务关系,收入的 50% 左右交给窑主,走留自便,比搭班妓女更自由一些。对于第一、二种妓女,妓院有权处置她的一切事宜,收入分成由窑主说了算。如果出现反抗或逃跑的现象,妓院老板有权对之进行任何处罚,别人无权干涉。对于第三种妓女,窑主一般按约定的合同或行规行事。在关于嫖客问题上,不成文行规是,嫖客可以外带妓女回家,但不准拐带妓女逃跑,一旦发现,妓院就会视情况对嫖客及妓女进行处置。妓院伙友的任务很明确,除了通常的看家护院外,伙友的责任就是护送妓女外出、防止妓女逃跑[41]。

妓女初入娼门时,由主持人将其送交窑主,议妥或押或租或卖的条件及身价。如果是搭班妓女,“窑主照例请放窑账的人过目评价。经同意后,由窑主作保,给该主持人一笔相当的代价,日后此项代价,就完全由该妓女担负,也是照例到区所报捐登记,就可开业”。如果搭班妓女想休业或从良,“这项手续却很简单,只要将债还完,便可自由了。但本班妓女却很困难,休业是绝没有希望的,从良还或许可能,但是她的身价是由娼主任意勒索的,所以本班妓女是最不容易摆脱的。”[42]

妓院老板一般都劝妓女花钱,沉湎其中的妓女,往往会被老板“养成为一辈子也不能反抗的、自甘堕落、任其摆布的摇钱树”。为防止“有些警觉性”的妓女们脱离其控制,老板们想尽办法不让妓女存钱,“很多妓女都不知不觉地上了圈套,终日纸醉金迷,缝衣做饭,外界事物,什么也不知道。如裕德里竹云班妓女杨淑惠,把钱都捧了唱戏的,林素清把钱都贴给情人说:‘我看上了谁,我就把钱都贴给他’。还有些妓女故意摆架子,没钱借债也得摆,如妓女没钱花了,窑主就借给印子钱,嘴头上说:‘花吧,没关系’,实际上越借越多,借的钱都是‘驴打滚’的利,弄得妓女还不起了,只好把自己的身体再押上几年,以致想出也出不来了。这样年轻漂亮的时候好像有百万之富,一旦年老色衰生意萧条,除随身衣服外,什么也不趁,很多妓女从一等降到二等三等,一直到五等,临死时只落一领席。现在落马湖五等妓女中,还有从十五岁干起到现在干了二十六年的老妓女,一无特长,二无亲友,感觉除了当妓女以外,什么也干不了。”[43]

在“软化”妓女同时,老板常常也会施以暴力手段以达到控制妓女的目的。除一些“自混”的妓女因身份独立,生活过得稍好外,大多数“自幼雏养为妓者”生活上是十分痛苦的。妓女进门后一般要拜窑主做干妈或干老,“漂亮妓女,每天除接客外还要陪柜(陪窑主睡觉),生意好的妓女,故意促使其挥霍无度,使其债台高筑,拔不出脚去,对客人的态度冷淡了不行,这是把‘财神爷’往外推,太热了不行,这是想跟客人逃跑。如果陪客人出门,必须让伙友跟随,明是侍奉,暗是监视。犯了院规或是营业不好,就得认打或认罚,认打多用棍棒，没头没脸的乱打一顿，认罚的花样较多，有的让跪香，跪到烧完，有的不让吃饭，有的冬天不让生煤火。还有些个别的更为毒辣，如一区利津里四宝班窑主程孙氏强迫 15 岁的妓女张云芳接美国兵，让四个美国兵轮奸之后还要留一个睡觉。裕德里窑主葛凤亭，把妓女王大俊打成瞎子。三角地领家杨福岭用火筷子烧红烫妓女的胳臂。牛少棠用刀割妓女的鼻子。南市红叶村五凤堂窑主让妓女吃屎。九道湾玉香堂领家田治祥踢打妓女田莲河的阴部至肿胀不能接客等，数不胜数。”[44]

一般而言，妓院各自营业，相安无事。如果妓院相互间有挖二三等妓院当红妓女的情况，只有解决了妓女与窑主的债务关系，妓女才可以“挪店儿”。而四五等妓院的妓女多是包捐性质，迁移到某个妓院的手续较为简单，只要通知排头就可以营业了[45]。妓院间出现什么冲突时，一般都会通过黑社会的关系进行调解。至少在民国期间，没有出现过妓院间较大的摩擦与争斗事件。

关于妓院与黑社会的关系，是众所周知的，两者因为均被“社会边缘化”而相互纠缠在一起。妓院性交易的巨大利润，使黑社会必寄生于其中；妓院性交易游离于法律之外的高风险性，又使其不得不在许多问题上依赖于黑社会的调解与保护。资料表明，娼业很是害怕流氓地痞的骚扰，对散兵游勇嫖娼外加公开抢掠的行径更无力控制，因此，每遇战争，天津妓院关门歇业者明显增加[46]。“九一八”事变后，天津成为日本侵略华北的重要目标，有日本背景的“地痞流氓、白面鬼，组织所谓‘便衣队’袭扰我商民住户”，其中自然少不了对妓院的骚扰。这些都需要窑主通过与黑社会的关系进行调解。天津乐户首领多有黑社会的身份，“一般窑主领家百分之九十以上也在青红帮”[47]。窑主同时具有黑社会的身份，正是社会边缘化产业生存的特征之一。

娼业行规较多，覆盖了娼业经营的所有方面。这是由娼业自视为下层，并采取自我保护的性质所决定的，是娼业自成系统并有别于其他主流行业的基本特征之一，也是娼业社会边缘化的重要特征之一。

四、娼业经营与收支分配

近代天津公娼业的经营状况，一直处于波动中。清光绪二十六年（1900 年）以前，“这种营业正是一种萌芽时期”。在民国成立的 1912 年，此业“大有欣欣向荣的气象”。1914—1919 年间，随着天津经济的快速发展，“工商业日益繁荣，人口也日益增加，正是给这种营业造了一个发达的机会”。较为繁荣的时期是 1920—1925 年间和日本占领时期，而尤其以 1940—1942 年间为最盛[48]。

关于天津公娼业资本额的情况，可参见表 4。

表 4　1930 年初天津公娼业资本额及平均资本额表

	二　等	上三等	一元随便	下三等	六角随便	四　等	五　等	其　他
妓院数量	37	66	55	108	29	141	119	10
资本总额（元）	35 130	22 310	21 827	33 810	4 680	11 255	7 206	1 750
资本均额（元）	950	338	397	313	161	80	61	175

资料来源：《天津市妓户妓女调查报告》，天津市档案馆藏档，资料 3—2—8，第 13 页。

上表中妓院总数为 565 家，资本总额 137 968 元，平均每家妓院资本额为 244.19 元。可见总的看来，天津公娼业都是小本经营，尽管二等妓院的资本额稍多一些。1930 年，天津公娼业中资本总额在 800 元以上的妓院有 20 家，除 3 家属于“一元随便”外，其余 17 家均是二等妓院，最高资本额在 2 000—3 000 元间。但另一方面，这一年二等妓院在总体上出现亏损，其余等级妓院却多数盈利，一元随便与六角随便成为娼业中最大的赢家。这一方面是由于二等妓院开支较为浩大，二来也是由于天津经济发展此时陷入停滞状态，多数嫖客“都因着经济的窘促而摒弃了奢华的二等妓院，趋向到最务实的随便制度去啦”，这种一元和六角随便的营业方式，恰恰迎合了收入窘迫的下层嫖客群体。且“上三等和一元随便两等完全是由二等脱化而来的，而这两等的营业比起二等实在优越得多，所以它的等级虽然稍低，但设备和二等则相差无几”[49]。

税收对于妓院的经营也有相当大的影响。1930 年时，天津市政府为公娼业设立乐户捐。捐税一般分为两种,一种是娼主的捐税叫做"门捐",只有二等和上三等妓院才有,二等的门捐每月 12 元,上三等的门捐每月 6 元。另一种是妓女捐,二等妓女清倌(即生意清淡的妓女)每月 1.5 元,红倌每月 3 元;三等妓女每月 1.5 元,四等每月 1 元,五等每月 0.5 元。一般而言,二等妓女捐由娼主担负,而三等以下妓女捐的承担办法不一,有的完全由窑主负担,有的由妓女全部负担,而由妓女负担2/3、窑主负担1/3 者最多[50]。1943 年后,日伪政权为多得税收,"允许各旅馆饭店游妓,以特等妓女名义公开营业,因此一、二、三等妓院营业受了很大影响,妓女纷纷迁移到旅馆营业,剩下的一等妓女也开始留住客,茶客最多的每天也不过十几个人,普通的三四个人,有的还不开张"[51]。显然,这一时期娼业的经营方式被迫发生了较大变化。

高等级妓院获取收入主要有三个途径。首先是熟客捧场,这是主要营业方式。捧场的熟客多为日伪政府官员、银行经理、投机商人等,他们基本上是每天到场。捧妓女的主要办法就是打牌,又称"捧牌"。当红妓女每隔一天都有一次"捧牌"机会,能抽到很大一笔头钱,且进而能结识更多的客人。普通妓女每周也有一两次"捧牌"机会。其次是靠茶客。当红妓女每天能接待十五六班的茶客,开百来个盘子,一般仅靠茶客,每天每名当红妓女的收入就相当于天津解放后一个一等妓院近半年的收入。普通妓女也能接待四五班茶客,开三四十个盘子。第三,靠住客。当红妓女一般每月有 20 余天的"住局",这类嫖客人数虽少但妓院收入不低。普通妓女视对象与营业好坏而定,一般每月也有十几天的"住局"。而四五等妓院的低等妓女,主要是以"拉铺"为主,也有一些"住局"。不过在一些低等妓院,其经营上往往没有规矩可言,如在庆云后人称"鲇鱼窝"的低等妓院群,从门前经过的单身男人可能被强行拉入,身无钱财者则被剥去衣服以抵嫖资。

天津解放后,妓院不仅数量大为减少,与 1948 年前的经营状况相比,经济效益也大幅度降低;并且,妓院等级越低,效益就越差。根据 1950 年的调查,月收入在万元以下的和 1—2 万元间的妓院分别为 50 家和 85 家(共 135 家),而支出在万元以下的及在 1—2 万元间的则分别为 83 家和 78 家(共 161 家),两者相差 26 家,这间接地反映出在这两类妓院(它们多为妓女较少或家庭式的低等妓院)中,经营状况不佳者较多,特别是收入在万元以下的最低等级的妓院效益最差。另一方面,收入在 2 万元以上的妓院有 84 家,支出在 2 万元以上的则只有 60 家,这说明收入较多的高等妓院,尽管从业人员较多,开支较大,但其中大部分尚有赢利[52]。

妓院内部的收入分成比例,是理解娼业实质及其运转的重要问题。无论是在哪一等妓院里,在窑主的逼迫下,妓女们几乎每天都要为"生计"而痛苦地工作着。其生活极为单调,没有节假日,没有休息的权利。"差不多可以说是昼伏夜动。普通没有住客的时候,也总是十二点以后才能休息,但是留有住客的时候,那就说不定要到什么时候才能就寝。"[53]此外,窑主常常利用嫖客迷恋上某一妓女的机会,指使妓女讲排场,如摆牌局邀请朋友聚赌从中抽头,或摆饭局窑主承包吃喝,甚至唆使妓女向嫖客要钱要物,以便从中盘剥。与以往认识有所不同的是,妓女在妓院经营中的核心作用决定了天津市的公娼业经济分成在一定程度上遵循着已有的行规,而不完全是任由窑主进行分配。

在日占时期,不管是哪类妓院,如果妓女是"自混"或柜上批账式的,则按约定与妓院分成。一、二等妓院一般由妓女、老板、伙友参与分账,比例是6: 3: 1;三等妓院的批账比例一般是 4: 4: 2;这些妓院的煤、火、水、电等开支由妓院负责,自己负责饮食。在四、五等妓院,如果妓院管饭的话,妓女与柜上对半劈账,伙友另向嫖客要钱;如果妓院不管饭的话,妓女、老板、伙友按三大堆分账;但也有柜上要七成、妓女得三成,伙友向嫖客要钱的分成方式[54]。如果是本班妓女,则其全部收入均要上缴领家,领家负责妓女全部的生活,至于金钱的分配,领家一般是不给本班妓女的[55]。在民国时期的其他阶段,尽管情况可能有所不同,但分成的大致格局并无变化。显然,在这一分成行规中,搭班妓女的收入分成比例较高,妓院老板收入一般没有妓女高,这是与以往认识有所不同之处。

如表 5 所示,在 1950 年初不分妓院等级的统计中,妓女所得占总收入的 40%—60%之间,伙友所得在 10%—33%之间,妓院所得在 25%—50%之间。这一调查显示的情况与前述日占时期妓院分成惯例没有太大变化。

表 5　妓院各类人员经济收入分账表(1950 年 2 月)

妓女收入	33%	40%	45%	50%	51%	56%	60%	分下钱	自混不分	
人数	1	46	9	82	14	6	57	1	6	
伙友收入	10%	15%	18%	20%	25%	33%	分下钱	–	–	–
人数	47	14	6	68	32	1	54	–	–	–
柜上	25%	26%	28%	30%	33%	35%	40%	50%	分下钱	掌班代妓女
人数	35	6	14	48	1	2	76	33	1	6

资料来源:《关于天津市妓女改造问题的初步意见及调查材料》(1950 年),天津市公安局档案馆藏档,3—64—4。

民国以来特别是日伪时期,由于妓院营业状况普遍较好,妓女的收入增加,所以一般的妓女都有比较优裕的物质生活。“如南市等地一等妓女在妓院里都被称作姑娘,有的派头大的连姑娘也不让叫,而叫‘姑’。每个姑娘都有一个老妈侍候,讲究的有两个,一个管粗活,一个管细活,饭食一般的是大米白面,四菜一汤,但大部分都懒得吃,而另外叫饭或陪客人吃酒席,出门都有包月车或陪客人坐汽车,穿衣服每个妓女春夏秋冬都有几套,红妓女有很多熟客给做,差不多每天一套,屋子里经常洒香水,客人多的妓女经常占着两三间屋子。至于二、三、四、五等妓女,也都是吃大米白面,但没有老妈单另侍候,而是全院伙用几个老妈或伙友,出门没有包车。”[56]

1930 年各类妓女的收支情况如下:

表 6　各等妓女月均收支比较表(1930 年)　　单位:元

	二　等	上三等	一元随便	下三等	六角随便	四　等	五　等	平　均
收　入	33. 31	34. 84	36. 1	23. 63	26. 7	18. 96	19. 68	26. 48
支　出	42. 52	29. 89	28. 65	21. 43	22. 36	21. 25	21. 29	25. 29
盈　利		4. 95	7. 45	2. 2	4. 34	–	–	1. 19
亏　损	9. 21	–	–	–	–	2. 29	1. 61	–

资料来源:《天津市妓户妓女调查报告》,天津市档案馆藏,资料 3—2—8,第 28 页。

由上表可知,20 世纪二三十年代的天津娼业,除了二、四、五等的妓女外,其余几等妓女均可以做到每月盈利,其中又以“一元随便”等级的妓女盈利最多。这一时期由于天津经济不景气,开支浩大的二等妓院在经营上连年出现亏损,二等妓女自然不可能盈利。而支撑四、五等妓院的嫖客主体贫苦工人和市民,此时更没有多少钱出入此地,致使四、五等妓女入不敷出,只能惨淡维持。

这里,笔者以当时位于罗斯福路(今和平路)上有名的竹云书寓和云凤书寓两家一等妓院为例,来分析一下天津娼业改造前高等级妓院的经营状况。

竹云书寓共有妓女 3 名(老大、老二、老九),妓院由 4 个掌柜共同经营,雇有伙友 5 人、老妈 3 人。据 1949 年 4 月 11 日至 21 日对该妓院经营状况的统计,3 名妓女共接待住客 24 人次,茶客 203 人次,3 名妓女中高者每日收入 4 290 元,低者也有 2 036 元,11 天内 3 人总收入 105 200 元(折合小米 7 364 斤),而每月收入可达 286 890 元[57]。本来,依妓业办事处公议价格,茶客每起 200 元,住客每起 600 元,但在竹云公寓,实际上茶客每起为 400 元,住客每起为 1 000 元,妓院实际收入要比规定收入多出近 1 倍。

云凤书寓则有 5 名妓女,1949 年 2 月 15 日至 3 月 15 日一个月内,她们共接待茶客 577 人次,住客 93 人次,收入达到 342 400 元,折合小米应为 28 533 斤,亦比规定收入多出 1 倍[58]。

近代天津的妓女,虽然整体收入较多,但支出也颇不算少。竹云书寓当红妓女“老大”,10 天招待茶客

98 次，每次用 60 元的香烟，60 元的糖果瓜子，加其他开支共需 11 760 元；招待熟客及临时摆场面，约需花费 26 707 元；两项共计 38 467 元。10 天收入 47 200 元，除去开支共余 8 733 元；若每月按 30 天计，照此算来，则每月剩余 26 220 元。此外，妓女还有一笔较大的开支——化妆品，据调查，竹云书寓的妓女，“每人每月两瓶雪花膏，合 400 元，唇膏一瓶 300 元，粉一盒 300 元，油 100 元，洗发四次 400 元，绣花鞋四双 2 800 元，丝袜每双 700 元，穿一星期，月需 2 800 元。以上花费合计起来是 6 700—6 600 元(引者注：原文如此，若照上述各项合计应为 7 100 元)，如果买上等货数目还要超过此数，其他衣料零花钱均未在内”[59]。此外，再加上家庭负担等种种原因，绝大多数妓女均负有债务。据 1930 年的调查，二等妓女负债率为 54.75%，其余各等妓女负债率均为 73.75%，平均为 79.42%，差不多 10 个妓女中有 8 个都负债。她们的债务一般分为利息钱、印子钱和押账三种[60]。就负债额而言，五等妓女平均负债额最小为 96.86 元，最多者二等妓女平均 420.78 元。在 30 年代初，100 元相当于一个工人 4—5 个月的工资。由于还债能力的缘故，等级越高的妓女利率越低，而低等级妓女的利率较高，四五等妓女的借债利率竟高达 7.5 分至 15 分之间。在 1930 年，妓女群体的债务共计 430 372 元，以 5.1 分利率计算，每月利息就有 21 948.97 元之多。显然，妓女的负债额和负债率均相当的高。“她们不能脱离苦海的原因，也就是因为债利的纠缠”[61]。

五、暗娼业的若干特征

与公娼业相比，暗娼在运作方式上有其独特之处，如以自住房屋为营业场所，相比于公娼，暗娼收费较低。

游妓暗娼的问题由来已久。晚清时期天津的暗娼，既有贫穷夫妇所为，也有无力维持生活的年轻女性所为。民国成立后，由于收取乐户捐，加上南市繁荣后，侯家后一带“日渐萧条得几乎不能支持”，“一般投机分子就改做暗娼制度”了，而侯家后的暗娼多数是从二等或下三等妓院退化而来的。这样，暗娼数量逐渐增长[62]。

1939 年，由于遭遇大水，天津市区 2/3 地区被淹，法租界临近繁华商业区的各大饭店，成为妓女新的营业场所。“野妓分布各大饭店之内，不纳捐而公开卖淫，牌饭局无日无之，且能开灯供客，其声势之喧赫，并不弱于六大部之公娼，声势最大者，如世界饭店、巴黎饭店、国民饭店、惠中饭店、交通旅馆，其次为伦敦饭店、孚中饭店及长发栈、中和栈、中华旅社等处。几于每日廿四小时之内，游客常满，笙歌嗷嘈，殆为野妓之全盛时期”。这一新的营业方式，冲击了旧有妓院的营业方式，引起天津乐户公会的抗议。但法租界工部局下令“饭店小姐”上捐后可以继续营业，到 1943 年底，“饭店小姐”达到 2 600 余人。此外，还有千余名游妓暗娼出没于主要商业区的娱乐场所。实际上所谓“饭店小姐”与暗娼并无多大区别。

抗战结束后，美军登陆天津，不少暗娼游走于各大饭店，公开服务于美军士兵，人称“吉卜赛女郎”；一些野妓在酒吧里寻找生意，人称“酒吧女郎”。由于性病传染太多，美军宪兵不得不在一些饭店门前悬挂“禁止入内”的字样，还在不少野妓集中的街道贴上英文“禁止入内”的字样[63]。1947 年 4 月的官方统计称，“仅交通、惠中等九家旅店即有 1 000 余游妓”[64]。随后，天津市政府采取“寓禁于征”的方针，将不少暗娼纳入南市公娼中，暗娼数量大幅度减少。

总之，暗娼来源较为复杂，不少人原来就出身妓女，一般而言，做暗娼多是无力经营公娼且又无力以其他方式谋生者的无奈之举，也有好吃懒做的男性专以其妻、女为谋生手段者。多数人沦为暗娼则与其经济状况不佳关系较大。据 1950 年的调查资料，其基本情况及从业原因如表 7 所示。

不可否认，只要放下伦理道德的约束，视贞操如无物，相对而言，从事娼业的收入来得较快且明显较高，这是娼业得以存在且屡禁不止的根本原因。1952 年的调查表明，游妓暗娼们的收入，“少的每次五六千，多的二三万元甚至有十几万元的，每人每天可搞三五次，多至七八次，实际收入她们每日可收入三五万元(一般的，有的还要多)”。“她们的生活是非常浪费的，服装华丽，饮食也经常是酒肉”。以清音演员为掩护的暗娼，“她们正当的收入在三四千元，好的在五六千元，她们多是坐三轮车，吃好的、穿好的，主要是点歌片，可收入两万元左右”。有一部分暗娼“淫靡成性，不安于正常生活而追求腐化豪华的生活”[65]。在 1949 年，天津市民月平均收入只有 39.7 万元左右，1952 年时才增至 45.4 万元[66]。巨大的利益反差、淡漠的伦理观念、浮华的生活习惯以及无法融入主流社会的自卑情结等，是不少妓女不愿放弃暗娼活动、对人生前途漠然的原因。

表 7　天津市游妓暗娼基本状况调查统计

出身状况	妓女	歌舞女	清音演员	女招待	游妓暗娼	家庭妇女	其他
	201	23	16	11	27	33	102
婚姻状况	已婚	姘居	杂婚[③]	未婚	-	-	-
	91	98	57	167	-	-	-
流入原因	被迫	不详	生活困难	腐化	-	-	-
	21	56	234	102	-	-	-
思想情况	"混的"	想转业	比较进步	落后	不计	-	-
	59	106	40	145	63	-	-
掩护职业	清音	歌舞女	以夫掩护	短工	无掩护	其他	不详
	114	9	2	29	87	18	154
操纵势力	领家	丈夫	亲属	有人	无人	不计	-
	5	24	59	25	114	186	-

资料来源：《关于天津妓女改造的初步意见及调查材料》(1950 年)，天津市公安局档案馆藏档，3—64—4。

(表中③ = 注㊼)

由于暗娼游妓多属地下活动，了解其数量及营业方式较为困难。据 1950 年 7 月的不完全统计，天津市六区内，1949 年初有暗娼 21 户，游妓 12 名；1949 年底有暗娼 13 户，游妓活动暂时停顿；1950 年 7 月有暗娼 14 户，游妓 17 名[68]。1950 年 11 月，全市约有游妓暗娼 540 余名。1952 年 11 月的不完全统计表明，天津市仍有游妓暗娼 370 余名，"但连其负担家属生活在内，仍约有七百多名"[69]。

天津暗娼活动没有特别明显的规律。有时由一名妓女站在门前勾引客人，另一名在内卖淫，也有时暗娼门前不站人拉客，而由"跑合"的给拉客。"跑合"一般是专门以此为生的流氓、伙友、卖银元、擦皮鞋、卖黑票及其他无正当职业的人，三轮车夫也是主要的"跑合"人。他们与暗娼一般按三七分账，也有的按四六分账。除此之外，有的是旅馆茶房代客招妓，有的由领家介绍客人，有的游妓暗娼带着孩子作掩护，也有的带上书包或装成家庭妇女，在商业繁华地区公开讲价，或以问路、借火搭话寻找嫖客[70]。

以清音演员身份为掩护的游妓暗娼，以清唱为名，实质上以卖淫为主业。她们寻找嫖客方式的第一步是"点歌片"(又称"点活"，即点节目)。通过"点歌片"，艺员和客人接近，双方可以讲价，有时清音艺员在台上公开对客人露骨调戏后由"写活的"从中介绍找到客人。吃饭、买东西是清音演员卖淫前的第二步。在"写活的"从中串通后，双方外出购物、吃饭，然后在旅馆等地野合。据称，清音演员的卖淫占游妓暗娼活动中的很大部分[71]。

有一部分舞女也兼做卖淫生意。她们为数不多，但相对而言均有一定的文化层次，接触的也多是巨商富贾。为躲避检查和他人注意，"她们多是和客人到北京、北戴河、青岛等地以旅行为名去野合或在本市的泰来、利顺德等高级饭店去野合，收入也是高达五十万或百万元的"[72]。

游妓多是零星、分散的行动。她们一般晚上出来，在马路、河沿、花园、转子房(专门出租给游妓用于性交易的房屋)、舞厅、旅馆等处拉客，或由"跑合"的给拉客，然后在旅馆、澡堂、转子房及自家住宅从事性交易。1952 年的一次调查称，游妓"一部是在自己家里，一部是在旅馆及转子房中"，如"海拉乐派出所管界内十九个旅馆(除广兴不招娼宿外)，凡住有游妓、清音者，均有卖淫活动，如北辰、元兴、美丽、美蝶、金华、三源、振源等旅馆均甚严重。"[73]一些大饭店也成为藏污纳垢之处，如有名的惠中饭店即私留游妓，"得旅馆房间负责人的许可，在旅馆内大事活跃"。"他们这种行为是经常有的，妓女所得的全价是以三七或四六批成，有时男方也可或多或少的给一些小费。”[74]

一般而言,“除少数的游妓因生活困难而操此业外,多数仍是受着封建残余的操纵”。有的受领家操纵,有的是受青帮分子控制。青帮分子“不劳动而指女人吃,叫女人卖淫来供其享受”,他们“名义上是夫妻,实际上是姘靠”;有的是受制于琴师和写活的,这主要是清音演员中的游妓暗娼[75]。

从嫖客构成来看,档次稍高一些的游妓与暗娼,其嫖客多系“银行经理职员、贸易公司经理职员、洋行经理职员等”,中等的多接待“船上水手、商店店员、个别的学生等”,下等游妓暗娼多是“蹬三轮的、拉煤车的、码头运输工人等”[76]。嫖客中有80%是已婚者,不少夫妻因此反目成仇,一些家庭因此而妻离子散。据说,在游妓的勾引下,有一个刚结婚20余天的嫖客即向派出所提出离婚申请[77]。

六、余论

有关娼业的解释历来多种多样,有弗洛伊德的能量冲动与释放理论,有精神病学或心理学的病态理论,有道德主义的道德缺陷理论,有戴维斯(K. Davies)功能主义理论的性欲补偿说,有法里斯(Faris)文化传递理论的社会环境影响说。但更多的学者则以社会学和经济学理论予以解释,认为贫困、男女地位不平等、妇女就业机会有限、同工不同酬等,都是娼业存在的基础。笔者认为,20世纪上半叶天津娼业的发展,与此时天津社会经济结构的变动有着明显的因果关系。这一时期,经济与社会变动较大,人口流动频繁,性别比例严重失调(见表8)。人口学理论认为,男女性别比如果过高,就会带来一系列的社会问题,特别是性犯罪数量就会激增,嫖娼行为也会大大增加[78]。显然,娼业的兴与衰,首先是一个经济与社会的问题其次才是一个道德问题。

表8 20世纪前半叶天津市人口及性别比例表

年　份	人口总数	性别比例	年　份	人口总数	性别比例
1903	326 552	151	1906	356 503	141
1917	720 000	150	1925	1 070 000	161
1928	1 391 722	164	1933	903 507	145
1938	1 176 430	141	1940	1 274 792	138
1942	1 426 098	143	1944	1 800 039	146
1945	1 759 513	143	1947	1 710 910	137
1948	1 860 818	141	1950	1 755 095	127

资料来源:〔日〕中国驻屯军司令部编:《二十世纪初的天津概况》,天津市地方史志编修委员会总编辑室1986年编印,第16页;《天津社会局统计汇刊》,1931年版;《天津市自治调查》,百城书局1934年版;《国民政府社会部档案》,12—6—17463,中国第二历史档案馆藏;《天津市政府工作概况》(1945年度),《天津市统计总报告》(1947年12月),《天津市民政局工作报告》(1947年5月),均藏于天津市档案馆;天津丛刊编辑委员会编:《天津市两年新设施》,天津市政府秘书处1948年版,第3—4页;《天津市政府工作报告》(1945年度),天津市政府1946年版;天津市人口普查办公室编:《天津市人口统计资料汇编(1949—1983)》,南开大学出版社1986年版,第69页。

比如,仅以腐朽思想及奢靡腐化生活方式的道德化解释,难以完整理解这一时期嫖客群体的真实生活与心理状况。对于当时众多的男性市民而言,他们在及时行乐的动机下进行嫖娼活动,固然与其道德伦理意识的缺失有关,但除此之外,也应认识到流动群体中长期单身者、贫穷阶层中无力娶妻者的生理和心理需求。外埠来津经商者是嫖客的主体之一,依性社会学的理论进行解释,除了他们“在旧社会里养成的习惯是不管生意如何,在作客期间,‘吃喝玩乐’是首要任务”[79]的因素外,长期单身在外的男性有性能量释放的需求,好奇、冒险、对性反常行为的兴趣及寻花问柳的念头也是一个原因。在传统礼教压抑下,女性在性生活中多处于客体状态,合法性伴侣的面目丑陋、性格不合与性生活的长期不和谐等,也会使男性产生嫖妓的冲动。出于性交易的目的,妓女可以表现出强烈的性主体倾向,这在一定程度上满足了嫖客的猎奇心理,也使妓女成为男性意念上的替身。此外,妓女不仅满足了嫖客的性欲,有时在某种程度上也满足了他们寻求人际关系的亲近、关心和证实自我价值的愿望。这在一定程度上也可以解释嫖客中的相当大部分来自社会中下层的原因。1950 年的调查指称,生活贫苦的市民在嫖客群体中占有不小的比例,是由于"有部分无力结婚者,生理上有着迫切要求,又没有很好的政治修养来克服"所致。但该调查也承认,拥有 180 万人口和大小 5 000 座工厂的工商业城市天津,有数以十万计的生活贫苦、处于青春期和婚龄期的产业工人和店员职工,他们"要求娱乐和消遣,然而仅仅有一七七个娱乐场所和少数的公园,不能满足劳累了的工人、店员们的精神需要,促进了性欲的苦闷"[80],这是他们常常光顾低等妓院的重要原因之一。这个调查报告触及的嫖客群体构成及其思想动态发人深思。

就天津而言,娼业的地域性特点较为明显。一般说来,经营娼业者要有与治安管理部门、黑社会势力协调关系的能力,所以娼业人员特别是窑主多为当地人士,他们运用特殊的关系网罗贿赂治安管理人员、协调黑社会势力,以保护自身的利益与安全。娼业的经营地点一般位于商业繁荣区域或其附近,但如有特殊的渠道或固定嫖客,也可能选择远离繁荣地带甚至远离市区的地方从事性交易,如天津侯家后及落马湖地区的低等级妓院都是在旧城外。因此,娼业的隐与显与管理强度很有关系,凡是管理严格时期,娼业都会出现明显的衰败迹象,凡是管理放松时期,娼业都会呈现泛滥之势。从 20 世纪上半叶天津娼业的变迁来看,作为完全消费性产业的娼业,是附着于经济发展的寄生物,其与经济发展呈现正比例关系。总而言之,彻底禁止嫖娼活动不太现实,较为切实的目标应该是如何最大限度地限制其泛滥。而实现这一目标的前提,则是尽量客观而不是纯粹从道德角度去认识娼业的内在结构与活动规律,这是历史赋予我们的启示。

注:

① 一些一、二等妓院内,设有杂货铺、水果店、饭店等服务性店铺,一般由妓院的老板、掌班、账房、伙友等经营;妓院门前及附近,更是附生着饭馆、麻将馆、浴池等服务性行业。这些店铺的顾客主要是来来往往的嫖客。

② 中国人民政治协商会议天津市委员会文史资料研究委员会编:《天津文史资料选辑》1996 年第 2 辑(总第 70 辑),天津人民出版社 1996 年版。

③ 中国人民政治协商会议天津市委员会文史资料研究委员会编:《天津文史资料选辑》1997 年第 3 辑(总第 75 辑),天津人民出版社 1997 年版。

④ 中共天津市委党史资料征集委员会、天津市公安局编:《难忘的岁月——天津市解放初期社会治理纪实》,中共党史出版社 1994 年版。

⑤ 近年来此类研究成果主要有孙国群著:《旧上海娼妓秘史》,河南人民出版社 1988 年版;单光鼐著:《中国娼妓:过去与现在》,法律出版社 1995 年版,文史精华编辑部编:《近代中国娼妓史料》,河北人民出版社 1997 年版;以及张百华:《中国城市早期现代化进程中的娼妓问题》,《史学月刊》1999 年第 1 期。国外学者则有 Gail Hershatter, *Dangerous Pleasures: Prostitution and Modernity in Twentieth-Century Shanghai* (University of California Perss, 1999)等。

⑥⑦⑪⑮⑯⑲⑳㉛㉜㉝㊱㊳㊵㊸㊹㊻㊼[51][52][54][56][74]《关于天津市妓女改造问题的初步意见及调查材料》(1950 年),3—64—4,天津市公安局档案馆藏(以下凡天津市公安局档案馆档案不再注明藏所)。

⑧《天津市妓户妓女调查报告》,天津市社会局 1930 年编印,天津市档案馆藏,资料 3—2—8,第 5 页。

⑨《天津市妓户妓女调查报告》,天津市档案馆藏,资料 3—2—8,第 4 页。

⑩《津水双鳞》,《申报》光绪十七年七月初八(1891 年 8 月 12 日)。

⑫《天津市妓户妓女调查报告》,天津市档案馆藏,资料 3—2—8,第 16 页。

⑬《天津市妓户妓女调查报告》,天津市档案馆藏,资料 3—2—8,第 17、26 页。

⑭《天津市妓户妓女调查报告》,天津市档案馆藏,资料 3—2—8,第 1、7 页。

⑰《本局对天津基本情况妓院、车夫、乞丐、仆役的调查材料》(1949 年),14—2—10。

⑱ 天津解放时对妓院数量统计口径不一,故有 560 户(包括土娼)、366 户(不包括土娼)的不同数字。参见《关于天津市妓女改造问题的初步意见及调查材料》(1950 年),3—64—4。

㉑㉕㊶㊺《天津市妓户妓女调查报告》,天津市档案馆藏,资料3—2—8,第21页。

㉒《天津市妓户妓女调查报告》,天津市档案馆藏,资料3—2—8,第12—13页。

㉓�《天津市妓户妓女调查报告》,天津市档案馆藏,资料3—2—8,第10页。

㉔《天津市妓户妓女调查报告》,天津市档案馆藏,资料3—2—8,第15—16页。

㉖ 其中,上三等66家,一元随便55家,下三等108家,六角随便29家。

㉗ “670余”是原调查报告的统计数字。

㉘《天津市妓户妓女调查报告》,天津市档案馆藏,资料3—2—8,第1、37、40页。

㉙ 杨国枢、叶启政主编:《台湾的社会问题》,台北,巨流图书公司1985年版,第565—566页。

㉚ 本表“为娼原因”栏中,第二、五等妓女人数合计与该次调查所统计的第二、五等妓女总数不符,但原档案如此。

㉞《关于天津市妓女改造问题的初步意见及调查材料》(1950年),3—64—4。此调查报告没有显示这些人中是否有人同时拥有两项以上的不动产。

㉟ 需要说明的是,上述调查是在天津解放后不久进行的,考虑到当时的政治形势,调查结果很可能并不准确,如妓院老板自有房屋之少即令人怀疑。此外,即便没有房产,也还可能有其他财产“故上述调查似并未全面反映妓院老板的财产情况”。

㊲ 周恩玉:《解放前的天津南市概况》,《天津文史资料选辑》第33辑,天津人民出版社1985年版,第239—242页。

㊴《本局关于游妓、暗娼、清音调查材料》(1952年),14—65—58。

㊷㊺《天津市妓户妓女调查报告》,天津市档案馆藏,资料3—2—8,第23页。

㊽《天津市妓户妓女调查报告》,天津市档案馆藏,资料3—2—8,第16页。

㊾《天津市妓户妓女调查报告》,天津市档案馆藏,资料3—2—8,第21、15页。

㊿《天津市妓户妓女调查报告》,天津市档案馆藏,资料3—2—8,第22页。

(53)《天津市妓户妓女调查报告》,天津市档案馆藏,资料3—2—8,第27页。

(57)(58)(59)《本局对天津基本情况妓院、车夫、乞丐、仆役的调查材料》(1949年),14—2—10。

(60) 纯由利息产生的债务称为利息钱,由妓女完全承担。押账的性质与利息钱相同,不过这项利息由窑主负担。印子钱是用整借零还的办法借的钱(如借100元,每天还1元,120天还完,利息20元),亦由妓女自己负担。

(61)《天津市妓户妓女调查报告》,天津市档案馆藏,资料3—2—8,第29—34页。

(63)(68)(76)《本局关于游妓暗娼的调查报告》(1950年),12—65—30。

(64)《天津市解放前后妓女情况资料》(1957年12月5日);天津市档案馆等:《解放初期天津市政府取缔妓院的一组史料》,《天津档案史料》1999年第1期。

(65)(69)(70)(71)(72)(73)(75)(79)(80)《本局关于游妓、暗娼、清音调查材料》(1952年),14—65—58。

(66) 据《城市居民家庭基本情况》推算,见《天津市城市居民生活及物价调查资料汇编》(1949—1989),天津市城市社会经济调查队1990年编印,第26—27页。此材料使用元为单位,可能是依照此后的标准进行了换算,此时天津物价均是以旧人民币为单位计算的,旧人民币1万元等于新人民币1元。

(67) 意指同时与几个男子有事实婚姻关系。

(68)《本局关于游妓暗娼的调查报告》(1950年),12—65—30。

(77) 韩国强:《旧天津的娼业及取缔经过》,《难忘的岁月———天津市解放初期社会治理纪实》,第309页。

(78) 刘长茂主编、张纯元副主编:《人口结构学》,中国人口出版社1991年版,第17—18页。

(《近代史研究》2003年第2期)

关于天津区域文化形象的思考

陆桂敏　高　展

先进文化是人类文明进步的结晶,又是推动人类文明进步的巨大动力,它顺应历史潮流,反映时代精神,代表社会发展方向,体现人民群众的根本利益。发展先进文化,就是要发展面向现代化、面向世界、面向未来的民族的、科学的、大众的社会主义文化。我们要以"三个代表"的重要思想统领有中国特色的社会主义文化建设,坚持与时俱进,全面推进社会经济的发展。天津作为我国四大直辖市之一,如何以发展先进文化为契机,发展天津经济,实现市委、市政府提出的三步走的战略目标,这是摆在我们面前的一个重要课题。借鉴别国与其他城市的发展经验,结合天津的实际情况,笔者认为,塑造良好的、代表先进文化发展方向的天津区域文化形象,可以成为带动天津经济发展的一个新亮点。

区域文化形象集中体现了一个城市或地区所蕴含的文化精神,能够对该区域经济发展产生重大影响。区域文化形象就是要通过形象来表达该区域的文化内涵,也就是要通过挖掘该区域自然、文化、历史的内质给区域以文化形象上的准确定位。一个地区如果能树立定位恰当的良好文化形象,那么,对内可以增强城市的凝聚力,带动相关文化产业的振兴,有利于城市社会的全面进步与经济的全面发展;对外可以增强城市的吸引力、竞争力,提高知名度,促进城市社会经济的发展。区域文化形象还是该区域的无形资产,一个区域的文化特色被人们认可、区域文化形象树立之后,区域就会在人们心目中留下良好的印象,从而也会带来一连串连锁效应,促进区域自身价值的提高、自身实力的提高。因此可以说,区域文化形象的塑造就是无形资产的积累,有投入就有回报。区域文化形象的塑造是一项系统工程,它既要体现一个区域的人文精神,又要体现该区域的经济特点与环境特色;它既是对历史的继承又是对未来的展望;它既要被该区域人们所认可,又能被世界所接受。

天津作为北方重要的经济中心,作为一个具有600年历史的古老而又充满活力的城市,它曾对近代中国社会经济的发展作出过重要贡献。在经济发展日新月异的今天,天津必须发挥其独特的区域优势,在社会经济发展中以打造良好的天津区域文化形象作为经济发展新的增长极,使全新而具有天津独特历史文化特点的区域文化形象成为经济发展的新的驱动力。天津作为一个有着近千万人口,经济相对发达,并正在走向国际化的港口大都市也理应打造好具有天津特色、代表先进文化发展方向的文化形象,与天津的国际地位相适应。

如何打造好既具有天津特色又能代表先进文化发展方向,体现天津国际化港口大都市风貌的天津区域文化形象,笔者认为应注意以下几个问题:

第一,打造天津区域文化形象必须体现天津的人文精神。

城市是人的城市,区域文化形象必然反映以该城市为核心区域的人的文化形象,体现那里的人民的知识、修养、风度,那里的民风、民俗。这种人的文化形象既是客观存在的,又是具有可塑性的。天津这个国际化港口大都市的人文精神既要突出天津特色,又要符合科学精神与时代潮流。天津民风淳朴,人民勤劳、朴实、直爽、大方、热情好客,天津民俗极具地方特色。这些都是我们今后要大力提倡、发扬的,也是我们今后要大力对外宣传的,就像当我们提到巴黎就会想到那里的人们的浪漫,说到上海就会说起上海人的务实一样,使天津人的优秀的品质世人皆知,成为天津无形的文化品牌。当然对于天津民风、民俗中落后的、违背科学精神的、与时代发展方向不相符的内容则要坚决、彻底清除,不容其损害天津良好的文化形象。

第二,打造天津区域文化形象必须充分利用天津的自然资源,突出环境特色。

丰富独特的自然资源是一个地区打造特色区域文化形象得天独厚的条件。独特的自然环境及该地区人们对它的利用、改造,可以很好的体现一个地区的文化特色。

对于天津来说必须利用好天津自然条件的特点与优势,使自然与人文完美结合,创造天津文化形象的特色。天津北靠燕山山脉,东临渤海,汇聚九河之源的海河从城市蜿蜒而过。天津处在这样依山傍水的地理位置,就给了天津和天津人寄于山水之间的情怀,天津完全可以打好山水牌,挖掘山水天津的文化特色。

天津有山,而且有曾被乾隆皇帝誉为"早知有盘山,何必下江南"的美景,天津的山不仅是地质学的教科书,还是国家森林公园和自然保护区。但是,天津的山多年来却大有藏于深山人不知之势,与周边的名山相比虽景色之美毫不逊色,但知名度却相去甚远。因此,天津必须努力提高山的知名度,让天津有山、有名山的事实世人皆知,让山成为天津形象的一部分,成为拉动天津旅游和经济发展的新亮点。

天津有水,那就是海河和渤海。海河是天津的母亲河,是天津的象征。把海河建设成与天津国际化港口大都市地位相适应的世界名河,如何使海河旧貌换新颜,在天津经济发展中发挥更大的作用,天津市政府已经作出了明确、具体的部署,如:要拓宽水面,搞好桥梁、绿化、灯光建设,使海河具备通航条件;海河两岸的建筑,要体现风格的开放性、文化的包容性,注重吸收一切文明成果,形成中西合璧、古今生辉、不拘一格的建筑群,带动城市文化品位的提高等。在做好海河大文章的同时,还要高度重视渤海对塑造天津区域文化形象的重要性。自古以来人们对于大海始终怀有一种美好的情怀,人们对大海的这种感情给了天津这个滨海城市以发展海洋文化的机会。但是,在这个问题上天津也面临着严峻的挑战,面对国内众多著名海滨旅游城市的竞争,天津起步晚,自然条件也不突出。这就要求天津不能亦步亦趋地跟在别人后面,必须闯出自己的新路子,创出自己的新品牌。结合天津地域经济、文化特色,结合天津国际大港口的特点,发展具有天津特色、具有现代情调的海洋旅游业,让天津的海洋文化发展起来,使天津滨海港口城市的地位更加突出,并成为天津经济新的增长点,成为天津新区域文化形象的重要组成部分。

第三,打造天津区域文化形象还必须继承和发扬天津优秀的传统文化,体现天津文化特色。

贝聿铭曾经说过:每一个城市都有自己的历史与文化,因而也有自己的个性与特色。个性是城市塑造的生命,没有个性的城市就没有生命力。

天津600年悠久的历史给了它深厚的文化积淀,并逐渐形成了极具地方特色的天津文化。如,由于天津是海滨城市,所以天津的渔业、海运业相对发达。海边的人们终日与大海为伴,因此,诞生于万里之外,能够保佑海上人平安的妈祖得到了天津人的崇敬。妈祖文化在天津得以发扬光大,这一现象在北方其他地区甚为少见,可谓天津一大文化特色,也是天津扩大对外经济、文化交往中的一大优势。再如,近代以来,由于西方列强的入侵,中国逐渐沦为半殖民地国家,天津租界林立。北洋政府时期,由于天津特殊的地理位置,逐渐形成了"北京前台,天津后台"的政治格局,许多清朝的遗老遗少以及历届民国政府的军政要员和各地军政首脑、社会名流均在天津租界购地造屋,他们的住宅建筑可谓风格各异,再加上租界内西方列强建立了许多工商、金融、政务机构,建筑更是充满西方情调。虽然近代天津的租界是中国以及天津的耻辱,但租界内大量的名人故居、风格迥异的洋楼成了天津城市建筑文化的一个特色。此外,老天津的商业中心、老天津的发祥地、具有浓郁的天津地方特色的曲艺、绘画(如杨柳青年画)等都是极具天津特色的文化遗产,也是打造天津区域文化形象的重要内容。

第四,打造天津区域文化形象必须在传统的基础上有所创新,并具有前瞻性与发展性。

塑造区域文化形象的目的在于推动本地区社会经济的发展,所以,对于区域文化形象的设计绝不能停留在总结过去的层面上,而更应该着眼于未来的发展。因此,区域文化形象应具有符合时代要求的理念,体现世界发展潮流的内涵,并且具有继续发展的潜力。

天津在打造区域文化形象时也必须注意前瞻性与发展性,即要根据天津的历史文化传统及目前天津社会经济发展的特点,特别是依据天津社会经济发展的战略定位,使天津文化形象不仅能跟上天津乃至世界社会经济发展的脚步,而且能清晰地指示出天津乃至世界未来社会经济发展的方向。如根据天津是一个传统工商业中心城市的特点和今后天津商业发展的要求,一方面,天津应积极恢复和开发传统商业优势,使它们充分体现天津地方历史文化特色,同时必须注意,这种恢复和开发绝不能停留在简单地对购物场所的修旧如旧或不断的装修、翻新上，它们必须符合现代人的购物需求、购物心理和购物习惯，在一个相当长的时期内能真正拉动天津商业的发展。另一方面，天津还必须发展符合未来人们购物需求、体现未来商业发展方向的新的商业模式，与国际潮流接轨，充分展现天津现代化国际大都市的风姿，使这个近代中国著名的工商业都市再现异彩。

第五，打造天津区域文化形象要与发展天津文化产业相结合。

文化与经济的结合就是文化产业，文化形象与文化产业关系密切，它们可以相互促进、共同发展。一个地区的特色文化产业可以成为该地区文化形象的重要组成部分，而该地区这一文化形象一旦形成并为社会所接受，又能促进这一文化产业的发展。如当人们提到好莱坞就会想起美国乃至世界的电影业，而好莱坞世界电影业中心这一文化形象一经形成并为社会广泛接受后，世界电影人对它趋之若鹜，这又促进了好莱坞电影业的进一步繁荣。从这一典型事例中，文化形象与文化产业共兴共荣的关系分明可见。

今天，在科学技术迅猛发展的前提下，新的文化产业群作为国民经济新的增长点正在迅速崛起，这一产业在不少国家特别是发达国家正在或者已经成为国民经济的支柱产业。如美国、印度的影视业，日本的娱乐业等，其中美国影视业已与其航空航天业、现代电子产业并驾齐驱，其中迪斯尼娱乐产业跻身世界大型企业500强，1997年进入世界企业前十名。文化产业对经济发展的作用不言而喻。反观我国及我们天津的文化产业虽然起步较晚，而且相对落后，但是发展潜力巨大。天津在社会经济跨越式发展的过程中，要积极发展文化产业，使文化产业与文化形象相结合，闯出一条发展具有天津区域文化特色的文化产业的新路，使这一文化产业既成为天津文化形象重要内容，又成为带动经济发展的重要动力。

第六，打造天津区域文化形象应设立专门机构来实际操作。

首先，塑造良好、准确的区域文化形象对区域经济发展意义重大，不可掉以轻心。其次，区域文化形象的打造是一个系统工程，它涉及政治、经济、文化等诸多方面，必须经过大量、充分的调查，科学、严密的论证，这是一项需要由多学科、多领域、多部门共同完成的艰巨而又复杂的工作。如当前天津市政府及时、果断地提出海河的开发与建设问题，已取得初步成效，但是，在海河的开发、建设中，各区在体现各自特点的同时又必须突出体现出天津特色，避免建设的重复与形式上的杂乱无章。因此有必要成立专门机构做好协调与管理工作，真正把海河建成有天津特色的国际名河，成为天津的一道靓丽风景，成为天津区域文化形象的真正代表，使对海河的开发、利用发挥最大效益。再次，虽然区域文化形象一经形成，并被人们认可，就具有一定的稳定性。但是，它又不是僵死不变的，它需要随着社会经济的发展而变动、调整和发展，以更现代化、更能体现区域新特点的形象，来取代过时的、不能代表区域新发展的旧内容。因此，塑造区域文化形象又是一项长期的工作。正是基于以上原因，同时借鉴国外区域经济发展的经验，笔者认为设立一个经常性的专门机构对打造区域文化形象做出准确、适时的规划与部署，是极为必要的。

总之，贯彻“三个代表”思想的关键在于实践。而研究、打造、宣传有天津特色的、代表先进文化发展方向的天津区域文化形象，必将成为拉动天津经济发展、提高天津整体综合实力的又一个新的增长极，对于天津社会经济的发展意义重大。

（《天津师范大学学报》（社会科学版）2003年第4期）

19世纪天津、烟台的对外贸易与传统市场网络[①]

——以洋纱洋布的输入与运销为例

张 思

第二次鸦片战争以后，天津、烟台被辟为通商口岸。在19世纪下半叶，津、烟两口岸在全国洋货进口贸易中的地位如何？在中西碰撞的最初40年里，该两口岸及其腹地的中国商人以及传统市场网络体系作出了怎样的反应？并在其中发挥了怎样的作用？这些问题不仅关系到对19世纪末20世纪初华北内地传统经济形态分解程度、外来资本主义的影响等老问题的估价，还直接关系到对明清以来传统市场网络体系的发育程度、中国近代化进程中的内发动力等一系列新问题的思考。以往史学界在这方面的看法多是否定的：19世纪津、烟两口岸不但在全国洋货进口贸易中所占的比重甚少，而且由于华北内地交通阻绝，外国商品难以深入腹地，因此外来资本主义因素对当地的影响远不如其他沿海地区[②]。本文主要利用当年天津、烟台海关税务司逐年编写的《海关贸易统计和贸易报告》及英国驻天津、烟台领事历年上报的《领事商务报告》，试图通过对这一时期洋纱、洋布（在整个19世纪后半期，这两宗货物的进口值约占全国洋货入口总值的30%）从津、烟两口岸的输入以及在华北内地运销情况的分析，来重新审视天津、烟台在开埠后的数十年间洋货进口贸易的规模、地位以及传统市场网络所发挥的作用，并希望以此与学界长期以来的传统看法进行商榷。

一、天津、烟台洋纱、洋布输入贸易的规模和地位

19世纪下半叶，天津、烟台是全国洋纱、洋布的主要输入港。表1和表2为津、烟两口岸洋纱、洋布入口及其同其他口岸和地区的比较情况。

表1 华北二港洋纱输入情况及比较

年 份	华北二港洋纱入口量		华中九港洋纱入口量（担）	华南八港洋纱入口量（担）	占全国洋纱入口总量的比重（%）			北二港洋纱入口价值（海关两）	占本港洋货入口总值的比重（%）	
	担	指数			华北	华中	华南		天津	烟台
1867—1871年平均	327	0.36	879	53.844	0.5	1.3	78.9	11 949	0.04	0.16
1872—1876年平均	3 181	3.5	1.529	75.915	4.1	1.9	94	96 069	0.2	2.4
1877—1881年平均	9 582	10.6	8 464	119 181	7.0	6.2	86.8	260 283	0.36	5.4
1884—1888年平均	90 084	100	51 906	303 696	19.5	11.2	65.7	1 854 039	6.7	22
1889—1892年平均	210 869	234	258 544	513 171	19.7	24	47.9	4 159 023	14	31
1893—1896年平均	273 629	304	261 662	501 476	22.4	21.4	40.9	5 216 974	13	27
1897—1800年平均	346 801	385	544 443	577 533	19.7	28.1	29.8	7 666 246	14	28

表 2　华北二港洋布输入情况及比较

年　份	华北二港洋布入口量及其在全国总数的比重			各口岸洋布入口价值及比较						占本港洋货入口总值的比重(%)	
				华北二港		华南八港		华中九港			
	匹	指数	%	海关两	%	海关两	%	海关两	%	天津	烟台
1861—1864 年平均	928 808	27	–	4 559 679	–	–	–	–	–	45.5	53.5
1865—1869 年平均	2 333 930	68	37	5 666 174	–	–	–		–	43.4	31.8
1870—1874 年平均	4 177 033	121	39	7 772 285	40	–	–	–	59	39.6	
1875—1879 年平均	3 452 377	100	32	6 606 952	34	2 145 287	48	56.2	37.4		
1880—1884 年平均	4 188 098	121	34	7 793 906	34	2 430 335	10	12 154 775	52	60.2	44.4
1885—1889 年平均	5 298 394	153	34	10 669 593	36	3 168 527	11	14 711 133	50	63	42.2
1890—1894 年平均	5 238 831	152	34	11 783 547	40	–	–	–	–	53.5	36.5
1895—1899 年平均	6 550 715	190	40	18 149 237	43	–	–	–	–	46.8	33.6

表 1、表 2 数据来源:China Imperial Maritime Customs,(1)*Returns on import and export trade*. 1861,1963;(2)*Reports on trade at treaty ports in China*. 1866 - 81;(3)*Returns of trade at the treaty ports and a trade reports*. 1882 - 1886;(4)*Returns of trade and tradereports*. 1887 - 1900, Shanghai:Inspectorate Generalof Customs(以上英文《海关报告》为南开大学图书馆所藏,后文均简称:Trade Reports)。华中九港、华南八港洋纱、洋布平均入口数据,据彭泽益:《中国近代手工业史资料》第 2 卷,中华书局,1962 年,第 197、200 页。1875 年前的洋纱、洋布价值数据为当地两,是年及以后为海关两。

从表 1 和表 2 的统计数据可以看出,在 19 世纪下半叶,天津、烟台的洋纱、洋布入口量相当大,非其他南方口岸所能相比。以洋纱入口为例,光绪十年至光绪十四年(1884—1888 年)津、烟两口岸平均洋纱入口量共约 9 万多担(其中天津 40 864 担,烟台 49 220 担),与 1872—1876 年平均数字相比,短短十多年便增加了 27 倍。这个九万担的数目意味着什么呢? 清光绪十二年(1886 年)和清光绪十三年(1887 年)的《烟台海关报告》中有如下记述已为人们所熟知:

据说棉纱进口的增加严重地影响了当地的纺纱业,

据了解本省土纱纺织业几乎全部停歇③。

如果说此刻这位税务司有些夸大其词的话,到了 19 世纪 90 年代末,1896—1899 年津、烟两口岸平均洋纱入口量接近 40 万担④,10 余年间又增加了 3 倍。还应注意的是,津、烟两口岸的洋纱输入在全国亦占有突出位置。自 19 世纪 80 年代以后,其入口量基本上占全国总数的 1/5 左右。在 19 世纪下半叶的近 40 年间,除去战乱等事件影响之外,津、烟两口岸的洋纱平均入口量与华中九口岸(上海、宁波、汉口、九江、镇江、芜湖、宜昌、温州、重庆)的数字不相上下。

19 世纪后半期,津、烟两口岸也是全国重要的洋布输入和集散中心。早在 19 世纪 60 年代,天津海关税务司及英国驻津领事便指出,天津的洋布入口量超过了上海和其他南方沿海的通商口岸,位居全国之首⑤。在整个 19 世纪下半叶,天津历年洋货进口总值中,洋布占了一多半;烟台历年洋布入口价值约占其洋货入口总值的 40%。从数量上看,光绪元年至光绪五年(1875—1879 年),津、烟两口岸洋布平均入口量为 345 万匹(天津 268 万匹,烟台 76 万匹),比它们开埠头五年增加了两倍半。当时的英国驻烟台领事为此作了如下分析:

烟台供应 1 000 万人口,即 200 万家庭。每年入口 70 万匹洋布,每户得 15 码洋布⑥。

按照这种估计,山东 200 万户人家一年购买的洋布足可以做六件成人衣服,而天津每年进口的洋布可使 750 万家庭得到同样的供应⑦。到了甲午战争后的光绪二十一年至光绪二十五年(1895—1899 年)间,津、烟两口岸的洋布平均入口量又比光绪元年至光绪五年(1875—1879 年)的数字增加了 90%。从表 2 可以看出,在 19 世纪末相当长的一段时间里,津、烟两口岸的洋布贸易在全国占有突出的地位,其洋布入口量始终占全国洋布入口总数的 1/3 强,洋布年平均入口值是华南八口岸(广州、汕头、厦门、福州、北海、九龙、拱北、蒙自)的三倍。

可以说,在19世纪下半叶,天津和烟台在全国洋纱、洋布输入贸易中的地位超出了学者们的想象,始终名列前茅。大量洋纱、洋布由此涌入了华北内地并对当地手工纺织业造成冲击。以往学者关于该两口岸洋布、洋货进口贸易比重极小的看法是值得商榷的[⑧]。

二、中国商人对洋纱洋布贸易的控制

19世纪后半叶,大量洋纱和洋布进入到天津、烟台口岸是无疑的了,人们或许认为这是外国商人、轮船主在炮舰政策、不平等条约及洋行体制的支援下努力经营的结果。然而从天津、烟台两口岸对外贸易发展的具体情形来看,当地在19世纪60年代开埠之前便已经形成了较成熟的商业体系,该商业体系又是由同样成熟且发达的口岸与内地市场网络所支撑着。正是由于这一传统市场网络的存在,促成了津、烟两口岸洋纱、洋布贸易乃至整个对外贸易的巨大发展,并使洋纱、洋布得以深入到华北内地且广泛流行。

洋纱、洋布虽然是来自外国的机器工业制品,但说来也奇怪,天津、烟台的洋纱布贸易却完全控制在中国商人的手中。可以这样说,前节所述19世纪后40年间天津、烟台洋纱、洋布贸易的巨大发展是在中国商人自身发展起来的商业体系之下完成的,却与外国商人的努力及新式交通运输体系无大关系。

根据开埠初期的《天津海关报告》记录,天津输入的洋布绝大部分是从上海转口而来,由外国商人经营的从国外至天津的径直贸易及转口贸易所占份额较少,洋布转口贸易几乎由中国商人所控制,他们采取在上海派驻代理人的方式经营洋布贸易。在上海直接购入商品可以节省掉在天津的外国人代理店购买洋货时所必需的间接费用,从而使他们能以比外国竞争对手更便宜的价格出售货物[⑨]。同样,在开埠10年后的《烟台海关报告》中也注意到中国商人对当地洋布进口贸易的控制。烟台海关税务司多次谈到来自烟台的代理商们在上海手握白银,待价而沽。而上海的棉布商人为获得白银以购买丝、茶出口,不得不以赔钱的价格销售洋布[⑩]。

这时期以天津、烟台为活动舞台的中国商人已把洋布贸易牢牢控制在自己的手中,并把它变成了一个十分有利可图的买卖。不过,他们的成功依靠的是传统而成熟的商业体系、老道的经营策略以及自身的经济实力,是他们与外国商人及洋行体制进行了一番激烈竞争后而得来的。关于天津商人在竞争中"总占上风"的优势所在,早期的《海关报告》注意到他们简单的经营方式、生活俭朴、所需手续费用不多、"具备一切便利条件"等等[⑪]。以后,天津的海关税务司开始注意到天津商人的经济实力和经营谋略:在天津口岸,中国商人使用各种商业手腕排挤外国商人,牢牢地控制着洋布贸易。每当市场上价格上涨,外国商人试图出售他们的货物时,中国商人便立即用低价出售库存的一小部分,压低市价。同时还以他们成功建立起来的低价购入大量洋布。结果,外国商人尽管从欧洲直接把棉布运到天津,免去了须从上海转运的麻烦和费用,但还是得不到任何油水[⑫]。

同样,光绪元年(1875年),烟台海关税务司也谈到山东内地周村及济南商人对口岸及内地洋布市场价格乃至整个洋布贸易的控制:

> 棉布货物由运输商人们运到这里(指烟台),并立即用所能雇到的骡子和大车发往内地。大商人们居住在长山县的周村和济南府。在那里,他们售出货物以换取银子或者交换土货。在这些地方能获得市场价格。但在烟台几乎可以说没有棉布市场。……外国商人进口的棉布约占八分之一,当地中国商人从上海进口另外的八分之七。有八分之六的棉布运到内地,八分之二的棉布可能留下来就地出售,并构成所谓的市场——这些货物以每周都要变化的价格出售,商人们在手头上没有一次足够的库存以构成一个稳定的市场,当然便没有任何稳定的需求。[⑬]

其实不仅洋布贸易是如此,天津、烟台的洋纱贸易以及大部分对外贸易也早早地控制在中国商人之手,竟未给外国商人更多染指的机会[⑭]。下面请听一段天津海关税务司在1865年发出的哀怨:

> 有着大宗交易量,而且是有利可图的贸易正逐步从外国人的手中转移到中国人的手里。现在是后者统治着市场,前者越来越受到其左右。外国商人和轮船主越来越变成中国贸易商人的代理人,变成他们的搬运工。[⑮]

在19世纪后半叶的40年间,天津、烟台的中国商人们用传统而古老的商业体系去经营大机器工业时代的代表性商品,并在一场从未经历过的“国际竞争”中牢牢地占据着主动,战而胜之,甚至将外国商业——贸易体制纳入自己的固有的商业、市场体系中去。如果说这不是一个奇迹的话,也极富启示意义。所谓中国“传统的”商业、市场体系在进入“近代社会”之前已经发展到怎样的程度?它们是如何去迎接、去适应“近代”的挑战的?它们以怎样的形式融入中国近代化的进程并在其中扮演着怎样的角色?希望本文所提供的事例能有助于近年来中国近代经济史学者对上述问题的思考。

三、传统市场网络与对外贸易的链接

很多学者或许可以接受大量洋纱、洋布输入到天津、烟台口岸的事实,但无法相信洋纱、洋布能深入到华北内地去。长期以来多数学者认为华北地区交通阻绝,远不如东南沿海地区,因此,“帝国主义的影响”也无法深入到华北内地。[16]对这些学者的观点,笔者曾提出不同见解[17],不拟赘述。本节以洋纱、洋布在华北内地的运销为例来说明,在19世纪,天津、烟台背后深远的腹地有着广阔的平原、稠密的人口、显著商品化了的农业和手工业产业,更有着由通畅发达的内地运销商路系统、健全有序的政府税收管理系统、诚信而有效率的行栈(栈房)系统以及颇具实力的批发商和运输商贩、星罗棋布的内地洋货零售店铺乃至千百万具备有效需求的消费者所组成的发育成熟的传统市场网络。正是这一传统市场网络的存在,使长期封闭且偏远的华北内地与遥远的世界顺畅地链接起来,天津、烟台才因此成为19世纪重要的洋纱、洋布输入及对外贸易的口岸,才会作为近代商业贸易的中心而兴盛、发展。

(一)华北内地运销商路网络

1. 天津

洋布对天津和华北地区的输入并非始于天津被迫开埠通商之后。根据现有的资料推断,至少在19世纪三四十年代就有山西商人从上海、广东等地贩运洋布进入华北内地,并在直隶正定(今石家庄北)的庙会市场(每年农历3—4月间)上进行交易。笔者推测这些洋布极有可能是走海路经过天津,但未留片刻径由子牙河进入当地。据后来的人们回忆,在天津开埠之前,这种外国棉布的庙会交易持续进行了20年,人们还能说出当时洋布的种类是英国的鹰三旗牌、印度的高帽人头牌以及黄虎牌、红龙牌等老品牌。这时的洋布输入量虽然很小,并且只是洋火、洋灯、南货等货物的伴随物,还只能在一年一度的庙会上才能出现,但它们的确是日后大规模洋布贸易的先行者[18]。

19世纪60年代以后,天津才成为华北洋布、洋货的集散中心,其主要分散地区是山西省、直隶省、山东西部及河南北部,少部分到达陕西和蒙古地区。驻在天津的外国海关税务司很早就发现,直隶省内虽然有繁华的京城,但每年天津进口的洋货仅有1/5被该省消费。其余大多数则去往直隶西部及南部省份[19]。当时的天津海关税务司休士(G. Hughes)对洋布、洋货的去向问题很感兴趣,在同治七年(1868年)做了以下详细的调查:

天津除了向直隶省供给外国进口货之外,还是下面这些城市的中转站——我尽量根据它们从天津获取供应量的大小排列如下:

山西省		河南省		山东省	
太谷县	潞安府	彰德府	卫辉府	临清州	东昌府
太原府	汾州府	怀庆府			济南府
平阳府	大同府				
蒲州府	朔平府				

有少量货物去往陕西省的西安府、同州府、兴安府。余者去往蒙古的西南部[20]。

由此可见,天津输入的大部分洋布和洋货已分散到深远的华北内地。

天津周围的西部、南部地区水网交织,呈扇形展开。夏秋两季、河水盛涨,水路运输极为便利。根据天津海关税务司及英国驻津领事的长年追踪调查所获得的资料,可以判定洋布、洋货在内地商人的组织下按如下几条路线分散:

甲、由大清河向西至琉璃河镇，然后沿琉璃河到北京附近地区[21]。

乙、由大清河一直向西到达保定、定兴、高碑店地区[22]。

丙、由子牙河往南，行至与滹沱河汇合处小范镇(今武强县)，洋布运到此处又分成几路分散。其中一部分沿滹沱河、滏阳河进入直隶中部、南部各府县(冀州、顺德府等)。而更大的部分在小范由河船改装上大车去往山西方向。这些大车每辆载洋布20包(经重新包装，每包20匹布)向西到直晋二省接壤的获鹿县。在此处再次更换运载工具，由骡子、骆驼驮运洋布，沿二马不能并辔的井陉山路行40多英里到山西太谷县。这是山西省消费洋布、洋货的第一大去处。在太谷县，洋布又装上小骡车，每车载洋布5包，运往山西各府县。天津到太谷县约有450英里的路程，需时13天。由于沿途多次变换运输工具，道路崎岖，故运费较贵，每匹洋布约需0.4两银子。太谷县的洋布价格要比天津高17%[23]。

丁、由大运河南下，到山东西部、直隶南部各府，在临清溯卫河直到河南省北部地区。由于此路线全程都凭水路运输，运费大为省减[24]。在天津开埠初期，人们便这样描述运河沿线洋货贸易的情景：

> 从天津到临清千里长的河道上布满了各种型号的本地船只。它们满载着外国货物和南方产品溯流而上。在临清，卫河与运河汇合，使这个城市与大名府及河南省联系起来。正是这样，深远的河南省、山西省、陕西省也像山东省的内陆地区即济南府、东昌府一样得到货物供应。这便是货物的价格一旦便宜得使更贫困的阶层足能购买，天津就很可能成为中国最大的外国制造品的消费者的真正原因。[25]

在上述河流上运送货物的民船各式各样。如对槽子、板摇等等。小者载重几吨，大者上百吨。每逢夏秋时节则千帆林立、穿梭不息，洋货仅靠船运便可到达天津腹地的许多地方[26]。天津海关税务司在开埠之初就此评论到：“在中国，除去上海或许还有广州，没有任何一个口岸像天津这样有着同内地如此良好的水路交通。”[27]因此，我们切不可以20世纪后半叶以来天津周围水枯河干的情景来想象当年的状况。

此外有一部分洋货由骆驼运经通州去往张家口，但在这些路线上尚未发现有关洋布行踪的报告[28]。一小部分洋货或船载或畜驮运往北京及京东各府县。若用船运，从天津经北运河、白河(今潮白河)可通往香河、通州、北京等地，最远可行至200里以外的顺义县牛栏山[29]。若用骡子运输，一般每匹骡子可载洋布34匹，日行百里[30]。光绪十二年(1886年)修成的《遵化通志》记录了当时洋纱、洋布在其属县玉田、丰润等处的行迹[31]。

2. 烟台

19世纪烟台口岸洋布分散情况同样应改变现今的一些传统看法。烟台入口的洋布、洋货大部分进入山东北部、西部地区，并经过该处将洋货销往更远的河南、山西甚至是陕西省。反之，烟台口岸附近及山东东部、南部的交通近便地区消费很小。

烟台入口的洋货分多种途径，用多种运输工具进入山东北部、西部及深远内地。陆路运输是最古老，也是最重要的方式。烟台与山东北部、西部地区有一条所谓的“官道”相通，道路崎岖不平。运输工具则是骡子、驴、骆驼和原始的大车。或许是出于对这种恶劣的运输条件的想象，许多学者便以为鲁西内地未受外国商品侵略的影响。而事实告诉我们运输条件的恶劣未能阻止以洋布为代表的洋货进入内地。也难怪，即便是当时人也对这条艰难道路上的繁忙的货物运输感到惊奇。光绪五年(1879年)烟台海关税务司谈到：

> 道路及河流的缺乏，以及缓慢、花费的运输方式，会使人们认为不可能存在比现在的记录更广大，更多价值的贸易。但甚至在现在的条件下，所有内地运输量是非常大的。一位在此地作为商人居住了很久的先生，惠教我一些他在1874年就此问题作的记录。他说：“烟台的内地贸易可根据如下事实作出估计：至少2 000匹载运牲畜——骡子、马、驴，有时还有骆驼每天进出这个装货、拉车的地方。根据这些牲畜的一般平均装载量，全部约有200吨的货物每天从烟台载运上路。”[32]

及至80至90年代，每天进出烟台的牲畜达到3 000匹[33]。据此推定陆路运输量又增加了1/2。烟台每年进口的大部分洋货正是靠这种笨拙缓慢的工具，通过颠簸泥泞的道路进入山东北部、西部地区。这些洋货途经黄县、潍县等重要城市，用10天时间到达鲁西北的贸易中心周村，并在此处向济南、泰安、兖州以及高垣、博兴等方向分散[34]。若用骡子运输，每匹骡子载布34匹，日行百里，每匹洋布运到周村、济南等地约需运费0.09—0.1两银。约占19世纪下半叶外国本色市布平均价格的7%[35]。

19世纪下半叶，烟台入口的洋货还大量地由帆船(后来还有蒸汽轮船)从海路运到山东北部渤海湾沿岸的龙口、虎头崖、下营、羊角沟、利津、陈家庙等地，然后再装卸在吃水浅的船只以及大车、骡子等运输工具上，顺山东北部、西部的各个河流和道路运往深远的内地。以下举其要者加以介绍：

甲、烟台—利津—黄河

烟台开埠后的头一二十年，它与位于黄河入海口的利津县之间的帆船贸易非常繁盛。当时的外国商人、海关税务司、英国驻烟领事都对此极为注意，他们在谈论洋布的运输情况时记述到：烟台入口的大部分货物由帆船运到黄河的出海口利津县，在此处将货物转到吃水较浅的河船上运到济南府、东昌府、兖州府、曹州府、东平州以及直隶省的大名府等内地市场。货物在这些地方进一步分散，向西部、北部地区渗入，直至河南、山西、陕西省[36]。由于海运和河运都很便捷，故运费比较便宜。根据笔者的计算，洋布由烟台到利津每匹运费约 0.016 两，由利津到济南每匹运费不超过 0.002 两[37]。两项合计约 0.02 两，为当时陆路运费的 1/5。综合上述水路运价，加上装卸费、仓库费及各种捐税杂项推算，山东西部、北部内地市场上的洋布价格仅比口岸高出约 0.04 两[38]。

乙、烟台—羊角沟—小清河

烟台很早就通过小清河(流经鲁西北)河口的羊角沟港同山东西部进行洋货贸易。80 年代后期，由于黄河口淤塞难行，小清河便成为洋货进入山东西部地区的重要水路。当时往来于烟台与羊角沟之间的中国帆船数量尚难以统计，一种估计为在 19 世纪末约有数百艘[39]。1889 年，轮船招商局所属蒸汽轮船“广济”号(载重 313 吨)开始往来于烟台和山东北部渤海湾的龙口、虎头崖、羊角沟等地。1892 年，烟台海关道盛宣怀拨巨款疏浚小清河，“使民间粮食、商贾货物由海口至省垣一水可达”[40]。从此，这条运输路线上的洋货贸易迅速兴盛起来[41]。

由烟台运到羊角沟的大量洋布、洋纱等洋货都卸在小船上。在小清河上从事运输的大小民船约 3 000 只。其中以“对槽子”为最多，约 1 000 余只，专门从事运货[42]。这些载货船只由羊角沟溯流而上，一部分直达济南黄台桥，将货物分散至鲁西各地；另一部分运至索镇(今桓台县)，在这里货物卸在大车或牲口上运到 50 里远的周村，再分散到周围各地[43]。由于全程凭借水运，运费比较便宜。“广济”轮的运费(包括捐税)为陆路运输的 1/3 到 1/4[44]。据后来人的调查，从烟台由海路到羊角沟，再由羊角沟沿小清河运到省城济南的全部运货费用(装卸、船脚、货栈、杂捐)与后来的胶济铁路的运费基本相等[45]。

“广济”轮的便捷以及小清河运输条件的改善，一时间吸引了大批商人云集于此。在 19 世纪末及 20 世纪初，烟台与济南、周村间日益兴隆的水路运输，以及随之而来的洋货入口贸易的巨额增加一直受到许多外国人关注[46]。以洋纱输入为例，甲午战后的三年间，仅“广济”轮平均每年运往鲁西北内地的洋纱便有 53 000 余担[47]，这个数目在 80 年代便被认为“严重地影响了”山东全省的纺纱业[48]。

3. 镇江

19 世纪后半叶，镇江亦向山东西部、西南部的济宁州、兖州、沂州及河南北部地区输入大量洋布、洋纱等外国商品。据海关统计，这时期镇江洋布入口量始终占全国总数的 10% 左右，这些洋布有 80%—90% 输入内地[49]，其中 15% 或更多的洋布由运河输入山东西部、西南部。90 年代初，镇江洋纱入口增加，山东内地约消费其输往内地洋纱总数的 1/3。在最高峰期，每年平均有 17 万匹洋布(如 1877—1895 年)、4.2 万担洋纱(1897—1899 年)由镇江进入山东西部、西南部的许多角落。[50]

与天津和烟台不同，由镇江进入山东内地的洋货大部分都靠子口税单的保护。60 年代末期，子口税制度刚刚建立，山东内地的商人为它给予的便利所诱惑，开始从事由镇江到山东的直接贸易。而鲁西南地区与镇江有运河相连，货物可以全程凭借船运，运费较省，这也促使商人们成群前往镇江购办洋货[51]。需要说明的是，光绪年间漕粮改由海运，并非意味着运河交通中断，实际上仅是黄河至临清 200 多里河段淤塞不通。从镇江到济宁乃至黄河东岸十里堡之间仍然畅行无阻。运往山东的洋布、洋货尚有一小部分在江苏王家营(隶属淮阴县)转由陆路进入山东中南部地区，据说这比由烟台穿越山路更方便[52]。

(二)政府税收管理系统与内地税

如果说天津、烟台通往华北内地的水运便利条件一直没有被人注意的话，那么对通往整个华北深远腹地的沿途上健全的官方税收管理系统、微小的内地税及其在对外贸易中所发挥的作用更为很多人所忽略。早在19世纪60年代,天津海关税务司从英国驻天津领事那里了解到:洋布等洋货离开天津深入他所能打听到的极深远的内地,沿途仅有一个关卡,征税为每匹洋布5文钱[53]。根据笔者计算,这些征税仅占当年天津洋布平均价格的0.008%—0.01%。1872年,英国驻津领事又详细调查了洋布的内地税征收情况,见表3。

表3 洋布输入内地征税表

洋布种类	在口岸的平均价格（包括入口税）	征收"大关"		征收厘金		内地税合计	
		数额	税率(%)	数额	税率(%)	数额	税率(率)
扣　布	1.58	0.02	1.26	0.011 6	0.73	0.031 6	2
本色市布	1.80	0.04	2.2	0.014 5	0.8	0.054 5	3

表3数据来源:*Commercial Reports*, 1872, Tientsin, *B. P. P.*, *vol.* 10, p.418.

所谓"大关"是指所有离开天津输入内地的货物所要交的内地税,一般为进口税的一半。从表3可看出,由天津输入内地的普通洋布所交纳的所有内地税与南方口岸实行的子口半税相差不多。上述这些内地税都在天津征收。这位领事据可靠消息了解到:洋布商人纳税后便可凭着执照(付150文钱)通行直隶和北方各地而不再受阻碍。正因如此,保护洋货输入内地的子口半税制度在天津从未实行[54]。

同样的情景从当年烟台海关税务司的调查中也得到了证实,他们发现从烟台到山东西部内地上千里的沿途上没有一个厘金税卡[55]。19世纪下半叶的南方省份正与华北地区相反。太平天国运动爆发后,厘金制度在南方普遍实行。商人贩货则逢关纳税,遇卡抽厘。厘金税率虽言值百抽一,但大多征税2—5%以上。高者甚至达到10—50%以上[56]。1874年,厦门的洋市布、花洋布运到50英里远的泉州,每匹要纳厘金1.6两银子,为法定进口税率的1倍。粗斜纹布所纳厘金为进口税的3倍[57]。凭有子口税单的洋货亦经常受到心存敌意的税吏的麻烦,而货物一旦转手便会失去保护。

(三)行栈(栈房)系统、批发商与内地中间商

提到华北腹地传统市场网络在对外贸易中的作用,不能不涉及为内地商人服务的行栈(栈房)系统、批发商和内地中间商贩。由于篇幅关系,且前面已经对津、烟两口岸的洋布批发商及内地的洋布中间商(运销商)的活动作了详细介绍,这里只对天津的行栈业以及从事洋纱贸易的批发商和内地中间商的情况略作补充[58]。

按照近代流通经济的概念,19世纪的天津行栈业应属于面向客商经营的一种仓库事业。伴随着近代流通事业的发展,行栈业因其古老的经营方式当属于淘汰之列,但19世纪天津对外贸易的巨大发展却没有给在天津的近代外国仓库业带来什么机会,天津腹地的商人在经营洋货及洋布贸易时所依托的仍是天津原有的行栈系统。19世纪天津栈房的地缘结合色彩极为浓厚,他们一般只为同一府县或有特别信用关系之人提供留宿及货物存放之便,兼营委托买卖、代理批发等中介业务。当时在天津城北的针市街一带栈房密集,其中集义栈、晋义栈、德兴栈、易馨栈等栈房专为山西的洋布和杂货商人服务,盛兴栈则为山东、直隶洋布商人提供落脚之处。这些栈房对来自同乡的商人提供廉价栈租和其他特殊优惠条件,甚至只按成本收费。因此当时的外国人认为,在交通工具不完善的中国内地,各种货物的进出口贸易能够比较容易地进行实赖栈房制度所赐。同时传统的栈房与商人之间注重信用和同乡情义,双方满足于口头承诺等极为简单的习惯做法,也使外国人经营的仓库业发展受阻。

随着洋布等洋货输入贸易的扩展,行栈商也逐渐将经营领域扩展至中介和批发业务方面。以前那些经营洋货运销的中国商人在向内地市场分流的过程中,需经过若干个贸易环节,需要与不同地区、不同行业、不同类型的商人打交道,而行栈商人所提供的中介服务满足了这种需要,并发挥了连接纽带作用。可以说传统行栈系统的存在促进了洋布等大宗商品的远程贸易的发展。

直至19世纪中叶,洋纱洋布批发贸易对于天津的批发商人来说还是个陌生行当,但由于这些批发商人根底不薄,经营有道,在突来的巨大商机面前,这些被外国同行誉为"头脑灵活"的商人们迅速转换经营方向,并很快成了洋纱洋布输入贸易的主角。以洋纱批发贸易业为例,据说最初的经营者是一些早先从事南北杂货及洋货的大型杂货批发商,俗称“姜厂子”,著名者如德和永、恒泰昌、魁记等。随着洋纱销路的扩大及利润的增加,陆续有原先经营棉布、绸布呢绒,甚至是镜子、鼻烟的商铺先后转入该行业。至清末民初,这些洋纱批发商有 10 家左右,集中于天津北门外竹竿巷一带。同天津的洋布批发商人的经营方式一样,他们派代理人在上海、大阪坐庄订货乃至直接采购,独揽天津的洋纱批发业。

天津洋纱洋布批发商人的“下家”主要是来自天津周围及其深远腹地、将洋纱布从天津运销本地的中间商,俗称“外帮老客”。仍以洋纱运销为例,据老从业人员的回忆,20 世纪初期各地的“老客”按地区不同分为若干“帮”,当时有北京帮、东口帮(张家口)、西客帮(山西)、西河帮(文安、霸县、任丘、胜芳、白沟河一带)、津浦线帮(沧县、泊镇、东光、桑园、德州一带)、高阳帮、饶阳肃宁帮、南宫冀州帮、东八县帮(香河、宝坻、玉田、丰润、遵化、昌黎、滦州、乐亭)等,估计约有 600—700 户。应该指出的是,与在天津本地的北大关一带摆摊零售的小贩们相比,这些外地“老客”在扩大外来商品销路,推动对外贸易发展方面发挥着更为重要的作用。

(四)内地洋货店铺与消费者

如果说坐镇于通商口岸及内地大都会的中国批发商、行栈商是传统市场网络的神经中枢,往来于口岸与内地之间的中间商、水陆运输业者以及商道上的官民设施(税收管理、役畜、车船、货栈等)构成了该网络的经络和穴道的话,那么华北内地星罗棋布的城乡集市、零售店铺以及千百万具备有效需求的消费者则构成了该网络得以新陈代谢的末梢组织和细胞。

19 世纪后半期大量洋布、洋纱、洋线及日用百货通过各种渠道涌入华北深远的内地的事实已经前节证明,但也许还要回答以下最后的质问:这些源源不断的舶来品进入到内地后是否成了找不到主顾、无人问津的摆饰?是否实实在在地被零售商,最终地被内地城乡人民所“消化”?笔者曾用大量资料证明,在 19 世纪将要结束的前夕,洋布、洋纱的输入严重地排挤了华北当地和邻近市场的土布、土纱[59]。如果变换一下视角,从洋纱、洋布的销路和消费状况的角度来重新理解“排挤”的问题,便可直接回答上述质问。

关于 19 世纪末华北内地零售商的经营情形,山东大学历史系师生曾于 1960 年进行过调查。当年在临清当过学徒的李连周老人(77 岁)说:“当时的布庄全卖洋布。”[60]在 19 世纪末,英国的使领馆人员亲眼看到,在直隶保定府,洋货充斥商店,而洋布更是无处不有。在顺德府南郊的市场上,大量英、美、日等国的棉布、棉纱及棉布缝制品摆在商铺里[61]。

在 19 世纪 90 年代初的天津、烟台、镇江海关册中,都十分兴奋地相继谈论洋纱在华北内地的巨大销售“业绩”:“北省妇女用此纱(洋纱)纺织年胜一年,更臻纯熟。且价亦甚廉,故销流日广耳。”[62]“烟台办运棉纱,价值便宜,通行各地。女工织布甚多,足供使用。”[63]“新旧黄河腹内各州县系购纱自织。”[64]

在许多华北的地方志中,关于 19 世纪末叶洋纱洋布为城乡人民购用的记载几乎俯拾即是。例如,位于冀东地区的玉田、丰润二县“近年洋布价廉于线,洋线价廉于棉。玉丰两邑向产棉布之区销售既难,纺织之人亏折失业”;“洋线盛行以来,价廉售易。”[65]直隶文安县的纺织业已有多年的传统,但是到了甲午战争前夕,由于“自欧西通商以来,其所输入之布,价廉物美,士民多购用之。”[66]曾做过冀州知州及京师大学堂总教习的学者吴汝伦这样描述当时直隶中部和南部土布业被排挤的遭遇:“畿辅深冀诸州,布利甚饶,纺织皆女工。近来外国布来,尽夺我国布利。间有织者,其纱仍购之外国,故利入甚微。”[67]

上述这些史料,无不反映出当年洋纱洋布在华北内地城乡,甚至是在直鲁农村土纱及土布传统产区中的广阔的销路和人民的旺盛需求。可以肯定地说,华北内地消费者的需求与购买力是决定通商口岸城市对外贸易兴盛、发展的关键。那么,如何评价 19 世纪华北内地城乡居民对洋纱洋布的消费能力?其消费能力又来自何处呢?对这些问题的解答甚为重要,却非本文所能胜任。这里仅提供几组数字比较分析供学界同仁参考。

据吴承明估计,鸦片战争前直隶、山东两省每年远销外地土布约 200 万匹,值银 60 万两;许檀则估计同时期山东商品布总数约 3 000 万匹,值银 900 万两;史建云推论清末直隶、山东、河南三省每年当有 2 000—3 000万匹土布向外输出[68]。而在 19 世纪最后的四五年间,每年平均从天津、烟台、镇江输入华北地区的洋纱和洋布价值约 2 700 万海关两,合当地银约 2 800 万两[69]。这相当于 19 世纪末 20 世纪初清政府每年向直隶、山西、山东三省征收田赋总额的3倍[70],同时相当于清末冀鲁豫三省土布输出价值总和的三至四倍。

在这时期,华北地区人均洋纱、洋布占有数量远远超过全国其他地区。光绪二十三年至光绪二十五年(1897—1899年),华北地区平均每年从天津、烟台、镇江三口岸输入洋纱约45万担。若以直隶、山东、山西三省约6 600万人口平均,那么这时期华北地区每年人均占有洋纱0.82斤。光绪二十三年至光绪二十六年(1897—1900年)南方近20个口岸平均每年输入洋纱约114万担,假定它们被长江流域、东南及华南11省(四川、湖北、湖南、江西、安徽、江苏、浙江、福建、广东、广西、云南)约2.6亿人口所消费的话,则人均占有洋纱0.53斤,尚比华北人均洋纱占有量少1/3。光绪二十二年至光绪二十五年(1896—1899年),天津、烟台、镇江等口岸向华北地区平均每年输入各类洋布约740万匹。这样,华北三省每年人均占有洋布4.5码。换句话说可使每个百姓用洋布做2件成人衣服。同时期上述南方口岸共输入洋布956万匹(从全国数字中减去华北、东北各口数字),假定它们全部被南方11省所吸收的活,则平均每人得洋布1.5码,尚不够做1件衣服[71]。另据早些时候的统计,英属印度的外国棉布消费为每人每年6码左右[72]。华北三省的洋布消费比较接近印度这个已被英帝国经营近200年,其原有手工纺织业已尽遭破坏的殖民地的水平。而那些号称富庶、交通便利的南方诸省则与之相悬甚远。

四、余 论

(一)华北传统市场网络的效率与深远腹地的购买力

长期以来许多学者在强调近代南北方差异的同时,对近代铁路交通系统出现以前华北传统商路、市场网络的效率、作用以及华北内地的消费能力的评价很低。这些学者或者受古谚"百里不贩樵,千里不贩籴"的影响,或者被珀金斯氏的经典定律[73]所折服,概认为华北地区的旧水陆商路系统效率低、速度慢,完全限制了一般商品的长距离贩运,而远程贸易与传统市场网络间缺乏广泛持久的内在联系,只服务于城市特殊阶层的需要,并非以一般大众需要为基础,故对经济发展影响不大[74]。虽然近年也有学者指出明清时期华北商品流通格局发生了根本的变化,民生日用品取代了奢侈品成为大规模、长距离贸易的主体,并对"卓有成效"的传统市场网络体系在19世纪中叶以后与世界市场接轨过程中所发挥的作用做了积极推测,但同前者一样都缺少对传统市场网络体系的效率分析及对腹地购买力的论证[75]。

本文所提供的事例表明,近代交通体系出现以前的华北地区既不是想象中的那样"交通阻绝",也不能用"南船北马"、"低效慢速"之见笼而统之。在19世纪中叶"西方的冲击"到来之前,华北的许多地区有着比较便利的水路交通,有着免于厘金重课的"优越"条件,有着稠密的人口和显著发展的商品经济所提供的巨大购买力,更有着长期以来发育成熟的市场网络。在整个19世纪,这个由进出口商人、栈房业者、内地中间商人、城乡集市与零售店铺以及城乡消费者结成的传统市场网络并没有制约而是"卓有成效"地促进了开放口岸与华北内地间长距离贸易的发展。这种判断已经从本文对华北深远腹地与天津、烟台间洋纱洋布长距离输入贸易的比重、长距离运输费用和内地市场价格方面的分析中得到说明,还可以从下面的华北域内贸易比较及南北内地市场价格比较中得到进一步印证。

在19世纪天津所有的腹地中,路途最遥远,交通最不便的山西省一直是天津进口洋布和洋货的最大买主,这一点得到当时专业人士的反复确认[76]。每年都要有300多个商人来天津购买洋布到山西[77]。从天津到太原需要走500多英里(约1 600华里)的艰难路程,那里的本色市布(当时销量最大的一种洋布)的平均价格仅比距上海不到80英里远的苏州普遍流行的价格贵极少一点[78]。

在整个19世纪后半期,山东内地最大的洋布、洋货集散中心是周村和济南,其次是潍县、黄县、昌邑、淄川、青州[79]。如果说19世纪70年代山东的西北部府县已经吸收了烟台洋布入口总数的3/4的话,进入90年代,济南府的商人每年进口大约价值200万海关两的洋布[80],这几乎全部包揽了烟台的洋布入口。至于山东东南部沿海地区,19世纪下半叶的近40年间却很少见到洋货入境。洋布、洋纱、煤油等洋货只是在青岛开埠之后才出现在当地市场上[81]。由此可见,在19世纪下半叶,山东的洋布、洋货的消费分布有从南到北、从东向西逐渐增大的特点。同天津的情况一样,距口岸最远的腹地恰是洋布、洋货的最大消费者。不唯如此,当时山东内地市场上的洋布价格也并非人们想象的那么贵。据同治七年(1868年)的调查统计,当时南方各口岸的进口本色市布价格与烟台相差不多,有的甚至还更便宜些;到了鲁西北章邱(距烟台 330 英里)市场上,该布的平均价格仅比烟台高出 1.7%,其最低价格与苏州相差无几;而南方的漳州府(距厦门 24 英里)、南昌府(距九江 78 英里)、杭州(距宁波 103 英里)等内地市场的本色市布价格分别比通商口岸高出 9%、8.7%和 11%[82]。

上述这些事实一直是鲜为人知的,与那个"珀金斯定律"也截然相悖,的确让人无法理解。本文从南北厘金(内地税)负担差异、华北内地水路运费等方面所作的解释也不尽全面,有待进一步的研究,但是从结论上讲,如果不考虑到华北传统市场网络所提供的综合"效率"的话,华北腹地所呈现的巨大消费力和内地市场上的低价格是难以想象的。

(二)传统市场网络与"近代"的链接

在 19 世纪,在空间上以天津、烟台为主干,贯通整个华北腹地的传统市场网络在"西方的冲击"面前并没有像木乃伊见到空气那样分崩瓦解,倒是更加生气勃勃、充满活力。在这一时期,处于这一网络顶端的批发商、行栈商、运销商们从容地与国际体制接轨,在对外贸易中迅速累积了财富,商业资本的实力得到扩张。同时,处于这一网络末梢的内地城乡集市、零售店铺以及广大的生产和消费者大众也被链接到近代资本主义的体系之中,使他们开始认识、了解并融入了外部世界。这一历史性的链接为通商口岸城市及华北内地的近代化准备了条件,具有重要的意义。同时可以看到,一个近代港口城市的形成和发展明显地受到其腹地的自然条件和传统经济因素的制约和影响。如果我们低估了华北传统市场网络的作用的话,那么近代天津、烟台作为商业外贸中心的兴盛和发展便成了无源之水,无本之木。

由于篇幅的关系,本文无法展开对 19 世纪沿海新式轮船运输业的作用和意义、华北对外贸易中洋货入超以及对传统手工业的冲击等问题的讨论,也无法详细地交代 20 世纪以后华北传统市场网络在新式流通运输体系的挑战面前的遭遇并做出展望,只得留待别稿。不过,史建云和丁世洵的研究表明:自 19 世纪末至 20 世纪二三十年代,以宝坻、高阳、潍县土布业为代表的内地手工业利用外来原料、资金和市场扩大生产和输出,从口岸到内地的批发商、包买商等则利用靠洋纱布贸易蓄积起来的商业资本在业外投资兴办企业。他们仍然利用着以往的市场网络大举开拓,并开始在与外国输入品的竞争中占据一席之地,华北内地对外贸易的不平衡格局由此也得到根本的改变。这一复兴进程只是由于日本帝国主义的侵略而中断。而根据关文斌的研究,华北新式铁路开通以后并没有取代一切,受其覆盖范围及运价的影响,华北原有的流通网络尤其是水路运输网络并未过时,仍具有顽强的竞争力[83]。

华北传统市场网络在近代显示出与时俱进的特性。尽管长期以来被贴上封闭、落后、保守不变的标签,但是它对近代经济发展所提供的容纳空间并非想像的那样狭小。它能够不断调整自身,适应时代。面对一百年前的严峻的危机和挑战,它做出的答卷是合格的。

在西方人的坚船利炮以及与之相伴随的洋纱洋布、机械钟表还有欧几里得算法、天演论等等袭来之前,中国的传统社会内部是否已经孕育着与"近代"相符合的经济制度和价值观念?这些潜在的"近代"要素为古老的中国与世界近代体系的链接做了怎样的准备?过去的、传统的东西未必都是近代化的消极障碍,未必不是促成向近代社会转化的积极力量。

注:

① 本研究获得教育部重大项目"明清以来华北区域经济发展与地方社会秩序研究"资助。

② 参见严中平:《中国近代经济史统计资料选辑》,科学出版社,1955 年,第 63 页;陈诗启:《甲午战争前中国农村手工棉纺织业的变化和资本主义生产的成长》,《历史研究》1959 年 2 期;黄逸平:《十九世纪末二十世纪初中国自然经济解体的程度》,《学术月刊》1980 年 9 月;周锡瑞:《论义和团运动的社会成因》,《文史哲》1981 年 1 期。据严中平该书统计,19 世纪华北天津、烟台两港的全部洋货进口值始终仅占全国总数的 2%—3%。此数据统计影响至深,几被普遍接受。

③㊽ *Trade Reports*, *Chefoo*(烟台,下同),1886,p. 41;*Trade Reports*, Chefoo,1887, p. 43.

④ 数据来源同表 1。

⑤ *Trade Reports*, 1866,Tientsin(天津,下同), p. 85;另见 Great Britain Foreign Office,*Commercial Reports from Her Majesty's Consuls in China*(后文简称:*Commercial Reports*).1868,Tientsin.*British Parliamentary Papers*,*China*(后文简称 B. P. P.),Shannon: Ireland. Irish University Press, 1971, vol. 8,p. 611. 按,该《英国议会文书》为北京师范大学历史系所藏,蒙恩师龚书铎先生特准,北京师范大学历史系慷慨为笔者提供阅览,谨表谢意。

⑥ *Commercial Reports*,1877,*Chefoo*,*B. P. P*, vol. 12, p. 259.

⑦ 洋布规格以当时销量最大的本色市布为准,每匹长约40—42码,宽约33—36英寸,重8.4磅以上。参见:*Trade Reports*,1866,Tientsin, p. 89. 每件成衣用布以2码计,合市制约5.5尺。

⑧ 笔者就此问题另有若干专论,参见:a. 张思:《直鲁农村手工纺织业的破产与义和团运动》,中国义和团运动史研究会《义和团运动与近代中国社会》,四川省社会科学出版社,1987年。b. 张思:《遭遇与机遇:19世纪末中国农村手工业的曲折经历——以直鲁农村手工纺织业为例》,《史学月刊》2003年第11期。

⑨ *Trade Reports*, 1866, Tientsin, , p. 96. 另见:*Trade Reports*,1865,Tientsin,转引自〔日〕滨下武志:《中国近代经济史研究》,东京:汲古书院1989年版,第100页。

⑩ *Trade Reports*, 1874, Chefoo,p. 22;*Trade Reports*,1878,Chefoo,p. 19.

⑪ *Trade Reports*,1865,附录,p. 135,转引自聂宝璋:《中国近代航运史料》第一辑上册,上海人民出版社,1983年版,第539、540页。

⑫ *Trade Reports*,1874,Tientsin, pp. 15 - 16;*Trade Reports*,1879,Tientsin, p. 262.

⑬ *Trade Reports*,1875,chefoo,p. 78.

⑭ 这时期天津的洋纱输入贸易同样由中国商人采用派代理人去上海坐庄订货的方式控制着。参见,丁世洵:《解放前天津棉纱批发商业史略》,《南开学报》1981年第4期。在其他对外交易方面,早有人指出:"在天津,除去鸦片交易以外,其他的通过外国人的手才能与上海成交的交易项目日益减少。在这种竞争中,中国人总占上风。"参见:*Trade Reports*,1865,附录,p. 135,转引自前引聂宝璋书第539页。

⑮ *Trade Reports*,1865,Tientsin,转引自前引滨下武志书,第100页。

⑯ 陈诗启:《甲午战争前中国农村手工棉纺织业的变化和资本主义生产的成长》,《历史研究》1959年第2期;黄逸平:《十九世纪末二十世纪初中国自然经济解体的程度》,《学术月刊》1980年9月;周锡瑞:《论义和团运动的社会成因》,《文史哲》1981年1期。

⑰ 张思:《遭遇与机遇:19世纪末中国农村手工业的曲折经历——以直鲁农村手工纺织业为例》,《史学月刊》2003年11期。

⑱〔日本〕清国驻屯军司令部编:《天津志》棉纱和棉布,1909年9月。转见侯振彤译:《二十世纪初的天津概况》,天津市地方史志编修委员会总编辑室出版,1986年4月版,第373、374页。按,该资料所说的"郑城"疑是正定之误。

⑲ *Trade Reports*, 1866,Tientsin,pp. 86 - 88;*Trade Reports*, 1870—1872,Tientsin,p. 35.

⑳ *Trade Reports*, 1868,Tientsin,p. 14.

㉑ *Commercial Reports*, 1898,*Report on a Journey from Peking to Shanghai Overland*,*B. P. P.* , vol. 20, p. 571. 按,该史料为英国使领馆人员赴华北内地进行考察后所作的调查报告,下同。

㉒ *Commercial Reports*, 1898,*Report on a Journey from Peking to Shanghai Overland*,*B. P. P.* , vol. 20, pp. 573 - 574.

㉓ *Trade Reports*, 1868,Tientsin,p. 14;*Commercial Reports*, 1898,*Report on a Journey from Peking to Shanghai Overland*,*B. P. P.* , vol. 20, p. 576.

㉔ *Trade Reports*, 1868,Tientsin,p. 14.

㉕ *Trade Reports*, 1865,*B. P. P.* , vol. 7, p. 560.

㉖ 有关当时天津腹地河流、民船、水运情况参见:[日本]支那驻屯军司令部乙嘱托班:《北支河川水运调查报告》,1937年3月。

㉗ *Trade Reports*, 1865,*B. P. P.* , vol. 7,p. 560.

㉘ *Trade Reports*, 1868, Tientsin, p. 14; *Commercial Reports*, 1898, *Report on a Journey from Peking to Shanghai Overland*, *B. P. P.*, vol. 20, p. 571.

㉙ ［日本］清国驻屯军司令部编:《天津志》交通运输,1909年9月。转见侯振彤译:《二十世纪初的天津概况》,天津市地方史志编修委员会总编辑室出版,1986年4月,第76页。

㉚ 这里参照了烟台海关税务司同治十三年(1874年)对山东内地运输的调查,1匹洋布从烟台驮运至周村、济南等地约需运费0.09至0.1银两。见 *Trade Reports*, 1874, Chefoo, p. 22.

㉛㉟ 史朴:《遵化通志》卷15,舆地·风俗;卷15,物产·棉属,光绪十二年(1886年)刻本。

㉜ *Trade Reports*, 1879, Chefoo, p. 12.

㉝ *Commercial Reports*, 1893, Chefoo, *B. P. P.*, vol. 18, p. 489. 另见:China Imperial Maritime Customs, *Decennial Reports on Trade, Industries, ets., of the Ports Open to Foreign Commerce in China; and on the Condition and Development of the Treaty Port Provinces*(该海关十年报告后文简称为:*Decennial Reports*),1882—1891, Chefoo, Shanghai: Inspectorate General of Customs, p. 55.

㉞ *Trade Reports*, 1874, Chefoo, p. 22.

㉟ *Trade Reports*, 1874, Chefoo, p. 22. 另见 *Commercial Reports*, 1878, Chefoo, *B. P. P.*, vol. 12, p. 611. 可见英国领事与海关税务司估计相同。洋布平均价格见 *Decennial Reports*, 1892 - 1901, vol. 2, Appendix I——Trade Statistics, xxiii.

㊱ *Commercial Reports*, 1865, Chefoo; 另见: *Trade Reports*, 1865, Chefoo, 均见 *B. P. P.*, vol. 7, pp. 26, 30, 563. 值得注意的是,在一些开埠初期的记述中都认为烟台的大部分进口货由海运经黄河进入内地,并未提及陆路运输的重要性。70年代以后的一些报告中认为陆运占重要部分。这里有如下情况应注意:①由帆船在海路运输者多属笨重而价廉的货物,陆运者多属贵重货物。②60年代后期,清政府修筑通往内地的道路,陆运条件有所改善,运输量增加。

㊲ 数据来源: *Commercial Reports*, 1878, Chefoo; *B. P. P.*, vol. 7, p. 611. 由烟台海运至利津,每吨货物运费为1镑4先令6便士,折合当地银为4两,每匹洋布运费为0.016两;由利津溯河至济南,每吨货物运费不超过3先令6便士,折合当地银为0.53两,每匹洋布运费为0.002两;两项运费合计不超过0.02两。洋布以每吨260匹计。又,洋布重量规格参见前注,另见: *Trade Reports*, 1866, Tientsin, p. 89.

㊳ 姚贤镐:《中国近代对外贸易史资料》第2册,中华书局1962年版,第837页。

㊴ *Decennial Reports*, 1892 - 1901, Chefoo, vol. 1, p. 70; 另见:日本外务省通商局:《清国事情》,1907年,第387页。

㊵ 孙葆田:《光绪山东通志》卷125,小清河考。

㊶ 关于广济轮历年去往渤海沿岸各口航班次数、货运类别统计数据等,参见: *Trade Reports*, 1889 - 1900, Chefoo. 同时期中文海关册记载颇详;参见:海关总税务司:《通商各关华洋贸易总册,烟台口华洋贸易情形论略》,1889—1900年。

㊷ *Decennial Reports*, 1892 - 1901, Kiaochow(胶州,即青岛,下同), vol. 1, p. 124; 日本外务省通商局:《清国事情》,1907年,第387页。

㊸ *Trade Reports*, 1899, Kiaochow, p. 81.

㊹ *Decennial Reports*, 1882 - 1891, Chefoo, p. 64.

㊺ 青岛日本商业会议所:《小清河水运》,1926年5月,第36页。

㊻ *Decennial Reports*, 1892 - 1901, Chefoo, vol. 1, p. 46. 另见青岛日本商业会议所:《小清河水运》,1926年5月,第2页。

㊼ 广济轮运入内地洋纱数据来源:海关总税务司的《通商各关华洋贸易总册,烟台口华洋贸易情形论略》,1896、1897、1898年。三年数据分别为:58 524担,40 500担,61 200担。

㊾ *Trade Reports*, 1875, Chinkiang(镇江,下同), p. 133; *Trade Reports*, 1890, Chinkiang, p. 185.

㊿ 19世纪后半,镇江历年海关报告中有该口岸向鲁西南各州县输入洋纱、洋布的具体记录。笔者曾对

此有初步的统计分析,参见张思:《直鲁农村手工纺织业的破产与义和团运动》,中国义和团运动史研究会《义和团运动与近代中国社会》,四川省社会科学出版社,1987 年。以及张思:《19 世纪山东的洋纱洋布输入与运销(1860—1900)》,《南开大学历史研究所所庆 20 周年纪念文集》,南开大学出版社 1999 年 8 月版。

㉛ *Trade Reports*,1869,Chinkiang,pp. 42 – 43.

㉜ *Trade Reports*,1869,Chinkiang,p .43. 另参见张震南:《(民国)·王家营志》卷 3,交通。

㉝ *Trade Reports*, 1868,WTTientsin,p. 14.

㉞ *Commercial Reports*, 1872,Tientsin,*B. P. P.* , vol. . 10, p. 418.

㉟ *Trade Reports*, 1893,Chefoo,p. 49. 又,烟台海关报告多次对本省进出口货物不收内地税和厘金给予确认。

㊱ 姚贤镐:《中国近代对外贸易史资料》第 2 册,中华书局 1962 年版,第 842 页。

㊲ 姚贤镐:《中国近代对外贸易史资料》第 2 册,中华书局 1962 年版,第 834 页。

㊳ 关于 19 世纪天津的栈房制度,参见[日本]清国驻屯军司令部编:《天津志》交通运输,1909 年 9 月。转见侯振彤译:《二十世纪初的天津概况》,天津市地方史志编修委员会总编辑室出版,1986 年 4 月,第 111—115 页。关于 19 世纪天津的洋纱、洋布批发商及内地运输商的情况,参见丁世洵《解放前天津棉纱批发商业史略》,《南开学报》1981 年第 4 期。又,庄维民《近代山东市场经济的变迁》(中华书局 2000 年版第七章)中,对 20 世纪以烟台为中心的新兴行栈商人在对外贸易中所扮演的角色有翔实的论述;许檀《明清时期山东商品经济的发展》(中国社会科学出版社 1998 年版)第四、六章则对烟台开埠前山东沿海及内地的运输业者和棉布商人的活动有详细的描述。本小节中的论述主要参考了以上文献资料。

㊴ a. 张思:《直鲁农村手工纺织业的破产与义和团运动》,中国义和团运动史研究会《义和团运动与近代中国社会》,四川省社会科学出版社,1987 年。b. 张思:《遭遇与机遇:19 世纪末中国农村手工业的曲折经历——以直鲁农村手工纺织业为例》,《史学月刊》2003 年第 11 期。

㊵ 山东大学历史系:《山东义和团调查报告》,1960 年,第 8 页。

㊶ *Commercial Reports*, 1898,*Report on a Journey from Peking to Shanghai Overland*,*B. P. P.* , vol. 20, pp. 574 – 576.

㊷ 海关总税务司:《通商各关华洋贸易总册,光绪十六年天津口华洋贸易情形论略》,第 43 页。

㊸ 海关总税务司:《通商各关华洋贸易总册,光绪十六年天津口华洋贸易情形论略》,第 46 页。

㊹ 海关总税务司:《通商各关华洋贸易总册,光绪十八年镇江口华洋贸易情形论略》,第 64 页。

㊻ 李兰增:《文安县志》卷 12,实业,1922 年印本,第 33 页。

㊼ 吴汝伦:《深州风土记》记二十一,物产,光绪二十六年(1900 年)。

㊽ 参见:吴承明:《中国资本主义与国内市场》,中国社会科学出版社 1985 年版,第 251、262 页;许檀:《明清时期山东商品经济的发展》,中国社会科学出版社 1998 年版,第 393、394 页;从翰香主编《近代冀鲁豫乡村》,中国社会科学出版社 1995 年版,第 348 页。

㊾ 数据来源:参见表 1 和表 2,镇江输入数据参见张思:《19 世纪山东的洋纱洋布输入与运销(1860—1900)》,《南开大学历史研究所所庆 20 周年纪念文集》,南开大学出版社 1999 年 8 月版。并参照表 1、表 2 价值折算;1 海关两折合当地银 1.05—1.06 两;注意这只是口岸价,非零售价。

㊿ 三省征收田赋数额参见梁方仲:《中国历代户口、田地、田赋统计》,上海人民出版社 1980 年版,第 417—419 页,乙表 81—83 中的统计。

71 华北三省及南方 11 省人口数参见:a. 刘锦藻:《清朝续文献通考》;b. 赵尔巽等:《清史稿》;c. *Trade Reports*,1879,Part Ⅰ,China,p. 113;d. 严中平:《中国近代经济史统计资料选辑》,科学出版社 1955 年版,附录,人口统计表;e. 梁方仲:《中国历代户口、田地、田赋统计》,上海人民出版社 1980 年版,第 268—271 页,甲表 86 中的统计,取各税平均数。华北及南方各省从口岸输入洋纱、洋布数据来源:*Trade Reports*,1896—1900;洋纱 1 担合 120 斤,洋布规格以当时销量最大的本色市布为准,每匹长约 40—42 码,宽约 33—36 英寸,重 8.4 磅以上。参见:*Trade Reports*,1866,Tientsin, p. 89. 每件成衣用布以 2 码计,合市制约 5.5 尺。

⑫ 印度人均消费数据来源:*Commercial Reports*, 1886, Chinkiang, *B. P. P*, vol. 15, p. 715.

⑬ 珀金斯氏根据前人研究指出:在山东、河北、山西等省用传统方式陆运粮食,驮畜行 200 英里则费用相当于生产费用,如运煤炭,20 英里后成本将加倍。参见[美]希・珀金斯:《中国农业的发展 1368—1968 年》,上海译文出版社 1984 年版,第 159 页。

⑭ 在这方面的最新代表性论著有,庄维民:《近代山东市场经济的变迁》,中华书局 2000 年版,第 2、3、184、185 页;刘海岩:《近代华北交通的演变与区域城市重构(1860—1937)》,《城市史研究》第 21 辑,天津社会科学出版社 2002 年 3 月版,第 27 页。

⑮ 参见许檀:《明清时期传统市场的发展》,李禹阶等主编:《区域・社会・文化》,重庆出版社 2000 年版,第 110、111 页。

⑯ *Commercial Reports*, 1867, Tientsin, *B. P. P.*, vol. 8, p. 379; *Commercial Reports*, 1881, Tientsin, *B. P. P.*, vol. 14, p. 135. 另参见:*Trade Reports*, 1866, Tientsin, pp. 86 – 88; *Trade Reports*, 1868, Tientsin, p. 14; *Trade Reports*, 1870—1872, Tientsin, p. 35.

⑰ *Trade Reports*, 1883, Tientsin, p. 15.

⑱ *Trade Reports*, 1867, Tientsin, p. 17.

⑲ *Trade Reports*, 1866, Chefoo, p. 76; 1874, Chefoo, p. 22; 1875, Chefoo, p. 78; 1881, Chefoo, p. 2.

⑳ *Decennial Reports*, 1892 – 1901, Chefoo, vol. 1, p. 46.

㉑ *Trade Reports*, 1899, Kiaochow, p. 80.

㉒ 姚贤镐:《中国近代对外贸易史资料》第 2 册,中华书局 1962 年版,第 837 页。

㉓ 参见从翰香主编:《近代冀鲁豫乡村》,第四部分,中国社会科学出版社 1995 年版;丁世洵:《解放前天津棉纱批发商业史略》,《南开学报》1981 年第 4 期;[美]关文斌:《清末民初天津与华北的城市化:一个网络系统的分析》,《城市史研究》第 21 辑,天津社会科学出版社 2002 年 3 月版,第 57 页。

(《史林》2004 年第 4 期)

北洋时期天津的宪政改革

郭剑林

中国近现代史上的北洋时期(1895—1928年),天津在中国走向世界和全国新政治、新军事、新经济、新文化、新教育近代化进程中,从总体上说处于全方位、多层面的领先或第一地位。现拟从政治上略加分析。

一、在理念上力争改君主专制为君主立宪政治体制

中国早在鸦片战争后即涌现出改革派。而袁世凯在19世纪80年代尚在朝鲜任内就研究日本,并以“飚悍之手腕”两次打败它;中国天津小站练兵;戊戌变法时期即倡导维新,力主变革。“惟望当道者摒除积习,广设学校,储求实才,变革社会”[①]。

1895年8月2日,袁世凯将《遵奉面谕谨拟条陈事件呈》13 000言提交光绪,他全方位改革的方案包括新政治、新军事、新经济、新文化、新教育[②]。与此同时,袁氏成为康、梁“强学会”之“发起之一人也”,他并捐资500金以为会费[③]。

学者指出,长期以来,不少论者推论袁世凯“伪装维新”,“投机强学会”,“虚假地赞成变法”,这种评价并不是事实,“袁对于西法的了解,并不在康有为之下”。袁氏主张与赞同变法,同他深知中国在世界上所处地位和对列强的“蚕食生心,逼处日近,与外国相比较,中国不变法则不能自存,不选择西法则不能致富致强”[④]有关。指控袁“戊戌告密”亦不实,已有不少考证文章述及,不再重复。

美国学者指出,晚清上层内,“尚没有哪一位官员像袁世凯那样,在如此短的时间内,为改良争取到如此多的东西”[⑤]。日本记者佐藤铁治郎写道:“立宪之制度,焉能望有萌芽?微袁世凯,支那不能有今天之景象。”[⑥]列宁指出:袁世凯是“刚刚从自由君主派变成自由共和派的资产阶级代表人物”,“是自由资产阶级活动家”[⑦]。同时代的人评价是最真实客观的。

1901年11月,袁出任直隶总督兼北洋大臣,成为继李鸿章后汉族地方官能够左右中央军国大事顶天立地的大人物。他接着身兼八大臣[⑧],形成“朝有大政,每由军机处向诸北洋(即天津袁世凯而南洋刘坤一或张之洞无足轻重)”[⑨]的政治新格局,是督抚中惟一参预朝廷“政务”,特别是废除君主专制,实行君主立宪制这一项在当时最大的政治改革——官制改革。由此,天津实成为北京的外府、陪都。关于立宪,“京、津使者往来络绎不绝”[⑩],地位无与伦比。

中国在甲午年日本侵华和八国列强侵华巨大刺痛之后,1905年始,以孙中山为代表的资产阶级革命派掀起了旨在建立民主共和政治的大革命潮流;而以袁氏恩师张謇为代表的资产阶级立宪派则鼓动掀起了实现君主立宪政治的大改革运动。但后者认为,若在中国实现符合中国国情的君主立宪,必须事先就商于天津“北洋”,众志成城地敦请袁世凯“执牛耳登高一呼,各省殆无不响应者”[⑪]。天津从总督到媒体成为国家立宪的急先锋。

袁世凯代表天津身兼八大臣有资格领袖群僚,又对他们的君主立宪理念特别“邀赏之”[⑫]。待是年6月26日,清廷为形势所迫谕旨各省督抚和出使各国大臣究竟应如何面对君主立宪的小国打败君主专制的大国——日俄战后的新形势“密行电奏”,“各抒己见”时,7月初,袁即会同两江总督周馥及湖广总督兼南洋大臣张之洞奏请在中国实行君主立宪政治:“欲图自强,宜考求各国宪法,变通施行。”[⑬]这就是引起清廷连日开会,讨论国家立宪并决定派员出国实地考察各国宪政之由来。他们于1906年7月分别回国。五大臣出洋,晚清朝廷立宪理念的“确立”,天津袁世凯功不可没。不是别人,正是袁世凯甘冒生命危险以不怕死力争立

宪,"同顽固派,两不相下"[14],并争得"居然做到可以随时见太后,且可长谈"[15]。两宫驾崩之后,袁氏发誓,"官可不作,宪法不可不立,死何惧哉,有袁某在,非立宪不可!"[16]

天津早在1897年10月26日严复任主笔创办的《国闻报》,以"通上下之情,通中外之故"宣传君主立宪;1902年6月17日英华创刊的影响力最大的另一资产阶级性质报纸《大公报》亦为总督和津人的立宪理念大声疾呼,发表如《论立宪之要素》的社论,揭"开风气,牖民智"[17],"兴利除弊,力图富强"[18]等,以及同富盛名的《益世报》是辛亥革命时期鼓吹宣传维新改革,实行君主立宪,影响达四海的一支强音。天津主流媒体异口同声地鼓动君主立宪。

1906年9月,慈禧终于站到了天津袁世凯、徐世昌一边,宣布预备立宪,仿行宪政。南方资产阶级立宪派代理人张謇见此欢喜若狂,大加称赞天津袁世凯之苦心毅力所获得的巨大成果;"如水之归壑,万折而必东。这是亿万年宗社之福,四万兆人民之命,系公(指袁)是赖"[19]。其信赖之深,依托之重,评价之高,可见一斑!

同时加入天津立宪理念鼓吹者的梁启超指出:立宪政治一大特质,就是"责任内阁制"。即撤军机处,设立责任内阁,负连带责任。关于这一点,天津袁世凯不但极端表示赞成改军机处旧制为责任内阁新制,而且其"气概如虹,主张最多","全案几皆袁世凯一手起草"[20]。但因既触犯了铁良、荣庆、孙家鼐、载沣等一帮顽固的军机大臣、户部尚书、御史、大学士及大批冗官的根本利益而大骂袁"谋为不轨"、"汹汹政变";又打破了皇权至上的大清传统法规,必须杀之而后快。袁与亲贵、顽固派的矛盾与斗争的性质是你死我活的,结果于1908年被罢官,仅免一死。

袁氏君主立宪政治改革理念因罢官而暂时中断。但这种理念又因其东山再起,出山仍抱定君主立宪[21]。他向革命派申明:共和制度,尤其是法国大革命时期的纯粹"责任内阁"制度不适合中国国情,只有君主立宪制度才是维护这个几千年传统国家统一和安定的可靠保障[22]。

然而,在权力杠杆的作用下,袁氏出山与南方革命党和平谈判中得到若赞成共和"中华民国大总统一位断属项城无疑"[23]的承诺,他的君主立宪理念发生了动摇,违心地承认"共和为最良国本,世界之所公认"[24],遂被选举为中华民国第一届北洋政府大总统。

二、在政治实践上实行地方自治

晚清政治体制改革实行立宪政治的社会基础是地方自治。这不仅是当时立宪派最为普遍而深刻的共识,同时也是袁世凯、徐世昌及天津主流媒体最坚决、最认真地上奏请采用地方自治[25]。

1906年8月29日,在全国大江南北一片立宪声中,天津大张旗鼓地首开地方自治领导机关——"直隶自治局","先于立宪政治而兴",率先在天津试办。天津地方自治"以为全国地方自治之准备"。该局之所有章程、条例、选举人资格"均系参酌各国制度,衡以本地风情,先由天津各地办起,随时详报直督核夺"[26]。这类文件大都出自徐世昌的手笔。

直隶自治局设置法制、调查、文书、庶务四课,每课课员"均访日本期成会"(徐从天津地方自治研究所所员中选拔人员组成了"实情考察团"赴日考察四个月)[27];又组成"执行委员"为改善民众的财产、教育、卫生、水利、税收、公务劳动、习俗等进行工作,以加强天津的地方自治运动[28]而采取选举制。该局由官绅、商会、学会、农会等各公团联合组成,并以民主表决方式通过自治章程、条例[29],是比较接近西方和日本的民意机关[30]。

袁、徐为了宣传天津实行地方自治,特别成立了"地方自治研究所"和"地方自治学社"等专门机构,培训天津府七县绅董50人,旁听生59人,学习自治法、选举法、户籍法、宪法、地方财政学、教育行政学、警察学、法学等,并遴选委派学习法政又熟谙土风之直隶人高振望、赵宇航、步以韶等为宣讲员,分赴天津府属城乡宣讲和灌输地方自治的法理意义和切身利益,并编印了《法政官话报》、《白话讲义》,每月各一册,散发给各属学习、张贴,要求达到"家喻户晓,振聩发聋"[31]之功效。

经过一年的组织、宣传和筹备工作,1907年6月,天津开始选举议员的准备。天津当时人口总数为418 215人。16日,正式选举。通过初选、复选、分拣、合拣的方式,在2 572名候选人中,选出30名议事会议员。8月18日,天津议事会被选出,宣告正式挂牌成立。当选的议长为在籍的度支部郎中李士铭,副议长为直隶补用知县王邵康，再由议事会筹备董事会[32]。

袁世凯派秘书入会代表本人表示热烈祝贺，贺词曰：今日为天津议事会成立之日，可为天津贺，并可为直隶全省贺，不但为直隶一省贺，可为我中国前途贺[33]。

天津作为中国历史上破天荒第一次"普选制"试运行，是在民众法律知识匮乏、民主意识淡漠的国情下，而投票者仍占41%，投票率为70%，实属难能可贵，其影响不可小视，与天津近代化密切相关，意义十分重大与深远。

按照袁、徐所设计的地方自治会的责任与使命，是想通过官绅、商、学、农各会代表联合参政议政的形式，以达地方政府决策的民主化、科学化，从而达到"以补守令之阙失，通上下之困扰"[34]之目的。那种认为"天津地方自治是封建专制的附庸，兴民权是假，兴绅权是真"的观点是片面的。问题的实质是：袁、徐的地方自治理念与实践毕竟是中国近现代民主宪政史上一次十分有益的尝试，在和同一时期中国其他地方相比，这一举措不仅是相当大胆和激进的，做了前人所未曾做过的大好事；而且是同天津的新军事、新经济、新文化、新教育相一致同时推进的，为天津的社会经济、文化、教育初步营造了一种现代民主氛围，客观上极大地促进了先进的生产力、先进文化和民主思潮的传播与发展。天津地方自治的成功经验得到慈禧的赏识，并在全国其他省份推行[35]，影响深远，贡献巨大，无法否认。

传统观念一般以主观动机论是非，否认袁、徐参与立宪运动和实行地方自治，是什么"纯粹从反革命和一己私利出发，决非真诚地拥护立宪、推行地方自治"。"但历史总是由行动和结果写成的。对历史活动来说，它的动机对于全部结果来说，同样地只有从属意义。"[36]

民初，中国各省区一般均按天津的经验设立县级议事会，自治会、公议局或会议所。而天津则又定出自己的具体单行自治章程，并扩展到直隶井陉、肥乡、长垣、宁津、清苑、献县、大兴、赵州、景州、庐龙、庆云等地办自治、开民智。只是1914年2月3日，袁氏为对付国民党人而强化统治，曾一度下令停办地方自治（天津亦不例外）。但当政权稳固之后又于12月29日公布了《地方自治试行条例》；1915年4月14日又公布了《地方自治试行条例施行规则》；7月21日再将京兆列为特别自治区域作为全国自治的模范，任命专人筹备，并于9月21日公布了《京兆地方自治章程》[37]。

令津人更加骄傲与自豪的是：民初学历最高、懂外语、翻西书的津人大总统徐世昌，由于学贯中西，比较理解地方自治的重要性，抓住此项政治改革不放，于1919年9月7日，乘"五四"春风，以务实的精神和创新的勇气浇灌地方自治这朵灿烂的民主之花，公布了《县自治法》，以法律的形式明确规定了中国所有各县均设县议事会和县参事会，地方自治之花开遍全中国。该法公布后，由于民初形成了"督军专政"、"省自为政"的分裂割据局面，大都置之不予执行。

徐氏以大总统的名义公布《县自治法》之后，继续抓住不放，于1920年11月17日复令全国各地"切实筹办地方自治"；1921年1月1日，再令内务部召集全国地方行政会议（该会于5月4日开幕，6月8日闭幕），讨论、议决、公布了《县自治法施行细则》、《县议会议员选举规则》等；7月3日，又陆续公布了《市自治制》、《乡自治制》[38]，民选县长、市长、乡长、村长等等。

1922年4月1日，徐世昌终在江苏省37个县区内施行了《县自治法》，原令如下："兹制定县自治法施行区域令公布之。县自治法自民国十一年四月一日于江苏省所属江宁、六合、句容、傈阳、金坛、上海、松江、崇明、青浦、金山、川沙、太仓、嘉定、宝山、奉贤、吴县、常熟、昆山、吴江、武进、无锡、宜兴、江阴、靖江、南通、如皋、泰兴、淮阴、江都、仪征、东台、泰县、宝鸡、铜山、萧县、砀山施行此令。"[39]

《县自治法》规定的"县议事会"议事的内容规则，县议员的选举、任期、权利、义务等，无不相当认真和严肃，是与北洋政府第二届国会即新国会、安福国会相一致施行的，大致与民国元年《临时政法》的规定相同，"对职权等的规定没有变动"[40]。所以，应当说，仍然具有资产阶级民主性质或色彩。

地方自治在津门第一次试运行，并作为中国历史上破天荒的"普选制度"试运行，还"在其他省份推行"[41]，虽难免有"专制制度的附庸，兴民权是虚，兴官绅权为实"之嫌，但却广泛宣传和介绍了西方的宪政思想、制度而必然与传统的封建专制相悖，就全国而论，天津地方自治成就最大，直不啻是一股飘香的春风，吹遍了天津城乡及全国各地，促进了天津经济、文化、教育各项事业的大发展，而直隶亦因此代替湖南省成为全国的模范省影响中国与世界。

诚然,天津地方自治、中国立宪政治都是失败的,这说明民主政治移植到中国来谈何容易!可我们也不能忽略每一次经验积累的社会作用和它在推动下一次试验的意义。

注:

① 王尔敏:《近代名人手札真迹,盛宣怀珍藏书牍初稿》,第 4 156 页;《中日战争》五,第 4 164—4 165 页。

②《军机处录副折档》,中国第一历史档案馆藏。

③ 沈祖宪:《容庵弟子记》卷 2。

④ 孔祥吉:《康有为变法奏议研究》,第 395、397—398 页。

⑤ 费正清:《剑桥中华民国史》第一部,中国社会科学出版社 1983 年版,第 238 页。

⑥ 苏全有:《日本记者笔下的袁世凯》,《历史教学》1993 年第 9 期,第 79 页。

⑦ 列宁:《中国的民主主义和民粹主义》、《更新的中国》。

⑧ 参预政务大臣、直隶总督兼北洋大臣、会办练兵大臣、督办电政大臣、督办商务大臣、督办山海关内外铁路大臣、督办天津至镇江铁路大臣、督办政务大臣。

⑨ 张一麐:《心太平室集》卷 8。

⑩ [日]松岛宗卫:《清朝末路秘史》,大正十四年东京出版,第 80 页。

⑪《张謇全集》第 6 卷,江苏人民出版社 1994 年版,第 865 页。

⑫ [日]内滕顺太郎:《袁世凯》,第 104 页。

⑬《时报》1905 年 7 月 22 日。

⑭《辛亥革命前后——盛宣怀档案资料选辑之一》,上海人民出版社 1979 年版,第 26 页。

⑮《辛亥革命前后——盛宣怀档案资料选辑之一》,上海人民出版社 1979 年版,第 129 页。

⑯《辛亥革命前后——盛宣怀档案资料选辑之一》,上海人民出版社 1979 年版,第 129 页。

⑰⑱《大公报序》:《大公报千号祝词》。

⑲《张謇全集》第 1 卷,第 102 页。

⑳ 徐一士:《清光绪丁未政潮之重要史料》,天津《国闻周报》第 14 卷,第 5、6 期。

㉑ 丁文江、赵丰田:《梁启超年谱长编》,上海人民出版社 1983 年版,第 567 页。

㉒《清末民初政情内幕》上,知识出版社 1986 年版,第 793—794 页。

㉓《时报》1911 年 12 月 8 日。

㉔ 白蕉:《袁世凯与中华民国》,见《近代稗海》三,第 24 页。

㉕《考政大臣之陈奏及廷臣会议立宪情形》,《东方杂志》第 5 卷,"临时增刊"。

㉖《徐世昌年谱》卷上,《近代史资料》总第 69 号,第 5 页。

㉗㉘ 甘厚慈:《北洋公牍编》北京益林公司印本,清光绪三十三年,第 73—74 和 115 页。

㉙《袁世凯奏议》下,天津古籍出版社 1987 年版,第 1 521—1 522 页。

㉚ 天津地方自治以日本"地方议会为张本",《顺天时报》,光绪三十一年三月十八日(1905 年)。

㉛《天津府自治局禀筹设地方研究所派员宣讲自治法理编辑白话讲义文并批》,见《北洋公牍类纂》卷 1。

㉜《天津府自治局详报开局起至议事会成立止一切情形恳请奏饬部立案》,《北洋公牍类纂》卷 1。

㉝《天津议事会成立之日卢学使代督袁演说文》,《北洋公牍类纂》卷 1,第 24 页。

㉞《袁世凯奏议》下,天津古籍出版社 1987 年版,第 1 520 页。

㉟㊶《大公报》1907 年 10 月 3 日。

㊱ 恩格斯:《路德维希·费尔巴哈与德国古典哲学的终结》,第 244 页。

㊲ 钱实甫著:《北洋政府时期的政治制度》下册,中华书局 1984 年版,第 293 页。

㊳《县自治法》要求 1921 年 10 月 1 日起在浙江省各县施行;是年 12 月 1 日起在吉林省 17 个县施行。

徐氏特发县自治施行日期和施行地区令。

㊴《政府公报》第2 181号,1922年3月28日。

㊵ 钱实甫著:《北洋政府时期的政治制度》上册,第36页。

(《船山学刊》2004年第4期)

从军事卫所到经济中心
——天津城市主要功能的演变

张利民

城市功能是指城市在一个国家或区域自然和社会经济环境中所承担的任务和发挥的作用。每个城市的功能都是多重的,既有政治功能,也有经济和社会功能;但是城市自身条件和周围环境决定了城市的主要功能。而且随着环境变化,城市主要功能也相应地有所变化。因此,城市主要功能的发挥,决定着城市的发展,决定着在区域乃至全国的地位和作用。天津自明代初期设立卫所到1937年七七事变前的半个世纪期间,从小到大,城市的空间范围和规模有巨大的扩展,城市的主要功能也随着自然和社会环境的变化等诸多因素发生了重要的变化。总的趋势是,从传统的军事政治为中心的城市,向以经济为中心的城市转变,开埠通商以后的这种转变,也是城市政治、经济、社会等全方位近代化的进程,分析天津城市功能的转变,探索城市近代化的发展过程,有助于把握中国城市的发展脉络和规律,为科学地制定城市的长期发展规划提供借鉴。

一、城市多功能的形成

政治因素在中国城市的形成和发展过程中起着非常重要的作用,是中国城市与西方城市的显著区别。在长期的中央集权统治下,城市首先是各级政府的所在地,是不同层次的政治中心;其次有些城市是为了军事防御的需要而设立,是巩固边防和战争中的军事据点,也是历代战争攻守双方争夺的焦点。因此在中国,城市是国家统治机器的一个重要组成部分,是随着国家统治的兴衰起伏不断发展变化的。在中国城市中也有十分发达的商业,代表着城市的繁华。但是,城市中重要的手工业往往是官办的,且奢侈品生产占较大比重,城市商业在很大程度上也是为统治者服务的。总的来看,在中国古代,城市是保护封建主财产的堡垒和统治农村的基地,其作用是经济上剥削农村,政治上统治农村。这与西欧有绝大的不同。明清以后,社会生产力有较快的发展,无论从城市的数量、规模、类型、建设、功能,还是城市内部生产关系和生产方式,都有显著的变化。出现了许多大中商业和手工业城镇,特别是江南,由于交通和生产力的发展,商品经济增强,中小城镇迅速增多,城镇商业繁荣,人口增加,出现了许多有名的手工业、商业较集中的城市和交通枢纽。

天津城市形成初期的功能以军事防御为主。明代初年中央政府为了巩固边境,防止北方外族的进犯,在北方设立了大同、宣化等"九边"重镇,在沿海也设立了军事卫所,如沈阳中卫、山海卫、天津卫、威海卫等。天津就是明永乐二年(1404年)设卫的。根据明代兵制,"卫"是独立于行政系统之外的一级军事建制,实行的是兵农合一的管理办法,世袭的军士在所属之地屯垦,天津三卫共有官兵16 800人,其指挥机关即设城内,指挥使,指挥同知,指挥佥事、千户、镇抚、百户等各级官吏,其职能范围多局限于与军事有关的方面,如筑建城垣、戍守卫城、监督保护漕运、修建和保卫粮仓,以及屯田和军事训练。所以,最初的天津是以防御为目的的军事城堡。明朝迁都北京后,天津作为拱卫首都的门户,军事和政治地位凸现,衔接了南方、首都和辽东前线之间粮饷、军队和装备的供应。日本攻陷朝鲜意欲进犯中国时,天津是从海上援助军队和物资的输送中心,以后金政权发兵攻明,天津遂成为调兵、筹粮、运饷乃至打制兵器、筹备物资等的军事基地。另外,首都北京这座近百万人城市的食粮和驻守北方边境官兵的军饷等要依靠南方供应,海运和大运河是漕粮北上的通道,天津作为粮饷供给系统中的重要环节,更加显示出其重要的政治和军事上的作用。因此,在天津陆续增添的盐运都司、巡盐部院、督饷部院、屯田部院、天津巡抚、天津通判和海运、漕运总兵,以及弘治三年(1490年)增设的天津兵备道等,官署多驻天津城,使其职能除了掌管"操练军马,修竣城池"之外,还有"禁革奸弊,问理词讼,兼管运河事宜"的权利[①]。这些官署虽然也有一些地方行政管理的色彩,但是主要职能仍然是军事防御、监管漕运和保护仓廒等。

当然,天津的起步也并非没有自然环境和社会经济发展的因素。天津是南北海运和运河的交通枢纽,明代每年南粮北调的漕粮约在200—300万石之间,以后增至近700万石。大量的漕粮汇聚储存在天津,促使天津及附近囤积粮食的仓廒迅速增加。这些仓廒既有露天的,也有永久性的;从15世纪中叶的近百间,到17世纪初增加到300余座[②]。在明初军士屯田以后,"开渠灌田"、治水垦田、南稻北植和民间屯垦等接连不断,其作用在于改变天津周围的经济环境,提升天津的经济实力。

在交通枢纽功能不断提高的同时,必然也带来城市本身经济的发展。政府准许运送漕粮的水手和商人夹带各种土特产品——"土宜",每船夹带的土宜从最初的10石增加到80石,这些来自江南和闽粤的日用品和奢侈品在天津卸卖,也带动了天津商业的发展。明代初期天津境内有盐场,明末的产量仅次于两淮,居全国第二位。盐业是官府专卖垄断,其产销有严格的控制,长芦盐行销的地区是河南以北,天津盐商利用官府发放的盐引将盐运销各地,又带回土特产品,获利丰厚,是天津财力最雄厚的商人。但是,应清楚地看到,明代天津的形成和初步发展仍然依附于首都北京,作为拱卫京师和保证北方粮饷通畅的军事重地,没有脱离开传统城市的发展轨迹。

清代前中期天津政治地位有了较大的提高,更重要的是经济功能迅速增强。

首先,政治和军事功能继续增强。这时天津已经不用防御关外进犯,但拱卫首都的地位没有削弱。一方面是防御台湾郑成功等抗清力量的北进,另一方面防范西方殖民者和日本对中国的窥视活动。当时天津有较为完整的军事防御系统,城楼四角有炮楼,城外和沿海各地有炮台,在海口有水师营。道光初年政府又命令直隶总督召集团练,修筑土堡,加强了对内对外的防务。

同时,鉴于地方行政管理上"虽有卫备之官,而无屯田之军,纳粮当差,与民一体"。"天津所管屯庄,俱在各州县,远有三四百里不等,津城附近,反无统属,西门南门以外即为静海县地方,北门、东门以外仅隔一河,又系武清县地方","一有缓急,虽咫尺之民,呼应不灵"。雍正三年(1725年)清政府将天津卫改为天津州,由原来的军事城堡变为地方行政管理机构,同年十月又升为直隶州,辖武清、青县、静海三县,直隶州的行政层序与府同。建制如此变化的好处是"经界整齐,设施便利,既无鞭长不及之虞,亦无临封掣肘之患"[③]。于是,天津一城既为府治又为县治,城内设有府、县两级官署,集中了分管府、县行政、司法、治安、教育等机构的众多官吏。同时,天津为畿辅首邑,又有漕运、海口和盐业等,清廷还设立了许多专门性的机构。如将河道总督从济宁移到天津,巡理河间、天津二府18县的河务和漕粮。长芦盐运使和长芦巡盐御史移到天津,督察、审理和巡视一切盐务事项。钞关衙署也于1682年从河西务移到天津,更名天津钞关,负责收取关税。另外,天津总兵统辖顺天、永平、河间、天津四府所属的军务,总署设在天津,下辖镇标营、城守营和水师营等。

其次,天津城市经济功能开始发挥作用,并显示出发展的潜力。政治地位的提升是城市发展的重要标志之一,同时城市经济功能的提高是城市持续发展的基础。天津作为交通枢纽为经济带来巨大的促进作用。清代天津继续承担着首都和北方驻守官兵粮饷转运和囤积的任务,有常年负责漕运及屯留的兵丁14万人,运船万余只,运送漕粮400余万石,还拥有数百座仓廒贮藏漕粮。更重要的是,持续的稳定局面和农业生产力的提高,促使农业有较快的发展,尤其是东北招垦令后农业迅速开发,成为新的粮食产区,提高了供给能力。在此基础上,南北沿海的帆船贸易带动了区域间商品市场的活跃。天津这时已经不仅仅是政府粮饷的转运和囤积之地,更重要的是沟通南北海运、河运的商品流通,促进沿海与内地的经济联系,成为北方最大的商品集散地。最初,政府实行海禁政策,漕粮由运河北上,数千只漕船装载数百万石漕粮和土特产品往来于运河之上,"漕船到水次,即有牙侩关说,引载客货,又于城市货物辐辏之处,逗留迟延,冀多揽载,以博微利"[④]。每值漕运时节,天津沿河码头南北船只穿梭往来,"帆樯云集,负缆者邪许相闻"[⑤],商贾汇聚,一时间市声鼎沸,百货云集,"繁华热闹胜两江,河路码头买卖广"[⑥]。康熙中叶海禁废弛以后,南北商品依靠海船贩运的规模日渐兴盛,清嘉道年间东北输往直隶、山东二省的高粱、粟米等粮食每年约一二百万石,输往江南的豆麦、杂粮每年更高达上千万石。江南的绸缎、布匹、糖类、纸张、茶叶、米、瓷器、竹器、南广杂货等源源不断地由海船运来,从天津再运销到首都等城镇和内地农村,天津腹地广大农村的棉麻、豆货、药材、枣、梨等干鲜果品也通过海船运往江南,都促使天津集散能力迅速增强。

集散能力的增强带动了天津商品市场的发展,其规模远远超过了明代。除了本地的坐商,华北内地和南来的客商、贩运商外,还有盐商、船户和小商贩等。市场的繁荣使商人逐渐形成以一定品种商品为主的有地缘色彩的商帮。如闽粤和江浙商人以船业和南北贸易为主,主要经营南广货、粮食、豆类、瓷器等。山西商人经营范围主要是典当业、烟行、颜料杂货、钱庄票号等,乾隆年间平遥商人雷履泰在津开设的日升昌颜料店,发展为票号。山东帮主要经营绸布、饭馆、茶叶、皮货等行。估衣街的“祥”字号绸布店,如谦祥益、瑞蚨祥、瑞生祥、瑞林祥、庆祥等都是山东帮开设的;登州、莱州、青州商人则擅长经营饭馆。直隶的南宫、冀州帮多经营铁、竹木、磁器、日用杂品和炊具等业。天津本地商人以经营盐业、粮食和木材为最。著名的“天津八大家”中有四家是盐商,其余四家经营粮食业。大粮商多自有海船,兼营运输,从事东北粮豆贸易,每年往返于锦州、牛庄等地三四次,获利尤丰。天津八大家之一的天成号韩家即开设粮行,并拥有海船数十艘,不仅自己从事粮豆贸易,且承揽商货往返于沿海各埠,甚至远至朝鲜、日本。市场上各类商店齐全,分工也略显细密。粮食业分为粮店、斗店和磨房三个行业,茶叶、竹木、瓷器也与杂货行分离成为独立的行业;旧有的牙行业各有分工,干鲜水果、山货、渔业、木材等各司其业。闽粤商船来后“恐人地生疏,设立洋货起卸行,代客评价出售”。他们“任听客商自行投卸”,以客商住宿、货物储存和介绍买卖双方交易为业务。仅嘉庆四年(1799年)就开设了9家洋行局栈[⑦]。

清代,天津的金融业也有很大的发展。乾隆年间有以兑换银钱为业的小兑钱摊、换钱铺和兼营兑换银钱的首饰楼,以后逐渐发展为以经营存放款和银钱兑换的钱铺、钱局或银号。由于这类行业多集中在北门外和东门外,使该地区有“银市”的别称。嘉庆初年,山西人在天津创办了票号,以异地银钱汇兑为主业,至道光年间天津有17家票号,在天津金融市场上占有重要地位。另外,典当业很发达,18世纪中叶天津城内就有40余家。

重要的是,天津并不是商品的终端市场,而是作为中转集散地,将沿海贸易集中在这里将南广货等销往北京和内地。当时,天津有数条通往内地的河道:大清河向西至琉璃河镇,一直向西到达保定、定兴地区。由子牙河往南,行至武强县小范镇与滹沱河汇合,沿滹沱河、滏阳河进入直隶中部和南部各县;另外一路从小范镇改陆路经获鹿县到山西省境内。由大运河南下,到山东西部、直隶南部各州府,在临清溯卫河直到河南北部地区。夏秋两季各河道各式各样民船穿梭不息,天津码头千帆林立。海关税务司在天津开埠之初就对此评论到“在中国除去上海或许还有广州,没有任何一个口岸像天津这样有着同内地如此良好的水路交通”。从而,形成了以天津为中心的经济腹地。

到了清代中叶,天津在政治军事功能增强的同时,以交通和商品市场为主的经济功能对城市发展起到了至关重要的促进作用,开始摆脱了传统城市以政治军事功能为主的藩篱,而是根据城市发展的规律,形成政治和经济功能相辅相成的多功能城市。从天津行政建制的提升上看,从明永乐二年(1404年)天津设卫,到雍正三年(1725年)建立天津州,经过了300多年,而从天津州升级为府,则仅仅经过了6年,足以说明天津政治经济地位的迅速提高。

二、新格局下政治功能的异变

在清中叶,天津已经是府县政府的所在地,以集散和市场为主经济功能促使人口聚集,是拥有近20万人口的北方第二大城市。随着社会的稳定和商品经济的发展,城市经济将会对城市规模的扩大越发起到推动作用。但是,西方的入侵和政治经济实力的扩张,给天津的主要功能增加了更多的政治色彩。之所以称之为异变,一是因为面对西方的入侵,在军事防御上天津拱卫京师的门户作用进一步加强之外,还增加了代表清政府与西方会谈、谈判以及磋商等中央政府外交部所辖事物,可以说一度是对外交涉中心。二是天津紧邻首都,原来是依附于首都出现和发展的,而近代以后尤其是1870年以后李鸿章和袁世凯充任直隶总督兼北洋大臣前后达28年之久的时期中,天津的政治功能极度膨胀,他们办洋务、建海军、兴实业、立自治等多在全国起示范的作用,已经超出了一个府或省级政府的职能范围,在全国的政治地位举足轻重。

天津作为首都的门户,是军事防御的最后一道防线。为防备西方入侵,早在第一次鸦片战争前大沽就设有炮台,海口有水师营和近百尊炮的防御阵地,后又将防备海盗的奉天、直隶、山东三省巡船会哨,改为专门提防外国武装的海上入侵,并以天津为重点;军队的数量也随之增加,近守护海口炮台的曾一度增至6 790名。但是这些并不能阻挡殖民者。1858年的大沽口失陷,英法联军沿海河而上,兵临天津城外;1860年的大沽口之战后英法联军占领天津城,随后攻陷了北京。在太平天国北伐时,清政府调集重兵驻守天津,修筑壕墙,抵挡住北伐军进攻首都的步伐。1900年八国联军在天津镇压义和团,致使天津和北京又一次陷落,天津遭军事殖民统治达两年之久。随后签订的《辛丑条约》中规定,天津周围20里内不得驻扎军队。使得天津军事防御的功能几乎从此丧失殆尽。

值得重视的是天津作为清政府对外交涉中心,在一定程度上是中央政府负责外交事务的总理衙门的延伸,使天津一时间政治功能陡升。

首先,天津成为对外交往的前沿。清政府与外国的很多谈判和订立条约都是在天津进行的。1840年英国殖民主义者发动侵华战争,在封锁广州北犯定海的同时,由海军提督懿律等率军舰驶抵大沽口外,向中央政府递交“抗议书”。8月30日全权大臣琦善在大沽口海岸上架设八座帐幕,开始与英方谈判,这是在天津最早的中外谈判。1854年英、法、美国公使乘军舰到大沽口外,要求与清政府代表进行修约谈判,但双方没有达成条件。1858年英法军舰闯入大沽口,冲破防御设施,沿海河而上兵临天津城外后,要求清政府派大员前来共议。清政府迅速派员在天津城南的海光寺与四国公使交涉,最终与各国签订了《天津条约》。1860年英法联军攻陷天津和北京后,清政府不得不与侵略者签订了《天津条约》的续约即《北京条约》,天津被迫开放为通商口岸,成为距离首都最近的通商口岸。

天津之所以成为清政府的外交中心,其一,天津是离首都最近的通商口岸,这样的距离,使得地方封疆大吏可以不受朝廷的严格约束,保持其有一定的独立性,并且又便于对朝廷施加影响。其二,天津是洋人在北方最聚集的城市,到20世纪初共有8国租界和14个国家的领事馆,他们利用租界和为清政府办洋务等机会,大量窃取政治经济情报,推销军舰枪炮和机器设备,利用外国银行对清政府的借债控制和中国的外交、洋务、政治和财政等事务,甚至插手中国政局。

天津开埠后,清政府为了尽量避免在北京直接与洋人交涉,根据负责英法谈判的恭亲王奕䜣建议,“天津一口距京甚近,各国在津通商,若无大员驻津商办,尤恐诸多窒碍”[⑧],仿照先例设立了办理三口通商大臣,驻扎天津,统管牛庄、登州、天津三口通商事务,成立的时期与清政府设立总理各国事务衙门为同一天。在天津设置的三口通商大臣“专管洋务,兼督海防”,实际上是总理衙门在天津办理外交的代表,协助清政府办理各项对外交涉,探访各国动态,其作用和地位十分重要。1870年裁撤三口通商大臣,设立北洋大臣由直隶总督兼任。于是,朝廷主要负责外交事务的重臣李鸿章充任直隶总督兼北洋大臣达25年,加之袁世凯在20世纪初的任职,天津有近半个世纪是在李鸿章和袁世凯的掌握之中。天津是进入首都的主要口岸,外国公使入首都前都要首先与天津的李鸿章会见,彼此互通观点,寻求解决的办法和途径。李鸿章将及时地向朝廷通报消息并接受朝廷的指示。这些,使天津的政治地位陡然上升。“天津教案”毋庸细言是在天津由三口通商大臣与法国驻华公使解决。1870年后的日本侵占台湾的交涉,也是在天津。1871年日本副使柳原等来津,“欲奉本国信函面递,总理大臣则云不可遽令来京”,予以拒绝[⑨];随后在天津订立了《中日修好条规》和《中日通商章程》(1871年9月13日)。1874年日本又派全权大臣大久保利通来中国,他先到天津,“曾经美副领事毕德格向李鸿章密陈”,李鸿章认为“该使臣来意甚不平和”,“录述毕德格所议,密致臣(总理衙门大臣奕䜣)等备酌”;日本使臣到北京谈判僵持后,李鸿章携“法国使臣由津来京……从中调停”,结果迫使请政府订立《北京专条》。[⑩]1875年的马嘉里事件,李鸿章为全权大臣由天津乘轮船到烟台与英国公使威妥玛会谈。日本侵略琉球和朝鲜的中日交涉,也是在天津由李鸿章主持的。1878年驻日公使何如璋多次就日本图谋琉球事致函掌握清政府外交实权的李鸿章,美国前总统格兰特也在日本致函李鸿章为此事说合,李鸿章与总理衙门多次磋商,最后形成退让和妥协之势。1883年法军进犯越南北部,清军失利,翌年李鸿章在天津与法国订立了《中法简明条款》,承认法国对越南有所谓“保护权”;但是一个多月以后,法国又挑起战争。天津远离战场,却是中法谈判的所在地。法国驻天津领事林椿的日记,再现了他在天津如何搜集情报,如何与李鸿章交涉的情景[⑪],虽然清军在战争中取胜,但李鸿章“乘胜即收”,迅速与法国订立《中法停战条件》,并在天津订立了《中法条约》。1885年朝鲜之变后，日本派伊藤博文为全权大使来中国要挟清政府，朝廷上谕，“李鸿章熟悉中外交涉情形，必能妥筹因应”，“派李鸿章为全权大臣，即著该督与日使在津商议事务”；所以伊藤首先到天津，“匆匆入都，旋由都来津”，与李鸿章会议[12]，1885年4月在天津订立《中日天津条约》。1893年朝鲜局势恶化，又是李鸿章与日本谈判。1903年日俄在旅顺为争夺东三省而挑起战争时，直隶总督袁世凯与前日本驻华公使青木、驻天津总领事伊集院彦吉进行了“秘密接洽”后[13]，向清政府报告，“日前日本使臣内田康哉遣其驻津总领事伊集院彦吉来告，以中国应担责任各事，大要本于局外公法”。他建议，“近日情形，日本已许我局外，各国亦无异言”，“无论俄人一向如何，在我必须先从守局入手”[14]。即在清政府宣布“中立”前，袁世凯已经安排就绪。

除了由直隶总督与各国公使、驻津领事进行秘密磋商、会谈和订立各种条约外，在一些涉及洋务、海防等事务上的中外交涉，许多也是在天津筹划的。仅以李鸿章建立北洋海军为例。中国海关总税务司赫德是李鸿章处理外交事务最得力的顾问，1879年曾向总理衙门呈递了《试办海防章程》，建议由他总司南北海防、添购快船等，由南北洋各派监司大员与他所选洋将会同督操。虽在清政府官僚的反对下赫德未能如愿，但在李鸿章创办北洋海军时，他仍然起着非常重要的作用。1875年赫德就与李鸿章在天津协商，从英国阿摩士庄(Armstrong)厂订购四艘蚊船，1877年李鸿章再次请赫德以南洋、山东和广东的名义代为订购了七艘蚊船。以后要购买快船和铁甲船，也是李鸿章与赫德协商确定的。1879年李鸿章请赫德帮助以65万银两的价格在英国阿摩士庄厂定制两艘碰快船，并欲在英国购买铁甲船等。袁世凯在天津小站创建新式陆军，也是购买了德国的装备，聘任德国军人为教官，以后发展为北洋六镇。北洋政府时期，王锡彤替段祺瑞等从天津德商瑞记洋行订购了500支枪和15万发子弹，陆军部从逸信洋行先后购买了1 000万发子弹、6 000支步枪和60万发子弹，拱卫军总司令部向瑞记洋行订购40支机关枪和200万发子弹，徐树铮曾在礼和洋行为粤、闽、湘、浙等订购大批的枪弹，价值约200万马克[15]。从19世纪70年代到20世纪初，清政府的许多衙门，特别是涉及中外交涉的衙门纷纷在天津设立机构，从中外谈判、创办新式海陆军，到购买新式机器设备和武器装备、兴办西式教育等活动，使政府官员、幕僚和受政府雇用的洋员，外国的公使领事和大小商人等云集天津，构成一道前所未有的风景线。

其次，天津在李鸿章和袁世凯的主持下，通过推行洋务事业和清末新政等，增强了城市政治功能。李鸿章精通洋务，在清政府的支持下，在天津建立了一系列的洋务设施，北洋海军的营务处设在天津，负责办理购买军舰、武器装备和训练的配给供应等，并设立了大沽船坞和天津水师学堂。天津机器局是北方第一家近代工业，津沽铁路、开平煤矿以及电报、邮政、电话等，都是全国首创；另外建立了一些以西法教育为主的学堂等。这些，无疑增强了城市的经济实力和经济功能。而更重要的是，任何一项活动无不与清政府利用西式先进的军事装备来增强统治能力有直接的关系。如在筹划天津机器局时，有人建议：“天津距京不远，而又近海，购料制造不为费手，宜速于扼要处所添设机器厂，裨资在京员弁就近学习，以固根本”[16]。电话、电报为清政府服务的作用更加明显。1900年庚子事变，八国联军将上述设施尽数摧毁，但是天津的政治地位并没有因此而跌落，其重要原因之一就是袁世凯秉承清政府的旨意，利用新政进行管理机制、教育等多方位的改革，使天津的政治地位达到空前的高度。袁世凯以前就在天津创建了新式军队——北洋六镇，形成了十分强大的军事力量和北洋军阀的班底。1902年袁世凯作为直隶总督接收了都统衙门后，一方面继续维持该军事殖民政权制定的城市管理的机构和措施[17]，另一方面进行城市管理等各方面的改革。如建立巡警局、工程局、卫生局、捐务局等城市管理机构，并制定了相应的法规；创立审判厅、新式监狱、天津府自治局和天津县议事会等地方自治机构。在城市建设方面，开发新市区和旧市区北部，并制定措施促进新区的形成。在提倡实业方面，创办直隶工艺总局、考工厂、劝工陈列所等，培养技术人才，直接资助兴办水泥厂、煤矿等各类工厂，使“人人各印入实业二字于脑中而如响斯应”[18]。在兴建新式教育方面，成立劝学所、启蒙院、幼儿园、各级学堂和专科学校，积极开展社会教育和出国留学考察等。以上措施，一方面使天津在城市管理、地方自治、振兴实业和新式教育等走在全国的前列，在全国的地位达到前所未有的高度，直隶省也俨然以新政模范受到全国的注目。当然，袁世凯的活动也造成自身政治军事势力的膨胀和北洋军阀集团的崛起，以至天津成为北洋军阀活动的策源地。

再次,天津有各国领事馆和外国租界,是政界上层人物遇到危机时的庇护所和安全岛,也是心存某些企图的军阀官僚和政客的力量积蓄地,租界的"世外桃源"环境也成为寓公的聚集地。在戊戌维新时,梁启超就是从北京在日本公使的帮助下逃到天津,乘轮船亡命国外。1909 年前后袁世凯在朝中失势,听说载沣欲置他于死地,微服乘火车星夜赶奔天津,住在英租界利顺德饭店,租界当局派专人保护,后经皇族疏通斡旋,才免杀身之祸;随即将其在北京的眷属大部分迁到天津。民国初年政治纷争和军阀混战,聚居租界的有皇族、遗老、失势或被通缉的官僚政客,以及在本地已无法立足的地方权势;也有因政权更迭而暂时被赶下台的官僚和政客,他们窥伺北京,并与各国领事有密切的交往,等待时机重新上台。由于天津是北洋军阀的发源地,北洋军阀、官僚和政客常常聚集在这里策划种种阴谋。所以历来有"北京是前台,天津是后台"之说。[19]

当然,天津政治地位的空前提高,也使其最早接触到西方技术和教育,促使其思想观念的更新,天津的经济功能也得到了很大的增强,在巩固了天津是北方最大的进出口贸易口岸的同时,在近代工业、金融和商业的起步最早,发展也最快,为以后天津经济功能的迅速增强打下了一定的基础。

三、经济中心的确立

近代以后,中国城市开始迈入近代意义的以城市自身规律发展的进程,城市自身特点决定其功能、性质和发展。天津的特点是,北方最大的通商口岸,拥有较强的经济实力,有广阔的经济腹地。这些决定了经济功能是天津城市发展的主要因素,代表着城市近代化水平和在全国的地位。如果说 19 世纪末和 20 世纪初天津在清政府支持和封疆大吏主持下,政治地位迅速上升,在全国鹤立鸡群的话,那么 20 世纪以后天津城市的经济功能得到充分的发挥,迅速发展成为中国北方的经济中心。

如前所述,在清代中叶天津已经具有相当的商品集散能力,商品市场的发展也很快,在一定程度上开始摆脱依附于首都北京的关系,成为政治与经济功能相辅相成发挥作用的城市。

天津开埠通商以后,天津的经济活动已经不再是仅仅以首都和华北地区为对象了,而是面对世界市场,成为世界市场的组成部分,经济功能逐步显现出巨大的作用。天津开埠通商至 20 世纪初,最突出的是对外贸易繁荣;近代工业兴起,标志着城市经济开始向近代经济的模式发展。

首先,对外贸易从无到有,大批洋货和土特产品汇集,天津成为北方对外贸易的最主要口岸。天津海关进出口贸易总值 1863 年为 718.8 万两,到 1885 年增加了一倍,1895 年又增加了近一倍,为 5 017 万余海关两,到 1898 年达到了 7 000 余万海关两[20]。1865 年占全国进出口比重的 12.33%,到 1895 年增长到 15.93%[21]。

其次,加强了天津与国内沿海的经济联系。近代轮船将天津与南方、辽东的沿海贸易更密切地联系起来,其往来的商品也不仅限于原来的商品,大量的洋货从上海进入中国后用轮船运到天津,汇集天津的产品也从上海出口。轮船运输成为天津与沿海经济交往的主要方式之一。

再次,以内外贸易为主的商品市场和商品流通凸显出巨大的活力。开埠通商以后,天津商品市场上的商品来源于多种途径,销路扩大到世界市场。商品品种有传统的农产品和手工业品,更重要的是大生产的机制品愈来愈多地充斥市场。从商品的用途上,有民众生活的消费品,有近代工业需要的原料和建筑材料,也有专门供应世界市场的土特产品。从此,天津商品市场的性质开始转变。

最后,近代工业作为新的经济成分出现,改变了原来的城市经济结构。天津出现了官办的天津机器局和大沽船坞,华商的北洋织绒厂、火柴厂和机器磨房等。外商建立了打包厂、煤气公司、自来水公司和卷烟厂等。这些以蒸汽、电力作为动力的企业,标志着天津近代工业的出现。

综上所述,到 19 世纪末,天津的经济功能在原来基础上迅速增强,尤其是在内外贸易发展带动下的商品市场和商品流通扩大了天津与世界市场、沿海、内地市场的联系,为以商业贸易为特色的天津经济功能的充分发挥创造了良好的条件。

20 世纪以后,天津开始进入了经济快速增长的阶段,到 20 年代天津的经济实力大增,辐射范围扩大,已经发展成为华北乃至西北和东北地区的经济中心。这时,天津以内外贸易、近代工业和金融业等为主体的经济功能,是城市发展的主要推动力,即便是在日本军国主义殖民统治时期,天津以经济功能为主的性质也没有改变。经济功能的迅速增强主要反映在以下几个方面。

首先,内外贸易成为城市经济快速发展的主要动力之一。天津从1902年起大规模地进行与世界市场的直接贸易,进出口贸易净值迅速增长,1902年为8 947万海关两,1906年突破1亿海关两,到1911年达到11 653.6万海关两。1921年上升到22 477.9万海关两,1931年达到35 022.9万海关两。1931年与1902年相比增长了近三倍。对内贸易也由于近代交通运输网络的建立日趋繁盛,形成了以天津为中心的包括终端市场、中转市场、中级市场、专业市场和初级市场的多层次的商品市场网络[22]。

其次,近代工业为城市经济实力的增强奠定了一定基础。天津的华资工业是在20世纪以后开始逐步发展的,1902年至1913年是天津近代工业重新兴起阶段。清政府实行振兴实业的政策,地方官府也通过政治或经济手段开发地方实业,使北方民气大开,办实业之风盛行。1902年至1913年间天津出现了38家华资工业企业,涉及面粉、烟草、火柴和榨油等轻工业。第一次世界大战期间,天津又掀起了兴建工业企业的高潮,其特点是由军阀官僚等投资创办了许多大型企业。如1915年以后建立了恒源、裕元、华新、裕大、北洋、宝成六大纱厂,共有纱锭21.7万余枚,在全国华商纱厂中居第二位。出现了多家毛纺织工厂,特别是1931年建立的仁立和东亚两家毛纺厂,引进了外国的设备、工艺和原料,提高了产品的质量,增强了竞争能力。1914年范旭东在塘沽创立的中国第一家大型精盐企业——久大精盐公司,1925年资本增到250万元,年产量50万担;1921年又创办永利碱厂,资本150万元,从美国购置设备,采用最新工艺,生产的纯碱品质优良,在美国博览会上获金奖。1916年后7年内建立了4家大型面粉厂,日生产能力达到l6 540包;以后又新建了7家,到20世纪20年代末天津机器面粉业的日生产能力近4万包[23]。天津三条石的铸铁和机器手工业作坊也逐步完成了向半机械化生产过渡。另外,在卷烟、火柴、造胰等行业也有一些规模不等的企业出现,构成了天津以纺织和化工等行业为主的近代工业主体构架。

外商企业开始涉足建材、榨油、卷烟、地毯、机械修造等行业。20世纪30年代以后日商企业迅速增加,不仅开设了数家橡胶工厂和冶炼厂,更重要的是以贷款等方式吞并或收买了华资大型工厂,在纺织、面粉等行业逐渐占据垄断位置。

再次,近代金融业和金融市场为城市经济功能增强提供了较为可靠的保证。19世纪末,英国汇丰、俄国道胜和日本横滨等外资银行在天津建立了分支机构。20世纪初,更多的外资银行来此设立分行,如东方汇理银行、华比银行、正隆银行、花旗银行和运通银行等。更重要的是,华资银行的建立改变了外资银行的垄断地位。1910年前设立了北洋保商银行、志成银行、直隶省银行和殖业银行,第一次世界大战后至20年代末期形成了兴办华资银行的热潮。到1925年总行曾在天津的银行有15家,资本总额3 061.3万元,居全国第二位。尤其是盐业、金城、大陆和中南银行,通称"北四行",以雄厚的资金和强大的后盾,控制着天津以及北方金融的流通,与浙江兴业、浙江实业、上海商业储蓄银行"南三行"南北呼应,形成在全国的鼎立之势。

到20世纪20年代,天津无论是内外贸易、金融市场,还是近代工业结构都达到空前的水平,对经济腹地的辐射力也随之扩大。于是,建立在口岸贸易基础上,并有一定特色的近代工业体系和以广阔的经济腹地为特征的经济功能,成为推动天津城市发展的主要功能。从此,天津作为北方经济近代化的代表,确立了北方经济中心的地位,是继上海之后中国最令人瞩目的工商业城市。

20世纪30年代前后,日本开始将其经济侵略的重点转移到以天津为中心的华北地区,日本朝野以天津为基地,设置各种机构,进行大规模经济调查,收购华资企业,建立日资工厂,积极扩大与日本的进出口贸易。七七事变以后,日本对天津的定位更加明确,就是要把天津作为对华战争军需供应的兵站和战略基地,充分发挥天津在其对华战争中的经济功能。在长达8年的殖民统治期间,日伪政权全面推行和实施了日本的对华经济政策,进行所谓的"经济开发"。如兴建塘沽新港作为华北的"中心港",改建和修建天津通往腹地的公路,垄断对外贸易;除了增加对天津原有行业投资外,加大了对冶金、机械、橡胶、颜料、电力电器、造纸印刷等行业的投资力度等等。以天津的日商为例,1936年为1 555家,到1940年增加到5 832家;日资工厂1939年为54家,资本总额9 452万日元,到1942年增加到225家,资本总额为40 572万日元[24]。日本对天津的投资占不包括东北的在华投资比重,从1936年的8%,上升到1938年的24%,增长率为374%,而同期青岛从20%下降到12%,上海从50%下降到35%[25]。这时,天津是在长期战争状态下的畸形发展,完全被日本军国主义纳入了为侵略战争服务的体系,是日本战时经济体制下战争军需品加工制作基地和掠夺集散战略物资中心。

总之,天津最初所显现的城市功能,没有摆脱中国城市发展的特点,是以军事防御功能为主要功能。随着明清时期经济的发展,天津城市的经济功能也在不断增强,经济地位也有较大的改善,但当时的各种政治经济等活动都围绕着首都运转,有限的交通运输也是以首都为中心,天津本身的生产能力除了盐业外,消费能力远不如首都,所以并没有脱离是首都门户的依附关系。开埠通商以后,门户的功能从一定意义上看更加扩大,不仅仅是拱卫首都的门户,在抵御外国政治、军事和文化侵略等诸多方面,甚至人们的观念上都存在着门户的概念。但是,随着经济的发展,特别是商品市场的逐步繁荣,城市本身的职能——区域经济中心的功能就愈发突出出来,并在近代工商业迅速发展的带动下,逐渐占据一定的优势。天津近代以后迅速发展起来的城市,如果说19世纪末和20世纪初天津在清政府的支持和封疆大吏的主持下,政治地位迅速上升,成为全国政治改革的典范的话,那么19世纪末政治功能增强所带来的经济实力的积淀,在20世纪以后得到全面且充分的发展,仅仅经过短暂的20余年,城市经济实力迅速增强,其经济地位已经远远超过了北京,在北方鹤立鸡群,是经济腹地包括华北乃至西北和东北的北方经济中心。

注:

① (康熙)《天津卫志》卷二,官职。

② (明)毕自严:《督饷疏草》卷三,《津门廒囤未备漕粮豫截过多疏》。

③ (同治)《续天津县志》卷十六,艺文。

④《清史稿》食货三,中华书局1977年版,第3 584页。

⑤《津门保甲图说》,总说。

⑥ (清)张焘:《津门杂记》,卷下。

⑦《闽粤会馆碑文》,天津商会档案2类2 742号,转引自郭蕴静等:《天津古代城市发展史》,天津古籍出版社1989年版,第335页。

⑧《筹办夷务始末》(咸丰朝)八,第2 676页。

⑨《筹办夷务始末》(咸丰朝)八,第2 676页;82卷第2—3页,1871年8月4日。

⑩《筹办夷务始末》(咸丰朝)八,第2 676页;98卷第11—16页,1874年10月31日。

⑪ [法]林椿:《和李鸿章过招的三百天——一个法国驻津领事的日记》,《天津文史资料选辑》2003年第1辑。

⑫《李文忠公全书》奏稿,第53卷,第24—27页。

⑬ 罗曼诺夫著,民耿译:《帝俄侵略满洲史》,第351页;转引自廖一中:《一代枭雄袁世凯》,北京图书馆出版社1997年6月版,第235页。

⑭ 廖一中等整理:《袁世凯奏议》,天津古籍出版社,1987年,第877—878页。

⑮ 张侠等编:《北洋陆军史料》,天津人民出版社,1987年,第408、411、415、417—418页。

⑯ 孙毓棠:《中国近代工业史资料》第1辑上,科学出版社1957年版,第347页。

⑰ 罗澍伟:《近代天津城市史》,中国社会科学出版社1993年版,第329—336页。

⑱ 周而润:《直隶工艺志初编》志表类卷下;北洋官报局,1907年。

⑲ 详见尚克强、刘海岩主编:《天津租界社会研究》,天津人民出版社1996年版,第六章第三节、第七章第四节。

⑳ 王怀远:《旧中国时期天津的对外贸易》,《北国春秋》1960年第1期。

㉑ 姚贤镐:《中国近代对外贸易史资料》,第3册附录。

㉒ 详见张利民等著:《近代环渤海地区经济与社会研究》,天津社会科学院出版社2003年版,第380—395页。

㉓ 上海粮食局等:《中国近代面粉工业史》,中华书局1987年版,第278—279页。

㉔ 汪馥荪:《战时华北工业资本就业与生产》,《社会科学杂志》第9卷2期。

㉕ 李洛之等:《天津的经济地位》,1948年,第271页。

(《城市史研究》2004年第22辑)

划定天津日租界的中日交涉

张利民

日本自1895年《马关条约》后开始在中国建立租界，翌年，中日两国订立的《通商行船条约》和《公立文凭》中，中国政府作为日本答应在华日商交纳制造税的交换条件，允准日本除了在苏州、杭州、沙市和重庆设立租界外，"在上海、天津、厦门、汉口等处设日本专管租界"，"其管理道路以及稽查地面之权，专属该国领事"。在各地开辟租界时应与中国地方官和衷商议，"毋强以万不能租之地"[①]。20世纪前，日本最终只在苏州、杭州、汉口和天津签订了设立日租界的条款[②]。

以往对天津日租界的研究，除了《历史档案》曾经披露了1898年7月8日北洋大臣更改日租界合同和扩充租界的文件外[③]，《天津租界档案选编》公布了20世纪以后日租界的扩张和管理等档案，天津日租界的范围也有一般性的表述。但是，中日双方在设立日租界过程中的交涉和市民的反映等，由于资料匮乏等原因，至今尚不明晰。最近在日本外交史料馆发现了较为详尽的日本策划设立天津日租界的档案，结合其他资料和研究成果，可较完整地勾勒出中日双方设立天津日租界的详细过程。

一、日本的秘密调查和划界计划

在天津设立日租界，是根据1896年10月19日两国签订的《公立文凭》，由日本驻华公使、领事和中国政府的地方官会商。11月22日日本驻华公使矢野文雄到天津与北洋大臣、直隶总督王文韶面商设立租界之事。从此，开始了为期近两年的中日交涉。

日本外务省在签订该文凭不久以机密信函致日本驻天津领事郑永昌，令其调查和筹办划界之事。1896年12月12日郑永昌将调查结果密报外务省。郑永昌陈述道，由于该调查是在临近封河之期，而且要以非常周密细致的秘密手段进行，故有所耽搁。该报告首先介绍了天津英、法和德国租界的地势、经济发展、土地买卖、地价腾贵等情况，重点叙述了刚刚建立的德国租界的利弊。其次陈述了拟订日本租界的原则和选定位置，认为日租界要"选定便利河运的地方，要在今后将繁荣的位置"，故拟在海河西岸天津城南闸口至法租界之间的马家口地段，西南到土围墙边，设立日租界"最为恰当"。这一带对岸是盐坨，高地上有中国商民的住宅和店铺，虽然与商业中心距离较远，但是沿河已是街道，连接了英租界的大道，是中国城区与各国租界的必经之路，车马人流昼夜不断，其地价必将逐年腾贵。随后又从马家口的地势、地质、地价、居民分布、商业发展、与其他各国租界的关系等方面进行了论证，提出了日租界划定的范围。该报告还附有天津各国租界地图、选定日租界位置图等，供日本外务省参考。

值得注意的是，郑永昌提出了与中国地方官谈判的方式方法。他讲，由于划定的是"中国城区的一部分，是商业上最重要的地方"，"所以天津地方官肯定设立种种口实予以拒绝，要求日方改划其它地区，但在谈判时我们要强调建立租界是要有通商之便利，特别是应经过设立租界而得利"。建议"由日本公使给予足够的压力，不惜向清政府抗议"。他希望尽早尽快开始着手谈判，不然如中国地方官设置障碍，"将令人担心"。郑永昌判断地方官拒绝在这里设立租界的原因，第一是有民众的坟墓，政府没有令其迁移的权利；第二是沿海两岸的商民以河等为生，多是久居的祖辈房产，迁移后碍难维持生计；第三切断南北道路，将造成的不便。他还设计了"渐进和急进"两个方案。租界设立后，设计好租界的道路、堤岸、码头等设施和工程，由日本商民向地方政府或居民自行买土地、坟墓或空地等是渐进法；急进的方法是租界当局将道路、码头等工程所需土地全部收买，建设基础设施。他还建议，应允许外国人和中国人在租界内购买土地，以保证其经济繁荣和市政收入,并设计了购买土地方法、填埋洼地工程和今后商业发展等方案。

郑永昌三天后又致密函给外务次官,通报中国政府的动态。总理衙门已咨文北洋大臣,询问如何应答日本提出在天津设置租界的要求。北洋大臣的复文表示,经与津海关道和天津道商议,准备以德租界以下海河沿岸部分地区设立日租界。郑永昌认为,经过勘察德租界南面几乎全是荒漠的原野,只有一二处村落,就连德租界最接近英租界处也仅有十几间房屋,而且与日见繁荣的英、法租界相隔甚远,短时间内不可能有所发展。因为去年德国也要在马家口一带设立租界,中国地方政府以外国租界不宜接近中国街区为由,予以拒绝,现在肯定还会拒绝在此设日租界。他列举了日本拒绝的若干理由,建议要强调日本的要求是答应了日商向中国交纳制造品课税的"报酬",与德国的明文条约"不可同日而论"[④]。

以后郑永昌经常向外务次官通报各种情况,积极地为设立日租界出谋划策。如1897年5月4日郑永昌提供了天津英、法、德各国租界的条约和各种土地章程;7月25日又通报了法国要扩充租界的消息。北京日本公使馆的一等翻译官蛸原陈政也向外务省呈上设天津日租界的长篇报告和设计图,建议在接近中国市街的贸易中心,且水运和铁路便利的地方设立面积达30万坪的租界。

二、在民情鼎沸下的中日交涉

经过勘察和研究,日本政府觉得成竹在胸,于1897年10月17日正式照会中国政府,提出设立日本租界的地界:"即如绘图所开,南由河岸福音堂起,西至围墙止,划一直线;北由闸口起,西至围墙上,划一直线,大约两千亩之地,作为日本专管租界。查划设专界,要在便商,不宜与繁华市衢相距过远,但在繁荣市衢划界,则有迁徙铺户之累,自属碍难办理。此次所拟划界,除沿河一带民房较多外,其余概属卑湿旷荒之区,虽谓工巨费浩,亦是一劳永逸之计矣。且其民房亦未必全数迁出界外,不妨届时妥定章程,准其仍然安居。""至划界购地事宜,以及一概细章,应由本大臣饬令驻津领事会同该地方官和衷办理。总期速定事局是为至要。"并附划界的地图,要求中国政府"从速示复"[⑤]。10月末,日本领事、副领事以及随员来到天津,与直隶总督王文韶等面商设立租界事宜。而中国政府则反应迟钝,11月1日才回复日本政府,交由地方官与天津领事会同办理。

划界关系着中国主权和市民切身利益,在《国闻报》等媒体的推波助澜下,天津市民反应十分强烈。

严复在天津主办的《国闻报》10月31日披露了日本领事等到天津"晋谒督抚面商"的消息。11月3日又报道了法国在居民麇集、店铺林立的马家口一带有"展拓法租界之请"[⑥]。割地赔款最能引起社会的关注,虽然仅数十字的两条消息,却引起民众的极大关注。11月6日《国闻报》全文刊登了日本给中国政府的照会,外地的《萃报》和《华洋报》及时转载[⑦],随后《国闻报》又接连不断地报道中日双方有关划定日租界的消息。如11月9日下午3时为租界事,天津"府县两宪到海关道会议至钟鸣六下始散"。近闻总督来文,希望租界下移,并由保甲局李少云太守"饬该段委员详细查明,造册核办矣"。11月初日本驻华大使来天津谒见总督,"面商新订租界事宜"[⑧]。

日本要在马家口设租界的消息,激起了当地商民的反对。11月15日前后,闸口、马家口、溜米厂、风神庙和邹家坑的居民和商铺向天津道呈禀:看到《国闻报》登载的日本照会和"量地绘图"之举,"始知新报所载不虚"。他们提出了六条反对的理由,恳请政府重新划定日租界。包括,该地人口房屋众多,迁出后无力租觅房屋;"现时房价,高爽草房大约每间值津银200吊之数",设租界后房价必涨;孤寡人家无力筹集购买租界内房屋的费用;多年经营的商铺迁移后难以维持;该地的坟墓"尤可痛苦",碍难迁徙。以往英、法和德国租界"原是荒僻之区,自为租界,日臻繁盛";"今溜米厂、闸口一带,居民辐辏,街市比连,房屋不亚于城内,若一旦划归租界,以致数万人家十万人口同时失所"。因此恳请政府另选地方设立租界[⑨]。17日晚,马家口、溜米厂一带铺户"男女五百余人纷赴院署呈递公禀,并环跪叩头恳求恩准",经收呈委员"慰谕再三,始陆续离去"[⑩]。同时,南门外大街东西居民和铺户也向地方官呈文反对。维持市面颇有影响的阁津水局首事10人联名向北洋大臣的呈禀道:"这里是漕船停泊之所,倘一朝属彼洋人,将天庾正供,茫无依归";其措辞也更为强烈,"该处居民聆之不胜惊骇,佥曰世事愈出则愈奇,夺民之情甚矣"[⑪]。负责地方管理的保甲局也采取了不合作的态度。如日前地方官曾饬保甲局该段地方委员"将铺户民房逐一详细查明,开单呈报,以便核办"。

但是,地方"玩视要公,迟延不缴",保甲局不得不另派委员"勒限清缴"。《国闻报》也及时地报道了民情民怨。如全文登载了"津民恳改日本租界禀稿",并将市民的请愿行动等公诸报端[12]。

一时间,局势紧张。中国政府和地方官,以及日本政府都迅速做出反应。

11 月 22 日津海关道李珉琛照会日本驻天津领事指责道,"贵国连日有人赴闸口上下一带丈量地段,该民人等纷纷联名具禀,并聚集三四百人分赴督署及本道、天津道、府、县各衙门苦苦声诉","请暂缓丈量"[13]。同时,北洋大臣批文铺户呈禀,以安抚市面。"查日本租界系奉旨设立,不能不办,该民人等均所深知。惟民居稠密地方种种不便,如禀内所称各节,皆本大臣所通筹熟计,可以意想而保者,作事须顺民情,苟于民情不顺必当设法求全,力图保护,无论如何为难,均所不惜。所云闸口至马家口地段,乃日本商请之界,并非中国允准之界。该民人等务当各安本业,静候妥商办理,切弗听信浮言,张遑太过,以至别生枝节"[14],并且,督饬天津府县及保甲局等"安抚商民"。同时,北洋大臣致电日本公使,"该处居民铺户公呈以闸口一带若立租界,有碍民生,贵商宪恐致情急滋事,拟为酌改空旷之区设立"。

郑永昌立即照会反驳津海关道的指责,"本领事并未有派人丈量之举","本领事原无在贵国地面预为丈量之权,且丈量地段,原非急务,尤何必作此轻举妄动";是《国闻报》擅自登载的原因,"请为申禁报馆勿早播扬,徒乱人心"。与此同时,他向外务省及时通报了天津市民的反对举动,以及上月与北洋大臣的交涉情况。他讲,尽管北洋大臣主张在德租界以南划定日租界,但根据与北洋大臣的交涉分析,日本仍可坚持在马家口设立租界的原定方案。郑永昌将在马家口划定租界的地段分为四部分,分析了中国地方官府的态度和日本的应对。第一部分从天津城南的闸口到朝鲜会馆沿岸一带,居民铺户稠密,经此前与北洋大臣的会商,日本愿意让出,不划入日租界。第二部分是从朝鲜会馆到溜米厂沿岸一带,北洋总督不想出让为租界,但郑永昌判断这并不是实际的拒绝,经过努力可以纳入租界。第三部分是从溜米厂到福音堂沿岸一带,至今北洋总督仍表示强烈反对划入租界。第四部分是从福音堂到法租界的沿岸一带,北洋总督已经答应法国,作为法租界扩充界,不能出让为日租界。针对北洋大臣的来电,日本领事于 12 月 2 日复电:"本领事查各国设立租界原为通商互市起见,从前英、法、德国已将紫竹林一带占定,若再远求空旷地段,将于商泊码头毫无裨益,则此租界之设有不如无也。"民房迁移并非难办之事,"若尚恐再有情急滋事,必系不安分之徒,则贵国官宪、敝国巡兵不难惩办也。总之,设立租界,系在通商条约所允许,贵商宪若一味徒徇民情,窃恐即移租他处,仍难办就绪也。"随后,在设定日租界北端作少许让步,"今请再为改移,拟自朝鲜会馆以下沿河一带接至法租界而止,该处居民铺户较闸口一带略少,即望贵商宪准情酌理达变通,权允为设立日本租界"。

五天以后的 12 月 7 日,清政府更高层的总理衙门大臣又照会日领事,还是力争另选地界,"查划分租界不宜有碍民生,更不可有拂舆情,即据咨报前因,自宜另筹妥协地方为长久相安之计"。这时,日本政府非但没有任何让步,态度则十分强硬。日本的回复,又原封不动地重申了 10 月 17 日的原则,认为已经是"酌量极为公允","若乃一概择与旷野无人之地,何要于专管租界哉！且其民房未必全数迁出界外,前照业已言之,自无碍民生拂舆情之扰"。要求中国"相应责成驻津领事就地踏勘,希即咨行北洋大臣转饬该地方官会同商办"[15]。

三、中日谈判与条款的签订

中日双方经过两个月短兵相接的交涉, 1898 年进入正式谈判的程序。

春节以后,鉴于日本领事催促中国地方官尽快进行谈判,北洋大臣于 2 月 5 日饬天津的司道府县,会同"出示晓谕,以安民心"[16],即就建立日租界事,表示"无奈津郡人稠地窄,实无相当之地可以腾挪,而又奉旨之件不便迁延,夔帅筹画再三,遂委员假已废朝鲜公所作为办理日本租界处所,以其上不负国下不负民,而于交邻之道亦不失睦"[17]。3 月 28 日津海关道电请总理衙门:"日本催定租界,请饬陶翻译速回津"[18],准备谈判。

1898 年 4 月 5 日下午 3 时,在津海关道衙署,中日双方进行了第一次谈判。参加的官员:中方有天津海关道、天津道、天津府和县长官、保甲局总办、工程局总办和英、日语翻译官;日方有领事、外务书记生和翻译。双方主要就临近中国街市的闸口一带的归属展开了争论,日方做出的让步是从闸口向南退到朝鲜会馆,而中方要求其再向南退至溜米厂,答应可以在德租界南、美租界对岸的武备学堂南侧设立一个日本栈场,并允准日本有权架设从这里到日租界的马车铁道。谈判结束后,郑永昌向外务次官汇报讲,这是一个较好的结果。沿岸一带过于狭窄,建议可以再退让一步,即北端划界从福音堂,再向南退减到溜米厂,中方会毫无抵触的答应,这块地段只不过70余丈。这样,我们再争取沿岸地带和提出开设新道路等要求,会得到中方的允诺。

在郑永昌和日本公使的一再催促下,中日双方第二次谈判拖至4月14日下午3时在同一地点进行。中方提出朝鲜会馆临近的河岸有漕粮运输的贡船问题,不能再让;日方要求因为来天津的日本人将增多,商业繁荣,可否将租界从溜米厂北扩至朝鲜会馆,中方答应可以考虑为预备扩充租界。日方还希望将溜米厂沿岸作为日本船只的停泊地;但中方认为,该地方人多容易生事,"对于贵方和我方都没有利益"[19]。

经过两次谈判,中日双方基本确定了日租界和扩充租界的范围。5月3日,新任北洋大臣荣禄向总理衙门通报了"现在日本租界照原请屡有减让将次定议"的消息[20],总理衙门也致函北洋大臣,令署理天津道和津海关道"迅速会商,妥订速结,毋稍延宕"。随后,中日双方拟订条款时对一些有争议的枝节问题又进行了磋商和辩论,最终达成一致。其一,在划界直线经过的民房,犬牙相错,"须按照时价公买,不得任意割截,以顺舆情。将来作界仍不得出原线之外"。其二,将日本提出的预备扩充租界内"房地只准日本人价买,改为'只准日本人与该处居民随时卖买'"[21]。6月30日,北洋大臣电告总理衙门:"天津日本租界议改两条,现已饬关道会商妥订"[22]。

1898年8月29日中日双方签订了《日本租界条款》和《另立文凭》,其租界划定为:东界以福音堂之北界起,沿河至溜米厂邢家木厂之北横街河沿止,即接法预备扩充租界;南界由福音堂之北界起划一直线,向西至海光寺土围墙止;北界由溜米厂邢家木厂之北横街河沿起,绕开现有道路呈曲线状,向西直上至海光寺外东南角河沟土围墙止。总计面积1667亩[23]。所有沿路界线均留3—5丈,以备修筑道路。日本预备扩充租界为溜米厂至朝鲜公馆南墙路外沿一直线,西接日本现定租界,约100亩。中国政府还允准"在德国租界以下划一地段,为日本轮船停泊码头。由码头起至天津南门,准日本商人与中国商人设立公司,合办马车铁路,一切购地修路事宜均由公司筹办,两国官员随时会同保护"[24]。9月21日中日双方又签订了《续立条款》和《续立文凭》,对租界和预备租界内的道路建设、税关、地价和房价,以及警察和治安等做出了相应的规定。[25]

至此,中日双方关于在天津设立日租界的交涉,以基本满足日本政府的要求结束。1903年4月24日中日双方又签订了《日本租界推广条约》。有关日本在日租界至德租界以南日本栈场建立马车铁路的计划,因为庚子事变和20世纪以后交通工具的进步,以及需要越界等种种复杂的因素,没有实施[26]。在德租界以下小刘庄码头附近设置日本轮船码头之事,1903年的条约中注明"退还中国政府",但"中国政府决不租与他国",以备日租界将来推广租界之需[27]。

四、小 结

从中日政府在天津设立日租界的交涉过程和结果,可以简单对中日的态度进行总结。

其一,日本对中国的侵略野心陡然上升。甲午战争后,极大地增强了日本朝野要在国际社会占有一席之地的企图,通过在天津设立租界强烈地体现了日本侵华野心的膨胀。一则天津已经有英、法和德国租界,在这里设立日租界,可以更直接地与各国在华势力竞争;二则天津的日租界的面积最大,交通上更接近日本和图谋已久的中国东北;三则天津是首都门户和洋务活动中心,在这里可以更直接地了解甚至控制中国政府;四则天津是北方最早的通商口岸,经济发展迅速,日本扩大经济势力后将成为日本商品倾销市场和掠夺资源的基地。

其二,日本作为后起的资本主义国家,其咄咄逼人的行径,超过了老牌的西方国家。从在天津设立租界的步骤和强硬态度,便一目了然。首先,在步骤上步步紧逼。签订条约后足一个月,日本公使就来天津与北洋大臣面商,同时外务省密令驻天津领事着手调查。领事经过秘密勘察,仅仅用20天就制定出详细的方案和与中国谈判的策略,其速度之快,令人瞠目。以后,在与中国政府的磋商、对民众情绪的压制、谈判的条件和时间等方面,日本占据先机,主动出击,逼迫中国政府表态。其次,尽管中国政府曾拒绝了德国和日本在马家口设立租界的要求,但是日本态度蛮横,毫不妥协。第三,对于天津市民的反对,采用釜底抽薪的办法,置支持者于死地。如日本对《国闻报》的举动十分恼火,在强烈要求中国政府追究严办的同时,恶劣地指使日本在天津的机构将其买断㉘。第四,坚持在马家口一带设立日租界的目的,就是要占据中国城与法租界之间绝对有利的位置,以便日本政治经济势力的发展,并在与英、法、德国的竞争中争取优势。

相比之下,中国政府在交涉中则是应对被动,退让妥协。其一,外交手段的被动和软弱。在此之前,中日双方在沙市、重庆、苏州和杭州设立日租界的选址以及行政治安等归属问题上争论不休,日本未能如愿。但在天津设立日租界的交涉中,地方政府没有前期勘察,对日本要在马家口设租界没有丝毫察觉和准备,以后的勘察是委托保甲局进行,其权威性大为减色。在选址上,从中央到地方机构都不同意在马家口,但在日本外务省、驻华公使和天津领事的层层逼压下,并没有从维护主权,维护国家利益出发全力坚持,更没有利用民情民意。

其二,中国官员态度暧昧,增强了对方的信心。从日本领事与北洋大臣1897年11月12的磋商中可以了解到,北洋大臣以民居稠密和法租界要扩充等理由,拒绝日本在马家口设立租界的要求,但并不是断然拒绝的态度,而是就各地段与日本领事进行磋商,与公开表示要其重新选址有明显的距离,给日本留下可乘之机。

其三,中国地方官员主动让步,使日方更加得寸进尺。虽然中方也努力缩小日租界范围,但除了以法租界要扩界为借口外,更重要的是以主动让步来应对日本的强硬态度和过分要求。如将德租界南的近百亩地段让予日方,将日本暂时放弃的地段作为其预备扩充租界等。

其四,中国地方官员欺上瞒下的恶劣做法。对待天津商民的反对,从北洋大臣到天津府县均一味敷衍和蒙骗,而面对日本驻天津领事郑永昌的强硬态度和肆无忌惮的举动,不仅一味妥协让步,竟然还向总理衙门汇报说,日本领事"在津年久,情形既熟"㉙,十分配合。

正是中国政府的这些妥协退让的政策和举动,助长了日本的野心,使日本在天津设立租界的计划得逞。

注:

① 王芸生:《六十年来中国与日本》第3卷,三联书店1980年版,第165、167、168页。

② 参见费成康:《中国租界史》,上海社会科学院出版社1991年版,第37—42页。

③㉗《历史档案》1984年第1期。

④⑤⑨⑪⑬⑮⑲ [日]《在支帝国专管居留地关於杂件 天津の部一》,日本外务史料馆3-12-2-32-8。

⑥《国闻报》第6、9号,1897年10月31日、11月3日,国家图书馆藏。

⑦《萃报》第15册,1897年11月28日转载《华洋报》的"日开租界照会"。

⑧《国闻报》第16、18、19号,1897年11月10、12、13日。

⑩《国闻报》第26号,1897年11月20日。

⑫《国闻报》第23、24、26号,1897年11月17、18、20日。

⑭《国闻报》第33号,1897年11月27日。

⑯《国闻报》第94号,1898年2月5日。

⑰《中报》第8930号,光绪二十四年二月初六日。

⑱⑳㉒《清光绪朝中日交涉史料》卷51,第21、27页。

㉑ 天津档案馆等:《天津租界档案选编》,天津人民出版社1992年版,第190—193页。

㉓ 参见尚克强等:《天津租界社会研究》,天津人民出版社1996年版,第13页。

㉔ 王铁崖:《中外旧约章汇编》第1册,三联书店1982年重印本,第797页。

㉕ 天津档案馆:《天津租界档案选编》,第194—195页。

㉖ 参见[日]吉泽诚一郎:《天津の近代——清末都市たおける政治文化と社会统合》,名古屋大学出版会2002年版,第287页。

㉘《清光绪朝中日交涉史料》曾记载了北洋大臣回复总理衙门的咨文,说明《国闻报》创办人不是日本人,《国闻报》也没有被日本收买的信息。但是,《国闻报》从1898年3月27日的第190期后,报端的发行日期,由光绪年旧历和公元变更为光绪年旧历和日本明治,可以说明此时该报至少已被日本控制。

㉙ 天津档案馆:《天津租界档案选编》,第 190 页。日本驻天津领事郑永昌 1898 年离任后继续留在中国,1902 年被在保定的直隶总督袁世凯聘为顾问,1921 年后为奉天盐务稽核所所长。

(《历史档案》2004 年第 1 期)

甲午战争时期的天津《直报》及其对战后的舆论导向

徐建平

天津《直报》创刊于清光绪二十一年(1895年)初,是德国人在天津投资创办的一份中文报纸,是继天津《时报》之后,《国闻报》之前,天津最具代表性的报纸。甲午战争期间,《直报》以积极的态度报道战争,并且为挽救民族危机刊发了一系列倡导变法维新的文章,成为反省甲午战争的重要舆论阵地。它不仅揭露日本的侵略野心,还强烈抨击清政府的腐败和封建体制,提出改造国民性的深刻社会问题;同时倡言变法,将舆论由救亡导向变法维新。但是关于《直报》的研究至今几乎是空白,一些相关的资料也有许多失真之处。为深入了解甲午战争时期的舆论与政情,现将《直报》在甲午战争期间的相关报道和评论,以及它对战后舆论的导向作用梳理成文,就教于方家。

一

传媒与战争的关系在近代以来越来越显得重要,发动战争者往往利用传媒达到某种目的,甚至不惜歪曲事实。甲午战争期间日本利用舆论大肆宣传侵华合理并得到了西方国家的支持,而中国在舆论和传媒方面则显得滞后和被动。但是天津《直报》自创刊后,即以其对时政评论的犀利性在繁华的通都大埠天津名噪一时。同时作为严复《论世变之亟》、《原强》、《辟韩》、《救亡决论》等重要政论文章的首发刊,《直报》将救亡与维新紧密联系起来。及时向国人传递战争信息,舆论上支持清政府抗战,道义上谴责日本侵华,成为《直报》在创刊后对中日甲午战争的基本立场。

(一)积极支持清政府抗战

当光绪二十一年(1895年)《直报》创刊之时,中日甲午战争已进人后期,清政府处于明显的劣势。外强的欺凌,民族的危机使新一代报人极其感慨,忧时报国之心常常流露于文字之间。

1. 忠告清政府不可议和

《直报》批评以慈禧为首的失败论者的悲观论调,尤其对急于求和者所说的中国如果坚持抗战,“必先有英之富方可,否则立败”[①]。的观点予以坚决反击。《直报》认为从西方的经验来看,各国均因战而兴。“千百年来强弱迭更盛衰互倚,大抵以战为立国之本,能战则弱者可化而为强,不能战则盛者即变而为衰。即使两国交兵,力竭求和,受人胁制,则和亦终不可恃。”[②]《直报》在《论中国宜急战不宜遽和》一文中又明确指出,我国的敌手日本,从它制定的“大陆政策”即见其野心之大。即使清政府可作一时让步,但不可能时时让步,事事让步。何况日本贪得无厌,条约既有所不顾,公法亦有所不遵。无论议和抑或订约,彼必将多方需索,百计刁难。即使如愿以偿,其必将以所得之资增修武备,我岂能以有限之资财供无穷之欲壑?而且,“战之权在我,和之权在人,我苟有可战之具足以胜人,则彼将力竭计穷请成于我,不言和而和乃可恃”[③]。若但以和议为先,于战事漫不讲求,只能以失败告终。同时《直报》认为如果现在议和,必然产生严重的后遗症和恶劣的国际影响.对于中国而言,各营将领必将酣歌饮博,以为此后海疆无事,可以悠游自在,不必以战事为念。如果这样即使有雄兵百万,实则与无兵一样。对于日本而言,“得偿以后,即以此项增其战舰,厉其兵戎,伺我动静,所谓欲加之罪何患无辞!是暂和而终不能和,动辄得咎中国,其何以为国乎!”[④]在国际上甚至会引起瓜分狂潮。中国为亚洲大国,如果被日本所牵制,即便不为西人所哂笑,谁又能保证它们不动效尤之心?如果“事变迭乘,强邻肆扰,岂能事事言和,处处退让乎?”[⑤]既然议和有如此之弊,所以“为今之计惟有力排和议,独主战局”[⑥]。

2. 提醒清政府注意防谍、用谍

信息战、间谍战在西方近代战争中已广泛运用。《直报》认为，近代以来欧洲各国战争莫不有调谍专司，日本已设十余年，专探中土时事，以及收购各处详细行军地图。可以说，“谍报工作影响到日本政府发动这场侵略战争的决策”。[⑦]但清政府却昧于世事，对于日本针对中国的谍报侦探工作未作任何反应。为此《直报》力劝清政府建立自己的谍报系统。并引用拿破仑的警言敬告清政府：“将能知敌情而其情不为敌所知者，能灭人国。两军相当不知敌所欲为者，军必破，将必虏。”[⑧]《直报》认为，目前日本“行军以用谍用间为先务，日本之谍已流布中华固人人知之矣”[⑨]，但是我国诸公却不以为然。报社一方面希望通过舆论宣传使清政府有所警醒，一方面积极为清政府出谋划策，并提出了一些用谍原则。如：(1)提出对于谍报人员的总体要求：“远与本国政府密通，近与本军统帅暗接。”间谍所探军情分头密报，必须精通敌国文字、敌国风俗及民政等。(2)提出获取谍报计谋：利用本军巡哨、突捕生口、招徕降人、询问土著、截取文书、搭漏电报、广募探子等。(3)提出具体办法。一是用一种化学特制纸，有情报即先用药水写上后，用平常黑墨盖写别的文字，再用可靠的人传递出去。二是寄谎电、布风谣，令敌“守所不必守，攻所不必攻”。同时强调谍报系统的原则“所用诸探，人人各不相知”。而且用探子之时，钱财万不可计较等。

3. 建议合理任用洋员

《直报》认为古今治国之要，无不以人才为本。而我国目前人才消乏，所以应该蠲除忌讳，摒弃浮言，有条件地重用西人。报纸引用国外的典型事例，认为昔日普鲁士乃日耳曼之列邦，屡被敌侵，几乎覆没。自内任俾斯麦克，外任毛奇，信而用之之后，不独洗前耻，反侵地至今，成德意志大一统之国。[⑩]当今政府为何而不晋用楚材？何况现在和议难成，所以非战无以为国。如果于洋员中曾建功绩，秉性忠直者予以练兵之任，宽筹经费，广购船械，练十万军以资大举，将收复我藩属，返我边疆，直捣扶桑。虽然这些言论不乏情绪化的因素，但可以看出其救亡心切之真情。当然对于西人的任用与否是一个非常复杂的问题，操作上也有一定的难度。

(二)谴责日本发动的侵华战争是不义之战

1. 揭露日本的侵略野心

《直报》认为倭人包藏祸心已非一日，改装易服效法泰西，不惜重资多购战舰，凡操练枪炮制造药弹，无不曲尽西法之妙而精益求精，盖其蓄志与中国为难。而清政府不仅战守无备，而且人人有轻敌之心。但是扩张和侵略是资本主义的典型特征，日本明治维新后即以兴亚自命，走上了向外扩张的道路。正如《直报》所说的，日本在侵华问题上有不可言之阴谋，而佯借代为改政之名。所以“倭名为韩，非为韩也。专主生事邻封以救内乱而已”。日本不义之战根本原因在于政体，走上侵略的道路是不可避免的。这些舆论直指日本的“征韩论”和“大陆计划”，这在当时来讲是非常重要的信息资源。

2. 谴责日本违犯《万国公法》

《万国公法》强调“师出有名”，反对“黩武”。除非是为了“抵御报复”别国的“侵凌”，为“图利”而发动战争是违犯国际法准则的。[⑪]但是日本在甲午战争期间挟兵议约，可以说无异于民间恃强勒券，为大不韪之事。至于高升号之轰沉，更是严重违犯《国际公法》。日本在发动战争之前即极力通过舆论等手段取得列强的支持，正如《直报》所说的“倭今日之所为，其精神意虑用于战事者特少半耳，其大半则以便事为尤亟。辩口四出，造饰矫诬，务使欧墨诸邦信其此举。不独用以正高丽，且将以正中国”[⑫]。而一些西方国家如英国，居然听信日本的谎言，暗中予以支持。《直报》对其作法甚为不满，指出日本造成的事实无异于海贼，天下有化之国、有识之士皆当为倭耻之。面对日本侵我属国，扰我边疆，藐视中原的猖獗气势，《直报》发表《问日本师出何名》的文章，指出，两国交兵必有所借口，日人以希图朝鲜，遂事诡谲，处处要挟，虽能一手掩天下目，能掩万世目耶。[⑬]

此外，战争期间《直报》还十分关注我国边防，尤其是台湾和澎湖。《直报》曾多次提醒清政府加强台湾的防御能力，它认为台湾孤悬海外，且海港林立，防范宜严。尽管台湾到处筑有炮台扼守，但其炮垒能否坚固，守将能否得力，亦须加意查察。并建议清政府预筹战备，布置台南北以及澎湖之处防务。并对唐景崧继任台湾巡抚后加强防御的措施表示支持与鼓励。同时提醒清政府，“不能以财力有限遂昧远图”[⑭]。

二

《直报》反思战争失败的原因,同时将舆论导向变法。

(一)反思战争失败的原因

1. 清政府在认识上存在问题

《直报》在《征倭议》一文中指出,在对待战争的态度上清政府未认真备战,是造成甲午战争中出现被动局面的主要原因。文章认为清政府"中兴以来文玩武戏,曾胡左彭练兵之规模几于荡然无存。欲购船械则阻于库款,欲兴西法则格于部议,欲谈洋务则骇人听闻,即沿海各省设局设厂设公司设学堂,而封疆大吏精神专注于斯者寥寥无几"⑮。由于长期因循积弱,武备废弛,将不知兵,所以造成"外侮一至,招军募勇,训练无素,望风辄逃"的局面。那么造成轻敌的深层原因又是什么?《直报》引用了西方人所写的《支那辨亡论》的观点,认为是清政府"扬己抑人"和"旧学以养尊处优"的虚骄自大心理因素造成的。

2. 军事原因

一是由于军事将领素质低,闻警即跑,严重动摇了军心,这是造成清军溃败的主要军事原因。《直报》认为"自与日本交战以来,饷非不足,械非不精,其所以闻警先奔,望风亡溃者,由于将领之庸碌框怯,非兵真不能战也"⑯。但是"治三军则系乎主帅,主帅者将士之强弱以之,社稷之安危以之,邻国之向背以之,敌人之欺畏以之"⑰。并举例说,平壤之役,岂真力不胜哉?实则由于将领贪婪,性尤框怯,闻警先逃,一军皆溃。凤凰城之失,乃溃卒自焚,更非敌人力取。由是而大连湾、金州、旅顺、威海卫率皆未开一炮,未遗一矢,拱手相让,蔓延至今,岂真力不胜哉?若果力不能胜,何以宋尚书、聂军门孤军屹立,屡挫敌锋,至今为陪京保障。可见前者之失皆营官统领,平时只知肥己克扣饷银,至临敌,军心涣散,竟不足一战也⑱。所以《直报》认为"支那今日之败亡,乃支那人之自败、自亡,非日本之能败亡人国也"⑲。

二是军队体制弊端和腐败,尤其是海军军权不统一造成了巨大的战略失误。《直报》曾这样分析,"中国自筹设水师以来,统计大小兵轮,自制与购成者已有四十余号,徒以分省设防,划疆而守,遇有事变,朝廷固尝拨调它省师舰以为接济,而号令不齐,衣械不一,平日无上统下属之分,临事难收使臂使指之效"⑳。由于事权不一而造成的恶果在这次战争中已暴露无遗。并举例说,威海失陷的关键原因是"戴丁不和"造成的,而"戴丁不和"又是因为戴、丁二人对权力分配不均而有意见分歧造成的。同时《直报》认为统领所用之管带、管哨各官,"并非因才气,多半是贿买或先讲明月给银若干,若干由统领留用"。"上下交征,焉能奋勇杀敌?"所以即使溃败后,"该统领私心自愧,不敢责之于营官,营官更不敢责之于兵勇,以致每战必溃"㉑。

(二)将舆论导向变法维新

1. 探讨西学与西法的关系

《直报》认为自从鸦片战争以来,西方各国商教并行,所以我国也应该讲求因应之方,为此特别开辟专栏进一步探讨西学与西法的关系。《直报》认为学西学仍然是中国的主题。它在《倡西学论》一文中进一步强调,"泰西之学也,分门别类,领异标新,言无不尽,法无不备,根深蒂固,体具用宏,得之于一朝,行之于百世。"但是中西学之间有很大的差别,"汉儒重经术,故所言者仁义,西儒重艺学,故所务者富强。""中西异制而强弱异势,古今异政而盛衰异时,天下之民未有不欲己国之强盛者,亦未有不痛己国之衰弱者"㉒。而且从我国当今的情况看,"兵则练矣,枪则备矣,机器则有局,船政则有厂,而于开矿务、筑铁路等政亦无不次第举行",但是中国仍在战争中惨败,其根本原因在于中国学习西方未得要领。《直报》认为西学不仅包括科学知识,而且还包括政治制度。洋务派所学的科学知识仅是西学之皮毛,未学西政是中国之大失误,所以中国必须探本溯源学其根本。学西学重要,学西政更重要。《直报》重点介绍了西方的议会政治,它认为"西学之大要在众政,即在自由众政。非但民政之国,即君政亦必先经议院。正所谓政以众成,众政之善理甚易见"㉓。并且批评一些人对议会政治的片面理解,认为中国与西方相比,其不同在于西方议院主自民,官得以考其政治得失;而当今中国各局主自官,民不得以论其政治之是非,这是中国落后的根源所在,所以中国目前当务之急是实行民主政治。《直报》认为"以众政施之于今日之华,则犹病热甚者之于芒硝。如疑其寒泄而不服,惟死而已矣"㉔。

2. 研究政俗结合之道

《直报》曾发表《中西政俗得失论》一文，文章在极力提倡中国实行西方议会政治的同时，还积极主张改良风俗，并建议二者并行。文中称，风俗可以辅政，善俗可救恶政。在舆论宣传上，《直报》主张中国在政体上应实行君主立宪制，它认为巴力门（议会）之无分贵贱，以及经商讲武，美不胜书。还认为西俗与中国现有的许多风俗不同，比如西俗“以不能生财为耻，尤以无益于世为耻”[25]。这在一定程度上体现了反对传统的“重义轻利”思想。《直报》还认为我国法律有很多欠缺，所以今日中国必须讲求法律，不然法之所不及，天下将欺而侮之。如果讲求法律成为风俗之后，虽无善政，犹堪为国。培其善俗、政刑之外，特举风俗遗之后人，“使后世衰危之秋，四国望之，不敢启妄心”[26]。《直报》关于政俗结合的一系列文章与严复提出的变法理论密切呼应，推动了救亡维新运动的高涨。

3. 引进西方社会进化论观点，倡导国民性改造，并引发“新民德”思潮

批判封建专制制度，倡导引进西方议会政治，这些思想早期维新思想家早已给予国人较多的宣传。但是对于国民性改造这一话题，是在甲午战争期间，《直报》刊发了严复的《原强》、《辟韩》、《救亡决论》、《论事变之亟》等一系列文章之后而引发的，当时在中国北方掀起了又一次舆论高潮。这次舆论潮流以两条主线向前发展，一是进化论，一是以启民智、新民德为主线对国民性进行改造。纵观历史长河，我们完全可以把这次舆论高潮看成是戊戌维新运动的一部分。如果说倡西学是“新民智”的主要手段，那么重建道德体系是“新民德”的重要内容。严复在《直报》上发表的一系列文章中，对国民素质与国家富强的关系作了比较充分的论述。他认为，中国走向国家富强、政治民主的必由之路是重铸国魂，即重新塑造国民性。同时他还认为“新民德”是立国之本，是当务之急。他说目前对于中国来说“不为其标，则无以救目前之溃败；不为其本，则虽治其标，而不久亦将自废。标者何？收大权、练军实，如俄国所为是已。至于其本，则亦于民智、民力、民德三者加之意而已。果使民智日开，民力日奋，民德日和，则上虽不治其标，而标将自立”[27]。严复将国民素质作为衡量国家兴亡的重要因素，这在当时不仅是非常超前的思想，而且有极强的现实意义。

三

自西方报业的形式和制度传入中国以后，中国知识分子积极参与，他们将报业与政治的鼎革、社会的变迁紧密联系，担当了重要的社会角色。作为新式的知识群体，他们试图寻找一种新的路径，扩大变法舆论的宣传，以达到启迪民智的目的。他们不仅以传统的著书立说方式，而且以报刊快捷的方式，使受益群体逐渐扩大。正如有的学者所说的，近代报业的发展，开始于光绪二十一年（1895 年）。这一年优秀的知识分子都看重报业，并实际倾注心力开始办报。这是中国新闻传播史上的一件大事，不但中国报业的精神体貌随之焕然一新，即知识分子的性格与社会角色，亦由是转变。而知识分子与报业结合，并对政治社会产生重大的影响[28]。

报纸作为大众传播媒介，它的发达是近代社会变迁的重要动力和指标。在民主政治的国家，报刊成为民主政治的锁钥，是供给消息的主要功能。《直报》创刊后在利用舆论推动政治、促进变革方面的政治功能十分突出。从创刊之日起，《直报》几乎每天都在头版发表“论说”，这种“论说”相当于现在的社论，体现了报刊的主要思想。同时根据当时报业通行的主笔负责制，报刊的“论说”又主要体现了主笔的思想，所以《直报》的观点基本体现了《直报》主笔英敛之等一批中国近代知识分子的思想。这一代知识分子不仅将早期维新思想通过大众传媒的方式广泛宣传，而且以“爱国、忧国、救国”为办报方针，明显不同于外国人将传媒作为为其本国政治服务的工具。甲午战争时期，外国人在华创办的报纸在舆论上多支持日本，尤其是在当时影响较大的《万国公报》等报刊，在战争的最后阶段公然宣称：“中国既然战败，就应当无条件接受日本的条件。”[29]同时极力攻击台湾军民的反割台斗争，这对于中国的抗战是非常不利的。而天津《直报》自从创刊以来一直支持清政府抗战，反对日本发动侵华战争。在鼓舞民气、将舆论由爱国救亡导向维新变法方面起到了积极的作用。虽然目前由于材料所限无法证明它的发行量、辐射范围和受众面有多大，但从《直报》所反映的观点看，它对于中国北方维新思想的培育，以及促进戊戌维新期间天津舆论界维新运动的高涨不无关系。所以，《直报》在中国从爱国救亡到维新变法运动的链接上起到了不可忽视的作用。

当然作为社会转型时期的知识分子，参与创办《直报》的近代报人也有一定的心理疾患，这种心理表现为两种形式：一种是“民族的优越意结”与“中国中心的困局所造成的自卫反抗”，另一种是“自卑意结”与“盲目的崇新主义”所造成的虚无感。前者表现出来的是对西方文化有意识与潜意识的抗斥；后者表现出来的是对中国文化有意识与潜意识的排拒[30]。但是，徘徊在传统与维新之间的中国近代报人在痛苦中嬗变，他们利用当时有限的舆论空间，在批判现政府中释放焦虑，在引进西方先进思想的变革中反思传统，最终以爱国为基调推动着中国近代传媒与思想界的进步。

注：

①《〈中东西国政俗得失论〉续前稿》，《直报》1895年6月12日。

②③⑥⑯《论中国宜急战不宜遽和》，《直报》1895年3月25日。

④⑤⑱《和战利害辨》，《直报》1595年3月22日。

⑦ 戚其章：《国际法视角下的甲午战争》，人民出版社2001年版，第180页。

⑧《论西洋行军用谍要妙》，《直报》1895年2月2日。

⑨《日人用间》，《直报》1895年2月8日。

⑩《惩前毖后说》，《直报》1895年3月27日。

⑪ 戚其章：《国际法视角下的甲午战争》，人民出版社2001年版，第1页。

⑫《接续〈论倭兵不义〉》，《直报》1895年2月7日。

⑬《问日本师出何名》，《直报》1895年4月3日。

⑭《台防志略》，《直报》1895年2月23日。

⑮《征倭议》，《直报》1895年1月28日。

⑰《兵事刍言》，《直报》1895年6月5日。

⑲《支那辨亡论》，《直报》1895年5月14日。

⑳《条议》，《直报》1895年7月10日。

㉑《痛革积弊》，《直报》1895年2月28日。

㉒《倡西学论》，《直报》1895年12月12日。

㉓㉔《众政自由疏证》，《直报》1895年6月4日。

㉕《中东西国政俗得失论》，《直报》1895年6月11日。

㉖《〈论当务之急〉续前稿》，《直报》1895年4月13日。

㉗《〈原强〉四续前稿》，《直报》1895年3月9日。

㉘ 赖光临：《中国新闻传播史》，台北三民书局1987年版，第65页。

㉙ 详细内容参见郑师渠：《〈万国公报〉与中日甲午战争》，《近代史研究》2001年第4期。

㉚ 金耀基：《从传统到现代》，中国人民大学出版社1999年版，第140页。

（《历史档案》2004年第3期）

近代华北自然灾害与天津边缘化的贫民阶层

刘海岩

1929年,有人在《社会月刊》上发表文章,惊叹天津的贫民人数之多:"触目惊心的本市贫民人数——35万7千多。"[①]根据1928年的统计,天津市城乡(包括五个区、三个特别区、五国租界及郊区)人口总数为154万多,而贫民人数已经超过了总人口的20%。如果只计算市区,贫民人口所占比例也高达10%,1930年的统计更上升到16%。

天津是当时中国近代化程度最高的城市之一,贫民人口竟然如此之多,以致成为一个严重的社会问题。这不得不引发我们的思考,如此庞大的贫民阶层是如何形成的,它在近代中国城市社会结构中占有怎样的地位。

一

一般认为,近代城市人口的急剧增长,一方面取决于城市发展的吸引力,另一方面也是多种原因造成的农民"离乡"趋向的结果。

天津是近代兴起的城市,1846—1906年的60年间,城市人口由19.87万增加到42.45万,增长了2.1倍;而1906—1928年的22年间,人口从42.45万增长到112.24万,增长了2.6倍,成为华北人口增长最快的城市[②]。这后22年间,既是天津城市经济增长最快的时期,也是华北地区自然灾害和战争频繁发生的时期。尤其是接踵而至的自然灾害,使得大量农民逃离家乡流入城市。自然灾害成为农民离乡、进城的一个主要的原因。

中国自18世纪中期进入自然灾害多发期,20世纪上半期更是达到了顶峰。华北地区一直是自然灾害的频发区,特别是水灾和旱灾。而且,越到晚近,灾害发生的频度越密,强度越大。统计表明,19世纪全国发生的水灾有三分之一以上是在华北的大河流域,尤其是海河流域。尽管旱灾发生的频度不如水灾高,但是灾害波及的区域范围和持续的时间往往高于水灾,对乡村经济和社会造成的灾难性后果更为深重。

清末民初,华北发生的重大水旱灾害主要有1877—1878年的旱灾、1917年的大水灾和1920—1921年的旱灾,其影响都是全域性的。其中,1917年的大水灾,主要灾区直隶省一共有101个县不同程度受灾,被灾人口有561万(见表1)。大量农民逃离家园,许多是合家外出逃荒,如文安县大约有30%的人口逃离家乡[③]。

表1 1917年水灾直隶各县灾情统计

类 别	县 份	被灾村数	被灾人口
重 灾	40	11 843	3 703 577
轻 灾	61	5 803	1 908 182
总 计	101	17 646	5 611 759

资料来源:天津市档案馆:《天津商会档汇编(1912—1928)》(3),天津人民出版社1992年版,第3392—3396页。

1920—1921年的大旱灾波及五省。据地方政府和救灾组织呈报的统计,共有325个县遭灾,相当一部分灾区农业收成仅为一二成，甚至“粒米未收”。灾民人数大约为 3 000 万[④]，死亡人数为 50 万[⑤]。由于此次旱灾与 1917 年的水灾相距只有三年，许多灾区连续遭灾，农民少有喘息之机，只有逃离一途。如直隶新河县在 1917 年的水灾中耗尽了民间的储备，当 1920 年的大旱灾到来时，大批灾民已经无力自救，只有举家外逃[⑥]。

关于近代农民“离乡”的原因，近时论著已多有研究。大量史料尤其是民国时期的调查都表明，迫使大量农民离开祖辈居住的农村，迁徙到城市，流落到异乡的一个主要原因是自然灾害。在这里，我们主要不是讨论农民离乡的原因，而是想说明遭灾后的农民是如何应对的。

每当灾害发生后，灾民选择避难之地，首先取决于灾荒的性质和大小。对付一般的灾害，灾民只要能躲过，不会逃离家乡太远，以待灾后返乡重整家园。但是，如遇到严重的水旱灾害，灾区范围大，灾害周期长，对生命的威胁大，那么只要有可能，灾民便会远远地逃离灾区。另外，灾害规模的大小，也决定了政府赈灾的方式和力度，即动用多大的资源，由哪一级政府实施赈济。这两个因素便决定了灾民逃难的行为模式：大难避于城，小难避于乡；小灾避县，大灾逃省。光绪九年（1883 年）黄河泛滥，山东全省性水灾，灾民大约有 75 万，逃入省城济南的灾民就有 10 余万，“或在山岗搭棚栖止，或露宿附近关厢，归耕无期，日日待哺”[⑦]。

决定灾民逃荒方式的另外一个因素是交通。一场自然灾害造成饥荒的严重与否以及对灾民的威胁程度，除了取决于灾害的大小，还取决于政府的救济能力、地方或民间粮食的储备以及交通状况等因素。1877—1878 年发生在华北的旱灾，政府赈灾措施不力，灾区死亡人数超过了 1 000 万，通讯和运输系统的落后是造成这一后果的重要原因[⑧]。政府运送救灾物资尚且不能，更不必说会有多少灾民能够逃离交通如此艰难、封闭的灾区了。

1920—1921 年的旱灾，受灾面积和程度与 1877—1878 年的旱灾相仿，但是灾民死亡人数在 50 万左右，大大低于 1877—1878 年的旱灾，其中一个重要原因就是铁路交通较前便捷。当时，由华洋义赈会等中外民间慈善组织募集的大批粮食、铜圆等，从天津用火车运往京汉和津浦铁路沿线各县发放。与此同时，火车也成为灾民逃离灾区的交通工具。一位外国传教士于 1920 年 10 月在沧县火车站见到：“灾民扶老携幼，人山人海，麇集于此，皆欲候乘津浦路义赈车逃荒他往。”[⑨]按照当时北京政府交通部制定的办法，灾区地方政府有责任把要求赴外省谋生的灾民送至火车站，站长也应允许灾民免费搭车[⑩]。京奉铁路局有专门开往东北的免票火车运送灾民，仅 1920 年 8 月 25—28 日四天内，由天津总站开往东北的专车就有 4 次，运载灾民 1 万余人[⑪]。

决定灾民逃荒方式的第三个因素是避难地的吸引力。民国时期，华北灾民逃难迁徙的主要目的地，除了东北等未开发地区之外，就是沿铁路便于抵达的大城市。

一般认为，对于外来移民而言，城市的吸引力首先是城市经济实力的强弱或就业机会的多寡，而对于逃荒的灾民来说，吸引他们大量逃入城市的是政府和社会救助能力的强弱。在清代，地方政府兴办赈济的能力，主要取决于城市的行政等级以及官员权力的大小。城市行政等级不同，对用于赈济的公共资源的控制能力不一样，政府的赈济能力也强弱不同。民国以后，政府赈灾能力与清代相比明显减弱，但是在诸如天津这样的大城市中，大量非政府中外慈善组织、救济机构的出现以及赈济方式的改变，使得城市的赈灾能力大为提高，甚至成为区域救灾的中心。加上天津已成为以铁路为主的北方水陆交通枢纽，这就使得越来越多的灾民把逃灾避难的目的地选定在天津。

检索史料发现，民国时期华北地区的自然灾害与天津流动人口的大量增加形成了明显的关联。每当华北地区发生自然灾害，天津的街头就会出现来自灾区的灾民。

1915 年直隶一些地区发生蝗灾和水灾，天津的街头便出现许多灾区“男妇老幼来津就食者”，“风餐露宿，缺衣乏食”。1917 年的大水灾，尽管天津也是重灾区，但是仍有大批灾民涌入天津，“各处灾民分奔来津，藉谋生计者，不下数十万人”[⑫]。仅这年的 10 月份一个月就有 5. 5 万灾民进入天津，11—12 月又有 5 万灾民涌入，需要赈济的灾民总数据估计有 40 万[⑬]。

1920 年华北大旱灾发生后，“各县难民扶老携幼均纷纷逃来津”[⑭]。许多灾民本来是乘火车出关逃难，却因种种原因滞留天津。由于涌入天津的灾民数量过多，使地方当局难于应对，只得请求灾区当局，阻止当地灾民来天津。

逃入城市的灾民在灾害过后有相当部分会返回家乡，城市只是他们的“避难所”。但随着灾害频频，战乱不断，农村的生存环境越来越恶劣，迫使越来越多的灾民断了回乡的念头，在城市里由“暂避”逐渐变为“定居”。庞大的贫民阶层就是在这一过程中形成的。

二

逃荒入城的灾民，首要的目的是谋求生存，也就是活命，决定他们命运的首先是城市的赈济系统。传统社会，地方政府的职责之一就是当灾害发生时设法暂时安置逃进城里来的灾民，通过赈济使他们得以活命，灾害过后动员他们返回家乡。当时地方政府最有效的赈济方式就是设粥厂施粥。从清代乾隆年间，天津地方政府就开始设四门粥厂。1870 年李鸿章就任直隶总督改驻天津后，天津的公益与慈善事业有了明显的发展，接受政府赈济的灾民和贫民人数迅速增加。同时，兴办慈善事业的责任呈现由国家向地方社会转移的趋势，形成官员倡导、绅士或商人捐资和管理的模式。

但是，地方政府所能做的除了施粥外，也只能是灾后发给少许钱粮，打发灾民返乡。对于灾民而言，在当时的条件下，他们根本无法在城市里生活，即使下层社会也很难有他们生存的空间。他们或聚集在粥厂就食，或暂栖身于城墙根等荒僻之地，等待灾害过后返回家乡。

民国以后，西方近代慈善理念的传入，改变了清代慈善“官倡商办”、“善人”施舍的模式，出现了大量独立的、具有制约监督机制的慈善救济团体，如国际性的华洋义赈会、全国性的红十字会、由地方精英组成的急赈会，等等。近代慈善组织多实行董事会制，采取公开向社会募捐的方式，捐款的管理和使用都更具透明度。赈济灾民的方式也不再仅仅是施粥以保其活命，而是通过提供包括居住、教育、帮助就业等方式，使得他们具备在城市里“自力养生”的能力。

尽管许多慈善组织的做法只是灾期内的短期行为，灾害过后许多赈济措施会很快消失；尽管一些“善行”只是施善者赢取社会声誉的“作秀”，但是为灾民提供居处和子女教育，帮助他们在城里谋生等，无异于为他们提供了在城市里生活的起码条件。

1917 年大水灾发生后，天津开始出现大面积为灾民搭盖的栖身之所。该年 8 月，为灾民发放食物的南洋兄弟烟草公司的职员在天津城北张公祠一带看到，窝铺太多，一望无际。水灾急赈会在城南划出一片空地，盖了 300 间窝铺安顿灾民，并号召“中外绅商热心助款”[15]。

当时，资助建造窝铺的既有慈善组织，也有个人，如寓居租界的徐世昌与赵尔巽等人便发起捐助在老龙头火车站附近搭盖窝铺 200 间安顿灾民，命名为“公济窝铺处”[16]。红十字会在谦德庄一带建造窝铺，美国红十字会在德租界建简陋居处 1 000 间。大量灾民的涌入使天津出现了多处灾民聚居的窝铺区。灾害过后，有的灾民返回家乡，但不久新的灾害发生，又有新的灾民入住，窝铺区不断扩大，尤其是集中建造、面积较大的窝铺区，逐渐形成了稳定的贫民聚居区。

1920 年华北大旱灾，灾民再次大量涌入天津。据当年年底的统计，住进各窝铺区的灾民就有 1.6 万余户。根据华洋义赈会一个月内的三次调查，南开地区的窝铺和住窝铺的人口就分别从 5 000 多所和 2.5 万多人骤增到 7 000 多所和 3.6 万多人，分别增长了 41.45% 和 2.77%。（见表 2）

表 2　1920 年华洋义赈会南开灾民调查

	日　期	窝　铺	人　口
第一次调查	11 月 24 日	5 275	25 819
第二次调查	12 月 9 日	5 413	29 820
第三次调查	12 月 25 日	7 462	36 862

资料来源：《益世报》，1920 年 11 月 24 日、12 月 9、25 日。

当时，赈济会还专门制定了《窝铺管理章程》，规定窝铺区要设办事处，要加强卫生管理。如保证饮用水的洁净，建厕所、男女浴室及浣衣所，“处理窝铺内一切秽污”，储备防火用水；要“随时检查住民身体，遇有病者,送医院疗治";"学龄儿童,管理处要设法教育之"[17]。

来自农村的灾民,进入城市后,第一课就是接受卫生"教育"。为了防止传染病流行,进住窝铺要强迫接受体检,衣服要消毒,头发要剪掉或用火油(煤油)清洗,还要接种天花疫苗。大小便要上厕所,定期洗澡,洗衣服要到浣衣所,等等。这些对于祖祖辈辈生活在乡野,"向不知卫生为何事"的农民来说,的确需要有一个适应过程。规定是强制性的,只要住进窝铺区,必须遵守。为了在城里安身,灾民只有接受城市的"再教育",同时也迈出了成为"城市人"的第一步。

有的慈善组织还致力于灾民子女的教育。华洋义赈会、基督教女青年会以及热心慈善的社会上层、女子师范学校的学生等,创办了多处教养所,专门招收灾民子女。他们有的为灾民子女提供衣食住宿,有的把学校设在窝铺区附近。华洋义赈会在窝铺区设立了6所"男女灾童教养所",聘请各小学著名教师充任义务教员。

帮助灾民在城市里谋生,也是慈善赈济组织的职能之一。《窝铺管理章程》规定,窝铺区办事处有责任为无力生活者"设法代谋工商生计"。水灾急赈会为灾民提供小额借款,作为他们在城市里自谋生路的资本。盐商李嗣香还以个人的名义组织平济局,"以借款抚恤贫民"[18]。就连警察处也备有人力车若干辆,租给灾民中无正当手艺的强健男子。

可以说,城市慈善赈济是促使灾民转化为城市贫民的"媒介"。从民初到30年代,是天津城市人口增长最快的时期,新移民所占比例不断增加,而且多数来自附近华北地区[19]。我们目前还没有资料能确知其中由灾民转变为城市居民的比例,但1929年的调查表明,当时天津的贫民人口所占的比例如此之高,以至我们完全可以把贫民阶层的形成与灾民的转化联系在一起考虑。事实上,正是最初为灾民建造的窝铺区,最终形成了城市边缘的贫民聚居区。

三

关于贫民在近代城市社会中的状况,我使用了"边缘化"这一概念,主要包含两层含义,一是空间意义上的,一是社会意义上的。

贫民阶层在空间分布上的边缘化,民国以后表现得尤其明显。前近代的中国城市,没有出现西方城市那样的富人区和穷人区[20],也没有形成界线分明、社区特征明显的贫民聚居区。社会等级的空间布局是围绕城内的权力中心和城外的商业中心,由中心到边缘,由高到低分布的。这种分布模式又非泾渭分明。天津有民谚:"北门贵、东门富、南门贫、西门贱",就是以城门定位来描绘这种带有一定模糊性的社会空间布局的[21]。

界线分明、景观反差强烈的富人区和贫民区,是清末民初开始逐渐形成的。1917年大水灾后,天津开始出现大面积的贫民聚居区。到二三十年代,贫民区的布局基本形成。面积较大的贫民区一般分布在老城区居住条件较差的地区、租界外或铁路线以外等城市边缘区。

如最早形成的"南开"窝铺区,原被称为"南开洼",是老城以南一片低洼地。1917年水灾后,地方慈善机构在此建起了大量窝铺,安置来津灾民,形成最早的贫民聚居区。位于英、德租界以南贫民区最早的居民也是1917年大水灾时逃至天津的灾民。红十字会搭盖窝铺让灾民容身,每户发给一块银元和一袋面,从而开始了这一贫民区的历史。位于铁路线以外的贫民区虽然最早形成于19世纪末,但加快扩展却是在1917年大水灾之后。人口的迅速增加使得贫民区与其他城区之间的交通因铁路相隔成了问题,铁路局不得不修建一条地下穿越铁路的人行通道,从此这一贫民区便有了"地道外"的称谓,形象地道出了贫民区的边缘化特征。

此外,也有一些灾民自发聚集形成的贫民区。这些贫民区一般面积较小,多分布在河岸边、低洼地边缘地带,状况往往更为糟糕。如位于新开河畔的贫民区是1917年水灾以后开始形成的。来自山东、河北的灾民傍河堤建成半地穴式栖身处,形成几百户人家的贫民区。

贫民区的形式及其边缘化与租界地区的中心化,是20世纪天津城市近代化进程的两个方面。租界地区的发展引发了城市空间结构的演变。社会上层和财富向租界聚集,使租界取代老城区,演变为城市的中心。近代市政、公共设施建设使得租界的富人们享有城市的大部分资源,租界也成为城市近代化的代表和象征。

而贫民聚居的边缘区,许多与租界相隔咫尺,但界限分明,“一线之隔,而道北(指贫民区)几同化外”[22]。贫民区缺乏起码的规划和管理,没有正规的道路系统和下水道,没有自来水和电,这些地区普遍环境恶劣,卫生条件极差。

贫民阶层在社会意义上的边缘化,主要表现为生存状态的边缘化。民国初年正是天津发展较快的时期,劳动力的需求不断增加,为外来移民提供了大量就业机会。据统计分析,30年代天津工人总数最高达到8.97万人[23],加上从事商业和服务业的店员、学徒等,总数当超过20万。然而,与数十万的贫民人数相比,这种就业规模显然是远远不够的。大量由灾民转化的贫民人口,与有限的就业机会存在很大的差距。二三十年代的人口统计表明,职业人口的增长速度远赶不上迁入人口的增长[24],有大量新移民处于失业或无职业状态。

当时,尽管工人的工资多数都很低,甚至很难维持最低的家庭生活支出[25];尽管工厂的劳动强度大、工作时间长,但是进入工厂当工人对于大多数贫民也只是奢望而已。对他们来说,能在城市里生存本身就是成功,或者说就是幸福。于是,城市里任何收入低微的职业或谋生手段都是贫民们所渴望得到的。许多“低贱”的行当成了贫民的专业,如拉洋车、拉地扒车、河坝“扛大个”、小贩、戏园落子馆的茶役,甚至是捡垃圾、行乞等;孩童拾煤核儿、打小空(受雇婚丧仪仗);女子纺麻线和线绳。

人力车夫是近代城市贫民的典型职业。20年代,天津的人力车已不下数十万辆。当时,乘坐人力车大约一里付铜圆二三枚,到租界车价稍高。一个人力车夫奔跑一天只能挣到七八角钱,至多一元。除去三四角的租车费(天津叫“车底”),一天所得不到五角钱,而且还时常遭到警察或租界巡捕的驱赶甚至打骂。“凡人力车夫为劳动界最苦者,且毫无知识又无团体,偶有小失常为警察所毒打,见者无不伤心”[26]。

即便如此,许多人连人力车都拉不上,他们只能靠捡垃圾或乞讨为生。在天津,捡垃圾又称“拾毛烂”。捡者把拾到的垃圾分类后到市场上出售,在老城的西南隅,形成了专供销售垃圾废品的市场,人称“破烂市”或穷汉市,此类市场在稍具规模的贫民区几乎都有。乞丐更是贫民专门从事的“行当”。乞丐一般可以分为两类,一类是“职业乞丐”,另一类是“流动乞丐”。后者又可以分为两类:“季节流动乞丐”和“灾荒流动乞丐”。“季节流动乞丐”主要是城市周边地区的农民,每当冬季生活艰难之时,便合家进城靠乞讨和赶粥厂以省家用。“灾荒流动乞丐”则主要是由灾民构成。这些乞丐往往成群结伙,操着同一地方口音在街头讨要。天津乞丐之多,乞讨方式之多样,在大城市中是很典型的。乞丐们甚至也有自己的市场,讨来的残羹剩饭除了饱腹外,如有剩余便会拿到乞丐市场出售。这些食物堆在一起出售,被称为“堆饽饽”[27]。

到20年代,大量贫民的存在已经形成严重的社会问题。根据当时的调查,不少贫民缺少维持生存起码的正当生计。如对居住在河北一处窝铺区中55户贫民所做的调查,他们每天的生活来源大半靠女子乞讨,男子有事可做者不过十分之一,日常食品只有高粱饼,甚至有食草者。对法、意租界边缘及老龙头火车站一带110余户贫民的调查结果,男子42人工作,女子只有3人工作。男子的工作多为在河坝码头做苦力,妇女则沿街乞讨。

1928年,刚成立的国民政府社会局首先计划创办贫民工厂,希望根本解决贫民问题。“将天津所有贫民,收集一厂或数厂,教以职业,授以常识,援以工代赈之义,寓生产于消费之中”[28]。他们计划开征乞丐捐,预计每月可得七万多元,完全可以办一个规模较大的工厂。然而,结果是乞丐捐收入不及5%,兴办大型贫民工厂已不可能。社会局又主办义务戏,收得款项3 004元,遂创办贫民工厂第一分厂。

1929年3月贫民工厂开工,厂址设在边缘工业区的一所小学校。工厂设厂房和讲堂,入厂的工人除从事生产外,还要学习粗浅的国文、算术等。第一批工人是由公安局和各特别区公署收容的乞丐,一共有170余名。[29]相对于几十万贫民而言,这不啻是杯水车薪。国民政府企图通过建立贫民工厂根本解决贫民问题的计划很快就流产了。

贫民阶层的膨胀并非天津独有的现象,而是近代中国城市——尤其是人口增长较快的大城市中普遍存在的。生活在边缘状态的庞大贫民阶层,与繁华都市和奢侈的城市上层,构成近代城市社会完整画卷中的两极。然而,在以往的研究中,生活在边缘区的几十万乃至上百万社会下层,常常被近代化的都市景象掩盖了。从这个意义上讲,只有对城市边缘阶层作深入的研究,才能对近代中国城市有一个全面的认识。

注：

① 凤蔚:《贫民与社会》,《社会月刊》1929 年第 1 期。

② 李竞能:《天津人口史》,南开大学出版社 1990 年版,第 287 页。

③ 李明珠:《1917 年的大水灾:天津与它的腹地》,《城市史研究》2002 年第 21 辑。

④ 李文海:《中国近代十大灾荒》,上海人民出版社 1994 年版,第 138—141 页。

⑤ 魏德:《天津海关十年报告书(1912—1921)》,《天津历史资料》1981 年第 13 期。

⑥ (民国)《新河县志》卷四。

⑦ 李文海:《近代中国灾荒纪年》,湖南教育出版社 1990 年版,第 448 页。

⑧ 当时,各地调集的救灾粮食集中在天津,堆满了码头和仓库,却因通往内地交通的制约而无法及时运往灾区。相关研究参见何炳棣:《明初以降人口及其相关问题(1368—1953)》,三联书店 2000 年版,第 271—270 页。

⑨《赈灾声中各方面要讯》,《益世报》,1920 年 11 月 12 日。

⑩《本埠新闻·灾民乘车办法》,《大公报》,1920 年 9 月 23 日。

⑪《难民赴奉》,《益世报》,1920 年 8 月 30 日。

⑫《急赈会函述赈灾结果》,《益世报》,1921 年 8 月 27 日。

⑬ 参见熊希龄:《京畿水灾善后纪实》(线装本),刊印于 1919 年,现藏天津市图书馆。

⑭《风雨中难民之苦况》,《益世报》,1920 年 9 月 13 日。

⑮《关于水灾之种种》,《益世报》,1917 年 10 月 1 日。

⑯《公济窝铺处报告》,《益世报》,1917 年 12 月 21 日。

⑰ 天津市档案馆等:《天津商会档案汇编(1912—1928)》,天津人民出版社 1992 年版,第 3415—3416 页。

⑱《组织平济局抚恤灾民》,《益世报》1921 年 7 月 18 日。

⑲ 根据 1937 年的籍贯统计,天津居民中非本籍人口占 58.4%,其中河北省籍者就占 41.9%。相关研究参见李竞能:《天津人口史》,南开大学出版社 1990 年版,第 175 页。

⑳ [美]施坚雅:《中华帝国晚期的城市》,中华书局 2000 年版,第 630—631 页。

㉑ 刘海岩:《空间与社会:近代天津城市的演变》,天津社会科学院出版社 2003 年版,第 276—279 页。

㉒ 天津市档案馆等:《天津商会档案汇编(1912—1928)》,天津人民出版社 1992 年版,第 3288 页。

㉓ 陈克:《一九三七年以前天津工业人口之推算》,《天津史志》1986 年第 1 辑。

㉔ 李竞能:《天津人口史》,南开大学出版社 1990 年版,第 245 页。

㉕ 罗澍伟:《近代天津城市史》,中国社会科学出版社 1993 年版,第 601—603 页。

㉖ 孙学谦:《天津指南》,中华书局 1924 年版,第 64 页。

㉗《旧腊中之津市民生(四):各种集市一瞥》,《大公报》1931 年 2 月 9 日。

㉘㉙《天津特别市社会局一周年工作总报告(1928.8—1929.7)》天津特别市社会局 1929 年。

(《天津师范大学学报》(社会科学版)2004 年第 2 期)

近代商会研究新视角：商会网络运行机制

——以清末民初天津商会网络为个案

应莉雅

近代中国商会史是近20多年来国内史学界研究和探讨的新兴领域之一。近年来，这一领域取得了一系列突破和进展。在研究对象上，从商会所代表的资产阶级扩展到商人群体；在商会活动内容的研究上，从关注商会的政治活动到关注商会的各项经济、社会活动；在研究方法上，从过去惯用的单一的阶级分析方法发展到运用现代经济学和社会学理论方法，如现代化理论、市民社会理论、现代市场经济理论等，这些突破和进展对中国近代史研究产生了深远影响，特别对打破西方中心论，创立中国本位的史学具有重要的探索意义。然而，我们也注意到，尽管对近代商会史的研究硕果累累，但在以往的研究中，学者们的注意力较多地集中在从静态考察商会的性质和功能，缺少对商会的运行机制的动态考察，特别是对商会网络运行机制的探讨。因此，笔者拟提出一个新的概念，即商会网络运行机制，以便从动态的、相互联系的视角对近代商会进行考察，并以清末民初天津商会网络运行为个案，在探讨近代商会网络的运行机制上做一点尝试。

中国近代商会制度确立于20世纪初，在清政府自上而下的推动下，全国各地主要商埠均建立了商会组织，形成了遍及全国乃至海外的商会网络，即中华全国商会联合会→各地商务总会→商务分会→商务分所。天津商会成立于1903年，成为近代中国商会网络的重要成员之一。在其成立后的最初十多年里，天津商会构筑了自身复杂的商会组织网络。一方面，天津商会通过各行会董事吸收各行商家入会，还在直隶全省区域内建立了商务分会，形成天津商会的内部组织网络；另一方面，天津商会与全国商会联合会以及各地总商会建立了密切的网络联系，还与中央政府、地方政府、驻津外国领事馆、外商商会也建立了多渠道的网络联系，形成了天津商会的外部组织网络。因而，商会网络是一个包括商会、政府、外国领事馆和洋商会各个系统的多重组织网络。

运行机制是近年来被经济学、社会学、管理学等学科经常使用的一个词。根据系统组织管理理论，组织网络的运行机制可以表述为：构成组织网络的各个要素和组织的各个子系统之间相互作用、相互联系、相互制约、相互协调，最终实现组织网络的整体功能。组织网络的运行特别强调构成组织网络的各个要素和子系统之间维持协调关系，以实现单个要素和子系统无法实现的功能。因此，探讨天津商会组织网络的运行机制，至关重要的就是要弄清天津商会在其发展的过程中是如何维系其内部与外部的组织网络联系的，从而使天津商会组织网络完善化和系统化，实现其社会、政治、经济等方面的功能。本文拟从天津商会维系这种网络联系的主要方式、信息流通渠道和管理制度三个方面说明天津商会的组织网络运行机制。

一

天津商会组织网络运行的主要方式之一，是举行定期和不定期的商会会员大会。无论是商部章程，还是天津商务总会试办章程，或是天津总商会章程，都对商会会员大会做了明确的规定。依据这些规定，天津商会会员大会基本可以分为三种：年会、职员会、特别会[①]。年会为每年3月举行，是例行性年终总结会议。其中，审核当年商会经费收支是年会的一个重要事项。天津商务总会试办章程第十二条规定："本会年总应于年终开会齐集各行董，由总协理逐款宣告。再于会董内选举二人查兑一次，如无错误，由查账人签名，一面具报商部存案，一面榜示会门，以昭大信。"[②]职员会是定期举行的会员大会，每月两次，每逢朔望即初一和十五各集议一次,处理一些与商事纠纷相关的诉讼,审议各项重大开支,如购置房地,稽查垄断,平抑物价,审核、保护和奖励专利等③。特别会是不定期的,通常是因紧急、重大事件而召集。天津商务总会试办章程第16条规定:"本会每逢朔、望集议一次,倘有紧要事件,由本会特发传单,传知各行董开议,勿得推诿不到。如各行有紧要事件,亦准各行董事来会声明,立定实现,齐集开议,不准逾时,致同会人渴待。"④商部奏定商会简明章程中对紧要事件作了列举:"大市设值银根奇紧,该商为该处人望所系,是以积货过重,不能周转,一经倒闭,必致牵累商务大局者,该会应举行特别会议,从众议决,准将存货抵借公集款若干,力为维持,定期缴还,月息约以由原为率,以副保商应实政。"⑤

天津商会组织网络运行的另一个主要方式,是参加中华全国商会联合会全国大会。中华全国商会联合会于1911年开始筹建,天津商会参与了筹建。1912年,中华全国商会联合会在上海成立。按照其组织章程规定,每年开常年大会一次,有紧急事务召集临时会议⑥。天津商会参加了绝大多数的常会和临时会,多次向大会提出重要提案⑦,与各地商会讨论磋商,一方面加强和巩固了与中华全国商会联合会的网络联系,另一方面也促进和发展了与各地商会的网络联系。

二

天津商会组织网络运行机制正常发挥作用的前提,是建立畅通无阻的信息流通渠道。天津商会组织网络信息流通渠道的建立,与天津商会组织网络的构建是同步的。如前所述,天津商会在发展的过程中逐步构筑了一个复杂的组织内部网络和组织外部网络,在这个统一的组织网络系统中,各个构成系统的要素和子系统之间的网络关系就是它们之间信息流通的渠道。由于天津商会组织网络关系极其复杂,天津商会组织网络信息流通渠道也是非常复杂的。为了清楚表达天津商会组织网络信息流通渠道的基本情形,我们以天津商会两条基本的、常用的信息渠道为例,说明其组织网络信息的流通。

天津商会组织网络信息流通,主要是依托两条基本渠道(见图1,图中箭头表示信息流通的方向)。一条是:会员↔会董(或同业公会)↔总会↔地方政府↔中央政府。通常商会会员如有某一事项须提请商会审议,首先通过本行会董(或同业公会)向商会提交所议事由的说帖,商会的处理意见又会通过会董(或同业公会)传达到会员,如商会不能处理,则要进一步禀报地方政府,地方政府也无法处理,则继续上报中央政府。同时,中央政府的有关政令也通过地方政府传达到商会,商会再通过会董(或同业公会)传达到会员。另一条是:分会会员↔分会↔总会↔中华全国商会联合会↔中央政府。即分会会员要向总会提请所议事项时,也需经过分会会董向分会禀报,分会再报予总会,总会酌情上报全国商会联合会或地方政府和中央政府。

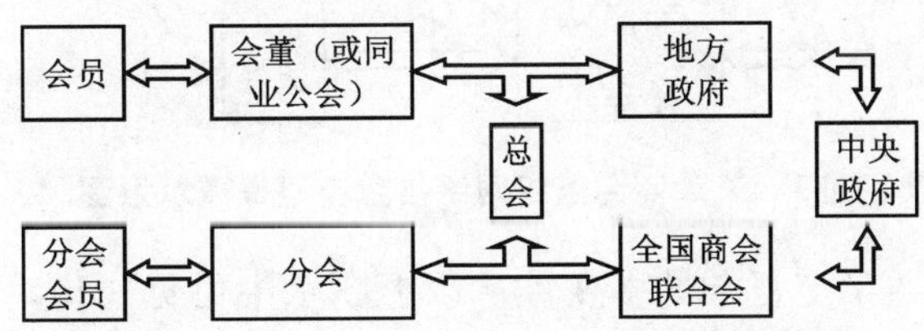

图1 天津商会组织网络信息流通渠道示意图

这里特别需要指出如下四点:

第一,图中所示天津商会组织网络信息流通的两个基本渠道,它们都以天津商会为信息流通的中心,商会会员和中央政府既是信息流通的起点,也是终点。

第二,这两条基本信息流通渠道具有相互交织、重合的特点,它们的交叉重组又构成两条信息流通渠道,一条是会员↔会董↔总会↔全国商会联合会↔中央政府,另一条是分会会员↔分会↔总会↔地方政府↔中央政府。这就使天津商会实际的信息流通有效渠道增加为四条,而在每一条信息渠道中,信息的流通都是双向的,既可从低一级流向高一级,也可从高一级流向低一级。

第三,实际上,按图中所示,还存在另外两条信息流通渠道,即:会员↔会董↔地方政府↔中央政府和分会会员↔分会↔全国商会联合会↔中央政府。在我们考察的这段历史时期,从会董或行业公会越过总会,或从分会越过总会,这种越级的信息流通通常在特殊情况下才会出现,如钱商公会在金融危机时,直接向地方政府或中央政府提出建议以救市面；分会在全国商会联合会的大会上，也可以直接向大会提交议案。因此，可以把这两个信息渠道看做是对上述四个信息渠道的补充。

第四，图1所示只是天津商会组织网络信息流通渠道中涉及组织内部网络和与政府联系的外部网络，如果再考虑天津商会与其他各地总商会、外国驻津领事馆、在津外国商会的信息流通的渠道，则使天津商会组织网络信息流通的渠道显得更为复杂。图示如下（见图2，图中线段即表示信息流通渠道）：

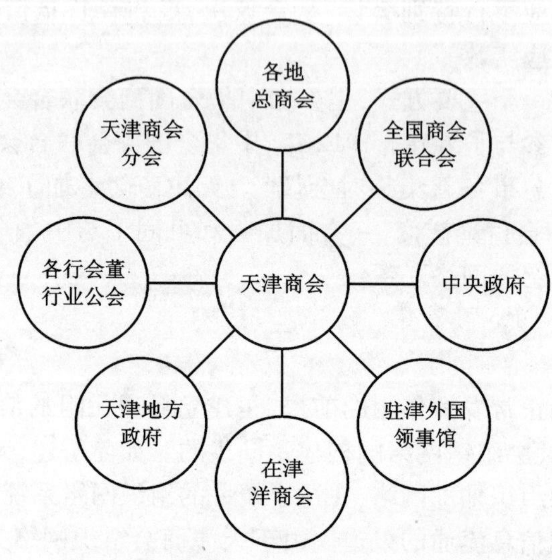

图2 天津商会组织网络信息流通渠道示意图

不过，图2只显示天津商会与这些组织的直接的信息渠道，并未显示间接的信息渠道。如在与外国驻津领事馆的信息交流中，很多是以政府为中介的，图2中未能表示出来，图3可在一定程度上弥补这一缺陷（见图3）。

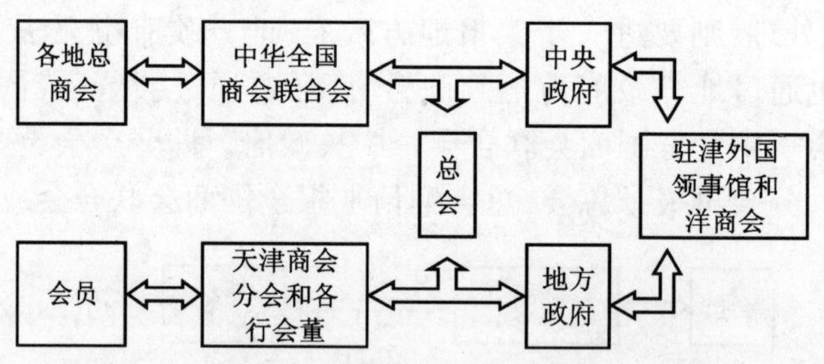

图3 天津商会组织网络信息流通渠道示意图

天津商会组织网络信息流通渠道复杂的多变性从以上图示中可见一斑。与此相比，天津商会组织网络信息流通的形式则显得较为稳定，大多以书面形式为主，各种信函、电函、饬令、报告等是最常见的。这些书面形式流通的各种信息在行文格式上有严格的规范，从中央政府一级向下一级全国商会联合会或总商会传递的信息通常使用“札饬”一词，札到即请遵行。从地方政府一级向下一级总会的信息传递通常使用“照会”一词，显示了一种非主管上级对下级的行文格式。按照商部颁布的商会章程，各地商务总会的直接行政领导是商部，而不是地方政府，因此，地方政府在向天津商会转达中央政府的政令或是发布地方政府的政令时，大多都用“照会”。在天津商会与其他同等级别组织的信息交流中，双方多使用咨函、台鉴等行文格式。从下一级向上一级的信息流通中，禀报、禀请是最常用的格式。除此之外，报纸也是天津商会信息流通的形式之一。天津商会很早就利用报纸这一大众传播媒介，联络商情，启发商智，宣传天津商会对各重大事件的主张。天津商会创办伊始就申办《商报》，《商报》一时间成为省城广受欢迎的报纸，甚至京城的比利时“清比商会”也申请订阅[⑧]。

三

天津商会组织网络的管理制度,主要涉及组织管理和财务管理制度,这些制度是天津商会组织网络机制正常运行的保障。

在组织管理上,天津商会设立了各个管理部门,主要有:文牍处,负责批拟来往公文、管理档案等;评议处,负责处理商事纠纷;考察处,负责考察各地物产,调查各种事件;会计处,负责编制预算,造具报表;庶务处,负责处理会内一切细务。以后随着天津商会组织的扩展,又将处改为股,并增设交际股,负责对外联络各项事宜。各个管理部门分工明确,履行各项管理职能,无论是处理日常会务,还是处理偶发事件,诸如收会费、办理商家注册、房地出入和抵押证明、诉讼登记、定期商务演说等等,都有专门的管理部门各负其责。这些管理部门的建立,为天津商会组织网络运行提供了组织保证。与此同时,天津商会还重视组织的人事管理,强调对组织人员的素质要求。早在1903年,天津商务公所暂行章程就对组织的机构和人员有明确规定:"本公所事属初创,在在需人,拟约文案二人,均须公推。以明白商务、心术笃厚且能耐劳者为准。凡有本公所公事另立日记一册,随时登明备考。本公所办事人员,须恪守规矩,不得稍染衙署局所习气。倘有不遵规条,即由董事声明辞退,若有徇私等事与本公所名声有碍者,应禀明从重议罚。"[9]依照这些规定,天津商会对组织中出现的徇私舞弊问题及时采取措施加以解决。如1906年商会就针对商会总理、协理、会董牵入同乡、亲友争执的事件贴出牌示,公告总理、协理及各行会董不得以商会名义牵入亲友争执事件,不得借端滋事[10]。

在财务管理上,天津商会也很早就建立了具体明确的财务管理制度,对会员会费的缴纳,职员、会董、总理和协理的薪金等都做了规定。如在天津商务公所暂行章程中规定:"本公所办事人等,除董事月支车马费银十两,司事月支薪水银二十四两,文案月支薪水银十六两,均连伙食在内。其余官绅概不支给薪水车马等费,以节浮费。"[11]在天津商会试办章程中,有关财务制度的规定就更为详细:"本会额支款,应由坐办商同会计会董编列预算表,呈交总、协理签字送会计处按月照发。本会活支款数在十元内者,由会计会董与坐办商议签字照发。数在百元内者,须与总理、协理商议签字,若有特别出项,应邀集全班会董定议施行。本会每月月报结清后,开具清单并各项收条、往来折札,由会计处呈交会计会董会同总、协、坐办查兑一次,以昭核实。"[12]在以后的发展过程中,天津商会又通过各项措施逐渐完善了这些财务管理制度。1905年天津商务总会制定了所属各处公订办公专条[13],1912年又补订暂行章程[14],1918年颁布了天津总商会章程和办事细则[15],在进一步明确各管理部门职能分工基础上,还加强了对财务的管理,对会计处(后为会计股)的职责权限、人员、办事程序等都做了具体规定。较为严格的财务管理制度为天津组织网络运行提供了经济保障。

天津商会组织网络较为全面和系统的管理制度以天津总商会章程最有代表性。该章程共有8章40条,分别对总纲、职员与选举、职务与权限、会议、会计、评议、辞职及解职、附则等做了系统的规定;办事细则有8章61条,对总商会的各职能管理部门的职责和权限都做了严格的规定。总之,天津商会虽然历经沿革、改组,但在组织发展、壮大和网络化的过程中,也逐渐形成了一整套行之有效的管理制度,从而能对商会组织的人、财、物等组织要素进行统一协调和配置,正是管理制度的不断完善才使天津商会组织网络机制得以正常运行。

综上所述,天津商会组织网络的运行机制是建立在一系列制度基础上的,这在一定程度上反映了天津商会组织网络运行的制度化性质。会议程序则表明天津商会的民主化特征,尽管这些特征有时还只是表面的、初步的、不完善的,但却显示出天津商会作为具有现代性的商人组织网络,与传统商人组织网络有本质区别:传统商人组织的网络联系是建立在血缘、地缘、业缘基础上的,是一种非制度化的网络,而天津商会的组织网络联系是建立在组织制度基础上的,是一种制度化的网络,这种制度化也对商会组织网络运行机制的完善起到了积极作用。

注:

①《天津商会档案汇编(1912—1928)》(1),天津人民出版社1992年版,第45页。

②《天津商会档案汇编(1903—1911)》(上),天津人民出版社1989年版,第46页。

③《天津商会档案汇编(1903—1911)》(上),天津人民出版社1989年版,第27—28页。

④《天津商会档案汇编(1903—1911)》(上),天津人民出版社1989年版,第47页。

⑤《天津商会档案汇编(1903—1911)》(上),天津人民出版社1989年版,第27页。

⑥《天津商会档案汇编(1912—1928)》(1),天津人民出版社1992年版,第524页。

⑦ 1912年中华全国商会联合会召开成立大会,此后从1914—1928年共召开五次大会、两次临时会,天津商会多次派代表参加这些会议,代表中不乏商会的重要领导人物,会长卞荫昌就有三次参加了大会。天津商会向大会提出的提案涉及裁厘、烟酒税、印花税等重要经济政策和制度(参见《天津商会档案汇编(1912—1928)》(1),第521—633页)。

⑧《天津商会档案汇编(1903—1911)》(上),第154—160页。

⑨《天津商会档案汇编(1903—1911)》(上),第3—4页。

⑩《天津商会档案汇编(1903—1911)》(上),第57页。

⑪《天津商会档案汇编(1903—1911)》(上),第3页。

⑫《天津商会档案汇编(1903—1911)》(上),第46页。

⑬《天津商会档案汇编(1903—1911)》(上),第54页。

⑭《天津商会档案汇编(1912—1928)》(1),第10页。

⑮《天津商会档案汇编(1912—1928)》(1),第43—53页。

(《天津社会科学》2004年第6期)

抗战时期华北日系农场的殖民经营
——以天津地区为中心

张会芳

引 言

抗战时期,在沦陷区,日本不仅从民间掠夺生产物,还直接占地经营。这类农场主要分布在殖民势力较深厚的天津和冀东沿海一带。据统计,到1946年接收时为止,日本集团和私人在天津、宁河、昌黎、邯郸、滦县、临城、顺义、静海、抚宁等县,共投资设立大小农场133个,掠夺土地达137万多亩①。

日系农场的数量、规模既如此庞大,自然不容忽视。那么,农场是怎样成立的?其经营状况如何?在当时对于日本殖民经济起了哪些作用?给后人又留下了什么样的历史启示?

关于此问题,迄今未见专门的研究成果发表。少数论著,如郑伯彬《日本侵占区之经济》(1947年)、浅田乔二《日本帝国主义下の中国》(1981年)(中译本名《1937—1945日本在中国沦陷区的经济掠夺》)、居之芬《日本在华北经济统制掠夺史》(1997年)、曾业英《日伪统治下的华北农村经济》(1998年),都曾对农场的情况有所分析介绍。其他大部分涉及沦陷区经济的著述,还仅停留在对个别极端事实的描述。总体上说,仍有必要对农场的来龙去脉作专题的讨论分析,以完整了解其成立目的、管理机构、内部组织、市场状况等重要内容。可贵的是,一些学者作了基本档案资料的整理工作②。本文以此为基础,并参考抗战前后的调查报告,力求如实反映农场之面貌。不妥之处,敬请方家批评指正。

一、抗战时期日系农场之成立

(一)成立之原因

华北日系农场最早成立于何时,已不可考,据现有的资料推测,当不晚于1935年前后,它的出现,是与日本掠夺华北农产资源的需要及其政策调整相一致的。起初,日本主要看重华北的棉花。1935年初提倡“中日经济提携”时,所提五项条件中,即有两项是关于棉产的:1.中国生产大宗农产物,供日本工业之用;2.增进中日贸易,根绝排货运动,日本在华购买棉花3000万元。河北事变发生后,日本对于棉产又向冀察政务委员会作进一步的要求:中国之农业(尤其是棉花与小麦)由日本给予技术上的指导;对中国农作物,则应以增进日本工业之利用价值为前提。1936年9月,日本曾宣布华北棉花五年计划,将由中日合作③。当时成立了一些以植棉为主的农场,不过由于日本尚未取得统治权的缘故,数量还是有限的④。

中日全面战争爆发以后,大批农场的出现,主要是为增产稻米,解决日军及侨民就地取给并补偿其国内消费。1937年冬日军占领平津后,军粮悉就地征发。太平洋战争之前,日本对沦陷区的农业都实行所谓“中日满农业一元”政策,其原则包括“扩充生产并供给日本不足或缺乏之工业农产物,特别扩充军粮生产,俾能就地筹集”⑤。太平洋战争爆发以后,日寇受盟国封锁,兼以运输工具不足与物资缺乏,乃更进一步加强其“确保日军就地取给”政策⑥。1941年12月8日,华北方面军安达参谋长在各兵团长会议上提出,“驻军在当地应力求自给自足,减少国家负担,使皇军全面作战能够顺利进行”⑦。不惟如此,因本国的食粮不足而南洋运输又极感困难,日本之国内消费,亦转仰给予沦陷区,1943年初大东亚建设审议会通过的大东亚农业政策,其有关沦陷区的部分,有如下规定:“日本主要食粮之米,由国防观点言,应由‘满洲’、‘中国’等近距离之处供给,故应扩充食粮产量。”⑧

米是日本军队必不可缺的主要粮食,也是在华日本人的主要食粮。华北“占领地”米的产量在中国“占领地”所占比重虽小[9]，而日人最感必需。其主要栽培地，据1941年秋视察华北的前日本大原农业研究所所长近藤万太郎总结，有河北省小站、军粮城、芦台，山东省明水地区及济南府郊外，还有山西省晋祠镇、南部汾河流域等[10]。就种植面积来说，据华北交通公司1940年以来通过各铁路局调查铁道沿线的水稻适宜种植区的结果，合计11.3万余亩，其中天津管内49 399亩，北京38 555亩，济南9 128亩，太原7 700亩，开封8 160亩[11]。1944年敌伪统计，河北省水田面积合计1 059 863亩，其中北平区99 335亩，天津区788 090亩，保定区85 124亩，石门区87 614亩[12]。其中，天津地区又是华北稻作的重镇，据北宁铁路局1936年调查，天津县稻米产量“年约21 752 017公斤，县境东南之小站、葛沽、咸水沽、张贵庄以及宁河县属之军粮城、新河一带均产稻”[13]。另据兴亚院华北联络部调查，天津特务机关管辖地区(包括芦台、军粮城、小站和天津近郊)米产量占华北米产量的95%以上[14]。且该地区商品率较高，据30年代初调查，“天津产米区域，计葛沽、新城、小站三处……小站稻米全数出产，除五分之一弱留于该地自用外，其余概销平津两地及东三省各地，它如保定唐山及御河一带，均有销场”，在远近负有盛名[15]。因此，为解决食米问题，在天津附近组织农场乃属必然。

(二)成立之过程(土地来源)

关于农场的成立过程，这里主要分析作为最基本生产资料的土地的取得方式，计有如下数种：

1. 霸占吞并战前国人经营农场土地。久大农场土地146顷，位于宁河县营城村、蓟运河两岸，系久大公司于1930年购置，七七事变后被日寇据作“启明农场”[16]。

2. 低价强制征购或无偿圈占民地。日本浪人长谷部义范等人看中了天津县梨园头村的大片土地，便凭借日军的武力威胁，无代价地圈占民田2 000多亩，开设了长泰农场[17]；宁河县属之大北涧沽十八村土地肥沃，兼有三河汇流，最适宜种稻，早经垦作水田，享有厚利。日人在组织冀东政府时，查知大利所在，强占民田十余万亩，且招朝鲜农民千数百家为其佃户……造成肥美稻田约有60华里面积……迫令每户领价一、二元不等，当时已熟稻田每亩价值千元内外，旱苇各地每亩价值四五百元，所有十八村3 000余户、丁口1万余人，均不领价。日人拘各地户，勒令出售，村民以生命危险，不得已而领价者有若干家[18]。据战后河北垦业农场报告，此“大北涧农场”，即后来日本“米谷统制协会”所属之“蓟运河电化水利组合”。

3. 以汉奸名义购置土地。事变前由于中国政府未认可外人之土地所有权，日方所收买土地，多属此类。钟渊纺绩株式会社1937年3月以王一亭、顾馨一、赵聘卿三人名义，购得宁河县营城及茶淀一带耕地及荒地约12万亩，充当钟渊启明农场协会用地[19]；积善堂张(燕谋)所有坐落于天津八里台荒地一段计300余亩；1941年，汉奸王梦符、鲁穆庭等6家合谋，勾结日人清水兵治、酒井信男等，以强暴胁迫，硬行霸买，事后由王、鲁等6家代日人出名顶替立契，并经日人成立酒井农场[20]。

4. 利用青帮分子掠夺农田。七七事变前，青帮分子王金标投靠日本人，为日本拓殖公司在冀东一带抢购棉花，还与日本人合组了合义公司，收购棉花作走私买卖。后来，合义公司从盐业银行租到津郊马场道、纪庄子、聂公桥一带田地共18顷，组织了农场，将18顷旱地改造成水田，出产日本需要的上等稻米。事变后，王金标又伙同日本人，在卫南洼、灰堆、何庄子等处强占民地，改旱地为水田，成立了合义公司第二、第三农场，拥有水田达数百顷之多[21]。

5. 地主(勾结汉奸)主动盗卖土地。天津县属十区中正村(顾家庄陈家官房)20余顷之地，系军阀陈光远所有，该地原系洼荒，经农民分别开垦成熟，即继续佃种，言明地租按三等交纳，此后即不许增租夺佃。但陈姓竟于1942年，勾结日人强迫增租至八元之谱。嗣后因败诉积愤，竟将上开地亩乘机卖与日人下村管业，改为近松农场。小站璩姓地主坐落五区义心庄五丈河一带稻田40顷上下，经佃民辟荒成熟后，裕德堂家长璩华甫擅将此处地亩盗卖与东一公司。1942年，东一公司勾结小站敌伪警备队长城地永夫，迫令民众让出永佃权[22]。张敬尧小站稻田431顷，以敬霖堂勋记公司出名购置，“民国二十五年(1936年)间，河北省官立清理遗产处(理)委员会，对张之产业均经没收管理在案……后来‘遗产处’经萧、盖[23]二人私自改为‘逆产处’，事为宋哲元察觉，饬令解除，并令将张家之地一律拨还……延三缓四，对地仍未发还。日寇进入天津后，敬霖堂因不甘心，遂由张敬尧之太太委托天津大汉奸谢龙阁代为设法索取契纸，以便出卖或管理。谢转托日本宪兵队朱下大队长派人将盖宗谋捕入宪兵队扣留……将各地契在盖家中搜出。二十八年(1939年)，由谢等经手将此地一并卖与宽怀堂(即日本之‘藤井公司’)经营，敬霖堂共得地价三十七万五千元”[24]。

此外,由于战争破坏和日伪压榨下农作无利可获,造成农民大量离村和大量土地抛荒,日人进而“拾荒”,建立农场,也是其获得土地途径之一[25]。

从农场的土地来源上看,日系农场的建立,伴随许多农民所有的小块土地被掠夺,故受害最深者当属广大农民。例如“北仓农场”2万亩土地,原属当地900多农户;“蓟运河电化水利组合”4万多亩土地,原属当地八村3 000多户;郑家庄、杨家庄(共70余户、400余亩),贾家沽道村(约150余户、400余亩)均属全村被日寇圈占。“滦县农场”移交书“旧地契清册”载地契222份,绝大部分地契土地面积不足10亩;“新城农场”移交书“旧地契清册”中有20户地契,土地面积不足15亩者占一半[26]。但日人直接自地主取得的土地,为数也是可观的。如“北洋农场”1 085亩土地中,“续租”地主安桂蕴自耕旱田9顷50亩上下,义德堂安记1顷27亩,二者合计约1 077亩[27];藤井农场移交地契中,有德善堂曹怀璞出卖本堂自有荒地一段计12顷73亩,张国英出卖荒地两段共20顷64亩,敬霖堂勋记共408顷83亩(见前),周家祖遗自置荒熟草地六段合计17顷62亩,懋盛堂王自置地一段计5顷29亩[28];钟渊纺绩株式会社启明农场全部土地1 200顷系购自张、邵二姓。据不完全统计,仅日寇侵入天津后,地权发生转移,数在5顷以上之地主即63名,占地达2 800多顷,大体相当于今天津市4个郊区土地的1/6。日本投降后,上列地主多以被日寇“威逼强购”为名,向国民政府申请“发还产权”[29]。

在通过种种手段积累土地的基础上,日系农场建立起来。在七七事变发生后的初期,只有中日实业公司的茶淀农场和军粮城农场等少数几家,而至1941年,仅天津地区的“邦人经营农村”就有48个,播种面积一万二百町步[30]。据1942年8月的调查,华北日系农场达55家,占地4.4万公亩[31]。而战后接收时(据接收档案统计),则达130余家,占地137万余亩,其中在天津一带有120家,占地92.17万多亩,估计约占当时天津、宁河两县耕地面积的一半[32]。各农场规模,则自数亩至万余亩不等[33]。

二、日系农场之殖民经营

(一)农场管理机构及其措施

天津一带的日系农场,主要处在华北垦业公司和天津米谷统制协会的统制下,这两个垄断组织除直接经营农场外,并控制了绝大部分日本其他集团或私人经营的农场。

华北垦业公司,前身为“中日实业公司”,1941年4月改称现名。为日华合办(实为日本人操纵)的中国法人组织,资本金1 800万元(华北政务委员会财务总署出资1 025万元,日本东拓、三井、三菱、东洋制纸、军粮城精谷、钟纺共出资775万元)。专门在华北各地圈占良田建农场,组织农业移民,投/融资和经营农场事业。总公司设在北平,天津、唐山、滦县均有办事机构,并直接经营军粮城、茶淀(包括茶淀、任凤庄、蓟地区三场)、滦县3个农场,共有土地51.3万多亩,另控制其他日人农场32个[34]。

天津沦陷后,日本人为掠夺粮食成立了天津市米谷统制委员会,设事务局于天津日本总领事馆内,由日本驻天津总领事馆、大财团和天津伪政权的要员头目组成。1943年8月,在天津市米谷统制委员会的直接指导下,成立了天津市米谷统制会,统制天津地区粮食的产供销,设事务局于天津市,下设天津、军粮城、咸水沽、小站、葛沽、芦台、昌黎7个支部,并在北平设置事务所,在各河川地区设置农事合作作为最下部组织,构成单位为日系农场及农事合作[35]。其职员至1945年8月15日,有华人343名,日人247名,共计590名[36]。米谷统制会直辖瑞穗、军粮城电化水利组合、卫津河电化水利组合、小站电化水利组合、蓟运河电化水利组合五处农场,共有土地19.3万多亩,另控制其他日人农场54个[37]。

华北垦业公司和天津米谷统制会通过严密手续[38],对于管内农场实行低利营农资金贷给,此外,还以贷付种粮、补助肥料、改良水利工事等手段,对农场的生产过程进行统制[39]。

(二)农场之经营

1. 农场技术设备概况

战前,华北仍以小农经营为主,生产工具、方法都较为原始、低下,作物良种、化肥、新式农具等新生产要素的影响尚不明显,如1930年前后在天津小站的调查,“所用农具多趋向南式”,有水车、风车、锹、簸箕、镰刀、连枷、推板、水犁等。

1936年北宁铁路局调查天津段结果：

武清县“各种农业品多用本地之厩肥及堆肥为肥料”，“谷子及菜蔬间有用芝麻酱者，亦系本地出产”，“农民所用种籽均系本地所收藏”；

香河县“各种农作物种籽均于秋收后，由农人用旧法收储”，“肥料有五种，用肥田粉者尚少”，各村所用农具有犁、镐、锹、锄、耙、镰等，多系铁木制；

宝坻县“各家所用农具，全是本地所制之旧式犁、锹、镐、锄等”，“农民所用种籽，多系自行存储，鲜由外地购买，所用肥料，则系堆肥与厩肥两种”；

宁河县“农田多用人粪、厩肥为肥料”，“农具为犁、锄、耙、轴、镰，均为本地制造”；

蓟县“农具概用旧式者”，有犁、锄、镐、锹、耙、风车、碾、磨、筐、筛等，“农田所用肥料以人粪、堆肥、厩肥为主，间有用肥田粉者”[40]。

日系农场，如前所述，前后有百余座之多，难以一一考察。这里仅介绍资料较详的几座农场的技术设备状况：

北洋农场——代表者渡边正美，位于天津县第四区西于庄西，面积1 085亩。采用直接经营，亩产（预想量）250公斤。基建设施有取水闸两个，水闸13个，用水路干线1 100米、支线4 410米，导水路1 100米，排水路干线2 360米，筑堤2 460米，中间道路1 100米；设备有30千瓦变压器三台，18吋离心泵两台；农具有草绳机、轧花机、打稻机等。

北洋白塘口农场——经营者渡边正美，位于天津县第五区白塘口，资本金5 108 400元，面积632.163亩，采用直接经营，1945年种植水稻150亩，亩产220公斤，余为旱作。建筑物有取水闸15个，调节水闸15个，排水闸2个，用水路约3 500米；设备有发动机4台，畜力扬水机1台，引水管1只，瓦斯发生机2台，龙骨车5台，立式泵1台，马力传导机1台；农具有播种机、割草镰等；

八里台农场——代表者盐谷辰造，位于天津市第七区王顶堤村南，事务所在天津市六里台大街八里台精粮公司内。1940年创业，固定资本400万元，流动资本2 203 013日元。总面积水田2 035亩，旱地及荒地1 409.474亩。土地设施有卫津河导水路4 500米，王顶堤导水路710米，扬水干线2 370米，排水干线15 556米，扬排水支线44 175米，道路干线3 730米；送电装置2 800米，5吋离心泵1台，瓦斯发生机1台，制粉机两台，制绳机41台，足踏脱谷机四台；农具有喷雾器、电力脱谷机等。

藤井农场——又称藤井水利兴业公司农场，代表者藤井宽太郎。资本金100万日元。第一农场位于天津县第五区大芦庄，第二农场位于天津县五大河，第三农场位于天津县第七区中塘村、静海县西官闸，第四农场位于天津县第七区中塘村、静海县小韩庄，面积共计355顷42亩7分2厘。设备有瓦斯机、蒸汽发动机、抽水机、龙骨水车、除草机、制绳机、卷扬机、动力脱谷机等。

中日机械农业股份有限公司茶淀农场——位于宁河县第二区茶淀乡，责任者水野吾郎，经营形态为中日合办，中国方面投资51%，日本方面投资49%，总额750.5万元整。向中国政府登记，得到华北政务委员会经济总署许可，1944年4月1日开业。事业及营业种类包括购买、开垦及改良荒芜土地，生产及加工贩卖农作物，出租自有农田并对租户予以农业技术上之指导、协助，在自有农田范围内通融耕种资金并配给农具资材，制作、贩卖及修理机械农具，设置机械农业传习所等。耕地面积水田约600町步，旱田约300町步，草荒地约500町步，产品包括水稻、麦类、杂谷类、棉花、猪、鸡、鱼、绵羊等。生产能力，1945年预定额，米11 400日石、麦1 000日石、棉花27 000日斤。该公司机械设备完善，并另有大清河土地，位于滦县及乐亭县境大清河河口一周，面积33 000町步，于1939年秋收买，资本金国币459万圆，亦由中国方面投资51%。

中野农场——经营者中野宗一，名称中野企业株式会社，是属于朝鲜中柴产业株式会社分支的现地法人组织，有天津县张贵庄、静海县唐官屯、昌黎县七里庄三处农场，设事务所于天津，在昌黎设联络所。资本金500万日圆，事业目的为开垦及农事经营和附带事业。经营面积，1945年农场水旱田、宅地、原野、道路用地等共27 515亩，其中水田19 431亩，亦具先进农机设备。

其他如华北垦业公司的军粮城农场和茶淀农扬，以冀东防共自治政府政务长官殷汝耕为名誉总裁，钟渊纺绩株式会社社长为总裁的钟渊启明农场，也具先进设备和较强生产能力。

从以上列举的内容可以得出这样的印象：与战前附近的农家经济相比，日系农场的土地改良设施大都较为齐全，并拥有较完备的生产资料。一些规模较大的日系农场都附设直营试验田，进行作物栽培试验。另外，日系农场虽以开辟水田种稻为主要业务，从整体看，又多倾向于实行综合性的经营，如钟渊启明农场，农场设立要纲规定："经营模范农场，发现华北农村的文化、经济、经营的综合指导原理，向周围示范，并且养成农村指导者"，"米、麦种植之外，根据适地主义实行农牧、水产及其加工的多角型的立体合理的经营"。据战时调查，该场"除从事水稻、旱稻、棉花、果树的种植外，尚事畜牧养渔；农场设备完美，有启明小学、训练班、医疗所、合作社之设，有自用发电厂，供给本场附属磨粉厂、电灯及灌溉之动力。近更设有砖瓦厂，日产三万砖瓦，除供本场建筑使用外尚可销售于县城"[41]。

2. 农场经营方式

日系农场成立后，并未推进资本主义的大规模耕作，而是继承了这一带所盛行的租佃经营方式[42]。日人近藤万太郎的视察报告提到天津地区农场经营的状态，"日本人和华人经营的大农场一部分直营，大部分分割依附于佃种，此为通例"，"全地域的85%为小作地，仅15%为自作地"[43]。发表于战后的《日本侵占区之经济》也提出，"这些新式农场的业务，各有少许不同，但是，它们和农民的租佃关系却差不多完全一律"[44]。

具体的材料也表明，日系农场的土地多被分割成小块出佃。如"兴农公司"农场一部计2215亩，被分割由46户佃种；"大陆农场"土地一部计6 211亩，由122户佃种；"娄家庄农场"土地一部计62.5亩，由9户佃种；"张达庄农场"161.73亩，由21户佃种。以上平均每户最高佃种50亩，最低仅佃种7亩[45]。八里台农场天津县水田319.5亩，由6户佃种，旱田954亩，由33户佃种。藤井第一农场80顷93亩，由147户佃种；第三农场73顷43亩2分，由115户佃种。中野张贵庄农场有佃户111户，平均每户耕种水田52亩、旱田2亩；唐官屯农场有佃户104户，平均每户耕种水田16亩、旱田37亩；七里庄农场有佃户105户，平均每户耕种水田114亩。华北垦业公司军粮城农场也有佃户492户[46]。

章有义先生认为，"在日本侵略者在华北实行道地的殖民地统治的时期，也没有办成或试图兴办资本主义农场。人们往往以为外国资本对中国农民的榨取之所以不采取组织大种植园的方式，是因为中国系半殖民地国家，他们没有取得直接的政治统治，因而得不到兴办农场所必需的安全保证。那么有着充分政治统治权利作后盾的'华北垦业公司'也只安于坐食地租，而不愿搞资本主义经营……这里除政治因素外，归根结底，存在着经济利益的权衡问题。尽管就一时一地言，雇工耕作成绩有可能优于佃种，但从当时社会条件整体看，从长期看，出租也许比雇工经营更为有利和可靠。这就须要从中国小农经济结构和特点去寻求深层原因了"[47]。

从地租形态来看，抗战前，天津一带货币地租相当流行，战争爆发后，由于通货膨胀，物价猛涨，地租普遍改为实物。由于缺乏可靠的物价指数作为参照，使得两个时期的数据缺乏严格的可比性。这里仅摘出有限的几条实物地租材料如下：

天津市，甲等田产量每亩2石，分租50%，包租每亩6.5元；唐家口村，旱田劣地亩产2—5斗，地租按"三大堆"分，地主得三分之一；墙子上公园后，园田每畦每年0.11元—0.33元，每亩42畦或50畦。内有1户实行"分成制"，地主与佃户共负耕种费用，收获对半分[48]；

武清县(1936年)农佃制度"佃租每亩最低每年二元，最高每年五元，普通三元，亦有收获后，平均分粮者"；

宝坻县(1936年)"普通佃租最多每亩八角，亦有俟收成后，以所获三分之一，或多至十分之四与地主者"[49]；

由上推测，战前天津一带的租率，大致在33%—50%之间(视地亩优劣及耕种者所承担义务多寡而有等差)，普通则在三分之一左右。1950年9月22日《天津日报》提到，土地改革前，"(津郊)租佃形式以死租、活租两种形式为主。死租，大部分都经过二地主转租给农民，并大部分是预交租，租额约在40%至60%之间。其次是活租，以三大堆(地主得一堆，农民得两堆)分法最多。也有三七、四六等分法。此外，还有酌地分粮(临收获时协议租额)、菜园分菜，分畦，分钱等"[50]，这也可以印证我们以上所得的印象。

日系农场租率，从各农场移交书的记载来看：

大陆农场"规定每亩供给肥料一百斤。收获按平分缴租。民国三十四年(1945 年)每亩所收不足二百斤,场方每亩尚欠肥料二十斤,(而)本秋之租并且多要,计高地一亩按一百五十斤,中地一百二十斤"。这里分租改成了实物定租,租率达到60%—75%;近松农场"民国二十八年(1939 年)为每亩纳租二元五角。二十九年(1940 年)改为按收获量(主产量)百分之三十五征收,旋以流弊时生,改为每亩收稻谷一百六十斤。以迄日人降服"。这里,货币地租变为实物分租,再变为实物定租[51];

钟渊启明农场水田租额为稻米收获量的 1/3,旱田租额为高粱收获量的 1/3,园子旱田交纳货币地租;

八里台农场水田自米谷统制会借入种子、营农资金、肥料等,按照耕作面积分配贷给,因农场开垦时日尚短,杂草特别是芦苇十分繁茂,制定固定契约不为华人分租者所喜欢,收获量的分配暂定为分租人八成,经营者二成;旱地,贷给耕作资金,征收收获量的一至二成;

藤井农场耕耘租约规定,贷给经营需要的资金、农具、牛马等,肥料价款的半数由公司负担,水田租额为收量的 1/2,旱田租额为收量的三成五;

军粮城农场之租佃契约规定供出量为 4/10,4 成为公司收入,6 成为农民所得;

茶淀农场收租规定三种办法如下:本场机械上水区,按四六分收,公司四成,农民六成;农民自力上水区,按三五、六五分收,公司得三五,农民得六五;旱田按三大堆分收,公司得一,农民得二。

据此,则日系农场多征收实物,租率基本在 15%—75%之间,平常在 33%—50%左右,比较战前,似无明显提高。但是,敌伪档案的可靠程度值得怀疑,据后来调查,日本农场的真实情况是,"在稻子收割前,农场指定打轧地点一处或数处……各农户收割后全部运往指定地点,按号堆垛,至脱粒时再招农民以脱谷机自行脱谷,由场中人负责过磅如数入库。至日后扣租粮若干、购买余数若干以及价之高低,均不容农民过问。甚至买得农民之稻款,在旧历十二月三十日,尚有不与付清者。是以场中农民对此殊为不满……嗣后曾采取集团打轧法,亦须严防内中之黑暗发生"[52]。所谓"三大堆"分租办法,据第十一农场报告,"表面看,农民得三分之二,实际情况是,采取这种办法的土地大半是新开荒地,其收获量一般每亩不足高粱四十斤","生产量低,租户甚为困苦"[53]。可见,实际上,在日系农场中,佃户所受剥削是大大加重了。战后河北省合作实验农场所属各农场曾奉命调查日寇收租情况,也说明收租率在 33%—35%左右,这同样是把官样文章当做实际情况。

三、日系农场对日本殖民经济之作用

农场经营的一般含义是指"组织并运用各种生产资源,以使农场的生产能够得到最大限度的收益"[54],但本文论及的日系农场经营,是战时的一种特殊殖民经济类型,其特殊性不仅体现在土地等基本生产资源的取得方式上,更体现在农场产品的流通过程中,有较强的人为导向,不是依照市场经济的规则,故此,我们不能再单纯从经营收益角度考虑,而应结合农场对其成立目的的实现程度来判断。

(一)农场与殖民土地开发

农场的开拓、经营过程,也是日本对于掠夺所得的土地进行殖民开发的过程,这可以从华北垦业公司等机构的活动窥见一斑。华北垦业公司成立后,作为专门的农地开发会社,除接办以前中日实业公司经营的茶淀农场及军粮城农场,还计划 16 年内,于滦河下游、蓟运河地区、马厂减河、永定河沿岸、捷地减河、小清河地区及其他适宜地点开发水旱田约 130 余万亩,"以期华北食粮生产日见增加"[55]。截至 1945 年,该公司计开辟水田 237 066 亩,又指导合作农地实行电化水利计水田 249 207 亩[56]。水田面积之增加情形,可自下表[57]中窥其梗概:

单位:市亩

年 度	水田面积	累计面积	备 考
1940 年前	397 229.6	397 229.6	
1941 年	23 079.5	420 309.1	

续表

年　度	水田面积	累计面积	备　考
1942 年	26 310.4	446 619.5	
1943 年	37 890.5	484 010.4	
1944 年	2 235.6	486 114.6	

军粮城精谷会社，为杂谷、水稻增产最重要机关之一，在芦台、军粮城、小站、咸水沽、葛沽、八里台一带分别设指导处，其业务为指导及办理上述各地之农业贷款、水利兴修、种子改良、肥料配给、碱地开垦及农事试验场等设施。1942 年即已从事水田开垦工作，在军粮城及芦台两地区开辟水田 64566 亩，1943 年在天津周围辟成水田十余万亩，1945 年并拟再开发小站、葛沽一带水田十余万亩。

（二）农场与日鲜农业移民

与土地开发同时，日本进行向开垦地的农业移民。由日鲜移民直接开设的农场，对于日本转移其国内及殖民地的人口压力也起了一定作用。日本对于沦陷区农业最初采取“中日满农业一元”方针，其原则包括，“移植敌国大陆农业移民，以渐进方式，改善沦陷区农村之经济组织”[58]。大陆移民之实施，以华北为主要对象，以设立各种垦殖企业协助推进，此项垦殖机关有中日实业公司、东洋拓殖会社、华北农业公司、华北垦业公司、中日联合垦地公司等。这些垦殖组织，大都附有移殖日鲜农民来华垦殖荒地之计划。[59]例如，华北垦业公司章程详细规定，“本公司在从事土地改良事业之同时，还将完成向开垦地的国内移民”，“开垦地在一定期间内实行佃耕经营，在确立了能使移民成为独立经营的农户之基础时，再通过 7 年的年赋偿还进行转让，从而创设自耕农”，“同时，在移民入殖之际，发给每户平均 300 元的补助，用以补助其住宅费、购置农具及其它营农方面所必须的设施等”[60]。据该公司企划课称：“迄于民国三十二年度（1943 年），移入之农民，及本地农民，依公司农地以营生计者，达三千四十五户。所经营水田之面积，为四千一百三十三陌，旱田为四千八十一陌。共计为八千二百十四陌。”[61]东洋拓殖会社 1938 年在芦台设立资本 100 万圆的集团农园，收容朝农 1 000 户、3 500 名。主要栽培水稻，同时有若干棉花和其他作物[62]。

另据台湾“中央党史会”资料记载：“（天津电）敌近以来华侨民日众，关于食米一项，拟奖励现地生产，以实行其自给自足之计划，闻敌当局拟以芦台农场作为来华敌民之开垦地，自由耕作，种植生产。查该农场土质肥沃，如以现代农业经营方法投资经营，则每年预期可获产量十万石左右。”[63]

又据周绍武《国营高里区农场》记载，“渤海区农垦管理局所属国营高里区农场，位于北宁铁路芦台车站西北约二十五里的地区，有土地 52 292 亩……1938 年，日伪东洋垦殖株式会社，见该地适于灌溉洗碱，种植水稻，乃强迫收买其附近十八村民地设立农场，兴建扬水设备，移朝鲜人四千余人来此开垦种稻，称之为‘芦台模范农村’。高丽圈（现称高里区）的俗称即由此而得。当时种植水稻面积已达总面积的五分之四”[64]。

（三）农场对华北日驻军之粮食供应

供应当地日军军糈，是农场开设的主要目的，也是其战时经济的本质体现。天津地区的稻米生产，处于天津米谷统制会的严密统制下。其施策效果，《天津米谷统制会回顾施策》提到，事变前指导地带之水田面积约有 10 000 陌，而接收时则成 30 000 陌，其中面积约 10 000 陌乃荒芜地之改良而成之。单位面积之收获量，平均每亩稻米三石，至日本改良种输入以来，有五石之产量[65]。在该会统制下，生产稻米，年有增强，如下表[66]：

年　次	面　积	平均每亩生产量积	生产总量
民国三十年（1941 年）	203 000 亩	269 公斤	54 600 000 公斤
三十一年（1942 年）	241 600 亩	274 公斤	66 200 000 公斤
三十二年（1943 年）	270 000 亩	283 公斤	76 500 000 公斤

续表

年 次	面 积	平均每亩生产量积	生产总量
三十三年(1944 年)	356 000 亩	237 公斤	84 560 000 公斤
三十四年(1945 年)	499 100 亩	219 公斤	109 420 255 公斤

其中相当部分,又是由日系农场取得的。如 1945 年生产总量 109 420 255 公斤中,日系农场生产量为 43 563 025 公斤[67],占 39.8%。这些农场生产的稻米,自然大部分供应日驻军和侨民,但是,其供出方式又稍为特殊。例如天津陆军特务机关发表的 1942 年米谷收买统制要领,划芦台、军粮城、小站、天津近郊四产米区为收买地区,禁止搬出,并分别指定三井物产、三菱商事、军粮城精谷为收买运销机关,规定价格,从事收买。各地所产米谷或直接出售各该公司,或出售各该公司所指定之日华业者,所收粮谷由上列公司集中运日或就地分配各处日驻军。但日业各农场得自行处理,不在此限[68]。日本学者浅田乔二也提到,在天津特务机关管辖下的种稻中心地,在特务机关的领导下,由日本人农场主组成"天津农事协会"这一地主团体,并强制规定在这一地主团体的领导下,由各农场主将米直接售给指定的日本大商行[69]。

沦陷期间,天津附近的水稻种植,对于侵华日军的军粮供应,起了很大作用。关于日军就地取给情形,据日石川陆军经理局长在议会中报告,1940 年华北日军食米取给于当地者占五成,华中八成,1941 年起,华北应增至八成,华南七成,华中全部[70]。1941 年华北日军决定自 9 月 15 日起至下年 8 月底止,在河北各产米区实施统制收买米粮,其主要区域为芦台区,军粮城区,小站、天津近郊地区,及大城、文安、任丘、丰镇、静海、霸县、丰润、兴隆、河间、迁安、滦县、玉田、昌黎各县,到 11 月为止,以天津一区计算,已收得数目约 32 500 石[71]。当年初,日统帅部制定《对华长期战争策略要领》(1 月 25 日),提出"提高派遣军在现地的独立生活能力,尤其关于粮秣,其需要量应力求全部由现地取得"[72]。这一目标虽未全部达到,但日本在华北军队的自给率,确实有所提高,从 1939 年到 1941 年,人员现地粮秣供应率分别为 36%、45%、55%,马匹现地粮秣供应率分别为 50%、55%、65%[73]。由于日人从民间的强制收买不断遭到失败,从华北全局来看,1941 至 1943 年的收购量分别仅占当年华北稻谷总产量的 14%—16%。但是,当时天津地区贩卖大米的商人主要是经营农场的日本人,他们剥削得来的租米几乎全部都用于贩卖。因此,天津地区稻谷的收买率仍达到七成至九成的高比率[74]。可见日系农场所发挥的作用,是不可忽视的。

四、战时华北政局与自然状况对农场经营之影响

农场经营上所受到的阻碍,本应包括在经营状况内,但由于从这一部分更能窥见殖民经济的性质,故而专门提出讨论。日系各农场,因军事、政治、经济各方面配合得宜,拓展较为顺利,但是,作为一种殖民型的经济,它的进展也并非一帆风顺。从前面的图表观察,其亩产并不稳定,甚至有下降趋势,总产量的提高,可以说主要是靠耕作面积的扩张取得。影响日系农场经营的因素,据现有的资料反映,主要有自然与治安两种。

农业生产对于自然条件有较强依赖性。尤其是华北农业,一向以需水为主要特征,盐碱地之开垦、水稻的种植,更不能不以灌排水为中心工作,因此水旱灾自然成为农场经营的重要障碍。例如,1939 年,中野张贵庄农场从年初开始,完成全部土地的开垦及耕地整理,播种几乎达到全面积,但因该年华北发生大水灾,8 月 16 日洪水袭来,农场化为汪洋,建筑物倒塌、作物全部毁灭;1943 年,唐官屯农场第一农区 6 月初因马厂河水位较低,无法施行自然灌溉,到下旬逐渐完成预定的 1670 亩的播种,但因连降暴雨,低处被水浸害,再由于 8 月下旬的蝗灾,最终全无收获;1944 年 5 月上旬,张贵庄农场由于气温低下和连日的强风,稻苗发生腐败病,幼苗二成多受害,且该年发生少有的旱灾,作为水源的白河水量较往年减少 1/3,7 月上旬降雨,对总面积的 1/3 进行再移植。然因 8 月 3 日大暴雨袭来,随后虫害发生,10 月下旬气温骤降,成熟不充分、枯死者达 2 450 亩,收量比平年明显减少。唐官屯农场年初计划经营水田 1 461 亩,旱田 1 661 亩,水稻因干旱和缺乏扬水设备,用水不足,结果仅播种计划面积的 8%,8 月因大暴雨,遭水浸,全无收获。旱田作物也因干旱发芽不良,完全不收者达播种面积的 47%。七里庄农场年初计划经营水田约 12 000 亩,因土壤盐分较多和用水不足,生长不良,8 月下旬虫害发生,10 月下旬气温骤降,也几乎不收;1945 年,八里台农场种植时,因旱魃

水量不足,种植完成后约750亩到7月中旬枯死,庞玉春等17名佃农放弃回乡。

农业开发更需要一正常与安定之环境。日系农场的开设,从战前开始,即因其殖民色彩不断遭到当地民众抵制,局部的小规模反抗,可以说无时无之。伴随日本对占领地军事、政治渗透的加强,在1939至1941年间,日系农场一度比较活跃,大部分都建立于此时。但是,1942年以后,周边抗日活动的重新兴起并趋于高涨,又使其不断遭受打击,最终陷入停顿。例如,1942年,中野七里庄农场因治安骤变,从滦河取水的工事迟延,6月上旬,以直播方式种植8 548亩。8月上旬,由于滦河水量增加,水路堤防溃决,陷于用水不足,最终仅收获预定的1/3;1943年,因为从滦河取水的长16千米导水路不能确保,放弃种植水稻,缔结旱作耕种契约。日人声称,麦类收获时,“土匪”等进行大举掠夺,秋天的杂谷也最终不能收租;1945年,伴随日本在华北的统治接近尾声,以上现象波及更大范围。当年度七里庄农场事业停止,唐官屯农场因职员不能进入现场指导,决定中止占各种贷给的水稻种植。八里台农场水田自8月17日到23日受到“袭击”,扬排水设备全被破坏,水稻的生长大受阻碍,收割时又受“匪”袭,割下的水稻大部分被“掠夺”,不得不放弃收获。旱地收成尚可,然而8月中旬以来因治安关系,不能进入场中[75]。华北垦业公司茶淀、任凤庄、蓟地区等三农场,水稻的生长以茶淀为最次,最大原因即“本年播植太晚之故”。因夏初养苗之际,忽于4月16日被“匪”侵入,将锅炉毁坏,无法上水,稻苗遂枯,即至再养时已过期。后来,农场又发稻种,令各佃改用直播法,迨稻苗出水时,其他早植者已高达尺许。到7月,“匪人”又侵入一次,水又一度停止,故本年该场之水稻成绩最歉[76]。甚至,中日机械农业股份有限公司大清河土地,于1939年秋收买后,因“治安不良”,一直未能入地开垦及耕作。

农场内部的经营管理,据说曾是开源公司倒闭的主因,日系农场是否存在类似的情形,由于资料的缺乏,尚不得知,至少就以上的分析来看,如果说农场频繁受到自然灾害的光顾,尚可归为本身的资本与技术力量不够充实,那么,由于周边抗日力量发展的迅猛,使其殖民经营大受打击,则是与战时特点紧密联系的。

日系农场的存在,肯定了这样的事实,即:日本帝国主义除了以军事侵略,直接使沦陷区的各种生产条件恶化和实行农产统制,间接予战时农业以巨大创伤之外,还以占地经营的方式,直接影响华北农业,正所谓“开了外人在华直接经营农业的先例”[77]。

这种影响的性质是双重的。日系农场大都具有较为完善的技术设施,其数量和质量往往优于当地农家,对作物良种、化肥、新式农机具等先进生产要素的采用程度也较高。农场的经营,使大片碱荒地的开发或利用程度提高,以此为基础扩大水稻种植,对华北日军的军粮供应起了较大作用。农场的两大统制机构,从农场经营中也都收获不菲。如华北垦业公司到1945年日本战败时为止,于茶淀、芦台、滦县、军粮城、小站、张贵庄等地成立97垦场,已垦稻田达23.7万亩,指导民营稻田24.9万亩,规模之大为历来所罕见,单以军粮城米谷统制委员会而论,以20万美元之资金,经营5年,其全部资产已达600万美元之巨[78]。

但是,技术作为生产手段,总是从属于一定的制度,为了一定的目的而运用。日系农场的成立,本质上在于掠夺中国的土地、劳力资源,转化为其战争资源。机器等先进生产手段的运用,仅仅限于日系农场中,并未推广于附近广大农村,与之伴随的是对资源的更大规模榨取。从客观上讲,日伪时期的一些经验、成果,在战后仍有一定价值。例如三四十年代输入的日系稻种,到了50年代,有些仍然在小站稻品种中占重要地位,特别是银坊品种,一度占小站稻栽培面积的60%以上,成为50年代小站稻主要当家品种。在此基础上,50年代,当地农民还选育成一批新品种,如小站农民从水原系统中,用单株系统选择法培育出著名水稻品种水原三百粒,西郊王稳庄农民从银坊中选育出连元稻等,都有较大面积的种植[79]。

日系农场的经营,以沿用租佃方式为主,也没有带来更为进步的生产关系。对于场内农民的剥削,则比以往加重。华北食粮本不能自给,一向需从海外输入,据当时人称:“总计食粮之输入及移入华北之总额,每年常在一万万元以上。”[80]战争中后期,平津一带还曾发生严重的食粮恐慌。农场食粮增产,原为日人协助军粮之用,农民方面并不受其实惠,因每年收获所得除应纳租谷外,余亦全数交由米谷统制会收买,悉归军用[81]。米谷统制协会以50%的价格强购农民稻谷,农民食用稻谷者,一经发觉,即遭毒打、狗咬等酷刑,甚至惨遭打死。

对日寇的这些残暴行为,农民不得不采取各种方式进行斗争。他们或者拒不交租,或者怠工、罢工,把肥田粉成包扔在稻地沟里,以至聚众惩治汉奸[82]。最终,敌后抗日游击力量的迅猛发展,不仅使日寇战争机器陷入瘫痪,也牵制了其殖民开发意图不能全部实现。平津是日本较早征服、控制的地区,情况尚如此,也可见日本的占领是如何不得人心了。

注:

① 吕万和:《解放前天津市郊的土地占有和地租》(资料辑注),见《天津历史资料》1980年第5期,第16页,原文数字为134个、1 364 800多亩,这里根据对表中数据进行重新统计的结果改正。

② 如60年代天津社会科学院吕万和先生据天津档案馆藏"平津敌伪产业处理局"、"农林部河北垦业农场"、"河北省农垦局"等机构档案,作成《解放前天津市郊的土地占有和地租》(资料辑注),对日伪在津郊一带之土地掠夺、经营性质做了初步归纳;近年出版由居之芬主编的《日本对华北经济的掠夺和统制——华北沦陷区资料选编》,也依同一馆藏资料,缕述日系农场的主要统制机构华北垦业公司、天津米谷统制会的成立、沿革与组织,并选录典型农场个案。两份资料,可兼作目录索引之助,均使后学者受益良多。

③ 陆诒:《华北的棉花》,见《新华日报》1940年9月19日,第2版。

④ 据《申报》记载,1936至1937年间,天津日本总领事馆在南开六里台设华北农业试验所,场地40亩,试植棉花;大众农业公司在军粮城、北塘附近租农田3万亩,设农场两处,改良棉花,植插水稻;日本外务省文化事业部在津郊东楼村,购地400余亩,设圣农园农事试验场,招募日韩人数十名,试植棉植谷类;兴中公司在军粮城购地四五万亩,试植美棉,供给天津、青岛、济南各地日商纱厂之用,并计划在伪冀东区购地50万亩,栽种棉花。见《申报》1937年3月12日,1张4版;1936年9月4日,2张8版;1936年10月22日,1张4版;1936年10月31日,1张4版;《银行周报》1937年21卷24期,转引自章有义:《中国近代农业史资料》(第三辑),三联书店1957年版,第591页。

⑤ 国民党中央执行委员会调查统计局特种经济调查处:《四年来之敌寇经济侵略》,该处刊印,1941年,第93页。郑伯彬著:《抗战期间日本人在华北的产业开发计划》,资源委员会经济研究所印行,1947年,第55页。

⑥ 国民党中央执行委员会调查统计局特种经济调查处:《第六、七年倭寇经济侵略》,该处刊印,1945年,第27页。

⑦ 日本防卫厅战史室编,天津市政协编译组译:《华北治安战》(下),天津人民出版社1982年版,第2、57—58页。

⑧《第六、七年倭寇经济侵略》,第16页。

⑨⑭ 华北水田不多,四省产量合计,不过二三百万石。据东亚研究所统计,华北占领地(指河北、山东、山西内长城以南、河南各省占领区)米产量占全国比重1.8%左右,参见浅田乔二著,袁愈译:《1937—1945日本在中国沦陷区的经济掠夺》,复旦大学出版社1997年版,第4页。

⑩ [日]近藤万太郎:《北支蒙疆の作物に就て》,华北产业科学研究所、华北农事试验场印行,昭和十八年(1943年)10月,第6页。

⑪ [日]铃木清干编:《蒙疆年鉴·附华北概观》昭和十七年(1942年),张家口蒙疆新闻社昭和十六年(1941年)12月30日发行。

⑫ 刘厚:《河北盐垦事业检讨》,《垦荒与洗碱》1948年11月创刊号,第6—7页。

⑬ 北宁铁路局编:《北宁铁路沿线经济调查报告》(三),见沈云龙编《近代中国史料丛刊》第3编,第51辑,台湾文海出版社有限公司印行,1989年版,第1 100页。

⑮《天津小站食米产销概况》,见《工商半月刊》1930年第2卷第15期,第20、25页。

⑯ 吕万和:《解放前天津市郊的土地占有和地租》,第9页。

⑰ 天津市档案馆等编:《日本帝国主义在天津的殖民统治》,天津人民出版社1998年版,第28页。

⑱ 吕万和:《解放前天津市郊的土地占有和地租》,第15页。

⑲《钟渊河北模范农场设立要纲》,见天津档案馆旧字第19号全宗,下引各农场资料同。

⑳㊺ 吕万和:《解放前天津市郊的土地占有和地租》,第24页。

㉑ 胡君素等:《天津青帮与帝国主义势力的勾结》,见天津市政协文史资料研究委员会编:《天津文史资

料选辑》第24辑,天津人民出版社1983年版,第226—228页。

㉒ 吕万和:《解放前天津市郊的土地占有和地租》,第22—23页。

㉓ 萧振瀛、盖宗谋。

㉔ 吕万和辑:《张敬尧在天津的地产》,见中国社会科学院近代史研究所近代史资料编辑组编:《近代史资料》总第49号,中华书局1982年版,第220—221页。

㉕⑦⑦ 郑伯彬:《日本侵占区之经济》,资源委员会经济研究所印行,年份不详,第49页。

㉖ 吕万和:《解放前天津市郊的土地占有和地租》,第22页。

㉗《北洋农场移交书》。

㉘《藤井农场移交书》。

㉙ 吕万和:《解放前天津市郊的土地占有和地租》,第2—3页。

㉚ 日本面积单位,1町步=99.7公亩。[日]近藤万太郎:《北支蒙疆の作物に就て》,第6页。浅田乔二提到,"天津附近的日本人租佃制大农场由1940年的十几处增加到了1941年的60处",依据为北平日本大使馆《华北日本人经营农场目录》(1941年),因未见原文,不便比较,故从略。

㉛ 郑伯彬:《日本侵占区之经济》,第49—53页。

㉜ 吕万和:《解放前天津市郊的土地占有和地租》,第15—16页。应该指出的是,由于农场间的转移、合并等情况及由此导致的农场所有者和名称的变更,以上数据只能反映大致的消长趋势,并不具有严格的可比性。

㉝ 近藤万太郎提到,天津地区"大农场较少,三—六町步的地主占最多数"。见吕万和:《解放前天津市郊的土地占有和地租》,第7页;郑伯彬提及,农场中"有占地数町的小农场,也有占地数千町的大农场",见《日本侵占区之经济》,第54页。

㉞《华北垦业公司的设立、章程和股东、董监事名册》(1941年5月21日),见居之芬主编:《日本对华北经济的掠夺和统制——华北沦陷区经济资料选编》,北京出版社1995年版,第724—725页;吕万和《解放前天津市郊的土地占有和地租》,第16页。

㉟《天津米谷统制会之章程与组织机构》(1943年8月20日),见居之芬主编:《日本对华北经济的掠夺和统制——华北沦陷区经济资料选编》,第748—751页。

㊱《天津米谷统制委员会移交清册》。

㊲ 吕万和:《解放前天津市郊的土地占有和地租》,第17页。

㊳ 米谷统制会对于管内农场紧急增产土地改良资金之分配手续如下:自1942年至1944年,改良资金之放出,系由华北垦业公司职员检查其农场土地改良工事,决定并采取所需要相当之担保物件后,由垦业公司直接发放各农场。1945年增产资金之放出,系由米谷统制会及华北垦业公司双方职员,共同检讨各农场土地改良工事内容,不取担保物件而发放。办法为各农场出具借款请求书,由米谷统制会汇齐提交华北垦业公司,再经农务总署许可后,将资金全部送交米谷统制会发放各农场。见《天津米谷统制委员会移交清册》。

㊴ 如米谷统制会《民国三十四年度米谷增产对策要纲》规定,"在本管内米谷生产以稻米105千吨为目标",为此实行:(1)统制河水使用;(2)改良土地(计划融资75 000千圆);(3)确保耕种面积(29 950町步);(4)改良耕种,包括配给优良稻种(计划2467吨)、奖励按期播种和除草、改善施肥(预定确保配给硫安8 000吨、豆饼10 000吨、土粪及其他10 000吨)、防除病虫害(预定防除实施面积为耕种面积20%,确保配给药剂"得利斯"根30 000公斤、除虫菊7 000公斤、煤油30 000公升);(5)贷借农业经营资金;(6)配给农业经营资材,除配给食粮25 000吨外,确保配给种粮、肥料、药剂、燃料、农机具、生活必需品等;(7)奖励有畜农业,为图缓和劳力不足及增产自给肥料,预定确保配给家畜牛600头、马500匹、猪和其他家禽,并配给米糠500吨、大豆饼200吨为饲料;(8)其他奖励施策,包括增产自给肥料(奖励栽培荻、苜蓿、紫云英等绿肥作物)、设置原、采种圃,举办米谷多收获竞作会、表彰笃实农家、奖励副业等;(9)厚生善邻之施策,包括配给生活必需品、充实医疗设施等;(10)增产米谷以外之农作物;(11)养成农村中坚人物;(12)充实农事合作等。

㊵ 见《北宁铁路沿线经济调查报告》(三),第1 016、1 044、1 047—1 048、1 067—1 068、1 128—1 129、

1 148、1 150 页。各种常用农具,以人力为主,效率都不高。

㊶ 郑伯彬:《日本侵占区之经济》,第 54 页。

㊷ 当然,也有不少农场采用"自耕"的记载,对此不应忽略。但是所谓"自耕"是否即等于雇工经营,遽难断定。如郑伯彬提到:"这些新式农场的业务,各有少许不同,但是,它们和农民的租佃关系却差不多完全一律,即直接雇佣佃农,佃农所获作物,均以实物交换,佃租率却远较一般租率为高。多数大农场更有出诸完全雇佣形式者,农民终年勤劳所获全归场方所有,而所得待遇则为极粗饮食而已。"又据梨园头老贫农徐克旺口述,"在茶淀农场当了一年多佃户,规定是按三成交租。实际情况是吃了一年多的豆饼面,一文工资未见,年终结账,倒欠农场几百元",这里既为"佃农"又受"雇佣",或者既为"佃户"又有"工资",似有矛盾。可见,农场内部组织方式相当复杂,在缺乏详细的资料可考的情况下,只能暂且认为"以租佃方式为主",但并不排除其他情况。

㊸ [日]近藤万太郎:《北支蒙疆の作物に就て》,前引书,第 7 页。

㊹ 郑伯彬:《日本侵占区之经济》,前引书,第 54—55 页。

㊻ 见各农场移交书。

㊼ 章有义:《天津开源垦殖公司 1924 年营业报告书摘要并序》,见其著:《明清及近代农业史论集》,中国农业出版社 1997 年版,第 296—297 页。

㊽ 吕万和:《解放前天津市郊的土地占有和地租》,第 31—32 页。

㊾《北宁铁路沿线经济调查报告》(三),第 1 015、1 067 页。

㊿ 宋祝勤:《天津市郊区的土地改革》,见《天津日报》1950 年 9 月 22 日,第 3 版。

51 吕万和:《解放前天津市郊的土地占有和地租》,第 24—25 页。

52 吕万和:《解放前天津市郊的土地占有和地租》,第 25 页。

53《华北垦业公司茶淀农场之概况报告》(1945 年 12 月),见居之芬主编《日本对华北经济的掠夺和统制——华北沦陷区经济资料选编》,第 764—765 页。

54 尹树生著:《农业经济学》,台北三民书局股份有限公司印行 1979 年版,第 101 页。

55《华北垦业公司之事业计划概要》(1941 年 5 月 21 日),见居之芬主编《日本对华北经济的掠夺和统制——华北沦陷区经济资料选编》,第 728—729 页。

56《农林部河北垦业农场概况》,《垦荒与洗碱》1948 年 11 月创刊号,第 50 页。

57 刘厚:《河北盐垦事业检讨》,第 8 页。

58《四年来之敌寇经济侵略》,第 94 页。

59《四年来之敌寇经济侵略》,第 95 页。

60《华北垦业公司的设立、章程和股东、董监事名册》(1941 年 5 月 21 日),见居之芬主编:《日本对华北经济的掠夺和统制——华北沦陷区经济资料选编》,第 724—725 页。

61 敬之译:《华北垦业公司及其事业》,转引自曾业英:《日伪统治下的华北农村经济》,见《近代史研究》1998 年第 3 期,第 103 页。

62 [日]铃木清干编:《蒙疆年鉴·附华北概观》,昭和十七年(1942 年)版,第 587 页。

63 秦孝仪主编:《中华民国重要史料初编——对日抗战时期》第六编"傀儡组织(四)","中国国民党中央委员会党史委员会"1981 年版,第 1 129 页。

64《中国农报》1950 年第 1 卷第 3 期,第 212 页。

65《天津米谷统制委员会移交清册》。

66《天津米谷统制会之资产负债表与生产概况简报》(1945 年 11 月 2 日),见居之芬主编:《日本对华北经济的掠夺和统制——华北沦陷区经济资料选编》,第 755 页。

67《天津米谷统制委员会移交清册·民国三十四年度米谷耕种比较表》。

68 郑伯彬:《日本侵占区之经济》,第 46—47 页。

69〔日〕浅田乔二:《1937—1945 日本在中国沦陷区的经济掠夺》,第 5—6、30 页。

⑩ “国民党中央”执行委员会调查统计局特种经济调查处:《四年来之敌寇经济侵略》,第7页。

⑪ “国民党中央”执行委员会调查统计局特种经济调查处:《抗战第五年之倭寇经济侵略》,该处刊印,民国三十三年(1944年),第67页。

⑫ [日]堀场一雄:《日本对华战争指导史》(日文原名《中国事变战争指导史》,时事通信社昭和二十三年版),军事科学出版社1988年中译本,第540页。

⑬ 转引自徐勇:《征服之梦——日本侵华战略》,广西师范大学出版社1993年版,第266页。

⑭ [日]浅田乔二:《1937—1945日本在中国沦陷区的经济掠夺》,第30—31页。

⑮《八里台农场移交书》。

⑯《华北垦业公司天津办事处报告书·茶淀农场之概要》。

⑱ 农林部河北垦业农场编:《垦荒与洗碱》1948年11月创刊号,刘厚《发刊词》。

⑲ 庞诚等编著:《天津小站稻》,天津科学技术出版社1982年版,第164页。

⑳ 转引自曾业英:《日伪统治下的华北农村经济》,第90页。

㉑《农林部河北垦业农场概况》,《垦荒与洗碱》1948年11月创刊号,第50页。

㉒ 吕万和:《解放前天津市郊的土地占有和地租》,第25页。

(《抗日战争研究》2004年第4期)

民国时期天津物价变动原因探析

高 展

天津作为华北重镇、北方重要经济中心，其在近代社会经济的发展是近代中国社会经济发展的一个缩影，天津的社会经济对中国特别是北方地区有重大影响。因此，研究天津近代社会经济的发展状况，对于认识当时北方乃至整个中国的社会经济有着重要的意义；而物价是市场经济的核心和基础，不研究物价与物价运动规律，就不可能真正了解社会经济的真实状况。本文选择作为“社会政治经济晴雨表”的物价问题进行研究，以说明天津近代社会与经济发展的实态。由于近代天津乃至整个中国，毕竟不是一个资本主义充分发展、市场经济高度发达、社会政治相对稳定的社会，因此，在用价值规律来研究物价变化时，必须重视其他社会原因的作用。

天津有比较准确完整的物价记载是从民国开始的，1937 年日本发动全面侵华战争，天津沦陷，天津社会经济变迁进入特殊阶段。因此本文论及的下限截止到 1936 年。1913 年到 1936 年天津批发物价总指数见表 1[①]。

表 1 天津批发物价指数年报 1926 年 = 100 简单几何平均

年别	总指数	年别	总指数	年别	总指数	年别	总指数	年别	总指数
1913	67.18	1918	82.21	1923	90.35	1928	107.98	1933	101.00
1914	66.89	1919	81.07	1924	93.61	1929	111.08	1934	92.31
1915	68.78	1920	88.92	1925	97.28	1930	115.85	1935	95.51
1916	74.19	1921	88.91	1926	100	1931	122.55	1936	110.62
1917	79.95	1922	86.40	1927	103.21	1932	112.87		

从上表可以看出，在此期间天津物价变动总体上呈缓慢上升之势，但也有波动，特别是 30 年代初波动尤为明显。

在这一时期，天津物价总水平呈现上升趋势，究其原因，主要有：

一、经济的发展使社会总需求不断上升，成为拉动天津物价上升的主要原因

首先，天津经济的发展得益于政府发展经济的政策。中华民国的建立，为资本主义经济发展创造了有利条件，无论是北京政府还是南京政府，都颁布了一系列有利于工商业发展的法令。如 1912 年，北京政府颁布了《暂行工厂通则》，1914 年颁布了《公司保息条例》、《商人通则》、《公司条例》、《公司注册规则》、《矿业条例》、《矿业条例实施细则》、《矿业种工业奖励办法》及《奖励特种工业审查标准》，鼓励投资创办新兴工业。1931 年颁布了《小工业及手工业奖励规则》，规定对出口品精良者予以奖励。此外，税制改革、裁撤厘金制度、各国在华关税特权的取消及 1931 年 1 月进出口新税则的实施、1934 年征收白银出口税与平衡税、1935 年的币制改革等，都在不同程度上促进了经济的发展。天津地方当局亦积极扶持工商业。如 1915 年到 1917 年天津遭遇严重水灾，政府就曾给 54 家商办小企业提供贷纱、贷款，使之尽快摆脱困境，恢复和发展生产。又如永利碱厂 1920 年奉农商部令在塘沽建立，得到工业用盐免税 30 年等优待。

其次，国货运动是推动天津工商业发展的又一重要原因。民国成立后，民主共和观念开始流布，近代中

国社会危机引发的民族主义情绪不断增长,国货运动风起云涌。国民政府为扩大经济实力,乘势颁布了《商品陈列所章程》、《国货陈列条例》等法令,并多次举办国货展览会,鼓励各地举办国货陈列馆。在天津,1912年3月,顾琅、宋则久等人发起成立直隶国货维持会,旨在提倡国货,挽回权利。同年,天津国货维持会成立。1913年,宋则久接办天津售品所,其经营的国货品种达500种,1915年升至1 250种,1918年达3 100种。1925年国民政府举办国货展览会,天津参展厂家获奖多达132项。在提倡国货的同时,抵制洋货运动此起彼伏。如1915年袁世凯接受日本政府提出的"二十一条",激起全国人民的极大愤慨,全国掀起了轰轰烈烈的抵制日货运动;1916年由于老西开事件,天津爆发了抵制法货运动;1919年的抵制日货运动,使日本输往中国的货物减少了30%。总之,提倡国货、抵制洋货运动,为国货打开了国内市场,为民族资本的发展创造了条件。

其三,政府军政要员及遗老遗少投资工商业。由于天津特殊的地理位置、优良的居住环境、城市功能日臻完善及租界"国中之国"的"吸引力","北京前台、天津后台"的局面逐步形成,再加上工商业巨额利润的吸引,使大批拥有巨额财富的北京政府首脑及遗老遗少纷纷来津投资。20世纪初创建的华新、裕元、恒源、北洋、裕大、宝成六大纱厂中除北洋、宝成外,都有他们的投资。如1915年创办的裕元纱厂,其投资人就有王郅隆、徐树铮、王克敏、倪嗣冲、陆宗舆、段祺瑞、冯国章、张勋等人,其中段祺瑞投资60万元,倪嗣冲投资20万元、王郅隆20万元,三者占总资本的35%。又如1916年创办的华新纱厂,主要股东有周学熙、周子辉、王筱汀等,集股63万元,占总资本额的23.3%[②];1919年创办的恒源纺织公司100万资本中,曹锟家族占50%。1914年至1925年间新建的26家工厂,资本总额为2 926万元,其中有11家,资本额为1 572万元,属于他们投资,分别占厂数的42.2%、投资总额的53.7%。在投资工业的同时,他们还投资金融业。如1917年创建的金城银行,90%的投资来自梁士贻、倪嗣冲、王郅隆、曹汝霖、徐树铮、卢永祥、王占元、徐世昌等。此后创办的大陆银行、中国实业银行、致中银行、华法银行、华意银行、振业银行、兴业银行等,都有他们的巨额投资。这些投资成为推动天津经济发展的一个动力。

诸多因素促进了天津经济的发展,仅1914年到1918年新建的资本额在万元以上的民资企业就有13家,1920年至1922年在津注册的资本额在万元以上的工业企业有18家之多。1923年至1926年新建投资万元以上的民资企业又有8家。此间天津纱厂纱锭数始终保持全国较高水平,1927年有纱锭215 512锭,占全国的10.7%。当时全国最大的制碱厂——永利化学公司,1936年产纯碱55 410(长吨)。该厂生产的"红三角"牌纯碱获万国博览会金奖。1931年成立的东亚毛纺厂,以"抵羊"作为自己的商标,明志抵制洋货,该厂发展迅速,1936年生产毛线145万公磅,在全国有650家代销处。工商业的发展带动了物价特别是工业原料价格的上升。

二、国际贸易形势的变化是引起天津物价变动的又一个原因

近代中国经济落后,工业不发达,西方国家物美价廉的商品大量涌入,对国内生产同时也对物价产生重大影响。但第一次世界大战爆发后,西方国家忙于战争,国内生产下降,对华资本、商品输出急剧减少。据海关报告:战前的1913年英国输华商品总值9 700万关两,到1918年降至不足5 000万关两;1918年法国输华商品总值只有1913年的三分之一弱;德国到1917年至1918年对华商品输出中断。就天津情况看,占据天津航运第一位的英国,1914年来船吨位为100万余吨,1918年只有55万余吨;德国至战争结束无一船来津;法国1917年至1918年也完全停船;日本虽极力借欧战之机抢夺天津航运,仍由1914年的100万吨降至1918年的67万吨。以与民生息息相关的洋粉为例,1907年进口量指数为100,1914年下降3.37,1915年0.32,1916年0.76,1917年0.69,1918年0.81[③]。即使是外国来华商品,由于输入成本增加,其低廉的价格优势不复存在。另外,西方国家为战争计,限制如钢铁、五金等与战争密切相关的商品出口,而中国传统商品如羊皮、棉花等增加了出口机会。这就使天津一些与战争和民生密切相关的商品价格大幅度上涨。如金属品价格指数由1914年的54.99上升为1918年的111.74,上涨了103.15%;棉花由每担19.19元升至35.17元,上升了93.27%;16支纱,由每担103.77元升至216.96元,上升了109.13%。

20年代末,西方世界爆发经济危机,面对世界经济危机的冲击,1934年1月,国民政府采取开发输出,限

制输入的政策，并征收进口税。这一举措限制了外国商品涌入，保护了民族工业，稳定了物价。1935 年后，一方面世界各国经济趋向复苏，另一方面国际形势日趋紧张，各国均忙于扩军备战，因此中国进口商品量减少，逆差减少。1936 年全国出口货物达国币 705 741 403 元，比 1935 年增加了 22.6%；全国进口额为国币 941 544 738 元，比 1935 年增长了 2.4%。1935 年入超国币 343 402 262 元，1936 年为 235 803 335 元，1936 年比 1935 年入超减少 31.3%[④]。进口商品减少，不仅为经济发展创造了条件，同时成为 1935 年、1936 年拉动物价上升的重要原因。

三、城市面积不断扩大，人口不断增加，加之人们消费水平的提高，带动物价上升

民国以来，天津城区面积不断扩大，1902 年城区面积为 16.525 平方公里，1919 年扩大到 33.216 平方公里，1935 年城区面积扩大为 99.778 平方公里，1936 年 9 月天津市、县再度划界，市区面积增加到 147.830 平方公里。随着城区面积扩大和城市各种功能的发挥，城市人口大幅度增加。市区人口 1911 年为 611 130 人，1921 年增长到 775 041 人，到 1936 年猛增到 1 254 696 人。

随着城市和经济的发展，人们的收入也在缓慢增加。工资是一般市民的主要生活来源，因此工资收入高低在很大程度上反映人们的相对生活水平。但当时各类企业的工资制度形形色色，全面统计工人工资相当困难。一般计，银行、机关、铁路等机构中的工资水平要高于私人商号或企业，而在外国人经营的洋行、银行等机构工作的买办、职员等，其实际收入更高些。据《中国经济全书》对 20 世纪初期天津下层劳动者的调查，从事简单劳动（非技术工人）的 13 个工种，平均日工资 3.5 角，技术工人的日工资最低者为 2—5 角，最高者为 1.3 元。进入 30 年代，工人的工资略有提高，从总体上看，月收入大部分在 20 元以下，约占工人总数的 75%。另据调查，1929 年工人月平均工资为 10.14 元，到 1933 年增加到 12.13 元，四年间平均工资增长了 19.6%。

城市面积的扩大，人口的增加，人们收入的增多. 消费需求增加，带动物价上升。

四、自然灾害和连年战争给特定时期的物价带来严重影响

据记载，1924 年作为天津腹地的河北受灾严重。这年春至夏，河北大旱，至 7 月却遭连绵大雨，永定河、大清河、子牙河、北运河及沙河、潴龙河涨水，相继决口。此次水灾，有 60 余县灾情严重，受灾面积达 50 000 平方公里，灾民 150 多万。天津政府和商会等民间组织筹集大批粮食及其他物品赈济灾民。水灾造成天津食品及农产品价格猛涨。农产品价格指数由 1923 年的 81.45 升至 1924 年的 89.03、1925 年的 10001，分别比上年增长 9.12%、12.33%；食品批发价格指数这三年分别为 81.96、89.24、95.89，比上年分别增长了 5.04%、10.81%，其增长幅度都远远大于批发指数的增长率。由于受灾，棉花减产，1923 年天津棉花收集量为 984 231 担，而 1924 年收集量降为 973 732 担，棉花出现了 1937 年以前的最高价格，1924 年达每担 57.23 元，1925 年也高达 50.18 元[⑤]。

天灾、兵祸严重影响天津的经济和物价。《益世报》1924 年 9 月 23 日报道：直奉战争发生，津埠社会经济大受影响，兹将近日情形录列于下：（银元大涨价）银元兑价，近日纷乱靡定，每日均涨，以免亏累……（劳动界大受影响），工人所得薪资虽微，按平时社会情形，足以维持生活，近日军事影响，各物涨价，人民生活维艰，颇形拮据。另据《益世报》1925 年 1 月的报道：本年间水患未已，继以兵祸，津埠市面实受莫大影响，商业萧条，煤粮昂贵，民食缺乏，战争后失业者已达五万，生活困苦[⑥]。以煤为例，开滦块煤每吨价格 1923 年为 7.75 元，而 1925 年则为 8.50 元；山西阳泉大砟 1923 年为 10.00 元，1925 年为 15.00 元。食品价格更是大涨，虽中产之家，“每日所需米、面、蔬菜亦减至最劣等级，只求勉强一饱为足”。见表 2。

表 2 1924 年食品、燃料价格变动与物价总指数变动比较[⑦]

年 份	食 品	比上年增长%	燃 料	比上年增长%	总指数	比上年增长%
1923	79.92		77.02		90.35	
1924	84.96	6.31	84.10	9.19	93.61	3.61

当然,这一时期天津物价变动的最大特点是在上升中波动。此间天津物价出现的较明显的波动如1919年的下跌、1920年的回升和1921年、1922年批发指数再次回落。但最大的一次物价波动是1932年至1934年间,物价总水平持续下降。1931年物价总指数为122.55,比上年增和5.8%。但1932年物价总指数降为112.87,比上年增长-8.00%;1933年物价总指数为10 100,比上上增长-10.52%;1934年物价总指数为92.31,比上年增长-8.60%,达到十年来最低点。

造成这次物价下降的原因主要有以下几个方面:

首先,进出口贸易形势的变化给天津物价带来了严重影响。1929年世界性经济危机爆发后,西方各国为减少损失,加紧对外商品、资本输出,中国进口贸易额激增。1928年中国进口贸易额为18亿多元,到1931年增加到22亿多元,出口额则由1928年的15亿多元减少至1932年的7亿多元,1928年以前的入超额一般在3亿多元左右,而到了1932年达8亿元以上。此外,美、英、日、加、奥等国为挽救本国经济,先后实行货币贬值,而此时正值外汇银价上升,进口商品价格下降,有利于外国商品的大量涌入,致使国内市场价格节节下跌。作为全国第二大港口的天津深受影响,1932年进口贸易额162 887 310元,出口额则为97 961 625元,入超64 925 885元。以小麦粉为例,天津小麦粉自20年代进口不断增加,1931年和1933年国民政府两次向美国举办棉麦大借款,美麦、麦粉大量倾销中国,前后两个阶段倾销价值共达5 900万美元。天津小麦粉进口量1931年1 545 819关担,1933年达7 615 302关担[⑧]。另外,同样受洋粉影响,沪粉大量积压,不断北上天津。由于洋粉、沪粉价格偏低,在激烈竞争中,天津市场面粉价格迅速下跌。如津粉绿桃、红桃1931年每袋3.44元和3.33元,1933年则分别降为每袋2.80元和2.69元[⑨]。

30年代以来,外国资本、商品的大量涌入,严重打击了中国的民族工商业,使国民经济发展水平下降。如天津北洋火柴厂是国内规模较大的火柴厂,随着日资火柴厂的建立及瑞典火柴进口量的激增,使北洋火柴厂货物积压,资金周转困难,被迫于1933年停工;再如纺织业,由于棉贵纱贱,及日纱涌入,天津市场累受损失,1934年恒源、北洋两厂停工。1929年天津有民资企业2 191家,1933年减为1 233家,资本额从3 173.3万,减为3 005.3万元。同时天津的商业也备受打击,据天津社会统计局统计,1932年,天津全市商店共有2 747家歇业,另据统计1934年平均每月申请歇业的商户高达300家。天津工商业水平的下降是造成物价下跌的重要原因。

其次,国内政局的影响。1931年九一八事变爆发,日本帝国主义侵入中国东北,东北市场丢失,市场竞争更为激烈,造成天津物价下降。如天津运销东北的棉纱金额从1931年的2 300万元降至1934年的500万元,棉布金额从1 200万元下降到700万元。1933年日本侵入热河,土布市场失去,作为该地土布原料供应地的天津棉纱受到影响,加上全国性的棉贵纱贱,天津棉纱价格不断下跌,其中16支松鹤纱降幅达22%,10支松鹤纱降幅也达18.82%,具体情况见表3:

表3 1930年—1932年天津市场纱价变动情况[⑩]

年 别	十六支松鹤纱	十支松鹤纱	年 别	十六支松鹤纱	十支松鹤纱
1930	225.92	191.68	1933	185.72	167.71
1931	235.52	202.33	1934	177.62	165.55
1932	213.65	192.97	1935	176.42	155.61

第三,西方国家经济政策及国际市场变化对天津物价的影响。世界经济危机爆发后,为挽救本国经济,1931年4月起,美国、加拿大、日本、奥地利等国相继放弃金本位,实行货币贬值,禁止白银出口。自1933年起,美国实施白银法案,提高了银价,并在国外大量收购白银。这样,白银价格人为地在短期内大幅上升,纽约银价从1927年1月每盎司24.5美分上升到81美分,国际市场白银投机活跃。中国作为银本位国家,白银产量又较小,白银依赖进口,国际市场银价变动对中国影响极大。由于中国银元比美国白银价格低,因此银元被作为白银收购,中国白银外流,出超严重,1930年出超10 395 065元,1933年出超14 422 440元,1934年竟高达256 728 151元[⑪]。由于白银外流,银价上升,又因为中国是银本位国家,物价与白银价格的涨落成

反比,因此,银价的上升造成了全国性物价下降。作为北方经济中心的天津,批发物价总指数由1931年的129.55下降到1934年的92.3,下降了28.75%。

1935年到1936年天津物价开始回升,1935年天津批发物价总指数为95.57,1936年为110.62。这次回升的原因主要是政府的币制改革政策对经济发展的推动、国际贸易中进口减少和出口增加等。另外币制改革后的法币,实际上是典型的不兑现纸币,随着货币流通量的增加,一方面刺激了经济的发展,另一方面也促使物价上升。当然,在物价总水平上涨的趋势中也有例外,即由于冀东走私造成的部分商品价格下跌。

总之,由于以上诸因素共同作用,造成自从民国建立到抗战前天津物价从总体上不断上升的趋势,它反映了经济的发展、社会的进步。但它的明显波动又清晰地反映出由于社会动荡给社会经济发展带来的负面影响。同时,西方国家对华政策的变化给中国及天津社会经济发展带来的影响也不可忽视。总结历史,以史为鉴,对今天的经济建设不无意义。

注:

① 孔敏:《南开经济指数资料汇编》,中国社会科学出版社1988年版。

② 罗澍伟:《近代天津城市史》,中国社会科学出版社1995年版,第420页。

③ 孙德常、周祖常:《天津近代经济史》,天津社会科学院出版社1990年版,第135、187页。

④ 陆仰渊、方庆秋:《民国社会经济史》,中国经济出版社1991年版。

⑤《天津物价年报》,中国联合准备银行编印,1942年,第41页。

⑥《岁幸云暮之市面状况》,《益世报》1925年1月16日。

⑦ 孔敏:《南开经济指数资料汇编》,中国社会科学出版社1988年版,第9页。

⑧ 天津地方志编修委员会:《天津通志》,天津人民出版社1994年版,第56页。

⑨《天津物价年报》,中国联合准备银行编印,1942年,第40页。

⑩ 孔敏:《南开经济指数资料汇编》,中国社会科学出版社1988年版,第63页。

⑪ 陆仰渊、方庆秋:《民国社会经济史》,中国经济出版社1991年版,第338页。

(《河北大学学报》(哲学社会科学版)2004年第3期)

明代天津卫城城区建设考略

王伟凯

天津作为我国北方重要的经济中心城市,2004 年将迎来设卫建城 600 年纪念日,作为"畿南一大都会"[①],其肇始于宋、金,崛起于元,质变于明,发达于清,畸变于近代,飞速发展于今。应该说,在天津 600 年的发展历程中,明代设卫筑城是划时代的飞跃,因为在中国古代,城市的出现是一个地区或出于政治上的需要、或经济发展到一定程度、或处于军事要塞而受到中央政府重视的结果,如果就天津而言,初由军事要塞而后则是政治需要,并由此奠定了天津在中国古代城市系列尤其是在北方城市群落中的发展模式。

众所周知,城区作为城市的核心,是城市发展的基点,而通过城区建设的发展脉络,则可以折射出在不同时代城市发展的走向、得失甚至社会发展的趋势。既然明代是天津城市发展的起点,所以研究明代天津城区的建设,勾勒出 600 年前的城区状况,肯定会对我们进一步了解天津城市的建设步伐有着重要的现实意义。但囿于明代史料之缺乏,本文所言难免有误,故冀求教于方家。

一、设卫与修建卫城

天津城市发展始于天津卫的设置和卫城的修建,天津卫设于明永乐二年(1404 年),"上以直沽海运商舶往来之冲,宜设军卫"[②]。而"天津"这个名字,也是在设卫后才开始出现,所谓"我文庙入靖内难,自小直沽渡跸而南,名其地曰天津"[③],"我朝太宗文皇帝兵下沧州,始立兹卫,命工部尚书黄公福、平江伯陈瑄筑城浚池;立为今名,则像车驾所渡处也。"[④]

(一)天津卫的设置

卫所制度是明代军制的基础,其中早在明太祖朱元璋建立明朝之前,就已经在这方面做了大量的工作,所谓"初上招来降附,凡将校至者,皆仍其旧官,而名称不同。至是下令曰:为国当先正名,今诸将有称枢密、平章、元帅、总管、万户者,名不称实,甚无谓。其核诸将所部,有兵五千者为指挥,满千者为千户,百人为百户,五十人为总旗,十人为小旗。令既下,部伍严明,名实相副,众皆悦服,以为良法"[⑤]。"太祖下集庆路为吴王,罢诸翼统军元帅,置武德、龙骧、豹韬、飞熊、威武、广武、兴武、英武、鹰扬、骁骑、神武、雄武、凤翔、天策、振武、宣武、羽林十七卫亲军指挥使司。革诸将袭元旧制枢密、平章、元帅、总管、万户诸官号,而核其所部兵五千人为指挥,千人为千户,百人为百户,五十人为总旗,十人为小旗。"[⑥]明朝建立以后,时任御史中丞兼太史令的刘基便奏立军卫法,"太祖即皇帝位,基奏立军卫法"[⑦]。"明以武功定天下,革元旧制,自京师达于郡县,皆立卫所。""天下既定,度要害地,系一郡者设所,连郡者设卫。"[⑧]大率每卫 5 600 人,每千户所 1 120 人,每百户所 112 人。所设总旗二,小旗十,大小联比以成军。到洪武二十六年(1393 年),"定天下都司卫所,共计都司十有七,留守司一,内外卫三百二十九,守御千户所六十五"[⑨]。

天津卫设置的具体时间是永乐二年(1404 年)十一月,"静海……又北有天津卫,永乐二年十一月置"[⑩],一个月后设置了天津左卫,"永乐二年十二月丙子,设天津左卫"[⑪]。两年后又设置了天津右卫,"天津右卫,旧青州左护卫"[⑫],那么,为什么永乐皇帝如此厚爱天津,不但设卫而且还设了三个卫呢?

第一,永乐皇帝从切身的经历中感受到了天津地理位置的重要。靖难之役时,明成祖朱棣曾从直沽渡河南下,"燕师至天津,过直沽,王语诸将曰:'彼所备者惟青县、长芦,今砖垛、灶儿等坡无水,彼不为备,由此可径至沧州城下。'乃下令军士循河而南"[⑬]。擒沧州守将都督徐凯,占领了沧州,而且从沧州缴获的大量辎重也是通过天津运回到北京,"十二月,燕王移直沽之舟至长芦,载降获辎重,顺流而北"[⑭]。因此不但"赐名"

天津,还设置了三卫。

由此可以看出,凡是亲身到过天津或从中受益的人都能充分感受到天津位置的重要,如徐达就是通过直沽"获其海舟七艘,造浮桥济师。常遇春、张兴祖各率舟师,并河东西以进,步骑遵陆而前。元丞相也速等捍御海口,望风奔溃,元都大震"[15]。最后攻占大都,所以在攻占大都一个月后就"遣宣武卫杨镇抚以兵守直沽"[16]。

第二,永乐皇帝登基后,对自己的"起家"之地——北平大加充实。永乐元年(1403年)春正月辛卯,"以北平为北京"[17]。"二月庚戌,设北京留守行后军都督府、行部、国子监,改北平曰顺天府"[18]。八月甲戌,"徙直隶苏州等十郡、浙江等九省富民实北京"[19]。八月己巳,"发流罪以下垦北京田"[20]。永乐二年(1404年)九月丁卯,又"徙山西民万户实北京"[21]。这样,北京人口增多,规模扩大,但当时的北京并不是经济十分发达的城市,有的学者这样分析北京:"从北京的历史特点来看,它从来不是一个经济十分发达的城市。我国历史上的古都,有的确实既是政治中心,又是经济中心。古代的长安和洛阳就是如此。但到中唐以后,我国的经济中心转移到了江淮一带,从此产生了政治中心与经济中心的分离。五代以后,北方民族相继崛起,少数民族入主中原的情况一再发生。为了既能控制中原,又适应北方民族大发展的形势,北京成了国家的都城,但这个城市却处在经济比较贫乏的北方,所以,长期以来北京主要是政治、军事、文化中心,它的经济需要,除靠河槽、海运外,还靠周围城市的补给和辅助。"[22]因此,永乐皇帝刚刚登基,便开始向北京运粮,永乐元年(1403年)三月戊子,"平江伯陈瑄、都督佥事宣信充总兵官,督海运,饷辽东、北京,岁以为常"[23]。在明代,所需要的粮食必须从南方运来,"国朝自永乐定都于北,军国之需,皆仰给东南"[24]。而在当时水运是运量最大、运费最低的一种方式,所谓"海舟一载千石,可当河舟三,用卒大减。河漕视陆运费省什三,海运视陆者什七"[25]。因为海运风险较大,所以,永乐九年(1411年),便命工部尚书宋礼负责疏浚会通河,"发山东及徐州、应天、镇江民三十万,蠲租一百一十万石有奇"[26],准备开河漕,在这种情况下,处于水运枢纽地位的天津再次显示出了其在北京周围及水路沿线城市中的重要作用,永乐二年令"海运粮到直沽,用三板划船装运至通州等处交卸。海船回还,又以水路阁浅迟误,令于小直沽起盖芦囤二百八座,约收粮一十万四千石",永乐三年(1405年)令"总督粮储官于天津城北造露囤一千四百所"[27]。

第三,永乐皇帝决定迁都北京,对北京进行大规模的建设,而进行建设所需要的材料,大部分是通过水路经天津运达北京的。众所周知,永乐皇帝在登基伊始,就有了迁都的打算,永乐元年(1404年)正月,"礼部尚书李至刚等言:自昔帝王,或起布衣平定天下,或由外藩入承大统。而于肇迹之地,皆有升崇。切见北平布政司实皇上承运兴之地,宜遵太祖高皇帝中都之制,立为京都。制曰可"[28]。于是,在永乐四年(1406年)闰七月,颁诏"以明年五月建北京宫殿,分遣大臣采木于四川、湖广、江西、浙江、山西"[29]。城砖和墙砖有一部分是在山东临清烧造的,"烧造之事,在外临清砖厂"[30],而大部分砖瓦木料通过水路转运北京时,必须通过天津,因此为了建筑材料能安全运达北京,明成祖愈加重视天津。北京的修建,大约用了13年多的时间,在这十几年的时间里,每天都有多艘运送漕粮和建筑材料的船只通过天津,天津渐渐地繁华起来了。

这里附带说一下天津右卫的情况,按通常的说法,"永乐三年调补天津卫、左卫,四年调补右卫"[31],但据查《明太宗实录》,早在永乐元年就有了天津右卫,所谓永乐元年二月辛亥"以燕山左、燕山右、燕山前、大兴左、济州、济阳、真定……卢龙、镇虏、武清、抚宁、天津右、宁山六十一卫,梁成、兴和、常山三守御千户所,俱隶北京留守行后军都督府"[32]。另据(民国)高凌雯编修的《天津县新志》卷17之二载:"梅满儿,永乐二年(1404年)任天津右卫指挥使",本书卷17之三所收集"卫官世袭表"中梅氏家谱也载"一世:梅满儿,原名满,明太祖赐今名,字多吉,驸马都尉梅殷曾孙,永乐二年天津右卫指挥使",当然,《明太宗实录》云永乐元年(1403年)就有天津右卫,而《天津县新志》却言永乐二年(1404年)梅满儿出任天津右卫指挥使,但有一点是否可以肯定,那就是在永乐四年(1406年)之前就有了天津右卫,如果说这点可以确信的话,那么原来有关天津一些问题的说法,是否也该进一步研究。

(二)天津卫城的修建

天津卫城位于卫河以东、潞河以西的高地上,呈长方形,东西长504丈,南北宽324丈,城墙高3丈5尺,宽2丈5尺,四面开门,上建城楼,于永乐二年(1404年)下诏修建,历时一年左右完成。所谓"永乐二年筑城，三年调天津卫并天津左卫，四年复调天津右卫以守备。则设卫在前，筑城、守备则在永乐二年后"[33]。"天津卫属小直沽，荒旷斥卤之地，初无所隶焉。明文皇靖内难，驻兵于兹，及即位，永乐二年筑城，三年调官兵守之……"[34]"天津卫、天津左卫、天津右卫俱在静海县小直沽，永乐二年筑城，三年调天津卫并天津左卫，四年复调天津右卫以守备"[35]。其时说明，虽然永乐二年(1404 年)设了天津卫和天津左卫，但当时两卫的衙署肯定不在卫城里，因为这时的卫城还在修建之中。一直到卫城修建完毕后，即永乐三年(1405 年)，天津卫和天津左卫才迁入城里。

"凿池筑城，守国者之要务。夫有地无城与无地同，有城无池与无城同，卫值冲烦，奸宄易生，必防御无懈，修葺时勤，则仓库积贮之蓄，监所囚羁之犯，神机火药之藏，始无疏虞之患矣。……城垣九里十三步，高三丈五尺，开设四门，门上建楼。东去潞河二百二十步，北抵卫河二百步，明永乐二年，文皇命工部尚书黄福、平江伯陈瑄、都指挥佥事凌云、指挥同知黄纲筑城浚池。"[36]这段记载说明了城的重要及明代天津卫城的大致情形。

那么，天津城为何周长九里呢，实际上，这是遵循了我国古代城市建设的基本理论规则，所谓"匠人营国。方九里，旁三门。国中九经、九纬，经涂九轨。左祖右社，面朝后市。市朝一夫"[37]。也就是说，城墙的周长应为九里，每边开三个门，城内九条南北向大街与九条东西向大街纵横交错，东侧应建祖庙，西侧应建社稷坛或祭天坛，市场位于城市的南部，宫殿和官署位于城市的北部。应该说天津城大体上遵循了这一规则，如以北门作为正门，"而北楼尤绝特相倍"[38]。"四门以北为正门，最尊"[39]。将官署大部分建在了城市的北部，但其每边只开了一个门。

二、天津卫城的城区建设

天津卫城的修建大约费时一年，随着城池的修竣，官兵的驻守，天津卫人烟日繁，城区的建设也得到了快速的发展。

(一)卫城的修护

历时一年有余的天津卫城开始修建于永乐二年(1404 年)，由于城呈矩形，东西长，南北短，所以俗称"算盘城"，修成后，人们赞誉它赛过当时的"淮安城"(今河南泌阳)，但是由于此时的卫城系土城，所以在正德朝之前，又进行了数次修护。

(1)永乐三年的修护。这次修护是由一个叫张思恭的人进行监修的，所谓："永乐三年秋七月庚申，改工部左侍郎张思恭为北京行部左侍郎。初思恭坐事，命督修天津卫城，至是还奏称旨，遂改官行部，仍令督修天津卫城。"[40]但这次修补应视为修城的继续，因为正在修建的城尚未完工。而且从这一记载中，我们还可明确两个问题：一，下诏修建天津卫城的时间。据史料载，永乐二年(1404 年)成祖皇帝命"工部尚书黄福、平江伯陈瑄、都指挥佥事凌云、指挥同知黄纲筑城浚池"[41]。因为工部的一个职责就是"典经营兴作之事。凡宫殿、陵寝、城郭、坛场、祠庙、仓库、廨宇、营房、王府邸第之役，鸠工会材，以时程督之"[42]。但堂堂的工部尚书，又不可能亲自去主持一个卫城的修建，所以黄福在接到诏令后，肯定是将其交给下面的官员去执行。而黄福是建文四年九月出任的工部尚书，也就是燕王即皇帝位两个月后，但到永乐二年(1404 年)十二月，就由宋礼接替了工部尚书之位，而明成祖下诏在直沽设天津卫的时间是永乐二年(1404 年)十一月，所以下诏修建天津卫城的时间当在永乐二年(1404 年)十一、二月之间。二，是继续修建还是修补。明成祖下诏修城的时间是在永乐二年(1404 年)年末，但由于天津的冬天极度凛冽，土地冰冻如石，施工肯定不便，所以真正开始动工的时间当在永乐三年。而永乐三年(1405 年)七月之前，张思恭是工部左侍郎，因此黄福将督建天津卫城的任务交给他执行完全是可能的，因为"尚书掌天下百官、山泽之政令。侍郎佐之"[43]。永乐三年(1405 年)四月，黄福改北京行部，而这年的七月，张思恭也改北京行部左侍郎，仍是黄福的佐官，所以从修城所需要的时间来分析，七月仍是在修城的时间段内，也就是说这次仍属于工程未竣工的继续修建。

(2)正统四年(1439 年)的修护。关于这次修补，目前并未发现更多的详细记载，只有《明英宗实录》载称："(正统四年秋七月辛酉)修天津左卫城。"[44]天津三卫均在同一卫城里，所以此次维修虽记载为"天津左卫城"，但当属天津卫城无疑。

(3)弘治五年(1492年)的修护。这次修护是由"整饬天津等处兵备山东按察司副使"刘福主持进行的,所谓"君(指刘福)至则谓城池最重,宜亟为之处,顾乏帑积,势不可猝办。累岁而计,每事而处,徐而图之,城为高甓而扃之,隅方而准平;又构楼于门,曰'镇东',曰'定南',曰'安西',曰'拱北',皆逾寻累尺,平看俯瞰,迴出尘垢"[45]。也就是说,通过刘福的这次修护,天津卫城已由原来的砖包土城更替为砖城,并在四个城门上分别建了城楼,同时为四门命名:北门曰拱北、东门曰镇东、南门曰定南、西门曰安西。关于本次修护的时间,目前有弘治四年(1491年)和弘治六年(1493年)两种说法,但据笔者考证,应为弘治五年(1492年)较为确切,因为(康熙)《天津卫志》在"窑柴地"条载称:"坐落城南,自城壕起东至大道,南至王千户庄,西至稍直口大道,北至马家口。南北长十里,东西阔八里,军民开种,照数纳粮,旧为豪右所据。弘治五年修城,奏复之,每年抽分芦苇并收子粒共计价银贰百伍拾余两,收贮在官,均支造砖。"[46](康熙)《天津卫志》是目前发现的关于天津卫的最早志书,而且其在修志时很可能参考了明正德年间的"天津三卫志",所以其记载弘治年间的事情当有很大的可信度。再有,弘治三年(1490年)十一月,明孝宗决定增设"整饬天津等处兵备山东按察司副使",所谓"(弘治三年十一月)乙未,增设山东按察司副使一员,整饬天津等处兵备"[47]。第二年刘福到任,"弘治辛亥,用廷臣议,始于山东按察司员外置副使,以玺书命之,使整饬兵备于畿内之天津……其始得蜀人刘君福……"[48]。但是到任后由于"顾乏帑积,势不可猝办",刘福只好"累岁而计,每事而处,徐而图之"[49],这次修护并不同于以往的修护,实际上相当于又一次重建,因为始建于永乐二年(1404年)的卫城历经永乐、洪熙、宣德、正统、景泰、天顺、成化数朝,已破坏的十分严重,"土城颓圮,兵士传递者越堞而行,若履平地……"[50]。刘福为了使城墙更加结实,便"甓以砖石",即在原有的土城外再重新砌上一道城砖,因此修护起来极为费时,而且还修建了瓮城。

(4)万历十四年(1586年)的修护。这次修护是由天津兵备道副使王来贤主持完成的,所谓"万历十四年寖坏,天津道副使王来贤重修"[51]。而据史书记载,自弘治之后,天津地区水灾频频,其中比较大的水灾就有正德十一年(1516年)、十二年大水;嘉靖十六年(1537年)、三十一年、三十四年、三十五年、三十六年大水;隆庆元年(1567年)大水等,正是由于这频繁的"水浸",再加上自弘治五年修护到现在又过了80余年,所以到这时卫城也该再次加以修护了。这次修护共花费白银两万余两,从该年六月开始动工。所谓"万历十四年六月辛卯,保定抚按题称,天津三卫城垣急宜增修,估计物料应用钱粮共银二万二百二十四两,要将天津三卫库贮各项官银一万六千七百六十五两,并河间府贮俟解户部米麦银三千四百五十八两动支置办,限一年完报,该部依覆,从之"[52]。

(5)万历三十六年(1608年)的修护。关于这次修护的详情,并没留下过多的资料,仅《明神宗实录》载:"万历三十六年春正月癸丑,兵部言:天津北拱神京,南通运道,枕海临边,诚畿辅锁钥重地,其修理城垣,宜如抚按关诸臣原议。从之。"[53]

万历三十六年,天津卫城修护之后,虽然以后毕自严、李邦华等人先后提出修理城垣的建议和措施,如毕自严于天启元年六月十五日上疏曰:"天津……其城低薄,且多倾圮,其濠堙没,仅存形迹……乘时葺治,相机疏浚,势固有不容已者……"[54]接替毕自严的李邦华也称:"熟视城中,屋瓦萧条,半为蓁莱。询所繇然,非独以内乏高垲,无址可栖,实亦以外乏高墙,无屏可蔽。"[55]但由于种种原因,最终没有实施。

(6)崇祯十年(1637年)的修护。关于这次修补,目前并未发现更多的记载,《崇祯长编》称:"(崇祯十年八月甲子)修天津、通州城。"[56]这可能是有明一代最后一次修护,到清顺治十年(1653年),因大水淹城坍塌两面,"总兵甘应祥、副使梁应元"才进行了大范围的重修。

(二)官署的修建

(1)天津卫署衙门:始建于永乐三年,也就是将天津卫调入卫城的同时,位于卫城南门里西(今南门里大街内),"指挥倪兴建"[57],衙内有水窖一所。因为天津卫城四面临河,所以"城中不见井,俱外汲于河"[58],而衙内为了用水方便,所以修了一所水窖。

(2)天津左卫署衙门:始建于永乐三年,也就是将天津左卫调入卫城的同时,位于东门里门房后(今东门里大街口),"指挥袁得建"[59],衙内有水窖一所。

(3)天津右卫署衙门:始建于永乐四年,位于卫城西三皇庙前(今北门西鲍公祠胡同),"指挥杨运建"[60],

衙内有水窖一所。

(4)卫经历司衙门:天津卫、左卫、右卫设置之后,在各卫又先后设置了经历司衙门,如“(永乐二年十一月)庚申,置北京天津卫经历司经历一员”[61],其官阶为正七品,其衙署位于卫署内,“天津卫署:城内兵道司东南,明永乐三年指挥倪兴建。经历司署、镇抚司署……本卫西厢房”[62];“天津左卫署:天津卫东……经历司署、镇抚司署……本卫后”[63];“天津右卫署:天津卫西……经历司署、镇抚司署……本卫后。”[64]

(5)户部分司衙门:户部分司始建于宣德十年(1435 年),职掌漕运之税收事务,所谓“天津之为卫有三,卫各有仓,岁储蓄所漕运之粟各若干万斛,以给官军士。宣德、正统间,户部建分司于其地,每三年差官监督收放,盖仿奸伪之滋也。自后岁一更官”[65]衙门位于北门里大街中段东侧,天津左卫衙署之北、粮仓附近,所谓“户部管仓分司署:在三仓后”[66]。该衙门的首任官员为史彦名,目前该衙门所在的街道仍被人们称为“户部街”。

(6)卫属镇抚司、左右中前后千户所、预备仓衙署:这些机构均属卫的下设机构,镇抚司官阶为从四品,千户所正千户官阶为正五品,副千户官阶为从五品,其衙门也位于卫署内,如“天津卫署:城内兵道司东南,明永乐三年指挥倪兴建。经历司署、镇抚司署、左、右、中、前、后千户所署、预备仓,本卫西厢房”;“天津左卫署:天津卫东……经历司署、镇抚司署、左、右、中、前、后千户所署、预备仓,本卫后”;“天津右卫署:天津卫西……经历司署、镇抚司署、左、右、中、前、后千户所署、预备仓,本卫后”[67]。

(7)春、秋游击营衙署:其衙署所在位置不详,目前只知道位于东门里门房后的天津左卫衙署后来改为了春防游击衙门。

(8)天津兵备道衙署:天津兵备道始设于弘治三年,首任长官为刘福(弘治四年到任)。该衙署位于卫城西北隅,“壤土平爽,面阳负阴,树表步方,广袤宜称……莅事之厅、退食之堂、庋置器籍之屋各若干楹,皆翼以两庑,缭以周垣,前为仪门,又前为台门,为甬道以通行,庖湢有处,案牍有房,百用所需,无不具备,阶庑之属,而各定分焉。经始于乙丑(弘治十八年)五月望日,岁十月而落成”[68]。系由第四任天津兵备道副使施槃主持修建,施槃于“弘治十五年(1502 年)升本镇兵备,陆年以侍养归”[69]。

(9)河间府管马厅通判:嘉靖四十三年(1564 年),添设河间府管马厅通判,驻扎本卫,负责本道的批发词讼,所谓“嘉靖四十三年十一月,吏部复御史秦嘉楫条陈时政四事……一、天津为止设武官,而无文吏,事多隳废,宜于河间府添设通判一员,专理民事,诏从之”[70]。万历二年(1574 年)移河间府之清军同知驻本卫,衙署位于鼓楼西。关于这两个衙门的互移原因,《明神宗实录》记载的十分明确,所谓“天津三卫,原置河间府管马通判一员,专理兵备道公务,稽查三卫夫役钱粮,问理军民词讼。吏部谓天津居河间之北,离所属州县太远,既管马政,马户赴验往返劳费,赴部掣批,通经二、三日,公务废阁,且官不系统辖,师生不遵提调,殊为窒碍,本府清军同知原辖军卫,堪以更置,管马通判掣回本府,从之”[71]。

(10)都察院衙署:该衙署建于万历十八年(1590 年),由巡抚汪应蛟建,衙署位于天津卫署西。

(11)屯田官署衙门:所建年代不详,地址位于西门内,其官员有屯田抚院、屯田道、屯田推官等。

(12)督饷部院:始设于万历四十七年(1619 年),该衙署位于三岔河口南运河北岸。

(13)神机库:位于鼓楼西,“鼓楼西有神机库者,明卫所时造也”[72]。不详设于明代何朝,但在成化初就有了关于神机营的记载,“成化二年(1466 年)八月,命天津右卫指挥佥事吕严署都指挥佥事,掌神机营号头”[73]。这说明神机营的设立肯定不会晚于成化时期。

这一时期的官衙建筑,完全遵循封建宗法礼制而建。如明洪武二十六年(1393 年)定制:“官员营造房屋,不许歇山转角,重簷重栱,及绘藻井,惟楼居重簷不禁。公侯,前厅七间、两厦,九架。中堂七间,九架。后堂七间,七架。门三间,五架,用金漆及兽面锡环。家庙三间,五架。覆以黑板瓦,脊用花样瓦兽,梁、栋、斗拱、簷桷彩绘饰。门窗、枋柱金漆饰。廊、庑、庖、库从屋,不得过五间,七架。一品、二品,厅堂五间,九架,屋脊用瓦兽,梁、栋、斗拱、簷桷青碧绘饰。门三间,五架,绿油,兽面锡环。三品至五品,厅堂五间,七架,屋脊用瓦兽,梁、栋、簷桷青碧绘饰。门三间,三架,黑油,锡环。六品至九品,厅堂三间,七架,梁、栋饰以土黄。门一间,三架,黑门,铁环。”[74]洪武三十五年又申明禁制:“一品、三品,厅堂各七间,六品至九品厅堂梁栋只用粉青饰之。”[75]这种规定实际上是一种严格的等级限制,将官衙和府第的建筑式样视为了身份的象征,任何人都不得僭越,否则便要处以重刑。

在建筑手法上,这一时期以木料为主要构材,采用"梁柱式建筑"的"构架制"方式,即以立柱四根,上施梁枋,牵制成为一"间"(前后横木为枋,左右为梁)。梁可数层重叠称"梁架",每层缩短如梯状,逐级增高,左右两梁端,每级上承长椽,直至最上者为脊椽,根据礼制要求,可建成五椽、七椽至十一椽不等。每两椽之间,密布栉篦并列之椽,构成斜坡屋顶之骨干,上加望板,始覆以瓦葺,四柱之间的位置称"间",一座建筑物通常由若干"间"组成。

在布局方面,因为封建社会中,官署的建设一般是遵循堪舆学理论,所以通常采用左右均齐之绝对整齐对称之布局,庭院四周,绕以建筑物,而这些建筑也是根据中线以排列。

(三)学校的修建

(1)卫学。天津卫学始建于正统元年(1436年),位于卫城东门内,天津左卫衙署之东,由天津卫指挥使朱胜捐自己房舍而建,所谓"明正统元年,天津卫指挥使朱胜,照陕西按察司佥事林时建言事例奏准开设,本官遂将住居一所施为学宫"[76],"学于正统改元初,朱挥使胜捐舍基建之","学宫偏设东关"[77],按明制,学校应与文庙并存,也可以说融为一体,在这种学与庙的布局中,因为中国古制以东为上,所以学校位于西侧,"中为大成殿,左右两庑"。但天津卫学在创建之初,房舍极为简陋,"首建堂斋公廨",一直到(正统)"十二年,大成殿成",又"景泰五年(1454年)……户部主事解延年建棂星门,又创两庑;后弘治八年,整饬天津道修明伦堂,展出前门二十余步,修两庑、四斋、戟门等舍。十七年,设乐舞"[78]。卫学的首任教官为山东曲阜人李赐,所谓"乃命天下,凡武卫悉建武学而立之师,选武官与军士子弟之俊秀者充弟子员,于是天津及左、右卫始有学,首掌学事则司训曲阜李君赐也"[79]。

(2)武学。天津卫武学始建于何时,有待考证,但明朝推广建立武学则是在正统年间,"正统中,成国公朱勇奏选骁勇都指挥等官五十一员,熟娴骑射幼官一百员,始命两京建武学以训诲之。寻命都司、卫所应袭子弟年十岁以上者,提学官选送武学读书,无武学者送卫学或附近儒学"[80],"明代初设武学,每三岁试取数十人入学,择武举一员训之,名曰科正,试事由兵备主之"[81]。而天津卫首次有武生中举是弘治己酉科(1489年),"明人登科者多由官生、军生,惟弘治己酉举人王澄由武生……"[82]与儒学类似,武学与武庙合二为一,其位置"初设西南城花楼上"[83],后"万历四十年,天津道高邦佐移建城内西北隅"[84]。

(四)道路、桥梁等公共设施建设

(1)道路。关于这一时期卫城内道路的建设目前并未发现有关的资料,只能通过时人相关的记载得知一些情况:总的说来"道易淖"[85]。卫城内的道路可分为宽阔的大街和一般的街道,如以鼓楼为中心与东西南北四个城门相对应的四条大街就很宽阔,一般的街道难与其相比,如户部分司衙署前的街道宽度就比不上四条大街。而且由于这一时期卫城中主要是一些衙署,而大多数衙署都建于城的北半部分,所以北半城内的道路建设相对好些,南半部仍有一些水坑存在。

(2)桥梁。鸿沟桥,位于"城西北角十步,景泰三年立"[86]。当时这一地方为水坑,由此可推该桥当建在水坑之上,以方便通行;安西桥,位于"西门外,去城五、六步,弘治八年立"[87]。此桥据推测当为护城河上之桥,因为西门称"安西门",而此桥又离城仅五、六步,所以可认定也;鱼化桥,位于文庙棂星门里,因成化乙酉年,泮池内有双鲤跃过,"是年秋中刘钰、卫琳,故名。"

(3)水井。卫城内甜水井不多,所谓"郡城苦斥卤,无河流,惟甜水一井可食,而废塞已久,居民万户皆仰给郭外,昏暮之求,远者十里,近者亦不下一、二里,数百年来习为固然矣"[88]。虽然这反映的是清乾隆年间的状况,但"数百年来习为固然矣"则说明了在明朝时也大致如此。有史记载的水井主要有:惠井,弘治七年开,位于南门外,水清澈甘洌;异泉井,位于儒学内西南角;西市井,位于西门外;甜水井,位于卫城东南张百户宅内;文井,位于儒学西北角(据乾隆时考:儒学西北角无此井,惟双井在西北,但去学宫甚远);这些水井到康熙时已大多废弃。

(4)排水系统。关于这时期排水系统的情况,目前尚不可知,有明文记载清乾隆时排水是明沟排放,所谓"郡城水洼五,四隅及县署东各一……城向有沟出秽水,以洼为尾闾"[89]。因此,推测明朝的情况也大体如此。

(5)报警及报时系统——钟鼓楼。卫城既然是作为军事堡垒而存在,所以其第一要务乃是发挥军事功能。为了能够迅速传达军情,报警聚众,明朝时几乎所有的卫城都在城中央建有钟鼓楼,如右玉卫城、左云卫城、宁远卫城等。但随着时间的推移,鼓楼的报警功能渐弱,而"司晨昏"的报时、计时功能增强。"(天津)鼓楼之名,盖因更鼓而起,古者督夜行鼓。唐制日未明四刻捶一鼓为一严,二刻捶二鼓为再严,一刻捶三鼓为三严,所谓严鼓也。鼓楼必位乎城中央,欲其声四闻也。天津去鼓而易以钟,虽名实未符而用以司晨昏,启闭城门,犹不失严更之义。"[90]天津卫城的钟鼓楼建于何年,至今仍未可知,有人推测是刘福重修卫城时修建的,"鼓楼建于何年,今亦无考,以意度之,鼓楼固当与城一气工作。但永乐初,土垣仅具,其时四门尚无门楼,必无独建鼓楼之理,弘治间,城裹以砖,并建城楼"[91],但据笔者分析,鼓楼当修建于永乐筑城之时,弘治时又进行了重修。因为这种新兴的以军事性质为要务的卫城,防敌御敌是其第一要务,而鼓楼正好起到这一作用;再有其他卫城在修城的同时,也修建了鼓楼,如一直保存到现在的始建于宣德三年(1428年)的宁远卫城,周长千丈,东西南北各有一门,四门中间有一条十字长街,中间有雄伟的钟鼓楼,当然这一问题还有待详考。

(五)寺庙和宫观的分布

城隍庙,位于卫城西北,永乐四年(1406年)建,成化十七年(1481年)重修;关帝庙,共三所,一在北门瓮城内,一在南门里,永乐四年改建于西门外,一在城内仓北,户部分司东;药王庙,位于北门外西北隅,永乐年间建;三义庙,位于卫城东北隅,建于永乐年间;文昌庙,位于东门内,建于永乐年间;涌泉寺,共三所,一在大直沽,一在小直沽,一在南门内,建立时间不详,但"宣德元年八月,宣宗亲征安乐州,车驾渡直沽,赐涌泉寺金旛三"[92];马王庙,位于东门瓮城内,宣德十年建;关王庙,天津右卫广备仓内,在户部分司衙署之东,建于宣德年间,永乐十三年罢海运,从里河运粮,令天津卫官建盖仓廒贮粮,于宣德间增置三仓,"镇仓关王庙在其(户部分司衙署)东"[93];土地祠,天津左卫大盈仓内,建于宣德年间;镇仓关王庙,户部分司东,建于嘉靖四十四年;瓮城关帝庙,北门瓮城内,建于嘉靖年间;药王庙,南门里费家胡同,不详建于明代何朝。

(六)商业设施的建设

随着卫城的发展,官署衙门的增多,尤其是卫所官员的世袭,所谓"世官九等(指挥使、指挥同知、指挥佥事、卫镇抚、正千户、副千户、百户、试百户,所镇抚),皆有袭职,有替职"[94]。因此就造成了许多官员举家迁居天津,如天津右卫指挥使梅满儿一家就是在永乐年间迁到天津定居的,曾担任天津左卫指挥使的赵家也是在永乐年间迁到天津的,其他如费家、黄家、倪家、靳家等皆是如此。况且明代实行军籍制度,凡入军籍之家须世代出丁为军,所谓"凡军民医匠阴阳诸色户,许各以原报抄籍为定,不许妄行变乱;违者者治罪,仍从原籍"[95]。所以,一些具有军籍的人也全家迁来。这些外来移民到达天津以后,随着明初卫城的建立,他们中有些人就在城内建宅而居,如永乐间从浙江嘉兴迁居来的费家,就居住在东大街的南侧。有了人口居住,就需要生活,就需要交易,所以这一时期在城内出现了五个定期的集市:宝泉集,位于鼓楼周围,每逢初五、十五、二十五开市交易;仁厚集,位于东门内,每逢初三、十三、二十三开市交易;货泉集,位于南门内,每逢初六、十六、二十六开市交易;富有集,位于西门内,每逢初九、十九、二十九开市交易;大道集,位于北门内,每逢初八、十八、二十八开市交易。可见,每月三、五、六、八、九皆可买卖交易,人们的生活极为便利。这五集开设的时间当在弘治之前,因为在弘治六年时又在城外开设了五集一市。

(七)卫城内的民居

关于这一时期民居建设状况,由于史料所限,不能尽明,清顺治年间,著名史学家谈迁曾到达天津,我们可以通过其对盐商陈仰之住宅的描绘窥见明代天津富人的宅第:"自门而属之庑。自庑而属之堂。自堂而属之寝。并易以规制,增坚加壮"[96],而至于一般民居,其以北方常见的四合院和三合院为基本的建筑模式,设有正房和配房,建筑材料上,富裕人家用砖,一般人家则用土坯。那么对于这一时期卫城内到底有多少居民,史无明载,但是,从一些相关史料中可以窥见一斑,"宣德六年八月甲辰,天津右卫仓副使纪拳奏:比城外军家失火,飞焰人城,烧三千余家,延及仓厂,焚粮七万一千石有奇……"[97],这里提及的只是被烧及的人家就有三千,如果保守地分析,该官员上报有夸大之嫌,被烧及的人家仅有一千,且没有被火烧及的有二百家,每家按两人计算,那么,当时天津卫城内的居民(不算军士)至少就有2 400余人。

余　论

通过对明代天津卫城的城区建设分析,我们可以明确以下几个问题:

第一、封建社会中城市发展速度是极为缓慢的,统治者对城市本身的建设并不持积极的态度。天津自永乐二年开始设卫筑城到崇祯十七年(1644年)明朝灭亡,共历时240年,在这200多年的时间里,天津城区并无多大的发展,建筑面积仍维持在筑城时的1.64平方公里,公共设施建设改进速度缓慢,生活设施落后,甚至连甜水井都没有,必须汲水于城外。城池乏坚,再加上封建军事化的管理使百姓不愿定居城中,"故素封巨室,率萃河干。一旦有急,趋避异所"[⑧]。由此可见,封建的王朝统治者从维护自己的统治角度出发,完全不顾及居民的生活环境和生活质量,甚至生活安全。

第二、明代卫城的建筑为天津城市的发展奠定了重要的基础。明代天津城区是作为一个区域军事中心而存在的,还没有进化到以经济为中心的城市阶段,所以其城区的任何设施都是围绕着政治和军事目的而建的,因此在某种意义上来说,天津代表了中国城市产生的另外一种模式。也就是说,如果没有天津卫城,而单靠明代以前那种松散的经济聚落将很难形成城市。

第三、通过分析城区内的宫观寺庙建设,可以看出明代社会的主流信仰,那就是佛教和道教并行;而通过官署的建筑模式则充分体现了皇权专制的加强,皇家的尊严已经渗透到了社会的任何角落。

第四、通过分析位于城区内的官署建设可以看出,明代卫城的城市性质在悄然地发生着变化。最初与其他卫城一样只是一个军事堡垒,但随着时间的推移,中央增添和派驻的官衙机构日益增多,尤其是在万历抗倭援朝时期。这就表明天津卫城的地位正在崛起,已不仅是单一的护漕功能,而是已成为了明代北方地区政治的又一分中心,其军事功能渐趋融入政治功能之中,开始向地方行政中心城市的角度转变。

注:

①(光绪)《重修天津府志》"序",南开大学出版社,1999年版。

②《明太宗实录》卷36"永乐二年十一月己未"条。

③(明)程敏政:《天津重修涌泉寺旧记》,(康熙)《天津卫志》卷4,艺文中。

④㊳㊺㊾㊿(明)李东阳:《修造卫城旧记》,(康熙)《天津卫志》卷4,艺文中。

⑤《明太视实录》卷14"甲辰四月壬戌"条。

⑥⑧《明史》卷90《兵二》,中华书局标点本1974年版,第2 193页。

⑦《明史》卷128《刘基传》,中华书局标点本1974年版,第3 779页。

⑨《明史》卷90《兵二》,中华书局标点本1974年版,第2 196页。

⑩《明史》卷40《地理一》,中华书局标点本1974年版,第892页。

⑪《明太宗实录》卷37"永乐二年十二月丙子"条。

⑫《明史》卷90《兵二》,中华书局标点本1974年版,第2 219页。不过还有另外一种说法,即天津右卫为"青州右卫",如据《明太宗实录》卷61"永乐四年十一月甲子"条载,"改青州右卫为天津右卫"。

⑬⑭(清)谷应泰:《明史纪事本末》卷16《燕王起兵》,中华书局标点本1977年版,第251—352页。

⑮(清)谷应泰:《明史纪事本末》卷8《北伐中原》,中华书局标点本1977年版,第110页。

⑯《明太祖实录》卷34"洪武元年八月戊寅"条。

⑰⑱⑲⑳㉑㉓《明史》卷6《成祖二》,中华书局标点本1974年版,第79页。

㉒ 王玲:《北京与周围城市关系史》,燕山出版社,1988年出版,第5页。

㉔㉗(万历)《大明会典》卷27"漕运"条。

㉕《明史》卷86《河渠四》,中华书局标点本1974年版,第2 115页。

㉖《明史》卷153,《宋礼传》,中华书局标点本1974年版,第4 204页。

㉘《明太宗实录》卷16"永乐元年三月辛卯"条。

㉙《明史》卷6《成祖二》,中华书局标点本1974年版,第83页。

㉚《明史》卷82《食货志》,中华书局标点本1974年版,第1 998页。

㉛㉞㊱㊶51 86 87 （康熙）《天津卫志》卷1，南开大学出版社1999年版。
㉜《明太宗实录》卷17“永乐元年二月辛亥”条。
㉝（乾隆）《天津县志》卷3，南开大学出版社2001年版。
㉟（明·天顺）《大明一统志》卷2《河间府》，明天顺五年御制序刊本。
㊲《周礼·考工记》，岳麓书社1989年版。
㊴ 戴愚庵：《沽水旧闻》“天津卫三宗宝”条，天津古籍出版社，1986年重印版。
㊵《明太宗实录》卷44“永乐三年七月庚申”条。
㊷㊸《明史》卷72《职官一》，中华书局标点本，1974年版，第1 760页。
㊹《明英宗实录》卷57“正统四年秋七月辛酉”条。
㊻69 （康熙）《天津卫志》卷2，南开大学出版社，1999年版。
㊼《明孝宗实录》卷45“弘治三年十一月乙未”条。
㊽（康熙）《天津卫志》卷4“天津提刑兵备分司新建旧记”，南开大学出版社1999年版。
52《明神宗实录》卷175“万历十四年六月辛卯”条。
53《明神宗实录》卷442“万历三十六年正月癸丑”条。
54（明）毕自严：《抚津疏草》卷1。
55 98 （明）李邦华：《督饷疏草》卷4。
56《崇祯实录》卷10“崇祯十年八月甲子”条。
57 59 60 62 63 64 66 67 （乾隆）《天津县志》卷7，南开大学出版社2001年版。
58 85 （清）谈迁：《北游录·纪程》，中华书局1960年版。
61《明太宗实录》卷36“永乐二年十一月庚申”条。
65（康熙）《天津卫志》卷4“户部分司题名记”，南开大学出版社1999年版。
68（康熙）《天津卫志》卷4“天津提刑兵备分司新建旧记”，南开大学出版社1999年版。
70《明世宗实录》卷540“嘉靖四十三年十一月壬寅”条。
71《明神宗实录》卷29“万历二年九月甲戌”条。
72 王守恂：《天津政俗沿革记》卷1，南开大学出版社2001年版。
73《明宪宗实录》卷33“成化二年八月辛丑”条。
75《明史》卷68《舆服四》，中华书局标点本1974年版，第1 671页。
76 78 （康熙）《天津卫志》卷3，南开大学出版社1999年版。
77（明）徐光启：《重修天津卫学宫旧碑记》，（康熙）《天津卫志》卷4. 艺文中。
79（康熙）《天津卫志》卷4，《创建明伦堂旧记》，南开大学出版社1999年版。
80《明史》卷69《选举一》，中华书局标点本1974年版，第1 690页。
81 82 90 91 93 （民国）高凌雯：《志余随笔》卷6，南开大学出版社2001年版。
84（乾隆）《天津县志》卷8，南开大学出版社2001年版。
88 89 （乾隆）《天津县志》卷5，南开大学出版社2001年版。
92（民国）高凌雯：《天津县新志》卷首，南开大学出版社，2001年出版。
94《明史》卷72《职官一》，中华书局标点本1974年版，第1 751页。
95（万历）《大明会典》卷19“户口总数”条。
96（清）谈迁：《北游录·纪文》“贺陈仰之新居序”，中华书局标点本1960年版。
97《明宣宗实录》卷82“宣德六年八月甲辰”条。

（《城市史研究》2004年第22辑）

商会与清末民初天津城市社会生活的进步

庞玉洁

天津商会作为近代天津工商两界的共同组织，原本是为解决庚子后津埠商务凋敝、市面滞塞，而建立的一个经济性的民间社团组织，其宗旨主要是联络商情，启发商智，促进商业，保护商利。然而，天津商会成立不久，就通过各种途径直接或间接地参与了各种革除社会颓风陋习、改善城市环境及维护社会秩序的活动，可以说清末民初的天津在禁烟、消防、卫生防疫和市政交通等社会生活的诸多领域，均感受到了天津商会的存在及其显著影响。

一

清末民初在天津社会生活中影响最大、危害最为严重的痼疾莫过于奢靡之风的盛行和烟毒的泛滥。

天津，地近官僚集中地北京，又是中国北方最大的通商口岸，集中了大批以盐商和买办为代表的富商大贾。早在开埠之前，盐商为了摆脱“四民之末”的社会地位，就往往以挥霍大量钱财来显示自己的实力，从而获得社会的承认。某些大盐商的奢侈程度甚至超过了王公贵族。庚子之后，奢靡之风愈演愈烈，甚至波及中小商人。据天津商会档案记载：有些商人“不知俭朴为何物”，开业之前到处筹集资本，然而，初开市时，就“不顾前后，即大张旗鼓，除粉饰铺面外，则先自润色住宅，添备车马、衣服、妾婢、童仆，甚至烟店饭庄寻花问柳，亲朋征逐不知检束，一转瞬间而资本告罄矣”，其结果必然是：要么“生意倒闭，倾东灭伙，遁迹远扬”；要么“身历缧绁，家人被累”。至于旧有铺号，因争豪斗富而荒闭者，“亦指不胜屈”①。

为了遏制住这股颓风，兴利除弊，天津商会于1904年成立之初讨论开办章程时，就制定了崇俭去奢的具体条规，并把它作为《天津商会应行办法十章》的第一章。条规内容涉及商人日常生活的方方面面。以衣食为例，在服装方面，商会规定：“凡商人寻常出入上街办事及寻常聚会所用衣履，只准以布为之，不得用锦绣华丽之物。”然而，虽穿布衣，仍须洁净，不得灰尘肮脏。在饮食方面，“凡商人寻常饮食，只准一饭一菜，不准干脆肥脓，任意挥霍”。只有在喜、寿、丧、祭以及款待宾客的时候，或是春节、端午和中秋这三大节期间，衣“则随便服用，以示体统”；食“则斟酌品味供备饮馔”，但是仍然不能过于奢华。商会对商人之间应酬送礼之事，规定得更加具体：“掌柜只准以津钱五百文，同事只准以津钱二百五十文为限，不准致送莫大礼物。”②此外，商会还不准商人宿游妓院、小班等处，即便请客，也不准召妓陪酒。至于到茶园观剧，只能偶尔为之，不能习以为常。如果借口客人邀请，私自游荡，或擅自潜游妓院，一经发现，初犯者登报批评，以儆效尤；再犯者，无论掌柜同仁，一律从重议罚。然而，无论是初犯者还是再犯者，“如能痛改前非，则按过而能改归于无过之义，登报声明，以彰改过迁善，以示劝惩”。对于那些屡教不改者，“则逐令出号，并登报传观”③。

此外，在天津商会的倡导下，以宋则久、刘少云、王颜候为代表的天津绅商，会同天津社会教育办事处，经官方批准立案，于1918年9月29日正式成立了天津崇俭会，在社会上进一步掀起倡俭抑奢的高潮。该会以集合同志崇尚节俭力挽颓风为宗旨，凡赞成此举者，均可入会。另据《益世报》报道，同年，天津商会还在该报发表公告，恳请警厅转饬侦探，如发现商人沉溺于嫖赌，立即报告，天津商会将转致各商，并依据铺规进行处置。

商会对商人的劝诫和约束，的确使这股奢靡之风在社会上得到了一定程度的遏制。20年代以后，随着旧有商号倒闭数量的下降和新开商号数量的上升，天津市面日趋繁华。

贩毒吸毒问题是清末民初天津社会的又一大危害。自鸦片流入中国以来,清政府多次采取措施,但主要是针对鸦片走私和鸦片贸易,期间虽也禁止官民吸食,但由于推行力度不够,不但屡禁不止,吸食者的数量反而与日俱增。到19世纪末20世纪初,有人估计中国吸食鸦片的人数已有1 500—2 000万。1906年,清政府在下达"预备立宪"的诏令后,所做的第一件事就是禁除几十年来危害国人身心健康至深的烟毒。10月,清政府正式发布严禁人民吸食鸦片的上谕:"自鸦片烟弛禁以来,流毒几遍中国,吸食之人,废时失业,病身败家,数十年来,日形贫弱,实由于此,言之可为痛恨。今朝廷锐意图强,亟应申儆国人,咸知振拔,俾祛沉痼而蹈康和。着定限十年之内,将洋土药之害一律革除净尽。"[④]同年12月政务处遵照谕令拟定禁烟章程十条,具体内容如下:限种罂粟,以净根株也;分给牌照,以杜新吸也;勒限减瘾,以苏痼疾也;禁止烟馆,以清渊薮;清查烟店,以资稽查也;官制方药,以便医治也;准设戒烟会,以宏善举也;责成地方官督率绅董,以期实行也;严禁官员吸食,以端表率也;商禁洋药进口,以遏来源也[⑤]。由此拉开了一场举国上下真正意义上的大规模禁食鸦片的社会运动。

天津由于地近鸦片盛行的贵族官僚集中地北京,因而早在开埠之前就已形成了"烟馆则随处皆有,烟具则陈列街前,积习成风,肆无顾及"[⑥]的局面。时人曾写对联描述鸦片对天津烟民的毒害:"一杆烟枪,杀遍豪杰英烈不见血;半盏灯火,烧尽房产地业并无灰。"[⑦]开埠后,鸦片走私不仅在天津已成为合法贸易,而且在整个进口货值中,也占有很大的比重,就1861年而言,已将近五分之一。此后,鸦片的进口数额逐年上升。鸦片的大量流入,使鸦片流毒在天津的泛滥愈加严重。就商界而言,"商人受其(鸦片)累者如恒河沙数,以烟癖偾事者指不胜屈",故津商会早在1904年颁布的《天津商会应行办法》第一章第五节中就明确规定:凡商人"一经入会,不准癖嗜鸦片。有烟瘾者,自入会后,大瘾者限(若干)个月戒断,小瘾者限(若干)个月戒断。如阳奉阴违,或不遵戒,立逐出会"[⑧]。

1906年12月1日清政府颁布禁烟章程以后,津商会总理王贤宾、协理宁世福"当即约集津绅黄昭章等并李向辰等,纠合各善堂绅董张维骐、顾文翰、张明达、张桂生、唐士珍等联为一气,并约同各行董事,共襄其事",经反复商酌,一致决定在永丰屯黄绅花园内创设天津公立戒烟善会,"并拟先行开办,俾济时艰,而弥隐患"[⑨]。关于戒烟善会所需的一切经费,特别是戒烟所需的药料等,津商会决定:"统由总理等督同各会董并各行董事及各善堂绅商,广为筹劝,以期源源接济而垂久远。"[⑩]津商会的做法得到了农工商部的大加称赞:"查鸦片流毒中国,言之痛心,该总理等热心提倡,在津创设戒烟会,妥筹药料经费,劝令商人有瘾者一律严戒,洵属裨益商界,志甚可嘉。"[⑪]12月26日天津公立戒烟善会正式开办,并于28日拟定了戒烟善会试办章程十条,主要内容如下:(一)凡入会戒烟,预赴本会帐房挂号,将年岁若干,烟瘾大小,年限远近,逐一声明,由本会诊无疾病,再给凭票,以便届期照票入会。(二)入会戒烟者,须取具切实妥保,如私自逃跑走,或戒后又复吸烟,告由保人赔补药资。(三)戒烟人入会戒烟,随时由司医员诊脉,如有疾病开方调制。(四)本会戒烟,以服药调养七日为度。一切饮食由会中筹备,不取分文。如有家资充裕者,愿助经费,听其自便。(五)入会戒烟之人,须恪守规条,如有紊乱滋扰者,立即驱出会外。(六)戒烟人入会后,一时或有疾病治不见效,应通知保人立时领回调治,如痊愈后仍愿入会戒烟,本会随时收留[⑫]。天津县为此特出示晓谕:"自示之后,尔等须知该绅董等纠合同志在黄绅花园内公立戒烟善会,系属热心善举,如有吸食鸦片之人,自愿戒忌,而贫苦无力购买药饵者,均可前往该会,查明定章,报名收留,挨排医戒,不致贻误。至经费均由该绅商等自行设法筹措,不费戒烟者分文,此诚拯救吸烟贫民之举。尔等务宜恪遵条规,维持公益,倘有不法之徒借端滋扰,任意喧哗,许该绅商等鸣同地方指拿送县,以凭严法究惩,决不姑息。"[⑬]

天津戒烟善会开办以后,因"方药精良,戒者毫无痛苦"[⑭],且不费戒烟者分文,故"赴会宿戒者日益踊跃"。据天津商会档案记载:戒烟善会成立仅四年,入会戒除烟瘾的商民就达2 535人,其戒烟成效远远超过了直隶省其他几个戒烟机构。

此外,禁烟运动期间,津商会作为众商之领袖,除设立戒烟善会,帮助商民戒烟之外,还协助直隶禁烟总局,清查烟店,坚决禁售烟具。清政府在禁烟章程中曾明文规定:禁售烟斗、烟枪、烟具,自规定之日起六个月内售出,逾期不准售卖。然广帮商号信怡昌等十家,因库存烟具价值均在银千两以上,且禁烟章程颁布以来,"来往商客均不敢贩卖,以致所存烟具货物降格减价,亦是非常滞销"[⑮],故请求展缓期限。1907年7月1日,津商会不惮诰诫之烦，特为此发布文告劝导这些商号："窃查鸦片流毒为祸最烈，受其害者殆满环球。自奉禁烟之明诏，莫不奋焉思戒，争自濯磨。惟我商界向设烟具，借为供客之需，自昔迄今，由来已久。现既禁令森严，我商界亟宜首先撤去烟具，力戒吸食，仰副列宪图强之至意。"不仅如此，为力祛隐害，津商会还反复声明："自此通知之后，倘有视若虚文，阳奉阴违，一经发觉，定即从重议罚，以为故犯者戒。"[16]天津商会所采取的坚决态度和强硬措施，不仅使清政府的禁烟政策得以贯彻，而且从源头上遏制住了烟毒在天津的泛滥。

二

城市环境的改善是社会生活走向进步的重要表现。清末民初天津城市环境的治理通常属于官办的天津市工程局和天津市卫生局等部门的职责范围，但因天津城内商铺林立，故办理此类市政往往会涉及广大商民的切身利益，需要得到商会的支持与配合，而津商会在整顿市容、防止污染和卫生防疫等方面也确实发挥了重要的桥梁作用。

（一）参与道路整修，改善市容市貌

天津开埠初期，在租界的影响下，海关道倡设工程局，仿照西法修整街区和排水系统，"不但自直隶总督衙门至紫竹林租界的沿河中途要道一律按租界官道样式修筑，而且又将城内街道及城外单街、估衣街、竹竿巷、针市街等处所有通衢，亦一律改成石路"[17]。土路改为石道以及城厢内外排水沟渠的疏浚，在很大程度上改善了天津城市的面貌。然而，由于工程质量低劣，且年久失修，进入20世纪以后，道路破损问题，不断出现。

1907年7月，居住在竹竿巷东口的一些铺商向天津商会反映："自来水公司埋设水管时，石道翻起后复又重垫，该石做工含糊，因此石道不平"，而"竹竿巷东口，向来车辆行走甚多，现在又兼人力车停放以及电车行走，加之石道凸凹不平，行人诸多不便"，故请求天津商会转饬天津市工程局派人"修理街口石道，化险为平，以便行人而重路政"。津商会了解情况后，立即与工程局协商，在津商会的努力下，工程局及时派人前往修理，解决了当地居民的出行问题。1910年3月，针市街新街商人万有号、聚源成和永立号等联名致函津商会"窃新街针市街向系道旁有立石沟沿，以多年失修诸多残坏，以致堵塞不能流水，所有商等号内流水沟沿不能外出，每遇阴雨直有屋如渔舟之状。该处铺户林立，而且直达北门外马路之通衢，车马行人来往共由之路，若不赶为修理，以后雨水连绵碍难兴修"[18]，故恳求天津商会从保商民利益出发，速请工程局赶在雨季之前，整理水沟，填平水坑，以防阴雨泄水不通。津商会收到信函后，即与工程局联络，及时疏通了水道。同年7月津商会在接到针市街板桥胡同几位铺商关于该街道路坍塌，行人屡遭危险的信函后，据实向工程局详细地禀报了该街的情况"窃针市街板桥胡同口，该处道路长有数尺，独凹如坑，所有往来行人偶一失足，即陷此坑之内，以及载货车辆行至此处，时常翻倒，恐有性命之虞"[19]，并仰恳工程局派工匠迅速将其垫平。工程局接到津商会的通知后，即刻派员查验，并前往修理，避免了人身事故的发生。同年8月，南阁西大伙巷铺商李玉书等也为道路积水问题致函津商会："窃南阁西大伙巷北至龙王庙止，向来该巷北高南低，其水道汇于巷口，入于大街暗沟。始则通行无阻，迩来大街官道继续增高，其巷内之路愈觉底下，不惟道路凸凹不平，其平时小雨即泥深没踝，若遇大雨或暴雨时行之际，则积水成渠非三、五日内所能涸尽。微特行人有裹足之虞，即车辆往还亦不免有倾覆之患"，故仰祈天津商会俯准，兴修官道以利行人，而维路政。但工程局一时经费紧张，若静候修筑，如遇暴雨，则后果不堪设想。在天津商会的协调下，当地绅商自行捐资300元，先后委托津商会交给工程局，作为整修道路的费用，致使工程局能够"从速开工"，而使"行人车辆两受利益"[20]。

（二）筹划防疫措施，治理环境污染，促进城市卫生事业的发展

天津为华北巨埠，人口众多且流动频繁，卫生方面最为当务之急。据《天津志略》记载，天津开埠初期，虽设有卫生行政机关，但"惜于建设，多未策力进行"，故天津的卫生防疫工作，"向由外人主持一切"。直到1903年，天津市卫生局成立，专司津埠的防疫及清洁事宜。虽因各地疫症迭生，卫生局在沿海口岸及铁路要冲，设立了防疫医院，并派员检疫，但因经费不足，条件简陋，遇到较为严重的疫情，就难以控制。

以民初鼠疫流行为例。1911年，东三省发生鼠疫，传染津埠，人心恐慌，地方政府指示天津卫生局设法预防，并设立了临时防疫会。津商会考虑到"此事关系阖郡生命，当由本埠及旅津各绅商联合职会妥为筹

划,以期完备”[21]。于是,集众开议,公举发起创立天津防疫保卫医院,“延聘本埠医理精通之华医数员,分班住院,以便随时诊治。此外,天津商会要求各区选出董事,分别管理查验报告等事,如查系他病,听病者自行医治;如系疫症,立时由该区董事报告,赴保卫医院施治”。考虑到租界的特殊之处,为了使“各国领事不再有烦言,亦不致再有牵掣”,商会“举定各租界绅商作为董事,查报租界有病人,一体入院施治”。商会协理宁世福把自置的广仁堂一带价值万余元的30亩地,“情愿助给该医院起盖房间,以资经久”[22]。而建院所需的资金数额甚巨,“统计修筑费、开办费及添置器具各款约在六七万金,经职会劝导各绅商勉力认筹”[23]。天津商会还决定,新立的天津防疫保卫医院,将“仿照西式医院,修盖研究所、储药房、留验所、养病室、食宿舍、游息所、并引流种树以期完美”[24]。在新医院未建成之前,先设两处临时医院,以便及早救治:一处为绅商李定甫借助的坐落在西营门外的100余间灰瓦房;另一处为绅商叶星海借助的浙江义园。临时医院设立以后,“无论租界内外之人遇有病症,一体入院施治”[25]。为预防疫病在津埠的进一步蔓延,天津商会还聘请“医理精通的华医研究防疫方法,刊印传单,并配制防疫药饵,一并拣派司役分处施散以弥隐患于无形”。津商会防治兼施的办法,效果甚佳,不仅“防卫之法商民称便”,而且“赖以存活者甚伙”。据商会档案记载,临时医院开办两个月以来,“共收极重病人四十二名,医治痊愈出院者二十名”,还有十名,“亦将次就痊不日出院”。在天津商会协同各界人士的积极努力下,津埠疫气很快消尽。根据临时防疫会章程,绅商建立的临时防疫医院,同卫生局查验医官一同裁撤。对于余下的数万元,津商会决定“妥存大清各银行照章生息,每年息款充作医院(指即将成立的天津防疫保卫医院)常年经费”,并强调“无论何项要需,概不得丝毫挪用”[26],为天津市防疫工作的进一步发展打下了坚实的基础。

工业污染在清末民初天津新式工业兴起之初对城市环境的影响也很严重,天津市卫生局在解决因行业污染而引发的冲突时,必然会寻求天津工商两界的代言人——天津商会的支持与配合。

清末天津商会在处理染料和猪皮熬炼等行业空气污染的问题上,充分地表现出与天津市卫生局合作的态度。1904年秋,卫生局传谕永信号和义盛和等染料行,不准白昼熬油,有碍卫生,饬令夜间熬炼。永信号等当即遵谕办理。两年以后,卫生局再次饬令将熬油场所移至围墙(即土围子,1860年为抵御英法联军进袭天津而筑)以外,公立一熬油之区,尽可不分白昼,随时安锅熬炼。理由是:“以颜料一行,津地众多,熬煮桐油,气味熏蒸,与卫生无益,且易招火患,妨碍治安。”[27]该行商人担心生意受损,因而致函津商会:“颜料行每年所熬之熟桐油,外省客人来津贩运者,十居其九,本地零售,不及十分之一。若一挪移,是一事分为两处,花费倍加,所出之油,势必加价出售,外客无利可沾,必然改途他往。”至于火患,他们认为“局外人不知熬油之法,以为油火相连,必易招灾。殊不知油稍见沸,即将火薪撤去,毫无危险之虑”。起初,天津商会从恤商艰、保商利的立场出发,同意采取一些变通的办法,如安设烟筒、将熬油场所起盖罩棚等,恳请卫生局批准颜料行继续在夜间熬制,而免其移挪。对此,天津市卫生局则表示:“熬油气味,无论何时,均碍卫生,何分昼夜?”此外,“安设烟筒,虽高至十数丈,而油气空中旋绕,逾时仍旧下垂。城厢内外,人烟稠密,炭气最多,空气已觉不足。此种炭气断无上升之理,化学家考之最详,又焉能随风涣散?且由烟筒放置空中,再由空中转而下垂,则流散之处愈广,殊与卫生有碍”;而围墙之外则“宽敞,空气尚多,虽有炭气,而空气足以抵之,是以人不觉其病。本局注重卫生,考求最详,据禀前情,断难照准”[28],并请津商会协助将此类染行移往围墙之外,以保民命。津商会坚决支持卫生局的指示,传谕各染料店,“另在围墙以外,公同择一荒僻无人之处,共建熬油厂一所,各店轮流熬油,熬好之后,再行移至铺内发售,则于卫生防害、保商,各无妨碍矣”[29]。尽管颜料行的大部分商人都遵照执行,但仍有违规者。三义庙的起泰号铺伙任少春在晚间熬炼猪皮膏时,被卫生局查拘送案。铺长任士林恳请津商会据情转详,将其原宥开释。津商会闻知此事,考虑到起泰号业经多年,一贯遵章纳税,因此,一方面为该商请求开释,以保体面而慰商情;另一方面,为禁止效尤起见,“将任少春拟杖八十,照章罚金”[30]。

津商会对于上述两件事情的处理,既在尽可能的范围内保护了商民的利益,也保证了卫生局防止污染的一系列规约的贯彻实施,从而抑制了天津城内环境污染的进一步恶化,得到了社会各界的认可。

三

良好的治安环境是整个社会生活走向进步的必要保证。清末民初,在天津城内百姓生活中存在的较大危险主要来源于火患、匪乱和交通隐患。天津商会在这三方面均发挥了不可替代的作用。

(一)完善救火组织,促进消防事业的发展

天津素称人烟稠密之区,商民比户而居,且房屋建筑多以砖木结构为主,当风高物燥之时,火警层见叠出。清中后期,天津的火灾最为严重,“仅就城内而言,同治12年北城楼因火药爆炸发生大火灾延及民宅,损失伤亡很大”;此外,“光绪三年东南角保生所暖棚大火,烧死妇婴近千人”,为此,“天津各级地方官吏,统被降职一级”[31]。因此,防火和救火一直是困扰城镇居民的严重问题。

自清康熙年间,天津民间就开始创建水会,至同治年间已陆续增至40余处,多集中在城乡附近的堤头、窑洼、西沽、河东等人口较为稠密的地区。水会建立之初,往往先由当地知名绅商发起,然后联合附近绅商富户及各大商号,共同商议会所的地址,推选首事、董事、保管、司账、指挥、联络等人员,再邀集当地能够见义勇为的商民,组成救火大军。所需的号衣、水机子、灯笼、水箱、扁担、大小铜锣等消防器具,主要由城内的绅商铺户捐资购置。“庚子事变”以后,各水会已近荒废。1905年11月,鞋商文成斋等6家以“火警频闻”,而该行“货物零星,不及收拾,往往被灾,较别行尤厉”[32]为由,曾致函巡警局,建议在鞋行恢复设立口袋会[33],以备火患。天津巡警总局于1906年3月给予了答复:“鞋行口袋会,事属可行。”[34]同年6月,巡警局决定速立救火水会,制定救火章程,具体事宜委托津商会办理。

遵照巡警局的指示,天津商会根据商民的具体情况,于同年7月立即制定了救火章程八条,并以北门外马路为中心,把旧有的53家水会分为四隅,即东北隅、东南隅、西南隅和西北隅,并发给号光,四隅分写众、志、成、城四字,共发号光2 980个,规定“倘遇火警,各按界限往救”[35]。此外,天津商会还要求负责各地界的首董将自己的姓名、水会名称、所辖地界、号光数量及号码登记造册,并送巡警局查核备案,以便监督。1908年以后,水会从华界发展到租界,总数也增加到71家,并成立了“阖津水会总局”,局内设管理、司帐、司事及差役等28人,负责厘定章程,协调各路水会之间的关系。

1909年,天津官办的新式消防队开始建立。民国初年,在天津城里鼓楼上,开始驻有消防队,但由于天津人口日益增多,官办的新式消防组织限于人力物力,还不能全面担负起天津救火的责任。据《益世报》报道,仅1922年一年,津埠就发生火灾54次,“损失财产竟达一百八十余万元之多”,推其原因有二:一是自来水未装置完备;二是消防队救火器具太旧,临警太迟[36]。针对这种情况,天津商会会长卞月庭接受陈周君等人的改良方案,呈请筹办天津内地改良救火会。改良救火会成立之后,购置了最新救火汽车火龙,建筑高15丈的报警钟楼,并装设了各街道自来水龙头,所有这一切,对于弥补官方消防队的不足,都起了重要的作用。此外,救火会还附设保险部,组织商家互相保险,共同监视。这样,“既免奸商阳借保险,阴在放火之狡谋,又可挽回溢外之利权”[37]。

由商会领导的民间水会组织,在近代天津城市的消防事业中,发挥了巨大的作用,直到“七七”事变后,天津沦于日伪之手,各处水会组织才陆续解体[38]。

(二)辅助军警,防御乱匪,维护社会治安

商业较之其他各业而言,其社会联系更为频繁、直接和广泛,因此,社会秩序的稳定与否,对商业的发展有着深刻的影响。清末民初,时局动荡,天津城内变兵焚掠之事时有发生,而土匪抢劫骚扰,也往往以店铺为主要掠夺对象。据天津商会档案记载,民国元年三月二日军匪变乱,作为天津早期商业中心之一的估衣街,除敦庆隆外,通街商号焚掠殆尽。究其原因,“该号曾派商伙入体育社习练枪法,以此借资得力”[39],鉴于此,天津商会决定建立天津商人自己的武装,辅助军警维持市面,弹压匪乱。

据天津商会档案记载,民国前后天津城内建立的民间治安组织共有7个,其中隶属于天津商会的有五个。具体情况如下:(1)民更局。1911年遵照县谕,天津商会在各个大街小巷分别设立的最基层的群众治安组织。局内设总董、董事和正副目若干人,更夫由商民集资招募而来,承担大街小巷的巡逻任务。(2)铺民局。1911年,天津商会传知各大街区在设立民更局的同时按地段设立铺民局。据不完全统计,至1911年底,已有14个街区组建了铺民局[40],该局分别由绅董若干、铺民若干和司事一名组成。绅董和铺民数额由街区范围大小而定,各街绅董均来自于全津各业董事。铺民局所需经费由各街铺商自行解决。为了加强管理,天津商会特别为民更局和铺民局制定值更要则:“本局公事,慎重为要。梭巡知更,勿离街道。遇有火灾,哨鸣救报。务须严查,土匪窃盗。除此以外,不准越冒。恪守规章,宜安勿躁。倘敢故违,定行除掉”[41]。(3)天津绅商保卫局。1911年11月11日,天津商会以防范土匪,保卫城乡治安为宗旨,由地方绅商公举董事44人,在东门外成立天津绅商保卫局。保卫局招募统巡1人,作为总指挥,下设总巡长5人、巡长25人、巡目100人和商巡900人。经费由绅商公同捐集,不足部分申请官府补助。所需枪支由官府负责提供。一般情况下,分班分段昼夜支更巡防,如有土匪,应协同巡警保护商民。(4)天津公安总会。1911年12月1日成立,以保全阖郡公安为宗旨,会长由天津商会总理王贤宾担任,协理宁世福和吴连元为副会长,下设筹款、文牍、交际、会计、调查、庶务六股,股员68人均为商会会董或行董,直隶总督拨银10万两作为活动经费。(5)天津商团。1912年,天津商会“以防御乱匪,保卫治安,自保身家财产并不干预军事为宗旨”[42],组建天津商团。商团团员均由本街各商号中身体强健、品行端谨者组成,教习由商会在体育社中择优挑选,军械由商会统一购买。天津商团组织严密,商团团长由天津商会会长卞荫昌担任,下设六个区,各区由董事长和董事分担责任,并设有议事和教育等部门。1913年7月天津商会还为商团拟定了严格的《商团警卫规则》,重点防范那些火警期间趁火抢劫的不肖之徒,并对受害商号给予必要的救济。

由天津商会组建的这些准武装组织,小到民更局大到天津商团,在这军阀争战、灾祸频仍的乱世之秋,在维持社会治安,稳定城市的社会生活方面,均发挥了重要的作用。以民更局为例,1913年,绅商崔嵸蕃为感谢南大街民更局的更夫保护中昌当免遭抢劫一事曾致函津商会:“窃惟南大街自去岁成立民更局,至今正之变颇阗成效。若非该局更夫等深识大体,出死力保全中昌当,否则南大街之糜烂尚堪设想乎!”[43]天津商团团长卞荫昌等15人因配合军警,维持地方治安有功分别获得直隶总督颁发的勋章,天津商会也因组织有方获得大总统奖励匾额一方。

(三)改良电车安全行驶章程,消除交通隐患

清末民初,天津城内的公共交通工具主要有人力车、马车和电车。与人力车和马车相比,电车发生的事故率最高,后果最为严重。

天津创设电车之初,反对之声,连绵不断。究其原因,主要有三:其一,时值收回路权和反美华工续约两大运动高涨之时,出于维护国家主权的目的,天津各阶层人士均反对外国人在津承办电车;其二,“津地行人势如穿梭,电车飞行绝技,径行者难免伤人,横越者尤易遭祸”[44];其三,当地东洋车夫、人力车夫不下数千万,若电车通行,这些人的生计势必受到极大的影响。其中,尤以“道路安全”问题,反响最为强烈。天津士绅华世镛在《大公报》上撰文,反映人们对电车安全的担忧:“电车是一种人们从未见过的交通工具,当其风驰电掣而来时,人们因对其速度估计不足,而来不及躲闪,加之司机训练不够,技术欠佳,致使电车开行后的几个月内,伤亡事故连续发生,引起津郡市民的强烈不满。”[45]

1909年,津商会代表商民致函比商电车电灯公司,就电车的安全问题提出改良章程,具体内容如下:“一,电车定章,司机不得与人闲谈,俾得专心司机;二,电车司机人关系綦重,须择其精神充足,考验目力看远者,先令学习司机之法,熟练数月后,再行派归车上司机;三,电车曾见在车头有铁网一具,拖地行走,以防行人碰倒而设,其法最善,现行各车均应安设,以防危险;四,电车轨道,如旧北门口官银号前等处,叉路纷歧,行人不易防避,宜多设执旗人分站值岗,应与巡警换班站岗同,每当电车将到,随时指挥行人;五,电车到站,坐客下车时,卖票人应随同下车,应俟坐客下毕上齐,卖票人再随同上车鸣号开车,不得到住车处迫其速上速下;六,电车行使缓急均有一定分数,津地人烟稠密,宜开极慢车,以便行人易于躲避,倘有躲避不及,司机人急打倒轮,免遭意外之祸;七,电车行于往来人多之处,司机人宜如何慎重;八,曾见乡人或小孩搭车,该卖票人因路程较近,卖票人竟索钱不给票,此不过营私起见,其害犹小。惟卖票人深恐遇该公司稽查看破,遂于到站时,催促该客急速下车,以掩其弊,然坐客心神被追慌乱,以致摔倒,即有性命之忧。”[46]1911年,因电车伤害民命之事依然不断发生,商会又联合当地知名人士共同议定电车安全行车办法七条:首先,把车轨改到马路中间;其次,在险要路口设常岗,所需费用由电车公司承担;第三,司乘人员必须经过严格训练,司机每日需换三班;第四,电车前及两旁需设救命网或冷闸;第五,电车唤人响物要明显与众不同;第六,围城车要减速行驶;最后,车轨上严禁泼水,马路两边禁止摆摊。

尽管津商会不厌其烦地反复议定电车安全行车的方案,提请电车公司注意,但事故仍难以避免。据《益世报》报道,1916年8月22日晚6点,一日本人在北马路被二十五号蓝牌电车轧死,"当将开车人高林贵、售票人张竹泉、杨如彬一并获案押候讯夺"[47]。针对这种情况,津商会除继续提醒司乘人员之外,还积极与警厅、电车公司及市政工程部门协调,将围城马路酌量加宽,"使各种车马及行人,分别上下道行走","既于市面有壮丽之可观,又于商家行人有莫大之便利"[48]。此外,津商会还监督电车公司,定期更换电车大线,以免除后患[49]。

在津商会和各有关部门的共同努力下,有轨电车事故率逐渐下降,至20世纪20年代,有轨电车已经成为人们出行时普遍选择的公共交通工具。

总之,清末民初的天津商会尽管成立的时间不长,还不可能完全摆脱封建因素的束缚,但是它在革除颓风陋习、改善城市环境和稳定社会秩序方面显示出来的举足轻重的地位,说明它在推动天津城市经济近代化的同时,也已经成为促进近代天津城市社会生活进步的一支不可缺少的重要辅助力量,是对政府职能的有力补充。

注:

①《设立天津商务总会应行办法诌议》,《天津商会档案汇编》(1903—1911),天津人民出版社1989年版,第38页。

②③《设立天津商务总会应行办法诌议》,《天津商会档案汇编》(1903—1911),第39页。

④⑤《政务处议奏禁烟章程》,前引《天津商会档案汇编》(1903—1911),第1 636—1 640页。

⑥《故宫档案》,《军机处录副·帝侵类》271—1号。转引自来新夏主编:《天津近代史》,南开大学出版社1987年版,第15页。

⑦ 郝福森:《津门闻见录》卷四,转引自来新夏主编:《天津近代史》,第15页。

⑧《天津商会档案汇编》(1903—1911),第36页。

⑨《天津商会档案汇编》(1903—1911),第2 173页。

⑩《天津商会档案汇编》(1903—1911),第2 174页。

⑪《天津商会档案汇编》(1903—1911),第2 175页。

⑫《天津商会档案汇编》(1903—1911),第2 176—2 177页。

⑬《天津商会档案汇编》(1903—1911),第2 177—2 178页。

⑭《天津商会档案汇编》(1903—1911),第86页。

⑮《天津商会档案汇编》(1903—1911),第1 642页。

⑯《天津商会档案汇编》(1903—1911),第1 643页。

⑰ 罗澍伟,《近代天津城市史》,中国社会科学出版社1993年版,第293页。

⑱⑲ 前引《天津商会档案汇编》(1903—1911),第2 267、2 270页。

⑳《天津商会档案汇编》(1903—1911),第2 272页。

㉑㉒㉔《天津商会档案汇编》(1903—1911),第2 164—2 165页。

㉓㉕㉖ 同上,第2 617页。

㉗《天津商会档案汇编》(1903—1911),第2 275页。

㉘《天津商会档案汇编》(1903—1911)。第2 277页。

㉙《天津商会档案汇编》(1903—1911),第2 276页。

㉚《天津商会档案汇编》(1903—1911),第2 278页。

㉛《天津文史资料选辑》第76辑,第541页。

㉜ 前引《天津商会档案汇编》(1903—1911),第2 095页。

㉝ 倘一家有警,各家铺伙持口袋帮同运货,扑灭后,仍运归该号。

㉞《天津商会档案汇编》(1903—1911),第2 096页。

㉟《天津商会档案汇编》(1903—1911),第2 097页。

㊱《益世报》1923年5月16日。

㊲《益世报》,1923 年 7 月 13 日。
㊳《天津文史资料选辑》第 65 辑,第 181 页。
㊴《天津商会档案汇编》(1912—1928),天津人民出版社 1992 年版,第 359 页。
㊵ 详见《天津商会档案汇编》(1903—1911),第 2 441 页。
㊶ 同上,第 2 444 页。
㊷《天津文史资料选辑》,第 358 页。
㊸《天津商会档案汇编》(1903—1911),第 2 443 页。
㊹《天津商会档案汇编》(1903—1911),第 2 244 页。
㊺《大公报》1906 年 3 月 20 日。
㊻《天津商会档案汇编》(1903—1911),第 2 256 页。
㊼《益世报》1916 年 8 月 24 日。
㊽《益世报》1922 年 3 月 21 日。
㊾《益世报》1924 年 10 月 15 日。

(《城市史研究》2004 年第 22 辑)

天津开埠对腹地经济变迁的影响

吴松弟　樊如森

长期以来，开埠后的天津及其腹地的经济发展问题，引起了学术界的广泛地关注。1909 年日本中国驻屯军司令部组织人编写的《天津志》（侯振彤中译本名为《二十世纪初的天津概况》，天津市地方史志编修委员会总编辑室 1986 年版），20 世纪 20 年代日本学者吉野美弥雄著的《利用す可き天津を中心こせゐ北支那の物产》（《应该好好利用的以天津为中心的中国北方物产》，大阪三岛开文堂，大正十三年〈1924 年〉发行），30 年代方显廷著的《天津棉花运销概况》（南开大学经济研究所 1934 年版），40 年代李洛之、聂汤谷合著的《天津的经济地位》（经济部冀热察绥区特派员办公处驻津办事处 1948 年印行），90 年代以后罗澍伟主编的《近代天津城市史》（中国社会科学出版社 1993 年版）、姚洪卓主编的《近代天津对外贸易》（天津社会科学院出版社 1993 年版）等等，都是其中的代表性著作。比较有代表性的论文，20 世纪 50—60 年代有王怀远的《旧中国时期天津的对外贸易》（《北国春秋》1960 年第 1—3 期，连载），90 年代有陈克的《近代天津商业腹地的变迁》（《城市史研究》第 2 辑，1990 年）、张利民的《试论近代华北的棉花运销系统》（《中国社会经济史研究》1990 年第 1 期）等等，进入 21 世纪以后又有樊如森的《天津开埠后的皮毛运销系统》（《中国历史地理论丛》2001 年第 1 期）、《西北近代经济外向化中的天津因素》（《复旦学报》〈社科〉2001 年第 6 期）、《近代天津外向型经济体系的架构》（《历史地理》第 18 辑，上海人民出版社 2002 年版）、《论近代中国北方外向型经济的兴起》（《史学月刊》2003 年第 6 期）等等。所有这些论著，基本上阐明了近代天津外向型经济的发展历程、进出口商品种类与数值的变化、天津在全国外贸中的地位，并在一定程度上阐述了天津港与其腹地间的物流状况以及二者之间的经济互动关系，从而为天津港及其腹地经济变迁研究的进一步深化奠定了深厚的基础。然而，上述研究对于天津港影响其腹地经济变迁的具体过程、表现与程度等方面，还缺乏比较深入、细致的探讨。徐永志的新作《开埠通商与津冀社会变迁》（中央民族大学出版社 2000 年版）一书，多方面深入系统地考察了天津开埠通商对津、冀社会变迁的作用，详尽地探讨了天津开埠对其直接腹地——河北地区经济变迁的影响，揭示二者由传统社会向近代社会转型的历史过程，是迄今为止探讨天津开埠对华北影响的最为全面的研究著作之一。然而，天津开埠对其腹地的影响是极为深远和广泛的，还有很多值得深入研究的空间。而且，天津的腹地范围极为广阔，远远不止河北一省。要全面系统地研究天津港的腹地，必须将视野放大到华北、西北以至东北诸省。

本文试图在前人研究的基础上，对天津开埠给腹地经济变迁的各个方面所带来的客观作用，以及中国经济现代化进程中的相关问题，做进一步的探讨。不当之处，敬请方家批评指正。

一、天津开埠前北方地区的经济发展状况

清代前期，北方地区的商品经济尽管有了较快的发展，但就其整体发展水平而言，游牧区依然是传统的畜牧业经济，农耕区的自然经济结构也没有发生根本性的改变。并且，在东部沿海和西部内陆之间，还存在着明显的差异性。这已为学术界众多的研究成果和历史资料所证实。

东部沿海的山东和直隶因自然条件较好，交通相对便利，农副产品的商品化程度高于其他地区。据许檀先生研究，19 世纪中叶，山东粮食作物的商品率至少可达 20—25%，棉花、蚕桑、果树、烟草、花生等经济作物的种植面积低者可达 3—5%，高者则达 20—30% 以上[①]。直隶农副产品的商品化程度赶不上山东[②]，并且各地发展程度很不平衡。水平较高的如栾城县，“货则棉布、蜂蜜、黄蜡、大靛、小靛、麻油、棉花子油，其最著曰

棉花。栾地四千余顷,稼十之四,所收不足给本邑一岁食,贾贩于外济之;棉十之六,晋、豫商贾云集,民竭终岁之勤,售其佳者以易粟,而自衣其余"[③]。发展水平较低者如宣化,"地瘠民贫,风俗朴素,人民多务农,营商者少"[④]。

二省上述的商品经济发展水平,直到天津开埠前并没有发生太大的改变[⑤]。那些远离沿海的省份如山西、陕西、甘肃等等,其商品经济的发展程度便更逊一筹了。

乾隆年间,山西仍以自给自足的自然经济为主,比如,万泉县农村"俗尚节俭,男务耕耘,女务纺绩";临汾人"居不近市,女不向街";直到鸦片战争前,山西的商品经济虽然在农业、手工业等领域里也有了一定程度的发展,但也仅限于"萌芽"状态而已[⑥]。地处关中的耀州(今陕西耀县),在乾隆三十年(1765年)前后,"居民务稼穑,尚蓄积,近又能种木棉,事织纺,然为布无多,不能出村落也"[⑦],可见这时该地虽然已经开始植棉织布,但其作用却仅仅限于自给,并不能用来进行交换,其农副业经济依然处于典型的自给自足状态。甘肃凉州府(治今甘肃武威县)的隆德县,在康熙二年(1663年)前后,"民止农作,不习商贾之事……男子冬夏披羊裘,间著疏布短衣,即称富民……能织褐,又渍麻及胡麻为布,但粗恶特甚,村民自蔽体耳"[⑧],经济的商品化更无从谈起。

地处边塞的新疆,"惟和阗回人知养蚕缫丝织绢,他处桑虽多,食椹而已。惟赖种棉织布为衣,其纺车梭形虽小异,而用则同。远近各外夷以羊马诸货易去,回人颇为利益,每年额收布匹,官为运送伊犁与哈萨克易换牛羊马匹,为伊犁、乌鲁木齐、巴里坤等处应用"[⑨],其商品交换虽然看起来相对繁盛一些,但却仅限于个别的民族和少数的地区,并且发展水平也不过是以物易物而已。至于广大的蒙古游牧地区,虽然有汉族的旅蒙商人前往,从事内地与边疆间的物物交换,但仍然不能改变这里牧业经济的落后单一状态[⑩]。

当然,在华北平原的一些较大城市当中,商品交换还是比较频繁的[⑪]。但是,作为区域性的国内市场,其影响北方地区商品经济发展的深度和广度,还是比较有限的。

二、天津开埠初期腹地商品经济的新变化

天津是作为畿辅门户和漕粮转运站而存在并发展起来的,其主要职能是从军事和交通等方面为首都北京服务,而不在于去发展什么自身的经济。因此,就开埠前的天津而言,其真正意义上的经济腹地相当狭小。

1860年天津港的被迫开埠,在很大程度上为天津城市职能的转变提供了前所未有的历史契机。西方列强强迫清政府开埠天津,既为着卑劣的政治和军事目的,也受到巨大的经济利益的驱动。关于后一点,当时的条约有明确的表述:"续增条约画押之日,大清大皇帝允以天津郡城海口作为通商之埠,凡有英民人等至此居住贸易,均照经准各条所开各口章程比例,画一办理无别。"[⑫]随着大批洋货的接踵而至,天津逐步变成了列强向中国北方广大地区倾销工业制成品并搜罗原料的跳板;而对北方的广大地区而言,天津开始演变为它们发展对外贸易的重要口岸。

然而开埠之初,由于北方地区仍处于传统的农、牧业经济的制约之下,在居民生活中占支配地位的商品,主要还是中国自己生产的各种土货,腹地对外来正当消费品的接纳量还不大。

表1 天津港1863—1898年进口大宗商品的价值量及百分比(%)[⑬] (价值单位:海关两)

商品＼年份		1863	1873	1883	1893	1898
生活资料	棉布	1 018 222	5 054 296	6 322 653	34 915	453 008
	糖	274 645	12 403	377 573	931 260	1 711 315
	其他	664 732	1 601 779	1 606 489	679 837	1 071 944
	合计	1 957 599	6 668 478	8 306 715	1 646 012	3 236 267
	百分比(%)	31.2	68.3	80.7	37.1	35.5

续表

商品 \ 年份		1863	1873	1883	1893	1898
生活资料	棉纱	–	–	–	61 408	1 042 524
	机器	–	–	56 256	20 599	351 068
	铁路材料	–	–	–	590 763	2 345 756
	木材	–	70 616	–	20 552	–
	合计	–	70 166	56 256	693 322	3 739 348
	百分比(%)	–	0.7	0.5	15.6	41.0
特殊商品	鸦片	2 285 651	301 326	937 966	11 730	13 500
	百分比(%)	36.4	3.1	9.1	0.3	0.1
其他		2 017 368	2 228 259	989 571	2 082 266	2 067 157
	百分比(%)	32.1	22.8	9.6	47	22.7
总计		6 275 211	9 768 679	10 290 571	4 433 290	9 110 272
	百分比(%)	100.0	100.0	100.0	100.0	100.0

动脑筋从表1可以看出:1863年,以棉布、糖等为主的正常生活消费品的进口值只占整个进口总值的31.2%,而连英国人自已也认为"极不道德的"特殊商品鸦片的进口值却占到了整个进口总值的36.4%!正如天津的近邻迁安人所解释的:"迁邑僻瘠,习俗较永郡他属为朴。然自迩年洋舶沓来,技尚淫巧,市肆所陈,率非日用所急需。"[14]因此,这时天津只"有少许货物销运陕省之西安府、同州府(治今大荔县)及兴安府(治今安康县),余则运往蒙古之西南部"[15](1868年)而已。

与此同时,腹地运往天津出口的货物种类和数量也相当有限。

表2 1861—1890年天津出口商品的数量变化[16]

商品 \ 年代		1861	1866	1873	1878	1880	1885	1890
原料类农产品	棉花(担)	74	136 177	–	–	–	–	–
	豆类(担)	86 456	41 060	12	–	–	44 100	114 623
	草帽辫(担)	–	–	1 859	9 216	19 661	44 208	42 424
土特产品	红枣(担)	2 988	21 501	19 994	19 280	22 991	32 830	27 592
	乌枣(担)	3 421	15 301	14 262	10 199	14 217	27 568	31 753
	杏仁(担)	–	–	3 505	6 090	–	6 600	8 285
	药材(关两)	–	–	247 998	27 464	–	318 001	407 035
	鹿茸(对)	88	3 004	3 715		5 119	3 846	4 700
	大黄(担)	426	64	521	–	700	1 073	1 277
原料类畜产品	猪鬃(担)	–	–	–	–	–	3 351	4 219
	皮褥子(担)	–	–	–	–	–	326 014	474 497
	驼绒(担)	–	638	1 898	11 893	16 442	20 540	13 753
	绵羊毛(担)	1 804	946	339	5 641	703	19 747	80 679
工业品	开平煤(吨)	–	–	–	–	–	17 846	47 243

表2既反映出开埠初期,天津腹地农产品出口品种的单一和数量的不稳定;也显示了土特产品如山货、药材等商品,出口种类和数量的异常稀少。畜产品方面,后来成为出口大宗的猪鬃和皮张尚未在出口之列,即便是驼绒和羊毛的出口量,也不算太多。可见,在天津开埠之初,北方的农、副、畜牧业经济,依然处于相对封闭的状态之中。

随着天津与腹地间各类联系的逐步增多,双方的经济交流开始得到进一步的加强。表1显示,大约自

19世纪80年代开始,天津口岸正常生活资料消费品的输入比例日渐增加,而鸦片进口量则越来越少。进入90年代以后,棉纱、机器特别是铁路材料等生产资料的进口也开始有了明显的增加。比如,1893年,生产资料类产品的进口值占了整个进口总值的15.6%,1898年这一比例增长到了41.0%。表2的统计表明,到19世纪90年代,天津腹地的农、副、畜牧业产品的出口种类和数量都有了明显增加。随着天津港与北方各地联系的加强,腹地范围大为扩大。据日本人的粗略估计,20世纪初,天津港的经济影响力,已经辐射到了直隶、山西(包括归化、包头一带)和蒙古的全部,陕西、甘肃和新疆的各二分之一,山东的三分之一,河南的五分之一,满洲的十分之一[17]。

据上可见,到19世纪、20世纪之交,尽管腹地进出口的商品数值仍不算很多,并且经济结构也还比较单一,但是,和开埠前相比,天津港和腹地间的经济联系毕竟还是得到了加强。这对于腹地传统的自然经济结构,无疑会产生巨大的冲击,从而有利于腹地经济商品化、外向化步伐的加快。

然而,这一时期因一方面受天津港不完善的进出口结构的制约[18],另一方面受当时落后的交通运输状况的制约,腹地经济的商品化和外向化进程仍进展缓慢。当时,天津与腹地间的交通运输,水路主要靠木船和皮筏,陆路主要靠骆驼和马(牛)车。不仅运量有限,而且运输速度异常迟缓[19]。

三、20世纪前期天津腹地经济商品化与外向化的迅速发展

进入20世纪以后,天津及其腹地的经济形势发生了很大的变化。第一,自1902年袁世凯掌握了天津的统治大权以后,大力倡导北洋实业,为天津及其腹地经济的发展提供了较好的政策环境。第二,自1905年之后,天津港的进出口贸易,逐步摆脱了对上海港的依附而日益独立[20]。第三,以京、津为中心的华北铁路网的逐步建成[21],使交通运输条件大大改善,从而增强了天津港的经济辐射能力,强化了天津和日益扩大的北方腹地间经济联系的力度。第四,第一次世界大战期间,交战各国扩大了对天津腹地原料的需求,天津的出口总值比战前迅速增加。出口总额由1913年的37 828 623关平两,猛增到1915年的49 859 964关平两[22],此后,这一数值继续增加。

经济发展环境的进一步改善,极大地刺激和推动了腹地商品经济与对外贸易的发展,加速了各产业结构与居民职业结构变迁的进程,提高了腹地经济的整体发展水平。

(一)腹地整体出口状况的进一步改善

到20世纪初,腹地农产品,特别是土副、畜产品的出口比值有了新的提高。例如1908年,天津港商品的直接出口总值为1 544 678关平两,土副产品则达879 077关平两,占天津港出口总值的56.96%;畜产品的出口值为384 094关平两,占了整个出口总值的24.84%[23]。

一战以后,天津腹地的整个出口状况又比战前有了更大的改善。

表3 1919—1931年天津口岸主要出口货物统计[24] 价值单位:海关两

	货物 \ 年代	1919	1927	1928	1929	1930	1931
农产品	粮食/副品/油料	2 460 259	4 247 315	1 656 057	1 441 208	4 591 095	7 234 172
	蔬菜/水果/茶	900 530	1 987 557	1 768 313	2 268 350	3 321 407	4 027 528
	烟草/麻/其他纤维	157 206	6 329 885	6 482 455	5 831 956	4 955 735	4 768 752
	棉花	10 725 812	25 941 592	19 602 480	19 479 840	22 901 088	24 231 745
	合计	14 243 807	38 506 349	29 509 305	29 021 354	35 769 325	40 262 197
	占出口总值百分比	58.28	48.53	37.94	36.9	47.82	47.59
土副产品	鱼介类	42 139	8 741	3 831	13 496	13 745	9 181
	蛋类	668 539	7 301 678	5 638 529	9 163 830	8 565 856	11 451 556
	木制品	5 995	54 180	59 903	88 819	112 542	126 384
	合计	1 604 114	8 350 361	7 023 147	10 252 580	9 229 754	12 341 964
	占出口总值百分比	6.56	10.52	9.03	13.03	13.34	14.59

续表

货物 \ 年代		1919	1927	1928	1929	1930	1931
畜产品	牲畜	5 803	12 667	30 160	41 031	7 783	13 653
	肉类	87 964	1 278 039	1 442 960	1 778 170	2 192 934	1 894 995
	猪鬃	229 299	3 007 968	2 538 261	3 761 325	3 041 579	2 558 176
	其他动物原料	561 104	1 530 726	1 672 489	1 761 003	1 449 279	2 558 176
	羊毛/驼毛	4 262 225	13 966 743	17 577 613	11 821 606	6 028 791	7 875 843
	各类皮张	2 023 172	10 564 646	16 419 776	18 058 708	14 615 879	14 430 376
	合计	7 169 567	30 360 789	39 681 259	37 221 843	27 336 245	29 331 219
	占出口总值百分比	29. 33	38. 26	51. 01	47. 32	36. 54	34. 67
工业品	矿物及其制品	111 553	178 051	68 931	158 866	278 922	405 700
	各种植物油、副品	1 076 280	1 190 937	549 763	45 465	844 344	869 835
	化工产品	6 690	241 580	296 858	309 670	327 665	391 397
	纸张	……	2 738	869	448	689	3 311
	棉布/棉纱/衣物	127 268	207 547	348 867	201 558	57 946	67 696
	各种金属及制品	101 757	304 694	305 747	1 439 730	956 196	929 020
	机器及配件	305	5 238	2 134	3 713	1 035	387
	合计	1 423 853	2 130 785	1 573 169	2 159 450	2 466 797	2667 346
	占出口总值百分比	5. 83	2. 69	2. 02	2. 75	3. 30	3. 15
总计		24 441 341	79 348 284	77 786 880	78 655 227	74 802 121	84 602 726

由表 3 可知，1919 年时腹地农产品的出口值增长到了 14 243 807 海关两，占该年天津整个出口总值的 58. 28%，此后，这一比例虽然由于其他产业外向型经济的发展而稍有降低，但出口数值从整体上看却在上升，这是腹地农业进一步商品化、外向化的重要标志。另一方面，土副产品的出口种类、数值也比战前大大增加，如 1919 年仅草帽缏等编织品一项，就比 1908 年全部土副产品的出口值还要多。与此同时，一战后天津港畜产品的出口种类和数值也在不断增多，1919 年天津畜产品的出口值已增长到 7 169 567 海关两，占该年整个出口总值的 29. 33%。此后畜产品的出口继续增加，出口值一直占天津港商品出口总值的三分之一以上，成为天津港对外贸易的另一大支柱。

(二)腹地产业结构的变化

如上所述，开埠之前，北方的经济结构以传统的农、牧、工、商业为主；开埠之初，这些产业的商品化程度有了一定的发展。到 20 世纪以后，腹地农、牧、工、商各业的内部结构进一步调整，向着市场化与外向化的进程又迈进了一大步。

这一变化，在以前自给性生产为主的畜牧业部门，得到了较大的体现。

以羊毛等畜产品的出口为例，蒙古高原和西北地区一向盛产羊毛，但在天津开埠前，其用途仅限于制造当地人用的毡毯和帐篷等等，用量很小，绝大部分都因得不到利用而白白地废弃了。天津开埠后，特别是 20 世纪以后，羊毛变成了广大牧区最重要的出口商品之一，大量羊毛输往国内外市场。到了 30 年代，河北、山东、山西、河南、陕西、甘肃、察哈尔、热河、绥远、东三省，以及新疆、青、宁、蒙、藏等省的羊毛，河北、山西、绥远、陕西、察哈尔、热河等省的山羊绒，都大量运往天津出口[25]。

据统计，直到 1937 年，天津在全国绵羊毛、山羊绒的出口总量中，都远远超过了另一主要出口港上海[26]，这充分反映出羊毛在天津港出口业与腹地畜牧业市场化、外向化过程中的重要地位。

与此同时，其他畜产品如各类皮张、羊肠、骨头等的出口量也在逐年加大。羊肠等本来是没有什么用途的，但 20 世纪以后，却由于出口的需要而大量地“由新、甘两省发至绥远，再由平绥路运平转津；陕、晋各省则由陇海、正太两路转运至平津”，出口欧美等国[27]。另据统计，本时期各类皮毛及其加工产品，在天津主要出口商品总值中所占的比重，从 1908 年的 15. 70%，增长到 1924 年的 35. 10%；此后虽由于农副产品出口比重的增长等原因，皮毛的出口比重相对下降，1925 年为 30. 80%，1926 年为 24. 08%[28]。但据表 3 的统计，此后畜产品仍不失为天津对外出口的一大支柱。产品出口种类和数值不断增加,是天津腹地畜牧产业结构进一步良性化的集中体现。

20世纪以后,腹地农业产业结构方面的最大变化,是经济作物种植面积的进一步扩大和农产品市场化程度的进一步提高。

民国时期,腹地大量种植的花生已成为天津港重要的出口农产品之一。其在河北境内的主要输出线路有四条:一为东路,即滦县、遵化、卢龙附近所产,均由北宁铁路直达天津;二为南路,即大名、南乐及其附近各地所产,先由旱路运平汉铁路,再转北宁铁路运天津;三为北路,即密云、怀柔、黄村所产,大部分亦由北宁铁路运至天津;四为西路,即深州、武强、献县、饶阳、肃宁等处所产,皆沿西河水运到天津。此外,山东德州、平原、禹城、肥城的花生,也由津浦铁路大量运抵天津[29]。另一方面,棉花的种植面积日益扩大。1923年,"正定一带居民,类皆以产棉为主要之职业……农民对于耕作地,十分之八皆为植棉之用"[30]。1928年的棉花种植面积,河北省达3 275 671亩,山西省达898 151亩,陕西省达1 588 961亩,山东省达3 316 022亩、河南省达2 856 822亩[31]。这些棉花,相当一部分经天津港输出。1920年以后,不仅直鲁交界的御河花、河北内部的西河花与小集花几乎全部涌入天津,即便山西、陕西的棉花,也纷纷由汉口改运津埠,或作纱厂原料,或出口海外[32]。其他农业经济作物,如口外丰镇、平地泉、大同、张家口等处的胡麻子,也经天津大量出口,出口值1927年已达547 048关平两之巨[33]。

在腹地农业经济作物种植面积扩大、出口量增多的同时,粮食作物的商品率也在不断提高,在某种程度上出现了一些与经济作物区彼此相间的商品粮供应地。例如"正定府各县之土地,人民既多用之以为植棉事业,故食料一项,不得不仰给于山西及临近各省矣"[34]。20世纪20年代,腹地广大地区的大、小麦、玉米、高粱、各种豆类等作物,也沿平绥、北宁、津浦等铁路和御河、西河等水路,大量运往天津的粮食批发市场,以满足城乡居民日益增长的粮食需求[35]。

这一时期,腹地手工业方面的巨大变化在于,由自给性的家庭手工业逐步向为市场而生产的近代农村工业过渡[36]。

以河北高阳地区农村织布业的发展为例,这一地区以前盛产以土纱为原料的家庭纺织的窄面土布,除了自给外还有一部分销往山西、蒙古一带。随着洋布的输入,高阳原有的土布纺织业深受打击。1906年以后,高阳商会从天津购买了大批新式织机,培训人才,试办工厂,不再利用本地自纺的土纱,而是购买天津中外纱厂出产的"洋纱"来纺织"洋布"。熟悉织布方法的贫民,可以在找人担保之后,向布庄先交纳织机价格一半的资金,领取织机与棉纱,从事织布。剩下的一半机价,等布织出来以后,用其所应得的工钱抵扣,这样,贫民织布数十匹就可以得到一部织机。另外,由于织布所用的原料也由布庄供给,即便是毫无资本的人也可以从事织布工作。那些积累工资稍多的人,便可以由领纱织布转变为购纱织布的自由营业者了。这项办法推行以后,"高阳布业之基础乃渐趋于巩固,大利所在,织布者日多,经营布庄业者亦如风起云涌。宣统二三年间,制品之销路仅及于附近各县及山西榆次、太原,民国元、二年间扩充至北京、济南、汉口"[37]。不仅高阳的织布业经历了这样的变迁过程,"访问直隶河间、顺德、正定、保定各属,并京东乐亭、宝坻等县,向产棉花,既多且佳。近年(1908年)民间织布,其线大都买自东洋"[38]。

直隶地区的农村棉纺织业,由原料和产品皆以自给为主的个体性生产到充分面向市场的规模性生产的转变,明显起因于天津开埠后,外来先进工业生产方式对旧有农村手工业的巨大冲击。这就说明,外来冲击虽然一度使腹地原有的民族手工业陷入困境,给人民生活带来了一时的灾难,但从整体上看,主动或被动地化这种压力为动力,努力弥补自身各方面素质的不足,改善有关的生产条件和制度,旧有民族手工业的发展就能改变劣势,走出低谷,并走向新的辉煌。

商业方面,腹地贸易也逐步从地区性和内向性的物资交流,向着更加广阔的全国性和国际性的市场流通迈进,以天津为终点的外向型市场网络体系在北方广大地区逐步架构起来。

这一市场体系,既有其完整性和统一性,也有其明显的层次性。在天津这一终点市场之下,起关键作用的首先是那些综合性的大型一级中心市场,如张家口、太原、包头、古城、兰州等等,它们在一省或几省区域内的进出口贸易中,起着无可替代的枢纽性作用。在这些大型的一级中心市场之下,又有众多功能不同的二级市场,它们与临近的一级中心市场有着直接的经济联系,并在一个地区范围内的进出口贸易中起着举足轻重的作用。依其内部结构和功能的不同,又可将其划分为综合性二级中心市场和专业性二级中心市场两类。介于各二级市场与广大商品生产者和消费者之间的,是成千上万的集镇,即所谓的初级市场。终点市场、综合性大型一级中心市场、众多的二级中心市场、数以万计的初级市场,共同组成了以天津为尾闾、以腹地为依托的完整的外向型市场网络体系㊴。

(三)对居民从业结构与收入状况的影响

随着腹地经济市场化、外向化程度的不断提高,腹地居民的从业结构和收入状况也发生了很大的变化。

比如,直隶顺德府的经济结构一向以农业为主,居民以务农为生,生活相当清贫。天津开埠后,受畜产品出口需求不断增加的影响,顺德二、四两区的农民,为增加收入,遂趁着秋收冬藏的农暇时间,结伙赴陕、甘、塞北等地贩运皮毛,开春返回。起初,因规模小、货物少,贩来的皮毛仅在集市之日拿出来摆摊交易。到20世纪初,参与此业的人越来越多,贸易的规模也不断扩大,出现了从事皮毛中介业务的皮店,数目最多时达到了70多家。收购来的皮毛,除大量运到天津出口以外,当地人还将部分生皮就地加工成皮袄、皮褥等成品,销售国内各地。据统计,20世纪20年代,顺德城关及城西王村、刘家庄、西北面等村,共有熟皮作坊400余家之多,每坊工人三五人至三四十人不等,工人总数在两三千人以上。各皮制成之后,再交给女工们依照样式缝制成各种成品。参加这种工作的乡村妇女有三四万人之多,每日可得工资铜圆百枚,成为顺德农村妇女春秋农闲时期最重要的一项副业收入。皮毛运销与加工业的兴旺,又带动了该地布匹业、洋广杂货业、金融业、服务业的发展与繁荣,从而使顺德发展成为天津重要的畜产品出口来源地和洋广杂货的销售市场之一,从事非农业生产的人越来越多㊵。

此外,像河北束鹿县辛集镇、枣强县大营镇、山西交城县、甘肃清水县张家川镇等处的皮毛加工业,遍布冀鲁豫各省的丝、棉纺织、草帽缏与发网编织业,绥远托克托县河口镇、萨拉齐县包头镇(1926年升为县)的甘草加工业,甘肃皋兰县、陕西泾阳县等地的水烟加工业等等,都在很大程度上改变了当地居民原有的从业结构,给他们带来了比以前从事单一农、牧业生产更多的经济收入。这种例子,不胜枚举。

四、从天津开埠对腹地经济变迁的影响,看中国经济近代化进程中的相关问题

近20余年来,随着改革开放的进展,中国经济近代化进程的研究取得长足的进步,对相关问题的认识也愈益深刻。比如,过去对西方资本主义东来的研究,侧重于强调它们对中国经济的掠夺和剥削一面,现在已不仅仅强调这一过程,也强调对促进中国新式生产力和生产关系发展的客观作用。然而,作为转型时期中国近代经济史的一部分,中国经济近代化进程的研究在其转型过程中仍有许多问题没有解决,诸多学者尚未完全摆脱传统史学观点的束缚。受之影响,有的学者在研究具体问题时能依据资料得出符合历史事实的正确结论,但一旦进行理论分析,便有意无意地冒出未必符合历史事实的看法,导致论著出现前后矛盾的现象。

就开埠后的天津与其腹地经济变迁关系的研究而言,上述问题亦明显地存在着,从而影响了结论的准确性与科学性。具体表现在三个方面。

其一,关于开埠通商对天津城市经济的发展作用问题,有关论述通过丰富而翔实的史料,充分论证了开埠后天津城市经济特别是工业经济飞速发展的历史巨变,这无疑是正确的。然而,该研究在没有相应史料支撑的情况下,又指出,由于外国的进口工业品和天津腹地的出口农副产品之间在价格上存在着剪刀差,结果导致了白银的大量外流,从而阻碍了城市经济近代化的进展;另一方面,外国产品大量进口,甚至在本埠设厂制造,争夺国货市场,又在一定程度上阻碍了城市民族资本主义的正常发育成长。

这其实只是一种经不住史实检测的似是而非的传统说法。对此,汪敬虞先生认为:中国对外贸易中的不等价交换在1930年以前有升有降,变动幅度不大。进入30年代以后,在贸易条件指数中表现的不等价交换有扩大的趋势,然而,剪刀差的扩大和进口物价的相对上升,却没有引起进口总额的上升,相反在同一时期中,进口物量指数下降了整整40%,入超下降了78%,与物价指数上升呈同步的反差变动。造成这种背离的原因,是由于这一时期中国的进口关税率有较大幅度的提高,从而在一定程度上排除了工农产品和不等价交换之间的联系。因此,“把不等价交换这样一个全称的命题贯串于整个中国近代对外贸易的过程中,至少是

稍嫌笼统的,需要作进一步的研究”。关于中外企业的利润问题,他的观点是:因受利润转化为平均利润的规律的支配,中外企业利润率的高下变动,在个别企业之间或某一阶段之上,都可能出现不同程度的差异,甚至有很大的不同,但在较大的范围内和较长的时间之内,则会有趋于一致的平均化趋势。就事实来看,在洋商和华商工厂之间,利润的高下也是经常互见的,在某一个时点,既容易找到洋厂利润高于华厂的事例,也不难找到华厂利润高于洋厂的例证。但是依据大多数法则,在一个较长时间序列中,中外企业的平均利润率,实际上是互相接近的[41]。

其二,关于腹地农业、手工业的发展问题,有关论述一方面指出,虽然洋货冲击了某些未能顺利完成转型的传统手工业部门和农业中的某些传统商品作物,但总体而言却启动了天津腹地农村的近代化进程,促进了经济的发展;然而另一方面却又说,除小部分地区外,其他外国商品大量进口的地方,相关手工业生产都程度不同地受到了排挤和打击,受到倾轧的农民手工业者只能步步退却,顽强挣扎,直至最后陷入歇业、破产境地,生活急剧恶化,促使本已激烈动荡的乡村社会更加动荡不安。

其实,虽然由于外国进口到中国来的绝大多数是工业制成品,价值高昂;中国出口到外国去的绝大多数是农、畜、土特原料和初加工产品,价值低廉,外国人通过二者之间的这种巨额差价,大赚中国人的钱,引起了某些传统产业的破产。但是,从长远和理性的角度来看,这却是腹地产业由传统产业到现代产业转型过程中必须经历的阵痛。从天津港腹地相当多的史料中可以看出,广大农、牧民尽管在这一转变过程中付出过许多的代价,但他们逐渐认识到,通过调整自己的生产以适应这一转变,能比不调整、不适应这一转变,获得更多的收益。因此,他们或被动或主动地忍受了与这一转型过程相伴随的一时的贫困和破产的煎熬,以顽强的毅力去主动调适,顺应了新经济的需要,不仅最终提高了自身收入,也导致了腹地外向型经济的发展。这才是腹地经济变迁的真正主流。

其三,在天津开埠对腹地经济变迁的整体影响方面,有关论述从经济园艺等农副产品的商品化、粮食商品化程度的提高、若干商业性农业区的初步形成等方面,论证了20世纪以来腹地农产品商品化的新发展。并指出,随着天津与腹地贸易联系的增强,农民的市场意识已进一步得到强化,生产经营亦由原来的全面种植改为主要生产一种或几种产品,并根据市场行情灵活调整作物的种植种类和面积,以期从中获得更多的利益,并指出这些都对提高农业生产力,扩大区域社会分工,活跃城乡社会经济等等,无疑都具有积极的推动作用。而且对有关中国近代农村社会发展的停滞论或破产论等学术观点还一并提出了质疑。然而令人不解的是,有关论述同时又对开埠通商这一外力强行楔入和牵动腹地区域经济的演化,表示了一定的不满。

这种前后矛盾、谨小慎微的态度,表明有关的研究者还没有真正摆脱掉破产论和停滞论等传统观点的束缚。

上述有关天津开埠对腹地经济变迁影响的论述,依据大量资料,在很大程度上正确指出了这一变迁的历史发展过程及其表现,为我们所进行的进一步研究奠定了深厚的基础。但是,由于受传统史学观念的束缚,却又在没有相应史料支撑的情况下,在一些根本性的问题上,得出了上述自相矛盾的看法。这不仅是有关论述的不足,也是中国经济近代化进程研究领域的一大缺憾。

我们认为,历史研究应建立在实实在在的资料的基础上,而不是依据某种观念和思想。虽然天津开埠本身是一种既被动而又痛苦的事情,西方列强来到中国,本来也不是出于帮助中国走向富强的目的,而且外国资本主义对中国人民的剥削和扬长而去也是客观存在的,但是,主观的好恶心理不应该取代对中国经济近代化进程的客观研究。天津开埠毕竟在客观上冲击了腹地旧有的社会观念、生产方式和生活方式,从而引起了腹地社会各个层面的巨大变化,带来了腹地社会生产力的迅速提高。对于这种复杂的历史现象,我们应依据大量的历史资料进行详尽的论述,不应不顾客观实际,套用传统的史学观点,而不管它与历史事实是否相符。

具体到天津开埠对腹地经济变迁的影响问题,在理论上,我们既可以用哲学上的内因与外因辩证关系的原理来加以解释,也可以用微观经济学中的机会成本与比较优势的原理来加以解释。其实,天津开埠只是引起腹地经济变迁的外因,而当地居民对外来生产方式和生活方式等方面的接触、了解与适应,才是腹地经济变迁的内因即根本原因。腹地农、牧民之所以最终调整了原有的产业结构,去努力适应国内外市场的需求,最根本的还是现实经济利益的驱动。因为随着天津进出口贸易对腹地经济的冲击,广大农、牧民本能地意识到了传统产业对增加自己收入方面的局限,看到了为市场经济和出口生产给自己收入所带来的明显实惠。因为对农民而言,进行棉花种植的机会成本,要比传统的谷物种植小,或者说有更大的比较优势,能够获得更多的经济收入;对牧民而言,进行羊毛、羊皮出口和加工的机会成本,要比传统的养羊卖肉小,或者说有更大的优势,能够获得更多的经济收入。因此,腹地的农、牧民便能够主动从事农、畜产品的商品化与外向化生产,以适应国内外市场日益增长的需要。

从具体的历史事实而言,除本文前四部分的大量论述之外,我们还可以再做一些更有针对性的补充。据统计,1920年前后,由于日本人在内地办的纱厂很多,陕西、河南、山西等省的人民便广种棉花,争趋其利,甚至有每年连麦子都不种的[42]。再比如,麦秆以往只能用来喂牛或烧火,而当国际市场对草帽缏产生了需求之后,它就变成了农民增加收入的重要工艺原料。山东、直隶等地的农民,"每值农隙,男女老幼,团聚编制,寒苦人家,即借此以生活"[43]。显而易见,农、牧民收入的增加,各产业的发展,皆得益于天津开埠对腹地经济的促进,或者说是腹地产业主动适应经济外向化趋势的结果。而这些变化,则是开埠以前所不曾有过的。另外,1929年《工商半月刊》关于包头的报道,则可以从正反两方面证明保持正常开埠通商对区域经济发展的重要性。该报道说,天津开埠后,包头逐渐发展成为西北各省及外蒙地区皮毛等大宗物资输送天津出口的转运中心。在该项贸易顺利发展的1923年前后,这一地区商业繁荣,社会安定,人民乐业。此后,因军阀混战、捐税苛重、外蒙叛乱和洪水肆虐等原因,交通运输受破坏,严重影响了西北地区通过天津的进出口贸易,包头的商业贸易一落千丈,进而也使得当地人民谋生无路[44]。由此可见,腹地进出口贸易的蓬勃发展,促进了当地经济的繁荣和人民生活的安定;而天灾、人祸等非经济因素对正常进出口贸易的破坏,倒反过来引起了腹地经济的衰退和社会的激烈动荡。这进一步说明,天津港的开埠不但没有导致腹地经济"破产"、"不发展",反而促进其经济近代化;而人民生活状况的恶化,也并非开埠通商所致,而是另有他因。只是到1937年,日本帝国主义侵占了天津等地,实行野蛮的军事殖民统治以后,腹地经济的发展和人民生活才真正陷入了绝境。

按照马克思主义的观点,就天津开埠时中西双方生产力的发展水平而言,西方资本主义生产方式在促进生产力的发展方面,确实有着中国封建生产方式无可比拟的优势。外国资本主义的入侵,在给中国人民带来痛苦的同时,也在客观上给中国带来了先进的生产方式,促进了我国近代经济的发展。另一方面,近代中外贸易的不等价交换问题,实质上是一个工业产品和农牧业矿业等初级产品、科技含量高的产品和科技含量低的产品之间的价格剪刀差的问题。而这种不等价交换,不仅在当时,就是在我国加入了世贸组织的今天乃至今后一个相当长的时期内,也是一种必然的存在。但是,这种交易虽然不合理,却毕竟是一种目前双方都能接受又都能获利的经济贸易方式。我们只能承认、接受这种严酷的现实,通过发展经济和科技,努力弥补自身的差距和不足,才能缩小这种不平等。如果不这样做,而只是喋喋不休地谩骂外国资本主义的罪恶,除了获得一种掩耳盗铃式的心理平衡之外,只会使自己国家与先进国家的差距进一步拉大,以致双方在贸易上产生更多更大的不平等。历史研究既应该关注事物的发展过程,也应该关注其客观结果。

注:

① 许檀:《明清时期山东商品经济的发展》,中国社会科学出版社1998年版,第398—399页。

② 徐永志:《开埠通商与津冀社会变迁》,中央民族大学出版社2000年版,第25页。

③ 桂超万等修,高继珩等纂:《栾城县志》卷二,食货,物产,道光二十六年刻本。

④ 陈坦纂修:《宣化乡土志》,风俗,清康熙五十年抄本。

⑤ 北方沿海地区的商品经济,在近代以前仍未有根本性提高的事实,已为学者的研究所证明。例如,从翰香先生认为,华北平原市镇的勃兴,大致发生在19世纪末叶到20世纪30年代的近半个世纪里(从翰香主编:《近代冀鲁豫乡村》,中国社会科学出版社1995年版第118页)。史建云认为,明清时代,冀、鲁、豫三省的经济地位固然再度上升,但直到近代以前,其农村手工业始终未能达到较高的水平(从翰香主编:《近代冀鲁豫乡村》,第333页)。

⑥ 刘建生等:《山西近代经济史》,山西经济出版社1995年版,第36—48页。

⑦ 汪灏修、钟研斋纂:《续耀州志》卷四,《田赋志》,风俗,清乾隆三十年刻本。

⑧ 常景星修,张炜纂:《隆德县志》上卷,风俗,康熙二年刻本。

⑨ 苏尔德纂:《回疆志》卷二,织,清乾隆三十七年纂,1950 年吴丰培校订油印本。

⑩ 内蒙古政协文史资料委员会:《旅蒙商大盛魁》,《内蒙古文史资料》第 12 辑。

⑪ 龙登高:《中国传统市场发展史》,人民出版社 1997 年版,第 463—477 页。

⑫《中英北京"续增条约"第四款》,王铁崖:《中外旧约章汇编》第 1 册,三联书店 1957 年版,第 145 页。

⑬ 罗澍伟:《近代天津城市史》,中国社会科学出版社 1993 年版,第 178 页。本表据6—5 改绘。

⑭ 韩耀光等纂修:《迁安县志》卷八,市集,清同治十二年(1873 年)刻本。

⑮㉒㉓㉘ 吴弘明:《津海关年报档案汇编(1865—1911)》,天津市档案馆、天津社科院历史所,1993 年版。

⑯ 王怀远:《旧中国时期天津的对外贸易》,《北国春秋》1960 年第 1 期本. 表据第 73 页"1861—1890 年天津出口商品数量变化"表改绘。

⑰⑱ 日本中国驻屯军司令部:《天津志》,侯振彤中译本名为:《二十世纪初的天津概况》,天津市地方史志编修委员会总编辑室 1986 年版,第 269 页。

⑲ 林竞:《西北丛编》,神州国光社 1931 年版。

⑳ 姚洪卓:《走向世界的天津与近代天津对外贸易》,《天津社会科学》1994 年第 1 期。

㉑ 樊如森:《论近代中国北方外向型经济的兴起》,《史学月刊》,2003 年第 6 期.

㉔ 蔡谦、郑友揆:《中国各通商口岸对各国进出口贸易统计(民国 8 年、16—20 年)》,商务印书馆 1936 年版,第 355—599 页。

㉕ 实业部天津商品检验局:《工商要闻》,《检验月刊》1934 年版,第 3—4 页。

㉖ 许道夫:《中国农业生产及贸易统计资料》,上海人民出版社 1983 年版。

㉗ 国民政府工商部工商访问局:《天津肠衣调查》,《工商半月刊》,1929 年版,第 13 页。

㉙ 国民政府工商部工商访问局:《天津花生油生产状况》,《工商半月刊》,1930 年版,第 4 页。

㉚㉞ 章有义:《中国近代农业史资料》第二辑,三联书店 1957 年版,第 133—134 页。

㉛ 章有义:《中国近代农业史资料》第二辑,三联书店 1957 年版,第 221 页。

㉜ 国民政府工商部工商访问局:《天津棉花之分析》,《工商半月刊》,1929 年版,第 18 页。

㉝ 国民政府工商部工商访问局:《胡麻子调查》,《工商半月刊》,1930 年版,第 1 页。

㉟ 国民政府工商部工商访问局:《天津粮食市场概况》,《工商半月刊》,1929 年版,第 15 页。

㊱ 史建云认为,进入近代以后,北方农村的传统手工业,受外向型经济的发展和工业化水平提高的影响而发生了质的变化,应属于近代工业的范畴,称之为"农村工业"(从翰香主编《近代冀鲁豫乡村》,第 333 页)。

㊲ 经济讨论处编辑:《高阳之布业》,《中外经济周刊》第 195 期,第 7—8 页。

㊳ 彭泽益:《中国近代手工业史资料》第二辑三联书店 1957 年版,第 229 页。

㊴ 樊如森:《近代天津外向型经济体系的架构》,《历史地理》第 18 辑,上海人民出版社 2002 年版。

㊵ 实业部天津商品检验局:《顺德皮毛业调查》,《检验月刊》,1934 年版,第 2 页。

㊶ 汪敬虞:《中国近代经济史(1895—1927)》导言,人民出版社 2000 年版,第 24—31 页。

㊷ 实业部天津商品检验局:《工商要闻》,《检验月刊》1934 年版,第 150 页。

㊸ 国民政府工商部工商访问局:《中国草帽缏之制造与销路》,《工商半月刊》,1929 年版,第 11 页。

㊹ 国民政府工商部工商访问局:《包头皮毛出口之状况》,《工商半月刊》,1929 年版,第 19 页。

(《史学月刊》2004 年第 1 期)

袁世凯、徐世昌与天津地方自治

郭剑林

一

1905年底,由徐世昌主稿,张之洞、袁世凯南北洋大臣联合奏请慈禧"自今十二年后实行立宪政体"①,极大地促使全国立宪运动走向高潮。次年,慈禧即派包括徐世昌在内的五大臣出洋分赴欧、美、日考察各国宪政,随后有置考察政治馆之举②。1907年,徐氏督东、授军机大臣,地位在各督之上③。

当时,袁、徐对于立宪的态度和他们对于西法的了解与认识,并不在康、梁之下。他们指出:世界列强对中国"蚕食生心,逼处日近,与外国(如日本)相比较,中国不变法则不能自存,不选择西法则不能致富致强。"④中国有识之士,欲救国家,别无良策,仍不外改革政体,"赶紧预备立宪之一法,若仍悠悠因循,听其自然,则国势日倾,主权日削,疆域日蹙,势不至今日朝鲜止"。他们甚至发出严重警告:"敢有阻立宪者,即是吴樾。"⑤袁、徐不但公然抗拒朝廷内的封建顽固派,且十分"邀赏"立宪诸贤。他们完全有资格领导该项全国性运动⑥,实际他们"执牛耳登高一呼 ,各省殆无不响应者"⑦。

1906年6月26日,慈禧谕令各督及出使各国大臣对君主立宪之小国日本一举打败君主专制之大国俄罗斯后的新形势"各抒己见"。7月初,袁、徐再次会同两江总督周馥和湖广总督兼南洋大臣张之洞奏请实行君主立宪政治体制,称:中国"欲求自强,宜考求各国宪法,变通施行"⑧。因为"日本幅员仅抵我两省之地,我则十数倍之。彼之所以胜者,由于讲求西法,实力推行;我之所以败者,由于拘守成规,罔思改辙。殷鉴不远,亟思更张。以我之地大物博,但求日人之制胜之故,而事半行之,必将雄视海内,强邻悚息"⑨。

对此,慈禧高度重视,并决定派员出洋实地考察宪政。五大臣回国后提出关于立宪的提案,得到了入京参与商讨宪政的地方督抚袁世凯及与领班军机大臣奕劻及徐世昌、张百熙等竭力维护,他们企图实行以责任内阁为核心、三权分立为基本权力运作方式之新官制和地方自治两大宪政。这是立宪的两大根本问题,这便同顽固派铁良、荣庆、孙家鼐、瞿鸿禨、载沣等人发生了严重分歧⑩。

其时,在编纂官制局里的徐世昌已得到了"随时可以见太后,且可长谈"的特权⑪。加之孙宝琦、杨士琦为编纂局提调,以其挚友周树模副之,编制员共10人,皆东西洋留学归国人员,均抱定责任内阁和三权分立宗旨,成为改革的坚定支持者。

在袁、徐、"二琦"的主持、指导和推动下,"编纂官制局"正式提出了取消军机处和设立责任内阁为核心内容的"新官制改革案",其中,袁、徐"最为激进"⑫,"主张最多","气概如虹","全案几皆袁世凯(含徐世昌)一手起草"⑬。此案涉及最高权力归谁所属,引起的清王朝内部改革与守旧两派矛盾极为尖锐的冲突,袁、徐与"顽固派两不相下"⑭,以至在政务处的立宪会议上,"醇亲王(载沣)闻言益怒,强词驳诘不胜,即出手枪",拟向袁放射⑮。一帮顽固军机大臣、户部尚书、御史、大学士及大批冗官亲贵大骂袁、徐"谋为不轨""汹汹政变"⑯。

1908年,"丁未政潮"后,袁世凯内调枢府,代瞿鸿利入军机大臣兼外务部尚书。而徐世昌则因"定官制奏(奉)懿旨开去军机大臣专办部务;又奉旨凡尚书均兼参预政务大臣"⑰。此时因慈禧尚在,清王朝的"枢垣各政,多系袁世凯(含徐世昌)主之"⑱。时人预言:随着袁世凯入军机,"政府之前途,将更换一局;立宪之前途,将放一光明矣"⑲。

但翌年11月,两宫驾崩,载沣等守旧派必欲杀袁而后快。可袁氏发誓:"官可不做,宪法不可不立,死何惧哉,有袁某在,非立宪不可!"[20]年底,袁被罢官,仅免一死;徐"以积劳患病,恐误重任,疏请开缺"[21]。立宪运动宣告破产。然中国立宪派代表人物张謇却大加称赞袁、徐的苦心、毅力,称立宪:"如水之归壑,万折而必东。这是亿万年宗社之福,四万兆人民之命,系公(指袁)是赖。"[22]其信赖之深,依托之重,评价之高,可见一斑!

美国学者认为,晚清上层内,"尚没有哪一位官员像袁世凯(含徐世昌)那样,在如此短的时间内,为改良争取到如此多的东西"[23]。

日本记者佐藤铁治郎写到:"立宪之制度,焉能望有萌芽?微袁世凯(含徐世昌),支那不能有今天之景象。"[24]

列宁指出:袁世凯(含徐世昌)是"刚刚从自由君主立宪派变成自由共和派的资产阶级代表人物,是自由资产阶级活动家"[25]。应该说,同时代人对袁、徐的评价是较为客观真实的。

二

以维护和巩固清王朝政权为目标的君主立宪,实带有明显发展资本主义先进生产力和先进文化的性质,它无论在理论和实践上是否可行,以及袁、徐是否比这一时期其他立宪人物的言辞更为激烈,我们均难以苛求,这不仅有时代和社会的局限,而且还有认识水平的差异。

袁、徐认为,民主共和不适合中国国情,只有君主立宪才是维护国家的统一和安定的可靠保障[26]。他们所坚持实行君主立宪的前提条件和社会基础不是别的,正是地方自治。这一点,不仅是袁、徐的主张,也是天津社会主流媒体最坚决、最认真鼓吹的主张,同时也是立宪派最为普遍的共识和行动。

在全国一阵高过一阵的立宪声中,1906年8月29日,袁、徐首先在天津大张旗鼓地建立地方自治领导机关———"直隶自治局"。它"先乎立宪政治而兴",率先全国在天津试办。而天津试办地方自治又"以为全国地方自治之准备"。"至1907年7月10日天津县议会始克成立"[27]。

"实行自治,立法为先,公听并观,理无专断"[28]。"直隶自治局"之所有章程、条例、选举人资格等"均系参酌各国制度,衡以本地风情,先由天津各地办起,随时详报直督(袁)夺"。"既有天津为之模范,其余推行各属,当有事半功倍之望"[29]。

"所有天津试办自治章程","均仿日本期成会"。袁、徐从天津自治研究所与自治学社选拔人员组成一个"实情考察团"以地方自治专题赴日考察4个月[30],还组成一个"执行委员会",旨在改善民众之财产、教育、卫生、水利、税务、公务劳动、民风习俗等项进行扎实工作,大力加强天津地方自治运动,为采取选举制做好准备[31]。

直隶自治局设置法制、调查、文书、庶务四课,"该局全员公举绅士12人,学会公举20人,商会公举10人组织全会。又委派服官本身饶有经验者四人为谘议。开会时拟稿员宣述理由,诸会员逐条驳诘,多数赞成,方为决议。计开会十有九次,议成章程百十一条"[32]。自治局的运作是比较接近日本或西方民意机关的[33]。

袁、徐认为:"地方自治,为我国创办之事,非先以预备,则不能实行。目前教育未周,识字之民尚少,设有误会,流弊滋多。"[34]他们为了宣传天津实行地方自治的好处,特别成立了天津地方自治研究所和天津地方自治学社等专门机构,认真培训天津府七县绅董50人,旁听生59人,以四个月为一期,学习内容主要有:自治理论、选举法、户籍法、宪法、地方财政学、教育行政论、法学通论、警察学等,并遴选和委派学习法政又熟谙土风之直隶人高振望、赵宇航、步以韶等人为宣讲员,分赴天津府属城乡进行宣讲,灌输地方自治的法理意义和切身利益,并编印了《法政官话》、《自治讲义》,每月各一册,散发给各属学习、张贴,要求切实达到"家喻户晓,振聩发聋"[35],之功效。

自治研究所研究中国历史,有"周制六官"和"汉之三老、啬夫"。而"比东西立宪诸国,德之建国,发轫于州会。日本维新,造端于府县会,选举有定法,议决有定程"。"各国自治章程,俱有法理研究比较,责任在士绅,乃设自治研究所"。而"筹设自治学社,为定学社通则,以研究所得者传习之。该绅等于自治理法,约略能详,俱有期望实行之心,可收因势利导之效"[36]。

经过一年多的宣传、组织与筹备等一系列艰苦细致的工作,1907年6月,天津开始按照选举规章选举议员。当时天津人口总计418 215 人。16日,开始正式选举。通过初选、复选、分拣、合拣的方式,在2 572候选人中,选出30名议事会议员。8月18日,天津议事会被隆重正式选出,宣布成立。当选的议长为在籍度支部郎中李士伟,副议长为直隶补用知县王邵廉,并由议长筹议董事会[37]。选举结果"尚不恶"[38]。

袁世凯对此表示满意,特派幕府人员入会代表其本人表示热烈祝贺,曰:"今日为天津议事会成立之日,可为天津贺,并可为直隶全省贺,不但为直隶一省贺,可为我中国前途贺。"[39]

天津议事会的产生是中国历史上破天荒第一次"普选制"试运行,是在津门民众的法律知识相当匮乏、民主意识十分淡漠的中国国情下实行的,而投票率仍占70%,为投票者的41%,实属难能可贵,其影响不可小视。它与天津的政治、经济、军事、教育、文化的近代化进程密切相关,意义重大而深远。

按照袁、徐所设计的地方自治的使命与责任,是想通过官绅、商、学、农各会,即社团代表联合参政议政的形式民主,以求达到地方政府施政、决策的集思广益、民主科学化,从而"得以补守令之阙失,通上下之困扰"[40]之目的。主观动机与客观效果均无可厚非。那种认为:"天津地方自治是封建专制的附庸,兴民权是假,兴绅权是真"的极"左"观念是片面的。天津自治活动虽有总督、知府之监督[41],但问题的实质是:袁、徐的中央立宪其间表现出的:地方自治理念及其实践毕竟是中国近现代史和民主宪政史上一次十分有益的尝试,天津地方自治理论的实践,和在同一时期中国其他省份相比,不仅是相当大胆和激进的,做了前人所未曾做过的大事;而且其后又在全国其他省份普遍推行[42]。它为了推进选举而大力宣传的西方宪政理念、法律制度毕竟与中国传统封建专制大相径庭,而与天津的新经济、新军事、新教育、新文化相一致,并为天津的社会经济、文化教育发展初步营造了一种现代民主氛围,客观上极大地促进了天津先进民主宪政思潮的传播,影响深远,贡献巨大。

史学界一些人总是以主观动机和出身论是非,而完全否定袁、徐参与立宪运动和实行地方自治的进步性,说什么"纯粹从反革命和一己私利出发,决非真诚地相护立宪、推行地方自治"。但是,正如恩格斯所说的:"历史总是由行动和结果写成的。对历史活动家来说,它的动机对于全部结果来说,同样地只有从属意义。"[43]

三

民初,中国其他省区一般均按照天津实践经验设立了县议事会、自治会、公议局或会议所等。而天津又订出自己的自治章程并扩展直隶井陉、肥乡、长垣、宁津、清苑、献县、大兴、赵州、景州、庐龙、庆云等地。在不抵触国宪和省宪的范围内,各县享有若干自治权:县教育或与教育有关的事项;县道路、水利或其他基础设施建设事项;县实业或公营事业;县警察、卫生或各种慈善事业;县群众生计或民食统计;县公产或营造物的管理、处分;其他依省县赋予的事项;自治权范围内得自行订立各种规则等。

但是,1914年2月3日,袁世凯为了镇压国民党强化集权统治,曾一度下令全国一律停办地方自治,天津当然不能例外。而当袁氏政权稳固之后,又于1914年12月29日再度公布了《地方自治试行条例》;1915年4月14日,公布了《地方自治试行条例施行规则》;7月21日,又公布了《京兆地方自治章程》,北京兆为特别自治区域作为全国自治的模范,任命专门人员负责筹备[44](下册)。可惜的是这些法则因袁不久逝世,未获实行。

清末重臣、民初大总统徐世昌也比较理解地方自治制度的重要性与作用,他抓住政治体制改革不放,并于1919年9月7日乘"五四"学潮之力,以务实的时代精神和政治改革创新的勇气,公布了"安福国会"所议决的《县自治法》,以国家大法的形式明确地规定了全国所有各县级政权均设县议事会和县参事会,从而使中国地方自治之花开遍了中国大地[45]。但由于民初已形成"督军专政"、"省自为政"、分裂割据,各地政要大都置之不理,不予执行。

徐大总统公布《县自治法》后,复于11月17日令地方切实筹办地方自治,1921年1月1日内务部召集全国地方行政会议,讨论、议决、公布了《县自治法施行细则》、《县议会议员选举法规则》等;7月3日,复又陆继公布了《市自治法》、《乡自治法》等[46]。1921年9月至1923年3月,徐以大总统身份一而再、再而三地命令颁定《县自治法》施行日期和施行区域令。1921年9月10日,命自11月1日起在浙江各县施行;10月

13日，命自11月1日起在绥远上县、察哈尔六县施行；10月20日，命自12月1日起在吉林17县施行；12月29日，命自1922年4月1日起，在京兆各县施行；1922年3月28日，命自4月1日起在江苏37个县区内施行；1923年3月1日，命自9月1日起在甘肃所属各县施行；4月2日，命自10月1日起在直隶天津等县施行；11月7日，命自1924年4月1日起在直隶东光等县施行。

徐世昌在江苏37个县区内施行的《县自治法》，原令如下：

兹制定县自治法施行区域令公布之。县自治法自民国十一年四月一日于江苏省所属江宁、六合、句容、傈阳、金坛、上海、松江、崇明、青浦、金山、川沙、太仓、嘉定、宝山、奉贤、吴县、常熟、昆山、吴江、武进、无锡、宜兴、江阴、清江、南通、如皋、泰兴、淮阴、江都、仪征、东台、泰县、宝鸡、铜山、萧县、砀山施行，此令[47]。

《县自治法》所规定的"县议事会"的议事内容和规则，特别是县议员的选举、任期、权利和义务等，无一不相当认真和严肃，是与北洋政府第二届国会即合法的新国会——— 安福国会的宗旨相一致的，大致与孙中山民国元年《临时约法》的规定相同，特别是"对职权的规定没有变化" [48]。所以，应当说，对它似无全盘否定的根据与理由，它仍然具有近代中国资产阶级民主性质或色彩。

《县自治法》规定的议员选举和被选举权的资格相同，必须具备下列各项条件：(1)中国国籍；(2) 年满20岁，最高25岁；(3)居住本县连续3年以上；(4)年纳五税或本地公益捐2元以上，或经城乡镇议事会议决为选民的。但如有下列情形之一者，即失去权利：(1)品行悖谬，营私武断确有实据；(2)曾处监禁以上的刑罚；(3) 营业不正当(4)失去财产信用，被人控告尚未结清；(5)吸食鸦片；(6)有心病；(7)不识文义。凡有下列情形之一者，即停止被选举权：(1)现任县官吏或巡警；(2)现役军人；(3)现充僧道及其他宗教师；(4)在学肄业学生；(5)小学教员。

《县自治法》规定的县议员选举区即从县所属之各城镇乡为准。各选举区初选议员名额，各选举区按人口之多少来分配。而选举人名册之编造，办理选举人员之派充，选举程序与投票、开票手续等，大体有公证。选举以得票较多为当选，当选人名次以得票多少为序，票数相同者，年长者在前，年龄相同则抽签决定。

县议员任期 三年，连选得连任，县议员为无供给制，但可酌情给公费。各县县议员人数20至60人。县设议事会议长、副议长各一人，由全体议员用无记名投票选举产生，任期亦为三年，连选得连任。

县议事会的职权范围，主要是对地方自治经费的财政权和对于下级地方自治组织的公断权。由其决议的事项有：(1)县岁出、岁入、预算、决算事项；(2)自治经费的筹集与处理方法；(3)城镇乡自治议事会应议决而不能议决的事项；(4)城镇乡相互争议事项之公断与和解。

县议事会还要推举若干人，直接参与或会同县知事或其所派委员，检查全县各项经营收支账目。此外，对于县其他公益事项可提出建议。

由上可见，除财政权外，县议事议会的行政职权是有限的，县知事仍有较大的控制权和决断权。但是，县议事会的民主形式毕竟是来自西方的近代民主形式，基本形态与内容仍然是与西方地方议会制度相接轨的。

民初，除县议事会而外，还设有参事会作为地方自治行政的辅助机关，也有代替县议事会议决各种事项的职能，就是说，县参事会在一定条件下兼有县立法机关的性质。大总统徐世昌公布的《县自治法》之第三章，对县参事会的职责作了明确规定：(1)县议事会议决事件的执行方法及顺序；(2)县议事会委托代办事件；(3)县知事交与代替县议事会议决的事件；(4)审查县知事提交县议事会的议案；(5)处理选举中舞弊的本县全体诉讼及和解事件；(6)公断或和解城乡镇自治权限以内的事件。县参事会认为县知事有违法不当行为时，可呈请省行政长官核办或呈由行政审判机关处理。县参事会与县议事会并行，对于以法治县，以及县知事和县行政的决策的科学化及地方民主化显然起了积极作用。

注：

①《新民丛报》，第3卷，第21号。

②《清党宗实录》，光绪三十年六月十四日上谕。

③ 袁世凯身兼八大臣，徐世昌任东三省总督兼将军事务、军机大臣、民政大臣、参预政务大臣。

④ 孔祥吉：《康有为变法奏议研究》，辽宁教育出版社，1988年版，第395—398页。

⑤ 孙宝暄：《忘山庐记》，上海古籍出版社1983年版，第14页。

⑥［日］内滕顺太郎:《袁世凯》,上海文汇书局1914年版,第104页。
⑦《张謇全集》第6卷,江苏人民出版社,1994年版,第865页。
⑧《时报》1905年7月22日。
⑨ 袁世凯:《遵奉面谕谨拟条陈事件呈》,光绪二十一年录副奏折,中国第一历史档案馆藏。
⑩《宪政初闻·立宪纪实》,见《东方杂志》临时增刊,第3页。
⑪《辛亥革命前后——盛宣怀档案资料选辑》之一,上海人民出版社1979年版,第129页。
⑫⑭《辛亥革命前后——盛宣怀档案资料选辑》之一,上海人民出版社1979年版,第26页。
⑬ 徐一士:《光绪丁未政潮之重要史料》,天津《国闻周报》第14卷,第5、6期。
⑮《北洋军阀史料选辑》上,社会科学出版社1984年版,第49页。
⑯ 张廖:《心太平室集》卷八。
⑰《徐世昌年谱》,《近代史资料》,总69号,第31页。
⑱《袁大军机实绩·袁世凯之入军机》,第5页。
⑲《东方杂志》第3卷,第11期,第238页。
⑳《辛亥革命前后——盛宣怀档案资料选辑》之一,上海人民出版社1979年版,第26、129页。
㉑《徐世昌年谱》,《近代史资料》,总69号,第36页。
㉒《张謇全集》第1卷,江苏人民出版社1994年版,第102页。
㉓［美］费正清:《剑桥中华民国史》第1部,中国社会科学出版社1983年版,第238页。
㉔ 苏全有:《日本记者笔下的袁世凯》,《历史教学》2003年第9期。
㉕ 列宁:《中国的民主主义和民粹主义》,《更新的中国》,解放社1950年版。
㉖《清末民初政情内幕》上,知识出版社1986年版,第794—797页。
㉗㊵《袁世凯奏议》,天津古籍出版社1987年版,第1 520页。
㉘㉜㉞《袁世凯奏议》,天津古籍出版社1987年版,第1 521页。
㉙《袁世凯奏议》,天津古籍出版社1987年版,第1 522页。
㉚㉛ 甘厚慈:《北洋公牍编》,光绪33年北京益林公司印,第73—74页。
㉝《天津地方自治以日本"地方议会为张本"》,见《顺天时报》光绪三十一年三月十八日。
㉟㊱《张謇全集》第1卷,江苏人民出版社1994年版,第1 520—1 521页。
㊲《北洋公牍纂》卷一。
㊳《顺天时报》光绪三十三年五月二十七日。
㊴《北洋公牍纂》卷一,第24页。
㊶㊷《大公报》1907年10月3日。
㊸ 恩格斯:《路德维希·费尔巴哈与德国古典哲学的终结》,人民出版社,1972年版,第44页。
㊹㊻ 钱实甫:《北洋政府时期的政治制度》(下册),中华书局1984年版,第393页。
㊺《毛泽东选集》中多处肯定了民初县议会的积极作用。
㊼《政府公报》第2 182号,1922年3月28日。
㊽《袁世凯奏议》,天津古籍出版社1987年版,第36页。

(《历史教学》2004年第7期)

20 世纪初天津的金融风潮及其应对机制

龚 关

20 世纪最初的十年，天津金融市场风潮迭起。庚子事变中，天津遭遇八国联军抢劫，损失惨重，不少商号、钱庄、典当倒闭。当市面还没有来得及完全恢复，贴水风潮爆发，到 1904 年才渐渐平息。此后两三年间，市场略显平静，殊不知这只是更频繁的风潮爆发的前奏。1905 年，铜圆危机逐渐显露，铜圆发生贬值。到 1908 年，铜圆危机更加严重，同时又相继爆发了银色风潮、布商债务风潮。1910 年，上海橡皮股票风潮牵连津市，引起钱庄接二连三的倒闭，次年辛亥革命再一次引起钱庄倒闭风潮，这一年又发生了盐商的洋债风潮。清朝的最后一年，天津金融市场的动荡被推到了极致，市面一片混乱。

一、金融风潮述略

(一) 贴水风潮

天津钱庄自道光年间开始发行以制钱为本位的“钱帖”，开埠后，又发行以银为本位的“银帖”[①]。钱帖、银帖代替制钱和现银流通市面，方便了交易，但如果发行过多，便会发生贬值，以帖兑换现银便需加色，所谓“现银加色”。天津开埠后，进出口贸易日繁，货币需要量增加，多数钱庄都发行银钱帖，且规模越来越大，“当拳匪尚未肇乱以前，约计各华钱行所开钱票有 2 000 万两之多。迨光绪二十八年(1902 年)，增至 3 000 万两”[②]。1900 年庚子事变后，天津市面银根奇紧，周转困难；另一方面，银钱帖的发行、流通更无限制，不仅殷实银号开写银帖，甚至“有若许小钱铺皆开钱票，过于原本”，市面银、钱帖膨胀[③]，贴水之风因此而起，“其后现银日少，贴水日涨，竟有每银千两贴水涨至三百余两者”。由于贴水，“商旅闻之而裹足，百物闻之而腾涌。究其流极，外埠货物停发，票号汇兑不通”[④]。市场陷入一片混乱。

对此，袁世凯采取了强硬手段，先是设立平市官钱局，以月息 5 厘息借钱商现银 100 万两，以资周转，并勒令限期取消贴水，继之于 1903 年 1 月下令钱帖、银帖与现钱、现银等值使用，严禁贴水。现银贴水确实逐渐得到遏制，然而钱商一贯靠贴水获利，一旦贴水受到遏制，便难以维持，且官钱局的贷款到期无力归还，故相继倒闭。自 1903 年初到 1904 年 4 月的 年多时间里，200 多家钱商“歇业荒闭者，一百数十家。要账还账不能通运者，约五六十家。南北巨富在津开设钱行者，至今行运不过十成之一二”[⑤]。袁世凯的这些措施，不仅没能平稳市面，反而引起更大的危机，这一年多时间里，各行歇业荒闭者 2 000 余家[⑥]。

(二) 铜圆危机

铜圆的铸造源于清末铜价飞涨，制钱减铸而导致的各地钱荒。铸造铜圆始于 1900 年，天津则始于 1902 年，这年 8 月，袁世凯委周学熙筹设银元局，鼓铸铜圆、银元[⑦]。1903 年，户部拨银 400 万两在天津兴建户部造币总厂，鼓铸铜圆、银元和银角[⑧]。天津成为铜圆铸造和流通的重要地区。

铜圆是一种名义货币，其实值在货币面值以下，以当 10 文铜圆为例，“铜圆一枚，按铜的纯分算，则不过制钱的三枚七分”[⑨]，鼓铸铜圆利润优厚，据测算，如果每日铸当 10 铜圆 100 万枚，则每年可得余利计漕平银 70 余万两[⑩]，这对于财政竭蹶的地方政府来说有着很大的吸引力，“利之所在，孰肯相让。于是争先恐后，百事废置，而为铸铜圆之为务”[⑪]。各省纷纷购置机器，建厂铸币，甚至“铸造不及，往往购买日本铸就铜饼，一经印花，便可行使”[⑫]。另外，民间、外洋私铸也所在多有。以致铜圆发行数量在短时间内急剧增加，据梁启超统计，1905—1908 年四年间，各省所铸铜圆之数当在 120 亿枚以上。如果加上 1903、1904 和 1909 年各省所铸，以及民间、外洋私铸，总数应在140亿枚内外[13]。在天津，前有北洋银元局，后有户部在津新建新厂，不仅自身铸造铜圆数量庞大，而且外省官铸和民间、外洋私铸源源涌入，以致市面铜圆壅塞。

铜圆初出时，铸额有限，不足应市面之需，如北洋银元局1903—1904年鼓铸的铜圆以当10文计算，则共计鼓铸数量为14 546万枚[14]，但"核计所出，仅足以供给津埠，尚未能通行外邑"[15]。在刚刚投放天津市场时，铜圆价值就出现波动。如北洋银元局最初规定，按公砝化宝，每两易满钱2 350文，合九六(钱)2 448文，而启盛等六家钱铺竟只按2 320兑出，相差128文之多[16]，铜圆与制钱价值也发生参差，不过1905年前，其市价仍在规定之价之上，1903—1904年每块银元兑换当10铜圆都在80至86枚之间[17]。1905年以后，局势发生逆转。由于铜圆官铸发行数量急剧增加，又私铸充斥，铜圆价值迅速下跌。1907年前半年，铜圆一百一二十枚兑换银洋一元，可到年底银洋兑换铜圆一百五六十枚一元[18]。1908年形势更为严重，这一趋势持续到1911年则走向反面。由于户部造币总厂的停铸，以及津市铜圆流向外地，致使铜圆价格日益上扬，9月中旬，"每一元由128枚及25枚，近来又落20枚、15枚、9枚、5枚等等不一"[19]。

铜圆危机其实质并不在于铜圆自身价值的波动，而在于由此导致的市场紊乱以及对商人利益、百姓日常生活的损害。"自庚子改使铜圆后，忽涨忽落，民间受苦不胜枚举。"[20]由于铜圆贬值，信用丧失，致使街市铜圆流通困难。由于铜圆涨落不一，商人利益受损，如与百姓生活密切相关的三津磨房业，"买米、麦行价，必须以现银、现洋为本位，而门市零售米面必须收使铜圆，假如今日商等按洋银一元以铜圆140枚作价售货，明日商等以铜圆买洋，则洋银之价又涨至145枚矣。商等明日以145枚作价，则越日又涨至150枚矣。铜圆逐日递加，商等日日亏累"[21]。对于百姓生活说来，更深受其害，铜圆贬值导致物价大幅度上涨，如天津市场米面价格，1908年与1905年相比，米价上涨37.5%，面价上涨60%，但他们的收入并没有相应增长[22]。正因为其害之深，才使得天津的官商，尤其是商人及商会，苦苦寻求解决危机的办法。

(三)银色风潮

银色风潮爆发于1908年。天津市面流通的银两有白宝和行平化宝之分，白宝号称足色，行平化宝的成色则为992‰，在对外贸易、海关征税、汇兑中以行平化宝银为准[23]。白宝与化宝相易依据市场供需情形，有一定价格，"以天津化宝顶换白保，每千两加色银六两、八两及十两不等"[24]。宝银由银钱业所设炉房熔铸，由于"各炉房熔铸宝银亦俱照章錾有九九二色戳记，相沿数十年通行无阻"[25]。庚子事变后，市面混乱，各炉房铸化宝银时乘机点铅掺铜，致使化宝银渐渐低潮，乃至市上所谓九九二化宝，成色只有九六五。同时市面白宝供给不足，"偶有白宝足银，又以交盐课、纳关税、铸银元尽数占用，以致白宝足银加色昂贵，遂至每千两加色银二十余两"[26]，"及光绪三十三年(1907年)冬间，银色每百两竟加至三两六七钱"[27]，白保与化宝供求的不平衡使化宝银低潮问题更加严重，津埠中外各商深受其害。1908年秋间，各种银色越来越低，全津客商、铺户、中外银行均将所存现银暂不兑换，期望银色增涨再行出兑，仅各外商银行积存低潮化宝达一百数十万两。谁知越积越多，而银色逾挤逾小，到秋季临近结算帐目时，所有客商欠款因银色不足都不能归还，"直至八月底仍无转机，客商买卖不停而停，人心惶恐已极"[28]。

化宝的银色低潮问题，终因海关为避免关税损失采取对策而表面化、复杂化。1908年2月，津海关道发布告示规定，自3月1日起，凡完关税应用足九九二成色、行平化宝银105两，合关平银100两交纳；若无九九二足色化宝，则折交行平白宝足银104两2钱亦可。如果以现时市面通用低潮宝银完税，则关平银每100两者须交行平银107两[29]。这样华洋各商缴纳关税时，为补足低潮银两成色，得多缴2%，因此自此谕发布后，华洋各商纷纷争执，迫使海关不得不于9月28日撤回前谕，规定嗣后仍以行平化宝银105两合为关平银100两完税，但必须九九二成色之公估银方可[30]。这就意味着所有各商号所存低潮化宝不能通行，必须估验，而一经估验则每100两吃亏五七钱至一两不等。华商只好各任其亏，而各洋商哪甘受此巨亏，经各国驻津领事、驻京大臣向直隶总督、津海关道交涉，催促"一面作速筹还各银行化宝成色亏欠，一面转饬津海关，将洋商去岁以来多纳2%税项，查照缴还"[31]。直隶总督杨士骧认为"此责不在于官而在于商"[32]，拒绝由官府担此责任。天津商务总会为消除低色化宝的危害，决定将其重估改铸，所需补色之数约15 000两，经与各国银行经理一再磋商，各银行答应每100两贴补火耗银二钱。其余补色一项，又经商会总协理劝导，由各钱商先将此款暂行借垫，计实代外国各银行赔补色行平宝银7 143两2钱[33]。关于多缴的2%，经过多次交涉，天津商务总会最后同意向各股实钱商借银 15 000 万两了结此案[34]。

(四)布商债务风潮

1908 年,又发生洋布商与洋行的债务风潮,这同样是多年积累的结果。庚子之乱尽管使天津损失惨重,但毕竟阻止不了天津对外贸易的发展势头,贸易很快从 1901 年的低迷中恢复过来,1905 年的贸易总值从 1904 年的 7 180 余万两增加到 1 亿余两, 1906 年更增加到 11 300 万两[35]。但这样的贸易成果很大程度上是投机造成的。从天津的进出口贸易的大宗洋布进口来说,由于洋布商人对天津贸易的乐观估计,再加上 1905 年后银价的上涨对洋布进口更造成有利的形势,洋布商纷纷抢先进口,各洋行也不顾购买者的信用状况,赊销货物,相互之间形成了大量债权债务关系,这已经埋下了隐患。1907 年,银价突然下跌,导致货价上升,市场购买力大为降低。这年春季,"市面积储之匹头为数良多,且各商向外洋订购各货,在西历前半年尚络绎进口"[36]。进口越来越多,而销路无几,以致货色严重滞销,存在货栈,华商又要搭上栈租、保险等费,"存储日久,各洋行既代为贬价出售,亏折之银,仍令订货之家赔补"[37]。华商由此"赔累过深,挽救乏术,不得不歇业清账者有之,勉强支持以待时机者亦有之"[38]。积欠洋商债务越来越多,到 1908 年,"总计华商积欠洋商货款并历年蒂欠正款之息利,共有 1400 万两之巨"[39]。巨额债务困扰着天津的对外贸易, 1906 年,天津的贸易净值为 11 280 万关平两,到 1907 年骤减为 9670 万关平两,到 1908 年又进一步减为 7 940 万关平两[40]。这种状况无论是对华商还是洋商,都是非常不利的,解决债权债务的困境是当务之急。经过中外商人的交涉,问题逐渐得到解决,1909 年年底,经过减去一些显然已无法偿还的债款,并且结清了一些债款,债务已减少到 500 万两。"而这 500 万两的款数,又经有关外国商人的外交代表与代表中国主要商行的理事会达成协议,分期于 25 年内归还,年息四厘,利息一项当于头四年内付清。在理事会的主持下,建立了一个中外联合委员会为此项协议提供资金。"[41]为了管理偿还事务,特地成立了"直隶保商银行"。"有关的中国商人的资产及负债由银行接管,而外国商人的债权也经发行债券而消失。"[42]

(五)盐商债务风潮

盐商债务风潮发生于 1911 年。天津是长芦盐商的大本营,盐商也因其在经济、政治和社会各领域的举足轻重的地位,而被津门百姓称为"万里长城"[43]。然而清末的长芦盐商已是今非昔比,由于经营不当,生活奢侈豪华,再加上朝廷的勒索,造成连年亏累,入不敷出,只得靠借债维持。常常是旧债来不及归还,又要借新债。1903 年 9 月,在旧欠商债无力清偿,难借新债的情况下,长芦通纲商人恩长泰等请借官款,一再遭官府驳斥。向官府、商人借债已无指望,1903 年底,通纲商人福源豫、庆有余等为筹还旧欠,首次提出向华俄道胜银行息借洋债 35 000 两,作交还运库旧欠之资。长芦盐商把借洋债作为营运流动资金的主要来源,则始自 1906 年。这年由芦商陈宝彝介绍,长芦纲总王贤宾、李宝恒向北京汇理银行息借白银 40 万两,并言定嗣后仍可续借。此后,1908 年 7 月,王、李又以纲总身份同北京汇理银行签订了借款 100 万两的合同。1909 年初,长芦盐商共同议定"以王贤宾、李宝恒为通纲全权代表,情愿连环作保筹借大款",当即同天津道胜银行订立借款 150—300 万两的合同[44]。据统计,短短几年间,各盐商共借了汇丰、德华、道胜、正金、汇理等银行洋债 700 万两,加上利息计 800 余万两[45]。值得一提的是,洋商银行之所以愿意向负债累累的盐商借债,是因为盐商每一次借债,均得到长芦运司的批准并发给谕帖,对于洋商银行来说,这等于说是官府成了这些债务的担保人。

1910 年至 1911 年,因受上海橡皮股票风潮的牵连,津京金融界遭受重大冲击。各洋商银行乘机收缩,不仅停止向盐商放款,而且对于所欠债务,不论是否到期,都要求一律偿还。因催讨不到,便以有长芦运司担保为由,向清廷索偿,最终责任追究到时任长芦盐运使的张镇芳的头上。张镇芳急于脱身,向朝廷提议,从大清银行借银 700 万两,立即连本带利还清全部洋商银行的欠款。再没收负有洋债盐商的财产,将他们所拥有或经营的引岸收归国有,以清偿大清银行的欠款。这一提议得到清廷认可。最终 10 位负债最多的盐商被查抄家产,他们所经营的直豫 61 县引岸全部收归官办,其余负债盐商则限期还清其债务。这场洋债风潮就这样很快被平息了。然而由于洋商银行对盐商洋债的追索,引起津门社会经济的震荡。盐商经营的其他各项事业,如典当、钱铺、洋布洋货等,同时被牵连倒闭;与盐商有密切穿换往来的工商各业,因盐商牵连而周转不灵;盐商资助的多项公益事业,因盐商的倒闭而无款接济。

(六)钱庄倒闭风潮

1910年,洋布债务风潮和银色风潮才得以最终解决,新的金融风潮又向天津市面袭来。自7月至次年辛亥革命前后,先后受上海金融风潮和辛亥革命的牵连和影响,钱庄相继倒闭,成1903年贴水风潮后又一个钱庄倒闭的高潮。

上海橡皮股票风潮爆发于1910年7月,上海市面因受橡皮股票投机的影响而损失惨重,这次风潮中国人被骗走了几千万两银子,造成几十钱庄、票号相继倒闭[46]。尤其是在全国广设分支机构的源丰润、义善源票号的相继倒闭,更是牵动各埠金融。“今年(1910)九月初间,上海倒闭钱庄数号,亏空天津商号200余万之多,牵动天津市面大局。”[47]10月,上海源丰润倒闭,亏欠公私款项2 000余万[48],上海市面震动,其天津的分支及联号源丰润、新泰也即时倒闭,负债100多万两,导致天津金融市场银根异常紧急。随后,庆恒、永毅诚等八家钱铺、银号歇业或倒闭。1911年3月上海义善源倒闭,天津分号因资金周转失灵,受牵累而倒闭,清理帐目,停止收解,各清各款,计欠款60万两[49]。裕源长银号受累倒闭,义德厚钱庄、永盛钱铺、春兴钱铺等均因银根紧迫而歇业。1911年10月,辛亥武昌起义爆发,引起全国各大商埠市面恐慌,“牵至津地异常窘迫,竟于九月初七日街市尽行停止交易”[50],多家钱庄受牵累而搁浅。如大庆元银号因上海总号牵连倒闭[51],富商王锡英所开益兴恒、益源恒银号也因此而倒闭[52],经收海关税款30年之久的裕丰官银号也未幸免[53],甚至连洋商银行华账房也遭此厄运,麦加利银行买办徐诚的账房,因津埠停市,账房现银短缺而倒闭[54]。

二、对外贸易的发展与天津金融风潮

天津金融市场接连发生的这几次风潮,都有着各自发生的原因和背景。贴水风潮和银色风潮发生的背景是庚子事变后,津门被抢掠一空,市面异常混乱,银根奇紧;铜圆危机源自于政府滥发铜圆的错误货币政策;对天津对外贸易发展的过于乐观的估计和投机的心理,最终形成了洋布债务风潮;外国银行催还债务直接导致了盐商洋债风潮的爆发;上海金融风潮以及辛亥革命等外界因素,牵动了天津市面,形成辛亥革命前后天津钱庄倒闭的风潮。不容否定,这些都是导致风潮发生的重要因素。然而问题并没有完全解决,为什么在短短十余年之内,天津金融市场会发生这么多次风潮,值得令人深思。换句话说,在这些各自不同的原因和背景之后,应该有着共同的深层次的原因。我们把问题放在天津开埠后,天津对外贸易逐渐有了发展的大背景下来分析。

(一)对外贸易的发展与天津金融业的脆弱

贸易和金融是密切相关的两个领域,贸易规模的扩大有赖于金融业给予资金周转和调节的支持,金融力量的薄弱则往往会制约贸易的发展;反过来,贸易对金融业也会产生重大影响:一方面,贸易规模的扩大给金融业发展以更大的空间;另一方面,贸易的缺陷则成为导致金融不稳定的一个源泉。我们应该肯定,近代天津对外贸易的发展,为天津金融业提供了发展的舞台。然而,近代天津对外贸易蓬勃发展的背后,却存在着缺陷,它使得近代天津金融业自发展伊始就先天不足,从而成为各种金融风潮的渊薮。

自1861年开埠后,天津的对外贸易在曲折中不断发展。最初的二十几年,贸易发展速度并不是很快,自19世纪90年代以后速度则明显加快,1888年进出口总值只比1865年增加一倍,1899年则比1865年增加了五倍,1900年受八国联军侵华战争的影响,贸易有所下降,但很快得到了恢复,至1911年,进出口总值比1865年增加了8倍(见表1)。19世纪末20世纪初,天津对外贸易的快速发展,不仅使天津在北方成为头等的贸易大港,在全国对外贸易中的地位也逐渐提高,清末已成为仅次于上海、广州,与汉口等城市不相上下的全国重要的贸易港口城市[55]。但是,天津对外贸易快速增长,却无法掩盖其重要的缺陷,由于天津及其广袤的腹地落后的社会经济结构的制约,从一开始,天津的对外贸易,就年年存在逆差,且随着进出口贸易规模的扩大,逆差的规模也同时在扩大,从最初的1 000万两左右的规模,到1906年时则达到了近7 000万两。此后几年,由于出口增加的速度超过进口,使逆差额在减少,但巨额逆差的存在则始终没有改变。巨额贸易逆差的存在,使得通过什么途径达到贸易平衡,即通过什么方式弥补贸易逆差,则成为一个突出的问题。

表 1 晚清时期天津进出口贸易状况[56]

年代	进口总额	出口总额	出(入)超(+)(-)	进出口总值	
				数量	增幅(1865年为100)
1865	11 288 035	1 611 391	-9 676 444	12 899 427	100
1870	15 416 586	698 645	-14 717 940	16 115 230	125
1878	22 017 233	1 954 787	-20 062 446	23 972 020	186
1883	18 349 345	3 317 666	-15 031 679	21 667 011	168
1888	24 208 777	3 750 240	-20 458 537	27 959 017	217
1893	32 609 200	5 960 947	-26 648 253	38 570 147	299
1899	61 903 755	15 700 807	-46 202 948	77 604 562	602
1900	23 847 274	8 073 384	-15 773 890	31 920 658	247
1904	54 064 315	14 895 379	-39 168 936	69 954 694	535
1910	73 072 204	25 018 151	-48 054 053	98 090 355	760
1911	77 241 609	39 294 949	-37 946 750	116 536 648	903

1905 年以前,天津的直接对外贸易所占比例不大,主要是通过上海转口进行。1905 年后,直接对外贸易超过间接贸易,但经由上海的间接贸易仍占相当大的比例,因此,天津在这一时期对外贸易的逆差,直接表现为天津与上海的逆差。这样上述问题就转变为如何平衡天津与上海间的贸易逆差问题。一个重要的途径是,北京作为政治中心,各省税收客观上起到了弥补逆差的作用。然而这还远不足以平衡贸易逆差,于是输送金银便成了重要手段。关于天津金银的移动情况,没有系统的资料,但海关年报的零星资料,足可以反映它的基本趋势。兹择取有关数据,列表如下(表 2):

表 2 晚清天津金银进出口状况表[57]

(单位:海关两)

年代	进口值	出口值	年代	进口值	出口值
1865	123 714	3 496 801	1891	1 484 400	801 200
1866		5 881 703	1893	3 364 800	4 304 900
1868	2 053 121	4 716 866	1894	2 743 000	3 217 000
1869	460 219	6 196 072	1895	9 278 000	3 461 000
1870	275 381	6 888 310	1897		6 430 000
1871	257 573	6 555 257	1898		4 700 000
1872	1 242 032	3 564 565	1899		8 271 000
1877		2 187 175	1901	200 000	7 500 000
1878		2 431 853	1902	6 316 643	17 727 431
1879		6 275 074	1903	3 685 781	11 193 371

续表

年代	进口值	出口值	年代	进口值	出口值
1880		5 389 610	1905	14 500 000	7 000 000
1890	1 586 900	8 809 000			

巨额的逆差要用硬通货去弥补，天津成为金银长期大量出超的地区，每年出超少则一二百万两，多则上千万两，一般都在四五百至七八百万两。即使在津门市面银根紧急时想禁止白银出口也不可能，1902 年，“中国官府禁止宝银出口，然俱未能照办者，实迫于势不得已，盖进口货共值关平银 80 181 683 两，而出口货只值 17 839 063 两，所有进口货银如许之多，不能不如数照付之故耳。”[58]入超的年份很少，当 1895 年首次出现入超时，海关年报这样写道：“今年进口之银数除去出口之金数，尚盈 349 万 148 两，向来进口之数少于出口，而今年进口之数多于出口，是从未有也。”[59]1904 年，再次出现入超，但有着特殊的原因，“查本年进口金银多系条银、宝银、银元，较出口为多。往年系出口比进口多一、二倍。本年进口现银加多者，因战事之需银元，[二]系招工局在秦皇岛募华工时，须付工人薪水之用。”[60]金银长期大量流出，市场货币流通量减少，银根自然紧张。因此袁世凯深有体会地说：天津“虽然贸易繁盛，而实非银钱积聚之区”[61]。天津对外贸易发展的缺陷，成了限制天津金融业集聚资力的重要因素，直接导致天津金融业基础的脆弱。这首先表现为天津银钱业规模狭小，资力薄弱，这与对外贸易的较快发展，显得很不协调。当遇到市场波动时，也就没有足够的能力应付。其次，市场上硬通货不足，常常导致市场周转不灵。无论是官府还是商界，一谈起天津金融市场，常常使用的词语是银根奇紧、银根短绌。庚子事变，天津市面被抢劫一空，更是雪上加霜。但金融市场基础的脆弱，并不必然要发生金融风潮，如果采取相应的措施来弥补这一缺陷，应是可以避免的。然而在清末那个时代不仅不能做到这一点，反而由于制度的混乱和缺陷使得这一问题变得更加严重，金融风潮屡屡发生便不可避免。

（二）制度变迁的混乱与滞后

对外贸易规模的扩大，首先要求金融业有足够的资力与之相适应。而更为重要的是，金融业的组织结构、制度也要进行相应的变革，以适应扩大了的贸易规模的要求。从货币信用制度来说，货币是商品交换的媒介，要以方便于交易为宗旨，在大宗的交易中，这一点显得尤为重要，因此，货币制度的变革应该是趋向于统一、单一；而信用制度既要有利于大规模贸易中资金的融通和调节，又要防范信用规模的扩大所可能带来的风险。然而晚清的天津金融市场，不仅金融规模有限，根基不固，而且金融制度的变迁也表现得混乱和滞后。其货币制度不是越来越趋向于统一、单一，而是越来越多样、复杂，信用制度则也是混乱的。

第一，货币制度的缺陷。

清代的货币制度，“大体上是银钱平行本位，大数用银，小数用钱”[62]。银有两、元之分，银两在名称、形状、成色、平砝等方面各地异常复杂，银元的花色也是五花八门。纸币的发行上，政府发行的较少，而市面上流通的多是典当业和银钱业所发行的银钱票[63]。清代后期，随着社会经济的发展，货币制度发生了某些变化。首先是白银越来越重要，在大宗的交易中，价值量大，行使价值较贱的铜钱显然是行不通的。而在用银中，银两使用的范围也在逐渐缩小，银元由于使用中比银两方便，而被人们广泛使用。除了外来的，中国自己也开始铸造银元。其次是铜钱的变化，清代的最后几十年间，由于铜价的上涨，铸造制钱亏本严重，制钱铸造减少，市面制钱越来越少，乃至形成清末的钱荒。为救钱荒而铸造铜圆，铜圆代制钱起作用。其三，纸币发行的增加。清后期，传统的典当和银钱业所发行的银钱票，随贸易规模的扩大发行量增加；另外，外商在华开设的银行、中国自己开办的银行以及各省的官银钱局也都发行纸币，市面流通的纸币规模扩大了。清代后期货币制度的这些变化，从客观上说有其适应社会经济发展的一面，比如货币制度趋向于贵金属，纸币发行规模的扩大，都有利于方便大宗的交易。但是从总体来看，清代的货币制度更加混乱，漏洞百出。货币种类不仅没有减少，还有增加，各种类之间没有一个协调的机制，相互关系异常复杂；纸币的发行漫无限制，没有监督。这种货币制度在交易规模不大时，不会产生大的危害，当交易规模扩大时，整个制度体系中的任一弊端都会被放大，从而酿成风潮。

从天津金融市场来看，天津的银钱业为了减少交易中由于货币问题所导致的麻烦，确实做出了努力，如为了减少银两使用过程中，由于平砝、成色的繁杂所带来的交易的不便，规定天津市面通用宝银为行平化宝，其成色为992‰，方便了大宗交易。然而，些微的改变不可能根本改变当时货币制度的混乱状态，其中的某些缺陷还随着天津对外贸易规模的扩大，得到了充分的发展。在这六七次金融风潮中，有三次直接源自于这种混乱的货币制度。

天津钱庄发行“钱帖”、“银帖”流通市面，既可扩大资金的周转，也方便了交易，这是无可厚非的。问题是钱庄发行“钱帖”、“银帖”，并没有相应的制度对发行主体资格的认定、发行的规模、是否有充足的准备等问题进行规范。于是，“所有开写银条、钱帖、银元票之家，漫无限制”，乃至在庚子乱后，银钱票的开写之滥，“以致针市街瑞曾小钱铺，冒充银号开写银元票，乘隙荒闭，各商吃亏甚巨”[64]。银钱票的规模越来越大，现银相对越来越不足，贴水自然难免。纸币发行的制度，没有随着贸易发展的需要而改变，已明显滞后了。

银色风潮源自于混乱的银两制度。天津市面流通的行平化宝银，向由银炉熔铸，这种银炉也叫“炉房”，要取具同业保结，从津海关道发给谕帖方能开业[65]。庚子事变前，炉房达四十余家。然而“地方官于津属倾销，并不查验”[66]，而市场也没有一个相应的监督机构，同业保结只是徒具形式，并没有实质意义。庚子之前，市面还没有化宝成色低减之传闻。庚子乱后，连同业保结的形式也没有了，市面更无限制，“官炉星散，私铸风行。以致低潮宝银充斥市面，无人查问，相沿至今。”[67]最终酿成风潮自是难免。

铜圆流通之始大受市面欢迎，以致其市价在规定价格之上。这证明清末这一货币制度的重大变革，在开始时是成功的，如果运用得当，且建立起与整个货币制度的协调机制，是能够发挥其积极作用的。不幸的是，当各地方官府发现铸造铜圆有利可图，对其竭蹶的财政稍有添补时，便不遗余力铸造。在优厚利润的吸引下，外洋、民间“设炉私铸，混淆贱售，充溢街市”[68]。最终导致市面壅塞，铜圆贬值，物价上涨。清代的货币制度不仅没能利用铜圆的铸造这个契机走向良性，反而是乱上加乱。

货币制度的混乱及变迁的滞后成为这些金融风潮发生的根源。

第二，信用制度的缺陷。

信用制度是商品经济发展的基础。商品经济越发展，信用制度健全与否越显重要。因此，随着交易规模的扩大，原来存在于小规模交易中的信用制度，显然已经不能适应了。然而，在近代，信用制度变迁迟缓。长期以来，在商业交易中，赊欠是一种商业惯例，“交易可以长久拖欠，勿庸现银”[69]，在天津，“外客来津办货，赊欠最占多数，商家意在销货，不得不通例办理，及至收银，外客率多勒”[70]，往往形成大量难以收回的债务。中国自身的信用制度，并没有因贸易规模的扩大而改变，而洋行以及洋商银行在与华商的交易中，并没有以他们自身已有的信用制度为准则来建立华洋之间的信用关系，而是遵从中国已有的商业信用惯例，或者借助于官府来确认华商的信用。这样的信用制度是一种扭曲的制度，它只会增大市场风险。

19 世纪末以来，天津对外贸易的发展势头不错，以致即使遭受了庚子事变这样的重大打击，贸易还是很快得到恢复，1902 年的贸易总额要比 1899 年高 0.7%，此后基本上保持了发展的势头。然而，人们对这种发展势头却作了过于乐观的估计，急于从贸易中获利，投机心理由此滋生。1902 年，人们“逆料商务自必兴旺，是以皆欲买空卖空借以获利”[71]，实际情况并非那么乐观，“庚子年后，进口贸易骤见发达，迨后发现之事实，始征向之发达者非真发达也，乃虚伪耳，盖由于向之纵任有可赊欠之冒险办法而生”[72]。投机的心理加上任意赊欠的信用制度所导致的不良后果，已初显端倪，但并没有引起人们的注意。在经历两年的贸易下滑以后，1905 年形势好转，这种投机的心理再度膨胀，此后几年，“华洋各商亟于图利，洋商则广为招徕，罔论订货者有无资本或相当担保，一律照单批定，大有来者不拒之概；而华商则肆意批定，鲜顾货之有无销路，遂恣其多多益善之心，惟是蒂欠银行之款项日增。厥后，银行不愿出界，以致华商批定之货无力提取，则经进口行商积货甚钜”[73]，终致华洋商号由此而搁浅倒闭，不知凡几，而华商则积下大量洋商的债务。

盐商债务风潮显示的是另一种信用危机。洋商银行借助于官府来确认华商的信用，它向盐商贷款，既非中国传统的信用贷款，也非现代的抵押贷款，而凭借的是盐运使司批准盐商向洋商银行借款的谕帖，这本来不是什么贷款的抵押物，而洋商银行却认为获得了官府对这些贷款的担保，一旦盐商不能清偿债务，便可向官府索要。于是各洋商银行纷纷给盐商提供贷款，累计达 700 万两之多，这在当时来说是一笔不小的数目。

贷款的抵押物上存在问题,而盐商在借得贷款后,如何运用又漫无限制。本来盐商借款,希图振兴已废弛的盐务,哪知"该款既借贷匪艰,各商遂不尽归正用",或用于生活的奢侈消费,或挪作它项投资,"于是鹾务原拟借款振兴者,转致益形衰颓,几一蹶而不振,迨至西历1911年岁初,各纲总自悉偿还无力,则风潮于是呼声"[74]。

从上述分析可以看到,随着贸易的发展,金融制度也要相应的进行变革,这在天津这样的贸易金融中心更显迫切,因此,当混乱的货币信用制度在贸易规模较小的地区还不至于引起市面波动时,在天津却因此屡屡引起金融风潮。制度变迁的滞后以及制度的混乱成了天津爆发一系列金融风潮的根源所在。

三、官商共同应对金融风潮

遭遇金融风潮,尤其是在短短十年内遭遇那么多次金融风潮,这对于天津的官商来说,是前所未有的事情。要应对这样的局面,单就官府或商人,都无此能力。商人尽管有商会组织,并谙熟商情,能提出一些应对之策,但既没有使之得以实施的权利,何况自身资力薄弱;官府可以通过发布告谕以解风潮,但官不能洞悉商情,所出之策往往不仅不能解决问题,反而还火上浇油。官商在金融风潮中的这种尴尬局面,在贴水风潮中得到充分体现,袁世凯鉴于金融混乱,邀集钱业共同协商,无奈钱业根本无此能力,当越来越严重时,袁世凯遽禁贴水,终于使市面进一步恶化。因此,在历次金融风潮中,基本的方式是官商共同应对。一方面,商会调查商情,搜集信息,协调商人之间的关系,调剂它们之间的纠纷,并在自己的权力范围内制定和执行维持商人之间的关系和社会经济秩序的某些制度,还要根据实际情况向官府提出解决问题的对策,商会成为商人之间以及官府和商人之间的中介。另一方面,官府对商会所提出的对策从自身的角度出发,进行取舍,做出决策,并在协调中外关系,筹资接济市面等方面也做了一定的工作。

天津官商在应对金融风潮中所采取的措施,既有为了解决现实的困难而采取的针对性措施,也有因金融风潮暴露天津金融市场的弊端所作的制度性建设。

(一)针对性措施

天津的历次金融风潮,其实质问题可以主要归结为两个方面:一是由钱庄、商号的歇业或倒闭所引起的债权债务问题;二是货币问题。为缓解金融风潮而采取的针对性措施主要是就这两个方面展开:

第一,清理积欠。

每遇金融风潮,必有大量的银钱号、商号歇业或倒闭。这些银钱号、商号在平时日常经营过程中留下的债权债务关系亟待清理,以使有关的债权债务各方的利益尽可能地得到保护。清理积欠工作往往由商会来主持,这在1910年至1911年对源丰润、义善源的清理中表现得尤为典型。1910年10月,天津源丰润、新泰号因上海联号的牵连而搁浅,市面震动,人心惶惶。源丰润及新泰号铺掌王同恩、邵家霖即"将一切欠内欠外各款并存产开单送(商)会",请求天津商会设法保护清理,同时,"津地官商纷纷投(商)会呈报欠款"。商会就账目存据进行核查,经过核查,发现两号欠内之款及存产抵欠外之债,尚有不敷,即确定清理两号债权债务的基本原则,"以天津所报之欠内、存产,抵还天津之债,他处不得稍有牵混,以免两面掣肘"[75]。这一清理积欠的属地原则,得到当时直隶总督陈奎龙的肯定,而成为以后天津市面清理涉及债权债务时的基本原则。如1911年10月大庆元银号倒闭时,商会认为"沪号与津号既系连枝,特恐彼此牵混,自必不敷抵还,津商恐慌,市面益行摇动,转觉全局受其影响。似应援照义善源、源丰润办过成案,以天津所报欠内各款抵还天津之债,他处不得稍有抵拨,以免两面掣肘。如此办理,则津市镇定,自无株连之虞"[76]。次年3月,义善源倒闭,津号经理田征耀投书商会,请求设法保护,主持清理内外各款。商会仍执前述原则,组织予以清理,并设法沟通债权债务各方,还代义善源催讨外欠,以达清理的目的[77]。

对于商号的倒闭清理也是如此。而在清理涉及中外关系的债务时,商会还要负责沟通中外各方,以达成清理债权债务的方案。在处理布商洋债时,德日法各领事、津海关道,会同商会总协理,"督饬各布商,先将疏通存货,清理欠项,一切办法,及各布商实欠洋商货本若干,利息若干,分别详晰调查明确,预为通盘筹划,以便临时提议"[78]。经过多方协商,最终达成解决问题的方案。

第二,推缓旧欠。

金融风潮的爆发,银钱商号倒闭频仍,市面摇动,以至各商家周转不灵,即便殷实之家也难免受此牵累,如不予以维持,更多的银钱商号会因之而倒闭。商会为缓解风潮爆发时的紧急状态,提出推缓旧欠的对策。

对未到期债务的处理。每遇风潮紧急时,钱业为了减少损失,对外行商家所欠款项,不论是否到期,往往一律催收,这无异于火上浇油,因此,商会特地提出:"各外行所欠内行票款,如未到期,不得迫追,以免牵动。如内行一时需款,可持房地各产契据及殷实外行票据或货物,呈由职会转向各官银号借款,以资接济,庶牵连排挤之事皆可稍免。"[79]

更主要的是对大量到期该付之款的处理。1903 年 5 月,刚刚成立的天津商务公所向直隶总督提出挽救市面的四项措施,其中第一项便是推缓新旧欠[80]。这年,天津官银号为救济市面,"借与各钱行银 70 余万两,仅取五厘薄息,冀以周转流通,订明分期本利归还。乃到其如数付还者不过数家,其余多未如约,迭次禀请展缓"[81]。这本是当时解决各钱行负欠天津官银号之款的一时办法。后来逐渐形成惯例。1910 年 8 月,当天津春华泰搁浅时,商会在商讨维持市面之法时,"公拟推缓旧欠,照常交易,庶期市面流通,人无倾轧之"[82]。

推缓旧欠的操作办法是付息换票。商会下属的钱商公会"拟议付息换票办法,无论内外各行,凡有票借各款,到期照市面付息。换票之例,一律付息换票。期限远近,各商自行商定。如有殷实,自愿届时清还或先付成数者,悉听其便。付息换票办法,无论内外各行,一律付息换票,约期半年,照票付清,应商力舒缓,有能转危为安"[83]。

辛亥革命时,钱商公会还提出另一推缓办法:暂停提款。因当时正值秋令,"正各行上货之时,商等之款均经外行存货占用,一时不能提取,而欠外之款,如票存、摺存纷纷提取,刻不稍缓,加以北京恐慌,上海停市,有去路无来路,无论生意大小,终有不能周转之时。"钱商公会因此提出,"除银洋票、银帖、钱帖照旧收付外,所有票存、摺存一律暂停五日","一俟大局稳定,再为照章取付"[84]。这一做法最终得到天津府、县等各级官府的认同[85]。

第三,筹款接济,设法维持。

通过清理积欠、推缓旧欠,只是解了当务之急,从长远看更重要的是如何使整个市面从困境中走出来,各行业能够正常地开展业务。要开展业务,对于处于困境中的各行业来说,首要的是要补充资金。可是银钱商号自身所拥有的资金要么被他行业占用,一时无法收回,或者受其他银钱商号倒闭的牵连,根本收不回来,于是市场资金运转停滞。要激活这种停滞的市面,需要资金的补入。

20 世纪初的天津,由于票号、外国银行每遇风潮,为了保全自己,意在收缩,筹款接济市面,设法维持各行业的运转,就主要依赖于官府以及官办银行。1903 年贴水风潮爆发后,钱庄纷纷倒闭,接收天津不久的直隶总督袁世凯"据各钱商等环请,拨借官款以资接济。……发给市面现银不下百万两"。但区区百万,对于"积困之后,空虚已甚"的天津市面来说,无异于杯水车薪,"各钱商迫于无可如何,复禀请续发官款,以苏民困"[86]。

也就在这次贴水风潮中,为了便利于筹款接济市面,天津先后创设有官办的天津官银号、官商合办的志成银行。此后,大清银行、交通银行先后在津开设分行。1910 年,天津官银号改为直隶省银行;这年,为解决布商洋债风潮,有中外合办的直隶保商银行的设立。这些银行尤其是官办银行,无论从官府还是商人、商会,都认为筹款接济维持市面是他们应尽的职责。直隶省银行自认为"本有维持商业之责"[87],而商会更是觉得应该如此,"国家银行、天津银号,均有保护市面责任,非同营业者可比"[88]。乃至直隶、大清、志成、交通四银行于 1910 年 10 月为维持市面,所拟定的十四条押款章程规则,商会认为它并不利于接济市面而大为不满[89]。当然,这几家银行在辛亥革命前后的钱庄倒闭风潮中,为维持市面还是起到了一定的作用。1910 年 9 月,景德和洋布庄因沪市牵连而周转不灵,直隶省银行于大清、志成、公益等银行采取措施,维持景德和的经营[90]。10 月,直督陈夔龙"批饬大清、直隶省、交通、志成四家银行,措办一百万两",转由商会接济市面。由于不敷应用,直督又批饬以各商号架眼做保由各银行续筹银百万两接济市面[91]。

值得一提的是,天津商会曾与驻津的华比银行、东方汇理银行、横滨正金银行、华俄道胜银行协商借款纹银百万两,但终因外商银行要求直隶总督担保,而直隶总督不予认可而作罢[92]。

第四,挽救铜圆危机对策:清来源、畅销路。

铜圆之弊在于滥铸、私铸,以致市面铜圆壅塞,流通不畅,信用大减。根除滥铸、私铸之法在于集中铸造,时人很清楚这一点，户部办理财政事宜的一位王姓大臣就提出："谋所以整顿者，自以由户部收回为正办。"但这位大臣也很清楚，"收回之事诸多窒碍"，于是提出谋求既定状况的补救之策，"补救之道，大要不外清来源，畅销路"[93]。这正是晚清时期挽救铜圆危机的真实写照，无论是官府还是商人及商会，所谋求的对策，所采取的实际行动都不出此范围。

1. 清来源　所谓清来源，指天津乃至直省市面所行使之铜圆，应以北洋银元局及户部造币总厂所铸为唯一来源，外省及私铸铜圆应严禁。1904 年初，天津市面铜圆还未形成壅积之势，但已有"从外路运来者，分量成色与北洋银元局所铸不同"，容易引起市面争论，商务公所提出"嗣后除北洋银元局所铸铜圆应遵守宫保示谕以一当十通流行使，如有别样铜圆运入津地，其铜圆一枚不作为制钱十文使用"，天津府据此出示严禁外路铜圆运入津地[94]。无奈铜圆余利之所在，不仅各省鼓铸不停，私铸(包括国内和外洋)也越来越甚，私贩私运也越来越严重，以致市面壅塞。商会进而提出"韭黄之道……以塞来源为要"，主要措施是"一严禁私铸私运，一停铸铜圆"[95]。对于禁私铸私运，商会要求直督"札饬巡警、探访各局严禁沿海各口私运铜圆并内地手机私铸。一经拿获，照例究办。一面札饬关道会各领事，凡在各国租界，无论中外人等，若犯此事亦应一律办理"[96]。各级官府所采取措施基本如此。由专人会同各司、道、局及府县，严密查拿私铸私贩[97]；规定"凡行旅及乡民往来城市概只准以二千枚为限，在此限以上大宗铜圆必须有兑换官局护照方准放行。如无护照即行扣留"，违者重罚[98]。商号会昌盛、德厚兴等因私运外省铜圆入境即被罚银 40 万两购买本省铜圆[99]。对于停铸铜圆，商会认为"鼓铸不停，充斥不止，来源不塞，必致私运铜圆齐赴津地"[100]。可是造币厂迟迟未能停铸，及至 1910 年停铸后又久未铸，引起 1911 年 9 月后市面铜圆缺乏，不敷周转。造币总厂连忙赶铸 1 000 万枚，以应市面之需[101]。商会进而提出造币厂应与商会协商确定铸造铜圆数量，"市面需用铜圆则发之，足用即止"[102]。

除塞来源外，还要推销本省铜圆，为此北洋银元局采取的办法是发行铜圆票。由北洋银元局发行铜圆票，规定凡征收各项钱款，"准其搭收北洋铜圆官票交纳"，并筹专款银 30 万两，在各地设立兑换局，借推广铜圆票而推销铜圆[103]。

2. 畅销路　畅销路主要指使铜圆在市面流通顺畅，要做到这一点，根本之途还在于清来源。但清来源几不可能，畅销路只能从流通环节寻求对策。人们认识到，铜圆拥挤，"固由于私铸私贩之浸灌，但若不使之周转流通，人益视铜圆为不足信用，价值愈贱，则补救愈难"[104]。"铜圆一物，贵乎流通，积之则见其多，分之则见其少。"[105]商会为此向官府提出的对策主要在三个方面：一是坚持商民一体通用铜圆，"查铜圆暨系官铸，贵乎流通，如该州县厘卡向系使用铜圆之区，自应准其交纳，不得格外挑剔，以期商民称便"[106]。二是"关卡不可留难"。"今就津地而言，商民携带铜币由火车、帆船运往他处购办货物，一经过关，查无护照，必致扣留。"[107]因此，要求官府"凡由轮舟火车运铜圆出直隶境者，果系正经商人收获所入均可给照放行。其直隶境内各内地除京保不计外，如有商人由津报运铜圆入内地办货及由内地运货至津售得铜圆运回者，似亦可饬取铺保领照准运以保官铸之利权"[108]。三是"创设总汇之所，使铜圆一项有出有入"[109]。商会认为，"其实铜圆未必果真拥塞，由于无市价而无收路耳。若有官钱局以为之总汇，不必将铜圆尽行买入，则人人皆知市价将平，不似从前日甚一日，无所底止，或可稍微存储。一人如此，人人如此，则铜圆之荒自定矣"[110]。

要执行此三策谈何容易，商会在不断地寻求对策，不断地要求官府照要求做；官府也采取了一些措施，但问题依然如故，甚至更加严重。以致无论官商对于解决这一问题几乎失去信心，于是有度支部尚书陈璧所提放弃对铜圆控制之法，"私铸私贩所利者银价之贱，今若听凭市面高抬银价每两可易铜圆二百零枚，则私铸者无利可图，市面自可平定"[111]。商会提出以银元核收货价[112]，或者干脆废止现行铜圆代以铜圆官票并重铸制钱等办法[113]。其实无论是官员还是商人都很清楚，政府根本无意去触及根本问题，"今日筹议铜圆不为抽薪之计，徒以保全铜圆余利为事，恐设一法徒多一番周折云"[114]。

(二)制度性建设

第一，货币制度的规范。

这主要是对纸币的规范。庚子之后，天津市面银钱号所出银帖、钱帖之滥，已被当时的都统衙门所注意，曾对因钱号开出银、钱帖作了规定[115]，但因都统衙门的结束而没能得到执行。贴水风潮爆发后，市面银根奇紧,前已泛滥的银帖、钱帖也大为减少,市面周转不灵,商会向直督提出畅行钱票之策,得到认可。鉴于贴水的前车之鉴,对新发钱票作了较为严格的规定,商务公所选择殷实上中等钱商 40 家,将其造具清册,分别呈送直督及府县备查。令各家开写整零钱帖,借资周转,所出钱票须盖有该公所戳记,以示限制,而杜虚架。除此 40 家外,非由该公所议允,禀明遵照盖戳章程,不准擅自出票[116]。1909 年,钱商公会恢复后,进一步规定,“所有入公会之家,所出银条、钱帖、银元票,准其一体通用。其偏僻之地,开设无根基之小钱铺,不得滥入公会。倘有开写银条、钱帖、银元票,一概不准使用。仍将已在公会之钱号、银号,刊印分布各商号周知,以资信用”[117]。

除了对开写银钱票进行规范外,还规定了倒闭银钱号所出银钱票的清理办法。1904 年 10 月 17 日,义丰德钱铺倒闭,市面陷于混乱。11 月初,袁世凯获悉该钱铺存欠相当、略有盈余,交有房地契作保,便允准复业。决定所有已追回外欠款,不先扣官款,而先兑付银钱票。嗣后,进一步规定今后任何钱铺发生不测,均按义丰德成案,将银钱票列于官款前清偿方法办理[118]。这对于提高银钱票信用,促使市面稳定发展,起到良好作用,也由此形成了在清理倒闭的银钱号时,首要任务是开兑市面尚未兑付的银钱票的制度。1910 年,当新泰号倒闭时,尚有银帖 21 600 余两,洋钱票 36 000 余元,商会在清理新泰号债权债务时,即决定:“新泰一号洋元票、银帖最关紧要,即令先以筹措现款照数开付,以符定章。”[119]清理大庆元银号时,也是如此,“所有该商号行使洋元票、银两票两项,严饬首先清理,以重纸币”[120]。

第二,公估局和钱商公会的设立。

天津市面通行行平化宝银,但作为华洋通商大埠,各路所来银两,不免“银色参差,随时低昂,殊非公允”,“商民现银往来互有争执”[121]。1905 年,各钱商纷纷投书商会,要求“仿照上海设立公估,无论何处零整各银来津,准以津市通行化宝银为率预为估定,一律抵用,不准上下其手”[122]。但未能得到直隶总督袁世凯的批准。此后,化宝银银色低潮问题日渐严重,终至爆发银色风潮。钱商再次提出设立公估局,认为“非创设公估不能救此危局”[123]。这次,由于形势所迫,直隶总督很快批准,并限令三日内成立,钱业遵命如期成立天津众商公估局,“其公估之法以九九二为标准,高升低补,以估码戳记为凭。无论积聚何项现银,一经送局估定,即可通行”[124]。

天津早在清嘉庆年间,就有了钱业组织,当时称“钱号公所”。1900 年更名为“钱业公所”。庚子后,由于钱业大量倒闭,钱业公所也停止了活动。1905 年,天津商务公所改组为商务总会,整顿规划商务。津埠钱商提出恢复钱业公所,并附设于商务总会,这恰恰顺应了形势的需要。天津开埠后,尤其是自 19 世纪 90 年代以来,商务日繁,金融活动自然越来越多。庚子后又经历多次风潮,使钱业深刻意识到如何防止流弊,开办京申电汇行市,研究钱业改良,联络众钱业,诸多事务需要一个更为健全的组织。1909 年,天津钱商提出成立钱商公会,使得钱业组织更为规范。

第三,银钱业组织经营方式的改变。

20 世纪初,天津金融市场的几大金融势力中,资力较大的票号、外商银行遇到金融风潮,便会明哲保身,从而很少遭受损失。钱庄资力较弱,“钱庄银炉货行均壮外观,核其资本,多者不过数万,少者数千数百,闻之令人骇听”[125]。但钱庄与天津商务关系至深,以至每遇风潮,钱庄都深陷其中,大量倒闭,损失惨重。在这一次次的风潮中,天津钱庄吸取了教训,“自庚子事变大倒闭风潮以后,组织和管理大有改进,一般独资的自东自伙的小型钱庄陆续消灭和改组,新创立的钱庄都扩大资本改为合伙组织。例如 1907 年创立的恰源银号资本银元十万元,1914 年创立的晋丰银号资本为行平银十万两,由此,以后大型钱庄的资本就以十万元为标准”。内部分工也相应更加明确,“人员组织设监理、经理、副经理和襄理,内部设营业、会计、出纳、文书和总务等课股,分别派专人负责”[126]。天津钱业历经多次风潮的洗礼,经营作风越来越稳健,民国后逐渐成为天津金融市场的一支主要力量。

综观 20 世纪初天津官商面对金融风潮所采取的对策,应该说是起到一定作用的,一些风潮得到解决,有些即使没能解决,也得到不同程度的缓解。正因为如此,才使得天津金融业在动荡的环境中为天津对外贸易的发展提供了基本的保障。不过,这些应对金融风潮的对策多是着眼于缓解风潮眼前的紧急状态,很少从更深层次上进行制度性建设,建立稳定的机制,也就不能从根本上祛除金融风潮赖以发生的基础。从货币信用制度来说，它没能随着贸易规模的扩大从整体上进行变革，反而更加混乱，这使得货币制度某一方面的变革，如对银钱票的规范，设置评估白银成色的公估机构显得苍白无力，以致当社会经济进一步发展时，货币制度的整体缺陷在更多环节暴露出来，由此引发的金融风潮就更加频繁、激烈。

综上所述，清末天津的金融风潮，发生于天津对外贸易的较快发展的过程之中，表明天津金融市场面临这样的变局所显现出的明显的不适应。对外贸易的发展，要求金融业也相应发展，以为贸易提供资金融通和调剂的便利，但天津金融业无论是从规模，还是制度变迁来看，都不能使之很好地充当这一角色。而面对金融风潮，各市场主体所采取的应对措施主要是针对性的，很少制度性建设。这些反映了各金融主体自身的发展还很幼稚，还不能从更深层上寻求解决问题的办法，同时也体现了处于初步发展中的经济的特征，这样的经济也没给各种市场主体提供一个解决问题的更好的背景。至于各类市场主体在应对金融风潮中的各自不同的表现，以及从中窥知的面对变局他们自身所发生的变化以及未来的命运，当另文分析。

注：

① 杨固之，谈在唐，张章翔：《天津钱业史略》，《天津文史资料选辑》第20辑，天津人民出版社1982年版，第97—98页。

②③㉛ 吴弘明等整理：《津海关年报档案汇编》(下册)，天津社会科学院历史研究所1993年版，第120页。

④ 天津市档案馆等编：《天津商会档案汇编(1903—1911)》，天津人民出版社1989年版，第328页。

⑤⑥ 天津市档案馆等编：《天津商会档案汇编(1903—1911)》，天津人民出版社1989年版，第333页。

⑦61118 蒋原寰：《直督任上袁世凯天津纪事》，天津市历史博物馆馆刊1988年(2)。

⑧ 周启邦：《中国造币厂之沿革》，《中央银行月报》5卷1号，1936年1月。

⑨ 神津助太郎：《银两汇兑之比价》，《商学汇报》(1)，1927年10月。

⑩《铸铜圆本利简明表》，《东方杂志》第2年第9期，1905年9月。

⑪⑬ 梁启超：《各省滥铸铜圆小史》，《饮冰室合集·文集》卷21。

⑫ 陈度：《中国近代币制问题汇编》第1册。

⑭《天津海关1892—1901年十年调查报告书》，《天津历史资料》第4辑，1965年10月。

⑮ 袁世凯：《推广鼓铸以资周转折(光绪三十年五月二十日)》《养寿园奏议辑要》卷28。

⑯ 天津市档案馆等编：《天津商会档案汇编(1903—1911)》，天津人民出版社1989年版，第403页。

⑰《市面行情》，《大公报》1903年05至11各日，《铜圆涨价》，《大公报》1904年4月24日。

⑱ 天津市档案馆等编：《天津商会档案汇编(1903—1911)》，天津人民出版社1989年版，第413页。

⑲ 天津市档案馆等编：《天津商会档案汇编(1903—1911)》，天津人民出版社1989年版，第421页。

⑳ 天津市档案馆等编：《天津商会档案汇编(1903—1911)》，天津人民出版社1989年版，第420页。

㉑ 天津市档案馆等编：《天津商会档案汇编(1903—1911)》，天津人民出版社1989年版，第445—446页。

㉒《大公报》1908年9月19日。

㉓ 谢鹤声、刘嘉琛：《天津近代货币演变概述》，《天津文史资料选辑》第40辑，天津人民出版社1987年版。

㉔㉖ 天津市档案馆等编：《天津商会档案汇编(1903—1911)》，天津人民出版社1989年版，第354页。

㉕㉘ 天津市档案馆等编：《天津商会档案汇编(1903—1911)》，天津人民出版社1989年版，第361页。

㉗ 天津市档案馆等编：《天津商会档案汇编(1903—1911)》，天津人民出版社1989年版，第359页。

㉙㊳ 吴弘明等整理：《津海关年报档案汇编》(下册)，天津社会科学院历史研究所1993年版，第183页。

㉚ 吴弘明等整理：《津海关年报档案汇编》(下册)，天津社会科学院历史研究所1993年版，第184页。

㉛66 天津市档案馆等编：《天津商会档案汇编(1903—1911)》，天津人民出版社1989年版，第358页。

㉜67 天津市档案馆等编：《天津商会档案汇编(1903—1911)》，天津人民出版社1989年版，第360页。

㉝⑫③⑫④ 天津市档案馆等编:《天津商会档案汇编(1903—1911)》,天津人民出版社1989年版,第362页。

㉞ 宋美云:《近代天津商会》,天津社会科学院出版社2002年版。

㉟㊵《天津海关十年报告书(1902—1911)》,《天津历史资料》第13辑,1981年10月。

㊱ 吴弘明等整理:《津海关年报档案汇编》(下册),天津社会科学院历史研究所1993年版,第170页。

㊲⑦⓪⑦⑧《天津筹议布商积欠洋商货款详情》,《华商联合报》(3),1909年2月。

㊴ 吴弘明等整理:《津海关年报档案汇编》(下册),天津社会科学院历史研究所1993年版,第196页。

㊶ 天津市档案馆等编:《天津商会档案汇编(1903—1911)》,天津人民出版社1989年版,第28—29页。

㊷ 雷穆森:《天津——插图本史纲》,《天津历史资料》第2辑,(2),1964年9月。

㊸《天津商会档案全宗》,128-3-2565。

㊹ 胡光明:《长芦盐务风潮平息的过程》,丁长清编:《近代长芦盐务》,中国文史出版社2001年版。

㊺ 华克格:《长芦盐务风潮中的"十大累商案"》,丁长清编:《近代长芦盐务》。

㊻ 叶世昌、潘连贵:《中国古近代金融史》,复旦大学出版社2001年版。

㊼ 天津市档案馆等编:《天津商会档案汇编(1903—1911)》,天津人民出版社1989年版,第635页。

㊽ 中国人民银行上海分行编:《上海钱庄史料》,上海人民出版社1960年版。

㊾ 天津市档案馆等编:《天津商会档案汇编(1903—1911)》,天津人民出版社1989年版,第575页。

㊿⑤④ 天津市档案馆等编:《天津商会档案汇编(1903—1911)》,天津人民出版社1989年版,第607页。

⑤① 天津市档案馆等编:《天津商会档案汇编(1903—1911)》,天津人民出版社1989年版,第590页。

⑤② 天津市档案馆等编:《天津商会档案汇编(1903—1911)》,天津人民出版社1989年版,第592页。

⑤③ 天津市档案馆等编:《天津商会档案汇编(1903—1911)》,天津人民出版社1989年版,第613页。

⑤⑤ 严中平等:《中国近代经济史统计资料选辑》,科学出版社1955年版。

⑤⑥ 姚洪卓:《近代天津对外贸易》,天津社会科学院出版社1993年版,第250—257页。表中进口值指洋货、土货的净进口值,出口值指土货出口净值。

⑤⑦ 历年海关年度报告,见《津海关年报档案汇编》(上册)、(下册),1993年4月。表中所列数字多数为白银,一些年份黄金数量较大,有些年份的数字里还包括少量的制钱。

⑤⑧ 吴弘明等整理:《津海关年报档案汇编》(下册),天津社会科学院历史研究所1993年版,第110页。

⑤⑨ 吴弘明等整理:《津海关年报档案汇编》(下册),天津社会科学院历史研究所1993年版,第57页。

⑥⓪ 吴弘明等整理:《津海关年报档案汇编》(下册),天津社会科学院历史研究所1993年版,第138页。

⑥② 彭信威:《中国货币史》,上海人民出版社1958年版。

⑥③⑦⑤《天津商会档案全宗》,128-3-4-1822。

⑥④⑪⑦ 天津市档案馆等编:《天津商会档案汇编(1903—1911)》,天津人民出版社1989年版,第370页。

⑥⑤ 天津市档案馆等编:《天津商会档案汇编(1903—1911)》,天津人民出版社1989年版,第384页。

⑥⑧ 天津市档案馆等编:《天津商会档案汇编(1903—1911)》,天津人民出版社1989年版,第430页。

⑥⑨ 吴弘明等整理:《津海关年报档案汇编》(下册),天津社会科学院历史研究所1993年版,第170页。

⑦② 吴弘明等整理:《津海关年报档案汇编》(下册),天津社会科学院历史研究所1993年版,第182页。

⑦③ 吴弘明等整理:《津海关年报档案汇编》(下册),天津社会科学院历史研究所1993年版,第183—184页。

⑦④ 吴弘明等整理:《津海关年报档案汇编》(下册),天津社会科学院历史研究所1993年版,第218页。

⑦⑥ 天津市档案馆等编:《天津商会档案汇编(1903—1911)》,天津人民出版社1989年版,第591页。

⑦⑦ 天津市档案馆等编:《天津商会档案汇编(1903—1911)》,天津人民出版社1989年版,第578页。

⑦⑨ 天津市档案馆等编:《天津商会档案汇编(1903—1911)》,天津人民出版社1989年版,第620页。

⑧⓪ 天津市档案馆等编:《天津商会档案汇编(1903—1911)》,天津人民出版社1989年版,第345页。

⑧① 天津市档案馆等编:《天津商会档案汇编(1903—1911)》,天津人民出版社1989年版,第342页。

㉜ 天津市档案馆等编:《天津商会档案汇编(1903—1911)》,天津人民出版社 1989 年版,第 532 页。

㉝㉞ 英夫,朱继珊:《天津钱业与钱业同业公会》,《天津工商史料丛刊》第 7 辑,天津人民出版社 1987 年版,第 19、20 页。

㉟《期款缓提》,《大公报》1912 年 1 月 2 日。

㊱ 天津市档案馆等编:《天津商会档案汇编(1903—1911)》,天津人民出版社 1989 年版,第 3329 页。

㊲ 天津市档案馆等编:《天津商会档案汇编(1903—1911)》,天津人民出版社 1989 年版,第 534 页。

㊳ 天津市档案馆等编:《天津商会档案汇编(1903—1911)》,天津人民出版社 1989 年版,第 537 页。

㊴ 天津市档案馆等编:《天津商会档案汇编(1903—1911)》,天津人民出版社 1989 年版,第 621—624 页。

㊵ 天津市档案馆等编:《天津商会档案汇编(1903—1911)》,天津人民出版社 1989 年版,第 533—536 页。

㊶ 天津市档案馆等编:《天津商会档案汇编(1903—1911)》,天津人民出版社 1989 年版,第 626 页。

㊷ 天津市档案馆等编:《天津商会档案汇编(1903—1911)》,天津人民出版社 1989 年版,第 633—634 页。

㊸ 天津市档案馆等编:《天津商会档案汇编(1903—1911)》,天津人民出版社 1989 年版,第 435—436 页。

㊹ 天津市档案馆等编:《天津商会档案汇编(1903—1911)》,天津人民出版社 1989 年版,第 426—427 页。

㊺ 天津市档案馆等编:《天津商会档案汇编(1903—1911)》,天津人民出版社 1989 年版,第 443 页。

㊻⑩⑩ 天津市档案馆等编:《天津商会档案汇编(1903—1911)》,天津人民出版社 1989 年版,第 444 页。

㊼⑭天津市档案馆等编:《天津商会档案汇编(1903—1911)》,天津人民出版社 1989 年版,第 460 页。

㊽ 天津市档案馆等编:《天津商会档案汇编(1903—1911)》,天津人民出版社 1989 年版,第 432 页。

㊾ 天津市档案馆等编:《天津商会档案汇编(1903—1911)》,天津人民出版社 1989 年版,第 439 页。

⑪ 天津市档案馆等编:《天津商会档案汇编(1903—1911)》,天津人民出版社 1989 年版,第 477—478 页。

⑫⑰ 天津市档案馆等编:《天津商会档案汇编(1903—1911)》,天津人民出版社 1989 年版,第 480 页。

⑬ 天津市档案馆等编:《天津商会档案汇编(1903—1911)》,天津人民出版社 1989 年版,第 429—435 页。

⑮ 天津市档案馆等编:《天津商会档案汇编(1903—1911)》,天津人民出版社 1989 年版,第 450 页。

⑯ 天津市档案馆等编:《天津商会档案汇编(1903—1911)》,天津人民出版社 1989 年版,第 463 页。

⑱⑲ 天津市档案馆等编:《天津商会档案汇编(1903—1911)》,天津人民出版社 1989 年版,第 463 页。

⑪⑭ 天津市档案馆等编:《天津商会档案汇编(1903—1911)》,天津人民出版社 1989 年版,第 456 页。

⑫ 天津市档案馆等编:《天津商会档案汇编(1903—1911)》,天津人民出版社 1989 年版,第 444—448 页。

⑬ 天津市档案馆等编:《天津商会档案汇编(1903—1911)》,天津人民出版社 1989 年版,第 458—459 页。

⑮《天津都统衙门告谕汇编》,《天津历史资料》第 15 辑,1982 年 8 月 20 日。

⑯ 天津市档案馆等编:《天津商会档案汇编(1903—1911)》,天津人民出版社 1989 年版,第 652 页。

⑲《天津商会档案全宗》,《128-3-4-1 822》。

⑳ 天津市档案馆等编:《天津商会档案汇编(1903—1911)》,天津人民出版社 1989 年版,第 591 页。

㉑㉒ 天津市档案馆等编:《天津商会档案汇编(1903—1911)》,天津人民出版社 1989 年版,第 371 页。

㉕ 天津市档案馆等编:《天津商会档案汇编(1903—1911)》,天津人民出版社 1989 年版,第 339—

340 页。

⑯ 杨固之，谈在唐，张章翔：《天津钱业史略》，《天津文史资料选辑》第 20 辑，天津人民出版社 1982 年版，第 105 页。

（《史学月刊》2005 年第 2 期）

从北洋三口发展的历史脉络看中国近代化历程

许 檀

天津、营口、烟台是第二次鸦片战争后外国侵略者在北方开设的三大通商口岸。实际上,这三个城市都是清代前期随着沿海贸易的发展而崛起的,到清代中叶已是北方沿海三省中税收额最高的港口。它们之所以被选为北方沿海的第一批通商口岸,完全是因为它们当时在沿海贸易中的重要地位。然而,在近代史论著中对它们在开埠之前的发展水平往往评价过低,这一方面夸大了帝国主义对中国经济发展的影响,另一方面也忽视了中国传统经济内在的发展动力。本文将分别考察清代前期沿海贸易与天津、营口、烟台三个港口城市发展的历史脉络,并在此基础上对中国近代化的研究谈一点个人看法。

一、天津

天津位于华北平原东北部,渤海湾西岸,西北距京师仅200余里。北运河、永定河、大清河、子牙河、南运河等在此汇流为海河,东注入海。

天津的前身为直沽寨,元代江南漕粮由海运北上抵直沽,经北运河转运京师。明成祖起兵“靖难”,“自小直沽渡跸而南”,遂将直沽赐名“天津”。永乐二年(1404年)天津设卫建城,清初撤卫设州,旋又升为府城。

永乐十三年(1415年)会通河成,罢海运,漕粮改由运河北上,天津成为运河漕运的枢纽站。弘治年间政府允许漕运官兵每船搭载10石“土宜”沿途货卖,“免其征税”,嘉靖万历年间陆续加增至60石,随漕贸易成为天津商业的重要组成部分。随着运河漕运的兴盛,天津城市商业逐渐发展,城外运河沿岸“南艘鳞集”,市声鼎沸,渐成街市。康熙元年清政府将明代设于河西务的钞关移驻天津,运河商船于此验关纳税。

天津商业的大规模发展是在清代。康熙中叶海禁开放之后,天津再次成为海贸港口。雍正年间已有大量闽广海船北上天津。据档案记载,雍正七年(1729年)六月有“闽船十只装载客货到津”;七月又有闽广商船12只“陆续抵关”。雍正九年(1731年)六月至九月,有53只海船抵津,其装载商货计有白糖、松糖34 000余包,粗细磁器49万件,纸张48 000余篓,茶叶2 100余篓,苏木22 800余斤,以及各种南方果品、药材、杂货等。乾隆年间来津贸易的南方海船数量进一步增加,乾隆五年(1740年)有70余只,六年(1741年)为90余只,八年(1743年)为105只。乾隆年间福建、广东商人在天津建立闽粤会馆,地点在北门外针市街;光绪时广东商人又在鼓楼南大街新建广东会馆①。

乾隆中叶西洋商船来华贸易数量增加,各种洋货也随着闽广商船大量贩运到津。天津原有的洋货行已不足以应付,遂另外开设洋货局栈九家,共同经营洋货的起卸、贮存与发售。嘉庆四年(1799年)天津地方政府文告记载其缘起称:“津邑地方历来闽粤等省洋、沙船只进口贸易,恐人地生疏,设立洋货起卸行代客评价出售。惟洋船进出俟风帆顺利为期,迟速不一。货物到津查验后需卸贮,以便归帆。但洋行既少,房屋无多,所来货物不能及时起卸,是以又有开设洋货局栈之九家,此洋行、局栈所由来也。”②

清代前期天津与东北的贸易也有很大发展,其贸易商品以粮食为最大宗。天津与东北的粮食贸易始于康熙朝,雍正、乾隆年间清政府曾多次下令“若有自海运粮之商人不必禁止,听其运至天津贸易,不许他往”;“奉天海洋运米赴天津等处之商船听其流通,不必禁止”③。不过,此时清政府对东北粮食的输出品种、数量和地点尚有诸多限制。乾隆中叶以降随着东北开发的深化,其粮食供给能力大大提高,清政府对东北粮食输出的限制也最终解禁。赴东北贩粮的商船康熙时"不过十数艘",乾隆年间增至数百艘。据统计,乾隆四十三年(1778年)六月至十月前往锦州贩粮的天津商船就有199只,其中"往回三次者四十四只,二次者九十只",共计377船次[④]。又据监察御史牟昌裕所言:"天津一县向来以商贩东省粮石营生者,每岁约船六百余只,每船往返各四五次或五六次不等。"[⑤]此外,有相当一部分南方海船也参与了天津与东北的贸易。如乾隆四十九年(1784年)三月苏州府元和县船户蒋隆顺等装载生姜到天津交卸,其后多次受雇前往关东装粮,分别运至天津和山东黄县等地。该船在渤海湾内天津、关东、山东之间往返数次,历时达一年半之久[⑥]。

随着沿海贸易的发展,天津在经济上迅速崛起。道光年间天津已发展为一个有20万人口的商业城市,在城市人口中经商人口所占比例高达50%以上。天津从江浙、闽广输入的商品以糖、茶、纸张、磁器、洋广杂货等为大宗,从东北输入的主要是粮食。这些商品除供天津本地消费外,很大部分转运北京,也有一部分沿运河南下销往直隶、山东。海船从天津南贩的商货主要是枣、梨、核桃、大豆、花生、药材等,其中以红枣、乌枣为最大宗。这些商品多来自天津腹地的广大农村,药材等货则来自河南、陕甘,甚至新疆[⑦]。

天津的兴起以漕运为基础,清代沿海贸易的发展推动了天津经济的发展,使其作为商业城市迅速崛起,到清代中叶天津已是北方沿海最大的港口城市。1860年《北京条约》签订,天津被西方列强定为通商口岸被迫开埠,而其作为海港城市的基础实际上是在清代前期奠定的。

二、营口

营口是随着东北沿海贸易的发展而兴起的,清代中叶逐渐取代锦州成为东北沿海税收额最高的港口。然而,营口开埠之前的历史一直未引起应有的关注,有不少学者认为东北开设的第一个通商口岸是牛庄,后改为营口。实际上,东北开设的第一个通商口岸就是营口。

牛庄,明代属辽东都司之海州卫,清代属奉天府海城县。牛庄城位于海城县西40里,始建于后金天命八年(1623年),清顺治元年(1644年)置牛庄城防守尉,设章京驻防。牛庄是东北境内最早的海运码头之一,明代由海路向辽东运送军需物品多运至此。清代海禁开放之后,从康熙中叶到乾隆中叶是牛庄作为海船贸易码头发展最盛的时期。其后由于辽河淤浅,海船码头向下游转移,这里成为内河船只的停泊码头。

营口原名没沟营,清代前期为盖平、海城两县分辖,清末分置营口县。据民国《盖平县志》记载,营口"营为海城、盖平分辖,以老爷阁为界,曰东没沟营、西没沟营,东属盖平,西属海城,南省则总称之为牛庄"。《营口县志》记载了辽河沿线海运码头的迁移变化经过:"营口为辽河下游之口岸,奉省沿海一大商埠也……辽河港口旧在营口上游三十海里,地曰白华沟,以河底逐年淤塞,巨舟不能容,乃移向下游右岸之田庄台寄碇焉。曾不数年此地亦患淤浅,复移向下游左岸之兴隆台;阙后是处又淤塞,乃三迁而至于今之营口,时在前清道光初年。"

清末铁路修建之前,辽河是东北地区最重要的南北运输干线。不仅牛庄、营口,还有白华沟、田庄台、兴隆台等都曾作为海船停泊的港口。从清初到中叶的一百余年间,由于辽河的不断淤塞,海船贸易港口逐渐下移,最终移至距离海岸最近的营口。不过,营口成为辽河海口码头的时间最迟不会晚于嘉庆初年,而不是道光初年。中国第一历史档案馆所藏关税档案中有一份"清单",较详细地开列了嘉庆二、三两年东北沿海各口出入船只及所征税银,现摘录如下:

锦州属天桥厂、小马蹄沟二海口,出入沙、鸟、卫船1 365只,征税银25 606.996两;比较前任监督德新任内计船多275只,所征税银少17 372.731两。

牛庄属没沟营、耿隆屯二海口,出入沙、鸟、卫船728只,征税银21 899.588两;比较前任监督德新任内计船少325只,所征税银少15 628.075两。

所谓"牛庄属没沟营、耿隆屯二海口"无可争辩地证实,此时的没沟营(即营口)已是辽河最主要的海口码头之一,属牛庄驻防城所辖。至于耿隆屯海口,确切地点不详。据上引"清单"记载,嘉庆二年(1797年)"牛庄属没沟营"等二海口征收税银37 527两,嘉庆三年(1798年)为21 899两,分别占当年东北沿海税收总额的31%和26%;嘉庆二年"牛庄属没沟营"等二海口进出船只1 053只,嘉庆三年为728只,分别占船只总数的30%和22%。在东北沿海20余个港口中仅次于锦州,居第二位[⑧]。

道光十九年(1839年)四月二十三日盛京将军耆英的奏报称:“自开河以来没沟营商船已有八百五十九只,其余各海口自数十只至百余只不等……惟没沟营船只最多。”[⑨]东北沿海港口除最南端的金州为不冻港外,每年十一月至次年正月系封河期,从二月开河至四月二十三日不足三个月时间,没沟营已进出商船859只,超过嘉庆三年与耿隆屯合计的728只之数;即便与税收额最高的嘉庆二年相比,也已达该年进出船只总数1 053只的80%。可以肯定此时的没沟营与嘉庆初年相比,其贸易量及税收额都有很大的增长。

咸丰十年(1860年)清政府更定奉天海口税则,“增收黄豆、豆饼、包头、油篓四税”,共加增盈余银8万两[⑩]。此次增税主要是以没沟营海口为加征对象,山海关监督乌勒洪额对此有一个说明:“查山海关所属税口三十余处,旱口如清河门、梨树沟等二十余处俱属山路,车辆甚少,所有货物多系驮载肩挑”,收税无多;“海口如锦州、熊岳、鲍家码头等口共十余处,因沙淤水浅亦有闭塞,即到船之海口难期畅旺”;“惟牛庄所属之没沟营口为南省船只辐辏,该关课额攸关。闻得前数年关东丰收之时,没沟营口所收包头、油篓税银尚属畅旺,所有海、旱各口办公费用皆由此项酌拨,而闭塞之旱口、淤浅之海口所亏正额亦赖此项抵补。是以原奏由包头、油篓税银项下加增课额”[⑪]。这里所谓“前数年”应是指咸丰初年或者道光末年。在嘉庆初年的税收统计中,“牛庄属没沟营”等海口税收虽低于锦州,但也只差三五千两。此后的数十年中没沟营的贸易有大幅度增长,而锦州海口却因“沙淤水浅”正额时有亏损,需要靠没沟营所征税银抵补。可以确定,最迟在道光末或者咸丰初,没沟营在东北沿海贸易中的地位已超过锦州,成为税收额最高的海口。

咸丰九年(1859年)二月办理海防事务的钦差大臣僧格林沁曾十分明确地说:“没沟营为奉省咽喉重地,各处商船即在彼停泊,不能驶至牛庄。查上年和约内,原有牛庄通商之议,设使夷人必欲前往牛庄,应由该将军委员明白晓谕,各处商贾皆在没沟营聚集,俗谓赴牛庄者即系没沟营地方,牛庄并无商贾行肆。”[⑫]也就是说,咸丰八年(1858年)的《中英天津条约》定牛庄为通商口岸,但此时的牛庄城因辽河淤浅,海船已不能抵达,辽河海口真正的海船停泊码头是营口。《海城县志》对此也有明确记载:“营口在辽河左岸,距牛庄九十里。海禁未开时,南商浮海由三岔河至萧姬庙河口登陆,入牛庄市场。嗣后河流淤浅不能深入,因就此为市。咸丰八年与英人订约通商仍沿牛庄旧称,实则以营口为市场。”[⑬]

以上考察可见,所谓“牛庄”实际上有狭义和广义之别,狭义的牛庄系指海城县西40里的牛庄城;广义的牛庄是指牛庄驻防城所辖之海口,也就是辽河海口码头的总称,其具体地点在乾隆年间经历了一个从牛庄→田庄台→营口的迁移过程,至乾隆末嘉庆初已移至营口。最迟在道光末年或咸丰初年,营口已成为东北沿海税收额最高的海口。第二次鸦片战争后东北开设的第一个通商口岸虽名“牛庄”,但其实际地点则是营口。

三、烟台

烟台属登州府福山县,位于山东半岛北岸,是清中叶前后发展起来的港口城镇。在近代史著作中有人将开埠之前的烟台称作一个“渔村”,这与历史实际不符。关于烟台的兴起,民国《福山县志稿·商埠志》中有这样一段记载:

> (烟台)明为海防,设奇山所驻防军。东通宁海卫,西由福山中前所以达登州卫,设墩台狼烟以资警备。其始不过一渔寮耳。渐而帆船有停泊者,其入口不过粮石,出口不过盐鱼而已,时商号仅三二十家。继而帆船渐多,逮道光之末,则商号已千余家矣。维时帆船有广帮、潮帮、宁波帮、关里帮、锦帮之目……

“其始不过一渔寮耳”,这或许就是将烟台称为“渔村”的依据了。但是,如果我们仔细阅读这段记载即可看出,短短的几行文字实际上概括了烟台从明初至清代“道光之末”数百年的发展脉络,也充分显示了烟台作为港口城镇是随着沿海贸易的发展而发展起来的。明初,烟台为登州卫属地,为军事目的在此设立墩台“以资警备”,烟台即以此得名。此时的烟台不过是一个渔村。其后随着沿海贸易的发展,渐有帆船来泊,开设商号“三二十家”,“其入口不过粮石,出口不过盐鱼而已”。乾隆以降,随着北洋贸易的大规模发展和东北地区开发的深化,扼距渤海湾入口的烟台成为商船往来出入的必经之地,各帮商人多来此贸易,帆船停泊渐多;到道光末年,在烟台开设的商号已达千余家,经常往来于此的商帮有广帮、潮帮、建帮、宁波帮、关里帮、锦帮等等。此时的烟台显然已不再是一个渔村,而成为山东半岛重要的港口城镇。

税收资料提供了更为有力的证据。咸丰九年(1859年)烟台所在的福山县沿海贸易税收为12 123两,占山东沿海14州县海口税收的28.6%。此时烟台尚未开埠,故税收额反映的状况应是百余年来山东沿海帆船贸易发展而形成的格局。郭嵩焘的奏报对此有一个说明:"烟台为南北之冲,海船经过收泊较多于他处,故以此一口(收税)为较盛。"英国驻烟台领事馆在《1865年烟台贸易报告》中也写道:"在《天津条约》签订之前,烟台的贸易已表明它是一个重要之地","将近三十年来,它和渤海湾的其他几个港口一起成为欧洲与中国商品的巨大贸易中心"⑭。也就是说,最迟在道光中叶烟台已成为西方商品输入华北的重要转运码头。第二次鸦片战争后,烟台在山东诸口中首先被外国侵略者看中选为通商口岸,显然是由于当时它在山东沿海贸易中的地位,而绝非侵略者的拓荒之举。

四、关于中国近代化研究的一点思考

清代自康熙中叶开放海禁,沿海贸易得以迅速发展,到清代中叶它已取代运河成为南北贸易最重要的流通干线。随着海贸的发展,一批港口城市迅速崛起。鸦片战争后帝国主义列强在沿海选择的通商口岸,主要就是这些清代前期发展起来的港口城市。

在1840—1860年代我国沿海开设的九个通商口岸中(见表1),第一次鸦片战争后开设的5个口岸,正是康熙二十四年(1685年)清政府在东南沿海设立的江、浙、粤、闽四海关,其关署分别设在上海、宁波、广州、厦门和福州(闽海关有两处衙署)。它们在清代前期一百数十年的南北贸易中得到很大发展,已成为东南沿海重要的流通枢纽。其中广州、上海发展最著,厦门、福州、宁波稍次之,而潮州则是粤海关的一个重要分税口。第二次鸦片战争后开设的北洋三口中,天津发展较早,营口和烟台的崛起是在乾隆—道光年间。

表1　1840—1860年代沿海开放的通商口岸

口岸名	所在省份	开放年月
广州	广东	1843年7月
厦门	福建	1843年11月
上海	江苏	1843年11月
宁波	浙江	1844年1月
福州	福建	1844年7月
潮州	广东	1860年1月
天津	直隶	1861年1月
营口	奉天	1861年4月
烟台	山东	1862年1月

实际上,中国近代市场体系的建立是以明清时期发展起来的城乡市场网络为基础的。19世纪中叶西方资本主义入侵之后,并不是创建了一个新的市场体系,而是利用和部分地改造了中国原有的市场体系来为之服务。鸦片战争后帝国主义列强选择的通商口岸都是原来重要的流通枢纽,它们或者是中央一级的税关所在地,或者是地区性的商业中心。但在近代史的论著中,对这些通商口岸城市开埠之前的发展水平往往评价过低,这一方面夸大了帝国主义对中国经济发展的影响,另一方面也忽视了中国传统经济内在的发展动力。例如:近代史论著中往往把天津开埠之后的发展表述为从一个漕运城市转变为海港城市,实际上天津的这一转变过程早在雍正、乾隆年间就已经开始了。更为典型的例子是,把开埠前的烟台、营口称作"一个渔村",或一片海滩。上海的定位也存在类似问题,有学者将开埠之前的上海描述为不过是全国"1 300多个县城当中规模并不算宏大"的一个,这是不符合历史实际的。我们并不否认上海开埠之后的飞速发展,需要强调的是,它作为东部沿海最大的港口城市的地位实际上在乾隆—道光年间已经奠定。

传统经济的近代化是一个较长的历史演进过程。然而,长期以来我们的研究以1840年为界划分为古代史(封建社会)和近代史(半封建半殖民地社会)两大段。明清史的研究大多到乾嘉年间戛然而止,近代史的研究则以鸦片战争为起点,两大部分互不相接,各唱各调,在相当程度上忽视了历史发展的连续性。近年来已有不少学者呼吁打破1840这一界标。以1840年作为近代化研究的起点,一个最大的弊端就是将历史人为地割断,因而使中国的近代化历程成为无源之水,无根之木。换言之,这种分期在很大程度上限制了中国近代化过程的研究,使之很难真正摆脱"冲击—反应"模式的影响。这一点,在通商口岸研究中尤为明显。

经济的发展有其连续性。近代化是一个历史的过程。中国的近代化过程无疑渗入了外来势力的影响,但不能因此忽视中国传统经济内在的发展动力。认真考察通商口岸城市开埠之前的发展脉络,对我们深化关于中国近代化的研究,具有十分重要的意义。

注:

①⑦ 许檀:《清代前期的沿海贸易与天津城市的崛起》,《城市史研究》(第13—14辑),天津古籍出版社1997年版。

② 郭蕴静:《清代商业史》,辽宁人民出版社1994年版,第168页。

③ (乾隆)《天津县志》卷1。

④《宫中档乾隆朝奏折》(第45辑),台湾故宫博物院1984年版,第672页。

⑤ (光绪)《栖霞县志》卷9。

⑥《历代宝案》第2集,卷73。

⑧ 许檀:《清代前中期的沿海贸易与营口的兴起》,《福建师范大学学报》2004年第1期。

⑨ 中国第一历史档案馆:《鸦片战争档案史料》(第1册),天津古籍出版社1992年版,第557页。

⑩《清史稿》卷125页。

⑪《咸丰十一年二月乌勒洪额折》。

⑫ (咸丰)《筹办事务始末》卷35。

⑬ (宣统)《海城县志》,商埠条。

⑭ 丁抒明:《烟台港史》,人民交通出版社1988年版,第22页。

[《天津师范大学学报》(社会科学版)2005年第1期]

解开天津右卫创建史上的两个谜团

南炳文

明成祖"靖难"成功后,在今天津地区先后创建天津卫、天津左卫和天津右卫,这成为天津市设卫建城的开始。其中关于天津右卫的创建,有两个谜团,尚未有人加以解释,这两个谜团不仅涉及天津右卫本身的掌故,而且关系天津设卫建城的时间,甚有解释的必要。兹就考察所得,试加解释。

一、关于天津右卫的创建时间

迄今为止,凡谈天津右卫创建时间者,无不说是永乐四年(1406年)。其最早的史料依据,乃为《明太宗实录》卷61永乐四年十一月甲子(八日)记事:"改青州右卫为天津右卫。"①其后,官私史志等书皆沿其说。如明景泰年间所纂官书《寰宇通志》卷2《河间府·公廨》称:"(永乐)四年,调天津右卫守御。"②明清之际人谈迁所著《国榷》卷14永乐四年十一月甲子(八日)记事称:"青州右卫改天津右卫。"③清康熙十三年(1674年)薛柱斗纂《天津卫志》卷1《沿革》之"卫名"条下注云:"(永乐)四年,调补右卫。"④《寰宇通志》修成后,适逢明英宗复辟,为使景帝不得擅有撰修全国通志的美誉,明英宗令李贤等对此书加以增删,成《大明一统志》一书,其中关于天津右卫创建时间的文字,大体沿用《寰宇通志》之旧;至乾隆四年(1739年)刊行之《天津县志》,关于天津右卫创建时间的记载,又直接转引《大明一统志》之记载,称:按《明一统志》:"……(永乐)四年,复调天津右卫以守备。"⑤

这样说来,天津右卫创建时间为永乐四年似无任何疑义。但事情原非如此简单。就在最早记载天津右卫创建于永乐四年的《明太宗实录》中,于其卷17永乐元年(1403年)二月辛亥(四日)记事内,有如下一条记事:"以燕山左、燕山右、燕山前、大兴左、济州、济阳、真定、遵化、通州、蓟州、密云中、密云后、永平、山海、万全左、万全右、宣府前、怀安、开平、开平中、兴州左屯、兴州右屯、兴州中屯、兴州前屯、兴州后屯、隆庆、东胜左、东胜右、镇朔、涿鹿、定边、玉林、云川、高山、义勇左右中前后、神武左右中前后、武成左右中前后、忠义左右中前后、武功中、卢龙、镇虏、武清、抚宁、天津右、宁山六十一卫,梁成、兴和、常山三守御千户所,俱隶北京留守行后军都督府。"⑥这就是说,在永乐四年以前三年,"天津右卫"这一名称就已经出现在明政府的档案之中了。这是否意味着这时天津右卫已经创建?如果回答是肯定的话,那么所谓永乐四年创建天津右卫之说就不能成立了。这显然是天津右卫创建问题中的一个谜团有待破解。由于天津右卫创建于永乐四年之说有大量史料记载作支持,因而破解这个谜团的关键似乎在于能够说明《明太宗实录》卷17永乐元年二月辛亥(四日)记事中虽然记有"天津右卫",但并不意味着这时天津右卫已经创建。对于这一点,笔者经过调查分析有关资料,圆满地解决了问题。

笔者逐个调查了《明太宗实录》卷17永乐元年二月辛亥(四日)记事中所载各卫所(天津右卫除外)的创建时间,其结果为:

燕山左卫:《明太祖实录》卷34洪武元年(1368)八月癸未记载:"诏大将军徐达置燕山等六卫,以守御北平。于是达改……乐安卫为燕山左卫。"可见,燕山左卫创建于洪武元年八月。

燕山右卫:《明太祖实录》卷34洪武元年八月癸未记载:"诏大将军徐达置燕山等六卫,以守御北平。于是达改……济宁卫为燕山右卫。"可见,燕山右卫创建于洪武元年八月。

燕山前卫:《明太祖实录》卷44洪武二年(1369)八月庚寅记载:"置燕山前后二卫。"可见,燕山前卫创建于洪武二年八月。

大兴左卫:《明太祖实录》卷34洪武元年八月癸未记载:“诏大将军徐达置燕山等六卫,以守御北平。于是达改飞熊卫为大兴左卫。”可见,大兴左卫创建于洪武元年八月。

济州卫及济阳卫:《明太祖实录》卷55洪武三年(1370年)八月记载:“(是月)改设彭城、济阳、济州三卫于北平。”《明太祖实录》卷66洪武四年(1371年)六月甲辰记载:“置彭城、济川(州)、济阳三卫于北平。”以上两条记载稍有矛盾,殆因追求节省文字,致使辞不达意,造成矛盾;似为洪武三年八月决定此事,而具体实施乃在洪武四年六月。但不管这个推测是否准确,由这两条记载看,济州、济阳二卫之创建肯定早于洪武三年八月。

真定卫:《寰宇通志》卷4《真定府·公廨》记载:“(真定卫指挥使司公廨)在府治东南,洪武三年建。”《明太祖实录》卷197洪武二十二年(1389年)九月己丑记载:“诏北平都指挥使司以真定、山海、密云、永平、蓟州、遵化诸卫及居庸关千户所马军,各编队伍操练,又于步军内简壮勇堪充马军者,令赴京给马。”综合这两条记载可见,真定卫当创建于洪武初。

遵化卫:《明太祖实录》卷119洪武十一年(1378年)九月丁亥记载:“置遵化卫指挥使司。”可见,遵化卫创建于洪武十一年九月。

通州卫:《明太祖实录》卷25洪武元年九月癸卯记载:“置金吾左、金吾右、虎贲左、虎贲右,及兴化、和阳、广陵、通州、天长、怀远、崇仁、长河、神策等卫。”《明太祖实录》卷48洪武三年正月庚子记载:“置通州卫指挥使司,以安吉卫军隶之。”《明太祖实录》卷76洪武五年(1372年)十一月丁未记载:“(以)通州、吴兴二卫并龙骧卫。”《明太祖实录》卷93洪武七年(1374年)九月记载:“是月燕山都卫指挥使朱杲、通州卫指挥佥事郑治、汝宁卫指挥佥事冯俊、密云卫指挥佥事张斌等率师出古北口防秋,卒遇胡寇,皆力战以死。上命所司厚恤其家,亲制文遣官临祭。”《明太宗实录》卷2建文元年(1399年)六月甲戌记载:“通州卫指挥房胜等率众以城来降。”《寰宇通志》卷1《顺天府·公廨》记载:“(通州卫指挥使司公廨)在通州治南,洪武三十五年建,隶兵部。”以上数条记载,间有互相矛盾之处,但能得出结论:永乐元年(1403年)二月以前,通州卫已经创建。

蓟州卫:《明太祖实录》卷67洪武四年七月辛未记载:“置蓟州卫指挥使司。”可见,蓟州卫创建于洪武四年(1371年)七月。

密云中卫:《寰宇通志》卷1《顺天府·公廨》记载:“(密云中卫指挥使司公廨)在密云县治东,洪武四年建。”光绪《密云县志》卷4之3《兵制考·明季各营卫》记载:“密云中卫,洪武五年置,驻县旧城。”可见,密云中卫创建于洪武五年(1372年)。

密云后卫:《寰宇通志》卷1《顺天府·公廨》记载:“(密云后卫指挥使司公廨)在密云县东北百二十里,洪武十一年为防御千户所,三十年改今卫。”光绪《密云县志》卷4之3《兵制考·明季各营卫》记载:“密云后卫,洪武十一年(《明史》之‘作十二年九月’)置守御千户所于古北口城,三十年改为后卫。”《明太祖实录》卷126洪武十二年九月丙辰记载:“置北平永宁卫指挥使司及古北口守御千户所。”可见,密云后卫创建于洪武三十年(1397年)。

永平卫:《明太祖实录》卷48洪武三年正月丁巳记载:“置永平卫。”弘治《永平府志》卷5《兵制》:“永平卫(公廨),在守备厅南,洪武四年建,正统七年本卫指挥程晟重修。”可见,永平卫创建于洪武三年(1370年)正月。

山海卫:《明太祖实录》卷139洪武十四年(1381年)九月甲申记载:“置北平山海卫指挥使司。”《寰宇通志》卷3《永平府·公廨》记载:“(山海卫指挥使司公廨)在抚宁县关口,洪武十四年建。”弘治《永平府志》卷5《兵制》记载:“山海卫(公廨),在山海关城中,洪武十四年创建。”可见,山海卫创建于洪武十四年九月。

万全左卫及万全右卫:《明太祖实录》卷225洪武二十六年(1393年)二月辛巳记载:“置大同后卫及东胜左右、阳和、天城、怀安、万全左右、宣府左右于大同之东。”民国二十四年(1935年)刊《察哈尔省通志》卷1《疆域编·察哈尔省沿革·明》记载:“(万全左卫)(洪武)二十六年二月置卫,属山西行都司,三十五年徙治山西蔚州,永乐元年二月徙通州”;又记载:“(万全右卫)洪武二十六年二月置,与左卫同城,属山西行都司,三十五年徙治山西蔚州,永乐元年徙治通州。”可见,万全左卫及万全右卫均创建于洪武二十六年二月。

宣府前卫:《寰宇通志》卷7《万全都司·建置沿革》记载:“宣府前卫指挥使司(公廨),(与宣府左、右二卫指挥使司公廨)俱附郭,洪武二十六年建。”民国二十四年(1935年)刊《察哈尔省通志》卷1《疆域编·察哈尔省沿革·明》记载:“宣府前卫,洪武二十六年置,治宣府城。”可见,宣府前卫创建于洪武二十六年。

怀安卫:《明太祖实录》卷225洪武二十六年二月辛巳记载:“置大同后卫及东胜左右、阳和、天城、怀安、万全左右、宣府左右十卫于大同之东。”《寰宇通志》卷7《万全都司·建置沿革》记载:“怀安卫指挥使司:在宣府城西百二十里……国朝洪武二十六年城于此,建怀安卫。”民国二十四年刊《察哈尔省通志》卷1《疆域编·察哈尔省沿革》记载:“怀安卫:元怀安县,属兴和路,洪武三年属兴和府改属山西大同府,寻废,二十六年置卫,属山西行都司。”可见,怀安卫创建于洪武二十六年二月。

开平卫:《明太祖实录》卷249洪武三十年正月辛未记载:“城开平卫。先是,上命中军都督同知盛熙调山海卫五所官军往开平立卫,发北平都司属卫军士城之,至是讫工。复命熙分调北平等都司军马屯守,于农隙讲武,以备不虞。”民国二十四年刊《察哈尔省通志》卷1《疆域编·察哈尔省沿革》记载:“开平卫:元上都路,直属中书省,洪武二年为府,属北平行省,寻废府置卫,属北平都司,永乐元年二月徙治京师。”可见,开平卫创建于洪武年间。

开平中卫:未见有关其创建时间的资料。

兴州左屯卫、兴州右屯卫、兴州中屯卫、兴州前屯卫及兴州后屯卫:皆未见有关其创建时间的资料。

隆庆卫:《寰宇通志》卷7《隆庆州·公廨》记载:“隆庆卫指挥使司(公廨),在州城东南五十里居庸关,洪武三十五年建。”光绪《延庆州志》卷12《事略》记载:“建文四年,燕王置龙庆卫于居庸关。”可见,隆庆卫创建于建文四年(1402年)。

东胜左卫及东胜右卫:《明太祖实录》卷225洪武二十六年二月辛巳记载:“置大同后卫及东左右、阳和……十卫于大同之东……皆筑城置兵屯守。”《明太宗实录》卷12下洪武三十五年(1402年)九月乙巳记载:“命都督陈用、孙岳、陈贤移山西行都司所属诸卫官军于北平之地,设卫移屯种,云川卫于雄县……东胜左卫于永平府,东胜右卫于遵化县。”弘治《永平府志》卷5《兵制》记载:“东胜左卫(公廨),在守备厅东北,旧属山西行都司,永乐元年移建于此,成化十五年指挥使张纲重修。”可见,东胜左卫及东胜右卫皆创建于洪武二十六年二月。

镇朔卫:《明太祖实录》卷225洪武二十六年二月辛巳记载:“置大同后卫及东胜左右……十卫于大同之东,高山、镇朔……七卫于大同之西,皆筑城置兵屯守。”《明太宗实录》卷12下洪武三十五年九月乙巳记载:“命都督陈用、孙岳、陈贤移山西行都司所属诸卫官军于北平之地,设卫移屯种,云川于雄县……镇朔卫于蓟州。”可见,镇朔卫创建于洪武二十六年二月。

涿鹿卫:民国二十五年(1936年)《涿县志》第二编第一卷《旧》记载:“涿鹿卫(公廨),在参将署西,明永乐七年建。”同书第二编第二卷《正纪》记载:“永乐七年建涿鹿卫。”《寰宇通志》卷1《顺天府·公廨》记载:“涿州卫指挥使司(公廨),在涿州治西北,永乐七年建。”《明太宗实录》卷94永乐七年七月甲申记载:“置涿州卫经历司经历。”可见、涿鹿卫创建于永乐七年。

定边卫:《明太祖实录》卷225洪武二十六年二月辛巳记载:“置……高山、镇朔、定边……七卫于大同之西,皆筑城置兵屯守。”《明太宗实录》卷12下洪武三十五年九月乙巳记载:“命都督陈用、孙岳、陈贤移山西行都司所属诸卫官军于北平之地,设卫移屯种……定边卫于通州。”《寰宇通志》卷1《顺天府·公廨》记载:“定边卫指挥使司(公廨),在通州南二里,洪武三十五年添设。”可见,定边卫创建于洪武二十六年二月。

玉林卫:《明太祖实录》卷225洪武二十六年二月辛巳记载:“置……高山、镇朔、定边、玉林……七卫于大同之西,皆筑城置兵屯守。”《明太宗实录》卷12下洪武三十五年九月乙巳记载:“命都督陈用、孙岳、陈贤移山西行都司所属诸卫官军于北平之地,设卫移屯种……玉林卫于定州。”可见,玉林卫创建于洪武二十六年二月。

云川卫:《明太祖实录》卷225洪武二十六年二月辛巳记载:“置……高山、镇朔、定边、玉林、云川……七卫于大同之西,皆筑城置兵屯守。”《明太宗实录》卷12下洪武三十五年九月乙巳记载:“命都督陈用、孙岳、陈贤移山西行都司所属诸卫官军于北平之地,设卫移屯种,云川卫于雄县。”可见云川卫创建于洪武二十六年二月。

高山卫:《明太祖实录》卷225洪武二十六年二月辛巳记载:“置高山……七卫于大同之西,皆筑城置兵屯守。”《明太宗实录》卷12下洪武三十五年九月乙巳记载:“命都督陈用、孙岳、陈贤移山西行都司所属诸卫官军于北平之地,设卫移屯种……高山卫于保定府。”可见,高山卫创建于洪武二十六年二月。

义勇左卫、义勇右卫、义勇中卫、义勇前卫及义勇后卫:未见有关其创建时间的资料。

神武中卫:《国榷》卷11建文三年(1401年)十二月丙辰记载:“置神武中卫、锦川卫。”《寰宇通志》卷1《顺天府·公廨》记载:“神卫中卫指挥使司(公廨),在通州南一里,洪武三十三年添设。”可见神武中卫创建于建文三年十二月。

神武左卫、神武右卫、神武前卫及神武后卫:未见有关其创建时间的资料。

武成左卫:《明太宗实录》卷13洪武三十五年即建文四年(1406年)十月壬戌记载:“升武成左卫指挥使杨青、蓟州卫指挥使李贵、潼关卫指挥同知吴凯、骁骑右卫指挥佥事王聚俱为都指挥佥事,凯任江西、聚湖广、青陕西都司,贵山西行都司。”可见,武成左卫创建于洪武三十五年即建文四年十月之前。

武成右卫、武成中卫、武成前卫、武成后卫:未见关于其创建时间的资料。

忠义中卫:《明太宗实录》卷15洪武三十五年十二月戊辰记载:“升……羽林前卫千户谢荣……忠义中卫千户樊荣……俱为指挥佥事。”可见,忠义中卫创建于洪武三十五年即建文四年十二月以前。

忠义左卫、忠义右卫、忠义前卫、忠义后卫:未见关于其创建时间的资料。

武功中卫:万历《明会典》卷124《兵部·都司卫所·亲军卫》记载:“武功中卫:洪武年间设。”《明史》卷90《兵制》2记载:“武功中卫:洪武年间设。”可见武功中卫创建于洪武年间。

卢龙卫:《寰宇通志》卷3《永平府·公廨》记载:“卢龙卫指挥使司(公廨),在永平卫南,永乐四年建。”弘治《永平府志》卷5《兵制》记载:“卢龙卫(公廨),在守备厅南,永乐四年建,成化十九年指挥使李玉重修。”《明太宗实录》卷54永乐四年五月甲寅记载:“置北京卢龙卫经历司经历一员。”可见,卢龙卫创建于永乐四年。

镇虏卫:《明太祖实录》卷225洪武二十六年二月辛巳记载:“置高山……镇虏。宣德七卫于大同之西,皆筑城置兵屯守。”《明太宗实录》卷12下洪武三十五年九月乙巳记载:“命都督陈用、孙岳、陈贤移山西行都司所属诸卫官军于北平之地,设卫移屯种……镇虏卫于涿州。”可见镇虏卫创建于洪武二十六年二月。

武清卫:《明太宗实录》卷51永乐四年二月乙酉记载:“命兵部以有罪当谪戍者实新设武清卫。”《寰宇通志》卷1《顺天府·公廨》记载:“武清卫指挥使司(公廨),在武清县治东,永乐四年建。”可见,武清卫创设于永乐四年初。

抚宁卫:《寰宇通志》卷3《永平府·公廨》记载:“抚宁卫指挥使司(公廨),在抚宁县北三里,永乐三年建。”弘治《永平府志》卷5《兵制》记载:“抚宁卫,在抚宁县城内西北,永乐三年建,成化四年指挥使陈恺重修。”光绪三年(1877)刊《抚宁县志》卷4《公署》所录乡进士周良臣《原设抚宁卫记》记载:“抚宁,古骊城地也,属右北平郡,东汉以来废矣,逮至永乐三年,创设抚宁卫。”可见,抚宁卫创建于永乐三年(1405年)。

宁山卫:《明太祖实录》卷119洪武十一年七月癸未记载:“置宁山卫指挥使司。”可见,宁山卫创设于洪武十一年七月。

梁成守御千户所:应作梁城守御千户所。《寰宇通志》卷1《顺天府·公廨》记载:“梁城守御千户所(公廨),在宝坻县东南百四十里,洪武三十三年建设,属后军都督府。”乾隆《宁河县志》卷8《人物》记载:“于本,江南金坛县人,寄居宝坻县之俵口乡(今属宁河),夙娴勇略,建文三年都督陈贤招募从军。哨芦台,杀退东军,在梁城招募新军。累功升本所守御千户,仍以百户守御直沽海口,哨挥东军声息。十二月,征哨沧州河南泥沽村,擒德州卫贼军王果住等五名。四年征哨草头沽。”光绪重修《宁河县志》卷3《建置·城池》记载:“梁城,五代刘仁恭为镇时筑,仁恭曾封梁王,故名。久废,遗城无存。明置梁城守御千户所,国朝因之,改置千总,雍正九年即其地改设宁河县。”可见,梁成(城)守御千户所创建于洪武三十三年(1400年)即建文二年。

兴和守御千户所:《明太祖实录》卷249洪武三十年正月庚辰记载:“置兴和、怀来二守御千户所,调大兴左卫、永清右卫官军守之。”民国二十四年《察哈尔省通志》卷1《疆域编·察哈尔省沿革》记载:“兴和守御千户所,元隆兴路,直隶中书省,皇庆元年十月改为兴和路,洪武三年为府,属北平布政司,四年府废,三十年正月置所,永乐元年直隶后军都督府,二十年为阿鲁台所攻,徙治宣府卫城,而所地遂虚。"可见,兴和守御千户所创建于洪武三十年正月。

常山守御千户所:未见有关其创建时间的资料。

对以上所述《明太宗实录》卷17永乐元年二月辛亥(四日)记事中所载各卫所(天津右卫除外)创建时间的逐个调查加以总结,可知63个卫所中,创建于永乐元年二月以前的为35个(其中卫33个,千户所2个),在总数中约占55.6%,未知创建时间的为24个(其中卫23个,所1个),在总数中约占38%,创建于永乐元年二月以后的为四个(抚宁卫创建于永乐三年,武清卫创建于永乐四年初,卢龙卫创建于永乐四年,涿鹿卫创建于永乐七年),在总数中约占6.3%。这样的调查结果说明:《明太宗实录》卷17永乐元年二月辛亥(四日)记事中所载的各卫所,既有已经创建者,也有尚未创建者,这些尚未创建者在当时应当只是拟议创建者。由此可知,某个卫所名称载入了《明太宗实录》卷17永乐元年二月辛亥(四日)的记事中,并不意味着这时它已经创建,只有在发现了其他能够证明这时它确已创建的资料根据后,才能确认其这时已经创建,否则就不能作这样的判断。而进入这个记事中的"天津右卫"迄今为止,没有发现过其他能够证明这时它确已创建的资料根据,同时,触目皆是的资料在显示着天津右卫创建的时间为永乐四年。这样,如下的结论当是不可怀疑的:天津右卫之进入《明太宗实录》卷17永乐元年二月辛亥(四日)的记事中,不过是说明这时该卫已在拟议创建中,至于其实际的创建时间乃在永乐四年,换言之,天津右卫创建于永乐四年之说不可动摇。

二、关于天津右卫的前身

天津右卫之创设,并非凭空筹建,而是以旧有的军卫改调而成。那么,天津右卫的前身是什么军卫呢?这是天津右卫创建史上的又一个谜团。

本文第一部分所引《明太宗实录》卷61永乐四年十一月甲子记事及谈迁《国榷》卷14永乐四年十一月甲子记事,都称其前身为青州右卫,即天津右卫由青州右卫改调而来。这两条记事已在本文第一部分全文引出,这里不再赘引。

但另有许多文献,将天津右卫的前身记为青州左护卫。如徐溥等撰《明会典》卷108《兵部》3之《五军都督府所属卫所·左军都督府·山东都司》,在"青州左护卫"下注云:"后为天津右卫";万历《明会典》卷124《兵部》7之《五军都督府所属卫所·左军都督府》,在"山东都司"下注云:"旧有青州左护卫,后改天津右卫",同书同类之《五军都督府所属卫所·后军都督府·直隶》,在"天津右卫"下注云:"旧青州左护卫";何乔远:《名山藏·舆地记·北京》在"天津右卫"下注云:"旧青州左护卫"⑦;《明史》卷90《兵制》2所记洪武二十六年所定卫所部分,在"青州左护卫"下注云:"后为天津右卫",同书同类所记永乐以后卫所部分,在"山东都司"下注云:"旧有青州左护卫,后改天津右卫",在"天津右卫"下注云:"旧青州左护卫"。

两种说法孰正孰误呢?倘广泛搜集资料进行分析,其谜底也是可以找到的。

据《明太祖实录》卷101洪武八年(1375年)十月癸丑记事称:"置青州左右二卫指挥使司";而嘉靖《青州府志》卷11《兵防·按察分司》又称:"青州立左右二卫,永乐四年移右卫戍德州。"这说明,青州右卫于永乐四年确有移调之事,但不是调往天津,而是调往德州。

嘉靖《德州志》卷2《卫所》记载:"守备公馆,在州治西北,永乐十四年镇守都督同知曹得建。漕运公馆,在州治西北,正德十年漕运都司马缙建。德州卫,洪武九年以守御后千户所改建。永乐五年增建德州左卫。各六所,原属山东都司,永乐七年复改属直隶后军都督府。"这说明,嘉靖时期及其以前的明代各时期,德州所设过的军卫只有德州卫和德州左卫。而由于德州卫之设在洪武时期,因而青州右卫调往德州后的名称应为德州左卫。至于嘉靖《青州府志》卷11称青州右卫之调往德州在永乐四年,而嘉靖《德州志》卷2称德州左卫之增建在永乐五年,当是由于决定改调和最终实现调防不可能是同一个时间,两者一按决定改调的时间加以记载,一按最终实现调防的时间加以记载。《明太宗实录》卷68永乐五年六月庚寅记事及《国榷》卷14永乐五年六月庚寅记事,均记"设德州左卫",《寰宇通志》卷61《济南府·公廨》在"直隶德州左卫指挥使司"下注云:"在州治西北,永乐五年建",这三书也是按该卫最终实现调防的时间加以记载的。

既然已经证明青州右卫是调往德州,其所使用的新名为德州左卫,那么,所谓天津右卫之前身为青州右卫的说法,显然是站不住脚的,这样,应该采信的说法自然地落在了天津右卫原系青州左护卫之说上。

天津右卫原系青州左护卫之说有许多史料记载可作根据,这在前文已经述及。另外,在永乐四年十一月甲子[8]天津右卫创建前的半年,即永乐四年五月,发生了革去青州左护卫之事,《明太宗实录》卷54永乐四年五月庚戌记事记载:“齐王榑至京师。先是,榑结无赖,养刺客,私僭帝号,及为榑诅魇镇等事。屡有告之者,察之,皆有征验。上不忍罪之,但赐书谕令改行。于是榑请入朝面谢。既至,廷臣交章劾奏罪不当宥。榑厉声曰:‘奸臣又欲喋喋效建文时杀我耶!会当尽斩此辈。’上闻之,不怿,曰:‘此其心可知。’已,命罢去其随侍护卫及长史等官,处之京师,敕山东都司、布政司、按察司,革青州中左二护卫及齐府长史司、仪卫司,官军校尉分调附近卫所。”这显示出,革去青州左护卫与创建天津右卫两事在时间的前后顺序上,刚好相衔接,这也为天津右卫由青州左护卫改调而来提供了一个辅助证据。如此说来,天津右卫由青州左护卫改调而来,确实为可靠的说法。

注:

①《明太宗实录》第7册,台湾“中央研究院”历史语言研究所校印本,第882页。

②《玄览堂丛书续集》,第39册。

③ 谈正:《国榷》第1册,第981页,古籍出版社1958年版。

④《新校天津卫志》,中华民国二十三年九月刊卷1,第2页。

⑤ 清乾隆《天津县志》卷3,第19页,《舆地志》。

⑥《明太宗实录》第6册,台湾“中央研究院”历史语言研究所校印本,第302—303页。

⑦《北京大学图书馆藏善本丛书·明清史料丛编》本,第四册,北京大学出版社1993年版,第2 689页。

⑧ 这里的十一月甲子据《明太宗实录》卷61和《国榷》卷14。

(《中国地方志》2005年第4期)

论清末警察与直隶、京师等地的社会文化变迁
——以《大公报》为中心的探讨

王先明　张海荣

警察制乃是西学东渐的产物，一般认为光绪二十四年(1898年)湖南巡抚陈宝箴、按察使黄遵宪等人所创办的湖南保卫局，是我国近代警察之滥觞。1901年清政府开始兴办新政，警察制作为清末新政的一项重要内容开始正式在全国范围内创办开来。警察制的建立本身具有丰富的近代内涵，在我国行政、司法史上有着划时代的历史意义，它不仅是近代中国社会文化变迁的重要标志，而且也从制度层面推动着中国社会文化的近代化进程。

然而，学界对于近代警察所扮演的社会角色的探讨却比较缺少，“建国以前没有出版过近代警察史的专门著作，建国以后对这门专史的研究也未受到足够的重视”①。近年来这种情况开始稍微有所改变，出现了一些探索性的论文及专著。专著方面以韩延龙、苏亦工等人所著的《中国近代警察史》影响最大，该书比较全面地论述了近代警察在中国的产生、形成和发展的过程，对其性质、结构、职能和重要的规章制度也做了相当详细的介绍。关于研究近代警察的论文近年来也时见发表②。不过这些学者的研究基本上都是从政治角度、制度层面来剖析近代警察制度的，而对警察在近代社会文化变迁中所起到的作用则未进行深入探讨。其实警察本身担负着复杂的社会使命，自其诞生伊始，就与人们的生活息息相关，多样化的行政职能增强了警察在民间的影响力和对民众生活的渗透力，使之具有不可替代的历史地位。

本文拟以《大公报》为主要的材料来源，从社会文化变迁的角度对清末警察进行剖析。鉴于清末警察尚属初创，各地警政发展严重不平衡，为了避免以偏概全，本文仅以直隶、京师两地为考察点，尝试对清末警察的社会角色进行分析。

一

鸦片战争之后，中国社会发生了剧烈变革，伴随着西力东侵，中国人向西方学习的深度和广度都在不断加大，清末警察制的建立，就是近代中国人积极向西方学习的结果。19世纪90年代，近代改良思想家何启、胡礼垣、郑观应、陈炽等都大力提倡在中国建立新式警察制。到光绪二十四年(1898年)，陈宝箴、黄遵先等人第一次“仿照西方各国警察制度和上海租界巡捕成例，并参以地方实际情形，改办保卫局，掌清查户籍，清理街道，抓捕盗贼，扑救火灾，查禁赌博，解民危困，禁拐妇女等事”③。是为我国近代警察制之雏形。

光绪二十七年(1901年)以后，清政府下令在全国范围内开办警政，近代警察制度遂在各地陆续构建。光绪二十八年(1902年) 四月，鉴于“直隶自庚子以来，民气凋伤，伏莽未消，亦非遵旨速行巡警不足以禁暴诘奸，周知民隐”④，直隶总督袁世凯在保定府率先开办警政。天津接收后，亦采用警察制进行管理。北京地区的警政在光绪二十八年时开始筹备，并建立了工巡总局(即内城工巡局)。

警察制的建立本身是中国政治文化变迁的缩影，是向西方学习进一步深化的象征。“查各国警察为内政之要图，每设大臣领其事，盖必奸宄不兴，而后民安其业；国本既固而后外患潜消”⑤。近代中国人不仅学习了西方警察制的政治理论和规章制度，而且警察制的实际建构过程，也在很大程度上是对列强原先所设的警察机构的继承。京师公巡总局是在八国联军原来所设的“安民公所”的基础上设立，而天津的警察制度亦与原来都统衙门时期设置的警察机构不无关联。“嗣接收天津，体察津埠情形，地广人稠，华洋杂处，巡警未可骤撤。街道并需修培，当复因旧贯……”⑥。此外，在创办警察的过程中，始终都有洋员活动的身影，尤其

是日本人扮演了重要角色。光绪二十七年(1901 年),清政府在开办京师警务学堂之初,就以日本人川岛浪速为监督。而在直隶创办警察时,袁世凯也十分倚重日员,"省城巡警局采用员弁甚多,而能谙练巡警诸务者决无一人,慰帅特延日本某君为警务教习,专教各委员练习巡警"⑦。为了办理天津警务又特调日本中岛比多吉氏来津,"布置考察巡警事宜。闻中岛氏精通华语,留心远东问题,东方青年学界志士也"⑧。

清末警察机构的建立是中国传统政治结构革新更嬗的结果。它的出现表明旧式的保甲、捕快制度已经难以适应社会发展的需要,"今中国各省奸民布满市廛,或名青皮,或名光棍……此辈不耕而食,不织而衣,游手好闲,毫无恒业,挟其欺饰伎俩,横行市肆之间……皆因内地城乡无巡捕往来弹压……盖不肖绅士往往为之维护,差役更互通一气……而于巡差、捕役竟至绝无其人,迨有盗劫等案先事不能预防,事后但悬赏格出花红,耗费既多,仍难破案……而差役之弊积重难返"⑨。正是鉴于旧式治安体系的积弊,巡警制的设立就成为大势所趋。"传闻袁慰帅近因各州县书役把持公事,骚扰阖闾,深堪痛恨,拟即招募巡警四营往附近各州县弹压地方,兼理民间案件"⑩。

警察制建立伊始就显示出其独特的优越性。"袁宫保选派巡警营兵丁在城厢内外昼夜逡巡,清理街道,盘诘奸宄,夜间按时换班,尤为慎重,宵小为之敛迹,百姓称诵,有夜不闭户之风。"⑪"津埠五方杂处,最难清理,自创办巡警以来四年之久,得有现在之状况,虽非道不拾遗,夜不闭户,而贼益敛迹间阎,又安当知巡警之效验。"⑫不独中国人赞之,而且外国报纸也评价说:"天津交还后,巡警更加整顿,道路更见清洁,实出人意料之外,倘中国各处皆然,何患不自强而为天下之强国耶?"⑬

清末新政时期创办的近代警政,是传统社会走向近代化的一个重要内容。"长期以来,中国传统社会没有专职的社会治安机构,社会治安职能被多个部门分割。以京师为例,既有步军统领衙门、五城兵马司等,还有分管民事的京县差役、地方保甲等。其职掌被条块分割,其事例又各无专属,有事互相扯皮、推诿,无事则争相鱼肉百姓,由公共权力的维护者,嬗变为封建暴政的得力鹰犬。"⑭即使各个分支机构,也存在着许多问题。如北京的步军统领衙门,在巡警局未建立之前,是由它来维持京城治安的。其具体职能包括守卫、断狱、门禁、编查保甲、缉捕、巡夜、执行禁令、救火、发信号炮等等⑮,以军队组织而兼掌警察职能,军警职能并不明确,所以常常顾此失彼;而新式警察制度则职责更加明确,职能也趋于多元。从其职司各股就可以看出,在工巡局之下,设有警视股、机要股、文牍股、支厅股、统计股、护卫股、治安股、刑事股、户籍股、卫俗股、交通股、建筑股、清道股、防疫股、医务股⑯。与步军统领衙门相比,增添了清查陋规、管理交通、消毒防疫、医疗卫生,公共建筑等多项职能,不唯警务职能更加突出,且更趋于专业化、近代化。天津初办巡警时亦曾颁布过简要条规,规定凡遇赌博一律拘罚;凡遇通衢大道小街僻巷各处路口及贮水池等处不许大小便、倒溺器及倾弃灰渣秽物以防疫;不准身体裸露;凡车马行人须靠左边走;凡路口拐弯处不准成群结队……⑰诚可谓涉及百姓生活的方方面面。这些规定同时也体现了警察职能的近代化转型,即由单纯的为政府管理服务开始向百姓日常生活起居渗透,更符合近代社会对警察角色的要求。

"警察之行政俱须根据于法律命令以行其职"⑱,近代警察制的建立,也带动了中央与地方司法建设的进一步发展。制度的系统性特征在于其内在各要素的相互需求与共存共容,当新的警察制逐步运行之后,相应的制度匹配要求就成为系统性制度产生的内在动力。清末警察法规的制定基本上是与警察机构的创建同步进行的。北京工巡局在创办的过程中,首先制定了工巡局章程。袁世凯在保定创办巡警时也同时出台了一系列的警察法规,如《保定警务局站岗规矩》、《保定警务局巡逻规矩》、《保定警务局旅店管理法》、《保定警务局颁定旅店货宿客商册式规则》等。天津巡警同样注重立法,制定了《天津巡警总局试行裁判办法》、《天津南段巡警总局现行章程》、《天津四乡巡警章程》等等。这无疑推动了近代警察制度的规范化、法制化。与此同时,也扩大了地方的立法自主权,加速了中国社会法制化的进程,为这些地区乃至整个社会的近代化转型提供了法制保障。

还值得一提的是,警察不同于过去的捕快皂隶,他们开始有了一种政治文化的研究意识。保定工巡总局成立的警务研究所就是一个典型的例子,"本局因警务职任保安,要贵随时制宜,逐渐改良,力图进步,故附设研究所,令巡弁以下各员来局公同研究,藉以互换智识,切磋讨论,以收警察益明,警政益备之效"。其研究内容包括警察原理、违警律及现行警察规章之原理、现时应行改良之事务、国际警察、司法警察、侦探术、法学通论、现行律例、谘议局及城镇自治章程、消防警察等等[19]。北京地区的宛平县为改良警务起见,也设立了警察研究所"以期有裨警政"[20]。一位北京地区的留学生还拟办警察公社,决定每星期开会一次讨论警务利弊[21]。虽然笔者并没有看到有关此类研究组织的实践成效,但是它们的出现本身就代表了一种新式的政治文明,在某种程度上也会调动警察的政治参与意识。

清末警察由于诞生于特殊的社会环境,他们也初步萌生了一种国民意识,爱国思想有所提升。尤其是在创办国民捐时不乏警察的身影:"山海关河协镇目前所属本城秦王岛步巡警等提倡筹还国债一事,当由各局官弁同声认可,均乐集成。闻涉协镇按年捐银百两,三局官员吴器宝、梁承厚、李永德等各五十两,副官各三十两,巡弁各五两,至于警兵则每月捐小洋一角。"[22]而天津的一个巡警区长穆汉章,特意创立宣讲所,邀请当地的教员和绅士,向人们讲说国民义务,并代收国民捐[23]。北京外城分厅巡官长弁等人也愿"以薪饷余资报效国民捐,共计二千七百枚",诚为"军人中而有国家之思想者"[24]。

此外,近代警察的出现在更深的层面上推动了政治近代化。清末十年恰值立宪运动蓬勃发展之时,而警察作为新式政治文明的代表在其中起到了不可替代的作用。警察制和地方自治之间本来就存在着极其密切的关系。黄遵宪创办湖南保卫局时就曾指出"警察一局为参政万事之根本,诚仗官民合办,听民之筹费,许民之筹办,则地方自治之规模隐寓其中而民智从此而开,民权亦从此而伸"[25]。保定工巡总局的叶观察也强调巡警"对乎自治一方面实有不可须臾离者也"[26]。清末政府曾颁布《城镇乡地方自治章程》,其中所规定的自治范围无一不与警察相关。

在筹办警察的过程中客观上也推动了绅权的发展和地方行政的近代化。"推广巡警以筹款为先务,欲筹款于民而仍不扰民以慎选公正绅士因地制宜为要义。"[27]在天津筹办四乡巡警时,由于库储奇缺,官款难筹,于是着令"民间设法自筹,官不经手钱文,无非按月稽考,年终将出入款项数目榜示村中,以昭大信"[28]。如此势必需要仰仗地方绅士的积极参与,允许"公正绅士帮同官弁昼夜轮流,照章试办"。并赋予其一定的人事任免权,"责成各村绅董在本村内挑选年力精壮粗知文义之人保送充当"[29]。至于地方的警董也多由绅士来充任。这样在某种程度上推动了传统绅士角色的近代转换,加速了地方权力的现代化转型。

再者,警察所承载的近代职能也赋予其民主进步性的内涵。为了使巡警可以更好地尽职尽责,一些开明人士认为可以在特定的情形下允许其以下犯上。"闻某夜有自称官长者数名,借查灯为名,入门抢劫,警兵辨之无从……似宜均令巡兵如遇此种人,无论为官为民,不妨向前直诘,如非本段委员言语支离,形迹不类,准其缉捕。倘有冒犯之处,非但不加之罪,且实其勇敢,以励兵心,如此兵气壮贼气夺矣。"[30]所以某夜北京官场之人犯规深夜喧嚣叫局,其中大概还有皇族之人。而某巡勇认为"且不管他,先扭送公所再说。"在其坚持下,"座中人无法,令其将倡优全行带局"[31]。此外《大公报》还曾报道说某处巡警由于管束瞿大军机的车夫而被打,当地巡长立即要求警厅严肃处理,"若不示以重惩,不足以重警务"[32]。结果瞿大军机也要公开承认车夫有罪,并且同意严惩。北京工巡局还曾发布告示:"国家现值预备立宪之际,尊崇人格,改订律章,革除奴婢名称,禁绝人口买卖,所以严法纪,重人权。"要求官民须知"奴婢名目现已革除,如有凌虐及伤毙等事,应按律治罪,自示之后,无论何项人等,均须遵守法纪",以示"慎重民命"[33]。虽然此事未必严格执行,但是从法律上来讲,否认了任意处置奴隶的合法性。正是由于警察在原则上应该依法办事,所以对于传统的封建等级制度和人治社会而言,不啻是一种冲击。

警察制的建立还从其他方面推动了政治文明的改良。以前"协巡营各队队长接到词讼案件,往往两造到案,不问为何等人,辄令其下跪"。为此警部下谕:按巡警章程,"凡民间词讼皆不得以待犯罪者待之,况本地绅董大多体面之人,嗣后遇有此等人构法,可令两造立过口供,以全其体面"[34]。其照顾者虽仅及绅士,但比起以前来,却是一个不小的进步。北京自设立巡警以来,颇有可 140 河北师范大学学报(哲学社会科学版)2005 年第 1 期称道者,如"巡警总局管押犯人之处皆打扫洁净与住处无异,即此一端,已为善政"[35]。曾被工巡局关押之人也言:"工巡局不比别项官署,所有因讼被押者,每日两餐任其饱食,并不虐待。"[36]比起以往的衙吏要文明得多。巡警局还多次下令禁止用棍棒乱打违背路规的行人,要求尽量用文明手段制止[37]。还有其他的一些细节亦可窥其进步之一斑,如巡警局命令各岗哨兵遇到巡长时,免用屈膝礼,而一律行立正礼[38]。各区巡长"嗣后点名务须改行举手之礼,及时常逢遇上宪亦行举手之礼"[39]。这种礼仪的改良本身也蕴含着近代平等民主的内涵。

由此可见警察制“在组织结构、职能运作、价值观念等方面都迥异于传统的治安机构”[40]。新式警政的出现,可以说是对传统治安体制的否定和对新型近代社会治安制度的响应,它带来的是一场“观念的更新和制度的创设”[41],并由此推动了直隶、北京两地政治文明的变迁。

二

中国近代警察制的发展,“遵循了国际通常的轨迹,先由政治、经济、文化中心的城市开始,尔后波及农村”[42]。在近代史上,警察始终和城市文明的发展息息相关。中国人对于警察最初的认识始于外国在华租界,而这些租界基本上都建在城市。在许多人心目中,警察就是一种城市文明的标志。警察“除了维持治安以强化国家机器对人民的专制外,还负责城市交通、公共卫生、救火防疫、整顿风俗等各种事项。概言之,城市市民公共生活的一切方面,无不在巡警局的管辖范围之内”[43]。所以警察制自其创立伊始,就和近代城市文明结下不解之缘。

“巡警本是文明之政”[44],新式警察的出现本身即为城市文明的象征,“警察之组织同于军队,而其实质则为文明之官吏,二者依于形式上之威仪而取人民之钦信者……惟服制既齐,礼仪必肃。查天津巡警章程,其礼式概仿日本整立举手之礼,宜推广照行,从前之繁缛而归之简单,由是衣冠既整,瞻视亦尊,容止威仪可象可法而后重之以资格,假之以阶级”[45]。警察自出现伊始,即十分注重仪表。天津巡警很早就改装易服,至1905年时,警察“已剪去发辫三分之一”[46]。而北京“自外城改换天津巡警以来,颇资整顿,一切动作装束,极觉精神,现在内城巡捕亦拟改换新装,目前衣帽等物均已按段分放,不久即行更换,以示内外城彼此一律”[47]。很快《大公报》又报道:“闻北京内城警兵将于今年灯节后,一律改换西装,并于同时剃去发辫。”[48]这些变化在当时的老百姓看来当然会“颇觉耳目一新”[49]。

此外警察还十分注重礼节的改良。礼节的改良一方面显示了政治文化的变迁,另一方面也是城市文明的一个重要组成部分。北京内城左分厅曾经制定了详细的兵警礼节:一、应对之施礼者。甲、兵警相遇在街,互行举手礼,持枪立正为礼,有人违警时先向之行礼,再劝谕。乙、定装长官无论是否素识,均行礼。丙、素识长官无论著何服饰均行礼。丁、兵警成队相遇欲越过时,先向队官声明;二、室内礼节。行礼者无论手持佩剑持棍持枪者,皆立正,答礼者坐时起立颔首,立时颔首;三、室外礼节。无论徒手佩剑持棍皆立正举手,答礼者定装时举手,非定装时颔首[50]。天津地区也于礼节之事加意讲求,“凡遇各上级之人原应行礼致敬,而遇同僚巡警亦当举手互相致敬以表爱情”[51]。此外还出现了专门的巡警礼兵,“南段巡警总局传饬各局区巡弁若干齐集总局学习接差礼节,是亦警界之要点文明之现象也”[52]。京津两地的巡警局还要求巡警在执行公务时,务要礼貌,严禁用棍棒随意殴打行人,要以劝戒为主[53]。此皆为城市文明近代化的表现,有利于改善警察在市民心目中的形象,也有利于沟通警民关系。对于改良社会风气,提高城市精神文明水平乃至文化价值观念的更新也有潜移默化的作用。

警察本身固然为城市文明的代表,但更重要的是它所背负的近代职能和使命,使其成为城市文明的塑造者和扫除城市积弊的先锋军。新建立的警察制度和市民的日常生活密切相关,经管的项目五花八门,这就更增强了警察对于城市生活的渗透力和对城市发展的影响力。

传统城市对于城市卫生之事不甚讲求,随着城市的近代化发展,卫生问题开始突显出来,乃至关乎一个城市的发展前景和对于这个城市居民素质的整体评价。“天津为北京诸河入海总经处,海通而后,各国轮船往来如织,土产运出,洋货输入,大交易场肆殷阗,冠绝一时。惟房屋之低矮,道路之污秽,街巷之狭隘,殊出情理外,沿海两面居民便溺,所率不能张目。”[54]“北京累代帝王居,其地势之高敞街衢之广阔实壮观瞻。惟北京有一种特长,能于高敞者而龌龊之,广阔者而窄狭之。入城门满街秽土堆积,久且高于住宅数尺……如大清门大街、崇文门大街、宣武门大街、骡马市大街、东西珠市口,本坦荡广大者,则于街之中,秽土积成一埂,车马骆驼昼夜不绝,无雨则黑土浮飞,深可没踝,有雨则成污泥数尺,上可及膝。大小街巷晚间漆黑,脏秽狼藉,墙角门口满焉。”[55]与之形成鲜明对比的是外国的租界,“紫竹林者,英法人租界也,洁净整洁,比中人所居,有天渊之别”[56]。此外,“清末瘟疫盛行,往往蔓延极快,危害严重,亦促发了公共卫生网络的初步建立”[57]。

清末警察建立之初,就被赋予维持城市卫生的使命。沙河县颁布的《城乡巡警简明章程》竟将卫生与保护并列为警察的两大要责[58]。天津巡警局明令通衢大道小街辟巷各处路口及贮水池等处不许大小便及倾弃灰渣秽物以防疫,违者重罚[59]。还曾下令早午晚三时洒水泼街[60]。山海关榆关城之巡警也于街巷道路尤著意焉,管带特购置木捅若干置各巷口以为便溺之用[61]。北京地区也是自设立巡警之后,才逐步注重卫生的。“京师人烟稠密于卫生一事毫未讲求,每见各处曲巷污秽不堪,行人皆须掩鼻而过,以致瘟疫之起为害无穷。现在警厅有鉴于此,已撰成白话示谕,到处张贴,俾人人皆晓然于卫生一端。”[62]

此外,饮食卫生也开始为人们所注意。北京警厅为慎重卫生防疫起见,曾拟定管理饮食居处规则二十条[63]。天津警局严禁行人饮食店铺门前积水[64],严厉查禁私售死畜肉以及出售极不洁净的豆腐者[65]。医疗卫生也是警局管辖的范围。北京工巡局认为“凡街道防疫各法及强迫种痘考验药品医术”都与警局有关。于是准备“在内外城各立卫生局一所附设医学堂一区,聘请外洋医师,由巡警内挑选聪颖者习学”[66]。保定工巡局也张贴启事认为幼童种植牛痘为切要之图,生命攸关,劝令父母为孩子及时种植,以清血毒而重卫生[67]。天津南北段巡警总局还要求病故者须经过警局查验后,才可发牌埋葬,不取分文,以重卫生而防瘟疫[68]。这些措施无疑都有利于强化居民的卫生意识,改变落后的生活方式,树立新式文明生活理念。

至于其他有关城市形象维护的事项,警察也十分重视。如禁止人们赤身裸体及大声歌唱[69];严禁车夫光着膀子,要求其必须穿着号坎[70];要求保护路边树木,注意环境[71]。天津巡警局还下令对沿街房屋进行整顿,“现在临街房屋参差不齐,其间小屋窝棚破烂不堪,殊不足以壮观瞻而新耳目。津埠为互市名区,马路为通衢要道”[72]。所以要求进行改造,并且还照顾穷者困难,同意由政府暂时垫款,分批归还。而在维护城市形象的同时,警局其实也提出了维护国民尊严的问题,认为国民的粗俗行为“不特有失文明,抑为外人窃笑,于政教大受穷败之影响。”“不但观之不雅,犹恐遗笑外人。”[73]故而警察对于城市形象的维护,亦有维护国家体面、捍卫民族尊严的深意蕴涵其中。这样在潜移默化之间,宣扬了自尊、自爱的近代市民理念,增强了国民的爱国意识。

在清末城市中还有一个很大的痼疾即乞丐问题。“现在京师地面……鹄面鸠形之辈,游荡无籍之徒,仍复接踵于道……岂有为中国之子民,处辇毂之重地,当膂气方刚之会,负官骸无阙之身,转可任其闲游荡废,贫窘待尽乎?”由此“滋游手而扰治安。且沿街讨要,风化攸关”[74]。急需对乞丐进行整顿。清末警察在此问题上采取了一种比较科学的处理方式,注重了教养结合,将市容市貌的整治与发展工业和教化民众直接挂钩。天津为此特地制定了风俗警察办法。“凡查有年老病羸之乞丐由分区送交栖流所收养,其年尚壮犹堪力作者一律饬送习艺所习艺。”[75]并曾将乞丐送至卫生局、教养局收养工作,使其自力更生[76]。而北京作为全国首善之地,对此也非常重视。“正阳门、横盘街一带,以及崇文、宣武等门遇有外国人往来,而乞丐成群向之索钱,尤关体面,此风更宜禁绝。”[77]故此北京设置了教养局和习艺所多处收留乞丐流民。北京外城工巡总局还制定了一套详细的教养办法。“将原有之育婴堂粥厂改为公立育善工厂,普育堂粥厂改为公立普善工厂,梁家园粥厂改为公立怀幼工厂,专收乞丐贫民少壮者,教以各种浅近工艺,使毕业出厂藉谋生计。将原有之公善堂粥厂改为公立公善养济院,玉清观及兴善暖厂二处改为兴善济院,专收各项残疾及年在六十岁以上或五十余岁而无精力者入院,常年留养以终其生。其原有之崇善堂粥厂改为公立崇善女养济院,专收年老及残疾乞丐妇女以教养。第二局改为官立教养女工厂,专收乞丐妇女习工,并准其携带乳子幼孩入所做工,其章程与男工厂略同。”[78]这种处理乞丐的方式合乎了近代的慈善理念,有利于社会风气的改良和城市形象的维护。

近代性的公交观念也开始初步确立,在此方面警察更是当居首功。在中国传统城市中并没有严格的分左右而行的道路交通规则,行路各凭所愿,故而在繁华商埠,往往车马拥挤,秩序混乱,甚至会造成严重的伤亡。自从警察出现以后,开始有了近代意义上的路规路则。北京“雍和宫庙会之期,历年以来……异常拥挤,以至不肖之徒藉端滋扰,今岁特由巡队派拨巡兵数十名,按段分区认真弹压,并拟订各处门户均令众人右入左出,由各巡兵指挥一切,虽各国人士亦皆循序而行,于此可觇警察之效果也”[79]。而厂甸区更为繁华街市,来往之人众多,为此工巡局要求“凡乘车游览者皆由前门而入,后门而出,不准稍事停留”,还指定停车场和买卖场所,并于目前粘贴白话告示附绘路线图,俾人一目了然,各知遵守,庶免再生拥挤冲突之弊[80]。此外还加强对各种车辆的整顿，于指定停车场均横立木牌，绘成洋车轿车各式，目不识丁者均可一望而知也[81]。天津南段巡警局也多次张贴白话告示，要人们注重交通安全，禁止无知行人及幼童随车奔跑[82]。鉴于电轨一带十分危险，天津巡警总局出示白话晓谕人民简章六则[83]。并拟订了交通警察办法[84]。自从近代交通观念确立之后免除了许多无谓的损伤，以北京为例，“每年上元节观灯者毂系肩磨，往往有因拥挤而致受伤者，甚至有因而毙命者，今年观灯前门外并不十分拥挤，想因巡警弹压之故”。“白云观每日均有巡警指挥出人，章程颇有秩序……而野蛮文明，今昔迥异，警察进步由此窥其一斑。”[85]

另外警察在清除城市积弊，破除落后旧俗，整饬社会风气方面亦投入了大量的精力。天津曾一度风行蹦蹦戏，“所有无耻之徒混迹其中，演唱淫词，装扮丑态，并闻男女相杂，一同入座，尤属不成事体”[86]。故而巡警局多次下令严禁演唱淫戏，对于借新戏之名私演淫戏之徒亦下令严惩[87]。还要求整顿土娼，转子房等淫乱场所，禁卖春药，以净化社会风气[88]。北京也一度派警察查禁淫乱书籍，禁卖春药，禁演西湖景等[89]。并且开始仿照天津办法对娼妓进行整顿，将妓馆分为三级，分别注册，严禁暗门，“如此维持市面歌舞升平，诚善政也”[90]。禁赌也是警察整肃社会风化的一个重要内容，他们一方面张贴大量的白话告示进行劝诫，一方面派巡警密查严拿。北京“厂甸庙会，洋赌甚夥，被巡警局查知，于初四日巡警官带同巡捕一律驱逐赌摊，洋商皆卷赌具抱头鼠窜而去”[91]。天津禁赌亦是非常有力的。警局还多次严禁迷信陋俗，一边劝谕[92]，一边派巡警进行阻止。北京“五月朔尚有城隍出巡之举，愚民装成罪犯赭衣，红裤锁拷加身，并有马童挂灯插箭等事目，离奇怪诞，实为地方风俗之害，故此严禁查拿”[93]。当然鉴于这些陋俗大多“深入人心”，所以警察还是以劝诫为主。

同时，巡警还是新式城市工业文明的积极推行者和保护者。保定警务局创立之初，即规定警局要安置德律风，由总局分通各局，以期消息灵捷。并要求安置路灯，以为晚上照明所用[94]。天津巡警学堂亦要求安设德律风一处，便通达各局传话[95]。此外警察还要对这些近代工业文明负起保卫之责。《违警律》第五条第六章明确规定不允许竹竿绳索等物妨碍电线，否则警察要进行严惩[96]。电灯电车公司拟订的预防电线折断章程，也要求巡警负有保护之责[97]。北京开办电灯时，同时下令巡警着力保护[98]。

综合以上，我们可以看出，新式警察制的出现带动了整个城市的变革，推动了传统城市的近代化转型，使得城市居民的生活有了更多、更细致的规范。与此同时，传播了健康文明的新式生活理念，对于开启民智，改造国民形象，提高人们的整体素质亦有积极作用。在此过程中又往往配合以张贴白话告示的举措，更增强了巡警在百姓生活中的渗透力和对民众观念的影响力，在民众中产生了很大的震撼。

开民智是近代中国面临的一个重要课题，尤其是义和团运动之后，中国社会各阶层都更深刻地认识到开民智的重要性，而“各种各样的启蒙形式像戏曲、阅报社、讲报、宣讲、演说乃至各种各样的汉字改革方案以及识字学堂等都在1901年以后大量出现”[99]。在这场声势浩大的清末下层社会启蒙运动中，警察扮演了十分重要的角色。一方面是由于警察身份的特殊性，“警察既然站在与人民日常生活接触的第一线，不管愿不愿意常常成为推动新事物、新措施的尖兵，所以本身就需要被启蒙和再教育”[100]。开警智是开民智的一个重要子课题；另一方面，由于警察与下层民众联系十分紧密，为了更好地宣传新政的精神及解决社会上的种种问题，警察又非常需要一种通俗易懂的方式来周告众知，俾其遵循。正如袁世凯所言“警务传单必使家喻户晓，然后举办，自然乐从”[101]。这就要求警察必须同时以教化者的面目出现。于是警察就在这场清末社会下层启蒙运动中，扮演着受教者和教化者的双重角色。

自警察出现之日起，当局就十分注重警察的素质，“警察者执行法律而亲民之官也，自非精通法律者不足以言警察，而非占最高人格者尤不足以当警察。以故巡查一官虽为警察上最下级之官吏而必负最完全之人格者乃始足以胜其任。若以至重至难之事而付之无学无识之人，纵无偾败于目前，亦难收效于日后”[102]。因而在直隶、北京创办警察之初即同时建有相应的警察学堂，北京设有京师警务学堂，天津设有南北段巡警局巡警学堂，保定府设有警务处警务学堂等等，基本上与警察建设同步进行。天津和北京等地尤其注重巡长的素质，时时对其进行考核。《大公报》经常报道此类事件，如天津工巡总局于各局区内挑选粗壮识字之巡长一名于十三日保送总局考试，考题包括国文与算术[103]。南段巡警总局总办赵督察“欲将所辖分局各队巡弁细加考试以提升头等巡弁。……试以警务遇有急事有如何恰妙办法”[104]。北京也规定“嗣后凡提拔巡长非于外城教练所，内城初级警察学堂毕业考列最优等者不得与选，以免滥竽而示慎重。”[105]

不过当时警察毕竟为初创,警察中仍以目不识丁者为多数,警局仍需要采用多种手段来开警智。其方式有:一、设立警察传习所、研究所等。如大兴县杨令"以所属各村镇一切警务尚须大加讲求,因于城隍庙内设立巡警传习所一区讲求所有初级警察课程,以便毕业后赴四乡办理警政矣"[106]。北京宛平县设立警务研究所,"通饬各村镇选送警兵,每处二名入所肄业,并饬各警董轮次入所分班听讲以期有裨警政"[107]。保定平山县所设的警务传习所也有开警智之效。二、通过演讲开警智也是警局常用的一种手段。1906 年天津巡警探访局开办宣讲所,要求所有巡弁差役必须赴所听讲,讲的内容包括白话时事新闻、侦探妙诀及与之相关的报纸文章,甚至还包括侦探小说[108]。天津某巡区区长穆汉章所办的宣讲所,亦常向各村巡警讲说警政[109]。北京内城工巡总局也为警察特设过警察演讲章程,请开明人士向巡长兵弁演说警察要义[110]。警察刊物也是开警智的一种手段。而关于警察新章的书也被编辑成册,俾研究警政之人遵循[111]。这些无疑都有利于提高警察的文化素质和职业素质,从而使其可以更好地执行其近代使命。

警察不仅注重自身素质的培养,而且更通过张贴白话告示、以身作则和行政引导等方式积极地进行下层民众的启蒙工作,其中尤以白话告示的影响为大。白话文运动早在清末就已初见端倪。其中除了白话报刊的大量涌现外,还有一个重要的白话形式就是各级政府张贴的白话告示,而又以警察所扮演的角色最为活跃。从《大公报》的报道来看,北京与天津两地的警察在张贴白话告示开通民智方面成效十分显著。

早在 1905 年时北京内外城工巡局所有张贴告示就一律改用白话。"前见正阳门外粘贴二张:一系劝人分清道路,概由左边径行不可紊乱;一系劝人遵守警章,否则必扭送到局,言词浅近明晰,商民乐观,是以环伺而待阅者立如堵墙,此亦开通民智之一斑。"[112]1906 年《大公报》又报道说:"北京外城自改换巡警以来,每张贴示谕均用白话演成,条分缕析,妇孺均晓。"[113]

从警局张贴的白话告示内容来看,实属五花八门,但是皆以开通风气、导民向上为宗旨。其中有关于街道卫生的,"京师为首善地方,城内城外大街小巷应当干净齐整,大小铺面军民更应合力齐心,打扫内外街道"。否则"不但外人瞧见不成模样,这种恶臭气味令人受了最容易生病。……干净整齐实在于卫生上很有关系。卫生二字就是保养身体性命,可见打扫街道一事是生死相关的"[114]。有关于禁赌的,"新年已过,禁止赌博,如敢故违,定行枷责"[115]。有关于禁烟的,如"鸦片烟的害处,大伙儿都知道的,惟抽上瘾可就成了一辈子的累了……等到父兄知道,没法子管,掌柜的知道就得散,你看那没有络儿的,多半是烟害的。"还有保护树木的,"马路两边栽树,关系卫生匪轻,行人既避烈日,住户亦庇绿阴,近来树多枯损,皆又护惜无人,或泼盐热等水,或因摇动伤根,除饬站岗警兵,随时查察认真,牲畜不准牵系,洋车不准放停。晓尔铺户人家,其各一体凛遵,如再有人伤损,查出定即究惩"[116]。有禁卖春药的,"现在有一种药铺,他不管什么叫伤天害理,什么叫坏人心术,配一种春药,任意售卖,向满街的墙上粘贴报单,大书种子壮阳打胎等字样,真是一件极坏的事……如查得有制卖类似以上各药的一定不能容忍"[117]。还有批判陋俗的,"我们中国人的陋俗非常之多,相沿已久,牢不可破,即如顶神、看香、念咒、画符等事,一经说破,毫无道理……别的不说,就说焚烧纸帛这件事罢,究竟是何所取义……不但暴殄天物,并且也大愚不灵……一经焚烧,火焰上冲,远看就像着了火似的"[118]。此外,还有交通安全的,"电车已经开了,车又重,走的又快,若不小心,要是碰着、轧着,大有性命之忧……连坐车的客人,都不可随便上下,漫说看热闹的同那些不懂事的小孩子们,岂可以随便围着观看,跟着车跑,那不是自寻烦恼吗?"[119]还有关于食品卫生的,禁止赤身裸体的,扫除社会谣言的,禁止烧香盂兰盆会的,要求安置路灯的,劝行人遵守路规、遵守警规的等等,不一而足[120]。

两地警察所贴的白话告示不仅数量大,内容丰富,涉及百姓生活的方方面面,而且还带有明确的针对性和目的性,合乎文明宗旨。此外我们还可以看出这些白话告示从表达上看已经比较成熟,通俗易懂,便于理解,许多文章甚至还合辙押韵,便于口头传诵,从而更扩大了其宣传效果。另外不同于以往的衙门告示,这种白话告示更有一种人情味儿,语气和缓,晓之以理、动之以情,从感情上来讲更利于百姓接受。《大公报》曾评价天津工巡西局张贴的白话告示说:"按告示张贴必须令愚人易解,始能有益,中国官场向拘文法,不肯稍易示谕,虽遍街巷,人不解识,遂成具文。今观工巡西局此篇白话告示,诚勉励,款洽叮咛,诚于地方大有裨益也。"[121]所以出现以上所说的"商民乐观","环伺而待阅者立如堵墙"的场面就不足为奇了。由于警察是凭借官方的力量推行白话告示,从一定程度上而言,等于是对民间白话文运动的认可与鼓励,所以在其影响下,

1905 年底至 1906 年初，天津不少工厂、学堂的招工、招生启事，也都开始大量采用白话文[122]。

除了张贴白话告示外，警察也十分注重通过演讲方式开通民智。"感发人之速莫如演说，今警部亦已用白话告示矣，吾国愚民并不识诲，谆听藐矣怪其然而种种违警之行为即在此辈，故白话演说尤亟亟也。"[123]所以政府所设立的宣讲所"最初也多半与警务有关"[124]。为使下层民众对于警察制度有所认识，1905 年民政部通过学部要求宣讲所在每天晚上演讲时要抽出一个小时讲解警章[125]。北京外城巡警西分厅曾在 1906 年 7 月公开招考演说员，要求参加者首先用白话作一篇四百字的文章，再登台演说[126]。天津宁河县南理珠庄警勇韩凤[illegible]，主动向当地教员学习字母官话，不久即向人演说白话报上的文字，并向村民劝募国民捐，宣传爱国精神[127]。可以算是"启蒙精神运动的最佳样板"[128]。

警察还通过开办警察报刊来开民智。1906 年《大公报》曾先后报道说："闻警部人云日前"堂官议以"警务有关治内要政"，"尤宜开通风气为先，拟即筹款开办警务日报，其宗旨首以登录谕旨及警务规条，各局示谕并采访京外新闻但有关于吏治民情一并刊入，以期广开民智，教化宜进而民自强矣"。"闻警部各堂以开通人心尤以报纸为收效最快之物，拟于今春由本部组织警察官报，将所有警察卫生各事刊入报章，以期改良风化，共保政安。"[129]可见政府也认识到通过报纸来开民智的功效。

除了通过以上手段直接参与开民智的活动以外，警察还通过其他方式如保护学校、宣讲所、阅报社等间接地配合了官方和民间的开民智运动。"查警察与学校相关，凡地方及岁儿童强迫入学，巡警得以权力行之。目前科举既停，教育宜图普及，若巡警不遍则教育难稽。"[130]要求警察对学校要尤其着意保护。天津工艺学堂系就庙址而建，为防止居民骚扰，校方要求巡警配合保护，于是巡警局发布告示严禁闲车闲人任意出入，尤不得滋扰喧哗[131]。为了给学校创造良好的环境，天津巡警局还特地发布示谕："现在天津学堂林立，各学生正当轻年，知识初开，于体育、德育各科尤为重要，而通商繁埠妓馆曲班势难尽免，且天津暗娼众多，对青年学生颇多妨碍。"[132]所以下令无论何处设立暗娼及转子房一经查出，除尽法惩治外，并将知情隐瞒之房主邻居一并重惩。对于宣讲所、阅报社等公益机构，警察也尽力保护。天津学堂林兆翰等人欲请人在人多的地方讲报，又恐走道的人，不知道讲报的好处，随便说闲话，存心打扰，于是南段巡警局特出白话告示，"教众人都知道这讲报的人是奉官的，不同说书敛钱的，让众百姓都知道知道，讲报的人专为着你们多明白点事，千万不可懈怠，要是愿意听可就要安安静静地听他讲，假如不遵守的话，存心搅扰，就叫巡兵把那人揪来，按照扰乱公事的罪办他"[133]。另外通过改良新戏来开民智亦为开明人士改良社会风气的一个重要手段。但是借新戏为名，而上演淫词浪曲鱼目混珠之人也不少，所以巡警局一方面打击私开票房排演杂剧之人，另一方面又支持正当的新戏改良活动，"以期转移社会，俾得渐入文明"[134]。

由上可见，警察在清末下层社会的启蒙运动中的确扮演了十分重要的角色，它顺应了近代启蒙运动的大趋势，并成为该活动的重要组成部分。知识文化在下层民众中的传播相对于传统中国社会的愚民政策而言，是一个革命性的悖反，也是一个巨大的进步。在开警智和开民智的过程中，同时宣传了新民德、新国民的时代要求，对于整个社会民众素质的提高起到了一种潜移默化的作用。

三

还需要补充的是，警察在维持市面、整顿金融市场、促进商业繁荣方面也起到了一定作用。首先警察本身就有整顿市场、维持市面的专责。天津地区自设立公估局以来，"每日钱市即派巡警在内逡巡，遇有出售私钱，兑换无官板字样钱票者，当即扯送公所，故私钱在钱市上一文不见，办理不为不善"[135]。南段警局还曾下令严禁私贩铜圆以控制钱市稳定，"铜圆本与制钱一律岂容任意私贩，致害地方而碍市面"[136]。并且为防钱铺奸商欺骗乡民，还要求兑换钱铺必须将每日行情详细标出，以示交易公开和便于警察进行管理[137]。尤为值得一提的是，1904 年天津义丰德钱铺闹钱荒时，南段巡警总局及时出台措施稳定市面之举。义丰德本为天津市面流通之枢纽，其荒闭导致天津市面动摇，人心惶恐。巡警局立即出示告示稳定人心，不仅未要求其立即归还官家的存款，反而不惮其烦地为钱铺追缴外债，且协助其重新开业，使如此极大风波转瞬间安静如常，大得商心、民心。人们称道说："此等办法乃真得保商之道，为从来官府所未有。"[138]保定也专门设有菜市，不取分文，便民贸易。再者，警察具有维护社会治安和环境卫生的职能，客观上就为商业发展创造了一定的便利条件。“京中带去天津警兵夜间巡逻甚勤，遇有不持灯及提包袱者则必详细究问，始准畅行。”[139]银行进行交易时也要求警兵随时保护[140]。天津水面还特设专门巡船巡兵沿海巡逻，以禁奸诘宄，保护商旅[141]。至于良好的卫生环境对于商业发展的裨益也是不言而喻的。以山海关为例，自整顿卫生后，“向之积秽等处今则一律清洁，已有小生理人在彼摆摊卖物矣，商民受惠于无形，岂徒有裨于卫生已哉”[142]。

总体来说，自直隶、北京设立巡警以来，应该说取得了很大的成绩，其中又以天津为最优，“中国之警察以北洋为第一，北洋之警察以天津为第一，此为天下之公论，非阿论也”[143]。从当时的社会舆论来看，对于警察的正面评价还是很多的。“中国向有保甲而未兴警务，然规制不密，裨益于地方者甚微，自庚子乱后……兴办警务次第举行，而实以天津为倡首，虽曰事属创举，组织未尽完全，然所得效果已不少。”[144]“京师自庚子后设立工巡局，颇多善政。”[145]由于两地的警政极其出色，所以产生了良好的模范效应，“各省之开办警察，其一切规则无不以天津为模范，其开创之始多半咨调北洋之警务学员，而且往往各派专员参观以为效法之准”[146]。

但是即使就这两地警政而言，毕竟也为初创，所以仍然存在许多弊端。首先，一个最大的问题是警察素质低下。虽然在本文前面提及开警智的问题，但是由于警察制建立过程十分仓促，而地方上对于警察又极为渴求，所以往往就忽略了警员素质低下的问题。或是将旧有的保甲直接改换为警察，换汤不换药；或仅从身体健康的村民中直接挑选，而对其文化素质并无太多的规定，或即使有规定也多成一纸空文并未严格执行。“省城四乡巡警目不识丁者不一而足，其于警章诸多未谙。”[147]更为严重的是，受传统观念的影响，在许多人心目中警察与保甲、衙役实为同类，因而良民百姓多不愿充当，于是就给地方流氓恶霸以可乘之机，使警察成为为害一方的渊薮。“查巡警之良莠不齐，多由创办伊始，乡人皆以旧日之兵丁目之，不肯充当，而地方官又但以多为贵，故各乡董所任用虽不无良民，而无赖之尤实居其多……自前年加入退伍兵丁，而巡警益少善类矣。”[148]警察来源的混乱使得警员素质更难把握，所以《大公报》关于警察违规的报道亦实在不少[149]。其二，警政成效的不连贯。往往是上头查得紧，则下边就比较尽职尽责，而若长官懈怠则警务就较为混乱，警政效果显示出浓重的人治特征。所以一般情况下，警长素质的高低即决定当地警政的好坏。以《大公报》的报道为例，如山海关管带吴乙皿，武清警官蒋君和河北大街巡警第二局唐君，皆因尽职尽责而警政能颇有成色[150]。一旦警官不负责任则为另一种景象。宁河县由于局员平殿奎因事出局，“局内外每日情形漫无纪律，该巡勇俱懒惰异常，虽街市泥泞堆积粪秽逼人，均不禁止”[151]。所以警务功效难以长久。其三，办理警政人员之专门知识缺乏。“主持警务如民政司、巡警道等官，学问既不出于专门，得缺补官徒凭督抚保奏，委任员弁皆听命于督抚，所用者皆不习警务之人。”[152]故而难以领会警政的真谛，所以“直省自振兴警务以来……各州县之认真举办者固不乏人，而其中之敷衍因循者亦所在多有”[153]。其四，警察法规的不健全和具体执行的不充分。“今之各局巡官中竟有擅用刑罚惩责无度者，故外间于巡官有零碎知县之称。如前有甲乙二巡官因忿怒之私，而甲巡警竟责某人以八百军棍，因而伤重毙命，问其人所犯何罪，盖因取妓馆一丝丝也。”[154]天津还曾报道说：“巡警对于偶有可疑之人，不问平日操业如何，即指为秘密会党，拘之入狱，既入狱后，又闻有刑讯逼其供认者，生死不明，殊属骇人听闻。”[155]这些都是因警察法规不健全而造成的巡警滥用权力之弊。即使制定了法规，也往往难以严格执行。“天津自设巡警以来，地方颇多受其益……惜未能全体一致，往往多不照章而行，如马路大街之定章，行人须按两边分上下道而行，车马须按中间分上下道而行，井井有条，庶不致有拥挤碰撞之患，今马路大街上行人往往纷杂错乱，毫无定规，警兵荷枪痴立形同木偶，迨道路壅塞然后鞭笞行人、小贩、人力车夫使之退让。……日前曾由总局示谕车辆须遵道而行，然仍未能厘然不紊，绝无整饬之象焉。”[156]北京地区也是如此，“夜间各家又不一律点灯矣，行人车马又不靠左边行矣，大雪之夜且有不站岗者矣……协巡局皆不过问”[157]。可见不管制定章程与否，都难产生实际效果。其五，城乡警政发展不平衡。天津、保定、北京等地城区的警政办理比较有成效，而乡镇的警政则明显很差。北京顺天府“各州县于一切警政毫未讲求”[158]，直隶邢台县“四乡巡警多行解散……该县称该县四乡巡警今春尚有数十名，点验后即全行解散，因此以至入秋以来，该县四乡人民皆演戏、聚赌，其不一而足”[159]。可见四乡巡警不唯难以发挥实际作用，而且连勉强存在也成问题。此外警政办理过程中也出现了人浮于事等方面的问题。

两地警政中所存在的问题固然有其本身的原因，但也有其他因素的影响。首先为资金的问题。张家口工巡局本来卓有成效,但是由于巡警收入极低,“每名每日只给铜圆十五枚,昼夜站岗十二点钟之久,尚须调操两次,终日几无休息……张垣米珠薪桂,不减京津,巡警有钱者垫赔已净,无钱者甚至枵腹从公……闻刻下大都心灰,竟相率不辞而去”[160]。天津巡警局曹君约束警兵极严,严禁受贿,纪律严明。“惟华捕改充之兵月饷仅给三元,欲其事有资,不亦难乎。较之督署前发之八元尚不及半。”[161]而保定南皮县巡警竟因为数月未发警饷而有解散之势[162]。而一旦要筹费则势必又引起民怨沸腾,致使人们对警察产生抵触情绪。故而资金的缺乏一直是各地警政推行中的一大难题。

其次,地方势力的抵制。警察制度的推行本身就透露出国家权力向地方基层渗透的信息。警察制一方面与原有的行政势力存在密切关联,另一方面又有一套自成一体的巡警运作系统,对于地方势力有一定的牵制力。它剥夺了地方精英的若干发言权,威胁到旧有乡绅在政治、经济和文化方面所拥有的某些特权,所以往往会激起他们的仇视和抵制。保定地区全省警务处为了便于管理曾在邱县重新划分区域,然而该县绅董不明权限,竟因此屡起争端,给警政推行制造阻力[163]。北京大兴县警员也因为当地绅董垄断财权,贪污公款而与之大起干戈[164]。可见警政能否推行,还要视中央与地方之间权力角逐情况而定。

还有其他因素也干扰了警察认真执行公务。尤其北京乃王公贵族云集之地,巡警更为难办。“正月间有南横街某宅眷属因游厂甸致与该地巡警为难。于是巡警亦不肯认真,懔前车之鉴,可叹矣。”[165]并且王公贵族还“每以故违警章为得意,不知尊重法律体面自爱,诚野蛮也”[166]。甚至豪门贵族的车夫也可以对巡警置之不理乃至拳脚相加。而警察被洋兵以及中国自己的军丁欺侮,也是常有之事。此外,衙署差役亦为警政推行中的一层阻力。“山海关巡警管带吴乙皿颇能任劳任怨……无论斗殴血案一经报案,无不立即传讯,小事当即完结,重案立即送县,毫无花费,故而衙署差役渐减生财之路,颇滋不悦。”[167]“直隶自创办警察以来,虽无大效,而赌盗之风渐觉稍息……赌风既息,则胥吏向所恃以为生活者,一旦断绝,因亦多方诋毁。”[168]

清末警政的发展步履维艰,一方面是由于其本身处于初创期,在专业理论、规章制度及警员素质方面存在许多不足;另一方面是因为它诞生在清末特殊的社会环境中,故而受到当时政治、经济、文化和社会环境的制约。新式警察制的创建本是中西、新旧文化冲撞递嬗的产物,其间既体现着西方近代政治制度的导向性理念,也富含着中国传统政治文化重构的因子;既传播了新式的行政、司法理念,又承袭了旧有的人才资源和组织资源。故而它的体制建构呈现出由旧趋新的渐进性历史特征,需要相当长的历程和各种制度要素的调适才可以实现整体的制度转轨。

在20世纪初中国近代社会政治文化转型的过程中,新式警察制度的创建具有典型的历史意义,它标志着传统封建治安体系的瓦解和新式行政、司法制度的确立,既适应了中国社会内部变革的要求,又符合了西方先进政治文明的导向。就直隶与北京地区而言,近代警察制建立之后,立即显示出其独特的优越性,它不同于传统的捕快、保甲制,其职能更加广泛,并呈现出专业化趋向,更符合近代社会发展的潮流。近代警察制建立后,极大地推动了近代城市文明的发展,但是由于内外因素的制约,清末警察制并未获得健康的发展。伴随着革命力量的兴起,到清朝末年时,警察日益强化其社会治安职能,其关注点开始主要转移到防范、侦察和缉捕革命党人,弹压革命运动上来。不仅如此,清末巡警更以此作为欺压百姓,任意刑杀的借口,滥用职权,敲诈勒索,横行无忌。而且由于警察制本身与袁世凯势力的兴起直接相连,而袁世凯也利用清政府重视警政改革这一点,乘机扩张势力,在警部安插心腹私党,逐步控制了清政府的警政大权,并使之成为实现个人政治野心、排除异己的权力斗争工具,这就使得警察制的发展日益偏向,而沦为利益集团斗争的牺牲品。

注:

① 韩延龙、苏亦工等:《中国近代警察史》序言,社会科学文献出版社2000年版,第1页。

② 论文方面有郭玉家,马学春:《清末新政与中国警政近代化》,《许昌学院学报》2003年第3期;杨玉环:《论中国近代警察制度的开创》,《辽宁大学学报(哲学社会科学版)》2003年第6期;帅建祥:《清末巡警制度述论》,《四川师范学院学报(哲学社会科学版)》1997年第2期;夏敏:《晚清时期中国近代警察制度建设》,《江苏警察学院学报》2003年第4期。此外,周建林:《清末新政时期袁世凯势力的扩张》,《社会科学研究》1998年第4期;常书红:《乡治思想的近代化》,《浙江社会科学》2001年第6期;常书红:《清末民初地方社会整合格局的变化》,《史学月刊》2003年第4期,等,也间接涉及关于清末警察制度的若干问题。

③ 常书红:《乡治思想的近代化》,《浙江社会科学》2001 年第 6 期。

④⑤《创设保定警务局并添设学堂拟订章程呈览折》,《大公报》1902 年 8 月 16 日。

⑥⑭⑩《津埠照旧捐办巡警片》,天津图书馆,天津社科院历史研究所编:《袁世凯奏议》,天津古籍出版社 1987 年版,第 784、608—609 页。

⑦《纪巡警局》,《大公报》1902 年 7 月 6 日。

⑧《警员来津》,《大公报》1902 年 9 月 5 日。

⑨ 夏东元编:《郑观应集》(上册),上海人民出版社 1982 年版,第 512—513 页。

⑩《纪巡警营》,《大公报》1902 年 6 月 28 日。

⑪《巡警认真》,《大公报》1902 年 7 月 1 日。

⑫《巡警局示》,《大公报》1905 年 5 月 21 日。

⑬《译件》,《大公报》1902 年 9 月 22 日。

⑭⑩⑪ 郭玉家,马学春:《清末新政与中国警政近代化》,《许昌学院学报》2003 年第 3 期。

⑮ 参见韩延龙、苏亦工等著:《中国近代警察史》,社会科学文献出版社 2000 年版,第 116 页。

⑯《工巡局之新制》,《大公报》1906 年 2 月 9 日。

⑰《巡警条规》,《大公报》1902 年 8 月 23 日。

⑱《南京警察学堂潘缙华、张侠琴二君上江督警务条陈纲要八则附消防一则》,《大公报》1905 年 9 月 2 日。

⑲《大公报》1909 年 10 月 23 日。

⑳《大公报》1910 年 4 月 4 日。

㉑《大公报》1906 年 1 月 2 日。

㉒《大公报》1906 年 3 月 26 日。

㉓《大公报》1906 年 4 月 29 日。

㉔《大公报》1906 年 12 月 18 日。

㉕《黄遵宪致梁启超书》,《中国哲学》(第八集)。

㉖《工巡总局叶观察演说》,《大公报》1910 年 4 月 23 日。

㉗《天津分府沈天津县唐详覆四乡推广巡警情形折》,《大公报》1905 年 1 月 8 日。

㉘《天津四乡巡警章程》,《大公报》1905 年 1 月 12 日。

㉙《天津分府沈天津县唐详覆四乡推广巡警情形折》,《大公报》1905 年 1 月 9 日。

㉚《整顿巡警条议论》,《大公报》1902 年 10 月 2 日。

㉛《大公报》1904 年 10 月 9 日。

㉜《大公报》1907 年 2 月 22 日。

㉝《巡警总局示谕照登》,《大公报》1910 年 4 月 4 日。

㉞《大公报》1906 年 2 月 10 日。

㉟《大公报》1904 年 1 月 20 日。

㊱《大公报》1905 年 8 月 11 日。

㊲《大公报》1904 年 9 月 5 日,1905 年 11 月 11 日。

㊳《大公报》1905 年 4 月 20 日。

㊴《巡警举手行礼》,《大公报》1905 年 8 月 11 日。

㊷ 夏敏:《晚清时期中国近代警察制度建设》,《江苏警察学院学报》2003 年第 4 期。

㊸⑫ 刘志琴主编,闵杰著,近代中国社会文化变迁录(第二卷)[M].杭州:浙江人民出版社,1998 年版,第 4、462 页。

㊹ 文明之政不要参杂恶习[N].大公报,1905-06-10.

㊺《南京警察学堂潘缙华、张侠琴二君上江督警务条陈纲要八则附消防一则》,《大公报》1905 年 9 月

3 日。

㊻《剪发易服先声》,《大公报》1905 年 6 月 24 日。

㊼《大公报》1906 年 1 月 8 日。

㊽《大公报》1906 年 1 月 31 日。

㊾《大公报》1906 年 2 月 5 日。

㊿《大公报》1908 年 1 月 11 日。

51《大公报》1908 年 7 月 31 日。

52《大公报》1906 年 4 月 7 日。

53《大公报》1905 年 11 月 11 日,1904 年 9 月 5 日。

545556 王锡彤著;郑永福点注:《抑斋自述》,河南人民出版社 2001 年版,第 56、57 页。

57 胡勇:《清末瘟疫与民众心态》,《近代史研究》2004 年第 1 期。

58《大公报》1906 年 3 月 7 日。

59《巡警条规》,《大公报》1902 年 8 月 23 日。

60《大公报》1908 年 4 月 4 日。

61《大公报》1904 年 6 月 13 日。

62《大公报》1906 年 1 月 8 日。

63《大公报》1906 年 6 月 10 日。

64《大公报》1908 年 7 月 31 日。

65《大公报》1905 年 12 月 18 日,1908 年 10 月 30 日。

66《大公报》1905 年 12 月 17 日。

67《大公报》1907 年 4 月 12 日。

68《大公报》1904 年 3 月 31 日。

69《巡警总局及天津府县会衔告示》,《大公报》1905 年 8 月 5 日。

70《大公报》1906 年 2 月 24 日。

71《大公报》1904 年 7 月 19 日。

72《巡警总局及天津府县会衔告示》,《大公报》1905 年 7 月 4 日。

73《大公报》1905 年 8 月 5 日,1908 年 7 月 2 日。

74 转引自池子华:《中国近代流民》,浙江人民出版社 1996 年版,第 193—194 页。

75《大公报》1908 年 7 月 2 日。

76《大公报》1904 年 4 月 1 日。

77《大公报》1906 年 3 月 19 日。

78《大公报》1906 年 11 月 21 日。

79《大公报》1906 年 2 月 27 日。

80《大公报》1907 年 2 月 22 日。

81《大公报》1906 年 2 月 3 日。

82《大公报》1906 年 2 月 21 日。

83《大公报》1906 年 3 月 28 日。

84《大公报》1908 年 7 月 7 日。

85《大公报》1906 年 2 月 13 日,1907 年 3 月 2 日。

86《大公报》1905 年 6 月 4 日。

87《大公报》1906 年 2 月 2 日,1908 年 1 月 6 日。

88《大公报》1905 年 6 月 16 日,1905 年 5 月 30 日,1905 年 10 月 23 日,1904 年 1 月 24 日。

89《大公报》1907 年 1 月 14 日,1904 年 10 月 22 日,1906 年 2 月 19 日。

⑳《大公报》1906年1月6日。

㉑《大公报》1906年2月4日。

㉒《大公报》1905年10月11日,1908年5月10日,1908年5月12日,1907年8月19日,1909年2月1日。

㉓《大公报》1909年2月1日。

㉕《大公报》1904年12月27日。

㉖《违警罪章》,《大公报》1907年3月4日。

㉗《大公报》1907年4月4日。

㉘《大公报》1906年2月21日。

⑨⑨⑩⑩⑫⑫ 李孝悌:《清末的下层社会启蒙运动(1901—1911)》,河北教育出版社2001年版,第17、87、133页。

⑩②《南京警察学堂潘缙华、张侠琴二君上江督警务条陈纲要八则附消防一则》,《大公报》1905年9月4日。

⑩③《大公报》1908年2月16日。

⑩④《大公报》1904年11月22日。

⑩⑤《大公报》1907年2月24日。

⑩⑥《大公报》1908年2月12日。

⑩⑦《大公报》1910年4月4日。

⑩⑧《大公报》1906年4月17日。

⑩⑨《大公报》1906年4月29日。

⑪⓪《大公报》1906年5月11日。

⑪①《大公报》1908年3月22日。

⑪②《示用白话》,《大公报》1905年12月18日。

⑪③《大公报》1906年2月3日。

⑪④《外城巡捕西分局告示》,《大公报》1905年9月6日。

⑪⑤《巡警第三局示》,《大公报》1905年2月29日。

⑪⑥《大公报》1904年7月19日。

⑪⑦《劝谕浅说》,《大公报》1905年10月22日。

⑪⑧《巡警总局劝谕浅说照录》《大公报》1905年10月11日。

⑪⑨《大公报》1906年2月21日。

⑫⓪《大公报》1907年6月6日,1907年7月20日,1905年10月16日, 1908年5月12日,1907年8月19日,1908年5月12日,1905年12月26日,1905年12月18日。

⑫①《外城巡捕西分局白话告示》,《大公报》1905年9月6日。

⑫③《朱太史上警部徐尚书书》,《大公报》1906年6月11日。

⑫⑤《大公报》1906年11月15日。

⑫⑥《大公报》1906年7月19日。

⑫⑦《大公报》1906年8月18日。

⑫⑨《大公报》1906年2月17日,1906年2月28日。

⑬⓪《直督通饬赵道、徐道妥议推广全省巡警办法札》,《大公报》1905年9月17日。

⑬①《巡警总局示》,《大公报》1905年6月27日。

⑬②《巡警局示》,《大公报》1905年5月30日。

⑬③《示谕照录》,《大公报》1905年12月15日。

⑬④《大公报》1908年1月6日。

⑬⑤《大公报》1905年2月22日。

⑬⑥《大公报》1904年1月30日。

⑬⑦《大公报》1908年7月2日。

⑬⑧《论南段巡警总局赵观察维持市面事》,《大公报》1904年11月12日。

⑬⑨《巡警认真》,《大公报》1905年12月5日。

⑭⓪《大公报》1908年7月2日。

⑭①《大公报》1902年9月23日。

⑭②《大公报》1904年6月13日。

⑭③⑭⑥《改良天津警务议》,《大公报》1908年1月11日。

⑭④《论巡官责人宜定限制》,《大公报》1904年12月12日。

⑭⑤《私刑可畏》,《大公报》1905年2月23日。

⑭⑦《大公报》1910年3月29日。

⑭⑧《顺直谘议局议决案件》,《大公报》1910年3月2日。

⑭⑨《大公报》1906年1月18日,1906年2月5日,1906年2月15日,1909年12月1日,1908年7月19日。

⑮⓪《大公报》1904年5月12日,1905年3月15日,1904年3月17日。

⑮①《大公报》1905年8月27日。

⑮②《大公报》1910年4月20日。

⑮③《顺直谘议局申覆整顿警务案》,《大公报》1910年1月15日。

⑮④《论巡官责人宜定限制》,《大公报》1904年12月12日。

⑮⑤《大公报》1907年2月6日。

⑮⑥《大公报》1904年1月20日。

⑮⑦《大公报》1906年2月26日。

⑮⑧《大公报》1908年2月29日。

⑮⑨《大公报》1908年12月13日。

⑯⓪《大公报》1909年11月15日。

⑯①《大公报》1902年9月30日。

⑯②《大公报》1908年8月4日。

⑯③《大公报》1910年3月16日。

⑯④《大公报》1909年4月24日。

⑯⑤⑯⑥《大公报》1908年3月2日。

⑯⑦《大公报》1904年5月12日。

⑯⑧《顺直谘议局议决案件》,《大公报》1910年3月1日。

[《河北师范大学学报》(哲学社会科学版)2005年第1期]

民国灾荒与战乱期间天津城市的社会救助(1912—1936年)

任云兰

民国时期,华北地区自然灾害频频发生,如1917年的大水灾、1920年的旱灾和1928—1930年的大旱灾。此外,兵燹匪祸不断,尤其是从20年代开始,战事频频,如1920年的直皖战争、1922年和1924年的两次直奉战争、1930年的中原大战,无不以华北作为战场。灾荒兵祸匪患迫使无数农民离村,河北、山东及部分河南难民大批涌入天津市,促使城市官方和民间进行紧急社会救助,本文旨在探讨灾荒与战乱期间天津城市官方和民间的社会救助活动。

一、难民的接收与遣返

天津是华北地区重要的工商业城市,会馆公所、商会、同业公会等商人组织很发达,士绅商人、达官显贵集中,民间社会救助活动也很活跃。每遇灾荒战乱,往往成为周围受灾地区离村农民选择的重要的求生之地。"庚子之后,北省郡县遭罹厄会,动多烦扰,往往以天津为乐土,曾无樊篱之限也。"[①]而且天津还是直隶与山东地区农民通过陆路闯关东的重要通道,也是返乡难民的滞留地。因此,相对来说,天津城市的社会救助任务更重,意义也更大。

到民国时期,四方难民更将天津视为"易于谋生"之地和"就食之惟一乐土"[②],纷纷携家带口涌入天津,加重了城市的负担。1917年水灾发生后,天津本地的贫民加上周围地区涌入的难民致使城区及四乡需要救济的贫民达到了198 000余人[③]。1920年旱灾期间,到11月中旬,栖息天津市区的难民达到了29 000余人,流入四乡的难民达到了22 000余人,共计50 000余人。到12月时人数还在增加,市区及四乡难民贫民人数达到了32万人[④],加重了城市救济的负担。

面对蜂拥而入的难民,为了城市的安定,官方与民间均努力过,首先从生活上对难民给予救助,待事态或灾情平息后,又资助流入城市的难民返乡,雇佣船只或车辆将他们送返原籍,并分发一定的费用。1917年水灾后,地方当局花费了一定的费用用于遣返难民回乡,仅警察厅组织的天津水灾急赈会用于难民返乡的用费就达到洋18 000余元[⑤]。为了防止难民再次回来讨要遣返费及生活费,警察厅甚至还给难民拍了照片[⑥]。1920年旱灾期间,天气还未转冷,天津警察厅就与绅商积极筹集款项,对住在南开迤南及广仁堂一带窝铺内的难民发给回籍的川资食物,雇船将他们送回原籍候赈[⑦]。在这样的大灾荒年份,回籍就意味着忍饥挨饿甚至死亡,所以大多数难民还是选择了滞留天津,直到次年春天天气转暖以后才陆续回籍。回籍的难民从警察署还领到了遣返费,每大口大洋一元,小口五角。1920年旱灾后流入天津的难民直到1921年4月才陆续遣散尽。

对于遭受战乱之苦的农民来说,城市也是他们的避难所。所以一旦发生战乱,他们纷纷逃向城市,并受到了安置和救助。1925年直系军队与国民军在天津附近交战,各乡难民纷纷向天津逃难。各慈善团体多设立收容所,救济难民。有的慈善团体甚至派人到战区接运难民,妥善安置,或通知在津亲友接走,或送到各慈善机关设立的临时收容所。天津红十字会是战乱期间活跃在战区拯救难民生命财产的主要力量。每遇战事,该会往往派会员携带该会手旗,雇佣夫役大车到战区接运难民抵津,上至百余岁老妪,下至数月大的婴儿,先是妇孺老弱,后是青壮年,均被分批接运到天津各收容所。1928年以前八善堂也是救济难民很活跃的慈善团体。在1925年冬季战乱时,八善堂收容的难民达到20 000余人[8]。到1926年初各善堂团体所收难民达到了30 000余人[9]。1933年华北战事发生后,武清、宝坻、宁河、三河各县大批难民涌入天津,聚集东局子,仅该处难民收容所收容的难民就超过了30 000余人[10]。战事平息以后,各慈善团体组织难民乘坐由官方准备的车辆船只或持免费车票返乡,而且每人还能领到一定的费用,一般是大洋一元,还有少许粮食,如红粮15斤。

二、难民的生活安置

面对涌入城市的难民,官方和士绅、民间慈善团体甚至外侨团体等各方面积极救助,从资金、物质、人力等方面给予帮助。最先需要解决的问题是难民的吃住问题,随着天气转冷,穿的问题也会提上议事日程。

难民进入城市以后,最初往往栖息街头或自行搭盖窝铺。随着大批难民的涌入,官方和各慈善团体或慈善家常常在宽阔地带或难民麇集地方组织搭盖成片的席棚或窝铺,形成一大片窝铺区。席棚是用苇席搭盖的临时住所,一般棚檐很低,地下略铺稻草,每遇阴雨天气,雨水渗漏,潮湿不堪。有人形容难民成群的席棚区"席棚纵横,旗帜招展,形如军幕,极具悲肃之意","四周车马杂沓,人畜纷腾,布商及饮食小贩亦乘机前来兜售,纷纷芸芸,颇近似乡间之庙会"[11]。席棚多在战乱期间供难民临时歇息。

窝铺是较席棚稍好一点的一种低矮而狭小的简陋住宅,一般由庄稼秸秆、苇席、稻草和少量木材和黄泥建成,设有带窗棂的门扇,内可设置炉灶。窝铺一般是一种比较长久的居所,多供灾荒期间的难民居住或城市贫民居住。

1917年水灾发生后,各界先是搭盖临时席棚,后随着天气转冷,另择空地搭盖窝铺。据统计,在这次赈灾中,各界搭盖窝铺共9 000余间。其中大总统冯国璋助盖窝铺550间,美国红十字会助盖窝铺1 000间,基督教会助盖窝铺1 500间,地方士绅助盖窝铺550间,旅沪同乡会助盖窝铺1 000间,警察厅盖窝铺3 000余间,另外还有私人助盖的少量窝铺。警察厅盖窝铺用洋40 800余元[12]。1920年旱灾期间,大批难民云集南开一带。各界又承袭传统,在空旷地带搭盖起了供难民居住的窝铺,分为九区。11月时,南开附近有窝铺2 400余个,12月达到7 400余个[13]。在这次赈灾中,除义赈会、急赈会、万姓救世军等慈善团体外,慈善家李桂山、李经湘、周缉之及李氏盐商和靳云鹏总理协助承担了难民整个冬季的衣食所费,仅李桂山一人就承担了5 000户难民的生活费用[14]。1933年发生战事时,东局子聚集了大批难民,慈善事业联合会、红十字会天津分会、红卍字会天津分会、基督教青年会四团体承担了主要救济任务,共搭盖席棚1 000间,可容纳难民50 000人。旅栈商同业公会会员甚至将130处旅栈作为临时难民收容所[15]。

20世纪20年代,战乱期间,许多会馆、教堂、戏园茶园、祠堂、学校、旅店、寺庙、东宣讲所等公共场所及部分民宅都被辟为临时收容所。1928年6月战乱期间,天津红十字会设立难民留养所30余处,大多在这些地方。

这些从四面八方集聚到一处的素不相识的难民,对其管理也是一大难题。为了便于管理,对难民居住的席棚和窝铺制定了章程,实行分片管理,强调卫生和安全事项,规定用水方面饮用水要清洁,洗澡及洗衣水要充足供应,防火之水也要储备。要特别注意厕所及浴室的清洁卫生和难民的身体健康[16]。为了安全起见,窝铺内晚上不准点灯,不准容留闲人,若有勾结盗匪情事,一经查出,即严行惩办[17]。为了防止偷盗拐骗等刑事案件的发生,有的难民收容所白天无故禁止外出,晚上有治安人员巡逻。

一大群长途跋涉缺衣少食身心疲惫的难民云集一起,难免有患传染病的危险,因此,难民收容所的卫生防疫工作显得异常重要。1917年水灾期间,北洋防疫处除了告诫难民不得随意抛弃秽物和随地便溺外,还雇派夫役分段清扫,并洒布消毒药品。1920年华洋义赈会还招募灾民卫生劳工队,专门清扫窝铺区。

管理完善的窝铺首推1917年建造的两处窝铺区。一是美国红十字会在德租界建造的可以容纳4 800名难民的1 000间窝铺,由芝加哥著名建筑公司的设计师设计。这里仿照军营管理,难民入住时要发给身份证和配给卡,并强制性地接受体检,衣服要消毒,头发要用火油清洗或剪短,晨检、洗浴和教育都是强制性的。由于采取了严格的卫生措施,在众多的难民中只发现了一例传染病,实属不易。另一处值得一提的是天津基督教联盟设立的可容纳7 000名难民的2 000间窝铺,由熊希龄的督办京畿一带水灾河工善后事宜处资助设立。其卫生标准也比较高,鼓励难民接种天花疫苗和定期洗澡,每天清洗厕所,因此疫病的发生率很低[18]。

为了防止难民中疫病的发生,有的难民收容所每天有各方面的医生如法国医生、基督教医生、慈善医院的医生到所诊疗,免费发放药物。此外,如果确有疫病发生,还可以送到慈善医院或防疫医院等地免费治疗[19]。20 年旱灾中难民刚刚进入天津,天津就爆发了流行性天花。在这次疾疫流行期间,共有 513 人被隔离, 156 人死亡。难民由于其特殊的生活环境,“向不知卫生为何事,故在窝棚左右,任意便溺及倾倒污秽”[20],不可避免地成为传染病的高发人群。因此在这次疾疫流行期间至少有 230 余人染上了天花,被防疫医院收治[21]。

防疫医院、红十字会天津分会医院、上海广济会救灾医院和日本人所办的灾民施疗所在这次难民救济中作用突出。尤其值得一提的是 1921 年日华实业协会和日本红十字会合办的颇具特色的灾民施疗所。该所初设于南开,后迁到河北新车站迤北。为防止传染,该所特设有普通病室和隔离病室。还设有浴室,以备难民沐浴之用,浴室分内外两处,先在外室洗去积垢,然后再到内室复洗。若女子洗浴,还派有女看护妇从旁指导[22]。开疹期间在南开医治病人 800 余人,在河北医治病人 15 000 余人[23]。上海广济会救灾医院成绩也很突出,存在期间共治疗难民二万余人,发药三万剂,施放棉衣三千余件[24]。

大批难民云集,其饮食供应也是一大问题。民国初年灾荒时,由于难民大多来自附近乡村,所以饮食供应往往发放赈粮,一般是红粮、玉米面,由难民自己熬煮。也有发放馒头的,一般是临时性的救济难民。到 1920 年旱灾期间大批难民云集天津时,食物(如窝头)与粮食发放一起进行。到 20 年代战乱期间难民的饮食供应以熟食为主,一般每日两餐,早些时候有馒头、大饼外加小米稀饭。到后来难民增多的时候,伙食越来越差,只有玉米窝头和小米稀饭,有时加一块咸菜,稍好一点的地方还有菜汤,内有白菜粉条和少许肉。

此外,每届寒冬开办的粥厂也是难民裹腹的好去处。粥厂是从传统时期承袭下来的一种在冬季或灾荒年份为贫民或灾民免费提供伙食的地方。一般是由政府出资或富绅大户捐募,在通都大邑或交通便利的地方搭盖席棚煮粥散放穷人或灾民。在明代天津即有粥厂。到清代以后,随着水旱灾害的频发,灾民与贫民生活日窘,每届冬季,官方和民间均设厂煮粥,以救民活命。清代官方设立的粥厂以四门粥厂为盛,另在其他地方设有多处粥厂。“水患年来多难民,纷纷蒙袂聚三津。捐金为粥延残命,四厂分沾五万人。”[25]崔旭的这首诗记录的就是这四厂。后来由于 19 世纪 70 年代粥厂大火的影响,官方粥厂被限定在西门外、西沽和北仓,分设男粥厂一处,女粥厂二处,每年救济贫民二万余人,经费来自筹赈局。民间设立粥厂者以士绅周自邠、徐通复、徐通久、李嘉善、严克宽和盐商查氏家族和李春城“李善人”家族最为活跃。到民国初年,贫民或难民的救济形式多以发放赈粮为主,直到 20 年代中期战乱期间,才又出现粥厂,多由民间慈善团体主办。1928 年以后,历年举办粥厂的善团越来越多。佛教居士林、公善社、崇善东社、红卍字会天津分会、红十字会天津分会、华商公会、黄十字会成为承办粥厂的主力,各区建设办事处、蓝卍字会、救世军及部分外侨也参与了设立粥厂救助难民和贫民的活动。

在此过程中,民间慈善团体的作用体现得淋漓尽致。1929 年各慈善团体设立了至少三处粥厂:陈家沟子(救世军设立)、唐家口(红卍字天津分会设立)、大舞台(佛教居士林设立)。仅佛教居士林粥厂,施粥 83 日,食粥人数就达到了 30 余万[26]。1930 年冬赈时佛教居士林、公善社、红卍字会天津分会三处粥厂食粥人数合计达 124 万余人,用米 47 万余斤[27]。1931 年天津市救济事业联合委员会所属各慈善团体经办的粥厂达到了六处(公善社、红十字会天津分会、红卍字会天津分会、佛教居士林、华商公会、崇善东社,此外,崇善东社还经办一处难民收容所),食粥人数据不完全统计已经达到了将近 180 万,如果加上尚未统计的一处粥厂和一处难民收容所的话,该年食粥人数至少在 200 万[28]。当年由于有一部分难民加入,所以食粥人数大幅度增加。1932—1934 年每年均有七处粥厂开设。1935 年冬天津市慈善事业联合会管辖的六大粥厂食粥人数也达到了 159 万余人[29]。1936 年七粥厂食粥人数达到了 300 万,用款八、九万元[30]。食粥人数的增加,除了因经济凋敝失业工人队伍壮大,贫民人数增加外,也有不少难民加入了城市食粥贫民队伍。

民国时期天津的粥厂大多设立于难民云集的收容所附近或其他空旷地带,如南市大舞台、西广开清化祠、三义庄、河东新唐口、小树林、河北小刘庄、南竹林村等处。粥厂及窝铺区位置的选择,影响了城市的居民布局。这些地区后来成为下层居民集聚地。

粥厂的管理也有一套严格的规章制度。粥厂一般由“慈善事业联合会”(或“救济事业联合会”)或各善团自行组织,由“慈联会”组织者往往由各慈善团体承办,经费由“慈联会”拨付,主要来自募捐或政府拨发一部分。时间以100天为限,可斟酌情形延长或缩短。粥棚分为男棚女棚,一天施放两次,食粥者先领号牌,凭牌顺序入厂后,发给筷子和一个大碗,排队领粥,人少时尚有木板座位,人多时只有年老体弱者有座位,大部分人只能站着喝粥。管理人员不得侮辱就食者,要和平亲切对待食粥者。粥用小米熬制,力求清洁卫生,餐具要随时洗刷。就食者以饱为度,不得携带出厂[31]。粥厂在1936年南市暖厂大火以后装备了消防设备——水缸,以防不测。在施粥时,还经常散放棉衣棉裤。粥厂的设立使成千上万的贫民难民得以糊口。

三、难民子女的教养

窝铺粥厂为难民提供了衣食住。到民国时期,社会救助的目的并不仅仅限于让难民不受冻挨饿,难民及其子女的教育及难民子女的抚养和自救也成为社会各界关注的问题。官方主要是从倡导着手,如1920年旱灾期间,教育部就发文提倡各师范学校及社会教育办事处在难民收容所及粥厂附近对难民子女进行临时教育。[32]各慈善团体则身体力行,有的派人就地讲授国语、卫生、书算、体操等浅显知识;有的附设学校,专收灾民子女入学,教养兼施。由于几千年根深蒂固的重男轻女思想的影响,女童成为父母在临灾时首先遗弃或鬻卖的对象。所以各慈善团体及士绅夫人及女子活动家专门成立收容灾民幼女的教养所,1917年有红十字会设立的妇孺留养院,1920年旱灾期间至少有六所专门收养灾民女童的教养所,包括成美学校青年会灾童教养所、西门里临时幼女教养所,河北新大路临时灾民幼女教养所、女生赈灾军团临时幼女教养所、女青年会灾民幼童教养所、华洋义赈会男女灾童教养所(该所也收男童)[33]。这些教养所规模不大,一般在四五十人左右,灾童有的吃住在教养所,有的供应中饭,晚上回窝铺居住。这些教养所以教养兼施为原则,在教授初级文化知识的同时,还教以各项手工工艺,如编织发网草辫、织毛巾等等。到30年代时,各粥厂附设的学校规模扩大,如1934年南竹林村粥厂和西头老公所第二粥厂均附设的贫民补习短期学校,规模在300人左右[34]。

灾荒及战乱期间,幼童的贩卖活动也很猖獗。1920年旱灾期间《取缔灾民规则》规定,灾民幼孩不能自养者,应送善堂及留养所收养,不得私自贩卖[35]。事实上,灾荒期间难民将女孩送到临时灾民幼女养育会,灾后有的孩子就未被领走,留养者只得长期收养[36]。另外,1921年还成立了灾民孤儿院,以收养灾区孤贫儿童。

除了留养以外,帮助难民子女掌握一门实用技术,实现自养自立,也是社会救助的重要措施之一。

1920年旱灾期间,天津商会将一部分灾童运到上海,由上海灾工收容所将30名灾童送到穆湘开办的上海厚生纱厂做工,暂时解决了他们的生活问题。两年以后,这批文字工艺均有长进的灾童重返天津时,又是天津商会出面协调天津纱厂联合会,希望各纱厂以慈善为怀,接纳这批灾童,后因纱厂经营不景气,没有安置这批灾童[37]。这种做法实际上也是灾荒期间的通行做法,1921年由上海几大工厂联合组织的北方工赈协会,也在天津留养所招收了600名13至18岁的灾童,送到上海各工厂当学徒,衣食由该会负责,期满即回本地工厂做工[38]。同年,天津华源纺纱厂也在沧县、盐山一带灾区招募了200余名年龄在15岁到20岁的灾童进厂做工[39]。招募数百名灾童进厂做工,对于数百万乃至数千万灾民来说无异于杯水车薪,但它毕竟为部分灾民解决了生活困难。而且,教养兼施的原则也符合近代社会慈善救济的思想,这种积极的救济思想成为中国近代救济事业中的指导思想。

四、余论

1. 民国前期天津城市的社会救助,虽然有经常性的善堂,但它们留养的人数很有限,以1930年为例,各慈善团体留养人数为贫民救济院706人,妇女救济院78人,济良所31人,育婴堂150人,广仁堂400人,红卍字会残废院50人,共1400余人。而同期天津(包括县属各村庄)人口为136万,贫民人口35万余,占总人口的26%[40]。可见,慈善团体收养的区区人口对偌大的贫民人口来说,好比杯水车薪。所以临时性的赈济或季节性的冬赈对贫民来说更具有实质性的帮助。比如,每年冬赈时的粥厂,一般在最严寒的季节贫民生活无着的时候开办。米粥虽然不很可口,但它足以使饥饿的贫民果腹,得以活命。

2. 民间慈善团体在社会救助中的作用仍然很大。天津市的慈善事业“虽行政方面官厅负其全责,而事实上擘划经营端赖社会人士协力共济"[41]。在对难民及贫民(到粥厂食粥者既有贫民又有难民,很难区分)的社会救助中大量烦琐具体的工作要由各慈善团体来做,所以政府的作用相对较小。除了给部分善团一定的拨款以外,最重要的角色就是在救济难民(如施粥)和接待难民时维持治安和对各善团进行监督。

对政府的监控,各慈善团体给予一定的抵制。如1930年10月政府以"本官民合作之力,以收普济贫民之效"为借口,将新成立的"天津市慈善事业联合会"办公处设在了天津市政府内,而且委员也以政府各机关及各慈善团体和绅商善士为主[42]。表面上看,政府此举是为了通盘考虑,博施济众,但更多的考虑在于监督各慈善团体。1931年8月"天津市慈善事业联合会"以"慈善"意义狭窄为借口,更名为"天津市救济事业联合委员会"[43]。一年时间不到,1932年7月又更改为原名"天津市慈善事业联合会"。其实,这里不仅仅是名称的更改,更多的意义还在于强调其性质为民办。"救联会"在变更意旨的说明中强调"慈善团体应由人民依法组织而受行政官厅之监督"。而"天津市救济事业联合委员会"组织章程则规定"以市长为委员长,以社会局长为常务委员会主席",而且该会"日常事务由常务委员会主席负责主持"。这样相当于"行政官厅自居于慈善团体地位而又自为其监督,虽亦以所属各慈善团体等为本会委员,但不过居于从属地位,专供长官之驱策,不能自动的进行"。那么"各慈善团体既隶属于官办慈善事业团体之下,亦无自由活动之余地,则地方人士对于办理慈善事业之热心必以常受官权之束缚而日就萎缩,将不能振作其自动之精神"。所以将"救联会"更改为官督民办体制的"慈联会"[44]。"慈联会"在以后的社会救助中发挥了很大作用,到我们研究的截止期1937年时仍然存在。在这里,国家与社会在慈善救济这一领域互相制掣:国家欲通过监督慈善团体,限制民间社会的发展,而民间社会则想摆脱国家的辖制,自由运行。双方在激烈的对弈中,经历了监控与反监控、制约与反制约的针锋相对的斗争。

3.除了专门的慈善机构以外,宗教组织、商人组织、妇女团体、外侨社区在社会救助方面也发挥了很大作用。如佛教居士林、青年会、女青年会、华商公会、商会凭借其独特的劝善教规或是强大的经济实力,在救助难民方面异军突起,与专门的慈善机构分庭抗礼。佛教居士林连续数年举办粥厂,救民活命者当不在少数;基督教男女青年会组织会员收容难民及灾童,意义颇深;华商公会凭借其雄厚的经济实力在30年代的社会救助方面发挥了不小的作用;天津商会以其强大的经济后盾和"商界领袖"的身份在1917年水灾救济中也写下了辉煌的一页;日华实业协会在1920年旱灾中的表现堪称外侨社区中的佼佼者。

4.在社会常态下,传统的慈善机构如广仁堂、育婴堂在恤嫠、救孤方面发挥了较大作用;而在面临突发危机社会成员需要大规模救助时,民国时期新兴的带有近代色彩的慈善机构如红十字会、红卍字会、慈善事业联合会等的作用突显。

总之,民国时期的天津在社会救助方面动员了全部社会力量,大造声势,效果也很明显。

注:

① 王守恂:《天津政俗沿革记》卷五,天津市地方志编修委员会:《天津通志·旧志点校卷》(下),南开大学出版社2001年版,第25页。

②《益世报》1920年12月21日、1933年10月5日。

③《直隶天津警察厅水灾急赈处征信录》,《天津警察厅水灾急赈处董事会议纪事》,1917年,第45页。

④《益世报》1920年11月15日、12月31日。

⑤《直隶天津警察厅水灾急赈处征信录》,呈报摺稿,1917年。

⑥ 李明珠:《1917年的大水灾:天津与它的腹地》,《城市史研究》(21辑),天津社会科学院出版社2002年版,第410页。

⑦《益世报》1920年9月30日。

⑧《益世报》1926年1月1日。

⑨《益世报》1926年1月27日。

⑩《益世报》1933年6月14日。

⑪《益世报》1933年6月14日。

⑫《直隶天津警察厅水灾急赈处征信录》,呈报摺稿,1917年。另据李明珠《1917年的大水灾:天津与

它的腹地》,第412页,基督教联盟搭盖的窝铺数为2 000间。

⑬《益世报》1920年11月7日、12月25日。

⑭《益世报》1920年12月21日。

⑮《益世报》1933年6月14日、4月3日。

⑯ 天津市档案馆等:《天津商会档案汇编》(1912—1928),天津人民出版社1992年版,第3 415页。

⑰《益世报》1920年12月31日。

⑱ 李明珠:《1917年的大水灾:天津与它的腹地》,第412页。

⑲《天津海关十年报告书》(1912—1921),《天津历史资料》第13期,第71页。

⑳《益世报》1920年12月1日。

㉑《益世报》1921年1月8日。

㉒《益世报》1921年4月24日。

㉓ 日华实业协会印:《北支那旱灾救济事业报告》(日文),第66页。

㉔《益世报》1921年4月24日。

㉕ 崔旭:《津门百咏》,《续天津县志·卷十九·艺文[四]》,《天津通志·旧志点校卷》(中),南开大学出版社2001年版,第476页。

㉖《天津佛教居士林施粥厂第三届征信录》,1930年,第6页。

㉗《天津市社会局统计汇刊》,慈善救济,1931年印。

㉘《市急赈会会议记录》,油印本。

㉙《天津市慈善事业联合会征信录》,第68页。

㉚《益世报》1937年2月23日。

㉛《天津市救济事业联合委员会冬赈施粥厂及难民收容所章程》,《市急赈会会议记录》,油印本。

㉜《益世报》1921年3月18日。

㉝《益世报》1921年7月27日。

㉞《益世报》1934年12月5、29日。

㉟《益世报》1920年12月31日。

㊱《益世报》1921年4月27日。

㊲ 天津市档案馆等:《天津商会档案汇编》(1912—1928),天津人民出版社1992年版,第3 417—3 419页。

㊳ 天津市档案馆等:《天津商会档案汇编》(1912—1928),天津人民出版社1992年版,第3 450—3 451页。

㊴《益世报》1921年3月26日。

㊵《天津市社会局统计汇刊》,慈善救济,1931年印。

㊶《市急赈会会议记录》,油印本。

㊷《益世报》1930年10月28日。

㊸《市急赈会会议记录》,油印本。

㊹《益世报》1932年3月7日。

(《中国社会经济史研究》2005年第2期)

试论明清长芦盐业重心的北移

刘洪升

明清时期，长芦是全国仅次于两淮的大产盐区，每年数十万两的盐课是封建王朝重要的财政收入，每年数十万以至后来近百万引的盐产，更是直接维系直豫两省184州县民食的正常消费。因此，长芦"盐筴之设，上裕国计，下便商民"，长芦盐直接与封建国家的国计民生相攸关。然而，学术界对长芦盐业研究，迄今仍是一个薄弱环节。本文拟就明清以来长芦盐业重心的北移作一探讨，以求证于专家学者。

一、明以前长芦盐业考察

长芦，即沧州。沧州旧治在长芦东南，明洪武初徙治长芦，以"长芦为盐产汇集之所"，设都转运司驻其地，故直隶之盐以长芦名。长芦盐区，滨海环居，迤北而南，起直隶临榆县(今秦皇岛市山海关)，尽山东海丰县(今无棣县)，延袤千数百里。

长芦盐业历史悠久，早在西周时期幽州就有鱼盐之利。春秋战国时期，燕、齐二国皆以产盐著称。西汉规划产盐场区，凡出盐多的郡县设置盐官，全国设盐官34处，其中长芦盐区即有四处，一在章武(在今黄骅境)，一在泉州(在今天津武清县境)，一在海阳(在今滦县境)，一在堂阳(在今新河境)，数量仅次于山东，居全国第二位。四盐官中除堂阳为土盐产区外，其余均为海盐产区。四盐官所辖，大体包括了以后长芦盐区的基本范围。

汉以后，长芦盐业"率皆注重沧州"，沧州"盐场林立"，不仅是"盐产中心"，且为"盐运总汇之区"。公元319年，后赵石勒派王述煮盐角飞城，角飞城即今黄骅市海丰镇。北魏"高城县(在今盐山境内)东北一百里，北尽漂榆，东临巨海，民煮海水，借咸为业"①。这从一个侧面反映了当时沧州盐业的规模。东魏"自迁邺(今临漳县东南)后，于沧、瀛、幽、青(今属山东)四州之境，傍海煮盐。沧州置灶一千四百八十四，瀛洲置灶四百五十二，幽州置灶一百八十，青州置灶五百四十六，又于邯郸置灶四，计终岁合收盐二十万九千七百二斛四升，军国所资，得以周赡矣"②。沧、瀛二州均为长芦南场，而"沧州一区灶所独多"。因沧州盐业影响日大，隋开皇十八年(598年)，改高城县为盐山县。后又于此设东盐州。唐初置河北道，幽、平、沧、瀛产盐州郡皆隶之故其所产盐称为"河北盐"，"其时产额亦以沧州为最"。天宝末年，安史之乱起，河北招讨使颜真卿率军抵敌，因"军费困竭"，"真卿收景城盐，使诸郡相输，用度遂不乏"③。沧州在唐又名景城郡，在战事纷扰的情况下，景城郡存盐的销售可以维持河北军队所需要，由此可见平时沧州盐业生产之盛。

后唐同光三年(925年)后唐庄宗命幽州节度使赵德均镇守芦台军。德均"因芦台卤地置盐场，又舟行东去京国一百八十里，相其地高阜平阔，置榷盐院以储盐，流衍于民间。……复开渠运漕盐货于瀛莫间，上下资其利，遂致饶衍，赡于一方"④。芦台场的建立使唐后期以来严重衰落的幽州盐业得到恢复，也标志着海河沿岸天津盐业的发端。后晋天福三年(936年)，高祖石敬瑭为报辽主援立之恩，将燕云十六州尽献契丹，幽州、平州、瀛洲等海盐产地悉数归辽。辽"始得河间煮海之利，置榷盐院于香河县，于是燕云迤北始食沧盐。"⑤长芦北场盐业得到了进一步发展。后周广顺三年(953年)，辽芦台军使兼榷盐制置使张英率内外亲属及所部二千余人、煮盐户长幼七千余口、舟数百艘航海归周。盐户一次归周者即达七千余人，可见北场盐业发展的规模。

入宋以后，沧州成为宋政权所控制的六大海盐产区之一，与辽控制下的幽、平二州盐业构成了长芦盐区的两个部分。这一时期，沧州盐业仍呈增长之势。沧州初与滨州(属山东盐区)合为一场，后滨州分四务，又增沧州三务，仁宗皇佑年间又设沧州监。按宋代场务制度，大者曰监，中者曰场，小者曰务。沧州初与滨州合为一场，后增三务，最后设监，说明沧州盐业生产规模在逐步扩大。元丰年间改行榷盐法，“岁获盐利十有六万七千余缗”[⑥]，沧州盐产销量于此可见一斑。辽控制的幽、平二州盐则保持了更高的增长速度，并因此不断侵销宋之雄州、保州、安肃军等地。宋熙宁十年(1077年)，权三司使沈括所奏称外盐日贩于宋境，中原之钱日流于辽东，说明了幽、平二州盐产的增长。

金承辽宋之后，于大定初年置沧州盐使司，管理长芦南部的沧州盐业。大定十一年(1171年)，因北部的“新仓盐榷日盛，于其地置宝坻县”，“以盐乃国之宝，取如坻如京之义”[⑦]，形成一个盐业中心的同时还形成了一个宝坻县。加“以芦台产盐日旺”，大定十三(1173年)年又置宝坻盐使司，同时将平滦盐场隶属之，又在静海县新设沧盐场。“行盐各有分界”，沧州盐行销河北东西路、大名府、恩州、南京(今河南商丘)、睢、陈、蔡、许、颍诸州，兼有直隶、河南二省境；“宝坻盐行销中都路，平滦之盐行本州，别设副使于马城县(在今滦南县)置局征课，以隶于宝坻盐司”[⑧]。金世宗大定年间盐课岁入沧州1 531 200贯，宝坻887 558.6贯；章宗承安三年(1198年)，沧州增至2 766 636贯，宝坻增加到1 348 839贯[⑨]。从行盐范围及盐课岁入可以看出，南场沧州一带仍为长芦主要的盐产区，北场宝坻、静海一带次之。故民国《盐山新志》称：“讫于五代金辽，南场之盐犹复遍给北方，泉州虽自汉置盐官非其敌也。”

元统一后，大规模的扩展长芦盐产。北部直沽(今天津)一带盐业尽管有了长足发展，但仍不如南场沧州一带。有元一代，长芦盐场多达22场，仅次于两浙、两淮，居全国第三位。22场中，属南场者12，属于北场者10。元代长芦盐产量一般在40万引(约8万吨)左右，多时达45万引(约9万吨)，约占全国总产量的16%。元初，长芦南北盐场分隶河间、大都盐运司，后以大都归并河间盐运司。大都盐运司的盐产量缺乏记载。河间盐运司至元二十七年(1290年)办盐35万引，与大都盐运司合并后，至大元年(1308年)增至45万引。由此可见，长芦盐产仍主要集中在沧州一带。

二、长芦盐业重心的北移

明洪武二年(1369年)初置北平河间盐运司，同年改称河间长芦都转运盐使司，旋又省河间二字，定名为长芦都转运盐使司(简称长芦盐运司)，长芦名称自此始。长芦盐运司下辖二分司，南曰沧州分司，运同领之，北曰青州(今青县)分司，运判领之，故长芦盐场有南场北场之分。明初，盐场循元之旧而稍有增益，共有24场，形成了长芦盐区场数最多，规模最大的时期。但《续文献统考》卷20《征榷考》称：明初“长芦所辖盐场二十三”，误把海盈场和深州海盈场混为一场。据《长芦盐法志》卷8载：海丰场在盐山县羊儿庄，东濒海，南连深州海盈旧场，西北过孟洼至武帝台；《畿辅通志》卷100载：清康熙十八年海盈场并入海丰场。依前述海丰既南连深州海盈，则此所云海盈盖即深州海盈之省文；又《长芦盐法志》卷8载：海盈场归并南皮、盐山、青县、冀州、衡水县境及山东海丰县境内，又证以《长芦盐法志》卷12载：成化六年，御史林诚以深州海盈及益民、阜财、富国、润国、海盈、海阜、海润、越支、济民、石碑、惠民、归化十三场远，商不支盐，请以二大引分为四小引云云，尤足证深州海盈与此归并南皮等县之海盈显为二场，不容混视为一。深州海盈场原在深州，洪武九年(1376年)移至盐山苏基，因盐山苏基旧有海盈场，故云深州海盈。嘉庆《大清一统志》卷50《冀州·关隘》载：“明初有海盈盐场，在深州故城东，后为河水所冲，移于县之干马、侯店二社，洪武九年移盐山县苏棘(基)场。”《续文献同考》称23场自系混海盈与深州海盈为一之误，故为订正于此。24场分属沧州、青州二分司，每分司各领12场。利国(在盐山韩村，今黄骅境)、利民(在沧州毕孟，今黄骅境)、海丰(在盐山羊儿庄，今黄骅境)、阜民(在盐山常葛，今黄骅境)、阜财(在盐山高家湾，今海兴境)、益民(在盐山范二庄，今海兴境)、润国(在盐山常葛附近，今黄骅境)、海阜(在盐山羊儿庄附近，今黄骅境)、海润(在盐山板塘，今黄骅境)、海盈(在盐山苏基，今海兴境)、深州海盈(在盐山苏基，今海兴境)、富民(在盐山崔家口，今山东无棣境)12场，由沧州分司所辖，为南场；严镇(在沧州同居，今黄骅境)、富国(在静海县咸水沽，今天津市境)、兴国(在静海县高家庄，今天津市境)、厚财(在静海县高家庄附近，今天津市境)、丰财(在静海县葛沽，今天津市境)、三叉沽(在静海县葛沽附近，今天津市境)、惠民(在昌黎县蒲泊，今昌黎境)、芦台(在宝坻县芦台，今天津宁河县境)、越支(在丰润县越支，今丰南境)、石碑(在乐亭县石碑，今乐亭境)、济民(在滦州柏各庄，今滦南境)、归化(在抚宁盐务镇,今秦皇岛境)12 场,由青州分司所辖,称北场。按青州即清州,北宋大观二年(1108 年)升乾宁军为清州,治所即今河北青县,明洪武时废州为县,名青县,于其地设分司,故称青州分司,所辖盐场起严镇至于归化,即北场。顾祖禹《方舆纪要》误以山东之青州当直隶之清州,遂谓明时长芦盐场 24,隶沧州分司者 12,隶山东青州者亦 12。考诸地理,直隶东南与山东武定府接界,山东青州尚在武定之南,长芦分司岂能远设于此,顾祖禹殆失考证。雍正《大清一统志》亦沿其误,兹特辨而证之。明初,长芦南北各 12 场,北与南遂成对峙局面。但随着盐业的发展,盐务的变迁,这种对峙局面逐渐被打破,呈现出北盛南衰的趋势。这一趋势可从部分盐场的盐课改折、裁革合并以及南北二司官阶品级的变更等事实来看出。

成化六年(1470 年),长芦运司在深州海盈、益民等 13 场实行盐课改折。在改折的 13 场中,属于南司所辖者即有深州海盈、益民、阜财、富民、润国、海盈、海阜、海润等 8 场。改折的原因是由于"陆路远,商人不支盐课,遂致盐斤堆积,年久消折"[10]。商人不去支盐,盐斤卖不出去,说明盐业已很不景气。到了隆庆年间,南司的衰落更为明显了。总理屯盐都御史庞尚鹏指出:"南北二场(即南北二司),趋舍互异,盖以地利言也。南场多陆路,不通舟楫,脚价视盐价不但三倍,故中引商人皆愿领价告买补于北场。灶丁煎盐,弃置不用,今惟一二近河者仍其旧业,余皆改事农商,纳折色于运司以给商人矣。"[11]所以隆庆三年(1569 年)始有裁革盐场之议,以长芦所辖 24 场,课额多逋,中多有场无户,乃并润国于阜民,并益民于阜财,并海阜于海丰,并三叉沽于丰财。由是,北司原辖 12 场并为 11 场,南司原辖 12 场并为 9 场,两司平衡的局面被打破了。随之而来的便是两司官位的互调。万历二十一年(1593 年),巡盐御史姚思仁以青州分司所辖数多事繁,同知法令易行,沧州分司所辖数少事简,设判官已足催办,请将两司所辖地方印务互调。于是以运知移驻北司,而以运判驻南司。运知即同知官阶四品,运判即判官品级较轻,明初南司驻同知,北司驻判官,尚有重南轻北之意,今南北互调,北盛南衰之势已显然可见。万历三十六年(1608 年)御史李应魁奏称,严镇一场,虽隶北所而去北所反有二百四十余里之远,且运从陆道,脚价倍于盐价,凡派该场商引多就近买于北场,赴严镇者甚少,遂致场盐囤积,私贩日炽。欲通南引宜改北场。查严镇场距南所止九十里,脚价减半,运载为便。而南所止有海润、富民、海丰三场出盐,往往盐少引多,应将严镇场改隶南分司,非惟场盐得售,商民两便,而盐引得通,私贩可止,亦于国用有裨[12]。因将严镇拨归北场,南北各 10 场。这种措施并没有改变盐业重心北移的趋势。

进入清代以后,北盛南衰之势进一步加剧,天津代沧州成为长芦盐业的重心。生产重心向北部,尤其是向天津的丰财、芦台二场集中。清初,长芦盐区南北各 10 场。康熙十八年(1679 年),整理场务,将"有场无丁"的厚财并入兴国,惠民并入归化,海润并入阜财,深州海盈并入海丰,南北各存 8 场。雍正十年(1732 年)以利国、利民、阜民、阜财、富民、海盈 6 场"滩坨尽废,从不晒盐,各场灶户皆散处于原籍直隶各州县并山东乐陵、海丰、阳信等县,弃滩改业,并不在场"[13],予以裁撤。道光十一年(1831 年),因富国场"滩荡久已迷失,并无灶丁在场晒盐,灶户均散处直隶、山东原籍",予以裁撤,次年,又将兴国并入丰财。至此,长芦盐区尚存 8 场,即"所谓的北六场,南二场",终清之世,"遂为定制"。北场数量超过了南场。北场不仅盐场数量多,而且产多、销广,北场特别是丰财、芦台二场发展成为长芦盐业的产销中心。清初,长芦行盐额引 719 550 引,嘉庆年间增至 966 046 引,清末减为 662 497 引,每引直省配盐 587.5 斤,豫省配盐 592.7 斤。清末三年(1909—1911 年),长芦八场年均产量约为 46 954 万斤,其中丰财 15 312 万斤,占 32.6%;芦台 23 147 万斤,占 49.3%;石碑 6 133 万斤,占 13%;越支 590 万斤,占 1.3%;济民 640 万斤,占 1.4%;归化 127 万斤,占 0.3%;海丰 299 万斤,占 0.6%;严镇 706 万斤,占 1.5%。以上北场约占总产量的 97.9%;南场只占 2.1%。清代,长芦盐行销直豫两省 184 州县。清末三年八场年均销量约 59 026 万斤,其中丰财 15 672 万斤,占 26.5%;芦台 29 520 万斤,占 59.7%;石碑 6 200 万斤,占 10.5%;越支 266 万斤,占 0.45%;济民 600 万斤,占 1%;归化场 127 万斤,占 0.2%;海丰 282 万斤,占 0.5%;严镇 706 万斤,占 1.2%。以上北场占总销量的 98.3%;南场仅占 1.7%。就配运来讲,情况也是如此。销盐有定地,配盐也有定场。清代"各场配运例有定制,越支、济民、石碑、归化地处极北,产盐无几,惟永平七属及乐亭等县在此配运;海丰、严镇地处极南,惟河间府属及南皮等县在此配盐,其余直隶、河南销区皆在丰(财)、芦(台)配盐"[14]。由上可以看出,北场约占长芦产、销量的 98%,其中丰财、芦台两场分别占了长芦产、销量的 81% 和 86%,天津的丰财、芦台二场已发展成为长芦盐业的产销中心。"昔供河北诸路而有余"的南场盐业衰落。随着北场盐业的发展,长芦盐业的管理机构也移至天津。早在明万历年间,青州分司由青县北移至天津,乾隆年间改青州分司为天津分司,道光时裁沧州分司归并天津分司兼管。清初,长芦“巡盐御史衙署在崇文门外,膺斯任者并不出京,每年春秋两季赴(长)芦(山)东巡视”,康熙七年(1668 年),长芦巡盐御史署由北京迁至天津,十六年(1677 年),长芦盐运司也由沧州移至天津。长芦“向设批验二所,北所在天津之小直沽,南所在沧州。自盐场裁并以后,北所掣盐十之七,南所掣盐十之三。运司等亦以天津掣盐为便,皆改驻焉”⑮。天津地处长芦盐区的中间地段,盐政机关移津,便于对全区的管理。天津成为长芦盐业的管理中心。此后,天津盐业更加兴旺,不仅为产销中心,而且为储运中心。“盐由海运津,堆积之地在河东,名曰盐坨,盐包垒垒如山,呼曰盐码,地占数里,一望无际。”⑯天津代沧州成为长芦“盐务总汇之地”⑰。

长芦盐业重心由沧州北移天津,原因是多方面的,但深层次的原因主要有二:

首先在于运道的通塞,也即交通运输上的问题,交通运输便利者兴旺发达,相反则衰落荒废。贾恩绂在其所纂民国《盐山新志》中指出:“至其盛衰之源,皆由运道通塞之故,非昔产而今竭也。南所之盛,其机操之于河道,而柳河最为要津。柳河西通长芦、深州一带,衡、漳之水本通渠也。唐薛大鼎浚无历史学研究刘洪升:试论明清长芦盐业重心的北移棣,民颂之曰:‘新沟通舟楫,利属沧海鱼盐,至美哉,薛公德滂被。’盖唐代之无棣、马颊为南场之南道,而柳河为其北道,故南场犹盛。后南道皆堙,而北道独存,益为南场命脉所系。……元代开惠民河,此邦横河皆纵断之,柳河之塞在长芦之截地,于是南场运路断绝。而北场有蓟运、南运诸河以为委输,相形日绌,南场盐业大衰,灶户皆归籍改业,不惟滩荒灶废,并灶课亦多无从追呼。”⑱过去南场之盛,是由于有马颊、无棣、柳河三条河道,运输便捷,后来这三条河道或淤塞或断流,运路断绝了,南场的盐业也便随之衰落了。贾恩绂以历史上的河道变迁,指出南场盛衰的关键在于运道之通塞,是很有见地的。

其次是晒盐技术的推广。长芦制盐技术,在明嘉靖以前大抵沿用传统的煎煮法,嘉靖元年(1522 年)或稍早南场的海丰、深州海盈二场创行晒法制盐,尔后渐次向北传播,约于万历年间北司所属一些近海场区如兴国、富国、丰财、芦台等场已经部分采用了晒法,至清前期长芦制盐技术完成了由煎到晒的过度。由煎煮改为晒制,是盐业生产技术的巨大进步,与煎煮法相比,晒盐不需要锅灶,不用柴薪,成本低,产量高,只要选择适当的地方,纳海水于修好的滩池中日晒即成,减少了操作程序,提高了生产效率,因而对长芦盐的发展有着重大的作用和深远影响。“改煎为晒,煎锅尽废。开辟滩场,必于近海之处。近海远者,即有卤土,亦不适于晒制。”⑲晒盐,使北场特别是丰财、芦台等场较南场拥有得天独厚的自然条件,非常适合晒盐:(1)春秋两季气候干燥,多风少雨,日照时间长,又地处内海,很少受台风和潮汐的侵袭,非常适合盐业生产;(2)沿海地势低平,便于引潮入水,成本低,且有广阔的滩涂,可供开发大规模的晒盐场地,滩涂紧密,渗透力小,非常适合滩晒;(3)交通便利,“地当九河要津,路通七省之舟车”(《天津厅题壁记》),水陆交通方便,便于车拉舟载,集散原盐产品;(4)两场“卤根层积”很厚。这是丰财、芦台两场产高质好的一个重要原因。明代就有“芦台玉沙”的美誉,备受人们的青睐,产品销量大。优越的自然条件使得北场很快跃居于主导地位。而南场虽然率先引进晒法,终因“海潮下落,河道淤塞”等,未能持续下去,以致“滩地荒废,盐业日衰”⑳。

注:

①《大清一统志·天津府》卷 17,影印文渊阁四库全书,台湾商务印书馆股份有限公司 1986 年版。

②《魏书·食货志》卷 110,中华书局 1974 年版。

③《新唐书·颜真卿传》卷 153,中华书局 1975 年版。

④⑩ 黄子寿:《畿辅通志·盐政》卷 37,影印文渊阁四库全书,台湾商务印书馆股份有限公司 1986 年版。

⑤《辽史·食货志》卷 60,中华书局 1974 年版。

⑥⑦⑧ 盐务署:《中国盐政沿革史·长芦沿革》,《近代中国史料丛刊》第 64 辑,文海出版社 1973 年版。

⑨ 脱脱等:《金史·食货志》卷 49,中华书局 1975 年版。

⑪ 陈子龙等:《答王总制论屯盐书》卷 360,明经世文编中华书局 1962 年版。

⑫⑬ 盐务署:《中国盐政史·场区第三》(附录),《盐政汇览》,1924 年(6)。

⑭ 盐务署:《中国盐政史·场区第三》(附录),《盐政汇览》,1924 年(8)。

⑮ 席裕福:《皇朝政典类纂·盐法》卷70,《近代中国史料丛刊续编》第88辑,文海出版社1983年版。

⑯ 张焘:《津门杂记》卷上。

⑰ 朱隆阿等:(嘉庆)《长芦盐法志·营建》卷19。

⑱ 贾恩绂:《法制略·建置篇》卷5,《盐山新志》,1916年。

⑲ 盐务署:《中国盐政史·场区第三》(附录),《盐政汇览》,1924年(6)。

⑳ 盐务署:《中国盐政史·场区第三》(附录),《盐政汇览》,1924年(6)。

[《河北大学学报》(哲学社会科学版)2005年第3期]

试论清末天津警察制度的创立及其对城市管理的作用

涂小元

警察,是指为维护社会秩序而设置的武装性质的国家治安力量及其构成这种力量的人员。而警察制度,则是指由警察机关颁布的、以维护社会秩序为目的的法令所构成的管理体系。在世界上,古代警察制度诞生于古希腊,而近代警察制度则发轫于17世纪的英、法等国。在我国,政府维护社会治安的职能古已有之,但作为一种特定社会职业的警察及其警察制度则出现于20世纪初。其中,天津创建了中国最早的警察和警察制度,并对城市管理发挥了重要的作用。本文拟从租界及都统衙门实行的警察制度对天津警察制度的创立产生的影响、天津警察兴办的经过、天津警察立法与警察制度的建立以及对城市管理的作用等四个方面加以论述。

租界及都统衙门实行的警察制度对天津创办警察的影响

天津自明初设卫筑城之后,始终是一处重要的军事要地,常年驻扎大量的军队,维持地方治安的任务也由军队代管。由于城居民户的不断增加,为加强对天津的管理,清雍正三年(1725年),将军事建制的"天津卫"改为地方行政的"天津州",雍正九年(1731年)更升为"天津府",附廓置"天津县",管辖天津城区,由州同、通判和县丞具体负责捕盗事宜。开埠以后,随着城市人口更快地增长、就业竞争的激烈和人口流动性的增加,城市社会治安日趋混乱,犯罪率增加,管理天津城区的机构——天津县逐渐无法控制局面。光绪以后,直隶总督移驻天津,再加上天津总兵、长芦盐院、津海关道、河务兵备道、天津府等机构都在天津县之上,天津县的行政差使已然不轻。按当时行政司法不分的原则,天津城守营虽有缉捕盗贼之责,但没有审问权,县令还得承担全城的检察、审判责任。县衙门虽有威慑力量,但城市治安却得不到改善,不得不依靠传统的保甲和团练组织。当时,天津城厢内外有20保,其职能是编查户口、稽查奸宄、劝善惩恶、化民成俗、守卫乡土。保甲与团练互为表里,往往根据形势的需要而设置。光绪二十年(1894年)甲午战争爆发时,天津曾成立商团总局,俗称铺民总局,其功能是"昼间训练技艺,夜间巡逻支更"①。可见,该局也是一种治安组织。19世纪末,天津又设立"守望局"。光绪二十四年(1898年)天津守望局按地区分为20段,局员为身穿号衣的巡勇。其职能主要是负责本地段治安,并配合城守营绿营兵进行稽查,捉拿及临时收押人犯。随着天津逐渐向近代商业城市的转化,传统控制系统的弊端和不适应越来越突出。在这种环境中,市民普遍缺乏安全感。甲午战争时,山海关内外所调各省官兵多达10万之众,天津成为重兵屯集之地。这些官兵在天津胡作非为,打砸抢的消息不绝于报端。战争结束后,大批遣散士兵逗留天津,天津又增加了新的动乱成分。到光绪二十六年(1900年)前,天津城市的传统管理体制已不适应新的形势,正逐渐走向解体。此时,一种全新的城市管理体制却正在租界推行,这就是英法租界实行的警察制度。

第二次鸦片战争后,清政府被迫同意英、法两国在天津设立租界。英、法租界设立伊始,便着手组建巡捕,并专门从各自的亚洲殖民地调来职业巡捕,天津出现了第一批外国警察。英、法租界当局分别在工部局内设立巡捕房,负责维护租界内的社会秩序;同时颁布了一系列规章制度,建立起警察制度。租界巡捕对租界的管理发挥了很大的作用,时人评价道:"看街巡捕……手持木棍,昼夜看守,分段巡查,风雨无阻。""遇有小窃及争斗等事,立即扭送捕房,以凭究办。""每日扫除街道,灰土瓦砾,用大车载于旷野倾倒之。夜晚则点路灯以照人行。立法皆善。巡查贼匪,宵小潜踪,人得高枕安居。清理街道,无秽气熏蒸,不致传染疾病。为善甚大,何乐如之"②。

光绪二十六年(1900年),八国联军占领天津后,成立了军事殖民机构——天津临时政府委员会(又名"都统衙门")。都统衙门以西方管理城市的办法为依据,同时参照上海、天津等地租界的方法管理天津原清政府管辖的城区。都统衙门在其宣布的管理天津行政的若干事项中,第一条就是"整顿管辖区的秩序与治安"[③]。为此,都统衙门首先就设置了巡捕局长职位,负责城市的治安和交通管理,并将700余名英、法、俄、日军士兵组成外国巡捕队,在都统衙门成立的第二天(1900年8月1日)就接管了全市的警务。不久,又采纳美军司令沙飞的建议,制定招募华人巡捕的条件,成立1 000余人的华人巡捕队。洋华巡捕队均受巡捕局长的领导。为了保障河道运输的安全,还成立了海河巡捕分局,组建了以意大利士兵为主的水上巡捕队。这样,在天津原清政府辖区第一次出现了城市警察。

巡捕局成立后,将天津城区划分为八段,城内四段,城外四段,派巡捕分段管理,"每段公举绅商六名相助为理"[④]。巡捕局规定巡捕的任务是:一、维护城内外社会治安;二、制定交通规则,维护街道秩序;三、管理城区街道的环境卫生和秩序;四、组成消防队控制城区的火灾。

都统衙门之所以成立巡捕局,其目的是"为了镇压义和拳煽动起来的骚乱活动"[⑤],以维护军事殖民统治的利益,但客观上也减少了外国军队在天津城区的抢劫,制止了各国军队为抢占地盘而发生的争斗。如规定各国军队"不准在天津中国城区发布公告","非在绝对需要情况下,不准进入华人居住区","今后不准再在马路上或城门内搜查华人"[⑥]等等。与此同时,巡捕局在逮捕罪犯、维护街道秩序、管理环境卫生等方面都取得了一定的成效。他们按照西方国家通行的管理城市的方法,依靠警察制度管理天津城区,对新政时期天津创立警察制度发挥了较大的影响。

天津警察兴办的经过

光绪二十七年七月二十五日(1901年9月7日),清政府与11个西方列强签订了《辛丑条约》。这时的天津仍处于都统衙门的统治之下。清廷于八月十八日(9月30日)谕令奕劻和李鸿章,天津作为畿辅要地,要求他们"速行设法竭力磋商,务期早日收回"[⑦]。九月二十七日(11月7日),李鸿章因病去世,清廷任命山东巡抚袁世凯署理直隶总督兼北洋大臣(次年6月9日实授),督催他加快接收天津事宜。

此事,都统衙门也不得不考虑将政权归还清政府的问题。1902年4月3日,临时政府委员会召开了特别会议,制定了将天津移交给中国政府的"建议书"[⑧]。根据"建议书",联军司令官们于4月12日召开会议,提出了归还天津的29项"条款",其中第四项规定,"距联军占领之天津街市三十基罗迈当(公里)以内,中国不得置守卫兵";第五项规定"天津街市及都署所占境内,中国可设立警察兵,但不得过二千三百名之数"[⑨]。为此,袁世凯于5月在省城保定创办警察,以为接收天津之用。袁世凯直接采用西洋方法训练警察,并成立一所警务学堂以培训警察,取得了较好的成效。正如他在奏折中所言:"臣窃惟备军所以御外侮,警兵所以清内匪。中国自保甲流弊,防盗不足,扰民有余,不得不改弦更张,转而从事于巡警。查各国警察,惟内政之要图,每设大臣领其事,盖必奸宄不兴,而后民安其业,国家既固而后外患潜销。且国家政令所颁,于民志之从违,可以验智力之得失,而官府所资违耳目,藉以考察舆情者,亦惟巡警是赖。直隶自庚子以来,民气凋伤,伏莽未靖,非遵旨速行巡警,不足以禁暴讦奸,周知民隐。臣于四月间,查照西法,拟订章程,在保定省城创设警务总局一所,分局五所。遴委干员筹办,挑选巡兵五百人,分布城厢内外,按照章程行之两月,地方渐臻静谧,宵小不至横行,似已颇有成效。但事属草创,非精益求精不可。拟更添设警务学堂一所,责令巡兵分班学习,并令警务各官弁入学讲习,务令心知其义,足以督率巡兵,庶将来可逐渐推广,由省会而遍及外府州县,以仰副圣主绥靖地方之至意。"[⑩]

由于中国政府的坚持,各占领国被迫同意清政府的要求,将中国军队不得驻扎的范围由30公里缩小为10公里。光绪二十八年六月十三日(1902年7月17日),中外双方达成接收天津的条件,其中规定,为避免驻津的外国军队与中国军队"相撞滋事","故拟由中国国家,禁止华兵距驻扎天津之军队二十华里内前进或屯扎"。同时规定,"直督有权在天津城内置亲兵一队,其额数不得过三百名外,并允直督设立警察勇一队,以足敷河面安靖无事为主。虽河流距铁路有在二英里之内者亦可"[⑪]。这些条款大大超过了《辛丑条约》的范围,限制了中国军队应尽的保卫中国领土主权的义务,为日后各帝国主义对天津和华北、东北进行的政治、军事侵略创造了条件。

鉴于清政府的坚持，各占领国最终同意天津的警察数量不再限于2 300人，可以根据实际需要自行决定警察人数，这就为天津警察日后的发展奠定了基础。

光绪二十八年七月十二日(1902年8月15日)，直隶总督兼北洋大臣袁世凯代表清政府正式将天津从都统衙门手中接收过来，天津由此结束了为期两年的军事殖民统治。

虽然都统衙门成立了巡捕局以维持社会治安，但由于天津在长达两年时间内一直处于军事殖民的统治之下，"土匪游勇以及海洋大盗实繁有徒，商民受害无穷"[12]。为迅速恢复正常的社会秩序，在接收天津的当天，袁世凯即成立了天津巡警总局，委任官费留美幼童出身的曹嘉祥为首任总办，将已在保定训练两个多月的2 000名巡警开进天津，并将原属都统衙门的1 000余名华人巡捕留用。为让巡警们尽快掌握警务知识，使他们胜任所担负的职责，光绪二十八年九月(1902年10月)，袁世凯成立了"天津警务学堂"，归天津巡警总局管理，设警官和巡警各一个班，学员均从现职官警中选调，学习时间为7个月，主要学习中外法律及警察知识等。

天津巡警总局内部设有总监官房、探访局、捐务局、警务学堂等机构，外部依照所辖地域分为东、西、南、北、中五个警区，相应设立五个巡警分局，每个分局下设若干巡警棚，每棚设岗三处。

天津城区地域宽广，又为华洋杂处之地，各种社会秩序方面的问题层出不穷。因此，光绪二十八年(1902年)底，袁世凯决定对天津进行分段管理，将天津巡警总局改为天津南段巡警总局(简称"南局"，下同)，曹嘉祥改任"南局"总办，管辖金刚桥以南城区。同时增设天津北段巡警总局(简称"北局"，下同)，巡警由小站新建陆军的两个营改编而成，委任其心腹段芝贵为"北局"首任总办，管辖金刚桥以北城区。

"南局"成立后，仍延续天津巡警总局的机构设置，直到光绪二十九年四月(1903年5月)，袁世凯委任原保定巡警总局总办赵秉钧接任"南局"总办后，出现了较大的变化。赵秉钧上任后，制订了《天津南段巡警总局现行章程》[13]，并依照该《章程》对内外部机构进行了改组。改组后，"南局"内部设值日所、稽查所、发审处、财政董理处、拘留所、马巡队、河巡队、探访队、电线队、消防队、差遣队、军乐队、养病室、警务学堂、济良所等，外部仍设五个巡警分局，每个分局下辖四个巡警区，每个巡警区下辖五个巡警棚。在段芝贵、吴钱荪等继任"南局"总办之后，又相继对内外部机构进行了改组，并充实了巡警队伍，使其机构日趋完善，到宣统元年(1909年)，"南局"内部设督察处、探访局、工程局、捐务局、发审处、办公处、筹备处、收发处、会议处、稽查处、统计处、巡警学堂[14]、养病室、差遣队、军乐队、备差队、马巡队、河巡队、消防队等。外部依照所辖地域分设五个巡警局，每局划分四个巡警区，每区设五个巡警棚。全局共有警员3 000多名。

"北局"仿照淮军编制，内部设提调、文案、督察、发审、收支、造报等官吏，外部设两个哨(对外称巡警分局)。光绪三十一年九月(1905年10月)，清廷成立巡警部，赵秉钧升任巡警部右侍郎，段芝贵调任"南局"总办，刘金标接任"北局"总办。刘金标上任后，对"北局"的内外部机构进行了改组与充实。到宣统元年(1909年)，"北局"内部设提调、总稽查、发审、差遣队、收支、造表、文案、医官等，外部设四个巡警分局，每分局下辖两个巡警队，全局共有官弁长警1 000余人。

因为在接收天津的条件中明文规定天津周围20华里之内中国不得驻扎军队，为对该区域内的乡村及其海河流域实施管理，光绪三十年十一月十日(1904年12月16日)，袁世凯专门成立了天津四乡海河巡警总局(内设"四乡巡警局"和"海河巡警局")，附属于"南局"，委任北洋巡警学堂总办沈金鉴兼任天津四乡海河巡警总局总办。赵秉钧为天津四乡海河巡警总局制订了36条"章程"，规定了该总局管辖的区域、巡警的来源以及巡警的职责等。时人对此予以称赞道："天津之四乡巡警章程三十六条，详于行政，慎于司法"[15]。到宣统二年(1910年)，天津四乡海河巡警总局内部设公事房和马巡队，外部设四乡东局(辖三个巡警区)、四乡南局(辖两个巡警区)、四乡西局(辖两个巡警区)、四乡北局(辖三个巡警局)、海河一局(辖一个巡警区)、海河二局(辖三个巡警区)、海河三局(辖两个巡警区)和海河四局。另外，每个巡警区设一所巡警传习所，专管培训新警员事宜。全局共有警员700多人。

天津四乡海河巡警总局成立几个月后，取得了很好的成效："绵历岁月，不独乡曲愚民渐明公理，渐知公益，汛兵衙役亦可以次裁撤，催科传案，则一呼即至，无扰累之虞。募兵退伍，则有籍可稽，无顶替之弊。一切兴学校,清赋税,推行新政,移风易俗,有事半而功倍者。即天津一县计之,城乡人民共有七十六万一千八百九十七口之多,责成知县一身,虽贤者不能为治。远稽汉代乡亭之职,近师日本町村之法,昔人谓小官多而天下治,诚哉斯言!朝廷振兴庶政,百度维新,方将更定裁判之权,划一地方之制,惟学校驱民为善,而巡警禁民为非。"[16]

光绪三十三年五月二十七日(1907年7月7日),清廷通令各省成立巡警道,作为全省警察的领导机关,并执行省会的警察事宜。宣统二年四月(1910年5月),直隶巡警道在天津设立,舒鸿贻为首任道员。直隶巡警道衙门下辖探访局、捐务局、工程局、卫生局、总务处、督察处、行政处、司法处、巡警学堂、市政管理局等。与此同时,将"南局"、"北局"合并为直隶全省警务公所,负责维护天津城区的社会秩序,辖区与原"南局"、"北局"相同,巡警亦为原"南局"、"北局"的原班人马。直隶全省警务公所内设督察处、捐务处、司法科、卫生科、警务科、行政科、工程科,直辖消防队、侦察队、河巡队、马巡队、军乐队、差遣队、电线队、印捕队,外部设东、南、西、北、中五个巡警总署,其中东、南、中三个巡警总署各下辖五个巡警分署,西、北两个巡警总署各下辖四个巡警分署。第二年,直隶全省警务公所撤销,"南局"、"北局"重又各自独立,其中"南局"隶属于直隶巡警道,"北局"隶属于新练军,天津四乡海河巡警总局仍附属于"南局",这种局面一直延续到清朝灭亡。

天津警察立法与警察制度的建立

光绪二十八年八月(1902年9月),天津巡警总局成立不久,即颁布了《巡警条例》。该"条例"共18条,内容包括刑事管理、治安管理、交通管理、市容卫生等方面[17]。

光绪三十年(1904年),"南局"颁布了《天津巡警现行救火章程》,共25条[18]。

光绪三十一年(1905年),天津警察机关共颁布二十四部法令,其中"南局"颁布22部法令,计有:《探访队探访概略》、《拘留所办法概略》、《发审处规则》、《查禁开灯办法》、《管理赌博章程》、《管理娼妓章程》、《危险物取缔规则》、《管理戏园及各游览所章程》、《戏园监视规则》、《违警罪目一百二十五条》、《清查户口章程》、《管理道路办法》、《管理洋车办法》、《河巡队章程》、《马巡队章程》、《电线队大概办法》、《巡警规条》、《现行保护与预行保护规则》、《稽查所章程》、《巡警遵守规则》、《消防队救火章程》、《赏罚、抚恤章程》;天津四乡海河巡警总局共颁布两部法令,计有:《违警律》和《巡警规条》。

光绪三十二年(1906年),"南局"颁布《管理电车四条禁例》。

宣统元年(1909年),"南局"颁布了《消防队现行规则》和《巡警禁令》,天津四乡海河巡警总局颁布了《巡警传习所章程》和《传习所讲堂规则》。

宣统二年(1910年),直隶巡警道颁布《乐户规则》[19]。

从光绪二十八年七月(1902年8月)天津创办警察至清朝灭亡的短短十年间,天津警察机关共颁布了32部法令,内容涵盖刑事管理、治安管理、户籍管理、消防管理、交通管理、警察内部管理和警察教育等七大部分,建立起了一套比较完整的警察制度。

天津警察制度对城市管理的作用

警察制度的建立与健全,对城市管理发挥了较大的作用。主要表现在以下几个方面。

(一)刑事管理方面

清朝末年,天津的刑事案件类型主要有盗窃、抢劫、私铸银圆、贩卖妇女儿童等。为加强对各种刑事犯罪的打击和防范,光绪二十八年七月(1902年8月),天津巡警总局成立时即设探访队(相当于今天的刑侦队),专司刑事案件的侦察、缉捕工作,由原都统衙门巡捕局探访队的近40名华籍暗探组成。随着人口的不断增加,刑事案件逐年增多,相应的警察力量也随之增加。光绪三十一年(1905年),"南局"将探访队的人员增加至55名,并规定了暗探的等级。同年,颁布了《探访队探访概略》,主要内容是:凡有所闻见,必须从实禀报,不可捏词诈报,贻误大局;凡遇可疑之事,必须加意探访,并由队官讲明应探之事及探察办法。同时还规定了种种探访方法。光绪三十三年(1907年),探访队升格为探访局,下辖两个探访队,人数达80名,为清末天津刑事警察之最。

宣统元年(1909 年),“南局”明确规定探访局的宗旨为“专司侦探缉访,凡属妨害治安、违犯警察情事,均须访拿惩办”,“获案送局交预审处质询”[20]。并规定了探访局的探访业务,包括稽查、盘诘、访缉和交涉等四个方面。

为安顿被捕的罪犯,光绪二十九年(1903 年),“南局”在局内建立了专门拘押罪犯的拘留所,由差遣队专司看押拘留所中犯人,并于光绪三十一年(1905 年)颁布《拘留所办法概略》,具体规定了拘留所在滞留罪犯时应注意的问题。为保证所拘人犯如期审结,同年又在局内设立发审处(即预审处),专司所拘人犯的审讯和罪罚的裁定,并负责拘留所的管理。

探访队(局)的成立,减少了犯罪,使天津“盗风屏息,民情乂安”成效显著[21]。当然,探访队(局)除了打击刑事犯罪之外,另一个重要的职责就是镇压革命。自同盟会成立以来,天津逐渐成为北方革命的中心。为巩固清王朝的统治,天津探访队(局)肆意逮捕嫌疑人,据当时报载,探访队(局)“偶见可疑之人,不问平时操业若何,即指为秘密党,拘之于狱,既入狱后,又闻有用刑迫其供认者,生死不明,殊骇人听闻”[22]。

(二)治安管理方面

为维护社会秩序,清末天津警察将危害社会的烟毒、赌博、娼妓及可能影响社会治安的公共娱乐场所、危险违禁物品等统统纳入治安管理范围。同时,为整饬风化,亦将伤风败俗之事列入治安管理范畴之中。光绪三十一年(1905 年),“南局”颁布《查禁开灯办法》,规定:居民、商家自行吸食者不禁;烟楼、烟馆、妓寮、饭馆之掌柜自己吸食者不禁。除此之外,凡开灯供客者一律属于查禁之列,一经查明,将严惩不贷。同年,该局又颁布了《管理赌博章程》,对以赌博为职业或聚赌抽头者均从重惩办;对因赌博闹事或携带凶器横行乡里者,亦从重惩处。是年,该局还颁布了《管理娼妓章程》、《危险物取缔规则》、《管理戏园及各游览所章程》、《戏园监视规则》等法令,对妓女、妓院、鞭炮场、煤油场、茶楼、戏园等都制定了相应的管理办法,对整顿市面起到了一定的作用。

(三)户籍管理方面

天津警察制度成立后,将户籍管理列为一项主要的工作。光绪二十九年九月(1903 年 10 月),“南局”抽调巡警 20 名、巡警学堂学员 40 名,“北局”也抽调巡警 10 名、巡警学堂学员 20 名,进行自天津警察创办以来第一次户籍调查,查明当时市区共有 64 693 户、326 552 人[23]。光绪三十年十一月(1904 年 12 月),天津四乡海河巡警总局成立后,也十分重视对乡村户籍的管理,要求:“每一区内所管村庄不论土著、客籍、教民或学堂,或庙宇,均须挨户编号注册,注明某户第几号,家长姓名、年岁、系何生业,有无地亩、房产,男几丁,女几口;客籍者注名年月,来自何处。区中各住户如有迁移及婚丧生死等事,本村巡警随时查报,随时更正。按季列表,每年秋后复查一次”[24]。光绪三十三年(1907 年)查明当时天津县管辖的 368 个村庄中,共有 75 478 户、384 263 人[25]。

为规范户籍管理,光绪三十一年(1905 年),“南局”颁布了《清查户口章程》,规定:“清查户口按局区段落由该局长、区长负责;每户门口应贴号牌并按顺序编排;各区户口每月审查一次,核对簿籍一次;各局每年年终将户口年表呈报总局。清查户口分为定时清查和随时清查。定时清查即每半年清查全部户口一次,随时清查即不定期清查全部或一部户口。”[26]根据章程,每区发户口册 1 本,异动簿 7 本,主要记录居民中因迁移、婚娶、亡故、开补、出嫁、增丁、减口等原因造成的户籍、人口的变化情况。到宣统二年(1910 年),天津市内及四乡共有 172 611 户、1 104 402 人,天津首次成为人口超过百万的大城市。

(四)消防管理方面

由于天津人口稠密、商铺云集,极易发生火灾。在天津警察没有成立之前,救火主要由民间消防组织——水会来承担。但因水会人员缺乏专业训练,设备又很陈旧,往往控制不住火势的蔓延,造成很大的损失。天津专业消防队首先出现于都统衙门的巡捕局,该局成立了一支人数很少的消防队,主要负责都统衙门的安全。

天津巡警总局成立后,设有“火铺”,装备了一些简单的消防工具。光绪二十九年四月(1903 年 5 月),“南局”在“火铺”的基础上建立了“消防队”,添置 1 架双激管水龙枪,后来又添置了一些机器水龙。与此同时“北局”也建立了消防队。宣统元年(1909 年)初,“南局”消防队购买了两架火力救火机。宣统二年(1910

年)，天津警务公所设消防总署，下辖两个消防队，共有148名官警。之后，消防总署又陆续增添了不少消防器材。到宣统三年(1911年)，消防总署共配备蒸汽机筒三架、腕力机筒三架、水管车三辆、自来水管五副、救助梯子一架，以及铁钩、扁嘴钩、斧子等器具共65件。并在市区设瞭望塔三处，警钟两架，分别设于城内鼓楼和河北镇海楼之上。

因消防队受过专业训练，器材也比较先进，对扑灭火灾发挥了较大的作用。宣统三年四月十四日(1911年5月12日)凌晨一时左右，北门外估衣街瑞兴隆鞋铺不慎着火。经消防队及水会的奋力扑救，在五时左右将大火扑灭。由于消防队的努力，使这次火灾的损失远远低于光绪二十八年十二月十三日(1903年1月11日)宫北大狮子胡同发生的火灾。

(五)交通管理方面

清朝末期，天津的许多小商小贩在马路上随意摆摊设点，妨碍交通。特别是人力车夫在马路上胡乱拐弯与超车，给行人与坐车人带来了很大的危险。为整顿交通，天津巡警总局成立后不久颁布的《巡警条规》，对上述行为分别提出了严厉的处罚措施。由于实行了严格的管理，“尽管人力车的数量非常之多，可是却比较地能够保持安定的秩序”㉗，从而大大改善了交通混乱的局面。

为进一步加强交通管理，光绪三十一年(1905年)，“南局”分别颁布了《管理道路办法》、《管理洋车办法》和《管理电车四条禁例》，对道路的整洁、洋车与电车的行驶都做了具体的规定。同时要求市内各条马路“每五十日尺(1日尺=0.303米)设一个街灯”㉘，极大地方便了行人。

当时有人高度评价天津警察制度在城市管理中发挥的重大作用：“芳尝见天津警察，街衢洁净，灯柱密柱，巡兵往来不得错乱，巡弁、巡长查察，复有巡逻稽查，时刻逡巡，簿录功过，规矩严禁，条理分明”㉙，真实反映了当时天津的情况。虽然，清末天津警察制度对城市的管理处于一个初期阶段，但它为进入民国以后天津警察制度的发展及其对城市的管理奠定了一定的基础，并对其他城市的管理起到了很好的借鉴作用。

注：

①《直报》，第136号。

②(清)张焘：《津门杂记》“卷下·租界工部局巡捕”，天津古籍出版社1986年11月出版，第124页。

③《天津临时政府委员会会议纪要》，转引自罗澍伟主编：《近代天津城市史》，中国社会科学出版社1993年7月版，第315页。

④《天津都统衙门告谕汇编》，载《天津历史资料》第15期，第42页。

⑤ 胡滨译：《英国蓝皮书关于义和团运动资料选译》，中华书局1980年5月版，第127页。

⑥ 前引《近代天津城市史》，第321页。

⑦ 故宫博物院明清档案部编：《义和团档案史料》，中华书局1959年5月版，第1 326页。

⑧ 全文见刘海岩、郝克路选编：《天津都统衙门会议纪要选》，载《近代史资料》总79号，第67—70页。

⑨ 北京大学法律系国际法教研室编：《中外旧约章汇编》，三联书店1959年版，第2册，第62页。

⑩ 天津图书馆、天津社科院历史研究所编：《袁世凯奏议》，天津古籍出版社1987年版，第604—605页。

⑪ 中国第一历史档案馆编辑部编：《义和团档案史料续编》，中华书局1990年8月版，第1528页。

⑫ 前引《袁世凯奏议》。

⑬ 全文见甘厚慈编：《北洋公牍类纂》，光绪三十三年十一月北京益森公司排印本，“卷八·警察二”。

⑭ 光绪二十九年保定警务学堂并入天津警务学堂后改为北洋巡警学堂。

⑮《项左辅禀呈》，转引自韩延龙、苏亦工等著：《中国近代警察史》，社会科学文献出版社2001年1月版，第170页。

⑯ 前引《袁世凯奏议》，第1 171页。

⑰⑱ 前引《北洋公牍类纂》“卷八·警察二”。

⑲⑳ 转引自《天津通志·公安志》，天津人民出版社2000年9月版，第101—102、98页。

㉑ 前引《袁世凯奏议》，第1 057页。

㉒《大公报》1907年8月8日。

㉓ 侯振彤译:《20世纪初的天津概况》,天津市地方史志编修委员会总编辑室1986年4月版,第16页。
㉔ 前引《袁世凯奏议》,第1 173页。
㉕ 前引《20世纪初的天津概况》,第17页。
㉖ 前引《北洋公牍类纂》"卷八·警察二"。
㉗㉘ 前引《20世纪初的天津概况》,第99、23页。
㉙《叶芳禀呈》,转自前引《中国近代警察史》,第143页。

(《城市史研究》2005年第23辑)

引进　扶植　辉煌
——论天津早期的话剧演出活动

郭武群

津门,这片艺术的沃土,不仅生长着众多优秀的民族戏曲品种,而且精心浇灌扶植了话剧这株外来的戏剧之花。

一

话剧对于有着众多民族戏曲精品的中国来说,属于舶来品。中国第一个话剧团体春柳社1906年诞生在域外的日本,由留日学生李叔同、欧阳予倩等发起组成。春柳社归国后在上海首场演出的时间是1914年。而1909年,天津的戏剧舞台上就出现了由南开学校师生创作演出的话剧《用非所学》,它比春柳社在日本东京首次演出话剧《黑奴吁天录》晚了大约两年半的时间,而比春柳社在国内的正式演出整整提前了五年。

话剧《用非所学》由南开学校校长张伯苓自编自导自演。张伯苓1908年从欧美考察回国后倡导话剧,并亲自把它搬上了校园的舞台,是以“练习演说,改良社会”为宗旨的。正是由于张伯苓的直接参与和支持,南开学校的话剧演出活动一直十分活跃,成为学校游艺会上引人注目的主要节目。从1909年至1918年间,南开学校师生相继编演了剧目四十余个,其中代表剧目有《影》(1911年)、《华娥传》(1912年)、《恩怨缘》(1914年)、《仇大娘》、《一元钱》(1915年)、《一念差》(1916年)、《醒》、《新村正》(1918年)等。

南开学校初期自编自演的话剧剧目,大都取材于现实生活,有着较强的针对性和时代感,符合现代话剧创作演出的规律,这也是舶来品的话剧能够立足津门舞台、赢得观众认可和屡演不衰的根本原因。如《用非所学》等讽刺批判了旧知识分子的劣根性,即脱离实际,高谈阔论,最终一事无成,沦为封建势力的附庸;《一元钱》、《恩怨缘》等揭露了旧思想、旧道德对青年的毒害,宣传移风易俗,改良社会;《一念差》等剧目暴露了官场的黑暗和腐败;《新少年》、《理想中的女性》等剧目反映了妇女解放和个性追求的新思想、新观念;《新村正》等剧目再现了中国农村贫困农民与帝国主义疯狂经济掠夺之间激烈尖锐的矛盾,写出了农民被逼得走投无路而奋起抗争的现实。这些剧作的主题实际上超越了张伯苓“练习演说,改良社会”的初衷,与稍后勃发的“五四”新文化运动合拍,与反封建,倡导“科学与民主”的时代潮流合拍,产生了积极的社会作用。正如周恩来在《吾校新剧观》中所评价的“纵之影响后世,横之感化今人。夫而后民智开,民德进,施之以教,齐之以耻。生聚教训不十年,神州古国,或竟一跃列强国之林,亦意中事也”①。

1916年,张伯苓的胞弟张彭春从美国留学归国后,积极投身于南开学校的话剧活动,亲任南开新剧团第一任副团长、专职导演。张彭春追求易卜生的写实主义风格,把欧美现代戏剧的表演理念应用于中国话剧的演出实践之中,大大提高了南开学校话剧演出的质量和艺术效果。他编导的多幕剧《新村正》,不仅受到学校师生的欢迎,也赢得了京津文化界的关注和好评。鲁迅、周作人、胡适等新文化运动的先驱们都观看了此剧,并给予很高的评价。胡适称赞《新村正》完成了从文明戏到现代话剧的过渡。著名戏剧评论家宋春舫从戏剧结构上指出其重大的突破:“《新村正》的好处,就在打破这个团圆主义……把吾国数千年‘善有善报、恶有恶报’的两句迷信话打破了。”②此后,张彭春又把果戈理的《巡按》、易卜生的《娜拉》、《国民公敌》、王尔德的《少奶奶的扇子》、高尔斯华绥的《争强》、莫里哀的《财狂》、泰戈尔的《齐拉德》等世界名剧相继搬上了舞台,扩大了话剧的社会影响和号召力,也提高了南开学校话剧演出的知名度。

二

在充分肯定南开学校话剧演出活动的同时，还应该清醒地认识到：由于时代和自身条件的局限，南开学校的话剧演出属于业余性质，更多的是在校游艺活动中演出，观众大多是学生和部分知识阶层，并没有与社会上各阶层民众结合在一起，应属为自娱性质的范畴。天津的话剧演出，从校园走向社会，是在20世纪30年代的初期。

天津第一个社会性的话剧团体现代剧社成立于1930年1月，由陶子继、林森森发起创办，并在春合戏院公演了易卜生的名剧《群鬼》，效果颇佳。此后，相继出现的话剧团体有林森森组织的虹社，王世钟等组成的零零剧社和李云谐主持的以"提倡艺术，发扬平民化"为宗旨的五月艺社等，并相继公演了《父归》、《获虎之夜》、《颤栗》、《北国之夜》等独幕剧。由于这些剧社松散式的组合形式和自身经济上的拮据，大都昙花一现，自生自灭，没能引起社会的关注。这种状况说明了话剧最初走上社会所面临的困境。

1931年"九·一八"事变后，地处抗敌前沿的天津民众的抗日救国热情日益高涨，呼吁团结，共同抗击日本侵略者，收复沦陷的国土，成为全社会各阶层民众的共同心愿和时代的主旋律。以抗日斗争为题材的左翼戏剧顺乎民心，赢得观众的欢迎和共鸣，同时也为天津的话剧演出走出困境注入了活力和提供了契机。

应运而生的当属晦明剧社和三三剧社。1933年4月，晦明剧社在青年会礼堂公演了由该社成员余异、何穆创作的三幕剧《抵抗线》。剧本通过母子两代人在异族侵略面前所表现出的两种截然不同的态度，鞭挞了苟且偷生的畏惧心理，歌颂了前赴后继英勇斗争的爱国主义精神，具有很强的现实性和教育意义。剧目演出时，各阶层的民众观看非常踊跃，剧场效果热烈，产生了一定的影响。同年7月，晦明剧社和三三剧社在春合戏院联合公演，剧目有余异的《丰收》、辛克莱的《居住二楼的人》、张季纯的《二伤兵》和田汉的《梅雨》等。8月，在联合演出成功的基础上，晦明剧社、三三剧社、长夜剧社、爱波罗剧社等发起成立了天津左翼戏剧家协会，这是继上海、北平之后在全国率先建立的接受中国共产党领导的革命戏剧团体。天津左翼戏剧家协会发表的成立《宣言》，体现了普罗文艺的战斗精神："除了联络各剧社情感之外，最主要的是推进话剧运动。该会现在所担任的工作，就是站在大众化的立场上，建立戏剧理论基础，并统一演戏运动，指导各剧社工作。如该会所属的剧社，在理论上有什么错误，该会要纠正的。同时，对于各种反动的艺术，给予严厉的批判。"③

1933年9月，天津左翼戏剧家协会所属的水平剧社（原三三剧社）在春和戏院公演了田汉的《姊妹》、《一致》和楼适夷的《活路》等左翼剧目，这是一场社会反响十分强烈的演出。《庸报》副刊《另外一页》发表了方斋的文章《水平剧社首次公演》，高度评价了公演取得的成绩。公演的剧目表现出一种前所未有的新思想："第一指出大众的出路；第二揭示下层生活的悲苦；第三把握当时的现实情势。"其次，演员的表演和舞台设计都有了新的突破，"原本的精彩处，都能一一深刻地表现出来，加之舞台布置的洁整，光的调和与剧情十分的合适，都帮助了剧中情绪不少。"再者，演员与观众的情感互动，舞台艺术效果强烈，"以一群热血青年演来，自然逼真，生动，观众竟有感动而至落泪者。当天观众达八百人，学生观众只占三分之一，其余商人颇多，这也足可以打破'只有学生看话剧'的记录了"④。

在天津左翼戏剧家协会成功演出的影响和鼓舞下，天津先后涌现出的话剧社团有孤松剧团、海燕剧社、晓露剧社、矛盾剧社、春草剧社、鹦鹉剧社、微沫剧社、青玲艺话团、白雪剧社、青青话剧团、喇叭剧团等三十余个；公演了《冬夜》、《残疾》、《江村小景》等独幕剧百余种；公演的地点遍及全市各地，有新新剧院、市青年会礼堂、市立师范学校礼堂、春和剧院、北洋戏院、新欣舞台等。同时还编辑出版了话剧报刊《艺话》月刊和《矛盾》副刊等。在此期间，有些剧社匆忙组台公演后便销声匿迹，存在的时间比较短暂；有些剧社由于演员素质低，演出质量不高，并不具备公演的条件；有些剧社由于选择剧目不慎重，造成了负面的影响。但是，应该看到，话剧团体犹如雨后春笋般的涌现和频繁的交叉公演，培养了一大批喜爱话剧的观众，营造出一种适合话剧生存的文化空间，同时也推动了天津话剧演出的成熟和繁荣。

三

1935年8月17日，是天津话剧史上极为辉煌的一天，孤松剧团在国内首次把著名剧作家曹禺的四幕话剧《雷雨》搬上了津门舞台，不仅在天津，就是在全国也产生了轰动效应，特别是对中国的话剧发展产生了极大的影响。为了筹备这次公演，孤松剧团进行了长时间的准备工作，多次邀请剧作家曹禺到排练现场讲解指导，让演员们了解、体会作者的创作意图；还聘请了南开学校的吕仰平出任导演。孤松剧团推出了颇具实力的演员阵容。天津《庸报》、《益世报》同时刊出"孤松剧团公演《雷雨》专号"，为公演造势。一些知名作家、剧评家纷纷撰稿称赞公演取得的成绩，冯俶的《〈雷雨〉的预演》、白梅的《〈雷雨〉批评》报道了公演时的盛况；不凡在《〈雷雨〉演出》一文中说："孤松的演出，在国内还是破题的第一招，剧本在质与量上，都是中国剧坛上的空前的收获。"[5]著名评论家刘西渭（李健吾）进一步指出："《雷雨》是一个内行人的制作，虽说是处女作，立即抓住了一般人的注意。《雷雨》现在可以说是甚嚣尘上。"并赞扬该剧是"一出动人的戏，一部具有伟大性质的长剧。"[6]

同年12月7日和8日，南开新剧团在瑞廷礼堂公演了莫里哀的多幕剧《财狂》。据报道，此次演出"观众甚为拥挤，演毕甚受社会人士好评"[7]。《财狂》由张彭春、曹禺改编，"成为中国可能发生的故事，人物也都中国化了，但主题思想不加更改。这样做，是为了适合我们舞台条件和观众的接受能力"[8]。著名作家郑振铎、靳以和萧乾等专程从北平赶来观看演出，并与演职员进行了交流。其中萧乾对于曹禺的表演给予极高的评价，"这一出性格剧……全剧的成败大事由这主角支撑着。这里，我们不能遏止对万家宝先生表演才华的称许，许多人把演戏本事置诸口才、动作、神情上，但万君所显示的却不是任何局部的努力，他运用的是想象，他简直把整个自我投入了韩伯康的灵魂中……将那悲喜交集的情绪传染给我们整个感官了"[9]。

《雷雨》和《财狂》一中一外经典名剧的轰动公演，揭开了天津话剧史上崭新的一页。从1935年初至1937年8月抗日战争爆发前，是天津话剧演出最为辉煌的时期，天津的话剧舞台可谓好戏连台，人才荟萃，具有强烈社会反响的公演就达数十场之多。其中有天津青玲艺话团公演的农村题材的多幕话剧《金宝》，天津鹦鹉剧团公演的多幕剧《潘金莲》、《赛金花》、《雷雨》，天津东方旅行剧团公演的多幕剧《日出》、《钦差大臣》，天津职业话剧团公演的多幕剧《梁允达》、《女店主》等，同时还涌现出曹禺、黄佐临、张季纯、刘念渠、李保罗、谢天、夏淳、梅阡、梅熹、石羽、石挥等一批在国内有影响的剧作家、导演和演员。总之，天津的话剧演出已经立足津门，继而影响全国了。

综观这一时期的话剧演出，概括起来有以下几方面的特点。

（一）加强话剧理论的建设。在积极开展话剧演出的同时，对话剧艺术的本质特征、话剧的大众化、剧本的创作等重大理论问题，进行了广泛的研究和探讨，这也是天津话剧演出始终能够沿着正确方向发展的重要保证。在此期间，天津话剧界主要展开了三次大规模的讨论活动。第一次是对王泊生企图用新歌剧来取代话剧言论的批判，第二次是围绕着"话剧大众化"问题展开的讨论，第三次是萧乾主编的《大公报》副刊《文艺》对剧作家曹禺《日出》展开的集体批评。通过激烈的交锋，坦诚的交流，天津致力于话剧的同仁基本上达成共识。

（二）坚持为大众演出，实践话剧大众化的方向。由于受左翼话剧运动的影响，天津的大多数话剧团体在成立伊始，就公开举起了话剧大众化的旗帜。如青玲艺话团在成立宣言《青玲艺话团自白》中明确表明："我们的任务，就是把这种种现象直接地'话剧'或间接地'文艺'，反映到大众的眼里。"天津部分话剧界同仁发起成立了中国话剧研究会，在《发起宗旨》中写到："中国话剧研究会是预备用新的途径，切实向着剧运的前途迈进。""它并不如一般人那样，把话剧单看成一种娱乐而已。"该会拟作的两项工作：一是从事话剧的人应当充实自己，二是要使大众更深切地了解话剧。

更为可贵的是，这些话剧团体不仅能够从理论上认识到话剧大众化的重要性，而且积极地将话剧大众化的宗旨付诸于演出的实践。喇叭剧团率先提出了话剧"冲向大众底漩涡"的口号，并到下层民众聚集的娱乐场所——天升剧院公演了《千方百计》、《青春的悲哀》、《求婚》、《姊妹花》、《临时太太》和《难得的医生》等剧目。演出时注意了剧本的选择和台词的通俗化，并降低了票价，取得比较满意的结果。青玲艺话团向天津各话剧团体发出了星期天义务演戏剧的倡议，以期达到真正向大众普及话剧的目的。该剧社带头在每星期天的上午演出，并创作了一批通俗易懂，反映民众生活、情趣的剧目，免费招待，吸引了众多的观众。青玲艺话团还深入到津郊小园村庙会演出，送去反映农村题材的多幕话剧《金宝》，吸引着数以千计的普通农民前来观剧。在采访中,许多农民表示,不仅能够看懂话剧,而且喜欢这种艺术形式。

(三)天津出现了专门从事商业化演出的职业话剧团体。天津的话剧团体由于长时间不间断的公演,演职员的基本素质提高了,舞台表演经验增加了,在化妆、道具、舞台设计和灯光照明等方面也有了质的突破,与此同时,也培养了一大批热爱话剧的观众。天津一些颇具实力的话剧团体,已经达到了专业演出的水准,于是从事商业化演出便成为水到渠成的事实。天津先后成立的职业话剧团有傅威廉、张白吾等组织的天津剧团,谢天、李保罗等组织的鹦鹉剧团,梁柏华、莫胡和陆文霞等组织的天津东方旅行剧团。其中,天津东方旅行剧团演职员阵容强大,具有很高的知名度和号召力。天津东方旅行剧团曾经在天津一流的剧场中国大戏院公演,打破了中国大戏院只演京剧不演其他剧种的先例,并连演曹禺的多幕剧《日出》数场,场场爆满,轰动了天津城。该剧团还走出天津,赴北平、河北等地巡回演出,受到好评,显示出天津话剧的实力和演出水平。

天津是中国话剧的发祥地之一,天津的话剧演出活动,不仅在天津文化史上占有重要的位置,就是在中国话剧史上也留下了极为光彩的一页。

注:

① 周恩来:《吾校新剧观》,《校风》1916 年第 38 期,第 1—4 页。

② 宋春舫:《评新剧本新村正》,《新潮》1919 年第 2 期,第 339 页。

③《宣言》,《庸报》1933 年 8 月 14 日。

④ 方斋:《水平剧社首次公演》,《庸报》1933 年 9 月 30 日。

⑤ 不凡:《雷雨演出》,《大公报》1935 年 8 月 29 日。

⑥ 刘西渭:《评雷雨》,《大公报》1935 年 8 月 24 日。

⑦《冬赈筹款财狂公演》,《南开校友》1935 年第 3 期,第 1 页。

⑧ 曹禺:《回忆在天津开始的戏剧生活》,《天津文史资料选辑》第 19 辑,1982 年,第 140—144 页。

⑨ 萧乾:《财狂之演出》,《南开校友》1935 年第 3 期,第 24—26 页。

[《天津大学学报》(社会科学版)2005 年第 3 期]

近代城市贫民阶层及其救济探析
——以天津为例

任云兰

近年来，在国内史学界，随着社会史研究的兴盛，深受年鉴学派"从下往上看"的观点的影响，对城市下层社会的研究越来越受到社会史研究领域诸多学者的关注，并取得了可喜的成果，如近年一些学者对城市下层社会中某些群体如人力车夫、乞丐等的研究成果颇引人注目，还有一些学者开始关注像贫民这样的下层社会民众。此外，海外学者关于下层社会的研究视角也值得关注，如关于天津的混混儿、乞丐的研究等[①]。

近代以来，随着开埠通商和工商业的发展，一方面，天津城市呈现富庶繁荣的景象，社会财富增加；另一方面，社会分化加剧，上层社会与下层社会的分野愈加明显。以地方精英、士绅商人为主的城市上层社会占有了大量的社会财富与社会资源，而下层贫民则只占有极少量的社会财富与社会资源，造成富者愈富贫者愈贫的社会不公现象。为了缩小这种差距，以救济院、育婴堂、广仁堂和各善堂为主的社会救济和慈善机构大量兴起，在平衡社会财富方面发挥了很大的作用。

一　近代城市贫民阶层的内涵及其构成

城市贫民阶层是指那些经济地位和社会地位都很低下的城市阶层，包括有职业但收入有限的脚行工人、人力车夫、清道夫、手艺工人、学徒、下等妓女，无职业的游民乞丐（事实上也有一种职业乞丐）、嫠妇、孤贫儿童、孤贫老人和残疾人等。

天津处于河海交汇之处，元明以来即为华北漕运、海运和盐运中心，所谓"地当九河津要，路通各省舟车，南运数百万之漕，悉道经于此。舟楫之所式临，商贾之所萃集，五方人民之所杂处，皇华使者之所衔命以出，贤士大夫之所报命而还者，亦必由于是"[②]。因此，运输业很发达，脚行工人即搬运工人应运而生。最初脚行工人的主要业务是"迎官接差"和为商民搬运货物，主要活动在"斗店"集中的三岔口一带、盐坨地区以及针市街、估衣街等商业中心。天津开埠以后，各国在天津开办洋行、工厂，修筑仓库、码头，清政府也在天津修建了码头、铁路，开办了工厂，脚行得到了发展，脚行工人从火车站或停在河中的沙船、驳船上，把小麦、棉花、煤等货物运到栈房和工厂里去，又把工厂里的面粉、火柴和制成的棉织品运到沙船、驳船或火车上去。在河边、码头、栈房、工厂、车站，总能看到他们忙碌的身影。到1949年前，天津全市共有脚行227家，大小脚行头目3032人，各脚行控制工人在200余人到六七百人不等[③]。所以，脚行工人当是城市贫民阶层中的一大群体。

人力车夫是随着人力车的引进而出现的一个庞大的下层社会群体。人力车在1874年从日本引进上海，10余年以后在天津已经非常盛行。到19世纪末期，天津已经有人力车七、八千辆[④]。由于其价格低廉（1920年代一里仅二三枚铜圆），需求旺盛，所以得到了很大的发展。到1930年全市共有车厂548户，车辆约11 000辆左右，车夫约25 000人左右[⑤]。1931年，人力车厂560户，人力车夫12 600余人[⑥]。1932年根据《中国劳动年鉴》统计，天津市共有人力车20 020辆，人力车夫40 040人[⑦]。到1930年代中期，津市人力车达到了60 000余辆，人力车夫达到了120 000人[⑧]。

人力车夫大多来自周围农村，在他们的家乡，外来力量破坏了农村经济的平衡，农业不能再维持大量的人口，水旱灾害和内战匪祸降低了土地的生产力；西方廉价的机器出品，完全地或部分地破坏了农村手工业，于是农村人口便因贫穷而显得过剩，因此许多农民不得不离开土地，选择新的职业。但由于他们文化程度低，没有什么技术，所以进城以后，不得不选择做苦力，人力车夫是他们的首选。尤其是在灾荒年份或农闲时，他们纷纷进城谋生，灾荒过后或农忙时节，有的可能会返乡。所以人力车夫大多来自附近的乡村，如天津的人力车夫大多来自河北、山东[9]。

城市贫民阶层中还有一些处于社会最底层的人群，即丧失维持生计能力和社会地位低下的鳏寡孤独及残疾人。他们是城市最贫困的成员，据对1930年天津市279户特种贫户统计，贫户户主衰老、年幼者占51%，盲人、聋哑人、疯痴、病废、四肢残伤、瘫痪等残疾人占28%，孀居占4.65%[10]。

二 近代城市贫民阶层的生存方式

城市贫民阶层由于受自身知识、技能和身体条件所限，其生存方式以出卖苦力、乞讨或吃救济为主，他们干的是城市中最脏最累、收入有限的工作，如搬运工人、人力车夫、粪夫、清洁工，稍好一点的工作有工匠、店夥、小贩、仆役、军人、学徒等，实在没有职业的就只能拣煤核、拣粪、纺线、拾柴、缝纫、乞讨等。

拉车是人力车夫的主要生存方式，“拉车者，促促如辕下驹，汗流浃背，东来西往，弛走如风。是虽食力为生，颇不容易”[11]。天津市的人力车夫较之其他城市，工作时间比较长，每日两班，第一班从上午凌晨五点至下午三点，第二班从下午三点至第二天凌晨两点，各工作10小时和11小时[12]。他们一日不工作便有挨饿的危险。

人力车夫的生活状况也异常艰苦。“他们所住的，不过是几间拿苇草做成的泥房，土台子当作桌子，炕沿算是椅子，飞边炸翅的炕席中间，又加八个大窟窿；父母儿女妻子六口，通腿睡觉，中间搭着一个上下够不着的破被。或者连破被都没有。在天津卫有着这么一句俗语谓，‘一间屋子半拉炕’就是这个情形。”“一天的收入，不够购买食料，或者连人家剩下来渣滓，恐怕还嚼不到呢！”[13]上面文字描述的是一家人力车夫家庭生活的真实写照，但也是整个人力车夫群体家庭生活的写照，更是整个天津市贫民阶层的生活情状。

由于经济条件所限，人力车夫大多没有自己的车子，而是从车厂租用，如果车子只在华界通行，到30年代初，一天的车租是铜圆54枚，如果在华界租界都能通行者每日租金则达铜圆96枚[14]。除此以外，他们还要向中国当局和租界当局交纳人力车捐，华界月捐2角，特别一、二、三区和意租界月捐各7.5角，英法日租界月捐各1元，如果车子要在全市通行，他们须纳八道车捐，重重捐税使人力车夫颇感压力[15]。此外，还有一种无名捐，即在车辆停车或休息时，某种人对车夫的勒索，一天要二百文[16]。

人力车夫不仅需要付出艰辛，而且需要承担风险，人力车夫时常发生被殴打致死致伤的情况，也有翻车、轧人、被拐走车子、被索赔等情事，在早期更是如此。到二三十年代，人力车夫常常遭到巡警的斥责、打骂，甚至被巡警拿走车垫，打毁挡泥板等，不一而足。

脚行工人的生存方式主要是出卖劳动力，搬运货物，他们的收入也很有限，一般只有运价的10%，其余均被脚行各级头目所瓜分，他们和人力车夫都是近代城市中人数最多的苦力，他们的收入也许和半熟练工人不差上下，甚至高出半熟练工人，但他们的工作更为辛苦，而且工资是不确定和不稳定的。

手工艺者中男子职业有工匠、店夥、小贩、仆役、苦力、军人、学徒等，女子职业有打线、纺纱、针线、糊火柴盒、卷纸烟等。家庭的收入主要来自户主，占86%多，其次为儿童，主妇最少[17]。其家庭收入与支出相比，稍有盈余，约占收入的4%。在支出中，61%多用于食物，6%用于衣着，14%用于房租，12%多用于灯光燃料及水，5%用于杂用[18]。食物以玉米面、机制白面、切面、白米、小米为主。

拣煤核、拣粪、纺线、拾柴、缝纫、乞讨等是最下层贫民的生活所依。据统计，1929年，天津市贫民有95 000的余人，其中特种贫户279户，将近84%的靠乞讨为生，其余有拾粪的、纺线的、拾柴的、捡煤核的、拉车的、缝纫的，依靠兄弟和亲友搭救的[19]。1930年贫民主要集中在公安一到五区，即原来的华界，特别一、二、三区（即收回的租界区）贫民很少。贫民籍贯以河北省为最多，将近66%[20]。南市、车站铁道外、侯家后废河沿、新三不管等地乞丐最多，其他地方如各电车站、商业中心也有不少乞丐追讨钱文[21]。

三 国家与社会对贫民阶层的社会救助

城市贫民阶层生存艰难，自助有一定的困难，据统计，1930年天津市279户特种贫户中，只有4.3%依靠家族—兄弟亲友扶助[22]。此外,主要依靠社会与国家的慈善救济事业,换句话说,民间社会与国家通过慈善救济的方式,在一定程度上缓解了贫民阶层的生存压力。

(一)官方救济机构

"贫穷是一个社会问题,不是个人问题。"[23]因此,国家有责任解决贫民阶层的贫穷问题,而且由于贫穷所带来的一系列社会问题也引起了地方官吏与社会精英对贫民阶层的关注。近代以来,官方救济主要以设在市镇的留养局、养济院、教养局、游民习艺所、贫民救济院等不同名目的救济机构为主,主要收养老弱贫病无依无靠者和乞讨流浪者。

天津最早的官方救济机构可追溯至明代的养济院,清廷接管后延续至清末,到光绪年间收养孤贫44名。此外,官设救济机构还有天津留养局,共6所,分别设在城厢、西门外、西沽、葛沽、西关、杨柳青,规模控制在5间到8间房之间。天津教养局也是清末成立的又一个官办救济机构,成立于1902年,内设织布、染色、地毯三科,向贫民传授技艺,以使其能自立谋生。成立于1905年的天津游民习艺所则旨在收容本地区的无业游民、乞丐或来历不明者,到1908年时收容游民达到550余人,工徒50人。

此外,设立于康熙年间的育黎堂虽几易其名,性质也屡经变化,但官民合作的特点直到1929年才有所改变。清康熙二十六年(1687年),靳赞戎及诸士绅在天津西郊三官庙东建育黎堂,并置田庄七处,"以栖四方羁旅,贫病无依,生者,衣食之,死者,棺殓掩埋。"乾隆四年(1739年),天津道陈宏谋、知府程凤文、知县朱奎扬各捐俸银,将育黎堂改建为普济堂,"以养老疾无依者"。光绪十年(1884年),长芦盐运使额勒精额筹银2 100余两,又提出前任天津道内存款1 400余两,扩充原有建筑,"收恤饥黎",并恢复育黎堂名称。1912年,育黎堂与栖流所合并,每年由官方拨款9 000元。1915年,士绅宁世福、刘孟扬等人在育黎堂、栖流所旧址和东南城角草厂庵学棚三处设立教养院,收容男女乞丐1 500余人,以便教养兼施[24]。1928年北伐战争结束后,散兵游丐麇集街头,天津警备司令傅作义为安定社会秩序,将天津教养院改组为游民收容教养所,经费由统税附加慈善捐、斗店公益捐凑集。

从育黎堂到教养院,虽然善堂性质由私立转变为官督民办,但官绅协力,共襄善举的特点没有变,在私立期间,育黎堂也有政府拨款,教养院成立后,官民合作的特征更加明显。直到1928年国民政府南迁以后,实行强化政府职能的政策,1929年,天津特别市市立第一贫民救济院才真正变为官办救济机构。同时,政府也成立了妇女救济院,并接管民间举办的育婴堂,这一连串举动在某种程度上表明了政府强化对民间社会管理的决心。

救济院变为官办以后,经费更有保证,由政府每月拨经费6 000余元。由于经费相对来说充足了一些,对贫民阶层所办救济事业进一步扩大。如1929年以后每到冬季贫民衣食无着的时候设立冬季临时收容分所,以500人为限,期限5个月,每月经费2 100元。创办贫户恤金,由救济院每月拨付300元,发给院外家庭人口众多或老弱鳌孤贫户,每户1元5角,共200户,以后增加到300户,月拨375元。另一个举措是于1931年在河东沈庄子租地6亩多,建立贫民廉租房62间,廉价租赁给居无定所的贫民[25]。此三项举措虽然实施仅数年,但在当时实为下层贫民所欢迎。

1936年天津市救济院扩大救济事业,改设妇女、孤儿、残废、养老、育婴、文贫、疯人、施医、公墓管理、工赈、游丐收容、施材等12所,收容人数突破原有定额1 100人,达到3 580余人,臻一时之盛。

沦陷期间,救济院照常办理,开始设有儿童、妇女、劳工、养老、残废、游丐、医疗等七部,收容院民1 000余名。后改组成立育婴组、妇孺组、游民组、残老组,1942年并开办了两所平民工厂。1945年国民政府接收后,由于经费有限,管理不力,收容人数也大不如前,仅四五百人,分属于管教组、习艺所和施医所[26]。

官方救济机构虽然收养人数有限,但作为官设机构,毕竟经费有保证,尤其是国民政府南迁以后,随着社会对贫民的关注,官方救济机构办理得较有起色。

(二)常年性的民间慈善事业

清末,天津官办救济事业有限,相反民间慈善事业很发达。"津郡素称善地,人情急公好义。官绅所立善堂不胜枚举,凡周恤穷黎,无微不至。"[27]到民国以后,这种特征仍然很明显。近代天津常年性的慈善机构,无论从规模、存在时间,还是收养人数来说,非育婴堂和广仁堂莫属。

天津的长芦育婴堂成立于乾隆五十九年(1794 年),最初建在镇海门(天津东门)外,经费每年 5 000 两到 7 000 两不等,视收养婴孩的数量而有所增减,经费来自长芦商捐,计划收养婴孩二三百名。以天津著名善士周南樵(周自邠)主理堂务。周去世以后,育婴堂的堂务一直由"邑绅之公正廉明者"负责管理[28]。到 1872 年,由于婴孩逐渐增多,房屋拥挤不堪,乃在原处西南隅购置郑姓民房一所。到 1873 年时,因有的房屋年久失修,又兴土木[29]。

1907 年育婴堂迁入新开河北岸的新址,新址占地 70 亩,建房 355 间,以"保存弃孩之生命,实行家庭之教育,并振兴女学,发达女工,养成女子之人格,预备完全之妇德"为宗旨[30]。内设女工厂、蒙养院、女子半日学校和女医学堂。女工厂分为刺绣、织布、织巾、编物、缝纫、草帽六科,择 13 岁以上身体强健,能吃苦耐劳的女孩入厂。蒙养院收养 4 至 8 岁的幼儿,设保育室 3 间,游戏室 3 间,游戏园 1 所。女子半日学堂招收 9 至 20 岁的女子,有夜课和日课,教授国文、珠算、修身(包括家政学和伦理学)、理科(包括家庭卫生和儿童心理)等课程。女医学堂设产科和看护科,招收 21 岁至 36 岁稍有文化知识的女子,时限 2 年,毕业后为该堂义务服务 1 年。民国初年至 1929 年,长芦育婴堂收养规模在 100 余人到 300 余人,最多时达 387 人,最少时有 143 人,尤其是 1926 年以后,人数锐减。育婴堂每年经费 36 000 元来自津武口岸盐店,1926 年该盐店由福昌接办,每年给育婴堂的拨款减至 2 万元,所以 1926 年以后,育婴堂收养人数明显减少[31]。1930 年以后由市社会局接办。1936 年又将该堂交归盐商接办。沦陷时期,育婴堂址被日人改作传染病医院,收养的 90 名孤儿只好分住多处。1946 年以后,由于经费全部取消,育婴堂只好靠变卖房屋、土地和多方募捐勉力维持。到 1950 年时只有 46 名孤儿的育婴堂由天津市人民政府接管。育婴堂是天津市存在时间最长的善堂之一,从 1794 年成立到 1950 年结束,开办时间长达 150 余年。

广仁堂是由江苏、安徽和浙江三省在津士绅商人共同捐资一万元兴建的,后经李鸿章奏请朝廷每年拨漕米 300 石,收养天津河间两府被遗弃的子女和贫苦节妇[32],先在东门外南斜街原全节堂旧址暂设堂所。经费充裕以后,又在西门外太平庄建造起了有一定规模的堂所。收养人数定额为 300 名,民国年间入堂人数维持在 200 余人的规模,灾荒期间收养人数要多一些,如 1913 年 1 月份和 12 月份的统计数字分别为 221 人和 273 人;1914 年 1 月份和 12 月份的统计数字分别为 269 人和 279 人,堂养节妇及其子女与恤子女人数不差上下[33];1920 年收养灾民子女数则达到了 400 余人[34]。

广仁堂的经营主要以购买地产和房产为主,据统计,该堂民国初年在天津市的房产除了本堂房屋外,尚有 700 间房产,地基 20 余亩。在附近郊县有地亩 248 顷,另有义地 10 块[35]。到后来房产增至 1 174 间,年租费共收洋 4 900 余元,月租 2 100 余元[36]。到 1930 年时,房产增至 3 000 余间,地亩达 280 余顷[37]。早期的广仁堂除了房租地租外,尚有岁捐、月捐、货物捐、特别捐等收入,到民国以后,基本上依靠房租和地租的收入来维持。据广仁堂 1927 年的收支报告,该年共收入银元 112 269 元,在经常收入 73 900 余元中,房租为 36 087 余元,地租为 30 813 余元,地皮租为 2 915 元,约占经常收入的 95%,而股息和利息仅为 1 000 余元,在经常收入中所占份额相当少。售品所得也只有 400 余元[38]。而 1937 年的收支报告也印证了该堂的主要收入来自房地产。该年经常收入共计国币 44 300 余元,其中房租收入国币 15 900 余元,地租收入国币 26 300 余元,两项相加占经常收入的 95%,而股息利息仅收入 1 200 余元,所占比例也很小[39]。

除了育婴堂和广仁堂以外,天津近代慈善机构还有很多,举办的慈善事业种类繁多,有育婴、恤嫠、养老、助残、施棺掩骼、施医施药、义学,几乎囊括了生老病死人生诸事。较著名的有(括弧内为成立时间):延生社(1842 年)、东延生社(1862 年)、备济社(1879 年)、济生社(1886 年)、引善社(1890 年)、同善社(1891 年)、公善社、体仁广生社(1894 年)、广济补遗社(1896 年)、公善施材总社(1902 年)、公善抬埋善社(1903 年)、中国红十字会天津分会(1911 年)、南善堂(民国初年)、崇善东社(1919 年)、世界红卍字会天津分会(1922 年,附设残废院,留养残疾人 50 名)、中国救济妇孺会天津分会(1923 年)、黄十字会、北善堂(1927 年,原为 1912 年成立的乐善社)、积善社(1928 年由南善堂改组)、救世军、蓝卍字会(1935 年)、乐善堂、世界黄卍字会天津总会(1941)等[40]。此外,这些慈善机构有时还成立联合组织,如善堂联合会、八善堂、慈善事业联合会和救济事业联合会等。

(三)季节性和临时性的施舍

除了常年收养下层贫民中的老弱妇孺残疾人以外,每届冬季或灾荒发生后,各慈善团体和地方政府往往举办冬赈急赈，对衣食无着的下层贫民和灾民进行救助。

天津地处华北地区，每逢冬季，天寒地冻，贫民生计维艰，报纸上屡有乞丐冻毙的报道[41]，于是，冬赈成为下层贫民生活的希望。

清末时冬赈往往由各善团承办，一种形式是由各慈善机构向贫户发放米票，由贫户到指定米局支取，或直接发放米面。如广仁堂除了举办堂内救济以外，还举办堂外救济，对南门外一带的贫户中极贫者每户发放小米米票2斗，次贫者1斗，中贫者5升[42]。恤嫠时，除了发放月钱以外，在冬季还加发粮食，最贫者还发放棉衣以御寒。如备济社和延生社的恤嫠会在冬令时节，除了给嫠妇发放月钱以外，每月还加给大米或小米1斗，并发放棉衣[43]。

另一种形式是开设粥厂。粥厂是从传统时期承袭下来的一种在冬季或灾荒年份为贫民或灾民免费提供伙食的地方，一般是由政府出资或富绅大户捐募，在通都大邑或交通便利的地方搭盖席棚，煮粥散放穷人或灾民。天津最早的粥厂是由明代的卫学生梅应卜设立的，在草厂庵[44]。到清代以后，随着水旱灾害的频发，灾民与贫民生活日窘，每届冬季，官方和民间均设厂煮粥，以救民活命。清代官方设立的粥厂以四门粥厂为盛，另在其他地方设有多处粥厂。后来由于19世纪70年代粥厂大火的影响，官方粥厂被限定在西门外、西沽和北仓，分设男粥厂一处，女粥厂二处，每年救济贫民二万余人，经费来自筹赈局。民间设立粥厂者以士绅周自邠、徐通复、徐通久、李嘉善、严克宽和盐商查氏家族和李春城（李善人）家族最为活跃。到民国初年，贫民或难民的救济形式多以发放赈粮为主，直到20年代中期战乱期间，才又出现粥厂，如1925年12月顺直省议会议长边守靖在新车站及西站设立两处贫民粥厂，1926年天主教总堂在锦衣卫桥、西于庄等处设立粥厂，以救济战区难民，1926年天津悟善社边洁清等创立的黄十字会在芥园庙及安记酱园设立收容所和粥厂，收容难民2 000余名[45]。1927年佛教居士林在大舞台旁设立粥厂，1928年中国慈善会联合总会天津办事处在南马路以南大舞台东设立施粥厂，佛教居士林也举办第二届粥厂。自此以后，历年举办粥厂的善团越来越多。佛教居士林、公善社、崇善东社、红卍字会、红十字会、华商公会、黄十字会成为承办粥厂的主力，各区建设办事处、蓝卍字会、救世军及部分外侨也参与了设立粥厂救助难民和贫民的活动。

在此过程中，官民合作的特点十分明显，民间慈善团体的作用也体现得淋漓尽致。在经费方面，有政府拨付的，也有慈善团体劝募的。1929年各慈善团体设立了至少三处粥厂：陈家沟子（救世军设立）、唐家口（红卍字天津分会设立）、大舞台（佛教居士林设立）。仅佛教居士林粥厂施粥83日，食粥人数就达到了30余万[46]。1930年冬赈时佛教居士林、公善社、红卍字会天津分会三处粥厂食粥人数合计达124万余人，用米47万余斤[47]。1931—1934年每年均有七处粥厂开设。1931年天津市救济事业联合委员会所属各慈善团体经办的粥厂达到了七处（公善社、红十字会天津分会、红卍字会天津分会、佛教居士林、华商公会、崇善东社、救世军，此外，崇善东社还经办一处难民收容所），食粥人数据不完全统计已经达到了将近180万，如果加上尚未统计的一处粥厂和一处难民收容所的话，该年食粥人数至少在200万人次，用款将近8万元[48]。当年食粥人数大幅度增加是由于有一部分难民加入。1934年冬，天津市慈善事业联合会管辖的七大粥厂食粥人数达到了47万余人次，用款8万余元。此外，还为800户贫民发放玉米面4 200斤，棉衣1 530套[49]。1935年冬天天津市慈善事业联合会管辖的六大粥厂食粥人数也达到了159万余人次，用款6万余元[50]。1936年七粥厂食粥人数达到了320万人次，用款10万余元[51]。食粥人数的增加，除了因经济凋敝失业工人队伍壮大，贫民人数增加外，也因有不少难民加入了城市食粥贫民队伍。1937年天津沦陷以后，粥厂继续举办，东西南北中五粥厂共用款14万余元，食粥人数232万余人次[52]。1938年天津市粥厂共有11处，其中七处由冬赈委员会经办，三处由冬赈委员会委托各善团承办，一处由伪内政部赈务委员会委托冬赈委员会经办。冬赈委员会经办的七处粥厂施粥100日，共用米160余万斤，食粥人数达到了400余万人次[53]。伪内政部赈务委员会委托冬赈委员会经办的粥厂用款13 000元，用米12万余斤，食粥人数28万人次[54]。1940年冬赈共用款23万余元，其中设粥厂17处，食粥人数4 18万余人次，救济贫民600余人共2 000余元，发放棉衣3 400余套，救济残疾孤寡等共100人用款200元[55]。总的来看，冬赈用款、粥厂和食粥人数都有增加的趋势。

施粥时，还经常散放棉衣棉裤。年节时，还给每名食粥者散放钱文，如清末西门外的济急粥厂，每届年节从除夕至正月初五，由粥厂向每人发给津钱100文，如有助善者，所发数目还要增加。

民国时期天津的粥厂大多设立于难民云集的收容所附近或其他空旷地带，如南市大舞台、西广开清化祠、三义庄、河东新唐口、小树林、河北小刘庄、南竹林村等处。粥厂及窝铺区位置的选择，影响了城市的居民布局，这些地区后来成为下层居民集聚地。

粥厂在为下层贫民提供果腹的米粥以外，还提供住宿的地方，因为食粥者中为数不少的为流浪乞讨者，有的即使有住所，也是不能挡风避雨的简陋泥屋或窝铺。清末时，粥厂往往在附近租用小店供食粥者住宿。到民国时期，慈善机构还开设了暖厂，供贫户居住。1930年代中期有四处暖厂：乐善堂暖厂、明德慈济会暖厂，这两处都在南市，还有两处是救世军暖厂和由《益世报》馆主办的设在河北黄纬路的普善堂暖厂。暖厂由苇席搭成，隔成隔断，地下铺一层厚厚的草，没有被褥，大家拥挤在狭窄的空间里，互相以体温取暖。来者大多是乞丐流浪者或是人力车夫和脚行工人的家属，妇女们带着孩子住在暖厂，既可以免遭寒冷，又可以有一顿饭吃。1936年因管理不善，明德慈济会暖厂发生火灾，烧死贫民152人，烧伤多人[56]。

近代城市贫民阶层是一个庞大的社会群体，他们是城市社会结构中一个重要的组成部分，由于其特殊的社会地位和身份，他们在权力、物质财富、教育、社会关系等社会资源的占有方面处于劣势。在城市近代化过程中，社会发生了激烈的变迁，利益分化愈加明显，贫民阶层失去的不仅是居住的处所、蔽体的衣服、果腹的饭食，而且还有教育的机会、做人的尊严和权利。面对庞大的贫民阶层，以各级官吏为代表的国家和以地方士绅商人为代表的民间社会清晰地认识到：在利益分化的时代，如果分化越过了公平的底线，则将在各个阶层和各个群体间制造出鸿沟和对立。这不仅有损社会公正，还将影响社会和谐，成为社会不稳定甚至动荡的根源，使得所有人的利益得不到保障。因此，在他们的倡导和主持下，各类慈善和救济机构应运而生，这些慈善救济机构在平衡社会财富，扶助下层社会，推动社会公平，稳定社会秩序等方面发挥了一定的作用。通过政策的调整和规则的重构，如征收斗店捐、乞丐捐、慈善捐和赛马捐，让富者的财富部分地流入穷人的口袋中，平衡了财富资源，防止了大规模的分裂和冲突的发生，实现了互利和共赢。

注：

① 如对人力车夫的研究有：王印焕：《民国时期的人力车夫分析》，《近代史研究》2000年第3期；马陵合：《近代人力车夫与城市化症结——以20世纪30年代上海人力车夫的救济为中心》，张国刚主编：《中国社会历史评论》第4辑，商务印书馆2002年版，第281—293页。王印焕：《交通近代化过程中人力车夫与电车的矛盾分析》，《史学月刊》2003年第4期；马陵合：《人力车：近代城市化的一个标尺——以上海公共租界为考察点》，《学术月刊》2003年11期；邱国盛：《人力车与近代城市公共交通的演变》，《中国社会经济史研究》2004年第4期；邱国盛：《北京人力车夫研究》，《历史档案》，2003年第1期；孔祥成：《现代化进程中的上海人力车夫群体研究——以上海20世纪20—30年代为中心》，《学术探索》2004年第10期。对乞丐与流民的研究有：卢汉超：《城市人：近代上海的乞丐和游民》，《城市史研究》（19—20辑），天津社会科学院出版社2000年版。池子华：《沉重的历史省思——近代中国的乞丐及其职业化》，《中国党政干部论坛》2004年第4期。鲍成志、邱国盛：《近代中国城市游民阶层的形成及其特征》，《苏州铁道师范学院学报》第17卷1期（2000年3月）；李红英：《略论近代中国社会的职业乞丐问题》，《安徽师范大学学报》第28卷第1期（2000年2月）；池子华：《中国近代流民》，浙江人民出版社1996年版；邓小东：《略论民国时期的乞丐问题》，《宁夏社会科学》2004年第1期；邓小东：《民国时期的乞丐及乞丐救济》，《晋阳学刊》2004年第1期。对天津混混儿、乞丐与贫民阶层的研究有：关文彬：《乱世：天津混混儿与近代中国的城市特性》，《城市史研究》（第17—18辑），天津社会科学院出版社，2000年版，第18—37页；《近代天津的穷家门：行乞与生存策略论述》，《城市史研究》（第23辑），天津社会科学院出版社2005年版，第267—286页；刘海岩：《空间与社会：近代天津城市的演变》，第8章"城市边缘阶层"，天津社会科学院出版社2003年9月版；刘海岩：《近代华北自然灾害与天津贫民化的边缘阶层》，《天津师范大学学报》2004年第2期。

② 张焘：《津门杂记》卷上，1884年，天津古籍出版社1986年重印。第1—2页。

③《天津的脚行》，天津市历史研究所编：《天津历史资料》第4期，1965年10月，第3—4页。

④ 据《论洋车之弊宜除》（《直报》1895年12月13日）报道，津市有人力车七、八千辆，另据《车妇被拐》（《直报》1896年正月初一）报道，人力车数为万余。

⑤《全市胶皮车之统计》,《益世报》1930年8月25日。据《大公报》1930年的调查,全市共有车厂550家左右,人力车21 000辆以上,《维系贫民生活的人力车调查》,《大公报》1930年4月27日。

⑥《人力车夫之调查》,《大公报》1931年6月28日。

⑦ 谷士杰:《中国的人力车夫问题》,《劳工月刊》5卷4期,1936年4月,第2页;另据实业部1932年的调查,天津有人力车夫12万人。

⑧ 吴平:《农工衰败与人力车夫》,《劳工月刊》5卷2、3期合刊,1936年3月1日,第117页。

⑨ 上海的人力车夫以苏北人为多,占96%,成都的人力车夫以四川省各县人居多,广州的人力车夫98%来自广东省各县,外省人数极少。只有北京的人力车夫是个例外,以北京本地人为多,占53%,北京附近及河北省人占40%。参见上海市社会局:《上海市人力车夫生活状况调查报告书》,《社会半月刊》(创刊号),1934年9月,第104—105页;房福安原著,莫若强译:《中国的人力车业》,上海特别市社会局编:《社会月刊》2卷7期,1931年1月第6页;武锐麟:《广州市六百人力车夫生活状况之调查》,岭南大学社会学系社会调查所出版,1940年4月,第4页;《成都市的人力车夫》,《劳工月刊》4卷3期,1935年3月,第10页。

⑩《天津市特种贫户统计》之"贫户户主老幼残废状况分析",《天津市社会局统计汇刊》,1931年印。

⑪ 张焘:《津门杂记》卷下,1884年,天津古籍出版社1986年重印,第120页。

⑫ 房福安原著,莫若强译:《中国的人力车业》,《社会月刊》2卷7期,1931年1月,第4—5页。人力车夫工作时间:上海为14小时和10小时,杭州为12小时,北平为9小时,其他城市如南京、武昌、汉口、汉阳、成都、广州、福州人力车夫工作时间都在8小时以内。

⑬ 吴平:《农工衰败与人力车夫》,《劳工月刊》5卷2、3期合刊,1936年3月1日,第127—128页。

⑭《维系贫民生活的人力车调查》,《大公报》1930年4月27日。

⑮《挹彼注此——人力车夫的负担》,《大公报》1930年12月17日。

⑯ 吴平:《农工衰败与人力车夫》,《劳工月刊》5卷2、3期合刊,1936年3月1日,第124页。

⑰ 冯华年:《民国十六年至十七年天津手艺工人家庭生活调查之分析》,南开大学经济学院编:《经济统计季刊》第1卷第3期,1932年9月,第502页。

⑱ 冯华年:《民国十六年至十七年天津手艺工人家庭生活调查之分析》,南开大学经济学院编:《经济统计季刊》第1卷第3期,1932年9月,第529页。

⑲ 根据《天津市县贫民统计》一表计算,《天津市特种贫户统计》之"贫户户主维持生活方法分析",《天津市社会局统计汇刊》,1931年印。

⑳《天津市特种贫户统计》之"贫户分区比较"、"贫户户主籍贯比较",《天津市社会局统计汇刊》,1931年印。

㉑《收容乞丐》,《益世报》1933年11月7日。

㉒《天津市特种贫户统计》之"贫户户主维持生活方法分析",《天津市社会局统计汇刊》,1931年印。

㉓《贫穷与人口问题》,《孟和文存》卷1,上海亚东图书馆发行,1928年10月第3版,第78页。

㉔《天津特别市救济院现行组织及设施概要》,天津特别市救济院印行,1938年,第2页。

㉕《天津特别市公署救济院施政纪要》,1942年,第4页。

㉖《天津市社会及经济行政概况统计》(1948年5月),第14页。

㉗ 张焘:《津门杂记》卷中,1884年,天津古籍出版社1986年重印,第49页。

㉘《育婴堂记碑文》,《长芦育婴堂试行简章》,1907年天津大公报馆排印。

㉙《育婴堂续记碑文》,《长芦育婴堂试行简章》,1907年天津大公报馆排印。

㉚《长芦育婴堂试行简章》,总纲,第1页,1907年天津大公报馆排印。

㉛《本市育婴堂之概况(续)》,《益世报》1929年11月3日;《育婴堂将调查整顿》,《益世报》1929年10月5日。

㉜ 该堂也接收来自直隶地区如青县、静海、沧州、南皮、盐山、庆云、献县、阜城、景州、肃宁、任丘、宁津、交河、吴桥、故城、东光等州县的节妇恤女及在天津河间一带皖鄂江浙籍官幕商贾之孤寡遗属,参见《广仁堂

章程》,“余事”,第 36 页。

㉝《天河广仁堂征信录》,1913 年,《天河广仁堂征信录》,1914 年。

㉞ 宋蕴璞:《天津志略》,第 13 编第 5 章,北平蕴兴商行,1930 年。

㉟《天河广仁堂征信录》,1913 年。

㊱《天河广仁堂调查房产表》,年代不详,应是民国后期出版物。另据刘正文《广仁堂》认为,广仁堂房产为 1 711 间,租金 2.5 万元,估计应是解放前夕的情况。见《天津文史丛刊》第 7 期,1987 年 8 月。

㊲ 宋蕴璞:《天津志略》,第 13 编,第 5 章,北平蕴兴商行,1930 年。

㊳《津河广仁堂征信录》,1927 年。

㊴《广仁堂征信录》,1937 年。

㊵ 参见“天津市慈善机关调查一览表”,《天津市社会局统计汇刊》,1931 年印;宋蕴璞:《天津志略》,第 13 编,北平蕴兴商行,1930 年;王守恂:《天津政俗沿革记》卷 12,1938 年;《蓝卍字会正式成立》,《益世报》1995 年 1 月 30 日。

㊶《小店宜恁》,《直报》第 22 号,1895 年 2 月 20 日;《乞丐冻毙》,《直报》第 240 号,1895 年十一月初一;《施之宜早》,《直报》第 276 号,1895 年 12 月 13 日,《昨日风寒仍厉各粥厂贫民益增》,《益世报》1935 年 12 月 30 日。

㊷《泽及贫户》,《直报》第 26 号,1895 年 2 月 25 日。

㊸《善举恤孀》,《直报》第 285 号,1895 年 12 月 24 日。

㊹ (民国)《天津县新志》卷 21 之一,人物一。

㊺《设立粥厂》,《益世报》1925 年 12 月 21 日;《天主教设立粥厂》,《益世报》1927 年 1 月 7 日。《黄十字会之收容难民》,《益世报》1927 年 1 月 20 日;《芥园庙又成立收容所》,《益世报》1927 年 1 月 25 日。

㊻《天津佛教居士林施粥厂第三届征信录》,1930 年,第 6 页。

㊼《天津市社会局统计汇刊·慈善救济》,1931 年印。

㊽《市急赈会会议记录》,油印本;另见《天津市救济事业联合委员会民国二十年征信录》,第 6 页。

㊾《天津市慈善事业联合会征信录》(民国二十三年冬赈),“天津市慈善事业联合会二十三年冬赈经办各粥厂所需米煤水量及银数并食粥人数统计表”、“天津市慈善事业联合会二十三年冬赈收支对照表”、“天津市慈善事业联合会二十三年查放冬赈及次文贫户数等级玉面棉衣数目统计表”。

㊿《天津市慈善事业联合会征信录》(民国二十四年冬赈),“天津市慈善事业联合会二十四年冬赈经办各粥厂所需米煤水量及银数并食粥人数统计表”和“天津市慈善事业联合会二十五年冬赈收支对照表”。

51《天津市慈善事业联合会征信录》(民国二十五年冬赈),“天津市慈善事业联合会二十五年冬赈经办各粥厂所需米煤水量及银数并食粥人数统计表”和“天津市慈善事业联合会二十五年冬赈收支对照表”。

52《天津市冬赈委员会征信录》,“天津特别市冬赈委员会二十六年冬赈收支对照表”、“天津特别市冬赈委员会民国二十六年冬赈经办各粥厂所需米煤水量及银数并食粥人数统计表”,1938 年。

53《天津特别市公署冬赈委员会办理冬赈概况》,“天津特别市冬赈委员会民国二十七年冬赈各粥厂所用米煤水柴数量及食粥人数统计表”,1939 年。

54《天津特别市公署代办内政部赈务委员会天津粥厂报告书》,“天津特别市公署社会局代内政部赈务委员会办理天津粥厂报告表”,天津特别市公署社会局印,1939 年。

55《天津特别市公署冬赈委员会民国二十九年冬赈概况》,序二。

56《西厂先声》,《直报》第 324 号,1896 年二月初七。

(《史林》2006 年第 2 期)

论华北灾荒期间天津商会的赈济活动(1903—1936)
——兼论近代慈善救济事业中国家与社会的关系

任云兰

1903 年天津商会成立以后,虽然以"保护商业,开通商情"为其宗旨[①],但并没有放弃其救灾助贫的社会责任。天津所处的华北地区是自然灾害频发地区,天津又是华北地区重要的经济中心,工商业发达,城市较周围地区富庶繁华,所以历史环境将掌控城市财富的商人社团——天津商会推上了救灾赈济的舞台。事实上,在灾荒年份,天津商会也在协助官方和与其他慈善团体合作实施社会救助方面发挥了不小的作用。本文旨在探讨 1903—1936 年华北灾荒期间天津商会的赈济活动,进而分析在近代慈善救济事业这一公共领域中国家与社会的关系[②]。

一、灾荒期间天津商会的赈济措施

华北地区位于黄河中下游,区域内流贯水系以黄河、海河、淮河和滦河为最大。在历史上,华北地区的水旱灾害非常严重,春季干旱,影响农作物及时播种,夏季多雨,洼地积水成涝。西部高原山地如山西省多干旱,东部平原地区如河北省地势极为平坦,由于河流泛滥沉积物分布不均匀和河流沿岸的自然堤以及人工堤坝的阻塞,形成了许多排水不良的洼地沼泽和浅湖,常常出现洪涝灾害,尤其是位于九河下梢的天津经常在雨季发生严重水灾。在我们考察的这段时期,本区域比较严重的几次灾害有:1907—1908 年水旱灾、1911—1912 年的水灾、1917 年水旱灾、1920 年北五省旱灾、1924 年水灾、1928—1930 年西北华北大旱灾以及 1931 年至 1935 年的连年水灾。

灾害发生以后,天津商会与官方及民间慈善团体合作,对灾民施行了一系列赈济措施:

(一)散放赈衣赈粮以救民活命

灾害发生以后,灾民的生活安置成为各界助赈的首要任务。商会首先组织商人募捐,然后组织散放捐款捐物。在 1907 年永定河决口以后,天津商会奉袁世凯传谕举办急赈,首先约集各会董董事暨诸善堂社长详细讨论救助办法,成立了救急善会,筹借款项,派会董李向辰等人赴灾区发放铜圆,按每大口一吊,小口减半的原则,为武清所属各村庄被灾人口 3 620 余户发放铜圆 7 000 余吊,为宝坻灾区急贫户 3 220 余户发放铜圆 8 000 吊[③]。不仅如此,到冬季来临时,商会念及灾民"势必饥寒交迫",于是又组织"冬抚",为宝坻、天津、宁河、武清灾区 43 村 4 839 户灾民发放铜圆 10 000 余吊及棉衣 200 套,在一定程度上缓解了灾民饥寒之苦。在 1908 年北乡 24 村水灾中,天津商会以募款购粮,派会董曹永源等人赴灾区放赈,共散放红粮 3 700 余石,棉衣 2 800 件,铜圆 1 100 余吊。春抚时,救急善会又为北乡 24 村发放红粮 1 900 余石[④]。另外,为了节省开支,商会还筹垫了查放义赈的经费。

在 1917 年大水灾期间,因洪水涌入市区,天津商会下属的商团组织在维持治安之外,还发挥了另一个社会功能——赈灾救济。在这次水患中,商团成员不仅会同体育社、教养院、保卫局等团体帮助灾民打捻筑坝,抵御水患,而且还"驾一叶之扁舟随波逐浪……不避其险,披星戴月详细调查"[⑤]。为了不使灾民挨饿受冻,商团成员又受各团体委托赶赴四乡灾区，将婴儿慈善会从汉口、北京等地募集的冬衣及时散发到灾民手中，帮助绸缎洋布棉纱商向灾民施放面粉，并辅助红十字会向灾民发放粮食。在旧城西南一带及海河葛沽镇北乡桃花寺一带居民中口碑甚佳[⑥]。

（二）组织粮食调运和平粜以平抑粮价

灾荒期间，天津商会还组织区域内或区际间的粮食调运，解决民食问题。灾后粮荒发生时，政府往往组织平粜局，委托商会具体主持和管理，由商会组织粮商调运粮食。首先由商会负责发放到各地采购粮食的护照，商人依据该护照到指定区域与地方长官或主管机关联系购粮事宜。粮食购妥以后的运输问题也常常由商会来协调。这一时期，虽然交通有所发展，水陆两便，但由于战事频频，交通常常梗阻，商人采买的粮食常常积滞采买地，所以粮食的运输也成为一大难题。1917 年天津粮商采购的积存在津浦路沿线各站的大米等有 201 477 包，面粉 33 450 袋，油 316 000 斤，总值共计 1 707 670 元[⑦]。1924 年天津粮商在东北等地的存粮达到了 43 火车共计 1 290 吨[⑧]。在此情况下，天津商会积极协调交通部调拨车皮，“以裕民食，而维商业”[⑨]。此外，天津商会还派人到积存粮食各地，协调商人间的运输顺序。如 1920 年积粮北运发生困难时，天津商会派代表到津浦路各站“监视发运”，将各粮商积存的粮食依序编号运达天津[⑩]。从以上事实可以看出，天津商会在灾荒期间粮食调运中发挥了不可替代的作用。

天津商会在历次粮食调运中还一直充当着粮商代言人的角色。在每次粮食调运中，商会一再代表商人呈请政府减免商人的税厘和运费，使商人的商业利润最大化。政府方面出于救灾的考虑，也往往从税厘和运费方面优惠商人，以便于粮食调剂。1908 年经铁路运往灾区的粮食运价按正常商运价格的九五折核收[⑪]；1911—1912 年则是九折至七五折，各项税厘暂免征收[⑫]，水路运输者按七五折征收[⑬]；1917 年水灾后灾区的粮食运输所有税厘减半征收[⑭]；1920 年，运费按七五折核收，小米、玉米、高粱、山芋等粗粮按五折核收[⑮]；1924 年整车粗粮运费按五折核收[⑯]；1929 年运输灾区粗粮运费按五折核收，免除所有铁路附加费[⑰]。

粮食运进之后，对于粮食价格实行限价，由商会会同相关同业公会监督各米面铺，限制涨价和囤积居奇行为。随着粮食的大量运进，粮价逐渐有所回落，市场趋于稳定，灾区及相关城市贫民生活得以维持。

（三）帮助灾民恢复生产以自救

散赈之余，天津商会还积极协助督办处帮助灾民恢复生产，实现生产自救。首先，在 1917 年水灾后，商会协理卞荫昌向督办京畿一带水灾河工善后事宜处督办熊希龄建议设立因利局，给贫户贷款，使“灾民得借贷资本自营生计”，因利局经费或借地方公款，或由绅商及各慈善团体筹集。为了保证各绅商的合法权益，也为了保证因利局顺利开办，督办处规定因利局每钱一串或洋一元利息为一分，借款者只付息四厘，其余六厘则由该处拨款补助[⑱]。在 1917 年的水灾中，直隶地区总共有 309 个因利局提供了总数达 316 213 元（洋）的资助，受助者达到了 44 000 名[⑲]。

直隶是华北区域的产棉大区[⑳]，1917 年受灾区如高阳、饶阳、献县和肃宁等大多是织布业中心。天津是直隶“各县来棉之集散场地”[㉑]，所以其腹地直隶地区的自然灾害不仅影响了当地棉农、织户的生活，而且对天津的棉纺织业也有影响。1917 年水灾后，天津商会协助直隶商会联合会和督办处拟定了《布商借款保息办法十条》和《放纱收价办法》。前者主要针对布商，规定凡收买灾区布匹，各布商因资本不足，可以向银行、银号或其他商号借款，或以商会名义向银行、银号或其他商号借款，由督办处补助保息六厘，此举旨在“维持顺直灾区实业”[㉒]。后者主要针对织户，规定由督办处向三井洋行购买棉纱，由各商会转发布商，再由布商照章配发各灾区织户。缴还纱价实行层级负责制，各自对其直属上级负责，由布商对各地领纱商会负责，各地商会对直隶商会联合会负责，而直隶商会联合会则对督办处负责[㉓]。灾荒时期这种恢复手工织布业的方式与传统时期恢复农业生产有异曲同工之处，都是通过扶植灾区经济，实现灾民生产自救。其不同之处在于这种对手工业的扶植反映了该区域许多地方商业化的程度[㉔]。

（四）对灾民教以工艺以自养

除了从资金、物资上对灾民予以救助之外，帮助他们掌握一门实用技术，实现自养自立，也是天津商会赈灾的重要措施之一。1920 年旱灾期间，天津商会将一部分灾民运到上海，由上海灾工收容所将 30 名灾童送到穆湘玥开办的上海厚生纱厂做工，暂时解决了他们的生活问题。两年以后，这批文字工艺均有长进的灾童重返天津时,又是天津商会出面协调天津纱厂联合会,希望各纱厂以慈善为怀,接纳这批灾童,后因纱厂经营不景气,没有安置这批灾童㉕。这种做法实际上也是灾荒期间的通行做法。招募数百名灾童进厂做工,对于数百万乃至数千万灾民来说无异于杯水车薪,但它毕竟为部分灾民解决了生活困难。

此外,天津商会在赈灾中还承销义赈奖券,专门函知各分会及各商号广为劝购,既为商民带来一定的经济收益,又减轻了政府救灾的负担㉖。

二、天津商会赈济活动的特点及其评价

考察天津商会在对华北及其他地区灾荒的赈济活动,显示了如下几个特点:

第一,由积极到消极。天津商会刚刚成立时,商人捐输很踊跃,甚至对1907年的安徽水灾募集款项都很积极,为此商会劝导官商绅民募捐23 000元,商会还会同公益善会在李公祠公演电影和新戏,借以助赈,共募捐11 000元。其中,一般行业认捐银两在100到500两不等,但一些经营情况较好的行业如当行、钱行、绸缎行等捐银都在1 000两左右甚至2 000两,洋药行捐银高达3 000两。这也显示了这一新兴行业的丰厚利润与经济实力㉗。但随着水旱灾害的频繁发生和劝捐数量的增多,商会有不堪重负之感,所以到1920、1930年代对劝捐的态度明显冷淡,捐输数量明显减少,散赈行为也越来越少,变成一种支应与应付,如每次捐助数量只在几百元,甚至少至20元,有的根本不预理会,将捐启寄还㉘。这也说明商会在多方挤压下生存困难。尤其是在军阀混战时期,商会对各界的捐助要求常常疲于应付。

第二,对各地的救济畸轻畸重,一般坚持就近原则。天津商会对各地的救济一般来说侧重于本地,如市区、四乡及周围乡村,因为本地及周围乡村地区灾民的生活状况及社会秩序直接影响到以商人为主体的富人的生活秩序与经济活动,所以它更关注本地灾民的救济。如据1932到1934年国内各团体在津募捐统计表分析,天津商会对湖南、上海、河南等地的捐助就不太积极,一般将捐启寄还或只捐助少量的钱,而对河北及本地的募捐就比较重视,多有捐纳㉙。

第三,对灾民的救助更重视自养自救自立。灾荒期间,天津商会协助政府和各慈善机构采取了一系列赈灾措施,不仅有单纯的施与——募捐散赈,也有扶植灾区生产自救的措施,使灾民从被动受助变为主动自救,而且对灾童教以工艺,使他们掌握了一技之长,自养自立,受用终生。此举不仅减轻了社会的负担,而且使其家庭受益无穷。这种近代施助与传统慈善救济的区别就好像输血与造血的区别,孰优孰劣,显而易见。

第四,在赈灾中将社会效益和经济效益结合起来。天津商会在赈灾中很重视社会效益,屡屡对赈灾活动中的有功人员请奖,商会认为,“若不示以奖叙,无以启其好义之心”㉚。天津商会会长卞荫昌就因多次参与赈灾救济有功而被授予各种奖章,如1917年被授予二等大绶嘉禾章,1920年被授予二等大绶宝光嘉禾奖和三等文虎章㉛。事实上,对卞的奖励也是对天津商会的奖励。同时,商会也试图通过赈灾,帮助其会员——商人获得商业利益,灾荒期间天津粮商调运粮食的成效也是有目共睹的。据不完全统计,1908年灾荒期间天津粮商赴奉天、河南采购小米、红粮、小麦共计607 700石㉜。在1911—1912年直隶水灾期间,天津粮商从各地购粮630 880石㉝;1920年旱灾以后,天津粮商共14批赴奉鲁苏皖吉哈等地购粮销往天津、北京、济南、芦台、沧县等地,总量达2 025 748包又5 000石㉞。在举办平粜和粮食调运过程中,商会一举两得,一是协助政府解决了饥荒,二是帮助商人获得了一定的经济收益。通过其居中协调,使二者各自实现了利益的最大化。

总而言之,天津商会在灾荒赈济中从临灾时的救灾抢险、散衣散粮,到灾后的粮食调运和平粜、救助灾民恢复生产、教以工艺等,在一定程度上缓解了灾民的生存压力,使商会在社会救助这一公共领域占据了一席之地。天津商会赈济措施的效果大多值得肯定,尤其是在庚子之变以后,民间十室九空,满目疮痍,水旱兵灾相继侵袭顺直地区,“幸赖省津各属富绅义董商会善堂,桑梓关怀,谊难袖视,是以每遇水旱,各自刊发募启,广劝义捐,或先行筹垫巨款,延邀义董分投下乡,冬抚加抚春抚次第查放……”“以辅官赈之不逮”㉟。出自官方的这种评价虽然不无溢美之词,但事实上也反映了清末民初商会的真实情况。

三、近代慈善救济事业中国家与社会的关系

中国近代慈善救济事业大致经历了这么几个阶段,清末随着皇权的衰落和绅权的兴起,民间力量日益强

大，民间的慈善事业兴旺起来，士绅名流操纵着形形色色的善会、善堂，在整个社会慈善救济事业中发挥了很大作用，这些慈善机构承担了从救孤养老、恤嫠济贫、施材拾埋到种痘施药、义学、义地、救济灾民等救济事项，相关的民间社团如商会也在其中从资金的筹措等方面发挥了很大作用。民国初年直至1928年北京政府期间，社会力量与国家互相抗衡，民间力量承袭了清末参与慈善这一公共领域的传统，而国家虽有心管理，但由于政府要员更换频繁，国内战事更迭，大多无力进行更强有力的干预，只好任凭民间社会自然成长。这一时期，慈善团体不仅名目繁多，而且芜杂。有绅商自办的，有华洋合办的；有传统慈善机构，也有带近代色彩的慈善机构。1928年南京国民政府成立以后，国家权力进入强势整合时期，国家对贫弱的救助更制度化、系统化，如制定了一系列法令条例，地方政府也相应地制定了一系列规章制度，这时，相对来说，国家处于强势地位，而社会则处于弱势地位。

近代慈善救济事业中国家与社会的关系微妙，表现为如下几个特征：

第一，国家与社会的合作性。在慈善救济事业中，国家通过某种方式如清代的奖叙、授封功名或民国以后的发行公债、奖券、平粜粮食运输减免税厘和运费或给予精神奖励，利用社会（更确切地说是商人）的闲置资金解决国家暂时遇到的困难或危机；而社会则以此为契机，或者是争取到国家赏赐的顶戴功名，或者是通过购买公债、奖券或运输平粜粮食减免税厘和运费获得一定的经济利益。可以说，在此过程中，双方合作，互相利用，互相掣肘，国家通过这种方式吸纳了民间财富并用之于社会，减轻了政治压力；民间社会通过这种方式进入公共领域，部分地参与到国家事务的管理中。尤其是灾荒期间民间社会参与赈济，与国家与社会都是一种利益的最大化，也就是说，两者的良性合作使双方达到了双赢。

有清一代，国家常常通过赏赐牌匾，作为对捐纳者及赈济事业中成绩突出者的奖叙，这种鼓励无疑在商人中形成了一种潜在的精神动力，虽然这种奖赏并不具有实实在在的物质利益，而且商人在义捐中还会付出一定的银钱、物资，但这种无形的奖赏不仅对商人的心理有一种满足感，而且还具有“符号资本”（symbolic capital）[36]的作用。

另外，通过灾荒年份的捐输，商人也获得了一定的功名的回报。中国商人自古以来就屈居四民之末，其社会地位一向为人所鄙视，也为他们自己所不齿。所以在社会演进的进程中，他们一直在寻找在社会等级秩序上向上流动的机会，而清代盛行的捐纳功名的制度不啻为他们筑起了一个向上流动的平台。如康熙七年的劝赈奖励办法规定，富民捐银三百两或米六百石者给九品顶戴，捐银四百两或米八百石者给八品顶戴[37]。灾荒年份的粮食捐输与银两捐纳无疑是商人进入更高社会阶层的绝好机会。

进入民国以后，国家也很重视对赈济活动中有功人员或团体的精神鼓励。如北洋政府制定了《义赈奖励章程》，对义赈有功的善士、善团颁发匾额以激励其善行[38]。南京国民政府赈务委员会在1928年颁布的《赈款给奖章程》中规定，捐款在1 000元以上的由赈款委员会给予金奖，5 000元以上的由国民政府给予金奖[39]。这种功名的诱惑比之清代作用显然要小得多，但国家又以利益的驱动鼓励民间社会进入慈善救济这一公共领域。如在灾荒期间购买公债，商人可以获得收益；购买奖券也有获取经济收益的机会；在粮食运输中通过减免税厘和运费能获取更大的商业利润。

第二，国家与社会的抗拒性[40]。

国家与社会除了合作以外，有时也有冲突。在慈善救济中，政府认为民间社会（尤其是商人）捐输是天经地义的事情，商人也表面认为事关善举义不容辞，但事实上捐输时并不总是那么心甘情愿。所以政府往往指派甚至逼迫商人捐款，而商人却能拖则拖，能赖则赖，能少缴则少缴。如1907年永定河水患发生后，直隶总督袁世凯曾“传谕”天津商会总理“劝募赈款，散放急赈，以补官款之不及”[41]。1905年天津的广仁堂筹办女工厂时，天津道曾经指示粮商输纳广仁堂善捐，由于“市面威迫”，各粮商禀请从宽，延期自次年正月起缴纳。但天津道宪则认为各粮商本应从光绪二十八（1902年）起就缴纳善捐六十文，但一直不纳，有“侵蚀善款”之嫌，所以责令各粮商从速呈缴，否则“定即究惩不贷”。语气之强烈，显示了官府的权威。威严的措辞也使各粮商“不胜惶悚”，诚惶诚恐地答应了官方的要求，但对官方补缴善款的要求则一再借故推宕[42]。

国家一方面要利用民间资源，从事赈济；另一方面，也要对民间社会进行监控，如清末赈抚局对商会放赈中的帐目、单据要仔细核对，以防舞弊，商会放赈事竣之后要将散放地点、散放钱数、粮食数量、衣服件数、户数、人口数等详细列出清单,随同赈票移交赈抚局。在平粜粮食运输中,政府虽然允许商人采运粮食,但并不是无限制的自由贸易,如对粮商要发放运粮护照,无护照者禁运;其次,指定购粮区域,不能随意采买;再次,规定税厘、运价减免的额度和期限;最后,要报部核查购运数量。清末民初,社会对国家虽有抗衡,但更多情况下是遵从。

在慈善救济领域社会对国家的对抗更多的是在1928年以后。1928年国民政府内政部颁布了《各地方救济院规则》和《管理各地方私立慈善机关规则》,前者规定,改组各市、县现有的官立、公立慈善机构,各地设立包括养老所、孤儿所、残废所、育婴所、施衣所、贷款所在内的救济院;后者规定,私立慈善机构必须接受主管机关的监督,按月提交会计报告和活动情况报告[43]。

据此,天津市于1929年对各慈善机关实施改组,将原慈善团体改为天津特别市慈善救济院第几院第几所,仍由原主办人管理,但需在社会局备案,并由社会局监督指导,特别是每月应将工作经过及收支款项数目呈报社会局。从种类上将慈善团体分为市立、公立、私立和特种等[44]。嗣后,组建了贫民救济院、妇女救济院,成立了以市政府各机关及各慈善团体和绅商善士为委员的慈善事业联合委员会,对经办有年的育婴堂、广仁堂等进行整顿,育婴堂由市政府接归官办。1929年3月,天津市政府还公布了《慈善机关注册暂行章程》,但此举遭到了慈善团体的抵制,到1930年11月呈请注册者只9家。社会局不得不再次通令各慈善团体限期于1931年1月1日之前一律注册[45]。对于慈善团体的募捐行为,1930年天津市社会局规定,取缔非法募捐,慈善团体在募捐前,须经社会局许可,捐册收据等必须由社会局编号盖印后,方为有效[46]。1930年10月政府以"本官民合作之力,以收普济贫民之效"为借口,将新成立的"天津市慈善事业联合会"办公处设在了天津市政府内,而且委员也以政府各机关及各慈善团体和绅商善士为主[47]。表面上看,政府此举是为了通盘考虑,博施济众,但更多的考虑在于监督各慈善团体。1931年8月"天津市慈善事业联合会"又以"慈善"意义狭窄为借口,更名为"天津市救济事业联合委员会"[48]。在这里以地方政府为代表的国家通过各种法规条例将民间资源强力整合,将从前游离于官方管理之外的民间社会慈善团体纳入政府管辖范围,有的干脆就由政府接办,而且从"慈善"到"救济"不仅仅是名称的更改,更深的意义是在强调这种社会救助的"国家性",而不是"社会性"。

政府对慈善领域的这种强力干预,遭到了各慈善团体的抵制。如1932年7月"天津市救济事业联合委员会"又更改为原名"天津市慈善事业联合会"。"救联会"在变更意旨的说明中强调:"慈善团体应由人民依法组织而受行政官厅之监督",而"天津市救济事业联合委员会"组织章程则规定"以市长为委员长,以社会局长为常务委员会主席",而且该会"日常事务由常务委员会主席负责主持",这样相当于"行政官厅自居于慈善团体地位而又自为其监督,虽亦以所属各慈善团体等为本会委员,但不过居于从属地位,专供长官之驱策,不能自动的进行。"那么"各慈善团体既隶属于官办慈善事业团体之下,亦无自由活动之余地,则地方人士对于办理慈善事业之热心必以常受官权之束缚而日就萎缩,将不能振作其自动之精神。"所以将"救联会"更改为官督民办体制,并更改名称[49]。"慈联会"更名以后,在以后的社会救助中发挥了很大作用,到我们研究的截止期1936年时仍然存在。在这里,民间社会以法律的名义,试图摆脱以地方政府为代表的国家的制约,其论述理由充分,分析合情合理,所以抗争成功。

国家与社会在慈善救济这一领域的强烈抗衡,在上海的表现更加突出。据日本学者小浜正子的研究,国民政府要求各地设立救济院的法令颁布以后,上海慈善界认为由财政不安定的市政府管辖救济院,未必能维持现在的事业规模,所以设立救济院一事被搁浅。对于《管理各地方私立慈善机关规则》的按月向监督机关提交会计报告和活动情况报告的规定,经过双方执著的讨价还价,最后达成了每半年报告一次的协议[50]。从天津和上海的差异性我们可以看出,近代慈善事业往往带有浓厚的地方色彩,所以我们有必要进行区域的研究。

从上面的分析中,我们可以看出,在近代慈善救济事业中,国家与社会既有愉快的合作,也有不和谐的冲突,越到后期合作越少,冲突越烈。这与国家对社会的监管力度有关系,当国家对社会监管力度小时,国家与社会的关系就是良性互动,双方合作愉快;当国家加大监管力度时,双方关系就是非良性互动,矛盾与冲突不断,这时呈现出强国家弱社会的特征。而且国家与社会的强弱也带有明显的地域特色,有的地方国家力量强一些,社会力量弱一些,说明民间社会不发达;有的地方国家力量弱一些,而社会力量强一些,显示了民间社会的强大。国家与社会的互动就是双方在力量的角逐上互相掣肘,最终达到平衡。

注:

① 天津市档案馆等:《天津商会档案汇编(1903—1911)》,天津人民出版社 1989 年版,第 21 页。

② 关于这一问题的研究已有一些研究成果,如谢钟祯的《商会与近代天津慈善事业》(未刊稿),王玉国的《二十世纪初期天津商会对华北地区的社会救济研究》(未刊稿),此外宋美云的《近代天津商会》(天津社会科学院出版社 2002 年 8 月版),张学军等的《直隶商会与直隶社会变迁(1903—1928)》(西南交通大学出版社 2002 年 11 月版),朱英的《近代中国商人与社会》(湖北教育出版社 2002 年 6 月版)也从不同侧面涉及商会和商人的慈善赈济活动,但这些成果大多没有从国家与社会互动的角度谈及此问题,本文试图在这一方面有所突破。

③④ 天津市档案馆等:《天津商会档案汇编(1903—1911)》,天津人民出版社 1989 年版,第 2 146—2 151 页。

⑤《函颂商团冒险赈灾》,《益世报》1917 年 12 月 11 日。

⑥《天津市档案馆等:天津商会档案汇编(1912—1928)》,天津人民出版社 1992 年版,第 107 页。

⑦《天津市档案馆等:天津商会档案汇编(1912—1928)》,天津人民出版社 1992 年版,第 1 699、1 705—1 706 页。

⑧ 天津市档案馆等:《天津商会档案汇编(1912—1928)》,天津人民出版社 1992 年版,第 1 765 页。

⑨ 天津市档案馆等:《天津商会档案汇编(1912—1928)》,天津人民出版社 1992 年版,第 1 698 页。

⑩ 天津市档案馆等:《天津商会档案汇编(1912—1928)》,天津人民出版社 1992 年版,第 1 713 页。

⑪ 天津市档案馆等:《天津商会档案汇编(1903—1911)》,天津人民出版社 1989 年版,第 2 002—2 003 页。

⑫ 天津市档案馆等:《天津商会档案汇编(1912—1928)》,天津人民出版社 1992 年版,第 1 649 页。

⑬ 天津市档案馆等:《天津商会档案汇编(1912—1928)》,天津人民出版社 1992 年版,第 1 658 页。

⑭《关于平粜购米之训令》,《益世报》1917 年 6 月 18 日。

⑮ 天津市档案馆等:《天津商会档案汇编(1912—1928)》,天津人民出版社 1992 年版,第 1 718—1 720 页。

⑯《运京粗粮减费再展限》,《益世报》1925 年 2 月 19 日。

⑰《灾区粗粮减收运费》,《益世报》1929 年 6 月 16 日。

⑱ 天津市档案馆等:《天津商会档案汇编(1912—1928)》,天津人民出版社 1992 年版,第 3 390 页。

⑲ 李明珠:《1917 年的大水灾:天津与它的腹地》,天津社会科学院历史研究所等:《城市史研究》21 辑,第 406 页。天津社会科学院出版社 2002 年版,第 406 页。

⑳ 许道夫编:《中国近代农业生产及贸易统计资料》,上海人民出版社 1983 年版,第 203 页。从表 1《各省棉花种植面积、产量及产额 1914—1949 年》来看,河北省(1928 年前为直隶)棉花的产量与种植面积在华北各省均具前列。

㉑ 驻津棉商公会印行:《棉业改进之小贡献》1931 年,第 1 页。

㉒ 天津市档案馆等:《天津商会档案汇编(1912—1928)》,天津人民出版社 1992 年版,第 2 579 页。

㉓《拟定放纱收价办法》,《益世报》1918 年 2 月 1 日。

㉔ 李明珠:《1917 年的大水灾:天津与它的腹地》,天津社会科学院历史研究所等:《城市史研究》21 辑,天津社会科学院出版社 2002 年版,第 407 页。

㉕ 天津市档案馆等:《天津商会档案汇编(1912—1928)》,天津人民出版社 1992 年版,第 3 417—3 419 页。

㉖《各方面赈灾之要讯》,《益世报》1920 年 10 月 28 日。

㉗ 天津市档案馆等:《天津商会档案汇编(1903—1911)》,天津人民出版社 1989 年版,第 2 133—

2 135 页。

㉘㉙ 天津市档案馆等:《天津商会档案汇编(1928—1937)》,天津人民出版社 1996 年版,第 2 344—2 347 页。

㉚ 天津市档案馆等:《天津商会档案汇编(1903—1911)》,天津人民出版社 1989 年版,第 2 153 页。

㉛ 天津市档案馆等:《天津商会档案汇编(1912—1928)》,天津人民出版社 1992 年版,第 106—109 页。

㉜ 天津市档案馆等:《天津商会档案汇编(1903—1911)》,天津人民出版社 1989 年版,第 2 008 页。

㉝ 天津市档案馆等:《天津商会档案汇编(1912—1928)》,天津人民出版社 1992 年版,第 1 664—1 667 页。原文为 620 880 担,根据笔者重新计算,实际应为 630 880 担。

㉞ 天津市档案馆等:《天津商会档案汇编(1912—1928)》,天津人民出版社 1992 年版,第 1 739 页。

㉟ 天津市档案馆等:《天津商会档案汇编(1903—1911)》,天津人民出版社 1989 年版,第 2 159—2 162 页。

㊱ P. Bourdieu 认为,“符号资本”是指诸如家庭或个人声誉地位、社交仪式等表面看来没有经济价值的东西,但它们与经济资本(economic capital)可以互换。参见梁其姿:《施善与教化——明清的慈善组织》,河北教育出版社 2001 年版,第 76 页注①。

㊲ 冯柳堂:《中国历代民食政策史》,商务印书馆 1934 年版,1998 年重印,第 297—298 页。

㊳ 中国第二历史档案馆编:《中华民国史档案资料汇编》(第三辑),农商,江苏古籍出版社 1991 年版,第 404 页。

㊴ 立法院编译处编:《中华民国法规汇编》(第三册),中华书局 1934 年版,第 516—517 页。

㊵ 勤禹借王颖、折晓叶、孙炳耀的《社会中间层》理论,将这种互动称之为“以利益分化为诱因的不和谐式”互动。参见蔡勤禹的《国家社会与弱势群体——民国时期的社会救济(1927—1949)》,天津人民出版社 2003 年版,第 211 页。

㊶ 天津市档案馆等:《天津商会档案汇编(1903—1911)》,天津人民出版社 1989 年版,第 2 152 页。

㊷ 天津市档案馆等:《天津商会档案汇编(1903—1911)》,天津人民出版社 1989 年版,第 2 118—2 121 页。

㊸ 立法院编译处编:《中华民国法规汇编》(第三册),中华书局 1934 年版,第 531、541 页。

㊹《统一慈善机关名称》,《益世报》1929 年 7 月 9 日,1929 年 7 月 30 日。

㊺《市社会局监督慈善团体》,《大公报》1930 年 11 月 20 日。

㊻《全国水灾严重局面之下禁抬粮价限制募捐》,《益世报》1931 年 8 月 30 日。

㊼《彻底救济贫民》,《益世报》1930 年 10 月 28 日。

㊽《市急赈会会议记录》,油印本。

㊾《救济联合会将改组决定实行官督民办》,《益世报》1932 年 3 月 7 日。

㊿ 小浜正子:《近代上海的公共性与国家》,上海古籍出版社 2003 年版,第 112 页。

(《史学月刊》2006 年第 4 期)

清末民初天津工商同业研究所初探

朱 英

随着近代中国经济与社会的发展,工商同业组织也经历了从传统行会向近代同业公会演变的历程,并发挥了日益显著的作用与影响。在这一演变过程中,有许多值得重视的过渡性环节以往常常被忽略,没有得到深入细致的研究。例如,在清末民初的天津即出现了为数较多的工商同业研究所[①],体现了工商同业组织发展变化的一种新趋向,但却没有引起研究者的关注。有鉴于此,本文主要对清末民初天津工商同业研究所略作考察与分析。

一

在清末民初,天津工商同业组织发展变化的一个突出特点,是比较普遍地建立了名为研究所或研究会的新型同业组织。在其他地区的工商界中,这一时期虽然也曾有与此命名相同或相似的组织出现,但天津的同业研究所仍有其明显的特点。

从数量上看,清末民初天津工商同业建立的研究所为数较多,并非少数行业的独立分散行为,体现了当时天津工商同业组织发展演变的整体新趋向。就目前所能看到的资料判断,尚未见到其他地区的工商各业建立如此数量的研究所。根据天津商会档案文献的相关记载,可以得知这一时期成立的近20个天津工商同业研究所中,有五个建立于清末,12个建立于民初,还有一个在清末建立,到民初又进行了改组。这表明辛亥革命后中华民国的建立,为振兴实业开辟了新的局面,不仅使工商界人士的思想认识有所提高,同时也对促进天津工商同业研究所的发展产生了积极的推动作用。这些研究所虽然名称不一,但性质与功能却较为相近,其中大多数系由商人组成,也有少数是由手工业者、转运业者或工厂主建立。如毯行公所由天津三十余家制毯工厂于1916年1月发起成立,灰煤公所由五十余家生产和销售灰煤的企业共同建立。不能否认的是,官厅的支持对于天津工商同业研究所的建立也产生了一定的作用。据张荫棠等人代表天津全体门市布商所写的呈文透露:"蒙警察厅厅长召集商家演说中有谆谆谕劝各行商须立研究所,可以发达商业,犹免彼此相攻之说,商等退而感悟。拟重开研究,随经全体表决,仍在前立之研究所旧址照前定期限开所研究,并将前研究所之简章聊加增删,所中由同业全体公推正副所长各二员,以资表率而便办公。"[②]这说明当时的官厅对于工商各业建立同业研究所,采取了劝导和支持的积极态度。

在清末民初,由工商业者组建的各种团体并不少见,其中最有影响的当属清末即已产生的商会,其次是民国时期的同业公会。但商会、同业公会以及其他一些工商团体,都是由政府出面制订统一的名称和规章,以自上而下的行政动员方式促使工商界组建而成,而清末民初天津工商同业研究所的建立却并非遵令而行,主要是工商界人士自身的主动行为。天津工商同业之所以主动积极地建立研究所,主要是出于以下几个方面的动因:

其一,兴利除弊,维护利权,促进工商业的发展,尤其是促进同业的兴旺发达。这一动因从下引各个研究所拟订的宗旨即可显而易见。例如,门市布商研究所1910年成立时的宗旨为:"本所为兴利除弊起见,团结同志以谋公益,合群力以图改良。"1915年修订的宗旨同样是:"本所以研究商业,庶期发达,结合团体,倡销国货,兴利除弊,力谋公益为宗旨。"南纸书业研究所以"联合同业,共保利权,研究书纸品类逐渐精良,图谋日有进步"为宗旨。镜工研究会"专为结合团体,研究改良,息本行之纷争,求本行之进步"。缝纫研究会"以振兴实业,体恤工艰,剔除积弊,维持公益为宗旨"。药业研究所以"联合同业共保利权,研究药品改良进步"

为宗旨[③]。

其二,通过建立研究所,进一步加强、联络同业之间的感情,相互沟通,发挥同业群体力量的优势,更好地促进本业的发展。有些研究所在阐明其建立缘起时,对此已进行了充分的论述。如门市布商研究所曾声明,“窃商等门市布商家数虽见日繁,而人心本极涣散,不第无团体想念,且有互相攻击之想,何止贻笑外人,而于营业失败者不无少见”。因此,“商号等尤有请者,该行内人心不齐,似宜力为结合,庶可风气开通,用收成效”[④]。这显然是希望通过成立研究所,改变同业涣散不群的局面,达到共同兴盛发展的目的。酒业公所呈请立案时也特别指出,“窃商等因向来各商号不相联合,势同散沙,以致酒业不甚发达。现为共同利益起见,借用直隶商会联合会地址设立酒业公所……专为研究酒业应办事件,以期日见进步”[⑤]。在清末,虽然工商各业互相隔绝的状况通过成立商会而有所改善,但各业自身的涣散不群以及由此产生的种种缺陷,还需要通过建立新的同业团体才能加以克服。天津新型工商同业研究所在很大程度上可以说正是因应这一需求而产生的。

其三,通过成立研究所,制订新的条例规章,防止和惩处违章行为,保护同业的经济利益。保护本业工商户的经济利益,是同业组织的主要职能之一,无论是传统的行会,还是新型的同业组织都是如此,只不过所采取的方法有所不同。例如,天津“米业历年之困苦,若不设法补救,前途危险不堪设想”,故而 1913 年 3 月米业公益研究会成立时特别强调,以“研究本米业,振兴商务及遵守米业规则为宗旨”;同年成立的缝纫研究会在呈请立案时也声明,“窃商等伏查自民国成立,各商界皆有团体,惟缝纫工人犹如散沙,杂乱无章,时有困难之虞。商等联络工人,如遇作工,互相维持,不得任意行为,故不揣冒昧渎陈立案,请设缝纫研究会,愿为整顿缝纫规则”[⑥]。

其四,合同业之群力,与洋商竞争,挽回利权。1913 年初天津转运同业众商意识到,“夫路政之行效,由于商家之转运,而转运之遍通,全赖群力之联合”,遂联合建立转运商业公会,“其宗旨分为十条,无非为公家谋划利益”。具体内容包括“运仿西法”,因为“欧美转运,水以轮船,陆以火车,非常稳妥,非常迅速。洋商行之于前,华商趋之于后,本会勉以进之,不使华商趋于洋商势力范围之下”;另还包括“挽回利权”,“我国虽有铁路,而转运之利往往为倭人、俄人所夺,遂成莫大之漏卮。本会思有以抵制之、挽回之,以免利权之外溢”[⑦]。

综上所述,清末民初天津工商同业研究所建立的原因,与传统行会的产生已有明显的不同。传统行会的建立,都是围绕着如何达到限制和保护同业的经营生产行为,维护本业带垄断性的经济利益这一根本目的;而清末民初出现的天津新型工商同业研究所,在采取新方式维护同业经济利益的同时,并不完全局限于本业的狭隘利益,还注重促进整个民族工商业的发展和利权的维护,因而在一定程度上关注了整个工商界的公共利益,甚至也包括了国家和民族的利益。这些可以说是清末民初工商同业研究所不同于传统行会的具体表现之一。当然,要充分阐明天津工商同业研究所的性质,还需要从其他方面进行论证。

二

如果单从“研究所”或是“研究会”的名称上看,很容易使人认为清末民初的天津工商同业研究所是从事工商学理研究的组织。在清末,也确实产生过由工商业者组成的以研究工商如何发达为目标的学术研究性团体,有的也命名为研究所,但与本文所论述的天津同业研究所的性质存在明显不同。这一时期的天津工商同业研究所大多数并不是专门探讨工商学理的研究性组织,而是以发挥经济职能为主的新型同业组织。确切地说,是传统行会向近代同业公会演变过程中的一种新型过渡性同业组织。

首先,清末民初天津工商同业研究所的成员并非不同行业的工商业者,一般都是同业商家或手工业者,而且其成员为数较多,并非少数商家组合而成,因此称得上是该业有代表性的新型同业组织。

例如,1909 年鞋商研究所成立时,有 67 家同业商号加入;同年成立的门市布商研究所,入所商家达 71 家;稍后建立的南纸书业研究所的成员有同业商号 36 家;估衣商研究所建立时的成员有同业商号 42 家;酒业公所的同业成员有 55 家商号;灰煤公所建立时,“惟事属创办,暂时入会仅有五十余家,每家年认捐洋二元”。该所虽然刚开始建立,其入会同业商号已达五十余家,应该并不为少;旧五金行研究所在报请立案的简章中也曾指明其成员构成和数量:“本所由津邑五金铜铁行四十余家结合团体,公立旧五金行研究所,以资维持。”[8]有个别研究所更是由同业全体商号组成,如药业研究所“系经全体药商赞成,全行之人员,均宜砥砺进行,交换其知识,增长其志气,总期药品改良,精益求精,如有特别之研究,须报告本所,待公众同意以便实行”[9]。转运商业公会成立时,也说明“今我同业诸人集议,在天津车站附近组织公会一处,名曰‘转运商业公会’,专理各商公益公事,将来遇有转运大事,可由会中担负完全责任,其铁路新辟之站亦可联为一气,以广招徕”[10]。上述情况表明,清末民初的天津工商同业研究所不是由少数同业商家建立的组织,而是由拥有足以代表某个行业的多数商家共同建立。

由于清末民初的天津工商同业研究所包含了为数较多的同业商家,属于新型同业组织,而不是研究性质的团体,因而与天津商会的关系也十分密切。各业研究所建立时,都是通过商会转请官府立案;遇到有争议的事件无法自行调解时,同业研究所也往往请商会出面予以解决。另一方面,天津商会有时也主动指导同业研究所开展相关的活动。例如,1913 年药业研究所建立时,天津商会曾专门致函提出三项需要讨论研究的具体内容,要求药业研究所“公同开议,深究邃讨,详为惠复”。这三项内容是:“制药尽用中国物产,相约共守,以维利权,兼保国货”;“独出心才[裁],别立门户,或仿造时商标不可相类,为实力之进取”;中药受到西药之冲击,“究用何法以扩充我国之药业,俾与欧美颉颃,并驾齐驱”[11]。

其次,不少研究所都承袭了以往同业组织的某些基本职能,发挥了促进同业发展和规范同业商家经营活动的重要作用。

1. 议定同业应兴应革之各项事宜,兴利除弊,促进同业之共同发展。各个研究所都规定了日常定期开会议事的时间,如有紧要事件则召开特别会议,一般都是围绕应兴应革诸事进行讨论,如有争议以多数人意见为准,或者通过投票表决。例如,南纸书业研究所规定:“本所每逢开通常会日期,有提议者,有答议者,有演说者。提议者,以何者为当兴,何者为当革,何者能抵制外货,何者能畅销全球;答议者或者赞成,或者辩驳,或者自述己见,或者环质他人;演说者,但演说本行利弊,或买卖中应知应行各节及能增长智识之事、进行商业之方。”[12]药业研究所也有类似的详细规定,并要求“本所研究之日,均须亲到,如确有要事不能脱身,须托在所之人员替代。倘因事多一次不能表决,下期续议”[13]。

2. 维护同业信誉,不准阳奉阴违,以次充好,欺诈顾客。如鞋商研究所在禀告天津商务总会阐明其设立缘由时就曾指出,“窃商等查现地各马路设摊售卖靴鞋络绎不绝,间有门市内局商号容心制造恶劣货物设摊出售,欺饰行旅,名誉攸关,商等议定简章七条,公同认可并盖印各号图章为据,拟于今正一律实行”[14]。药业研究所也规定,同业商家必须“实事求是,敦重品行,力图前进,倘有借端招摇,败坏名誉者,一经查出,定当除名”[15]。

3. 根据市场行情和质量高低议定产品价格以及售货规则,保护同业利益,维持市场正常运行。灰煤公所章程规定,每月开会一次,专门“讨论本月灰煤发售市价,或涨或落,必须根据货物之高次并按照各种成本,共同参酌分别议定价目,关照各同行公平出售,不得将次货冒售高价,亦不得将高货烂盘贱售,有碍公众营业”[16]。有的研究所对同业商家无故降价或抬价销售产品均有限制,如鞋商研究所即规定:“各号卖货不准无故折扣及张贴大减价等事,亦不准抬高价值垄断把持,必须定价持平,倘有歇业之家急须甩货者,到会声明,经会中认可后行”[17]。天津的米业商家众多,加上属于比较特殊的行业,如无统一规章将难以避免各种混乱。因此,米业公益研究会 1913 年成立时即制订了同业售货 6 条办法,包括“共同核议改用洋银买货,实价不扣,专为便商起见”,“无论船装车载,言明河坝交秤”,“无论米麦各粮及面粉均售现洋”等[18]。

4. 制订招收工人、学徒毕业规则,规范招人用人办法。由手工工场或工厂等企业建立的研究所,在这方面大都有具体规定。如毯行公所议定,工厂招用工人时,须以证书为凭,问明由何处辞退,由该工厂知照毯行公所,了解是否对于前厂欠有常支,俟前厂答复后方能聘用。如有私自聘用者罚银 60 元,对于前厂之常支,应由新厂担负赔偿。学徒毕业时,由该工厂知照公所出具毕业证书收执。有此证书,别家方可聘用,倘无证书同行私自招用者,罚银 60 元。除此之外,毯行公所全体成员还议定了优待工人学徒章程 4 条[19]。

5. 拟订同业共同遵守执行的违规处罚条例,以维持公议规章的权威和保护入所同业商家的利益。估衣商研究所规定:“同业各商号应遵守所章进行,倘有奸商阳奉阴违,破坏大局,私买窃取货物,经本所调查员查出,将该号不但开除所外,即照所买之物价值之多寡按十分之五罚金。"[20]甚至有的研究所所定处罚较重,如鞋商研究所规定,所有成员必须"遵守章程,各号如有阳奉阴违,私行设摊者,查出罚洋一百元,将罚款充作分会公费,立将该摊收回,并将违章情形登报宣布,以示耻辱"。另还规定,"如有违章受罚之家,将罚款限三日交到,如违限不交者,禀请严行追缴"[21]。

上述这些职能涉及同业工商户的具体经营活动以及其他许多方面的内容。显而易见,如果清末民初的天津工商研究所只是属于研究性质的团体,而不是同业公认的行业组织,就不可能具备这些重要的经济职能并发挥类似的作用。需要说明的是,以上介绍的这些经济职能并非当时每一个天津工商同业研究所都全部具备,有些研究所可能更加强调其中的一部分职能,而对另一部分职能有所忽略;还有一种情况是有些研究所的章程中在某些方面并未制定明确的规定,但在实践操作中却发挥了相似的职能,产生了实际影响和作用。

三

作为从传统行会向近代同业公会演变过程中的一种新型过渡性同业组织,清末民初的天津工商同业研究所既保留了传统行会的某些残余,又具备了传统行会所没有的诸多新特点,甚至与后来的同业公会存在某些相似之处,这种双重色彩使这一时期的天津工商同业研究所体现出明显的过渡特征。

上述天津同业研究所的各项职能中,实际上有些即属于传统行会的功能。如制定产品销售的统一价格,规定同业商家必须一体遵守,不得随意改变;以罚金的形式惩罚违规的同业商家,也是传统行会一贯采取的办法。有的研究所在创办时所拟章程中甚至也带有与传统行规相似的规定,但被官府饬令予以修改。因为与传统行会的建立一样,清末民初天津工商同业研究所建立时,也需要报请官府批准立案,只有这样才能具有合法性并由此建立同业组织的权威性。而在向官府报请立案时,一般都需要将创办章程随同呈报审核。毕竟工商同业研究所属于新型同业组织,在创办章程中如果太过于明显地保留传统行会的行规,连官府也会要求修改。1913 年镜工研究会成立时即遇到这样的情况。下引直隶天津县行政公署的一则布告透露了此事的前后经过。

省行政公署指令实业司案呈,据天津工务分会呈称:窃敝会于本年七月二十五日接奉隶都督兼署民政长第八千六百十四号批示:呈及清折均悉。查研究会性质系以交换知识、改良进步为宗旨,此次该会送到所改简章如第四、第五、第六、第七等条,仍不外乎行规,与研究性质殊属不合,未便列入简章之内,仰即转饬删去,另拟呈送核办。折存。此批等因。奉此,敝会遵即转饬该会,所拟简章如第四、第五、第六、第七等条业经删去,现据该会另拟简章一份,呈送前来,理合呈请宪鉴,伏乞核示饬遵等情。据此,除批:据呈及简章均悉。此次该会所改简章大致尚妥,惟查第六条迹近勒令入会,应即删去,余准如呈立案。[22]

尽管我们现在无法看到镜工研究会前次和此次呈报的简章,只能查阅到已修改过两次的新章,但从天津县行政公署的这份布告可以得知,此前官府已要求镜工研究会修改简章,主要是删去其中与传统行规相近的多项条文,但此次报送的修订简章虽删去了这些条文,第六条仍有类似于行会强行要求同业商家加入的规定,因此被要求再予删节。这说明围绕着删去简章中与传统行规相似的规定,镜工研究会曾经多次反复修改简章,实际上反映了该研究会起初试图保留较多的传统行会特色,后来只是奉官府之命才加以修改。

不仅如此,镜工研究会在随后的实际运作过程中碰到问题,有时也想采取与传统行会相似的方式加以处理。1914 年 3 月该会向天津商会呈文说明:议定会中经费由在会 54 家手工作坊各筹资洋一元,以应急需,但有万顺德等四家作坊"胆敢从中破坏,横生阻力,抗违不遵,实属目无法纪",请求商会"迅速开会评议,以决是非而维工业"。但天津商会表示"查研究之设,本行字号愿入会与否,听其自便,不准勒派。是以该会前拟简章第六条奉前民政长批示更正,现该来书因万顺德不付经费请由本会评议,迹近强制,尤与设会宗旨不符,未便照准"[23]。这一情况表明新成立的某些研究所仍希望仿照传统行会的方式,对拖延缴纳入会费的成员进行处罚,有违新型同业组织自愿加入的原则,因而受到天津商会的拒绝。

清末民初的天津工商同业研究所虽然保留了一部分传统行会的残余,但更多的是体现出近代新型同业组织的特点，在某些方面甚至与后来成立的同业公会较为相似。以下试从若干方面予以说明。

第一，与清末民初的商会一样，大多数同业研究所都采取了自愿加入的原则，不像传统行会那样强制要求同业加入。由于在传统的行会制度下，商人或者手工业者不加入行会就难以为同业者所认同，也就意味着不可能进行正常的业务经营，特别是新开业者如未经过行会允许，根本无法开张营业，这就迫使工商业者不得不加入本行业的行会。因此，在是否加入行会的问题上实际带有相当大的强制性，工商业者并无选择的权利。而清末民初的天津工商同业研究所大都实行自愿加入的原则，这也是近代新型同业组织的一个显著特点。虽有如前述个别研究所初创时曾想保留接近于勒令同业加入的条文，但被官府或商会制止。

从实际情况看，清末民初的天津同业研究所虽然已有许多同业工商户加入，具有相当的代表性，但由于实行自愿加入的原则，仍然没有包括同业的所有工商业者。有的研究所直接在章程中明文规定了自愿加入的原则，如药业研究所简章即指明，"凡在本所与会各商号经理人，皆得为本所人员，然愿加入与否，听其自便"㉔。毯行公所章程也规定，"凡有新开地毯工厂者，须先至本行公所注册，以情愿遵守公议章程，以期事同一律，如不欲入公所者听之"㉕。许多研究所甚至还说明，包括正副所长和会董在内，其成员如果确有原因中途也可以退出，这一点与商会和同业公会的情况比较相似。

第二，多数研究所都实行了具有现代意义的投票选举制度，体现了明显的新时代特征。例如，书纸业商号于1910年7月成立南纸书业研究所，章程规定，"凡在本所与会各商号经理人，皆得为本所会员，即由会员中选举正会长一员、副会长二员、会董四员……正副会长及会董均以一年为满任，任满后，即投票改选，正副会长及会董如因事须中途出会者，即以副会长升补正会长，以会董得票最多数者补副会长，余可类推"㉖。又如，1912年5月成立的洋广货行研究所简章也规定，"本行董事拟定四位，由各号全体投函公举，得票多数为赞成。选定后该董事不愿认责，实在挽留不住，按得票次多数公推，责任一年为限，照章改选，可否续任，当场公决"㉗。

学术界曾有一种观点，认为中国传统行会也具有民主精神，在其内部存在着类似选举制度的"推选"方式。因为一般情况下每个行会均由会员推选董事，再由董事按年轮流担任会首，称为"值年"；此外，还推选"司月"或"值月"数名，按月轮流协助董事处理会务。但是，这种"推选"方式恐怕还不能与天津工商同业研究所的"选举"制度相提并论，因为"推选"与"选举"有着本质区别。这里所说的"推选"，是一种非制度性规定的带有某种随意性的推举方式，"选举"则是一种带有法定制度性规定的投票选举制度。有的行会甚至也不采取推选方式，而是"公请"董事。例如，清代汉口茶业公所即规定，"公请董事十二位，轮流司月，每年拈阄为定，不得推诿"㉘，这种"公请"的方式随意性更大。许多行会的"司月"也不是推选产生，而是由"值年"指定人选，自然不能说是具有现代特征的选举制度。

另外，还特别值得指出的是，同业研究所这种新型同业组织实际上可以说是天津商会的下属基层团体。而天津商会在下属基层组织已先行实施投票选举制度的情况下，没有像其他地区的商会那样实行投票选举制度，类似的情况在清末民初相当少见。1914年底，天津商会还曾公开表示"票选"之制不适合商会，认为，"近年来天津票选行为舞弊，离奇怪状，罄竹难书，倘故辙复蹈，商业前途何堪设想。如近日众行董声告，有人假众行董名义私出传单，召集开会，议举总协理。此就显著而言，其未明张旗帜，当不乏人……若遵新法票选，倘若举非其人，特恐正直大商避而去之，关乎商务前途，良非浅鲜。查商会向章，选举例用公推法行之，素有经验学识及正直大商皆得举之经理会务，实于商情大有裨益，非然者，其不正当之人，皆运动而得之，会务商情反滋扰累。敝会有见及此，惟有恳请巡按使察核，对于天津准予特殊办法，仍行公推，以杜流弊，而维商业"㉙。当时，新颁布的《商会法》已明确规定商会必须实行投票选举制度，所以天津商会提出的这一要求自然遭到拒绝，随后也不得不开始实行这一新的制度。这个事例表明，如果单从实行具有现代意义的投票选举制度这一方面看，天津工商同业研究所甚至比天津商会更为明显地具备了近代工商社团的特征。

第三，同业研究所与民国时期的同业公会也具有不少相似之处。1917年北京政府农商部颁行工商同业公会规则。从规章上看，清末民初的天津工商同业研究所与同业公会已有不少相似之处。如工商同业公会也是"以维持同业公共利益，矫正营业上之弊害为宗旨"，与同业研究所大同小异；同业公会之建立，"由同业中三人以上之资望素孚者发起，并妥订规章，经该处总商会、商会查明，由地方长官呈候地方主管官厅或地方最高行政长官核准，并汇报农商部备案"[30]。天津工商同业研究所实际上也是由各业有名望的商董领衔发起，多数同业商家赞成而建立，并且也是经由商会转请官厅立案，只是不需要上报地方最高行政长官核准和农商部备案。另外，农商部颁行的同业公会规则还规定，同业公会章程必须注明宗旨及办法、职员选举方法及其权限、会议之规程、费用之筹集及收支方法、对违背规章者处分之方法等[31]，这些内容在清末民初绝大多数天津工商同业研究所的章程中，也都有相同的明确规定。上述与同业公会的相似之处，更进一步证明了清末民初天津工商同业研究所属于新型同业组织的性质，而在其他方面与同业公会的某些不同之处，则可说明其所具有的从传统行会向近代同业公会过渡的特征。

值得注意的是，因清末民初的天津工商同业研究所已与后来的同业公会有不少相似之处，所以，民国时期天津有的同业公会直接由先前的同业研究所更名改组而成。例如，门市布商研究所"开办以来，布业颇有进步"，到1921年为职员任满改选之期，"当经在会各会员集议选出董事张荫棠等十七人，复由董事等投票互选，举定张荫棠为总董，钱翊臣为副董。旋即公同决定，将以前布商研究所名义更为天津县门市布商同业公会，并公订简章十九条，以便遵守"[32]。又如，染商研究所"原为阖津染商所公立，专以研究工业，力求进步，提倡信用，增长知识并维持公共之利益，矫正营业之弊害为宗旨……自同业公会章程颁布之后，所有各业团体名称，均应依法改组，期与法规适合。兹经会议决定，拟将敝业阖津染商研究所遵照部颁同业公会章程，改为天津县染商同业公会，以符功令"[33]。改组后的染商同业公会，宗旨仍与上述染商研究所的宗旨大体相同。这两个事例比较典型地反映了天津同业研究所向同业公会过渡的发展演变进程。实际上类似的事例并不少见，从天津商会档案中不难发现，民国时期天津其他不少同业公会，如织染同业公会、西药业同业公会、五金铁行同业公会、纸商同业公会、木商同业公会、灰煤商同业公会、地毯商同业公会等，也都是由先前同业研究所的主要领导成员发起成立的。

最后还应指出，清末民初的天津同业研究所虽然具有双重特点和过渡性特征，但也发挥了应有的作用与影响。在沟通同业、加强同业感情和促进本业发展等方面，同业研究所即发挥了不可忽视的作用，不少研究所的成员对此颇有感慨。如门市布商研究所建立后，"每月结合同业团体，定期研究提倡商业，而商等商业亦蒸蒸日上，互相攻击之念亦随冰消，此诚研究之功"[34]。在维护同业的正常经营活动方面同业研究所的作用也较为突出。许多研究所不仅通过全体会员商议，制订同业共同遵守的相关条例，有效防止了诸多弊端，而且还根据市场的变化拟订新的补救措施。例如，1916年米业公益研究会鉴于"米业历年之困苦，若不设法补救，前途危险不堪设想"遂召开会议举定起草员并推举临时审查员，针对当时的实际情况拟定续行简章6条，经全体表决通过[35]。这六条新举措，均涉及米业经营活动的内容，受到大多数米业商家的欢迎。

除此之外，有的研究所还开展了其他一些相关的公益活动，其积极作用更为广泛。例如，估衣商研究所"设立以来，凡遇公益之事，团体坚固毅力进行，颇著成效"。后又经议决，成立救济防险会，"有火警之时，彼此互相救护，备有防险袋等件，所有经费即在敝所筹措，并不另行捐敛……以维公益，而保治安，实为公德两便"[36]。估衣商研究所的这一举措，不仅受到同业商家的欢迎，而且也得到官府的首肯和支持。又如，转运商业公会成立后，也十分重视公益和善举活动，其10条宗旨中即包括维持公益和提倡善举两条，并说明"国体共和，本以国利民福为前提，凡有益于国、有益于民、有益于商者，本会必设法维持，以尽天职"；"民国成立，人民自有当尽之义务，凡遇地方水旱偏灾，兵荒告警，本会极力劝倡，共切慨忱，以尽天职"[37]。因此，对清末民初天津工商同业研究所的功能与影响应当充分给予肯定。

注：

① 清末民初的天津新型同业组织并非都命名为研究所，同时还有研究会、公会等称呼，甚至有的还沿用了传统的"公所"之称，但性质大体相似。为行文之便，在一般情况下采用研究所的称呼。

②④《门市布商请立研究所函并附简章及工商部批》，载天津商会档案馆等编：《天津商会档案汇编(1912—1928)》(以下简称《汇编》第1册，天津人民出版社1992年版，第142、141、140页)。

③ 以上引文分别参见《汇编》第1册，第141—142、144、160、170、171页。

⑤《众酒商请立酒业公所函并附简章名单及批》，载《汇编》第1册，第173—174页。

⑥《商民李家鸿等呈请立天津缝纫研究会函并商会调查函》，载《汇编》第1册，第167页。

⑦《铁路转运商成立转运公会文并附宗旨十条》,载《汇编》第1册,第197页。

⑧ 以上各研究所的成员数据参见《汇编》第1册,第139、140、143、152、182、179页。

⑨《天津药业研究所简章》,载《汇编》第1册,第172页。

⑩《铁路转运商成立转运公会文并附宗旨十条》,载《汇编》第1册,第197页。

⑪《张春泉等创办药业研究所说帖并附章程及商会复函》,载《汇编》第1册,第173页。

⑫《南纸书业请立研究所函并附章程及劝业道批》,载《汇编》第1册,第144页。

⑬⑮《天津药业研究所简章》,载《汇编》第1册,第172页。

⑭⑰㉑《鞋商研究分会请查禁私自设摊售卖靴鞋函并附章程》,载《汇编》第1册,第138、139页。

⑯《天津灰煤公所简章》,载《汇编》第1册,第183页。

⑱《大米商组织米业公益研究会请立案文及批并附章程与续定简章》,载《汇编》第1册,第164—165页。

⑲《地毯厂商请立公所函并附公议章程及优待工徒章程》,载《汇编》第1册,第177—178页。

⑳《估衣商研究所增加规则九条及新职员名册》,载《汇编》第1册,第156页。

㉒《直隶天津县行政公署布告第113号》,载《汇编》第1册,第16页。

㉓《镜工研究会会长王恩普请评议拒纳会费各商号函及商会驳语》,载《汇编》第1册,第162、163页。

㉔《天津药业研究所简章》,载《汇编》第1册,第171页。

㉕《公议京津地毯工业章程》,载《汇编》第1册,第177页。

㉖《南纸书业请立研究所函并附章程及劝业道批》,载《汇编》第1册,第144—145、146页。

㉗《洋广货行请立研究所函并附简章及照会》,载《汇编》第1册,第147页。

㉘ 彭泽益主编:《中国工商行会史料集》上册,中华书局1995年版,第588页。

㉙《天津商会请按公推法选举总协理以杜流弊函》,载《汇编》第1册,第680页。

㉚ 农商部后来制定的工商同业公会试办细则又规定,"设立公会时,须同业者十人以上发起"。参见《汇编》第1册,第194页。

㉛《修正工商同业公会规则》,载《汇编》第1册,第192—193页。

㉜《门市布商研究所更名同业公会呈》,载《汇编》第1册,第257页。

㉝《阖津染商研究所改组为同业公会呈文并附简章会员名册》,载《汇编》第1册,第307页。

㉞《门市布商请立研究所函并附简章及工商部批》,载《汇编》第1册,第140页。

㉟《米业公益研究会续行简明章程》,载《汇编》第1册,第165页。

㊱《估衣商研究所附设救济防险会陈请函及批并附简明章程》,载《汇编》第1册,第153页。

㊲《铁路转运商成立转运公会文并附宗旨十条》,载《汇编》第1册,第198页。

(《天津社会科学》2006年第4期)

试论民国时期京津两市婚姻自由的实施进度

王印焕

一种风俗的形成与流行和当时人们的思想观念密切相关。“父母之命，媒妁之言”的婚姻风俗之所以能在中国社会沿袭数千年，是因为儒家学说在中国历史上所占据的独一无二的统治地位。当事人不能参与自己的婚事而只能由父母包办、媒人牵线，这符合儒家道德规范中的“男女授受不亲”、“别男女、防淫逸”以及“百事孝为先”的核心思想。在近代以来历次变革思潮中，儒家学说的正统地位遭到质疑，传统的婚姻风俗也受到冲击。尤其在张扬个性的五四新文化时期，旧的道德与风俗遭到严厉批判，自由恋爱、婚姻自主得到热烈的宣扬。自此之后的整个民国时期，婚姻自由的热流开始向包办婚姻的土壤中缓慢浸淫。城市由于能够接触西方文化而得以开风气之先，婚姻自由的实施进度也远比乡村为速。但是，风俗是长时间所形成的，其变革的步履相当蹒跚。作为北方重要都市的京津两市，婚姻生活中传统与近代并存的二元状态尤其明显。对民国时期京津两市婚姻自由的实施进度作一考察，不但可以勾勒出近代婚俗变革的历史进程，也有助于理解社会风尚与现实生活之间的差距。

一

对于长时间内约定俗成的风俗，人们一般都习非为是，很少考虑它是否合理。但在以反传统为突出特征的五四新文化运动时期，旧式婚姻遭到了严厉的批判。新文化人士发表了大量言辞犀利的文章，对旧的思想道德以及文化传统进行了深刻的批评与剖析。而那些接受过新式教育的血气方刚的青年男女，由于思想敏锐、易于接受新鲜事物，成为五四新文化运动的支持力量，也成为推动婚姻变革的核心队伍。在破旧立新的思想变革中，新式婚姻受到推崇，慢慢地流行开来。

在民国时期对婚姻自主的提倡中，几乎都是非此即彼、势不两立的舆论导向。婚姻自主是相对于包办婚姻而言的，而恋爱自由又是基于婚姻自主之上的进一步要求。因此，追求自主的婚姻变革就是在对旧式婚姻大肆批判的气氛中进行的。对于旧式婚姻道德的弊端，当时各地舆论几乎有着一致的口吻。1924 年，上海《妇女杂志》发表文章指出，“中国的男男女女，因被礼教的束缚，习惯的制限，他们的结合，不过是凭了‘父母之命，媒妁之言’，为第三者所操纵所掌握，什么恋爱，什么自由，是完全说不到的”。这种包办的婚姻，无论从理论上说，还是从实际中看，都弊端丛生：“不自然的旧式婚姻没有恋爱做基础是一种不道德的行为，而且从事实上理论上考察，这种结合不过是增加旷夫怨女，对社会对婚姻当事人都是有害而无利的。”①更有人向父母专婚发难：“这种没有自主权的结婚，直与‘强奸’之罪相等，或许更甚，因为一般的‘强奸’，不过被强奸的一个人受痛苦，而且是一时的；若在盲目结婚的‘强奸’言之，则含有永久性的，而且关乎男女两方的痛苦，同时影响家庭秩序的不安宁，更进而关联到政治上、经济上、社会上，都蒙莫大的损害。”②在铺天盖地而来的批判文章中，旧式婚姻成了“买卖”、“包办”、“不道德”的代名词。

以学生为代表的接受了新思潮熏陶的青年男女，由于对新式婚姻的信奉与迷恋，成为推动婚姻变革的主要力量。一时之下，“社交公开”、“男女同学”、“自由恋爱”、“婚姻自主”等，成了报纸杂志以及青年男女中最为时髦的名词。京津两市是高校云集的地方，以学生社团为核心所组织的进步杂志不计其数，例如天津的《觉悟》、《女星》，北京的《共进》、《秦钟》以及各学生会所创办的会刊等。这些学生杂志对于旧式婚姻的态度，自然是泾渭分明的严厉批判。1922 年 12 月，北京大学部分学生创办的《共进》杂志，以纯真质朴的声音宣泄了对于旧式婚姻的不满：

> 提起中国婚制，真叫人痛心！什么“父母之命”“媒妁之言”，子女简直没有置喙之地。糊里糊涂的就把女儿给人了！糊里糊涂的又给儿子订下媳妇了！无论子女是什么意思，完全不管。子女好像没有思想，没有意志，没有脑筋，所以由人包办。又好像买卖物具一样，随便买一个，随便卖一个，那里想到是为子女的婚姻？[3]

语言虽略显直白，但这一观点在青年学生中具有普遍性，可以代表大多数青年男女的心声。在社会现实中，他们也把反对包办婚姻、追求婚姻自主视作与黑暗势力作斗争的神圣行为。在民国时期京津等地的知识青年与进步社团中，敢于自由恋爱的实施者经常被举为推崇的榜样。1923 年 4 月 1 日，徐颖溪与姚作宾举行婚礼，受到天津同仁的关注。徐颖溪是天津第一妇女补习学校的教员、《小学生杂志》的编辑、“天津女权同盟会”的总务副委员长。曾组织过妇女星期补习学校，可以说是天津女界的知名人士。她 20 岁时才知道两岁时即被订婚，对方乃一阔少，心中自然不愿，而父亲又有意提早成婚。为退婚事她和家庭几经冲突，最后以死要挟，才得父亲见谅而允许。经人介绍认识姚作宾后，两人通过写信逐渐增进了解。在婚姻观念上，姚作宾也不主张父母代办，和父母斗争过多次，虽然未得解约，但他明确宣告不承认两岁半时父母的订婚，毅然和徐颖溪缔结姻缘。由于他们是冲破旧婚姻束缚后经自由恋爱而结合的，这在讲求婚姻自主、自由恋爱的 20 世纪 20 年代具有典型意义，天津进步社团女星社对此给予了高度重视。女星社成立于 1923 年 4 月，是以邓颖超为首的一批青年马克思主义者联合其他进步知识分子创办的，主要负责人如总务委员会委员长邓颖超、《女星》总编辑李峙山、编辑谌小岑都是觉悟社社员。由于同属于一个圈子内的朋友，女星社社员不少人参加了徐姚二人的婚礼，谌小岑做记录，李峙山做发言，记录与发言随后都在《星火》与《女星》杂志分期发表。详细报道徐姚二人的结婚典礼，女星社认为是具有特殊意义的：

> 偏重礼仪不注重实际的中国旧婚制，早为我们所怀疑而欲改造的了。我们理想中的新结合，现亦有勇猛的青年，不避旧礼教先生的谩骂，脚踏实地的做去，颖溪和作宾的结婚，确是恋爱的结果，确是不受父母长者的支配。在这种古墓般的旧社会里，能这样把新的婚姻实现出来，亦未尝不是一件很可庆幸的事。所以今天特地把他俩的结婚记披露出来，给一般有志改造婚姻的青年，做一个参考资料，至于他俩恋爱的过程，亦将有一本详细的册子，报告于社会上。[4]

女星社对于徐姚结婚的重视与评价，符合当时大多数进步青年的思维逻辑。婚姻自主、自由恋爱不仅仅是一种时尚，也是关系终身幸福、打破旧婚制、解放受钳制青年的英勇壮举。正因如此，在新式婚姻尚未普及的 20 世纪二三十年代，新式婚礼几乎成了宣传布道的场所。新人在婚礼上几乎都有一个发表演说的必要环节，内容当然是自己恋爱结合的过程以及自由恋爱对于人生幸福的重要。1922 年 10 月底，天津《大公报》记述了当地一对夫妇的结婚典礼。男女两人均为中学以上学生，主张婚姻自由，男女解放。

> 新郎新娘行礼毕，即相继演说，痛陈婚姻乃男女切身之问题，不可随随便便，以致后悔不及，须知有良夫妇，然后有良子弟，良家庭，良社会，良国家，其关系何等重大，岂可不慎之于先……[5]

“闻者莫不为之感动”表达了记述者对于文明婚礼中夫妇演说的肯定与赞誉。借婚礼宣传自由恋爱的新式婚姻，几乎成了当时的一个惯例。恋爱的结合，在新式婚姻中极为重要，也成了证婚的主要内容。在徐颖溪、姚作宾的结婚典礼上，李峙山在发言时首先申明：“今天他们两人的结婚，已经打破向来婚姻的制度——不是父母包办的婚姻，是根据恋爱的结合。”随即宣讲包办婚姻之弊害，勉励那些追求婚姻自由的青年，在婚制革新尚未完成之前，必须为了自己婚姻的幸福拿出“自我革新”的勇气来：“‘自我革新’的精神有了，不怕恶势力的压迫，不怕社会的腐朽舆论，拼命地去奋斗，准可得着较好结果。”[6]在这一定位之下，清末民初出现的婚姻自由在民国时期有所推广，受到了青年男女的广泛欢迎。城市开风气之先，作为北方大型都市，北京、天津成为展露新式婚姻的平台。新式婚姻有两个层面上的内容，一是配偶选择上的自主，二是婚礼形式上的新颖。择偶是婚姻的关键步骤，经过近代以来的宣传与实践，民国时期结婚当事人对自己婚事的参与权有所增加，他们对自己的婚事有了一定的发言权，还出现了注重双方才学品德、追求情爱的择偶观及其动向。1944 年出版的天津郊县蓟县县志谈到，随着学校教育的发展，学识相当在择偶条件中日渐突出，因而“近年男女注重求学，婚姻渐趋重知识矣”[7]。随着“自由结婚”的呐喊和风尚的出现，新式婚礼也开始在京津等通都大邑中流行。与传统婚礼的过程冗长、礼仪繁芜、信神信鬼、浪费赀财等特征相比,文明结婚作为一种西化的结婚仪式,体现了一套新的婚姻礼制和婚姻观念,在进步人士及城市青年中具有广泛的市场。

二

婚姻自由是青年一代在自身婚姻问题上的意志与需求,在实施过程中不可避免地会遇到重重阻力。新旧婚姻的差异,不仅仅是形式与内容的悬殊,更是两种理念的背道而驰。子女们要从鄙视自由恋爱而又操控权利的父辈那里争得婚姻自主权,显然不是一件容易的事情。早婚的习俗,更为婚姻自由的实施增加了一把沉重的枷锁。无论是习俗还是法律,退婚都困难重重。在政府与文化都日益提倡婚姻自由的时代,青年们在社会现实中却遭遇到了前所未有的困难。他们争取婚姻自由权的努力,经常遭遇到传统社会的权威、舆论、礼俗、法律等各方面的挑战。

从婚姻变革的轨迹来看,民国时期正处于新旧过渡的关键时期。婚姻自由作为新式婚姻的核心要素,在青年群体中受到欢迎,而在尊奉传统习俗的长辈那里,则被强烈地排斥。传统婚姻礼俗在实施几千年后,已经凝化为人们生活中固有的一部分,其认可程度甚至会超越法律。长辈们通常认为,在婚姻问题上他们要比子女更有分寸,为了保障子女婚姻的牢靠,唯一的办法就是按照传统礼俗去严格执行。因此,当新式婚姻开始出现的时候,传统世界开始躁动不安。1917 年 1 月江西一对中学毕业生借浙江会馆举行文明结婚,婚礼尚未开始,观者如潮,秩序混乱,婚礼只得草草收场。记述者这样来评价此事:

> 似此野蛮轻薄有何文明之可言?即其行礼不过互相鞠躬两两弹琴而已,其章服亦不过删除旧俗之所谓凤冠蟒袍,另着新式之水红礼服及许多之绒球,披水红之帛绫而已。新郎之形式与旧无甚差异。若此文明结婚耶?主婚人等知势难维持,又见风琴椅凳等物俱被挤倒,打得粉碎,只好潦草了事,才十一句余钟,即令新郎与新娘各乘大轿同返永建所寓所,尚未达预定之开会时间云。[8]

婚礼毕竟还只是外在的内容,他们还可以用冷眼旁观、讥讽挖苦的心态来审视。当青年一代开始触及婚姻的关键所在——决定权的时候,父辈们就由衷地感到了恐慌与不安,几乎是不假思索就给予回绝。当一名男子想与他素未谋面的未婚妻通信时,女子的父亲表示反对:“婚姻问题,有父母,有媒妁,不用你们自己商量。”[9]

按理说,无论谁张罗婚事,最终目的都是为了当事人的幸福。父辈们之所以不肯让权,除了严守固有风俗之外,主要还是不信服子女的判断能力,另外他们对于婚姻自由本身也有着很大的误解。人们在最早接触到这一名词的时候,经常按照字面意思去理解:支持者强调婚姻以感情为纽带,好则合,坏则散;反对者则提出,如果婚姻不受约束,那社会岂不乱套。婚姻自由本意是为了促进婚姻的幸福,但社会中常见自由结婚者率先走上离异之旅。观念保守的老辈人连带对自由恋爱本身也产生了成见。他们认为:“吾辈从前结婚时,向未闻有爱情二字,而皆白头偕老,现代之青年由恋爱而结婚者,何以离婚之案日见其多。”[10]无法接受这一点的不仅仅是那些因循守旧的老辈,不少文化人士也感到困惑。1913 年 9 月,天津《大公报》的评论即述说了这一烦恼:

近来法庭诉讼,男女之请求离婚者,实繁有徒。此皆前此未有,而亦为社会所不乐为者也。

夫婚姻不自由,夫妇之道苦,既许自由结婚,并许自由离婚,未始不弥补人家缺憾之法。然吾视于今之呈请自由离婚者,窃有疑焉。盖今之请求离婚者,多出于自由结婚之夫妇,鲜出于旧礼结婚之夫妇。夫婚既结于自由,必其性情相合,可以偕老百年者,从前巧妻拙妇之怨,已无自发生,何以欢乐未几,辄赋终风,甚且数结数离,视夫如传舍也。岂自由聚不可不自由散耶,抑不如是不能达自由之极轨耶,以是为自由结婚自由离婚,曾不如名为自由嫌隙之为当矣[11]。

宗旨的不同必然会导致新旧婚姻外在形式上的差异。旧式婚姻重视的是传宗接代、香火延续,自然强调夫妻双方关系稳固、白头偕老,而新式婚姻讲求的是感情浓密,即使是自由结合的夫妻,也难保不中途发生变故。但是在传统道德体系已延续了几千年的中国社会,无论新旧人士,一时都无法接受婚姻的破裂,尤其是自由结婚者易于离婚的局面,更使新式婚姻可以促进婚姻幸福的说法难以自圆其说,自然也难以抵御来自传统方面的猛烈攻击。

在这一背景下,婚姻自由在京津两市,遭遇着传统势力的强烈抵制。被学子们视作无比神圣的自由恋爱,在守旧的父辈那里,却被看做是不顾廉耻的玷污名节。两代人思想认识上的差异,铸成了爱情旅途中的无数悲剧。1924年下半年,京师警察厅即受理了一例这样的案件[12]。这在北方城市中具有一定代表性,可以作为婚姻自由遭遇传统抵制的一个典型。成德女子中学汉文教员刘定瑞与校内女生陈蕙卿发生恋爱,并且私订终身,致使女子怀孕。女子父亲发觉后,强令女儿退学,软禁在家。刘定瑞意欲求婚,多次上门求见均被拦阻。陈蕙卿的父亲陈其琮不堪其扰,1924年6月,以"刘定瑞坚持欲与其女儿订婚并欲来面见请备案饬警保护"为由,一纸诉状将刘定瑞告到京师警察厅。警厅也对刘定瑞的行为不以为然,当即批复所属区警:"查刘定瑞身充教员,应知道束身自爱,乃竟向女生求婚,被人拒绝,屡缠不休,实属衣冠败类,合行抄录原呈,令仰该区查照,饬警保护,如该刘定瑞仍敢行同无赖,即予传案,以凭讯究。"

陈其琮得到官府庇护后,将警察厅的批文直接登载在京报上。刘定瑞认为此举,"使定瑞之誉一文不值,一败而涂地"。此后双方陷入僵局。刘定瑞无法进入陈宅,而陈蕙卿身怀有孕,求救信件频频外传。刘定瑞急迫之下,将陈蕙卿信件一连几封寄至陈其琮单位的领导赵局长那里,其本意既为自己开脱责任,也希望他人介入,以扩大声势。不见成效之后,9月2日刘定瑞在地审厅控告,陈其琮为回避丑事,举家迁返原籍,以致传唤无踪。诉讼被取消后,刘定瑞悲愤异常,随即投函给京师警察厅总监,以犀利的言辞,抨击了警厅对陈其琮饬警保护的批准,"致民夫妻活离,父子不见,可悲可哭"。京师警察厅无法接受刘定瑞的讥讽,认为"此案如果系刘定瑞所投,殊属无耻,恐非安分之徒",9月19日下令将刘定瑞传案备讯。因后者已赴山东谋事,查传无着。10月2日,刘定瑞被传唤到厅,羁押在案。刘宅四处活动,还搬出上海时兆报馆直隶通信社社长庚复光出面求情,直到10月22日,警厅才决定"将刘定瑞交其兄刘定寿具领"。刘定瑞切具安分甘结,事情才告一段落。

在刘定瑞被羁押期间,陈蕙卿也投函京师警察厅总监,要么释放刘定瑞,使夫妻团聚,要么将她一并收押。尽管两个人在音信阻隔的情况下仍然为他们的结合而艰苦卓绝地斗争,而且这种斗争还是在舆论与法庭所歧视的情况下进行的,但他们毕竟无法与传统抗衡到底。从刘定瑞所具甘结内容以及事件的结果看,他与陈蕙卿的爱情不能容于父母,不能容于社会,也不能容于执法部门。只有放弃对自由恋爱的追逐,屈服于传统的舆论与势力,他们才能被免予追究,事件才能平息。刘定瑞在1924年10月被警厅羁押之后,在自己所写的申诉状中语气与态度已发生了重大改变。声称是陈蕙卿因仰慕而以死相逼,自己迫不得已才被动接受了陈蕙卿的感情。被陈其琮阻止之后,也是陈蕙卿一再投函求助,自己才遵照嘱托而四处活动的。一段冲破世俗的纯真恋情,终于被世俗所扼杀,其中的当事人在被世俗消弭了锐气之后,被迫反省自己的行为。自由恋爱与社会现实发生冲撞时只剩下两种结局:或者是青年男女以自己坚贞的意志获得了父母的同情,或者是他们被世俗击败,摆在他们面前的,也就只有低头认错、私奔、殉情几条路了。

青年男女婚姻自由权之所以遭到严厉抵制,除了长辈们所认为的不合礼俗、有辱门庭、担心吃亏上当等原因外,还有一个现实的困难,就是既有婚约的束缚。早婚习俗在中国沿传已久,当青年男女知晓自由恋爱的时候,不少人已被父母早早缔结了婚约。婚约向来受到习俗与法律的保护,退婚本身不但难以执行,还遭到乡邻的鄙视与耻笑。北洋政府时期,婚姻条文的宗旨多数沿袭清代。大清律例对于悔婚的制裁是异常严厉的。只要不存在欺骗隐瞒,婚事订定之后不能因任何原因而反悔。即使假冒骗婚,除非假冒者已经订有婚姻,否则婚姻不是告吹,而是和假冒相见之人结亲。对于由于信息不畅而导致的多重订婚,年轻人要服从于长辈。除非已经成婚,否则必须退掉自己所订立者,而从尊长所定[13]。在清代法律中,几乎没有给不满意的婚姻留有退婚的余地。到了1930年12月,国民政府颁布了《民法·亲属编》,对于青年男女的婚姻自由权才有所体现。其中规定了一些对青年男女有利的条款,例如婚约当由男女当事人自行订定,订婚须达到一定年龄,婚约不得强迫履行等,这反映了尊重当事者个人权利的平等原则。但是,法律依然对悔婚采取限制的宗旨,一则并未就违反婚姻自订者当如何处罚作出规定,另外法定退婚的门槛也很苛刻,多数是客观现实中致使婚事无法正常进行者,例如另订婚约、故违婚期、生死不明、判处徒刑等[14]。这些既尊重婚姻自主又限制自由退婚的精神,造成了民国司法退婚问题上的二元状态。与此同时,自由结婚权的实施,经司法院解释后也受到重重约束:"凡未满二十者为未成年人,其结婚须得法定代理人同意,倘未经同意缔结之婚约,法定代理人得请求撤销”[15]。法定代理人，一般指的是当事人的父母。司法院对于自由结婚的解释，使得“父母之命”在子女婚姻问题上仍然具有决定性作用。1921 年 7 月发生在北京的一对恋人双双毙命的惨剧，即反映了婚姻自由与传统壁垒相撞后的脆弱与无奈。

北京黄某自幼在日本留学，后考入东京市民中学校，校内有三名中国女生，黄某在校，即与一女生名梁振华者结百年之缘。梁幼随乃兄贸易于日，后兄因病死，女即将一切货物变卖，以供衣食。后金用尽，则每日上午到工厂作工，下午到校读书，生计极艰。自黄某到校，一见该女士贫苦好学，大为敬爱，遂每月津贴女士洋十五元，女遂不去作工。后二人又同去往东京大学预科肄业，感情日洽，乃定婚姻。去腊回北京，设礼堂于报子聚贤堂内，一切礼仪，皆从新式。此时黄某父母不知此事，已为其子说定北街凌某之女为妻。迨黄某同梁女士返里，其父母即问此女为谁，黄婉陈前情。其母大不以为然，说将梁女士为妾，凌某之女为正室。黄某闻之，屡向其母劝陈无效，因愤成疾，抑郁病故。其母见子病死，迁怒梁氏，遂逐出门改嫁。梁女士闻之，既悲死者之多情，复感生者之无良，不如一死报郎之为念，遂于死者之头七，自缢于黄某之灵右，桌上留一绝命书。黄母欲将女士抬埋于义地完事，但黄某之父不许将女薄殓，已将其合葬一穴矣。[16]

其实，即使能够得到法律的支持，因婚姻问题和自己的父母对簿公堂，或者因自己的退婚而致使父母被对方推上法庭，这对任何一个年轻人来说都是一个不小的障碍。因此，婚姻自由作为新鲜事物在民国时期得以提倡，青年男女因其关系自身幸福也格外看重，但是由于婚姻自由和传统势力发生冲撞，真正能够实现者比例有限。如果不是遇到开明的父母，青年男女要实施自己的婚姻自由权，那就只有要么顶住舆论的压力，奋力抗争，最终获得父母的认同，要么待自己经济独立后，自行其是，不惜与家庭决裂。婚姻可以说是风俗中最为森严的壁垒，与之抗争需要拿出无限的勇气，而且还要具有百折不挫的承受能力。在民国时期京津两市的历史舞台上，到处都在演绎着情节迥异的青年抗婚的悲喜剧。

三

婚姻自由作为新式婚俗中最为核心的部分，它在中国的传播需要一定的媒介，即能够接触西方文化的地点与人群。京津两市作为北方的重要城市，无疑是实践新式婚姻的合适场所。而知识青年由于接受过新式教育，也对新式婚姻的向往达到了痴迷的程度。风俗的改变是艰难而缓慢的，而新式婚俗的传入不可能不对京津婚俗的改变产生影响。综观整个民国时期，传统礼俗在京津两市的婚姻缔结中仍然占据主体位置，婚姻自由在很大程度上仍遭到主流文化的歧视与排挤。但是，无论是从理念还是从实践上看，婚姻自由都在缓慢地向着“父母之命，媒妁之言”的传统壁垒中渗透。尤其到了民国后期，“婚姻必须经当事人同意”逐渐得到了民间与司法的认同。这是历史的进步，也是几代青年人坚持不懈进行抗争的结果。

与上海、广州等沿海城市较快的西化速度相比，京津两市作为北方的内地城市，社会风气变迁的步伐明显缓慢。直到民国后期，“父母之命，媒妁之言”的婚姻缔结方式仍然是这里的主流。不仅是讲究身份地位的大户人家，就是普通百姓，也毫无例外地沿袭着这一传统。从大量的地方法院档案可以看到，婚姻缔结的方式成了解除婚约一类案件纠纷的关键所在。父母们依然按照传统方式为子女代订婚姻，如果不是遭遇反抗，他们丝毫也不觉得自己有任何差错。1946 年 5 月，北京地方法院受理了一例官司，19 岁的赵大竹由母亲赵傅氏出面，凭媒说与同龄的刘明义为妻之后，心有不愿，到法庭起诉解除婚约。由于婚姻是由双方父母出面订立的，在解除婚约时婚姻当事人也均未出面，而是由双方父母（即赵傅氏与刘明义的父亲刘子恒）代理。5 月 14 日下午法庭推事与当事人的一段问讯笔录，可以反映当时北京的婚姻风俗。

问：赵傅氏：赵大竹请求什么事？

答：请求解除刘明义与赵大竹婚约。

问：根据什么理由？

答：党文斌（媒人）说刘子恒家是玉器行，后来听说是开下处的，所以我们不愿意了。

问：几时定的婚？

答：今年正月十二日。

问:订婚时由谁出的名?

答:女家由我,男家由刘子恒。

问:由双方家长做的主?

答:是。

问:没向你女儿商量吗?

答:没有,我们是老家庭,后来他听说了,不愿意。

问:订婚时你女儿与刘明义在场没有?

答:没有,就有双方家长与介绍人。

问刘子恒:你有什么话讲?

答:我们有婚书,订好了不能解除。

问:订婚时你儿子同意了吗?

答:由我们双方家长做的主,后来向我儿子说了,他也愿意。

问:你见赵大竹了没有?

答:在杨家见了一次,没说话。

问:赵大竹与你儿子见面了没有?

答:也相对看了一回,没说话。

问党文斌:你有什么话讲?

答:我在杨姜氏家做活,赵傅氏与我认识,托我给他女儿说婆家,我才托杨姜氏说的,我与刘子恒赵大竹全不认识。

……

问赵傅氏:既没向你女儿征得同意你怎么就做主呢?

答:我们是老家庭。[17]

由这段问讯笔录可以看出,民国后期北京通行的订婚风俗仍然是父母出面,媒人牵线,婚姻中的男女当事人除了可能在某些特定场合被安排相亲之外,其余的均不必参与。自己的婚事根本就不用发表意见,甚至事先都不知晓,只是事后被告知一下而已。当法官问起为什么不征求当事人的同意时,赵大竹的母亲赵傅氏的一句话最能说明问题:“我们是老家庭”。也就是说,“父母之命,媒妁之言”的婚姻缔结方式仍在老北京相当流行,大多数青年男女依然享受不到婚姻自由的权利。婚姻的缔结有时极为随意,两个家庭相互之间没有任何联系,所有情况自然也一概不知,全凭媒人信口辞说,甚至媒人对双方也不了解,几经周转之后才扯上关系。

对于这种生硬牵扯的类似撞彩票似的婚姻,深受传统风俗影响的青年或许还能麻木地接受,而受过新式思想熏陶或者知晓婚姻自由大意的青年男女,显然无法再无动于衷地任凭摆布。经过男女青年层出不穷的抗婚斗争,文化人士对于婚姻自由的大力宣扬,以及国家在司法方面的逐步改善,婚姻自由的底线——婚姻须经当事人同意,民国后期已逐渐在社会上获得一定的认同。20 世纪 40 年代北京地方法院解除婚约案例的较易和解,可以清晰地反映这一情况。在遇到类似案例时,法庭已不再拘泥于退婚的具体原因是否符合法规条文,只要一方坚持退婚,法庭一般会支持其要求,而且调解工作似乎也不再太过困难。上述赵大竹欲与刘明义退婚的案例,就顺利地获得了和解。5 月 14 日问讯过程中,法庭问刘明义的父亲刘子恒:“现在尚未结婚,赵大竹本人不愿意,将来恐没有好感,可否给你儿子另订婚呢?”刘子恒表示愿意咨询一下他儿子的意见。5 月 21 日第二次庭讯的时候,刘子恒回答:“我儿子来信了,他说将来结婚也是麻烦,不如退婚,请令原告将定礼两个戒指返还。”[18]法庭宣布和解成立。

捆绑不成夫妻的道理,在民国后期退婚诉讼中经常被法庭使用,当然这样做也有它的法律依据,即婚姻必须经当事人同意。但是,这一原则在民初实施的时候经常被退婚所必须符合的几项具体条件所遮盖,婚姻法规中的二元状态,终于发生了有利于婚姻自由的逆转。1945 年 6 月,19 岁的郑连荣向北京地方法院提起诉讼,希望和她姑妈家 37 岁的表哥王恩善解除婚约。据郑连荣交代,这场婚姻应该属于骗婚,姑妈应承为她找寻婆家，说是年岁相当，家境不错，没想到最后却是与自己年龄悬殊的表哥。她的姑妈在法庭上对骗婚之说矢口否认，对退婚一事也极不认可："我儿子虽然岁数大，他能挣钱就得啦。"法庭调解的口吻很具时代特色，始终以二人的婚姻幸福为劝导内容。7月14日第一次民事调停时对王恩善说："他现在既是不愿嫁你，你能够非要不可吗？"7月19日第二次民事调停时对王恩善的母亲劝说："现在他不愿嫁你儿子了，就是娶过去，将来不也是捣乱吗？"[19]得到法律支持后，婚约的最后解除自在情理之中。

子女与父母在婚姻问题上的权利是此消彼长的关系，要肯定青年男女的婚姻自由，就必须从法律上削弱父母在子女婚姻问题上的决定地位。1930年民法中的婚姻章节规定，未及法定订婚年龄（男17岁，女15岁）者，婚姻不得订立，父母代订者，当事人可于成年后予以否认。这个否认的程序，一般得经法庭起诉。到了40年代之后，司法院对这一问题的解释有所改变，父母代订或不及年龄的婚约可直接视作无效，青年人若对无效婚约予以起诉的话，法庭根本就不予理睬。1944年8月，北京地方法院接到了年仅14岁的童养媳于丽要求解除婚约的诉状。9岁的时候，家境贫困的于丽被母亲许配给24岁的邓秉勤，随后被接到夫家童养。据于丽声称，到夫家仅一年，邓秉勤因窃盗他人车辆而离家外逃，四年之间音信全无。自己在夫家备受婆母虐待，况且二人年龄相差悬殊，因而请求解除婚约。在9月5日的传讯笔录中，于丽在谈及退婚理由时说"当初我娘家妈把我许配与邓秉勤并没得同意，请求准予解除婚约"。连14岁少女都知道借助于婚姻法规，由此可见，"婚姻须经当事人同意"的法律条规已在社会有一定普及。不过，这一条款对于有着童养经历的人有点勉强。法官反问："你已在邓家五年头了，还说不同意？"于丽当时回答："实没得我同意，诓说在他家住养，不懂什么叫童养。"法庭最后还是支持了她解除婚约的请求，但凭借的是关于法定年龄的规定，对"婚姻须经当事人同意"的条款则进行了有意的回避。

> 本件原告于丽九岁时与被告订定婚约，虽经五年，但截至现在仅为十四岁。被告代理人对原告上开之主张并无争执，是原告与被告之订定婚约迄未满十五岁可无疑义。按男未满十七岁、女未满十五岁者不得订定婚约，民法第九百七十三条定有明文，此项规定有强制性质，不得由当事人任意变更。该原告与被告所订之婚约既与上开法条不合，依同法第七十一条法律行为违反强行或禁止之规定者无效之规定，自应归于无效。虽原告在被告家中童养有年，要属另一问题，双方当事人应与未定婚约相同，均不受任何拘束。及原告对无效之婚约竟诉请解除，自非法之所许，应认为无理由，予以驳回。至被告之年龄究为几何，以及操行有玷、他去无踪等情，是否可认为重大事由，殊无论究之必要。[20]

根据以上理由，法庭判决"原告之诉驳回，诉讼费用由原告负担"。法庭不承认二人的婚约，自然也谈不上婚约的解除。国家法律与民事习惯出现了冲撞，法律上不承认的婚约，在民间未必认为无效。于丽本意是想让法院直截了当解除他们的婚约，法院貌似支持的不予理睬，其实是将这个麻烦仍然留给了当事人自己。这种判决对于百姓来说，自然还存在一定困惑。除非对方主动配合，否则他们婚约的解除还得与对方来协商。这种尴尬的造成，法院或者也是无意。

在第二年的同类判决中，法院已改变了这一行文方式。1945年5月，31岁的刘淑贞向北京地方法院提起解除婚约诉讼。母亲曾托赵伯麟为媒将她许与李振声为妻，淑贞在母亲去世后得知此事，对于这种代谋之婚约绝难承认，当即嘱令胞弟函达媒人赵伯麟解除婚约，男方以订婚已有年余，正要择期准备迎娶，而且婚事已众人皆知，颜面攸关，不愿退婚。法庭经过审理，确认原告与被告李振声之婚约关系不成立，理由如下：

> 查婚约应由男女当事人自行订定，如其婚约并非由男女当事人自行订定而由其父母代为订定者，则除子女事后合法追认作别论外，自不得认为有效（三十一年上字第2257号判例）。本件原告与被告李振声之婚约，据媒人赵伯麟称"在男方与李振声嫂子接的，在女方与刘淑贞母亲接的头，刘淑贞并不知道"云云，在女方显系由淑贞之母代为订定，并原告于知道之后，即不予追认，则该项婚约自属无效，从而其本于无效婚约所生之法律关系，即属不能成立，原告之请求非无理由。[21]

法庭当即宣布："确认原告与被告李振声之婚约关系不成立，原告其余之诉驳回，诉讼费用由原告负担三分之一，被告李振声负担三分之二。"这一判决显然要比驳回原告意思清晰，且更能为申请人所接受。不过，直接宣布父母代定或不及法定年龄的婚约无效，阻止青年人对无效婚约的起诉解除，其实也是一种对青年男女实施婚姻自主权的庇护。这简化的不仅是程序，更是观念与法理上的巨大变化，青年男女依法享有婚姻自由权利,不必再到法庭起诉,他们终于可以在自己的婚姻问题上与父母理直气壮地分庭抗礼了。民国后期的司法实践不但支持通常意义上婚姻不能自主者的解除婚约,对于发生经济纠葛、双方意见悬殊的,法庭也想方设法予以通融。金钱在传统婚姻中必不可少,尤其对于贫困家庭来说,经常将女儿作为偿还债务的一种方式。对于这种抵押式的婚约,按照欠债还钱的传统思维,婚约的解除几乎是不可能的。但从民国时期的京津两市来看,陷于两难困境的年轻人敢于为了自己的婚姻幸福提出抗议,而法庭似乎也在极力为他们寻求路径。前述童养媳于丽的解除婚约,即可视作其中的典型。在童养媳的婚约当中,不但有财礼的过割,还有经济难以估算的寄居,解除婚约通常会遭遇到男家的极力反对。法院对这类案例的支持,已表明民国时期京津城市婚姻自由权的逐步普及。

相对于乡村来说,城市的节奏要明快许多,社会风气变化的步伐也要爽朗一些。不过,对于京津两市婚姻自由权的实施,还是应该有一个清晰的判断。青年们向往婚姻自由,法律也给予支持,但长辈与风俗的阻力,仍然是一个不可逾越的障碍。一则他们在经济上尚未独立,二则婚姻自由权利的实施,往往还得承受舆论与亲情的压力。婚姻自由更多地停留在观念与法规层面上,在社会现实中,除非遇到开明的家长,否则青年们的婚姻自由权就难免遭受挫折。解除婚约案例的增多,决不是婚姻自由权普及的结果。诉讼本身以及价格不菲的审判费及其他费用,足以将许多人阻挡在法庭之外。如果解除婚约能在民间自由实施,没有人愿意多此一举。此外,解除了包办的婚约,还只是婚姻自由的初步,要想实现真正意义上的婚姻自由,他们还有更多的困难需要面对。

注:

① 高尔松,高尔柏:《恋爱论》,《妇女杂志》第11卷第1号,1924年1月。

② 丘式儒:《我的自由结婚观》,《妇女杂志》第14卷第7号,1928年7月。

③ 崔溥:《急需改革的中国旧式婚姻制度和由经济上来解释这种改革的天然趋势》,《共进》,第27号,1922年12月10日。

④ 小岑:《改造途上的婚姻——徐姚结婚记》(上),天津女星社,中共党史资料出版社1985年版。

⑤《文明结婚》,《大公报》1922年10月30日。

⑥ 峙山:《在徐姚结婚时的讲话》,《天津女星社》,中共党史资料出版社1985版。

⑦《蓟县志》,1944年铅印。

⑧ 江西:《此之谓文明结婚》,《民国日报》1917年1月27日。

⑨ 何心冷:《我的婚姻问题解决法》,《妇女杂志》第9卷第7号,1923年7月。

⑩《已经太晚了》,《生活周刊社》,迷途的羔羊,生活书店1932年版。

⑪ 无妄:《闲评二》,《大公报》1913年9月15日。

⑫《北京市档案馆馆藏京师警察局档案》,J181-18-22139,《陈其琮关于刘定瑞坚持欲与其女儿订婚并欲来面见请备案饬警保护的呈》(一),1924年6月;J181-18-22140,《陈其琮关于刘定瑞坚持欲与其女儿订婚并欲来面见请备案饬警保护的呈》(二),1924年10月。

⑬《大清律例》,法律出版社1999年版。

⑭《中华民国民法·第四编》,《中华民国现行法规大全》第一册,商务印书馆1936年版。

⑮"自由结婚,凡年龄未满二十岁者须得法定代理人同意,否则得请求撤销",《大公报》1931年3月19日。

⑯"地方新闻·北京·一对情场失意人",《民国日报》1921年7月22日。

⑰⑱《北京市档案馆馆藏北京地方法院档案》,J65-22-549,解除婚约,1946年5月。

⑲《北京市档案馆馆藏北京地方法院档案》,J65-21-2147,解除婚约,1945年6—7月。

⑳ 北京市档案馆馆藏北京地方法院档案,J65-20-5209,解除婚约,1944年8—9月。

㉑ 北京市档案馆馆藏北京地方法院档案,J65-21-2860,解除婚约,1945年5月。

(《北京社会科学》2006年第6期)

天津近代文学与公共文化空间

张宜雷

天津近代文学曾经在19世纪末骤然兴起,那时夏曾佑的"新诗"、严复的政论散文以及严、夏的小说理论,都已站到了中国文学的前列,成为"诗界革命"与"小说界革命"的先声。然而,此后中国文学的整体性变革来临之际,天津文学却出现了长时期的衰落,直到"五四"前后,才又重新繁荣。为什么会出现这种情况?此中原因,值得我们深思。

一

一个地域文学的兴衰,与该地域作家群体的聚散有着密不可分的关系。近代文学作为与传统文学不同的新型文学,也需要一批"近代型"作家——近代型文学知识分子的出现与聚合。之所以冠以"近代"二字,是因为这一批文学知识分子的生存方式、活动领域、作品传播方式等,都已与传统的文人有所不同,具有近代知识分子的特点。这一切导致了他们的思想观念、人生理想和价值取向的变化,最终又改变了他们的文学作品的形式和内容。

事实上,至19世纪末,天津已经形成了一个以严复为首的近代型知识分子群体。其主要成员有与严复共同创办《国闻报》的著名维新派学者、时任育才学堂教师的夏曾佑,曾任北洋大学堂总办的王修植,同在北洋水师学堂任教的萨镇冰,教育家卢木斋等。稍后成名的吕碧城亦是严复私淑弟子。严复在北洋水师学堂的学生中还有后来成为南开学校校长的张伯苓,以及后来成为著名翻译家的伍光建等人。

从以上诸人从事的职业中可以看出,与传统文人不同的是,这些知识分子几乎全部供职于学堂与报馆。讲学与办报,构成了他们的主要生存方式。

这一现象的形成并非偶然。学堂与报馆均为晚清西风东渐过程中出现的"新生事物",它们之所以成为近代知识分子的栖身之地,乃是因为二者都属于"公共文化空间"。

所谓"公共文化空间",是指近代以来伴随着城市市民社会产生的、以知识分子自身为主导的、不受官方控制的文化领域。它们与官方并不构成对立关系,却又不属于官方,而保持着自身的相对独立性。在19世纪末的天津,最重要的公共文化空间就是学堂与报馆。

传统知识分子即"文人"或"士",其主要生存空间是官场与田园。他们按照个人志趣及与官方价值取向的异同,或从政,或隐居。然而,作为知识分子,则应有对公众事务即"天下事"的志向与个人见解。而个人见解未必与官方一致,倘若相异,则虽有治平之志与才,亦只能隐居终身。而学堂与报馆的出现,却使近代知识分子有了新的人生选择。从事此类职业的知识分子可以对学生或公众发表自己的见解。其作为文化传承者所带来的使命感与责任感,在这些职业所形成的公共空间内得到实现,不必依附政治权力,不必认同官方的价值取向,却依然保持了作为知识分子对公众事务的关心。这就在仕、隐之外,开辟了新的人生道路,从而产生了一批淡出政治而又关怀民生、不入官场而又保持着积极入世精神的新型知识分子。也正是在这一公共文化空间之中,孕育了近代天津文学在19世纪末的繁荣。

二

然而,19世纪末天津这一地域性公共文化空间的存在,并不完全是当时天津政治、经济、社会生活与市民文化自身发展的必然结果,在很大程度上是晚清特殊的际遇与天津的地理位置造成的。作为中国唯一毗邻首都的对外通商口岸,1870年,天津成为清廷北洋大臣、直隶总督署驻地。随着洋务运动的兴起,由于时任北洋大臣的李鸿章作为洋务运动领袖在清政府中举足轻重的地位,天津成为洋务运动的中心和清政府实际上的宰相衙门。李鸿章出于兴办洋务和军事上的需要,在天津办起了机器制造局、铁路、电报、电话等各项近代工业和事业,也办起了北洋水师学堂、电报学堂、电气水雷学堂、武备学堂等各种近代学堂。稍后,随着甲午战争失败激起的兴办新式教育的呼唤,天津中西学堂(后改名天津大学堂、北洋大学堂)、育才学堂、法文学堂、俄华学堂等新式学堂也逐步兴办起来。

同时,随着天津城市生活的发展,作为公众传媒的报纸也开始出现。天津最早的报纸是1886年英国人创办的《时报》,稍后1895年德国人创办《直报》。虽然它们主要是为租借当局和在天津的外国侨民服务的,但毕竟使天津市民多了一个了解世界的窗口。有识之士开始认识到报纸是发表见解、批评时政的重要阵地。严复的《论世变之亟》、《原强》、《原强续编》、《辟韩》、《救亡决论》五篇重要政论,即发表于《直报》上。这一批政论的发表,引起了极大的社会反响,也使他看到了报纸的重要性,并产生了自己办报的信念。1897年10月,严复与友人夏曾佑、王修植、杭辛斋等人创办了《国闻报》。《国闻报》创刊伊始,即因新锐的见解为世人瞩目。在《国闻报》发表的45篇社论中,有23篇出于严复手笔。开"小说革命"先声之作《本馆附印说部缘起》发表于《国闻报》旬刊。《天演论》尚未发表,夏曾佑等人即已看过稿本。夏氏"新诗"流露的人类社会发展进化的观念,其来源亦出于此。可以说,19世纪末天津文学的高潮,正是以严复为核心的一批知识分子发动起来的。

然而,在天津学堂与报馆顺利发展的欢呼声中,却潜伏着一个巨大的危机:在晚清地缘政治的格局中,天津的优点是兼有毗邻首都与外贸港口之利。然而有一利亦有一弊,其弊也在离首都太近,容易受到中央政权的权力干涉,难以按照自身的规律运行。而在政治险恶多变的中国近代,中央政权一旦发生突变,便容易在天津引起连锁反应。这样的打击在现实中很快就来临了。

1898年9月,戊戌变法失败后,《国闻报》被查禁,后来又被售予日本人。不久,八国联军入侵,更使北洋水师学堂毁于战火,育才学堂也不复存在。严复等天津第一批新型知识分子苦心经营并赖以生存的公共文化空间,相继在大动乱中被毁灭殆尽。严复、夏曾佑被迫先后南下,其他人也纷纷离开天津。这一打击对天津刚刚形成的公共文化空间几乎是灾难性的。在此后相当长的一段时间内,由于失去了栖身之地,天津的新型知识分子一直无法形成群体。1899年,李叔同南下上海,后又远赴日本留学。曾在天津电报局做过领班、日后成为著名小说翻译家的周桂笙,此前就离开了天津,1900年在上海投身文坛。1903年,时任《大公报》主笔的连梦青,也因受到"沈荩案"的牵连逃亡上海,在那里开始了小说创作生涯。天津新一代文学知识分子中另一优秀人物吕碧城则被挟裹于北洋官僚集团的体制之中,其本来具有的民主主义与女权主义思想无从表露发挥,虽任职显要,却常有抑郁孤零之感。袁世凯称帝后,她也辞职南下了。

三

八国联军撤离后,天津长期处于以袁世凯为首的北洋军阀统治之下。虽然社会已逐渐稳定,工商业和城市建设也有所恢复和发展,但《国闻报》时代天津那种对新型知识分子的吸引力和凝聚力,却迟迟未能再现。形成这种状况的原因,是天津的公共文化空间仍未恢复到戊戌变法失败前的水平。从根本上说是袁世凯及北洋军阀集团专制主义的文化政策造成的。袁世凯吸取了此前清朝官方对报纸疏于控制的教训,采取了对学堂和报馆一手"软"一手硬的政策,即继续发展学堂,打压、限制报馆。

学堂与报馆虽同为公共文化空间,但二者亦有相异之处。学堂的讲述只面对学生,且须以教材为依据,教材内容多为基础理论或专业知识。而报纸则须公开地直接面对社会公众,内容多为当下发生的政治、经济、文化等领域对人们生活有着直接影响的事件。因此,学堂更注重基础的或专业的一面,报纸则表现当下的、社会的一面;学堂长于持久的文化启蒙,报纸长于制造轰动一时的社会影响;学堂的教育一般不容易与官方立场发生直接冲突,报纸的言论则难免不与官方立场发生某种冲突。

而在袁世凯等人看来,学堂因为有可为其培养人才的作用,故允许继续存在;而报纸言论或报道反映的社会状况,有使清廷或袁世凯之种种不可告人行为暴露于光天化日之下的可能,故必须严加防范。同时,袁世凯亦想利用报纸,制造舆论为己服务。因此,他一改此前清廷视报纸为洋人所办的异物,避而不看、尽量疏远的作法,而采取了一整套对报纸控制、打压的政策。袁世凯令部下创办了《北洋官报》,作为自己的御用报纸。同时,对具有资产阶级革命派倾向的报纸,如《新世纪报》、《民意报》、《国风日报》等,一经发现即严厉查禁、打击。而对于一般报人所办的报纸,则威胁与利诱兼施,强行将其纳入自己统治的轨道。如当时天津影响最大、发行最高的《大公报》,其创办人英华本与袁世凯多有交往,但在1905年,《大公报》因鼓吹报道抵制美货的爱国运动,遭到袁世凯的查禁,费尽周折才得以复刊,而此后言论的锋芒锐减。

在《大公报》任职的吕碧城,因与秋瑾交往,一度也被袁世凯列入欲抓捕的黑名单。后经严复等人出面作保,才未被捕。1914年,天津《国风日报》记者、著名教育家严修的学生吴慕尧,撰文指斥袁世凯阴谋窃国称帝,袁世凯令人查封该报报馆,捉拿吴慕尧。吴逃往上海,但终因奸人告密,被捕杀害。在袁世凯的专制统治下,天津报纸数量虽然不少,但谈及政治大多噤若寒蝉。有些报纸干脆以"不谈国事"相标榜,形成了一种虽有报纸却无言论自由的怪异状况。

袁世凯及其北洋军阀集团统治期间对天津报界的摧残,使这一时期天津的公共文化空间被严重压缩、扭曲。天津对新型知识分子的吸纳功能大为降低,而本地的文学人才也不断流失。

四

学堂以基础教育为主的方式虽貌似迂远,但在近代基础教育中蕴涵了最基本的人性启蒙和理性思维。以这种人性与理性的眼光观察社会,自然会得出否定封建专制或军阀专制的结论。学堂教育这种"远功",为急功近利的行为所不及。正是在这些学堂中,又一次容纳和培育了天津的新型知识分子,并使天津近代文学得以复苏。

天津作为一座近代快速发展起来的大城市,有着旺盛的文化需求和活跃的文化生活。舞台演出的各种戏剧类文艺品种,在这里有着深厚的土壤。1906年,留学日本的天津艺术家李叔同,与曾孝谷等人组建留学生文艺团体"春柳社",演出话剧《茶花女》与《黑奴吁天录》,揭开了中国话剧的序幕。

同时,天津的近代教育也在逐步发展。1904年,由著名教育家严修创办、张伯苓任校长的南开学校的建立,是天津教育史上的一件大事。通过严修、张伯苓的努力,南开学校很快进入全国第一流学校的行列。梁启超、汤用彤、老舍等人都曾在南开学校任教,张彭春、梅贻琦、赵景深、曹禺等人皆自南开学校毕业。20世纪初,南开学校已成为继北洋水师学堂之后天津又一容纳和培育近代知识分子的聚才之地。

1908年,张伯苓从欧美考察教育归国后,借鉴西方一些优秀学校的做法,以"练习演说,改良社会"为目的,开始组织南开学校师生在课余排演话剧。上演的第一出话剧是1909年张伯苓自编自导的《用非所学》。1914年,南开新剧团正式成立。1916年,张伯苓的胞弟张彭春从美国哥伦比亚大学文学院获硕士学位后归国,任南开中学新剧团副团长。张彭春在美国留学期间即开始研究欧美现代话剧理论和编导艺术,并尝试用英文进行话剧创作。1910年10月,张彭春归国前完成的独幕剧《醒》在《南开季刊》上用中英文对照发表。虽然《醒》因艺术手法过于超前而未能及时上演,但张彭春1918年创作并公演的五幕剧《新村正》仍然堪称国内最早的真正具有现代话剧结构和写实主义审美品格的剧作。张彭春创作并部分由他执导上演的这一批剧作,不仅使南开话剧越过"文明戏"达到了现代话剧的高度,而且也开创了中国现代话剧的新纪元。胡适曾说:"南开学校所编的《一元钱》、《一念差》、《新村正》颇有新剧意味,在现在中国新剧界,要算他们第一了"①。虽然南开学校是把话剧作为训练学生讲演表达能力的一种方式来提倡的,但也恰恰应和了中国青年一代渴望寻找包括戏剧在内的文学艺术现代形式的心理。因此,当被称为"文明戏"的早期话剧因商业化、庸俗化而走向衰落之际,南开学校能够以一校之力,坚持严肃话剧的艺术品格并不断探索和前进,成为中国现代话剧的发源地,也就不是偶然的了。

可以说,在黑暗而混乱的北洋军阀统治时期,天津文学正是在南开学校这一公共文化空间的角落,以学校话剧的形式,成功地进行了一次向现代文学的"突围",从而打通了由早期话剧向现代话剧过渡的通道,使天津文学汇入了"五四"新文学运动的洪流。这是南开话剧对天津文学和中国文学的卓越贡献。

纵观天津近代文学的发展历程,我们看到:凡是公共文化空间扩展、恢张的时候,文学就发展、繁荣;凡是公共文化空间被压抑而收缩的时候，文学就衰落、枯萎。天津近代文学作为一种近代都市社会的公众文学，不仅其产生得益于19世纪末天津公共文化空间的形成，而且它的盛衰也与公共文化空间的伸缩有着密不可分的关系。

注：

①《胡适日记》，转引自《南开话剧运动史料》，南开大学出版社1984年版。

（《天津社会科学》2006年第6期）

中国近代外贸埠际转运史上的上海与天津(1866—1919)

唐巧天

引　言

上海拥有优越的地理位置和港口优势,开埠后凭借外贸而兴起,一跃成为近代中国的经济中心城市。作为全国外贸中心,上海的外贸发展并非全是向外的,向内与各口岸间展开的密切的埠际贸易,为上海的对外贸易提供了广阔的腹地和强大的驱动力。对上海的埠际贸易研究一些学者已经予以关注,对之做了概述性的或区域性的阐述,并划分了初步的层次①。但是对上海与各口岸间具体的埠际贸易关系,目前还没有专门的研究。如华北的天津、华中的汉口等都是各大区域的中心口岸,也是上海埠际贸易最重要的对象,这是为大家所熟知的。然而,上海与这些口岸间的埠际贸易在它们各自的贸易中究竟占什么地位,又是如何变化的,目前还没有具体的研究。

上海的埠际贸易本身是一个复杂的体系,可以根据其贸易性质的不同作进一步的细分,其中外贸埠际转运一度是上海埠际贸易最重要的内容。外贸埠际转运指的是上海与各口岸之间开展的与对外进出口相关的贸易往来,主要指上海将从国外进口的洋货转运至各口,同时将各口运至上海的土货转运到国外,上海成为各口岸对外贸易的中转点。因此,外贸埠际转运是上海作为全国外贸中心对国内各口岸影响力的重要体现。同时,各口岸与上海间的外贸埠际转运是一个复杂的过程,上海对各口岸的外贸转运影响力有相当高的时期,也有下降的时期,并非一成不变。探究上海与这些口岸间外贸埠际转运的变迁过程,对于了解上海对各口岸乃至各区域外贸影响力的变化、上海全国外贸中心地位的变化乃至对上海在全国的经济地位给予客观的评价,均有十分重要的意义。

天津是华北开埠最早最重要的口岸,与上海构成南北洋进出口的首尾,大量的进出口商品在上海和天津间流转输运,在相当长时间内成为天津乃至华北对外贸易的主要方式。但随着独立进出口能力的增强,19世纪末20世纪初开始,天津渐渐脱离上海外贸埠际转运的影响范围,上海对北方外贸影响力随之下降。就沪津间外贸埠际转运的研究来说,向为天津学者关注较多,故以往的研究成果多侧重从天津角度阐述,缺乏对沪津间外贸转运的整体研究,尤其缺少以系统的数据有力地反映这种转运在二者对外贸易中所占的地位及其变化情况②。因此本文拟在他人研究基础上,以大量系统的海关统计资料、文字资料及英国驻上海领事年度贸易报告为依据,将沪津外贸埠际转运的变迁作为一个整体进行考察,并借此探讨上海对北方口岸外贸影响力的下降趋势,进而对上海作为全国外贸中心地位的变化,有一个更全面更清楚的认识。

一、上海与天津的洋货外贸埠际转运

上海作为外贸中心,是进口洋货最重要的集散地,每年大量洋货由上海进口再转运至各主要口岸。天津开埠后很长时期内直接进口能力很弱,对上海洋货转运十分依赖。1895年后天津直接进口能力逐渐提高,20世纪初已摆脱对洋货转运的绝对依赖,此后逐渐脱离上海洋货转运的影响范围。

(一)沪津洋货外贸埠际转运紧密时期(1866—1895年)

数据来源:根据《中国旧海关史料》相关年度数据整理而成。③(见图1)

说明:(1)上海洋货转运天津值采用上海海关统计数据,因天津海关数据只有少数几年有此统计。(2)1867年上海海关数据缺,采用天津从上海进口洋货值代替;1872年上海海关数据缺,采用天津从国内口岸进口洋货值代替。(3)1868—1870

年海关年报所需数据缺，故按变化趋势绘制。

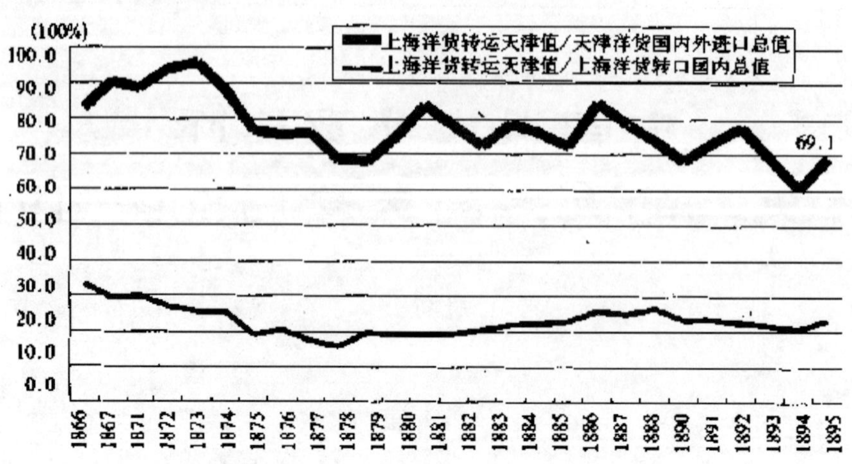

图 1　1866—1895 年间沪津洋货外贸埠际转运比重

天津开埠后没多久已成为华北最大的洋货集散地，但"天津乃中国进口货之最大销场之一，虽纳有所进洋货之大部，却非直接取给于生产国，而系经由上海转来"④。上海洋货转运天津占天津进口总值年平均 77.6%，可见天津依赖上海转运进口的程度之高。而从上海角度看，1866—1895 年间转运天津的洋货占上海洋货转运国内值年平均 23%，天津已成为上海进口洋货稳定的销场之一。

棉制品和鸦片是当时中国的主要进口商品，也是当时沪津间外贸转运的主要洋货。由表一可知棉制品和鸦片占天津进口总值比重一度在 80% 左右，是天津主要的进口商品，而这两种洋货天津在 1895 年前独立进口非常少，几乎全部经国内口岸转运，主要是经上海转运而来。

表 1　天津进口棉制品、鸦片比重表

年份	天津进口总值（海关两）		棉制品			外国鸦片		
			占天津进口总值比重（%）	由国内口岸进口（海关两）	占棉制品进口总值比重（%）	占天津进口总值比重（%）	由国内口岸进口（海关两）	占鸦片进口总值比重（%）
1870 年	12 082 993	87.3	56.9	6 295 059	91.6	30.4	3 676 975	100
1875 年	8 548 490	77.5	56	4 759 981	99.4	21.5	1 772 280	96.2
1885 年	12 516 208	75.3	68.4	8 365 423	97.7	6.9	858 921	100
1895 年	23 382 529	59.8	56.8	13 154 046	99	3	685 555	97.7

数据来源：根据《中国旧海关史料》相关年度天津海关数据整理而成。

1. 棉制品

天津开埠后不久已成为全国重要的洋布输入和集散中心⑤，1865—1895 年间其棉布输入量已占全国洋布进口总数的 1/4 强，甚至超过了上海而位居全国之首。然而天津棉制品直接由国外进口值却微乎其微，90% 以上都由国内口岸进口，其中绝大多数来自上海。以 1884 年为例，选取天津进口的几种主要棉制品，其中由上海转运占天津进口数比重高达 98.7%，几乎是天津棉制品的唯一来源。

表2　1884年上海转运天津的主要棉制品表　　单位:疋

	上海转运天津数	天津进口总数	占天津进口比重(%)	上海进口总数	占上海进口比重(%)
总计	2 525 873	2 558 548	98.7	8 618 521	29.3
原色布	1 148 027	1 150 401	99.8	4 619 193	24.9
标布	446 344	455 411	98.0	1 755 361	25.4
白色布	567 571	569 285	99.7	1 398 513	40.6
美国粗斜纹布	193 987	206 230	94.1	464 108	41.8
美国细斜纹布	33 820	38 610	87.6	44 470	76.1
红布	136 124	138 611	98.2	336 876	40.4

数据来源:李必樟译编:《上海近代贸易经济发展概况》,1884年贸易报告,第673—674页。

从上海看来,天津是上海进口棉制品的最大销售地之一。天津是上海进口白色布的最大消费地,并在上海进口斜纹布、粗布、标布等多种棉制品的转运去向中,连续多年名列前茅[⑥]。以1884年为例,上海进口的几种主要棉制品中约三分之一转运往天津,有些品种如白色布、斜纹布、红布等40%以上都转运往天津。作为主要销售市场,天津对上海进口棉制品的贸易也有影响。1867年天津通向内地的水道干涸,不但增加了商品运往内地的陆路运输费用,并且由于缺水引起歉收降低了当地对于进口商品的购买力,因而减少了对进口商品的消费量。这一年上海进口白色布的数量即减少了32%,平均价格也下降了64%,其原因就是"天津市场在通常的活跃季节中却出现了淡季所引起的"[⑦]。

2. 鸦片

开埠后,天津很快成为鸦片进口的重要口岸,其进口的外国鸦片多经上海转运而来。1867年天津共进口鸦片4 602 987海关两,其中4 403 989海关两经上海转运而来,占95.7%[⑧]。1888年进口鸦片中除了9.6担由香港进口外,"余者照旧经由上海转至本埠"[⑨]。由表一数据可知,天津直接由国外进口的鸦片数量非常少,有些年份根本没有直接进口的鸦片,全部由国内其他口岸运来,主要是从上海运来。英国驻沪领事报告中也评论道,天津是"由上海供应进口鸦片的"[⑩]。

从70年代开始中国土烟的种植大为发展。清政府想以土产鸦片代替进口鸦片,又想对土烟课以重税以增加税收,对北方种烟大为鼓励。因此山东、山西、陕西、河南、直隶及华南广东、四川、云南的土产鸦片皆涌入天津,天津进口鸦片逐渐减少。鸦片占天津进口总值比重在1870年尚有30%,1895年则已降至接近3%了(见表一)。而从上海进口鸦片转运天津的统计数字(见表三)中可看出,天津本是上海进口鸦片的主要销售地之一,尤其是波斯鸦片,70年代末期运往天津的数量尚占上海进口鸦片的1/4强,但是随着土烟的发展,这一比重不断降低,1884年已没有波斯鸦片由上海运往天津了。而上海洋货转运占天津进口总值的比重也从1873年的95.8%下降到1895年的69.1%,然而尽管有所下降,这一比重还是相当高的(见图1)。

表3　转运天津的鸦片占上海进口鸦片比重表(%)

	1879年	1880年	1881年	1882年	1883年	1884年
印度鸦片	13	9.9	9.7	8.7	8.4	7.3
波斯鸦片	25.8	26.3	29.5	15.8	2.2	0

数据来源:《上海近代贸易经济发展概况》,1880—1884年领事报告。

(二)沪津洋货外贸埠际转运疏离时期(1896—1919年)

上海与天津间的洋货外贸埠际转运关系在1895年后开始有了改变。《中国旧海关史料》中关于沪津洋货埠际转运的数据在1896—1919年间不全,故只能摘取有统计的年份,试从中略窥二者转运关系的变化。从现有数据来看,1895年后上海洋货转运天津占二者比重都出现了比较明显的下降(见图2),这说明二者的洋货埠际转运关系开始出现疏离。但是更为明显的变化出现在1905年以后。

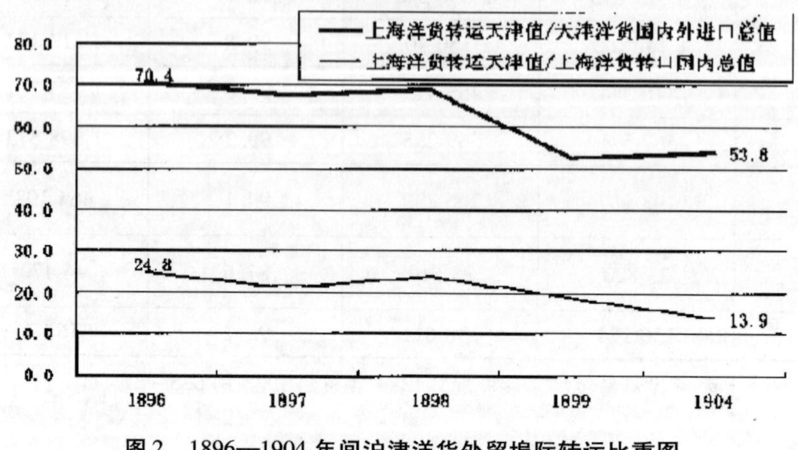

图2 1896—1904年间沪津洋货外贸埠际转运比重图

数据来源:根据《中国旧海关史料》历年数据整理。

说明:1900—1903年间沪津洋货外贸转运数据缺,故按变化趋势绘制。

开埠后相当长时期内,天津直接进口值如表4所示,1875、1885年直接进口占进口总值的比重仅在10—15%之间。但1895年这一比重已上升到了23%,此后继续发展,1905年直接进口值首次超过了从国内口岸进口值,占进口总值的比重飙升到52.1%。天津与上海间的洋货外贸转运也随之发生了改变。1905年津海关贸易报告中记载道:"本年特别之事,系商人向外洋交易,并不经过上海。"[11]直接从外洋进口,可以节省经上海的经理人转购、出入栈及运输费用,更为有利可图,早为天津外商所期待,因此一经发展即越来越活跃[12]。至1919年天津直接进口比重已达77.1%。随着天津独立进口能力增强,对上海洋货转运的依赖性随之减弱。津海关税务司也评论道:"册内所列进口洋货,由通商口岸运津者,不无退步,实皆直接向外洋各产货场交易,不由沪购,职是故也。"[13]

表4 天津直接进口值表(1875—1919年)

年份	进口总值(海关两)	直接进口值(海关两)	直接进口所占比重(%)
1875年	8 548 490	962 781	11.3
1885年	12 516 208	1 663 766	13.3
1895年	23 382 529	5 367 536	23.0
1905年	60 429 273	31 463 208	52.1
1910年	54 038 216	32 678 087	60.5
1915年	55 666 045	40 636 947	73.0
1919年	86 740 924	66 882 879	77.1

数据来源:根据《中国旧海关史料》历年数据整理。

从贸易国别来看,19世纪90年代后天津对英、美、欧洲大陆的直接进口值增长迅速(见表5)。1901年西伯利亚大铁路开通,1900年后太平洋航线的增多和远洋货船的增加,都为天津的直接贸易创造了条件。由于清政府与英国的协商,鸦片的进口自20世纪初开始逐渐减少,棉制品成为天津进口的最大宗商品。原本天津的棉制品几乎全部经上海转运进口,随着直接进口能力的增强,其进口棉布"由上海转运来津者逐渐减少”⑭。1907年天津进口的棉布中,只有素色布由上海转运天津比直接进口多,其他各色布匹,多半直接由欧美各国订购来津⑮。此外天津还可以直接进口美国面粉、煤油;德国机器、军火、染料;比利时的铁路物料、电气器具、机器并玻璃等;法国的丝棉栏杆缠带、布疋并洋酒等。不但直接进口的品种增加,数量也大为增加,经上海转运量随之减少。

表5 天津直接进口主要国别表

	1875年		1885年		1896年		1907年	
	进口值(海关两)	占进口总值比重(%)	进口值(海关两)	占进口总值比重(%)	进口值(海关两)	占进口总值比重(%)	进口值(海关两)	占进口总值比重(%)
日本	119 117	12.4	120 691	7.3	913 316	13.7	9 424 000	24.2
英国	6 295	0.7	325 112	19.3	1 663 788	25.0	10 407 000	26.7
欧洲大陆	26 368	2.7	139 441	8.4	838 944	12.6	8 730 000	22.4
美国			13 796	0.8	244 508	3.7	5 601 000	14.4

数据来源及说明:根据《中国旧海关史料》相关年度数据整理。1904年以后这部分数据缺,1907年数据系据吴弘明整理《津海关年报档案汇编》1907年所载数据整理。

19世纪90年代以后,天津对日贸易快速发展,《马关条约》的签订使日本获得更多有益的权益和巨额赔款,1905年日俄战争日本又取得俄国在中国东北三省的特殊地位,对华贸易发展更为迅速。1907年天津直接对日进口已占天津直接进口的24.2%。而第一次世界大战期间,欧洲各国忙于参战,日本借此时机大量向中国倾销商品,对日直接进出口占天津直接贸易值高达65%以上(见表6)。其时“欧美既不能完全供应,故洋货来源,几全由日本”。棉制品是天津当时进口大宗,“惟布疋销路最旺,欧美既不能供其所求,则布疋来源全由日本”⑯。其他商品如化学用品、电料、纸张及颜料等,天津也多向日本直接进口。天津与日本在地理位置上距离较近,具备开展直接贸易的优势,无需经上海转运。对日直接进口的发展,是天津依赖上海外贸转运减少的一大原因。

一战间美国和日本同为天津主要贸易对象国,而天津与美国的进口贸易也无需全赖上海,据关册记载,天津进口商品由美国直接运来为多数⑰,或“多经由日本口岸,而非沿海口岸直抵上海转运津埠也”⑱,依赖上海转运比重大大缩减。

表6 天津直接进出口贸易国别表

	1917年	1919年
国别	占天津直接贸易值比重(%)	
日本	67.26	65.26
美国	15.08	17.56
英国	3.43	4.42

数据来源:根据王怀远:《旧中国时期天津的对外贸易》相关数据整理,《北国春秋》1960年第2期,转引自姚洪卓主编:《近代天津对外贸易》,天津社会科学院出版社1993年版,第77页。

与此同时,上海洋货转运国内值中转运天津的比重也出现了下降,从1896年的24.8%下降到了1904年的13.9%。1905年后随着天津直接贸易的发展,这一比重继续下降,并对上海洋货集散中心的地位产生了一定影响。上海海关十年贸易报告中指出,“近来有一种明显的趋势,即一些较大的外地口岸,不经上海转口,直接从外国进口。不然的话,上海的贸易也许会比实际的发展更大”⑲。而上海享有的货物分发中心的地位,也“由于汉口、天津、胶州等对外通商口岸的进口商越来越倾向于直接同欧洲、美国打交道而不是从上海进货,已受到相当大的影响”[20]。

二、上海与天津的土货外贸埠际转运

沪津间的外贸埠际转运除了洋货之外,每年还有大量土货由天津运往上海,经上海转运出口。天津土货直接出口发展速度较慢,一战前仍主要依赖上海转运出口。随着天津出口商品的改变,及一战间直接出口的迅速发展,20 世纪 20 年代前天津已摆脱对上海土货转运的绝对依赖。

(一)沪津土货外贸埠际转运紧密时期(1866—1895 年)

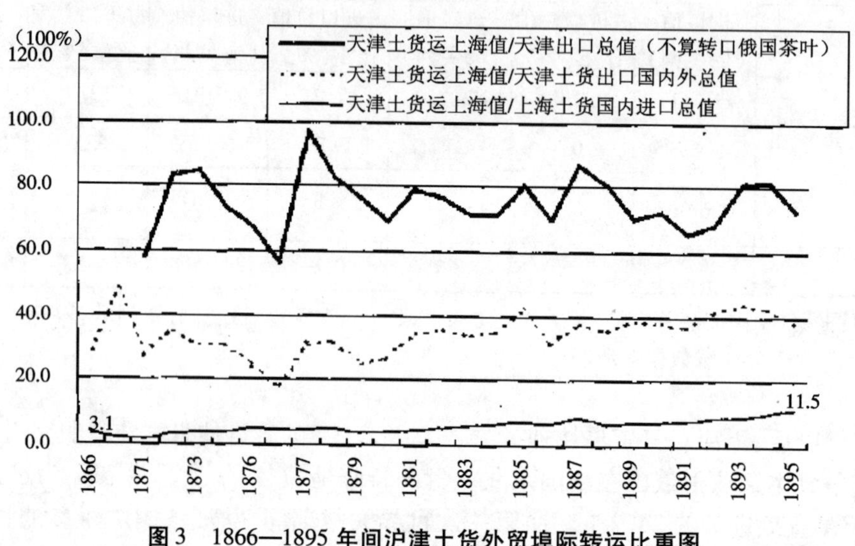

图3 1866—1895 年间沪津土货外贸埠际转运比重图

数据来源:根据《中国旧海关史料》历年数据整理。

说明:(1)天津土货运往上海值均采用上海海关统计数据,个别年份与天津海关的进出口总值比例计算由于两个海关统计之必然误差而超过 100% 的,采用天津海关统计数据,如 1873—1876 年天津土货运往上海值以天津海关数据为准。(2)1866、1867 年津海关年报中无转口俄国茶叶值统计。(3)1868—1870 年海关年报所需数据缺,故按变化趋势绘制。

1. 天津出口土货中的特殊部分

1866—1895 年间经上海转运出口值占天津土货出口总值年平均 34.3%,为图三中虚线代表的部分所示。这一比重并不像想象中那样与进口方面的比重一样高,主要是因为天津虽然直接出口能力不强,但在中国对俄茶叶出口中却占据重要地位,茶叶经天津由陆路运送俄国,“不特省事抑且省钱”。因此天津长期保持着对俄茶叶贸易的主要运输量,“若将此量估为北运茶叶之九成,谅必无误”[21]。这部分出口的茶叶对于天津来说属于复出口商品,但在其出口总值中占据了重要位置。因此从天津出口总值中来看,经上海转运的比重并不算特别高。

2. 天津依赖上海转运出口的土货

如果去除对俄直接复出口茶叶的部分,天津对其他国家的出口与复出口中,经上海转运的平均高达 75.2%,如图三第一条折线所示,与洋货经上海转运的年均比重 77.6% 基本接近。可见天津除去可以直接对俄国进行茶叶出口贸易以外,在对其他国家出口中依赖上海转运的比例还是很高的。

开埠初期天津运往上海的土货十分贫乏。当时天津腹地商品经济还不够发达,“山西以壤地贫瘠、物产无几而出名。蒙古有广阔无垠之草原,除牛羊之外亦罕有所出”[22],无法为天津提供足够多的出口商品,因此天津在开埠以后相当长时期内出口商品十分有限。以至海关贸易报告中直接写道:“出口货其数之少、其价之低,致统计册内之出口部分读之深感乏味。”[23]因此 19 世纪 60 年代末在上海土货来源中,天津所占比例仅 3% 左右,微不足道。(见图3)

但是从 70 年代后期开始,天津的出口贸易开始逐步发展,草帽辫、骆驼毛、绵羊毛、山羊绒、绵羊绒、山羊皮褥、生皮以及猪鬃等出口逐渐增多,80 年代已形成其出口大宗。而这些土货多运往上海出口。海关报告评价道:“土产径运外洋者稀少,似可无庸论及,惟所出各项皮及羊毛、骆驼毛、猪毛、羊皮褥、草辫等类运往上海者,多半系转运外洋。”[24]1891年出口绵羊绒约1 027 000海关两,只有约19 000海关两由天津直接出口国外,另有约32 000海关两由天津运往香港转运出口,其余皆“由津赴沪转运外洋”[25]。由天津运来的土货占上海的比重也在缓慢地增长,1895年已增长到11.5%,因此可见天津在上海土货来源中的重要性在不断上升。

(二)沪津土货外贸埠际转运疏离时期(1896—1919年)

随着天津独立进口能力的提高,天津的直接出口能力也得到了发展。据1901－1911年的津海关十年报告记载,“在最近五年中,驶到天津的远洋轮船数目日益增加,直接从美洲、欧洲和日本运货来津并且也运货回去”[26]。1902年天津直接出口运往美国的增长已足以引起注意,“盖缘美国销场极广,所以径运美国较捷于由上海转运也”[27]。1909年天津直接出口外洋达1 030 946海关两,比前一年几乎增长一倍,“进步堪为猛锐”[28]。

表7　天津土货直接进出口值表(1875—1918年)

年份	直接出口值(海关两)	出口往国内口岸值(海关两)	本国土货出口总值(海关两)	直接出口所占比重(%)
1875年	2559	1 687 228	1 689 787	0.2
1885年	73	3 744 998	3 745 071	0.0
1895年	549 941	8 608 983	9 158 924	6.0
1904年	2 069 362	12 826 017	14 895 379	13.9
1910年	3 181 683	21 836 468	25 018 151	12.7
1915年	15 333 933	34 526 031	49 859 964	30.8
1918年	26 441 850	24 738 205	51 180 055	51.7

数据来源:《中国旧海关史料》相关年度数据。

说明:本表取天津本口土货出口各值,以反映天津直接出口能力的发展情况。

但与天津直接进口在1895年后的迅速发展相比,天津1895年后直接出口贸易发展的速度较为缓慢,增长幅度也相对较小。直到1910年也仅达到天津出口总值的12.7%,仍有高达近90%运往国内口岸转运出口,主要运往上海。天津的主要出口商品,如猪鬃、皮毛、草帽辫、棉花等,仍“皆由上海转运外洋”。在海关贸易报告里甚至不论及天津直接出口的具体数目,“缘有多半由上海转运之货,以故未载于径运外洋货物册内耳”[29]。

1910年后,天津直接出口发展速度开始加快,尤其在第一次世界大战期间,天津直接出口发展迅猛。1918年直接出口值已经超过了经由国内其他口岸转运出口值,占天津出口总值的51.7%。

对日贸易的兴起,是天津直接出口发展的一大原因。随着20世纪初对鸦片的禁止,北方原本种植罂粟的地区大量改种棉花,棉花出口逐渐脱颖而出,成为天津出口第一位的大宗商品[30]。1910年后,天津棉花出口不断发展,而日本是主要对象国。当时正值日本纺织业发展时期,对原棉需求较大,华北棉质好,而中日交通方便,运费低廉,天津逐渐成为日本进口原棉的基地。在天津棉花出口总量中,直接出口日本的要占50%以上,有时甚至高达70—80%[31],促进了天津对日直接出口的发展。

第一次世界大战期间天津对日直接贸易发展更为显著。大量皮毛、皮货、棉花、猪鬃运往日本,加工成军需品,销往欧洲,获取暴利,日本军需加工制造业一时大兴。对日直接进出口占天津贸易国别的65%之多(见表6)。一战前天津猪鬃多为英美所购,一战爆发后则大量出口运往日本[32]。

此外,一战期间美国也成为天津直接贸易的主要国别。美国当时国内日渐富裕,所需物资甚多,而当时各参战国及其属国,均禁止制造衣物的原料出口,因此“其应用物品,只可取之华北商场,送使本埠出口贸易咸获厚利焉”[33]。美国也进口大量皮毛发展军需加工制造业,以满足欧洲战场的需求。羊皮出口一战前原以伦敦为最大出口对象,但一战间即转向美国圣路易城[34]。美国成为天津的主要出口对象国,而天津对美出口经上海转运的并不多,而是“多经由日本口岸,而非沿海口岸直抵上海转运津埠也”[35],经日本运往美国“其数驾乎运往上海转运出洋者之上”[36]。对日贸易的兴起,及一战期间对日、美直接贸易的增长,使天津直接出口的比重大为提高。

三、沪津之间:外贸转运关系变化的特点及其他

从全国看,上海是全国外贸中心和外贸中转枢纽港;从区域看,天津是北方最重要的口岸。上海和天津的外贸转运关系是上海作为全国外贸中心,对北方口岸影响力的主要体现。晚清以降,沪津间外贸转运关系经历了一个由紧密到疏离的变化过程,可将其分为两个时期来考察其变化特点:

(一)沪津外贸埠际转运紧密时期(1866—1895年)

1895年前,天津对上海外贸埠际转运处于绝对依赖的地位。这一时期,二者外贸转运关系的变迁有如下几个特点:

1. 天津对上海外贸埠际转运的单向依存

这一时期沪津间外贸转运占天津外贸的比重长期高达70%左右,而占上海外贸的比重却仅为10%—20%。因此沪津间的外贸埠际转运是天津向上海的单向依存,并且依存度相当高。显示出上海作为全国外贸中心对天津及华北的影响力。

2. 天津在上海外贸转运中的进口与出口地位不平衡

沪津间进出口两方面的外贸转运占天津的比重都很高,但是在上海外贸比重中则显出了进口与出口的不平衡。转运天津的洋货占上海洋货转运1/5左右,天津是上海洋货的稳定销场。但在上海土货来源中,天津所占比重却很低,到1895年也仅有1/10左右。因此,与上海间外贸转运对天津而言,在进出口两方面的都具有同样的重要性;而对上海而言,天津作为洋货销场的重要性多过作为上海土货的来源地。

(二)沪津外贸埠际转运疏离时期(1896—1919年)

1895年后,天津直接进出口开始发展,沪津外贸埠际转运关系开始逐渐疏离。这一时期,二者外贸转运关系的变迁有如下几个特点:

1. 天津直接进口能力发展较快,20世纪初即摆脱对上海洋货外贸转运的绝对依赖,此后更越来越脱离上海洋货外贸转运的影响。

2. 天津直接出口能力发展较慢,第一次世界大战间才迅速发展,到战后也摆脱了对上海土货外贸转运的绝对依赖。

3. 上海作为全国外贸中心,对华北影响力下降。

天津是华北最大的口岸,拥有广阔腹地,向为“蒙古东部,直、晋两省以及鲁、豫两省北部天然出入口”[37],其进出口贸易带动了腹地商品经济的发展,堪称北方外向型经济的龙头[38]。直到20世纪初,天津繁盛的进出口贸易可以说是以上海为指向的。上海通过与天津间的外贸埠际转运,间接影响着整个华北地区的外贸和经济。但是晚清以降,随着上海对天津外贸转运影响力的下降,上海对整个华北地区的外贸和经济的影响力也随之下降。

至于沪津间外贸转运关系的变化原因,涉及多方面的因素,如天津港口航道的治理、远洋航线的开辟、华北铁路网的形成、腹地经济的发展、对日贸易的发展及与贸易有关的金融、保险、通讯等相关行业的逐渐成熟等,难以一言以蔽之。因此本文集中于利用系统的数据,体现和分析沪津外贸转运关系的变化趋势,对于其转运关系的变化原因,将另文详加专述。

20世纪初以来,天津由上海外贸埠际转运的主要对象口岸,转变为全国独立进出口的重要口岸,脱离了上海外贸埠际转运的影响范围。这并不是孤立的现象,就北方其他口岸而言,20世纪前东北的营口和山东的烟台,对上海外贸转运依赖性均很大。20世纪初,大连取代了营口的地位,山东也兴起了另一个大港青岛,大连直接对日贸易发达,青岛直接对德、日贸易能力也很强,它们对上海外贸转运依赖很小。因此20世纪初以来,上海对北方口岸的外贸转运影响力不断下降。

而外贸埠际转运是上海外贸中心影响力的重要体现。19世纪60年代至20世纪初,上海外贸总值占全国外贸总值达50—60%,其中外贸转运占全国外贸总值比重高达35%左右,其转运影响集中在北方和长江流域主要口岸,通过这些口岸上海可将其外贸影响力辐射至大半个中国,的确堪称全国外贸中心。20世纪初以后,上海外贸转运占全国外贸总值比重开始下降,至20世纪30年代已降至仅15%左右。同时,以天津为首的北方口岸逐渐脱离上海的外贸转运影响范围,而南方口岸始终不在上海外贸转运的影响范围之内,因此上海的外贸影响只集中在长江流域。此时,上海在全国的外贸影响力已经十分有限了。20世纪初至30年代上海外贸总值仍占全国外贸总值的40—50%,但以其在全国的影响力来看,已难以再称为"全国外贸中心",应称为"全国最大外贸口岸"更为妥当㊴。

注:

① 关于上海埠际贸易已有的学术成果,有丁日初主编:《上海近代经济史》,上海人民出版社1994年版;戴鞍钢:《港口、城市、腹地——上海与长江流域经济关系的历史考察(1843-1913)》,复旦大学出版社1998年版;樊卫国:《激活与生长——上海现代经济兴起之若干分析(1870-1941)》,上海人民出版社2002年版;论文《民国上海埠际贸易的变迁(1912-1937)》,《社会科学》1997年第7期;凌小言、孙东华:《解放前上海口岸的对外中转贸易》,《上海经济研究》1992年第1期,等等。

② 涉及津沪间外贸埠际转运的研究成果有:姚洪卓:《近代天津对外贸易(1861-1948)》,天津社会科学院出版社1993年版,第32-34、第70页;张思:《19世纪天津、烟台的对外贸易与传统市场网络——以洋纱洋布的输入与运销为例》,《史林》2004年第4期;庄维民:《贸易依存度与间接腹地:近代上海与华北市场经济》,复旦大学历史地理研究中心编:《港口——腹地和中国现代化进程》,齐鲁书社2005年版。最新成果为樊如森:《论北方在近代上海经济发展中的作用》,《城市史研究》第23辑。

③ 本文主要数据来源为茅家琦主编:《中国旧海关史料(1859-1948)》,京华出版社2001年版。本文以下所引数据若非特殊说明,均引自该史料相关年度分册数据。

④ 吴弘明整理:《津海关年报档案汇编(1865-1911)》上册,1866年贸易报告,第15页。

⑤ 罗澍伟主编:《近代天津城市史》,中国社会科学出版社1993年版,第171页。

⑥ 李必樟译编:《上海近代贸易经济发展概况(1854-1898)》,1884年贸易报告,第672—677页。

⑦ 李必樟译编:《上海近代贸易经济发展概况》,1867年贸易报告,第144页。

⑧ 参见《中国旧海关史料》1867年津海关数据,以下若非特殊说明,数据均参见《中国旧海关史料》相关年度分册。

⑨ 吴弘明整理:《津海关年报档案汇编》上册,1888年贸易报告,第249页。

⑩ 李必樟译编:《上海近代贸易经济发展概况》,1880年贸易报告,第567—568页。

⑪ 吴弘明整理:《津海关年报档案汇编》下册,1905年贸易报告,第146页。

⑫⑭ 吴弘明整理:《津海关年报档案汇编》下册,1906年贸易报告,第158、159页。

⑬《中华民国三年天津口华洋贸易情形论略》,《中国旧海关史料》第64册,第386页。

⑮ 吴弘明整理:《津海关年报档案汇编》下册,1907年贸易报告,第173页。

⑯《中华民国六年天津口华洋贸易情形论略》,《中国旧海关史料》第76册,第376、379页。

⑰《中华民国四年天津口华洋贸易情形论略》,《中国旧海关史料》第68册,第377页。

⑱《中华民国七年天津口华洋贸易情形论略》,《中国旧海关史料》第80册,第384页。

⑲ 徐雪筠等编译:《上海近代社会经济发展概况(1882-1931)》,1912—1921年贸易报告,第176页。

⑳ 徐雪筠等编译:《上海近代社会经济发展概况(1882-1931)》,1902—1911年贸易报告,第139页。

㉑ 吴弘明整理:《津海关年报档案汇编》上册,1877—1879年贸易报告,第182页。

㉒ 吴弘明整理:《津海关年报档案汇编》上册,1865年贸易报告,第5—6页。

㉓ 吴弘明整理:《津海关年报档案汇编》上册,1869年贸易报告,第113页。

㉔ 吴弘明整理:《津海关年报档案汇编》上册,1891年贸易报告,第24页。

㉕㉙ 许逸凡译:《天津海关十年报告书(1902-1911)》,《天津历史资料》第13期。

㉖ 吴弘明整理:《津海关年报档案汇编》下册,1902 年贸易报告,第 114 页。

㉗ 吴弘明整理:《津海关年报档案汇编》下册,1909 年贸易报告,第 199 页。

㉘ 吴弘明整理:《津海关年报档案汇编》下册,1907 年贸易报告,第 174、175 页。

㉚ 姚洪卓主编:《近代天津对外贸易》,天津社会科学院出版社 1993 年版,第 144 页。

㉛㉜《中华民国六年天津口华洋贸易情形论略》,《中国旧海关史料》第 76 册,第 384 页。

㉝㉟《中华民国五年天津口华洋贸易情形论略》,《中国旧海关史料》第 72 册,第 374 页、第 379 页。

㉞《中华民国六年天津口华洋贸易情形论略》,《中国旧海关史料》第 76 册,第 381 页。

㊱《中华民国七年天津口华洋贸易情形论略》,《中国旧海关史料》第 80 册,第 384 页。

㊲ 吴弘明整理《津海关年报档案汇编》(1865—1911)上册,1877—1879 年贸易报告,第 170 页。

㊳ 参见复旦大学历史地理研究中心樊如森博士学位论文《天津港口贸易与腹地外向型经济发展(1860—1937)》(未刊稿)。

㊴ 本小节数据均根据《中国旧海关史料》相关年度数据计算而得。

(《史林》2006 年第 1 期)

租界、社会变革与近代天津城市空间的演变

刘海岩

近代中国商埠城市,尤其是设有租界的城市,其城市空间都有一个明显的特征:传统的老城和“现代的”城区并存。这种结构表现出城市从传统走向近代的空间过程。天津就是一个典型。打开一张20世纪天津城区的地图,或是浏览这一时期天津街巷的照片,都会感到似乎有两个天津:一个即使城墙已经拆除,但城区四至仍很明显的老天津,和一个由形状不一的道路网、风格迥异的欧式建筑组成的“洋”天津。

“物”的空间变化是社会演变的一种体现和标志,同时也是社会空间演变的组成部分。社会空间的演变是一个过程,它与社会变革之间有着很强的互动关系。社会空间演变与社会变革往往是同步的,甚至有学者认为,没有社会空间的变化,革命性的社会变革不会发生①。

近年来,有关近代城市社会的研究一直是一个热点。社会结构转型、社会阶层结构、城市下层以及城市社会文化等,都有不少的著述发表。空间要素纳入研究者的视野,使得城市社会的研究呈现出更加纷繁复杂的图景。

目前已经发表的有关城市空间的研究成果,关注点一是明清时期城市空间结构的研究②;二是不同形态的近代城市公共空间③④;三是近代社会变革与城市空间演变之间的关系⑤⑥。本文则希望以天津为例,来探讨通商口岸城市在清末民初的社会变革中,城市空间是如何发生演变的。

一

一般而言,前近代中国城市分为两种类型:政区中心城市和非政区中心型市镇。两类城市在空间结构上具有不同的特征。市镇的空间构成受到环境、功能、传统等多种因素的影响,或以钟鼓楼、庙宇等公共建筑为中心,或以会馆为中心。政区中心城市多为府州县的治所,空间结构更多地受到政治权力的影响。城市围有正方形或矩形城池,以城墙为界分城内城外,城内以城门定位形成十字街型道路网,鼓楼位于中心,衙门分布在城内北半部有利的区位。政区中心城市也会受到环境或其他因素的影响,在一些地区,尤其在南方或边远地区,城池形状会出现变化,如形成圆形或不规则形状的城池,城内布局也会发生一些改变,但是无论如何摆脱不了空间结构的基本模式,尤其是在多为平原的华北地区更是如此。

地处海河水系下游冲积平原的天津,最初并非作为区域行政中心,而是作为保障王朝首都供给的运输枢纽出现的。

与许多政区中心城市先有聚落形成,再设治筑城不同,当明王朝设天津卫并在三岔河口筑城的时候,这一地区并没有形成一定规模的人口聚落,最早的居民主要是来自远方的军队及其眷属。

城市的功能决定了城址区位,与南北运河的相对位置,成为天津城选址的首要因素。城建在南运河的南岸,因为只有南岸有建城所需的足够空间,也保证漕粮在南、北运河之间的驳运。

政区中心城市的筑城规模均有定制,决定城区面积的首要因素是设制的行政等级,与城市人口的多寡并无必然的联系。天津最初筑城之时,尽管是作为“卫所”,其面积是按照府城规模设计的。当时,城的设计是以其周长为标准,天津“城周9里13步”,是一般府城的规模⑦。明王朝政府在规划天津城的时候,显然注重的是其在政府供给系统中的重要位置,而非本地区的人口、经济等状况。

城的面积规模的大小,是城市地位的象征。然而,到了清代,随着天津城市行政地位的一次次提高,城的

面积并没有随之扩大,随着衙门的不断增加,使得天津城内非常拥挤。不仅天津府、县衙门在城内,天津河间兵备道、长芦盐运使、天津镇总兵等,都把衙门建在城内。大小衙门十数处,使得本来可利用土地面积就有限的天津城,更显得拥挤不堪,以致直隶总督从保定改驻天津时,只能把衙门设在城外了。

官方建筑是政治权力的象征。不同等级的衙署分布在城内中央街区的干道两侧,占据了有利的区位,尤其以城的北半部最为密集。官方庙宇,如城隍庙、文庙等分布在衙署附近。1900 年绘制的一张天津地图上标明,城内一共有各类衙门及其他军事、教育机构达 20 余处[⑧]。城内衙门如此之多,官僚阶层以及在衙门中做事、为官僚阶层或衙门服务的人口,占据了城内人口的大部分。为官僚等社会上层服务的商业,也成为城内主要的行业。

与一般政区中心城市一样,城墙围绕的天津城,城门、鼓楼、十字街决定城市的方位。四座城门开在四面城墙的中央,通向城门的南北、东西两条干道交叉在位于城中心的鼓楼。

如果说,城墙环绕的城市对外的意义是防御,是政权中心的符号,那么对内则更多的是社会控制,是等级社会空间的标志。城墙和城门是城市空间定位的最重要因素。城内的所有大小道路必须以城墙和城门为依归。不论街、巷,最终都必须与通向城门的十字街相连。城市与交通有关的一切设计都要以城门的规制为标准,如车辆的宽度、运载物品的大小。

城内也是大户人家喜欢居住的地方。清代天津的大商人,相当部分居住在城内。他们往往选择在距离城门较近、交通方便的街区建造住宅。在传统城市,政府对城区的规划一般只注重交通干道及衙门、庙宇与干道之间的空间关系。居住街区空间结构的形成,很大程度上是非政府的、社会行为的结果。大户住宅的构成,往往决定居住区的结构。一般居户的住宅则围绕大户分布,形成以大户为中心的胡同或街区。

传统城市商业区分布在城外,北门外和东门外运河和海河沿岸。影响城外生态结构的主要因素是城市水道和政府设置的税关。清代康熙元年设户部钞关于城北运河岸边,南运河北来的漕船及其他商船都要在此停泊纳税,于是“北大关”便成为最主要的运河码头。所有货物都要在此卸下,再转而通过北运河或子牙河码头运往京城或直隶各地。运河对岸又是通往北京的陆路通道。这一商业运输最繁忙的地区也成为传统时期天津的商业中心。

以北大关为中心,分别形成东西方向的三条道路构成城市的商业区。一条狭窄的小巷集中着城市大部分的金融机构——票号、钱庄;一条批发商行、货栈聚集的街道,成为南方商人汇集的中心;另外一条则成为零售商业聚集中心。商业批发、零售以及金融机构,都聚集在方圆不过数里的街区,与码头更是咫尺之隔。

与城内不同的是,城外街区道路沿河道走向分布,缺乏规划。尤其在运河河道呈河湾状地区,沿岸街区形成蛛网状的道路网。城外居民区一般分布在商业区或者运河沿岸、地势较高的地区。

传统时期的天津,其城址的选定、与水道的关系、城区的构成与分布,都与城市的功能紧密相关,空间结构具有较强的稳定性。如果没有社会变革的发生,很难想象这种结构会发生大的改变。

二

通商口岸的设立和租界的划分是引发天津城市空间演变的开端。从 1860 年英法租界的划分到 1903 年租界最后一次扩张结束,天津出现了八国租界并存,租界的总面积是老城区的数倍。与老城区的空间定位不同,租界的选址和规划首先考虑的是交通与安全。最早划定的英法租界位于距天津城大约 1 公里的海河岸边,平直的河岸为修建港口码头提供了基础。

当戈登在纸上绘出英租界第一张规划图的时候,欧洲城市的空间模式就被引入天津了。到了 19 世纪 80 年代,英租界的建设已端倪初现。以中央大道为主轴的道路网、港口码头、位于租界中心的教堂、市政厅和公园,形成了一个与中国传统城市迥然相异的城市空间。它没有众多官僚机构组成的权力中心,也没有对空间秩序和市民行为实行控制的城墙、城门等。

当时老城区的文人对租界的描述是街道宽平、洋房齐整、路旁树木葱郁成林,还有电线和路灯[⑨]。外国记者对英租界的印象除了道路、路灯和树木外,还有漂亮的英国式建筑、公园,以及专门供应欧洲商品的商店,欧式的旅馆、俱乐部、邮局等[⑩]。

租界设立之初,清政府采取在河道上搭浮桥设关卡,限制老城区人去租界,隔离两个城区的往来,以达到"华洋分治,中外界清"。老城区那些嘴里批判着"华夷杂处"的官僚们,只能私下里到"紫竹林"(租界)游玩,看"西洋景",品尝洋餐[11]。

海运贸易的兴起,租界与老城区之间商品流通量大增,以及人口流动的增加,对传统城市空间形成了冲击,城墙、城门和破旧失修的道路成为交通的制约。1882年,清政府学习"租界官道"的修筑方法,铺筑连接老城区和租界的道路,并采取租界的方法管理[12]。1887年,老城区的士绅曾提议增辟三处城门[13]。但是,整个19世纪,老城区的传统空间秩序始终没有被打破。

20世纪初期发生的社会变革,引发了天津社会空间的进一步演变。1900年,八国联军占领天津。清政府的逃亡和对城市统治的中断,城墙被拆除,各国租界成倍扩张,两大城区的藩篱被打破。1911年辛亥革命发生,清政府垮台,民国政府成立。此后政争不断,军阀混战,天津成为受军阀政治影响最大的城市。从壬子兵变到军阀战争,乃至北京城发生的每一次政变,都会在天津引发社会动荡。

治外法权的存在使租界成为特殊的政治"保护区",华人社会的"避难所"。一旦兵变或战乱发生,便有大量华人逃入租界躲避。他们从临时避难直至迁居,使得租界的华人人口迅速增加,成为租界社会的主体。1906年至1934年,英租界的华人人口从4 060人增至42 764人,外国人口从1 970人增至4 045人;日租界的华人人口从8 295人增至27 082人,外国人口从1 769人增至6 515人。法租界的面积小于英、德、俄等国租界,但是20年代成为商业中心后人口增长速度很快,从1906年的4 421人增至1936年的72 131人,居各租界之首。增长的人口绝大部分是华人[14]。

迁居租界的主要是来自北京的贵族、官僚、军阀和来自老城区的商人等。租界初设之时,大都曾制定过限制华人在租界拥有不动产或居住的规定。但是20世纪以后,随着租界的扩展和华人大量移居租界,各租界先后修改了有关法规或章程,承认华人在租界的置产权和居住权。有的租界还设法吸引华人上层到租界投资建造住宅和居住。1912年,当清朝垮台后京城贵族、官僚逃到天津寻求避难的时候,德租界取消了该租界"北区"不准华人居住的禁令,允许华人官僚和商人购置房地产和居住[15]。

伴随着华人上层而来的大量房地产和商业投资,刺激了租界地区的繁荣。1912年,英租界售出了38.414亩土地[16],工部局批准了70项建筑项目。这些建筑多为住宅,购地建房者是因动乱而避居租界的富有华人。1917年张勋率兵入京拥帝复辟,"由北京逃难到(天)津的人甚拥挤",在租界甚至很难租到房子[17]。上层华人大量购置土地,成为影响天津地价的重要因素。每当政局动乱或军阀战争发生时,天津的土地价格便急剧上涨,其主要原因之一就是前来避居的华人,尤其是来自北京的军阀官僚不惜重资,大量购置地产[18]。

与此同时,近代交通工具对这种人口流动起到了推波助澜的作用。1902年建成的河北火车站,到民国时期几乎成为来往于京津之间的华人上层的专用车站。1906年开始运行的有轨电车,到民国时期形成了连接老城区和租界的公共交通网。快捷、运载能力大而且票价低廉,使电车成为城市主要的公共交通工具。每当老城区发生动乱,华人便乘电车逃入租界。随着华人大量迁居,华商资本也向租界迁移,城市商业区也由"围绕旧城"演变为"沿电车道而发展"[19]。到了20世纪20年代,城市商业中心已经转移到电车主要经过的法、日租界。

租界繁荣的同时是老城区的衰落。20世纪初,失去传统政治权力中心地位的老城区走向败落。1903年广东会馆在老城中心的建立,就是权力中心地位变化的一个标志[20]。民国以后,历次兵变、战乱,老城区都是首当其冲,社会经济遭到严重的破坏。随着商人和商业资本纷纷迁往租界,老城区逐渐失去了商业中心的地位。到了20年代,老城往日的繁荣不再,"房屋狭小,柴草狼藉,儿啼号呼,大有乡中风味"[21]。

20世纪初袁世凯主政北洋时期,在老城以北开发建设"河北新区"。新区规划打破了传统城市模式,效仿租界,一条中央大道与数条道路交叉构成道路网。新区南端建铁桥跨海河与老城区相通,中部建公园,北端建火车站、公园等。从"北洋新政"时代到民国时期,天津地方政府都极力发展河北新区,意在与租界抗衡,振兴中国城区。几乎所有的政府部门和新式学校都建在新区。然而,政府的权力已经无法左右20世纪的城市发展了,城市的经济和社会重心不可遏制地向租界地区迁移,河北新区始终没有成为城市的中心。

三

租界完全改变了城市社会生态。在传统城市,城市空间的分布强调尊卑的社会秩序,而不是贫富阶层在空间上的隔离。尽管不同社会阶层的居住分布有相对集中的趋势,社会上层的住宅会影响到所在街区的空间构成,但是不会出现空间界线分明的"富人区"和"贫民区"。

租界则不然。按照欧洲城市空间模式建立的租界,通过土地的分级利用和管理,为不同的社会阶层提供不同的生存空间和生活环境。意租界1908年制定的章程中,不仅规定主要道路两旁的住宅建筑必须是欧洲式的,而且对住宅主人的社会身份也有明确限定,即居住者必须是"具备上等身份和名望的欧洲人"或是"海关道或其他中国高级官员"[22]。1924年修订的章程中,虽然不再对居住者的社会身份有明确规定,但是对置产和建造住宅的严格管理,以及对建造中式住宅的限制,实际上是对住宅区等级的划分[23]。

意租界位于海河东岸,所处区位并非城市中心。但是,由于租界规划和基础设施建设的成功,安全、幽静又有些隐秘,为寓居的军阀官僚阶层提供了隐居的环境,使其成为寓公麇集的"贵族租界"。

第一次世界大战后开发建设的英租界墙外推广界(今称"五大道"),最初的规划就是要建成一个实行分区制的高级住宅区。强调住宅区要满足对空气、阳光和运动娱乐的需要,住宅周围要留出充足的空地,住宅区内要建公园。建筑法规不仅对建筑的价值、外观有规定,而且还对住宅内空间的大小与人口的多少有一定的限制。根据这些法规的规定,这一地区只能建造别墅式住宅或高级公寓式住宅。高级住宅区的开发吸引了寓居租界的华人上层。据1922年租界工部局的统计,当年这一地区完工的30项建筑工程中,15项是华人登记建造的独居式住宅(dwelling house),有的还同时建造佣人住房、门房和汽车房[24]。到20年代末,这一地区已经成为华人社会上层聚居的中心。

租界开发高级住宅区,与华人上层向租界迁居,是互为因果的。华人上层尤其是"寓公"们,大都是因为政治原因而到租界"隐居"。他们形成了一个特殊的社会群体,投资置地多数是为了建造住宅。他们的流动和居住分布,与中国政局的变化以及租界的开发,形成了内在的联系。清末把天津作为政治基地的袁世凯,其属下的北洋要员都把住宅建在离老城区较近的奥租界。民国初年,加快发展的德租界甚得"寓公"们的青睐。辛亥革命后逃到天津的恭亲王侄子载伦在德租界购买了德国人的洋房,复辟失败后逃至天津的张勋也躲到德租界建豪宅"隐居"。第一次世界大战结束后,德、奥、俄租界相继被中国政府收回改为特区,失去了"避难所"的功能,英法意日租界又成为"寓公"们的首选。1924年溥仪被逐出皇宫后,逃到天津日租界,住在张园。追随而来的大批贵族、遗老和官僚们则大都分布在日、英租界。根据1927年的统计,天津的华人上层,有将近70%居住在英法意日四国租界。

除了"寓公"之外,只有少数大洋行的买办或在大企业中投资的商人,才有能力在租界的中心街区拥有豪宅。一般的商人或其他职业阶层,则居住在不同类型的公寓住宅。租界的边缘,则分布着出租给下层华人的狭窄的简易住房。租界的分区制,使得不同社会阶层的居住分布有了明显的空间划分。从中心街区到边缘街区,社会阶层呈现从上层到下层的分布,街区成为划分社会阶层的空间标志。

四

在租界,影响社会空间构成的要素已经不再是政治权力而是个人财富。伴随着20世纪初期的社会变革而出现的社会空间的演变,形成了以社会财富分配极不平等为特征的社会空间结构。

在租界成为社会上层聚居区的同时,贫民阶层则分布在城市的边缘[25]。这些贫民区中,面积较大者多位于租界以外的后城市化地区。1928年天津设为直辖市,商定市县划界时,这些位于城市边缘的贫民区是否应划入天津市区,还曾经引起争议[26]。

社会上层聚居的租界"富人区"和下层聚居的"贫民区"构成城市社会空间的两极。不同社区的地理空间界线分明,景观特征形成鲜明的反差。这种中心—边缘的空间模式,既表现在整个城市,也表现在每个租界。在社会空间分配的过程中,形成了明显的"中心化"趋向,城市资源和财富向中心区流动,基础设施、交通等投资也向中心区聚集。

这种社会空间结构的中心－边缘模式，是20世纪通商口岸城市的一般特征。然而，在不同城市，又显示不同的构成。把天津与上海加以比较，便会发现人口的空间分布有很大差别。从20世纪20年代到日本占领时期，上海租界与华界的人口比例几乎各占一半，1942年租界的人口更超过了华界。同一时期的天津却不同。尽管有八个国家的租界，总面积为华界的八倍，但是居住在租界的人口始终没有超过20%（见表1）。引发两个城市的华人向租界流动的主要因素，都与社会变革、政局动荡有关。但是，在不同的历史背景和区域环境下，出现了不同的结果。肇始于1853年的小刀会起义以及随后的太平天国起义，导致大量难民涌入上海租界，从而使"华洋分居"终结，不同阶层的华人成为租界的居民。20世纪以后，上海租界的华人构成，社会中下层占有很大的比例，甚至聚居在公共租界的中心区。多数产业工人也居住在租界的石库门住宅内[27]。天津则不然。尽管在民国初年，每逢战乱都会有大量华人逃到租界避难，但是最终成为租界居民的大都为有钱人。富人住租界，穷人住华界，这个特点在天津社会空间结构中表现得尤其突出。

表1　天津与上海人口分布比较(%)

	1927年		1942年	
	天津	上海	天津	上海
租借	18.44	43.0	13.37	62.2
华界	81.56	57.0	86.63	37.8

注：

① Henri Lefevre. *The Production of Space*. New York: Black Well Pubishers, 1991.

② 赵世瑜、周尚意：《明清北京城市社会空间结构概说》，《史学月刊》2001年第2期。

③ 王笛：《二十世纪初的茶馆与中国城市社会生活———以成都为例》，《历史研究》2001年第5期。

④ 熊月之：《晚清上海私园开放与公共空间拓展》，《学术月刊》1998年第8期。

⑤ 史明正：《从御花园到公园：20世纪初北京城市空间的变迁》，《城市史研究》第23辑，2005年。

⑥ 汪利平：《杭州的旅游与城市空间的演变(1911—1927年)》，《城市史研究》第23辑，2005年。

⑦ 陈正祥：《中国文化地理》三联书店1983年版，第73页。

⑧ 参见Drake, Noah Fields: *Map and Short Description of Tientsin*, 1900年印行。

⑨⑫ 张焘：《津门杂记》(卷下)，天津古籍出版社1986年版，第121—122页。

⑩ [俄]德米特里·扬契维茨基：《八国联军目击记》福建人民出版社1983年版，第26—29页。

⑪ 李兴锐：《李兴锐日记》，中华书局1987年版。

⑬ 储仁逊：《闻见录》，卷一下，稿本。

⑭ 李竞能：《天津人口史》南开大学出版社1990年版，第263、268、276页。

⑮ [德]华纳：《德国建筑艺术在中国：建筑文化移植》，柏林：厄恩斯特 & 索恩出版社1994年版，第60页。

⑯参见 *Minutes of Annual General Meetong of Landrenters of the British Concession*, P4，天津1913年刊印。

⑰ 沈亦云：《天津三年》，《天津文史资料选辑》第41辑，1987年。

⑱ 房师文：《天津市地价之研究》，1934年稿本。

⑲ 吴蔼宸：《天津电车电灯公司问题·华北国际五大问题》，商务印书馆1929年版，第33页。

⑳ 外地商人的会馆，大都建立在城外。但20世纪初，广东商人在天津老城中心购买运署衙门的土地，建起豪华的会馆。

㉑ 古修孙：《天津指南》，第10页，天津1922年刊印。

㉒《天津意大利王国租界土地章程和总法规(1908年)》，《近代史资料》第93辑，1998年，第153页。

㉓《天津意国租界章程》，1924年。

㉔ British Municipal Council of Tientsin. *Report of the Council for the Year*1922, P86，天津，1923。

㉕ 关于天津贫民区的分析，参见刘海岩：《近代华北自然灾害与天津边缘化的贫民阶层》，《天津师范大

学学报》2004 年第 2 期。

㉖ 天津市经济调整会:《天津市县划界调整》,1934 年。

㉗ 卢汉超:《霓虹灯外——20 世纪初日常生活中的上海》,上海古籍出版社 2004 年版,第 156 页。

[《天津师范大学学报》(社会科学版)2006 年第 3 期]

"新政时期"天津城市管理的近代化变迁

王良胜

清末新政时期,天津凭借其优越的政治、地理位置,经济发展尤为迅速,城市规模不断扩大,城市化水平也有了很大的提高,一时间成为与上海齐名的北方第一大城市。本文拟从城市管理的角度,剖析一下在这一时期天津城市管理的近代化变迁。

一、多元互动,构建近代化的城市安全与公共管理体系

"庚子之变"以后,天津地区的治安状况极度恶化,联军撤出之后,城内秩序更为混乱,"土匪游勇以及海洋大盗实繁有徒,商民受害无穷"①。针对这种复杂的治安形势,刚刚接任直督的袁世凯将在保定已经经过训练的2000名巡警调入天津,会同都统衙门原设的千余名华捕,共同构成了维护城市治安的警察队伍。警察队伍建立之后,立即开始了对犯罪活动的严厉打击。据《大公报》载,仅光绪二十八年(1902年)8月19日至11月4日,天津共处死32名混混。这种大张旗鼓的治安整肃运动,极大地震慑了犯罪活动,庚子前后一直动荡不定的地方治安得以"渐臻静谧,宵小不至横行"②。初步显示了警察在维护社会治安方面的有效性。为了维护这种相对稳定的治安局面,天津警察机构还改变了以往治安机构消极被动的治安管理模式。主动加强巡逻,加大治安防控力度,"巡警营兵丁在城厢内外昼夜逡巡,清理街道,盘诘奸宄,夜间按时换班,尤为慎重"③,这种做法取得了良好的效果,"宵小为之敛迹,百姓称诵,有夜不闭户之风"④。旧式的治安机构,除了担负治安缉查任务以外,很少留心于社会公共事务。天津警察建立之后,即开始全面介入城市公共事务的管理。天津"为北京诸河入海总经处,海通而后,各国轮船往来如织,土产运出,洋货输入,大交易场肆殷阗,冠绝一时。惟房屋之低矮,道路之污秽,街巷之狭隘,殊出情理外,沿海两面居民便溺,所率不能张目"⑤。为了维护城市的卫生环境,重塑天津的形象,天津巡警局明令通衢大道小街僻巷各处路口及贮水池等处不许大小便及废弃灰渣秽物以防疫,违者重罚⑥。针对城市灰尘较重的情况,警局还曾下令,早午晚三时洒水泼街⑦。城市形象的维护与管理,事情琐杂,几乎涉及社会生活的各个方面。比如,天津警局就曾与天津府县会同告示,禁止人们赤身裸体及大声歌唱⑧。严禁车夫光着膀子,要求其必须穿号坎⑨。要求保护路边树木,注意环境⑩。中国的传统城市,没有严格意义上的交通规则,因而在繁华商埠,经常是车马拥堵,人车混杂。这不仅严重地影响了城市的形象,也很容易引发交通事故。有鉴于此,天津南段巡警局多次张贴白话告示,呼吁人们重视交通安全,遵守交通规则。天津开通有轨电车之后,天津巡警总局又出示白话晓谕人民简章六则⑪,并拟定了交通警察办法⑫安排巡警沿路巡查,纠治违章交通事件,督促人们遵守交通规则。天津警察在破除旧陋习俗,整饬社会软环境方面也投入了巨大的精力。天津地区曾一度风行蹦蹦戏,"所有无耻之徒混迹其中,演唱淫词,装扮丑态……尤属不成事体"⑬。故而巡警局多次下令严禁演唱淫戏,对于借新戏之名私演淫戏之徒亦下令严惩⑭。以警察为代表的国家权力全面介入到城市公共事务的管理之中,不仅标志着清末国家权力的全面扩张,同时也代表着城市管理的近代化发展方向。

城市管理的重点在基层,充分发挥基层组织的尤其是保甲组织的作用是必不可少的。天津成立巡警总局后,重新恢复了保甲局,由天津县令通知18保地甲,取保登记,归巡警总局管辖。把旧式的基层管理组织纳入到了近代化的城市管理体系之中,不仅可以继续发挥它的作用,形成多层次的治安管理网络,将城市管理的触角深入到最基层的民众之中,有效的防控社会下层的不轨行为,而且这也在一定程度上缓解了天津当局警力不足的压力,减轻了财政负担。这种立体的、别具特色的城市管理控制体系在当时的中国城市管理中

是很鲜见的。

新政时期，天津行政当局还在借鉴天津租界管理经验的基础之上，继承原都统衙门时期的市政部门，设立了工程局、卫生局等专职的市政建设与管理的机关。这些机构的设立，对于稳定城市社会秩序，融合新旧两种管理体制，建立近代化的城市管理体系都打下了坚实的基础。这种以政府为主导，以近代化的城市管理机构为主要载体，融合社会基层管理力量的多元互动模式，在天津逐步构建了近代化的城市安全与管理体系。

二、官民携手，倡行自治，促进城市近代化"民主管理"体系的萌发

中国传统的管理体制采取的是高度集权的模式，就地方而言，一切政事皆责成于州县官一身。这种模式不仅缺乏行政效率，也缺乏对权力的有效监督，更不适合对于正在逐步走向近代化的天津的城市管理。袁世凯就曾说过：天津"城乡人民共有七十六万一千八百九十七口之多，责成知县一身，虽贤者不能为治。"[15]有鉴于此，袁世凯在清廷的支持之下开始在天津试办自治。天津的自治机关由议事会和董事会组成，议事会为决策机构，董事会为执行机构。根据天津自治章程的有关规定，议事会有权清理筹集地方入款、公款，地方经费的预算、决算，董事会负责人的监管与处分，同时可以决议本地区的教育、实业、工程、卫生、市场、警政经费等诸多的地方自治事务。议事会"对于地方官所办之事，得上书质问，地方官应解答之"[16]。董事会则根据议事会的决议，管理地方自治经费的收支，执行议事会的决议等。1909 年清政府制定的《城镇乡地方自治章程》规定，凡府、厅、州、县城厢为"城"，应为"市"的建制，因此天津的自治组织实际上就是一个城市的管理组织。

天津自治组织建立之后，充分担负起地方行政组织的职能。天津在新政时期城市建设的项目比较多，在市政建设过程中，市政建设当局经常因为利益问题与市民产生分歧乃至矛盾。在开修侯家后马路时，需要对道路两边的部分民居进行拆迁，引起了当地居民的坚决反对，为此，议事会多次召集当地的居民共商解决问题的办法。不仅如此，天津的地方自治机构在一定程度上也代表了广大居民的民意，海河工程局因栽种树木占用了大量民地，居民反响强烈，议事会便根据居民的要求，照会工程局将强占民地的树木全部拔掉，还地于民。这些举措，沟通了官民之间的联系，舒缓了民愤，化解了矛盾，有助于维护广大市民的利益，稳定了城市的社会秩序。这在官本位的封建时代，不能不说是城市管理一个重大的进步。

根据选举章程的规定，具备选举资格的大多为地方士绅和商人，因此地方自治机构的领导权也就掌握在这些人的手中。士绅阶层通过地方自治逐渐成为分享一部分地方权力的政治实体。城镇官绅合治的模式，初步改变了天津原有的政治格局，扩大了本地士绅治理城市的自主性与独立性。开启了民智，改变了过去"虽不乏圣明主，出而与吾民相治理，然吾民谬于服从之习惯，不知有自治之道存，以谓治天下者，吾君相之事也，吾民何与焉"[17]的局面。地方自治在天津的成功试办，使得地方政府可以通过对自治机关的监督，"县自治之监督官，初级为本府知府"[18]。节约政府的行政成本，增强政府的对地方的控制力度，但是天津在新政时期所采用的官民携手，共同治理地方的管理模式，在天津营造了一种民主的氛围，调动了广大市民阶层参与管理城市的热情，有助于近代化城市政治文明的发展，有助于近代化"民主管理"体系在天津的萌发。

三、近代化的市民社会组织对城市事务的全面介入

天津经济的发展和对外交流的频繁，使得民间公共领域的组织联结，开始从善堂、会馆、公所等较为封闭、守旧的组织形式向商团、商会、教育会等新式的具有一定近代化趋向的社会组织过渡。据统计当时天津较有影响力的社会组织有：天津商务总会、中等商业学堂、天津钱商公估局、天津钱商公会等数十个团体[19]。在这些近代的市民社会组织之中，居于领导地位的大多是有一定经济实力、一定的社会地位的所谓的"地方精英"，他们大多经营新式工商业，具有一定的近代化意识。天津商会的会董之中，"洋行买办有九人……洋布洋货商八人……占全部会董的半数以上"[20]。随着新型的市民社会组织的不断壮大，它们在城市事务的管理中越来越具有较多的发言权，主动介入城市事务的热情也越来越高，这其中以天津商会最为突出。本文主要以天津商会为例加以说明。天津商会成立于 1903 年，它具有相当完备的组织机构与制度保障。在组织机构上，它设有文牍处、评议处、会议处、庶务处等；在制度方面，它则明确规定了商会定期集会、财务管理、人员

任用与处罚的规定[21]。完善的组织，较为有力的制度保障显示出它明显区别于传统的商人组织。

商会对城市事务的干预与介入，主要体现在经济与社会生活领域。该会的章程就曾规定："凡商人有能开办矿务，建造机厂，制作货物流通中外各国，藉得收回利权者，由本会详请商部或奏请朝廷给予匾额，以示鼓励。"[22]庚子之后，天津的金融市场一片混乱，严重影响了天津的经济发展。面对这种困境，天津商会采取了仿照上海成立公估局，恢复钱商公会等措施力抒危局，协助政府减轻金融混乱对工商企业所造成的冲击，稳定了正常的经济秩序。草帽辫是天津一项非常重要的出口产品，西方国家的需求量较大，但一直以来深受假冒伪劣产品的侵扰，"不独贩运带辫者大受亏折，即购买此辫者亦所失必巨"[23]。针对此种情况，天津商会采取了在生产地建立调查局、设立制造草帽公司等整顿措施。使得草帽辫的质量有了很大的提高，出口量也有了较大的提高。商会还利用自己特殊的优势，与政府沟通协调，使得当局同意，在会各行商凡有出入口各货，凭商会字牌号可以在一个月内减免两成关税[24]。这对于当时饱受外国低价倾销之害的民族商业不啻是一种扶持。天津商会下属的各专业组织还定期集会，交流技术和经验，介绍本行业最新发展概况，促进本行业的发展。"初七日晚，为铜铁两工合并研究之期……铁工会长恩吉提议……讲求西洋凿井之法……深至八九丈而铁管永无生锈之弊。"[25]另外，天津商会还投入巨大的力量为相关的工商业户提供经济信息与市场信息，帮助他们打开市场，凡此种种都是当时天津地方当局无力也是无法做到的，弥补了政府在经济管理中的功能缺陷，部分代行了政府管理城市经济的职能。所以当时的天津的商人对商会的劝募非常踊跃[26]。天津开埠之后，生活方式的多元化，使得社会上的奢靡风气有所发展，有鉴于此，天津商会力图从商界做起，倡导俭朴，在其颁布的《应行办法刍议》中，将"崇俭朴以固商源"作为篇首，对商人的衣食住行都作了较为严格的规定。为扭转天津的奢华风气起到了模范作用。清末烟毒泛滥，危害巨大，天津商界也受害匪浅。天津商会的行董47人志愿成立戒烟善会，号召商民拒绝烟土，并设立公立戒烟总善会帮助吸烟者戒烟。天津商会还利用接近官方的优势，凭借自身实力积极向其他社会团体顺向渗透，活动领域几乎覆盖了社会各层面、各个领域，成为重要的民间社会力量。

以商会为代表的市民社会组织，全面介入城市社会生活之中，既是商权的提高，同时也是民权提升的标志。填补了政府在城市监管中的制度缺陷，有利于城市管理的近代化发展。

清末新政时期，在天津官方的支持与主导之下，多元互动、官民携手，初步构建了一个以国家行政力量为主，辅之以地方精英势力和市民组织的新型的城市管理网络。促进了天津向近代化城市迈进的进程。

注：

①《袁世凯奏议》(中册)天津古籍出版社1987年版，第636页。

②《袁世凯奏议》(中册)天津古籍出版社1987年版，第615页。

③④⑥⑦⑧⑨⑩⑪⑫⑬⑭㉔㉕㉖《巡警认真》，《大公报》1902年7月1日；《巡警条规》，《大公报》1902年8月23日；《巡警认真》，《大公报》1902年7月1日；《大公报》1908年4月4日；《天津府县会衔告示》，《大公报》1905年8月5日；《大公报》1906年2月24日；《大公报》1904年7月19日；《大公报》1906年3月28日；1908年7月7日；《大公报》1905年6月4日；《大公报》1906年2月2日；《商业日兴》，《大公报》1907年5月5日；《大公报》1908年1月14日；《大公报》1905年3月25日。

⑤ 王锡彤，郑永福点注：《抑斋自述》，河南人民出版社2001年版，第56页。

⑮ 故宫博物院明清档案部编：《清末筹备立宪档案史料》(下)，中华书局1979年版，第719—720页。

⑯《试办天津县地方自治公决草案一百一十一条》，《北洋公牍类纂》卷一，光绪丁未九月版，第9页。

⑰《盛京时报》，光绪三十四年正月二十四日。

⑱ 沈怀玉：《清末地方自治之萌芽》，《近代史研究所集刊》，台湾"中央研究院"。

⑲ 天津市档案馆编：《天津商会档案汇编》(1903—1911)，天津人民出版社1989年版，第94页。

⑳ 胡光明：《论早期天津商会的性质与作用》，《近代史研究》1986年第4期。

㉑ 天津市档案馆编：《天津商会档案汇编》(1903—1911)，天津人民出版社1989年版，第27—28、3、3—4页。

㉒ 天津市档案馆编：《天津商会档案汇编》(1903—1911)，天津人民出版社1989年版，第45、41、49页。

㉓ 天津市档案馆编:《天津商会档案汇编》(1903—1911),天津人民出版社 1989 年版,第 989—1 116 页。

(《齐齐哈尔高等师范学校学报》2007 年第 3 期)

北洋新政时期天津中医界的改革活动与地域社会

[日]户部健

导　言

北洋新政是中国近代史研究之中最重要的研究课题之一，这主要是因为在这一时期里，袁世凯统治之下的天津在警备、教育、通信、交通和地方自治等近代化和组织化方面加速推广近代化进程，而其成果也均成为全中国近代化的表率①。

北洋新政的成果还包括卫生行政方面的近代化。袁世凯为了增强中国人民体质，为了强化作为民众集合体的国家机构，同时也为了保护包括检疫权在内的国家自主权，建立了近代卫生制度。北洋政府除了设立卫生局及西医培训学校等机关外，还设立了海港检疫制度。上述诸变化在卫生史研究上，即中国政府采用以近代西洋医学为基础的卫生体制方面是极为重要的问题，因此以往曾有许多学者论述北洋新政时期天津的卫生改革及其对中国卫生近代化所发挥的作用②。对于这些研究，我不持任何异议。

但我认为北洋新政时期中医的发展动向也是一个极为值得研究的课题。这一时期的天津中医药界里，有一些人士专心致力于中医药界的改革。他们为什么要从事这些改革活动呢？改革的具体内容又是什么呢？当时的天津社会是如何看待这些改革活动呢？从这个角度对清末中医的研究，至今仍付之阙如③。因此，我认为通过本研究，不但对北洋新政的多面性能够有所了解，而且还能对中医近代化的具体发展情况有所发现，我相信这个研究会有助于推动20世纪中医史研究的进一步发展。

本文将通过对清末天津中医丁国瑞以及他所创办的天津医药研究会的活动进行考察，对北洋新政及其与中医事业发展的关系做一简要分析。天津医药研究会是当时天津最大的中医药团体，有约近百个中医药界人士参加其活动。但至今为止有关丁国瑞和天津医药研究会的相关研究仍付之阙如。值得庆幸的是丁国瑞将其所想所为写成文章并编辑成一本叫《竹园丛话》的文集，使我们对此研究有证可考④。本研究将通过对其内容进行具体分析，考察丁国瑞及天津医药研究会的活动情况。

一、清末天津中医药界概况

洋务运动以后，天津成为中国医疗卫生改革推行最快的城市之一。都统衙门时期天津设立了中国最早的卫生局和卫生巡捕，这表明天津成为中国最早设立近代卫生体系的城市。袁世凯当直隶总督之后，继承了都统衙门的所有行政机制，积极推进天津的卫生体制近代化。由于这些近代卫生体制是以西洋近代医学为基础的，所以卫生近代化的发展也标志着西洋近代医学影响在中国的扩大。我们从北洋军医学堂等西医专门学校的设立情况以及当时的新闻记事当中可以看出此时西洋医学势力在中国的增长情况。

另外在这一时期里，中医药界也开始推动改革，中医药界的开明人士都积极地参加改革活动。下面我要介绍的丁国瑞就是其中最有影响的代表人物之一。

1. 关于丁国瑞

丁国瑞，字子良，号竹园，回民。同治八年（1869 年）（另一说为同治九年）生于北京。光绪二十一年（1895 年）来到天津，曾一度就任正兴德茶庄司账，之后奋志精研中医，在法租界开设了名为“敬慎医室”的诊所。他的专长是内科、妇科和小儿科。

丁成为医生后,声誉越来越高,但他对国事也极为关心,希望"以医济人","以言济世",故自光绪二十三年(1897 年)起名为"竹园演说"的文章刊载于天津《直报》等报刊上面,光绪二十八年(1902 年)后又为《大公报》、《民兴报》等撰写文章。他于 20 世纪 20 年代出版的文集——《竹园丛话》收录了这些文章的绝大部分,共 568 篇,涉猎的内容也十分广泛,除了他自身专业领域以外,还涉及政治、经济、文化等各个方面[⑤]。

2. 丁国瑞对天津医药界的认识

那么丁国瑞为什么要改革中医药界呢？其主要原因如下。第一,面临西洋近代医学的流入及其对中国传统医学所造成的冲击,丁国瑞认为有必要振兴中医界,以便维持中国传统医学在中国社会的影响力。第二,丁国瑞认为中医药界的改革能提高中国人民的健康状况。他认为中国人之所以被西方人称为东亚病夫不是因为西洋近代医学比中医学先进,而是由于中医药界自身存在的混乱局面,如果中医药界能够改善这种混乱局面的话,中国民众的健康水平就会有所提高。

丁国瑞经常把上述诸意见发表在报纸上,我们可以从这些文章当中感受到他对中医药界混乱状态的担忧。

他提到天津中医界存在着三大恶习。第一,医与药缺乏联系沟通。他在光绪三十二年(1906 年)四月二十八日的《天津商报》上,发表了以下见解。

> 今就中国药商药贾医士三项而论,其中有绝大之一弊。即彼此不相谋是也……(中略)……药商贪小利,而伪造赝顶之弊,难保必无。药贾随买随卖,亦未必认真拣选。而医士之识药者,又十不得三。[⑥]

第二,中医与药商各界存在多种恶习。有关中医方面的,如有①没有仁心;②不劝学;③没有高尚的志气;④诊脉时多闲聊;⑤开方子不仔细;⑥倾轧同业(爱扒人)。有关药商的,如有①不拣选地道药材;②不认真炮制;③经常开名实不符的药方;④不识字的伙计过多。

第三,患者的恶习。如①不尊重医士;②不及时就医[⑦]。

丁国瑞还揭露了天津医疗界存在的机能不健全问题,其中包括①中医及药商之间沟通不善导致中医界全面混乱;②这些混乱又导致病人对中医药不信任感的增强。鉴于这些情况,他建议中医药界应实行改革,通过对中医药界进行整顿来恢复民众对中医药界的信赖。他在几位天津中医药界人士的支持之下,于光绪三十一年(1905 年)设立了一个研究及教育机构,这就是天津医药研究会。

二、天津医药研究会的活动情况

下面我介绍一下天津医药研究会的具体活动情况。天津医药研究会设立初期,由于缺乏资金,其活动并未引起社会过多关注。第二年由于得到天津及附近地方人士的捐款资助,研究会的活动内容才开始逐渐丰富起来,研究会也变得更加组织化,还发布了《创议中医研究会章程》、《医药研究会现行集会章程》、《天津医药研究会现行章程》以及《医药研究会现行诊病章程》等研究会规章制度。并于光绪三十二年(1906 年)冬天,在天津城北门附近设立了研究会总部[⑧]。

随着研究会规模的发展壮大,参加研究会活动的中医和药商也逐渐增多。由于受史料限制,目前还无法得知研究会的会员总数,但从参加"集会"(研究会之会议)人数来判断,会员总数应达到近百人左右。

研究会的目的有如下几个①如何采用西洋医学的长处来发展中国医学;②消除中医与药业之间的障碍;③改编古医书并编辑新医书;④除掉医药界的各种恶习;⑤为贫民医治;⑥普及卫生观念[⑨]。从①到⑥的记述来看,医药研究会改革的目标显然是"中体西用"。

为了实现这些目标,研究会积极展开了各种研究及教育活动。下面具体介绍一下其活动的详细内容。

1. 研究活动

研究会于每星期一晚上在西马路宣讲所召开会议,称之为"集会"。集会上进行各种研究活动,包括"演说","实地研究","讨论治法"及"分科研究"四种[⑩]。

"演说"每次由四五个会员在台上介绍先进卫生知识,其内容涉及生理学、卫生学、药性、古人之名言、铲除社会不良习惯等[⑪]。"实地研究"是请参加集会的全体会员共同诊治三四个难病患者,讨论其治疗方法[⑫]。"讨论治法"是指会员们探讨有效的治病经验及药方等。"分科研究"则是将会员分为内、外及考药三科进行分别研究,各科班不定时在集会上发表研究成果(表1)。为了研究方便,研究会总部内还设置了医学图书室(见文后所附表2)。

表1　分科研究

分科名		研究课题
内科	内科	伤寒、寒病、温病及内科杂症
	稽骨科	中医古籍
	求新科	西洋医学的长处及制药法等
	妇女科	生育、护理、乳腺癌等
	幼科	儿童病,研修牛痘
	咽喉口齿科	咽喉病及牙病
	眼科	眼病
	救急杂症科	处治救急患者、鸦片中毒者及突发性疫病的方法
外科	外科	痈疽、疮疡等
	针灸科	针灸
	正骨科	跌扑、损伤等
考药科		药材、开发新药

从《天津商报》的记事来看,每次集会均聚集了约70多名专家。通过集会的讨论获致许多实际成果。研究会把这些成果在报纸上公布出来,向民众介绍。

2. 教育活动

为了宣传研究会成果以及恢复民众对中医药界的信赖,天津医药研究会将研究成果发表于《天津商报》、《竹园白话报》、《民兴报》等报纸上。虽然在医药研究会成立之前,丁国瑞就常于报上发表意见,进行启蒙活动(见附表3),但就涉猎范围和质量而言,研究会的集体报告比丁国瑞个人研究报告要有意义得多。举例来说,光绪三十二年(1906年)十一月二十三日《天津商报》所刊载的《吹喉药方汇集》(《丛话》十至十二集)里,介绍了喉病药方。值得注意的是,介绍药方的专家并不是某个个别医生,而是11位专家,其中包括十位中医,一位药商,其内容也丰富广泛许多。民众可以自己购报或去阅报所阅读这些文章,也可以在宣讲所听讲(宣讲员有时会介绍报纸的内容——即讲报活动)从中了解医疗知识和医疗新动向[13]。

除利用报纸之外,研究会还开发其他教育方法。每周一次的集会也是教育活动之一。研究会经常积极地邀请天津名流和教育界人士以"来宾"身份参加集会,希望通过这些来宾能在其各自所属的社会阶层及团体中传播研究会的研究成果。

另一方面,诊病活动也是教育活动的一环。这些活动最终推动了"防疫保卫医院"的成立。防疫保卫医院是于宣统二年(1910年)鼠疫流行之际在天津商会的支持下成立的,由研究会会员的中医们为病人进行诊治[14]。研究会期望通过这种诊病活动,让民众来了解研究会的意义所在。"天下后世皆知研究会为有益无害之举,愚人(即只主张西方医学的人——笔者)亦不致信口诋诬矣"[15]。

3. 研究会的未来发展计划

除上述活动之外,研究会也制定未来发展计划。实施中医资格考试就是其中之一。光绪三十二年(1906年)六月二十四日《天津商报》登载了以下记事。

本会果能日求精进,则在会者必有特别之技能,而社会中信仰利赖之感情,亦必日见加增,本会之名誉,亦日见广大,则将来本会,或为医学堂之基础,或广设分会。凡非在会研究若干年,确有成绩可观者,不准行医。庶中国医道日彰,于漫无限制之中,稍示限制,亦未始非病人之福也。[16]

另外,研究会企图药材市场的开市。

天津为水陆交通之商埠，较祁州之地势，便利多多。倘于津埠仿照祁州办法，创一药材市场，（其地在河北贾家大桥迤西一带即可）本会藉资研究，于学界商界，不无小补。惟兹事体重大，须由本会将祁州交易之情形，存货起运之办法，出入之税章，调查详细后，在按照天津之地势商情，将税捐起卸存栈交易各事，研究妥善，毫无窒碍。方可禀请当道。转知商会议办。

当时华北最大的药材市场是祁县药材市场[17]。由于药材市场设在天津，研究会决定将其作为华北药材交易中心来发展药材贸易。

综上所述，我们可以了解到研究会活动的广泛性和多样性。从这些活动当中，我们可以了解到20世纪20年代后期的医药界组织化形式发展原型。遗憾的是到了民国初期，天津医药研究会的发展遇到挫折。下面我们来探讨一下研究会遭受挫折的原因。

三、天津中医药界改革遭受挫折的原因

1. 医药研究会的支持者

在探讨中医药界改革挫折的原因之前，我在此先介绍一下医药研究会支持阶层的情况。

推进广泛多样的改革活动，是需要大量资金的。但研究会成员多数都为医生，经济力量不十分优厚，因此他们需要来自社会各方的经济资助。医药研究会的活动得到了一部分社会阶层的支持。下面介绍一下有关这些资助者的一些情况。

表四是关于医药研究会创立人的情况。从这张表上，我们可以看出支持者当中除了中医和药商以外，几乎都是天津商业界人士。这些商界人士有两个基本特征。第一，天津商会的会员居多。其中的王贤宾（竹林）是商会总理，宁世福（星普）是协理[18]。第二，盐商的比例较大。其中王贤宾和李宝恒（子赫）是长芦盐商同业团体芦钢公所的长芦钢总，即芦钢公所的最高领导人[19]。

天津商会和芦钢公所都是当时天津最有实力的实业团体。这两个团体的领导人王贤宾，则是当时天津实业界中最有影响力的人物。

那么，这些实业界的人士为什么要支持医药研究会呢？在此我们探讨一下其原委。赞赏中国传统医学当然是其中原因之一，然而，如果我们再具体探讨一下研究会和药材贩卖之间的关系，我们还能窥见理由之另一端。

从海关统计来看，清末天津港药材进出口为压倒性出超（见附表5）。自19世纪末以来，外国成药的输入量逐渐增加，中国国内对此趋势的警戒声浪也越来越高，王贤宾等商会人士也认识到抵抗列强经济侵略的必要性。在此情况下，他们采取的对抗手段之一便是“提倡国货”[20]。这些动向也波及药材界，药材界频频呼吁开发国产成药以便对抗外国成药大量流入中国。要开发成药，首先得研究传统医学。

另一方面，从表五上我们还可以看出，天津港药材进出口总量自19世纪以来大幅增加的情况。其背景在于铁路等交通手段的整备扩大到了天津腹地，使天津成为北方商品重要集散地[21]。对天津实业界来说，药材生意的前景大有可图，因此开业者也日渐增加，20世纪30年代药铺甚至发展到七百家以上[22]。盐商中有不少经营药铺，商会会员中也有38人经营药铺[23]。由此可见，天津药商利用地利之便获取了很大的商业利益。为了使药材业更加发展，巩固民众对传统医学的信赖便是当务之急。

这是实业界部分人士的理想，也是促使他们关注医药研究会活动的原因之一。

2. 宣统鼠疫与医药研究会

以往的研究曾提到北洋新政在中国卫生近代化方面的正面作用，有些研究也提到宣统二年（1910年）鼠疫流行给中国卫生近代化带来的推动作用，即正是由于那次鼠疫流行，中国各地才设立了近代卫生行政机关（奉天全省防疫总局，京师临时防疫事务局等）[24]。另一方面，有些研究也论及鼠疫期间由于中医治疗无显著效果而导致鼠疫的蔓延问题[25]。如果真是如此的话，天津的中医药界是否因此失去了社会各界的支持呢？他们的改革活动是否会遭受挫折呢？下面我们来考察一下宣统二年鼠疫流行时期天津中医界与其支持者的关系。

鼠疫是从宣统二年（1910年）十二月十三日开始在天津的流行的[26]。有一天在俄租界的小客栈里发现

了天津第一例鼠疫患者。他是一个从东三省来津的民工。之后以河东地区(奥租界、意租界一带)为中心,患者急增到67人[27],在天津,此次鼠疫到宣统三年(1911年)三月十五日才得以控制[28]。天津的鼠疫病害虽然与长春等东北城市的病害相比规模不算大,但是天津防疫活动开展的规模却不小。为了防止鼠疫流行,天津的官员[29]、各国租界[30]与地方人士[31]。都做了不懈的努力,采用隔离的方法来阻止鼠疫疫情的进一步扩大。

下面我们看一看在此次防疫活动中,天津医药研究会所起的作用。事实上,他们的活动目的是跟政府官员等相同的,也就是阻止鼠疫蔓延。只是所采取的方法有所不同,即不是采取政府的隔离方法而是采取医治的方法。

为了治疗鼠疫患者,首先应该研究其治疗方法。天津医药研究会召开集会先对治疗方法进行讨论,最后确定治疗方案[32]。

他们还开办了专门医院,这就是"防疫保卫医院",分别开设在西营门与浙江医院内。在保卫医院也是由医药研究会的中医担任治疗,他们的医治取得了一定的效果,到了宣统三年三月十七日,在所有的42名患者当中,痊愈者有20人,死亡者有12人,近期出院者有10人[33]。除了保健医院以外,西头永丰屯也有一家防疫医院,在那里也有20位中医参加诊治[34]。另外,还有两位中医参加了临时防疫会的诊治活动[35]。

这些中医的诊治活动受到天津实业界的大力支持,尤其是受到上面已经提到的王贤宾等人物的鼎力支持。如果没有这些支持的话,中医们实际上是无法进行这些治疗活动的。对中医药界的诊治活动,王贤宾等实业界人士给予了大量的政治上、经济上的支持与援助。

另一方面,中医药界的这些诊治活动也受到了不少媒体的批判。这些批评主要来自西医界和《大公报》。《大公报》经常登载批判中医学的文章,其内容包括诸如对"中医主张猫尿在鼠疫治疗方面的效果"的批判[36],还有像"一名叫刘锡九的鼠疫患者因中医治疗而死亡"[37]这样的与事实不符的报道也不少。最后,中医界与《大公报》及西医界的意见对立竟发展成与《大公报》等媒体的公开论战(宣统三年一月二十六日至二月一日)。

虽然标榜不一,但中医的对鼠疫的诊治活动没有因此而中断。相反在王贤宾等人的支持下,他们的活动得到了进一步的发展。天津发布鼠疫灭绝宣言的第二天后,王贤宾等向直隶总督提出了防疫保卫医院的永久性计划书。按此计划,新设医院将设有研究所、储药房、留验所、养病所、饭宿舍、游息所等,从其规模来看,可说它是西洋式中医总医院,也可说是天津医药研究会的扩大版[38]。

另外,虽然中医药界受到西医界及《大公报》的批判,但是当时在天津支持研究会的社会力量仍然不小。他们对西医所主张的隔离治疗法极为反感。很多人拒绝进入留验所接受隔离治疗,他们要求接受中医诊治。

综上所述,我们可以得出结论:宣统年间鼠疫流行不是医药研究会遭受挫折的真正原因,恰恰相反,对鼠疫的积极诊治扩大了医药研究会的影响并促进了它自身的进一步发展。

3. 金融危机与医药研究会

鼠疫危机过后,医药研究会又遇到了新的挑战和困难。这些挑战与困难严重地打击了研究会的存立基础。这就是宣统三年六月,在天津发生的金融危机。这场危机沉重地打击了天津整个实业界,特别是对盐商的打击尤为严重。因拖欠债款而被没收全部财产的盐商就有十家,其中包括医药研究会会董王贤宾和李宝恒。王贤宾等人被迫下台,这意味着研究会从此失去了天津实业界的在政治上及经济上的保护[39]。

这场危机使研究会的经营受到致命打击。金融危机之后研究会的活动几乎陷于停止状态,中医总医院的计划也遭受挫折。一年后研究所会址发生火灾,烧毁了研究会的所有财物,此时已无人有能力出资挽回火灾给中医总医院所带来的经济损失。这场火灾最终结束了医药研究会长达七年的活动[40]。

综上所述,我们可以了解到天津中医药界遭受挫折的真正原因是由于那场金融危机。那场危机使天津中医药界失去了天津实业界人士的鼎力支持,医药研究会由于失去了他们在经济上和政治上的支持而无法继续生存。但这些不能表明中医药理念在中国社会失去了存在的社会基础,事实上,即使到了民国时期在中国社会仍有不少人支持、扶持中医药事业的发展[41]。民国时期,天津中医药界人士虽然缩小了其活动规模,但在社会上仍继续从事各种改革活动。

结 论

综上所述,本文可得出以下的结论。

第一,北洋新政时期,天津官方在西医界等的支持下积极导入近代西洋医学为基础的卫生制度。另一方面中医药界人士也在“中体西用”的理念之下埋头中医药界的改革。这些活动最终导致了中国传统医学的研究及教育机关——天津医药研究会的创立。医药研究会的成果是多种多样的,我认为其中最重要的成果是消除了中医之间或者是中医和药商之间的沟通障碍。

第二,支持医药研究会的主要社会力量是天津实业界诸人士。他们对中医药界的活动给予政治上、经济上的极大保护。正是由于他们的鼎力支持,医药研究会才能进行各种各样的研究和诊治活动,并使该组织的活动能持续长达七年。

第三,天津中医界遭受挫折的原因,并不是由于其对鼠疫诊治无效等一般社会认识所至,而是由于宣统末年的金融危机使其丧失了王贤宾等实业界人物的鼎力相助。但中医学的社会基础并未随医药研究会的消失而消失。辛亥革命以后,中华民国北京政府虽然建立了国家规模的卫生行政机构,并在学校严禁中医教学,但是天津的中医势力仍能在社会上保持其应有地位。

通过这个研究,我们应该认识到还有许多尚未解决的课题。如我们还应该对天津以外地区进行研究和考察。城市及农村的情况与天津也不尽相同。对各个地区的情况进行比较,能发现各个地区社会不同特点。此外20世纪初期以及20年代的情况也应该予以重视。我认为通过对这些课题的深入研究能对清末民国时期的医药界动向有更全面的了解。

表2 天津医药研究会所藏书目

分类	书名		
经脉类	王冰素问灵枢	王氏脉经	汪注素灵注
	经脉图考	中藏经	吴注内经
	内经全书	内经知要	张马注索灵经
	四诊抉微	脉学丛书	脉诀难经合刻
针灸及经书类	甲乙经	伤寒来苏集	伤寒分经
	伤寒全生集	成注伤寒论	六气感证
	针灸大成	伤寒瘟疫条辨	伤寒类方
	金匮心典	伤寒生活人书	伤寒集注
	伤寒论本义	证治准绳	伤寒论后条辨
	金匮启钥		
瘟疫类	食物本草备考	瘟疫合刻	增补瘟疫论
	洪吉人瘟疫论	痧症全书	温病条辨
	吴瘟疫注		
丛书类	陈修园四十种	张氏医通	徐氏十三种
	图书集成医部	六醴斋医书十种	医门法律
	河间六书	景岳全书	王氏五种
	医学秘笈	丹溪心法附余	东垣十书
	世补斋全书	黄氏八种	家居医录
	名医指掌	丹桂玉案	医门棒喝
	费氏二种	医学切要	景岳发挥
	医书汇参	医林指月	万病回春
	东医宝鉴	医宗必读	巢氏病源
	丹溪心法	辨证奇闻	医学穷源
	医宗说约	医学金针	石室秘录

续表

分类	书名			
丛书类	医林改错	临症指南	医学辨正	
	寿世保元	吴医汇讲	医学心悟	
	沈氏尊生	笔花医镜	冷庐医话	
	医圣允中	医宗金鉴	医学入门	
	因学随笔	素仙简要	士材三书	
	嵩崖尊生			
方书类	易简新编	济世良方	医方捷径	
	洪氏良方	千金宝要方	集验良方	
	医方合编	古今名医万方类编	验方新编	
	回生春脚集	外台秘要	千金翼方	
	成方切用	苏氏良方	本事方释义	
	良朋汇集	湿热经纬	麻科活人全书	
	万国药方	千金方	观聚方	
本草类	本草从新	本草疏证	本草读疏	
	本草求真	随园食谱	本草述	
	本草纲目	本草三家注	本草诗笺	
	本草拾遗	本草原始	本草备要	
医案类	薛氏医案	三家医案	医醇剩义	正续名医类案
妇科类	千金方演义	妇人良方	妇科百问	
	济阴纲目	传氏男女科	胎产心法	
	妇科秘生	大生要旨	产孕集	
	疫疹一得			
外科类	外科正宗	疡医大全	外科三字经	
	外科证治全书	外科证治全生		
幼科类	幼幼集成	福幼合编	幼科三种	
	痘疹金镜录	痘疹赋	牛痘新书	
补遗	咽喉脉证论	异授眼科	银海精微	
	眼科大全	痰火点雪	治痢捷要	
	述古斋三种	霍乱论	血证论	
西医类	全体通考	全体新编	西医略轮	
	西医五种	内科全书	医理略述	
	儒门医学	全体须知	病理撮要	
	省身指掌	医方汇编	炎症论略	
	救人良方	内科阐微	卫生新论	
	传种改良	体学新编	中西汇通	
	中西医解	外科理法	割症全书	
	热症总论	花柳指迷	眼科证治	
	内科理法	胎内教育	妇科精蕴	
	保产理法	幼童卫生论	卫生实在易	
	生理教科书	保全生命论	卫生教科书	
	脉表诊病论	延年益寿论	居宅卫生论	
	化学卫生论	治心免病法	中学教科生理学	
	妊娠论	防疫	中西汇参医学图说	
	男女育儿新法			
西药类	西药体成	西药表	西药略释	

《出典》《天津医药研究会所藏之书目一览表》,《竹园白话报》光绪三十四年三月十五日(《丛话十八集》)

表3　丁国瑞"卫生著作一览表"(光绪二十八至宣统三年)

年号	年	月	日	题名	刊载杂志		《丛话》
					名称	号	卷数
光绪	二十八			笨老婆养孩子	直报		5
光绪	二十八			东方病夫之病况			7
光绪	二十九	十	十七	移风易俗议	大公	525	8
光绪	二十九			卫生浅说	中外		2
光绪	二十九			小孩的病是母亲爱出来的			10
光绪	三十	十	三十	中国医学问答外篇	大公	881	9
光绪	三十一	十二	十八	敬慎医室集效方	商报	18	8
光绪	三十一			露天地里养病	敝帚		8
光绪	三十二	三	一	论洗澡用凉水用热水	商报	82	19
光绪	三十二	三	三	论茶叶	商报	84	20
光绪	三十二	三	七	保产无忧饮	商报	88	19
光绪	三十二	三	八	论炮制药材不可尽泥古法	商报	89	9
光绪	三十二	三		生化汤	商报		18
光绪	三十二	四	二十八	与医学相关之工商宜急速整顿策	商报	139	11
光绪	三十二	闰四	二十九	再说霍乱病	商报	169	6
光绪	三十二	六	二十四	创议中医研究会启	商报	222	5
光绪	三十二	七	五	中医研究会变通办理啦	商报	232	9
光绪	三十二	八	二十	戒烟会书后	商报	274	9
光绪	三十二	九	十六	医药研究会总会未开前第一次演说	商报	300	8
光绪	三十二	十	一	在医药研究会第二次演说	商报	314	10
光绪	三十二	十	七	时疫宜防	商报	320	9
光绪	三十二	十	二十三	在医药研究会第三次演说	商报	335	13
光绪	三十三	二	十七	丁未春津地痧疹症治验	商报	437	5
光绪	三十三	三	七	医学答客问	商报	457	5
光绪	三十三	三	十八	医界诸君请看	商报	468	16
光绪	三十三	八	十二	济世良方	竹园	10	1
光绪	三十三	九	六	花柳集验良法序	竹园	33	3
光绪	三十三	十二	二十二	论洁净的益处	竹园	138	3
光绪	三十四	二	十四	学堂病	竹园	181	15
光绪	三十四	五	八	修好的太太请听	竹园	263	14
光绪	三十四	五	十二	夏令卫生杂说	竹园	279	1
直绕	二	三	五	戒烟戒酒之赘言	民兴	394	10
直绕	二	八	十三	论考试医生	民兴	549	18
直绕	二	十	二十七	禁烟之办法	民兴	622	11

续表

年号	年	月	日	题名	刊载杂志		《丛话》
					名称	号	卷数
直绕	二	十二	一	说体育的好处	民兴	656	6
直绕	三	一	七	致民兴报馆函	民兴	682	14
直绕	三	一	九	对于外人防疫烦苛之感言	爱国	1 487	11
直绕	三	一	十八	防疫之一助	民兴	693	7
直绕	三	四	二十	一误岂堪再误	民兴	784	11
直绕	三	五	二十一	医书不可不看	民兴	814	7
直绕	三	闰六	十六	参观军医学堂感言	民兴	868	14
直绕	三	六		说蟾蜍	爱国	1 627	13

刊载杂志名的略称："大公"→《大公报》、"中外"→《中外实报》、"商报"→《天津商报》、"敝帚"→《大公报敝帚千金录》、"竹园"→《竹园白话报》、"民兴"→《民兴报》、"爱国"→《北京正宗爱国报》

《丛话》即《竹园丛话》。

表4　天津医药研究会协力者一览表(光绪三十二年)

＊徐诚(花翎二品广东补用道)——麦加利银行买办、天津商会会董
＊王贤宾(花翎二品河南补用道)——中立店韃务财东、天津商会总理、长芦钢总
＊宁世福(花翎三品候选知府)——新泰兴洋行买办、天津商会协理
＊李宝恒(花翎三品候选道)——长芦钢总
＊王锡瑛(丁忧在籍花翎三品兵部朗中)——盐商、天津八大家之一
＊窦荣光(候选同知道)——盐商
＊华世镛(举人)——盐商？天津八大家之一？
＊李应刚(蓝翎五品议叙县丞鸿胪寺序班邑庠生)——盐商、天津八大家之一
＊高思敬(候补巡检)——中医、经营同人医社、长于外科
＊安履忠(议叙从九品)——中医
＊钱国瑞(候选从九品)——中医
＊陈光藻(太医院肄业生)——中医
＊程联仲(同知)——经营义生堂(药铺)、天津商会会员(后行董)
＊阎逢振(中书)——中医？
＊吕昶泰(理问)——经营祥聚成(药铺)、天津商会会员
＊华德林(监生)——经宫瑞芝堂(药铺)、天津商会会员(后行董)
＊王履泰(监生)——经宫万芝堂(药铺)、天津商会会员
＊曹彦彬(医生)——中医
＊刘德恒(医生)——中医，也长于西医、经营西药房
＊李瞳曦(医生)——中医
＊李镇(医生)——经营万全堂(药铺)、天津商会会员(后行董)
＊丁国瑞(医生)——中医、经营敬慎医室

＊还有，张灿文(举人)、李澂浠(廪膳生)、杨承业(同知)、刘毓琛(蓝翎五品分欠先选用刑司狱)、袁惟和(候选从九品)、张际和(生员)、刘成麟(生员)、宋寿彤(生员)、从翼涛(生员)、黑继贤(生员)、金恩第(监生)，但详细不明。

(出典)《天津医药研究会呈请督宪袁宫保立案护禀稿》，《天津商报》光绪三十二年十一月二十一日(《竹园丛话》十五集)。为了调查人物简历，参考以下资料。中国人民政治协商会议天津市委员会文史资料研究委员编：《天津近代人物录》，天津市地方史志编修委员会总编辑室，1987年。张宏铸主编：《天津通志·卫生志》，天津社会科学院出版社1999年版。"光绪三十一、三十二年入会行名表"，天津市档案馆等编：《天津商会档案汇编(1903—1911)》上，天津人民出版社1989年版，第63—78页。

"天津商务总会总协理及会董名单"（光绪三十二年），前引《天津商会档案汇编（1903—1911）》上，第108—109页。"津商会照会名行商董因会务日繁请各行商增举行董四员并附票庄第三十七行新增董事名单"，前引《天津商会档案汇编（1903—1911）》上，第130—132页。丁国瑞编：《竹园丛话》——二十四集，天津敬慎医室，1923—1926年。

表5 天津药材贸易（1870—1912年）（单位：海关两）

年份	药材出口复出口	外国药材进口		国产药材复进口	
		1904年以后		1904年以后	
		生药	成药	生药	成药
1870年	89 162	2 614		20 949	
1871年	106 688	2 802		47 754	
1872年	156 651	2 920		25 042	
1873年	196 263	1 590		36 674	
1874年	155 413	3 323		46 049	
1875年	166 149	5 412		45 372	
1876年	184 482	5 304		45 132	
1877年	184 419	5 145		32 967	
1878年	148 700	4 006		37 887	
1879年	271 897	4 612		51 019	
1880年	286 447	7 877		56 373	
1881年	270 411	12 085		57 160	
1882年	254 325	10 367		55 578	
1883年	255 379	7 744		62 732	
1884年	246 002	4 236		59 874	
1885年	317 890	5 065		92 293	
1886年	248 336	8 241		92 058	
1887年	294 602	12 367		96 264	
1888年	282 821	14 907		106 218	
1889年	358 665	12 783		98 723	
1890年	407 035	18 134		93 996	
1891年	470 598	33 786		101 925	
1892年	562 376	35 650		105 889	
1893年	439 092	36 697		89 745	
1894年	422 122	28 970		86 556	
1895年	396 889	36 633		108 155	
1896年	425 898	35 892		112 487	
1897年	435 363	45 668		105 606	
1898年	582 843	53 555		125 109	
1899年	644 459	62 971		138 647	

续表

年份	药材出口复出口	外国药材进口		国产药材复进口	
		1904 年以后		1904 年以后	
		生药	成药	生药	成药
1900 年	353 901	29 025		56 610	
1901 年	512 588	74 460		83 929	
1902 年	658 943	125 582		166 991	
1903 年	432 997	44 438	71 565	115 357	32 987
1904 年	574 836	37 199	124 425	82 679	23 784
1905 年	483 020	66 470	120 749	116 854	28 512
1906 年	621 019	62 424	104 743	134 677	42 608
1907 年	622 434	64 370	104 197	52 226	151 742
1908 年	676 096	55 250	100 419	37 300	128 518
1909 年	742 312	73 745	144 082	55 847	130 448
1910 年	707 305	57 797	159 866	209 638	51 551
1911 年	833 608	62 525	129 660	126 354	43 793
1912 年	675 260	48 588	97 698	147 942	23 928

（出典）Chinese Imperal Maritime Customs, *Retums of Trade at The Trealy Ports in China*, 1870—1876. Chinese Inperal Martime Customs, *Retums of Trade at The Treaty Ports*, 1877—1881. Chinese Imperal Maritime Customs, *Retums of Trade at The Treaty Ports and Trade Reports*, 1882—1886. Chinese Imperal Maritime Customs, *Retums of Trade and Trade Reports*, 1887—1912.

*"生药"与"成药"之区别,参考"天津贸易案内"(《通商公报》245 号,1915 年)第 817 页的记述,即"数量を示レたゐとえれを省ぎたゐとあり。前者は…(中略)…生菜類 にレて、後者は主とレて一般売菜 を総括せり"(有表示数量的,也有省略数量的。前者是…(中略)…生药类,后者主要是总括一般成药的)。

注：

① 至今有很多关于北洋新政的研究。渡边惇概括了 20 世纪 90 年代以前的研究情况:渡边惇:《北洋政权研究の现况》,辛亥革命研究会编:《中国近代史研究入门——现状と课题》,东京:汲古书院 1992 年版。90 年代以后的相关研究有:罗澍伟主编:《近代天津城市史》,中国社会科学出版社 1993 年。天津地域史研究会编:《天津史——再生する都市のトポ ロジー》。东京:东方书店 1999 年版。吉泽诚一郎:《天津の近代——清末都市れおける政治文化と社会统合》,名古屋:名古屋大学出版会 2002 年等。

② 有关北洋新政与卫生事业的研究有以下各项。Carol Benedict, *Bubonic Plague in Nineteenth Century China*, Stanford, Stanford University Preee, 1996. 饭岛涉:《ペストと'近代中国——卫生の"制度化"と社会变容》,东京:研文出版 2000 年版。Ruth Rogaski, *Hygienic Modenisy*: *Meanings of Health and Disease in Treaty-port China*, Berkeley, Univesity of Califomia Press, 2004 等。

③ 论及清末民初中医的研究有以下各项。Ralph, C. Croizier, *Traditional Medicine China*: *Science*, *Wationalism*, *and the Tension of Cultural Change*, Cambridge: Harvard University Press, 1968. Hsiang Iin Lei, When Chinese Medicine Encountered the State: 1910 - 1949. Ph. D. Dissertation, The Faculty of the Division of the Humanities, The University of Chicago, 1999. 帆刈浩之:《中国伝统医学の"近代"——民国初期における中国医学廃止めぐつて》,《近ぎに在りて》39 号(2001)等。但是,从北洋新政与地方社会关系的角度来看清末中医的研究至今仍付之阙如。

④《竹园丛话》,全二十四卷。天津敬慎医室刊,1923—1926 年。中国国家图书馆等藏。以下略称为《丛话》。

⑤ 有关丁国瑞的简历可参见以下各文献。白寿彝:《回族人物志·近代》,宁夏人民出版社1997年版。根据《天津敬慎医室丁子良诊治简章》(《丛话》五集,广告栏)记载,丁国瑞上午出门诊,下午出诊,门诊脉金是一元,出诊脉金按照距离远近而有所不同(2.2—6.6元)。

⑥《与医学相关之工商宜急速整顿策》,《天津商报》光绪三十二年四月二十八日(《丛话》十一集)。

⑦《在医药研究会第三次演说》,《天津商报》光绪三十二年十月二十三日(《丛话》十三集)。

⑧《丁子良之通告》,《民兴报》1912年5月13日(《丛话》十八集);丁国瑞:《创议中医研究会启》,《天津商报》光绪三十二年六月二十四日(《丛话》五一八集);竹园:《医药研究会现行集会章程》,《天津商报》光绪三十二年十月二十八日(《丛话》十二集);竹园:《天津医药研究会现行章程》,《天津商报》光绪三十三年一月二十四日(《丛话》十三集);竹园:《医药研究会现行诊病章程》,《天津商报》光绪三十三年一月九日(《丛话》十四集)。

⑨ 丁国瑞:《创议中医研究会章程》(续),《天津商报》光绪三十二年六月二十四日(《丛话》六集)。

⑩《医药研究会现行集会章程》。《医药研究会纪闻》,《天津商报》光绪三十三年二月七日(《丛话》十六集)。

⑪ 光绪三十二年十月二十四日举行的集会上有如下演说得到发表。①刘小坡:《化私、预备、求质、三宗旨》;②纪营涔:《养气灰气之浅理》;③章敬畲:《病家之积弊》;④程子麓:《采艺神糊制造法》;⑤丁国瑞:《目下天津所患之传染喉症,及疹症》《九志医药研究会》,《天津商报》光绪三十二年十月二十七日(《丛话》十四集)。

⑫ 为了让将来的人便于考证,研究会还保存了其各项研究成果(治法及药法)。最初研究会免费诊病,但后来为维持研究会费用开始征收脉金。

⑬ 从清末开始,中国近代社会教育逐渐发展起来。有关清末社会教育发展情况可参见李孝悌所著的《清末的下层社会启蒙运动》,台北:"中央研究院"近代史研究所1992年。

⑭ 关于防疫保卫医院的详细活动情况可参见本人在第三章中的记述。

⑮《医药研究会现行诊病章程》。

⑯ 丁国瑞:《创议中医研究会章程》(续),《天津商报》光绪三十二年六月二十四日(《丛话》八集)。

⑰ 传说祁县是药王的诞生地。有关祁县药材市场情况可参见以下研究:长谷川宇太治:《支那贸易案内》,东京:亚细亚社1914年,第393-397页;刘华圃、许子素:《祁州庙会—药材市场概述》,《天津文史资料选辑》20辑(1982)。

⑱《天津商务总会总协理及会董名单》(光绪三十二年),天津市档案馆等编:《天津商会档案汇编(1903—1911)》上,天津人民出版社1989年版,第108—109页。有关天津商会可参见以下研究:Zhang Xiaobo[张晓波],Merchamtr) Associatonal Aciatonal Activism in Early Twentieth-century China: The Tianjin General Chamber of Commernce, 1904 - 1928, Ph. D. dissertation, Columbia University, 1995. 宋美云:《近代天津商会》,天津社会科学院出版社2002年版。

⑲ 有关清代天津盐商情况可参见以下各研究。Kwan Man Bun[关文斌], *The Salt Merchants of Tianjin*: State-Making and Civil Society in late Imperial China, Honolulu: Univenuty of Hewai' i Press, 2001. 关文斌:《文明初曙——近代天津盐商与社会》,天津人民出版社1999年版。

⑳ 有关天津商会与国货运动的关系可参见以下各研究。林原文子:《清末天津工商业者的觉醒及夺回国内洋布市场的斗争》,《天津文史资料选辑》41辑(1987)。Zhang Xiaobo, op. cit., pp. 510 - 514. 宋前引书,第223-239页。

㉑ 有关天津腹地扩大情况可参见以下各研究。陈克:《近代天津商业腹地的变迁》,《城市史研究》2辑(1990)。

㉒ 天津市地方志编辑委员会编:《天津简志》,天津人民出版社1991年版,第397页。

㉓ 杨大辛:《天津八大家》,《天津文史资料选编》76辑(1997)。《光绪三十一年、三十二年入会行名表》前引《天津商会档案汇编(1903-1911)》上,第74、76页。

㉔ 饭岛涉前引书,第137–174页。

㉕ Croizier, op. cit. Benedict, *op. cit*., pp. 155–163。

㉖《苦工暴毙》,《大公报》宣统二年十二月十五日。

㉗ Inspectorate General of Customs, *Decennial Report*, 1892–1901, Shanghai, Kelly&Walsh, 1902, p. 219.

㉘《电告取消防疫局》,《大公报》宣统三年三月十七日。

㉙ 天津卫生局主要展开了以下各项活动:①派医官及巡警到直隶省及东三省巡查;②设立铁路检疫机制(山海关、沟帮子);③设立海港检疫机制(秦皇岛);④设置隔离病院;⑤种避瘟浆;⑥散布石灰酸,等。

㉚ 各国租界不但散布石灰酸,隔离疑似患者,还限制华人的出入(有时禁止出入)。

㉛ 天津的绅商设立了临时防疫会,协助卫生局及租界工部局参加防疫活动。注㉙—㉛的根据来自《大公报》及《顺天时报》(宣统二年十二月至宣统三年三月)的记载。

㉜ 如《医药研究会第三次会议纪闻》,《顺天时报》宣统三年一月十三日。但笔者不能确认这种治疗方法的有效性。

㉝《津商会为报告津埠鼠疫防治情况并拟设常年医院事禀直睿文》,天津市档案馆等编:《天津商会档案汇编(1903—1911)》下,天津人民出版社1989年版,第2167页。

㉞《关于防疫之种种》,《顺天时报》宣统三年一月十八日。

㉟《津人热心防疫》,《顺天时报》宣统三年一月九日。

㊱《对于防疫会之感言》,《大公报》宣统三年一月十一日。

㊲《时疫可畏》,《大公报》宣统三年一月十七日。《更正昨报》,《大公报》宣统三年一月十八日。

㊳《津商会为报告津埠鼠疫防治情况并拟设常年医院事禀直督文》。

㊴ Kwan Man Bun, *op. cit*. pp. 136–152. 关前引书,第210—240、288页。

㊵《丁子良之通告》。

㊶ 进入民国以后,丁国瑞仍经常参加天津社会教育办事处(天津社会教育的中心机构)举办的各项教育活动,在那里继续推动卫生启蒙运动。有关民国时期天津社会教育的展开情况可参见以下研究。户部健:《中华民国北京政府期における通俗教育会——天津社会教育办事处の活動を中心に》,《史学杂志》113编2号(2004)。

(《中国社会历史评论》第八卷2007年)

从"公推"到"票举":近代天津商会职员推选制度的曲折演进[①]

朱 英

中国近代商会史研究自20世纪80年代初在大陆迅速开展以来,取得了一系列令人瞩目的重要成果。关于商会的投票选举制度,已有的相关论著也从不同角度有所提及,但对这一问题进行专题论述的成果并不多见,仍缺乏深入细致的探讨[②]。揆诸史实,可知商会的投票选举制度是伴随着商会从西方的引入自然而然地产生的,并非孕育于中国本土。而在商会投票选举制度产生及发展的过程中,政府相关部门与民间工商界人士都发挥了重要的作用[③]。但应该注意的是,在商会选举制度的实际运作过程中,各地区的商会既有许多共同之处,同时也有一些不同的特点,甚至也并非每个商会都主动接受投票选举的制度安排,因此笼统而论难免失之偏颇,需要进行更多的个案考察和分析。天津商会是1904年中国商会正式诞生后,于当年在全国最早成立的少数商会之一,其后不仅在华北地区的众多商会中堪称翘楚,而且也位于清末民初著名的全国八大商会前列[④],但其投票选举制度的建立却经历了一个较为复杂的曲折演进过程,具有相当的个案研究价值。正因如此,本文主要对清末到民国时期天津商会职员推选制度的发展变化进行初步探讨。

一、清末天津商会的"公推"制度

在保存至今的上海和苏州商会档案中,不难看到有关这两个商会清末民初职员选举的大量资料。天津商会档案虽是国内保存数量最多也最为完整的珍贵商会资料之一,但令人不解的是在卷帙浩繁的天津商会档案中,我们却发现有关清末天津商会职员选举制度以及有关选举活动的记载为数甚少,这可以说是天津商会较为独特的历史现象。实际上,这种现象所反映的是天津商会对选举问题持有不同于上海、苏州商会的认识和态度,并且采取了不同于上海、苏州商会投票选举的一种"公推"制度。

天津商务总会正式成立于1904年11月,在此之前只有上海商务总会等为数极少的几个商会诞生,这几个商会也是近代中国最早诞生的一批商会,在当时具有开风气之先的示范作用。另外,上海商务总会系由1902年成立的上海商业会议公所改组而成,天津商务总会则是由1903年成立的天津商务公所演变而来,具有某些相似之处。但不同的是上海商务总会成立时拟订的章程已开始对选举问题有所涉及,规定总董、董事均由会友大会选举产生,光绪三十年(1904年)五月修订的上海商务总会第二次暂行试办详细章程,对投票选举制度又作了更为详细的规定。

从表面上看,天津商务公所建立时在暂行章程中也曾提及"公举"董事。该章程第二条说明:"天津商情涣散,互相倾轧,现设商务公所以资联络。拟令各行商业大者公举董事二人,小者一人,以便详求受病之原及救急之法,和衷共济,一洗从前积习。"[⑤]但这里所说的"公举",其实际涵义乃为"公推",而非投票选举。1904年5月商务公所商董筹备成立天津商务总会时,也并未重视制定投票选举制度。在其最先拟订的《商会就地便宜章程二十条》中,没有明确规定总理、董事等职员由投票选举产生。参与其事的商董仍受商务公所时期"公举"制度的影响,对商部奏定商会简明章程相关条文的理解也有偏差,在呈请将商务公所改组为商务总会时,该"商等查部章第四条,商会之总理协理须由各行董保荐",遂据此保荐原商务公所四大商董中的宁世福为总理,王贤宾为协理,另保荐么联元和卞煜光为坐办[⑥]。据《大公报》记载,商务公所诸董集议设立商会公推总、协理时,被推举之"诸绅等再四逊让,谓正在将行举办、需才孔殷之际,诚恐才不胜任,欲告退以便各行商董选保贤能总理等人,以专责成。各行商等集议,以诸绅素为各行所悦服,非该绅等难负此任"[⑦]。实际上,部订章程要求总、协理必须由会董"公推",会董则必须就地由商家"公举",而不是保荐。因此，直隶总督袁世凯批示天津商会修改便宜章程：“总会之总理协理，分会之总理，应由各会董会议公推，分会董事应由各商家公举，仍应遵照部章及会议通例章程办理，期收得人之效。”⑧

但是，1905 年天津商会重新拟订的试办便宜章程中，第四条仍含糊地说会董由商会总理“先约会董十数员”，而不是通过选举产生。直隶总督袁世凯再次批示此条必须修改：“一曰公举宜实行也。查部章第五款商会董事应由就地各商家公举为定，总会自二十员以至五十员为率。今该会第四款云，本会遵照部章先约会董十数员，不曰公举而曰约，似总理、协理、坐办即有无限之权。查部章商会董事应由各商家公举，而总理、协理由各会董会议公推，所以联络商情允孚众望者，全在‘公举’二字为之枢纽，非少数之总理等人可以任便纠约也。”另外，袁世凯还认为“坐办宜裁撤也”，因部章“本无坐办名目”。这里所说的会董由商家“公举”，是指会董必须经由商家推举产生。接到这一批示后，天津商会对试办便宜章程进行了修改，确定“商会遵照部令，先令各商家公举会董十数员，由十数员内拣选评议会董四人、会计会董二人、庶务会董二人，常川到会监理各项事宜，以期实事求是。倘遇疑难事件，准临时公举，惟不得逾部章五十员之数，以示限制。”这一具体情况表明，清末商会引进并实施选举制度，也有一个认识和学习的过程，并非都像上海商会那样一开始就对这个问题十分重视，同时也说明清朝官员在商会选举制度建立过程中具有一定的作用与影响。值得注意的是商部对袁世凯提出的批示修改意见，除表示对会董应由商家选举之改动予以肯定外，对设立坐办一条却准允通融。商部认为：“坐办名目虽为部章所无，现在风气初开，各处商会甫经设立，不得不量予变通，期得实际。上海商务总会总、协理外，亦经本部札派坐办有案。盖总、协理类皆事务稍繁之人，而会中一切事宜，必须有常川驻会者以资经理。该会章程第二十条所拟，本会坐办有管辖全会收发各项事件之权，是坐办权限不过管辖收发各事，核与本部添派坐办之意尚属相符，自不虞于总、协理办事之权有所侵越。”⑨

另外，有关会员的选举在天津商会修订的章程中也略有不同之处。在清末，上海和苏州商会都规定会员由入会的各行、帮商家选举，并以缴纳会费的多少确定不同的会员名额。其人数最多的成员主要是各行帮的会友，上海商会会友年纳会费 12 两，苏州商会会友“岁捐会费 12 元”，会员的人数并不多，由会友选举产生，基本上都是各行帮经济实力和社会影响比较突出的商董。清末的天津商会无会员和会友这样的不同称呼，但规定“无论何项商业，凡允认常年会费四元以上者，均得入会”。入会者实际上相当于上海、苏州商会的会友，但年纳会费少得多。除会董之外，天津商会还有所谓行董，即各行董事，相当于上海、苏州商会的会员。天津商会的行董从表面上看也以各行商家公举的方式产生。1903 年天津商务公所成立时，“各行商业大者公举董事二人，小者一人”。商会成立后，“各行董事仍援商务公所旧章，大行三、四员，小行一、二员，应由就地各商家公举为定”⑩。但天津商会没有像上海、苏州商会那样以缴纳会费的数额的差异，确定各行帮选举会员的名额，而且所谓“公举”实际上也不是真正意义上的投票选举，仍然是采取“公推”方式。

整体而言，清末的天津商会与上海、苏州等地的商会相比较，在选举制度的建设方面并无多少建树，甚至显得较为保守。这不仅反映在上述天津商会成立时拟订的章程中没有明确制定有关投票选举的制度，仍然试图沿袭传统行会推选董事的方式，而且当这一问题被政府官员指出并要求修改时，天津商会也只是在章程中写出简单的几句话，并未像上海、苏州等商会那样在章程中列出“选举”的专章，制定详细的相关条文，更没有像苏州商会那样另行拟订选举章程。当时，最早成立的上海商会拟订的章程，曾被许多商会自行制定章程时作为范本加以参照，包括其选举制度在内的规定均为许多商会的章程所采纳。时人记载：“中国商埠之中，集全体商人而设公共机关，自上海始也……余往办华商联合报，曾调查各处商会章程，类皆沿袭沪会，所损益无多也。”⑪然而，天津商会却没有借鉴上海商会制定的投票选举制度。在天津商会正式成立之前，时任商部左参议的王清穆还曾专门致函宁世福、王竹林等天津商董，说明“沪埠商会业已开办，谨上章程二册，务祈台端迅速联合绅商，斟酌时宜，参照沪会章程，克日举办报部，由部颁给关防。凡有陈请，即可径行达部核办，而一切应兴应革之举，亦得随时具报，实于商务大有裨益”⑫。在保存完好的清末天津商会档案资料中，我们也查到当时商部寄给天津商会参考的光绪三十年五月上海商务总会第二次拟订的暂行试办章程，该章程已对选举制度列出专章作了详细的规定，按理说天津商会并不是没有看到上海商会的章程，也完全有借鉴和参照上海商会所定选举制度的条件，但天津商会却没有像其他许多商会那样加以仿效。这种情况只能说明，天津商会对选举制度的建设并未予以充分的重视。

需要进一步探讨的是，经过袁世凯和商部的数次批示，天津商会虽然在修订的试办便宜章程中写上了“遵照部令，先令各商家公举会董十数员”这样的条文，但却并不能简单地据此认为天津商会此后已开始真正实行投票选举制度，还需要通过具体考察相关史实才能知晓其“公举”的确切涵义，得出合乎实际的结论。光绪三十三年（1907年）四月美国驻津总领事若士得向天津商会函询有关章程及职员情况时，天津商会在复函中明确回答：“天津商务总会之设，系遵照农工商部奏定章程参拟会章办理。所有驻会办事各员，均由各商选举，分任职司。”[13]从天津商会的这一复函看，似乎其所有职员都是由商家“选举”产生，很容易使人误解为当时的天津商会已经实行投票选举制度。但严格说来，天津商会的所谓“选举”并不是指投票选举的方式，而仍然是一种带有传统色彩的“公推”方法。真正实施投票选举的上海、苏州等许多商会，在每次会董换届改选前都要发布选举通告，不仅有关选举的过程以及相关具体情况的记载在档案中均保存完好，而且改选后又将选举结果包括各位当选会董的名单以及获得的不同票数，在当地有影响的报纸上予以公布。随后的总、协理投票选举通告和选举结果，也照此在报上公布。但是，在保存完好的清末天津商会档案中我们却看不到任何关于投票选举会董和总、协理的具体资料，在当地有影响的报纸《大公报》上也同样找不到有关天津商会投票选举结果的报道。这实际上是证明了天津商会并没有真正实行投票选举制度。因为换届改选对于商会来说是非常重要的工作，商会档案中一定会有详细记载，在当地的报纸上一般也应有报道。就笔者目前所能见到的商会资料，只要是实行投票选举制度的商会，即使是资料保存并不完整，也都无一例外地在这方面留下了或多或少的记载。而唯独在数量最丰富、保存也最完整的天津商会档案中，却找不到任何有关投票选举的具体记载。这种例外不可能有其他的解释，只能证明天津没有真正实行投票选举制度。

天津商会在清末制订的章程中，也没有对投票选举制度及其实施办法列出详细的具体条文，这是天津商会与其他实行投票选举制度的商会又一明显的不同，也从另一个侧面证明天津商会在清末并没有实行投票选举制度。因为实行投票选举必须制定具体的操作方法，例如像上海、苏州等商会那样在章程中对投票选举做出一系列规定，否则就无法实际操作。由于清末天津商会没有明确规定投票选举及其具体操作方法，而是仍然采取所谓“公推”或“公举”方式，其总、协理的产生结果也与实行投票选举的商会有所不同。一般来说，实行投票选举制度的商会对总、协理的任期和连任次数都有规定，尤其是对总、协理的连任次数有所限制。但天津商会却对此没有限制，从其1904年成立起直至1911年，都是通过“公推”的方式推举王贤宾连任总理，如果不是1911年王贤宾因涉案被革职，恐怕还会继续无限期地连任。是年5月，身兼长芦盐商帮纲总的王贤宾，因涉案被斥革纲总一职，随即不得不辞去商会总理职务。“总理一席，责任綦重，非才望素优不克胜任。现在王贤宾辞职，遽难选举”，全体会董遂“公同酌拟所有商会一切事务”暂由协理宁世福兼任。但这只是一时的权宜之计，天津商会意识到必须尽快公举新的总、协理才能真正解决问题。不久之后，天津商务总会全体会董开会集议，公推宁世福担任总理，吴连元担任协理，并报请农工商部加札委用。同年7月农工商部批示：“查宁世福、吴连元二员，既据该总会公推，堪任总、协理之职，应即照准加札委用，以专责成。”[14]

除总、协理的连任无限制之外，天津商会也没有对各行帮当选会董的名额加以限制，以致有些经济实力雄厚的行帮占据会董名额过多，而其他行业则在会董中难有一席之地。上海、苏州等商会都在选举制度中规定各行帮至多只能有3名会员，因会董在会员中通过投票选举产生，所以各行商董当选会董的名额自然也有所限制，天津商会却并非如此。根据档案文献的记载，天津商会光绪三十二年（1906年）的会董共12人，其中绸缎洋布业即有5人，所占比例高达41%；光绪三十三年（1907年）的会董共15人（包括坐办1人），其中银号业即有4人，再加上粮食业3人，绸缎洋布业4人，这三个行业已多达11人，所占比例为73%；宣统元年（1909年）的会董增至20人（包括坐办1人），但其中绸缎洋布业也增至6人，银号业仍有4人，仅这两个行业即占据了全部会董的一半名额[15]。显而易见，天津商会由于没有实行投票选举制度并制订相应的具体规定，使得少数几个行业在会董名额中一直占有相当高的比例，而为数更多的行业则在会董中始终无法拥有一个名额，这难免影响到商会作为工商各业之代表的信誉。

综上所述，清末的天津商会在投票选举制度的建设方面并无什么建树，仍继续沿用传统的“公推”方式，这是天津商会不同于上海、苏州等许多商会的一个明显特点。之所以如此，除天津商会领导人自身认识方面的主观原因之外，与清朝商部颁布的《奏定商会简明章程》对此未予明确规定也有一定关联。该章程是由清朝政府拟订的中国第一个有关商会的规章,规定凡属商务繁富之区,不论系省垣或城埠,均设立商务总会,商务发达稍次之地设立分会。关于商会的职员,总会设总理1员,协理1员,会董20员至50员;分会设总理1员,会董10员至30员。但对于职员的产生却无具体规定,只是说明总、协理"应由就地各会董齐集会议,公推熟悉商情,众望素孚者数员,禀请本部酌核加札委用,以一年为任满之期,先期三月仍由会董会议或另行公推或留请续任,议决后禀呈本部察夺";会董"应由就地各商家公举为定","举定一月后各无异言者,即由总理将各会董职名,禀明本部,以备稽查。至任满期限及续举或续任等,悉如上条办理。"[16]值得注意的是,奏定商会章程说明总、协理由会董"公推",会董由商家"公举",而且对"公推"和"公举"的具体涵义均未加以说明,更没有指明必须通过投票选举,就此而言天津商会在清末仍沿用传统的"公推"方式也并非违背法理。

问题在于,当上海、苏州等地商会已经率先实行投票选举制度,商部官员要求天津商会参酌借鉴的情况下,天津商会却未予理睬,这就说明天津商会领导人主观上对投票选举制度持排斥态度。除此之外,天津商会不仅在清末没有真正实行具有现代意义的投票选举制度,甚至在民国初期的一段时间内也仍然希望坚持这种传统的"公推"方式,并就此一问题与北京政府工商部发生过争执,从而更进一步体现了天津商会领导人自身对这一问题所持的保守态度。

二、民国时期天津商会职员从"公推"到"票举"的变化

在民国初期,经历政体变更之后上海、苏州等商会都顺应时势进行改革,包括在选举制度方面实行"各业普通选举"和记名投票等新举措。但天津商会的职员推选制度仍没有像上海、苏州商会那样进一步得到比较顺利的发展,而是经历了一段曲折的改变历程。面临中华民国建立后的新形势,天津商会的领导人却似乎对投票选举仍存在一些不同的理解和认识,不仅没有实行投票选举以完善原本存在缺陷的职员推选制度,相反还继续坚持传统的"公推"方式[17]。在民国元年王贤宾能否再度出任天津商会总理一事中,天津商会曾就"公推"与"票举"问题与工商部发生争执,这一事件可以说比较典型地反映了天津商会对投票选举制度似是而非的认识。

1912年3月,天津商会总理宁世福以"年老气衰,不能襄办商务",再次提出辞职,并且态度坚决地表示:"嗣后商务应如何办理,一任诸君尊裁,鄙人不负责任。"与此同时,协理吴连元也以"能力薄弱"为由请求辞职,要求"一星期内召集会董另选协理……即或满一星期尚未选出协理,连元对于会务亦不负责任"[18]。4月初,张荫棠、王子臣等12名商董联名代表津埠189家商号致函商会,吁请王贤宾再度出任总理。5月,天津商会全体会董和行董集议,"佥以商会总协理统括全局,担负綦重。总理宁世福等既卸责而去,遗缺未便久悬,恐误要公。兹经公同推选,查会办王贤宾热心公益,学识兼优,遇事不辞劳瘁,久为津商信服,以之推升总理,委系人事相当……叶登榜、卞荫昌为津商巨擘,见义勇为,平日赞襄之功,众情浃洽,推补协理职任,使实与会务商情均有裨益"[19]。但是,工商部却态度坚决地驳回了天津商会的这一禀文。其主要理由是:王贤宾于前一年因为以长芦盐商帮总纲名义滥借外债,并将借款私办高线铁路,不仅本人亏累169万余两,业不抵债宣告破产,而且导致其余各商亏欠甚巨,总纲和商会总理等职均已被革除。此前据津埠商会以津地市面停滞,禀请添派王贤宾为商会会办,经前清农工商部暂准通融办理,现在津埠秩序已渐恢复,商会本无会办名目,应即取消,以归划一,更不能由其出任总理。另外,当时的工商部已明确要求商会总、协理必须通过投票选举产生,不能以"公推"方式决定,因而其批复还明确指出:"总理宁世福既因老告退,协理吴连元因事辞职,自应由众商全体投票,另行公举,方为合格,断不能遽以从前通融暂设之会办推升总理。况王贤宾系因案斥革之人,其名誉已损,信用已失,设再充为总理,亦无补于商会。应饬该总商会另行投票,正式公举公正绅商接充,俟举定咨复到部,再行核办。"[20]联系上下文看,可以肯定工商部批复中所说的"公举"就是"票举"(即投票选举),而不是传统意义上的"公推"方式。

对此,天津商会领导人也不无了解,但仍对工商部的批驳颇不以为然,并再次呈文进行了申诉。其呈文首先解释了王贤宾之信用已失问题:"查商会新章,民国现未颁布,前清旧章亦无限制选举明条。至谓王贤宾信用已失,从前商部既无此项之规定,而普通自治之选举法又以尚未清了四字为准绳。王贤宾曾失信用,究其果否清了,董等未能探悉详情。第观其行动自由,职衔开复,似已默认为清了。"其词意虽然较委婉,但

显然认为这一原因并不能完全否定王贤宾具备担任总理的资格。除此之外，呈文更多的是对工商部要求的"票举"方式提出了异议，认为"公推之习惯万难一旦改革"。天津商会指出："大部以总理必须票举方为正当办法，董等虽无学无识，或不至票举之法不知。徒因商会习惯，向以全体会员为主体，总理、协理特受会员之指挥者耳，非若他项机关，以会长、会员为代表也。夫代表之性质，遇事得有全权，商会总理非得全体会员之同意，一事未尝自专。揆其情形，正如一群之中，有耳目以司视听，有口舌以告疾苦也，会员与总理，常若五官百骸之相依相附而不可须臾离。"天津商会此番会员与会长关系之大段解释，用意无非是为了说明："今一旦欲行票举之法，是使全体会员随波逐流，不知此身之竟将谁属也。"就当时的实际情况而言，这一因果关系的推论颇为令人费解。姑且不论会员与会长之间是否存在着如同天津商会所说的这种关系，即使如此也未必会因为实行投票选举会长而导致"全体会员随波逐流，不知此身之竟将谁属"这样的结果。在清末民初，绝大多数商会都是通过投票选举的方式产生总、协理或正副会长，也极少看到这些商会出现天津商会描述的这种结果。事实上，工商部批示中所说之"票举"方式，也并不是说由全体会员投票选举，而是按照章程的规定由全体会董投票选举。因此，天津商会以所谓会员与会长的特殊关系为理由，声称"票举"之不可行，并没有抓住问题的要害，因为会员根本不参加对会长的选举。更有甚者，天津商会还认为传统的"公推"方式优于现代"票举"制度："查公推之法，推举者对于被举之一方，大抵不言感情，但言公理；被举者对于推举之一方，大抵既重公理，尤重感情。倘用票举，则推举者半属私情，被举者反无感情矣。"这种推论同样难以理解，实际上"公推"更容易受到感情因素的影响，特别是当被推举者在场的情况下，持不同意见者一般都碍于情面不好意思当面表示反对，而"票举"的方式则无需公开当面表示反对，只是以选票表达自己的意愿。天津商会还以商会不同于其他机关的三个特点，即"不受政府之补助"、"不取地方之公款"、"总(理)协(理)会(董)行(董)不支薪水及车马饭银"，说明"商会乃商界全体之商会，非天津全体之商会也。如用票举，特恐百弊丛生，转失本来面目，商界一线自保之生机，则从此败坏矣。"㉑商会确实不同于其他机关，天津商会所说的上述三个特点也并不为错，但这与商会实行投票选举的制度并不产生矛盾。选举由商会独自进行，政府官员和社会其他各界并不干预，不可能造成"百弊丛生，转失(商会)本来面目"的局面，这在其他许多严格实行选举制度的商会中均可得到证实。

由于天津商会仍要求工商部准允王贤宾担任总理的申诉理由并不充分，工商部又再次予以批驳，并进一步阐明："查商律第七十三条内载，董事遇有倒账，即退任等语。倒账者，不能为公司董事，岂能充商会总理！……本部办理此案，毫无成见，惟既责在保商，则凡有碍于商者，一经本部查悉，断不容滥厕其间。所请仍以该商接充总理，碍难照准。应请转饬该商另行选举，毋庸多渎。"㉒王贤宾也意识到自己乃"曾经破产之人"，"信用已失，不足代表社会"，出任总理要职确系勉为其难，向天津商会提出"另行选举"㉓。1912年10月，天津商会重新经过"公举"并报经工商部备案批准，由叶登榜、卞荫昌出任总、协理。王贤宾最终仍未能担任总理，这显然是天津商会不得不做出妥协让步的结果。但是，天津商会的这一让步也并不意味着该会此后即开始严格实行投票选举制度。

如果不是受特殊原因的影响，一般来说实行投票选举制度的商会都将于任期届满后在规定的时间之内举行换届改选，这也是商会投票选举制度是否正常运作的具体表现。从实际情况看，绝大多数商会基本上都能够照此执行。但天津商会在民初却出现了与此不同的情况，由此同样可以看出当时天津商会对选举的认识与态度。1912年天津商会虽因王贤宾出任总理之事与工商部发生争执，直至当年10月才另推叶登榜、卞荫昌出任总、协理，但是年改选的时间仍应为当年的6月。按照规定商会应每年改选一次，但到1913年9月天津商会仍未准备改选，也未做出任何解释，相当一部分商董对此颇为不满。于是，估衣商、洋布商、洋广货、银钱商等22个行业的近60位商董，联名向天津商会致送说贴，陈请遵章按期举行改选："窃查商会为商务机关，所有内容办事，自应遵照章程，以维秩序。查我会奉工商部奏明简章第四款内载：商会总协理每年改选一次等因。我会自去年六月改选，迄今一年余兹，所有改选办法尚无音信，实与章程不符。若不遵照办理，则内务不清，何以服人！商董等当经开会公同研究，决定应请贵会召集各行董开会，即行组织改选，以保定章而重会务，实为公便。"㉔

当时，并无什么特殊原因致使天津商会不能按期进行改选。是年10月工商部曾饬令整顿商会，主要是

"外省自行组织商会并未报部者恐亦难免无此流弊,似此办法分歧,殊属不成事体,亟应查明,以资整顿。所有前农工商部核准有案之各商会,除已照章呈报者外,应请饬其将更选总协理等日期,呈明地方长官核咨备案。其新设之商会,如已在地方长官衙门核准有案者,应请查明咨部立案……新商会法尚未经国会议决,此后如有新设商会,应请批令暂缓,统候新章颁行后按新章组织,呈明地方长官转咨核办。"[25]天津商会不属新设商会,自然不在整顿之列,只需要将总、协理更迭日期报工商部备案,这也并不影响商会的改选。从档案文献的相关记载着,天津商会很可能是认定上届总、协理和会董的任期并非从1912年6月算起,而是始于重选叶登榜、卞荫昌为总、协理的10月。在致直隶民政长的公函中,天津商会说明:"窃查敝会总协理前经公举叶登榜为总理,卞荫昌为协理,呈请前都督转咨工商部核准立案,兹届一年任满之期。"实际上按照惯例,中途接任者的任期仍应按前任者之任期接算,否则将会给任期时间的计算带来严重混乱。不仅如此,在众多商董的催促下,天津商会会董和行董坚持在其自行认定的一年任满之期,"开会集议,佥以叶登榜、卞荫昌自任事以来,殚精竭虑,凡有保全振兴各事,无不悉心筹划,均臻完备。且天津为北洋巨埠,商事殷纷,总协理独能苦心经营,不辞艰瘁,似此成绩昭著,热心公益之员,岂容遽卸仔肩,致失众商之望。兹经公同议决,仍留续任,准叶登榜为总理、卞荫昌为协理,经理一切会务,俾孚众望而顺商情。董等仍随事随时会商妥协。"[26]就法定程序而言,尽管叶、卞二人在一年的总、协理任期之内领导有方,成效卓著,深得全体会董乃至商界人士拥戴,但在任期届满之后,仍需要通过投票选举的法定途径才能连选连任,而不能采取所谓"议决"的方式继续连任,何况改选并不仅仅只是限于总、协理,会董也需要重新进行改选。天津商会以这种方式要求总、协理连任,同时也不改选会董,这就意味着总、协理和会董全体留任,显然不符合法定选举程序。但是,由于工商部对各个商会改选的具体操作情况无从了解,竟然也对天津商会呈报叶、卞二人连任总、协理的请求予以批准。

值得注意的是,清末民初天津有些行业成立的研究所或研究会等新型同业组织,已经在章程中明确规定实行投票选举制度。例如书纸业商号于1910年7月成立的南纸书业研究所,规定"凡在本所与会各商号经理人,皆得为本所会员,即由会员中选举正会长一员、副会长二员,会董四员",并且"用投票记名法选得正会长李荫恒、副会长魏富泰、张士元,会董司兆鸿、范春第、王金铎、李庆元"[27]。又如1912年5月成立的洋广货行会议所简章也规定:"本行董事拟定四位,由各号全体投函公举,得票多数为赞成。选定后该董事不愿认责,实在挽留不住,按得票次多数公推,责任一年为限,照章改选,可否续任,当场公决。"[28]这些新型同业组织,实际上可以说是天津商会的下属基层团体[29]。而天津商会在下属基层组织已先行实施投票选举制度的情况下,仍然拒绝接受这一制度,类似的情况在当时确实少见。

天津商会将投票选举制度的一系列条文明确而具体地载入章程是在1918年,此举称得上是天津商会自成立以来在选举方面的一大进步。但是,天津商会的这一进步还不能说是自身认识改变和主观努力的结果,而是缘于《商会法》公布实行的外力推动。1914年9月,经参政院议决的《商会法》及施行细则相继公布,起初因全国商会联合会被取消等问题受到海内外商会的抵制,北京政府最终接受了商会的要求,于1915年底又公布了重新修订的新《商会法》。新《商会法》对商会职员推选制度进行了较大的修改,做出了 系列具体规定。在此之后,各省商会都相继依照该法进行改组,并修订章程,确立新的选举制度。天津商会在根据《商会法》制订投票选举制度之前的1914年底,又曾公开表示"票举"之制不适合商会,只有"公推"才能杜绝流弊。此次天津商会是在致巡按使公函中详细解释其理由:"窃敝会恭读政府公报公布商会新法,敝会自当遵照,预备期于六月内组成,以符法令。当经开职员会议,佥以商家有特种性质,其声息相关,较之普通人民选举必造具人名册者不同。商会为众商代表机关,于商业相兴辅助至关重要。近年来天津票选行为舞弊,离奇怪状,罄竹难书,倘故辙复蹈,商业前途何堪设想。如近日众行董声告,有人假众行董名义私出传单,召集开会,议举总协理。此就显著而言,其未明张旗帜,当不乏人。且津埠商务繁盛甲于他处,自商会成立以来,经之营之,商业赖以维持。若遵新法票选,倘若举非其人,特恐正直大商避而去之,关乎商务前途,良非浅显。查商会向章,选举例用公推法行之,素有经验学识及正直大商皆得举之经理会务,实于商情大有裨益,非然者,其不正当之人,皆运动而得之,会务商情反滋扰累。敝会有见及此,惟有恳请巡按使察核,对于天津准予特殊办法,仍行公推,以杜流弊,而维商业。"[30]从现有史料中,尚未见到其他商会提出这种特殊的要求,由此可以更进一步证实,在此之前天津商会"选举例用公推法行之",一直未曾真正实行投票选举制度,另外也可以看出当时的天津商会仍然认为“公推”方式更具有优越性和可行性,但这种认识未必正确。由于民初的《商会法》不像清末的《奏定商会简明章程》那样对选举制度含糊其辞,而是做出了一系列明确和具体的规定,并要求各地商会照此实行,所以天津商会的这一请求并未获得批准,也不得不在新的章程中对投票选举问题相应做出明确规定。

1918 年 8 月,天津商会制定颁布了《天津总商会章程》,其中第二章为“职员及选举”,主要内容如下:

第五条 本会之职员如左:会长一人,副会长一人,会董六十人,特别会董十二人。

第六条 本会职员之任期以二年为限,但届改选时再被选者得连任,惟以一次为限。

第七条 会董由全体会员投票选举,会长副会长由会董投票互选,均用记名投票法。

第八条 职员因故辞职或解职,得组织临时选举会,召集会员投票补选,但任期仍按前任者之任期接算。

第九条 每届选举时,应造具有选举权者名簿,于先期十五日以前通知全体会员,以便观览。前项之名簿,会员若发现遗漏或错误时,得请求更正或填补。

第十条 会员投票,应以该商号之图章为凭。

第十一条 有得同票数者二名以上时,以年长者当选;若同年龄时,以抽签法决定之。

第十二条 特别会董由全体会董推选。

第十三条 会长、副会长、会董、特别会董均为名誉职。

第十四条 每届改选时,新职员就职后,旧职员方得解职[31]。

以上除第九、十、十一条系天津商会自行拟订外,其余各条内容均与《商会法》的规定基本相同。

还应注意的是,天津商会在 1914 年底提出继续实行“公推”制度的请求被拒绝后,1915 年初准备按照农商部统一规定进行改组,已着手拟订新的选举制度,并经过全体会董和行董商议,确定如下数项原则:“一、改组商会必本业董事为选举代表,担负全体责任;一、各行董事各就本行公地召集全体会员公举董事,报会注册;一、各行董事原额在六人以上不再添举,如未满六人者,以六人为定额;一、各行改组董事以十日为期,如逾期无正式答复,本会即以旧董事注册,下信(原文如此———引者)改选担负完全责任;一、各行改组行董,在期间内完备报会注册,据报后不得过四日开场票选会董;一、各行改组行董,已设有公地者,即在公地办理,其未设公地之各行,预期通知本会,借用商会为改组之地;一、商会开场选举,务须本董事亲到投票,如有替代,作为无效。”[32]这一新的选举制度已确定实行“票选”会董和行董方式,只是随后因海内外商会对《商会法》进行抵制,农商部批准上海、天津、汉口等地商会“暂行变通,稍缓改组”,在当时才没有实施。同年底新《商会法》公布施行,农商部重新规定各商会于半年内进行改组,后又准允再延期半年。但天津商会的改组一直拖到 1918 年,农商总长曾为此向天津商会发布训令:“案查自修正商会法公布后,各省总商会先后呈报改组,既已一律报齐,该商会逾限已久,尚未实行改组。天津为北洋通商巨埠,商务素称繁盛,该处商会职务重要,亟应依照法定手续从事改组报部,切切勿延。”[33]

此前,天津商会也已为改组开展了相关的准备工作,要求各行选举董事驻会担任筹备组织员,最后确定了 28 位董事。在此期间,曾因改组时的选举是否仅限在会者享有选举权问题,引发一些争议。有商董指出:“查前议改组,其选举权以在商会者为限,事未实行,而物议沸腾,诸多反对……此番继议改组,若仍按在会者有选举权,仍恐不无反对。我津乃通商大埠,而在商会者甚少,是以会费不甚充足,维持力亦甚薄弱,其未入会者,平日未尽纳会费之义务,而今享选举之权利,实属不公。以万商云集之大埠,若以现在已入商会之会员选举,又未免向隅。今拟以义务权利并行之法改组之,其选举权仍以在会者为限,惟必须预为登报,并遍贴布告,通知阖津及租界商号广招入会,以凭选举。会员应求普及,会费不宜太重……似此办法,会员可以普及,会费可以加增,纳费之义务与选举之权利两无偏重。”天津商会认为这一提议不无道理,遂加以采纳,随后公开发布通告,一方面说明“本会开办至今十余年之久,岁糜颇巨,概系在会各商所担负,此次改选,当然取得优先权利,以奖其平素辅助会务之热心”,另一方面又指出“津埠为通商口岸,商业繁盛,为北方之门户,未入会各商尚实繁有徒,未可以此綦限,致有向隅”,为此特规定“自公布之日起十五日内,各商号未入会者急速请本行行董介绍来会注册”[34]。除此之外,天津商会此次不同的做法还包括将享有选举权之注册各商号,列榜通告宣示,以便于商家更正补遗。随后,由商会发给正式公函,通知改选日期。“此种公函于应有选举权利之商号收受时，加盖该商铺字号戳记保存，至选举日期，持原函来会，当时换领选举票，入场投票。”如无公函及公函未加盖商铺字号图章，均不得领取选举票。“此系慎重选举，以免冒滥之意。”[35]

根据档案文献的记载，天津商会于1918年3月19日举行了改组选举，从当日早8点至晚8点为投票时间，总计发出选举票1 570张[36]，意味着共有68个行业的1 500余位工商业者直接参加了此次选举，这在天津商会的发展史上无疑是前所未有的景观，也标志着天津商会实行投票选举的第一次成功尝试。当地有影响的报纸也比较详细地报道了天津商会的这次选举。例如《益世报》报道了选举当日天津商会的具体布置：“一、头门、二门高揭国旗；二、前院北房为接待室；三、西院为领票处（即用通知书加盖本号戳记以凭换票）；四、议场作为写票处；五、会议厅前设票匭三个，厅内为接待长官室；六、八句钟将票投毕，各室执事萃于一处，当众开票宣示被选人姓名。”[37]《大公报》也报道这次“会董改选，会场秩序由王小舟布置，甚为井然，并在会场公布有瑕疵之选举票证明有效数例……至晚八时宣布开匭，由文牍长夏琴西唱名”，并推定刘渭川、李颂臣等8人“监视开匭唱票”，另推王小舟、赵文卿等7人监视记票，“至夜一时余，始行蒇事”[38]。此次选举共选出会董60名，当选者姓名及其各自所得到的票数，同时在1918年3月21日的《大公报》和《益世报》予以公布。不过，天津商会这次进行的会董选举也不可能使所有行业的商家都表示满意，一些小行业的会员较少，仍难以有代表当选为会董。尤其是有的小行业较早即加入商会，“商等负担经费多年，当然有选举权及被选举权。按宣示名册核计，一人应得二十三票为当选。商等二十余行商，分定投票，一行仅得七、八票至十余票者，按照宣示名册规定，商等即不能当选，而当选者，统归他行号占优胜”[39]。尽管仍有此瑕疵，但天津商会所进行的这次选举以及由此建立的投票选举制度仍然是值得肯定的。在会董选举后的数日，天津商会又以投票的方式选举了正副会长。据《益世报》报道，新当选的60名会董除2人因故请假，其余会董都参加了选举，省长、警察厅长、实业厅长均派代表出席。选举前推举孙俊卿为临时主席，另推监票人数名，先“将票选法详细报告毕，即按照记名分选法举行”。投票后“当场开匭，由文牍长夏琴西唱名”。会长选举叶登榜得51票当选，副会长选举卞荫昌得48票当选[40]。至此，天津商会历史上的首次投票选举遂顺利完成。

通过对清末民初天津商会选举制度发展变化进程的考察与分析，并结合与上海、苏州等商会的选举制度进行比较，我们可以初步得出以下几点结论和启示：

在选举制度的建设中，清末民初天津商会的领导人在思想认识和实践操作两个方面都偏向于保守，不仅自身缺乏创造性的举措，而且很少主动借鉴和学习其他商会已有的投票选举制度；天津商会坚持认为传统的“公推”方式优于现代“票举”制度，甚至当有关法规已明确规定商会必须实行投票选举制度的时候，也仍然希望继续沿用旧的“公推”方式，这种情况在当时的全国商会中尚属少见。

但是，商会作为一个不同于传统行会的近代工商社团，实行新的投票选举制度是大势所趋，并不以天津商会领导人的主观意愿而转移。1915年《商会法》颁行之后，天津商会才不得不遵照有关规定制订了投票选举制度，其职员的产生方式也开始从“公推”变为“票举”。此后，天津商会同样进入了实行投票选举制度的新时期，但时间明显晚于其他许多商会，并且这一重要演变仍然不是出自于天津商会领导人的主动行为，而是在其请求继续沿用“公推”方式遭到拒绝后，被动地接受政府有关投票选举的制度安排。据目前所见资料推断，类似于天津商会的这种情况在全国的商会中虽不能断定仅此一例，但估计也不会很多。

如果说在清末商会正式诞生之际，上海商会在投票选举制度的建设方面发挥了开创性的重要作用，产生了突出的示范效应，那么在民国初期农商部通过制定和颁行《商会法》，对于推动天津商会实行投票选举制度则产生了不可缺少的外在影响。由此可知，在清末民初商会投票选举制度的建设与发展过程中，商会和政府两个方面以及两者之间的互动，都发挥了值得重视的作用和影响。

上海、苏州等江南地区的商会实行现代投票选举制度起步早，发展快，另有相当一部分商会随后予以借鉴和实施，但也有像天津商会这样在清末民初的很长一段时间内仍然拒绝实行投票选举制度的例外情况。近代中国是一个政治、经济乃至思想文化各方面发展都极不平衡的国家，具有现代意义的投票选举制度虽然得以在商会这样的民间工商社团中率先实行，但并非在各个商会中都是同步进行，而是存在着相当明显的差异，这种现象证实了清末民初各地工商界对现代投票选举制度认识的不一致。

注：

① 本文是教育部哲学社会科学研究重大课题攻关项目“商会与近现代中国社会”（04JZD00029）的阶段

性成果。

② 最近,已有学者意识到这一研究课题的意义与价值,并开始撰写专文进行论述。例如有学者对清末民初苏州商务总会的选举制度进行了专题研究,特别是对以往忽略的"选举权数"问题有所涉及,并考察了民初苏州商会选举制度新旧交替的特点。见谢放《清末民初苏州商会选举制度》,提交"近代中国社会群体与经济组织国际学术研讨会"论文,2005 年 10 月,苏州。还有学者针对过去流行的结论,对与商会选举制度紧密相关的清末民初上海商会领导层的改选更迭问题,包括上海著名商董出任总、协理的意愿,1920 年上海总商会改选,1924 年和 1926 年上海总商会的选举纷争等,都进行了新的探讨,提出了不同于以往流行观点的新见解。见李达嘉《上海商会领导层更迭问题的再思考》,台北《中央研究院近代史研究所集刊》第 49 期,2005 年 9 月。

③ 有关这方面的问题,笔者在另一篇论文《近代中国商会选举制度之再考察——以清末民初的上海商会为例》(《中国社会科学》2007 年第 1 期)中有较详细论述,本文不再重复。

④ 清末民初的所谓八大商会,一般指北京、上海、天津、汉口、广州、苏州、南京、重庆等八个商会。

⑤《天津府凌守禀定商务公所暂行章程》,天津市档案馆、天津社会科学院历史研究所、天津市工商业联合会编:《天津商会档案汇编(1903—1911)》(上),天津人民出版社 1989 年版,第 3 页。

⑥《公裕厚等六十一户商号禀请将商务公所改为商会并公推宁世福王贤宾为总协理文》,《天津商会档案汇编(1903—1911)》(上),第 30—31 页。

⑦《中外近事》,《大公报》1904 年 7 月 25 日,第 4 版。

⑧《直隶总督袁对商务公所绅商宁世福等公议〈商会就地便宜章程二十条〉的批示》,《天津商会档案汇编(1903—1911)》(上),第 34 页。

⑨ 本段引文见《直隶总督袁并商部对修改〈天津商会试办便宜章程〉的三点意见》,《天津商会档案汇编(1903—1911)》(上),第 50、51—52、52—53 页。

⑩《天津商务总会试办便宜章程三十条》,《天津商会档案汇编(1903—1911)》(上),第 45 页。

⑪ 金贤采:《上海商务公所章程草案序言》,上海市工商业联合会、复旦大学历史系编:《上海总商会组织史资料汇编》(上),上海古籍出版社 2004 年版,第 126—127 页。

⑫《商部左参议王清穆为请速联合绅商举办商会事致宁世福王竹林函》,《天津商会档案汇编(1903—1911)》(上),第 4 页。

⑬《美驻津总领事若士得为查询津商会章程办事人员事致商会函及复函》,《天津商会档案汇编(1903—1911)》(上),第 81 页。

⑭《天津商会禀请札委宁世福吴连元为商会总协理文及劝业道孙转发农工商部直督陈批文》,《天津商会档案汇编(1903—1911)》(上),第 138—139 页。

⑮《天津商务总会总理协理会董一览表》,《天津商会档案汇编(1903—1911)》(上),第 108—110 页。

⑯《奏定商会简明章程二十六条》,《天津商会档案汇编(1903—1911)》(上),第 22 页。

⑰ 胡光明撰写的《论北洋时期天津商会的发展与演变》一文对此曾有所论及,见《近代史研究》1989 年第 5 期,第 125 页。

⑱《宁世福吴连元坚辞商会总协理函》,天津市档案馆、天津社会科学院历史研究所、天津市工商业联合会编:《天津商会档案汇编(1912—1928)》第 1 册,天津人民出版社 1992 年版,第 1 页。

⑲《津商会坐办李向辰并全体会行董公举王贤宾叶登榜卞荫昌分任商会总协理函》,《天津商会档案汇编(1912—1928)》第 1 册,第 4—5 页。

⑳《直隶劝业公所转发工商部驳回王贤宾升任商会总理照会并天津商会申诉文》,《天津商会档案汇编(1912—1928)》第 1 册,第 7 页。

㉑ 本段引文均见《直隶劝业公所转发工商部驳回王贤宾升任商会总理照会并天津商会申诉文》,《天津商会档案汇编(1912—1928)》第 1 册,第 8—9 页。

㉒《直隶劝业公所转发工商部驳回王贤宾升任商会总理照会并天津商会申诉文》,《天津商会档案汇编

(1912—1928)》第1册,第9—10页。

㉓《王贤宾陈述请辞商会总理职理由书》,《天津商会档案汇编(1912—1928)》第1册,第6页。

㉔《二十二行商董吁请商会遵章按期改选函》,《天津商会档案汇编(1912—1928)》第1册,第19页。

㉕《天津县转发工商部旧设商会速报总协理更迭日期并新设商会一律暂缓令》,《天津商会档案汇编(1912—1928)》第1册,第20页。

㉖《津商会全体会行董吁请叶登榜卞荫昌续任总协理函》,《天津商会档案汇编(1912—1928)》第1册,第21页。

㉗《南纸书业请立研究所函并附章程及劝业道批》,《天津商会档案汇编(1912—1928)》第1册,第144、146页。

㉘《洋广货行请立研究所函并附简章及照会》,《天津商会档案汇编(1912—1928)》第1册,第147页。

㉙ 有关清末民初天津同业研究所(会)等新型工商同业组织的详细情况,请参阅拙文《清末民初天津工商同业研究所初探》,《天津社会科学》2006年第5期,第129页。

㉚《天津商会请按公推法选举总协理以杜流弊函》,《天津商会档案汇编(1912—1928)》第1册,第680页。

㉛《天津总商会章程》,《天津商会档案汇编(1912—1928)》第1册,第44页。

㉜《津商会关于召开讲座商会改组问题会议的通知》,《天津商会档案汇编(1912—1928)》第1册,第24页。

㉝《农商总长饬津商会速依法实行改组令》,《天津商会档案汇编(1912—1928)》第1册,第34页。

㉞《行商公所董事杜禹铭对商会改组的建议并商会坚持选举资格敦促未入会行商限期入会的布告》,《天津商会档案汇编(1912—1928)》第1册,第35、36页。江苏阜宁益林商会曾发生"未入会之会员争选成讼"事件,1919年江苏商会联合会议定:一、非入会会员不得有选举权及被选举权;二、自通告改选之日起至选举之日止,暂停入会。农商部认为"所呈办法两条,为杜选举竞争起见,核与商会法尚无抵触,自应照准",并通令各地商会一体遵照执行(《天津商会档案汇编(1912—1928)》第1册,第53页)。由此可知,天津商会此前采取的办法,即自公布之日起15日内,未入会商号可由本行行董介绍加入,尚属通融之举。

㉟《津商会常川组织员申明改选手续及选举日期函》,《天津商会档案汇编(1912—1928)》第1册,第36页。

㊱《民国七年天津商会改选发放票数情况表》,《天津商会档案汇编(1912—1928)》第1册,第38—40页。

㊲《商会投票秩序之筹备》,《益世报》1918年3月19日,第7版。

㊳《商会改选记事》,《大公报》1918年3月21日,第3张。

㊴《津埠众小行业商董申述本行在商会选举中权利义务均归失败情形函及商会复函》,《天津商会档案汇编(1912—1928)》第1册,第40页。

㊵《商会选举会长记事》,《益世报》1918年3月24日,第6版。

(《近代史研究》2007年第3期)

近代天津会馆房地契约与诉讼习惯研究

宋美云

当前,国内外学者正将房地交易契约的研究由单纯的社会经济史研究推向法制史等研究领域,并依据其本身蕴藏的丰富内容向广泛的学术领域延伸。因此,它在史学研究中发挥的作用越来越大,其研究价值被众多研究者所认识。

从学界已有的研究成果来看,在全国已经出版的房地契约文书汇编中,很少有天津民间房地契约文书收录在内。在编纂档案资料的过程中,笔者有幸接触到一些会馆房地契文书和因房地产权引起的纠纷案例,并对其产生了浓厚兴趣。因此,本文拟以近代天津会馆的房地契约和商民诉讼习惯为切入点,探究当时商民房地产交易契约的形式、种类、习惯,以及民法与民间习惯之间的协调,以便了解我国近代民事法律制度发展的进程。

一、商民房地交易契约的形式与种类

清代至民国年间,天津会馆房地契约文书包括官府颁发的土地执照,商人买卖土地的白契、红契、借据、分产契证等。具体说来,天津商民房地买卖契约大致分为两种:一种是会馆本身在交易过程中形成的房地契约文书;另一种是以会馆外的商人买卖房地产形成的各类契约文书。时间最早的是康熙二十五年(1686 年)孀妇王门罗氏同嫡姪王梦弼卖畦地契,最晚的是 1945 年黄渤臣裁典房并地基契。据此可以认为,天津商民房地契约文书产生的时间跨度长达二百五十多年,历经清朝、民国两个社会形态。文书产生的地域基本上覆盖天津市各区,代表了近代天津民间契约文书的区域概貌,文书种类齐全,内涵丰富。

1. 契约的形式。在民间房地交易中,白契、红契是历代契约中最常见的契面形式。令人惊异的是,清代以来的天津房地产白契或是红契,少则几十字,多也不过数百字,言语精练,要素齐备。固定的书写内容与格式,流传已久,至民国时期变化不大。前后相差二百多年的民间房地交易习惯仍然沿用着这样一套程序,或许在细节上有着那么一点不同。以下是对白契与红契、草契与官契从清代至民国发生一些变化的扼要说明。

"官契"一词最早出现在《周礼 · 天官 · 宰夫》中:"掌官契以治藏"中的"官契",指古时记载收付的符券、凭证等官方文券,后来演变成民间典、卖不动产时经官府登记、征税的税契,如《文献通考 · 征榷六》记载:"(宋乾道)七年(1171 年),臣僚言:'民间典卖田产,必使之请官契、输税钱。'"

红契指经过官方规范、投印纳税的官版契纸,因其上有红色的官方印记而得名。白契与红契相对,指民间自行缔结,没有经过官方认可的草契。税契代表官方的认可,它是区分红契与白契的标准。在田房契约的粘连结构中,红契就等于官契。

白契就是单独的一张草契,没有官方印记。白契虽为法律所不允许,但却是屡禁不止,白契在确立、变更和解除民事关系方面的效力,与红契并无二致,所不同的是,白契的举证效力远不如红契。

清代田房契约发展至民国出现了以下一些变化:一是官契改名为"买契","官契"字样逐渐消失。"买契"字样的契约较为普遍,买契在原来官契的基础上吸收了清代契尾的部分内容,一般印有"例则摘要"等税契内容。买契代替官契虽为一字之差,却折射出当时社会思潮的大变革。清末民初,正是中国社会的大变革时期,民主、平等、自由等观念开始深入民心,振兴工商业已是国人共识。在田房交易中,当事人名正言顺"浮出水面",不避言买卖,契约不以"卖"字当头,直称"买契"。

二是官契与草契有合二为一的趋势。清代以前,草契是由立契人自备纸张书写的,民国时出现了官方印制好的草契,如外形为张榜露布式,梯形区内印有“天津特别市买典草契纸”,草契中还出现“章程摘要”。此时期出现了草契在形式上、内容上向官契的靠拢,与以往的界限不再是那样分明,交易环节缩短了。这种现象的出现,表明政府不是高高在上、深不可测,而是主要作为管理者,主动参与到最初的地房交易中来,加强了对市场的开拓和物业权的保护。

2. 契约的种类。在晚清和民国初年的房地交易中,存在多种形式和概念。天津最常见的有绝卖契、活卖契、典当契、借契、退契、送契(赠与契约),以及租赁契约等多种形式的契约。

其一,买卖契约。人们通常将买卖契约理解为所有权的转移。清代以来,随着商品经济的发展,因商品交易而订立的买卖契约,也呈现出发展的趋势,并具有时代的特点。在现存外地驻天津的会馆房地契约中,普遍使用“卖契”、“杜绝卖契”、“裁卖契”的形式完成房地交易。

卖契与绝卖契。《天津会馆档案全宗》证实,在当时的房地交易中,一般卖契、绝卖契往往是并见的,没有发现一件订立卖契后再找赎的契据。至于卖契、绝卖契的数量并不像有的学者所说:“这一时期的天津房地卖契的数量远远多于绝卖契的数量。”[①]另外,卖契、绝卖契在内容上区别也不大。因而,笔者的看法是,当时无论采用哪一种形式进行交易,完全是当事人书写契约的习惯。

裁卖契与绝卖契。在整理天津会馆的房地契约中,还经常碰到裁卖契约。从1847—1928年,裁卖契在房地交易中使用得不太多,它与绝卖契所起的作用几近相同。契约中也没有可以找价、赎回的任何说明。

其二,典、当契约。典、当是近代房地交易形式中的重要概念。清朝的立法者使典的物权担保性十分明确,例如在《大清律例》中规定:嗣后民间置买产业,如系典契,务于契内注明回赎字样;如系卖契,亦于契内注明绝卖、永不回赎字样。由此可见,典是活卖,卖是绝卖。据《大清律例》的规定,典和卖的另一区别是典无须纳税,而卖则须纳税。

在近代民间社会中,典、当已基本混同。其基本特征是由钱主支付价金、经过一段时间后得由业主以原价赎回产业。对典、当的基本涵义各地有不同习惯。如江西对典、当两类概念有明确的区分,而在徽州,典、当两概念同时混同通用。在东北地区,基本上不用“当”,仅用“典”。在近代华北一些地区,在晚清民初的北京周边地区,有典不离业的习惯[②]。

总起来看,现存近代天津会馆的房地典当契约中有这样几个特点:一是晚清至民国年间混同使用典、当契已成为天津民间的习惯,从契面上看典、当契没有明显的区别。二是每一契约都规定有明确的典限、年份,限满准其回赎,如逾例限不赎,准典主税契,永远为业。三是典权关系确立之后,典权人与出典人根据典契,双方各负有法定的权利义务。典权人有权占有、使用、收益典物,而且享有对典物的先买权和留置权。四是典权人还享有对典物的转典权。转典也立有契约,注明一定的回赎期。五是典不离业。

另外,借契也属于典、当契约的一种,可看作是典、当契约的别称。如在张永兴立借园地契时,言明:“今靳家园地一段,十亩有零,十一年十二月当施永利名下,张永兴、施永立找价不找,有中蔟合,族兄施彩臣借六十文,每月按三分行息,半年还地,子日清还。”[③]

总括上述,典在清代或民国之所以广泛流行,为广大民间所接受,并被法律所确认,都不是一种偶然,是与中国传统的国情有密切的关系。在宗法制度与观念的统治下,子孙以变卖祖宗遗产有悖于孝道之举,这种心态反映了中华民族传统伦理道德的渗透力与约束力。因此,他们宁肯典产而不卖产,以减轻来自家族内的压力和精神上的负担。尤其是城市的平民阶层,一旦遇有突发事件,为解燃眉之急,只能变产自救。在这种情况下,他们以选择典产作为出路,希望来日可以赎回,而不愿将房地产绝卖。

其三,退(推)契约。还有些契据也可视为卖契或租契的一种特殊类型,如朱氏同子朱世发退(推)园契文中就写道:中合盛每年春秋两季交朱朱氏租银钱粮□千五百八十文[④]。而在陈有的退园地契文、杜永康的退地契文中都具有转让地权的特殊意义[⑤]。

其四,租赁契约(租扎)。租赁契约的格式、题目,与土地租佃契约基本相同,只是由于标的物的性质不同,所设定的权利义务也有其独特的规定。试举以下为例:

民国三年(1914年)《集雅堂立租折》原文为:

立租折人集雅堂,今租到安徽会馆产坐落大经路西天纬路北首第三十六号地基一段,计上有原由支应局出售浮房大小十五间。现在按照该地房租十成抽一，每年应纳地租公化银三十两。言定按期交到，若有迟缓即归铺保承付。倘日后房租涨价以及添盖房间仍按十成抽一增长地租，如此项浮房将来集雅堂不愿执业，应先知会地主，按年份新旧估值，新价归地主管业。如地主不受，方准将浮房外售。恐后无凭，立此为据。

民国三年七月一日　　立租人　集雅堂

铺　保　方铣生代押[⑥]

在此租房契约中，由承租人写明房屋坐落、间数、租银及交付办法，提出若不履行租约归中人（铺保）承付，对日后房租涨价以及添盖房间后的租银及处理办法也写在契约中，并且立约为据。

最后，这里需要特别指出的是，天津民间契约文书中，还存有一定数量的房地产契证、地产执照等。它反映了康熙二十五年（1686 年）至民国三十四年（1945 年），驻天津市区会馆购置房地产的大致情况以及民国时期政府规范管理房地产的状况。

二、商民房地交易契约中的民间习惯

关于土地交易中的契约与习惯，一些学者已经做了大量的工作。以下根据现存天津会馆房地契约及在房地交易过程中的民间习惯做一大致分析。

第一，关于中人的参与。中国古来就普遍存在的惯习是，房地产的手续一般都是卖主请托中人，然后寻找买主，三方当面议价，书立买房地文契，交纳田价、付给画字银等，然后丈量地亩，并依照法则，报官投税，有的事后还要进行找价、回赎等。但是令人惊异的是，前后相差二百年的民商事习惯仍然普遍使用的是一套程序。尽管细节上在各地的房地交易中的繁简有所不同。

大量的契约证实，这些“中人”应当是在其相对应的社会生活范围内有一定社会地位、威望和具有相对信誉的人。保人、见人、证见人、中人等等，都是以证人身份参与契约的签订，在契约成立过程中起直接见证者的作用。如光绪三十三年（1907 年），温国祥等在裁典浮房契中写道：“自典之后，如有捐房、借贷、官银、私债及远近亲族人等争竞等情，俱有中人一面承管。”[⑦]就目前所发现到的不同时期的天津会馆房地契约，中人参与契约的签订已成为一种普遍存在，几乎所有的书面契约均有中人的参与。因此可以推论，没有中人参与的书面契约，在习惯上会被认为是缺少必要条件而不能成立。

第二，关于上手老契的作用。会馆房地契表明，上手老契对当时房地产交易中的房地产权确认有着其特殊功能。比如：光绪二十四年（1898 年）九月厚德堂黄本惠等立杜绝契时就附上手老契一纸，如：“随带厚德堂根身印契一纸。”[⑧]光绪三十三年（1907 年）在温国祥等立裁典浮房契文时，也附了上手老契的红契和白契数张[⑨]。

显然，在这些契约中原业主在本契中起了确认产权的作用。原业主的出场，有效地降低了买方的风险，抑制了卖方偷卖他人房地产的动机，也避免了与房地四邻的界限纠纷，同时也使得他的房地产权的安全系数增加了。因此，上手老契所起的确认产权的作用仅是民间非正式制度的一种表现形式，是对官方勒索腐败制度抵制的一种民间交易方式。同时，这些经过不同年代的数张原地契约凸现了社会的变迁。

第三，关于回赎与找价。就目前现存天津会馆房地交易契约来看，房地典卖可分为两种，一种设定回赎年限，一种无设定回赎年限，钱到回赎，并言明不许找价。

1. 限定回赎年限：此种情形，如典主于契约存续期间，得自由使用标的物，并不得转典于人。在典期内不得找价。有的契文设定，典期满后可找价。例如：道光十一年（1831 年）《张永兴转典河滩地契文》：

批外有查，勉之到字据一纸，交付现典主收存，赎地之日，一并掣回，同中言定，自许回赎，不许找价，批明又照。

又如：光绪二十八年（1902 年）温俊卿立典浮房并地基契文显示，在两次续典时，典权人都进行了找价[⑩]。

2. 回赎不拘年限。此种情形，如原所有主无论何时，均可找赎，查自典约成立后，逾一二年找价卖绝者有之，或一找再找而仍活典者有之，或经十年之久，备价回赎者亦有之。

3. 转典。所谓"转典",是甲将某业出典于乙,乙可在某种条件下将该业再转典于丙。在民商事关于找价和回赎的习惯中,出典一方往往居于主动地位,因为找价回赎的主动权掌握在出典方手里。在土地"出典"期间,双方经济状况的变化都可能是不确定的,也可能遇到一些意外事件,而需要对已成立的契约关系进行变通。如光绪三十二年(1906 年)《温朝杰当房契》:

今当于虞老太太名下,本院东隅坐北房屋一间,言明当价,洋五十元并金一两八钱整,听凭当主,自本年九月十五日收租,不能转当。空口无凭,立此为据。

又照:此款如三年不能清还,此房凭听转当。[11]

契文中所谓的"转当",即"典权让与"。而对于出典人要在典限到期之前取赎者,光绪三十三年(1907年)的《温国祥等裁典浮房契》文写道:

同中三面言明,如日后当期不足年限二年内,或转典,或回赎、转卖,将典主所出中谢,业主包出。[12]

上述对房地出典、转典有关民间习惯的作法,证实了民间的交易制度在原有制度的基础上在不断地进行完善和健全,使其表现为一种随机的经验方式。这些民间习惯,如上手业主权,活卖、找价、回赎等习惯在很大程度上是支持土地的快速流动与符合经济分化的要求。

总体而言,清代至民国以来,天津会馆房地交易的契约形式相对稳定,没有出现很大的变化,契约概念的内涵和使用上也没有根本性的重大差异,使得民间契约、习惯和国家民法之间并未产生很大的冲突与紧张。究其原因,当时中国立法者的主要精力集中在制定镇压骚动及保护税收的法律方面,土地交易方面亦是如此。因此,政府官员对民间在土地交易中的"乡规俗例",可以说是不闻不问。也就是说,旧中国社会里,包括私人之间形成的人身依附关系在内,国家对民间广泛的私人互动行为,是放任自流而不加干预的。

三、契约争讼与适从习惯

在晚清至民国这一中国法制转型的重要阶段,社会政治中的复杂状况和各种力量的存在和交相作用,使激烈变化中的民事诉讼模式呈现出更为多样的色彩。笔者以民国时期天津市民事房地产纠纷和诉讼为线索,重点探究当时民法与民间习惯的关系。

首先,近代天津民间房地产的纠纷与调判。选择近代天津商民房地产纠纷和诉讼调判状况为例,也许有一定的地域局限性,但由于当时的天津毕竟属于经济较发达、文化较开放的沿海城市,而且也是北方地区的工商业中心,应具有一定的代表性。

美国学者柯恩曾说:"中国法律制度最引人注目的一个方面是调解在解决纠纷中不寻常的重要的地位。"[13]西方的法律文化孕育了以诉讼为主的纠纷解决机制和观念,而在中国历史上却形成了以调解为主的纠纷解决机制和观念。

一般的讲,调解的运作机制为民间调解与诉讼调解。所谓民间调解是诉讼外的调解,其主要形式是通过商会、行会、乡邻、宗族以及由第三者进行调解等。如发生在 1912 年的天津山西会馆房地纠纷案,就是通过天津总商会出面进行评议和调解,使两家纠纷得以甘结[14]。可见,由民间社团组织依赖业缘在纠纷的解决中凸现了其独特的协调作用,并在客观上达到减少民间诉讼的提起、缓解政府办案压力的效果。

所谓诉讼调解,民法并没有明确规定调解息讼是必经程序,但在实践中,调解在民事诉讼中总是处于被优先考虑的地位。因此,清代乃至中国近代的调解皆不是法律制度层面的,而是一种习惯。诉讼调解的效果,在民事纠纷中有些争端是可以通过调解达到撤诉目的。据初步统计与分析,在 1913 年至 1949 年天津市发生的 26 例房屋纠纷案例中,大多数案件经过法院的调解,得到原告和被告的认同,而其中的一些案件,因调解无效作出终审判决的占全部案件的 40% 左右[15]。

其次,民法的制订与民间习惯的关系。在民国初期,由于缺乏基本民事法典,故主要沿用清代的法律及大理院判例、解释例及司法部命令。在清大理院宣统二年上字 64 号判例中规定:"判断民事案件,应先依法律所规定;法律无明文者,依习惯法;无习惯法者,依法理。"从中得知,民间确是存在习惯。当国家法律未有明文规定时,习惯法将会成为判断民事案件的依据。

民国建立后,天津是华商聚集之地,商业贸易日趋繁盛,商人因新的规章与固有的商业习惯的冲突而深感愈来愈不适应，于是，有关商人和商业诉讼案件纷至沓来。为了促进商业贸易发展，解决商人纠纷，商会与政府司法部门专门对商人原有的各种商业习惯进行了调查。当时调查所涉及的天津地方商业习惯有：洋行批定土货习惯、津商与外客交易习惯、租房习惯、商家为人担保习惯、洋行批买蛋厂货物保险业习惯、倒闭上家清理积欠习惯、买货卖货回佣习惯、津地租约习惯及转移习惯、洋广货批货习惯、商家注册习惯、洋行订货习惯、债权让与习惯、货栈习惯、戏院业纳租习惯等等。1920 年，直隶高等审判厅就津邑租房习惯函询天津总商会，商会将多年形成的"天津地租约与转移之习惯"给予了详细的说明。第一是租约习惯。"查津邑租房习惯，向多于租约[租折]载有只许租主不租，不许房主不租字样。"并指出，这种习惯是"相沿成习之所由来也。此关于移转习惯者一"[16]。第二是铺房转移实有通行习惯。"倘铺房一经移转，即勒令租户腾房，非特扰乱社会状况，妨害商业前途，且与素来移转习惯亦多背谬，故购买铺房附带租户，当然不能驱逐，此关于移转习惯者二。"商会介绍了上述两种习惯后，还特意对此进行了说明："以上两项，系经本会详细调查，公认允当，其租约载有特别字样，与夫特别事实，自应分别办理。"

上述事实说明，尽管当时的司法部门在民事审判中，对民间习惯的地位和效力给予相当程度的确认和重视，然而从我们接触的一些民事案例来看，以习惯作为判决(包括终审判决或对部分争讼内容的裁断)的规范性依据仅为少数的几例。

1920 年的一桩商民租地造房开设戏园案例中，就涉及了民间习惯，天津高等审判厅为此致函天津商会，调查商民一般纳租习惯，函中说道："中间戏园停演期内，原造房人对于地主，是否依应照付地租？抑可免付？又本埠有无不开锣不出租之习惯？如有此习惯，是否仅适用于园主戏班之间？租地造房之人对于地主能否援用？"商会调查股在复函中强调："以准查本埠戏园不开锣不出租之习惯，系适用于戏班园主之间，租地造房之人对于地主须照纳租，不能适用此习惯。"因此，天津高等审判厅将商会调查股的报告作为依据，故宣判商民租地造房设戏园案之人为败诉。显然在本案中，法官并没有轻信当事人强调以往习惯的存在而轻易作出判决，而是通过周密的、实证性的调查和分析习惯的存在与否，及其状况做出最终判决。正如天津商会所说："习惯因从民便，立法不背人情，要皆衡情酌理，未可执一定论。"[17]

1930 年以后，民事法律逐渐健全，立法在处理国家法律与民间习惯关系的问题上沿用了民国初年的做法。在 1929 年 5 月 23 日公布的《民法总则》第一、第二条分别规定："民法所未规定者依习惯，无习惯者，依法理"；"民事所适用之习惯，以不背于公共秩序或善良风俗者为限。"《民法总则编立法原则审查案》(国民党中央政治会议第 168 次会议议决，1928 年 12 月 19 日送立法院)的说明中提到："法律无明文规定者，从习惯，各国民法大都相同。所谓习惯者，专指善良之习惯而言，以补法律之所未规定者。但各国判例，法院承认习惯之效力，有数个条件，其中尤以合乎情理者为最要。我国自民国成立以来，亦有此判例。"[18]在 1943 年的于少云与陈洪达关于增房租一案中，被告陈洪达(租户)以"增租在习惯上亦不得超过二成或三成"为由提起上诉。当时河北高等法院天津分院在判决时，并没有采纳租户陈洪达关于房屋增租习惯的意见，而是认为："至关于增租数额应依不动产价值之升涨程度及陆地租金之比例等情形为准，亦无所谓不得超过二成或三成之习惯。"由此得知，随着时间的推移与时代的发展，越到后来国家系统周详的法典留给民间习惯的空间越小。除适用法律外，基本无自由裁量之余地。

如上所述，我们可以得出这样的结论：民国初年，经济较发达、观念转换较快的天津等东部沿海城市，尽管在民事审判中，逐渐排斥传统社会中以"情理"作为基本价值取向的特色，实现向新型审判模式的转变，民间习惯在商民纠纷的调处中具有极为重要的作用。但是由于在国家的立法中，周密的法律规定和严格的执法方式，反而使国家法规与民间习惯的距离愈来愈大。这种状况直至民国终结都没有得到根本性的改变。

结 论

综观近代天津商人或侨居天津的商人中所形成的大量民间契约所表达的私权体系，业权通过买卖而在不同主体之间流动，在这个流动过程中，发展出了诸如"典"、"当"、"租"、"押"、"退"、"借"等多种业权形式，而第三者参与或"保"(中)人制度则为业权的享有和流动提供了强制力的保障，这种保障又因为政府颁布的民法在一定阶段上的介入而得到强化。在这一权利体系框架下，民间社会发挥着充分的创造性，对业权的利用发挥到了极致。

晚清以来,天津政府和司法部门在对民事诉讼处理过程中,留下一个强烈的印象,即:"调处"是其处理民事案件时采用的重要手段,是其寻求解决诉讼争纷的首选方案。调解在中国一直有着广泛的适用面,自然这种现象同中国的传统文化密切相关。近代天津统治者在处理民事诉讼的过程中,结合社会结构和自身特征,构建了一个从民间到官方多层次的调解体系,以达到缓和社会矛盾的目的。除去历史的因素,调解制度中那些合理的部分仍然可为今人借鉴。当代中国构建和谐社会就更需要注入这种新的社会观念。

注:

① 王志强:《试析晚清至民初房地交易契约的概念》,《北大法律评论》2001 第 4 卷第 1 期,第 60 页。

② 司法行政部编:《民商事习惯调查报告》:《南京:1930》。

③ 宋美云:《天津商民房地契约与调判案例选编(1868—1949)》天津古籍出版社 2006 年版,第 109 页。

④⑤ 宋美云:《天津商民房地契约与调判案例选编(1868—1949)》天津古籍出版社 2006 年版,第 111 页。

⑥ 宋美云:《天津商民房地契约与调判案例选编(1868—1949)》天津古籍出版社 2006 年版,第 119 页。

⑦⑨⑪⑫ 宋美云:《天津商民房地契约与调判案例选编(1868—1949)》天津古籍出版社 2006 年版,第 106 页。

⑧ 宋美云:《天津商民房地契约与调判案例选编(1868—1949)》天津古籍出版社 2006 年版,第 6 页。

⑩ 宋美云:《天津商民房地契约与调判案例选编(1868—1949)》天津古籍出版社 2006 年版,第 108 页。

⑬ [美]柯恩:《现代化前夕的中国调解》;王笑红译:强世功:《调解、法制与现代性:中国调解制度研究》,中国法制出版社 2001 年版,第 88 页。

⑭ 宋美云:《天津商民房地契约与调判案例选编(1868—1949)》天津古籍出版社 2006 年版,第 234—240 页。

⑮ 宋美云:《天津商民房地契约与调判案例选编(1868—1949)》天津古籍出版社 2006 年版,第 138—264 页。

⑯⑰ 宋美云:《天津商民房地契约与调判案例选编(1868—1949)》天津古籍出版社 2006 年版,第 134 页。

⑱ 胡长清:《中国民法总论》,中国政法大学出版社 1997 年版,第 407 页。

(《史学月刊》2007 年第 7 期)

商业贸易与民国前期天津和腹地间的资金流动

龚 关

天津开埠后,天津与腹地的贸易规模不断扩大。从动态看,天津的腹地范围呈不断扩大之势,铁路运输网建立之前,海河水系是天津最重要的腹地,在此之外的区域,受交通条件的限制与天津的贸易很有限;清末民初,遍及华北西北的铁路网基本形成,天津腹地有了很大变动。铁路的开通使山东、河南的一部分地区减弱了与天津的贸易联系,但仍不失为天津的腹地(这些地区实际上是各口岸城市的交叉腹地),同时,因为铁路的延伸使天津与西北的联系更加密切,甚至有人认为是铁路使西北成了天津真正的腹地。纵观开埠以来天津与腹地贸易,清末较为有限,民国前期其规模相当可观。首先,从进出口看,根据海关统计,天津口岸的进出口贸易值,1865 年为 1 290 万两,1895 年达到 5 017 余万两,1911 年为 11 654 万余两,到 1921 年达 22 478 余万两,1931 年达到 35 023 万两①。清末尽管增长速度很快,但到 1911 年也只有 1 亿余两,民国以后,增速趋缓,但年贸易额非清末可比。其次,因近代工矿业发展而引致的天津与腹地的贸易主要产生发展于民国时期。天津的近代工业兴起较早,但整体发展滞后,清末时不仅数量不多,规模也有限;直到北洋时期才迎来了天津工业发展的高潮,天津的支柱产业棉纺织、面粉、化工等都创立于这一时期。因此,天津的工业品输往腹地以及腹地的原材料输往天津,到民国前期才形成规模。与贸易规模的扩大相伴随的是天津与腹地间资金流动规模的扩大,而资金流动规模的扩大还引起了天津金融制度的变迁,天津与腹地经济关系的变化。

一、汇兑与运现

(一)汇兑

天津与腹地间的资金流动,一种方式是汇兑,经营此项业务的既有金融机构,也有非金融机构如商号、货栈等。商号兼营汇兑比较常见,民国时期仍是如此,其常见的做法是两地互有向对方之地汇款需要的商号采取相互冲抵的方式,而达到汇款的目的,这种方式被称为"顶汇"、"比兑",参与其事的除华商外,还有洋行,天津的洋行与归化的货庄即有此项业务,"该洋行每至付皮毛牲畜等款时,即大收货庄汇津买货之款"②。商号兼营汇兑占整个汇兑的比例不小,在一些小的城镇上,商人全部采取抵汇的方式,如山东沙河镇,"汇兑款项,皆以商家互相比兑,向无专做汇兑之家";龙口镇,"向无汇兑之家,其每年进口货款,除行店代理比兑外,或运现款"③。而一些大城市尽管有金融机构的汇兑,但商号的顶汇仍不在少数,如甘肃兰州"汇兑一项,以进出口之商品计之,每年汇出汇入,共约有千余万两。除商人办货,彼此顶汇外,收交尚共有六七百万两之多",看来商人顶汇达三四百万两④;而归绥"汇出汇进款项,每年统计约有一千二百万两,其由票庄汇者,年约六七百万两……其由外行汇者,年约四五百万两"⑤。商人采取顶汇的方式,一个更重要的原因是商人顶汇时,相互不取汇费,或者很少,与金融机构的汇兑收取高额汇费相比,省却了一笔不小的开支。这从一个侧面反映了近代金融业发展的不足,金融机构及其网络的建设不完善,致使汇兑的费用高昂,商人不得不采取固有的方式以降低这一耗费。

自从票号作为专营汇兑的金融机构出现以来,金融机构经营的汇兑越来越占重要地位。天津与腹地间的汇兑,清末时以票号为主,银号开始涉足这一领域;民国年间,银号、银行则成了经营汇兑的主要金融机构。天津银号有本帮、客帮之分,本帮银号以存放款或投机为主要业务,经营汇兑者较少,而汇兑则是客帮银号的主业,客帮银号在内地均有联号,多代商家收交款项,自求平衡。这种经营汇兑的客帮银号,一般规模很小,多在客货栈租房经营，由一两个人主持其事。客帮银号一般只与本籍商号联系，天津的客帮有北京帮、山西帮、山东帮、河南帮、南宫深县冀州帮等，客帮的原籍基本上囊括了天津的整个腹地。银号汇款每笔数量少，常在万元以下，尽管诸多客帮银号合在一起，其汇兑的总量是可观的，但大宗款项的汇兑则无能为力，而银行则弥补了这一缺陷，如在保定，银号办理汇兑，“其地点仅限于天津、北京两处，且大宗款项之汇兑，仍须求助于银行”[⑥]。民国初年起，一些银行如中国银行、金城银行等陆续在内地设立分支行处，而内地各省的地方银行也陆续在天津设立分行，于是在银号汇兑网络之外又逐步构筑了天津与腹地间的银行网络，极大地便利了天津与腹地间的资金流动。诸多银行中，以中国银行在内地的分支行处数量最多、分布最广，以中国银行的数据可以窥知天津与腹地间资金流动规模的扩大。据中国银行的各年度报告[⑦]，1919 年天津分行汇款总额 820 万余元，1920 年为 1 834 万余元，1921 年为 1 388 万余元，1921 年较 1920 年少了 400 多万元，但考虑到是年京津遭遇挤兑风潮，导致金融停滞，这一数目是很可观的。此后 10 余年里，年度报告没有关于汇款的统计数据，直到 1932 年又有了相关数据，但统计是以区域为单位，把全国分为长江流域、华北、东三省、华南 4 个区域，分别统计各区域的汇出总数及各区域所占比例，其中与我们研究相关的华北区域自 1932 年到 1936 年各年的汇出总数依次为 16 569 余万元、13 358 万元、13 014 万元、20 148 万元、38 175 万元。另据年度报告，1931 年汇入天津的数量为 5 877. 7 万元，占华北汇出总数的 35. 47%，我们依此比例推算后几年汇入天津的数量，则分别是 4 738. 5 万元、4 616. 5 万元、7 147. 2 万元、13 542 万元。尽管这些数据不完全是通过中国银行实现的天津与腹地间的资金流动，但天津与腹地的汇款是天津的汇款总额、汇入数量的主要构成部分，因此汇款的增长反映了天津与腹地间资金流动的增加。根据上述分析，银号、银行都经营天津与腹地的资金汇兑，银号以小额为主，银行则多大宗汇款，两者不仅不冲突，而且表现了互补性，他们共同构筑的金融网络便利了资金流动，促进了商品流通。

与商号相比，金融机构的汇兑较为复杂，有顺逆之分，顺汇是先收后交，而逆汇则反之。顺汇又可分票汇、电汇、信汇、活支汇款等，逆汇则有押汇、购买外埠期票、代收货款等形式。天津与腹地间，顺汇以票汇、信汇为主，逆汇中，押汇由银行开办，1921 年前后，天津各银行都已办理，但业务量有限[⑧]；代收代付款是指银行号委托异地金融机构代收或代付款项，这种逆汇方式并不多见；购买外埠期票为逆汇的最主要形式，在天津与腹地的资金流动中有着重要的影响。

外埠期票实际上是一种汇票，产生于清末。据 1911 年大名商会致天津商会的一则信函，天津粮商到直隶大名购粮时，并不携带现金，也不通过钱庄、银号汇款，而是开出由本号或天津与之有联系的银号付款的汇票。当地又有经营洋布等商，他们到天津进货时，不携现款，而是携带在当地购买的汇票。信中还提到此种办法“行之已久，并无窒碍”[⑨]。民国年间，此项汇票流传甚广，沿海口岸城市如上海、天津等地的商人到内地购货时，都习惯于开出汇票，而不携带现款，因其是口岸商人开出流行于内地而被称为外埠期票。

外埠期票一般是迟五七日或十日付款，以付款人的不同可分为商号汇票和银号汇票，其中以银号汇票的信用更好。外埠期票既可作为汇兑工具，还可充当流通手段和支付手段。此项汇票，最初其购买者多为商人，主要用于到异地偿还货款或者债务，由于此项汇票的信用，收到汇票者并不急于兑款，而是继续用于偿还货款或者债务，于是，“此项汇票因内地买货辗转流通，迨至到津付款，需时恒在一月以外，间有至半年者”[⑩]。由于外埠期票的诸多功能给商人带来了便利，加上天津与腹地的密切商业贸易联系，天津商号、银号所出汇票，其流通范围覆盖广大的北方地区，如河北、山西、察哈尔、绥远、河南、山东等地。包头“历年旧历十月以后，是为大宗皮毛粮食交易旺盛期，包交津收之逆汇汇款，为数最巨。”[⑪]河北辛集，“皮行赴各地购货，早年习惯均持银号所开七日津付汇票，赴买地使用”[⑫]。当然，在山东、河南，因其受上海、汉口等地的影响更大，天津所出汇票流通较少，济南“各种汇票，以上海为最多，其次为天津、青岛”[⑬]；郑州，“外来客商，购办货物，均开立期票，售与银行号，以沪汉居多数，津票次之”[⑭]。在北方区域内，天津的汇票已成为天津与腹地间资金流动的重要工具。

由于外埠期票的广泛流通，不仅商人将其作为流通手段和支付手段，金融机构也将其作为资金运用的一种工具，因为购买外埠期票实际上是向商号做贴现，具有放款的性质，同时，因为金融机构的购买，更推动了外埠期票的广泛流通，也促进了天津与腹地间的资金流动。最初购买外埠期票的是钱庄、银号，钱庄、银号尽管规模小，但与一般商人往来密切，素知商人信用，在购买外埠票据上往往放胆经营，加上钱庄、银号数量众多，购买外埠期票的总体规模不在小数。民国初年后，随着银行分支机构在内地的广泛设立，银行也将购买外埠期票作为资金运用工具之一，如在石家庄，“此间进出口货付价办法，均使用五日或七日之期票，俗名五七期票，通常于七日后付款，商人多以此期票售与银行，拆取现款，此间银行全恃购买此类期票以博利，其数实较汇兑为多”[15]。郑州，“行号均以购买花客之汇票为主要业务，放款不多”[16]。有时，当市场出现紧急情形时，银行还大量购买期票。1926 年秋季，石家庄“棉花上市，现洋需用浩繁，适以交通多阻，现洋来源缺乏，石行（交通银行）为辅助棉花出口商起见，乃竭力设法以接济之，购入煤棉两项汇票，均达巨额”[17]。30 年代初，由于内地金融枯竭，钱庄因能力薄弱，不愿购买期票，商人则因内地不靖，又不敢携带现金到内地购物，致使物产滞销，农村更苦。有鉴于此，中国银行令内地分支行尽量多购期票，使资金能顺利流向内地[18]。借助银行的资力，外埠期票作为资金流动的工具其功用得到了更好地发挥，便利了天津与腹地间的资金流动。在外埠期票的流行和推广中，还可看到银号与银行间互补合作的一面，银行大量购买外埠期票有时离不开钱庄、银号的帮助，“有商人开出本庄付款汇票，至银行贴现，银行不知商人信用如何，钱庄可以担保，或自己购买后，再转到银行贴现”[19]。

总之，民国前期，随着贸易规模的扩大，天津与腹地间的汇兑规模越来越大，汇兑方式越来越趋于多样化，适应了不同层次的需求，方便了资金流动，也有利于商品流通。

（二）运现

除汇兑之外，运送现金是天津与腹地间资金流动的另一方式，参与其事的，除金融机构外，还有商号、镖局、交通运输部门等非金融机构。运现最初的方式是商号自己运送，或者雇用镖局押送，这种镖局押送的方式清末时仍然存在，如直隶省南宫县有万通镖局，镖局每年在德州天津间运银洋百余万元[20]。民国年间，运现的方式有所变化，一是运用现代交通工具，由于北方地区已形成了较为完整的铁路，天津与腹地间的运现往往借助火车，与传统的运输方式相比，既省费又相对安全。二是专业运输公司的出现，银钱商号如果不自己运送现金，就可以委托给专门的运输公司。这样，现代的运输公司与现代的运输工具相结合，更有利于异地间现金的运送，也显示了现金运送规模的扩大。

天津运送现金的范围，几乎覆盖北方广大地区。“不独平津两地时须互运现洋往来以济市面，即华北各地，东至北宁路至唐山、秦皇岛，西北至平绥路之归绥、包头，南至平汉路之郑州等处，或为实业工厂所在，或为内地土货所集，所须现洋向须由津运往接济”[21]。以西北方向为例，在绥远，“当地现银以平津山西为来源”，而归绥又成为绥西广大地区现洋的重要来源地[22]。张家口是西北重要贸易中心，又是内地与蒙库商务枢纽，“市面所需现金，多自京津运往，与京津商业金融关系至为密切”[23]。河北、山西，现洋主要来自于天津。北方其他各地，河南、山东、陕西等地，现洋部分来自于上海、汉口，而天津仍是一个重要来源，如济南本地，现洋向来缺乏，其来源一是直接从上海调款，同时也从天津调取，1922 年八九月间，交通银行、边业银行因“土货发动，交易繁多”，而济南市面现金缺乏，分别往济南调运现洋，共 18 万元[24]。至于运现的用途，最基本的是工厂、商号往内地采购米麦杂粮、山货、棉花等，所备用的购货款；另有一部分各地银行号为应付土货发动时市面急需而从天津调款，天津以其自身的金融吐纳能力，对各地市面起到了调节的作用[25]。

分析到这里，需要指出的是，近代以后尤其是民国年间，当汇兑尤其是金融机构的汇兑业务规模不断扩大的同时，运现的规模不仅没有随汇兑业务的发展而缩小，反而呈扩大之势，尽管相对规模不一定占有多高的比例。从根本上说，这应归因于当时的货币金融制度，即货币的金属本位制度，由金融机构所构筑的金融网络在网络的完整性、汇兑的制度和技术等方面的缺陷。因金属本位制度，在农村，长期以来人们习用银元、制钱，可以说是根深蒂固。民国年间，银行推广发行钞票，受自身信用未能得以推广，以及内地人们使用货币习惯的影响，钞票推行缓慢。二三十年代，银行不断完善自身的信用制度，钞票的使用范围得以扩大，但它并不能从根本上替代现金。因此，在土货登场，内地需要大量现金，一时又运送不及时，可暂时以银行钞票应付，但必须随后备足现金，以待人们以钞票兑取现金。再从汇兑的局限性看，晚清时，票号主要集中于重要的商业城镇，其网络有着许多不能触及的地方；民国年间，通过钱庄、银号、银行构筑的金融网络，天津与北方的大多数地方都有着直接的通汇关系，但仍有许多地方汇兑不通，这既有本来就不通汇兑的，也有一时因战争、灾害等变故而不通的，如20年代，河北沧州、兴济一带与天津便不通汇兑，各面粉厂往此处购买小麦，"所有购麦之款向须现洋运往"[26]。另一种情况是汇兑的汇费太高，如在天津做草帽缏生意的洪祥益商号，须将货款调回山东，但"因向山东会兑会费吃亏过重"，1922年9月，便随船运现洋2万元，经塘沽运往山东虎头崖，以备再买草帽缏到津出售[27]。因此，直到民国年间，金融机构汇兑网络的有限性是显而易见的。汇兑与运现的并存，显示了金融业从传统向现代转变的过渡性特征。

二、直接汇兑与间接汇兑

根据复杂程度的不同，汇兑可分为直接汇兑与间接汇兑。直接汇兑指两地之间直接通汇，各地之间是否能够直接通汇，取决于两个因素，一是他们相互之间是否以贸易为基础已形成了一定的资金流动规模，二在于经营汇兑业务的金融机构自身是否有了制度或技术上的创新，从而不仅使有密切经济关系的地区之间形成直接汇兑，而且还使那些经济关系不太密切的地区之间也能实现直接汇兑。

天津与各地可进行通汇之地甚多，其中最为密切者，有上海、北平、包头、张家口、石家庄、大连、沈阳、营口等地[28]，除上海外，其他各地基本上是天津的腹地。而反过来说，北方各地对外汇款均以天津为主要汇兑之地，张家口"其汇出汇款，以天津为最多，北京次之，其他各埠又次之"[29]。包头"与津、京、太原、张家口等地的往来汇兑关系，殊为密切。有联号关系的钱庄，经营汇兑自然得心应手；没有联号关系的小钱庄亦可委托代办，从中分享利润。1935年包头全市汇兑总额为3 000万元，汇出汇入均以天津为最巨。汇入总额2 258万元，其中天津一地占51%，汇出总额958万元，其中天津一埠占62%"[30]。在绥远，"上年（1934）汇入款项共一千万元以外，平津方面占多数，山西与西路次之。汇出款项约在七八百万元，平津占多数，西路与山西等次之，大抵绥远商号直接通汇地点，范围狭窄，沪汉方面，仅中交行之零星数目而已"[31]。河北邯郸，30年代有钱庄5家，其中裕丰恒、元生恒都专营天津汇兑，可见与天津的汇兑在当地的重要性[32]。石家庄，"汇兑以对天津者居多"[33]。山西省对省外汇款以对天津为主，1935年钱庄的汇兑总额，汇出为2 758万余元，其中汇往天津为1 460余万元，超过总额的一半，汇入总额为2 712万余元，其中由天津汇入为1 347万余元，也占一半左右。[34]甘肃兰州，"省外以天津一埠汇兑为最繁盛，盖甘省货物大率由黄河下运，直走包头绥远转运京绥路以至天津等处。其次为陕西上海等处"[35]。山东、河南两省许多地方，与青岛、上海、汉口等口岸联系更为密切，与天津的联系要少一些，但天津仍不失为重要之地。

间接汇兑实质上是多角汇兑，通常为三角汇兑，也有四角甚至更多角的汇兑关系，间接汇兑存在的原因比较复杂，在国际市场上往往是利用各国汇率的差异获取差价以牟利的一种工具，而在我们所考察的国内市场上，间接汇兑主要是为了使不能实现直接汇兑的两地之间借助于第三地实现资金的流动，或者是基于所涉及的各地之间一定的经济贸易关系，即商品流通上的单向流动关系。间接汇兑往往以一定区域范围内处于中心地位的大商埠为资金调拨的中心，因为它和区域范围内的大多数地区都有来往，已基本实现了直接汇兑。在北方区域，天津便是这样一个实现间接汇兑的中心。

以天津为中心的北方区域，有许多易于形成间接汇兑的贸易关系。一个典型的例子，河北邢台、辛集等地为近代重要的皮毛加工集中之地，其原材料皮毛则来自于西北内蒙、甘肃、宁夏等地，但邢台、辛集很少有商品反向流往西北，而邢台、辛集等地所产的棉花等重要农产品主要输往天津，天津则有洋货及国内机制工业品输往西北内蒙、甘肃、宁夏等地，这样便形成了三地之间商品流动的循环关系。另一个例子是天津的棉纱输往宝坻、高阳等地，高阳、宝坻的棉布输往西北包头、丰镇、张家口等地，而西北这些地区的土货则输往天津。其他与此类似的情形，不再一一列举。与商品流通相伴随的是资金的流动，由于这些循环性质的商品流通关系中有一边或多边只存在单向流动，各自直接进行贸易结算反而会产生极大不便，而间接汇兑则能很好解决这一问题。我们具体来看通过间接汇兑实现的资金流动过程。

首先的例子是为将邢台的资金调往兰州所形成的兰州、西安、邢台、天津四地间的汇兑关系。直隶南部的邢台县，是重要的皮毛集散之地，皮毛店常派人到甘肃收买皮毛。两地间无法运现，也不能直接汇兑，因为邢台有欠甘肃之款，而甘肃则无欠邢台款。这样为向甘肃方偿付皮毛之款，不得不借重于天津，而天津与甘肃也没有直接来往，于是又加进陕西西安，天津与西安有来往，西安与兰州有来往。邢台皮毛店，需派人在西安,专办兑款事宜,“譬如皮毛商在甘肃兰州置妥货,无款可交,有本地(兰州——笔者注)钱庄,在西安用款,即就皮毛商商议,两方议定,钱庄在兰州拨款与皮毛商千元,皮毛商即写信至本店所派西安之兑款人,付与兰州钱庄西安分庄千元(假定系平价)”。此时兑款人手内实际无款,于此又有西安钱庄在天津用款,两方商定,钱庄在西安交款与兑款人,兑款人随即写信至天津有关系之钱庄,付款于西安钱庄天津之分庄。天津与西安之汇兑,西安常处于不利地位,故在此交易,西安钱庄,往往贴水与兑款人。然邢台皮毛商在天津无存款,将如何办理乎?天津到邢台采购皮毛之商人甚多,其付货价多以天津本庄付款之汇票,邢台皮毛店,收到汇票,即寄与天津有关系之钱庄代收,所得之款,即补足钱庄所垫付之款[36]。这样,邢台皮毛商为了付在兰州购买皮毛之款,依次经历了兰州与西安、西安与天津、天津与邢台的汇兑,中间借助了西安、天津两地。整个汇兑过程的完成,是钱庄与商号合作的结果,从西安向兰州调拨资金,是以皮毛商与钱庄之间相互抵兑的方式进行的;天津向西安调拨资金则经由钱庄;而从邢台向天津调拨资金,则通过商人之间的顶汇完成,其间以天津商人的汇票作为工具。这则例子,原作者并没有指出具体的时间,但其著作出版于1930年,也就是说大致上可视为反映的是清末至北洋时期的情形。因此,我们的印象是这种复杂的四角汇兑关系,并不完全有与之相辅相成的商品流动,其主要目的是为了实现将邢台的资金调往兰州,说明了天津腹地的边缘地区资金流动的难度,这恰恰显示了天津在北方区域商贸、金融中的重要性与不足,由于天津与腹地的大多数地区有着密切的联系,因此腹地相互之间要完成相互之间的资金流动,如不能直接汇兑,一般通过经由天津的间接汇兑便可完成,但当天津与腹地某些地区的联系不太紧密时,这一过程的完成又不得不经由第四地,有些时候甚至更多地区,资金流动变得异常复杂,也形成过高的流动成本,因为每经一次汇兑便要付出一笔汇水,汇兑次数越多总的汇水就越高。

下面宝坻、高阳的情形则是典型的与商品流动相对应的资金流动关系。宝坻是河北省手工织布业中心之一。宝坻布商所用之棉纱,悉仰给于天津,所织出之布匹,需运至各地销售,与之相应而形成的资金流动方向是,宝坻的资金需调往天津,以付纱款;布的销售地(姑且称之为第三地)需将布款调往宝坻。若第三地有杂货输往天津,则有将货款由天津调往第三地的资金流动。这样,围绕着纱、布、杂货的转动,形成了3地间资金的循环流动。这种资金流动的最初形态,就是直接输送现款。运送现款,需费巨而危险大。随着商务日繁,商人对3地间资金的流动乃采用了间接汇兑的方法,其基本的原理是:第三地的杂货输出商,运货至津,销售后所得的货款,不需要运回本地,仅向其本地输入宝坻布的布商取得现款,而以其存在天津的现款付与该布商的天津分庄,这是第一层的相互抵兑,经过这一层抵兑,杂货输出商的货款调回了本地,而输入宝坻布的布商也将资金调往了天津。第三地输入宝坻布的布商,不需从当地运现款至宝坻,仅以它天津分庄的存款就近付给宝坻布商的天津分庄。宝坻布商在天津购纱就以它天津分庄的存款付与纱厂,而无需从宝坻镖送现金,这是又一层的相互抵兑,这一层抵兑,输入宝坻布的布商偿还了对宝坻布商的欠款,而宝坻布商也付了纱厂的货款或者偿还了对天津纱厂的欠款。经此三地间的相互抵兑,实现了资金的流动。很明显,三地之间资金流动的完成是采取商人之间顶汇的方式,而整个抵兑过程的完成主要是在天津,因为第三地的杂货商、布商、宝坻的布商都在天津设有分庄,除了第三地布商向杂货商付款是在第三地完成外,其他都在天津。因此,天津不仅是天津与腹地间直接资金流动的中心,甚至可称为腹地相互之间资金流动、结算的中心。

在整个资金流动过程中,各商相互之间付款,则是以天津购货商所开出汇票(所谓津票)作为工具的。如宝坻布商(甲)售布给第三地布匹输入商(乙),乙因与第三地杂货输出商(丙)实行相互抵兑而持有丙所付的向天津杂货购买商(丁)取款津票,则乙就以此项津票付甲。而甲又常在天津棉纱号(戊)购买棉纱,则甲即以此项津票付戊,戊还可用此项津票付其余商家。这样丁所出的津票常常辗转流传各地,等最终持票人到丁处兑现时,常达数月之久,中间持票之人不计其数。津票则成为整个过程中资金运作的重要工具[37]。

高阳的情形与宝坻相似。高阳是民国年间兴起的北方几大手工棉织区之一。高阳的织布者所需之纱,主要来源于天津,而所织之布要运往各地销售。棉纱由纱布商人从天津购入,在高阳分散于乡间数万织户,织成布匹,再经过一定的手续而汇集于布匹贩卖商人之手;布匹经整理后自高阳运至各地销售,换取现金,现金直接从各地汇至天津,以偿还原料价款或再购买原料。如此周而复始,循环不已。这样就形成了天津、高阳、高阳布销售之地3地之间的资金循环流动关系,“以天津为中心,直隶高阳之布庄,欠天津棉纱庄之款,包头、丰镇、山西之布商又欠高阳布庄之款,同时天津皮毛、粮食商又欠丰镇等地商人之款,如此则三方可以用间接汇兑法,以清理前款。天津之皮毛商,给丰镇商人以本庄付款之汇票,丰镇商人,又卖与本地布商,交高阳布庄,布庄并不带回原籍,即存于天津,以清理棉纱欠账"[38]。其资金流动的方式与宝坻是完全一致的。

在这种间接汇兑中,高阳与宝坻似有一点不同之处,那就是高阳更为倚重天津对高阳的融资关系。布业运转过程,往往需时很长,"商人以货币换原料,原料换布匹,布匹再换货币这一过程,普通要一二个月的时期,多则半年以上,如此一买一卖之间,势必囤积许多的原料和成货,还有许多售货的账款(因为不记账,交易是做不大的)"。漫长的商品流通过程,需要商人具有大量的经营资本。但是,高阳商人却缺乏足够的资本,必须通过借贷获取周转资本。高阳商人所需的周转资本主要来自于天津,其获取的方式前后有所变化。1921 年前,商人们赖以周转交易的,以天津棉纱号的赊账为最主要。这一时期,国内棉纱市场兴盛,天津专门买卖棉纱的棉纱号,不下数十家。日商为倾销日本纱,常将纱赊给棉纱号,各纱厂也不得不如此。棉纱号再将棉纱赊售与高阳商人。而纱布的供不应求,利益优厚,还账的信用很好,也使天津的棉纱商愿意赊售棉纱。这样,高阳布线庄在手头借以活动的资金,大半是仰仗纱号的赊账,否则将无法周转。1921 年后棉纱市场发生变化,棉纱迭价,同时高阳商人对棉纱行市相当熟悉,棉纱庄获利微薄,不愿意赊账,这时高阳布线庄所需的周转资金,主要依靠天津银号的借款,布线庄在天津采购棉纱时,银号为之垫借部分或全部货款,布线庄在外埠售布得款后再汇至天津,陆续归还或存放银号。所以,高阳商人做纱布生意,往往不需要巨大资本,这正与当地的经济状况相吻合。当然,高阳布业的这种资金运作方式,有自身的局限,即对天津的金融业依赖太强,一旦天津的金融业收缩放款,受损害的将是高阳布业,20 世纪 30 年代便是如此,"近一二年来,因布业衰落,银号放款,比从前严紧,且遇有风险或信用发生问题时,随时就要逼还欠款,布业金融未能独立健全,实在是高阳布业很吃亏的地方。"高阳商人因资金缺乏,在天津购买原料,多靠银号的垫款或纱号的赊欠,天津成了高阳布业金融汇兑的枢纽[39]。宝坻的情形则没有形成对天津的如此依赖,尽管宝坻商人向天津融资应是必然之事,但宝坻"地多富商大贾"[40],资金的相对充裕减轻了宝坻对天津金融的依赖。

上述的直接汇兑和间接汇兑,给我们展现了一个以天津为中心的北方区域资金流动网络,其间凸现了天津在北方区域中资金流动的重要性,不仅汇兑以天津为中心,而且天津商人所开出的汇票成了资金流动的重要工具,各地的资金流动有相当一部分可直接在天津完成,降低了资金流动的成本。同时,汇兑往往与天津对腹地的融资结合在一起。

三、资金流动的路线、季节性和内容

与商业贸易相关联的天津与腹地间的资金流动,还有几个问题值得关注。第一,资金流动的路线。天津与腹地的贸易在铁路没有修建以前,海河水系决定了其基本的路径,而 20 世纪初当基本的铁路网形成以后,更加便利了贸易,而铁路网有很多是与水路重合的,或者是对水路运输作了进一步延伸,因而以天津为中心的贸易路径并没有因铁路的兴起而改变,而是已有的运输路线运输能力得到增强,或者是进一步向边远地区扩展。到民国时期,其贸易路线大致可分为 5 条,一是往东北方向,到秦皇岛、唐山,乃至关外;二是往西北方向到张家口、绥远,以至甘肃、宁夏;三是往西到河北中部保定一带;四是往西南到河北南部石家庄,在此往西可进入山西,石家庄是天津与山西之间的一个中转枢纽,往南可进入河南;五是往南到山东,再经由卫河可达河南。资金流动也主要是沿着这几条路线。第二,资金流动的季节性,即所谓天津及腹地的金融季节。金融季节,是指金融市场资金的供求呈现季节性变化,它存在于农业占统治地位、工业不甚发达的经济中,缘起于农产品贸易的季节性对资金的季节性需求,当农产品大量上市时,对货币需求量大,金融出现紧急;反之,金融松弛。天津的金融季节变化大致如下:一年之中,银根当以秋冬之交最为吃紧,因此时华北农产物品如棉花、小麦、高粱、芝麻、花生等,先后登场,或由客商运津求售,或由津市商人赴内地收买,需用洋款极巨。2 月间正值阴历年关,因年关结账,金融也很紧急。3 月至 5 月白河及其支流都已解冻,蒙古、绥远一带的皮毛土货,多运津求售,同时一年之中进口货物也以此时为最多,故银根虽不像秋冬两季紧迫,但较夏季还是要紧迫很多。6 至 8 月,时当夏令,商业停滞,银根宽松。入 9 月间,秋节结账,粮食、棉花行将登场,银根转趋坚挺,直至秋冬季节达于最紧。而北方各地与天津的金融季节大致相同:最紧时期为由每年之 10 月至翌年之 2

月,中尤以11月最为坚俏,自3月以至5月,金融常时趋于缓和,6月至9月间金融最为疲软,而以8月为全年最松软时期,入9月则转趋紧迫。金融季节趋紧时,资金流向腹地;反之则流向天津,从而在北方区域内形成了以天津为中心资金有节奏地聚集和分散。第三,因商业贸易而引致的天津与腹地间的资金流动,主要是为了完成贸易结算,同时还包含着商业性融资。商业性融资的一种方式是商业信用,即天津的商号向腹地商号的融资。腹地商号来津购货,如遇资金不足,可在天津向商号赊购,如高阳的商号来天津购买棉纱,1921年以前主要向纱厂、纱号赊购。另一种情形,腹地商号运货来津,一些经营经纪业务的商号,如斗店、货栈等给他们垫借资金,以使他们及时获得周转资金。天津的粮食交易中,外地客商运粮来津,由西集、北集各斗店买卖,"外客卖粮各店先行垫付,然后再向买客收敛,辘轳周转,每店垫付每店,至少须十万余两"[41]。货栈亦有为客商垫款的,"货栈以堆存货物收取栈租为主,并代客办理报关完税保险及起卸货物等事,如遇外客需款,亦可垫借"[42]。显然,斗店、货栈、棉纱号都承担了一部分资金融通的功能。当然,这些商号本身并没有那么多的资金,如经营粮食买卖的斗店自身资本有限,而棉纱批发庄号的自有资本仅占整个营运资本的百分之二三十,资金缺口很大,他们需要取得外部资金,以维持自身经营的运转。因此他们需要借入资金,其借入资金的主要来源是银号、银行,如斗店要向银号借贷以资周转,一旦银号不能及时提供资金周转,粮食交易便马上产生困难[43],货栈、批发商行则从银号和银行获得资金。因此,从表面看,这些商号向客商的借贷是他们之间的商业信用,实际上,在他们背后是天津金融机构对腹地客商的间接融资。

商业性融资的另一种方式是金融机构的融资,其采取的形式多样化。首先是金融机构直接向腹地商号贷款,如1921年以后,高阳商号在天津购纱时便是向银号贷款。其次是银行间的借贷。当内地土货上市资金紧张时,中国银行、金城银行等银行应本行或它行内地分支行处的要求,从天津往内地调集资金,因此时内地主要需要现金,各行往往大规模的往内地运现,一时来不及或为在内地推广本行钞票时,也向内地直接运送钞票。再次,押汇和购买外埠期票则把贸易结算和商业性融资结合在一起。押汇是银行把汇兑和放款结合在一起的一种业务,各银行在内地办理押汇业务体现了银行对内地商号的融资,而购买外埠期票其所包含的融资关系,既有当地银钱业与商号之间,有时还包含着天津的银行号向腹地商号融资的内容。20世纪30年代初,由于时局不靖,沿海商号到内地购货多出立期票,以致内地银钱号无力承担,进而影响到内地物产的销售。鉴于这种情况,中国银行命令内地分支行处尽量多做期票贴现及买进期票,1932至1934年贴现及买进期票余额达3 000—3 600多万元,全年累计数达三四亿元以上,1935年余额达4 500万元[44]。中国银行内地的分支行处购买如此大量的期票,仅靠自身是不够的,在资金上他们要依赖沿海的总行或重要分行,天津分行便成了腹地各分支行处资金的重要来源。金融机构向内地的融资,显示了天津金融业的实力;而贸易结算和商业性融资的结合,极大的便利了商品流通。

综上所述,民国前期,由于天津与腹地间商业贸易规模的扩大,资金流动的规模也不断扩大。由于商业贸易的季节性,使天津与腹地间资金流动形成了以天津为中心的有节奏的聚集和分散的态势。整个资金流动的过程,不仅仅只是金融机构参与,商人也承担了相当大的一部分,在某种程度上起到了降低资金流动成本的作用。在资金流动的路径上,形成了以天津为中心的纵向与横向交叉的资金流动网络,天津与腹地间的直接流动适应了天津与腹地间物资流动的需求,而天津与腹地间资金的多角流动,因其主要在天津完成,既便利了商品流通,也降低了腹地相互之间的资金流动成本。而以各种形式存在的天津向腹地的融资,体现了天津的金融实力,更是整个商业贸易过程不可缺少的环节。总之,民国前期,天津逐渐成为北方区域资金流动中心。天津与腹地间资金流动的变动过程,还是一个金融制度变迁的过程,其间,传统的金融制度、金融机构依然发挥着重要的作用,而现代的金融制度、新式的金融机构也逐渐产生、发展并壮大,它们之间不是简单的对立或统一关系,而是既互补又有一定的排斥:首先,两者都呈发展之势,银行的兴起发展没有完全替代传统金融机构,当票号消失后钱庄、银号则得到了发展;在汇兑业务上,两者都有扩展,钱庄、银号并不亚于银行。其次,两者又存在着一定的互补性。从宏观上看,天津与腹地间的资金流动是由他们共同承担的(当然还包括一些商号),两者有大致的分工,大宗的汇兑是银行的业务,而小额汇兑业务则由钱庄、银号完成。微观上,两者还有一定的合作,突出的表现在购买外埠期票上。再次,两者又存在一定的相互抑制关系。银行业押汇业务自1921年开办后,一直没有多大的进展,实际上体现了传统金融业、传统金融制度的抑制作用。

金融业中这种共同发展中既互补又相互抑制的关系,恰恰是近代北方区域经济中传统与现代关系的一个侧面。在这种复杂的关系中,我们一方面看到了传统因素的重大影响,它使天津的资金聚集和辐射效应受到限制,对天津在北方区域中的金融中心地位形成制约;另一方面,从传统向现代的转型是必然的趋势,银行业的勃兴和发展、现代金融制度的扩展正是其明证。

注:

① 姚洪卓:《近代天津对外贸易》,天津社会科学院出版社 1993 年版,第 250—259 页。

②《中国各省钱业调查录·直隶省》,《钱业月报》4 卷 4 号,1924 年 5 月。

③《中国各省钱业调查录·山东省》,《钱业月报》3 卷 6 号,1923 年 7 月。

④《中国各省钱业调查录·甘肃省》,《钱业月报》2 卷 10 号,1922 年 11 月。

⑤《中国各省钱业调查录·直隶省》,《钱业月报》4 卷 4 号,1924 年 5 月。

⑥《保定之经济状况》,《中外经济周刊》第 180 号,1926 年 9 月 18 日。

⑦ 中国银行总行、中国第二历史档案馆编:《中国银行行史资料汇编》(上编[三]),各年度报告,档案出版社 1991 年版。

⑧ 天津市地方志编修委员会:《天津通志·金融志》,天津社会科学院出版社 1995 年版,第 324 页。

⑨ 天津市档案馆等编:《天津商会档案汇编(1903—1911)》,天津人民出版社 1989 年版,第 1 103 页。

⑩ 石家庄中国银行:《新集镇调查报告》,《中行月刊》1 卷 1 期,1930 年 7 月。

⑪《交通银行民国十五年营业报告》,《银行周报》11 卷 18 号,1927 年 5 月 17 日。

⑫ 石家庄中国银行:《新集镇调查报告》,《中行月刊》1 卷 1 期,1930 年 7 月。

⑬《济南金融市场之概况》,《中央银行月报》3 卷 7 号,1934 年 7 月。

⑭《调查郑州出产及商业金融状况报告书》,《中行月刊》2 卷 10 期,1931 年 4 月。

⑮《石家庄之经济状况》,《中外经济周刊》第 181 号,1926 年 9 月 25 日。

⑯《调查郑州出产及商业金融状况报告书》,《中行月刊》2 卷 10 期,1931 年 4 月。

⑰《交通银行民国十五年营业报告》,《银行周报》11 卷 18 号,1927 年 5 月 17 日。

⑱ 中国银行行史编辑委员会:《中国银行行史(1912—1949)》,第 277 页。

⑲ 曲殿元:《中国之金融与汇兑》,大东书局 1930 年版,第 131 页。

⑳ 天津市档案馆等编:《天津商会档案汇编(1903—1911)》,第 1 099 页。

㉑ 天津市档案馆等编:《天津商会档案汇编(1928—1937)》,天津人民出版社 1996 年版,第 666 页。

㉒ 范椿年:《绥远经济调查》,《中央银行月报》4 卷 3 号,1935 年 3 月。

㉓ 天津市档案馆等编:《天津商会档案汇编(1912—1928)》,天津人民出版社 1992 年版,第 1 232—1 233 页。

㉔ 天津商会档案:开禁现洋出境各商请领护区,天津市档案馆,全宗号 128-3-6-5 335。

㉕ 天津市档案馆等编:《天津商会档案汇编(1912—1928)》,第 1 229—1 230 页。

㉖ 天津市档案馆等编:《天津商会档案汇编(1912—1928)》,第 1 227 页。

㉗ 天津商会档案:开禁现洋出境各商请领护区,天津市档案馆,全宗号 128-3-6-5 335。

㉘《天津市金融调查》,《中央银行月报》3 卷 9 号,1934 年 9 月。

㉙《交通银行民国十五年营业报告》,《银行周报》11 卷 18 号,1927 年 5 月 17 日。

㉚ 包头市人民银行:《包头金融志》(上篇),《包头史料荟要》第 12 辑,1984 年,第 165—166 页。

㉛ 范椿年:《绥远经济调查》,《中央银行月报》4 卷 3 号,1935 年 3 月。

㉜ 王刚、王昌兰:《近代邯郸商业概况》,《邯郸文史资料选辑》第 3 辑,1986 年,第 46—47 页。

㉝《石家庄之经济状况》,《中外经济周刊》第 181 号,1926 年 9 月 25 日。

㉞ 实业部国际贸易局:《中国实业志》(山西省),第 57—59(辛)页。

㉟ 李亦人:《甘肃兰州金融概况》,《钱业月报》14 卷 6 号,1934 年 6 月。

㊱ 曲殿元:《中国之金融与汇兑》,第 132—134 页。

㊲ 毕相辉:《河北省宝坻县金融流通之方式》,《大公报》1934 年 7 月 11 日。

㊳ 曲殿元:《中国之金融与汇兑》,第 137—138 页。

㊴ 吴知:《乡村织布工业的一个研究》,商务印书馆 1936 年版,第 56—65 页

㊵ 毕相辉:《河北省宝坻县金融流通之方式》,《大公报》1934 年 7 月 11 日。

㊶ 天津市档案馆等编:《天津商会档案汇编(1903—1911)》,第 1 982 页。

㊷ 天津中国银行:《天津商业调查概略》,《银行周报》14 卷 26 号,1930 年 7 月 15 日。

㊸ 天津市档案馆等编:《天津商会档案汇编(1903—1911)》,第 1 982 页。

㊹ 中国银行行史编辑委员会:《中国银行行史》,第 277 页。

(《中国经济史研究》2007 年第 2 期)

天津近代城市文化转型时期妈祖文化的特点

方广岭

妈祖文化在天津源远流长,并在天津城市经济社会发展的进程中,发挥着重要的作用。作为天津所特有的地域文化,始于元代,历经元、明、清各朝皇帝对妈祖的多次敕封,伴随着天津城市经济和社会生活的不断发展,至清朝中期,妈祖已经完成了由人到神的转变,妈祖文化逐步成为天津传统城市文化重要组成部分,并达到其鼎盛时期。1860年后由于西方列强的入侵,天津被辟为商埠,城市经济社会的转型,城市化的进程明显加快。作为这一转型在城市文化领域内的直接反映,妈祖文化在天津城市的社会生活中的角色开始转变,呈现出新的特点。

一、天津近代城市化进程中经济与文化转型的特色

"文化"作为一个特定的内涵,直接反映着一定时期社会的生产方式和经济关系。天津城市的经济近代化与文化转型基本上是同时起步的,但两者的进程却迥然有异。19世纪中后期,由于受到外来经济的影响和资本的输入,中国传统的城市经济结构发生了裂变,城市的经营模式由封闭的、保守的、自给自足的模式向开放型的、流通性的、世界性的方向转换,城市规模不断扩大,人口加速增长,城市功能更加齐全。到了19世纪末期,天津以其城市规模和经济繁荣程度而成为中国北方最繁华的近代化大都市。

伴随着天津近代化大都市地位的确立,特别是城市开埠后,西方文明、文化的大量涌入和潜移默化的影响,其城市文化也开始了由传统向近代化的转型。但与同时代的上海等大都会相比而言,天津整体的表现是比较缓慢的[①]。具体表现在以下几个方面:

(一)新旧教育的转换。教育属于文化的范畴,也是城市文化的重要组成部分,可以直接反映出近代城市文化"转型"的侧面。它最初表现在中国封建教育体制的解体和西学地位的攀升。中国传统教育的载体——书院、私塾,完全是为封建科举制度服务的,是为维护皇权统治培养和选拔人才的。而西式教育讲的是科学和技能,注重知识在实践中的运用能力,这无疑为求学者的发展开辟了更为实用、广阔的空间。开埠后的天津是中国最先引进西式教育的城市之一,1880年,李鸿章在天津先后创办了水师学堂和电报学堂,"酌参西国成规……报考学生入学肄业","雇用洋人教习中国学生",其投入和规模在中国也是首屈一指的[②]。虽说这种西式学校是洋务运动的产物,其办学的目的和课程设置完全是为军事服务的,但毕竟也产生了一定的影响。当时,一些接受过西方教育的有志之士也随之发出加快建立西式学校的倡议,言明种种益处。但这种呼声并没有得到社会的普遍重视和认同。相反,传统教育在天津开埠后相当长的时间内仍然持续发展,并受到市民阶层不同程度的欢迎。首先是为城市下层民众兴办的义学大量出现,19世纪80年代,天津共有义学30余处。其次,比义学层次高的书院,自70年代至80年代也继续增加,知名的有会文书院、集贤书院、稽古书院等。为了适应科举内容的变化,书院以教授经文、经解、策论、诗文等为主。"然而,直到20世纪以前,比起传统教育来,天津的近代教育事业并没有多大的起色。城市中的绝大多数的青年和他们的家长,宁愿接受传统的教育而不愿意接受近代教育,尽管接受近代教育可享受优厚的待遇"[③]。

(二)城市文化从传统向近代化的转型,还表现在西方文化对城市主体的影响方面——人的观念的转变和生存方式的更新。天津人对西方的器物文化——诸如电灯、自来水、道路交通等物化的先进的科学技术和管理,比较容易接受,同时也表现出一定的热情。这是因为它确实为城市居民的生活提供了便利,但对西方

的精神文化——宗教、伦理道德、价值观念、生存方式，总体上而言是排拒的。在开埠后相当长的时间里，天津同时存在着华界区和租界区，构成城市社会两个不同的层面，两种异质的社会生活和文化空间。华界区集中在天津的老城及周边地区，这里的天津人大都世代为邻，居住在封闭的四合院和简陋的大杂院里。狭窄的生存空间、相对稳定的生活秩序，使传统的思维模式、生活风俗习惯、价值观念等最容易沿袭而难以改变，而新的、外来的事物更难于渗透其间。妈祖文化成为天津华界区重要的民俗文化，以“皇会”作为典型的表现形式也得以长期在这个区域生存下来。租界区则是另一番天地，西方文明、西方文化最先在这里登陆、扩展，表现得异常活跃。生活在租界的人大都居住在风格迥异的小洋楼里，追求着西方人的价值观念，享受着西方人的生活方式。但是租界区毕竟存在时间短暂、区域狭小，特别是其间不中不洋、中西杂陈的生存形态，引起当时社会各阶层的普遍轻视，也使得那些身在其中的中国人感到自卑。文化上的屏障往往比地理距离更能隔绝两种文化的交流。

（三）城市文化从传统向近代化转型，还表现在城市新的主流文化的形成。而当时天津城市文化尚处于转型时期的无序、多元组合的状态，新的主流文化还没有形成。近代天津长时间并存着两种截然不同的华界文化和租界文化，两者在很长的时间内处于隔绝状态，并没有找到融会点。以妈祖文化为代表的传统文化处于华界文化的中心，一直在城市的政治、经济和社会生活中始终发挥着潜移默化的作用。

主体上对西方文化的排拒，使天津在19世纪末成为近代大都市的同时，并未完成城市文化从传统向近代的“转型”。近代天津城市文化的转型大约完成于20世纪初期，其标志就是西式教育的普及与新闻业突飞猛进的发展，人们新的思维观念和价值观的形成，新型文化市场的形成和不断完善。进入20世纪30年代以后，天津更以其经济实力、市场规模和人口构成状况，跃居全国第二大工商业城市，仅次于上海。与大城市相适应的是都会文化的形成，包含企业文化、金融文化、商品文化、建筑文化、科技文化、教育文化、传媒文化、竞技文化、艺术文化、消闲文化等等，交相辉映、多姿多彩，在北方城市中独占鳌头。在这一社会环境下作为传统文化之一的妈祖文化，影响已日趋衰微。

二、天津近代城市文化转型时期妈祖文化的特点

天津经济近代化历程开始于19世纪中叶，伴随天津近代化大都市地位的确立，特别是城市开埠后，西方文明、西方文化的大量涌入和潜移默化的影响，其城市文化也开始了由传统向近代化的转型。到20世纪初，天津已经建立起新型的主流城市文化。通过对天津城市文化转型进程中妈祖文化的考察，我们发现存在以下特点：

（一）天津历来就是一个多元文化的城市，它基本是由两个文化板块组成的，一个是以海河两岸为中心的码头文化板块，还有一个外来的租界文化板块。其中码头文化板块非常重要的一个内容，就是以妈祖文化为代表的民俗文化。它是形成天津城市文化的源泉，“皇会”则是天津妈祖文化特色的集中表现形式。在近代天津城市社会生活中，由于这两个文化板块长期并存，彼此间缺乏有效的沟通，因此融合的速度较为缓慢，妈祖文化始终在天津城市的政治、经济和社会生活中产生着深远的影响，这也造就天津成为中国乃至国际上的妈祖文化中心之一。尽管在19世纪中叶，天津作为中国北方经济都会和文化中心的地位得以确立，但妈祖文化对天津的影响在国内各地却是独一无二的。直到20世纪初，两大文化板块历经长期的撞击、调适、共存和融合，新型的多元城市文化确立之时，这种影响才逐步减小。

（二）妈祖文化属于民俗范畴，而民俗则是一个不断发展变异的历史流动载体，它承载着一个民族丰富的历史文化积淀，也反映出一个民族的历史和由这一历史决定的民族心理特征、文化特质。一种民俗形成以后，反过来会对人类构成很大影响。同时人类创造民俗文化原本是为了增进生活的舒适，结果也深受其束缚，一举一动都表现出文化的影响力、塑模力。妈祖文化经过在天津长期的传播，日益繁荣，因此聚集起无数妈祖信徒和遍布各地的妈祖庙宇，形成了一种特有的妈祖文化氛围。首先是妈祖神灵能够迎合本地的民俗文化。尔后，本地的民俗文化又借附着妈祖的种种美丽传说，形成天津自已独特的地方民俗。妈祖是女神，她不但具有神的博大胸怀，又有一般女性慈悲、善良、朴实的美德，于是，以妈祖为中心的地方民俗又形成不同于以其他神为主神的地方民俗。其次，信徒对妈祖的虔诚信仰，集中体现在每年三月二十三日诞辰节的庆

祝活动上,这个活动在天津后来逐步发展为闻名各地的"皇会"。当日各地信徒都要在天后宫一带举行盛大庙会,这些庙会和当地物质生产和社会生活紧密相连,形成独特的祭拜仪式,亦即妈祖民俗文化。妈祖文化一旦形成,就具有相对的稳定性,成为天津民众生活的一部分,影响着人们的行为准则和价值取向,发挥着其他说教无法达到的教化功能,从而对社会发展产生持续而稳定的影响。

随着城市文化从传统向近代化的迅速转型,在20世纪初天津的社会生活中,这种情况已悄然发生变化。人们开始试图从全新的价值观的角度,采用完全不同的思维方式,对妈祖文化的价值观,尤其是在天津典型的表现形式"皇会"内在的经济功能重新进行解读和定位,并得出新的结论,这既充分反映出人们认识问题能力的提高,同时也必然对妈祖文化的社会地位形成明显的冲击和影响。

(三)文化整合的结果必然是创新,而文化的创新又必须顺应时代发展的步伐,建立在雄厚的经济基础之上。历史上的天津文化发展历经许多阶段,其中清朝康雍乾时期是一个重要阶段,而这一阶段也正是天津经济水平发展,经济地位提高的重要时期。在此基础上,妈祖文化历经元明时期在津的发生、发展历程,已经达到繁荣阶段,突出表现为"皇会"举办的规模之大和影响范围之广上。从19世纪中后期开始,由于受到外来经济的影响和资本的注入,中国传统的城市经济结构发生了裂变,城市的经营模式由封闭的、保守的、自给自足的向开放型的、流通性的、世界性的方向转换,天津的经济近代化历程正是从此起步的。随着城市规模不断扩大,人口加速增长,城市功能更加齐全,到20世纪初天津以其城市规模和经济繁荣程度而成为中国北方最繁华的近代化大都市。

随着天津经济近代化的进程,天津城市文化的转型也逐步完成,新的城市主流文化已经形成,新兴的文化市场不断完善。在这一社会环境的影响下,人们开始尝试用新的方法论,来审视天津传统的妈祖文化,对其功能重新定位,因此妈祖文化在天津城市生活中的作用变化是显而易见的。尽管晚清政府、天津的地方当局,以及热衷于皇会的士绅,出于各自的目的,采取非常的手段,甚至将每年皇会活动日期不仅订在妈祖的诞辰日(农历三月二十三)外,又在光绪二十九年(1903年)[④]、光绪三十年(1904年)[⑤]的慈禧太后的生日(农历十月初十)下令举办皇会,并采取种种措施来聚敛人气,试图重新振兴这一活动,但实际效果不彰。因此,可以说天津妈祖信仰引发的经济、文娱行为的吸引力最终超越了宗教吸引力,崇拜神灵的宗教目的被喧闹的经济、文娱活动所遮蔽、替代;而当城市发展使人们对皇会所带来的经济、文娱活动需求降低,再逢时局动荡、经济环境萧条导致其衰落、停止,对祭祀妈祖的热情降温。经济的发展促进了文化的繁荣,而高品位的文化形态反过来又带动了经济的发展。

进入民国后,天津的经济发展步伐是巨大的,逐步成为中国北方的最大经济中心。经济的腾飞使人们的就业格局、物质生活、思想观念、消费理念等都受到很大冲击,经济的发展促使天津城市社会生活面貌出现了较大的变化,天津城市文化的品位进一步得到提升。作为传统文化重要内涵之一的妈祖文化的地位,已经处于一蹶不振的境地。其间尽管在1924年和1936年在天津曾经相继举办"皇会"等酬神活动,但由于"其意义已由宗教的而变为政治的了"[⑥],效果自然不佳。

妈祖崇拜在天津的传播与发展,始终与天津城市化的进程是息息相关的,并随着天津城市经济社会发展进入不同的阶段,而分别呈现出不同的特点,历经一个起源、传播、发展和衰落的过程。

妈祖文化作为天津所特有的地域文化,始于元代。那时在天津地区设立了海津镇,天津城市随之崛起,并进入漕运时代。历经天津城市社会经济的逐步发展,以及元、明、清各朝皇帝对妈祖的多次敕封,至清朝中期妈祖已经完成了由人到神的转变,妈祖文化也随之而逐步成为天津传统的城市文化,并达到其鼎盛时期。1860年后由于西方列强的入侵,天津被辟为商埠,城市化的进程明显加快,城市社会逐步转型。随着城市人口的大量增加,社会结构的改变,以及城市经济功能的改变,文化转型的开始,以妈祖文化为代表的传统城市文化不可避免受到外来文化的冲击,人们的价值观念逐步扭转,他们开始重新审视妈祖文化在天津城市社会生活中的定位问题。

在这一过程中,妈祖文化逐步被赋予新的内涵,人们把生活中的一切希望和祈求,包括生儿育女,发财致富,消灾祛病,一切的愿望都寄托在妈祖的身上。妈祖俨然就变成了一个至高无上的民间偶像,成为一个护佑黎民百姓法力无边的神灵。同时,由于受到天津城市文化转型较为缓慢的宏观环境影响,妈祖文化在一个较长时间内仍对城市生活产生着广泛的影响,直到上世纪初。

注:

① 郭武群:《认同与排拒》,《天津社会科学》2004 年第 3 期。

②《中国近代史资料丛刊·洋务运动》(四)上海人民出版社 1961 年版。

③ 罗澍伟:《近代天津城市史》,中国社会科学出版社 1993 年版。

④《大公报》1903 年 11 月 28 日。

⑤《大公报》1904 年 11 月 13 日。

⑥(民国)徐肇琼:《天津皇会考》;望云居士,津沽闲人:《天津皇会考纪》,张格点校,天津古籍出版社 1988 年版。

[《历史教学》(高校版)2007 年第 2 期]

义和团时期京津下层平民心态研究

袁志海

“心态”即心理状态，它是指在特定历史阶段、特定社会群体中普遍流行的一种相对稳定的精神状态，社会心态的变化直接取决于社会环境的变更。因此，研究特定时间、特定群体的心态，有助于我们探寻社会环境的变更，揭示出历史发展规律。

李文海教授指出，要加强对社会广泛阶层特别是下层群众思想研究[①]。在目前义和团研究领域，对政治斗争与上层人物研究已经达到相当高度，对社会心态的研究却起步较晚，特别是对处于团民与教民夹缝之间的广大城市下层平民心态研究还很薄弱。而这一群体作为民众的主体，其思想观念、行为动机和思维方式无不影响着当时社会的发展。因此，在此基础之上，本文试图通过京津下层平民在义和团时期不同阶段的心态变化，来探寻下层平民的心态特点，从而揭示出引起社会心态扭曲与失衡的社会环境的变更规律。

一、义和团进入京津后下层平民心态

1900 年 6 月，义和团大量涌入京津，广泛下层平民直接投入到这一运动的洪流中。“京城演习义和拳者，无论士农工商，以至各行贸易之人，无不愿学。”[②]“几乎无人不团。”[③]京津地区出现“全民皆团”的社会状况。但是，“全民皆团”并不意味着全民同仇敌忾，下层平民加入义和团有着各自不同的复杂心态。

（一）仇洋与救亡。世纪之交的中国面临严重的民族危机，民族矛盾十分尖锐。这反映到民众思想上，就会产生强烈的仇洋与救亡心理。“中国受外国凌侮，平民受教民欺压，人人衔恨，无以制之。一旦传闻义和拳烧洋楼毁电杆之奇技，明知非正，未始不足称快。”[④]“方今我国自知孱弱，而不求所以自强之方；一旦有以神术售者，恐将信而奉之，倩为御侮计。”[⑤]义和团能得到广泛支持，正因为其“灭洋”行为顺应了民众的这种心理。

（二）满足生理需要。在社会心理学中，生理需要包括饮食、排泄与睡眠等，它在其他所有需要中占绝对优势。比如，一个人所有需要都没有得到满足，那么生理需要就最有可能成为主要动机。[⑥]19 世纪末直隶地区遭受了严重的旱灾，大量农民背井离乡涌入城市。“据估计有三十万人，散居于该段旁边，大半均在露天之下。”[⑦]他们流离失所，食不果腹，终日以乞讨为生。在饥饿机制的驱使下，只要能满足生理上的需要，他们可以加入任何组织。“整个地区充斥着饥饿、不满和绝望的游民，他们准备加入任何组织。”[⑧]“今年顺、直一带，雨水极少，麦苗尽槁，民气颇为不靖，并闻该匪起衅，亦由饥民附从所致。”[⑨]可见，满足生理需要才是难民加入义和团的首要动机。

（三）迷信与从众。部分平民加入义和团，源于他们对其迷信与崇拜心理。“义和团拥有一套极具迷惑力和扩散性极强的降神附体和刀枪不入仪式。”[⑩]“请神附体后，神会给予人力量，这对生活在中国社会最底层的民众具有极大的吸引力。”[⑪]“官无论大小，民无论男妇，大概信者十之八九，不信者十之二。”[⑫]“居民信匪者甚众，称其种种神奇，不可殚述，日夜焚香敬拜。”[⑬]同时，这种心理能得到迅速传播，也与社会心理学中的“从众心理”有关。所谓从众行为，就是在某种社会压力下，个人盲目地接受外界的影响，采取与大多数人一致的行动，大体类似于俗话说的“随大流”。[⑭]这种迷信内容营造出的巨大舆论氛围，其他平民也会盲目从众，“一人倡之，众人和之，举国若狂”[⑮]。“信之者日多，附从之人遂日众。”[⑯]

（四）恐惧与避祸。义和团的权威与神秘色彩，在下层平民中营造成一种极强的恐惧与避祸心理。义和团对平民制定了各种严格规定，如：“初令各家夜夜烧香，又令各家门悬红旗，又令各家晚间皆悬红灯以迎红灯照。”[17]“每上香叩首三百六十个，桌中供清水五碗，馒首五个，不许撤，不许妇女执香行礼。”[18]“将粪桶倒置，插纸花于上。”[19]这些规定今天看起来十分荒诞可笑，但对当时平民而言，“无敢不从者。”[20]“违则杀之，不知而被害者甚多”。[21]又因义和团杀教民、毁洋物，也有为免受牵连而避祸者。“有王某，其父母奉耶稣教，恐其父母遭害，乃与其弟同入拳匪党内，以图掩饰其奉教之民。”[22]“各街抛弃煤油如泼脏水一般，各种煤油灯砸掷无数，家家户户尤弃之不及，致贻祸患。”[23]

(五)投机与贪利。京津许多投机分子也纷纷而加入义和团队伍中。有借机寻仇者，“无赖辈悉混入，借端寻仇，任意横行”[24]。有趁火打劫者，“南城外之戏子杂流诸人，遂各立一团，亦事效扎巾带，群充义民，遂益相率抢掠”[25]。有贪图钱财者。“京城内外游手好闲之人，希图分惠，以保国保家为名，乘机牟利。”[26]“种种贪利者多矣。”[27]

义和团的涌入对京津下层平民的日常生活、行为方式都产生巨大影响，直接导致其心态的扭曲与失衡，“有希图分肥入团者；有与人挟仇借势报复者；有糊口维艰，入团而求安饱者；有富豪之人，恐遭团民欺讹，自立坛场而谓保家者；因此一日比一日之多，此近日在京城团民大意也。”[28]

二、义和团失败后京津下层平民心态

1900 年 7、8 月间，八国联军相继占领津京与义和团的迅速溃败，京津形势发生了巨大变化，繁华的城市瞬间沦为人间地狱。“(天津) 积尸数里，高数尺，清街三日尚未静。”[29]“(北京) 死者甚多，街上尸骸枕藉。”[30]在这种形势下，京津下层平民心态呈现出急剧分化的特征。

(一)从仇洋到崇洋。短短的一个多月，平民的仇洋心理急剧转化为崇洋媚外的心理。“当团匪起时，痛恨洋物，犯者必杀无赦。今乃大异，西人破帽、只靴、垢衣、穷垮、必表出之，矮檐白板好署洋文，草楷杂糅，拼切舛错，用以自附于洋。”[31]“向者目洋人为大毛子，至是咸尊以洋大人，排外之风变媚外，盖自此始。”[32]更有甘当洋人奴隶者，“多有迎降引导者”[33]。

(二)从崇团到排团。随着义和团神术的破产及其迅速溃败，下层平民之前对义和团的崇拜与迷信心理也烟消云散，取而代之的是对义和团的讽刺与排挤。从一个颇有趣味的事例中，我们可以看出平民对待义和团的态度。当义和团被驱散后流入阖镇，“绅士闻团匪大队来，即衣冠迎入，张筵数十，匪目大悦，酒酣，绅士捧觞曰：‘阖镇人有求于大师父。’匪目曰：‘有求必应，尔速言之。’绅曰：‘求保阖镇性命。’匪曰：‘我等之来，即为此耶。’绅曰：‘非也，求尔等速去，即是保我辈性命耳。’匪惭，未敢辩驳，明日即引去”[34]。

(三) 求生与避祸。面对死亡的威胁，生存始终是第一位。平民有逃离城市者，“大街小巷逃走之人，男女老少拥塞道路，嚎哭之声惨不忍言”[35]。未逃离的商贩铺户也纷纷在门上竖白旗以求避祸。“京城铺户家家挂白旗，上书‘顺民’二字”[36]。相比义和团进城之时，前后出现一种巨大的反差，“先是拳匪势盛，民家门外皆粘红黄贴子，表信神崇团之意，期免祸也；及洋兵至，争刮其门上字贴，聒聒之声相闻，地上各铺白布，施染绘，用造各国旗，制成竞悬之，彩帜飘扬，须臾已遍。”[37]

(四)投机与贪利。“义和团运动是上个世纪末由下层老百姓闹出来的一件大事，老百姓的反帝爱国热情被史家的笔煽得红红火火，然而，在真实运动中，……只不过是平添了些看热闹与拣便宜的机会而已。”[38]在京津，这种趁火打劫的投机分子不在少数，“都城内外，大小街巷，抢夺横行，无人阻止。”[39]更有甚者直接充当洋人的同谋，以图分利。“城内有王姓者，于日前约同洋兵，乘夜往各富户抢劫，以冀分肥，而已为前导。”[40]

三、余论

社会心态是社会存在的直接反映，义和团时期京津下层平民的心态也是由当时社会环境决定的。社会环境既包括“短时段”的突发事件，也包括“长时段”的社会结构特点。研究义和团时期京津下层平民社会心态，就能将历史学的历时性研究与社会科学的共时性研究有效结合起来。

从 1900 年 6 月到 8 月，义和团与八国联军相继进入京津，京津形势在不到两个月时间急转直下，而下层平民心态也随之剧变。从仇洋到崇洋，从崇团到排团，这种急剧变化绝非偶然，是形势变化的必然结果。

除显而易见的突发事件外，我们更能从这种心态变化中探寻到更深层的社会结构特点。伴随着近代城市化的发展，传统的城市社会里出现分层，出现了一批处于社会最底层的群体——下层平民。他们大都是未受过教育、缺乏熟练技巧的贫穷之人，只能靠出卖劳动力和其他低等的谋生手段维持生存。[41]这种特殊生活状况，决定了这一群体社会心态呈现出以下共性特征：第一，维持生存始终是首要心态。无论是对义和团的恐惧与避祸，还是对洋人的恐惧与奉承，又或是仅为满足生理需要，他们的行为动机本质是一样的。第二，对社会不满与寻求社会地位上升的心理始终存在。这种不稳定的心态也会随着一些短暂的突发事件而导致迅速的扭曲与失衡，这也是短短两个月内京津出现大量投机分子的根源所在。因此，京津下层平民社会心态虽复杂多变，但我们也能从中揭示出引起社会心态变化的社会环境的变更规律。

注：

① 李文海:《进一步拓展中国近代思想史的研究领域》,《吉首大学学报(社会科学版)》2005 年第 1 期。

②⑨⑯㊵ (日)佐原笃介:《拳事杂记》,《义和团》(一),上海人民出版社 2000 年版,第 240、244、249、279 页。

③ 柴萼:《庚辛纪事》,《义和团》(一),上海人民出版社 2000 年版,第 306 页。

④ 柳堂:《宰惠纪略》,《义和团》(一),上海人民出版社 2000 年版,第 403—404 页。

⑤⑲㉑ 管鹤:《拳匪闻见录》,《义和团》(一) ,上海人民出版社 2000 年版,第 467、475、474 页。

⑥ 沙莲香:《社会心理学》,中国人民大学出版社 1992 年版,第 186 页。

⑦ 瓦德西:《瓦德西拳乱日记》,《义和团》(三),上海人民出版社 2000 年版,第 18 页。

⑧《美国外交文书》,转引自周锡瑞:《义和团运动的起源》,《江苏人民出版社》1995 年版,第 286 页。

⑩ 周锡瑞:《义和团运动的起源》,江苏人民出版社 1988 年版,第 367 页。

⑪ 柯文:《历史三调》,《作为事件、经历和神话的义和团》,江苏人民出版社 2000 年版,第 29 页。

⑫㉒ 刘孟杨:《天津拳匪变乱纪事》,《义和团》(二),上海人民出版社 2000 年版,第 7、18 页。

⑬ 佚名:《庸扰录》,《庚子记事》,中华书局 1978 年版,第 252 页。

⑭ 李文海，刘仰东:《义和团运动时期社会心理分析》,《近代史研究》1986 年第 5 期。

⑮ 鹿完天:《庚子北京事变纪略》,《义和团》(二),上海人民出版社 2000 年版,第 434 页。

⑰⑱㉙ 佚名:《天津一月记》,《义和团》(二),上海人民出版社 2000 年版,第 142、148、157 页。

⑳ 李希圣:《庚子国变记》,《义和团》(一),上海人民出版社 2000 年版,第 12 页。

㉓㉖㉘㉟ 仲芳氏:《庚子记事》,中华书局 1978 年版,第 13、18、25、42 页。

㉔ 继昌:《拳变纪略》,《义和团史料》(下)。中国社会科学出版社 1982 年版,第 559 页。

㉕ 袁昶:《乱中日记残稿》,《义和团》(一)。上海人民出版社 2000 年版,第 348 页。

㉗㊴ 洪寿山:《时事志略》,《义和团》(一)。上海人民出版社 2000 年版,第 93、94 页。

㉚《知新报》1900 年 9 月 8 日。

㉛㉞ 佚名:《综论义和团》,《义和团史料》(上) 。中国社会科学出版社 1982 年版,第 194、188 页。

㉜㉝㊲ 龙顾山人:《庚子诗鉴》,《义和团史料》(上)。中国社会科学出版社 1982 年版,第 74、84 页。

㊱ 杜某:《庚子日记》,《义和团史料》(下) 。中国社会科学出版社 1982 年版,第 568 页。

㊳ 张鸣:《世纪末的看客》,《读书》1999 年第 5 期。

㊶ 李明伟:《清末民初中国城市社会阶层研究(1897—1927)》,社会科学文献出版社 2005 年版,第 112 页。

(《湖北经济学院学报》2007 年第 2 期)

元明清政治经济格局与海河流域水利发展

李红有

历史上，我国经济重心经历了一次从北向南的重大转移，至今仍对我国经济社会发展有着重大影响，这一点在学术界已成共识。但是，对于我国经济重心何时开始南移、何时完成南移，学术界向来众说纷纭，见仁见智。程民生教授认为，我国的经济重心至隋代、唐代前期在华北平原得到充分发挥和巩固，安史之乱以后，北方经济重心地位受到挑战开始南移，以宋室南渡为标志，我国的经济重心移至东南地区。元明清时代定都于北京，海河流域成为全国政治中心，而经济重心则位于南方。这种政治、经济中心相分离的格局，直接影响了当时海河水利事业的发展。以此为依据，分析元明清时代我国政治经济格局与海河水利发展的互动关系，对于研究当前我国经济社会发展中区域水利建设的重点和应注意的问题具有重要的现实意义。

一、元明清时代我国政治经济基本格局对海河水利发展的三大要求

1. 对永定河防洪提出了更高要求元代定都大都后，北京一跃成为全国的政治中心，其安危关系着全国稳定大局。永定河特大洪水对北京城形成重大威胁。究其原因有三：一是北京城位于永定河左岸，永定河出山后河道高程比城区高出40多米。二是元明清三代特别是明清两代，随着人口剧增，永定河上游地区原始植被遭到极大破坏，水土流失日益加剧，加上下游湖泊洼淀大规模开发，导致河道淤积严重，河床抬高。每遇洪水，永定河经常决口成灾。三是永定河洪水为害最重的是夏秋暴雨伏汛，其洪峰流量多在1 000 m^3/s以上，最大可达1万m^3/s以上。根据历史资料统计，明清两代，永定河洪水进袭北京西南诸门和近郊的有明嘉靖二十五年(1546年)、天启六年(1626年)和清康熙七年(1668年)、嘉庆六年(1801年)、光绪十六年(1890年)等。综合以上因素，元明清定都北京对永定河防洪提出了更高要求。

2. 对大运河水运提出了根本要求

元代定都北京后，北京城人口剧增。据记载，元“都于燕，去江南极远，而百司庶府之繁，卫士编民之众，无不仰给于江南”。明清时代，北京城及其周边人口继续猛增，如明代为了防止侵略，在北京周围地区及沿长城一线驻扎许多军队。以全流域为例，元世祖至元二十七年(1290年)，海河流域总人口276.5万；万历六年(1578年)，总人口810.3万；嘉庆二十五年(1820年)，总人口3 640.6万。这一切必然增加粮食物资的消耗，从江南运输粮食成为当时的急务。由于两代长时期禁止海运，大运河作为京城和江南之间唯一的交通运输线，对明清两代发挥着命脉作用。因此，元明清定都北京对大运河水运提出了根本要求。

3. 对流域水利营田提出了迫切要求

冀朝鼎在《中国历史上的基本经济区与水利事业的发展》中认为：“统治者们对于首都与基本经济区相距太远这件事越来越发愁，因而多次想把海河流域发展成为基本经济区。”元代泰定年间(1324—1327年)，虞集(翰林学士兼国子祭酒)上疏建议在海河和滦河下游发展水利营田。元代末期，社会动荡不安，漕运不通，宰相脱脱再次提出：“京畿近地水利，招募南人耕种，岁可得粟麦百万余石，不烦海运而京师足食。”明初，随着国家军事、经济方面的需要，漕粮需求日益增多。为了减少南粮北运的压力，又有人提出发展水利营田。弘治时，大学士邱浚建议采纳虞集的屯田主张，开展招募屯垦。明万历三年(1575年)，给事中徐贞明上疏建议，把华北旱田改成水稻田，完全免除漕运。之后，还有汪应蛟、左光斗、董应举和徐光

启等提出同样建议。清代，提倡水利营田者不乏其人，最为著名的人物是雍正年间的允祥和陈仪。

二、元明清时代海河水利发展的重点及问题

1. 永定河防洪事业的大发展

为了防止和减轻永定河洪灾，从辽代起开始修筑永定河堤防。金贞元元年(1153 年)，迁都燕京，号中都。首都的防洪和漕运引水使永定河堤防工程愈显重要。据考证，卢沟桥以上的石堤始于此时，可是卢沟桥以下的堤防修筑记载很少。

元至元九年（1272 年），定燕京为大都，从此北京成为全国的政治中心，元统治者非常重视兴修堤防工程。延祐三年(1316 年)，朝廷派人巡视浑河(今永定河)堤防，“自石景山金口下至武清县界旧堤长计三百四十八里，中间因旧修筑者大小四十七处，计工三十八万一百，役军夫三万五千”。由此记载，可以知道元 代中期永定河堤防工程的大致情形。

明代的堤防工程较元代在规模上更加扩大，堤工质量有所提高，尤其是石景山段的石堤较前代更加坚固和扩展。至于卢沟桥以下，堤防多属土堤或沙堤，尽管修筑多且勤，但河道仍没得到根本控制。明末清初,由于社会动荡不安，堤防多年失修,绝大部分土堤已经湮废。

清代是永定河堤防工程大发展的阶段。完善和强化了石景山段的堤防，大力整治、接筑下游两岸堤防。康熙后期，开始兴筑霸州柳岔口三角淀围堤，到乾隆中期逐渐完善。这些围淀遥堤上与永定河两岸堤工相接，下至今天津市西北郊，这样永定河不仅在上段不能左右游动，就是入淀以后也只能在堤防限定的淀区内摆动。清代后期，永定河堤防大修次数日益减少，多半是决口或漫溢之后进行堵复，或只进行小修小补。随着系统堤防的形成，清代逐步建立起完善的永定河管理机构。康熙三十七年(1698 年) 设立南岸分司和北岸分司各一员，四十三年增设南北两岸同知。雍正四年(1726 年)，将永定河分司改为河道，驻扎固安县，总理永定河事务,下设文职和武职两个系统。从此，永定河下游有了统一的河道管理机构,集中管理永定河的防汛减灾事宜。

如前所述，永定河洪水成灾因素错综复杂，既有自然因素如洪水特性，又有社会因素如人口剧增导致的上游水土流失和下游围淀造地。元明清三代特别是明清两代，主要是在堤防修筑和河道疏浚上下工夫，而对水土流失和围淀造地无能为力，所以只能是头痛医头、脚痛医脚。尽管清代有人提出了永定河上中下游全面治理的方略，可是限于科技水平和社会制度，根本不可能付诸实施。

2. 京杭运河水运的兴盛

京杭运河有两条线路：西线为折线，形成于隋代；东线为直线，形成于元代。唐宋时期，大运河或以洛阳或以汴梁为中轴，沟通南北。元代定都北京后，为了缩短大运河的距离,相继凿成胶州河、会通河和通惠河。从此，我国的内河船只可自杭州直达北京，不必绕道洛阳，形成了一条全长 1700 多公里的南北人工运道。为了加强运道管理，元代设立专门管理人员，负责闸坝维修、运道守护巡防工作。为了解决灌溉与航运用水之间的矛盾，朝廷对引运河水灌田制定了一系列制度。

明代，将大运河分为七段，其中白漕、卫漕两段全部在海河流域境内。这两段以修筑堤防、堵塞决口和兴修减水坝为重点，建了许多工程。清代，为了保证运河的安全和畅通，通过减河分洪仍是主要措施之一。先后在北运河上兴建了筐儿港减水坝、青龙湾减水坝，开挖减河，大大缓解了北运河的洪水压力。同时，在南运河上修治四女寺、兴济和捷地减河，开挖哨马营减河。所有这些都是在清嘉庆以前进行的活动。之后，由于朝廷内忧外困、社会动荡不安，根本没有能力进行开发治理。

3. 流域水利营田的得失

在社会动荡、漕运不通的情况下，元至正十二年(1352 年)，宰相脱脱主持大司农司，拨发牛具、农器、谷种和贷款，又从江南招募技师教授围田技术。次年，“西至西山，东至迁民镇(今河北抚宁县)，南至保定、河间，北至檀（ 今北京密云县）、顺(今北京顺义区）皆引水利之法佃种，岁乃大稔”。十五年，又在保定、河间、武清、景县和蓟县推进规划的实施。由于元代很快灭亡，这一计划中止。

明万历三年(1575 年)，徐贞明针对海河流域旱涝灾害频繁的实际，提出兴办海河流域水利的系统规

划。万历十三年，他被任命为尚宝司少卿，后兼监察御史，领垦田使，先在京东永平府（今河北卢龙县）一带试行，垦田 2 600 余公顷。后来，他又勘测海河流域各地，准备推广，但遭到畿辅籍官僚的反对，水利营田半途而废。明末，汪应蛟、左光斗、董应举先后在京东、保定和天津一带开水田，分别有几万亩至十几万亩的成绩。

清代，开展水利营田并取得一定成效的是雍正年间的怡亲王允祥和陈仪，其次是清末的周盛传。康熙四十二年至四十四年(1703—1705 年)，天津镇总兵蓝理在天津沿海开成水田 200 顷（约 1333hm^2）。雍正四年(1726 年)，允祥先在滦县和玉田县试行营田。雍正五年设立水利营田府，下设京东、京西、京南和天津 4 个营田局，在直隶全省掀起了大规模的水利营田活动，至七年共经营水田 6000 顷（约 4 万 hm^2）。雍正八年，允祥去世，水利营田逐渐废弛。同治十三年(1874 年)，淮军将领周盛传尝试开发水田。光绪二年至五年(1876—1879 年)，盛军以新农镇为中心，在天津咸水沽、新城和泥沽一带连续开挖引河，引用海河潮水灌溉。光绪六年至七年，开挖马厂减河，引用南运河水，以小站为中心的屯田灌区基本形成。这一举措突破了前人发展水田限于海河潮水的传统做法，企望引用运河水解决海河南岸大片土地的灌溉问题，并逐步改造低洼盐碱地。由于南运河水量在时间上分布不均匀，在很大程度上限制了小站营田规模的扩大。

元明清三代，水利营田有始无终。表象上，或是由于社会动荡，或是因人兴废。但是，其根本原因还是在于水利营田者没有充分考虑海河流域水资源的承载力和特点。海河流域年降水量不过 500 多毫米，且多在 6—9 月，与水稻生长季节不相适应。清乾隆皇帝曾经尖锐地提到了畿辅水利营田所存在的问题：“倘将洼地尽改水田，雨水多时，自可藉以储用，雨泽一欠，又将何以救旱？从前近京议修水利营田，始终未收实济，可见地利不能强同。”嘉庆年间，程含章同样对水利营田持否定意见。他认为：“岂惟人事，亦若天时、地利、物性、人心，皆有断断难复之势。”所以，从海河流域的水资源特点如降雨时节和水稻生长特性看，当时进行大规模水利营田是不现实的，经济社会的发展必须考虑当地水资源现实承载力。

三、结论

水利作为经济社会发展的基础设施，对经济社会发展具有重大的促进和制约作用。一方面，必须优先开展水利建设，以水资源的可持续利用支撑经济社会的可持续发展；另一方面，经济社会的发展，必须从水资源和水环境承载力出发，与水资源和水环境承载力相协调。

我国幅员辽阔，自然条件差异很大，经济社会发展极不平衡。针对千差万别的自然环境和经济社会环境，各地区、各流域必须结合各自实际，紧紧抓住主要矛盾、突出问题和工作中的薄弱环节，制定相应的对策措施，促进水利发展。

注重区域经济社会发展中的水利合作开发问题。元明清时代，京杭运河的开发利用是在中央政府领导下多个地区、多个部门合作进行的，永定河的治理则是在逐渐走向统一管理下开展的（当然，永定河道并非现在意义上的流域管理机构）。目前，无论是整个海河流域还是京津冀都市圈乃至滨海新区的发展，必须高度重视区域（流域）之间水利合作开发问题，做好水资源的优化配置、高效利用和科学保护工作，以水资源的可持续利用支撑经济社会的可持续发展。在水利合作开发过程中，流域管理机构应充分发挥规划、协调、监管和信息披露的作用。

注：

① 程民生：《中国北方经济史》，人民出版社 2004 年版。

② 刘书广：《水和北京——永定河》，方志出版社 2004 年版。

③ 海河志编纂委员会：《海河志》（第一卷），中国水利水电出版社 1997 年版。

④ 黄仁宇：《明代的漕运》，新星出版社 2005 年版。

⑤ 冀朝鼎：《中国历史上的基本经济区与水利事业的发展》，中国社会科学出版社 1981 年版。

⑥ 中国水利水电科学研究院中国水利史稿编写组：《中国水利史稿》（下册）水利电力出版社 1989 年版。

⑦ 周魁一：《中国科学技术史》（水利卷）科学出版社 2002 年版。

（《中国水利》2007 年第 17 期）

下编附录

周学熙与华新纺织股份有限公司	唐少君	安徽史学	1990	4
鸦片战争以来天津烟商的泛滥及禁绝	李士铨	百家论坛	1990	学术特刊
近代天津商业腹地的变迁	陈克	城市史研究	1990	2
近代城市发展与天津新式教育	侯杰、范丽珠	城市史研究	1990	2
传统期之天津城居人口探析	吉石羽	城市史研究	1990	2
天津市海河下游港口工业区的开发——一种港口工业区开发的新模式	孟广文	城市史研究	1990	2
论李鸿章与天津城市近代化	胡光明	城市史研究	1990	3
天津港与近代天津城市——天津港示意图说明	谢钟祯	城市史研究	1990	3
抗战期间北方局城委的城市工作和天津的地下党组织	张竹涛	党史资料与研究	1990	2
解放前天津的对外贸易	赵禹辰	对外经济贸易	1990	4
戊戌密谋史实考	赵立人	广东社会科学	1990	3
曾国藩在办理“天津教案”中的心理矛盾	易孟醇	近代史研究	1990	1
日本华北驻屯军及其侵华行径	武月星	近代史研究	1990	4
如何看待普法战争对“天津教案”的影响	杨天宏	近代史研究	1990	4
略述解放战争期间平津知识分子的抉择	黄振华、冯承柏	历史教学	1990	4
日本创办天津“中日学院”始末	金桂昌	历史教学	1990	3
国民党政府对天津敌伪产业的接收	汪寿松	历史教学	1990	3
清末遗老民初新贵在天津	焦静宜	民国春秋	1990	1
天津的商业招幌	尚洁	民俗研究	1990	4
谈北伐太平军决定扎驻津门的原因	吴海平	内蒙古师范大学学报（哲学社会科学版）	1990	1
曾国藩“卖国罪案”新探	沈嘉荣	史学月刊	1990	1
义和团在廊坊阻击八国联军进犯北京的几点史实质疑	徐树	首都师范大学学报（社会科学版）	1990	1
旧中国的天津口岸	赵禹辰	天津财经学院学报	1990	3
五十年前的“万国赛马会”	李默生	天津东郊文史	1990	2
邓颖超早期在天津的革命活动	董振修	天津师范大学学报（社会科学版）	1990	4
天津梅氏先世别考	卞僧慧	天津史志	1990	1
宝坻石幢的始建年代和重修经过	韩嘉谷	天津史志	1990	1
天津最早的环城马路	华谋	天津史志	1990	1
刘宝慈传略	焦从海	天津史志	1990	1
查为仁事迹编年	刘尚恒	天津史志	1990	1
天津最早拍摄的影片	绍祖	天津史志	1990	1
漫话武清	孙福山	天津史志	1990	1
天津教案	张黎	天津史志	1990	1

天津城区买水和卖水旧俗	顾道馨	天津史志	1990	2
爱国教育家严修——纪念严修诞辰130周年	齐植璐	天津史志	1990	2
德璀琳在天津	尚作湖	天津史志	1990	2
天津早期的话剧活动	郭武群	天津史志	1990	4
清代天津文人生卒年考	缪志明	天津史志	1990	4
著名导演焦菊隐	于铁丘	天津史志	1990	4
颐中烟草公司的存款怎样被金城银行吸揽过来的	师其俊	天津文史丛刊	1990	12
观音白塔	王桂贞	天津文史丛刊	1990	12
留得丹青颂人间——记天津老画师周让	阎华	天津文史丛刊	1990	12
卢慎之小传	张绍祖	天津文史丛刊	1990	12
漫话西头	宫溯	天津文史丛刊	1990	12
梅树君事迹编年纪略	龚望	天津文史丛刊	1990	12
评戏女皇——刘翠霞	李英斌	天津文史丛刊	1990	12
水西庄的坎坷	王翁如	天津文史丛刊	1990	12
严范孙事略	谢巍	天津文史丛刊	1990	12
严复在天津	葛培林	天津文史丛刊	1990	12
再论天津话声调及其变化——现代语音学笔记	石锋	语文研究	1990	2
李叔同	丁惠才	浙江档案	1990	9
天津近代棉纺织业的发展	陈学锋	中国近代纺织史研究资料汇编	1990	
近代天津针织工业	洪凭	中国近代纺织史研究资料汇编	1990	
天津南大寺的备忘匾与西寺的儆戒碑	尹忠田	中国穆斯林	1990	6
试论近代华北棉花流通系统	张利民	中国社会经济史研究	1990	1
曹禺与天津	赵路	中国戏剧	1990	12
天津抗日杀奸团	祝宗梁	纵横	1990	4
天津小洋楼	文惠欣	城市	1991	2
近代天津第一个城市整体规划——介绍《天津特别市物质建设方案》	李森	城市史研究	1991	4
论天津港发展的自然地理环境和港城关系	刘卯忠	城市史研究	1991	4
论近代天津城市人口的发展	张利民	城市史研究	1991	4
试论塘沽新港的兴建与津、塘关系的变化	周俊旗、刘红娟	城市史研究	1991	4
北洋新政与华北城市近代化	胡光明	城市史研究	1991	6
近代天津工业结构的演变与城市发展	刘海岩、周俊旗	城市史研究	1991	6
论天津早期共产党组织的建立及在中共创建中的作用	黄小同、李德福	党史资料与研究	1991	2
清代周盛传小站屯垦述略	郭鸿林	古今农业	1991	3
近代天津城市史散论	罗澍伟	近代史研究	1991	4
通商口岸与近代文明的传播	陈振江	近代史研究	1991	1
中国近代保税关栈的起源和设立	薛鹏志	近代史研究	1991	3
中国的周学熙研究述评	[日]浜口允子	近代中国	1991	1
袁世凯政权与周学熙	[日]渡边惇一	近代中国	1991	2
1931年天津便衣队暴乱始末	杨大辛	民国春秋	1991	1
周学熙与华北棉业	刘志英	内江师范学院学报	1991	3
僧格林沁——第二次鸦片战争中的爱国将领	张瑞萍	内蒙古大学学报（人文·社会科学版）	1991	3
“觉悟社”成立会址	白春友	南开春秋	1991	5
北洋女医院	白春友	南开春秋	1991	5

城隍庙	白春友	南开春秋	1991	5
广仁堂遗址	白春友	南开春秋	1991	5
李纯祠堂	白春友	南开春秋	1991	5
南开中学	白春友	南开春秋	1991	5
天津基督教会仓门口堂	白春友	南开春秋	1991	5
天津居士林	白春友	南开春秋	1991	5
天津市基督教青年会	白春友	南开春秋	1991	5
天津文庙	白春友	南开春秋	1991	5
天津最早的“电报总局”遗址	白春友	南开春秋	1991	5
王襄故居	白春友	南开春秋	1991	5
卫安水会遗址	白春友	南开春秋	1991	5
魏元泰故居	白春友	南开春秋	1991	5
徐世昌住宅与徐家大院	白春友	南开春秋	1991	5
义和团“坎”字总坛口遗址	白春友	南开春秋	1991	5
玉皇阁	白春友	南开春秋	1991	5
正兴德茶庄	白春友	南开春秋	1991	5
中营小学	白春友	南开春秋	1991	5
马千里故居	白洋	南开春秋	1991	5
天津济安自来水股份有限公司	白洋	南开春秋	1991	5
原比利时电车电灯公司	白洋	南开春秋	1991	5
张伯苓先生故居	白洋	南开春秋	1991	5
张锦文(海张五)旧宅	白洋	南开春秋	1991	5
“洋钱牌”肥皂享誉津城	陈长生口述	南开春秋	1991	5
丁懋英大夫的简略生平	丁剑仑	南开春秋	1991	5
天津内联升鞋店	丁文林口述、李思九整理	南开春秋	1991	5
元兴织布厂经营始末	关永岩口述、李思九整理	南开春秋	1991	5
天津城里的砖雕艺术	黄殿祺	南开春秋	1991	5
天津广东会馆	黄殿祺	南开春秋	1991	5
同升和鞋帽店	李福恩供稿、李思九整理	南开春秋	1991	5
恩庆和饭馆今昔	李世昌	南开春秋	1991	5
五和百货店经营简史	李思九整理	南开春秋	1991	5
莫家清宁丸药店	李天甦	南开春秋	1991	5
天津达仁堂	李天甦	南开春秋	1991	5
同生照像馆	李天甦	南开春秋	1991	5
华锦城灯扇庄	李云冲	南开春秋	1991	5
一品香的兴盛时期	李云冲	南开春秋	1991	5
玉丰泰花店	李云冲	南开春秋	1991	5
沙船与欧亚	刘景波口述,宋蕴孜整理	南开春秋	1991	5
会文书院	柳絮	南开春秋	1991	5
修竹斋风葫芦	南开区土产总店	南开春秋	1991	5
清代天津县衙遗址	南开文管所	南开春秋	1991	5
基督教青年会二三事	宋宝琨	南开春秋	1991	5
大华染厂今昔	王焕如口述	南开春秋	1991	5
鹤竹堂	魏金城	南开春秋	1991	5

车轮滚滚话沧桑——从天津电车公司到客车厂	杨长河,吴连起,赵承	南开春秋	1991	5
北海楼商场	杨春霖	南开春秋	1991	5
杨以德住宅与杨以德	杨春霖,白春友	南开春秋	1991	5
天津早年的讲演所	杨鹏	南开春秋	1991	5
驰名津门城郊的万兴锡粮店	于昭熙	南开春秋	1991	5
大众化的中立园饭馆	于昭熙	南开春秋	1991	5
老天津的牌匾	于昭熙	南开春秋	1991	5
西门里的鸭子王	于昭熙	南开春秋	1991	5
话说老字号祥德斋	张宝树	南开春秋	1991	5
天津国货售品所与宋则久	张世一	南开春秋	1991	5
经营钟表眼镜的利昌总行	郑成基	南开春秋	1991	5
天后宫——天津城市发展的历史见证	知明	南开春秋	1991	5
明清时期天津的水利营田	蒋超	农业考古	1991	3
清末天津县的乡镇结构与义和团组织	[日]中村达雄	山东社会科学	1991	1
中国自建铁路的诞生——唐胥铁路修建述略	陈晓东	苏州科技学院学报(社会科学版)	1991	2
天津民信局始末	张俊桓	天津档案	1991	5
《周学熙传》序	宓汝成	天津社会科学	1991	2
袁世凯晚清经济思想及其政策措施	朱英	天津社会科学	1991	2
略论天津方言岛	李世瑜、韩根东	天津师范大学学报(社会科学版)	1991	2
天津方言的形成——静海话是流不是源	伶军	天津师范大学学报(社会科学版)	1991	2
周恩来和天津的报纸	曹世瑛	天津史志	1991	1
王仲华与天津	陈德仁	天津史志	1991	1
李予昂战斗在天津	得任	天津史志	1991	1
天津教养院小史	谢钟祯	天津史志	1991	2
忆述天津中秋旧俗	顾道馨	天津史志	1991	3
南开校名初考	卞僧慧	天津史志	1991	4
周叔弢先生在天津的寓所	崔世昌	天津史志	1991	4
天津《银线画报》	刘炎臣	天津史志	1991	4
塘沽地区成陆年代辨析	王步鸿、张俊华	天津史志	1991	4
天津的租界与帝国主义侵略	杨大辛	天津史志	1991	1、3
天津地下党要事简述	陈德仁	天津史志	1991	2、4
隋炀帝与天津杨柳青	鉴唐	文史杂志	1991	5
末代皇帝"寓居"天津始末	王文锋	炎黄春秋	1991	3
"芦盐"的由来及其演变	芮和林	盐业史研究	1991	1
嘉庆十七年长芦盐砝舞弊案初探	夏维中、张华	盐业史研究	1991	2
怀念忠诚的爱国主义者周叔弢	天津市工商联	中国工商	1991	7
天津回族工商业者马仁圃佚事	阿里	中国穆斯林	1991	3
雅俗共赏——谈天津杨柳青木版年画	邵文锦	装饰	1991	3
论启新洋灰公司的经营特点——周学熙集团企业个案研究	欧阳跃峰	安徽师大学报	1992	3
天津市蓟县营房村辽墓	赵文刚	北方文物	1992	3
略谈大港地区的蝗灾	窦同凯	大港风云	1992	2
中塘小学创建琐忆	刘恩远	大港风云	1992	2
汉武帝在大港的足迹	马克莱	大港风云	1992	2
董福祥抗击八国联军的几个问题	薛正昌	甘肃社会科学	1992	6

“曾国藩是爱国者”驳议	盘桂生	广西师范大学学报（哲学社会科学版）	1992	2
天津琐闻(《天津特报》第1号)	王美秀译	国外中国近代史研究	1992	19
直隶工艺总局与高阳织布业	陈美健	河北大学学报	1992	2
长芦盐业史述略	孟庆斌	河北学刊	1992	4
周学熙企业管理思想简论	黄清根	华东师大学报	1992	3
开平、滦州煤矿的创建、发展和历史结局	张国辉	近代中国	1992	3
从开滦煤矿联营看近代煤矿业发展状况	张国辉	历史研究	1992	4
围绕大沽事件的日中关系——中国国民革命的一个侧面	[日]藤井升三、曲建文	民国档案	1992	2、3
张彭春	黄殿祺	南开春秋	1992	6
严范孙的家庭教育	王淑静	南开春秋	1992	6
“废庙兴学”倡导者林墨青	杨春霖	南开春秋	1992	6
略论周学熙实业集团的经营管理思想	张洪祥、马陵合	南开学报	1992	2
明清时期天津的水利营田(续)	蒋超	农业考古	1992	1
张学良与张伯苓	梁吉生	社会科学战线	1992	3
对1899年北洋大学堂举办校际运动会史料的两点更正	张天白	体育文化导刊	1992	5
解放前天津商业发展概述	胡宗浚	天津商学院学报	1992	1
天津教育、出版史上的一份重要文献——直隶第一女师校友会《会报》简介	董振修	天津师范大学学报（社会科学版）	1992	4
天津方言岛的语音探讨	李世瑜、韩根东	天津师范大学学报（自然科学版）	1992	3
忆心冷先生	曹世瑛	天津史志	1992	1
《火线》在津出版述要	李家璘	天津史志	1992	1
水西庄活动事迹考	刘尚恒	天津史志	1992	1
水西庄兴废考	刘尚恒	天津史志	1992	1
林兆翰与《星期报》	刘炎臣	天津史志	1992	1
袁世凯小站练兵	辛成章	天津史志	1992	1
天津近代最早的女教师	张绍祖	天津史志	1992	1
天津租界的外国兵营与驻军	辛公显	天津史志	1992	2
天津历史上的地方志	卞僧慧	天津史志	1992	3
辩析“天津谈判”中的几个问题	陈德仁	天津史志	1992	3
天津公共电话的起源和发展	耿兰香	天津史志	1992	3
国民性问题和天津居民群体性格	顾道馨	天津史志	1992	4
旧南市的烟毒	刘炎臣、周恩玉	天津史志	1992	4
武清县城考	马悦龄	天津史志	1992	4
日本侵华的重要机构——满铁天津事务所	祁建民	天津史志	1992	4
我国第一个审判厅——天津审判厅	王远训	天津史志	1992	4
四大名旦早期在津演出活动	严忱	天津史志	1992	4
刘孟扬二三事	尹忠田	天津史志	1992	4
从历史看天津音乐文化的主要特点	陈嘉瑞	天津音乐学院学报	1992	1
青少年周恩来与南开新剧团	孙波	文史杂志	1992	2
王襄与甲骨文	倪金荣	文史杂志	1992	4
无私无畏谋公理——邓颖超1924年的一次即席讲演	黄志浩	文史杂志	1992	5
周学熙实业思想述论	胡卫清	学术月刊	1992	10

周学熙资本集团的历史地位	盛斌	学习与探索	1992	1
我国盐区文化概况	阎承遵	盐业史研究	1992	4
清光绪年间天津北洋军医学堂毕业文凭	倪慧琴	中国档案	1992	2
天津堂会戏发展的起承转合	魏子晨	中国京剧	1992	4
四大名旦与天津	王永运	中国京剧	1992	6
于方舟烈士	赵江	中国民兵	1992	8
天津蓟县发现青铜短剑	梁宝玲	北方文物	1993	2
望海楼教堂与哥特艺术	何力军	城市	1993	2
从单核增长到城镇同步发展——天津城市化模式	任云兰	城市史研究	1993	8
日本天津史研究会首届年会概述	张利民、[日]贵志俊彦	城市史研究	1993	8
日本占领天津时期市民的生活质量	周俊旗	城市史研究	1993	8
五四时期的天津平民教育运动	李运华	党史资料与研究	1993	2
解放战争期间天津的社会民主刊物	郭武群	党史资料与研究	1993	4
北洋之光——张太雷在天津	刘玉珊、左庆生	党史纵横	1993	5
爱国艺人——唐韵笙与《扫除日害》	江水	党史纵横	1993	9
爱国民族实业家——李烛尘	谢心宁	吉首大学学报(社会科学版)	1993	1
古玺中的燕都蓟及其初封问题	董珊	江汉考古	1993	4
李叔同生平活动系年	秦启明	交响—西安音乐学院学报	1993	3、4
日本"北支那开发株式会社"的经济活动及其掠夺	居之芬、毕杰	近代史研究	1993	3
洋务运动与津、穗、汉、沪四城的早期近代化	姜铎	近代史研究	1993	4
周学熙资本集团研究的几个问题——读《周学熙传》	徐元基	近代中国	1993	3
溥仪离宫后的活动及与日本的关系史料	宋志勇	历史档案	1993	1
透视北洋社会的一面镜子——《天津商会档案汇编(1912-1928)》读后	陈益民	历史教学	1993	5
唐绍仪首倡兴建的天津广东会馆	许实铭	岭南文史	1993	1
论咸丰帝在《天津条约》签订后对英法的外交政策	郑享清、韩昱	南昌大学学报(人文社会科学版)	1993	1
我国北方沿海地区和京、津两市的发展	叶舜赞	人文地理	1993	4
天津事件新探	郎维成	日本学论坛	1993	3
许广平在天津直隶第一女师	董振修	天津师范大学学报(社会科学版)	1993	1
天津方言后缀试说	韩根东	天津师范大学学报(社会科学版)	1993	4
《津门纪略》作者考	涂宗涛	天津师范大学学报(自然科学版)	1993	5
华世奎的早年故居	崔世昌	天津史志	1993	1
浅议天津交通运输行业的发展及地方特点	耿捷、王警民	天津史志	1993	1
30年代前天津灯节习俗	顾道馨	天津史志	1993	1
解放前天津金融业概况	李丽敏	天津史志	1993	1
旧南市的报馆、通讯社	刘炎臣	天津史志	1993	1
清初天津诗人童葵园考述	缪志明	天津史志	1993	1
论王守恂和《天津政俗沿革记》的史料价值	田兆民	天津史志	1993	1
杨瑞符与四行仓库阻击战	邢维刚	天津史志	1993	1
近代天津外贸概况	姚洪卓	天津史志	1993	1

旧南市形形色色的赌博	周恩玉	天津史志	1993	1
津南抗战事略	缴世忠	天津史志	1993	2
蓟州制钱局和王茂阴对货币与物价的论述	汪礼学、刘祥慧	天津史志	1993	2
解放初期的天津证券交易所	苑世奎	天津史志	1993	2
天津水产三杰	张绍祖	天津史志	1993	2
王襄故居——萃古园	崔世昌	天津史志	1993	3
天津人的养花习俗	顾道馨	天津史志	1993	3
重修天津三官庙记碑考释	李经汉	天津史志	1993	3
彭真同志战斗在天津	廖永武	天津史志	1993	3
一代高僧倓虚大师	辛公显	天津史志	1993	3
琐谈南市的形成及其发展	周恩玉	天津史志	1993	3
旧天津的年俗和“忙年”	顾道馨	天津史志	1993	4
安和尚塔碑考释	李经汉	天津史志	1993	4
锦衣卫所属地名新庄创建关帝庙记碑考释	李经汉	天津史志	1993	4
解放前天津票据交换所	李丽敏	天津史志	1993	4
宋则久和他创办的报纸	刘炎臣	天津史志	1993	4
辛亥革命时的严修	缪志明	天津史志	1993	4
“碱业巨擘，民族之光”拾零	王群	天津史志	1993	4
国民党时期天津的最后一个证券交易所	苑世奎	天津史志	1993	4
国民党天津市政府	陈德仁	天津史志	1993	1、2
奕澴与中国早期铁路的创办	陈一容、张国镛	西南师范大学学报（人文社会科学版）	1993	4
国宝金编钟在天津蒙难侧记	刘续亭	紫禁城	1993	2
先有大直沽后有天津卫	张绍祖	城市	1994	3
周恩来的学历	黄培明摘	党政论坛	1994	1
我国早朝企业文化的结晶——“永久黄四大信条”	张克生	道德与文明	1994	2
袁世凯与中国经济近代化——袁氏重农、重工、重商思想研究	苏全有、朱选功	河南师范大学学报（哲学社会科学版）	1994	4
刘清扬与《妇女日报》	孟宪玲	回族研究	1994	3
严修教育思想与南开早期特色	杨志行	教育史研究	1994	3
不攻塘沽先打天津决策是怎样形成的	毕健忠	军事历史	1994	6
论清末商会对长芦盐务风潮的平息	胡光明	历史档案	1994	2
马玉昆与天津保卫战	何辉	历史教学	1994	1
德国小说《小舟》与天津“周仲铮事件”	唐少君	历史教学	1994	2
天津杨柳青年画	刘正	历史教学	1994	4
安福系“财神”王郅隆	张玉芳	民国春秋	1994	1
谈爱国实业家范旭东的创业思想	李运华	南开学报	1994	5
反洋教斗争与中西文化冲突	李伟	山东师范大学学报（社会科学版）	1994	3
北塘为何不设防？	翟厚良	史学集刊	1994	1
天津话里瞧民风（随笔）	李中茂	四川统一战线	1994	7
天津租界简论	杨生祥	天津党校学刊	1994	1
蓟县抗日战争时期的统一战线简论	林松奇	天津党校学刊	1994	2
爱国教育家张伯苓先生——纪念南开中学建校九十周年	胡亚天	天津教育	1994	10
关于近代区域城市系统研究的几个问题	周俊旗	天津社会科学	1994	5

走向世界的天津与近代天津对外贸易	姚洪卓	天津社会科学	1994	6
沦陷时期天津四作家论	张泉	天津师范大学学报（社会科学版）	1994	5
天津第一家	卞僧慧	天津史志	1994	1
徐世昌与天津	迟叟	天津史志	1994	1
30年代前天津“正月节”旧俗	顾道馨	天津史志	1994	1
爱国报人王芸生传略	焦从海	天津史志	1994	1
节和中公老和尚塔铭碑考释	李经汉	天津史志	1994	1
吕祖堂重修碑记考释	李经汉	天津史志	1994	1
邓大姐二三事	廖永武	天津史志	1994	1
严复在津二十年——纪念严复诞辰140周年	刘民山	天津史志	1994	1
诗人佟蔗村事略	曲振明	天津史志	1994	1
黑猪河的开挖及正名	唐古水	天津史志	1994	1
天津各国租界设立时间辨析	杨大辛	天津史志	1994	1
有关《时报》史实的考订	董俊蓉	天津史志	1994	2
30年代前天津消夏习俗	顾道馨	天津史志	1994	2
“琐伏”初识小记	李福生	天津史志	1994	2
北塘的海味小吃	王群	天津史志	1994	2
天津各国租界面积考析	杨大辛	天津史志	1994	2
陈镜湖在天津	陈德仁	天津史志	1994	3
20世纪30年代前天津人的生育观念、生育习俗	顾道馨	天津史志	1994	3
吴及是哪个“静海人”	李刚	天津史志	1994	3
刘清扬早期革命活动	廖永武	天津史志	1994	3
近代爱国外交家薛福成与天津	刘民山	天津史志	1994	3
清末天津的广告业	戴柏俊	天津史志	1994	4
海河放淤工程始末	杨光辉	天津史志	1994	4
天津市红、黄、蓝卐字会始末	苑世奎	天津史志	1994	4
天津考古随笔	陈雍	天津史志	1994	2、4
江南丝竹传入天津始末及其发展	陈嘉瑞	天津音乐学院学报	1994	1
天津绿波社	殷子纯	新文学史料	1994	2
大棉袍伴我访津西——平津战役天津前线采访生活片断	李平	新闻出版交流	1994	3
袁世凯自首真相辨析	骆宝善	学术研究	1994	2
血溅居士林——孙传芳之死	黄国平	炎黄春秋	1994	3
曾国藩与天津教案	贾熟村	曾国藩学刊	1994	1
天津西宁道清真寺及其设计思考	姚复兴	中国穆斯林	1994	1
清代前期沿海粮食运销及运量变化趋势——关于粮食运销研究之三	邓亦兵	中国社会经济史研究	1994	2
旧天津的混混儿（上、下）	李然犀	纵横	1994	1、2
行刺周作人——我参加的一次“抗团”活动	方圻	北京观察	1995	8
天津古彩戏法	马玉岭	长寿	1995	6
奋斗者的曙光——周恩来与《天津学生联合会报》	马宏骄	党史纵横	1995	11
论袁世凯的对外理性抗争思想	苏全有	河南师范大学学报（哲学社会科学版）	1995	4
保密局天津特别组特务落网记	凌辉	湖南党史	1995	2
爱国化工实业家——范旭东	林昌铋	化学教学	1995	5
五四运动中天津商人罢市、抵制日货问题考研究	李学智	近代史研究	1995	2

清末铜圆危机与天津商会的对策	赵洪宝	近代史研究	1995	4
刑天舞干戚,猛志固常在——抗日名将方振武	蒋二明、段泽源	决策咨询	1995	8
刘亚楼智斗陈长捷	唐义路	军事历史	1995	5
道光年间海运漕粮史料(上)	中国第一历史档案馆	历史档案	1995	2
道光年间海运漕粮史料(下)	叶志如、丁进军	历史档案	1995	3
七七事变后占领天津的日本侵略军	王凯捷	历史教学	1995	5
安氏父子助捐重修天津城	王翁如	历史教学	1995	4
徐世昌与小站练兵	郭剑林	历史教学	1995	9
从“天津阅兵风闻”看康有为的变法思想	崔克实	辽宁师范大学学报(社会科学版)	1995	2
天津民居的砖雕艺术	祁金华	民俗研究	1995	3
租界地和日本侵华战争记事	杜铭	南开春秋	1995	8
南开东北研究会	纪静	南开春秋	1995	8
国民市府被炸亲见录	李儒铨	南开春秋	1995	8
沦陷时期日本对汇文中学师生的大逮捕	李世瑜	南开春秋	1995	8
南开靶(革+当)	商宝海	南开春秋	1995	8
日军铁蹄下的天津社会	商宝海	南开春秋	1995	8
目击与经历——几位工商联老会员对日本侵略罪行的愤怒控诉	孙金铭	南开春秋	1995	8
靶(革+当)——苦难的回忆	张夫	南开春秋	1995	8
抗日期间南开中学教师的去向	张国贤	南开春秋	1995	8
近代天津证券交易市场的兴起和消亡	宋士云	南开经济研究	1995	1
20世纪初期天津金融风潮及其对外贸易的影响	吴必龙	南开经济研究	1995	1
华北走私是日本侵华总政策的经济先导	姚会元	山西师范大学学报(社会科学版)	1995	3
京津唐地区金代人口变迁研究	唐亦功	陕西师范大学学报(哲学社会科学版)	1995	1
马骏“以头撞石阶”辨正	李学智	史学月刊	1995	2
天津的洋务企业与社会环境	宋美云	史学月刊	1995	4
沈家本与晚清教案	邱远猷	首都师范大学学报(社科版)	1995	3
张伯苓体育思想研究	邢纯贵	体育学刊	1995	1
简论日本侵略者对天津工业的掠夺与“开发”	杨生祥	天津党校学刊	1995	3
清季天津对外直接贸易简论	吴弘明	天津社会科学	1995	3
日本的“华北产业开发计划”与华北沦陷区经济史之分期	居之芬	天津社会科学	1995	4
李叔同与近代天津文化的渊源关系	章用秀	天津社会科学	1995	4
胡宗照其人其事	常来树	天津史志	1995	1
相声老艺人“万人迷”	陈笑暇	天津史志	1995	1
30年代前天津人秋日生活记闻	顾道馨	天津史志	1995	1
姚依林与天津	廖永武	天津史志	1995	1
天津的开埠与英租界的形成	刘海岩	天津史志	1995	1
漫议静海的太公钓台	王敬模	天津史志	1995	1
从苦难中崛起的艺术家——记快板书演员李润杰	杨振关	天津史志	1995	1
梅文鼎与张霖	卞僧慧	天津史志	1995	2
天津最早的左翼作家——韩麟符	曹世瑛	天津史志	1995	2
邵冠祥和他的《诗集》	郭武群	天津史志	1995	2

华北人民抗日自卫委员会始末	姜玥鸿	天津史志	1995	2
姜桂题等为广仁堂事呈内务部文书碑考释	李经汉	天津史志	1995	2
天津青年诗人黄白莹	廖永武	天津史志	1995	2
近代维新思想家马建忠与天津	刘民山	天津史志	1995	2
近代天津的慈善公益事业	杨大辛	天津史志	1995	2
周学熙故居——孟庄·三多里	周慰曾	天津史志	1995	2
天津的沦陷和受降	曹世瑛	天津史志	1995	3
关于天津日军受降之谜	陈德仁	天津史志	1995	3
天津总工会的诞生	黎戈	天津史志	1995	3
民族之杰——抗日战争中的杨十三	廖永武	天津史志	1995	3
日寇在武清暴行纪略	马悦龄	天津史志	1995	3
长芦盐区的由来及其演变	芮和林	天津史志	1995	3
《南运河靳官屯闸记》碑文	王德增	天津史志	1995	3
旧社会天津妇女生活记闻	顾道馨	天津史志	1995	4
天津模范小学校长刘君碑记考释	李经汉	天津史志	1995	4
杨无怪事迹考	缪志明	天津史志	1995	1、3
旧天津的证券交易内情	周至久	文史精华	1995	2
孙中山先生的最后日子	葛培林	文史精华	1995	3
弘一法师李叔同	龚望、刘炎臣	文史精华	1995	3
天津卫"打"红杨小楼	刘连群	炎黄春秋	1995	1
周恩来援助五四请愿代表	魏东	中国档案	1995	5
论近代中国商会的商事仲裁功能	任云兰	中国经济史研究	1995	4
明清时期海河流域的农田水利	张芳	中国历史地理论丛	1995	4
范旭东:我国民族化学工业的奠基人	苏兆瑞	中国石油和化工	1995	3
《一元钱》演出纪盛	李大珂	中国戏剧	1995	2
天津话的语流音变	崔建新、黎意	中国语文	1995	1
"固若金汤",一朝成灰——天津守城被歼记	林伟俦	纵横	1995	1
北洋新政体制下地方自治制度的形成——天津县各级议事会的成立及其权限	[日]贵志俊彦著 周俊旗译	城市史研究	1996	11、12
近代天津城市规划布局的演变	李森	城市史研究	1996	11、12
二次世界大战期间日本对天津长芦盐的统制和掠夺	刘红娟	城市史研究	1996	11、12
论近代天津市民文化的兴盛	尚克强	城市史研究	1996	11、12
北洋时期天津商会政治文化试析	宋美云	城市史研究	1996	11、12
周恩来与中国早期的学生报	马宏骄	党史博采	1996	5
津门斗士——周恩来战斗在狱中	马宏骄	党史天地	1996	7
宋则久"国货业巨子"	胡羽	光彩	1996	11
周馥与洋务运动	吴宏爱	河北大学学报(哲学社会科学版)	1996	4
民办教育的先驱张伯苓	步云	教育与职业	1996	10
试析商人会馆、公所与商会的联系和区别	丁长清	近代史研究	1996	3
明朝的天津巡抚及其辖区	靳润成	历史教学	1996	8
张伯苓与中国近代体育运动——纪念著名爱国主义教育家张伯苓诞辰120周年	申泮文	民主	1996	5
乾嘉时期天津与英国的三次交往	林延清	清史研究	1996	2
张伯苓与中国近代体育——纪念著名爱国主义教育家张伯苓诞辰120周年	申泮文、王刚	体育文史	1996	4、6
多面艺人小侠影	陈笑暇	天津史志	1996	1
范旭东的成功之路	邓琼	天津史志	1996	1

大直沽粒乱记碑考释	李经汉	天津史志	1996	1
马骏轶事	廖永武	天津史志	1996	1
胡适与严修的红学交流	缪志明	天津史志	1996	1
新民主主义革命时期的天津妇女社团	田敏	天津史志	1996	1
天津华新纱厂始末	周慰曾	天津史志	1996	1
新兴木刻运动在天津	杨大辛	天津史志	1996	2
日本的天津史研究会	张利民	天津史志	1996	2
天津开港初期对外贸易的特点	张月光	天津史志	1996	2
芦纲公所始末	靳怀义	天津史志	1996	3
沽上史志钩沉	李福生	天津史志	1996	3
1925 年天津悼念孙中山逝世的活动	廖永武	天津史志	1996	3
"天津人"市民性格的历史思考	刘海岩	天津史志	1996	3
中国文字改革的开拓者——王照和他的《官话合声字母》	罗澍伟	天津史志	1996	3
开挖马厂减河始末	王敬模	天津史志	1996	3
天津近代商业职业教育家徐克达	张绍祖	天津史志	1996	3
源于满语的天津方言词汇	顾道馨	天津史志	1996	2、3
天津蓟县白马泉晚唐墓	天津市历史博物馆	文物春秋	1996	4
在天津的法德之旅	王晓东	中国旅游	1996	5
论近代华北商品市场的演变与市场体系的形成	张利民	中国社会经济史研究	1996	1
清代前期沿海运输业的兴盛	邓亦兵	中国社会经济史研究	1996	3
甲戌天津旧城踏访记——一次文化行为的纪录并代序	冯骥才	中国摄影家	1996	4
宋棐卿与"抵羊"商标	王化德	纵横	1996	2
长芦盐警起义纪实	佟泽光	纵横	1996	6
侦破保密局天津特别组特务案	凌辉	纵横	1996	7
民国大总统徐世昌的晚年	徐玉琢	纵横	1996	11
市民文化与天津曲艺	鲍震培	城市史研究	1997	13、14
天津文化与天津城市论纲	陈雍	城市史研究	1997	13、14
开埠以后天津移民的构成对天津文化形成的影响	段茂忠	城市史研究	1997	13、14
文化奇特话天津	冯育楠	城市史研究	1997	13、14
封建商业文明给天津带来的文化弱势	顾道馨	城市史研究	1997	13、14
描绘腹地:近代中国通商口岸和区域分析	关文斌著 刘海岩译	城市史研究	1997	13、14
论卫派文化的移民特征	郭武群	城市史研究	1997	13、14
"三不管"现象	林希	城市史研究	1997	13、14
城市文化与"天津人"市民性格	刘海岩	城市史研究	1997	13、14
租界与天津城市空间的演变	刘海岩	城市史研究	1997	13、14
《越缦堂日记》中所见之近代天津史料	罗澍伟	城市史研究	1997	13、14
从历史角度看天津文化特点	涂宗涛	城市史研究	1997	13、14
谈天津明清以来的园林文化	王翁如	城市史研究	1997	13、14
天津商业文化的形成及其内涵	王兆祥	城市史研究	1997	13、14
津沽文化与相声艺术发展关系略考	邢广域	城市史研究	1997	13、14
清代前期的沿海贸易与天津城市的崛起	许檀	城市史研究	1997	13、14
论袁世凯对天津的治理	张华腾、秦秀玲	城市史研究	1997	13、14
清末华北城市文化的转型与城市成长	周俊旗	城市史研究	1997	13、14
周馥年谱	《周馥研究》课题组	池州师专学报	1997	2
白区工作的模范——刘少奇同志在天津	曹慕尧	党史纵横	1997	6
大清银行始末记(一)		档案与史学	1997	6

与贵州教育结缘的两个天津人	张克	贵州文史天地	1997	4
天津方言的亲属称谓	周运明	国际关系学院学报	1997	2
张伯苓:南开的缔造者	吕文浩	国际人才交流	1997	1
八国联军统帅及各国司令官史实补正	苏位智	河北大学学报(哲学社会科学版)	1997	1
五四运动期间的天津总商会	朱英	华中师范大学学报(哲学社会科学版)	1997	6
周恩来与南开	梁吉生	教师博览	1997	9
论庚子大沽口之战	戚其章	近代史研究	1997	1
再论天津教案的起因与性质——兼评长篇历史小说《曾国藩》津门篇	朱东安	近代史研究	1997	6
清末商会兴商学活动述论	赵洪宝	历史档案	1997	1
褚玉璞在天津罪行纪略	周利成	历史档案	1997	3
从《天津条约》到《北京条约》	杜才友	历史教学	1997	7
裕禄与庚子事变	喻大华	历史教学	1997	10
天津宝坻发现金末元初火葬墓	程实	历史教学	1997	12
张伯苓"化缘"办南开	王德娟	民国春秋	1997	5
蒋介石扣押长芦五纲总案史料选	周利成	民国档案	1997	3
僧格林沁弃大沽、天津到通州考	王丽英,李光宇	内蒙古师大学报(哲学社会科学版)	1997	1
理门与近代华北集镇社会——天津独流镇理门调查分析	程歗	清史研究	1997	2
英国与天津教案	赵润生,赵树好	人文杂志	1997	3
中国现代数学的拓荒人姜立夫	殷堰工	时代数学学习(七年级)	1997	10
李鸿章"一生功过在和戎"辨	欧阳跃峰,郑林	史学集刊	1997	1
解放天津	李宪科	四川党史	1997	4
天津县改市市名初探	张云风,李玉唐	天津建设科技	1997	2
天津近现代古琴艺术发展述略	陈嘉瑞	天津音乐学院学报	1997	3、4
天津便衣队暴乱	方兆麟	文史精华	1997	1
1928 年天津中美商人串通的大骗案	曾衡三	文史精华	1997	8
阎锡山的天津亨记银号	张正廷	文史月刊	1997	2
李鸿章创建直隶民族工业	夏青海	文物春秋	1997	4
曾国藩与天津教案	尤文远	文物春秋	1997	4
戏剧大师曹禺	田本相、刘一军	新文化史料	1997	4、6
曾国藩处理天津教案辩	邱展雄	益阳师专学报	1997	2
河北、天津方言中元曲词语例释	吴振清	语文研究	1997	1
古镇军粮城军事要地	陈兴云	中国地名	1997	2
天津历史变迁与地名的关系	张云风	中国地名	1997	6
谭鑫培与天津	王永运	中国京剧	1997	6
中国现代音乐史上的"天津现象"	唐晋渝	中国音乐	1997	4
天津音乐文物综述	黄崇文	中国音乐学	1997	2
海河映明珠 古刹缀津门——天津大悲院今昔	陈耳东	中国宗教	1997	2
北洋两个金融组织对民族工商业发展所起的作用	郝庆元	安徽史学	1998	2
1912 年孙中山进京与袁世凯"共商国是"	叶子	北京档案	1998	4
周总理与先祖张伯苓的师生情谊	张媛和	北京观察	1998	3
20 世纪初金融风潮与天津钱庄	林地焕	城市史研究	1998	15、16

天津租界和老城区:近代化进程中的文化互动	刘海岩	城市史研究	1998	15、16
漫话天津人口与天津文化——天津历史的一个剖面	罗澍伟	城市史研究	1998	15、16
北洋时期天津商会的组织系统	宋美云	城市史研究	1998	15、16
试论京奉铁路与天津城市的发展	吴弘明	城市史研究	1998	15、16
天津金融街的建筑文化	赵津	城市史研究	1998	15、16
民国时期新文化在华北城市的发展	周俊旗	城市史研究	1998	15、16
怀念与回忆曹禺先生	崔国良	大舞台	1998	2
建国前夕刘少奇的天津之行	《刘少奇传》编写组	党史天地	1998	11
学生时代的呐喊——周恩来主编《天津学生联合会报》	王灿	党史纵横	1998	3
大清银行始末记(二)		档案与史学	1998	1
大清银行始末记(三)		档案与史学	1998	2
李、福天津协议的由来、实质和影响	朱亚鹏	广西社会科学	1998	5
中国新文化运动的先驱周恩来	徐忠	淮阴师范学院学报(哲学社会科学版)	1998	1
也论曾国藩办理天津教案“内疚神明外惭清议”	孙春芝	近代史研究	1998	5
大沽口之战考实	茅海建	近代史研究	1998	6
中国近代第一所陆军军官学校——天津武备学堂	冀满红	军事历史	1998	2
新发现的日军在天津强征中国妇女充当慰安妇的档案资料	卞修跃	抗日战争研究	1998	3
关于天津抗战的日期问题	陈德仁	抗日战争研究	1998	3
功绩载史册 英名万古存——纪念马骏烈士就义 70 周年	安德喜	兰台内外	1998	1
传统社会心态与天津区域文化	顾道馨	理论与现代化	1998	9
天津新出土的古石碑	程实	历史教学	1998	7
刘少奇建国前夕“天津讲话”内情	姚雪	了望	1998	46
刘亚楼在平津战役中的一次重大建议	杜洪昌	领导文萃	1998	3
天津“瑞通洋行”诈骗案	李铁强	民国春秋	1998	2
宋则久的爱国情怀和骨气	王德娟	民国春秋	1998	4
晚年的张勋	李景恩	民国春秋	1998	6
黄钰生在废墟上重建南开大学——纪念黄钰生教授诞辰一百周年	申泮文	民主	1998	3
明末关蓟总督志赵光抃墓铭	刘晓祥	南方文物	1998	4
清末地方自治与城市近代化	余子明	人文杂志	1998	3
中国首次京津试航封	常增书	上海集邮	1998	5
1939 年华北大水灾述评	魏宏运	史学月刊	1998	5
刘少奇在天津中共北方局期间对抗战的卓越贡献	许海燕	天津党校学刊	1998	4
天津开埠初期的洋行与买办	庞玉洁	天津师范大学学报(社会科学版)	1998	2
平津口琴史话	赵嘉理	天津音乐学院学报	1998	1
弘一大师 德业永煌	李凤池	天津音乐学院学报	1998	3
周恩来青少年时代在天津的读书生活片断	牛红亮	图书馆工作与研究	1998	2
周恩来中学时代在南开学校	王肇槐	文史春秋	1998	2
戚继光与蓟镇长城防务	紫西	文物春秋	1998	2
李鸿章“以夷制夷”新论	刘世华	西南师范大学学报(哲学社会科学版)	1998	5

曾国藩办理天津教案中的忧伤——略论曾国藩对天津知府张光藻、知县刘杰的处置	孙春芝	西南师范大学学报（哲学社会科学版）	1998	5
北方新剧运动的先锋周恩来	李颖	新文化史料	1998	1
天津蓟县发现十七亿年前宇宙尘	赋春辑	中国地名	1998	3
蓟聚落起源与蓟城兴起	韩光辉	中国历史地理论丛	1998	1
天津发现清造币总厂遗址	纪金	中国钱币	1998	3
明清政府与天津社会经济变迁	徐永志	中国社会经济史研究	1998	4
《关于〈历史时期渤海湾西岸的大海侵〉的一桩公案》真相说明	韩嘉谷	中国史研究动态	1998	8
袁世凯与中国教育科技现代化	苏全有	安阳师范学院学报	1999	3
在解放天津的日子里	阿庚	党史博采	1999	1
五四前后的周恩来和邓颖超	谢一彪	党史文苑	1999	1
天津"卫派"城市文化的批判	阎泽	高等职业教育－天津职业大学学报	1999	2
周恩来与天津《益世报》	李勤	历史教学	1999	1
天津考古获重大突破	程实	历史教学	1999	3
义和团高潮时期的直隶地方官	边翠丽	历史教学	1999	4
五四时期的天津商会	于岩青	历史教学	1999	10
解放前夕北平、天津、沈阳各市物价史料（上、下）	辽宁省档案馆	民国档案	1999	1、2
周恩来与南开大学	侯自新	南开学报（哲学社会科学版）	1999	5
中国近代邮政的起源——海关邮政第一份邮递文件	杜圣余	上海集邮	1999	9
中国铁路外债之始：津沽"洋债"	王致中	上海铁道大学学报	1999	7
试析近代天津资产阶级面对现代化的心理与行为（1903—1927）	宋美云	史学月刊·	1999	4
近代中国数学教育的一代宗师——姜立夫	鲁又文、冯淑芬	天津师范大学学报（自然科学版）	1999	3
天津教案与中国屈辱特使	越野	文史春秋	1999	3
复辟失败后的张勋	文昌	文史精华	1999	7
李叔同与天津	龙飞	文史精华	1999	12
张自忠在天津当市长	梁占方	炎黄春秋	1999	4
天津近代人物塑像馆陈列艺术构思	邓开圮、王建平	中国博物馆	1999	4
论清末商会与行会并存的原因	黄福才、李永乐	中国社会经济史研究	1999	3
大沽失守 慈禧"宣战"	穆欣	北京档案	2000	2
联军进犯天津被占	穆欣	北京档案	2000	3
百年国耻祭之四 天津失陷 百姓蒙难	穆欣	北京档案	2000	4
乱世：天津混混儿与近代中国的城市特征	关文斌著 刘海岩译	城市史研究	2000	17、18
上海、天津近代城市文化比较浅析	郭武群	城市史研究	2000	17、18
清末民初天津金融市场的帮派	林地焕	城市史研究	2000	17、18
简论天津城市的文化特质	莫振良	城市史研究	2000	17、18
20世纪中外近代津冀城乡史调查与研究概述	徐永志	城市史研究	2000	17、18
租界日本侨民的中国观——以天津为例	桂川光正著 周俊旗、郑玉林译	城市史研究	2000	19、20
清代城市的消防组织	莫振良	城市史研究	2000	19、20
天津城市商业的近代转型	汪寿松	城市史研究	2000	19、20
天津城市布局形态变迁浅探	王三厚、叶军	城市史研究	2000	19、20
北京—天津城市文化之比较	王兆祥	城市史研究	2000	19、20

天津的近代初等学堂与绅商	朱鹏	城市史研究	2000	19、20
我国民族工商业家的楷模——李烛尘	陈歆文	纯碱工业	2000	2
天津发现古代井群、道家文书	入冰摘	档案	2000	4
天津解放与北平入城式	白刃	海内与海外	2000	1
爱国实业家宋则久	金彭育	环渤海经济瞭望	2000	3
宋棐卿和抵羊毛线	金彭育	环渤海经济瞭望	2000	4
以身殉国 以身殉信仰——马骏烈士的生平思想	杨怀中	回族研究	2000	1
从长芦五纲总被扣案看商会与国民党政府关系	王兆祥	历史档案	2000	1
简论天津租界	杨升祥	历史教学	2000	3
论20世纪初直隶地区的社会整合——兼评袁世凯与北洋新政	徐永志	清史研究	2000	3
20世纪上半叶北京和天津城市土地利用扩展的对比研究	罗海江	人文地理	2000	4
1878年7月29日天津首发大龙邮票	赵人龙	上海集邮	2000	6
又一件华北混贴封	周升渊	上海集邮	2000	6
论20世纪前期天津钱庄业的繁荣	林地焕	史学月刊	2000	1
刘少奇“天津讲话”始末	吴跃农	世纪行	2000	4
从“天津事件”看抗战前期英国的远东政策	孟令梅	天津成人高等学校联合学报	2000	2
冯玉祥天津读书轶事	崔石岗	图书馆工作与研究	2000	1
说不尽的劝业场	江成子	文史精华	2000	1
天津有个起士林	文淑	文史精华	2000	4
爱国企业家毕鸣岐	戴翩英	文史精华	2000	9
八国联军焚毁的天津妈祖庙	田桂林	文史精华	2000	10
义和团“水陆平安”钱考析——张德成坎字团的实物见证	王振华、郝福祥	文物春秋	2000	1
抗战前河北省博物馆事业发展概况	刘丽君	文物春秋	2000	4
蓟县独乐寺出土的唐代纪年经幢	蔡习军	文物春秋	2000	5
天津明抄本和日本藏抄本《万历起居注》	南炳文	西南师范大学学报（人文社会科学版）	2000	4
直鲁义和团早期斗争与京津保高潮的形成——兼驳“山东义和团主力转入直隶”说	谷瑞雪	邢台师范高专学报	2000	4
民主政治先驱者的呼号与战斗——周恩来“五四”前后新闻宣传活动评析	陈镜清、陈凌	漳州职业大学学报	2000	1
在津门的宁波商帮	凌金祚	浙江档案	2000	2
天津老街——估衣街	张云凤	中国地名	2000	5
袁世凯和徐世昌十文人像币是否为天津造币厂所铸	郑仁杰	中国钱币	2000	4
天津发现580年前的“金砖”	赵义湘、赵延勇	砖瓦	2000	4
天津旧金店经营内幕	贾耀东、刘悦西	纵横	2000	9
天津租界里的名人旧宅	张绍祖	纵横	2000	11
1511年北京·霸县地震研究——兼驳“河北静海一带地震说”	贺树德	北京社会科学	2001	4
涤荡旧社会的污泥浊水——建国初北京、上海、天津的禁娼运动	白云涛	党史天地	2001	4
盐业银行关于张伯驹被绑案的来往函电		档案与史学	2001	1
西北近代经济外向化中的天津因素	樊如森	复旦学报（社会科学版）	2001	6

试论南开就读时期周恩来的人格早期定式	王旭东	合肥学院学报(自然科学版)	2001	1
孙中山北上病逝追踪	葛培林	华人时刊	2001	10
沦陷时期的天津商会	宋美云	历史档案	2001	3
清末华北铁路与经济变迁	吴宝晓	历史档案	2001	3
范文澜在天津的革命与学术生涯	蔡美彪	历史教学	2001	1
袁世凯与天津地方自治	苏全有	聊城师范学院学报(哲学社会科学版)	2001	2
影响周恩来一生的人——周济渠	秦九凤	民国春秋	2001	1
外国人对1917年天津水灾的救援	刘宏	民国春秋	2001	6
《北洋军阀史》的撰写缘由	来新夏	民国档案	2001	3
东局子史话	邓持中、高衡、王广仁	汽车运用	2001	1、9
天津事件:战时中英日三角关系个案研究	张玮	山西师范大学学报(社会科学版)	2001	4
英国公使威妥玛与天津教案	孙春芝	四川师范大学学报(哲学社会科学版)	2001	2
邵冠祥与天津海风社	高洪钧	天津师范大学学报(社会科学版)	2001	6
英敛之与近代开民智	侯杰、肖冰	天津师范大学学报(社会科学版)	2001	6
同建中国社会党天津支部——李大钊与北洋法政专门学校同学郭须静	董宝瑞	天津市政法管理干部学院学报	2001	1
天津蓟县弥勒院村辽墓	梅鹏云	文物春秋	2001	6
李叔同早期戏剧活动考论	黄爱华	戏剧艺术	2001	3
解放前天津的证券交易所	王爱兰	现代财经——天津财经学院学报	2001	3
我与北洋军阀史研究——《北洋军阀史》的撰写缘由	来新夏	学术界	2001	5
杨柳青年画和“赶大营”的杨柳青人	张映姝	艺术导刊	2001	1
我可能是天津人	侯宝林	中国翻译	2001	6
历史上的天津中国大戏院	甄光俊	中国京剧	2001	1
简述商会与农村经济之关系——读《天津商会档案汇编》札记	史建云	中国经济史研究	2001	4
天津开埠后的皮毛运销系统	樊如森	中国历史地理论丛	2001	1
近代天津商会与国内其他商会网络机制的建构	宋美云、宋立曼	中国社会经济史研究	2001	3
马连良与天津剧坛	王永运	中国戏剧	2001	8
新政期间袁世凯对直隶吏治的整顿	楚双志	北京科技大学学报(社会科学版)	2002	2
清末民初天津与华北的城市化:一个网络系统分析	[美]关文斌	城市史研究	2002	21
1917年的大水灾:天津与它的腹地	[美]李明珠著、任云兰译	城市史研究	2002	21
华北城市的粮食供给结构——以天津斗店为中心	[日]滨口允子著、汪寿松译	城市史研究	2002	21
“国货”还是“洋货”——20世纪华北经济民族主义与市场贸易的对话	[日]顾林	城市史研究	2002	21

天津租界日本居留民社会及其意识	[日]桂川光正著、史丽华译	城市史研究	2002	21
体育与革命——辛亥革命时期天津的尚武理念和治安问题	[日]吉泽诚一郎	城市史研究	2002	21
近代华北交通的演变与区域城市重构(1860－1937)	刘海岩	城市史研究	2002	21
民国初年天津的公寓	罗澍伟	城市史研究	2002	21
论日本天理教在华北的传教活动	祁建民	城市史研究	2002	21
清末新政时期华北近代教育的兴起	万新平	城市史研究	2002	21
对外贸易与近代天津市场	汪寿松	城市史研究	2002	21
清末北京、天津城市行政管理机构之初立与比较	张利民	城市史研究	2002	21
试论二三十年代北京、天津的女性时尚	周俊旗	城市史研究	2002	21
刘震将军在天津攻坚战中	马宏骄	党史博采	2002	5
平津战役缘何先打天津城	万兴宪、赵杰波、墙师琼	党史博览	2002	5
寻访天津杨柳青	亦诺	东方艺术	2002	1
旧中国天津混混儿	林溪	湖南档案	2002	9
吉鸿昌将军被刺真相	周利成	湖南档案	2002	11
南开创始人张伯苓佚事	一生	金属世界	2002	6
乾隆年间运河官眷船只遭劫案	中国第一历史档案馆	历史档案	2002	2
直隶士绅与义和团运动	徐建平	历史档案	2002	3
论丁汝昌办理天津教案	谭艳萍	辽宁大学学报(哲学社会科学版)	2002	6
明代天津人口与城市性质的变化	高艳林	南开学报(哲学社会科学版)	2002	1
伊万德天津纪行	胡宇轲	拳击与格斗	2002	10
袁世凯与清末民初的工业发展	张步先、苏全有	山西师大学报(社会科学版)	2002	3
天津艺术博物馆藏明代青花瓷珍品	高英爽	收藏家	2002	2
近百年来天津绘画流派及其代表画家	赵强、王振德	收藏家	2002	5
近百年来天津画坛及其画家	赵强	收藏家	2002	6
袁世凯出兵援津考	童远忠	四川教育学院学报	2002	5
“诗界革命”和“小说界革命”在天津	张宜雷	天津社会科学	2002	4
外国人在天津租界所办报刊考略	于树香	天津师范大学学报(社会科学版)	2002	3
天津文庙祭孔乐舞刍议	陈彤	天津音乐学院学报	2002	1
寻访杨柳青年画	王若野	文明	2002	9
阎锡山争夺天津《益世报》的经过	苏明文、赵钟璞	文史月刊	2002	3
一本珍贵的抗日新闻摄影刊物——《冀热辽画报》创刊号	刘佳	文物春秋	2002	3
蓟县张家园商周遗存的族属问题	史广峰、边质洁	文物春秋	2002	4
天津出土大量咸丰铁钱	杨家驹	西安金融	2002	2
天津出土大量铁钱与咸丰九年急调宝福局铁钱赴津有关	张或定	西安金融	2002	7
崇尚俭朴的张伯苓	叶存洪	小学生之友	2002	3
天津日本教育博物馆寻踪	涂晓原	中国博物馆	2002	3
海洋文化与元明清天妃宫遗址博物馆	赵文刚、郑宝芳	中国博物馆	2002	3
清代以来广东人在天津的经济活动	刘正刚	中国经济史研究	2002	3

解放前天主教友的反帝爱国活动	郭慕天	中国天主教	2002	3
优选论和天津话的连读变调及轻声	王嘉龄	中国语文	2002	4
周叔弢购书逸闻	周慰曾	纵横	2002	6
帝俄军队在塘沽的暴行	闻超	纵横	2002	9
赶大营与新疆的河北梆子	甄光俊	大舞台	2003	4
周恩来与张若名的情谊	秦九凤	党史纵横	2003	6
粤剧、广乐与天津的历史渊源	甄光俊	广东艺术	2003	1
美国将军的天津缘	王勇则	环球军事	2003	17
“迷拐”、“折割”传闻与天津教案	董丛林	近代史研究	2003	2
20 世纪上半叶天津娼业结构述论	江沛	近代史研究	2003	2
关于天津文化的理论思考	陈克	理论与现代化	2003	6
浅析海河与天津历史文化的关系	罗澍伟	理论与现代化	2003	6
天津《大公报》载孙中山佚文	吴元康	历史档案	2003	2
御河杨柳画图中——走进津西古镇杨柳青	王存、杨鸣起、郭洁	瞭望	2003	46
袁世凯与清末天津地方自治	楚双志	洛阳师范学院学报	2003	1
从天津《大公报》的时评看民初政局	王印焕	民国档案	2003	3
天津近代民间消防组织——水会	赵耀双	民俗研究	2003	3
天津少爷	武歆	清明	2003	2
天津卫钩沉(1－5)	青瓜	食品与健康	2003	8、12
论近代中国北方外向型经济的兴起	樊如森	史学月刊	2003	6
关于天津区域文化形象的思考	陆桂敏、高展	天津师范大学学报(社会科学版)	2003	4
天津的生死之水——海河	殷建峰	文明	2003	4
张彪和他的“天津张园”	丁天顺	文史月刊	2003	7
天津静海谭庄子金元遗址发掘简报	盛立双、姜佰国	文物春秋	2003	3
关于李叔同祖籍问题的探讨	陈星	浙江社会科学	2003	3
石家大院的警示	吴世灯	政协天地	2003	5
妈祖信仰在河北省及京津地区的传播	尹国蔚	中国历史地理论丛	2003	4
天津滨海盐碱地带水稻推广述略	徐宏钧、翟乾祥	中国农史	2003	1
清末至民国时期京、津的粮食供应	樊如森	中国农史	2003	2
天津方言三字组的连读变调	王晓梅	中国语文	2003	2
妙贤法师与天津荐福观音寺	陈耳东	中国宗教	2003	9
北洋时期直隶商会的捐税抗争	张学军、孙炳芳	中州学刊	2003	3
旧天津乞丐种种	刘嘉狻	纵横	2003	8
天津 600 年	万民	百年潮	2004	9
萧振瀛在天津	聂翔雁	北华大学学报(社会科学版)	2004	5
成都商业场与天津劝业场盛衰对比研究	何明洁	成都大学学报(社会科学版)	2004	1
近代天津乞丐的构成、行为及其城市遭遇	刘海岩	城市史研究	2004	22
清末以来直隶(河北)地区的城乡庙会及其社会影响	刘文智	城市史研究	2004	22
近代天津人性格形成的社会历史因素	莫振良	城市史研究	2004	22
商会与清末民初天津城市社会生活的进步	庞玉洁	城市史研究	2004	22
近代天津公司法人治理结构初探	宋美云	城市史研究	2004	22
浅析清末天津近代兵器工业及其对城市发展的作用	涂小元	城市史研究	2004	22
明代天津卫城城区建设考略	王伟凯	城市史研究	2004	22
天津城市园林的历史变迁	王兆祥	城市史研究	2004	22

从军事卫所到经济中心——天津城市主要功能的演变	张利民	城市史研究	2004	22
北洋时期天津的宪政改革	郭剑林	船山学刊	2004	4
徐世昌在津的晚年生活	周利成	档案时空	2004	7
民国时期天津物价变动原因探析	高展	河北大学学报(哲学社会科学版)	2004	3
张伯苓:把科学从崇高的地位拖到尘埃——大学校长列传之三	韦启良	河池学院学报	2004	5
大沽口外的胜利	丹杰	舰载武器	2004	7
中国近代商会伦理道德思想管窥——以天津商会和苏州商会为中心	赵炎才	江汉大学学报(人文科学版)	2004	2
张伯苓二三事	周骥良	教师博览	2004	11
解读张伯苓的卡里斯玛品质	赵映川	教学研究	2004	4
旧中国津门"协和"大骗案	文兰	金融经济	2004	1
抗战时期华北日系农场的殖民经营——以天津地区为中心	张会芳	抗日战争研究	2004	4
清代直隶地区城镇分布的地域特征	陈新海	廊坊师范学院学报	2004	2
对天津建城做出过重要贡献的明初贤臣黄福	徐勇	理论与现代化	2004	2
20世纪30年代天津报刊中的鲁迅情结	孙玉蓉	理论与现代化	2004	5
严复与中国文学的现代化变革	张宜雷	理论与现代化	2004	5
划定天津日租界的中日交涉	张利民	历史档案	2004	1
新旧交替时期(1945—1949年)的天津工商界述论	任云兰	历史档案	2004	3
甲午战争时期的天津《直报》及其对战后的舆论导向	徐建平	历史档案	2004	3
试论近代天津企业规模化发展路径	宋美云	历史档案	2004	4
日本东亚同文会与天津同文书院	周德喜	历史教学	2004	5
袁世凯、徐世昌与天津地方自治	郭剑林	历史教学	2004	7
论中国近代城市的崛起	赵津、李菁	历史教学	2004	7
罗振玉寓津杂记	张晓唯	历史教学	2004	9
史瀚波著《乱世中的信任:民国时期天津的货币、银行与政府社会关系》	陶季邑	历史研究	2004	3
天津史前时期经济与文化	文启明	农业考古	2004	1
天津鼓楼	王嘉信	上海集邮	2004	5
天津商人与清末民初社会习俗变迁	曹莉萍	社会科学辑刊	2004	3
19世纪天津、烟台的对外贸易与传统市场网络——以洋纱洋布的输入与运销为例	张思	史林	2004	4
天津开埠对腹地经济变迁的影响	吴松弟、樊如森	史学月刊	2004	1
周学熙的现代化思想及其实践	张华腾	史学月刊	2004	4
天津宗教的历史与现状	濮文起、莫振良	世界宗教研究	2004	2
浅析晚清直隶州县巡警几个特点	王宏伟	首都师范大学学报(社会科学版)	2004	S3
解放初期天津《大公报》琐记	吴永良	书屋	2004	1
天津地名的文化透析	谭汝为	天津成人高等学校联合学报	2004	1
天津城垣沿革记	张绍祖	天津成人高等学校联合学报	2004	1
"中华帝国晚期近代化"语境下的天津早期城市化属性分析	阎泽	天津成人高等学校联合学报	2004	4

一个临河滨海城市的历史发展与文化底蕴——为天津设卫建城600周年而作	罗澍伟	天津成人高等学校联合学报	2004	6
略述天津的典当业	汪寿松	天津经济	2004	12
我最美好的年华是在天津度过的	陈省身	天津科技	2004	3
近代商会研究新视角:商会网络运行机制——以清末民初天津商会网络为个案	应莉雅	天津社会科学	2004	6
近代华北自然灾害与天津边缘化的贫民阶层	刘海岩	天津师范大学学报(社会科学版)	2004	2
天津商会与"老西开事件"	杨大辛	天津市社会主义学院学报	2004	2
浅谈天津"建卫"以来历史文化及语言因素对声乐发展的影响	赵振岭	天津音乐学院学报	2004	1
古籍版本学界的长者——周叔弢与顾廷龙	白莉蓉	图书馆杂志	2004	10
小站练兵的由来	方兆麟	文史精华	2004	9
中国近代企业制度与公司治理结构——以天津为例	宋美云	文史哲	2004	3
中国近代新教育的先行者张伯苓	马建强	小学青年教师	2004	5
大沽炮台的"通谍"	黄文健	咬文嚼字	2004	10
天津广东会馆戏楼	李德田	艺术科技	2004	1
"蓟"地名考	黄立志、李学刚	中国地名	2004	3
民国时期中国银行天津地名券的发行与流通	刘仲直	中国钱币	2004	1
天津北洋官报局印制的官报和钞票	邱思达、赵伊	中国钱币	2004	3
康有为在天津	齐协民	纵横	2004	4
袁世凯与小站练兵	方兆麟	纵横	2004	12
1917年京直水灾与赈济情况略述	王秋华	北京社会科学	2005	3
近代天津的穷家门:行乞与生存策略论述	[美]关文斌著、任吉东译 任云兰校	城市史研究	2005	23
论北方在近代上海经济发展中的作用	樊如森	城市史研究	2005	23
试论清末天津警察制度的创立及其对城市管理的作用	涂小元	城市史研究	2005	23
论雍正三年天津修城及其法律意义	王伟凯	城市史研究	2005	23
渔阳太守张堪为民消灾造福	高继宗	城市与减灾	2005	5
再论"天津话连读变调之谜"	马秋武	当代语言学	2005	2
刘亚楼与天津攻坚战	钟兆云	党史博览	2005	10
"南开校父"严范孙	张晓唯	读书	2005	11
迁都之争与京保津兵变	焦静宜	福建论坛(人文社会科学版)	2005	2
新中国成立前后的津港贸易及其历史地位	张晓辉、崔占龙	广东社会科学	2005	6
试论明清长芦盐业重心的北移	刘洪升	河北大学学报(哲学社会科学版)	2005	3
清末直隶禁烟运动述论	肖红松	河北大学学报(哲学社会科学版)	2005	6
论清末警察与直隶、京师等地的社会文化变迁——以《大公报》为中心的探讨	王先明、张海荣	河北师范大学学报(哲学社会科学版)	2005	1
跳舞与礼教:1927年天津禁舞风波	左玉河	河北学刊	2005	5
我的母亲刘清扬	刘方清	回族研究	2005	2
中韩关系史上的重要一页——战后天津暨华北韩侨的集中管理与遣返	徐行	近代史研究	2005	4

晚清华北定期集市数的增长及对其意义之一解	王庆成	近代史研究	2005	6
八国联军占领期间天津若干问题考析	刘海岩	历史档案	2005	2
天津常关归并海关税务司英文档案选译(上、下)	吴弘明	历史档案	2005	3、4
天后信仰与地方社会秩序的建构——以天津皇会为中心的考察	侯杰、李净昉	历史教学	2005	3
庚子八国联军都统衙门与天津政权的归还	刘海岩	历史教学	2005	9
从地名解读天津地域文化	谭汝为	辽东学院学报	2005	4
近代中国看天津	航鹰	旅游	2005	2
天后宫,寻味天津卫	杨乃运	旅游	2005	2
葛沽皇会考察	刘锡诚	民间文化论坛	2005	3
略论宁波商帮北上天津	林放、潘荣	宁波职业技术学院学报	2005	4
天津地名的语言学解读	谭汝为	平顶山学院学报	2005	1
城市文化形象成因与定位之解读——以天津为例	解安、郭英香、郭建强	山西高等学校社会科学学报	2005	10
论清末民初直隶商会的政治参与	王甲成、张学礼	社会科学论坛(学术研究卷)	2005	4
清代漕粮海运与经济区域的变迁	倪玉平	石家庄学院学报	2005	4
20世纪初天津的金融风潮及其应对机制	龚关	史学月刊	2005	2
民国初年前清遗老圈生存心态探析	王雷、陈恩虎	史学月刊	2005	3
“万国建筑博览会”——天津小洋楼	陈久生	世界	2005	10
从店名使用看天津的城市文化特点	王玉华	天津成人高等学校联合学报	2005	6
马戛尔尼使团与天津	金卫国	天津成人高等学校联合学报	2005	6
天津特殊地名考辨	谭汝为	天津成人高等学校联合学报	2005	6
天津现存西洋近代建筑的旅游开发价值研究	王佳欣、金丽	天津城市建设学院学报	2005	4
引进 扶植 辉煌——论天津早期的话剧演出活动	郭武群	天津大学学报(社会科学版)	2005	3
从北洋三口发展的历史脉络看中国近代化历程	许檀	天津师范大学学报(社会科学版)	2005	1
论商会在市场化进程中的作用——以近代天津为例	宋美云	天津师范大学学报(社会科学版)	2005	3
不能忘却的历史:日本侵略者对天津的经济掠夺	杨升祥	天津行政学院学报	2005	3
轰动津门的箱尸奇案	许正	文史春秋	2005	1
张伯苓的募捐艺术	安淑萍	文史精华	2005	2
抗日名将吉鸿昌被杀真相	冯晓蔚	文史月刊	2005	9
天津:深藏巷陌的五大道	关华	小康	2005	3
梅兰芳天津滞留记	张颂甲	炎黄春秋	2005	2
《大公报》在抗日战争中的迁移	郑连根	炎黄春秋	2005	7
建国初《大公报》的一段曲折	王鹏	炎黄春秋	2005	8
天津话在新疆的几种演变方式及其成因	张允	语文教学与研究	2005	35
天津方言的吞音现象	黄良喜、严修鸿、路继伦	语言科学	2005	4
由对抗到对话的背后:民初天津鞋业劳资纠纷的个案分析	吴志国	玉溪师范学院学报	2005	11

周学熙与近代华北现代化	彤新春	郧阳师范高等专科学校学报	2005	4
解开天津右卫创建史上的两个谜团	南炳文	中国地方志	2005	4
海神妈祖信仰在天津之变化及衰落原因再分析	曹琳	中国海洋大学学报（社会科学版）	2005	2
杨柳青年画	王树村	中国美术馆	2005	2
天津买办世家的日子和段子	雷晓宇	中国企业家	2005	18
民国灾荒与战乱期间天津城市的社会救助（1912—1936年）	任云兰	中国社会经济史研究	2005	2
天津与近代中国的沧桑巨变	陈克	中国文化遗产	2005	2
古老天津的诉说	刘健	中国文化遗产	2005	2
抗日救亡中的天津京剧界	王永运	中国戏剧	2005	5
“天津话连续变调之谜”的优选论解释	马秋武	中国语文	2005	6
试论京津唐地区隋唐墓葬	王乐	中原文物	2005	6
天后信仰在天津之变化及衰落原因再分析	曹琳	宗教学研究	2005	3
从海河浮尸事件到王研石的《囚记》	张道梁	纵横	2005	7
光复前后的天津	林希	纵横	2005	8
大沽口船舶事件：晚清外交运用国际法的成功个案	况落华	安庆师范学院学报（社会科学版）	2006	1
天津小洋楼的人和事	书怀、马宇彤	八小时以外	2006	7
八国联军与都统衙门	周利成	百年潮	2006	9
漫步在天津的老租界	佟琳	北方人	2006	7
天津地区出土的古代铜镜	王玉平、邸明	北方文物	2006	1
试论民国时期京津两市婚姻自由的实施进度	王印焕	北京社会科学	2006	6
1929年裁兵运动的失败原因新探——以天津《大公报》的讨论为中心	王瑞霞、李亚峰	长春工业大学学报（社会科学版）	2006	1
评天津洋枪队的创设、发展及裁编	叶开锋	长春工业大学学报（社会科学版）	2006	3
张伯苓轶事		出版经济（现代阅读）	2006	2
张伯苓的教育思想及其对现代高等教育的启示	曾克强	船山学刊	2006	4
近代名人与天津小洋楼	卜庆华、安云、左弦	地图	2006	1
渔阳太守张堪	季宗	防灾博览	2006	2
李鸿章与北洋“官系”网的形成和发展	张静	贵州社会科学	2006	4
晚节不亏的曹锟	钱剑鸣	海内与海外	2006	9
清末天津县地方自治的社会学考察	徐建平	河北青年管理干部学院学报	2006	4
张高峰与《大公报》	张刃	黄河	2006	1
清末官方与民间社会互动之一瞥——以1908－1911年天津商会反对印花税为中心	李金铮、吴志国	江海学刊	2006	6
古代大运河入海通道考述	王健	江海学刊	2006	6
安徽人与近代天津	唐先田、施立业、汪谦干、方英	江淮文史	2006	4
允公允能 日新月异：爱国教育家张伯苓	方华明	教育与职业	2006	13
天津妈祖：从海洋到城市	华少君	今日中国（中文版）	2006	11
大沽口炮台——见证近代中国海防的历史	刘国军	军事历史	2006	4
外文资料的搜集与利用（二）——英国所藏有关天津历史档案资料的初步分析	刘海岩	理论与现代化	2006	5
李泰国与天津条约	蒋耘	历史档案	2006	1
清末民初天津水供给系统的形成及其影响	刘海岩	历史档案	2006	3

清末民初天津市场上的“红帖”	王静	历史教学	2006	7
并非仅仅是“道契”——租界土地制度的再探讨	刘海岩	历史教学	2006	8
略述近代京津商人经营文化的异质性	宋美云	历史教学	2006	9
近代天津“警区”的形成	王培利	历史教学	2006	12
《大公报》故里——津门寻宗	柳林独客	两岸关系	2006	10
近代商会档案的分布特点及价值	朱兰兰	民国档案	2006	2
天津快板与民俗文化		青春男女生	2006	7
19世纪华北青苗会组织结构与功能变迁——以顺天府宝坻县为例	周健、张思	清史研究	2006	2
晚清州县保甲组织探析:以直隶为中心	王宏伟	求索	2006	3
津城故里追寻晋商足迹	刘文智	山西档案	2006	4
天津山西会馆撷录	宋美云	山西档案	2006	4
近代中国商会商事公断处职能研究的启示	刘红娟	社会科学战线	2006	3
天津天后宫巡礼	金石	神州	2006	1
张伯苓:百年风流铸南开	魏智渊	师道	2006	1
直隶商会的近代社会意识简论	张学军、孙炳芳	石家庄经济学院学报	2006	1
清末直隶地方自治兴起的背景分析	徐建平	石家庄经济学院学报	2006	5
中国近代外贸埠际转运史上的上海与天津(1866—1919)	唐巧天	史林	2006	1
近代城市贫民阶层及其救济探析——以天津为例	任云兰	史林	2006	2
论华北灾荒期间天津商会的赈济活动(1903—1936)——兼论近代慈善救济事业中国家与社会的关系	任云兰	史学月刊	2006	4
中国第一张大学文凭获得者王宠惠	刘宝东	世纪	2006	1
明烛无端为谁烧?——清代朝鲜朝贡使眼中的蓟州安、杨庙	葛兆光	书城	2006	2
论城市公共环境整治与非政府组织参与——以近代天津商会为例	宋美云	天津社会科学	2006	4
清末民初天津工商同业研究所初探	朱英	天津社会科学	2006	4
近代华北自然灾害期间京津慈善机构对妇女儿童的社会救助	任云兰	天津社会科学	2006	5
天津近代文学与公共文化空间	张宜雷	天津社会科学	2006	6
租界、社会变革与近代天津城市空间的演变	刘海岩	天津师范大学学报(社会科学版)	2006	3
乾嘉道时期天津海防述论	金卫国	天津职业院校联合学报	2006	4
赵一曼与天津女星社	倪良端	文史春秋	2006	2
天山脚下的杨柳青人	李颖超	西部	2006	5
严复在津活动考	徐曼	许昌学院学报	2006	6
天津民俗文化寻根	杨琳	寻根	2006	4
曾国藩与天津教案的现代法理评析——读唐浩明《曾国藩·黑雨》	胡铁民、黎映桃	炎黄春秋	2006	2
天津方言里的吞音与变调	黄良喜、严修鸿	语言科学	2006	6
天津商会与胶济铁路的收回	魏国栋	云南社会科学	2006	4
南开之父张伯苓	张晰	浙江档案	2006	8
华北西北经济现代化与天津开埠	樊如森	浙江学刊	2006	5
康熙《天津卫志》“官职”条笺正	王伟凯	中国地方志	2006	3
天津——近代北方经济的龙头	樊如森	中国历史地理论丛	2006	2
民国时期华北灾荒与天津粮食市场(1912－1936年)	任云兰	中国农史	2006	2

周学熙:华北工业之父	雷晓宇	中国企业家	2006	15
天津小洋楼:万国建筑的风情摆渡	柳林独客	中外文化交流	2006	5
冯国璋痛哭袁世凯	恽宝惠	纵横	2006	7
周恩来在天津被捕的日子	周利成	报刊荟萃	2007	7
张伯苓 中国私立大学的拓荒者	智效民	北方人	2007	2
试析夏商西周文化和冀西北、京津唐地区北方青铜文化的关系	蒋刚	北方文物	2007	4
“实事求是”校训溯源	刘明钢	党史纵览	2007	5
“思想是颤动于狱中”——1920年周恩来在津被捕的日子	周利成	档案春秋	2007	3
从商会档案看袁世凯炮制的“壬子兵变”	李可意	档案春秋	2007	5
盛宣怀的教育实践与特点	黎霞	法制与社会	2007	12
倪嗣冲投资活动及失败原因分析	王军	法制与社会	2007	12
论五四运动中天津商人的态度	任玉伟	和田师范专科学校学报	2007	2
父亲顾随在天津女师	顾之京	河北教育(综合版)	2007	5
直隶商会的法制活动述略	张学军、孙炳芳	河北师范大学学报(哲学社会科学版)	2007	2
在传统与现代之间:近代天津永租契约探微	任吉东	河北学刊	2007	3
天津历史文化发展中的回族因素	刘金明	黑龙江民族丛刊	2007	3
义和团时期京津下层平民心态研究	袁志海	湖北经济学院学报(人文社会科学版)	2007	2
清末天津广仁堂初探	刘宗志	湖南科技学院学报	2007	10
盛宣怀 中国第一位大学校长	许雪华	华人世界	2007	12
国民革命时期的邓颖超与天津妇女运动	侯杰、麻涛、王文斌	淮阴师范学院学报(哲学社会科学版)	2007	6
北洋大学工程教育的特色及启迪	张宝运	教育评论	2007	4
从“公推”到“票举”:近代天津商会职员推选制度的曲折演进	朱英	近代史研究	2007	3
周恩来与张若名	钟燕	觉悟	2007	3
解放天津作战方针演进变化探析	王凯捷	军事历史研究	2007	1
北洋大学:中国第一所大学	李雪、张刚	科学中国人	2007	1
清末警察与天津城市管理的近代化	王良胜	乐山师范学院学报	2007	1
中华基督教青年会与近代中国城市社会——以天津中华基督教青年会为例	侯杰、王文斌	理论学刊	2007	6
创新:《大公报》留给天津文化的记忆	贾晓慧	理论与现代化	2007	1
清代华北乡村治理研究——以顺天府宝坻县乡保制为例	任吉东	历史档案	2007	2
张伯苓与南开精神	魏宏运	历史档案	2007	3
乾隆帝巡幸盘山、天津述论	白新良	历史档案	2007	4
读北洋军政要员信札	来新夏	历史档案	2007	4
天津近代城市文化转型时期妈祖文化的特点	方广岭	历史教学(高校版)	2007	2
近代天津的社会救济事业探略	任云兰	历史教学(高校版)	2007	4
中国最早的官办电话局——天津官电局	张博、胡滨、王珮	历史教学(高校版)	2007	4
1920年代中后期天津银行挤兑风潮	龚关	历史教学(高校版)	2007	6
天津德华学堂创建新考	胡滨、卞永海	历史教学(高校版)	2007	7
试论近代天津的山东旅津同乡会	王静	历史教学(高校版)	2007	7

天津与中国近代博览会事业	乔兆红	历史教学问题	2007	1
严复对张伯苓教育思想的影响	杨景玉	洛阳师范学院学报	2007	1
传承与嬗变:近代化过程中的土地契约交易——以天津为例	任吉东	南方论丛	2007	1
南开学术名家志 著名历史学家、教育家——郑天挺	南开学校校史研究室	南开学报(哲学社会科学版)	2007	4
著名教育家——黄钰生	南开学校校史研究室	南开学报(哲学社会科学版)	2007	5
试论中国近代警察制度的特点	杨玉环	齐鲁学刊	2007	2
“新政时期”天津城市管理的近代化变迁	王良胜	齐齐哈尔高等师范专科学校学报	2007	3
天津解放与蒋介石“下野”	何京	山西老年	2007	9
华盛顿会议前后天津商会活动之考察	魏国栋	社会科学研究	2007	2
环渤海经济区与近代北方的崛起	樊如森	史林	2007	1
近代天津会馆房地契约与诉讼习惯研究	宋美云	史学月刊	2007	7
周叔弢:倾其所有为国献宝	叶介甫	四川统一战线	2007	11
北洋学子俞箴墀与创建期的燕京大学	孙玉蓉	天津大学学报(社会科学版)	2007	4
“北洋大学堂”若干史实百年新考	张昉、王莉、张泽英	天津大学学报(社会科学版)	2007	6
从先有直沽酒到开坛万里香	郭凤岐	天津经济	2007	2
天津近代法学教育代表院校略述	张红侠	天津市政法管理干部学院学报	2007	3
天津论(清乾隆年间)	汪健云	天涯	2007	3
大军阀孙传芳血溅居士林	庚辰	文史天地	2007	5
天津乔家小洋楼	张绍祖	文史月刊	2007	7
第二次鸦片战争大沽战役失败的原因	万勇平	西南交通大学学报(社会科学版)	2007	2
宣统皇帝的不静之园	杨东晓	新世纪周刊	2007	20
饮冰室感怀	耿法	新闻爱好者	2007	5
清季三口通商大臣职能考述	叶开锋	许昌学院学报	2007	3
民国时期天津商会选举的两次风波	朱英	浙江学刊	2007	4
近代天津与北方经济发展	樊如森	郑州大学学报(哲学社会科学版)	2007	2
三口通商大臣裁撤原因探析	叶开锋	中北大学学报(社会科学版)	2007	1
天津卫的“天津味”	主玛于江	中国电子商务	2007	3
商业贸易与民国前期天津和腹地间的资金流动	龚关	中国经济史研究	2007	2
元明清政治经济格局与海河流域水利发展	李红有	中国水利	2007	17
张伯苓:一代人师	黄卫	中国新闻周刊	2007	40
李允中与天津近现代琴坛	李凤云	中国音乐学	2007	2
百年沧桑史册载 麦粒落地起新生——记天津望海楼天主堂	勒依、王伟	中国宗教	2007	1
中共早期女党员刘清扬的奋斗人生	孟昭庚	中华魂	2007	7
北洋大学工程教育中的人文精神	贾晓慧、张宝运	自然辩证法通讯	2007	5

后　　记

《天津史研究论文选辑》是天津市哲学社会科学重大工作——《天津通史》子课题。该课题由万新平主持,并负责拟定全书的架构和体例,以及统稿、定稿;张利民审阅并确定选编论文;刘志强负责组织搜集、选取、汇总等工作。参加《天津史研究论文选辑》录入、编选与校对工作的主要人员有:郭登浩、孙书祥、刘芳、张黎等。

《天津史研究论文选辑》编选过程中,参考了由贵志俊彦、刘海岩、张利民合编的《天津史文献目录》(日本东京大学东洋文化研究所附属东洋文献中心1998年印制),得到了天津社会科学院图书馆许多同志的支持和帮助,在出版阶段得到了天津古籍出版社刘文君社长等同志的大力协助,在此一并表示感谢!

限于我们的水平及涉阅的资料有限,错误之处在所难免,祈盼读者指正。

编者

2009年3月15日